权威性·科学性·准确性·实用性

河北经济年鉴

HEBEI ECONOMIC YEARBOOK

2010

(总第26卷)

河北省人民政府　主办

中国统计出版社
China Statistics Press

（京）新登字041号

图书在版编目（CIP）数据

河北经济年鉴．2010/河北省人民政府编．—北京：中国统计出版社，2010.11
ISBN 978-7-5037-6138-6

Ⅰ．①河… Ⅱ．①河… Ⅲ．①地区经济－河北省－2010－年鉴 Ⅳ．①F127.22-54
中国版本图书馆CIP数据核字(2010)第210478号

河北经济年鉴-2010

作　　者/ 河北省人民政府办公厅　河北省统计局　河北省社会科学院
责任编辑/ 佘竞雄　熊　威　潘保海　谢英欣
责任校对/ 谢英欣　杜荣水
封面设计/ 深圳裕华昌
出版发行/ 中国统计出版社
通信地址/ 北京市丰台区西三环南路甲6号　中国统计出版社
邮　　编/ 100073
电　　话/ (010) 63376907
E-mail / yearbook@gj.stats.cn
印　　刷/ 中国标准出版社秦皇岛印刷厂
经　　销/ 新华书店
开　　本/ 889×1194毫米　1/16
字　　数/ 1830千字
印　　张/ 45.75
印　　数/ 1-5000册
版　　别/ 2010年11月第1版
版　　次/ 2010年11月第1次印刷
书　　号/ ISBN 978-7-5037-6138-6/F·2968
定　　价/ 300.00元

编 辑 说 明

《河北经济年鉴—2010》是本书出版以来的第26卷，主要记载了2009年河北省经济社会发展和改革开放的业绩与历程。

2009年是河北进入新世纪以来经济社会发展遇到困难最多、挑战最大的一年。面对国际金融危机的严重冲击，河北人民在省委、省政府正确领导下，坚持以邓小平理论和“三个代表”重要思想为指导，深入贯彻落实科学发展观，紧紧围绕“保增长、调结构、促改革、惠民生”的工作主线，认真贯彻落实中央扩大内需的一系列政策措施，坚定信心、迎难而上、全力以赴、攻坚克难，较快扭转了经济增速明显下滑的局面，国民经济总体回升向好，各项社会事业全面进步，保持了经济社会平稳较快发展的良好势头，为实施“十二五”规划奠定了坚实的基础。但发展中仍存在一些问题，主要是经济发展方式单一、工业回升的基础不稳固，科技创新能力不足、财政收支矛盾突出，对外经贸形势依然严峻，节能和就业压力仍然较大等。

本《年鉴》作为中国统计出版社出版的省级年鉴系列丛书之一，在总体结构和指标体系上，继续与国家和各省市保持规范、统一。由于多种原因，本卷文字部分的个别数字，可能与统计资料部分不相吻合，使用时应以后者为依据。

如有错误与不当之处，恳请读者批评指正。

《河北经济年鉴》编辑部

2010年9月

《河北经济年鉴—2010》编委会、编辑人员名单

地区生产总值(亿元)

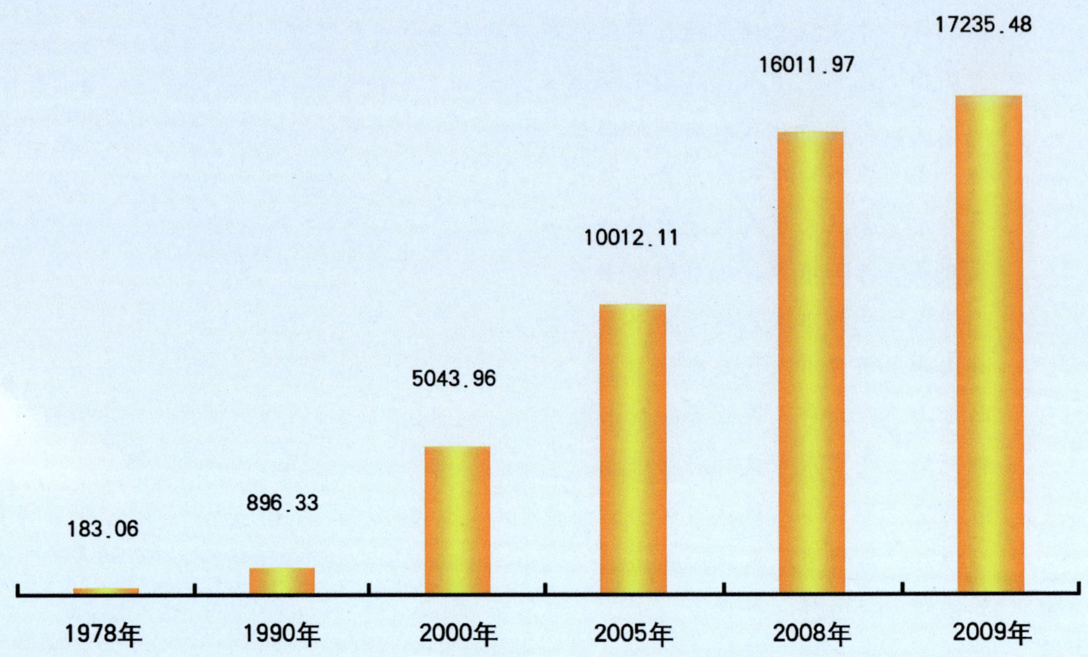

产业结构(%)

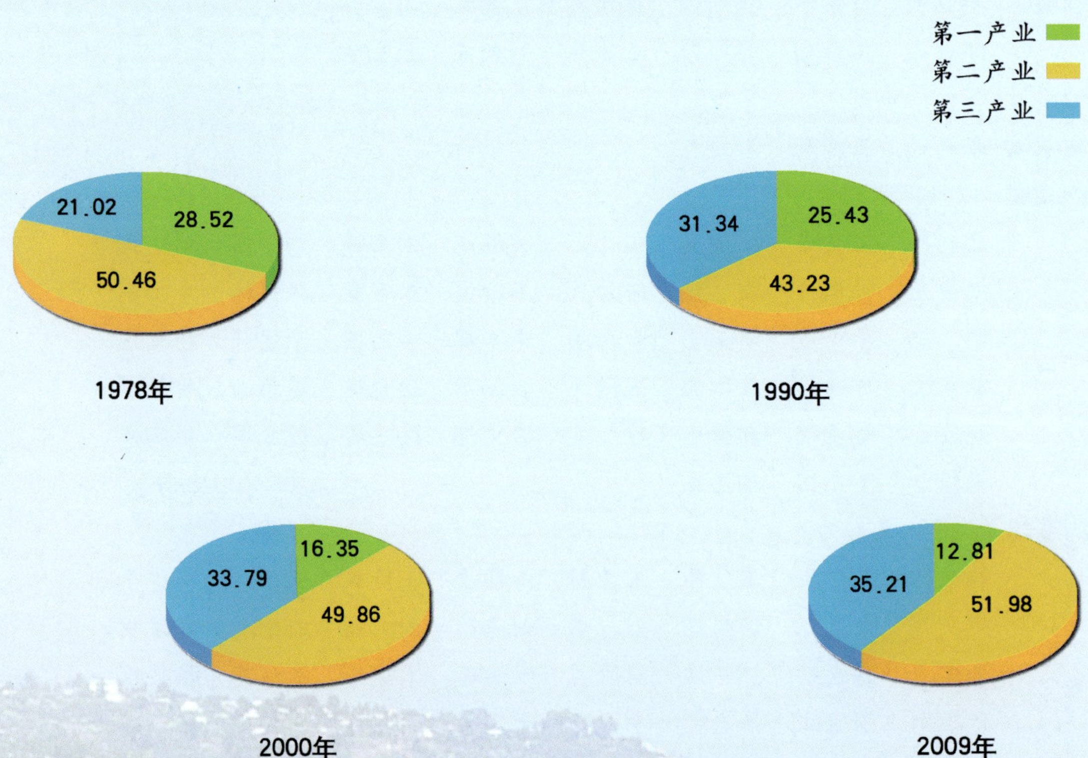

全社会固定资产投资总额(亿元)

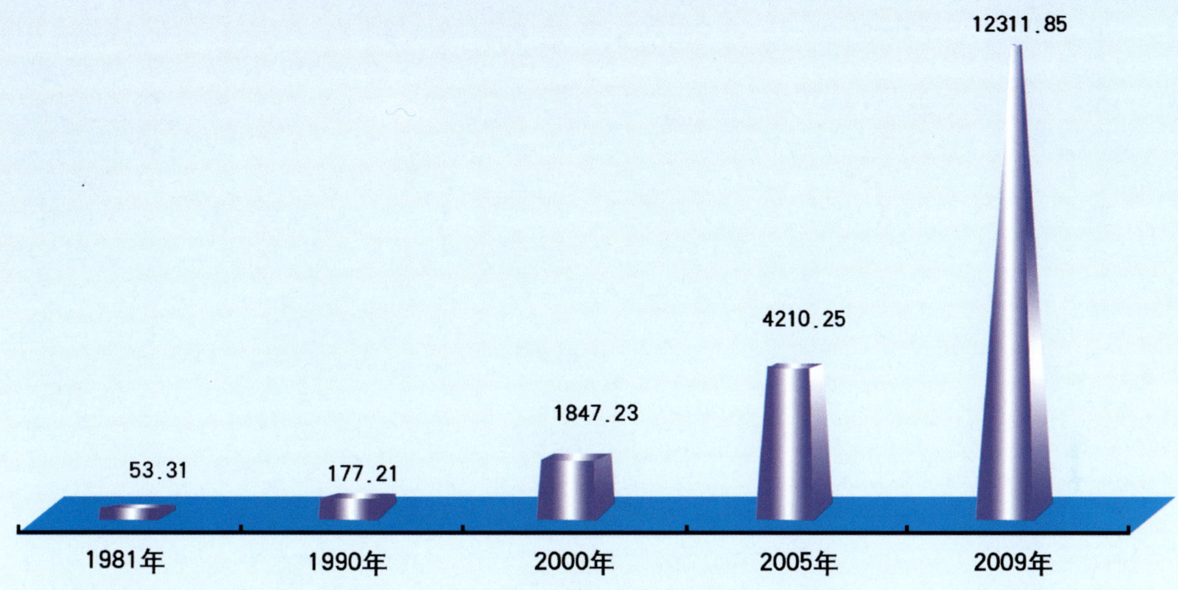

全部财政收入与财政支出(亿元)

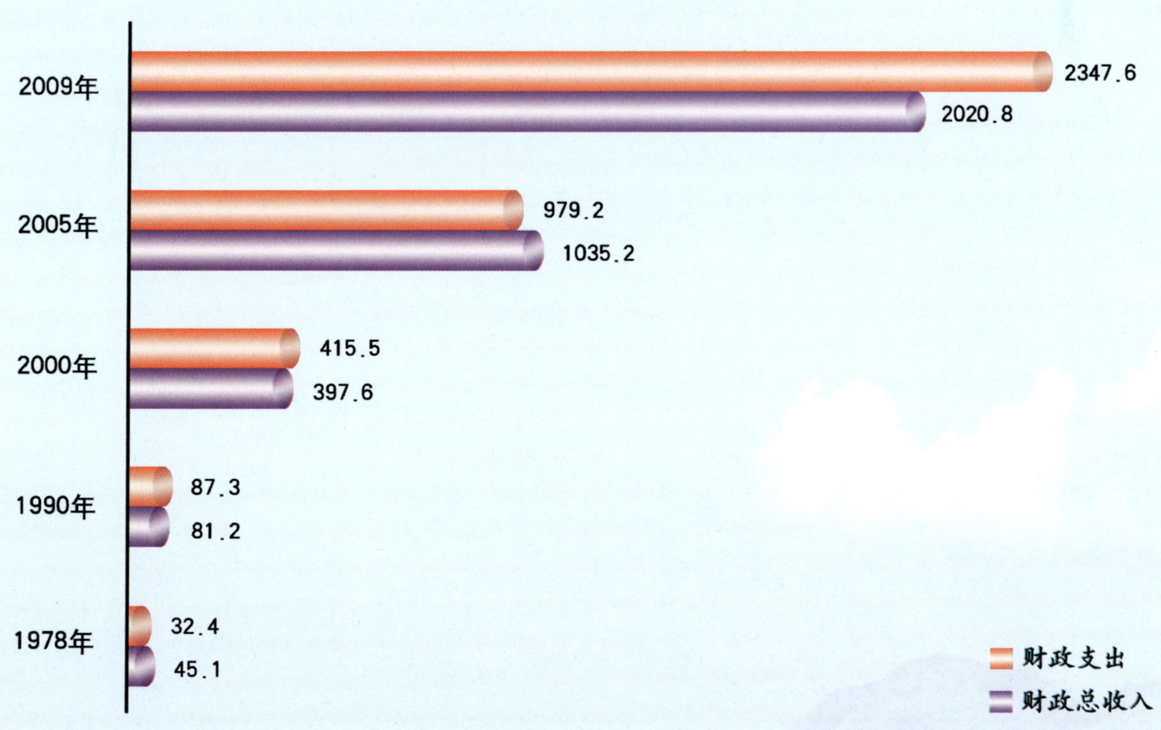

社会消费品零售总额（亿元）

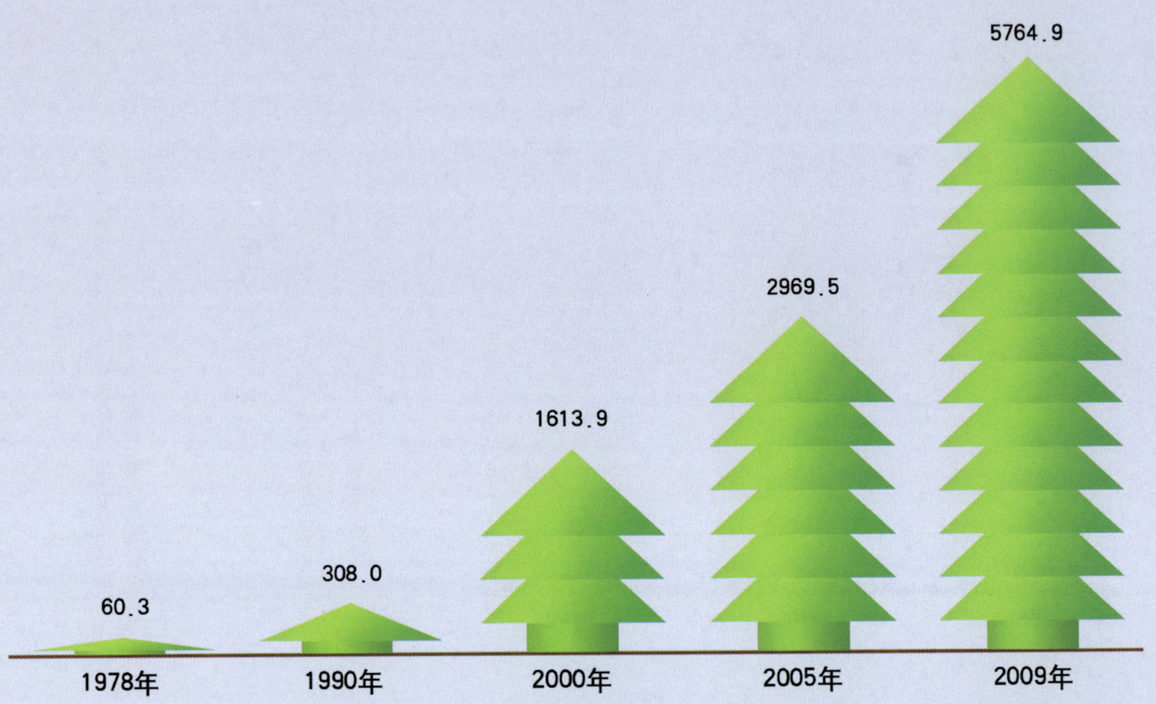

城乡居民人均收入（元）

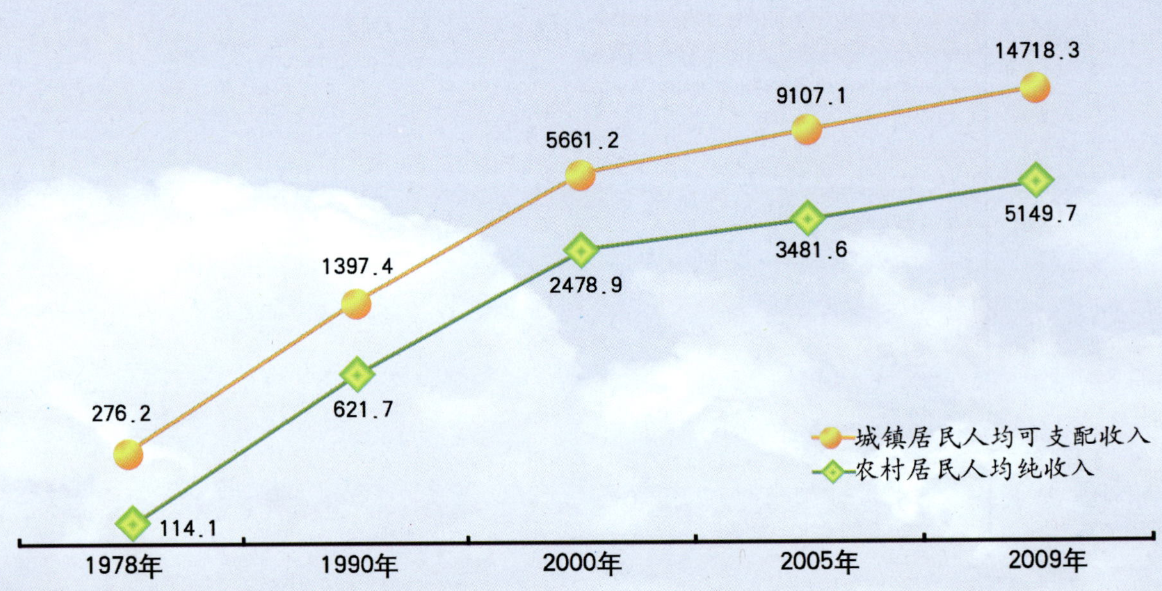

实际利用外资额（亿美元）

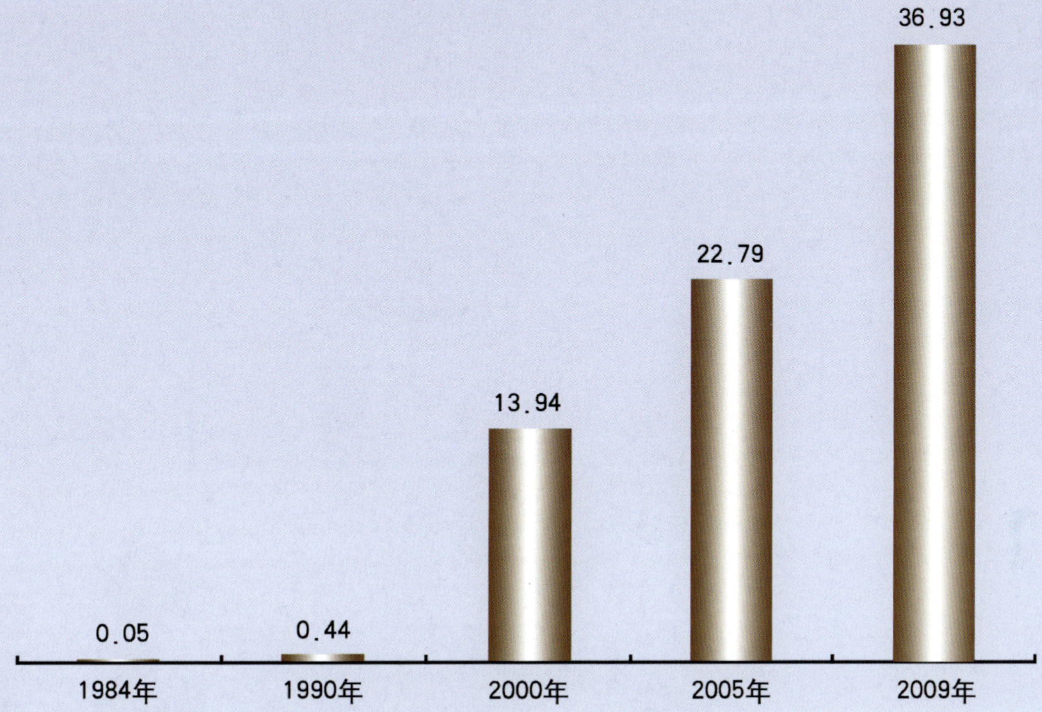

每万人口在校学生数（人）

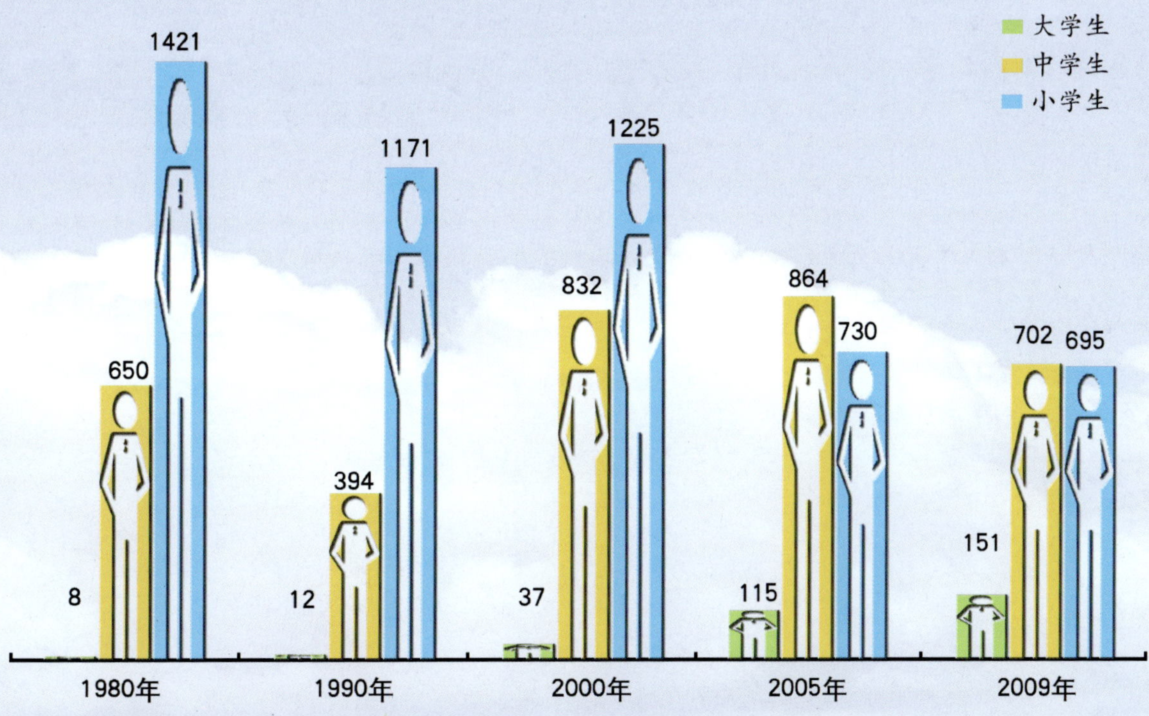

喜迎新中国60华诞 河北彩车精彩亮相 2009年是新中国成立六十周年。在10月1日首都国庆60周年群众游行中，河北彩车“激情河北”紧随北京、天津彩车之后第三个出场。整个彩车主体为巨轮和鲲鹏的有机结合，采用流线型设计，融入了最具代表河北的古长城、革命圣地西柏坡、现代城市建筑群、动车组、曹妃甸、吴桥杂技等元素，体现了河北置身于环渤海开放前沿继往开来、振翅腾飞的发展态势，科学发展、富民强省的豪迈情怀和燕赵儿女对伟大祖国的深深祝福 （贾恒 摄）

百余城建项目竣工 三年大变样推进城镇化进程

2009年，河北省以城镇三年大变样为抓手，继续强力推进城市的拆迁改造和建设管理，设区市城区拆迁面积4571.7万平方米，实施城中村改造285个，腾出土地4960公顷；道路交通、供热供气、污水处理等基础设施完成投资2500亿元，增长56%；大力实施洁净工程、精品工程和绿化、亮化工程，一批标志性建筑和重点项目如期完成，城镇面貌发生显著变化。上图：12月29日，省委书记张云川，省委副书记、代省长陈全国到石家庄缔景城小区同城中村改造回迁居民就“三年大变样”工作亲切交谈 （郭昭 摄）下图：流光溢彩石家庄 （赵永辉、贾恒 摄）

曹妃甸新区正式揭牌成立 渤海之滨崛起科学发展示范区 2009年，河北省积极统筹推进区域经济发展。3月14日，曹妃甸新区正式揭牌成立。曹妃甸新区辖曹妃甸工业区、南堡经济开发区、唐海县和曹妃甸新城。规划面积1943平方公里，目前常住人口22万人。新区的功能定位是：中国能源、矿石等大宗货物集疏港、新型工业化基地、商业性能源储备基地、国家级循环经济示范区、中国北方商务休闲之都和生态宜居的滨海新城。上图：2009年10月15—16日，中共中央政治局常委、全国政协主席贾庆林在唐山调研 （郭昭 摄） 下图：唐山曹妃甸新城效果图

172个军民结合项目签约 增强地方经济核心竞争力 2009年11月5日，中国河北·国防民用科技成果展示洽谈会在石家庄人民会堂举行。期间，国家工信部与省政府签署了有效期10年的军民结合战略合作框架协议，河北省有关部门、企业同与会军工集团、高校签订项目172个，总投资额482亿元，其中引进资金125亿元，转化技术472项。上图：省长胡春华，省委常委、常务副省长付志方，国家工信部副部长、国家国防科技工业局局长陈求发等负责同志出席签约仪式（田瑞夫 摄） 近年来，新能源产业已成为河北省新的经济增长点。下图：河北省太阳能企业晶龙实业集团有限公司生产场面 （金昌植 摄）

加快结构调整试水跨行业整合 冀中能源全资控股华药集团 2009年6月26日，冀中能源与华北制药的手牵在一起，“黑”＋“白”组合被誉为河北省国企整合领域的神来之笔。重组彻底解决了华药集团面临的突出问题，冀中能源也成功实现了产业结构重大调整。重组后华药有望成为国内领先、国际一流的大型现代化医药企业。上图：华北制药新药研发中心 下图：华北制药新工业园区规划图

（河北日报社供稿）

统筹开发建设全省港口资源 河北港口集团有限公司成立 2009年7月8日，河北港口集团有限公司成立暨揭牌仪式在石家庄举行。该集团注册资金80亿元，总资产180亿元，职工1.7万名，拥有全资和控股、参股企业32家，涉及港口、铁路、船舶服务、机械修造、酒店、工程建设等领域。集团成立后将提升河北全省港口综合竞争力 （张晋颖 摄）

认真落实强农惠农政策 河北粮食生产连续六年增长 2009年，河北省认真落实强农惠农政策，发放各类补贴68.1亿元，增长13.9%。按照稳定面积、优化结构、突出科技、主攻单产的思路，狠抓粮食生产。全省粮食播种面积9324.75万亩，总产2910.17万吨，比上年增加4.36万吨，连续六年增产。图为2009年6月4日，河北省大面积麦收在临漳县开机 （杜柏桦、王玉廷 摄）

河北淘汰落后钢铁产能　加速钢铁产业优化升级　2009年11月12日上午9时，邢台德龙钢铁实业有限公司内，随着省委副书记、省长胡春华一声令下，一座服役已9年的205立方米的高炉被分解拆除。当天，邢台、邯郸、唐山、保定、秦皇岛共有20座高炉、3座转炉被拆除。为落实国家产业政策，加速钢铁产业优化升级，河北打响了淘汰落后钢铁产能集中行动第一战役（黄涛 摄）

石家庄铁道学院参与青藏铁路项目 为河北捧得首个国家科技进步特等奖 2009年1月9日，2008年度国家科学技术奖励大会在京举行。石家庄铁道学院参与完成的青藏铁路项目获国家科技进步特等奖。这是河北省有关单位首次获得年度国家科技奖项最高奖。青藏铁路项目的奖项由50多家主要完成单位共同获得。该工程成功克服了冻土、高寒缺氧、生态脆弱三大世界性难题，创造了世界高原铁路的建设奇迹。石家庄铁道学院作为参研单位，攻克了高海拔、高寒区、冻土隧道施工通风等多道世界性难题 （河北日报社供稿）

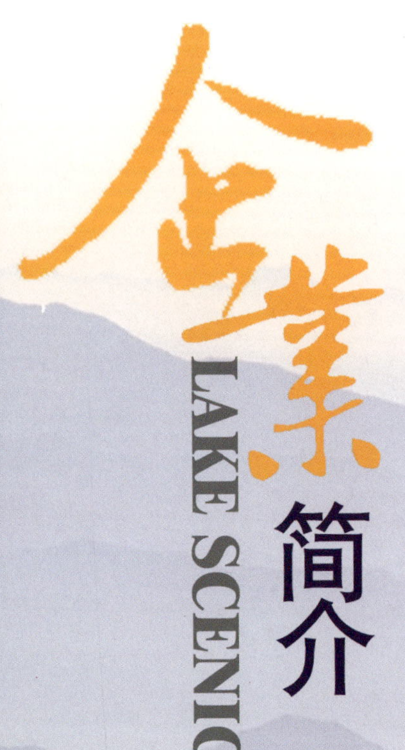

开滦集团始建于1878年，被称为中国煤炭工业的源头。在中国民族工业发展史上曾经创造过多个“中国第一”。1925年，毛泽东同志在《中国社会各阶级分析》一文中曾高度评价开滦工人阶级特别能战斗；上个世纪七十年代，周恩来总理曾两次表扬开滦为国家“救了急、出了力、立了功”。新中国成立到2009年底，开滦集团共生产优质原煤10.5亿吨，洗精煤2.64亿吨，上交利税165.6亿元，为国民经济发展做出了重要贡献。目前，开滦集团是一个集煤炭生产、洗选加工、煤化工、现代物流、电力、装备制造、建筑施工、建材化工、文化创意和房地产等多产业并举的现代化大型企业集团，下辖煤业公司、服务公司、国际物流公司、张家口蔚州矿业公司、张家口蔚州能源公司、内蒙古投资公司、新疆投资公司等46个子（分）公司，拥有能源化工上市公司。集团在册员工总数7.2万人，总资产440亿元。

2008年以来，开滦集团认真贯彻落实河北省委省政府和省政府国资委的决策部署，调整了发展战略，确定了全面推进结构调整、经济转型的发展新思路，实施“走出去”战略，形成了河北、内蒙、新疆、山西、加拿大“五大区域”、“七大基地”的煤炭生产格局。

多年来，鄂尔多斯市委市政府十分关注支持开滦集团的发展，本着互利双赢的原则，双方在煤炭产业、煤化工产业发展合资合作方面呈现了良好的势头。

通过调整和落实发展战略，百年开滦实现了跨越式发展。2008年、2009年两年营业收入和利润总额分别增长了2.5倍，营业收入由2007年的157亿元增加到559亿元，利润由3.2亿元增加到10.6亿元。特别是金融危机严重影响，在综合煤价大幅度下降的情况下，通过经济结构调整、大力发展非煤产业，2009年营业收入、利润总额同比又分别增长了67.01%和38%；非煤产业收入占经济总量的比重升至72%；累计获得煤炭资源114.64亿吨，使煤炭主业发展后劲显著增强。在2009年中国企业“500强”的排名中，开滦集团跃居第182名，比2008年的第291位上升了109位；在全国煤炭行业“100强”的排名中，位居第14名，比2008年提升了1位；先后被评为影响世界的中国力量品牌500强企业，中国企业信息化100强企业，中国物流百强企业第9名，“全国企业文化示范基地”、“全国文明单位”等。

开滦是我国最早使用综合机械化开采技术的煤矿，目前正向大功率、智能化、高产高效方向发展。图为电液自动化综采工作面。

煤化工产业

物流产业

文化和房地产产业

装备制造产业

节能减排产业

中国最具生命力百

帝华企业集团董事长、总裁　李在明

帝华企业集团成立于1992年，现总注册资金15.8亿元，主营房地产开发和钢铁生产。现拥有河北帝华房地产集团公司、河北石家庄大汉房地产公司等15家具有独立法人资格的所属企业，其中集团公司有3家。

1994年以来，帝华企业集团共完成投资200亿元以上，上交的税金和各种规费超过30亿元，近几年每年为社会提供的就业岗位3万多个。帝华企业集团业务发展而受益的关联企业中，大中型企业有几十家，小型企业数百家。

帝华企业集团现拥有房地产开发一级资质，在房地产方面的员工1500余人。在河北石家庄已先后斥巨资开发了龙泉花园、龙海新区、龙头花园、龙洲新城、龙海东苑、龙海南苑、龙海西苑、龙海中苑、西部峰景等系列新城。在河南省境内开发建设了商丘帝景花园南苑、帝景花园北苑、郑州东方现代城、郑州星城国际东苑、郑州星城国际西苑、洛阳帝都现代城等二十几个项目群。目前，总交工面积超过300万平米，在建工程面积达300多万平米，已经批准规划总面积达1600万平米。

据国家统计局统计：2005年度帝华房地产位居中国房地产企业100强；2006年11月被评为“中国房地产企业100强”；2007年度入选“中国最具生命力百强企业”；2008年度被评为中国房地产企业100强。

西部峰景项目庭院景观

西部峰景项目立面景观

强企业——帝华企业集团

帝华企业集团现任董事长为李在明，同时他还兼任中国中小企业协会副会长、中国产业发展促进会副会长、河北省四川商会会长、河北省中小企业协会副会长、石家庄市总商会副会长等众多社会职务，并被选举为石家庄市人大代表、鹿泉市人大常委；他还被评为“中国优秀民营企业家”、“感动中国百名优秀企业家”、“石家庄市劳动模范”等。2008年10月，被四川省委、省政府评选为首届“风云川商”100人；12月，被评为石家庄市改革开放30年上榜人物，被石家庄市委、市政府评为“石家庄市先进中国特色社会主义建设者”。2009年，被河北省委、省政府评为“河北省先进中国特色社会主义建设者”。

西部峰景项目园林绿化景观图

西部峰景项目鸟瞰图

邯郸中铁桥梁

水泥乳化沥青搅拌车技术审查会现场

水泥乳化沥青搅拌车科技成果鉴定会现场

邯郸中铁桥梁机械有限公司（原中铁三局集团邯郸工程机械制造有限公司）位于邯郸市复兴区战备路2号，建于一九五二年。长期以来，公司依靠技术进步，优化资源配置，运用新技术、新工艺，保证了企业持续稳定的发展。生产经营的铁路、公路施工机械及桥梁铺架设备以其先进的性能、优越的性能比和可靠的安全适用性能赢得了市场。

公司总资产达1.2亿元，占地17万平方米，现有员工400余名，其中各类专业技术人员和高级管理人员80名；拥有各种设备200多台（套），具有较强的机械加工、钢结构加工、铸锻造、热处理、检验测试能力，并备有铁路专用线和储仓设施，为公司参与市场竞争奠定了扎实的基础。2009年公司新签合同额2亿元，销售产值1.7亿元，实现利税1026万元，全年为国内外重点工程建设生产铁路、公路架桥铺轨设备77台（套）。

现主要产品有：列入铁道部铺架设备换代产品的长征系列铺轨架桥机；DJ50/160步履型伸缩臂式单导梁架桥机、公铁两用架铺机、900t大吨位桥机、450t提梁机等。其中DJ50/60步履型伸缩臂式单导梁架桥机荣获“河北省第三届十大优秀发明奖”、“国家重点新产品”、“国家实用新型专利”，公司同时获得

机械有限公司

"河北省第三届十大发明创造单位奖"，公铁两用架桥机、全自动水泥乳化沥青搅拌车荣获河北省"科技成果鉴定证书"这一系列产品在国内外重点工程建设中发挥了重要作用。

多年来，公司广大员工齐心协力、坚持不懈、勇于创新、奋力拚搏，始终坚持以市场需求为导向，坚持自主研究、自主知识产权和自主品牌为公司发展战略，使得公司经受住了市场竞争激烈的严峻考验，两个文明建设硕果显著，先后荣获"全国质量稳定合格产品"、"河北省产品质量信得过企业"、"邯郸市质量管理奖"、"国家中二级企业"、"河北省文明单位"、"河北省AA级信用企业"、"河北省高新技术企业"等称号。

DJ型168公铁两用架桥机科技成果鉴定会现场

DJ32型铺轨机

DJ300单导梁架桥机

DJ型公铁架桥机

JQ900型客运专线架桥机

全自动水泥乳化沥青砂浆搅拌车

河北省国有资产控股运营有限公司

公司董事长、党委书记　邱建武

公司副董事长、党委副书记、总裁　李令成

河北省国有资产控股运营有限公司是经省政府批准，由省国资委出资设立的国有独资大型综合性国有资产经营管理公司，是省政府和省国资委打造的国有资产管理、运营和投融资平台。公司于2006年5月组建以来，坚持以邓小平理论和“三个代表”重要思想为指导，深入贯彻落实科学发展观，按照省委、省政府决策部署和省国资委工作安排，先后完成了一系列重大资本运作项目和重点工作，设立国控担保集团，打造了全省担保航母；组建国控矿业公司，搭建了省级中小型矿产资源整合开发平台；战略重组河北宣工，奠定了工程机械装备制造业发展壮大基础；投资财达证券，支持了省内金融企业规范发展等。经过四年多的运营，公司已初步构建了资本运营、矿产资源、金融担保、商业物流、民爆器材、装备制造等业务板块，奠定了公司跨越发展的良好基础。

2009年，公司在省国资委的正确领导下，努力克服全球性金融危机和经济下行的不利影响，以项目建设为核心，开拓创新，锐意进取，扎实工作，超额完成全年各项任务目标，实现了公司又好又快发展。截至2009年12月底，公司资产总额58.89亿元，同比增长12.25%；所有者权益43.58亿元，同比增长17.94　%；实现营业收入26.67亿元，同比增长2.8　%；实现利润总额1.455亿元，同比增长18.73%。

2009年，公司先后荣获省政府“金融贡献奖”、省国资系统企业安全生产管理先进单位、省国资委先进基层党组织等荣誉称号；公司党委书记、董事长邱建武荣获省国资系统“百名企业一把手破难题奖”；公司党委副书记、副董事长、总裁李令成荣获省国资系统“千名企业领导干部解实题奖”等荣誉。

目 录

特 载

综 合 篇

产 业 篇

区域经济篇

改革开放篇

统计资料篇

建筑业

运输　邮电

国内贸易

对外经济贸易　旅游

金融　保险

教　育

科技　专利

文化　体育

各县概况

各省市自治区主要指标

主要统计指标解释

大 事 记

CONTENTS

Regional Economy

Reform and Opening to the Outside World

Events

特　　载

FEATURED ARTICLES

中共河北省委、河北省人民政府关于开展“干部作风建设年”活动的意见

（2009 年 2 月 12 日）

为深入贯彻胡锦涛总书记在十七届中纪委三次全会上的重要讲话精神，进一步深化学习实践科学发展观活动，加强领导班子和干部队伍作风建设，扎实推进河北各项事业发展，省委、省政府决定，2009 年以“深入实际，破解难题，优化发展环境，推动科学发展，促进社会和谐”为主题，在全省各级干部中开展“干部作风建设年”活动，突出抓好县处级以上领导班子和领导干部，使全省干部队伍作风明显改进。现提出如下意见。

一、开展“干部作风建设年”活动的重要意义

党的作风体现着党的宗旨，关系党的形象，关系人心向背，关系事业成败。当前，河北改革发展正处于关键时期，面对应对国际金融危机、保持经济平稳较快发展的新要求，广大干部首先是领导干部作风如何，直接关系着河北科学发展、富民强省进程能否顺利推进。近年来特别是深入学习实践科学发展观活动开展以来，经过各级党组织的共同努力，全省干部队伍作风不断改进，为各项事业发展提供了重要保障。但与新形势新任务的要求相比，干部队伍的作风状况还存在一些不相适应的问题：一是宗旨观念淡薄，缺乏民本思想和责任意识，在其位不谋其政、不尽其责，遇事推诿扯皮；二是改革创新精神不足，思想守旧，惰性严重，工作缺乏主动性和紧迫感；三是作风飘浮，脱离群众、脱离实际，干事虎头蛇尾，不真抓实干，甚至热衷形式主义；四是工作粗放，工作本领不强，不讲标准、不讲效率，只求过得去，不求过得硬；五是纪律松弛，不作为甚至以权谋私乱作为，不给好处不办事，给了好处乱办事。这些问题虽然发生在少数干部身上，但严重制约着发展环境的优化，阻碍了经济社会发展，损害了党的事业和党的形象。在党的七届二中全会召开 60 周年之际，开展“干部作风建设年”活动，就是要重温“两个务必”，继承优良传统，弘扬西柏坡精神，密切党同人民群众的血肉联系；就是要着力解决好干部作风方面存在的突出问题，形成风清气正、真抓实干的良好局面；就是要进一步振奋精神，积极应对挑战，奋发有为地做好各项工作，推进河北经济社会又好又快发展。

二、开展“干部作风建设年”活动的目标要求

开展“干部作风建设年”活动总的要求是，坚持以邓小平理论和“三个代表”重要思想为指导，深入学习实践科学发展观，坚持讲党性、重品行、作表率，围绕“深入实际，破解难题，优化发展环境，推动科学发展，促进社会和谐”的主题，着力强化宗旨意识、责任意识、实干意识、廉政意识，着力改进作风、提高能力、解决问题、健全机制，努力建设善于领导科学发展、奋发有为、堪当重任的各级领导班子，着力打造“改革创新、真才实学、求真务实、公正廉洁”的新时期河北干部队伍。要达到的目标是：

——*贯彻落实科学发展观的自觉性坚定性有新增强。*深入学习实践科学发展观，坚持正确的事业观、工作观、政绩观，切实破除“官本位”思想，强化民本意识，摒弃经验主义和惯性思维，不断解放思想、与时俱进，进一步提高贯彻落实科学发展观的能力和水平，努力把全社会的发展积极性引导到科学发展上来，自觉推动经济、政治、文化、社会、生态文明建设和党的建设协调发展。

——*推进改革创新、破解发展难题的能力有新提高。*围绕“保增长、扩内需、调结构、惠民生”，从本地本部门实际出发，认真研究解决制约科学发展的突出问题，加大改革力度，用好发展机遇，突破发展瓶颈，拓展发展空间。认真践行党的群众路线，多办顺民意、解民忧、增民利的实事，做好民生工作，调动各方面积极因素，共同维护安定和谐的良好局面。

——*服务创新创业、促进科学发展的环境有新优化。*推进政府职能由审批型向服务型转变，寓管理于服务之中，在管理中体现服务。理顺部门职责分工，下大力减少和规范行政审批，进一步下放权力、简化程序。推进行政权力公开透明运行，规范权力行使，提高行政效能。加强政策引导，催生、激活、壮大各类市场主体，营造廉洁高效的政务环境、公正透明的法治环境、公平守信的市场环

境、干事创业的人文环境。

——拒绝理由、雷厉风行、狠抓落实的作风有新改进。以强烈的事业心和责任感干事创业。自觉贯彻落实中央和省委各项工作部署，切实提高变思路为行动、变行动为效果的执行力，真正做到想干事、能干事、干成事、不出事，卓有成效地完成保发展、保民生、保稳定、保中央决策部署落实的各项任务。

——应对风险挑战、推进富民强省的实践有新业绩。始终保持蓬勃向上、开拓进取的朝气和艰苦奋斗、敢做善成的勇气，创造性地完成各项工作任务，有效保持经济平稳较快增长，产业结构不断优化升级，城乡面貌明显改观，各项社会事业全面推进，人民群众生活水平进一步提高，党的建设得到切实加强。

三、开展“干部作风建设年”活动的主要举措

“干部作风建设年”活动作为学习实践科学发展观的重要载体，是第一批学习实践活动的拓展和延伸，第二、第三批学习实践活动的有机组成部分，要把两者有机结合起来，统筹安排、协调推进。要着力抓好“五项活动”，建立完善“五项制度”。

五项活动是：

1. 围绕创新示范、抓点带面，建立领导干部联系点。每名市、县党政领导干部至少确定一个村或社区、企业、重点项目作为联系点，每个省、市机关部门至少确定一个联系点。帮助制定科学发展规划，解决经济社会发展中的难点问题，培育创新创业的先进典型，努力把联系点建成改革创新的试验点、科学发展的实践点、社会和谐的示范点。注意与困难群众、致富能手、模范人物等交朋友，定期走访谈心。

2. 围绕体察民情、寻策问计，开展“调研周”活动。市、县党政班子和省、市机关部门主要领导干部，在上半年和下半年各安排一周时间到最基层单位进行蹲点调研；其他领导干部根据实际灵活开展调研。围绕贯彻落实省委、省政府决策部署，结合实际确定调研课题，问政于民、问需于民、问计于民，了解基层和群众的期盼，研究提出服务基层群众、推进科学发展的办法举措。调研要坚持轻车简从，防止形式主义。提倡领导干部撰写“蹲点手记”，自己动手撰写调研报告。及时交流调研情况，促进调研成果运用。

3. 围绕集中民智、科学决策，开展“恳谈日”活动。对拟出台的推进科学发展重要政策、规划和改革举措，特别是涉及民生、民富、民安方面的政策措施，广泛征求群众意见建议，推进决策的科学化、民主化。市、县党政领导班子每两个月确定一个“恳谈日”，省、市机关部门每年就1至3个议题进行恳谈。民主恳谈要注意参加对象的代表性和广泛性，努力提高公开性和透明度。各级党政机关要建立征求意见建议的网络平台，认真研究办理群众意见建议。

4. 围绕破解难题、推动落实，开展集中攻坚活动。市、县党政领导班子和省、市机关部门，要积极应对国际金融危机带来的挑战，抓住调整结构、节能减排、农民增收、城镇化建设等经济社会发展中的难点问题，群众关心的热点问题，党建工作中的重点问题，开展集中攻坚活动。实行破解难题责任制，领导干部分工负责，做到一个难题、一套人马、一个方案、一抓到底。对涉及面广的重大问题，上下联动、左右沟通、合力破解。提倡领导干部撰写破解难题工作纪实。

5. 围绕服务发展、改善民生，开展“送服务”活动。市、县及有关部门为在本行政区域内进行的重大项目投资设立“绿色通道”，急事急办、特事特办，专人负责、跟踪服务。需要国家审批、核准的项目，省有关对口部门指定专人做好协调配合工作。市、县和省、市机关部门要不定期开展“下基层、送服务”活动，根据群众生产生活、创新创业的需要，开展政策、科技、信息、项目、资金、人才等方面的服务，力求让更多群众受益。

五项制度是：

1. 公开承诺制。市、县党政领导班子要认真谋划当年在发展上要破解的难题、在民生上要办的实事，确定承诺事项，明确责任人、目标要求和完成时限，通过新闻媒体向社会公布。省、市直机关部门要根据职能特点，年初确定在服务发展、服务群众方面的具体措施，并公开作出承诺。各级窗口服务单位要将服务内容、标准、程序等向社会作出公示、承诺。承诺事项进展情况及时向社会公布，接受群众监督。

2. 首办责任制。各级机关部门对前来咨询和办理的事项，属于自己职责范围内的，要在第一时间受理，全力、高效地办好，并及时向当事人反馈；不属于职责范围的，要积极主动地帮助联系、搞好衔接，为当事人提供热情周到的服务。要结合部门职能，建立服务或办事窗口，规范并公开服务标准、办事程序，推行“一站式”服务。当事人可以随时查询办理进度。

3. 限时办结制。各级机关部门面向社会、服务发展、服务群众的审批和管理事项，都要有明确的办理时限要求，确保按时办结。推行超时默认制，对具备条件的行政审批事项，超过规定期限未作出决定的，一律视为同意。

4. 考核评议制。按照干部管理权限，根据民主、公开、竞争、择优的原则，大力推进干部竞争上岗和轮岗交流。结合年度考核，对各级领导干部和机关工作人员作风情况进行评议定档。评议要坚持上下结合、内外结合，广泛听取各方面尤其是服务对象的意见。对评议和考核处在末位的，一年给予“黄牌警示”，连续两年受到“黄牌警示”的待岗培训。要进一步深化行风评议工作，扩大参评人员范围，将评议结果向社会公布。

5. 追究问责制。领导班子和领导干部承诺事项没有按时完成的，对下属单位发生严重问题负有领导责任的，因工作作风原因导致群体性事件或重大事故的，公职人员不作为、乱作为的，视情节给予谈话诫勉、通报批评、“一票否决”直至组织处理和纪律处分。

四、加强对“干部作风建设年”活动的组织领导

“干部作风建设年”活动在省委、省政府领导下进行，成立河北省“干部作风建设年”活动领导小组。各市、县和省直各部门也要成立相应机构。

各级党委、政府要把这项活动摆上重要日程，切实加强组织领导，以过硬的作风推进“干部作风建设年”活动。各级领导班子、领导干部要充分发挥表率作用，一级抓一级、一级带一级，务求有震动、有突破，确保取得扎实成效，以优良的党风带政风、促民风。省直机关要率先垂范，走在全省前面。

加强对活动的具体指导和督促检查。省“干部作风建设年”活动领导小组要制定具体实施方案，通过明查暗访、工作调度、情况交流等方式，及时掌握活动进展情况，总结推广好的经验做法，分析解决存在问题。要组建督导组，加强对活动开展情况的督查。各地各部门要从实际出发，精心设计载体，丰富活动内涵，创新活动形式，确保取得实效。

加强对活动的宣传引导。运用广播、电视、报刊、网络等媒体，及时宣传省委、省政府关于“干部作风建设年”活动的部署和要求，宣传各地各部门的好做法好经验，宣传在活动中涌现出的先进集体和优秀干部，宣传活动的成效和人民群众的反映。要抓住一些反面典型，进行公开曝光。充分发挥舆论宣传的导向作用和监督作用，营造加强干部作风建设的强大声势和浓厚氛围。

中共河北省委、河北省人民政府
关于加快构建现代产业体系的指导意见

为深入贯彻落实科学发展观，推进产业结构优化升级，转变经济发展方式，实现全省经济社会又好又快发展，现就加快构建现代产业体系提出如下指导意见。

一、构建现代产业体系的重大意义

构建现代产业体系是党中央作出的战略部署，是事关全省经济社会长远发展全局的重要任务。经过多年的努力，我省已初步形成众多门类比较齐全、部分领域优势相对明显的产业基础，但产业结构不合理、资源依赖程度高、自主创新能力弱、行业技术水平低、领军企业和名牌产品少等问题，仍是制约又好又快发展的症结所在。因此，必须加快建立既符合产业演进规律又体现河北特色的现代产业体系，实现有内涵的发展。

*（一）构建现代产业体系是落实科学发展观的内在要求。*实现科学发展，必须牢牢把握发展第一要义，按照全面协调可持续的要求，把统筹兼顾作为根本方法，正确处理“好”与“快”的关系，通过构建现代产业体系，推动发展模式由资源依赖型向开放创新型转变，增长方式由偏重规模扩张向注重质量效益转变，使经济增长真正建立在结构优化、资源节约和环境改善的基础之上。

*（二）构建现代产业体系是赢得新一轮经济增长主动权的迫切需要。*在应对国际金融危机的新形势下，发达国家和国内许多省市都在加快实施产业转型升级战略，大力培育新兴产业，抢占未来发展制高点。因此，我们必须紧紧抓住国内外加快产业转移和环渤海地区加速崛起的机遇，在推进产业结构优化升级、构建现代产业体系上迈出实质性步伐，危机过后才能争得经济发展新格局的有利地位。

*（三）构建现代产业体系是增强综合竞争实力的必然选择。*在激烈的市场竞争中，拥有技术者即王者。只有把提高自主创新能力作为中心环节，把推动行业技术水平和产品结构向高端优质转变作为契入点，构建具有河北特色的现代产业体系，才能为建设以实力、活力、竞争力为主要标志的沿海强省筑牢基石。

二、指导思想和基本原则

坚持以科学发展观为统领，立足自身优势和现有基础，着眼打造新的竞争优势和未来发展，瞄准产业链高端，狠抓关键环节，加快结构调整，努力构建以高新技术产业为先导、先进制造业和现代服务业为主体、现代农业为基础，以竞争实力强、生产规模大、科技含量和附加值高的优质产品为主要标志，具有创新性、开放性、融合性、集聚性和可持续性特征的现代产业体系。

*——注重创新驱动。*牢固树立创新意识，明确创新目标，探索实现途径，着力推进理念创新、技术创新、管理创新和体制机制创新，激活创新主体，增强内生动力。

*——推动“两化”融合。*坚持走中国特色的新型工业化道路，以信息化带动工业化，以工业化促进信息化，加大用高新技术特别是信息技术改造提升传统产业的力度。

*——加快结构调整。*以聚集发展优化生产力布局，以增高减低提升产业竞争力，以整合重组调整企业组织结构，以扶优汰劣推进产品升级换代。

*——力促协调发展。*坚持工业化与城镇化相促进，经济发展与资源环境相适应，技术密集与扩大劳动就业相兼顾，努力在统筹互动中实现可持续发展。

*——加强宏观指导。*遵循市场经济规律，适应需求发展变化，完善规划和政策的调节功能，切实发挥其对产业发展的引导作用。

三、总体目标和主要任务

到2015年，通过有效的条件、支撑和保障，具有研发、制造（生产）、经营比较普遍的优质或高附加值产品的现代产业体系框架初步形成。全省规模以上工业在实现五年（2009—2013）倍增的基础上，发展后劲明显增强，质量效益不断提高；基本建成具有国际竞争力的钢铁强省，装备制造业和石化工业成为新一轮经济增长的重要支柱产业，新能源、电子信息和生物等新兴产业对经济增长的贡献率大幅度提升。现代服务业和现代农业快速发展，与制造业形成良性互动。全力打造几个在国内外有影响力、技术装备水平高、市场竞争前景好、销售收入上千亿元的大型企业集团和产业基地，培育百项以上生产规模大、市场占有率高的中国名牌或区域品牌产品。

到2020年，以一批综合竞争实力较强的特大型企业

集团和具有河北品牌效应的优质产品为标志的现代产业体系基本形成。重点产业实现协调互动发展，重大生产力布局趋于合理。先进制造业以装备制造、钢铁、石化、新能源、电子信息、生物医药等产业为支撑，现代服务业以现代物流、金融、旅游、文化创意等产业为主体，现代农业占据第一产业主导地位。

（一）发展壮大先进制造业。瞄准产业发展方向，促进优势产业高端化、传统产业品牌化、新兴产业规模化，构筑经济发展的战略支撑。

——做大做强优势产业。重点是优化整合钢铁工业，加快发展装备制造业和石化产业。

1. 钢铁工业。着眼于建设具有国际竞争力的钢铁强省，加快实施战略性调整。优化生产力布局，在按市场需求控制总量并淘汰落后产能的前提下，推动钢铁产能向沿海和资源优势明显的地区集中，重点实施“4＋1”工程，即建设曹妃甸精品钢、邯钢新区高档优质板材、承德钒钛钢铁制品、渤海新区特种钢生产基地，谋划启动唐山船用钢生产基地。发展壮大龙头企业，鼓励优势企业加大兼并整合力度，推动上下游、产供销之间的联合重组，支持河北钢铁集团跻身于具有5000万吨以上生产能力的“第一集团军”。加强创新能力建设，依托河北钢铁集团和有关高等院校及科技机构，组建河北钢铁技术研究院，建成国内一流的产业技术创新中心和高层次人才聚集中心；研发推广熔融还原、纯净钢冶炼、大型板坯连铸、钢渣综合利用等共性关键技术和先进工艺，力争在部分领域形成一批具有自主知识产权的技术和标准，促进生产装备大型化、连续化、自动化、智能化；到2013年，全省重点钢铁企业吨钢综合能耗、水耗、粉尘和二氧化硫排放等指标达到国内同行业先进水平。加快研发新产品，重点发展造船板、桥梁板、压力容器板、高强度轿车用钢、硅钢板等高附加值产品；支持中钢研河北新材料产业园开发冶金新材料。坚持扶优汰劣，按照国家产业政策规定，加快淘汰落后产能。合理配置省内铁矿资源，提高综合利用效率；鼓励大型企业投资国内外铁矿，建立长期稳定的资源供应渠道。

2. 装备制造业。按照“发展整机、壮大配套，培育龙头、推进聚集”的总体思路，围绕车辆装备、能源装备、工程装备、专用设备、船舶产业和基础产品等六大领域，加快建设唐山高速动车组和中低速磁悬浮轨道交通系统研发生产基地，保定皮卡车、乘用车与微型车、大型超高压输变电成套设备制造基地，秦皇岛修造船及海洋工程装备制造基地等，培育一批带动能力强、市场占有率高的核心骨干企业。推进产业聚集发展，依托龙头企业和整机产品，引导零部件企业向基地和园区聚集；立足现有产业集群，培育壮大冀南装备新城等一批产业园区。打造新的竞争优势，大力引进战略投资者，谋划建设重型车、混合动力及电动汽车、中高档轿车、核电设备、重型机床、航空装备和其他新型、大型成套设备项目，推进重大装备的智能化、精密化和集成化。

3. 石化工业。坚持循环经济发展理念，重点延伸石油化工、煤化工和盐化工三大产业链，促进石化企业入园进区聚集发展。石油化工要加快实施“四改一新”工程，建设华北石化、石家庄炼化、中捷石化炼油扩能改造及沧州炼化填平补齐项目，推进曹妃甸千万吨炼油、百万吨乙烯工程，使全省尽快形成4000万吨以上原油加工能力。煤化工要按照巩固提高煤焦化、大力发展煤气化、密切关注煤液化的思路，依托峰峰、旭阳、建滔（河北）、开滦精煤、河北正元等骨干企业，加快建设以大型煤气化为龙头的碳一化工园区，鼓励发展芳烃精制和煤焦油深加工，引导煤化工企业向临港地区聚集，努力将其打造成为石化工业的重要支撑。盐化工要围绕发展循环经济，支持唐山三友、河北盛华、金牛化工、冀衡集团等重点企业延伸产业链条；谋划实施宁晋大型盐化工项目。开发生产结构性材料、功能性材料、信息化学品及各种中间体等附加值高、产业关联度强、替代进口、填补国内空白的高端精细化工产品。

4. 改造提升其他传统优势产业。利用市场、资源和环境约束趋紧的“倒逼”机制，加快推进建材、轻工（食品）、纺织服装等产业优化升级。大力推广信息系统集成、信息控制、嵌入式软件等高新技术和先进适用技术，促进生产设计协同化、生产设备数字化、生产过程智能化和企业管理信息化。支持骨干企业开展技术创新、设备更新改造和新产品研发，提高工艺装备水平和产品附加值。大力实施名牌战略，鼓励支持企业围绕不同消费层次需求开发生产优质产品，培育知名品牌，努力打造一批生产规模大、品牌美誉度好、市场占有率高的行业领军企业和特色产业集群，发挥其在保增长、扩就业、惠民生等方面的重要作用。

——培育发展高新技术产业和新兴产业。着力把新能源、电子信息和生物产业打造成为后续支柱产业。

1. 新能源产业。顺应能源领域变革趋势，抓住国家鼓励发展可再生能源的机遇，进一步明确主攻方向，加大政策和资金支持力度。重点开发风能、太阳能、生物质能和地热能，加快推进核电建设，鼓励煤炭清洁高效利用；加快建设张承千万千瓦级风电基地、张家口大型风光储示范工程、保定英利光伏电站等项目。大力发展能源装备制造业，支持保定新能源国家高技术产业、宁晋晶龙和廊坊新奥等太阳能光伏产业基地建设，打造太阳能光伏发电和风力发电产业强省。促进技术创新，鼓励龙头企业与国内外科研机构加强合作，建设一批具有国际先进水平的研发、设计平台；开发大直径多晶硅超薄片制备、大型风力发电机组风轮叶片试验检测、光伏发电并网逆变器、核电站配套设备等关键技术和产品。力争用五年时间，全省新能源发电达到电力装机总容量的11%，风电整机和太阳能电池生产能力分别达到900万千瓦和400万千瓦。

2. 电子信息产业。着力延伸和完善通信网络设备、平板显示、半导体照明等优势产业链，培育发展应用软件与信息服务业、第三代和第四代移动通信系统和终端、新一代互联网、数字广播电视和家用视听设备、卫星导航终端、行业电子等新的增长点。加快研发电子级硅材料、有机电致发光屏、等离子放电显示屏等产品，引进集成电路、高世代液晶屏等生产线。加快建设廊坊、保定、石家庄、秦皇岛四大产业基地和一批特色园区，打造环首都高新技术产业带，建成中国北方电子信息产品制造基地。

3. 生物产业。发挥生物发酵技术和生物制品加工制造的比较优势，以石家庄国家生物产业基地为龙头，重点发展生物医药，培育发展生物制造、生物能源、生物农业。盯住潜在优势领域和具有战略价值的关键环节，大力引进战略投资者，加快推进华药工业园、石药工业园、神威现代中药园等重大项目建设。以大园区、大项目为载体，着力培育新型抗生素、维生素、现代中药、生物基材料、非粮生物质液体燃料等产业，加快治疗性抗体制备、酶法半合成、生物医学工程制品、生物质材料、转基因动植物新品种等技术研发和产业化进程。

（二）大力发展现代服务业。以市场化、产业化和社会化为方向，重点发展现代物流、金融、旅游、文化创意等产业。

1. 现代物流业。立足原材料工业比重大和重要交通枢纽的省情，建设“一带、两通道、三类聚集区”，即打造环京津物流产业带，畅通以唐山港、秦皇岛港为龙头的冀东物流通道和以黄骅港为龙头的冀中南物流通道，发展交通枢纽型、制造业基地型和商品集散地型物流产业聚集区。组织实施物流企业与制造业企业联动发展示范工程，促进双方有效对接、有机融合；依托骨干企业，高起点、高标准谋划建设大型综合性和专业性物流园区；鼓励工商企业剥离和外包物流业务，加快发展第三方物流；完善和提升港口集疏功能，大力发展集装箱物流；支持建设物流公共信息平台和大型标准化物流设施，推进物流中转无缝链接。

2. 金融业。立足发挥其在现代经济中的核心作用，增多做强金融市场主体，积极引进国内外银行、保险、证券、信托等金融机构来我省设立分支机构；鼓励现有股份制银行和城市商业银行增设网点、延伸服务，支持城市商业银行跨区域经营，推动农村信用社逐步向农村商业银行或合作银行转变；规范组建地方投融资机构，壮大非银行金融机构实力。大力推进金融创新，改造升级传统金融业务，创新金融产品、技术、服务、市场和机制，实现融资模式多元化；推动区域金融合作和京津冀金融一体化，谋划建设以曹妃甸新区为依托的离岸金融市场。扩大直接融资规模，鼓励先进制造业、现代服务业等行业的重点企业上市融资，加快发展债券、期货、投资基金和股权产权交易市场。

3. 旅游业。立足环绕京津的区位优势，搞好旅游资源的集约化利用和品牌化经营，延长服务链、产业链和经济链，促进旅游业向综合业态发展。整合旅游资源，打造精品工程，培育壮大龙头企业，促进休闲旅游和娱乐产业升级。加快实施环京津休闲旅游产业带规划，重点建设白洋淀温泉、秦皇岛——乐亭滨海度假、廊坊商务休闲、张承草原生态度假、崇礼——赤城冰雪温泉、桑洋河谷和昌黎葡萄酒文化休闲、保定文化休闲等七大聚集区；鼓励发展西柏坡红色旅游、邯郸历史文化旅游、邢台百里太行生态旅游、衡水湖湿地生态休闲旅游等特色旅游业。加强连接旅游景区交通设施建设，形成方便快捷的网络通道。推动与周边省市旅游资源的联合开发，搞好整体包装推介，建立管理互动、营销互信、利益共享的合作机制。

4. 文化创意业。立足发挥其在现代产业发展中的内核支撑作用，围绕文化产品的策划、生产、传播、消费，构建工业化、商业化的运作体系。培育壮大骨干文化企业集团，重点支持河北报业传媒有限公司、河北出版传媒集团有限责任公司的发展；大力实施数字化引领、结构化升级工程，发展移动多媒体广播电视、网络广播影视出版、手机广播电视出版。谋划建设大型文化产业园区和一批创意产业孵化平台、省级产业化示范基地，提高石家庄、保定动漫产业国家级基地建设水平。加快实施重大项目带动战略，每年推出一批关联度高、拉动力大、示范性强的重大文化产业项目，有针对性地加大招商引资力度。

同时，支持发展服务外包和保健康复等新兴服务业。以信息产业园、软件产业园、大学教育基地为载体，重点发展信息技术、数据开发、财务会计、产品设计、应用软件等领域的外包业务，搞好秦皇岛、廊坊、保定三个国家级服务外包试点。鼓励发展城乡保健康复产业，完善提升服务设施，研发生产保健产品。

（三）加快发展现代农业。以优质、高效、外向、生态、安全为目标，整合生产要素，集成先进技术，提高土地产出率、资源利用率和劳动生产率，构建质量效益型农业体系。围绕推进粮食规模化、集约化生产，完善基础设施，提高机械化水平，发展高效、节水农业，建设粮食生产核心区；围绕调整农业结构，做大做强畜牧、蔬菜、果品三大主导产业，促进牛奶、食用菌、酒葡萄、特色海产品等十大优势产品标准化生产、产业化经营；围绕增加农业比较收益，大力发展农产品精深加工业，整体推进项目、园区、基地建设，支持龙头企业延伸链条、培育品牌，提高产品附加值；围绕增强服务保障能力，建立健全农产品质量安全、农业科技支撑、社会化服务和管理、农业信息和农产品市场四大服务体系，努力实现粮食增产、农业增效、农民增收。

四、政策措施和组织保障

（一）着力提高自主创新能力。一是营造鼓励创新的良好环境。完善相关政策措施，建立健全激励机制，优化科技资源配置，加强知识产权保护。政府性投资优先支持自主知识产权产业化项目，政府采购优先选用认定的创新产品。二是支持企业加大研发投入。到 2013 年，大中型企业科技支出占主营业务收入的比重达到 1.5%以上，其中有技术研发机构的重点骨干企业达到 3%以上；全省 R&D 投入占 GDP 的比重达到全国平均水平。对国有大中型企业提取的科技支出经费，在年度目标任务考核中视同实现利润。三是加快创新平台建设。对新认定的省级以上企业技术中心、工程（重点）实验室、工程（技术）研究中心、重点产业集聚区（开发区、园区）公共技术研发检测中心等技术创新平台，省、设区市政府从财政科技专项资金中给予奖励。鼓励骨干企业与大专院校、科研机构建立利益共享、风险共担的产学研联盟，开展关键技术攻关，掌握一批拥有自主知识产权的核心技术。支持企业将创新成果转化为国际标准、国家标准、行业标准及地方标准。四是壮大创新型人才队伍。围绕现代产业发展需要，突出培养、引进和使用三个环节，制订和实施人才发展规划，创新人才引进、考评、激励等机制，下大力量解决各个产业、行业和企业领军人才少、创新团队少的问题。加快实施企业家素质提升工程，造就一批具有战略眼光、勇于开拓进取的企业家创新群体。借助京津人才高地，采取灵活有效的引智方式，建设多种形式的交流平台和创业园区，吸引高端人才及科研团队来冀创业；加强省内高等教育、职业教育、技术培训与产业发展的有效对接，培养多层次的技术人才队伍。

（二）大力推动技术进步和产品更新换代。一是明确方向目标。组织引导各行业和企业，开展与行业高端和强势企业的“对标行动”，在技术装备、产品研发、经营管理、人才队伍等方面，逐项查找差距，制订追赶、跨越的路线图和时间表。选择若干大中型企业，实施技术创新和品牌建设“示范工程”。二是加大技术改造力度。制订和发布技术改造投资指南，完善和落实增值税转型等政策，加强对各类新上项目的技术评估，筛选扶持一批重点技术改造项目，鼓励和引导企业实施科技创新，增加技术改造投入，有重点地引进先进工艺设备，不断消化吸收再创新，全面提升产业、行业和企业技术装备水平。三是持续研发新产品。完善相关政策措施，大力实施产品更新换代工程，培育一批质量好或附加值高、生产规模大、市场影响力和竞争力强的知名品牌产品，大幅度提高优质或高附加值产品销售收入所占比重。

（三）加大项目谋划建设力度。一是加强重大建设项目谋划和储备。坚持“自谋”与“他谋”相结合，既要立足自身、指导企业不断提高项目谋划质量和水平，又要借助外力、委托专业团队采取市场化运作方式谋划项目；建立健全省市两级重大项目储备库，实施动态管理。二是着力解决重点项目建设“瓶颈”制约。加大政府资金投入，设立省级产业发展专项资金并视财力逐年增加，集中力量支持重点产业生产力布局调整、骨干企业科技创新、技术改造和新产品开发，引导带动金融机构和社会资本投向；建立政府、企业和金融机构之间的信息沟通机制，搭建银企互动平台，帮助企业扩大融资渠道。严格用地审批管理，从严控制一般产业项目用地，建立既能保障重大项目实施又有利于促进土地集约节约利用的价格机制；加强水利基础设施建设，优化水资源配置，切实提高土地和水资源的使用效率。三是大力引进战略投资者。各级政府要指定专门机构和人员，加强对国内外大公司发展战略的研究，密切跟踪投资意向，主动寻求对接点，谋划推进一批重大项目建设。把产业招商作为构建现代产业体系的有效途径，以产业发展规划为指导，以日韩、港台、欧美和京津、长三角、珠三角等地区为主攻方向，以引进龙头企业和关联配套企业为重点，进一步挖掘社会招商资源，创新招商方式，拓展战略合作领域，努力形成龙头企业拉动、上下游企业跟进、相互协调配套的产业发展格局。对引进战略投资项目做出重大贡献的相关部门和人员，各级政府要给予表彰和奖励。

（四）加快推进产业聚集区和开发区建设。坚持以产兴城、以城带产，科学规划，合理布局，大力培育优势突出、特色明显的产业聚集区和开发区。高起点制定和完善发展规划及准入标准，通过招投标与合作等方式，选定国内外知名的咨询机构和科研院所，帮助编制总体规划和产业发展规划。优化资源配置，将重点产业聚集区和开发区优先纳入土地利用总体规划和城镇规划，并在财税政策、融资服务等方面给予支持；自2010年起，“退城进郊、退乡进城”企业和其他新建项目不在区内选址的，原则上不予审批，不提供土地、资金、电力等要素供应。支持区内产业链型和协力配套型的核心企业加快发展，发挥其辐射带动作用，吸引和衍生关联企业加速聚集。

（五）毫不放松地抓好节能减排。一是加快结构调整，把发展低耗能、低污染、高附加值的产业作为主攻方向，努力提高其在经济总量中的比重；推广高效节能产品，抓好循环经济试点，扩大节能减排成果，推动实现绿色增长。二是狠抓重点领域，切实巩固“双三十”单位节能减排成果，继续盯住重点区域和耗能、排放大户，加强工作调度，解决突出问题，明确阶段目标，拒绝任何理由，确保限期完成。三是严把源头关口，严格执行固定资产项目节能评估审查和环境影响评价制度，实行高耗能、高排放新上项目区域禁（限）批。四是落实目标责任。进一步完善考核评价体系，加大检查考核和奖惩力度，形成长效机制。五是大力淘汰落后产能。健全完善退出机制，制定落实上大压小、等量替代、淘汰落后奖励等配套政策，强化差别电价、“阶梯”水价等约束性措施，辅之必要的行政手段，促使落后产能尽快退出市场。

（六）不断深化重点领域改革。一是增强国有经济活力。推进国有企业通过资本运作和资源整合进行战略性重组，提升核心控制力和影响力；加快股份制改造，建立现代企业制度；进一步完善国有资产监管体系，创新管理模式。二是培育壮大民营经济。落实鼓励全民创业的各项政策措施，进一步降低市场准入门槛，增多激活市场主体。在国企改制、基础产业和基础设施建设等领域，积极引入民营资本。在政府配置资源、提供服务等方面，对民营中小企业一视同仁。三是加快投融资体制改革。修订省级投资项目核准目录；增强政府投融资机构的融资功能。四是加强区域分工合作。打破行政区划界限，完善税收异地分享等机制，促进要素合理流动，提高资源配置效率。

（七）切实优化发展环境。各级各部门要切实把思想和行动统一到省委、省政府决策部署上来，增强构建现代产业体系的自觉性、主动性和创造性，不断创新思维和工作方式。要在继续改善能源、交通、水利等基础产业和基础设施及城市公共服务设施等“硬环境”的同时，大力优化“软环境”。一是加快政府职能转变，按照“该管的坚决管住、应放的彻底放开”的原则，继续精减审批事项，简化审批程序；着力建设服务型政府，完善首问首办责任制、限时办结制、服务承诺制和岗位责任制，不断提高行政效能，为投资者和经营者提供优质、高效、便捷的服务。二是规范发展行业协会等中介组织，发挥其在行业自律、信息交流、咨询服务等方面的重要作用。三是加强社会舆论引导，推进诚信河北建设，努力营造有利于构建现代产业体系的浓厚氛围。

（八）加强组织领导和制度建设。建立省加快构建现代产业体系领导小组，组织制订发展规划和重大政策，研究解决产业发展中的重大问题，统筹协调各级各部门形成构建合力。健全现代产业体系统计监测和指标评价制度，完善对各级政府和相关部门的考核奖惩机制。

各地各有关部门要根据本指导意见抓紧制定实施意见和具体配套政策。

政府工作报告

——在河北省第十一届人民代表大会第三次会议上

河北省人民政府代省长 陈全国

（2010 年 1 月 12 日）

各位代表：

现在，我代表省人民政府，向大会作政府工作报告，请予审议，并请各位政协委员和列席会议的同志提出意见。

一、2009 年工作回顾

刚刚过去的一年，是新世纪以来我省经济社会发展遇到困难最多、挑战最大的一年。面对国际金融危机的严重冲击，我们在党中央、国务院的坚强领导和中共河北省委的直接领导下，以开展深入学习实践科学发展观和干部作风建设年活动为动力，紧紧围绕保增长、调结构、促改革、惠民生的工作主线，坚决贯彻落实中央应对危机的一揽子计划和政策措施，坚定信心、迎难而上，全力以赴、攻坚克难，较好地完成了省十一届人大二次会议确定的各项任务，保持了经济社会平稳较快发展的良好势头。

（一）经济总体回升向好。预计全年生产总值增长10%；全部财政收入完成 2018.1 亿元、增长 10.6%，其中地方一般预算收入 1066.2 亿元、增长 12.5%。投资增速明显加快，预计全年全社会固定资产投资 12300 亿元、增长 38%左右。新开工项目 24800 个，同比增加 7646 个，其中亿元以上项目增加 904 个。投资结构不断优化，服务业、装备制造和高新技术产业的投资预计分别增长 55%、38%和 45%。基础设施建设取得重大进展，京石客运专线、南水北调中线工程河北段等重点项目加快推进，全省开工在建高速公路 2021 公里，港口货物吞吐量突破 5 亿吨，新增电力装机容量 600 万千瓦。信贷规模大幅增长，新增信贷投入预计达到 4400 亿元，是上年同期的 2.2 倍。工业生产增速逐步加快，规模以上工业增加值预计增长13%以上。消费需求稳定增长，预计社会消费品零售总额5760 亿元左右，增长 18%。

（二）城镇面貌变化显著。以城镇面貌三年大变样为抓手，强力推进城市的拆迁改造和建设管理，设区市城区拆迁面积达 4571.7 万平方米，实施城中村改造 285 个，腾出土地 4960 公顷；道路交通、供热供气、污水处理等基础设施完成投资 2500 亿元、增长 56%；大力实施洁净工程、精品工程和绿化亮化工程，一批标志性建筑和重点项目如期完成，城镇面貌发生显著变化。全省设区市空气质量二级以上天数平均为 334 天，同比增加 10 天。

（三）农村经济稳定发展。认真落实强农惠农政策，发放各类补贴 68.1 亿元，增长 13.9%。在上半年农产品价格下滑、且遭受自然灾害的情况下，粮食总产量达到2910 万吨，连续 6 年获得丰收。肉、蛋、奶、菜、果等主要农产品生产平稳发展。农业产业化步伐加快，产业化经营率预计达到 57%，提高 2 个百分点。新民居建设千村示范工程深入实施，766 个村基本完成建设改造任务，农村生产生活环境不断改善。

（四）结构调整扎实推进。坚持把保增长与调结构结合起来，出台了加快构建现代产业体系的指导意见。钢铁行业结构调整步伐加快，装备制造、石油化工等新的支柱产业发展迅速，唐山高速动车组、华北石化炼油升级改造等重点项目顺利推进。科技创新力度加大，预计改建和技术改造投资增长 73%，规模以上高新技术产业增加值增长 18%，全省专利申请量首次突破万件。狠抓节能减排，全省淘汰落后炼钢 400 万吨、炼铁 900 万吨、水泥 1700万吨、平板玻璃 710 万重量箱。预计全年单位生产总值能耗下降 5%以上，二氧化硫排放量和化学需氧量均削减5.5%。

（五）改革开放不断深化。国企改革取得新的进展，河北港口集团挂牌成立，冀中能源集团重组华药集团，河北钢铁集团实质性重组加快，国有企业政策性破产进入收尾阶段；行政管理体制和财政金融改革继续深化，省政府机构改革任务基本完成，精简省本级行政许可、房地产及固定资产投资审批项目 319 项，清理规范收费项目 281项；集体林权制度改革全面推开，医药卫生体制改革全面启动，文化体制改革取得积极进展。对外开放迈出新的步伐，实际利用外资完成36.9亿美元。东亚银行在我省建立分支机构。沿海地区发展出现好势头，曹妃甸新区、渤海新区、北戴河新区开发开放取得明显成效。

（六）人民生活继续改善。扎实做好保障和改善民生的各项工作。就业形势总体稳定，预计全年城镇新增就业57.3万人，城镇登记失业率控制在4%以内。城乡居民收入稳步增长，预计全省城镇居民人均可支配收入14785元，农民人均纯收入5130元，分别增长10%和7%左右。社会保障体系不断完善，城镇企业职工基本养老保险实现省级统筹，社保关系实现全省无障碍转移；18个县（市）推行了农村社会养老保险试点；调高了工伤保险和失业保险待遇标准；城市、农村低保年人均标准均达到全国平均水平，实现了应保尽保；农村“五保”集中供养率达到50%以上；城镇居民医疗保险实现全覆盖，城镇职工、居民医保住院费用报销比例分别提高到70%和50%以上，新型农村合作医疗参合率达到90%。保障性安居工程建设加快，累计为10万户城市低收入家庭提供了廉租住房保障，完成棚户区改建498.8万平方米，解决了3.6万户低收入家庭住房困难。完成了20万农村扶贫对象的脱贫任务。解决了378万农村人口的饮水安全问题。

（七）社会事业全面进步。教育事业迅速发展，全省财政教育支出432.5亿元、增长14.7%；启动实施了中小学校舍安全工程；完善了贫困学生的资助政策；义务教育均衡发展取得新成效，中等职业教育招生规模不断扩大，重点大学和强势特色学科建设不断加强。医疗卫生事业加快发展，实施基层卫生服务体系建设项目351个，全省社区卫生服务街道覆盖率达到96%。精心组织甲型H1N1流感疫情的监测、预防和患者救治。文化惠民工程扎实推进，河北博物馆等工程建设进展顺利，乡镇综合文化站建设步伐加快，完成了3636个村广播电视村村通工程，建设农家书屋2000个。全民健身运动广泛开展，我省在第十一届全运会上获得13块金牌，总分居全国第9位。计生惠民行动深入实施，人口自然增长率6.5‰左右，继续保持了低生育水平。食品质量安全年活动扎实开展，全省食品安全水平进一步提高。深入开展安全生产攻坚年活动，重特大事故得到有效遏制。社会治安综合治理切实加强，部署开展了大规模下访接访活动，圆满完成了国庆60周年安全保卫工作。成功抗击了重大雪灾，对口援建平武灾区工作顺利推进。军政军民团结进一步加强，双拥共建、国防动员和国防后备力量建设成效显著。第八届村委会换届顺利完成。民族、宗教、外事、侨务、气象、地震、人防、妇女儿童、老龄、慈善、残疾人、地方志等各项事业都取得了新的成绩。

（八）政府自身建设不断加强。扎实推进干部作风建设年活动，积极推动政府转变职能、提高效能，省、市、县各级普遍建立了综合性行政服务中心。大力推进行政权力公开透明运行，对全省2192个重点项目实行了动态公开。加强政府立法工作，自觉接受人大及其常委会的法律监督和政协的民主监督，接受社会各界的监督，依法行政水平不断提升。

各位代表，过去的一年是我省经济社会发展经受严峻考验的一年，也是各项事业继续向前推进、取得令人鼓舞新成就的一年。这是党中央、国务院总揽全局、审时度势、坚强领导的结果；是省委、省政府认真贯彻落实党中央、国务院的决策部署，团结带领全省人民拼搏进取、真抓实干、共克时艰的结果。在此，我代表省人民政府，向全省人民，向人大代表、政协委员，向各民主党派、工商联、人民团体和各界人士，向驻冀人民解放军、武警官兵和政法干警，向中直机关驻冀各单位，向关心河北发展的香港特别行政区和澳门特别行政区同胞、台湾同胞、海外侨胞、国内外朋友，致以崇高的敬意和衷心的感谢！

二、2010年工作总体要求和主要目标

今年是“十一五”规划的最后一年。做好经济社会发展的各项工作，对有效应对金融危机冲击、保持经济平稳较快发展、为实施“十二五”规划奠定良好基础，具有十分重要的意义。

综观国际国内形势，经济社会发展环境将好于去年。国际金融市场渐趋稳定，世界经济有望恢复性增长。我国经济回升向好的基础逐步巩固，中央继续实施积极的财政政策和适度宽松的货币政策，保持宏观经济政策的连续性、稳定性，扩大内需和改善民生的政策效应将进一步显现。我省正处于工业化、城镇化加速发展阶段，有着广阔的市场和丰富的资源，发展潜力很大。去年新开工项目大幅增加，后续建设规模较大，对拉动今年经济增长形成有力支撑。秦唐沧沿海地区开发建设步伐加快，新的增长极正在形成。城镇面貌三年大变样进入决战之年，大规模城镇建设必将有力地拉动投资和消费需求。同时，经过近年来的快速发展，我省综合经济实力大幅提升，各项社会事业全面进步，各级各部门推动科学发展的能力明显提高，特别是在应对危机中积累了宝贵的经验，为经济社会又好又快发展奠定了良好的基础。

但是也要清醒地看到，今年我省经济社会发展仍然面临着严峻的挑战。一是外部经济环境不确定不稳定因素很多，世界经济复苏将经历缓慢复杂曲折的过程。二是进一步扩大需求存在较大制约，经济增长的内在动力依然不足。三是结构调整和转变发展方式的压力加大，经济结构不合理，城乡发展不协调，节能减排和生态保护的任务艰巨，制约着我省综合竞争力的提升和发展的可持续性。四是地区之间的竞争日趋激烈，全国各地都在抢抓机遇、竞相发展，我们面临的竞争压力更加突出。五是财政收支矛盾突出，部分行业和企业生产经营还比较困难，外贸出口持续下滑的局面尚未根本扭转，劳动就业、收入分配、社会保障、环境保护等方面，还存在一些亟待解决的问题，机关作风和效能建设还需要进一步加强。对于这些问题，我们一定要高度重视，采取切实有效的措施，认真加以解决。

总之，面对复杂多变的发展形势，面对转瞬即逝的难得机遇，我们既要审时度势、增强机遇意识，充分看到有利条件和积极因素，始终坚定必胜信心；又要未雨绸缪、增强忧患意识，足够估计各种困难和不利因素，始终保持清醒头脑，在新一轮竞争和发展中抢占先机、赢得主动，不断加快科学发展、富民强省的进程。

今年政府工作的总体要求是：全面贯彻党的十七大和十七届三中、四中全会精神，以邓小平理论和“三个代表”重要思想为指导，深入贯彻落实科学发展观，认真落实中央和全省经济工作会议的各项部署，更加注重提高经济增长的质量和效益，更加注重推动经济发展方式转变和经济结构调整，更加注重推进改革开放和自主创新，更加注重改善民生、保持社会和谐稳定，更加注重统筹城乡和区域协调发展，全面完成“十一五”规划的目标任务，努力实现经济平稳较快发展、经济社会又好又快发展。

今年经济社会发展的主要预期目标是：全省生产总值增长9%以上，全部财政收入增长9%，全社会固定资产投资增长20%左右，社会消费品零售总额增长17%，外贸进出口总额增长5%，实际利用外资增长5%，城镇居民人均可支配收入增长10%，农民人均纯收入增长6%以上，单位生产总值能耗下降4%，化学需氧量、二氧化硫排放量分别削减2.4%和1%以上。城镇登记失业率控制在4.6%以内。居民消费价格总水平上涨3%左右。人口自然增长率控制在7.4‰以内。

各位代表，确定今年生产总值增长9%以上的预期目标，主要是基于对当前形势和今后走势的判断，充分考虑了我省的实际。无论从扩大就业、增加收入、改善民生、维护稳定等要求看，还是从经济增长的潜力、省内外经济发展的环境看，这个速度是必要的、可能的，也是适宜的、可行的，既是通过积极努力、能够达到的，又是切实稳妥、留有余地的。这样安排，有利于把经济社会发展的着力点引导到推动经济发展方式转变和经济结构调整上来，引导到下功夫提高经济发展的质量和效益上来，引导到经济社会全面协调可持续发展上来。

围绕上述要求和目标，今年政府工作的首要任务是，既要保持经济平稳较快发展、又要在转变发展方式上取得突破。做好今年的政府工作，要努力把握好以下原则：一是必须坚持以科学发展观为统领，树立科学发展的理念，凝聚科学发展的共识，强化科学发展的举措，进一步把经济社会的发展转入科学发展的轨道；二是必须坚持以扩大内需为主导，更加注重扩大内需特别是消费需求，健全和完善经济发展的内生机制，提高投资效益，挖掘消费潜力，不断增强投资和消费需求对经济增长的拉动力；三是必须坚持以结构调整为重点，下决心转变经济发展方式，加快构建现代产业体系，进一步巩固经济回升向好的基础，提高经济发展的质量和效益；四是必须坚持以改革开放为动力，加快重点领域和关键环节的改革，拓展对外开放的广度和深度，通过改革不断提升经济发展的创新活力，通过开放带动我省经济在更高水平上科学发展；五是必须坚持以推进城镇化为依托，以城镇面貌三年大变样为抓手，带动城市发展上水平，带动结构调整和产业聚集，带动经济平稳较快增长，带动民生的改善，带动城乡统筹协调发展；六是必须坚持以改善民生为目的，使我们一切工作的出发点和落脚点都放在解决人民群众最关心、最直接、最现实的利益问题上，放在扩大公共服务、发展社会事业、增进人民福祉上，努力把改革发展的成果最大限度地惠及全省7000万人民。

三、2010年主要任务

今年经济社会发展的任务十分繁重，必须以科学发展观为指导，认真落实中央宏观经济政策，抓住关键、统筹推进，着力做好以下九个方面的工作。

（一）围绕推进富民强省，全力保持经济平稳较快增长

一是下大力气抓好项目建设，增强投资对经济增长的拉动力。项目建设是推动经济发展的关键环节，必须下大决心、下大功夫抓紧抓好。建立健全争取项目资金的效果激励和评价机制，引导各级各部门紧紧抓住有利时机，积极争取国家各个部委的项目和资金支持，积极争取战略投资者来冀投资兴业。今年我省重点项目安排1300项、总投资1.6万亿元，年度投资计划2500亿元以上。突出抓好“四个一批”：在建一批，确保山船重工160万吨造船、黄骅综合港区等200多个项目建成投产或部分投产；推进石武、津秦等客运专线及大广、保阜等高速公路建设，新增铁路通车里程280公里、总里程达到5400公里，新增高速公路通车里程768公里、总里程突破4000公里；加快推进南水北调中线河北段工程，抓好省内配套建设。开工一批，力争天威特高压输变电设备、曹妃甸码头二期工程、邯黄铁路等577个项目开工建设，年内完成投资1000亿元。争取一批，在国家实施的4万亿元投资计划中，今年的投资和去年基本持平，要认真做好中央投资项目的申报工作，争取得到国家更多的支持，抓紧落实地方配套资金和建设条件，力促早开工、快实施。储备一批，加强项目库建设，重点在推动产业升级、培育新兴产业、基础设施建设、改善民生等领域，抓紧谋划和储备一批带动能力强、支撑作用大的骨干项目，做好总投资5200亿元、160个重点项目的前期工作，为我省的持续快速发展备足后劲。与此同时，更加积极主动地引导和启动好民间投资，放心、放胆、放开、放手，广泛吸引民间投资进行项目建设，对国家法律法规没有明文禁止的领域，都要允许民间资本进入，保护投资者合法权益，促进民间投资更好更快地增长。严格实行项目投资责任制，优化项目投资环境，保障重点项目的土地、资金等要素需求。对有财政资金投入的项目要全程监督，既加快进度、又保证质量，坚决杜绝“豆腐渣”工程。

二是千方百计扩大居民消费，提高消费对经济增长的贡献率。今年社会消费品零售总额要力争达到6740亿元，增长17%。着力提高消费能力，重点是提高农民收入、企业退休人员基本养老金、部分优抚对象待遇和城乡居民最低生活保障水平。建立健全企业职工收入与经济发展同步增长机制，提高工资收入在初次分配中的比重。在落实义务教育学校绩效工资的同时，加快推进其他事业单位绩效工资的实施。着力拓展消费领域，高标准搞好城市商业网点规划，加快商贸流通基础设施和流通平台建设，推动城市市场的活跃与繁荣。加强农村现代流通网络和农产品

流通体系建设，深入推进"万村千乡"和"双百"市场工程，开展好"农超对接"试点工作。继续做好家电、汽车、摩托车下乡工作，扩大补贴范围，完善补贴办法，延长汽车、摩托车下乡政策期限，有效扩大农村消费。着力培育消费热点，合理引导房地产市场价格，增加中小户型、中低价位普通商品房供给，积极吸引京津居民来冀购房置业，促进住房消费。加快宽带网络建设和农村信息化步伐，推进三网融合，促进信息消费。加快环京津休闲度假旅游产业带的开发建设，促进旅游消费。大力发展文化娱乐、体育健身、家政服务、养老服务、健康服务等，拓展服务领域，促进服务消费。着力引导消费需求，我省居民储蓄率较高，去年末储蓄存款余额达到13605亿元，消费潜力很大。要营造便利、安全、放心的消费环境，挖掘居民消费潜力，改善居民消费预期，提高消费对经济增长的贡献率。

三是放手放开发展非公有制经济，激发促进经济增长的新活力。大力发展民营企业，积极创造条件，形成千帆竞发、百舸争流的良好态势。加大对百强民营企业、千家成长型中小企业的支持力度，在资金、土地、技术、人才等方面给予倾斜。鼓励民营企业增加研发投入，打造知名品牌，提高市场竞争力。建立和完善中小企业信用担保体系，引导金融机构对有市场、有技术、有发展前景的企业增加贷款，帮助中小企业拓宽融资渠道。积极推动国家工作人员为农户提供小额贷款担保，组织好农户间的联合担保，解决农村经济发展中贷款难的问题，为农民创业致富提供资金支持。进一步推动和鼓励自主创业，营造全民创业、增收致富、竞相发展的生动局面，使民营经济增加值占全省生产总值的比重达到55%左右，实缴税金达到全省财政收入的50%左右。

四是用足用好国家信贷政策，发挥金融对经济增长的支撑作用。围绕信贷投放重点，积极创造条件，力争全年新增贷款2600亿元以上。增多做强金融市场主体，积极引进国内外银行、保险、证券、信托等金融机构来我省设立分支机构，鼓励现有股份制银行和城市商业银行增设网点、延伸服务。继续推进农村信用社改革，积极稳妥地发展村镇银行和小额贷款公司，组建新型农村金融机构。努力扩大直接融资规模，加强对100家拟上市重点企业的指导和服务，争取新增境内外上市或报审企业10家左右；鼓励发行企业债券、中期票据和短期融资券，加快发展私募股权投资基金和创业投资基金。建立健全信用担保体系，加强社会诚信体系建设，优化金融生态环境，促进金融业健康发展。

（二）围绕构建现代产业体系，加大产业结构调整和经济发展方式转变力度

认真落实加快构建现代产业体系的指导意见，组织实施11个产业调整振兴规划，积极推进工业化和信息化的融合发展，在各个行业和企业围绕研发、制造、经营，瞄准中外先进技术和水平，推进产业升级迈出实质性步伐。

一是加快改造提升传统产业。加大用先进适用技术改造传统产业的力度，做优做强三大支柱产业。钢铁产业要加快整合重组，推动钢铁产能向沿海和资源优势区域聚集，提升工艺技术水平和产品档次，确保曹妃甸大钢、邯钢西区扩建等项目全部建成，继续推进承德钒钛制品基地等项目建设，巩固扩大我省钢铁行业的优势；装备制造业要做大规模、提升档次，围绕车辆装备、能源装备、工程装备、专用设备、船舶产业、基础产品等六大领域，重点支持12个基地和12个园区建设，培育100家工业化与信息化融合的重点企业，着力抓好唐山高速动车组扩能二期、长城汽车综合改造升级等项目建设；石化工业要抓住时机、加快发展，重点延伸石油化工、煤化工和盐化工三大产业链条，推动一批项目建设，确保旭阳焦化、开滦能源化工、峰峰煤化工等项目顺利实施，谋划实施宁晋大型盐化工项目。同时，积极推进轻工、建材、纺织服装等产业的改造升级，组织好各行业、各企业与行业高端、强势企业的"对标行动"，着力打造一批高附加值、有市场竞争力的优势产业和优质产品。

二是培育壮大战略性新兴产业。瞄准国家产业政策的方向，重点培育新能源、电子信息、生物医药等战略性新兴产业，加快建设保定中国电谷、张承千万千瓦级风电、宁晋晶龙等新能源产业基地；加快建设廊坊、石家庄、秦皇岛等电子信息产业基地；加快建设华药新产品工业园、石药工业园等特色园区，力争形成若干个在国内外有较大影响力、竞争力的龙头企业和产业基地。积极推进节能环保、电动汽车、新材料、生物育种等产业迅速成长，力争高新技术产业增加值增速高于规模以上工业增速。

三是不断提高自主创新能力。以企业为主体、市场为导向、产学研相结合，深入实施企业技术创新和技术进步工程，加快建设面向企业的公共技术服务平台，在由中国制造向中国创造的转变中抢占先机、有所作为。切实抓好风能及光伏产业设备、半导体照明、煤基清洁能源、物联网技术应用等40个重大科技创新项目和1000个重点产业技改项目，争取在建的2个国家级质量检验中心通过验收；切实抓好中国乐凯胶片、以岭药业等5个国家级创新型企业和100家省级创新型试点企业；切实抓好企业国家重点实验室建设，力争国家级、省级重点实验室和工程技术研究中心达到150家；切实抓好300家知识产权优势企业和30个知识产权优势县培育工程。优化配置现有科研资源，引导和支持各类创新要素向产业园区、产业基地和企业集聚，努力建设创新型河北。

四是加大节能减排工作力度。围绕"双三十"单位、"双百"企业，切实抓好重点单位、重点工程和重点领域的节能减排，大力削减火电、钢铁、水泥等行业的大气污染物排放量，积极推进城镇污水集中处理、生活垃圾无害化处理设施建设；坚定有序地淘汰落后产能，妥善处理好节能减排和保增长、保民生、保稳定的关系，把握好工作的节奏和力度，有计划、有步骤地关停并转，对适合规模经营的行业加快兼并重组，对量大面广、经营分散行业的企业实行优胜劣汰，对高耗能、高排放的落后产能坚决淘汰；积极推进117家循环经济示范试点和30个示范项目建设，抓好726家重点企业的清洁生产和在线监测；大力

发展低碳经济，实施京津风沙源治理等造林绿化工程，切实加强生态保护和环境治理。

（三）围绕实现提质增效，做优做强工业经济

一是加强工业运行调节。重点抓好运行监测，积极主动地搞好生产调度，建立健全工业运行监测体系，加强对重点行业、重点企业、重点产品的监测；抓好产需衔接，深入开展工业品产需衔接洽谈活动，帮助企业开拓市场，在同质同价情况下，鼓励政府采购、工程建设等优先使用省内产品，提高本省产品的市场占有率；抓好要素供应，坚持分级负责、分类施治，对销售收入超百亿元的30家企业、超十亿元的247家企业、超亿元的2762家企业，分别由省、市、县给予重点扶持。同时，切实抓好新建项目的投产达产，使其尽快发挥效益。

二是大力发展工业园区和集群经济。高标准搞好园区规划，加强园区基础设施建设，突出抓好秦皇岛、廊坊、石家庄、保定高新区等4个国家级园区建设，积极推进沧州临港化工园区、唐山海港开发区、承德高新区等44个省级园区建设；重点培育曹妃甸循环经济示范区、邯郸冀南装备新城等100个产业聚集区，创建10个新型工业化产业示范基地，优先配置要素资源，推动企业向园区集中、产业向园区聚集，努力实现集约、集聚、科学发展。

三是提升企业内在竞争力。以技术进步、提高效益为重点，鼓励企业加强技术创新，优化产品结构，延伸产业链条，提高产品质量和附加值。实施品牌建设示范工程，培育具有自主知识产权的产品，争取向国家推荐中国名牌25项和驰名商标20件，新增省级名牌200项、优质产品150项、著名商标250件。同时，引导企业强化内部管理，提高劳动生产率，抢占市场制高点。

（四）围绕统筹城乡发展，切实做好“三农”工作

按照稳粮保供给、增收惠民生、改革促统筹、强基增后劲的要求，发展现代农业，加快新农村建设，促进城乡统筹发展。

一是稳定发展粮食生产。落实各项强农惠农政策，稳定面积、依靠科技、提高单产、增加总产，加大对定州、临漳等80个产粮大县的扶持力度，推进以良种培育为重点的农业科技创新。严格保护耕地，切实抓好4000万亩粮食生产核心区建设，实施好国家大型商品粮基地建设项目，落实好我省在国家新增千亿斤粮食生产能力规划中所承担的任务，积极争取国家的政策和资金支持。

二是加快农业产业化步伐。按照培植龙头、壮大规模、建立基地、带动农户的要求，积极推进农业产加销一体化。省、市、县三级联动，深入实施“111”行动计划，加快建设省级300家重点龙头企业和30个农产品加工示范基地县。巩固壮大畜牧、蔬菜、果品三大优势产业，大力发展牛奶、肉类、粮油、蔬菜、果品等五大加工业，培育一批有市场竞争力和影响力的农产品品牌。同时，坚持引进与培育相结合，打造一批生产规模大、带动能力强、市场前景好的龙头企业。推进农产品质量安全监管和检验检测体系建设，提高农产品质量安全水平。

三是拓展农民增收空间。以优质、高效、外向、生态、安全为目标，加快农业内部结构调整，提高农业比较效益，挖掘农业内部增收潜力。大力发展农村二三产业，组织引导农村富余劳动力进城务工就业，多渠道增加农民收入。全年力争农村富余劳动力转移新增150万人次。

四是加强基础设施建设。大规模开展农田水利基本建设，改造中低产田100万亩以上，建设高标准农田20万亩，因地制宜发展旱作农业、节水农业和设施农业；完成103座病险水库除险加固建设任务，抓紧实施大型灌区续建配套、大型泵站更新改造、中小河流治理等工程，提高农业的综合生产能力和抗灾减灾能力。

五是不断深化农村改革。稳定和完善农村基本经营制度，在依法自愿有偿的基础上，促进土地适度规模经营和土地承包经营权流转。继续推进征地制度改革。深化集体林权制度改革，抓好植树造林，提高林业的经济、社会和生态效益。鼓励和支持农民专业合作组织发展，全省力争发展到1.8万家，带动千家万户进入市场。进一步搞活农村金融，扩大农业政策性保险的覆盖面。

六是大力发展县域经济。认真落实发展县域经济的政策措施，加大对县域经济发展的支持力度，创新县域经济发展的激励机制，引导城市资金、项目、技术、人才等要素向县域流动，引导县（市）依托资源禀赋和产业优势，培育壮大新的特色产业集群，推进区域特色产业优化升级，提升县域经济的综合实力。

七是扎实推进新民居建设。坚持规划先行、产业带动、因地制宜、政策引导，以新民居示范工程为抓手，重点推进2000个新民居示范村建设，加快农村危房改造，完善农村道路、电网、通信、用水、沼气等基础设施，新改建农村公路1万公里，解决292万人饮水安全，新增沼气用户16万户，推动农村面貌改变。

（五）围绕打造发展新优势，大力推进服务业

一是明确服务业发展的方向。按照市场化、产业化、社会化的原则，进一步完善和落实扶持政策，增强功能、优化结构，提高供给能力和水平，加快构建充满活力、特色突出、优势互补的服务业发展的新格局，努力打造新的经济增长点。

二是拓宽服务业发展的途径。坚持面向生产，优先发展金融保险、研发设计、信息服务、商务服务、现代物流等，加快推进产业聚集；坚持面向民生，积极推进商贸服务、房地产业、社区服务、社区养老、家政服务、健康产业、文化创意和公用事业，建立健全服务网络；坚持面向农村，加快完善农产品和农资销售配送、农技推广、信息和金融服务等农村社会化服务体系。中心城市要更加重视发展服务业，尤其是要搞好商贸、物流等服务业，开辟领域、培育载体，聚集人气、繁荣经济。

三是打造服务业发展的优势。立足旅游资源优势，大力发展旅游业，加快实施环京津休闲度假旅游产业带规划，搞好旅游资源的集约化经营，重点建设秦皇岛滨海度假、廊坊商务休闲、张承草原生态旅游等七大聚集区，积极发展西柏坡红色旅游、邯郸历史文化旅游、承德皇家旅游、邢台百里太行生态旅游、衡水湖湿地生态休闲旅游等

特色旅游业，加强旅游基础设施建设，大力引进战略投资者，打造旅游精品线路，培植旅游知名品牌，努力把旅游业打造成战略性支柱产业；立足区位交通优势，大力发展现代物流业，加快建设物流业“一带、两通道、三类聚集区”，组织实施物流企业与制造业企业联动示范工程，做大做强河北物流等20家第三方物流企业，谋划建设大型专业化物流聚集区，力争物流业增加值增长18%以上；立足历史文化优势，大力发展文化产业，抓紧制定文化产业投资指导目录，重点发展现代传媒、出版印装、娱乐演出、动漫游戏、节庆会展、休闲健身和文化产品生产销售，实施一批文化产业项目，培育一批文化产业园区，建设一批示范基地和产业集群，打造一批知名文化品牌，促进河北文化的大繁荣、大发展，形成服务业发展的新优势。

（六）围绕加快城镇化进程，打好城镇面貌三年大变样攻坚战

省委、省政府提出的城镇面貌三年大变样工作思路，是以城镇化为抓手、推动科学发展的战略举措，要坚持不懈地抓下去。

一是在增强现代城市意识上有新提升。按照科学发展观的要求，瞄准更高目标，完善城市功能，凸显城市特色，提高市民素质，进一步增强现代城市的意识，在全省上下形成人人关心城市、人人热爱城市、人人为城市的建设与发展做贡献的共识和行动；进一步强化城市集约发展的理念，在提升城市规划、建设、管理水平的同时，推动城市发展上水平、出品位、生财富。

二是在改变城镇面貌上有新突破。按照拆建结合、以建为主，吸引资金、聚集产业，建管结合、综合治理的要求，坚持整体推进、重点突破，省、市、县三级联动，集中人力、财力、物力，围绕城市的重点区域、重点部位进行综合开发与建设，打造精品、形成亮点、提升档次。集中力量抓好石家庄滨河新区、唐山南湖生态城、秦皇岛西港东迁等100项重点建设工程；确保完成主城区内80%的城中村拆迁安置；大力实施城市交通、市容卫生、园林绿化、建筑改造、夜景照明等10项城市容貌专项整治工程，合理规划建设好便民服务设施，推动城市的环境优化、功能完善、面貌改观。

三是在带动产业聚集上有新进展。坚持以产兴城、以城带产，科学规划、合理布局，破除产业聚集过程中的体制障碍、区域障碍、资源障碍，优化土地、资金、水资源等要素配置，吸引投资置业主体特别是战略投资者，搭建产业集聚平台，拓展产业发展空间，为城镇发展提供强有力的产业支撑。

四是在增强承载能力上有新成效。坚持大中小城市和小城镇协调发展，在抓好中心城市建设的同时，更加重视以县城为重点的中小城镇建设。切实加强城镇基础设施建设，全省计划投入800亿元，重点构建便捷、安全、高效、生态的城市交通体系，加快供水、供气、供热等项目建设，加大污染源治理力度，提高基本公共服务能力。积极推进城际轨道交通和地下交通建设。同时，抓好市、县两级统筹城乡发展试点工作，促使进城农民逐步融入城镇，使在城镇稳定就业的农民有序转变为城镇居民。全省城镇化率提高1.6个百分点，达到45%。

（七）围绕完善体制机制，深入推进重点领域改革

一是深化国有企业改革。继续推进国有大型企业股份制改革，完善法人治理结构。大力实施国有企业战略重组，支持河北钢铁、冀中能源、开滦集团、建投集团等大型企业进行资产整合、联合并购，培育壮大河北港口、国控矿业和省粮食产业集团，组建河北航空集团，提高国有资本在重要行业和关键领域的控制力、影响力。完成政策性破产企业后续扫尾工作，采取多种形式放开搞活国有中小企业。进一步完善经营性国有资产管理体制，努力实现国资监管的全覆盖。

二是深化医药卫生体制改革。按照国家和省医改方案，加快落实近期医改五项重点工作。实施国家基本药物制度，完善药品集中采购平台，加强基本药物配备使用管理。逐步建立居民健康档案，城市居民健康档案规范化建档率达到40%，农村达到15%。稳妥推进公立医院改革试点，完善公立医院管理体制和运行机制。

三是深化行政管理体制改革。完成市、县政府机构改革任务。减少和规范行政审批，对已精简的319项行政审批事项和清理规范的281项收费项目，确保落实，防止反弹。搞好与国务院取消项目的衔接落实，切实理顺部门之间、部门内部的审批程序，支持中介组织发展，提升服务功能，在全省营造一种说话讲文明、办事讲效率、服务讲质量的好风气，进一步推动政府职能转变。

四是深化财政体制改革。依法加强税收征管。推进预算管理改革，扩大省级发展性支出三年滚动预算试点，深化实施零基预算和绩效预算，优化支出结构，保障重点支出。完善财政转移支付制度，增强基层政府提供基本公共服务的能力。完善省内财政体制，明确政府间支出责任划分，推进省直管县财政管理改革，直管范围扩大到92个县，完善县乡财政体制。继续深化国库集中收付和政府采购制度改革，完善财政监督机制。

五是深化文化体制改革。创新公益性文化事业和经营性文化产业的体制机制。深化文艺表演院团、报刊音像出版单位的体制改革，推进经营性文化单位的转企改制，组建河北演艺集团公司、影视集团公司。推进文化市场综合执法改革，规范文化市场秩序。

同时，按照国家要求，进一步加强国土资源管理，深化资源性产品价格和环保收费改革，加大矿产资源整合力度，改革污水处理、垃圾处理收费制度，稳步推进天然气、水价等各项改革。

（八）围绕发展开放型经济，努力提高对外开放水平

我省地处东部沿海、环绕京津，有着独特的开放发展优势。要树立开放度有多大、发展空间就有多大的理念，形成开放开发的共识。充分利用国际国内两个市场、两种资源，加快基础设施建设，在继续抓好铁路、高速公路、港口建设的同时，更加重视航空业的发展，支持石家庄、唐山、张家口、承德、秦皇岛、邯郸等地加快机场建设和

改造，构建海陆空运相配套、相衔接、相协调的现代化交通体系，加快形成大开放、大开发、大发展的新优势。

一是壮大沿海经济。发挥我省拥有487公里海岸线的优势，实施好秦唐沧地区发展规划，形成滨海旅游业、海洋煤油气综合产业、海洋物流业等支柱产业，将秦唐沧地区打造成临港工业聚集、内外贸易繁荣、沿海旅游兴旺、现代物流发达、生态环境良好的滨海现代化新都市。加快秦皇岛港、唐山港、黄骅港三大港口基础设施建设，完善港口功能，尽快形成现代化综合性港口群；加快曹妃甸新区、渤海新区、北戴河新区建设，推进临港产业的加速聚集和发展；加快曹妃甸、黄骅两个新城建设，逐步形成由秦皇岛、曹妃甸、黄骅三个百万人口港城组成的沿海城市连绵带。推动港口、港城、港区协调联动，合理开发和利用海洋资源，积极发展海洋经济，努力打造新的沿海经济增长极。

二是主动对接京津。认真贯彻落实胡锦涛总书记视察河北时的重要指示精神，在为首都服务中发展壮大河北的经济。一方面，按照党中央、国务院的要求为京津提供各种服务；另一方面，积极做好承接转移、接受辐射的大文章，尤其在承接京津资金、项目、产业、人才、信息、技术、消费转移等方面，要有大的举措、大的平台、大的进展。全方位深化与京津的合作，搞好产业对接，重点抓好环京津高新技术产业带建设，实现高端产业配套协作、优势产业协调互补；搞好人才对接，千方百计地吸引优秀人才、引进先进技术；搞好金融对接，充分利用京津地区发达的金融市场，引进充裕资金；搞好规划建设对接，高起点规划、高水平建设，完善铁路、公路、通信等基础设施，形成紧密联系、方便快捷的物流、人流、信息流通道；搞好服务对接，通过提供休闲、旅游、居住等服务实现借力发展，吸引京津现代生产要素向我省流动，推进京津冀区域经济一体化，使河北经济在对接京津中不断发展壮大。

三是加强招商引资。突出日韩、港台、欧美等重点区域和国内特别是京津地区，放眼各个国家和地区，开展多种形式的招商活动，提高招商实效。继续办好河北（香港）投资贸易洽谈会、中国廊坊国际经贸洽谈会，精心组织参加上海世博会、中国（厦门）投洽会、中国（深圳）高交会等重大活动，加强与世界500强等国内外大企业的合作，积极引进战略投资者。进一步改善投资环境，提高利用外资的质量和水平，全省实际利用外资力争完成38亿美元以上。

四是积极扩大出口。实施市场多元化战略，稳定欧洲、北美等发达国家市场，巩固日韩、俄罗斯、东南亚市场，开拓南亚、中东、非洲、拉美等新兴市场；调整出口产品结构，巩固钢材、服装、医药等传统骨干产品出口，扩大高新技术和机电产品出口，集中培育新能源、信息产品等八大出口产业集群，支持省级出口基地和出口超亿美元大户壮大规模，力争全省出口总值增长8%。加快“走出去”步伐，支持企业到境外承包工程，鼓励有条件的企业到境外开展重要能源、基础原材料和紧缺资源合作。

（九）围绕保障和改善民生，不断加强社会建设

经济社会发展的根本目的是保障和改善民生。始终把解决好民生问题作为最大的政治、最大的政绩，完善政策措施，加大投入力度，着力为人民群众办好十个方面的实事。

一是千方百计扩大就业。把就业工作摆在更加突出的位置，继续实施积极的就业政策，多渠道创造就业岗位；开展就业援助，重点针对零就业家庭、残疾人、低保对象和就业困难的高校毕业生，开发公益性就业岗位；落实困难企业岗位补贴、社保补贴、培训补贴政策，帮助企业稳定就业岗位；鼓励有创业能力的人员自主创业，以创业带动就业，确保城镇新增就业60万人，确保城镇登记失业率控制在4.6%以内。

二是完善社会保障体系。扩大社会保险覆盖面，将更多的中小企业就业人员、灵活就业人员、农民工纳入社会保险覆盖范围；启动实施好18个国家新型农村养老保险试点，对参保人员缴费给予补贴；进一步提高企业养老、失业和工伤保险待遇；稳步提高城镇职工、居民医保住院费用报销比例；将新型农村合作医疗补助标准提高到120元，参合率稳定在90%以上。

三是大力帮扶困难群体。完善低保水平与全国同步增长机制，稳步提高低保户待遇，加强对低保边缘群体的救助；加强“五保”供养工作，加快敬老院、光荣院、福利院“三院合一”工作；开展城乡医疗救助，对低保家庭中重病重残人员、高龄老人、儿童和缺乏劳动力的家庭实施重点救助；加大扶贫开发力度，支持黑龙港地区、太行山区、张承等贫困地区和少数民族地区发展，基本完成第三批2155个贫困村的整村推进任务，争取解决20万农村扶贫对象的脱贫问题。

四是推进安居工程建设。积极构建以廉租住房为主的城镇保障性住房新模式，完善财税、土地、金融等配套政策和实施办法，将有稳定收入的农民工纳入保障性住房范围，力争筹集廉租住房2.5万套。加快棚户区和农村危房改造步伐，完成棚户区及危旧房改造300万平方米以上，解决15.2万户城市低收入家庭住房困难。

五是优先发展教育事业。健全义务教育经费保障机制，实施中小学校舍安全工程，继续推进义务教育均衡发展；巩固职业教育规模，实施高校“双重工程”，提高高等教育质量；加强教师培训，抓好农村教师队伍建设；完善家庭经济困难学生资助体系，确保每一名家庭经济困难学生得到有效资助。

六是提高医疗服务水平。加强县级医院、重点中心乡镇卫生院建设，标准化、规范化乡镇卫生院示范县（市）达到85%；社区卫生服务街道覆盖率达到98%；开展“万名医师支援农村卫生工程”，建立健全城市卫生支援农村卫生长效机制；实施医疗惠民工程，减轻群众就医负担；推进中医药事业发展；加强甲型H1N1流感等重大疫病防控，提高突发公共卫生事件的应急处置能力。

七是繁荣文化体育事业。加大公共文化设施建设力度，全面完成省图书馆等工程建设和717个乡镇综合文化

站建设任务；做好44家博物馆、纪念馆免费开放工作，加强文化遗产保护；抓好文化信息资源共享、农家书屋、广播电视村村通、农村电影放映等文化惠民工程，推动文化资源向基层和农村倾斜。深入开展全民健身运动，建设4200个农民体育健身工程、230个城区公园和广场健身工程，举办好第十三届省运会。

八是做好人口计生工作。落实人口和计划生育政策，实施优生促进工程，提高出生人口素质。严格监管制度，加强综合治理，努力解决出生人口性别比偏高问题。实行人口与计划生育目标管理责任制，继续稳定低生育水平。做好全省第六次人口普查工作。

九是切实加强公共安全。扎实开展食品安全监管长效机制建设年活动，加大食品安全整顿和药品安全专项整治力度，严厉打击食品药品制假售假行为，让广大群众买得放心、吃得安全。健全和落实安全生产制度，强化安全生产监管责任，抓好高危行业、人员密集场所、道路交通等安全管理，有效防范和遏制重特大安全事故的发生。

十是维护社会和谐稳定。深入推进平安河北建设，积极排查化解和妥善处理社会矛盾，抓好社会管理创新，强化公正廉洁执法，重视做好信访工作，认真解决征地拆迁、企业改制、环境污染、涉法涉诉等关系群众利益的突出问题。完善突发事件应急处置机制，有效预防和妥善处置各类群体性事件。加强社会治安综合治理，依法严厉打击违法犯罪，深入开展打黑除恶斗争，切实增强人民群众的安全感。

与此同时，支持工会、共青团、妇联等群众组织开展工作，发展妇幼、老龄、残疾人和慈善事业。加强国防建设，做好“双拥”和民兵预备役工作，巩固和增进军政军民团结。全面贯彻党的民族宗教政策，做好民族宗教工作。推动外事侨务、档案、气象、地震、测绘、人防、地方志等各项事业的发展。重视未成年人思想道德建设，净化社会文化环境。继续做好对口援建四川平武灾区工作，按时保质保量地完成援建任务。重视做好编制“十二五”规划工作，力争使“十二五”规划成为一个体现国家战略意图、符合河北实际的科学发展的好规划。

四、切实加强政府自身建设

当前，我省正处于科学发展、富民强省的关键时期，对政府工作提出了新的更高的要求。必须坚持以科学发展观为指导，切实加强政府的自身建设，不断提高推动科学发展的能力和水平，在更高的起点上开创各项工作的新局面。

（一）进一步强化机遇意识，只争朝夕抓发展。当前我们面临的发展机遇千载难逢、非常难得。党中央、国务院为应对危机、化危为机继续实施积极的财政政策和适度宽松的货币政策，中央经济工作会议作出转变发展方式的战略部署，省委、省政府关于城镇面貌三年大变样、构建现代产业体系等重要决策，都为我省实现高起点上发展提供了有利条件。我们一定要抓住时机、乘势而上，千方百计地用活用好政策，千方百计地多上快上项目，千方百计地引进战略投资者，千方百计地鼓励和引导全民创业、增收致富，千方百计地培植新的经济增长点，进而既拉动近期的经济增长，又为河北的长远发展备足后劲。

（二）进一步强化创新意识，转变观念求突破。解放思想、与时俱进，把改革创新精神贯穿到政府工作的全过程，坚持带头创新，适应国内外形势的新变化，认真研究和解决保增长、调结构、促改革、惠民生的新情况、新问题，在转变经济发展方式上探索新路子、实现新突破；坚持引领创新，搭建创新平台，激活创新主体，鼓励和支持各类企业瞄准世界前沿，加快技术创新、管理创新的步伐；坚持推动创新，倡导致力创新、自觉创新的价值观，使一切创新活动得到鼓励、创新成果得到肯定，全社会创新的源泉充分涌流，进而加快创新型社会、创新型河北的建设。

（三）进一步强化服务意识，一心为民谋福祉。切实做到权为民所用，加快政府职能转变，完善公共服务体系，将公共资源更多地向民生领域倾斜；做到情为民所系，真诚倾听群众呼声，真实反映群众愿望，真情关心群众疾苦；做到利为民所谋，紧紧围绕人民群众的所思、所需、所盼，满腔热情、尽心竭力地为人民群众办实事、干好事、解难事。

（四）进一步强化实干意识，形成务实好作风。河北的人民善良、朴实、勤劳，河北的干部务实、勤奋、重干。各级政府都要带着感情、带着责任，弘扬求真务实精神，坚持察实情，深入基层、深入群众，问政于民、问需于民、问计于民，提高民主决策、科学决策水平；坚持干实事，多做打基础、管长远的工作，多办群众急需、便民利民的好事，努力干出经得起实践、历史和人民检验的实绩；坚持重实效，说到做到，不干则已、干就干好，不抓则已、抓就抓成。切实改进会风、文风，严格控制和规范各种检查、评比、达标活动，不做表面文章，不搞形式主义。

（五）进一步强化法制意识，依法行政严要求。切实把政府工作纳入依法运行的轨道。严格执行人大及其常委会的决议、决定，自觉接受人大及其常委会的法律监督和工作监督；加强与人民政协的协商，自觉接受人民政协的民主监督；广泛听取各民主党派、工商联和无党派人士的意见和建议。认真办理人大代表建议和政协委员提案。深入推进政务公开，切实保障人民群众的知情权、参与权、表达权、监督权。加强和改进政府立法工作，提高立法质量。严格实行行政执法责任制，规范行政执法行为。加强行政复议工作。重视发挥新闻舆论和社会公众的监督作用。

（六）进一步强化清廉意识，廉洁自律作表率。严格落实廉政建设责任制，坚持用制度管权、管人、管事，确保权力规范运行、透明运行、阳光运行。始终牢记“两个务必”，严格遵守廉洁自律的规定和要求，勤勉尽责、秉公用权，堂堂正正做人，清清白白做官，干干净净做事。厉行节约，勤俭办一切事情，严格财政支出管理，严格控制修建楼堂馆所，严格公费出国出境管理，严格规范公务接待行为，坚决反对铺张浪费和奢靡之风，以实际行动和工作业绩，努力建设团结务实、廉洁高效的政府，建设有所作为、值得人民群众信赖、让全省人民群众满意的政府！

各位代表！

英雄的河北人民，在历史长河中创造了灿烂的燕赵文化，在新中国诞生的伟大创举中铸就了辉煌，在改革开放的春风里阔步前进，在城镇面貌三年大变样的号角声中披荆斩棘，实现了旧貌变新颜。时代赋予重托，奋斗迎来光明。宏伟的事业激励着我们，人民的期待鞭策着我们，美好的前景鼓舞着我们。我们坚信，在以胡锦涛同志为总书记的党中央的坚强领导下，有省委的直接领导，有人大、政协和社会各界的大力支持，有7000万河北人民的同心协力，我们一定能够圆满完成今年经济社会发展和“十一五”规划的各项目标任务，一定能够在科学发展、富民强省的征程中昂首阔步地前进，一定能够创造出无愧于时代、无愧于人民的新业绩，一定能够迎来河北更加光明、更加美好、更加灿烂的明天！

关于河北省2009年国民经济和社会发展计划执行情况与2010年国民经济和社会发展计划（草案）的报告

——2010年1月12日在河北省第十一届人民代表大会第三次会议上

河北省发展和改革委员会主任　沈小平

各位代表：

受省政府委托，我向大会作河北省2009年国民经济和社会发展计划执行情况与2010年国民经济和社会发展计划（草案）的报告，请予审议，并请省政协委员和其他列席人员提出意见。

一、2009年计划执行情况

刚刚过去的一年，是新世纪以来我省经济社会发展最为困难的一年。面对严峻复杂的国内外经济形势，各级各部门紧紧围绕实现省十一届人大二次会议确定的目标任务，认真落实应对国际金融危机冲击的一揽子计划和政策措施，全力保增长、调结构、促改革、惠民生，全省经济增速下滑势头得到遏制，总体形势回升向好，各项社会事业取得新成绩。

大多数指标达到或超过既定计划目标。生产总值预计比上年增长10%；地方一般预算收入完成1066.2亿元，增长12.5%；城镇居民人均可支配收入14785元，农民人均纯收入5130元，分别增长10%和7%左右；城镇新增就业57.3万人，登记失业率控制在4%以内，城镇参加基本养老保险人数915万人；居民消费价格总指数99.1；全社会固定资产投资完成12300亿元，增长38%左右，其中城镇固定资产投资增长40%以上；社会消费品零售总额实现5760亿元，增长18%；地方普通高校招收研究生10648人，中等职业教育学校招生50万人；人口自然增长率为6.5‰左右；单位生产总值能耗下降5%以上，化学需氧量、二氧化硫排放量均削减5.5%。

四项指标没能实现年度计划目标。一是全部财政收入完成2018.1亿元，为年初预算的98%，主要原因是受工业经济效益下滑和政策性减收等因素影响，增值税、企业所得税等主体税种的收入有所减少。而与此同时，落实新增中央投资项目地方配套资金、推进医药卫生体制改革等刚性支出大量增加，财政收支矛盾十分突出。二是出口总值预计完成150亿美元，下降37.6%，低于15%左右的预期增速，主要原因是在国际金融危机的冲击下，外部需求明显萎缩，钢材、机电等产品出口大幅下降。三是实际利用外资完成36.9亿美元，增长1.6%，比年度计划少3.1亿美元，主要原因是随着国际金融危机由虚拟经济向实体经济蔓延，有些合资合作项目延缓实施进度，部分外资未能按原计划到位。四是地方普通高校招收本、专科生31万人，比年度计划少5700人，主要原因是一些已录取考生未报到入学。

二、2010年主要发展目标

按照“既要保持经济平稳较快发展，又要在转变发展方式上取得突破”的总体要求，今年经济社会发展计划指标（草案）共设置11大类33项。按预期与约束属性划分，预期性指标26项，约束性指标7项；按数量与质量属性划分，反映速度的指标11项，体现结构效益和社会发展的指标22项。在具体指标安排上，既客观考虑各方面的有利支撑条件，又充分估计面临形势的严峻性和复杂性，也注重与“十一五”规划目标相衔接。

——*经济平稳较快发展*。全省生产总值比上年增长9%以上。规模以上工业增加值增长13%。全社会固定资产投资增长20%左右，社会消费品零售总额增长17%，出口总值增长8%。全部财政收入增长9%，其中地方一般预算收入增长8.4%。

——*产业结构不断优化*。装备制造业、高新技术产业增加值增速分别高于规模以上工业3个和5个百分点，服务业增加值增速高于生产总值1.5个百分点，畜牧业产值占农林牧渔业总产值的比重比上年提高1.5个百分点；研发经费支出占GDP的比重达到0.8%。

——*发展代价继续减小*。单位生产总值能耗下降4%，化学需氧量、二氧化硫排放量分别削减2.4%和1%以上。

——*人民生活逐步改善*。城镇居民人均可支配收入增长10%，农民人均纯收入增长6%以上。居民消费价格涨幅预期在3%左右。城镇新增就业60万人，登记失业率控制在4.6%以内。城镇参加基本养老保险人数达到955万人。

今年生产总值预期增长9%以上，兼顾了需要与可能。从需要看，在全省经济回升向好但国内外环境依然十分复杂的关键时期，这样安排有利于进一步增强各方面发展信心、稳定市场预期，对扩大就业、增加收入、改善民生、维护社会稳定都十分必要。从可能看，根据2010年投资、消费、出口预期增速与近几年的弹性系数综合测算，三大需求可拉动经济增长9.5%左右；根据相关因素分析预测，一、二、三次产业增速今年可分别达到4%、11%和10.5%，按其与去年三次产业结构比加权测算，能够支撑生产总值增长9.8%。因此，经济增长预期在9%以上，既积极有所作为又适当留有余地，有利于引导各方面把精力集中到加快构建现代产业体系、转变经济发展方式、提高经济增长质量和效益上来，避免单纯追求速度的倾向。实际工作中，要在“好”的前提下力争发展得更快一些。

全面完成今年经济社会发展的各项目标任务，需着重把握以下原则：

——*把增强内生动力作为扩内需、保增长的根本途径*。通过提高投资效益、挖掘消费潜力、扩大民间投资，进一步拓展内需增长空间，促使经济增长由应对危机时主要依靠政策驱动向充分发挥市场主体自主拉动作用转变。

——*把加快构建现代产业体系作为转变发展方式的主攻方向*。围绕研发、制造（生产）、经营比较普遍的优质或高附加值产品，切实增强自主创新能力，大力推进产业结构调整和节能减排，实现有内涵的发展。

——*把实施“三年大变样”作为提升城镇化水平的重要载体*。坚持城市规划、建设、管理统筹推进，大中小城市和小城镇协调发展；继续提高产业、要素、财富的聚集度，增强城市综合承载能力和对周边地区的辐射带动作用。

——*把深化改革扩大开放作为促进科学发展的动力源泉*。围绕制约经济协调、持续发展的体制机制问题，推动重点领域和关键环节改革取得突破性进展；顺应国内外产业转移趋势，拓延对外开放的广度和深度，扩大规模、提升层次。

——*把加强薄弱环节作为改善民生的工作重点*。集中财力支持一批社会发展急需、城乡居民期盼的民心工程；更加注重公共资源配置向农村特别是贫困地区倾斜，加快发展社会事业，不断增强发展的协调性。

三、工作重点和主要措施

今年是完成“十一五”目标任务的决战年，也是巩固经济回升向好基础的关键年。我们要按照全省经济工作会议的总体部署，齐心协力，攻坚克难，努力促进经济社会又好又快发展。

（一）着力扩大内需，保持投资、消费持续较快增长。坚持把上项目、增投入作为促发展的关键举措，以项目质量的提高带动投资规模的扩大和产业结构的优化。加强中央投资项目建设和管理。围绕国家确定的重点领域，精心组织筛选项目，做深做实前期工作，尽可能多地争取资金支持。逐级建立中央投资申报安排与项目实施情况特别是地方配套资金到位率相挂钩的机制，严格执行审批程序，落实建设条件，力争早开工、快实施、保质量、见成效。强力推进重点项目建设。今年省重点项目安排1300项，年度计划投资2500亿元以上。要突出抓好重点产业调整和振兴规划实施意见内的项目建设，确保长安定州基地微型车扩能、石家庄通用航空产业基地一期等项目投产或部分投产，山海关船舶配套产业园、邢台晶龙单晶硅二期等项目开工建设；加快能源、交通等重大基础设施建设，争取张家口百万千瓦级风电基地一期并网发电，推进邯黄铁路、承唐高速公路等“东出西联”项目建设，力促唐山军民合用机场通航、秦皇岛民用机场开工、张家口军民合用机场和承德机场获国家批复。加大项目谋划储备力度。坚持“自谋”与“他谋”相结合，“发挥优势”与“无中生有”相衔接，围绕促进传统产业升级、培育新兴产业壮大和加快现代服务业与农业产业化发展，下大力谋划更多的优质项目，力争有一批重大项目列入国家“十二五”专项规划。着力保障项目建设的要素需求。健全用地指标动态调整机制，通过开展“空心村、砖瓦窑、工矿废弃地”集中整治增加建设用地。制定并认真落实促进民间投资的具体措施，进一步降低民间资本市场准入门槛，鼓励其进入基础设施、公用事业、金融服务和社会事业等领域；落实省政府与商业银行总行签订的战略合作协议，规范发展地方投融资平台，多渠道筹措建设资金。

增强消费需求对经济增长的拉动作用。围绕提高消费能力，研究调整和优化收入分配格局的实施意见，明确改革的目标、步骤和措施，提高居民收入在国民收入中的比重及劳动报酬在初次分配中的比重；落实事业单位绩效工资政策，建立社会保障水平与经济发展、物价上涨相适应的增长机制。围绕培育消费热点，支持居民自住和改善型住房消费，增加普通商品房用地供应，规范发展住房二级市场，合理引导房地产市场价格；认真执行家电、汽车、摩托车下乡及以旧换新等政策措施，大力发展文化创意、保健康复、教育培训等领域的服务消费；顺应社会老龄化趋势，抓紧编制基本养老服务体系建设规划，引导社会力量兴办和运营养老服务机构；加大重点景区基础设施建设力度，搭建自驾游服务平台，促进休闲旅游消费。围绕改善消费条件，结合城镇面貌“三年大变样”，高标准规划建设服务业网点；推进国大超市等12个城乡一体化物流配送项目建设，搞好大型农产品市场改造升级，启动新一轮农村电网改造工程，加快农村宽带网络建设和农村信息化步伐；强化食品药品安全和价格监管，营造公平诚信的市场环境。同时，要着眼于扩大生产性消费，鼓励工商企业剥离和外包物流业务，重点扶持20家第三方物流企业做大做强。

（二）下大力调整产业结构，提高工业经济竞争力。在发展方向上推进“三化”。一是优势产业高端化。对钢铁、装备制造、石化等优势产业，着力优化生产力布局，

发展壮大龙头企业，提高技术装备水平，加强创新能力建设，提升综合竞争力。二是新兴产业规模化。重点培育电子信息、新能源和生物三大产业，既要巩固现有基础，又要盯住潜在优势领域和具有战略价值的产业链条，组织实施重大专项，力争形成若干个在全国有较强影响力和竞争力的龙头企业与产业基地。三是传统产业品牌化。加大对轻工、建材、纺织服装等传统产业改造提升力度，实施企业整合重组和产品精深加工，培育一批领军企业和知名品牌。

在推进手段上突出产品和技术两个关键环节。尽快提出开展“对标行动”和品牌建设“示范工程”的具体实施方案，组织企业在技术装备、新产品研发、经营管理等方面逐项查找差距，明确追赶、跨越的路线图和时间表，制定有针对性的保障措施并抓好落实。大力实施企业技术创新工程，支持以岭药业等105家省级以上创新型试点企业，建设风电及光伏产业设备等40个重大科技创新项目。出台省重点产业发展专项资金使用管理办法，切实发挥其对重大生产力布局调整、骨干企业技术改造和新产品开发的引导作用。

在转变方式上促进集约集聚发展。落实支持重点产业聚集区发展的政策措施，建立健全动态管理机制和考核评价体系，培育壮大首钢大厂和迁安装备制造、邯郸重型车、华药与石药工业园、衡水工程橡胶等一批产业基地和园区；出台并组织实施环首都高新技术产业带发展规划。加快秦唐沧沿海地区开发建设步伐，推进曹妃甸新区临港产业加速聚集，争取渤海新区黄骅港综合港区起步工程早日投入运营，支持北戴河新区做大做强休闲旅游产业集群。

（三）打好“三年大变样”攻坚战，不断加快城镇化步伐。注重质量内涵。在大型公共建筑、重大基础设施、重点园林和滨水环境、中心广场和重要功能区、主要街道景观等五大领域，强力推进石家庄滨河新区等100项重点工程建设，增强城市综合承载能力。支持以县城为重点的中小城镇建设，加大对供水、供气、供热和污染治理等基础设施的投入力度。大规模开展城市容貌与景观环境整治活动，实施城市交通、景观照明等10个专项整治工程，督促危化、污染企业加快搬迁进度。

注重规划引导。调整完善城市空间发展战略规划，逐步将设区市周边县（市）纳入中心城区规划范围，实现同城化管理、一体化发展。进一步开放规划设计市场，全面完成城市重要节点、重点地段的设计和修建性详细规划。完善省域城镇体系规划，编制环京津卫星城市带规划，开展以县城为重点的小城镇建设规划编制工作。

注重机制创新。遵循市场规律，充分运用收储的土地筹集建设资金。推进城市管理重心下移，基本建立以市级为主导、区级为主体、街道为基础的管理体制。对自然垄断行业通过公开竞标选择企业实行特许经营，逐步将作业任务推向市场。放宽城市落户条件，着力解决农民工住房保障、社会保险和子女入学等突出问题，吸纳在城镇稳定就业和居住的农民转为城镇居民，力争城镇化率比上年提高1.6个百分点。

（四）加大支农政策力度，力促农业增效和农民增收。加快发展现代农业。以建设4000万亩粮食生产核心区为载体，实施新增粮食生产能力规划，搞好农田水利、农业机械化等8项工程，启动保定大型商品粮基地建设，确保石家庄优质小麦生产基地竣工。以培育壮大畜牧、蔬菜、果品三大优势产业为重点，建成一批奶牛标准化规模养殖小区，支持蔬菜生产优势区域带建设，新改建优质果品基地200万亩。以发展农产品精深加工为目标，抓好农业产业化“111行动计划”亿元以上项目建设，做大做强冀中南粮油等5大加工集群。以促进农业规模化生产为方向，稳步推进土地承包经营权流转，对具有一定土地规模的经营主体在项目建设和资金安排上给予倾斜。

完善基础设施和科技支撑体系。采取以奖代补等形式，引导农民开展土地整治和中低产田改造，完成103座病险水库除险加固建设任务，年内新增节水灌溉面积200万亩。支持大宗农产品仓储设施和冷链物流建设。改革完善基层农技推广体系，抓好65个省级以上基层农技推广示范县建设，推进优良品种和高产栽培技术普及应用。

增加农民现金收入。认真执行国家扩大涉农补贴规模、提高粮食最低收购价和实施临时收储等政策，促使农产品价格保持在合理水平；落实对化肥等农资生产企业的优惠政策，稳定农资价格。依托职业学校、实训基地大规模开展农民工技能培训，通过壮大县域经济拓展农民就地转移就业空间，严格执行以工代赈劳务报酬政策，保持工资性收入较快增长。

（五）狠抓节能减排，推动发展方式转变。抓重点、盯目标。深入实施“双三十”行动，在项目建设、资金扶持等方面予以倾斜，严格按三年目标任务考核并落实奖惩措施。抓好“双百企业”节能工程，认真兑现与省政府签订的目标责任状。加强对726家企业的污染源在线监控，促其稳定达标排放。督促累计进度滞后的设区市强化工作措施，努力实现“十一五”规划目标。

把关口、上工程。认真执行固定资产投资项目节能审查评估和环境影响评价制度，全面落实区域禁（限）批建设项目实施意见，严格控制新上高耗能、高排放项目。大力发展循环经济和低碳经济，抓好117家循环经济试点工作，继续实施30个示范项目，落实钢铁、化工、煤炭、建材等行业的推进计划，支持保定市开展国家低碳城市试点。加快100个节能减排重点项目建设，确保按计划开工并投入运行。

建机制、强约束。公布高耗能产品能耗限额，加大对重点地区、重点单位用能的监察力度。推广合同能源管理机制，全面落实城市污水、垃圾收费制度，完善重点流域跨界断面水质生态补偿政策。探索建立企业节能减排成效与信用等级评定、信贷资金支持联动机制。完善落后产能退出机制，按国家要求如期完成淘汰任务。

（六）强化财政金融调节功能，提高对经济增长支撑能力。落实国家和省税费减免政策，涵养壮大税源。加强对重点企业和主体税种监控，实行非税收入集中征缴，做到应收尽收但绝不虚收。整合发展类资金，优先安排中央投资项目地方政府配套资金，支持自主创新和结构调整等重点项目建设。严格控制一般性支出，增加对“三农”、社会保障、义务教育等薄弱环节的支出，保障医药卫生体制、收入分配制度等领域改革的需要。推进省直管县财政体制改革，增强县级财政调节能力。

努力扩大融资规模。引导金融机构加大对新兴产业、中小企业和重点项目的信贷支持力度，有针对性地培育消费信贷增长点。增多做强市场金融主体，力促招商银行、北京银行在我省的分支机构尽早开业，鼓励现有股份制银行和城市商业银行增设网点、延伸服务，争取建成6家新型农村金融机构和20家小额贷款公司。加强对拟上市企业的指导和服务，鼓励市场主体发行企业债券、中期票据和短期融资券，支持有条件的大型企业设立财务公司。大力推动金融创新，改善金融生态环境。

（七）扎实推进改革开放，增强经济发展的动力和活力。围绕发展抓改革。加大国有经济战略性重组力度，支持河北钢铁、冀中能源、冀东水泥等集团公司整合省内资源和产能，推动河北港口集团等企业加快内部资源和业务板块的重组，抓紧组建河北航空集团。深化投资体制改革，实行省级以下项目统一受理、并联办理、限期办结的审批模式，推行政府投资项目后评价和重点项目公开公示制度。推进医药卫生体制改革，落实加快基本医疗保障制度建设、建立国家基本药物制度、健全基层医疗服务体系、促进基本公共服务均等化、启动公立医院改革试点等5项重点改革举措。稳步实施资源性产品价格改革，开展大用户直购电试点，对居民生活用电推行阶梯电价，完善供热计量价格收费制度，制定水资源费征收使用管理办法。鼓励和支持民营经济加快发展，及时发布产业规划和行业准入标准，继续把符合条件的民营经济项目纳入省重点建设计划，引导民营企业提高项目谋划水平；完善创业辅导、融资担保和技术支持三大服务平台，新增创业辅导基地50个，担保资本金规模达到100亿元。

坚持规模与质量并重促开放。紧盯重大利用外资项目，加强协调调度，努力提高合同履约率和外资到位率；瞄准重点国家、地区和世界500强，在先进制造业、高新技术产业、现代服务业等领域，力争更多地引进合资合作项目。深度对接京津两大都市，继续推进已签约的23个项目建设，千方百计吸引人才、技术和资金；加强与国内大公司、大集团的战略合作，已建立实质性合作关系的要拓宽领域、提升层次，签订协议的要尽快落实到具体项目上并付诸实施，潜在的合作伙伴要主动跟踪研究其发展战略、投资意向及合作条件并择机“联姻”。鼓励有条件的企业“走出去”开发战略性资源，开拓国际市场。争取国家进出口优惠贷款规模和出口信用担保额度，支持15家出口超亿元企业保份额、拓市场，增加机电、高技术产品和劳动密集型产品出口。扩大先进技术、关键设备和重要原材料进口。

（八）更加注重保障和改善民生，促进经济社会协调发展。以扩大就业再就业固民本。延长已到期的促进就业再就业优惠政策，健全公共投资带动就业增长机制。加强高校毕业生供需对接和就业指导，组织实施“创业导航行动”和“岗位见习计划”等活动。完善就业援助制度，建立困难群体就业托底安置机制。

以提高社会保障水平排民忧。适时调高企业离退休养老金、城乡低保标准，扩大工伤、医疗保险市级统筹范围，在18个县（市、区）开展新型农村养老保险试点，稳步推进事业单位养老保险制度改革，逐步将更多的灵活就业人员、农民工、大学生纳入社会保险范围，努力解决集体企业未参保退休人员等群体的参保问题。

以发展社会事业解民难。免除中等职业学校农村家庭困难学生和涉农专业学生学费，加快中小学校舍安全工程建设，采取“教师特岗计划”等方式提高农村教育质量。上调城镇居民医保和新型农村合作医疗补助标准，新改建一批中心乡镇卫生院和行政村卫生室，落实甲型H1N1流感等重大疫病防控措施。抓好卫星电视直播“村村通”工程，完成717个乡镇综合文化站建设任务。深入开展全民健身活动，继续实施“计生惠民”工程，努力促进气象、地震、档案、文物和民族、宗教、妇女、儿童、残疾人等各项社会事业全面发展。

以改善居住和公共设施条件谋民利。大力实施保障性安居工程，力争筹建廉租住房2.5万套，竣工经济适用住房150万平方米，解决15.2万户城市低收入家庭的住房困难；加快城中村改造、棚户区改建、旧小区改善和回迁房建设进度。扩大农村新民居示范工程试点范围，在国家级扶贫开发重点县推进农村危房改造建设。改善农村基础设施条件，新改建农村公路1万公里，解决292万人口饮水不安全问题，新增沼气用户16万户。加大扶贫开发力度，基本完成第三批2155个贫困村的整村扶贫任务。

以加强安全生产和应急能力建设保民安。严格落实安全生产责任制，推进安全生产标准化建设，加大执法监察力度；完成煤矿整合关闭任务，坚决遏制重特大事故发生。建立健全突发事件应急处置机制，完善煤电油气运协调保障和应急预案，加快应急物资储备体系建设，确保企业和居民正常的生产生活秩序。

各位代表，2010年全省经济社会发展任务十分繁重。我们要坚持以科学发展观为统领，进一步解放思想、开拓创新，同舟共济、真抓实干，为圆满完成“十一五”规划目标任务而努力奋斗！

关于河北省2009年省本级预算和省总预算执行情况及2010年省本级预算及省总预算草案的报告

——2010年1月12日在河北省第十一届人民代表大会第三次会议上

河北省财政厅厅长　齐守印

各位代表：

受省政府委托，我向大会提交2009年预算执行情况和2010年预算草案的报告，请予审议，并请省政协各位委员和其他列席人员提出意见。

一、关于2009年财政预算执行情况

2009年，面对复杂严峻的财经形势，在省委的正确领导下，全省各级各部门认真贯彻党的十七大和十七届三中、四中全会精神，深入贯彻落实科学发展观，紧紧围绕保增长、扩内需、调结构、惠民生这条主线，坚决落实中央应对国际金融危机的一揽子计划和各项政策措施，狠抓增收节支保平衡，优化支出结构保重点，预算执行总体情况良好。

（一）全省财政预算执行情况

省十一届人大二次会议审议通过的2009年全省一般收入预算为1015.7亿元，一般支出预算为1599.1亿元；基金收入预算为336.3亿元，基金支出预算为327.6亿元。执行中，由于使用中央代发地方政府债券60亿元、中央下达专款490亿元、增加转移支付188.6亿元、上年结转列入187.9亿元等变动因素，报经省十一届人大常委会备案，一般支出预算调整为2556.5亿元，基金支出预算调整为511亿元。

据快报统计（下同），2009年全省一般预算收入完成1066.2亿元，为预算的105%，比上年增长12.5%；加上中央财政分享收入951.9亿元，全省全部财政收入完成2018.1亿元，比年初计划短收41.9亿元，增长10.6%。全省一般预算支出完成2311.8亿元，为调整预算的90.4%，比上年增长22.9%。全省基金预算收入完成483.1亿元，为预算的143.7%，比上年增长45.2%；基金支出完成472.4亿元，为调整预算的92.5%，增长39.1%。

（二）省本级财政预算执行情况

省十一届人大二次会议批准的2009年省本级一般收入预算为248.2亿元，一般支出预算为320.6亿元。执行中，省级一般支出预算发生以下变动：一是使用中央代发地方政府债券15亿元；二是中央财政下达专款490亿元；三是上年结转本年支出66.1亿元；四是中央财政增加财力性转移支付与省下达市县一般转移支付相抵，以及清收以前年度养路费等专项收入对应列支，增加省级支出预算124.8亿元；五是下达市县专项转移支付减少省级支出预算452.1亿元。据此，报经省十一届人大常委会备案，省本级一般支出预算调整为564.4亿元。当年省本级一般预算收入完成262.9亿元，为预算的105.9%，增长5.5%；省本级一般预算支出完成520.7亿元，为调整预算的92.2%，比上年增长33.7%。

省十一届人大二次会议批准的2009年省本级基金收入预算和基金支出预算分别为27.3亿元。执行中，由于中央下达专款、上年支出结转和省级下达市县专款等原因，报经省十一届人大常委会备案，省本级基金支出预算调整为10.3亿元。2009年省本级基金收入完成39.1亿元，为预算的143%，比上年增长2.4%；基金支出完成6.1亿元，为调整预算的58.6%，增长43%。

上述全省和省本级财政预算执行情况均为2009年12月31日的快报统计数据，在完成决算审查汇总以及与中央财政结算后还将有一些变化，届时再报请省人大常委会审议批准。

总的看，2009年是新世纪以来我省财政最为困难的一年。一方面，受经济增速减缓、经济效益下滑和结构性税费减免政策影响，财政收入特别是税收收入增长率明显下降；另一方面，中央扩大内需投资、年中出台的医药卫生体制改革和中小学校舍安全工程等政策性增支大量增加。面对严峻的财经形势和尖锐的收支矛盾，我们狠抓增收节支，积极调整支出结构，大力压缩一般性支出，集中财力保重点、保民生，全省和省本级全年预算总体执行较好，均实现了当年收支平衡，较好地完成了省十一届人大二次会议确定的目标任务。2009年预算执行成效体现在六个方面：

——财政收入增长低位运行但增幅逐季提高。2009年，随着各项宏观调控措施的贯彻落实，全省经济回升向好的趋势不断巩固，经济增速逐步加快，基本保持了平稳较快发展的良好态势。在此基础上，各级财税等部门依法加强收入征管，努力做到应收尽收，财政收入增幅逐季提高。全部财政收入一季度增长1.9%，上半年增长2.8%，前三季度增长4.5%，全年提高到10.6%。全年全部财政收入完成2018.1亿元，比上年增加194.7亿元，但增幅同比回落8.7百分点。

——积极财政政策得到认真落实。紧紧围绕促进经济平稳较快增长，努力扩大政府投资，抢抓国家实施积极财政政策的机遇，积极筛选项目，主动谋划对接，争取中央四批扩大内需资金104.2亿元，千方百计落实配套资金95.1亿元，争取中央代发地方政府债券资金60亿元，尽力保证重点项目建设之需。发挥财政融资功能，省财政补助2.5亿元，支持省建设投资公司发行企业债券20亿元，解决高速铁路建设资金缺口；加大农业投融资力度，融资10亿元用于病险水库加固等水利基础设施建设。认真落实增值税转型、提高部分商品出口退税率、取消或停征收费项目等税费减免政策，累计减轻企业税费负担153.3亿元。积极支持企业改革与发展，统筹使用中央和省级资金17.6亿元，推进国有企业改制、破产关闭工作开展，妥善解决职工安置和工资、养老金历史拖欠问题；落实资金2.7亿元，发挥政府担保中心作用，支持中小企业新建或改扩建项目131个，缓解企业融资困难；筹措拨付资金9300万元，支持企业优化出口产品结构，拓展出口市场。努力扩大消费需求，认真落实家电、汽车、摩托车下乡补贴政策，累计兑付补贴11.5亿元，销售家电下乡产品182.5万台、汽车摩托车34.6万辆。通过积极争取中央支持等多种途径筹措资金1.3亿元，实施“万村千乡”市场工程和“双百市场工程”，加快现代农产品流通体系建设。

——促进经济结构优化升级的财政调节作用有效发挥。着力支持科技创新，全省科学技术支出23.8亿元，增长9.6%，综合运用预算、补助、贴息、以奖代补等多种方式，支持高新技术产业创新发展，实施重大科技成果转化和重点学科建设及医药技术创新。着力支持节能减排，全省环保支出99.8亿元，增长30.7%。落实中央和省级财政资金26.6亿元，用于资源节约开发、淘汰落后产能、工业和建筑节能、重点水流域污染防治和城镇污水（垃圾）处理厂建设。对全省七大水系主要河流全面实行跨界断面水质目标考核，累计扣缴生态补偿金2880万元。着力支持生态环境建设，统筹中央和省级资金23.1亿元，继续实施京津周围绿化、林场再造、林网建设、太行山绿化工程；投入4.9亿元，实施首都水资源可持续利用、京津风沙源治理和太行山水土保持；筹集专项资金3.35亿元，用于重点污染源在线监测、农村环境保护、饮用水源安全、大气污染防治等综合治理。着力支持现代产业体系建设，认真贯彻落实国家产业调整和振兴规划，研究制定了支持产业发展资金的筹集、使用、管理意见，整合统筹经济口建设资金，集中支持装备制造、新型能源、信息技术、节能环保等产业发展。

——各项强农惠农政策实施力度加大。全省农林水事务支出253.9亿元，增长67.2%，省级一般预算农业支出较经常性财力增幅高出2个百分点以上。支持农业基础设施建设，统筹中央和省级资金20.8亿元，实施119座大中型病险水库加固及骨干河道治理；整合资金7.3亿元，集中用于80个县农业节水设施改造建设。落实惠农补贴，组织发放粮食直补、农资综合直补、良种补贴、农机具购置补贴68.1亿元，比上年增长13.9%。为保证惠农政策不折不扣地及时落实，全面推行补贴发放“一号通”、“一折通”或“一卡通”，农资综合补贴和粮食直补在3月10日前全部发放完毕，比上年提前50天。省级投入资金4.5亿元，开展农业保险保费补贴试点，全省种植业保险保费补贴比例提高到40%。推进现代农业发展，落实资金2.3亿元，支持设施农业、现代果业、奶牛产业和农业产业化经营。大力推进农业综合开发，全省投入25.6亿元，建设高标准节水农田156.6万亩，完成生态综合治理12.4万亩，扶持产业化经营项目199个，着力打造粮食生产核心区。支持农村公益事业发展，筹措资金18.9亿元，加快农村饮水工程建设；投入2.45亿元，支持新发展沼气用户30万户；积极开展村级公益事业建设“一事一议”财政奖补试点，各级财政落实奖补资金3.8亿元，带动村级筹资14.5亿元，兴办公益项目3万个；省级拨付农村新民居建设和危房改造补助资金3.4亿元，改善农民生活居住条件。推进开发式扶贫，投入6.1亿元，支持产业化扶贫、移民搬迁、贫困村互助等。

——保障和改善民生成效显著。支持教育优先发展，全省教育支出432.5亿元，增长14.7%。完善义务教育经费保障机制，各级财政落实资金54亿元，免除700万名城乡义务教育阶段学生的学杂费，为665万名农村学生（含民办学校）和5.3万名城市家庭经济困难学生免费提供教科书，为25万名农村家庭经济困难寄宿生发放生活费补助，中小学生均公用经费达到中央确定的基准定额标准。各级财政落实资金46.3亿元，实施中小学校舍安全工程；落实资金13.4亿元，资助家庭经济困难大中专学生81.3万名。省级投入资金3.6亿元，重点支持高水平大学和重点大学建设；筹措下达转移支付资金11亿元，保证义务教育绩效工资改革顺利实施。积极推进城乡医疗保障体系建设，全省医疗卫生支出166亿元，增长38%。全省投入44亿元，实施基层卫生服务体系建设项目351个，社区卫生服务街道覆盖率达到96%；拨付基本公共卫生服务补助经费8.5亿元，人均补助达到15元；落实新农合补助资金39.7亿元，人均补助标准80元，参合率达到90%；城镇居民医疗保险试点覆盖到11个设区市，城镇职工、居民医保住院费用报销比例分别提高到70%和50%以上。继续提高社会保障水平，全省社会保障和就业支出313.3亿元，增长15.5%。企业职工基本养老保险实现省级统筹，退休人员养老金月人均达到1233元，比上年增加130元；全省城乡低保支出30亿元，城市月人均保障标准达到252元，农村年人均保障标准达到1032元；农村五保户分散供养和集中供养保障标准分别达到1300元和1500元以上，集中供养率达到50%以上。认真落实促进就业的各项政策措施，全省投入23亿元，加强就业培训和创业服务，突出解决高校毕业生、农民工、城乡困难家庭等重点人群的就业问题，城镇新增就业57.3万人。加大保障性安居工程支持力度，投入9.2亿元，为10万户城市低收入家庭提供了廉租住房保障；落实资金3.2亿元，支持采煤沉陷区综合治理和棚户区改造。

——财政运行机制进一步完善。深化财政体制改革，着眼于减少层级、提高效率，在对21个扩权县实行省财政直管的基础上，按照中央要求将43个产粮大县扩展纳入统一的省财政直管体制轨道；着眼于促进县域经济社会科学发展和基本公共服务均等化，全面推进县乡财政体制改革，在136个县市的所有乡镇实现了分税制和统收统支加激励两种体制模式全覆盖；着眼于从基础环节理顺和完善省以下财政体制，继续深化省以下政府间财政支出责任划分改革，试点范围扩大到114项支出责任，相应研究建立了专项资金配套管理办法。深化预算管理改革，三年滚动预算编制试点增加到42个省直部门，资金量占到发展性支出的70%以上，被财政部确定为全国唯一一家省级中长期预算编制试点；推进绩效预算管理，对2008年度发展性支出绩效评价面达到40%以上，评价水平进一步提高。深化国库管理制度改革，省级集中支付范围覆盖到大专院校、医院以外的所有预算单位和财政性资金，市级改革全面完成，县级改革扩大到91个县。政府采购规模不断扩大，全省完成304.7亿元，同比增长48.3%，节约资金33.6亿元。加强财政监督，认真开展“小金库”专项治理；开发应用全省财政专项资金即时分析监控系统，1.86万项1600多亿元专项资金纳入监控管理；开发运行省级财政财会资产信息管理监控系统，覆盖省直55家一级预算单位。

在总结成效的同时，我们也清醒地看到，财政经济运行中仍存在一些不容忽视的问题。主要表现：一是财政收支矛盾尖锐。经济回升基础尚不稳固，内在动力仍然不足，加之巨额政策性减收因素影响，财政收入增长低位运行，作为地方一般预算主体税种的增值税、企业所得税、资源税全省增幅由2008年的17%下降到2009年的－0.2%，比预算短收40.1亿元；与此同时，政策性支出需求巨大，财政平衡难度空前。二是财源基础薄弱。受制于长期积累下来的经济结构、经济效益和经济质量等深层次矛盾，地方财政收入占GDP比重只相当于全国地方平均水平的61%，处于各省区市第30位。三是财政保障能力较低。受制于财源基础和收入能力，人均财力和人均支出水平较低，部分县乡公共财政保障能力较弱。四是财政改革还远未到位。财政支出结构仍需优化，财政管理的科学化精细化水平有待于进一步提高。五是监督管理仍需继续加强。一些部门和单位不重视资金使用绩效，损失浪费、挤占挪用财政资金等现象依然存在。这些问题制约着我省经济社会科学发展和人民福祉的增加，既是广大民众、社会各界关注的热点，也是财经工作的难点，亟须继续高度重视，进一步采取有效措施，努力加以解决。

二、关于2010年财政预算草案

2010年是实施“十一五”规划的最后一年，也是我省财政收支矛盾异常尖锐的一年。收入方面，今年经济发展环境整体上好于去年，国际金融市场渐趋稳定，世界经济有望恢复性增长，国内经济回升向好的基础逐步巩固，中央宏观调控政策效应继续显现，去年新开工项目和城镇化建设将继续拉动投资较快增长，沿海经济增长极正在形成，这些都将对财政收入增长起到积极作用。但经济发展仍面临着严峻的挑战，外部经济环境的不确定、不稳定因素很多，经济结构优化升级需要一个过程，产能过剩带来的工业低效状况很难在短期内扭转，外需萎缩的局面及影响难有明显改观。与此同时，实施增值税转型改革、落实新的企业所得税优惠等措施将进一步影响收入，全省预计政策性减收105.7亿元；去年各地加强收入征管带来的一次性增收也将不复存在。因此，财政大幅增收面临多重制约。支出方面，国家继续实施积极财政政策，扩大政府投资规模，并着眼改善民生相继出台一系列力度较大的增支政策，需要全省地方配套资金数额巨大，政策性支出大幅增加。2010年，全省仅用于中小学校舍安全工程、医药卫生体制改革、事业单位绩效工资改革、政法经费保障机制改革、农村养老保险试点、棚户区改造等较大数额的新增政策性支出需求就达739亿元，相当于全省地方一般预算口径新增可用财力（110亿元）的6.7倍。巨额减收增支叠加在一起，各级政府平衡预算的难度空前加大。

根据省委关于全省经济工作的总体部署，2010年全省预算安排的指导思想是：全面贯彻党的十七大和十七届三中、四中全会、中央和全省经济工作会议精神，深入贯彻落实科学发展观，合理安排收入预算，保持财政收入适度增长；继续落实好积极的财政政策，大力调整支出结构，集中财力保重点，着力促进经济平稳较快发展，着力促进经济发展方式转变，着力推动城乡协调发展，着力保障和改善民生，努力为经济社会科学发展、和谐发展提供财力保障。

（一）关于2010年全省预算草案主要收支计划安排情况

综合考虑全省经济发展形势和政策性增减收因素，2010年全省全部财政收入计划安排2199亿元，比上年快报完成数增长9%。这样安排是与国内生产总值增长9%以上、市场消费品价格指数提高3%左右的预期目标基本相适应的，相对于2010年经济回升的不确定不稳定因素多、政策性减收较多的情况，也是积极客观的。

2010年全省地方一般收入预算安排1155.6亿元，比上年快报完成数增长8.4%，其中税收增长9%。按国家规定口径，经常性收入增长11.88%。全省一般收入预算加上中央补助收入668.6亿元、调入资金2亿元，减去上解中央支出28亿元，2010年全省一般预算可用财力为1798.2亿元。按照量入为出、收支平衡的原则，相应安排全省一般支出预算1798.2亿元，比上年年初预算增长12.5%。教育、科技、农业等三项支出安排落实了有关法律规定要求，全省教育支出362.4亿元，按法定增长口径（下同）增长12.6%；科技支出22.6亿元，增长12.3%；农林水事务支出76.7亿元，增长12.2%，均高于经常性财政收入增长幅度。

2010年全省基金收入预算（不包括社会保障基金，下同）安排537.1亿元，比上年快报完成数增长11.2%；基金支出预算安排552.1亿元，比上年年初预算可比增长43.5%。

（二）关于2010年省本级预算草案

2010年省本级一般收入预算安排260.8亿元，比上年快报完成数下降0.8%；剔除2009年清收以前年度养路费、公路客货运附加费以及首钢上缴探矿权采矿权、曹妃甸开发区上缴海域使用金等专项收入一次性增收因素，可比增长7.2%。其中：税收收入213亿元，增长8.9%；非税收入47.8亿元，下降28.9%（主要是前述非税收入上年一次性增收因素影响）。

按照现行财政体制测算，一般收入预算加上中央补助668.6亿元、设区市上解34.6亿元，减去上解中央支出28亿元、补助设区市及直管县支出586.8亿元，2010年省本级一般预算财力为349.3亿元。剔除中央成品油价格和税费改革转移支付和列收列支的专项收入等108.5亿元，实际可用财力为240.8亿元。上述中央补助收入包括：税收返还171.7亿元，一般转移支付134.3亿元，增资转移支付144.8亿元，成品油价税费改革转移支付92.8亿元，农村税费改革转移支付55.9亿元，缓解县乡财政困难转移支付23.1亿元，民族地区转移支付2.2亿元，农村义务教育转移支付16.5亿元，工商部门停征两费转移支付4.95亿元，资源枯竭城市财政转移支付1.5亿元，企事业单位预算划转补助14.8亿元，结算补助6.1亿元。省级补助设区市及直管县支出包括：税收返还106.6亿元，省对下财政体制政策返还81.5亿元，资源税定额返还9.4亿元，一般转移支付135.3亿元，农村税费改革转移支付58.3亿元，增资转移支付127.5亿元，缓解县乡财政困难转移支付23.1亿元，成品油价税费改革转移支付4.2亿元，民族地区转移支付2.1亿元，资源枯竭城市财政转移支付1.5亿元，农村义务教育转移支付16.5亿元，企事业单位预算划转补助8.9亿元，结算补助12亿元。

2010年省本级一般支出预算安排349.3亿元，比上年年初预算增长8.9%。其中，安排维持性支出149.8亿元，占一般支出预算的42.9%；发展性支出194亿元，占55.5%；总预备费5.5亿元，占1.6%。按照国家规定口径，教育支出安排26.2亿元，比上年预算增长6.9%；科技支出安排7.2亿元，增长6.9%；农业支出安排15.1亿元，增长5.75%，以上三项支出增幅分别超过省级经常性财政收入增幅（4.88%）2.02、2.02和0.87个百分点，均达到了法定增长和省委关于省级一般预算安排的教育、科技投入增长要高于省级当年经常性财力增幅2个百分点以上的要求。

2010年省本级政府基金收入预算安排110.7亿元，比上年快报完成数增长183.5%（主要是按财政部要求将车辆通行费收入纳入基金预算）；基金支出预算安排110.7亿元，增长305.3%。

2010年省级由于新增财力有限、政策性增支数额巨大，预算平衡难度空前。经审核梳理，2010年各部门申请由2010年一般预算安排的支出需求共计415.3亿元，是省级一般预算实际可调剂财力的1.7倍。其中，政策性增支134.8亿元，为新增可调剂财力的16倍。为有效解决矛盾，保障国家及省重大改革政策的落实，2010年省级支出预算安排，坚持量财办事、集中财力保重点的原则，摒弃原来侧重增量调整、存量基本不动的预算平衡办法，实行比较彻底的零基预算，打破各类口各部门原有“基数”，大力调整支出结构，严格遵循优先保工资、保社会保障、保基本运转、保中央和省委省政府决策部署落实的顺序，区别各类事项的轻重缓急和比较效益高低大排队式地审视各项支出，对所有国家政策规定和涉及我省长远发展的战略性重点支出优先在年度预算可用财力内给予重点保障。在此前提下，根据财力情况，再根据与民生的关联程度安排其他一般性支出。为确保预算平衡，采取了“强化运筹、深化改革、开源节流、调整结构、保重保急”的办法纾解矛盾。强化运筹，就是在预算安排上加大运筹力度，多措并举，力保平衡。深化改革，就是破除原来只调增量、不动存量的预算编制办法，实行比较彻底的零基预算，打破既定“基数”，优化财政资源配置。开源节流，就是加大对各种性质、各个年度、各个渠道可用资金的统筹力度，挖掘所有可用财政资源，尽一切可能增加财力供给；同时，采取砍（消项）、削（减量）、捆（合并）等有效办法大力压减一般性支出。调整结构，就是通过压减基数调存量、科学配置用增量，进一步优化财政支出结构，重点向保障和改善民生等领域倾斜，落实教育、科技、农业法定增长要求，加大对卫生、文化、社会保障、节能环保等领域的支持力度。保重保急，就是竭尽全力保障国家和省重大政策性支出的落实，支持改善民生的急办事项和事关我省经济社会发展全局的战略举措实施。通过上述措施，按照综合预算方法，统筹使用省级可以动用的各项财政性资金（706.6亿元），重点用于六个方面：

1. *充分发挥财政调控作用，着力促进经济增长和发展方式转变*。在继续落实好国家结构性减税和促进企业技术进步的各项税收优惠政策的同时，这方面支出预算共安排178.6亿元。一是加大对构建现代产业体系的支持力度，安排6.75亿元，统筹相关财力建立省产业发展资金，支持落实重点产业调整振兴规划，加快培育壮大战略性新兴产业和高新技术产业，推动产业结构升级和发展方式转变。二是着力扩大消费需求，安排补贴或补助资金4725万元，开展“万村千乡”市场和新农村流通网络工程建设，支持旅游等新兴消费增长，并以转移支付资金落实家电下乡、汽车摩托车下乡和汽车家电“以旧换新”补贴政策。三是进一步推进科技创新，安排4.7亿元，重点用于推进高新技术产业发展、传统产业技术创新、重大科技成果转化和重点学科建设等，增加科技风险投资资金，支持人才培养和引进，提高自主创新能力。四是支持企业改革与发展，安排7450万元，用于推进国企改革和战略性重组，完善中小企业创业辅导、融资担保和技术支持三大服务平台及信用担保体系建设。五是支持外贸出口，安排资金5961万元，确保出口退税政策及时落实，实施出口企业信用保险补贴，支持开展招商引资、出口企业开拓国际市场等活动。六是加快交通基础设施建设，安排165.3亿元，支持提高公路交通运输效能，扶持正定机场培育航线。

2. *发挥财政调节收入分配职能，着力保障和改善民生。*2010年支出预算共安排220.9亿元。一是努力贯彻省委七届三次全会提出的“力争经过两三年努力，使全省社会保障标准和企事业单位职工收入不低于全国平均水平”的要求，安排110.1亿元，加大对城乡低保支持力度，提高财政补助标准，落实义务教育学校教师和事业单位绩效工资制度改革，进一步完善机关事业单位职工收入制度。二是落实优抚安置和社会救助政策，安排9.2亿元，用于提高部分军队转业人员、优抚对象、农村老党员等人员的生活保障标准，支持困难职工帮扶和劳模生活救助。三是支持完善养老保险体系，安排99亿元，确保离退休职工生活费按时足额发放，进一步提高发放标准，开展农村养老保险试点。四是支持就业再就业，安排2.6亿元，用于完善就业援助制度，实施就业扶助计划，落实创业优惠政策、建立创业优惠体系，加快农村富余劳动力转移就业，促进大学生就业。

3. *加大“三农”投入力度，着力推动城乡协调发展。*2010年支出预算共安排23.9亿元。一是保障粮食生产与安全，安排3.2亿元，集中支持省政府确定的4000万亩粮食生产核心区建设，推进农业综合开发，实施节水灌溉、沃土工程、咸淡水混浇、农作物品种审定与种子储备等工程。二是落实各项农业补贴政策，安排5.8亿元，用于粮食直补、农资综补、购置良种和农机具补贴、能繁母猪补贴、种植和养殖业保费补贴等。三是大力促进农业产业化，安排资金3.2亿元，用于补助奶牛规模化养殖、奶牛胚胎移植、设施农业（蔬菜食用菌）、果品产业建设、水产良种繁育、县级支农资金整合试点、农业产业化发展、农民专业合作组织建设等。四是支持农村基础设施建设，安排5.6亿元，重点支持南水北调配套工程、闸桥建设、农村饮水安全、生态家园（沼气）富民工程、水源工程、小水电建设等。五是强化农业服务体系建设，安排3.9亿元，用于基层农（林）技推广体系、农业服务体系与基础设施、动植物疫病防治体系、有害生物防控体系建设和农产品质量监测与控制、气象灾害监测预报预警与应急工程等。六是加大扶贫和开发力度，安排2.2亿元，加快贫困地区脱贫步伐，扶持水库移民后期生产生活，支持少数民族地区加快发展。

4. *加大对社会事业投入，着力促进经济社会协调发展。*2010年支出预算共安排161.6亿元。一是保障教育事业优先发展，安排72.7亿元，支持农村中小学校舍安全工程改造，完善义务教育经费保障机制，健全困难学生资助体系，支持高等教育和职业教育发展。二是大力支持医疗卫生事业发展，安排69.4亿元，落实医改方案，完善城乡基本医疗保障制度，加强基层医疗卫生服务体系建设，建立基本药物供应保障体系，提高对重大突发传染性疾病防控和公共卫生事件应急处置能力。三是积极支持公共文化服务体系建设，安排15.7亿元，用于推进文化体制改革，引导文化产业加快发展，扶持农村电影放映、农家书屋、博物馆图书馆免费开放等惠民文化工程，支持参加上海世博会、文艺精品创作、广播电视硬件改善、重点文物保护，实施全民健身工程，举办第十三届省运会。四是加快保障性安居工程建设，安排2.89亿元，用于棚户区改造、采煤沉陷区治理和廉租住房建设。五是大力实施“计生惠民”计划，安排8978万元，重点支持农村计划生育家庭奖励扶助和特别扶助制度、农村妇女生殖健康免费检查和农村节育技术服务等。

5. *大力支持节能减排、资源综合利用和环境保护，着力促进可持续发展。*2010年支出预算共安排31.3亿元。一是推进节能降耗和发展循环经济，安排0.9亿元，重点支持高消耗行业综合节能、节水改造及资源综合利用项目。二是大力支持污染治理，安排4.2亿元，用于污染综合治理、环保设施改造和环境监测能力建设，加快重点流域水污染治理，支持城镇污水及垃圾处理厂建设改造，实施农村环境保护“以奖促治”。三是推进土地与矿产资源合理开发利用，安排24.8亿元，支持重点矿种地质勘查、矿产资源管理、矿山环境治理及地质灾害防治、土地整理开发和土地资源调查等。四是加强生态建设和资源保护，安排1.4亿元，用于绿色生态建设、水土保持、植被恢复、渔业资源增殖放流、森林防火、草地资源保护、水资源治理等。

6. *保证机关事业单位正常运转，着力维护社会稳定。*2010年支出预算共安排90.3亿元。一是按照厉行节约、勤俭办事的原则，经过大力压减共安排54.7亿元，保证省直机关事业单位履行公共服务职能的基本需要。二是加大对公共安全支持力度，安排35.6亿元，推进基层政法和纪检经费保障机制改革，为公共监管部门配置必要的食品药品和生产安全检测设备等，提高执法能力。

三、坚定信心，攻坚克难，确保圆满完成2010年预算任务

2010年，面对复杂严峻的财经形势，财政工作任务十分艰巨。我们将在省委的正确领导下，全面贯彻党的十七大和十七届三中、四中全会精神，深入贯彻落实科学发展观，认真执行省十一届人民代表大会及其常委会关于财政工作的决议，主动接受人大监督，及时办理好人大代表建议和政协提案，虚心听取各方面的意见和建议，坚持依法理财、科学理财、民主理财，改革创新、开拓进取，不断提高财政管理科学化、精细化水平，确保完成全年预算任务。

第一，继续落实好积极的财政政策，充分发挥财政调控作用。紧紧围绕“既要保持经济平稳较快增长，又要在转变经济发展方式上有新的突破”这一核心，积极争取中央投资，千方百计筹措配套资金，优化投资结构，提高政府投资效益，带动信贷资金和其他资金投入。认真落实结构性减税政策，巩固增值税转型改革成果，使用好产业发展和科技创新等专项资金，引导企业加快技术改造、自主创新、先进技术成果转化和新产品开发，提高装备能力和技术水平，促进现代产业体系形成。认真落实各项税收优惠政策和取消、停征部分行政事业性收费政策，严格收费项目审批。加大对中小企业、出口企业和外贸企业的支持力度，完善企业信用担保机制，落实出口退税政策，发挥相关专项资金的扶持和引导作用，增强产品出口竞争力。努力扩大消费需求，进一步做好家电、汽车摩托车下乡工作，认真落实汽车家电“以旧换新”政策。支持“万村千乡”市场和新农村流通网络工程，推进农村流通体系建设，繁荣和发展农村消费市场。

第二，狠抓增收节支，努力保持财政收支平衡。加强税收征管和非税收入管理，继续从严控制一般性支出。密切跟踪收入形势，及时采取有效措施，加强收入管理。在继续落实各项税费优惠政策的同时，依法加强税收和非税收入征管，确保应收尽收，但严防为完成任务征收“过头税”，坚决杜绝各种形式的虚收空转，确保收入质量。牢固树立过紧日子思想，坚决控制一般性支出，勤俭办一切事业。大力压缩公务购车经费、会议经费、公务接待费和出国（境）经费，严格控制党政机关楼堂馆所建设，压缩一切不甚急需的专项经费和发展性支出，确保全省财政收支平衡。建立财政风险防范机制，加强地方政府债务管理，规范地方政府融资平台，防范财政债务风险。

第三，深化财政体制改革，积极促进经济社会科学发展。进一步完善省内财政体制，促进区域协调可持续发展。推进省直管县财政体制改革，直管范围扩大到92个县，逐步建立县乡基本财力保障机制。深化县乡财政体制改革，着眼于促进县域经济资源集约配置、加快城镇化和乡镇政府职能转变，缩小分税制体制适用范围，将统收统支加激励改为统收统支，以更好地促进县域经济社会科学发展。深化省以下政府间财政支出责任划分改革，将试点范围扩大到现行所有支出责任，不断健全各级政府间财力与支出责任相匹配的体制。完善财政转移支付制度，加大转移支付力度，加强均衡性转移支付资金绩效管理，增强基层政府财力支撑，促进基本公共服务均等化。

第四，深化财政管理改革，着力提高科学化精细化管理水平。深化预算管理改革，扩大省级发展性支出三年滚动预算试点，覆盖省级所有部门的发展性支出。深化零基预算改革，进一步打破“基数加增长”的资金分配模式，建立比较彻底的零基预算管理机制。深化绩效预算管理改革，扩大绩效评价范围，全部专项支出年终均要提交绩效报告，试行绩效问责制。进一步完善公共财政预算、政府性基金预算、社会保险预算、国有资本经营预算编制，研究建立四类预算有机衔接的政府预算体系。深化国库管理改革，着眼于从源头上治理“小金库”，推行彻底的国库集中收付制度，取消部门、单位零余额账户以外的所有账户。继续推行公务卡制度。推进政府采购改革，继续扩大采购范围和规模，加强政府采购预算管理，完善政府采购监管体系，开展网上采购试点。加强非税收入管理，全面规范各类非税收入，省级所有非经营性国有资产收入按国家规定全部缴入国库，建立健全非税收入政策体系；规范政府非税收入收缴方式，建立统一规范、运行高效的收缴管理平台，优化财税服务环境。

第五，加强监督管理，推进依法理财进程。健全覆盖所有政府性资金和财政运行全过程的财政监督机制，重点加强对政府公共投资的监督检查和投资评审，对财政资金投入的建设项目及时跟进、全程监督，防止重复建设、挤占挪用和铺张浪费，切实提高资金使用效益；对发现的违规违纪问题，依法严肃处理。加强财政法制建设，不断推进依法理财和财政管理工作的规范化。提高运用信息技术加强财政监管的水平，完善财政专项资金即时分析监控系统，全面运用省级财政财会资产信息监控系统，充分发挥日常监督作用。推进财政派驻监督改革，扩大派驻部门，省级巡回监督实现对11个设区市的全覆盖，市县在同级预算部门开展派驻试点。积极推进财政政务公开，自觉接受人大、政协和社会各方面监督。

各位代表，今年全省财政工作任务艰巨而繁重。我们将在省委的正确领导和省人大的监督支持下，深入贯彻落实科学发展观，坚定信心，迎难而上，开拓创新，扎实工作，努力完成全年收支预算和各项工作任务，为推进科学发展、富民强省做出积极贡献！

综合篇

GENERAL SURVEY

综　述

2009年，是河北新世纪以来经济发展最为困难的一年。面对复杂严峻的国内外形势，全省各地各部门按照省委、省政府的决策部署，紧紧围绕“保增长、扩内需、调结构、惠民生”主线，认真贯彻落实国家和省扩大内需的一系列政策措施，有效应对国际金融危机冲击，经济下滑的态势得到遏制，国民经济总体回升向好，各项社会事业全面进步，为实施“十二五”规划奠定了坚实的基础。

——国民经济总体回升向好。观察河北经济运行轨迹，从2008年下半年开始增速回落，到2009年出现企稳回升，经历了快速下滑、止跌企稳、回升向好的态势，呈现明显的“V”型走势。受国际金融危机和经济周期性调整等因素叠加影响，河北经济2008年下半年出现下滑，2009年一季度进一步下滑至谷底，仅增长8.5%。为应对国际金融危机影响，国家出台了一揽子保持经济平稳较快发展的计划和政策措施，见到明显成效，二季度整体经济开始企稳，三、四季度回升到两位数。2009年，全省生产总值实现17235.5亿元，比上年增长10.0%。其中，第一产增加值2207.3亿元，增长3.3%；第二产业增加值8959.8亿元，增长10.5%；第三产业增加值6068.3亿元，增长11.4%。人均生产总值24581元，增长9.3%。

——农业生产保持稳定。各项强农惠农政策促进了农业生产的发展。粮食生产连续六年获得丰收，全年粮食播种面积6216.5千公顷，比上年增长1.0%；总产量2910.2万吨，增长0.2%。棉花播种面积620.0千公顷，减少10.1%；总产量60.5万吨，减少18.0%。油料播种面积496.6千公顷，减少3.9%；总产量143.3万吨，减少6.1%。蔬菜播种面积1100.9千公顷，与上年基本持平；总产量6742.1万吨，增长0.9%。畜牧业、渔业保持平稳发展。肉类总产量426.6万吨，增长1.3%；水产品产量100.4万吨，增长3.9%。农业的稳定对整体经济企稳向好起到了重要作用。

——工业回升势头逐步增强。规模以上工业增加值增速2009年4月份降到最低点，5月份出现回升，从4月份的5.3%回升到12月份的20.2%。2009年，工业增加值完成6287.8亿元，比上年增长13.4%，增速分别比上半年和前三季度回升5.6和1.9个百分点。多数行业生产回升，主要行业增速加快。在统计的38个行业大类中，有28个行业增幅比上半年加快。钢铁工业增长18.4%，装备制造工业增长17.2%，均高于全省平均水平。工业企业利润由降转升。规模以上工业实现利润自2008年9月份以来连续下降，2009年前两个月降至最低，之后降幅逐月减缓，9月份由降转增，全年实现利润1440.3亿元，比上年增长5.1%。工业加快回升对整体经济企稳向好起到了关键作用。

——固定资产投资快速增长。抓住国家扩大内需和全省推进城镇面貌三年大变样的机遇，加大项目建设力度，全社会固定资产投资完成12311.9亿元，增长38.9%，其中城镇投资完成10518.5亿元，增长40.9%，增速分别比上年加快10.1和9.7个百分点。全社会固定资产投资和城镇投资均跃上万亿元台阶，增速均为1994年以来最高。城镇面貌三年大变样推动城市基础设施和房地产开发投资继续快速增长。城市基础设施投资2553.5亿元，增长49.9%；房地产开发投资1520.0亿元，增长40.2%。国家和省重点支持发展的行业投资快速增长。农林牧渔业、交通运输仓储和邮政业、教育、卫生等行业投资分别增长33.0%、64.5%、50.8%和89.4%。大项目拉动作用强劲。亿元以上项目2511个，增加1069个；完成投资4692.3亿元，增长48.2%，拉动全省城镇投资增长18.9个百分点。内涵扩大再生产快速增长。改建和技术改造投资1173.0亿元，增长74.8%。

——消费品市场持续回升。消费品市场呈现先抑后稳再升态势。一季度增速逐月降低，二季度平稳运行，三季度以来逐步提升。全年社会消费品零售总额实现5764.9亿元，增长15.5%。家电下乡、汽车下乡等政策带动农村消费较快增长，农村零售额增长15.8%，快于城市0.6个百分点。分行业看，批发和零售业零售额4914.4亿元，增长15.1%；住宿和餐饮业零售额767.4亿元，增长19.5%。关系民生的日用消费品销售稳定增长，以消费结构升级为特征的商品畅销。限额以上批发和零售企业中粮油食品饮料烟酒类、日用品类、汽车类商品零售额分别增长15.6%、15.8%和27.5%。

——对外经贸降幅收窄。受国际金融危机影响，2009年1—8月出口总值累计降幅持续扩大，前8个月下降42.0%，降至最低。之后，随着国际经济形势的好转，出口降幅逐步收窄，全年进出口总值和出口总值分别完成296.1亿美元和156.9亿美元，同比下降22.9%和34.6%，降幅比前三季度收窄6.2和6.3个百分点。实际利用外资累计增速自1月份以来持续下降，6月份开始降幅逐步收窄，前三季度由降转增，全年实际利用外资36.9亿美元，增长1.6%；其中外商直接投资36亿美元，增长5.3%。

——结构调整步伐加快。认真落实国家十大产业振兴规划及全省实施意见，在保增长的同时大力推进结构优化升级，产业结构调整取得成效。2009年，畜牧、蔬菜、果品三大优势产业占农林牧渔业总产值的比重为69.6%，比上年提高1.1个百分点。工业结构调整步伐加快，钢铁行业优化整合力度加大。河北钢铁集团上市公司整合及钢铁主业整体上市取得明显进展。产品结构进一步优化，钢材板带比为55.8%，比上年提高0.3个百分点；高附加值的镀层板（带）和涂层板（带）分别增长33.5%和1.4倍。装备制造业发展迅速，完成增加值1018.5亿元，增长17.2%，增速快于全省规模以上工业3.8个百分点；占规模以上工业增加值的比重为16.2%，比上年提高2.5个百分点。规模以上高新技术产业实现增加值981.4亿元，占全省工业的15.6%，比上年提高3.6个百分点。把发展服务业作为结构调整、打造新的经济增长点的重要举措，服务业对经济增长的贡献率达39.1%，比上年提高1.5个百分点，为2002年以来最高水平。

——节能降耗取得明显成效。各级各部门认真贯彻落实省委、省政府关于节能降耗工作的各项部署，大力推进"双三十"节能减排攻坚，取得明显成效。主要能耗指标下降。2009年，全省单位GDP能耗1.640吨标准煤/万元，比上年下降5.02%；单位工业增加值能耗2.999吨标准煤/万元，比上年下降9.54%；单位GDP电耗1449.94千瓦时/万元，比上年下降2.52%。重点领域节能成效显著，“双三十”重点县（市、区）均完成年度节能任务。单位产品能耗降低，能源综合利用水平提高。2009年，据392家重点耗能工业企业统计，63项单耗指标中有48项指标下降。其中吨钢综合能耗比上年下降6.6%，吨水泥综合能耗下降16.1%。规模以上工业能源回收利用率为4.6%，比上年提高0.9个百分点。

——价格涨幅逐步回升。2009年，居民消费价格走势与经济走势基本相同，呈现走低、探底、回升的“U”型走势。CPI同比从2月份开始、环比从3月份开始持续下降且降幅逐月加大。进入下半年，随着经济的企稳向好，CPI也呈现逐步回升态势。11月份受暴雪等因素影响，在经历了连续9个月同比负增长以来首次上涨0.7%，12月份上涨2.4%，全年CPI同比下降0.7%。同时，工业品价格也逐步向好。全年工业品出厂价格和原材料、燃料、动力购进价格同比分别下降10.9%和6.5%，降幅比前三季度减缓2.2和1.2个百分点。

——民营经济较快增长。认真落实鼓励民营经济发展的各项政策措施，加大中小企业资金支持力度，民营经济实现增加值9450.0亿元，增长10.9%，增速快于全省生产总值0.9个百分点；占全省生产总值的55.5%，比上年提高0.5个百分点。实缴税金1011.5亿元，增长1.4%，占全部财政收入的比重为50.1%；出口创汇103.9亿美元，占全省出口总值的66.2%，比上年提高5.5个百分点；从业人员1424.5万人，增长4.3%。

——民生得到进一步改善。在保增长的同时，更加注重改善民生，城乡居民收入保持增长，就业形势稳定。2009年，城镇居民人均可支配收入14718.25元，增长9.5%；农民人均纯收入5149.67元，增长7.4%。居民消费继续增长。城镇居民人均消费性支出9678.75元，增长6.5%；农民人均生活消费支出3349.74元，增长7.2%。城乡居民居住条件进一步改善。城镇居民人均住房建筑面积29.95平方米，增长1.5%；农民人均居住面积31.94平方米，增长4.0%。年末城镇登记失业率为3.93%，比上年回落0.03个百分点，控制在调控目标之内。

——社会事业全面进步。教育事业加快发展，普通高等学校在校学生103.0万人，比上年增长3.5%。科技事业取得明显成绩。科技投入增加，全省用于科技活动的经费支出216.0亿元，增长17.3%；研究与发展（R&D）经费支出130.0亿元，增长18.9%，占全省生产总值的0.76%，比上年提高0.08个百分点。科技队伍发展壮大，年末从事科技活动人员15.0万人，增长4.2%。科技产出硕果累累，专利申请受理突破万件，达11362件，增长24.5%；专利申请批准6839件，增长24.4%。环境保护成效显著，全年达到和好于二级的天数达334天，比上年增加10天。文化、卫生、体育等社会事业蓬勃发展，和谐河北建设取得新成绩。

2009年，面对复杂严峻的国内外形势，全省经济在较短时间内遏制了下滑的势头，巩固了回升向好的局面，成绩来之不易。但也应看到，经济运行中仍存在的工业回升基础不稳固、财政收支矛盾突出、对外经贸形势不乐观等一些矛盾和问题，制约着回升向好势头的持续，回升的基础还不稳固、不平衡。2010年是“十一五”规划的最后一年，也是为“十二五”打基础的一年。应把解决浅层问题与根治深层次矛盾结合起来，认真贯彻落实中央、省经济工作会议和全省“两会”精神，围绕“既要保持经济平稳较快发展，又要在转变发展方式上取得突破”这一核心，强化经济运行调节，努力实现经济平稳较快发展。

（河北省统计局　靳占恒）

全省生产总值的生产与使用

2009年，面对复杂严峻的国内外形势，全省各地各部门按照省委、省政府的决策部署，认真贯彻落实国家和省扩大内需的一系列政策措施，在较短时间内遏制了经济下滑的势头，整体经济企稳向好，国民经济保持平稳较快发展，生产总值突破1.7万亿元，呈现平稳较快、结构优化、活力显现、协调性增强的良好局面，体现了经济回升向好的势头。

一、全省生产总值的生产

（一）整体经济保持平稳增长。2009年，全省经济保持了平稳较快发展。实现地区生产总值17235.48亿元，增长10.0%，经济增长的稳定性和协调性增强。

1. 农业经济总量稳步扩大，优势产业支撑增强。2009年，全省农村经济在省委、省政府正确领导下，积极应对国际金融危机和自然灾害等诸多严峻挑战，认真落实各项强农惠农措施，重点加强农业基础设施建设，全面推进粮食生产核心区建设和支柱产业发展，农业农村经济实现持续平稳向好。全年第一产业实现增加值2207.34亿元，比上年增长3.3%，对国民经济增长的贡献率为3.8%，拉动地区生产总值增长0.4个百分点。其中，农业实现增加值1338.46亿元，增长3.3%，增速同比回落0.4个百分点，占第一产业的比重为60.6%，同比提高2.2个百分点；林业实现增加值55.28亿元，增长11.8%，同比加快3.2个百分点，占第一产业的比重为2.5%，同比提高0.4个百分点；畜牧业创造增加值661.82亿元，增长2.3%，同比回落4.3个百分点，占第一产业的比重为30.0%，同比降低2.7个百分点；渔业实现增加值66.23亿元，增长4.2%，同比回落2.7个百分点，占第一产业的比重为3.0%，与上年持平。全省畜牧、蔬菜、果品三大优势产业规模扩大，产业支撑作用增强，占农林牧渔业总产值比重为69.6%，比上年提高1.1个百分点。产业化水平持续上升，农业产业化经营率达56.8%，同比提高1.5个百分点。

2. 第二产业发展平稳较快，工业带动能力较强。2009年，第二产业实现增加值8959.83亿元，增长10.5%，对经济增长的贡献率为57.1%，拉动经济增长5.7个百分点，占全省生产总值一半以上的比重，达52.0%。其中工业实现增加值7983.86亿元，同比增长9.6%。带动第二产业增速高出GDP增速0.5个百分点，占全省生产总值的比重达46.3%，国民经济增长的10.0个百分点中，工业拉动增长4.7个百分点，对全省经济发展的带动作用强劲。规模以上钢铁和装备制造业完成增加值2121.0亿元和1033.5亿元，增速高于全省平均水平5.0和3.8个百分点，对全省工业增长的贡献率达50.2%和18.4%。

2009年，在固定资产投资快速增长的带动下，全省建筑业得到较快发展，实现增加值975.97亿元，增长20.5%，对经济增长的贡献率为9.7%，比上年同期提高7.9个百分点，拉动全省生产总值增长1个百分点。

3. 服务业发展活力显现，新兴产业亮点频出。在2009年整体经济企稳向好的形势下，服务业得到较好发展，活力显现，实现增加值6068.31亿元，增长11.4%，超过GDP增速1.4个百分点。对经济增长贡献率为39.1%，比上年同期提高1.5个百分点，拉动全省生产总值增长3.9个百分点。

传统重点行业发展良好、新兴服务业亮点频出。其中，交通运输、批发零售等传统服务业继续保持平稳发展，占服务业比重达43.7%。金融业发展势头强劲，实现增加值525.67亿元，增长25.9%，比上年同期提高12.4个百分点。其中银行业和证券业发展快速，成长为拉动经济增长的新亮点，实现增加值分别为426.27亿元和45.35亿元，增长26.8%和28.7%，增速同比分别加快15.6个百分点和31.5个百分点，对经济增长的贡献率为5.8%和0.6%，同比提高3.4个百分点和0.7个百分点。人民医疗生活水平、文化娱乐等更高层次的需求大幅提高，2009年卫生行业、文化体育和娱乐业呈快速发展态势，分别增长48.4%和11.8%。

（二）收入分配结构出现积极变化。从收入分配角度看，劳动者报酬、生产税净额占比重提高。在全省生产总值中，劳动者报酬9533.07亿元，占55.3%，比上年同期提高1.5个百分点；生产税净额2034.75亿元，占11.8%，同比提高0.1个百分点；固定资产折旧2061.94亿元，占12.0%，同比下降0.2个百分点；营业盈余3605.72亿元，占20.9%，同比下降1.4个百分点。

（三）经济与社会发展的协调性增强

1. 财政收入占GDP比重逐年提高。2009年全部财政收入完成2020.77亿元，比上年增长10.8%，占GDP比重达到11.7%，比上年提高0.3个百分点。2006年—2008年财政收入占GDP比重呈逐年提高趋势，分别为10.7%、11.2%、11.4%。经济持续较快发展为财政收入的增长奠定了基础，整体财政实力的增强又为全省经济社会的发展提供了保障。

2. 全省人均生产总值突破3500美元。2009年全省人均生产总值24581元，比上年增加1595元，按可比价格计算，比上年增长9.3%，增速同比持平，按人民币对美元年平均汇价折算，约合3598美元，首次迈上3500美元台阶。

3. 全社会劳动生产率同步提高。2009年达到45850元/人，比上年增加2520元/人，按可比价格计算，比上年增长8.1%，增速同比回落0.3个百分点。其中，第一、二、三产业劳动生产率分别为14911元/人、75501元/人和55567元/人，分别比上年增加1178元/人、减少12元/人和增加5867元/人，按可比价格计算，分别比上年增长3.4%、7.3%和8.3%。

（四）民营经济支撑作用明显。民营经济占全省经济的半壁江山，对经济发展的支撑作用明显。全省民营经济比上年增长10.9%，增速高出全省平均水平0.9个百分点；占全省生产总值的比重达到55.5%，比上年提高0.5个百分点，已成为推动经济更好更快发展的重要力量。

（五）沿海地区经济平稳，较快增长。秦唐沧沿海三市经济平稳较快增长，2009年秦唐沧沿海三市经济平稳较快增长，实现生产总值6418.49元，比上年增长11.1%，高于全省平均水平1.1个百分点，占全省的比重为37.2%，比上年提高0.2个百分点，发展势头较强。

二、全省生产总值的使用

（一）“三驾马车”拉力一增两减

1. 消费需求回落。2009年，全省最终消费为7220.83亿元，增长9.9%，增速同比回落0.9个百分点，对经济增长贡献率为43.4%，同比下降3.4个百分点，拉动经济增长4.3个百分点。其中，居民消费、政府消费增幅回落。居民消费5043.35亿元，增长11.5%，增速同比回落0.3个百分点，占全省生产总值的29.3%，同比提高1个百分点。政府消费2177.48亿元，增长6.7%，增速同比回落2.1个百分点，占地区生产总值的12.6%，同比下降0.9个百分点。

2. 投资需求旺盛，拉动经济平稳较快增长。2009年，受全省固定资产投资快速增长影响，投资需求旺盛，对全省经济增长贡献提高。全省资本形成总额9264.77亿元，增长12.1%，增速同比提高1.1个百分点，对经济增长贡献率为58.6%，比上年同期提高5.6个百分点。全省固定资本形成总额为9390.15亿元，增长13.6%，对经济增长贡献率为66.2%。受金融危机影响，存货增加额大幅下降。2009年全省存货增加为-125.38亿元，同比下降97.0亿元，对经济增长的贡献率为-7.5%，比上年同期提高31.1个百分点，降幅收窄。

3. 外需拉力不足，经济外向度有所下降。全省货物和服务净流出总额为749.88亿元，增长—2.8%，同比回落3个百分点，对经济增长的贡献率为-2.0%。

（二）居民消费水平不断提高，城镇消费水平快速增长。2009年，城镇居民消费为3570.61亿元，占居民消费份额为70.8%，同比提高2.8个百分点；农村居民消费为1472.74亿元，占居民消费份额为29.2%，同比下降2.8个百分点。

2009年居民消费水平为7193元/人，比上年同期增加695元/人，同比增长10.7%。其中，城镇居民人均消费水平为12195元/人，增长12.0%，同比提高7.1个百分点；农村居民人均消费水平为3606元/人，增长3.7%，同比减缓6.6个百分点。城乡居民人均消费水平的差距扩大为8589元/人，比2008年扩大了1269元/人，城乡居民消费水平差距继续扩大，农村消费显现不足。

（河北省统计局　张永立）

资产负债核算

2008年末河北省省内部门资产总计为91528.19亿元，比上年增加12775.39亿元，增长16.2%；全省金融负债为45942.82亿元，比上年增加5963.14亿元，增长14.9%，资产负债率为50.2%；国民财富总额为45585.37亿元，增长17.6%，显示全省国民财富规模进一步扩大，经济实力不断增强。

全省国有单位资产为37720.47亿元，增长12.4%，占全省总资产的41.2%，比上年下降1.4个百分点；国有单位金融负债为27729.96亿元，增长16.6%。

一、国民资产结构呈现新变化

（一）金融资产增速快于非金融资产增速，金融资产占资产总量比重超过二分之一强。2008年末，全省非金融资产（实物资产和无形资产）为40642.01亿元，比上年增加5255.94亿元，增长14.9%；金融资产50886.18亿元，增加7519.45亿元，增长17.3%；从资产结构上看，非金融资产占44.4%，金融资产占55.6%，金融资产比重比非金融资产比重高11.2个百分点，表明随着经济发展和建设规模进一步扩大，对金融资金的需求大量增加，一方面体现了经济发展对金融活动的依赖程度日益提高，另一方面体现了金融活动对经济发展的推动作用。

（二）固定资产占据主导地位。2008年末，全省固定资产为34102.40亿元，比上年增加4637.78亿元，增长15.7%，占非金融资产的比重为83.9%，表明固定资产在全部非金融资产中占据主导地位。

（三）金融资产中存款保持较快增长。2008年末，全省存款为17844.82亿元，比上年增加3370.54亿元，增长23.3%，保持了较快的增速。

二、各机构部门资产各具特点

（一）非金融企业部门。2008年，非金融企业部门总资产达到31494.42亿元，比上年增加3729.08亿元，增长13.4%，占全省总资产的比重为34.4%；总负债为18322.67亿元，比上年增加1854.55亿元，增长12.2%，占全省总负债的比重为39.9%。其中，非金融资产为18220.93亿元，增长11.3%，占全省非金融资产的比重为44.8%，是全省非金融资产比重最大的部门，这主要是由于企业部门是社会再生产的主体，而固定资产是其生产经营活动的物质基础，非金融企业部门数量较多、固定资产规模较大，所以企业部门非金融资产雄厚；金融资产为13273.49亿元，增长16.4%，占全省金融资产的比重为26.1%。

（二）金融机构部门。2008年，金融机构总资产达到20651.60亿元，比上年增加2528.90亿元，增长14.0%，占全省总资产的比重为22.6%；总负债为23664.63亿元，增加3206.74亿元，增长15.7%，占全省总负债的比重为51.5%。其中非金融资产为1702.62亿元，增长19.5%；金融资产为18948.98亿元，增长13.5%，占全省金融资产的比重为37.2%。

存贷资金是金融机构存量的主体。金融机构在国民经济循环过程中充当金融活动中介的作用，全社会在金融机构的存款是金融机构的负债，金融机构向全社会发放的贷款是金融机构的资产，金融机构的这些特点决定了金融机构是全部金融资产和负债比重最大的部门。

（三）政府部门。2008年,政府部门总资产为5395.02亿元,比上年增加489.36亿元,增长10.0%;总负债为2261.27亿元,增加455.05亿元,增长25.2%。其中非金融资产为2673.55亿元,增长15.1%,;金融资产为2721.47亿元,增长5.4%。由于政府部门既非生产部门,又非消费部门,所以决定了其资产与负债的份额都偏小。

（四）住户部门。2008年，住户部门总资产为33987.15亿元，比上年增加6028.06亿元，增长21.6%，占全省总资产的比重为37.1%；总负债为1694.25亿元，增加309.26亿元，增长22.3%，占全省总负债的比重为3.7%，住户部门总资产比重最大，成为资产实力最雄厚的部门，同时由于住户部门负债比重小，所以导致该部门所拥有的资产净值最大。从资产构成看，固定资产占总资产的比重为49.8%，存款占总资产的比重为33.8%，两者占总资产的比重在80%以上，表明住户部门的资产主要集中在购房、购车等固定资产和银行存款两方面；受国际和国内经济形势影响，住户部门的股票及证券等金融资产的增速均大幅回落。

（河北省统计局　于　洁）

资金流量核算

2008年，全省经济保持平稳较快发展，经济的活跃促使资金流量规模进一步扩大。各机构部门经过收入分配环节，资金流量格局发生变化：在资金的初始流量构成当中，非金融企业部门所占比重最大，占据了约三分之二的份额；经过初次分配过程，流入住户部门的资金净额最多，占初次分配总收入的二分之一强；在可支配收入分配环节，流向政府部门的资金净额最多，该部门的可支配总收入比重增幅最大；扣除消费后，住户部门和非金融企业部门的比重占了总储蓄的89.7%。

一、基本情况

2008年，河北省初次分配总收入为15509.27亿元，比上年增长17.0%，可支配总收入16428.44亿元，增长18.5%，总储蓄为9733.30亿元，增长22.4%，总储蓄率为59.2%。初次分配总收入、可支配总收入、总储蓄的增长速度都超过17%，保持了与经济的同步较快增长。

二、初始流量企业部门比重过半

地区生产总值是机构部门在一定核算期内生产活动的成果，是收入分配过程的初始流量。

2008年，全省地区生产总值为16011.97亿元。从各机构部门增加值构成情况看，非金融企业部门为10213.26亿元，占初始流量总额的63.8%，金融机构部门为420.74亿元，占初始流量总额的2.6%，政府部门为1060.10亿元，占初始流量总额的6.6%，住户部门为4317.87亿元，占初始流量总额的27.0%，显然，在收入分配的初始流量当中，非金融企业部门比重最大，占据了约三分之二的份额。

三、初次分配总收入住户部门占据主导

在初始流量的基础上，通过劳动者报酬对劳动因素、财产收入对资本因素的分配，以及生产者因生产活动与政府发生的生产税和补贴的转移，形成了各机构部门的初次分配总收入。

2008年，全省初次分配总收入为15509.27亿元，比上年增加2251.92亿元，增长17.0%，增幅同比下降0.6个百分点。其中，非金融企业部门的初次分配总收入为4230.53亿元，占国民初次分配总收入的27.3%，比重比上年上升0.4个百分点；金融机构部门的初次分配总收入为456.46亿元，比重为2.9%，下降0.2个百分点；政府部门的初次分配总收入为1591.07亿元，比重为10.3%，下降3.3个百分点；住户部门的初次分配总收入为9231.22亿元，比重为59.5%，上升3.1个百分点。

以上数据显示，从初始流量到初次分配总收入的收入分配过程中，非金融企业部门通过向住户部门分配支付劳动者报酬、向政府部门支付生产税净额、向金融机构等部门支付财产净收入（利息等）后，非金融企业部门的比重已由初始流量的63.8%下降至初次分配总收入的27.3%，向上述部门分配支付净额达5982.73亿元；金融机构通过获得其他部门支付的财产净收入（利息等）后，比重由初始流量的2.6%上升至初次分配总收入的2.9%；政府部门获得企业部门和其它部门支付的生产税收入等净额共530.97亿元，比重由初始流量的6.6%上升至初次分配总收入的10.3%；而住户部门获得其它部门分配支付来的劳动者报酬、财产收入等净额共4913.35亿元，比重由初始流量的27.0%上升至59.5%。住户部门占据了全省初次分配总收入二分之一强的份额。

四、可支配总收入向政府部门倾斜

可支配收入分配环节是在初次分配的基础上，通过经常转移的支付和获得，而形成新的收入分配格局的过程，也称作国民收入再分配过程。这一过程的主要项目是经常转移，含收入税、社会保险缴款、社会保险福利、社会补助、其它经常转移等指标。

2008年，全省可支配总收入16428.44亿元，比上年增加2559.82亿元，增长18.5%。其中，非金融企业部门的可支配总收入为3939.22亿元，占全省可支配总收入的24.0%，比重比上年下降0.2个百分点；金融机构部门的可支配总收入为305.84亿元，比重为1.9%，下降0.3个百分点；政府部门的可支配总收入为2862.47亿元，比重为17.4%，下降1.5个百分点；住户部门的可支配总收入为9320.90亿元，比重为56.7%，上升2个百分点。

以上数据显示，在收入再分配环节，由于非金融企业部门向政府部门及其它部门支付收入税、社会补助、其它转移等，分配支付净额为291.31亿元，占全省的比重已由初次分配总收入的27.3%下降至可支配总收入的24.0%；金融机构部门在再分配环节向其它部门支付收入税和保险赔款净额为150.62亿元，比重由初次分配总收入的2.9%下降至可支配总收入的1.9%，下降1个百分点；而住户部门获得政府部门和其它部门分配支付来的社会保险福利、社会补助、其它经常转移，再扣除向政府部门支付的收入税、社会保险缴款、其他经常转移后，获得分配净额为89.68亿元，比重由初次分配总收入的59.5%降至56.7%，仍然占据了全省可支配总收入二分之一强的份额。政府部门获得其它机构部门和省外部门（中央补助收入）分配支付来的经常转移净额共1271.40亿元，比重由初次分配总收入的10.3%上升至可支配总收入的17.4%，上升了7.1个百分点，是收入再分配环节比重上升幅度最大的一个部门，反映了近年来收入分配向政府部门倾斜的趋势特征。

五、住户部门和企业部门是总储蓄的绝对主体

总储蓄是可支配总收入减最终消费的余额，是各机构部门投资的重要资金来源。

2008年，全省总储蓄为9733.30亿元，比上年增加1779.88亿元，增长22.4%，增幅同比上升4个百分点。总储蓄率为59.2%，比上年上升1.9个百分点。

住户部门和非金融企业部门是全省总储蓄的主体。2008年，政府部门的总储蓄为694.12亿元，占总储蓄的7.1%，下降1.2个百分点；住户部门的总储蓄为4794.11亿元，占总储蓄的49.3%，上升3.5个百分点；非金融企业部门和金融机构部门不是最终消费部门，它们的总储蓄等于各自的可支配总收入，占全省总储蓄的比重分别为40.5%和3.1%。可见，住户部门和非金融企业部门的总储蓄最多，占据了全省总储蓄的89.7%，这两个机构部门成为全省总储蓄的主体。

（河北省统计局　于　洁）

农村经济

2009年，全省农村经济在省委、省政府正确领导下，积极应对国际金融危机和自然灾害等诸多严峻挑战，认真落实强农惠农措施，调整优化农业结构，加强农业基础设施建设和农业产业化发展，农村经济实现持续平稳向好发展。

一、农村经济保持平稳增长

（一）农村经济规模稳步扩大。2009年，农林牧渔业总产值完成3640.93亿元，比上年增加135.70亿元，增长3.2%，农林牧渔业增加值2207.34亿元，比上年增加172.75亿元，增长3.3%，由于国际金融危机和自然灾害对农业生产有所影响，全年增速趋缓，农林牧渔业总产值和增加值增速分别比上年回落1.9个和1.6个百分点。

（二）优势产业支撑力不断增强。农林牧渔业产值结构呈现“四升一降”特点：农业产值比重为53%，比上年提高2.7个百分点；林业、渔业、服务业产值比重略高于上年；牧业产值比重为37.1%，比上年下降3.2个百分点。畜牧业、蔬菜、果品三大优势产业产值达到2535.37亿元，占农林牧渔业总产值的69.6%，比上年提高1.1个百分点，对农业经济贡献不断增强。

（三）农林牧渔业生产持续发展

1. 农业生产总体平稳。一是粮食、蔬菜生产平稳略增。在各项惠农补贴政策大力扶持下，粮食播种面积稳步扩大，2009年粮食播种面积为9324.75万亩，比上年增加87.58万亩，增长1%，播种面积的增加为战胜自然灾害奠定了坚实基础。全年粮食产量达2910.17万吨，比上年增长0.2%。夏粮喜获丰收，总产为1243.24万吨，比上年增长0.5%，连续六年增产；秋粮因灾略降，总产为1666.93万吨，比上年略降0.1%。全年粮食单产为311.52公斤/亩，比上年略降1%。2009年蔬菜产量为6742.1万吨，增长0.9%，受暴雪袭击影响增速回落2.9个百分点；二是棉花、油料生产呈现“三减”。受国际金融危机和自然灾害双重影响，棉花、油料生产均呈现面积减、单产减、总产减态势。全省棉花播种面积为930万亩，亩产65公斤，总产为60.5万吨，分别比上年下降10.1%、8.8%和18.0%。油料播种面积比上年下降3.9%，单产下降2.3%，产量下降6.1%。

2. 畜牧业生产恢复发展。2009年，全省肉类总产量达到426.62万吨，增长1.3%，禽蛋为353.21万吨，奶类为461.06万吨，较上年有所下降。一是生猪养殖趋稳向好。针对猪肉价格连续下降情况，国家和省先后启动冻肉储备收储措施和防止生猪价格过度下跌预案，有效抑制了猪价过度下跌势头，养猪效益逐渐恢复正常盈利。全年生猪出栏为3332.87万头，增长3.2%；二是家禽养殖处于微利发展。受养殖饲料成本和养殖利润低且不稳定影响，家禽养殖业持续处于低水平发展。全年家禽存栏和出栏分别为3.49亿只、5.26亿只，分别比上年降低8.1%和2.5%；三是奶业生产有序恢复。2009年，牛奶产量为451.54万吨，在奶业扶持政策和规模饲养大力推行下，全省奶业生产有序恢复。

3. 林业生产投资力度加大。2009年中央加大对基础设施投资力度，造林补贴增大，全省新增造林投资1.5亿元，2009年人工造林296.59万亩，比上年增长2.5%。林果业以果树调整为重点，干果、园林水果获得丰收，干果产量比上年增长26.3%，园林水果产量1104.1万吨，比上年增长4.7%。

4. 水产品产量小幅增长。全省2009年加大了对渔业资源的科学管理力度，海洋捕捞期缩短，科学控制淡水养殖。受赤潮和休渔期延长影响，全年水产品总量为100.41万吨，比上年增长3.9%。

二、农业产业化经营加快推进

1. 农业产业化经营总量实现新突破。2009年，农业产业化经营实现新突破，经营总量跨过三千亿元，达到3213.25亿元，比上年增长7.2%。农业产业化经营率稳步提高，达到56.8%，比上年提高1.5个百分点。

2. 主导产业集中度进一步提高。2009年，全省共有农业产业化主导产业189个，全年共实现销售额2018.05亿元，比上年增长10.6%。其中年销售额5亿元以上主导产业成长加快，比上年增加6个，达到111个，占全部主导产业个数的58.7%，比上年提高4.3个百分点，实现销售额1784.82亿元，增14.3%。

3. 龙头经营组织经营状况好转。随着国际金融危机影响减弱，国内经济企稳回升。2009年，全省龙头经营组织情况出现明显好转，进入恢复增长阶段。2009年，全省共有各类农业产业化龙头经营组织1252个，实现利润总额172.32亿元，增长15.7%，比销售额增速高12.4个百分点，企业盈利能力明显增强。其中，1030个龙头企业（集团）实现利润99.83亿元，增长13.5%，增速比销售收入高11个百分点。农业产业化龙头企业实现出口创汇额12.2亿美元，比上年增长26.2%，扭转了2008年下降趋势，基本恢复到国际金融危机前的水平。

4. 产业带动能力明显增强。2009年全省农业产业化经营中参与农户纯收入实现较快增长，户均从农业产业化经营中获得纯收入6283元，比上年增收694元，增长12.4%，是开展农业产业化统计监测以来增收最多的一年。同时，参与农业产业化经营的农户中订单农户增加，全省747.9万农户参与到农业产业化生产经营中来，其中订单农户首次突破一百万户，达到102.4万户，比上年增长3.5%。

三、农业农村基础设施建设步伐加快

（一）农村基础设施建设发展较快。2009年，各级积极调整投资重点和方向，以规划和项目为载体，重点加强农业农村基础设施建设。2009年，自来水受益村数占全部村委会个数达到86.1%，比上年提高1.2个百分点。通有线电视村数占56.6%，提高5个百分点；通汽车村数占99.4%；通电话村数占99.9%。

（二）农业现代化生产条件加速推进。2009年，启动农业机械化推进工程，全省农用机械总动力达9861.37万千瓦，比上年增长3.5%。其中，大中型拖拉机增长最快，达到15.52万台，比上年增长13.9%。全省实际机耕面积525.16万公顷，占农作物播种面积的比重达60.5%，比上年提高4.1个百分点；当年机械播种面积618.33万公顷，占71.2%，提高2.1个百分点；机械收获面积314.7万公顷，占36.3%，提高3.6个百分点。

（三）农田水利建设继续加强。2009年，全省以小型农田水利重点县、现代农业项目县和大型灌区续建配套与节水改造为重点，农田水利建设得到快速推进。2009年有效灌溉面积为450.96万公顷，节水灌溉面积为259.5万公顷。新增节水灌溉面积16万公顷，改善灌溉面积26万公顷。

2009年，全省农村经济在面临较为复杂的经济环境和自然灾害情况下取得了平稳增长，为全省经济发展奠定了坚实基础。今后要继续深入贯彻落实强农惠农政策，更有效地调动地方政府和农民生产积极性，加强农业基础设施和现代农业产业体系建设，提高农业防灾减灾能力，继续做好农产品质量监测和疫情疫病防治，加快以农产品深加工为重点的农业产业化建设，为全年农村经济保持稳步持续健康发展奠定良好基础。

（河北省统计局　史广燕）

城市经济

2009年，在省委、省政府的正确领导下，全省各地各部门深入贯彻落实科学发展观，强力推进城镇面貌三年大变样工作，城镇化发展取得了新成效，城镇化进程加快推进，城镇面貌发生显著变化，城市的辐射带动作用增强，促进经济社会又好又快发展起到了重要的推动作用。

一、城市经济平稳发展，综合实力明显提升

2009年，设区城市生产总值达5872.74亿元，占全省生产总值的34.1%；人均生产总值达46570元，比上年增加1678元，是全省平均水平的1.9倍。全部财政收入突破“千亿元”大关，完成1025.1亿元，比上年增长6.9%，占全省财政收入的50.7%；人均全部财政收入8129元，比上年增加454元，是全省平均水平的2.8倍。结构调整稳步推进。设区城市非农产业和第三产业增加值比重分别比全省平均水平高10.0和10.9个百分点。其中，第二产业比重为51.0%，比上年下降1.2个百分点，第三产业增加值比重为46.2%，比上年提高1.2个百分点。受国际金融危机等因素影响，对外经贸有所下降。设区城市实际利用外资20.5亿美元，比上年下降9.7%；实际利用外资占生产总值的比重为2.4%，比上年下降0.4个百分点，但高于全省平均水平0.9个百分点。全省出口总值156.9亿美元，下降34.6%，增速同比回落43.3个百分点。

二、城镇聚集能力增强，产业与人口发展的协调性继续改善

城市经济的发展拓宽了就业渠道，带动人口加速向城镇聚集。人口城镇化进程加速。2009年，全省城镇人口达3076.9万人，比上年增加148.5万人，增长5.1%，增速加快0.3个百分点。城镇就业人员1002.8万人，增长3.9%，占全省就业人员的26.4%，提高0.5个百分点。产业调整与人口聚集互动发展，在城镇化水平提高的同时，城镇就业结构进一步优化。城镇化率与非农产业就业比重之比为0.72，比上年略有提高。设区城市非农产业就业人员570.8万人，占全部就业人员的85.7%，其中第三产业就业人员比重为44.4%，分别比全省平均水平高24.7和15.1个百分点。

三、城市建设步伐加快，承载能力明显增强

三年大变样促进了城市基础设施建设，2009年，全省城镇基础设施完成投资2553.5亿元，比上年增长62%。市政基础设施和公共服务设施保障能力提高。交通状况明显改善，城市人均道路面积15.32平方米，比上年增加0.8平方米，增长5.7%；每万人拥有公交车辆11标台，增加1.2标台，增长12.4%。供热、供气、供水、排水能力提高。集中供热面积30554万平方米，比上年增长14.3%；燃气普及率达到97.9%，比上年提高0.8个百分点；供水综合生产能力835.4万立方米/日，比上年增长0.2%；排水管道长度13120公里，比上年增长4.5%。节水取得明显成效。人均日生活用水量连续五年下降，2009年为124.8升，比上年下降0.2%。技术设施水平稳步提升。设区城市年末电话用户达2105.5万户，比上年增加6.3%，占全省的40.9%；每万人拥有电话户数为16629户，增加936户，比全省平均水平高1.3倍。年末国际互联网用户295.7万户，比上年增长14.7%，占全省的56.6%；每万人拥有互联网用户为2335.4户，比上年增长14.3%，比全省平均水平高2.7倍。

四、城市环境治理成效明显，环境质量显著改善

环境治理力度加大。建成区绿化覆盖率达40.0%，比上年提高1.3个百分点；城市污水综合处理率为84.6%，提高7个百分点；生活垃圾无害化处理率为59%，提高1.8个百分点。环境质量进一步改善。全省城市公园绿地面积1.7万公顷，比上年提高21.8%，人均公园绿地面积11.2平方米，比上年增加1.7平方米；工业烟尘排放量为32.9万吨，下降16.9%；全省工业固体废物综合利用率达71.1%，比上年提高6.9个百分点。

五、城镇居民收入水平提高，消费结构继续优化

全省城镇居民人均可支配收入达14718.3元，比上年增加1277.2元，增长9.5%。收入增长促进了居民消费，消费水平提高。城镇居民人均消费性支出9678.8元，增长6.5%。消费结构趋向优化，旅游、住房、小轿车成为新的消费热点。每百户城镇居民家庭拥有家用汽车10.1辆、家用电脑57.3台，分别比上年增长11.0%和3.6%。城镇居民恩格尔系数为33.6%，连续五年保持在35%以下；居住条件改善，人均住房建筑面积达29.95平方米，提高0.44平方米。

六、社会事业全面发展，各个领域协调推进

科技教育平稳发展。2009年，全省专利申请量11362件，专利授权量6839件，分别增长24.5%和24.4%。教育事业稳步发展。每万人拥有高等学校在校学生数150.8人，增长5.8%；设区城市高等学校在校学生数97.2万人，增长6.6%。全省初中毕业生升学率84%。文化设施较为完善。设区城市图书馆图书总藏量831.3万册，每百人图书藏量为65.7册。卫生事业发展较快。设区城市医生数达6.7万人，增长20.9%，占全省的58.5%；每万人拥有医生数为52.8人，比全省平均水平高2.2倍。社会稳定得到加强。就业基本保持稳定。年末城镇登记失业率为3.93%，比上年末下降0.03个百分点，控制在调控目标之内。社会保障顺利推进。城镇基本养老、医疗、失业参保人数分别增长6.6%、31.2%和0.6%。

（河北省统计局　姚立云）

民营经济

2009年，河北省以科学发展观为指导，紧紧把握省委、省政府“保增长、扩内需、调结构、惠民生”的总体要求，认真贯彻落实国家和省一系列支持中小企业发展的政策措施，着力调优产业结构、加快技术进步、推动产业升级、扩大国内需求、鼓励全民创业，努力减轻金融危机对民营（非国有）经济发展带来的不利影响，全省民营（非国有）经济企稳回升，并保持了逐月加快增长的态势。

一、基本情况

2009年，全省民营经济单位个数达204.6万个，同比增长3.29%；其中民营企业18.6万个，同比增长11.4%，个体经营单位186万个，同比增长2.8%；民营经济从业人员1525.3万人，同比增长3.05%，占全省二、三产业从业人员的三分之二以上。民营经济实现增加值9585.6亿元，同比增长12.5%，占全省GDP比重约56.3%，比上年提高2.6个百分点。实缴税金1152.3亿元，同比增长10.5%，占全省财政收入比重约57%，与上年基本持平。

二、经济运行主要特点

2009年，民营经济的突出特点是保持低位运行，逐渐企稳回升，是自2003年以来，增长幅度最低的一年；外贸出口大幅下降,降幅逐步收窄;行业发展冷热明显;市场起伏震荡,价格大幅波动,经营风险加大;国际贸易保护现象显现,贸易壁垒增加;民营企业结构性矛盾明显。金融危机带来的困难和机遇并存,形势十分复杂和微妙。

（一）规模企业支撑和拉动作用显著。经过连续几年持续地开展扶持成长型企业活动，一批企业实现快速扩张，总体实力大幅提高，一批企业进入“2009中国制造业500强”。2009年，全省规模以上民营工业企业达10891家，从业人员214.9万人，完成增加值3922.1亿元，同比增长14.2%。上缴税金418.7亿元，同比增长1.8%。在全省规模以上工业企业中，民营工业增加值的比重达到62.2%。规模以上民营企业的快速增长，是实现全省保增长目标的中坚力量。长城、巨力、今麦郎、以岭等百强民营企业都有大幅增长。秦皇岛粮油食品加工业、玻璃及玻璃制品制造业、金属冶炼及压延业和机械制造业等四大产业占规模以上工业的75.1%,拉动全市规模以上工业增长10.4个百分点。长城汽车累计销量达到22万余辆,同比增长77%。今麦郎集团全年利税增长121%。

（二）固定资产投资大幅增长，升级加快。在国家“增加投入，拉动内需”的宏观经济政策鼓励下，地方和企业抓住国家适度宽松金融政策和更加积极的财政政策的有利时机，积极淘汰落后产能，加快传统产业升级，开展节能减排改造，加大结构调整，发展新型行业，固定资产投入普遍保持大幅增长，金融支持力度明显加大，表现出很强的危机感和紧迫感。2009年全省民营经济累计完成固定资产投资5160.6亿元，同比增长30.5%，占全社会固定资产投资的比重为41.9%。其中，民营企业完成固定资产投资4487亿元，同比增长32.6%，增幅与上年相比上升了17.8个百分点。11个设区市中，邯郸市民营经济投资总量最大，达到了887亿元，占到该市全社会固定资产投资总额的3/5。固定资产投入增幅超30%的有沧州市、衡水市、邯郸市、廊坊市、唐山市、张家口市六个市，最大的是沧州市，增幅为52.1%。

2009年，民营经济固定资产投资项目建设呈现出数量增多，规模增大、科技含量提高的态势。2009年，在建项目2.53万个，新建项目2.15万个。投资项目中，亿元以上项目1423个，千万元以上项目8042个。从资金来源看，企业融资渠道增多，但企业自筹资金仍占主体，比重达69.2%；贷款比重有所上升，占12.0%。从投资方向来看，资金投向仍以工业项目为主，各地优势产业、地方特色和传统产业升级是投资重点。邢台市内邱县建滔集团醋酸项目投资18亿元，保定巨力集团投资10亿元新建太阳能发电项目，投资领域向高端、终端产品延伸。

（三）农产品加工业出现新的格局。全省规模以上农产品加工企业2977家，增加175家，从业人员59.8万人，增加3.5万人；营业收入、增加值、实交税金和利润总额分别实现2732.3亿元、744.3亿元、55亿元和187亿元，同比分别增长16.7%、20.3%、18.5%和13.7%。

一是面粉、食品加工企业受市场的刚性需求影响，发展较好。隆尧县今麦郎食品完成销售收入40亿元，同比增长18.2%，实现利税2.41亿元，增长121%。邯郸市大名面粉拥有“中国名牌”企业，日加工能力已达到1万吨以上，日加工小麦200吨以上企业有16家，小型面粉加工企业1500多个，年处理小麦量350多万吨，面粉产量占河北省15.3%、占全国的4%。张家口市食品加工企业数达到1648家，同比增加102家，工业增加值增长16.2%。石家庄正定饲料加工成为华北最大的专业市场，无极县广威农牧有限公司是全省产业化龙头企业，从特种种养、饲料肉类加工、产品出口、餐饮全部自主经营。玉米淀粉加工企业，产品副产品价格大幅降价，环保标准提高，加大治理力度，固定成本加大，保本微利经营。

二是油类加工业出现滑坡。国内市场需求萎缩，产品价格下滑，原燃材料价格居高不下，造成了企业的利润空间缩小甚至亏损。秦皇岛市此类企业亏损面30%。行业龙头金海粮油产值67.3亿元，同比下降22.3%，实现税金4203万元，同比下降52.6%。廊坊三河汇福粮油集团实现总收入54.2亿元，上缴税金1.3亿元，基本与同期持平。大豆加工企业，受进口冲击，国内原料价格过高，到年底一批企业相继停业。康保县43家粮油加工企业，受市场需求和产品销售价格的影响，营业收入下降15%。

三是乳制品行业，没有走出困境。与蒙牛、伊利乳业联盟的企业普遍开工不足。由于市场需求不足、奶源价格上涨，产品积压、资金周转困难。国外乳业借三鹿事件以低价打入中国市场，国产奶粉每吨2.25万元，而进口奶粉为1.83万元。

四是棉纺织产业发展整体前低后高，出现弥补性增长。进入2009年以来，跌宕起伏的市场行情使纺织业遇到了前所未有的困难，国际市场需求出现严重下滑，国内市场竞争进入白热化，供求关系失衡导致产品严重滞销。进入三季度以后，随着经济形势转暖，纺织业企稳回升，多项指标增速加快，实现了民营纺织业向好发展态势。纺织产业集中的石家庄棉纺织达到300万纱锭，行业增长24.9%。邯郸市鸡泽县2009年底棉纺营业收入、上缴税金分别增长14%和15%。民营棉纺织产业整体回暖向好，后期呈现良好发展势头。

五是农副产品加工表现不一。清河县羊绒业增长20%。制糖业因国际市场的萎缩，增加值同比下降51%，上缴税金1560万元，同比下降70%。

（四）工业企业开工不足，产能逐步恢复。自2008年四季度以来，受国际金融危机的持续影响，工业原材料和产品价格大幅波动，工业用电量出现负增长，热点企业负荷过剩，石家庄热电行业下降82.6%。煤炭价格一度下跌，据河北有影响的井陉煤炭交易市场统计，2009年吞吐量减少三成，许多煤场歇业。甲醛、甲醇、烧碱、聚丙烯等重要原材料价格2009上半年低于成本，标志着煤化工、盐化工、石化工的整体不景气；工具钢、研磨材料等工业耗材全球需求锐减，反映了机械和装备制造的低迷。外贸出口受阻，上游企业停产殃及相关企业。我国钢铁行业的产能过剩，市场不稳，开工不足现象普遍存在。全省有一批工业企业停产或限产，生产形势严峻。尤其是装备制造业的萎缩影响了经济的持续增长，显示了发展预期不确定，企业经营者信心不足。

秦皇岛煤炭开采和洗选业、化学纤维制造业、文教体育用品制造业和非金属矿采选业，下降幅度33.4%到90.7%。其中玻璃及玻璃制品制造规模以上工业企业56家，产值下降13.6%，亏损面62.5%，上半年，市场持续低迷，产品销售价格大幅下滑。下半年，随着我国房地产市场的回暖，对玻璃市场的需求逐步升温，玻璃产品价格逐步回升，订单饱满，逐步达到产销平衡。张家口5个县的62家冶金矿山企业有半数全年停产半停产。承德20.1%民营采掘业企业停产半停产。

2009年12月份全省规模以上民营工业停产企业615家，比年初减少659家，涉及从业人员6.36万人，减少6.75万人；规模以下工业停产企业3474家，比年初减少1.05万家，涉及从业人员9.82万人，减少28.81万人；规模以上工业半停产企业472家，比年初减少184家，涉及从业人员4.59万人，减少3.17万人；规模以下工业半停产企业5350家，减少9896家，涉及从业人员8.48万人，减少33.76万人。

12月份当月，唐山市规模以上民营工业实现利润同比增长11.97倍。石家庄河冶科技工具钢占全球的50%以上，2010年春节没有放假，上半年订单已满。秦皇岛建筑业增长63.6%，诸多迹象说明经济开始复苏。

（五）主导产业发展冷热不均，喜忧参半。在市场总体波动形势下，工业企业整体效益下滑，行业发展形势差距明显，一些行业大幅萎缩，一些行业迅猛崛起。规模以上轻工业达到4685家，增加226家，实现增加值1117.7亿元，实交税金91.8亿元，分别增长17.8%和10.9%。规模以上轻重工业比重为28.5∶71.5，轻工的比重有所提升，规模扩大，皮革、金属网、标准件总量居全国第一，塑料制品总量居全国第六，家具制品居全国第九。全省增速较高的的几个行业以增加值计，塑料增长64%、家具58.6%、皮革皮毛34.4%、金属制品17.8%。石家庄电子、冶金和建材行业，分别增长121%、50.9%和43.9%；新能源、信息传输、商务流通增长一倍以上，信息传输计算机服务业增加值增长194.07%，上缴税金增长317.15%。秦皇岛电子设备制造业增长221.4%。采矿业普遍下滑、化工行业亏损面扩大。

2009年，公路、铁路和水利等基础建设工程项目拉动了相关产业发展，如水泥企业同比成本下降12%，产品价格上涨22%，企业盈利状况明显好转。石家庄鼎新水泥常年供不应求，利润率增长达到300%以上；奎山集团（水泥）销售收入3.48亿元，同比增长7.7%；上缴税金5268万元，增长78.2%。藁城翼辰公司以生产铁路、船舶用品为主，全年满负荷生产。河北京丰电力设备有限公司（河间市）的封闭母线，全国市场占有率达38%，产品订单总额达6亿元，生产任务已排到2011年，其产品已进入三峡工程。

1. 钢铁。全省钢铁行业先跌后涨，总体在震荡中上升。钢材价格一度跌破1994年水平，从4月下旬开始，钢材市场止跌企稳，价格逐步回升。8月份，钢坯、带钢、中板、螺纹钢等价格分别升至3380元/吨、3420元/吨、3460元/吨和3760元/吨，比4月份平均每吨上涨800元左右。8—9月份，钢铁市场再度震荡下行，进入四季度，出现回升。但与去年前10个月价格相比，由于钢铁主要产品价格整体出现大幅回落，主要原材料价格较同期下降幅度远不及钢铁产品价格下降幅度，钢铁企业利润空间受到严重挤压。民营（非国有）钢铁工业实现增加值1102.7亿元，占全省钢铁工业的65.28%。营业收入、实交税金、利润总额分别实现4354.3亿元、101.7亿元和167.5亿元，同比均为负增长，分别下降15.3%、22.3%、27.1%。唐山市，钢铁行业完成增加值787.6亿元，同比增长14.2%，利润125.7亿元，同比下降12.1%。

2. 纺织服装。2009年，全行业呈逐步回暖态势，服装加工企业随着国内市场需求增加及沿海服装产业重心转移，适时调整产品品种、提升品质，逐渐成为南方服装原材料采购地和品牌加工地，生产增长逐季加快，呈现前低后高的走势。全省民营（非国有）纺织服装规模以上企业1229家，增加134家，营业收入、增加值、实交税金和利润总额分别实现781.4亿元、211.7亿元、12.1亿元和57.1亿元，同比分别增长15.9%、15.2%、18.6%和18%。到四季度末进入旺势，保定服装业增加值全年增长16.4%，12月份环比增长23.4%。

纺织业去年三季度以来由于棉花价格大幅上升，影响了企业的效益。但是，一些企业充分利用劳动力成本低的比较优势，加之不断调整产品结构，维持了企业的发展。石家庄纺织达到300万纱锭，行业增长24.9%。邯郸棉纺企业处于满负荷生产状态。邢台清河羊绒纱、羊绒衫销售异常火爆，由外销转移到内销，由传统销售拓展网上销售，量身定做等，取得了很好的销售业绩。

3. 装备制造。全省民营（非国有）规模以上装备制造企业数量达到1676家，增加114家，完成营业收入1746.2亿元、增长32.6%，上缴税金39.4亿元，增长24.3%。增长较快的两个行业，一是交通运输设备制造业，营业收入、增加值、实交税金和利润同比分别增长98.6%、53.9%、134.3%和91.8%；二是电气机械及器材制造业，营业收入、增加值、实交税金和利润同比分别增长49%、36.8%、17.8%和20.7%。唐山市装备制造业同比增长34.2%，其中采矿设备增长54.2%；秦皇岛三大机械制造业按产值计中铁山桥增长49.1%，出口交货值增长80.5%，山船重工增长27.7亿元，上交税金增长78.0%，天业通联增长77.1%。

4. 采掘。全省民营经济采矿业完成增加值357.7亿元，实现营业收入1138.8亿元，上缴税金55.8亿元，同比分别下降3.56%、4.79%和22.37%。承德市铁矿采选业上半年整体处于亏损状态，在停产的规模工业企业中，铁矿采选业企业占85.9%；民营规模工业铁矿采选业企业亏损额占全市民营规模企业亏损总额的90.2%。规模以上民营工业企业整体效益下降。到12月底，营业收入500万元以上民营工业企业达到了545家，同比增加25家。完成增加值171.3亿元，同比下降12.5%。营业收入同比下降13.3%、利润总额同比下降48.3%、上缴税金同比下降35.3%。

5. 板材家具产业。随着人们生活水平的提高和房地产业的松动，家具行业的需求上升，品味提高。廊坊人造板生产总量占全国的1/6，该市获“中国名优人造板生产销售基地”称号。2009年，发展形势较为平稳，全年实现营业收入107.5亿元，实现增加值22.7亿元，上缴税金1.2亿元，同比分别增长11.5%、18.2%和9%。石家庄市正定的板材市场销售也很活跃。

6. 化工。2009年，全省民营（非国有）化工行业规模以上企业实现营业收入1146.3亿元、增加值286.1亿元、利润总额75.6亿元，同比分别增长-1.3%、0.1%和-1.7%。衡水市化工产业完成增加值、税金同比增长-16%和-20.6%，石家庄307家规模以上化学原料及化学制品行业企业利润总额平均下降33%，沧州化工产业占规模工业的46.7%，上半年液化气、聚丙烯、PVC、DSD酸、TDI、原盐等的价格同比下降50%左右；甲醇、尿素、烧碱、硫酸等产品销售价格同比下降20%—30%，一半以上的相关企业订单减少20%以上。邯郸机制焦平均价格同比减少1050—1150元/吨，降幅30%以上；煤焦油平均价格在2400元/吨左右，同比减少800元/吨左右；粗苯平均价格在4100元/吨左右，与去年基本持平，行业利润下降60%以上。秦皇岛工程橡胶产业订单增多，营业收入、税收同比增长42.7%和43%，产量占全国市场的份额达到55%。

（六）外贸出口形势严峻，持续负增长。在国际需求大幅下降的大背景下，一方面，出口产品缺乏竞争力，出口渠道单一，交易方式落后，结构和管理的不适应显现出来；另一方面，人民币升值，出口退税的政策不稳定和有限性，国际贸易壁垒，东欧的灰色清关等因素，制约了企业出口，仅人民币升值汇兑损失就占出口交货值的4%，挤占了利润空间。而且，在国家刺激消费，拉动内需的政策下，外贸企业由内销赚得更多的利润，出口的积极性不高。外商信心不足，出现“大单变小单”、“长单变短单”现象。全省民营外向型企业订单不足，全年完成出口产品交货值1003.0亿元，同比下降17.1%。11个设区市中有个7市处于负增长，其中唐山、保定和秦皇岛3个市民营企业外贸出口额同比下降超过40%。秦皇岛外贸依存度达到40%以上，涉及33个工业行业，17个行业负增长。

（河北省中小企业局　高惠民）

固定资产投资

2009年，全省落实中央扩内需、保增长的政策措施，深入推进城镇面貌三年大变样工作，建设项目多，进度快，投资呈现快速增长态势。全社会固定资产投资完成12311.9亿元，比上年增长38.9%，增速同比提高10.1个百分点。其中城镇固定资产投资完成10518.5亿元，增长40.9%，农村投资完成1793.3亿元，增长27.8%；增速分别比上年提高9.7和10.3个百分点。全社会投资和城镇投资均跃上万亿元台阶，增长速度均为1994年以来最高水平。

一、运行特点

（一）投资增长保持高位运行

1. 2009年1—2月、1—3月、1—4月、1—5月、1—6月、1—7月、1—8月、1—9月、1—10月、1—11月和全年城镇投资增速分别为59.1%、41.4%、49.8%、56.4%、54.5%、51.9%、49.9%、52.2%、51.9%、45.5%和40.9%，各月投资保持了快速增长。

2. 增长速度为近年来最高。2009年全社会投资总量是2000年的6.7倍，增速也达到1994年以来最高。

3. 增速高于全国平均水平。2009年全省城镇投资增速一直高于全国平均水平，全年城镇投资总量居全国第5位，增速居第6位。

（二）各设区市投资快速增长。11个设区市中，唐山、张家口、衡水、承德、石家庄和保定6市城镇投资增长高于全省平均水平，分别增长62.4%、59.7%、59.2%、50.5%、41.3%和41.3%。其中唐山、石家庄两市投资占全省投资的38.3%，比上年提高2.3个百分点，对全省城镇投资增长的贡献率为44.0%。

（三）新开工项目多。全省城镇在建项目29421个，同比增加8425个，增长40.1%。其中，新开工项目24847个，增加7703个，增长44.9%；占全部项目的84.5%，同比提高2.8个百分点；计划总投资增长1.4倍，平均规模4692.8万元，增长62.1%。

（四）大项目拉动作用强劲。全省亿元以上项目2511个，增加1069个，增长74.1%；计划总投资15189.0亿元，增长67.2%；完成投资4692.3亿元，增长48.2%，占城镇投资比重由上年的42.4%提高到44.6%，拉动全省城镇投资增长18.9个百分点。亿元以上新开工项目1455个，增加989个，增长2.1倍；计划总投资7339.5亿元，增长2.5倍；完成投资2670.6亿元，增长2.4倍，占城镇投资比重的25.4%，提高14.9个百分点。曹妃甸工业区和沧洲渤海新区分别完成投资650.6亿元和192.9亿元，分别比上年增长98.8%和68.8%。

（五）投资结构继续优化，向“五方面”聚集

一是城市基础设施投资支撑城镇投资快速增长。随着三年大变样工作的深入推进，城镇基础设施投资2553.5亿元，增长59.3%，快于全省城镇投资增长18.4个百分点，占城镇投资的24.3%，提高2.8个百分点，拉动全省城镇投资增长5.2个百分点。

二是国家支持发展的领域投资快速增长。中央投资重点投向保障性安居工程、农村民生工程和农村基础设施、铁路和机场等重大基础设施、医疗卫生和教育文化等社会事业、节能减排和生态建设、自主创新和结构调整等六方面。农业、交通运输仓储和邮政业、教育、卫生保障和社会福利业等行业全社会投资分别完成514.4亿元、1026.4亿元、141.9亿元、115.5亿元，分别增长33.0%、64.5%、50.8%和89.4%。

三是河北重点发展行业投资快速增长。装备制造业投资1360.5亿元，增长40.3%；医药工业投资80.3亿元，增长68.5%；高新技术产业投资783.8亿元，增长52.8%。

四是三次产业结构出现积极变化。全省全社会第一产业完成投资514.4亿元，增长33.0%；第二产业投资5929.8亿元，增长25.2%；第三产业完成投资5867.7亿元，增长56.7%，第三产业投资增速提高33个百分点。三次产业投资占全社会投资比重由上年的4.4∶53.4∶42.2调整为4.2∶48.2∶47.7，其中，第三产业比重同比提高5.4个百分点。

五是内涵扩大再生产比重提高。改建和技术改造投资1388.9亿元，增长67.8%，占全社会投资比重为11.3%，提高1.9个百分点。

（六）房地产开发投资快速增长。全省房地产开发投资完成1520.0亿元，比上年增长40.2%。其中，商品住宅完成投资1219.2亿元，增长42.0%；办公楼、商业营业用房投资分别完成30.1亿元和150.3亿元，分别增长49.5%和84.5%。分地区看，衡水、保定、邢台、唐山、张家口市投资增速超过50%。

施工面积与竣工面积均保持增长。房屋施工面积12753.0万平方米，增长42.4%。其中，新开工面积6786.0万平方米，增长80.1%。房屋竣工面积2211.7万平方米，增长33.0%。

（七）商品房销售市场好转，销售价格平稳增长。商品房销售面积2966.6万平方米，增长32.9%。其中，商品住宅销售2819.8万平方米，增长32.5%；办公楼19.1万平方米，增长6.1倍；商业营业用房88.5万平方米，增长12.3%。

商品房平均销售价格为3263元/平方米，增长17.4%。2009年上半年全省房地产市场比较低迷，下半年销售好转，商品房销售价格逐步回升。

从用途看，住宅3210元/平方米，增长17.0%；办公楼4145元/平方米，增长12.3%；商业营业用房5190元/平方米，增长32.6%。从销售方式看，期房平均销售价格3385元/平方米，增长14.3%；现房平均销售价格2792元/平方米，增长17.1%。

二、存在问题

（一）外商及港澳台商投资比重下降。港澳台商投资161.7亿元，增长6.8%，低于全省全社会投资32.1个百分点，占全社会投资1.3%，比上年下降0.4个百分点；外商投资271.4元，下降16.6%，占城镇投资的比重由上年的3.7%下降到2.2%。

（二）建设资金来源主要依靠自筹，融资渠道相对单一。项目资金来源比重中，全省自筹资金比重达到75%，依然是主渠道；国内贷款和利用外资比重为12%和0.6%，处于较低水平。

三、对策建议

（一）继续下大力调整投资结构。一是引导投资转向产业升级。重点加大先进装备制造、现代服务业投资力度，培育新的产业投资增长点；对传统优势产业加大技术改造、节能降耗项目开发；加大对高新技术研发项目、成果转化和产业化项目投资扶持力度。二是引导投资向重点区域集中。合理确定区域投资方向和投资重点，优化产业

空间布局，加快产业聚集区建设。重点加大曹妃甸新区、渤海新区、北戴河新区、环首都高新技术产业带和其他省市重点园区投资力度，打造新的经济增长极，引导全省生产力布局的战略性调整，提升全省在京津冀都市圈乃至环渤海地区的竞争地位。三是引导投资向民生领域倾斜。加大对经济社会发展薄弱环节支持力度，加大医疗卫生、科技教育、社会保障等民生领域投资力度，切实解决群众关心的问题。四是引导投资继续促进基础设施、基础产业发展。重点抓好三年大变样工程、农村基础设施项目建设。

（二）切实解决项目建设中突出问题。一是解决资金筹措问题。积极争取中央投资，提高地方政府资金配套能力，加强协调沟通，落实好银行信贷资金，加大支持企业直接融资工作力度，提高民间资本投资竞争力。二是着力缓解土地瓶颈制约。切实落实通过节约、集约、挖潜、调整、提高土地资源利用率等解决用地问题的各项措施。在争取国家用地指标的同时，充分挖掘存量土地潜力，引导重点项目入驻产业聚集区。

（三）努力扩大民间投资。打破行业垄断，降低准入门槛，鼓励和支持民间资本进入基础设施、公用事业等行业和领域，激活民间投资。

（四）继续深入推进项目建设。一是着力缓解土地和资金的“瓶颈”制约。认真研究解决项目建设中的土地资金等问题，切实落实通过节约、集约、挖潜、调整解决用地问题的各项措施。积极拓展融资渠道，为项目建设搭建融资平台；二是千方百计落实新开工项目必备的条件。建立部门联动机制，加强新开工项目信息交流和统计管理，加快办理重点建设项目建设中的各种手续，确保新开工项目各项条件的落实。三是全力保障在建项目的顺利实施。切实解决部分项目施工受阻和配套条件不完善等问题。

（河北省统计局　殷　飞）

国有资产监管

2009年，面对全球金融危机带来的严重冲击，全省国资系统认真贯彻落实省委、省政府的决策部署，紧紧围绕保增长第一要务，沉着应对抓机遇，着眼长远抓重组，面向市场找差距，强化管理增效益，统筹协调保稳定，改进监管促发展，各项工作取得积极进展，经济运行总体企稳向好。2009年，全省国有企业实现销售收入4656亿元，同比增长11%；资产总额7047亿元，同比增长18%；实现利润106亿元，上缴税金210亿元。其中：省国资委监管企业实现营业收入3505亿元，同比增长14.3%；资产总额4834亿元，同比增长24.8%；实现利润85亿元，上缴税金169亿元，国有资产保值增值率达106%。

一、全力应对金融危机挑战，国有经济实现平稳较快发展

加强督导，强化服务，经济运行增速逐步回升、总体趋势明显好转，国有经济实现了平稳较快发展。一是坚持为企业服好务。在全系统深入开展了“两为”服务，深入调研，共同研究保增长的对策措施，帮助企业增信心、破难题、促发展，共梳理出七个方面27个问题，协调解决各种困难和问题54项。二是加强运行监控。强化企业经济运行分析调度，积极提出应对措施，对13户重点企业建立了以产销存为主要内容的周报制度，组织钢铁、煤炭、发电、建筑施工和物流等8家委出资企业签订战略合作协议，河北机场与大连等27家中小机场结成区域机场战略联盟，提高了抵御市场风险能力。三是降本增效。强化内部管理，压缩非生产性开支，从生产消耗、制造成本、三项费用等指标上与同行先进企业深入对标挖潜，企业经济技术指标明显提升，河北钢铁集团40个主要指标中19项进入行业前三名、挖潜降本44亿元，开滦集团原煤制造成本比同期降低了29.57%，三友集团38项指标中27项保持行业最优。四是大力开拓市场。河北钢铁集团中标京沪高铁等60多个国家重点工程，钢材销量创历史新高。开滦集团、冀中能源集团销售收入双双突破500亿元，建工集团施工产值在省内同行业首家超百亿元，机场集团石家庄机场每周航班数量同比增长26%。五是抢抓政策机遇。新增银行授信额度2199亿元，争取国债资金支持2.66亿元、财政预算内资金支持7933万元、国家产学研技术创新联盟资金和节能减排支持等资金1.2亿元，减免税金11.5亿元。

二、改革开放进一步深化，企业战略重组取得新进展

一是国企战略性重组取得重大突破。组建了河北港口集团，省建投实现规范化公司制改造，冀中能源集团重组了华药集团，开滦集团重组了兴隆矿务局。冀东发展集团重组了唐山陶瓷股份和奎山水泥，产能达到6000万吨，跻身世界五大水泥集团行列。石家庄北人集团在保持国有控股前提下引资扩股，2009年销售收入突破百亿大关，成为河北省最大的商贸流通企业。衡水老白干集团实施产品改造升级，白酒产量突破5万吨，接近全国行业十强。二是省直厅局属和市县属国企改革基本完成。省国控公司通过打折收购金融机构债权等方式，保全了河北饭店、华联商厦土地房产。石家庄市确立了改革发展“两条战线”，优势企业做大做强、一般企业规范改制、劣势企业关闭退出“三个梯次”协调推进的工作思路，唐山市确定了以组建五大集团和退市进郊为重点的国企改革发展路径。邢台、承德等市通过建立职工托管服务中心、为4050人员实施了社会保障等措施。邯郸市通过“破产不破业、安置重就业”，实现了改制稳定两促进。保定、沧州妥善处理了宝硕、沧化问题。到2009年底，市县属国有企业改制完成149户，安置职工89341人，安置费用31亿元。四是政策性破产取得新进展。开滦集团赵各庄矿和兴隆营子矿的13亿元补贴资金拨付到位，冀中能源集团峰峰公司羊渠河矿政策性破产项目获批，兴隆矿务局营子矿破产终结，涞钢涞铜破产项目深入推进。五是实施开放式融资战略，加大对外招商引资力度。组织企业参加了“3.26”、“5.18”招商引资、经贸洽谈会、国际装备制造业博览会，

协议利用外资1.2亿美元。开滦集团与美国景顺基金公司、考伯斯公司签署合资合作协议，引进资金已达22亿元。冀中能源集团分别与大唐河北发电公司和山东鲁能集团签订了项目合作协议，涉及资金110亿元。

三、强力推进结构调整优化，有效提升企业可持续发展能力

积极贯彻省委省政府"三年大变样"、工业倍增战略部署，积极推进重点项目建设、节能减排和科技创新工作。一是产业结构调整取得成效。筹集国有资本经营预算资金1.56亿元，重点支持企业技术改造和现代物流项目建设。启动委出资企业物流产业发展五年规划，以河北钢铁、冀中能源、开滦等大集团为依托，大力发展现代物流产业。开滦集团加快推进煤化工、现代物流等非煤产业发展，非煤产业收入达到70%，成功实现战略转型。二是全力推动项目建设。完成投资604亿元，32个省重点项目中有14个相继竣工投产。河北钢铁集团邯钢新区一期、京唐公司一期，开滦集团新疆矿区和内蒙红树梁煤矿，冀中能源集团山西汶水煤电项目、峰峰公司煤化工二期、华药集团新工业园区，河北港口集团黄骅港综合港区，建投集团石太高速铁路等一批重点项目竣工投产或开工建设。三是节能减排超额完成年度任务。加大节能减排投入，加快淘汰落后工艺及装备，2009年共实施节能减排项目265项，完成投资23亿元，节约标煤66.7万吨，列入省"双三十"的12家企业全部完成节能减排任务。四是科技创新取得新成绩。河北钢铁集团累计开发新品种100个以上，12个品种填补国内空白，成为我国规模最大、品种最多、牌号齐全的专业化板材制造基地。开滦集团"矿山大功率高性能电力传动关键技术与应用"项目荣获国家科技进步二等奖，3项技术获国家专利。冀中能源集团建筑物下充填采煤等4个项目达到国际领先水平。华药集团新增发明专利2项，新增文号4个，列为国家科技部的重大专项课题的基因工程人血白蛋白项目开工建设。三友集团10项技术获得国家专利，23项新产品填补国内空白，被评为"中国化工行业技术创新示范企业"。建工集团获国家级工法9项，5项获国家实用新型专利，连续9年问鼎中国建筑最高奖——鲁班奖。河北路桥集团的《落地式半挂平板车》等4项技术荣获国家专利。信产投公司东方久乐汽车安全气囊有限公司荣膺"2009年中国科技创新型中小企业100强"荣誉称号。

四、强化资本运作和资源整合，国有资本配置效率得到明显提高

积极开展资本运作，加大资源整合力度，以着力解决制约企业生产经营和长期发展的瓶颈。一是企业上市工作取得重大进展。河北钢铁集团三家上市公司换股吸收合并方案顺利完成，搭建了统一运作的资本平台。冀中能源集团煤炭主业资产整体上市方案获得证监会核准，河北港口集团秦港股份IPO、河北建投集团清洁能源资产赴港上市前期工作进展顺利。二是企业融资渠道和规模不断扩大。河北钢铁集团、建投集团、开滦集团、三友集团等通过发行企业债券等方式融资122亿元，河北钢铁累计获得银行授信2000亿元，省国控与兴业银行、光大银行签署55亿元银企战略合作协议，担保公司增资扩股到11.5亿元。三是资源整合力度进一步加大。开滦集团、冀中能源集团、建投集团积极争取内蒙古和新疆煤炭资源，整合地方小煤矿，煤炭资源掌控量达到180多亿吨。河北钢铁集团整合承德钒钛、涞源有色等矿山资源，铁矿资源掌控量达到44亿吨，组建了涞源有色金属有限公司，启动了河北(涞源)有色金属工业基地建设，为培育河北钢铁集团新的有色支撑产业奠定了基础。四是融资平台建设继续完善。建投集团组建了旅游投资公司，积极发展旅游地产、园区地产、环京津休闲旅游开发，全力打造河北省旅游产业龙头。省国控投资担保集团公司挂牌，业务覆盖全省11个设区市，成为全省担保机构中的领军企业。省科投公司设立了1亿元的河北省首只创业投资引导基金，在廊坊、邯郸、石家庄设立了创业投资基金，吸引外省、地方投资1.6亿元。

五、加强集团管控体系建设，企业规模优势逐步显现

着力提高集团公司管控能力，大型企业集团规模优势得到发挥。一是集团管控制度建设实现突破。省国资委制订《关于提高集团公司管控能力的指导意见》，明确了提高集团公司管控能力的指导思想、基本原则、总体目标和主要措施，为增强集团竞争力，有效管理经营风险提供了导向意见。二是企业集团管控工作得到加强。河北钢铁集团积极探索实施钢铁主业高效一体化管控模式，推动资产、资源和业务的实质性整合，通过集中采购，建立战略合作关系，每年降低采购成本在13亿元以上。冀中能源集团加强资金、物资集中管理，统一煤炭销售谈判定价，销售价格每吨提高50元。

六、国资监管体系进一步完善

牢牢把握出资人定位，依法履行工作职责，进一步完善国资监管体制机制。一是制度体系建设取得新进展。省、市国资委相继制订了一系列国资监管制度和办法，进一步健全了国资监管制度体系。二是业绩考核和薪酬分配工作体系进一步完善。实施企业负责人任期考核，加强薪酬和职务消费管理，基本形成了"考核层层落实、责任层层传递、激励层层链接"的国有资产保值增值责任体系。

七、切实加强企业党建和党风廉政工作，和谐国企建设取得新成绩

深入开展了第二批学习实践活动，组织开展了"百名企业一把手破难题，千名领导干部进联系点，万名党员与困难职工结对子"、"一名党员一面旗帜"、"为党旗争光彩"等主题实践活动，企业领导班子、党员干部的作风进一步转变，领导人员综合素质得到普遍提高，党组织建设进一步健全，凝聚力、创造力和战斗力明显增强。中央电视台新闻联播节目两次报道省国资委开展"百千万"工程和结构调整工作，引起社会各界关注。切实加强党风廉政建设。认真落实《国有企业领导人员廉洁从业若干规定》，制订了《关于纪委同新任企业领导人员廉政谈话的实施办法》和《关于对拟提拔企业领导人员实行党纪政纪法规知识考试的实施办法》，围绕物资采购、产品销售、工程建设项目招投标和大宗商品交易等关键环节深入开展效能监察，认真查办违纪违法案件，加强治理商业贿赂和专项治理，为企业发展保驾护航。

（河北省国资委　李　光　温志学　孙立申）

重点项目建设

2009年，面对国际金融危机的严重冲击，全省上下认真贯彻落实党中央国务院一系列决策部署，围绕建设沿海强省目标，加强项目督导、协调，努力破解瓶颈制约，强力推进重点项目建设，有力地促进了全省经济社会又好又快发展。

一、全面完成年度工作目标

2009年全省共下达两批省重点项目建设计划，共安排重点建设项目1341项，总投资17885.7亿元，年计划投资2578.2亿元。其中：续建项目422项，总投资7678.4亿元，年计划投资1551亿元；计划新开工项目756项，总投资3624.7亿元，年计划投资1027.3亿元；前期项目163项，总投资6582.6亿元。

省重点建设项目全年累计完成投资3084.1亿元，为年计划的119.6%，占全社会固定资产投资的25%。其中，续建项目完成1936.8亿元，为年计划的124.9%；计划开工项目完成1147.3亿元，为年计划的111.7%；提前启动项目完成107亿元。全年有282个重点项目投产或部分投产，718个重点项目开工建设。

按行业统计，工业项目完成1642.3亿元，为年计划的120.1%；高技术产业化项目完成245.4亿元，为年计划的108.9%；服务业及社会事业项目完成254亿元，为年计划的113.7%；农业产业化项目完成115.1亿元，为年计划的120.2%。基础产业及设施项目完成827.3亿元，为年计划的124.2%。

二、工作措施扎实有力

省委省政府始终把重大项目建设作为事关经济社会发展全局的重大举措来抓，实行高位推动、重点调度、重点协调、强力推进。为推进重大项目建设进程，省政府确定了48个对经济社会发展有重大影响的项目，实行省级领导责任制，明确工作目标，强化责任意识，促进项目工作进程；先后3次召开全省重点建设项目汇报会议，对各设区市项目进行“过堂式”调度；召开铁路建设协调会、曹妃甸开发建设办公会、渤海新区建设现场办公会等多次专题会议，协调解决重大问题；5月份由5位省领导带队分别深入各设区市对重点建设项目进行“观摩式”督导。各设区市和省有关部门开展了多种形式的协调服务和督导活动，及时解决影响工程建设的项目报批、征地拆迁、建设资金、施工环境等问题，为全年目标任务的完成提供了有力保障。

三、项目结构得到优化

按照推进结构调整、加快构建现代产业体系的要求，加大了对装备制造、高新技术和现代服务业项目的扶持力度。2009年1341个省重点建设项目中，装备制造、高新技术和服务业项目占项目总数的50.4%。唐山丰南冷轧镀锌有限公司冷轧薄卷板、承德钒钛制品基地宫后钒钛制品新厂工程、美德钢管有限公司厚壁直缝埋弧焊节钢管（孟村）等项目投产，进一步优化了钢铁工业产品结构；天威集团大型输变电设备、山船重工有限公司造船设施改造、住友重机械株式会社唐山产业基地、沧州市渤海工程机械有限公司液压油缸、挖掘机等项目投产，增强了装备制造业竞争实力；廊坊富士康电子信息产业基地、英利集团多晶硅太阳能电池、河北四方通讯误码测试仪（藁城）等项目投产，壮大了高新技术产业。河北博物馆改扩建、石家庄胜北国际商城、山海关古城保护开发、沧州体育馆等项目投产，促进了社会事业发展。

四、基础设施建设取得长足进展

抓住中央加大基础设施投入的有利时机，加快实施一批能源、交通、水利等重大工程。

交通设施建设，京九铁路完成电化改造，石太客运专线正式投入运营，司曹铁路建成通车，全年新增铁路通车里程80公里；曹妃甸通用码头一期、二期主体完工，新增泊位4个、新增港口吞吐能力3000万吨；张石高速公路石家庄段、化稍营至保定界段等建成通车，新增通车里程157公里。

能源建设，张河湾抽水蓄能电站4号机组、石家庄裕华热电、定洲电厂二期、黄骅电厂二期、唐山新区热电、张家口热电一台机组、宣化热电一台机组、曹妃甸热电等相继并网发电，新增装机容量505万千瓦；中节能风力发电投资有限公司满井风电场四期、崇礼清三营风电场二期等风电项目投产，新增风电装机120万千瓦。扩建500千伏变电站2座，新建220千伏变电站27座、扩建9座；新增变电容量1780.2万千伏安，线路3743.7公里。梧桐庄、羊渠河、长城等煤矿建成投产，新增生产能力240万吨。

水利设施建设，支持了清水河治理等一批河道综合治理、病险水库除险加固等工程建设。

五、城镇面貌“三年大变样”工程成效显现

围绕改善城市环境质量、完善城市功能，突出抓了城市标志性工程、城市基础设施建设。唐山古冶区外环路等一批道路改造、污水和垃圾处理、供气供热等工程竣工，使得居民生活环境大为改善，城市综合承载能力和对周边地区的辐射带动作用进一步增强。

（河北省重点建设领导小组办公室　张存良）

对外经济贸易

2009年是新世纪以来全省对外经济发展最为困难的一年。受国际金融危机的影响，利用外资和进出口贸易遇到了国际资本流动性减弱和国际需求萎缩等诸多困难。面对严峻复杂的经济形势，省委、省政府一方面，积极落实国家应对危机出台的一系列政策措施，精心组织大型经贸洽谈活动；另一方面，采取相应措施，加大协调督导力度，帮助外经贸企业渡过难关。随着这些政策和措施的落实和国内大环境的改善，对外经济不断回暖。从对外经贸主要指标年内走势分析，全省利用外资和出口贸易经历了上半年持续回落、年中触底，下半年走出低谷，第四季度加速回升的V型运行轨迹，到年底全省利用外资实现增长；出口贸易12月份创出口规模、同比增长、环比增长三项年内单月最高纪录，对外经贸特别是出口贸易的强势反转为全省经济保持平稳较快增长做出贡献。

一、主要特点

（一）利用外资向好回暖。全省实际利用外资36.9亿美元，比上年增长1.6%，其中外商直接投资36.0亿美元，增长5.3%。外商直接投资领域出现新的变化，一、二、三产业分别到位外资0.1亿美元、32.4亿美元和3.5亿美元，三次产业外商直接投资呈现“两降一增”的增长格局，第一、第三产业分别下降80.9%和3.6%，第二产业增长7.9%，一、二、三产业比例为0.3∶90.0∶9.7。增长区域集中在：

一是以三大地区为主。香港、英属维尔京群岛和美国为全省外资的三大来源地，三地外商直接投资合计26.7亿美元，占全省外商直接投资的74.1%，同比提高17个百分点。其中，香港15.9亿美元，增长18.9%，比重为44.2%；英属维尔京群岛5.5亿美元，增长11.8%，比重为15.4%；美国5.2亿美元，增长3.4倍，比重为14.5%。

二是以大项目为主。全省合同外资1000万美元以上大项目到位外资30.5亿美元，增长19.5%，高于全省平均增速14.2个百分点，占全部外商直接投资的84.8%，同比提高10.1个百分点。

三是以工业为主，五大行业成为增长亮点。工业外商直接投资32.1亿美元，增长7.0%，占全省外商直接投资的89.2%，同比提高1.5个百分点。外资在五个行业呈现快速增长。其中，食品业2.8亿美元，增长99.2%，所占比重为7.7%；电力燃气及水的生产和供应业4.5亿美元，增长3.7倍，占12.4%；有色金属冶炼及压延加工业1.6亿美元，增长1.4倍，占4.6%；医药业1.6亿美元，增长24.1%，占4.5%；纺织业0.3亿美元，增长62.2%，占0.7%。

作为到位外资的前期指标，全省合同外资延续了从谷底不断回升的态势，下降幅度进一步收窄。全年全省新批合同外资额26.1亿美元，下降9.8%，比第一季度51.4%、上半年20.4%和前三季度22.5%的降幅明显收窄。第三产业对全省合同外资增长贡献突出，第三产业合同外资7.0亿美元，增长62.4%，主要集中在四大行业，交通运输业、仓储和邮政业合同外资2.2亿美元，增长15.2倍，占全省第三产业合同外资的31.5%；住宿和餐饮业1.1亿美元，增长2.1倍，占15.2%，水利、环境和公共设施管理业0.48亿美元，增长5.1倍，占6.9%，文化、体育和娱乐业0.93亿美元，增长1.6倍，占13.3%。

（二）出口贸易强势反转。全省进出口总额296.11亿美元，下降22.9%。其中，出口156.91亿美元，下降34.6%，进口139.20亿美元，下降3.4%。

自2008年四季度以来，国际金融危机对全省出口贸易的影响开始显现。2009年元月继续下降至22.4%，之后降幅呈现逐月加深的态势，到8月份降至谷底，下降54.0%。9月份以来，出口降幅逐月大幅度收窄，12月份，同比由降转增，全省出口16.6亿美元，环比增长20.3%、同比增长2.4%，为年内单月出口规模、同比和环比增长最高记录。

尽管第四季度出口强劲回升，但受国际金融危机影响，全年出口规模比2008年减少了83亿美元，跌幅达34.6%。主要指标降多增少。

一是对各大洲出口全面下降，韩国市场萎缩最快。在对各洲出口中，对拉美出口7.0亿美元，下降42.4%，降幅最大；其次，对亚洲出口63.1亿美元，下降44.8%；对北美洲出口22.8亿美元，下降27.5%；对欧洲出口49.4亿美元，下降23.6%；对非洲出口11.9亿美元，下降17.1%；对大洋洲出口2.8亿美元，下降15.4%。前三大出口市场，以对韩国出口降幅最大，出口额为13.1亿美元，下降60.0%，远超全省平均降幅；对欧盟及美国分别出口39.3和20.3亿美元，分别下降25.9%和25.5%，降幅相对较小。

二是钢材及汽车类商品出口降幅依然较大，机电、高新技术及部分生活用品类商品出口市场回暖。钢材出口17.7亿美元，下降70.9%；汽车出口2.9亿美元，下降46.4%，都超过全省出口降幅平均水平。特别是排在出口前列的钢材受阻严重，出口占全省的比重为11.3%，低于上年14个百分点。而机电和高新技术产品出口降幅逐月减缓，分别出口57.9和20.4亿美元，分别下降24.4%和3.2%，降幅分别比上半年减缓7.1和35.4个百分点。部分生活用品类商品出现回升。纺织纱线及制品出口9.1亿美元，下降10.1%；服装及衣着附件出口20.1亿美元，增长18.8%；农产品出口10.2亿美元，增长1.7%。

三是国有企业出口降幅较深，外商投资企业出口降幅最小。国有企业出口27.0亿美元，下降51.0%，降幅远超过全省出口平均水平，所占比重为17.2%，低于上年5.7个百分点。外商投资企业和集体私营企业分别出口65.8和64.1亿美元，分别下降2.5%和26.6%，降幅相对较小。

四是一般贸易出口降幅明显高于加工贸易。一般贸易出口123.3亿美元，下降38.6%，高于全省出口降幅4个百分点；占全省出口的78.5%，低于上年5.1个百分点。加工贸易出口28.5亿美元，下降15.4%，占全省出口的18.2%，比上年提高4.0个百分点。

二、存在的主要问题

（一）利用外资后劲不足。作为利用外资的前期指标，新批合同外资降幅在不断减缓，但依然下降的疲弱走势，难以对实际利用外资构筑有效支撑。全年新批项目215个，合同外资26.1亿美元，比上年下降9.8%。主要原因：

一是省级以上开发区降幅较大。作为招商引资的重点区域，省级以上开发区新批合同外资5.3亿美元，下降63.6%，大大超过全省平均降幅；占全省新批合同外资的20.4%，低于上年30.5个百分点。

二是来自拉美及欧盟地区的合同大幅减少。拉美地区的合同外资1.5亿美元，下降83.4%，占全省新批合同外资的5.8%，低于上年25.6个百分点；欧盟为0.6亿美元，下降71.7%，比重为2.3%，低于上年5个百分点。

三是增资项目减少。已审批增资项目151个，同比下降18.4%，追加合同外资额8.0亿美元，下降35.1%，降幅高于全省合同外资25.3个百分点；占全省合同外资的30.9%，同比降低12个百分点。

（二）占全国出口份额缩减。虽然按出口总额排名依然保持在全国第十位，但河北省出口占全国的比重由2008年的1.7%缩减为1.3%，“两集中”是导致全省出口份额缩减的直接原因：

一是在产品结构方面过分集中于钢材。2008年，钢材出口60.8亿美元，增长79.5%，占全国钢材出口的比重由2005年的5.99%提高到9.6%，占全省出口比重由7.1%提高到25.3%，是带动2006以来全省出口增长的主要动力。但在国际金融危机背景下，由于钢材相对于其他日用商品需求弹性大，受外需缩减的影响大；同时，韩国、俄罗斯等钢铁生产国货币贬值，使得这些国家的钢铁出口竞争力大幅提升，形成对我国原有市场的冲击；另外，一些国家采取贸易保护政策保护本国钢铁工业，也使我国钢材出口受到影响。从2008年11月河北省钢材出口开始下降，11月、12月分别下降2.4%和30.8%，2009年全年钢材出口231.7万吨，下降63.3%，出口额17.7亿美元，下降70.9%。可以说，钢材是全省出口受国际金融危机影响下降最早，下降幅度最大，下降时间最长、规模缩减最多的出口商品。

二是在贸易方式上过分集中于一般贸易。多年来，全省加工贸易发展相对滞后，呈现“比重低、发展慢、层次低”的特点，构成了以一般贸易为主导的出口模式。同时，受全省上游工业发展及其结构的限制，一般贸易出口商品档次低，附加值低，利润率微薄，对国际市场价格变化十分敏感。相对于两头在外的加工贸易，这种低水平下的一般贸易主导型出口模式受到此次以外需缩减为特征的国际金融危机影响更为直接，更为严重。

（河北省统计局　何　红　杨喜进）

财　政

2009年，面对复杂严峻的财经形势，在省委、省政府的正确领导下，全省各级财政部门全面贯彻科学发展观，充分发挥财政职能作用，认真落实积极的财政政策，迎难而上，顽强拼搏，狠抓落实，为全省保增长、调结构、促改革、惠民生做出了积极贡献。

一、狠抓增收节支保平衡，财政实力迈上新台阶

2009年是进入新世纪以来河北省经济社会发展最为困难的一年，也是财政收支矛盾十分尖锐的一年。全省各级财税部门密切配合，认真落实应对国际金融危机冲击的一揽子计划，扎实实施积极的财政政策，加大力度保增长、调结构；依法加强收入征管，千方百计堵漏增收。随着各项宏观调控措施的贯彻落实，全省经济增长下滑态势得到有效遏制，总体经济形势回升向好，财政收入实现平稳较快增长，财政实力迈上新台阶。据决算统计，2009年，全省全部财政收入突破2000亿元，完成2020.8亿元，收入增幅逐季加快，由一季度同比增长1.9%提高到全年增长10.8%。地方一般预算收入突破1000亿元，完成1067.1亿元，增长12.6%。其中，省级收入完成263.8亿元，增长5.9%；市县收入完成803.3亿元，增长15%。

为应对巨额减收增支双重压力、确保收支平衡，全省各级财政部门在狠抓收入的同时，积极调整支出结构，大力压缩一般性支出，加强支出管理，确保收支平衡。其中，省级财政压减党政机关公务购车费、接待费以及出国（境）费等公用经费1955万元，压减不必要或可暂缓支出项目资金5.26亿元，用于更为紧迫的政策性必保支出，确保了重点急需支出需要。2009年全省一般预算支出完成2347.6亿元，比上年增长24.8%，各项重点支出得到较好保障，为保民生、保稳定、保发展提供了有力支撑。

二、认真落实积极的财政政策，着力促进经济平稳较快增长

紧紧围绕中央和省委省政府的决策部署，认真落实积极的财政政策，着力促进全省经济平稳较快发展。一是努力扩大政府投资。各级财政部门抢抓国家实施积极财政政策的机遇，配合有关部门认真筛选项目，主动谋划对接，积极争取中央支持，中央安排河北省新增扩大内需资金104.2亿元，安排地方债券资金60亿元，千方百计落实地方配套资金95.1亿元，所有扩内需资金及时、准确拨付到位，保证了重点项目建设之需。发挥财政融资功能，省级补助2.5亿元支持省建投公司发行企业债券20亿元，解决高速铁路建设资金缺口；创建农业投融资平台，融资10亿元，用于病险水库加固等水利基础设施建设。二是用足用好税费优惠政策。认真落实增值税转型、提高部分商品出口退税率、取消和停征收费项目等税费减免政策，累计减轻企业和个人税费负担153.3亿元。围绕为企业解难题，省财政实施了“四个一”工程，辑印发放《扶企业、保增长——结构性减税宣传手册》和《税收优惠政策适用指南》共计5.1万册，建立了重点企业信息交流平台，开通了财税政策咨询热线，帮助指导企业充分利用税费减免政策。三是支持企业加快发展。围绕促进国企改革与发展，筹措落实资金17.6亿元，妥善解决职工安置和工资、养老金历史拖欠问题，推进国有企业改制、破产关闭工作开展。围绕促进中小企业发展，落实资金2.7亿元，支持新建或改扩建项目131个，鼓励中小企业信用担保机构开展业务，缓解中小企业融资难；落实资金9300

万元，支持企业培育自主品牌，优化出口产品结构，拓展出口市场。制定实施政府采购优先选择本省产品等10项具体措施，促进省内企业产品销售。四是努力扩大消费需求。认真落实家电、汽车摩托车下乡和汽车以旧换新政策，及时兑付补贴资金，规范补贴程序，促进补贴产品销售。截至2009年底，累计兑付家电、汽车摩托车下乡补贴资金11.5亿元，拉动家电、汽车产品销售124亿元，在第三批19个省区中名列前茅。继续实施“万村千乡”和“双百”市场工程，筹措落实资金1.3亿元，支持项目1.7万个，加快现代农产品流通体系建设。同时，坚持把推进城镇化作为保增长的重要举措，省级从多渠道筹措、以多种方式支持资金数亿元，促进省会“三年大变样”；各市县通过运筹相关资金、积极搭建融资平台，依法放大融资功能，积极支持城镇建设。

三、多措并举调结构，积极推进经济发展方式转变

坚持科学发展，积极支持经济结构调整，促进经济发展方式加快转变。一是着力支持科技创新。全省科技支出26.4亿元，增长22%。综合运用补助、贴息、以奖代补、注入资本金等多种方式，支持高新技术产业创新发展，实施重大科技专项和成果转化，促进科技自主创新。二是着力支持节能减排。全省环保支出104.2亿元，增长36.5%。落实中央和省级财政资金26.6亿元，用于资源节约开发、淘汰落后产能、工业和建筑节能、重点流域水污染防治、城镇污水处理厂和垃圾处理场建设。对全省七大水系主要河流跨界断面水质实施目标考核，扣缴生态补偿金2880万元，遏制违法排污行为。三是着力支持生态环境建设。统筹中央和省级资金23.1亿元，继续实施京津周围绿化、林场再造、林网建设、太行山绿化工程；落实4.9亿元，实施首都水资源可持续利用、京津风沙源治理和太行山水土保持。筹集专项资金3.35亿元，用于支持重点污染源在线监测、农村环境保护、饮用水源安全、大气污染防治等环境综合治理。四是着力支持现代产业体系建设。认真落实省委省政府关于构建现代产业体系的意见，围绕推进实施11个产业调整振兴规划，研究制定了财政支持产业发展资金筹集使用管理意见，整合统筹相关资金，集中支持传统产业改造升级和新能源、信息技术、节能环保等新兴战略产业发展。

四、加大投入扶“三农”，推动农村改革与发展

认真贯彻落实党的十七届三中全会和省委七届四次全会精神，财政支出继续向农村倾斜，全省农林水事务支出264.8亿元，增长74.3%。一是支持农业基础设施建设。统筹中央和省级资金20.8亿元，实施119座大中型病险水库除险加固和骨干河道治理工程；整合资金7.3亿元，集中用于80个县农业节水设施改造建设；落实资金4.4亿元，支持农村水电、测土配方施肥、农技推广和动植物疫病防控体系建设。二是认真落实各项惠农政策。组织发放粮食直补、农资综合直补、良种补贴、农机具购置补贴68.1亿元，比上年增长13.3%。全面推行补贴发放“一号通”、“一折通”或“一卡通”，规范补贴管理，提高发放效率，农资综合补贴和粮食直补较2008年提前50天发放完毕。落实水库移民后期扶持政策和退耕还林补助政策，发放补贴资金27.9亿元，扶持80多万库区移民改善生产生活条件，支持生态环境建设和保护。省级投入4.54亿元，开展农业保险保费补贴试点，全省种植业保险保费补贴比例达到80%。推进开发式扶贫，投入6.1亿元，支持产业化扶贫、移民搬迁、贫困村互助等，全省贫困地区绝对贫困人口和低收入人口分别减少20万人。三是推进农业综合开发和现代农业发展。全省投入25.6亿元，建设高标准节水农田156.6万亩，完成生态综合治理12.4万亩，扶持农业产业化经营项目199个，着力打造粮食生产核心区。落实资金2.3亿元，支持发展设施农业和现代果业，促进奶业产业升级。四是扩大支农资金整合试点。省级试点县达到34个，自主试点县达到40多个。落实补助资金1.2亿元，撬动试点县存量资金3.17亿元，拉动社会投入11.7亿元，促进了农业产业升级、农民增收和县域经济发展。五是大力发展农村公益事业。筹措资金18.9亿元，支持农村人畜饮水安全工程，有375万人受益；投入2.45亿元，新发展沼气池用户30万户，普及率达到18.6%。积极开展村级公益事业建设“一事一议”财政奖补试点，各级财政安排奖补资金3.8亿元，带动村级筹资14.5亿元，兴办公益项目3万个。省级拨付补助资金3.4亿元，支持新民居建设和农村危房改造，改善农民居住条件。

五、倾心尽力惠民生，努力促进社会和谐稳定

坚持以人为本，始终把实现好、维护好、发展好最广大人民根本利益作为财政工作的出发点和落脚点，不断加大支持力度，保障和改善民生。一是支持教育优先发展。全省教育支出439.3亿元，增长16.5%。认真落实义务教育经费保障机制，全省落实资金54亿元，免除700万名学生学杂费，为665万名农村学生（含民办学校）和5.3万名城市家庭经济困难学生免费提供教科书，为25万名农村家庭经济困难寄宿生发放生活费补助，中小学生均公用经费达到中央确定的基准定额标准。各级财政落实资金46.3亿元，实施中小学校舍安全工程。全省发放国家助学金13.4亿元，资助家庭经济困难大中专学生81.3万名。筹集落实专项资金9800万元，支持50个职业教育实训基地和高职示范校建设。省级投入资金3.6亿元，支持高水平大学和重点大学建设。下达转移支付资金11亿元，保证义务教育绩效工资改革顺利实施。二是积极推进城乡医疗保障体系建设和卫生事业发展。全省医疗卫生支出174.7亿元，增长45.3%。研究制定医药卫生体制改革筹资方案，全省投入44亿元，支持建设基层卫生服务体系项目351个，社区卫生服务街道覆盖率达到96%；拨付基本公共卫生服务补助经费8.5亿元，人均补助达到15元；落实新农合补助资金39.7亿元，人均补助标准达到80元，覆盖面达到100%，参合率达到90%。落实城镇居民医疗保险资金2.9亿元，试点范围覆盖11个设区市。三是继续提高社会保障水平。全省社会保障和就业支出317.4亿元，增长17%。企业职工基本养老保险实现省级统筹，企业退休人员养老金月人均达到1233元，比上年增加130元，185万名退休人员按时足额领取养老金。全省城乡低保支出30亿元，城市月人均保障标准达到252元，农村年人均保障标准达到1032元，并全面推行低保资金发放“一卡通”，规范发放范围，提高发放效率。农村五保户分散供养和集中供养保障标准分别在1300元和1500元以上，集中供养率达到50%以上。统筹中央和省财政资金15亿元，提高抚恤和生活补助标准。积极支持18个县开展新型农村养老保险试点。省级下拨救灾救济资金2.8亿元，累计救助730万人次，确保了受灾群众基本生活。四是积极支持扩大就业。认真落实促进就业的各项政策措施，全省投入23亿元，加强就业培训和创业服务，突出解决高校毕业生、农民工、城乡困难家庭等重点人群的就业问题，全年城镇新增就业57万人。通过缓缴、免缴社会保险费和降低费率减轻企业负担7.2亿元，使用失业保险金和就业资金援企稳岗支出6.7亿元，惠及企业1793家，涉及职工97.8万人。五是加大保障性安居工程支持力度。投入9.2亿元，为10万户城市低收入家庭提供了廉租住房保障；落实资金3.2亿元，支持采煤沉陷区综合治理和棚户区改造，解决了1.5万户居民住房问题。

六、改革创新求规范，不断完善财政体制机制

坚持改革创新，深入推进各项财政改革，不断完善公共财政体系，提高财政管理绩效。一是积极推进财政体制改革。着眼于减少层级、提高效率，按照中央要求，对全省43个产粮大县和21个扩权县实施了省财政直接管理体制，合理确定省、设区市、直管县三级财政利益关系和财政支出责任。着眼于促进县域经济社会科学发展和基本公共服务均等化，全面推进县乡财政体制改革，在136个县市的所有乡镇实现了分税制和统收统支加激励两种体制模式全覆盖。着眼于从基础环节理顺和完善省以下财政体制，继续深化省以下政府间财政支出责任划分改革，试点范围扩大到114项支出责任，相应研究建立了专项资金配套管理办法。二是深化预算管理改革。扩大实施省级三年滚动预算编制改革，试点部门增加到42个，资金量占到发展性支出资金的70%以上，被财政部确定为全国唯一一家省级中长期预算编制试点。省级实行比较彻底的零基预算，强化项目预算管理，扩大先评审、后入库试点范围，整合财力办大事，预算编制质量进一步提高。推进绩效预算管理，对2008年度省级发展性支出绩效评价面达到40%以上，评价质量进一步提高。推进县级部门预算改革，制定县乡预算管理规范，明确管理规程，统一文本格式。三是推进国库管理改革。省级集中支付范围覆盖到大专院校、医院以外的所有预算单位和财政性资金，市级改革全面完成，县级改革扩大到91个县。公务卡结算制度在省级一级预算单位全面实行，并实现了对授权支付资金的网络实时监控。省级稳妥开展财政专户资金增值运作，增值收益4.6亿元。四是深化政府采购改革。完善制度，加强监管，提高效率，扩大规模，全省政府采购完成304.7亿元，增长48.3%，节约资金33.6亿元，资金节约率10%。五是强化财政监督。组织开展“小金库”专项治理，取得了阶段性成果。深入推进金财工程建设，开发应用全省财政专项资金即时分析监控系统，1.86万项1600多亿元专项资金纳入监控管理，得到财政部和省委省政府领导的高度评价；开发省级财政财会资产信息管理监控系统，省直63家一级预算单位开展试点。派驻监督管理工作机制进一步完善。六是加强财政基础工作。健全台账、梳理政策、完善制度、提高财政管理精细化水平。开展创建财政综合改革与管理示范县活动，以点带面，努力构建上下贯通的地方现代公共财政体系。与此同时，全省会计管理与培训、机关事业单位国有资产管理、政府外债管理等工作都取得了新的进展。

2009年是新世纪以来河北省财政最为困难的一年，也是全省财政工作极不平凡的一年。一方面，受经济增速减缓、经济效益下滑和数额巨大的结构性税费减免政策影响，财政收入特别是税收收入增长率明显下降；另一方面，中央扩大内需投资、医药卫生体制改革和中小学校舍安全工程等政策性增支大量增加。面对复杂严峻的财经形势和异常尖锐的收支矛盾，各级财政部门认真落实积极的财政政策，狠抓财政管理，经受住了严峻复杂形势的考验，为有效应对国际金融危机冲击、促进经济平稳较快发展做出了积极贡献。

（河北省财政厅　侯延刚）

金　融

2009年，河北省金融系统沉着应对国际金融危机，认真贯彻落实适度宽松的货币政策以及保增长、扩内需、调结构、惠民生的各项措施，以支持新农村建设、中小企业发展、节能减排、“城镇面貌三年大变样”等为重点，加大投放保增长，优化结构控风险，加强管理维稳定，既支持了全省经济发展，也有效提升了自身经营实力。

存贷市场。截至2009年末，全省金融机构本外币各项存款余额22502.40亿元，比年初增加4658.73亿元，增长26.11%。其中：人民币各项存款余额22361.37亿元，比年初增加4653.52亿元，增长26.27%。从全年走势看，存款增速逐季放缓，四个季度环比增速分别为14.26%、7.95%、1.37%、0.85%。主要特点：一是居民储蓄存款增速放缓，企事业单位存款拉动存款大幅增长。年末，全省金融机构本外币居民储蓄存款余额为13604.61亿元，比年初增加2119.50亿元，同比少增393.74亿元，比年初增长18.45%，同比下降9.56个百分点。而企业事业单位存款增速较快，存款余额为6083.85亿元，比年初增加1950.63亿元，同比多增1394.75亿元，多增了2.51倍；比年初增长47.19%，同比加快31.64个百分点。二是存款稳定性松动，活期化趋势明显。年末全省金融机构活期存款余额9188.49亿元，比年初增加2542.21亿元，增长38.25%，同比多增

1484.23亿元，同比加快19.35个百分点。定期存款余额10499.97亿元，比年初增加1527.93亿元，增长17.03%，同比少增483.16亿元，同比下降11.92个百分点。三是国有控股商业银行占主导地位，且区域差异大。年末国有控股商业银行各项存款余额13532.45亿元，占全部存款的61%。石家庄、唐山、保定三市占全省存款市场的前三位，三市各项存款共计1182.72亿元，占全部存款的50.41%。

截至2009年末，全省金融机构本外币各项贷款余额13284.11亿元，比年初增加3776.07亿元，同比多增2381.06亿元，增长39.71%，同比提高23.27个百分点。年度贷款增量为河北省银行业有史以来最高，超过前三年贷款增量的总和。其中：人民币各项贷款余额13123.80亿元，比年初增加3669.22亿元，增长38.80%，较上年同期提高21.8个百分点。主要原因是由于中央四万亿投资等“保增长”措施以及河北省“三年大变样、推进城镇化”，拉动了固定资产投资，带动了全年贷款高速增长。主要特点：一是国有控股商业银行占绝对份额。年末，工商银行、农业银行、中国银行、建设银行、交通银行等5家国有控股商业银行各项贷款余额和新增贷款分别占比为53.77%和57.60%。二是贷款期限长期化。年末，中长期贷款余额7160.79亿元，占全部贷款的比重为53.90%，比年初上升5.61个百分点；新增中长期贷款2569.02亿元，占全部新增贷款的68.03%，比上年上升5.13个百分点；增幅为55.95%，同比加快33.63个百分点，高于全部贷款平均增速16.24个百分点。三是主要支持了政府重点投资领域、大型企业和基础设施建设，且持续向重点区域集中。年末全省金融机构大型企业贷款余额为3692.82亿元，比年初增加924.16亿元，占贷款增量的24.47%；基本建设贷款余额3266.87亿元，比年初增加1143.45亿元，占全部新增贷款的30.28%。石家庄、唐山、邯郸三市占据全省贷款市场的一半，有十个地市贷款增速超过30%，有五个地市贷款增速超过40%。

票据市场。全省金融机构累计签发商业汇票3020.95亿元，比上年增加1084.91亿元，增长56.04%。其中：累计签发商业承兑汇票106.14亿元，累计签发银行承兑汇票2914.82亿元。全省金融机构累计办理票据贴现业务4879.16亿元。其中：累计贴现银行承兑汇票4756.37亿元，累计贴现商业承兑汇票122.79亿元。受公开市场操作回笼流动性、大量签发票据集中到期、金融机构加大信贷结构调整等因素影响，全省票据融资量增速逐季降低，四个季度票据贴现业务量同比增幅分别为99.4%、60.4%、37.7%、33.6%。

企业直接融资规模扩大。短期融资券、中期票据等非金融企业债务融资工具逐步被市场认可，全省全年短期融资券、中期票据融资额突破180亿元，其中河北钢铁集团首发50亿元中期票据，填补了中期票据发行的空白。

银行间同业拆借市场较冷淡。各市场参与者一般选择灵活性较高的同业资金往来代替拆解交易，调剂资金头寸。全年只发生2笔拆借交易，累计成交9.50亿元，同比增长8.74亿元。

货币市场交投活跃，市场利率稳中有升。受适度宽松的货币政策影响，全省各金融机构加大了债券投资，银行间债券市场交易量大幅增长，较上年增长241.2%。上半年，在市场流动性整体充裕的环境下，货币市场利率保持低位波动，7天回购加权平均利率基本稳定在0.93－0.95%范围内运行；下半年，受大盘IPO发行重启和公开市场操作回笼资金影响，市场利率小幅上扬，7天回购加权平均利率最高升至1.58%。

黄金市场交易活跃。2009年，黄金价格持续上扬，涨幅高达25%，河北省黄金市场随之交易活跃，成交量大幅增长，投资者热情不断升温。

盈利能力和资产质量。一是盈利水平先降后升，盈利能力总体增强。2009年，在金融危机背景下，银行业金融机构盈利水平在1－2月份出现低谷，此后净利润缓慢回升，总体仍保持了较强盈利能力和较好盈利水平。全省银行业机构累计实现净利润241.82亿元，比上年增加69.06亿元，增长了39.97%。其中大型银行盈利能力最强，全年累计实现净利润158.17亿元，占比为65.41%，同比多盈利44.63亿元，突显了股份制改革对银行经营发展的促进作用；城市商业银行净利润增速最快，同比增长116.89%；股份制商业银行盈利能力下降，同比下降2.09%；二是不良贷款余额和比例“双降”，资产质量提高。随着银行业改革不断深入，不良资产剥离和政府扶持力度加大，河北省银行业金融机构不良贷款余额和比例实现“双降”。

金融机构改革稳步推进。一是国有控股商业银行河北省分支机构改革效果明显。工、中、建、交四家国有商业银行股改后，河北省分支机构完善内控体系，提高内控执行力，构建新的网点战略格局，加快网点转型步伐，网点资源向重点区域、中心城市集中，网点设置得到优化。服务水平不断提高，加快发展优质资产业务，拓展中间业务，经营绩效和竞争能力大幅度提升，资产质量发生根本性变化，改革成效显著。年末，四家行各项存款共计9951.59亿元，占全省市场份额的44.86%，比上年提高4.4个百分点。较年初增加2070.19亿元，各项贷款3977.6亿元，占全省贷款市场份额45%。实现账面利润80.6亿元。二是农业银行改革进展顺利。按照“边界清晰、治理高效、核算准确、保障有力”的原则，农行河北省分行三农金融部改革试点工作扎实推进，在承德、张家口、唐山和沧州等四个地市分行进行三农金融部试点。在全省建立健全服务“三农”组织体系，重新界定、划分三农金融部的业务边界，进一步加大资源配置，构建支持三农信贷架构，通过信贷转授权，适度下沉“三农”业务决策重心。推出惠农卡、惠农信用卡、农户小额贷款、农户生产经营贷款等农户个人类产品；小企业简式快速贷款、县域小企业自助可循环贷款等小企业信贷产品，丰富完善了“三农”金融产品，满足了各类“三农”客户的差异化金融需求。三是农村信用社改革步伐加快，河北省农村信用社票据兑付工作基本完成。全省完成专项中央银行票据兑付的合作机构152家，兑付金额196.53亿元，占比分别达到98.70%和98.05%。经营管理机制进一步规范，保定蠡县农信社问题、肃宁农村信用社统一法人问题等部分历史遗留问题初步解决。河北省农村信用社联合社通过整章建制，规范农村信用社系统经营管理制度，提高了全系统管理水平。四是城市商业银行改革取得显著效果。沧州、承德、石家庄3家行先后更名。石家庄市商业银行更名为河北银行后，先后在唐山、天津、邯郸设立分行，成为河北省城市商业银行第一家跨区域、跨省经营的分支机构，为全省城商行实施“走出去”发展战略起到了良好示范效应。中小金融服务水平得到新提升。当年7月，河北银行小企业金融服务中心成立，成为河北省城商行首家、全国首批成立的小企业金融服务专营机构，其它城商行也全部成立了小企业金融部或中小企业贷款中心，较好地满足了小企业客户融资“短、小、急”的要求。衡水市商业银行正式挂牌营业，河北省最后一家城市信用社改制完成。五是金融机构布局更趋合理。东亚银行石家庄分行批准开业，填补了河北省无外资银行机构的空白。股份制商业银行机构布局得到改善，兴业银行石家庄分行、民生银行沧州分行及邯郸支行相继开业，华夏银行唐山分行和保定分行、浦发银行邯郸分行、光大银行唐山分行，交通银行沧州分行获准筹建。城市商业银行全年新设立县域机构20家，总数达到30家，县域机构覆盖率达到22.1%。新型农村金融机构规范发展，两家村镇银行获批筹建。

（中国人民银行石家庄中心支行　张双英）

劳动工资

2009年，在劳动力总量供大于求、结构性矛盾相互交织，特别是受国际金融危机和经济周期性调整等因素影响，就业形势更加严峻的形势下，省委、省政府把稳定就业作为保增长、扩内需、保民生的重要内容，采取超常规举措，下大力促就业，全省就业总量继续增长，就业形势逐步趋稳向好，基本稳定。通过将企业职工工资增长率列入各级政府的责任目标考核体系，落实企业工资指导线、最低工资标准等政策措施，全省城镇单位职工平均工资水平进一步提高。积极推进社会保障体系建设，促进劳动关系和谐稳定，切实维护劳动者合法权益，各项人力资源和社会保障工作取得新进展。

一、就业总量继续增长，就业形势基本稳定

1. 就业总量继续保持增长。2009年底，全省就业人员达3792.49万人，比上年增加66.83万人，增长1.79%，同比快0.13个百分点。其中，城镇就业人员1002.79万人，增加37.95万人，增长3.93%；乡村就业人员为2789.70万人，增加28.88万人，增长1.05%。

2. 就业再就业工作目标任务超额完成。2009年，全省城镇新增就业57.3万人，下岗失业人员实现再就业28.1万人，其中就业困难对象再就业9.8万人，分别完成全年目标任务的119%、128%和123%。年内全省2479户零就业家庭实现每户至少一人就业，零就业家庭保持动态为零。年末城镇登记失业人数为34.5万人，城镇登记失业率为3.93%。比上年回落0.03个百分点，仍低于4.5%的控制目标。

3. 就业人员产业结构继续调整。2009年，全省第一产业就业人员为1479.22万人，比上年减少2.15万人，所占比重为39.0%，比上年下降0.76个百分点；第二产业就业人员为1203.36万人，增加33.3万人，比重为31.73%，上升0.32个百分点；第三产业就业人员为1109.91万人，增加35.68万人，比重为29.27%，上升0.44个百分点。

二、城镇单位职工平均工资继续提高

2009年，全省城镇单位在岗职工平均工资达28383元，比上年提高3627元，增长14.7%；扣除物价因素，实际增长16.1%。全国为32736元，河北省比全国低4353元，居全国第19位，比上年前移3位。

1. 分经济类型看，国有单位在岗职工平均工资为29459元，比上年增加3729元，增长14.5%；集体单位在岗职工平均工资为18467元，增加3174元，增长20.8%；其他所有制单位在岗职工平均工资为27754元，增加3434元，增长14.1%。全省城镇私营单位从业人员平均工资15111元，比上年增加1423元，增长10.4%。全国为18199元，河北省比全国低3088元，居第24位。

2. 分企业、事业、机关看，2009年，全省城镇企业单位(不含私营企业)在岗职工平均工资为28333元，比上年增加3566元，增长14.4%；事业单位在岗职工平均工资为28002元，增加3746元，增长15.4%；机关单位在岗职工平均工资为29448元，增加3594元，增长13.9%。

3. 分国民经济行业门类看，各行业城镇单位在岗职工平均工资比上年均有所提高。高于全省平均水平的行业有9个，其中突破4万元的行业有5个，分别是信息传输、计算机服务和软件业45858元，金融业44704元，科学研究、技术服务和地质勘查业43863元，电力、煤气及水的生产和供应业43846元，采矿业43069元。低于全省平均水平的行业有10个，其中低于2万元的是租赁和商务服务业18922元，批发和零售业16773元，住宿和餐饮业15422元，农、林、牧、渔业11363元。最高与最低行业工资水平相差34495元，比上年扩大4187元。

4. 分设区市看，各设区市城镇单位在岗职工平均工资比上年均有不同幅度的提高。居前三位的是唐山、秦皇岛、廊坊，平均工资突破3万元大关，分别达到33332元、32234元和31472元，排在第四到第十位的分别是沧州29775元、邯郸27619元、石家庄27371元、承德26723元、张家口26678元、邢台25906元和保定24968元，衡水最低，但也突破了2万元，达到22764元。最低与最高市相差10568元，差距比上年扩大1199元。

三、社会保障覆盖面更广，保障水平稳步提高

1. 养老保险参保人数保持平稳增长。2009年底，参加全省企业基本养老保险社会统筹的人数达761.12万人，比上年增加52.96万人，增长7.5%。其中，私营企业参保人数为80.49万人，增加15.09万人，增长23.1%；农民工参保人数33.95万人，增加4.08万人，增长13.7%。机关事业单位基本养老保险参保人数达158.42万人，比上年增加4.05万人，增长2.6%。农村社会养老保险参保人数为337.24万人，增加102.6万人，增长43.7%。全年共有42.55万名参保农民领取了养老金，比上年增加29.7万人，增加2.3倍。

2. 失业保险参保人数继续增加。2009年底，全省失业保险参保人数达484.41万人，比上年增加2.72万人，增长0.56%。全年共为18.69万名失业人员提供了不同时限的失业保险待遇，比上年增加0.1万人。年末领取失业保险金人数为10.43万人，比上年增加0.68万人。

3. 医疗保险参保人数较快增长。2009年底，全省城镇职工基本医疗保险参保人数达802.11万人，比上年增加63.58万人，增长8.61%，同比快1.01个百分点。其中，农民工和灵活就业人员参保人数分别达到88.94万人和42.56万人，分别比上年增加2.32万人和12.33万人。全省11个设区市（163个县级统筹地区）开展了城镇居民基本医疗保险，年末城镇居民参保人数达到619.02万人，比上年增加274.48万人，增长79.67%。

4. 工伤、生育保险参保人数继续增加。2009年底，全省工伤保险参保人数达559.28万人，比上年增加38.44万人，增长7.38%。其中高风险企业职工99.71万人，农民工124.61万人。全年享受工伤保险待遇人数为5.98万人，比上年增加0.68万人。全省生育保险参保人数达489.90万人，比上年增加81.36万人，增长19.91%。全年有6.7万人次享受了生育保险待遇，比上年增加1.54万人次。

（河北省统计局　龚小红）

安 全 生 产

一、2009年全省安全生产基本情况

2009年是河北省安全生产工作攻坚克难、极不平凡的一年。面对有些地方在保增长的压力下、对安全生产有所放松的状况，面对上半年各类事故反弹、安全生产形势异常严峻的局面，面对遏制重特大事故、确保国庆六十周年庆祝活动等重大政治任务，全省各级各部门在省委、省政府的坚强领导下，负重前行、通力合作，深入开展安全生产“攻坚年”活动，强力启动“奋战六十天，安全迎国庆”安全生产执法检查特别行动，全力打好煤矿整合重组等四个攻坚战，不断强化基层基础，各项工作取得明显成效。石家庄市安监局等8个单位被评为全国安全生产监管监察先进单位，费连春等90名同志被评为全国安全生产监管监察先进个人。各地对安全生产越来越重视，工作力度越来越大，唐山和张家口高规格配备市安委会，政府一把手任安委会主任，各部门正职任安委会成员，并分别以市委、市政府名义出台了加强安全生产决定。邯郸市不仅出台了多项加强安全生产工作的重要措施，作为产煤大市，邯郸煤矿整合工作力度大、效果显著，率先提出煤矿整合关闭实行“党政同责”，党政一把手亲自挂帅抓部署、抓落实。

经过艰苦卓绝的努力，2009年实现了全省安全生产形势总体平稳、趋于好转的发展态势。全省共发生各类生产安全事故10195起，同比减少367起，下降3.5%；死亡3217人，同比减少232人，下降6.7%。工矿商贸、道路交通等行业安全生产形势稳定，较大以上事故明显减少。10个设区市死亡人数下降，石家庄、秦皇岛、邢台、保定、沧州和衡水等6个设区市事故起数和死亡人数双下降。秦皇岛已连续7年未发生重大以上生产安全事故，在2009年暑期和建国60周年大庆等重要时段，涉暑区域、重点部位和环节均未发生生产安全事故。煤矿、金属与非金属矿、危险化学品、烟花爆竹、道路交通、铁路交通、农业机械死亡人数以及较大事故、重大事故起数均在控制目标之内。特别是近几年河北省通过深入开展安全生产承诺制等活动，基层基础工作不断增强，企业本质安全水平有了较大提高，2008年是全省事故起数连续第8年下降，死亡人数连续第7年下降，成绩来之不易。

2009年主要抓了八方面的安全生产工作：

安全生产执法工作成果显著。2009年，河北省共组织开展了6次集中执法检查行动，特别是为确保国庆六十周年安全稳定，组织开展了“奋战六十天，安全迎国庆”执法检查特别行动，省、市、县组织执法队2000余个，出动执法人员、专家1.1万人。特别行动不仅查处了大量违法违规行为，还将执法的触角延伸到了重点建设项目、水利、人员密集场所等行业和领域，许多执法的死角被消除，执法的难点被攻破。唐山市把打击非法作为执法工作的重点，一年中出动执法人员1.5万人次，拆除工棚617处、井架1031个，封堵井筒871眼，扣押没收大型设备121台，特别是遵化市、迁西县打非工作力度大、措施过硬，效果明显，目前，分别抓捕盗采国家矿产资源的违法分子12名和6名，非法采矿现象得到有效遏制。衡水市由市长亲自挂帅，各部门协调联动、联合执法，开展了严厉打击非法生产经营烟花爆竹联合执法专项行动。邢台市执法力度大、质量高，事故隐患整改率、行政处罚到位率、企业满意率全部达到100%。一年来，全省各级各部门查处安全生产违法生产行为4.8万起，避免了多起重特大事故，促进了全省安全生产形势的稳定。去年是执法工作继续深化的一年，也是有效拓展执法新领域的一年。

煤矿整合关闭和瓦斯治理工作取得突破性进展。按照国家要求，继续加大小煤矿关闭整合力度，坚决关闭不具备安全生产条件的小煤矿，依托国有优势企业兼并重组，淘汰落后生产能力，全面提升地方煤矿的安全生产水平。各产煤市都制定了煤矿整合重组方案，并已经省政府批准实施。在瓦斯治理方面，省瓦斯治理督导组继续驻矿对省

属国有重点煤矿企业实施全过程督导，下井检查730矿次，检查工作面1030个（次），督促整改各种安全隐患和问题2846条。在瓦斯抽采和利用方面，加大了抽放系统建设力度，大部分矿井建立了永久性地面抽放系统。

高危行业安全生产专项整治进一步深化。在非煤矿山方面，关闭非法和不具备安全生产条件的露天矿山34家、地下矿山117家。在危险化学品方面，注销关闭不具备安全生产条件的生产企业271家，经营单位651家。在消防安全方面，开展了多次火灾隐患排查整改，整改重大火灾隐患416处。在道路交通方面，治理省级督办路段34处，查获使用伪造、变造机动车牌违法行为1.5万余起，其他涉牌涉证违法行为5万余起。在爆炸物品监管方面，查处涉爆违法犯罪案件315起，捣毁非法制贩爆炸物品窝点89处，打掉团伙56个。

隐患排查治理工作不断推进。18万家生产经营单位开展了隐患排查治理工作，查出一般事故隐患30.8万条、重大隐患1979条。一般事故隐患整改率达到96.6%，重大隐患整改率达到98.5%。对尚未整改的重大隐患，都制订了整改计划，落实了治理责任、资金、措施、期限和应急预案。石家庄市集中开展了迎国庆安全生产隐患治理"百日会战"行动，对全市235家重点企业实施安全生产四级联包责任制；沧州市开展了"百日安全集中整治活动"，查出并整改安全隐患20172处；承德市建立实行了隐患定期抽查、上报备案、挂帐督办等制度，收到较好效果。

尾矿库隐患得到有效治理。河北省有尾矿库2888座，最大库容4000多万立方米，是山西襄汾"9·8"溃坝事故下泻量的150倍，病库、险库、危库、头顶库大量存在，治理任务艰巨。一年来，全省累计投入治理资金5亿元，139座危库、272座险库、873座病库全部治理完毕，230座非法库全部关闭到位。治理任务最重的承德市，实行了尾矿库安全领导干部责任制，投入治理资金2.71亿元。由于措施有力，在今年汛期河北省降水偏多的情况下，全省尾矿库未发生造成人员伤亡的溃坝决口事故。

安全距离不达标企业搬迁工作稳步推进。2009年，6家企业完成了搬迁或转产、停产，其他17家企业搬迁工作也已开始实施。省、市、县安监部门将搬迁企业列入重点监控名单，加大了监督检查力度和频率，所有拟搬迁企业没有发生严重事故。

应急救援体系逐步健全。完善了应急指挥机构，组建了29个省级专业救援基地和队伍，完成了省应急平台一期工程，14.6万家企业编制了应急预案，举办各类应急预案演练1397次。参与事故抢险救援160余次，抢救生还人员18人。

安全生产基层基础工作扎实推进。省政府出台了《河北省重大危险源监督管理规定》和多个规范性文件，突出加强对各类重大危险源的监管责任和措施；全省安监部门换发非煤矿山、危险化学品安全生产及经营许可证3491个，严格安全标准，严格准入条件；开展了、"安全生产月"活动，举办了全省安全宣传咨询日、"安全生产燕赵行"等活动，使安全生产理念更加深入人心；全省培训从业人员120万人次，108家机械企业、53个煤矿矿井、107家危险化学品企业达到安全标准化要求；严格事故查出，全省发生的14起较大以上工矿商贸企业事故，已结案5起，9起正在调查处理中。在落实责任方面，张家口、保定和邢台市在实行安全生产"一岗双责"制度的基础上，还实行了"党政同责"制度，有力地推动了安全生产工作的开展。在基层建设方面，廊坊市全市96个乡镇、保定市全市354个乡镇街道全部建立了安全生产管理办公室，石家庄12个办事处开展创建国家级"安全社区"活动，全部达到了"全国安全社区"创建标准。

二、2009年发布的地方性规章

《河北省重大危险源监督管理规定》，2009年12月31日发布，省政府12号令。

三、2009年发生的重大以上生产安全事故

2009年，河北省共发生2起重大生产安全责任事故。

（一）廊坊市金博服装服饰有限公司"4.24"重大厂房坍塌事故。2009年4月24日，廊坊市金博服装服饰有限公司发生重大厂房坍塌事故，造成10人死亡、15人受伤，直接经济损失500万元。

经调查认定，这是一起由于厂房不符合国家建筑质量标准要求，屋架失稳坍塌造成的重大责任事故。

在事故的责任追究中，给予党纪政纪处分1人，组织处理5人，行政处罚2人，对事故单位罚款50万元，事故发生地政府向上级政府作出检查，并通报批评。

（二）河北钢铁集团矿业有限公司石人沟铁矿"7.11"重大爆炸事故。2009年7月11日，河北钢铁集团矿业有限公司石人沟铁矿斜井井底车场发生爆炸事故，造成16人死亡、6人受伤，直接经济损失971.23万元。

（河北省安监局　强少辉）

物　　价

一、全年物价形势企稳回升

2009年全省居民消费价格（CPI）除1月份上涨外，2—6月份降幅逐月扩大，7月份以来降幅逐步收窄，11月份首次由负转正，12月份继续上涨2.4%。全年居民消费价格同比下降0.7%，降幅比上半年缩小0.4个百分点。工业品价格方面，工业品出厂价格（PPI）5—8月份和11—12月份环比上涨，8月份以来同比降幅收窄，全年环比上涨3.0%，同比下降10.9%。原材料、燃料、动力购进价格自7月份以来连续6个月环比小幅上涨，同比自9月份以来降幅收窄，全年环比上涨3.7%，同比下降6.5%。

二、价格监测能力得到提升

经省政府第21次常务会议通过，《河北省价格监测规定》于2009年2月1日起正式施行。研究制定了《河北省规范化价格监测机构标准》，价格监测机构规范化建设稳步实施。全面完成每周、每月和重大节日重要商品价格

的监测预警，组织实施实时价格应急监测试点和化肥、生猪、防控甲型流感药品以及2009年石家庄雪灾后粮油副食品价格应急监测工作。加强生猪、粮食和化肥价格监管，牵头八部门制定了河北省防止生猪价格过度下跌调控预案，在河北物价网站建立了生猪市场信息发布平台，及时发布预警信息。省局向省政府反馈的《目前我省生猪生产逼近盈亏平衡点供过于求矛盾更加突出》的信息，张和副省长做了肯定性批示。按照国家统一部署，大幅度提高了小麦最低收购价格并及时向社会发布，积极稳妥实施化肥价格市场化改革，取消化肥价格限制政策，加强化肥市场和价格监测预警，保障化肥供应和价格基本稳定。积极做好防控甲型流感药品和相关商品价格监管。研究制定了防控甲型流感价格监管预案，及时掌握有关医药产品及其原材料的市场供求和价格变化情况。对纳入政府定价的防控甲型流感药品最高零售价格进行了集中公示。召开了加强防控甲型流感药品和相关商品价格监管提醒告诫会，向各药品生产经营企业和医疗机构发布了提醒告诫函，并开展价格专项检查。

三、价格改革稳妥推进

电价改革成效显著。按照国家发改委的统一部署，对销售电价进行了调整，全省销售电价每千瓦时北网上调3分，南网上调2.99分，年调价额54.6亿元。对差别电价政策执行情况实行动态监管，建立了“差别电价政策执行情况定期报告制度”。对脱硫改造的老机组和可再生能源上网电价给予了政策支持。水价改革取得积极进展。实施了城市供水分类水价并轨，将城市供水价格、污水处理费和水资源费标准分别并轨为居民生活用水、非居民生活用水和特种行业用水三类，实现了商业（服务业）与工业用水同价，11个设区市中心城区已全部完成水价并轨。本着补偿成本、合理收益并考虑用户承受能力的原则，适当调整了衡水湖等6个水利工程供非农业用水价格。积极推进南水北调干渠工程基金征收工作，代省政府起草了《河北省人民政府办公厅关于做好水资源费(含基金)标准和基金征收工作的通知》。继续推进成品油、供热价格改革。落实国家新的成品油价格形成机制，8次调整成品油价格，年调价额合计179.02亿元，净提价额128.36亿元。认真做好省政府成品油价格和税费改革领导小组办公室有关工作。经省政府批准，取消了97个二级以下政府还贷公路收费站。召开了全省供热计量价格座谈会，研究制定了《关于制定供热计量价格的指导意见》，为全省供热计量改革创造了有利条件。积极推进排污和垃圾处理收费改革。较大幅度提高了排污费征收标准。审核批复了辛集、涿州等扩权县市城市生活垃圾处理和污水处理收费标准，目前全省开征城市生活垃圾处理费的市县已达到106个，开征城市污水处理费的市县已达到120个。深化运输价格改革。积极应对成品油涨价影响，进一步完善了出租汽车运价与成品油价格联动机制。根据地方铁路运输成本变化，适时调整了秦皇岛地方铁路等运价标准。提高了道路客运儿童免费乘车身高标准，取消了农村客运班车运价可以上浮20%的规定，规范了机场延伸服务收费项目和收费标准。

四、价费监管规范有序

清理收费成效显著。对涉及房地产开发的54个收费项目进行了清理审查，取消、停止收费23项，降低收费标准3项，共计减少收费金额4.25亿元。对经营服务性收费进行清理规范，在全面审查的基础上，提出拟取消14项、规范10项、转市场调节11项的清理规范方案，已提交省政府常务会议讨论。研究起草了《河北省经营服务性收费管理办法》，将与省政府收费清理规范方案配套出台。加强教育和有线电视收费监管。会同省教育厅等十部门联合下发了《关于2009年规范教育收费进一步治理教育乱收费工作的实施意见》，对规范教育收费、治理教育乱收费各项工作目标提出明确要求。制定了专业学位硕士研究生学费、住宿费、考试费收费标准。核定了九所独立学院新增专业学费标准。取消了新装模拟有线电视初装费、新装数字有线电视装机工料费以及有线电视移机、停机、复机、过户手续费，维护了广大电视用户价格权益。加强医药价格监管。实行了医药价格专家评审制度，研究制定了《河北省医药价格专家评审办法（试行）》，建立了河北省医药价格专家库。按照国家差比价规则，出台了672种1155个规格药品临时最高零售价格，综合算账平均降价幅度14%左右。认真落实国家基本药物价格政策，及时核定了194个品种1022个基本药物补充规格价格。会同省卫生厅对41所医院新建、改造病房楼进行了核查，制定了相应床位价格。研究出台了第一批新增60项、新开展41项医疗服务指导价格，对技术含量高的先进医疗项目和中医、民族医，在价格政策上给予扶持。会同省卫生厅对全省332家医疗机构的603台大型医用设备配置资格重新进行了审核，核发了大型医用设备专用收费许可证，并向社会进行了公示。对全省108所二级以上医疗机构单病种限价情况进行了专题调查，研究起草了《关于开展病种价格和收费管理工作的指导意见》。规范电信资费。降低了固定电话本地网营业区间通话费，资费标准由0.3元/分钟下调至0.2元/分钟。取消了各电信企业的短消息业务网内网间差别定价，取消了移动电话长途通话基本通话费。加强了对电信增值业务资费的备案管理。

五、价格检查成效明显

开展价格收费专项检查。在全省范围内组织开展了涉农、涉企、电力、化肥、粮食、教育、医药和节假日旅游等九项价格收费专项检查。在专项检查中，突出价格执法的服务职能和针对性，把检查重点转移到依法为企业、农民和社会各利益主体服务上来，加大对低收入阶层价格优惠政策落实情况的监督检查。全年开展涉企收费专项检查，涉及国土、城建、交通、环保、公安等八个部门，采取了省市联动、下查一级的方法，取得显著成效。1—12月，全省共查处各类价格违法案件4271件，查处违法所得金额7678.35万元，经济制裁金额5987.65万元，其中，退还用户金额2120.42万元。加大价格突发事件的维稳工作力度，及时应对暴雪灾害天气期间农副产品价格上涨。雪灾发生后，省局立即下发了《关于加强暴雪灾害天气期间价格监管工作的紧急通知》，稳定雪后市场物价。

以省政府名义召开了保证市场供应、保持市场稳定新闻发布会，稳定群众心理预期。同时，组织全系统开展了全天候价格检查和市场巡查，全省共出动检查人员300多名，组成120多个检查组，坚决打击趁机哄抬价格、牟取暴利的行为，保持了暴雪灾害天气期间市场正常供应和价格的基本稳定。深入推进价格服务进万家活动。活动以点带面逐步展开，内容不断丰富，工作日趋深入。着力提供价格维权服务、价格自律服务和价格信息服务，促进农民和企业减负增收。加强价格举报工作。继续推进价格举报管理信息系统建设，完善价格举报制度。对群众的投诉举报，快速受理、快速查处和快速办结。1—12月份，全省各级价格举报中心共受理价格举报和咨询8281件，办结8264件，办结率99.8%，退还用户348万元，切实维护了群众的合法权益。

六、价格基础进一步夯实

大力推进“数字物价”建设，在实现信息化、全覆盖、点对点为农、为企、为民服务上迈出了新的步伐。省信息监测中心被省政府办公厅评为全省信息工作优胜单位。全年完成对电力、工程供水、公路收费、铁路货运、教育收费、经济适用房、污水处理、供热价格等行业267项成本监审项目的审核工作，涉及金额95.23亿元，核减不合理开支约10亿元。价格鉴证工作获得广泛认可。认真做好各类刑事、民事案件涉案财产价格鉴定，进一步巩固和提高工作质量。2009年全省各级共受理各类价格鉴定、认证案件8.75万件，涉案金额72.7亿元。价格评估机构和人员“双认定”行政许可工作取得新的进展，实行了网上申报，提高了工作效率，得到省政府效能办肯定。价格调研工作得到加强。组织开展了一批重大价格问题调研，《价格理论与实践》为河北省发了调查研究专刊。完成了两项省社科联组织的民生和社会发展课题，其中《推进我省热计量收费改革的对策研究》被评为优秀调研成果。与中国价格协会、秦皇岛市政府成功举办了2009年北戴河中国价格论坛，国家发展改革委副主任彭森出席论坛并做了主题演讲，收到很好的社会效果。

（河北省物价局　邸　伟）

消费品市场

2009年，河北省委、省政府积极贯彻落实党中央、国务院扩大内需、促进经济平稳较快发展的一系列政策措施，全省经济运行企稳回升，消费品市场止跌回暖。实现社会消费品零售总额5764.9亿元，同比18.1%，增速比上年提高0.3个百分点。但消费品市场回升基础不稳等问题不容忽视。

一、消费特点

（一）消费品市场止跌回暖。2009年1月份，受元旦、春节两大节假日集中消费拉动影响，社会消费品零售总额同比增长22.2%，比2008年12月份高0.9个百分点；2月份受消费基数较大影响（2008年春节在2月份），社会消费品零售总额同比增长16.6%，比1月份降低5.6个百分点。受国际金融危机影响，3、4、5月份增幅逐月回落，当月增速分别为17.2%、17.1%和16.8%，5月触底，6月份企稳回升，6、7、8、9四个月社会消费品零售总额当月同比增幅分别为17.2%、17.3%、17.6%和18.0%，10月份消费增长开始加快，当月同比增幅为19.0%，11月份因大暴雪等因素影响，消费增长略有回落，增速为18.6%，12月份增速为19.2%，消费呈逐渐回暖之势。

（二）农村消费启动有力，增速超过城市。2009年，全省农村消费品零售额实现3013.9亿元，同比增长18.4%，城市消费品零售总额实现2751.0亿元，增长17.8%，农村消费增速快于城市0.6个百分点，扭转了2000年以来农村消费增速大多数年份慢于城市的局面。

（三）消费热点突显。2009年，据对全省限额以上批发零售业商品零售类值统计，两大消费热点涌现：一是建筑及装潢材料类商品消费火热。城镇面貌三年大变样，大量“城中村”居民不断回迁楼房新居，拉动建筑及装潢材料类商品热销。2009年，全省建筑及装潢材料类商品零售额同比增长28.9%，扭转了上年同期下降的局面。二是汽车消费依然火热。由于国家出台了“小排量汽车购置税减半”、《二手车流通管理办法》及鼓励汽车“以旧换新”等政策，汽车消费异常火爆，2009年全省汽车零售额累计实现284.5亿元，同比增长27.5%，比同期加快5.8个百分点，增幅居25大类商品第3位。

（四）饮食消费社会化程度快速提高，餐饮业红火。2009年，住宿和餐饮业零售额完成767.4亿元，增长22.2%，增速高于全省社会消费品零售总额4.1个百分点，餐饮业占社会消费品零售总额的比重为13.3%，比上年同期提高了0.4个百分。

二、存在的主要问题

（一）消费回暖的经济环境尚不稳定。全省居民消费虽然初显启稳回暖态势，但在金融危机背景下，我国经济复苏基础还不稳定，严峻的就业形势、居民收入增长预期不确定，依然影响着公众的消费信心，消费复苏的基础尚待观察。

（二）热点消费预期不确定。如楼市虽出现回暖迹象，但在高房价和房地产市场秩序尚未调整到位的情况下，房价趋势较难把握，许多消费者仍持观望心态；另外，油价的上调，对家用汽车消费会产生一定影响。

（三）消费率偏低。消费规律表明，当人均国内生产总值在1000美元左右时，世界各国居民消费占GDP的比重一般为60%左右，河北人均GDP已超过3000美元，2009年最终消费率仅为41.8%，消费需求对经济发展的拉动作用仍有较大空间，扩大消费、保增长任务依然艰巨。

（四）农村消费环境局限性依然较大。农村交通不便利、商品信息闭塞、消费环境落后等问题依然严重。一些对消费环境要求较高的家电等商品，受消费环境如水、电、路、通讯等基础薄弱局限，制约了消费需求的扩大。

（五）居民收入水平不高，制约着消费需求扩大。虽然全省城乡居民收入水平不断增长，但收入的绝对水平较低，尤其是农村居民的收入水平偏低且不稳定。面对住房、医疗、教育及农村养老等大额消费，低收入居民依然以储蓄为主，加之2009年受金融危机影响居民收入增长速度放缓，居民消费较为谨慎，即期购买力不足。

三、2010年消费品市场发展思路建议

发展思路：以扩大消费保增长、城镇面貌三年大变样为统领，在市场建设方面，以现代流通、特色商贸和农村市场三个重点为核心，突出一条主线，构建两张网络，强化三个带动，抓实四个重点；在扩大居民消费方面，以居民收入水平、居民就业、居民生活保障三个重点为核心，抓住一个杠杆，启动七项措施。

——市场建设方面：

突出“三年大变样”这条主线。依托城建改造和新规划，大力发展现代商贸流通业，推动消费增长。

构建两张网络。一是在农村，加快构建农村现代流通网络；二是在城市，积极创建社区便民商业网络。

强化三个带动。一是以聚集区为基础，强化商圈带动；二是强化相关产业带动，发展具有相互支撑作用的产业；三是强化特色带动。

紧抓四个重点。抓项目、抓品牌、抓规模、抓效益。在政策上，强化对四个重点的扶持。在举措上，一是进一步提高利用外资规模，加快建立商贸领域招商引资项目，着力抓好在建重点流通项目的招商和培育，使其尽快形成流通发展的增量，促进流通规模的扩大；二是积极探索建立与国际市场接轨的贸易网络体系，加快批发和零售业、内外贸经营一体化进程；三是鼓励有条件的流通企业到省外开设连锁门店。通过抓实四个重点，推进现代商贸流通业发展，促进居民消费。

——扩大居民消费方面：

抓住一个杠杆。启动七项措施。以2010年继续实施积极的财政政策和适度宽松的货币政策为杠杆，启动七项措施，保持消费平稳较快增长。一是提高城乡居民收入水平，增强居民消费信心；二是加大户籍制度改革力度，加快城镇化建设步伐；三是进一步完善社会保障制度；四是加大整顿和规范市场经济秩序的工作力度；五是强力发展城市夜经济；六是开发、建设旅游市场；七是保持扩大消费政策的连续性和稳定性。

（河北省统计局　赵丽丽）

居民消费价格

受国际金融危机和上年价格翘尾等因素影响，2009年上半年，全省CPI延续上年的回落趋势，持续在负值区运行，各月降幅逐步加深。但进入7月份之后，伴随着国民经济的逐步好转，同比降幅逐月收窄，年末止跌回升。2009年全省居民消费价格总水平同比累计下降0.7%，是6年来物价持续上涨的首度下降。

一、2009年全省CPI运行特征

（一）全年走势呈“U”型特征。2009年1月份CPI同比上涨0.6%，2月份开始，CPI连续9个月呈负增长态势，且上半年降幅逐月加大，6月份同比下降幅度高达1.9%，为全年最低点。进入7月份之后，伴随着国民经济的逐步好转，CPI同比降幅逐步收窄，7、8月份同比降幅分别缩小到1.8%和1.6%，9、10两个月降幅进一步缩小为0.5%和0.6%。11月份受暴雪等因素影响，CPI在连续9个月负增长后首次由负转正，同比上涨0.7%，12月份涨幅扩大至2.4%。尽管11、12两个月连续上涨，但全年累计下降0.7%，呈现负增长态势。

（二）八类商品三升五降，结构性特征明显。从编制指数的八大类商品及服务项目来看，价格呈3升5降的态势。烟酒及用品类、医疗保健和个人用品类、食品类价格同比累计分别上涨1.9%、1.5%、1.0%；下降的5类是衣着类、交通通信类、娱乐教育文化用品及服务类、居住类和家庭设备用品及维修服务类，降幅分别为3.6%、3.0%、2.2%、1.6%和0.2%。

食品和资源型产品价格的上涨是支撑CPI向上运行的主动力。扣除食品和能源价格后的核心价格指标同比降幅达1.5%。而食品中又以粮食、鲜菜、猪肉价格变动最为突出。

1. 粮食价格持续上涨。2009年，全省粮食价格持续上涨，同比涨幅逐月攀升。1－5月同比涨幅在0.7%－4.3%之间，6－9月为5.0%－6.8%，10－12月份涨势加快，涨幅分别达到8.2%、10.3%、12.7%，全年累计同比上涨5.9%。分品种看，主要品种均呈涨势，其中面粉上涨7.0%，大米上涨6.0%，粮食制品上涨5.4%。粮价上涨主要原因有三：一是年初国家提高了稻谷、小麦最低收购价格，对粮食价格起到了助涨作用；二是目前农资价格较高，带动粮食价格有所上涨；三是农民有粮价上涨预期，农民惜售，一定程度上也加剧了粮价上涨。

2. 鲜菜价格涨势突出。2009年全省鲜菜价格同比上涨了18.2%。从各月情况看，除2、3月份同比为负增长外，其余10个月均高于去年同期，尤其11月份河北普降暴雪之后，蔬菜价格大幅上升，11、12两月全省鲜菜平均价格分别比上月上涨了20.1%和25.4%，同比涨幅更是高达51.6%和64.1%，成为推动CPI由负转正的主要动力。据推算，2009年仅鲜菜一项，就拉动全省居民消费价格总水平上升0.6个百分点。

3. 猪肉价格持续下跌。2009年全省猪肉价格延续了去年持续下跌的走势，价格一路下滑，到5月份，每公斤价格跌至15.77元，比去年同期下降了37.0%。进入6月份之后，在国家政策的影响下，价格出现止跌回升，尤其是7、8、9三个月，全省猪肉价格环比分别上涨了8.8%、7.6%和4.0%，四个月累计回升了22.6%；之后连续两个月环比小幅下降，12月份再度转涨，环比上涨2.5%。但全年平均仍较上年下降了21.2%，影响全省

CPI下降0.6个百分点。

（三）城、乡价格一落一涨，区域差异较大。1－12月份，全省农村居民消费价格累计上涨了0.3%，城市居民消费价格则下降了1.2%，农村居民消费价格涨幅高于城市1.5个百分点。从11个设区市来看，邯郸市、石家庄市和保定市3市上涨，分别比上年同期上涨了0.8%、0.3%和0.2%；张家口市持平；其余7市均为降势，降幅最大的是廊坊市，累计比上年同期下降了3.4%，再次为沧州市和秦皇岛市，分别下降了2.6%和1.7%，其余4市降幅均在1.1%以内。

（四）降幅与全国平均水平持平，在全国居第20位。1－12月份河北省CPI总水平同比下降了0.7%,降幅与全国平均水平持平。在全国31个省、市、区由高到低的排序中,与江西、海南并列第20位。与相邻省份相比,低于辽宁(100.0%)、山东(100.0%)、内蒙古(99.7%)、山西(99.6%)、河南(99.4%)高于天津(99.0%)北京(98.5%)。

二、因素分析

（一）金融危机和供大于求是CPI低迷的主要原因。全球性金融危机造成需求减小,出口产品的大幅下降加剧了国内市场的供大于求的矛盾,"价格战"此起彼伏,工业消费品价格指数持续低于100,全年累计同比下降了1.2%。比较明显的是:通信工具同比下跌了18.7%,服装下跌了4.3%,家庭设备下跌了3.5%,交通工具下跌了3.2%。

（二）食品价格先降后升，为CPI的主要上行动力。上半年食品价格高位回落，波动幅度不大，下半年受成本上升、暴雪等因素影响,食品价格开始上涨,且涨幅加大,带动居民消费总水平由负转正。受双节消费影响,1月份食品上涨1.4%,2－7月份食品价格处于负值区,降幅在-2.8%—-0.1%之间,8月份由负转正,涨幅为1.1%,9月份以后涨幅猛增到3.0%以上,尤其是11月份、12月份,食品价格涨幅高达6.0%、8.6%。全年食品价格上涨1.0%,拉动全省居民消费价格上涨0.3个百分点。

（三）翘尾影响是导致CPI下跌的一个重要因素。从计算CPI指数的技术层面分析，翘尾因素和新涨价因素都会影响CPI的走势。据测算，2008年对2009年的翘尾因素影响全部为负增长，尤其是2、3月份，拉动CPI下滑2个百分点以上，全年翘尾影响为－1.0%。

（国家统计局河北调查总队　许文丽　康振江）

工业品价格

2008年下半年爆发的国际金融危机，对全省工业生产产生巨大冲击，需求大幅萎缩，工业品价格指数（简称PPI）呈现少有的大幅下降走势。2009年，随着国家投资刺激计划的实施，特别是一系列拉动内需等宏观经济政策的落实，国内需求呈逐步回升态势，加之国际经济的逐渐回暖，全省工业品价格逐渐摆脱了2008年下半年开始剧幅下跌的运行态势，总体呈平稳回暖走势。2009年12月份，工业品出厂价格同比上涨1.5%，是自2008年12月份以来同比指数首次由降转升；原材料、燃料、动力购进价格同比上涨2.9%，是自2009年1月份以来同比指数首次由降转升。但受2008年上半年价格基数偏高影响，2009年全省工业品出厂价格同比累计下降10.9%，原材料、燃料和动力购进价格同比累计下降6.5%。

一、2009年全省工业品价格总体运行特征

（一）各月工业品出厂价格同比指数呈"V"字型走势。2009年1至7月份，受上年同期基期价格处于高位影响，工业品出厂价格同比指数，延续了2008年12月份的下降态势，持续运行在下降通道，且降幅逐月扩大，从1月份的下降7.4%扩大至7月份的下降16.0%。从8月份开始，随着国内外经济逐步企稳回暖，以及上年同期高基价因素的逐渐消退，工业品出厂价格同比降幅开始收窄，8月至12月份，短短5个月的时间，同比就由下降16.0%转为上涨1.5%。

从所调查的37个行业大类看，12月份有21个行业同比指数为正，比11月份增加6个行业，比7月份增加16个行业。同时，其他16个同比下降行业的降幅已全部缩至10%以内，而在7月份有32个行业同比下降，其中有10个行业降幅在10%以上。

（二）工业品出厂价格环比指数呈震荡上行运行态势。2009年，受国内外经济逐渐回暖，国际大宗商品价格震荡走高，以及钢铁、化工等主要行业产品价格触底回升影响，全省工业品出厂价格环比指数呈震荡上行的运行态势，其中：1—4月环比价格分别小幅下降0.8%、0.3%、1.9%和0.3%，5—8月分别小幅上涨1.0%、0.8%、2.3%和2.1%，且涨幅明显大于前4个月的跌幅；9—10月环比再次分别小幅回落1.5%和0.5%；11—12月环比又分别小幅回升0.6%和1.7%。

（三）2009年工业品出厂价格走势与2008年比较。从同比看：2008年工业品出厂价格同比指数上半年高开高走，下半年急速回落，走势呈倒"V"字型，而09年与之相反，上半年降幅逐月扩大，下半年降幅逐渐缩小，再至由负转正，呈正"V"字型。从环比看：2008年工业品出厂价格波动较大，环比指数最高值103.2，最低值92.7，落差有10.5个百分点，而09年环比价格运行较为平稳，指数最高值102.3，最低值98.1，落差仅有4.2个百分点。

（四）两大部类产品出厂价格同比指数均在12月份实现由降转升。2009年12月，全省生产资料、生活资料出厂价格同比分别上涨1.2%和3.0%，这是2009年两大部类价格同比指数首次上涨。其中：生产资料中的采掘类、原料类产品价格分别上涨13.1%和0.5%，加工类产品价格略降0.6%；生活资料中的食品类和耐用消费品类产品价格分别上涨7.3%和2.8%，衣着类和一般日用品类产品价格则分别下降0.4%和5.0%。

（五）原材料、燃料、动力购进价格同比指数也在12月份实现由降转升。2009年12月，全省原材料、燃料、动力购进价格同比上涨2.9%，这是2009年月度同比指数首次由降转升。所调查的九大类产品呈“七升二降”格局，除黑色金属材料类、木材及纸浆类同比分别下降8.9%和1.5%外，其他七大类全部上涨。其中：燃料动力类、有色金属材料和电线类、化工原料类、农副产品类涨幅分别为6.7%、14.8%、2.8%和9.0%。但受上年同期高基价影响，原材料、燃料和动力购进价格全年同比累计仍下降6.5%。

二、主要行业价格运行情况

（一）钢铁冶炼及上游的铁矿石、焦炭价格震荡回升。2009年，随着国内外经济的逐渐回暖以及国家拉动内需等宏观经济政策的落实，钢铁市场需求得到一定程度的恢复，钢铁企业对价格上升的预期增强。因此，2009年全省钢铁产品出厂价格虽然仍在不断地小幅涨跌波动，但总体属于回升趋势。从全年来看，1－2月、5－8月、11－12月钢铁价格分别出现连续回升。其中：5－8月回升最为明显，环比分别上涨2.3%、1.2%、4.5%和4.8%。12月份钢铁业产品出厂价格同比降幅已由1月份的16.2%缩至4.9%。受钢铁价格回升影响，铁矿石价格全年有7个月环比上涨，12月份铁矿石出厂价格同比降幅由1月份的26.0%缩至0.2%；焦炭价格全年环比有8个月上涨，12月份焦炭出厂价格同比由1月份的下降5.8%变为上涨15.7%。

（二）以农产品为原料的工业产品价格持续上涨态势明显。受农产品市场供求关系变化影响，2009年全省以农产品为原料的工业行业产品价格呈持续上涨态势。主要表现为：农副食品加工业产品出厂价格连续9个月上涨，4—12月份环比分别上涨0.3%、1.7%、2.3%、0.2%、1.5%、1.0%、0.2%、3.4%和5.3%。食品制造业产品出厂价格全年有8个月环比上涨。棉纺织业产品出厂价格全年有8个月环比上涨。12月份农副食品加工业、食品制造业和棉纺织业产品出厂价格同比分别上涨12.8%、1.7%和1.8%。

（三）受国际市场影响，全省原油及成品油出厂价格快速回升。2009年，随着世界经济的逐渐复苏，国际市场原油价格震荡攀升，由年初的每桶40美元左右，迅速回升到了年末的80美元左右，受此影响，2009年12月份全省天然原油出厂价格同比指数由1月份的下降52.4%变为上涨57.2%，精炼石油产品出厂价格同比指数由1月份的下降9.0%变为上涨7.1%。

（四）国际市场需求大幅萎缩、国内产能过剩，导致医药制造业产品价格明显下降。2009年全省医药制造业产品出厂价格同比累计下降5.2%。其中：化学药品原药下降8.4%，化学药品制剂下降0.2%。分析价格下降的原因：一方面，国际金融危机对医药企业的影响还在继续，无论是原料药还是制剂药，国际市场需求均大幅度萎缩，导致价格下降；另一方面，从国内供给市场看，持续供大于求的产能和新加入者无序的价格竞争，导致了产品价格的低迷震荡。

（国家统计局河北调查总队　崔荣伟）

农产品生产价格

2009年，受国际金融危机及国内外农产品供求关系变化等因素影响，全省农产品价格先抑后扬，总体略跌。据对42个县1590个农户、51个非农户生产单位调查，2009年，全省农产品生产价格同比下跌0.3%，其中种植业、林业和渔业产品生产价格呈涨势，同比分别上涨2.4%、4.3%和3.8%，牧业生产价格呈跌势，同比下跌4.2%。分季看，前两个季度同比分别下跌8.%和4.2%，三、四季度止跌回升，同比分别上涨3.5%和8.7%。

一、基本走势

（一）果菜价格大幅上涨。2009年，蔬菜生产价格大幅上涨，同比上涨15.6%。在调查的21个品种中，有15个上涨，上涨较大的品种有元白菜、黄瓜、青椒、菠菜、西葫芦、蒜头、西红柿、四季豆等，同比分别上涨28.3%、21.5%、21.4%、18.9%、15.7%、15.5%、14.7%、14.3%。瓜果生产价格同比上涨10.1%。主要是由于梨、葡萄、西瓜、桃、杏等产品价格上涨所至，其分别比上年上涨10.1%、21.1%、58.7%、20.1%和43.44%。

（二）粮食价格小幅上涨。2009年，全省粮食生产价格小幅上涨，同比上涨1.4%。几个主要品种中小麦、稻谷、谷子的价格呈涨势，同比分别上涨11.3%、7.2%和8.7%，而玉米价格同比则下跌5%，薯类价格同比下跌2.0%，豆类价格同比下跌10.5%。

（三）渔业产品价格先抑后扬。在经历了2008年的大幅上涨后，2009年渔业产品价格先抑后扬，前三个季度，渔业产品价格同比均呈跌势，分别下跌5.8%、8%和5.2%，第四季度呈较大幅度上扬，同比上涨8.1%，全年渔业产品生产价格总体呈涨势，同比上涨3.8%。分品种看，草鱼、对虾和扇贝呈涨势，分别比上年上涨0.2%、10.6%和17.5%，而鲤鱼、鲢鱼和鲫鱼等产品的生产价格则分别下跌9.0%、3.1%和6.4%。

（四）牧业产品价格下跌。2009年，受“H1N1病毒”等诸多因素的影响，全省牧业产品生产价格总体仍呈跌势，同比下跌4.2%。从分季走势看，前三个季度呈跌势，同比分别下跌6.7%、10.2%和4.6%，第四季度止跌回升，同比上涨1%。分项看猪、牛奶和活牛等产品价格呈跌势，分别比上年下跌14.8%、11.3%和0.4%，而羊和家禽的生产价格则分别上涨2.2%和1.7%。

（五）棉油价格大幅下跌。受国际金融危机的影响，全省棉油价格大幅下跌，棉花生产价格同比下跌8.3%，油料生产价格的跌幅更大，比上年下跌13.8%，其中花生和芝麻生产价格分别下跌16.6%和10.9%。

二、影响力度分析

2009年，全省农产品价格涨跌不一，对农产品价格总体的影响各不相同。

（一）拉动因素

1. 瓜果。瓜果价格对拉动农产品生产价格上涨的力度最大。随着人们消费水平的提高，对瓜果及其深加工产品的需求增多，促使价格上涨，2009 年，河北省瓜果生产价格上涨 10.1%，进而拉动农产品生产价格总体上涨 1.08 个百分点，占拉动总量的 29%。

2. 蔬菜。蔬菜价格对拉动农产品生产价格上涨的力度排第二位。2009 年，全省经历了旱灾、风雹灾和雪灾等诸多自然灾害，对蔬菜生产和运输产生了很大影响，导致蔬菜生产价格同比上涨 15.6%，由于蔬菜生产价格上涨拉动了农产品生产价格总体上涨 1.06 个百分点，占拉动总量的 28.5%。

3. 小麦。小麦价格对拉动农产品生产价格上涨的力度排第三位。自上年年底以来，国家出台了对小麦等粮食产品的庞大数量收储政策，特别是 2 月份又提高了小麦最低收购价，使小麦生产价格上涨，同比上涨 11.3%，由于小麦生产价格上涨拉动了农产品生产价格总体上涨 0.9 个百分点，占拉动总量的 24.2%。

（二）挫动因素

1. 生猪。生猪价格对农产品生产价格下跌的挫动力度最大。受甲型 H1N1 流感影响，生猪价格加速下跌，2009 年，生猪生产价格同比下跌 14.8%，由于生猪生产价格下跌使农产品生产价格总体下跌 1.99 个百分点，占下挫总量的 49.5%。

2. 棉花。棉花价格对农产品生产价格下跌的挫动力度排第二位。2009 年，由于金融危机的影响，棉花生产价格同比下跌 8.3%，由于棉花生产价格下跌使农产品生产价格总体下跌 0.85 个百分点，占下挫总量的 21.1%。

3. 玉米。玉米价格对农产品生产价格下跌的挫动力度排第三位。2009 年，受生猪价格回落对养殖业的影响以及石油价格下跌对生物能源的冲出，价格不可避免的出现下跌，2009 年，玉米生产价格同比下跌 5%，由于玉米生产价格下跌使农产品生产价格总体下跌 0.55 个百分点，占下挫总量的 13.7%。

4. 油料。油料对农产品生产价格下跌的挫动力度排第四位。油料价格下跌主要是受国际市场的影响。2009 年，油料生产价格同比下跌 13.8%，由于油料生产价格下跌使农产品生产价格总体下跌 0.33 个百分点，占下挫总量的 8.2%。

（国家统计局河北调查总队　李文奎）

城镇居民生活

2009 年，全省上下牢牢把握“保增长扩内需调结构惠民生”这条主线，相继出台了一系列增加城镇居民收入的政策措施，确保了河北城镇居民收支稳定增长。

一、城镇居民收支变动特点

2009 年，河北城镇居民人均可支配收入为 14718.25 元，增长 9.5%；人均消费性支出 9678.75 元，增长 6.5%；剔除价格因素影响，实际增长分别为 10.8%和 7.8%。

（一）收入变化特点

1. 从构成居民家庭总收入的四类收入看，呈“两增、两降”态势。即，工资性收入和以离退休金为主的转移性收入增长；财产性收入和经营净收入下降。全年城镇居民家庭得自的工资性收入人均达 9830.57 元，增长 10.6%；人均转移性收入 4674.23 元，增长 18.4%；其中，养老金或离退休金为 4287.85 元，增幅高达 21.6%；人均经营净收入 977.23 元，下降 9.4%；人均财产性收入 193.71 元，下降 13.9%。

2. 城镇居民内部收入差距略有缩小。按全部调查户相对收入不等距九组分组，10%的最低收入家庭人均可支配收入为 5331.32 元，增长 9.1%；10%的最高收入家庭人均可支配收入为 34564.57 元，增长 7.8%；高、低收入家庭收入之比为 1∶6.48（以低收入家庭为 1），比 2008 年的 1∶6.56 略有缩小。

3. 城镇居民收入增速高于农村居民。2009 年城镇居民可支配收入增速高于农村居民纯收入增速，农村居民纯收入增速为 7.4%，而城镇居民可支配收入增速为 9.5%，高于农村居民 2.1 个百分点。

4. 收入增幅高于全国平均水平。2009 年全国城镇居民人均可支配收入增长 8.8%，河北省比全国平均增幅高 0.7 个百分点。三年增收目标以来，河北城镇居民人均可支配收入增幅一直高于全国平均水平，使收入差距不断缩小，由 2007 年的 1∶1.179 缩小为 2009 年的 1∶1.167；但收入差额却依然有所扩大，人均可支配收入差额由 2007 年的 2095.32 元，扩大为 2009 年的 2456.75 元，扩大了 17.2%。

（二）支出变化特点

1. 消费倾向继续减弱。全年人均消费性支出增长 6.5%，比上年回落 3.8 个百分点；其消费率（消费性支出占可支配收入的比例）仅为 65.8%，在上年下降 2.8 个百分点的基础上，又下降了 1.8 个百分点。而且，在收入增速高于农村居民 2.1 个百分点的情况下，消费支出增速却低于农村居民 0.7 个百分点。

2. 消费支出增速低于同期可支配收入增速 3.0 个百分点。在八大类消费支出中，只有医疗保健和其它商品及服务两类高于同期收入增速，分别增长了 20.1% 和 18.9%，比同期收入增速高 10.6 和 9.4 个百分点；其他六类增幅均低于同期收入增速。其中，食品支出 3250.77 元，增长 3.0%，低 6.5 个百分点；教育文化娱乐服务支出 982.21 元，增长 3.8%，低 5.7 个百分点；居住支出 1142.83 元，增长 4.1%，低 5.4 个百分点；衣着支出 1190.19 元，增长 4.7%，低 4.8 个百分点；交通和通信支出 1151.15 元，增长 8.4%，低 1.1 个百分点；家庭设备用品及服务 628.49 元，增长 9.3%，低 0.2 个百分点。

3. 社会保障支出和购建房支出大幅增加。全年人均社会保障支出881.84元，同比增长35.3%。各项保障支出均有较大幅度增长，其中个人交纳的养老基金增长40.47%，个人交纳的住房公积金增长34.50%，个人交纳的医疗基金增长28.39%，个人交纳的失业基金增长11.24%，其他社会保障支出增长41.54%。

受多种因素影响，全省城镇居民家庭购建房支出由降转升，全年人均购建房支出824.21元，增速由上年下降13.4%，转为增长21.0%。

（三）收支变化因素

1. 增收政策力推城镇居民收入增长。受全省行政事业单位工资调整到位（特别是补发因素）及提高失业保障金、低保金、企业上调最低工资标准和提高基本养老金等增收政策落实到位，以及城市建设三年大变样新开工项目增加等影响，使居民家庭得自的工资性收入和以离退休金为主体的转移性收入较快增长。全年城镇居民人均工资性收入为9830.57元，增长10.6%，高出全国平均水平1.0个百分点；拉动可支配收入增长7.0个百分点。人均转移性收入为4674.23元，增长18.4%，比全国平均14.9%的增速高3.5个百分点；拉动可支配收入5.4个百分点。其中，养老金或离退休金为4287.85元，同比增长高达21.6%。

2. 金融危机影响经营净收入和财产性收入负增长。始于2008年四季度的国际金融危机对城镇居民家庭收入的影响在2009年开始显现（经济形势对居民收入的影响一般有一定的滞后期）。但随着全省主要经济指标逐渐向好，其降势已有所抑制。全年城镇居民人均得自的经营净收入和财产性收入虽然双双下降，但降幅较上半年分别减少8个和16.8个百分点；下半年已由降转升。

3. 保障支出和购建房支出大幅增加，抑制了即期消费增长。受金融危机、房价上涨等经济因素和居民社会保障意识增强等因素的影响，居民用于社会保障支出和购建房支出大幅增加，致使居民用于即期消费的资金不足，消费倾向降低。

二、存在的问题

（一）"两增收入"已显回落态势。在金融危机影响下，河北城镇居民人均可支配收入依然保持了较高增长态势，增长幅度高于全国平均水平，主要得益于河北大力度的增收政策。这当中有较大的补发因素支撑，到第四季度工资补发基本完成，所以全年增速已显回落。全年与前三季度相比，工资性收入回落了1.3个百分点；转移性收入回落了1.8个百分点。由于2009年河北增收政策力度大，增收基数高，2010年能否持续较高增长将面临新的考验。

（二）"两降收入"能否走出低谷依然难以预料。尽管相对于全国来看，金融危机的影响对河北这样一个外向型经济偏弱的省份来说影响相对较小，虽然下半年城镇居民家庭得自的经营净收入和财产性收入降势已有所抑制，但后金融危机还将持续多长时间，何时触底？对居民家庭收入来源中的经营净收入和财产性收入增长的负面影响有多大？现在依然难以判断。

（三）人均可支配收入额与全国平均水平的差额仍然有所增大。三年增收目标以来，河北城镇居民人均可支配收入增幅一直高于全国平均水平，使收入差距不断缩小；但由于河北城镇居民收入相对于全国平均水平增长基数较低，尽管相对差距不断缩小，但绝对差额却依然有所增大，人均可支配收入差额由2007年的2095.32元，增大为2009年的2456.75元，增大了17.2%。

（四）高收入家庭消费倾向过低，制约着整体消费率的提高。占全部调查户10%的最高收入家庭消费支出增速低于收入增速5.3个百分点，其消费率仅为52.7%，比全省城镇平均水平低13.1个百分点；而占10%的最低收入家庭消费支出增速高于收入增速5.8个百分点，其消费率高达88.0%，比全省城镇平均水平高22.2个百分点。高收入家庭消费倾向过低，导致整体消费率下降。

（国家统计局河北调查总队　水　宁）

农村居民生活

2008年第四季度以来，受国际金融危机影响，农民增收遇到严重困难。省委、省政府深入贯彻落实中央"一号"文件和农村工作会议精神，制定多项政策、采取有效措施积极应对，切实加大"三农"支持力度，努力消除对农村经济的不利影响，力促农民增收。随着这些政策措施效应的逐步显现，农民务工形势转稳趋好，生产信心增强，生活消费趋旺，收入支出同步增长，农民人均纯收入首次登上5000元新台阶。

一、农民收入

（一）农民收入登上5000元新台阶 2009年，农民人均纯收入5150元，比上年增加354元，增长7.4%。

1. 工资性收入增长13.7%。农民人均工资性收入2251元，增加272元，增长13.7%。其中，农民务工收入2060元，增加244元，增长13.4%。

2. 家庭经营第一产业纯收入下降1.5%。农民人均第一产业纯收入1836元，减少28元，下降1.5%。其中，农业纯收入1528元，减少16元，下降1.0%；牧业纯收入292元，减少12元，下降3.9%。

3. 家庭经营非农产业纯收入增长9.5%。农民人均家庭经营非农产业纯收入605元，增加52元，增长9.5%。其中，第二产业纯收入199元，增加1.2元，增长0.6%；第三产业纯收入406元，增加51元，增长14.3%。

4. 财产性纯收入增长4.4%。农民财产性纯收入在突破百元后继续增长，人均124元，增加5元，增长4.4%。

5. 转移性纯收入增长18.9%。农民人均转移性纯收入334元，增加53元，增长18.9%。其中，离退休金、养老金收入88元，增加24元，增长37.2%；报销医疗费收入19元，增加8元，增长67.6%；包含粮食直补、良种补贴、农具补贴及综合补贴在内的其他收入人均147元，增加12元，增长9.0%。

（二）农民增收呈现六大亮点

1. 农民增收形势逐季向好。2009 年，随着国民经济企稳回升，农民收入增长呈现逐步加快的态势。上半年农民现金收入增长 6.4%，三季度增长 10.0%，四季度增长 13.7%，农民增收形势不断向好。

2. 工资性收入成为农民增收的主要推动力。自 2005 年以来，农民工资性收入增长速度连续 5 年在 10%以上，对农民增收的支撑力度不断加强，贡献率分别为 58.8%、69.1%、48.7%、44.8%和 76.8%，即农民收入增加额中五成来自务工收入；自 2006 年农民工资性收入首次超过第一产业收入后，始终居于“第一收入”地位，并不断得到强化，由 2006 年超过第一产业收入 25 元，到 2009 年超过 415 元，农民工资性收入在农民收入中的主导地位日益增强。

3. 惠民生政策持续推动农民转移性收入增长。2004 年以来，随着一系列强农惠农政策的实施，惠农惠民政策成为农民增收的新亮点，并持续推动农民转移性收入增长。2008 年农民政策性增收 89 元，对农民转移性收入的贡献率 83.2%；2009 年农民政策性增收 39 元，对农民转移性收入的贡献率 73.6%。

4. 农民收入货币化程度创新高。在农民纯收入中，人均现金纯收入 4620 元，占 89.7%，提高 6.2 个百分点，创历史新高；实物纯收入 530 元，占 10.3%，下降 6.2 个百分点。农民收入货币化程度提高，标志着农民收入质量提高，结构优化，对于提高农民购买力，开拓农村市场，扩大内需将发挥重要作用。

5. 农民收入增千元的速度不断加快。2004 年以来，随着农业税的取消和农业补贴力度的加大，农民增收的政策环境不断优化，为农民增收创造了良好的外部环境，农民收入增长进入了较快增长期。2004 年农民收入 3171 元，用 8 年时间登上 3000 元台阶；2007 年农民收入 4293 元，用 3 年时间登上 4000 元台阶；2009 年农民收入 5150 元，用 2 年时间登上 5000 元台阶，农民收入增千元的速度不断加快。

6. 农民收入增加额连续 6 年超 300 元。自 2004 年农民收入进入较快增长期，农民收入增加额就保持在 300 元以上，尤其是 2007 和 2008 年，农民收入增加额在 500 元左右。2009 年，虽受到金融危机影响，农民收入增加额仍达 354 元，使农民收入增加额连续 6 年超过 300 元。

二、农民生活消费

（一）农民生活消费全面增长。2009 年，农民人均生活消费支出 3350 元，增加 224 元，增长 7.2%。

1. 食品消费支出增长 0.2%。农民人均食品消费支出 1196 元，增加 3 元，增长 0.2%。其中消费品支出 1051 元，减少 6 元，下降 0.5%；服务性支出 145 元，增加 8 元，增长 6.2%。

2. 衣着消费支出增长 6.9%。农民人均衣着消费支出 218 元，增加 14 元，增长 6.9%。其中消费品支出 217 元，增加 14 元，增长 6.9%；服务性支出 1 元，增加 0.1 元，增长 10.0%。

3. 居住消费支出增长 14.4%。农民人均居住消费支出 797 元，增加 100 元，增长 14.4%。其中消费品支出 609 元，增加 79 元，增长 15.0%；服务性支出 188 元，增加 21 元，增长 12.7%。

4. 家庭设备用品消费支出增长 12.1%。农民人均家庭设备用品消费支出 170 元，增加 18 元，增长 12.1%。其中消费品支出 163 元，增加 18 元，增长 12.0%；服务性支出 7 元，增加 1 元，增长 14.6%。

5. 交通通讯消费支出增长 1.2%。农民人均交通通讯消费支出 351 元，增加 4 元，增长 1.2%。其中消费品支出 182 元，减少 1 元，降 0.7%；服务性支出 169 元，增加 6 元，增长 3.4%。

6. 文化教育娱乐消费支出增长 5.4%。农民人均文化教育娱乐消费支出 264 元，增加 13 元，增长 5.4%。其中消费品支出 74 元，增加 5 元，增长 7.5%；服务性支出 190 元，增加 8 元，增长 4.6%。

7. 医疗保健消费支出增长 31.9%。农民人均医疗保健消费支出 289 元，增加 70 元，增长 31.9%。其中消费品支出 103 元，增加 8 元，增长 7.9%；服务性支出 186 元，增加 62 元，增长 50.5%。

8. 其他消费支出增长 1.3%。农民人均其他消费支出 66 元，增加 1 元，增长 1.3%。其中消费品支出 43 元，增加 5 元，增长 12.1%；服务性支出 22 元，减少 4 元，下降 14.4%。

（二）生活消费支出五大亮点

1. 八类消费呈现全方位增长态势。按增幅从高到低依次为：医疗保健增长 31.9%，居住增长 14.4%，家庭设备用品及服务增长 12.1%，衣着增长 7.0%，文教娱乐用品及服务增长 5.4%，其他商品和服务增长 1.3%，交通通讯增长 1.2%，食品增长 0.2%。

2. 服务性消费增长快于消费品增长。农民人均服务性消费支出 907 元，增加 103 元，增长 12.8%，比消费品支出快 7.6 个百分点；占生活消费支出的比重 27.1%，提高 1.4 个百分点；对生活消费支出增长的贡献率达 46.0%。农民在注重物质生活的同时，也在注重精神生活，农民的生活质量不断提高。

3. 新医保为农民健康护航。农村新医保的实施，使农民看病从“看不起”到“看得起”，医疗保健支出大幅增长。2008 和 2009 年，在农民八类生活消费中，医疗保健支出增速位居第一，成为引领农民生活消费的新热点。2008 年农民医疗保健支出增长 16.6%，比生活消费支出快 4.4 个百分点；2009 年增长 31.9%，比生活消费支出快 24.7 个百分点。

4. 居住消费成为拉动农民生活消费增长的主要动力。随着农民收入的不断提高，农民用于居住消费的支出持续增加，居住条件不断改善。2009 年农民人均居住消费 773 元，增加 105 元，对生活消费支出增长的贡献率 45.8%，增量居各项消费之首。

5. 农民钟情五种家电下乡产品。在家电下乡产品中，农民购买热情较高的有五种，户均购买量呈现增长。它们是：汽车增长 90.0%，热水器增长 87.0%，电冰箱增长 27.9%，家用计算机增长 20.3%，空调增长 3.4%。而其他产品农民购买热情不高，购买量呈下降趋势。

三、农民生产投入

2009 年，农民生产费用支出人均 1962 元，减少 52 元，下降 2.6%。

（一）家庭经营费用支出下降 1.8%。受金融危机影响，农民家庭经营费用支出人均 1828 元，减少 33 元，下降 1.8%。其中，农业费用支出人均 738 元，下降 4.9%；牧业费用支出人均 669 元，下降 5.3%；非农产业费用支出人均 429 元，增长 10.9%。其中第二产业生产费用支出人均 209.3 元，增长 9.2%；第三产业费用支出人均 203.3 元，增长 12.6%。

（二）购置生产性固定资产支出下降 13.6%。农民购置生产性固定资产支出人均 132 元，减少 21 元，下降 13.6%。下降原因主要是农民购置运输机械减少所致，人均支出 24 元，减少 23 元，下降 48.7%。

（国家统计局河北调查总队　孙彦刚）

人　口

近年来，河北省深入贯彻落实科学发展观，认真贯彻落实“控制人口数量，提高人口素质”的基本国策，创新计生工作，稳定低生育水平，有效地控制人口增长，进一步优化人口结构，为又好又快发展、全面实现小康目标、构建和谐河北创造了宽松的人口环境。现将 2009 年河北人口发展现状特点及主要问题分析如下。

一、人口现状及主要特点

根据人口变动情况抽样调查结果推算，2009 年底，全省常住人口 7034.40 万人，与 2008 年相比增加了 45.58 万人。人口发展呈以下特点：

（一）出生率高位徘徊，人口出生处于高峰时期。2009 年末，人口出生率为 12.93‰，与上年下降 0.1 个千分点，出生人口达到 90.66 万人，比上年减少 0.11 万人。

90 年代以来，全省的出生率水平呈现先抑后扬的发展态势，2001 年人口出生率为 11.16‰，是建国以来的最低水平。自 2002 年起，出生率平均以每年 0.3 个千分点的速度持续递增。

全省出生人口增长加速的主要原因是育龄妇女结构发生了较大的变化。受第三次生育高峰惯性的影响，2002 起，全省开始步入为期十年的出生高峰期，生育旺盛期妇女总量开始呈现出上升的态势；2006－2010 年，生育旺盛期妇女每年将以 20 万人的规模逐年递增，年均增长 4.30%，2010 年将达到峰值 680 万人。生育旺盛期妇女总量的持续增加，必然推动出生率的稳步上扬。与此同时，由于 1985 年～1990 年出生的人群陆续进入生育期，符合独生子女夫妇可生二胎的政策的人越来越多，生育水平也会逐渐上升。加上客观上我国的低生育水平主要是靠政策推动取得的，因此生育水平反弹的潜能巨大。未来三年，全省平均每年出生 90－100 万人，年平均出生率将维持在一个较高水平，因此稳定现在的低生育水平仍然是重大的挑战，现行的人口控制和计划生育政策不能动摇。

（二）老年人口快速增加，年龄结构进一步趋向老龄化。2009 年，全省 65 岁及以上的老年人口 620 万人，占总人口 8.82%。超过国际通用人口年龄结构划分标准，河北省老龄人口自 2000 年以来，增加了 160 万人，九年来，在全省总人口的增量中，老年人口所占比例高达 44%。老年人口增长速度比全部人口增长速度快近 30 个百分点，人口年龄结构进一步趋向老龄化；全省 80 岁及以上高龄老年人口占老年人口的比重在逐年增加，由 1990 年的 8.10%，上升到 2009 年的 14.65%，河北人口老龄化正在向人口高龄化方向发展。

多年来，一是由于全省加强计划生育工作，取得显著成效，生育水平下降，少年儿童人口比重逐年减少；二是随着人们生活水平不断提高，平均预期寿命延长，老年人口群体逐年增多。在“未富先老”的情况下，人口老龄化进程加快，将加重社会赡养和社会经济负担，加大社会就业压力，对养老保障问题提出挑战。

（三）人口流动呈加速态势，特点突出。人口迁移流动是人口在一定时间范围内，跨越居住地一定地域界限的移动，它是伴随着经济社会的发展和区域工业化、城镇化而产生的。人口迁移流动是经济建设中重要而活跃的力量，是全省人口转型期最突出的特点。

1. 迁移流向特征明显，以乡村人口迁往城镇为主，外出数量大，农村人口规模缩小。2009 年人口变动调查数据推算显示，全省人口流动总量达 846 万人，占全省常住人口的 12.03%；其中，在全部流动人口中，流入人口占 46.91%，流出人口占 53.09%，全省人口流动主要以流出为主。

全省人口迁移流动特点明显，人口迁移流动的主要流向是农村人口向城镇的上行迁移，流动范围越来越广、流动半径越来越大、来自乡村的比例越来越高。从流出地看，迁移流动人口中农业人口占 85.24%，非农业人口占 14.76%。

在全部流动人口中，劳动年龄人口（男 15—59 岁；女 15—54 岁）占 79.5%；外出务工经商占 33.41%，表明全省人口迁移的主要特征为农村剩余劳动力向城镇的迁移。

全省农村人口流动趋势开始于上世纪 90 年代末。从 2000 年代起，伴随着全省经济的快速发展，特别是工业化和城镇化的快速发展，为农村剩余劳动力转移提供了更多的可能，农村人口流动规模加大，农村人口逐渐减少。2000 年以来，河北乡村人口继续以年均 2.38% 的速度逐年减少，至 2009 年，全省乡村人口减少 960 万人，下降幅度达到 19.52%。

2. 省内迁移流动构成迁移人口的主体，迁移主要原因是务工经商。据人变资料，2009 年在全省迁移流动（迁入和迁出）人口中，按迁移人口的来源地，省际间迁移流动的人口占26.04%；省内迁移流动的人口占73.96%，其中，在各设区市内部迁移流动人口占60.21%，跨市迁移流动人口占39.79%。

3. 省际间迁入迁出流向明显不对称。2009年，从省际间流向看，迁入迁出流向明显不对称。河北省人口向外省的迁出以近距离为主，主要集中在周边省份，仅迁出到华北四省、市的人口占全部迁出到外省人口的77.78%，其中，迁出到北京市的最多，占全部迁出人口的56.57%，其次是天津、山西，分别占11.53%和5.45%，而外省流入人口在来源地分布上表现比较分散，东北三省和河北省周边省份是流动相对较多的省份，其中黑龙江省流入河北省最多，占外省流入河北省全部人口的19.35%。

二、存在的主要问题

（一）人口文化素质不高。2009年，全省6岁及6岁以上人口为6501.19万人，在6岁及6岁以上人口中，受过大学专科及以上教育的人口仅占4.98%，为324万人，人口平均受教育年限为8.34年；人口粗文盲率为4.48%。综合以上数据可以看出，在全省6岁及6岁以上人口中，平均100个人中，只有近5个人为大专以上文化程度，有4个半人是文盲，人口平均受教育年限还没有达到初中毕业水平，表明河北人口文化素质明显不高。

（二）人口性别比不平衡，出生婴儿性别比偏高，青壮年尤其是老年人口性别比偏低。河北省人口性别比呈现的主要特点是，人口性别比不平衡，总人口性别比正常，出生婴儿性别比偏高，青壮年尤其是老年人口性别比偏低。

2009年人口变动抽样调查显示，全省总人口性别比为103.76，性别结构大体平衡，全省多数地区也显示出同一特点。但是分年龄来看，全省性别比仍然不乐观。有两种情况存在，一是少年儿童性别比偏高，男多女少；二是青壮年人口和老年人口性别比偏低，女多男少。

从人口发展来看，出生人口性别比适度高是合理的。按国际正常标准，每年出生100个女婴就会相应诞生107个男婴，男婴比例一定高于女婴。随着年龄增长男性死亡率会上升，女性寿命长于男性，所以在高年龄组女性人口往往多于男性，这是人类性别比变化的客观规律。

2009年底，全省出生婴儿性别比为141.06，大大高于平均值，也就是说每出生100名女婴相对应的男婴比正常值多34人，除了出生婴儿性别比偏高外，青壮年组性别比趋于正常。根据2009年人变调查资料，我国20至44岁有五个年龄组，人口性别比在100至105正常偏低的范围值之内，其中20至29岁婚龄人口性别比为102.77，30至39岁100.15；40至44岁为102.77。45岁开始性别比偏低，每100名女性相对的男性少于100。

出生人口性别比偏高，青壮年尤其是老年人口性别比偏低是我国社会主义初级阶段人口转型时期的特征。出生人口性别比高有瞒报、漏报、错报女婴的现象；河北省生产力水平不高是出生人口性别比偏高的重要物质根源，重男轻女的传统文化环境使男孩性别偏好习俗流行，“养儿防老”意识强。此外，从劳动条件看，男性往往比女性从事更为繁重的生产劳动和有损健康的职业，比女性承担着更大的生存风险，如井下作业、高空作业、海上作业、污染作业等。而在生活习惯上多有吸烟、喝酒、加班、应酬等嗜好，无疑有损于健康和寿命。男性人口死亡率较高的风险，也使人们产生弥补性多生育男孩的心理。性别结构平衡是人口发展和社会稳定和谐的自然基础。要消除性别比不平衡现象，除了采取必要的治理措施外，还要下大力气解决事实上社会存在的男女不平等问题，促进人口的深度转型，还要重视降低青壮年和老年男性死亡率，缩小男女寿命差。

（河北省统计局　吕晓春）

计划生育

2009年，全省紧紧围绕“保增长、调结构、促改革、惠民生”的工作主线，以开展深入学习实践科学发展观和“干部作风建设年”活动为动力，周密部署，强化措施，狠抓落实，低生育水平继续保持稳定，各项工作取得了明显进展。

人口计生目标管理责任制得到较好落实。各级党委政府坚持把人口计生工作摆上重要议事日程，坚持党政一把手亲自抓、负总责，人口与计划生育目标责任制得到了较好落实。2010年4月13日，河北省政府根据2009年人口和计划生育目标责任书执行情况的考核结果，决定授予唐山、承德、秦皇岛、石家庄市“2009年度完成人口和计划生育责任目标优秀奖”；授予邢台、保定、沧州、廊坊、张家口、邯郸市“2009年度完成人口和计划生育责任目标先进奖”；授予衡水市“2009年度完成人口和计划生育责任目标奖”。

计生惠民行动取得新成效。人口计生利益导向政策体系进一步完善，全省共投入计生惠民资金近10亿元，各类奖励优惠政策惠及计划生育群众620万人（户）次。省《条例》规定的退休职工独生子女父母一次性奖励和独生子女父母奖金落实率分别达到49%和91%。农村计划生育奖励扶助、特别扶助和少生快富“三项制度”得到全面落实，“幸福工程”、救助公益金项目帮扶力度进一步加大。省委农村工作部、省人口和计划生育委员会、省教育厅、省民政厅、省人力资源和社会保障厅、省农业厅、省卫生厅、省扶贫开发办公室8部门制定出台了《关于在普惠政策中对计划生育家庭实行优先优惠的若干意见》，推动了普惠政策与计生惠民政策的有机衔接。

计划生育优质服务水平实现新提升。抓住国家扩大投资的机遇，全省各级共投入2.89亿元，新建、改扩建县计生服务站57个，乡站666个。新增国家级优质服务先进单位6个、省级38个，全省74%的县、乡服务站达到优质服务型。清河县计生服务站全方位公共服务的做法被确定为全国四种计生公共服务模式之一。在全国率先开展并完成了全省0—6岁出生缺陷儿童筛查汇总分析工作。农村妇女生殖健康检查免费服务工程服务群众1014万人，育龄群众生殖健康水平得到切实提高。

统筹解决人口问题取得新进展。按照“治理靠县、责在政府”要求，确定了25个出生人口性别比偏高重点治理县，实行重点管理，查处“两非”案件354起。认真贯彻落实国务院《流动人口计划生育工作条例》，全面部署“一盘棋”“三年三步走”工作，共签订市县级区域协作协议300余份，在全省开展了流动人口全员信息采集工作，为实现流动人口信息化管理打下了基础。进一步开发建设了人口宏观管理与决策信息系统（PADIS）项目，实现了省级全员人口信息大集中，不仅提升了基层人口计生工作水平，也为各级人口宏观管理与决策提供了科学依据。

基层组织建设得到新加强。基层队伍职业化水平进一步提高，全省1万余名村计生专干接受了中专函授学历教育，推行了村计生专干职业化管理，继续坚持“县管乡聘村用”和“月报月训月发”制度，落实了“星级管理”、绩效挂钩的岗位目标责任制。90%的村专干、育龄妇女小组长报酬纳入了县财政开支。在全省685个村开展了计划生育基层群众自治试点工作，切实发挥各级计生协组织优势，实现行政管理与基层群众自治良性互动。

人口和计划生育数据。据河北省2009年国民经济和社会发展统计公报，全省年末常住人口达到7034.4万人，出生人口90.7万人，出生率为12.93‰；死亡人口45.1万人，死亡率为6.43‰；净增人口45.6万人，自然增长率为6.50‰，比上年下降0.05个千分点，圆满完成了人口控制目标。

河北省人口与计划生育领导小组会议。2009年2月20日，河北省人口与计划生育领导小组召开专门会议，听取2008年河北省人口计生工作情况的汇报，审议了《河北省2008—2010年人口与计划生育目标管理责任制考核奖惩办法》，研究了召开全省人口和计划生育工作会议等事宜，安排部署了下一步工作。省委副书记、省长、省人口计生领导小组组长胡春华主持会议并讲话。

河北省人口和计划生育工作电视电话会议。2009年3月18日，河北省人口和计划生育工作电视电话会议在石家庄市召开。省长胡春华、副省长孙士彬对全省人口计生工作进行了总结部署，省委常委、宣传部长聂辰席作总结讲话。省政府表彰了2008年度人口和计划生育工作先进市、县（市、区）。各设区市市长、市人口计生委主任，各县县（市、区）长，省人口计生领导小组成员参加了会议。

表彰2008年人口和计划生育工作先进单位。2009年2月27日，河北省政府根据2008年人口和计划生育目标责任书执行情况的考核结果，决定授予石家庄市、承德市、秦皇岛市3个市“2008年度完成人口和计划生育责任目标优秀奖”。授予鹿泉市、石家庄市裕华区、承德县、平泉县、万全县、崇礼县、抚宁县、遵化市、乐亭县、唐山市丰润区、香河县、三河市、涿州市、望都县、高阳县、青县、东光县、衡水市桃城区、深州市、邢台县、清河县、馆陶县、涉县等23个县（市、区）“2008年度人口和计划生育工作先进县（市、区）奖”。

河北省计划生育协会第六次会员代表大会。2009年12月24日在石家庄市召开。省委书记张云川，省委副书记、代省长陈全国，省政协主席刘德旺，原省政协主席赵金铎等领导同志亲临会议，看望了与会代表并合影留念。代省长陈全国，副省长孙士彬在会上作了重要讲话。173名会议代表参加了大会。会议全面总结了河北省计生协“五代会”以来的工作、部署了今后五年协会工作任务，表彰了计生协会工作的先进集体和先进个人，修改了《河北计生协章程》，研究通过了《河北省计生协科学发展规划纲要》。会议选举产生了省计生协新一届领导机构，副省长孙士彬当选为省计生协第六届理事会会长，尹爱东当选为专职副会长，赵新、王贤等7人当选为副会长，王亮等34人当选为常务理事，颜敏忠等99人当选为理事。会议认为，省计生协第五届协会理事会带领全省各级协会，围绕中心，服务大局，发挥优势，履行职能，各项富有群团特色的协会工作蓬勃开展，“幸福工程献爱心”、“青春路上健康行”、“百万会员学科技”、“少生快富奔小康”、“生育关怀燕赵情”和幸福微笑活动等品牌服务不断创新发展，在组织建设、宣传教育、关怀服务、基层群众自治以及对外交流等方面，都实现了新提高、新跨越，成为动员组织广大群众自我教育、自我服务、自我管理、自我监督、积极参与人口计生工作的一支重要力量，为推动全省人口计生事业发展、实现全省经济社会又好又快发展作出了积极贡献。

加强基层基础工作促进计划生育后进转化活动。2009年河北省制发了《河北省人口与计划生育领导小组办公室关于加强基层基础工作促进后进转化的意见》，开展了加强基层基础工作促进计划生育后进转化活动。全省确定131个后进乡镇，2175个后进村，层层落实工作责任，实行了省人口计生委领导联系后进县，市、县党政领导联系后进乡村制度，层层落实工作责任，加大了对后进转化工作的督导力度。各市、县领导重视、工作扎实，结合本地实际，细化任务措施，开展了形式多样的后进转化活动。经省、市两级评估验收，一年来后进转化率达到了70%以上，人口计生工作整体水平有了明显提高。

“干部作风建设年”活动。按照省委、省政府部署，2009年河北省开展了“干部作风建设年”活动。实施计划生育政务公开“阳光工程”，建立完善了领导干部选拔任用计划生育审核制度和再生育审批监督制度；启动和开通了“12356”阳光服务热线电话，为广大群众政策咨询、投诉举报提供了便利；设立基层“一站式”服务窗口或便民服务大厅，开展了“亮窗口、促服务”活动；清理规范本系统的收费行为，取消了省本级行政事业收费1项，规范行政事业性和经营服务性收费5项；开展依法行政便民维权示范点创建活动，制定了《简化办证程序便民利民十一项措施》，简化办事程序，方便了群众；对全省11个市、21个县乡依法行政、再生育审批、便民服务大厅等工作进行了督导检查；在全省范围开展了以“规范收费行为，强化作风建设”为内容的专项督查活动，重点查处办证、收费等环节存在的问题，通报了典型案例，提出了整改意见，受到了群众好评。

河北省0—6岁出生缺陷情况调查。河北省人口计生委统一部署，开展了0—6岁出生缺陷儿童基本情况调查摸底工作。共调查0—6岁儿童总数4611808例，出生缺陷发生率为6.41‰。调查发现16类158种出生缺陷，0—6岁儿童出生缺陷的发生地区、地形地势、性别及孩次方面都存在明显的差异。河北省已初步建立以人群为基础的出生缺陷儿童数据库，这项调查是对以医院为基础的出生缺陷哨点监测的补充和有效延伸，将为制定科学有效的预防措施提供依据。

继续实施农村妇女生殖健康检查免费服务。2009年为农村妇女提供免费生殖健康检查1014万人，累计查处各类妇科疾病、乳腺疾病254万人。通过预防、保健、转诊、治疗等服务手段的有机结合，生殖健康检查服务人群的妇科疾病、乳腺疾病总体发病率由2005年的47.71%下降到25.1%，下降了22.61个百分点，育龄妇女的生殖健康保健意识和水平得到有效提高。

（河北省人口和计划生育委员会　刘改凤）

能源与节能降耗

2009年，全省各级各部门坚持把推进节能减排作为落实科学发展观的具体实践，作为"保增长、扩内需、调结构、惠民生”的重要载体，认真贯彻落实省政府“防松劲、防反弹”各项部署，不断强化措施，加大推进力度，取得了明显成效。

一、能源生产规模不断扩大

（一）一次能源生产平稳增长。2009年,全省一次能源生产总量6879.85万吨标准煤(等价值,下同),比上年增长1.8%,其中:原煤8494.6万吨,增长4.3%;原油599.1万吨,下降6.8%;天然气10.9亿立方米,增长24.7%。

（二）二次能源生产显著增长。火电、成品油、焦炭等二次能源生产呈快速增长态势。2008年，火力发电量1707.18亿千瓦时，同比增长7.6%；焦炭4800.33万吨，增长23.9%；洗精煤4128.06万吨，增长20%；汽油275.24万吨，增长1%。同时，积极发展太阳能、地热能、风能等新能源和可再生能源，风电、垃圾发电等初具规模。能源生产规模的不断扩大，尤其是二次能源生产的快速增长，为满足全省经济和人民生活的需求提供了基本保障。

（三）能源消费状况逐步改善

1. 能源消费增幅逐年下降。“十一五”前四年，全省经济保持了平稳较快增长的良好势头；同时，能源消费规模不断扩大，增速逐年下降。2009年，全省GDP达17235.48亿元，2006年至2009年分别增长：13.4%、12.8%、10.1%和10%；能源消费总量达2.54亿吨标准煤，比2005年增长28.1%，增幅逐年下降，2006年至2009年分别增长：9.9%、8.2%、3.1%和4.5%。“十一五”前四年，全省以年均6.4%的能耗增长支撑了GDP年均11.6%的增长。

2. 能源消费品种结构逐步优化。在能源消费品种结构中，煤炭仍是主要品种，天然气比重逐年上升。2009年，煤品燃料消费占能源消费总量的92.5%，油品燃料占6.2%，天然气占1.2%，比重比上年上升0.3个百分点。

3. 工业仍是能源消费的主体。经济结构重型化特征明显，随着工业化进程的加快，工业仍是能源消费的主体和最大部门。在能源消费总量构成中，工业占能源消费总量的比重始终保持在80%左右。在终端消费中，第一产业能耗占能源消费总量的2.7%，第二产业能耗所占比重最大，达80.4%，其中工业占79.3%，第三产业能耗占7.7%，居民生活消费能耗占9.1%。

（四）能源利用效率稳步提高

1. 主要能耗指标下降。2009年，全省单位GDP能耗1.64吨标准煤/万元，比上年下降5.02%，降幅比上年缩小1.27个百分点；"十一五”前四年单位GDP能耗累计下降17.21%，超时间进度0.86个百分点。单位工业增加值能耗2.999吨标准煤/万元，下降9.54%，降幅比上年缩小4.8个百分点。单位GDP电耗1449.94千瓦时/万元，下降2.52%，降幅比上年缩小3个百分点。“双百”企业均实现年度目标，“双三十”重点县（市、区）均超额完成2009年承诺目标任务，除宣化区外，其他29个县（市、区）提前一年实现了2010年规模以上万元工业增加值能耗承诺目标。

2. 单位产品能耗降低。2009年，据392家重点耗能工业企业统计，全省主要用能产品单耗呈不同程度下降，63项单耗指标中有48项指标呈下降趋势。其中：吨钢综合能耗同比下降6.6%，吨钢耗新水下降5.1%，每吨水泥综合能耗下降16.1%，每吨水泥熟料综合能耗下降5.3%，每重量箱平板玻璃综合能耗下降8.6%，单位合成氨生产综合能耗下降4.9%，电厂火力发电标准煤耗下降1.7%。

3. 能源综合利用水平提高。2009年，全省钢铁、电力和煤炭等高耗能行业大力实施余热余压回收利用、热电联产等节能重点工程，不断挖掘节能潜力，能源综合利用水平明显提高。全省规模以上工业企业能源回收利用折合标准煤1520.63万吨，比上年增长34.7%；能源回收利用率8.1%，比上年提高1.8个百分点。其中：高炉煤气回收利用1026.88亿立方米，其他煤气34.66亿立方米，热力70.16万吨标准煤，工业废料0.68万吨标准煤，煤矸石949.5万吨。

“十一五”前四年，全省节能降耗取得明显成效，但完成节能目标压力依然较大，节能面临诸多新挑战。一是能耗反弹压力增加。随着经济进一步企稳回升，一些停产限产的高耗能企业将会复工生产，势必会造成全省能耗的反弹。另外，随着城镇化提速、居民生活水平的改善，生活用能将不断增加，给节能降耗带来挑战。二是推进难度加大。经过前些年的努力，常规的节能减排手段大都付诸实施，一大批不符合产业政策的落后产能被关停或拆除，相对投资少、见效快的措施已发挥效用。随着工作的不断深入，一些深层次矛盾日益凸显，节能已进入“啃硬骨头”的攻坚阶段。明年是节能降耗的决战之年，必须下更大的决心，花更大的气力，做更大的努力，确保实现“十一五”节能降耗目标。

（河北省统计局　郭胜平）

省工经联（省经团联）

2009年，在省委、省政府的正确领导和省发改委的指导下，省工经联（省经团联）紧紧围绕“保增长”工作大局，切实履行全省性经济类行业协会业务主管单位职责，在创新行业协会培育与监管举措、加强行业协会自身建设和规范运作、推动行业协会助力河北省经济“保增长”等方面做了扎实有效的工作，较好完成了全年各项工作目标任务，一些工作取得突破性进展。

一、围绕大局履职责，引领行业协会在应对危机“保增长”中担当重任，积极作为

2009年的金融危机，不仅检验了工经联应对危机的智慧和能力，更检验了应对危机的信心、精神和耐力，既是省工经联（省经团联）指导行业协会服务企业力度最大的一年，也是向省政府提出建议、完成省政府及有关部门交办工作最多的一年。年初，根据中央和全省经济工作会议精神，与省发改委联合下发《关于确保全省经济平稳较快发展着力做好相关重点工作的意见》，对协会工作进行了全面部署，要求行业协会深入贯彻落实国家和省“保增长、扩内需、调结构、惠民生”的一系列重大政策举措，协助引导企业积极应对国际金融危机，促进全省经济平稳较快发展，将27项指导性工作具体明确和落实到156家行业协会。据不完全统计，全年组织指导行业协会向省政府及有关部门提出各种建议162项，采纳90余项；完成政府及有关部门交办的工作200余项；帮助行业企业应对危机解决具体问题180余项；在企业对标、节能减排、淘汰落后产能等方面开展了系列活动；举办产需对接、展览展销、行业论坛、外经外联等重大经济活动80余项。

（一）搭建产销对接平台，积极帮助企业开拓市场，配合省政府有关部门举办系列“同质同价优先使用河北产品”的产销对接活动。

1. 2月17日全省主要工业产品产需衔接洽谈会，共签约项目46项，签约金额达129.18亿元。

2. 5·18河北省经贸洽谈会、河北省先进制造业合作项目洽谈会，2个项目签约，总投资55.7亿元。

3. 9月18日全省重点建设项目与主要工业产品跨市产需衔接洽谈会，达成协议金额179.63亿元。

4. 策划并组织了河北省产业聚集区钢材产需衔接洽谈会和商务日用消费品与家纺及餐饮服务业对接洽谈会、系列专业产品产需衔接洽谈会、政府采购产需对接活动等十大产需衔接活动。

5. 指导行业协会充分发挥优势，积极帮助企业开拓国内外市场。培育和支持中国北方糖酒副食品展销洽谈会、河北（邯郸）国际建材博览会、中国（石家庄）电动车、自行车博览会、河北品牌节、河北装备制造业博览会等一批在国内叫得响的品牌展会。指导行业协会共举办各种类型的产销衔接活动60多项。

6. 指导行业协会积极组织开展对外经济交流合作，省农业产业协会以“走出去”、“请进来”等多种方式大力推进河北省农业企业开展广泛的国际交流与合作；海外华人华侨工商促进会举办的河北—澳大利亚矿业大会，河北省企业与澳方达成了30多个合作意向并建立了长期合作机制。

7. 指导行业协会重点抓了钢铁产品深加工、农副产品精深加工、石化煤化工、纺织服装、建筑节能和高新技术等六条产业链的产业联盟和产业对接活动。

（二）帮助和引导企业坚持理念、坚定信心、振作精神、转危为机、共克时艰。

1. 通过在全省企业范围内开展形式多样的选树、培养和宣传“应对危机、破解难题”的先进典型活动，发挥了先进典型的示范引导作用，得到省政府的充分肯定和高度评价。

2. 在国际国内经济形势困难的情况下，开展了首次河北工业大奖评选及表彰活动，提振了广大企业战胜困难、化危为机的信心和勇气，在企业界和社会各界引起强烈反响，得到省政府高度评价。

3. 开展2009百强企业评选活动。百强企业代表了省内同行业最高水平，品牌战略效果明显，企业核心竞争力强，对产业发展和结构优化升级具有巨大的示范带动作用。

4. 组织完成《奋进—河北优秀企业巡礼》专题片拍摄活动。全面回顾了新中国成立以来河北省经济建设的巨大成就，真实反映河北省经济领域的辉煌发展历程，进一步加大对河北省优秀企业的宣传。

5. 广泛开展帮扶停产半停产和亏困企业工作。在摸清会员企业停产半停产情况的基础上，各有关行业协会深入会员企业制定帮扶工作计划，指导企业实施产品适应性调整。同时，筛选一批有市场、有效益、信誉好的企业，向金融部门推荐，为企业融通资金牵线搭桥。

（三）健全行业统计调查体系，不断提升经济运行监测的能力和水平。

1. 加强被授权行业统计调查工作的冶金、石化、机械、建材等12家行业协会和开展会员内部统计的6家行业协会专职统计调查人员队伍建设。共配备专职统计调查人员43名，与省统计局统一组织专职统计调查人员培训，考试通过后统一获颁《中华人民共和国统计从业人员资格证书》。

2. 加强行业统计制度建设。从今年6月份开始，被授权行业协会均按要求编制行业统计月报，形成了相对独立的工作渠道和手段。月分析的重点为行业鲜活情况，以及热点、难点问题的研究；季度、年度分析侧重全行业的综合运行情况及预测预警信息，就此形成了对行业经济运行不同时段情况的梯次监测结构。

3. 加强行业信息发布会的针对性和实用性。针对2009年以来每个季度重点行业运行中存在的105项突出的共性和个性问题进行延伸分析和研究，提出128项对策建议。每季度《关于当前我省主导产业和重点行业经济运行存在的主要问题及建议、预测预警的报告》均得到省政府领导及有关部门的高度重视，每次均获省领导重要批示。

4. 指导省冶金、机械、石化、食品、医药、建材、纺织、服装、信产、轻工、煤炭、农业、商贸流通、建筑等20余家行业协会撰写年度"行业（产业）发展报告"，为政府有关部门提供行业发展综合性的研究分析。

（四）及时捕捉行业运行中的热点、难点问题进行分析研究，为"保增长"出谋献策、拾遗补缺。在广泛征求省政府有关部门意见的基础上，确定了调研课题下发近50家重点行业协会进行研究，全年共征集重点课题60个，截止目前已完成40余项。今年以来，由省工经联（省经团联）把关整理，省冶金、石化、食品、医药、纺织、农业、奶业、家具、酒糖副食流通等协会上报了有关企业自备电厂交纳系统备用费、甲醇汽油应用、纺织企业无棉可用、规范药品招标采购、有机农业、奶粉、奶源、玉米深加工等14件反映行业难点、热点问题的文件均引起主管省领导高度重视，批示有关部门采取措施予以解决。其中，省纺织行业协会组织撰写的《我省棉纺企业已"无米下锅"，企业呼吁国家尽快畅通棉花流通渠道》的调研报告上报省政府的同时，还通过新华社河北分社以"动态清样"声像上报中央领导，得到了中央领导的高度重视，胡锦涛总书记、温家宝总理、李克强副总理、王岐山副总理分别做出重要批示，促使问题得到及时解决，缓解了纺织企业用棉紧张状况，稳定了国内市场棉价，受到了国内广大纺织企业的欢迎。

二、改革创新培育和监管举措，大力推进行业协会改革发展

按照市场化原则，坚持从河北省实际出发，不断创新行业协会的培育和监管举措，丰富工作手段，有效地促进了行业协会规范运作和健康发展。一年来，先后开展了行业协会综合评估、秘书长培训考核及评优、新社会组织学习实践科学发展观活动和协会党组织全覆盖建设、百家优势协会培育工程等创新型工作。目前，全省性经济类行业协会制定并实施运行机制规则的行业协会达160家，制定并实施行规行约的150家，建立监事会的140家，实施综合评估的146家，建立党组织的111家，分别占协会总数的80%、70%、80%和55%以上。

（一）大力推进组织体系建设，着力优化行业协会的布局结构。一是根据河北省产业经济布局需要和行业、企业的要求，采取重点培育和企业自发相结合等形式，在新兴和优势产业培育组建了8家行业协会；二是组织指导10家业务范围相近、职能交叉重叠、行业萎缩、工作停滞的协会进行整合重组，限期整改了3家行业协会，撤销和注销了11家行业协会。三是指导省高新技术、农业产业等协会设立了20余个分支和办事机构，提升了这些协会服务功能。四是在全省271个年营业收入5亿元以上的产业集群推动建立了102家协会。

（二）建立对行业协会的综合评估机制，为全省开展民间组织评估探索新路。为有效解决当前行业协会缺乏科学规范的评价机制、管理监督机制和竞争机制等问题。从2009年3月初至10月底，按照"量化指标、公开公正、注重实效、激励创新"等原则，采取协会自评、理事会和监事会评估、政府相关部门评估、实地考察评估、公示征求意见、评估委员会审定等方法对146个全省性经济类行业协会的组织建设、业务建设、制度建设、文化建设、基础建设、财务管理等8个方面的62项内容进行了综合评估。通过评估成效明显。一是建立了对行业协会的评估机制，完善了行业协会评估的方法和标准；二是较全面地提供了行业协会的情况和问题，优化了政府对协会培育和监管方式；三是强化了会员对行业协会的检查和监督，促进了行业协会自律健康发展；四是评选一批服务功能和行动能力强的行业协会，增强了政府向行业协会转移职能的针对性和可行性；五是把行业协会划分为不同等级并将评价结果与奖惩挂钩，形成了行业协会相互竞争和共同促进的局面。

（三）加强百家优势行业协会秘书长履职能力建设，提升行业协会整体功能和水平。

1. 按照百家优势行业协会培育工程要求，建立了重点行业协会、产品和专业行业协会、服务业行业协会秘书长联席会议制度。全年共举行了四次联席会议，重点交流了协会秘书处建设、如何确定年度工作重点和提升服务质量等内容，加强了相互之间的联系、交流合作，促进了共同发展。

2. 建立了秘书长培训制度。举办了由130名秘书长参加的第二期秘书长培训班，建立了秘书长应知应会测试制度，使参训人员学习掌握了相关的政策法规、应知应会知识、基本工作技能等，强化了责任意识、创业意识和团队意识，提升履行岗位职责的能力，推进了协会秘书处建设。

3. 为树立典型，表彰先进，总结推广经验，开展了先进行业协会秘书长评选表彰活动，激励和引导行业协会秘书长队伍建设迈上新的台阶。

（四）严格做好年检初审和行业协会财务审计，加强对行业协会的监督和管理。从3月初至5月底，对178家行业协会进行了年检初审。坚持把年检初审和指导协会工作进行有机结合，作为对协会组织实施监督管理的重要环节，作为促进协会健康发展的重要手段，作为指导协会解决问题、提升功能的一项重要工作来做，对发现的问题，指导相关协会制定改进计划，采取有力措施，尽快予以解决。此项工作得到了省民政厅的表扬。

三、继续推进行业协会职能建设，不断拓展行业协会工作领域和发展空间

1. 通过购买行业协会固定性服务，使20家重点行业协会落实了5—6项职能；通过购买行业协会临时性服务，使53家行业协会接受政府委托承担了60余项制定行业发展规划、产业政策、大型专题调研，以及协助政府部门实施管理等事项。

2. 指导行业协会在制定行业发展规划、市场管理规范，组织企业贯彻国家产业政策等方面做了大量富有成效的工作，有力地提升了行业协会的服务能力。有90余家协会参与了产业政策的调研、起草和论证等工作，95家协会参与了行业内投资、改造、开发项目的谋划和评估论证等工作，93家协会参与了行业内新产品、新工艺、新技术评审鉴定，98家协会参与了行业名牌、优质产品和著名商标的培育、评估、推荐等工作。

3. 指导行业协会参与制定和宣贯河北省地方标准。经与河北省质监局协商，该局2009年委托20余家行业协会制定45项河北省地方标准。

4. 加强行业协会人才发展研究，促进行业协会人才队伍建设。与省社会科学院人才研究所联合研究完成了《全省性经济类行业协会人才发展报告》，就编制行业协会中长期人才发展规划、营造良好的人才环境和完善各种配套政策、实施引才引智工程等方面，向省政府提出了具有可操作性的意见和建议。

5. 运用多渠道加大对行业协会的宣传力度。为展示河北省经济发展的最新成就及行业协会和企业风采，充分发挥河北经济日报·《行业协会导刊》、河北工经网、《工作动态》和《行业协会工作动态》“四位一体”公共信息平台的作用，宣传省委省政府加强行业协会建设的重大决策与部署，反映各级工经联（经团联）和行业协会的经验与服务成果，探讨行业协会发展的趋势与规律，不断提高行业协会的知名度和影响力；积极向国家发改委、民政部等部门反映河北省行业协会改革发展的成就与创新经验，省建筑业等6家协会的经验材料已被收入民政部《2008年行业协会年鉴》。

为加强对政府资助和购买行业协会服务经费使用情况的监督管理，聘请审计事务所对2005—2007年得到政府资助和购买服务经费的23家行业协会，实施了审计。对审计中发现的问题，要求相关协会及时整改。各协会进一步建立和完善了财务管理制度，加强了内部监督和控制，保障了此项经费的合理开支和有效利用。

（河北省工经联　牛冬彬）

产业篇

INDUSTRIES

农　　业

【种植业】　2009年，全省农业系统以学习实践科学发展观和开展“干部作风建设年”活动为动力，以促进农业稳定发展、农民持续增收为目标，牢牢把握工作大局，狠抓关键措施落实，有效战胜了各种困难和挑战。党在农村的基本政策和惠农政策得到认真落实，农业基础建设不断强化，农业综合生产能力稳步增强，农业科技进步显著推进，农业产业化经营步伐加快，农产品质量安全水平稳步提高，重大动植物疫病得到有效控制，较好地完成了全年工作任务。全省粮食再夺丰收，是历史上第二个高产年；肉、蛋、奶、菜和水产等主要农产品基本供给得到有力保障；全省农民收入保持较快增长，农民人均纯收入达到5150元，比上年增长7.4%；农业农村经济保持了持续稳定发展的好形势，为推进社会主义新农村建设做出了新贡献。

【粮食生产能力建设】　按照稳定面积，优化结构，突出科技，主攻单产的思路，狠抓粮食生产，为国家粮食安全作出新贡献。坚持把发展粮食生产放在现代农业建设的首位，以建设4000万亩粮食生产核心区和实施新增粮食生产能力规划为重点，加大项目资金扶持力度，培育全省粮食骨干生产能力；大力推广配方施肥、节水高效和玉米“一增四改”、水稻旱育稀植等重点技术，提高了粮食生产的科技含量；广泛开展高产创建活动，建设国家级万亩粮食高产示范方128个；围绕关键作物和关键季节，狠抓科技培训、技术指导、物资调配等关键措施的落实，为全面夺取粮食丰收提供科技服务。全省粮食播种面积9324.75万亩，总产2910.17万吨，比上年增加4.36万吨，增长0.2%，连续六年增产，是历史上第二个高产年份。

【种植业结构调整】　在抓好粮食生产的基础上，因地制宜发展高效经济作物，积极推进种植业结构调整，促进农业增效、农民增收。棉花产业：坚持提质、节本、增效的原则，以农业部棉花良种推广补贴项目为契机，加大棉花良种补贴力度，补贴面积由2008年的380万亩扩大到全覆盖，补贴金额由5700万元增加到1.53亿元。2009年全省播种面积为930万亩，总产60.46万吨。油料产业：全省油料播种面积744.9万亩，同比减少30.39万亩；总产量143.3万吨，减少6.1%。蔬菜业：全省蔬菜生产以提高质量、效益和安全水平为重点，积极加强蔬菜大县和标准园创建，推进无公害标准化生产和节水生产；大力发展设施菜、错季菜、精特菜；支持蔬菜专业合作社和品牌建设，提高蔬菜产业化经营水平。2009年全省瓜菜播种面积1804万亩，与上年基本持平；其中设施瓜菜面积达到802万亩，比上年增加12万亩，设施比重达到44.5%，瓜菜总产量达到7217万吨，比上年增长54万吨；瓜菜总产值达到902亿元，比上年增加152亿元。其他高效经济作物：以发展区域特色产业为重点，培育典型与创新技术模式并重，抓好中药材、糖料、花卉、麻类和烤烟等高效经济作物生产，全省高效经济作物种植面积130万亩，比去年增加10万亩，增8.3%。其中中药材种植面积40.8万亩，花卉25.65万亩，糖料18.75万亩，麻类种植面积6万亩，烤烟种植面积4.5万亩，油葵32.7万亩，蓖麻1.2万亩。高效经济作物的快速发展，已成为农民增收的有效途径和新亮点。

【农业项目建设】　农田节水：开展了农田节水技术的示范推广，完成以土壤水库营建、聚水保墒技术模式为主要内容的旱作基本农田建设108万亩，新增集雨设施容量80万立方米，新增集雨补灌技术面积2.5万亩，推广抗旱坐水种200万亩。全省突出小麦、蔬菜两大作物，推广应用节水品种、墒情监测、蓄水保墒等小麦节水增产技术1500多万亩，节水9亿立方；推广设施蔬菜滴灌、露地蔬菜膜下滴灌、设施蔬菜膜下沟灌三大技术408万亩，节水4.9亿方。测土配方施肥：测土配方施肥全面铺开，社会影响不断扩大。2009年，落实补贴8085万元；新建项目县54个。全省推广测土配方施肥技术8580万亩，惠及农户788.6万户，实现节本增效39亿元。生态家园富民工程：新建沼气30万户，普及率达到18.9%，总量居全国第四位。总数达到274万户，居全国第四位。保护性耕作等：完成秸秆还田4300万亩，完成保护性耕作550万亩，玉米机收达到20%，比上年增长7个百分点；实施小麦保护性耕作217万亩，比上年增长25%。

【农业产业化】　全省农业产业化经营总量达到3505亿元，增长17%。产业化经营率达到56.8%，提高1.5个百分点。“111行动计划”新开工项目1130项，增长86%；完成投资420亿元，增长12%。市级以上龙头企业实现销售收入2300亿元，增长16%。30个省级农产品加工示范基地县实现销售收入1600亿元，增长16%。农产品加工示范基地县建设稳步推进，全省30个省级农产品加工示范基地县农产品加工业实现销售总收入1600亿元，同比增长16%。农民专业合作社得到快速发展，达到11163家，比2008年增长125%。全省234个合作社参与了农超对接，涉及超市43个。

【农业科技推广】　一是深入推进农科教协作。省农业专家咨询委员会及25个专家顾问组成员，深入生产现场，积极建言献策。二是加强科技人员培训。选派3900名基层科技人员到现代农业技术培训基地进行知识更新培训，培育科技示范户39000个，初步形成了专家、农技人员、科技示范户相衔接的科技成果转化应用快速通道。三是深入开展科技干部下基层活动。在全省农业系统开展了“百千万”农业干部下基层解难题送服务行动，全省11109名农业干部和科技人员，下基层47758次，推广主导品种30个、主推技术30项，培训农民600万人次，解决生产技术难题19000多个，深受基层农村和农民欢迎。四是利用多种科技服务手段，近距离全方位服务农民。全省113个县建立了农业科教制片中心，其中80多个县实现了节目连续播出，年制作播放节目4500多期；建设科技进村服务站1.3万个，开展培训3万多场，培训农民165万人次。

【农产品质量安全】 认真落实农业部“农产品质量安全执法年”和省政府“食品质量安全年”工作部署，按照“全程监管、重点监控、产地准出、市场准入”的思路，深入开展全省农产品质量安全专项整治行动。对重点品种开展监督抽检行动，全省共监测蔬菜、畜产品和水产品样品14.1万个，没有发生重大农产品质量安全事故。查处违法农资案件881起，查获假劣农资4288吨，为农民挽回经济损失1521万元。认定无公害生产基地（企业）2214个、879.8万亩，认证无公害农产品737个、绿色食品232个、有机农产品60个。加大农产品质检体系建设力度，建设了1个省级农产品质量安全监督检验中心和23个县级农产品综合质检站项目，总投资1.01亿元，为加强农产品质量安全监管提供了有力保障。

【落实农村政策】 一是积极探索承包经营权流转促进规模经营。唐山市、魏县、故城、文安等市县在省内率先建立土地流转市场，强化服务与管理，全省流转步伐加快，流转面积达378万亩，占农户承包地总量的4.8%。二是农村集体“三资”管理规范化管理水平进一步提高，86%的村实行财务委托代理，97%的村建立了民主理财组织，99%的村实行了财务公开。三是村级公益事业“一事一议”筹资筹劳财政奖补项目3万多个，受益面覆盖61%的行政村，启动投资51亿元。四是认真落实补贴。全省粮食、棉花良种补贴实现全覆盖，落实小麦良种补贴4482万亩、4.48亿元，玉米良种补贴5904万亩、5.9亿元，水稻良种补贴164万亩，2457万元，棉花良种补贴1095万亩，1.64亿元。落实农机购置补贴资金5.75亿元，补贴农机具8万套，有7万多户农民受益。落实标准化规模畜禽养殖补贴1.26亿元，生猪、奶牛良种补贴7700万元，渔船柴油补贴8085万元，使农民真正得到了实惠，有效调动了广大农民群众的积极性。

（河北省农业厅　张宝立）

【农机化概况】 2009年底，全省农机总动力达到9860万千瓦，较上年增加3.5%；大中型拖拉机达到13.52万台，较上年增加14.8%；玉米收获机械突破1万台大关，比去年增长将近3000台，玉米机收水平达到20%，增长7个百分点；耕种收综合机械化水平达到63.8%，比上年提高2.8个百分点。

【落实农机补贴】 2009年河北省共落实中央和省级财政安排全省农业机械购置补贴专项资金5.6644亿元，在全省186个县（市、区）实施，资金使用覆盖全省所有农牧业县（市、区）。落实补贴机具83837台，涉及12大类35小类的机具，受益农户7.77万户。

通过农机购置补贴政策的实施，一是带动社会投资作用明显。据统计，在农机购置补贴政策的带动下，省以下各级财政投入农机购置补贴资金1037万元，带动农民和农机服务组织投入11.7亿元左右，大大增加了对农机化发展的投入，促进了农机生产、销售、作业和配件、维修市场的发展，成为拉动内需的有效举措，取得了“一举多得”的好效果。二是农机装备结构优化。提高了农机具的科技含量和大型机具的配套比，促进了全省农机动力结构和配套机具结构的调整和优化，对粮食增产、农民增收起到了重要作用。在补贴政策的带动下，全省新增大中型拖拉机17379台，农机动力大型化、作业系列化、功能复合化发展趋势进一步显现。全省农机装备结构得到进一步调整和优化，科技含量高的大中型农机具在全省农机中的比重大幅度增加，新增拖拉机配套机具24957台（套），大中拖和配套机具配套比达到1：2。三是提高了补贴资金导向作用，加大对新型农机具推广力度。用于对玉米收获机、小麦免耕播种机、秸秆青贮收获机实行累加补贴，以及对节水精播机具的购置补贴，累加补贴的比例不超过10%，节水精播机具补贴比例为30%。玉米收获机械化、保护性耕作、秸秆压块、青贮等机械化新技术的发展迅速，拓宽了农机作业领域，进一步解放了农村劳动力，促进了生产观念的转变，加快了传统农业生产方式向现代农业生产方式的转变。四是经济效益显著。全省新增玉米联合收获、免耕播种、秸秆粉碎还田、旋耕等作业面积3000万亩以上，创造经济效益8亿多元，促进了农民增收，加快了社会主义新农村的建设步伐。

【推广农机化新技术】 一是玉米机收试验示范与全面推进并重，以国家和省财政农机购置补贴、农业机械化示范县为重点，普遍布点，重点突破，不断扩展和延伸。今年，全省新增玉米联合收获机2754台，机械化收获面积达到860万亩，玉米机械化收获水平达到20%。二是做好保护性耕作技术的示范推广工作，对全省13个保护性耕作项目县小麦的苗情、墒情、根系、产量等情况进行了全程监测，做好各项数据的整理。组织2009年度新建保护性耕作项目县参加了农业部组织的保护性耕作培训班。2009年河北省实施保护性耕作的部级项目县13个，其中：新建4个，续建5个，滚动4个，国家投资240万元，全省实施面积达到200万亩，累计实施面积达900万亩以上。三是按照农机化司的部署，2009年河北省建立了玉米、水稻、花生、马铃薯等6个机械化生产示范基地，示范基地在农机专业合作组织、种粮大户、农机大户和科技示范户为主的基础上，设20个示范点。各示范基地紧紧围绕提高重要农时、示范作物、关键生产环节机械化水平的目标，从解决作物生产机械化的技术瓶颈和关键制约因素入手，引进、示范先进适用的机械化生产新技术、新机具，进行机械化生产技术的组装配套，建立健全全程机械化生产工艺，加强农机化技术与农艺技术的集成配套，形成以机械化为支撑、区域适用性广的标准化生产体系。示范区完成玉米机械化收获示范面积8000亩，水稻机械化插秧、收获示范面积2000亩，马铃薯机械化播种、收获面积4000亩，花生机械化收获面积1000亩。通过开展技术宣传、培训、组织跨区作业、订单作业等社会化服务，开展机械化生产作业，推进区域农作物生产机械化，实现了农业生产高产、高效、低耗、增收。结合河北省实际，整合农机购置补贴、机械化生产示范等资金、项目，加大扶持力度，农机化示范区的农机装备结构得到优化，保有量迅速增长。各示范区在打好根基、全面发展的基础上，按照因地制宜、明确不同的发展重点和突破方向，发挥优势、注重实效、突出特色，强化行政推动、政策促动、市场拉动、示范带动的效果，农机化综合水平全面提升，走在区域前列，服务体系日趋完善。

【确保粮食生产安全】 全省各级农机管理部门协调联动，充分发挥农机在不同时节农业生产中的作用，在确保粮食生产安全中充当重要角色，确保了春种春耕、“三夏”、“三秋”机械化生产及时有效地开展。

2009年春季，河北省出现50年未遇的干旱，各级农机部门全力以赴抓好春耕备耕工作，大力推广保护性耕作、节水精播等技术，有针对性地组织开展技术培训，向机手传授农机新技术，组织农机抗旱小分队深入基层修理机具、协调抗旱灌溉，确保不误农时。抗旱保春耕期间，全省共投入技术人员6898人，投入作业的各种农业机械达到310万台套，完成机耕面积3466万亩，机播面积3717万亩，机械灌溉5100万亩。

“三夏”期间，全省共组织9个市的近200支跨区作业队，两万台联合收割机参加全国小麦跨区机收会战。异地作业面积600多万亩，作业总收入2亿多元。全省小麦机收工作正式开始后，引进外省上万台小麦联合收割机，组织本省6万多台联合收割机，100多万台拖拉机、农用车、玉米免耕播种机等机械投入作业，基本实现了小麦机收、秸秆还田、玉米播种“一条龙”作业，农业机械的作用得到充分发挥，“三夏”变“两夏”，大大缩短了夏收和夏种时间。各地农机管理部门还组织开展了农机帮扶活动，帮助军、烈、孤、困、寡和外出打工户及时收获小麦，加快小麦收获进度，全省小麦收获仅用18天左右，机收、机播率均达到97%以上，联合收获面积达到了90%以上。

在秋季农机生产中，全省各级农机管理部门认真贯彻落实农业部紧急通知精神，最大限度地发挥农业机械的作用，全力抓好秋冬种工作。全省投入各种农业机械105.4万台，玉米机收率达到了20%，小麦机播率达到97.9%。为保证秋冬种工作有序推进，一是坚持农机、农艺相结合，充分发挥农业机械的科技载体作用，确保农机作业质量。二是各级农机部门以秋季农机新技术、新机具为重点，开展技术示范、培训和指导，努力提高机手的操作水平，保证机具完好率、出勤率和作业效率。三是突出抓好播前秸秆处理及整地、播种作业、播后镇压三个环节，适时、适墒、适量播种，确保播种质量。播后镇轧压实，确保出苗整齐、均匀，提高小麦抗寒、抗旱能力。四是充分发挥农机合作社、协会、专业公司和农机大户等农机服务组织的作用，大力发展不同形式的农机服务组织，创新服务模式，切实做好秋季农机作业的组织管理与服务。五是全面落实安全生产责任制，加强农机手安全教育和操作技术培训，组织开展安全治理，消除农机事故隐患，推动农机作业快速、高效、安全开展。

【加快服务体系建设】 近几年，随着河北省农村经济体制改革的不断深入和市场化程度的不断提高，原有乡村农机站队数量减少、作用弱化，农机服务体系在服务组织的结构、形式、功能和范围等方面发生了较大变化，通过加大政策扶持、实施分类指导、加强规范管理等措施，农机专业合作社、农机协会、农机大户等新型农机服务组织，从无到有，从小到大，成为农机化事业发展的新亮点和生力军。全省成立各类新型农机服务组织22891个，从业人员达到11.6万人。其中农机协会1721个、农机专业合作社90个、农机作业公司704个，农机服务队（联合体）6057个，农机大户14391个。农机服务体系不断发展壮大，实现了千家万户小生产与千变万化大市场的对接，推动了农村农机服务业的快速发展，促进和稳定了农村劳动力向非农产业转移，拓宽了农民增收渠道，在一定程度上，促进了保护性耕作、玉米机收等农机化新技术的示范推广。

【农机化公共服务】 农机监理工作，2009年完成农用车管理移交的县达147个，是前三年的3倍。农机推广工作，在新机具新技术推广取得突破的同时，基层服务体系建设得到加强，2009年新建基层农机服务站115个，是上年的16倍。农机培训，继续加强对农机培训机构的管理，强化监督检查，规范行政审批，农机职业技能鉴定工作走在了全国前列。农机鉴定工作，高质量的完成了全年的机具鉴定工作任务，在玉米收获、棉花播种机械的质量跟踪调查上，取得了一批可靠数据，在补贴机具质量投诉上做了大量工作，维护了广大农民的合法利益。

加强法律法规宣传，创造良好的农机化发展环境。在《农业机械化促进法》颁布实施5周年之际，各级农机管理部门开展了丰富多采的纪念宣传活动，为农机化事业健康、快速发展创造良好环境。通过《农业机械化促进法》实施5周年纪念宣传活动，使更多的人了解《农业机械化促进法》，对农机化事业的发展起到了积极的促进作用。

（河北省农业机械化管理局 郭 恒）

【农垦概况】 2009年，河北省农垦系统共有国营农（牧）场30个（23个农场，7个牧场）和1个省级农垦科学研究所，其中市属场14个，县属场16个。农（牧）场分布在全省除邯郸、衡水和秦皇岛外的8个市，最北部的沽源牧场与内蒙古自治区接壤，南至隆尧县境内，西临太行山脚下，东至渤海之滨，大部分处在环渤海、环京津经济圈内。全系统土地总面积363.33千公顷，其中耕地87.39千公顷，草场68.09千公顷，林地103.34千公顷，水面36.26千公顷，居民工矿企业占地25.71千公顷。2009年底，农垦生产总值达到176.07亿元，比去年增长23.38%，其中，第一产业增加值26.50亿元，增长4.15%；第二产业增加值97.73亿元，增长29.55%；第三产业增加值51.84亿元，增长23.95%，人均GDP净增加7336元，达到41807元，比上年增长21.28%。产业结构格局稳定，经济运行质量和效益进一步提高。全系统年末总人口42.17万人，其中从业人员24.96万人，占总人口的59.19%。共有各类学校130所，其中：成人高等学校1所，普通中等专业学校1所，成人中等专业学校1所，中学24所，职业中学2所，小学101所。教职工4609人，其中教师4075人，在校生4.72万人。医疗条件逐渐得到改善，医疗环境进一步优化，公共防疫、医疗急救应急机制初步形成，整体医疗水平逐步提高。2009年农垦系统卫生医疗单位130个，其中医院36个，病床1390张，医务人员1589人。职工生活水平进一步提高。2009年全系统实现人均纯收入7384元，比上年增长17.96%。职工住房条件进一步改善，年末职工实有住房面积1254万平方米，增长4.67%，人均住房面积29.77平方米。

【农垦第一产业】 通过进一步加强和重视农业的基础地位和作用，农业生产经营水平得到了稳步发展和提高，高效经济作物、牧草业、高效水产养殖业成为农业经济新的增长点，成为农业发展的重要动力。随着农业综合生产能力的明显提高，有条件的农场实施了节水农业、设施农业、生态农业、高效农业等示范工程，农业生产集约化、生产机械化、加工专业化、管理科学化和标准化水平有了进一步提高。农业生产形势大好。全年实现农林牧渔业总产值50.31亿元，增长3.60%。全年农作物总播种面积为97.69千公顷。其中：粮食播种面积62.53千公顷，比上年增长8.3%，占农作物总播种面积的66.04%；全年粮食总产为39.30万吨，比上年增加1.79万吨，增长4.77%，主要是小麦和玉米产量增加；为国家提供商品粮35.06万吨，比上年增加3.15万吨，增长9.87%，商品率为89.20%。畜牧业保持健康发展。2009年主要牲畜存栏和畜产品产量增加，其中奶牛存栏数量及牛奶产量大幅增加。奶牛数量达到11.76万头，增加0.70万头，牛奶产量41.51万吨，增长16.77%。至2009年末，全系统有种畜禽场10个，其中种牛场3个，年末存栏9865头。水产养殖业发展平稳。年末养殖面积12501公顷，比上年下降3.46%。全年水产品产量73952吨，比上年增加3452吨，增长4.90%。全年植树造林面积3.53千公顷，其中防护林3.33千公顷。农业基础设施得到加强，生产条件继续改善。年末农业机械总动力835034千瓦，比上年增长4.13%。农用排灌动力机械9882台，103788千瓦，大中型农用拖拉机3051台，小型拖拉机15781台，联合收割机218台。实际机耕面积78.51千公顷，占年末耕地面积的比重达89.84%，当年机播面积71.56千公顷，占农作物总播种面积的比重达73.24%，机械收获面积51.32千公顷，占农作物总播种面积的52.53%。

【农垦第二产业】 第二产业发展态势良好，增长速度较快，拉动能力不断加大。依据农垦优势和国家产业政策，坚持以市场为导向，以企业增效和职工增收为目标，积极调整产业和产品结构，农垦工业产业得到大力发展，对农业的提升能力逐步加大。一是乳业得到了较快发展。乳业已形成了以饲草（料）——奶牛养殖——乳品加工一体化为特色的产业链，发展规模不断扩大，已成为全省农垦的第一大主导产业。到2009年底，全系统日处理鲜奶能力达到2500吨。二是农产品加工业迅速发展。肉品加工、土豆、蔬菜加工等农产品加工业的发展，对现代农业的发展起着重要的拉动作用，农垦主要农产品加工转化率达到55%，坚持走加工龙头集群化发展之路，是“工业强垦”的最佳选择，也是带动农场及周边民富的主要支柱。三是结合实际，依托自身技术、人才、资源等方面的优势，围绕市场需求，抓质量、上规模、增效益，大力发展具有区域特色的地方经济，对经济的拉动作用日益突出，中捷、南大港农场的石化，芦台农场的自行车配件、成车装配和休闲家具等均已经形成一定的产业规模，成为农垦经济发展的支柱产业，且发展势头良好，潜力巨大。2009年第二产业增加值97.73亿元，比上年增长29.55%。2009年工业企业总数为990个，其中规模以上工业企业（即国有工业企业及年产品销售收入500万元以上的非国有工业企业）205个，销售产值255.54亿元，增加34.68亿元，增长15.70%。实现工业总产值303.78亿元，净增加48.53亿元，比上年增长21.54%，国有工业总产值87.88亿元，轻工业总产值99.69亿元。主要工业产品产值为：食品制造业26.89亿元（主要为液体乳及乳制品制造业），增长22.56%；化学原料及化学制品制造业11.29亿元，下降62.67%；造纸及纸制品业18.88亿元，减少18.88%；黑色金属冶炼及压延加工业13.16亿元，增长1.12%；石油化工及炼焦业121.119亿元，增长11.94%。建筑业发展较快。建筑企业122个，从业人员9172人。全年实现增加值131440万元，增长57.21%，年末固定资产原值22761万元，全年承包的施工单位或单项工程391个，全年施工房屋建筑面积79.15万平方米，房屋竣工面积60.95万平方米。

【农垦非国有经济】 非国有经济成为农垦经济发展新的增长点。坚持把加快非国有经济发展，作为经济结构战略性调整的重要组成部分，通过实施“两个打开”，即打开农牧场大门吸收场外法人加盟农场经济建设，打开国有经济大门吸收民营经济加盟国有经济的举措，结合农垦自身优势，落实各项优惠政策，切实解决非国有经济发展中存在的问题，有力促进了非国有经济的快速发展，使个体私营经济成为农垦经济发展新的增长点，并成为繁荣市场和增加就业岗位的重要渠道。非国有经济发展迅速，对农垦经济发展贡献逐步增大。2009年，非国有经济全年实现农垦生产总值116.17亿元，比上年增长18.40%，占全社会经济总量的65.98%。其中第一产业增加值7.74亿元，增长23.44%；第二产业增加值68.60亿元，增长17.26%；第三产业增加值39.83亿元，增长19.47%。各产业在非国有经济农垦生产总值中所占比重分别为：6.66%、59.05%、34.25%。年末非国有经营单位2.25万个。其中，集体经济74个，个体企业2.06万个，私营企业1841个。从业人员17.16万人，其中：第一产业5.27万人，第二产业5.77万人，第三产业4.66万人。从业人员收入总额20.74亿元，增长12.23%；人均收入12087元，增长5.27%；全年共实现利税26.39亿元，增长25.67%。私营企业营业收入500万元以上的46家，超过1000万元的26家，超过5000万元的6家，超亿元的3家，形成了芦台农场自行车零配件及整车生产工业园区、中捷农场临港化工园区等一批带动区域经济快速发展的经济带，其中芦台农场已成为我国北方最大的自行车零部件生产加工基地，年产车圈达1000多万对，占全国总量10.3%，亨利公司已成为全国最大的铝圈生产厂，非国有经济已成为农垦经济发展的重要支撑。

【农垦科技】 科技进步和创新取得新突破。以技术创新、农业标准化、农业科技园区建设为工作重点，大力实施“科技兴垦”战略，科技进步与创新机制不断完善。一是围绕农垦支柱产业，以市场为导向，以产业升级为核心，以建设大中型企业技术开发中心为重点，指导组织开展技术改造和新产品、新技术的研制、开发工作，25家骨干企业已有三分之二建立了技术开发中心，完成了21个有市场前景、高附加值新产品的引进开发。二是大力推进多种形式的产学研联合。先后与中科院、中国农大等多家科研院所建立了长期稳定的技术协作关系，提升了农业、人乳转基因、化工等各产业的科技含量。有些项目取得了阶段性成果，南大港农场优种羊扩繁基地利用从国外引进的胚胎和冲洗技术扩繁超细毛羊，毛肉兼用，发展前景良好，其达到国际先进、国内领先水平。芦台农场与中国农业大学农业生物技术国家重点实验室合作，共同开展奶牛体细胞“克隆”技术研究，标志着我国对地方品种牛克隆技术的成功。

【农垦现代农业建设】 现代农业建设步伐进一步加快。充分发挥农垦的资源和技术等优势，在现代农业建设中，发挥应有示范作用。通过实施现代农业示范区建设，使农垦成为全省现代农业的示范基地、农业先进适用技术的推广基地、产业化龙头的建设基地。一是按照《农业部关于加快推进农垦现代农业建设的意见》精神，在全省农垦系统范围内开展创建现代农业示范区建设。在全系统建立了10个1000亩以上种植示范园区，其中3个园区达到了3000亩以上，4个园区达到了10000亩以上。建立了10个养殖示范园区，其中奶牛存栏1万头以上小区2个，目前主要畜禽养殖业产值占大农业产值比重达到59%。加大对大曹庄小麦、柏各庄水稻高产攻关项目扶持力度，水稻亩产达到704公斤，小麦亩产达到603公斤。二是积极探索现代农业示范的新途径和新方式，农垦根据实际发展情况，积极探索招商引资与现代农业发展的最佳结合点。坚持“农业孕育工业，工业提升农业；工农联动、互利共赢”的发展模式。以项目为龙头，壮大和延伸产业链，妥善处理好工业发展与农工的利益关系。三是以优势农产品加工业为重点，培育壮大龙头企业，推进品牌经营，提高农产品资源综合利用率和附加值，加快实现农产品由粗加工向精深加工的转变，用工业化带动农业产业化，用现代产业体系提升农业。到目前为止，全系统共有农业产业化龙头企业39个，其中国家级1个，省级7个，市级31个。销售收入1亿元以上的龙头企业5个，销售收入500万元以上的龙头企业16个。涉及畜牧养殖、水产养殖、食品加工、乳业、种业、种植加工等行业，产业化组织带动了5.4万农户。北京（察北）雪川农业发展有限公司与荷兰福瑞德公司、荷兰ACT（中国）公司合资，拟投资10亿元年加工能力30万吨的马铃薯综合加工项目已经落户河北农垦。四是旅游产业已经形成了产业链，全年旅游接待人数达到20万人次，旅游总收入1500万元，其中门票收入540多万元。

【农垦农业技能人才培养】 围绕农业部确立河北垦区农业高技能人才培养“金蓝领计划”试点工作，抓好职业技能开发，加强垦区农业高技能人才培养。2009年与省内有关涉农高校合作，组织培训农工3000人次以上，完成鉴定1500人，并实现了五点创新。一是创新了激励政策。结合国家推行的职业资格证书制度，以部分土地发包资格、价格或划定就业准入区域作为调控手段，调动农工学习农业科技知识的积极性。本着不给农场、农工增加负担的原则，试点工作实行免费培训、免费鉴定。二是创新了选拔手段。增加业绩考核内容，实行“推荐人制度”降低理论考核门槛，把实践技能作为检验农业人才水平的主要标准，从农业生产实践中选拔农业高技能人才，服务垦区现代农业建设。三是创新了鉴定模式。创新鉴定模式，实行预鉴定制，结合推行河北省劳动和社会保障厅统一印制的《职业资格培训证书》，详细记录农工参加培训科目、学时、成绩，待其累计学时成绩达到相应专业国家职业标准等级要求时，换领国家职业资格证书。四是创新了培训思路。本着“先进、适用、实用”的原则，开展有针对性的技术培训。根据农工需求定专业、定教材、定老师。五是创新了培训教材。组织编写了蔬菜工、花卉园艺工两本培训教材，除向全省农垦系统发行外，即将由中国农业出版社向社会公开出版发行。特点是通俗易懂，注重实用，插图多，定性少定量多，定价均不超10元，真正做到了农工“买得起、看得懂、学得会”。

【农垦社会事业】 社会事业建设取得新进展，城镇建设步伐加快，发展环境明显改善。以服务农垦职工群众和改善人居环境为目标，农垦的教育、文化、卫生等各项社会事业都有进一步发展。一是管理体制改革后，农场教育、卫生、道路等基础设施建设纳入了当地统一规划，地方财政支持力度进一步加大，农场小城镇建设步伐加快，基础设施得到改善。二是扶贫开发建设取得新的进展。扶贫开发工作是新时期全面建设小康社会的重要组成部分，是关系经济发展的重要工作，贫困农牧场基础设施和生产条件得到改善，职工群众生活水平明显提高。三是职工群众生活基础设施进一步改善。场部小城镇建设步伐加快，逐步纳入地方建设改造发展规划。农场的经济增长对所在地区贡献不断加大，农垦社会认知度不断提高。四是部分农场探索推进和完善了职工养老、医疗、工伤、失业、独立机关事业养老保险五大社会保障体系，并提高了低保和社会救助水平，建立了横向到边、纵向到底的保障网络。五是农场启动了新农村建设，有线电视村村通、危房改造、对居民实行社区化管理，改善居民居住条件等等，同时小城镇建设步伐加快，对场区和农场的长远发展进行了规划。

（河北省农垦局　杨　康）

林　　业

【城乡造林绿化】　2009年，河北省各级林业部门在河北省委、省政府的正确领导下，以科学发展观为指导，按照“围绕一个中心、夯实两大基石、狠抓三个突破、依靠四轮驱动”的总体思路，扎实推进各项林业工作，全省林业建设保持快速健康发展的良好势头。

据统计，全年完成造林绿化30.6万公顷，是年计划的102.1%，其中完成人工造林19.8万公顷、飞播造林3.5万公顷、新封山育林7.4万公顷、更新造林0.5万公顷，幼林抚育作业面积65万公顷，幼林抚育实际面积44万公顷，成林抚育面积35万公顷，育苗面积4.3万公顷，四旁植树1.1亿株。京津风沙源治理、退耕还林、太行山绿化、三北防护林、沿海防护林等国家重点林业工程稳步推进，1.45亿元中央新增投资项目按要求完成实物工作量。世行、德援和日援等项目造林任务进展顺利。狠抓种苗、设计、施工、抚育等关键环节，推广容器苗、地膜覆盖、保水剂等抗旱保活实用造林技术，加强补植补造和抚育管护，造林绿化质量明显提升。

【林果产业发展】　完成果树结构调整和树体改造14.2万公顷，建设高标准外向型基地14.9万公顷。果品产量达到1136万吨，创历史新高，位居全国第二位。全省果品无公害标准化率达到86%以上，优势特色果品生产区域更加集中。在全国农产品出口受金融危机影响大幅下滑的情况下，河北省梨出口逆势上扬，同比增长28.4%。完成1830个批次果品质量安全例行监测，抽检合格率98.9%。全省速生丰产林基地面积达到53.3万公顷，林板年加工能力达到1097.8万立方米，生产规模继续保持在全国前列。全省新增花卉生产基地800公顷，仙客来盆花产量突破200万盆，第七届中国花卉博览会参展获奖数量在全国名列前茅。全省现有森林公园80个，实现旅游收入11.1亿元。森林食品产量8733吨，木本药材23533吨。全省实现林业产业总产值615亿元，其中，第一产业333亿元，第二产业259亿元，第三产业23亿元，廊坊、承德、保定、石家庄4个市林业产值达到60亿元以上。

【集体林权制度改革】　全省新增明晰产权3.8万公顷，累计达到552.8万公顷；新增发证21.4万公顷，累计发证311.2万公顷。在平泉等6个县（市）和木兰林管局启动了林木采伐改革试点工作，在赤城等10个县建立了林权流转服务中心。与省信联社、人保财险河北省分公司联合印发了《河北省农村信用社林权抵押贷款管理办法（试行）》。

【项目资金管理】　全年落实省级以上林业建设投资41亿元，同比增长52%；中央林业贴息贷款达5.1亿元，同比增长88.9%；中央生态效益补助资金增加1892万元。谋划申报森林防火、有害生物防治、自然保护区等基本建设项目19个。争取京冀合作项目投资1.5亿元。谋划并上报世行贷款林业五期项目。编制上报《河北省国有林区用水安全和供电保障工程规划》、《河北省国有林场棚户区改造试点方案》，规划投资21亿元。制定实施了《河北省造林绿化工程以奖代补、先造后补、多造多补资金管理办法（试行）》，重点支持了16个规模化造林绿化工程示范县建设，加强了对林业资金使用情况的监管，组织开展了“小金库治理”和“厉行节约”工作。

【森林资源管护】　积极推动森林防火由“小防火”向“大防火”转变、由季节性防火向全年防火转变，加大防火责任追究力度，在防火形势持续严峻的情况下，去年全省发生森林火灾62起，过火面积445.9公顷，受害面积105.8公顷，森林火灾受害率低于0.03‰。没有发生重特大森林火灾，没有危及北京火灾，没有群死群伤事故。全省累计完成林业有害生物防治作业面积1487万亩次，其中美国白蛾防治作业843万亩次，林业有害生物成灾率控制在4.2‰以下。平山驼梁省级自然保护区晋升为国家级，新建承德北大山省级自然保护区，全省林业系统自然保护区增加到26个，其中国家级7个，自然保护区面积已达52.6万公顷，占全省土地总面积的2.8%。

【林业宣传】　开展了“造林绿化宣传月”、“森林防火宣传月”、“林改在行动”、“退耕还林十周年”等专项宣传活动，利用新华网、中国广播网等网络媒体进行网络宣传。在省级以上媒体刊发稿件1000余篇，其中头版要闻和深度报道300篇，宣传数量大幅增加，宣传质量明显提升。举办了“衡水湖湿地保护与发展北京高峰论坛”，开展了“爱鸟周”活动。各地开展了多形式宣传活动，增强了林业宣传整体效果，形成了“常规宣传与重点宣传相结合，长效宣传与即时宣传相结合”的运行机制。

【科教兴林】　理顺了县、乡两级林业推广机构管理体制，实现了机构独立设置、职能部门垂直管理、人员编制落实到位。组织科技人员进行重点攻关，新上科研项目18项，落实资金1065万元。组织开展了“科技下基层服务新农村”和“科技人员进万村兴百业”活动。赞皇、迁西和易县荣获第一批国家级林业科技示范县称号。林业信息化建设扎实推进。

【依法治林】　完成了省本级森林公安民警过渡，河北省林业局与河北省公安厅联合出台了《关于进一步加强和规范森林公安工作的意见》，赋予了森林公安机关治安拘留、刑事侦查、刑事起诉、劳动教养和行政综合执法权。组织开展了打击破坏野生动物资源等专项行动，查处各类案件5333起，处罚5288人。河北省林业局被国家林业局和公安部评为“绿盾三号”行动优秀组织单位，承德市森林公安局、平山县林业派出所、邯郸市林业综合执法大队被评为先进集体。

【林权抵押贷款】　河北省林业局、河北省农村信用社联合社和中国人民财产保险股份有限公司河北省分公司于1月7日联合出台了《河北省农村信用社林权抵押贷款管理办法（试行）》（以下简称《办法》）。《办法》规定贷款对象为从事林业生产经营或从事与林业经济发展相关的生产

经营活动的自然人、林业企业（法人），明确了借款的自然人、林业企业应具备的条件；要求用于抵押的森林资源资产坐落在县级联社辖区内，必须具备《林权证》，产权清晰无争议。可作为抵押物的森林资源资产包括：用材林、经济林、薪炭林；用材林、经济林、薪炭林的林地使用权；用材林、经济林、薪炭林的采伐迹地、火烧迹地的林地使用权；国务院规定的其他森林、林木和林地使用权。《办法》对林权抵押贷款操作流程，林权抵押价值的确认、抵押林权登记部门、拟抵押森林资源资产的相关资料等内容进行了详细说明。为防止因各种灾害导致贷款损失，贷款联社必须要求抵押人对抵押的林木办理保险；同时，要求林权所属单位的法定代表人或林权所有人办理意外伤害保险。《办法》还确定了林权抵押贷款用途、期限、利率和抵押率。

【"造林绿化宣传月"】 为配合"3.12"植树节活动，河北省林业局把3月份确定为"造林绿化宣传月"，开展系列宣传活动，取得了很好的宣传效果。一是在河北日报刊登6个专版，对全省林业建设进行全面宣传。二是组织新华社、中央人民广播电台，中央电视台、河北电视台、河北电台等各新闻媒体和有关门户网站对全省林业工作会议、植树节活动、森林覆盖率净增量考核工作、森林防火考核情况进行重点宣传报道。据不完全统计，宣传月期间在省级以上媒体发表稿件150余篇，其中头版23篇，头版头条5篇。三是利用广播、网络和手机短信等方式广泛宣传义务植树和春季森林防火工作动态。

【鼓励返乡农民工参与植树造林】 为加快造林绿化步伐，拓展返乡农民工就业渠道，增加返乡农民工收入，3月26日，河北省文明办、河北省绿化委员会办公室、河北省林业局联合印发了《关于以创建文明生态村活动为载体组织返乡农民工参与植树造林活动的通知》，出台了七项扶持返乡农民工就业的政策，为返乡农民工开辟了致富新路子。七项扶持政策分别是：（一）返乡农民工在荒山、荒滩、荒沙、荒地植树造林的，各级林业部门要在安排退耕还林、京津风沙源治理、太行山绿化、沿海防护林、"三北"防护林等林业工程项目方面予以优先支持，并在项目资金上予以适度倾斜。（二）退耕还林户返乡农民工，发展果树、花卉、名特优经济林、工业原料林以及发展林下产业的，各级林业部门要从巩固退耕还林成果项目中优先安排资金。（三）返乡农民工发展名特优果品或进行果树结构调整的，各级林业部门要优先安排果树结构调整资金。（四）对于返乡农民工组建的造林专业队，参与工程造林的，各级林业部门要加强协调，优先安排，并给与适度的资金和技术支持。（五）在林地、林木流转中，在依法自愿的基础上，优先受让给创业返乡农民工获得林地承包经营权，并积极引导返乡农民工发展适度规模经营。（六）农民工返乡创业发展林业，资金不足需林权抵押贷款的，各级林业部门要积极协调农业银行、农业发展银行、农村信用社以及其它以服务农村为主的地区性中小银行和新型农村金融机构，协助办理贷款手续，提供便捷服务。（七）组织科研单位、大中专院校专家和技术人员深入开展送科技下乡服务活动，加强对基层农民的技术培训，办班到村，传授到户，把农民急需的适用技术送到田间地头，为林果农提供产前、产中、产后的全程技术服务。

【果品质量安全年】 为提高果品质量安全水平，确保人民群众身体健康和生命安全，河北省林业局确定2009年为果品质量安全年，并于4月29日召开了全省开展果品质量安全年行动视频会议进行动员部署。2009年，全省林业系统围绕果品质量安全，重点做好五个方面的工作：一是抓好高标准果品基地建设。完善水、电、路等配套设施，改善生产条件，提高果品综合生产能力，全年完成基地建设13.33万公顷。二是抓好果品无公害标准化生产。推广科学施肥技术，全面推行增施有机肥、生草栽培、测土平衡施肥等；大力开展树体改造和树形改良，全年完成树体改造13.33万公顷。三是抓好果品质量安全监管体系建设。建立健全果品质量安全监管专职机构和队伍，完善检测体系，提高检测能力，加强果品质量安全监管。四是抓好龙头企业和合作组织建设。督促企业和合作组织建立健全果品质量安全管理方面的各项制度，提高市场信誉度；大力推进果品品牌化建设，提升果品业整体发展水平。五是抓好舆论宣传。深入开展《农产品质量安全法》和《食品安全法》的宣传培训，提高果农的果品质量安全生产意识和企业果品质量安全营销意识；充分发挥社会监督的作用，动员全社会力量参与监督果品质量安全工作，形成全社会监督果品质量安全的长效机制。

【"林改在行动"】 为加大林改宣传力度，河北省林业局于6月20日至9月30日开展了"林改在行动"集中宣传活动，掀起了新一轮的集体林权制度改革宣传高潮。省、市、县三级协调联动，分级制定了"林改在行动"集中宣传活动实施方案，从宣传内容、宣传形式、宣传机制上不断创新，通过召开新闻发布会、撰写宣传稿件、制作电视节目、刷写宣传标语、悬挂宣传条幅、发放明白纸等多种形式进行宣传。截至9月底，全省共刊发林改报道500余篇。中央级新闻媒体10多篇，省部级新闻媒体50余篇。

【森林采伐改革试点】 9月25日，河北省林业局召开河北省森林采伐改革试点启动会。经国家林业局批准，河北省在平泉县、赤城县、迁西县、文安县、香河县、望都县、木兰围场国有林场管理局开展采伐改革试点工作。河北省森林采伐管理改革试点改革的主要内容包括七个方面：一是按照分区施策、分类管理的原则，山区试点县（市、区）要界定公益林和商品林，平原试点县（市、区）要界定防护林和商品林，对不同区域和不同类型的森林提出不同的采伐管理措施。二是改革森林采伐限额管理和木材生产计划管理，放宽对非规划林业用地林木采伐和规划林业用地林木间伐的限额控制。年度木材生产计划实行备案制。三是改革森林采伐管理方式，简化森林采伐限额分项控制，探索森林采伐限额的结转使用办法。四是简化森林采伐审批环节，探索公开、公正、透明运行的森林采伐限额指标分配制度和以林木所有权、经营权为基础的森林采伐审批许可制度。五是加强科学经营管理指导，逐步建立以森林经营方案为主线，森林经营规划为指导，森林经营方案为载体的森林可持续经营管理体系。六是通过森林抚育间伐技术的研究，探索适应现代经营技术水平和要求的抚育间伐技术、措施和相关政策。七是加强采伐迹地更新的监督管理，确保森林资源不减少。试点工作2009—2010年完成。

【“退耕还林十周年”】 为全面回顾退耕还林工程建设的光辉历程，总结10年来的巨大成就和成功经验，按照国家林业局的总体部署，河北省于10月开展了“退耕还林十周年”宣传活动，配合中央媒体对河北省退耕还林成就进行全方位、系统的报道。新华社刊发了《燕赵大地上谱写绿色华章——退耕还林10周年记者行河北巡礼》，人民日报刊发了《一退一还富了民绿了山》，光明日报刊发了《退耕还林十年改变了什么》，农民日报头版《临城：一个贫困县的“拓荒”》，中国绿色时报头版头条刊登了《接续产业为退耕林地上“双保险”》等系列报道。

【育林基金征收使用管理】 为规范育林基金征收使用管理，减轻林业生产经营者负担，促进林业可持续发展，河北省财政厅、河北省林业局联合制定了《河北省育林基金征收使用管理办法》，新办法从2010年1月1日起执行。新办法主要有以下新变化：（一）征收范围。新办法取消了原来征收林副产品、经济林产品、其他林产品和果品收入的育林基金的规定；改为征收林木产品即木材和竹材收入的育林基金。（二）征收标准。将原国有林业单位的育林基金按照林木产品销售收入的15%、集体和个人按12%计征改为按国有林业单位按林木产品销售收入的10%、集体和个人5%计征。（三）缴库的程序、比例。新办法规定，集体和个人的育林基金通过林业主管部门缴入所在地县（市）级国库。国有林场应缴纳的育林基金按隶属关系全额缴入同级地方国库，省属林场缴入省级国库；市、县属国有林场缴入市、县级国库。（四）育林基金的减免。新办法规定，扑救森林火灾、防洪抢险而采伐林木的单位和个人，以及农村居民采伐自留地和房前屋后个人所有的零星林木，凭当地政府或村委会的证明，免征育林基金。国有林场遇台风、火山爆发、洪水、干旱、地震等不可抗力自然灾害，因突发公共卫生事件、火灾等遭受重大直接经济损失的，可向同级财政、林业主管部门提出减、免、缓缴育林基金的书面申请。（五）育林基金全额纳入预算管理。新办法规定，育林基金全额纳入财政预算管理，由财政部门按照批准的部门预算统筹安排。其中，省属国有林场缴纳的育林基金收入纳入省级财政预算管理，市、县属国有林场和所在地单位、个人缴纳的育林基金收入纳入同级财政预算管理。

【深化集体林权制度改革】 11月20日，中共河北省委、河北省人民政府出台了《关于进一步深化集体林权制度改革的意见》。《意见》共分十部分。一是明确集体林权制度改革的目标任务。二是巩固完善主体改革成果。三是推进林业分类经营管理。四是完善林木采伐管理制度。五是规范林地和林木流转。六是建立森林生态效益补偿基金制度。七是建立支持集体林业发展的公共财政制度。八是推进林业投融资改革。九是加强林业社会化服务。十是加强集体林权制度改革组织领导。

（河北省林业局　袁　媛　胡俊达）

畜牧兽医

【概况】 2009年，河北省各级畜牧兽医部门以科学发展观总揽全局，深入贯彻省委、省政府和农业部方针政策，全面落实农业厅党组的安排部署，紧紧围绕促进畜牧业健康发展和增加农民收入两大目标，着力化解畜牧兽医事业发展面临的新情况、新问题，完善运行机制，改进工作方法，突出关键环节，强化各项措施，全省畜牧业稳步健康发展。全省生猪存栏1968万头、出栏3333万头，同比分别降3.14%和增2.1%；肉羊存栏165.1万只，出栏2059万只，同比分别降3.21%和增5.8%；奶牛存栏167万头，同比增16.6%；禽类存栏3.5亿只、出栏5.26亿只，同比分别下降8%和2.5%。全年肉类产量426.6万吨，同比增长1.3%；奶类产量461万吨，禽蛋产量353万吨，同比分别下降10%和14%。

【奶业整顿】 各地认真贯彻《乳品质量安全监督管理条例》、《奶业整顿和振兴规划纲要》和冀政〔2008〕91号文件精神，加大奶业整顿力度，取得显著成效，农业部在河北省召开生鲜乳收购站建设与管理现场会，推广河北省经验。科学调整奶业发展布局，及时落实补贴资金，散养奶牛入区步伐加快。全省存栏50头以上的奶牛养殖场（区）发展到2374个，存栏奶牛143.7万头，规模饲养比例达到83.6%，超出年度任务目标3.6个百分点。大力整治现有奶站，严格规范新建奶站，全年累计取缔奶站936个，新建奶站623个，保留的1893个奶站全部达到“五有一符合”标准，发放了生鲜乳收购许可证，并全部实现了管道式挤奶，由乳品加工企业经营管理（乳品企业托管1771个、自建66个、入股52个、租赁4个）。蒙牛、伊利两大乳品企业经营管理奶站1212个，占全省企业经营管理奶站总数的64%。加强生鲜乳生产、收购和运输等环节监管，认真开展生鲜乳专项整治，全省共出动执法人员5300多人次，对生鲜乳收购站全部进行了排查，未发现奶站在牛奶中添加三聚氰胺、β—内酰胺酶等有毒有害物质的违法现象，确保了生鲜乳质量。大力整顿奶业市场秩序，积极开展生鲜乳收购秩序集中整治行动，严厉打击收购散奶、抢奶和无合同收奶行为，坚决取缔流动奶贩和流动奶站，全省生鲜乳收购秩序明显好转。

【畜产品质量安全监管】 突出源头治理，强化监督检查，畜产品质量安全水平稳步提高，全年未发生畜产品质量安全责任事故。积极开展农产品质量安全整治暨农产品质量安全执法年活动，扎实开展农资打假和畜产品违法添加非食用物质整治专项行动，全省共出动执法人员6.98万人次，检查饲料、兽药生产经营企业和养殖场8.1万个次，有力打击了各类不法行为，净化了市场，保障了畜产品安全。按照农业部统一部署，认真实施饲料工作暨饲料质量安全执法年活动，加大饲料专项整治力度，相继开展了植物蛋白单一饲料整治、动物源性饲料整治、氯化胆碱整治、"瘦肉精"等违禁药品整治等四项集中整治专项行动，共出动饲料执法人员6.1万人次，检查饲料生产经营企业和规模养殖场（区）6万个次，取缔非法饲料生产经营企业22家，查处违法饲料产品164吨，涉案金额91万元，严厉打击了违法添加"瘦肉精"、"蛋白精"和苏丹红等非食用物质及滥用食品添加剂不法行为。加强饲料生产企业日常监管，实施质量安全监管员制度，落实县级饲料质量安全监管员565名，涉及160多个县，936家饲料和饲料添加剂生产企业。加强兽药市场专项整治，认真开展兽药及兽药残留专项整治行动，严厉打击假劣和违禁兽药、疫苗的经营使用，共查处兽药生产经营违规案件39起，货值37万元，取缔无证兽药经营单位47个，吊销生产经营许可证24个，进一步净化了兽药市场。加强畜产品质量检验监测，强化例行监测和监督抽检，省、市、县三级共完成饲料产品质量检测3362批次、兽药残留检测596批次、畜产品质量安全检测14277批次，合格率分别达到99.7%、99.8%和99.7%，同比分别提高0.8、0.2和0.5个百分点。对检测出的有问题投入品和畜产品均进行了严格查处，并严格责任追究，有力推动了畜产品质量安全监管工作的开展。认真开展无公害畜产品产地认定和产品认证工作，完成无公害畜产品产地认定203个，产品认证102个，全省有效期内的产地认定单位达到1580个，认证产品达到230个，位居全国前列。加强畜产品质量检测机构及能力建设，狠抓督导检查，强化人员培训，全省7个市级畜产品检测中心通过计量认证，49个县级质检站已有20个开展了检测工作，24个开展了部分工作，覆盖全省的检测体系已初步建立。

【重大动物疫病防控】 全面实施畜禽场（区）动物疫病科学防控与依法监管工程，深入开展科学防控、动物防疫监督、兽药监管和科技支持四大行动，建立健全疫病防控责任体系，狠抓综合防控措施落实，防控工作逐步实现动态化、规范化和科学化，全年未发生重大动物疫情。组建了1.5万个动物防疫专业队（组），认真开展春秋两季集中免疫，全省口蹄疫、高致病性禽流感、高致病性猪蓝耳病、猪瘟、鸡新城疫应免畜禽免疫密度均达到了100%，免疫抗体合格率达87%，超过国家规定标准，农业部重大动物疫病防控工作检查组予以充分肯定。扎实开展生猪甲型H1N1流感防控工作，成立专门组织，出台工作方案，健全工作机制，有效防止了甲型H1N1流感向畜间传播。科学制定消毒方案，狠抓关键措施和关键环节，积极组织5月和8月全省消毒月活动，全省参与消毒活动的防疫人员达15.9万人次，畜禽养殖场所消毒面积达到6.5亿平方米，有力促进了重大动物疫病防控工作的开展。充分发挥疫情测报站和兽医实验室作用，对重点地区、重点部位加大检测力度，全省共检测免疫抗体101万份，病原学检测1.2万份，为提高免疫质量，及时掌握疫情动态，提供了有力技术支持。完善应急指挥系统，强化应急队伍建设，做好应急物资保障，争取国家和省应急物资储备资金232.9万元，及时招标采购应急物资，满足防控工作需要。加强动物卫生监督执法，强化产地检疫、屠宰检疫和流通环节监督检查，认真开展打击经营病死动物及其产品专项行动，全省出动执法人员5.6万人次，检查各类场所1.5万个次，完成产地检疫1.66亿头（只），屠宰检疫1.1亿头（只），检出病死畜禽26.3万头（只），全部进行了无害化处理，有效提高了动物及动物产品检疫监督水平，维护了正常的动物卫生秩序。全面推进兽用生物制品经营单位GSP和兽药生产企业GMP建设，全省兽用生物制品经营单位基础设施得到很大改善，131家兽药生产企业通过农业部兽药GMP认证，位居全国第三位。省、设区市和县动物疫病预防控制中心的兽用生物制品经营单位GSP建设任务全部完成，兽用生物制品经营秩序进一步规范。圆满完成欧盟食品兽药办公室（FVO）对河北省动物及动物源性食品残留物质监控工作，考察组对河北省动物源性食品兽药残留监控工作给予高度评价。

【畜禽良繁体系建设】 坚持引进与培育相结合的方针，以实施良种工程为载体，加快良种繁育推广步伐，全省畜禽良种覆盖面不断扩大，养殖效益明显提高。加强优良品种繁育推广，全年推广奶牛冻精280万支、生猪精液420万份，全省猪、鸡、牛良种覆盖率分别达到95.3%、95.6%和88.1%，达到国内先进水平。积极组织开展品种引进工作，优化畜禽品种结构，全年办理种畜禽进口审批手续21批，引进国外优质祖代蛋、肉种鸡21.24万套、荷斯坦奶牛6960头，荷斯坦冻精3.8万支、胚胎500枚，进一步加快了种畜禽品种改良步伐。制定具体测定规划，学习外地先进经验，种猪生产性能测定工作顺利启动。编制《河北省2009—2015年畜禽良种工程规划》，为加快建立完善的畜禽良种繁育体系奠定坚实基础。通过在全省33个县（市、区）的46个单位执行奶牛胚胎移植项目，全省准胎受体牛达到3333头，高产奶牛扩群步伐进一步加快。严格鉴定验收程序，强化管理服务，全年共核发种畜禽生产许可证270个，获得种畜禽生产经营许可证的种畜禽企业全部实行网上公布和查询，为养殖场户引种提供了便捷服务。规范程序，明确职责，依法加强种畜禽市场监管，严厉打击非法引种行为，对唐山亚达—艾格威公司及时作出行政处罚，有效规范了种畜禽场秩序。按照农业部统一部署，对全省畜禽遗传资源开展实地调查，摸清了底数，健全了档案，出版了《河北省畜禽遗传资源志》，为选育提高地方优良品种奠定了基础。

【草原生态建设与保护】 大力实施京津风沙源治理工程，强化人工种草、飞播牧草、草地改良等综合配套措施，全面落实和完善草原家庭承包责任制，积极推行基本草原保护、草畜平衡和严格的禁牧制度，全省草地承包面积达到2955万亩，禁牧休牧轮牧面积达到2958万亩。京津风沙源治理工程完成人工种草2.1万亩，围栏封育46.5万亩，建设基本草场17.1万亩，禁牧舍饲圈舍45万平方米，草地植被明显恢复和改善，草地沙化、退化得到有效遏制，明沙区域显著减少。加强草原法律法规宣传，加大执法力度，规范执法程序，严厉打击破坏草原的各类违法行为，草原违法开垦和占用现象进一步减少。草原监测手段和技术不断提升，引进3S技术，完成110个样地528个草本和灌木样方监测，获取数据1136份，超额完成农业部下达的监测任务。狠抓草原鼠、虫害防治，全省完成鼠、虫害防治面积798.3万亩，平均防效达到87.1%，超额完成防治目标。严格落实草原防火措施，加大督查力度，在全省普遍干燥少雨，张家口、承德遭受历史罕见严重旱灾的严峻形势下，实现了未发生等级以上草原火灾目标。

【饲料产业】 积极实施“大原料、大企业、大安全、大市场”战略，狠抓企业整合，培育大型企业，产业集中度进一步提高。全省饲料企业达到1485家，2家企业生产能力达到40万吨以上。饲料产量910万吨，产值236亿元，同比分别增长7.9%和7.8%，为畜牧业发展提供了可靠保障。切实加强饲料生产管理，积极开发新型饲料资源和饲料品种，科技含量和附加值高的浓缩料、添加剂预混料所占比重分别达到17.6%和1.5%，同比分别提高0.1和0.2个百分点，产品结构趋于合理，产业体系进一步完善。加强饲料企业规范化管理，积极推广先进适用技术，对已建企业强化督导检查，积极推行ISO系列标准认证体系和HAPPC质量管理体系认证，严厉打击无证生产经营行为，饲料产品质量进一步提高，产品质量合格率稳定在95%以上。对新建饲料和饲料添加剂企业，严格审核审批条件，确保了新上企业硬件合格、软件可靠，管理到位、运行规范。以黑龙港流域和牛羊优势产区为重点，调整种植结构，大力发展饲草饲料作物，全省青贮玉米、紫花苜蓿种植面积分别达到710万亩和400万亩，同比分别增长9%和1.5%。积极推广青贮、微贮技术，加快秸秆综合开发利用，全省完成秸秆青贮1753.6万吨（鲜重）、氨化微贮251万吨，秸秆处理利用率达到27.8%，同比提高1.3个百分点。

【品牌建设】 按照大力培育知名品牌，提高畜产品市场竞争力，增加养殖场户收入的思路，全力实施品牌战略，品牌建设步伐明显加快。品牌鸡蛋进省会和京津高端市场活动成功启动，“五谷”、“新星火”、“兴莲”等品牌鸡蛋陆续进入石家庄各大超市，月销售额近500万元。万稚园与北京“易初莲花”、“家乐福”及天津“华润万家”、“易买得”等大型超市签订长期供货协议，月销售额近300万元。品牌鸡蛋进省会社区活动进展顺利，“天凯”、“五谷”牌鸡蛋与石家庄150个社区600多个居民点建立了长期稳定的购销关系。积极帮助企业申报国家和省名牌产品，“华牧”、“五谷”、“新星火”荣获省级知名品牌，华牧和邯郸金凤市场申报了国家驰名商标和国家名牌产品。河北远征药业公司的远征牌商标成为目前全国1500多个兽药生产企业中唯一一个通过国家工商总局认定的“中国驰名商标”。省畜牧兽医局荣获全国首届“畜牧业品牌发展大会”颁发的“中国畜牧业品牌建设政府贡献奖”。

（河北省畜牧兽医局 赵学风）

渔 业

【概况】 2009年，河北省渔业按照年初全省渔业工作会议部署，以科学发展观为指导，以促进渔民增收为目标，以推进生态渔业、精品渔业和平安渔业建设为重点，积极转变发展方式，调整产业结构，努力克服金融危机蔓延以及生产环境恶化等带来的不利影响，渔业经济总体保持健康发展态势。全省渔业名优养殖比重增加，产品结构进一步优化；资源环境保护力度加大，生态渔业初见成效；水产品质量监管进一步加强，保障水平明显提高；渔业科技管理日趋活跃，支撑作用进一步增强，“渔业科技服务年”活动和“百、千、万”农业干部下基层、解难题、送服务活动取得显著成效；安全生产管理扎实有效，渔损事故率进一步降低；依法、依责履职，队伍素质进一步提升。据统计，2009年全省水产品总产量达到100.4万吨，同比增长3.9%。其中，海洋捕捞25.3万吨，与上年持平；海水养殖30万吨，增长1.7%；淡水养殖36.2万吨，增长7.9%；淡水捕捞8.8万吨，增长8.1%。渔业总产值可达138.6亿元，增长6.2%；渔民人均纯收入8300元，增长2.57%。

【产业结构调整】 按照部署，全省各地注重从资源条件出发，不断加大特色、优势品种开发力度。近海捕捞强度得到有效控制，加大向远海拓展的力度，赴远海捕捞作业的渔船达1000艘。沿海对虾、扇贝、河鲀等主导品种养殖生产保持稳定，梭子蟹、海参、海蜇、大菱鲆、半滑舌鳎、条斑星鲽等潜力品种发展加快；淡水特色优势品种养殖规模扩大，甲鱼温棚养殖面积达到300万平方米。冷水鱼类养殖从原来的石、保、邯迅速向张、承、唐、邢等地扩展，面积大幅增加。石家庄市继引进开发鲟鱼、青海湖裸鲤等名优冷水鱼品种后，2009年又对白斑狗鱼、江鳕两个冷水鱼新贵进行繁育技术攻关，并取得成功，其技术成果达国内领先水平。根据对10个县33个池塘养殖动态信息采集点数据分析，2009年河北省水产名优品种养殖比例进一步提高，由2008年的11%上升到27%，养殖结构进一步趋向优化。同时，围绕加快渔业开发，各地与国内外的经贸合作也日趋活跃，2009年全省水产品出口继续大幅增长，出口水产品总量达2万多吨，出口额达9313万美元。秦皇岛与大连獐子岛渔业集团的扇贝产业合作、乐亭县与加拿大象拔蚌养殖合作开发等项目进展顺利。渔业生产的组织化程度进一步提高，全省已成立各类渔业专业合作社77家，其中养殖类62家。休闲渔业保持良好发展势头，在大中城市周边，出现一批高品味的渔业休闲场点，既满足了新的消费时尚，又提高渔业附加值、增加了渔民收入。

【渔业资源增殖放流】 渔业资源增殖放流是改善渔业资源品种结构，科学提高渔业水域资源蕴含量的重要措施。

根据《中国水生生物资源养护行动纲要》和《河北省人民政府关于贯彻落实中国水生生物资源养护行动纲要的通知》要求，河北省渔业资源增殖放流工作得到了进一步加强，得到了社会各界的关注、参与和好评，取得了明显的经济、生态和社会效益。2009 年，中央和省级财政投资渔业资源增殖放流资金 1450 万元，其中中央财政 850 万元，省级财政 600 万元，共计放流水生生物 11 种，40 亿尾（粒、只）以上，其中海洋水生生物达 15 亿尾（粒、只），淡水达 25.45 亿尾（粒、只）。通过增殖放流，渔业资源群体进一步恢复，特别是海捕对虾获得了近年来少见的大丰收，产量达 1482 吨。重点强化四个方面的工作：一是加强科学管理。按照农业部要求及时编制《河北省水生生物资源增殖放流规划（2010—2015 年）》，进一步论证确定了全省重点放流水域、放流物种、放流数量及其水域环境状况。认真贯彻落实部颁《水生生物增殖放流管理规定》，严格各项程序、手续和规定，强调科学文明实施增殖放流；二是狠抓放流苗种的质量管理。结合全省春季苗种整顿检查活动，对放流苗种供应单位的苗种生产情况进行检查，对生产过程实施跟踪指导，实施严格的量化检验；三是细化措施，超前谋划。针对放流规模大、任务重和初春河北省近海局部海域水质较差的情况，积极采取各项措施，提前与苗种生产单位签定苗种供应协议，确保了年度大规模增殖放流任务顺利完成；四是切实做好增殖放流效果评估工作。对全省放流海域进行了详细的本底调查、跟踪调查及渔业生产情况调查，客观评价了渔业资源增殖放流的效果，为渔业资源修复和增殖放流工作提供科学依据。

【渔业资源与环境保护】 一是全面加强渔业资源管理工作。鲈鱼苗、对虾亲虾等专项资源管理进一步强化，渔业资源利用许可制度、新的海洋伏季休渔管理制度得到深入贯彻，特别是加强了与相邻省市跨界海域的联合执法。伏休期间，全省共出动渔政检查船 939 航次，陆地检查车 1316 辆次，检查员 1.39 万人次，累计查获违规渔船 102 艘次，伏休秩序明显好转。二是深入开展渔业水域生态环境保护工作。积极参与涉海建设项目的环评，并强化了渔业资源损害补偿费的收缴。2009 年全省列入环评的涉海工程含填海造地、海域使用项目共达 34 项，渔业资源损失补偿资金达 6351 万元，已催缴落实 270 多万元。三是水产种质资源保护区建设取得新突破。继 2008 年阜平中华鳖国家级种质资源保护区首获批准，2009 年又有衡水湖国家级水产种质资源保护区，白洋淀国家级水产种质资源保护区，秦皇岛海域国家级水产种质资源保护区通过批准。四是规范人工鱼礁建设与管理。根据国家加强海洋牧场和人工鱼礁建设的新要求，研究修订了《河北省人工鱼礁建设管理办法》。在秦皇岛海域投礁 150 万方，总投资达 5000 多万元。

【水产品质量安全】 一是大力推进渔业标准化和健康养殖示范区建设。新确定 18 家省、部级健康养殖示范场创建单位，其中 9 家被推荐为部级创建单位，同时确定国家级渔业标准化示范区 1 个、省级渔业标准化示范区 15 个，示范推广总面积已达 80 多万亩。136 个生产单位通过了无公害水产品产地认定，认定总面积达 200 余万亩，占总养殖面积的 70%以上，复查换证率达到 80%；49 个单位 77 个产品获得了无公害水产品认证，认证产品产量占水产养殖总产量的 26.8%。二是严格组织实施水产品药残抽样检测工作。共组织实施水产品药残抽样 392 个，其中，从基地抽样 49 个，合格率为 96%。从市场抽样 350 个，29 个阳性，合格率为 92%。对阳性样品全部进行了追溯调查或移交工商部门处理。三是组织开展水产品质量安全监管暨打击违法添加非食用物质专项行动和水产苗种专项整治行动。全省各级水产部门及渔政执法机构共出动 1.04 万人（次），检查生产基地和批发市场 2079 家，苗种场 355 家，组织培训 500 场次，对部分养殖场三项记录不完整、投入品管理不规范、个别养殖场无证生产等问题，执法人员现场纠改 4 起，责令整改 28 起。四是积极推进水产品市场准入工作。石家庄市在全省率先实施水产品市场准入工作，其经验得到省政府的肯定，并向全省推广。五是进一步加强水产养殖病害监测与防疫工作。重点监测鲤春病毒血症（SVC）和对虾白斑病（WSS）等重大疫情，全年抽样送检分别达到 100 个和 120 个。秦皇岛和唐山市的贝类划型工作全面展开，在 45 万亩划型区内，设立了 14 个监测区域、45 个监测点，全年检测抽样二批次、90 个样品，检测结果显示均为一类生产区。

【渔业标准化】 河北省高度重视渔业标准化工作，不断加大对渔业标准化和水产品质量安全的投入力度，强化渔业标准化队伍和水产品质量安全监管队伍的建设，有力地推动了全省渔业标准化工作。一是积极推进渔业标准制修订工作，健全渔业标准化体系。2009 年组织制定省渔业地方标准 10 项，组织制定国家行业标准 1 项。截至年底，全省已经制定发布省级渔业地方标准 80 多项，省级渔业地方标准体系初步建立。二是不断加大渔业标准的宣传贯彻工作，积极推进全省渔业标准化示范区建设。建设国家渔业标准化示范县 3 个；创建国家级渔业标准化示范区 1 个、省级渔业标准化示范区 15 个，示范面积达到 8.5 万亩。到 2009 年底，省级渔业标准化示范区达到 21 个，示范区实施总面积达到 13 万多亩。同时以示范区建设为载体，积极开展渔业技术和标准化知识培训，全省共开展渔业标准化技术培训超过 3000 多人次，印刷标准及技术宣传册 1 万余份。

【水产技术推广】 一是推广实施“对虾健康养殖技术集成与示范”、“对虾养殖信息管理系统研究与应用”、“海水工厂化养殖技术集成与示范”、“多类型水质健康养殖技术集成示范与推广”等 26 个重大项目，进一步优化了全省渔业产业结构和技术模式，突出和提升了包括对虾、海水工厂化、盐碱地在内的三大产业带、八大基地的特色和优势。2009 年全省共推广水产养殖面积池塘、滩涂等 4.31 万公顷，工厂化、网箱 145.1 万立方米，增加产值 4.22 亿元，受益农户 2.64 万户。同时引进繁育“黄海 1 号”、“黄海 2 号”中国对虾等优良品种；取得渔业科技成果 13 项，其中“海水鱼工厂化养殖技术推广”和“‘黄海一号’

中国对虾引进及养殖技术推广”2个项目获河北省科技进步三等奖。二是以开展“河北省渔业科技服务年”和“百、千、万农业科技干部下基层送服务”活动为契机，举办多种形式培训班，培训渔民3.74万人（次），渔业技能鉴定257人，其中高技能人才97人，发放技术资料9.76万份。

【渔业安全管理】 一是深入推进渔业“安全生产年”活动和“护渔2009”海洋渔业执法行动，重点抓好渔汛季节的安全生产管理，全面开展渔船、渔港安全隐患专项整治，共排查安全隐患303个，治理整改298个，占应排隐患的98.4%；二是加强渔船安全生产保障基础工作。在省政府的大力支持下，成立了河北省渔业互保协会。组织培训职务船员2292人，普通渔业船员的安全技能培训达到3300人次，渔业从业人员的安全意识和综合技能有了明显提高；制订实施了《河北省大风信息传递办法》等四项渔业安全生产管理制度。出台我国首部区域性渔业船舶检验办法《黄渤海小型渔业船舶检验办法》；开展渔业船舶检验标志粘贴试点工作；圆满完成了国家“渔船救生筏配备项目”，配备渔船气胀式救生筏1600个。海洋渔业安全通信网超短波网和海洋渔业安全通信网CDMA移动通信系统的建设已经起步，河北省渔业安全通讯指挥系统正在抓紧建设中；三是大力组织实施渔船编队生产方式。全省共组织渔船编队243个，基本覆盖了60马力以上的渔船，有效提高了渔船应对海上突发事件的自救互救能力；四是渔港建设取得新进展。丰南黑沿子渔港建设工程已完成800米码头建设，黄骅新村渔港建设已完成530米的码头施工。五是加强涉外渔业管理和跨省渔事纠纷调解。按照农业部和省政府的部署，高度重视朝韩敏感水域渔船管理，对包括所有涉外渔船和120马力以上的大型渔船全部进行登记造册，落实渔船停靠地点，派专人加强监管，防止了涉外事件的发生。积极主动地协调有关各方，妥善处理了河北省秦皇岛市渔船与辽宁省渔船纠纷事件。

【渔业法制建设】 一是加强执法人员培训工作。新《河北省渔业条例》颁布实施后，结合五五普法计划，采用培训、座谈、调研等形式普及法律知识，共举办法律法规培训班16期，培训执法人员660余人；二是加强渔业行政审批工作。在省渔政处建成集行政许可、审批、信访接待、政务信息为一体的河北渔业行政服务大厅，进一步简化审批程序，规范审批流程，缩减办结时限，全力服务渔民群众；三是开展《河北省休闲渔业管理办法》（草稿）的调研修订工作。征求省直有关部门、各市县渔业主管部门的意见，完善条款内容，增强办法的可操作性，争取列入省政府2010年立法调研计划。

【渔业防灾减灾】 2009年，河北渔业经历了前所未有的自然灾害考验。一是秦皇岛市扇贝养殖灾害。2009年夏秋季节，秦皇岛市海域海水呈现黄色、浑浊、透明度很低的情况，区域内养殖扇贝苗种生长缓慢，并相继出现死亡现象，牡蛎、贻贝等滤食性贝类也出现死亡现象。经检测分析，是由于微微型光合浮游生物数量异常增多造成。灾害发生后，认真调查了解情况，密切沟通信息并分析灾情、研究对策，与专家、领导、一线养殖人员共同深入研讨，力求破解贝类产业发展难题的有效途径。在深入实践广泛调研基础上，提出了促进河北省扇贝养殖可持续、健康发展的指导意见，妥善处置了此次自然灾害，维护了渔区社会和谐稳定；二是入冬以后，受频繁冷空气侵袭，河北省先后遭遇了历史罕见的暴雪和渤海冰冻灾害，给河北渔业生产造成了严重损失。据不完全统计，暴雪灾害累计造成养殖温棚坍塌74.47万平方米，受灾养殖户达300余户，直接经济损失4430.55万元；渤海结冰对捕捞船网、养殖设施及养殖水产品造成损失达1.57亿元，暴雪灾害造成温棚渔业损失4431万元。全省渔业系统及时应对，妥善处理，积极采取各项措施指导灾区开展科学救灾和疫病防治，尽最大努力帮助渔民减灾抗灾、恢复生产，将灾害损失减小到最低程度。并将渔业受灾情况及时向有关部门进行汇报，积极争取救灾资金、项目和优惠政策。河北省农业厅联合省财政共同以《关于修复渤海冰冻灾害渔业受损设施所需资金的请示》文件上报国家有关部门，申请予以资金支持。中央特别安排救灾资金500万元，用于对受损船只、网具及渔业生产基础设施进行修复。

（河北省水产局　雷　霞）

工　　业

【概况】 2009年，是河北工业攻坚克难、砥砺奋进、逐步走出困境的一年。全省各地认真贯彻落实国家和省保增长的一揽子政策措施，沉着应对国际金融危机的冲击，强化工业经济运行调节，工业经济较快扭转了增速明显下滑的局面，总体呈现逐步企稳回升向好的态势，成绩来之不易。

（一）工业生产总体呈现V字形运行态势。受国际金融危机等因素影响，年初全省规模以上工业生产延续了2008年下半年以来的回落态势，4月份降到最低点，增长5.3%；5月份开始回升，工业生产呈现企稳回升态势，回升势头逐步增强，6—12月连续6个月增加值增速保持两位数增长，8、9、10、12月份增长20%以上；全年工业增加值完成6287.8亿元，比上年增长13.4%。其中，国有及国有控股企业增长11.0%，集体企业增长15.2%，股份制企业增长13.9%，外商及港澳台投资企业增长5.6%。工业稳步回升对整体经济企稳向好起到了关键作用。

重工业增速快于轻工业。轻工业完成增加值1269.1亿元，比上年增长9.5%；重工业完成增加值5018.7亿元，增长14.4%，快于轻工业4.9个百分点，其中黑色金属冶炼及压延加工业、电气机械及器材制造业、石油加工炼焦及核燃料加工业、通用设备制造业增长较快，分别增长17.8%、19.8%、15.9%和14.0%。

钢铁和装备制造业带动作用较强。钢铁、装备制造、石化、食品、建材、纺织服装、医药等七个主要行业完成增加值5159.1亿元，比上年增长13.7%，占规模以上工业的82.1%。其中，钢铁和装备制造业完成增加值2193.5亿元和1018.5亿元，比上年分别增长18.4%和17.2%，增速高于全省平均水平5.0和3.8个百分点，对全省工业增长的贡献率达50.2%和18.4%。

大中型企业生产由降转增，逐步回升。4、5月份大中型企业完成工业增加值出现负增长，6月份由降转增，8、9月份呈现两位数增长，10、11、12月份均增长20%以上，增速均超过规模以上工业平均水平；全年完成增加值4184.5亿元，增长9.1%，增速比上半年、前三季度分别提高8.6和4.3个百分点。

主要产品产量较快增长。2009年，全省粗钢产量13536.3万吨，比上年增长17.5%；钢材产量15134.5万吨，增长26.8%；水泥产量10611.5万吨，增长18.2%；原煤产量8389.2万吨，增长11.5%；汽车产量51.4万辆，增长60.0%。

（二）工业效益实现由降转增。全省规模以上工业利润自2008年9月份开始连续四个月下降，2009年前两个月降到最低点，下降56.0%，3月份以来降幅逐步缩小，全年扭转了下降局面，实现利润总额1440.3亿元，比上年增长5.1%。其中，国有及国有控股企业实现利润262.4亿元，下降5.2%；集体企业实现利润35.7亿元，增长9.7%；股份制企业实现利润840.2亿元，增长21.0%；私营企业实现利润639.8亿元，增长15.0%。全年规模以上工业完成主营业务收入24119.5亿元，比上年增长7.3%；亏损企业亏损额153.6亿元，比上年减亏32.9%。

六成以上行业利润实现增长。在38个行业大类中，有24个行业的盈利水平比上年有所增长，占63.2%，其中16个行业增长30%以上。利润总额居前10位行业分别是黑色金属冶炼及压延加工业、黑色金属矿采选业、电气机械及器材制造业、非金属矿物制品业、通用设备制造业、石油加工炼焦及核燃料加工业、交通运输设备制造业、农副食品加工业、金属制品业、纺织业，分别实现利润266.9亿元、161.5亿元、82.3亿元、80.4亿元、64.3亿元、61.7亿元、60.0亿元、58.1亿元、53.0亿元和52.0亿元，其中黑色金属冶炼及压延加工业实现利润比上年增长0.5%，非金属矿物制品业增长60.8%，通用设备制造业增长31.5%，交通运输设备制造业增长49.2%，金属制品业增长61.5%，纺织业增长44.5%，其他4个行业实现利润比上年有所下降。

（三）工业结构调整取得积极成效。认真落实产业振兴规划，在保增长的同时大力推进结构优化升级，特别是在做大做强装备制造业、改造提升传统产业等方面不断加大工作力度，取得积极成效。

做大装备制造业迈出新步伐。2009年，全省装备制造业一直保持较快增长，在上半年规模以上工业整体呈现低速增长的背景下，装备制造业增速均在10%以上，特别是11、12两个月份，增速跃居七个主要工业行业之首。全年装备制造业完成增加值占规模以上工业的比重达16.2%，比上年提高2.5个百分点，其中交通运输设备制造、电气机械及器材制造等科技含量较高的行业快速增长。表明全省装备制造业正在逐步做大，把装备制造业打造成全省第二战略支撑产业的政策措施效应逐步显现。

做强钢铁行业有所进展。钢铁集团上市公司整合及钢铁主业整体上市取得明显进展，钢铁产品结构进一步调整优化。2009年，全省钢材板带比为55.8%，比上年提高0.3个百分点，比上半年提高3.2个百分点；高附加值的镀层板（带）和涂层板（带）分别增长33.5%和135.3%。

总的看，2009年全省工业经济实现了企稳回升，但国际金融危机对实体经济的影响尚未消除，企业内在发展动力仍显不足，突出表现为工业回升基础不稳，出口交货值降幅较大，整体效益水平不高，部分行业和企业生产经营还比较困难等。2010年是“十一五”规划的最后一年，也是全省工业经济发展的关键时期，应紧紧围绕结构调整和转变发展方式，在发展中促转变，在转变中谋发展，把握发展优势和机遇，强化运行调节，巩固回升势头，力促工业经济平稳较快增长。

（河北省统计局　高娓　王光　韩红）

【饲料加工业】　2009年，全省共有饲料及饲料添加剂生产企业1242家，比上年减少4家，减少0.3%，其中时产1吨以上（含1吨）的饲料生产企业835家，时产5吨以上（含5吨）的饲料生产企业315家，大型企业所占比重为37.7%。全省饲料生产能力达2990吨/时。全省饲料产品总产量910.1万吨，比上年增加66.9万吨，增长7.9%，其中配合饲料735.7万吨、浓缩饲料162.4万吨、添加剂预混合饲料12.0万吨，比上年增加63万吨、3.5万吨、0.4万吨，增长9.4%、2.2%、3.4%。饲料工业总产值达236.2亿元，比上年增加16.9亿元，增幅7.7%。

全省共有饲料添加剂生产及分装企业141家，各种饲料添加剂总产量21.4万吨，其中维生素类（包括氯化胆碱）14.5万吨、矿物元素及其络合物5.3万吨、酶制剂0.4万吨、微生物1.2万吨、其他类0.03万吨。

全省共有动物源性饲料生产企业75家，产品总产量12.3万吨，其中鱼粉7.8万吨，骨粉、肉骨粉2.6万吨，其它原料近1.9万吨。全省共有饲料机械制造专业和兼业厂家5家，共生产饲料机械347台（套）。

（一）饲料质量安全执法年行动取得显著成效

1.加强领导，落实责任。为了保证饲料质量安全执法年行动顺利开展，河北省成立了以张钰副厅长为组长、张强副局长为副组长，由省局饲料处、省饲料产品质量监督检验站、省饲料工业协会秘书处主要负责同志参加的领导小组。各设区市也都成立了相应的机构，层层签定了责任状，特别是县级饲料管理部门与辖区内所有饲料生产、经营企业及规模养殖场（户）签订了责任状和告知承诺书，全面落实监管责任。

2. 周密安排，全面部署。按照农业部和省厅局的有关要求，省局制订了《河北省2009年饲料专项整治行动暨饲料质量安全执法年行动工作方案》，明确目标、强化措施、细化进度，加强监管、强化督导、总结验收、考核评比环环相扣。省局先后下发了《关于进一步加强对单一饲料生产企业管理的通知》、《关于加强对配合饲料、浓缩饲料和精料补充料生产企业管理的通知》等13个专项整治文件，并于2月25日召开了全省饲料工作暨饲料质量安全执法年行动启动会议，张钰副厅长到会做重要讲话，全面安排部署饲料专项整治行动。为了将专项整治行动落到实处，上半年，省饲料工作办在沧州、石家庄、秦皇岛等市分别召开了专项整治动员会议，安排部署专项整治任务。先后召开植物蛋白单一饲料整治会议两次，动物源性饲料整治会议三次，氯化胆碱整治会议一次，有关饲料生产企业的主要负责人全部到会，并签订了责任状。4月28日，省饲料工作办召开饲料安全执法工作调度会，了解各市饲料安全执法工作进展情况，交流经验，通报执法中发现的典型案件和重大案件，及时研究解决遇到的问题，及时安排部署阶段性的工作，使专项整治行动健康、有序地开展。

3. 突出重点，强化专项整治。针对历年监管工作中存在的主要问题和农业部全国饲料办的要求，河北省明确了监管重点，即：饲料添加剂以氯化胆碱为重点，饲料以蛋白单一饲料、动物源性饲料和奶牛饲料为重点，养殖环节以"瘦肉精"为重点。从2009年上半年开始，省饲料工作办多次到沧州市针对氯化胆碱被农业部多次通报不合格问题进行研究、探讨、并与有关省、市协商，制定氯化胆碱专项整治实施方案，对沧州市所有生产氯化胆碱的企业进行拉网式检查，重新验收，同时要求企业对其生产的氯化胆碱产品标签、包装、生产工艺，所进原料、销售市场、检验设备等进行自查，对不符合国家要求的限期整改，对整改仍不合格的依法处理。对动物源性饲料的专项整治采取了企业自查，县、市普查，省级抽查的方式，在沧州、石家庄、秦皇岛、唐山等市动物源性蛋白饲料较集中的地区进行突击检查，并对其生产的样品进行抽检，送省、市饲料监测部门进行检测。省局按比例抽查了20%，对3家已不具备生产条件或有严重违法违规行为的企业注销了质量安全卫生合格证。对植物蛋白单一饲料采取了普查和集中整治相结合的方式。从7月1日到8月31日，利用两个月的时间，对全省饲料生产企业的植物蛋白单一饲料进行了全面清理整顿，首先由各县、市自查，在自查的基础上，省局组织了三个督导组进行督导检查。对瘦肉精的专项整治仍然采用全省普查、节日前重点查，对重点县（市）拉网式检查相结合的方式。为了保证建国六十周年大庆期间，供应河北省及京津的猪、牛、羊肉质量安全，8月18日到9月中旬，全省开展了"瘦肉精"等违禁药品集中整治行动。印发了《河北省瘦肉精等违禁药品集中整治实施方案》等有关文件。印发宣传材料16万份，各部门密切配合，协调联动，确保了建国六十周年大庆期间的猪、牛、羊肉质量安全。

4. 强化执法，加强监督检查。在2009年开展的饲料质量安全执法年活动中。全省共出动饲料执法人员6.09万人（次），出动督查人员1.31万人（次），检查饲料企业1.26万个（次），检查养殖场（户）4.84万个（次）。取缔非法企业22家；其中：植物蛋白单一饲料专项整治出动饲料执法人员1500人（次），出动车辆490辆（次），检查饲料生产企业1720家次，经营企业1567家次，对16家企业进行了整改。瘦肉精专项整治行动共出动执法人员2.09万人（次），检查兽药饲料生产经营企业、养殖场（户）1.57万个（次），抽检样品15716批次。查处无证、无号、无标签产品59个；查处违法饲料产品164.24吨，涉案金额91.36万元；查获人用盐酸克伦特罗药片4.4万片，已移交公安机关处理；立案调查违法企业、养殖场户29个，案件查处率100%。进一步规范了河北省饲料生产、经营和使用秩序，确保了畜禽产品质量安全。

5. 加强督导检查和调研工作。按照省局要求，各市在自查的基础上，加强了对各县（市）自查情况的督导检查。据统计，全省11个市共组成督导检查组73个，开展督导检查234次。为了检查各市工作情况，省饲料工作办先后组织了12个督导组，开展了四次全省饲料执法督导检查行动，深入11个市的企业和养殖场（户）进行现场检查，共检查71个（次）县（市、区）、273个（次）饲料生产企业、544个（次）饲料经营企业，1053个（次）养殖场（户），共抽取样品700批次，由省饲料监督检验站统一检测。同时，省饲料工作办按照省局要求，还5次派出调研组，对有关事宜进行专题调研，并写出专题调研报告。

（二）强化畜牧投入品监管，加强饲料安全体系建设

1. 认真落实省局制定的各项规章制度。按照省局要求，省饲料工作办认真落实各项责任制和责任追究制度。明确饲料、饲料添加剂生产经营企业是产品质量的第一责任人，县级以上各级畜牧兽医主管部门是企业产品质量监管的主要负责人，各级各部门要按照各自的职责，层层签订责任状。截至2009年11月30日，全省县级饲料管理部门同饲料生产企业和养殖场户共签订责任状和承诺书共计1.68万份，其中：同饲料生产企业签订了1485份，同养殖场（户）签订了1.23万份，按照责任状和承诺书的要求，督促生产者严格执行我局制定的八项制度和八项记录，加强畜牧投入品安全使用管理，全面落实质量追溯制度。对问题投入品做到追根溯源，查明责任，依法处理。

2. 建立完善监管员制度。为加强对饲料生产企业的监管，省局下发了《河北省饲料生产企业定点联系质量安全监督管理办法》的通知，要求各县（市、区）畜牧饲料管理部门至少确定一名质量安全监管负责人和一名质量安全监管员，定期对饲料生产企业证号、生产记录、企业自检报告、原料来源、质量安全自控措施进行检查。在检查过程中，填写一式两份的监督检查意见书，一份交企业保存，一份县畜牧饲料管理部门留存备查，作为开展日常监管工作的依据。目前，全省落实县级监管负责人195名，落实县级饲料质量安全监管员565名，共涉及全省1485

家饲料和饲料添加剂生产企业。

3. 提高门槛，严格审核，层层把关。为了加强饲料生产企业管理，省局下发了有关文件，结合本省实际对企业的场地面积、生产规模、质检要求、产品标准及验收程序等内容提出了明确要求。为了保证质量，企业必须经过县级和市级饲料管理部门初审，省局饲料办再对所有申报企业逐一进行检查验收。2009 年共验收企业 258 家，通过 194 家，限期整改 4 家，拟注销饲料添加剂和添加剂预混料生产企业 5 家。发放饲料添加剂和添加剂预混料产品批准文号 407 个。去年，省饲料工作办共收到举报饲料违法案件 62 起，已查处 62 起。

4. 加强培训，提高人员素质。为了提高饲料企业人员素质，省饲料工作办结合饲料生产企业发证、年度备案和职业技能鉴定等工作，全面开展培训，2009 年 4 月 28 日，9 月 2 日，11 月 25 日，省饲料工作办按照省局要求分别在平山县、秦皇岛市、邢台市举办了三期全省饲料法律法规知识培训班，对全省饲料执法人员和大中型饲料企业的厂长经理进行集中统一培训，同时，省饲料工作办还分期分批地对全省饲料生产企业的负责人及检化验员进行法制培训和检验技术培训，共举办了饲料添加剂和添加剂预混料获证企业培训班 2 期，动物源性饲料生产企业厂长经理培训班 3 期，饲料检验化验员培训班 4 期，共培训人员 2285 人（次），其中：检化验员培训班 545 人，动物源性饲料生产企业培训班 77 人，获证企业年度备案培训班 287 人（次），法律知识培训班 1376 人（次）。11 月 24 日，省饲料工作办在邢台市专门举办了一期 2009 年问题企业负责人培训班，对 2009 年被农业部或省局通报或群众举报而被查实确实存在问题的企业法人进行了集中统一培训，并对发生问题的原因进行了剖析，帮助企业查找问题，并提出了今后改进措施和意见，使违法企业法人受到了深刻的教育。

5. 开展考核竞赛活动，提高各市及企业自检能力。为了提高各市县及大型饲料企业的自检能力。省饲料工作办采取了考核与培训相结合的方式，对各市和重点县（市、区）饲料检验机构及全省大型饲料企业检验室检验能力进行比对考核。由省饲料监察所和部分市所具体负责对各市、监测机构及大中型饲料企业的监测检验能力进行比对试验考核。通过比对试验，检查各市及大型饲料企业的质量检测能力。对考核不合格的企业和市提出警告和重点培训，连续两次比对试验考核不合格的企业进行停产整顿。2009 年，已完成了对 11 个饲料检验机构和 70 家大中型饲料生产企业检验室检验能力比对试验考核工作。

（三）加强质量监测工作，确保产品质量。按照农业部《2009 年饲料质量安全监测计划》的要求，省局制定了《2009 年河北省饲料质量安全监测计划》，在农业部下达任务的基础上，扩大了监测范围和数量，突出重点地区和重点环节，切实加强对饲料原料特别是蛋白饲料原料和违禁添加物的监督管理。2009 年，全省共检测三聚氰胺样品 4817 批次，合格率为 100%；检测瘦肉精样品 2.11 万批次，合格率为 99.9%；检测苏丹红样品 1609 批次，合格率为 100%；检测其他违禁药物样品数 4152 批次，合格率为 100%。

（四）建设饲料强省，培育大型饲料企业集团。为贯彻落实省局《壮大饲料饲草产业工程实施意见》，尽快培育河北省大型饲料企业集团，省饲料工作办积极开展工作。一是深入调查研究，制定实施方案。二是召开大型企业联系会，统一思想认识。三是组织有培养前途的大型饲料企业到外省学习考察。四是帮助指导大型饲料企业解放思想，开拓思路，做大做强。2009 年，已有两家饲料生产企业初步建成 40 万吨以上的饲料企业集团。

（河北省饲料工作办公室　郭丽鲜）

【制盐业】 2009 年，河北盐产区倒春寒持续时间长，平均气温较常年偏低，蒸发量同比减少，汛期降雨量大，部分企业遭受冰雹和暴风雨袭击，原盐生产形势严峻。同时，沿海经济开发占用大量盐田，部分企业生产布局受到影响，制约了纳潮、制卤能力，原盐稳产水平下降。销售方面，上半年受国际金融危机的影响，两碱工业下游产品市场持续低迷，原盐、煤电油运价格大幅波动，行业盈利水平整体下滑。下半年以来，随着国家一系列刺激经济政策效应的显现，两碱行业开始复苏，带动了原盐需求的增长。通过全省盐行的共同努力，全年生产原盐 422 万吨，完成年度目标的 121%，同比增加 38 万吨，其中唐山盐区产盐 238 万吨，沧州盐区产盐 184 万吨。全省销售各类盐斤 335.7 万吨，完成年度目标的 102%，同比增加 0.13 万吨；其中销售两碱工业用盐 276.54 万吨，市场工业盐 31.61 万吨；销售食盐 24.17 万吨，占年计划的 80.8%，其中省内完成 19.66 万吨，占年度计划的 80.24%，省外完成 4.5 万吨，占年度计划的 83.33%；销售饲料盐 1.01 万吨、渔业盐 0.36 万吨、出口 2.01 万吨。计划内产品完成总量与上年基本持平。全年累计出动盐政稽查、检查人员 3422 人次，查处盐业违规违法案件 70 起，查获各类违法盐产品 452.1 吨，罚款 26.99 万元，维护了全省盐业市场的正常秩序。

稳定原盐生产。2009 年，河北盐产区在气象条件不利、生产基础薄弱和盐田面积萎缩的情况下，生产企业科学调度，积极应对，采取了多项抗灾保产措施：

一是加大对基础设备设施的维修改造力度，稳定原盐生产能力。河北长芦大清河盐化集团有限公司实施了制保排、储潮库等 12 个项目的滩田技术改造。沧州盐区总投资 1560 万元用于滩田设施维修、部分挤塑池改造成浮卷塑苫等基础设施改造，其中中盐长芦沧州盐化集团有限公司投资近 1000 万元实施 3658 公亩结晶池“挤改浮”、4200 公亩盐田塑苫更新、机械修滩等工作，与长春水利机械研究所联合研制新型大型扒盐机，有效提高了技术装备水平和劳动生产率。海兴县投资 150 万元完成制卤区走水路线调整改造、7 座过水闸涵建造、8 台套机电扬水设备更新等工程，保证了盐业生产顺利进行。

二是进一步完善生产管理奖惩机制，调动职工生产积极性。南堡盐场合理确定基层单位 2009 年生产任务指标，层层分解目标责任，推行“产量超奖亏罚，成本超罚节奖”的奖惩机制和“奖励向一线倾斜”的利益分配机制。中盐长芦沧州盐化集团有限公司实施承包经营模式，将原盐质量、产量、设备完好率等指标与职工收入挂钩，加强对生产成本和管理费用的管控，树立降本增效和节约创收的生产管理理念，广大职工工作积极性明显增强。河北长芦大清河盐化集团有限公司实施问题管理、极限管理，树立“点点滴滴都是产量”的生产理念，有效面积单产达到1.064吨/公亩，跃居全国海盐企业第一名。

三是抓住生产中的关键环节。各制盐企业着力强化生产调度、结晶管理、塑苫利用和制卤措施，充分发挥塑苫作用，努力提高卤水浓度，为原盐生产提供优质卤源。沧州盐区采取量卤灌池的原则，春季盐区总计灌池13万公亩，其中塑苫面积占96.7%，原盐质量和产量有了较大提高，优一级品率达95%以上。中盐长芦沧州盐化集团有限公司科学把握制卤规律，将自然制卤与人工制卤相结合，在初级制卤面积大幅缩减的情况下，严格控制外围用水，抓好回收、卤水调度等环节，全年制作7.2度卤水5140万立方米，为原盐生产提供了坚实保障。

食盐供应和质量监管。2009年，严格执行国家下达的食盐计划，狠抓计划的提报、下达、执行三个环节，分析解决计划执行中遇到的问题，主动了解市场需求，协调计划落实。在南方个别省份出现食盐抢购风波的情况下，印发《关于应对突发事件做好食盐稳定供应的紧急通知》，明确应对措施，保证市场供应，迅速稳定了食盐市场。针对个别地区出现的泡菜盐供应问题，及时开发出“滩晒精盐”新品种，填补市场空白，结束了泡菜盐外调的历史。保障食盐质量安全。结合全省食盐生产和质量管理实际，组织食盐定点生产企业增强食盐质量安全意识，建立健全食盐质量安全管理体系；搞好设备更新改造，提高食盐生产科技水平和能力；认真迎接国家食盐定点生产许可证检查和验收，共有8个食盐定点生产企业通过检查验收。开展食盐市场专项整治。按照《食品安全法》有关规定，以加工盐企业、工业盐经销企业、农村及城乡结合部食品市场和省际边界为重点区域，依法严厉查处制售假劣食盐和无计划无证照生产销售等不法行为，杜绝不合格产品流入食盐市场，营造安全放心的食盐消费环境。提高省际间盐政联合执法力度。组织召开京津冀晋辽蒙盐政联合执法会议和冀鲁豫区域间联合执法会议，严格执行河北省与周边省市建立的边界联合执法制度，即时沟通执法信息，密切盐政管理的区域衔接，促进盐业市场健康发展。

服务制盐企业。推进产销衔接和盐碱合作。召开2010年河北省盐业产销衔接座谈暨盐碱论坛会议，搭建盐碱合作平台，帮助盐碱企业及时掌握国内外行业最新动态，客观全面地交流盐产品生产供求信息，构建和谐稳定的产销关系。及时提供气象信息服务。根据与省气象局签订的有偿服务协议，密切关注盐区中长期和月度气象变化，为盐区提供及时准确的气象信息。印发《关于做好2009年盐业防汛工作的通知》，周密部署全省盐业防汛工作，最大限度地减轻和避免了气象灾害给盐业生产造成的损失。积极开展盐业学术交流。组织召开河北盐业2009年度学术论文评审会，对盐区提交的近30篇论文进行了认真评审，评选出一等奖论文14篇，二等奖论文12篇。多数论文在自主创新、节能减排、循环经济等方面，提出了许多新理念，对全省盐业系统加强企业管理和推进技术进步具有较高的参考价值和借鉴意义。

谋划项目建设。2009年，进一步强化招商引资工作措施，积极谋划和推进项目建设，不断深化行业结构调整，行业可持续发展能力逐步提高。唐山盐区利用曹妃甸工业区华润电厂海水淡化副产浓海水制盐项目已聘请有关专家完成投资概算、效益分析及可行性论证，经国家发改委批准后由中国制盐研究院进行了规划设计，该项目建成后年新增原盐产能262万吨。中盐长芦沧州盐化集团有限公司投资167万元实施了精粉盐厂技改项目，食盐远景产能达20万吨；谋划建设的中盐渤海化工园区项目已委托中国国际轻工设计院制定规划设计方案；国华沧东电厂海水淡化副产浓海水制盐和苦卤综合利用项目前期工作正在积极推进。海兴县总投资8.5亿元，年产35万吨联碱项目已通过省环保厅环境保护评估；总投资1.5亿元的成品油物流、仓储、贸易项目即将正式签约。

（河北省盐务管理局　马　骁）

电子信息产业

【概况】　2009年是电子信息产业受国际金融危机影响严重的一年。在国家一系列刺激经济发展政策引导下，河北电子信息产业采取了相应措施，一是制定了电子信息产业调整振兴规划；二是积极帮助企业排解市场要素和供给难题；三是坚持“做大与做强”并重。力促扭转经济运行下滑，下半年生产增速逐步低位回升，遏制出口大幅度缩减，经济效益降幅收窄，回升态势趋于明朗。

2009年底，全省电子信息产业在统企业479家，其中：制造业255家，软件业224家。拥有8家国内外上市公司，3家全国电子百强和2家收入过百亿元企业。从业职工总数13.02万人，其中各类工程技术人员2万人；基本形成环京津“四基地、八园区”（石家庄、廊坊、保定、秦皇岛基地，玉田、承德、张家口东山、怀来、涿鹿、沧州青县和线路板、邯郸园区）发展格局；主要产品有：通信设备制造含交换、传输设备、卫星通信设备和移动通信设备；广播电视、计算机整机、家用电器配套元器件，仪器仪表、测量、医疗、电力传输保障设备等约十大类。太阳能光伏电池、通信设备、平板显示、半导体照明（LED）、安防电子、医疗电子等六大产业链（群）日趋完善。代表性企业有：保定英利新能源、邢台晶龙集团、保定风帆、乐凯。富士康、华为、中兴、京东方等国际知名企业先后落户廊坊。

一、经济运行总体向好。2009年，全行业完成主营业务收入631.35亿元，同比增长3.2%，高于全国7个百分点，居11位，产业规模占全省GDP近1%。全行业完成利税总额94.05亿元，同比增长1.2%。实现利润73.77亿元，居全国第6位。全行业实现工业增加值145.65亿元，居全国第13位。出口创汇19.88亿美元，同比增长3.27%，高于全国7.4个百分点，居全国第11位。重点监测的16个电子信息产品中，除程控交换机、彩色玻壳产销有所下降外，全部实现正增长，产品增长面呈现逐月扩大趋势，其中医疗电子、通信电缆、液晶显示模组等产品增长幅度较高。到年底，医疗电子产销量增速2倍以上；通信电缆产销量增速1倍以上；液晶显示模组产销量增速49%以上。河北省主要优势产品——光伏系列产品在金融危机影响下，上半年出口萎靡，仅硅片产量就下降了59.3%。但经过企业努力，到年底单晶硅、硅片、太阳能电池产销量分别增长12.8%和20.6%以上。

2009年，程控交换机生产13.35万线，销售13.41万线。硅晶体太阳能电池及组件产量产1160兆瓦。单晶硅产1885.4公斤。单晶硅片产6351万片，销6592万片。通信电缆产44万公里，销44.87万公里。液晶显示屏(15寸及以下)产55万片，销59万片。液晶显示模组产1055万套，销972万套。医疗电子产8.53万套、销8.28万套。仪器仪表产13.48万台，销13.95万台。

河北省电子信息产业无论在全省工业还是在全国电子信息产业中所占比重偏小，与全国电子信息产业在国民经济中保持2位数比重的重要地位相差1个数量级。尤其是出口创汇，河北省仅占全国电子信息产业的0.45%，占全省工业的16.7%。

二、“四基地八园区”建设步伐加快，产业聚集度明显增强。石家庄基地以五十四所、十三所为依托，以军工及民用科研成果转化为重点，突出发展通信装备、半导体照明及配套元器件，一批成熟科研成果相继入园发展，建设初具规模；保定基地以打造“中国电谷”为核心，重点发展光伏、风能及保障电力传输安全装备，形成完善的光伏产业链，壮大英利新能源、天威集团；廊坊基地发挥区位优势、倾力打造招商环境，重点承接国内外知名企业、京津产业转移，吸纳金融、电信运营业央企落户，富士康、华为、中兴、京东方等企业落地，基地建设取得阶段性成效；秦皇岛基地以软件核心技术为支撑，突出发展现代信息服务业，加快东软等企业入驻，为物流业服务提供保障。石家庄、保定、廊坊三市产业聚集作用明显，从业人数和主营业务收入分别占全省电子信息产业69%和76%. 主营业务收入超10亿元企业增加到6家，上市公司增加到8家，宁晋晶龙、风帆股份、保定乐凯3家企业进入全国电子百强，分别列19、72、84位。

三、重点项目建设成效显著。全省电子信息产业在建重点项目71项，计划总投资1700亿元，已累计完成投资220亿元，项目全部达产后可新增销售收入4270亿元，其中建设规模在10亿元以上项目22项。华为廊坊基地已累计完成投资10亿元，其技术服务公司和市场部投入运营且运转良好。富士康(廊坊)产业基地配套服务项目累计完成投资43亿元。京东方固安平板显示产业基地项目已累计完成投资8.3亿元，“移动装置用TFT—LCD显示模块产业化项目”已建成投产，具备年产2400万片小尺寸显示模块的生产能力，“年产240万片中尺寸TFT—LCD模块研发及产业化”项目按计划稳步推进，已完成投资计划的95.7%，进入试生产。河北宇信电子科技有限公司金融电子信息(廊坊)基地项目已于2009年6月开工建设，累计完成投资2.2亿元。60万件液晶显示器件项目正在进行生产车间基础施工，年产500万组显示器背光源项目已经完成注册、环评、备案初步设计等前期准备工作。东旭公司液晶面板成套设备生产线项目已于2009年9月开工，累计完成投资5200万元。液晶玻璃基板生产线项目累计完成投资8.1亿元，2009年9月已奠基，预计2010年7月试投产。同辉公司半导体照明工程一期工程已投产，形成年产高亮度LED外延片12万片，25亿粒红橙黄和12亿粒蓝光传统型小尺寸芯片的能力；两条SMD生产线已投产，产能达到15KK/月；光源模组和灯具组装生产线已投产，两条SMD贴片线，日光灯板2万条/月。鑫谷光电超高亮发光二极管及应用产业化项目已经试投产。秦皇岛鹏远光电子科技有限公司LED芯片及封装产业化项目已经累计完成投资8000万元，建成3条封装生产线，两条灯具生产线，项目进展顺利，具备大批量生产能力。海湾安全技术有限公司三期工程已建成并投入生产。河北北大青鸟环宇消防设备有限公司市场占有率继秦皇岛海湾集团之后，居全国第二位，2009年产品定单呈逆势上扬态势。

四、太阳能光伏产业具备向纵深发展的坚实基础。全省光伏产业现有企业47家(不含光伏—LED企业)。据对22家重点光伏企业初步统计，2009年实现销售收入185亿元，同比下降17%，完成利税21.4亿元，同比下降55.8%。英利新能源、晶龙集团产能进入全球前10名，不断改进工艺，提升技术水平，稳定产品质量，降低物料消耗，综合成本日趋下降，为建立电站并入电网打下价格基础。廊坊新奥新能源、保定天威、衡水常源光伏公司薄膜太阳能电池成本低廉，环境适应能力强，具有潜在竞争优势。国家光伏高新技术产业化基地、重点实验室先后落户邢台、保定，目前河北省太阳能生产能力位居全球第七、国内第二位。

五、基础元器件向高端制造迈进。TFT液晶材料、石英晶体谐振器保持国内领头羊地位。为整机配套的各类元器件及原辅材料门类齐全，规模约占全行业的60%，并且不断改进生产工艺、提升技术水平，适应用户需求。

六、平板显示产业配套优势明显。2009年，河北省从事平板显示产业的在统企业共计13家，累计完成主营业务收入36.9亿元，实现工业增加值8.54亿元，实现利税3.01亿元。其中实现利润2.0亿元，出口创汇1.63亿美元。平板显示行业从业人数1.07万人，占全省信息产业规模的5.8%。液晶材料—镀膜导电玻璃—液晶屏—背光源—液晶显示模块较完整的产业链条已经形成。薄板玻璃生产和成套设备制造在国内外具有较强的竞争优势。围绕低端单色液晶显示模块产品，河北省已形成镀膜导电玻璃、液晶材料生产能力，乐凯集团正在抓紧攻克空白的偏光片研发制造技术，三大主要材料为生产高低端显示器件奠定了坚实基础。

七、半导体照明产业已具雏型。2009年，全省从事半导体照明（LED）的企业约60家，主营业务收入8亿元，占全省信息产业的1.2%。以十三所为依托组建的同辉电子，主攻发光芯片及其封装，从芯片制造到照明灯具的推广应用，形成了较完整的产业链条，目前正在扩大产能，为灯具厂家提供优质产品。以京华电子、华威凯德等为代表的照明工程设计、安装和服务一体的照明应用企业，抢占市场滩头，打造区域品牌，努力形成特色。向阳电子围绕开发照明灯用驱动模块，基本攻破集成拼装技术，适应室外不同环境。

八、资金注入为行业持续发展增添新活力。2001年国家电子发展基金扶持地方发展以来，河北省共有50余家企业54个项目获得拨款支持，合计金额达5640万元。2003年设立省信息产业发展专项资金以来，年安排4200万元合计2.4亿元，先后扶持光伏电池、液晶材料、通信装备、医疗设备、汽车电子、交通电子、应用类等一批产品，在增强研发能力、改进生产工艺、扩大产业规模、填补国内空白等方面取得明显成效，期间企业上市、进入百强、跻身国际行列。2009年度河北省信息产业列入国家技术改造计划项目20项，资金支持7500万元。

【培育新增长点】 一、软件与信息服务。目前，河北省认定的软件企业累计达到322家，登记软件产品累计达到2151个，经过对全省软件企业进行梳理，筛选出58家企业作为重点联系企业，新列入统企业57家。为加快软件与信息服务业的快速发展，把加快基地园区建设作为重中之中，强力推进。占地220亩，总投资5亿元的廊坊信和服务外包基地三月份正式开工建设；秦皇岛数据产业基地发展规划3月份通过专家评审，起步区“数谷大厦”占地87.62亩，总建筑面积4.6万平方米，投资1.61亿元，已于4月份开工建设，预计年底完成主体工程；廊坊中太现代服务基地呼叫中心、创业大厦、数据中心等核心项目投资2.6亿元，进展顺利，已完成投资1亿多元。一期投资20亿元的廊坊润泽国际信息港项目开工前期准备工作正在抓紧进行，确定在“518”举行奠基仪式。积极推动中关村软件园与石家庄软件园、秦皇岛数据产业基地的合作，加快石家庄软件园测试平台和中关村秦皇岛开发区大型计算机数据中心建设等公共平台建设。

二、卫星导航。全国第一家卫星导航认证中心已经在54所挂牌成立。石家庄市政府与54所在国防民用科技成果展示洽谈会就共同推进卫星导航项目正式签约。围绕卫星导航项目建设内容，协调解决了54所承担的国家“核高基”重大科技专项河北省配套资金问题。

三、视听、计算机等整机产品：唐山市政府与鸿源控股公司于2009年4月3日就在唐山建设LCOS产业集群签订战略合作框架协议，12月基本达成一致意见，草签了《唐山市政府与鸿源控股有限公司会谈备忘录》，鸿源控股已经形成规划设计方案。

【信息化与工业化融合】 一、企业信息化成效显著。积极推进企业信息化试点示范，河北钢铁、唐山三友、冀东水泥、保定天威等33家企业入围中国企业信息化500强。围绕钢铁、装备制造和石油化工三大支柱产业，开展了信息化综合集成科技示范。唐山机车、保定天威、张家口煤机等5家建立了数字化综合与协同能力平台，增强了企业自主创新能力。在机械、化工、建材等5个行业建立了信息化生产力促进中心、信息技术促进转移中心，支持共性信息技术的开发应用，推动企业间的动态联盟、敏捷制造和虚拟制造。唐山三友和常山集团利用信息化促进节能减排成效明显，被国家工业和信息化部列为第一批优秀典型案例。安排制造业信息化课题经费1630万元，拉动企业投入资金近2亿元。

二、继续组织实施“中小企业信息化促进工程”。“中国中小企业河北网”网络会员已达1.1万多家；“民企在线”为广大中小企业提供市场信息、产品展示、政策帮助等全方位服务，电子商务功能进一步完善；“民营经济统计网上直报系统”与“中小企业民营经济数据库系统”实现了对接与整合。河北省丝网、管件、机箱、仪器仪表、注塑模具、线路板印刷等7个产业集聚区域，建立了中小企业信息化公共技术服务平台，提供专业化的咨询和低成本的技术服务（如产品设计、质量、寿命分析、系统模拟仿真服务等）。“信息魅力”在中小企业的应用范围和深度不断扩大，促进了中小企业信息化应用水平的提升。

三、电子商务应用逐步扩大。《河北省网上交易暂行办法》列入省政府法制办立法调研项目计划。网上购物人数迅速增加，一批重点企业形成了网上订货、物流配送为一体的电子商务运营模式。利用新农村商务网组织开展农产品网上购销对接，规模进一步扩大，全年成交额达到15.7亿元。河北好望角等一批物流公司，建立了专业物流信息数据库并与国内知名物流企业实现对接，通过条码和全球定位（GPS）技术，实现了对商品、运输状态的全程跟踪。

【电子信息产业大事】 一、3月3日国家工业和信息化部正式批复唐山暨曹妃甸为国家级信息化和工业化融合试验区，成为我国八大（上海、重庆、内蒙呼包鄂、珠三角、广州、青岛、南京、唐山）试验区之一。设立国家级信息化和工业化融合试验区，旨在探索两化融合发展的模式、体制机制和制度环境，加速推进信息化与工业化融合，促进工业由大变强，加快实现经济转型和升级。

二、3月29日由国家信息化测评中心组织的2008年度全国企业信息化500强评选活动揭晓，河北钢铁集团、开滦集团、冀中能源集团、新奥集团等33家骨干企业入选，其中新奥集团获“重大企业信息化建设成就奖”，开滦集团获“集团信息化成就奖”，河北钢铁集团董事长王义芳、新奥集团董事局主席王玉锁、开滦集团总经理殷作如获“最具远见的信息化领导者奖”，部分单位和个人获其他多个奖项。

三、3月30日由省工业和信息化厅、邯郸市人民政

府、中国——欧盟信息社会项目主办的2009中国·邯郸信息化高峰论坛隆重召开。本次论坛以加快信息化进程，推进信息化与工业化融合，培育新兴产业体系为主题。

四、5月18日2009中国·廊坊国际经贸洽谈会在廊坊国际会议中心隆重开幕。由省工业和信息化厅主办的首场专题招商会——先进制造业合作项目洽谈会在廊坊市国际饭店举行。洽谈会上，河北省重点发布了100个招商项目，总投资近90亿美元，涉及航空设备、能源装备、工程机械、汽车及零部件、化工、食品加工、医药等多个领域和行业。来自欧盟、韩国、台湾、香港等国家和地区，以及央企、京津、浙江等企业客户180余人参加了洽谈会，洽谈会取得了丰硕的成果，有2个项目签约，总投资55.7亿元人民币。

五、9月3日由中国国际贸易促进委员会河北省分会、省工业和信息化厅、石家庄市人民政府联合主办的“2009河北国际信息产业周”隆重开幕。开幕式由省工业和信息化厅厅长王昌主持。本届“2009河北国际信息产业周”以“信心、融合、创新、共赢”为主题，集中展示了信息化和工业化融合的丰硕成果；信息化发展建设的辉煌成就；信息产业基地、园区和IT企业自主创新的新技术、新产品；中小企业信息化成果；软件、信息服务与通信服务，3G产品及相关增值服务等。来自美国、英国、澳大利亚、韩国、新加坡等国家和地区的30多名国外客商和中兴、航天信息、联通、电信、京华、太和等国内IT业界的代表进行合作洽谈。

六、9月18日省工业和信息化厅、省农业厅、中国移动集团河北有限公司联合举行了河北农村移动信息化推进大会暨千万农民短信服务工程启动仪式。省工业和信息化厅、农业厅、中国移动集团河北有限公司签署了《共同推进农村信息化合作协议书》。根据协议，河北移动将利用“惠农100”这个品牌，为农业生产、农产品供求、农民工就业、农村政务、农村商务等领域提供信息服务，到2010年底，农信通用户将达到1000万户，业务种类覆盖全省主要农产品。此举标志着今后河北省将有更多农民“买得起、用得起、用得好”移动电话。

（河北省工业和信息化厅　张智杰　麻金瑞）

电力生产与供应

【概况】 2009年，全省期末发电设备容量3829万千瓦，居全国第9位；年发电量1764亿千瓦时，居全国第9位，比上年增长10.27%，增速同比加快7.49个百分点；发电设备平均利用小时5004小时，比上年减少95小时，下降幅度低于全国平均水平；供电标准煤耗率345克/千瓦时，比上年下降9克/千瓦时。35千伏及以上变电站3408座、变电容量21243万千伏安，其中500千伏变电站21座、3595万千伏安；220千伏变电站201座、6854万千伏安；110千伏变电站967座、7871万千伏安；35千伏变电站2219座、2923万千伏安。35千伏及以上输电线路总计5351条，线路总长度70437千米，其中500千伏110条8216千米；220千伏526条13785千米；110千伏1690条22898千米；35千伏3025条25538千米。全社会用电量2344亿千瓦时，全国排名第5位，比上年增长11.90%，在全社会用电量中，三次产业和城乡居民生活用电分别为157、1774、157和255亿千瓦时，比上年分别增长9.64%、11.35%、12.89%和16.76%。线路损失率5.24%。

【河北南网】 河北省电力公司是国有大型骨干电网经营企业，负责河北南部电网规划建设、运营管理和电力交易。至2009年末，公司所属供电、科研、设计、施工、修造、培训中心等基层单位19个，职工人数2.21万人，资产总额429亿元，利税总额9亿元。营业区域包括石家庄、保定、衡水、沧州、邢台、邯郸6市，县级供电企业100个，面积8.38万平方公里，人口约4809.88万人。

河北南部电网初步形成500千伏主网架，北部通过房保双线、保霸双线4回500千伏线路与京津唐电网相联，西部通过神保双线、阳北双线、潞辛双线等6回500千伏线路与山西电网相联，南部通过500千伏辛洹线与华中电网相联，通过500千伏辛聊双线、黄滨双线与山东电网相联，陕西锦界电厂、府谷电厂通过500千伏忻石三回线并于石北站。2009年底，全网拥有500千伏变电站11座，变电容量1775万千伏安，线路4418千米；220千伏变电站125座，变电容量4043万千伏安，线路7881千米；发电装机容量2242万千瓦，外购电力465万千瓦；发电量1026亿千瓦时，比上年增长11.28%；发电设备平均利用小时4950小时；全社会用电量1243亿千瓦时，比上年增长10.86%。

【安全生产】 河北省电力公司充分借鉴杜邦安全管理理念，开展全员安全承诺，实施行为安全审核，推广安全经验分享，创新事故调查分析方法，安全基础进一步巩固。

扎实开展安全生产“三项行动”、“反违章”、“三查一整改”等专项活动，健全隐患排查治理长效机制，深化高危重要客户供电安全隐患排查治理，首次在基建现场开展安全质量流动红旗竞赛，精心组织农电安全生产“百日反违章”活动，安全生产管理水平显著提升。

加强电网调度运行管理，强化安全校核与风险预控，主网停电操作次数比上年减少14%，继电保护操作检修零失误、正确动作率100%，确保了电网安全稳定运行和电力可靠供应。面对重大自然灾害多发的严峻形势，河北省电力公司着力加强应急体系建设，建成应急指挥中心，修订完善各级各类应急预案，应急处置能力显著增强。在春灌抗旱、迎峰度夏、国庆60周年保电，以及应对特大暴风雨和历史罕见暴雪等重大考验中，确保了居民生活和高危重要客户的安全可靠供电。2009年，公司确保了“三个不发生”（不发生电网大面积停电事故、不发生人身死亡和恶性误操作事故、不发生重大及以上设备损坏事故）安全目标的实现。

【电力供需】 电力供应满足需求，最大负荷创新高，全年末限电。河北南部电网期末装机容量达到2242万千瓦，其中统调装机容量2049万千瓦，比上年增加352万千瓦。长期合同外购电力465万千瓦，因山西娘子关电厂3、4号机组关停，比上年减少了20万千瓦。全网统调发购电能力2514万千瓦，比上年增长15.23%。

2009年，受持续高温天气影响，7月3日统调最大用电负荷创历史新高，达到1975.8万千瓦，比上年最大值增加242.5万千瓦，增长13.99%。平均最小负荷比上年增加102万千瓦，增长10.88%，但与平均最大负荷增长率相比低1.4个百分点，基础负荷增长偏慢。

【电网发展】 电网建设取得新进展。河北省电力公司认真落实建设统一坚强智能电网的战略部署，编制完成电网智能化规划、河北省能源中长期发展规划、河北南网“十二五”规划设计和石家庄等六地市“十二五”城市配网规划。加大前期工作力度，率先取得特高压东纵河北段支持性文件，提前完成京沪高铁配套等60项电网工程核准任务，超额完成年度核准目标，“电网前期政府责任落实和常态协调机制”课题荣获电力行业管理创新成果奖。

严格落实项目建设责任制，完善外协属地化管理模式，深入开展达标创优活动。建成标准化基建管理系统，率先建立标准化业主、监理和施工项目部，创新开展基建班组网络视频交流。220千伏名府、白洋淀数字化变电站顺利投运。西石500千伏线路等13项工程分别被评为国家电网公司和电力行业优质工程，110千伏及以上输变电工程全部达标投产。全年完成电网投资66.4亿元，投产110千伏及以上线路2006公里、变电容量810万千伏安。

坚持基本建设和技术改造并举，实施提高输送能力工程7项，增加输送能力265万千瓦。积极配合高铁等工程建设，完成256条110千伏及以上线路迁改任务。优化设备治理投资策略，强化大修技改项目审核，全面完成110千伏及以上线路防鸟害治理、220千伏及以下气动机构断路器改造等设备治理工作，设备健康水平大幅提升。

【农电发展】 农电事业发展迈出新步伐。大力实施“三新”农电发展战略，集中开展供电所长轮训、农电工技能竞赛等培训活动，供电所人员持证上岗率达到100%。

积极推进农电标准化建设，全面完成供电所作业组织专业化整合，15个供电所被命名为国家电网公司首批标准化示范供电所，数量位居国家电网公司系统首位。加大农网建设力度，规范实施农网完善工程，圆满完成第一期农网完善工程。2009年，农网投资15.22亿元，新增10千伏及以上线路6865公里，新建和改造10千伏变压器6454台、容量63.3万千伏安，7个县、54个乡、1283个村达到新农村电气化标准。

【科技发展】 加快推进信息化建设，SG186工程顺利通过国家电网公司验收，以ERP为核心的财务管控等五大应用系统成功上线。充分发挥科技进步的支撑作用，河北省输变电工程技术研究中心正式挂牌成立，广域互联DTS系统、投资效益考核等成果荣获18项国家电网公司和省部级科技进步奖，47项专利申请获得授权，科研成果质量和数量取得历史性突破。建成非统调热电机组热信号远传系统，广泛应用电能质量在线监测、安全自动校核等先进适用技术。评选“五小”创新成果200项，除冰雪工具、“二牵六”放线工艺等在实际工作中发挥了突出作用。

【精神文明】 河北省电力公司贯彻党的十七大和十七届四中全会精神，扎实开展深入学习实践科学发展观活动。广泛学习调研、深刻分析检查、彻底整改落实，健全安全生产等四个方面的科学发展新机制，广大干部员工推动科学发展的能力显著增强。大力加强“三个建设”，深入开展“干部作风建设年”活动，积极创建“四好”领导班子，干部队伍素质得到有效提升。严格落实党风廉政建设责任制，编制《腐败风险辨识防控指导手册》，积极推进反腐倡廉“反违章”活动。健全民主管理和厂务公开，广泛开展“劳模示范岗”和全员建功立业劳动竞赛，广大员工干事创业的积极性、主动性得到充分激发。

扎实开展企业文化“四统一”主题实践活动，牢固树立“诚信、责任、创新、奉献”的核心价值观。围绕庆祝建国60周年，深入开展群众性精神文明创建活动，组织评选“十大杰出青年”，谢清洁荣获全国道德模范提名奖。河北省电力公司首次荣获全国五一劳动奖状，1个基层单位荣获全国五一劳动奖状，4个单位荣获全国文明单位，4个单位荣获全国工人先锋号，3个单位荣获国家电网公司文明单位标兵，13个单位荣获河北省先进集体，29名员工被评为省部级以上劳模。

（河北省电力公司　邢荣英）

建设与建筑业

【城市建设】 2009年，在省委、省政府的坚强领导下，河北省各地及有关部门以开展城镇面貌三年大变样工作为抓手，深入贯彻落实科学发展观，把加快城市改造建设作为应对金融危机、保持经济平稳较快发展的重要手段，统筹安排、强力推进，取得了显著成效。全省城市基础设施完成投资2515.7亿元，增长56.9%，拉动城镇投资增长12.2个百分点，其中城市市政基础设施完成投资838.06亿元，同比增长190%，是河北省城建史上规模最大、力度最强的一年，成为全省保增长、扩内需的重要力量。以健全城市功能为重点，各地狠抓道路交通、供水排水、供热供气等基础设施改造建设，全省新建改造城市道路1800公里、各类桥梁150座，新增供热面积7500万平方米、供气能力30万立方米/日，城市综合承载能力不断提高。张家口市新建和改造城市道路110公里、跨河大桥10座，城市路网体系基本形成。石家庄市1年内完成对槐安路、裕华路、和平路、二环路等4条城市主要道路的升级改造，城市通行能力大幅提升。保定市对主城区内排水管网进行改造，新铺设排水管网3万多延米，基本实现了主城区雨污分流。组织开展“河北人居环境奖”和“中国人居环境奖”创建工作，各地普遍加大了宜居城市环境建设工作力度，谋划和实施了一批改善城市环境面貌的新项目，城市生态环境明显改观。全省申报项目15个，其中张家口清水河综合整治、廊坊市外环路绿化景观林带、迁安市三里河生态走廊项目已申报国家级人居环境范例奖。

一、城建投融资体制改革。适应新形势下河北省实施城镇化战略和推进城市面貌三年大变样对城建资金投入的需求，解决城建投融资体制、机制和运作方面存在的诸多问题，省住房和城乡建设厅在深入调研和学习借鉴外省市经验的基础上，完成了《河北省城市建设投融资体制改革与创新研究》课题成果。该成果对河北省城市建设投融资体制现状进行了深入分析，并借鉴国内其他省市先进经验，提出了河北省城市建设投融资体制改革的思路和政策建议，具有较强的针对性和指导意义，荣获2009年河北省社会科学基金项目优秀成果一等奖。以此为依据，省政府于2009年2月出台了《关于推进城市建设投融资体制改革的意见》（冀政〔2009〕33号），为构建政府主导、政企分开、社会参与、市场化运作的新型城市建设投融资体制，实现城市自然资源的资产化、存量资产的资本化、行政资源的一体化奠定了坚实基础。在国家扩内需、保增长，积极财政政策和适度宽松货币政策环境下，河北省首次以省政府名义提出城建投融资体制改革的意见，在全国引起强烈反响，中央电视台、河北电视台等新闻媒体均进行了报道。各市认真落实省政府要求，重组或新成立了33家政府直管的城建投融资平台，积极探索融资新模式，大力引进境内外战略投资者。其中，张家口市组建了城投集团，将市土地储备中心相关业务职能、土地资产及部分国有存量资产一并纳入城投集团，并建立了较为完善的公司法人冶理结构，基本实现了规范化的公司运作，具有较好的发展前景。2009年，各地通过城建投融资平台累计融集资金1472亿元，其中直接融资437亿元，占融资总额的29.7%，有力地保证了全省城市建设和城镇面貌三年大变样工作的顺利推进。

二、园林绿化。2009年，全省完成植树1143万株，建成综合性公园46处，新增游园112个、片林106个、创建省级园林式单位126个，新增园林绿地面积4700公顷。全省人均公园绿地面积达到9.6平方米，城市建成区绿地率、绿化覆盖率分别达到33%和39.4%，同比提高2.7和2.9个百分点。城市绿地系统规划日趋完善。各市结合三年大变样工作，开展了城市绿地系统专项规划攻坚行动，除沧州正在编制以外，所有设区城市均完成了绿地系统规划编制任务。邯郸市编制了《国家生态园林城市建设规划》、《城市绿地系统规划》、《主城区绿地绿线规划》、《主城区水系风景园林概念性规划》；唐山市坚持城郊一体绿化建设，加强矿山绿化修复建设、采煤塌陷区生态修复建设，初现“城市园林化、城郊森林化、道路林荫化、农田林网化、村庄花园化”的城市园林绿化新格局；承德也正按照建设国家园林城市的要求，完成了城市绿地系统规划修编，构建“山、水、城、园”交相辉映的城市园林绿化体系；秦皇岛市按照“大气＋精细”和“文化＋绿化”的内涵编制了城市雕塑系列规划、植物多样性配置规划、北戴河风景名胜区总体规划。城市生态屏障建设取得较大进展。各市结合当地实际，积极建设各具特色生态防护体系。石家庄加快西北水系绿化及民心河二期工程建设，对北新城至五支渠18.15公里的河道沿线实施高标准绿化建设，完成绿化627万平方米，建成体育休闲公园、生态公园、水景公园、湿地公园，形成风景秀丽的绿化水系景观带，有效改善省会西北部和南部区域的生态环境；邯郸市按照“扩充绿量、提升品位、改善环境”的原则，重点实施元宝山、凤凰山和响堂山绿化建设；张家口市启动了第三期“增绿添彩”和生态涵养区工程建设，打造以周边荒山荒坡绿化为组团的城市大园林绿地布局。创建园林城市工作力度不断加大，承德、武安、乐亭创建国家园林城市（县城）通过专家组验收。

三、污水和垃圾处理。在全省所有县级以上城市、县城全部建成污水处理厂和垃圾处理场，是省政府促进污染减排工作、实现三年大变样工作目标所做出的重要决策，2009年继续对两厂（场）建设项目实行月通报制度，出台了《河北省城市污水处理费征收管理办法》、《河北省城市生活垃圾处理费征收管理办法》等一系列政策，建立了省级专项资金使用管理制度，安排了2009年度城市污水处理管网以奖代补资金和省级污水和垃圾处理项目以奖代补资金，并对建设项目进行了多次督导检查。截至2009年底，设施建设方面：全省目标责任状中共需建污水处理项目143个，建成109个（其中污水处理厂97座），占76.2%，其余34个项目全部开工；全省目标责任状中共需建垃圾处理场134个，建成68个，占51.5%，开工63个。两费征收方面：全省应开征污水处理费的市县为143个，已开征134个，占93.7%，未开征的9个；全省应开征垃圾处理费的市县为143个，已开征123个，占86%，未开征的20个。相比2008年底，全省新建成污水处理项目80个、垃圾处理场56座，污水和垃圾处理率达到75%和65%，分别提高了5个百分点。各县（市）在加大地方政府财政投入的基础上，创新经营理念、搭建融资平台、培育资本市场，通过积极引入社会资本、争取上级资金支持等多种渠道筹集建设资金，较好地解决了两厂(场)建设资金不足问题。如：邯郸市各县(市)通过多种渠道共筹措资金13.8亿元；秦皇岛市通过BOT方式直接融资近9亿元；沧州市各县(市)一年多共筹集建设资金5.78亿元；张家口市通过各种方式筹措资金4.89亿元；其它各市也都依据实际情况，创新筹资思路，多方筹措资金，有效地缓解了建设资金压力。同时，各地严格执行财务制度，强化了资金管理及使用，确保了资金使用安全。

四、城市管理。为有效解决河北省城市管理职能不顺、管理方式粗放、信息化建设滞后等突出问题，按照张云川书记在全省城镇化工作会议上关于深化城市管理体制改革的要求，省住房和城乡建设厅迅速行动，以体制、机制改革促进城市管理水平的提高。省政府出台了《关于进一步深化城市管理体制改革的意见》，第一个在全国省级政府的层面全力推进城市管理重心下移，赋予区级政府更大的权限，充分调动市、区、街各级参与城市管理的积极性，建立以市级为主导、区级为主体、街道为基础的城市管理体制，形成比较完善的“两级政府、三级管理、四级落实”的城市管理体系。同时，在所有设区市建立以数字化城市管理信息平台为基础的“网格化”城市管理新机制。出台了配套的《河北省网格式数字化城市管理实施细则（暂行）》，以及涉及城市道路桥梁、排水、园林绿化、环境卫生、供水、供气、供暖等的13个城市精细化管理系列服务标准。目前，管理重心下移工作已全面展开，石家庄、唐山、秦皇岛、张家口已基本实现“重心在下”的模式，其他城市也在着手开展工作；数字化城市管理平台建设工作方面，石家庄、秦皇岛、唐山、廊坊已经建设完成并投入运行，其中石家庄市通过了住房和城乡建设部验收，其他城市均将于2010年7月1日前完成。

【村镇建设】 一、新民居建设。2009年，全省共确定1000个新民居建设省级示范村，截至年底，有980个村完成村庄建设规划，964个村有了明显形象进度，其中766个已基本完成建设和改造任务。为指导各地做好农村新民居规划建设工作，省住房和城乡建设厅会同省农办制发了《河北省农村新民居规划建设指导意见》，之后又印发了《关于在农村新民居建设中推广应用建筑节能新技术新产品的通知》等文件，对示范村规划、新民居设计施工、村庄基础设施和环境建设等工作做出了安排部署。针对各地农村的实际情况和不同特点，对新民居建设进行分类指导，多次对全省农村新民居建设进展情况进行调研和督促检查；组织开展新一轮农村新民居设计巡回展，免费发放图集近万套；定期对新民居示范村规划建设情况进行统计汇总，掌握第一手情况和基础数据。各设区市、县（市、区）规划建设主管部门积极帮助示范村联系有资质的规划、设计、施工单位进行村庄规划和新民居的设计、施工，并加强现场巡回指导，保证工程质量与进度，以及新民居的新功能、新面貌，示范村的新设施、新环境。承德市根据本市特点编辑了《承德市新民居建筑设计方案》免费发放；市规划设计院编制新民居示范村规划，只收取成本费用。廊坊市创新规划理念，编制城乡统筹发展规划，指导村庄集中连片建设。

二、村镇规划。各市、县进一步提高对村镇规划的重视程度，不断加大村镇规划投入，强化工作指导，大力组织规划编制。各县（市）已基本编制完成期限到2020年的县域村庄空间布局规划，其中约60%的县（市）单独编制了县域村庄空间布局规划，40%的县（市）将县域村庄空间布局规划作为一个章节纳入了县城（城市）总体规划。推进镇、乡、村庄规划编制。全省城市规划区以外的779个建制镇、974个乡、41372个村庄中，有511个建制镇、343个乡、13898个村庄完成了规划期限到2020年的规划修编（其中去年完成的分别为87个、139个、3488个），分别占总数的65.6%、35.2%、33.3%。开展重点镇控制性详细规划编制，玉田县鸦鸿桥镇、南宫市段芦头镇、河间市米各庄镇等39个省级重点镇编制了控制性详细规划。保定市实施村镇规划100%覆盖、近期建设地段控详规100%覆盖的“双百工程”，全面完成了规划任务。为提高村镇规划水平，开展了村镇规划设计评优活动，104个项目参与了评比，其中31个项目被评为一、二等奖上报建设部参加评优。

三、村镇建设。据初步统计，2009年全省新建农民住宅2001.2万平方米，农民人均居住面积达到31.9平方米。全省村镇基础设施投资达到33.3亿元，新建道路1123公里、供水管道1979公里、排水管道460公里，村镇道路总长度达到1.47万公里，供水管道达到1.46万公里，排水管道2663公里。迁安、武安、霸州、正定等10个试点县（市）开展“户分类、村收集、乡（镇）转运、县（市）处理”的城乡一体化垃圾集中处理试点，取得了良好效果和有益经验。筛选确定3个镇5个村申报第三批中国历史文化名镇（村），推荐11个镇（村）申报优秀国家特色景观名镇（村）。开展了农村新民居、“三集中”、村镇工程质量安全、河北省分区域农村住宅特色、城乡一体化垃圾集中处理等课题调研，提出工作建议和措施。开展了大规模多层次的村镇建设培训，仅省级就培训近千人次，提高了基层规划建设管理人员的法律意识、政策水平和工作技能。

四、农村危房改造。2009年国家下达河北省2.76万户的农村危房改造任务，其中建筑节能示范户1000户。对这项工作，省政府高度重视，多次专题听取汇报，研究工作安排和政策文件，并召开了全省农村危房改造试点工作动员会议，对工作实施进行了全面部署。一是摸清了农村分散供养五保户、低保户和其他贫困户的危房底数(41.7万户)。二是制定政策。8月份印发了《河北省2009年开展农村危房改造试点的实施意见》。改造实施中又先后印发了《关于建设全国扩大农村危房改造试点农户档案管理信息系统的通知》、《关于扩大农村危房改造试点建筑节能示范的实施意见》、《河北省农村危房改造试点建筑节能示范工程方案（试行）》等文件，完善了农村危房改造政策体系。三是大力推进。在国家安排河北省农村危房改造资金1.4亿元的基础上，反复协调，落实省级补助2780万元，并按时将资金拨付到市和财政直管县。各有关市、县建设部门积极争取地方党委、政府支持，精心组织，快速推进，到2009年底竣工率即达到90%；张家口市在农村危房改造中，积极开展建筑节能示范工作，取得了较好成效。目前，全省确定农村危房改造户27664户，竣工20588户，占总数的75%。

【建筑业】 一、全省建筑业继续保持快速发展。2009年，各地深入贯彻落实省政府《关于促进建筑业发展的实施意见》，积极制定配套政策措施，建筑业发展环境进一步改善。大力实施“提质增效、科技兴业和走出去”三大战略，围绕国家投资热点，积极推进企业结构调整。扶优扶强，支持骨干优势企业加快做大做强。全省建筑业完成总产值2489亿元，同比增长21.7%；实现增加值972.8亿元，增长20.1%，在全省GDP中所占比重达到5.7%；从业人员350.6万人，增长3.6%，约占全省就业总量的9%，其中，270多万为农村劳动力，成为河北省解决“三农”问题、增加农民收入的重要产业。

结构调整明显加快。全省建筑企业达7027家，增长15.4%。其中：总承包、专业承包和劳务分包企业为2427家、3439家和1161家，同比增加13.1%、15.2%和26.3%。一级以上承包企业达到277家，同比增加17.9%。扶优扶强作用明显，特级、一级和产值过亿元企业，分别由2004年的3家、110家、203家，增加到目前的6家、273家和404家。

市场开拓取得较大突破。开拓外埠市场省份达30个，出省施工企业达1000余家，完成产值650亿元，同比增长达30%以上；劳务输出人员达70万人次，为本省带回收入达100亿元以上。新设立并启动了驻蒙建管处，开拓内蒙市场成效显著，在蒙企业达到近50家。大力推进京津冀建筑市场合作，河北省与京津两市共同签署了《京津冀共同建筑市场合作协议》，为河北企业开拓京津市场创造了良好条件。国外市场开拓成效显著，河北省企业承包国际工程营业额28.7亿美元，同比增长77%。

二、建筑市场监管。制度建设更加完善，制定了《河北省工程建设领域突出问题专项治理工作方案》、《河北省建设工程监理招投标管理办法》、《河北省建筑市场违法行为记分办法》。修订完善了《全省建筑市场预防腐败工作实施方案》、《河北省建设工程项目招标代理机构管理办法》。对房地产开发和固定资产投资项目审批条件进行了清理，有效缩短了施工许可和竣工验收的审批时限。招投标监管方式进一步改进。制定了《关于改进和深化全省建筑工程招投标监督管理工作的指导意见》，适应房地产项目加快建设和工程项目分部实施需要，优化环节，压缩时限，超前服务。交易中心建设得到加强，进场交易项目数量和范围大幅提升，秦皇岛等市实现水利、交通等专业项目统一进场。信息化建设深入推进，“招投标交易管理系统”和“计算机辅助评标系统”在全省推行。加强评标专家动态管理与评价考核，工程建设领域专项治理全面铺开，成功举办建筑市场与招投标高端论坛。诚信体系建设加快，全面推行市场主体不良记录制度，为执法部门和市场主体提供违法行为信息服务5100余份。建立工程监理单位、招标代理机构及其主要从业人员的信用评价机制，制定了招标代理机构和人员行为行业规范。市场执法进一步加强。全省共稽查工程4857个，查处652件违法违规案件，公开曝光4起违规招投标案件。进一步调整并规范了建筑领域农民工工资保证金制度，全省保证金存储额达6.3亿元，有效发挥了防范拖欠农民工工资作用。加强了建筑市场日常监管，组织开展两次防范拖欠工资专项检查，共检查工程3412项，对17个拖欠责任主体进行了行政处罚。解决重点投诉37件，涉及金额4346万元，较好地维护了农民工合法权益。

三、工程质量监督。全省共监督抽测主体工程6918个，增加46.4%；下发整改通知4281份，增加29.1%；实施局部暂停施工481次，行政处罚项目10个，提交监督报告4923份。提高监管效能，探索创新监管方式，邢台市取消预约检查部位的监督方式，变静态管理为动态管理，解决了工程“停工待检”问题。秦皇岛、石家庄、保定质量监督信息化建设成绩显著，沧州、邯郸市实行“三色通道”差别化监管。大力培育精品工程，省市先后召开工程质量现场观摩会，促进企业提高精品意识和管理水平。1项工程获得鲁班奖，206项工程被评为省优工程，一批质量优良的三年大变样重点工程交付使用。分户验收制度全面推行，住宅质量得到较好保证。加强业务培训，编写了监督人员培训教材，队伍素质进一步提高。

四、安全生产。按照国家和省统一部署，认真开展“三项行动”和“三项建设”活动。加强长效机制建设，制定了《河北省建设工程安全生产监督管理办法》、《关于实行建设工程安全监督交底制度的指导意见》。加强特殊时期、重点工程安全预警和监督检查，突出做好“三年大变样”建设项目安全监管。成功举办“安全在我心中”大型宣教活动，取得良好反响。组织召开事故分析会，研究安全生产规律性问题及对策。加强信息化建设，开发了安全监管、培训、考核等业务系统，实现安全管理程序化、标准化和规范化。圆满完成2009年安全责任目标，连续6年被省政府评为安全管理先进。沧州、邢台扎实开展安全质量标准化，被全国总工会、住房和城乡建设部评为“全国建筑安全标准化先进集体”。

五、工程标准和造价管理。以建筑节能为重点，以市场需求为导向，编制完成《公共建筑节能设计标准》、《公共建筑节能构造》和《民用建筑节能检测标准》。拓宽标准编制领域，编制完成城市管理系列服务标准和建设工程安全文明管理等三十余项地方标准。计价依据体系更加完善，颁布了河北省08仿古建筑、房屋修缮土建安装分册、园林绿化工程三部预算定额及其费用标准，编制了2009版《建设工程工程量清单编制与计价规程》。工程造价信息发布进一步强化，统一发布时间、周期、价格形式，建立了建材价格变动监测制度。造价监管力度加大，实现最高限价备案工作电子化，全力推行全过程造价管理，造价员的报考范围扩大到高校在校生，为高校毕业生就业创造了机会。

六、勘察设计。制定印发了《关于进一步推进全省建筑工程设计单位体制改革的意见》，设计单位改革深入推进。加强标志性建筑和精品建筑研究，制定了《河北省精品公共建筑建设指导意见》、《河北省精品公共建筑建设技术要点》。进一步开放设计市场，引进国内外高水平设计单位。积极创造条件，促进河北省设计单位同国内外高水平设计单位合作。搭建交流平台，成功举办“建筑设计创作高端论坛”系列讲座和城博会建筑设计高端论坛。会同省监察厅联合印发了《关于进一步改进房地产开发项目施工图审查工作的通知》，组织了全省勘察设计企业和施工图审查机构检查，并对11家企业做出责令整改和收回资质处理。加强中小学校舍改造加固技术指导，组建全省技术专家组编制了《河北省中小学校舍安全工程排查实施细则》、《河北省中小学校舍安全工程鉴定实施细则》、《河北省中小学校舍加固设计实施细则》。

【住宅与房地产】 一、房地产投资。2009年，全省房地产开发完成投资1517.2亿元，同比增长39.9%（全国同比增长16.1%），占全省固定资产投资14.4%（全国比例为18.7%)；其中，商品住房完成投资1218.3亿元，同比增长41.9%（全国同比增长14.2%)。11个设区市房地产开发完成投资均同比增长，其中衡水市增速最高，同比增长142.7%；廊坊和秦皇岛增速较低，分别同比增长13%和14.5%。下半年，全省房地产开发完成投资858.6亿元，较上半年增长30.4%。

二、土地购置与开发。房地产开发用地购置增加，下半年土地开发速度加快。全省房地产开发购置土地2026.6万平方米，同比增长4.1%（全国同比减少18.9%)。承德、秦皇岛、唐山、保定、衡水和邢台6个设区市同比增长，其中衡水增速最高，同比增长208.7%；其余5个设区市同比减少，其中沧州增速最低，同比减少22.8%。下半年，全省房地产开发购置土地1199.3万平方米，较上半年增长45%，下半年增速较上半年增加97.3个百分点。全省完成开发土地面积1125.2万平方米，同比减少19.8%。石家庄、承德、唐山、保定、沧州、邢台和邯郸7个设区市同比减少，其中石家庄减少最多，同比减少48.5%；其余4个设区市同比增长，其中张家口增速最高，同比增长226.1%。下半年，全省完成开发土地面积625.3万平方米，较上半年增长25.1%，下半年增速较上半年增加39.4个百分点。

三、商品房开竣工。商品房新开工面积快速增长，新开工6804.1万平方米，同比增长80.5%（全国同比增长12.5%)；其中，商品住房新开工5832.3万平方米，同比增长75.7%。11个设区市商品房新开工面积均同比增长，其中衡水、石家庄、保定和邢台4个设区市增速较高，同比分别增长206.4%、170.3%、165.9%和140.7%，秦皇岛增速最低，同比增长3.4%。下半年，全省商品房新开工4131.3万平方米，较上半年增长54.6%，下半年增速较上半年增加183个百分点。商品房竣工保持增长，竣工1896.4万平方米，同比增长14%（全国同比增长5.5%)；其中，商品住房竣工1639.4万平方米，同比增长9.2%（全国同比增长6.2%)。张家口、秦皇岛、唐山、廊坊、保定、邢台和邯郸等7个设区市商品房竣工面积同比增长，其中邢台和邯郸增速较高，同比分别增长112.4%和107.4%；其余4个设区市同比减少，其中承德减少最多，同比减少10.7%。下半年，全省商品房竣工1390.6万平方米，较上半年增长175%，下半年增速较上半年增加47.4个百分点。

四、商品房销售。商品房销售回升较快，全省商品房销售面积2849.1万平方米，同比增长27.7%（全国同比增长42.1%)；其中商品住房销售2708.1万平方米，同比增长27.2%（全国同比增长43.9%)。11个设区市商品房销售面积均同比增长，其中秦皇岛和廊坊增速较高，同比分别增长51.6%和44.5%；衡水增速最低，同比增长1.5%。下半年，全省商品房销售1834.2万平方米，较上半年增长80.7%，下半年增速较上半年增加82.6个百分点。商品房价格小幅上涨。全省商品房平均销售价格为3306元/平方米，同比增长19%；其中商品住房平均价格3255元/平方米，同比增长18.7%。11个设区市商品房价格均同比增长，其中，石家庄增速最高，同比增长46%；邢台增速最低，同比增长4.3%。下半年，全省商品平均销售价格3499元/平方米，较上半年同比增长18.3%，下半年增速较上半年增加31.6个百分点。

五、商品房空置。商品房空置面积有所增加，但增幅趋缓。全省商品房空置379.2万平方米，同比增加118.3%；其中，空置一年以下的待销商品房175.5万平方米，占空置商品房比例为46.3%；商品住房空置298.9万平方米，同比增加165.0%。下半年，全省商品房空置面积增加97.4万平方米，较上半年减少9.9%。存量房成交比较活跃，2009年，全省设区市市区存量房成交面积810.6万平方米，同比增长89.5%；其中，存量住房成交734.9万平方米，同比增长103.7%。全省11个设区市市区存量房、存量住房交易同比均有增长，石家庄市、唐山市、廊坊市、沧州市、衡水市同比超过了100%。

【"三年大变样"工作】 一、概述。2009年，面对复杂、严峻的经济社会发展形势，全省各级各有关部门深入学习实践科学发展观，以大力度推进城镇面貌三年大变样工作为抓手，改革创新求突破，攻坚克难抓落实，高水平、高质量地完成了全年各项任务，三年大变样五项基本目标总体完成2/3以上，石家庄完成了70%。省政府召开全省城镇化工作会议，对城镇面貌三年大变样工作进行再动员、再部署，省政府主要领导同志出席并作重要讲话；相继召开9次主管副省长出席的三年大变样工作调度会，多次得到省委书记张云川同志的高度评价。省政府印发了《关于加快壮大中心城市促进城市群快速发展的意见》（冀政〔2009〕115号），在明确全省城镇化发展格局的基础上，具体提出了统筹中心城区与周边地区发展、推进环京津卫星城市带与京津全面对接、提升县城建设发展质量等举措，成为今后河北省城镇化发展的纲领性文件；出台了《河北省人民政府关于推进产业集聚加快城镇化进程的若干意见》（冀政〔2009〕117号），明确了大力推进产业聚集，加快实施城镇化战略的基本原则、目标任务和政策措施，提出建设一批以电子信息、生物医药、新材料等为主的高新技术产业聚集区，一批以装备制造、钢铁深加工、石化等为主的先进制造业聚集区，一批以纺织服装、建材、食品等为主的传统优势产业聚集区，一批以现代物流、文化旅游等为主的现代服务业聚集区，优先配置要素资源，实施差别政策引导，完善配套支撑条件，搭建公共服务平台。充分发挥大工程、大项目的示范带动效应，谋划实施了156项对城市未来发展具有决定性意义的国庆献礼项目，投资大、进度快、质量优，极大地提升了河北省城市形象。建立协调联动机制，省委、省人大、省政府、省政协有关部门，先后联合开展了3次集中督导、检查活动，有力促进了三年大变样工作的落实。各类新闻媒体的协调合作，广泛宣传三年大变样重点工作和先进典型，在中央媒体发稿81篇，省部级媒体321篇（其中头版92篇)，积极以领导访谈、网友互动等形式，引导正确的舆论方向，营造了良好工作氛围。

实施区域统筹发展。加快壮大中心城市，统筹中心城市与周边地区发展，将一定范围内的县（市）和乡镇纳入中心城区统一规划、统一建设管理，初步确立一体化发展、同城化管理格局。石家庄在周边四县设立规划分局，同步推进"一城三区三组团"建设，为扩大城市规模和实力奠定了基础。以新城开发建设为带动，实施沿海城市发展战略，曹妃甸新区、渤海新区的区域增长极作用日益显现。不断强化与京津对接，涿州、三河、遵化等环京津卫星城顺势借力、加快发展，产业集聚能力显著增强。积极推进县城改造建设，加大督促检查力度，涌现出迁安、武安、张北、故城等一批功能提升快、面貌变化大的县(市)。

二、旧城改造。各设区市深入推进拆违拆迁，围绕项目建设、民生改善、环境治理搞拆迁，2009 年拆迁面积 4571.73 万平方米，腾出土地 7.4 万亩，进一步优化了城市发展空间。启动城中村改造 138 个，完成 52 个，收储土地 2 万亩。改善旧住宅小区 100 个，完成改善面积 582.4 万平方米，受益居民 86728 户。竣工回迁安置房 50599 套，安置户数 35637 万户，回迁安置率达到 45.3%。唐山震后危旧平房改造、保定市"三大片区"危陋住房改造、邯郸市五仓区棚户区改造等项目规模大、速度快，受到群众广泛赞誉。把大气和水质改善放在首位，大力实施污染减排工程，加强生态环境建设，城市环境质量持续好转。2009 年，除石家庄、唐山外，其余 9 市空气质量稳定达到国家二级标准，所有设区市全年达到和好于二级天数均超过 310 天。设区市 2009 年外迁重污染企业任务全面完成，其中唐山市在完成 2009 年任务的基础上，列入 2010 年搬迁任务中的 5 家企业已搬迁 3 家。全省设区市新增园林绿地 3716.3 公顷，人均公园绿地面积达到 9.6 平方米，承德、秦皇岛、唐山、廊坊、邢台、邯郸 6 市提前完成三年目标。列入目标责任状的污水、垃圾处理设施全部开工，大部分设区市污水、垃圾处理率均提前完成了三年目标。按照"美观、安全、经济、节能、环保"要求，继续强力推进城市主要街道两侧既有建筑外观改造和街道景观环境整治，完成街道整治 56 条、既有建筑外观改造 4290 栋，打造了一批以廊坊金光道、石家庄裕华路、秦皇岛保二路为代表的示范工程。以提升建设品质为突破口，推动景观环境工程建设，石家庄滹沱河整治、唐山南湖公园、沧州体育中心片区、张家口清水河整治、承德武烈河生态文化长廊、邯郸赵王城遗址公园、衡水滏阳河整治、邢台七里河整治等项目，成为展示城市特色的亮点工程。

三、城乡规划。全省设区市按照省政府统一部署，积极开展"城乡规划年"活动，强力推进城市规划设计集中攻坚行动，编制完成控制性详细规划 1707 平方公里、专项规划 372 项、技术导则 140 项，基本实现了控制性详细规划全覆盖，初步建立了专项规划相衔接、法规制度和技术导则相配套的较为完善的城市规划体系，为下步改造建设夯实了基础。基本完成中心城市空间发展战略规划，初步确立中心城市与周边县（市）一体化发展、同城化管理的格局，加快了向现代化城市迈进的步伐。引进国内外一流队伍 110 多家，承担了 642 个重点规划设计项目，规划设计市场全面开放，规划设计水平大幅提高。省住房和城乡建设厅组织开展了环京津卫星城市带发展规划编制；唐山、沧州两市在城市总体规划的基础上，深化完善了曹妃甸新区、沧州渤海新区规划，曹妃甸新城和黄骅新城建设步入快车道；廊坊、秦皇岛分别开展了燕郊新城空间发展战略规划、北戴河新区旅游产业发展与空间布局规划等重点专项规划。成功举办了京津冀城乡规划对接恳谈会，签署了京津冀两市一省城乡规划合作框架协议，促进了京津冀一体化规划。加快省级立法，完成了《河北省城乡规划条例（草案）》起草工作。创新规划编制和管理，以省长令形式颁布了《河北省城市控制性详细规划管理办法》，印发了《河北省城市控制性详细规划备案工作规程》、《河北省城市控制性详细规划编制导则（试行）》等配套文件，在全国尚属首例，得到住房和城乡建设部的充分肯定。大力推进规划体制机制创新，出台了《河北省人民政府关于创新机制提高规划设计水平的指导意见》，各市引进国内外一流规划设计机构参与省内规划设计，普遍建立了规划专家咨询和重大项目规划设计方案比选制度，健全规划展馆、展厅，促进了规划的公众参与。制定印发了《关于进一步强化城市规划执法责任的意见》，明确了规划执法主体和责任分工，建立根治违法建设的长效机制。改进规划行政审批，简化审批流程，切实提高了规划的审批效能。

四、住房保障。加强住房保障制度建设，出台了《关于加快全省保障性安居工程建设的意见》和《河北省廉租住房保障办法》，强化政府的主导作用，全省累计解决 36.04 万户困难群众的住房问题（其中，城市低收入住房困难家庭 23.8 万户），分别为：廉租住房保障 12.46 万户，经济适用住房解决 5.65 万户，城市棚户区改造解决 15.16 万户（含 5.68 万户城市低收入家庭），农村危房改造解决 2.76 万户。开工建设廉租住房 6.35 万套，竣工 1.26 万套，完成投资 31.75 亿元。国有煤矿棚户区改造已经启动，大部分项目已完成选址、初设和概算编制工作；林区棚户区改造制定了实施方案；国有工矿棚户区、垦区棚户区改造，也做出了安排。各地积累了一些成功经验和做法，唐山市不断加大城市棚户区改造（危陋住宅区改建）力度，积极争取国家支持；石家庄、秦皇岛等市多渠道筹集廉租住房建设资金，增强了保障能力；邯郸市采取配建方式建设廉租住房，对未按规定配建廉租住房的开发项目，不予核发商品房预售许可证；邢台市试行多元产权建设廉租住房，拓宽了建设方式；承德市规范发展经济适用住房，实现了有效供应。住房公积金监管工作不断加强，出台《河北省住房公积金管理办法》，缴存覆盖率达到 85%，高于全国 15 个百分点；个贷率达到 46.8%，提高了 14 个百分点。

五、建筑节能。建筑节能立法取得重大突破，《河北省民用建筑节能条例》正式颁布，2009 年 10 月 1 日起开始施行，为建筑节能工作提供了法律依据。建筑节能地方标准、规程日益完善，《河北省公共建筑节能设计标准》、《既有居住建筑节能改造技术标准》、《民用建筑太阳能热水系统一体化技术规程》、《太阳能照明系统应用技术导则》相继编制完成，并正式颁布实施，为建筑节能工作提供了技术支撑。（一）加强新建建筑的节能监管。印发《河北省住房和城乡建设厅关于宣贯〈河北省民用建筑节能条例〉推进建筑节能工作的实施意见》和《关于进一步加强县（市、区）新建建筑节能工作的通知》，全面开展建筑节能培训工作，组织开展了既有建筑基本信息与能耗调查，秦皇岛、保定、邢台、辛集已完成调查工作。全省竣工节能建筑2146.34万平方米，施工图设计阶段全部达到节能设计标准，竣工验收阶段建筑节能标准执行率达96.6%。（二）大力推动供热计量与节能改造。及时明确全年改造任务，督促各市制定改造计划和实施方案。会同省财政厅下达2009年奖励资金6560万元，下发《关于调整全省“十一五”期间既有居住建筑供热计量及节能改造任务的通知》，新增700万平方米改造任务。截至年底，完成改造项目1185.5万平方米，累计完成1545万平方米。正在施工的改造项目528万平方米。河北省供热计量改革工作走在全国前列，热费制度改革全部完成，供热计量收费面积达1730万平米，住房城乡建设部在河北省召开现场会，推广唐山、承德经验。（三）积极推进可再生能源在建筑中一体化应用。2009年，河北省列入国家可再生能源建筑应用示范项目8项，争取国家专项资金3308万元，累计列入国家示范项目20项，争取资金7337万元。下达省建筑节能示范项目20项，下达资金300万元，累计下达53项，下达资金800万元。唐山市和辛集市、宁晋县列入国家可再生能源示范城市和示范县。列入国家示范项目3项，争取前期补助金额613万元。截至年底，全省完成可再生能源在建筑中一体化应用建筑面积899.88万平方米，占竣工面积的39.74%。（四）开展了全省机关办公建筑和大型公共建筑能耗监测平台建设。省住房和城乡建设厅办公楼、省建筑科学研究院办公楼，已安装用能分项计量和监测装置，实现能耗动态监测。制定全省机关办公建筑和大型公共建筑能耗监测平台建设方案，软件开发现已基本完成，正在进行调试。石家庄、唐山两个国家建筑能耗示范城市均已启动此项工作。

【建设科技与教育】 一、建设科技。全省共申报科研项目162项，从中筛选67项作为指令性计划下达，91项作为指导性计划下达。组织申报省科技厅、住房和城乡建设部科研计划项目及科技示范工程，列入省科技厅计划3项，列入住房和城乡建设部计划5项、科技示范工程项目2项。加强对科研项目的督导，组织对97项科研成果进行鉴定，其中“石家庄市古树名木资源调查及保护技术研究”等4项达到国际先进水平，“石家庄市园林生态系统安全的无公害保障技术研究”等44项达到国内领先水平，“工程项目网络管理系统研究应用”等46项达到国内先进水平。对廊坊国家“水专项”项目进行了指导，其“任务合同书”通过国家水专项专家组的审查；省科技厅已批准河北省岩土工程技术研究中心（设在河北建设勘察研究院有限公司）纳入河北省工程技术研究中心建设计划。82项科研成果获河北省建设系统科技进步奖，推荐省科技进步奖参评项目19项，其中，“城市与工程抗震防灾关键技术研究”获省科技进步一等奖，“低强度自密实混凝土性能与无振捣砌体房屋结构体系研究”获二等奖，“建（构）筑物整体移位技术研究”等8项获三等奖。加强科技推广工作，重点推广了《清单计价与评标系统软件研究》等10项科技新成果，全年增收节支4000万元，科技成果转化率达83%。下达省第十五批建筑业新技术应用示范工程计划项目54项。对12项建筑业新技术应用示范工程进行验收，这些工程均采用建筑业十项新技术中的6项以上，采用新技术达到国内先进以上水平，共节资降耗3200多万元，各项工程节资额约占工程总造价的3.1%，社会效益显著。由河北建工集团、河北建设集团分别承担的住房和城乡建设部建筑业科技示范工程奥林匹克公园地下商业空间、首都机场T3航站楼商务办公楼，通过住房和城乡建设部组织的专家验收，采取新技术分别达到国内领先水平和国内先进水平。“2009河北建设领域节能减排科技产品博览会”在石家庄成功举办。审定省级工程建设工法50项，申报国家级工程建设工法46项，12项被评为国家级工程建设工法。

二、建设教育培训。（一）实施党政领导干部培训。按照省委、省政府工作部署，省委组织部、省住房和城乡建设厅委托省委党校、全国市长培训中心，于2008年年底和2009年年初，举办了六期“河北省加快推进城镇化建设领导干部专题研讨班”，每期6天。培训对象为全省各设区市委书记、市长，各县（市、区）委书记、县（市、区）长，省直厅局长及金融机构负责人；全省各设区市、县（市、区）主管城建的市、县（市、区）长，规划局长、建设局长，共计培训779人。这次培训在河北省干部培训史上属于规格最高、规模最大、省委主要领导最重视的一次领导干部的培训，整体培训工作效果良好。（二）实施行业领导干部和企事业单位负责人培训。在实施党政领导干部专题培训的基础上，为全面提升建设行业干部职工的整体业务素质和工作水平，落实省委书记张云川同志关于“2010年全省城镇面貌三年大变样工作，要做到拆建结合、以建为主，拆建与城市综合治理相结合”要求，为明年三年大变样工作做好人才和技术准备，2009年10月11日—12月20日，开展了全省各设区市、各县（市、区）规划、建设、城管、园林、住房保障和房产管理局局长和质监、安监、造价、招标执法机构负责人，以及设计、施工、房地产、市政公用、质量检测、审图机构、投融资等市场主体（含市场中介机构）负责人专题培训，分18个专题培训班，共计培训3500人。（三）举办“周末大讲堂”和“建筑创作高级论坛”。落实省委省政府关于繁荣建筑创作，提高建筑规划设计水平的指示精神，从年初开始，相继组织了17期“周末大讲堂”活动，和“建筑创作高端论坛（系列）”，参加听课的人数共计3230余人。论坛（讲堂）邀请国内知名的规划建筑设计大师及专家学者主讲，提高了建筑设计人员的建筑规划、建筑设计水平，提高了机关干部的专业知识水平和能力。（四）全省城镇化与小城镇规划建设专题培训班圆满结束。6月1日—30日，分别在深圳大学、河北农大、天津城建学院分三期举办，共培训镇长170人，全省省级培育的50个重点镇及全省部分镇镇长参加培训。（五）认真实施阳光工程。为促进农村劳动力就业和返乡农民工再就业，按照国家阳光工程村镇建筑工匠培训计划，根据住房和城乡建设部《关于组织实施阳光工程村镇建筑工匠培训项目的通知》要求，在全省组织实施“阳光工程村镇建筑工匠培训”项目，培训了6000人。

（河北省住房和城乡建设厅　郭晓辉）

交通运输业

【投资建设】　2009年，全省积极应对经济危机，主动增加交通建设项目，加大投资规模，公路、水路、地方铁路等交通运输业完成固定资产投资573.26亿元，比上年增长38%。其中，公路建设投资476.18亿元，增长43.8%。全省公路总里程15.21万公里，增加0.26万公里，增长1.7%。公路网密度达81.06公里/百平方公里，每百平方公里增加1.41公里。在公路建设投资中，重点项目建设投资375.68亿元，增长47.8%。全省新开工高速公路7条（段）、556.7公里，年内开工在建高速公路达23条段、2021公里，均创高速公路建设的历史之最。全省高速公路通车总里程达到3303.34公里，高速公路密度达到1.76公里/百平方公里；一般干线投资54.61亿元，增长54.2%；农村公路建设投资45.89亿元，增长10.2%。公路场站建设投资3.22亿元，增长13.5%。全省通行费累计收入167.02亿元，比去年增长9.4%。其中，高速公路通行费收入147.11亿元，增长8%，普通公路通行费收入19.91亿元，下降6. 6%。港航建设投资86.91亿元，比上年增长45.1%。其中，秦皇岛港完成3.7亿元，唐山港完成26.19亿元，黄骅港完成57.02亿元。港口泊位达到145个，其中万吨级93个，设计吞吐能力4.77亿吨；全省港口生产性泊位达到112个，码头长度2.63公里。地方铁路建设投资6.96亿元，比上年减少67.6%，地方铁路延展里程达到2152.83公里，比上年增加547.48公里。航空事业有了长足发展。全省运营的运输机场共3个，设计年旅客吞吐量550万人次。民用航空航线达48条，比上年增加8条。其中，石家庄机场运营航线35条，秦皇岛机场5条，邯郸机场8条。全省民用航空航线里程达9.63万公里，增加1.83万公里，增长23.5%。全省输油管道线路4条，输油里程785.93公里，输油能力1973万吨/年；输气管道1条，输气里程67.7公里，输气能力14.6千万立方米/年。

【运输生产】　2009年，全省公路、水路、铁路、管道运输共完成货运量13.68亿吨，比上年增长16.7%；货物周转量5981.61亿吨公里，增长9.1%。公路、铁路共完成客运量7.78亿人，增长6.5%；旅客周转量1043.3亿人公里，增长5.2%。公路运输在全省占重要地位。全省公路运输完成客运量7.06亿人，旅客周转量370.9亿人公里，货运量10.65亿吨，货运周转量2998.49亿吨公里，分别增长6.5%、5.2%、16.6%和17.7%。公路运输的旅客运输量、旅客周转量、货物运输量、货物周转量分别占全省的90.8%、35.6%、77.9%和50.1%。水上运输以货运为主。水上运输完成货物运输量1007.8万吨，货运周转量216.82亿吨公里，分别增长36.6%和26.6%。港口生产迅猛增长，突破5亿吨大关。全省规模以上港口货物吞吐量达到5.09亿吨，增长15.5%，港口吞吐量位居全国第五位。分港口看，秦皇岛港完成24942.06万吨，同比减少1.2%，主要受占全港吞吐量的82.9%的煤炭运输减少影响。唐山港完成17558.74万吨，增长61.8%，增幅位居全国规模以上沿海港口第一。以煤炭和矿石为主要货种，分别占全港总吞吐量的36.2%和51.7%，增幅分别达到71.8%和79.4%。黄骅港完成8373.64万吨，增长4.9%。分货物流向看，全省港口外贸吞吐量完成1.29亿吨，增长29.6%，占总吞吐量的25.4%。其中金属矿石外贸吞吐量为0.96亿吨，增长73%，占外贸总吞吐量的74.7%；内贸吞吐量完成3.8亿吨，增长11.3%，占总吞吐量的74.6%。其中煤炭内贸吞吐量为3.25亿吨，增长7.5%，占内贸总吞吐量的85.5%。铁路运输平稳发展。铁路运输完成客运量7193.6万人、旅客周转量672.4亿人公里，分别增长5.5%和5.2%。铁路货运量2.83亿吨、货运周转量2743.1亿吨公里，分别增长18.9%和0.2%。民航运输发展较快。河北航空机场完成旅客吞吐量146.4万人、旅客离港量76.68万人，分别增长25.1%和29.1%；货物吞吐量1.89万吨、货物离港量1.16万吨，分别增长21.2%和18.4%。管道运输有所下降。管道完成货运量957.76万吨，货物周转量23.21亿吨公里，减少27.8%和8.6%。其中，输油管道运输完成输油量956.38万吨，输油周转量23.2亿吨公里；输天然气管道完成输气量1.38千万立方米，输气周转量93.14千万立方米公里。

【运力情况】　2009年，全省民用车辆拥有量达到1271.72万辆，比上年增加222.82万辆，增长21.2%。其中民用汽车625.82万辆，增长61%。在民用汽车中，载客汽车达到286.07万辆，增长30%；载货汽车104.36万辆，增长30.6%；其他汽车（含三轮汽车、低速货车）235.38万辆，增长165.4%。全省营运汽车129.12万辆，增长12.8%。其中营运性载客汽车11.94万辆，增长7.2%；营运性载货汽车80.88万辆，增长32%；营运性其他汽车36.3万辆，减少13.7%。全省私人轿车增长迅速，达到149.31万辆，增长37.31%。出租车达到6.18万辆，增长7.9%。水上货运船舶110艘，增加20艘，净载重量212.98万吨，下降18.8%；驳船3艘，净载重量3980吨位，增长1.84倍。地方铁路机车189台，比上年增加44台；货车1699辆，增加268辆；客车20辆，增加2辆。

（河北省统计局　张媛媛）

【民航运输】　2009年，在省国资委和民航上级部门的正确领导和大力支持下，河北机场集团以科学发展观为指导，牢牢把握“保安全、保增长、抓改革、增效益”这一主线，积极应对金融危机、甲型流感、特大降雪等不利因素影响，以实现航空运输快速发展为目标，以深化内部改革为动力，以确保持续安全为保证，以提高经济效益为重点，进一步加快了三年再上新台阶发展步伐。大力实施精细化、低成本、服务型战略，着力打造“从家飞”和“低成本机场经停枢纽”两大品牌，积极推行用工制度、干部制度和薪酬制度三项改革、努力实现持续安全、运输增长、优质服务、效益提升四大目标，圆满完成了全年工作目标任务，推动了全省航空运输科学快速发展，得到了省委、省政府的充分肯定，受到了社会各界的普遍赞誉。

机场安全管理水平大幅提升。河北机场集团坚持持续安全理念，以提升安全管理能力为目标，以完善安全管理体系为抓手，以机场安全和航空保安审计为重点，大力强化安全规章体系建设，不断提升全员安全素质，保证了飞行安全、航空地面安全和空防安全。石家庄国际机场通过了中国民航局安全审计和航空保安审计，成绩在华北地区已审计机场中排名第一，河北省机场在安全管理上进一步与国际标准接轨，综合安全保障能力再上新台阶。河北机场集团积极开展安全管理体系（SMS）建设，实现河北省机场安全工作的标准化、规范化，提升安全管理水平，为河北航空持续安全和科学发展奠定坚实的基础。出色完成了国庆安保和大雪天气造成大面积不正常航班滞留旅客安置工作。作为国家指定的国庆60周年进京问题航班唯一备降场，石家庄国际机场圆满完成了各项保障任务。全年共保障新疆“7.5事件”特警增援、人工增雨和大气探测飞行等紧急、特殊航空运输任务117架次，运送防治甲流药品近2万件。

运输生产保持持续快速增长。河北机场集团积极适应全省经济社会发展需要，落实省国资委应对金融危机各项政策措施，克服甲型流感等不利影响，大力推进“低成本经停枢纽”建设，继续引进航空运力，调整优化航线网络布局，运输生产保持了持续快速发展的良好势头。石家庄机场和秦皇岛机场与大连等27家中小机场，结成了区域机场战略联盟，将实现联盟间各机场的干线、支线和国际航线有效对接。先后增加了石家庄至武汉、昆明、郑州等7条航线，加密了石家庄至上海、成都、杭州等城市的航班密度。河北省初步形成了“连接南北、通达东西”的航线航班网络。引进了廉价航空公司——春秋航空后，河北机场集团充分发挥自身网络优势，实现了双方销售渠道有效对接，“石沪快线”开通后，实现了平均94%以上的高航班客座率。货运方面，引进了中国邮政航空公司在石家庄机场设立过夜基地和邮件分拨中心，开通了石家庄—南京—武汉的邮件定期航线。石家庄机场每周往返航班数量最高达到了432班，同比增长25.6%。积极承办和协办了河北与云南两省间的航空旅游推介活动，有力促进了昆石两地航线开发和客流增长，进一步加强了滇冀两省经济社会文化交流，在社会各界引起了强烈反响。

2009年，河北机场集团共完成旅客吞吐量138.20万人次、同比增长25.9%，其中石家庄机场132.02万人次、同比增长26.5%；完成货邮吞吐量1.89万吨，同比增长21.7%，其中石家庄机场1.87万吨、同比增长21.7%；共保障飞机起降3.35万架次、同比增长12.4%，确保了飞行安全、航空地面安全和空防安全，实现了集团公司第6个安全年和河北省民航机场25年持续安全运行。

增强企业内部管理创新能力。按照借助外力、科学规划、总体设计、分布实施的原则，河北机场集团聘请新加坡开锐咨询公司共同开展了人力资源管理咨询工作，进一步深化“三项”制度改革，建立科学完善的岗位聘用、绩效考核和薪酬分配制度。强化全面预算管理，健全了目标考核机制，确保各项费用控制在考核指标之内，实行考核指标刚性化，严格控制各项费用支出；继续推行非航空业务外包措施，实现专业化管理，降低运行成本，推动机场由经营型向管理型转变。全面拓展配餐、广告、旅游和商务服务项目等非航空业务收入。积极推行航空辅助业务外包，降低成本，增加效益。集团公司全年营业收入同比增长18.7%。按照“完全量化、充分挂钩”的原则，制定了石家庄机场各二级单位用电量考核办法，有效控制了机场电能消耗。加强了预算管理和收费管理，石家庄机场全面启用了水源热泵、地源热泵空调系统，逐步取代机场区域内的燃煤锅炉系统，大幅度减少燃煤消耗量和污染物排放量，全年减少燃煤消耗3090吨。

深入开展学习实践科学发展观活动。按照省委和省国资委党委总体部署和要求，机场集团作为第二批学习实践活动单位，认真开展深入学习实践科学发展观活动，结合“干部作风年”建设，广大党员干部进一步加深对科学发展观深刻内涵的理解，明确了实现河北机场科学发展要坚持“五个必须”的共识，即“必须坚持以人为本、必须坚定机场发展信心、必须遵循机场发展规律、必须改善机场发展条件、必须抓紧机场发展机遇”。机场集团分析检查报告的群众满意度达到了98.18%，学习实践活动的群众满意度测评满意度100%，其中满意的达到了97.4%。以创建“四好”班子为主体，坚持民主集中制，团结协作，着力提升领导班子和领导干部处理实际问题的能力。进一步落实党风廉政责任制，积极探索新机制，加大了预防腐败工作力度。充分利用报刊、网站等媒体，广泛开展了党建和党风廉政建设宣传。充分发挥工会、共青团的桥梁纽带作用，坚持以人为本，促进机场和谐发展。2009年，集团公司荣获“全国民航‘安康杯’竞赛优胜企业”称号，秦皇岛机场运输服务部荣获全国“工人先锋号”称号，石家庄机场旅客服务公司贵宾室和河北航空客货销售代理公司商旅呼叫中心，分别荣获“河北省青年文明号”和“省国资委青年文明号”称号，石家庄机场航站楼改扩建工程获得2009年度国家优质工程银质奖。

（河北机场管理集团有限公司　曲　炜）

【河北省高速公路管理局（集团）】　2009年是高速公路管理局（集团）的开局之年。面对单位整合的压力和繁重的公路建设、运营管理任务，在省交通运输厅的正确领导下，全局广大干部职工以开展“干部作风建设年”活动为动力，锐意进取，真抓实干，取得了令人振奋的成绩。

（一）协调联动，单位整合迅速到位。去年1月6日高管局（集团）成立后，全局广大干部职工迅速把思想统一到省委、省政府和省交通运输厅决策部署上来，稳定、有序、高效地完成了人员安置和岗位调整；明确工作目标，制定工作计划；搞好工作衔接，明确岗位职责，各项工作在较短时间内得以正常运转。

（二）全力推进，工程建设取得重点突破。面对大广高速前期施工环境复杂，工程严重滞后的局面，有针对性地采取有力措施，确保了工程取得实质性进展。一是加强督导。成立了工程建设督导组，开展了“地方工作重点推进月”活动，逐县、逐标段进行协调，借助省委督导组、新闻媒体关注力量，工程建设在短时间内实现了突破。二是深入开展“大干150天”劳动竞赛和“百日攻坚”活动，促进了建设任务目标的完成。三是大力开展“高速公路建设质量年”活动，加强对质量通病治理，加强对施工、监理单位合同履约和施工现场的管理及考核。四是开展“和谐征拆年”活动，设立征拆资金支付“阳光直通车”，为工程建设营造了和谐环境。

（三）发挥优势，实现管理的统一化、规范化。对内抓制度建设和规范化管理，建立了从工程建设、运营管理到党风廉政建设的规章制度近百项，规范工作流程，完善作业标准。在收费管理上，制定了鲜活农产品品种目录和鲜活农产品车辆超限执行标准。对“绿通”车辆检测、计重复秤、特殊车辆处理等作业流程进行了规范。完成了联网收费计重设备竣工验收。重新组建了联网收费一、二片区管委会。加强了与市管高速公路协作，理顺了机制。强化片区稽查工作，重点打击跨路段倒卡、换卡、制造假卡和闯口逃费行为，共查处逃费车辆1618辆，追缴通行费415万元。在路政管理上，开展了“执法规范年”活动，做到了着装、作业流程、执法文书和内业档案管理、量化考核标准、行政许可程序和内容、赔补偿标准、车辆标志“七统一”。强化治超手段，突出源头治理，启动了收费站入口3个治超检测试点，有效对非法超限超载车辆进行阻截和劝返。在养护管理上，实施了“河北省高速公路技术状况检测评价及养护规划”项目，对省管高速公路技术状况进行了检测评价。建立了全局系统养护管理数据库，及时掌握各路段养护管理进展情况，推动了养护管理的科学化、规范化。在服务管理上，各服务区推行标志标识、礼仪规范、规章制度、工作流程、服务标准和考评办法“六统一”。有计划、有步骤地实行大宗商品集中采购、统一配送。西兆通服务区西区、香河服务区北区和平山温塘培训中心改造工程开工建设。在信息化建设和管理上，完成了高速公路气象监测和信息服务系统。完成了联网收费一片区车道软件升级。着手制定《河北省高速公路机电系统发展规划和技术要求》，对涉及多路段系统性机电项目进行统一规划设计，并制定相应技术标准。

（四）完善机制，公众服务能力和应急处置能力有了明显提高。发挥网络优势，建立了路政、养护、收费、服务区等各部门密切配合、各路段协调联动机制。统一设立了公众服务电话96122和短信服务平台，为群众提供路况、政策咨询和救助等服务，共受理电话28.2万个，发布路况信息2.6万余条。实施“春雨”行动，搞好微笑服务和延伸服务。与交警部门建立定期磋商和信息通报制度，路警联动，保障畅通。开展了“环境卫生大整治、文明服务上水平”活动，服务区面貌明显改善，服务水平进一步提高。去年11月，面对河北54年来最大雪灾，全局迅速统一调集人员和机械设备，奋力救助车辆和群众，全力除雪保畅，共出动吹雪车、铲雪车等车辆设备1800多台班，投入人员15520工日，救援被困车辆2000多台，帮助和解救被困人员13500多人次，免费上路送餐31000多份，送油3.5吨，受到了社会各界和领导的高度称赞。

（五）狠抓落实，“干部作风建设年”活动扎实有效。认真落实省厅干部作风建设各项要求，结合单位实际，制定了“八不准、八做到”。组织开展了“服务窗口亮起来”、“交通惠民送服务”和争创“青年文明号”、“巾帼文明岗”、“工人先锋号”等活动。在局网站建立了局机关作风意见征询平台，收到意见和建议82件，及时回复，认真处理。省局和局属8个单位、10名同志分别荣获省厅“干部作风建设年”十佳先进集体、十佳典型人物、十佳服务窗口和十佳服务人员称号。

（六）党风廉政建设进一步加强，高速公路建设“十公开”深入开展。始终把廉政建设作为一项重要工作来抓，制定了局班子党风廉政建设责任分工；与局属各单位签订了《党风廉政建设责任状》；实行了廉政建设双合同制；与检察院建立了预防职务犯罪联合机制；制定了《高管局领导班子廉政建设公开承诺》、局属单位领导班子和领导干部《廉洁自律承诺书》；制定了高管局《高速公路建设“十公开”实施细则》，人民日报、新华社、中央电视台等新闻媒体对“十公开”进行了集中报道；深入开展工程建设领域突出问题专项整治工作。

（河北高速公路管理局　王　芳）

邮　政　业

【概况】 2009年，河北省邮政业务收入比上年增长27.34%。其中，邮政企业实现收入比上年增长20.49%，绝对值和增幅分列全国第9位和第3位。邮储银行实现收入比上年增长80.38%，绝对值和增幅分列全国第7位和第9位。完成了集团公司下达的收支差额预算目标，全员劳动生产率达到9.09万元；各项通信质量指标达到了集团公司的考核要求，用户服务满意度为88.83分。

经营力度不断加大，邮政业务快速发展。2009年，全省数据库商函收入比上年增长11.52%，对函件专业新增收入贡献率为24.5%。报刊零售实现收入比上年增长

9.2%。代理航空客票业务克服区位因素的影响，全年销售3.05万张，列全国第12位。代收货款、经济快递、电子商务速递等新业务快速成长，三项业务新增收入对速递专业新增收入贡献率为34.49%。一体化物流收入同比增长29.65%，对物流专业新增收入贡献率为50.07%。邮银双方加强协调、沟通，共同研究制定政策，合力推进业务发展。全省金融业务实现收入22.87亿元，其中邮政企业实现收入比上年增长16.3%。

核心竞争力不断提升，服务水平稳步提高。2009年，随着11185电子商城系统、缴费一站通、代扣交通罚款、绿卡通、商易通、速递代收货款等系统的上线使用，邮政业务功能进一步拓展。完成了“储蓄系统2.0版本改造”，提高了业务处理能力。完成了网运信息、物流综合信息平台、投递生产作业、商函业务等系统改造和邮储银行无线POS等工程。开通了石家庄至南京自主航线、与民航部门合作开通19条航空邮路，组建了河北省南部速递物流集散中心、组开了承德和邯郸区内二频次特快邮路等，加快了邮件传递速度。全省特快邮件全程时限准时率达到90.75%，比上年提高7.8个百分点。增开了石家庄至太原和济南两条快速邮路。投资5500万元，对425个网点进行了装修改造，同时对全省营业网点管理进行了规范，统一了服务标准，改善了用邮环境。开展了“创新服务理念，创建示范窗口”、速递物流质量年等活动，增强了广大员工做好服务工作的责任感。积极参与行风建设、民主评议以及阳光热线、听证质询、践诺公示等公众活动，促进了行风建设的开展和服务水平的提高。在2009年度河北省民主评议工作中，省公司获得公益经营类单位第三名的好成绩。

企业改革不断深化，发展活力明显增强。2009年，根据集团公司有关要求，制定了河北省速递物流专业经营改革实施方案，明确了有关经营范围和资源配置；组建了省、市邮政速递物流公司，103个县局成立了营业部，建立了速递物流省市县一体化经营体系。制定了速递物流会计核算等财务管理办法，建立了现业局与速递物流专业的协调发展机制。完成了合同用工薪酬制度改革；建立了“岗位职级体系”和“宽带薪酬体系”，拓宽了员工职业晋升通道和发展空间；制定了营销人员激励办法，提高了营销岗位的吸引力。

企业管理工作不断加强。2009年，重新修订了全省投资管理办法，严格了审批流程，加大了对修理和租赁设备项目的管控力度。强化集中采购管理，成立了专门工作机构。开展了经济责任、财务收支、内部控制、企业效益、物资采购比价和工程审计，有针对性地开展了专项审计调查。制定了邮政金融网点、运钞和消防、枪支安全管理实施细则；逐级签订了金融安全管理责任书；全省储蓄网点电视监控、防尾随安全门、防弹玻璃安装率均达到了100%，110联网率达到95%。出台了劳动用工、人力资源配置、工时管理等办法。完成了火车、航站改点工作，确保了邮运秩序和邮件安全。机要通信连续12年保持质量全红。

员工队伍向心力、凝聚力和战斗力不断增强。2009年，组织开展了深入学习实践科学发展观和“干部作风建设年”活动，认真落实中纪委《建立健全教育、制度、监督并重惩治和预防腐败体系实施纲要》，完善了省公司党风廉政建设责任制考核，加大了对领导干部党风廉政建设的考核力度；开展了“党风廉政宣传教育月”活动；分层次开展了经营管理人员培训；举办了财务和速递物流、电子商务等业务培训81期，培训员工8623人次；举办营销人员和支局长等培训班17期，培训人员1560人。对营销客户经理开展了巡回培训；完成了10个工种1701人次的职业技能鉴定。全省11个市局、33个县局获得“河北省AAA级劳动关系和谐企业”称号。石家庄邮区中心局转运局荣获全国“工人先锋号”荣誉称号；承德局刘宝朝荣获全国五一劳动奖章；有2个单位被省政府评为先进单位，有9名员工被评为省级劳动模范。全省文明单位创建率达到100%。

【省邮政速递物流公司成立】 2009年1月16日，河北省邮政公司召开河北省邮政速递物流公司成立电视电话会议，宣布省、市邮政速递物流公司成立，河北省邮政速递物流公司的正式成立，标志着河北邮政体制改革迈出了新的一步，标志着河北邮政速递物流发展掀开了崭新的一页。本着“精减高效”的原则，河北省邮政速递物流公司内设七个部。同时，全省各市成立市邮政速递物流分公司，隶属省邮政速递物流公司。河北省邮政速递物流公司将以全新的经营管理体制和机制步入专业化、公司化运行轨道，继续在全国速递物流的改革发展中发挥重要作用。

【开通19条航空邮路】 2009年12月21日，石家庄航站至上海虹桥等19条航空邮路开通，河北南部五地市出口标准特快邮件航空邮路由1条增加到20条，直达19个大中城市。其中石家庄至重庆、昆明、呼和浩特的3条航空邮路在邮政航空通达范围以外，河北南部地市出口到以上三市所在省份的邮件传递时限缩短一至两天。自此，石家庄实现了从邮航通达局向邮政航空通运局的转变，为河北南部地市出口国内特快邮件的分流、疏运提供了新渠道。

【“新农保”合作】 2009年12月22日，河北省社会保险事业管理局与省邮政公司正式签订了委托办理新型农村社会养老保险工作合作意向书，标志着河北“新农保”工作取得了突破性进展。主要做法有四个方面：一是加强组织领导，建立工作机构。二是建立工作制度，务求见到实效。三是细化方案流程，提升竞争力。四是上下联动，积极开展营销活动。全省各市局、市分行将“新农保”作为一项重点工作来抓，积极与当地政府、社保、财政部门沟通联系，积极开展试点工作，上下联动，共同做好“新农保”服务工作。与此同时，全省通过电话、短信等方式建立了顺畅的沟通渠道，及时掌握全省“新农保”情况，采取有针对性的措施，推进了“新农保”工作的有效开展。

【《京杭大运河》特种邮票首发】 2009年9月26日上午，河北省邮政公司分别在沧州、邢台、衡水三个城市同时举办《京杭大运河》特种邮票首发仪式，三个城市的政府领导、集邮爱好者、邮政大客户、社会各界人士、新闻媒体及中小学生参加了仪式活动。这次活动由省邮政公司和三个城市的市委、市政府联合主办，当地政府领导分别主持了开幕仪式，省公司及政府有关领导分别在开幕仪式上讲话，并一起为《京杭大运河》特种邮票发行揭幕。特种邮票首发仪式结束后，三城市邮政局分别举办了《京杭大运河》系列邮品展销及现场加盖纪念邮戳活动，邀请邮票设计师现场为集邮爱好者签字，受到了广大集邮爱好者的欢迎。

（河北省邮政公司　田银娟）

通　信　业

【概况】　2009 年，在金融危机影响空前严重、行业发展经历深刻变化、市场竞争更趋激烈的情况下，全省电信行业在工信部和省委省政府的正确领导下，深入实践科学发展观，认真落实中央和省委省政府为应对全球性金融危机提出的一系列措施，紧扣加快发展主题，加大行业宏观调控力度，保投资、保增长、保运营、促发展，稳步推进行业转型升级，努力提升行业服务经济社会发展的能力；积极转变政府职能，不断加大发展、改革、监管、服务等各项工作力度，保持了行业平稳较快发展，为全省经济社会发展作出了积极贡献。据工业和信息化部最新统计资料显示，河北省电信业在固定资产投资完成、业务收入、业务发展等各项指标与去年同期相比，均有大幅提高，显示出旺盛的可持续发展能力。

截至 2009 年 12 月底，全省完成电信业务总量 1152.2 亿元，列全国第 6 位，较上年增长 11.3%；电信业务收入达到 355.7 亿元，列全国第 8 位，较上年同期增长 0.7%；全年累计完成固定资产投资 160.7 亿元，同比增长 25.8%。全省新增电话用户 461.4 万户，电话总户数达到 5132.8 万户，列全国第 6 位，其中，固定电话用户达到 1343.9 万户，列全国第 8 位，移动电话用户达到 3788.9 万户；宽带用户净增 134 万户，总数达到 522.7 万户，列全国第 5 位。截至 2009 年 8 月 31 日，河北省电话用户总数达到 5009.9 万户，成为继广东、江苏、山东、浙江、河南之后全国第 6 个电话用户超过 5000 万的省份。

全省电信行业发展呈现以下特点：一是电信业务结构更加多元化，移动电话业务的替代作用日趋明显；二是互联网宽带化进程进一步加快，宽带普及率从去年底的 5.6%提高到 7.5%；三是新业务发展迅速，增值业务市场趋向繁荣，信息服务价值链不断延伸，通信业信息服务的内涵不断扩展，主要体现在非话音业务比重不断扩大。得益于增值业务、宽带业务和行业应用的迅速发展；四是服务水平大大提升，普遍服务不断提高。全省电话普及率达到 73.6%，电信资费已有较大程度下降，电信服务质量进一步改善。

【3G 网络建设】　开展 3G 网络建设和业务发展是中央确定的“扩内需、保增长”的重要举措。河北省电信行业站在讲政治的高度，勇于担当起振兴民族大业的责任，按照边建设、边优化、边发展、边完善的原则，积极做好战略规划，不断加大投资力度，以高度的责任感和使命感，全力以赴开展 3G 建设和运营服务工作。按照各集团公司部署，2009 年，河北省共投资 55.7 亿元用于 3G 建设，建成 3G 用室外基站、室内分布系统等基础建设及网络优化工作，当前，3G 网络建设已经覆盖河北 11 个地市的市区和县城、发达乡镇、5A 级风景区、高铁、高速及重要的国道沿线，初步满足了大规模商用组网要求，已经取得阶段性成果。

在推进 3G 建设过程中，全行业始终把 TD 建设作为事关国家自主创新和行业转型升级的大事来抓：省通信管理局精心部署，多次向省政府专题汇报情况，提请地方政府和相关部门在基站选址、市政规划、管道建设、电力引入等方面给予政策支持，得到了省政府领导的高度重视和大力支持。2009 年 7 月 27 日，省政府与中国移动通信集团公司在北戴河签署战略合作框架协议，协议约定，河北省政府积极支持 TD 的网络建设与业务推广工作，成立 TD 建设领导小组，在无线电频谱、环境评估、建设用地、基站选址等方面给予重点支持；将 TD 产品和应用纳入政府采购扶持范围，引导和鼓励 TD 技术在电子政务、应急管理、无线城市、农村信息化、电子商务及其他领域的应用，营造有利于推进 TD 发展的社会氛围。孙瑞彬副省长等政府领导还深入企业调研，并对加快发展 TD 等 3G 建设做出重要指导。河北移动面对 TD 二期、三期工程建设和网络优化时间紧、任务重、难度大的挑战，精心组织，全力以赴，如期完成了覆盖全省 11 个市的 TD 网络建设，并加快网络优化工作。河北电信和河北联通稳步推进 CDMA2000 和 WCDMA 的建设和发展。

【行业转型升级】　为进一步推进全省信息化建设，河北省通信管理局加快了工作职能和工作指导方式的转变。在加强对行业“十一五”规划实施情况的指导、跟踪、反馈工作的同时，引导企业适应经济增长方式转变和电信行业转型的要求。一年来，全行业牢固树立科学发展和信息服务大行业观念，通过进一步加强技术、业务、运营管理、服务等方面创新，稳步推进行业向信息服务业战略转型。一方面，不断完善网络基础设施和支撑平台，提升网络对高带宽、高质量信息业务的支撑能力，如河北移动与全省 11 个地市政府全部签署了使用 3G（TD－SCDMA）技术共建“无线城市”的协议，全省共 10 个地市建成无线城市门户网站，并涌现出张家口中小企业网、秦皇岛虚拟一卡通等 59 个优秀案例，建成邯郸永年标准件等 51 个行业圈门户网站。河北联通在信息魅力综合信息服务平台的基础上，丰富网络商务支付手段，建设完成网络商务统一支付平台；河北铁通在完成铁路通信保障任务的同时，在全国率先研制开发并推出了铁路站段信息化平台，为铁路运输提供了全方位的信息化保障，目前，河北铁通的信息化应用模式已经逐步在全国铁路系统推广；另一方面，不断丰富业务种类，不断加快行业转型步伐。如河北联通与省教育厅联合开发并推广了 E 学堂等网络教育产品，与幼儿园合作，推出宝宝在线业务。河北移动围绕国家“节能减排”和“安全生产”工作，与省气象、电力、环保、水利等行业开展深度合作，开通了自动雨量采集、电力负控、电力抄表、企业排污监测、水墒情监控、车辆状态监控、无线POS（ATM）、生产设备监控等实际应用，深受客户好评，与省公安厅联合推出“警务通”业务，并成功开发出河北省道路交通违法综合信息处理系统及电子化缴款系统；河北电信在部分地市的“平安城市”、“数字城管”等项目上积极参与，通过公共场所（机场、车站、咖啡厅、校园等）的WIFI热点覆盖，实现C＋W的完美结合，在城乡信息化和数字城市建设中发挥着越来越大的作用；三是站在繁荣电信市场的角度，对增值电信业务提出规范、引导、服务并重的监管思路，从而有效推动信息化应用和发展，打造新的产业链。不断规范增值电信企业经营行为，将其引入良性的发展轨道。同时，提高增值电信企业各类增值业务在河北省的接入率，完善和规范增值业务的退出机制，进一步提高增值业务的服务保障能力。到2009年12月底，全省增值电信业务经营单位达到639家，在河北省进行了备案的跨省经营单位1802家，非经营性互联网信息服务单位（ICP）已备案登记的有158197个，全省电信行业从业人员已经超过20万。

【公共服务】 2009年，在全行业的共同努力下，圆满完成了国庆60周年、抗击抗暴雪等重大活动和突发事件期间的通信保障任务，彰显了应急通信体系的应有价值

确保国庆期间网络与信息安全是河北省通信行业的一项重要工作，也是一项重要的政治任务。省局几次召开专门会议，制定国庆通信保障方案，并且组织对全省所有市级分公司的专项检查。各基础电信运营企业、安全分中心、专用通信局把国庆通信保障工作作为头等大事，精心组织，周密安排，认真落实保障方案和应急预案，落实各个环节各个岗位的责任，全力以赴，为国庆60周年庆典活动的顺利进行提供有力的通信保障。

11月中旬河北省特别是石家庄地区发生了五十年一遇的特大暴雪，全省几百个移动基站因传输、电源中断退出服务，全省电信行业，按照省委、省政府和省局的统一部署，紧急启动应急预案，第一时间出动抢修队伍，破冰冒雪奔赴检修现场，最短时间内恢复通信。河北移动及时推出10项便民措施，体现了电信企业关注民生、服务社会的责任和理念。

党政专用通信网延伸工程取得了积极的进展，党政专用通信网络为党政领导提供了便捷畅通、安全保密的通信服务，未出现任何故障和差错，通信保障率达到100%，在其他重要通信、防汛和应急保障、网络信息安全等方面也发挥重大作用，充分体现了通信行业讲政治、顾大局的政治意识和注重社会效益、关注民生的社会责任。

【农村信息化建设】 2009年，工信部下达河北省的村通工程任务是实现20户以上688个自然村通电话的目标，经与省内各基础电信运营企业协商，河北省通信管理局对任务进行了分解。各电信运营企业积极响应政府号召，不讲任何条件，采取切实措施，投入大量的人力、物力、财力，千方百计克服各种困难，全力以赴加快工程进度，截至2009年12月底，已经完成668个自然村的村通工程。经过连续几年村通工程的建设，目前剩余的未通电话的自然村绝大多数处在偏僻的山区且地广人稀，建设成本巨大，覆盖困难，施工难度很大。

为加快河北省农村信息化建设步伐，扩大农村地区宽带覆盖能力。在接入网的建设过程中，积极考虑农村地区的光缆网及宽带网络覆盖，并着力发展农村宽带客户。2009年底，全省农村地区行政村宽带通达率已达到90.12%，较2008年提高3个百分点。预计2009年可发展农村地区宽带客户35万户，为今后的“信息下乡”工作奠定了坚实的基础。

在推进“信息下乡”工程中，河北联通与三农企业合作，试点推出新农村金色俱乐部业务，引进农、林、牧、副、渔等农业科技信息、实时供求信息和市场行情等信息内容，为广大农村客户提供丰富多彩的信息内容服务。河北移动健全了农村信息化产品体系，提供点播类、彩信类业务，建立了一站式农民信息呼叫中心，并与省工业和信息化厅、省农业厅签署了《共同推进农村信息化协议》，成功举办了农村信息化大会，推出了“惠农100”移动农村信息化品牌。

【互联网行业管理】 严格落实“谁经营谁负责，谁接入谁负责”的信息安全管理责任制，疏堵并重，切实加强网络和信息安全管理。一是坚持正面引导，加大打击力度。进一步完善网络安全技术监测平台，健全网络安全应急预案和工作机制，落实网络信息安全责任制，从源头上遏制有害信息的传播，维护了网上秩序平稳；二是加强网站基础管理，强化网站备案审核。按照部工作要求，组织对未备案互联网站进行了清理整顿。组织了IP地址备案信息集中更新工作，并加强了对网站备案信息的规范性、真实性审查。2009年共备案网站57405个，截至12月底，累计备案网站158197个；三是始终保持打击网络违法行为高压态势，积极配合相关部门开展整治互联网低俗之风、查处取缔黑网吧等一系列专项行动，取得积极成效。2009年，累计关闭非法网站2506家，删除有害信息1333条，组织企业封堵垃圾短信2.2亿条，网络环境进一步净化。查处了2起非法经营国际电信业务行为。目前，正在开展严厉打击手机网站制作、传播淫秽色情信息活动，各公司也积极配合相关部门开展互联网专项整治工作，查处网上非法不良信息，营造了良好的网络环境；四是密切关注网上舆情动态，切实加大分析力度，积极主动地为省委、省政府领导提供互联网上有关社情民意、经济发展、政治安全、安全事故、社会稳定等方面的信息，得到了省委领导的充分肯定。此外，进一步完善互联网网络安全应急处理协调机制，强化与省级服务支撑单位的联络制度，不断提高互联网安全事件的应急处置和协调处理能力。

（河北省通信管理局办公室　高德生）

【中国联通河北省分公司】 2009年是中国联通河北省分公司企业全业务运营的第一年，也是实施一体化运营的第一年。面对金融危机的严重影响和繁重的工作任务，中国

联通河北省分公司上下团结同心、迎难而上、加速发展、共克时艰，紧紧围绕“融合创造新优势、3G实现新发展”的工作理念，深入落实“抓机遇、保增长、调结构、上水平”的工作方针，坚持企业战略转型、积极应对市场竞争、全力做好经营工作，加强业务融合，实现量质并重发展。宽带发展再创新高，列集团公司北十省第1名。宽带业务实现量收同步增长。固网用户规模基本保持稳定。2G发展持续改善，净增出账用户列北十省第2名；移动增值业务收入同比增长9.4%。发挥综合资源优势，加快融合业务发展，对G网拉动、固网保有效果明显。转型业务实现新发展，信息魅力企业客户达1.1万户，签约行政审批中心项目17个；宽视界/神眼监控点达到1.5万个，被广泛应用于平安城市、平安互助和交管、安监、质监、环保等行业；两大拳头产品在河北省信息化建设中产生了良好的社会影响和企业效益。

3G业务顺利实现商用。2009年，面对时间紧、任务重的巨大挑战，全公司上下发扬勇于拼搏、甘于奉献的精神，以前所未有的速度全面开展网络建设和运营准备。5月17日石家庄等4个重点城市启动试商用友好体验，10月1日全省所有地市实现正式商用。完成了网络、支撑、业务、服务、终端等多专业的运营准备工作，完成了增值业务平台建设和手机电视等四大类125个单项产品开发，开展了多专业、大规模专题培训。全公司按照“三领先、六统一”要求，有针对性地加快用户体验发展，发展3G出账用户列全集团第5名。

分客户群销售初见成效。面向集团客户实行首席代表工作制，强力推进全省性重大项目实施，与52家集团客户签订平台类或组网类项目。以7个行业信息化一揽子解决方案为典型,加快全省性复制推广,初见成效。面向商务客户,以物流、幼儿园、出租车、百强市场四个行业为突破口,积极推广一揽子解决方案,实现快速突破。面向公众客户,加快融合业务和重点市场、家庭/个人信息化发展,与省综治办联合推广平安互助,发展平安互助村4.3万个。

产品研发实现重大突破。完成了综合信息业务开发与管理平台阶段性开发，大幅提高了信息化平台的灵活性和开放性，基本实现了标准化、规范化、网络化、可运营、可管理的要求。在此基础上，合作开发了流程管理、办公自动化、家校通、网络商务、家庭门户、行政审批、车辆管理等12个子系统平台。基于信息魅力和宽视界平台，合作开发了平安互助系统，初步形成安全技防产品体系；开发了神眼彩信监控功能，取得了移动终端视频监控领域突破。继续推进行业信息化应用，以呼叫中心为切入点，成功承建北京市政府“居家养老万事一拨通”业务外包项目；与省教育厅合作推广E学堂等网络教育产品；与华夏神农公司合作，试点推出了新农村金色俱乐部业务。

服务水平明显提高。面向全省推出营业受理免填单、宽带故障一日通等六项便捷服务，客户感知不断提高。全面开展服务规范达标工作，全省营业厅达标率达80%，420个营业厅实现实时监控。网上营业厅日趋完善，实现对用户全业务支撑，手机营业厅、短信营业厅成功上线。开展“倾听客户心声”活动，大规模回访客户，广范围征求意见，有效解决了增值业务强行定制等服务热点问题。完成10010和10060客服系统整合工作，整合了服务资源，提升了品牌形象。

网络能力显著增强。聚焦经营重点，优化投资结构，将移动网络和宽带网络投资占比提升至75%，同比增长20%。在全力以赴建设3G精品网络的同时，加快完成2G网络建设任务，深入开展网优大会战，移动网络新增能力较近年总和增长50%，有效面积覆盖率和人口覆盖率均有大幅提高。大力实施宽带升级提速工程，坚持早谋划、抓落实，强督导，率先完成全集团最大量的宽带提速任务；IP骨干网带宽大幅提高，达到680G，为宽带发展提供了能力保障。加快支撑系统融合建设，加速MSS建设，统一企业门户和OA管理系统，完成DCN网络融合；实现ESS系统、OCS在线计费系统等13个项目上线，在全集团率先实现了对固移融合支撑。

融合工作和基础管理不断深化。完成组织机构调整，持续优化职责，强化绩效考核，顺利完成统一职位薪酬体系工作，实现了高效管理，保持了稳定局面。创新县域管理机制，部分市分公司开始实施县分公司准利润中心管理，试点开展了网络代维、支局承包等，激发了基层发展活力，为进一步深化改革积累了有益经验。强化运维管理，加快推进网络融合，基本实现网络资源、维护协同、基础管理一体化，顺利通过移动网、固网2A达标验收，运维管理水平全面提升。加强预算管理，实现业会合并，实行省市县三级对标，促进了有效益发展。全面开展资源资产清查，加强资源协同，节省了资金。加强物资采购管理，基本实现物资管理制度、库存资源、信息系统三融合。加强运营管理，通过深化内控管理、强化法律监督、增强审计效能、完善监管体系、强化效能监察、加强安全生产等，为企业发展保驾护航。强化执行，建立重大项目督导考核制度，确保3G网络建设等重大项目的有效落实。加强基础管理，整章建制、完善流程，顺利通过对新河北联通三标一体综合管理体系审核认证。

学习实践活动扎实有效。按照集团党委统一部署，利用四个月时间，集中开展学习实践科学发展观活动。把学习实践活动与工作实际、干部作风建设年、企业文化建设、解决突出问题、加快发展步伐、完成工作目标等有机结合，做到高标准、严要求、抓落实、重实效。集中汇集了制约企业科学发展的8个方面37个焦点问题，制定了具体明确的整改方案，成立督导组督促落实，已办结28个项目，完成9个项目阶段性任务，有力地推动各项工作持续改善。切实做好新形势下的企业党建和精神文明创建工作，加强反腐倡廉建设，推进民主建设管理，成功召开一届一次工会会员代表大会和职代会，建立健全工会组织和职代会制度。积极履行社会责任，顺利完成388个自然村村通电话工程，圆满完成了国庆60周年重要通信保障任务，大力整治手机互联网低俗之风和不良信息，积极营造绿色健康的网络环境。

（中国联通河北省分公司）

商贸流通

【概况】 2009年，河北省消费品市场呈现平稳较快增长态势，全年累计实现社会消费品零售总额5764.9亿元，同比增长18.1%，高于全国增幅2.6个百分点，绝对额居全国第八位。全年消费品市场呈V型反转走势。受金融危机影响，上半年全省社会消费品零售总额增长乏力，由1月份的21.6%，下降到5月份的16.8%。随着经济形势好转，消费需求逐渐活跃，社会消费品零售总额增幅从6月份（当月增幅为17.2%）开始回升并呈现逐月加快的态势，12月份当月，全省实现社会消费品零售总额610.3亿元，同比增长19.2%，从规模上达到全年单月最高值，其增幅仅次于2009年春节所在的1月份。围绕国家搞活流通扩大消费的一揽子政策措施，全年共建设万村千乡市场工程农家店10000个、配送中心60个；双百工程建设农产品批发市场6个、农贸市场25个；农超对接项目13个；报废汽车回收拆解企业升级改造项目5个；此外，加强下乡产品流通网络建设，共争取国家资金支持1.78亿元，享受资金支持总额居全国前列。建设项目数量均位居全国前列，其中万村千乡配送中心、农贸市场建设数量列全国第一位，万村千乡农家店建设数量列全国第二位，农超对接被列为全国试点的14个省份之一（每个省均为13个项目），为扩大河北省消费特别是扩大农村消费奠定了良好基础。全省拥有酒类生产许可证企业546家，其中白酒、葡萄酒、啤酒分别为424、94和28家。规模以上企业分别为48、21和20家，年产量分别为23.45、11.35和111.58万千升，同比分别增长17.48%、2.91%和-15.4%，分别占全国产量的3.32%、11.82%和2.63%，位居全国第10、3和15位；实现主营业务收入分别为50.09、21.79和31.48亿元，同比分别增长25.84%、9.6%和-16.55%。

【农村市场】 2009年全省农村市场累计实现社会消费品零售总额3013.9亿元，同比增长18.4%；城市累计实现社会消费品零售总额2751.0亿元，同比增长17.8%，农村市场增幅高于城市0.6个百分点。2009年全年农村市场有9个月增幅超过城市，其中12月份当月农村市场实现社会消费品零售总额327.6亿元，同比增长19.9%，城市实现社会消费品零售总额282.7亿元，同比增长18.5%，农村市场增幅高于城市1.4个百分点。

【批发零售贸易业】 2009年全省批发零售贸易业实现消费品零售额4914.4亿元，同比增长17.7%，占全省社会消费品零售总额的85.2%，拉动全省社会消费品零售总额增长15.1个百分点，是社会消费品零售总额快速增长的主导力量。其中，限额以上批发零售贸易企业累计实现消费品零售额1042.3亿元，同比增长17.0%；限额以下企业实现零售额3872.1亿元，同比增长13.6%。

【住宿餐饮市场】 全省住宿餐饮业累计实现消费品零售额767.4亿元，同比增长22.2%，占社会消费品零售总额的比重为13.3%，比上年上升0.4个百分点。全省住宿餐饮业消费品零售额增幅高于批发零售贸易业4.5个百分点，高于全省社会消费品零售总额4.1个百分点，持续处于领涨地位。其中，限额以上住宿餐饮业实现消费品零售额58.6亿元，同比增长9.5%；限额以下实现消费品零售额708.8亿元，同比增长21.8%。

【汽车消费】 积极开展汽车以旧换新工作，利用多种渠道加大宣传力度，确定了汽车以旧换新报废汽车拆解资质企业18家，设立老旧汽车回收网点72个，一站式联合服务窗口14个。回收旧车334辆，发放补贴180.8万元，拉动新车消费4579.5万元。大力推进汽车摩托车下乡。销售汽车摩托车下乡产品34.6万辆，销售额85.7亿元，兑付补贴资金7.9亿元。

【消费结构】 在国家汽车、家电下乡和以旧换新等刺激城乡居民消费政策作用下，以体现提升生活质量的汽车、家电、建筑及装潢材料、文化娱乐等为主的消费热点持续升温，居民消费结构升级步伐明显加快。2009年全年限额以上批发零售贸易企业汽车类、家用电器和音像器材类销售同比增长27.5%和10.8%，建筑及装潢材料类、体育和娱乐用品类、化妆品类、金银珠宝类销售同比分别增长28.9%、11.2%、15.3%和19.7%。

【商贸流通招商引资】 以城镇面貌三年大变样为契机，围绕谋划商贸流通业大项目，重新修编商业网点规划，推动了城市商业网点布局的优化。沧州、石家庄、唐山、保定、张家口等设区市对城市商业网点规划进行了重新编制，即将进入实施阶段。在全省136个县（市）中，着手编制的有78个。结合城镇面貌三年大变样，深入沧州、唐山、廊坊等市，对三年大变样中商贸流通设施拆建、规划、建设、管理等情况进行调研，努力做到商业网点规划与城市总体规划实现有机衔接，城市聚集效应日益显现，到河北省投资商贸流通领域项目的国外、省外客商越来越多，包括沃尔玛、特易购等世界500强企业在内的一批知名企业纷纷落户河北。目前，投资1000万元以上的商贸流通项目已运营的42个，投资总额77.2亿元；其中，10亿元以上项目已运营的2个，投资额20.6亿元。加强与北京地区合作，认真落实冀京战略合作协议，与北京市商委签订商贸流通工作合作协议，建立了市场共建、信息共享、资源共用的常态机制。9月下旬，双方联合举办了由保龙仓、北人集团、美食林集团等河北省60多家商贸流通企业、农民专业合作组织和沃尔玛、家乐福、新发地等来自北京的20多家大型超市、农产品批发市场参加的冀京农产品产销合作对接洽谈会，签订购销合同5.6亿元，供货意向2.8亿元。

【市场监管公共服务体系建设】 一是按照商务部统一部署，积极推进流通领域市场监管公共服务体系项目建设工作。首先，结合河北省实际，下发了《关于做好商务综合行政执法试点工作的通知》，并指导各市积极进行试点申报，及时召开了全省商务综合行政执法电视电话会议，对推进全省综合执法试点工作进行安排部署。经过努力，河北省唐山、邯郸、石家庄、承德市和怀来县等10个市、县分别被商务部确定为流通领域市场监管公共服务体系项目重点推进单位，并一次通过了项目验收，地级市分别获得奖励资金100万元，县级单位分别获得奖励资金50万元。其次，为推动此项工作的开展，深入全省数十个市县，对基层商务部门行政执法工作进行调研，确定了兴隆、双滦等24个县（市、区）为全省商务综合执法试点单位，为河北省全面开展商务行政执法工作奠定了基础。二是拓展12312举报投诉服务中心的职能，搭建商务举报投诉服务中心公共服务平台。按照商务部的要求和厅领导的批示，完成了省12312由保知中心到商务举报投诉服务中心的职能转变工作。重新修订了工作制度、完善了工作规范。利用这一平台，开始接收有关家电下乡、外派劳务、成品油、废旧汽车拆解等商务领域方面的投诉、举报、咨询。同时积极督促指导各市级商务部门建立12312商务举报投诉服务中心，县级商务部门建立联系点开通12312热线。目前全省已有石家庄、邯郸、唐山等6个市、十多个县市开通了12312热线，共计33条，维护了消费者权益，完善了商务执法的社会监督。

【农产品产销对接】 结合“万村千乡市场工程”，搭建购销平台，拉动农村消费。组织国大连锁、保龙仓、邢台三丰、迁安东盛、永年中山等90多家“万村千乡市场工程”，承办企业参加正定国际小商品博览会，与供应商签订采购协议，总金额1100多万元。“万村千乡市场工程”承办企业参会成为“正博会”一大亮点。石家庄市先后在行唐、正定、藁城、鹿泉等县（市）分别组织了区域性“农村市场商品配送展销会”，数千种适合农村消费的各类商品在展会现场进行展示展销，现场销售180多万元。

【商务系统应急体系建设】 2009年进一步修订和完善了《河北省商务系统节日市场供应和市场稳定应急处置工作方案》、《河北省商务厅处置外商投资企业突发事件应急专项工作预案》、《河北省商务厅处置外贸企业突发事件应急专项工作预案》、《河北省商贸流通行业安全生产事故应急救援预案》、《河北省商务厅处置对外投资和经济合作突发事件应急预案》、《河北省商务厅处置酒类流通行业突发事件应急预案》、《河北省商务厅处置畜禽定点屠宰行业突发事件应急预案》，并印发《河北省商务厅有关专项应急预案的通知》。

【家电下乡备案销售网点】 截至2009年12月31日，河北省已备案销售网点9037个，覆盖乡镇达100%。九大类家电下乡产品累计销售182.5万台/38.2亿元。累计销售额在第三批19个省市中位居第1位，在全国31个省区市中总排名第6位；累计发放补贴4.4亿元，逾100万户农民直接受益。全省家电下乡销售额拉动县以下农村消费2个百分点。据统计，河北省目前有75%左右已备案的销售网点，销售业绩较家电下乡开展前平均攀升20%—30%。通过加盟、授权等方式，最大限度将具备条件的农村销售网点纳入家电下乡销售网络，带动农民就业5000人左右。同时新增配套维修站点近千个。以各大中标企业省级配送中心为支撑、县级流通企业为龙头、乡镇销售网点为基础的一体化销售及服务体系正在初步形成。

【“万村千乡市场工程”】 拓宽农村流通网络，新增9家万村千乡市场工程承办企业，新建和改造1万家标准化农家店和60个配送中心，农家店覆盖范围进一步扩大，目前农家店已覆盖85%的乡镇和65%的行政村，改善了农村消费环境，促进了农村消费，拉动了农村社会投资和就业。农家店实现年销售额99.2亿元。新增仓储面积21万平方米，年增加销售额37亿元。全年新建农家店和配送中心带动承办企业投资5.4亿元，安排就业岗位2.7万人。大力推进新民居建设，“万村千乡市场工程”向省定示范村重点倾斜。推动农家店开展药品、电信、邮政等业务，增强农村流通网络综合服务能力。

【“农超对接”、“双百市场工程”】 大力推进“双百市场工程”，建设和改造6个农产品批发市场和25个县乡农贸市场，加强冷藏保鲜、检验检测和冷链物流等设施建设，推动农产品流通标准化和规模化。建设交易厅棚、冷链系统、服务设施项目34个，带动社会投资1.3亿元，年增销售额36.5亿元，对增加农民收入、带动地方经济发展、保证城市“菜篮子”供应发挥了积极作用。此外，2009年全年建成省级标准化农产品批发市场100家。推进“农超对接”试点，引导13个大型连锁超市或农产品流通企业与农村专业合作社对接，建设农产品直接采购基地，使城市居民吃上鲜活、放心、健康的食品。全年建设配送中心、冷链系统13个，带动社会投资9209万元，年增销售额42.5亿元。

【酒类流通数据库】 2009年3月3日制定下发《关于建立酒类行业数据库的通知》，年内初步完成了酒类企业、酒类执法队伍建设等信息的采集和分类统计工作。下一步将依托河北商务网建立自动分类查询系统，改进网上审批，探索实施网络监管系统，同时做好与商务部酒类流通管理信息系统及各设区市商务网的互联互通，加强信息沟通、网络传递和随附单溯源查询，依托全省社会信用体系建设逐步实行酒类行业“黑名单”制度，更好地为政府决策、市场监管和企业服务提供技术支撑。

【再生资源回收体系建设】 截至2009年底，石家庄市共建起18个废品市场、2个旧货市场、1个综合市场、1500个社区回收站，初步形成集收购—集散—加工为一体的网络体系。张家口市列为国家试点后，在城区和城郊设立了790多个回收站（点），兴建了1个占地150亩的废旧商品集散市场，在建2个分别占地30亩、20亩的废旧商品转运中心，全市年回收废旧金属15万吨，报废机动车0.6万辆，废纸3万吨，废塑料1.6万吨，废家电6万台（件），废旧设备2万台（套），各类杂品2万吨，从业人员达5000多人，收到了良好的社会效益和经济效益。

截至2009年全省共有再生资源回收经营备案企业4224家，大型回收市场24个，有些县市成为带动经济发展的主要行业。如石家庄市废钢铁年经营量达到了75万吨，废有色金属4万吨，废纸15万吨，废塑料、橡胶12万吨，各种杂品30万吨，安置下岗职工和社会人员就业达8000多人。保定安新县是我国北方最大的废旧金属集散地，有色金属回收、加工企业达400多家、现有从业人员5万余人，年税收占安新县约一半以上，年产值达100亿元。

【市场监测】 继续加强城乡信息服务体系建设，不断扩大监测范围，全省市场监测样本企业总数达877家，样本企业涉及批发、零售、餐饮、住宿等22个流通行业，以及超市、百货店、专业店等7种零售业态。加强对市场热点、拐点、焦点问题的研究，增强市场监测分析的针对性和有效性，编发关于猪肉、食用油、蔬菜等生活必需品的多篇预测预警分析。上报商务部监测信息140条，通过河北商务预报发布市场信息4534条，其中原创信息949条，网络点击38万次。

【专项整治活动】 《河北省畜禽屠宰管理办法》经省政府26次常务会议通过。《办法》明确将猪、牛、羊、鸡纳入定点屠宰管理范围，对屠宰厂设立、屠宰加工、质量检验等各方面做了详细规定。印发《河北省生猪定点屠宰厂、点设置规划》、《畜禽定点屠宰厂、点备案审核要求及编码流程》、《畜禽产品肉品品质检验标志管理办法（试行）》。组织屠宰技术人员、肉品品质检验人员培训考核。委托省肉类协会，完成了4个设区市，近2000余人的培训考核，全省“两员”持证上岗率明显提高。开展大范围肉品质量抽检。委托河北商华食品安全检测中心，对82个批次的样品进行质量检测，水分、汞、铅、土霉素、氯霉素、“瘦肉精”、六六六、滴滴涕、亚硝酸盐等9项指标均合格，合格率100%。按照省政府办公厅《河北省开展食品质量安全年行动工作方案》，开展了食品质量安全年整治行动、散装白酒专项整治活动、暑期市场和国庆中秋、元旦春节节日市场等一系列集中整治活动。全系统共受理举报投诉1000余起，查处各类酒类违法违规案件1.2万起，其中假冒伪劣酒类案件4600余起，货值1040万元，移送司法机关32起，吊销零售许可证141个，捣毁黑窝点53个，销毁假冒伪劣酒类商品11万瓶。

湖北五峰白酒中毒事件曝光当日省酒监局即起草紧急通知在全省开展为期一个月的散装白酒集中整治活动，对货源不清、渠道不明、手续不全的散装白酒进行了封存，共查扣、封存不合格散白酒24吨，取缔不合格散白酒经营户一批。拟定了《河北省散装白酒及供应管理办法》，作为规范性文件待省政府法制办审核后印发全省实施。在全省范围内开展了创建“放心酒示范店”活动，全省共认定“放心酒示范店”346家。制订了《河北省酒类流通随附单管理办法》，规定对酒类批发企业实行随附单专管员制度，对随附单的领取、使用、管理和核销的程序和要求进一步明确，同时对酒类批发企业建立酒类商品购销台帐和随附单领用台帐作出了规定。全省发放近60万份，查处无随附单案件2890余起，随附单的使用率和规范使用率有了进一步提高。

【为市场主体服务】 一是创办了市场分析季分析会制度，与企业一道研判市场走势，分析消费品市场运行情况和消费需求，及时了解行业、产业发展动态，倾听企业呼声，帮助企业解决经营中遇到的问题和困难。针对石家庄市商贸流通企业门前停车收费管理混乱问题，与河北日报等媒体一起，积极协调呼吁有关部门予以解决，最终促使企业门前停车场管理权收归企业所有。二是通过在新农村商网发布信息，加大促销力度，发挥“双百市场工程”作用，拓宽销售渠道，多方联系，组织农产品与企业对接，实行保护价收购，协助围场县、万全县解决农民玉米马铃薯卖难问题，使两县玉米马铃薯积压滞销问题得到解决。积极帮助广西香蕉销售难问题，组织石家庄、保定、邢台、邯郸等市大型批发市场、农贸市场、连锁超市等12家水果经销商与广西香蕉促销小组进行了充分洽谈对接，签订香蕉购销意向合同32700吨。三是联合省工信厅向商务部推荐河北省石家庄君乐宝乳业有限公司、河北佳利乳业有限公司两家企业获得国家奶粉临时储备企业资质。四是积极开展信用担保工作，支持中小商贸企业发展，通过召开座谈会、专题调研会等形式，向商贸企业、担保企业宣传解读国家政策，提高担保补助政策的社会知晓度。组织设区市商务部门申领项目管理系统密钥，对项目管理系统的使用进行业务指导。下发了《中小商贸企业融资担保费用补助工作指南》。组织召开了各设区市商务局以及各地融资担保协会、担保企业代表约80多人参加的全省中小商贸企业融资担保工作会议，总结经验、解读政策，加强培训，很好地完成了全省中小商贸企业融资担保费用补助工作。全省29家担保公司为全省中小商贸企业担保额近30亿元，年底前补助资金全部拨付到位。五是多措并举，积极推进河北省商贸信用体系建设。会同省委宣传部组织开展了河北省“百城万店无假货”活动，完成了省级示范街和示范店申报材料的初审及上报工作，并参加了对张家口、承德、秦皇岛、廊坊等市的验收工作。同时，按照商务部等十四部门《关于开展2009年“诚信兴商宣传月”活动的通知》和《河北省2009年“诚信兴商宣传月”活动实施方案》的要求，在石家庄市人民广场举行了广场宣传咨询活动，得到了石家庄商贸企业的积极响应，北国商城、东方购物、新百广场、保龙仓、东易装饰集团等16家企业参加了广场宣传活动，并联合向全省商业、服务业企业发出“坚持诚信兴商，共建和谐消费环境”的倡议。有关部门共向市民发放各种法律法规宣传资料3820余份，接受咨询260余人次，受理投诉3宗。

（河北省商务厅　杨静芳）

【农村供销】 2009年，河北省供销社系统深入学习落实科学发展观，全面落实《国务院关于加快供销社改革发展的若干意见》，统一思想，提高认识，凝聚力量，开拓创新，取得了显著成效。积极参与社会主义新农村建设，推进县级社综合体制改革。在全省供销社系统全力打造以“两个体系，一个中心”（农民合作经济组织体系、农村现代流通服务体系和社区综合服务中心体系）为主体的现代流通体系和农村服务体系。加快实施“三进工程”（即：推动网络进村、吸收农户进社、组织农产品进市），各种连锁网点覆盖面越来越广，带动日用消费品、农资、农副产品、鞭炮烟花、再生资源等主营品种快速增长。本年度市场建设和项目建设规模也有较大提升。各地积极兴办了一批不同类型、不同规模的批发市场，初步形成了大中小相匹配、农副产品市场与综合市场相结合的发展格局。与供销社“四项改造”和“新网工程”建设紧密相连的农副产品市场建设发展迅速。当年项目建设呈现招商引资力度大、重点项目增多、政策扶持效果明显、发展领域拓宽、县级社亮点纷呈之势。各项工作开创了供销合作社改革发展的新局面。2009 年全系统共完成购进总额 453.42 亿元，增长 20.09%，销售总额 482.06 亿元，增长 20.46%。其中：农副产品购进总额 83.19 亿元，同比增长 16.24%，消费品零售额 145.29 亿元，增长 22.53%，售给农民的农业生产资料 109.55 亿元，增长 26.81%；实现利润总额 1.91 亿元，同比增长 16%。

【基层组织创新和企业产权制度改革】 2009 年，按照合作制原则和提升服务功能、优化服务环境的基本要求，改革、改组、改造和重建基层社，发展专业合作社和综合服务社，创新基层合作组织。目前，94%的基层社已进行改革、改组；60%的基层社经营设施得到更新改造。共领办、指导创办各类农民专业合作社 2526 个，组建各类协会 700 家，建设农村社区综合服务中心 630 处，村级综合服务站 12000 家。有 5 家基层社进入全国百强基层社，100 家农民合作经济组织被评为全省先进基层合作组织，320 家农民专业合作社列入全国总社“千社千品富农工程”。

以产权制度改革为核心，以合作制、股份制为主要形式，以建立现代企业制度，确保社有资产保值增值，提高企业实力、活力、竞争力为主要目标，积极稳妥地推进社属企业改革。全系统已改制社属企业 2897 家，占企业总数的 92%，处理债务包袱 78.6 亿元。省及 11 个设区市和 106 个县级供销社建起了专门的资产运营管理机构，社有资产得到有效监管和保值增值。

【农民合作经济组织服务体系】 2009 年，全省 11 个市、149 个县（市、区）成立了农民合作经济组织联合会（简称“农合联”），70 个县（市、区）“农合联”在 621 个乡镇建立了分会。各级“农合联”吸纳专业合作社 1979 家，专业协会 1814 家。当年为会员推销农副产品 200 亿元。培训农民 50.6 万人次，建立信息网站（网页）140 多个，发行会刊 839 期，发布各类市场有效信息 18 万条，为会员维权 269 宗，挽回直接经济损失 428 万元。

【农村现代流通网络体系】 截至 2009 年底，全系统共建立农资、农副产品、日用消费品、再生资源回收利用四大流通网络体系龙头企业 544 家，拥有连锁配送和购销网点 52078 个，年经营额 238 亿元。有 136 个县（市、区）建起一个以上经营网络体系，其中：44 个县（市、区）供销社建立起四大网络体系；62 个县（市、区）供销社建起两个以上网络体系。当年“新网工程”投资额 100 万元以上的跨年度续建项目 50 个，立项、新建项目 56 个，谋划、论证项目 122 个，总投资 46 亿元。几年来，改造新建标准农家店 10599 个，占全系统标准农家店总数的 42%。以“一网多用、双向流通、便民利民”为特征的农村现代流通网络体系初步形成。

【日用消费品连锁经营】 2009 年，全系统把工作重点放在村一级，依托“万村千乡”和“新网工程”，大力发展日用消费品连锁经营，拓宽农村市场，提升服务功能。全系统共有 75 家企业开展连锁配送经营，拥有 76 个配送中心，12027 个连锁网点，连锁销售 31.36 亿元，增长 22.8%，网点覆盖 80%的行政村。消费品经营呈现以下特点：一是连锁形式呈现多元化。二是连锁配送向区域化扩展。廊坊民得利、张家口佳美、河北中山日化等市级公司的经营网络覆盖了全市范围；县级企业中丰润金客隆连锁扩展到宽城、迁西、迁安；盐山盐百集团销售分布在盐山、沧州市、山东宁津县等地。三是县级社企业“一网多用”发展经营体系，担当龙头作用。如武安正和、景县宏图、围场惠万家、无极供销大楼等都在逐步成为县域网络建设的核心企业和当地消费者认可的品牌企业。各地供销社通过对现有经营设施、经营网络进行改造整合，以县域为中心的消费品连锁经营普遍展开，更大范围的区域性连锁正在积极推进、加快整合中。四是供销合作社的消费品零售额的 80%是在县及县以下实现的。全年全系统完成日用消费品零售额 145.29 亿元，增长 22.53%。五是家电商品和新兴商品消费增幅较大。主要包括汽车、通讯产品、文化用品、彩色电视机、家用电脑、电冰箱、音响设备、油烟机、空调、热水器、电磁炉、微波炉等。

【农资连锁经营】 2009 年，全系统农资经营企业把发展农资连锁经营作为新时期服务“三农”工作的主攻方向，充分发挥农资主渠道作用，加大网点建设步伐，努力拼搏，灵活应对，千方百计克服世界金融危机的影响，市场份额逐渐增大。通过采取惠农、便农、利农的措施，全年完成售给农民的农资 109.55 亿元，增长 26.81%。随着“新网工程”的大力推进，网络建设也取得显著成效。全省开展连锁配送业务的农资 88 家，192 个配送中心，13727 个经营门店。隶属省农资的配送中心有 120 个，以“河北农资”、“丰泽苑”为品牌的农资加盟店 4108 家，销售 29.6 亿元，网络销售 56 亿元。河北农资的蓬勃发展，一是借助实施“万村千乡”工程和“新网工程”，大力推动全省供销社“三进工程”，推动经营网络进村，发展大连锁，网络整体联动的发展战略收效显著。连锁经营网络覆盖 90%的县、乡，70%以上的行政村。在县域农村市场形成以配送中心为龙头，村级经营网点为基础的农村现代流通网络体系。二是发挥省、市农资连锁企业的农村流通网络龙头作用。积极推进以产权多元化为核心、以股份制为主要形式，集中优势资源，重点培育农村经营网络龙头企业，做大、做强，带动农村流通服务体系发展。河北省农资公司“丰泽苑”牌农资连锁经营网络在河北及周边区域已建成 120 家配送中心和 4000 多家乡村加盟店。省农资氮肥合作厂家 20 个，磷肥基本形成与云天化国际化工有限公司、黄麦岭、开磷、三环嘉吉、宜化五大厂家为主的云南、贵州、湖北三大货源基地资本合作，与中农集团的合作不仅进口钾肥有了大幅增加，其他品种也有了很大的提升。合作创立了以产权连接为纽带的工商合作机制，探索了一条工业资本与商业资本融合的路子。三是在巩固扩大与云天化、湖北黄麦岭、沧州大化等企业联销业务的基础上，开发了与贵州开磷、云南三环嘉吉、俄罗斯阿康等厂家的总代理关系，与湖北宜化、江苏阿波罗、深圳芭田等厂家建立了省内区域代理关系。稳健的工商关系在保持稳定的货源供应和防范市场风险等方面发挥了重要的作用。四是坚持以市场为导向，不断调整优化经营品种结构。五是夯实终端，打造品牌，着力加强公司营销网络建设。六是充分发挥自身网络和品牌优势，利用公司网络终点的特点，采取预收账款、保底返利、分重点区域集中推介等不同方式，合理布局，及早占领基层市场，强化终端营销。七是强化品牌建设，提升网络美誉度。以文化统一网络成员单位的价值观，以文化规范网络的运营方式，以文化塑造网络的品牌形象。大力倡导"河北农资负责到底"的价值观，开展了测土施肥、技术讲座、农民培训等项目的农技服务活动。加强诚信建设，全面推行商品质量承诺制，严格加盟店自采商品准入，杜绝假冒伪劣商品，打造一批"放心农资店"，提升了网络品牌美誉度。

【开拓服务领域】 围绕新农村建设要求，省社从对好日子公司、视广传媒公司投资开始，到省农金投资担保公司、新合作保险代理公司的相继成立，开创了省社与民营企业合作的先河，突破了供销社原有的经营格局，拓宽了供销社的经营领域，是供销社经营体制上的重大创新。还积极参与农村金融建设，遵化市"农合联"通过建立"农合贷担保公司"，帮助生产经销户和合作经济组织解决贷款难问题。视广传媒公司开业积极推动信息技术在流通服务体系和合作经济组织体系建设中的推广应用。全省80多个市、县供销合作社和"农合联"开通了门户网站和特色网站。盐山、无极等县使用触摸屏为农民提供服务，省农资公司、黄骅市社、武安市社、涿鹿县社在加盟农家店安装开通"供销通"信息管理系统终端，加快传统经营模式的转变。

【盐业专营】 2009年，全系统坚持"以盐为本，多元并举，集团经营，科学发展"的战略方针，创业发展，创新强企，继续深化改革，强化专营管理，确保食盐安全，积极应对复杂经济环境，及时调整经营策略，各项工作取得了新的成绩，企业继续保持了稳步发展的良好态势。到年底，盐总量累计调入60.8万吨，销售61.5万吨。其中，食用盐调入34万吨，销售33.9万吨。工业盐调入22.5万吨，销售23.2万吨。主要工作开展情况：

（一）明确目标，落实责任，多措并举。（1）深入调研，及时调度，明确责任，狠抓落实。调研分析金融危机下的盐业市场形势，调整思路，明确重点。明确了2009年全省完成年度食盐购进计划的县（市）达到120个，比上年增加36个。确保2010年全省95%以上的县（市）实现消除碘缺乏危害目标。（2）明确重点，一县一策，狠抓落后。全省紧抓5000吨以上的经营大县32个，累计调盐26.5万吨，占全省的40%。结合县级达标积极抓好落后县工作，深挖食盐购销潜力。（3）狠抓食盐安全，确保群众食用放心盐。（4）取消销区分装，扩大产区配送规模和范围。全省实现集中分装的县达到114个。

（二）积极协调，充分准备，县级达标取得阶段性成果。全省全部县市合格碘盐食用率均达到90%以上。一是成立专门机构，为县级达标工作提供组织保障。二是宣传贯彻达标方案。三是开展县级达标工作督导检查。四是总结推广承德经验。五是与卫生部门配合，确保县级达标工作顺利开展。

（三）突出重点，加大监管，全省市场秩序保持总体稳定。2009年，全省以遏制私盐冲销、确保食盐安全为中心，多措并举，全面整顿，成效显著。

（四）加快盐业集团化建设步伐，"统一经营、统一管理"工作取得实质进展。

（五）调整结构，推陈出新，多元化经营加速发展。

（六）扎实推进党建和精神文明建设，努力构建和谐盐业。

（河北省供销合作总社　曹玉玲）

【烟草专卖】 2009年，河北省烟草专卖局、中国烟草总公司河北省公司（以下简称河北省局〈公司〉）以科学发展观为统领，紧紧围绕省委、省政府和国家局的总体部署，以"上水平、保增长、促发展"为核心，抓市场、抓产品、抓管理、抓创新、抓队伍，逆势而上，共克时艰，全年实现税利45.38亿元，同比增长18.53%，圆满完成"保增长"目标任务，保持了全省行业持续稳定健康发展。

经济发展水平进一步提升。针对金融危机带来的经济环境、市场形势的发展变化，面对卷烟消费税政策的重大调整，认真落实国家局"保牌、稳价、规范、增效"的方针，强化经济运行调控和调度，合理挖掘并充分利用市场潜力优势，扎实推进"保增长"目标任务，行业经济继续呈现出良好的发展态势。一是宏观调控不断加强和改善，市场供需保持协调发展。按照"控制总量、稍紧平衡"的原则，认真分析研究宏观经济走势，进一步调整经营策略，努力调入更多适销对路的卷烟货源，并根据客户类别和实际销售状况，科学合理地进行市场投放，有效满足了市场需求，保持了卷烟价格稳定。二是加强消费引导，卷烟销量和结构进一步提高。积极选择适应河北消费需求、高附加值、有特色、具备竞争优势的品牌，有计划、有组织、有目标地进行品牌培育和消费引导，增加销量，优化结构，提升效益。全年累计销售卷烟227.76万箱，同比增长5.26%，高于全国平均增幅1.84个百分点，其中一二三类卷烟58.34万箱，同比增长28.45%，比重提高4.63个百分点；低档卷烟销售92.13万箱，同比下降7.27%，比重下降5.47个百分点；累计销售全国重点骨干品牌卷烟53.29万箱，同比提高46.29%；实现税利45.38亿元，行业各项主要经济指标全面突破"十一五"规划目标。三是积极落实惠农政策，进一步推进现代烟草农业试点建设。按照"严格控制、适度从紧"的方针，严控烟叶种植面积，稳定烟叶种植规模。截至2009年底，全省烟叶移栽面积26608亩，签订收购合同1528份，户均种植面积达到17.41亩，同比提高3.03亩；加强烟叶生产基础设施建设，全年累计投资2537.59万元，为广大烟农新建密集式烤房491座，新修机耕路11.37千米、沟渠43.66千米，确保惠农政策落到了实处。积极与中国农业科学院等科研院所合作，加强烟叶技术员和烟农培训，大力开展适用技术的普及和科技创新，全省烟叶整体工作水平进一步提升。

卷烟打假、打私工作成效显著。进一步巩固完善与公检法等部门及兄弟省市局的联合打假工作机制，建立公检法烟重大涉烟案件联合督办机制，深入开展卷烟打假打私工作。2009年，全省共查处涉假案件2724起，查获假烟11248.93万支、烟丝8.66吨、烟叶20.8吨、滤嘴棒25.8万支；捣毁制售假烟窝点11个，缴获各种制假机械20台；查处非法渠道进货案件5822起，查获违规经营的真品卷烟4079.23万支；刑拘不法分子332人、批捕267人、判刑69人。全省行业共侦破符合国家局标准的制售假烟网络案件70起，其中津冀（廊坊）“3.13”、京冀（石家庄）“4.14”、唐山“1.13”、沧州“11.12”四个案件被列为部督案件。强有力的卷烟打假工作，规范了卷烟市场秩序，维护了国家和消费者利益，河北省局连续第五年荣获国家局和公安部联合颁发的“全国卷烟打假特殊贡献奖”。

现代卷烟营销网络建设稳步推进。把培育品牌作为卷烟流通企业的第一要务，全面提升卷烟销售网络建设水平，深入推进按客户订单组织货源工作，加强工商协同营销，与上海烟草集团等重点工业企业建立战略合作关系，积极开展以网上订货和网上配货为主要内容的电子商务试点，狠抓营销规范和服务。按照国家局现代物流建设总体要求，立足自身实际，认真开展卷烟物流管理体制、制度、机制和成本效率等工作的研究，初步形成了一套符合河北实际的物流管理模式，全省行业集信息化、标准化、专业化和规模化为一身的卷烟现代物流基本形成，为实现传统商业向现代流通的转变奠定了坚实基础。

基础管理工作再上新台阶。始终把严格规范作为行业持续健康发展的生命线，大力提升规范管理水平。一是完善制度，严格检查。健全整顿规范机构，充实稳定人员，深入开展“三项检查”回头看活动，促进了“三项检查”工作的制度化、经常化。全面开展行业省、市、县三级制度清理，制度体系进一步健全完善。认真组织开展“严格规范卷烟经营秩序”检查和“小金库”自查自纠工作，制定专卖内管手册，狠抓工作落实，行业规范管理水平进一步提高。以案卷评查为抓手，加强执法监督，严格落实行政执法责任。二是加强财务管理和审计监督。不断深化全面预算管理，充分发挥资金监管中心的作用，切实加强企业投资管理。创新资产管理方式，开发实施国有资产管理信息系统，实现了对全省行业资产的在线询查和实时监管，提高了资产管理水平和使用效率。积极主动配合审计机关，完成了对全省行业2008年的财务收支审计。深入开展全省物流建设项目跟踪审计、烟叶基础设施专项资金审计、领导干部离任经济责任审计和同级审计工作，审计监督作用得到有效发挥。三是强化基础管理。制定方案和细则，明确目标和重点，积极开展对标和贯标工作。设计实施“一体化”物流信息系统，试点运行卷烟供应链信息协同系统，启动人力资源管理系统项目建设，加快推进电子商务、电子政务、管理决策三大体系建设。强化安全管理，完善制度，落实责任，积极开展安全文化建设，狠抓安全隐患排查治理和安全基础设施建设，圆满实现了“八无”安全管理目标。

（河北省烟草专卖局　葛彦波）

【粮食流通】　2009年，河北省粮食部门坚持以科学发展观为指导，认真贯彻省委、省政府和国家粮食局的决策部署，围绕“保安全、壮实力、增活力、重民生、求突破”的工作主线，全力以赴抓落实，奋发有为促发展，认真执行国家粮食政策，带动了农民增产增收；不断完善粮食安全保障机制，粮食宏观调控能力进一步增强；大力培育粮油项目和品牌，提高了粮食产业化经营水平；加快粮食行政职能转变，推动了国有粮食企业规范化管理向纵深发展，圆满完成了年初确定的各项目标任务。6—9月份，中南部六个小麦主产市按最低收购价收购小麦304万吨，比上年增加100万吨，带动农民增收近7亿元；省粮油批发交易中心承办政策性粮食竞价交易近50次，成交208万吨；组织企业到东北集中采购稻谷47万吨；军粮供应连续10年超额完成国家计划；大力引导各类市场主体参与粮食购销活动，2009年全省各类粮食企业共收购粮食1280万吨，销售粮食1697万吨；积极推动省际间粮食产销合作，组织参加全国及区域性粮油展销活动，省局与北京、黑龙江签订了粮食产销合作协议，促进与天津市产销协议的进一步落实。全省粮食价格稳定，市场繁荣。

【提高小麦最低收购价】　为认真贯彻落实小麦最低收购价政策，切实保护种粮农民利益，进一步促进粮食生产发展，国家决定从2009年新粮上市起较大幅度提高小麦最低收购价水平。每50公斤白小麦（三等，下同）、红小麦、混合麦最低收购价分别提高到87元、83元、83元，提高后的最低收购价格比2008年分别高10元、11元、11元。

【成立省储粮办和管理中心】　为加强全省地方储备粮管理工作，经省机构编制委员会办公室批复和冀机编办同意，省粮食局正式成立了“河北省储备粮管理办公室”和“河北省储备粮管理中心”。“河北省储备粮管理办公室”牌子增挂在省粮食局购销调控处，主要负责提出省级储备粮储备规模建议和储备粮购销轮换计划，拟定储备粮管理政策；负责储备粮的业务管理和监督检查，指导市县储备粮管理工作。“河北省储备粮管理中心”主要职责是：组织储备粮油的购销和轮换；负责省级储备粮油的数量、质量和储备安全；负责省级储备粮油费用的统计、汇总上报工作。

【粮食安全保障】　按照国家要求，认真落实粮油储备计划，完善粮食应急保障体系，供给保障能力大大增强。到2009年底，全省地方粮食储备到位规模创历史最高水平，超额完成国家下达计划，其中省级粮油储备全部到位，市级粮食储备实际库存总量超过省定规模，46个县建立起了县级储备，唐山、秦皇岛所辖各县（区）全部建立了县级储备，储备品种更加优化，布局更加合理，轮换更加规范，达到了储存安全、质量良好的基本目标。全省11个设区市及97%的县（市）出台了粮食应急预案，挂牌应急网点达到1071个，价格监测点达到260个，每周收集、发布粮油价格信息5000多条，基本建成了覆盖全省、遍布城乡的粮食应急保障网络。

【粮食清仓查库】 2009年上半年，按照国务院统一部署，由省政府直接组织、各部门共同参与，开展了全省范围的粮食清仓查库工作，彻底摸清了国有粮食企业的库存底数。清查结果显示，到2009年3月底，全省国有粮食库存账实基本相符，差率为0.22%，比全国平均差率低0.08个百分点；粮食抽样合格率98.7%，比全国平均高1.6个百分点，主要粮食品种宜存率100%。由于全省清查工作组织严密、培训到位、检查认真、整改及时、结果真实，得到了国家工作组的充分肯定和国家粮食局的表彰，8人被评为全国粮食清仓查库工作先进个人，省局和邯郸、承德两个市局被评为先进单位，在全国粮食局长会议上，省局做了专题发言。

【粮食行政执法】 各级粮食行政管理部门加快转变职能，改善行业统计，改革行政审批，推动依法管粮迈出新步伐。2009年，全省粮食部门共核发《粮食收购许可证》472个，组织了粮食油脂供需平衡、粮油加工转化、外资企业进入、农户种粮成本收益等统计调查；开展粮食流通检查3682次，查办涉粮案件324起；组织了新收获粮食原粮卫生调查和品质测报，完成粮油质量检验4000多个批次。充分利用《粮食流通管理条例》颁布五周年、世界粮食日、法制宣传日等活动，广泛开展粮食政策法规宣传，扩大社会影响。省局被中宣部、司法部和全国普法办评为"全国'五五'普法中期先进集体"，是全国粮食系统唯一获此殊荣的先进单位。

【粮油项目建设】 抓住国家加大基础设施投资的机遇，认真落实粮食物流、加工业发展规划，积极争取财政金融支持，项目建设出现良好势头。2009年，全省共确定粮油加工、物流、仓储等项目31个，总投资28.4亿元，预计可新增粮食仓容270万吨。省粮油批发交易中心项目已经主体封顶，省粮油质检中心完成设备投资300万元，省局直属库3万吨油罐项目一期工程投入使用，二期工程已进入扫尾；承德、唐山等市项目建设初具规模，邢台北方粮油物流中心工程顺利启动，柏粮集团物流园二期工程完成预定工期；国家安排的农户科学储粮专项规划开始起步，首批6万户共覆盖3个市的11个县，深受当地农民欢迎。

【国有粮企规范化管理】 立足于向管理要效益、靠转型促发展，启动了全省国有粮食经济振兴和发展规划，加快推进现代粮食企业建设，企业发展质量稳步提高。据统计，2009年全省国有粮食购销企业实现销售收入103亿元，同比增长11%，经营活力进一步增强。深入推进国有粮食购销企业规范化管理，首批14家省储粮承储示范企业按时完成建设内容，科学保粮率达到100%，启动了省局直属企业精细化管理试点工作；强化了企业安全生产责任，针对雨雪冰冻等灾害，及时组织企业排查隐患，全年共治理储粮安全隐患633处，企业"一符四无"率保持在90%以上，没有出现重大安全责任事故，省局被省政府评为"2009年度安全生产工作先进单位"。

【新型购销服务网络建设】 坚持加快发展和服务民生同步推进，加快建设粮油购销服务网络，新兴服务网点起步良好，原有网络日渐完善。面向农村农民，总结推广了黑马公司便民连锁超市、柏乡粮库"公司＋经纪人＋农户"等服务模式，石家庄市在部分县进行放心粮油进农村试点，确定示范企业17家；面向军需民用，在全国率先建立军粮特供网络，采取特许加盟形式，向部队和社会供应"军粮特供"产品，到2009年底，加盟店已发展到31家；面向城镇居民，石家庄、保定、廊坊、邯郸、秦皇岛等市的大众厨房经营网点（店）已有557个，生产主食、糕点等50多种，打造了家家惠、俏馔、民生源、利福来、山粮主食等地方品牌，取得了较好的社会效益和经济效益。

【粮食财会知识竞赛】 继2007年全国粮食系统财会知识竞赛后，河北省再次成功举办全省粮食系统财会知识竞赛，得到了国家粮食局和河北省财政厅的充分肯定，也是全国唯一连续每2年举办一届财会知识竞赛的省份。全系统2000余名财会人员参加了竞赛活动，经过层层选拔，优中选优，组成12支代表队在石家庄市进行了团体决赛。竞赛现场气氛热烈，选手情绪饱满，充分展示了全省粮食财会人员的良好素质和时代风采。竞赛活动达到了振奋精神、鼓舞斗志，激发学习热情、增强职业道德，检验执业水平、促进队伍建设的预期目标，取得了明显成效。

【推进粮食经济科学发展】 按照省委统一部署，扎实开展了"学习实践科学发展观"和"干部作风建设年"活动，形成了推进粮食经济科学发展的四点共识，即：粮食事业的发展必须以科学发展观为指导，以融入中心、增强功能、服务全局为根本出发点；粮食企业改革必须以转机制、增后劲、谋突破为根本着力点；粮食工作重点的确定和实施必须以基础性、方向性、可持续性为根本立足点；粮食系统队伍建设必须以树立"敬业、诚实、和谐、为民"的当代河北粮食形象为根本落脚点。全省粮食系统上下思想认识更加统一，干部作风大为改善，行业形象逐渐好转，活力、实力、服务力明显增强，为各项工作的顺利开展奠定了坚实的思想基础。

（河北省粮食局　陈建军）

旅　游　业

【概况】 2009年，河北省旅游业深入贯彻落实科学发展观，以"干部作风建设年"为契机，紧紧把握旅游转型升级这条主线，以建设环京津休闲旅游产业带为重点，加快重点项目建设，加大招商引资力度，努力扩大旅游消费需求，积极应对金融危机和甲型H1N1流感对旅游业造成的严重影响，全省旅游业逐月向好，逆势上扬，实现了平稳较快发展。全年全省共接待游客1.22亿人次，旅游总收入709.73亿元，分别比上年增长24.70%和27.97%。其中，接待国内游客1.22亿人次、国内旅游收入680.70亿元，分别比上年增长24.80%和28.62%；接待入境游客84.22万人次，创汇3.08亿美元，分别比上年增长12.26%和12.37%。截至2009年底，河北省共有星级饭店480家，其中五星级11家，四星级89家，三星级227家，二星级145家，一星级8家。旅行社1116家，其中出境游组团社29家。A级景区217处，其中5A级景区3处，4A级景区66处，3A级景区57处，2A级景区88处，1A级景区3处。全国工农业旅游示范点40处。中国优秀旅游城市10座，旅游强县10个。旅游直接从业人员50余万人，间接就业人数约200万人。

【国际旅游】 2009年，全省共接待入境游客84.22万人次，创汇3.08亿美元，分别比上年增长12.26%和12.37%。其中，秦皇岛市，接待入境游客22.42万人次、创汇1.19亿美元，比上年分别增长19.73%和17.11%；承德市，接待入境游客20.57万人次、创汇5020.18万美元，分别比上年增长2.33%和下降6.43%；石家庄市，接待入境游客10.73万人次、创汇4325.38万美元，分别比上年增长9.33%和16.79%；廊坊市，接待入境游客8.71万人次，创汇2312.82万美元，分别比上年增长8.61%和下降8.89%。保定市，接待入境游客8.06万人次，创汇2789.62万美元，分别比上年增长9.35%和26.14%。

全省的万人客源国和地区达到20个。其中接待韩国游客9.48万人次，比上年增长11.76%；接待日本游客9.30万人次，比上年增长14.60%；接待俄罗斯游客7.48万人次，比上年增长21.58%；接待台湾地区同胞4.62万人次，比上年增长18.09%；接待马来西亚游客4.57万人次，比上年下降5.29%。

2009年，河北省公民出境44.45万人次，比上年增长45.51%。其中，出国游客15.99万人次，赴台旅游1.28万人次，赴港澳旅游27.18万人次。出境旅游市场总体运行平稳。

国际（出境）旅游宣传促销。与日本BS朝日电视台《中国神秘纪行》栏目合作，拍摄张承坝上草原、邯郸广府古城、吴桥等地旅游文化记录片三集，全年在日本播出12次。与中国驻首尔旅游办事处合作，邀请韩国主要媒体记者和重点旅行商30人考察河北省京东旅游环线，在韩国10多种主流媒体发表百余篇河北旅游宣传图文。与台湾中华两岸旅行协会合作，组织举办“冀台旅游合作恳谈会”，加大河北旅游对台宣传力度。全年赴海外参加各类旅游会展10次，举办河北旅游推介会和发布活动近20次，邀请境内外旅行商、媒体记者30余批次、近千人来河北省考察旅游资源和产品线路，聚焦展示河北旅游。

【国内旅游】 2009年，全省共接待国内游客1.22亿人次，创收688.70亿元，分别比上年增长24.80%和28.62%。其中，保定市，接待国内游客2278.10万人次，创收114.17亿元，分别比上年增长19.97%和24.10%；石家庄市，接待国内游客1973.40万人次，创收103.57亿元，分别比上年增长14.98%和16.78%；秦皇岛市，接待国内游客1638.43万人次，创收121.97亿元，分别比上年增长33.56%和37.60%；唐山市，接待国内游客1226.02万人次，创收61.46亿元，分别比上年增长28.16%和31.18%；邯郸市，接待国内游客1186.00万人次，创收59.33亿元，分别比上年增长16.50%和19.07%。

【乡村旅游】 召开全省乡村旅游工作会议，结合贯彻落实全国发展乡村旅游工作会议精神，研究部署当前和今后一个时期全省乡村旅游发展的目标任务。启动了河北省农业旅游示范点创建工作，评定命名了28家全省首批工农业旅游示范点。出台了《河北省工农业旅游示范点管理办法》，对工业旅游示范点进行动态管理。争取乡村旅游项目开发补助资金160万元，用于扶持重点项目建设。

【黄金周旅游接待与收入】 2009年春节、“十一”黄金周共接待游客991.12万人次，实现旅游收入43.61亿元，比去年同期分别增长23.41%和19.82%。活跃、有序的假日旅游市场在丰富群众假日生活，拉动居民消费需求，促进经济社会发展，推进和谐社会构建等多方面都发挥了积极作用。

【国内旅游宣传促销】 调整市场营销战略，大力发展国内旅游，积极发展入境旅游。组织全省重点旅游市县和景区在北京机场、车站、公交车体和候车亭、商业街等人流密集场所和京津冀交通主干道投放各类宣传广告，仅公交车体和候车亭广告近2500个单元。组织开展“河北旅游京津行”主题营销，实施河北旅游进媒体、进社区、进旅行社、进自驾车组织、进境外驻京机构、进高校等“六进”活动。充分利用新浪、搜狐、乐途等重点旅游门户网站以及长城在线、河北旅游网等省内重要网站开设河北旅游专题页面，网友点击量达2000多万次。继续强化对俄罗斯等重点入境市场促销，年初组织召开了“走进北戴河—中俄旅行商恳谈会”，全年在俄远东电视台播放河北旅游广告和专题节目近500次，在平面媒体刊登河北旅游图文300余篇（幅），投放河北旅游宣传广告120版（页），市场反应明显，俄罗斯游客比去年增长23%。

【应对金融危机】 针对金融危机给全省旅游业造成的负面影响，年初及时制定出台了《关于保持旅游业平稳较快发展的若干意见》和《关于促进全省旅行社业发展的若干意见》，着力增强投资拉动、扩大旅游消费、扶持企业发展。会同省委农工部制定印发了《关于进一步加快发展乡村旅游、推进新农村建设的若干意见》，把乡村旅游培育成为新的旅游消费热点和推进新农村建设的重要载体。按国家旅游局的统一部署，对明确暂退的质量保证金，按期进行足额退还。

扩大旅游消费。积极组织引导旅游企业和景区通过赠送旅游消费券、推行旅游一卡通、实施异地同城旅游待遇以及降低门票等措施刺激旅游消费。廊坊与北京、天津联合推出“京津冀旅游一卡通”，邯郸免费发放“旅游互惠一卡通”，石家庄抓住石—太高速铁路开通机遇，与太原合作形成同城旅游待遇，承德、唐山、秦皇岛、邢台、保定等市向市民免费赠送景区门票和优惠券。廊坊、保定、秦皇岛、承德等地旅游接待增长率都超过20%。

深化区域旅游合作与发展。以共同应对危机为机遇，加快推进旅游区域合作与部门协作，实现“抱团”发展。与京津联合签署《京津冀旅游合作协议》。与国旅总社开展战略性合作，共同推广“两白(白沟、白洋淀)一城(温泉城)”旅游线路，并开通北京至白沟旅游直通车。邯郸与邢台两市携手海淀区、安阳市、濮阳市、长治市、聊城市共同签署《五省市6+1旅游合作行动纲领》。唐山、秦皇岛、承德三市与京津合作共同打造京东整体旅游概念。

【旅游宣传促销与节庆活动】 整合营销。组织省内部分重点市县旅游部门和景区共同出资，开展整合营销，在国家及省内核心主流媒体进行集约化广告、系列化宣传。在央视《中国新闻》栏目组织500万资金分两次投放15秒夏季旅游形象广告和30秒秋季旅游形象广告，累计播出250余次，并在吉林、广州、江西、陕西等20个省市电视台进行同期联动播出，累计播出1300余次。在河北卫视投放为期6个月700余次河北旅游形象宣传广告。在中国旅游报投放20个整版广告，在河北日报投放30个整版广告，新京报刊发河北23个旅游整版宣传或广告。依托“河北旅游文化广播”与中国国际广播电台及20多家省市台合作，推出专题节目120多期，播出时间总长90个小时，与各电台互换节目、连线直播累计达160余次。在央视英文频道、人民中国、中国日报海外版等国内外宣媒体上刊发河北旅游宣传图文、节目50余篇（次）及多个整版广告。

节庆会展。积极推进河北旅游二级品牌建设，以大型活动撬动国内旅游市场，实施聚焦吸引。组织举办了张家口坝上草原旅游节、秦皇岛山海关旅游文化节、2009全国群众登山健身大会开幕式暨狼牙山登山活动、邢台太行山旅游文化节、邯郸女娲文化节、廊坊国际热气球节、崇礼国际滑雪节等主题鲜明、特点突出的旅游节庆活动。同时根据市场需要组织各地开展踏青节、赏花节、采摘节、红叶节等系列节庆50多次。利用昆明国际旅游交易会、大连国内旅游交易会、北京国际旅游博览会、烟台北方旅游交易会和天津旅游产业节、宁夏旅游博览会等展会平台，通过形象宣传与线路推广结合、动态表演与静态展示结合、场内展示与场外发布互动等方式，多层次展示河北省旅游整体形象。与京津旅游部门合作，在京津媒体推出“寻找我最喜爱的短途旅游线路”评选活动。与东航、深航以及河北机场集团合作，在重点航线航班放置河北旅游宣传品。与省外宣局合作，在北京首都机场开展“文化国门·河北华章”旅游展活动。

2009魅力河北游。3月28日，省旅游局在保定野三坡景区举行了“我的家乡在河北——2009魅力河北游”启动仪式。之后以巡展方式在省内主要城市举办，以“七彩燕赵，历史回廊”为主题，搭建大型户外展示平台，从皇家古迹游、长城古迹游、海滨休闲游、山水风光游、革命圣地游、魅力乡村游、冰雪温泉游等“七彩”旅游主题，综合展示全省旅游形象与旅游产品。

太行山旅游文化节。5月10日，“2009年全国群众登山健身大会暨河北省第三届太行山旅游文化节开幕式”在河北易县狼牙山隆重举行。活动由国家体育总局登山运动管理中心、河北省旅游局、河北省体育局、共青团河北省委、河北省登山协会、保定市人民政府主办；中共易县县委、易县人民政府、保定登山户外运动协会、共青团保定市委、保定市旅游局、保定市体育局、保定日报社、保定电视台承办；石家庄市旅游局、邯郸市旅游局、张家口市旅游局、保定市学生联合会、北京爱车阳光汽车文化俱乐部、保定在线协办。来自北京、天津、石家庄、保定等地的工人、农民、机关干部、自由职业者、自驾车爱好者等1500多人参加了当天的登山活动。

2009选美河北—河北最美30景评选活动。7月22日，由河北省旅游局和河北日报报业集团共同主办的2009选美河北—河北最美30景评选活动正式拉开帷幕。评选活动涵盖全省208家A级景区，分为红色革命圣地游、世界文化遗产游、魅力工农业游、文物古迹精品游、山地风光游、森林草原游、海滨海岛湖泊游、休闲健身游、主题公园游等9大旅游形象品牌系列。评选历时两个月，采用公众投票与专家评审相结合的方式进行，投票总数达1356万张，引起巨大社会反响。承德避暑山庄及周围寺庙、北戴河海滨、安新白洋淀、涞水野三坡等30处景区榜上有名。

山海关国际长城节。7月29日，中国—山海关国际长城节在山海关天下第一关广场拉开序幕。本届国际长城节由河北省人民政府、国家文物局、中国长城学会联合主办，以“和平、友谊、发展”为主题，反映了对文化遗产传承与保护的高度关注。整个节庆活动融文化、发展论坛、主题展演、经贸招商、旅游观光为一体，除了大型文艺专场演出——《长城放歌》之外，还有“游长城、看古城”“商贸洽谈招商会”“长城远征拉力”“古城盛世消夏游”等文体及商贸活动。在节庆期间，国家爱国主义教育示范基地——山海关长城博物馆经改陈扩建后，正式免费对外开放。同时，主办方还邀请了众多国内外长城专家、长城爱好者共同参与以和平、发展为主题的“长城和平论坛”。

廊坊国际热气球节。8月31日，以“休闲廊坊、放飞梦想”为主题的第三届中国（廊坊）国际热气球节在河北廊坊开幕。本届热气球节有效整合了本地文化、体育、会展等优势资源，不断创新节庆内容和形式，特色更鲜明。旅游形象大使评选、太极拳大赛、京剧票友大赛等，分别在市区、胜芳等地举行，烘托出浓厚的节庆氛围。特别是来自20多个国家和地区的热气球爱好者云集廊坊，放飞各类标新立异的热气球，更使热气球节体现了一定的国际性。热气球喷火、亮球、高空跳伞、动力伞飞行等精彩表演让中外来宾赞叹不已。

中国女娲文化节。9月16日至18日，首届中国女娲文化节在河北涉县举办。活动由中国民协、河北省政协文史委、河北省文联、河北省旅游局、河北省人民政府参事室、邯郸市人民政府、中共涉县县委、涉县人民政府联合主办。中国文联副主席、中国曲协主席刘兰芳，河北省政协副主席段惠军等有关方面领导出席文化节相关活动。首届中国女娲文化节还举办了“女娲杯”全国民间歌舞精品展演比赛、首届中国女娲文化节精品书画展、中国女娲文化研讨会、中国女娲文化联谊会成立等精彩纷呈的活动。

崇礼国际滑雪节。12 月 5 日，中国·崇礼国际滑雪节在河北省崇礼县万龙滑雪场拉开帷幕。本届滑雪节由国家旅游局、国家体育总局、河北省人民政府主办，张家口市人民政府、国家体育总局冬季运动管理中心、河北省旅游局、河北省体育局承办，崇礼县人民政府、张家口市旅游局、张家口市体育局、万龙滑雪场、多乐美地滑雪度假山庄、长城岭高原训练基地共同协办。滑雪节以环京津休闲旅游产业带建设为契机，以建设东方“达沃斯”和国际滑雪胜地为目标，突出国际性、参与性和实效性，通过展示河北冬季旅游形象，进一步扩大崇礼滑雪知名度，加快推进旅游滑雪产业发展。

【旅游行业监督管理】 旅游基础设施建设。旅游要素体系日趋完善，西柏坡专用公路、石太高速铁路、京承高速公路等重点旅游道路开通，有力引导了客流，全年承德游客增长 40%以上。同时，继续推进旅游交通标识牌、游客咨询服务中心、经济型酒店等自助旅游服务体系建设，继续完善旅游厕所、步游路、停车场等配套设施，全省旅游服务功能日臻健全。积极推进旅游商品开发推广，组织参加了“中国旅游商品大赛”、“中国（芜湖）国际旅游商品博览交易会”、“中国国际旅游商品博览会”等多个旅游商品交易会，河北省皮影、剪纸等多项工艺品获奖，有效激发了全省旅游商品生产企业的积极性。

旅游法制化建设。继续宣传贯彻《河北省旅游条例》。认真办理政府法制部门交办的涉及旅游内容的立法文件，协助国家旅游局开展旅游综合立法调研。进一步完善旅游行政执法依据和执法岗位责任制。认真宣传贯彻《旅行社条例》，举办了全省《旅行社条例》培训班。

旅游标准化建设。积极推动实施景区创 A、饭店评星和旅游目的地体系创建工程，全省新评定 A 级景区 22 家（现总量 221 家，其中 4A 级以上景区 73 家）、星级饭店 50 家（现有 4 星级以上酒店近百家）。与省建设厅联合开展全国特色景观旅游名镇（村）示范工作。与省质监局联合出台《工农业旅游示范点评定标准》和《乡村旅游服务质量标准》，提高了全省乡村旅游产品规范化和市场化水平，为乡村旅游企业标准化建设提供了依据和发展方向。

旅游信息化建设。开发了旅游虚拟体验系统，增强了旅游的虚拟体验，增加了视觉的真实感。试运行了 12301 旅游呼叫中心，全年共接到各类电话 3300 余个。积极建设环京津休闲旅游产业带数字化信息服务平台，该信息平台已经通过专家论证。完成了河北旅游网、“中国河北”门户网站和中国旅游网信息报送工作。继续推动《旅游信息化管理办法》和《旅游信息采集办法》的落实，及时准确报送旅游信息，全年全省共发布各类旅游信息 1000 余条，上报省委省政府和国家旅游局信息百余条，编发《河北旅游简报》30 期。

旅游市场监督和安全管理。制定实施了全面提升旅游服务质量行动计划，认真组织开展旅游优质服务主题活动，全面提高游客的舒适度、美感度和满意度。采取联合执法、明察暗访等多种形式，对无证经营、超范围经营以及“黑导”“黑店”、“黑车”等进行重点查处，对重大违规经营公示曝光。进一步完善投诉受理和处理机制，积极推进诚信旅游和文明旅游长效机制建设，有效维护旅游消费者合法权益。把旅游安全、应急救援体系建设放在更加重要位置，落实旅游安全责任制，全年全省未发生旅游安全责任事故。

【旅游项目与基础设施建设】 加快编制和实施旅游规划。环京津休闲旅游产业带七大产业集聚区中观规划和休闲旅游景区微观规划编制进展顺利，张承滑雪、京东环线、渤海新区等旅游聚集区规划以及保定、遵化、正定、蔚县、白洋淀、金山岭、鸡鸣驿等 20 余个市、县和景区规划已经编制完成。各地也结合实际，重新审视和深化现有规划，实现与省休闲旅游产业规划的有机衔接。同时，积极配合其他省市，启动编制《环渤海区域旅游发展规划》、《京杭大运河旅游线路规划》和《华北东北红色旅游规划》。

旅游重点项目建设。以“三个一批”（竣工一批、开工一批、谋划一批）为重点，以领导干部分包项目责任制为抓手，加快实施重点项目带动战略。张家口崇礼密苑生态旅游度假产业示范区一期工程、承德围场皇家休闲旅游基地、秦皇岛黄金海岸体育休闲滑沙公园等一批重大休闲旅游项目取得重要进展。唐山曹妃甸金熊国际生态运动休闲中心一期工程、保定白洋淀怡欣园生态旅游度假村等一批项目竣工并投入使用。全年全省新建续建和竣工项目 310 个，总投资规模 1100 多亿元，完成总投资 120 亿元，比去年增长 20%，其中环京津休闲旅游产业带完成 100 多亿，占到 83%。

旅游招商引资。先后赴廊坊、北京、天津、深圳、上海和香港等地举办系列旅游专题招商，并面对外省在本省的商会及本地企业，组织开展“旅游招商项目进百家企业”活动，引进了马来西亚卓越、澳美基业公司、中国休闲产业投资集团、北京华彬集团、北京桥山集团、中国旅游资源控股有限公司等一批国内外大型企业或企业集团投资河北旅游项目。秦皇岛举办了首次旅游项目银企对接洽谈会，保定在北京举办了白洋淀温泉休闲旅游聚集区推介会，衡水在厦门举办了衡水湖保护与开发项目推介会。全年全省共签约项目 30 多个，合同引资近 400 亿元，其中外资 18 亿美元。

拓宽旅游投融资渠道。积极吸引国有、社会资金建立投融资公司，打造投融资平台。河北建投旅游投资有限责任公司正式成立。河北振海旅游投资股份有限公司在省工商局已经注册，近期挂牌。河北省的中国旅游控股有限公司成功在美国纳斯达克上市。同时，与银行、基金公司、担保公司协商，扩大旅游项目建设单位融资渠道。联合省信用联社，加强省信用联社在各地分支机构与旅游建设单位的联系，对符合条件的旅游建设项目及时提供贷款支持。实施省级旅游项目建设专项资金以奖代补办法，对全年实际投入额度大、质量高或竣工投入使用的省市重点旅游项目给予奖励。全年争取国家旅游发展基金 985 万元，比去年增长 36%。

【行业精神文明建设】 按照团中央和团省委通知要求，为充分展示旅游窗口单位的文明开放形象，对照标准、严格把关。组织对河北省 9 家国家级青年文明号和 118 家省级青年文明号进行复核验收。完成《河北文化企业名典》的编纂供稿工作。对河北省 50 家重点旅游企业（包括 5A 景区 3 家、4A 景区 27 家，5 星酒店 8 家、4 星酒店 2 家，旅行社 10 家）发展概况、典型经验及发展前景等内容进行逐一汇总，整理入选《河北文化企业名典》。

旅游行风建设。以深入开展“干部作风建设年”活动为契机，推动旅游政风行风建设向纵深发展，开展机关效能建设，建立健全落实首问首办制、服务承诺制、AB 岗工作制、限时办结制、责任追究制等制度，努力提升旅游从业人员的责任意识、服务意识和效能意识，积极创建学习型、创新型、节约型和服务型机关。

【教育培训】 制定印发了《2009 年全省旅游行业培训计划》和《2009 年全省党政干部旅游培训方案》，筹备组织了全省旅游管理人员培训班、星级酒店总经理培训班和导游人员资格考试师资培训班。与中国旅游协会、河北师范大学共同举办了首届全国旅游核心课程教学设计高端培训班暨中国曹妃甸旅游高层论坛。组织举办了近 1.3 万人参加的全省导游人员资格考试和中级导游员资格考试，开展了第三届河北省“未来导游之星”大赛。编写出版了《旅游突发事件应急手册》和《河北旅游人力资源调查与发展规划》。全年全省培训各类旅游从业人员 30 余万人次。

（河北省旅游局　孙　丽）

金　融　业

【人民银行石家庄中心支行】 2009 年，河北省人民银行系统面对国际经济金融危机，深入学习实践科学发展观，坚持“从严管理、突出创新、和谐高效、科学发展”的总体思路，以“促增长、保安全、抓创新”为工作着力点，积极贯彻落实适度宽松的货币政策，着力推进维护稳定、外汇管理、金融服务等各方面工作，较好地履行了中央银行分支机构职责，支持了全省经济保持平稳较快发展的良好势头。年末，全省金融机构本外币各项存款余额 22502.40 亿元，比年初增加 4658.73 亿元，增长 26.11%；各项贷款余额 13284.11 亿元，比年初增加 3776.07 亿元，同比多增 2381.04 亿元，增长 39.71%。

落实适度宽松货币政策，支持地方经济发展。一是强化调度和监测，提高金融支持全省经济发展的有效性。制定支持地方经济发展和加强重点产业建设指导意见，建立贷款投放旬报、投放效果监测等制度，组织召开信贷工作座谈会、银企洽谈会、项目对接会，强化存款准备金管理和支农再贷款管理，制定和落实再贴现业务操作办法，引导和推动金融机构加大信贷投放力度，调整优化信贷结构。加大金融对环保、“三农”等薄弱环节的支持力度，组织全省金融机构签署《绿色金融宣言》，承诺实行环保“一票否决制”；总结推广金融支农典型经验，并与省财政厅探索涉农贷款奖励办法。二是完善沟通协调机制，增强货币、财政、产业、环保政策的协调性。建立和完善货币信贷政策、商业汇票、房地产金融、环保金融等协调机制，强化经济金融信息的沟通和交流；出台《河北省商业汇票业务公约》，规范商业汇票业务；印发《河北省廉租住房保障办法》，鼓励金融支持新民居、廉租房、经济适用房建设；制定《河北省绿色信贷政策效果评价办法》，对高耗能、高污染行业信贷风险进行政策和风险提示，将企业环境违法信息纳入征信系统，提高了货币信贷政策传导效果。三是推进金融市场发展，实现企业外部融资渠道的多样性。加强与银行间市场交易商协会的沟通和联系，建立优秀企业储备库，宣传推介短期融资券、中期票据、中小企业集合债券等新型融资工具。全年推动企业通过短期融资券、中期票据融资 189 亿元，其中河北钢铁集团发行中期票据 50 亿元，实现河北省中期票据零的突破；拟订《关于促进商业承兑汇票业务发展的指导意见》，组织 31 家企业对接使用商业承兑汇票。

金融发展环境建设。一是金融稳定协调机制逐步完善，维护了全省金融业安全稳定。建立金融系统稳定联席会议制度，定期通报全省金融稳定形势，研究风险防范和化解措施。创建“三位一体”的风险评估体系和“1＋4”金融稳定报告体系，增强了风险监测评估的时效性和权威性。积极做好促进金融业科学发展运行机制建设，构建起了金融支持经济发展政策平台和防范化解金融风险应急平台。二是反洗钱工作有序推进，齐抓共管成效明显。完善推广反洗钱监管系统，组织实施反洗钱风险分类监管，创建金融机构反洗钱风险评估指标体系和风险预警提示制度，且与海关部门联合建立了案件协查机制。对 247 家金融机构进行了现场检查，对 50 多起可疑交易线索进行了调查，涉案金额 260 多亿元，协助司法部门侦查案件 12 起。三是金融生态环境明显改善，提高了全省经济发展吸引力。依托人民银行征信系统建设社会信用体系，人民银行石家庄中心支行与省劳动保障、环保、质监、税务等部门达成信用信息共享协议；“征信＋信贷”中小企业信用体系建设取得初步成果，累计征集入库中小企业 44408 户，3799 户获得银行授信意向，2101 户累计贷款 337.1 亿元；与省法院建立金融司法环境建设联席会议制度，协助有关部门制定促进金融发展、改善金融生态的政策，落实金融机构风险补偿和表彰奖励政策。金融生态环境不断改善，外埠资金流入明显加快，全年外埠金融机构贷款 870 亿元左右，同比增加 170 亿元。

管理与服务创新。一是支付清算体系进一步完善。加强账户信息核实、联网核查管理，配合法院做好账户查询工作，依法惩处多起签发空头支票行为。开展农村支付环境改善试点建设，推广电子商业汇票系统，建设运行河北省集中代收付系统。联合公安部门开展整治银行卡违法犯罪工作，举办“放心用卡安全支付”宣传活动。撤销县域同城票据交换，开展会计核算管理大检查，有效防范各类支付清算风险。二是货币发行管理明显加强。加强发行基金调拨安全管理，合理调剂券别结构，满足了经济发展的现金需求。印发《残损人民币销毁管理实施细则》、《金融机构缴存款项质量考核管理办法》和《清分复点差错管理实施细则》，加强了残损人民币销毁、回笼款项和清分复点质量管理。推进反假货币网络建设，举办大型反假货币宣传活动，配合公安部门开展“09行动”，严厉打击了各类假币犯罪行为。三是国库管理工作平稳推进。与有关部门加强沟通，财税库银横向联网系统全面上线运行，实现银行卡刷卡缴税，工会经费收缴纳入横向联网范围。加强国库资金收支核算管理，稳步推进国库直接支付工作。研发国库资金风险分析系统，完善国库管理规章制度，加强对代理国库业务的监督检查，开展支行国库会计异地轮岗交流，确保了国库资金安全。四是科技保障能力稳步提升。研发建设河北省金融信息交换平台，实现了金融机构之间信息资源共享。做好网上银行业务监督，加强人民银行系统网络安全检查，全力推进网络和信息安全保障工作。加强重要业务系统、网络运行环境的技术保障和运行维护，保障了各业务系统的安全稳定运行。

内控安全管理。一是内部监控体系得到完善。组织开展内控安全管理大检查，认真排查和整改各类风险隐患。从完善制度机制、加强监督检查、弘扬内控文化等方面，有效推进内部监控体系建设。强化岗位人员政审管理，落实风险防范责任和措施，并研发银行账务核对系统、信息安全检查及风险评估系统，有效防范了各类案件发生。强化对会计、国库、发行等业务核算的事后监督，及时消除了业务操作风险。二是安全管理能力继续提升。积极开展“遵纪守法、爱岗敬业、履职尽责”主题教育活动，有针对性地开展价值观教育和警示教育，提高了干部职工的安全意识、责任意识和履职意识。完善安全管理组织体系、制度体系和监督体系，探索开展“大安全”检查考核体系、组织管理体系建设，优化“大安全”长效运行机制。加强综合治理、信访保密等工作，确保了敏感时期的稳定与安全。加强应急预案和演练规划管理，完善应急指挥体系，提高了应急反应和处置能力。三是财务管理水平显著提高。推广财务综合管理系统，开展会计内控评价工作，加强会计内控风险管理。健全落实财务管理规章制度，严格按要求控制购车、会议、接待等费用支出。组织做好“小金库”专项治理工作。完善节能减排管理制度，编写《节能减排工作指南》，有效推进节约型央行机关建设。积极推行绿色采购、阳光采购，全年完成集中采购金额3469万元，节约资金约352万元。完成“小灰楼”修复和布展，建立了中国人民银行成立旧址纪念馆暨河北钱币博物馆。

【外汇管理】 2009年，河北省外汇管理部门坚持以科学发展观统领工作全局，紧紧围绕“保增长、防风险、促平衡”的工作思路，认真贯彻落实各项改革举措，积极支持地方经济发展，严密防范经济金融风险，努力提高监管和服务水平，主动服务意识进一步增强，外汇管理对地方经济的支持力度明显加大。

外汇市场。河北省涉外经济和外汇收支变动趋势与全国相似，表现为触底反弹的“V”型特征，但也有一些地区特点。一是出口大幅下降，进口降幅较小。钢铁、机电等主要出口产品下降34.6％，高于全国平均降幅18.6个百分点。由于对铁矿石、大豆等产品的刚性需求，进口小幅下降3.4％，低于全国平均降幅7.8个百分点。二是收支顺差创近年最低。因出口、外商直接投资等主要收入项目大幅减少，进口等主要流出项目降幅较小，全年外汇净流入大幅减少，银行结售汇顺差仅37.2亿美元，同比减少69.3％，创近4年最低。三是“资产本币化，负债外币化”倾向明显。人民币升值预期依然强烈，结汇率略有上升、售汇率略有下降，国内外汇贷款大幅增长，4年来首次出现跨境资金净流入小于银行净结汇的现象。四是外汇净流入回升势头迅猛。4季度全省银行结售汇顺差达18.1亿美元，占全省全年结售汇顺差的49％，是一季度的6.2倍。

促进贸易投资便利化，支持地方经济发展。坚持把支持地方经济发展放在外汇管理工作突出位置，结合河北省委、省政府“干部作风建设年”活动，切实转变工作作风，增强服务意识，拓宽工作思路，推进改革创新。制定实施了《国家外汇管理局河北省分局支持地方经济发展实施意见》和《关于做好支持河北省外经贸发展工作的通知》，出台了取消异地付汇备案，放宽远期收汇备案条件，简化进口付汇手续，提高退税数据传输频率等9项措施。为涉外经济主体解决实际困难，降低办事成本，提高资金使用效率，缓解融资难题，切实便利了贸易投资活动，得到河北省委、省政府充分肯定。

加强跨境资金流动监管，提高防范风险能力。一是抓统计数据质量，为跨境资金分析监测提供基础。加强统计制度建设，制定了对外汇指定银行和中心支局的月度考核等多项制度；创新非现场核查方法，运用数据分析软件查找问题数据，定期对大额交易和直接投资项下数据进行重点核查，不定期开展有针对性的专项核查；加大现场核查工作力度，对中国银行河北省分行等4家银行的相关业务进行了现场核查。二是抓跨境资金监测预警，提高风险防范前瞻性。认真做好月度外汇收支形势分析、贸易信贷调查、出口换汇成本调查和进出口企业问卷调查，对河北省跨境资金流动风险进行全面评估；完善《经常项目跨境外汇资金联动监测制度》，建立了货物贸易外汇收支变化快速反馈机制、个人结售汇业务非现场监管工作制度，加强了服务贸易非现场核查；加大对资本项下外汇收支分析监测工作力度，对大额结汇资金的流向进行跟踪调查。三是完善跨境资金流动监管，严防异常资金流动风险。加强银行结售汇管理，完善出口收结汇联网核查和贸易信贷登记管理，严格资本项下外汇资金结汇管理，对重点关注行业、企业外债、资本金结汇实行报备制，对企业贸易项下债权债务实行登记管理，认真做好外汇年检工作。四是加大外汇监督力度，构建和谐外汇生态环境。对全省166家外商投资企业和辖内7家银行分支机构进行了专项检查，对华夏银行石家庄分行进行了现场检查，对保险公司等新增市场主体外汇业务进行了合规性检查，开展了打击外汇黑市和网络炒汇专项行动，对逾期未核销案件等外汇违法行为进行了立案调查。推进外汇生态环境建设，积极开展“诚信兴商宣传月”活动，外汇生态环境建设工作得到总局肯定。

创新工作方法和技能，提升外汇管理和服务水平。认真落实人行石家庄中心支行党委“突出创新”的工作要求，紧紧围绕深化外汇管理改革、服务经济发展这一中心任务，开发推广“异地付汇核销数据交互系统”，简化了企业办理业务环节；开发“资本项目流动和汇兑统计分析系统”，提高了资本项下外汇统计分析效率；开发“机房自动报警系统”，提高了技术保障和应急处理能力；制定《外汇检查内控风险测评系统》，防范了执法风险；完善推广“国际收支申报助手软件”，提高了国际收支申报工作效率。

（中国人民银行石家庄中心支行　张双英）

【金融监管】　2009年，河北银监局全面贯彻落实科学发展观，以“保增长、防风险、促稳定”为主线，认真落实国家宏观调控政策，依法履行监管职责，开拓创新，扎实工作，维护了河北省银行业稳定高效运行，有力地支持了河北省经济健康持续发展。2009年末，河北省内银行业金融机构总数9842个，从业人员147919人；全省银行业本外币资产总额26080.51亿元，比年初增加5351.98亿元，增长25.82%；全省银行业本外币负债总额25506.08亿元，比年初增加5215.66亿元，增长25.71%。全省银行业资产质量进一步提高，不良贷款余额比例继续保持了“双降”，全省银行业不良贷款余额821.91亿元，比年初减少156.25亿元，不良贷款率6.19%，比年初下降4.1个百分点。银行业利润水平大幅增加，全省银行业累计实现净利润241.82亿元，比上年增加69.06亿元，增长了39.97%。

引导银行业机构加大信贷投放。面对金融危机下特殊的经济金融形势和国家宏观经济政策背景，河北银监局积极引导银行业机构认真执行适度宽松的货币政策，科学把握信贷投放节奏，进一步加大对经济的信贷支持力度。一是准确把握信贷监管政策调整要求，促进银行业加大信贷投放力度。强化落实银监会政策措施，并及时召开调整信贷监管政策分析会，督促各银行业金融机构要抓住机遇，加大信贷投放力度，全力支持经济回升。二是加大对工业企业的支持力度，把保工业增长和调整产业结构作为保增长的重点。2009年，全省银行业新增工业贷款1021.26亿元，同比多增407.7亿元。三是积极推进小企业金融服务“六项机制”建设。以推进小企业金融服务“六项机制”建设为抓手，推动商业银行建立小企业服务专营机构；举办小企业金融服务工作促进会，推进小企业贷款工作考核评比机制建设，小企业金融服务不断改善。全年新增小企业贷款515.96亿元，增长了34.72%，同比增幅上升23.42个百分点。四是引导银行业机构加大对涉农信贷的支持力度。加强与地方政府涉农管理部门的联系沟通，及时了解相关信息，指导银行业机构合理有效配置涉农信贷资金，进一步放宽担保条件，简化涉农贷款程序，有效解决涉农贷款难问题。2009年，全省银行业机构涉农贷款余额为3980.62亿元，比年初增加819.89亿元，增长25.94%。五是支持银行信贷向绿色环保产业倾斜。参与了“环保与金融论坛”第三届年会和绿色信贷政策效果评价办法的制定，建立“两高一剩”行业贷款监测台账，通过淘汰落后产能，促进信贷结构的优化升级。

监管针对性和风险预警能力明显增强。2009年河北银监局明确了监管指标的“七个严禁”的监管底线和切实做到“四个必须到位”的监管要求，并在银监会将不良贷款监管目标确定为“双控”的情况下，结合河北省实际，始终坚持不良贷款总体“双降”目标，同时对不同的银行业机构采取差别化监管政策，增强监管政策的针对性。通过以上措施，既调动了银行业机构信贷投放的积极性，又促其提高了风险管控水平，全年不良贷款在复杂多变的经济金融环境下，仍实现了大幅“双降”。进一步提高风险预警能力，2009年河北银监局突出开展了银行业主要风险点的分析研判，为各级领导决策提供了有力参考依据，参谋作用和预见性进一步增强。全年共计对267个客户采取了保全措施，风险金额126.47亿元。

现场检查、非现场监管效能进一步增强。一是高度关注信贷快速增长背后的潜在风险，切实加大现场检查力度。全年开展了新增贷款质量等126项现场检查，共派出检查组865个，检查各类机构2974家，查处各类违规行为2047项，涉案风险资金1352亿元，下达现场检查意见书386份，并督促及时整改，促进了银行业机构依法合规经营，维护了河北省银行业健康发展。二是加强预警监测分析，充分发挥非现场监管作用。充分发挥客户风险监测预警系统作用，建立信息共享机制，2009年银行业机构通过该系统规避风险业务5309笔，涉及风险金额20.47亿元。三是做好日常监管服务，营造良好环境。全年审核许可事项3382项，换发金融许可证2676张。制定实施了《河北省银行业机构主要高级管理人员年度履职监管评价办法》，完成了对1619名高管人员的年度履职监管考核。四是强化创新监管协作和金融债权管理，加大打击非法集资工作力度。2009年完成改制企业金融债权确认33起，涉及金额59.1亿元，切实保护了银行业的合法权益。配合省公安厅等部门，对河北省涉嫌非法集资案件进行调查和处置，营造了良好的信用环境。

银行业组织体系更加完善。2009年，东亚银行（中国）石家庄分行批准开业，成为第一家落户河北的外资银行，填补了河北省没有外资银行机构的历史空白；随着兴业银行石家庄分行、民生银行邯郸支行及沧州分行相继开

业，华夏银行保定分行、浦发银行邯郸分行、光大银行唐山分行、交通银行沧州分行获准筹建，招商银行石家庄分行筹建初审通过，股份制银行在河北省的布局大为改善。随着河北省最后一家城市信用社改制为城市商业银行，河北省城市商业银行进入了一个新的历史发展阶段，沧州市、承德市商业银行完成更名；廊坊银行石家庄分行批准筹建；石家庄市商业银行顺利更名为河北银行，河北银行唐山分行、邯郸分行的开业，首开河北省城市商业银行省内跨区域发展先河；河北银行天津分行的开业为实现河北省银行业发展从“引进来”到“走出去”的战略转移迈出了历史性的一步。2009年，河北省城市商业银行共新设县域支行20家，总数达到了30家，县域机构覆盖达到22.06%。农村法人银行机构发展顺利推进，2009年完成了5家农村商业银行筹建初审工作，2家村镇银行获筹建。河北省银行业体系进一步健全优化。

农村合作金融机构经营管理水平进一步提升。2009年，河北银监局会同河北省农村信用社联合社制定了2009年度主要监管指标达标升级实施方案，定期监督检查和评价，及时进行监管谈话和监管提示，督促做好达标升级工作，全省155家机构中152家有进步度，38家超额完成2009年规划指标，一些机构实现了历史性突破。积极协调各方关系，下力气解决历史遗留问题，沧州肃宁统一法人社筹建已取得实质性进展，银监会已同意尚村信用社的破产退市方案。省政府已向国务院上报了尚村信用社实施破产的请示，尚村信用社即将正式进入破产司法程序。

案件专项治理工作成效明显。2009年，河北银监局专门成立了案件督导办公室，与银行业机构层层签订案件防控目标责任书，把案件防控纳入银行业机构和监管部门的日常工作之中，在全辖开展创建“无案件机构、无案件辖区”活动。2009年全省银行业机构发案5起，同比减少37起，发案率下降88.10%，有效遏制了案件高发态势。

加强内部建设，各项工作迈上新台阶。2009年，河北银监局党委充分利用学习实践科学发展观活动的丰硕成果，遵照“依法、科学、廉洁、高效”的原则，树立以人为本的理念，以班子、队伍和制度建设“三个目标”为依托，真抓实干，营造出团结和谐、奋发向上的工作氛围。认真开展“学习提高年”活动，并与党的建设、工会工作、团委工作结合起来，与文明单位创建、青年文明号创建、新中国成立60周年庆祝活动，以及省委、省政府开展的“作风建设年”活动结合起来，持续推动全系统的监管文化建设。在“作风建设年”活动中，提倡弘扬求真务实作风，要求各级领导干部发挥表率作用，河北银监局党委提出的“一级做给一级看、一级带着一级干，领导带职工、机关带系统”的号召，收到了良好效果，进一步增强了领导班子的凝聚力和战斗力，广大干部职工爱岗敬业、甘于奉献、奋发向上的精神风貌进一步展现，求真务实、真抓实干、廉洁高效的工作作风进一步增强。河北银监局被河北省委省政府授予“2009年度突出金融贡献奖”并予以表彰。

（河北银监局　王彦平　刘艳芝）

【国家开发银行河北省分行】　2009年，省开发银行认真贯彻国家宏观调控政策，以“保增长、扩内需、调结构、惠民生”为主线，以“发展年、创新年、规划年”为中心，发挥中长期信贷优势，进一步加大对河北省经济社会建设的贷款支持力度。截至2009年底，省开发银行各项贷款余额合计1384亿元，同比增加298亿元，增长27.4%，其中，表内人民币贷款余额939亿元，同比新增41%，居开发银行全系统第4位。贷款发放创历史新高，累计实现贷款发放515亿元，同比增加232亿元，增长116%，居开发银行全系统第6位。连续18个季度保持当期、累计本息回收率双100%，不良贷款余额4.05亿元，不良贷款率仅为0.43%，连续5年控制在低位水平。实现利润18.7亿元，同比增长59%。2009年，省开发银行被开发银行总行评为优秀分行，这已是省开发银行连续4年、8次在开发银行全系统综合考核中保持在优秀分行行列。省开发银行研发、创新的承德滦平县“龙头企业＋承贷平台＋信用协会＋农户标准化饲养基地”贷款模式被开发银行总行评为2009年度中小企业贷款创新模式。

发挥中长期信贷优势，服务河北经济又好又快发展。根据河北省政府与开发银行在2009年年初召开的第6次联席会上签订的开发性金融合作协议，省开发银行准确把握贷款投向，加大对国家及省重点项目的支持力度，促进河北经济又好又快发展。2009年9月份，河北省常务副省长付志方在省开发银行报送的《河北省分行关于1000亿元开发性金融合作协议执行情况的报告》上批示：开发银行河北分行认真履行合作协议，积极参与支持河北的重大项目建设，成绩是显著的。

一、支持“两基一支”重点项目建设，确保满足资金需求。2009年，省开发银行累计向重点建设项目发放贷款458亿元，占全年贷款发放总额的90%，主要投向高速公路、铁路、电力等领域，重点支持了曹妃甸基础设施、沧州渤海新区、京石客运专线等7条高速铁路、公路及大唐国际丰润热电、华润热电等和各地市一批重点项目建设。

二、支持河北省城镇“三年大变样”工程项目建设，缩小地区间发展差距。省开发银行重视与各级政府密切的合作关系，对区域建设提供贷款支持，缩小地区间的发展差距。2009年初，省开发银行对各地市政府进行走访，在确保继续对石家庄、唐山等城市给予贷款支持的同时，加大了对保定、沧州、张家口和承德等市的支持力度，发挥开发性金融对区域协调发展的资金引领作用，以“三年大变样”工程为依托，积极支持全省城镇面貌改变。省开发银行2009年向省“三年大变样”工程发放贷款169亿元，向城市基础设施项目发放贷款184亿元。

三、支持中低收入家庭住房建设，促进百姓安居乐业。为响应省委、省政府开展保障性住房工作，省开发银行积极与各地市政府联系，深入了解廉租房、经济适用房建设以及棚户区改造、采煤沉陷区民房搬迁维修项目建设的资金需求，提高贷款审批效率，加快贷款发放进度。2009年，省开发银行重点支持了石家庄市安苑小区二期项目建设、唐山市南湖采煤塌陷区棚户区搬迁改造、张家口大境门棚户区改造、廊坊永清农民安置房等项目，共发放贷款20亿元，帮助1.57万户中低收入家庭实现了住有所居的梦想。

四、加大对特色产业支持力度，积极开拓国际合作项目。按照省委、省政府提出的加快结构调整，促进产业升级改造，加快经济增长方式转变的要求，省开发银行积极支持钢铁、清洁能源、装备制造业、电子信息等产业以及新奥集团、巨力索具、海伟电子膜、英利太阳能等特色产业企业的健康发展，帮助加快产业结构的调整和发展方式的转变。截至2009年底，这些领域的贷款余额达90亿元。国际合作项目开发出现了新的局面，除秘鲁信贷银行等三家银行的授信工作外，省开发银行还探讨了英利南非太阳能电厂、冀东水泥南非投资等与中非基金的合作项目及新奥投资美国新能源的项目。

积极承担社会责任，支持民生领域建设。省开发银行以金融普惠为目标，通过机制建设和融资支持相结合，完善中小企业“四台一会”的运作模式，整合各方信用资源，与河北省中小企业担保中心积极探索中小企业再担保体系建设，用批发贷款方式支持中小企业发展，缓解中小企业融资难等问题。2009年，省开发银行向中小企业发放贷款23.3亿元，累计发放53.2亿元，直接和间接支持中小企业、农户户数超过1700户。此外，省开发银行还积极与科技部、劳动和社会保障部、国家扶贫办、民委、全国供销总社等11个国家部委项目开展合作，支持河北省相关项目建设。2009年年初，河北省遭遇严重旱情，按照“预案先行、应急启动”的工作机制，2月份，省开发银行向承德、张家口、保定、廊坊等地快速发放抗旱保苗应急贷款共计1.1亿元，用实际行动支持抗灾救灾工作。11月份，省开发银行从高度的社会责任感出发，再次发放国家助学贷款1623万元，资助省属高校3445名贫困学生。至此，省开发银行已累计发放国家助学贷款4801万元，覆盖河北省省属全部29个高校，惠及贫困学生共计10656人。教育部袁贵仁部长称赞开行银行对教育事业有情，对家庭经济困难学生有恩。

发挥规划对全局工作的引领作用，为科学发展积蓄能量。2009年年初，结合国家投资4万亿扩大内需、国家十大产业调整和振兴规划的发布实施等一系列“保增长、扩内需、调结构”的政策实施，结合省委、省政府提出的建设沿海经济强省的要求，省开发银行编制完成了分行3—5年的中期发展战略规划。结合省政府领导最为关注的棚户区改造、中小学校舍抗震改造等多项问题，完成了5项专题调研报告。按照省发改委课题招标要求，省开发银行主动承担了省级“十二五”规划前期课题《河北省县域经济发展研究》的研究，目前，省发改委已将省开发银行作为唯一的金融机构列为省级“十二五”发展规划编制专家咨询委员会成员，充分体现了政府有关部门对省开发银行规划工作的高度肯定。

大力开展银团贷款，引导外部资金助力河北发展。2009年，省开发银行继续通过债权转让、组织直接银团贷款等方式，引导省内、外金融机构对河北省重大基础设施项目投放信贷资金629亿元，有力支持了地方重点、重大项目建设，同时分散了贷款风险，提高了银行业的整体收益。2009年3月，遵照孙瑞彬副省长提出的组织300亿元银团贷款的指示，省开发银行被河北省银行业协会推举为银团贷款与交易委员会首任主任行，起草并讨论通过了《2009年河北省银行业协会银团贷款与交易专业委员会工作计划》，草拟了《河北省银团贷款操作办法（试行）》，先后两次组织驻石主要银行讨论申报拟组银团项目，银团贷款筹组工作逐步展开，为引导银团贷款市场有序、良性、健康地发展创造了良好条件。省开发银行还积极推动保险代理业务、债券营销、票据、外汇交易等中间业务，为收益多元化作了有益的尝试。

加强产品创新，不断完善中长期投融资功能。根据国务院对开发银行商业化改革的要求，省开发银行通过产品的有机衔接和组合体现开行中长期投融资业务的优势和作用。省开发银行编制新业务品种介绍手册，积极向重点客户推介开行的中间业务，做好企业债、短期融资券、中期票据客户的开发和培育。经过与河北钢铁集团多次协商、座谈和材料准备，2009年4月，省开发银行作为主承销商为河北钢铁集团成功发行50亿元中期票据，作为河北省发行的第一支中期票据，为河北省企业发行中期票据积累了宝贵经验。

加强管理，合规经营，防范风险。2009年年初，省开发银行对省、市、县级各级融资平台及贷款客户进行了调研，对贷款项目进行分析、测算，制定风险管理预案，提出具体管理目标，落实项目第一还款来源并制定风险化解预案，有效防范信贷风险。行领导带头对回收难点项目分析研究，对重点项目还亲自带队到现场协调、催收还款。10月份，省开发银行还派出一线客户经理和业务骨干参加由省金融办牵头，人行、银监局、财政厅等人员组成的7个调查组，对全省融资平台建设和运营情况开展摸底调查，为省政府决策提供依据。10月份，河北省副省长孙瑞彬在省开发银行报送的《关于河北省各级政府融资主体合作情况的报告》上批示：请金融办认真研究。开行提出的建议对下一步我们提出“政府融资平台的管理办法”很有意义。省开发银行积极实施新巴塞尔协议，逐步形成了覆盖信用风险和操作风险的全面风险管理体系，风险管理制度逐步健全。按季召开风险管理委员会，对季度风险分析报告进行审议，准确把握整体风险状况，风险管理能力和风险管理水平不断提高。

（国家开发银行股份有限公司河北省分行　李　炜）

【农业发展银行河北省分行】 2009年，在总行党委和省委、省政府的正确领导下，农业发展银行河北省分行全面贯彻落实科学发展观，紧紧围绕全省新农村建设，加大支农力度，加快有效发展，防控经营风险，强化精细管理，狠抓队伍建设，各项工作均取得了明显成效，被省委省政府授予“金融支持新农村建设先进单位”称号。

——业务实现较快发展。全年累放各项贷款308.86

亿元，同比多放 58.44 亿元。年末，贷款余额达到 567.38 亿元，比年初增加 112.35 亿元，贷款余额和增加额均创历史新高。在业务较快发展的同时，贷款和客户结构也得到进一步优化。各项存款日均余额达 263.7 亿元，比年初增加 75.98 亿元，增幅 41%。

——资产质量持续改善。不良贷款余额较年初下降 6.9 亿元，降至历史最低点；不良贷款占比 2.2%，较年初下降 2.06 个百分点，首次降至 3%以内。

——经营绩效稳步提升。在存贷利差大幅度收窄的情况下，全年实现利润 8.93 亿元。

——队伍建设成效明显。党的建设、领导班子和员工队伍建设、党风廉政建设和企业文化建设得到加强，干部队伍的凝聚力、战斗力进一步增强。

一、业务发展。全行上下紧紧围绕全省新农村建设，积极履行职责，增加信贷投入，加大支农力度，信贷业务平稳较快增长，有力促进了全省农业农村经济的发展。

支持粮棉收购，巩固发展主体业务。一是积极支持中央和地方储备粮增储轮换。累计发放储备轮换贷款 17.09 亿元，支持企业增储轮换粮油 32 亿斤，增强了国家对粮食市场的宏观调控能力，维护了粮食安全。二是积极支持小麦最低收购价收购。全行共发放调控贷款 56.76 亿元，同比多放 26.65 亿元，支持企业收购最低收购价小麦 60.72 亿斤，同比增加 24.59 亿斤，促进了国家支农惠农政策的落实。三是积极支持准政策性粮棉收购。全年累放粮油准政策性贷款 66.77 亿元，支持收购调销粮油 85 亿斤；累放棉花准政策性贷款 15.83 亿元，支持收购调销皮棉 271 万担，确保了支持收购没有出现问题。

重点支持农业开发和农村基础设施建设，新商业性信贷业务取得较快发展。一是突出支持重点。将省市政府关注、财政还本付息、社会影响较大的农村基础设施建设和农业综合开发中长期项目作为营销重点。全年共支持非经营性中长期贷款项目 57 个。年末，列入市级以上财政预算的项目贷款余额 81.9 亿元，占全部非经营性中长期贷款余额的 56%。二是加快工作节奏。3 月末，就将全年中长期贷款计划基本用完。全年累放中长期贷款 91.08 亿元，同比多放 35.94 亿元，是去年的 1.6 倍。此外，从四季度开始，着手营销储备 2010 年的贷款项目。年底前已储备比较成熟的中长期贷款项目 45 个，贷款需求 81.75 亿元，为新一年的业务发展奠定了良好基础。三是严把项目准入关。从严把关，不降低标准，确保贷款质量。年末，中长期贷款余额达到 157.45 亿元，比年初增加 79.16 亿元，增幅 101%，到期贷款本息收回率均达 100%。同时，择优支持农业产业化龙头、加工企业和农业小企业，累放商业性短期贷款 34.88 亿元，促进了全省农业产业化水平的提高和农业小企业的发展。

二、风险防控。切实增强风险意识，积极防控、遏制新增不良贷款，大力盘活清收处置存量不良贷款，不断提高信贷资产质量。一是加强贷后管理。抽调 150 名业务骨干，对有准政策性和商业性贷款余额的 328 家经营性贷款客户、61.6 亿元贷款全部进行了风险排查。针对容易发生问题的关键环节和风险点，制定了《贷款主要风险点排查处置操作指引》、《信贷风险监测处置管理暂行办法》。集中开展了非经营性中长期贷款贷后“亮帐”检查，共检查项目 70 个、贷款金额 136 亿元；组织了农业小企业贷款风险排查，共排查客户 92 个、贷款金额 3.16 亿元，及时堵塞了管理漏洞。二是强化责任追究。制定并实施《贷款逾期处罚办法》和《不良贷款问责暂行办法》，切实增强了分支行的风险防控意识。及时对新发生逾期贷款的市县分支行下发了处罚通知书，督促清收逾期贷款 6795 万元。三是狠抓促销收贷。从年初开始就加大促销收贷力度，由于部署早、动手快，购销企业 2008 年度小麦、棉花收购贷款均实现了本息“双结零”，玉米收贷比达到 99.83%，基本上实现了良性循环、封闭管理。四是大力清收处置不良贷款。全年累计现金清收不良贷款 7520 万元。

三、业务经营。切实增强经营核算意识，从年初开始就加强业务经营指导，努力提升经营绩效。一是狠抓存款组织。年末，各项存款日均余额 263.7 亿元，位居全国农发行系统第二，其中非贷款客户县域公众存款余额 26.28 亿元，比年初增加 20.04 亿元，年末余额和比年初增加额均居全国农发行系统首位。由于组织存款降低资金成本 1.72 亿元。同时，在防范风险的前提下，指导各行积极办理同业存出业务，实现盈利 968 万元。二是大力营销中间业务，实现中间业务收入 1272 万元，其中代理保险手续费收入 897 万元，国际结算和外汇汇差收入 126 万元，完成总行下达省行国际业务结算量的 1.6 倍。三是完善经营绩效考核激励机制。进一步修订完善了《经营指标专项量化考核办法》以及《经营绩效责任书》、《党风廉政建设及安全保卫目标管理责任书》，进一步完善了《财务资源分配办法》。

四、基础管理。全行上下不断强化精细管理，狠抓固本强基，有力促进了经营管理水平的提升。一是狠抓基本制度落实。认真落实总行流动资金续贷管理意见，进一步完善龙头加工企业收购贷款管理办法，全面推行客户经理贷款管理尽职记录、信贷业务责任管理办法和员工违规积分管理，加大处罚力度，切实增强了员工的事业心和责任感。二是加强基层行建设。选择 3 个有代表性、不同类型的二级分行，按照 3 种不同模式进行试点，积极打造二级分行经营管理基础平台，进一步优化了资源配置。全面推行县级支行员工双向选择、竞争上岗和副行长兼任部门主管，调动了基层员工的积极性。三是加强合规经营。坚持“六个结合”，将“遵章守纪、合规经营”专题教育活动与强化贷后管理、规范流程、防控清收不良贷款、加强会计结算、健全内部管理机制等工作结合起来，有效促进了合规经营。

五、队伍建设。适时调整了部分市县行领导班子，组织了全行中层干部竞聘上岗，增强了队伍活力。组织二级分行行长和省分行处长赴浦东干部管理学院学习，拓宽了视野和思路。开展信贷专业技术比赛，促进了业务技能的提高。着力打造学习型、创新型、服务型、高效型、廉洁型“五型”机关，促进了工作效能的提升。制定了贯彻落实惩防体系建设五年规划实施方案具体措施，开展“四无”创建活动，有效防控了各类案件和事故的发生。

（中国农业发展银行河北省分行　郭　宁）

【工商银行河北省分行】　2009年是中国工商银行河北分行改革发展极不平凡的一年。面对国际金融危机和国内经济周期性调整的双重考验，该行认真贯彻总行党委的决策部署，在挑战中把握机遇，在加快发展中推进转型，存贷款创纪录增加，中间业务跨越式发展，资产质量根本性改善，经营效益大幅度提升，创造了前所未有的经营业绩。在总行经营绩效考评中，排名由上年的19位跃升到第15位，绩效等级上升三个级次，EVA快速前移至第10位，上升11个位次。全省11个二级分行有7个进入经营绩效考评前100位，廊坊、唐山分行双双进入“二级分行经营30强”。获得支持河北经济发展“金融贡献奖”，以总分第一的优异成绩摘取“绿色信贷优秀单位”称号，河北分行建设最优秀、最盈利、最受尊重银行的步伐进一步加快。

2009年实现拨备前利润61.19亿元，同比增加12.34亿元，增幅超过系统平均31.97个百分点；实现净利润38.2亿元，同比增加15.44亿元，增幅超过系统平均68.59个百分点，创历史最好水平。实现经济增加值23.83亿元，同比增加13.35亿元，实现翻番；经济资本回报率达到29.71%，较上年提高10.66个百分点。

本外币各项贷款新增542.93亿元，同比增加320.82亿元，创历年新高。人民币各项存款增加683.51亿元，同比增加72.34亿元，增幅22.2%，居同业首位。其中，储蓄存款增加292.93亿元，增幅15.68%；对公存款增加433亿元，增幅33%。实现中间业务收入22.15亿元，居同业首位，同比增加5.84亿元，增幅35.86%，三年复合增长率达到69.63%，实现三年收入翻两番。

累计清转处置不良贷款46.74亿元，居系统第3位，完成总行任务的119.5%；不良贷款余额52.09亿元，较年初下降21.58亿元，不良贷款率2.58%，较年初下降2.41个百分点，继续保持不良贷款余额和占比“双下降”。

主要工作措施：

一、始终坚持把解放思想作为推动各项工作的突破口。进一步明确“突出发展主题，把握结构调整主线，在转型发展中全面提升核心竞争力，力争到2011年利润超百亿，确立在河北最盈利、最优秀、最受尊重银行市场地位”的总体发展思路。把“快”字作为竞争法宝，把效率当作核心竞争力，以“白加黑、五加二”的精神状态，争时间，抢速度，千方百计把各项工作往前赶，为拥有更多的资源、占据更多的市场奠定了坚实基础。

二、始终坚持把“大发展、大调整”作为经营发展的主线。坚持加快发展与结构优化并举。牢牢把握“扩内需、保增长”政策与河北着力推进城镇面貌三年大变样金融需求旺盛的重要机遇，强化省市支行三级联动营销机制，全年累计投放项目贷款508.59亿元，新增336.64亿元，同比多增239.19亿元，累计投放金额是2008年的2.4倍。消费贷款余额突破700亿元，新增270.8亿元，增速276.3%，是前三年增量的总和。全面启动小企业信贷业务，新增小企业信贷客户249户，新增贷款10.4亿元，11个二级分行全部实现小企业信贷业务零的突破。累计办理票据贴现627亿元，创历史新高，居同业首位。集中整合大个金产品，在省内同业中率先成立高端客户专属财富管理中心，新增私人银行客户183户。储蓄存款完成总行序时任务的112.67%。销售基金、保险、人民币理财产品合计2994.7亿元，销售额居同业首位；灵通卡、信用卡发卡量分别达到385万张、260万张，消费额分别超过523.7亿元、180亿元，市场占比继续保持同业领先。个人网银和企业网银分别新增82万户和2.7万户，同业占比高达52.9%和67.2%，WAP手机银行新增客户55万户，电子银行业务领先优势地位得到巩固。成功运作首单私募股权主理银行项目，并被总行列为重点股权类品牌项目。启动首单政府财务顾问项目，与秦皇岛市政府签订了金融理财顾问合作协议，成为省内首家与地方政府签订此类协议的金融机构。顺利开通河北航证首个银商转账业务，填补该行及河北同业市场空白。加强对进出口、走出去企业分类管理和名单制营销，新增国际贸易融资重点客户22家，全年完成国际结算量72.5亿美元；国际贸易融资累放量9.6亿美元，余额5.1亿美元，两项指标升至同业第二位，短板业务明显接长。全年中间业务收入占营业净收入比重提高至22.2%，较上年提高了1.83个百分点。

三、始终坚持把夯实管理基础作为经营有序健康发展的坚强保障。信贷资产质量与管理水平大幅提升。坚持措施、进度、责任人“三落实”，充分运用诉讼清收、还本免息、以物抵债、呆账核销、贷款重组等多种方式，努力实现清转处置最大化。法人不良贷款户数较年初减少84户，降幅为36.4%。不良贷款额和不良率实现双降，基本解决了长期制约改革发展最突出的矛盾和问题。加大潜在风险贷款压降力度，全年退出转化66亿元，超额完成总行任务的150%。开展“合规从我做起、内控与你同行”、“无差错、无违规”主题活动，推广应用《业务操作指南》电子发布平台和员工违规积分管理系统，形成了“尽职自律、违规必究”的内控文化氛围，员工合规操作意识与风险防范意识显著增强。实现连续四年平安无案件。全面推进守押社会化进程，金库社会化值守及远程异地守库率、营业网点社会化押运率分别提高了9.9%和5%，连续十一年未发生外抢、外盗和涉枪案件事故。

四、始终坚持把机制体制改革创新作为激发经营活力的动力源泉。全面实施城区支行扁平化、法人客户信贷业务集中、运营体系、报表集中等多项系统改革，推进重点县支行加快发展，全行整体经营活力得到了有效释放与激发。建立了“分行一支行（网点）”两级管理架构，精简城区支行内设机构93个，全行有421个网点实现直管，占比全部城区网点的75%，向一线分流人员263人。实现城区支行法人客户信贷业务集中管理。共集中114个城区支行1021亿元法人客户贷款，占全部法人客户贷款的71%，二级分行直接经营地位进一步凸显。强力推进运营体系三项改革。监督体系改革全面完成，推进了监督观念、核查方式和风险管理手段的全面转型。业务集中处理改革从2009年5月份在张家口分行试点，开通汇划机构的21个营业网点的4类本外币汇划类业务实现集中处理；8月份在省行营业部投产跨区域业务集中处理系统，近20个网点的4类汇划业务实现集中处理，减轻了网点业务处理压力。远程授权改革在张家口分行全部54个网点实现试点应用，提高了授权效率和质量。完成报表集中编制改革。建立报表目录并废止报表273张，采取“报表（分）中心＋专业部门集中”的集约化工作模式，减少统计人员402人并充实到一线营销岗位。实施重点县支行发展战略。建立省行领导、部室联系县支行工作制度，帮助县支行解决实际问题。

五、始终坚持把抓好党建和企业文化建设作为推进和谐银行建设的基础工程。广泛深入学习十一届四中全会精神，举办全行党务工作者培训班，开展“军营一日”、“七一”等主题党日活动，以城区支行扁平化为契机，进一步完善党工团组织架构，党建工作扎实推进。深入开展干部队伍作风建设活动，全面推行首问首办负责制、限时办结制、追究问责制，强化会议落实和文件执行的刚性，开展效能和执行力检查等，省行、二级分行本部工作效率、执行力显著提升。以解决社会上反映最为强烈的排长队问题为抓手，出台网点服务达标管理办法，明确客户办理业务等候时限，积极开展“每月一星”优质服务明星评选和服务大提升活动，对外服务水平显著提升。大力开展爱国主义教育，深入基层解困帮扶和慰问，组织喜闻乐见的文体活动，着力营造团结奋进、积极向上、爱国爱行的良好氛围。继续推进同心工程建设，为基层网点配发微波炉、冰箱等必要设施，组织全行员工体检，建立保障员工月实际收入工作机制，把关心员工的工作落到实处。主动做好H1N1流感防控工作，积极应对风雪灾害天气，确保了员工的身体健康和营业网点的安全运营。

（工商银行河北省分行　郝福和）

【农业银行河北省分行】　2009年，中国农业银行股份有限公司河北省分行认真落实农总行、省分行“3510”发展规划，按照省委、省政府的工作部署，以科学发展观统揽全局，全行各项工作呈现良好的发展态势，可持续发展能力明显增强。全行资产总额达到3781.9亿元，比年初增加618.9亿元。各项存款达到3662.14亿元，比年初增加609.74亿元，其中储蓄存款2652.48亿元，比年初增加396.01亿元，存量、增量分别位居同业第1位和第2位；对公存款余额达到928.38亿元，比年初增加181.09亿元。各项贷款达到1330.23亿元，比年初增加340.42亿元。实现中间业务收入14.01亿元，同比多增1.09亿元。实现拨备前利润58.71亿元，同比增加8.67亿元；拨备后利润56.21亿元，同比增加24.93亿元；拨备覆盖率达到87.08%，较年初提高了5.94个百分点。

一、全力支持重点项目建设。2009年，农行河北省分行认真贯彻国家宏观调控政策，全面落实农总行与河北省人民政府以及石家庄、唐山市人民政府签订的合作备忘录，围绕省委、省政府“扩内需、保增长”各项政策，突出对基础设施、钢铁、电力、石化、能源等重点行业和重点项目的信贷支持。结合全省“三年大变样”工程，加大石家庄市区“三年大变样”道路改建项目、唐山南湖生态城项目、土地储备项目等城市基础设施贷款支持力度。对重点项目、重点客户实行名单制管理，在年初制定了《2009年重点法人目标客户营销目录》，涉及能源、交通、钢铁等多个优势行业，共计140家目标客户，纳入二级分行以上直接营销范围，并明确了营销目标和责任人。全年累计新投放法人客户贷款954.84亿元，同比多投放397.67亿元。全行新增实体贷款286.76亿元，占各项贷款增量的84%。同时，该行以投资银行等新兴业务为平台，提供全方位的综合理财服务，既节约了企业财务成本，又加强了企业精细化管理程度。全年实现投行业务收入1.92亿元，同比多增1.17亿元。

二、积极支持小企业发展。农行河北省分行积极探索有效路径，加大对中小企业的支持力度，到2009年末，中小企业贷款达到369.3亿元，较年初增加109.1亿元。一是建立了小企业金融服务专营机制。在省分行成立了小企业业务部，在各二级分行成立了小企业金融服务中心，对小企业业务下沉经营层次，实行授权管理，按照专业化、集中化的思路，区别不同区域采取“一站式”和“中后台集中”两种模式，加大对小企业的金融支持力度。二是设计了全新的金融产品。推出县域小企业自助可循环贷款、小企业简式快速贷款，引导客户通过电话银行、网上银行和现金管理平台等电子渠道办理业务，提高资金流转效率。到12月末，简式快速贷款余额达到2.9亿元，自助可循环贷款余额3000万元。三是提高了决策效率。将审批权限下沉，省、市分行设立独立审批人，对风险可控的中小企业融资快速决策，不必再经有关会议审议等环节。四是创新担保方式。针对中小企业融资担保难的现状，在以企业自身财产设定抵质押担保的同时，引入自然人股东提供连带责任保证担保或以其个人资产提供抵质押担保的补充担保方式。五是建立银企联席会议制度，邀请行业专家开展专题讲座，提供咨询服务。

三、全面做好服务“三农”工作。2009年，农行河北省分行全力做好服务“三农”工作，积极支持社会主义新农村建设。全行涉农贷款余额557.6亿元，比年初增加124亿元，同比多增121亿元。县域贷款全年累计投放达523亿元，同比多投放212亿元，贷款余额494.5亿元，比年初增加151亿元，县域贷款增速高于全行贷款增速9.7个百分点。一是积极支持农业产业化龙头企业，突出对龙头企业上下游客户的综合营销和对农业产业链的整体支持，农业产业化龙头企业贷款余额37.1亿元，比年初增加15.2亿元，增长69.4%；对国家级、省级龙头企业的服务覆盖率分别达到75%、46%。二是积极支持县域城镇化建设。利用农村城镇化贷款新产品探索有效支持新农村建设的路径，成功支持了迁安市“新农村示范区建设项目”。通过与国富农业投资公司的合作，就批量发放农业基础设施建设贷款进行了有益的探索和实践，目前已采用银团贷款方式投放支农贷款3亿元，用于农村沼气、农村饮水工程、病险水库除险加固等农村基础设施项目建设。进一步优化了县域房地产贷款准入政策，加大贷款支持力度。到年末，县域房地产贷款余额12.4亿元，比年初增长了8.04亿元。三是积极做好农户金融服务工作。以惠农卡为载体，以农户小额贷款为驱动，不断探索创新业务模式，持续改善对农户的金融服务，满足农户生产、生活等基本金融需求。全行累计发放惠农卡101.67万张，对全省农户的覆盖率达到6.9%；向17.17万农户授信51.4亿元，其中已用信农户12.81万户，农户小额贷款余额38.51亿元；发放惠农信用卡5.52万张，授信5.64亿元。积极支持新民居建设，对纳入省政府2009年新民居建设试点的1000个村中的436个村8000多家农户授信2.6亿元，提供贷款1.9亿元。

四、持续提高金融服务水平。一是加快推进网点转型。作为农总行第一批网点转型试点行，科学制定了全行网点建设三年规划，坚持高起点规划，高标准设计，高质量施工，全年已改造或正在改造网点242个。文明服务导入、大堂经理配备、LOGO更换等工作有序推进，全行的网点转型工作全面启动。二是加快电子渠道建设。实现银行卡、商户收单业务收入9069.40万元，同比多增3461.07万元。实现电子银行业务收入2.08亿元，同比多增0.88亿元，市场份额49.23%，居四大行首位。个人网银新注册客户40.8万户，企业网银新注册客户1.1万户，消息服务注册账户达114.3万户。全年新布放ATM机338台，占总量的20.5%；新布放转账电话81964台，占总量的72.6%；新布放POS机4201台，占总量的46.2%。电子渠道交易占比45.66%，较年初提高8.61个百分点。三是丰富金融产品组合。推广个人综合授信贷款业务，积极开展了个人住房贷款“争创百佳”和“三十大市场”个人生产经营贷款专项营销活动。进一步优化个贷政策，加快个人资产业务发展，推进个贷集中经营中心试点。到2009年末，个人贷款余额达到208.6亿元，较年初增长62.25亿元。推进代理销售黄金和代理销售国债业务，具备业务经办资格的网点已达36个。积极满足社会对基金、保险代理、第三方存管等业务的需求。全年累计代理新单保费53.5亿元，实现保险代理业务手续费收入2.06亿元，同比多增0.43亿元；第三方存管客户总数达到16万户，新增客户7.9万户。同时，进一步完善增值服务体系，开展了易登机、健康通道、免费法律咨询等增值服务。

在抓好业务经营的同时，河北分行不断加强内控管理，实施全面风险管理，建立健全风险管理的体制、机制，落实精细化管理的要求，扎实开展案件专项治理活动，坚持以人为本，加强队伍建设，提升全行整体管理水平，实现了既定的不发生重大经济案件、重大刑事案件和重大责任性事故的目标，为保持河北金融稳定做出了应有贡献。

（农业银行河北省分行　王冬生）

【中国银行河北省分行】　2009年，中国银行河北省分行认真贯彻落实科学发展观，紧紧围绕总行工作方针和省行年度工作安排，以省行3—5年奋斗目标为主线，主要业务提速发展，蓝图项目成功投产，各项工作扎实推进，成效显著。

业务实现提速发展，经营效益持续提升。到2009年末，全行本外币资产余额2564亿元，负债余额2528亿元，分别比年初增长38.07%和38.86%。人民币各项贷款余额1631.59亿元，较年初新增695.84亿元，完成总行任务的367.2%，完成省行任务的115.38%，余额市场占比较年初上升4.78个百分点。其中，公司贷款新增452.44亿元，消费贷款新增117.9亿元，贸易融资新增80.53亿元，票据融资新增42.33亿元，银行卡透支新增2.64亿元。人民币各项存款余额达到2410.96亿元，较年初新增690.24亿元，完成总行任务的161.96%，完成省行第二目标的114.94%，余额市场占比较年初上升1.81个百分点。其中，人民币公司存款新增336.72亿元，人民币储蓄存款新增208.98亿元，人民币金融机构存款新增144.53亿元。实现中间业务收入12.6亿元，完成总行任务的137.8%，增幅达到23.6%。实现净收入72.81亿元，增长22.6%，完成总行预算117%。实现考核利润30.23亿元，完成总行预算的138%。资产回报率为1.3%，人均利润27.69万元，同比增加3.61万元。清收化解各类不良资产14.39亿元，完成总行任务的134%。不良授信资产余额17.86亿元，不良资产比率1.06%，实现“双降”。主要业务基本上在2006年底的基础上实现了翻番。

一、坚持发展为第一要务，推动各项业务提速发展。该行从大市出发，认真谋划全行发展战略。针对外部经济环境复杂多变、不确定因素增多的情况，将科学发展贯穿各项工作始终，准确把握宏观经济走势，科学作出工作部署，加强对业务发展工作的领导。根据总行建设国际一流银行的战略目标，提出“利用3—5年时间，把河北省分行建设成为省内效益最优、服务最佳、形象最好、布局合理、管理规范、内控严密，极具市场竞争力的商业银行”。2009年，面对国家扩大投资、拉动内需的有利机遇，明确了抢抓机遇、提速发展的业务发展指导思想，推动资产、负债和中间业务快速、协调发展。一年来，全行重点营销了一批能够优化资产结构、增强中行市场竞争力的优质项目，全行资产结构、行业结构和客户结构得到优化。加大对系统行业客户和行政事业单位存款的营销工作，个人储蓄业务实施中高端客户发展战略，负债规模迅速扩大。出台了激励中间业务发展的奖励措施，保持政策的连续性，不断巩固优势产品市场份额，促进了中间业务的全面发展。

二、圆满完成IT蓝图项目投产试点工作任务。实施IT蓝图项目是总行做出的重大战略决策，从2006年6月中国银行河北省分行被总行确定为试点行，到2009年10月7日IT蓝图项目在河北分行成功投产，共历时3年多的时间，1200多个日夜，动员了上万名员工。该行始终将此项工作作为全行的头等大事来抓，以“成功切换、正常营业、风险可控”为目标，全行一万多名员工共同努力，做了大量艰苦、细致的工作。认真开展业务准备、数据准备工作；对全员实施了普及性培训；在省行和二级分行建立了投产和演练指挥体系；按业务需求设置了核心系统和外围系统柜员，配备了终端设备。上线前，重点开展了四轮切换演练、三轮并行演练和一轮投产演练。还制定了有关媒体宣传、客户投诉、安保防范等各类应急预案，最大程度地防范各类风险，保证了整体投产工作按计划顺利推进。10 月 4 日—7 日，在各项准备工作充分到位的情况下，全行对新旧系统进行了切换，10 月 7 日上午 9 时，河北省分行全部机构网点提前一天正式对外营业，实现了成功切换、正常营业、风险可控的阶段性目标。全行加紧开展上线后续工作，流程再造工作稳步推进，综合柜员试点工作进展顺利。到 2009 年末，全行已有 107 家 A 类网点、43 家 B 类网点施行了综合柜员。

三、内控基础进一步夯实。2009 年，全行深入开展管理达标、网点标准化建设和“我是一道关”活动，不断加强三道防线建设和基层机构负责人管理。通过以上五项工作的扎实开展，全员合规意识明显增强，违规行为明显减少，依法合规的经营理念逐渐深入人心。全行内控环境良好，内控基础进一步夯实，各项工作得到规范。违规行为、特别是“屡查屡犯”问题逐步减少，有效遏制了重大违规现象的发生，全年没有发生经济案件和“四类案件”。

四、网点标准化建设取得阶段性成果。全年完成了 125 个网点的标准化改造，累计已完成 398 个网点的标准化建设，改造率达到 87%，完成年初既定目标。随着网点标准化建设和综合管理达标工作的深入推进，网点转型所带来的社会效益和经济效益逐步显现，网点综合效能得到有效提升。到去年末，全行网均余额达到 2.44 亿元，系统内排名由 2007 年末的第 15 位上升到第 9 位；网均新增额 4563 万元，高于系统内平均水平 683 万元，高于四大行平均水平 428 万元，在系统内排名第 5 位，在四大行排名第 2 位。

五、队伍建设得到加强。按照德才兼备的原则，做好各级领导班子的选配，抓好对各级管理者的日常培训和平时教育，对基层机构负责人和高级经理以上人员进行了轮训，管理队伍整体素质得到提高。在技术序列和操作序列采取不同的培养和选拔措施，加强队伍练兵，不断提高员工服务水平和业务技能。加强后备人员队伍建设和管理，建立了高层正职后备、高层副职后备和年轻后备三个层次的后备人才库，为促进、加强各级队伍建设提供了保障。

（中国银行河北省分行　刘　东）

【建设银行河北省分行】　2009 年，面对复杂多变的内外部经营形势，建设银行河北省分行坚持以科学发展观为指导，认真贯彻国家宏观调控政策，深入落实建设银行总行党委和河北省委、省政府各项部署，抢抓机遇强化营销，调整结构积蓄后劲，防范风险加强管理，保持了安全稳定的运营局面，促进了各项业务健康较快发展。主营业务稳步发展。全口径存款余额 3520.3 亿元，比年初新增 755.09 亿元；各项贷款余额 1691.45 亿元，比年初新增 382.94 亿元；实现中间业务净收入 20.99 亿元。经营效益持续增长。全年实现账面利润 47.63 亿元，创历史最好水平。不良贷款额率双降。年末五级分类口径不良贷款余额比年初减少 8.63 亿元；不良贷款率比年初下降 1.07 个百分点。全年未发生重大案件和责任事故。

一、各项业务均衡协调发展。2009 年，该行紧紧抓住省内大批建设项目启动和大型优质企业重组的契机，铁路、钢铁、高速公路、电力等战略性客户及项目的营销储备取得显著成效；抓住政策机遇，大力推进“民本通达”，教育、卫生、环保等民生领域实现全面突破。加大对小企业金融扶持力度，在提高定价能力的同时对客户进行深度挖掘，确保了小企业业务的高质量发展及品牌优势的初步确立。着力加快发展个贷业务，年末个人贷款余额比年初新增 93.6 亿元，创下历史同期最高新增额和最高增速。大力拓展个人高端客户，持续扩大对公客户群体，以财政客户和八一工程为重点进一步优化同业存款结构，广辟外汇资金来源，负债业务实现快速增长。积极调整优化业务结构，着力拓展银行卡等重点产品，巩固了代理基金、代理保险、黄金业务系统领先位次。积极发展国内保理等优势产品，重点抓好造价咨询、人民币结算等短板产品，努力拓展短期融资券、财务顾问、理财产品等投行业务，投行业务实现超常规发展。大力发展战略业务，在持续提高电子银行直接业务创收能力的同时，强化销售渠道作用，努力挖掘电子银行高附加值的潜在效益；持续加大信用卡高盈利重点产品的营销力度。通过抓好产品组合创新，延伸国际业务产品服务链条，外汇中间业务创收能力进一步增强。

二、资产质量稳步提升。面对不确定因素多、不可预见性大的宏观经济金融形势以及河北省产业结构调整升级的客观要求，该行按照“不死退、不退死”的原则，严格执行风险限额管理的有关规定，动态调整退出名单客户和压缩额度，进一步完善信贷退出激励约束机制，信贷结构不断优化，资产质量持续提高。进一步建立健全贷后管理体系，将贷后检查、风险分类、系统监控和贷后跟踪管理例会有机结合；探索完善贷后管理具体实施方案，加大对信贷资产检查特别是新发放贷款的检查力度，进一步提高了信贷资产的持续价值创造能力。加快不良资产清收处置，通过与二级分行签订资产质量目标责任书，并与绩效挂钩，推动了存量不良贷款收回和盘活工作的顺利开展。

三、改革创新持续深化。面对新形势、新任务带来的新矛盾和新问题，该行始终坚持改革创新不动摇。进一步加大神秘人检查发现问题的整改力度，固化一代转型成果；全面加快二代转型的推广，进一步加大了对高端客户的营销维护力度。截至 12 月末，全辖零售网点基本完成了一代转型；为全部理财中心配齐了专职客户经理，高端客户服务流程得到了较好的运用。以推行公、私业务分离为突破口，进一步理顺利益分配关系，大幅提升了对公业务的服务能力和专业专注水平，促进了对公业务增长方式和经营模式的集约化转变，新体制的优势逐渐显现。稳步推进深化前后台分离项目试点工作，为网点转型和业务发展提供了有力支持。继续推行和完善县域支行标杆管理，着手探索研究对城区支行实行标杆管理。探索建立目标利率管理考核机制，有效提升了产品定价能力及新发放贷款利率执行水平。推进实施产品经理制，持续加大新产品研发和推广力度，并购贷款、融资租赁、新型财务顾问、中期票据、供应链融资产品等重点产品拓展均取得了良好成效，产品创新能力不断增强。

四、风险防控水平持续提高。该行不断完善内部控制机制，加大对关键风险点的监督检查和屡查屡犯问题的整治力度，有效防范了各类操作风险和案件风险。认真贯彻落实监管部门要求，在全辖组织开展了“整治屡查屡犯，防范案件风险”专项活动，重点对有章不循、违章操作、屡查屡犯行为进行了整治，从源头上消除了内部案件风险隐患。充分发挥会计检查督导中心作用，完善优化问题库管理系统，开展会计操作风险控制评价，加大了对会计主管的管理力度，切实提高了会计部位风险防范能力。组织开展了涉及柜面业务、会计基础等的系列检查，进一步强化了有关规章制度的落实，化解了潜在风险。通过改变稽核作业模式，增加操作风险“机控”范围等措施，进一步完善了操作风险控制体系。完善信息系统应急保障体系，有效提升了IT规范化水平和风险防控能力。通过开展系列主题活动，进一步增强了广大员工遵纪守法、照章办事意识。推动审计整改工作的流程化、常态化，审计发现问题整改率达94.3%，有效降低了风险隐患。深入推进“平安”创建活动，建立健全预防和处置群体性事件联系会议制度和不稳定因素排查化解工作机制，制定完善了突发事件应急预案和应急机制，缜密安排日常特别是国庆期间安全保卫和维护稳定工作，确保了安全稳定的运营局面。

五、班子队伍建设进一步加强。按照中央和建设银行总行党委统一部署和要求，认真组织开展深入学习实践科学发展观活动，并圆满完成了各阶段工作任务。各级领导班子紧紧围绕“讲党性、重品行、作表率”活动“深化拓展年”和“干部作风建设年”各项要求，加强理论学习，深入基层调研，不断强化思想建设、组织建设、作风建设。按照德才兼备的原则，加强了对年轻干部的培养和选拔，各级领导班子结构明显优化。加强党风廉政建设，倡导廉洁文化，强化日常监督，各级领导干部遵纪守法和廉洁自律的自觉性不断提高。进一步规范了岗位职务管理，拓展了员工晋升空间。完成了主营业务岗位优秀劳务派遣制员工转制和原短期工纳入内部职等体系工作，进一步增强了员工的归属感、认同感，极大调动了员工积极性。不断拓宽培训渠道，加大对员工的教育培训力度，进一步提高了员工的履岗适岗能力。大力推进民主管理、行务公开等工作，组织开展了征集合理化建议活动，保障了广大职工民主权力的充分行使。尊重员工，关爱员工，认真落实离退休人员的“两个待遇”，进一步加大了对经济困难员工的持续救助力度。

（建设银行河北省分行　史庆辉　赵亚旗）

【交通银行河北省分行】　2009年是交通银行河北省分行积极应对金融危机和经济下行考验的一年。在总行党委的正确领导下，全行按照“两化一行”的发展战略和“争先进位、跑赢大市”、确保“两个高于”的总体要求，抢抓难得发展机遇，紧密结合地方实际，抢占市场，奋勇争先，分行各项业务在连续五年快速发展、业务高位运行的基础上，又实现新的突破，继续保持了快速、健康、协调发展，主体业务市场占比有了进一步提升。

截至2009年末，全行本外币资产总额达到578.8亿元，较年初增加134.2亿元，增长30.2%。各项人民币存款余额达到530.6亿元，较年初增加126.8亿元，增长31.4%，完成总行任务的166.8%。其中：对公存款余额361.7亿元，较年初增加88.6亿元，增长32.5%，完成总行任务的177.3%；储蓄存款余额168.9亿元，较年初增加38.2亿元，增长29.2%，完成总行任务的146.8%。各项人民币贷款余额400.2亿元，较年初增加172.5亿元，增长75.8%。外币存款余额1.38亿美元，较年初增加2122万美元，外币贷款余额1.63亿美元，较年初增加1.14亿美元。全年累计办理国际结算40亿美元，同比增长0.3%，完成总行任务的102.5%；贷记卡净增发14.37万张，完成总行任务的115.9%。小企业和个贷余额达到43.7亿元，较年初增加13.5亿元，增长44.7%，完成总行任务的245.3%。企业网银动户数1503户，完成总行任务的112.2%；个人网银动户数4.82万户，完成总行任务的240.9%；电子银行业务分流率达到43.9%，动态完成率161.1%；手机银行签约数4184户，完成总行任务的123.1%；实现电银业务收入1701万元，完成总行任务的191%。实现中间业务收入2.26亿元，同比增长13.2%，完成总行任务的93%。清收存量不良资产1.7亿元，完成总行计划的179.3%；实现不良贷款余额和占比双降。全省共实现拨备后利润10.1亿元，同比增长19.1%，完成总行任务的103.5%；人均创利51万元，同比增长16.4%。

抢抓机遇，加快发展，业务规模持续壮大，市场占比继续提升。2009年，全行持续加大业务营销力度，深挖业务潜力，改进营销方式，加强行际联动和业务联动，持续有力地开展业务督导，实现了辖内各行的协调快速发展，全行存贷款增量、增幅均创出历史新高，人民币存款在全省市场占比提高0.07个百分点；各项贷款增量在系统内排名较年初上升13位，在全省市场占比同比提高0.75个百分点。

推进转型，加快创新，可持续发展能力持续提升。2009年，大力发展投行业务，依托蕴通财富、专户理财、定期发行对公理财产品三大平台，加大理财产品销售力度；发挥综合化经营优势，加强与交行子公司业务合作，先后与交银国信发起设立人民币对公理财产品12只，为客户筹集资金百亿元；积极寻求创新突破，其中唐港高速公路收费收益权信托计划、购买河北移动应收账款资金信托计划等业务均为系统内首创，创收能力不断提升。努力克服国际经济形势变化、当地进出口业务大幅下降带来的

不利影响，加大国际业务营销力度。立足于整体协调发展，大力推进零售业务，储蓄存款、中高端客户增量、零售信贷等指标均实现了系统内的上升进位；大力拓展信用卡市场，在系统内率先完成整体任务指标，并获得了总行太平洋信用卡业务任务完成率奖、公务卡发卡贡献奖两个奖项。

优化结构，提升质效，努力实现又好又快发展。大力调整资产结构，把好准入，调整存量，不仅确保增量贷款的高质量，而且全面完成了提升抵质押贷款占比和减退高风险贷款全年计划指标，在总行授信业务评价中，河北省分行信贷资产结构维度综合得分位列全行第1，信贷资产结构、授信业务质量、授信收益水平三维综合评价位列系统第2，处于A等水平。加快发展小企业贷款和中长期贷款，提高贷款收益；通过增加小企业贷款，有效缓解了利差收窄带来的冲击。根据市场状况和政策变化，实施灵活的定价策略，强化定价周期管理。大力营销低成本存款，对大额定期存款实行一事一议制度，有效控制定期存款增长。在加快网点装修改造的同时，进一步调整网点布局，年内在沧州、遵化等地增设了网点，完善了在全省的网络覆盖，对低产低效网点实施撤并，全行网均单产有了明显提升。

强化管理，严格内控，抗风险能力持续提升。高度重视制度建设，先后制定出台了《交通银行河北省分行财务管理评级办法》、《交通银行河北省分行企业征信系统管理办法》等30多项制度办法，分行制度体系进一步健全完善。进一步加大审计、监察和条线检查力度，强化监督检查，堵塞了管理漏洞。认真落实安全保卫责任制，不断加强技防设施建设和员工安全防范意识教育，加大安全检查力度，保障了稳健运行。大力组织资产保全工作，多措并举扎实推进存量不良资产的清理清收，实现了不良资产余额、占比双降。坚持从严治行、勤俭办行的方针，不断加强财务管理，规范费用审批程序，严格集中采购，合理安排财务开支，大力压缩招待费、差旅费等费用，有效减少了不必要开支，实现了较高的运营效率。

（交通银行河北省分行　许克诚）

【华夏银行石家庄分行】　2009年，面对复杂多变的经济金融环境，华夏银行石家庄分行党委贯彻科学发展观要求，带领广大员工，紧紧围绕总行二次党代会精神和年初工作会议精神，把“保增长、调结构、控风险、创效益”作为核心目标，以科学发展观为统领，坚持以发展统揽全局，坚持以质量效益为中心，经过全行员工的共同努力，全行各项业务实现了持续稳步发展，经营规模不断增长，结构调整成效显著，盈利能力明显提升，资产质量稳定提高，内控管理进一步加强，合规经营意识有效提高，各专业条线取得显著成绩。截至12月末，全行本外币一般性存款余额168.4亿元，较年初增加34.8亿元；一般性存款日均160.9亿元，较上年增加23.9亿元；对公存款余额133.6亿元，较年初增加24.0亿元，完成总行计划的107.7%；对公存款日均130.6亿元，完成总行计划的112.6%；储蓄存款余额34.8亿元，较年初增加10.8亿元，完成总行计划的126.5%；储蓄日均30.25亿元，完成总行计划的124.5%；纯贷款余额143.7亿元，比年初增加58.1亿元，增长幅度达67.9%；实现中间业务收入3707万元，完成总行计划的106.2%；实现拨备前利润2.89亿元，完成总行计划的141.0%；不良指标全部控制在总行计划之内。

一、深入学习实践科学发展观，推动各项业务发展

1. 狠抓客户开发和贷款投放。一是加强组织领导，扎实开展客户开发工作。通过组织银企洽谈会、对重点地区、重点行业的集中营销，加强了与省、市政府和部门的联系，保证了对重点客户的开发效果，在分行组织的对邯郸、唐山地区的集中营销中，开发合作企业54户，授信金额21.28亿元，有效推动了全行客户开发进度。全年新增对公授信客户166户，已实现投放129户，贷款投放率为77.7%，同时为2010年的发展做好了一定的客户储备。在开发新客户同时做好老客户的挖潜工作，对与本行合作时间长、效益好、信誉高的优质授信客户，加大合作深度，拓展合作领域，全年对老客户增加贷款近19亿元。二是下大力气，狠抓贷款投放工作。根据外部经济金融形势的变化，从年初开始，分行党委审时度势，果断做出了“加大贷款投放力度”的科学决策，鼓励各经营机构加大、加快贷款投放，实现早投放、多投放、早收益。通过客户开发、深入挖潜等多项营销措施，全年各项贷款余额达到144.0亿元，较年初增加52.6亿元，其中纯贷款余额143.7亿元，较年初增加58.1亿元，实现了建行以来贷款投放的最快增长。

2. 加大结构调整，降低资金成本，提升盈利水平。一是加大授信客户结构调整，在坚持以中型客户为主的基础上，适度补充大型骨干企业的客户数量，扩大对大型客户的合作范围，客户结构得到了调整和优化。到年末，本行授信客户结构中，大、中、小型客户占比为30%、60%、10%，客户结构进一步趋于合理；二是加大负债业务结构调整，一方面加大对存量保证金存款的调整力度，分解下达保证金定期存款控制计划，有效降低了保证金存款占比，同时，保证金结构也得到有效调整。另一方面，积极开展无贷户营销活动，通过成立专业营销部门、加大无贷户存款奖惩力度等措施，加强了无贷户存款的组织和推动工作，截至12月末，无贷户存款余额37.93亿元，占对公存款余额的比重达到28.39%。三是有效控制存、贷款利率水平，降低全行付息成本，增加贷款收益，提高盈利能力。截至12月末，存款付息率为1.54%，比上年降低0.87个百分点，低于总行计划0.07个百分点，全行盈利能力得到明显提升。

3. 实施个人业务重点发展战略，个人业务迅速发展。一是跳出指标抓发展，推动储蓄存款、贵宾客户等业务快速发展。通过拓展高端客户群体、加大产品营销力度、加强“四进”营销、做好公私联动等措施，带动了储蓄存款的快速增长，上半年储蓄存款提前完成全年计划。分行还积极开展各种营销活动，大力推动贵宾客户开发。截至

12月末，新增贵宾客户1593户，完成全年计划的173.2%。二是开展系列营销活动，继续做好信用卡营销工作，保持本行信用卡业务在系统中的领先水平。截至12月末，累计新增有效信用卡7412张，超出总行计划3412张。三是积极开展“华夏‘贷’来新生活”营销竞赛活动，全面恢复和大力推动个人住房按揭贷款业务，积极推进个人综合消费贷款业务，不断优化个贷结构。四是加大基础设施建设，改善用卡环境。积极做好自助网点选址和建设工作。积极拓展特约、特惠商户，强力启动POS机具布放工作。截至12月末，布放POS机具394台，完成全年计划的525%；开发特惠商户314户，完成全年计划的628%。

4.勇敢迎接困难挑战，国际业务实现健康发展。2009年，面对河北省进出口贸易量下降30%的外部环境和同业竞争日趋激烈的形势，全行积极推进客户开发和产品营销，开展国际业务营销竞赛活动，落实国际业务的层次营销、联动营销，客户开发工作取得较大进展。截至12月末，国际业务有效客户数120户，完成总行年度计划的100%。在全省国际贸易大幅下滑的不利形势下，全年实现国际结算收入1000万元，完成总行计划的106.4%，较上年同期增长172.1万元；实现国际结算量64636万美元，完成总行计划的106.0%，较上年同期增长1558万美元；实现结售汇业务量35380万美元，完成总行计划的101.1%。

二、增强全行合规经营意识，进一步提高内控管理水平

一是健全授信合规管理机制和贷后管理工作机制，加强风险管控，严密防范信贷业务风险，进一步完善了全行授信业务合规运行管理体系。成立贷后管理中心，健全了贷后管理工作机制，提升了贷后管理水平；建立风险排查制度，加强风险的动态监控，将预警管理要求、预警流程进一步清晰化、流程化、标准化。二是以案件防范为主线，高度重视会计风险防范，优化柜面业务操作流程，提升会计前台业务管控能力。强化会计人员培训，通过晨会、风险例会、学习培训、模拟训练、温暖工程等形式加强思想道德教育、业务知识学习和基本技能训练，提高会计人员的素质。三是在信息科技系统运行上，不断强化安全意识，加强日常维护，详细排查、认真整改，开展多次应急演练，切实保障系统安全稳定运行。四是结合总行开展的“我为合规做贡献”主题教育活动，结合分行实际情况，制定详细的实施方案，组织全体员工学制度、理流程、找风险、提建议，扎实推进活动开展，取得了良好的效果。

三、不良资产清收化解成效显著，新增不良贷款得到有效控制，全行资产质量稳步提高。通过严格落实“六定”工作要求，坚持一户一策、坚持责任到人、坚持重奖重罚的措施，已移交存量不良贷款清收化解成效显著。同时对已发生的新增问题贷款灵活运用各种手段加大清收转化的力度，并提出有效措施，严格控制新增问题贷款的发生。

四、基础管理、纪检监察和安全保卫工作得到进一步加强。一是贯彻“三个渗透”管理要求，管理水平不断提升。规范全行行政运行，完成办公自动化系统的上线，提高了公文及各类信息传递的准确性和及时性；规范会议制度，强化会议的召开和管理，提高了会议质量和效率。进一步规范了固定资产管理，完善了集中采购制度和程序，完善了相关财务管理制度，提高了财务精细化管理水平。二是完善体制机制，强化教育监督，促进案件防控长效机制建设。坚持“一岗双责”，促进党风廉政建设责任制落到实处。深入开展党风廉政主题教育活动、廉政谈话和廉洁从业承诺活动，实施全方位的案件风险排查，实现了全年“零案件”的管理目标。三是认真落实各项安全保卫规章制度，扎实开展安全保卫工作，实现了全年安全无事故。

五、分支机构建设取得重大进展。2009年，保定、唐山两家二级分行顺利获得批准，并按照工作计划要求全面开展筹建工作。在同城支行建设方面，2009年新建了中山支行，中山支行自8月份开业以来，各项业务取得较快发展。此外，三家同城支行完成迁址，进一步优化了网点布局，改善了营业环境，完善了服务设施，提升了服务形象。

（华夏银行石家庄分行　刘文华）

【中信银行石家庄分行】 2009年，中信银行石家庄分行在总行党委的正确领导和监管部门的监督指导下，面对严峻的国际、国内经济和金融形势，坚持“防风险、调结构、控成本、保稳定、抓改革、促发展”的经营发展思路，化危为机，积极应对，团结一致，努力拼搏，推动全行业务实现跨越式发展，提前实现了三年规划发展目标。

到2009年底，全行本外币资产总量比年初增加92.09亿元，增幅48.16%；本外币各项存款时点余额比年初增加99.67亿元，增幅63.37%；各项存款日均余额比年初增加135.56亿元，增幅114.73%；本外币各项贷款余额比年初增加115.12亿元，增幅98.32%；本外币各项贷款日均余额比年初增加83.1亿元，增幅75.13%。在系统内32家分行中，石家庄分行存款余额排名第18位，存款新增排名第12位；贷款余额排名第20位，贷款新增排名第8位，系统内排名与年初相比大幅提升。此外，2009年是石家庄分行成立以来机构网点发展速度最快的一年。翟营大街支行、自强路支行、广安大街支行、丰收路支行等4家同城支行先后开业，北国超市谈固店等21家新建自助网点先后投入运营，为分行业务持续快速发展奠定了坚实基础。

一、加大改革力度，增强企业发展后劲。2009年是石家庄分行的“改革年”，在分行党委的统一部署下，先后启动和实施了薪酬制度、干部选聘、组织架构等一系列改革。

改革和完善薪酬体系，打通员工晋升通道。分行按照员工收入“普遍上涨、重点关注”及“考核定等级、序列定系数”的原则，全面启动了全行薪酬制度改革及经营管理序列、专业技术序列职务评定工作。根据业绩考评、日常考核、知识考试、资格认定四个维度，分不同序列进行评分，确定了员工专业技术序列等级。通过薪酬改革，全

行干部员工收入普遍上涨；取消了客户经理的影子工资，使客户经理岗员工收入有了基本保障；取消了正式员工与派遣制员工的收入差别，实现了同岗同酬；打通了专业技术序列与经营管理序列通道，调动了员工工作积极性。

改革干部选拔任用模式，为员工公平竞争、梯次成长搭建平台。分行党委坚持注重品行、科学发展、崇尚实干、重视基层、鼓励创新、群众公认的用人导向，不断深化干部人事制度改革。先后对会计经理岗、零售银行部二级部负责人岗、理财经理岗、会计检查岗等岗位进行了公开竞聘，对表现优秀、工作能力强、有责任心和使命感的员工进行了提聘和岗位调整。

加大组织架构改革力度，适应业务发展需要。为适应业务发展需要，细化业务分类和风险责任，分行推行了零售银行部、会计部二级部组织架构改革，明确部门职责，配备专业人员，拟定了公司银行部下设机构同业部、小企业部和物流融资部设立方案，促进了分行业务的快速发展。

二、调整和优化客户结构，盈利能力稳步提高。调整和优化客户结构，提高符合国家产业政策的重点行业客户对分行业务发展的贡献度，是分行发展的必由之路，也是提高盈利能力的法宝。

坚持“双优双主”战略，不断优化客户结构。分行坚持“双优双主”发展战略和适度授信原则，严把授信准入关，加大有进有退力度，优化信贷资源配置，坚持“好中选优”原则，用好信贷规模，继续扩大优质基本客户群。根据区域特点调整分行信贷结构，继续按照“九个沿着”的工作思路，重点营销河北省百强企业、效益五十佳企业以及符合国家产业政策、已获国家部委批准、符合环评要求、达到资本金比例的重点项目和重点基础设施项目和符合本行要求的政府融资平台、银团贷款。推动重点客户对利润的贡献度稳步提高。

盈利水平稳步提升，盈利基础不断巩固。截至12月末，分行拨备覆盖率达127%。在提足拨备的前提下，盈利水平在石家庄当地股份制商业银行中继续保持领先地位。中间业务收入稳步增长，利润结构明显改善。

三、防范和化解授信风险，资产质量保持稳定。2009年，受世界经济金融危机影响，授信企业面临的各类风险增大，银行授信风险隐患增加，信贷资产安全面临严峻考验。分行一方面未雨绸缪，积极应对；一方面采取有效措施化解存量不良，保证了资产质量的稳定。

加强信贷管理、防范授信风险。为防范授信业务风险，分行坚持早发现、早预警、早化解的思路，提高贷后定期检查频率，由三个月一次提高到一个月一次；加强对重点行业、重点客户的风险监控和风险预警管理，主动退出风险较高授信客户；通过召开经营单位贷款分析会，逐个分析、了解授信客户风险状况，制定具体管理方案；进一步完善信贷管理考核办法，强化责任追究，对促进客户经理尽职调查、尽职管理起到了积极的推动作用。

加大不良贷款清收力度，积极化解存量不良贷款风险。分行按照“定计划、定项目、定人员、定进度和定奖励”的“五定原则”，坚持“一户一策”，利用诉讼和非诉讼手段，依法合规大力清收不良资产。截至2009年12月末，完成总行清收计划的567%。

不良贷款率呈下降趋势，资产质量保持稳定。截至2009年12月，分行不良贷款率1.12%，同比下降0.23个百分点，不良率远远低于监管要求。

四、夯实管理基础，管理水平与业务发展同步提升。2009年，为适应分行各项业务快速发展的需要，分行多管齐下，多措并举，进一步强化内部管理，规范业务流程，实现了管理水平与业务发展的同步提升。

强化内部考核，完善激励约束机制。针对分行业务发展的实际情况，适时调整各项指标在“双百分”考核中的权重，使考核结果既能客观全面地反映各单位的经营和管理水平，又能有效引导各单位突出重点和特色，实现科学均衡发展。完善了各条线员工考核体系，将员工季度考核内容分为管理考评、业务考试和业绩考核三项，使考核更科学、更全面，更合理地反映员工的业务水平和综合素质，为干部晋降、人员调整提供了决策依据。

大力推动流程化管理，提升精细化管理水平。从分工负责制向流程化管理转化是现代管理的发展趋势，从部门银行向流程银行转化也是现代商业银行的发展趋势。按照行领导统一部署，分行各部门分别制定了包括行政管理、会计管理、信贷管理、科技信息管理、安全保卫、不良贷款清收等十大类近百项工作流程，基本涵盖了分行的全部工作，使各项工作做到有制度可依，有流程可循，有利于部门内部相互配合，统筹协调，分行的精细化管理水平得到进一步提高。

加强制度建设，规范会计业务操作。为确保账务集中系统上线后业务管理的有效衔接，针对业务流程的变化，结合分行实际情况及自身业务特点，制定了业务管理规范等配套制度，并及时调整修订分行相关制度，实现业务操作管理与系统的有机结合。先后下发了《关于进一步规范会计凭证内部传递操作流程的通知》、《关于进一步规范印鉴卡内部传递操作流程的通知》、《石家庄分行银行承兑汇票委托收款特快专递邮寄操作流程》等制度，规范了业务操作流程。

积极提升安全防范能力，确保分行安全运营。顺应业务快速发展对运营安全要求越来越高的形势需要，分行认真贯彻“三防一保”方针，努力构筑“人防、物防、技防”三道防线，加强安全保卫日常巡查、巡检，定期开展突发事件应急演练。成立处置突发事件领导小组和处置突发事件小分队，建立了一支政治思想过硬、业务技能熟练、扎根立足基层的消防员和安全员队伍，建立起上下联动、密切配合、快速反应的组织保障体系，形成了安全保卫分工负责、齐抓共管的良好局面。

强化费用精细化管理，统筹兼顾、节支增效。按照“控成本”经营思路，分行合理调配有限资源，先后下发了《发票报销管理办法》、《关于控制日常费用开支的通知》、《关于规范分行职工福利费、职工教育经费管理的通知》、《关于加强节支增效工作的通知》。坚持费用资源重点向一线倾斜，严格控制日常开支，加大费用预算执行考核力度，不断优化费用支出结构，努力提高投入产出效益。

以科技创新为动力，全面推动分行信息化建设进程。按照“以市场为导向，加快推进业务支持系统和管理信息系统开发应用，为业务发展提供科技产品支持，为管理水平提高提供科技服务”的指导方针，完成总行推广的“账务集中系统程序升级”、“新柜台部分交易优化”、“零售柜面改造优化”等360个应用程序及基金理财产品的测试上线；完成了“新联通”固话、“中国移动”手机代收费，“中国电信”固话和手机代收费、“华夏通代收费”等项目的开发，实现了柜台、电话银行、网银、自助终端等多种方式缴费，快速提升了分行业务运作能力，信息化水平、管理模式和风险防范能力。

五、坚持“九个沿着”的对公客户市场定位，实现公司银行业务快速、全面、健康发展。2009年，对公条线坚持“一二三四”发展策略，实现了公司业务的超常规、大跨步发展。存贷款规模和市场占比跃居河北省股份制商业银行首位。分行从市场的追随者一跃成为市场的领跑者。

对公业务指标大幅增长，对公业务实现跨越式发展。截至2009年12月31日，分行本外币一般性对公存款余额（同考核口径）比年初增加75.98亿元，增长68.95%，总行计划完成率292%。本外币一般性对公贷款余额比年初增加95.61亿元，增长99.04%；对公一般性贷款日均比年初增加47.57亿元，增长52.25%；实现投资银行中间业务收入1633.14万元，实现公司业务经营性非息收入3826.54万元。

坚持机构负债业务的核心地位，加大机构负债业务营销力度。在国家实施积极的财政政策、加大政府直接投资和财政转移支付力度的形势下，分行进一步加大机构负债业务营销组织推动力度，加大对各级财政预算单位的延伸营销力度，提高机构存款占比份额，推动机构负债业务大幅增长。

充分发挥总分支三级联动效应，积极营销战略客户。随着国家级大型集团公司对银行产品需求的日趋多样化，单一产品已不能适应市场发展的需要。在分行“九个沿着”的营销政策指引下，公司条线充分发挥总分支三级联动营销优势，积极为中冶集团、河钢等战略客户设计个性化金融服务方案，尽最大努力满足客户的财务需求，成功获得验资银行资格，成为分行团队营销的典范。

充分发挥中信产品优势，提高公司业务产品的应用能力。在不断加强对公业务平台建设，丰富和充实对公业务产品线的基础上，分行不断加强公司业务产品对不同客户的应用，形成对负债业务的有效带动。充分利用托管、投行等特色产品，强化企业对本行金融服务的密切度和依赖度，拉动负债业务的增长。成功开展了石环公路银团贷款业务、系统内资产受让等业务，带动了对公负债的有效增长。进一步挖掘和延伸汽车、钢铁等现有产业链，积极探索和拓宽产业金融的行业范围，培育更多的产业链负债业务增长点。

六、贯彻“四个坚持”发展策略，零售业务发展优势进一步巩固。2009年，零售业务条线继续贯彻落实总行“三维四动”策略，明确零售业务五项重点，不断提高“三高”比例，拓宽高端客户获取渠道，在不断扩大客户积累基础上，努力提升客户经营和客户增值水平。

管理资产和储蓄存款快速增长。截至12月末，全行管理资产新增20.73亿元，总行计划完成率414.6%。储蓄存款余额新增23.69亿元，总行计划完成率474%，系统排名第1位。储蓄存款日均新增34.73亿元，总行任务完成率231%。零售贷款余额较年初增加7.25万元，其中住房按揭贷款较年初增加5.65亿元，总行计划完成率623.89%，系统排名第6位。零售业务主要经营指标增速系统内继续保持领先。

突破个贷业务发展瓶颈，打造零售业务增长新亮点。2009年初，零售条线早谋划、早准备、早动手，通过组织多次个贷业务研讨会，分析、研究和破解个贷业务发展难题；通过定期培训将早谋划、早受益理念灌输给经营单位负责人和客户经理，引导支行积极拓展营销按揭业务。继一季度旺季开门红活动之后，五月初及时推出二三季度双季营销竞赛活动，进一步加大个人贷款业务推动和营销力度，月度贷款投放呈现阶梯增长。9月底个人贷款余额突破十亿元大关，提前七个月完成全年任务，大大提高了分行零售业务的整体盈利能力和客户交叉销售水平。

理顺发展架构，逐步完善零售体系建设。围绕提升贵宾理财业务核心竞争力，抓好理财经理队伍建设和理财经理产能提升，完善分行贵宾理财体系和理财业务营销体系。围绕零售信贷发展和风险管理，构建零售信贷风险管理体系，实行了个贷专职审批人派驻制度，确保个贷业务合规经营和良性发展。围绕服务水平和服务质量提升，加强服务品质管理力度，细化服务品质考核制度，健全服务品质体系。围绕电子银行服务渠道拓展，稳步推进居家金融业务、个人网银、电话银行建设，实现了本行居家金融业务从无到有，从单纯移动话费代缴费到手机、固话、燃气、Q币、点卡等代收代缴业务系统的成功上线。加强自助银行管理，制定了突发事件应急处理预案，确保了自助银行的安全、高效运营，逐步完善电子银行体系建设。

加大产品宣传和品牌营销力度，打造一流的零售银行。为重塑“中信贵宾理财”品牌，特约齐鲁证券投研专家组织贵宾客户投资报告会，为广大客户树立了信心，体现了中信银行对贵宾客户的关怀和服务；连续举办了三期中信银行天才少年高尔夫训练营活动，组织了声势浩大的“中信理财心灵歌会”等活动，提升了中信银行的高端品牌形象。

七、坚持内控优先理念，推动分行内控水平迈上新台阶。按照年初确定的总体工作思路，分行把防范风险、提高内控管理水平作为年度工作的第一要务。

搭建滚动式、常态化、制度化的检查机制，将风险隐患消灭在萌芽状态。根据河北银监局创建“无案件银行”活动的总体要求，结合总行组织开展的“防案件、防操作风险、保平安，百日风险大排查”活动，各经营单位、分行各部门定期对重点业务环节开展案件风险排查，检查业务操作环节执行情况，及时发现隐患，堵塞漏洞，认真、细致地做好案件防控工作，不仅实现了创建“无案件银行”的工作目标，而且建立了滚动式、常态化、制度化的检查机制。通过专项检查，成功堵截案件12起，避免损失数千万元。由于本行在“百日风险大排查”活动中表现突出，被总行授予“百日风险大排查”优秀分行。

完善内控制度，填补制度空白。针对风险排查中发现的问题和风险隐患，分行认真查漏补缺，积极制定和完善各种制度。截至2009年12月末，分行累计制定和完善各类制度129项，内容覆盖会计管理、财务管理、贷后管理、授信管理、放款操作、自助设备管理、安全保卫、个人贷款、员工行为、人力资源管理、衍生产品管理等多方面内容，为分行业务的快速发展提供了制度保障。

（中信银行石家庄分行　吴红梅）

【光大银行石家庄分行】　中国光大银行股份有限公司石家庄分行（简称：中国光大银行石家庄分行）成立于1999年，是中国光大银行在河北省设立的省级分支机构，10年来石家庄光大银行不断开拓创新，锐意进取，在为河北省提供优质金融服务的同时，培育了较强的竞争优势，取得了良好的经营业绩。

2009年，面对复杂多变的国际、国内经济金融形势，在集团、总行的正确领导下，在人民银行石家庄中心支行等河北监管部门的指导和帮助下，中国光大银行石家庄分行以科学发展观为指导思想，深化经营机制改革，稳步推进经营发展战略，着力巩固经营优势，加强风险管理，提高服务质量，经过全行员工的艰苦努力，实现了业务的平稳快速发展，基本实现了“迅速改变面貌”的阶段性发展目标。截至2009年12月末，光大银行石家庄分行营业分支机构总数为8家，为分行营业部和7家支行，员工总计297人。1家同城支行友谊北大街支行正在筹备中，计划2010年初开业。一家异地分行唐山分行在2009年11月17获得银监会筹建批准，目前唐山分行网点环境、人员、制度、系统等各项筹建工作正在紧张进行中，计划在2010年3月实现开业。2009年完成对平安支行、中山西路支行、中山东路支行的搬迁改造。新建离行式ATM14台。全年各项业务平稳运行，未发生重大事故、案件和风险。

截至2009年末，中国光大银行石家庄分行资产总额达到163.30亿元，比年初增59.88亿元，增幅57.89%；各项贷款余额为145.7亿元，比年初增加70亿元，增幅为92.3%；负债总额161.62亿元，比年初增加66.31亿元，增幅69.58%；实现税后利润总额16176万元；不良贷款额为1478.58万元，比年初减少2446.61万元，不良贷款率为0.1%，降幅为0.42%，继续实现“双降”，各项业务平稳发展。

一、经营规模快速增长，各项业务实现较快发展。2009年，该行存款和贷款规模双双突破百亿。其中，一般性存款时点余额为111.7亿元，比年初增加34.7亿元，增幅为45.01%；一般存款日均90.65亿元，比年初增加26亿元，增幅为40.17%。各项贷款余额为145.7亿元，比年初增加70亿元，增幅为92.3%。各项贷款日均114.68亿万，比年初52.13亿元，增幅83.36%。

经营业绩显著提升，实现账面税后利润16，176万元，较上年增加8163万元，增幅101.87%。资本收费后利润11977万元，进入了四类行。收入结构优化，实现中间业务净收入6515万元，较上年增加4261万元，增幅为189%。费用管理落实了“一保一平一降”的目标。不良贷款余额和不良贷款率实现双降。风险抵御能力得到明显增强，信贷拨备覆盖率901.07%，比年初上升573.12个百分点。

特色业务、创新业务发展良好，成功启动开展二手房按揭贷款、零售业务经营性物业抵押贷款、同业代销理财、代理寿险销售等业务，并完成了光大证券阳光二号2期等多支券商集合产品、基金一对多产品的销售任务。

基础客户数量快速增长。2009年末，对公客户存款余额500万元以上的户数合计198户，较年初增加86户，存款余额93.55亿元，较年初增加30.31亿元。对私基础客户方面，新增对私有效客户数、10万元以上VIP客户、财富客户数、第三方存管有效户数、新增信用卡客户数、新增电子银行客户数等增长迅速。

在总行三年发展规划中，该行被列为重点支持区域，在系统内机构建设领域进入第一梯队，机构建设提速明显。唐山分行已基本具备开业条件，同城支行两家，已建成自助网点18个，3家支行完成了装修改造和搬迁，分行新办公楼成功购买，网点布局初具规模。

市场份额和品牌影响力明显提升。该行存款在石家庄市场占比2.19%，贷款市场占比5.18%。荣获总行先进单位进步奖、公司业务进步奖和贸金业务进步奖，荣获河北省人民政府授予2009年度“金融贡献奖”，品牌美誉度和口碑在行内行外均获得不同程度的提升。

二、优化业务结构，调整客户结构，突出战略性业务发展。石家庄分行积极调整业务结构，大力支持作为对公和对私业务战略性产品的贸易融资和个人贷款的发展，贸易融资全年累计发生额82.64亿元，完成计划的202%。货押业务累计发生额23.7亿，完成计划的182.77%。贸易融资项下中间业务净收入2785.24万元，完成计划的371%。同时，该行大力开展住房按揭贷款、二手房贷款、净值贷款，积极发展助业贷款和小企业主贷款，在系统内率先开展经营性物业贷款，加速该行信贷结构的调整，改造和优化零售授信管理中心，理顺和优化个贷业务流程，提高竞争力。

该行积极调整客户结构，突出重点行业、重点产品。对公业务主要是抓好河北省省支柱行业钢铁、汽车行业，与2009年经济特点相符合的公共管理、交通运输、房地产行业。截至12月31日，存款余额1000万元以上客户中，钢铁行业客户40户，汽车类客户36户，公共管理行业及政府机构类客户10户、房地产5户、交通运输5户，化工3户，焦化3户，电力行业2户，医药2户。个贷业务主抓房贷业务，改变了工程机械贷款一支独秀的局面，工程机械类贷款占比由年初的95.3%下降到61.2%，个人住房贷款占比由年初的2.9%上升到36.9%，个贷资产结构显著改善。

三、加强管理，完善制度，防范各类经营风险。石家庄分行认真贯彻落实风险管理创造价值的理念，坚持风险管理与业务发展齐抓共管，加强思想教育，开展预防职务犯罪系列教育活动，从源头防风险、防案件。健全机制，加强授信管理，建立风险预警和风险报告制度，确保信贷资产安全。坚持每月召开风险预警会，认真分析该行授信中存在的风险点并逐一制定应对措施，积极化解风险。认真执行风险报告制度，每月汇总分析各条线汇报的风险信息、管理状况、操作风险信息并形成风险管理报告，防范政策性、系统性、行业性风险。同时，为了促进业务的发展，风险管理部门积极主动配合营销条线，抓好区域营销指引的制订，抓好审批流程的优化，主动参与平行作业，加强授信审批的沟通和信息反馈。

此外，该行还加强督察，强化过程控制和专项检查。按照相关规定，制定了《石家庄分行2009年内控合规检查工作计划》，定期开展各项合规检查和合规监测工作。认真开展排查案件风险工作，对信贷资金使用情况、大额及可疑交易、电子银行等情况进行了全面检查。同时加强了过程控制，加强了风险预警、贷后管理和保全清收工作，组织了公共管理、房地产、汽车、钢铁等行业风险排查，组织了票据业务、货押业务等专项风险排查，确保了信贷资产的安全。各部门加强合规建设，确保依法合规经营，认真抓好管理制度的重检和完善，有针对性地梳理完善业务流程，制定了二级分行和异地支行的业务操作及风险管理制度。加强案件风险排查力度和财务管理，严把采购环节，严格执行大额采购、集中采购和定点采购制度。强化运营管理和科技保障，加强安全保卫工作，实现营业网点抢、盗案件“零”发案目标，保障全行各项工作的安全运营。

四、完善经营管理机制，加强企业文化和队伍建设。石家庄分行继续完善考核分配制度和薪酬体系，积极推行经营单位第一负责人年薪制，建立末位淘汰机制和监督管理制度。修订了客户经理等级工资制度和绩效考核制度，加大全行员工的绩效工资与考核挂钩的力度。建立保护机制，鼓励人员向一线分流，压缩分行管理部门的人员占比。优化、改进平衡计分卡，加大平衡计分卡考核管理和分析。通过全面沟通讨论修订了各经营单位、各部门的平衡计分卡，明确了客户经理及其他各类人员的考核评价办法。研究开发考核信息系统，提高考核统计数据的真实性和准确性，并将考核结果进行公布，接受全行人员监督和建议，提高对相关数据信息挖掘与分析的能力，加强了对平衡计分卡过程管理和执行效果评估工作，发挥平衡计分卡对全行工作的导向作用。

加强企业文化和队伍建设，鼓舞全行工作士气。2009年石家庄分行继续加强“诚信、进取、担当、创新、共享”为核心内容的文化建设，继续开展优质服务和各类劳动竞赛，营造想干事、能干事的氛围。进一步完善了干部管理和用人机制，推行了干部公推和公开竞聘制度，在行内公开选拔了一批优秀人才，全年共组织各类公推和竞聘会6场，共提拔使用干部17人。加强后备干部队伍建设，先后两次组织全行后备干部公推，选拔后备干部16名。加大培训力度，全年共组织各类培训活动50场，培训400人次。加强党团、工会建设，积极组织各类文体活动，既丰富了员工的业余生活，又增强了凝聚力，促进了业务的发展。开展丰富多彩的劳动竞赛活动，营造“比学赶帮”的工作氛围，实现了全行确定的奋斗目标，圆了全行员工的梦想，大大提振全行员工的士气。

五、加强宣传，积极推进“阳光服务年”，提升知名度。石家庄分行积极加强宣传，开展多渠道、立体式、全方位的品牌宣传，利用机场广告、围挡广告、电台、平面媒体、网点及社区宣传、产品推介会、客户答谢会等进行宣传，为业务快速发展提供了有力支持，不断提高知名度。

同时，积极推进“阳光服务年”，以服务促发展。制定了阳光服务年工作方案、推进计划和督导方案，成立了分行阳光服务年领导小组、督导小组。各部门、支行优化工作流程、提高服务效率，认真执行“倾听计划”，上门拜访重点客户、召开客户座谈会，开展分支行领导担任大堂经理活动，实施行领导接待日。组织了业务知识、化妆知识、客户导向服务意识等多次培训，聘请专业咨询公司指导、聘请社会监督员监督、行内监督小组持续督导，切实发挥了考核制度持续引导约束作用。通过分阶段解决重点难点问题，提升了分行执行力和市场营销意识，提升了对外服务形象和水平，对分行各项业务又好又快发展起到了积极的促进作用。

（中国光大银行石家庄分行　孙效燕）

【省农村信用社联合社】　2009年，是河北农信发展史上具有特别意义的一年。我国经济遭受了罕见的国际金融危机的严重冲击，面对复杂严峻的国内外经济金融形势，省联社在省委、省政府的正确领导下，在人行、监管等部门的大力支持下，以科学发展观为指导，沉着应对，果断决策，提出了“抓发展、控风险、推改革、强素质、树形象”的总要求，明确了“把质量和效益搞上去，把风险和不良降下来”的总任务，全省农村信用社负重加压，强化调度，团结拼搏，共克时艰，实现了规模、速度、质量、效益全面发展，经济效益、社会效益双丰收。

——规模效益大幅提高。存贷款规模大幅增加，盈利水平显著提高。截至2009年末，全省农村信用社各项存款余额达到4211亿元，比上年增加714亿元，各项贷款余额2626亿元，比上年增加467亿元，存贷款余额均居全省各金融机构之首；实现拨备前利润70.9亿元，比上年增加20亿元。

——抗风险能力不断增强。资产质量大幅提升，抵御风险能力显著提高。截至2009年末，全省农村信用社不良贷款占比较上年末下降9个百分点，拨备充足率较上年末提高13.4个百分点，资本充足率较上年末提高2.8个百分点。

——服务水平显著提升。支农力度进一步加大，服务三农水平显著提高。截至2009年末，全省农村信用社涉农贷款余额达到2039.5亿元，比年初增加380.5亿元，其中发放农户贷款905.2亿元，惠及500万农户；金融服务水平和市场竞争力日益提高，科技网络建设实现新跨越。加入了人民银行现代化支付系统、农信银系统，实现跨行、跨省异地结算，彻底打破了结算瓶颈。信通卡发行量达到290万张，较上年增长195万张，市场拓展加快。中间业务实现较快发展，传统结算、代收代付类业务发展良好，咨询顾问、代理寄库款箱、账户管理、贷款承诺、代收保险费、代付保险金等新业务实现突破，全年实现中间业务收入3.2亿元，比上年增加2.1亿元。

2009年，主要采取了以下措施：

一是扩规模、调结构，着力抓发展。认真贯彻落实“保增长、扩内需、调结构、惠民生”方针政策，以市场需求为导向，提出了“三个三分之一”的信贷投向原则。着力服务“三农”和县域经济发展，按照优先保证支农资金的原则，坚持对涉农贷款多投快放，重点支持农民增收和农民消费，在深入开展面向千家万户的普惠性金融服务的同时，积极拓展新的业务领域。加大对农业产业化企业的扶持力度，支持农业产业化龙头企业资金达26.29亿元；与林业厅、省人保寿险公司联合制定了林权质押贷款管理办法，积极开办林权质押贷款，鼓励开展林业规模化经营；与团省委联合制定下发了农村青年创业贷款管理办法，支持农村青年团员创业致富；与扶贫办合作，增加对扶贫龙头企业和成长型企业的扶持力度；与省教育厅合作开展生源地助学贷款，向3.9万多名学生发放助学贷款1.9亿元。

二是严管理、夯基础，着力控风险。在抓业务发展的同时，时刻不忘防控风险这个根本，坚持“管好人、管全规矩、管严流程、管实监督”，突出抓好信贷管理和案件防控。对新增不良贷款占比超过3%的县级联社进行专门调度，明责加压，限期整改。同时，在全系统深入开展案件风险隐患清查活动，严肃认真地整改风险隐患。加强不良贷款清收工作组织督导，落实责任认定与责任清收，积极创新清收方式，开展集中清收行动，形成了清收合力，清收效果明显提高，超额完成全年清收目标任务。

三是转机制、增活力，着力推改革。为建立有效的激励约束机制，连续出台、高效推进了五项改革：信贷业务管理模式改革、市县绩效考核改革、县级联社分类管理达标升级、备用高管公推公选、全员竞聘(选)上岗。以县级联社换届为契机，大力度推进高管异地交流任职和队伍年轻化、知识化，实行备用高管公推公选，全省共有1879人报名参加了备用高管公开竞聘，经过报名推荐、资格审查、笔试、竞聘演讲、答辩、组织考察和公示多个环节，最后共有319人进入备用高管库，在换届调整中，从备用库中选拔了215名德才兼备的年轻高管，提高了领导班子经营管理能力，调动起干部职工的积极性和创造性。

四是强素质、树形象，助推事业发展。落实全省干部作风建设年活动精神，在全系统深入开展了“提效率、提质量、提水平、提素质、提形象”主题活动，强化干部队伍思想建设和服务意识。为严肃工作纪律，规范干部员工行为，出台了从严执纪“十条禁令”、作风建设“十个不准”，通过新闻媒体向社会公布，违者从严处分。盯运行、抓调度，针对年初经营指标下滑势头，从二月份开始，每月召开全省业务运行分析视频会，让先进社介绍经验、后进社剖析问题，及时分析经营管理中存在的问题，有针对性地采取措施，有效扭转了不利形势，形成负重加压、你追我赶的良好发展局面。从五月份开始，确定月度工作主题，明确各阶段重点工作，用重点带动整体，取得了良好效果。大力实施素质工程，制定了三年教育培训规划，高效启动系统内培训教育活动，先后组织了500名一线优秀员工到北戴河培训疗养，500名高管分期到北大、清华培训，组织了50名省联社、县级联社年轻干部上下交流学习，开办了由省到县的全系统视频大讲堂，着力提高干部职工综合素质。实施形象工程，推进精品网点建设，创办了内部报纸，改进门户网站，围绕中心工作和服务业务营销，加大对外宣传力度，促进了业务发展，提升了社会知名度。

（河北省农村信用社联合社　李　纲）

保　险　业

【概况】　2009年，全省保险业深入贯彻落实科学发展观，紧紧围绕“防风险、调结构、稳增长”这条主线，全力以赴，迎难而上，在国际金融危机背景下取得了令人振奋的成绩。

一、坚持科学发展，行业实力显著增强。业务规模迈上新台阶。2009年，全省保费收入首次突破600亿元，达到601.09亿元，同比增长25.07%。保费收入全国排名第6位，同比增速全国排名第2位。其中，财产险业务保费收入128.67亿元，同比增长24.75%；人身险业务保费收入472.41亿元，同比增长25.15%。全年累计赔付142.98亿元。全省保险深度3.53%，同比增加0.56个百分点，保险密度857.30元，同比增加167.39元。2009年末，全省保险业总资产达到997.17亿元，比年初增加199.67亿元。

发展质量稳步提高。为提高可持续发展能力，全行业积极进行业务结构调整，在保持适当速度的前提下提高业务价值。从人身险看，加快发展风险保障型和长期储蓄型业务。标准保费同比增长26.78%，增速高于规模保费1.45个百分点；新单业务中，期缴保费占比20.31%，同比上升1.82个百分点，其中五年期及以上长期险新单期缴保费占新单业务比重上升2.76个百分点。从财产险看，农业险和工程险业务分别同比增长18.38%和60.44%；全省财险公司累计承保利润2.6亿元，18家产险公司中有9家盈利。

市场结构进一步改善。全年新增保险公司省级分公司6家，保险专业中介法人机构14家。全国唯一的政策性保险公司出口信用保险公司在河北省设立省级分公司。截至2009年末，辖内共有保险公司省级分公司40家，分支机构3625家，保险专业中介法人机构101家，保险兼业代理机构3733家。全省保险从业人员超过20万人，其中，保险营销员171782人。

市场秩序持续好转。各保险公司依法合规经营意识不断增强，内控管理进一步完善，市场秩序持续好转。2009年，财产险公司车均保费2047.87元，同比增加46.82元；平均应收保费率为0.54%，同比下降1.65个百分点，应收保费余额同比下降44.37%；财产险保费批退率3.25%，同比下降3.2个百分点。人身险公司销售行为逐步规范，销售误导一定程度上得到遏制。全年有效信访投诉数量同比下降16.7%。

二、坚持服务大局，业务领域进一步拓宽。助推经济“保增长”。配合“三年大变样”战略和重大项目建设，大力发展相关配套保险业务，工程保险保费收入1.28亿元，同比增长60.44%。为扩大出口保驾护航，大力发展出口信用保险，短期出口信用保险累计承保额23.4亿美元，同比增长129.41%，帮助外贸企业融资20多亿元人民币。河北省部分地区遭遇暴雪灾害后，全行业迅速启动应急预案，参与抢险救灾，做好理赔服务，已付赔款3335万元，对恢复群众生产生活发挥了积极作用。

积极服务新农村建设。全年农业保险实现保费收入5.57亿元，保险金额119.83亿元，赔款支出3.99亿元，受益农户超过48万户次。农村小额人身保险试点工作全面启动，仅中国人寿河北省分公司自2009年7月开办试点工作以来，就为26.71万人次提供了27.55亿元的风险保障。涉农业务已经覆盖车险、企财险、家财险、意外险、健康险、寿险等多个领域。

参与社会保障体系建设。累计提存寿险责任准备金1241.56亿元，提存长期健康险责任准备金45.01亿元，人身保障度达到3.74万元。全省计划生育保险累计保费收入1244.3万元。积极参与医药卫生体制改革，探索推进保险公司经办各类医疗保障管理服务试点工作。

发挥社会风险管理功能。加强与省有关部门的沟通协调，推动火灾公众责任险、校园方责任险、医疗责任险、旅行社责任险等业务发展。全省责任保险实现保费收入2.41亿元，同比增长11.64%。人保磁县支公司参与当地政府“一分钱创安”工程，创新了农村社会治安综合治理机制，取得非常好的社会效果。

三、坚持防范风险，市场监管进一步强化。加大现场检查力度。先后开展了数据真实性、银行保险、短意险等专项检查和信访举报核查。全年共组织检查组141个，派出检查人员364人次，现场检查保险机构149家次。依法对22家保险机构和18名个人作出行政处罚，其中警告30家（人）次，罚款88.5万元，责令撤换2人，吊销许可证2家，有效维护了保险市场秩序。

严厉打击“三假”。按照保监会统一部署，制定保险业打击“三假”（即假机构、假保单、假赔案）工作方案，加强与公安部门的协调配合，形成打击“三假”强大攻势。截至11月底，各保险机构共查处骗赔案件954起，涉案金额2926.94万元，公安机关立案侦查27件，查处假保单案件9件，发现假保单114份，公安机关立案侦查2件。

积极推进分类监管。对依法合规经营、整体经营状况较好的公司实施日常监管，对主要经营指标出现异动、内控执行存在疏漏的公司进行适度监管，对违规问题较多、内控和政策执行力不强的公司，实施严格监管。对高管人员履职缺位、管理不到位、问题频发、风险隐患严重的公司审慎批设机构，列为重点监管对象。推进保险专业中介机构分类监管，按照必查、随机抽查、关注性非现场检查三个类别进行监管。

健全市场风险预警机制。加强风险日常监控。完善市场动态监控体系，发挥风险预警“晴雨表”作用，对保险统计信息系统出现数据异动的公司进行分析质询；全面推行风险提示制度，对保险公司出现或可能出现的预兆性、倾向性经营风险问题，及时进行风险提示；对人身险公司潜在风险水平和风险管理能力进行评价，划分综合风险等级。加强重点领域重点环节风险管控。稳步推进人身险公司收付费管理零现金制度；制定非正常集中退保应急预案，实行退保情况周报月报制度。人身险公司退保金同比下降14.70%，全省退保率为3.32%，低于全国平均水平0.22个百分点；财产保险公司投资储蓄型保险退保金额同比大幅下降。加强偿付能力不足风险监管。制定偿付能力恶化应急预案，密切关注偿付能力不足分公司经营管理，限制批设分支机构。

加强行业应急管理。全行业高度重视稳定工作，周密部署重大节日和敏感时期安全稳定工作。突出做好新中国成立60周年大庆期间稳定工作，召开信访暨维护稳定专题会议，开展拉网式矛盾纠纷排查化解，组织督导组到北京周边地区进行调研督导，以行业稳定促进了社会稳定。

四、坚持保护消费者利益，推进行业信誉建设。启动提升保险服务质量工程。从防范保险声誉风险、促进行业可持续发展的高度，研究制定全面提升保险业服务质量的目标措施，召开全省保险业提升服务质量大会进行安排部署。出台《河北省保险公司服务质量评价指标体系及评分办法（试行）》，并进行试评价。积极参与省政府服务质量奖评审活动，全行业有23家机构获得河北省服务质量奖。

重点治理理赔难。加强理赔服务社会监督，落实理赔服务公开制度和承保理赔信息客户自主查询制度。研究制定机动车辆保险理赔服务指标评价制度、行业理赔服务统一规范指引，规范行业理赔服务标准。加强理赔服务自律工作，出台车险理赔自律公约，扎实推进交强险互碰自赔机制。

推进解决销售误导。加强销售环节管理，深入落实投保提示制度，实施统一的人身保险投保提示，制定实施新的机动车保险投保提示和家财险投保提示。加强新型产品信息披露管理。加大客户回访力度。加大销售误导行为的查处力度。

依法查处侵害群众利益的投诉案件。建立信访投诉定期通报制度，健全客户信访投诉解决机制，妥善解决群众的合理诉求。发挥行业协会保险合同纠纷调解委员会的作用。全年共受理有效信访投诉199件次，保监局调查处理140件次，向相关保险公司转办59件次。

五、坚持注重基础建设，发展环境进一步优化。学习贯彻《保险法》。全省保险业开展了丰富多彩的《保险法》学习、培训和宣传活动，举办《保险法》学习辅导讲座，开展《保险法》宣传周活动；全面清理规范性文件，修改完善内控制度。

加强行业信息化建设。完善监管信息化手段，及时更新保险机构及高管人员信息系统，推进中介监管信息系统试点上线工作，推广使用第二代保险稽核软件系统和分类监管信息系统，提高监管效率。建立保险政府信息发布制度，以保监局门户网站为平台，发布保险工作信息近千条。

加强与地方政府有关部门沟通协调。主动向省委、省政府汇报保险工作，省政府领导多次作出批示，充分肯定保险业为全省经济社会发展做出的贡献。加强与财政、税务、工商、农业、卫生、劳动、安监、公安、金融办等部门的沟通协调。加强行风建设，与行风热线节目建立合作机制。保监局和人保财险、中国人寿、平安寿险公司被授予2009年度河北省政府“金融贡献奖”。

重视保险社团组织建设。成立了河北省保险学会。积极推进保险行业协会体制改革，推动保险行业协会向专业化、职业化和规范化发展，实施面向社会公开招聘省协会秘书处工作人员等改革措施。河北省保险中介行业协会筹建工作取得积极进展。

（河北省保监局　吕　宙）

【人保财险河北省分公司】　2009年，中国人民财产保险股份有限公司河北省分公司（以下简称：中国人保财险河北省分公司），面对保险市场已进入全面开放的新形势，面对改制上市后的新机制、新环境，坚持“以市场为导向，以客户为中心”的经营理念，依靠PICC知名品牌、专业技术人才和诚信优质服务，积极参与河北地方经济建设，努力为构建和谐河北提供良好的保险保障服务，经过全省系统广大员工齐心协力，团结拼搏，公司业务实现了持续健康发展，经营效益稳步提高。2009年，人保财险河北省分公司已为全省10万多个企业，90多万个家庭，200多万辆机动车、1900多万亩农作物和林木、150多万头各类牲畜办理了各种保险，为社会提供18300多亿元风险保障。保费突破60亿元，达到65亿多元，实现了新的跨越。2009年，人保财险河北省分公司共处理各类赔案67万多件，赔款35亿多元，为千千万万个企业和家庭及时提供了经济补偿，有力地促进了河北省经济的稳定持续快速发展。

一、努力为国家重点建设项目保驾护航。2009年，中国人保财险河北省分公司充分依靠PICC知名品牌，恪守诚信规范，重诺守信，积极参与河北地方经济建设，把为国家重点建设项目保驾护航当做一项重要的工作来抓，围绕省委提出的“建设沿海经济社会发展强省”宏伟目标，积极为港群体系建设、临港工业园区建设、临港经济区建设提供全方位、“一揽子”保险保障；为河北省钢铁、装备制造、石化等战略支撑产业，医药、建材、食品等传统优势产业，以及高新技术、现代物流、文化旅游等新兴产业，提供专业化保险服务。2009年，人保财险河北省分公司先后承保了大广、廊沧、沿海、密涿、张石高速、京石高铁、津秦高铁、石武高铁；黄骅港综合港区建设工程，曹妃甸港口建设工程，中石油在役管线等；为河北省电力公司系统、大唐电力集团河北省所属电厂、张河湾电厂、潘家口电厂、华能上安电厂以及张家口和承德的若干风力发电项目，以及为唐钢、承钢、宣钢、邯钢、邢台金牛能源，秦皇岛港务集团等提供了优质保险保障服务。

二、充分发挥保险的经济补偿职能。中国人保财险河北省分公司秉承“人民保险为人民”的服务宗旨，始终注重充分发挥保险的经济补偿职能，为促进改革、稳定社会、造福人民及河北省的经济建设作贡献，在服务经济社会和群众生活中发挥了“助推器”和“稳定器”作用。2009年，人保财险河北省分公司先后为中国石油天然气股份有限公司管道分公司财产一切险“7.18”暴雨事故预付赔款200万元，为唐山钢铁股份有限公司赔款1400多万元，为辛集市美好纸品经销处财产综合险预付赔款100万元；为石药集团中润制药（内蒙古）有限公司财产一切险“6.4”意外停电事故，赔款金额400多万元；为沧州大化股份有限公司财产综合险赔款金额320万元。2009年5月中旬，河北省邯郸地区小麦遭受较大面积暴风雨灾害，受灾10余万亩，造成减产损失1200多万元；2009年7月至8月份，河北省部份地区玉米种植遭受了几十年一遇的暴风灾害，累计受灾面积70多万亩，估计损失6000多万元。灾情发生后，人保财险河北省分公司省、市、县三级机构立即启动了紧急大灾应急机制，成立多个理赔小组走村串户开展理赔服务，按照积极服务“三农”和“主动、及时、准确、合理”的理赔原则，通过建立“绿色通道”，简化理赔手续，限定理赔时限，提升理赔速度，最大程度的保障了广大农民的合法权益，得到了各级政府及广大参保农户的普遍好评，截至2009年12月底，全省系统玉米种植业保险已决赔款金额6700多万元，取得了较好的社会效果。2009年11月初，河北省先后出现全省范围强降雪，石家庄、衡水、邢台、邯郸等地区降大到暴雪。石家庄市区降水量最大为93.5毫米，累计积雪深度达55厘米，为55年来历史罕见。雪灾发生后，人保财险河北省分公司和受灾地市分公司立即起动《大灾预案》，加强组织领导，调集人员车辆，人力、物力立即到位。明确提出，特殊天气要为客户提供特殊服务，理赔查勘定损要突出一个“快”字，最大限度地为客户提供方便，协助客户减少损失，全力抗雪救灾。为强化服务，一是简化手续和流程。对因交通受阻、短时间到不了现场的事故，公司理赔人员通过电话指导客户用相机、手机自拍事故现场，约定地点定损，缩短客户在大雪中等待的时间。在定损现场能够收齐资料、赔款数能确定的，查勘定损员与客户沟通后，将赔款实行网上银行转帐，以方便客户。二是开通理赔绿色通道，对损失确定、资料齐全的万元以下车损案件，立即理算核赔，现场赔付。同时，为了帮助客户尽快恢复生产，对部分企业进行了预付赔款。这场暴雪天气，使人保财险公司承保财产遭受重大损失，损失金额5000多万元，其中石家庄市分公司尤为严重，估计损失金额4000万元左右。截至2009年12月31日，已决赔款金额1241万元，未决赔款金额4361万元。自1998年至2009年，人保财险河北省分公司共处理各类保险赔案300多万件，共计赔款达200多亿元。其中，2009年赔款达35亿多元，赔款件数达67多万件。

三、积极参与平安建设，大力发展责任保险。平安建设关系民生、民安，为此，人保财险河北省分公司依据财险公司经营范围，重点拓展机动车强制责任保险、治安保险、公共场所火灾公众责任保险、雇主责任保险、医疗责任保险、道路承运人责任保险等。密切与有关职能部门的沟通与协调，在共同推进平安建设中充分发挥保险的辅助社会管理功能。人保财险河北省分公司为充分发挥保险在河北平安建设中的积极作用，在省内部分县域试办农村治安保险。借助当地政府和公安政法部门的支持，与乡村签订保险协议，以乡镇或村统保的形式，为农民和农村干部提供基本的保险保障，有效地强化了农村基层治安防范工作。人保财险邯郸磁县支公司根据当地社情民意，在当地政府和县政法委的大力支持下，在全县农村实施推广“一分钱创安”工程。目前已承保全县19个乡镇近40万户（次）居民家庭财产盗抢保险，为当地经济发展和社会稳定发挥了重要保障作用，充分体现了保险业参与社会治安综合治理功能。

四、不断丰富保险产品，积极为社会各界提供所需的保险险种。人保财险河北省分公司注重保持公众公司形象，注重社会责任，始终坚持把社会效益与经济效益的统一放在第一位，努力为河北省企事业单位及城乡百姓提供更广泛的险种。公司在广泛开展企业财产保险、机动车辆保险等传统险种的基础上，不断开发适销对路的产品。目前，人保财险河北省分公司已开办的险种达600多个，涉及财产保险、机动车辆保险、责任保险、意外伤害保险、健康保险、保证保险等众多方面。目前，重点推广家庭综合保险、家用燃气综合保险、旅行综合保险、物业管理责任保险、停车场责任保险、家庭自用汽车保险、摩托车保险、人身意外伤害保险、学生幼儿意外伤害保险、“天之骄子”人身意外伤害保险以及“家和保”、“神州游”、“人财两旺”、“合家欢乐”等组合产品和定额保单，覆盖财产保险、责任、人身、种植业和养殖业等众多方面，最大限度地满足社会需求。在产品创新上，以满足客户需求为出发点，设计推出了家财险保险卡、农房定额保险、中小企业组合保险、标准件行业企业组合保险、家财盗抢险、火灾公众责任险定额保单、出租车燃气装置产品责任险条款、汽车运输随车行李损失定额保险、客运汽车旅客托运行李保险、承运人国内公路危险货物运输保险、欢乐家庭定额保单、幸福家庭意外伤害定额保单等10多个产品，简化了销售操作，提高了保险产品的市场适销度。在销售方式创新上，突出将延伸销售网络和壮大营销队伍两项工作同步推进。根据保险资源情况，科学、合理布局营业网点，重点采取不同形式向农村延伸，进一步扩大覆盖面。

五、加强诚信建设，树立社会形象。作为省内财险市场的主导力量，人保财险河北省分公司始终把加强诚信建设，作为提升公司良好社会形象的基础。一是公司成立了诚信建设领导小组及相应的工作机构，把行业作风和诚信建设纳入公司经营目标管理，列入一把手工程，严格实行责任制考核。形成一级抓一级，层层抓落实工作机制。二是把诚信建设与业务发展、经营管理，摆在同等重要的位置，形成了诚信建设与业务发展同步推进的良好运行机制。三是建立诚信教育机制，在全系统员工中深入开展“诚信教育”活动，增强了“诚信从我做起”的信念。四是建立社会诚信监督机制。向社会公开承诺服务措施，公布服务监督电话，还从社会上聘请了行风建设监督员、联络员，有力地提升了公司的社会影响力。

六、加强内控防范各类风险。把实现规范化、精细化管理作为提升提高运营质量、效率、效益和市场竞争力的根本途径。一是加强承保和分保管理，制定各产品线业务承保管理规定，合理运用分保机制，确保稳健经营。二是加强理赔管理，省分公司出台了《关于切实加强理赔管控，确保实现“两提一降”目标的决定》，分单位、分项制定预期目标，控制超额赔付，加快理赔速度，提高服务质量。三是进一步加强“三个中心”建设，开展联合检查验收工作，进一步夯实管控基础。四是加强财务管理。强化预算的刚性，落实成本管控责任，开展综合成本率考核试点工作；进一步规范“一本账”核算模式，重点加强交强险单独核算，确保核算质量；加强基层财务管理，针对基层网点增加的实际情况，建立了营销网点财务管理制度；实施公务用车改革，积极探索降低车辆使用费用管理的途径；对资金帐户进行严格控制，减少资金沉淀，加速资金周转。五是加强内部审计监督。六是加强数据管理。对全省系统经营形势分析质量按季进行考评，在夯实数据基础，提高数据真实性的基础上，按月进行日常分析，适时监控重要指标变化，为决策、指导、调度提供可靠依据。

七、大力发展农业保险，支持服务新农村建设。大力发展农村保险，是中国人保财险公司落实中央支农惠农政策，促进农业稳定发展、农民持续增收、农村更加和谐的重要举措。人保财险河北省分公司始终坚持以服务河北农业经济发展为己任，以“面向农村、贴近农民、服务三农”为宗旨，深入贯彻中央一号文件精神，认真落实中央财政、保监会和总公司关于发展农村保险工作的一系列重要指示精神，积极承担社会责任，大力推进农业保险业务开展，保险惠农覆盖面迅速扩大，服务领域不断拓宽，服务能力和水平持续提升，为河北省农业经济发展提供了有力的风险保障。2007年，政策性能繁母猪保险作为河北省第一个试办的政策性农业保险险种，全省12个市分公司共145个可开办的经营机构，全部开办了政策性能繁母猪保险业务，承保覆盖面达到了100%，当年累计承保能繁母猪141.06万头，承保率达到95.95%。2008年河北省政策性农险扩大至包括能繁母猪保险、奶牛保险、小麦种植保险、玉米种植保险、棉花种植保险5个险种，全年承保农户319.88万户，累计承担风险责任总额达到89.9亿元，累计承保各类农作物1314.39万亩，全年共累计支付农业保险赔款1.63亿元。2009年7月份以来，河北省部分地区玉米种植遭受了几十年一遇的暴风灾害，累计受灾面积70多万亩。人保财险河北省分公司扎实有效地开展农险理赔工作，截至2009年12月底，全省系统玉米种植业保险已决赔款金额6700多万元。2009年，人保财险累计承保各类农作物2200万亩，畜禽740万头（羽），累计为500多万农户提供了近96亿元的农业风险保障，全年累计处理各类政策性农险业务赔案10.4万件，已支付赔款达2.66亿元，保险补偿惠及面超过10%。人保财险还针对小麦收获期火灾风险比较集中情况开办了以河北省小麦收获期火灾保险为主的商业性农业保险险种，2009年，该险种已累计承保农户164万户，承保面积达502万亩，共支付赔款359万元，小麦收获期火灾保险的开展，因承保手续简易、收费低、保障高受到了地方政府和农民的普遍欢迎，取得了良好的社会效益。2009年河北省部分地区遭遇了五十年不遇的特大雪灾，雪灾给部分地区农业，特别是蔬菜生产造成较为严重的损失。为此，人保财险河北省分公司首先积极发挥国有保险公司主渠道作用和专业优势，加大农业保险人员、资金的投入力度，以推动农村保险多元化发展；其次是针对河北省农业生产面临的主要自然灾害，开发设计了肉鸡养殖保险、辣椒种植保险等多个地方政策性农业保险产品。三是广泛开展宣传农险和送科技下乡活动，提高服务能力与服务水平。联合省金融办、省保监局、省财政厅、省农业厅、省农科院、新闻媒体等单位或部门，发起成立了“河北省农村保险协作网”；积极鼓励农产品行业协会、专业合作社、农业龙头企业共同参与农业保险，带动广大农户团体参保，逐步提高农民的投保意识，并帮助农民找到转移和化解风险的方法和途径。为进一步扩大对涉农保险的服务领域，人保财险河北省分公司在继续大力开展小麦收获期火灾保险和政策性能繁母猪保险的基础上，积极开展政策性奶牛保险和政策性农作物（小麦、玉米、棉花）种植保险，扩大塑料大棚蔬菜种植保险和林木火灾保险等一系列涉农保险业务，同时，还根据广大农民对保险服务的需求，积极开发更多、更好、更适销对路的新产品。

八、开展“人保乡（镇）、人保村”创建活动。人保财险河北省分公司为进一步支持服务“三农”，开展了“人保乡（镇）、人保村”创建活动。省分公司将为所有被授予“人保乡（镇）、人保村”称号的乡、村建立客户档案，并为其提供包括优先享用新产品，优先获得政策农险的试办资格，享受最优惠的保险费率和优先理赔服务，享受点对点保险知识培训，享受农业专家指导，成为河北人保系统保险“三下乡”服务对象等一系列优质服务和政策优惠。2009年12月22日，人保财险河北省分公司在邯郸市临漳县砖寨营乡隆重举行人保财险“河北人保乡（镇）、人保村”授牌仪式。砖寨营乡作为人保财险全省系统首个创建达标乡（镇），成为“河北人保第一乡”。同时该乡15个村被授予“河北人保村”称号。授牌仪式的召开标志着“人保乡（镇）、人保村”创建工作已取得阶段性成果。目前，“河北人保村”已达到近100个。

九、不断拓展服务领域，努力提升服务水平。为了更好地为全省城乡百姓提供优质的保险保障服务，2009年人保财险河北省分公司在全省系统开展了服务能力提升年活动，并以此为抓手深入开展金牌服务品牌建设活动。向社会推出以理赔服务为重点，效率和规范为主题的“理赔无忧一车险快捷服务承诺”活动；制定了全省系统《客户服务标准实施推广方案》，对推广工作的目标、时限等内容提出了明确要求。为了更好的为河北省企事业单位和城乡百姓提供优质的保险保障服务，中国人保财险河北省分公司努力在服务创新上做文章，在全省系统开展了以“盛世中国，人保同行”为主题的客户节活动，以人保六十周年司庆真情回馈客户为宣传点，围绕“理赔无忧，四海通行”、“60年风雨同舟客户答谢”、“人保财险直通车”、“95518语音天使”、“服务增值，人保乐YOU”五项主题开展了一系列活动，加强与客户的良性互动；十一黄金周期间，组织全省系统全面开展了黄金周自驾游服务活动，满足了自驾游出行客户的各种需求。人保财险河北省分公司还在全省系统开展了“加快理赔速度，提高服务质量”竞赛活动，在全省构建了统一的保险服务网络，大力推行了限时理赔和简易赔案处理等办法，不少基层公司推出了“首问责任制”、“一站式”、“一条龙”等服务新举措。同时，注重加强了人保财险“95518”专线服务质量建设，实现了24小时全天候服务。2009年，受理电话总量达300多万通，赢得了广大客户对人保财险公司的信赖。

十、认真做好中国人保60周年司庆宣传工作。2009年是中国人保成立60周年，为此，人保财险河北省分公司紧密结合实际抓好60周年司庆各项宣传工作。一是要求全省系统在中国人保成立60周年创造性开展各项宣传活动，进一步弘扬“以人为本、和谐奋进”的企业文化，宣传中国人保改革发展的历史和荣耀，提升公司社会形象和品牌影响。二是认真做好10月20日中国人保成立60周年纪念日的宣传。三是组织开展建司60周年重点宣传活动。首先，设计制作了河北省分公司“60年倾情守护”纪念宣传《画册》和主题《文集》。第二，与总公司一起组织了“人保财险爱心小学”在河北老区平山的揭牌仪式。9月19日，中国人保财险公司总部与河北省分公司共同筹集20余万元捐建的“人保财险爱心小学”在革命老区——河北省平山县杀虎村小学揭牌，并配合组织了相关宣传活动。第三，结合实际做好建司60周年新闻报道和广告宣传。据统计，河北省分公司在60周年司庆期间先后在《中国保险报》、《河北日报》、《河北经济日报》、《河北工人报》、河北电视台、河北电台等省级以上新闻媒体刊发、刊播新闻宣传稿件（图片、电视片）达95篇，其中，国家级刊登25篇，省级刊登70篇，进一步拓展人保公司的社会信誉。同时在省分公司网站加挂庆贺建司60周年图标，开办“60周年司庆”专栏，集中刊登全省系统在建司60周年方面的活动动态、以及摄影、书法、绘画、征文等优秀作品，以激发全省系统员工爱司爱岗的信念。

十一、优质的服务，良好的信誉，使人保财险河北省分公司得到了社会各界的认可。自2003年以来，人保财险河北省分公司连续四年被河北省委、省政府命名为民主评议行风优秀单位，并被列为2007年—2008年民主评议活动的“免评”单位。还被河北省工商行政管理学会授予“重合同，守信用”单位，被河北省诚信建设促进会评为“河北省百佳诚信单位”，被河北省消费者协会授予“消费者信得过单位”称号。被河北质量技术监督局评为“河北省质量信誉双保障单位”，被河北省金融办评为“2008年度河北省最佳金融贡献奖”。人保财险邯郸分公司、保定分公司、秦皇岛分公司以及唐山遵化支公司等四家单位还荣获2009年“河北省服务质量奖”。

（中国人保财险河北省分公司　张忠义）

【人寿保险河北省分公司】　2009年，中国人寿保险股份有限公司河北省分公司（以下简称中国人寿河北省分公司）紧紧围绕稳增长、调结构、夯基础、强管理、防风险的工作主线，坚决贯彻执行监管机关以及上级公司的战略决策和各项政策措施，坚定信心、全力以赴，攻坚克难，圆满完成了2009年各项任务目标，保持了持续健康发展的良好势头。总保费收入跨过200亿元台阶，达到204.96亿元，截至2009年底，公司总体市场份额44.32%。并被省政府评为“河北省特殊贡献金融机构”。

优化业务结构。2009年，中国人寿河北省分公司着力抓好业务结构调整，业务结构持续优化。首年期交同比增长4.6%，高于总保费增幅1.12个百分点；占长险首年新单的比重达到17.93%，同比提高1.43个百分点。中长期首年期交（5年期及以上）同比增长16.1%，高于首年期交增幅11.5个百分点；占首年期交的76.9%，同比提高7.62个百分点。个险首年期交中，10年期及以上首年期交占比达到72.6%，同比提高12.6个百分点。短期意外险同比增长13.2%，高于短期险增幅9.5个百分点。占短期保费比重达56.4%，同比提高4.73个百分点。续期保费收入同比增长23.4%，高于业务总收入增幅19.9个百分点；占业务总收入的比重达到30.8%，较2008年提高5个百分点，有效拉动了业务发展，实现了业务发展方式由首年推动为主向续期拉动为主的转变。

夯实基础管理。2009年，中国人寿河北省分公司以新《保险法》实施为契机，加强系统升级改造，全面梳理实务流程，修改完善组织管理体系、流程建设、监督检查、考核评价指标等各类制度，初步建立了适应《保险法》要求的管理制度和实务规定，公司管理更加规范。全面预算管理进一步加强，资源配置和成本支出管控力度加大，保证了全省系统财力资源收支平衡。积极推进渠道经营，销售渠道责任意识和效益观念得到强化。围绕进一步提高省级集中管理效能，在业务管理和财务管理方面实施了一些新的集中管理项目，加大了省级集中处理、集中作业的力度，有效减轻了基层公司压力，提高了管理效能。按照总公司的部署，在个险渠道启动了销售管理的省级集中。积极推广柜面综合管理系统，推进柜面整合，共完成标准化柜面建设19家，累计完成121家。加强信息系统开发和新系统上线，管理信息化水平显著提升。

深化风险管控。一是加大依法合规教育的工作力度。2009年，中国人寿河北省分公司组织开展依法合规经营主题教育和“诚信我为先”活动，将廉政教育、职业道德教育、诚信从业教育等结合起来抓，不断深化教育内容，拓展教育范围，促进了合规文化的形成。二是加大了风险管控工作力度，在全国系统率先开展关键岗位机动检查，率先推行印章省级集中管理，率先完成单证管理体系改革，积极推进业务、财务等关键环节的集中管控，有效加强了对各类风险源头的管控。管控重心向县支公司层面延伸，对11家支公司进行了内控评估，对51家支公司进行了经理经济责任审计，对74家支公司实施了效能监察。三是加大了对重要风险的管控力度，在防范销售人员风险上，初步搭建了专门负责销售人员风险管控的销售督察系统，推行了回访制度和预警制度，促进了销售人员诚信从业。做好收付费环节的风险管控，严格按照总公司和监管机关的规定，对收付费环节的风险点和管控措施进行全面梳理，保证了零现金收付等各项新的管控措施的推行和落实。同时，认真开展“小金库”专项治理、防范集资诈骗犯罪专项治理和商业贿赂治理，排查化解了一批潜在风险。

提高服务质量。2009年，中国人寿河北省分公司率先在保定、石家庄分公司开通“医保通”系统，实现了健康险客户医疗服务费用的零距离赔付。推广前置理赔调查服务和小额案件理赔绿色通道，理赔案件10日内结案率达98.4%。实行“全天候、无假日”服务，核保平均时效提高到0.53天，基本做到了新单业务日清日结。推广“保全免填单”服务，处理时效提升50%以上。拓展“国寿资讯通”短信服务平台功能，内容涵盖健康关怀、温馨祝福、时尚生活、保险资讯等12项服务类短信。发行国寿鹤卡，推广特约商家服务，附加值服务水平得到提升。开展“万场电影进千乡百区”活动，宣传群众130万余人次，对树立公司形象、促进业务发展发挥了积极作用。

履行社会责任。2009年，中国人寿河北省分公司着眼大局，积极履行社会责任。保险理赔金额快速增长，全年各类赔给付共41.83亿元，其中赔款、满期年金、死伤医疗给付37.59亿元，同比增长111.6%。积极发展商业健康保险，2009年度，健康保险保费收入同比增长10.45%；各类赔付支出8.02亿元，同比增长146%。积极开办大额补充医疗保险，2009年，公司承保了5个市本级、78个县（市）以及北京铁路局石家庄站段的城镇职工补充医疗业务，承保人数300多万人，占全省参加城镇职工基本医疗保险总人数的50%以上。承保了石家庄、保定、张家口和邯郸4个市本级、30个县（市）的城镇居民补充医疗保险业务，承保人数达44万余人。承保了石家庄市平山县、唐山市唐海县两个县的新农合补充医疗保险业务。全年各类补充医疗保险赔付2亿元，促进了人民群众医疗保障水平的提升。积极推进农村小额保险试点工作，全年共承保农村小额人身保险26.7万人，累计赔付15.1万元。积极做好三鹿奶粉事件患病婴幼儿赔偿基金管理和服务工作，主动开通甲型H1N1流感“理赔绿色通道”。积极做好重大事故的理赔工作，全年共参与重大事故赔付32起，赔付975万元。

（中国人寿保险股份有限公司河北省分公司　刘　鼎）

【平安产险河北分公司】 2009年，党中央、国务院和河北省委、省政府面对国际金融危机的严重冲击，提出了一系列保增长、调结构、促改革、惠民生的对策，对保险业的发展提供了市场机会，创造了良好的市场环境。基础建设投资、拉动内需、工程险和私家车的增长等因素都促进了保险业快速发展。平安产险河北分公司与各保险主体一起，有效开展行业自律，共同营造良好的市场环境，规范经营，实现了快速、健康发展，经营发展取得较好业绩。

一、公司架构。2009年，中国平安财产保险股份有限公司河北分公司进行架构改革，公司架构由四大模块组成：共同资源模块、市场模块、运营模块、渠道模块，四大模块下设17个职能部门。经营区域覆盖全省，在省内各地、市、县设有11家中心支公司和80多家支公司及营销服务部。同时有95512全国报案服务中心和上百家理赔查勘网点覆盖全省。

二、经营理念。2009年，中国平安财产保险股份有限公司河北分公司遵循“聪明经营健康超越”的经营理念，不断改革创新，跨越发展，在实现公司价值的同时为客户创造价值，经营业绩和管理水平进一步提升。分公司恪守“诚信第一、效率第一、客户至上、服务至上”的服务宗旨，坚持贯彻对客户负责、对员工负责、对股东负责、对社会负责的经营理念。

三、诚信建设。“百年老店，诚信为基”。作为金融企业，河北分公司将“诚信”作为公司立业之本，将诚信建设视为公司发展的基石。2009年，分公司在保监局和行业协会的领导下，始终把诚信建设当作一项长期任务常抓不懈，采取了一系列积极有效措施加强公司诚信建设：对外信守合约、对内加强廉政教育和监督等。同时，利用“阳光热线”、全国统一服务热线95512回访制度等使分公司诚信意识、客户服务职能都得到了强化。

四、产品创新。根据社会需求，公司不断创造新型产品，例如：(1) 平安甲型H1N1流感保险产品。2009年，中国平安财产保险股份有限公司针对甲流肆虐，专门出台了平安甲型H1N1流感保险产品；(2) 家财宝产品。在日常生活中，为广大群众面临着不同的风险：火险、自然灾害、盗窃、水管爆裂、高空坠物等意外伤害，公司秉承保障全面为家人负责的原则，推出了“家财宝”保险产品，受到了广大客户的好评。

五、服务创新。2009年，平安产险在行业内率先承诺“平安车险、万元以下、资料齐全、三天赔付”的服务承诺，方便客户的同时有效提升整体服务水平；车险理赔小额案件快速通道项目正式上线，使服务时效进一步提高；实行“客服中心，周末服务，全年无休”服务，极大方便了客户上门理赔服务；“预约赔付”、“立等可取”，以客户利益为己任；在报案、查勘派工、定损、结案等理赔各环节，提供全程短信告知服务，提升客户满意度。平安产险不断创新服务理念、创新服务手段、创新服务内容，提升服务水平，树立品牌形象，以服务客户为理性竞争的策略，推进保险业健康发展。

（平安产险河北分公司　王　娜）

税　务

【国税收入】 2009年，全省国税系统完成国家税务总局口径税收收入1134.7亿元，同比增收24.0亿元，增长2.2%；完成省政府口径税收收入1073.2亿元，同比增收47.6亿元，增长4.6%。分税种看，增值税完成771.1亿元，比上年减收21.1亿元，下降2.7%；企业所得税完成159.5亿元，比上年减收29.1亿元，下降15.4%；储蓄存款利息个人所得税完成8.7亿元，比上年减收10.6亿元，下降54.9%；消费税完成137.8亿元，比上年增收80.2亿元，增长1.39倍；车辆购置税完成57.6亿元，比上年增收4.6亿元，增长8.6%。分地区看，廊坊、沧州、衡水、保定四市增速超过10%，分别增长17.1%、16.2%、14.2%、11.5%，廊坊、保定的增速较快主要是由于两市先进装备制造业近来发展较快，沧州增速较快主要是由于炼油厂较多，受燃油税费改革影响增收较多。石家庄、邯郸、张家口分别增长8.1%、5.7%、0.2%。邢台、秦皇岛、唐山、承德四市负增长，分别下降1.0%、1.6%、11.6%、14.3%，承德、唐山降幅较大，主要是因为两市铁矿石和钢铁行业税收所占重大，受金融危机冲击严重。分行业看，全省主导行业黑色金属冶炼及加工业增值税完成165.0亿元，比上年减收21.6亿元，下降1.3%；铁矿采选业增值税完成41.1亿元，比上年减收31.8亿元，下降43.6%，是减收最多的行业。原油、化工和商业等3行业增值税也分别比上年减收21.2亿元、8.4亿元和3.63亿元，下降46.3%、24.9%和3.4%；机械、建材、煤炭和成品油等是增值税主要增收行业，分别比上年增收16.1亿元、8.5亿元、8.2亿元和5.2亿元，增长37.2%、30.7%、20.5%和116.3%。另外，全省海关代征税款143.4亿元，比上年增长39.3%；办理出口退税147.6亿元，比上年增长62.5%。2009年纳税亿元以上企业153户，入库税款516.9亿元，占全省国税收入的45.6%。

【国税税源分析】 截至2009年底，全省国税系统管辖纳税人66.09万户。按纳税人分类，其中增值税一般纳税人9.97万户，小规模纳税人9.27万户，个体工商户44万户。按登记类型分类，其中国有企业8435户，集体企业1.36万户，股份合作制企业1959户，联营企业192户，有限责任公司4.20万户，股份有限公司4982户，私营企业14.33万户，其他企业1896户；港澳台投资企业1450户，外商投资企业3004户，外国企业106户；个体工商户44万户。河北经济税源结构偏重、受金融危机冲击较大，制约2009年税收增长。从经济总量看，河北省GDP增长10%，比全国高1.3个百分点，工业增加值增长13.4%，比全国高2.4个百分点。但河北工业产品产销率下降0.2个百分点，降幅大于全国0.2个百分点；工业品出厂价格指数下降10.9%，降幅比全国大5.5个百分点；工业企业利润总额增长0.1%，增幅比全国低7.7个百分点。产销不畅、价格下跌、利润下滑，导致以现价销售额为计税依据的增值税和以企业利润为计税基础的企业所得税减收较多，拉低了国税收入增幅。从行业结构看，全省国税收入40%来源于钢铁、石化两大工业，钢铁、石化产品价格波动较大，导致全省税收在经济上行期增速快、增幅大；在经济下行期则下滑快、降幅大，回暖较慢。2009年铁矿石、原油、钢材等产品价格下跌严重，导致钢铁工业减收34亿元，下降14.2%；原油行业减收21.2亿元，下降46.3%；合计减收55.2亿元。另一方面，钢铁、石化工业税收占比高，比全国高19.8个百分点；而2009年增长较快的交通运输设备业、商业、金融业占比分别低于全国2.9、7.3、11.2个百分点，进一步制约了税收增幅。从地区收入看，以钢铁工业为主的承德、唐山税收降幅最大，分别下降14.3%和11.6%。而先进装备制造业发展较快、钢铁工业占比较小的廊坊、保定分别增长17.1%、11.5%。受燃油税费改革增收影响，沧州增幅达到16.5%。税源结构不同受危机冲击影响不同，各市税收增减差异较大。面对异常严峻的经济税收形势，系统上下将组织收入作为压倒一切的中心任务，全力以赴堵漏增收、挖掘潜力。省局多次召开会议、下发文件，就组织收入工作深入研究、周密部署，并派出4个督收指导组，由班子成员带队，分赴各市坐阵指挥。9月下旬到年底，又部署开展“组织收入百日会战”，打响集中评估、税务稽查、清缴欠税三个战役，进一步强化目标责任。经过艰苦努力，圆满完成省政府和国家税务总局核定的收入计划。

【税收调控】 全省国税系统坚持以服务经济社会发展大局为己任，认真落实各项结构性减税和税收优惠政策，全年办理减、免、退、抵税289.4亿元，对减轻企业负担、促进经济平稳较快发展发挥重要作用。在支持结构调整、产业升级方面，减免退税208.3亿元。积极推进增值税转型，落实新购进机器设备抵扣进项税款政策，支持企业增加投资、加快技术改造升级，减轻企业税收负担51.7亿元；落实提高出口退税率的一系列政策，办理退（免、抵）税147.6亿元，有力支持外贸经济调整升级；落实小规模纳税人征收率下调政策，减轻企业负担9亿元，促进中小企业和个体工商户发展。在刺激消费、扩大内需方面，减免税23.5亿元。落实暂停征收储蓄存款利息个人所得税政策，促进居民消费，减轻纳税人负担10.6亿元；落实小排量汽车减半征收车辆购置税政策，减征12.9亿元，促进了汽车消费和汽车产业发展。在支持环保节能、保障民生方面，减免退税57.6亿元。落实资源综合利用、再生资源回收利用等税收政策，退税12.4亿元；落实残疾人就业、高新技术产业、促进就业再就业、环境保护、节能节水、安全生产、资源综合利用等税收优惠政策，减免税收45.2亿元。

【税收征管】 确定2009年为“税收管理跨跃年”，制定并落实《税收管理跨跃年建设实施意见》。加强税收分析，强化纳税评估，补税19.2亿元，调减留抵税额3亿元，调减亏损额15.2亿元。大力清缴欠税，入库税款10.4亿元。加强户籍管理，清理漏征漏管户1.2万户。加强大企业管理，组织总局定点联系企业的税收自查。加强税种管理，抓好海关缴款书“先比对、后抵扣”试点，规范电力、再生资源、大型商业零售企业增值税管理，落实卷烟、白酒、成品油消费税政策，调整所得税预缴和汇算清缴办法，强化非居民企业税收管理和反避税工作，堵塞各税种征管漏洞。加快信息化建设步伐，全面推行税源管理平台、外部信息采集与交换平台和财税库银横向联网系统，推广出口退税质量管理、计算机类设备管理、汇总纳税等信息系统，在部分市局推行农产品收购网上开票，发挥信息化手段对税收管理的支撑作用。

【税务稽查】 结合稽查机构改革，转变稽查模式，推行一级稽查，整合稽查资源，减少执法干扰。认真落实稽查工作目标责任制，始终保持打击涉税违法行为的强力态势。在大规模组织企业自查的基础上，开展商业零售、建筑安装、限售股减持、小钢铁生产企业等专项检查，开展成品油市场、煤炭铁粉经销企业等专项整治，开展打击发票违法犯罪专项行动，严肃查处税收违法案件。全年检查纳税人6602户，查补收入24.8亿元，比上年增长1.5倍，创历年最高水平。

【纳税服务】 广泛开展“送政策、送服务、促发展、惠民生”活动，印发优惠政策宣传手册5万册，举办大型税收政策宣讲报告会11场，制播“阳光访谈”专题电视节目，组织“千组进万企”帮扶，为纳税人熟悉和运用税收政策提供有力帮助。发挥12366纳税服务热线的作用，受理纳税咨询近6万人次。在100多个办税服务厅实行“一窗通办”，在一些地方探索推行“同城通办”和自助办税，更好地方便纳税人。通过优化纳税服务，营造和谐的税收征纳关系，保证组织收入工作的顺利进行。

【国税队伍建设】 加强作风建设，深入开展“干部作风建设年”活动，被评为全省“为企业解难题、为群众送温暖”活动“十佳单位”。加强班子建设，举办处级干部培训班，落实干部交流规定，对部分市、县局领导班子进行巡视。加强税务文化建设，广泛开展庆祝新中国成立60周年系列文化活动。深入开展精神文明创建活动，98个单位获得国家级和省级“文明单位”等荣誉称号。加强教

育培训，分类举办纪检监察、财务管理等专题培训班，组织稽查人员业务考试。加强督查内审，对146个县区局进行执法检查，对108个预算单位进行财务审计，追究执法过错人员1.59万人次，纠正存在问题的重大审理案件122件。同时，积极稳妥地实施机构改革，严格落实总局批准的“三定”方案，精心组织安排，扎实做好思想工作，全面完成省、市、县三级机构改革任务。

【国税廉政建设】 全面落实中央惩防体系建设《工作规划》和总局《实施办法》，细化任务分工，加强部门配合，组织对11个市局落实情况的检查，惩防体系建设稳步推进；严格落实领导班子和领导干部监督管理办法，领导干部廉洁从政逐步规范；抓好信访举报工作，加大案件查办力度，干部队伍法纪观念不断增强；强化执法监察，开展立项监督，“两权”监督制约取得明显效果；加强行风建设，在全省民主评议行风中再次取得优异成绩。

（河北省国家税务局　戴占阳）

【地税收入】 2009年，全省地税系统共组织各项收入1037.36亿元，同比增收161.01亿元，增长18.37%。其中，税收收入完成660.03亿元，增收91.09亿元，增长16.01%，占年初计划的103.45%，超收22.03亿元，圆满完成省政府660亿元的调整任务；基本养老保险费完成310.25亿元，增收61.75亿元，增长24.85%，占征收计划的117.07%；失业保险费完成22.87亿元，增收3.28亿元，增长16.77%，占征收计划的120.37%；教育费附加等其他6项收入共计完成44.21亿元，增收4.94亿元，增长12.58%。在税收收入中，中央级完成131.83亿元，增收8.38亿元，增长6.79%；省级完成80.38亿元，增收2.82亿元，增长3.63%；市县级完成447.82亿元，增收79.89亿元，增长21.71%。在基本养老保险费收入中，省级完成91.59亿元，增收8.48亿元，增长10.2%，占征收计划的118.11%；市县级完成218.66亿元，增收53.31亿元，增长32.24%。收入特点是：1.收入规模再创新高。2009年地税收入总量达到1037.36亿元，创历史最高水平。其中，税收收入完成660.03亿元，在全国排第8位；增收91.09亿元，排第6位；增长16.01%，超过全国平均增幅（12.8%）3.21个百分点。地税收入的平稳增长，为全省经济社会稳定发展提供了可靠的资金保障。2.税收收入增幅呈现“V”型走势。税收增幅4月份下降15.01%，为全年最低。从5月份开始增幅逐月回升，由5月份下降2.9%，历经6、7、8月份的26.42%、9.31%和19.86%，9月份至年底连续4个月高增长，分别为37.97%、40.56%、65.52%和45.52%，增幅逐月放大，圆满完成了660亿元收入目标。3.营业税贡献突出，财产税涨幅居前。营业税完成268.05亿元，增收50.97亿元，占总增收额的56%，拉动税收增长9个百分点。在房地产业复苏以及大规模基础设施建设的带动下，建筑业增长较快，增收22.55亿元，增长42.03%。房地产业增收16.33亿元，增长39.84%。金融保险业由于适度宽松货币政策的拉动，完成42.95亿元，增收5.75亿元，增长15.44%。交通运输业交易活跃度较低，减收1.34亿元，下降5.33%。强化地方税收征管，财产行为税增收效果明显。车船税、土地增值税、土地使用税和房产税分别增长70.36%、39.35%、20.72%和18.85%，均超过全省平均增幅，排在增幅前列，四税种累计增收17.49亿元，拉动税收增长3.1个百分点，有力地支持了整体税收的增长。4.与企业效益、资源依赖密切相关的税种增长乏力。上半年，由于经济向下运行，与企业效益相关的企业所得税大幅减收，下半年企业效益有所好转，企业所得税从8月份开始降幅逐月收窄，到11月底仍然减收，在12月份增长427.27%的拉动下，全年累计增长2.96%，增收3.5亿元。其中，建筑、房地产两行业分别增长30.52%和27.78%；减收额和降幅较大的为黑色金属冶炼及压延加工业，同比减收6.2亿元，下降49.65%；采矿业下降4.23个百分点；资源税完成23.61亿元，减收469万元，下降0.2%。5.超额完成社保费收入任务。社保费完成333.12亿元，增收65.03亿元，增长24.26%，占征收计划的117.29%，超收49.12亿元，为社保费的正常发放提供了资金保证。

【税收征管】 一是进一步完善征管制度。修订了《税收业务工作规程》，增加政策宣传个性化服务，精简纳税人报送资料，增加免填单服务方式，优化办税流程，规范税源分类管理的方法等内容。二是税源管理体系不断完善。组织编写了部分重点行业的《税源管理操作指南》。落实税收管理员制度，完善税收分析、税源监控、纳税评估、税务稽查“四位一体”互动机制，大规模开展重点税源和重点行业的纳税评估，全省评估纳税人1.2万户，评估税款5.5亿元。建立纳税评估模型，在总局开展的“百佳”行业纳税评估模型评比中，全省4个行业评估模型入选，居各省之首。三是重点税种管理得到加强。全面落实新营业税条例、新企业所得税法等法律法规，制定出台了《亏损企业所得税管理办法》，加强建筑业、房地产业等行业管理，改进各个地方税种的税源控管措施，完善涉外税收管理办法，实现各税种收入较快增长。四是征管数据分析应用有效展开。就全省税源监控、绩效考核等20个问题和第三次国地税登记信息比对情况进行了通报。全省清理错误登记信息、纠正错误辅导信息、清理不规范非正常户信息等近30万条，补办登记1.8万户。五是加强发票管理，联合公安机关开展打击虚假发票专项整治行动，检查发现有问题户2950户（次），查处违章发票举报案件1355件、假发票案件224件，补税罚款633万元。

【依法治税】 积极发挥稽查尖刀威慑作用，在全省范围内开展了对建筑安装业、年收入12万元以上个人所得税自行申报、电力行业、重点税源企业、营利性医疗及教育培训机构的专项检查，按照总局稽查局及大企业司部署，开展了对国投和外运公司所属20户企业、限售股减持企业的税收检查，分两批组织开展了石油化工、银行、保险、通信和发电等五个行业及10个大型企业集团的税收自查，查处了一批大案要案。全年共检查纳税人1.84万户，发现有问题1.39万户，实现大口径稽查收入30.83

亿元，同比增加 18.82 亿元，增长 156.66%。其中：查补税款 28.23 亿元，滞纳金 1.22 亿元，罚款 1.38 亿元，没收非法所得 11 万元。实现四环节查补收入 7.8 亿元，同比增加 3.85 亿元，增长 97.61%。同时，出台了查前告知、稽查选案及办案补助经费管理办法，全面推进稽查绩效管理，对各市、县（市、区）局人均稽查指标定期下发通报，促进稽查工作深入开展。加强重大案件审理软件的应用，提高了重大税务案件审理效率，规范了审理程序，全省共审理重大税务案件 540 件，审理率 19%。积极推进规范税收行政处罚裁量权，进一步加大执法监督和执法过错追究力度，全年共追究各类税收执法过错行为 8388 人（次），执法行为进一步规范。

【服务职能】 一是认真落实国家扩大内需、刺激经济发展的各项税收优惠政策，出台《河北省税收优惠监督检查管理办法》，严格依法减免税，全年共为企业办理减免、抵免税收 25 亿元，同时结合河北实际，将营业税起征点从 3000 元提高到 5000 元，使 7.6 万户纳税人受益，为企业走出困境和全省经济企稳回升提供了有力的政策支持。二是围绕服务民生，广泛开展为企业解难题、为群众送服务活动，全系统组织政策宣讲 1 万多次，入户进行纳税辅导 16.5 万户，帮扶企业 1450 次，帮助企业协调资金近 2 亿元。三是为促进社会和谐稳定，着力加强个人所得税征管，全年征收个人所得税 97.3 亿元，同比增长 12.03%，较好地发挥了税收调节收入分配、促进公平正义的作用。四是着力提高纳税服务水平，不断优化经济发展环境。对全系统 520 多个办税服务厅统一进行了软硬件升级，实施“一窗式”、“一站式”服务，大力推行“同城通办”服务方式，为纳税人提供人性化服务。认真落实首问负责制、限时办结制、公开办税制、AB 岗工作制，实现了服务内容制度化。拓展 12366 纳税服务热线功能，提供咨询服务 99 万次，发送各类提醒短信 195 万条，受理话务量超过 160 万人次。大幅度削减和下放审批权，经过清理，省局保留 5 项审批，其余 22 项下放到市县。各市局进一步清理下放，将 94 项审批事项下放到基层税务分局。完善地税外网网站，推广财税库银横向联网系统，推行网上办税，有 4 万多户企业加入网上报税系统，降低了征纳成本，提高了办税效率。

【科技兴税】 一是以征管应用系统为重点，下大力量组织了四大应用系统修改完善，先后进行了 21 个软件的开发、完善、试点和推广工作。在征管应用系统上，修改完善了征管系统，完成了建安房地产管理软件、票证管理软件的开发试点工作，开发了货运发票认定管理和发票监控查询软件、委托代征软件、企业所得税汇缴汇总数据接口和总局个人所得税软件接口。在外部信息系统上，完成了财税库银横向联网系统的开发、试点和推广工作，完成了 POS 机划卡缴税软件的开发工作，优化了网上报税软件数据交换平台。在行政管理系统上，完成了省局办公平台、内网邮件系统和后勤管理软件的升级改造工作；完成了应用支撑平台和财务软件的开发、推广工作。在决策支持系统上，完成了企业所得税规范化管理软件的开发、试点和推广工作。二是按照总局规划，完成了金税三期工程第一阶段初步设计的摸底工作，制定了新数据中心机房建设方案、全省网络升级方案，为金税三期工程的实施奠定了良好的基础。三是进一步强化运维管理，制定并试行了《市级信息系统运行维护通用规范》、《市级信息系统配置和资源管理规范》等制度，根据应用变化情况，调整了广域网路由策略，优化了网络配置，提高了传输效率。四是加强技术防范手段，对杀毒软件、防火墙和漏洞扫描系统进行了升级，购买安装了网站防护和互联网管理审计设备，建立了信息安全情况报告制度，确保了“两会”和 60 周年国庆期间的信息系统安全。五是积极开展数据的整理、挖掘、利用工作，为提高税收管理精细化水平提供了依据。。

【地税干部队伍建设】 截至 2009 年底，全系统共有省、市、县（市、区）、分局（所）四级地税机构 1273 个，其中，省局 1 个，设区市局 11 个，市局直属机构 36 个，市区内区局 53 个，县局 136 个，税务分局 1009 个，税务所 27 个，共有正式干部职工 2.03 万人，其中党员 1.62 万人。一年来，认真完成学习实践科学发展观活动和“干部作风建设年”活动的各步骤、各环节的任务，并结合地税实际开展了“廉洁从政和纪律作风教育”，取得明显成效。在“干部作风建设年”活动中，认真贯彻省委省政府“十个严禁”，并结合地税系统实际，出台了“六条禁令”。全省各级地税机关共组织明查暗访 600 多次，严查违反“十个严禁”和“六条禁令”的行为，对违反纪律的 39 名干部给予了政纪处分和组织处理，对 1504 名违反工作纪律及工作规定的干部进行了批评教育和经济处罚，起到了显著的震慑和教育作用。省委副书记车俊同志对省地税局学习实践活动给予表扬，省委常委、常务副省长付志方同志和省委常委、省纪委书记臧胜业同志对省地税局“干部作风建设年”活动给予了批示肯定。加强班子建设，研究制定了《关于进一步加强和改进领导班子思想政治建设的意见》，认真落实民主集中制，强化对领导干部的管理与监督。加大教育培训力度，组织了形式多样的学习培训。深化权力公开透明运行，认真清理“小金库”，积极参加行风评议活动，进一步树立了行业良好风气。

【廉政建设】 全省地税系统各级党组认真落实廉政建设责任制，主要领导亲自部署党风廉政建设工作，重大任务亲自调度，重要问题亲自督办，重要案件亲自处理，班子成员认真履行“一岗双责”，把党风廉政建设工作任务贯穿于税收整体工作的始终。一是认真执行廉洁自律有关规定，全系统 2903 名干部报告了个人重大事项，对 255 名领导干部进行了任前廉政谈话，对 226 名干部进行了函询。二是严格执行向纳税人述职述廉、定期走访纳税人、特邀监督员、听证质询等制度，用制度规范干部执法行为。全系统 2041 名干部进行了述职述廉，走访纳税户 2675 人（次），参加听证质询会 216 次。三是认真受理、处理信访案件，全年全系统受理信访举报 75 件，立案 8 件，有 8 名干部受到党政纪处分，1 名干部受到刑事处理；受处理的人员中科级以上干部 6 人。四是深入开展内

部审计和执法监察工作，对4个市局和票证中心、北戴河基地、基建办进行了经济责任审计，对46个县区局、78个基层分局开展了全面审计，对24个县区局进行执法监察，就党风廉政建设责任制、执行重大事项决策、权力公开透明运行、领导干部廉洁自律等有关制度执行情况进行督导，促进党风廉政建设各项工作的落实。五是深入推进权力公开透明运行工作，针对热点难点问题，改进公开方式，提升公开效果，重点抓了审批事项的公开和网上审批，省委检查组对此项工作给予充分肯定。六是加强权力运行监控机制建设，探索建立权力运行前的风险评估和防范机制、权力运行后的绩效评估和责任追究机制，探索廉政风险防范和预警体系，构建覆盖权力运行全过程的监督制约机制。

（河北省地方税务局　高军波　侯　锐）

工商行政管理

【促进市场主体发展】　2009年，河北省省、市、县三级工商机关出台了一系列培育、扩大市场主体，支持服务经济发展的政策措施，促进各类市场主体发展。目前，全省注册登记的市场主体达到167.35万户，注册资本11590.72亿元，其中内资企业35.65万户，注册资本10902.16亿元；农民专业合作社9700户，出资金额126.25亿元；个体工商户130.39万户，资金数额562.32亿元；外商投资企业9012户，注册资本197.84亿美元，外方认缴额132.28亿美元。廊坊市局下放审批权限，整合审批项目，注重实效，提高效率，有效促进了市场主体发展。

提速便企。对申请冠“河北”企业名称实行了远程核准，共远程核准冠“河北”的企业名称2953个；全面实施“服务窗口亮起来”工程，全省建设完成各级服务窗口1245个。省作风办组织25个厅局到省局企业注册大厅参观观摩。邯郸市局创新推行“一照三证”工作法，工商营业执照和国税、地税、质检的“三证”，由工商窗口“一门受理、内部流转、统一发放”。省委书记张云川到邯郸行政服务中心视察时表示：工商部门实行的“一照三证”工作措施很好，是积极行政，服务企业年检，全省上门年检及在市场集中年检的户数达到21.8万户，占全部应检企业的65%。

商标强企。开展了每个工商分局帮扶一家企业申请注册商标活动。筛选了270家企业进行重点帮扶，争创驰名、著名商标。目前全省注册商标发展到8.7万件，其中涉农商标7000件、地理标志14件，新认定省著名商标293件，总数达到1500件，被国家工商总局新认定驰名商标26件，总数达69件，位居全国第七位。省局被国家工商总局总局评为“推动马德里商标国际注册先进单位”。

融资活企。制定了《关于开展企业股权质押融资，促进外需活动的指导意见》，各级广泛开展银企对接活动，主动指导帮助企业办理股权出质、股权出资和动产抵押登记，解决融资难题。省委常委、副省长杨崇勇对这项工作非常重视，亲自参加推进银企对接座谈会暨中小企业小额贷款签约仪式，并做了重要讲话。据统计，全省工商系统开展各类银企对接活动219场次，帮助企业融资390多亿元，5.2万家个体工商户和私营企业从中受益。

搭台兴企。组织河北省企业先后到京津、长三角、珠三角等先进地区招商，召开对接洽谈会45场次，邀请外省民营企业来河北考察315人次，正式签约项目75个，签约金额61.5亿元。

走访帮企。全系统广泛开展了“走千家、访万户、解难题、促发展”和“一帮一”活动。共组成1220个走访组，走访企业6399家、个体工商户1.23万户，结对帮扶2.35万户，帮助解决实际困难1.88万个。衡水市局集中时间，组织市、县、分局三级人员千余名，对全市十大产业、百余项目、千余家企业开展了“大走访、大帮扶、大调研”活动，得到了广大企业和地方党委政府的好评。

【流通环节食品监管】　以贯彻实施《食品安全法》等法律法规和规章为契机，加大监管执法力度，查办食品违法案件1700多起，河北省流通环节食品安全监管工作得到了总局督导检查组的充分肯定。一是积极开展节日食品市场专项行动，查获问题食品1.1万公斤。秦皇岛市局结合本地实际，全力开展暑期食品市场专项整治，针对《食品安全法》相关配套规章尚未出台的实际，创造性推行了《食品经营临时流通许可工作规范》，有效规范了食品经营主体行为。二是集中开展流通环节违法添加非食用物质和滥用食品添加剂专项行动，查获滥用食品添加剂食品383公斤。三是开展夏季饮品市场专项整治，查扣不合格饮料、矿泉水5102箱。四是督促食品经营者建立进货查验、索证索票、质量自检、问题食品自律退市等制度，流通环节食品质量安全追溯机制不断完善。五是围绕问题比较集中的食品，组织开展流通环节食品质量监测8856个批次，比上年增加了2452个批次，基层分局开展快速检测4.1万次。石家庄市局全力以赴开展创建食品安全最放心城市活动，叫响“坚决做到给社会一个确保安全的承诺，给群众一个放心消费的保证”的创建口号，集中开展流通环节食品安全清查行动，查获问题食品240吨，全部进行了无害化销毁。六是制定了《食品流通许可证管理实施意见》，明确许可条件和具体要求，规范了食品流通许可证核发工作。

【专项执法】　一是“红盾网吧断黑”专项行动，查处取缔“黑网吧”7957户，其中农村“黑网吧”6374户。二是“红盾护农”专项行动，查处假劣农资案件4047件，涉案金额6303万元，为农民避免经济损失2598万元。三是打击传销专项行动，取缔传销窝点2561个，教育遣散传销人员2.43万人次，解救被骗传销人员728人，移送司法机关182人。四是反不正当竞争专项行动，查处仿冒和傍名牌案件586件、商业贿赂案件401件，涉案金额1400多万元。五是商标侵权和虚假违法广告专项行动。查办商标侵权案件1085件，没收销毁侵权商品8681件，侵权商标标识2.81万件，端掉制假、售假窝点128个；监测各类广告221.63万条，检查药品、化妆品、保健品、医疗美容服务等广告6.74万条次，查处虚假违法广告案件1851件。六是家电市场专项整治行动，配合“家电下乡”，查处违法案件713件，查扣不合格家电1415台。七是“限塑”整治专项行动，查处不合格塑料袋1300多万个。同时，全系统积极开展粮食、棉花、成品油等市场的监管；配合有关部门开展扫黄打非、甲型H1N1防控、社会治安综合治理等工作；切实做好抗击雪灾工作，严厉打击囤积居奇、哄抬物价、缺斤少两等行为，有效保证了市场供应和市场秩序。

【维护消费者合法权益】 一是充分发挥12315网络和“一会两站”作用，积极受理消费者申诉举报。共受理消费者申诉举报24万多件，调解处理13万件，为消费者挽回经济损失9600多万元。二是建立完善了消费维权新闻发布会制度，每季度召开一次，形成了工商监管执法、行业协会自律、社会舆论监督的整体合力。三是针对投诉较多的行业和领域，集中开展专项执法检查，增强了消费维权的针对性和有效性。张家口市局成立了仲裁委员会消费者协会分会，探索建立了维权调解、仲裁服务、法律援助、媒体监督“四位一体”的维权体系，实现了消费纠纷“一站式成功调处”。

【规范执法行为，提高执法效能】 一是严格执法主体。结合总局换发行政执法证，对全体执法人员进行了执法资格考试，组织了全省注册登记审查员、核准员考试，5097人取得了任职资格。二是健全执法制度。以省政府办公厅名义制定下发了《关于进一步加强查处取缔无证无照经营工作的通知》，完善了政府统一领导、职能部门各司其职、齐抓共管的综合治理工作机制；制定了《执法办案工作暂行规定》、《规范行政处罚自由裁量权暂行规定》、《执法评议考核实施细则》、《执法过错责任追究制度》等，有效规范了执法行为。行政执法案件核审率达100%，没有发生行政败诉案件。三是推进执法转型。全面推行工商行政指导，增强了监管执法的人性化、亲和力。承德市局建立完善企业登记事务助导、规范经营劝导、查处违法疏导、维权兴企引导等制度，通过建议、提示、告诫、约谈等形式，规范经营行为，实现了行政执法和服务发展的相互促进。沧州市局全面推行以“抓大放小、轻违不罚，攻大奸、戒小过”为主要内容的行政执法转型，大要案件处罚力度明显加大，一般违法案件处罚率大幅下降，实现了群众认可、政府满意、工商形象改善的多赢局面。周伯华局长连续两次作出重要批示，给予充分肯定。保定市局结合工作实际，大力推行市场巡查“两联单”记录文书制度，科学设置巡查内容，细化巡查人员职责，落实巡查人员责任，进一步促进了市场巡查工作到位，有效提高了监管效能。四是提升执法水平。坚持把信息化建设作为有力抓手，制定了信息化发展三年规划，全面开展了数据质量清查工作；对涉及工商执法的492部法律、法规和规章进行了梳理，梳理归纳处违法行为444种、认定依据1225条、处罚依据668条，并录入信息化建设数据库，为执法人员提供了快速有效的工具；推行网上办案，立案、核审、审批均在网上进行，有效减少了执法办案的随意性。

【“干部作风建设年”】 按照省委要求，结合系统实际，环环相扣，挂账督办，跟踪问效，扎实推进。一是开展队伍专项整治。深入查纠乱收费、乱罚款、不作为、乱作为等损害群众利益的突出问题，清理收费票据166万张，检查执法案件11万件。二是严格落实“十个严禁”。加大明查暗访和责任追究力度，全系统共组织明查暗访2300多次，受理信访举报案件233件，查处违纪违规问题186个，组织处理275人，给予党政纪处分35人。石家庄市局专门成立纠察队，不定期明查暗访，规范了行为，提高了工作效率，得到了省委书记张云川、省委副书记、石家庄市委书记车俊的肯定。三是规范会费管理。着眼于解决乱收费、搭车收费问题，制定了个协、私协、维协会费收支管理规范，对会费的征收项目、方式及管理进行了规范。四是认真承诺践诺。全系统向社会公开承诺事项1551件（次），落实承诺事项1500件（次），践诺率达96.72%。唐山市局在全系统开展了“十讲”和“十大风气”教育活动，创新了思想政治工作机制。从学习教育、联系和服务群众、提升机关效能、目标管理、激励约束、督导检查等六个方面入手，完善制定了90项工作制度，健全了机关建设长效机制。邢台市局从改进干部考核评价监督机制入手，开展了机关中层干部面向管理服务对象述职述廉活动，170名企业代表现场对市局机关22名科级干部进行评议，有力推进了机关干部作风转变。干部作风建设年活动开展以来，省作风办多次对工商系统的工作给予肯定，省级报刊和新闻媒体报道省工商局活动情况20多次。在省委组织的十佳先进集体、十佳典型人物、十佳服务窗口、十佳服务人员评选活动中，工商系统全部榜上有名。

（河北省工商局　王　伟）

【消协工作】 2009年，全省各级消协组织在本级工商局的指导下，紧紧围绕党和国家的中心工作，统一思想、积极谋划、明确目标，在扩大内需、刺激消费等重大方针政策面上，以“双为服务”为着力点，开拓思路，认真落实消协的法定职能，各项工作扎实推进，取得了新进展。

一、围绕“消费与发展”年主题，“3·15”期间全省消协系统开展丰富多彩的系列活动。“3·15”期间，省消协组织了年主题启动仪式，与省家具协会举办了“消费·环保·责任·发展”为主题的宣传咨询服务活动，并在东明家具销售中心设立了消费教育基地；与省品牌战略促进会共同组织了河北省品牌产品服务宣传活动；与河北农民报、邯郸市消协在邱县举办了“扶困维权，和谐消费”大型宣传咨询服务活动。各市消协也都组织开展了丰富多彩的纪念活动。秦皇岛、石家庄、沧州、保定市消协走上街头，组织了宣传咨询服务活动；廊坊、承德市消协组织了《消法》进学校，开展了消费维权服务周活动；衡水、邢台、邯郸市消协与电视台合办了专题晚会和“3·15”专题访谈；张家口消协通过中国移动、中国联通的短信平台，向社会发布“3·15”系列活动信息；唐山市消协与燕赵都市报联合举办了零售业、汽车、住房、餐饮、旅游、通讯行业六场"3.15"圆桌座谈会。据不完全统计,"3·15"期间,全省参加宣传咨询活动的各级党、政领导和有关部门人员达2300余人,共接待消费者咨询30余万人次,受理投诉1600余件,散发各类宣传资料100余万份。

二、充分发挥社会监督职能,积极开展商品与服务的监督评议活动。一是省消协会同市、县共86个协会联动,对全省保险服务质量进行了评议,并将评议结果向媒体进行了通报,指出了保险行业"银保业务不规范"、"合同难以看懂且存在不合理条款"等十多个方面的问题,提出了进一步改善保险服务的意见和建议,在一定程度上促进了保险行业的规范。省消协全年监督评议工作被中消协评为一等奖。二是省消协联合河北工人报、燕赵晚报组织召开消费领域潜规则研讨会,总结出了消费领域中的潜规则40余条,并就其中对消费者危害最大的十大潜规则向社会进行了公布,受到了消费者的广泛关注。三是对省会停车收费问题进行了实际调查,于6月25日在河北日报等省内各主要平面媒体上发表了题为"省消协九问省会停车收费"的质疑,切中了当前省会城市建设和管理中存在的薄弱环节,得到了石家庄市政府的高度重视,推动了省会停车收费问题的改革与规范管理。四是各市、县(区)消协也结合本地区消费特点和实际,重点加大了对电信、保险、金融、供水、供电、供暖等服务行业的社会监督力度,促使公共服务行业不断改进经营行为,有效地保护了消费者的合法权益。唐山、邯郸、石家庄、秦皇岛、张家口、沧州六市消协根据中消协、省消协的统一部署,完成了"家电下乡产品售后服务状况"调查;石家庄市消协开展了全市邮政营业窗口服务专项调查;唐山市消协就移动电话"三包"期内"维修难"问题进行了消费体察;邯郸市消协在全市就居民和企业使用自来水价格、管道煤气和管道液化石油气价格调整等方面,组织消费者参与了各类听证会四次;沧州市消协邀请市区具有代表性的30余家餐饮主要负责人和相关媒体,召开了"餐饮领域潜规则座谈会";承德市消协会同市卫生局、市物价局、市药监局等行政执法部门,采取体察、抽查、问卷、座谈等形式,对市区范围的9家医院依法进行了评议;张家口市消协联合市电视台、市住房和城乡建设局举办了"张家口市首届百姓满意楼盘"的评比活动;保定、衡水、秦皇岛、廊坊、和邢台市消协分别在全市组织开展了"诚信兴商宣传月活动"。

三、认真做好消费宣传教育和指导工作,积极引导消费者科学、合理消费。一是省消协先后深入到有关学校、商场调研,观摩和指导学校消费教育工作的开展。承德市、唐山市路北区消协分别与有关高校定期组织"消费维权知识系列讲座",衡水市消协结合"三下乡"和"3·15"纪念活动,组织开展了消费教育进企业、进农村活动。二是认真开展商品比较试验工作。按照中消协安排,省消协与部分省、市联合进行复混肥、尿素两次比较试验。省消协还组织了部分品牌桶装水比较试验,及时向社会公布结果,有力指导了消费。三是加强了宣传报道。各级通过中央、省、市新闻媒体,采集、撰写稿件和音像1400余篇,特别是承德市消协,全年在当地媒体刊发稿件400余篇,有效地宣传了消费常识和维权法规。四是及时发布了消费警示和提示。省消协先后发布了"消费者应科学认识甲型流感,理性消费猪肉及猪肉制品"等消费警示,唐山市消协先后发布了"商业服务热中有冷,理性消费积极维权"、"电视、网络邮购商品应坚持先验货后付款"等多条消费警示,据不完全统计,2009年全省消协系统发布消费警示提示980余条。五是对省内相关企业进行调研指导。2009年8月至9月,省消协由孙芳会长带队,对三元、君乐宝等省内乳制品企业进行了深入调研,实地了解了河北乳制品企业的生产经营状况,与企业负责人共商"三鹿事件"后如何帮助消费者提振消费信心,拓展销售渠道,扩大市场份额,解决产品积压等困扰企业生存和发展的实际问题。

四、依法受理和调解消费者投诉,切实保护消费者合法权益。据统计,2009年各级消协组织共接待消费者来电、来访咨询48.17万人次,受理消费者各类投诉3.52万件,解决处理了3.43万件,解决率为97.47%,为消费者挽回经济损失2460余万元,为促进当地经济发展和维护社会和谐稳定做出了贡献。唐山市、沧州市消协利用网上投诉及网上和解平台,不仅方便了消费者投诉,也大大提高了工作效率,这项工作被评为全国消协系统工作创新三等奖;张家口市消协联合市工商局成立了"维权调解中心",使消费维权工作迈出了新的一步。

五、认真调研,积极参与《消法》和《条例》的修订工作。一是根据中消协的安排,省消协组织各市消协参与了对《消法》的修订工作,并会同省律协、河北工人报联合召开了《消法》修订意见研讨会,中消协对河北省《消法》修订意见稿给予了好评。二是省消协针对当前社会现状和消费环境,起草并向省政府提出修订《条例》的建议稿,得到了省政府、省人大和省工商局的高度重视和认可。

(河北省消费者协会　张彦波)

审计　统计

【审计概况】　2009年,全省各级审计机关紧紧围绕全省经济工作中心,全面贯彻落实科学发展观,着力推动保增长、保民生、保稳定,共审计和调查3805个单位,查出违规金额129.5亿元,损失浪费金额4431万元,促进国家增收节支33.6亿元,向司法、纪检监察机关移送案件线索和事项50件,涉案60余人。各级审计机关在揭露和查处违法违规问题的同时,更加注重杜绝体制性障碍、制度性缺陷和管理漏洞,提出审计建议并被采纳4920条,提交审计专题、综合性报告和信息简报并被批示采用3337篇,审计成果越来越多地得到各级领导的重视,被各级政府和部门转化利用，为经济平稳较快发展起到了积极的促进作用。

【财政审计】 从财政财务收支问题出发，紧紧围绕加强财税管理、促进预算编制的科学透明、促进增收节支、提高财政资金使用效益开展财税审计，共审计预算执行单位1043个，查出违规金额69亿元；省厅连续三年统一组织开展了全省地税系统预算执行和税收征管审计。各级审计机关加大了审计范围及延伸审计力度，省本级预算执行审计了19个部门，对95个二、三级预算单位进行了延伸审计。同时，审计机关加大了对审计整改的跟踪检查力度，省厅建立了审计决定落实责任制、审计决定执行情况通报制，2009年预算执行审计整改率近100%。

【经济责任审计】 2009年，全省经济责任审计工作不断深化，对897名经济责任人进行了审计。全省11个市均设立了经济责任审计专职机构，176个县中有126个县级审计机关设立了专职机构，占72%，同时试行了《河北省党政领导干部经济责任审计评价办法》，统一标准，使审计评价更加客观公正。省本级开展了对3名市长、7名厅局长和3个大型企业原主要领导人的经济责任审计。在审计中，针对一些领导干部管理能力不高、依法行政意识淡薄、财经法规知识欠缺等问题，提出了切实可行的审计建议。同时，加大了与相关部门的协调配合机制，完善了联席会议制度、诫勉谈话制度、审计回访制度，积极推动建立了经济责任审计结果问责制、责任追究制等经济责任审计结果运用制度，使审计结果真正在干部考核、评价、选拔、任用中发挥作用。

【金融审计】 对部分地方商业银行、省信息产业投资有限公司进行了审计，突出绩效分析，提出建议并被采纳，提升了审计监督层次和水平。统一组织6个市对财达证券公司及部分营业部进行了审计，这次审计实现了全过程运用计算机进行审计，采取“总体分析、发现疑点、分散核查、系统研究”的方式，由省厅统一转换数据，集中对审计数据进行分析，发现线索后下发各审计组核查，加强了省厅督导力度，使审计效率更高，监督力度更大。

【专项资金审计】 组织省、市、县三级审计机关，对社会保险基金、廉租住房保障资金、农业综合开发项目、土地开发整理项目和大型公益性建设项目5类重点专项资金进行了审计。此次审计，政策性强，资金量大，涉及领域多，各地审计机关采取直审、上审下、交叉审或混合编组、同级审等多种方式进行，投入审计人员一千余人，审计涉及部门单位1626个，审计资金总额418.4亿元，审计资金覆盖率为96.5%，针对审计建议，省政府高度重视，要求进行整改，省长陈全国批示有关部门要认真抓好落实。

【企业审计】 采取“省厅直审，省市联合，先行试点，分期分批”的组织形式，对全省烟草行业进行了审计，在重点关注违法违规、国有资产流失、重大决策失误等问题的同时，注意揭示高利润、垄断性企业体制、制度上的问题。除审计报告外，还撰写分析建议报告，为政府宏观决策服务，确保国有资产安全，发挥了审计的建设性作用。

【投资审计】 2009年，河北省围绕中央扩大内需促进经济增长政策，固定资产投资突破了万亿元大关，省厅及时调整全省审计项目，重点关注宏观调控政策落实到位情况，加大对新增投资项目和重点建设项目的跟踪审计力度，同时对一些重特大项目实行了全过程跟踪审计，确保资金使用的合规、合法、安全和有效。2009年共审计建设项目256个，审计投资总额207.8亿元，核减投资额5.57亿元，促进了投资领域稳步健康发展。连续开展了对青银、沿海等高速公路工程项目、秦皇岛奥体中心工程、省博物馆扩建工程等大型公益性建设项目的跟踪审计；唐山对全市五百多个财政投资建设项目进行了审计调研，为政府宏观决策提供了依据；省厅先后组织派出12个审计组，对河北省向四川平武县灾后恢复重建资金和援建项目实行了“全过程跟踪、全覆盖审计”，及时发现问题，把问题解决在建设过程中，充分发挥审计的时效性，保证了援建资金的使用效益，审计署刘家义审计长对河北省做法给予高度赞扬；随着《河北省国家建设项目审计条例》的实施，各级审计机关加快投资审计立法进程，衡水、秦皇岛等市陆续出台、完善了政府投资项目审计监督办法。

【审计法制化及制度化建设】 一是省政府及省人大分别颁布实施了《河北省内部审计工作的规定》和《河北省国家建设项目审计条例》。二是厅本级制定了《审计业务行为规范》《审计方案重点内容统一规范》《审计干部岗位手册》等一系列规范性工作机制，明确责任范围。三是转发了《审计署审计项目质量责任追究办法》，要求全省审计机关与《河北省审计机关错案和执法过错责任追究暂行办法》一并执行，健全了审计机关内部经常性的层级监督机制。四是建立了审计外部执法联动机制，与省检察院联合下发了《关于审计机关与检察院加强协作配合的几点意见》，发挥审计在惩治腐败、加强廉政建设方面的作用。

【审计系统管理】 通过强化审计项目管理，加大对基层审计机关领导班子和干部队伍的管理力度，形成上下联动机制，增强系统凝聚力和战斗力。一是实施了授权审计项目。向各市授权了22个审计项目，厅机关相关业务处室为授权项目的责任人，负责业务指导和跟踪检查，确保审计质量。二是实施了直审项目。省厅对兴隆县、卢龙县和永年县的财政资金收支情况进行了审计，树立了审计权威和客观公正的执法形象。三是加强了项目质量监管。下发了审计项目质量检查实施方案，通过质量检查，评选出优秀审计项目，在全系统进行展示和推广；对检查中发现的有明显质量问题的项目，重新组织复审，发现问题，进行责任追究。

【信息化建设】 一是进行了“金审工程”二期建设，建立了全省审计业务联网监督管理系统，实现了对11个市审计业务的管理，对所有审计现场进行实时指导和监控，提高了管理水平。二是建立了审计专网网站，实现了厅本级公文和办公会议的无纸化。三是在审计署AO实例评审中，河北省上报的38篇论文有32篇获奖，名列前茅。

【对外宣传】 审计署官方网站、《中国审计报》、《中国审计》杂志、《河北日报》等主要媒体刊发稿件351篇，同比增加43%，每天在审计署的主要媒体都能看到反映河北省审计工作的信息；省厅官方网站共刊发稿件六千余篇，同比增加48%，平均每个工作日发稿27篇，其中“近日要闻”栏目1500篇全部被省政府官方网站转载，扩大了审计影响。

（河北省审计厅　刘　颖）

【统计】　2009年，省统计局围绕省委、省政府的重大决策部署和中心工作，提高统计能力、提高统计数据质量、提高统计公信力，统计改革、建设和发展取得了新成绩。

积极为应对危机保增长提供优质统计服务。拓展调查范围，开展了工业企业生产经营状况及趋势判断月度调查，实施中央扩大投资情况跟踪统计制度和固定资产投资项目管理信息抄送制度，统计预警预报更加及时。加强分析研判，强化月度当期分析，强化国家、省调控政策措施效果和国际金融危机影响分析，得到省领导的充分肯定。提高服务效率，创建了主要指标统计月报快速上报省领导制度，创办了《快速统计月报》，为省委、省政府准确判断形势、科学决策提供了有力保障。打造分析精品，加大对构建现代产业体系、实施城镇面貌三年大变样、节能减排等重大部署和重点工作的分析研究力度，形成了《锻造现代产业体系黄金链》等一批质量较高的统计分析精品。强化监测评价，圆满完成了全面建设小康社会等统计监测评价工作，参与全省节能目标完成情况考核评价和“双三十”单位节能减排目标预考核，高质量完成了设区市党政领导班子和主要领导干部工作实绩综合考核评价的相关工作。创新服务产品，成立了社情民意调查中心，建成了计算机辅助电话访问室，开通了“12340”社情民意调查热线，开展了多项大型社情民意调查。首次编辑出版了《统计知识读本》和经济白皮书《2009年河北经济形势分析与展望》等统计服务新产品。

数据质量管理水平进一步提高。强化“视数据质量为生命”和“提高数据质量从我做起”职业道德教育，广大统计人员依法统计意识和数据质量意识得到有效增强。规范数据生产操作流程，出台实施了《河北省统计专业业务工作操作规范》。健全完善数据质量控制机制。加强数据生产过程的管理和控制，采取实地抽查、质量验收、直接查询等多种方式，提高数据生产过程的监控能力。强化数据审核评估，完善并实施专业季度联审和会审制度，创建“工业与能源数据双向联审”模式。全省统计数据质量总体反映了经济和社会发展实际。

统计改革取得重大突破。积极探索“企业一套表”制度改革，成立了改革试点领导机构，对数据生产的业务流程、数据采集平台建设、各专业用户管理权限分配等进行了实验试行，顺利完成了“三上企业”数据汇总上报任务，取得了阶段性成果。完善了市级季度GDP核算方法、能源统计制度方法、企业创新统计调查制度、社会发展水平综合评价体系和资源环境统计，制定实施城镇私营单位工资统计报表制度，建立实施大城市月度劳动力调查制度。县以下统计管理模式改革取得突破，有12个县（市、区）完成了统计管理模式改革工作。地方调查队管理体制改革取得了成效。部门统计管理工作得到加强，建立完善了部门统计数据报送制度，规范了部门统计调查项目。

经济普查等各项统计调查成绩显著。第二次全国经济普查主要阶段工作取得圆满成功，先后完成了方案制定、普查试点、单位清查、填报登记、审核查询、质量抽查和数据评估等各阶段工作，基本摸清了第二、三产业的总体发展、结构、效益和能源消耗情况，被国务院第二次全国经济普查领导小组授予第二次全国经济普查先进单位。第六次全国人口普查各项准备工作扎实推进。县以上各级普查机构已全部组建完毕并开始运转，落实了省级普查经费，开展了业务技术准备，组织了人户分离专项试点。第二次全国R&D资源清查有序开展。

统计基层基础建设得到新加强。扎实推进县级规范化评定工作，加大落实情况跟踪检查力度，严格抽查，评定出32个县级规范化优秀单位。积极推动基层基础建设向纵深发展，县、乡两级统计机构、业务、队伍和工作条件得到加强和改善，积极探索实施利用公益岗位加强和充实市辖区街道统计人员力量，统计基层基础建设着力点逐步向村、社区和企业延伸。有效发挥基层基础建设的典型示范作用，完善联系县制度，培育了一批基层基础建设的示范典型。在承德市平泉县召开全省统计“双基”建设观摩交流会，以点带面促进了统计基层基础建设全面推进。大力加强对基层统计机构的帮扶力度。

统计保障能力得到新增强。统计法制建设取得新成绩，深入开展新《统计法》和《统计违法违纪行为处分规定》宣传活动。发放辅导材料7000册，建立了统计普法网页，在《河北法制报》开辟统计知识和统计法律知识宣传专栏。对94名主管统计的县（市、区）长进行了集中培训。加大县级执法检查力度，查处和集中公开曝光了16起统计违法案件。统计信息化建设迈上新台阶，完成了省至国家一级统计主干网扩容提速工程及相配套的建设项目，省至市二级骨干网扩容工程稳步推进。县乡联网率稳步提高到95%左右。省、市视频会议系统建成并投入使用。

干部队伍建设取得新成效。深入推进“干部作风建设年”活动，建立健全了《加强干部队伍建设的意见》等干部队伍建设和作风建设的长效机制。机构改革“三定”方案得到落实。明确了系统干部培训牵头单位和责任单位，对各县（市、区）统计局局长进行了培训，组织了6期省局处级干部工作交流。省局全年共组织各类培训班36期，培训统计系统人员4100人次。统计从业资格考试认定工作顺利开展，8100人获得统计从业资格证书。

党风廉政建设和统计文化建设取得新进展。坚持教育、制度、监督并重，健全和落实党风廉政建设责任制。积极推进政务公开和行政权力公开透明运行工作。加强统计文化建设，成功组织了全省第一次统计系统文艺汇演，弘扬了统计精神。

（河北省统计局　白　洁）

科学技术

【科技事业概况】 2009年，全省科技战线按照省委省政府保增长、调结构、促改革、惠民生的决策部署，深入开展学习实践科学发展观活动和“干部作风建设年”活动，以依靠科技应对金融危机做贡献为工作主线，大力推动科技创新和技术进步，全省科技工作迈出新步伐。

科技投入增加。2009年全省用于科技活动的经费支出为216亿元，比上年增长17.3%，其中研究与发展(R&D)经费支出130亿元，增长19.0%，占全省生产总值的0.76%，同比提高0.08个百分点。争取国家科技项目资金总额达9.65亿元，比上年增加69%。科技队伍不断壮大。2009年从事科技活动人员15.0万人，增长4.2%，其中科学家和工程师10.4万人，增长4.4%。高新技术产业保持了快速发展的好势头。全省规模以上高新技术产业产值增长18.9%、实现产值2380.3亿元；实现增加值634.1亿元，同比增长19.5%，增速高于工业6.1个百分点；占规模以上工业的比重达到了10%，比上年提高1.6个百分点。科技创新基础条件和能力建设取得重要进展。省级以上重点实验室、工程技术研究中心总数达到138家，石药集团、华药集团、英利集团、新奥集团、国电联合动力公司5家企业重点实验室列入国家企业重点实验室建设计划，全省国家级重点实验室建设达到了6家；燕山大学“空间长寿命特种活动件制备中基础问题”、正定水文地质所“华北平原地下水演变机制与调控”两个重点基础研究课题列入国家973计划首席科学家项目，承担国家重大基础研究项目的能力取得新突破；以岭药业集团吴以岭教授当选中国工程院院士，重点领域科技创新领军人才优势不断扩大。获奖科技成果和专利创造再创佳绩。11项科技成果获得国家2009年度科技奖励，居全国第六位，其中一等奖1项、二等奖10项，获奖总数和作为第一主研单位获奖数量创历史新高。专利申请量首次突破万件大关，比上年增加24.5%。区域科技创新和技术进步呈现良好态势。128个县（市、区）通过全国科技进步考核，比上一考核年度增加13%；唐山市被科技部批准为创新型城市建设试点市，武安市、永年县列入全国科技进步示范县，武安、平泉、迁安申报国家级可持续发展实验区。

【科技技术研究与发展】 全年共下达科技计划11批，安排计划项目1232项，项目资金2.41亿元。其中，科技支撑计划项目436项，安排经费17045万元；国际科技合作计划18项，经费478万元；软科学研究项目160项，经费752万元；科技基础条件平台建设项目44项，经费1943万元；农业科技成果转化资金项目23项，经费500万元；中小企业技术创新项目93项，经费1400万元；应用基础研究重点项目35项，经费368万元；自然科学基金项目423项（其中新上294项），经费1600万元。

获国家2009年度科技进步奖的有11个项目。其中一等奖1项：“超高压直流输电重大成套技术装备开发及产业化”（保定天威保变电气股份有限公司参与）；二等奖10项：“棉花抗黄萎病育种基础研究与新品种选育”（由河北农业大学，邯郸市农业科学院完成）、“北方抗旱系列马铃薯新品种选育及繁育体系建设与应用”（由河北省高寒作物研究所，山西省农业科学院高寒区作物研究所完成）、“中国东部断陷盆地洼槽聚油新理论、勘探新技术与重大发现”（由中国石油天然气股份有限公司华北油田分公司，中国石油大学（北京）等完成）、“冷带轧机高精度液压厚度自动控制（液压AGC）系统关键技术及应用”（由燕山大学完成）、“丁苯酞原料及软胶囊”（由中国医学科学院药物研究所，石药集团有限公司完成）、“参松养心胶囊治疗心率失常应用研究”（由河北以岭医药集团有限公司，中国医学科学院阜外心血管病医药等完成）、“中国北方冬小麦抗旱节水种质创新与新品种选育利用”（河北省农林科学院旱作农业研究所参与）、“中薄板坯连铸机成套技术与关键设备开发及应用”（燕山大学参与）、“北方一年两熟区小麦免耕播种关键技术与装备”（河北农哈哈机械集团有限公司参与）、“矿山大功率高性能电力传送关键技术与应用”（开滦（集团）有限责任公司，邯郸矿业集团有限公司参与）。

2009年度河北省科学技术奖授奖项目共286项（人），其中：突出贡献奖2人、自然科学奖19项（一等奖3项，二等奖6项，三等奖10项）、技术发明奖5项（三等奖5项）、科技进步奖258项（一等奖14项，二等奖43项，三等奖201项）、国际科技合作奖2人。2009年度河北省山区创业奖授奖项目共35项（一等奖空缺，二等奖6项，三等奖29项）。

2009年省登记科技成果3392项，其中国际领先水平46项，国际先进水平452项，国内领先水平1915项，国内先进水平481项。全年专利申请量11362件，授权量6839件，分别比上年增长24.5%和24.4%。全年签订技术合同4392份，技术合同交易额90亿元。

在应用基础研究方面，2009年共鉴定（验收）194项，其中达到国际先进水平以上的70项。发表学术论文1959篇，比上年增加306篇，增长19%，被SCI、EI、ISTP国际三大检索收录论文1363篇；出版学术著作45部，参加学术会议715人次，其中国际学术会议351人次。省基金资助项目获省部级以上科技奖励63项。河北省研究人员获国家基金各类计划资助项目224项，资助经费6724.3万元。比去年经费增长1574万元。2009年省自然科学基金新上资助项目共310项。其中：面上项目221项，杰出青年科学基金项目11项，青年科学基金项目60项，钢铁联合研究基金18项。2009年有8个国际学术会议和20个讲学活动获省自然科学基金学术交流专项资助。

【依靠科技应对金融危机】 一是及时出台依靠科技应对金融危机的政策措施。出台了《河北省人民政府关于发挥科技支撑引领作用推动经济平稳较快发展的若干意见》。提出了加快高新技术企业认定、积极落实国家和省促进高新技术企业发展的优惠政策、扶持科技型中小企业发展等六方面20条措施，并将有关工作分解到相关部门。与国税局、地税局联合印发了《河北省企业研究开发费用税前加计扣除项目鉴定办法（试行）》的通知，鼓励和支持企业加快自主创新和技术进步。推动高新技术企业优惠政策落实，经省科技、财政、国税、地税等部门联合认定的高新技术企业，减按15%税率征收企业所得税，已落实减税达6.52亿元。启动了“高新技术企业上市培育工程”。会同省金融办，出台了《关于促进高新技术企业上市工作的若干意见》，明确了促进高企上市工作的总体思路、目标、重点工作和政策措施。目前，已确定上市培育重点企业19家，这些企业将率先享受到200万元的后补助政策。二是围绕产业振兴对接国家重大科技项目。省科技厅会同有关部门、地市及企业、单位，把国家战略与河北发展结合起来，找准本省优势领域，谋划组织重大科技项目，积极争取国家科技资源支持河北产业升级。2009年共有676项科技项目进入国家科技计划。其中，“极大规模集成电路制造装备及成套工艺”、“重大新药创制”等国家重大科技专项获资金支持3.44亿元；“煤催化气化制天然气关键技术及工艺开发”等国家支撑计划项目获资金支持1.74亿元；“最高试验速度400km/h的高速检测列车动车组研制”等863计划项目获国家资金支持1.05亿元；“华北平原地下水演变机制与调控”等973计划项目获国家资金支持6400万元；科技型中小企业创新资金1.02亿元；国家自然科学基金资助经费6700万元；国际科技合作资金1800万元；科技人员服务企业专项资金2000万元。三是大力推进科技成果转化推广。贯彻落实国家、省应对金融危机的重大举措，抓好重点产业技术升级和重大科技成果的转化应用，提高依靠科技保增长促发展的能力。按照集中财力、突出重点、资源集成的工作思路，明确钢铁产业技术升级、装备制造业创新能力提升、新药创制、主要农产品标准化生产与产业化等七大资金集中投向。组织实施了“CCF－3型碳纤维产业化”、“交互式智能白板应用系统研发及产业化”等14项重大自主创新成果转化项目。这些项目总投资达到6.9亿元，其中，省级投入科技经费3400万元。在一些重点研究、产业领域取得一批重要成果，河北省在高速动车装备、风电光伏产业设备、煤化工、半导体材料、液晶材料、光学薄膜、特种玻璃等方面的技术和产品研发上形成了国内优势，对产业结构调整、提升行业企业核心竞争力起到了重要带动作用。大力支持石家庄、保定及相关企业实施国家“十城万盏”、“太阳能屋顶计划”等应用示范工程，推广了先进医疗设备、节能环保产品等一批先进科技成果，帮助企业提升了逆势发展能力。四是深入开展科技人员服务企业活动。落实省委、省政府关于开展“为企业解难题、为群众送服务”活动的重要部署，制定下发了《关于加强科技服务企业、服务基层工作的通知》和《关于加强省重点实验室和工程技术研究中心进一步服务企业的通知》，动员十万科技大军投入到全省经济建设主战场。河北省企业与北京大学、清华大学、中国农大、燕山大学、河北工大、电子院、机械院等28家省内外知名高等院校和科研院所建立了合作机制，有205位高等院校和科研院所派出科技人员参与项目的研发工作。同时，会同教育厅、科学院、农科院、河北工业大学等单位，组织科研院所和高校专家到企业开展了科技政策宣传、创新工程师培训、科技金融对接、院士咨询等一系列服务活动。实施依靠科技创业促进大学生就业行动，研究制定了《关于依靠科技创业促进高校毕业生就业工作的通知》，鼓励和支持省内各类高新技术园区、科技企业孵化器、大学科技园等为高校毕业生科技创业提供支持和服务，利用科技计划项目吸纳大学生就业，为高校毕业生通过科技创业实现就业创造良好环境。

【高新技术发展与产业化】 围绕支撑产业结构调整和优化升级，大力推进高新技术载体建设，全省高新技术产业呈现加快发展的良好态势。一是高新技术企业不断壮大。2009年新认定高新技术企业200家，全省高新技术企业总数达到408家，其中销售收入超亿元的119家，超10亿元的20家，保定天威、邢台晶龙、唐山客车等一批企业已发展成为国内业界领军企业。二是创新型企业建设步伐加快。省级创新型试点企业达到了108家，乐凯胶片集团等4家成为国家级创新型企业，长城汽车等5家成为国家级创新型试点企业。会同省金融办出台了《关于促进高新技术企业上市工作的若干意见》，启动了“高新技术企业上市培育工程”，已确定上市培育重点企业19家。三是高新技术园区与产业基地建设实现扩容升级。组织唐山、承德、燕郊三个省级高新区开展扩区工作，扩区后总面积是扩区前的3.1倍，为高新区“二次创业”提供了更大发展空间；唐山高速动车组、承德钒钛制品、邢台光伏产业已被科技部认定为国家级高新技术产业化基地，全省达到8个；衡水市被批准为国家火炬计划工程橡胶特色产业基地，全省达到10个；新认定临西轴承、大厂冷轧薄板等10个省级高新技术区域特色产业基地，全省达到了55个，其中超50亿元的15家。组织开展了《河北省环京津高新技术产业带发展规划》编制工作，拟以省政府名义上报科技部，争取纳入国家科技支持计划。四是自主创新产品研发能力不断增强。积极推进自主创新产品政府采购政策落实，84项自主创新产品列入了省政府采购目录，保定天威集团有限公司生产的1000千伏特高压变流主变压器等10项产品被评为首批国家级自主创新产品。目前，河北省高新技术产业后发优势更加突出，先进制造、生物技术与现代医药、新材料、电子信息、新能源等产业领域增加值占到全部高新技术产业增加值的93%，对产业结构调整、战略性新兴产业发展起到了重要带动作用。

【农业科技创新】 按照省委、省政府关于大力推进现代农业发展和新农村建设的部署，着力抓好产业科技创新和基层科技服务体系建设，促进农业稳定发展和农民持续增收。一是农业新品种选育与推广速度进一步加快。推进动植物新品种选育与种植资源创新专项的组织实施，良种供应和储备能力不断增强。2009年全省审（鉴）定农业新品种64个，“邯6172”、“衡观35”两个小麦新品种累计推广1.26亿亩。杂交谷子新品种亩产达810公斤，居国际领先水平。组织实施“功能基因克隆验证与规模化转基因操作技术”等25个研究课题，大力开展现代农业育种技术研究与应用，农作物转基因研究全面启动。二是产业关键技术和集成创新与示范力度进一步加大。围绕粮食优质增产，开发应用小麦玉米两节、两测、两免等关键技术，建立了小麦玉米两熟区三大技术配套体系，小麦超高产攻关田单产达到657.37公斤，再创河北省小麦单产新纪录。围绕农业主导产业升级，组织实施了蛋鸡规模化健康养殖、优质安全猪肉生产、优质蔬菜生产、优势果品安全生产等一批重大科技创新项目，促进了农产品标准化、安全化生产。加强农产品安全监测技术研究，在乳及乳制品中β—内酰胺酶标准化检测技术取得重大突破，为保障河北省乳制品安全生产提供了科学可靠的检测方法。建立了一批现代农业示范基地，建立现代农业科技示范园区60个、成果转化基地306万亩、国家级科技富民强县试点县29个。三是农村科技服务体系不断完善。启动了15个县、30个乡镇、200个村的新农村建设科技示范工程，示范推广100项先进适用技术，建立星火科技12396信息服务县级指导中心50多个、基层信息服务站800多个。四是“两山科技工程”深入推进。认真贯彻省委、省政府《关于加强山区农业综合开发促进山区经济发展的意见》，组织各方力量，大力推进太行山星火产业带和燕山特色产业集群建设，重点围绕太行山绿色名果、生态养殖、旱作杂粮、名贵药材，非金属矿、特色旅游六大优势产业和燕山用杏、板栗、山楂、食用菌等20个特色产业发展，加快关键技术开发与标准化集成示范，取得显著成效。优良品种示范面积达到180万亩，建立了一批规范化生产基地核心区，建成示范企业200家，辐射带动企业1220家，开发新产品25项，建设生态和农业观光采摘园等景点15个。

【社会发展领域科技创新】 重点围绕医药、医疗、资源环境等领域，加快科技创新与成果转化应用，引领支撑社会科技进步和重点产业发展。一是大力推进河北省医药产业科技创新。以国家启动“重大新药创制”专项为契机，加强医药产业孵化基地建设、研发平台建设、化学药大品种技术改造、新药研究关键技术、药物新品种研发等方面的重大项目谋划，16个项目列入国家“重大新药创制”重大专项。依托华药集团、石药集团，建立了产学研结合的创新药物孵化基地，对提升河北省医药产业科技创新能力起到重要带动作用。华药集团已成为国际上唯一掌握全部主流6个免疫抑制剂类药物的核心生产技术的企业，已获得新药证书3件，生产批文7件，申请发明专利8项。二是着力提升疾病防治水平和诊疗技术水平。以常见病、多发病防治技术为重点，组织实施了心脑血管疾病、糖尿病等10类严重危害人民健康的重大疾病防治技术攻关，让更多医药医疗科技成果惠及人民群众。三是强化经济社会科学发展示范。武安市被科技部批准为国家可持续发展实验区，平泉、迁安进入国家可持续发展实验区评审阶段。会同公安厅开展了首批15个科技强警示范县建设，社会事业科技创新领域不断拓宽。四是加强节能减排科技支撑。组织实施了“铸造业节能减排新技术装备研发与示范”等一批节能减排科技创新项目，突破了一批制约行业节能减排的共性关键技术，为推进全省节能减排提供了技术支持。“纯电动公交车关键技术开发与示范”项目与一汽、二汽等大型汽车生产厂家签订了合作协议，7个新能源项目纳入国家金太阳示范工程。

【科技创新创业平台建设】 一是重点实验室和工程技术研究中心建设实现了新突破。目前，省级以上重点实验室、工程技术研究中心总数达到138个，其中重点实验室72个、工程技术研究中心66个。同时，加强动态管理，对地球和工程领域的22个省级重点实验室和制造业、电子信息与通讯、资源开发领域的13个工程技术研究中心开展了三年运行绩效评估，以评促建、分类支持，充分调动了依托单位和主管部门增加投入、整合资源、加强管理的积极性。二是产业技术创新联盟向高层次发展。通过组织实施重大科技项目、建设重点创新平台，促进产学研深度结合和科技资源的优化重组，支持产业技术创新联盟提能力、上水平。组织抗生素、维生素两个国家级产业技术创新战略联盟，由联盟企业出资组建工程技术研究中心，已制定了方案，进入实施阶段。钢铁、半导体照明等产业技术创新联盟建设不断深化发展，积极开展了大枣、草莓、谷子等山区优势产业技术联盟组建工作。三是科技企业孵化器和生产力促进中心不断发展壮大。认真组织实施“企业孵化器环境与能力建设”专项，重点支持孵化器自身孵化能力建设与特色产业发展。全省在统的科技企业孵化器达33家，其中省级以上19家，国家级9家，孵化器在孵企业1420家。燕山大学“国家大学科技园”被科技部、教育部联合认定为“大学生科技创业实习基地”。唐山丰润、廊坊香河、邢台清河、沧州南皮、承德平泉等5家生产力促进中心被批准为国家级示范中心，河北省生产力中心达到104家，其中国家级示范中心达到18家，支撑河北省产业集群发展的科技服务机构体系逐步完善。四是国家级企业技术中心建设不断扩大。廊坊新奥集团、保定巨力索具公司、邢台机械轧辊公司三家企业成为国家级企业技术中心，河北省国家级企业技术中心数量达到23家，在行业科技创新中发挥了重要示范带动作用。

【科技合作】 推动科技合作向高层次迈进、向高水平发展，科技开放与合作迈出新步伐。一是积极搭建军转民技术成果转移平台。组织召开了中国（河北）国防民用科技成果展示洽谈会，重点展示项目160项，展出实物展品及模型60余件，共推介高新技术转化项目和军民结合产业化项目1100项，省政府与国家国防科工局签订了开展军民合作的战略协议，石家庄、邯郸、唐山、廊坊等市政府与有关军工集团签署了战略合作协议，国家九大军工集团、七大军工院校等单位与河北省签约合作项目172个，总投资482亿元，其中引进资金130多亿元，引进和转化技术成果472项。二是加强科技招商引资。成功举办了“河北省（香港）高新技术产业专题招商会”、“国际采矿装备与技术交流会"、第二届"河北·曹妃甸临港产业国际合作会议冀东经济区高新技术成果暨科技合作洽谈会"，圆满完成了"第12届中国北京国际科技产业博览会"、"第十届中国西部博览会"等展览洽谈会的参展、参会工作。三是加强国际间科技合作。积极组织了中国科技外交官走进石家庄活动，邀请外国驻华使节多次来河北省进行考察、交流。四是推进省院（校）科技合作。秦皇岛市人民政府与中科院将联合研发21个技术项目，目前11项已与中科院北京分院各研究所完成了对接；保定市人民政府与中国科学院电工研究所签署了共同建设"太阳能平衡系统研究与检测实验室"的合作协议；承德市政府与中国农业大学签署了《科技合作协议》，将重点围绕肉奶牛、食用菌等产业，合作开展科研、示范、推广、产业化项目开发。五是加强院士智力引进工作。在深入调研的基础上，下发了《关于在设区市和相关企事业单位设立"院士工作站"的通知》，开展了"院士工作站"建设有关工作。组织了院士武安科技行活动，对武安可持续发展实验区建设进行咨询、指导。一年来，引进国外先进技术34项，国外技术人才22人，华北制药集团新药研究开发有限责任公司等3家单位被科技部认定为国际科技合作基地。同时，邯郸市被认定为国家科技兴贸创新基地，全省的国际科技合作基地达到8家，科技兴贸创新基地达到5家。共争取"化学机械抛光（CMP）工艺及设备关键技术研究"、"不同幽门螺杆菌基因型与亚洲人胃癌发病关系的实验研究"等6项国家国际科技合作项目。中国与美国签署的《中美清洁能源联合研究中心合作议定书》，其中很多任务由廊坊新奥集团承担。

【科技发展环境建设】 加强科技政策制定与落实，加快科技人才培养，进一步营造了科技发展的良好环境。一是省委、省政府高度重视科技工作。认真组织了3月召开的首次河北省科学技术奖励大会的筹办工作，首次评选河北省科学技术突出贡献奖，表彰奖励优秀科技成果和科技人员，省委书记张云川亲自颁发2008年度省科学技术突出贡献奖，进一步营造了尊重知识、尊重人才、尊重创造的社会氛围。2009年5月份，配合省委办公厅，邀请科技部曹建林副部长在省委常委会第十次集体学习会议上作了题为《自主创新、重点跨越、支撑发展、引领未来》的专题辅导报告，学习宣传国家科技方针政策和重大工作部署。2009年9月份，省科技厅联合与省委组织部、省委党校联合组织了150多人参加的全省领导干部自主创新能力建设培训班，就科技政策、现代科技知识等内容进行了培训，省委副书记车俊、副省长龙庄伟出席培训班开班和结业仪式并作重要讲话，对提升各级领导统筹科技发展的意识和能力发挥了重要作用。二是研究出台了一批科技政策法规。深入研究国家科技政策，结合河北省实际，认真做好河北省科技政策研究制定工作，《河北省贯彻落实〈国家知识产权战略纲要〉的实施意见》、《河北省科学技术奖励办法实施细则》、《河北省自然科学基金管理办法》等法规政策相继出台，科技创新政策体系逐步完善，科技创新政策的激励和引导作用不断增强。三是人才培养和科普工作得到加强。大力推进项目、基地、人才一体化发展，领军人才培养和创新团队建设不断加快。结合自然科学基金项目实施，加大青年科技人才培养力度，启动了河北省杰出青年基金人才培养计划，资助青年科学基金项目60项，资助45岁以下优秀青年学者11名。通过推行廊坊新奥集团等依靠引进科技创新领军人才、创新团队，加快企业创新的有效做法，创新人才引进工作日益得到企业重视。组织钢铁产业相关企业、高校、科研机构，开展钢铁产业发展的新理论、新方法和新工艺方面30项课题研究，形成了推动河北省钢铁产业技术升级的创新团队。依托国家973计划项目、基础研究项目实施，积极培养了一批承担国家重点学科研究的创新团队。研究制定了《河北省省级科普基地认定办法》，实施了河北省展教资源开发原创科普专项，研究开发出多种形式的科普资源和产品，评选了38个项目予以支持，科普工作实现了由重大活动推动向常态化组织实施的转变，加快了河北省科技资源科普化进程，促进了全民科学素质的提升。四是大力开展科技金融创新。推进科技企业创新发展，设立了科技型中小企业创业投资引导基金，初始规模1亿元。加强了与相关金融机构的合作，全面推动科技型中小企业贷款平台的建设，与国家开发银行共同建设了河北省高科技创业投融资平台，采取统贷和直贷的方式，支持了河北省科技型中小企业创新发展。

【知识产权工作】 加强《河北省贯彻落实〈国家知识产权战略纲要〉的实施意见》等知识产权法规政策的落实和宣传，加大专利应用示范，专利创造与保护日益重视。一是研究制定了《关于促进自主创新成果产业化若干政策的实施意见》中知识产权配套措施和具体办法，以及2009年度发明专利申请资助办法，共资助发明专利1186件。二是深入实施知识产权优势企业、优势县"双优培育工程"，乐凯集团被国家知识产权局确定为首批全国企事业知识产权示范单位。石药集团、保定天威、新兴铸管、燕山大学等20家单位列入第四批全国企事业知识产权试点。选择河北钢铁集团、长城汽车等16家具有产业示范带动作用的骨干企业，开展专利战略研究，培育形成核心技术专利和知识产权竞争优势；涿州、霸州、迁安、冀州、鹿泉五市（县）列入首批实施国家知识产权强县工程名单。三是加大知识产权保护力度，联合印发了《专利行政执法与刑事执法协作工作制度》，建立了省、市两级联络员工作机制，推动专利行政执法与公安经侦执法的有效衔接。在全省范围内继续深入开展"雷雨"、"天网"知识产权执法专项行动，严厉打击知识产权侵权违法行为。四是组织开展2009年知识产权宣传周、中国河北专利周活动，开通了"12330"维权援助公益服务热线，开辟了知识产权公共服务新渠道。五是加强知识产权交流合作，分别与北京、天津两市知识产权局，签定了《津冀知识产权保护合作协议》、《京冀知识产权保护合作协议》，建立京津冀三省市知识产权保护合作机制；与新疆巴州政府签署了知识产权对口支援合作协议，建立了合作会商机制。

（河北省科技厅　冯建平）

【省社科联工作概况】 一、组织社科界庆祝建国60周年系列活动。举办建国60周年“祖国在我心中”省社科界书画邀请展。收到书法、绘画、硬笔书法作品近400幅，作品讴歌了社会主义建设的伟大成就，反映了社科界贴近生活、催人奋进、健康向上的精神面貌。共评出一等奖10个，二等奖20个，三等奖50个。与河北日报共同举办“庆祝中华人民共和国成立六十周年知识竞赛”活动。共收到全省90多个单位和个人的答卷8.6万余份。选出优秀个人100名，评选优秀组织奖获奖单位共30个。与团省委、省学联共同举办“庆祝中华人民共和国成立六十周年河北省大学生诗歌朗诵及校园短剧大赛”活动。60多所高校报送节目200多个，参加表演的大学生共1400余人。共评出一等奖2名，二等奖4名，三等奖6名，优秀奖8名，优秀组织奖11个。《社会科学论坛》开设专栏，组织刊发系列理论文章，深化活动主题。组织社科理论界“深入开展民族团结教育，促进社会和谐发展”专家座谈会。

二、组织民生调研和文化产业研究及课题立项工作。组织开展大型民生调研活动。动员全省社科力量，针对河北省就业与创业、城乡社会保障体系建设等八大类涉及民生的问题，紧密结合全省各地情况，分专题深入基层开展调研。共设立调研课题110余项。其中，10余项调研成果得到省领导的批示，20余项成果获得相关部门研究与采纳，40余项成果刊物发表。开展河北省文化产业发展研究。确定了17项研究课题，产生了一批有份量、有价值，关注河北实际的研究成果。组织2009年课题立项。2009年共收到82个单位和部门的申报课题1397项，最终确认310项立项课题。

三、组织社科优秀青年专家评选和重点项目资助评审。组织“河北省第八届社科优秀青年专家”评选活动。共评出王会欣、王景武、田学斌、刘兵、刘邦凡、任凤珍、赵新峰、姜文振、程志华、魏建震等10名社科优秀青年专家，另有20名青年学者获评委会特别提名奖。省政府副省长龙庄伟出席了颁奖活动。组织2009年度社科重要学术著作出版资助项目评审。共确定资助项目10项。

四、开展社会科学普及工作。举办“河北省第五届社会科学普及周”活动。以“庆祝中华人民共和国成立60周年”为主题，组织开展社会科学“四走进”专项活动。11个市社科联，400多家社科单位、社科团体和有关高校，近万名社科专家和社科工作志愿者参与，举办专题活动126个，组织下社区、下农村社科小分队近百支，散发宣传材料30余万份，赠送书刊2万余册，直接服务人群达35万人次。围绕城市化发展、现代产业体系构建、新农村建设、文化建设、保障民生五方面编写出版《讲科学，谈发展》系列科普读物。

五、加强社会科学平台建设。开展河北省哲学社会科学研究基地试点工作。在河北理工大学建立了全省第一家省级哲学社会科学研究基地。编纂《河北社会科学年鉴(2009卷)》。组织河北省第四届哲学社会科学学术年会。举办“河北省第二届社会科学博士论坛”。举办2009燕赵文化论坛。完成京津冀协调发展学术研讨会征文及组织参会工作。加强《社会科学论坛》和“河北社科网”建设。

六、社科信息

(一)河北省社会科学机构进行新的整合。年初，省委省政府决定，按照精简、统一、效能的原则，将中共河北省委讲师团、河北省社会科学界联合会并入河北省社会科学院，河北省社会科学院(同时挂河北省邓小平理论、“三个代表”重要思想和科学发展观研究中心、中共河北省委讲师团、河北省社会科学界联合会牌子)为省委省政府直属事业单位，是省社会科学综合研究、理论宣传机构和社团机构。新的机构调整，形成了“理论武装、服务决策、繁荣发展”的“三位一体”格局，对于整合全省哲学社会科学队伍,发挥社会科学机构的综合优势,推动全省哲学社会科学繁荣发展,具有重要意义。石家庄市等设区市根据自身实际,也对市属社会科学机构进行了适当调整。

(二)社会科学界开展庆祝新中国成立60周年系列活动。在中华人民共和国成立60周年之际，全省社会科学界组织开展了多种形式的纪念庆祝活动。省委宣传部、中共石家庄市委、光明日报理论部召开了弘扬西柏坡精神理论研讨会，与会专家围绕西柏坡精神的深刻内涵和现实意义进行了广泛的探讨。省社科院等单位组织了“河北省社科界庆祝新中国成立60周年理论研讨会”，邀请专家学者研讨贯彻落实科学发展观、实现经济社会又好又快发展等重大理论和实际问题。省社科联与河北日报共同举办了“庆祝中华人民共和国成立60周年知识竞赛”活动，面向全省社科界组织举办了“祖国在我心中”迎国庆书画展。这些活动为全省庆祝新中国成立60周年提供了学术理论支持，营造了思想文化氛围。

(三)推动构建河北现代产业体系研究。年内，省委省政府为深入贯彻落实科学发展观，实现河北省经济又好又快发展，提出构建符合河北实际的现代产业体系的发展战略。围绕这一主题，全省社会科学界积极发挥智囊团和思想库的作用，通过决策咨询、经济分析会、委托立项、课题研究、社科规划等多种形式进一步加强应用对策研究，服务领导决策，推出了一批研究成果。省社科院完成的《构筑我省现代产业体系的总体思路、主体框架和对策措施研究》、《河北省“城镇面貌三年大变样”前期成效分析与思考》，得到省委省政府的充分重视。省社科联组织完成的发展红色旅游业、现代金融业、绿色经济等多项成果得到省领导的批示。河北理工大学完成的唐山市城乡一体化研究系列成果被决策部门采纳运用。

(四)具有地方特色的文化研究进一步深化。紧密联系文化大省建设和社会主义文化大发展大繁荣的现实要求，加强地方特色的文化研究，是年内社会科学界的一个突出特点。顺应文化产业在金融危机影响下逆势上扬的走势，推出了一批文化产业发展方面有针对性的研究成果。成立了河北省文化产业协会理论研究委员会、冀商文化研究会等。在地域文化研究方面，围绕“三冀文化当成为河北主流文化”和石家庄市“改名”等热点问题作了理论探讨。举办了纪念李大钊诞辰120周年学术研讨会、纪念董

仲舒诞辰2200周年活动和以“发展文化产业，提升河北文化实力”为主题的2009燕赵文化论坛等一系列有地方特色的学术活动，彰显了全省社会科学界对增强文化软实力和文化认同感的关注。

（五）全面推进社会科学界“智库”建设。把社会科学研究机构建设成推动科学发展，为党和政府决策提供理论依据的新型“智库”，是全省社会科学界适应新形势的发展，在年内提出的工作方向和发展目标。为此，省社科规划基金项目、省社会科学发展立项课题等强化科研导向，把研究河北现实发展中的理论问题和实际问题作为立项重点。省内各高校、社会科学团体的社科专家深入实际，加强对策研究，开展了多种形式的科研活动，为省委省政府及时提供了多份决策建议和应用研究报告，其中省社科联组织的大型民生调研活动，有70项成果被各级领导和决策部门采用。整合后的省社科院按照“理论武装、服务决策、繁荣发展”三位一体的工作新目标，完成的《2009—2010河北发展蓝皮书（总报告）》成为全省“两会”期间出席会议的代表、委员的重要参阅材料。河北省社会科学界的“智库”建设取向更加明确和自觉。

（六）社会科学普及工作向纵深发展。按照贴近生活，贴近群众，贴近实际的要求，年内全省社会科学普及工作不断延伸工作触角，扩展科普工作领域，丰富科普活动内容。省委讲师团加强理论武装工作，推进基层宣讲站建设，积极构建大宣讲格局，举办近200场专题宣讲。《河北社会科学网》、《河北理论教育网》等社科网站，强化了社会科学宣传普及的载体的功能。省社科联等社科团体与《河北日报》、河北电视台、河北电台合作，开辟专栏、举办专题讲座、访谈等节目，不断增强理论宣讲的辐射面和影响力。河北省第五届社会科学普及周紧紧围绕庆祝中华人民共和国成立60周年的主题，举办专题活动126项，服务群众达35万人次。省社科联组织编写的《讲科学谈发展》系列读物，以全新的视角解读科学发展观，形式新颖，内容丰富，为社会大众奉献了精美的精神食粮。

七、社会科学团体开展学习实践科学发展观活动。全省社科类社会团体按照《关于全省新社会组织开展深入学习实践科学发展观活动的指导意见》和《关于在全省第三批学习实践活动中建立健全新社会组织党组织的意见》，以学习实践活动为契机，积极加强社团党建工作。省社科联对业务主管的社会科学团体党组织建设的情况进行调查摸底，采取各种行之有效的方式，帮助、督促应建未建党组织的社会科学团体尽快建立党的组织，到年底，已建立党组织的社团比例达到97%以上。省社团登记管理机关通过动员会、经验交流会做好社团建立党组织的组织督导，推广先进经验，取得明显效果。通过学习实践科学发展观活动，河北省社科类社会团体政治意识和大局意识进一步增强，工作能力和服务水平进一步提升。

八、首批重点资助出版的社科学术著作推动学术繁荣。开展河北省社会科学重要学术著作出版资助，是河北省社科联扶持精品生产、推出社科重大研究成果的新举措。去年评出的8部资助书稿，经作者深入研究和严谨著述，大多均在2009年公开出版。其中，沈长云教授的《中国古代国家的起源与形成》吸收了西方人类学及考古学理论的最新研究成果，在中国古代国家的起源与形成问题上得出了一系列具有创新意义的认识，对中国古代史具有重要的学科理论意义；陈山榜教授等完成的《颜李学派文库》，集中收编了颜李学派有代表性的著作和后世研究颜李学派的重要著作，为研究者提供了丰富的学术资料。程志华教授的《牟宗三哲学研究——道德形上学之可能》，在“现象与物自身”、“圆善论”及“独体论”等方面提出独到的理论见解。这些重要学术著作一经问世，就引起省内外学术界的广泛关注，对推动河北社会科学的繁荣发展产生了较大影响。

（河北省社科联　孙　浩　黄军毅）

【省社科院科研工作概况】　2009年，河北省社科院坚持以科学发展观为统领，以干部作风建设年活动为动力，努力构建“理论武装、服务决策、繁荣发展”三位一体工作新格局，深入落实“为省委省政府决策服务、为经济社会发展服务、为基层服务”的办院方针和“出成果、出人才、出效益”的总体要求，进一步解放思想，转变作风，科研工作取得新进展。2009年，全院完成科研成果共计564项，1407.6万字。其中，著作36部，论文383篇，调研报告81项，书稿8部；258项成果达到院重要科研成果奖励标准。

一、贯彻落实省委决定，构建“三位一体”工作新格局。2009年2月，省委、省政府决定，将省委讲师团、省社科联并入省社科院。按照张云川书记提出的“抓好班子、带好队伍、多出成果”的要求，将机构调整工作列入重要议事日程并全力推进。通过走访、恳谈、调研，集思广益，全院上下形成了发展的新共识，按照牌子不摘、队伍不散、职能不减的要求，提出了构建“理论武装、服务决策、繁荣发展”三位一体工作新格局的总体工作思路，积极推进资源和机制的优化组合，努力实现“三个一相加大于三”的改革效应。

“三位一体”工作思路得到了省委、省政府领导的支持，得到了省直有关部门的认同，得到了全院上下的拥护，在省内外社科理论界及社会上引起积极反响。《河北省干部作风建设年活动办公室简报》出专刊，以《省社科院以“三位一体”工作新格局展示干部作风建设新成果》为题，刊载社科院经验。2009年11月至12月，省委省直机关第一巡视组在对社科院领导班子开展巡视工作期间，对“三位一体”工作思路给予了充分肯定。目前，省编办已下达了社科院新“三定”方案，把社科院确定为省委、省政府直属事业单位，为社科院“三位一体”工作新格局的确立和深入推进确定了基本框架。

二、围绕中心、服务大局，努力发挥“智库”作用。坚持以当好省委省政府“思想库”和“智囊团”为己任，努力提高社科院核心竞争力和影响力。

服务水平有新提升。科研工作围绕破解制约河北科学发展的突出矛盾和问题，出思路、出办法、出成果。一是抓精品创品牌。2009年2月，省委书记张云川、省委副书记胡春华、省委常委、常务副省长付志方同志分别为社科院圈定了重大课题；4月，张云川书记亲自给社科院交办科研任务，要求结合省委谋划2010年重点工作，开展“加快构建符合河北实际的现代产业体系研究”。省委省政府主要领导同志共同为社科院圈定重点课题、直接交办科研任务，在社科院历史上尚属首次。这表明，社科院科研服务决策的能力和水平在不断提高，愈来愈得到省委省政府的信赖。为落实省委省政府领导交办任务，院党组提出了“打造精品、创出品牌”新的更高的工作目标。即：将“构建符合河北实际的现代产业体系”和城镇面貌“三年大变样”等重大课题做成系列精品，将河北省经济形势分析会打造成知名品牌。研究成果《构筑河北省现代产业体系的总体思路、主体框架和对策措施研究》，得到了张云川、胡春华同志批示肯定，在2009年暑期省委理论学习中心组北戴河学习会议上作为参阅材料全文印发，并以省政府办公厅《内部通报》形式印发全省。由院长周文夫教授主编的《构建符合河北实际现代产业体系研究》一书出版，在省“两会”期间送省市县领导和会议代表、委员参阅，受到广泛好评。《河北省“城镇面貌三年大变样”前期成效分析与思考》得到宋恩华同志批示肯定，并印发全省城镇面貌“三年大变样”调度工作会参阅。围绕河北省应对国际金融危机等经济社会发展热点、难点问题，将河北省年度经济形势分析会变为季度、年度召开。分三个季度以“应对金融危机，如何构建河北现代产业体系”、“河北省文化产业振兴与发展对策”等为主题开展研讨，对河北省经济形势进行阶段性分析；年底召开了年度分析会，对河北省未来经济走势进行预测。研讨成果及时报省委、省政府并向省直部门反馈，供决策和工作参考。省委常委、宣传部长聂辰席同志出席了年度分析会并作重要讲话。二是强化优势扩大影响。出版了《2008－2009年河北发展蓝皮书》在省内强势媒体宣传蓝皮书成果，进一步扩大影响力。副院长孙世芳研究员就《关于加快我省城镇化建设步伐的几个重大问题》为省委常委会第九次集体学习（扩大）会议做讲座，得到省领导肯定。《决策参考》改善组稿方式，增强针对性，上报的10多篇成果得到省领导批示肯定。《关于建立互联网舆情回应机制的建议》、《河北省文化产业发展对策创新研究报告》、《河北省沿海地区开发开放研究》、《河北省关于开展新型农村社会养老保险试点工作的实施意见》等多项成果，得到省委省政府主要领导的批示肯定并转化应用。受唐山市委主要领导之邀，社科院专家组成的咨询组参加了唐山市委八届六中全会重要文件——《中共唐山市委推进科学执政、民主执政、依法执政的实施纲要》的起草工作，得到了唐山市委领导的肯定，是社科院参与地方党委决策的一次成功尝试。三是巩固基础彰显特色。学科建设进一步加强。重点及重点扶持学科制定了三年建设规划，明确了学科建设任务，完善了制度建设，促进了人才培养和精品生产。课题立项实现新突破。2009年，1项国家社科基金重点项目立项，实现了承担重点项目零的突破；省社科基金项目获准立项5项，承担了省规划办设立的重大委托研究课题《河北省建立现代产业体系大型调研》20项子课题中的6项。推出一批重要科研成果。主要有：主持完成了“河北省人才发展中长期规划”编制工作，《惩治和预防腐败体系建设：更加注重预防研究》完成阶段性研究报告，《李大钊：从立志救国救民到拥护立宪、支持革命的思想转变》、《马克思市民社会理论的三维审视及其当代意义》、《道安佛学思想及其弥勒净土信仰》等学术论文在全国核心刊物发表，《国产类型大片、〈集结号〉与电影产业化实质》被《中国文化产业年鉴》列为重要论文成果并获第五届“河北省文艺评论奖”一等奖，出版了《俄藏黑水城所出〈宋西北边境军政文书〉整理与研究》、《燕赵思想家研究》、《杂曲歌辞与杂歌谣辞研究》、《河北省旅游人力资源调查与发展规划》等一批著作。国家社科基金项目《俄藏黑水城宋代军政文书研究》、省社科基金委托项目《我省奶业走出困境的方略和对策研究》获第六届河北省社会科学基金项目优秀成果奖一等奖，省社科基金重大项目《河北省文化产业发展对策创新研究》获得二等奖，国家社科基金项目《重化工业园区开展自我循环经济试点问题研究》获得三等奖，

三、积极开展对外交流合作，实现新拓展。一是加强国内省内合作。社科院与北京大学、中国李大钊研究会、唐山市委市政府等共同举办全国和河北省纪念李大钊诞辰120周年学术研讨会，与河北师范大学历史文化学院联合主办“黑水城文献研究回顾与展望学术研讨会”，与中国社会科学院社会政策研究中心共同举办“金融危机背景下社会政策走向研讨会”，与省人力资源开发研究会联合举办“河北省人力资源发展高层论坛”，与省电子商务研究会联合召开“美国金融危机与经济走势研讨会”等。二是促进国际学术交流。周文夫院长出席中国社会科学院主办的“第三届中俄社会科学论坛”，并发表专题演讲。孙世芳副院长率团赴美国加州州立大学圣伯纳地诺分校开展学术交流。孙继民副院长率团赴俄罗斯参加了《敦煌学：第二个百年的研究视角与问题》国际学术会议。社科院承办了首届“河北省社科院、日本岩手县立大学中日农村发展学术研讨会”，并成功启动了合作课题《山区农村经济发展与环境改善问题研究》。英国密德萨斯大学派团访问社科院并签署《两院校合作意向书》。2009年接待来访的国外及港台地区专家、学者共计7批46人次。

（河北省社科院　孟庆凯）

气象与防震

【气象概况】 2009年，全省气象部门在职职工2182人，气象台站143个，其中省、市气象台12个，县（市、区）气象局（站）131个。按观测站类和任务划分全省共有1747个观测站点，其中国家基准气候站5个、国家基本

气象站15个、国家一般气象站122个，无人自动气象站2个、海岛自动气象站1个、区域气象观测站1602个。此外，盐业、林业、水利、民航等非气象部门共有专业气象台站16个。2009年全省气象部门圆满完成各项工作任务，多项重点工作取得历史性突破。被中国气象局评为特别优秀单位。

【气候状况】 全省年平均气温较常年偏高，年降水量较常年偏多，年日照时数较常年偏少。年内经历了多种气象灾害，干旱、大雾、寒潮灾害较常年偏重；高温、连阴雨灾害接近于常年平均水平；沙尘、暴雨、雷暴、酸雨、风雹等灾害与常年相比较轻，但局部受灾较重；年内出现历史罕见暴雪天气过程，给生产、生活带来诸多不利影响。气象灾害属于“中等偏重”年份。

气温。全省年平均气温为12.0℃，比常年偏高0.6℃，较上年偏低0.2℃，属偏暖年份。冬季，全省平均气温为－1.9℃，较常年偏高1.1℃。春季，平均气温为13.9℃，比常年偏高1.4℃。夏季，平均气温为25.2℃，比常年偏高0.6℃。秋季，平均气温为11.4℃，比常年偏低0.4℃。

降水。全省年降水量为528.4毫米，较常年偏多7.3毫米，属正常年份。冬季，平均降水量为14.4毫米，比常年偏多22%。春季，平均降水量为78.8毫米，比常年偏多21%。夏季，平均降水量为323.1毫米，比常年偏少11%，属正常年份。秋季，平均降水量为113.0毫米，比常年偏多37%。

日照。全省平均年日照时数为2465.3小时，较常年偏少132.6小时，属偏少年份。全省各地年日照时数在1900～3270小时之间。冬季，全省平均日照时数507.4小时，比常年偏少40.5小时。春季，全省平均日照时数754.0小时，较常年偏多17.7小时。夏季，全省平均季日照时数685.4小时，较常年偏少12.1小时。秋季，全省平均季日照时数546.5小时，较常年偏少71.0小时。

【气象灾害】 干旱。冬季干旱严重，北部夏秋连旱。2008年10月底至2009年2月初，河北省大部分地区降水持续偏少，全省平均降水量仅为2.0毫米，为近50年以来历史同期最小值，加之气温偏高，致使全省大部分地区出现严重旱情。6～9月，张承地区降水持续偏少，部分地区旱情严重。全省因旱受灾人口82.7万人，农作物受灾面积170.5万公顷，绝收面积41.8万公顷，直接经济损失52.96亿元。

沙尘。沙尘天气较常年异常偏少。全省共出现31个沙尘日，比常年（130个）异常偏少。每次沙尘天气过程影响范围小。全年沙尘天气影响范围超过10个县（市）的有6次，影响超过20个县（市）的有2次。出现的沙尘天气主要是扬沙和浮尘，分别涉及59个和40个县（市），出现沙尘暴的县（市）只有5个，较常年明显偏少，为1971年以来第四少的年份。

暴雨。全省共出现29个暴雨日，较常年（31天）略偏少。主要暴雨过程出现在5月8～10日、6月16～19日、7月16～18日。5月8～10日，出现全省性降水过程，其中，41个县（市）降水量大于30毫米，15个县（市）大于50毫米，邢台市降水量最大，为166.0毫米。此次降水过程全省平均降水量为27.4毫米。6月16～19日，持续出现全省性降水过程，全省共出现暴雨25站次，大暴雨4站次。此次降水过程全省平均为37.1毫米。7月16～18日，出现全省性降水过程，其中衡水市武邑、阜城降水量超过100毫米。

大风。全省年平均大风日数为每站5天，比常年偏少。全年共有21天大风影响范围超过10个站点，其中8天超过20个站点。10月18日全省71个站点出现大风天气，成为全年大风影响范围最广的一天。7月23～24日，中南部地区出现大范围大风天气，邢台市内邱、南和、任县、沙河相继出现8级以上的大风，给当地农业、畜牧业和基础设施造成严重破坏，直接经济损失17.24亿元。8月27日，石家庄大部、衡水西南部、邢台东北部等地先后遭遇强对流天气，风力7～8级、阵风9～10级，部分县（市）伴随冰雹天气，处于灌浆期的玉米大面积倒伏折断，农业受到严重损失。

冰雹。全省共出现25个冰雹日，比常年偏少，涉及全省10个地市的29个县。全年累计出现71站次，主要发生在6—8月，6月出现6个冰雹日（累计站次为15次），7月和8月份分别出现5个冰雹日（累计站次分别为31次和10次）。7月22—24日，全省除秦皇岛市外的10个地区遭受大面积风雹灾害。最大风力12级，冰雹最大直径5厘米。邢台、沧州、邯郸三市受灾严重。其中邢台地区的10个县（市）受灾人口121.3万人，因灾死亡1人，农作物受灾面积9.8万公顷，因灾造成直接经济损失9.955亿元；沧州地区的7个县（市）受灾人口53.6万人，农作物受灾面积4.6万公顷，因灾造成直接经济损失3.15亿元；邯郸地区的9个县（市）受灾人口112.8万人，农作物受灾面积9.6万公顷，因灾造成直接经济损失2.86亿元；唐山共有7个县（市）受灾，因灾死亡两人，受灾人口20.1万人，农作物受灾面积1.3万公顷，直接经济损失5374万元。

连阴雨。9月3～8日，河北省大部地区连续出现阴雨天气，全省平均降水量52.6毫米，比历史同期偏多2倍。此次连阴雨天气，严重影响了农作物生长，致使部分地区玉米遭受沥涝，棉花棉铃霉烂，红枣出现浆裂、烂果，全省经济损失11.2亿元。

高温。极端最高气温超历史极值，3月中旬气温异常偏高。全省出现高温天气（＞＝35℃）44天，与常年（43天）基本持平。3月12～18日，全省平均最高气温18.2℃，各地区较常年同期偏高3.9℃以上。3月18日，有87个县（市）日最高气温超过30.0℃。自6月20日起，河北省出现持续性、大范围高温天气，中南部地区平均日最高气温超过35℃（6月20～30日平均），石家庄、邢台、邯郸三市部分地区日最高气温超过38℃。6月23～25日，中南部地区连续出现超过40℃的酷热天气。25日，邢台市沙河站日最高气温44.4℃，突破河北省日最高气温历史极值，18个站突破有气象观测记录以来的最高值。

寒潮降温。共出现22次比较明显的降温天气过程，其中影响范围超过70个县（市）的寒潮降温过程达11次，寒潮降温次数多于常年。1月21－23日，河北省先后出现大风降温天气。23日，全省所有县（市）降温幅度达到寒潮强度，其中136个县（市）为强寒潮。2月14－16日，河北省出现寒潮降温天气，2月15日全省共有101个县（市）出现强寒潮。12月25－26日，107个县（市）发生寒潮天气，其中有65个县（市）发生强寒潮。

暴雪。11月8－12日河北省大部地区出现雨雪天气，其中张家口南部、廊坊北部、唐山北部、保定南部、沧州南部、石家庄、衡水、邢台、邯郸降大到暴雪，保定以南的大部地区过程降水量达30毫米以上，石家庄中西部部分地区超过50毫米，石家庄市区降水量最大为93.5毫米。此次强降雪过程，有47个气象台站的最大积雪深度突破当地有气象观测记录以来的历史极值，其中石家庄市区比历史极值偏多36厘米，为历史罕见。中南部地区有29个气象台站日最大降雪量突破当地有气象观测记录以来的历史极值。此次降雪过程强度大、持续时间长，为历史罕见。大暴雪给人民群众的生产、生活及社会经济带来诸多不利影响，造成交通阻塞、旅客滞留、人员伤亡、树木折断，各类房屋和设施农业受损。全省共87个县（市、区）、328.4万人不同程度受灾，其中因灾死亡8人，受伤1000人，农作物受灾面积162.7千公顷，因灾倒塌房屋2044间，损坏房屋5046间，倒塌农业大棚22517个，城市集贸市场等大量设施被毁。因灾造成直接经济损失15.27亿元

大雾。大雾天气较常年偏多。中南部大部地区大雾日数在20天以上，保定东部、邢台大部在40天以上，比常年偏多10～38天。11月22～12月2日，因前期积雪融化，低层空气湿度大，河北省连续11天出现大雾天气。其中12月1日出现的范围（100个站点）为全年最大。

雷暴。全年出现127个雷暴日，低于常年值（143个）。6月13—17日、6月26—27日、7月22—24日出现连续雷暴日，其中单日影响范围最大的是6月16日和7月24日均为57个县（市）。全年共发生雷灾事故651起，造成21人死亡，7人受伤，引起的爆炸火灾6起，损伤建筑物14起，损坏电子设备1176件，直接经济损失328.5万元，间接损失为84.5万元。

酸雨。全年出现酸雨52次，其中强酸雨10次，弱酸雨42次。

【天气预报预警服务】 在应对2009年11月8－12日历史罕见特大暴雪工作中，省气象局提前2天做出准确预报，及时召开新闻发布会，首次代表省政府启动重大气象灾害应急预案。省直各相关部门以及石家庄、邢台、邯郸、衡水市政府、市气象局迅速响应、高效联动，积极应对、科学抗灾。7位省领导先后批示，3位省领导先后亲临气象部门了解雪情，坐镇指挥。由于预报准、精度高、预警覆盖面广、建议针对性强、重大气象灾害预案启动及时，抗灾减灾效益显著，此次抗击暴雪气象服务被国务院应急办选为突发事件应急处置成功范例。张云川书记、胡春华省长在省委常委会、省政府常务会上对气象部门工作给予高度赞扬。温家宝总理在视察河北时充分肯定了这次暴雪应急工作。

【公众气象服务】 突出电视媒体作用，强化电视节目制作。省级电视气象节目达42档，播出时长达394分钟；实现了中国气象频道基本包全境落地和本地节目插播；率先引进了LED大屏幕节目制作系统，开发了电视天气预报三维可视化应用平台。2009年全国气象影视节目评比中，河北省获得4个一等奖，1个二等奖，团体第1名。在全国公共气象服务满意度普查中，河北省以91.9分名列第一。

深入开展气象科普宣传。积极开展气象科普“进社区、进农村、进工地、进公交、进课堂”活动，深入革命老区和全省地质灾害隐患点开展了有针对性的气象灾害防御知识宣传，发放各种防雷科普读物2万余册，为石家庄市150所中小学赠订《中国气象报》，为50个社区赠订《气象知识》杂志。保定科普宣传示范工程和秦皇岛、廊坊大型预警电子显示屏效果较好。

【农业气象服务】 春季抗旱气象服务分类指导，建议合理。面对全省大部分地区出现的罕见冬春连续气象干旱，全省气象部门深入田间地头，密切监视旱情发展，主动与农业、水利等部门沟通、协商，对旱情及其影响做出正确判断，对后期降水偏多做出准确预报，超常规实施跨地区联合增雨作业，全省仅节约灌溉资金一项就超过10亿。“科学抗旱，分类指导，加强田间管理，不盲目浇水”的决策建议和“抗大旱、促春管、夺丰收”气象保障工作受到了国务院抗旱督导组、中国气象局、省委、省政府领导的高度评价；保定、邢台、廊坊、邯郸、沧州、衡水、秦皇岛等市气象局受到当地党委政府的表扬。省政府致函中国气象局为河北省气象部门请功。

积极探索“三农”气象服务新模式。继续强化常规农业气象服务，为农服务多项成果得到推广应用，气象保障助力全省粮食生产连续6年丰产丰收。坚持政府主导、专家加盟，打造平台、延伸节点。在省气象局指导下，保定市、满城县政府和保定市气象局共同推进满城新农村现代气象服务体系建设，取得良好开端。廊坊、邢台建设气象服务示范点和气象服务站，秦皇岛“十大服务到农家”活动，使“三农”气象服务不断深入。

【人工影响天气服务】 人工影响作业规模和效果显著提升。组织飞机增雨和探测65架次、飞行178小时，发射火箭弹4000余枚、炮弹7073发，增水27亿立方米，有效缓解旱情、增加水资源。圆满完成国庆60周年庆典人工影响天气服务保障任务。

【应对气候变化服务】 强化应对气候变化决策服务工作。气象灾害风险区划、精细化农业气候区划，保障粮食安全、水资源安全和生态质量气象评价以及气候资源评价与高效利用等气候变化应对决策气象服务进展顺利，切实发挥了气象部门在应对气候变化中的科技支撑作用。

着力推进气候可行性论证工作。主动服务地方经济社

会发展规划和重大建设项目布局，为“曹妃甸装备制造标准厂房太阳能发电示范工程”、“燕山石化大炼化工程”等重大项目工程设计、建设提供了气候可行性论证。风能资源详查工作取得阶段性成果。

【应急气象服务】 省气象局接入了省政府应急办视频终端。省气象局建立了气象灾害应急防御联系人制度，成立了气象服务联席会议办公室，设立了气象服务首席。省气象灾害监测预警工程稳步推进。各级政府把气象灾害预警应急体系纳入了政府管理序列，提高了应急处置能力。

【防雷气象服务】 8月4日，石家庄市民房遭雷击倒塌造成17人死亡。省、市气象部门现场勘验迅速，调查分析科学，协助市政府妥善处理并及时向社会公布事件调查结果，避免了负面社会影响。省委、省政府给予充分肯定，石家庄市艾文礼市长亲赴省气象局表示感谢。

【专业专项气象服务】 高速公路交通气象服务取得重大突破。为电力、森林火险、铁路沿线、旅游景点和重大工程等提供了优质专业、专项气象保障服务，社会经济效益显著。高速公路气象监测与信息服务系统得到宋恩华副省长肯定；与省安监局、农业厅、海事局签订了气象灾害防御联动机制合作协议；与移动通信运营商达成重大灾害性天气预警全网发布协议。沧州市气象局与10余家单位建立了海洋气象灾害联防机制，唐山市气象局启动了冀东油田海上气象服务业务。圆满完成了汛期、“三夏”、防恐演练、国庆等关键时期和重大活动保障气象服务任务。

【气象基本业务建设】 预报预测系统建设。积极推进奥运成果的本地化应用。引进奥运成果VIPS系统，加入了雷达、自动站等资料，进行了本地化开发和推广应用。SWAN系统应用和全省短时临近预报业务水平得到了有效提高。完善了延伸期短期气候预测平台。以动力释用方法为主、经验统计方法为辅，建立了滚动气候预测系统，实现了延伸期预报的实时滚动制作与输出。加强科研成果的应用。继续深化了INCA业务的应用开发和准业务运行，基于INCA模式设计了精细化天气要素综合分析与临近预报系统的信息流程。同时一批具有河北特色的研究成果在业务中得到了应用。完善信息网络系统。建立了VIPS、海洋业务系统等。

监测系统建设。完成了50套自动站建设任务。建成12套紫外线和总辐射监测系统、3个闪电定位监测子站、6个海洋岸基气象观测站、1个大浮标观测站、风能资源专业观测网（35座测风塔）、5条高速公路的31套自动气象观测站、2部L波段探空雷达、50个土壤水分自动站、7个大气电场监测站、6个超声波积雪深度、4个称重式固态降水自动监测系统、19个仿220KV输电线路电线积冰观测站点。初步建立综合观测系统运行监控平台和综合保障系统维修测试平台。

【气象科研】 获批省部级以上科研课题7项，《华北东北暴雨发生发展特点及预报技术研究》首获国家科技部行业专项资助，项目经费、规模取得历史性突破。2项成果获得省科技进步三等奖，在核心期刊发表论文47篇。河北省气象与生态环境重点实验室被评为优秀省级重点实验室。

【依法行政】 强化气象社会行政管理职能。认真落实省委、省政府关于房地产所涉行政审批和收费改革的要求，“避免危害气象探测环境审批和防雷装置设计审核、竣工验收”两项许可纳入必经审批程序。共开展执法检查2400多次。气象工作纳入设区市安全生产目标考核，参与了省政府组织的“奋战六十天，安全迎国庆”执法检查特别行动，对各市的机场、车站、码头、电厂、移动、联通等9大类行业的96家企业进行了气象安全检查，对50多个企业下达了整改通知书。参与了对设区市的安全生产目标考核工作。

完善气象法规体系。《河北省气象灾害防御条例》和《河北省人工影响天气管理办法》列入省人大5年立法规划。2项行标、5项地标分别被中国气象局、省质量技术监督管理局列入制定计划。1项行标、2项地标通过审查，6项地标通过初审。省人大、省政府联合举办了纪念《气象法》实施十周年座谈会。

推行网上审批。8项行政许可项目全部实现网上审批。对全省30多家防雷企业和40余名管理人员进行了培训。省气象局代表队分别获得全国和华北区域中心气象法律知识竞赛第一名。

（河北省气象局　刘文奎）

【地震监测预报】 （一）始终坚持“震情第一”观念，圆满完成特殊时段地震安全保障工作，特别是地震重点监视防御区和地震重点危险区的震情跟踪工作。根据年初制定的2009年震情跟踪方案，认真做好首都圈地区、冀鲁豫交界地区、晋冀蒙交界地区震情监视及跟踪工作以及华北地区强震跟踪工作，坚持执行周、月会商制度，制订了《新中国成立60周年震情保障工作方案》，在“两会”期间和国庆六十周年期间等特殊时段，启动加密会商，执行每日异常零报告制度，圆满完成了新中国建国60周年大型庆典活动和全国“两会”等特殊时段的地震安全保障工作。

（二）狠抓监测预报基础工作，观测资料质量评比取得历年最好成绩。2009年，河北省地震局参加全国地震监测预报资料质量评比项目80项，优秀率100%，获学科评比前三名共计17项，位居全国前列。其中，红山台获大震速报第一名、地电场第二名、地磁Ⅱ类台第三名、定点核旋第三名；怀来台获水汞第三名、气汞第三名、倾斜潮汐形变综合台第三名、地下流体综合第三名；张家口台获洞体应变第二名、地壳形变学科综合第三名；保定中心台获流动重力观测评比第二名；易县台获地壳形变学科综合第二名；昌黎台（后土桥）获地电场第二名；宽城台获钻孔应变台网第三名；涉县台获定点核旋第三名；广平台获定点核旋第三名；永清台获水位第三名。

（三）加强台站优化改造，地震台站规范化管理水平不断提高。2009年，河北省地震局完成了易县地震台的优化改造主体建设任务，唐山、秦皇岛、沧州、石家庄、邢台、邯郸等市地震局完成了部分市属台站的优化改造，台站工作、生活条件得到进一步改善；河北省地震局制定了《河北省地震局地震监测台站管理办法》和《地震台站规范化管理评比办法》等制度，进一步促进了台站管理规范化。

（四）根据中国地震局的安排和要求，在河北省地震局建立了华北区域自动地震速报技术系统，已投入正式运行。该系统负责山东、河南、河北、山西、北京、天津、内蒙7省（市、区）3级以上地震速报，自动初报时间为3分钟。

（五）根据中国地震局的安排和要求，在河北省地震局建立了华北区域测震仪器维修中心，负责山东、河南、河北、山西、北京、天津6省市的测震仪器维修，该中心于2009年底通过中国地震局的验收，并于2010年1月28日正式投入运行。

（六）完成了“陆态网”项目5个基准站和1个核心站的土建工程，工程建设质量以全优的成绩通过了六部委的联合验收。

（七）积极引进试验项目，努力探索地震观测新技术。2009年，通过内引外联，河北省地震局加强与中国地震局有关科研院所、国防科工委等单位合作，引进了多项试验项目，如怀来台安装了沙层应力仪、易县台引进了分量应变观测、大柏舍台布设了全空间地电阻率观测系统等项目，充实了观测数据，丰富了观测内容、增强了观测效果。

2009年，河北省地震局被中国地震局评为地震监测预报工作先进单位，到目前为止，已经连续八年被中国地震局评为地震监测预报工作先进单位。

【震灾预防】 （一）建设工程抗震设防管理进一步加强。2009年，在河北省房地产和和固定资产投资项目行政审批改革中，通过积极努力，河北省、市两级建设工程抗震设防要求管理已纳入建设项目可研及选址、施工图审查和竣工验收等环节的全过程监管，建设工程抗震设防管理得到强化。地震行政审批工作不断完善，按照河北省委、省政府有关要求，下放了审批权限、规范了工作流程，压缩了审批时限，完善了网上审批系统，省、市和部分县三级地震行政审批工作基本实现了电子审批；地震行政审批事项进政务大厅工作开展顺利，11个设区市全部、部分县（市、区）进入了当地政务大厅，河北省地震局行政服务窗口建成并运行良好，此项工作获得省效能办多次肯定和好评。2009年，河北省共完成省管重大建设项目地震安全性评价结果审定和抗震设防要求确定行政许可34项，共完成地震安全性评价报告送审162份，出具省地震安全评定委员会评审意见157份，安评报告质量良好，规范有序的地震安全性评价市场秩序基本形成。

（二）农村民居防震保安工作和稳步开展。2009年，河北省各级地震部门积极配合农办、住建等部门推动了近千个地震安全示范村建设，并充分利用地震部门优势积极开展了房屋防震抗震知识宣传、技术咨询指导和培训工作。河北省地震局编发了《河北省农村民居防震保安工程指导手册》和配套视频资料，为农村民居建设提供科学指导。

（三）中小学校舍安全工程不断推进。2009年，河北省各级地震部门配合当地教育、住建、国土等部门认真开展排查鉴定，积极参与选址方案和加固改造方案的制定和宣传工作。河北省地震局确定了河北省重点监视防御区和地震高烈度区的市、县（市、区）名单，协助制定了《河北省中小学校舍安全工程实施方案》和《河北省中小学校舍安全工程实施细则（试行）》，并就如何配合做好实施工作专门印发了有关文件，进行了任务部署；与河北省教育厅、住建厅等10个部门联合转发了《全国中小学校舍安全工程实施细则》、《关于学校、医院人员密集场所建设工程抗震设防要求确定原则的通知》等文件，进一步推动中小学校舍安全工程建设。

（四）地震群测群防“三网一员”实现网络化管理。河北省地震群测群防“三网一员”信息管理系统平台顺利通过验收并正式运行，网络功能发挥良好，各项管理制度和运行流程不断完善。

（五）城市抗震防灾专项规划编制工作实现新突破。2009年，保定、邯郸、石家庄市地震局组织编制完成了抗震防灾专项规划，部分县（市）此项工作也有不同程度的开展，进一步拓宽了地震部门服务社会的领域。

（六）城市活断层探测与地震危险性评价项目进展较为顺利。截至2009年底，唐山、承德、廊坊、沧州、张家口已完成全部工程量的60%，邢台、秦皇岛已完成全部工程量的40%。

（七）市、县地震工作取得新进展。在全国地（市）防震减灾工作综合评比会上，石家庄市地震局获得了2008年度全国市县防震减灾综合评比一等奖，秦皇岛市地震局获得了创新奖，张家口市地震局获得综合评比优秀奖和防震减灾法制单项奖。石家庄市桥西区地震局、邯郸县地震局、黄骅市地震局、唐海县地震局、永清县地震局、张家口市宣化区地震局、邢台市桥西区地震局获得了全国县级防震减灾工作先进单位。河北省地震局荣获了组织管理奖。

（八）防震减灾普法工作认真推进，成绩明显。河北省各级地震部门，特别是各市、县地震机构深入基层，扎实工作，取得了很好的成绩。2009年河北省地震局荣获司法部、中宣部、全国普法办联合颁布的“五五普法”全国先进单位。

【震灾应急救援】 （一）地震应急区域联动工作不断加强。2009年，河北省地震局联合河南、山东省地震局联合开展地震现场应急协作联动，制定了《豫鲁冀值得注意地区地震应急准备工作方案》；整合山东、河北、天津、辽宁四省（市）现有地震应急资源，制定了《2009年度渤海海峡及邻区地震重点区地震应急联动方案》。2009年8月4—7日，河北省地震局积极组织召开华北地区地震应急区域协作联动联席会议，会议对《华北地区地震应急区域协作联动联席会议章程》、《华北地区地震应急区域协作联动工作方案》、《华北地震应急区域协作联动震后应急组织指挥协调制度》等8项规章制度进行了认真修订，圆满完成了华北地区地震应急联动牵头单位的各项组织和管理工作，进一步提高了应对地震事件的紧急处置能力。

（二）完善河北省地震应急预案体系，进一步做好地震应急预案管理软件推广工作。2009年，河北省省、市两级地震应急预案逐步健全，基本形成了横向到边、纵向到底、前后衔接的地震应急预案体系。按照中国地震局部署，印发了《关于推广试用地震应急预案管理信息系统的通知》，开展河北省预案管理系统的推广试用工作，规范管理系统的录入内容和结构设置，并指导各市地震局管理系统的安装、使用、维护工作，同时完成省级预案管理系统运行工作，基本将河北省各级各部门地震预案纳入管理系统，并实现对预案有效的修订、备案、培训、演练、检查、实施、评估等动态管理。建立健全预案管理系统更新、使用制度，实现预案的科学快捷管理，完善了全省地震应急预案管理体系，极大地促进了河北省地震应急预案管理水平。

（三）认真组织开展地震应急演练活动。河北省地震局组织参加了2009年9月15日在河北省满城县举办的首都圈及华北地区地震应急演练，进一步增强首都圈地区及华北地震应急协作联动成员单位应急处置与联动能力。2009年，河北省多数市地震局也根据自身情况，开展了不同规模、形式多样的地震应急演练，取得了较好的演练效果。

（四）地震应急救援队建设不断完善。积极开展河北省地震救援队的培训和训练工作，组织救援队6名骨干队员赴国家地震灾害紧急救援训练基地参加为期15天的培训，组织设备厂家对救援队开展了救援设备的使用培训，委托石家庄消防支队组织救援队开展了救援技术和理论培训，通过加强救援技术和理论培训，进一步提升了地震应急救援队的救援能力。

（五）地震志愿者队伍建设不断规范。河北省地震局与河北团省委等有关部门组织开展了“防震减灾志愿者行动”等活动，并共同制定完成了《河北省防震减灾志愿者管理办法（试行）》，推动防震减灾志愿者服务工作的规范化、制度化。在继2008年同河北团省委联合发起在全省召集防震减灾志愿者之后，2009年进一步加强对志愿者的培训工作，分别在河北科技大学和石家庄市槐北路小学开展地震自救互救讲座和避震逃生演习，志愿者地震科普知识水平不断提高。唐山市地震局与市红十字会组建了地震应急志愿者队伍，并多次开展活动。

（六）有力推进地震应急避难场所建设。2009年，河北省地震局与省住建厅联合发文，要求各市、县在编制城市、镇总体规划和抗震防灾专项规划时，要严格按照国家标准规划建设避难场所。河北省地震局与河北省人防办共同编制了《人民防空工程兼做地震避难场所标准》。到2009年底，河北省已建成各类应急避难场所188个。

（七）河北省12322防震减灾公益服务热线平台于2009年5月8日正式向社会开通。河北省地震局编制了《河北省防震减灾公益服务热线知识库》，印发了质量管理、服务用语、统计报表等三项工作制度。到2009年底，该平台共进行语音服务23400次，人工服务1129次，为地震灾情快速收集报送、防震减灾知识普及拓宽了渠道，为增强河北省公众防震减灾意识发挥了积极作用。

河北省地震局2006年、2007年、2008年连续三年被中国地震局评为地震应急救援工作先进单位。

【防震减灾宣传教育】 （一）防震减灾宣传规划制度建设进一步强化。2009年，河北省地震局制定了《河北省防震减灾宣传专项规划（2010—2014年）》、《河北省地震局地震现场声像宣传工作预案》、《地震科普专题片创作流程》、《地震现场声像拍摄工作流程》等20余个规划、规范性文件和工作流程，开展了全省防震减灾宣传工作专项评比，进一步完善了防震减灾宣传规划和制度。

（二）“示范建设年”活动顺利开展。2009年，河北省地震局联合省教育厅、科技厅及省科协认定了省级示范学校57所、省级示范社区10个，联合省科协认定了省级科普教育基地10个。全省市级示范学校达到200余所。邯郸、邢台等市示范学校实现了每县1所；石家庄市23个县（市）区全部按照“五有”标准建设了科普教育基地，全市建设了14个地震安全社区，市内学校和社区防震减灾知识普及率均明显提高。

（三）河北省各级地震部门圆满完成各项宣传活动。河北省地震局与石家庄市政府于4月26日在石家庄联合举办了《防震减灾法》修订实施宣传活动，此次宣传活动得到河北省领导的高度重视，龙庄伟副省长、李靖副秘书长亲自参加宣传活动并发表讲话。河北全省各级地震部门圆满完成了《防震减灾法》修订实施、5·12防灾减灾日、7·28唐山地震纪念日、科技宣传周、国际减灾日、安全生产月、全国防震减灾知识竞赛河北赛区竞赛活动、国庆六十周年主题宣传、国际减灾日等一系列宣传活动。2009年，河北全省地震系统开展以及参加政府或政府相关部门组织的各类宣传活动共计11项，印制资料5万多份，散发宣传材料3万余份。

（四）防震减灾宣传队伍建设进一步加强。2009年，河北省地震局印发了《关于加强全省防震减灾宣传队伍建设的通知》，明确了宣传、培训渠道，强调了调整优化宣传队伍结构，完善网点建设。要求全省做到村里有宣传员，企业有管理员，学校有辅导员，机关有联络员，社区有助理员来负责防震减灾宣讲工作，进一步调整优化了宣传队伍结构，完善了宣传网点建设。

（五）防震减灾宣传渠道不断拓宽。以5·12防灾减灾日宣传活动为契机，河北省地震局联合省政府应急办、团省委、石家庄市政府在石家庄市第六中学共同举办了5·12防灾减灾日宣传活动暨河北省防震减灾科普知识“五进”宣传活动石家庄启动仪式，进一步推进防震减灾知识向纵深开展。市县防震减灾宣传形式多样，内容丰富。石家庄、邯郸等市局将防震减灾知识纳入当地党校培训内容；唐山、保定、承德等市局充分利用“三网一员”宣传网络将“五进”活动落到实处；沧州市局在“三网一员”基础上形成了“三网两员”新格局。充分发挥防震减灾科普教育基地的宣传作用。近两年，唐山市政府投资5亿多元建设了地震遗址公园、地震博物馆和地震科普馆，

2009年地震遗址公园、地震博物馆已正式对外开放，开始利用已建成的馆、厅开展宣传活动。2009年全省科普教育基地，包括省科技馆地震科普展厅在内共接待65万余人次，开放天数达到315天。

（六）媒体宣传得到强化。2009年，河北全省地震系统网站访问量达到了20余万人次，河北省地震局加强了与省级各大新闻媒体的联系，加强了新闻媒体的宣传作用，提高了宣传效果。各市局也加强了与当地媒体的联系与合作，强化媒体宣传，收到了很好的效果。

（七）防震减灾科普宣传更加注重原创。2009年，河北省创作了多种不同类型的防震减灾科普作品。其中面向少年儿童的《地震知识漫画》已由地震出版社出版，《赵州桥与地震》声像片后期创作完成，《地震小博士》科普软件二期工作正在设计和制作中（第一期被中国地震局列为交流作品）；建立了防震减灾科普作品数据库，目前该库已经收集国内外防震减灾宣传品150余种。

（河北省地震局　梁志琴）

【地震活动】　（一）2009年河北省及京津地区地震活动概况。据河北省数字遥测地震台网测定，2009年河北省及京津地区共发生地震1180次，ML1.0级以下地震356次，ML1.0～1.9级地震684次，ML2.0～2.9级地震131次，ML3.0～3.9级地震9次，没有4级以上地震。最大地震为2009年11月22日17点09分56.5秒天津宁河（39°07′N，117°13′E）的ML3.7级地震。

2009年11月22日17点09分天津宁河的3.7级和9月25日天津汉沽3.2级、10月3日北京昌平3.2级地震都是非常显著的地震，2009年河北省及津京唐地区的地震活动仍然比较活跃，小震活动集中在张渤带及河北平原带。唐山老震区的小震活动仍然是唐山地震的余震活动，而晋冀蒙交界地区和河北南部地区的小震丛集表明，晋冀蒙交界地区和冀鲁豫交界地区的震情仍未缓解。2009年地震强度比2008年低，小震活动频度高于2008年，也高于历年来的平均水平。

（二）2009年河北省及京津地区地震活动特征。

1. 2009年的小震频度有所上升，达到1183次，小震频度高于历史平均水平。

2. 小震活动仍集中分布在唐山、邢台、张家口地区的3个地震活跃部位。

3. 地震活动与2008年相比，京津唐地区无论是地震频度还是地震能量都比较高，成丛性比较明显。

4. 河北平原地震带中部小震较少，京西北及京津（北京55次，天津44次小震）地区小震成丛集活动比较明显。

5. 晋冀蒙交界地区和河北南部地区的小震丛集。

（三）2009年河北省地震灾害情况。2009年11月22日17时09分在天津宁河发生3.7级地震，当地有不同程度的震感。地震没有造成人员伤亡和大的经济财产损失。2009年我省也没有出现严重的地震谣传现象。

（河北省地震局　刘继录　毛国良）

国土资源监管

【概况】　河北省土地调查面积1885.45万公顷。其中，耕地656.21万公顷，园地87.31万公顷，林地463.21万公顷，草地281.36万公顷，城镇村及工矿用地175.22万公顷（城市13.26万公顷，建制镇18.63万公顷，村庄117.38万公顷，采矿用地21.65万公顷，风景名胜及特殊用地4.30万公顷），交通运输用地39.24万公顷，水域及水利设施用地88.43万公顷，其他土地94.47万公顷。（以上数据为二次土地调查数据，截止目前尚未经国家最终确认。）

河北省矿产资源丰富，目前已发现各类矿种155种，有查明资源储量的124种，排在全国前5位的矿产有39种。现已探明储量的矿产地1157处，其中大中型矿产地508处，占43.91%。全省已开发利用矿产地819处，现有各类矿山5433家，从业人数36.7万人，年开采矿石总量近3.68亿吨，采掘业年产值达593.2亿元，形成了以冶金、煤炭、建材、石化为主的矿业经济体系。地质灾害主要有崩塌、滑坡、泥石流、地面塌陷、地裂缝、海水入侵等。

河北省海岸线长487公里，海岸带总面积1.14万平方公里（其中陆地面积3756.38平方公里，潮间带面积1167.9平方公里，浅海面积6455.6平方公里）。有海岛132个，岛岸线长199公里，海岛面积8.43平方公里。河北省沿海地区处于环渤海经济圈的中心地带，是全国五个重点海洋开发区之一，海洋生物、港口、原盐、石油、旅游等海洋资源丰富，气候环境适宜，海洋灾害少，是发展海水养殖、盐和盐化工、港口运输、滨海旅游等产业的优良地带，适合进行各种形式的综合开发，具有发展海洋经济的巨大潜力。目前主要海洋产业是水产、交通运输、修造船、原盐、盐化工、石油和旅游。

【服务经济建设】　深入开展“双保”行动，着力增强资源保障能力，服务重大项目建设，保耕地的同时做足保用地的文章，力促全省经济平稳较快增长。2009年国家共下达河北省新增建设用地计划21.51万亩，全省共批准新增建设用地34.6万亩，盘活存量土地9.12万亩，批准土地置换2.29万亩，是历年来建设用地审批供应最多的一年，为全省经济的回升向好提供了强有力的支撑。积极开展地质找矿改革发展“大讨论”活动，推动地质找矿取得重大成果，年内新增铁矿资源量10亿多吨、煤炭资源量8亿多吨，特别是马城铁矿等矿产地的探明，不仅有力地支撑了河北省钢铁产业的发展，对于我国对外矿石谈判也产生积极影响。全年共批准建设用海面积6.7万亩，曹妃甸新区、渤海新区已获准近300平方公里的填海面积，相当于未来几年提供了45万亩建设用地。

【耕地保护】 一是认真落实耕地保护目标责任制，严格保护耕地。省、市、县政府每年逐级签订目标责任书，明确耕地保有量和基本农田保护目标，每年都对责任目标履行情况进行检查考核。强化基本农田保护，将基本农田落实到地块，保护责任落实到村组和农户，形成了“一乡一图，一村一档，一户一书，一地一牌”的管理模式。大力推进土地整理复垦开发，年内通过土地开发整理补充耕地28.7万亩。二是严格土地审批。严把土地规划计划关、产业政策关、用地标准关、征地补偿关，对不符合产业政策和供地政策、未按规定落实耕地先补后占、征地补偿和社会保障费用不能及时足额到位的，一律不批准农用地转用和土地征收，促进了依法合规利用土地。三是推进节约集约用地。省政府出台了《关于促进节约集约用地的实施意见》，建立了约束机制、激励机制、市场机制、监管机制。在具体工作中，严格建设用地标准管理，提高建设用地容积率、投资强度等控制指标，引导城乡建设“多占天、少占地”，严格落实经营性用地和工业用地招拍挂出让制度。四是加强土地执法监管。在全省实行了土地动态巡查责任制、违法案件查处责任目标考核制、卫片执法检查制、公开曝光处理典型案件和相关部门联合办案五项制度，认真开展卫片执法检查，狠抓未报即用违法用地清查整改，在全省积极推进土地执法监察长效机制建设，公开处理了一批典型案件，有力地遏制了违法违规用地。

【矿产资源管理】 一是保持高压态势，依法打击无证采矿、无证勘查和越界开采。先后开展了整顿和规范开发秩序工作、打击非法采矿专项行动、集中打击盗采国家矿产资源行为专项行动，全省共查处矿产资源违法案件700多起，开发秩序保持基本稳定。二是严格实行矿权设置方案制度，新设矿权必须由市、县政府组织编制设置方案，经省政府批准后方可设置。这项制度的实行，不仅强化了各级政府在矿产资源配置上的管理责任，而且实现了矿权设置由无序向有序转变，促进了矿产资源合理开发利用。三是建立矿山环境补偿机制，实行矿山生态环境恢复治理保证金制度，积极推进“绿色矿山”建设。以能够基本恢复矿山环境为依据，区分不同矿种、不同开采方式（地上和地下开采），制定了保证金收取标准，已累计收取保证金3亿多元，促进了矿山企业边开发、边治理。同时，加大矿山环境治理资金投入，已建设矿山环境恢复治理示范区200多个，治理面积10万多亩。

【海洋资源管理】 认真落实海洋功能区划、海域权属管理、海域有偿使用、海洋环境保护等制度，对工程建设用海严格进行海域使用论证和海洋环境影响评价，对养殖用海全面进行普查登记，并从养殖用海入手，积极探索海域使用权招标拍卖。制定了《海域使用权招标拍卖出让管理办法》，初步建立起了海域使用权市场配置机制。同时，扎实开展“海盾”、“碧海”等专项执法行动，及时查处各类海洋违法案件，维护了用海秩序，保护了海洋环境。

【优化资源配置】 在土地方面，按照“布局集中、产业集聚、用地集约”原则，把有限的用地指标尽可能向城镇、向沿海、向园区集中，用在重点项目、产业结构优化升级项目以及各地立市、立县的好项目上，以促进生产力布局调整和现代产业体系的建立。全年用于省重点以上项目的新增建设用地计划占到了全省计划的62%，对不符合国家产业政策、浪费土地、高污染高能耗的项目，一律不供地。在矿产资源方面，对已有矿山积极推进资源整合，培育有竞争力的大矿，年内全省矿山数量减少670多家，整合后矿山生产规模提高3倍多；对新建矿山提高门槛，不新设年生产能力小于30万吨的煤矿采矿权和年生产能力小于3万吨的铁矿采矿权；对于大宗整装资源，优先配置给大中型骨干企业开发，支持优势企业做大做强。

【盘活城市土地】 以“破解用地难题、实现高效合理、服务发展大局”为目标，紧密结合国土资源工作实际，从盘活城市土地、优化用地结构、提高土地利用效率入手，积极主动地服务和支持三年大变样。一是结合推进城中村改造，对过去的城镇违法建设用地进行清理、拆除，为城市建设腾出大量土地。二是完善土地储备供应机制，对拆迁腾出的土地、依法收购收回的低效利用土地和闲置土地，暂时不能安排项目的，统一纳入政府储备，有计划、有步骤地进行出让，既盘活了存量土地，又为城市建设提供了资金支持。全年全省共投入资金109亿元，收购储备土地8.83万亩；共出让储备土地3.24万亩，收取价款141亿元。三是优化城镇用地结构，积极推进“退二进三”和污染企业搬迁，引导工业项目向园区集中，腾出土地用于城市基础设施建设和第三产业发展，不仅提高了土地利用效率，而且改善了城市居住环境。四是采取鼓励政策和支持措施，对搬迁工业企业，采取协议方式提供新的安置用地，对城中村改造用于安置原城中村村民的住宅用地和公共设施用地，采取划拨方式供地，在用地上搭起了推动三年大变样的“快车道”。

【推进制度创新】 一是探索城乡建设用地增减挂钩，促进新民居建设。利用国土资源部核定的1.2万亩增减挂钩用地指标，为新民居示范村提供周转用地，并对用地申报、审批、使用以及土地利用布局和结构的调整，采取一揽子解决的方法，既满足了用地需求，又保证了新民居建设规划和土地利用总体规划的紧密衔接，还可以通过村庄复垦还耕为城市建设提供建设用地。二是完善征地补偿机制，在全省全面实行征地区片价。新的补偿标准，总体上比2008年实际征地补偿平均水平提高20%左右，实现了同地同价。同时，实行了新的被征地农民社会保障费用筹集办法，社保资金不再由国家、集体和农民三家分担，改由市、县政府在征收农用地报批前支付，保证了被征地农民原有生活水平不降低、长远生计有保障。

【优化服务环境】 按照省委、省政府、省纪委的部署，深入开展行政权力公开透明运行工作，实行政务大厅一门受理、接办分离，实行网上审批、过程公开，建立起了“内容规范、形式完善、程序严密、机制健全”的行政权力公开运行体系。在廉政建设上，一是制定廉政风险预警和防范管理暂行办法、巡视工作暂行办法，建立行政权力绩效考核和责任追究机制，健全反腐倡廉制度体系；二是认真落实省委提出的“十个严禁”，结合典型违纪违法案件狠抓廉政教育，党员干部的廉政勤政意识有了明显增强；三是推进行政权力运行监控机制建设，全厅共确定廉政风险点154个（各类行政权力和权力运行不同环节中存在的廉政风险），逐点确定风险等级，制定防范措施，每名公务员都作出廉政承诺，创新监督形式，强化监管手段。在作风建设上，一是结合开展学习实践活动和解放思想大讨论活动，把基层、企业、群众满意与否作为标准，在全系统认真开展了作风整顿；二是经省政府批准，下放了6项行政许可事项，在转变职能、简政放权上取得了成效；三是建立了三年大变样、省重点建设项目和中央新增投资项目用地快速审批通道，省厅用地审批快速通道的项目审批由法定的20天压减到7天，其他审批项目按法定时限缩短30%，切实提高了审批效率。四是细化完善了服务窗口规范标准，严格实行一次受理、一次补正，并在全省国土资源系统实行了行政审批“一领双责三到位”工作机制（一领：主办处长领办责任制；双责：破解难题促发展，规避风险保廉政；三到位：协调各环节即时到位、指导报件准确到位、全程服务履行到位），在服务基层、服务企业、服务发展上迈出了新的步伐。去年省厅政务大厅共受理审批报件5330件，办结6273件，实现零差错。

【测绘工作】 出台了《河北省测绘成果管理办法》，测绘法规建设得到加强。开展互联网地图和地理信息服务违法违规行为专项治理，查处各类测绘违法案件25起，测绘统一监管力度不断加大。建立全省测绘应急服务保障机制，为中央领导视察石家庄特大雪灾、各级政府及有关部门做好应急处置提供了及时有效的测绘保障。市、县级基础测绘工作稳步推进，基本满足了服务扩内需保增长的需要。测绘科技创新成效显著，获省部级测绘科技进步三等奖2项，获全国优秀测绘工程奖银奖2项、铜奖8项。测绘工作对外合作与交流由瑞典扩展到澳大利亚、法国、德国等多个国家和地区，并取得良好成效。

【基础工作】 按照国家的部署和要求，突出抓了土地利用总体规划修编和第二次土地调查工作。修编后的省级土地利用总体规划文本已上报国务院待批，11个设区市已完成市级规划修编大纲的编制工作。在第二次土地调查方面，已基本完成县级农村土地调查工作，调查成果已报国土资源部待国务院批准确认；完成了11个设区市和136个县（市）城镇地籍调查的外业调查工作，正在开展内业建库工作。矿业权实地核查工作进展顺利，全省野外实测工作全面完成。矿产资源利用现状调查完成了全部19个矿种2397个矿山的数据收集、分类、整理、核查矿区的划分工作，及2008年44个铜矿区，2009年铁矿、煤炭176个大中型上表矿区的核查任务。管理系统建设，全面启动了海籍调查。国土资源遥感动态监测步伐加快，908专项的调查专题全面完成，科普基地建设稳步推进。电子政务建设取得良好进展，政务系统不断完善，建设用地审批等业务实现与国土部联网运行。财务管理进一步加强，全年完成专项收入57.7亿元，预算执行率达到95%，为国土资源管理提供了资金保障。

（河北省国土资源厅　杨淑梅）

测　　绘

【概况】 2009年全省测绘工作重点围绕贯彻落实《河北省人民政府关于加强测绘工作的实施意见》。面对金融危机的冲击，在极为困难、复杂的情况下，按照省委、省政府提出的“保增长、扩内需、调结构、惠民生”的要求，积极调整工作思路，坚持科技创新，注意发挥测绘工作在各级领导、政府部门宏观决策中的基础保障和技术支撑作用，在测绘立法执法、测绘统一监管、测绘市场管理、基础测绘管理、重大项目实施、应急管理服务、地图编制出版、成果提供利用、测量标志保护、国际合作交流、测绘科技进步等方面，都取得了新成就。

一、测绘行政执法。全面贯彻《国务院关于加强测绘工作的意见》和《河北省人民政府关于加强测绘工作的实施意见》，一是研究制定《河北省测绘行政处罚自由裁量标准》，细化测绘行政处罚自由裁量权限，促进行政处罚自由裁量权超零。二是强化对设区市、县（市）测绘行政执法工作的监督和指导，针对人员变化等实际，继续抓好测绘行政执法培训、涉密测绘成果保密培训与检查，提高依法行政能力。三是加强专项测绘执法检查，省测绘局牵头，与省工业与信息化厅等9部门联合开展了地理信息市场秩序的整顿与规范工作；与省保密局联合开展了涉密测绘成果保密检查工作；与省新闻出版局、工商行政管理局联合开展了地图市场执法检查工作；与省通信管理局联合开展了网上电子地图的执法检查工作。

二、测绘统一监管。一是修订印发了《河北省测绘资质管理办法》、《河北省测绘资质分级标准》、《测绘技术质量保证体系考核标准》、《测绘成果资料档案及保密管理考核标准》等规章制度；二是推广使用测绘行政执法文书格式，印发了《河北省测绘行政许可和行政处罚案件评查标准》；三是开展了地理信息市场专项整治工作。以省政府办公厅名义印发了《河北省整顿与规范地理信息市场秩序工作方案》，在组织自查、专项检查、通报案件、整改落实等环节中，梳理出涉及地理信息生产、使用的单位1150家，对涉嫌无证测绘的146家单位进行敦促整改；四是开展了测绘资质年度注册工作。参加注册的555家单位中，缓注册29家，注销证书4家；五是开展了测绘资质许可工作，受理申请77家，许可68家；六是办理测绘成果使用行政许可事项621项。

三、测绘市场管理。围绕国家和省关于地理信息市场、地图市场，互联网地图和地理信息服务网站专项整治工作，全省各级测绘行政管理部门在新闻出版、工商行政、通信管理等部门的支持下，严格按照《中华人民共和国行政处罚法》、《中华人民共和国测绘法》等法律法规的规定，履行执法程序，坚持处罚与教育相结合，共组织开展测绘行政执法检查202次，重大专项执法行动34次，发现并查处测绘违法案件 341 起。其中做出行政处罚决定 12 起，没收各种违法地图及地图产品 500 余件，查封问题地图网站 154 家。

四、基础测绘工作。省测绘局按照《河北省省级基础测绘“十一五”发展规划》，积极争取基础测绘项目的公共投入，落实专项经费 1510 万元，主要用于 1∶1 万地形图的测制、更新及数据库建设。完成了 1∶1 万地形图张家口测区 387 幅，曹妃甸测区 80 幅，保定测区地形图数字化 396 幅，承德测区像控 2146 幅、外业调绘 1215 幅、内业采集 569 幅，1∶1 万数字线划图入库 1000 幅，1∶25 万、1∶5 万比例尺地理信息数据的转化和入库工作。完成了“河北省卫星定位综合服务系统”的建设，河北省公开版（1∶60 万）地理底图、11 个设区市城区挂图和市域挂图，136 个县（市）行政区域挂图、河北省环京津经济区地图、河北省冀东经济区地图、河北省冀中南经济区地图等编制印刷。各设区市、县（市）也完成了大量的 1∶500、1∶1000、1∶2000 比例尺地形图测图。

五、测绘应急保障。10 月下旬印发了《河北省测绘应急保障预案》，成立了应急领导小组，预案从应急范围、组织体系、应急响应、保障措施、监督管理等方面做出了具体的规定，并制作了 11 个设区市的应急保障图。指导、督导各设区市和局属各有关单位加强测绘应急保障工作，其中石家庄等 7 个市国土资源局、河北省第一测绘院等 6 个局属单位制定了应急预案。11 月 12 日下午 3 点 30 分左右，国家测绘局办公室、河北省委办公厅同时来电话，要求在 1 个小时之内提供为温家宝总理一行来石家庄，考察指导河北省抗雪救灾工作急需的《河北省地图》、《石家庄市地图》、《石家庄市区图》等地图资料，省测绘局迅速赶制，按时送达目的地；12 月上旬陈全国代省长到任后，需赴有关设区市调研，省政府应急办要省测绘局先后赶制 3 种形式、2 种比例尺的最新河北省地图，省测绘局都及时完成并送达。

六、地图编制出版。省测绘局及有关部门年内先后编制出版了《河北省交通图集》、《河北省公路交通图集》、《石家庄地图册》、《石家庄四开图》、《河北省行政区划图》、《秦皇岛市交通旅游图》、《秦皇岛市旅游交通商务生活图》，以及河北省 11 个设区市城区图、11 个设区市域图等。

七、测绘成果保障。为保障各级政府、经济建设部门宏观决策、规划的要求，省测绘资料档案馆、省基础地理信息中心年内共接待来人 700 余批，并提供了大量的测绘成果资料。其中提供 1∶1 万地形图 2884 幅，1∶2.5 万地形图 2 幅，1∶5 万地形图 571 幅，1∶10 万地形图 135 幅，1∶25 万地形图 9 幅，1∶100 万地形图 1 幅；各种等级控制成果 2452 点，换算坐标 8765 点；航片 15018 片。提供各种比例尺 DLG 产品 2368 幅，数据量 21.6GB；DOM 产品 1795 幅，数据量 45.6GB；DEM 产品 523 幅，数据量 2.7GB；各种挂图 89 幅，数据量 8.8GB。

八、测量标志保护。进一步落实测量标志由所在地的乡镇国土资源所管理的职能，依法查处了位于沧州、张家口境内的 3 起损毁测量标志事件。组织完成了河北省境内 3 座著名山峰嶂石岩、天桂山、苍岩山制高点地理信息标石的设置工作，完成了 5 座国家在河北境内建立 GPS 永久性跟踪站的选址、土地购置、电磁环境测试工作，完成了河北境内的国家海岛礁测量陆地 8 座基点的选址、埋石工作。

九、国际合作交流。省测绘局注重扩大国际合作与交流领域，在与瑞典国家土地测量局合作 15 年，建设了“河北省多用途地籍信息系统”、“秦皇岛等 3 市城市管理信息系统”和“河北省卫星定位综合服务系统”等项目的基础上，6 月下旬接待了瑞典海外测量公司总经理一行，商讨合作建设河北省 GPS 永久参考站事宜；9 月上旬接待了法国测绘专家，研讨、交流了遥感影像自动化处理系统的先进技术问题。11 月中旬，应美国天宝公司邀请，省测绘局代表团一行 4 人赴美国，就 VRS 在变形测量方面的技术路线等进行了深入的考察、交流。

十、测绘科技进步。2009 年，省测绘局直属单位完成的“河北省国土资源变化遥感动态监测项目”被中国测绘学会评为优秀测绘工程奖银奖，“石家庄市 1∶1 千数码航测成图”项目被中国测绘学会评为测绘科技进步三等奖，“石家庄基础控制网工程”、“北京市房山区集体土地地籍调查”项目被中国测绘学会评为优秀测绘工程铜奖。在全省开展测绘成果创优评先活动中，11 月份共评出河北省优秀测绘科技成果奖一等奖 23 项、二等奖 41 项、三等奖 71 项，评出河北省测绘学会科学技术奖一等奖 5 项、二等奖 3 项、三等奖 1 项。

十一、测绘行业协会改选。10 月 29 日，河北省测绘行业协会召开第三次会员代表大会，会议审议通过了河北省测绘行业协会第二届理事会工作报告，选举产生了由 84 人组成的新一届理事会。高子健同志当选为省测绘行业协会会长。

十二、测绘学会改选。10 月 29 日，河北省测绘学会召开第六次会员代表大会，大会审议通过了河北省测绘学会第五届理事会工作报告和财务报告，选举产生了新一届理事会，续铁枢同志任理事长。

【河北省测绘管理工作会议】 3 月 10 日至 11 日，河北省测绘管理工作会议在石家庄市召开。会议传达了李克强副总理 3 月初对测绘工作的重要批示和全国测绘局长会议精神，总结 2008 年、部署 2009 年全省测绘工作。省国土资源厅、省测绘局领导，各设区市国土资源局主管测绘工作的领导及测绘管理处（科、办）负责人，扩权县（市）国土资源局主管领导和测绘管理科负责人，省测绘局机关全体公务员、直属单位主要负责人共 110 人参加了会议。

会议强调：2009 年全省测绘工作要深入贯彻落实科学发展观，以服务省委、省政府确定的立足扩大内需保持经济平稳较快增长，加强区域统筹，培育经济发展新优势的部署为主线，大力宣传贯彻《测绘法》和《河北省实施〈中华人民共和国测绘法〉办法》，以贯彻落实国务院《意见》、省政府《实施意见》为重点，坚持服务大局、服务社会、服务民生的宗旨，着重在加强测绘立法执法、统一监管、基础测绘、科技创新、成果共建共享和应用上下功夫，着力构建“数字河北”，丰富基础地理信息资源，贴近经济社会发展对测绘的需求，为重大工程项目提供测绘保障，加强测绘公共服务，不断巩固提高测绘生产服务能力。

【全省地理信息市场专项整治工作】 4月3日省政府办公厅向各市区人民政府、各县（市、区）人民政府以及省政府各部门转发了省国土资源厅、省测绘局、省工业和信息化厅、省通信管理局、省国家安全厅、省工商局、省新闻出版局、省保密局、省军区司令部九部门联合制定的《关于整顿和规范地理信息市场秩序工作实施方案》（冀政办〔2009〕10号以下简称《方案》），对整顿和规范地理信息市场秩序工作进行了全面部署和安排。《方案》确定的工作目标是：通过整顿和规范，使无测绘资质或超越资质等级许可范围非法采集、加工、提供、使用地理信息数据的行为得到有效遏制，各种涉密地理信息泄密、窃密案件和非法提供互联网地图和地理信息出版行为得到依法查处，地理信息市场中的各种涉外、涉密、涉军非法测绘活动基本杜绝，地理信息市场监管制度进一步完善，政府对地理信息市场的监管能力和水平显著提高，地理信息市场秩序明显好转，推动河北地理信息产业健康发展。《方案》明确了四项重点任务：一是组织开展市场专项检查；二是查处各类违法案件；三是深入开展警示教育；四是建立长效监管机制。孙瑞彬副省长任河北省整顿和规范地理信息市场秩序工作领导小组组长。

年内，按照领导小组办公室《关于组织开展地理信息市场专项整治抽查工作的通知》精神，组成两个检查组，分赴9个设区市、15个县（市）的75家《测绘资质证书》持证单位检查，同时抽查了22家无测绘资质的地理信息产业从业单位，查处无证测绘、超资质范围测绘案件30起，作出行政处罚决定10起，当场下达责令停业违法行为通知书6起，责令写出书面检查并纠正的8起。

【测绘资质年度注册工作】 截至5月底，由国家测绘局统一组织、分级实施的各等级测绘资质年度注册工作全部完成。全省应参加2009年测绘资质年度注册的555家单位中，通过年度注册522家，缓期注册29家，注销《测绘资质证书》4家。为保障注册工作质量，一是召开全省测绘资质年度注册工作会议进行部署，就做好年度注册工作印发通知，明确省测绘局负责甲、乙级测绘资质单位的年度注册工作，市国土资源局负责丙、丁级测绘资质单位的年度注册和甲、乙级测绘资质单位的年度注册材料的审核转报工作；二是实施网上注册，组织全省各资质测绘单位2009年测绘资质年度注册网上申报，测绘行政主管部门实行网上受理、审核和注册，方便了测绘单位，提高了行政效能；三是组织开展测绘资质专项监督检查活动，依法查处了7起测绘资质违法案件，要求有关单位写出书面检查的6起，下达责令停止违法行为通知书3起，作出测绘行政处罚决定5起。通过对测绘违法案件的查处，净化了测绘市场环境、维护了法律的尊严。

【瑞典测绘专家访问河北】 6月23日至25日，瑞典海外测量公司总经理汉斯一艾瑞克．韦伯格、技术经理拉斯．林德格仁和中瑞合作项目瑞方项目经理里夫．伊利亚森一行3人到河北省访问。访问期间，省测绘局副局长刘克亮、续铁枢，总工程师曹立会见了瑞典客人。双方回顾了在测绘领域广泛合作的历程，充分肯定了自1988年开始交流，1995年开始合作的《在中国河北省建设多用途地籍信息系统项目》、《在保定等市建立城市管理地理信息系统项目》，以及成立合作公司等合作成果，对下一步加强合作充满信心和期待。此次访问旨在就合作开展河北省GPS永久参考站网项目建设、应用拓展、非洲项目合作等情况进行具体的协商和讨论，达成了共识。访问期间，瑞方代表团参观了省基础地理信息数字化基地和省基础地理信息中心。

【孙瑞彬副省长会见徐德明一行】 9月25日，孙瑞彬副省长在省会河北宾馆会见了国土资源部副部长、国家测绘局局长徐德明一行。双方就成功举办首届全国测绘行业职业技能竞赛、加强河北测绘事业发展等交换了意见。会见中，孙瑞彬对徐德明一行的到来表示欢迎和感谢。他说，近年来，河北的测绘工作取得了很大进展，为河北经济建设和社会发展提供了可靠保障。首届全国测绘行业工程测量职业技能竞赛选在河北举办，是对河北测绘工作的肯定与鼓励，必将促进河北省技术岗位操作技能的提高。希望今后国家测绘局能够给予河北更多的关心与支持。

徐德明说，感谢河北省委、省政府长期以来对测绘工作的高度重视，才使得河北测绘工作不断进步。这次把竞赛放在河北举办，是相互学习交流的一个良好机会。要在全行业形成关心、重视和支持技能人才培养的良好氛围，积极探索建立以竞赛为手段、选拔人才为目的的高技能人才快速成长机制，全面推进测绘高技能人才队伍的建设。

【承办全国测绘行业职业技能竞赛】 9月23日—26日，由省测绘局承办的“四维数码杯”首届全国测绘行业工程测量职业技能竞赛在石家庄隆重举行。国家测绘局副局长宋超智，河北省政府副秘书长于万魁等领导同志参加了开幕式；国土资源部副部长、国家测绘局局长、首届全国测绘行业职业技能竞赛组委会主任徐德明，河北省人大副主任、总工会主席马兰翠，中国能源化学工会全国委员会主席张成富，人力资源和社会保障部高技能人才表彰办公室主任刘伟等领导出席了闭幕式。参加闭幕式的还有省国土资源厅厅长张绍庸，省人力资源和社会保障厅副厅长张铁栓等，工人日报社、中国测绘宣传中心和河北省的有关新闻媒体采访报道了竞赛情况。

经过大地测量竞赛和工程测量竞赛两个赛区激烈的角逐，黑龙江省和重庆市代表队分别荣获团体一等奖，黑龙江测绘局、河北省测绘局荣获最佳组织奖。

【互联网地图专项检查】 7月份，省测绘局与省通信管理局联合，按照国务院办公厅和河北省政府办公厅关于整顿和规范地理信息市场秩序工作的有关文件要求，专门成立互联网地图检查工作组，认真组织开展对互联网地图的专项整治工作。按照分工，省测绘局负责检查互联网上的各种地图，省通信管理局负责对存有严重问题的各类网站的关闭工作。历时2个月的全省互联网地图拉网式检查工作全部完成，此次检查包括政府网站、企业网站在内涉及地图的网站共 3000 多个，查处漏绘台湾岛、钓鱼岛、赤尾屿以及南海诸岛等有严重政治性问题的地图网站 290 家。省测绘局及时、分别向存在问题的网站下达了责令整改通知书，要求其限期整改，并写出书面整改报告。逾期未整改或者整改后仍不符合要求的，交由省通信管理局依法关闭其网站。

【国土环境与灾害监测国家测绘局重点实验室成立】 12 月 19 日，“国土环境与灾害监测国家测绘局重点实验室”（以下简称实验室）揭牌仪式暨第一次学术委员会会议在省会河北宾馆隆重举行。国家测绘局科技与国际合作司吴岚处长宣读了国家测绘局《关于成立国土环境与灾害监测国家测绘局重点实验室的批复》，“国土环境与灾害监测国家测绘局重点实验室”主任汪云甲介绍了实验室成立的目的和任务。河北省政府副省长龙庄伟，国家测绘局副局长李维森，中国科学院院士陈俊勇，及第一届学术委员会成员出席了会议。省国土资源厅、科技厅、工信厅、测绘局等单位的领导和相关人员，河北电视台、河北日报、河北经济日报、河北青年报等新闻媒体的记者参加了揭牌仪式。

龙庄伟副省长、李维森副局长为重点实验室揭牌，李维森副局长对实验室的建设和运行提出 3 点要求：一要准确把握实验室的发展方向，明确目标，找准定位，引领测绘技术在环境、国土、资源、灾害监测等方面的应用和发展；二要突出产学研的结合，两个依托单位要加强合作，充分发挥各自在科研教学和工程技术方面的优势，在产学研方面创造出成果；三要加强实验室建设，国家测绘局做好监督指导，合作单位要大力支持相互配合，委员会主任要履行职责，要开好年度学术委员会，作好实验室年报等工作，力争将实验室建设成国家测绘局优秀实验室。

【河北省优秀测绘成果奖】 依据《河北省优秀测绘成果评比办法》的规定，省测绘学会组织测绘专家组，对全省测绘行业有关单位申报的 2009 年优秀测绘成果项目进行了认真的评审，共评出省优秀测绘成果奖一等奖 23 项，二等奖 41 项，三等奖 71 项。其中，河北省制图院完成的《石家庄市地图册》、中国建筑材料工业地质勘查中心河北总队完成的《杭州市萧山区 1∶500 全野外数字化地形图测绘Ⅰ标段》、邯郸市博达地理信息工程有限公司和邯郸市恒达地理信息工程有限责任公司完成的《邯郸市城区地籍测量》、邯郸市恒达地理信息工程有限责任公司完成的《大广高速公路深州至大名（冀豫界）段勘测定界》、河北建设勘察研究院有限公司完成的《任丘市规划区控制及 1∶1000 地形图测绘》、河北省第二测绘院完成的《承德县高等级控制网建立和城区 1∶500 比例尺地形图测绘》、保定金迪地下管线探测工程有限公司完成的《成都市中心城地下管线普查探测工程》、衡水龙翔公路勘察设计咨询有限公司完成的《衡德高速公路景州连接线工程》、河北中色测绘中心完成的《鹤壁市城镇地籍更新调查（C 标段）》、河北省第一测绘院完成的《北京市朝阳区集体土地地籍调查》、中国石油集团东方地球物理勘探有限责任公司完成的《2007 年度冀东南地区高密度二次三维地震资料采集测量项目》、河北省制图院和河北省海洋研究院完成的《河北省海岸线修测》、河北省基础地理信息中心完成的《河北省国土资源变化遥感动态监测（实验区二次监测）》、中国兵器工业北方勘察设计研究院完成的《成都陵川特种工业有限责任公司现状测量》、河北格瑞空间信息技术有限公司完成的《全国地理信息应用成果及地图展览会河北展区》、河北冀东建设工程有限公司完成的《滦县至京唐港铁路测绘》、河北省水利水电勘测设计研究院完成的《国华黄花梁风电场（赤城二期）工程测量》、河北省区域地质矿产调查研究所完成的《“1∶250 万中俄蒙哈韩毗邻区地质图等系列图件编制”计算机制图与建立图形库》、河北中色测绘中心完成的《第二次全国土地调查底图生产监理》、河北中冀工程勘察设计有限公司完成的《曹妃甸首站库区 10 万方罐投油期间沉降观测工程》、河北迈普地理信息技术有限公司完成的《张（张家口）唐（唐山）线航测外业控制测量》、开滦（集团）有限责任公司和开滦（集团）公司钱家营矿业公司完成的《开滦（集团）公司钱家营矿业公司－780 贯通工程》、石家庄市土地利用规划院完成的《石家庄市地籍（地形）管理信息系统》等项目获得一等奖。

【河北省测绘科学技术进步奖】 依据《河北省测绘学会科学技术奖励办法》的规定，为奖励在测绘科技进步活动中做出突出贡献的单位和个人，充分调动全省广大测绘工作者的积极性和创造性，推动测绘科技创新，省测绘学会组织测绘专家评审委员会，对全省各测绘单位申报的 2009 年河北省测绘科技进步奖项目进行了认真的评审，共评出一等奖 5 项，二等奖 3 项，三等奖 1 项。其中，河北师范大学资源与环境学院完成的《地学量化信息曲轴坐标系图形可视化研究》、河北省水利水电勘测设计研究院完成的《水利水电工程测量内外业一体化系统》、河北中色测绘中心完成的《高分辨率 SAR 土地调查监测应用示范研究》、中国石油集团东方地球物理勘探有限责任公司完成的《Hydroplus 浅海过渡带地震勘探综合导航系统》、河北省测绘产品质量监督检验站完成的《测绘工程专业高级技术职务辅导教程》等获得河北省测绘科技进步一等奖。

【河北省行政区划地图集】 7 月份，由省民政厅组织，省制图院编绘的《河北省行政区划地图集》正式出版发行。按照国务院关于在全国开展勘界工作的统一部署，河北省从上世纪九十年代初开始，历时 11 年，经广大测绘工作者的努力，完成了全省县级以上行政区域界线的勘测工作，并于 2005 年首次公开出版了具有法定效应的《河北省行政区划图》（1∶60 万）。为充分发挥行政区域界线在全省经济发展、社会稳定和民族团结中的重要作用，省民政厅与省测绘局共同开展了《河北省行政区划地图集》的编辑出版工作。该图集所绘县级陆地行政区域界线是依据省政府批准的县（市、区）人民政府联合勘定的行政区域界线协议书及其附图编绘的，乡镇、街道办事处之间的行政区域界线尚未勘定，为示意性画法。该图集由地图、文字说明两部分组成，地图共 194 幅，其中总图 6 幅，概略反映全省行政区划的现状及历史沿革、陆地、近海的地形；设区市地图 11 幅，设区市城区 11 幅，县（市、区）

图166幅，均以政区图的形式较为详细地反映各设区市和县（市、区）的区划现状。该图集中的成果资料截至2008年底。

【河北旅游信息系统】 为方便国内外游客通过互联网查询了解河北旅游景点、旅游交通、旅游接待设施和服务机构等情况，3月份，河北省制图院与省旅游局合作，研建完成了河北省旅游信息系统，并面向社会投入使用，产生了一定的社会效益。该系统的数据包括1∶25万比例尺矢量地图和全省各设区市城区1∶1万比例尺矢量地图两部分，集水系、地名、交通、兴趣点、境界与政区、地貌等要素于一体，相关资料由省旅游局提供，信息系统由省制图院研发，具有权威性、准确性和适用性。游客可通过河北旅游网上的电子地图，详尽了解河北A级以上的旅游景点、星级宾馆饭店、旅行社、旅游车船公司等信息；该系统还加载了景区介绍、景区快迅、旅游文化、自助游信息以及景区导游、景区说明、景区图片、景区视频资料；系统还具备及时补充、更新交通、地名、兴趣点等新信息的功能。基于该系统，省制图院还配套编制出版了中外文对照的河北省旅游图、河北省星级旅游宾馆饭店分布图、各大景区导游图、自助游导游图等。

（河北省测绘局　宣龙华）

水利管理业

【概况】 2009年落实水利投资计划61.35亿元，加之其它渠道对水利的投入，全年水利投入超过百亿元，是历史上投资规模最大、中央补助最高、省级配套最多、市县落实最好、工程实施最快的一年。一批水利工程得以建设和恢复，防洪抗灾能力进一步增强。全年完成节水灌溉投资7.94亿元，新增节水灌溉面积16万公顷，解决了378万农村人口饮水问题，完成治理水土流失面积2086万平方公里；各类水电发电量3.2亿千瓦时，新增投产水电站6座，装机容量4720千瓦；实行最严格的水资源管理制度，划定了水资源管理“三条红线”。南水北调工程稳步推进，截至2009年8月19日，历时11个月，圆满完成了向北京输水4.35亿m^3的任务，有效缓解了首都北京的水源压力。2009年河北水利各项工作任务圆满完成，重点工作实现了新的突破，为促进粮食稳定增产和农民增收，为全省经济平稳较快发展提供了有力保障。

【水资源利用】 1. 水资源状况。2009年，全省平均降水量为462.6mm，比上年减少95.0mm，比多年平均少69.1mm，属偏枯年份；全省水资源总量为141.16亿m^3，比上年减少19.81亿m^3，比多年平均值少63.53亿m^3。其中，地表水资源量约39.69亿m^3。2009年底平原区浅层地下水平均埋深15.39m，深层地下水位平均埋深：沧州55.24m，衡水51.61m，邢台中东部平原54.01m。年末全省大中型水库蓄水24.02亿m^3，白洋淀蓄水1.24亿m^3。

2. 水资源管理。2009年，编制完成了《河北省水资源管理信息系统建设总体实施方案》。河北省作为水利部审查的第一个省级信息系统，得到了部领导和专家的充分肯定。该方案顺利通过了审查。在“干部作风建设年”活动中，结合实际，紧紧围绕“破难题、搞服务、抓队伍”这个主题，不断转变作风、创新机制、提高效率和改善服务，获得省干部作风建设年活动“十佳先进集体”荣誉称号。河北省继续推进城乡水务一体化管理，石家庄市政府将城市防洪、供水职能划归水利局，组建成立水务局。评定建设项目水资源论证乙级资质单位4家。

3. 水资源保护。编制完成了《河北省水功能区纳污能力和限制排污总量意见》，并通过了由水利部水资源司组织的专家评委会的评审验收。制定了城市饮用水水源地保护工作方案，印发了《河北省水利厅关于加强饮用水水源地保护工作的通知》，明确了水源地保护的具体要求。组织开展了全省饮用水源地调查工作，核准公布了河北省第一批重要饮用水水源地名录，提出了保护目标与管理要求。印发了《关于规范入河排污口监督管理工作的通知》，明确了入河排污口设置审批、论证审查和管理权限，完善了监管制度。指导邢台市制定了水生态修复试点建设评估指标体系，开展了市区自备井关停和岩溶地区地下水回灌研究等工作。完成了沧州市地下水保护行动试点专题研究，拟定了沧州市地下水压采指导意见并由沧州市人民政府公布实施。启动了中意合作华北平原地下水管理项目，完成了试点区地下水开发利用调查评价任务，开展滹沱河地下水库回灌试验研究工作。开展了自备井关停工作，2009年全省共关闭自备井481眼，减少地下水开采量2300多万m^3。

4. 节水工作。完成了河北省严重缺水应对方略研究，提出了以“节水治污、充分挖潜、完善和扩大引黄工程体系、推进南水北调工程建设、改革水价形成机制和水务管理体制”为主要内容的八大应对方略。李清林厅长先后向胡春华省长和省政府第三十五次常务会议进行了专题汇报，得到了各位省长和各省直部门的充分肯定和高度赞扬。省政府常务会据此作出了省市财政每年拿出1.2亿元用于引黄水费补贴和加强调研、推动水务一体化改革的决定，为破解河北省缺水和体制障碍这两个长期制约水利发展的难题奠定了坚实的基础。以地方标准的形式向全社会颁布了《河北省用水定额》，该《定额》共分为农业用水、工业取水和生活用水3个部分。农业部分包括7个农业灌溉分区、两种保证率、7种主要农作物灌溉基准定额，以及5类蔬菜、4种果树、渔业和大小牲畜用水定额。工业部分涵盖了128个行业478种工业产品的取水定额。生活部分制定了25个部门50种门类的生活用水定额。全省万元工业增加值取水量下降9.3%。

【水政工作】 1. 水利立法。为推动《河北省实施〈水法〉办法》早日出台，成立了以厅长为组长的起草工作领导小组。通过制定细致的工作方案，分解目标，配合省人大、省政府法制办多次到省内外调研，在广泛征求意见，多次讨论、修改和大量前期工作的基础上，形成了比较成熟的草案文本，经省政府第35次常务会议讨论顺利通过，已提交省十一届人大常委会第十次会议第一次审议。

2. 水事稳定。一是做好北京周边水事秩序稳定，为国庆六十周年创造安定的社会环境。环北京六个市和石家庄等三个市水行政主管部门与省水利厅签订了维护水事安全稳定责任书；开展了水事矛盾排查，共排查出环北京地区矛盾隐患95起，全部进行了妥善处理；全省水政系统实行24小时值班制度。二是积极处理边界水事纠纷。妥善处理了沙河石保边界水事纠纷，拆除沙河内非法采砂船21条；及时调处了省滦河唐秦边界水事矛盾，避免了矛盾进一步升级；积极做好冀晋清漳河山西省修建泽城西安水电站纠纷的调处工作，深入调查核实情况，全力做好群众稳定工作，积极向国家发改委、水利部反映诉求，沟通协调，有力地推动了整个事件的依法、依规解决。

3. 河道采砂。省水利厅联合省监察厅、省公安厅、省交通运输厅、省安监局、省政府法制办等部门开展了全省河道采砂专项整治活动，全省共出动执法人员1.2万余人次（其中警力2000余人次），封堵通往采砂场点进出道路50余条，新设置警示和禁采标志80余个，查处非法采砂场170余处，扣押各种非法采砂车辆100余台，强制拆除采砂作业设备165台套，出动各种机械设备2245台次，动用清障保证金及财政补贴300余万元，平整河道158.6公里，回填砂石260余万立方米。有力的打击了各种非法采砂行为。

【水利规划】 完成河北省引黄工程规划。引黄作为河北省缓解水资源短缺矛盾的战略措施之一，得到省委、省政府高度重视和全省上下的高度关注。按照用足用好黄河水，建设永久性引黄专用通道的思路，编制完成《河北省引黄工程总体规划》，提出了河北省中、东、西三条引黄线路的总体工程布局。规划报告已经上报水利部。为了推动引黄工作的开展，河北省多次到河南、山东两省进行沟通协调，为下步完善工程方案奠定坚实的工作基础。

重点谋划重点水利基础设施建设项目32项，总投资约180亿元。其中报中央审批立项项目13项，报海委复核地方审批立项争取国家补助项目15项，地方审批立项项目4项。目前，已上报水利部7项，报海委11项。按期完成了大型灌排泵站等项目的设计审批工作。国家安排河北省大型灌排泵站更新改造7座。及时安排大中型水闸除险加固、中小河流设计报告编制工作，完成中小河流治理项目设计审批十余项。

【工程建设与管理】 1. 工程管理。列入国家专项规划的119座病险水库除险加固工程年内全部开工，西大洋等15座水库除险加固工程续建，到年底完成或基本完成一批项目的施工，其中35座小型水库已经完工，北牛叫和康庄等16座水库完成主体工程完工验收；戴河和滏阳河中游等3项河道治理项目续建，戴河治理二批等4项河道治理项目新开工并完成年度投资计划；王村分洪闸枢纽建筑物除险加固工程续建并基本完工；霸州泵站等7处大型泵站更新改造工程全部开工并完成年度投资计划；完成岗南、东石岭等水库竣工验收，红领巾水库下闸蓄水验收，滹沱河安平县段2项河道治理项目验收，雄固霸新河防洪闸、莲花口分洪闸枢纽、水文站网改造等6项其他工程验收。

2. 引黄入冀。编制完成了引黄济津和引黄济淀实施方案，通过了海委和水利部审查，并争取国家补助资金5700多万元，天津市投资5900多万元，部分控制性工程得到了永久化建设，为今后顺利引黄创造了条件。2009—2010年度引黄入冀、引黄济津济淀自2009年10月1日黄河位山闸提闸放水至2010年2月28日结束，历时151天，冀鲁界累计收水8.0715亿m^3，超额完成了任务，天津市收水2.7375亿m^3。河北省圆满完成了向白洋淀、衡水湖、大浪淀、扬埕水库补水和沿线农灌引水的目标，并初次实施了向廊坊供水。

3. 水管体制改革。全省水管体制改革工作已经完成，并通过省级验收。全省335个水管单位中，有191个定性为纯公益、143个定性为准公益、1个定性为企业。全省已落实人员基本支出32770万元，落实率92%；公益性工程维修养护经费已落实13041万元，落实率83.5%。

【应急供水】 自2008年9月18日至2009年9月19日，历时11个月，通过科学调度、严格管理，克服了流量小、时间长、冰期输水、跨春节、跨春灌期输水等重重困难，完成了岗南、黄壁庄、王快三座水库向北京应急供水4.35亿m^3目标，水质持续保持二类以上，有效缓解了北京用水紧张局面。

【防汛】 2009年，全省蓄滞洪区安全建设稳步实施，共完成撤退路69公里、撤退桥3座，解决6.5万人的避险转移问题；海堤建设有了新进展，完成海堤加固13公里，建设挡潮闸1座。按照国家防总要求，完成了3个山洪灾害防治试点县的建设。下达应急度汛资金4700万元，涉及水库、河道、指挥系统建设140多个建设项目，努力实现当年项目当年完成的目标。

汛情。2009年属偏旱少雨年份，全年全省平均降雨量475mm，比常年偏少8%。其中，1—5月份全省平均降雨量84mm，比常年同期偏多14%；汛期全省平均降雨357mm，比常年同期偏少12%；10—12月份全省平均降雨量34mm，比常年同期偏少11%。降雨的主要特点：一是降水南北少中部多，空间分布不均。与常年相比，廊坊、保定偏少7%～11%，唐山、秦皇岛、张家口、承德偏少15%～28%，邢台、石家庄、沧州、衡水偏多7%～28%。二是汛期降雨汛初汛末偏多，主汛期偏少。6月、9月降雨量与常年同期相比，分别偏多11%和30%，但主汛期降水量仅为76mm，比常年同期偏少38%。三是强降雨过程少范围小，暴雨强度大。汛期全省没有出现大范围强降水过程，但局部暴雨发生较多，短时暴雨强度超百年一遇，抚宁、丰润、任县、广平、乐亭等县1小时暴雨量达70—120mm。四是局地风雹暴雪灾害偏多，致灾程度大。7月23日，邢台、邯郸两市遭受了罕见的大风、冰雹灾害，瞬时最大风速高达11.4级，造成经济损失巨大。11月10日至13日，河北省中南部普降大到暴雪，石家庄最大降水量93.5mm，最大积雪厚度55cm，均为有历史记录以来最大值，造成经济损失15.3亿元。

汛期全省各河道仅有30个站出现涨水过程。河道实测最大洪峰流量为青龙湾减河土门楼水文站342m³/s。截至2010年1月1日，全省大、中型水库蓄水24.02亿m³，比常年同期少蓄0.64亿m³。其中，18座大型水库共蓄水22.13亿m³，较常年同期多蓄0.69亿m³；39座中型水库共蓄水1.89亿m³，较常年同期少蓄1.33亿m³。白洋淀、衡水湖、大浪淀三处平原洼淀共蓄水3.29亿m³。

灾情。全年全省没有发生大范围洪涝灾情，受灾程度是近几年来最轻的一年。灾害损失主要是由局地短时暴雨、洪水、风雹等灾害造成，全省共有23个县、89个乡镇受灾，受灾人口14.45万人，因灾死亡1人，农作物受灾面积14.2千公顷，成灾8.8千公顷，绝收2.9千公顷，倒塌房屋34间，死亡大牲畜126头，造成26条公路中断，491处堤防损坏，损坏机电井713眼，损坏机电泵站3座，共造成直接经济损失2.30亿元，其中水利设施直接经济损失1.01亿元。

【抗旱】 旱情。全省大面积干旱主要发生在早春和夏季7、8月份，是旱情较重的年份。春旱主要发生在早春，由于从2008年10月底至2009年2月初，全省大部分地区无有效降雨，且气温持续偏高，全省11个市普遍受旱，中南部地区尤为严重。最大受旱面积达230多万公顷，占耕地面积的40%，其中冬小麦受旱面积100多万公顷，占播种面积的42%；春播白地受旱330多万公顷，占计划播种面积的42%。有42万人、12万多头大牲畜出现临时性饮水困难，9万人靠出村拉水维持生计。夏旱主要发生在7、8月份，受旱区域主要集中在北部张家口、承德、唐山、秦皇岛地区，其中张家口、承德两市发生了历史罕见的旱灾，全省最大受旱面积80.5万公顷，其中重旱21.7万公顷，干枯43.5万公顷，有98.98万人、20.6万头大牲畜因旱发生临时性饮水困难。

抗旱。各级党委、政府和职能部门切实加强对抗旱工作的组织领导，采取各种有效措施，全面科学抗旱，努力减轻灾害损失。省防指先后两次启动省级抗旱Ⅱ级、Ⅲ级应急响应，迅速落实各项抗旱措施，全年共下达抗旱资金7000万元。各地财政加大投入力度，全年共投入资金52.95亿元，建设井灌防渗工程1502万米，新建防渗渠道723公里，清淤渠道3747公里，建设塘坝、水池、水窖和坑塘1.7万个，增加蓄水能力472万m³，扩大灌溉面积4.6万公顷，恢复改善灌溉面积25.8万公顷。新建咸淡水混浇机组2100组，控制面积3.5万公顷，使河北省咸淡混浇井组达到1.53万组，控制面积23.3万公顷，年节约深层淡水2.8亿m³，节电1.4亿千瓦时。全省3000名抗旱服务人员深入田间地头为群众检修设备、传授灌溉技术，提供全方位服务。各地加强对现有水资源的统一管理和调度，科学配置地表水和地下水，全年通过水利工程共调（引）水11.2亿m³，有力支持了各地抗旱。通过全省上下的共同努力，河北省粮食在大旱之年实现了连续六年的增产。

【农田水利】 1. 农田水利基本建设。全省累计投入农田水利基本建设资金52.95亿元，其中，各级政府投入34.54亿元，群众自筹16.70亿元，民营及其它投入1.71亿元，投入工日5551万个，完成工程量1.74亿m³，完成工程项目10.5万项。其中，维修加固堤防747公里，疏浚河道721公里，清淤渠道3747公里，新建防渗渠道723公里，铺设地下管道1457万米，更新机井2.2万眼，修旧井2.6万眼，建设集雨工程1.7万处；新增灌溉面积4.59万公顷，恢复改善灌溉面积25.76万公顷，新增节水灌溉面积16.01万公顷，新增旱涝保收面积2.93万公顷，新增除涝面积2.35万公顷，改造中低产田3.29万公顷，新增供水受益人口378万人。继续组织开展了农田水利基本建设“海河杯”竞赛活动，全省共评出“海河杯”竞赛先进县（市、区）22个，其中一等奖8个，二等奖14个。省政府对获奖县（市、区）进行了表彰。

2. 节水灌溉。2009年，中央财政安排河北省小型农田水利工程设施建设补助专项资金2.09亿元，中央现代农业资金1.4亿元，省级财政配套资金4500万元，主要用于节水灌溉工程建设，项目涉及全省11个设区市80个县。2009年省财政从预算内资金中安排500万元，继续实施小型微灌（微喷）项目，择优确定21个项目县。国家发展改革委、水利部安排河北省节水灌溉增效示范项目资金600万元，涉及6个项目县。全年完成节水灌溉投资7.94亿元，新增节水灌溉面积16.01万公顷，其中低压管道灌溉面积13.29万公顷，渠道防渗2.16万公顷，微灌面积0.42万公顷，喷灌0.072万公顷，其他形式节水灌溉面积0.063万公顷。

3. 大型灌区续建配套与节水改造。2009年，下达灌区节水改造计划资金11112万元，涉及全省7处大型灌区，其中中央投资6670万元，需要地方配套4442万元。项目完成后，可新增或恢复改善灌溉面积4万多公顷，新增节水能力2000多万m³。

【城乡供水】 2009年，解决378万农村人口饮水问题，超额完成省政府《十项民心工程》确定的373万人的任务目标。加强南宫、容城、青县、馆陶、固安、玉田、栾城、阜城等8个整体推进县建设，其中青县、馆陶、固安、玉田和阜城五个县建设任务已全部完成，实现了全县分片联网，统一供水。组织各地开展2010－2013年规划人口调查复核工作，完成《河北省2010－2013年规划人口复核报告》，上报水利部和卫生部。配合审计署对河北省部分市县2006年至2008年度农村饮水安全专项资金的筹集、使用、管理，供水工程建设和运行管理等情况进行审计调查，审计调查报告对河北省农村饮水安全项目建设所取得的成就给予了充分肯定。

【农村水电】 截至2009年底，落实农村水电建设资金11534万元，完成投资5971万元，其中中央投资1352万元，地方配套、银行贷款及个体投资4619万元。全省14个县列入国家2009—2015年小水电代燃料规划，2009年下达专项资金1950万元，其中中央投资1270万元。全省有农村水电的县45个，建成农村水电站235座，容量370178千瓦，固定资产12.6亿元。2009年，全年新增投产水电站6座，装机容量4720千瓦；在建水电站工程11座，装机容量15060千瓦，投资规模1.35亿元。全省农村水电年发电量3.2亿度，发电收入8253万元。2009年11月20日起，全省农村水电上网电价由0.33元/千瓦时统一调整至0.40元/千瓦时。2009年全省水电行业已实现连续十八年无较大设备和人身死亡事故，被厅安委会评为2008年度安全生产管理先进单位。

【水土保持】 1. 水土保持治理。2009年，继续实施京津风沙源治理工程、21世纪初期首都水资源可持续利用规划、太行山国家水土保持重点建设工程及省级重点水土保持建设项目。太行山国家水土保持重点建设工程新增项目实施县4个，中央投资由2008年的800万元增加到2009年的2300万元。京津风沙源治理工程水利项目资金11687万元。争取国家投资拉动资金14010万元。京津风沙源治理工程水利项目2008年度工程顺利通过了水利部核查，全年共有88条小流域通过了验收。张家口市桑干河下游水土保持大示范区被水利部命名。全年共完成治理水土流失面积2086平方公里，新实施生态修复保护面积356平方公里，完成投资52521万元，其中中央投资27997万元，地方投资4859万元。

2. 水土保持监督管理。2009年6月，水利部启动了水土保持监督管理能力建设活动，河北省的怀来县、丰宁县、迁安市、武安市等20个县（市）被水利部确定为全国第一批水土保持监督管理能力建设县（办水保〔2009〕425号），同时省水利厅确定兴隆、迁西等7个县为省级能力建设重点县。12月22日，省水利厅组织8个市、27个能力建设重点县召开了监督管理工作座谈会，对监督管理能力建设工作进行专项调度，提出了下阶段监督管理能力建设工作的具体要求和安排。

【21世纪首都水资源规划】 2009年国家发改委分别以〔2009〕632号、〔2009〕1725号文下达河北省《规划》水利项目7个，投资1.10亿元。截至2009年12月底，国家累计下达我省《规划》98个项目（水利项目57个，治污项目41个）投资21.65亿元（水利项目13.24亿元，治污项目8.41亿元），累计完成投资20.51亿元，共完成小流域综合治理3105km^2，新增节水灌溉面积96.4万亩，治理河道205km，官厅水库浸没治理面积29km^2。32家点源治理项目全部建成。张家口主城区、宣化区、怀来县三座污水处理厂已正式运行。官厅水库水质有所改善、密云水库水质继续保持Ⅱ类水标准。84个项目全部建设完成。31个项目通过竣工验收。

1. 向北京集中输水。鉴于张家口市遭受严重的旱情、水库蓄水大幅减少的实际困难，桑干河流域不再实施集中输水。按照国家协调小组的统一部署，根据海委调水令，决定继续实施第六次向北京集中输水。河北省云州水库向北京集中输水，10月24日开闸放水，11月17日结束，共输水1022万立方米，收水率67%。

2. “稻改旱”继续实施。2009年，经省水利厅、张家口、承德两市共同努力，完成“稻改旱”面积10.3万亩，争取北京市补助资金5768万元。根据张承两市及各有关县的要求，积极推动北京市水务局延长“稻改旱”实施期限和扩大实施范围，为河北省张承地区争取更大利益。

【水利科技】 1. 科研计划。制订下达了2009年水利科研和技术推广计划，共下达科研和推广项目90项，其中延续项目45项，新上项目45项。

2. 科技成果。向省科技厅、省山办和中国水利学会推荐科技奖励项目15项，成果质量好于往年，有7项成果获省科技进步和山区创业奖。

3. 重点项目。加强了重大科技项目的管理，河北省水利厅与北京市水利局合作的水利部重大科技项目—密云水库流域水土流失综合防治体系及示范推广研究，已按合同要求完成，待水利部验收；两个“十一五”国家科技支撑项目—大型灌区节水改造关键支撑技术、农村分质供水技术集成与示范，均按科技部要求顺利实施，并进行了中期评估；水利部“948”技术引进项目—区域水生态环境监测设备管理技术引进已按合同要求与德国供应商签定了商务合同，正在组织验收前的准备。

4. 外事工作。认真贯彻国家和省委省政府关于外事工作的有关规定，制定下发了《河北省水利厅外事工作管理办法》，安排了水利厅2009年出访计划。2009年派出12批48人赴国外参观考察、交流培训、执行施工任务，接待国外人员4批22人次，加深了与有关国家的科技交流与合作。接待了荷兰南荷兰省政府工作小组和政府代表团，组织了河北省水利代表团出访南荷兰省。2009年10月26—27日，在石家庄组织举办了第二届河北省—南荷兰省水利环保合作项目研讨会。河北省和南荷兰省政府部门、科研院所、高等院校、企业代表近80人参加了研讨会。两省水利部门在前三年合作基础上，又签订了2010年—2011年合作备忘录。中德合作项目“官厅流域水土资源可持续利用研究”已与德国签订了合同，正在顺利实施。

5. 职工教育。认真落实全省水利系统2008—2010年“653工程”培训计划，全年共举办各类技术培训班34个，完成人员培训1780人次，超额完成全年任务；河北省水利厅与河海大学联合举办的水文水资源工程硕士班3月14日在石家庄举行了开班典礼和首次面授，有38名学员被录取，全年进行了两次10门课程的集中面授。为提高基层水利骨干人员的业务水平，河北省水利厅科外处与水资源处4月下旬在河海大学举办了“河北省取水许可管理高级研修班”，有128名学员参加了学习。8月下旬在河北工程大学举办了全省非水利专业的水利（务）局长培训班，有63名市、县水利（务）局长参加了培训。两次培训均采取了教学、讲座、研讨、实践相结合的方式，收到了较好的效果。

6. 学术交流。4月召开了河北省水利学会第八次会员代表大会暨民生水利与水利科技研讨会，5月与全球水伙伴（中国河北）召开了河北省沿海经济发展水安全保障战略对策论坛，6月召开了河北省水利学会青年科技工作委员会成立大会暨第四届青年论坛，三次会议均出版了论文集，共征集论文378篇，计120万字，为河北水利的发展提出了很多好的意见和建议。为进一步贯彻“科教兴水”和可持续发展战略，提高民主参与度，广泛凝聚社会各界智慧，对影响河北发展的重大水问题形成共识，增强管理的科学性，推动河北水利又好又快发展，水利学会对影响河北发展的20个重大水问题战略研究课题面向社会公开选聘研究单位，确定了8个单位20个课题组承担课题研究，2010年4月提交成果，为“十二五”规划编制提供技术支撑。

7. 水博览会。为庆祝建国六十周年，在厅领导的高度关注和财务处的大力支持下，科技外事处会同办公室、宣传中心，制作了“河北水利建设六十年”展览和宣传画册，于国庆期间在水利厅展出，并于11月18—20日在北京展览馆参加了“2009年中国水利六十年”展览。组织300多名会员赴北京参观，河北省获得了“优秀组织奖”。

8. 科技下乡。6月下旬，组织4名省内专家深入邢台、衡水等地农村，为农民送急需的水利知识、水利技术、水利技能。7月8日与水保处、石家庄市水利局在灵寿举办一期小流域综合治理示范和经济林果栽培技术培训班，共有78位承包大户、基层水保人员参加了培训，并进行了现场咨询指导。科技外事处会同人事处于8月12日为灵寿县东金山村赠送了包括种植业、养殖业、农副产品加工、法律法规、文学读物等内容的图书672册，价值8000多元，帮助该村建起了农家书屋。在水资源处、水保处、防抗办的支持下，落实科技支持资金55万元，共发放水利科技宣传材料4000多份，接受农民科技咨询100多人次，达到了普及水利科技知识的目的，取得了较好的效果。

【南水北调工程】 着眼2014年汛后实现南水北调中线通水目标，全力抓好邯石段和天津干线开工建设前的各项准备工作。邯石段和天津干线永久征地任务基本完成，工程招标工作基本结束，邯石段主体工程、天津干线各标段陆续进场施工，南水北调工程即将迎来第二个建设高潮。注重抓好省内配套工程前期工作，廊坊干渠可研报告省发改委已批复，初设报告已上报待批，其它干渠可研报告正在抓紧编制。

（河北省水利厅　杨晓威）

质量技术监督

【质量和安全年】 加大产品质量监督抽查力度，全年投入监督抽查经费比上年增加24.6%，抽查企业和产品覆盖面分别比上年增加112%和155%，为有效监管提供了重要依据。下大力对电热毯、毛巾、细木工板等12类产品进行专项整治，关停1588家低质低效企业，指导优势企业兼并重组做大做强，提升了产品质量，促进了产业优化升级和区域经济的发展，得到了河北省政府主要领导和地方政府的称赞。开展了打击假冒伪劣保名优等6项执法打假活动，保护了企业合法权益，维护了公平竞争的市场秩序。以河间市为试点，探索产品质量安全网格化监管机制，初步形成了以信息化为手段，政府、部门、社会和企业“四位一体”的监管机制。新乐市电热毯产业整治采用这一模式，取得了显著成效，被国家质检总局在全国进行推广。

【质量宏观管理】 2009年建立了产品质量分析评价制度，省质监局每季度编制一期质量分析报告，开展制造业质量竞争力指数测评分析，把质量指标统计样本企业由70家增加到326家；各市局和部分县局定期编制当地质量状况分析报告，探索制造业质量竞争力指数测评分析。2009年市县两级共编制184份质量分析报告，扩大了质量状况分析覆盖面，为政府宏观经济决策提供了重要依据，得到了河北省委、政府主要领导和地方党委、政府的高度重视。质量奖励力度进一步加大，评出了258项省名牌产品、172项省优质产品，分别比去年增加13%、22.8%；新增8家省质量管理奖企业、66家省质量效益型先进企业、67家省服务质量奖企业；秦皇岛石门核桃等3个产品获得国家地理标志保护产品。质量诚信体系建设不断加强，建立了包括生产许可、强制认证和重点整治产品1.2万家生产企业的质量档案，对其中6500多家企业进行信用等级评价，在网上发布质量信用信息3万多条，为强化对企业的分类监管、引导消费提供了参考。

【食品安全】 按照开展食品质量安全年活动的部署，对上万家食品生产加工单位进行清查，整改5237个生产加工单位，捣毁177个黑窝点，注销1706张生产许可证；以三北乳制品、博野县肉制品等5类食品区域为示范点，对76个食品生产集中区域进行重点整治，开展了28种食品的专项检查活动，维护了区域食品质量安全，全省食品安全形势明显好转；加强风险监测和应急处置，对14大类22种食品进行了风险监测，开展了乳制品、肉制品、调味品、小麦粉、香油5类食品和β—内酰胺酶等24类污染物的研究，建立了9种污染物监测方法，提高了风险研判能力；与京津两市签订了食品安全监管合作备忘录，得到河北省政府和国家质检总局领导的充分肯定。

【特种设备安全】 2009年对3071家特种设备制造企业实施驻厂监检，严格特种设备使用登记和定期检验，开展了车用气瓶、冶金起重机械和压力管道专项整治，对重大节日、重点问题进行了隐患排查和综合治理，共检查单位2.67万家，检查特种设备13.57万台，排查整改隐患1.41万个，责令停止无证生产单位81家，特种设备安全监察进一步强化，全年没有发生责任安全事故，被河北省政府评为安全生产先进单位。

【标准化工作】 推动河北省政府出台了《关于进一步加强我省标准化工作的意见》，使标准化工作成为一项基础战略受到社会的关注和认可；完成制修订省级地方标准202项、企业采标认可项目134项、采标标志备案97项，产业标准体系进一步完善；39个农业标准化示范区、28个服务标准化试点、19项节能减排标准化项目顺利推进，标准化服务经济发展作用日趋强化；组建4家省级以上标准化技术委员会、主持制修订国家标准22项，全省企事业单位标准化步伐不断加快。截至2009年底河北省共办理采标认可项目5387项，采标标志备案1352项，其中2009年开展的采标项目实现产值508.6亿元，出口创汇8.13亿美元。

【计量工作】 开展了“关注民生、计量惠民”专项行动和“两节”计量大检查活动，配合河北省粮食清仓查库工作，检查粮库和粮食企业524家，检查计量器具1655台(件)，使粮食企业在用计量器具受检率达到97%。推行加油机防作弊改造，启动防作弊功能枪4200条。出台了推进节能减排工作的意见，提出了支持节能减排的10项措施，对221家重点耗能企业和“双三十”企业开展了节能降耗计量管理服务。全省有23家企业通过了测量管理体系认证，164家企业通过了计量保证能力合格确认，企业能源计量水平不断提升。

【产品质量监督抽查】 2009年国家监督抽查了河北省72类701家企业的761批次产品，其中637批次产品合格，124批次产品不合格，合格率为83.7%。省级监督抽查了60类3256批次的产品，其中2311批次产品合格，945批次产品不合格，合格率为71%。

【基础设施建设】 按照“建优省级机构、建强市级机构、建专县级机构”的思路，加快提升技术机构建设水平。河北省质监部门投入资金同比增长87.33%。特别加大了食品检测体系投入，共投入6240万元，整合组建了河北省食品监督检验研究院，在10个市各建成1个食品检验中心，在29个重点县各建成1个食品检验中心，形成了覆盖河北省重点区域食品的检验网络。在对食品检验人员进行内部培训的同时，选送232名食品检验人员到19个国家级检验中心进行为期3个月的培训，食品检验机构的技术装备、人员素质有了大幅度提升，食品检验能力产生了质的飞跃。制定并加快推进《河北省质监系统技术机构2009—2011年建设规划》，唐山国家钢铁质检中心和河北省计量院国家热工流量仪表质检中心通过国家总局验收，香河国家家具检测中心即将建成，衡水工程橡胶、沧州压力管道和宁晋特种电缆3个国家检验中心项目正申请立项；建成高阳毛巾等6个省级检验站。目前河北共有通过资质认定的国家级检验中心9个，省级检验站72个。

（河北省质量技术监督局　王明谦　田　菲）

食品药品监管

【概况】 2009年，河北省食品药品监管系统围绕河北省委、省政府提出的“保增长、调结构、促改革、惠民生”的工作主线，以确保人民群众饮食用药安全为中心，着力推动各项重点工作落实，全省食品药品监管工作取得新成效、新进展。一是稳妥推进食品药品监管体制改革，省级监管体制改革基本完成，市、县监管体制顺利起步并取得重要进展，全省食品药品分级监管体制基本确立。二是深入推进医药卫生体制改革，对近三年重点工作进行了安排部署，出台了相关配套文件，全面加强了对基本药物的质量监管。三是着力抓好甲型H1N1流感防控工作，加强了对防控药品、医疗器械生产、储备、调拨的调度管理和质量监督，有效保障了人民群众对防控药械的需求和质量安全。四是深入开展“食品质量安全年”行动和“药品安全规范年”活动，强力推进食品药品安全专项整治，严厉打击制售假冒伪劣食品药品的违法违规行为，人民群众饮食用药安全保障水平进一步提高。五是扎实开展“干部作风建设年”活动，药品、医疗器械行政审批制度化、规范化水平和工作效能有了进一步提高；广大干部本民意识、群众观念进一步增强，作风有了新的转变。

【食品药品监管体制改革】 根据党的十七大和十七届二中全会精神，2008年3月15日，第十一届全国人民代表大会第一次会议审议通过了国务院机构改革方案。方案明确，要“围绕转变政府职能和理顺部门职责关系，探索实行职能有机统一的大部门体制”，“以改善民生为重点加强与整合社会管理和公共服务部门”。根据方案，国家食品药品监督管理局改由卫生部管理，并将食品安全综合协调、组织查处食品安全重大事故的职责划归卫生部承担，划入原由卫生部承担的食品卫生许可，餐饮业、食堂等消费环节食品安全监管和保健食品、化妆品监督管理的职责。2008年11月10日，国务院办公厅印发《关于调整省以下食品药品监督管理体制有关问题的通知》。通知要求：“将现行食品药品监督管理机构省级以下垂直管理改为由地方政府分级管理，业务接受上级主管部门和同级卫生部门的组织指导和监督。对省、市、县三级食品药品监督管理机构与同级卫生部门职能进行整合，以切实加强食品药品安全监管，落实地方各级政府食品药品安全综合监督责任。省级食品药品监督管理机构作为省级政府的工作机构，由同级卫生部门管理。市、县食品药品监督管理机构作为同级政府的工作机构，在调整有关职能的基础上，保持和队伍和人员相对稳定，保证其相对独立地依法履行职责，保证其对消费环节食品安全和药品研究、生产、流通、使用全过程的有效监管。”

根据中央和国务院有关规定，参照国务院机构改革方案，河北省制定了省政府机构改革方案，并于2009年2月获中央批准。根据方案，河北省食品药品监督管理局改由河北省卫生厅管理，机构规格由正厅级降为副厅级。同时河北省卫生厅和河北省食品药品监督管理局的职责也进行相应调整：将省食品药品监督管理局综合协调食品安全、组织查处食品安全重大事故的职责划给省卫生厅；将省卫生厅食品卫生许可，餐饮业、食堂等消费环节食品安全监督管理和保健食品、化妆品卫生监督管理等职责，划入省食品药品监督管理局。2009年7月27日，河北省政府办公厅印发了《河北省食品药品监督管理局主要职责内设机构和人员编制规定》，省级食品药品监管机构改革工作基本完成，相关职能调整等工作随即展开。在省级食品药品监管机构改革稳步推进的同时，市、县食品药品监管机构改革于2009年3月启动。2009年3月1日，河北省委、省政府召开全省市、县政府机构改革电视电话会议，对市、县政府机构改革工作进行了动员部署。根据会议精神和河北省委、省政府出台的《关于市县政府机构改革的意见》，市、县食品药品监督管理机构作为同级政府的工作机构保持相对稳定，部门职责参照国家和省级机构改革方案，与同级卫生部门互有调整。到2009年底，市、县食品药品监管机构改革取得重要进展，部分市印发了食品药品监管部门的“三定”规定，食品药品监督管理部门和卫生部门的职责调整也基本到位。

【医药卫生体制改革】 按照党的十七大精神，为建立中国特色医药卫生体制，逐步实现人人享有基本医疗卫生服务的目标，提高全民健康水平，中共中央、国务院作出深化医药卫生体制改革的总体部署。根据中共中央、国务院《关于深化医药卫生体制改革的意见》和国务院《医药卫生体制改革近期重点实施方案（2009—2011年）》，河北省委、省政府于2009年8月25日印发了《河北省医药卫生体制改革近期重点实施方案（2009—2011年）》，河北省政府办公厅于2009年8月26日印发了《2009年河北省医药卫生体制五项重点改革工作》。2009年9月2日，河北省政府在石家庄召开了全省深化医药卫生体制改革工作会议，对深化医药卫生体制改革工作进行了安排部署。河北省食品药品监督管理局按照河北省委、省政府的部署要求，着力推进全省近期重点实施方案各项改革部署的落实。一是加强配套制度建设。配合省卫生厅制定了药品招标采购和基本药物配送管理办法，出台了关于加强基本药物质量监督管理、加强药品生产经营企业药学技术人员配备管理的配套文件。二是推动重点工作落实。为提升全省药品、医疗器械监管能力水平，确保医药卫生体制改革工作的顺利开展，河北省食品药品监督管理局将建立药品不良反应监测中心、医疗器械不良事件监测中心和药物滥用监测中心，加强医药诚信体系和农村“两网”建设，强化药品抽查检验，建设基本药物生产非现场监控系统，加快推进系统基础设施建设等重点工作作出安排，并健全工作机制，落实经费保障入手，统筹推动落实。三是保障基本药物质量安全。河北省食品药品监督管理局进一步加强了对基本药物生产、流通和使用全过程质量监管，在全省基本药物目录品种生产企业实行了质量受权人制度。四是加强药学技术人员教育培训和配备。根据全省方案关于“加强完善执业药师制度，零售药店必须按规定配备执业药师为患者提供购药咨询和指导”的要求，河北省食品药品监督管理局进一步加大了对药品生产经营企业执业药师、驻店药剂员等药学技术人员的教育培训及配备实施力度。全年举办执业药师继续教育培训班2期，并开设了执业药师远程继续教育考试网络平台，全省3650名执业药师参加了继续教育培训。同时对药品零售企业药学及其相关专业全日制大专以上学历从业人员进行了驻店药剂员资格考核认定工作，800多人取得驻店药剂员资格。

【食品药品安全专项整治】 在食品安全方面，按照河北省政府的安排部署，河北省食品药品监督管理局组织有关部门深入开展“食品质量安全年”行动，对农产品种养殖、食品生产加工、食品流通、餐饮服务、畜禽屠宰、食品进出口等环节存在的突出问题进行了全面整治。结合“食品质量安全年”行动，河北省食品药品监督管理局按照国家六部门的部署，与有关部门协同配合，开展了为期4个月的打击滥用食品添加剂专项行动。行动中共检查食品生产、经营和餐饮服务单位49万余家，整治重点地区822个、重点单位9676家、重点产品2167种，查处案件562起，涉及总货值117万多元，移送司法机关案件1起。

在药品安全方面，河北省食品药品监督管理局在全省范围内组织开展了“药品安全规范年”活动。结合“药品安全规范年”活动，围绕研制、生产、流通、使用四个环节，河北省食品药品监督管理局组织全系统强力推进药品、医疗器械安全专项整治。一是进一步加强对大型药品生产企业和高风险企业、高风险产品的监管。共向51家药品生产企业派驻了64名驻厂监督员，全省146家药品生产企业实行了质量受权人制度。二是规范医疗机构制剂配制秩序。对有效期届满的1759个制剂品种进行了再注册审查，淘汰了304个质量无保证、安全风险大的制剂品种。三是严厉打击药品、医疗器械违法犯罪活动。按照河北省政府要求，河北省食品药品监督管理局与卫生、工商等部门配合，建立起了多部门参与的药品安全专项整治厅际协调工作机制和打击生产销售假药厅际协调联席会议制度，并利用这一平台严厉打击利用互联网发布虚假广告、邮寄假药、非药品冒充药品等违法活动，立案查处药品、医疗器械违法案件1.9万起，没收假劣药品和医疗器械货值1257万元，取缔无证经营户170个，捣毁制假窝点7个。

【甲型H1N1流感防控】 2009年3月，墨西哥暴发了“人感染猪流感”疫情，并迅速在全球蔓延。世界卫生组织（WHO）最初将此型流感称为“人感染猪流感”，后将其更名为“甲型H1N1流感”。2009年5月11日，中国内地确诊首例甲型H1N1流感患者；2009年6月20日，河北省确诊首例甲型H1N1流感患者。疫情暴发后，河北省委、省政府多次召开会议，研究部署加强甲型H1N1流感预防控制工作。按照河北省委、省政府和国家食品药品监督管理局的部署，河北省食品药品监督管理局立即成立了甲型H1N1流感防控工作领导小组，组织全系统迅速开展防控工作。一是全面加强防控药品、医疗器械生产、储备和调拨的调度管理。先后派出多个调研组，调查了解防控药品、医疗器械的生产规模、成品库存、原料储备情况，做好药械应急准备。二是全面加强防控药械质量监督。组织石家庄、保定市食品药品监督管理局对4家企业6个品种的防控药品进行GMP跟踪检查；对安国中药材市场20多个用于防控流感的常用中药材品种的质量情况进行监督抽查；对医疗机构防护药械储存和质量情况进行专项检查，对检查中发现的问题，提请卫生部门及时作出处理，受到了国务院领导的表扬。三是启动特别审评审批程序，加快防控药械审批进程。为保证连花清瘟胶囊的生产供应，河北省食品药品监督管理局特事特办，局领导和有关处室负责人深入以岭药业公司现场办公，当即批复以岭药业公司的委托加工申请；并组织邢台恒利药业公

司、河北奥星药业公司和石家庄宇惠药业公司受托进行连花清瘟胶囊的提取、充填和包装，解决了连花清瘟胶囊产能不足的问题；同时及时批准了三家企业医用防护、外科口罩的注册申请，满足了群众对防控药械的需求。

【干部职工教育培训】 根据新形势、新任务对干部职工素质提出的更高要求，河北省食品药品监督管理局组织全系统进一步加大了干部职工教育培训工作力度。全年全系统投入教育培训经费1320万元，举办执业药师继续教育、药品生产企业质量受权人、医疗器械风险管理等各类培训班数十期，培训各类人员16657人次。选派5名县局局长和7名市级药检所所长参加了国家局举办的县局局长示范班和市级药检所所长示范班。举办了四期中药材中药饮片高级鉴别师培训班，共培训中药材中药饮片鉴别人员2800余人次，其中1229人取得高级中药材中药饮片鉴别师资格。中央电视台对此进行了报道，在全国引起积极反响。举办了三期应急管理培训班，全省各市、县食品药品监督管理局均派人参加了培训，强化了全系统应急管理工作。

【药品检验检测】 2009年，河北省食品药品监督管理系统进一步加强了药品检验检测工作，为全省药品行政监督和行政执法提供了有力的技术支撑。全年全省药品检验机构共完成各类药品检验18421批，其中化学药品7299批，抗生素药品2291批，生化药品311批，中成药7084批，中药材1329批，其它药品107批。检品合格率89.84%；按期检验完成率95.6%，比上年提高4.9个百分点。在评价性抽验方面，按照国家药品评价抽验计划，河北省药品检验所承担了“洛伐他汀”、“盐酸克林霉素”和“麻仁丸”3个品种的国家药品评价抽验工作。为按时高质量地完成工作任务，河北省药品检验所抽调专业技术人员组成化学药、抗生素药、中药三个课题组，负责评价抽验的检验、分析和探索性研究等各项工作。各课题组根据国家药品评价抽验的具体要求，重点对与药物安全性、质量的可控性等有直接关联的物质和溶出度等项目进行了系统研究，并在国家现行质量标准的完善、药品生产工艺的改进及药品辅料使用注意事项等方面向国家食品药品监督管理局提出建议。2009年12月初，国家食品药品监督管理局组织召开了2009年国家药品评价抽验品种质量分析报告评议会议，河北省药品检验所3个评价抽验课题组分别作了国家评价品种质量分析情况报告。其中“洛伐他汀”和“盐酸克林霉素”两个品种的质量分析报告被评为优秀分析报告，受到了国家食品药品监督管理局的表彰。

【药品GMP和GSP认证】 2009年是药品GMP和GSP认证高峰年。为保质保量完成认证工作任务，河北省食品药品监督管理局从以下几方面入手积极创新认证工作机制，规范认证工作。一是科学制定认证计划。在摸清企业现状及认证准备情况的基础上，制定详细的认证工作计划，逐月排出认证时间表，按计划稳步推进认证工作。二是及时补充认证力量。为解决认证检查员少、认证工作量大的突出矛盾，通过培训考试，新增GSP检查员120多名，补充了检查员队伍。三是加强工作指导。针对企业认证申报资料填写不规范、不完整影响认证工作开展的问题，加强对企业认证工作的指导，举办了面向企业的认证工作培训班，近千家企业的质量负责人接受了培训。四是合理调配认证资源。对大企业、高风险品种多的企业，选派水平高、业务能力强的认证员实施认证；对外用药、中药饮片等风险小的企业采取新老认证员结合，“以老带新”的方式派出认证员实施认证。这既锻炼和培训了认证员队伍，也提高了认证工作效率。五是压缩认证现场检查工作时限。GMP、GSP技术审核及现场检查工作时限分别由50个、45个工作日压缩到40个、35个工作日。六是强化认证工作监督。从2009年4月开始，每次集中派出检查组前，驻局纪检监察室和有关处室联合对检查员进行廉政警示教育谈话，强调现场检查各项纪律及工作要求，增强认证检查员的廉政意识，有效防止了违反认证纪律等问题的发生。由于做好了以上几方面的工作，到2009年底，河北省食品药品监督管理局圆满完成了全年的认证工作任务。全年共对119家药品生产企业进行了GMP认证，其中117家企业通过认证；对267家药品经营企业进行了GSP认证，其中265家企业通过认证。

（河北省食品药品监督管理局　杜会杰）

环 境 保 护

【污染减排】 2009年，河北省各级环保部门以深入学习实践科学发展观和开展干部作风建设年活动为契机，按照国家污染减排任务目标和省委、省政府的部署要求，以“双三十”节能减排示范工程为龙头，进一步加大了污染减排工作力度。一是继续强力推进工程减排。全省脱硫机组装机总容量达3145.9万千瓦，脱硫机组装机率为98.4%，已经提前十四个月完成了国家下达的机组脱硫任务。全省建设污水处理厂180座，建成运行174座，城市（含县城）污水处理率达到了75%。二是更加重视管理减排。强化了电力企业燃煤发电机组脱硫设施和城镇污水处理厂设施运行环境监督管理，印发了燃煤发电机组脱硫电价管理办法，并召开了燃煤电厂脱硫设施运行调度会。三是建立了定期监测通报制度。30个重点县（市、区）全部建成空气自动监测站，从去年4月份开始，对“双三十”县（市、区）主要河流跨界断面水质、空气质量点位监测结果每月一通报，对“双三十”重点企业排污达标情况每季度一通报。根据现场检查情况，对7家问题严重的城镇污水处理厂实施了污染减排预警。据环保部核定，2009年河北省化学需氧量比上年削减3.47万吨，削减率5.74%（高于全国2.47个百分点），列全国第二位，累计完成“十一五”总任务的91.34%；二氧化硫削减9.15万吨，削减率6.81%（高于全国2.31个百分点），列全国第五位，累计完成“十一五”总任务的108.07%。“双三十”单位减排化学需氧量2.65万吨、二氧化硫7.66万吨、烟（粉）尘8.88万吨，分别为年度减排目标的

143%、166%和145%。有15个县（市、区）和17家企业两项主要污染物提前完成三年承诺目标。

【城市环境空气质量】 认真落实城镇面貌三年大变样环保行动计划，深化城市环境综合整治，突出了重污染企业搬迁、基础设施和治污工程项目建设。目前完成了44家企业改造搬迁、278项污染减排项目建设、56项基础设施项目建设任务，促进了城市环境空气质量的持续改善。2009年，全省11个设区城市空气二级以上天数平均达到334天，比上年增加10天；综合污染指数平均为1.93，比上年降低了10.23%；二氧化硫、可吸入颗粒物、二氧化氮全年平均值分别比上年下降14.8%、6.9%、6.7%。省会石家庄市空气二级以上天数达到317天，比上年增加16天，综合污染指数为2.24，比上年降低了3.86%。秦皇岛、廊坊、承德、沧州、衡水、邢台、保定、张家口等8个设区城市环境空气质量达到国家二级标准，比上年增加3个。

【重点流域水环境质量】 在全省七大水系全面实行了生态补偿制度，大力实施重点流域和饮用水水源地保护与治理计划，全面提速城镇污水处理厂、垃圾处理场等环境基础设施建设，有效地推进了重点流域水污染治理。2009年，全省七大水系中，三类和好于三类水质的断面比例为42.4%，比上年上升了9.1个百分点，劣五类水质断面比例为41.7%，比上年下降了4.2个百分点。重点监控断面化学需氧量平均浓度大幅下降，七大水系化学需氧量平均浓度比上年下降了26.2%，氨氮平均浓度比上年下降了15.9%。子牙河水系化学需氧量平均浓度比上年下降了32.4%，氨氮平均浓度比上年下降了9.9%。

【农村和生态环境保护】 出台了落实"以奖促治"政策加快解决农村突出环境问题的实施意见，编制了农村环境综合整治规划，启动了"百乡千村"环境综合整治三年行动计划，优先选择位于环境敏感和重点区域的1000个行政村作为试点，以重点保障农村饮水安全，防治农村生活污水、垃圾和畜禽养殖污染等内容为主，集中实施环境综合整治。生态示范区、优美城镇创建等工作取得丰硕成果。去年又有6个县（市）达到国家级生态示范区验收标准，8个乡镇达到国家环境优美乡镇标准，15个城镇达到省级环境优美城镇要求，7个村庄达到国家级生态村标准。新建驼梁国家级自然保护区和承德北大山省级自然保护区。

【环境执法监管】 认真落实"三严"执法要求，连续第七年开展了"整治违法排污企业保障群众健康"环保专项行动，对全省钢铁行业产能和排污状况进行了全面核查，认真排查了造纸行业、重点流域重点企业、涉重金属行业环境守法情况，以及建设项目环评、"三同时"执行情况，组织开展了"北京护城河"环境执法检查。2009年，全省出动执法人员13万人次，检查企业5.9万家，取缔违法企业608家，停产治理304家，限期治理522家，处罚款5500多万元，对1.19万件各类群众举报信访案件进行了查处，对145起典型案件实施了挂牌督办。在促进产业结构调整和发展方式转变方面，加强了环评审批把关，2009年全省审批建设项目环评1.59万个，涉及投资6595亿元，与2008年相比，项目数和投资额分别增加39.1%和6.7%；否决建材、化工、钢铁等重污染和重复建设行业项目环评299个，涉及投资160亿元，重污染行业投资额较上年减少3.5%，投资方向趋于合理。

【政策机制创新】 一是出台减排条例。去年5月，在全国率先颁布实施了《河北省减少污染物排放条例》，填补了污染减排专项立法的空白。《条例》规定了总量控制和考核奖惩制度，明确了环境保护重点监管区要求，写入了生态补偿以及污染责任保险的内容，突出了"重罚"和"双罚"法律条款，进一步强化了政府和企业的环保责任。二是实施区域禁限批。出台了《河北省区域禁（限）批建设项目实施意见（试行）》，分设区市明确了生态功能区定位、区域禁止和限制建设项目类型，以及环境敏感区建设项目管理要求。三是全面推行生态补偿。从去年4月开始，在全省七大水系201个断面全面实行水质目标考核与财政挂钩的生态补偿制度，截至12月底共扣缴生态补偿金3570万元。河北省被环保部确定为全国省级全流域生态补偿试点。同时新华社《国内动态清样》专门介绍了河北省做法，"6·5"世界环境日中央电视台《新闻联播》节目头条对此进行了报道。四是深化绿色信贷。人民银行石家庄中心支行、省银监局和省环保厅联合出台了河北省绿色信贷政策效果评价办法，对各商业银行绿色信贷政策执行情况首次进行了评价，并向社会公布结果，突出强调了信贷项目审批中的环保"一票否决"。五是提高排污收费标准。去年7月，将二氧化硫、化学需氧量排污费征收标准提高到每公斤1.26元和1.4元，进一步调动了企业治污减排积极性。

（河北省环保厅　崔立昌）

教　　育

【教育事业】 2009年，全省教育系统以科学发展观为指导，坚持教育优先发展，全面实施素质教育，积极推进义务教育均衡发展，大力发展职业教育，不断提高高等教育质量，努力办好人民满意的教育，各级各类教育呈现出快速、健康、协调发展的良好态势。2009/2010学年初，全省共有各级各类学校19011所（不包括技工学校），在校生总规模1103.8万人；幼儿园6434所，在园幼儿151.29万人。

一、九年义务教育。全省共有小学14447所，比上年撤并减少1758所；招生87.58万人，比上年减少3.86万人；在校生488.65万人，比上年增加12.99万人。普通初中2887所，比上年撤并减少285所；招生73.37万人，比上年减少6.71万人；在校生241.88万人，比上年减少32.3万人。全省小学、初中适龄人口入学率分别达到99.65%和99.00%，其中女童入学率分别为99.68%和

99.04%；初中生年辍学率2.35%。每十万人口小学、初中在校生分别为6992人、3461人。

二、幼儿教育和特殊教育。全省共有幼儿园6434所，比上年增加51所；新入园幼儿102.42万人，比上年增加2.77万人；在园幼儿151.29万人，比上年增加12.17万人。平均每十万人口在园幼儿2165人，比上年增加161人。全省小学招生人数中接受过学前教育的比例达到98.79%，居全国各省份第二位，高出全国平均值8.85个百分点。

全省共有特殊教育学校144所，比上年新增7所；招收特殊教育类型学生1737人，比上年减少118人；特殊教育在校生由上年的1.23万人增加到1.27万人，全省普及特殊教育的县（市、区）总数达到148个。

三、高中阶段教育。全省共有高中阶段学校1416所，比上年减少98所。高中阶段招生人数97.05万人，比上年增加4.46万人，增长4.82%；在学总规模258.95万人，比上年增加0.56万人，增长0.15%。每十万人口高中阶段在校生3667人，比上年减少54人。高中阶段招生和在校生总量中，中等职业教育所占比例分别为53.64%和49.23%，分别比上年提高2.08和1.57个百分点。全省初中毕业生升学率达到84%，比上年提高2.3个百分点（以上数据中，除学校数之外其它均包括技工学校）。

（一）普通高中。努力优化普通高中教育结构，调整撤并了一批薄弱高中，全省共有普通高中661所，比上年减少52所。进一步扩大了优质高中教育资源，新增省级示范性高中6所，总数达到250所，全省在省、市级示范性高中就读的学生已达在校生总数的75%以上。全省普通高中招生44.72万人，比上年减少0.13万人；在校生130.87万人，比上年减少4.25万人。每十万人口普通高中在校生1873人，比上年减少73人。

（二）中等职业学校。全省共有中等职业学校755所，比上年减少46所；其中国家级重点学校110所，省级重点学校138所。中等职业学校招生52.33万人，居全国各省份第4位；招生人数比上年增加4.59万人，增长9.61%。中等职业教育在校生127.83万人，居全国各省份第7位；在校生规模比上年增加4.79万人，增长3.89%。每十万口中，中等职业教育在校生1794人，比上年增加19人。积极开展“送教下乡”和“双带头人培养”工程（农村改革发展和科技致富带头人）。全年有10万以上农民注册入学。积极推动职业教育实现规模化、集约化、连锁化办学，对原组建的15个职业教育集团在体制、机制、运行方式以及工作业绩等方面进行了初步评估并作出工作评价，对个别工作不力的进行了调整和整顿。

四、高等教育

（一）研究生教育。全省归口教育统计的研究生培养单位19个，其中地方高校16所，均与上年持平。共招收研究生10787人，比上年增加1553人，增长16%，比全国平均增长率高6个百分点，居全国第四位。全省在学研究生28346人，比上年增加3085人。地方高校招收研究生10648人，比上年增加1540人；其中招收博士生497人，比上年增加11人。在学研究生27945人，比上年增加3001人；其中博士生1844人，比上年增加96人。积极贯彻国家学位授权体制改革精神，圆满完成河北省新增博士硕士学位立项建设单位遴选工作，确定了2所立项建设博士单位、1所立项建设硕士单位。

（二）普通高等教育。全省共有普通高校109所（包括18所民办机制独立学院），普通高考本专科招生31.84万人，其中本科13.84万人；在校生106.05万人，其中本科50.5万人。

全省地方普通高校105所，比上年增加4所；其中本科院校47所（包括18所独立学院），与上年持平。地方高校普通高考本专科招生31.01万人，比上年增加0.78万人；其中本科招生13.13万人，比上年增加1.22万人。普通本专科在校生102.93万人，比上年增加5.88万人；其中本科在校生47.94万人，比上年增加4.39万人。平均每十万人口普通本专科在校生1558人，比上年增加118人。

（三）成人高等教育。全省共有独立设置的成人高等学校7所，成人本专科招生8.32万人，与上年基本持平略有减少；在校生21.85万人，比上年减少1.33万人。平均每十万人口成人高等教育在校生313人，比上年减少21人。

【教师队伍】 一、义务教育。全省共有小学教职工34.43万人，专任教师32.12万人，比上年增加0.45万人。专任教师学历达标率继续保持全国前列，其中专科及以上学历教师所占比例为79.55%，比上年提高2.6个百分点。小学高级技术职称以上专任教师16.37万人，比上年增加0.57万人，高级职称教师所占比例为50.95%，比上年提高1.05个百分点。生师比（每个专任教师培养学生数）15.21，比上年增加0.19人。

普通初中有专任教师18.62万人，比上年减少0.75万人。学历达标率98.74%，比上年提高0.19个百分点；其中本科及以上学历专任教师11.45万人，占专任教师总数的比例为61.51%，比上年提高5.04个百分点；具有中学一级及以上专业技术职称的专任教师10.06万人，比上年增加0.15万人，中学一级及以上教师占专任教师总数的54.04%，比上年提高2.86个百分点。初中生师比12.99，每个专任教师培养学生数比上年减少1.17人。

二、高中阶段教育

（一）普通高中。全省普通高中共有专任教师8.18万人，比上年略有增加；生师比16.0人，每个专任教师培养学生数比上年减少0.75人。专任教师学历达标率92.89%，比上年提高2.01个百分点；其中研究生学历教师所占比例为1.83%，比上年提高0.56个百分点。中级职称以上专任教师4.45万人，比上年增加0.15万人；占专任教师总数的比例为54.47%，比上年提高1.09个百分点。

（二）中等职业学校。全省中等职业学校共有教职工6.81万人，其中专任教师4.80万人，与上年基本持平而略有减少。生师比23.0，比上年提高1.1个百分点。教师学历达标率为81.78%，比上年提高1.06个百分点；副高级职称以上专任教师0.97万人，占专任教师总数的20.33%，比上年提高0.62个百分点。

三、高等教育

全省普通高校共有教职工9.21万人，其中专任教师5.84万人，比上年增加3269人。具有硕士及以上学位的专任教师2.88万人，比上年增加2688人；硕士以上学位教师所占比例为49.33%，比上年提高1.96个百分点。具有副高级及以上专业技术职称的专任教师2.29万人，比上年增加1481人；副高级职称以上教师所占比例为39.2%，比上年提高0.37个百分点。全省独立设置的成人高校共有教职工1959人，专任教师1248人。

【办学条件】 一、义务教育阶段学校。全省小学校园占地217378亩，生均占地面积29.66平方米；校舍建筑总面积2790.13万平方米，生均校舍面积5.71平方米。图书馆藏书10507.3万册，生均图书21.5册。普通初中校园占地117956亩，生均占地面积32.51平方米；校舍建筑总面积1921.64万平方米，生均校舍面积7.94平方米。图书馆藏书6949.63万册，生均图书28.7册。

二、高中阶段学校。全省普通高中校园占地65920亩，生均占地面积33.58平方米；校舍建筑总面积1937.92万平方米，生均校舍面积14.81平方米。图书馆藏书2643.97万册，生均图书20.1册。

全省中等职业学校（不包括技工学校）校园占地39211亩，生均占地面积23.68平方米；校舍建筑总面积986.65万平方米，生均校舍面积8.94平方米。图书馆藏书2006.14万册，生均图书18.2册。仪器设备总值164419万元，生均设备值1489.4元。

三、高等学校。全省普通高校校园占地92523亩，普通本专科生均占地58.2平方米。校舍建筑总面积2887.8万平方米，生均27.23平方米；其中教学及行政用房面积1481.8万平方米，生均13.97平方米。教学仪器设备总值66.89亿元，生均6307.7元；图书馆藏书7473.65万册，生均70.5册。

全省地方普通高校校园占地89202亩，普通本专科生均占地57.8平方米。校舍建筑总面积2774.3万平方米，生均26.95平方米；其中教学及行政用房面积1432.6万平方米，生均13.92平方米。教学仪器设备总值63.08亿元，生均6128.4元；图书馆藏书7185.82万册，生均69.8册。

（河北省教育厅　李生棵　徐献彬）

卫　生

【深化医药卫生体制改革】 按照《中共中央国务院关于深化医药卫生体制改革的意见》和《国务院医药卫生体制改革近期重点实施方案（2009—2011年）》要求，河北省卫生厅认真开展了调研和测算，积极配合省发改委起草制定了《河北省医药卫生体制改革近期重点实施方案（2009—2011年）》，8月20日以省委、省政府名义印发执行。按照国家和河北省实施方案以及《国务院办公厅关于印发医药卫生体制五项重点改革2009年工作安排的通知》要求，省卫生厅认真落实省委张云川书记关于河北的医改工作要做到“不折不扣、一步不差、一分不欠”的指示精神和9月2日全省医药卫生体制改革工作会议精神，在省委、省政府的统一领导和省医改工作领导小组的具体指导下，紧密结合河北实际，突出基本、基础和基层，做到吃透上头，把上级精神具体化；吃透外头，把外地经验本地化；吃透下头，把基层创造理论化的要求，坚持以加强体系建设为重点、落实保障措施为焦点、提高服务能力为难点，全力攻坚，力求突破。以省政府名义制发了《关于扶持和促进中医药事业发展的实施意见》，省卫生厅出台了促进基本公共卫生服务逐步均等化实施意见、关于巩固和发展新型农村合作医疗制度的实施意见等3个配套文件；以省政府名义转发了《河北省乡村医生承担基本公共卫生服务补助办法》，明确了乡村医生承担公共卫生服务补助标准和补助办法；启动了乡镇卫生院人员核编定岗工作，稳步推进财政补助政策和实行基本药物零差率销售的落实。同时，近期五项重点改革工作进展顺利。一是进一步巩固完善新型农村合作医疗制度，与省民政厅、农业厅、财政厅、中医药管理局联合制定下发了《关于巩固和发展新农合制度的实施意见》，全省参合率达到90.24%，报销封顶线由2万元提高到了3万元，达到了全省农民平均纯收入的6.3倍；门诊统筹试点县扩大到了55个。制发了《关于对新型农村合作医疗医药费用补偿有关问题的意见》和《河北省省市级新型农村合作医疗定点医疗机构开展即时结报工作的实施办法》，实现参合农民在统筹区域内可自主选择定点医疗机构就医，简化了到县域外就医的转诊手续。省卫生厅建立了新农合违规违纪责任追究和投诉举报案件查处登记制度，与公安部门联合打击诈骗新农合基金行为，制定了定点医疗机构考核评价标准和新农合绩效评价办法，组织进行定点医疗机构考核，加强了基金和定点医疗机构监管。调整了《河北省新型农村合作医疗报销药物目录》，国家基本药物全部纳入了新农合报销药物目录。全年全省参合农民共有2253万人次得到合作医疗补偿，补偿总费用为46.53亿元。全省统筹基金使用率为95%。二是加快实施国家基本药物制度，组建药物政策与基本药物制度处，具体负责基本药物制度的组织实施。省政府成立了由孙士彬副省长任组长的“省药品集中招标采购领导小组”，负责全省药品集中采购的领导、组织、管理和监督工作，省编办批准组建了“省药品集中采购中心”，搭建网上药品集中采购平台，省卫生厅与省纠风办等六部门联合制发了《全面实行以政府为主导以省为单位网上药品集中采购工作的实施意见》，启动了药品网上集中采购工作。确定在石家庄、唐山、保定、邯郸、秦皇岛5个市的120个社区卫生服务机构和全省41个县（市）首批实施基本药物制度。印发了《河北省2010年新型农村合作医疗统筹补偿方案基本框架》，规定基本药物全部纳入新农合报销目录，补偿比高于非基本药物10个百分点。三是加强基层医疗卫生服务体系建设，各级财政投入资金42.7亿元（中央11.7亿元、地方配套31.0亿元），共安排农村卫生服务体系建设项目351个，其中县级医院57个，中心乡镇卫生院234个，城市社区卫生服务中心建设项目60个。四是推进基本公共卫生服务均等化，省卫生厅与财政、人口计生等部门联合制发了《关于促进基本公共卫生服务逐步均等化的实施意见》，制定了《落实促进基本公共卫生服务逐步均等化实施方案》，启动实施基本和重大公共卫生服务项目。组织全省城市和17个试点县（市）逐步建立居民健康档案，农村和城市居民健康档案建档率分别达到了5.74%和33%。制定了15岁以下儿童乙肝疫苗补种工作实施方案，完成乙肝疫苗补种86万人。启动农村孕产妇住院分娩补助项目、农村妇女孕期及孕早期增补叶酸预防神经管缺陷项目和35－59岁农村妇女两癌检查项目，制发了实施方案，落实了配套资金3.9亿元，农村妇女宫颈癌筛查4.10万人、乳腺癌筛查1.49万人、补服叶酸49.55万人、住院分娩补助64.41万人，均完成了项目目标。实施贫困白内障患者复明工程，完成7543例手术，超额完成项目任务。实施农村卫生厕所建设项目，累计完成3.5万座卫生厕所建设任务，占任务总量的98.32%。五是开展公立医院改革试点，全面推进112种疾病临床路径管理，确定了河北北方学院附属第一医院等6所医院为省级临床路径试点医院。继续在全省二级以上综合医院推行单病种质量和费用控制工作，全省实行单病种质量和费用控制的机构由2008年的352所增加384所。确定在邯郸市率先进行公立医院改革试点。11月3日，国务院深化医药卫生体制改革领导小组副组长、卫生部部长陈竺同志来河北进行调研，对河北省的工作给予充分肯定。

【甲型H1N1流感防控】 甲型H1N1流感疫情发生后，省卫生厅坚决贯彻省委、省政府的统一部署，按照“高度重视，积极应对，联防联控，依法科学处置”的原则，充分发挥由30个部门组成的联防联控工作机制牵头部门作用，先后制发了《河北省甲型H1N1流感联防联控机制工作方案》和《河北省甲型H1N1流感防控应急预案》等110余份文件，协助省政府召开了6次协调领导小组会议和6次全省电视电话会议，16次召开全省卫生系统电视电话会议，制发、转发防控工作方案和通知等文件107个，协调各成员单位，落实防控措施，积极控制疫情的扩散和蔓延。一是强化疫情监测，防控关口前移。扩大流感监测范围和提高检测能力，流感监测网络实验室从2个增加到12个，监测哨点医院由10个增至28个。与北京等周边省市建立了甲型H1N1流感防控合作机制，先后对8840名回国返冀人员进行了健康随访和咨询服务，开展健康监测5.04万人次。二是突出防控重点，妥善处置聚集性疫情。结合防控工作实际，创造性地提出了防控重点区域必须严格落实“一诊三区”、彻底流调等防控措施。加强重点区域和重点人群防控，每周深入到辖区学校、托幼机构、养老院等重点区域开展疫情的主动搜索，对学校、企业等防控重点场所开展预防性服药，建立了联系人制度、学校晨午检制度、因病缺课登记追踪制度，坚持开展校园经常性的预防性消毒。对每一起聚集性疫情，第一时间派出疾病预防控制和医疗救治专家，有效控制了聚集性疫情的传播扩散。三是强化重症识别，全力做好医疗救治工作。先后组织制定了《河北省甲型H1N1流感医疗救治工作方案（试行）》、《河北省甲型H1N1流感病人市级定点收治医院基本配置标准（暂行）》以及《河北省转运甲型H1N1流感病人市急救中心配置标准》，坚持“集中患者、集中专家、集中资源、集中救治”的救护原则，充分发挥专家团队的技术优势，逐级组建了医疗救治专家组深入基层巡诊指导，减少重症的发生。确定集中收治重症和危重症病例三级医院23所、收治住院病例定点医院178所和后备医院106所。建立了市际、县际和大型综合医疗机构与基层医疗机构间的甲型H1N1流感医疗救治对口支援制度。四是强化群防群控，全面落实综合防控措施。扎实推进“清洁城乡，保护健康”爱国卫生运动，加强重点区域环境卫生管理，开展预防性消毒。各地共清理垃圾近200万吨，治理卫生死角3万余处，消毒场所31万个、消毒面积达3.8亿平方米。采取多种形式开展甲型H1N1流感防控知识宣传，提高公众卫生和防病意识。利用12320服务热线，为广大群众提供咨询服务。五是精心组织，积极有序地做好疫苗接种工作。与有关部门联合制发了《河北省2009年秋冬季甲型H1N1流感疫苗预防接种实施方案》，明确了知情同意、自愿、免费原则，按照突出重点、分步实施、属地管理的原则，积极稳妥地推进疫苗接种工作，全省接收三批疫苗460万人份，完成接种456万人，接种人数居全国首位。截至12月29日，全省累计报告甲型H1N1流感确诊病例3666例，重症病例302例，危重病例232例，死亡56例，疫情形势总体比较平稳，处于可控范围。

【农村卫生】 深入开展乡镇卫生院“三基两化”建设，继续开展“创建标准化、规范化乡（镇）卫生院示范县（市）”活动，全省81个县（市）达到了示范县标准，占全省县（市）总数的59%，超额完成了2009年度示范县（市）达到45%的目标。制定下发了《河北省2009年村卫生室建设计划》，加强了村卫生室建设，全省村卫生室覆盖率达到96%。完成了1.5亿元乡镇卫生院、县中医院、县妇幼保健院设备采购任务。组织完成了对全省乡村医生的考核和11万乡村医生执业证书的换证工作。扎实开展城乡医院对口支援工作。继续组织开展双“万名医师支援农村卫生工程”，制定《河北省城市三级医院对口支援县级医院实施方案》，组织以44个城市三级综合医院为主的城市医疗机构和398所二级以上城市医院，分别对口支援117所县级医院和543所乡镇卫生院。全年共派出下乡医务人员3379人，诊治病人16.35万人次，抢救危重病人918人次，开展手术1892例，培训基层卫生技术人员1.02万人次，免费接收进修人员1037人次，开展新技术149项，赠送药品、器械价值498万元。组织开展“城市医生晋升职称前到农村医疗卫生机构服务落实年活动”，建立了城市医生下乡服务管理信息库，全省已建立农村工作基地275个，派出医疗卫生专业技术人员1565名。河北省的卫生支农工作得到了卫生部的充分肯定，7月16日，卫生部在河北省石家庄市召开现场会，向全国推广河北的经验。认真执行中央2008年农村卫生人员培训项目，加大农村卫生技术人员培训和继续教育力度。积极做好“三支一扶”计划实施工作，共招募330名支医大学毕业生。为鼓励和支持医学类大中专毕业生到农村地区服务，与省财政厅、人事厅、编办联合印发了《河北省招聘执业医师到乡镇卫生院工作项目实施方案》，招聘50名执业医师，充实21个试点县（市）乡镇卫生院。根据省委宣传部的统一部署，组织15家省直医疗卫生单位赴衡水市饶阳县开展了卫生下乡集中活动，共诊治群众4179人次，赠送药品、器械和车辆等物品价值101.75万元。

【城市社区卫生】 制发了《河北省2009年城市社区卫生服务机构建设计划》，全省新建社区卫生服务机构59个，共设有社区卫生服务中心200个，社区卫生服务站710个，社区卫生服务街道覆盖率达到96%。继续组织开展了创建省级社区卫生服务示范区和创建省级标准化社区卫生服务示范机构活动，与省民政厅、中医药管理局联合组织完成了对5个省级示范区的考核评估，组织完成了对69个省级示范机构的考核验收，创建省级社区卫生服务示范区5个，国家级中医药特色社区卫生服务示范区3个，创建省级标准化社区卫生服务示范机构59个，实现了2008年、2009年创建100所省级标准化社区卫生服务示范机构的目标。

【疾病预防控制】 落实鼠疫、艾滋病、结核病、手足口病等重点传染病综合防控措施，有效控制重大传染病疫情。组织张家口、承德坝上等重点地区开展春季灭鼠活动，强化鼠密度和鼠间带毒监测，加强鼠防人员培训，实现了“鼠间鼠疫不下坝、人间鼠疫不发生”的目标。认真贯彻《河北省遏制与防治艾滋病行动计划（2006—2010年）》，全面落实“四免一关怀”政策，继续推广“四位一体”的医疗救治模式，再确定11个县（市、区）为艾滋病综合防治示范区，启动河北省第二轮艾滋病综合防治示范区工作；进一步加强医疗机构艾滋病实验室网络建设，全省共建立艾滋病检测实验室337个，自愿咨询检测点448个，共检测153余万人次，进行高危人群行为干预261万人次，确诊感染者406例，累计实施免费抗病毒治疗548人，发放救助款648万元。以学生和农民工等人群结核病防治为重点，全面落实现代结核病控制策略，全省现代结核病控制策略覆盖率100%，发现率达到70%以上，涂阳肺结核病患者治愈率达到85%以上。坚持“积极应对、冷静应对、科学应对”和“密切关注重点区域、密切关注重症病例”的防控策略和工作原则，狠抓手足口病各项防控措施的落实，制定了防控工作方案、医疗救治工作方案、治疗指导意见以及宣传教育实施方案等，指定205家定点医疗机构，组建178支救治专家组，先后30余次深入重点地区进行救治指导，没有出现手足口病暴发疫情。加强免疫规划信息化建设和接种单位规范化管理，保持免疫规划疫苗高接种率水平和无脊髓灰质炎状态，以乡镇为单位“五苗”接种率达到99%以上，乙肝疫苗首针及时接种率以县为单位达到98.08%，新增乙脑疫苗接种率为95.71%。继续做好慢性病、地方病防治工作。以加强监测和实施国家支持项目为重点，不断加强慢性非传染性疾病防治工作，在18个慢性病监测示范点开展了慢性病发病和死亡监测，为慢病防控工作提供依据。进一步加强重性精神疾病管理治疗，推进精神卫生项目示范市和示范区工作。落实食盐加碘防控碘缺乏病措施，居民合格碘盐食用率达到96.17%。加强公共卫生机构能力建设。建立疾病预防控制工作考核办法，完善绩效评价体系，以现场流行病学和实验室检验检测为重点，完成40%疾病预防控制机构专业技术人员强化培训工作。加强公共卫生机构信息化建设，为52个国家级和省级贫困县的部分县乡级网络直报单位装备计算机538台，提高了传染病疫情和基本信息报告质量。

【卫生应急】 按照卫生部《突发公共卫生事件卫生应急体系建设和发展规划》的要求，认真落实《河北省卫生部门卫生应急管理工作规范（试行）》，推进市、县两级卫生应急管理机构建设。11个设区市中，7个独立设置，4个挂靠科室，172个县（市、区）中，32个独立设置，112个挂靠科室，省、市、县三级疾控机构和卫生监督机构也分别设立或指定了应急工作科室。组织对重大传染病疫情、群体性不明原因疾病、自然灾害等单项应急预案进行了修订和补充，以省政府办公厅名义印发了《河北省甲型H1N1流感控制应急预案（试行）》，组织制定了《河北省甲型H1N1流感医疗卫生应急预案（试行）》、《河北省人感染猪流感流感预防控制工作方案》、《河北省自然灾害卫生应急预案（试行）》和《河北省核事故和辐射事故卫生应急预案》，参与了《国家突发公共卫生事件应急预案》、《国家突发公共事件医疗卫生救援应急预案》和《卫生部核事故和辐射事故医学应急预案》的修订工作。充分发挥省突发公共卫生事件专家咨询委员会作用，依托省疾控中心、厅卫生监督局、省人民医院、省鼠防所、省胸科医院和医大一、二、三、四院等九个单位重新调整组建省卫生应急救援队伍，共有队员213名。组织开展了人禽流感重大传染病疫情应急处置实战演练、防治甲型H1N1流感模拟演练和国庆安保卫生应急拉动演练，参与了国家“长城6号”反恐演习，提高了卫生应急处置能力，加强了卫生应急队伍建设。加强了省级应急队伍装备建设，指导各地建立了实物储备和生产能力储备相结合的应急物资储备机制。与北京、天津市卫生局共同签署了《关于建立重大突发公共卫生事件和疾病预防控制合作机制的协议》。开展卫生应急知识宣传，及时妥善处置各类突发公共卫生事件105起，有效防止了事态扩散和蔓延。

【医政管理】 加强医院管理。继续深入开展医院管理年活动，制定下发了《2009年河北省医院管理年活动实施方案》，明确了2009年医院管理年活动10个方面40项重点要求。积极推进全省医院评审工作，组织制定了《河北省三级综合医院评审标准（试行）》，起草了《河北省二级综合医院评审标准》和《河北省医院评审工作手册》，积极推进医院等级评审工作。强化医务人员“三基”训练，组织开展了全省病历书写质量评比和全省卫生系统医务人员岗位技能竞赛活动。开展了临床实验室室间质评，对PCR实验室进行了检查验收，启动了河北省临床实验室检测项目室内质控实时监控及室间比对活动，促进了临床实验室的质量管理持续改进。加强血液安全管理，建立血液库存预警制度，组织编写了全省采供血机构质量体系文件框架，积极推动无偿献血，全省180吨临床用血全部来自自愿无偿献血。完善护理管理规范，促进医疗机构服务技术水平和质量的提高。强化医疗服务市场监管，严厉打击非法行医，制定下发了《河北省2009年医疗服务市场清理整顿工作方案》，全年共检查医疗机构42378家，查处各种违法行为2892起，其中取缔无证行医1781家；没收医疗器械1019件、药品1248箱，罚款139.46万元；对篡改《医疗广告审查证明》内容发布医疗广告的54家医疗机构吊销了《医疗广告审查证明》；依法查处未取得《医疗广告审查证明》擅自发布医疗广告的70家机构，进一步清理整顿了医疗服务市场，保障群众就医安全。

【食品安全】 根据省政府机构改革“三定”方案要求，成立了食品安全综合协调与卫生监督处，完成了省卫生厅和省食品药品监督管理局食品安全监督管理职能的调整，调整了省食品安全监管协调领导小组，孙士彬副省长任组长，领导小组办公室设在省卫生厅。组织召开食品安全领导小组会议3次，办公室会议6次，起草了《河北省食品安全监管协调领导小组及其办公室议事规则》，经省政府领导审定后印发，明确了领导小组及办公室的主要职责、议事制度和工作要求。聘请了50余名营养学、食品工艺与质量、食品添加剂等专业权威专家，组建了河北省食品安全专家委员会。组织起草了《河北省食品安全条例（草案）》，提出食品加工小作坊、食品摊贩的管理方式和标准以及监管制度。制定了《河北省2009年食品安全风险监测方案》，对51种重点食品开展了有毒有害物质和食源性致病菌等危害因素的监测。组织起草了《河北省食品安全企业标准备案办法》，完成标准备案125个。根据省委、省政府安排部署，制定并组织落实“食品质量安全年”活动方案，对农产品种养殖、食品生产加工、食品流通、餐饮服务、畜禽屠宰、食品进出口等六个环节存在的突出问题进行全面整治，深入开展食品安全专项整治。据不完全统计，全省共查处各类食品违法案件7257起，清理注销生产许可证1706家、吊销营业执照263个，取缔不合格奶站94个、非法饲料生产企业8家、无照经营460户，查获违法饲料63.7吨、瘦肉精4.4万片，销毁假冒伪劣食品165吨。全省卫生系统和食药监系统根据职责重点整治违法添加非食用物质和滥用食品添加剂、集体食堂和餐饮单位食品安全管理，按照省政府印发的《河北省打击违法添加非食用物质和滥用食品添加剂专项整治方案》要求，组织召开了三次全省电视电话会议，对整治行动进行安排部署，全省共监督检查食品添加剂生产使用单位50万家次，整治重点地区67个，重点单位9676家、产品2167种，检查各类餐饮单位9.1万户次，共查处案件562起，涉及总货值117.5万元，移送司法机关处理1起，有效遏制了使用非食用物质加工食品和滥用食品添加剂行为，保障了食品质量安全。继续组织开展餐饮服务环节专项整顿，按时完成监督检查及抽验任务，开展餐饮业食品卫生监督公示制度试点工作，全省县城以上餐饮单位和学校食堂进货索证率、量化分级管理率保持100%，B级以上餐饮单位达到80%以上。按照省政府要求，协调有关部门在邢台市组织召开全省食品安全长效机制建设现场会，孙士彬副省长做了重要讲话，会议确定2010年为全省食品安全长效机制建设年，提出了长效机制建设的基本框架和两年具体工作目标。配合省人大、省政府完成了全国人大到河北食品安全法执法检查工作。

【药品安全】 根据国家统一部署，建立了由省卫生厅和省食药局牵头的打击假药厅际协调联席会议制度，组织开展打击制售假冒伪劣药品违法犯罪活动。召开协调联席会议制度全体成员会议2次，明确了各部门主要职责，制定了协调联席会议工作制度。按照省政府部署要求，组织开展了“药品安全规范年”活动，强化药品安全专项整治。将全省10家大型药品生产企业、47家高风险企业和1345个高风险品种业列入“一大两高”目录，实行派驻监督员、在企业内实行质量放行责任人制度等监管措施。共向51家药品生产企业派驻64名监督员，在113家药品生产企业实行质量放行责任人制度。强化了药品检验和监测控制，制定实施《药品不良反应监督实施细则》和《药品监督抽验管理规定》，加大对血液制品、疫苗等生物制品、注射剂、特殊药品等高风险品种的抽检力度。全省共监督抽验药品14263批次，全面排查、消除了药品安全隐患。加大对药品和医疗器械违法违规案件查办力度，查处药械违法案件1.44万件，没收假劣药品和医疗器械货值金额585万元。

【卫生监督】 进一步加强职业病防治工作，起草并以省政府名义下发《河北省职业病防治规划（2009—2015）》，明确职业病防治的指导思想、基本原则、目标任务和保障措施，建立了职业病防治工作联席会议制度和多渠道的职业病防治筹资机制。强化了职业病防治工作力度，加强职业病诊断鉴定管理，制定下发了《关于进一步加强职业病诊断与鉴定管理工作的通知》，确定各设区市至少有2家医疗卫生机构同时具有职业病诊断能力和职业健康检查能力，每个县至少有1家医疗卫生机构具有职业健康检查能力的目标。妥善处理了承德王丽君、唐山勾丽平、石家庄王玉忠、衡水张洪国、秦皇岛栾福全、刘玉志和原8023部队李振云等职业病诊断鉴定争议18起。制定河北省职业病危害分类管理规定和职业卫生审查办法，进一步规范职业卫生审批和认证工作程序。加强对使用放射源的医疗卫生机构的安全检查。进一步加强公共卫生监督执法工作，制订了《2009年全省公共卫生重点监督检查工作方案》，组织在全省开展了职业卫生、放射卫生、公共场所、生活饮用水、消毒产品、涉水产品和传染病防治等监督检查和抽检工作，提高各类公共卫生安全水平。

【妇幼卫生】 “降消”项目县由68个扩展到164个，实现了项目全覆盖，与农村孕产妇住院分娩等公共卫生项目实行并轨管理。全省开展培训3.14万人次，提高了基层人员技术水平，全年“降消”项目县孕产妇急救中心抢救危重孕产妇2214人，抢救成功率达99.1%。实施“中国母亲援助—复明12号流动眼科手术车和母亲健康快车项目”、生殖健康、生殖道感染、儿童疾病综合管理等多项妇幼卫生合作项目，有效的改善了农村贫困地区的妇女儿童的健康状况。争取中国宋庆龄基金会乡村母婴安全项目550万元，为15个贫困县配备了救护车、医疗保健设备和药品，并对县乡村产儿科和妇幼保健人员进行培训。联合省妇联实施了“乡村母婴健康快车项目”和“关注妇女健康、预防宫颈癌项目”，中国妇女发展基金会为31个县级医疗保健机构配备了母婴健康快车、为10所医疗保健机构配备了医用核酸分子快速杂交仪。同时，还争取到国家苯丙酮尿症（PKU）患儿特殊奶粉补助项目，为符合条件的贫困家庭（PKU）患儿免费提供3年、价值165万元的特殊奶粉，用以防治儿童智力残疾。制定下发了《河北省产前筛查和产前诊断技术规范》、《河北省产前筛查和产前诊断技术基本标准》、《河北省妇幼保健机构评审办法》、《河北省二级妇幼保健机构评审标准》等文件，严格母婴保健专项技术服务审批，对申请开展产前诊断技术服务的市级医疗保健机构进行了考核审批。加强《出生医学证明》管理，联合省公安厅制发了《河北省〈出生医学证明〉管理使用办法（试行）》，实现了《出生医学证明》的网络化管理和微机打印，全年全省发放《出生医学证明》110万人份。部署开展了打击非法进行胎儿性别鉴定和选择性别人工终止妊娠工作。积极实施婚前保健、产前筛查和诊断、新生儿疾病筛查预防出生缺陷三级措施，制定《河北省新生儿疾病筛查诊治管理办法》、《河北省产前筛查与产前诊断技术规范（试行）》，对申报省新生儿听力筛查中心的省二院、省人民医院和省儿童医院进行了评估确认。对承担新生儿疾病筛查和产前筛查与诊断技术的200余名市、县专业技术人员进行了培训。2009年全省新生儿两病筛查76.27万人，推动了预防出生缺陷工作的开展。深入实施国务院“两纲”和省政府“两个规划”，全省孕产妇死亡率大幅下降，由2008年的38.33/10万下降至2009年的27.45/10万，下降28.39%；婴儿死亡率由2008年的14.89‰下降至2009年的11.31‰，下降24.04%，5岁以下儿童死亡率由2008年17.51‰下降至2009年的14.00‰，下降20.05%，提前实现“两纲”和“两个规划”确定的目标。

【中医药管理】 深入推进中医药事业改革发展，起草并以省政府名义印发了《关于扶持和促进中医药事业发展的实施意见》，明确了中医药事业发展的指导思想、基本原则、目标任务以及主要工作。加强中医医疗服务体系建设，争取国家支持9400万元，实施8所省市级中医院项目建设。开展中医工作先进县和示范区、综合医院示范单位创建工作，涉县、献县被国家中医药管理局命名为“全国农村中医工作先进县”，有12所医院被命名为“全省综合医院中医药工作示范单位”。加强中医药卫生人才培养，认真实施国家和省优秀中医临床人才研修项目，向省级以上医院派出进修人员254名；开展中医类别全科医师岗位培训工作，确定城市社区中医药知识与技能培训基地12个，选拔160名中医类别执业医师参加全科医师岗位培训；组织实施乡村医生中医专业中专学历教育，全省共招录1000名乡村医生接受专业培训。加强中医药继续教育基地建设，遴选并推荐申报国家中医药优势学科继续教育基地23个、城市社区中医药知识与技能培训示范基地1个、农村中医药知识与技能培训示范基地2个。加强中医药科学研究，开展了新一轮中医药实验室创建、评估工作，河北医科大学第四医院的中药药理（肿瘤）实验室被命名为“国家中医药管理局中医药科研实验室（三级）”。加强中医药科研成果管理，组织2009年中医药科研课题立项申报工作，评选中医药科学成果173项，推荐省科学技术奖19项。

【卫生科教】 坚持“科教兴医”战略，推动卫生科技进步。进一步加强医学科技成果的组织和评审工作，共评审医学科技奖379项。组织医学科学研究重点课题计划申报、评审工作，确定了指令课题201项，指导课题450项。继续实施《医学适用技术跟踪计划》，评审确定46个项目为“河北省医学适用技术跟踪项目”，通过项目带动战略，提高临床医疗技术水平。加大科研项目扶持力度。加强学科带头人培养，选派5名学科骨干赴意大利进修，52名中青年学科骨干赴北京大学附属医疗机构进修学习。加强农村卫生适宜技术推广工作，组织6923人次参加了慢性心力衰竭规范治疗技术和急性心肌梗塞静脉溶栓治疗技术等10个项目的培训。继续开展全科医师规范化培训工作，招收学员80名参加为期三年的培训。组织对198名全科医师骨干培训工作，对1782名全科医师和1981名社区护士进行了社区卫生人员岗位培训。加强继续医学教育，有85个项目被评为国家级继续医学教育项目，评审确定1328项省级继续医学教育项目。

【卫生行风建设】 深入开展“医疗惠民工程”，认真落实10个方面31项便民、惠民措施，继续对全省城乡低保人员、农村“五保户”等贫困患者实行医疗费用“一免三减”优惠政策，努力减轻贫困患者看病就医负担。1—11月份，全省卫生系统设置惠民病床1.05万张，收治贫困患者16.85万人次，为贫困患者减免医疗费2359万元。继续开展医疗卫生对口支援工作。今年以来，先后向平武县派出两批57名医疗卫生人员，向新疆八音郭楞蒙古自治州派出两批30名医务人员，支援当地医疗卫生工作，为恢复和提高灾区以及边疆医疗卫生服务能力，保障人民群众生体健康发挥了积极作用。加强廉政风险防范和体系建设。完善权力运行规则，改进考核办法，强化考核评价，进一步规范了行政权力运行。在厅直事业单位推进权力运行监控机制建设，初步实现了对厅直单位权力运行的远程监控。同时，推广行政权力运行监控机制建设成果，在全省卫生行政部门启动了机制建设工作。5月5日，卫生部在河北省召开了全国现场会。在全国卫生系统推进行政权力运行监控机制建设工作，收到良好效果。广泛开展卫生行风民主评议工作。建立专门工作机构，加强工作组织领导，召开全省工作会议，组织进行督导检查，全面推进医疗窗口亮起来、医疗质量万里行、重大公共卫生项目服务、健康服务进万家、患者评医院、燕赵天使情宣传“六项”活动的开展，进行明察暗访，督促医疗机构不断改进服务、提高医疗质量。据统计，全省卫生系统共查处行风问题585例，查出问题人员107人，促进了卫生行风的进一步好转。

（河北省卫生厅　周志山　孙国安）

人力资源和社会保障

【就业】　2009年，受国际金融危机影响，河北省就业形势十分严峻，高峰时全省停产半停产企业达到2.34万家，涉及职工116万人，返乡农民工达到69万人，企业减员比例高达8%。全省人力资源社会保障系统认真贯彻落实中央和省的决策部署，上下联动，组织开展了一系列卓有成效的工作。一是加强调查研究。组织10万名工作人员进企业、进社区、进村组、进家庭调查了解就业情况，开展了5万名大学生就业状况抽样调查和未就业高校毕业生情况调查，进一步摸清了就业失业情况底数，为制定各项就业政策提供了科学依据。二是进一步加大政策扶持力度。落实国家积极的就业政策，密集出台了7个方面促进就业的政策，加大了对稳定就业岗位、鼓励劳动者自主创业、促进高校毕业生就业等工作的支持力度。三是切实减轻企业负担稳定就业岗位。对生产经营遇到暂时困难的企业，认真落实“五缓四减三补贴”，通过缓缴、免缴社会保险费和降低费率减轻企业负担，稳定就业岗位。全年共认定困难企业1938家、涉及职工102万人。在使用失业保险金帮助企业稳定就业岗位方面，支出失业保险基金10亿多元，支出总额居全国第一位。四是努力做好高校毕业生就业工作。组织实施了“三支一扶”、“教师特岗”等面向基层就业项目；完善了大学生赴基层岗位锻炼待遇支付、参加社保、期满就业等方面的配套政策；将特困家庭未就业大学生纳入了“托底”安置范围。组织开展了“就业见习计划”、“创业导航行动”和“就业困难高校毕业生就业援助活动”。全年共征集见习岗位3.8万个，目前报名参加见习的大学生已有1.55万人。五是强化公共就业服务。会同有关部门，组织开展了高校毕业生就业服务系列活动、就业援助系列活动、春风送岗系列活动，共举办毕业生专场118次。与北京市人力资源和社会保障部门联合举办了“2009京冀人力资源洽谈会”，通过落实协议，帮助48.8万人进京就业。六是积极开展就业援助。大力开发公益性岗位，妥善安置了在城镇三年大变样活动中因拆迁失业人员和就业困难人员。将特困家庭未就业大学生纳入“托底”安置范围，建档立册，实施了一对一帮扶。对困难家庭未就业大学生发放了失业补助金。继续实施技能就业辅助计划，安排5000名特困家庭子女到技工院校免费学习。

自2009年6月份以后全省就业形势逐步趋于平稳，城镇新增就业达到月新增5万人左右的水平。全省城镇新增就业57.3万人，完成年计划的119.3%；城镇下岗失业人员实现再就业28.1万人，完成年计划的122.7%，全省普通高校毕业生30.3万人，就业率达到85.5%；农村劳动力向非农产业转移190.2万人次，完成全年目标的146.3%。全省城镇登记失业率3.93%，控制在计划目标以内。

【社会保障】　按照中央和省部署，河北省人力资源社会保障厅把完善社会保障政策作为推动科学发展、促进社会和谐的重要工作，妥善解决了部分人员参加养老、医疗保险，“老工伤”纳入统筹等历史遗留问题，极大地调动了职工群众参保的积极性。全年社会保险扩面任务圆满完成，其中：全省城镇基本养老保险参保919.16万人，比年初增加56.53万人，完成全年扩面计划的142.1%；城镇基本医疗保险参保1421万人，比年初增加338.04万人，完成计划的107%；失业保险参保484.41万人，比年初增加2.72万人，超年度计划4.41万人；工伤保险参保559.29万人，比年初增加38.45万人，完成全年扩面计划的124.4%；生育保险参保490万人，比年初增加81.26万人，完成全年扩面计划的165.8%。各项社保基金征缴收入同比增幅都在17%以上，各项社保制度都有创新和发展。一是企业养老保险实现省级统筹。从2009年6月开始，企业养老保险全省实现“六统一”，即统一基本养老保险制度和政策、统一缴费基数和比例、统一养老金计发办法和统筹项目、统一管理和调度使用基金、统一编制和实施基金预算、统一经办业务规程和信息应用系统。出台了供销合作社企业职工、“五七工”、“家属工”、城中村居民等未参保人员参加城镇职工养老保险的办法，加上已经实施的断保人员续保办法，有效地缓解了当前的社会矛盾。二是启动实施了国家新型农村社会养老保险试点。在充分总结河北现有农村社会养老保险试点情况的基础上，结合国家相关文件，制定出台了《河北省建立新型农村社会养老保险实施办法》，首批18个县（市）新农保试点全面展开。三是城镇基本医疗保险制度进一步完善。解决了城镇职工医保关系省内转移接续问题，扩大了个人账户使用范围，开展了设区市统筹试点。城镇居民医疗保险制度实现了全覆盖，参保率达到80%。积极争取中央支持，基本解决了全省政策性破产、依法破产国有企业未参保退休人员参加城镇职工医保的问题。四是工伤保险工作取得积极进展。加大了高风险企业和商贸、餐饮等服务业农民工参保工作力度，截至2009年底，全省农民工参保已达到124.2万人，完成了年计划的104.7%。基本解决了2004年以前的“老工伤”人员纳入统筹管理的问题。组织开展了工伤预防、工伤康复、“小工伤”简化处理三项试点。指导唐山、秦皇岛等5个市完成了工伤保险市级统筹的准备工作，将于2010年1月1日启动实施。同时在社保基金可承受范围内，尽可能提高参保人员待遇水平。2009年，企业退休人员养老金月人均已达到1233元，略高于全国平均水平。工伤保险伤残津贴、生活护理费和供养亲属抚恤金分别增加156元、162元和80元，超过全国平均水平。失业保险待遇人均增加65元，已达到全国平均水平。城镇职工医保和居民医保住院费用报销比例分别提高到了70%和50%以上。基金监督工作得到加强，在全省范围内组织开展了社会保险基金专项治理活动，完善了内部控制制度，解决了一批历史遗留的欠缴、欠拨及挤占挪用基金等问题。

【收入分配制度改革】 一是积极引导企业适当增加职工工资。出台了2009年企业工资增长指导线，企业职工货币平均工资增长上线、中线、下线分别为20%、14%、5%。在较为困难的经济形势下保持了企业职工工资适度增长，预计全年全省企业职工平均工资增长16%以上。二是事业单位工资制度改革取得新进展。会同有关部门出台了卫生、科技、文化等9个行业事业单位工作人员收入分配制度改革配套实施意见，规范了事业单位基础工资。积极推进实施绩效工资工作，义务教育学校绩效工资制度全面实施，义务教育教师工资收入水平总体提高。三是公务员工资制度不断完善。配合有关部门调整了质量技术监督、食品药品监督、安全、监狱劳教系统人员的津补贴标准，规范了驻京、津、沪等5个办事处工作人员的津补贴。

【人事制度改革】 一是公务员制度不断完善。会同有关部门出台了公务员辞职、辞退规定和公务员录用考试违纪违规行为处理办法。改进公务员招录工作，规范了“基层服务专门项目志愿者”报考公务员的规定，圆满完成了2009年公务员考试录用任务。基本完成了参照公务员法管理遗留问题的审批工作。二是公务员管理和培训工作进一步加强。组织开展了“人民满意的公务员”和“人民满意的公务员集体”评选推荐表彰活动。会同省委组织部提出了省直单位竞岗轮岗试点实施意见。会同有关部门对评比达标活动进行了清理，撤销评比达标表彰项目1426项，撤销率为95.8%。继续大规模培训公务员，组织开展了公务员公共管理核心课程、突发事件应对等专项培训，全年共培训各级各类公务员23万余人次。三是事业单位人事制度改革取得新进展。全省实行聘用制度单位比例、签订聘用合同人员比例均达到了90%。基本完成了全省直事业单位专业技术岗位设置方案核准工作。全面推行事业单位公开招聘制度，新进人员公开招聘比例达到了92%。积极推进新医改、文化体制改革。组织开展了机关事业单位超编人员和临时聘用人员调查工作。加强对事业单位专业技术人员职称申报、评审、聘用的分类指导，圆满完成了专业技术资格考试的组织工作。四是军转安置工作得到加强。对团职干部采取政绩考核和政治理论考试相结合，依照排名依次进行公开选岗，做到了公开、公正、透明；对营职以下及专业技术干部，采取指令性分配和用人单位自选相结合的办法，妥善进行了安置，圆满完成了军转干部安置任务。制定出台了《河北省军转干部教育培训工作实施细则》。进一步加强了自主择业军转干部管理服务。加大对企业军转干部帮扶力度，全部解决了“三拖欠”、兑现了“两补两保”，解决了4300多名下岗失业困难企业军转干部再就业问题。

【人才队伍建设】 一是加强高层次人才引进工作。结合河北省经济结构调整和重大项目实施，开展了海外人才需求调查摸底工作，建立了海外高层次人才服务窗口，制定了《关于实施海外高层次人才引进计划》。二是加强专业技术人员选拔推荐和表彰工作。组织开展了新一轮“三三三人才工程”人选选拔工作，有效促进河北重点学科建设。加强杰出专业技术人才、专业技术先进集体等评选表彰工作。开展了博士后科研流动站申报和评估工作。对全省专业技术人员现状进行了摸底调查，建立起了省、市、县三级专业技术人员信息库。三是引进国外智力工作取得明显成效。围绕河北产业结构调整，组织实施引进国外技术、管理项目119个，其中有55个项目列入国家外专局引进国外智力项目计划。唐山“时速350公里动车组”、保定“中国电谷新能源与能源设备产业”等成为河北现代产业体系的龙头项目。四是高技能人才队伍建设得到加强。会同财政、教育部门制定并实施了技工学校实训基地建设规划。全面完成了新技师培训计划，全年培养新技师1.25万人；“燕赵金蓝领培训”招生5648人，完成任务指标的113%；技工院校招生6.5万人，毕业5.9万人，就业率达到96%。组织开展了“燕赵技能大奖”、“燕赵金牌技师”、“河北省技术能手”的评选和表彰工作，营造了良好的社会氛围。五是组织开展了“三年大变样”城镇建设专家市县行活动。会同有关部门深入到“城镇面貌三年大变样”活动中，了解各地技术服务需求，组织相关专家开展会诊咨询，提供技术服务，进一步提高了河北城镇规划和建设的水平。

【维护劳动者合法权益】 针对危机中劳动争议增多的问题，在稳定劳动关系、加强劳动保障监察、调解仲裁，以及推行劳动合同等方面，加大了工作力度。一是协调劳动关系有创新。会同有关部门在全省组织开展了以企业不减员、职工顾大局、共同应对危机为主要内容的“共同约定行动”，近4万余家企业加入共同约定，涉及职工460多万人，有效稳定了劳动关系。二是劳动保障监察工作规范化、制度化迈出新步伐。启动开展了劳动保障监察“网格化”、“网络化”管理试点。会同有关部门组织开展了整顿人力资源市场秩序、查处农民工工资拖欠、整治非法用工等专项检查，建立起了较为规范的联合执法工作机制。全省共检查用人单位3.8万户，涉及劳动者260万人，督促补签劳动合同82万人，为17.4万名劳动者追回工资3.4亿元。三是信访维稳和争议调解仲裁制度进一步完善。继续坚持和完善迎奥运以来重点案件排查、领导包案、干部下访接访等工作制度，加强了对群众反映较为集中问题的研究，完善相关政策，有效化解了一批突出的矛盾和重要信访事项。全面推进“信访积案化解年”、“万名干部包点包案保稳定”等活动，确保了建国60周年国庆期间全省劳动人事关系和谐稳定。四是大力推进仲裁办案机构实体化建设，加强劳动争议调解仲裁，全年受理劳动争议仲裁案件2.3万件，涉及3.8万人，劳动争议办结率达到92.7%。制订出台了适合农民工特点的简易劳动合同文本，重点在规模以上民营企业和建筑、餐饮等行业进行了推广。会同省总工会、企业家协会开展了劳动合同签约行动，努力做到了不裁员少裁员、不减薪少减薪。全省公有制企业和规模以上非公有制企业劳动合同签约率分别达到99%和89.2%。五是依法行政工作得到加强。颁布实施了《河北省实施〈中华人民共和国就业促进法〉办法》、《河北省农民工权益保障办法》，为更好地做好工作提供了有力的法律保障。加强行政执法监督，积极开展行政复议听证工作，注重运用调解手段，努力化解纠纷，建立起了复政复议、行政诉讼、行政调解相结合的工作机制。

（河北省人力资源和社会保障厅　王　亮）

民　政

【行政区划】　为加快推进河北省城市化进程，稳妥进行行政区划调整，根据国家关于行政区划管理的有关方针政策，省厅下发了《关于行政区划调整审批程序及有关事项的通知》。在区划调整中，各级严格按照通知规定的程序运作，强化了县、市与省厅的沟通。省厅对各设区市提出撤乡建镇、撤镇建街的有关乡镇进行了现场考察调研，对基本符合建镇条件的24个乡及时进行了批复。加强了对全省各级政府驻地迁移的管理，组织了各级政府驻地迁移调查摸底和资料审核，对政府驻地已经迁移，但未履行相关报批手续的，目前正在补办。完成了省委、省政府交办的重大行政区划调整事项六项，向省委、省政府提供行政区划意见报告四项。

严格了地名命名更名的管理。各地在地名命名更名中坚持向社会征名、征求各有关部门和群众意见、专家论证等制度，有效提高了新命名更名地名的文化内涵和质量。地名规划的制定又有新发展。各市、县民政部门积极同建设规划部门协作、组织得力人员和聘请对当地历史、地理有深入研究和语言文字素养较高的同志参与地名规划编制工作。县乡镇地名设标成绩显著。为加快县乡镇地名设标速度，省厅在井陉县召开了全省县乡镇地名设标现场会，推广了井陉县的做法和经验。省厅下发了《关于加快地名公共服务工程建设迎接民政部检查验收的通知》，各地根据通知要求，组织了对所设地名标志的全面检查，及时发现和纠正存在的问题。各市根据全省地名边界工作会议要求，坚持走市场运作与政府财力支持相结合的路子，不等不靠，积极运作。完成县政府驻地镇设标工作的县（市），地名设标工作正在向乡镇延伸和拓展。全面完成县乡镇设标工作的地方，地名设标工作正在向农村延伸和拓展。各市、县还加强了对设标的后续管理，建立了长效管理维护机制，确保标志长期发挥作用。数字地名建设迈出了可喜的一大步。为加快全省各设区市、县（市、区）区划地名网站建设，省厅针对各设区市、县两级工作经费缺口大、技术力量弱等情况，作出集中建网的决定，并向全省下发了关于统一建立市县级区划地名网站的通知，全省11个设区市、172个县（市、区）区划地名网站已经开通，正在进行数据更新录入。地名文化遗产保护得到加强。经与民政部积极争取，河北省又有魏县、行唐、卢龙三个县申报了“千年古县”。

2009年11月17日，在石家庄召开了河北省地名公共服务工程建设工作会议。石家庄市、魏县就实施地名公共服务工程作了经验介绍。会上下发了《河北省人民政府办公厅印发关于清理规范各类地名及标志实施方案的通知》、《河北省人民政府办公厅关于调整河北省地名委员会组成人员的通知》以及《河北省居民地名称和标志设置管理规范》（征求意见稿）。

圆满完成了冀辽线联检任务。冀辽线涉及双方4个设区市，8个县（市、区），全长367公里。平安边界创建活动得到加强。为认真贯彻落实党的十七大和中央综治办等10部门《关于开展平安边界建设的意见》精神，2009年河北省与山西省民政厅、内蒙古自治区民政厅签署了平安边界协议，目前河北省毗邻的7个省市都已经签订了平安边界协议。2009年11月2日，全国平安边界建设工作会议在河南郑州召开，邯郸市魏县作为全国平安边界建设先进典型在大会上介绍了经验。

（河北省民政厅　罗　辉）

【农村基层民主建设】　一、圆满完成了全省第八届村委会换届选举工作。2008年11月中旬，全省第八届村委会换届选举工作开始启动，到2009年4月底基本结束。这届村委会换届选举工作领导重视、组织有力、进展顺利、程序规范，收到了加强农村基层民主政治建设的总体效果。一是村委会成员结构进一步优化。新当选的村委会成员的平均年龄44.9岁，其中党员10.70万名，中专（高中）和大专以上文化程度的村委会成员分别达到7.57万名和1.87万名，一大批政治素质好、领富能力和协调本领强的优秀人才被选进新一届村委会。二是村级组织班子更加精干高效。通过积极倡导村“两委”班子成员交叉任职，换届后全省村委会成员总数比上届减少了5137名。村支部书记与村主任一人兼的1.56万人，占村委会总数的31.7%；村“两委”成员交叉任职的7.24万人，占村委会成员总数的45.7%。三是村委会的组织机构和规章制度得到健全和完善。已完成换届工作的村普遍设立了新一届民调、治保等村委会下属委员会，推选出了新一届村民代表和村民小组长。各地及时指导村委会修订完善了村民自治的各项规章制度，制定了村委会成员任期目标和工作计划。四是农民的民主法制意识进一步增强。全省选民的参选率达到94.5%，比上届提高1.5个百分点。截至2009年底，全省4.93万个建制村中，有4.90万个村完成了第八届村委会选举工作，占村总数的99.3%，共选出村委会成员15.83万名，其中主任4.87万名，副主任和委员10.96万名。其中承德、张家口、唐山市已经全部完成了第八届村委会换届选举工作。

河北省村委会换届工作受到了中组部、民政部、全国妇联的充分肯定，省委、省政府有关领导的表扬。3月31日，在石家庄召开全国推动农村妇女参与村民自治实践经验交流会上，全国人大副委员长陈至立同志对河北省试行女性村委会成员候选人“定位产生”的做法给予了高度评价。5月18日，民政部来函对河北省第八届村委会换届选举工作给与了充分肯定。5月31日，中组部在广西南宁召开全国村“两委”换届选举工作座谈会，中共中央政治局委员、中组部部长李源潮同志对河北省在村“两委”换届工作中推行任期目标承诺制、“五选七不选”等做法给予了高度肯定。

二、村务公开民主管理工作得到扎实推进。根据全国村务公开协调小组部署，省民政厅一是积极完善和理顺村务公开民主管理体制机制。2009年初，转发了《全国村务公开协调小组〈关于调整全国村务公开协调小组成员和办公室成员、联络员的通知〉的通知》，要求各设区市参考国家规格建立、调整和健全村务公开民主管理领导机构和工作机构。同时，起草并向省政府提交了《关于明确和理顺全省村务公开和民主管理工作关系的请示》。二是树立典型推动面上工作。先后深入到栾城、鹿泉、衡水市桃城区、涿州、武安、宁晋6个县（市、区）进行深入调研，认真总结他们开展“村务公开民主管理示范单位”创建活动的工作经验，并以《简报》的形式在全省予以推广。三是重点开展了“难点村”治理工作。2009年2月份，省村务公开和民主管理领导小组召开全省工作会议，对“难点村”治理工作进行了全面部署，4月份，省村务公开民主管理领导小组办公室召开调度会，听取汇报、研究问题、提出推进措施，对“难点村”治理工作进行了督导。先后印发了《关于开展村务公开和民主管理“难点村”治理工作的若干意见》等11份指导性文件，2期季度通报和9期治理简报。同时，深入张北、怀来、清河等地，对“难点村”治理工作进行了督导调研。四是组织开展了“农村社区建设实验全覆盖”创建活动。五是启动了农村社区建设网络数据录入工作。指导全省21个农村社区建设实验县（市、区）将有关信息数据上报了民政部。

经过各级的共同努力，全省村务公开民主管理工作取得了新的进展。一是领导机构得到充实调整。全省12个设区市全部调整充实了农村基层民主政治建设（村务公开民主管理）领导小组，各县（市、区）也作了相应充实调整。二是涌现出一批新的先进典型。2009年3月份，栾城、鹿泉、衡水市桃城区、涿州、武安、宁晋6个县（市、区）被全国村务公开协调小组命名为“全国村务公开民主管理示范单位”。三是“难点村”治理工作取得了阶段性成果。截至目前，全省有356个“难点村”经过治理，改变了落后面貌，村务公开民主管理工作走上了正规。

12月15日，民政部基层政权和社区建设司在年度通报中命名河北省民政厅相关处为“2009年度推进村务公开和民主管理难点村治理先进单位”。

（河北省民政厅　贾志海）

【社会救助】 全年社会救助工作完成情况。2009年，全省各级民政部门认真贯彻落实国家低保政策，在实现动态管理下的应保尽保基础上，通过加大财政投入，提高保障标准，完善制度建设，规范操作流程，进一步细化、量化、实化、科学化管理，河北省的城乡低保、五保和医疗救助工作水平得到全面提高，城乡低保达到了全国平均水平，农村五保集中供养能力达50%以上，城乡医疗救助稳步推进。

一、城乡低保保障标准全面提高，按时完成了省政府确定的任务目标。从1月份开始，各市在2008年提标基础上，再次提高了低保标准。截至2009年年底，全省共有城市低保对象89.7万人，人均补差165元/月；农村低保对象176.8万人，人均补差64元/月。全省城乡低保平均保障标准分别达到252元/月和1071元/年，超额完成省政府确定的城市达到245元/月，农村达到1000元/年任务目标。

二、农村五保供养水平不断提高，五保对象集中供养率大幅上升。到2009年底，全省共有农村五保供养对象26.07万人。全省已投入使用五保供养服务机构有977所，其中县建县管的中心型、区域性五保供养服务机构284所，集中供养能力继续稳步提升。全省正在新建、改扩建的农村五保供养服务机构360所，全部建成后，预计新增床位数6.3万张，集中供养能力可达50%以上。到2009年底，全省农村五保平均集中供养标准为2207元/年，分散供养标准为1632元/年，超过了省政府规定的最低标准。

三、“三院合一”工作迅速推开，为民政事业单位建设和发展闯出一条新路。为推进社会救助工作，特别是推进农村五保供养服务机构建设和集中供养工作，河北省针对过去县级敬老院、光荣院、社会福利院分头建设、分头管理、分头服务造成的资源、人员浪费问题，提出了有效整合资源，提高服务水平的崭新模式——“三院合一”管理模式，探索了一些在“三院”建设、管理和服务上的成功经验，得到民政部的充分肯定，并在全国推广。到2009年底，全省已投入使用的“三院合一”型民政事业服务中心76所，正在新建、改建的85所，有望一年内完成省政府确定的两年工作目标。

四、创新救助模式，提高医疗救助效果，缓解困难群众“看病难”问题。2009年，河北省民政部门指导各地不断完善救助方案，逐步降低或取消医疗救助起付线，提高救助比例，坚持大病救助和常见病、慢性病救助相结合，住院救助和门诊救助相结合，进一步简化审批手续，缩短办理时限，注重加强医疗救助与新农合和城镇居民医保的衔接，救助范围逐年扩大，救助水平逐年提高。到2009年底，全省有城市医疗救助对象62.5万人次，支出资金14276万元；全省农村医疗救助对象219.6万人次，支出资金26127万元，其中：资助参加新农合197万人，支出资金4079万元，在保障困难群众基本医疗权益、提高困难群众健康水平，实现“人人享有基本医疗卫生服务”的目标任务中，发挥了重要的保障作用，有效缓解了城乡困难群众因病致贫、因病返贫和看不起病的问题。

五、积极筹措救助资金，确保按时足额到位。全年共下拨中央和省级低保资金31.548亿元（其中中央城市低保资金14.5374亿元，省级预算资金8000万元，省级一般转移支付资金1.9亿元；中央农村低保资金10.8862亿元，省级预算资金7000万元，省级一般转移支付资金2.7244亿元）；共下拨农村医疗救助资金27170万元（其中：中央资金26045万元，省级资金1125万元），下拨城市医疗救助金10849万元（其中：中央资金9474万元，省级资金1375万元）。2009年河北省还下拨了中央农村五保一次性补贴资金2599万元，省级敬老院建设奖励补助资金8000万元。

六、准确核实家庭收入，科学界定救助对象。2009年，在严格执行申报制度的基础上，多次深入到乡村，进行实地调研，总结了简便易行、便于操作的“三看一走访”（一看房产、二看吃穿、三看摆设；走访当地群众）方式。严格制定了家庭收入申报制度，加大了对虚报冒领的惩罚力度，进一步明确了低保对象申请的程序和内容，实施细化、量化、实化、科学化管理。加大了群众评议审核的力度，组成了由村（居）委会干部、村（居）民代表、救助对象等人员参加的低保评审小组，并明确规定凡是不经民主评议的，一律不予审批，有效地提高了救助家庭收入核实的准确性。

七、加强基层规范化管理，重点解决工作中存在问题。为维护贫困群众的合法权益和低保政策的严肃性，有效制止实际工作中的违规违纪现象，杜绝“错保、漏保”问题的发生，下发了《关于加强农村低保基层规范化管理的紧急通知》，进一步明确了基层工作人员的职责，特别是建立了村干部亲属申请低保的备案制度，提升了村干部及其亲属申报低保的审批级别，有些县市民政部门和纪检监察部门联合发文，明确规定凡村干部亲属申请低保不备案或虚假申报的一律不得审批，并对当事人给予纪律处分，有效杜绝了群众反映强烈的村干部亲属违规“吃低保”问题。建立了督导联查制度。2009年以来，省厅先后组成7个督导工作组，由3位厅领导带队，到11个设区市80多个县（市、区），就城乡低保工作进行督导了检查，对发现的问题进行了及时纠正。加大了对违规违纪问题的查处力度，对群众来信来访和媒体反映的问题，认真进行查处，做到了“事事有回音、件件有落实”，对媒体曝光的邢台威县、衡水枣强县村干部亲属违规“吃低保”问题；沧州南皮县敬老院院长打人问题，都及时派出工作组进行了认真查处，加强了基层社会救助规范化建设。

八、搞好摸底调查，准确掌握全省实情。2009年4月，发出了《关于组织开展全省农村五保对象复查备案工作的通知》。按照要求，各地以县为单位逐乡镇开展了复查工作，进一步核准查实了五保数据，并于6月将统计数据由县、市汇总上报至省民政厅。到2009年底，全省共有农村五保供养对象26.07万人。2009年11月，在全省开展了农村低保“双百村”调查，共调查了215个行政村、3.83万户、13.95万人。通过调查，了解到群众对农村低保的满意率已达到了90%以上，但还存在一些错保、漏保现象及监督惩罚措施不健全，基层开展工作困难等问题。

九、发挥典型引路作用，扎实做好医疗救助工作。2009年，省民政厅先后推广了秦皇岛市、邯郸市丛台区、石家庄市桥西区、唐山市迁安市等单位在开展医疗救助工作方面的好经验、好做法。这些工作典型在全国和全省会议上进行了经验介绍，受到了各地的高度重视和欢迎，进一步推动了各地在现有条件下，做好医疗救助工作的信心。为做好医疗救助工作，2009年，河北省民政厅还制定下发了《关于进一步规范完善城乡医疗救助制度的意见》，为各地扎实做好医疗救助工作打下了坚实基础。

（河北省民政厅　陈宝海）

【救灾工作】　2009年，河北省各级民政部门以“以民为本、为民解困”为宗旨，积极组织开展各项减灾救灾工作，有效保障了受灾群众的基本生活，维护了灾区的社会稳定。其中河北省自然灾害救助应急预案演练和新灾救助等多项工作受到了国家民政部和省委、省政府领导的肯定和好评。省领导在省厅救灾报告上批示：“省民政厅行动迅速、应对及时、举措有力”。

一、主要灾情。2009年，河北省局部地区先后遭受了严重的干旱、风雹、暴雪、洪涝、低温冷冻、滑坡泥石流和病虫害等自然灾害。据统计，全省因灾造成农作物累计受灾面积3139.3千公顷，绝收面积569.5千公顷，受灾人口2879.5万人次，因灾死亡40人，倒塌房屋4166间、损坏房屋21465间，部分交通、电力、通信及水利设施遭受不同程度破坏，造成直接经济损失144.16亿元。2009年的灾害主要有以下4个特点：

1. 局部地区干旱严重。自2008年11月至2009年2月底，全省各地降水异常偏少，平均降水量不足2毫米，比常年偏少90%，大部分地区降水量为50多年来历史同期最少，特别是中南部地区无有效降水，多数地方80多天基本无降水或仅有微量降水，全省遭遇罕见春旱。入汛以后，全省平均降水量235毫米，比常年同期的286毫米偏少18%，部分地区出现50年一遇严重春夏连旱。重灾区主要集中在张家口、承德、秦皇岛等地和西部太行山区。张家口市和承德市部分县6月中旬以后，长达60多天没有一次有效降水，期间曾出现长达11天的35度以上的持续高温，造成10—20公分厚的干土层。旱灾造成张承两市坝上各县和坝下南部15个县70%以上的耕地绝收。据统计，全省受旱面积1705.4千公顷，其中绝收418千公顷，因旱致使82.7万人、27.6万头大牲畜饮水困难，造成直接经济损失52.96亿元。

2. 风雹灾害发生频繁。2009年河北省共发生风雹灾害18次，特别是7月22日至24日和8月27日发生的两次风雹灾害，涉及10个设区市、63个县（市、区）。灾害发生时的瞬间最大风力达10级以上，冰雹最大直径4至5厘米。因风雹致使蔬菜大棚被刮塌，大树被拦腰折断或连根拔起，屋顶被掀翻，棉花被砸成光杆，苹果、梨、枣等果树大批落果，玉米、谷子等农作物大面积倒伏、绝收，给秋粮生产带来严重影响。据统计，农作物累计受灾面积1098.2千公顷，受灾人口1033.6万人，因灾死亡31人，紧急转移安置585人，倒塌房屋2013间、损坏14057间，造成直接经济损失62.7亿元。重灾区主要集中在石家庄、沧州、衡水、邢台等地。

3. 连阴雨灾害损失较大。9月3日至8日，河北省大部分地区连续出现6天降雨天气，全省平均降水量53.3毫米，最大降雨量达196.7毫米。由于降雨集中，连续长时间连阴雨，日照时间短，严重影响了农作物生长，致使部分地区玉米遭受沥涝，棉花棉铃霉烂，红枣出现浆裂、烂果。全省经济损失11.2亿元。

4. 特大暴雪历史罕见。11月10至13日，河北省中南部地区普降大到暴雪，降水量普遍超过50毫米，其中石家庄市最大降水量93.5毫米，最大积雪厚度55厘米，达到有气象记录以来的极值，历史罕见。暴雪造成交通阻塞、旅客滞留、人员伤亡、树木折断，各类房屋和设施农业受损，给人民群众的生产、生活带来较大困难。全省共87个县（市、区）、328.4万人不同程度受灾，其中因灾死亡8人，受伤1000人，农作物受灾面积162.7千公顷，因灾倒塌房屋2044间，损坏房屋5046间，倒塌农业大棚2.25万个，城市集贸市场等大量设施被毁。因灾造成直接经济损失15.27亿元。

另外，部分地区还发生了低温冷冻、滑坡泥石流、病虫害等灾害。2009年农作物累计受灾面积3139.3千公顷，2008年为975.79千公顷；2009年绝收面积是565.4千公顷，2008年是114.72千公顷；2009年受灾人口2879.5万人次，2008年是1144.32万人次；2009年各类自然灾害共造成直接经济损失144.16亿元，2008年是53.9亿元。为此，2009年11月6日省灾情会商评估会议认为，2009年灾情重于去年，属于中等偏重年份。

二、救灾措施

1. 加强组织领导，层层建立救灾责任制。针对严重灾情，各级党委、政府和民政部门高度重视，积极组织开展抗灾救灾工作。省委书记张云川同志曾亲自主持召开省委常委会议，学习贯彻温家宝总理视察河北省雪灾时的重要讲话精神，研究抗击暴雪灾害工作；原省长胡春华同志先后3次主持召开省政府常务会议，安排部署抗旱救灾工作，并决定下拨4400万元专项资金帮助张承等地抗旱救灾。张家口、承德两市面对五十年一遇的特大旱灾，市委、市政府先后召开市政府常务会议和全市抗旱救灾工作电视电话会议，紧急研究部署抗旱救灾工作，并及时启动了抗旱应急预案二级响应和自然灾害救助应急预案二级响应，要求有关部门全力投入抗旱救灾工作，实现“六个确保”（确保受灾群众有饭吃、有衣穿、有水喝、不受冻、籽种有保障、饲草有着落）目标。石家庄市针对“8.27”风雹灾害和特大雪灾，市委、市政府立即召开市政府常务会议、全市救灾救助工作紧急会议，成立了由市长任总指挥，市四大班子和警备区有关领导任副总指挥的重大气象灾害应急指挥部，统一指挥全市抗灾救灾工作，及时下发了《关于切实做好当前救灾救助工作的紧急通知》，启动了重大气象灾害三级响应和自然灾害救助应急预案四级响应。各级民政部门视灾情为命令，视救灾为己任，每次重大灾情发生后均在第一时间作出反应和部署。由于各级各部门高度重视、齐抓共管，保证了救灾工作顺利开展。

2. 加强灾情信息管理，为领导科学决策提供重要依据。一是及时核查灾情。每次灾情发生后，各级民政部门均在第一时间派出工作组深入重灾县市查核灾情，指导当地开展救灾工作。2009年，省民政厅共派出19个救灾工作组，深入到11个设区市的65个县（市、区）查灾核灾，写出《救灾专报》13份、《灾情报告》5份，分别上报省委、省政府和国家民政部。二是按照民政部规定的时限要求，启用新的“国家自然灾害灾情信息管理系统”。对全省11个设区市和172个县（市、区）民政局负责救灾信息管理的500名同志参加了培训，确保了全省灾情信息网报工作顺利开展。三是进一步完善和坚持灾情会商评估制度。四是从10月10日开始省民政厅派出三个工作组深入11个设区市，对灾区群众生活状况进行了全面普查，详细掌握灾民生活困难底数。在此基础上，与省财政厅联合制定了《全省今冬明春灾民救助方案》，经省政府批准后实施。

3. 加强救灾资金保障机制建设，对因灾造成生活困难群众及时救助。一是切实落实自然灾害救济费预算。为保障受灾群众的基本生活，各级民政部门与财政部门积极配合，2009年，全省共安排救灾资金3.673亿元，千方百计解决灾民的生活困难。二是按照民政部要求，广泛开展“送温暖、献爱心”社会捐赠活动，为灾区困难群众捐赠款物。仅石家庄市就接收社会捐赠棉衣被19.7万件，捐款125.4万元。全年全省累计救助灾民730万人次，确保了受灾群众有饭吃、有衣穿、有房住、有干净水喝、有病能医，有效地维护了灾区社会稳定。

4. 加强组织引导，发动群众广泛开展生产自救。为增强灾民的抗灾自救能力，各级认真贯彻“政府主导，分级管理，社会互助，生产自救”的救灾工作方针，坚持一手抓救灾，一手抓增收。一是组织农技人员深入田间地头，指导农民科学救灾。针对不同作物、不同地块，采取有效补救措施，对没有完全损毁的农作物加强田间管理，对损毁的农作物及时采取补救措施，确保颗粒归仓。二是发展设施农业，重点抓暖棚蔬菜、畜禽养殖、食用菌等秋冬季种养业，确保大灾之年减产少减收。三是引导和帮助受灾群众开展劳务输出，拓宽农民增收渠道。

5. 加强备灾工作，进一步提升应急救援能力。为不断提高重大灾害应急救援能力，各地十分重视备灾工作。一是大力推进基层预案制定工作。为提高基层灾害应急救援能力，按照“横向到边，纵向到底”的要求，积极推进乡镇（街道）、农村（社区）预案的制定工作。针对城市社区、乡村和山区、平原及其历史灾害发生特点，制定下发了《河北省基层自然灾害救助应急预案编制指南》，召开了全省基层救灾应急预案现场观摩会议。截至2009年6月底，全省1961个乡镇、266个街道、4.91万个村、3061个社区全部制定出台了救灾应急预案，提前完成了民政部提出的“年内实现村级以上应急预案全覆盖”的目标任务。二是组织开展多灾种演练。为了提高各级应对不同灾害的救援能力，2009年上半年先后组织开展了三次较大规模不同灾种的演练活动。2009年6月17日与石家庄市政府在井陉等四县（市）举办了“河北省自然灾害救助应急预案演练”。该演练背景以石家庄市西部山区1996年8月2日至4日特大洪涝灾害为想定，以省、市、县三级预案为蓝本，分室内程序推演和实地演练两部分。现场实战演练在石家庄市井陉县进行，主要检验各级政府在紧急转移和救助受灾群众方面的组织协调能力。整个演练过程共动用车辆300辆，转移安置群众10万人，是河北省迄今为止最大规模的救灾应急演练。受到省委、省政府和省军区领导高度评价。三是加强救灾物资储备工作。省厅通过政府公开招标，采购救灾物资300万元。各地在加大储备的同时，建立了救灾物资应急厂商名录，对救灾工作中用量较大，且不易长期储存的救灾物资与主要厂商签订了救灾物资紧急供应协议。目前，全省登记备案的救灾物资紧急供应厂商已达780多家，初步形成了全省范围的救灾物资紧急供应社会化网络。

6. 加强防灾减灾工作，不断提高广大公众防灾减灾意识。一是召开了河北省减灾委员会第一次全体会议。总结了近年来减灾工作，明确了省直涉灾部门主要职责，分析研究了减灾工作面临的形势，安排部署了当前和今后一个时期的减灾救灾工作任务。二是抓住“国际减灾日”、“国家减灾日”等有利契机，开展多种形式的减灾宣传教育活动。2009年5月12日是第一个全国“防灾减灾日”，省民政厅以省减灾委的名义起草了《关于做好“防灾减灾日”有关工作的通知》，经省政府同意后，以明传电报形式下发各设区市、扩权县（市）人民政府，省减灾委各成员单位贯彻执行。在此次宣传活动期间，全省共出动宣传车560辆，发放防灾减灾手册、宣传画册和宣传单920万张，刊发宣传文章410篇，举办防灾减灾研讨会20余场。三是大力推进综合减灾示范社区建设。按照国家“综合减灾示范社区”标准，围绕“消除社区安全隐患，提高居民减灾意识”目标，不断完善社区应急预案，组织社区救灾演练，建设社区避难场所示范工程，推进社区减灾宣传教育，广泛开展综合减灾示范社区创建工作。2009年全省有10个社区被民政部评为“全国综合减灾示范社区”。

（河北省民政厅　艾　军）

【双拥优抚安置】　一、双拥优抚。以庆祝建国60周年为契机，掀起双拥活动新高潮。在全省征集双拥优秀书画作品120幅，遴选出49幅参加“鱼水情”全国第二届双拥书画艺术作品展，28幅作品入围参展，5幅作品获奖，省民政厅荣获活动优秀组织奖。7月28日，省双拥办、省民政厅、省军区政治部在石家庄召开了庆“八一”军地座谈会。副省长宋恩华、省军区司令员苄福成出席座谈会并讲话。“八一”前夕，由省双拥工作领导小组副组长、副省长宋恩华带队，组成河北省慰问团，慰问了参加国庆阅兵的驻冀部队官兵，并送去慰问金107万元；“十一”前夕，省双拥办、省军区政治部组织本省企业家代表常玉珍、杜庆申等，在省委常委、省军区政委张彦欣、省军区司令员苄福成带领下，慰问了参加国庆阅兵的驻冀部队官兵，并送去了50万元慰问金；省双拥办创办了《河北双拥》内部刊物。

命名了新一届省级双拥模范城（县）。11月12日，省委、省政府、省军区作出决定，授予石家庄市等25个市省级“双拥模范城”荣誉称号，授予正定县等33个县省级“双拥模范县”荣誉称号。11月17日，省委、省政府、省军区作出决定，表彰了军地先进集体48个、先进个人81名、省级双拥模范20名。

以保障优抚对象合法权益为重点，不断推进双拥优抚工作上水平。一是双拥优抚政策法规体系进一步完善。3月1日，《河北省实施〈军人抚恤优待条例〉办法》以省政府令形式颁布施行。经省政府常务会审议通过，省民政厅、省财政联合下发了《关于进一步做好义务兵家庭优待工作的通知》。经省政府同意，下发了《关于进一步规范革命烈士审批工作的通知》。二是建立和完善了优抚医疗保障机制。5月7日，在石家庄市正定县召开全省优抚医疗现场会，推广优抚对象医疗保障制度建设和医疗费结算“一站式”服务的经验。全省所有的县市区全部出台了《优抚对象医疗保障办法》，80个县(市、区)实施了住院优抚对象“一站式”即时结算服务。全省用于优抚医疗补助资金规模达到3亿元，仅省级财政就列入预算5287万元。中央电视四台制作了《人间大爱向“优抚”》专题片进行了报道。三是进一步提高抚恤补助标准，落实配套资金。河北省抚恤补助经费总规模达到14.5亿元。目前在乡退伍红军老战士生活补助标准达3万元/年人，位列全国前列。

以强化管理和服务为依托，推动优抚事业单位建设取得新进步。3月2日，国务院批准察哈尔烈士陵园、热河烈士纪念馆、保定烈士陵园、晋察冀烈士陵园为第五批全国重点烈士纪念建筑物保护单位，全省全国重点烈士纪念建筑物保护单位增加到10家。9月，省委、省政府批准省民政厅直属单位省双凤山革命陵园为河北省第三批爱国主义教育基地。积极争取国家扩大内需建设项目，争取资金3282万元。各地对8所优抚医院维修改造加大了资金支持力度。各级共协调财政落实维修改造资金2880万元，增拨省优抚医院医疗补助资金123万元；协调省财政，将休养员伙食补助标准提高到每人每月为620元。积极协调省财政厅拨付148个县（市、区）的光荣院1320万元冬季取暖补贴；省本级下拨1187万元支持86所光荣院进行维修改造；年底前购置160万元医用卫生床、30万元洗衣机、10万元微波炉支持光荣院改善生活设施。开展省甲级光荣院评选工作，共评选出了省甲级光荣院60所。

驻冀部队为第二故乡再做贡献。在全省“三年大变样”活动中，为支持驻地城镇面貌“三年大变样”，驻冀部队免费拆除实体围墙36000多米，各类建筑7万多平方米，受到省委、省政府的高度评价。年初，面对50年不遇的干旱，省军区及时下发了《省军区支援地方抗旱救灾十条具体措施》，组织1240支民兵预备役抗旱服务队协助地方政府和水利部门抗旱，为部分旱情严重地区捐款30万元；11月中旬，河北省出现大范围的暴雪天气，特别是石家庄市出现50年未遇的大暴雪，驻冀部队先后出动官兵34200多人次，组织出动民兵预备役人员11.8万人次，各种车辆1340多台次，清理主要道路100余公里，抢修蔬菜大棚1100多顶，抢收蔬菜35吨，有15位将军亲临一线指挥抗雪救灾工作。温家宝总理亲临河北视察慰问，在听取情况汇报后，充分肯定了部队所作的积极贡献。

（河北省民政厅　张静艳）

【退伍安置】 2009年，全省退伍安置工作围绕年初全省安置会上提出的“计划内安置保上岗，计划外安置保增长，自谋职业成制度，解决遗留问题为重点”的工作要求，开拓进取、扎实工作，较好地完成了各项工作任务。全省共接收退役士兵44780人，其中，符合城镇安置条件的22929人，三期以上复员士官1026人，农村籍退役士兵20825人。按时完成3908名转业士官的档案审查、安置定向工作，涉及23个大军区级移交单位，军队各大单位反映较好。积极引导退役士兵自谋职业，自谋职业人数比上年度增加646人，自谋职业率有了新的提高。推进试点成果，逐步解决遗留问题，共解决了涉及1687人的遗留问题。退役士兵技能培训工作取得长足进步，全省共有4547人参加了职业技能培训，使有培训意愿的城镇退役士兵基本上都得到了一次免费培训的机会。省厅、石家庄市民政局协调省人力资源和社会保障厅、石家庄市劳动局在38集团军防空旅举行了“河北省创业服务进军营活动启动仪式”。此项活动利用士兵退伍前三个月的时间，选派优秀教师走进军营，与部队一起组织开展创业培训，培育士兵的创业理念，引导他们实现当兵报效祖国，退伍施展才华的目标。这一活动既为军民共建赋予了新的时代内容，又推动了培训工作的深入开展。以民政部关于评选推荐优秀复员退伍军人工作为契机，在全省范围内选出最具代表性的12名优秀复员退伍军人推荐到民政部，所推荐人选全部通过审核，受到国家表彰。会后，立即组织了大规模的宣传报道工作。退役士兵两用人才开发使用工作稳步发展，开发使用率达到85%，为“两委”领导班子和新农村建设输送了基干人才。认真贯彻落实国家和省伤病残退役军人接收安置工作会议精神，完成1－4级残疾士兵的年度接收安置任务。按计划接收复员干部23名。进一步加强军供站管理，制定下发了《河北省军供工作行风建设目标与百分考核标准》，通过完善制度、规范程序、细化措施，提高了各军供站快速供应和应急保障能力，完成过往部队的保障供应任务15万人次；争取省财政资金70万元，各市自筹资金338万元加强了军供站正规化建设。民政部、解放军总后军交部、北京军区军交部领导均对河北省军供工作给予了充分肯定。结合省干部作风建设年活动领导小组办公室开展“两为”服务的要求，开发了退伍安置系统管理工作软件，给各设区市、扩权县（市）购置了微机等办公设备，为实现安置信息规范化管理奠定了基础。加强《优待安置证》的管理和发放工作，注重从源头上减少安置压力。

（河北省民政厅　邢朝辉）

【社会福利事业】 一、老年福利工作。2009年，省民政厅积极推进养老服务工作，指导各地针对老年人不同的实际情况，按照“小型分散、就近便利、服务多样”的原则，从本地的实际出发，加大工作力度，推动养老服务事业的发展。在城市，培育石家庄市长安区、唐山市路北区、秦皇岛市海港区、邯郸市复兴区等地“政府支持、社会参与、街道协调、社区操作”的居家养老模式；在农村，培育邯郸市肥乡县前屯村“老人自愿入住、自我承担费用、自我服务、自我管理，离家不离村、离儿女不离近邻”互助养老模式，以及沧州市黄骅市、青县“政府补贴为主、个人缴费为辅”的新型农村基本养老制度，并通过各类新闻媒体以宣传推广，努力实现城市养老福利模式向农村养老服务模式的延伸，推动城乡养老模式一体化发展。石家庄、秦皇岛、唐山、廊坊分别出台了养老服务政府补贴政策。到年底，全省养老机构床位数达到了16500张，实现了年初确定的25%的增长目标。为健全社会化养老服务机制，鼓励和支持社会力量大力发展老年社会福利事业，省民政厅代省政府起草了《河北省人民政府关于加快推进养老服务体系建设的意见》（征求意见稿），确立河北省养老服务体系建设的目标是：力争用三年的时间，逐步建立健全与人口老龄化进程相适应、与经济社会发展相协调，以居家养老为基础、社区养老服务为依托、机构养老服务为补充，适应河北省人口老龄化发展趋势的多元化、多层次的城乡社会养老服务体系。到2015年全省各种所有制形式的养老服务机构床位达到50万张以上，即每千名老人拥有45张床位以上。目前该意见正在修改中。为加强养老服务机构行业管理，省民政厅以年检促管理，建立起联查巡检制度。下发了《关于做好“两规范一标准”专项检查工作的通知》，建立全省民办养老机构信息库。为提高养老护理员队伍的专业化水平，确定了省民政总医院邢台市养护卫生职业培训学校作为河北省首个养老护理员培训基地，力争三年内全省各类养老服务机构护理人员的培训上岗率达到80%。

二、儿童福利工作。孤残儿童手术康复“明天计划”长效机制继续完善提高。全年共为173名具有手术适应症的孤残儿童实施矫治手术，手术效果均达最佳，手术质量和康复效果明显提高，解除了孤残儿童疾病痛苦，为孩子走进家庭、走入社会奠定了良好的基础。儿童福利机构建设“蓝天计划”项目进展顺利，河北省已被批准的9个项目中，唐山市、廊坊市、秦皇岛市儿童福利机构已经投入使用，保定市儿童福利机构已竣工，石家庄、衡水市正在建设中，张家口、承德、沧州等市正在做开工前的准备，共完成投资6663万元，省级福利彩票公益金资助790万元，争取部级福利彩票公益金3380万元。根据河北省实

际情况，组织邢台、邯郸、定州、任丘、藁城等市协调发改委等相关部门编制申报了2010年儿童福利机构建设项目，形成项目建议方案上报国家民政部和发改委。儿童的养育标准稳步提高。廊坊市、唐山市基本达到社会散居孤儿每人每月不低于600元的养育标准，唐山、廊坊、保定已经落实福利机构孤儿每人每月不低于1000元的养育标准，其它地区正在协调争取中。为了切实维护各级、各类社会福利机构中孤残儿童的健康状况和生存环境，防止手足口病、甲型H1N1流感等传染病疫情的发生，省民政厅起草下发了《关于做好儿童福利机构传染病疫情预防控制工作的通知》,《关于涉外收养工作中防范甲型流感的紧急通知》、《关于在做好甲型流感期间办理涉外收养登记人员进行医学观察的通知》。要求各地加强管理，增强责任，提高应急水平，消除隐患，全力做好传染病疫情预防控制工作。由于工作及时有效，各儿童福利机构均未发生传染病疫情，保障了在院孤残儿童的健康成长。

三、积极探索贫困儿童重大疾病救助工作新模式。为认真落实国务院总理温家宝、省委书记张云川和省长胡春华关于建立儿童重大疾病救助基金的批示精神，省民政厅高度重视，迅速行动，经过充分调研、反复论证，现已初步形成较为完善的儿童重大疾病救助工作体系，代省政府起草了《河北省人民政府关于儿童重大疾病救助工作实施意见（试行)》，得到了民政部有关领导的充分肯定，认为河北省的《意见》拿出的快，而且比较早，为全国研究制定慈善救助方案提供了很好的借鉴；《意见》对“政府倡导支持、慈善组织运作、社会各界参与”的儿童重大疾病救助运作机制有了一个清晰的思路和设计，具有可操作性，是一种创新。

四、福利企业稳步发展。福利企业调整政策以来，累计认定1200余家，其中2009年认定福利企业52家，安置残疾职工862人。

五、慈善事业。顺利启动“重生行动”。为帮助贫困家庭唇腭裂儿童解除疾患、健康成长，民政部与李嘉诚基金会联合启动了“重生行动—全国贫困家庭唇腭裂儿童手术康复计划”（简称“重生行动”)。根据民政部的要求部署，经项目专家委员会筛选确定了河北省医科大第三医院为河北省“重生行动”项目承办医院。为扎扎实实做好这项慈善项目，向社会彰显民政部门“以人为本，为民解困”的服务宗旨，营造全社会都来关爱弱势群体的舆论氛围，9月23日，在省三院举办了重生行动新闻发布会暨揭牌仪式，顺利启动了“重生行动”项目，并已成功为38名家庭贫困的唇腭裂患者实施手术。

“微笑列车”工作得到中华慈善总会表彰。为总结“微笑列车”唇腭裂矫治项目开展十年以来取得的成绩，激励项目参与者的工作热情，中华慈善总会在全国开展“微笑列车唇腭裂修复项目突出贡献奖”评选活动，表彰从事“微笑列车”项目4年以上做出突出贡献的人员和组织。河北省有3个单位荣获组织奖；天使奖5名，奉献奖5名，支持奖3名，奋发奖2名，纪念奖107名。

（河北省民政厅　魏子衡）

【社会行政管理】　一、民间组织管理。积极推进民间组织法制化建设，为依法行政提供保障。近年来，河北省社会组织的数量每年以15%的速度增长。原法律规定的依法行政管辖范围及权限，已经不适应及时解决社会组织快速发展中存在矛盾及问题的需要。

2008年12月30日，省民政厅召开“研究制定河北省社团、民非两个条例实施办法工作会议”并邀请省政府法制办领导参加了会议。民间组织管理立法工作得到了省政府法制办的了解和支持。经省政府常务会议研究批准，2009年4月26日，在《河北省人民政府关于印发2009年立法工作计划的通知》中，将省民政厅起草的《河北省社会团体登记管理办法》列入了省政府力争年内完成的13项重点立法项目之一。2010年2月10日，经省政府第52次常务会讨论通过，陈全国省长2010年2月11日签发，《河北省社会团体登记管理办法》颁布。这是涉及全省各级社会组织管理者和各级社会组织政治、经济生活中的一件大事，为推进全省民间组织管理法制化、规范化、制度化建设，为依法行政提供了保障。

严格依法行政，积极慎重做好行政审批。按照省委、省政府行政权力要公开透明的要求，积极兑现公开承诺，缩短审批时限，提高审批效率。2009年，共办理了266个行政许可事项。其中，审批成立社会团体29个，变更97个，注销5个，成立分支机构53个，分支机构变更2个，注销分支2个；成立民办非企业单位32个，变更39个，注销1个；基金会成立4个，基金会变更2个。

截至2009年底，全省已办理注册登记民间组织1.47万个，其中社会团体9517个，基金会21个，民办非企业单位5119个。其中社会团体中，省级736个，市级2699个，县级6082个；基金会省级登记21个；民办非企业单位省级196个，市级1423个，县（市）区级3500个。

积极履行年检职责，认真做好执法监察。一是依据国务院关于民间组织登记管理的有关规定，开展了对民间组织2008年度检查工作。在省民政厅注册登记应参检的全省性民间组织912个，按时参加年检的821个，占90%；未按时参加年检的民间组织91个，占总数的10%。其中应参检的社会团体731个，合格652个，不合格的16个；应参检的民办非企业单位合格164个，合格111个，基本合格20个，不合格的1个。应参检的基金会17个，合格的8个，基本合格的6个。连续两年不合格的民间组织40个。通过与业务主管单位进行沟通，对28个连续两年未参加年检的民间组织给予撤销登记的处罚，对45个至今未来参加2008年度检查的民间组织给予警告处罚，对10个年检不合格且没有按规定整改的民间组织给予通报批评处罚。于当年12月“河北民政网”、“河北省民间组织网”上进行了公告。二是贯彻全国社会组织管理暨执法监察工作会议精神，在7月召开了河北省社会组织执法监察会议暨法规业务培训班。总结河北省社会组织执法监察工作的经验做法，分析工作中存在的问题，找出解决问题的途径和方法，取得了良好的效果。三是认真落实河北省政府《推进网上审批和电子监察工作方案》，与厅信息中心积极配合、精心筹划，省厅行政许可事项网上审批系统已经开始运行，并与省政府效能网进行了对接，从6月份开始在网上办理行政许可审批工作，截至目前，已有240个民间组织在网上进行了申报、审批。

认真开展民间组织第三批科学发展观学习实践活动。从2009年9月至2010年3月，历时7个月，按照中央和省委学习实践活动领导小组的统一部署和安排，认真开展了全省民间组织第三批科学发展观学习实践活动。活动期间，完成了对河北省民间组织党组织和党员底数的调查摸底。截至2009年10月底，全省共有民间组织1.47万个，党员总数5.37万名，符合党组织建立条件的民间组织组织数4222个，已有548个建立党组织，占应建总数的13%。根据省委要求，抓紧对全省民间组织的党建工作，到2010年1月31日，已建立4222个党组织，实现了对全省民间组织党组织建设的全覆盖。

在学习实践活动中，按照省委和民政部的统一部署，河北省组成了四个调研指导组，由省新社会组织学习实践科学发展观活动指导小组组长、民政厅党组书记、厅长古怀璞厅长和邓小社专员等同志带队，分赴2个设区市（保定市、廊坊市）、3个县（市、区）（永清县、高碑店市、廊坊市广阳区）、10个业务主管单位（省科技厅、省体育局、省科协、省工经联等）、20个社会团体（省体育总会、省老年事业促进会、省冶金行业协会、省住宅与房地产行业协会、高碑店市农业技术协会），和固安县、深州市等，重点围绕如何加强党的建设、学习实践活动存在的主要问题等，进行了专题调研和指导。按照“两加强一发挥”的要求，省民政厅分别到衡水、沧州和邯郸、邢台、石家庄，就科学发展观学习实践活动进行了调研指导，扎实推进活动开展，提高了干部贯彻落实科学发展观的执行力、操作力和创新力，解决了一些影响河北省民间组织培育发展的实际问题。国家民政部社会组织学习实践活动指导小组授予河北省民政厅为“全国新社会组织学习实践活动指导工作先进单位”，授予河北省7个市、县和社会团体为“全国新社会组织学习实践活动工作先进单位”，授予17家民间组织为“全国先进民间组织”。此次活动于2010年3月结束。古怀璞厅长在省委举办的新社会组织学习实践活动总结大会上做了典型经验发言。

加大民间组织执法监察力度，防范违法、非法问题发生。对群众举报的2起未经登记、擅自以社团名义开展活动的非法组织进行了调查处理，减少了对社会不良影响。对全省性民间组织涉外活动和境外非政府组织在冀活动情况，进行了比较严密的监控，向省委组织部、省政法委、防范办等部门提供了详实情况。

二、婚姻登记。婚姻登记工作取得显著成绩。一是根据省委、省政府开展干部作风建设年活动的工作部署，在全省组织开展了婚姻登记方面突出问题专项治理活动。组织全省婚姻登记机关认真查摆存在的问题，深刻剖析问题产生的原因，采取有力措施对存在的问题特别是作风问题坚决整改。二是广泛深入地开展了婚姻登记规范化建设活动。转发了民政部《关于进一步做好婚姻登记规范化建设工作的通知》，结合河北省实际明确了工作目标和任务。经过各级的共同努力，全省有59个县级民政部门被民政部命名为“全国婚姻登记规范化单位”。三是进一步规范了婚姻登记执法行为。指导各地通过完善规章制度，实行政务公开，将婚姻登记工作置于严密的制度管理和群众监督之下，全省婚姻登记合格率达到了100%。

三、殡葬管理。2009年，全省殡葬改革工作以科学发展观为指导，认真落实殡葬管理的方针，把推进火化、提高火化率作为工作中心，抓好与其相配套的丧俗改革，做好清理整顿公墓和清明节集中祭扫管理工作，确保殡葬改革全面协调、可持续发展，切实使人民群众得实惠。在2009年全国民政工作年中分析会上，民政部部长李学举同志充分肯定了河北省殡葬改革取得成绩，特别是对河北省建立群众性“红白理事会”的做法，以及迁安等地方对基本丧葬服务实行政府埋单的做法进行了专门表扬，要求全国民政系统学习借鉴。在民政部10月13日召开的全国公墓管理工作会议上，河北省作为全国五个发言省市之一，向大会作了题为“加强宣传，强化监督，有效遏制公墓违规销售”的典型发言，得到了民政部以及与会人员的肯定和赞赏。

加强组织，严格执法，清理整顿公墓工作取得阶段性成果。积极贯彻落实民政部等八部委局《关于进一步规范和加强公墓建设管理的通知》精神，河北省建立起“政府领导，民政主管，多部门参与”的协调领导机制。省政府批准成立了“河北省清理整顿公墓协调领导小组”，副省长宋恩华担任领导小组组长。省民政厅起草制定了《河北省清理整顿公墓实施意见》，对清理整顿公墓工作进行了安排部署。2009年7月14日至25日，河北省组成四个联合检查组，分赴全省对公墓进行了逐一检查，摸清了河北省公墓底数以及在建设和经营过程中存在的问题。根据存在的问题，经省政府批准，省民政厅等八部门起草制定实施了《河北省公墓整改意见》，河北省的非法公墓及合法公墓违规行为得到有效遏制，全省清理整顿公墓工作取得了阶段性成果。

加强协调，加大宣传，全省实现“文明祭扫，平安清明”目标。2009年是清明节被列入国家法定节假日后的第二年，清明节群众祭扫呈现“短时间、小空间、高密度、大流量”的特点，群众祭扫活动的服务保障、交通疏导、消防安全、新闻宣传等工作任务繁重。为确保全省清明祭扫工作安全、文明、和谐、有序进行，3月25日省民政厅与河北省电视台经济生活频道阳光访谈栏目联合举办“清明节阳光访谈”，省委宣传部副部长、省文明办主任白石同志，省民政厅副厅长陈先琴同志作为嘉宾出席，向社会广大群众宣传引导了先进文明的祭扫方式，摒弃了一些封建迷信的做法，同时也对如何安全祭扫进行了安排部署。为方便广大群众及时了解殡仪服务单位祭扫情况，省民政厅在部分殡葬服务单位设置了观察点，对清明节期间全省开展祭扫活动的情况进行跟踪了解，并将3月28日、29日、4月4日、5日、6日五天祭扫群众人数、车流量于每日17点之前在河北民政网和河北殡葬网向社会进行公布。

继续抓好火化率的提升、殡仪馆规范化建设、骨灰处理多样化、丧事简办活动。一是在全省范围内大张旗鼓地推动、宣传、抓好殡葬改革。各级党委、政府对此高度重视，大部分市、县召开了殡改工作会议，利用广播电视、新闻媒体、报纸报刊等方式，在全社会进行了推行火化抓殡改的宣传，取得了很好的效果。二是深入督导调研，对殡葬执法进行专项检查，针对发现的问题，特别是火化率下滑、以罚代化等问题，提出改正意见。三是下发了“关于加强殡葬管理工作的通知”。主要是针对调研中发现的问题，对各市、县提出了要求，对殡葬改革工作好的单位提出了表扬，对差的单位提出了批评。统一思想，总结经验，表彰先进。重点抓好殡仪馆的信息化管理，提高工作效率；抓好“阳光服务”，在全社会公开“阳光服务”的内容、标准、程序、提高人民群众的满意度；并多方协调，争取资金，促进殡葬基础设施条件的改善和殡仪服务水平的提高，不断满足人民群众的殡葬服务需求。全省各市、县都结合本地区特点，推动树葬、花葬、草坪葬等生态墓地建设，探索骨灰处理多样化和生态墓地建设的多种途径，推进骨灰处理多样化。同时加强和规范农村红白理事会建设，充分发挥农村红白理事会在促进丧事简办中的重要作用，运用乡规民约的方式，规范丧事的办理方式，减少和节省农民的开支。

四、救助管理。继续深入贯彻《城市生活无着的流浪乞讨人员救助管理办法》、《关于切实做好城市流浪乞讨人员中危重病人、精神病人和传染病人救治工作的通知》和《关于转发〈关于加强流浪未成年人工作意见〉的通知》精神，指导各地积极开展救助工作，2009 年，全省共救助 2.56 万人，保障了城市生活无着的流浪乞讨人员的基本生活权益，维护了社会稳定。流浪未成年人保护中心建设进展顺利。廊坊市已投入使用，秦皇岛市、石家庄市已建成，唐山市、衡水市流儿中心正在加紧建设中，张家口市、邯郸市、邢台市、沧州市正筹备开工，中央预算资金、部级福利彩票公积金都已到位。保定市已上报民政部。贯彻落实民政部《关于在全国开展救助管理机构规范化建设的意见》，河北省救助管理机构走上规范化建设轨道。

五、收养登记。贯彻落实民政部等 5 部委《关于解决国内公民私自收养子女问题的通知》，加大宣传力度，在河北电视台农民频道对通知作了详细解读，指导各地稳妥解决国内公民私自收养子女问题。举办了“全省收养工作座谈会”，中国收养中心有关领导就涉外送养材料的制作及制作过程中应该注意的问题进行了培训。全年共办理涉外收养登记 16 例，国内收养 972 例，审核上报预涉外送养材料 42 套，合格率达到 100%。

（河北省民政厅　黄冬贤　贯志海　魏子恒）

【城市社区建设】　社区建设工作再创佳绩。一是组织各地深入开展了全国和谐社区建设示范单位创建活动。参照民政部全国和谐社区建设示范单位指导标准，制定了河北省和谐社区建设示范单位考评标准，编发了 4 期《简报》推动工作，在全省掀起了创建和谐社区示范单位的高潮。二是采取有力措施进一步加强社区建设工作。先后向省政府报送了《关于成立河北省社区建设工作领导小组的请示》、《河北省城乡社区服务体系发展规划（2009－2013 年）》。代省政府起草了《河北省人民政府关于进一步加强和谐社区建设的意见》（征求意见稿）。三是积极筹备全省加强社区建设工作会议。为贯彻落实民政部 10 月份在苏州召开的全国和谐社区建设工作会议精神，及时向省政府上报了会议情况报告，起草了全省社区建设工作会议方案和相关材料。四是完成了社区建设史料征集工作。共征集了 648 件有价值的社区史料，按时报送到了全国社区建设史料展馆。

上述工作取得了积极成果。一是涌现出一批先进典型。10 月份，民政部在苏州市召开了全国和谐社区建设工作会议。会上，河北省有 7 个市辖区、9 个街道办事处、20 个社区被民政部命名为“全国和谐社区示范单位”。二是促进了民生工程。各地在创建活动中，办了许多深受群众欢迎的好事实事，解决了许多群众关心关注的问题，有力促进了改革发展稳定各项工作任务的落实。三是积累了丰富的经验。如保定市确立的“高起点谋划、高标准实施、大力度推进，全省领先、全国一流”的社区建设工作目标，邢台市桥西区在创建和谐社区示范单位活动中“突出位置、强力保障，创新机制、构筑平台，创新载体、激活主体”的做法，唐山市通过开展建设市民中心工作，提升社区建设工作水平的做法等等，为进一步推进和加强社区建设工作奠定了基础。

12 月 15 日，民政部基层政权和社区建设司印发了《关于表彰 2009 年度省级先进基层政权和社区建设处的通报》，河北省民政厅相关处被命名为“2009 年度推进城市社区建设先进单位”。

（河北省民政厅　贯志海）

【老龄工作】　河北省老年人口总量大、增长快，截至 2009 年底，全省 60 岁以上老年人口 989 万，占全省总人口的 14%，且以年均 3%左右的速度递增，人口老龄化形势日趋严峻。一年来，全省各级老龄工作部门认真贯彻落实省委、省政府和民政厅的有关决策部署，紧紧围绕“六个老有”工作目标，勤奋工作，真抓实干，全省老龄工作取得了新成绩。

召开了省老龄委成员单位联络员会议。2009 年 2 月 10 日，河北省老龄工作委员会成员单位联络员会议，在石家庄市省老干部活动中心召开。会上，省委老干部局、省委宣传部、省委组织部、省民政厅、民族宗教事务厅、教育厅、财政厅、建设厅、文化厅、卫生厅、人事厅、公安厅、劳动和社会保障厅、司法厅、省直工委、外事办、计生委、妇联、团省委、总工会、旅游局、地税局、体育局、新闻出版局等 28 个成员单位的联络员相继发言，汇报了 2008 年以来各自的涉老工作情况和 2009 年的工作规划，并就涉老工作经验进行了认真地交流。

召开了全省老龄办主任会议。2009 年 2 月 24 日，河北省设区市、扩权县（市）老龄办主任会议在省会石家庄召开。会议传达了民政部部长李学举和全国老龄办常务副主任陈传书的重要讲话。总结了全省2008年老龄工作，部署2009年工作任务。会上还为全省老龄工作先进个人代表颁了奖。省民政厅厅长、省老龄办主任古怀濮、老龄办专职副主任姜文汇出席会议并发表重要讲话。全省各设区市民政局主管老龄工作的局领导、老龄办主任和各扩权县（市）的老龄办主任50余人参加了会议。

召开了涉老部门与涉老社团联手应对社会老龄化问题研讨会。2009年5月9日，省委老干部局、省老龄办、省老年事业促进会、省老年文化促进会，在石家庄北方大厦联合召开全省涉老部门与涉老社团联手应对社会老龄问题研讨会。省委书记张云川和省委常委、组织部长梁滨对这次会议非常重视，特为大会发了贺电、贺信。会上，各市委老干部局局长、老龄办负责人分析了河北省社会老龄化和老干部工作面临的新形势、新问题，探讨了涉老部门与涉老社团联手应对社会老龄问题的必要性和可行性，交流了联手应对的经验和做法。全国老龄办巡视员袁新立介绍了全国老龄化发展的趋势和应采取的对策。省政府副秘书长曹汝涛代表副省长宋恩华做了重要讲话。

开展了“全国及全省老龄工作先进单位和先进个人”评选活动。2009年5月份，省老龄办组成3个考评小组，历时1个月，对“全国及全省老龄工作先进单位和先进个人”推荐对象进行考评，进一步掌握全省老龄工作整体发展水平，总结先进经验，发现树立典型，带动全省老龄工作健康发展。共确定了18个全国老龄工作先进单位、27名全国老龄工作先进个人。16个全省老龄工作先进单位、22名全省老龄工作先进个人。

开展了“重阳节”慰问贫困老年人活动。2009年9月25日至10月26日，全省开展了慰问贫困老年人活动，省、市、县三级共筹集经费200余万元，对全省1700名贫困老年人、近1000名百岁老人以及数千名80岁以上高龄老人进行了慰问，把党和政府的关爱之情送到老年人身边。

举办了革命人永远是年轻——河北省庆国庆迎重阳老年文艺节目汇演。2009年10月20日，由河北省民政厅、省老龄办主办，省老年事业促进会和老年文化促进会承办的“革命人永远是年轻——全省老年人迎重阳革命传统节目文艺演出”，在河北电视台演播大厅隆重举行。

举办了“爱心献功臣”活动。2009年12月23日，与省募办联合开展了“爱心献功臣”活动，为200名行动不便的老伤残革命功臣和公安英烈家属每人配置一台轮椅，为100名大小便不能自理的革命功臣和公安英烈家属每人配置一台便携式坐便器。

开展了“爱心护理工程”。争取中央、省财政资金120余万元，对全省15家以收养失能、基本失能老年人为主要对象的社会养老服务机构给予补助，提高专业护理水平和服务质量。同时，利用“爱心护理工程”专项经费16.5万元，为11个设区市的社会办养老机构配发210台轮椅。

（河北省民政厅　于连军　夏晓红）

（“民政”统稿　张金花）

文 化 产 业

【概况】 2009年，全省文化系统深入学习实践科学发展观，紧紧围绕庆祝新中国成立60周年，大力推进文艺创作繁荣，以《柏坡交响》为主要标志，推出了一批弘扬时代主旋律、彰显河北地域文化特色的优秀文艺作品，丰富了人民群众的精神文化需求。紧紧抓住应对金融危机、扩大内需的机遇，加快公共文化服务体系建设，全省公共文化的服务水平得到较快提升。深入挖掘文化遗产资源，为资源转化为资本创造了有利条件。稳步推进文化体制改革，一批骨干文化企业正在涌现。文化交流活跃，燕赵文化响誉海内外。依法加强文化市场监管，统一、高效、便捷的文化市场监控管理体系逐步建立健全。运用文化产业反周期调节的规律特点，文化产业在金融危机形势下实现逆势而上，促进了河北省文化产业又好又快发展。

【艺术生产】 1. 大力推进艺术创新。大型原创交响乐作品《柏坡交响·新中国从这里走来》、新编京剧《响九霄》入选中宣部、文化部主办的“向祖国汇报——庆祝中华人民共和国成立60周年献礼演出”。其中，《柏坡交响·新中国从这里走来》作为中宣部、文化部“向祖国汇报——庆祝中华人民共和国成立60周年献礼演出”开幕演出，开创了国家级大型演出活动由地方院团担任开幕演出的先河。新编京剧《响九霄》已拍成数字电影。平调魔幻剧《黄粱梦》体现了多种艺术形式的集成创新。国家舞台艺术精品工程资助剧目《棋盘岭传》加工提高工作已完成并报文化部验收。大型实景文艺晚会《海上生明月》填补了河北省没有实景演出的空白。

2. 精心组织文艺活动。圆满完成首都机场“文化国门——河北华章”和“河北文化首都高校行”两项文化宣传活动的文艺演出任务。国庆节期间，“激情河北”彩车囊括了9项奖励；河北狮舞表演团86名演员参加了首都国庆60周年联欢晚会，四十只彩狮在晚会第二板块“腾飞中国”第一个出场；应北京方面邀请，河北省歌舞演员在北京市进行了国庆游园演出，河北省是除中直和北京市外唯一受邀参加演出的省份。举办了“庆祝国庆60周年‘洪生杯’第八届河北省戏剧节”，该届是历届戏剧节参演剧目最多、演出规模最大、市场运作最好的一次。组织庆祝新中国成立60周年河北省优秀画家“走进太行”美术创作写生活动，并印制成《走进太行》画册加以发行。举办了首届河北梆子艺术节和庆祝省河北梆子剧院建院50周年大型戏曲晚会。组织了“新河北、新城市、新变化”全省“三年大变样”美术作品展。省博物馆等各级博物馆、纪念馆举办了一系列陈列展览，反映60年来特别是改革开放以来取得的成就。圆满完成了第十二届中国吴桥国际杂技艺术节的筹办工作，收到良好效果。

3. 荣获了一批重要奖项。2009年河北省专业文艺工作者共获全国、国际性奖励64项（人次）。省河北梆子剧院《钟馗》获文化部优秀保留剧目大奖。河北梆子现代戏《女人九香》获中宣部五个一工程奖，并在全国优秀地方戏（北方片）展演中获得二等奖。由中国文联、中国剧协等单位主办的第二届中国戏剧奖·梅花表演奖（第24届中国戏剧梅花奖）大赛中，河北省著名戏剧表演艺术家、省京剧院院长裴艳玲获得本届大赛唯一的一个梅花大奖，成为全国获此殊荣的第四人；省河北梆子剧院演员刘凤岭、邯郸市东风剧团演员郭英丽获得梅花奖。这是自梅花奖设置以来，河北省获奖规格最高的一次，也是同届获奖人数最多的一次。在上海国际艺术节上，裴艳玲获白玉兰戏剧艺术特别贡献奖。在第十二届中国吴桥国际杂技艺术节上，沧州吴桥杂技学校《草帽》和沧州吴桥杂技大世界《鼓韵》获银狮奖，吴桥职教杂技学校《环之舞》获铜狮奖。儿童剧《我想种太阳》获全国儿童剧优秀剧目展演优秀奖。河北艺术职业学院陈世豪表演的舞蹈《离开雷锋的日子》荣获文华艺术院校奖·第九届全国"桃李杯"舞蹈比赛古典舞B级少年男甲组一等奖。《女人九香》等作品入选2007—2008年度国家舞台艺术精品工程现实题材优秀剧本。由王国斌、周景伦、徐冰创作的《华北地道战》正式结项，入选国家重大历史题材美术创作工程。

4. 艺术科研工作取得阶段性成果。成功申报《以科学技术为基础的网络艺术研究》、《河北辽代壁画研究》、《河北现代戏剧文学史》等三项全国艺术科学"十一五"规划课题，承担了文化部《中国民间舞蹈现状调查·河北部分》等4项全国艺术科学"十一五"规划重点课题，其中《以科学技术为基础的网络艺术研究》已顺利结项，其他项目亦进展顺利。完成了全省艺术科学规划课题的征集申报工作，共有150余个课题进行了申报。

【群众文化】 1. 文化惠民工程取得积极进展。总投资近10亿元的河北博物馆、省图书馆建设工程顺利推进。省群艺馆新馆建设工程完成选址。基本建成了省杂技团天缘剧场、裴艳玲艺术中心等基础设施。完成了省京剧院等一批演出小剧场的改造升级。已获得批复的372个乡镇综合文化站建设项目全部开工，竣工数量达到一半以上。新获国家批复乡镇综合文化站建设项目345个。完成了304个乡镇综合文化站文艺活动器材和文化信息共享工程设备的招标采购工作。积极谋划了全省文化馆长和文化站长培训工作。文化信息资源共享工程完成资源建设2TB，培训技术人员1000余名，完成了第二批60个县级支中心和322个共享工程乡镇基层服务点设备招标采购工作。为23个县图书馆和249个乡镇图书室赠送了12.6万册农村适用图书。

2. 群众文化活动丰富多彩。全省各级图书馆等公共文化单位开展了迎国庆"创优质服务"活动，省博物馆等省直公共文化服务单位向社会免费开放。河北大戏院举办了"欢乐周末大舞台"系列演出活动，成为群众休闲好去处。河北交响乐团举办了演出季活动，在省艺术中心每月演出两场。省心连心艺术团在全省农村开展"为了大地的丰收"百场文艺巡演。省河北梆子剧院等省直和各市艺术院团广泛开展送文艺进农村、社区、厂矿演出。举办了规模宏大的第二届河北省民俗文化节，得到国家民委高度评价。"激情广场欢乐河北"全省彩色周末活动自4月底启动，已演出几千场。着眼打造河北特色的中秋文化品牌，在承德举办了"山庄中秋·燕赵情韵"晚会。开展了以"实现城镇建设三年大变样"为主题的群众文艺作品征评活动。全省公共图书馆开展了"庆祝国庆60周年"2009年度"燕赵少年读书"系列活动，组织开展了百部优秀爱国主义读物荐读及视频资源赏鉴活动。会同省文明办等部门组织了"爱国歌曲大家唱"活动。

3. 农村文化建设得到新加强。召开了全省农村文化建设座谈会，进一步研究部署了农村文化工作。加大对农民自办文化的扶持力度，制定印发了《关于鼓励和扶持农民自办文化发展的实施意见》。命名"平山县北冶乡北冶村文艺队"等100个农村文化单位和个人为首批河北省"农村文化之星"。命名文安县等12个县（市、区）为第五批"河北省文化先进县"，认真完成了全国文化先进县复查工作并成功推荐文安县、定州市、迁安市为全国文化先进单位，受到文化部表彰命名。

【遗产保护】 1. 重点文物维修保护项目取得阶段性成果。中央领导高度关注的怀来鸡鸣驿城墙加固保护工程取得明显进展，工程进度及质量得到国家文物局领导和专家的肯定。积极推进大运河河北段保护规划编制工作，确定了65处遗产申报点。河北省第三次全国文物普查野外调查已经完成十个设区市的实地调查任务，新发现不可移动文物18000余处。组织开展了第七批全国重点文物保护单位申报工作。长城资源调查工作取得阶段性成果，完成了河北省明长城资源调查资料整理及内外业资料全面整合工作。配合南水北调、京港澳高速等基本建设的考古工作取得新收获，出土各类重要文物1000余件。加强文物管理、行政执法和安全工作，编制了《河北省馆藏文物安全管理工作手册》，会同公安部门对文物领域的违法犯罪行为进行严肃查处，文物工作的法制化建设取得新成效。

2. 非物质文化遗产保护成效显著。基本完成全省非物质文化遗产普查工作。全省共摸排线索两万余条，重点普查非物质文化遗产项目9291项，形成了文字资料2799册，音像资料2823盒，电子资料9309.72G。整理出版了《河北民间音乐传统曲目集成》等音像书籍，圆满完成全省非遗档案资料数据库建设一期工程。进一步完善省、市、县三级非遗保护名录体系，省政府公布了第三批省级非物质文化遗产名录173项，38人被列入第三批国家级非物质文化遗产代表性传承人。大力开展非遗保护区和传播基地建设，首批命名了"井陉太行民俗文化生态保护实验区"等11个省级文化生态保护实验区，命名了邢台内邱县等5个省级民族传统节日保护示范地，命名了河北师范大学等10余所大中专院校为河北省非物质文化遗产传播基地。古籍保护工作顺利推进，完成了第二批"国家古籍珍贵名录"和古籍重点保护单位的推荐申报工作。围绕第四个"文化遗产日"，成功举办了第二届民俗文化节，兴起了关注文化遗产保护的热潮。

【对外文化交流】 2009年，全省实现对外及港澳台文化交流项目93批次、835人次，涉及40多个国家和地区。其中，配合国家外交大局，举办2009埃及—河北文化周，参加新西兰华人春节庆典和鸟取日本节活动，京剧、杂技、民乐赴港澳参加国庆庆典，推动吴桥杂技入台交流成为河北省2009年文化“走出去”亮点；第十二届中国吴桥杂技艺术节的成功举办，吴桥杂技学校培训外籍学员支援非洲文化建设和澳门乐团来冀首演，唐山举办河北唐山—韩国友好周成为河北省文化交流“引进来”亮点。

【体制改革】 1. 积极推进省杂技团转企改制。省杂技团注册成立的“河北地缘吴桥杂技演艺有限责任公司”运转良好，与广西及国外多家公司签署了商演协议，并正在创排大型品牌剧目《梦幻西游》，为有效开拓市场奠定了基础。同时，对省杂技团转制进行详细调研，制定了《河北省杂技团转企改制方案（报审稿）》。通过与财政、编制、人保、工商等相关职能部门多次反复沟通，对方案作了相应调整。资产清查、人员安置、工商登记注册及政策辅导、统一思想等转制准备工作也在扎实有序地筹备进行。

2. 河北文化音像出版社的改革初见成效。依据产权清晰、权责明确、政企分开、管理科学的要求，积极探索建立新型的资产运营、劳动分配等体制机制。该社转企后，以文化艺术类音像制品的制作、出版、发行和影视剧摄制、发行为主业，同时将积极开发与主业相关的经营项目，提高综合实力。

3. 河北交响乐团、省话剧院、省歌舞剧院等文艺院团推行了剧组制、制作人制、签约演员制等新型创作演出机制，积极开拓演出市场。

4. 积极谋划从整体上推进省直文艺院团改革。为把省直舞台艺术资源进行优化组合，实施集团化发展战略，对全省艺术院团改革进行有效示范和引导，切实增强河北省艺术的发展活力和综合竞争力，结合省直文化艺术单位实际，提出了组建河北演艺集团公司的设想。

【文化市场监督】 1. 大力促进文化市场繁荣发展。制定了《关于繁荣省会文化市场的若干意见》，争取以省会文化市场带动全省文化市场繁荣。为应对国际金融危机，拉动内需，扩大消费，开展了文化遗产旅游消费券发放活动，首批发券优惠额1000万元。

2. 发挥河北拱卫首都的“护城河”作用。以为新中国成立60周年营造良好文化市场环境为中心任务，组织全省各级文化市场管理部门依法加强监管，深入实施“护城河”工程，重点完善宏观调控等四项长效机制，不断夯实文化市场管理工作的基础。截至10月底，全省文化市场管理部门出动37.72万人次，检查各类场所15.66万家次，罚款260.47万元，责令停业整顿504家次，吊销许可证10家，全省文化市场总体保持了健康稳定的良好局面，较好地完成了文化市场国庆安保任务。

【产业发展】 1. 进一步优化文化产业发展环境。配合省人大开展文化产业调研活动，对河北省3批4个国家文化产业示范基地进行了巡检。积极参与制定河北省《文化产业振兴规划》，颁布了《河北省文化产业园区认定管理办法》，起草了《河北省文化产业示范县评选管理办法》和《河北省文化产业示范县评选标准》。

2. 积极培育扶持重点文化产业项目。评选命名河北曲阳定瓷有限责任公司等28个文化企业为河北省第二批文化产业示范基地，促成文化部与省政府签约共同建设廊坊万庄文化生态旅游产业园，促成投资10亿元打造黄粱梦文化产业园区项目，积极指导平泉辽河源契丹文化产业群等各地的重点文化产业项目建设。在承办河北省参加第五届深圳“文博会”上，实现13个文化产业项目成功签约，签约额达155.38亿元，位居所有参会代表团首位。参加了第四届中国北京国际文化创意产业博览交易会、首届中国宁夏国际文化艺术旅游博览会，对河北省的文化产业资源和产品进行了广泛的宣传推介。向文化部推荐河北省拟由国家实施的78个重大文化产业项目。

3. 积极推进银企文对接。制订发布了《河北省文化市场信用评价指标体系（试行）》，为金融资本考察文化企业资质和信誉提供参考。与省农村信用社协签署了《关于扶持培育河北省重点文化企业、文化项目的合作框架协议》，河北易水砚有限公司等5个文化企业为首批扶持单位，获得贷款总额达5080万元。积极向文化部等国家部委推荐河北省文化企业申报中国银行支持文化产业发展贷款、申报重点出口文化企业和重点项目。推荐的保定定瓷有限公司等3家企业（单位）被文化部推荐申报中国进出口银行扶持培育文化出口重点企业、重点项目贷款。推荐的衡水金音乐器有限公司的新增乐器生产扩建项目，被文化部做为第一批申请贷款项目（15个）向中国进出口银行推荐。推荐的吴桥杂技大世界旅游有限公司等3家文化企业和河北金音乐器集团有限公司的金音管乐器、提琴和吉他出口项目被确定为2009—2010年度国家文化出口重点企业和重点项目。

（河北省文化厅 尹长森）

【新闻出版·版权】 2009年，河北省新闻出版系统以深入学习实践科学发展观和开展“干部作风建设年”活动为动力，突出“保增长、扩内需、调结构、促改革、惠民生”这条主线，通过多种渠道公开征集图书选题717种，从中打造出《我的青春谁做主》、《辛家湾》两种精品图书。在《辛家湾》策划出版过程中，探索建立了“相关部门携手、专门机构运作、选题公开征集、众多名家打磨、加强宣传推介”的精品生产新模式，得到中国作协和业内专家的高度评价。策划了《燕赵文化大典》重大出版工程项目。组织出版了一批弘扬主旋律的出版物。其中，《感天动地——从唐山到汶川》一书获得全国“五个一工程”奖，赵晓龙、郭财、张润芳3名同志被评为新中国成立60年来全国新闻出版系统“三个一百”优秀人物，《图文共和国年轮》等3种选题入选新中国成立60周年100种重点图书、音像电子出版物选题目录，《感恩书系》等3套图书被评为2009年向全国青少年推荐的百种优秀图书，《少年智力开发报》等3种报刊入选新闻出版总署向全国推荐的优秀少儿报刊，《思维与智慧》、《石油地球物理勘探》两种期刊入选中国北方“十佳”期刊，树立了河北出版的良好形象。

一、出版产业发展取得新成效。涌现了一批投资过亿、技术先进的大中型印刷企业，形成了多个印刷产业集群，石家庄、保定、廊坊、唐山四市印刷业呈现了“四片一线”集中发展的布局，产值占到全省的75%。廊坊市印刷产业值已达40亿元。沧州市肃宁县已成为河北省民营书业的一大基地，辐射国内30个省市区，年销售收入近3亿元。新兴出版业态得到较好发展，一批内容形式新颖、传播手段先进的现代传媒企业脱颖而出。实施“走出去”战略取得初步成效，参加了德国法兰克福国际书展、第19届全国图书交易博览会、第16届北京国际图书博览会和越南、柬埔寨中国书展，举办了第二届河北省图书交易博览会，与海内外同行的交流与合作日渐深入，签订了一批版权贸易合同或意向书。2009年，全省新闻出版业完成销售收入500亿元，比上年增长23%；增加值168亿元，比上年增长25.6%。

二、公共服务开创新局面。实施了具有河北特色的“金土地”出版工程，组织出版了11大类192种质优价廉、农民群众看得懂用得上的优秀图书。创造性地开展了“情暖故土书香农家”帮扶联系活动，借助深入学习实践科学发展观活动和“干部作风建设年”活动，加强宣传发动，动员全省6341个党政机关、企事业单位和社会各界人士与6440个农家书屋建立了帮扶关系，捐赠图书500多万册，举办讲座267场次，受益农民500多万人。刘云山部长、柳斌杰署长对河北省的做法给予充分肯定。张云川书记批示：“工作思路是好的”，要求“认真总结推广农家书屋建设的先进典型和做法，进一步巩固和推进此项利民工程”。新华社、人民日报、中央电视台等7家中央媒体对河北省的做法进行了集中宣传报道，河北省在全国中西部地区农家书屋建设经验交流会上介绍了经验。开展了全民读书月活动、“新农村、新农民、新知识”农民读书活动、“阅读河北书香港城”读书节活动、青少年爱国主义教育读书活动，倡导了“爱读书、读好书”的文明风尚。省新闻出版局获得全国“全民阅读活动先进单位”荣誉称号。

三、转企改制迈出新步伐。河北出版集团事转企改革全面实施，组建了河北出版传媒集团有限责任公司。河北师大报刊集团完成整体转制，组建了河北行知文化传媒有限责任公司。河北大学出版社转企改制迈出了实质性步伐，组建了河北大学出版社有限责任公司。以总署确定河北省为报刊退出机制试点为契机，研究制定了报刊综合评估标准和退出实施办法，首批对3种报刊实施了退出。积极研究民营文化工作室进入出版领域的通道问题，为规范民营文化工作室并引导其健康发展探索了路子。

四、行业管理得到新加强。严格落实图书、报刊审读制度和重大图书选题备案制度，确保了正确的舆论导向和出版方向。把年度核验作为行业管理的重要手段，及时发现和纠正了一些出版单位和印刷发行企业的违规问题。出台了《关于加强印刷业监督管理的意见》，组织开展了印刷复制企业专项治理行动，有效防范和遏制了违规印刷问题的发生。认真贯彻落实中办发〔2008〕27号文件精神，召开了全省报刊出版管理工作会议，制定了加强河北省报刊管理的八项措施，在全省报刊出版单位开展了自查活动，规范了报刊出版行为。举办了报刊社社长总编培训班和出版物印刷企业负责人培训班，严格了管理责任，提高了管理水平。在全国率先出台了《河北省连续性内部资料性出版物管理暂行办法》，为规范连续性内部资料性出版物出版管理提供了依据。

五、版权保护取得新成效。加强版权普法与宣传，与省高院联合举办了“网络著作权行政、司法保护论坛”，提高了社会公众的版权意识。深入有关企业调研、指导，为企业解决发展中遇到的版权问题，提供专业知识服务，促进了河北省版权产业的发展。加大版权执法力度，查处网络侵权盗版案件11起，通过媒体向社会公布了版权行政执法十大案件，有力震慑了侵权盗版活动。完成了近700万元的省直机关正版软件集中招标，第一批40家大中型企业实现了软件正版化。妥善处理了外国公司针对河北省4家企业商业性使用盗版软件的投诉，在规范与版权保护有关的市场经济秩序方面作出了努力。中国文字著作权协会首家代表处在河北省设立，为本省文字作品作者行使权利和使用者获得授权创造了良好条件。石家庄市首创了“扫黄打非”版权保护志愿服务活动，志愿者队伍突破1万人，充分发挥了志愿者在版权保护工作中的作用。

六、“扫黄打非”迈上新台阶。以省委、省政府两办印发《关于进一步加强“扫黄打非”工作的意见》为契机，加强组织协调、制度建设和工作督导，认真落实“扫黄打非”责任制，形成了“党委领导、政府推动、各负其责、协调联动、综合治理、重在预防”的领导体制和工作机制。认真落实“扫黄打非”行动方案，深入实施“护城河”工程，着力抓日常监管、集中行动、敏感节点、薄弱环节、重点部位、案件查办，收缴非法出版物100余万件，查办案件370起，举办了集中销毁侵权盗版及非法出版物活动，维护了出版物市场稳定，为庆祝新中国成立60周年和河北省经济社会发展营造了良好的文化环境。成功查办了《时代风采》非法出版案，《全国“扫黄打非”工作简报》上报中央政治局，刘云山部长批示“办得漂亮”。成功侦破“3.18”制售非法出版物案，全国扫黄办在石家庄召开表彰大会，对办案有功集体和有功个人进行了表彰奖励。

七、行政效能得到新提高。以“转变干部作风，提高服务水平，优化新闻出版发展环境”为主题，扎实开展了“干部作风建设年”活动，提出了“六讲六重六增强”的要求，着力在解决突出问题、推动重点工作上下功夫，取得了明显成效。健全有关制度，兑现了“六项承诺”，将35项行政许可事项削减为27项，设立了行政审批中心，推进了行政权力公开透明运行，优化了新闻出版发展的行政环境。把确定的20个项目的整改落实贯穿始终，深入贯彻落实科学发展观，有效推动了各项工作。切实加强党风廉政建设，落实“十严禁”要求，增强了干部廉洁从政的自觉性。加强机关正规化建设，采取教育培训、实践锻炼、制度约束、从严管理等措施，提高了干部队伍的整体素质，促进了工作的规范化和机关的正规化。深入开展“为企业解难题、为群众送服务”活动，增强了广大干部的服务意识，解决了一些影响新闻出版业改革发展的难题和人民群众最关心、最直接、最现实的问题。在全省万人评作风中，省新闻出版局在省直行政执法类单位中被评为第一名。同时，省农家书屋工程建设领导小组办公室被评为全省“干部作风建设年”活动“十佳集体”。

（河北省新闻出版局　田振国）

【文物工作概况】　2009年，河北省文物系统深入学习实践科学发展观，坚持“保护为主、抢救第一、合理利用、加强管理”的文物工作方针，解放思想，开拓创新，强化基础，突出重点，进一步加强文物保护、利用和管理工作，各项工作取得了显著成绩。

一、“文化遗产旅游消费券”。为发挥文化遗产资源优势，拉动内需，扩大消费，促进全省经济社会发展，开展了“走近河北瑰宝感受中华文明”的主题活动，将省内世界文化遗产地和重点文物开放单位组合起来，采取门票优惠措施。4月27日，举行了“文化遗产旅游消费券”发放仪式，省委常委、宣传部长聂辰席、省政府副省长孙士彬等领导出席仪式，驻省会30多家新闻单位参加了发放仪式，并进行了连续报道。首批发放的消费券优惠额1000万元，并根据各文物景点的接待能力分批发放，该项活动引起社会各界的广泛关注，深受民众欢迎。承德避暑山庄及周围寺庙、山海关老龙头、清东陵、清西陵、正定古建筑群等文物旅游景区游客数量猛增，带动了当地交通、商贸和旅游业的发展。

二、加大文化遗产宣传力度。“5.18国际博物馆日”期间，全省博物馆、纪念馆举办专题讲座、知识竞赛、文物展览进校园进社区等一系列活动。中国文化遗产日前后，围绕“保护文化遗产，促进科学发展”的主题，结合全省文物系统的重点工作，开展了各具特色的活动。文化遗产日前举行新闻发布会，通报了河北省文化遗产日活动安排以及近期重点工作。省文化厅冯韶慧厅长接受新华网河北频道专访；张立方局长在《河北日报》发表了第三次全国文物普查署名文章。6月13日第四个中国文化遗产日当天，除已免费开放的11家博物馆、纪念馆外，另有其他75家具备条件的文化遗产地、文物保护单位、博物馆和纪念馆向社会减免费开放。省直文物系统在省民俗博物馆开展文物法律法规、文物知识咨询活动，发放文化遗产日宣传品，并设置展板，生动形象地图示文物保护法，介绍近年文物考古以及科技保护成就等。曲阳县举行了古北岳申报世界自然和文化遗产启动仪式，并举办古北岳文化专家论坛、摄影大赛获奖作品展、百名书法家书写长卷、千名雕刻艺人为申遗贺词或作画、万名群众为申遗签名助威等活动。石家庄、邯郸、承德等全省各地举行了丰富多彩的活动。结合山海关古城墙保护工程、鸡鸣驿城保护工程的实施，在《中国文化遗产》期刊上进行了专题报道；结合第三次全国文物普查、长城资源调查、大运河文物保护等项目，在《河北画报》上进行了集中报道；结合“十大古建筑”、“十大文物精品”等河北名片评选，在《河北日报》、《中国文物报》等刊登8个专版；与中央电视台《国宝档案》、《探索与发现》节目合作拍摄文物专题片；在定期出版文物学术期刊《文物春秋》的基础上，编辑印发《河北文物工作》期刊，受到各界人士欢迎。

三、河北博物馆建设工程。在省委、省政府领导的高度重视和大力支持下，经过多方共同努力，河北博物馆建设工程概算由3.43亿元调整到6.28亿元，加快了工程进度，目前已完成主体工程，正在抓紧进行内外装修，编制和完善陈列大纲，积极开展文物征集工作，同时旧馆改造项目也取得了明显进展。

四、鸡鸣驿城墙加固保护工程。鸡鸣驿城抢修保护工程全面启动以来，制定了详细的工作计划，成立现场专家组，协调解决相关问题。怀来县成立了鸡鸣驿城抢修保护工程指挥部，严格按照有关规定开展招投标，确定了施工和监理单位。根据国家文物局对鸡鸣驿城墙修缮方案的批复意见，设计单位对修缮方案进行了补充完善，同时组织专业人员对鸡鸣驿城内文物建筑进行全面勘察，编制鸡鸣驿城内文物建筑修缮方案。目前鸡鸣驿城墙整体加固保护工程已完成总工程量的80%，工程进度及质量得到国家文物局领导和专家的肯定。

五、大运河河北段保护规划编制工作。按照国家文物局的统一部署，组织编制大运河廊坊、沧州、衡水、邢台、邯郸等五个地域保护规划，对运河河道本体及周边环境进行调查，对典型断面和所有险工进行测量，搜集包括各类史志、县志、水利志在内的基础资料。组织专家对文物遗存点进行遴选，初步确定了57处遗产申报点。目前已完成五个市域规划的编制工作，通过了省内专家评审，并对规划文本、图纸提出了详细修改意见或建议，修改后的大运河规划文本已批复各市文物部门，申请当地市人民政府公布实施。正在抓紧编制省级大运河遗产保护规划，预计年底前完成。

六、文物保护维修工程项目科学管理。河北是获得国家文物局下放国保单位工程技术方案审批权限的省份之一，为保证国保单位工程技术方案的评审，年初召开了河北省古建维修保护工作会议，进一步明确了文物保护方案的制定、上报、审批、实施等步骤。从规划、方案审批到工程招投标、技术论证、验收，对各个环节进行规范和监督，严格报批程序，加强业务指导，对重点文物保护工程科学管理，树立示范工程，为文物维修保护提供可借鉴的经验。对国家文物局授权和本级项目的审批、审核精心组织，周密安排，组织全国专家力量对6个文物保护规划、24个文物保护维修方案、66个安防、消防工程和防雷方案进行了评审。评审通过项目实行了上网公示，省级保护单位规划通过评审批准7项。上报国家局的规划和方案中，曲阳北岳庙、满城汉墓文物保护规划获同意并得到省政府批准、公布，近30处考古发掘及文物保护工程设计方案得到批复。

山海关古城墙保护工程竣工后，根据近一年的监测数据，城墙整体稳定，国家文物局专家组经过实地勘察，听取汇报，审阅相关技术资料，认真评议，认为工程施工组织合理、管理严谨规范，达到了长城保护的预期目的，同意通过验收。组织开展了蔚县真武庙大殿、涿州双塔（北塔）等文物维修工程，完成了衡水庆林寺塔、阜城文庙、保定直隶图书馆修缮方案，完善了衡水宝云塔、万全城墙抢险设计方案。组织完成抗震救灾项目四川庞统祠、江油云岩寺维修设计方案，对都江堰市二王庙、伏龙观维修工程进行监理。

七、文物资源调查和考古研究工作。第三次全国文物普查野外调查自 2007 年 9 月开始，至本年底已完成了十一个设区市的实地普查任务。此项工作在上年的基础上认真总结经验，向社会招募志愿者充实文物普查队伍，加强对文物普查工作的督导、调度，多次组织专家到现场指导，确保了文物普查工作质量。全省共调查登记不可移动文物遗存 33473 处，其中新发现 20202 处，复查不可移动文物 14226 处。组织开展第七批全国重点文物保护单位申报工作，对上报材料进行了评审，初步确定 300 处申报名单。

长城资源调查工作取得阶段性成果。根据国家长城资源调查总体要求和河北省长城调查工作的实际情况，完成了全部明长城的调查工作，采集了大量科学数据，同时进行调查资料整理工作，完成了《河北省明长城调查工作报告》，出版了《河北省明长城碑刻集录》、《河北省长城保护管理和执法情况调查研究报告》。8 月国家文物局和国家测绘局举行新闻发布会，宣布明长城资源调查获得的最新数据为 8851.8 千米，其中河北境内长度为 1300 多千米。同时，启动了河北省早期长城资源调查工作，目前已完成河北境内燕南长城、中山长城、秦、汉长城的外业调查工作。

基本建设中的考古工作取得新收获。今年田野考古项目多，时间紧，任务重。为保证各项考古工作的顺利完成，建立健全各项管理制度，严格考古操作规程，及时组织专家检查督导，规范考古工地管理。重点做好南水北调工程石家庄以南段文物保护工作，确定了 27 个项目，组织省内外十七支考古队全面开展南水北调石家庄以南段的考古勘探和发掘工作，已完成 65 处文物遗存的考古发掘工作，实际勘探面积 433 万多平方米，发掘面积 22 万多平方米，出土各类文物计 12000 余件（套），发现一些重要考古学文化遗存，其中，在磁县清理了一座北齐时期贵族墓葬，出土了一批精美陶俑及线刻画像石门等遗物，墓葬壁画对北朝时期仪卫制度、服饰、绘画研究具有重要意义；在元氏县南白楼墓地出土的三块唐代墓志，为我国研究昭穆制度提供了首例实证。在京港澳高速公路改扩建工程、京昆高速石家庄段、廊沧高速等基本建设考古工作中，共计完成勘探面积 100 余万平方米，发掘面积 3 万余平方米，出土各类成型器物 1000 余件，揭露的遗址和墓葬主要为新石器时代、商、战汉、魏、北朝、宋元、明清等时代的文化遗存。

积极开展文物考古课题研究。由省文物研究所、北京大学文博学院、曲阳县文化文物局组成联合考古队对曲阳定窑遗址进行发掘，已发掘 780 平方米，清理各类遗迹 60 余处，出土了大量瓷器和窑具标本。根据各个发掘地点的地层堆积和出土遗物，可以初步确定定窑始烧于中晚唐时期，定窑生产最繁荣的时期在金代，再现了五代、宋、金代贡御器的原貌，证实元代定窑仍在烧制瓷器。注重运用一些新的现场考古理念和做法，如开放式考古、建立专题网站动态化成果公布等，取得了良好的社会反响。与日本京都大学人文科学研究所合作，对北魏塔基出土文物进行研究。7 月，与北京大学震旦古代文明研究中心、河南省文物考古研究所联合主办“全国首届先商文化学术研讨会”，河北省对先商时期文化遗存的研究成果，引起国内外考古学界的关注。

加快考古著作出版及文物资料整理工作。《明蓟镇长城考古报告》、《南水北调工程唐县高昌墓群考古发掘报告》已完稿，《河北重要考古发现（1949—2009）》一书整理完毕。组织整理磁山遗址发掘报告、南水北调徐水东黑山遗址资料、磁县南城遗址资料及其他田野考古勘探发掘资料。

八、加强博物馆建设和展示工作。全省各级博物馆、纪念馆围绕国庆 60 周年和党委、政府的中心工作，推出一系列陈列展览。全年共推出陈列展览 200 多个，接待观众 500 多万人次。省博物馆举办了“国保河北”、“河北金融知识展”、“文物科技保护图片展”、“怀来鸡鸣驿摄影展”等展览，省民俗博物馆推出“蔚县戏剧脸谱剪纸艺术展”、“百名画家陶瓷艺术创作精品展”、“白洋淀风情展”等展览。开展河北民俗艺术进校园活动，到河北师大、河北政法职业学院、河北科技大学等院校举办传统文化讲座和“民间艺术展演”，受到学校师生们的欢迎。继省博物馆和西柏坡纪念馆被国家文物局评为国家一级博物馆之后，河北省有 12 座博物馆被评为国家二级博物馆，另有 12 座博物馆被评为国家三级博物馆。

专题博物馆建设取得明显成效。积极指导阳原泥河湾博物馆、黄骅河北海盐博物馆、秦皇岛玻璃博物馆、北朝历史博物馆、临城邢瓷博物馆、吴桥杂技博物馆等的建设和陈列布展工作。霸州自行车博物馆经国务院批准冠名霸州中国自行车博物馆，唐山开滦博物馆“黑色长河”荣获第八届“全国博物馆十大陈列展览精品”评选“最佳经济效益奖”。10 月 25 日，河北海盐博物馆举行开馆典礼，国家文物局单霁翔局长、省政府孙士彬副省长等领导出席开馆仪式，对展览给予高度评价。

博物馆、纪念馆免费开放工作。从 2008 年 3 月 11 家博物馆、纪念馆实行免费开放以来，受到社会各界的欢迎，已免费接待观众 600 多万人次，督促、指导免费开放单位进一步改善服务设施，提高服务质量，强化安全保障措施，取得了良好的效果。并积极部署河北省第二批博物馆、纪念馆免费开放工作，力争使河北省具备免费开放条件的 33 家博物馆、纪念馆纳入第二批免费开放行列。加强馆藏文物保护管理工作。编制印发了《河北省馆藏文物安全管理工作手册》，从中央和省财政争取200万元资金，用于改善河北省馆藏文物保管条件，制作文物囊匣2100余件。完成四万多件馆藏文物的鉴定定级工作，确定一级文物150件，二级文物300件，三级文物1158件。对部分市以及省直相关文博单位的文物藏品保管员进行了培训，并对全省400余名文物藏品保管员进行了业务考核。举办了全省文物系统鉴定基础培训班，请省内外专家授课，提高文物专业人员的鉴定水平。

九、文物对外宣传和科技保护。组织《湾漳北朝壁画墓青龙图临摹本》赴日本展出，参加国家文物局赴日本《西藏艺术与考古展》、赴突尼斯《华夏瑰宝展》、赴意大利《秦汉罗马文明展》、赴比利时《中国帝王艺术展》等外展工作。组织参加赴上海博物馆《中国古代雕塑陈列展》、赴北京首都博物馆庆祝新中国成立60周年《见证辉煌一考古与发现文物展》，扩大了河北文物在国内外的影响。开展文物科技保护工作，对省文物保护中心科学实验室部分仪器与设备的购置工作，充实了正置金相显微镜、全温振荡器、超声波清洗机、老化实验箱等实验设备仪器，提高了文物保护的科技含量。以壁画科技保护为重点，完成定州大道观壁画前期病害调查、病理分析和壁画保护实验工作，对涿州智度寺塔壁画、定州开元寺塔壁画实施保护工程。实施省文物保护中心库藏古墨、邯郸市文研所战国墓出土青铜器、河间出土隋唐鎏金造像、武强年画木刻板等文物科技保护修复项目。编制完成怀来窖藏铁炮、宣化下八里辽墓出土木漆器等文物保护方案。

十、文物行政执法和安全工作。实行全省文物行政执法和文物安全通报制度，对行政违法行为进行查处。配合公安部门对枣强县董仲舒石像头被盗案等文物案件进行侦破，配合省公安、纪委、司法部门鉴定涉案文物300多件。加强出境文物鉴定审核工作，审核出境文物和新工艺品1400多件。开展文物法规宣传进校园、进社区、进乡村活动，由河北科技大学学生志愿者设计的文物法规宣传册已经制作完成。省文物局与省公安消防总队联合召开全省文物安全工作会议，对全省迎国庆60周年文物安全工作进行安排部署，并成立联合检查组，深入到文物保护单位、文物收藏单位、考古与古建维修工地，特别是承办迎国庆庆祝活动的文博单位、世界文化遗产地、全国重点文物保护单位和重点博物馆，检查安全防范和文博单位的安全稳定工作，确保文物安全。联合省公安厅对省博物馆新馆、省民俗博物馆等博物馆的安全防范技术方案组织专家论证会，严格把关，确保安防设计的质量。为加强河北省馆藏文物的保护管理，确保馆藏文物安全，编制了《河北省馆藏文物安全管理工作手册》，分发到全省保管员手中。

（河北省文物局　王志敏）

【档案工作】　2009年，河北省各级档案部门和广大档案工作者，坚持以科学发展观为指导，紧紧围绕党委和政府的中心工作，高扬“创新档案‘资政惠民’机制，服务河北又好又快发展”的主旋律，以实现“两个翻番”（到“十一五”末，全省省、市、县三级国家档案馆总面积，比“十五”末翻一番；到“十一五”末，全省省、市、县三级国家档案馆馆藏档案总量，比“十五”末翻一番。）为目标，创新工作，锐意进取，积极探索档案工作服务大局、服务民生的新途径、新方式，全省档案事业获得了重大发展。

一、狠抓档案接收。全省省、市、县三级国家档案馆档案总量，第一次突破了一千万卷大关。全省各级档案部门，加大档案接收力度，据不完全统计，到2009年底，省、市、县三级国家档案馆的档案总量，由“十五”末的658.7万卷，增加到1181.1万卷，增速之快，增幅之大，在河北省档案事业发展史上绝无仅有。到2009年底，承德、秦皇岛和邯郸三市，实现了整个辖区馆藏档案总量翻番。馆藏档案总量10万卷以上的县级馆达到17家，比“十五”末增加了16家。有67个县级国家档案馆馆藏档案总量实现了翻番。增幅在200%以上的县21个。

二、新馆建设力度日益加大。全省省、市、县三级国家档案馆总面积，第一次实现了比“十五”末翻一番。新馆建设得到各级党委、政府的重视和支持，全省各地抓建馆的办法越来越多，热情空前高涨。独立建设、占地10亩、建筑面积12686平方米的省第一个市级一类馆——秦皇岛市国家档案馆新馆已于2009年9月完成主体工程；建筑面积5623平方米的承德市新馆已正式投入使用；建筑面积6670平方米的邢台市新馆，已于2009年3月正式开工建设；按国家三类标准设计建筑面积6600平方米的衡水市国家档案馆新馆建设，前期工作正在抓紧进行。建筑面积7422平方米、全省最大的县级国家档案馆——迁安市国家档案馆，已于2009年11月开始投入使用；地处坝上，独立设计建造的5000平方米围场县新馆已建设完成。2009年底，省、市、县三级国家档案馆总面积，达到了253078.6平方米，比“十五”末的123659平方米，增加了129419.6平方米，提前一年实现了翻番。同时，2009年，省档案局抓住机遇，多管齐下，与省发改委精心编制上报了《河北省2010—2012年县级档案馆建设规划（草案）》。此规划，列一类馆41个，二类馆87个，三类馆12个，总面积为53.2万平方米。

三、全省档案数字化工程、百万家庭建档工程建设不断推向深入。各地认真落实省两办《关于加强档案工作的意见》，按照省档案局的统一部署，积极争取党委政府的支持，解放思想，开拓创新，多方筹集资金，加大档案数字化进程，取得了可喜成绩，除11个设区市外，已有63个县（市、区）启动了档案全文数字化工作，初步建立了全省数字化网络体系。截至2009年底，全省馆藏档案数字化已达7700万幅，档案数字化工程建设由点到面，由小到大，不断向纵深发展。同时，全省各地以落实省档案局等9部门联合印发的《关于在全省广泛开展“家庭建档案，造福千万家”活动的意见》为抓手，继续推进“百万家庭建档工程”。经过三年的努力，全省“百万家庭建档工程”进展显著，目前，全省家庭建档户数已达109万户，实现了“百万家庭建档工程”目标。

四、国家重点档案抢救和保护工作继续推进。经财政部、国家档案局核定，2009 年，河北省国家重点档案抢救和保护补助费项目为 8 个，国家财政补助费 137 万元。截至目前，除省财政确定划拨配套资金 195 万外，市县各项目单位全力以赴积极争取地方财政配套资金，全省 2009 年度国家重点档案抢救和保护工作已按计划开展。河北省国家档案馆与河北师范大学历史学院联合开发的《长芦盐务档案精粹》丛书，一直在紧张进行，目前丛书第一辑（10 册）即将面向社会公开出版发行。保定市档案馆下大力量开展保定商会档案的抢救工作，经过细致认真的工作，完成了对这批档案的抢救性整理，共计 7 卷 40 本的专题丛书《保定商会档案资料》，已进入出版前的准备阶段。

五、各级国家档案馆保管设备和办公条件空前改善。2007 年底，经省档案局积极争取，以省委、省政府“两办”名义下发的《关于加强档案工作的意见》，对促进全省档案事业的发展起到了里程碑的作用。据不完全统计，到 2009 年，省、市、县三级档案部门档案事业经费总量，由 2005 年的 2572.1 万元，增加到 2009 年的 6306.7 万元，增长 145.2%。与此同时，到 2009 年底，市、县（市、区）两级国家档案馆，新安装档案密集架 19084 组，比 2005 年增加 10881 组，增长 133%；计算机 1290 台，比 2005 年增加 782 台，增长 154%；扫描仪 281 台，比 2005 年增长 430%；复印机 194 台，比 2005 年增长 88%；空调 778 台，比 2005 年增长 92%；库房监控系统 100 多套，比 2005 年增长 150%，有 55%的县级国家档案馆安装了监控设备。除湿机、消毒柜、服务器、打印机等设施，也都有了成倍的增长。设施设备、办公条件的空前改善，为全省“两个翻番”目标的实现创造了条件，奠定了基础。

六、省局向战备后库接收转移档案 30.5 万卷，省馆档案总量首次突破百万卷。抓好档案资源建设，依法将档案接收进馆，是档案部门的基本职责。由于档案馆的面积严重不足等，从 1990 年起，18 年内省国家档案馆未能有计划地规模接收档案。为改变这种局面，省档案局下决心实施省馆战备后库改造工程，经过两年多的艰苦努力，到 2009 年 5 月，总面积 130 多亩，建筑面积 3500 多平方米的战备后库改造胜利竣工。省档案局迅即向省委、省政府呈报了接收、转移档案的报告，得到了省委书记张云川、省政府原省长胡春华、省委副书记车俊、省委常委、省政府常务副省长付志方、省委常委、省委政法委书记张越以及省委秘书长景春华等省委、省政府领导的高度重视和关心。按照省领导的批示精神，省委办公厅、省政府办公厅，向省直单位印发了《关于向省国家档案馆移交档案的通知》，由此，省局（馆）开始了建国以来规模最大的档案接收转移大行动。自 7 月 20 日开始，到 8 月 13 日为止，省局馆全体同志，在武警官兵 270 多人次的支持配合下，动用军车 30 多辆次，圆满完成了向战备后库接收转移档案的重大政治任务。此次档案接收转移大行动，不仅一举结束了省馆 18 年来不能规模接收档案的历史，而且使省馆馆藏总量由 65 万卷，猛增至 105 万卷，一举成为超百万卷的档案大省馆，必将为河北省建设经济文化强省提供强有力的档案资源支撑。

七、机关、团体、企事业单位档案工作全面活跃。2009 年，省直单位档案工作获得了重大发展。一是顺利完成对省直各单位档案年度执法检查工作。2009 年，省档案局在省直单位开展了档案工作年度执法检查活动。省档案局吸收省直单位各协作组成员单位专家组成执法检查组，抽查了 68 家省直单位、12 家中直驻冀单位。按照执法检查工作方案，从档案工作制度、文件材料收集、档案整理、档案数字化建设、档案编研利用、档案移交、监督指导等方面，对省直档案工作进行了一次全面梳理检查。从执法检查结果看，2009 年机关档案工作呈现出以下特点：依法治档意识日益增强，档案管理日趋完善；档案业务基础扎实，国家档案资源建设稳步推进；主动为单位中心工作和社会经济发展服务，服务能力不断提升。二是机构改革单位档案处置工作有序进行。2009 年，按照《河北省人民政府机构改革方案》，对涉及机构变动的 20 家省直单位档案工作加强监督指导。目前，机构变动单位的档案归属和流向明确，档案安全得到有效保障，档案工作实现有机衔接。新成立的单位逐步建立起档案工作机制，明确了主管领导和工作机构，制度逐步健全，档案工作与单位中心工作同步开展。

八、档案利用开发工作取得新进展。全省各级档案工作者发挥自身优势，立足档案特色，以需求为导向，大力推进档案利用开发工作，到 2009 年底，省档案局编写的《1928—1949 年河北省大事记》、《1958—1966 年河北省省会变迁始末》、《1959—1962 年河北省抗渡三年特大自然灾害的历史警示》、《1958—1962 年河北省撤县并县复县史鉴》、《历史的名词》、《河北省志·档案志》等，大多进入了后期修改阶段，有的即可出版发行；省档案局与河北师范大学历史文化学院合作的《中国长芦盐务档案精选》即将出版。石家庄市档案局编写出版了《石家庄解放》，邢台市档案局编写出版了《魅力邢台》，保定市档案局编写的《保定商会档案汇编》即将出版，邯郸市局编写出版了《邯郸历史上的今天》，秦皇岛市档案局编写出版了《甲子图典》、《往事越千年》，围场县档案局编写出版了《围场满蒙民俗风情》，抚宁县档案局编写出版了《临榆县志校注》等，均得到了社会的广泛关注与好评。

九、政府信息公开工作场所建设逐步完善。2009 年，在场所建设上，坚持以资料接收整理为重点，同时改善查阅场所条件，调整了工作机构。一是重新布局和改造了查阅场所。为便于公众查阅政府公开信息资料，将查阅场所由档案局（馆）院内二楼搬迁到临街二楼，内部改造装修一新，环境进一步得到改善。二是根据省政府办公厅印发的《河北省档案局（河北省档案馆）主要职责、内设机构和人员编制规定》精神和工作需要，2010 年 2 月 10 日，挂牌成立了政务信息公开服务处，其职责之一为承办省政府各部门政府信息公开接收、整理、发布有关工作。三是全年接收省政府 49 个部门 11174 份主动公开政府信息资料，进行了科学整理，为公众提供及时的查阅服务。

（河北省档案局　康俊娟）

广 播 电 视

【概况】 2009年底，全省共有广播电台12座、电视台12座,共有县级广播电视台139座,均与上年相同。拥有中波发射台31座,发射机49部352千瓦,比上年增加2部20千瓦;拥有调频发射台148座,发射机252部218.151千瓦,比上年增加5座9部3.55千瓦;拥有电视发射台251座,发射机439部497.375千瓦,比上年增加2部1.05千瓦。全省共有卫星收转站51241座,与上年相比增加35152座。数字微波实有站32座,微波传送线路长度1612.50公里,与上年相同。全省有线广播电视传输干线网总长12.53万公里,比上年增加8263.43公里;全省有线电视用户达到625.03万户,比上年增加8.72万户。由于全省数字电视整体转换工作进展顺利,数字电视用户达到264.05万户,比上年增长39.67%。全省广播电视综合覆盖率分别达到98.95%和98.86%,均比上年增长0.05%。

全省全年共开播广播节目121套、电视节目177套，全年总计播出广播节目55.25万小时，比上年增加6.35万小时；播出电视节目73.99万小时，比上年增加3.92万小时。全年共制作广播节目29.11万小时，比上年增加1.97万小时。制作广播剧307部349集。全年购买交换广播节目9.91万小时，比上年增加1.49万小时。全年制作电视节目13.20万小时，比上年增加7047小时。制作完成电视剧7部169集。全年购买交换电视节目28.14万小时，比上年增加1.93万小时。

2009年,全省广播电视系统从业人员为3.33万人,拥有固定资产60.38亿元,比上年增长6.71%。全年实现创收32.21亿元,比上年增加3.69亿元,增长12.95%。

【新闻宣传】 宣传主题突出，舆论引导力进一步提升。坚持用主题宣传引领新闻宣传，推出了一系列重大主题宣传和规模报道，形成了正面舆论强势。集中开展了“坚定信心、科学发展”主题宣传和“新中国从这里走来”国庆60周年大型系列宣传报道活动，推出了“项目建设进行时”、“三年大变样”、“追踪双三十”、“打造现代产业体系”和“百姓笑脸”五项专题宣传活动。组织了干部作风建设年活动、全国和省“两会”、深入学习实践科学发展观活动、应对国际金融危机、预防甲型H1N1流感、防雪抗灾及“保增长、调结构、促改革、惠民生”等重点宣传活动,做到了重点突出、主题鲜明、引导有力、效果显著。

对外宣传工作取得较好成绩。通过建立对上报道责任制、健全对上报道考核奖励机制、加强与中央台的选题对接，提高了对上报道的上稿率。河北电台在中央电台主要新闻节目发稿569篇，同比增长23%；河北电视台在中央电视台主要节目发稿1055条，同比增长22%。河北电台在中国国际广播电台《中国之窗》播发节目12条，全部被评为甲等节目。河北电视台继续通过美国斯科拉卫星电视网（SCOLA）和长城北美卫视（ECHOSTAR）制作、播出各类电视节目140部（集），共计3800分钟，生动展示了新时期、新河北的新形象。

精品创作生产取得新进展。年内共有3部作品荣获中国新闻奖；24部作品分别荣获中国广播影视大奖、优秀奖和提名奖。投资拍摄的电视剧《为了新中国前进》在央视一套黄金时间播出；电影《谁主沉浮》、《西柏坡》被列入向新中国成立60周年献礼重点影片；推出了《家政女皇》、《激情大冲关》、《村里这点事》等新栏目；《阳光热线》栏目入选“新中国60年影响广播电视进程的60个栏目”。系列报道《石家庄速度的启示》、系列访谈节目《春动河北—作风年里谈科学发展》、新闻航拍活动《“瞰”河北》和电视新闻专题节目《直播京津冀》等，均受到社会各界好评。

【事业和产业】 重点工程建设进展顺利。一是按时完成了3636个村的20户以上自然村“村村通”广播电视工程建设任务；二是全省共放映农村电影61.61万场，超额完成“一村一月放映一场公益电影”的目标任务；三是省属717发射台和卫星地球站迁建工程全面完成；四是省属307发射台危旧房屋改造工程中的主体建筑已经完工；五是保定662发射台迁建工程正在有计划推进；六是河北省广电局综合业务楼建设完成并投入使用。

广播电视有效覆盖继续巩固扩大。河北电台围绕覆盖京津地区和全省同频推进扩大覆盖工作，优化了频率资源配置，巩固提高了覆盖效果；河北卫视实现了在全国27个省会城市、4个直辖市、5个计划单列市、2个特区、121个地市县落地入网，有效覆盖人口达到6.16亿，成为华北五省有效覆盖人口最多的卫视频道。

广播影视改革发展进一步深化。按时完成了电影行政管理职能划转工作；河北影视中心、河北音像出版社、省电影公司转企改制工作有序推进，制定了河北影视集团有限公司组建方案；河北电视台农民频道改革成效明显，组建“河北冀广天润电视节目制作有限公司”，全面实施制播分离模式，提升了频道活力和竞争力，该频道被评为“全国最具影响力的专业特色频道”；河北广电信息网络股份有限公司进一步完善公司法人治理结构，积极拓展双向点播、互联网、电视商务、数据专网等增值业务，增强了竞争力。

组建新市场主体，大力推进CMMB项目。河北成为在全国第一个实现CMMB信号覆盖全部设区市的省份，组建了河北广电无线传媒有限公司。同时，完成了省级CMMB移动多媒体广播电视业务运营支撑平台的搭建，建成了河北省CMMB互联网门户网站、网上营业厅和手机WAP网站、WAP营业厅；实施了信号覆盖优化工程，实现了11个设区市主城区95%以上的信号覆盖率；全面启动了业务加密运营，并开始在石家庄、秦皇岛两市开展业务推广及发展用户工作。

【管理】 宣传管理方面，建立了新闻宣传策划协调例会制度和重点选题日报制度，加强策划管理；开办“广电大讲堂”，提高从业人员素质；组织开展加强广播电视宣传管理、净化社会文化环境专项整治行动，得到国家广电总局充分肯定。行业管理方面，在全省范围内开展了卫星电视传播秩序集中整治，共收缴非法卫星地面接收设施3000余套，拆除5000余座，查处非法经营销售窝点近300家；加大对省、市、县三级播出机构广告播放的监听监看力度，共停播各类虚假违法广告960余项，停播违规电视购物节目5套，有效规范了广播电视媒体广告播放行为。技术管理方面，制定出台了《广播电视安全播出预警管理办法》和《数字化引领、结构化升级—河北省广播电视安全优质播出技术保障体系规划》，不断提高安全优质播出保障能力，实现了新中国成立60周年等重要播出保障期广播电视节目的安全播出与传输，被国家广电总局评为国庆60周年广播电视安全播出保障工作先进单位。

（河北省广播电影电视局　田　旭）

体　育

【群众体育】　一是体育健身工程扎实推进。"百县千乡万村"农民体育健身工程完成4500个，总数突破2万个；城区公园、广场体育健身工程完成200个，累积达到500个，占到全省公园、广场总数的70%；二是群众健身活动蓬勃开展。全年共组织"环京津体育健身休闲圈"系列大型群体活动60余项，各类小型活动5200余项，直接参与人口超过750万；培训各级社会体育指导员3000人，累积达到3.9万人，活跃在城乡700多个公园广场和1.3万个晨晚练点；经常参加体育锻炼活动人数超过2200万人次，体育人口明显增加。在全国群众体育先进单位、先进个人及体育系统先进集体、先进工作者表彰大会上，河北省110个单位、90人、5个县、4个俱乐部获表彰。三是特色品牌活动辐射效应明显。石家庄的元旦长跑、健康跑和自行车、邯郸的太极拳、沧州的武术、承德的山庄体育和民族体育、张家口的滑雪、廊坊的门球和信鸽、唐山的健身大秧歌和农村篮球、保定的铁球和空竹、秦皇岛的轮滑和休闲体育等一大批富有地方特色的品牌性群众体育活动影响进一步扩大，辐射和带动作用更加明显，有力地促进了群众体育活动的开展。四是社会体育活动精彩纷呈。全年参加、举办或承办全国蹴球邀请赛、首届中国信鸽运动博览会暨第九届中国廊坊（国际）名鸽展示会、蒙牛"城市之间"、河北省体育舞蹈锦标赛、河北省健美锦标赛暨健身先生健身小姐大赛、河北省第五届扩权县（市）乒乓球比赛等各类赛事活动60余项，取得了良好的社会效益。学校体育、社区体育，农民体育、职工体育、残疾人体育、老年人体育、少数民族体育等蓬勃开展。参加第一届全国老年人体育健身大会取得好成绩。

圆满完成全国第十一届运动会中国石化杯河北省火炬传递活动。第十一届全国运动会于2009年10月在山东省举行。国家体育总局定于在第十一届全国运动会前夕，在全国范围内进行第十一届全国运动会中国石化杯火炬传递活动。根据国家体育总局的统一部署，河北省的火炬传递活动于8月18日上午9时在石家庄市世纪公园广场举行。在副省长孙士彬同志主持下，起跑仪式开始。共有17名省、市领导出席了活动仪式。河北省省长胡春华同志亲手点燃火炬，省委书记张云川同志宣布河北省火炬传递开始。担任河北省火炬传递主火炬手的是奥运会游泳冠军钱红，其他4名副火炬手分别为世界足球小姐孙庆梅、射击世界冠军张亚菲、乒乓球世界冠军牛剑锋、中石化全国劳动模范田凤林。

加强群众体育组织与队伍建设，完善全民健身组织网络。与省总工会积极配合，6月11日成立了河北省职工文化体育协会。该协会将原省大企业体联、省产业体联、省职工文化宫俱乐部协会进行重组。这对今后推动全省各级职工文化体育活动广泛深入发展、繁荣职工文化体育事业将起到积极的促进作用。

社会体育指导站是开展群众体育工作的重要资源，社会体育指导员是开展群众体育工作的骨干力量。8月2日—8日，在河北师范大学社会体育指导员培训基地举办了一级社会体育指导员培训班，来自全省的200余名社会体育指导员参加了培训。

为提高河北省群体干部素质，适应奥运会后新形势下群体工作的新局面，更新知识、适应发展，7月13日至16日，在承德市围场县举办了河北省群体干部培训班。省体育局党组副书记、副局长张建新同志出席会议并讲话。各市体育局进行了经验交流和工作探讨，并实地考察了承德市"环京津健身休闲圈"全民健身户外活动基地的建设。

【竞技体育】　一是参加全运会等国内外重大比赛取得优异成绩。第十一届全运会，河北省代表团共获得13枚金牌、13枚银牌、19.5枚铜牌和1305分，列金牌榜第13位、奖牌榜第12位、总分榜第9位，创造3项亚洲纪录，并荣获体育道德风尚奖，实现了运动成绩和精神文明双丰收。本届全运会最大的收获和亮点，首先是最能反映整体实力的奖牌数、总分数分别超上届10.5枚和195.5分，实现较大突破。其次是成绩"含金量"高。李延熙以17.59米的成绩打破了保持28年的全国纪录和16年的亚洲纪录，李雪妹创造了场地500米个人计时赛新亚洲纪录，巩立姣创造了我国女子铅球近16年来最好成绩，郭晶晶、侯玉琢、刘虹余、张轶、赵颖慧分别在跳水女子三米板、跆拳道女子57公斤级、射击女子气步枪团体项目上的夺冠成绩均达到世界一流水平。第三是新秀辈出。河北代表团426名运动员中首次参加全运会的占到73%，290名取得名次的运动员中新人占到71%，以巩立姣、李雪妹等为代表的一大批新秀脱颖而出，以崔永辉、吕强等为代表的一大批优秀教练员逐步成熟。第四是跳水、射击、自行车、田径等传统优势项目继续创造佳绩，跆拳道、赛艇、小女足、男乒团体等潜优势项目实现重大突破。第五是赛出了风格、赛出了水平。做到了文明参赛、和谐参赛，没有出现一起赛风赛纪事件，展示了河北人民良好的精神风貌。省委、省政府主要领导均对代表团的优异表现给予了高度评价。与此同时，河北省在国内外其他比赛中，取得了21枚金牌、25枚银牌、27枚铜牌的优异成绩，特别是在一些重大比赛中的表现可圈可点。比如，参加第26届柏林田径世锦赛获得4个名次，女子铅球获铜牌，男子三级跳远跳出中国田径在世锦赛上的新标位，实现总成绩、奖牌和男子三级跳远项目“三个”突破；在罗马游泳世锦赛上，郭晶晶实现世锦赛三米板单人、双人的双料“五连冠”；侯玉琢在跆拳道世锦赛上夺得冠军，实现河北省跆拳道项目世界赛场的重大突破；参加第一届全国智力运动会，获2金、2银、3铜。二是省运会筹备工作有序推进。廊坊市委、市政府高度重视，成立专门班子，制定工作方案，分解筹办任务，落实工作责任。特别是去年以来，筹备工作全面提速，取得重大进展。新建主体育场完成主体建设，各个比赛场馆维修改造基本完成，会徽、会歌、吉祥物等标识征集工作已经完成，开闭幕式等大型活动方案基本确定，宣传造势和市场开发工作扎实推进，城市软硬件环境建设不断加强，赛事组织进行了多次磨合测试。三是承办、组织重大体育赛事卓有成效。全年承办全运会女排预赛和跳水资格赛、全国古典式摔跤冠军赛、全国女子拳击冠军赛等国家级比赛8项；精心组织，成功举办河北省田径、游泳等锦标赛以及河北省青少年游泳、体操、羽毛球、跆拳道等项目省内比赛68项，进一步提升了竞技体育影响力，锻炼了队伍，积累了承办大型体育赛事的经验。特别从“教育、自律、制度、监督、惩处”五个环节入手推进反兴奋剂工作，营造公平、公正的竞赛环境；强化竞赛管理，规范制度，完善措施，狠抓赛风赛纪，修订了《河北省体育竞赛纪律规定及处罚办法》。四是后备人才培养成效明显。加大政策、资金扶持力度，进一步完善体育传统项目学校、各级体校业训网络布局，建成各级各类基地86个。其中，国家级高水平体育后备人才基地14个，比上周期增加4个，基地数居全国第七位；国家级单项基地2个，省级基地10个，业训扶持点60个，社会力量办俱乐部扶持点8个，各级体校达到70所。全年审批一级运动员137人，精选苗子250人，选招优秀运动员205人，参加国家队集训的运动员达到85人、教练员15人。

【体育产业】 发展态势良好。一是龙头体育产业基地正迅速崛起。张家口崇礼滑雪基地、秦皇岛黄金海岸海景休闲体育公园等已建设完成的项目总投资超过12亿元，龙头引领作用已经显现。吉利集团霸州产业基地、永清梦幻城滑雪、崇礼密苑生态旅游度假产业示范区等一批在建、拟建项目总投资达到200亿元以上。保定市体育文化产业园区、唐山南湖生态城国家体育休闲示范区、张家口市滑雪等一大批项目正在积极谋划。二是体育用品制造业初具规模。体育服装、鞋帽及体育相关产品制造企业发展迅速，沧州的健身和运动器械及配件制造、廊坊的球类产品制造、定州的武术器械、服装及用品制造等已形成一定规模，其产品已远销海外。据初步统计，全省体育用品制造企业达到242家。三是体育彩票发行保持平稳。通过采取健全发行机制、丰富彩票品种、优化结构布局、完善销售网络等措施，有效克服了金融危机对彩票发行的冲击和影响，全年彩票销售额16.50亿元，比上年略有增长，保持了平稳。加强体彩公益形象宣传，通过赞助全省元旦长跑、旅游名城太极拳比赛、北戴河铁人三项大赛等社会公益活动，树立了良好形象。四是场馆经营收益明显。河北体育馆、河北全民健身活动中心及各市大型体育场馆立足市场化运作，全年共承办体育赛事或开展大型商业活动110余项，取得了良好的经济效益和社会效益。据统计，通过吸引社会资金，催生联赛经济效益，共吸收企业赞助270余万元。

开展了体育产业专项调查统计。为全面、准确把握河北省体育产业发展的基本情况，摸清2007、2008年全省和环京津健身休闲圈体育及相关产业的总产出、增加值、从业人员等指标及产业结构数据，为今后研究制订河北省体育产业发展的政策、编制河北省体育产业中长期发展规划提供依据及决策参考，根据国家体育总局和国家统计局关于开展全国体育及相关产业专项调查工作的总体部署，在总局经济司和上海体育学院的帮助支持下，河北省体育局和省统计局从2009年7月开始，在全省范围内组织开展了体育及相关产业专项调查工作，按照计划到2009年底完成。

开展了体育产业推介展示活动。会同省贸促会，结合“全民健身日”，在石家庄举办了“2009年河北时尚体育及户外休闲博览会”。省体育局通过大型图片展览、音像资料片向外界呈现“环绕京津健身休闲产业带”的格局和体育产业项目。展示了河北省“环京津健身休闲圈”布局图、主要体育设施、场馆资源、体育项目路线图、本省特色体育旅游项目等。博览会为期3天，参展面积达6000平方米。

加强了体育市场监管。贯彻落实国家体育总局、国家安全生产监督管理局《关于进一步做好体育经营场所安全生产监督管理工作的通知》，加强了体育经营场所安全生产监督管理工作。2009年组织将国家、省有关文件和国家标准《体育场所开放条件与技术要求第6部分：滑雪场所》送达每一个对外经营的滑雪场所，并按照文件和国家标准进行自查，省、市体育局分成4组对全省对外经营的滑雪场所逐个进行了检查。针对存在的问题，认真整改，推动滑雪场所建立安全生产长效机制；为确保全省游泳场所安全，依据《河北省游泳场所管理办法》，7至8月份组织对全省区域内向社会开放的各级各类人工游泳池、馆和天然游泳场进行执法检查，全省推广了石家庄市的经验和做法；严格体育类民办非企业单位安全生产隐患排查治理。将隐患排查治理与严格前置审批相结合，与体育类民办非企业单位年检相结合，与日常监管相结合。经常深入体育类民办非企业单位，宣传安全生产知识，督促其建立健全安全制度，确保体育类民办非企业单位安全生产。

社会投资大型体育项目建设明显加快。各地结合“环京津健身休闲圈”和城镇面貌“三年大变样”，鼓励社会力量、吸收境外资金，投资兴建大型体育设施，步伐明显加快，在建、拟建项目总投资达到200亿元以上。吉利控股集团总投资60亿元，建设吉利集团霸州产业基地项目(赛车场)；由澳大利亚CVM金融战略投资公司与河北金澳投资有限公司合作，总投资4.3亿美元，兴建永清梦幻城滑雪项目；由马来西亚卓越集团总投资30亿元，建设崇礼密苑生态旅游度假产业示范区项目，区域规划80平方公里；兴隆国际体育公园项目，总投资30亿元。这些项目均已经达成合作协议，进入项目前期。

基础设施建设力度不断加大。崇礼高原训练基地、秦皇岛国家游泳跳水基地、石家庄水上项目训练基地、沧州体育馆等一批基础设施竣工投入使用。训练服务中心二期工程、射击中心搬迁改造工程、游泳跳水中心改造工程、承德奥林匹克体育中心、张家口全民健身中心、唐山新奥体中心、廊坊十三届省运会场馆、邢台全民健身广场、邯郸体育中心等一大批重大基础设施工程正在积极推进。

【其他工作】 围绕沿海体育强省建设，坚持科教兴体战略，夯实基础、提供保障，创造性地开展工作，体育教育、科研、法制、宣传等工作卓有成效。体育教育工作以河北体育学院为龙头，在人才支撑、运动员教育、后备人才培养等方面不断探索体育教育发展新路子。

体育科研工作开展顺利。一是完成了河北省科技厅三年科研规划中《河北省优势项目运动员科技保障体系的研究与建设》科研课题的立项论证及体育系统年度科研课题的申报工作。二是按照省科技厅冀科社函〔2009〕6号《关于组织对社会发展领域科技计划（指令）项目进行检查督导的通知》精神，会同科研项目承接单位体科所、省体院完成了对系统内重点督导检查项目的结题申报工作。“训科医一体化”建设按计划实施。一是转变了门诊部的隶属关系，加强了机制建设。二是省局今年投入经费100余万元用于购置科研、医疗设备。三是根据机构设置和工作需要，今年招聘了11名专业人才。四是加强了学习培训工作，提高专业人员的业务水平。五是结合全运会，积极开展“训科医”一体化建设。

体育法制工作进一步强化依法行政决策权、执行权、监督权，进一步规范完善工作机制，做到了依法行政、依法治体。体育宣传工作，充分利用新闻媒体资源，把握正确舆论导向，围绕全运会等重大活动，积极宣传河北体育事业发展，树立了良好形象。

“干部作风建设年”活动成效明显。全省各级体育部门按照省委深入开展“干部作风建设年”活动安排部署，紧密结合实际，突出体育特色，精心组织、周密部署、扎实推进，收到了明显成效。干部素质进一步增强、工作作风进一步转变、服务能力和服务水平进一步提升，为全省体育事业发展和各项工作任务圆满完成提供了可靠保证。

（河北省体育总会　魏东霁）

区域经济篇

REGIONAL ECONOMY

石家庄市

2009年，面对国际经济危机和严重的自然灾害，在市委、市政府的正确领导下，坚持以科学发展观为指导，以深入学习实践科学发展观和开展“干部作风建设年”活动为动力，认真贯彻落实国家和省的一系列重大决策部署，全力“保增长、保变样、保民生、保稳定”，全市呈现出了经济回升向好，“三年大变样”快速推进，城乡居民收入不断提高，各项社会事业全面发展的良好局面。

全市经济总体回升向好。2009年地区生产总值跃上3000亿元台阶，达到3001.3亿元，同比增长11.1%。第一产业实现增加值308.3亿元，增长0.2%；第二产业实现增加值1487.9亿元，增长11.6%；第三产业实现增加值1205.1亿元，增长13.0%。

2009年全市认真落实国家各项惠农政策，积极采取措施，努力克服气候干旱、风雹灾害等对农业生产的不利影响，农业、农村经济保持了稳步增长。全市农林牧渔业总产值547.8亿元，比上年增长0.7%，其中农业产值284.5亿元，比上年下降2.4%，畜牧业产值228.4亿元，增长3.6%，农林牧渔服务业产值22.3亿元，增长8.1%。全年粮食受秋粮减产影响，总产量为497.9万吨，比上年减产1.7%，粮食亩产439公斤，比上年减产8公斤。

2009年全市规模以上工业生产和效益继续保持增长。全市规模以上工业企业实现增加值1203.2亿元，比上年增长13.0%。工业产销衔接较好，经济效益继续提高，亏损企业亏损额下降。全市规模以上工业产销率达98.1%；规模以上工业实现主营业务收入4333.2亿元，比上年同期增长9.7%；规模以上工业实现利税485.5亿元，增长26.0%；规模以上工业实现利润299.0亿元，增长26.1%。亏损企业亏损额30.6亿元，同比减亏42.2%。

2009年，全市紧紧抓住国家扩大内需、保增长的重大机遇，大力推进“三年大变样”工作，以项目建设为抓手，实现了固定资产投资的高速增长，全社会投资和城镇固定资产投资均超过2000亿元。全社会固定资产投资达到2436.4亿元，其中城镇固定资产投资2228.7亿元，均比上年增长41.3%。城镇投资中，第一产业完成投资50.9亿元，增长16.7%，第二产业完成投资908.8亿元，增长27.9%，第三产业完成投资1269.0亿元，增长54.1%。

建设项目投资完成1858.0亿元，增长43.2%；全市新开工项目6785个，增长37.2%；施工项目个数7563个，增长33.0%，当年新开工亿元以上项目242个，比上年增加177个。房地产开发完成投资370.7亿元，增长32.2%，施工面积和竣工面积达到2282万平方米和268万平方米，分别比上年增长45.2%和22.3%。

消费品市场呈现繁荣稳定较快的发展态势。全年实现社会消费品零售总额1190.6亿元，比上年增长18.4%。消费品市场近年来一直保持较快增长。在消费市场中，由于国家的政策支持，汽车销售实现了快速增长。2009年汽车类商品销售实现零售额56.3亿元，同比增长32.8%。销售额增长较快的还有中西药品类零售额25.6亿元，增长33.4%；住宿餐饮业零售额122.8亿元，增长23.9%。

2009年物价先降后升，全年表现为低位态势。全年市区居民消费价格同比上涨0.3%。全年全市工业品出厂价格指数同比下降5.45%，原材料、燃料动力购进价格涨幅同比下降6.77%。

2009年全市外贸进出口受国际金融危机影响，出现较大下降。全年外贸进口12.0亿美元，比上年下降13.9%；出口43.08亿美元，下降23.0%；全年外贸进出口总值55.08亿美元，比上年下降21.2%。在出口中，外商投资企业出口额13.35亿美元，下降25.3%；国有企业出口5.67亿美元，下降34.4%；集体企业出口1.3亿美元，下降71.0%；私营企业出口22.63亿美元，下降9.1%。

不断克服经济危机带来的不利影响，积极采取各项措施，拓宽吸收外资渠道，努力扩大利用外资规模，全市实际利用外资保持了增长态势。年内新批准设立外商投资企业27个，新增合同总金额6.4亿美元，合同外资额2.8亿美元。年末实有三资企业个数481家。全市实际利用外资5.6亿美元，其中直接利用外资5.4亿美元。

旅游业保持了平稳发展的良好势头。全年共接待入境游客人数10.6万人次，其中外国人9.3万人次。国际旅游创汇收入4000万美元，比上年有所增加；全年接待国内游客人数1890万人次，国内旅游收入98亿元。全年实现旅游总收入101亿元。

克服国际金融危机带来的不利影响，实现了财政收入较好增长。全部财政收入完成310.25亿元，增长14.18%，其中一般预算收入完成125.96亿元，增长14.47%。在全部税收中，增值税完成96.37亿元，下降3.9%；营业税完成51.76亿元，增长25.4%；企业所得税完成53.0亿元，增长9.8%。全市一般预算支出236.37亿元，增长22.0%，其中环境保护支出7.7亿元，同比增长9.2%；医疗卫生支出20.2亿元，增长36.9%；教育支出61.0亿元，增长24.1%；农林水事务支出21.4亿元，增长30.8%；社会保障和就业支出20.4亿元，增长12.5%。财政支出保证和促进了社会和谐、稳定发展。

金融机构存、贷款余额快速增长。年末全市金融机构本币存款余额5163亿元，比年初增加1053亿元，比年初增长25.6%。城乡居民储蓄存款余额继续增加，年末城乡居民本币储蓄存款余额2576亿元，比年初增加388亿元，比年初增长17.8%。金融机构本币贷款余额2887亿元，比年初增加807亿元，比年初增长38.8%。

大力发展科技事业，新的科技成果不断涌现。全年取得科技成果235项，其中达到国际领先水平8项，达到国际先进水平35项，均比上年有较大增加。全年申请专利2402项，授权1447项，分别增长11%和10%。

全市年末拥有高等学校42所，普通高考招生人数达到11.1万人，在校生36.1万人，毕业生9.9万人；2009年末全市普通中学487所，招生17.8万人，在校生56.8万人，毕业生21.0万人；中等职业学校201所，招生11.6万人，在校生27.4万人，毕业生8.9万人；小学1825所，比上年招生11.1万人，在校生64.7万人，毕业生10.3万人。全市幼儿园546所，在园人数17.5万人。

文化建设稳步发展。年末共有艺术表演团体20个，比上年增加1个，艺术表演场所18个，文化馆、群艺馆24个，公共图书馆24个。广播综合覆盖率99.4%，电视综合覆盖率99.4%。

医疗卫生事业平稳发展，医疗卫生机构、床位数和卫生技术人员数继续增加。全市共有医疗卫生机构（含诊所）2343个，比上年增加167个，其中医院175个；疾病预防控制中心25个，妇幼保健院（所、站）25个。年末卫生机构实有床位3.7万张，其中医院拥有床位3.4万张，均比上年有较大增加。全市拥有卫生技术人员5.2万人，比上年增加0.6万人，其中执业医师1.7万人。

大力发展体育事业，增强全民体质。全市举办、承办市级以上运动会21项，参加运动会的运动员1200人次。该市选手在省级以上比赛中共获金牌232枚。年末全市拥有健身路径1059条，满足了居民健身需要。

2009年是“三年大变样”的第二年，城市建设成效显著。槐安路，和平路、二环路的改造通车使城市道路交通体系更加完善。年末城市道路总长度970.2公里，道路面积1457万平方米，排水管道长度达1444公里。该市有水厂8座，日产水能力60万立方米，全年供水量1.48亿立方米。

城市公用事业快速发展。年内新增加天然气用户8.1万户。供热管道总长度710公里，比上年增加29公里，城市集中供热面积达6748万平方米，比上年增加了648万平方米。城市公共汽车营运线路达135条，比上年增加19条；营运车辆3009辆，比上年增加632辆；年客运总量4.2亿人次，比上年增长11%。

经济发展的同时努力推进环保工作，全面推进环境综合整治，全市的大气和水环境质量取得历史性和突破。市区优良天气达317天，比上年增加16天。主要污染物减排工作扎实推进。年末全市有环境监测站24个，城市水环境功能区水质达标率达到100%，全市工业二氧化硫排放达标率88.9%，全市工业烟尘排放达标率99.7%，全市工业企业废水排放达标率98.9%，全市工业固体废物处置利用率96.5%。城市市容市貌继续改善，年末城市公园39个，公园面积807公顷；城市园林绿地面积7104公顷，园林绿化覆盖面积8060公顷，分别增加517公顷和720公顷；人均公共绿地面积11.6平方米，比上年增加1.4平方米。

社会保障体系进一步加强。年末全市各类企业在职职工及个体工商户共有95.4万人参加基本养老保险，27.9万名离退休人员参加基本养老保险社会统筹；年末全市机关事业单位共有14.3万人参加基本养老保险，3.7万名离退休人员参加基本养老保险社会统筹，人数均比上年有所增加。城镇职工失业保险参保人数达88.6万人。年末全市121.9万人参加了职工医疗保险。城乡困难家庭、特困群体得到有效救助，年末全市共有61933人享受城镇居民最低生活保障。

2009年，城市居民收入和农民人均纯收入继续保持平稳增长，居民生活质量提高，消费支出较快增长。市区城市居民人均可支配收入16607元，增长10.3%，保持在较高水平，人均消费支出10078元，增长1.3%。农民人均纯收入为5977元，增长9.3%。

（石家庄市统计局　郑向军）

承　德　市

2009年，面对国际金融危机的冲击等复杂的国内外经济形势，市委、市政府带领全市各族人民坚决贯彻落实中央和省的各项决策部署，紧紧围绕保增长、调结构、强基础、惠民生主题，加快推进“创新创业、开放开发”进程，强化经济运行调度，力促社会进步，全市呈现出经济止跌回暖，社会和谐稳定、民生不断改善的良好局面。

一、宏观经济平稳发展

经济总量较快增长。据初步核算，全年实现生产总值763.7亿元，比上年增长11.0%。分产业看，第一产业增加值111.1亿元，增长5%；第二产业增加值402.9亿元，增长12.7%；第三产业增加值249.7亿元，增长11.2%。第三产业比重进一步提高，三次产业结构由上年的14.6∶55.0∶30.4转化为14.5∶52.8∶32.7。

财政收入实现百亿。克服金融危机和政策性减收增支等因素带来的影响，全市全部财政收入完成100.1亿元，地方一般预算收入完成45.2亿元，增长19.6%。其中，税收收入完成38.0亿元，增长10.6%。地方一般预算支出完成117.8亿元，增长14.3%。

就业形势趋稳向好。全市城镇单位从业人员为25.4万人，比上年增长2.4%。城镇单位在岗职工24.1万人，增长2.6%。全市在岗职工工资总额67.6亿元，比上年增长11.7%。城镇单位在岗职工平均工资26723元，增长10.4%。城镇登记失业率4.5%，在调控目标之内。

物价平稳下行。2009年，全市居民消费价格同比指数98.3，其中城市和农村分别为98.9和98.0。工业品出厂价格下降21.4%。其中，轻工业上升2.2%，重工业下降25.3%。农业生产资料价格下降3.3%。

存贷款规模继续扩大。年末全部金融机构人民币各项存款余额达897.0亿元，比年初增长30.6%。其中，城乡居民储蓄存款余额达547.1亿元，增长18.1%；企业存款余额达220.9亿元，增长66.4%。各项贷款余额达598.6亿元，增长39.0%。其中，短期贷款余额达261.0亿元，增长19.5%；中长期贷款余额达308.3亿元，增长 66.0%。

二、工农业生产稳中趋升

农业生产较为平稳。受旱灾影响，全年全市粮食产量 86.98 万吨，比上年减产 43.66 万吨。食用菌产量 21.3 万吨，增长 31.7%。蔬菜播种面积（种植并收获）93.7 万亩，增长 4.2%；蔬菜产量 280.7 万吨，增长 8.5%。畜牧业生产较快增长，全年肉类总产量达 34.8 万吨，增长 25.6%；禽蛋产量 10.3 万吨，增长 8.9%；牛奶产量 13.1 万吨，增长 8.8%。年末大牲畜存栏 84.7 万头，增长 9.5%。其中，牛存栏 71.6 万头，增长 12.2%，出栏 50.0 万头，增长 11.2%；羊存栏 108.5 万只，增长 0.3%，出栏 133.0 万只，下降 0.02%。渔业生产发展较快，全年水产品产量达 2 万吨，增长 3.9%。农田有效灌溉面积达 14.51 万公顷，新增有效灌溉面积 0.23 万公顷。农业机械总动力 275.58 万千瓦，比上年增长 14.1%。实际机耕面积达 18 万公顷；当年机械播种面积 14.71 万公顷，占农作物总播种面积的 43.9%；机械收获面积 5.94 万公顷，占农作物总播种面积的 17.7%，比上年提高 5.4 个百分点。

工业经济稳中趋升。全年实现工业增加值 353.8 亿元，比上年增长 12.1%，工业生产呈“V”字型走势，一、二、三季度末累计增速分别为 9.9%、8.2%、11.5%。571 家规模以上工业企业完成增加值 305.8 亿元，增长 13.4%。其中，国有及国有控股工业企业完成增加值 77.9 亿元，增长 17.4%；股份制工业企业完成增加值 273.7 亿元，增长 13.0%；大中型工业企业完成增加值 214.8 亿元，增长 14.6%；轻、重工业增加值分别为 39 亿元、266.8 亿元，增长 6.1%、14.2%。从分行业增长情况看，增速高于全市平均水平的有 9 个。其中黑色金属冶炼及压延业实现增加值 107.2 亿元，增长 21.9%，拉动全市工业增速增长 3.1 个百分点，是工业经济的主要支撑点。工业产品产量有增有降，在统的 90 多种主要工业产品中有近 50%的产品产量增长。其中，生铁 1116.5 万吨，增长 41.4%；粗钢 705.5 万吨，增长 33.6%；钢材 785.9 万吨，增长 28.2%；发电量 54.4 亿千瓦时，增长 50.9%。全年产销率 92.79%，较上年下降 1.76 个百分点。

三、三大需求稳中趋快

投资增长稳中趋快。全市全社会固定资产投资累计完成 567.2 亿元，比上年增长 45.3%，增速比上年提高 16.1 个百分点。其中，城镇固定资产投资完成 520.1 亿元，增长 50.5%；农村投资完成 47.1 亿元，增长 5.3%。一、二、三产业分别完成投资 28.5 亿元、283.7 亿元、255 亿元，分别比上年增长 27.2%、35.7%、63%。全市投资施工项目 2216 个，比上年增长 18.1%。本年新开工项目 1875 个，增长 22.0%，占施工项目的 84.6%。亿元以上项目 121 个，共完成投资 250.8 亿元，增长 67.2%，占全社会固定资产投资的 44.2%。

消费品市场平稳运行。全市实现社会消费品零售总额 218.2 亿元，比上年增长 18.0%。其中，市级实现零售额 65.7 亿元，增长 17.6%；县级实现零售额 66.6 亿元，增长 19.8%；县以下实现零售额 86.0 亿元，增长 16.8%。从行业分组看，批发业实现零售额 56.3 亿元，增长 17.5%；住宿餐饮业实现零售额 33.8 亿元，增长 18.3%；零售贸易业实现零售额 123.7 亿元，增长 18.9%；其他行业实现零售额 4.3 亿元，下降 2.1%。

对外贸易逐步回暖。全年进出口总值达 23140 万美元。其中，进口总值达 12994 万美元，比上年增长 64.8%；出口总值达 10146 万美元，比上年下降 71.1%。

四、利用外资和旅游快速增长

外资快速增长。全市年末实有三资企业 113 家，新批三资企业 7 家。新批合同项目总投资 29644 万美元，其中合同外资额 16329 万美元，增长 28.8%。全年实际利用外资 7127 万美元，比上年增长 19.1%，其中外商直接投资达 6697 万美元，增长 20.1%。在外商直接投资中，亚洲客商直接投资占 83%。

旅游业成为亮点。2009 年，全市共接待境内外来承游客 1080.9 万人次，比上年增长 43.2%；其中接待境内游客 1060.3 万人次、接待境外游客 20.6 万人次，分别增长 44.4%、2.3%。全年实现旅游总收入 72.2 亿元，增长 42.7%。其中，接待境内游客收入 68.4 亿元，比上年增长 47.6%；接待境外游客收入 5475 万美元。

五、科技和社会事业稳步发展

科技事业稳步推进。全年共争取国家和省重点科研项目 25 项，到位资金 1200 万元；全市高新技术企业达到 65 家，取得科技成果 93 项。围绕钒钛、中药、食品和仪器仪表等产业创新，重点培育了 2 个省级研究中心和 3 个市级研发中心。承钢集团的“钒钛磁铁矿钒提取技术创新及钒微合金钢研发”和承德万利通实业集团有限公司的“全钒液流储能电池系统开发和集成化应用”2 个项目，列入河北省重大科技创新专项，获资金支持 520 万元。

文化事业发展较快。年末全市有艺术表演团体 8 个，文化馆 9 个，文化站 215 个，图书馆 10 个，剧场、影剧院 10 个。中短波广播发射台和转播台 5 座，发射功率 34 千瓦，广播人口覆盖率 88.82%；电视发射台和转播台 15 座，发射功率 23 千瓦，电视覆盖率 91.6%；有线电视用户数达 49.1 万户，有线电视入户率 40.65%。

卫生事业进一步加强。全市有 193 所卫生院达到省级标准化，2262 个村卫生室达到省级规范化标准。全市参加合作医疗农民 257.13 万人，参合率为 90.73%，比上年提高了 4.6 个百分点。儿童预防接种信息管理系统建设覆盖率达 80%，儿童基础免疫接种率达到 99%以上。全市有 204 所乡镇卫生院急救分站建设基本达到标准要求，危、急、重症抢救成功率达到 87.6%。

六、居民生活水平和社会保障能力不断提高

居民生活水平显著提高。2009 年全市城镇居民家庭人均可支配收入达到 11951 元，比上年增长 10.0%。其中，城市居民家庭人均可支配收入达到 13282 元，增长 10.1%。城市居民消费支出人均 8980 元，增长 0.3%。其中，居民用于食品消费支出增长 2.5%；衣着支出增长 15.3%；家庭设备用品及服务支出增长 39.9%；医疗保健支出增长12.0%；教育文化娱乐服务支出增长14.4%。

农民人均纯收入达3926元，增长7.4%，人均生活消费支出3403元，增长3.6%。

社会保障和社会福利逐步提高。2009年年末全市有24.9万职工参加了失业保险；有28.9万人参加了基本养老保险；参加医疗保险人数达70.4万人，比上年增长1.2倍。对农村低保对象、五保对象、优抚对象19.2万人次实施了医疗救助，发放救助金2580万元。其中，资助新型农村合作医疗17.3万人；城市医疗救助达到5.6万人次。全市供养五保对象3.1万人。其中，集中供养1.6万人；分散供养1.5万人。社会救济总人数达24.0万人，全年争取救灾补助资金3127万元；发放救灾衣被42.36万件；修复住房4547间；救济无钱无粮无自救能力的"三无"灾民76.1万人次。

七、基础设施和环境保护明显改善

基础设施建设取得新突破。年末全市公路通车里程达到18516公里，比上年末增加185公里。高速公路通车里程83.7公里；干线公路2187.8公里；县乡村公路16296.2公里；专用公路32.4公里。城市路网改造建设力度加大，累计改造建设道路总长共计17.2公里。污水处理厂已建成11个；垃圾处理厂已建成9个，在建2个。2009年全市城镇化率达38.64%，比上年提高1.83个百分点。

环境质量明显改善。市区全年二级和好于二级天数达到342天，比2008年增加了22天，创历史新高，居全省第二位；市区环境空气一级天数达到160天，居全省首位。空气污染综合指数为1.92，比2008年下降了15.5%。全市7条河流25个监测断面，75%的水质达到功能区划要求，较2008年提高了3个百分点。饮用水水源水质达标率继续保持100%，环境质量继续保持河北最优。

（承德市统计局　刘　艳）

张家口市

2009年，是全市面临困难最多、挑战最大的一年，面对国际金融危机等不利因素的影响，市委、市政府敏锐判断、积极应对，紧紧围绕"开放创新、全民创业、特色创优、富民强市"总思路，牢牢把握"抢抓新机遇、打造新优势、树立新形象、夺取新胜利"工作主题和"保增长、调结构、强基础、惠民生"总要求，坚定信心，迎难而上，圆满完成了2009年的各项目标任务，使全市经济运行质量和效益明显提高，发展活力不断增强，人民生活进一步改善，各项社会事业发展取得了新的成绩。

一、综合实力显著增强

国民经济基本保持平稳较快增长。2009年，全市实现生产总值800.34亿元，按可比价计算比上年同期增长10%。其中第一产业实现增加值121.40亿元，同比增长2.2%；第二产业实现增加值334.79亿元，同比增长12.6%；第三产业实现增加值344.15亿元，同比增长10.1%。人均生产总值达18948元。

二、农业生产略有增长

农业生产在遭遇严重旱灾的情况下，依靠蔬菜和畜牧业强劲发展，为全市农业生产和农民增收提供了强有力的支撑。2009年，全市农林牧渔业总产值完成215.7亿元，比上年增长2.9%。全市粮食总产量达81.3万吨，比上年减少49.8万吨，下降38.0%。蔬菜生产基本没有受到旱情的影响，种植面积为123.8万亩，比上年减少2.2%，蔬菜总产量477.7万吨，比上年增长1.4%。

肉类、牛奶、禽蛋总产量分别达到28.2万吨、109.2万吨、17.8万吨，同比分别增长13.1%、9.2%、13.2%。牛、猪、羊、家禽出栏分别达到27.7万头、215.8万头、274.1万只、2230.4万只，同比分别增长17.4%、16.0%、16.1%、21.8%。

三、工业经济状况良好

工业生产逐月转好，经济效益稳步提高，企稳向好的趋势进一步显现。2009年，全市435家规模以上工业增加值完成235.67亿元，同比增长达到10.1%，顺利完成预计目标。其中新型能源、食品加工、装备制造、矿产品及精深加工业，全年分别完成增加值38.00亿元、51.11亿元、25.15亿元、102.35亿元，增长13.5%、8.9%、15.7%、10.8%。

规模以上工业利润实现增长。2009年，全市规模以上工业累计实现产品销售收入615.13亿元，同比下降4.9%；累计实现利税79.27亿元，同比增长9.8%，其中实现利润22.99亿元，同比增长26.5%。

四、固定资产投资快速增长

固定资产投资快速增长，规模稳步扩大。2009年，全市全社会固定资产投资累计完成657.48亿元，同比增长58.7%，增速较上年提高17.2个百分点。从投资地域分布看，城镇固定资产投资完成580.90亿元，同比增长59.5%；农村非农户、农村农户分别完成61.6亿元和12.85亿元，同比分别增长63.3%和16.3%。城镇固定资产投资中，建设项目和房地产投资分别完成484.63亿元和96.28亿元，同比分别增长60.5%和55.7%。

五、国内贸易繁荣发展

国内贸易繁荣发展，消费需求呈现稳步增长。2009年，全市社会消费品零售总额共计实现274.40亿元，同比增长18.0%。其中城市零售额实现145.85亿元，同比增长18.6%，占全市消费品零售总额的53.2%。全市县及县以下农村市场零售额实现128.55亿元，同比增长17.1%。限额以上批发零售贸易企业食品饮料烟酒类销售额增长14.3%，服装鞋帽针织品类增长21.9%，日用品类增长28.4%。限额以上批发零售企业电子出版物及音像制品类销售额增长63.0%，家具类增长41.5%，化妆品类增长46.5%，办公用品类增长38.7%。随着私家车的不断增多及汽车价格的下降，汽车销售量也不断增加。2009年，全市限额以上批发零售企业汽车类销售额同比增长 84.7%。

六、对外经济稳步增长

利用外资呈现了逆势而上稳步增长态势，实现了较大突破。2009 年，全市利用外资共实现 8288 万美元，同比增长 30.1%，涨幅与去年相比提高了 6.7 个百分点，超额完成省下达的目标任务。其中直接利用外资 8053 万美元，同比增长 26.6%；对外借款实现 235 万美元，同比增长 29.4 倍；新批、注企业 13 家，比上年同期增加 3 家；项目总投资达到 8.99 亿美元，同比增长 2.3 倍；注册资本达到 3.17 亿美元，同比增长 2.2 倍，其中外商注册资本 1.66 亿美元，同比增长 2 倍。

七、财政金融形势稳定

财政收入增长，对全市经济的贡献进一步增强。2009 年，全市全部财政收入完成 122.01 亿元，同比增长 6.4%，其中地方一般预算收入完成 47.0 亿元，同比增长 12.9%。

金融运行平稳，保障有力。2009 年末，全市全部金融机构各项存款余额 1133.07 亿元，比年初增长 31.2%。其中城乡居民储蓄存款余额 723.99 亿元，比年初增长 18.9%；各项贷款余额 782.67 亿元，比年初增长 43.2%。

八、物价涨幅回落

居民消费价格小幅上涨。2009 年，全市城市居民消费价格指数（CPI）全年累计为 100.6%，同比增长 0.6%，涨幅较去年同期回落 6.3 个百分点。在构成 CPI 的八大类指数中，全年累计指数呈“四涨四跌”的格局。其中，上涨的类别是：食品类价格上涨 0.8%，烟酒及用品与上年持平，医疗保健和个人用品上涨 2.7%，居住类上涨 5.8%。下跌的类别有：衣着类下跌 2.7%，家庭设备用品及维修服务下跌 1.4%，交通和通讯下跌 1.8%，娱乐教育文化用品及服务下跌 0.6%。

九、科技、教育事业快速发展

科技事业取得新突破。2009 年，全市鉴定、登记各类科技成果 130 项，其中国际领先水平 4 项，国际先进水平 18 项，国内领先水平 85 项，国内先进水平 23 项。“北方抗旱系列马铃薯新品种选育及繁育体系建设及应用”项目荣获 2009 年国家科技进步二等奖。6 个项目获得 2009 年度河北省科技进步三等奖。

教育事业快速发展。2009 年，全市有幼儿园 310 所，在校生 6.94 万人；小学 695 所，在校生 29.06 万人；中学 200 所，初中在校生 17.17 万人，普通高中 6.35 万人，中等职业学校在校生 5.74 万人。办学条件不断改善。2009 年，小学、初中、高中百名学生计算机拥有量分别达到 7.1 台、6.7 台、11.9 台；人均拥有健康图书分别达到 23.2 册、21.6 册、24.2 册。

十、文化、卫生和体育事业协调发展

文化事业繁荣发展。2009 年，全市共有艺术表演团体 10 个，公共图书馆 14 个，群众艺术馆、文化馆 16 个，文化站 245 个。以反映三祖文化为主题的新编大型历史剧《合符釜山》在 2009 年 8 月的“冀台（张家口）经济洽谈会”成功演出，充分展示了张家口市浓厚的文化底蕴，形象再现了釜山合符这一中华文明的绚丽篇章。

卫生事业稳步发展。2009 年，全市拥有各类卫生机构 2043 个，卫生技术人员 1.55 万人。卫生机构实有床位数 1.46 万张。全市拥有医院 65 个，床位 9494 张，卫生技术人员 8526 人。

体育事业蓬勃发展，参赛成绩喜人。2009 年，全市共参加河北省年度比赛 32 项次，其中 7 个项目获得了金牌，12 个项目获得了奖牌，共取得金牌 10 块，银牌 15 块，铜牌 19 块。运动员侯玉琢在 2009 年世界跆拳道锦标赛 57 公斤级决赛中战胜强敌，为中国队摘得世锦赛金牌。4 名特奥运动员参加了第九届世界特奥会，在雪鞋走项目比赛中获得 3 金 3 银 1 铜的好成绩。残疾人运动员赵帅在 2009 年全国残疾人乒乓球锦标赛上一举夺得 TT7 级单打比赛冠军，并晋级世界锦标赛。举办了张家口市首届马拉松长跑比赛，共有 137 名参赛队员跑完了 42.195 公里全程。

十一、城乡居民生活不断提高，社会保障体系日益完善

城乡居民收入稳步提高。2009 年，城市居民人均可支配收入 13246 元，同比增长 9.9%，其中：工资性收入、经营性收入、转移性收入分别达到 9060 元、466 元、4609 元。农民人均纯收入 3559 元，比上年增长 8.3%。其中：工资性收入、家庭经营现金收入、财产性收入、转移性收入将分别达到 1585 元、2731 元、87 元、451 元。城乡居民住房条件逐步改善。城市居民人均住房建筑面积 25.65 平方米，比上年增加 0.29 平方米；农民人均住房面积为 21.5 平方米，比上年增加 0.5 平方米。

社会保障力度加大，社会福利事业健康发展。2009 年，全市城镇基本养老保险参保人数 63.47 万人，同比增长 5.4%。基本医疗保险参保人数 53.7 万人，同比增长 23.8%。年末城市居民享受最低生活保障人数 14.16 万人，农村居民享受最低生活保障人数 29.49 万人。年末全市收养类社会福利单位 150 个，床位数 1.50 万张，在院人数 14273 人。

（张家口市统计局　张占兵）

秦皇岛市

2009 年，全市各级在市委、市政府的正确领导下，深入贯彻落实科学发展观，认真执行“保增长、调结构、扩内需、强基础、促改革、惠民生、抓稳定”的政策措施，坚定信心、共克时艰，有效应对金融危机带来的严重冲击和各种不利因素的影响，全市经济呈现企稳回升的运行态势，民生状况不断改善，各项社会事业取得新进展。

一、综合

国民经济呈现逐步回升态势。2009 年全市实现生产总值 804.54 亿元，比上年增长 9.5%。第一产业增加值 102.35 亿元，增长 5.8%；第二产业增加值 311.71 亿元，增长10.7%；第三产业增加值390.48亿元，增长9.3%。按常住人口计算人均生产总值达27110元，比上年增长9.2%。

财政收入先抑后扬，实现了平稳较快增长。全部财政收入完成114.64亿元，比上年增长6.4%，其中一般预算收入56.33亿元，增长15.7%。财政支出向重点领域倾斜，全市一般预算支出103.72亿元，比上年增长12.2%。其中教育、社会保障和就业、医疗卫生、农林水事务等重点领域实现了较快增长，增幅分别为9.7%、20.2%、35.8%、39.2%。

居民消费价格总水平呈稳中略降的运行态势，居民消费价格总水平（CPI）累计比上年下降1.2%，其中城市下降1.7%，农村上涨1.0%。全市工业品出厂价格稳步回暖，全年下降10.5%。房屋销售价格较为平稳，上涨1.3%。

二、农林牧渔业

农业生产较为平稳。全市各级积极应对金融危机以及干旱等自然灾害造成的不利影响，努力发展生产，采取积极有效的措施，保证了农业生产的基本稳定增长。全年实现农林牧渔业总产值184.05亿元，比上年增长5.4%。受严重干旱影响，粮食略有减产，但仍高于近三年来的平均水平，属丰收年。全年粮食总播种面积140990公顷，比上年增加464公顷；粮食总产82.08万吨，减少4.2%。主要农畜产品产量平稳增长。

三、工业和建筑业

工业生产实现较快回升。全年实现全部工业增加值270.64亿元，比上年增长9.2%，其中规模以上工业实现增加值223.46亿元，增长10.5%。在规模以上工业企业中，重工业实现较快增长，轻工业回升缓慢，全年重工业实现增加值180.73亿元，增长12.3%，轻工业完成增加值42.73亿元，增长3.8%。股份制企业成为拉动工业增长的主要力量，增加值增长17.8%，对规模以上工业增长的贡献率达70.2%；粮油食品、玻璃、金属压延和机械制造四大产业支柱地位稳固，完成增加值162.01亿元，增长11.2%，占规模以上工业的比重为72.5%，其中黑色金属冶炼及压延业实现恢复性增长，增加值增长20.9%，贡献率为45.1%，装备制造业受益于国家宏观政策而保持了较快增速，增加值增长11.6%，贡献率达35.1%。工业企业效益呈现逐渐好转态势，降幅不断收窄。全年实现利润总额10.10亿元，比上年下降72.8%；实现税金总额27.40亿元，下降15.1%，降幅分别比前三季度缩小29.9个百分点和0.9个百分点。

建筑业生产增长较快，全市资质以内建筑企业完成建筑业总产值137.15亿元，比上年增长20.9%。其中，建筑工程产值117.73亿元，增长26.8%。房屋建筑施工面积988.97万平方米，竣工面积405.80万平方米，分别比上年增长15.5%和31.0%。

四、固定资产投资

固定资产投资实现快速增长。全年完成全社会固定资产投资420.73亿元，比上年增长38.6%。其中：城镇固定资产投资完成328.77亿元，增长39.0%。全年制造业投资148.75亿元，增长51.2%。文教卫生、城建、公共管理等改善民生的服务业投资54.98亿元，增长62.9%，“城镇面貌三年大变样”拉动基础设施投资增势强劲，城镇基础设施投资完成61.66亿元，增长38.8%。在连续9个月下滑之后，房地产投资实现恢复性增长，全年累计完成投资94.14亿元，增长14.1%。

五、交通运输、邮电和旅游

全市立体交通网络建设取得重大突破，高速、民航、铁路客运专线建设齐头并进，市内交通创新融资模式，加快构建城市快速路体系。截至年末，全市公路通车总里程达到8510公里。

港口运输形势有所好转，全年港口吞吐量接近上年水平，达到2.46亿吨。铁路、公路运输此消彼长，全年完成铁路货运量1554.83万吨，比上年下降7.5%；公路货运量3608万吨，增长7.9%。完成铁路客运量705.72万人次，比上年增长10.6%；公路客运量1812万人次，下降10.7%。民航运输全面增长，全年完成货物发送量163吨，比上年增长6.4%，旅客发送量32054人次，增长11.6%。

邮电通信业平稳发展。全年邮电业务收入22.01亿元，比上年增长4.1%。网络信息技术不断普及和提高，年末计算机互联网用户累计达39.68万户，新增7.73万户。

以实施旅游立市战略为契机，全市发展旅游、全年发展旅游、全方位发展旅游、全产业融合旅游的大旅游发展格局初步形成。2009年全市旅游市场全面复苏，全年共接待国内游客1638.4万人次，比上年增长33.6%；接待海外游客22.42万人次，增长19.7%；景区门票收入3.46亿元，增长53.2%；旅游创汇11731.5万美元，增长17.6%；实现旅游总收入96.06亿元，增长32.0%。

六、国内贸易

在刺激内需的政策作用下，全市消费品市场较为活跃，全年实现社会消费品零售总额283.25亿元，比上年增长18.0%。农村市场消费增速远远快于城市，是拉动全市增长的主力，全年县及县以下消费品零售额96.21亿元，增长30.0%。住宿餐饮业的持续走强，成为推动消费品市场发展的重要增长点，全年住宿餐饮业实现零售额42.34亿元，比上年增长29.6%。居民消费升级步伐加快。限额以上批发零售贸易业商品零售额中，汽车类商品零售额增长14.0%，石油及制品类零售额增长24.8%，家电类商品增长33.6%，是拉动社会消费增长的主要动力。与住房、汽车、家电相关的家具、建筑及装潢材料、音响器材等商品消费均保持快速增长。

七、对外经济

外贸形势依然严峻。全年实现进出口总额33.16亿美元，比上年下降33.7%。其中出口16.18亿美元，下降48.3%；进口16.98亿美元，下降9.3%。

利用外资平稳增长。全年外商直接投资4.57亿美元，比上年增长13.9%。新批外资项目16个，比上年减少5

个，合同总投资4.50亿美元，合同外资额2.99亿美元，分别下降12.8%和16.5%。全年引进市外资金79.30亿元，增长20.4%。

八、金融、保险

金融信贷连创新高。年末全市金融机构本外币贷款余额797.23亿元，比年初增长41.8%，增幅达近年最高点。年内贷款增加额达235.16亿元，为上年的5.8倍。中长期贷款是主要投放方式，全年增量达169.30亿元，占贷款总增量的72.0%。年末金融机构本外币存款余额达到1303.95亿元，比年初增长25.8%，其中，储蓄存款余额达746.57亿元，增长20.2%。

保险事业发展迅速。全年各类保费收入37.16亿元，比上年增长24.9%，其中，财产险保费收入7.60亿元，增长15.0%；人身险保费收入29.56亿元，增长27.8%。保险赔款支出9.56亿元，增长6.1%。其中，财产险支出4.47亿元，增长22.9%；人身险支出5.09亿元，下降5.3%。

九、科技和教育

科技事业加快发展，科技创新能力进一步增强。全年组织实施各类科技计划项目440项，其中国家级、省级科技计划86项；23项成果获省级科技奖项。加大高新技术企业培育力度，38家企业被认定为高新技术企业。全年专利申请量达1039件，比上年增长39.4%，授权量达487件，增长13.7%。

教育事业实现新跨越。年末全市共有普通高等学校13所，在校生13.69万人；中等职业学校29所，在校生2.54万人；普通中学186所，在校生14.02万人；普通小学531所，在校生16.61万人；特殊教育学校5所，在校生750人；各类幼儿园208所，在园幼儿5.64万人。小学学龄儿童入学率和小学毕业生升学率均达到100%。

十、文化、卫生和体育

文化事业繁荣发展。加快推进文化基础设施建设，长城博物馆二期和北戴河博物馆建成并正式开放，玻璃博物馆工程主体建设已经全部完工。加快农村数字电影放映工程建设，率先在全省实现了数字电影放映设备的全覆盖。实施精品战略，文艺创作再创佳绩。歌曲《都说喜欢你》获河北省五个一工程奖，歌曲《“六一”和“七一”》、相声《两乡情》、戏剧《带着公爹改嫁》、国画《梦中的方舟》、舞蹈《呼突依巴格干》在河北省第九届燕赵群星奖评选中分别获二等奖。创作了大型现代评剧《家住长城头》，作为唯一地市院团参加了河北省国庆60周年暨第八届河北省戏剧节的演出活动。

医疗卫生体系不断完善。年末全市共有卫生机构（不含诊所）267个，其中，医院72个。各类卫生技术人员12413人，其中，职业医师、职业助理医师5550人。拥有医疗床位12300张，其中，医院床位8297张。

体育事业健康发展。充实体育名城的内涵，秦皇岛国家游泳跳水基地正式落户，并积极承接全国青年跳水冠军赛等重要赛事。全市第五届运动会取得圆满成功，29个比赛项吸引了全市7000名运动员参加。全面铺开全民健身工程，加快“一带两线”全民健身设施的建设，全年投资300万元新建了159条健身路径。重大比赛中取得好成绩，全市运动员在省级以上各类比赛中获得金牌31枚、银牌46枚、铜牌35枚。

十一、人口、居民生活和社会保障

人口保持低速增长。年末全市户籍总人口287.24万人，比上年末增加1.39万人，增长0.5%。人口自然增长率为3.09‰。

城乡居民收入稳步增长。城镇居民人均可支配收入达15458元，比上年增长10.7%。农民人均纯收入5516元，增长8.8%。城乡居民住房条件继续改善，年末城镇居民人均住房建筑面积27.74平方米，比上年增长1.0%；农村居民人均住房面积30.62平方米，增长2.3%。

社会保障工作取得突破性进展，全年企业养老保险参保人数达38.57万人，机关养老保险参保人数10.72人，城镇职工基本医疗保险参保人数52.15万人，工伤保险参保人数29.50万人，生育保险参保人数30.27万人，失业保险参保人数29.06万人，分别比上年增加2.49万人、0.43万人、3.44万人、2.05万人、1.73万人和0.38万人。城镇居民医疗保险工作稳步推进。全市城镇居民医疗保险参保人数33.8万人，占应参保人数95.4%。

社会救助保障水平进一步提高。全面完成提标扩面工作，城市低保标准继续提高。全年城市居民享受最低生活保障补贴人数6.11万人，累计兑现最低生活保障金12210.6万元。农村居民享受最低生活保障补贴人数10.91万人，累计兑现最低生活保障金6805.5万元。年末全市收养性社会福利单位有36个，床位4890张，收养2960人；社会福利企业58个，安置残疾人员1094人。

廉租住房保障水平明显提高。列入中央预算内投资的12个廉租住房项目全部开工，总开工面积30.2万平方米、6108套。新筹集廉租住房1505套。累计对7590个低收入家庭提供了廉租住房保障，发放配租资金1595万元。

十二、环境保护、安全生产

环境质量进一步提高，城市环境面貌持续改善。全年城市空气环境质量达到二级标准以上天数为353天，空气综合污染指数比上年下降4%，城市空气环境质量为全省各城市中最优。主要饮用水源洋河水库、石河水库和桃林口水库全年水质稳定达到国家Ⅱ类标准，达标率100%。强力实施污染减排“71030”工程，污染减排取得明显进展。全年化学需氧量比上年削减4.85%；二氧化硫比上年削减5.0%。截至年末，全市已建成污水处理厂9座，城市区污水处理率达到95%以上。

安全生产形势保持总体平稳。紧紧围绕全市安全生产“511”工作目标，狠抓隐患排查治理，严格落实各项防范措施，全市没有发生有影响的重大以上安全生产事故，安全生产形势总体平稳。全年共发生各类事故321起、死亡173人、受伤171人，比上年分别下降26.0%、4.4%、45.0%，直接经济损失509万元，比上年上升5.8%。

（秦皇岛市统计局　沈肖楠）

唐 山 市

2009年，面对国际金融危机带来的严峻挑战，唐山市人民在市委、市政府的正确领导下，坚持以科学发展示范区建设总揽经济社会发展全局，认真贯彻落实中央、省一系列决策部署，全力实施“五项攻坚行动”和“八大工程”，加速推进发展方式转变，取得了抗危机、保增长阶段性胜利，国民经济逐步企稳回升，经济结构调整迈出巨大步伐，人民生活质量继续提高，各项社会事业发展取得显著成效。

一、综合

国民经济保持平稳较快发展。2009年，全市实现地区生产总值3812.72亿元，比上年增长11.3%。分产业看，第一产业增加值360.18亿元，增长5.8%；第二产业增加值2202.13亿元，增长11.2%；第三产业增加值1250.41亿元，增长13.0%。按常住人口计算，全市人均生产总值达到51179元（按年平均汇率折合7497美元），比上年增长10.8%。三次产业增加值结构由上年的9.5∶59.4∶31.1转化为9.4∶57.8∶32.8。

物价总水平回落。居民消费价格比上年回落0.1%，其中城市回落0.2%，农村上涨0.3%。商品零售价格回落0.7%。农业生产资料价格回落0.6%。工业品出厂价格回落16.5%，其中，生产资料回落17.6%，生活资料上涨1.6%。

二、农业

农林牧渔业全面发展。全年完成农业总产值572.68亿元，比上年增长6.1%。牧业、渔业产值占农业总产值的比重达46.0%，比上年提高0.8个百分点。农业产业化经营率达63%，比上年提高2个百分点。

全年粮食播种面积708.0万亩，比上年增长1.8%，总产量304.0万吨，增长5.6%，实现持续6年粮食增产，粮食亩产429公斤，再创历史新高；棉花总产量3.2万吨，下降13.2%；油料总产量27.7万吨，下降2.6%；蔬菜总产量1294.6万吨，增长1.2%，其中设施蔬菜308.0万吨；干鲜果产量234.7万吨（含果用瓜），增长2.3%，其中板栗产量5.8万吨，增长23.6%。年末生猪存栏387.0万头，比上年末增长26.5%；肉类总产量63.5万吨，增长16.7%；禽蛋产量31.8万吨，增长4.0%；奶类产量174.7万吨，增长8.7%；水产品产量47.9万吨，增长4.1%。

三、工业

工业经济明显回升，增长持续加快。全部工业完成增加值2021.01亿元，比上年增长10.9%。其中规模以上工业企业完成增加值1699.99亿元，增长13.6%。产销衔接良好，产品销售率为97.0%，比上年提高0.8个百分点。

装备制造业规模化、集约化水平大幅提升，完成增加值90.76亿元，比上年增长20.2%，增速高于规模以上工业平均水平6.6个百分点。全年生铁产量6034万吨，增长15.2%，粗钢产量6547万吨，增长14.5%，钢材产量7064万吨，增长25.9%，发电量333亿千瓦时，增长8.2%。

工业企业经济效益综合指数达到266.9%，比上年下降11.7个百分点。全年规模以上工业实现利税573.83亿元，下降1.1%；实现利润360.46亿元，增长5.4%。黑色金属冶炼及压延加工业实现利润123.84亿元，同比下降10.5%。在统计的36个行业中，23个行业利润实现增长，占全部工业行业的63.9%，增长面比上年扩大13.9个百分点。

四、固定资产投资

固定资产投资高位增长。全社会固定资产投资完成2179.98亿元，比上年增长60.0%。城镇固定资产投资完成1802.27亿元，增长62.4%。投资结构进一步优化。在城镇固定资产投资中，第一产业完成投资13.41亿元，增长66.4%，第二产业完成投资743.67亿元，增长10.4%，第三产业完成投资1045.19亿元，增长1.4倍。三次产业投资比重为0.7∶41.3∶58.0，其中，第三产业投资比重比上年提高19.4个百分点。全年房地产开发完成投资191.79亿元，增长59.3%，其中商品住宅投资142.78亿元，增长46.9%。年末全市城镇在建项目2650个，其中亿元以上项目363个，全部项目平均规模1.69亿元。本年新开工建设项目2229个，增长1.4倍。

唐山湾“四点一带”开发建设保持强劲增长。全年“四点一带”区域完成投资1386.80亿元，增长1.4倍，占全社会投资的63.6%，比重比上年提高15.9个百分点。其中，曹妃甸新区完成投资1022.54亿元，比上年增长1.4倍。重点工程建设取得较大进展。千个攻坚项目完成投资1878亿元，完成年计划的100.8%。大连万达广场、乐亭旭阳化工循环经济园等523个项目开工建设，日本住友建机株式会社挖掘机、日本住友重机械工业株式会社大中型减速机、首钢迁钢配套工程、丰润热电等274个项目竣工，完工率达139.8%。

五、国内贸易

消费品市场持续稳定增长。全年实现社会消费品零售总额958.56亿元，比上年增长15.8%。分行业看，批发零售贸易业零售额798.67亿元，增长15.1%；住宿餐饮业零售额145.12亿元，增长20.0%。“家电下乡”和“汽车下乡”等各项刺激消费政策成效明显，县及县以下农村市场实现零售额390.54亿元，增长15.4%。消费升级转型继续加快。在限额以上批发零售企业零售额中，粮油食品饮料烟酒类增长13.6%，服装鞋帽针纺织品类增长16.5%，汽车类增长32.9%，金银珠宝类增长27.7%，与住房消费有关的建筑及装潢材料类增长58.2%，家具类增长17.2%。

六、对外经济

对外贸易有所回落。全年实现进出口总额60.96亿美元，比上年下降33.7%。其中进口额41.77亿美元，出口额19.19亿美元，分别下降2.5%和61.2%。机电产品出口5.25亿美元，下降15.4%，占全市出口总额的比重为27.4%；钢铁产品出口4.60亿美元，下降85.4%；陶瓷产品出口3.49亿美元，下降20.0%。商品出口到167个国家和地区。对外开放空间扩大。全年实际利用外资7.97亿美元，比上年下降7.7%，其中外商直接投资7.93亿美元，下降5.2%。全年批准外商投资合同24项，合同总金额15.2亿美元，增长76.7%；合同外资额4.65亿美元，增长55.2%。

七、交通运输

交通运输业快速发展。全市公路通车里程达到13459公里，比上年增长1.9%，其中，高速公路465公里。全年公路客运量9868万人，客运周转量36.01亿人公里，分别增长8.0%和5.0%；货物运输量2.2亿吨，货物周转量422.96亿吨公里，均比上年增长20.0%。

机动车拥有量快速增长。年末汽车保有量达到63.49万辆，比上年增长25.1%，私人汽车保有量52.87万辆，增长31.4%，其中私人轿车39.20万辆，增长34.9%。

港口建设跨入新阶段。唐山港全年完成货物吞吐量17559万吨，增长61.8%，其中，曹妃甸港区吞吐量7018万吨，增长1.2倍；京唐港区吞吐量突破亿吨大关，完成10541万吨，增长37.9%，完成集装箱运输24.14万标箱，增长0.4%。曹妃甸港被国家定位为北方大宗能源和散杂货集输港、商业化储备基地、新型工业化基地和循环经济示范区。

八、财政、税收和金融

财政收入保持增长。全部财政收入413.35亿元，比上年增长1.9%，剔除增值税转型等政策性因素，按可比口径计算，增长14.1%。其中，地方财政一般预算收入169.72亿元，增长15.8%。地方财政一般预算支出285.77亿元，增长11.2%。重点支出得到有力保障。其中，农林水事务支出增长30.1%，一般公共服务支出增长13.8%，教育支出增长10.4%，医疗卫生支出增长22.7%，社会保障和就业支出增长19.2%。

税收收入小幅下降。全年税收收入完成384.43亿元，比上年下降3.1%。国税收入（按省考核口径）完成240.24亿元，下降11.6%，其中增值税完成199.72亿元，下降9.1%；地税收入144.19亿元，增长15.3%，其中营业税54.37亿元，增长26.3%。

金融运行稳健。全市金融机构年末本外币各项存款余额3676.85亿元，其中，人民币各项存款余额3657.85亿元。城乡居民人民币储蓄存款余额2139.17亿元，人均储蓄存款29237元（按年平均人口计算），比上年增长16.8%。金融机构年末本外币各项贷款余额2211.07亿元，其中，金融机构人民币各项贷款余额2197.35亿元。金融机构累计现金收入5674.57亿元，支出5796.39亿元，收支相抵净投放货币121.82亿元。

九、城镇建设和环境保护

城市公用设施建设取得新进展。新建和翻修改造城市道路25条（段），新铺装道路面积达101.38万平方米，人均城市道路面积13.83平方米。全市集中供热面积3849万平方米，集中供热普及率达到76%。城市燃气普及率达到99.8%，比上年提高0.3个百分点。城市日供水能力达到118.04万吨，自来水普及率为100%。年底运营公交线路112条，年内新增20条。

村镇建设步伐加快。全市县（市）城基础设施建设及村镇建设投资74.8亿元，比上年增长8.9%，其中县（市）城基础设施建设投资20.7亿元，村镇建设投资54.1亿元。全市新创建文明生态村449个，累计达到3936个，占全市行政村总数的70%。

生态环境质量继续改善。城市公园绿地面积2718.31公顷，比上年增长31.0%；人均公园绿地面积13.79平方米；建成区绿化覆盖面积10080公顷，增长6.8%，绿化覆盖率达到45%。主要污染物排放强度明显下降。单位GDP能耗降低率达到5.21%。污水日处理能力78.9万吨，污水处理率92.5%。城市空气环境质量二级及优于二级天数达到329天。

十、科学技术、教育、文化、卫生

科技创新取得显著成果。全市拥有市级以上重点实验室18个，企业工程技术研发中心50个，农业产业研发中心23个，民营特色研发机构26个。全年专利申请量1393件，专利授权量1049件。

教育事业健康发展。年末全市拥有各级各类学校2188所，在校生120.50万人，教职工9.59万人，其中专任教师7.73万人。全市拥有国家级重点职业技术学校15所，职业学校专业设置达90个。

各类文化事业协调发展。年末拥有专业艺术表演团体9个，影剧院7个，电影放映队225个，文化馆和群艺馆15个，图书馆13个，总藏书175.6万册。有线电视用户达到96.54万户，有线电视入户率42.9%；数字电视节目133套，数字电视用户39.39万户，比上年增长61.4%。全年公开出版报纸、期刊19种。

公共卫生服务能力继续提高。年末全市拥有各类卫生机构1612个，其中医院114所，卫生院179个，疾病预防控制中心17个，妇幼保健院（站）15个，诊所、卫生所、医务室1157个；卫生机构床位2.99万张，其中医院2.21万张；卫生技术人员3.30万人，其中医生1.40万人。社区卫生服务中心（站）114个，人口覆盖率100%。

十一、人民生活和人口

居民收入稳步增长。城市居民年人均可支配收入18053元，比上年增长10.2%；人均消费性支出12962元，增长7.8%；城市居民恩格尔系数为35.9%，比上年提高0.4个百分点。每百户城镇居民家庭拥有家用汽车11辆，家用电脑56台。城镇居民人均住房建筑面积22.6平方米。农村居民年人均纯收入7420元，比上年增长12.0%；人均消费性支出5441元，增长16.8%；农村居民恩格尔系数为35.2%，比上年下降2.9个百分点。每百户农村居民家庭拥有空调器20台，热水器60台，移动电话160部，分别比上年增长33.3%、7.1%和9.6%。农村居民人均住房面积33.4平方米，比上年增加1.4平方米。

人口保持低速平稳增长。年末全市户籍总人口733.90万人，比上年末增加4.49万人，其中市区307.00万人，增加1.47万人。在总人口中，农业人口488.56万人；非农业人口245.34万人；男性人口372.34万人，女性人口361.56万人，男女性别比为103：100。全市人口出生率为10.65‰，比上年上升0.28个千分点；死亡率6.19‰，比上年下降0.12个千分点；自然增长率4.46‰，比上年上升0.4个千分点。

（唐山市统计局　郝　明）

廊　坊　市

2009年是廊坊发展的关键一年，面对持续的国际金融危机、抗击甲流的严峻形势和保经济增长的艰巨任务，廊坊人民在市委、市政府的正确领导下，加大各项工作力度，于寒风在背的大环境下营造出春风扑面的小气候，呈现出逆势突围、经济向好的发展局面，总体情况明显好于预期。

一、综合

宏观经济发展好于预期。全市地区生产总值实现1160.4亿元，增长10.8%。其中，第一产业增加值138.1亿元，增长3.0%；第二产业增加值626.0亿元，增长11.4%；第三产业增加值396.3亿元，增长12.5%。全市三次产业结构由上年的12.5：53.7：33.8转化为11.9：53.9：34.2。财政收入占GDP比重达12.4%，同比提高0.9个百分点。

市场物价低位运行。2009年受国际金融危机影响，全市居民消费价格总水平（CPI）一直处于低位运行，全年CPI为97.8，比上年回落8.7个百分点，所调查的八大类消费价格呈“两升六降”格局。商品零售价格总水平下降1.7%，农业生产资料价格总水平下降2.0%，工业品出厂价格总水平下降7.8%。

就业再就业工作进一步加强。年末全市从业人员230.2万人，增长3.8%，其中全年城镇新增就业岗位3.6万个，下岗再就业人数9351人，年末城镇登记失业率为2.0%，低于省下达任务目标2个百分点。

二、农业

农业生产形势稳定。全年粮食播种面积467.4万亩，增长1.6%；粮食单产401公斤，创历史最高水平，增长3.8%；总产量187.6万吨，增长5.5%。棉花播种面积68.1万亩，下降11.3%；总产量5.1万吨，下降13.2%。油料播种面积27.8万亩，下降6.7%；总产量4.3万吨，下降5.2%。蔬菜播种面积156.6万亩，增长2.4%；总产量640.4万吨，增长1.0%。畜牧业生产保持稳定，肉类、禽蛋、牛奶产量分别增长2.7%、3.5%和5.4%。渔业生产平稳发展，全年水产品产量增长1.7%。

农业基础设施得到加强。农用机械总动力666.2万千瓦，增长1.6%。机耕面积451.4万亩，占农作物播种面积的比重达60.6%，提高0.5个百分点；机械播种面积517.5万亩，占69.5%，提高2.2个百分点；机械收获面积208.6万亩，占28.0%，提高1.6个百分点；农村用电量60.7亿千瓦小时。

三、工业和建筑业

工业生产发展良好。全部工业实现增加值541.4亿元，增长10.8%，其中，规模以上工业实现增加值392.4亿元，增长14.7%。工业经济效益增速加快。全市规模以上工业完成产值1625.4亿元，增长10.6%；产销率为98.3%，比上年提高0.1个百分点。实现利税101.4亿元，增长21.4%，其中利润总额66.0亿元，增长23.9%，分别比上年提高12.7个和17.8个百分点。

建筑业发展形势喜人。全市建筑业实现增加值89.6亿元，增长22.3%。具有资质等级的建筑企业实现产值222.1亿元，增长29.7%，房屋建筑施工面积1366.8万平方米，增长13.4%，竣工面积624.9万平方米，增长20.8%。

四、固定资产投资

固定资产投资持续快速增长。全社会固定资产投资完成1279.7亿元，增长38.1%。其中，城镇固定资产投资完成1172.5亿元，增长39.0%，增速比上年提高0.1个百分点；农村固定资产投资完成107.2亿元，增长29.0%，增速比上年提高23.3个百分点。新开工项目明显增加。全年城镇新开工项目2207个，同比增加793个，增长56.1%。其中，亿元以上新开工项目123个，同比增加99个，增长4.1倍。

中央扩大内需重点行业投资强劲。全市农林牧渔业投资完成9.5亿元，增长61.3%；交通运输业投资完成55.4亿元，增长2.4倍；卫生社会保障和社会福利业投资完成28.9亿元，增长90.1%；教育投资完成6.2亿元，增长40.9%。

房地产投资增速有所减缓。全年房地产开发投资完成248.4亿元，增长13.0%，比上年增速减缓65.1个百分点。

五、国内贸易

消费需求稳步提高。全年累计实现社会消费品零售总额354.5亿元，增长18.1%。城市、农村市场分别实现零售额110.2亿元和244.3亿元，同比分别增长20.6%和17%；住宿餐饮业持续高增长，实现零售额62.1亿元，同比增长23.7%，增幅比上年提高0.7个百分点；限额以上批发、零售、住宿、餐饮业累计实现零售额71.6亿元，同比增长27.6%，占社会消费品零售总额比重由上年同期的18.7%提高到20.1%。

六、对外经济

利用外资到位良好。全市实际利用外资46394万美元，增长9.6%，其中，外商直接投资46229万美元，增长9.5%。年内新批准外资项目26个，合同总金额35308万美元，合同外资额15103万美元，分别下降31.6%、

70.0%和66.0%；年内新注册三资企业22家，下降37.1%，注册资本17045万美元，下降71.6%，外方注册资本11760万美元，下降71.5%；年末实有三资企业528家。

外贸进出口降幅全省最低。全市外贸进出口总额达33.7亿美元，下降1.6%，降幅全省最低，低于全省平均降幅21.3个百分点。其中，外贸进口总额19.2亿美元，下降1.6%，出口完成14.4亿美元，下降1.6%，降幅为全省最低，低于全省降幅33个百分点。

七、交通、邮电业和旅游

交通运输业稳步发展。公路运输业完成全社会货运量7751万吨，货运周转量146.9亿吨公里；完成客运量4992万人，客运周转量26.6亿人公里。全年完成新改建工程投资38.6亿元，完成公路大中修工程投资2.6亿元。全市公路通车里程达到8940.3公里。

邮电通讯业发展迅猛。全年完成邮电业务总量89.5亿元，增长27.9%。其中，邮政业务量4.4亿元，增长10.8%。年末局用电话交换机总容量122万门，固定电话用户108.7万户，移动电话用户320万户。

旅游业发展势头良好。全年共接待国内外游客689万人次，实现旅游收入52.1亿元，比上年分别增长20.6%和19.2%。其中接待国内旅游者680.3万人次，创收50.5亿元，分别增长20.7%和21.4%；接待国际旅游者8.7万人次，增长8.6%，创汇2312.8万美元。

八、财政、金融

财政收支增长较快。全市实现财政收入143.4亿元，增长17.4%。其中，地方一般预算收入69.3亿元，增长19.5%，一般预算支出132.1亿元，增长24.0%。

金融放贷高速增长。年末全市金融机构本外币口径各项存款余额1624.2亿元，比年初增加342.4亿元，增长21.1%。其中，城乡居民储蓄存款余额987.0亿元，比年初增加179.9亿元，增长18.2%。各项贷款余额1066亿元，比年初增加330.4亿元，增长31.0%。

九、教育和科学技术

教育事业健康发展。全市中等职业教育招生2.3万人。高中阶段适龄人口毛入学率87.9%，比上年增长1.7个百分点。全市共有普通高中33所，在校生8.3万人；普通初中159所，在校生15.5万人；普通小学856所，在校生27.4万人；全市各类幼儿园269所，在园8.4万人；特教学校6所，在校生750人。2009年普通高考报名考生3.0万人，本一上线1642人，本二上线5026人，本三上线12197人。

科技事业全面发展。全市高新技术企业36家，实现高新技术产业增加值147.5亿元，增长31.2%。取得各类科技成果120项，其中达到国际领先水平4项、国际先进水平6项、国内领先水平75项、国内先进水平30项。获省级奖9项，市级科技进步奖43项。全年成交技术合同1527项，增长11.2%，成交总额3.1亿元，增长9.6%，其中技术交易额2.6亿元，增长18.9%。专利申请量突破千件大关，达到1064件，授权量545件，分别增长39.5%和23.9%，各项指标均创历史最好成绩。

十、文化卫生和体育

文化事业继续推进。年末全市共有艺术表演团体12个，艺术表演场所11个，群艺馆2个、文化馆8个，公共图书馆10个，博物馆4个。创作各类优秀文艺作品210余件，其中获国家级奖项3件，获省级奖项5件，获市级奖项18件。全年新铺设广电光缆316公里，总里程达1705公里；新铺设电缆主支干线867公里，总里程达6514公里。有线电视用户40.8万户，广播、电视综合人口覆盖率均达到100%。

卫生事业稳步发展。年末全市现有乡以上医疗卫生机构1041个，其中医院90个，通过ISO9000认证的医院9家，疾病预防控制中心11个，妇幼保健院（所、站）10个。年末卫生机构（包括妇幼、社区等）共有床位13702张，全市拥有卫生技术人员16375人，乡镇卫生院90个，乡镇卫生院卫生技术人员2409人。已有290.3万农民参加了新型农村合作医疗。

体育事业取得新成果。全市体育人口达到180万人，占全市总人口的44%，市体育局被国家体育总局授予全国群众体育先进单位。在第十一届全运会场地自行车女子500米计时赛中，廊坊选手李雪妹以33秒898的成绩打破全国纪录，创造了新的亚洲纪录，廊坊市被河北省政府授予“第十一届全运会突出贡献奖”。

十一、人口、人民生活和社会保障

人口总量持续增长。据户籍统计，年末总人口413.3万人。全年出生人口5.9万人，出生率为14.46‰，死亡人口2.7万人，死亡率6.56‰，净增人口3.2万人，自然增长率为7.9‰。

城乡居民生活水平继续提高。全市城镇居民人均可支配收入18333元，增长12.5%；人均总支出16092元，增长9.6%。在岗职工年平均工资31472元，增长9.9%。农民人均纯收入6834元，增长11.0%；农民人均生活消费支出3589元，增长8.6%。

社会保障体系进一步完善。全市机关企事业单位养老保险参保38.7万人，医疗保险参保75.6万人，失业保险参保21.9万人，工伤保险参保24.8万人，农村社保参保14.4万人。全市共有15.1万人享受居民最低生活保障。

十二、城市建设和环境保护

城市建设快速发展。全市城市基础设施完成投资58.9亿元，建成区绿化覆盖率达46.5%，绿地率42.5%，人均公共绿地12.7平方米。年末城市道路总长度429.1公里，道路面积788.8万平方米，排水管道长度达379公里。天然气管道总长度800.6公里，供热管道总长度731.2公里，城市集中供热面积达1152.4万平方米。现有水厂5座，产水能力16.7万立方米/日，管线总长度244.4公里，5座水厂全年供水量2452万立方米。城市公共汽车营运线路长570公里，营运车辆353辆。

城市环境质量持续提升。廊坊以做大做强生态环境基础优势为主线，污染减排提前一年完成“十一五”控制目标。全年市区空气质量综合污染指数降至1.89，比上年降低6.9%，二级以上天数达到341天，比上年增加2天，均创历史最佳记录，各县城空气质量持续好转，全部达到国家二级标准。全市共划定县级自然保护区（含风景名胜区、森林公园）面积达715平方公里，覆盖率11.1%，城市知名度和影响力不断提升。

（廊坊市统计局　张　斌）

保　定　市

2009年是保定市发展进程中不平凡、不寻常的一年。面对国际金融危机带来的重重困难，全市紧紧围绕"又好又快发展、强市兴县富民"的中心任务，坚持"突出抓发展、重点抓项目、持续保稳定"的主基调，强力推进"一主三次"、"工业西进"、"对接京津"三大战略，创新举措，扎实做好各项工作，着力解决经济发展中面临的突出问题，"保增长、保民生、保稳定"等各项措施取得积极成效，经济和社会事业健康协调发展。

一、经济发展总体回升向好

（一）整体经济增长逐季加快。初步测算，保定市生产总值1737.64亿元，增长11%，分别较一季度（7.6%）、二季度（9.6%）和三季度（10.4%）加快3.4、1.4和0.6个百分点。其中：第一产业增加值259.36亿元，增长4.7%；第二产业增加值854.53亿元，增长13.4%；第三产业增加值623.74亿元，增长10.3%。人均地区生产总值15840元，增长10.2%。

（二）"三农"工作进一步加强。农林牧渔业总产值451.0亿元，增长4.9%。其中：农业产值280.0亿元，增长3.8%；林业产值6.9亿元，增长13.4%；畜牧业产值145.2亿元，增长6.4%；渔业产值6.0亿元，增长4.7%；农林牧渔服务业产值12.9亿元，增长5.1%。主要农产品产量稳定增长，粮食总产量559.4万吨，增长3.7%；油料总产量28.45万吨，增长0.7%；蔬菜总产量783.4万吨，增长1.7%；瓜类总产量97.3万吨，增长1.5%；园林水果总产量115.6万吨，增长2.3%，干果产量1.3万吨，增长24.9%。肉类总产量55.68万吨，增长7.4%；奶类产量65.56万吨，增长4.7%；禽蛋产量37.60万吨，增长3.0%。水产品产量4.7万吨，增长3.9%。

（三）工业经济持续增长。全部工业增加值710.20亿元，增长11.7%，其中规模以上工业增加值477.10亿元，增长14.6%。轻工业增加值176.12亿元，增长11.9%，重工业增加值300.98亿元，增长16.3%。规模以上工业主营业务收入1900.11亿元，增长17.1%；实现利税156.32亿元，增长34.4%；实现利润98.13亿元，增长47.6%；亏损企业亏损额下降67.8%。五大战略支撑产业（汽车、新能源、纺织、食品和建材）完成增加值260.55亿元，增长18.3%；实现利税95.81亿元，增长31.2%。

（四）建筑业稳步发展。建筑业增加值144.33亿元，增长23.6%。资质建筑业企业313个，总产值411.89亿元，增长39.3%，利税23.22亿元，增长32.1%；房屋施工面积3247.5万平方米，增长17.7%，房屋竣工面积1530.3万平方米，增长22.5%。

（五）消费品市场平稳运行。社会消费品零售总额730.3亿元，增长17.9%，其中，限额以上批发零售企业零售额128.3亿元，增长15.0%。市的零售额330亿元，增长16.1%；县的零售额168亿元，增长19.9%；县以下的零售额232.2亿元，增长18.9%。批发业零售额79.1亿元，增长17.7%；零售业零售额552.2亿元，增长17.6%；住宿餐饮业零售额77亿元，增长23.1%；其他行业零售额22亿元，增长8.2%。

（六）民营经济快速发展。民营经济增加值934.7亿元，比上年增长11.7%。实缴税金88.4亿元，增长14.7%。出口17.7亿美元，占全市出口总值的63.6%。

（七）固定资产投资强劲增长。全社会固定资产投资1130.43亿元，增长41.3%，其中：城镇投资1000.88亿元，增长41.3%，其中建设项目投资826.45亿元，增长35.3%。一产投资39.67亿元，增长53.3%；二产投资465.99亿元，增长29.7%；三产投资495.22亿元，增长53.2%。房地产投资174.4亿元，增长78.5%。

（八）对外开放取得一定成效。进出口及利用外资降幅收窄，进出口总值40亿美元，下降12.7%，其中出口总值27.8亿美元，下降18.2%，降幅分别比上半年收窄2.9和13.7个百分点；实际利用外资4.39亿美元，下降18.1%，降幅比上半年收窄40个百分点。进口总额12.2亿美元，增长3.3%；引进省外资金151.68亿元，增长16.8%。

（九）财政、金融和保险业运行稳健。财政运行质量提高，全部财政收入166.69亿元，增长11.5%，其中：地方一般预算收入73.26亿元，增长10.0%。一般预算支出200.36亿元，增长20.5%。金融保障力度增强，年末金融机构本外币各项存款余额2456.58亿元，比年初增加478.76亿元；金融机构贷款余额976.04亿元，比年初增加264.52亿元，贷款余额增速超过存款余额增速13个百分点。保险事业稳步发展，保险业保费收入83.18亿元，支付各类赔款及给付18.45亿元。

（十）城乡居民生活继续改善。年末全市城镇单位在岗职工工资总额148.46亿元，增长11.8%，城镇单位在岗职工平均工资24968元，增长13.9%。城市居民人均可支配收入13554.91元，增长10.1%；农民人均纯收入（不含市区）4682元，增长8.1%。城市人均消费性支出8771.62元，增长13.6%；农村居民人均生活消费（不含市区）支出2699.44元，比上年增长4.9%。城市居民消费价格总水平同比上涨0.2%，其中：服务项目价格上涨1.5%，消费品价格下降0.1%。工业品出厂价格同比下降4.2%。

二、各项社会事业取得新成就

（一）交通、邮电业和旅游稳定发展。交通邮电业平稳发展，交通运输、仓储和邮政业增加值89.74亿元，增长20.0%。全年公路货运量11203万吨，增长34.0%，客运量11938万人，增长16.0%。公路通车里程17580.8公里。邮电业务收入66.7亿元，增长11.3%。年末拥有固定电话用户165.95万户，移动电话用户624.93万户，国际互联网接入用户数达64.85万户。接待海外旅游者8.06万人次，增长9.4%，旅游创汇收入2789.62万美元，增长26.1%；接待国内游客2278.1万人次，增长20.0%，旅游收入114.17亿元，增长24.1%。

（二）教育和科学技术成绩明显。普通高等学校在校学生18.35万人，在学研究生6605人。成人高等学校在校学生1.33万人。中等职业教育学校在校学生16.82万人，普通中学在校学生53.34万人，小学在校学生76.74万人。特殊教育在校生1919人。幼儿园在园幼儿27.28万人。全市规模以上工业企业用于科技活动的经费支出为27.28亿元，其中研究与发展（R$D）经费支出23.64亿元，增长49.2%。年末科技人才1.51万人，增长4.6%。取得国际、国内领先成果216项，开发省级以上新产品25项。年末技术合同成交额3.2亿元。专利申请受理量1515项，专利申请受权量892项。33个项目获省级科技进步奖。

（三）文化、卫生和体育事业蒸蒸日上。《保定日报》、《保定晚报》和《莲池周刊》年总发行量达6254万份。全市表演团体14个，剧团演出场次4458场；拥有群众艺术馆1个；群众文化馆22个；乡镇（街道）文化站309个，组织文化活动2172次。拥有公共图书馆23个，图书馆总藏书量167.4万册。拥有电视台1座；广播电台1座。有线广播电视用户达62.63万户。年末共有卫生机构2349个，各类卫生技术人员4.3万人，其中：执业医师以上人员1.47万人。医院119所，卫生院311所，病床床位3.22万张。农村有医疗点的村数占总村数的93%。已有778.29万农民参加了新型农村合作医疗，参合率为86.7%，农村新型合作医疗基金支出7.39亿元，312.74万人次受益。共举办市级以上各类比赛活动30次。举办全民健身活动1299次。全市国家二级裁判198人，国家二级运动员517人。各运动队参加比赛共获省级以上金牌120枚，银牌103枚，铜牌93枚。

（四）社会保障和福利逐步完善。年末常住人口达到1101.66万人，其中：市区106.49万人；城镇人口394.96万人，乡村人口706.7万人。3.7万下岗、失业人员接受了职业培训，召开282场大型交流会，提供就业岗位9.8万个，成功就业3.8万人，农村富余劳动力向非农产业转移22.4万人次。年末参加城镇基本养老保险87.35万人。参加城镇基本医疗保险169.9万人。年末全市各种社会福利收养性单位158所，床位9521张，收养各类人员5381人。10万城镇居民和23.77万农村居民得到最低生活保障救济，3.52万农村居民得到五保救济。

（五）环境保护和安全生产进一步加强。年末重点工业企业专职环保人员达2188人。工业废水排放达标率97.5%，工业二氧化硫排放达标率92.0%，工业烟尘排放量达标率95.8%，工业固体废物综合利用处置率100%。城镇生活污水处理率64.5%。城市人均公园绿地面积9.45平方米，建成区绿地率34.1%，建成区绿化覆盖率40.0%。节能降耗取得新成效，全年单位GDP能耗1.006吨标准煤/万元，降低5.0%，单位工业增加值能耗1.497吨标准煤/万元，降低10.0%。各类生产安全事故死亡291人，下降8.2%。亿元GDP生产安全事故死亡人数为0.17人，下降20.3%；道路交通万车死亡人数为1.9人，减少0.1人；工矿商贸企业事故死亡16人，下降51.6%。

（保定市统计局　魏　勇）

沧　州　市

2009年，在市委、市政府的带领下，沧州积极实施沿海经济社会发展强市战略，努力应对国际金融危机的不利影响，紧紧围绕“扩内需、保增长、惠民生”这个主题，牢牢抓住“产业结构调整”和“城镇面貌‘三年大变样’”两项重点工作，强力推进渤海新区、中心城市和县域经济“三大经济板块”建设，经济社会实现平稳较快发展，生产总值、工业利税、财政收入、社会消费品零售总额等主要经济指标增长速度在全省名列前茅。

一、整体经济和谐快速发展

2009年，沧州市生产总值（GDP）完成1801.23亿元，同比增长11.3%，比全年目标高0.3个百分点。其中，第一产业增加值完成216.20亿元，增长4.0%；第二产业增加值完成868.97亿元，增长10.5%；第三产业增加值完成716.06亿元，增长14.9%。三次产业结构为12.0∶48.2∶39.8，经济运行质量明显提高，财政收入占GDP比重11.7%。

从投资、消费、出口“三驾马车”来看，投资仍是经济增长的主要拉动力量。总投资对经济增长的贡献率69.8%，比去年提高12.7个百分点，总消费贡献率29.1%，出口对经济增长贡献率1.1%。

全年消费价格趋势平稳。全市居民消费价格（CPI）累计同比下降0.1%，其中，城市下降2.6%，农村上涨1.4%。从结构看，八大类商品中有三类上涨五类下降，上涨的分别是：医疗保健和个人用品上涨2.7%，烟酒及用品上涨2.4%，居住类上涨0.7%；下降的分别是：家庭设备用品及维修服务下降2.5%，衣着类下降1.9%，娱乐教育文化用品及服务下降1.4%，交通和通信下降1.2%，食品类下降0.2%。

二、农业生产稳步发展

随着各项惠农政策逐步落实和市场导向作用等因素的共同推动，沧州市农业综合生产能力进一步增强。全年农林牧渔业总产值完成391.3亿元，同比增长4.4%。其中，种植业产值217.4亿元，增长1.97%；畜牧业产值

104.95亿元，增长7.22%；林业产值1.04亿元，下降4.05%；渔业产值14.6亿元，增长8.97%。

全年粮食总产量450.82万吨，比上年增长4.63%；油料总产量10.23万吨，下降0.38%；棉花总产量14.13万吨，下降10.39%；蔬菜总产量440万吨，增长1.5%；肉类产量38万吨，增长7.65%；禽蛋产量32.5万吨，增长2.77%；水产品产量12.1万吨，增长3.9%；牛奶产量11.4万吨，下降5%。

三、工业经济发展提速

工业生产持续增长，经济效益稳步提高。沧州市规模以上（年销售收入500万元以上）工业企业实现增加值587.35亿元，同比增长11%。

轻工业增长快于重工业，轻工业完成增加值89.99亿元，增长11.8%，重工业完成增加值497.36亿元，增长10.4%，轻工业比重工业快1.4个百分点。外商及港澳台投资企业完成增加值74.67亿元，增长43.4%；股份制企业完成增加值413.76亿元，增长5.7%。

石油化工、管道装备制造、五金机电、纺织服装、食品加工等“五大产业”的主导作用显著。石油化工业完成增加值215.51亿元，下降3.0%；管道装备制造业完成113.04亿元，增长28.0%；五金机电业完成108.39亿元，增长13.8%；纺织服装业完成30.88亿元，增长16.0%；食品加工业完成24.1亿元，增长12.3%。各产业在五大产业增加值中所占的比重分别为43.8%、23.0%、22.0%、4.9%和6.3%。

在生产增长的同时，经济效益逐步提高。全市规模以上工业主营业务收入2145.58亿元，同比增长8.0%；利润总额181.95亿元，增长14.7%；利税总额315.56亿元，增长21.9%。

四、投资建设成就斐然

固定资产投资平稳快速增长，规模实现新突破。全社会固定资产投资完成1102.8亿元，首次突破1000亿元大关，同比增长39.17%。其中，城镇投资完成774.2亿元，增长38.87%；农村投资完成328.6亿元，增长39.87%。

在城镇投资中，第二产业投资完成478.1亿元，占61.76%，同比增长23.18%。其中，化工行业投资完成87.1亿元，同比增长28.35%。房地产投资保持较高增长，全市房产开发投资完成69.6亿元，同比增长32.26%。

五、国内贸易繁荣活跃

2009年，城乡市场全面繁荣，消费市场商品供应丰富，居民需求旺盛，全市实现社会消费品零售额490.7亿元，同比增长18%。

消费品市场的主要特点：一是城乡市场保持同步增长。今年城市市场实现社会消费品零售额248.9亿元，同比增长18.9%，县以下农村市场实现社会消费品零售额241.8亿元，同比增长17%，城市市场增速比农村市场高1.9个百分点，城乡市场逐步呈现协调发展态势；二是零售业销售平稳增长，住宿餐饮业持续红火。全市零售业和住宿餐饮业分别实现零售额354.7亿元和63.7亿元，同比分别增长19.7%和18.3%。零售业和住宿餐饮业的快速发展是带动全市消费品市场稳步增长的主要因素之一；三是汽车销售市场继续回升。全市限额以上批发零售业汽车类商品零售额总计16亿元，同比增长47%。占整个限上企业零售额的33.4%，占全市社会消费品零售总额的3%。

六、对外经济逐步回暖

全市直接利用外资16484万美元，同比增长2.6%。其中，第一产业直接利用外资500万美元，第二产业直接利用外资14856万美元，第三产业直接利用外资1128万美元。全市十一个大项目共到位外资11151万美元，占全市直接利用外资总额的67.6%。新批“三资”企业合同总金额26844万美元，新批“三资”企业合同外资额9893万美元。

外贸进出口总值13.5亿美元，同比下降29.03%。其中，出口总值11.2亿美元，下降28.85%；进口总值2.3亿美元，下降28.89%。

七、财政金融稳定

全部财政收入突破200亿元大关，完成210.3亿元，同比增长33.7%。其中，地方一般预算收入64.7亿元，增长14.1%。全市国税收入147.37亿元，同比增长16.18%；地税收入52.33亿元，增长21.74%。

年末，全市金融机构存款余额1765.5亿元，比年初增加291.8亿元，其中城乡储蓄存款1197.7亿元，增加224.9亿元。金融机构贷款余额711.4亿元，比年初增加70.9亿元。贷款额占存款额的40.3%，存贷差1054.1亿元。

八、居民收入不断提高

随着“惠民生”政策的落实，以及各类补贴发放到位，城乡居民收入持续增长，生活水平稳步提高。城市居民人均可支配收入14518.5元，比上年增加1344元，增长10.2%。农民人均纯收入4955元，比上年增加449元，增长10%。

在居民收入较快增长的同时，消费保持同步增长。城市居民人均消费支出9177.5元，增长12.9%；农村居民人均生活费支出3021元，增长9.66%。

九、社会事业蓬勃发展

各项社会事业全面进步。义务教育水平不断提高，建成布局调整项目学校20所，新建、改扩建校舍16.6万平方米。文化体育事业取得新成果，全市建成乡镇综合文化站50个、农村书屋309个。全民健身活动蓬勃开展，竞技体育取得好成绩。社会保障体系进一步完善，城镇居民基本医疗保险参保人数达到40.4万人，为17.4万城乡低保对象发放低保金2.1亿元，敬老院、光荣院、福利院全部建成交付使用，集中供养能力达到90%。新型农村合作医疗参合农民达到512.4万人，参合率超过90%，为参合农民报销医药费3.8亿元，甲型H1N1流感防控救治工作取得阶段性胜利。城镇新增就业5.7万人，城市登记失业率控制在4.35%以内。坚持“文化搭台，经贸唱戏”，成功举办了第12届中国吴桥国际杂技艺术节沧州会场和中国·沧州管道装备展览会，搭建了对外开放新平台，彰显“石油之城、管道之都”风采，推进了经济和社会事业进一步发展。

（沧州市统计局　刘尚发）

衡　水　市

2009年，面对国际金融危机严重冲击的重大考验，全市人民在市委、市政府的坚强领导下，以科学发展观为统领，认真贯彻落实中央应对危机的一系列宏观调控政策，全市经济和各项社会事业取得了突破性的成效，为实现科学超常发展奠定了基础。

一、总体情况

2009年，全市实现地区生产总值652.1亿元，按可比价格计算，比上年增长9.6%，增速较上年提高0.5个百分点。分产业看，第一产业实现增加值122.9亿元，增长4.0%；第二产业实现增加值331.2亿元，增长11.3%；第三产业实现增加值197.9亿元，增长9.2%。2009年三次产业比重为18.8∶50.8∶30.4，对经济增长的贡献率依次为5.8%、66.3%和27.9%，分别拉动经济增长0.56个、6.36个和2.68个百分点。

全年居民消费价格总水平比上年下降0.1%。分类别看，食品类上涨1.4%、烟酒及用品类上涨1.0%、衣着类下降3.4%、家庭设备用品及服务类下降0.6%、医疗保健及个人用品上涨1.6%、交通和通讯类用品下降2.8%、娱乐教育文化用品及服务上涨0.4%、居住类上涨0.4%。分城乡看，城市下降1.0%，农村上涨0.6%。

全年固定资产投资价格下降2.3%，其中建筑安装工程价格下降2.4%。工业品出厂价格下降7.1%，其中生产资料价格下降8.4%，生活资料价格上涨0.3%。

年末城镇单位从业人员21.3万人，比上年末新增0.3万人，其中女性9.1万人，新增0.2万人。年末城镇登记失业率为3.36%，比上年末下降0.02个百分点。

二、农业

全年完成农林牧渔业总产值235.1亿元，比上年增长4.8%。其中农业产值141.7亿元，增长0.5%；林业产值0.9亿元，下降16%；畜牧业产值81.3亿元，增长10.9%；渔业产值0.6亿元，增长1.0%；农林牧渔服务业产值10.7亿元，增长16.4%。

全年粮食、棉花、油料播种面积分别为57.5万公顷、14.0万公顷、3.6万公顷，分别较上年增长2.1%，下降2.8%和下降4.3%。粮食产量343.8万吨，比上年增长2.6%；棉花产量15.1万吨，下降7.39%；油料产量11.2万吨，下降2.1%；蔬菜产量361.9万吨，增长5.5%；水果产量（含果用瓜）148.5万吨，增长4.1%。

全年农村用电量260770万千瓦时，农业机械总动力867.4万千瓦。

三、工业和建筑业

2009年，全市工业实现增加值306.5亿元，比上年增长10.1%。其中，规模以上工业实现增加值170.8亿元，增长12.2%；规模以下工业实现增加值135.7亿元，增长7.8%。

在规模以上工业中，分经济类型看：国有企业实现增加值11.1亿元，增长6.6%；集体企业实现增加值2.9亿元，增长18.3%；股份制企业实现增加值117.7亿元，增长15.2%；外商及港澳台商投资企业实现增加值19.3亿元，下降2.2%。分轻重工业看：轻工业实现增加值34.6亿元，比上年增长9.9%；重工业实现增加值136.2亿元，增长12.8%。轻重工业比为20.3∶79.7。全年全市规模以上工业完成主营业务收入607.2亿元，比上年增长7.6%；产品产销率达到98.0%，比上年提高1.3个百分点；实现利税60.0亿元，增长19.5%；实现利润41.6亿元，增长28.1%。

2009年，全市资质等级以上建筑业企业实现总产值44.9亿元，比上年增长31.7%。

四、固定资产投资

全年完成固定资产投资361.6亿元，比上年增长50.7%。其中，城镇固定资产投资231.8亿元，增长59.5%；农村固定资产投资129.9亿元，增长37.1%。在城镇固定资产投资中，建设项目投资188.9亿元，比上年增长48.0%，其中亿元以上项目投资69.5亿元，增长1.4倍。分产业看，第一产业完成投资1.3亿元，下降24.7%；第二产业完成投资134.3亿元，增长40.6%，其中工业完成投资132.4亿元，增长39.9%；第三产业完成投资96.2亿元，增长100.1%。

全年完成房地产开发投资42.9亿元，比上年增长142.7%，其中商品住宅投资36.6亿元，增长110.2%。全年房屋施工面积491.6万平方米，比上年增长87.9%，其中住宅431.8万平方米，增长66.4%。

全年全市共有施工项目725个，其中新开工项目550个，亿元以上项目69个。

五、国内贸易

全年实现社会消费品零售额268.7亿元，比上年增长18.0%。分行业看，批发零售业实现零售额235.5亿元，增长17.0%；住宿餐饮业实现零售额31.8亿元，增长29.6%。分销售单位所在地看，市级实现零售额87.9亿元，增长13.2%；县级实现零售额83.2亿元，增长19.9%；县以下实现零售额97.6亿元，增长21.0%。

六、对外经济

外贸进出口总额实现117593万美元，比上年下降2.1%。其中出口105560万美元，下降1.8%；进口12033万美元，下降19.9%。

在外贸出口中，分贸易方式看，一般贸易出口97560万美元，增长3.5%；加工贸易出口7997万美元，下降39.8%。分市场结构看，对亚洲市场出口35582万美元，下降17.0%，占全市出口的33.7%；对欧洲出口44327万美元，增长49.1%，占全市出口的42.0%；对北美洲出口10114万美元，下降38.8%，占全市出口的9.6%。

全市新批“三资”企业合同项目8个，较上年增加1个。新批“三资”企业合同总金额12161万美元，较上年增长55.0%，其中新批“三资”企业合同外资额10848万美元，增长135.5%。

全年实际利用外资12194万美元，较上年增长21.4%，其中外商直接投资6885万美元，增长24.2%。在外商直接投资中，来自亚洲的投资为3905万美元，较上年增长2.8%，来自欧洲的投资为890万美元，增长49.6%，来自北美洲的投资为1423万美元，增长157.8%。

七、交通运输、邮电和旅游

年末全市公路通车总里程10542公里，其中等级公路9627公里，等级外公路915公里。在等级公路中，高速公路61公里，一级公路201公里，二级公路1107公里。全年营业性客车道路旅客运输量2014万人次，旅客运输周转量15.1亿人公里；营业性货车道路货物运输量2767万吨，货物运输周转量13.1亿吨公里。

邮电业实现主营业务收入16.4亿元，其中邮政主营业务收入1.1亿元，电信主营业务收入15.3亿元。全年信息传输、计算机服务及软件业实现增加值9.5亿元，比上年增长17.0%。

全年接待海内外游客289.7万人次。其中，国内游客289.0万人次，实现旅游收入12.8亿元；接待海外游客7260人次，比上年增加672人次，增长10.2%，旅游外汇收入201.7万美元，增长14.6%。在海外游客中，外国人6247人次，港、澳、台同胞1013人次，分别比上年增加254人次和418人次，增长4.2%和70.3%。

八、财政、金融和保险

财政收入完成50.1亿元，比上年增长23.8%，其中地方一般预算收入21.7亿元，增长40.4%。在全部财政收入中，国税系统收入26.5亿元，比上年增长13.7%；地税系统收入17.5亿元，增长27.4%。全年财政支出90.4亿元，比上年增长35.4%。

年末全市金融机构各项存款余额为984.0亿元，比年初增加199.6亿元。其中，企业存款166.2亿元，增加44.8亿元；居民储蓄存款720.9亿元，增加129.5亿元。年末金融机构贷款余额为369.6亿元，比年初增加60.0亿元。其中，短期贷款余额为265.3亿元，增加37.9亿元；中长期贷款余额为83.7亿元，增加16.7亿元。

年末全市共有各类保险机构27家，其中财产保险公司10家，人身保险公司13家，保险中介4家，从业人员1.1万人。全年保费收入24.1亿元，比上年增长12.6%，其中：财产险保费收入4.6亿元，增长15.6%；人身险保费收入19.5亿元，增长11.6%。

九、科学技术和教育

2009年，全市共获得各项科技成果80项，获省级科技进步奖励2项，市级科技进步奖励55项，申请专利600余件。全年共认定、登记技术合同186项，技术合同成交额1400万元。2009年，在全市规模以上工业中，高新技术产业实现产值66.2亿元，实现增加值19.7亿元，比上年增长22.8%，高新技术产业增加值占规模以上工业增加值的比重达到11.2%。

年末全市拥有小学1024所，小学专任教师20196人，小学在校生282910人；普通中学219所，普通中学专任教师17916人，初中在校生158302人，高中在校生94792人；各类中等职业教育学校59所，拥有专任教师3046人，在校生51082人。

十、文化、卫生和体育

年末全市文化系统拥有各种艺术表演团体3个，艺术表演场馆3个，公共图书馆11个，群众艺术馆、文化馆12个，博物馆2个。

年末全市共拥有各类卫生机构496所，各类卫生机构拥有床位12291张，卫生机构人员16608人，其中卫生技术人员13822人。在各类卫生机构中，医院、卫生院204个，医院、卫生院拥有床位11271张，医生6548人，注册护士3023人。

举办各类群众性体育活动26次，为155个村安装价值310万元的国家级农民健身工程，为121个村安装价值100万元的省级农民健身工程，为县市区安装建设了22套价值88万元的城市公园广场健身路径。

十一、人口和人民生活

年末公安部门统计的户籍户数为131.04万户，户籍人口436.27万人，其中非农业人口102.19万人。全年出生人口6.56万人，死亡人口3.46万人，出生人口男女比列为112：100。

2009年，全市城市居民人均可支配收入13142元，比上年增长10.0%。人均消费性支出为8758元，增长19.9%。城市居民恩格尔系数为32.4%比上年下降2.3个百分点。城镇居民人均住房建筑面积为29.6平方米，增长1.5%。

农民人均纯收入3918元，比上年增长7.7%，人均生活消费支出2402元，增长8.8%。农村居民恩格尔系数为41.5%，比上年下降2.3个百分点。农民人均住房面积为27.9平方米，比上年增长0.8%。

十二、环境保护

市区空气质量达到国家二级标准以上的天数为337天，较上年增加16天。年末全市拥有污水处理厂12个，日处理污水能力36.5万立方米，其中9个正式运行，日处理污水21.4万立方米。全年工业固体废物产生量186.3吨，工业固体废物综合利用率99.9%。

（衡水市统计局　杨朝霞）

邢　台　市

2009年，邢台人民在市委、市政府的正确领导下，以深入开展学习实践科学发展观和干部作风建设年活动为契机，紧紧围绕“保增长、调结构、扩内需、惠民生”的主线，认真贯彻落实中央和省应对危机的一揽子计划和政策措施，坚定信心，攻坚克难，国民经济总体回升向好，各项社会事业全面进步，为实施“十二五”规划奠定了坚实的基础。

一、整体经济回升向好，经济总量迈上新台阶

国民经济总体回升向好。初步核算，全市生产总值实现 1056.3 亿元，首次突破千亿元大关，比上年增长 10.0%。其中，第一产业增加值 158.8 亿元，增长 3.4%；第二产业增加值 596.8 亿元，增长 11.4%；第三产业增加值 300.7 亿元，增长 10.2%。三次产业结构由上年的 15.2∶57.1∶27.7 转化为 15.0∶56.5∶28.5。人均生产总值 15174 元，比上年增长 9.1%。

二、价格走势基本稳定，就业工作得到加强

2009 年，居民消费价格总指数（CPI）为 99.9%，比上年下降 0.1%。其中城市下降 0.5%，农村上涨 0.4%。统计的八大类消费品价格呈现“四升四降”格局，烟酒及用品、居住、医疗保健和个人用品、家庭设备用品及维修服务类价格分别同比上涨 3.2%、1.3%、1.2%和 0.2%，食品、交通和通讯、娱乐教育文化用品及服务、衣着类价格分别下降 1.0%、0.7%、0.6%和 0.4%。全年工业品出厂价格指数为 89.8%，比上年下降 10.2%。

就业工作得到加强。年末全市就业人员 361.4 万人，比上年末增加 8.45 万人，其中城镇就业人员 87.62 万人，增加 4.41 万人。年末城镇登记失业率为 4.1%，比上年上升 0.1 个百分点，控制在调控目标（4.5%）之内。

三、农业生产稳定增长，结构调整取得成效

农业生产稳定增长。全年粮食播种面积 70.7 万公顷，比上年增长 2.5%；总产量 403.3 万吨，增长 1.1%。棉花播种面积 19.2 万公顷，增长 1.1%；总产量 21.3 万吨，下降 1.2%。油料播种面积 3.5 万公顷，下降 9.9%；总产量 9.7 万吨，下降 9.6%。蔬菜播种面积 5.6 万公顷，下降 1.1%；总产量 291.7 万吨，增长 0.9%。畜牧业发展稳定。肉类、禽蛋和奶类产量分别达到 28.7 万吨、46.0 万吨和 26.3 万吨，分别比上年增长 5.9%、1.7%和 10.1%；猪、羊年末存栏数分别为 222.1 和 105.0 万头，分别增长 10.0%和 9.4%。渔业生产发展较快。水产品产量 4516 吨，增长 1.8%。

农业结构调整取得成效。全市农林牧渔业总产值 278.1 亿元，比上年增长 3.2%，其中，农业产值 164.6 亿元，比上年增长 1.0%；林业产值 5.1 亿元，增长 39.1%；牧业产值 85.9 亿元，增长 5.8%；渔业产值 0.41 亿元，下降 1.5%；畜牧、蔬菜、果品三大优势产业带动作用明显，实现产值占农林牧渔业总产值的比重达 49.6%，比上年提高 1.4 个百分点。农业产业化经营水平基本稳定，产业化经营率达到 57.0%，比上年下降 1.2 个百分点。

四、工业生产回升势头明显，经济效益降幅收窄

工业生产回升势头明显。全部工业增加值完成 555.8 亿元，比上年增长 10.7%，增速比上半年加快 3.7 个百分点。规模以上工业增加值 379.7 亿元，增速自 5 月份以后持续温和加速，全年增长 13.1%，比上半年加快 5.6 个百分点。分经济类型看，国有及国有控股企业完成增加值 63 亿元，集体企业完成增加值 25.99 亿元。

工业经济效益降幅收窄。全市规模以上工业实现利税总额 158.5 亿元，比上年下降 6.1%，降幅分别比上半年和前三季度缩小 29.1 和 24.8 个百分点。其中实现利润总额 106.9 亿元，比上年下降 5.6%。

五、固定资产投资较快增长，重大项目带动作用强劲

固定资产投资较快增长。全社会固定资产投资完成 840.5 亿元，比上年增 39.3%，其中城镇固定资产投资 601.8 亿元，增长 39.3%；农村投资 238.7 亿元，增长 39.2%，增速同比加快 34.3 个百分点。投资结构进一步改善。第一产业和第三产业投资分别完成 16.7 亿元和 211.5 亿元，分别比上年增长 65.3%和 61.3%，比重分别上升 0.5 和 4.8 个百分点；第二产业投资完成 373.5 亿元，增长 28.5%，比重下降 5.2 个百分点。

重大项目带动作用强劲。总投资亿元以上项目 176 个，比上年增加 66 个；完成投资 211.8 亿元，增长 22.1%，中煤旭阳煤化工项目、德龙钢铁技术改造项目、晶龙集团太阳能电池续建项目和沙河金丰公司年产 10 万吨大功率风电设备配件等一批重大项目进展顺利。

六、消费品市场稳步回升，利用外资形势向好

消费品市场稳步回升。社会消费品零售总额实现 389.6 亿元，比上年增长 17.9%，增速比上半年提高 0.3 个百分点。城市零售额 109.1 亿元，增长 17.6%；农村零售额 280.6 亿元，增长 18.1%，快于城市 0.5 个百分点。分行业看，批发和零售业实现零售额 341.6 亿元，增长 17.9%，住宿和餐饮业实现零售额 46.2 亿元，增长 18.6%。

利用外资形势向好。实际利用外资 2.06 亿美元，比上年下降 3.9%，降幅比上半年收窄 10.9 个百分点。其中外商直接投资 2.04 亿美元，增长 4.6%。新批合同项目 10 个，合同外资额 6410 万美元，比上年下降 60.4%。

七、财政收支保持增长，金融保险较快发展

财政收支保持增长。全部财政收入达 110.0 亿元，比上年增长 7.6%，其中地方一般预算收入完成 43.0 亿元，增长 16.6%。财政支出 132.6 亿元，增长 20.9%。

信贷规模继续扩大。年末金融机构各项存款余额 1384.2 亿元，同比增长 24.6%。其中居民储蓄存款 957.5 亿元，增长 18.6%；各项贷款余额 663.3 亿元，增长 40.4%。

保险事业较快发展。保费收入 33.3 亿元，比上年增长 29.9%。其中，财产险保费收入 7.0 亿元，寿险保费收入 25.2 亿元，健康和意外伤害险保费收入 1.1 亿元，分别增长 24.4%、33.1%和 2.7%。各项赔款和给付 7.6 亿元。其中，财产险赔款 3.7 亿元，增长 11.1%；寿险赔付 3.4 亿元，下降 31.1%；健康和意外伤害险赔付 0.5 亿元，下降 2.6%。

八、教育科技加快发展，文卫事业繁荣稳定

各级各类教育加快发展。普通高等学校 4 所，招生

1.58万人，在校学生4.58万人，比上年增长2.2%。学龄儿童入学率达99.9%，九年义务教育完成率达99.2%，比上年提高0.2个百分点。幼儿园在园幼儿13.7万人，比上年增加0.3万人。

科技事业迈出新步伐。全年共取得科技成果211项，增长75.8%。专利申请量558件，增长32.6%；专利授权量280件，增长20.7%。

文化事业发展迅速。年末全市共有艺术表演团体10个，文化馆18个，公共图书馆17个，博物馆2个，档案馆23个。广播电台17座，中、短波广播发射台和转播台4座；电视台18座。有线电视用户31.27万户，有线数字电视用户8.78万户。广播综合人口覆盖率达99.15%，电视综合人口覆盖率达99.09%。

卫生事业得到加强。年末全市共有卫生机构1006个，其中医院、卫生院299个，妇幼保健院（所、站）20个，卫生防疫防治机构20个。卫生技术人员20885人，其中执业医师及执业助理医师9653人，护师、护士5172人。卫生机构床位20242张，其中医院、卫生院床位19700张。乡镇卫生院173个，床位5565张，卫生技术人员3747人。农村有医疗点的村数占总村数的95%，乡村医生和卫生员9720人。

九、城乡居民生活进一步改善，社会保障水平逐步提高

城乡居民生活进一步改善。城市居民人均可支配收入13355元，增长10.1%。农民人均纯收入达4467元，增长7.0%。居民消费继续增长。城镇居民人均消费支出7638元，增长6.7%；农民人均生活消费支出2365元，增长11.2%。居民居住条件进一步改善。城镇居民人均建筑面积34平方米，农民人均居住面积32平方米，分别比上年增长12.8%和2.9%。

社会保障水平逐步提高。年末城镇参加基本养老保险人数为37.86万人，其中参保职工达28.19万人，参保离退休人员达9.66万人；参加城镇基本医疗保险人数122.18万人，比上年增加77.8人。其中城镇职工基本医疗保险人数48.83万人，城镇居民基本医疗保险人数73.35万人；参加失业保险的人数达33.04万人。

十、环境治理力度加强，节能减排取得新进展

环境治理力度进一步加强。环境保护和污染减排成效显著，城市空气环境质量得到持续改善，市区二级和好于二级天数达到338天，比上年增加7天。城市集中饮用水源地水质达标率稳定保持100%，完成环境污染限期治理及减排项目125个。争取中央和省级环保专项资金1.8亿元。"三废"综合利用产品产值为6.25亿元。城市环境保护工作有所加强。建成烟尘控制区3个，面积70平方公里。

节能减排取得新进展。全年单位GDP能耗为1.8248吨标煤/万元，同比降低5.3%；规模以上工业增加值单位能耗2.86吨标煤/万元，同比降低14.4%；单位GDP电耗1527.3千瓦时/万元，降低1.7%。

（邢台市统计局　梁爱红）

邯　郸　市

2009年，是全市进入新世纪以来经济发展极不寻常的一年。面对复杂严峻的国内外形势，市委、市政府带领全市人民，坚持以邓小平理论和"三个代表"重要思想为指导，深入贯彻落实科学发展观，紧紧围绕"保增长、调结构、促改革、惠民生"的工作主线，认真贯彻落实中央扩大内需的一系列政策措施，解放思想，强化调控，坚定信心，共克时艰，沉着应对国际金融危机的冲击，较快扭转了经济增速下滑的局面，国民经济总体回升向好，各项社会事业全面进步，为邯郸实施"十二五"规划奠定了坚实的基础。

一、经济发展总体向好

国民经济总体回升向好。2009年，全市生产总值2015.3亿元，首次突破2000亿大关，比上年增长11.2%。其中：第一产业增加值243.6亿元，增长3.5%；第二产业增加值1110.4亿元，增长10.5%；第三产业增加值661.2亿元，增长15.1%。三次产业结构由上年的12.1∶56.9∶31.0变为12.1∶55.1∶32.8。

农业丰产丰收。随着各项惠农政策的逐步落实，农业实现丰产丰收，农业综合生产能力稳步提高。一是农业生产稳定增长。2009年，全市粮食播种面积达76.16万公顷，比上年减少0.02万公顷，降低0.03%；粮食亩产395.7公斤，增加4.5公斤，增长1.2%。粮食总产量452万吨，增加5万吨，增长1.1%，连续6年获得丰收。全市棉花播种面积11.7万公顷，亩产84.2公斤，总产量14.8万吨，分别增长5.6%、1.5%和7.2%。全市油料播种面积4.9万公顷，亩产208.8公斤，总产15.4万吨，分别降低15.6%、1.7%和17.0%。全市蔬菜瓜果类总播种面积达14.2万公顷，减少1.4%，总产量784.6万吨，增长1.9%。二是畜牧业较快增长。肉类、禽蛋、奶类总产量分别为60.2万吨、96.1万吨、20.6万吨，分别增长5.8%、3.3%和0.7%。

工业生产回升势头增强。2009年，全市上下积极应对金融危机所带来的不利影响，开展了"企业服务年活动"，提出"保增长"口号，采取了一系列有效措施，使工业经济运行的一些不稳定因素得到有效控制，工业生产回升势头增强。2009年，全市完成工业增加值998.4亿元，比上年增长10.2%。其中：规模以上工业完成增加值808.2亿元，增长14.6%。一是产销衔接良好，产品销售率为98.4%；二是重点行业拉动明显。全市工业第一大支柱行业——钢铁行业完成增加值444.9亿元，增长17.6%；煤炭行业完成增加值94.3亿元，增长10.4%。工业利润降幅收窄，企业效益趋于向好。全市规模以上工业实现利润119.1亿元，比上年下降2.3%，比上半年下降幅度收窄 29.2 个百分点，比降幅最大的 1—5 月份收窄 36.5 个百分点。截至年末，工业企业利润降幅已连续 8 个月逐渐收窄，利润下滑态势得到有效遏制，企业效益趋于向好。新兴铸管股份有限公司、邯郸钢铁集团有限责任公司、邯邢冶金矿山局、邯郸矿业集团有限公司和纵横钢铁有限公司等 33 家企业实现利税均超亿元。

服务业发展步伐加快。大力发展会展经济，成功举办了国际建材博览会、北方糖酒会等大型展会。全市实现社会消费品零售总额 606.0 亿元，比上年增长 17.9%。加强政银企合作，开展一系列交流对接活动。各金融机构服务水平不断提高，邯郸被评为全国金融生态城市。精心打造旅游线路和景区景点，接待国内外游客 1186 万人次。综合运输、现代物流、电子商务等各类服务业均保持良好发展势头。

二、改革开放激发新活力

扎实推进国企改革，27 家企业实施了破产、改制、重组。改革征管机制，积极培植税源，做到应收尽收，圆满完成财政收入“增十”目标。按照“决策＋监管＋平台”模式，建立了五大投融资平台，融资 310 亿元，创出投融资改革的“邯郸样本”。稳步实施政府机构改革，城市管理、事业单位、户籍制度等改革进展较快。努力推进对外开放，组织参加北京 CBD 商务节、香港经贸洽谈会、深圳高交会等境内外招商活动 130 余次，招商引资工作取得突破性进展。在巩固与中船重工、新兴、美的等大集团、大企业合作的同时，重点加强了与中国恒天、韩国现代、香港人和等国内外 500 强企业的对接合作，成功引进一批战略投资者，签订合作项目 163 个，签约总额近 2000 亿元。现代（邯郸）国际汽贸城、中韩双转子风力发电等项目正式签约，与河北钢铁、冀中能源、北京朝阳区、北京邮电大学等战略合作深入推进。总投资 50 亿元的美的北方（邯郸）白色家电基地即将全面开工。全市实际利用外资 3.6 亿美元，增长 31.3%。

三、城市建设与生态环境进一步改善

三年大变样工作取得阶段性成果。高标准编制完成了生态园林城市、公共交通建设、城市建筑特色和色彩等专项规划，并对赵王城遗址公园、文化艺术中心等标志性工程和五仓区、火车站周边区域等重点部位进行了高水平规划设计，实现了从宏观到微观、从城市建设到产业发展的规划全覆盖。2009 年全市共完成拆迁 1272.09 万平方米。实施惠民新工程。共建成街头游园 105 个、片林 113 个、停车场 100 个、便民市场 121 个、公厕（垃圾站）101 个，以 19 条道路（铁路）、6 个重要区域、1754 个既有建筑包装改造工程为重点，打造环境新亮点，展现城市新面貌。

城市环境质量全面提升。一是淘汰落后产能，减少污染物排放。组织实施了 75 个减排项目，废除烟囱 219 根。主城区未治理达标的烟囱已全部拆除。实施“退二进三、退城进郊”工程。列入省定计划的 25 家重污染企业中，9 家企业已提前一年完成搬迁任务；12 家企业已启动实施搬迁，同时，完成了啤酒厂、日用化工厂等 10 家企业的关停和搬迁改造工作。二是大力推进生态水网建设。建设“四湖”，治理“五河”，改造“一淀”。同时，组织实施南水北调、引黄入邯工程，丰富邯郸水资源。强力实施绿网工程。按照“赵都＋绿网”、“文化＋绿化”的生态定位，增加绿量、提高质量、建设精品。

四、城市社会事业全面发展

社会事业全面进步。办学条件不断改善，实施了中小学校舍安全工程，完善了贫困学生资助政策，财政用于教育的投入达 49 亿元。教育教学质量稳步提升，均衡发展成效突出，全国推进义务教育均衡发展现场会在邯郸召开，邯郸市被评为全国先进地区。医疗卫生服务水平不断提高，加强手足口病、甲型 H1N1 流感等传染病防治工作，最大限度地减少了重症病例和死亡病例的发生。完成了 8 个县的乡镇卫生院和 1000 个村卫生室标准化建设。群众体育活动丰富多彩，全民健身蓬勃开展。成功抗击了重大雪灾，援建四川地震灾区工作提前完成省下达任务，居全省首位。人口和计划生育工作得到加强，低生育水平保持稳定。国防和民兵预备役、民族宗教、外事侨务、文物保护、新闻出版、妇女儿童、爱国卫生、残疾人、老龄、慈善、档案、地震、气象等各项工作都取得了新的成绩。被评为全国创建文明城市先进单位。

五、城市就业和社会保障成效明显

人民群众得到更多实惠，坚持更多的精力、财力向民生倾斜，财政用于民生领域的支出达 121 亿元，增长 30%，创历史新高。年末全市参加基本养老、基本医疗、失业、工伤保险的人数分别为 88.09 万人、92.7 万人、66.64 万人和 59.64 万人，分别比上年末增加 26.51 万人、7.6 万人、0.34 万人和 4.9 万人。全市享受城市最低生活保障的居民为 15.2 万人，享受农村最低生活保障的农民 20.2 万人。新增城镇就业岗位 8.4 万个，下岗失业人员再就业 3.8 万人，城镇登记失业率控制在 4.2%以内。

在加强城市建设的同时住房保障工作取得良好效果：截至 2009 年底，全市廉租住房已累计保障 12015 户，累计筹集建设廉租住房 3104 套，竣工经济适用住房 2551 套，竣工 22.98 万平方米，城中村改造已启动 34 个，其中 2009 年启动 21 个，完成拆迁面积 171 万平方米；棚户区（危陋住宅区）改建累计启动 64 个，完成拆迁 181.1 万平方米，其中 2009 年启动 39 个，完成拆迁 105.4 万平方米。累计完成 3 万平方米以上旧小区改善 34 个，改善面积 204.21 万平方米，受益居民 29284 户。城市居民人均可支配收入达到 15961 元，农村居民人均纯收入 5323 元，分别增长 10.4%和 9.8%。

六、城市创新能力不断提高

科技创新能力显著提高。全市共取得各类科技成果 148 项，其中，达到国内领先水平的 130 项、国际先进水平的 18 项。获得 2009 年度国家科技进步奖 2 项，省科技进步奖一等奖 1 项、二等奖 1 项、三等奖 11 项，省自然科学三等奖 1 项。新通过国家认定高新技术企业 17 家，自主创新型试点企业国家级 1 家，省级 4 家。专利申请受理量 777 项，专利申请授权量 510 项。邯郸市跻身中国城市综合创新能力 50 强，被评为中国最具创新绩效城市。

七、部分现代化指标实现程度进一步提高

人均地区生产总值3336美元；非农业增加值占地区生产总值比重67.2%；第三产业增加值占地区生产总值比重32.8%；进出口总额占生产总值比重9.1%；城市化水平45.2%；教育事业费支出占地区生产总值比重0.1%；城市居民恩格尔系数34.4%，人均住房建筑面积25.2平方米；农村居民恩格尔系数37.5%；每百人拥有电话机和手机69部；每百户居民家庭拥有电脑57台；每万人拥有医生数12.9人。

（邯郸市统计局　贾向东）

县（市、区）域经济专辑

辛　集　市

2009年是近年来辛集市经济发展困难最多、挑战最大的一年。面对严峻复杂的经济形势，全市人民坚持以学习实践科学发展观和开展干部作风建设年活动为动力，紧紧围绕建设区域中心城市、构建和谐辛集总体目标，坚定信心，迎难而上，全力以赴保增长、保变样、保民生、保稳定，全市呈现出整体经济回升趋好、城乡建设加速推进、社会和谐稳定、人民安居乐业的良好局面。被授予为“全国绿化模范县（市）”、“全国科技进步先进县（市）”、“国家可再生能源建筑应用示范县”、“河北省推进社会主义新农村建设先进县（市）”等荣誉称号。

整体经济企稳向好。地区生产总值完成214.12亿元，同比增长11.0%。全部财政收入完成9.3亿元，增长1.01%；其中地方一般预算收入4.95亿元，增长34.18%。全社会固定资产投资完成109.55亿元，增长39.01%；其中城镇固定资产投资106.94亿元，增长41.64%。社会消费品零售总额完成116.51亿元，增长21.3%。各项存款余额达到168.3亿元，增长8.43%；其中城乡居民储蓄余额144.9亿元，增长8.41%。

项目建设成果丰硕。坚持把抓投资、上项目作为保增长的重要着力点，项目数量、项目质量和投资规模均创历史最好水平。实施市级重点收益性项目92个，固定资产投资85.26亿元，其中千万元以上项目61个，亿元以上项目15个；62个项目竣工投产。投资30亿元的澳森钢铁技改扩建、投资10亿元的中国国际皮革城、投资3亿元的腾跃铁路电气化工程配件等重大项目进展顺利，成为全市经济发展的亮点。引进外地规模项目29个，固定资产投资24.29亿元。14个项目列入省重点，总投资41.72亿元。进一步加快市级重点工业园区开发建设，完成各类基础设施投资8900万元，为项目建设搭建了良好平台。全民创业蓬勃发展，新增市场主体2329个，达到1.46万个。

工业经济较快增长。研究编制了皮革、化工、钢铁机械、农产品加工、高新技术等重点产业发展和振兴规划。扎实开展“转作风、摸实情、解难题、保增长”活动，以规模企业和外来企业为重点，全力保障生产要素供应，工业用电量达到17.97亿千瓦时，增长16.38%；积极推进企业技术创新，完成国家和省科技成果转化项目8个；大力破解企业融资难题，争取河北银行在辛集市设立了分支机构，组建了2家中小企业担保公司，新增贷款投放13.97亿元，金融存贷比达到26.51%，增加6,77个百分点，是近几年贷款投放量最多的一年；工业经济在极其困难的情况下实现回升，新增规模企业33家，全市规模以上工业增加值完成94.06亿元，增长19.1%。

农业经济持续发展。粮食生产克服自然灾害影响，总产达到48.05万吨。生产基地稳步扩大，优质麦25万亩，粮饲兼用玉米25万亩，无公害蔬菜8.15万亩，新注册梨果出口基地2万亩。各类重大动物疫病得到有效防控，蛋鸡存栏稳定在1500万只，奶牛存栏达到1.8万头，生猪饲养量突破100万头，7家养殖企业通过了省无公害畜产品产地认定。开工建设重点农产品加工项目24个，总投资5.56亿元；农民专业合作社达到158家，新增90家，农业产业化经营率达到76.6%，在全省保持领先。农业基础条件进一步改善，铺设地下管道14.6万米，增加节水灌溉面积1.75万亩，改造中低产田4500亩，新增大中型农机具391台套。经济特色村新增15个，达到75个。植树226万株，森林覆盖率达到31.2%。

城乡建设成效明显。坚持把三年大变样作为加快城市化进程的战略举措，编制了城区控制性详细规划、绿地系统规划和城市景观风貌规划，完成城建、交通基础设施投资1.2亿元。火车站广场改造、方碑大街东延、工业路大修、六前公路建设等重点项目顺利完成。圣帝凯莱五星酒店、温州商厦等商贸设施项目正加紧建设。旧城改造全面启动，制定了5个城中村改造规划，完成拆迁2.36万平方米。大力开展城市容貌综合整治专项行动，拆除违章建筑9.15万平方米，更新规范广告牌匾9.6万平方米，整修沿街建筑328处、亮化190处，新增城市绿地25万平方米，绿化覆盖率达到37.45%，城市品位明显提升。乡村公路市场化养护机制进一步完善。三年大变样工作位列石家庄市第一。同时，扎实开展农村治五乱、促六化活动，全市实施“一事一议”项目363个，争取国家补助1086万元；筹资2525万元，改建乡村公路22公里，新建沼气池2267个，解决了36个村的饮水安全问题，28个村实现了24小时连续供水，13个石家庄市级新民居示范村完成建筑面积34.3万平方米，农村人居环境得到进一步改观。

节能减排扎实推进。坚持把节能减排作为推进产业结构优化升级的重要抓手，投资1.38亿元完成了城市污水处理厂升级改造、无害化垃圾填埋场、澳森烧结机脱硫等25个减排项目；投资1.68亿元完成了澳森炼钢节能资源综合利用、天玉玻璃马蹄焰窑节能技改等14个节能项目，年可节能13.75万吨标煤；淘汰了一批落后产能，减少能源消耗量5.74万吨标煤。进一步加大对重点区域、重点企业的监管力度，取缔“十五小”企业34家，邵村排干出境断面COD浓度稳定在省控指标以内。市区二级以上天数达到321天，比上年增加2天。全年COD削减667.67吨，SO2削减895.89吨，单位工业增加值能耗控制在1.752吨标煤，可提前一年完成向省人大承诺的三年节能减排任务。

平 泉 县

平泉位于河北省东北部，地处冀、辽、蒙三省区交界处，素有“燕赵门楣、通衢辽蒙、鸡鸣三省”之称。全县总面积3296平方公里，耕地面积4.87万公顷，是个“七山一水二分田”的山区县，辖9镇10乡1个街道办事处，291个行政村，12个社区，总人口47.5万人。近年来，县域经济实力不断增强，2009年，全县地区生产总值完成68.3亿元，同比增长12.0%；实现全部财政收入8.2亿元，同比增长6.1%；完成全社会固定资产投资60.2亿元，同比增长50.5%；城镇居民人均可支配收入达到1.2万元，农民人均纯收入达到4218元，分别比上年增长14.5%和13.7%。

一、历史悠久，区位优势明显，矿产资源丰富

平泉是契丹族发祥地之一，为辽中京的京畿重地；清康乾年间，发展为远近闻名的商贸重镇，素有“拉不败的哈达（赤峰）、填不满的八沟（平泉）”之盛誉。平泉距北京293公里、承德84公里，锦承铁路、101国道横跨东西，省道平铁、平双平公路贯穿南北。特别是承朝高速、遵小铁路、承秦高速和京沈快铁等骨干交通项目建成通车后，平泉将成为连接东北与华北的交通要道，内蒙东部的能源通道，曹妃甸港、天津新港、秦皇岛港的港口腹地。平泉矿产种类达40多种，有铁、钼、铜、金等金属矿产，煤、石灰石、萤石、石英、硅石、花岗岩等非金属矿产，已探明储量的25种，开发利用的20种。

二、坚持农业立县，大力发展食用菌产业

通过坚持“质量立菌、科技兴菌、龙头强菌、市场活菌”的发展战略，全县食用菌产业取得了跨越发展，先后被中国食用菌协会等国家有关部门命名为“全国食用菌行业先进县”、“全国首批园艺产品出口示范县”、“中国食用菌之乡”、“中国滑子菇之乡”、“全国食（药）用菌行业标准化示范县”等称号，2009年全县食用菌生产规模达到1.7亿盘（袋），食用菌产业已成为全县最具活力和特色、农民从中受益最多的立县支柱产业，先后建成了中国北方优质滑子菇生产基地、优质反季花香菇生产基地、夏季香菇生产基地、全日光黑木耳生产基地、设施平菇生产基地，初步形成了规模化生产格局。品种逐年增多，生产品种除主导产品香菇、滑子菇外，还有黑木耳、平菇、灵芝及其它草腐菌。生产技术水平不断提高，香菇生产模式由一种发展到正季、反季、夏季地栽、半熟料柱状栽培等四种，滑子菇生产由盘式、正季发展到袋式、反季、太空包等多种模式，目前在平泉县可以推广栽培的食用菌达到10余种。

三、转变发展方式，大力发展循环经济

近年来，平泉已培育出五条循环经济链条，被确立为国家循环经济示范区，省循环经济试点县、省级可持续发展试验区。一是以玉米为依托的循环经济链条。境内有全省酒精、饲料生产能力最大的承德避暑山庄集团有限责任公司，企业在转化玉米生产酒精（白酒）的同时，加强废弃物综合利用，具有DDGS蛋白饲料生产线一条，年产高质量蛋白饲料6万多吨，并减少COD排放7000多吨，形成“玉米——酒精（白酒）——酒糟——蛋白饲料”的企业末端减量化闭路循环生产模式。二是以食用菌为依托的循环经济链条。近年来，全县大力营造多代萌生的食用菌主原料林（刺槐林），每年发展8万亩，可满足1亿多盘（袋）食用菌所需原料，在此基础上研究开发利用废弃菌棒生产蛋白饲料或活性炭技术，形成“林业基地——食用菌原料——食用菌——废弃菌棒——蛋白饲料（活性炭）”的减量化闭路循环经济链条。三是以秸秆为依托的循环经济链条。自2003年以来，全县全面实施舍饲圈养，为解决畜禽舍饲圈养饲料，采取青贮、粉碎等措施，狠抓秸秆综合利用，形成“秸秆——青贮（粉碎）——圈舍养殖——粪便——沼气——沼渣（沼液）——还田”的循环经济链条。四是以山杏为依托的循环经济链条。平泉县山杏林地59万亩，年产杏核5400吨、杏仁1800吨，以杏仁为原料生产杏仁露、杏仁粉，以杏核皮为原料生产活性炭，形成“山杏——杏仁（杏核皮）——杏仁露或杏仁粉（活性炭）”循环经济链条。五是以工业废物为依托的循环经济链条。近年，在循环经济理念指导下，工矿企业内部以及企业之间，废弃物综合利用的氛围日渐浓厚，研究探索出诸多工业废弃物综合利用模式。比如，华晟公司通过回收铜冶炼废气生产硫酸，供长城公司生产氢氟酸，长城公司再将生产氢氟酸时产生的氟石膏供给立华公司做水泥原料，实现了企业间的物流合理利用。

四、实施文化旺县战略，强力推进文化产业

平泉县依托特有的资源优势，积极探索现代经济与文化互促发展的工作思路，着力打造辽河源头、契丹发祥、中国菌乡、华夏炭都“四张名片”，先后谋划建设了辽河源契丹文化产业园、菌文化产业园、炭文化产业园和山庄老酒文化产业园“四大园区”，推动文化与产业的有机传承。（一）挖掘历史资源，激发文化产业新活力。5000年的红山文化、1000多年的契丹文化，形成了平泉独特的历史文化。中国七大河流之一的辽河自境内发源，富有传奇色彩的马盂山更加神秘。全县整合优势资源，谋划包装了一个集自然风光、自然遗产、历史文化、名人文化于一体的综合性旅游项目。规划设计了总投资10.5亿元的契丹文化产业园区，园区包括契丹始祖文化保护区、辽文化解说中心、契丹民俗文化村、“走进契丹”演艺中心、契丹文化博物馆、艺术采风创作基地、旅游接待中心、旅游购物中心、狩猎场和滑雪场等10个功能区，极大增强了平泉旅游的吸引力。（二）依托特色产业，凸显文化产业新优势。食用菌是平泉发展实力最强的农业特色主导产业，为把小蘑菇做成大产业、大文化、大舞台，将“全国食用菌行业先进县”、“中国产业集群品牌50强”、“中国食用菌之乡”、“中国滑子菇之乡”等荣誉转化为产业品牌文化和现实生产力，谋划包装了总投资15亿元，占地2000多亩，包括菌文化一条街、中华菌文化博览中心、菌文化科研培训中心、菌文化庄园等10个子项目的菌文化产业园区，全力打造一个集“听、赏、食、购”于一体的全国规模最大、综合性最高、吸引力最强、全方位展示食用菌文化的平台。（三）强化科技创新，明确文化产业新方向。平泉是目前国内果壳活性炭最大的生产基地，为做大活性炭产业，全县投资10亿元建设集科技创新、绿色环保、文化消费、循环经济于一体的炭文化产业园。以活性炭为原料，以日新月异的文化元素为依托，综合运用传统彩绘、布帖、雕刻、剪纸等多种民间工艺生产立体感强、色彩艳丽的环保装饰画及环保床上用品和工艺品，提高了产品附加值，满足现代人健康、环保、时尚、文化的多元消费需求。（四）培育品牌文化，创建文化产业新载体。随着山庄老酒跻身于中国酒文化百强行列，山庄商标已成为中国驰名商标，山庄老酒传统酿造技艺被列为国家级非物质文化遗产保护项目，山庄品牌成为潜力巨大的无形资产。为推动山庄集团进一步做优做强，全县谋划实施了总投资10亿元、占地面积480亩的山庄老酒文化产业园项目，规划了山庄老酒文化广场、山庄老酒博物馆、山庄老酒窖池群、夷狄古井、4万吨全新山庄老酒生产线等6个子项目。园区通过工业文化的传承和创意性改造，实现生产型与消费型文化结合、工业旅游与博览交易结合、视觉消费与体验消费结合，集中展示山庄老酒特有的品酒、赏酒、论酒文化。

滦平县

滦平县地处河北省东北部，承德市西南部，全县总面积2987平方公里，辖20个乡镇、1个街道办事处，200个行政村、9个居委会，总人口31.3万，有24个少数民族，以满族为主的少数民族人口19万，是省政府确定的民族县，也是国家扶贫开发工作重点县。滦平县区位优势明显，西距北京市区仅165公里。县内交通便捷，京通铁路、101国道、112线贯穿全县，京承高速公路途经滦平县4个乡镇，在县内有三个出口。县内资源丰富，铁矿资源远景储量达30亿吨，占承德市的30%以上；有金山岭长城、白草洼国家森林公园等著名景区；有滦河、潮河两条河流，是京津两市的重要水源地。

近年来，滦平县坚持以科学发展观为指导，牢牢把握提速（经济发展速度高于全市平均水平）、增效（财政收入和农民收入有较大幅度增长）、进位（在全省、全市经济实力位次快速前移）的总体思路和目标，全面实施“三区一中心”（东北部冶金矿产工业区、西部生态经济和畜禽养殖区、南部设施农业和旅游观光区、县城及辐射周边的商贸中心）区域经济发展战略，以开放开发为主题，以园区建设为载体，解放思想、真抓实干，特别是面对金融危机的影响，积极采取措施，使县域经济社会保持了平稳较快发展的良好势头。

一是整体经济平稳运行。截至2009年，全县生产总值完成76.2亿元，增长12.4%；全社会固定资产投资完成50.5亿元，增长60.7%，其中城镇固投完成42.5亿元，增长80.3%；全部财政收入完成12.6亿元，其中地方一般预算收入完成3.16亿元；实现消费品零售总额17.2亿元，增长19.4%；城镇居民人均可支配收入达到1.26万元，增长7.6%；农民人均纯收入3258元，增长3.7%。

二是开放项目工作实现新突破。全年引进市外到位资金15亿元，同比增长50%；争取中央预算内到位资金8500万元。新开工各类投资千万元以上项目100个，计划总投资125.5亿元，年内完成投资42.5亿元。其中5个项目列入“省重点”、9个项目列入市“百项工程”。岭兴钛精粉综合利用一期工程、氮化钒铁、华都2万吨熟食加工、三元鸭业屠宰加工厂等75个项目建成投产或具备生产条件；200万吨氧化球团扩建、120万吨钢渣水泥、2万吨速冻食品等25个项目开工建设；信燚精密铸造、“滦阳溪谷”滑雪度假区、“凤凰谷”环京津生态农业休闲庄园等45个项目正在做前期工作。

三是工业支撑作用进一步显现。完成工业总产值108.8亿元，增长11%。其中规模以上工业实现产值92.6亿元、增长21.5%，实现增加值34亿元、增长21.5%。铁精粉产量达到651万吨，氧化球团产量达到180万吨。工业增加值占生产总值的比重达到52.3%，工业税收占财政收入的比重达到78%。

四是农业产业化水平进一步提升。肉鸡、生态有机猪、肉鸭、蔬菜四大主导产业基地规模不断扩大，新建肉鸡棚舍550栋，总数达到1200栋，肉鸡饲养量达到2200万只；新增2万头以上规模仔猪繁育场7个，新建千头以上规模养猪场25个，累计存栏基础母猪3.6万头，年饲养量达到53万头，规模饲养能力达到75万头；新建标准化肉鸭棚舍300栋，年饲养能力达到100万只；新增蔬菜种植面积5565亩，其中设施蔬菜965亩。新增市级以上龙头企业10家，累计达到41家；新组建各类农民专业合作经济组织90家，总数达到179家，农业产业化经营率达到57.9%，被农业部确定为“全国农牧产品加工创业基地”。

五是园区建设迈出新步伐。按照“科学规划、突出特色、集约经营、集群发展”的方针，在反复论证的基础上，形成了“两区四园”建设格局。两大园区建设规划初步完成，制定出台了招商引资优惠政策。承接京津产业转移聚集区高新技术产业园4500亩“起步区”实质启动，水、电、路等配套设施规划建设工作全面展开，总投资3.6亿元的塑料制品加工项目、总投资2.7亿元的智能化太阳能供热系统项目先期落户园区；县域南部的文化旅游产业园区，开发建设步伐明显加快，金山岭长城5A级景区创建工作进展顺利，一批规模较大的旅游项目，相继展开前期工作，进入实质性运作阶段，环京津休闲旅游产业已初见雏形。

六是“三年大变样”深入推进。在财力非常紧张的情况下，采取市场化运作与融资支持并举的办法，目标不变，力度不减，全力推进“三年大变样”工作。在县城，累计完成投资15亿元，实施16项重点建设工程。完成拆迁面积17.9万平方米，零五鑫港、金色阳光小区、清水湾小区等7处房地产开发工程顺利推进，新增建筑面积28.7万平方米；投入资金2.42亿元，完成县城滨河景观带续建、城市综合管网改造、第二水厂主体、新建路翻修等重点工程建设并投入使用；投入资金1.63亿元，完成县城污水处理厂、垃圾处理场、集中供热二期工程和医疗废弃物储运中心建设；县城南环路获省发改委批准，前期工作进展顺利；县城重要节点绿化、亮化、美化工程全面完成。在乡村，完成了涝北线15公里县道改造、安李线13.9公里乡道建设等道路建设工程；完成了62个自然村、177公里通村水泥路工程；虎什哈11万变电站建成投运，张百湾11万变电站完成前期工作、具备开工条件，承德西50万变电站、西庙水电站扎实推进前期工作，完成农村电网改造工程14项；完成大唐天然气管道工程滦平试验段建设。

七是节能减排取得新成效。完成污水处理、垃圾处理等四大减排工程，完成3家企业淘汰落后产能和工艺设备的关停取缔工作。启星矿业公司等12家企业完成“花园式矿山”建设任务。滦平、张百湾、巴克什营3个镇通过省级创建优美小城镇验收。列入市政府79家重点耗能监控的伟源、信通首承等6家企业万元增加值能耗全部完成市控指标。全县万元生产总值综合能耗预计下降5%，化学需氧量削减2.4%，二氧化硫排放量削减36.3%。同时，民生事业、民主法制等各项工作也都取得新成绩。一个充满活力、加快崛起的新滦平正在向着全省经济发展强县的目标迈进。

隆 化 县

隆化是全国著名战斗英雄董存瑞牺牲的地方，位于河北省北部、燕山东段，外与内蒙古自治区和辽宁省毗邻，内与承德、丰宁、滦平、围场四县接壤。全县总面积5497平方公里，是“八山一水一分田”的典型山区县和全省国土面积第三大县，辖25个乡镇，362个行政村，总人口43万人，其中满族人口18.3万人，占全县总人口的43%。全县有耕地资源86.47万亩，林地面积439.9万亩，森林覆盖率53.4%。已探明铁、铅、锌、钛、铜、钼、莹石等矿产资源40余种，已开发利用24种。境内分布滦河、驿玛吐河、伊逊河、鹦鹉河、茅沟河五条主要河流，流域面积均在1000平方公里以上。水资源总量10.8亿立方米，可开采地下水4亿立方米，人均水资源3000立方米，位居河北省首位。县城距承德市60公里，距北京市260公里，距天津港430公里，京通、承隆铁路分布10个站点，全县公路通车里程达到2450公里，形成了北接辽蒙，南通京津的交通网络。主要景点有全国爱国主义教育基地、全国百家红色旅游经典景区之一的董存瑞烈士纪念馆、隆化民族博物馆、茅荆坝国家级森林公园（自然保护区）和七家、茅荆坝温泉等。

一、经济社会发展情况

2009年，面对复杂严峻的经济形势和诸多不利因素的影响，该县发挥优势，化危为机，坚定信心，迎难而上，继续保持了经济社会平稳较快发展的良好势头。全县完成生产总值56.8亿元，增长11.6%；全部财政收入7.1亿元，其中地方一般预算收入2.5亿元，增长40.5%；全社会固定资产投资45亿元，增长47.2%；社会消费品零售总额16.8亿元，增长18.7%；城镇居民人均可支配收入1.19万元，增长10.2%；农民人均纯收入3524元，增长10.1%。

二、主导产业及园区发展状况

针对隆化资源性工业、生态型农业、人文景观和自然景观并存的旅游业的县情实际，努力打造“342”主导产业发展架构（即第二产业，突出抓好以矿产品开采加工、机电产品制造加工和农副产品加工三大主导产业；第一产业，坚持不懈地扶持培育以养牛为主的养牛、水稻、制种、“两杏一果”四大主导产业；第三产业，加快发展以物流、旅游为主的服务业）。

工业经济持续健康发展。按照“矿业抓深加工，机电产品制造加工业抓扩能，农副产品加工业抓品牌”的思路，加大投入，强化生产要素供应，优化外部环境，全力推进重点企业和重点项目建设，对县域经济发展的支撑带动能力进一步增强。全县规模以上工业完成产值45.8亿元、增加值16.7亿元，同比分别增长1.4%和17.5%。工业对财政的贡献率达到80%以上。

农业产业化经营水平进一步提升。加强农业产业化重点项目和农民专业合作组织建设，以养牛为主的“养牛、水稻、制种、两杏一果”四大主导产业加快发展。全县完成农林牧渔总产值25.1亿元，增长8.5%。粮食总产量20.3万吨。全年新建500头以上规范化养牛小区15个，万头牛乡镇达到17个，千头牛村130个，牛饲养量达到42.3万头。优质水稻种植面积达到18万亩，县内外制种基地8万亩，“两杏一果”基地100万亩。全县农业产业化龙头企业发展到36家，新增6家，产业化经营率达到60%以上。农民专业合作社达到110家，新增34家。全年谋划实施投资500万元以上产业化项目26个，完成投资4.86亿元。全国500强企业之一汇源集团入驻该县，实施了果品综合加工项目。全国首批高标准农田示范建设工程项目开工建设，设施农业建设加快推进。

以休闲旅游和商贸流通为主的服务业加快发展。全年完成服务业增加值15.3亿元，增长8.1%。茅荆坝、七家温泉城开工建设，董存瑞红色旅游景区晋升为国家4A级旅游景区，被命名为首批“国家级国防教育示范基地”。全年共接待县外游客30万人次。以鸿兆集团为龙头，积极发展连锁超市、仓储、物流配送等新型商贸流通业，乡村连锁超市和农家店发展到300家。全年新增私营企业150户，新增个体工商户1550户。

园区建设开始启动。立足实际，着眼于产业发展的聚集效应和规模优势，谋划推进了“四园一城”园区（县城苔山轻化工园区、隆东钛产业聚集区、郭家屯铅锌稀贵金属园、张三营农业科技示范园和七家—茅荆坝温泉城）建设。完成了县城苔山轻化工业园区和隆东钛产业聚集区总体规划。县城苔山轻化工业园区被列为市级园区，隆东钛产业聚集区申报省重点产业聚集区工作取得阶段性成果。全县入园企业达到44家，在建入园项目8个。园区配套基础设施建设加快推进。隆东调水二期工程竣工投入运行，钛通、中关两个110千伏输变电工程加快推进，四道营35千伏输变电工程竣工送电，县城两座伊逊河大桥主体工程完工。

三、改善民生工作迈出新步伐

社会保障工作成效显著。全年用于社会保障的投入达到1.1亿元，增长41%。全县新增就业岗位2010个，安置特困失业人员537人。医疗、养老、工伤、失业保险扩面1.5万余人。共发放救灾救济、城乡低保、优抚等资金2600余万元，3万余名困难群众和优抚对象的基本生活得到保障。五保供养和社会养老事业发展水平进一步提高。

各项社会事业协调发展。科技工作第五次荣获“全国科技进步先进县”荣誉称号。全年用于教育、卫生的投入分别达到2.7亿元、1.2亿元，增长8%和29%。学区和标准化学校建设加快推进，完成投资7000余万元，新建改造校舍3.2万平方米。新型农村合作医疗覆盖面进一步扩大，参合率达到94.8%。完成了7所乡镇卫生院改扩建工程，农村医疗卫生条件进一步改善。该县卫生系统被授予“全国医药卫生系统先进集体”荣誉称号。人口自然增长率7.01‰，继续保持低生育水平，被授予“全省计生优质服务先进县”荣誉称号。

城乡群众生产生活条件进一步改善。扎实推进城镇面貌“三年大变样”工作，投资7.4亿元实施了路网改造、自来水管网改造、第三道橡胶坝及滨河公园等30个公建项目，拆迁房屋面积14.3万平方米，新开工建设商住小区23万平方米，县城群众人均住房面积达到29平方米，住房条件和人居环境有了新改善。继续实施京津风沙源治理、退耕还林、农业综合开发、土地开发整理、农田水利建设等项目。全年完成造林12.7万亩，完成京津风沙源治理工程7.7万亩，实施小流域治理工程20平方公里，新建水源、节水工程268处，新增改善灌溉面积2.1万亩，新建饮水工程50处，完成土地开发整理2.6万亩。全县8个省、市级新民居示范村、共5.87万平方米新民居主体工程全部完工，在全市综合评比中位列第一名，被授予“全省推进社会主义新农村建设先进县”称号。

丰宁满族自治县

一、概况

丰宁满族自治县总面积8765平方公里，辖9镇17乡，耕地资源8.53万公顷，到2009年年底全县总人口39.49万人，人口自然增长率为6.48‰；2009年完成地区生产总值45.09亿元，同比增长0.2%；一产增加值12.48亿元，同比下降9%；二产增加值17.43亿元，同比下降2.2%；三产增加值15.17亿元，同比增长10.5%；民营经济增加值36.9亿元，同比增长1.4%；粮食生产总量6.87万吨；财政收入4.5亿元；财政支出7.22亿元，同比下降21.1%；城市空气质量达到国家Ⅱ级标准；社会商品零售总额16.5亿元，同比增长18.3%；固定资产投资完成54.15亿元，同比增长54.6%；职工年平均工资2.36万元，同比增长0.6%；农民人均纯收入2686元；城镇居民可支配收入9850元，同比增长9.5%；年末城乡居民存款余额48亿元，同比增长16%。

二、重大变化

——复合型经济框架形成。以钼延产业、金银采选、铂钯开发等为重点的稀贵金属业；以水电、风电、太阳能发电为主的清洁能源业；以鲜奶深加工、玉米深加工、木煤开发为重点的农副产品加工业；以峡谷、草原、温泉为标志的生态旅游业规模不断壮大。三次产业比重达到27.9∶39.8∶32.3。园区建设初具雏形。按照“一区多园，一园多企”的思路，沿怀丰一级公路规划建设了30平方公里的丰宁循环经济产业聚集区，已聘请北京城府新工业设计研究院进行规划，5平方公里核心区完成控制性详规。园区管委会成立并投入工作。目前通过预储备、收储和划归待利用地等形式共储蓄建设用地近5000亩，已入驻企业15家，新开工生产性项目3个。“主业突出，多业并举、多企支撑、多极增值、多元增收”的复合型产业发展格局正在形成。

——城市建设步伐加快。对县城总体规划进行修编；与中国现代集团建立了投融资战略合作关系。强力实施城市建设“三年大变样”。完成拆迁面积近20万平米，两年累计达到44万平米。京北新城、阳光水岸、天鸿家园、水务家园等“八片”联动工程建筑新颖别致、特色鲜明，完成建设面积60万平方米。县城建成区绿化覆盖率达到42%；筹资2.7亿元建设了县城集中供热、供气，污水、垃圾处理工程并全部投入使用。尤其是县城集中供热工程，一次成功供热面积达到150万平米；开工建设了县城供水扩建工程。在财政极为紧张的情况下，通过积极跑办、多渠道筹融资，保障了一批关乎县域经济长远发展的基础设施项目开工建设。交通，投资4.2亿元的怀丰一级路丰宁段全线开工并完成路基建设；投资1.6亿元的省道半虎线土城至大滩段二级路进展顺利，2010年正式建成通车；52公里的四岔口至草原、24公里的南关至平顶山战备路开工；虎蓝铁路完成总工程量的40%。打造“京冀蒙三角地带交通枢纽”的战略设想得以实现。电力，胡麻营220千伏输变电工程开工建设；凤山110千伏输变电站及配套的3个35千伏输变电站建成并网，有效缓解了丰宁县处于承德电网末梢带来的用电紧张问题。骆驼沟风电场220千伏上网电站主体完工。

——创造性开展生态建设。通过实施结构减排、管理减排、工程减排等措施，先后关闭多家污染企业，消除烟囱30个，县城空气和水质得到净化，全年空气质量仅有7天超标，达到国家Ⅱ级标准，潮河在丰宁县境内水质达

到了国家Ⅲ类标准，节能减排各项指标完成了省政府下达的年度目标任务。坚持造林与禁牧并重并举，实施了“县城及周边绿色行动计划”，当年完成造林6.5万亩。依托21世纪首水、京津风沙源治理、千松坝造林、德援日援造林等工程，完成造林20万亩，义务植树150万株，改善新增水浇地4.3万亩，实施小流域治理和水土保持工程193平方公里。特殊林权证的实施效果显著，6年累计带动四旁造林700万株，做法得到国务院办公厅认可。农田水利基本建设再获“海河杯”。禁牧工作持续有效，建立了生态修复期制度。森林草原防火工作扎实有效，硬件建设进一步完善，扑火队伍不断壮大，全年没有发生重大火险火灾。

——“三农”投入创历史新高。全年累计投入“三农”各项资金4.73亿元，比上年增加2.23亿元，增长89%。一是重点支持了土地开发整理、舍饲圈养、节水灌溉、农村人畜饮水、乡村道路等农业基础设施建设。二是支持了造林、良种推广、测土配方、畜牧养殖等农业重点项目，推动了一批龙头企业发展壮大，推进了农业产业结构调整和产业化经营。三是投资5600多万元新建和改建学校5所、乡镇卫生院5所，农村远程教育和微软远程会诊试点进展良好。农村学校办学条件、农民就医条件明显改善。9个省级新民居建设示范村完成一期工程建设。

——发展力量进一步蓄积。以项目促转型、促招商、促投资、促发展，积蓄了一大批后续财源项目。招商引资成效显著。精心组织参加了5.18、5.27、6.16投资贸易洽谈会，成功签约了白云古洞升级改造等项目7个，签约金额达16.1亿元，通过多次外出到北京、天津、浙江、安徽等地招商引资，新谋划了投资4亿元的钼新型材料工业园二期、投资2.5亿元的波罗诺钼资源开发等项目，宁国耐磨材料、汇江机械制造和天元制衣3家加工制造型项目开工建设。重点项目扎实推进。省重点项目11个，市“百项工程”项目9个，全部开工建设达到时序进度，完成投资30.5亿元。其中重点前期推进项目丰宁抽水蓄能电站进入自项目提出以来最快最好的时期。全县千万元以上重点在建项目开工55个，累计完成投资42.8亿元。投资4.7亿元的钼新型材料工业园一期竣工投产；投资1.2亿元的宏森木业木煤一期5万吨生产线竣工投产；一期投资15亿元装机14.5万千瓦时的坝头、大河西、骆驼沟三个风电场项目完工。

县领导人名单

县委书记：奚献军（2009年12月调离）

人大主任：韩贵德

政府县长：张金山

政协主席：张清艳（女）

围场满族蒙古族自治县

2009年，围场满族蒙古族自治县深入学习实践科学发展观，紧紧围绕“保增长、调结构、强基础、惠民生”主题，坚定信心，扎实工作，全县实现地区生产总值41.16亿元，增长8.4%，其中第一产业增加值15.97亿元，增长1.8%；第二产业增加值10.35亿元，增长10.6%；第三产业增加值14.85亿元，增长13%；完成财政收入2.41亿元，增长12.1%；全社会固定资产投资完成39.36亿元，增长46%；农民人均纯收入2607元，增长3.7%；城镇居民人均可支配收入9890元，增长10.7%。

以项目引资为抓手拉动经济增长。开工建设投资千万元以上项目50个，其中超亿元项目24个，14个列入省重点，占全市48个省重点项目的29%，位居全市之首；12个列入市级“百项工程”。年内共完成投资58亿元，增长120%。谋划储备了高端休闲旅游、矿产资源深加工、现代农业产业升级等重点项目150个。全年累计争取中央新增投资项目136个，争取资金2.36亿元；引进市外资金14.4亿元，增长10.4%；引进对方投资100万元以上经济技术协作项目55个，增长10%；实际利用外资2767万美元，增长259%；出口创汇167万美元，增长40.4%。以自治县成立20周年庆祝活动为平台，落实省政府现场办公承诺资金3.3亿元，争取社会各界支持1300万元。全年各金融机构贷款余额30亿元，同比增长43.9%%，增速位居全市第三；累计发放贷款26.8亿元，同比增长83.8%；各项存款余额51亿元，同比增长31.8%，增速居全市第一。累计实现社会消费品零售总额17.7亿元，同比增长18.2%。

壮强以清洁能源为支撑的生态工业。一是百万千瓦风电基地建设进程加快。风电产业完成投资39.5亿元，新增装机37万千瓦，累计装机达到58万千瓦，百万千瓦风电基地建设实现过半目标。二是矿业经济稳步发展。矿产资源整合取得良好效果，矿业采选加工秩序规范，全年矿业行业实现产值5.1亿元，税收4800万元，同比分别增长10%和8%。三是园区经济不断发展。年内新增入园企业5家，总数达到16家，完成主营业务收入1.2亿元，增长34%，税收1500万元，增长22%。新上乡村工业56个，完成投资1.6亿元。四是骨干企业壮大壮强。加大领导和部门包扶包建力度，天工建材等20家企业实现技改扩能，可大毛纺等10家企业稳步发展，全县规模以上工业企业增加4家，达到44家，规模以上工业实现增加值3.6亿元，同比增长13%。

培育以薯牛菜为主导的现代农业。一是标准化生产基地建设快速推进。薯产业以提质增效为核心，新建科技示范园区37个，全县马铃薯种植面积达到46.6万亩，同比增加1.1万亩。牛产业以扩大规模为核心，新增肉奶牛饲养小区50个，达到88个，牛饲养量和存栏量分别达到28万头和18万头，分别增长17%和16%，奶牛存栏量达到1万头，增长8%。蔬菜产业以绿色无公害发展为方向，全县蔬菜种植面积达到23.5万亩，增加0.6万亩，新建50亩以上蔬菜标准化生产示范园37个，科技示范园8个，引进蔬菜新品种200个。食用菌、果树、肉鸡规模分别达到1000万袋、13万亩和400万只。二是龙头企业规模扩大。实施农业产业化项目16个，总投资4.76亿元，全县市级以上农业产业化龙头企业新增4家，达到34家，农业产业化经营率达到51.2%。三是中介服务组织日趋完善。全县注册专业合作社116家，农村经纪人达到6500人。四是品牌竞争力不断增强。宇航人牌沙棘系列产品和方顺牌有机杂粮产品获得有机食品认证；长宏牌马铃薯淀粉和御泉牌奶粉获得绿色食品认证；永丰种业获得河北省著名商标；"围场马铃薯"被评为国家地理标志产品；围场县被农业部确定为"国家级无公害蔬菜标准化生产示范基地县"。五是农业投入持续增长。全年财政投入支农资金1300万元，各商业银行累计发放支农贷款7.3亿元。六是基础建设稳步加强。全面加强生态农业工程建设，完成小流域综合治理25平方公里，改造中低产田1.1万亩，新增水浇地2.5万亩，农业发展基础条件不断改善。

打造以"皇家、生态、民俗"为特色的休闲旅游业。一是景区景点功能不断提升。实施了总投资30亿元的皇家休闲体育产业示范基地等7个高端休闲旅游项目，景区功能不断完备。二是旅游知名度和影响力不断提升。成功举办了第二届塞罕坝金秋旅游文化节和"国际佳丽"走进木兰围场等主题宣传推介活动，木兰围场知名度和影响力进一步提升。三是乡村旅游规模和质量不断提升。全年新增农家游户40户，总数达到300户，户均收入6000元。全年共接待游客78万人次，实现旅游收入4.2亿元，被国家旅游品牌协会评为中国旅游明星县。

生态环境日益改善。全年完成造林5.2万亩，全县有林面积达到734万亩，森林覆盖率达到53.1%，区域内基本实现了24小时60毫米强降水无洪水，年均大风日由32天减少至12天。年涵养水源15.2亿立方米，森林年制造氧气8000万吨，吸尘2.16亿吨，护卫京津绿色屏障作用更加明显，2009年被列为国家重点生态功能区。

"三年大变样"工作纵深推进。一是高标准编制完成县城总体规划和19个乡镇总规，启动了16项专项规划，在8个村实施了新民居示范工程，建设生态文明村16个。全年改造县级公路3条、27.2公里，新修通村公路298.6公里。二是启动棚户区改造项目13个，拆违拆临工程22项，完成拆迁面积19.7万平方米，占市下达指标的115.8%。三是实施四大类80个县城重点建设项目，完成投资7.2亿元，城镇化率达到28.2%。四是全面加强县城管理，实施交通单行线管制、烧烤区域集中、卫生门前三包、广告牌匾规范化等管理制度，使城市管理工作向规范化、制度化方向发展。

"节能减排"工作扎实开展。全年万元GDP能耗下降5.3%，化学需氧量和二氧化硫排放量分别削减6703吨和4866吨。一是重点领域节能明显。共完成电机变频改造616台，供热扩网增容改造2000米，更换节能设施3万余台套，新建建筑节能率达到65%以上。二是结构减排效果显著。取缔14家小淀粉加工企业；对富强砖厂等3家立窑进行拆解；双九等3家淀粉生产企业废水治理工程全部竣工投入运营；县城污水处理厂、生活垃圾处理场、医疗垃圾储运中心投入运营，县城生活垃圾处理率达到95%以上。三是空气质量明显改善。全县大气环境质量二级及二级以上天数达到316天，占全年大气环境质量目标320天的98.8%，较去年提高5个百分点。

县领导人名单

县委书记：陈志乃

人大主任：王志恒

政府县长：胡熙宁

政协主席：孙　祥

张家口市桥西区

张家口市位于河北省西北部，地处京冀晋蒙交界中心区域。桥西区是张家口市主城区，张家口市发祥地，全市的政治、文化、教育、商贸和旅游中心。全区总面积101.3平方公里，其中城区14.3平方公里。辖1个镇、7个街道办事处，19个行政村、38个社区居委会。全区总人口23万人，其中城区居民20.2万人。

2009年，全区大力实施"民营活区、工业立区、三产强区、文化兴区"战略。全区生产总值完成36.15亿元（现价），同比增长12.2%；完成全部财政收入3.91亿元，同比增长3.37%，地方一般预算收入达到9549万元，同比增长29.57%；全社会固定资产投资完成26.91亿元，同比增长45.3%；城市居民人均可支配收入达到1.30万元，农民人均纯收入达到4755元，同比分别增长10.5%和8.2%。

项目建设和招商引资工作成果显著。2009年，全区抓项目的意识更加牢固，抓项目的机制更加完善，全年项目总量、投资总额、到位资金、大项目比重均创历史最好水平。共确定重点建设项目32项，总投资86亿元，列入省市重点项目12项，全部实现了开工。全区招商引资方式不断创新，招商引资力度不断强化，全年引进区外资金14.14亿元，完成年计划的282.8%，并争取到融资贷款4.4亿元。

城镇面貌"三年大变样"工作成绩斐然。把城市建设做为拉动区域经济增长的强大引擎，以大拆促大建、以大建促大变，举全区之力推进城镇面貌"三年大变样"工作。全年累计完成投资15亿元。拆迁任务总量达60.19万平方米，居全市第一。完成5条道路总计10公里的改造任务，为历年之最，形成了"四纵六横两环"现代城市路网框架。投资8.9亿元实施了新营坊等5个棚户区改建项目，开工面积达33万平方米；2.5万平方米廉租房建设工程全部竣工，为498户特困居民解决了住房困难问题。重点工程回迁安置房8个项目全面开工，13万平方米主体封顶。对清水河路、古宏大街等6条主干道既有建筑实施了市容整治工程。实施了14个公厕、3个农贸市场等便民工程建设工程。全面完成2.4万亩大三期"增绿添彩"工程。

文化旅游工作取得突破性进展。坚持"文化兴区"战略，积极推动旅游产业大发展。投资2500多万元对大境门外广场进行了高标准亮化、美化，修建了西境门等7个

景点，完成西沟河蓄水工程。投资3600多万元对张家口堡内8条街巷实施了改造，修复了文昌阁、抡才书院等4个重点院落和48处门楼雕刻。云泉禅寺景区新建了山门、天王殿、观音殿等景点。安家沟景区成为市区内首个国家4A级景区，并被评为省级森林公园。

大商贸发展新格局基本形成。依托传统商贸业优势，全力打造大体量、大集聚、大品牌、大服务现代商贸格局。全年商贸项目实现投资4.7亿元，新增商业面积15万平方米。尚峰国际、弘鼎大厦等星级宾馆和百盛街、正大购物广场等一批大型商贸项目相继开工。苏宁电器、北人集团等全国知名品牌即将入驻桥西区。全年全社会消费品零售总额实现31.8亿元，总量在全市排名第二。

工业发展稳步推进。拥有规模以上工业企业26家，其中总投资在亿元以上的有2家，年收入在5000万元以上的4家。2009年全区规模以上工业企业完成工业总产值17.5亿元，同比增长6.9%；完成工业增加值4.7亿元，同比增长6.3%。工业企业搬迁扩模和升级改造进程加快，集聚效应逐步释放，企业效益不断提升。目前双星集团已入驻西山产业集聚区，百通公司、新世纪橡胶等4家企业正在进行新厂房建设；中煤千斤顶、然然机械搬迁入驻中小企业创业辅导基地。

民生工作进一步深入。围绕民生民利，统筹社会发展。2009年，社会就业岗位进一步拓宽。企业职工基本养老保险参保人数4.56万人，新型农村合作医疗参保率达90%，城乡低保实现应保尽保。中考成绩保持全市18连冠；人口自然增长率控制在6‰以内；社区卫生服务成为全市首个省级示范区；甲型H1N1流感防控工作经验全市推广。安全生产和信访稳定工作扎实开展，社会治安综合治理全面加强，和谐稳定的良好局面得到巩固。

政府班子建设全面加强。以建设“廉洁、勤政、务实、高效”政府为目标，思想解放程度进一步深入，行政执法能力进一步提升，行政效能和党风廉政建设进一步加强。区政府开展“网络问政”工作经验作法，受到了上级领导的肯定，在全市推广。区政府及政府组成部门以实际行动赢得人民群众的信任和支持，树立了良好形象。2009年，全区荣获全国文物保护工作先进区、省科技工作先进区等荣誉称号，全区共有37个单位和300余名个人荣获市级以上荣誉。

张家口市宣化区

张家口市宣化区东临首都北京，西连煤都大同，北靠内蒙古草原，南接华北腹地，头枕阴山山脉，环绕洋河之水，区位和交通优势明显，工业基础扎实、文化底蕴深厚、商业基础较好，是京、津连接冀、晋、内蒙古的交通枢纽和物资集散地，素有“陆路商埠”之称。全区总面积264平方公里，建城区37平方公里，辖三乡一镇54个行政村、7个街道办事处，47个社区居委会，常住人口40万。近年来，宣化区委、区政府团结带领全区人民，紧紧围绕发展第一要务，按照市委提出的“抢抓新机遇、打造新优势、树立新形象、夺取新胜利”工作主题，深入贯彻落实科学发展观，大力弘扬“思想大解放、环境大优化、发展大跨越”主旋律，深入实施“工业立区、文化兴区、商贸活区、民营富区、城建强区”五大主体战略，全区经济和社会各项事业得到了突飞猛进的发展。2009年，全区地区生产总值完成130.6亿元，同比增长8.7%；全社会固定资产投资完成45.3亿元，同比增长38.5%；全部财政收入完成10.76亿元，同比增长13.5%；地方一般预算收入完成4.11亿元，同比增长13%；城镇居民人均可支配收入1.34万元，同比增长8.3%；农民人均纯收入5531元，同比增长9.8%。

工业经济实力不断增强。以调整优化工业结构为主线，坚持改造提升与孵化培育并重，工业经济回升向好，运行质量和效益稳步提高。全年规模以上工业企业完成增加值81.7亿元，实现利税20亿元，同比分别增长7.6%和11%。宣钢启动了投资100亿元的第三次跨跃发展项目，宣工集中推进高驱动推土机技术研发，黄羊山水泥与金隅集团实现战略重组，重点企业竞争力明显增强。冶金环保、雷沃电力、万丰机械、现代采掘等一批企业技改扩模项目顺利实施，14家钻机企业联合注资成立了河北宣采岩土工程机械装备有限公司，启动实施投资3亿元的岩土工程机械系列产品总装和研发基地项目。钻探机械、工程机械、重型专用车、风电和环保设备等产业规模不断壮大。45家规模以上工业企业中民营企业发展到33家，民营经济在装备机械制造、高新技术产业等领域呈现出蓬勃活力。

城效型高效农业稳步发展。进一步壮大精细蔬菜、精品葡萄、舍饲养殖三大主导产业，蔬菜种植面积达到2.7万亩，宣化牛奶葡萄被评为中国农产品区域公用品牌价值百强奖，再次荣获全国最具市场竞争力的地理标志和河北省重点推荐品牌。旭乐和鑫元等奶牛养殖小区扩建完工，全区奶牛规模养殖率达到80%。大力推广农业科技示范工程，无籽西瓜、张杂谷等新品种示范项目取得明显成效。东方富民优质种畜选育被列入国家星火计划。积极推进盛发蔬菜水产批发市场改扩建、钟楼啤酒大麦酒花基地建设等11个农业产业化项目，农业生产规模化、标准化水平进一步提高。在大旱之年，农民收入实现了稳步增长。

商贸流通服务业发展快速。致力于转变经济发展方式、调整产业结构，依托区位和交通优势，启动实施了投资7.25亿元的8大市场建设工程，阳光建材家居广场建成投用，全区各类专业市场发展到22个，年成交额26.2亿元。全力打造商贸集聚区，总投资9亿元的牌楼中心商业区改造项目全面启动，同盛大厦、百货大楼、兴英大厦开工建设。英国乐购公司新建特意购连锁超市签订合作协议，恒基大厦、永达帝景、伯居田园等一批集购物、休闲、餐饮、娱乐为一体的商务中心主体完工。全区各类商贸企业发展到612家，个体经营户发展到7147家。全年全社会消费品零售总额完成36.4亿元，同比增长16%。借助于服务业的兴起，充分挖掘历史文化资源，大力实施

"文化兴区"战略，进一步加大文化旅游项目开发力度，时恩寺修复、小东门南侧和大东门北侧古城墙修复、三古楼亮化、博物馆建设等一批重点工程全面完工。成功入选河北十大历史文化名城，成为全省60张极具河北特色的文化形象名片之一。

城市建设日新月异。深入开展城镇面貌"三年大变样"工作，全年启动总投资110亿元的城市建设项目131项，完成拆迁63万平方米，当年完成投资82.6亿元，成为该区城建史上规模最大、投资最多、力度最强的一年。更加注重规划的龙头作用，完成各类城市规划设计117项，控制性详规实现了76平方公里全覆盖。进一步加快城乡基础设施建设，拓宽改造张宣公路、宣赤路、胜利北路等6条城市主干道和10条小街巷30.8公里、92.3万平方米。对南关桥、胜利桥、柳川河大桥、火车站广场进行了综合改造，完成"五网"改造20.2公里。实施了西城垣公园等6个片区和18条道路绿化升级工程，完成4纵4横城市主干道两侧既有建筑景观整治任务。廉租房一期工程1万平方米交付使用，二期工程2.6万平方米全面开工。全年新建、续建住宅小区35个，新增住宅面积65万平方米。实施了二台子等6个村的新民居建设，新建村民住宅11万平方米。启动了庙底村等5个城中村改造和老虎坟村整体搬迁工程，人居环境和城市品位进一步改善。2007～2009年，该区连续三年入选"全国最具投资潜力百强中小城市"，连续两年入选"全国最具区域带动力中小城市百强"。

张家口市下花园区

下花园区是张家口市辖工矿区，距北京120公里，位于张家口市东南60公里，全区面积315平方公里，辖四个乡46个行政村、两个街道办事处11个社区居委会，人口7万。

2009年，全区上下以落实科学发展观为总揽，抢抓入围资源型城市机遇，突出跨越式发展主题，主动融入京津冀（环渤海）和晋冀蒙（外长城）两大经济圈，内强活力，外增引力，全区经济继续保持持续较快发展。2009年，全区地区生产总值完成22.75亿元，增长9.8%，地方一般预算收入完成5011万元，增长14.9%。城镇居民人均可支配收入和农民人均纯收入分别达到1.27万元和3353元，分别增长12%和9.8%。全社会固定资产投资完成12.8亿元，其中，城镇固定资产投资10.98亿元，较上年均实现翻番。

底蕴深厚的文化城市。早在商、周时为冀州地，战国为燕国疆土，秦汉属幽州上谷郡。据辽历史记载，下花园因萧太后、辽圣宗耶律隆绪时期建上、中、下三座花园而得名。境内鸡鸣山海拔1140米，一峰独秀，素有"京西第一峰"之美誉，融佛、道、儒为一身，集惊、奇、险为一体，是京津及周边地区登山、揽胜、休闲的圣地。

交通便捷的枢纽城市。下花园自古是北京连接晋冀、内蒙的商品集散地，历有"旱码头"、"商埠"之称。随着环京津经济圈的隆起，下花园区的区位交通优势日趋凸显。京包铁路、京张高速、110国道及其复线纵贯全区；正在修建的京化高速公路和京张城际铁路更加奠定了下花园的交通枢纽地位。由城区入京张高速公路1小时到北京首都机场，2小时进入天津塘沽港口，素有"一小时上天，两小时下海"之称。

风情体验的休闲城市。下花园区独特的自然景观、凉爽宜人的气候和深厚的的历史文化底蕴，为旅游业发展提供了得天独厚的条件。除巍峨隽秀的鸡鸣山及"三教合一"的庙宇群外，还拥有北魏遗迹石佛洞、古墓群、绣楼等重点文物保护单位，境内有风光独特的万亩沙漠和森林公园，自然景观和人文景观在这里积淀融合，成为避暑观光、旅游度假的天然胜地。2009年，成功举办了第三届鸡鸣山登山旅游节，承办了全国群众登山健身大会，获得国家级优秀组织奖，休闲旅游的知名度和美誉度进一步提高。

山水相映的宜居城市。近年来，按照"东扩西进、外环内联，突出特色、完善功能，增加品位、提升水平"的总体思路，立足构建"一环贯通、两水辉映、三山环绕、四区同步"的总体格局，以山为骨、以绿为体、以水为魂，围绕"三年大变样"工程，2009年累计投资20.5亿元，实施戴家营河、洋河"两河"治理、城市外环路、环城绿化、楼体亮化等功能性、景观性工程40项，下花园区日益成为一座山水相映、靓丽幽雅、宜于人居的花园式城市。

产业转型的低碳城市。2009年3月，下花园区被国务院列入第二批资源型城市转型试点，为实现转型、加快发展提供了难得的历史性机遇。在转型过程中，坚持以园区为载体、以项目为依托，投资1.2亿元，规划建设了面积达10多平方公里的玉带山产业园区，实现当年开工、当年见效，已吸引4家企业入驻。在项目工作中，按照绿色低碳的思路，坚持与环境的和谐相处，注重与社会的和谐发展，2009年，谋划实施各类项目94项，总投资116.1亿元。其中，立轴式风力发电机组整装、旋挖钻机生产、2×11万千瓦生物质发电等13个项目列入省市重点，累计完成投资7.77亿元。

宣 化 县

宣化县位于河北省西北部，总面积2052平方公里，总人口28.3万人。2009年，全县地区生产总值完成40.1亿元，同比增长10%；全部财政收入完成4.8亿元，同比增长1.82%，其中地方一般预算收入完成1.34亿元，同比增长26.1%；城镇居民人均可支配收入1.10万元，同比增长12.4%；农民人均纯收入3933元，同比增长7.8%。

工业实力显著提升。坚持把发展工业作为实现经济腾飞的第一抓手，充分发挥资源、区位、交通三大优势，以建园区、上项目、强产业为主要着力点，不断增强工业经济支撑能力。大力实施"筑巢引凤"战略，建设了东山园区、望山园区、沙岭子商贸服务区、塔儿村煤制气等四大园区，为项目集聚、产业发展提供了良好平台。2009年，全县新建、在建项目达124项，总投资189亿元，其中省市重点项目16个，亿元以上项目29个。特别是引进了总投资103亿元的盛华氯碱基地和总投资128亿元的冀中能源煤制天然气两个百亿元以上项目，带动新型化工产业迅速成型。目前，全县已形成新型化工、现代物流、矿产品深加工、机械制造四大产业，培育了民兴矿业、庞大汽贸等一批龙头企业，年实现工业增加值12.5亿元，其中规模以上企业完成增加值5.02亿元，同比增长14.8%，工业经济实力进一步提升。

现代农业快速发展。积极实施“典型带动、龙头拉动、品牌促动”三大战略，大力提升农业现代化水平。培育规模养猪场40家，生猪养殖发展到55万头；发展千头奶牛养殖场16个，养殖奶牛2.71万头；建设规模养鸡场36家，蛋鸡饲养量达444万只，畜牧业实现长足发展。建设了深井错季蔬菜、大仓盖宏盛设施蔬菜、崞村双万亩露天蔬菜等蔬菜基地，发展无公害蔬菜8万亩、设施蔬菜1万亩，食用菌5万平方米，蔬菜品质进一步提升。同时，大力发展特色林果和旱作农业，嫁接杏扁17万亩，推广张杂谷2.8万亩，形成了“畜牧、蔬菜、杏扁、张杂谷”四大特色产业，并培育了张杂谷“金米”、“巡天”玉米种等一批农业品牌。2009年，全县农业总产值19.98亿元，同比增长9.5%。

城乡面貌明显改观。立足“有县无城”的特殊实际，以小城镇建设为主攻方向，以“三年大变样”和新民居建设为抓手，大力推进特色城镇建设。2009年，累计完成投资18.2亿元，实施了24项城建工程，城乡面貌明显改善。同时，着眼全县长远发展，积极推进“洋河南新区”开发。新区规划总面积20平方公里，紧邻洋河，交通便利，人口聚居。年内将启动新区道路、景观建设，并突出做好“水、绿”两大文章，全力打造中国北方独具魅力的生态宜居型绿色水城。

社会事业全面进步。坚持把促进和改善民生作为经济社会发展的出发点和落脚点，大力发展社会事业。交通方面，境内有宣大、京张、丹拉、张石、张承、张石六条高速，大秦、京包、宣庞和拟建的京张城际、蓝张、张唐等六条铁路，以及108条农村公路，通车总里程达到1134公里。教育方面，拥有各类学校94所，适龄儿童入学率达100%，幼儿入园率达90.2%。卫生医疗方面，积极推进县级医院、乡镇卫生院、村卫生室建设，构筑起了县、乡、村三级卫生服务网络。同时，认真落实新农合、低保扩面、救灾救助等惠民政策，民生保障水平进一步提高。

张　北　县

2009年，张北县坚持以科学发展观为指导，立足“保增长、调结构、强基础、惠民生”主基调，突出“抢抓新机遇、打造新优势、推出新举措、实现新突破”工作主题，深入实施“四大战略”、全力培强“四大经济”，戮力同心、奋力攻坚，经济社会保持了平稳较快发展的良好态势。

一、经济运行取得新成果

全县地区生产总值完成40.8亿元，同比增长8.1%；全部财政收入完成3亿元，其中地方一般预算收入完成1.72亿元，同比分别增长4.19%和30.73%；全社会固定资产投资完成85亿元，其中城镇固定资产投资完成71亿元，同比分别增长254.7%和234.8%；农民人均纯收入和城镇居民人均可支配收入分别达2952元和1.09万元，同比分别增长6%和9.5%。

二、招商引资和项目工作实现新突破

实施投资100万元以上项目269个，总投资175.52亿元，其中2009年完成投资100.36亿元，投资总额相当于前3年的总和。列入省市重点项目16个，其中省重点项目8个。全县新签约项目69个，合同引资412.3亿元，实际到位国内县外资金31.7亿元，实际利用外资1919万美元，完成年计划的240%。特别是引进了总投资120亿元的国家风光储输示范和风机研究检测中心项目，建成后将创八个世界第一。

三、产业培育迈上新台阶。新能源业迅速壮大

全县风电装机总容量达70万千瓦，位居全省首位。浙江运达风机组装项目和河北安塔风机塔筒制造项目均已投产，安塔风机叶片制造项目正在建设中。初步形成了集风电开发、风机检测、设备制造、运输安装、运营维护、旅游观光为一体的风电产业链，被评为“全国新能源产业百强县”前十名。有机食品加工业全面提升。实施了总投资6.7亿元的16个千万元以上产业化项目。燕北马铃薯全粉加工项目即将投产，有机肥生产、沙棘精深加工、胡萝卜及果蔬汁加工等项目正在建设中，农业产业化经营总量实现29.5亿元，同比增长3.4%。旅游服务业蓬勃发展。投资2亿多元，建成了满井风电观光塔，启动了野狐岭军事旅游项目，仙那都“冰雪世界”投入运营，填补了坝上冬季旅游的空白，实现了“一季游”向“四季游”的历史性转变。草原文化旅游节的多项活动创造了全市、全省乃至全国之最，一举摘得了“全国十佳县域节庆”、“最佳休闲旅游强县”和“2009年度中国最具特色十佳旅游县”三项殊荣，全年共接待游客100万人次，实现旅游综合收入4亿元。现代物流业有序发展。京北错季蔬菜城、新牲畜交易中心建成运营，实施了天宇五星级大酒店、锦源财富时代建材广场等工程，建成了生猪定点屠宰厂，新建“万村千乡市场工程”农家店46家。完成了土畜产公司、粮食系统6家国有控股公司的改制。全社会消费品零售总额和专业市场成交额分别实现12亿元和14.2亿元，同比分别增长18.2%和8%。矿产品加工业稳步推进。实施了蔡家营铅锌矿75万吨采选扩模工程，完成了恒泰水泥厂搬迁扩建工程。争取国家投资1440万元，实施地勘项目12个，进一步摸清了矿产资源“家底”。

四、城镇建设取得新成效

完成拆迁2700多户、69.9万平方米。建成了张北县第一座立交桥，实施了40多项城区道路工程，建设总长度达40.3公里，城区控制面积扩大到70.1平方公里，城镇人口增至12.1万人，基本形成了“七纵八横、一环、一立交、两河、两园、一园区”的城市格局。开工建设了元中都博物馆、垃圾处理场、22个商住小区等工程；完成了污水处理厂、背街小巷改造等工程；新建翻建公厕16座，对5条主街道两侧1300多处既有建筑物进行了改造，完成14.7公里强电和38公里弱电入地改造工程。实施了汽车站搬迁工程，成立了出租车公司，开通了张家口至张北城际公交专线。建成了南山生态公园、西郊森林公园和8处景观节点，对12条城区道路、8处城区节点以及机关企事业单位、居民小区进行了绿化，共栽植树木20多种、1303万株，城市绿化覆盖率达40%，净增量居全市之首。完成了东洋河、玻璃彩河12.2公里河道治理基础工程。有6个项目入驻工业园区，累计达9个，总投资15.4亿元，成为全市重点打造的园区之一。

五、“三农”工作迈出新步伐

新增节水灌溉3.8万亩，解决了2.4万人的安全饮水问题。全县牛、羊饲养量分别达15.5万头和50.7万只，其中奶牛8.8万头，新建扩建奶牛规模养殖场28个，奶牛规模养殖率达到了80%。实施了6个村的新民居建设工程，其中4个村被列入省级新民居建设示范村。2260人稳定脱贫，全县贫困人口减少到6.67万人。治理保护草场3.5万亩，治理水土流失20平方公里，完成4万亩京津风沙源人工造林和封山育林、12.8万亩退耕还林补植、7200亩清水河上游涵养林治理等工程。全县林草覆被率达50%以上，被评为“全国绿色名县”。编制了7个乡镇的小城镇建设总体规划，完成了省道张沽线8.8公里、张化线5公里大修和县道大朝线11.7公里新建工程，完成“村村通”160.5公里，架设10千伏线路23公里，建成35千伏变电站2座。完成了30个行政村的“村村通宽带”组网建设工程。

六、民生工作取得新成效

积极开展抗旱救灾，确保了受灾群众的基本生产生活；城镇新增就业2118人，其中下岗失业人员再就业1146人，安置“4050”人员413人；在全省率先完成了城乡低保扩面提标工作，城乡低保覆盖率分别扩大到11.5%和8.6%；启动了城镇居民医疗保险工作，参保率达53.4%；建成189套、9450平方米廉租房。投资6000多万元，实施了师范路小学、特教学校新建和新三中后续完善等工程，启动了总投资3.7亿元的一中新建工程。投资2000多万元完成了中医院搬迁和8所乡镇卫生院基础设施改扩建工程；总投资3000万元的县医院扩建项目，已列入省发改委第三批农村卫生基础设施项目规划；全县新农合参合率达90.81%，同比提高10个百分点；积极应对甲型流感疫情，保障了群众身体健康和生命安全。建成了16个乡镇综合文化站，举办了“长城论坛”、“元中都论坛”和“忽必烈与隆兴路研讨会”等活动，编辑出版了《无穷门外话张北》、《张北——解开长城之谜的地方》等历史文化系列丛书，联系中央电视台《探索与发现》栏目拍摄制作了《六代长城再发现》、《元中都探秘》纪录片，张北东路二人台、张北大鼓等被纳入河北省第三批省级“非遗”项目名录。完成县城数字电视转换1.1万户，新增农村数字电视7500户，新建电视中转基站2座。面向社会公开招聘了275名大学生（其中研究生30名）、87名教师和76名医疗专业大中专毕业生，调配农村教师207人，争取特岗教师190人。组织开展了“十佳系列百颗星”、“感动张北——十大事件、十大人物”等评选活动，被评为“全市文明城市创建典型”。圆满完成了国庆六十周年安保任务，营造了和谐安定的社会环境。

尚 义 县

尚义县地处张家口坝上地区，位于内蒙古高原南缘，河北省西北部，晋冀蒙三省交界处。全境南北长88.8公里，东西宽55.2公里。分坝上、坝下两个地貌单元，坝上以草原地貌为主，坝下属丘陵浅山区，平均海拔1300米。属大陆性季风气候，年平均气温3.6℃，年降水量330—420毫米，无霜期100—120天。县内生产错季蔬菜、精选牛羊肉、口蘑等农畜产品。境内煤、磁铁、泥炭等矿产资源较为丰富，大多亟待探明储量、规模开发。风能资源丰富，是华北地区风能资源最好的区域之一。

全县辖7镇7乡，172个行政村，622个自然村。总面积2632.47平方公里，其中耕地面积116万亩（包括退耕地52万亩，水浇地16万亩），草场面积145万亩，林地面积120万亩，森林覆盖率30.4%，林草盖度达66%。总人口19.2万人，其中农业人口16.4万人。2009年全县地区生产总值完成15.16亿元，同比增长6.8%。单位生产总值能源消耗由1.154吨标准煤下降到1.086吨标准煤，同比降低5.9%。全部财政收入完成1.06亿元，同比增长20%，其中地方一般预算收入4689万元，同比增长23.6%；全年财政支出4.87亿元，同比增长16%。城市空气质量等级达到国家环境空气质量二级标准，全年达到和好于二级的天数330天，超省目标10天。全社会固定资产投资完成29.4亿元，同比增长42.9%，社会消费品零售总额完成5.3亿元，同比增长17.3%，城镇居民人均可支配收入1.02万元，同比增长10.1%；农民人均纯收入达到2810元，增长6%。年末金融机构各项存款余额15.88亿元，贷款余额7.03亿元，城乡居民存款余额10.98亿元。

一、突出增投入，项目建设成效显著

坚持把招商引资、项目建设作为做大经济总量的主抓手，经济发展的内生动力不断增强。全年争取国家投资建设项目86项，总投资8.02亿元，其中中央新增投资项目25个，总投资8296万元；充分利用尚义县的产业、资源、区位等优势，在工业、农业、三产等领域，完成招商引资签约项目13个，签约资金43.4亿元。全县谋划运作的重点项目91个，总投资124.3亿元；在建项目64个，总投资63.4亿元。全年完成投资25.3亿元，增长11.1%，其中引进县外资金23.8亿元，实际利用外资3104万美元，分别增长15.7%和228.8%。项目建设在

"保增长、促发展"中的地位和作用进一步凸现，拉动了投资总量快速增长。

二、突出调结构，发展速度明显加快

坚持以生态经济统揽县域经济发展全局，加快发展方式转变，推动了产业结构优化升级。农业方面，重点培植了绿色蔬菜、生态养殖、旱作高效农业等特色产业，新上了龙泉源现代养殖、宏达肉牛育肥加工、小蒜沟高端肉品深加工等项目，农业发展基础进一步夯实。蔬菜总产量达到5.3亿公斤，实现销售收入4.5亿元，成为农民稳定增收的主要渠道。工业方面，以清洁能源开发为重点，实施了3处风电开发工程，完成了国华1兆瓦太阳能光伏发电项目。全年完成风电装机22.5万千瓦，累计达到55.2万千瓦，其中实现并网41.25万千瓦，并顺利跻身于全国新能源百强县。三产服务业方面，以扩大消费需求为重点，新建大中型超市2家，农贸市场1处，签约了九汉天成生态旅游扶贫开发项目，达成了金鑫桃卜山生态旅游开发意向，为进一步壮大三产规模、拉动经济增长奠定了坚实基础。

三、突出大变样，城镇面貌明显改观

以打造生态宜居城市为目标，努力破解资金、拆迁等制约难题，全力推进"三年大变样"。全年投入资金3.2亿元，重点实施了四路一桥、两场建设、旧城改造、新区开发等10个方面24项城建工程，是历年来投资最多、规模最大、效益最好的一年。"四路一桥"全线贯通，秀水新区路网管网基本形成，污水处理厂土建工程基本完工，垃圾处理场、供水管网改造投入运营，鸳鸯河综合治理初见成效，秀水文化广场已成为居民休闲娱乐的重要场所。全年新增绿地500亩，安装路灯210盏，城区景观更为靓丽。小城镇建设进一步推进，小蒜沟商贸一条街、大青沟青湖商城等一批重点工程先后竣工，城镇面貌逐步改善，承载和辐射能力进一步增强。

四、突出强基础，发展环境明显改善

以改善基础设施为重点，争取投资1.8亿元，完成了八道沟220千伏开闭站建设等工程；争取投资6600万元，新建移动基站33座，开通了第三代移动通信网络；争取投资590万元，实施了10个村、21.9公里村村通油路工程。以改善生态环境为重点，扎实推进京津风沙源治理、农业综合开发等生态建设工程。争取投资2930万元，完成小流域治理35平方公里，草地治理4.5万亩，新造林7.5万亩，补植补造20万亩。基础设施日趋完善，县域形象明显提升，发展环境进一步优化。

赤　城　县

赤城县位于北京北部，河北省西北部，潮白河水系白河流域，东与承德丰宁、北京怀柔县接壤，南与怀来、北京延庆县毗邻，西与崇礼、宣化县交界，北靠坝上沽源县，总面积5287平方公里，列张家口市第一位、河北省第四位。辖9乡9镇，440个行政村，1318个自然村，总人口29万人。2009年，全县实现地区生产总值34.95亿元，同比增长5.5%。其中一、二、三产增加值分别完成10亿元、15.6亿元、9.3亿元，分别增长－0.3%、6.2%、11%；民营经济实现增加值28.8亿元，增长11.1%；全社会固定资产投资完成27.5亿元，增长51%。全部财政收入完成4.62亿元，其中一般预算收入完成2.07亿元，增长14.56%。农民人均纯收入2645元，增长6%；城镇居民可支配收入11312元，增长12.4%。社会消费品零售总额达到9.7亿元，增长18%，全县金融机构存款余额达到38亿元，增长14.8%，贷款余额达到18.67亿元，增长34.1%。

农业产业化扎实推进。坚持农业富民战略，大力发展蔬菜、食用菌、畜牧、特种养殖等主导产业。成功引进北京华田、利农、双大等大型农业龙头企业，实施了万亩供京蔬菜基地、华田育肥牛及繁育基地、万寿菊种植及加工、东卯农业循环经济园区等8个农业产业化项目。赤城、样田、东万口、东卯设施蔬菜产业带初具规模，蔬菜种植面积达到12万亩。推广万寿菊种植面积5000亩，食用菌大棚发展到348栋，生产各类菌棒134万棒，推广张杂谷子2.7万亩。肉牛、肉鸡、生猪等规模养殖小区发展到60个，冷水鱼、梅花鹿、柴鸡等特种养殖规模进一步扩大。高质量实施了"21世纪首水"、京津风沙源治理等生态工程，云州水库除险加固工程顺利实施，农业生产条件进一步改善。针对严重旱灾，积极开展生产自救，粮食总产量4266.7万公斤，实现了大旱之年稳定增收。扎实推进集体林权制度改革，县林权流转中心成为全省典范。

工业主导地位进一步增强。深入推进"工业立县"战略。积极应对金融危机的严重挑战，加强经济运行调节，开展"进企业、送服务、解难题、促发展"活动，全力帮助企业加快复产步伐。深入推进铁矿深度和规模开发，投资4.5亿元的赤城·宣钢球团烧结项目完成股权重组；投资4.8亿元的10个铁矿采选新建项目，8家建成投产，铁精粉生产能力达到700万吨，年出境铁精粉374万吨，实现税费收入3亿元。加快非金属矿产和新型能源开发，攀宝矿物质有机肥项目建成5万吨生产线，国华·赤城风电项目一期工程完成部分风机安装。继续推行县级领导包企业、包尾矿库制度，在6个重点乡镇设立了矿山综合管理办公室，矿业开发秩序逐步规范，实现了安全生产"零事故"，矿产资源开发规范县建设取得明显成效。2009年，全县入统工业增加值完成8.5亿元，占地区生产总值的23.93%，工业经济支撑力明显增强。

县城面貌更加靓丽。把城市建设作为改善投资环境和凝聚民心的首要举措，积极构建山水园林式生态宜居城市。2009年，全县城镇固定资产投资完成22.6亿元，增长47.3%，创历史新高。聘请中国城市建设研究院对县城总体规划进行修订，并编制各地块控制性详规。积极探索经营城市理念，搭建融资平台，成立了霞城投资公司，有效破解了城市建设的资金难题。启动了总投资15亿元的白河综合治理工程，实施了汤泉河二期、街道改造、公厕建设、两场（厂）一房、市场建设、小区开发、县城绿化等重点工程，东关集贸市场、世纪华联超市投入运营。

不断强化城市管理，“清洁城乡、保护健康”创建省级卫生县城活动深入开展，先后出台了《赤城县县城市容管理办法》、《城镇镇容和环境管理实施细则》等多项建管制度，县城面貌更加靓丽、功能日臻完善、管理日趋规范。

基础设施日异完善。经积极争跑，张唐铁路途经赤城县方案顺利通过国家发改委批复；投资2629万元，完成了县道白四线东卯至北京界三级公路改建工程；启动了总投资3000万元的棋九线地方道路建设项目；实施了涉及16个乡镇152.1公里的农村公路“村村通”工程。在全县18个乡镇实施MMDS系统数字电视工程，实现了有线电视向数字电视的整体平移。开通了手机3G业务，全县行政村移动信号覆盖率达到98%。

生态旅游稳步推进。突出绿色主题，打“温泉牌”、唱“生态避暑戏”，着力培育全县经济后续增长点。投资2100万元，实施了温泉度假村升级改造工程，度假村服务功能进一步完善。摩天岭滑雪、塘子庙温泉等重点旅游项目建设取得重点突破，黑龙山林场成功晋升为国家级森林公园。中央人民广播电台、《经济日报》等媒体分别对赤城县旅游资源进行了重点推介。全年共接待游客41万人次，实现旅游收入2亿多元，旅游业对县域经济的支撑作用日趋明显。

崇 礼 县

张家口市崇礼县位于河北省西北部，属内蒙古高原与华北平原过渡地带，总面积2334平方公里，辖2镇8乡211个行政村406个自然村，总人口12.6万人，耕地面积23.6万亩，是一个典型的山区县。县城距张家口市50公里，距北京220公里。全县有林面积120万亩，天然次森林面积是河北省最大的县份，森林覆盖率达到40%。夏季平均气温只有19℃，空气负氧离子浓度达3000个/立方厘米，素有“天然氧吧”之称，是生态观光、休闲疗养的理想之地。冬季年均降雪量60多厘米，累计积雪量达1米左右，存雪期长达140多天，雪质参数均符合滑雪标准，平均气温零下12℃，平均风速仅为2级，山地坡度多在5度—35度，陡缓适中，可开辟滑雪场的地方多达10余处，被誉为“华北地区最理想的滑雪地域”。

2009年，崇礼县大力实施“旅游立县”战略，以打造东方“达沃斯”和建设环京津生态涵养区、休闲旅游度假区、有机农业示范区为目标，着力构建以健康产业为核心的现代产业体系，全县经济保持了较好的发展势头。2009年，全县地区生产总值完成17.67亿元，按可比口径增长9.8%。其中，一、二、三产业增加值分别完成4.15亿元、8.38亿元、5.14亿元，同比分别增长2.9%、12.5%、10.2%。全部财政收入完成2.28亿元，同比增长13.5%，其中地方一般预算收入完成1.3亿元，同比增长68.8%。全社会固定资产投资完成23亿元，同比增长51%。城镇居民可支配收入达到1.12万元，同比增长11.5%。农民人均纯收入达到3105元，同比增长6.4%。

“旅游立县”战略拉开帷幕。以建设环京津休闲旅游度假区为目标，确立了“旅游立县”战略，制定了《崇礼县2009—2013年旅游产业发展纲要》，明确了旅游服务业发展目标和主攻方向。投资2亿元，实施了万龙、长城岭、多乐美地景区续建扩规及崇礼密苑、长城岭中心景区基础设施工程，景区档次进一步提升。酒店配套步伐加快，完成投资近1.8亿元，容辰国际假日酒店、长城岭运动员公寓、爱雪国际酒店投入运营；崇礼鸿龙度假村、亚龙湾综合开发项目加快推进，服务水平进一步提升。成功举办了第九届中国崇礼国际滑雪节，本届滑雪节由国家旅游局、国家体育总局、河北省人民政府共同主办，规格之高为历史之最；旅游宣传力度明显加大，投入宣传经费600多万元，紧盯主流媒体，主攻京津市场，崇礼旅游知名度进一步提升。

项目建设取得重大突破。突出“全党抓项目，全民抓项目，全面抓项目，全年抓项目”的主基调，集中开展了“项目推进攻坚月”和“项目建设深化月”活动，全年共实施项目144个，总投资116亿元，完成投资22.2亿元，同比增长21%。争取政策性项目36个，总投资2.48亿元，其中中央投资到位资金1.7亿元，是近年来争取国家投资最多的一年。项目储备全面加强，谋划了23个政策性项目，28个招商项目，累计储备项目80多个。

城乡面貌发生巨大变化。紧紧抓住省委、省政府提出城镇面貌“三年大变样”机遇，以打造北京周边以滑雪为核心的精品旅游城市为目标，实施了8大工程23个项目，完成投资13.8亿元。完成拆迁1438户14.4万平方米；完成投资1.2亿元，建成廉租房、回迁安置房、经济适用住房、商品房共计2895套25.2万平方米。实施了河道治理、两场（厂）建设、道路桥梁、街道景观环境整治等工程，城市功能逐步完善。完成了楼房外观改造、街道景观整治、主要区域亮化、违章建筑物拆除等工程，城市品位进一步提升。旅游商贸服务新区建设拉开框架，完成了交通主干道、供排水主管网、线缆入地及拆迁工程。融资工作取得显著成效，累计争取各类贷款3.75亿元，为城市建设提供了资金保障。

工业经济在逆境中再创佳绩。崇礼境内矿产资源储量丰富。已探明的矿产资源有金、银、铜、铁、玄武岩等8大类36种。其中，黄金远景储量140吨，磁铁1.2亿吨，褐煤1.3亿吨，玄武岩10亿立方米。一年来，面对铁精粉市场价格下降的困境，大力开展县级党政领导“三定四包”（定企业、定人员、定责任，包生产、包服务、包稳定、包安全）保增长活动，矿业经济回升势头良好。预计，全县工业总产值完成9亿元，其中规模以上工业总产值完成8.9亿元；工业增加值完成6.6亿元，其中规模以上工业增加值完成3.6亿元，黄金、铁精粉产量分别达到1.2吨和85万吨，上缴税费1.2亿元，占财政收入的53%。风能资源开发潜力巨大。全县拥有110万千瓦风力发电资源，现已引进河北建投、大唐国际、国电电力等有实力的投资商开发风电资源。其中清三营风电场二期投产运营；大唐国际风电场一期、国电电力风电场一期顺利推进，部分风机并网发电。全县累计装机容量11.5万千瓦。民营经济彰显活力，预计完成增加值12亿元，上缴税金1.7亿元，同比分别增长6%和8.1%。

农业经济扎实推进。面对五十年一遇的特大旱灾，进一步加大农业结构调整力度，全年实现农业总产值6.44亿元，同比增长3%。全县种植蔬菜12万亩，其中，设施蔬菜1.38万亩，蔬菜人均种植面积与设施蔬菜种植面积两项指标均列全市第一。全县无公害蔬菜认证面积达到10万亩。拥有市级农业龙头企业7家，县级“农”字号企业23家，农业产业化经营率达到56.5%。农村基础设施进一步改善，解决了25个村9000多人饮水安全问题，新增节水灌溉面积1.2万亩，实施了设施蔬菜配水配电等工程。以第三批26个村为重点，投入资金650万元，采取了双周转、产业化扶贫等措施，贫困村自我造血功能不断增强。建设环京津生态涵养区，进一步加大生态建设力度，推进了大三期“增绿添彩”、清水河上游综合治理等生态工程建设，治理面积17万亩。特别是清水河上游拦沙坝建设工程，建成总长800米的拦沙坝6道，拦沙库容28万立方米，受到市政府通报表彰。积极争跑，多方努力，崇礼县被国家农开办新增为农业开发综合治理县，每年可获得专项资金600万元。

社会事业全面进步。教育事业不断发展，完成了三中、西完小教学楼主体及农村初中校舍改造工程，基础教育条件得到明显改善，全县及早达到了一乡一所寄宿制学校；实行了高中有条件就业招生优惠政策，有效遏制了生源外流；高标准通过了省政府教育督导评估验收。卫生服务不断完善，完成了县医院、妇幼保健院、中医院住院楼及4所乡镇卫生院的改造工程。新农合医疗保险覆盖面进一步扩大，全县参保农民9万人，参合率达到90%；城镇居民基本医疗保险工作顺利启动，参保1.03万人，参保率达到74%。落实城镇低保1895户2887人，农村低保6124户7631人，覆盖率分别达到11.6%和7.7%。“民政事业服务中心”完成了主体工程。残疾人工作成效显著，被评为“全国残疾人康复工作示范县”。计生工作常抓不懈，连续18年在全市名列前茅。企业改制养老金申报核销工作基本完成，对46家企业、2047名职工实行集中打捆改制，申报核销欠缴养老金4700多万元。交通事业取得新突破，实施了二道沟道路改造、张沽线改造升级、108公里“村村通”、中马旅游道路等工程，全县通车总里程达到954公里，通油（水泥）路率达75%。同时，国防动员、双拥共建、民族宗教、妇女儿童、防震减灾、科技、文化、体育、审计、统计、物价、人防、气象、档案等工作都取得了新的进步。

昌 黎 县

秦皇岛市昌黎县始建于公元923年，取“黎庶昌盛”之意定名，素有“花果之乡、鱼米之乡、旅游之乡、文化之乡”的美誉。全县辖16个乡镇，1个城郊区，446个行政村，人口55万，总面积1212平方公里，是全国首批沿海对外开放县和河北省首批扩权县。

资源丰富。昌黎县北枕碣石，东临渤海，由平原、丘陵、滩涂、海洋构成了多相性资源结构。全县耕地94万亩，盛产稻谷、小麦、玉米、花生、大豆等大宗农作物。北部山地丘陵盛产各种干鲜水果，玫瑰香葡萄和蜜梨远近闻名。昌黎县拥有64.9公里海岸线，滩缓潮平，有80万亩浅海和6万亩沿海滩涂可供养殖，盛产对虾、文蛤、扇贝和各种鱼类。矿藏丰富，具备开采条件的铁矿储量1亿吨，花岗岩5亿立方米，石灰石2亿立方米。昌黎水资源丰富，有三大主要水系，并有大型湖泊碣阳湖。地下水存量2.7亿立方米，其中矿泉水存量1500万立方米。境内还有温泉资源三处，探明可供开采的地热资源116.5万立方米。昌黎名胜古迹和人文景观众多。神岳碣石历史上曾有九帝登临揽胜，魏武帝曹操在此留下了“东临碣石，以观沧海”的千古名篇，山中水岩寺是冀东地区唯一的佛教场所；五峰山韩文公祠，是李大钊先生曾长期从事革命活动的地方；昌黎葡萄沟素有“十里葡萄长廊”之称，与新疆吐鲁番齐名；有“东方夏威夷”美称的黄金海岸是中国最美的八大海岸之一，属国家级海洋自然保护区。昌黎县是唐宋八大家之一韩愈的故里，是全国文化先进县、全国教育强县和全国科技工作先进县。昌黎还是全国民间艺术之乡、全国民歌之乡和吹歌之乡。昌黎地秧歌已被列入首批国家非物质文化遗产名录。

投资环境优越。昌黎县区位优势明显。位于环渤海经济圈的中心地带，是连接华北与东北两大经济区的“经济走廊”。京沈高速公路拉近了昌黎与大中城市的距离，距北京仅两个半小时的车程，距沈阳也只有三个小时的车程。已建成通车的沿海高速公路在昌黎有三个出口，昌黎到唐山曹妃甸港仅半个多小时的车程，到天津滨海新区仅1个小时的车程。拟建设的4C级秦皇岛国际机场已经选址在昌黎。全县邮政、通讯业务方便快捷，水电供应充足。有220千伏变电站2座，110千伏变电站3座，35千伏变电站9座。中法合资建设的太平洋引供水有限公司日供水能力8万立方米，覆盖城区和黄金海岸旅游区。园区承载能力强。昌黎工业园区是2006年经国家审核并被河北省批准的省级开发区，基础设施健全完善，项目准入条件优越，具备了大规模承接项目入驻的良好基础。园区近期核准规划面积500公顷，远期规划面积800公顷，园区内土地使用成本低，特别适合摆放生态型、科技型、无污染型工业项目。秦皇岛西部工业区昌黎园，园区面积88平方公里，其中4平方公里为允许用地范围，并拟定为园区的起步区，其余的84平方公里为条件允许用地范围。园区将致力发展冶金、化工、水泥建材、造纸、大型装备制造业等产业。昌黎县2005年成为河北省首批扩权县，被赋予了与设区市相同的经济和社会管理权限，办理项目立项审批更加方便快捷。昌黎县政务服务中心集中办理项目相关手续，能够为投资商提供最便捷、最高效、最优质的服务。奥地利施华洛奇公司、中粮集团等世界500强企业和国内贵州茅台集团等知名企业纷纷来昌黎投资置业。

项目建设卓有成效。2009年，昌黎县全面贯彻落实科学发展观，深入实施“重大项目攻坚，战略产业崛起，滨海新城引领”三大主体战略，不断健全完善招商引资工作机制，全年引进内资5.98亿元，实际利用外资2120万美元。2009年实施千万元以上项目55个，其中亿元以上项目15个。安丰公司技改、宏兴公司产品结构调整、乾凯伟业成品油库等项目顺利实施。争取扩内需新增中央投资6069万元。全县新增贷款9.8亿元，比上年增长1.8倍。进一步理顺园区发展思路，明确园区发展方向，积极推进河北昌黎工业园区扩区工作，加快了秦皇岛西部工业区昌黎园、河北昌黎干红葡萄酒产业聚集区和昌黎空港产业聚集区的建设步伐，搭建了招商引资项目建设强势平台。

特色优势产业蓬勃发展。2009年，全县生产总值完成108.6亿元，为1978年的75.9倍。全部财政收入完成8.56亿元，为1978年的64.4倍，年均递增14.4%。农民人均纯收入达到6190元，为1978年的59.5倍，一、二、三产业的比重由1978年的49.8∶23.1∶27.1调整为2009年的34.1∶36.1∶29.8，县域经济结构趋于合理，培育形成了特色鲜明的优势产业，并呈现出向产业集群方向发展的良好态势。干红酒酿造业：以扩张产业规模、提升产品档次为主，发展进入新阶段。上世纪七十年代末，昌黎从法国引进了一批优质葡萄苗，建立了新中国历史上第一片赤霞珠酿酒葡萄基地。1979年，昌黎用本地种植的赤霞珠葡萄酿造出了中国第一瓶干红葡萄酒。经过30多年的发展，昌黎的干红酒酿造业实现了由“昌黎葡萄”向“昌黎干红”、由“昌黎酿造”向“昌黎创造”、由“干红品牌”向“地域品牌”的跃升，并创造出了酿酒葡萄面积、企业数量、生产能力等多个县级“全国第一”。世界500强奥地利施华洛奇公司、中粮集团，国内知名企业茅台集团、天士力集团等众多实力雄厚的大企业相继进入昌黎，培育了华夏长城、朗格斯、茅台、越千年、地王等一批知名干红酒品牌，形成了集酒葡萄栽培、葡萄酒酿造、橡木桶生产、干红酒瓶制造、彩印包装、葡萄酒学校、研发中心、检测中心为一体的产业集群。2000年，昌黎县被国家有关部门命名为“中国干红葡萄酒之乡”、“中国酿酒葡萄之乡”和“中国干红葡萄酒城”。昌黎葡萄酒是全国同行业首家原产地域保护产品。华夏长城干红葡萄酒被指定为2008北京奥运会专供酒。干红酒酿造业已成为河北省十强特色产业。河北昌黎干红葡萄酒产业聚集区昌黎县葡萄酒产业园规划面积63平方公里，约占全县耕地面积的1/10。2009年，全县拥有酿酒葡萄基地5万亩，其中赤霞珠基地3.6万亩，葡萄酿酒企业已发展到49家，葡萄年加工能力达16万吨，全县实现葡萄酒销量6.5万吨，占国内市场近30%的份额，实现销售收入13亿元，利税5亿元，上缴税金2.2亿元，占全部财政收入的近25%。海上养殖业：服务体系基本完善，育苗、养殖、加工、出口产业体系基本构建。全县浅海滩涂养殖开发面积发展到66.5万亩，水产品加工企业35家，其中有出口权企业6家，年加工能力达30万吨。河豚鱼产量占据全国30%的份额，牙鲆鱼、菱鲆鱼产量占据全省50%的份额，昌黎县已成为河北省第一浅海养殖大县和全国重要的河豚鱼生产基地。禄权公司也是全省规模最大、标准最高、出口创汇最多的水产品加工龙头企业。2009年，全县水产品总产量达23.7万吨，实现产值10亿元，加工和出口量分别达2.8万吨和1.3万吨，出口创汇6720万美元。全县水产行业实现总产值20亿元，占全县大农业总产值的25%左右。畜禽养殖业：突出特色养殖和规模养殖，实现了园区化、规模化、标准化、产业化生产，昌黎县成为全省畜牧业发展重点县。连续成功举办了三届河北省（昌黎）毛皮特养产品交易大会，进一步完善了昌黎皮毛交易市场功能。昌黎县被中国农学会特产学会授予“中国养貉之乡”、“中国毛皮产业化基地”称号。全县拥有各类规模养殖场4350个，标准化养殖小区73个，毛皮动物养殖总量865万只，占全省三分之一，占全国十分之一，每年可为农民提供3.5亿元纯收入。建成畜禽养殖大镇7个，专业村62个，专业户8646个。2009年，实现畜牧总产值30亿元，占大农业的比重达47.9%。粮油食品加工业：积极壮大产业龙头，大力发展精深加工，努力提高产品档次和附加值。在行业龙头企业的带动下，小规模大群体开始向规模化、现代化转型跨越，玉米淀粉、膨化食品、甜玉米食品、粉丝、面粉等龙型经济基本形成，整体实力日益增强。其中甜玉米罐头占国内市场份额近50%，膨化食品占国内市场的26%，粉丝占韩国市场的70%，顶大膨化食品成为全国著名品牌。2009年，全县各类加工企业达到1080家，年加工转化粮油能力92万吨，全行业实现产值29.4亿元，农产品增值5.8亿元，利税2953万元。市场商贸业：持续发展，专业市场的基础设施和功能日趋完善。多年来，昌黎县结合旧城改造，开发建设了民生街、鼓楼大街、戏院街商业街，引进超市、连锁、配送现代物流。改造建设了昌黎农副产品批发市场、小商品批发市场、农机销售市场、皮毛交易市场，龙头市场的辐射带动作用进一步增强。继续深入实施“万村千乡”市场工程，农村市场流通网络进一步完善。新型商业业态迅速发展。引进了乾凯伟业石油储备库、冀东物贸汽车交易城、鹏成家具城、建材市场等大型现代物流项目。2009年，全县完成消费品零售总额28.3亿元。昌黎正由建国初的小城镇逐步成为唐秦地区之间的区域商贸中心。旅游业：全面提升发展档次和水平，积极打造旅游观光、休闲度假基地。大力实施旅游立县发展战略，成立了县旅游发展委员会，出台了《关于实施旅游立县发展战略的意见》，编制了昌黎县休闲旅游产业发展总体规划。总的思路是，强化全县发展旅游、全年发展旅游、全方位发展旅游、全产业融合旅游的意识，把山海资源优势，与帝王观海、韩愈故里、红色旅游、红酒文化内涵有机结合，整合资源要素，加快旅游产品转型升级，全力构建以旅游业为中心的现代产业体系，着力打造中国北方最佳休闲度假基地，实现旅游产业化、产业旅游化的目标。旅游基础设施建设力度不断加大，累计投入资金4732万元，对黄金海岸旅游区和各景区景点的基础设施进行了改造，黄金海岸旅游区北区的整体形象得到较大提升，各景区景点的接待服务功能进一步完善。旅游项目建设实现大跨跃，黄金海岸体育休闲滑沙公园配套五星级酒店主体工程封顶，黄金假日滨海度假城项目、七里海生态环境综合整治及适度开发项目和茅台精品酒庄项目进展顺利，国电集团华北电力公司风电项目、森林体育休闲公园项目等战略支撑项目相继签约。保护性开发旅游资源，碣石山到源影寺塔的扇形区域开发规划已经完成。2009 年，全县共接待国内外游客 130 万人次，实现门票收入 1600 万元，实现旅游总收入 3.5 亿元，分别比上年增长 53.9%、44.4%和 34%。缝纫机零件加工业：日益壮大，已基本形成园区集聚化发展格局。全县缝纫机零件加工企业达 129 家，产品涉及弯针、压角、针板等近 4000 个品种。其中弯针类产品的全国市场占有率达 90%以上，国际市场占有率也达到 70 以上，并远销日本、东南亚、台湾等国家和地区。昌黎县已成为名副其实的“中国弯针之乡”和我国北方重要的缝纫机零件加工基地。

工业经济活力增强。全面落实各项保增长的政策措施，组织开展了“扶企破难促发展”活动，建立推进全民创业机制，积极推动规模型民营企业提速发展，全县工业生产稳步增长。2009 年，全县规模以上工业总产值完成 100 亿元，比上年增长 10.3%；实现工业增加值 26.4 亿元，比上年增长 23.6%；实现销售收入 97 亿元，比上年增长 10.7%；上缴税金 3.5 亿元，比上年增长 16.9%；实现利润 3 亿元，比上年增长 302.1%。

城市建设日新月异。昌黎县城是座古城，文化底蕴深厚。改革开放后，特别是 2003 年以来，昌黎城市化进程明显加快。截止到 2009 年底，县城建成区面积达到 13.22 平方公里，住宅区、商业区、工业区功能分区经纬分明，城市功能日趋完善，以城市化引领经济社会更好更快发展的格局初步形成。2009 年，县委、县政府认真落实省政府北戴河新区开发建设办公会议精神，把城镇建设，尤其是县城建设，作为全局工作的重中之重，结合旅游产业发展，大力实施城镇面貌三年大变样工作。累计投入资金 20 亿元用于城市建设，完成城市拆迁 55 万平米。碣阳大街五个突出地段彻底拆除。2009 年 8 月启动大规模城市拆迁，20 多天完成碣阳大街七个片区和朝阳片区近 10 万平米的拆迁任务，实现和谐平稳拆迁，创下昌黎城建历史上最快的拆迁速度。坚持快拆快建，高质量地建。累计投资近千万元进行城市规划设计。引进 16 家较大规模开发商，启动城市建设工程 135 万平米。投资 9 亿元的朝阳片区、投资 7.4 亿元的碣阳大街改造工程已开工。全面推进新区建设，投资 1.5 亿元的北环路工程已通车，投资 8300 万元的县医院搬迁改造项目已进行土地整理。此外，投资 1500 万元进行城市绿化，新增城市绿地面积 2.5 万平方米。在 2009 年河北省宜居城市环境建设“燕赵杯”评比中获金奖。

新农村建设稳步推进。2009 年，累计向农民发放各种补贴资金 1.05 亿元，向上争取农业项目资金 8253 万元，县财政安排 1500 万元专项资金，用于农业农村基础设施建设，农村生产生活条件得到有效改善。2009 年，昌黎县被评为全省土地治理项目先进县。全县农业生产得到进一步巩固和发展，按照规模化生产、产业化经营的思路，继续深化农业结构调整，大力发展设施农业，粮油总产量稳步增长。拥有“马芳营”旱黄瓜、“碣石山”玫瑰香葡萄等 10 余个“河北省名优产品”。在品牌农业的拉动下，区域化布局、产业化分工、专业化生产格局初步构建，并形成了六大无公害蔬菜生产基地。昌黎先后被授予“河北省种植业结构调整先进单位”、“河北省蔬菜之乡”、“全国粮食生产先进县”等荣誉称号。2009 年，全县农作物播种面积 141.3 万亩，“两高一优”农田面积已达 65 万亩，无公害蔬菜面积发展到 30 万亩，棚室蔬菜面积发展到 18 万亩。实现粮食、蔬菜总产量 8.8 亿斤和 27.2 亿斤；新增各类果树 2265 亩，其中发展设施果树 1710 亩，实现果品产量 17.5 万吨；肉鸡、肉羊年出栏量分别达 300 万只和 56 万只，分别比上年增长 2.3 倍和 1.5 倍；浅海滩涂养殖产量和效益均创历史最好水平。2009 年，全县农林牧渔业实现总产值 59.5 亿元，比上年增长 7%。全年实施农业产业化基地项目 18 个，新增市级以上龙头企业 19 家，农业产业化率达 59.8%。同时，启动实施了 13 个新民居示范村建设工程，开工面积达 20 万平方米。投资 2500 万元，完成了第五批 32 个文明生态村的创建工作。

节能减排成效明显。昌黎县是河北省节能减排“双三十”重点县之一，县政府始终坚持标本兼治、重在治本，高能耗、高污染的项目坚决不上。2009 年，昌黎县没有审批任何高耗能、高污染项目，安排节能减排专项资金 2600 万元，支持重点耗能企业实施节能项目 7 个，淘汰落后产能 4 项，有力的保障了节能减排项目的实施和工作的顺利开展。淘汰落后高炉、竖炉 14 座。2009 年，全县万元增加值能耗为 3.63 吨标煤以下，比上年降低 8.91%，并提前完成 2010 年承诺目标。实施工程减排项目 9 个。总投资 1.29 亿元的县污水处理厂，设计规模为日处理污水 4 万吨，于 2009 年 2 月 20 日通过了秦皇岛市环保验收，污水处理厂进出水在线监测设备与无线传输装置均已投入使用，出水水质的 COD、BOD5 等指标已稳定达标排放。投资 1700 万元完成了城区 2 座集中供热站建设。贾河、饮马河污染治理工程稳步推进。小粉丝、小造纸的污水处理得到落实。2009 年化学需氧量控制在 2768 吨以内；二氧化硫控制在 2850 吨以内，均超额完成减排任务。全年空气质量好于二级标准以上天数达到 333 天，境内河流水质有明显改善。2009 年，昌黎县被河北省委、省政府评为“2009 年度河北省‘双三十’节能减排工作优秀单位”。

各项事业协调发展。按照科学发展的要求，坚持社会事业与经济发展相协调，以关系群众生产生活的民心工程为抓手，将更多的财力、物力向民生和社会事业倾斜，农村公路建设、中低田改造等八项民心工程均得到较好落实。城镇居民人均可支配收入 1.37 万元，农民人均纯收入 6190 元，分别比上年增长 12.2%和 8%。全年城镇新增就业 6500 人，城镇下岗失业人员再就业 2819 人，城镇登记失业率 3.8%，农村劳动力向非农产业转移就业 1.54

万人次。城镇职工社会养老保险、基本医疗保险、失业保险覆盖面进一步扩大。全面落实城乡低保和农村五保供养制度，15130人应保尽保。大力推进科技进步和技术创新，昌黎县被评为2009年度全国科技进步先进单位。严格落实手足口病、甲型H1N1流感的防控措施，全县没有发生聚集性群体公共卫生事件。完善了新农合补偿机制，全县农民参合率达到87.22%。严格落实计划生育利益导向机制，人口自然增长率控制在3.72‰。完成了县直三个学区的建设工作，中小学校舍安全工程稳步实施。加大了对职业教育的扶持力度，县职教中心通过了国家级重点职业学校的验收。广泛开展了以"三歌一影"为代表的特色文化交流展演活动。昌黎皮影纪念册获2009中国旅游商品设计大赛银奖。顺利完成了5个乡镇文化站建设。广泛开展全民健身活动，为54个行政村安装了健身器材，县体育局被国家体育总局授予"全国群众体育先进单位"。完成了100户贫困残疾人危房改造。昌黎县连续五届获得"全省双拥模范县"称号。严格落实领导信访包案责任制，有效化解了一大批信访突出问题，信访总量比上年下降32%。加强社会面控制，严厉打击各类犯罪，圆满完成了暑期和国庆安保各项任务。

秦皇岛市北戴河区

2009年，北戴河区紧紧围绕发展主线，优化产业结构，狠抓项目建设，加大招商力度，优化服务环境，全区经济发展呈现速度加快、质量提升、后劲增强的强劲态势。

经济总量不断扩大，综合实力稳步提升。全年完成地区生产总值25.1亿元，同比增长11.2%；全部财政收入突破6亿元大关，完成6.25亿元，其中一般预算收入完成3.08亿元，分别增长17.5%和33.4%；全社会固定资产投资完成21.1亿元，增长16.8%；社会消费品零售总额24.3亿元，增长19%；城市居民人均可支配收入、农民人均纯收入分别达到1.7万元、7468元，增长12.8%和7%；民营经济实缴税金4.8亿元；单位GDP能耗下降4.76%，各项主要指标均创历史新高。

四大产业稳步发展，支撑作用日趋明显。累计投资2.04亿元，实施旅游单位升级改造。出台一系列促进旅游经济发展的优惠政策，组团赴大连、满洲里等城市强势促销，全年接待国内外游客555.3万人次，其中，入境游客4.57万人次，俄罗斯游客4.19万人次，分别增长43.4%、36.8%和57.5%。推进总部大厦建设，新引进27家总部企业。文化创意产业创业辅导基地被认定为省级示范基地，北京通景巅峰文化发展有限公司落户。总部经济暨文化创意产业实现税收2.35亿元，占全部财政收入的37.8%，增长16.1%。成功举办各类会议794批次，实现收入6530万元，分别增长12%和7%。

项目建设扎实推进，对外开放成效显著。按照"在建项目出形象、落地项目快开工、储备项目早谋划"的要求，继续实行重点项目区领导分包负责制，不断加大组织协调、督导推进力度。河北省北戴河信息技术研发中心项目开工，园区招商同步推进；落实葡萄酒庄园项目用地指标，进入土地出让程序；北部片区污水入网、热电联网等重点项目扎实推进。2009年，千万元以上在建项目45项，其中新开工项目30项，完成投资19.7亿元。加强与北京CBD、国华置业等大机构、大企业的联系，与云南腾冲县缔结友好合作关系。积极开展招商、招会、招租、招税"四招"工作，成功举办2009北京—北戴河总部经济暨文化创意产业推介会，中视金桥等百余家知名企业参会，6个大型项目签约，预计引进资金8.75亿元。2009年，全区引进内资9.15亿元，实际利用外资4186万美元，分别增长28.3%和78.5%。

农业产业上档升级，农村经济提质增效。全面落实各项惠农支农政策，进一步加大支农资金投入，全年安排"三农"资金2940万元，增长10.5%。发放粮食直补和农资综合直补补贴90.43万元，惠及农民1.7万人。发放造林补贴343万元。落实家电下乡等优惠政策，兑付补贴125万元。调整优化种植结构，栽植大樱桃等经济林720亩、速生杨1280亩。成立戴河镇乡村旅游协会，推行规范化管理，打造乡村游知名品牌。启动古城村、太平庄村和"北六村"片区改造，打造了新民居建设省级示范村8个、市级示范村2个。科学规划农村路网，完善电力、网络等基础设施。戴河镇被评为省级环境优美乡镇，北戴河村被评为全国创建文明生态村工作先进村。

城市形象日新月异，环境优势更为明显。以"城镇面貌三年大变样"活动为契机，努力提升城市建设与管理水平。坚持规划先导，委托国内外著名公司，编制完成北戴河区战略性城市设计和27.58平方公里建设用地范围的控制性详细规划，进一步完善了规划体系。对联峰北路、沿海景观步道等4条道路进行改造，整治205国道沿线环境，完善奥运公园浮雕墙。实施道路、游园、微型景观及垂直绿化，新建、改造绿地面积17万平方米。实施保二路欧式风情街改造，完成联峰北路、沿海景观步道等4条道路改造。投资3800万元，实施道路、游园、微型景观及垂直绿化。成功举办第五届轮滑节、铁人三项赛等赛事活动，精心推出《海上生明月》大型实景演出，城市知名度进一步提升。完成驼峰路照明、汽车站片区等重点部位亮化提升和路灯灯杆亮化工程，按期完成津秦客运专线、西部快速路征地拆迁任务。鸽子窝公园、集发观光园入选"河北最美30景"。积极创建国家级生态区，狠抓空气质量、水质监测和噪声控制。湿地保护区通过省林业厅批准申报国家级保护区。编制完成水环境治理规划，完成戴河治理一期等水系工程，水环境质量得到改善。

民心工程深入落实，社会事业协调发展。1000延长米供暖管道和12.4万平方米分户改造；实施育花路小学操场改造等教育设施完善工程；建成老年活动中心游园；58套实物廉租房按期交付使用，年初确定的20项为民实事得到全面落实。抓好就业和社会保障工作，城镇新增就业1220人，下岗失业人员再就业815人，发放各类社会保障金783万元。推进教育事业均衡化发展，被授予全市唯一“河北省义务教育均衡发展先进区”称号。深入开展非物质文化遗产普查，北戴河博物馆建成开放。通过科技部“科技进步县区”考核。严密防控手足口病和甲型H1N1流感疫情。馆藏档案在全省率先实现数字化，部分资料面向社会开放。启动“刷卡消费示范街（市场）”工程，努力优化金融服务环境。调度重视民族宗教工作，北戴河基督教福音堂竣工。切实维护安全稳定，成立镇街治安志愿者协会，健全治安管理长效机制。积极创建食品安全示范区，开展企业践行安全生产承诺行动，组织特种设备应急演练，安全生产水平和应急处置能力进一步提升，营造了安定有序的社会环境。

唐山市丰南区

2009年是唐山市丰南区经济社会发展进程中极不平凡的一年。面对国际金融危机的严重冲击和保增长、保民生、保稳定的艰巨任务，全区坚持以科学发展观为指导，变压力为动力，化挑战为机遇，推动经济社会发展取得了新的成就。

综合实力跃上新台阶。全年完成地区生产总值380亿元，比上年增长18%；完成全部财政收入40.76亿元，剔除增值税转型等政策性减收因素，按可比口径增长31.4%，其中地方一般预算收入9.86亿元，增长21.2%；完成全社会固定资产投资116.7亿元，增长52%。主要经济指标继续位居省、市前列。

结构调整取得新成效。一是通过提速沿海工业区开发建设打造新的增长极。继续把沿海工业区作为全区经济发展的一号工程，实施了扩区后130平方公里的总体规划编制；基础设施累计完成投资8.4亿元，其中2009年完成3.65亿元；沿海工业区现有结转续建工业项目7项、新开工项目19项，计划总投资102.46亿元，年内完成投资14亿元，累计达到38.67亿元。二是通过上项目、调结构增后劲。在抓好46个列入全市攻坚行动项目的基础上，狠抓了丰南区86个保增长、调结构的项目，共争取中央投资计划项目20项、到位资金4943万元，区域经济竞争力进一步增强。三是通过节能减排促进新型工业化发展。投资5.25亿元完成节能减排重点工程47项，淘汰300立方米以下高炉6座。预计全年规模以上工业万元增加值能耗下降14%，二氧化硫、化学需氧量排放分别削减15.2%和25.5%，顺利通过省节能减排预考核。

城市建设实现大改观。进一步提速城乡开发建设，创新城市经营机制，全年完成城乡建设投资30.3亿元，高站位、大手笔编制了《丰南分区规划》，确定了建成唐山市中心区大众消费的前沿、休闲娱乐的后花园、宜居宜商生态水城的发展定位，使城区规划面积达到40平方公里、规划人口将达到38万人。按照“东连、中改、西扩、南拓”的思路，重点抓了南湖紫天鹅庄扩建工程，旧城区震后陈旧平房及城中村改造、既有居住建筑节能改造等六大工程和新城区以公共服务、基础设施为主的20项工程建设，启动实施了投资5.6亿元的津唐运河水系整治及扩湖工程、投资4000万元的津秦铁路西侧带状公园工程，谋划了南湖连接渠、南湖退水项目，利用2个月时间完成了投资2.3亿元的青年路拓宽改造，创造了“丰南速度”。

新农村建设迈出新步伐。区财政投入农业结构调整和农业农村基础建设资金3.96亿元，比上年增长52.3%。农业结构调整扎实推进。全年新增棚菜7370亩，新增存栏500头以上奶牛养殖场（区）9个，新建、扩建农业龙头企业10家，农业产业化经营率达到63%。文明生态村镇、科学发展示范乡村创建扎实开展。新增文明生态达标村40个、文明生态镇2个；完成了3个镇、30个村的科学发展示范乡村创建，实施了13个省级新民居示范村创建，丰南镇小岔河村科学发展模式得到省、市领导充分肯定。乡镇经济迅猛发展。丰南镇、小集镇、黄各庄镇、西葛镇、钱营镇5个镇财政收入超亿元，其中丰南镇达到24.5亿元，继续保持了江北第一镇的位置。农业农村基础设施进一步加强。新增节水灌溉4.1万亩，完成绿化攻坚造林6.1万亩，完善了27个村、2.34万人的饮水安全工程，新建沼气池1.03万个，实施土地开发整理3.2万亩。

改革开放再创新局面。企业改革向纵深推进，采取产权重组、边破边租等市场手段，全力盘活企业资产55亿元；组建了区企业家协会，畅通了政府与企业沟通的渠道。投融资体制改革取得新突破，在全省率先成立了农业投资担保公司，全年带动社会资金3.8亿元投资农业；组建了城市建设投资有限公司，融资到位资金18.5亿元，加快了重大基础设施与城市建设改造步伐。举办各类招商活动8次，签约合作项目26项，合同引进内资93亿元、外资1亿美元。全年实际利用外资2.1亿美元、出口创汇3.5亿美元，两项指标连续6年居全市首位、全省前列。

人民生活质量有了新提高。城镇居民人均可支配收入1.74万元，农民人均纯收入7647元，分别比上年增长12.6%和11.7%。新增城镇就业5350人，安置就业困难群体725人，实现了“零就业家庭”动态归零，城镇登记失业率控制在2.85%以内。农村富余劳动力向非农产业转移1.1万人次。全面推行了新型农村社会养老保险制度，参保率达到95%；城乡低保实现应保尽保，全年发放低保金1199万元；进一步完善了新型农村合作医疗制度，在全省率先实行门诊统筹，全年报销门诊药费和住院费3397.4万元。

遵　化　市

遵化市位于唐山市北部燕山南麓，地处京、津、唐、承、秦腹地。市域面积1521平方公里，辖25个乡镇、两个街道办事处，648个行政村、27个居委，总人口72.3万。遵化历史悠久，五代后唐建县，是千年古县，素有“畿东第一城”之称。上世纪五十年代三条驴腿闹革命的“穷棒子”精神和六十年代万里千担一亩田、青石板上创高产的“当代愚公”精神就发源于遵化，曾分别受到毛主席和周总理的赞誉。1992年遵化撤县建市，2005年被省政府确定为第一批扩权县（市）之一。

近年来，遵化坚持以科学发展示范市建设为总揽，以建设“中等城市、和谐遵化”为目标，按照“山水园林城、文化旅游城、新型工业城”的发展定位，抢抓机遇，开拓进取，经济社会取得了长足发展。2009年，完成地区生产总值392亿元，全部财政收入19.61亿元，全社会固定资产投资90.3亿元。在区域竞争日益激烈、各种挑战日益严峻的形势下，继续入选全国县域经济基本竞争力百强县（市）、全国中小城市科学发展（综合实力）百强，分列第53位和65位。

项目建设在攻坚克难中再创佳绩。2009年，围绕发展低碳经济、实现绿色增长，谋划实施千万元以上项目130个，总投资300亿元，开工93个，完工35个，完成投资67.8亿元。其中，21个项目被列为省重点，数量居全省各县（市）区之首，72个项目被列入“唐山市千个项目保增长调结构攻坚行动”。紧紧抓住国家实施积极财政政策和适度宽松货币政策的机遇，积极争取国家和省市资金扶持，累计争取国债和上级专项资金1.05亿元，引进省外资金16亿元，融资9.5亿元，有力地支持了全市经济社会发展。

产业结构在调整中优化升级。2009年，实施传统产业改造升级项目25个，总投资84亿元，建龙冷轧完善等一批项目竣工投产或开工建设，传统产业素质进一步提升；心合制药表皮生长因子等高新技术项目顺利实施，科技型产业已具雏形。产业聚集步伐加快，“三区一带”规划面积达到23平方公里，协议总投资超过100亿元，入园项目达到160多个。其中，在唐山市首创的中小企业孵化园区一期工程全部竣工，33家企业入驻生产，这一模式受到省和唐山市领导的充分肯定。服务业发展水平不断提高，总投资22亿元的福泉新宫度假村等旅游开发项目顺利推进，庞大汽贸和金缘购物等商贸企业投入运营，全市服务业增加值完成147.5亿元，增长6.7%，全社会消费品零售总额达到86.9亿元，增长17.9%。

城市形象在精细建管中显著提升。2009年，实施城建项目95个，完成投资32.2亿元，是近年来实施项目最多、城市面貌变化最大的一年，被评为“全省城镇面貌三年大变样先进单位”。生态环境明显改善。全长15.3公里的沙河综合治理工程全线竣工，新增水体60万立方米；沙河两侧绿化走廊、城市森林公园等25项城市绿化工程基本完工，新增绿化面积2200亩。城市功能日益健全。总投资3.6亿元的污水处理厂、生活垃圾填埋场、第二水厂相继投入使用，城区新增供热面积100万平方米，新增供气面积16万平方米。旧城改造力度加大。城区新增住宅面积52万平方米，人均住房面积达到31.5平方米。特别是结合沙河治理工程，建设拆迁安置用房10.6万平方米，800多户拆迁居民迁入新居，被省建设厅称为城市改造搬迁的“创举”。大交通格局初步形成。承唐高速、邦宽线拓宽改造顺利实施，张曹铁路、遵蓟高速前期工作扎实推进，文茂大街、西一环拓宽、建林桥等16项城市道桥工程全面完工，城市交通网络进一步健全。

城乡等值在统筹发展中实现突破。认真落实国家各项强农惠农政策，2009年发放粮食直补、家电下乡等各类补贴资金6847万元，相当于全市每个农户受益364元。现代农业发展步伐加快，亚达—艾格威良种乳牛基因繁育等一批农业产业化项目开工建设或竣工投产，农业产业化经营率达到70%，被评为“中国食品工业强市”。成功举办了第五届中国国际食用菌烹饪大赛暨食用菌产业发展高层论坛，有效宣传了遵化食用菌产业和现代农业。深入实施品牌战略，“栗源”商标被认定为中国驰名商标，“长城”商标获得全省著名商标称号，广野、山源等6个品牌被评为省级名牌，被评为“河北省自主品牌建设先进县（市）”。投入基础设施建设资金1.4亿元，基本解决了全市农村的饮水不安全问题，改造乡村道路112公里，新建沼气池6500个，新增节水灌溉面积5.2万亩，被评为“全国农田水利基本建设先进单位”。扎实开展科学发展示范乡村创建工作，实施了18个村新民居建设和26个村旧民居改造，被命名为“全省新农村建设先进单位”。

群众幸福指数在共建共享中稳步提高。城镇居民人均可支配收入达到1.71万元，农民人均纯收入达到7360元，分别增长12.5%和10%。就业形势总体稳定，城镇新增就业岗位5518个，下岗失业人员再就业2576人，城镇登记失业率控制在3.5%以内，农村劳动力转移就业6643人。社会保障体系逐步完善，城镇居民医保覆盖面达到99%，新型农村合作医疗参合率达到94%，新型农村养老保险参保率达到37%，被列为“国家首批新型农村社会养老保险试点县（市）”。社会事业加快发展。实施了四实小等10所标准化学校建设，职教中心新校一期主体工程基本完工。教学质量不断提高，高考本科二批以上上线人数达到1687人，多项指标居唐山各县（市）区之首，继2001年、2003年之后再次培养出河北省高考状元。投资2.5亿元的市医院新建项目完成主体工程，市传染病医院和东旧寨镇、小厂乡等4所乡镇卫生院改扩建工程全部完工。“健康遵化，幸福人民”行动深入开展，为3.9万名群众进行了免费健康体检并建立了健康档案，对5700名慢性病患者实施了行为干预，高标准通过了唐山市年终考核验收。启动了总投资680万元的17个乡镇综合文化站建设，成功举办了第四届全民运动会、第八届社区文化艺术节和第三届群众文化艺术节。强化社会治安综合治理，圆满完成“国庆”安保任务，有力维护了公共安全和社会和谐稳定。深入推进安全生产和食品药品安全整治攻坚，采取党政“一岗双责”齐抓共管、严格落实企业安全生产主体责任等强有力的措施，全市安全生产形势进一步好转。

迁　安　市

迁安市位于河北省东北部，总面积1208平方公里，总人口72.1万人，辖19个乡镇，534个行政村，1个街

道办事处，16个居委会。

2009年，全市地区生产总值达到534.2亿元，按可比价计算同比增长17.6%；三次产业构成调整为4.4∶61.6∶34。完成全社会固定资产投资200.1亿元，同比增长42.7%。全部财政收入达到71.6亿元，剔除增值税转型政策影响，按可比口径计算同比增长12.5%；地方财政收入29.4亿元，同比增长14.5%。实际利用外资4012万美元、实现社会消费品零售总额100.5亿元。城镇居民人均可支配收入1.81万元，同比增长12.4%；农民人均纯收入9776元，同比增长15.5%。先后荣获国家卫生城市、国家园林城市、国家级生态示范区、全国绿化模范县（市）和全国科技进步示范市等荣誉称号。在第九届全国县域经济百强县（市）评比中列第24位，被评为2009年中国全面小康成长型百佳县（市），连续七年位居全省县级30强之首。

坚持转变经济发展方式，资源型经济转型迈出实质性步伐。积极推进国家可持续发展实验区创建工作，顺利通过国家18个部委的联合评审。国家级精品钢铁基地建设取得明显成效。以汽车板、高档管道钢、家电面板产能提升和冷轧硅钢项目加快建设为标志，首钢迁钢公司正在朝着全国领先、世界一流的现代化大型钢铁企业迈进。全面推进长城钢铁集团整合重组，地方钢铁企业结构调整、工艺提升、装备升级的步伐不断加快，全市钢材板带比达到82%。装备制造业扎实起步。投资33.7亿元，实施27个重点项目，全市装备制造企业达到52家，其中迁安首钢设备结构有限公司是华北地区最大的冶炼装备制造企业，是全国仅有的两家能够生产300吨转炉的企业之一。传统产业改造提升和新兴产业培育实现新突破。累计完成投资38亿元、实施148个传统产业技改项目，形成了年产2300万重箱玻璃、1亿只金属罐和易拉盖、30万吨啤酒的能力。现代服务业加快发展。现代物流业不断壮大，依托中铁物流公司等骨干企业，实施12个重点项目，年吞吐货物能力近亿吨，年创增加值占全市地区生产总值的14.7%。旅游业发展水平进一步提升，白羊峪村被评为“全国特色景观旅游名村”。金融服务业稳步发展，天津银行等先后设立分支机构。强力实施节能减排持续攻坚行动。淘汰2座210立方米炼铁高炉、2座25吨转炉和108座小竖炉，完成47个节能减排工程，节能减排工作步入全省先进行列。不断强化科技支撑作用。全市科技成果转化率达到87%，科技进步对经济发展的贡献率达到86%，被评为全国首批实施国家知识产权强县工程县（市），成功组建了首钢迁钢公司博士生迁安工作站。

深入实施城镇面貌三年大变样活动，荣获全省“燕赵杯”A组金奖第一名，连续两年入选中国特色魅力城市200强。总投资149亿元，实施了55个城建重点项目，拓展城市面积10平方公里，城镇化率达到51%。投资6.4亿元的三里河生态走廊正式开放，形成了“两带相环、东西相映”的环城水系，被评为“全国人居环境范例奖”和“河北人居环境奖”。城市功能不断完善，城市自来水普及率达到100%，日处理污水能力达到4万吨，集中供热总面积达到710万平方米，集中供热率达到100%。启动了城中村改造和街道改造工程，投资5.5亿元的燕山大路南延工程正在加快建设，万嘉建材城、天波国际酒店等一批项目相继开工、竣工。城市管理迈上新台阶，安新庄垃圾填埋场成为全省两个国家一级填埋场之一。累计投资14.1亿元，实施了62个小城镇建设项目。被省政府评为“推进社会主义新农村建设先进县（市）”，不断加强农田水利基本建设，获得全省“海河杯”竞赛一等奖；松护新村、山叶口等4个村被评为全省2009年度农村新民居建设优秀示范村。不断加强路网、电网、生态网等建设，全市公路通车总里程达到2338公里，实施了北营220千伏等19项电网工程，完成营造林4.9万亩。

各项社会事业稳步发展。高标准通过省政府教育验收，投资7.5亿元的河北理工大学迁安学院与职教中心迁建正在加快建设，全市教学条件进一步改善。投资6.5亿元的人民医院迁建工程进展顺利，成为河北省首批标准化、规范化乡镇卫生院示范市。文体事业蓬勃发展，被评为全国文化先进单位、全国群众体育先进单位。压缩公用经费1.2亿元，全部用于改善民生。“健康迁安、幸福人民”、廉租房及保障性住房等为民办的20件实事圆满完成，全市形成了政通人和、百业俱兴、人心思进、社会安定的良好局面。

唐 海 县

2009年，唐海县紧紧围绕“新型工业化基地、旅游度假胜地、城乡一体化样板”三大定位，以“工业唐海、滨海城市”建设为总揽，大力实施“开放创新、富民强县、服务曹妃甸、发展新唐海”总体战略，加速推进工业化、城市化和城乡一体化进程，全县经济呈现强劲发展态势，成为唐山湾“四点一带”中最具活力、潜力和竞争力的区域之一。全年完成地区生产总值64亿元，同比增长18.1%，全部财政收入8.28亿元，增长20.1%，全社会固定资产投资82.18亿元，增长97.1%。城镇居民人均可支配收入1.66万元，增长10.2%，农民人均纯收入7878元，增长15%。职工年平均工资8217元。年末城乡居民存款余额150.9亿元。落实农作物播种面积34.8万亩，其中水稻27.2万亩，粮食总产量19.8万吨，增长4.8%，生猪出栏26万头，增长33%，落实海淡水养殖面积14.4万亩，总产量6.2万吨，增长4.3%，COD、二氧化硫消减率为30.6%和7.3%，分别消减695吨和102吨，万元工业增加值能耗同比下降10.56%，城市空气质量二级天数321天。

一、举全县之力打好“论坛百日攻坚战，确保首届曹妃甸论坛成功举办

为确保首届曹妃甸论坛举办成功，在不足三个月的时间内投资4亿元，完成了曹妃甸国际会所、湿地迷宫、曹妃湖岸线景观整治、国内第一座电动汽车快速充电站等5大项17小项基础设施建设任务，同时，集中进行城乡环境综合整治、社会安全稳定和人文环境大提升三大工程，营造了整洁靓丽、和谐稳定的社会环境。

二、以园区开发和项目建设为突破口，“工业唐海”迈出坚实步伐

投资4亿元推进起步区水、电、路、气等基础配套工程，按照打造冀东经济区的构想，配合承德、秦皇岛两市启动40平方公里临港产业园区开发。实施重点项目67个，其中投资10亿元以上的10个，5亿元以上的17项，完成投资54亿元。大昌货物仓储中心及铁路专用线、河北文丰ERW焊管等项目完工投产，金能锂电池项目试车生产；海天能源新城、太阳能建筑节能一体化等项目落地开工，家电产业园、生物制药园等项目深入洽谈，燕郊机械、沃山福太阳能等6个项目可望在2010年竣工投产。为支持和引导中小企业健康发展，县财政再次拨付专项资金2000万元，使创业基金总量达到3000万元，用于启动中小企业贷款信用担保业务，解决中小企业融资难题。

三、通过实施城镇面貌三年大变样，“滨海城市”建设取得显著成果

聘请国内外知名院所高起点编制完成了《唐海县城市总体规划（2008—2020年）》并获市政府批准实施，实施城市建设重点工程36项，完成投资28亿元。年内新增商品房面积63万平方米。强力开展城乡绿化攻坚行动，曹妃甸森林公园、迁曹公路景观廊带工程全部竣工，城区绿化覆盖率达到41%，城乡人居环境质量跃居全市前列。曹妃甸湿地被评为国家4A级旅游景区。

四、保障和改善民生，人民幸福指数继续攀升

投入1000万元用于支持廉租房建设，600套廉租房正在加紧建设中，94户农村特困家庭喜迁新居，县财政拨付资金4213万元，用于场镇居民养老保险、新型农村合作医疗、城乡居民最低生活保障和五保供养提高标准，场镇居民基础性养老金、养老保险金每人每月分别提高到100元和166元，达到全省领先水平。发放各级劳模津贴17.6万元，新农合筹资标准每人每年达到200元，居全市前列；建立新农合大额补充医疗保险制度，大病报销封顶线由3万元提高到15万元。“投入资金825万元，在全市率先实施全民免费体检，为50名白内障患者和10名重症精神病患者实施免费医疗救助。将城乡最低生活保障由每人每月205元统一提高到每人每月285元，全县享受城镇低保对象4694人，累计发放最低生活保障金992.3万元，完成就业创业培训1.55万人，实名制劳务输出3500人，实现“零就业家庭”动态归零。城镇登记失业率控制在3%以内。

五、各项社会事业协调发展，社会环境更加文明和谐

投资1905万元用于县第二小学搬迁和第三中学新建，对中等职业技术学校学生发放助学金，免除普通高中公助生学费，12年免费教育全面落实，县职业教育中心被命名为国家重点职业学校和技工学校。科技工作成果显著，连续两年被评为“全国科技进步考核先进县”。坚持节约用地，整理土地6.3万亩，深入实施生态环境综合治理和节能减排集中攻坚，万元GDP能耗降低率达到6%。投入突发公共卫生事件防控资金120万元，全力抓好手足口病和甲型H1N1流感防控，确保人民群众身心健康。在全国县级单位率先编制完成《灾害调查与重点区域综合防灾减灾规划》，并开展防灾减灾集中演练，应对突发性事件的能力不断提高。

六、强力推进城乡一体化试点县建设，城乡等值化水平明显提高

投资6458万元用于农建支出，大力支持发展现代农业，使农业的基础地位进一步巩固。融资2612万元用于人畜饮水安全和重点水利工程项目。发放种粮补贴资金2558万元，良种补贴资金502万元，其它涉农补贴金221万元，调动了农民群众的种粮生产积极性。积极推进土地经营权流转，全县500亩以上的种植大户达到22户，其中1000亩以上的9户，规模以上养殖园区达到5个，水稻新品种覆盖率达到60%以上，机械化作业面积近16万亩。12个文明生态村建设，31个村民中心提标，9条农村公路改建如其竣工，打造2个科学发展示范场镇，6个科学发展示范村，农村居民生活观念、生产生活方式发生了重大转变，首批2256户存队居民安置房将于2010年8月入住。

永　清　县

永清县隶属河北省廊坊市，全县总面积776平方公里，辖14个乡镇、1个省级开发区，386个行政村，耕地61.4万亩，总人口38.2万，是一个新兴工业县、传统农业县、生态旅游县。春秋时期永清属燕国封疆之地，汉高祖五年置益昌侯国，唐如意元年置武隆县，景云元年改名惠昌县，唐天宝元年取“沙漠永清”之意，改惠昌县为永清县至今。

城市名片：

全国绿化模范县

国家级无公害蔬菜生产示范基地

国家农业标准化示范区

农业部旅游合作示范县

河北省玻璃制品特色产业基地

河北省第一个县城气化县

自然环境。永清县地处海河冲积平原，地势平坦，土质较好。年平均降雨量543.6毫米，平均气温11.8℃，属于温带大陆性气候。

区位交通。永清毗邻京津两大直辖市，地处北京正南、天津西北，具有联京津、临渤海“双重优势”，北距首都60公里、距首都机场80公里，东距天津60公里、距天津新港100公里，“半小时进京下卫，一小时上天入海”。域内铁路、高速公路和国省干道相互交织，纵横贯通，路网密度高度发达。首都第二机场选址县域周边，建设中的廊沧和规划建设的京台两条高速在永清设有三个出口和两个服务区，京九铁路津霸联络线横跨县境，建有年吞吐量达1000万吨的铁路货场，永清即将迎来“路桥经

济”和“空港经济”双轮驱动的崭新时代。

资源丰富。永清境内蕴藏丰富的石油、天然气和地热资源，是华北油田主产区，现有石油、天然气井540眼，天然气储量50亿立方米，日产原油1200吨、天然气7万立方米。西气东输工程管道枢纽总站和华北地区最大的“天然气处理场”位于永清，气源丰富，气质优良，且价格低廉。全县地热面积300多平方公里，地热水储量7亿立方米，水温50—80℃，富含钠、锶、镁、锌等多种微量元素，水质优良，可广泛应用于疗养、采暖、洗浴等领域，是投资温泉旅游、休闲商务、疗养度假项目的首选地区。有“古今奇观”、“地下长城”美誉的宋辽古战道，结构复杂，规模宏大，绵延地下300余平方公里，是国家级重点文物保护单位。此外，域内还保存有唐代石碑、宋代汉番两军台、辽代白塔、洪觉禅寺碑、翰林故居等历史文物、遗址。

经济发展。2009年，县委、县政府坚持以科学发展观为统揽，深入实施“开放兴县、工业立县、园区强县、三产富县”发展战略，紧紧抓住壮大实力、惠及民生、安全稳定工作主线，坚定信心，迎难而上，拼搏进取，砥砺奋进，经历了国际金融危机考验，不仅在逆势挑战中圆满完成了既定工作任务，而且在后发崛起中拉开了崭新发展格局。全县GDP完成48.5亿元，财政收入完成3.04亿元，全社会固定资产投资完成115.2亿元，城镇固定资产投资完成110.9亿元，规模以上工业增加值完成12.2亿元，社会消费品零售总额达到18.9亿元，实际利用外资440万美元，城镇居民人均可支配收入达到1.62万元，农民人均纯收入达到6250元。

三次产业。第一产业形成了无公害蔬菜、高效畜牧、优质林果三大特色主导产业，农业结构调整和现代农业发展走在了省市前列。域内无公害蔬菜面积32万亩，年产蔬菜140余万吨，80%销往京津，是“国家级无公害蔬菜生产示范基地县”、“环首都无公害蔬菜生产重点联系县”；规模奶牛养殖小区发展到17个，规模化养殖率达到100%，是“全省奶牛养殖重点县30强”；共有林地51万亩，森林覆盖率达到43%，是华北地区森林覆盖率最高的平原县份，有“全国绿化模范县”、“全国绿色小康县”、“全国绿化先进县”等诸多荣誉。第二产业形成了以开发区经济为龙头、以民营经济为基础，相互促进的发展格局。拥有中国北方最大的燃气工业园——永清工业园区，还规划建设了台湾工业新城、中太现代服务业基地等6个特色产业功能区。南玻集团、华兴玻璃、嘉宝莉漆、四环高博、卡硼瑞制药、百莱玛等百余家知名企业在该县投资发展，并依托其市场影响力，着力培育了玻璃制品、涂料化工、生物医药、现代物流、电子信息、休闲旅游六大特色主导产业，全县规模以上工业企业已达到80家，民营企业发展到1060家。第三产业依托得天独厚的区位交通优势和生态环境优势，把“三产富县”作为拉动经济增长、增加财政收入、改善群众生活的突破口，强力推进以现代物流业、金融产业和旅游产业等为核心的三产建设，取得了显著成绩。绿色采摘园、休闲度假村别有风格，各具特色；宋辽边关古战道，被誉为“今古奇观、地下长城”；辽代白塔、翰林故居等古建筑，远近闻名。初步形成了以宋辽战争、永定河故道风情和现代生态农业观赏三大文化底蕴为内容的特色旅游。2009年吸引京津及周边地区游客16.2万人，实现旅游收入1000余万元。专业市场经济获得了长足发展，其中刘街棉花加工市场年加工籽棉能力达到12亿斤，年交易额5亿元，是华北地区最大的棉花加工基地；大辛阁胡萝卜专业市场是我国北方最大的胡萝卜专业批发市场，年交易量达到60多万吨，交易额突破6亿元。同时，随着国际室内滑雪场、榕源温泉度假村和大千世界森林公园3个超亿元旅游项目的开发建设，永清将成为京津周边独具特色的休闲旅游旺地。

社会事业。2009年，投资1.65亿元，全面实施了“18件惠民实事”工程，农村五保老人集中供养、农村贫困群众危房改造、农村合作医疗、农村集中供水等工作在全市领先，涉及百姓切身利益的现实问题得到有效解决。城镇面貌“三年大变样”工程向纵深发展，拉开了城镇建设的崭新框架，城区污水处理厂投入使用，人民公园开工建设，县城中心大街改造成为了富有现代气息的形象大道。新农村建设大规模推进，燕赵新民居建设示范第一村——董家务村全面竣工，136户村民喜迁新居，并启动了“新农村先行示范区”建设，丽嘉小镇、九兴区等5个先行示范点正在紧张建设。拥有百年名校永清一中。全县教育教学水平不断提升，县职教中心实训基地竣工，所有幼儿园实行等级挂牌管理；高考成绩综合排名全市领先；改造中小学校舍240间，全部消灭了D级危房，完成全部中小学改暖工程。

清　苑　县

清苑县地处京津石三角腹地，两面紧临古城保定市区，是距离保定市区最近的卫星城。总面积867平方公里，辖10乡8镇1个城区办事处，266个行政村，人口65.05万。清苑是千年古县，历史悠久，人杰地灵，置县于公元477年，距今已有1500多年的历史，是宋太祖赵匡胤的故里。清苑是地道战故乡，闻名中外的冉庄地道战遗址是全国首批重点文物保护单位、全国青少年教育基地、全国爱国主义教育示范基地、全国红色旅游经典景区、全国首批国防教育示范基地。清苑交通便利，区位优越，京石高速、保沧高速和保衡、保沧等多条省级公路以及正在施工建设的京石铁路客运专线贯穿全境，拥有3个高速下道口和一个高铁车站，自古就有“北临三关，南通九省”之誉。

近年来，清苑县委、县政府以科学发展观统揽经济和社会发展全局，全力以赴保增长、调结构、促改革、惠民生，各项工作扎实有效推进，国民经济和社会各项事业保持健康快速发展。2010年1—6月份，全县地区生产总值完成35.9亿元，同比增长10.8%；城镇居民人均可支配收入完成8016元，同比增长5%；农民人均现金收入完成2515元，同比增长10.7%。截止8月底，入统工业总产值预计完成67.9亿元，同比增长60%；入统工业增加值预计完成15.9亿元，同比增长43%；全社会固定资产投资预计完成37.8亿元，同比增长32.9%；社会消费品零售额预计完成21.5亿元，同比增长21%；引进省外资金预计完成8亿元，同比增长46%；财政收入完成2.4亿元，同比增长32.5%；地方一般预算收入完成1.2亿元，同比增长27.3%。

特色产业优势明显。逐步形成有色金属、起重机械、纺织、猪鬃加工、汽车配件、医药化工、印刷包装、新型建材等涉及20多个行业产业的特色经济，2009年全县民营经济增加值完成48.64亿元。其中有色金属加工已有300多年历史，是华北地区最大的有色金属集散地；手拉葫芦出口量占全国的70%，是全国最大的手拉葫芦生产基地；钻井机械企业共13家，是全国最大钻井机械生产基地；制香业国内市场占有率达82%，被中国轻工业部授予“中国香城”称号。同时，汽车配件、医药化工、新型建材、印刷包装等新兴产业近几年异军突起，呈现出蓬勃发展之势。

新农村建设全面推进。清苑是传统农业大县，全县耕地90.6万亩，主要农作物有小麦、玉米，2009年粮食总产42.6万吨。2005年、2007年、2009年被农业部评为全国粮食生产先进县，2007年被国务院确定为全国首批农业机械化示范区。农产品资源丰富，形成了瓜菜、禽蛋、草莓、林果等特色产业，是京、津、保等大中城市的绿色食品供应基地，2007年被省农业厅评为“河北西瓜特色之乡”，北店养牛小区2005年被评为“中国奶牛养殖示范小区”，东闾梨基地2005年被列为全省首批实施产地编码基地。

基础设施日趋完善。卫星城建设不断加快。重新修订县城总体规划（2009—2030），对县域经济产业布局、城区功能进行科学定位。规划建设了占地2.5万亩的保定市汽车及零部件工业园区，初步形成了一区多园的产业格局，着力打造项目建设平台，筑巢引凤。强力推进“城镇面貌三年大变样”，总投资40亿元的25项重点工程取得重大进展。电力供应充足。境内有500KV变电站1座，220KV变电站3座，110KV变电站5座，35KV变电站9座，供电能力达40万千瓦，能够保证境内所有工业企业和居民生活用电。供水公司日供水能力1万吨，水质优良；燃气管网遍布城区；污水处理厂日处理污水能力3万吨。环保发电项目已开工建设，日处理生活垃圾1200吨。建设中的大唐清苑热电厂建成后，电能可直接上网供应，热能主要用于工业生产和居民生活。

社会各项事业全面进步。文化底蕴深厚，有仰韶文化遗址、宋祖陵、彭越墓、冉庄地道战遗址等，2006年哈哈腔剧种被国务院列入全国首批非物质文化遗产名录，2008年宋祖陵被省政府批准为第五批省级文物保护单位，2009年戎官营的绣球龙灯被省政府列为非物质文化遗产保护项目。教育资源丰富，拥有各类学校301所，专任教师5371人，在校学生人数9.1万，多次获“提高教育教学质量先进县”称号。医疗卫生单位设备齐全，技术力量雄厚，卫生条件日臻完善。广播电视、通讯发展迅速，有线电视、无线电视、宽带网络覆盖城乡。

顺　平　县

顺平县位于保定市西部。2009年，全县地区生产总值完成30.5亿元，可比增长12%；全社会固定资产投资完成28亿元，同比增长77.8%，其中城镇固定资产投资完成25亿元，同比增长91.6%；规模以上工业增加值完成8.08亿元，同比增长17.5%；社会消费品零售总额完成11.7亿元，同比增长17%；财政收入完成1.88亿元，顺利完成市核任务，其中一般预算收入完成7536万元，同比增长12%；城镇居民人均可支配收入1.19万元，同比增长20%。

一、工业经济

按照“布局集中、用地集约、产业集聚、服务集成”的原则，推进园区上规模、上等级、上水平。完成腰山·长城工业园区一期工程基础设施，入驻项目大部分已投产；完成新兴工业园区总体规划、控制性详规和规划环评工作，区内基本实现“三通一平”，永兴纸箱、奥胜饮料、伊祁山桃木工艺品等项目顺利入驻并开工建设。总投资10亿元的肠衣基地项目，一期工程已完工，建肠衣加工车间300个，可吸引300多户肠衣中小企业报名入驻。在园区建设推动下，2009年，全县投产、续建、在建、签约和洽谈项目共计33个，总投资65亿元，其中亿元以上14个，5000万元以上5个。省重点项目5个，总投资27.64亿元；市重点项目12个，总投资17.43亿元。

受项目建设拉动，工业经济全面提速。总投资4亿元的长城汽车配件项目已投入试生产；总投资13亿元的金强水泥集团年产240万吨水泥项目，被列入省重点前期项目；总投资2亿元的保定力达塑业有限公司扩建项目，已完成投资1.7亿元，一车间六条生产线全部投产，二车间主体工程完工；总投资1亿元的国家棉花储备库项目，主体工程竣工，设备已订购；总投资3亿元的天威集团和兴电力配件项目已签约，总投资3亿元的天利公司铜线材项目、总投资2亿元的上海圣雪绒羊毛衫有限公司羊绒衫项目即将签约入驻。这些大项目的引进和建设，再次掀起全县项目建设的新高潮，为县域经济发展筑起了坚实的支撑。抢抓国家增加投资、拉动内需这一历史性机遇，深入分析研究国家投资方向，积极申报中央投资项目38个，争取国家投资4200多万元。组织成立了“工业西进”和“对接京津”领导小组，开展对外招商洽谈。对重点项目实行县级领导分包责任制，及时发现和解决项目建设过程中存在的困难和问题，对重大支撑项目，主要领导亲自带队盯办，推动了项目建设的深入开展，全县上下形成了全民齐上手、合力跑项目的浓厚氛围。

二、农业经济

全县小麦、玉米面积达32.3万亩，总产12.5万吨，

连续六年创历史新高；完成天尧、隆盛、南常丰、石家庄四个新建养殖场奶厅建设，全县奶牛存栏全部实现规模养殖；大棚种植业规模壮大，白云乡“无公害绿色蔬菜种植基地”发展大棚400多个，全县大棚种植面积达2.5万亩；引导做好果品基地建设，发展“三优红富士”5000亩，全县31万亩果树通过无公害基地认证，顺平红富士苹果、鲜桃被评为河北省名牌产品、中南海特供果品。深入开展荒山绿化活动，完成封山育林6万亩，人工造林4.2万亩；投资240多万元，解决了11个村6000多人饮水困难；投资240万元的沼气项目，建设沼气池2100个；完成有线电视“村村通”工程80个村任务，农村环境进一步改善。加大森林防火力度，森林火灾受害率控制在0.3‰以内；沉着应对年初突发旱情，多措并举保证了春管、春播的正常进行；认真做好口蹄疫、猪流感等重点疫病防控工作，重大疫病防治工作取得阶段性成绩。加大扶贫工作力度。完成实用技术培训3259人，转移劳动力300人，顺利完成年度目标任务；投入资金86.8万元，重点扶持1个产业片区，发展细胞工程示范户1200户，辐射贫困户900户。发展西白司城等5个互助资金试点村，试点村总数达到11个，并成功争取到中国扶贫基金会1500万元小额扶贫贷款项目，贫困群众发展资金短缺难题得到有效缓解。

三、基础设施建设

抢抓南水北调、大水系、保阜高速等国家、省、市重点工程建设机遇，积极向上争取，巧借资金，加大投入，县内基础设施逐步完善。全县85条42公里连接路全部通过市调水办工程验收。3037亩弃碴、弃土临时占地按标准完成复垦工作，及时将土地交还到农民手中。全力配合大水系建设，加强征迁工作力度，提前20天完成大水系南线顺平段征迁任务，保证了白洋淀补水渠顺平段按时完工通水，北线工程如期开工建设。这些工程的实施，缓解了城区周边地下水短缺现象。抢抓国家拉动内需，加大基础设施建设机遇，争取到总投资1600万元的两座水库除险加固项目。目前，大悲水库除险加固主体工程完工，龙潭水库除险加固项目基本完工。组织实施永禄大街等道路新改建工程，“五纵四横一环”的城区路网新格局基本形成。加大对保阜高速地方问题的协调力度，确保了一期工程在国庆节前建成通车，进一步确立了顺平县保西交通枢纽地位。农村公路通达工程，总投资960万元完成团结至富有等6条32公里改造工程。南环路、顺望路改造工程已完成前期准备工作，施工单位已进场施工。

四、旅游开发

以打造京津冀“休闲花园”为目标，启动旅游景区升级工程，旅游项目建设步伐明显加快，基本形成三大中心景区带动发展新格局。全年新开工项目6个，总投资近10亿元，完成投资1亿元。其中，腰山王氏庄园综合开发项目完成二期征地，总体规划和建设详规通过评审，复建工程完工，南腰山48户搬迁户顺利入住新村。伊祁山项目投资1200万元，完成停车场、餐饮接待、客服中心、娱乐活动设施以及观花台、步游路、曲逆水景建设。灰岭项目的居民补偿和搬迁完毕，正在进行配套建设。唐河漂流项目投资670万元完成基础设施建设。随着项目建设的深入推进，景区服务设施显著改善，腰山王氏庄园形成集餐饮、会务、住宿、游园等功能为一体的综合性景区，达到国家AAAA标准；旅游工艺品企业和农家乐不断发展壮大，食、住、行、游、购、娱六要素协调发展的完整旅游产业体系初步形成。成功举办了第十届“桃花节”和第一届“唐河漂流节”，通过完善旅游网站、与旅游卫视合作、向周边大中城市旅行社推介等方式，加大宣传力度，出台《保持旅游业平稳较快发展的若干意见》，优化旅游环境，全年共接待游客40万人次，旅游门票收入200万元，综合效益5000万元，创历史最好水平。

任　丘　市

任丘市坚持以科学发展观为统领，充分发挥区位、资源优势，按照“主业突出、配套合理、技术先进、优势明显”的要求，改造提升传统产业，培育壮大新兴产业，逐步构建起符合产业演进规律、体现任丘特色的现代产业体系。目前，石油化工、铝型材、摩托车、石油钻采设备及石化装备制造、铁路机车及电器配件制造等五大特色产业，年销售收入均超过15亿元，推动了县域经济的又好又快发展。2009年，全市生产总值完成340亿元，按可比价格计算，同比增长2%；全部财政收入（含新增燃油消费税）完成58亿元，增长28%，其中地方一般预算收入完成9.4亿元；全社会固定资产投资完成82.7亿元。任丘市连续多年位居河北省“十强”和全国百强县市；2009年，县域经济基本竞争力列全国百强县市第42位。

石油化工产业。全市共有石化企业850多家，从业人员8500多人。主要生产成品油、聚丙烯、苯乙烯、油墨、PVC管材、塑料制品等上百个品种、上千种规格型号的产品，年生产能力达550万吨。初步形成了以华北石化公司为龙头、大型企业为骨干、一批下游加工企业关联配套的产业发展格局。2009年，该产业实现销售收入360亿元。代表性企业：中国石油华北石化公司，该公司是任丘市石化产业的龙头企业。2009年，公司加工原油437万吨，生产汽、柴油298万吨，实现销售收入256亿元，利税16.2亿元。为进一步做大做强石油化工产业，促进资源型城市的可持续发展，任丘市启动建设了总投资96.77亿元的华北石化公司质量升级与安全环保技术改造工程项目。该项目被列为国家石化产业调整和振兴规划重点支持项目，已经获得了国家发改委的核准和环保部的批复。2009年12月31日，该项目成功奠基，改写了河北没有千万吨炼油的历史，圆了河北省几代人的大石化梦想。同时，任丘市按照“油头化身”的思路，大力推进总投资363亿元的100万吨乙烯项目工作，2009年已完成可研报告编制工作，环境评价工作正在进行中。

铝型材产业。全市有铝型材生产销售企业1300多家，从业人员1万多人，主要生产建筑铝材和工业铝材两大系列，产品包括推拉窗、平开门、防盗门、散热器等。铝材产品现主要覆盖河北、山东、山西、河南、内蒙、东三省等地市场。产销量占全国市场份额的20%以上。2009年，实现销售收入66亿元。任丘市成为我国北方地区最大的铝型材生产、铝制品加工、销售集散地，并荣获“中国铝型材产业基地”称号。代表性生产基地和企业：铝型材工业区，占地面积800亩，总投资13亿元，年产量达14万吨，年销售收入33亿元。现已入驻企业66家，其中，投资在千万元以上的企业49家。任丘市华铝铝业有限公司，总投资5000万元，年销售收入1.2亿元。现有员工260人，该公司拥有600－1000吨挤压机8台，具有世界先进水平的生产线2条，其它生产线11条，主要生产各种型号的铝型材，产品销往全国各地。

摩托车制造产业。全市摩托车及配件生产企业2200多家，从业人员1.3万余人。主要生产摩托车整车和链轮、仪表等配件产品。产品销往东北、华北、西北、江苏、安徽等十几个省、市、自治区，并出口东南亚、俄罗斯、尼日利亚等国。产品在全国市场占有率达35%，在全省市场占有率达到97%以上，链轮配件产品在国内市场的占有率达到95%以上。2009年，实现销售收入55亿元。近年来，任丘市委、市政府坚持以做大做强摩托车龙头企业为主线，积极引导企业提升技术创新能力和装备水平，提高产业综合竞争力，先后有重庆力帆集团公司任丘分公司、河北珠峰大江三轮摩托车有限公司、河北新世纪川田机车科技有限公司、广州天恒机车有限公司任丘分公司、河北恒胜金河摩托车有限公司等5家企业获得了国家发改委的生产准入许可。任丘市被授予“中国三轮摩托产业基地”称号。河北省摩托车行业协会设在该市。代表性生产基地和企业：摩托车链轮工业区，占地510亩，总投资5亿元，入驻企业29家，其中投资千万元以上12家，年销售收入11亿元。河北珠峰大江三轮摩托车有限公司，总投资3亿元，年销售收入1.5亿元，现有员工500余人，主要生产三轮摩托车、三轮柴油车等四大系列20多个车型，设计生产能力20万辆。

石油钻采设备及石化装备制造产业。全市共有石油钻采设备及石化装备制造企业100多家，其中规模以上企业12家，从业人员5000多人，固定资产投资7.1亿元。主要生产油井防喷器、抽油机、钻杆接头、泥浆泵、油管等230多个品种，销往全国各大油田，部分产品出口美国、加拿大、俄罗斯、印尼、泰国等数十个国家和地区。2009年，该产业实现销售收入15.6亿元。代表性企业：河北荣盛机械制造有限公司，该公司被中石油确定为“井控装备制造配套中心”。已经累计销售防喷器8500多台，出口防喷器3500多台，在国内井控设备制造行业始终占据主导地位，已成为全球产销量最大的陆地防喷器制造企业。2009年，该公司水下防喷器生产线和电液控装置生产线项目被列入国家863计划的重大装备研发项目。2009年，实现产值6.4亿元，销售收入5亿元，销售利润1000万元，上缴税金4300万元。

铁路机车及电器配件制造产业。该产业共有生产企业2300多个，固定资产投资5.5亿元，其中规模企业22个，从业人员1万多人。主要产品有变压器、整流器、高低压电器开关、电线电缆、绝缘子、变压器、调压器等。其中，电力金具在国内市场的占有率达到50%。2009年，该产业实现销售收入41亿元。代表性企业有：河北新华高压电器有限公司，固定资产6000多万元，是集研发、生产输变电线路用复合绝缘子系列、直流超高压复合绝缘子系列、交流电气化铁路接触网复合绝缘子系列于一体的综合性制造企业。2009年6月，公司研发的棒形悬式复合绝缘子通过了中国电力企业联合会新产品技术鉴定，达到了国际先进水平。累计为国家电气化铁路重点项目建设提供了27条线路用产品。2009年，公司完成产值1.7亿元，实现利税1527万元。河北瑞源线缆有限公司，固定资产投资5620万元，年销售收入2亿元，现有员工200余人，主要产品有交联聚乙烯、聚氯乙烯绝缘电力电缆、控制电缆等5大系列100多个品种的电力电缆，年生产能力2500万米，销往全国各地。

盐　山　县

河北省盐山县位于沧州市东南，南与山东省接壤，总面积795.2平方公里。耕地面积72.39万亩。总人口42.7万人，人口自然增长率4.49‰。2009年完成GDP68亿元，同比增长17%；完成财政收入4.4亿元，同比增长25%；全社会固定资产投资完成64亿元，同比增长44%；规模以上工业增加值完成35.6亿元，同比增长29%；实现利税7.3亿元，同比增长56%；社会消费品零售总额达到19.7亿元，同比增长18.4%；农民人均纯收入3986元，城镇居民人均可支配收入1.21万元，同比分别增长8%和10%；主要经济指标增幅连续六年位居全市前列。粮食总产达到28.9万吨，同比增长4.8%，连续七年实现稳产增产。

产业发展水平不断提升。全年实施投资超千万元项目112个，总投资规模165亿元；洽谈引进各类项目201个，总投资规模83亿元，到位县外资金3亿元。其中“一三五八十”项目达到34个，总投资规模122亿元。有19个项目被列入省重点，占全市省重点项目的1/5；管道装备制造基地项目被确定为省战略支撑项目；省重点项目数量和争取土地指标位居全市第一。园区承载力和产业集群度明显提升，被省政府确定为32个“省级产业聚集区”之一，被命名为“河北省省级中小企业产业集群”。大力发展对外贸易，新增自营进出口权企业22家，进出口总额7400万美元，连续五年增幅居全市前列。30强企业发展步伐加快，当年完成销售收入104亿元，同比增长31%。30多家企业实施了技改扩规，新装备投入达3亿元，富通、沧海、恒通等公司研发的新产品达到同行业领先水平。初步形成了核电火电装备、输油输气装备、市政管网装备三大产业链条。全年新增管道装备企业65家，全县集团企业发展至9家，整个产业对GDP的贡献率达到58%，对财政收入的贡献率达到56%。协办中国（沧州）管道装备展览会取得圆满成功，“中国管道看沧州、沧州管道看盐山”成为共识。除管道装备制造业外，输送机械、体育器材、机床附件、不锈钢炉料购销加工和袜业加工等5个特色产业销售收入均突破亿元，逐步成为新的经济增长点。

城市建设取得新突破。县城总体规划得到市政府批复，到2020年城区规划面积28平方公里、人口28万人，批复面积居全市各县首位。编制了县城整体控制性详规，实施了城区形象设计和模型制作，建成全市第一个城市建设规划展厅。在沧州各县（市、区）中率先成立城市建设投资有限公司，运用BT、BOT等现代融资模式，运作了千童公园、盐中餐厅、引淀入盐、垃圾处理场、污水处理厂等多个项目，城市建设市场化运营体制开始形成。制定出台了《关于加强城市规划建设管理的规定》、《盐山县土地征收管理办法》、《盐山县城区征收土地补偿安置意见》、《关于鼓励城区工业企业退城入园退二进三的意见》等10余个政策性文件，实现了政策配套，城市开发和建设行为得到规范。城区主要路口全部安装了红绿灯、警示灯和标志牌，交通秩序有所好转。城市管理正向着标准化、规范化、法制化迈进。

新农村建设步伐加快。建成新农村示范村3个、新民居示范村12个，有效发挥了典型带动作用。新上农产品深加工项目26个，新增市级农业龙头企业4家，全县省市农业产业化重点企业达到17家，农业产业化率达到38%。全年投资1.8亿元，实施了农村人饮安全、中低产田改造、沼气池建设、客水集聚、土地整理、乡村道路建设、危桥改造等80多个项目，农民的生产生活条件逐步改善。新增各类农民合作组织50个，总数达到103个，合作社出资总额达6082万元，带动农户1.06万户；注册商标4个，无公害产地认证4家，创建省级示范社4个、市级示范社4个，为加快农民与市场对接架起了桥梁。培训外出务工人员1.6万人，累计转移输出12.6万人次，实现了输出规模和质量的同步提高，农民的工资性收入占到全部收入的60%以上。争取各类扶贫资金1320万元，其中财政扶贫资金1100万元，有效地改善了民生，被评为全省“扶贫开发工作先进县”；争取农业开发资金1153万元，被评为全省“农业综合开发优胜县”。

民生保障进一步健全完善。全年争取上级投资项目100个，到位资金7403万元，居全市前列，有效地改善了民生。投资4600多万元，实施了盐中二期、5所农村初中生活用房建设、中小学改扩建工程和盐山历史上第一所特教小学建设，提高了教育设施水平。县医院住院楼、城乡卫生服务中心开工建设，望树、圣佛2处中心卫生院及42个村卫生室全部建成，投资414万元为12处乡镇卫生院更换了医疗设备；新农合参合率达到92%，城镇居民医疗保险参保率达到80%；甲型H1N1流感、手足口病等传染病得到有效防控。完成了总投资1300万元的光荣院、中心敬老院和福利院“三院”建设，200名集中供养对象全部入住；“五险一金”继续扩面，标准进一步提高；城乡低保实现动态管理下的应保尽保；为事业单位合同制工人缴纳了养老保险；为低收入家庭发放了住房补贴。社会福利和保障水平有了新的提高。汽车、摩托车及家电下乡、购置农机补贴、良种补贴、退耕还林补贴、农资综合直补等补贴全部发放到位，共发放补贴资金6440万元。以国庆安保和迎“两节”为重点，全面加强安全生产监管，积极推进社会治安综合治理，扎实开展信访稳控工作，一批历史积案得到解决或缓解，保持了全县安全稳定，取得国庆安保的重大胜利，为经济社会发展营造了良好环境。

发展环境成为盐山的品牌和资源。产业建设“266”、“3433”计划和城建工作“136＋政策群＋X”计划深入人心；规划先行、从规划中理事，成为一种工作方法；建立责任分工、督导检查、向人民报告、现场办公、行政问责等推进制度，形成系统的工作套路；以大事实事为抓手，牵动全局发展，工作更有针对性；全县上下“和谐为本、项目至上、企业为尊、产业抓特、工业入园、城市做大”的意识深入人心。良好的发展环境和发展氛围形成独具特色的盐山环境品牌，成为盐山发展的宝贵财富和持续动力。

县领导人名单

县委书记：吴国君

人大主任：朱振国

政府县长：薛泽通

政协主席：胡丽萍

肃　宁　县

肃宁县位于沧州市西。总面积525平方公里，总人口33万，辖6镇3乡，253个行政村。距北京、天津、石家庄市各200公里左右，东距黄骅港180公里。京九、朔黄两条铁路在肃宁交叉过境，大广、沧保两条高速公路也将在肃宁西北部交叉，形成双“黄金十字”。近年来，该县始终坚持“把握一个基调（解放思想、改革创新）、实施三个战略（特色产业兴县、朔黄拉动、城镇化带动）、实现十六个起来”的总体工作思路不动摇，特别是2009年，该县努力克服金融危机带来的不利影响，抢抓机遇，坚定信心，迎难而上，经济社会实现了持续较快发展。2009年，全县地区生产总值完成80.2亿元，同比增长9%；全社会固定资产投资完成63亿元，同比增长48.1%；全部财政收入完成7.5亿元，同比增长25%，实现了两年翻一番；城镇居民人均可支配收入达到1.55万元，同比增长15%；农民人均纯收入达到5216元，同比增长10%。

一、坚持以核心资源优势为依托，努力在发展方式上求突破

该县依托独特的交通区位和特色产业优势，助推县域经济发展。目前，该县已形成了毛皮、纺织、食品加工、电器电料四大特色产业集群。为抓好毛皮产业，该县先后成立了皮毛产业局，制定出台了《肃宁县毛皮业五年发展规划》等一系列政策措施，投资2.5亿元新建了尚村毛皮市场，投资1.5亿元建成了裘都服装市场一期工程，规划建设了占地8平方公里的裘皮产品加工出口基地；投资3800万元建设了第一污水处理厂，建成了硝染园区，彻底破解了污染“瓶颈”。一年一度的国际皮草交易会，已成为全国最大、最具影响力的皮草盛会。目前，该县年加工各类皮张4000万张，生产裘皮服装330万件，产品畅销俄、意、美、日、韩等30多个国家和地区，出口额占全国同行业的20%。2009年，尚村毛皮市场交易额达74亿元，裘皮服装出口创汇6579万美元。该县先后被国家标准委确定为“国家级特种动物养殖标准化示范区”，被省政府认定为“省级裘皮服装加工出口基地”，被中国轻工业联合会、皮革协会命名为“中国裘皮之都”。此外，纺织业已形成了纺纱、织布、印染、服装加工的龙型产业格局，所产阻燃、真丝绒幕布等产品已被北京人民大会堂、钓鱼台国宾馆等中直单位采用。食品加工业年加工玉米78万吨，年产淀粉、饴糖40万吨，已成为北京二商集团的食品加工基地。电器电料业拥有企业70多家，石兰集团电力金具产品先后成功打入三峡、鸟巢等国家重点建设工程。

二、坚持以招商引资为主线，努力在项目强县上求突破

该县始终把招商引资和项目建设作为“保增长”的总抓手，拉动县域经济实现平稳较快增长。2009年，全县投资千万元以上在建项目达78个，完成投资20亿元，沧能铁塔等5个项目被列为2010年第一批省重点，总投资达19.53亿元。一是先后出台了亿元以上工业项目优惠办法等系列开创性政策，积极开展“一对一”小团组招商，顺鑫农业、卓尔纺织、益海粮油等一批大项目相继落户。二是创新招商方式，突出中介招商、代理招商，与福建海壹、日本铃木等国内外知名企业达成合作意向。三是积极唱响“朔黄拉动”战略，相继引进了中铁一、四、十六、二十四局下属煤炭经销机构及投资4亿元神华集团车辆检测中心项目，形成了大型国企渐趋集中的喜人局面。四是按照“三抓”（抓发展就要抓产业、抓产业就要抓项目、抓项目就要抓园区）思路，集中力量抓好县工业区、针纺工业园和电器电料工业园“一区两园”建设，县工业区2009年5月已被省政府确定为“省级重点产业聚集区”。

三、坚持以城市建设为载体，努力在“三年大变样”上求突破

该县立足打造具有区域性商贸物流服务中心功能的生态宜居现代化中等城市目标，城建力度不断加大，城市功能不断完善。目前，城区面积达16平方公里，形成了五纵五横的路街框架，拥有文化艺术中心等广场7个、标准化住宅小区20个、四星级宾馆1座，城镇化率达36%。目前，该县借助全省城镇面貌三年大变样活动的东风，按照“建设新区、腾空旧区、协调发展”的思路，以5.1平方公里示范新区为重点，总投资16亿元的人民公园、建设大街、高速连接线、体育馆、金鼎首府等13项重点工程已全部开工建设。2010年将成为肃宁城建史上项目最多、投入最大、城镇面貌变化最明显的一年。

四、坚持以节能减排为抓手，努力在产业结构调整上求突破

作为省“双三十”重点县，该县以壮士断腕的决心，背水一战，实现了有效治理和可持续发展的“双赢”。节能方面，2009年投资1130万元实施了6个节能项目，年节约标煤7086吨，全县入统工业万元增加值能耗降低到0.366吨标煤，提前一年完成“双三十”承诺目标。减排方面，2009年投资近2亿元实施了一污深度治理、二污、垃圾处理场、天然气入户及地热替代燃煤锅炉等8项重点工程；严格项目环保准入，把污染物排放指标作为环评审批的前置条件，2008年以来，拒批高污染项目9个；重拳出击，取缔“十五小”企业47家，关停不达标企业216家。年内净削减COD364.4吨、SO275.8吨，超额完成了年度目标。同时，与河北新奥集团进行技术合作，开展循环经济和绿色节能模式的试点工作，积极打造节能减排工作“亮点”。

五、坚持以促农增收为核心，努力在新农村建设上求突破

该县坚持用工业化的理念抓农业，大力推进农业产业化经营，促进农业增效、农民增收。一是农村基础设施不断改善。2008年以来，先后投入9800万元，新改建乡村道路168公里，改造危病桥闸17座，建成110千伏、35千伏变电站两座，解决了43个村的饮水困难问题。二是农业项目建设取得历史性突破。顺利实施了投资1000万元的万亩中低产田改造项目，成功争取到了国家级高标准农田示范工程；投资2亿元的北京顺鑫生猪养殖等一批重点项目相继落户，为现代农业发展开辟了广阔前景。三是产业化经营成效明显。全县市级以上龙头企业36家，省级3家，农业产业化经营率达78.3%，居沧州市首位。四是农村合作组织带动能力显著增强。全县农合组织发展到208个，带动农户4.4万户，户年均增收5600元。

六、坚持以共享发展成果为目标，努力在改善民生上求突破

该县始终牢固树立人本理念，坚持把改善民生作为推进各项工作的出发点和落脚点。一是以“六险一金全覆盖”为主的社会保障体系更加完善。2008年以来，先后投资1900万元实施了城乡低保提标扩面全覆盖工程，投资1800万元建成了沧州市一流的中心敬老院；在沧州市率先实施了“新城合”制度，“新农合”参合率达93.4%；成功实施了“新农保”制度，被列为国家首批试点县，划时代地解决了全县29万农民“老有所养”问题。二是扶贫济困效果明显。通过部门帮扶、产业带动，2008年以来，使16个贫困村2.39万名贫困人口顺利脱贫。三是卫生事业长足发展。2008年以来，先后投资5600万元建成了县医院病房楼和综合门诊楼，对9所乡镇卫生院进行了改扩建，医疗卫生服务体系逐步完善。四是新民居建设扎实推进。按照因地制宜、分类指导的原则，稳步推进日曙光新村、尚村镇内村等7个省市级新民居示范村建设，全面改善农民居住和生活环境。

南皮县

南皮县位于河北省东南部，隶属沧州市，北依京津，东临渤海，北距北京市260公里，东距黄骅港80公里，地处京、津、石、济的中心位置，辖三乡六镇、312个行政村；总面积789.9平方公里，耕地面积71万多亩；全县总人口36万多人，人口自然增长率6.54‰。

2009年，高扬发展主题，坚持“工业强县、项目立县、开放兴县”三大战略不动摇，抓牢五金机电、玻璃制品、纺织服装三大产业不放手，以“保增长、保民生、保稳定”为工作主线，破解难题，锐意进取，向全面实现“一年大变样、三年翻一番、五年再造和谐繁荣富强新南皮”的奋斗目标迈出了坚实的一步。全县地区生产总值完成48.5亿元，增长15%，其中一产完成11.1亿元，增长6%，二产完成20.8亿元，增长17%，三产完成16.6亿元，增长12.4%；全部财政收入完成4.26亿元，增长16.7%，其中地方一般预算收入完成1.4亿元，增长25.8%；社会消费品零售总额12.8亿元，增长19%，固定资产投入完成44.8亿元，增长57.2%，职工年平均工资2.67万元，同比增长20.9%，农民人均纯收入3794元，增长9%，城镇居民可支配收入1.22万元，增长12.5%，年末城乡居民各项存款余额51.29亿元，比年初增加8.4亿元。

强化项目建设，对外开放取得新突破。2009年全县共启动超千万元项目162个，超亿元项目33个，“三五八十”项目12个，申报省重点项目7个，项目总投资190亿元，年内完成投资39亿元。惠邦机电、南风专用车、铁路信号、士达公司、龙达电子、毕捷机电、机械公司、国峰制管等一批技改扩规项目相继建成，成为县域经济发展新的增长点。通过集中开展“招商引资突击年”活动，大力推行乡镇干部“二分之一”工作法，先后联系洽谈了生物质发电、俄罗斯建筑工程机械、韩国鑫泽清真肉业等一批外来项目，实现了技改扩规与外来引进的双向突破。同时，进一步完善了招商引资硬件建设，加大了城东、乌马营和付庄工业园区基础设施投入力度，城东工业区被省政府确定为省级五金机电产业聚集区，乌马营工业区完成了整体规划和环评认证，招商引资平台的承载和吸纳能力进一步增强。

统筹城乡发展，城乡面貌发生新变化。以城镇面貌三年大变样为抓手，强力推进了县城的规划、建设和管理。编制完成了县城新区10.4平方公里的控制性详细规划，8平方公里的县城老区规划已全面启动，按照“分批实施、梯次推进”的原则，启动了全县312个村的村庄规划编制。重点城建工程“85321”（8路5区3广场以及污水处理、垃圾处理、中心公园）取得阶段性成果，实现了预期目标。同时，2009年还着力实施了县医院新区、东兴景观大街、小崔庄改造等城建工程，集中实施了城区供排水管网建设工程、城区绿化、亮化和美化工程，新建了垃圾中转站，购置了新型环卫车。随着一大批城建工程的建成使用，县城的承载能力、管理水平以及外在形象都得到明显提升。

夯实农业基础，新农村建设迈上新台阶。2009年，进一步加大了支农力度，不折不扣落实各项惠农政策，社会主义新农村建设呈现出良好态势，全年共引进各类支农项目39个，资金9900多万元。农业基础进一步夯实，棉花、蔬菜、畜牧养殖、用材林等农业主导产业规模进一步拓展，农业产业化水平不断提高。农业农村基础设施进一步完善，改建维修闸桥14座，解决了22个村、2.9万群众的饮水安全问题，新增电气化村13个，新改建了十二里公路西段，完成了7个村10.8公里公路改造工程，农业生产和农村生活条件得到进一步改善，广大农民群众得到更多实惠。

紧扣民生主题，各项社会事业进入新阶段。就业形势总体稳定，全年实现城镇新增就业1400人，下岗人员再就业980人。文化教育投入力度不断加大，新建了特教学校、桂和中学、大浪淀中学、寨子中学，建设了2个乡镇文化站，成功开展了新中国成立60周年系列庆祝活动。医疗卫生事业得到较快发展，先后投资2300万元，加强了乡镇卫生院和村级卫生室建设，进一步巩固和完善了新型农村合作医疗制度，全县参合农民达到28.8万人，参合率88.1%。弱势群体利益得到较好保障，兴建了民政事业服务中心和乌马营、黑龙村两所区域敬老院，发放低保金670万元，实现了动态管理下的应保尽保，启动了农村危房改造工程，翻新和修缮危旧房屋3300多间，危改竣工率位居全省20个试点县首位。

县领导人名单

县委书记：贝　军

县　　长：张金江

县政协主席：庞树旺

县人大主任：田树浦

吴桥县

吴桥县位于河北省东南部、冀鲁交界处，东南分别与山东省宁津县、德州市毗连，西隔南运河与景县相望。全县辖5乡5镇473个行政村，总面积582.9平方公里，耕地面积3.92万公顷，总人口28.4万人。

2009年，全县完成地区生产总值43.8亿元，同比增长10%；其中第一产业13.63亿元，同比增长3.3%；第二产业9.78亿元，同比增长12.5%；第三产业17亿元，同比增长12.9%；全社会固定资产投资33.5亿元，同比增长40.8%；全部财政收入1.6亿元，同比增长12.9%；全社会消费品零售额10.8亿元，同比增长18.2%；农民人均纯收入4726元，同比增长9.4%；城镇居民人均可支配收入1.35万元，同比增长12.2%；年末城乡居民存款余额36.89亿元，同比增长16.1%；

吴桥县经济开发区是1992年省政府批准的省级开发

区，起步区规划面积4.11平方公里，2009年启动了开发区扩区升级工作，规划建设了宋门工业园区，总面积达到7.11平方公里。开发区现有入区企业52家，初步形成了机械加工制造业、新型建筑建材业、棉纺织业和精细化工四大主导产业。导热油炉公司、天马水泥制管公司均发展成为我国北方最大的产品生产基地；天马水泥制管公司、艾斯克粉业制造公司成为全国行业标准起草人；华昊板业、精益汽车配件等公司实现了与韩国LG集团、海尔集团、济南重汽集团等国内外大集团的对接和联系。2009年全县共落实投资超千万元项目125个，超亿元项目26个，总投资100.9亿元。通过开展系列招商引资活动，2009年全县共引进内资6.5亿元，实际利用外资501万美元，共争取政策性项目60余个，总投资2.75亿元。

吴桥是全国“优质棉生产基地县”和“粮食生产基地县”。全县常年植棉30万亩左右，小麦、玉米25万亩左右。2009年全县粮食总产23.22万吨，同比增长3.5%；棉花总产2.17万吨，同比增长8.9%。全县已建成农业产业化龙头企业25家，其中市级重点龙头企业16家，农业产业化经营率达到47.7%。全县现有各类农民专业合作组织54个，其中专业合作社38个，联合社2个，专业协会14个。

吴桥是驰名中外的杂技之乡。以吴桥命名的中国吴桥国际杂技艺术节已成为世界东方大赛场。国家首批“4A”级旅游景区吴桥杂技大世界先后被省政府、省旅游局评为“河北省名牌旅游景区”、“十佳诚信旅游景区”和河北最美30景。2009年杂技大世界接待游客40万人次，实现门票收入2000万元，同比分别增长8%、12%。全县现有各类杂技学校22家，全国唯一一所专门培养杂技、魔术人才的吴桥杂技艺术中等专业学校，已成功为坦桑尼亚、韩国、美国等10多个国家培养了200多名留学生。编排的节目9次获得国际大奖、18次在国内获奖，并多次赴中南海为中央领导演出。

吴桥县城区规划面积18平方公里，现有面积12平方公里。城区内拥有“七纵七横”14条主干街道。按照“城市面貌三年大变样”的总体部署，2009年投资近5亿元，强力启动了城区道路、新民居建设等十大重点城建工程，城市载体功能日益完善，城市品位和档次进一步提升。到2009年底，全县城城区绿化覆盖率达到40.2%，绿地率达到35.7%。

全县现有中小学校38所，其中普通高中2所，职教中心1所，初级中学8所，民办学校1所，小学24所；全县共有医疗卫生机构17所，其中县级医院2所、乡镇卫生院10所；2009年，全县人口出生率9.3‰，符合政策生育率91.58%，出生性别比为103，人口自然增长率4.20‰。

沙　河　市

沙河市位于河北省邢台市南、太行山东麓。2009年，面对国际金融危机的严重冲击和诸多不利因素的影响，沙河市委、市政府以深入开展学习实践科学发展观和“干部作风建设年”两项活动为契机，紧紧围绕“保增长、促发展、保民生、促和谐”这条工作主线，坚决贯彻落实中央、省和邢台市应对危机的扩内需保增长一揽子计划和政策措施，全市经济保持平稳较快发展。

一、国民经济平稳较快发展，经济结构更趋优化

2009年，全市生产总值完成130.34亿元，同比增长13.3%。其中，第一产业增加值完成5.59亿元，同比增长2.8%；第二产业增加值完成87.15亿元，同比增长14.4%；第三产业增加值完成37.6亿元，同比增长12.0%。三次产业增加值比例由上年的5.1∶67.7∶27.2调整为4.3∶66.9∶28.8，第一、第二产业比重继续下滑，三产业比重稳步攀升，经济结构进一步优化。

二、农业经济平稳增长，结构调整成效显现

沙河市农业总产值完成13亿元，增长8.3%。其中，种植业产值完成4.3亿元，增长3.3%；畜牧业完成7.77亿元，增长12.7%；农林牧渔服务业完成5333万元，增长4.0%。全市粮食作物播种面积3.69万公顷，同比增长0.3%；粮食总产量16.75万吨，同比增长3.5%。全市猪肉产量5873吨，同比增长4.1%；牛肉产量1261吨，同比增长2.4%；羊肉产量907吨，同比增长3.7%；禽肉产量9591吨，同比增长4.3%；禽蛋产量7.25万吨，同比增长6.3%；牛奶产量5600吨，同比增长7.7%。猪存栏5.97万头，牛存栏9900头，羊存栏5.08万只，家禽存栏649.46万只，分别比去年同期增长4.2%、14.8%、12.9%、17.6%。

三、工业生产企稳向好，经济效益稳步提高

2009年，全市工业增加值完成78.75亿元，增长14.3%。其中，规模以上工业增加值完成43.08亿元，增长25.3%。骨干企业实力进一步增强，纳税超千万元的企业达到31家，其中超五千万元的企业达到8家。全年累计完成利税总额20.18亿元，同比增长17.8%；累计完成利润总额13.62亿元，同比增长16.7%。

四、固定资产投资快速发展，投资规模进一步扩大

2009年，全社会固定资产投资完成83.68亿元，同比增长34.6%。其中，城镇固定资产投资完成72.20亿元，同比增长38.7%。农村固定资产投资完成11.48亿元，同比增长13.4%。房地产投资完成3.68亿元，同比增长127.2%。全年施工项目个数161个，同比增长38.8%，其中：城镇项目133个，同比增长75.0%；本年新开工项目114个，同比增长39.0%。

五、消费需求稳定增长，销售增势良好

全市社会消费品零售总额达到34.63亿元，增长18.4%。其中，市级零售额为24.10亿元，同比增长18.8%；市以下零售额为10.53亿元，同比增长17.2%。批发业零售额为5.04亿元，同比增长11.3%；零售业零售额为24.76亿元，同比增长23.7%；住宿和餐饮业零售额为4.80亿元，同比增长1.9%。

六、财政收入增速持续回升，金融支撑作用持续加强

全部财政收入完成14.22亿元，同比增长5.7%，其

中地方一般预算收入完成4.13亿元，增长31.7%。全市金融机构各项存款余额121.22亿元，比年初增加20.36亿元，同比增长20.2%，其中城乡居民储蓄存款余额94.33亿元，比年初增加13.59亿元，同比增长16.8%；贷款余额48.61亿元，比年初增加7.73亿元，同比增长18.9%。

七、项目投入进一步加大，改革开放取得新进展

2009年，全市列入省、邢台市级以上重点项目数量及投资额均位居邢台各县（市、区）之首。52个在建重点项目全年共完成投资78.78亿元，占年计划的101.7%。其中，22个省级重点项目完成投资48.86亿元，占年计划的115.4%；22个邢台市级重点项目完成投资50.53亿元，占年计划的104.2%。有迎新Low－E玻璃生产线、安全、长城等浮法玻璃生产线以及金诚特殊钢一期、龙星4万吨炭黑生产线等20个项目建成投产；其他在建和前期项目均进展顺利。全年共争取国家支持项目76个，争取中央投资1.04亿元，位居邢台各县（市、区）第一。商务、粮食、供销企业改制工作基本完成，职工得到妥善安置。全年共完成企业改制7家（累计完成85家），安置职工483人。承办和举办全国机械通用零部件展览会、2009，河北·沙河投资环境说明暨项目推介会等大型招商会议，招商引资成果进一步扩大。全年共引进内资15.8亿元，外资1500万美元，人才292名，技术31项，项目42个。

八、城乡面貌变化显著，节能减排取得新突破

以“三年大变样”为抓手，坚持“规、拆、建、管”协调推进，加快城镇建设步伐。累计完成拆违拆迁面积101万平方米，新建300万平方米；36项城建重点工程完成投资14.3亿元，人民公园、人民大街拓宽改造、建设路贯通等14项重点工程完工；完成32条城市道路和5个重点区域的绿化，新增城市绿地38万平方米，城市绿地覆盖率达28.5%；完成107国道西幅中修、平涉线中修、纬三路西延（冀庄—中高）等7项工程、全长190公里的道路建设。顺利开通邢台至沙河市的公交线路；新建移动电话基站23个，实现移动手机信号在全市所有行政村全覆盖；在15个村实施了新民居建设工程，新建1625户，改造831户。坚持把节能减排作为推动经济社会发展转型的重要抓手，较好地完成节能减排任务目标。全市规模以上工业万元增加值综合能耗为3.35万吨标准煤，同比降低17.73%。完成SO_2削减量764吨，排放量控制在1.44万吨；COD削减量235吨，排放量控制在3734吨，在不考虑2010年主要污染物增量的情况下，提前一年完成“十一五”节能减排目标任务。大气和水环境质量得到持续改善，市区二级及好于二级天数达到315天。

九、民生得到新改善，社会事业全面进步

社会保障力进一步增强。新增城镇就业5000余人，实现向非农转移2.25万人，城镇登记失业率控制在3.3%以内；新增农村低保人数3000人，达到1.72万人，年保障标准达1100元，较上年增加140元，城市低保对象达到6996人，实现了应保尽保，年保障标准3072元，较上年增加432元；顺利启动城镇居民基本医疗保险，参保人数达到2.2万余人；新建白塔镇三星级中心敬老院，改扩建6所乡镇敬老院，建成12个五保集中供养点，五保集中供养率达到50%以上；努力争取到全国首批新型农村基本养老保险试点，在全市农村全面铺开，使全市农民提前十一年享受到国家这一重大惠农政策；完成廉租房建设5500平方米，建成经济适用房40套，落实住房补贴资金49.4万元，受益群众达345户；实施了36项饮水安全工程，解决了10个乡镇办20个村1万农村群众的饮水安全问题。教育文化事业均衡发展。投资5792万元用于新教学楼及配套设施建设、危旧校舍改造、教学设备购置和贫困生补助；启动了农村中小学教师安居工程；顺利通过省政府教育督导和教学评估、语言文字三类城市评估验收，沙河市被推举为省教育工作先进县（市）。群众文化活动进一步活跃，文化艺术中心建设工程进展顺利，建成3个乡镇文化站和27个农村书屋。城乡医疗服务水平不断提高。进一步扩大新型农村合作医疗保险覆盖面，全市农民参合率达到了92%；建成了10所标准化乡镇卫生院、88个标准化农村卫生室和5所示范性社区卫生服务中心；市人民医院病房大楼工程进展顺利。科技创新步伐加快。组织实施了省级以上重点科技项目4项，申请专利15项，专利授权12项。全市科技进步贡献率达到49%，科技成果转化率达到85%。

十、全力打造“中国玻璃科技工业城”

享誉全国的沙河玻璃产业，在近30年的发展历程中，大致经历了规模扩张（小平拉）、淘小整顿、改造提高、升级换代四个阶段。自2006年开始，面对市场需求和节能减排的双重压力，拉开了淘汰落后产能的序幕。到2009年底，三年时间，共淘汰落后生产线194条，淘汰产能4268万重量箱，玻璃企业从120余家锐减至47家，生产线由220余条降至104条。然而，沙河玻璃产业并未因此一蹶不振，反而呈现出勃勃发展生机。特别是2009年，在国际金融危机和诸多不利因素的影响下，该市的玻璃产业在困境中实现逆势上扬，产业上档升级步伐加快。到年底，全市玻璃总量达到1.05亿重量箱，占全国玻璃总产能的比重由12%提升至20%，被誉为“中国玻璃城”。2009年，全行业实现税收增长174.8%，达到2.4亿元，成为该市第二大纳税产业。

目前，该市的玻璃产业呈现以下五个特点：一是产品结构显著改善。目前，该市已拥有浮法玻璃生产线22条，年产浮法玻璃7500万重量箱，占全市玻璃产量的78.5%。同时，一批优质的、功能性的、适宜各种深加工的优质浮法生产线和一批玻璃深加工生产线正在建设或即将建设。全部建成后，全市浮法玻璃生产线将达到30条，浮法玻璃产量达到9500万重量箱，占全市玻璃总产量的90%以上，其中可深加工的优质浮法玻璃产量占浮法玻璃产量的比例达到30%，玻璃深加工转化率达到40%。二是玻璃产品呈现品种多样化。由过去的单一建筑平板玻璃向多品种、深加工方向发展。特别是装饰装修玻璃已具相当规模。目前，全市共有33条在线压延玻璃生产线，3

条空心玻璃砖生产线，再加上300多家凹蒙、乳化、磨砂、烤漆、彩绘玻璃企业，年生产装饰装修玻璃3500万重量箱械右，占全市玻璃总产能的30%。此外，还有微晶玻璃、中空玻璃、钢化玻璃、玻璃锅盖、玻璃餐具等玻璃及深加工产品。三是沙河玻璃市场份额逐步扩大。目前，玻璃全行业固定资产达100亿元，年销售额130亿元，直接容纳社会劳动力3万余人，带动相关行业就业2万人。沙河玻璃畅销全国除西藏、台湾外的所有省、区、市，已形成比较稳固的销售网络。特别是近年来沙河玻璃出口量呈现快速的增长趋势，仅2009年出口额达3500万美元，产品销往欧美、东南亚等30多个国家和地区。四是龙头企业不断壮大。培育了迎新、安全、长场面等一批有实力、有潜力、有带动力的规模型企业，这些企业在全国同行业中都具有一定的知名度和影响力。五是节能减排取得显著成效。该市在淘汰落后生产线和落后产能的同时，在全市浮法玻璃企业强制推行熔窑富氧助燃和全氧燃烧、窑炉余热发电、脱硫除尘工程等节能减排技术。目前，已有20余家玻璃企业完成了电机变频技术改造，4家企业完成了富氧燃烧技术改造，3家企业完成了利用窑炉余热发电工程。此外，3家重点企业的烟气脱硫除尘技术改造工程已经开工建设。

当前，沙河的玻璃产业发展正处于关键时期，该市将按照“减量提质、差异化、高端化”的发展模式，把玻璃产业优化升级作为沙河经济结构调整、转变发展方式的“一号工程”，着力推进玻璃业由低端普通玻璃向高端升级转变、由玻璃原片向深加工转变、由建筑玻璃向电子光学玻璃升级转变，打造在全国叫得响的“中国玻璃科技工业城”这一区域品牌，力争通过5年努力，把新型建材业打造成年产值500亿元以上、纳税15亿元的主导产业，达到国际水平，成为全国最大、世界著名的玻璃研发生产销售基地。

隆 尧 县

隆尧县位于河北省南部，隶属邢台市管辖，总面积749平方公里，总人口50万人，辖6乡6镇276个行政村。先后荣获“全国食品工业强县”、“全国科技进步先进县”、“全国一流供电县”、“河北省民营经济发展先进县”等称号。

灿烂悠久的历史文化。自汉朝置县至今已有2200年的历史，历史文化积淀深厚，这里曾是尧帝的始封之地，也是李唐王室的祖籍，历史上涌现出后周皇帝郭威、柴荣和隋代翻译家彦琮、元代教育家孔璠、清代音韵学家樊腾凤等众多历史文化名人。

优越独特的区位优势。环京津、环渤海，京广铁路、107国道、京广澳高速公路和石武高速铁路纵穿南北，邢衡高速和南郝、隆昔、邢德三条省级公路横跨东西，是河北省公路密度最大、综合交通优势最强的县市之一。距省会石家庄80公里，距北京、天津、太原、济南、郑州均在350公里以内，是承启东西、沟通南北的重要通道，是经略中原、辐射全国的理想立足点。

蕴藏丰富的资源特产。境内已探明有煤炭、石膏、石灰岩、砂石等多种矿产资源，其中石膏储量8亿吨，是华北地区储量最大、品质最好的石膏矿藏。隆尧县地势平坦，土壤肥沃，种植业是隆尧的传统产业，农产品主要有小麦、玉米、棉花等，特色农产品有泽畔贡藕、鸡腿大葱、辣椒等，是全国优质小麦生产基地，全省首批农产品加工业示范基地县和粮食生产核心区建设县。

优势突出的特色产业。全县已形成食品加工、机械制造、水泥建材、纺织服装等特色产业。食品工业是隆尧县的主导支柱产业，现有各类企业60多家，年产方便面80万吨，面粉60万吨，饮品30万吨，挂面20万吨，休闲食品3万吨，年消化小麦120万吨，是全国最大的方便面生产基地。装备制造业是隆尧县的传统优势产业，主要以阀门制造、五金制钉、汽车配件、耐磨材料、铸铁炊具为主，现有各类企业100多家。新型建材业年产水泥330万吨，年产石膏大板2000万平方米、石膏粉100万吨，是河北省新型建材工业基地。纺织服装业年纺纱规模30万锭，加工各类服装400万件。全县拥有各类物流车辆4000多部，年运输能力2000万吨，配送网络覆盖全国31个省会城市165个地级市，已形成立体化、网络状的物流体系，是冀中南新崛起的物流中心。

蓬勃发展的工业园区。全县规划建设了两个工业园区，东方食品城工业园区规划面积20平方公里，建成区面积6平方公里，以食品加工业为主，交通便捷，环境优美，配套完善，现有今麦郎、日清食品株式会社、台湾统一企业、河北华瑞集团等30家国内外知名企业，年产值80亿元，被确定为河北省重点产业聚集区。县城工业园区规划面积7.3平方公里，已形成较为完善的基础设施，是以装备制造业为主导的工业园区。

巨 鹿 县

巨鹿县位于河北省南部，地处黑龙港流域，隶属邢台市，总面积630平方公里，耕地面积64万亩，总人口37万，辖10个乡镇，291个行政村，是国家级扶贫开发工作重点县。巨鹿历史悠久，人杰地灵。秦代为三十六郡之一，历史上著名的巨鹿之战、黄巾起义都发生在这里，是历代兵家必争之地。这里诞生过大唐名相魏征、杰出天文学家张遂、农民起义领袖张角等著名人物，有着深厚的历史文化底蕴。

近年来，巨鹿县紧紧围绕“发展经济，关注民生”两条主线，大力推进“实施四个新突破，建设幸福新巨鹿”发展战略，抢抓机遇，拼搏实干，全县保持了经济健康发展、事业协调进步、人民安居乐业、社会和谐发展的良好局面。2009年，完成地区生产总值35.5亿元，同比增长11%；全部财政收入完成1.36亿元，增长12.1%；全社会固定资产投资完成48.2亿元，增长42.2%；农民人均纯收入达到 3235 元，同比增长 2%。

主导产业不断壮大，产业布局日趋合理。近年来，通过大力实施“工业化率先突破战略”，积极开展招商引资和项目建设，培育形成了以食品、纺织等产业为支柱，机件、橡塑、钢铁为主导的产业格局，产业规模不断壮大。2009 年，实现工业增加值 15.3 亿元，同比增长 12.5%；规模以上工业增加值 7 亿元，同比增长 13.2%。

纺织产业：纺织企业 150 余家，从业人员 1.1 万人，拥有华北最大的革基布生产基地三昌集团、“全国纺织标兵企业”宏鑫集团等一批纺织龙头企业，产业年产值达 30 亿元。致力于打造河北南部最大的纺织基地，目前正在建设计划总投资 20 亿元的 6 平方公里省级纺织产业聚集区。

食品产业：拥有玉米淀粉深加工、蜜枣、糖果、饮料等加工企业达 130 家，形成了燕南集团、皇中皇蜜枣、三丰银杞等规模企业，产业产值 25 亿元。龙头企业燕南集团是全国玉米淀粉糖行业 20 强企业，被省委、省政府列为“河北省农业产业化经营重点龙头企业”，中国食品工业协会授予“全国食品工业优秀龙头食品企业”称号。

机件产业：全县拥有从事机件加工人员 8000 余人，个体企业摊点 1000 多家，是家庭工业、区域经济最集中的产业，年产值 23 亿元，年纳税超千万元。拥有汇工机械、三鑫橡塑、宏伟密封、堡垒活塞、超达密封等 10 余家龙头企业，产品 2500 多种，应用于船舶、汽车、摩托、农用机械、铁路机车、工程矿山机械、环保设备等多个行业。

橡塑产业：橡塑加工企业 131 家，拥有宏福 PVC 手套、科达橡胶、方盛塑业、元生胶带、黑一橡胶等一批橡塑龙头企业，主要生产 PVC 手套、三角带、切割带、输送带、轮胎等产品，行业年产值 6 亿元。龙头企业宏福集团，企业总投资 2600 万美元，2008 年 8 月份，一期工程正式投产，年产 PVC 手套 10 亿支。全部建成后，年产 30 亿支一次性 PVC 手套，年可实现产值 2.9 亿元，产品主要出口美国、日本、英国、澳大利亚等十几个国家和地区。

钢铁行业：以方正集团为代表，年产各类板材 20 万吨、型钢 30 万吨，年炼钢 70 万吨，年产值 35 亿元以上，产品广泛应用于汽车、家用电器、集装箱、变压器、钢结构等多种生产行业。

近年来，巨鹿积极推进产业结构调整，一方面，积极引导传统产业向医药、生物制造、高档面料、品牌服装、装备制造等高端产业领域发展；另一方面，引进培育了锂电池、活性炭等高新技术产业，建设了神州巨电、燕翔甲维盐、永安活性炭等一批科技效益型企业，初步扭转了全县以传统技术为主导的产业发展格局，产业结构进一步优化，产业层次不断提升。

锂电池产业：拥有 1 家大型企业神州巨电新能源科技开发有限公司。公司始建于 2007 年，总投资 3.18 亿元，占地 300 亩，是一家集研发、生产、销售为一体的大型聚合物锂离子动力电池专业生产厂家，其生产技术是国家“863 计划”项目之一。截至目前，项目投入 1.15 亿元，建成 5 万安时生产线 1 条，其产品主要应用于电动自行车、电动摩托车和小型轿车等，其中研发出的处于国际先进、国内领先地位的高安全聚合物大动力锂电池，单只容量可达到 1000AH，部分产品已经应用于军用通讯系统、后勤装备领域等。

活性炭产业：新引进匈牙利独资项目永安可再生资源公司，是一家主要利用棉花秸秆、废果壳、果树枝条生产木质活性炭的制造型企业，设计年产 3 万吨木质活性炭，8 万吨固体成型燃料，木焦油 1550 吨，木醋酸液 1376 吨，供热 1147 万 KCAL，可发电 3000 万 KWH，年可消化秸秆 27 万吨。

特色农业优势凸显，农业产业化水平日益加快。培育形成了金银花、枸杞、红杏、张杂谷四大特色农业，是“河北杏之乡”、“河北枸杞之乡”、“河北金银花之乡”、“国家级小杂粮良种繁育基地”。目前已基本形成了四个 10 万亩特色农业优势产区，年产干银花、枸杞干果、谷子分别达到 900 万公斤、1500 万公斤和 4000 万公斤，是全国三大金银花主产区之一和全国最大的枸杞集散中心。2009 年，通过创新信贷扶贫模式，创建“两个组织”，帮助贫困群众解决生产资金 700 多万元，发展设施蔬菜大棚 5000 多亩，蔬菜种植面积达 4.67 万亩，设施蔬菜产业成为新的特色农业增长点。按照“抓农业抓出产业化来，抓农业产业化抓出工业项目来”的思路，借助特色农业资源优势，大力发展特色农产品深加工产业，引进培育了灏华科技、伟科生物、鑫苑生物、路路通中药材等一批特色农产品深加工企业，医药、生物制造、特色食品加工等产业正在崛起。同时大力推进金银花 GAP 和枸杞绿色食品认证工作，积极申报枸杞、金银花、红杏地理标识注册，特色农业品牌优势不断增强。

城市建设再迈大步，城市面貌不断改善。围绕打造河北最靓丽的县城和邢台东部商埠中心目标，以建设全省城乡统筹发展试点县为契机，大力实施城镇建设“三年大变样”活动，不断加大投资力度，改善基础设施，完善城市功能，提升县城宜居宜业水平。倾力打造了三星级华丰宾馆、巨鹿公园、文化中心、环城路网、污水处理厂、垃圾处理场等一批精品工程，对主要街道进行了高标准绿化亮化，城区卫生、景观、交通秩序等明显改善，城市面貌焕然一新。目前，县城建成区面积达到 11.5 平方公里，城区人口 11 万人，城镇化率达到 36%，城区绿化覆盖率达到 33%。立足于邢台东八县中心位置，引进了家乐园大型超市，建成了明珠商业广场、新华批发市场、巨鹿商贸城、家具城等大型市场，发展了安顺、生福、福源德等一批现代物流企业，形成了服装、摩托、家具、家电通讯、日用百货批发、药械批发等商贸行业，各类商铺达 2500 多家，县城的人气、商业活力不断提升，巨鹿正日益成为邢台东部的商贸流通中心。2009 年，全县社会消费品零售总额达到 18 亿元，同比增长 18.4%；第三产业增加值达到 10.9 亿元，同比增长 14%。

政府效能不断提升，发展环境日益优化。以强化政府效能为中心，深入开展了“学习实践科学发展观”、“作风建设年”和“环境优化年”活动，全面启动县行政服务中心，26家行政职能部门进驻中心，压缩行政审批事项，减少审批程序，实行“一站式”办公，“一条龙”服务，办事效率和服务质量不断提升。坚持以增加金融投入作为推动项目建设和经济发展的突破口，积极构筑政策引导、诚信互助、交流合作、环境优化四大平台，建立了和谐、诚信的金融生态环境，吸引了交通银行、中信银行、华夏银行等域外银行前来投放贷款，为企业发展提供了良好的融资条件。2009年，协调县内金融机构对接企业72家，为重点企业和一批中小企业协调贷款4亿元，全县金融机构累计贷款余额达18亿元。

民生水平明显提高，社会事业全面进步。以科学发展观为指导，以建设“幸福新巨鹿”为目标，紧紧围绕实现民生事业有新突破，坚定走民生型发展道路，通过针对群众关心关注的问题，每年集中精力兴办几件民生实事，逐步提升民享水平。第一个在全省贫困县中建立了农村最低生活保障机制。全县低保覆盖了近万名群众。同时，针对错保、漏保、人情保等问题，创新试行了“三保一推”管理办法，建立起阳光低保的长效机制；第一个在平原缺水地区一次性全面解决了农村饮水难和饮水安全问题。一次性解决了全县8万户31万农民饮水安全问题，使农村群众吃上了和城市一样安全、卫生、洁净的自来水，完成了农村的一场饮水革命；第一个在全国范围内实施了“政府花钱买岗位，村村设立救助员”社会救助新机制。建立了县、乡、村三级社会救助网络，县财政每年仅出资几十万元买服务，便保障了全县1256名特困群众的基本生活，消除了农村救助的盲区。这一做法获民政部颁发的“农村社会救助创新奖”，并在全国推广；第一个在全省贫困县中实现了“村村通公路、村村街道硬化”。乡村公路总里程达到587公里，硬化农村街道182条97公里，实现全县291个村“村村街道硬化”，彻底解决农民雨天出不了门的难题；第一个在全省贫困县中建立了“两个组织”信贷扶贫新模式。这一扶贫新模式得到国家扶贫办领导的充分肯定，并在巨鹿召开的“全省推广巨鹿县小额信贷经验现场会”上向全省推广；第一个在全省贫困县中建立了“村居点”农村五保集中供养模式。建成“村居点”63个，集中供养472人，全县“五保”集中供养率达到68%。

邯　郸　县

2009年，邯郸县认真践行科学发展观，积极应对国际金融危机的严重冲击，坚持“保增长、强投资、促转型、惠民生”，全县生产总值完成176亿元，同比增长13%；全部财政收入完成10.7亿元，增长3.3%，其中地方一般预算收入完成2.67亿元，增长62.9%；全社会固定资产投资完成75.5亿元，增长40.9%；实际利用外资2460万美元，增长44.2%；农民人均纯收入达到6305元，增长8%。

一、项目建设再创新高

深入开展“项目攻坚年”活动，共实施千万元以上项目102个，其中超亿元项目45个，总投资248亿元，完成投资52.5亿元。分别争列省、市重点项目15个、10个，居全市前列。投资22.6亿元的新兴国际商贸物流中心、5.2亿元的中道红星·美凯龙家居广场等46个项目实现新开工，投资2.9亿元的万鑫超细粉、2.5亿元的曲格螺旋焊管等33个项目建成投产，投资40亿元的华信国际广场、3.3亿元的乾安螺旋焊管等56个续建项目正在加快推进，项目建设呈现出规模大、质量高、后劲足的发展态势。

二、产业结构更趋优化

2009年，三次产业比由上年的5.2：63.8：31调整为5.6：60：34.4。一是农业稳步发展。实施农业增产增收工程，粮食连续6年实现丰产，年度增产效益近2200万元。标准化奶牛小区发展到18家，奶牛入区饲养率达到95%，奶牛存栏量占全市1/3。肉、蛋、奶产量分别达到2.69万吨、4.36万吨、3.38万吨，分别增长7.1%、4%、11.2%。实施了总投资15.3亿元的昌硕农业种子培育中心等农业重点项目10个，新增市级产业化龙头企业3家，全县省、市龙头企业达到11家。新建沼气池2500座，建成沼气生态农业示范基地2万亩。改造中低产田9300亩，治理水土流失面积8平方公里。第一产业增加值预计完成9.2亿元，增长5%。二是工业和民营经济逆势而上。为应对严峻的经济形势，按照“抓即期、促复工，抓管理、上水平，抓服务、解难题，确保企业提质增效”的“三抓一保”思路，扎实开展“企业服务年”活动，帮助企业融资3.2亿元，营业收入超500万元企业达到95家，通过国际质量体系认证企业达到51家。第二产业增加值预计完成106.8亿元，增长12%；民营经济增加值、实缴税金分别达到134亿元、8.4亿元，分别增长13.5%、15%，对财政贡献率达78%以上。三是第三产业发展步伐加快。实施了中原物资商贸城、鼎康粮油物流中心等20个总投资98亿元的商贸物流项目，市场带动能力进一步增强。房地产开发规模明显扩大，春风小区、桃园山庄等一大批精品住宅小区建设顺利推进，完成投资15亿元。文化旅游业繁荣发展，投资4000万元，对古石龙、紫山等景区进行扩建，圣井岗被评为国家AA级景区；投资300万元，与央视联合制作了戏曲电视剧《罗敷女》，不仅宣传了赵文化，同时提升了邯郸的知名度；建成了6个乡镇文化站和80个村民文化中心，成功举办了建国60周年红歌汇、桃花笔会等大型文化活动，文化软实力显著提升。第三产业增加值预计完成60亿元，增长18%。

三、三年大变样实现新突破

累计拆除各类建筑110万平方米，创造了被市委、市政府高度赞誉的“汉霸庄速度”、“末马台速度”，成为全市三年大变样的新旗帜，在全市起到了重要引领作用。全力推进人民路东延、石武客运专线、青兰高速二期、邯武

快速路等一大批路网协建工程。投资9000万元，包装改造123栋既有建筑楼体，改造面积56万平方米。投资3000万元，高标准实施了迎宾线、107国道景观带、紫山绿色屏障等多项绿化工程，完成造林3.61万亩，植树170万株。南程庄、东柳林等城中村改造全面启动，完成了电力局家属院等3个旧小区改善任务。全力推进“五百”工程建设，共建成小片林、小停车场、小游园等77处，超额完成市定任务。综合整治城区小街巷，规范各类广告牌2200余块，清理小广告2.8万处。新农村建设步伐加快，硬化村街道路65万平方米，7个省级新民居示范村建设稳步推进。大力实施农村家园净化工程，投资400万元，改善垃圾储运硬件，建立了覆盖城乡的环卫管理新机制，城乡面貌得到较大改善。

四、节能减排成效显著

2009年，是邯郸县向省人代会承诺完成三年节能减排目标的第二年。一年来，先后完成了纵横公司烧结机头脱硫、裕泰公司锅炉煤改气等总投资15.4亿元的23个节能减排工程和循环经济项目。淘汰了供热北站3台燃煤锅炉，并投资4500万元并入市集中供热管网。在纵横公司等企业率先实施了合同节能管理，提高了节能效果和管理水平，受到省、市充分肯定。严格控制“两高一资”项目建设，7个计划总投资4.3亿元的项目被否决。大力开展“十五小”、“新六小”等专项整治行动，有效制止了环境污染和落后生产工艺的反弹。入统工业万元增加值综合能耗实现6.43吨标煤，降低14.8%；化学需氧量、二氧化硫排放量分别控制在283.74吨、4132.7吨，分别比2005年下降69.6%、47.3%，提前一年完成向省人代会承诺的目标任务。

五、发展成果惠及更多人民

全年用于民生资金6.3亿元，占可用财力的80%。2009年初确定的农村五保供养、电网扩建等10项惠民实事全部完成。落实增值税转型和小规模企业税率调减等政策，减税总额达到2.66亿元。发放粮食直补等涉农补贴2800万元，惠及6.8万农户。积极实施就业再就业工程，新增城镇就业岗位6500多个，下岗失业人员等困难群体实现再就业1440人，转移农村劳动力1.46万人。社会保障水平全面提升，新农合参合率达到92.2%，受益群众7.2万人次，报销医疗费用2800万元；养老、失业、工伤保险参保人数分别达到1.95万人、1.25万人、1.59万人，城镇居民医疗保险参保1.3万人。社会救助力度不断加大，累计发放各类救助金660万元，受益群众达6000余人（次）；积极开展“慈善燕赵·万人复明”活动，免费为贫困白内障患者实施了复明手术。建成集中供水站5处，解决了2万人的饮水安全问题。投资1180万元，新建了20条总长37公里的农村公路，对刘南线等11条县、乡道路进行全面整修，群众出行条件持续改善。面对历史罕见的暴雪灾害，迅速启动应急预案，大力开展帮扶救困活动，最大程度地降低了雪灾危害。

六、社会事业协调发展

投资6000万元，改善办学条件，高标准通过省教育督导评估和教学评估验收；高考工作再创佳绩，万人口本科上线率连续6年居全市各县之首；大力推进义务教育均衡发展，促使更多的教育资源在城乡之间、校校之间共享，全国义务教育均衡发展现场会于11月份在邯郸市召开，工程小学作为观摩点得到了与会领导的高度赞誉。投资1680万元，高标准完成省级标准化卫生院示范县创建工作和50个村规范化卫生所建设任务；投资50万元，改善了县甲型H1N1流感和手足口病定点医疗机构防控条件，全县医疗防控体系建设进一步加强。继续稳定低生育水平，圆满完成市定责任目标，并代表全市高标准通过省考核验收。扎实开展“安全生产执法、宣传教育和治理整顿”三项行动，确保了各项建设和社会事业平稳运行。建立了信访属地管理、“一岗双责”等责任机制，妥善处理了各类信访纠纷。投资350万元，为45个村安装了视频监控系统，在所有村庄都开通了平安互助电话预警系统，治安防控体系进一步完善。大力开展争先创优活动，共荣获“全国科技进步先进县”、“全国防震减灾先进县”等国家和省级荣誉58项。

成 安 县

成安县位于邯郸市东南。2009年，成安县委、县政府认真贯彻落实科学发展观，深入实施“开放兴县、工业立县、惠民强县”三大主体战略，全面推进“保增长不动摇、促城建大变样、重民生不懈怠、保稳定促和谐、抓作风强队伍”五项重点工作，锐意进取，埋头苦干，全县经济社会实现了又好又快发展。

综合实力显著增强。2009年，全县生产总值完成59亿元，增长12.3%；全社会固定资产投资完成55.2亿元，增长45%；全部财政收入完成2.2亿元，增长20.1%，其中，税收收入完成1.86亿元，财政收入结构进一步优化；社会消费品零售总额实现19.5亿元，增长17%。各项经济指标均创历史新高。

项目建设成效卓著。2009年，大力开展“项目攻坚年”活动，实施1000万元以上项目115个，其中47个项目实现竣工投产，68个项目正在加紧建设。项目总量达到160多个，总投资达到170多亿元，初步形成了以板、管、件、车等四大行业为支撑的装备制造产业集群。招商引资在对接大公司、大集团上实现突破，国内500强金隅集团投资1.2亿元的太行山水泥项目落户成安。全年新引进项目23个，总投资达54亿元；实际利用外资1621万美元，出口创汇完成460万美元，经济外向度进一步提升。“双争一引”工作，争取中央投资项目33个，争取资金6760万元。园区建设快速推进。商城装备制造区，完成了“一纵三横”道路建设；水源供应中心具备供水条件；110KV变电站和园区输电线路改造完工；污水处理厂建设已经启动；综合服务中心、天然气等工程正在积极推进，园区承载服务能力不断增强。成安县装备制造产业集群被评为省级中小企业产业集群。

工业经济逆势上扬。深入推进“企业服务年”活动，工业立县迈出坚实步伐。2009年，全县规模以上工业完成总产值56.3亿元，增长21%；实现增加值14.5亿元，增长30%，连续9个月增幅全市第一；实现利润3.2亿元，增长30%。工业用电量2.57亿度，绝对值位居邯郸东部县第一。节能减排工作成效明显，万元生产总值能耗下降7%，主要污染物化学需氧量削减222吨，二氧化硫削减18.6吨，圆满完成市定节能减排任务。以民营经济为主体的工业经济运行质量和效益实现“双提升”，正大制管、银河轴承、复液机械获省著名商标称号，安泰纺织、腾龙纺织争创省名牌产品2个。民营经济增加值占GDP的比重达到71.2%，实缴税金占全部财政收入的比重达到69.5%。

“三农”工作稳步推进。农业产业化水平不断提高。省市级重点龙头企业达到21家，农业产业化经营率达到54.7%，较上年提高0.5个百分点。新农村建设扎实推进。第五批40个文明生态村创建全面完成；何横城、秦家营等6个新民居示范村主体完工；完成了140个村农村公益事业“一事一议”财政奖补项目建设。农村基础设施逐步完善。完成了总长16.8公里的记者路和漳河店、东关北等村四级公路建设；疏浚渠道26.8公里，灌溉面积达到9万亩，连续7年荣获全省农田水利基本建设“海河杯”竞赛先进县称号；完成了道东堡、漳河店等4个集中供水站建设，解决了41个村5.5万人的饮水安全问题。劳务输出成效显著。农村劳动力向非农产业转移新增1.6万人（次），其中外出务工人员7850人（次）。全县农业总产值达到30亿元，增长5%；农民人均纯收入达到5395元，增长10%。

城乡面貌明显改观。财政和社会投资10亿元，强力推进三年大变样活动，城市规划、建设、管理水平明显提高。城市规划工作，完成了县城总体规划、控制性详细规划和商城镇总体规划的编制。市政工程，完成了寇公路、向阳街北段等街道排水管网改造；实施了县城集中供热工程，供热面积达7万余平方米；垃圾处理场正在快速推进。道路工程，曹前线部分路段路基完工，城标路竣工通车；完成了富康街北延、迎宾街北延等街道建设。旧城改造工程，拆除违章和有碍观瞻建筑13万平方米；完成了民政事业服务中心、新赵都购物广场等重点工程建设；圣润豪庭、昌宏丽都等工程进展顺利；对29家县直单位办公楼进行了穿衣戴帽和亮化改造。生态工程，对城区现有公园和绿化休闲带进行了升级改造，完成了县城西出入口游园建设，新增绿化面积5万平方米；环城水系、环城林网建设正在快速推进。城市管理工程，成立了城区管理综合执法局，建立健全了周五义务劳动日、个体工商户门前“三包”等制度，城市管理长效机制逐步形成，环境卫生明显改善。

社会事业快速发展。教育工作，高考成绩稳步提高，中考成绩名列全市先进位次；投资4632万元新建何横城小学、新城区小学等4所学校，对向阳小学等22所学校危房进行了改造。民政工作，全县城乡低保对象总数达到1.9万人，实现了应保尽保；连续16年荣获“省级双拥模范县”荣誉称号。卫生工作，全县新型农村合作医疗参合率达到91.03%；完成了40个村卫生室标准化建设和3个乡镇卫生院升级改造。就业和社保工作，实现城镇新增就业4063人，下岗失业人员再就业903人；城镇居民基本医疗保险参保率达到59.7%；实行了城镇职工大额医疗保险，补偿标准由2.5万元提高到17.5万元；企事业单位养老、失业、工伤、医疗等保险扩面工作均超额完成全年任务。计生工作，人口出生率为14.28‰，人口自然增长率为5.17‰，均在控制目标以内。金融工作，成安县被市政府评为全市金融生态县，全年共为企业融资16亿元，是2008年的2倍，新增贷款企业52家。信访稳定工作，认真做好群众来信来访、安全生产监管、社会治安综合治理等工作，全县政治安定，社会稳定。同时，文化、体育、广播、科技、档案、国土、电力、通讯、民族宗教、民兵预备役、残疾人事业等各项工作均取得长足进步。

涉　县

涉县位于河北省西南部，太行山东麓，晋冀豫三省交界处，县域面积1509平方公里，辖9镇8乡308个行政村，全县总人口39.7万人。2009年全县生产总值完成190.95亿元，其中，第一、二、三产业分别完成增加值6.47亿元、160.03亿元和24.45亿元，分别增长2.0%、13.2%和12.8%。一般财政总收入完成16.11亿元，同比增长7.2%。其中，县级一般预算收入8.15亿元，同比增长35.8%。金融机构各项存款余额达72.72亿元；全社会固定资产投资完成116.14亿元；全县实际利用外资1781万美元；全县完成出口创汇销售收入460万美元；全社会消费品零售总额达到34.21亿元；农民人均纯收入达到4950元；城镇在岗职工平均工资达到2.39万元。涉县第三次被评为中国最具投资潜力中小城市百强。

农业农村。全面落实强农惠农政策，用于农林水等农业农村方面的支出达到1.4亿元。特色干果业进一步发展壮大，核桃、花椒产量达到2641万斤、1141万斤。凤凰山庄生态示范园、春泽高科技葡萄园等一批农业产业化项目初具规模，“三珍”牌核桃、花椒荣获河北省名牌产品，“阁外香”牌核桃油荣获河北省著名商标，全县农业产业化率达到68.4%，居邯郸市第一。全县无公害蔬菜种植面积达到2.5万亩，水产品产量达到2100吨，被评为“中国果菜无公害十强县”。16个省市级新民居示范村和80个县级新农村示范村建设顺利推进，农村住房、道路、饮水等基础设施得到进一步改善。

项目建设。深入开展项目攻坚年活动，76个重点实施项目中，30个建成投用，46个推进顺利，完成投资55.4亿元。天铁铁前系统改造、天铁焦炉大修改造、宙石公司日产4500吨新型干法水泥生产线、崇钢年产160万吨棒材生产线等一批重大项目竣工投产，对即期经济的拉动和今后的持续增长形成了有力支撑。涉县·天铁循环

经济示范区正式启动建设。邯长铁路扩能改造即将动工，建成后运力提高9倍，将极大缓解重点企业运力制约问题，县城区段取直方案也获得铁道部同意，为拓展城市空间创造了条件。经济开发区经省政府批准正式扩区，由2.739平方公里扩大到8平方公里，承载能力进一步提升，被评为“全国最佳投资环境开发区”。全社会固定资产投资完成116亿元，增长44.8%。

工业经济。扎实开展企业服务年活动，强化工业运行监测和要素保障，积极为企业搞服务、解难题，协调资金9亿多元，在困难时期提振了企业信心，保持了工业经济的平稳运行。全县规模以上工业企业增加值完成96.3亿元，利税完成10.5亿元。民营经济活力增强，完成增加值69.1亿元，实缴税金6.15亿元。节能减排强力推进，淘汰清漳水泥、鼎鑫煤化等4家企业落后产能93万吨；国家级生态示范区建设通过验收，崇钢烧结机脱硫工程建成投用，化学需氧量提前完成“十一五”削减任务，全县能耗总量、二氧化硫削减量完成年度目标。

城建交通。坚持以拆促建、以建促变，大力度推进三年大变样。圆满完成了龙山7+2、将军大道西岗段、龙虎县界出入口拆迁，全年完成拆迁41.46万平米。行政服务中心、新城区幼儿园、新北关小学、城市生活垃圾填埋场等项目竣工投用，将军大道、老干部活动中心、经济适用住房和廉租房建设等工程推进顺利。交通建设步伐加快，索阳公路改建一期、309国道大中修工程竣工通车，青兰高速涉县段、刘张公路二期进展顺利。三年大变样考核名列全市第二。城乡统筹取得实质性突破，成为“全省统筹城乡发展试点县”、“全市城镇化发展综合改革示范区”，受到省市领导的高度关注和充分肯定。

旅游商贸。成功举办首届中国女娲文化节暨全国民间歌舞精品展演，发起成立全国女娲文化联谊会，巩固了女娲文化的话语权和主导权。129师司令部旧址被列为首批国家国防教育基地，并和娲皇宫景区一同入选“河北最美30景区”。全年接待游客194万人次。城乡物流网络健全完善，建成滨河建材市场、振兴市场等8个市场，万村千乡市场工程、家电下乡惠民工程扎实开展，更好地满足了群众消费需求。全社会消费品零售总额达到34.2亿元，增长22.3%。对外开放取得新成效，组团参加了香港招商会、北京CBD商务节等经贸活动，全年实际利用外资1781万美元，出口创汇460万美元。

社会事业。高考实现新的跨越，二本以上入学率创历史新高，改变了涉县20年无清华、北大名牌大学生的历史。文化事业更加繁荣，由涉县文艺工作者创作的电影剧本《感恩》搬上银幕，并入选中国金鸡百花电影节“新片推介展映优秀影片”。医疗服务水平不断提高，33万农民参加了新型农村合作医疗，参合率达到94.63%；在全省率先建立县级计划免疫信息平台，手足口病、甲型H1N1流感等传染病得到有效防控；涉县被评为全省标准化、示范化乡镇卫生院建设示范县和全国农村中医工作先进县。精神文明建设积极推进，“太行之子”王彦生精神感动全国。群众体育活动丰富多彩，被命名为国家级户外健身基地。双拥优抚工作取得新成绩，荣获新一届省级“双拥模范县”称号。石岗村被评为“全国巾帼示范村”。有效应对旱灾、雹灾和暴雪天气，积极组织生产自救，把损失降到了最低程度。深入开展安全保障年活动，强化安全生产监管，积极化解信访隐患，全力做好国庆安保工作，加强社会治安综合治理，全县安全稳定的局面进一步巩固。

民生工作。年初确定的12项民心工程全部兑现，一批群众关心关注的难事急事得到有效解决。32家企业的8722名职工完成身份置换，理顺了劳动关系，保障了职工合法权益。贫困学生救助、农作物投保、四大灌区耕地免费灌溉、恶性肿瘤贫困患者救助、上消化道恶性肿瘤免费普查等惠民工程得到较好落实。完成6个自然村的153户、481口人移民搬迁，解决了10个村、1.5万口人的饮水安全和20个村、1.6万口人的饮水应急问题。全县1.2万口人稳定脱贫。就业再就业工作扎实推进，全县城镇新增就业岗位4950个，下岗失业人员再就业1380人，新增转移农村富余劳动力4500人，劳务输出1.35万人。涉县被列为全国首批新型农村社会养老保险试点县，全县3.35万60周岁以上老人在春节前领到了632万元的养老保险金，广大农村群众提前10年享受到新农保的政策和待遇。全县308个行政村实现了有线电视全覆盖，城区数字电视转换工作全面启动。城乡低保和农村五保户供养标准稳步提高，五保对象全部实现财政供养。

永 年 县

2009年，面对国际金融危机带来的复杂、严峻的经济形势，永年县委、县政府深入贯彻落实科学发展观，认真落实中央和省市一系列重大决策，紧紧围绕年初确定的各项目标任务，开拓创新，攻坚克难，全县经济社会继续保持了平稳较快的发展势头。全县生产总值达到177亿元，同比增长11.7%；全社会固定资产投资完成94.51亿元，增长41%；全部财政收入完成9.8亿元，增长12.6%；农民人均纯收入6112元，增长9.6%；城镇居民人均可支配收入1.37万元，增长16.6%。

三农工作形势喜人。坚持把“三农”工作作为各项工作的重中之重。发放粮食直补和综合补贴等资金7000余万元，用于“三农”的财政投入1.8亿元，粮食总产54.8万吨，荣获“中国农业发展十强县”和“全国粮食生产先进县”称号。扶持新建220多个新式日光温室大棚，国丰、华裕等蔬菜深加工企业相继投产，永年大蒜获得国家地理标志保护产品认证。生态养殖基地建设卓有成效，家禽存栏量位居全市第一。新上农业产业化项目28个，新增市级龙头企业8家，农业产业化经营率进一步提高。投资2亿元，财政补贴500万元，实施31个村街新民居建设，以城带郊型、工业反哺型、产业促进型、村企共建型等创建模式省市推广。

工业运行质量提高。深入开展企业服务年活动，组织开展银企对接会、产品推介洽谈会30多次，为企业融资

30多亿元。实施了紫山特钢快锻、标准件专用材等一大批技改项目，新增入统企业19家，新增产值8亿元。永洋钢铁企业入围中国制造业500强。全县规模以上工业增加值完成41亿元，实现利润10亿元，分别增长18.4%和15.6%。民营经济实现营业收入615.6亿元，利税8.8亿元，分别增长18%。同时，始终将节能减排作为经济结构调整和发展方式转变的主要抓手，严控"两高一资"项目，坚决淘汰造纸、玻璃、水泥等落后产能，关闭取缔小轧钢、小炼铁、小砖厂等重污染企业，积极推进永洋、永兴、通兴"煤改气"等23个节能减排项目建设，可持续发展能力进一步增强。

项目建设强势突破。坚持把抓投资、上项目作为保增长的重大举措，大力开展"重点项目建设年"活动。105个重点项目全部实现新开工，其中62个项目安装设备或竣工投产，27个项目建设主体，完成投资67亿元，增长94%。17个项目被列入省重点，数量居全市第一、全省前列。特别是非晶变压器等22个项目，实现当年开工、当年竣工投产；新型陶瓷项目一期工程仅用4个月时间就实现投产见效。一大批科技含量高、投资规模大、战略支撑性强的大项目、好项目相继竣工投产，为县域经济发展构筑了强大支撑。

园区经济日趋壮大。积极探索"一园五区"的发展模式，按照项目向园区集中、园区向县城集中的思路，不断培育壮大园区经济。高新技术区和装备制造区，入驻企业74家，总投资155亿元。勤道光伏、亿隆风电等一大批投资规模大、科技含量高的项目相继投产，新材料、新能源基地和装备制造业中心已具雏形。标准件聚集区，新入驻企业21家，总投资134亿元。引进了温州吉利、金盛电力等一批高、精、尖企业。87家企业通过国际质量体系认证，标准件年产量达247万吨，年销售收入173亿元。农产品加工区和高新建材区，引进项目14个，总投资28亿元。康诺乳品加工、六和华裕饲料等一批农产品深加工项目陆续开工；高新陶瓷、高新瓦业3条生产线竣工投产，6条正在建设，20多家建筑陶瓷商有意加盟。五大园区已成为永年项目建设的大阵地，经济增长的新高地。

城镇面貌变化巨大。围绕"一年拆出新天地，两年拉开大框架，三年建设出精品"的思路，合力攻坚，高效推进，创造了全市瞩目的"永年速度"。全年拆迁51万平方米，腾出土地88万平方米。实施了永洋大街、露禅大街等8座公路铁路立交桥建设，其中6座竣工通车，彻底解决了制约永年东西互动的瓶颈问题。投资6.5亿元，新、改建交通干线和城区道路22条，总长度68.8公里；投资2300万元，建设农村路网76.5公里。正在兴建的总投资5.8亿元的外环路工程，将构筑起环城36.5公里、控制面积70多平方公里的新城区大框架。同时，投资1.5亿元，强力推进广府生态文化园区建设，旅游环境大为改善，对外影响力和吸引力进一步提升，全年接待各类游客50万人次。

利用外资和出口创汇逆势上扬。顶住金融危机不利影响，积极组织参加各类经贸洽谈活动，先后引进中德高端紧固件、首钢红冶钢厂迁建等项目40个，其中超亿元项目23个，创历史之最。全年引进省外资金11.2亿元，增长21.7%；实际利用外资2830万美元，增长49%，全市名列前茅。自营进出口企业达到77家，30家企业实现直接出口。全年出口创汇4680万美元，增长16.8%，位居全市第一。

商贸市场繁荣活跃。坚持把刺激消费、扩大内需作为保增长的重要手段，认真落实国家、省、市搞活流通、扩大内需的政策措施，大力开拓农村市场，深入实施"万村千乡"、家电下乡、农超对接等工程，新建改建大型市场、超市8个；规范、改造农家店60个，市场综合服务功能进一步提升。全县市场成交额达192亿元，增长6.5%。永年县被商务部确定为"全国商务综合行政执法试点县"。

民生继续得到改善。全年城镇新增就业岗位5100个，向非农产业转移新增1.04万人。城乡最低生活保障金、养老保险金按时足额发放。新农合参合率91.75%。帮助1751名贫困群众实现脱贫，解决了14个村2.6万名群众的饮水安全问题。101个标准化卫生所完成改建。二中西校区投入使用。备受全县人民关注的直通邯郸的801路公交车正式开通，县城集中供水启动运行，成为邯郸市"1+6"大框架率先通公交、通水的县份。

社会事业蓬勃发展。高考再创佳绩，一二本上线人数682人，增长48%。大力推进科技项目建设，河北硅谷公司被列为国家"863"计划碳纤维课题主研单位，永年县被评为第三批国家科技进步示范县。广府—临洺关文化生态保护区和广府清明传统节日示范基地列入省级保护名录；民俗活动—抬花桌搬上中央电视台；焦窑村被评为"全国创建文明村镇工作先进村镇"。体育工作被评为"全国群众体育工作先进单位"。永年县红十会组织被评为全省最佳县级红十字会。卫生工作被评为"全省中医工作先进县"。人口计生工作成绩显著，被评为"河北省计划生育优质服务先进单位"。国土资源管理进一步加强，连续九年实现耕地总量动态平衡有余。高度重视安全生产工作，全年未发生重大责任事故。严厉打击各类刑事犯罪，出色地完成了国庆安保任务，社会稳定、政治安定的局面得到进一步巩固。

魏　县

魏县位于河北省南端，邯郸市东南部，辖21个乡镇、1个街道办事处，542个行政村、19个居委会；总面积862平方公里，耕地面积6.16万公顷；总人口89.94万，人口自然增长率为6.39‰。2009年，全县生产总值完成72.99亿元；一产增加值15.16亿元，增长7.1%；二产增加值24.53亿元，增长22.2%；三产增加值33.29亿元，增长6.9%；单位生产总值能耗降低5.6%；民营经济营业收入完成255.71亿元，同比增长14.1%；民营经济增加值完成81.76亿元，同比增长17.5%；粮食总产量48.4万吨；棉花总产量2523吨；财政收入完成2.17

亿元，同比增长21.7%，其中，地方一般预算收入完成1.35亿元，同比增长41.7%；财政支出10.83亿元，同比增长48.5%；城市空气质量达到《环境空气质量标准》(GB3095—1996)二级标准要求；全社会消费品零售总额完成35.2亿元，同比增长17.6%；全社会固定资产投资完成58.94亿元，同比增长44.7%；职工年平均工资2.23万元，同比增长26%；农民人均纯收入达到3965元，同比增长13.9%；城镇居民人均可支配收入达到9346元，同比增长16.0%；年末城乡居民存款余额33.9亿元，同比增长17.0%。

城镇化进程明显加快。2009年，魏县围绕打造冀东南区域中心城市的目标，强力推进总投资28.6亿元的梨乡水城建设。完成了洹水大道西延、东壁路西延、原定魏线拓宽、洹水大道东段改造、开元路西段改造、漳河湾滨水路等6条街路18公里的新建和改造工程；开工建设了新定魏线、魏都北大街、礼贤北大街、兴源南大街、天河路、玉泉街等街路6条55公里；整修礼贤街、一行路等城区街道6万平方米。开工建设了玉泉河、魏源河、天河、墨池湖，整修了长安河、兴源河，扩挖了漳河湾、民有湖、金龟湖，疏浚了益民河、景观湖，环城生态水系基本贯通，生态水面扩大到9000余亩，蓄水量达到1.1亿方，地下水位上升了2.65米。建成了魏都桥、礼贤桥、望远桥等8座景观桥，包装改造河里桥、漳河湾桥、益民河桥等5座桥梁，开工建设玉泉桥、魏源桥等4座桥梁。开工建设了魏祠博物馆、礼贤台、艺术中心、宣传中心等具有魏县文化特色的标志性工程。打造了魏州小吃步行街、洹秦巷文化办公用品街。美化包装临街建筑16万平方米；建成了神龟驮城文化公园和10公里长安大道绿化景观带，新增绿化面积26万平方米。开工建设垃圾填埋场，开展“城区街道容貌集中整治月”和“小区物业管理年”活动，打造了魏州路等景观。成立梨城投资公司、城乡建设投资公司、魏水投资公司3家融投资公司，融通城市建设资金9亿元。举办魏县首届房地产论坛暨房地产开发项目招商洽谈会，集中签约城市重点建设项目12个，签约投资达70多亿元。申报注册了“梨乡水城”、“华夏魏都”、“中州州中”、“魏州梨花节”等商标。与省书法家协会、省委政策研究室联合，成功举办了首届“梨乡水城杯”全国书法大赛。建设梨乡水城，得到了省、市领导臧胜业、聂辰席、宋恩华、崔江水、郭大建、回建等同志的充分肯定，石家庄晋州市、邢台市任县、威县、广宗县及馆陶县、磁县等28个市、县先后来魏县观摩学习，中央电视台、人民网、新华网、《河北公报》、香港《大公报》、《河北日报》等中央、省、市主流媒体先后予以多次报道。

项目建设成效显著。2009年，魏县深入开展“重点项目攻坚年”、“项目建设提质年”、“企业服务年”等活动，扎实推进总投资101亿元的129个重点项目，累计完成投资45亿元，新建、续建投资1000万元以上工业项目106个，其中亿元以上项目7个、5000万元以上项目13个；列入省重点项目7个、市重点项目6个，争列省、市重点项目个数创历史新高。新增入园项目企业22个，总投资15.8亿元。全县签约工业项目73个，总投资54.7亿元，其中开工建设项目63个、履约率为86.3%，引进技术项目39项，引进人才488人，实际利用外资完成1760万美元，同比增长45.5%，争取中央新增投资项目37个、总投资8065万元，资金总额居全市第一；争取置换建设用地1300亩，全市排位第一。全县申报省名牌产品和省优产品4家，申报河北省质量效益先进企业2家，新增“双兴”共建企业10家，培育入统工业企业8家，入统工业增加值、实现利润分别完成12亿元、2.4亿元，同比分别增长22%、46%；出口创汇稳步回升，完成1600万美元；民营经济发展迅速，节能减排扎实推进，单位生产总值能耗下降5.61%、主要污染物排放总量二氧化硫、化学需氧量分别下降8.2%、27.6%，均达到省市要求。

新民居建设开创新局面。2009年，新农村建设稳步推进，实施新民居建设“52369”工程，即利用10年时间每3年时间为1个阶段，在全县500多个农村中建设20个万人以上的集中村，建设30个不同类型的样板村，规划新建600条供排水齐全的大街，每年搬迁9000户。重点打造“一区三线六镇八中心”，即环县城建设梨乡水城新民居示范区，重点打造王营、赵寨、皇小庄、大北关、后小寨等12个示范村；沿邯大线、定魏线、大牙线建设燕赵新民居，重点打造南寺庄、何庄、野前、双中、院堡、北刘岗、东仓口、生庄等20个示范村；加强建制镇供排水、道路等基础设施建设，重点打造双井、牙里、张二庄、车往、回隆、北皋6个环境优美的中心小城镇；以人口聚集村为核心，重点建设双井、回隆、张二庄、北皋北街、南双庙、院堡岳庄、野胡拐岸上、冯辛寨等8个万人中心社区，集中打造了魏城镇王营村、赵寨村、野胡拐乡蔡小庄等不同类型、各具特色的示范村。第一批30个新民居示范村全部开工建设，建成新民居1960户；第二批68个新民居建设示范村及21个“中心村”完成规划，全省及新疆、内蒙等近30个市、县先后来魏县参观学习，中央党校《理论前沿》、《河北日报》等新闻媒体相继刊发了魏县的典型做法。

商贸流通繁荣兴旺。2009年，魏县深入推进“万村千乡”市场工程，新建和改造乡镇综合服务中心8个、农家店100家，纵横商贸公司、惠农连锁公司、邮政物流等物流龙头企业不断壮大，城乡市场一体化物流网络日益完善。大力推进家电、摩托车、汽车下乡工作，累计销售下乡产品1.1万台（辆），兑现补贴365.5万元。专业市场日益繁荣，被省商务厅列为第一批商务综合执法试点县。成立了县、乡、村三级市场联合监管中心，促进市场繁荣发展，全县专业市场交易额完成89.4亿元，新增市场加工基地3个、专业村2个。

县领导人名单

县委书记：齐景海

人大主任：张　庆

政府县长：殷立君

政协主席：郭玉峰

曲 周 县

邯郸市曲周县总面积667平方公里，耕地面积72万亩。下辖5镇5乡、342个行政村，人口44.5万。区位交通优势明显，是邯郸东北部六县中心，也是邯郸市重点发展的东部次中心城市。构筑了以天然色素、林板家具、新型材料为支撑的三大产业格局，创出“一个世界第一、三个全国第一”。晨光公司是农业产业化国家级重点龙头企业，辣椒红色素产销量占全球25%，居世界第一。企业建有一流研发机构，直接参与国家行业标准制定。近日，晨光公司入选《福布斯》中国潜力企业榜38位。目前已报经国家证券委待批，有望今年在创业板上市。金赛博公司以技术引领国内板材行业发展，是全国2家起草国家板材标准的企业之一，在全国第一家开发出无胶生态棉秆刨花板，生产的零甲醛刨花板填补国内空白，荣获中国驰名商标”和“中国知名品牌”，“鸟巢”在建设中就用了金赛博公司的板材产品。鹏达公司产品产量占全国的70%，成为全国最大的非金属氧化物粉体生产企业。市场上销售的节能灯，每3个里面就有1个使用的是鹏达公司的荧光粉。宇龙公司开发的麦麸精细粉在全国第一家实现小麦100%全食用。采取超音速细胞破壁法，使分子通过粒子碰撞，可以把麦麸100%加工成麦麸精细粉，这一技术推广，不仅提高了小麦粉的营养价值，而且对保障国家粮食安全具有重要意义。2009年，全县生产总值完成55.4亿元，较上年增长13%；全部财政收入1.47亿元，增长12%；全社会固定资产投资47.2亿元，增长41.6%；全社会消费品零售总额26.3亿元，增长18%；城镇居民人均可支配收入和农民人均现金收入分别达到1.16万元、5311元，分别增长16%、8%。

狠抓项目建设提升经济实力。确立抓项目就是抓发展的理念，选上引进了一批产业支撑项目，主导产业、骨干企业、优势产品市场竞争力得到增强。实施了总投资115亿元的重点项目“1635”工程，79个项目开工建设，完成投资30亿元。4个省重点项目、6个市重点项目、56个县重点项目竣工投产或完成投资任务。谋划5000万元以上项目25个，亿元以上10个，10亿元以上3个，项目储备历年最多、规模最大。入统工业增加值完成11.4亿元，增长13%，工业用电量1.38亿千瓦时，增长18.05%。天然色素的“名片效应”更加凸显。占地400亩的晨光色素园启动建设，谋划实施了总投资20.4亿元的世界天然提取物基地项目，将其作为一号富县工程和绿灯工程下力推进。建立了全国首家省级天然色素工程技术研究中心，辣椒红色素及辣椒精工业化生产技术获得省科技进步一等奖。林板家具产业升级改造步伐加快。金赛博公司整体搬迁，拓展了发展空间。“赛博”牌刨花板被评为“中国驰名商标”。总投资3.2亿元的24万方生态刨花板项目一期工程达到试车条件。新材料产业后劲增强，总投资5.27亿元的LED发光器件项目一期工程建设基本完工，ITO新产品中试成功，产品核心竞争力进一步提升。节电节能产业起步发展，总投资13亿元的能效电厂系列装备制造项目启动实施，被列入省重点项目，全省节能现场会在曲周县召开。曲周作为中法养猪邯郸项目核心区，与法国农业部合作，引进了国际最先进的种猪繁育技术和标准，总投资6.8亿元的中法养猪项目开工建设，被列为邯郸市“一号富民工程”。完成了现代新型工业园区总规编制和规划环评，投资2500万元，提升了园区硬件水平。东雅丽格床品服饰、富亿达家纺等20多个项目入区建设。

三农工作进一步加强。以县首创的四种模式为蓝本，启动实施了“示范性新农村建设工程”。白寨生态中心村113套新民居建设完工，河南疃镇七村合一新民居建设正在进行，四疃乡八村合一新民居建设正在实施。发放粮食直补、综合直补4993万元，受益农民8.68万户。家电下乡补贴家电、汽车、摩托车10.3万台（辆），补贴资金864万元。投资4亿多元，实施了28个农业项目。其中，投资887万元，改造中低产田1.16万亩。硬化街巷115公里，整理村容村貌280个村。农业结构调整步伐加快。发展温室大棚2000个，无公害种植面积19.1万亩。营造农田林网12万亩，绿化路渠430公里，新植树木200万株。棉花种植面积23万亩。诚信育苗合作社规模进一步扩大，工厂化育苗亩收入达6万元，被省农业厅列为重点合作社。惠民合作社发展肉鸡养殖330余户，年出栏肉鸡200万只，被列为市级示范合作社。曲周镇苹果—草莓间作、四疃银杏、白寨林网、安寨葡萄、里岳奶牛、槐桥养猪等特色种养形成规模。劳务输出成效明显，曲周县“金凤凰”被评为河北省知名劳务品牌，6.2万人外出打工，农民工资性收入达5亿多元。

经济活力进一步迸发。争列国家扩大内需项目23个。争取到位资金6685万元，较上年增加2248万元，在全市位居前列。争取建设用地2019亩。借助邯郸市东部振兴战略的实施，与邯山区、市交通局、峰峰集团达成对口帮扶合作意向。组团参加和举办了一系列招洽活动，在广州、深圳、上海、北京等地设立4家招商引资联络处，提高了招商实效。以商招商，引进香港富亿达、上海虹鹰、邯郸雪驰、山东得利斯等大企业来曲投资合作。引进到位外资1130万美元，较上年增长6.6%；出口创汇4500万美元，居全市第二位，增长7.1%。密切与中国农大、清华大学、中科院的对接交流，中国农大校长柯炳生来曲考察，进行了项目签约。以县职教中心为培训基地，为中国农大输送首批后勤人员30人。中国农大万亩“双高”示范基地在白寨乡试种成功，为中国北方粮食增产探索出新路。北农大集团投资13亿元的农大3号小型鸡暨华北高技术示范基地项目启动建设。被评为全省科技工作先进县和全国科技进步考核先进县。鹏达公司、晨光公司积极牵手高校，被评为国家级高新技术企业。

强力推进城乡面貌三年大变样。投资6.1亿元，强力推进路网建设、园林绿化、住房保障等十项重点工程，包括60项单体城建工程。完成了县城总体规划，并通过了市政府审批。编制了重点区域控制性详规，建成了曲周县

城市规划馆。曲周县城乡规划委员会成立，开始履行职责。拆迁拆违力度加大。将县城街道及公路两侧、“两河”沿岸的违章建筑全部纳入拆迁范围，拆迁13.04万平米，提前7个月完成全年任务。行政服务中心、电力调度大楼、污水处理厂等一批建筑竣工投用，温泉度假村春节前向社会开放。文昌街、太行街、利民街等8条街道新、改建完成。曲周县美食步行街即将建成。占地400亩的双龙公园主体工程基本完工。对县城既有建筑进行了装饰改造，沿街标志性建筑进行了亮化。集中开展县城综合整治活动，城容城貌明显改观。

各项社会事业全面发展。全县用于民生领域的支出达5.56亿元，占财政支出的70%，创历史新高。投资3.7亿元，完成了民心工程建设任务。有线电视进村入户、环卫设施、集中供水站、曲周剧场改造等工程的实施，提高了群众的生活质量。教育文化事业蓬勃发展。高、中考取得较好成绩。投资1619万元进行校舍维修改造，消除危房8500平米。投资1100万元完成新世纪中学3、4、5号楼主体工程。投资400万元的职教中心实训楼主体完工。县乡中学整合基本完成，进一步优化配置了教育资源。公开招录74名高中教师，全部列入财拨正式编制。被教育部确定为教育改革实验区。完成了非物质文化遗产普查，公布了第一批县级非物质文化遗产28项，柳子腔、皮影被列为省级非物质文化遗产。医疗卫生事业成果丰硕。投资1.5亿元的中医康复疗养院一期工程即将竣工。投资3400万元的县医院病房楼开工建设。投资560万元的规范化、标准化乡镇卫生院建设通过省验收。率先在全省启动新农合门诊统筹和药品统一配送，全年报免医疗资金3603.9万元，农民参合率达93%。推进城镇居民医疗保险，参保率达80%，实现了全县群众医疗保障全覆盖。启动实施了住院分娩项目，对每名农村产妇补助300元。扎实做好手足口病和甲流感防控工作。交通环境进一步改善。实施总投资5.8亿元的交通设施工程13项。启动邯临、定魏公路升级改造工程，县城面积由9.2平方公里扩大到28平方公里，拓展了城市框架。电力、通信设施更加完善。投资8000万元对全县电网进行改造，骆庄35千伏变电站建成投用。投资1300万元，建设通信基站28座，开通了3G业务。环境保护成效明显。顺利通过国家级生态示范区建设验收，11项指标优于国家考核标准，填补了邯郸市空白。小弟八村被评为国家级生态示范村。计划生育工作有序开展。建成3个计生服务中心，160个计生服务室，为7万多名育龄妇女进行免费检查。名牌创建步伐加快。创建国家驰名商标1件，省著名商标2件，省名牌产品6件，城东工商分局被评为全国商标工作先进单位。统计工作扎实推进，被评为全国第二次经济普查先进县。城镇新增就业3161人，再就业887人，为2006年以来未就业大学生提供见习岗位100个。县财政拿出500多万元为全县干部职工每人发放取暖费600元。开展“慈善燕赵万人复明”活动和残疾人康复活动，为384名白内障患者免费实施复明手术。为残疾人提供危房改造资金21万元。

政府执行力进一步提高。推进学习型政府和学习型机关创建，干部素质明显提高。43个单位、300个事项、132名人员入驻县行政服务中心，依法取消行政许可项目23项，取消县本级行政事业性收费67项，提高了行政效率。出台了工程项目招投标管理办法，规范了招投标活动。深化行政权力公开透明运行，廉政建设工作取得成效。加强信息公开，政府门户网站开通运行。自觉接受县人大和县政协的监督，办理人大代表建议、政协委员提案117件，按时办复率达100%。

县领导人名单

县委书记：申玉娥

人大主任：张东明

政府县长：白　纲

政协主席：冯怀林

开发区（园区）选登

石家庄循环经济化工示范基地

石家庄循环经济化工示范基地（以下简称化工基地）是河北省省级产业聚集区，是河北省政府与中石化集团战略合作项目。坐落在石家庄市石环东路东侧，规划面积10平方公里。化工基地是以石炼化800万吨炼油综合改造及40万吨己内酰胺项目为龙头，按照产品项目、公用辅助、物流传输、环境保护、管理服务“五个一体化”理念，建设以石油化工为主、石油化工与煤化工有机结合、氯碱化工作为有益补充的“三化合一”循环经济产业聚集区。

化工基地到“十二五”末计划总投资310亿元，项目分三期建设：一期项目总投资40亿元，重点建设500万吨炼油改造、16万吨己内酰胺、10万吨环己酮等项目，基本完成基础设施和公用工程建设，现初步形成“三化合一”产业链。二期项目总投资120亿元，重点建设800万吨炼油综合改造、60万吨合成氨、30万吨离子膜烧碱等项目，整体实现石油化工、煤化工、氯碱化工在基地布局、产品链接、技术路线、环境保护、基础共享的有机结合，形成“三化合一”的产业特色。三期项目投资150亿元，重点发展以“三化合一”为特色的精细化工项目和高附加值产品，进一步优化延伸产业链条，提升基地竞争力。到“十二五”末化工基地将整体实现产值1000亿元，利税200亿元的规划目标，建成标志省会工业形象的现代化化工基地。

化工基地自2006年启动建设以来，经过4年努力创业，一期500万吨炼油改造、16万吨己内酰胺扩能、10万吨环己酮、20万吨硫酸、5万吨氨基乙酸、1万吨制氢等六个工业项目已全部投产，共完成投资33亿元。二期总投资110亿元的三个大工业项目开工建设，其中总投资60亿元的800万吨炼油综合改造项目列入国家石化产业振兴规划，2012年建成投产，总投资40亿元的60万吨合成氨和总投资8亿元的30万吨离子膜烧碱两个配套项目2010年底前一期30万吨合成氨和10万吨离子膜烧碱装置可建成投产，2011年底达到60万吨合成氨和30万吨离子膜烧碱规模。三期工程已进入谋划实施阶段，C4综合利用及己内酰胺副产物精制等项目已完成立项、环评、安评等前期工作，为做强做大化工基地，优化延伸产业链打下了基础。截至2009年底，已有中国石油化工股份有限公司石家庄炼化分公司、石家庄联合石化有限公司、石家庄金石化肥有限责任公司、河北石焦化工有限公司、河北诚信有限责任公司、石家庄东华金龙化工有限公司、河北旭隆化工有限公司7家工业企业入驻化工基地。

化工基地按照公用辅助一体化的理念建设的基础设施和公用工程，累计完成投资5亿元，已实现水、电、汽、路等基础设施和公用工程为一期工业项目的配套。其中全长10.7公里的交通路网体系建成通车，10万立方米/天水厂和全长8公里的供水管网投用，雨、污分流的排水体系建成投用，22万电站和全长523米的电缆隧道建成，供热工程2010年6月实现园区集中供热。2010年还将投资3.6亿元，启动公共管廊、公共火炬、工业大街和石炼路拓宽改造等基础设施和公用工程建设，完善二期工业项目的配套服务；同时铁路专用线、污水处理厂等后续工程正在抓紧前期工作。

2009年化工基地在市委、市政府的正确领导下，积极应对国际国内复杂严峻的经济形势，按照“保增长、调结构、抓项目、强园区，全力打好工业发展攻坚战”的要求，狠抓投资过百亿的800万吨炼油、60万吨合成氨、30万吨离子膜烧碱三个大项目开工建设，力促16万吨己内酰胺、10万吨环己酮、10万吨双氧水等6个工业项目联动投产，瞄准国内一流目标，努力提升园区形象，克难攻坚，真抓实干，全面完成了市委、市政府下达的目标任务。到年底，累计完成投资69亿元，其中当年完成投资18.2亿元，全年实现销售收入174亿元，实现利税30亿元，为石家庄市保增长、调结构、强园区做出了一定贡献。

承德市高新技术产业开发区

2009年，承德市高新技术产业开发区面对严峻的经济形势，以学习实践科学发展观和开展“干部作风建设年”活动为契机，紧紧围绕“保增长、调结构、增投入、拓空间、优环境、促发展”的工作主线，抢抓机遇，克难攻坚，努力化解金融危机的不利影响，扎实推动各项工作落实，区域经济运行呈现良好态势。

一、区域经济运行好于年初预期，全面完成了“保增长”目标

年初以来，面对金融危机给区域经济带来的严重影响，高新区紧紧围绕“保增长”这条工作主线，加强经济运行监控与组织调度，加大融资支持力度，积极帮助企业渡难关，区域经济逐步由降转增，企稳回暖，全年主要经济指标好于年初预期。2009年技工贸总收入72亿元，同比增长20%，比年计划提高3.33%；地区生产总值19.6亿元，同比增长18.7%，比年计划提高3.16%；工业总产值48亿元，同比增长17%，比年计划提高4.35%；主营业务收入47亿元，同比增长17.5%，比年计划提高4.44%；外贸出口创汇2000万美元，同比增长26.5%，比年计划提高15.4%；固定资产投资18.6亿元，同比增长43%，比年计划提高30.5%；财政收入3.76亿元，同比增长42%，比年计划提高28.9%。

二、项目建设扎实推进

2009年安排建设项目41项，计划总投资122亿元。其中，工业项目17项，总投资34亿元；服务业项目5项，总投资20亿元；城镇建设项目15项，总投资53亿元；基础设施项目4项，总投资15.6亿元。全年计划完成投资15亿，实际完成投资18.6亿元。伏安电工、绍淇印业、富泉石油、露露技术中心、克罗尼和司达公司扩能5个工业项目完成了厂房主体工程，隆升电力部分生产线实现投产。科技研发中心大厦、移动通讯枢纽楼、商检综合楼、烟草配送中心、奥林匹克中心、石油高专二期工程、凤凰御景、文轩茗园等建设项目进展顺利。列入省、市重点的9个项目有6个项目开工建设，完成投资7.5亿元。

三、招商引资工作取得新成效

2009年，高新区积极推动“开放兴区”战略实施，拓宽招商思路，明确招商重点，开展全员招商，取得了新的成效。一是宏大专用车生产基地、美商舒适公司金属制品深加工、清华大学应急指挥飞艇等3个项目签约落地；二是颈复康药业与上海复兴高科合资扎实稳步推进，四海啤酒与美国摩森康胜合资进展顺利；三是新兴铸管公司、法国液化气股份有限公司、江苏雨润集团、韩国韩化集团等国内、外500强企业先后来区考察。远洋地产、大连万达、广州颐和、浙江恒泰、隆基泰和、红星美凯隆、三和福成等多家大型地产和商业公司来区洽谈开发项目。意向性项目正在进一步跟踪洽谈。

四、科技创新工作取得新成绩

2009年，高新区大力实施“科技强区”战略，加大资金政策扶持力度，促进企业科技研发，完善科技创新体系，不断提升科技水平，带动高新技术产业发展和产业层次升级。一是积极组织企业申报省市科技项目，全年共有4个科技产业化项目申报成功，总计获得省级科技专项扶持资金133万元；二是加大科技扶持力度。全年共安排科技三项费和科技创新基金180万元，争取市创新基金100万元，重点支持了7个科技创新与产业化项目；三是创业服务中心通过完善孵化设施，2月份被省科技厅评为省级科技孵化器；四是积极筹划与承德石油高等专科学校建立“区校战略合作联盟”，目前合作协议正在拟定中；五是按照新发布的《高新技术企业认定办法》，积极帮助颈复康药业公司和华北药天星公司2家企业通过了高新技术企业认定，富泉石油公司正在公示期。

五、唐山曹妃甸承德临港工业园和上板城工业聚集区启动开发的各项前期工作快速推进

2009年3月14日，唐山曹妃甸承德临港工业园正式

挂牌，先期派驻人员同步到位，园区管委会于4月10日正式经市委、市政府批准成立。园区管委会的同志们克服重重困难，埋头苦干，全力以赴推进各项工作，成效显著。一是完成了一期5平方公里起步区400亩土地回填整理；二是园区控制性详细规划、产业规划和环境影响评价工作顺利推进；三是总投资12.5亿元的宏大专用汽车制造和金属制品深加工项目9月8日正式奠基，后续9个项目在积极洽谈。

2009年3月2日，市委、市政府下发了《关于设立上板城、六沟产业聚集区和双峰寺空港城的通知》，上板城工业聚集区正式建立。4月20日，工业区管理办公室筹备组正式入区办公。通过深入调查，了解情况，主动沟通，多方协调，扎实工作，各项前期工作稳步推进，为启动开发奠定了良好基础。一是区域控制性详细规划、产业发展规划和环境影响评价工作即将完成；二是土地利用规划调整工作划定了区域范围，规划大纲已获省国土资源厅审批；三是与市园林局置换苗圃用地工作顺利推进；四是积极开展招商引资工作，江苏雨润集团大型食品深加工、省建投70万千瓦环能热电、年产2万吨彩钢、正宏印业、矩佳商贸物流园等项目正在推进洽谈中。

六、扩大发展空间实现历史性突破

2009年3月份省政府办公厅下发《关于省级高新区（园区）升级扩区的通知》后，高新区高度重视，抓住机遇，及时成立了扩区工作领导小组，认真组织材料，积极协调跑办。7月份，首批通过省政府批准扩区。在原6.2平方公里基础上，新扩区域面积18.5平方公里，比原有面积扩大了近3倍，达到24.7平方公里。

承德临港工业园

2009年，承德（曹妃甸）临港工业园管委会紧抓“建设冀东经济区，打造新的增长极”这一难得发展机遇，按照统一规划，分步开发，滚动发展的建设思路，快速启动、扎实推进园区开发建设工作，完成了市委、市政府提出“当年启动开发、当年项目入园”的工作任务，为承德打通出海口、融入环渤海经济圈发挥了应有的作用。

一、2009年开展的主要工作

1.确定园区合作框架和发展方向，启动园区开发建设。建设承德（曹妃甸）临港工业园是省委、省政府打造冀东经济板块的重大决策部署，冀东区域三市非常重视。2月22日，承、唐、秦三市共同签署《关于在曹妃甸设立承德、秦皇岛临港工业园区的框架协议》，协议就园区的地址和面积、财税政策、项目管理、入区企业优惠政策、园区控制性详细规划和产业规划编制、双方会商机制等达成原则共识，为园区合作发展确定方向。3月14日，省委常委、常务副省长付志方为承德临港工业园揭牌，标志着承德临港工业园各项工作全面启动。临港工业园将充分发挥地理区位、资源组合和产业后发等优势，积极培育现代装备制造、高新技术、专业物流及进出口加工型特色产业。为加快园区建设步伐，进一步提高管理效率和园区开发的可操作性，借鉴国内外先进园区建设经验，临港工业园的开发模式定位于公司化、市场化的方向。目前，已经成立的承德开发区曹妃甸临港投资有限公司已正式开始运转。

2.确立园区组织构架，组建园区管理委员会，园区开发建设管理工作全面展开。为加快推进承德（曹妃甸）临港工业园的各项工作，市委、市政府批准成立“唐山曹妃甸承德临港工业园管理委员会”。管委会有关工作人员于3月10日正式进驻曹妃甸（唐海县）开展工作。

3.确立“互信、合作、效率、共赢”的园区协调管理机制。通过与唐山各有关方面协调沟通，唐山市领导对建设承德临港工业园非常重视，正式成立了“承德临港工业园工作协调领导小组”，市主要领导任组长，各相关职能部门负责人为成员，在唐海县设工作办公室，唐海县常务副县长兼任办公室主任，全面负责协调园区合作开发建设工作。进一步理顺园区启动、开发建设过程中的合作协调机制，提高了工作效率。

4.切实增强服务意识，提高服务能力，提升服务水平，实现首批入园项目签约落地。临港工业园注重服务环境质量，牢固树立“服务是第一投资环境”的理念，全力以赴打造项目落户“绿色通道”，为客商提供全方位、全过程、高效率的“保姆式”服务。按照项目属地报批和属地管理的要求，入驻临港工业园的项目要在唐海县注册、申报、审批和管理，承德临港工业园负责帮办和协调管理。目前，园区已实现两个项目签约。已经入园的专用汽车制造项目在注册、规划、立项审批等方面进展很快。

二、园区基础性工作进展

实施临港工业园这种“飞地”发展模式在河北尚属首创，可借鉴的决策、管理经验甚少，“万事开头难”；但经过全体工作人员倾心努力，临港工业园的启动开发工作已稳健向前推进，并取得实效。

1.园区规划编制工作已进入审批程序。临港工业园20平方公里范围的概念性规划和起步区5平方公里范围的控制性详细规划聘请清华大学规划设计院和承德规划设计院（甲级资质）合作编制。目前，该规划设计已经向主要市领导进行专题汇报，并就具体意见进行修改。已经与唐海县主要领导和有关部门共同召开规划成果汇报会，唐海县已原则同意该规划方案，正在协调有关方面形成正式文件上报唐山市规划审批委员会，下一步，将加快规划设计审批工作，力争在年底前完成园区整体规划审批。

2.启动起步区5平方公里区域环评工作。已委托河北师大环境与资源科学研究所为临港工业园起步区5平方公里做区域环评工作。该机构已经派遣专业人员到临港工业园及周边地区进行实地踏查、污染源和专业数据搜集整理工作，相关工作正在抓紧推进。计划在明年3月份前完成初步成果。

3.土地开发取得初步成果，完成一定面积的征地和土地平整工作。临港工业园位于唐海县第五农场行政管辖区域范围内。一期2平方公里占地为承包性质的水产养殖用地和耕地，土地性质为国有土地。一期建设用地范围内的地上附着物调查登记工作由唐海县第五农场、县支重办和临港工业园共同组成征地工作组完成调查统计工作。目前，已经完成500亩范围的地上附着物统计调查工作，同时，该范围的造地和土地平整工作也已经完成。

4. 完成首批项目建设用地指标审批工作。目前，临港工业园已经签约落地项目两个，省给予250亩的建设用地指标，由于国家土地政策趋紧，建设用地指标申请工作的难度很大。按照明年洽谈和拟签约落地项目所需建设用地的指标数额，还有很大的建设用地指标缺口，为此，临港工业园将协调唐海县和唐山市有关部门向省土地管理部门申请建设用地指标。

5. 启动园区融资贷款工作。临港工业园已经与市农行、市城市建设投资公司等部门就融资事宜进行过多次接触和协商，目前园内5平方公里范围的基础设施投资项目可研已经完成，正在根据银行贷款要求抓紧准备所需文件，尽快实现园区第一批资金到位。

三、招商、项目工作进展

1. “园区开发与招商推介同步”，拓宽渠道，促成签约。一是参加第九届中国（承德）国际旅游文化投资贸易洽谈会，会上与河北宏大专用汽车制造有限公司就专用汽车制造项目和广东惠州红墙建材公司就混凝土添加剂项目同时签约。目前，宏大专用汽车项目已经开始公司注册、注资，项目申报与审批、厂区规划报批同步展开；红墙公司的混凝土添加剂项目由于受燃煤锅炉限制，园区正在协调项目方改进工艺设计。二是参加中国·天津第十六届投资贸易洽谈会，会上与天津新华投资集团就科技产业园项目进行了深入协商。会后该集团董事长两次到临港工业园进行考察。下一步双方将进行实质性合作洽谈。三是参加第二届河北·曹妃甸临港产业国际合作会议，会上与美商舒适有限公司（美国）就金属制品加工项目签约。该公司是经营高档园艺工具的国际性贸易公司，产品全部销往欧美地区。项目建成后可实现年销售收入3亿元，实现利税3000万元，出口创汇5000万美元。四是参加首届曹妃甸论坛。论坛以科学发展、可持续发展为永久主题，本届论坛深入探讨了资源型城市可持续发展；区域经济发展与合作；循环经济、绿色经济和生态城市建设等议题。通过参会，更新了管理理念，结识了一批国内外客商。五是成功举行首批入园项目开工仪式。9月8日，临港工业园入园项目开工奠基仪式在曹妃甸隆重举行。河北省主要领导、省直有关部门、承德市、唐山市、秦皇岛市等有关方面领导同志出席了开工仪式。

2. 搭建国际化管理平台，引进国际战略投资者。10月19日，韩国韩华集团高管一行到临港工业园就园区共建和基础设施领域投资等问题进行为期两天的考察。韩华集团位列韩国十大企业，世界排名第393位。该公司在园区开发方面有很多成功经验，在韩国采取与官方合作的方式共建了五个工业园区。下一步承德临港工业园将进一步了解韩国韩华集团的投资案例、相关产业领域的投资发展态势，该公司的主要构架等，力争促成与之合作，拓展临港工业园的国际化发展空间。

3. 主动出击，注重实效，着力开展招商项目工作。承德临港工业园本着“项目入园与项目建设和园区开发同步进行”的原则，全力做好项目的包装、发布、联系、洽谈、跟踪、签约、建设等工作。自2009年3月临港工业园管委会正式进驻曹妃甸以来，已先后接待十余批客商到园内进行商务、项目投资考察。其中重点跟踪的项目有：高低压配电自动化设备生产基地项目、机械设备出口加工基地项目、曹妃甸（承德）物流中心项目、新华科技产业园项目、航天食品（水酥糖）加工项目。

河北唐山高新技术产业园区

一、园区简介

河北唐山高新技术产业园区成立于1992年4月，为省级高新技术产业园区。（以下简称唐山高新区）高新区位于市中心区北部，原规划面积4.5平方公里。2009年7月，经省政府批准，扩区至31平方公里。高新区现辖1个街道办事处，9个行政村，10个居委会，辖区总人口10万人，其中农业人口4474人、城镇人口4.94万人。

（一）一园两基地。唐山高新区日资工业园已引进日资企业22家，占河北省日资企业总数的1/3，是河北省日资企业最集中的区域，企业有日本松下产业机器株式会社、日本伊藤忠商事株式会社、日本株式会社神户制钢所、日本爱信精机株式会社等世界500强企业。2009年，日资企业实现总产值28.64亿元，占全区总产值的16.83%；实现利润4.11亿元，占全区总利润的47.03%，成为全区经济发展的助推器，并被确定为河北省“十大”特色工业园区之一。

唐山高新区焊接产业基地是国家级特色产业基地，已有企业18家，产品涵盖了焊接设备、机器人及其系统、切割设备、焊接材料及辅助机具等各个领域，是国内规模最大、产业链条最为完备的焊接产业集群，并被国家科技部火炬中心批准为国家火炬计划唐山焊接产业基地。2009年，焊接产业基地实现产值17.1亿元，利润3.54亿元。

唐山高新区汽车零部件产业基地，是环渤海地区重要的汽车零部件基地。基地已有企业5家，主要产品有轻轨车辆、地铁隧道结构件、混凝土搅拌运输车和自卸车，汽车发动机缸体，汽车关键零部件、关键零部件用精密型冲模等。2009年，汽车零部件产业实现产值12.1亿元，利润0.83亿元。

（二）主导产业。唐山高新区业已形成了焊接、汽车零部件、新材料和新型建材、智能仪器仪表、生物医药、节能环保六大主导产业集群。新兴的软件和机器人企业异军突起，软件、机器人产品渐成产业化趋势，拥有了唐山松下产业机器有限公司、唐山爱信汽车零部件有限公司、唐山海螺型材有限责任公司、太阳石（唐山）药业有限公司、唐山开诚集团电控有限公司、唐山汇中威顿仪表有限公司等一批主导产业骨干企业。

（三）重点企业。唐山高新区拥有了一批知名品牌和企业。唐山松下产业机器有限公司是中国最大、技术水平最先进的电焊机生产企业；太阳石（唐山）药业有限公司是国内最大的妇幼药品生产企业，其“好娃娃”、“太阳石”商标被认定为中国驰名商标；唐山爱信汽车零部件有限公司是环渤海地区最大的汽车零部件生产企业；唐山海螺型材有限责任公司是华北和东北地区最大的塑钢型材生产企业；唐山国华科技有限公司、唐山开诚电控集团有限公司、唐山陆凯科技有限公司、唐山汇中威顿仪表有限公司、唐山百川智能机器有限公司等科技型中小企业在各自领域居同行业之首或前列。

建区以来，唐山高新区累计完成固定资产投资100.5亿元，累计施工面积266万平方米，累计竣工面积167万平方米。

唐山高新区现有企业570家，其中工业企业205家，服务业企业365家。外商投资企业58家，投资商涉及日本、美国、韩国等14个国家和地区，其中有松下电器、伊藤忠商事、神户制钢和爱信精机4家世界500强企业。建区以来，唐山高新区累计完成地区生产总值303亿元，财政收入53.1亿元，实际利用外资3.7亿美元，固定资产投资100.5亿元，出口创汇8.4亿美元，主要经济指标年均增长速度在30%以上。

二、2009年发展情况

（一）发展概况。2009年主要经济指标增幅在20%以上。全年完成地区生产总值60亿元，同比增长18.71%；财政收入11.1亿元，同比增长33.72%；实际利用外资3017万美元，同比增长20.86%；固定资产投资16.5亿元，同比增长20.31%；出口创汇1.4亿美元。

（二）经济发展质量。人均完成地区生产总值7.15万元，同比增长19%；单位面积地区生产总值13.3亿元/平方公里，同比增长18.71%；单位面积财政收入2.4亿元/平方公里，同比增长33.72%；全部财政收入占地区生产总值比重达18.33%。万元GDP能耗量降低率4.58%，万元地区生产总值耗水量同比下降4.29%，经济发展质量连续四年在全省开发区位居第一。

（三）招商引资。2009年批准三资企业2家，唐山爱信汽车零部件有限公司、NGK（唐山）电瓷有限公司、太阳石（唐山）药业有限公司、小池酸素（唐山）有限责任公司等骨干企业相继实现增资拆股。全年完成实际利用外资3017万美元。批准内资企业37家，批准内资项目资金13.55亿元，其中包括引进总投资11.1亿元的中冶京唐（唐山）精密锻造有限公司大型多向模铸件项目，填补了内资大项目的空白。为高新区经济发展增强了后劲。

（四）对外开放。2009年，引进外资企业2个。唐山爱信汽车零部件有限公司、NGK（唐山）电瓷有限公司、太阳石（唐山）药业有限公司、小池酸素（唐山）有限责任公司等骨干企业相继实现增资拆股。全年完成实际利用外资3017美元。全年完成出口创汇1.4亿美元。2009年外贸进出口总额47022万美元，同比增长14.8%，在唐山市各县区排名第四。2009年出口1000万美元以上企业有考伯斯（中国）碳素化工有限公司、NGK（唐山）电瓷有限公司等4家企业。出口以机电产品为主，2009年唐山市机电产品出口100万美元以上的企业中高新区就占有7家。

（五）高新技术产业。2009年，共有15个高新技术项目列入国家、省、市科技计划和产业化计划，其中唐山汇中威顿仪表有限公司过程控制流量传感器及系统列入国家863计划；地源热泵机组、重型矿用专用车生产线技改等4个项目列入国家中小企业科技创新基金和中小企业发展专项资金计划，是唐山高新区成立以来争列国家级项目最多、质量最高的一年。唐山高新技术创业中心全年新入驻企业32家，毕业企业10家，累计孵化企业300家，毕业企业50家，为高新区乃至唐山市输送了一批高新技术企业和优秀科技人才。累计引进和设立国内外研发机构、工程中心50余家，其中经认定的省、市工程研究中心、企业技术中心民营特色研发机构33家。2009年，唐山高新区完成高新技术产业产值65.3亿元，对全区经济增长的贡献率达到43.6%。累计认定高新技术企业15家，占全市的40%以上。

（六）主导产业发展。唐山高新区业已形成焊接、汽车零部件、新型建材、生物医药、智能仪器仪表、节能环保六大主导产业。2009年，焊接产业产值17亿元，实现利润3.5亿元；汽车零部件产业产值12.07亿元，实现利润8300万元；智能仪器仪表产业产值6.21亿元，实现利润1.30亿元；新型建材产业产值15.72亿元，实现利润7800万元；生物医药产业产值9.07亿元，实现利润1.45亿元；节能环保产业产值5.82亿元，实现利润6490万元。2009年，六大主导产业共实现产值65.97亿元，利润8.55亿元，分别占全区工业总产值、利润的67.74%和97.87%，成为高新区经济发展的推进器。

（七）传统产业改造。针对唐山市钢铁、煤炭等传统产业的发展要求，高新区注重发展钢铁信息化产业，招引了首钢自动化信息技术、唐钢自动化一批在国内钢铁行业具有影响的公司进驻高新区。区内企业派安工程科技有限公司与中冶京诚工程技术有限公司合作开发出我国第一套精品钢冶炼自动控制系统；注重洁净能源技术发展，培育了国内同行业处于领先水平的唐山国华科技有限公司、唐山陆凯科技有限公司、唐山市协力选煤干燥科技有限公司等高科技企业，形成了湿法和干法选煤两大系列，承担了多项国家、省、市科技计划项目，占领了国内主要煤炭产区市场。唐山开诚电控设备集团有限公司研制开发了适用于煤矿井下恶劣环境的智能防爆变频调速装置、绞车提升信号操车综合控制系统，填补了国内空白，被推广到全国各主要煤矿矿井，提高了煤炭生产的技术水平，该科研成果被运用于国内主要煤产区。

（八）自主创新。“机器人”成为高新区2009年最大的亮点，唐山开诚电控集团在国内率先研制出矿用抢险探测机器人，并使我国成为继美国之后第二个掌握该项技术的国家。此外，还有开元集团的自动焊接机器人，唐山天工数控电子有限公司的建筑清洗机器人、高压巡线机器人、医疗穿刺用微型机器人，唐山市通博科技有限公司的管道探伤机器人等，其技术均处国内领先水平，构筑了机器人产业基地的雏形。此外，唐山通力齿轮有限公司自主研发的5F84变速器装配了国庆60周年“勇士”军车，唐山普林亿威科技有限公司在国内率先研制出永磁无刷直流电机及控制系统，成为一汽、东风等电动大巴、电动轿车的配套部件，彰显了高新区自主创新的实力。

（九）项目建设。全年共谋划项目66个，总投资201亿元。总投资8800万美元的唐山爱信汽车零部件有限公司二期增资扩建项目、总投资3亿元的总部基地5A级写字楼项目等一批对区域经济社会发展带动作用明显的重点项目开工建设，新开工项目14个，总投资47亿元。全年引进内资项目14个，其中总投资11.1亿元的中冶京唐（唐山）精密锻造有限公司大型多向模锻件及重型装备自主化产业基地项目填补了唐山高新区内资制造业大项目的空白。

（十）节能减排。坚持从源头抓起，对新进区项目进行节能审核，项目环评和“三同时”执行率均达到100%。高标准完成了5.75万平方米的既有建筑节能改造任务，东方花苑住宅节能改造被确定为唐山市示范点，受到建设部的高度评价。组织进区企业对锅炉实施高效脱硫设施和清洁能源改造，全年减排二氧化硫37.3吨，同比下降32.2%，区域ISO14001环境管理体系得到有效保持。

河北唐山海港经济开发区

河北唐山海港经济开发区位于唐山市东南80公里处的渤海岸边，地处环渤海经济圈中心地带，距首都北京233公里，距天津208公里，是1993年6月经河北省人民政府批准设立的省级经济开发区。民主革命先驱孙中山先生在《建国方略》中提出拟建的“北方大港”——唐山港京唐港区位于区内，与开发区统一规划，同步开发，互为依托，共同发展。作为河北建设“沿海经济社会发展强省”，唐山“建设科学发展示范区”的最前沿，建区17年来，开发区从一片盐碱滩涂上起步，通过自我开发、自主经营、滚动发展，目前建成区面积不断延伸，人口不断集聚，经济实力不断增强，城市功能不断完善，初步形成了以现代港口、临港工业、商贸物流为特色、以开放型经济为主体的现代化滨海新城。在32.85平方公里的规划面积内，总人口达5万，各类注册企业566家，西班牙德佳德斯公司、德国蒂森克虏勃等世界500强企业以及中冶集团、大唐国际、首钢集团、中材建设等国内知名企业相继落户开发区。

2009年，在河北省委、省政府和唐山市委、市政府的正确领导下，开发区党工委、管委会团结带领全区干部群众，深入贯彻科学发展观，紧紧围绕“保增长、调结构、惠民生、促和谐”的总体要求，深入推进“二次创业”，积极应对各种挑战，全区经济社会发展取得了显著成就。全年实现地区生产总值65.2亿元，同比增长14.1%；完成全部财政收入15.6亿元，增长7.1%；实际利用外资3326万美元，同比增长10.8%；引进内资58.4亿元，增长21.1%；固定资产投资78亿元，增长48.8%，开发区综合实力得到进一步提升。

一是把握关键，项目建设取得重大突破。坚持把抓项目、兴产业、增投入作为保增长的根本举措，认真筛选了总投资305亿元的一批拟建和续建重点项目，实施40个保增长、调结构项目建设攻坚行动，落实项目分包，捆绑挂图作战，强力推进重点项目实施，全年续建和新开工项目42个，项目总投资180亿元。二是应对困境，港口建设运营实现逆势上扬。以京唐港建港运营20周年为动力，强化管理，拓宽货源，货物吞吐量突破亿吨，开创了港口历史上新的里程碑。三是强力推进，“城区面貌三年大变样”工作成效显著。投资1.5亿元完成的绿化面积为市下达绿化目标的8倍；投资7000万元完成两条道路的街景改造，亮化效果为唐山市一流水平；投资2600万元，实施8万平米的既有建筑节能改造，一年完成了三年市达任务，群众出资比例、建设速度走在全省前列，城区面貌展现新形象。四是践行承诺，民心工程得到全部落实。以“十件实事”为抓手，落实为民承诺，办好利民实事，促进经济发展成果全民共享。教育、文化、医疗、社保等各项事业协调进步，人民群众安居乐业。

唐山港京唐港区

唐山港京唐港区是唐山市联合北京市共同投资建设的我国沿海重要港口，位于唐山市东南80公里处，综合能力位居全国港口18位。京唐港区地理位置显要，自然条件优越，建港谋划由来已久，是民主革命先驱孙中山先生在《建国方略》中拟建的“与纽约等大”、“为世界贸易之通路”的“北方大港”港址。自1989年动工兴建以来，数易其名，影响日增。京唐港区在发展中进步，在进步中实现了新的跨越，总结归纳出了联合发展、科技兴港、人才兴港、创新发展、开放发展、安全发展、协调发展、资本运作、多元化等独具特色的九大发展道路，在20年的时间里完成了其它兄弟港口数十年、上百年走过的历程。目前，京唐港区已建成第一、二港池全部和第三、四、五港池部分泊位，形成5个港池建设运营的整体格局。建成散杂、件杂、多用途、集装箱、煤炭、水泥、纯碱、液化石油气等各种功能的1.5～10万吨级泊位31个，设计通过能力7388万吨/20万标准箱。建成10万吨级航道，可满足10万吨级船舶单向、5万吨级以下船舶双向通航；建有各类堆场300万平米，各类仓储、铁路、导助航、辅建设施齐全。港口总资产达100多亿元。京唐港区腹地广阔，除以唐山地区为直接腹地外，兼济河北、京、津等其它周边地区，并辐射晋、蒙、陕、甘、宁、新等广袤的西部地区，水路通达50多个国家（地区），120多个港口。京唐港区是国家重点物资运输的重要港口，在我国煤炭、矿石、钢铁等货物运输中占有重要地位，是“北煤南运”

七港之一。2009年，在建港运营二十周年之际，港口货物吞吐量达到1.05亿吨，同比增长38%，增幅居全国沿海港口第一，一举跨入我国亿吨大港行列，成为我国最年轻的亿吨大港。唐山港集团股份有限公司是唐山港的拓荒者，在京唐港区投资、建设、运营中发挥着主导作用，先后荣膺全国“五一劳动奖状”、全国“模范职工之家”、中国“最具成长性企业”、中国百佳诚信企业、中国交通百强企业等多项国家级荣誉称号。京唐港区建港技术独特创新，粉沙质海岸建港、挖入式港池布局均为全国首创，取得了以“中国港口协会科学技术奖”一等奖为代表的多项创新成果。

京唐港区前景壮阔，蓝图宏伟，在河北建设沿海经济社会发展强省实践中发挥着重要作用，勇当唐山科学发展示范区建设的排头兵，“四点一带”大规模开发建设率先发展的排头兵。按照唐山港“一港两区”模式，京唐港区与曹妃甸港区将逐步形成分工明确、各有侧重、协调发展的港口新格局。新的历史形势下，京唐港区将按照综合性、生态型、国际化的发展方向，加快功能调整，完善物流服务，搞好资本运营，发展产业链经济，推进码头深水化、泊位专业化、大型化、集装箱化和布局园区化，加速建设国内一流、国际知名的现代化科学发展示范港口。当前，港口项目建设如火如荼，五港池新建的液体化工码头和三港池新建的20#—22#已经试运营，20万吨级航道、25万吨级深水矿石码头、“两仓”建设等重点项目正在抓紧运作和建设。到2015年，港口货物吞吐量将达到1.5亿吨，集装箱达到100万标箱；2020年，吞吐量达到2亿吨，集装箱达到200万标箱。

曹妃甸新区

曹妃甸新区位于河北省唐山市“唐山湾”中心地带，由曹妃甸工业区、南堡经济开发区、曹妃甸新城和唐海县四部分组成，规划面积1943.72平方公里，陆域海岸线约80公里。2009年是曹妃甸新区正式挂牌成立的第一年，新区紧紧围绕建设国家级循环经济示范区和科学发展示范区的总目标，按照“大区域规划、大视野谋划、大项目支撑、大集团发展、大范围协作”要求，突出港口、港区、港城协调联动、一体化发展，坚持以改革创新为动力，以统筹规划为龙头，以产业聚集为重点，以基础配套为前提，以城市建设为依托，以项目建设为总抓手，以干部作风年建设为保障，全面掀起了开发建设的高潮。全区共安排重点建设项目401项、总投资5202.3亿，其中续建项目68项、新建项目239项、前期项目94项。实际完成固定资产投资1022亿元，实现财政收入30亿元，持续保持了经济社会健康快速发展的良好态势。

曹妃甸的发展优势。一是区位优势。曹妃甸毗邻京津冀城市群，居唐山湾“四点一带”的核心。二是港口优势。曹妃甸是渤海沿岸唯一不需要开挖航道和港池即可建设30万吨级以上大型泊位的天然“钻石级”港址，直接连通国际终端大港。三是资源优势。拥有亚洲最大的南堡盐场、10亿吨以上储量的大型整装油田、110平方公里的湿地和1000多平方公里的滩涂和荒地。四是市场优势。可方便地走向世界，辐射整个拥有2.5亿人口的环渤海腹地。五是产业优势。唐山是中国近代工业的摇篮，是全国重要的能源、原材料基地，是曹妃甸新区的直接依托。六是成本优势。曹妃甸的劳动力成本、电力成本以及其他的综合成本仅相当于南方一些地区的50%至60%。七是政策优势。曹妃甸是国家级科学发展示范区和循环经济示范区，拥有土地、税收等方面的政策优势。八是环境优势。党中央、国务院高度关怀曹妃甸开发建设，使这里具备了友好、宽松的政治环境和人文环境。曹妃甸实行重点项目代办制，代办专员直接帮助企业免费办理所有手续，为企业创造了效率最高、成本最低的市场介入方式。

曹妃甸的功能定位。党中央、国务院和河北省委、省政府先后将曹妃甸列入国家首批循环经济试点产业园区、“十一五”发展规划和河北省综合配套改革试验区。2008年初，《曹妃甸循环经济示范区产业发展总体规划》获得国务院批准。曹妃甸新区的功能定位为：中国能源、矿石等大宗货物的集疏港，新型工业化基地，商业性能源储备基地，国家级循环经济示范区，中国北方商务休闲之都和生态宜居的滨海新城。

曹妃甸的发展目标。建设世界一流的国际大港。在曹妃甸港区62公里可利用岸线上，规划建设矿石、煤炭、原油、液化天然气、化工、散杂货、集装箱等类型的码头泊位260多个，年吞吐量将超过5亿吨，成为世界上最大的港口之一。建设环渤海地区的新型工业化基地。以发展循环经济为立区之本，按照“减量化、再利用、资源化”的原则，打造以现代物流、钢铁、石化、装备制造和海洋化工五大产业链为重点的循环经济示范区。建设唐山湾滨海生态城市。建设总面积150平方公里、人口规模100万的曹妃甸新城，打造“世界一流、中国气派、唐山特色”的国际示范城市。

保定国家高新技术产业开发区

保定国家高新技术产业开发区是国内最早涉足新能源产业的国家级高新区。2003年4月，保定高新区新能源设备产业基地被国家科技部正式批准为全国第一个，目前也是国内唯一的国家级新能源与能源设备产业基地。基地主要涉及太阳能光伏发电设备制造，风力发电设备制造，新型储能材料、电力电子与电力自动化设备制造，输变电设备制造及高效节能设备制造等六大产业体系。2006年，保定市正式提出“中国电谷”的发展构想，在国内率先启动了“中国电谷”建设，并把保定高新区作为中国电谷建设的实施主体。经过多年的发展，保定高新区已成为国家重要的新能源产业支撑平台。

2009年，在保定市委、市政府的正确领导下，高新区党工委、管委会深入贯彻落实科学发展观，扎实推进

“作风建设年”，紧紧围绕“大项目、大规划、大储备、大融资、大招商”工作主线，积极应对金融危机不利影响，突出项目建设，创新体制机制，完善服务环境，强化社会管理，经济建设和社会事业都有了新进步，预定发展目标顺利实现，为高新区“二次创业”奠定了坚实基础。全年实现工业总产值548.7亿元，同比增长33.3%；规模以上工业增加值实现84亿元，同比增长20.7%，占全市17.6%；实现工业利税49.2亿元，同比增长49.9%；完成财政收入17.6亿元，同比增长31%，占全市10.5%；实际利用外资3.62亿美元，占全市的85%；出口创汇17.2亿美元，占全市的44.1%。中国电谷实现工业总产值320.6亿元，同比增长25.9%；出口创汇12.4亿元美元，同比增长26.1%。其中，全区规模以上工业增加值、财政收入、实际利用外资、出口创汇等4项指标都保持了全市第一。

保定国家高新区将按照“生态电谷、低碳新城”的发展定位，致力建设一流创新型特色园区。力争到2015年，实现工业产值1500亿元，到2020年达到3000亿元，使保定成为中国新能源产业发展的领军城市之一。

河北高碑店经济开发区

河北高碑店经济开发区位于高碑店市区东部京珠高速两侧，是经河北省政府批准设立的省级经济技术开发区，规划面积14.12平方公里。园区地处京津保三角腹地、环京津卫星城市带核心区域，北距北京68公里，东距天津112公里，南距保定58公里，交通四通八达，具有得天独厚的地理区位优势。

高碑店开发区已累计投入基础设施建设资金10亿元，区内基本实现了“九通一平”，污水处理、垃圾处理等配套设施完善，园区承载能力日益提升。除执行国家、省规定的优惠政策外，坚持“土地政策舍得给，地方留成舍得返，纳税大户舍得奖”，对重大项目实行一事一议、特事特办，为投资者提供了宽松、舒适、便捷的服务环境。

高碑店开发区已入驻企业81家，长城汽车、娃哈哈、康师傅、白象、德国墨瑟门窗、北京一机床等多家国内外知名企业落户园区，初步形成了汽车制造、饮品食品、机械制造、新型建材、新能源五大主导产业。2009年，全区完成工业总产值52亿元，地区生产总值15.3亿元，财政收入3.4亿元，固定资产投资24.9亿元，为建区以来发展最快的一年。

2009年以来，高碑店开发区围绕“两区四城一港一园”的发展思路，着力打造工业核心区和核心商业文化区，加快建设国际节能门窗城、国际绿色建材城、国际环保产业城、京南汽车贸易城、三北物流中转港和德国工业园。随着这些大项目的建成投产，高碑店开发区必将迈入跨越式发展的新时期，成为环渤海、环京津地区经济腾飞的一颗璀璨的新星。

高碑店开发区紧紧围绕项目建设这一中心，大力优化发展环境，加大招商引资力度，开发区项目建设保持稳健较快发展的良好势头，已呈现以下特点：

一是规模数量大。共谋划实施大项目36个，项目总投资594亿元，全部为超亿元大项目。

二是项目质量好。总投资42亿元的多晶硅太阳能电池项目，总投资33亿元（一期投资11.6亿元）的新型节能门窗项目达产后年纳税将分别达到3亿元和3.5亿元。

三是投资进展快。在建项目8个，新开工项目6个。总投资42亿元的多晶硅太阳能电池项目从进场施工到建成投产预计只需9个月的时间；总投5.2亿元的娃哈哈热灌装项目从建设到投产只用了8个月的时间。

四是企业外向程度高。新凯、多晶硅、国际门窗城等项目均是以出口为主的外向型项目。

五是后续项目多。正在跟踪洽谈的项目有总投资120亿元的大唐高碑店热电厂项目、总投资80亿元的三北物流中转港项目、总投资113亿元的首钢特钢整体搬迁项目、总投资97亿元的国际环保产业城项目等。

白沟·白洋淀温泉城省级产业聚集区

白沟·白洋淀温泉城位于保定市东北部，2008年7月28日组建，规划面积37平方公里，2008年12月经省政府批准为集加工制造业、商贸服务业、休闲旅游业为一体的省级产业聚集区。在《保定市“一主三次”城市发展规划纲要（2008—2020年）》中，保定市提出要建立“白沟·白洋淀温泉城”次中心城市：把温泉城省级开发区政策覆盖到白沟镇；把白沟的商贸物流优势和白洋淀温泉城的政策优势、旅游资源优势结合起来，实现优势互补、互利共赢、加快发展。

2009年，白沟·白洋淀温泉城党工委、管委会以科学发展观统领全局，紧紧围绕建设保东次中心城市、打造京南卫星城这一目标，以理顺体制、完善职能为保障，以项目建设为重点，大力加快次中心城市发展。

一、精心谋划，搭建次中心城市发展框架

①高标准编制城市规划。聘请上海同济大学编制完成了《白沟·白洋淀温泉城城市战略规划》、《白沟·白洋淀温泉城城市总体规划》。经济社会发展规划、产业规划、土地规划等专项规划业已编制。②基础设施建设加快推进。总投资8.5亿元开工建设白沟至温泉城快速路一期、白沟东一环、北一环、京白路二期四条大道。投资近2000万元，新建全长近万米的白沟兴隆大街、兴胜大街、团结路东延、五一路东延4条主干道和11条小巷工程，白沟镇区形成了“七纵七横”的路网格局。投资8000万元的污水处理厂已于11月初投入试运行，投资9800万元的垃圾处理厂预计年底前动工建设。投资500多万元大力实施亮化工程，对城区主要建筑安装了彩灯、射灯。③稳步推进城中村改造。结合“三年大变样”活动，加快城中村改造过程，拆迁近20万平方米，建设安置房30万平方米。建起了20个高标准小区，总建筑面积近200万平方

米。投资2000多万元，完成了兴隆大街、兴胜大街等道路、景点的绿化改造。投资3000多万元实施了城区排水管网延伸、改造工程。④加快新民居建设步伐。2009年开工建设的新民居建设村街有3个，2个省级新民居建设示范村。新民居建设(王庄、来远)投资规模达1.5亿元，拆迁整出土地900余亩，开工建设面积达10余万平方米，路网、管网、绿化、照明等基础设施建设同步跟进。

二、以项目建设为突破，加快次中心城市发展

①优化发展环境。实行重大项目领导干部分包责任制，出台招商引资优惠政策，开通审批“绿色通道”，实行入企检查“准入证”制度，切实提高服务质量，力促项目落地开工。②申报省市重点项目。2009年共重点实施项目93个，总投资达687亿元，其中在建项目36个，向上级争取用地指标669亩。第一批省市重点项目共20项，总投资105.36亿元。③加强项目储备。充分利用全区有效资源，立足重点区域、重点产业和重大项目，加强项目储备工作，积极参加各类广交会、展会，加大招商引资力度。总投资166.8亿元的白沟新城、国贸会展中心、现代物流仓储商贸区3大项目已于2009年7月集中奠基开工。

三、全面融合资源，不断提升次中心城市人气

①加快旅游资源整合步伐。结合本地实际，整合雄县、温泉城旅游码头，取缔私人码头，深入开展“旅游秩序”综合整治活动，严厉打击拉客、宰客行为。打捆包装白洋淀温泉城、雄县、白沟旅游休闲与商贸产业，在全国性报刊、电视、网络整体宣传推介。5月28日，与国家旅行总社签订合作协议推出：保定“两白一雄”旅游精品线路。②旅游休闲产业显现。投资23亿元的芦乡国际等旅游休闲大项目相继落户温泉城，印象·江南一期工程已投入运营，游艇会所工程已与北京金悦集团签订协议。保东次中心城市的建设、旅游休闲产业的发展也带动了雄县总投资20亿元的盛唐国际温泉博览园、总投资12.6亿元大清河蓝色飘带景观区、宋辽古战道等工程进度加快，以温泉休闲为主题，集白洋淀观光游、白沟购物游、宋辽古战道、雄州古玩鉴赏交易及历史文化游于一体的多业态综合休闲旅游产业带正在形成。③知名度不断提高。目前，到白沟·白洋淀温泉城旅游购物的人数大幅度增加，日均客流量25万人，节假日高峰期可突破30万人，温泉城游客较上年增长一倍，旅游休闲产业逐步成为保东次中心城市新的经济增长点。

四、突出区域特色，全方位对接京津

①突出品牌对接。按照市委、市政府统一安排部署，叫响京南卫星生态城、河北省环京津温泉休闲聚集区名牌，全面实施对接京津战略，充分发挥资源、区位优势，不断深化与京津企业、产业、园区对接。省政府批复了37平方公里产业聚集区，为加快次中心城市发展，管委会组建了“龙腾投资公司”，搭建了融资平台，已到位资金2.1亿元。②突出项目对接。与京津合作签约在建项目5个，总投资173.5亿元，正在洽淡的京津项目2个，总投资4亿元。正在谋划项目1个，总投资3亿元。2009年8月26日，在北京举行的白洋淀温泉休闲旅游聚集区推介会上重点推介白洋淀温泉城，其中，总投资123亿元的2个项目签定投资意向书。③突出旅游对接。瞄准京津两大市场，充分利用白洋淀水、雄县温泉水、白沟商贸物流集散地资源，发挥区位优势，释放资源潜力，大力实施温泉项目带动战略，在发展定位、项目功能上朝着国际一流来打造，着力打造国际一流的高端商务休闲中心，旅游度假圣地。现在北京金悦集团、义乌商会、香港亚洲第一金、德国OVN公司等中外大企业集团已与白沟·白洋淀温泉城签订了投资协议。

五、宣传推介，大力实施品牌战略促发展

①成功举办第八届白沟国际箱包节。10月16日—10月18日，2009第八届白沟国际箱包服装节成功举办。服装节期间，白沟日客流量达30万人次，实现商品交易额15亿元。在项目签约仪式上，共签约项目20个，总投资168.8亿元。②全力打造商品品牌。积极发展区域代理、连锁加盟，全力打造“总部”区域经济中心。目前，已拥有自主品牌1400多个，国家级真皮标志产品2个，河北省著名商标7个，河北省名牌2个，河北省优质产品3个，通过国际质量管理体系认证企业34家。今明两年将争创中国驰名商标1—2个，真皮标志产品2—3个，省级名牌5—8个。③争创城市品牌。先后获得了全国小城镇发展改革试点镇、中国商贸名城、中国产业集群品牌50强、中国可持续发展小城镇试点、中国合成革产销基地、中国箱包之都、中国特色产业基地名镇、中国最受游客喜爱的地方、中国最佳旅游商品基地等众多称号。2009年8月，白沟镇政府获得“人民满意的公务员集体”荣誉称号。

六、进一步巩固和谐稳定局面，主要经济指标快速增长

深入开展了城市综合整治活动，大力整顿白沟城区交通、市场等秩序，治理脏、乱、差行为，城市面貌明显改观，城市秩序进一步规范，市民素质明显提高。同时，坚持以高压态势抓好打击“两抢一盗”、“打黑除恶”的专项斗争，不断加大综治工作力度，加强治安防范教育，筑牢群防群治的防控体系，群众安全感进一步提高，实现了社会和谐稳定。同时，投资近3000万元建起了全方位监控系统，群众安全感、满意度进一步提高。2009年全区生产总值完成37.6亿元，同比增长14.2%；规模以上企业实现增加值6.6亿元，同比增长25%；财政收入完成2.01亿元，同比增长33.8%；全社会固定资产投资完成38.7亿元，同比增长139%；社会消费品零售总额完成27.96亿元，同比增长20%；农民人均纯收入完成1.13万元，同比增长9%。市场成交额完成310亿元，同比增长20%；箱包产业产值完成73.64亿元，同比增长20%。

沧州临港化工园区

2009年，面对严峻复杂的国内外经济形势，沧州临港化工园区在各级领导的大力支持下，坚持“两手抓”、“两手硬”。即：在做好环保和安全工作的基础上，将工作重心前移，一手狠抓已建成项目的投产，努力实现经济的良好运行。另一手抓主动“走出去”和积极“引进来”，拓宽招商引资渠道，形成多渠道、全方位的全员招商形式，争取更多好项目入园。全年生产总值（GDP）完成4.39亿元，同比增长23%；工业总产值完成19.81亿元，同比增长34%；工业销售收入19.81亿元，同比增长40%；固定资产投资完成9.5亿元，同比增长77%；税收收入4800万元；出口创汇完成7083万美元。

一、项目建设

全年已建成项目7个，总投资26.6亿元；在建项目12个，总投资39亿元；在谈项目12个，总投资331.8亿元。其中重点项目有：

1. 中化集团沧州大化总投资13亿元的5万吨/年TDI项目已投产运营；10万吨/年TDI项目总投资19.7亿元，2009年12月开工建设。投资19亿元的年产45万吨合成氨80万吨尿素项目，环评已于2009年10月30日获省环保局批复，预计2010年开工建设。

2. 沧州临港金隅水泥有限公司投资2亿元的200万吨/年水泥粉磨项目2010年初投产。

3. 冀中能源金牛化工有限公司树脂分公司8万吨/年离子膜烧碱项目，总投资2.6亿元，于2009年11月16日正式开工投产。

4. 河北临港化工有限公司投资5亿元的集中供热系统和10万吨/年离子膜烧碱项目，预计2010年投入运营；

5. 河北正元化工集团有限公司60万醇胺配套40万吨尿素项目该项目总投资34亿元，预计2010年初开工建设。

6. 冀中能源金牛化工40万吨PVC项目总投资19.4亿元，预计2010年上半年开工，2012年投产。

7. 美国塞拉尼斯年产120万吨醋酸项目总投资20亿美元，目前该项目正在积极促进冀中能源、南京惠生、AP、法液空等和塞拉尼斯的深入合作。

8. 旭阳焦化年产16万吨己内酰胺、年产500万吨焦炭项目，总投资25亿元，计划2010年一季度开工建设。

9. 冀中能源150万吨煤煤气项目，总投资60亿元，正在进行可研编制等前期工作。

10. 香港华润电力有限公司计划投资30亿元（含外资1亿美元）建设2×30万千瓦热电联产项目，目前正在积极进行核准及开工前的各项准备工作。

二、投资环境

1. 建平台，夯基础，打造良好投资环境。2009年以来，园区强力推进了几项重点基础设施项目，总投资达1.86亿元，项目承载力进一步增强。一是圣捷污水处理厂升级改造工程，投资2000万元，预计年底完成。二是投资3320.4万元的精细区供热管网工程。三是投资2000多万元的石油化工区污水排放系统，一期工程于2009年3月份完工现已投入使用。五是投资226万元的道路绿化工程。六是投资11050万元修建了化工一路、通四路、中辛公路。

2. 相关规划编制工作。园区坚持科学发展规划，营造良好产业发展环境。一是《沧州渤海新区化工产业园区概念性景观规划》，由北京大学北达建筑规划设计院编制，于2009年5月定稿；二是《沧州渤海新区化工产业园区铁路专项规划》，由中铁第五勘察设计研究院编制，已基本通过；三是由中国市政华北设计研究院编制了《渤海新区化工产业园区循环经济示范区工程规划》；四是由中规院编制完成了《沧州市渤海新区循环经济试点工作实施方案》；五是委托廊坊博泰不动产有限公司编制并通过专家论证的《沧州临港化工产业园区土地集约利用评价报告》。

三、集约用地

沧州临港化工产业园区位于渤海之滨，土地为盐碱荒滩，大部分是国有未利用荒地和低产盐田，不占用农田，属建设性用地，为建立国家级经济技术开发区提供了广阔市场空间和巨大发展潜力。

利用未利用土地进行项目建设发展潜力极大，因此园区多措并举提高未利用地集约利用。

2009年7月，省政府第39次常务会议正式批准化工产业园区规划范围由3.8平方公里扩至26平方公里。这是在全省26个扩区开发区当中一次性扩区面积最大的开发区，这一目标的实现，有效缓解园区发展空间的制约问题，对优化发展环境，调整产业布局、推动经济社会全面协调可持续发展产生深远影响。

四、节能减排

2009年园区以环境监察为突破口，以污染源治理为起点，以优化环保审批为主线，以抓污染减排为中心，以深化环保专项行动为抓手。环保工作始终做到超前谋划，行动迅速，齐心协力，成绩显著，确保园区可持续发展。

一是开展环保“利剑”行动，环保治理资金共投入3700余万元，并多次组织专家论证会，逐企业全面排查，并派驻人员进企业督促整改，对整改不达标的企业停产治理。二是采取一系列污染防治措施，多措并举，有效控制了气体的无组织排放，各企业排水及污水处理厂进水稳定达到了《污水综合排放标准》GB8978－1996中规定的二级标准要求。三是为加强对园区企业排污情况及环保设施运行状况的监管，园区管委会投资100余万元建设无线监控工程。四是在2008年减排工作的基础上，园区制定了《2009年度污染物总量减排工作计划》，落实减排措施。目前重点污染企业已进行了全面整改。

五、建设和谐开发区

园区严格贯彻“安全第一、预防为主、综合治理”的方针，认真落实“科学发展观”和开展“干部作风建设年”活动，以增强职工安全保障、提高企业安全效益、创造全区安全和谐发展的理念为目标，深入开展“安全生产月”活动、迎“两节”、“两会”检查、“百日集中整治”及建国60周年庆典安保工作。一是建立健全目标责任体系、落实一岗双责制度；二是加大重点安全隐患排查治理力度；三是组织区内所有企业进行应急演练；四是严格“三同时”制度。五是抓好安全教育培训工作。通过以上措施，各企业的安全监管体系得到了加强，提高了处理突发事故的能力。全年未发生一起安全事故，安全生产形势良好。

改革开放篇

REFORM AND OPENING TO THE OUTSIDE WORLD

重点领域经济体制改革

【行政管理体制改革】 2009年，河北省围绕“保增长、扩内需、调结构、惠民生”这条主线，进一步转变政府职能。机构改革顺利实施，省级政府机构改革基本完成，设区市政府机构改革方案均已获批。下大力进行了审批制度改革，对省本级实施的573项行政许可项目进行了再清理，削减100项，保留473项。为优化房地产业发展环境，在全国率先对房地产开发行政审批和收费项目进行清理规范，行政审批、备案事项由147项削减至28项；54项收费（基金）项目停收、取消23项，下放市、县管理6项，由市场调节9项。

继续推进依法行政。进一步完善规范性文件前置合法性审查制度，研究起草了《河北省规范性文件制定规定》。省政府印发了《关于加强市县政府依法行政有关问题的通知》，推动基层政府依法行政。

不断加快投资体制改革。清理规范固定资产投资项目行政许可和行政审批事项，由145项削减、合并为35项，审批流程用章由76枚减少至17枚。在清理规范的基础上，修订了政府核准投资项目目录，出台了省本级投资非经营性项目招标选用代建单位办法等9个加快推进代建制的配套文件。

【增强市场主体实力和活力】 国有经济布局进一步优化。国有企业战略性重组取得新的进展，冀中能源集团重组华药集团，开滦集团重组兴隆矿务局，组建了河北港口集团。组织企业开展战略合作，冀中能源、开滦、河北钢铁集团、省建投等8家企业签订了战略合作协议，增强国有企业协同应对危机能力。政策性破产进入收尾阶段，开滦集团赵各庄矿和兴隆营子矿破产终结，13多亿元中央财政补贴拨付到位，峰峰公司羊渠河矿政策性破产获批列入国家新增项目。与此同时，进一步深化企业内部改革，完善法人治理结构，加强和规范了国资监管体系建设。

民营经济和中小企业稳步发展。为进一步解决中小企业融资难题，省政府出台了《关于加强全省中小企业融资性担保体系建设的实施意见》，全省担保机构达到311家，担保资本金达到92.5亿元，超额完成90亿元年度目标任务；亿元以上核心担保机构达到24家。大力开展政银企保对接，与省建行等三家银行签署了总额250亿元支持中小企业发展的合作协议，帮助中小企业筹集资金130亿元。鼓励支持中小企业、民营企业技术进步，对25个省级公共技术服务平台建设予以资金支持。全力推进全民创业，全年新增创业辅导基地50个，总数达到240个，累计入驻孵化企业1万多家。2009年，民营经济增加值9041.1亿元，增长10.9%，占全省生产总值比重53.1%，实现税金1011.52亿元，占全部财政收入的50.1%。

【推进统筹城乡发展】 探索城乡一体化发展的新机制。省委、省政府印发了《关于统筹城乡发展试点工作的指导意见》，在唐山市及霸州、涿州等10个县（市）启动统筹城乡发展试点。深化户籍制度改革，出台了《关于进一步深化户籍制度改革的意见》，实施“三放宽、两实行、一引进”的户口迁移政策，在打破城乡户口藩离、加快城镇化方面迈出重要一步。

逐步推进城市管理领域改革。省政府出台了《关于进一步深化城市管理体制改革的意见》，全面实施城市管理重心下移，赋予区级政府更大的权限。在设区市建立以数字化城市管理信息平台为基础的“网格化”城市管理新机制，石家庄、秦皇岛等4市数字化城市管理平台已建成并投入运行。城建投融资平台建设步伐加快，成立市管的投融资平台33个，累计融集资金1473亿元。

稳定完善农村基本经营制度。认真做好农村土地二轮延包扫尾工作。推进土地承包经营权流转，确定唐山市为土地流转服务机构试点市，魏县、文安、故城为省级土地流转试点县。目前，唐山市17个县（市、区）、178个乡镇已全部建立起土地流转交易中心，魏县、文安、故城三县（市）开展了土地流转试点。

深化涉农体制改革。巩固集体林权制度主体改革成果，全省累计完成明晰产权面积8292万亩，占任务的99.9%，登记发证4668万亩，发证率为56.2%，其中平原为85%、山区为50%。积极推进集体林权配套改革，在赤城、平泉等县（市）分别开展了林木采伐、森林资源流转平台建设、林业投融资等试点。农民专业合作社事业蓬勃发展，全省在工商部门依法登记注册的合作社达到9714家，位居全国第七。落实各项惠农政策，发放农资综合补贴、粮食直补、良种补贴、农机具购置补贴68.1亿元，增长13.3%。继续推进政策性农业保险试点，全省种植业保险保费补贴比例达到80%。

【构建现代产业体系】 建立优化产业结构的体制机制。为推进产业结构优化升级、转变经济发展方式，省委、省政府出台了《河北省关于加快构建现代产业体系的指导意见》，明确了构建现代产业体系指导思想、基本原则、总体目标和主要任务。促进企业自主创新，省政府下发了《关于发挥科技支撑引导作用推动经济平稳较快发展的若干意见》，充分发挥科学技术对保增长、调结构、上水平的支撑引领作用。认定了第二批78家省级创新型试点企业，全省创新型试点企业达到108家。

节能减排体系进一步完善。在全国率先颁布实施了《河北省减少污染物排放条例》。出台了《关于河北省区域禁（限）批建设项目的实施意见（试行）》，对高耗能、高排放产业实行严格的禁（限）批制度。对省内七大水系全面实行断面考核与财政挂钩的生态补偿机制，试行扣缴生态补偿金政策，全省共扣缴生态补偿金3570万元。发挥经济杠杆的作用，提高排污收费标准，将二氧化硫、化学需氧量排污费征收标准提高到每公斤1.26元和1.4元。全省106个市县开征城市生活垃圾处理费，120个市县开征了城市污水处理费。

【深化财政金融价格体制改革】 推进财政体制改革。进一步完善省以下政府财政支出责任划分改革，试点范围扩大到114项支出责任。省级三年滚动预算试点部门扩大到42个，资金量占到发展性支出资金的70%以上，被财政部确定为全国唯一一家省级中长期预算编制试点。全面推进国库集中支付改革，市级实现全覆盖，县级改革扩大到91个县。积极推进省直管县（市）财政体制改革，对原有21个扩权县和43个产粮大县实行了统一的省财政直管。

深化金融体制改革。加快金融市场主体建设，兴业银行、香港东亚银行在河北省设立了分行，工商银行客户服务中心落户河北。股份制银行向省会以外城市逐步延伸，民生银行邯郸支行及沧州分行开业。石家庄市商业银行更名为河北银行，并在唐山、邯郸和天津分别设立分行。香河益民（廊坊）、清河金农（邢台）、河北丰宁等3家村镇银行获批筹建。全省125家小额贷款公司完成了规范达标，新组建25家。在直接融资方面，新增博深工具、中国全通、会友线缆等3家企业上市，募集资金9.24亿元。债券融资212亿元，超过了2亿元的既定目标。

深化价格体制改革。根据国家统一部署，稳步调整成品油价格，进一步规范天然气价格管理。实施城市供水分类水价并轨，将城市供水价格、污水处理费和水资源费标准分别并轨为居民生活用水、非居民生活用水和特种行业用水三类，实现了商业（服务业）与工业用水同价。积极推进供热计量改革，省政府出台了《关于全面推进供热计量改革促进建筑节能工作的意见》，唐山、承德等市开展了供热计量收费试点。对经营服务性收费进行了清理规范。

【稳步推进社会领域改革】 大力促进就业再就业。以大学生、农民工、困难人员为重点，出台了一系列促进就业再就业新政策，全省城镇新增就业57.3万人，比计划目标增加9.3万人，下岗失业人员实现再就业28.1万人，比计划目标增加6.1万人，城镇登记失业率3.93%。

加快社会保险体系建设。城镇企业职工基本养老、医疗、失业、工伤、生育五项保险覆盖面不断扩大，参保人数分别达到761.2万人、1421.1万人、484.4万人、559.3万人、489.8万人。城镇企业职工养老保险实现省级统筹，企业退休人员人均养老金达到1231元，略高于全国平均水平，首批18个县（市）新型农村养老保险试点全面展开。城镇基本医疗保险制度基本实现了全覆盖。

进一步健全社会救助体系。城乡低保继续保持动态管理下的应保尽保，平均保障标准分别为252元/月、1032元/年，达到全国平均保障水平，农村“五保”集中供养能力稳步提升，集中供养平均标准达到2162元/年，分散供养平均标准1601元/年，超过了省政府规定的集中供养1500元/年、分散供养1300元/年的最低标准。医疗救助工作力度不断加大，逐步降低或取消医疗救助起付线，提高救助比例，缓解了城乡困难群众因病致贫、因病返贫问题。

推进住房保障制度建设。为10万多户城市低收入家庭提供了廉租住房保障（省政府目标是完成8.5万户），石家庄、张家口、秦皇岛、唐山、廊坊、沧州、邢台7个市统一了廉租住房和经济适用住房保障条件，符合条件的家庭可自主选择廉租住房或经济适用住房保障方式。

深化教育体制改革。健全和完善义务教育经费保障机制，进一步提高农村中小学公用经费保障水平，扩大贫困寄宿生生活费资助范围，免除了85.4万城市义务教育阶段学生学杂费。大力发展职业教育，推动职业教育实现规模化、集约化、连锁化办学。落实普通高等学校和中等职业学校资助贫困学生资助政策，去年全省共发放国家资助学金12.91亿元，高校国家助学贷款1823.81万元，生源地信用助学贷款10031.97万元，惠及18413人。

加快医药卫生体制改革。制定了全省医药卫生体制改革近期重点实施方案以及2009年五项重点工作安排意见，明确了总体思路和阶段性目标任务。在石家庄、唐山、保定、邯郸、秦皇岛5个市的120个社区卫生服务机构和全省41个县（市）首批实施基本药物制度。确定邯郸市作为公立医院改革试点市。加强基层医疗卫生服务体系和服务能力建设，启动新一轮县级医疗机构标准化建设、重点中心乡镇卫生院项目建设，新增城市社区卫生服务机构59个，街道覆盖率达到96%。新型农村合作医疗制度覆盖面继续扩大，覆盖了全省5312万农业人口，参合农民4793万人，参合率90.24%。

推进文化体制改革。起草了《关于推进全省国有文艺演出院团体制改革的指导意见》，提出了全省国有文艺演出院团体制改革的指导思想。河北报业传媒有限公司、河北出版传媒集团有限责任公司、河北长城传媒有限公司等八家文化企业揭牌。拟定了组建河北演艺集团方案，优化资源配置，实施集团化发展。省杂技团转企改制取得了积极进展。唐山、保定、承德等地文艺院团改革也迈出了较大步伐。

（河北省发改委　田芙菁）

【河北省国有资产控股运营有限公司】 河北省国有资产控股运营有限公司是经省政府批准，由省国资委出资设立的国有独资大型综合性国有资产经营管理公司，是省政府和省国资委打造的国有资产管理、运营和投融资平台。公司于2006年5月组建以来，按照省委、省政府决策部署和省国资委工作安排，先后完成了一系列重大资本运作项目和重点工作，设立国控担保集团，打造了全省担保航母；组建国控矿业公司，搭建了省级中小型矿产资源整合开发平台；战略重组河北宣工，奠定了工程机械装备制造业发展壮大基础；投资财达证券，支持了省内金融企业规范发展等。经过四年多的运营，公司已初步构建了资本运营、矿产资源、金融担保、商业物流、民爆器材、装备制造等业务板块，奠定了公司跨越发展的良好基础。

2009年，公司在省国资委的正确领导下，努力克服全球性金融危机和经济下行的不利影响，以项目建设为核心，开拓创新，锐意进取，扎实工作，超额完成全年各项任务目标，实现了公司又好又快发展。截至2009年12月底，公司资产总额58.89亿元，同比增长12.25%；所有者权益43.58亿元，同比增长17.94 %；实现营业收入26.67亿元，同比增长2.8 %；实现利润总额1.46亿元，同比增长18.73%。

2009年，公司先后荣获省政府“金融贡献奖”、省国资系统企业安全生产管理先进单位、省国资委先进基层党组织等荣誉称号；公司党委书记、董事长邱建武荣获省国资系统“百名企业一把手破难题奖”；公司党委副书记、副董事长、总裁李令成荣获省国资系统“千名企业领导干部解实题奖”，等等。

一、周密组织，狠抓落实，重点项目建设取得新成就。面对全球性金融危机和经济下行的不利影响，公司党政领导班子深入分析公司跨越发展所面临的复杂环境和形势，按照省委、省政府“保增长、促发展、调结构、惠民生”总体决策部署和省国资委工作安排，以项目建设为核心，周密组织，狠抓落实，先后完成了一系列重大项目。

一是以国控担保公司增资扩股为契机，打造全省担保航母。按照省委、省政府构建全省现代金融产业体系的部署，在省国资委的大力支持和帮助下，完成了国控担保公司增资扩股和国控担保集团组建。国控担保集团注册资本由2亿元增至11.5亿元，成为全省注册资本金规模最大的融资担保信用机构。国控担保设立以来，先后为121家企业提供融资担保，累计完成担保额17.2亿元，实现营业收入1.74亿元、利税总额1.35亿元，实现了社会效益和经济效益双提高、政府和股东双满意。

二是以整合开发中小型矿产资源为切入点，提高国有资本对矿产资源掌控力。充分发挥省国控矿业公司省级中小型矿产资源整合开发平台效能，加快对中小型矿产资源整合开发步伐，积极构建国有资本控制的中小型矿产资源开发大格局。公司所属西郝庄铁矿实现了全年安全平稳、健康高效地运行；南李庄铁矿开工建设全面展开；调研洽谈了17家铁矿、煤矿、有色金属矿等矿产企业，其中，成功整合1家，与8家达成整合意向。另外，还有1家矿产资源配置申请已由省政府上报国土部审批。目前，公司正按照省委、省政府“培育壮大国控矿业”的要求，深入推进中小型矿产资源整合工作。预计到今年底，公司将拥有8家矿山企业，储备各类矿产资源3亿吨以上。

三是以宣工工业园区建设为载体，推动工程机械装备制造业快速发展。战略重组宣工以来，公司累计投资3.25亿元，大力支持宣工改革发展，使宣工从2006年亏损3100万元的困境中走了出来，连续三年分别实现利润总额803万元、1828万元和2493万元，逐步步入健康发展轨道。2009年，宣工各项工作取得积极进展。宣工工业园建设扎实推进。技术研发和产品结构调整成效明显，完成新产品开发4个、技术革新45项，开发生产了装载机、挖掘机和吊管机。狠抓质量管理，加大营销力度，国内市场占有率16.5%，保持在行业第二位，国际市场占有率11.26%，同比增长3.4个百分点。目前，宣工工程机械制造基地已被列入省《关于贯彻落实国家装备制造业调整和振兴规划的实施意见》中重点培育的项目，宣工工业园被列为省重点培育的12大园区之一，宣工被列为省重点培育的20大龙头企业之一。宣工牌商标被评定为中国驰名商标。宣工股份被评为省高新技术企业。“宣工”牌商标被评为“中国驰名商标”。“宣工”牌推土机被授予“全国名牌产品称号”。

四是以资本运营为手段，实现了国有资产的保值增值。累积投资6679万元，解除河北饭店和华联商厦2.38亿元金融债务，保住了两家企业3.45万平方米的房产和14亩土地；以经济性裁员妥善安置职工，收储定州冷冻产土地110亩；完成了省纺销公司所持深圳华联发展集团有限公司股权过户。上述资产市场价值近4亿元，增值约3亿元。截至2009年底，公司以资本运营方式，累计收回省食品总公司、河北饭店、华联商厦、定州冷冻厂、省纺织供销公司等企业10万平方米的房产、200余亩土地及优质股权，资产市场价值约9亿元，潜在增值近7亿元，较好地实现了国有资产的保值增值。

五是以认真完成省国资委交办的各项工作为基础，有效发挥大型综合性国有资产控股集团公司的综合效能。根据省国资委要求，先后为省属多家国有大型企业提供股权回购资金、项目建设资金、流动资金并打折回购金融债权等，有效缓解了企业资金压力，支持了企业经营和改革发展工作。基本完成了省属国企不良资产处置工作。承办的省粮油集团、金谷大厦破产工作，妥善安置了职工，依法依规化解了各种潜在风险，最大限度地保护了债权人利益，走出了一条依法破产、和谐清算之路，目前，该成功模式已成为新《破产法》实施三年来，省市法院破产清算工作的全新示范和标杆。

六是以谋划实施新项目为依托，提升公司持续发展的质量和水平。在深入调研的基础上，研究制定了国控实业发展公司组建方案，明确了发展壮大所属企业，提升国有资本控制力、竞争力的思路和路径。经与省内知名进出口公司反复磋商，达成了组建国有控股的国控国际贸易公司的合作协议。梳理汇总公司全系统对外招商项目，启动了对外招商引资工作，等等。

二、拓宽渠道，多元融资，公司跨越发展获得新保障。为保障公司重点项目建设的资金需求，助推公司第二次跨越式发展，公司拓宽融资思路，创新融资模式，探索出了一条新型的融资发展之路。深化银企合作。与金融机构签署了55亿元银企战略合作协议，并获得4.9亿元无抵押信用贷款。推进发债融资。成立了发债工作领导小组，制定了发债方案，完成了发债主体的预评级工作。创新融资手段。与光大银行、兴业银行达成了发行短期融资券、中期票据的承销服务意向；与省金融租赁公司、渤海信托达成了以金融租赁与发行信托产品方式融资的意向。探索一体化融资模式。在公司整体授信基础上，帮助所属企业解决融资难题，支持企业发展。如帮助宣工获得按揭5000万元销售贷款、2000万元担保贷款，并与交行达成了为宣工工业园区建设提供2.42亿元信贷资金的意向等。

三、调整结构，转变方式，经济运行质量再上新台阶。针对国际金融危机的不利影响，公司采取积极的适应性调整策略，企业活力和竞争力显著增强，各项经济指标逆势上扬，全年实现营业收入25.52亿元，同比增长5.51%；利润总额4124万元，同比增长1.65 %。省煤业工贸公司实现由物资经营向技术服务转型，工程监理和货物招标代理资质均升级为国家乙级资质，并成功中标为金牛能源、开滦集团、邯矿集团等大型企业的招标代理机构。省地煤公司面对市场紧缩的不利影响，果断调整经营思路、产品结构和市场布局，化“危”为“机”，实现跨越发展。省食糖储备库经营业务实现了由储存向储存和自营转型，全年实现营业收入3512万元，同比增长26.65倍，创历史最高水平。友爱医院引入与平安健康集团合作经营模式后，投资1200余万元，完成了医院的大规模装修改造和大型医疗设备的购置，改善了医疗环境，增加了诊治项目，提高了服务水平。全年实现营业收入3777万元，同比增长146.38%。等等。

四、加强建设，夯实基础，现代管理再上新水平。按照建设省内一流大型综合性国有资产经营管理公司战略目标的要求，强化基础管理，提高运行质量，公司实现了平稳较快发展。科学决策水平进一步提高。公司重大事项决策，严格实行民主评议、集体决策，保证了决策的依法、科学、民主，未发生任何决策失误风险。制度约束效应进一步加强。全年制定实施《资本运营项目投资决策管理办法》、《解困专项资金监督、发放管理暂行办法》、《公司独资、控股企业管理暂行办法》等9项制度，并对原有的82余项规章制度梳理归类。风险防范和管控能力明显提高。以全面风险管理体系建设为抓手，全面加强决策管控、财务管控等，保证了公司健康持续发展。引入竞争机制，11名德才兼备的年轻同志通过竞聘走上中层管理岗位，激发了公司谋事创业的活力和干劲。根据省国资委2009年下达的考核指标，对国有资产经营责任予以分解，明确责任，强化督导，严格考核，有效发挥了绩效考核的激励约束作用。

五、加强党建，反腐倡廉，科学发展再添新动力。按照省委及省国资委党委关于在省属国有企业中开展深入学习实践科学发展观活动的部署要求，公司扎实开展学习实践活动，研究制定了未来三至五年公司跨越式发展的“186倍增”计划及其他一系列成果，群众满意率测评达到100%，受到了省属企业学习实践活动领导小组的通报表彰。扎实开展“四好”领导班子创建活动，领导班子的凝聚力、团结力和战斗力进一步增强。认真贯彻落实党风廉政责任制，党政班子成员带头模范遵守党的各项纪律，充分发挥了表率作用。深入开展廉政文化进企业活动，切实加强思想政治工作，努力将党组织的政治优势和领导优势转化为公司加快发展的竞争优势，为公司加快发展提供了强大的政治基础和思想保障。

（河北省国有资产控股运营有限公司　杨书林）

对外开放

【概况】 2009年，面对国际金融危机带来的重重困难和严峻挑战，全省上下认真贯彻落实党中央、国务院和省委省政府“稳外需、保增长、保份额”的决策部署，采取一系列积极有效措施，主动化解危机，攻坚克难，取得了良好的成效。

——对外贸易低位运行、年末稳中有升。全年外贸进出口完成296.1亿美元，同比下降22.9%。其中，出口156.9亿美元，下降34.6%；进口139.2亿美元，下降3.4%。与全国比较，进口降幅低于全国（－11.2%）7.8个百分点，进出口和出口降幅高于全国（－13.9%和－16.0%）9个和18.6个百分点。机电产品、高新技术产品出口分别达到57.9亿美元和20.4亿美元，分别下降24.4%和3.2%，占全省出口的比重分别达到36.9%和13.0%。

——利用外资保持继续增长。全年全省实际利用外资36.9亿美元，同比增长1.6%。其中，直接利用外资36亿美元，同比增长5.3%。全省新批外商投资项目215个，合同利用外资26.1亿美元，同比下降9.8%。其中，新批合同外资1000万美元以上项目54个，合同利用外资14.1亿美元，占全省合同外资的54%。

——对外经济技术合作实现历史突破。2009年，全省核准对外投资项目53个，同比增长70.96%；境外投资总额3.79亿美元，同比增长146.82%；中方投资额3.64亿美元，同比增长253.06%。全省对外承包工程新签合同份数186份，同比增长104.39%；新签合同额26.67亿美元，同比下降33.38%；完成营业额28.72亿美元，同比增长77.12%；外派各类劳务人员10295人，其中工程项下外派8097人，劳务合作项下外派2198人，完成营业额3074万美元，同比增长139.96%，同比增长34.40%，期末在外各类劳务人员15027人。承担国家援外工程验收项目5个，获准承办6个援外培训项目，共培训学员近200名。

——开发区（园区）建设成效显著。全省开发区完成生产总值2430亿元、财政收入338亿元、固定资产投资1639亿元、利用外资15亿美元、外贸进出口114亿美元，同比分别增长38.7%、62.0%、71.4%、1.6%和12.7%。

【对外贸易】 2009年，受国际金融危机影响，全省外贸进出口低位运行。2009年承接2008年末的跌势，自年初出口持续下滑，到8月底，同比跌幅达－54.2%。自9月起出现拐点，跌幅逐月收窄，到12月实现由负转正。表明进出口贸易出现企稳回升、逐步向好的态势。据海关统计，全年外贸进出口完成296.1亿美元，同比下降22.9%。其中，出口156.9亿美元，下降34.6%；进口139.2亿美元，下降3.4%。与全国比较，进口降幅低于全国（－11.2%）7.8个百分点，进出口和出口降幅高于全国（－13.9%和－16.0%）9个和18.6个百分点。

全年月度出口2月份探底，3月份之后缓步增长，9月份出现明显反弹，10月、11月小幅回落，12月份再度冲高，创全年峰值，整体走势稳中有升。全年进口“一波三折”，1－4月份持续增长，4月份较1月份规模增长55%，之后起伏震荡频繁，10月份进口跌破10亿美元，规模仅大于1月份，最后两个月反转上扬，12月份创全年新高。

出口商品结构变化较大，钢材退出“前三强”。2008年，河北省前三大类出口商品为机电、钢材、纺织服装。2009年，机电产品仍为第一大出口商品，出口57.8亿美元，下降24.4%，所占比重较2008年提高5个百分点；钢材（剔除机电产品）仅出口15.5亿美元，下降76%，所占比重下降17个百分点，从上年的第二大类出口商品退居到第四位；纺织服装实现逆势增长，出口29.3亿美元，增长7.9%，占比提高7.4个百分点，跃居为第二位；医药化工出口21.3亿美元，下降18.8%，占比提高2.7个百分点，升至第三位。上述三大类商品出口占比为69.1%。

劳动密集型产品出口逆势上扬。全年服装出口20.17亿美元，同比增长18.8%，农产品出口10.17亿美元，同比增长1.7%；高新技术产品、医药品、纺织品、机电产品抗跌较强，分别出口20.43亿美元、8.69亿美元、9.10亿美元和57.87亿美元，同比分别下降3.2%、4.4%、10.4%和24.4%，均好于全省出口平均水平；高耗能、资源性产品跌幅较大，钢材、煤炭分别出口17.71亿美元和3.72亿美元，同比分别下降70.9%和67.1%。提示要加快出口产品结构调整，大力发展机电、高新技术产业和劳动密集型产业。

纺织服装、农产品出口在全国占比提高。在河北省七大类出口商品中，纺织服装、农产品于11月份率先实现正增长，全年分别出口29.3亿美元和10.2亿美元，增长7.9%和1.6%，增幅高于全省平均值42.6个和36.6个百分点，高于全国同类商品（－10.1%和－2.5%）18个和4.1个百分点，占全国纺织服装、农产品出口的比重由上年的1.46%和2.49%提高到1.75%和2.61%。

主要进口商品量增价跌。铁矿砂进口8276万吨，增长60.7%，金额66.18亿美元，下降5.3%；大豆进口320万吨，增长10.3%，金额14.08亿美元，下降15.5%。由于进口价格较低的原因，河北省煤进口成数倍增长，全年累计进口492.6万吨、6.12亿美元，同比分别增长17.3倍和9.4倍。机电、高新技术产品进口均为增长，分别进口25.13亿美元、10.71亿美元，同比分别增长4.7%、20.4%。国际金融危机为河北省企业加大对重要原材料和机械装备进口，增强发展后劲提供了有利的契机。

进出口企业累计达1.76万家。尽管国际市场严重萎缩导致一些企业不得不退出国际市场，但国家和河北省出台的政策措施让更多的企业特别是民营企业增强了开放意识和抢抓机遇的信心，积极获取外贸经营资格，逆势开拓国际市场。2009年全省对外贸易经营者备案登记企业累计达17637家，全年新增对外贸易经营者备案登记企业2066家，同比增长20.3%；实现出口零突破企业1501家，同比增长37.6%，实现出口8.6亿美元，占全省出口总额的5.5%。全省有出口实绩的企业5918家，比上年增加686家。其中有3201家企业出口实现了逆势增长，占全省有出口实绩企业总数的54.1%。这些企业为全省遏制出口下滑做出了积极贡献。新增对外贸易者备案登记企业和实现出口零突破企业均创历年之最。

香港取代沙特进入前十大出口市场。2009年前三大出口市场仍为欧盟（出口39.3亿美元，下降25.9%）、美国（出口20.3亿美元，下降25.5%）和韩国（出口13.1亿美元，下降60.0%），占比为46.3%。对欧盟、美国出口降幅低于全省平均水平，占比分别提高3.2和1.5个百分点；对韩国出口降幅高达60%，占比由上年的21.9%降至8.3%，下降13.6个百分点，市场位次也由第二退至第三。对上述三大市场出口净减少40.4亿美元，对全省出口的影响达48.4%。沙特阿拉伯是2008年河北省十大出口市场之一，而2009年对其出口降幅高达213.6%，被降幅较小的中国香港（－12.6%）市场取代。十大进口来源地保持不变。自澳大利亚、巴西、南非和韩国进口37.4、26.7、4.2和7.4亿美元，分别增长24.6%、9.3%、121.6%和11.4%，占比分别提高6.1、2.4、1.7和0.7个百分点。自印度进口降幅最大，达61.6%，净减少11.7亿美元，从第三大进口来源国退至第六位。

对俄罗斯市场出口在全国份额扩大。2009年我国对俄出口面临汽车出口受阻、整治灰色清关、关闭大市场等诸多困难，全国对俄出口下降47.1%。河北省在逆境中积极调整出口产品结构，纺织服装对俄出口5.9亿美元，增长178.4%，全省对俄出口8.4亿美元，增长5.8%，成为河北省十大出口市场中唯一保持正增长的市场。占全国对俄出口份额由2008年的2.39%提高到4.79%，市场份额扩大了一倍。

民营企业出口占比超过四成，一般贸易出口占比降至80%以下。2009年，外商投资企业出口降幅与全省相当，占比变化不大；国有企业出口下降51.0%，降幅大于全省平均值，占比为17.2%，下降5.7个百分点；民营企业出口下降26.9%，降幅低于全省7.7个百分点，占比提高4.3个百分点，出口占比（40.6%）首次突破40%。一般贸易出口123.3亿美元，下降38.6%，占比由上年的83.6%降至78.6%，首次低于80%；加工贸易出口占比提高4个百分点。对外承包工程带动货物出口5亿美元，下降4.7%，降幅低于全省平均值近30个百分点。

积极扩大进口，推进进出口贸易平衡。2009年累计进口降幅一直低于全国平均值。其中机电和高新技术产品进口增长4.7%和20.4%，这些产品特别是生物技术、计算机与通讯技术、光电技术进口高速增长（分别增长172%、150%和21%），有助于河北省加快现代产业体系建设，优化产业结构，增强出口后劲。同时，河北省抓住铁矿石和煤炭国际市场大幅降价的机遇扩大战略性资源的进口，增加储备，保障了河北省战略支撑产业发展需求。

产品结构不优，制约外贸发展。2009年，在金融危机形势下，外需不足是造成出口下滑的主要因素，同时，河北省产业、产品“结构不优”的问题也对河北省外贸发展形成刚性制约，让河北省受国际金融危机的冲击更大、影响更深。一是出口产品结构相对单一。河北省产业结构偏重，钢材在出口中占比高、权重大，对全省出口影响大。2008 年钢材是全省第二大出口商品，占比达到 26.9%，具有“四分天下有其一”的地位。金融危机使钢材出口严重受挫，2009 年钢材（剔除机电产品）出口仅 15.5 亿美元，同比净减少 49.1 亿美元，下降 76%，对全省出口的影响达 58.9%。二是出口产品技术含量和附加值较低。多年来河北省机电、高新技术产品出口占比与全国差距较大，虽然 2009 年有所提高，出口占比分别为 36.9%和 13.0%，但仍低于全国 22.4 和 18.4 个百分点。河北省钢材同样存在低端产品多、附加值低的问题，2008 年全国钢材出口平均单价为 1071 美元/吨，河北省仅为 964 美元/吨；2009 年全国为 905 美元/吨，河北省仅为 764 美元/吨。三是龙头企业出口带动作用不强。截至 2009 年，河北省有进出口经营资格的企业已达 1 万 7 千多家，但有出口实绩的企业仅为 5918 家。2008 年河北省出口超亿美元的企业有 30 家，2009 年减少 19 家（大多为钢铁企业）仅为 11 家，出口超千万美元的企业减少 123 家。仅 30 强企业出口净减少 26 亿美元，对全省出口的影响达 31.2%。

【利用外资】 2009 年，全省实际利用外资先后经历了“先降—后收—缓增”的基本走势。前 5 个月降幅逐月增大，6 月份开始大幅收窄，9 月份开始转正小幅增长。经过共同努力，初步遏制了利用外资持续下降局面，趋于回暖待稳态势。全年全省实际利用外资 36.9 亿美元，同比增长 1.6%。其中，直接利用外资 36 亿美元，同比增长 5.3%，增幅高于全国 7.9 个百分点，好于全国同比下降 2.56%的平均水平。

意谋长远，抓战略投资取得新进展。引入战略投资，利用其资金、技术、管理和品牌影响力优势，提升产业层次和水平是一项长期战略，只有常抓不懈，日积月累，才见成效。2009 年新批了特易购投资的特易购商业（河北）、嘉里集团投资的恒运置业（唐山）和瑞和置业（唐山）、空气化工投资的空气化工产品（邢台）、双日投资的石家庄裕华丰田汽车销售等 8 个世界 500 强投资项目，合同利用外资 1.8 亿美元。全年世界 500 强投资企业到位外资 6.9 亿美元，同比增长 109.7%。

狠抓重点，推动了一批大项目实施。针对异常严峻的引资形势，全省集中力量实施领导分包、专人盯办、定期调度和加快审批的强力措施，有力推进了一批大项目落实。2009 年新批外商投资项目 215 个，合同利用外资 26.1 亿美元，同比下降 9.8%。其中，新批合同外资 1000 万美元以上项目 54 个，合同利用外资 14.1 亿美元，占全省合同外资的 54%。全年到位外资 1000 万美元以上项目 61 个，到位外资 27.4 亿美元，占全省到位外资的 74.3%。2009 年重点推进的华润电力（唐山曹妃甸）项目，投资总额 4.6 亿美元，合同外资 1 亿美元，审批当月到位外资 1700 万美元。

创新方式，推进企业拓宽融资渠道。今年重点推进的新奥光伏能源、天山房地产已经完成股权、股本调整，正积极推进在香港上市；中航惠腾风电设备股份增资扩股已经获批，正准备 A 股上市材料；批准了首家合资创投管理企业石家庄石以创业投资管理公司，标志着又一新的融资模式在河北省开始启动。在美国纽交所上市的天威集团在 2008 年融回境外资金 4.54 亿美元的基础上，2009 年又融回资金 2.84 亿美元，占全省利用外资的 7.7%。由此表明，扶持和培育一家好的“种子企业”完成上市，能为企业扩产升级融来充足的资金，能为企业占有市场赢得先机，获得较快发展，同时，也能带动相关产业的发展，形成产业聚集。

把握趋势，重点围绕产业结构优化升级推进项目实施。2009 年，全省新批准河北喜之郎食品、衡水汇源食品、廊坊伊利乳品等一批合同外资千万美元以上国内品牌农业深加工项目；新批三道沟（张家口）旅游、秦皇岛栖云山国际旅游胜地等一批合同外资 4000 万美元以上旅游类大项目。2009 年，食品、建材、医药、纺织等行业到位外资分别为 4.7 亿美元、2.3 亿美元、1.6 亿美元和 0.9 亿美元，同比分别增长 45.7%、9.1%、24.1%和 42.9%。这些项目的实施，具有很强的示范和带动作用，形成品牌和产业优势，带动当地产业结构提升档次，实现优化升级。

扩区升级，增强各类园区的项目承载力。2009 年，省级以上开发区利用外资 14.9 亿美元，同比增长 1.6%，占全省利用外资的 40.4%。随着扩区升级的实施，各类园区的土地制约压力将得以释放，载体功能不断增强，项目承载力大幅提升，产业聚集效应也将随着经济的进一步回暖逐步显现。

瞄准区域，深挖重点地区引资潜力。亚洲和欧美一直是河北省利用外资的主要来源地，也是河北省引资最为熟悉的重点区域，针对这些区域深入开展了以“小团组”为主的专业化招商，深挖投资潜力，保证了利用外资规模的持续增长。亚洲直接投资 21.1 亿美元，同比增长 10.9%，占全省的 58.6%，其中，香港投资 15.9 亿美元，同比增长 18.9%；北美直接投资 5.3 亿美元，同比增长 308.6%，占全省的 14.7%，其中，美国投资 5.2 亿美元，同比增长 338.8%；欧洲直接投资 1.7 亿美元，同比下降 16%，占全省 4.7%，其中，英国投资 7720 万美元，同比增长 40.4%；拉丁美洲直接投资 6.2 亿美元，同比下降 33.8%，其中，英属维尔京群岛投资 5.5 亿美元，同比增长 11.8%；大洋洲直接投资 1.5 亿美元，同比下降 34%，其中，澳大利亚投资 8807 万美元，同比增长 22.5%。

注重质量，突出发挥外商投资企业作用。通过严格准入审核、简化审批程序、帮扶企业发展的“一严、一简、一帮”的系列措施，确保了引资项目质量，这些项目的实施带动了全省经济的发展，产生了很好的经济效益和社会效益。据 2009 年年检数据显示，2008 年 2831 家参检外商投资企业实现营业收入 4532 亿元，盈利 313 亿元，纳税 230 亿元，安排就业 61.3 万人。

外商投资环境建设稳步加强。一是上下联动，全力推动项目落实。其一，领导分包抓落实。2009年省委省政府加大了抓投资上项目力度，明确由杨崇勇副省长及省直部门负责人、各市政府领导分包项目，亲自督导项目落实。其二，专办人员抓落实。采用“三个一”的动态管理模式，重点推进10个利用外资大项目，即“一个方案”，结合项目实际，为每个项目制定一个个性化服务方案，有计划、有步骤地为企业做好服务；“一个团队”，为每个项目组建一个团队，省商务厅明确一名专办员，地方商务部门明确一名联络员，项目单位明确一名信息员，实施三级联动；“一本台账”，为每个项目建立一本台帐，及时记录项目推进情况，以便随时掌握项目进展。其三，整体推进抓落实。按照胡春华省长要求，对香港洽谈会签约项目实行一月一调度，定期收集情况，随时了解项目进展，及时解决问题。其四，现场解决问题抓落实。2009年以来，省政府已组织企业及有关部门召开了两次座谈会，为保定六九硅业、廊坊圣日太阳能等一批企业解决实际问题，征求意见，改善环境，改进工作。二是加强作风建设，整体服务上水平。围绕开展干部作风建设年活动，实施了“一减、一放、三增”计划。即：一减，减少审批环节，凡是由省级审批的事项，由企业直接申报，无须层层审批，缩短了审批时限，节省了企业的运营成本；一放，下放权限，目前除限制类和特殊行业类型项目外，设区市、扩权县、省级开发区与省商务厅具有相同的审批权限；三增，实行“一门受理”，审批流程、审批环节全部上网公开，开放式办公，全方位接受监督，增强了商务部门依法行政的公信力；管理人员和重点项目负责人一起培训，现场政策辅导，确保最新政策第一时间送达企业，增强了政策落实的执行力。实施精细化服务，从倒杯开水亲情服务、打个电话主动服务、了解情况专业服务做起，让投资者真正感到温暖、亲切，增强了与外商的亲和力。三是加强宣传引导，提振投资信心。2009年以来，按照“上档次、重对接、求实效”的要求，成功举办了香港投洽会、5.18、9.8洽谈会，宣传河北，推介河北，发布项目，使外商深深感到，河北产业优势明显，区位优势突出，环境越来越优，服务越来越细，引资干劲十足，有效提振了外商落实河北的信心。四是加强分析研究，及时跟踪经济发展新动态。去年，暴发了全球性金融危机，百年一遇，为利用外资工作提出新的挑战。为应对危机，一方面，广泛收集资料，全面了解金融危机发展的最新动态，跟踪形势发展。另一方面，深入企业调查研究，了解掌握金融危机对实体经济的影响，加强了每月对利用外资的分析，确保把最新的情况反映出去，为领导准确决策和制定有效应对措施提供依据。另外，加强了省际间的联络与沟通，与辽宁、江苏、浙江、上海、北京等兄弟省市交换数据信息，及时全面地了解全国的引资形势及发展态势。

招商洽谈活动成果明显。2009年，投资服务处在厅党组的正确领导下，以实践科学发展观为指导，大力实行精细化招商，认真开展调查研究，谋划新的招商思路，努力改进招商引资方式，扎实组织各项招商洽谈活动。牵头组织了河北省香港投洽会及参加厦门中国投资贸易洽谈会，并为河北省“5.18”洽谈会开展大量的联络、协调及具体组织工作，在该会的筹备与召开期间，对省领导活动安排、重大活动方案、专题招商会的组织等工作进行了重点协调，并为该活动广泛邀请了客商。组织河北省（日韩）投资贸易洽谈会。该会于2009年12月16日至22日在日本长野县、韩国京畿道举办，河北省经贸代表团由石家庄、唐山、秦皇岛、保定等市园区和企业代表共47人组成。组织了“携手台商、共享商机”交流考察活动，安排并陪同由厦门河北商会组织的37名台商考察团赴河北省保定、廊坊两市进行了考察交流活动。及时总结归纳招商引资工作经验，召开全省投资促进工作座谈会，为河北省今后投资促进工作有效开展确定思路、谋划举措。

河北省（香港）投资贸易洽谈会取得成效。该会于2009年4月1日至3日在香港举办。投洽会共签订协议外资1000万美元以上项目71项，总投资66.3亿美元，协议外资40.4亿美元。其中参加省签约仪式项目18个，总投资22亿美元，协议外资14亿美元。签订协议项目个数、总投资及协议外资均超过去年投洽会水平，其中协议外资比去年增加4.7亿美元。同时，通过一系列省领导的高层拜访、会见活动，推动了包括和记黄埔与沧州渤海新区洽谈的黄骅港集装箱码头项目、长江基建与邯郸峰峰集团洽谈的煤化工项目，恒基兆业集团拟在石家庄、廊坊等市投资房产开发、旅游和酒店等一批重大项目取得突破性进展。

组团参加“第九次泛黄海中日韩经济技术交流会”。2009年7月13日至17日，组织河北省部分开发区负责人及相关企业，赴山东参加了“第九次泛黄海中日韩经济技术交流会”，并对山东相关城市的园区及外资企业进行了实地考察。

第十三届中国投资贸易洽谈会效果显著。该活动于2009年9月8日至11日在厦门举办。期间共安排了会见客商、项目洽谈、投资推介、商务联谊等各种活动18项，各市也举办多种形式的恳谈会、项目对接等活动15项。共签订利用外资项目协议14个，总投资21.6亿美元（比上届增长61.1%），协议利用外资10.5亿美元（比上届增长18%）。其中，协议外资1000万美元以上项目13个，占全部签约项目个数的92.9%。

【对外经济技术合作】 2009年，全省核准对外投资项目53个，同比增长70.96%；境外投资总额3.79亿美元，同比增长146.82%；中方投资额3.64亿美元，同比增长253.06%。境外投资项目数、境外投资总额和中方投资额均创历史新高。全省对外承包工程新签合同份数186份，同比增长104.39%；新签合同额26.67亿美元，同比下降33.38%；完成营业额28.72亿美元，同比增长77.12%；外派各类劳务人员1.03万人，其中工程项下外派8097人，劳务合作项下外派2198人，完成营业额3074万美元，同比增长139.96%，同比增长34.40%，期末在外各类劳务人员15027人。承担国家援外工程验收项目5个，获准承办6个援外培训项目，共培训学员近200名。

2009年全省核准对外投资项目中，制造业28个，中方投资额9223.39万美元，占中方投资总额的25.30%；对外经济合作和国际贸易10个，中方投资额1.43亿美元，占中方投资总额的39.16%；采矿业8个，中方投资额5673.20万美元，占中方投资总额的15.57%；房地产业2个，中方投资额5900万美元，占中方投资总额的16.19%；商业服务业2个，中方投资额166万美元，占中方投资总额的0.46%；建筑业2个，中方投资额220万美元，占中方投资总额的0.6%；农业开发2个，中方投资额990万美元，占中方投资总额的2.72%；制造业、对外经济合作、国际贸易是全省境外投资的主要行业。

从地区分布看，53个对外投资项目分布27个国家和地区。其中，亚洲28个，28314.52万美元，占中方投资总额的77.69%；非洲地区8个，2010.40万美元，占中方投资总额的5.52%；欧洲地区8个，1772.57万美元，占中方投资总额的4.86%；北美洲地区4个，660万美元，占中方投资总额的1.81%；大洋洲地区3个，3389万美元，占中方投资总额的9.3%；南美洲地区2个，300万美元，占中方投资总额的0.82%；亚洲国家和地区仍是河北省对外投资的重点区域。

经财政部、商务部审核，唐山钢铁股份有限公司、博深工具股份有限公司、唐山市冀东物贸集团有限责任公司等14个对外投资项目获国家资金支持，补贴金额3147.44万元。

对外承包工程完成营业额首次突破20亿美元大关。2009年，在全球金融危机大背景下，全省对外承包工程业务逆势上扬。2009年全省新签合同份数186份，同比增长104.39%；新签合同额26.67亿美元，同比下降33.38%；完成营业额28.72亿美元，同比增长77.12%；对外承包工程完成营业额首次突破20亿美元大关。全省对外承包工程完成营业额在全国排名由2008年的第七位跃居到2009年的第六位。

对外投资方式更加多样化。跨国并购正在成为河北省企业对外投资的新形式。2009年河北省核准的53个项目中，并购项目3个，中方投资额3152.49万美元。其中河北前进钢铁集团有限公司出资2436万美元收购澳大利亚帕兰德里集团部分资产项目是截至目前全省最大的并购项目。另外，河北文丰钢铁有限公司并购加拿大公司、唐山曹妃甸投资有限公司并购美国公司等超千万美元大项目正在办理相关手续。

对外投资大项目明显增多。全年新核准中方投资500万美元以上大项目14个，中方投资额3.05亿美元，占中方投资总额的83.79%。核准中方投资5000万美元以上超大项目两个，中方投资额1.46亿美元，占中方投资总额的40.05%。三河汇福粮油集团有限公司出资9600万美元在香港独资设立汇福（香港）国际投资有限公司，是截至目前全省最大的对外投资项目。大项目的增多，有力地拉动了全省对外投资的强劲增长。

境外资源开发成为热点。全年共核准境外资源开发项目8个，中方投资额5673万美元，项目数和投资额为历年最多。廊坊开发区吉振红生物科技有限公司投资3500万美元在吉尔吉斯斯坦开发铜金矿项目是全省截至目前最大的境外资源开发项目。秦皇岛昊隆贸易有限公司的津巴布韦金矿项目、河北远大基业有限公司的印尼铁矿项目等超千万美元大项目正在办理相关手续。

非公有制企业对外投资步伐加快。全省核准53个项目中，除河北省国富农业投资集团有限公司香港增资项目外，其余52个项目投资主体均为非公有制企业，中方投资额3.63亿美元，占中方投资总额的99.56%。民营企业巨力新能源股份有限公司三管齐下，分别出资1970万美元、970万美元和299万美元，在德国、香港和韩国设立子公司，从事晶体硅太阳能电池组件和太阳能光伏电站设备生产。

对香港地区投资大幅增长。2009年全省核准在香港设立对外投资项目11个，中方投资额高达2.13亿美元，是全省历年在香港投资总和的2.14倍。

对外承包工程企业结构不断优化。截至2009年，全省共有80家对外承包工程企业通过年审，其中71家为国有企业（包括国有控股企业），9家为民营企业。其中，建筑建材企业36家，冶金煤炭企业12家，石油化工企业8家，水利电力通信企业5家，各类甲级勘察设计研究院11家，其它企业8家。全省对外承包工程企业队伍结构不断优化，大型国有企业和实体企业大量增加，而原来的窗口公司由过去的12家减少到目前4家，使全省对外承包工程队伍的结构日趋合理，对外承包工程综合整体实力不断增强。

对外承包工程市场分布更趋合理。2009年，全省对外承包工程完成的28.72亿美元营业额中，亚洲市场17.79亿美元，占61.94%，同比增长183.40%；非洲市场7.62亿美元，占26.53%，同比增长4.67%；欧洲市场2.17亿美元，占7.56%，同比增长65.65%；拉美市场0.44亿美元，占1.53%，同比下降26.67%；大洋洲市场0.69美元，占2.40%，同比增长305.88%。2009年全省对外承包工程业务除拉美洲完成营业额出现小幅下降外，其他各大洲均有大幅增长，对外承包工程市场单一状况有了明显改善，对外承包工程覆盖地域和业务布局更趋多元化。

石油行业在对外承包工程独占鳌头。在全省对外承包工程行业分布中，石油行业独占鳌头，共完成营业额21.23亿美元，占73.92%；建筑建材行业完成营业额6.14亿美元，占21.38%；勘察设计行业完成营业额0.84亿美元，占2.92%；水利水电行业完成营业额0.31亿美元，占1.08%；其它行业完成营业额0.2亿美元，占0.70%。石油物探、石油天然气管道施工和大型水泥厂成套设备制造与施工行业是全省主要的对外承包工程行业，两项合计占全省对外承包工程总额的90%以上。全省建筑、电力、化工、水利、医药等优势行业设计施工能力在国际承包工程市场上尚未得到充分发挥。

对外承包工程超千万美元大项目增多。全年完成营业额1000万美元以上项目54个，5000万美元以上项目15个，上亿美元以上项目4个，超额完成“双三十工程”确定的目标任务。其中，廊坊中国石油天然气管道局哈萨克斯坦、乌兹别克斯坦和阿联酋石油管道工程项目完成营业额分别为5.52亿美元、1.69亿美元和1.54亿美元。涿州中国石油东方地球物理勘探公司在利比亚承揽的石油物探项目完成营业额分别为1.05亿美元和1亿美元。大项目数量不断增加，有力带动对外承包工程强劲增长。值得一提的是，2009年地方工程企业业绩增长较快，在全省80家对外承包工程企业中，有经营业绩的25家，其中中直企业10家，完成营业额19.32亿美元，占全部营业额的94.55%。地方企业以唐山钢铁设计研究院、华北有色工程勘察院、河北省水利工程局和河北建工集团为代表的地方企业新签合同额500万美元以上项目9个，1000万美元以上项目7个，完成营业额1000万美元以上项目5个。

对外承包工程对全省经贸工作的拉动作用增强。一是拉动机电产品出口。2009年，全省对外承包工程项下带出原材料、机械设备出口5.02亿美元，占全部对外承包工程营业额的17.48%，占全省机电产品出口的8.67%。对外承包工程企业已成为全省机电产品出口企业中的一支新生力量。二是拉动劳务输出。2009年，全省外派各类劳务共计10295人次，其中对外承包工程带出各类外派劳务8097人次，同比增长51.17%，占全省外派劳务总数的78.65%。对外承包工程已成为全省外派劳务的主要渠道。三是拉动经济增长。对外承包工程业务作为一项重要的对外服务贸易，其快速发展不仅可为国家大量创汇，同时也拉动了地方经济的增长。2009年，全省对外承包工程完成营业额28.72亿美元，折合人民币196.2亿元，占全省当年国内生产总值17026.6亿元的1.15%。对外承包工程企业在增加地方就业和税收方面的作用显而易见，对地方经济发展的拉动作用日趋明显。

完成对外承包工程企业对外经济技术合作专项资金申报工作。经审核，全省华北有色工程勘察院、唐山钢铁设计研究院有限公司2家企业2008年的3个项目符合条件，向商务部提出申请，最终共获补贴金额151.56万人民币。

重新审批80家企业对外承包工程资格。为贯彻落实国家新出台的《对外承包工程资格管理办法》，全省制定了《关于对外承包工程资格申报审批工作的实施意见》，并于12月举办了河北省对外承包工程资格管理培训。培训主要内容：一是部署全省对外承包工程资格申报审批实施工作，二是讲解《对外承包工程资格管理办法》，三是邀请中国国际电子商务中心技术人员讲解对外承包工程企业资格管理系统网上录入使用方法，四是帮助对外承包工程企业学习掌握新的管理办法和重新申请资格相关知识。

承担5个援外工程验收项目和6个援外培训项目。5个国家援外工程验收项目分别是：河北省水利工程局承担国家援助布隆迪穆杰雷水电站维修施工项目；河北省水利工程局对国家援助刚果（布）奥约供水项目进行施工中期验收；河北顺城工程建设项目管理有限公司对国家援助津巴布韦农业技术示范中心项目进行施工监理；河北顺诚工程建设项目管理有限公司援津巴布韦农业技术示范中心三通一平项目施工监理；河北顺诚工程援吉布提科研中心项目施工监理。经商务部批准，2009年河北省共获准承办6个援外培训项目，分别是：河北经贸大学“非洲国家经贸类教师研修班”、华北电力大学“输变电站及电网维护管理研修班”、河北农业大学“旱作农艺技术培训班”、河北省农林科学院“棉花新品种新技术国际培训班”、河北科技大学“非洲国家环境污染控制技术培训班”和河北吴桥杂技艺术学校“杂技学员培训班”。除“杂技学员培训班”（培训至2010年10月）外，其它5个培训班均已落下帷幕，共培训学员近200名，主要是来自非洲、亚洲、南太平洋等60多个发展中国家农业、经贸、环保、电力等领域的政府官员、教师和技术人员。

两家企业获援外资质。中国石油天然气管道通信工程公司和河北建工集团申请对外援助成套项目企业A级资质和B级资质获批准。协助商务部做好全省加强援外成套项目人员管理实施备案登记工作。河北省水利工程局和华北有色工程勘察院两家企业共推荐专家107人。

河北商务网开辟《“走出去”国别（地区）市场指南》专栏。该专栏与商务部网站实现链接，分“对外投资”和“对外承包工程”两部分，重点介绍东道国（地区）的宏观政策、贸易投资环境、产业结构、细分领域市场机会、与东道国（地区）经贸合作总体分析与评估、开展合作应注意的问题等，内容全面完整、详实准确，具有较高的权威性和实用价值，为有意“走出去”企业选择国别（地区）市场、寻找商机和发展空间提供参考、指导。

亚洲国家（地区）仍是全省劳务输出的主要市场。2009年，劳务合作项下派往亚洲国家（地区）劳务人员2184人，占劳务合作项下外派人数的99.36%，完成营业额3069万美元，占当年完成营业额的99.83%。亚洲的香港、日本、新加坡、韩国等国家（地区）仍是全省外派劳务的主要市场。

唐保秦沧成为全省劳务人员主要输出地。2009年，外派各类劳务人员排前三位的地区分别是：唐山市3160人，保定市2512人，秦皇岛市1333人。三市共派出各类劳务人员7005人，占全省外派各类劳务人员总数的68.04%。排第四位的沧州市外派各类劳务人员345人，完成营业额1650万美元，占全省当年完成营业额的53.68%。

境外承包工程对劳务输出拉动作用明显。2009年，中石油天然气管道局、中石油东方地球物理勘探公司、中材建设有限公司、中冶京唐建设有限公司、华北有色工程勘察院有限公司、唐山钢铁设计院等央企和地方骨干企业，积极拓展海外业务，大规模承揽境外工程项目，共派出各类劳务人员7644人，占全省外派各类劳务人员总数的74%。以境外工程项目带动劳务输出成为全省外派劳务的主要形式。

对外劳务合作经营主体进一步扩大。劳动部门批准的境外就业中介机构划转至商务部门后，按照商务部统一部署，省厅对其实行统一政策、统一管理、统一工作程序、统一备用金标准、统一资格证书。截至2009年底，全省对外劳务合作企业由原来的19家增加到41家，其中外派劳务企业40家，境外就业中介企业1家。

妥善处置境外劳务纠纷。受国际金融危机影响，2009年新年伊始，境外劳务纠纷和突发事件不断发生，其中有20余起涉及全省劳务或中介，涉及全省劳务人员数百人，成为有史以来外派劳务纠纷数量最多、频度最高、牵扯面最宽、影响最大、动用行政资源最广泛、处置最困难的特殊时期。在省委、省政府领导下，省直有关部门及相关地方政府通力合作，积极应对、妥善处置了一起又一起境外劳务纠纷，有效保障了企业、劳务人员的合法权益和全省对外劳务合作的健康有序发展。

《关于加强对外劳务合作管理工作的通知》出台。为进一步加强和规范全省对外劳务合作管理，2009年5月，省政府办公厅印发省商务厅代为起草的规范性文件《关于加强对外劳务合作管理工作的通知》，从经营资格、项目审查、招收备案、收费、境外劳务、突发事件处置、责任追究、广告等八个方面强化外派劳务管理。同时，省商务厅还通过广播、电视、平面与网络等媒体广泛宣传对外劳务合作政策，系统培训地方商务部门工作人员和企业管理人员。新政策的出台对全省进一步规范外派劳务管理发挥了重要作用。

接受国际无偿援助成效显著。2009年度，全省接受国际多双边以及民间组织无偿援助项目累计有13个，援助总金额550.31万美元，援助内容涉及贫困地区儿童发展、学校建设、医疗服务、人才培养、林业及环保等领域。援助方主要为德国、联合国儿童基金会、荷兰、日本以及港、台民间组织和国外民间组织。其中，衡水田益生防有限公司与荷兰SBB公司“熊蜂产业化繁殖与生物授粉合作项目”获得荷兰政府84.5万美元的“新兴市场促进项目”无偿援助；河北省卫生厅“恒天然乡村母婴健康项目”获得新西兰恒天然集团无偿援助项目73.2万美金的无偿援助。

【机电产品进出口】 2009年是对外贸易面临重大挑战和重重困难、经受严峻考验的一年，面对国际金融危机的严重冲击和持续影响，河北省商务厅认真贯彻落实中央和商务部，以及省委、省政府关于调结构、保份额的一系列决策部署，积极主动地化解危机，攻坚克难，河北省机电产品进出口工作取得良好成效，进出口形势好于预期。据石家庄海关统计，全年河北省机电产品进出口总额83亿美元，同比下降17.6%，低于全省外贸进出口降幅(22.9%)5.3个百分点，高于全国机电产品进出口降幅(11.5%)6.1个百分点。

尽管全年河北省机电产品出口呈负增长，但面临最严峻的形势，用尽最大努力，取得最好效果，工作中实现了六大突破。

突破之一：出口占比有所突破，实现了保份额目标。

2009年，河北省机电办系统和机电出口企业一道，面对冲击，迎难而上，积极应对，全年机电产品出口完成57.87亿美元，占全省外贸出口份额比上年同期(31.9%)提高了5个百分点。

突破之二：结构优化有所突破，发展方式有效转变。

2009年，机电产品出口商品结构优化调整明显：技术密集型、附加值较高的机械设备、电子电器、汽车及零部件、仪器仪表等机电产品出口占比70.5%，比去年同期提高了2.7个百分点。其中，电器及电子产品跃升至出口商品第一位，占比提升到33.5%，比上年同期提高6.9个百分点。金属制品则退居第二位，占比比上年同期(30.4%)下降了2.6个百分点。

突破之三：主体壮大有所突破，竞争能力不断增强。

全年河北省有出口实绩的机电企业达到2707家，同比增长28.8%。其中，有719家企业出口实现零的突破，出口总额1.87亿美元，占全省机电产品出口总值的3.2%。

受金融危机的影响，尽管全年河北省出口超千万美元企业共有76家，比上年减少40家，出口超亿美元企业6家，比上年减少2家，但是出口前三大龙头企业逆势飘红。保定天威英利新能源有限公司位居榜首，全年出口完成了10.4亿美元，保持了上年的出口水平，并且占机电产品出口份额提高了4个百分点。富士康精密电子有限公司全年出口2.9亿美元，同比增长883.4%，成为2009年机电产品出口第一大增长点。长城汽车股份有限公司加大国际市场开拓力度和广度，不断完善海外营销网络，全年出口汽车3.2万辆，出口金额2.6亿美元，无论出口数量还是金额，在国产汽车中均稳居第二，其中皮卡和SUV车型出口数量和金额名列全国第一。

突破之四：设备进口有所突破，反哺产业效果显著。

2009年，紧紧抓住温家宝总理出访欧洲的有利契机，努力扩大河北省对先进技术设备和关键零部件的进口。先后组织了六批次河北省机电企业，参加由商务部组织、部领导带队的赴欧、美等国家重大项目进口设备采购团，进口发达国家先进设备。全年河北省机电产品进口在全省外贸进口同比下降3.4%，全国外贸进口下降11.2%，全国机电产品进口下降8.7%的背景下，依然保持了4.3%的正增长，实现25.13亿美元的进口额，增幅在全国外贸10强省市中名列第一。进口份额占全省外贸的18.1%，比上年同期提高了1.5个百分点。而机械设备进口则占到机电产品进口的一半以上，达55%，反映出河北省机电产品出口企业在金融危机的压力下，压出了调整结构的反作用力，加快了技术转型和产业升级步伐。

突破之五：促进政策取得突破，导向示范效应明显。

2009年，河北省商务厅从国家争取到机电类资金支持近1亿元人民币，其中，为河北省机电企业争取国家结构优化资金项目36个，资金1520万元，比上年同期增长407%；争取进口贴息资金项目30个，获得国家进口产品贴息资金7823万元，资金支持总量位列全国第二。资金额比上年增加48.2%，位次比上年（第七位）提升5位。涉及4亿多美元的先进技术设备进口，有利地促进河北支柱产业结构的调整，其中受益最大的是河北的钢铁产业。

突破之六：搭建展会取得突破，特色产业持续发展。

在金融危机影响河北省机电企业减缓“走出去”步伐

开拓国际市场的情况下，结合河北省产业实际，下大力重点组织了国内“中国国际汽车零部件博览会”和以省政府名义举办了全省规模最大的机电产品专业展会——首届中国（沧州）管道装备展览会。两个展会很好地宣传了河北省产业优势，充分展示了特色产品，合同成交、投资意向均取得成效。尤其“中国国际汽车零部件博览会”，河北省共组织51家企业、53个展位及长城汽车自主品牌形象展区200平米参展，组展规模居全国参展省份第三位，成为继广交会之后最大规模的展会。参展企业规模大、产品品种多、贸展招商相辉映的组展规模和创新风格，不仅吸引了上千家客户洽谈、询价，还受到国家领导人的关注，副总理张德江展会期间亲临河北省长城汽车形象展区，使参展企业倍受鼓舞。

【高新技术产品进出口】 2009年全省高新技术产品累计进出口总额为31.15亿美元，比上年同期（下同）增长2.95%，占全省外贸比重为10.52%；同比增幅较2008年回落84个百分点、占比提高了2.65个百分点。其中，累计出口20.43亿美元，占全省比重为13.02%，同比增长从上半年平均26%的降幅缩小到了4.32%，比全国高新技术产品出口降幅（15.7%）少11个百分点，贸易顺差达9.72亿美元；累计进口10.71亿美元，同比增长20.43%，占全省比重达到7.70%。

累计出口降幅逐月收窄，占比不断提高。受全球金融危机影响，2009年河北省高新技术产品进出口虽出现同比下滑态势，但由于河北省高新技术产业技术升级步伐明显加快，高新技术产品出口仍显现出降幅逐月收窄、占比逐渐扩大的良好趋势：降幅从一季度29.59%和二季度23.55%，逐渐收窄至三季度12.55%，到当年年底实现同比增长2.95%；占全省出口比重也由一季度9.22%和二季度的10.46%，分别提高到了12.54%和13.02%。全年累计出口同比降幅低于全省30个百分点，进口增速高出全省23.83个百分点。

进料加工成为主要出口贸易方式。2009年，高新技术产品以加工贸易方式出口12.21亿美元，占总额的59.74%，同比下降8.43%。其中，进料加工贸易出口11.53亿美元，占总额56.44%，同比下降5.74%；一般贸易出口7.39亿美元，占总额36.19%，同比下降0.5%。一般贸易进口7.73亿美元，增长133.49%，占同期高新技术产品进口总额的72.17%。外商投资企业作为投资进口的高新技术产品2.18亿美元，下降51.52%，占比为20.36%。

三资企业和国企成为高新技术产品出口主力军。2009年，河北省外商投资企业高新技术产品出口额17.05亿美元，占全省高新技术产品出口总额比重由2006年的20.99%上升到83.42%。与之相反，国有企业目前虽保持出口第二地位，但所占比重呈逐年下降趋势，出口额在全省的占比由2006年的65.60%下降到2009年的8.00%。

高新技术产品进出口重点市场基本稳定。2009年欧盟继续为河北省高新技术产品进出口第一大贸易伙伴，双边贸易总额14.96亿美元，比去年下降10.32%，占比达到50.21%。其中，德国超过去年河北省第一大贸易伙伴西班牙，成为河北省最大出口国和最大进口来源地，其双边贸易总值为6.73亿美元，增长71.33%，占比为32.2%；荷兰为第二大贸易伙伴，双边贸易总值2.01亿美元，同比增长39.6%。其中：出口1.94亿美元，同比增长57.29%，占比9.82%。对美国的贸易继续保持在第四位，双边贸易总值为1.79亿美元，同比下降18.71%，占比为6.0%。

高新技术产品出口仍集中在电子技术领域。2009年，河北高新技术产品出口集中于电子技术、计算机与通信技术和生命科学技术等领域，上述三个行业占全省高新技术产品出口的90%左右。其中电子技术类产品占60.79%；计算机与通信技术占19.17%；生命科学技术位列第三，占10.94%。电子技术又以商品代码为8541项下的“其他光敏半导体器件”和“太阳能电池”为主，其出口可以占到整个电子技术领域的50%以上。2009年1—12月，该类产品出口11.63亿美元，占全省高新技术产品出口额56.91%，占电子技术领域出口额93.63%。近年来，以天威英利为代表的光敏半导体类产品（太阳能光伏产品）出口获得进一步增长，为主要出口的高新技术产品保持稳定增长提供了保证。

区域出口喜忧参半，张家口、邢台出口跌幅较大。2009年，全省11个设区市保持出口同比增长的有6家，占54.55%，分别是秦皇岛（增长138.30%）、廊坊（增长96.58%）、唐山（增长13.67%）、衡水（增长10.94%）、邯郸（增长9.86%），保定市高新技术产品出口总值继续保持位列全省第一，同比增长0.33%。此外，张家口和邢台全年分别出口1255万和1.03亿美元，分别下降77.01%、65.34%，降幅较当年1月份分别扩大了3.28和62个百分点。

出口超千万美元的企业达到14家、超亿美元2家。2009年，河北省高新技术产品出口超千万美元的企业总数达到14家，同比新增6家。其中出口超亿美元的企业为2家，与上年同期持平。超千万美元企业的出口额占全省高新技术产品出口总额的85.48%，重点企业的拉动作用明显增强。

技术引进和技术出口明显下降。2009年，全省技术进出口总额为6174.58万美元，比上年的2.44亿美元下降74.7%；签订引进技术和进口设备合同项目52项、比上年减少4项，合同金额6172.97万美元，较上年的2.42亿美元下降了74.5%；签订技术出口合同1项，合同金额1.61万美元，比上年的206.16万美元下降了99.2%；办理软件出口合同登记17项、同比下降37.04%，合同金额310万美元、同比增长83.41%。引进方式以专有技术许可、技术咨询或技术服务为主，欧盟、日本和美国仍然是河北省技术引进主要来源地；技术引进以外资企业和国有企业为主且集中在河北省外资企业居多的秦皇岛、唐山、廊坊、保定、石家庄5个设区市。

两用物项出口和易制毒化学品进出口管制进一步加

强。2009年全省共办理两用物项出口许可证1433份，金额7915万美元，同比分别增长2.21%和-39.71%。其中，发放敏感物项出口许可证1423份，金额7653万美元；发放易制毒化学品进出口许可证10份，金额262万美元。在易制毒化学品管制方面，全年发放出口许可证6份，出口金额26.3万美元；发放进口许可证4份，进口金额235.7万美元。

参加第七届中国国际软件和信息服务交易会成效明显。2009年6月，河北省商务厅牵头，会同省工业与信息化厅共同组织了全省18家IT企业、50多人参加了本届中国国际软件和信息服务交易会。会上，重点宣传和推介了秦皇岛、廊坊服务外包基地示范区建设和唐山市软件信息建设情况；突出展示了秦皇岛建设中国"数谷"的10个项目、廊坊信和软件投资有限公司服务外包基地项目、河北诺特通讯有限公司的呼叫中心外包、警务通一体项目和唐山市海森电子公司的水资源测控等18个项目。其中，河北诺特通讯有限公司与韩国安顿公司（Anton）就呼叫中心系统运营项目达成了合作意向；秦皇岛开发区建设"中国数谷"的情况受到客商广泛关注并主动表达了实地参观考察的意愿。

招商继续成为河北省参加第十一届高交会的主题。第十一届中国国际高新技术成果交易会上，河北省从实际出发，注重"以企业为主、以项目为主、以小团组招商引资为主"，成功举办了"河北省重点园区高新项目对接会"、"河北省（邯郸）重点项目推介会"，上述自办招商活动均取得较好实效："河北省重点园区高新项目对接会"对外签约项目2个，总投资1.15亿美元，协议利用外资5142.8万美元；对内签约项目1个，拟引进内资1亿元。"河北省（邯郸）重点项目推介会"共推介装备制造业、新材料、商贸物流、文化旅游、农副产品深加工和城市建设6大类的143个重点招商项目，会上签约外资项目7个，总投资4亿美元，协议外资1.6亿美元。《深圳特区报》对此次河北自办活动的评价是："以高效务实作风引外商投资"。在客户联络方面，大会期间河北省共邀请国内外客商1000余人次，涉及美洲、欧洲、亚洲及港、澳、台地区和珠三角、长三角等沿海发达地区的知名企业和重要客商，大会期间共签订合同14项，总投资额7.04亿美元，另签协议64项。

两用物项和技术进出口管制业务培训工作加强。为应对国际金融危机对实体经济的冲击，切实加强河北省两用物项和技术进出口管制工作，河北省商务厅会同商务部机电和科技产业司于2009年7月22-23日、12月10-11日，先后在石家庄市和廊坊市共同举办了两用物项和技术进出口管制业务培训班、全省技术进出口业务培训暨座谈会。11个设市商务局的主管负责人及两用物项和技术进出口企业共88家单位120余人（次）参加了培训。培训班得到了国家商务部等部委单位的大力支持，商务部机电和科技产业司等国家部委的领导到会，并分别做了当前国际防扩散出口管制面临的形势和任务；两用物项及易制毒化学品进出口管制规定与实践；两用物项和技术进出口管制电子政务平台建设，两用物项和技术进出口管制操作程序与要求等专题培训。上述培训，是河北省加强企业自律机制建设，规范业务审核程序，形成国家、省级商务部门和两用物项进出口企业三维一体管理格局，以及推动河北省技术进出口贸易实现健康稳步发展的一次重要培训。

三个国家级出口创新基地主要经济指标完成良好。保定国家科技兴贸创新基地全年实现现价工业总产值548.7亿元，同比增长33.30%；实现销售收入514.4亿元，同比增长26.10%；基地R&D投入15.24亿元，同比增长39.20%；基地总进出口额20.76亿美元，同比增减-5.60%。其中，出口12.28亿美元，同比增减-5.50%，特色产业新能源年内累计出口10.5亿美元，同比增减-2.40%；基地进口8.47亿美元，同比增减-6.60%，特色产业进口7.6亿美元，同比增减-3.0%。与此同时，基地建设已经初步形成了新能源产业聚集形态，在风电产业领域方面：依靠叶片规模化的带动，产业链条开始展开，正在形成叶片领先、整机跟进、控制系统、配套齐全的风电设备产业集群。叶片企业6家（中航惠腾、中能风电、华翼风电、天威风电、天翼叶片、国电联合动力），风电整机企业3家（国电联合动力、天威风电、惠德风电），风电控制企业1家（科诺伟业公司），配套企业十余家。已形成风电整机产能1000台，风电叶片2000套、风电控制系统500台的发展规模。在光伏产业领域方面：以英利集团为主导，一方面保持光伏组件规模化扩张态势，另一方面加速产业体系建设。总投资60亿元的英利产业园四期800兆瓦项目开工建设，2010年，英利光伏电池产能将超过1000兆瓦；高纯硅、薄膜电池等产业链高端环节方面取得突破性进展：总投资126亿元的六九硅业1.8万吨硅提纯项目一期已试运行，天威非晶薄膜电池等基于光伏新技术的重点项目顺利竣工投产。多晶、单晶、薄膜完整光伏产业体系全面形成。石家庄科技兴贸创新基地医药产业努力克服金融危机带来的诸多影响，2009年医药产品进出口达到7.99亿美元，同比下降2.30%。其中出口7.64亿美元，同比下降2.76%；进口3458万美元，同比增长9.18%。基地内三资企业成为出口经营主体，在118家有出口实绩生产企业中，三资企业29家，出口5.28亿美元，占比达到69.14%。此外，常山生化、亚诺化工和威远生化药业等民营高新技术企业，由于注重开发国际中高端医药市场，在2009年取得了较好成绩：出口额分别增长了3.1倍、1.5倍和1.3倍，显示出了较好的成长性。邯郸新材料经过几年发展现已初具规模，2009年被国家商务部和科技部认定为国家科技兴贸创新基地，目前基地内有33家骨干企业，2009年基地实现总产值657.5亿元，出口额5.2亿美元。尽管该市在金融危机影响下全市出口出现大幅度下降，但高新技术产品出口却逆势增长6.4%，表现出很强的活力。晨光生物科技集团股份有限公司当年出口同比增长15.2%，该集团目前已成为全球最大天然色素生产商；邯郸恒永防护洁净用品有限公司出口同比增长217.5%，该公司2009年出口、税金、用工量均实现翻番，纳米高科技防护口罩产量位居亚洲第一；邯郸久鹏精细化工有限公司药品出口同比增长17.1%，已成为亚洲最大的盐酸强力霉素原料药生产商；汉光机械厂的再生性鼓粉盒出口同比增长200.7%；邯郸汉光办公自动化耗材有限公司墨粉出口同比增长104.4%。

【开发区（园区）建设】 2009年，河北省积极应对金融危机，千方百计加快开发区发展，开发区（园区）以占全省0.19%的土地面积，创造了全省16.8%的财政收入、13.3%的固定资产投资、40.4%的实际利用外资和38.4%的外贸进出口。较好地完成了2009年度省委省政府部署的稳外需、保增长任务。

2009年，全省48个开发区（园区）（包括2个国家级开发区、2个国家级高新区、28个省级开发区、2个省级高新区和14个省级工业园区），实现工业总产值5804.9亿元，同比增长36.5%，其中规模以上企业实现工业总产值4721.28亿元，同比增长35.7%；完成地区生产总值2429.54亿元，同比增长了38.7%，占全省的比重为14.27%；全部财政收入338.13亿元，同比增长了62%，高出全省财政增幅51.4个百分点，占全省财政收入的比重由2008年的11.6%上升到16.8%，；固定资产投资完成1638.92亿元，同比增长了71.4%，占全省的比重为13.3%，高于全省固定资产增幅33.4个百分点，其中工业固定资产投资完成1122.98亿元，同比增长99.7%，基础设施投资226.3亿元，占全省基础设施投入的9.1%，同比增长2.4倍，高出全省基础设施投资增幅188个百分点；实际利用外资14.93亿美元，同比增长了1.6%，占全省的比重为40.4%，与全省外资增幅持平；实际进区内资1533.1亿元，同比增长59.5%，其中引进省外资金622.4亿元，同比增长63.6%；进出口总值实现113.78亿美元，同比增长了12.7%，占全省的比重为38.4%，高出全省增幅35.6个百分点，其中，进口45.1亿美元，占全省进口总额的32.4%，同比增长5%，高出全省进口增幅8.4个百分点；出口68.7亿美元，占全省出口总额的43.8%，同比增长11.7%，高出全省出口增幅46.3个百分点。

2009年全省开发区在发展规模、发展速度、发展质量和社会贡献四个方面28个指标综合排名前十位的开发区依次为：保定高新技术产业开发区（国家级）、廊坊经济技术开发区（国家级）、燕郊经济开发区、秦皇岛经济技术开发区（国家级）、任丘经济开发区、藁城经济开发区、霸州经济开发区、石家庄高新技术产业开发区（国家级）、沧州临港化工园区、邯郸经济开发区。

开发区获准扩区升级。2009年，省政府批准藁城经济开发区、鹿泉经济开发区、辛集经济开发区、宣化经济开发区、山海关经济开发区、丰南经济开发区、唐山海港经济开发区、唐山南堡经济开发区、廊坊经济开发区、香河经济开发区、霸州经济开发区、固安工业园区、保定工业园区、涿州经济开发区、高碑店经济开发区、沧州临港化工产业园区、沧州经济开发区、任丘经济开发区、衡水经济开发区、冀州经济开发区、景县工业园区、邢台经济开发区、清河经济开发区、邯郸经济开发区、涉县经济开发区、永年工业园区、武安工业园区、唐山高新区、承德高新区、燕郊高新区扩区。2009年7月20日，经国务院批准，廊坊开发区升级为国家级经济技术开发区。升级后的开发区将有利于区域经济统筹规模与协调，形成廊坊与北京、天津区域融合统一开放环境，同时促进区域经济合理布局，加快京津塘高速公路京津冀沿线高科技产业带的崛起，进一步带动地方经济发展。

开发区（园区）发展规模不断壮大。根据对全省开发区（园区）发展规模的综合评价，发展规模综合排名前10位的开发区是：保定高新区，燕郊、廊坊开发区，沧州临港化工园区，秦皇岛开发区，石家庄高新区，任丘、藁城、霸州和唐山海港开发区。前十名开发区的经济总量占据全省开发区（园区）半壁江山之多，特别是利用外资和财政收入，分别占到78%和68%。一是保定高新区、霸州开发区、秦皇岛开发区（含山海关开发区）、廊坊开发区实际利用外资均突破亿美元，分别是3.63亿美元、2.26亿美元、1.33亿美元、1.20亿美元。保定高新区利用外资、进出口双双名列全省开发区（园区）前茅，其中重点利用外资项目的企业包括：六九硅业、生力碑酒、英利能源（中国）有限公司等。综合评价得分前十名开发区实际利用外资为11.7亿美元，占全省开发区的78%，分别是保定高新区实际利用外资3.63亿美元、霸州开发区实际利用外资2.26亿美元、秦皇岛开发区实际利用外资1.33亿美元、廊坊开发区实际利用外资1.20亿美元、燕郊开发区实际利用外资0.91亿美元、丰南开发区实际利用外资0.63亿美元、石家庄高新区实际利用外资0.62亿美元、北戴河开发区实际利用外资0.42亿美元、藁城开发区实际利用外资0.36亿美元、唐山海港开发区实际利用外资0.33亿美元；二是实际进区内资超过50亿元的开发区有10家，沧州临港化工园区以195.39亿元居于第一位。前十名开发区的进区内资总额为876.5亿元，占全省开发区的55%；三是沧州临港化工园区、燕郊开发区固定资产投资完成额超过百亿元，分别是192.93亿元、192.00亿元。前十名开发区的固定资产投入总额为929.73亿元，占全省开发区的55%；四是工业总产值石家庄高新区为730亿元。五是出口总额保定高新区以16亿美元居于第一位，前十名开发区的出口总额为49.4亿美元，占全省开发区的71%，分别是保定高新区16亿美元、秦皇岛开发区8.12亿美元、石家庄高新区5.10亿美元、廊坊开发区4.77亿美元、藁城开发区2.90亿美元、沧州临港化工园区2.62亿美元、辛集开发区2.57亿美元、南堡开发区2.52亿美元、香河开发区2.43亿美元、邯郸开发区2.41亿美元；六是5家开发区财政收入均超20亿元，分别是任丘开发区38.98亿元、廊坊开发区31.96亿元、燕郊开发区27.46亿元、沧州临港化工园区25.25亿元、秦皇岛开发区20.38亿元。仅任丘和廊坊2家开发区财政收入之和就达70亿元。前十名开发区的财政收入总额为230亿元，占全省开发区的68%。

开发区（园区）发展质量进一步优化。根据对全省开发区（园区）发展质量的综合评价，单位面积的投入产出有所增加，能耗有所下降。发展质量综合排名前10位的开发区是：保定高新区，任丘开发区，唐山高新区，邯郸、燕郊开发区，承德高新区，藁城、北戴河开发区，石家庄高新区和廊坊开发区。一是单位面积GDP达百万元/亩的开发区有3家，分别是任丘开发区、石家庄高新区、唐山高新区；二是单位面积财政收入任丘开发区达54.7万元/亩，全省开发区单位面积财政收入平均值为6.23万元/亩；三是任丘开发区、北戴河开发区、承德高新区财政收入占GDP比重分别为43%、33%、31%；四是保定高新区进出口总额占GDP比重达133.9%，全省开发区进出口额占GDP比重的平均值为32.2%；五是保定高新区高新技术企业的工业总产值占开发区工业总产值的比重以85%跃居全省开发区第一位，全省开发区高新技术企业的工业总产值占开发区工业总产值的比重平均值为25.9%。

开发区（园区）发展速度得到提升。根据对全省开发区（园区）发展速度的综合评价，发展速度综合排名前10位的开发区是：藁城、霸州、吴桥、高碑店、任丘开发区，永年工业园区，衡水、邢台开发区，大城工业园区和黄骅开发区。吴桥和高碑店开发区发展较快，分别从2008年的27位和20位上升到2009年的第三、第四位。一是实际利用外资霸州开发区以25250%的增幅排名第一；二是进区内资南堡开发区、玉田工业园区、高碑店开发区、涿州开发区分别以405.6%、398.74%、234.3%、218.1%的增幅居于前4位；三是出口总额大城工业园区、永清工业园区分别以263%、220%的增幅居于前2位；四是工业总产值永年工业园区、藁城开发区、大城工业园区、吴桥开发区、沙城开发区分别以146%、134%、128%、113%、108%的增幅位居前5位；五是财政收入任丘开发区以343%的增幅位居第一；六是开发区生产总值增幅超过百分之百的开发区是藁城开发区和吴桥开发区；七是固定资产投资完成额沧州临港化工园区以1568%的增幅排名第一。

开发区（园区）对当地社会贡献日益凸显。全省开发区（园区）外贸出口和利用外资均占全省相应指标的40%以上。开发区（园区）对当地社会贡献综合评价前十位的开发区是：秦皇岛、廊坊开发区，保定高新区，燕郊开发区，沧州临港化工园区，任丘、霸州开发区，景县工业园区，承德高新区和冀州开发区。其中，廊坊、燕郊2家开发区地区生产总值合计占全市的比重达32.96%，这两家的全部实际利用外资、财政收入合计占全市的比重分别为45.64%、41.44%。

开发区（园区）特色产业发展。保定高新区全力打造国家级新能源与能源设备产业基地，全面推进保定“中国电谷”的建设步伐，中国电谷产业品牌集聚优势充分显现，进区项目质量明显提高，风力发电产业、太阳能光伏产业链条迅速扩展。骨干企业英利集团、中航惠腾、国电联合动力公司成为中国电谷三大支住企业。秦皇岛开发区的粮油食品加工、金属压延、汽车及零部件、重大装备制造4大产业的主导作用更加突出。粮油食品行业形成包含原材料供应、生产加工、产品包装等环节的食品加工链条，并向下游的高附加值产品带延伸。秦皇岛开发区成为中国北方规模最大的粮油食品加工产业基地。秦皇岛开发区还率先发展数据产业，秦皇岛数据产业基地是集数据中心、数据容灾备份、数据管理、数据服务、呼叫中心、数字技术、数字网络、新媒体、创意动漫等新兴产业于一体的生态型、园林式、高科技的现代产业功能园区。燕郊开发区积极发展现代服务业，围绕旅游休闲产业、现代物流产业、医疗健康产业、文化创意产业、服务外包产业等发展生产型服务业，推进开发区产业结构升级。唐山海港开发区被河北省科技厅认定为河北省煤化工特色产业基地，煤化工特色产业基地的认定，优化了区域产业结构，促进了煤化工产业经济循环发展和整体技术升级。唐山京唐港货物吞吐量突破亿元大关，经过20年建设运营正式跻身亿吨大港行列。

【搭建贸易促进平台】 2009年面对金融危机对全球经济的影响和国际市场需求下降的实际情况，河北省按照多元发展、重点突破的要求，调整出口市场结构。（一）搭建展会平台。一是组织企业参加“河北省赴日、韩优势产品推介暨贸易洽谈会”；二是积极组织河北省企业参加中国（上海）国际跨国采购大会，发展跨国连锁经营；三是抓住契机提高广交会成交效果，105、106两届广交会河北省共组织1397家企业7286人参展，申请展位2670个，成交和意向成交达15.2亿美元。四是积极组织企业参加上海华交会，宁波消博会，台湾贸易促进采购团，中、俄、克贸易促进洽谈会，日、韩贸易洽谈团，2009韩国京畿道贸易洽谈会，俄、蒙经贸对接洽谈团，俄联邦轻工及设备展览会，日本DIY工具展，美国拉斯维加斯国际服装服饰及面料展，德国国际食品展等项境内外贸易促进活动，为确保完成全年出口目标发挥了积极促进作用。（二）精心搭建电子商务平台。对892家外贸企业进行扶植，指导企业加入国内外知名商务网站，积极开展电子商务业务。（三）借助外力办展会。2009年6月18日在石家庄成功举办了“中国（石家庄）国际皮革、裘皮博览会”，专业参展客商1500多人，参观人数达2万多人次，成交和意向成交达1.1亿美元。

【应对国际贸易摩擦】 2009年，在国际金融危机的大背景下，面对国际贸易保护主义急剧蔓延，贸易摩擦频繁发生的严峻形势，河北省商务厅积极谋划，扎实工作，积极应对国际贸易摩擦，维护河北省产业安全。

妥善应对国际贸易摩擦。2009年，河北省遭遇国外贸易救济措施调查36起，涉案金额2亿多美元，涉及260多家企业。（一）从宣传舆论入手，积极营造反对贸易保护主义的社会氛围。召开省内各大媒体贸易摩擦通报会及参加河北电视台阳光访谈专题节目。向社会全面系统的介绍河北省所面临的贸易摩擦形势，整合社会资源，形成应对合力。（二）从摩擦形势和特点入手，统一思想和认识。召开“全省应对贸易摩擦视频工作会议”将应对贸易摩擦纳入各级商务部门的工作视野和议事日程。（三）

从摩擦应对机制入手，构建各级部门的联动协同。邀请18个省直部门参加“河北省商务厅国际贸易摩擦形势通报会”。（四）从重点案例入手，加强涉案企业的跟踪调研。对河北省业已结案的苏科瑞公司、华药集团、石药集团、白龙化工等多家重点涉案企业进行分期调研，了解案后经营状况。

积极维护产业安全。一是产业安全预警平台高效运作。定期编制完成2008年和2009年前三季度全省钢铁行业和医药重点产品监测报告，共计8期。二是产业安全信息的搜集和维护成效显著。作为河北省贸易救济和维护产业安全的知识园地和宣传平台，中国产业安全指南网河北子站、河北贸易救济网自建成开通以来，访问量持续增加，已突破百万人次。2009年先后两次召开全省信息工作会议。全面启动产业安全信息编写和上报上载工作，省商务厅和各市商务局以及相关协作单位编写上报各类产业安全信息150余篇，共计40多万字，信息量在全国名列前茅。三是产业安全数据库扩容工作保持领先。2009年对各产业安全数据报送企业进行了一次重新核查和调整，目前河北省能够继续报送数据的企业尚有520多家，全省平均上报率基本稳定在98%以上。为了继续做好此项工作，召开了全省产业安全数据库扩容工作会议，对上报数据工作先进单位和先进企业进行了通报表彰。四是积极参与省内企业的申诉核查。省商务厅作为调查组成员，协助商务部调查局完成了苯酐反倾销期终复审实地核查和TDI反倾销期终复审实地核查工作。五是组织接待省外交流。山西、江西和吉林三个兄弟省份相继来河北省考察交流，达到了相互学习、取长补短和共同进步的目的。

（河北省商务厅规划财务处　杨静芳）

石家庄海关

【综合治税】　2009年石家庄海关坚持以税收工作为轴心，综合治税，全年实现税收入库155.9亿元，同比增长16.8%。进一步发挥综合治税领导小组作用，推进协调联动，拓宽信息共享渠道，发挥整体合力。深入开展税收调研，对税收形势进行科学分析、研判、预测。紧紧抓住主要税源商品，加强监测分析和跟踪监控，在稳定主要税源的基础上努力拓展新税源，保持税收存量和增量平衡。实行税收流量、进度周、月通报和季度分析制度、主要税源企业、商品进度跟踪制度和重点商品价格月报制度。以涉税商品为重点，开展专项业务监控和检查工作，监控力度及收效均创历年来最好水平。全年审价补税1.75亿元，归类补税163.2万元。加大价格管理力度。落实和强化“风险量化、分级处置”的一般贸易进口商品价格水平管理制度。加强保税管理，努力挖潜增税。保税仓储业务发展迅速，保税仓库涵养税源作用初步显现。全年加工贸易内销征税1.19亿元，同比增长45.3%，首次突破亿元大关。

【海关监管】　石家庄海关以风险分析为龙头，对风险信息进行整合共享，形成了一线监管、中后期稽查和打击走私的闭合链条。扎实推进风险管理，对风险布控下达与执行处置实施动态管理，切实发挥风险布控实战应用效能。全年下达布控指令1326条，捕中报关单2396份，补税1244.4万元，布控率5.4%，布控有效率20.6%。

加强对通关过程的监管力度，进一步提高风险甄别和处置能力，加强对敏感商品、重点行业和重点企业的监管。加强对保税货物的有效监管，规范电子化手册操作，推广应用保税核查系统，对保税业务的各个环节实现过程监控。提高后续管理效能，以涉税因素为稽查重点，开展了“运输相关费用”、“纺织专用设备”等多个专项稽查，2009年全年关区共稽查、核查企业81家，查发各类问题42起，实际补税入库4567.6万元，同比增长82%，超额完成补税任务26.7%。以“打防结合、以防为先、主动预防、完善监管”为思路，坚持以打促税，建立了防范走私风险工作例会制度及防范走私风险绩效评估制度，推进关警融合，加强缉私部门与海关相关业务部门的协调联动。切实加强了与有关单位的联系配合，先后与河北省人民检察院、河北海事局、河北省边防总队、中国人民银行石家庄中心支行等单位签署了关于信息共享、执法协作的合作备忘录，协助召开了河北五年来首次打私综治领导小组（扩大）会议，推进了打私综合治理工作。全年共立案24起，案值9461.8万元，涉税584.91万元；结案33起，案值1.97亿元，涉税1156.73万元；罚没入库258.73万元，补税入库196.08万元。

【依法行政】　狠抓制度完善和制度落实。在开展制度建设自查梳理工作的基础上，新建、修订制度20项，认真抓好制度落实情况检查工作，确保事权划分适当，岗位职责明确，操作严谨规范，部门之间配合顺畅。加强法制工作。围绕综合治税，紧跟执法实践，积极为各项业务开展提供法律支持，解决关区执法疑难问题，规范税收保全和强制的业务操作。继续做好应诉、复议工作，建立健全案前争议沟通协调解决的长效机制。强化贸易管制和知识产权管理，积极向广大进出口企业宣传知识产权海关保护、行政复议等方面的法律、行政法规、规章以及相关制度和海关服务地方经济发展的政策措施，扩大社会公众对海关执法的认知度，营造和谐的外部执法环境，引导4家河北省企业进行知识产权海关保护备案7项。紧贴关区业务实际，以法律知识竞赛、新录用关员岗前法律培训班等多种形式，拓展普法渠道。

【职能监控】　职能监控工作机制日趋健全。坚持日监控、月通报、季分析、年总结的工作方法，有效运用各类业务分析监控系统，对涉及本业务领域的政策风险、制度风险、操作风险以及业务运行状况开展实时监控，风险部门加强复核监控，每季度发布《石家庄海关业务运行监控情况分析报告》，及时发现和处置现场作业中的各种执法风险和隐患，“风险防控、职能监控、现场自控”的三级业务监控体系进一步健全。将加工贸易管理、稽查、缉私业务纳入职能监控系统，确定了以三项业务主管部门进行职能监控为主，以督察、联合检查、抽查等方式为辅监控方式，取得了初步成效。实现了监控系统的升级换代。"风险信息管理与处置系统"和"辅助决策综合展示系统"成功上线试运行，海关廉政风险预警处置系统推广应用，职能管理的信息化、智能化水平进一步提高。业务职能监控指标体系更加完善。研究制定了《2009年度业务职能管理量化指标》，全年召开三次业务形势分析会，通报量化指标达成情况及执法评估结果，查找薄弱环节，研判业务风险，确保业务运行质量和效率持续向好。执法评估数据显示，2009年，石家庄海关总体评价97.2分，有效指标19个，排名全国第13位，名次上升了13位。

【积极为河北发展服务】 贯彻落实《海关总署、河北省人民政府关于海关支持河北省开发开放合作备忘录》、《海关总署关于支持扩大内需促进经济增长的十项措施》和石家庄海关《服务促进建设沿海经济社会发展强省十项举措》、《促进经济平稳较快发展帮助进出口企业渡过难关的八项举措》等一系列服务举措。开展了唐山湾综合保税区、石家庄机场航空物流园区建设、内陆港建设等专题调研。向河北省政府报送曹妃甸保税港区申报建设进展情况等十余篇专题报告，多篇得到省领导批示肯定。与河北省政府相关部门建立了专报报送机制和全省外贸进出口情况月度通报制度。根据经济形势变化，结合地方外贸特点以及国家宏观政策情况，逐步拓展对重点地区、重点产业、重点企业的专项分析，为进出口企业在金融危机下如何更有效地利用好国家政策提供指导和帮助。全年共撰写监测预警专题报告62篇，《海关统计专报》、《农产品监测月报》24期。

调研指导曹妃甸保税港区建设。两次与海关总署领导和相关司局领导赴曹妃甸进行调研，积极参与曹妃甸保税港区可行性研究报告以及地方政府申办保税港区报告的制定，并专题上报海关总署。做好曹妃甸正式开放后的海关监管工作。针对铁矿石压港严重的问题，优化通关作业流程，实行预审价、预归类、留样化验、凭保放行、船边直提等措施，缓解港区船舶压港压力，解决了企业急等原料的困难。支持内陆港建设。加强与主管部门及口岸海关的情况沟通，主动走访进出口企业，向企业介绍内陆港的港区功能及在内陆港报关的优势，吸引企业通过内陆港办理进出口业务。对内陆港报关货物提出了多项优惠措施，按照"手续简便、流程清晰、通关顺畅"的要求，优化通关作业流程。此外还积极支持配合保定、邯郸等地建设内陆港。大力扶持秦皇岛、廊坊两个出口加工区加快发展。秦皇岛出口加工区拓展保税物流业务辅助管理平台系统已正式上线运转，并已开展业务，2家保税物流企业进驻区内。廊坊出口加工区在2007－2008年海关总署批准设立的第四批十八个出口加工区的综合评定中位列第六名。

【帮扶企业】 大力开展"暖冬"行动，突出抓好"三了解三帮三送"活动，了解企业遭受国际金融危机影响的具体情况，追踪研究企业面临的新困难，对重点出口企业进行优先帮扶，帮助企业用好、用足有关优惠政策。积极落实河北省重点利用外资、旅游、现代物流、商贸流通、中直企业合作项目建设分包责任制，与项目建设方建立了经常性联系，跟踪服务，推进项目尽快实施，争取项目在河北顺利落户。认真落实加工贸易政策调整措施，做好加贸内销补税程序简化工作，实现出口、内销"两条腿"走路，进一步简化企业就地转型、搬迁、深加工结转和外发加工等海关手续。建立重点企业、重大项目提前介入工作机制，重点对保定电谷、廊坊富士康、中钢研非晶带材、渤海新区、邯钢新区等大项目减免税提供跟踪咨询服务，为企业准确把握政策提供优质服务。全年共办理《进出口货物征免税证明》1555份，审批货值11.3亿美元。提高通关效率，营造方便、便捷的通关环境。采取深入基层、走访企业、加大宣传力度、加强与其它海关的合作等措施，积极推动区域通关工作。目前已与8个海关签署区域通关合作协议，累计审批企业119家，使更多诚信守法企业享受到更便捷的通关。在7×24小时全天候预约通关的基础上，优化通关作业流程，加强审单机制建设，推广应用新舱单系统，切实提高了通关速度。全年进口平均通关时间在2个小时以内，出口为半个小时左右。

【电子口岸建设】 石家庄海关积极与各联审部门沟通协作，定期召集电子口岸各联审部门举行座谈会，就企业应急审批相关事宜和"绿色通道"审批方式等问题研究解决方案。坚持"首问负责制"、"一次性告知"和"热线跟踪"制度，谁受理谁负责，及时解决企业咨询的各种技术业务问题，全年共收到企业好评留言近200条。做好新舱单及运输工具动态管理系统的推广应用工作，针对不同类型的企业，制定出不同的操作方案和流程，保证企业应用及时顺畅。电子口岸热线服务由原来的5×7小时延长至5×9小时，进一步改善窗口形象，贴心服务企业。办理新入网企业1835家，同比增长6%，截至2009年底共为河北省13960家进出口企业办理了电子口岸入网手续，每月平均为企业办理各类电子口岸业务1200余次，接听解答企业热线咨询1500余次，做到了事事有回复，件件有回音，举报、投诉零记录。

（石家庄海关　程　捷）

出入境检验检疫

【综述】 2009年，河北出入境检验检疫局围绕总局党组确定的"保增长、调结构、稳外贸、促发展"工作主线，以"服务沿海强省、建设沿海强局"整体工作目标为主题，以推行"公信立检、从严治检、科技强检、人才兴检"发展战略为工作主轴，扎实开展了"质量和安全年"活动及各项专项整治（顿）行动，千方百计帮助企业应对国际金融危机，努力扩大出口，较好地完成了总局和省委、省政府交给的各项工作任务。

【口岸检疫把关】 一是认真做好口岸检验检疫，严防疫病传入传出。全年查验出入境人员14.71万人次；健康检查发现病例8605例，其中：艾滋病4例、性病12例、肺结核20例、肝炎39例、其他传染病192例、澳抗阳性493例，非传染病7845例；预防接种2.9万人次，艾滋病监测2.1万人次。对3611艘船舶、238架次国际航班飞机、7634个进出境集装箱进行了口岸卫生检疫，对来自疫区的4054个进境集装箱进行卫生除害处理。京唐港办卫检人员及时处置了外籍船员吸毒过量致死案。秦皇岛局卫检处严格查验，准确排查出一起境外人员携带爆炸物质入境案。二是严防动植物疫情传入，保证农业安全。全年截获进境植物疫情94批、214种次。在动物检疫方面，先后对8833头进境奶牛和22万羽进境活禽进行检疫，其中检出患有5种动物传染病抗体阳性奶牛42头，及时扑杀和无害化处理。三是严格进出口货物检验监管，维护国家利益。全局系统全年检验检疫出入境货物13.70万批、货值186.35亿美元（同比分别减少19.12%和27.28%）。其中：出境货物12.52万批、货值68.78亿美元（同比分别减少20.33%和51.73%）；入境货物1.18万批，货值117.57亿美元（同比批次减少3.64%、货值增加3.33%）。工作总量（按货值排序）居全国35个直属局第13位；检出进出口不合格货物1312批、货值37.25亿美元（同比批次减少0.53%、货值减少10.90%），不合格检出率在全国35个直属局排第二位。其中：检出出口不合格货物162批、2267.17万美元，主要问题是品质缺陷、货证不符或有害物质超标等，维护了国家及河北省出口产品的市场声誉；检出进口不合格货物1150批、37.03亿美元，主要问题是数重量短缺、成分不足或有害物质超标和疫情疫病等，以真实可信的检验检测数据，帮助企业对外成功索赔1020万美元。

【口岸甲型H1N1流感防控】 甲型H1N1流感在境外发生后，河北出入境检验检疫局严密组织防控，石家庄国际机场、秦皇岛港、京唐港、曹妃甸港、黄骅港等驻口岸机构和省局卫检处、旅保中心，与卫生疾控和边检等部门开展联防联控，检疫入境飞机59架次、入境船舶1529艘次，检疫入境人员5.68万人次，检疫发现并移交卫生部门入境发热病人14人，追踪北京入境河北籍发热病人及与输入性病例密切接触者5批共50人（全部排除甲型H1N1流感嫌疑）。没有发生一例由河北口岸入境确诊的甲型H1N1流感病例。派出5批37人组成的"河北局援沪小分队"，支援上海浦东国际机场甲流防控工作，查验飞机1500架次、查验进境旅客和乘务人员22万余人次，发现处置发热病人566人次（其中确诊病例27例）。"河北局援沪小分队"和高永丰、郑向辉、许晓银三同志，荣获总局授予的全国质检系统防控甲型H1N1流感工作先进单位和先进个人称号。

【"质量和安全年"活动】 2009年，围绕总局提出的"质量宣传年、质量提升年、质量服务年、质量整治年和质量建设年"活动主题，组织开展了以整治为重点的"质量和安全年"活动。一是进出口食品安全整顿成效显著。全局各单位积极宣贯《食品安全法》，狠抓企业整改，强化企业责任意识和自检自控能力。全省645家出口食品注册备案企业全部建立了"食品安全防护计划"，健全了质量追溯体系和产品召回机制。开展了15类大宗出口食品质量分析，实施了全省进口食品和化妆品、出口食品残留、进出口食品添加剂与动物、植物源性食品的"3＋2监控计划"，对酒类、糖果和饮料等10种进口食品及其预包装食品进行了市场抽检。二是出口食品添加剂及饲料添加剂专项整治扎实有效。全局先后出动775人次，对74种、309家出口食品及饲料添加剂企业进行检查，对124家有问题企业进行了重点整治，滥用食品（及饲料）添加剂和在食品（及饲料）中添加非食用物质等违法违规行为得到遏制。全省出口食品和饲料添加剂质量稳定。三是进出口工业品检验监管集中整治深入扎实。从4月开始开展了以"查企业、查产品、查区域、查自身"为切入点的"进出口工业品检验监管集中整治"，针对出口木制品及家具、玩具、纺织服装、油漆涂料、危险品包装和食品包装等产品，推动3000多家出口工业企业加强质量管理体系建设，提高企业自检自控能力，保证了河北省出口工业产品的质量安全。抽检产品171批次，对有问题的10家企业给予了警告。系统内部纠正了"可低价、低质、低标准"的错误观念，严格了检验标准和程序。

【服务地方经济建设】 2009年，全局上下齐心协力，积极参与"全省遏制出口下滑攻坚战"，省局及时出台了"八条32项举措"，"举全局之力推动河北外贸及农产品食品出口走出低谷，举全局之力把好进出口产品质量和安全关"，实现了河北省优质特色产品出口的回升向好。（一）开展"企业大走访""企业大培训"。全局系统开展了为期3个月的"企业大走访""企业大培训"活动。深入企业了解困难和诉求，送政策、送技术、送温暖，共走访企业4032家、市县政府和相关部门领导160余人次，召开座谈会100余次，发放宣传材料1.5万余份，举办技术培训班120余期（参加企业1661家、3488人次），帮助企业解决问题近千件，受到地方政府和企业的普遍好评。对100家遇到特殊困难的企业进行了"二次回访"。主动开通联通600余家外贸企业高管的电子信息通道，发送各类服务信息2400余条。（二）积极迎接国外来冀检查，为河北省产品开拓国际市场创造条件。前后7次接待了日、澳、美、加、欧盟等国家和地区的官方团组对河北省出口热加工肉食、水果（梨、苹果、葡萄）、兔肉、肠衣及其检验检疫官方控制体系的考查，并顺利通过。一是8月份，帮助热加工肉类注册企业迎检，以"零不符合项"顺利通过日本农水省的复查，在日本高度关注我食品安全问题的大背景下，实属不易。二是11月份，欧盟食品与兽医办公室（FVO）来华对我国输欧动物产品及官方控制体系进行现场评估，顺利通过了对河北省兔肉、肠衣和检验检疫官方控制体系进行现场验证。总局和省政府领导给予了高度评价。三是前后5次接待来自澳、美、加三国植检部门对河北省出口果品的检查，均获得最好结果：澳大利亚检疫检验局2009年只与河北CIQ签署了进口中国鲜梨的检疫协议；新西兰植物检疫部门取消了原定对河北省梨园的现场检查程序，直接认可河北CIQ检疫结果；美国农业部和加拿大农业部通过了河北新品种梨（亚洲梨）和河北苹果现场考察。（三）“示范县（市）”创建活动初见成效。与平泉县、晋州市、赵县、泊头市、尚义县、迁西县、玉田县、唐海县等8个县（市）人民政府共同推动的“出口农产品质量安全标准化示范县（市）”创建活动取得阶段性成果，有200多个龙头企业和200多个专业合作组织参加，出口种植和养殖基地16万亩，培训生产技术管理人员10余万人次，带动了30余万农民增收，社会效益和经济效益已见成效；“示范县（市）”还起到了控制农兽药残留的作用，河北省农产品由此减少检测费用1000多万元；晋州市、赵县、泊头市三个出口鲜梨和苹果的“示范县（市）”的果品基地，顺利通过澳大利亚、美国、加拿大三国植物检疫官的现场检查。4月份，与省林业局联合下发了《关于林检合作推进出口果品生产标准化建设工作的指导意见》，省林业局将其管理的现代林果产业建设项目资金、农业产业化资金，对“示范县（市）”实行重点倾斜，优先扶持果品出口基地和龙头企业建设。（四）大力推进检验检疫便捷服务。积极响应省委、省政府把“冀东经济区建成环渤海地区新的经济增长极”的号召，出台了《关于积极做好冀东经济区出入境检验检疫工作指导意见》，实施区内“四检”协作和区内“直通放行”等措施。积极与天津口岸检验检疫机构沟通，努力争取最适合河北的“直通放行”模式。唐山惠达陶瓷获得了“出口免验”资格。全省实施“绿色通道”、“直通放行”、“快速核放”的企业分别达86家、45家和83家。提出了河北省出口企业分类管理方案和分类分级标准，报总局并在第一时间获得批准试行。全局各单位全面实行了急事急办、特事特办、“5＋2”工作制和“24小时预约服务”，实验室的检测周期进一步缩短，验放效率明显提高。（五）全面落实国家减免收费政策。组织了全局系统检验检疫收费情况“拉网检查”，严肃落实国家检验检疫减免收费规定。全局系统全年为企业减免费用954.04万元，881家出口农产品、纺织品企业借此受惠。受惠最多的一家企业减少支出70余万元。（六）全心全意帮助企业保市场、保份额。一是积极指导企业充分利用普惠制原产地规则。全年签发普惠制原产地证书和自贸区优惠原产地证书6.84万份，涉及25.89亿美元的出口货物，享受给惠国关税减免1.14亿美元，提高了河北产品的国际竞争力。二是采取措施帮助企业渡难关。及时采取了“六项服务措施”，帮助枣强县价值7亿多元人民币裘皮服装出口恢复到正常水平并且增加了出口，号称“天下裘都”的枣强大营镇裘皮服装出口达到10亿元，由此地方财政收入2000多万元，县、乡两级政府领导专程到省局送锦旗致谢。三是积极应对境外预警。秦皇岛局针对输韩粉丝因丙酸被扣留事件，配合总局和省局对外协调，使韩国很快恢复了秦皇岛市8家企业粉丝输韩，保住了河北省粉丝在韩国的市场份额。（七）主动服务河北省重点项目。积极落实《国家质检总局河北省人民政府关于建立推动唐山港建设合作机制备忘录》，投资4800万元的曹妃甸港矿石码头检验检疫采制样设施已开始试运行；投资5600万元的曹妃甸石油化工国家级重点实验室已全面开展检测；投资3000万元的秦皇岛港煤码头五期检验检疫配套设施建设进展顺利；各分支机构积极服务精品钢、汽车及零配件、新能源、生物医药等“八大出口产业集群”发展，对重点项目实行跟踪服务，提前介入，邯郸局对邯钢，邢台局对邢台乙酸等重点工程项目实行驻厂检验；保定局对长城、中兴汽车，廊坊局对富士康电子产品实行特事特办、随报随检，促进了项目建设的正常进行。

【实验室建设】 2009年，全局系统各实验室自检数量达到8.52万批，是2008年检测批次总数的2倍；实验室检测样品数量143.6万个，是2008年检测样品总数的9倍。各分支机构食品和农产品检测实验室全部投入运行；电线电缆（沧州局）、木制品及包装（廊坊局）、化工品（省局技术中心）、自行车及零部件（邢台局）、紧固件（邯郸局）、手动起重机械（保定局）等检测实验室投入使用，新增检测项目300多项。清河办羊绒实验室顺利通过ISO/IEC17025认可。总局批准设立了“曹妃甸冶金和金属材料国家级重点实验室”；中国检科院在秦皇岛局建立了“秦皇岛蝇传疾病研究室”。向总局申报了11个国家级重点实验室。肠衣检测、蜂产品检测、煤炭检测三个实验室通过了“国家级重点实验室核查验收”，其中庞国芳院士所在的秦皇岛蜂产品国家级重点实验室的“核查验收”得分99.5分，位列全国第一名。

【科研制标】 加大科研和制标工作力度。2009年，总局批准科研和制标项目33项，比2008年增加28项。特别是廊坊局《出口活牛育肥场电子信息管理系统》和沧州局《竹材粘胶纤维/棉、莫代尔/棉、莱赛尔/棉纤维混纺产品定量化学分析方法的研究》项目，顺利通过总局鉴定，实现了两局科研制标的历史性突破。

【人才兴检战略】 一是组织开展“全员大培训”和技术竞赛活动。制订了《河北局全员大培训活动实施方案》，分食品安全、检验监管、实验室管理、检测技术等13个专业，通过视频会议系统以举办“专家课堂”方式进行培训辅导。各分支机构也分别组织了管理知识和检测技术培训，有的还开展了“集中述学”活动。二是开展了河北局“技术专家”评定活动，33位同志为首批技术专家，促进专家型人才队伍的建设。建立了河北局“技术专家库”，今年向总局推荐“国际科技合作计划项目评价专家”6人，向国家认监委推荐“第一届食品安全国家标准审评委员会委员候选人”3人，向河北省食品安全监管协调领导小组办公室推荐“河北省食品安全专家委员会成员”3人。

（河北省出入境检验检疫局　李慧卿）

外事·侨务

【概况】 2009年，河北省积极推动对外交往，共派出因公出国（赴港澳）团组1618批5183人次，办理全省因公出国团组签证546批2912人次。各级外事部门努力为各类出访团组在出访审核审批、办理护照、申办签证方面，提供更加便捷的优质服务。全省邀请接待外国团组460批3876人次。主要有：接待波黑塞族共和国总统、巴西戈亚斯州州长、荷兰南荷兰省副省长、比利时东佛兰德省副省长、俄罗斯列宁格勒州副州长等外国政府高级官员，欧洲、日本、韩国、莫桑比克等30余国驻华大使。通过周密组织不同形式的工作会谈、洽谈交流、项目对接等一系列活动，推动河北与有关国家和地区的交流与合作。

积极推动友城间的交往。全省派出友城团组27批155人次，接待友城团组60批472人次，通过务实交流洽谈，取得良好效果。进一步巩固与20个国家的58个外国地方政府的友好关系，密切与29个国家的61个外国地方政府的友好交流关系。2009年，新建友好城市2对，报经全国友协批准待签友城1对。

着力促进对外合作。积极参与省、市重大涉外经贸活动。在省内举办的“5·18中国廊坊国际经济贸易洽谈会”、“石家庄国际动漫博览交易会”、“山海关国际长城节”、“承德文化经贸洽谈会”、“安平国际丝网节”等活动中，各级外办积极邀请外国驻华使节和客户，做好外宾接待和翻译等工作。围绕全省重大建设项目对外需求，积极邀请外国团组来冀考察洽谈，推进双方间合作。支持筹办首届“曹妃甸论坛”，实现了当年谋划、当年成功筹办，为助推曹妃甸发展发挥了作用，为河北省在国际上打出一张亮丽的名片。

切实加强涉外管理。积极配合省纪委，认真开展全省制止党政干部公款出国（境）旅游专项治理工作，实现了全省因公出访团组经费、批次、人次较近三年平均数压缩20%的目标。指导有关单位做好外商投资企业外方人员、外国专家和留学生的管理和服务工作。配合有关部门依法处置涉外案件28起，维护我社会稳定和良好对外形象。

贯彻执行国务院537号令，积极做好外国记者来冀采访工作。在外交部新闻司支持和帮助下，成规模邀请外国驻京新闻媒体和外国驻华使馆新闻官，分别到保定“中国电谷”采访了解中国新能源产业发展状况，到张家口参观三北防护林、长城葡萄酒有限公司及旅游景区近距离开展联谊活动，进一步增进了解和友谊。

积极协调制定贯彻侨务法规的配套政策。会同省教育厅、省招生委员会，制定“四侨考生”升学加分照顾、华侨子女在本省就读给予照顾的政策。会同省财政厅、省人力资源和社会保障厅制定归侨退休职工发放生活补贴的政策。在唐山乐亭县、保定容城县设立3个国务院侨办挂牌的“侨爱工程”一新农村建设项目。在保定实施“关爱工程”，建立“高柏电脑城归侨侨眷创业培训基地”、“虎振职业技术学校归侨侨眷技能培训基地”。

积极为侨服务，走访慰问归侨侨眷867户1700人次，筹集投放慰问金30多万元。争取捐赠项目3个，资金85.68万元。认真做好“四侨”考生出证和信访工作，办理“侨眷高知子女”考生出证122份，复审备案出证91份。受理来信180件、来访638人次、协调处理涉侨案件25件、答复政策法规咨询400余人次，做到事事有回音，件件有着落。

着力加强与海外华侨华人及社团的交流与合作。新结识12个国家47个社团负责人和一批重点人士。接待华侨华人来访84批2096人次，组织举办各类洽谈活动32场次。省政府侨办与邢台市政府联合举办世界张氏总会第四届恳亲大会暨张氏祖庭落成仪式，邀请710名海外宗亲参会，并举办交流洽谈活动，取得良好效果。与邯郸市政府共同举办华侨华人专业人士洽谈周活动，邀请来自25个国家和地区的海外代表60人参会，推动和促进邯郸市与海外华侨华人的交流与合作。

进一步密切与港澳政务联系。加强与香港、澳门特区政府和中央驻港、澳联络办以及外交部驻港、澳特派员公署的交往。2009年4月，安排省政府主要领导会见香港特首曾荫权，澳门特首何厚铧，中央驻港联络办主任高祀仁，驻澳联络办主任白志健，以及外交部驻港、澳特派员吕新华、卢树民等，就进一步深化冀港、冀澳合作进行商谈，推动冀港、冀澳交流合作。

切实做好因公赴港澳审核、审批、颁证等工作，积极为河北省企业（单位）赴港澳交流合作提供优质服务，并确保河北省人员如期赴港参加2009年河北（香港）投洽会等重要赴港澳工作，得到省、市有关单位的好评。

【2009河北省（香港）投资贸易洽谈会】 4月1日至3日，2009年河北省（香港）投资贸易洽谈会在香港举行。河北省（香港）投资贸易洽谈会是冀港合作的重要平台，从1989年开始至今已经连续举办20届。本届洽谈会以“京畿重地，商机河北”为主题，围绕“区域、产业、园区、城镇化”四大板块，重点推出高新技术专题招商会、冀港金融业合作暨企业股权融资恳谈会、冀港物流业专题招商会、环京津休闲旅游产业带招商及合作洽谈会、推进城镇化建设专题招商会等5场招商活动，共推出700余个招商项目，其中重点项目100个。在特区政府、中联办、外交部驻港特派员公署、各协办单位的大力支持下，洽谈会取得丰硕成果，共签订协议外资1000万美元以上项目71项，总投资66.3亿美元，协议外资40.4亿美元。

洽谈会期间，省长胡春华，省委常委、副省长杨崇勇拜会香港特别行政区行政长官曾荫权，拜会中央人民政府驻港联络办主任高祀仁和外交部驻港特派员公署特派员吕新华。会见长江实业集团主席李嘉诚、嘉里集团主席郭鹤年、恒基兆业集团主席李兆基、华润集团董事长宋林、香港建滔集团主席张国荣等一批香港著名工商界人士，进一步增进冀港高层之间的沟通与了解，有力推动冀港两地的交流与合作。

【胡春华率团访问澳门】 3月31日，省长胡春华，省委常委、副省长杨崇勇率团一同访问澳门特别行政区。

访澳期间，省长胡春华，省委常委、副省长杨崇勇拜会澳门特别行政区行政长官何厚铧和中央人民政府驻澳门联络办公室主任白志健、外交部驻澳门特派员公署特派员卢树民，参观澳门的城市建设，并同澳门的工商界知名人士及省政协澳门委员进行会谈，就进一步加强河北省与澳门的交流与合作，深入交换意见。省长助理、省政府秘书长尹亚力，省长助理、省政府研究室主任刘可为及省直有关部门负责同志随同出访。

【胡春华率团访问日本韩国】 6月17日至23日，应日本长野县政府、韩国京畿道政府邀请，省长胡春华率河北省代表团对日本、韩国进行友好访问。

在日本，代表团访问长野县，出席河北省与长野县缔结友好关系25周年庆典活动，胡春华与长野县知事村井仁进行工作会谈，双方就进一步加强两省县交流合作，促进中日两国友好关系发展达成共识。访问期间，胡春华会见日本外务省、公民党、日中友好协会负责人以及部分国会议员，就加强河北省与日本多领域的交流合作深入交换了意见。代表团考察日本东丽株式会社、日皮株式会社、好利旺机械有限公司等企业和横滨港，有效地推动双方的合作项目，中石化沧州分公司与日本东丽化工株式会社签署合资建设二甲基亚砜项目协议，唐山市开平区与日皮公司签署日方独资建设胶原蛋白肠衣项目协议。

在韩国，代表团访问京畿道，胡春华与京畿道知事金文洙进行工作会谈，共同签署建立友好省道关系协议书。访问期间，胡春华会见韩国部分国会议员和企业家，就加强河北省与韩国的经济贸易往来和多领域合作进行交流。代表团考察现代集团、乐天集团等企业和水原市环境事务所。通过访问推动一批重大项目合作取得实质进展，邯郸市政府与韩国现代建设集团签署建设邯郸汽车贸易城项目协议，唐山市、中国能源集团、韩国乐天集团共同建设唐山商贸城项目协议。省长助理、省政府秘书长尹亚力，省发改委、省交通运输厅、省商务厅、省外办负责同志随同出访。

【波黑塞族共和国总统访问河北】 5月5日至9日，波黑塞族共和国总统拉伊科·库兹马诺维奇一行6人访问河北廊坊、保定和石家庄市，目的是考察和了解河北经济社会发展经验，商讨双方交流合作事宜。期间，省长胡春华，省委常委、副省长杨崇勇在石家庄一同会见波黑塞族共和国总统拉伊科·库兹马诺维奇一行，双方就一些合作事项达成了初步意向。代表团在冀参观考察廊坊开发区和华日家具厂、保定长城汽车公司及石药集团维生药业公司。

【南非非国大总书记访问河北】 10月30日至31日，非国大总书记格维德·曼塔谢率领的南非非洲人国民大会代表团访问河北。期间，代表团参观西柏坡纪念馆，并与省纪委、省扶贫办、省安监局等部门就党风廉政建设、扶贫开发和安全生产情况进行座谈，省委常委、副省长杨崇勇出席并主持座谈。省委副书记、省长胡春华，省委常委、副省长杨崇勇在石家庄一同会见格维德·曼塔谢一行。会见时，胡春华在简要介绍河北省情后表示，河北省与南非双方经济互补性强，合作前景广阔。河北愿意加强与南非在经贸、文化、教育等领域的合作，不断巩固和发展河北省与南非的友好关系。格维德·曼塔谢感谢中国对非国大废除南非种族隔离制度斗争给予的巨大支持，表示南非愿意不断扩大与河北省的沟通与交流，同时希望南非地方政府与河北省建立友好关系，为南中关系健康发展作出积极贡献。

【韩国国会议员访问河北】 6月4日，韩国国会议员南景弼一行18人访问河北石家庄市。期间，省长胡春华在石家庄会见南景弼一行，省长助理、省政府秘书长尹亚力参加会见。

在会见时，胡春华表示，河北愿意不断加强与韩国在各方面的合作，积极寻找合作契机，加快推动河北省与韩国的交流与合作，共同应对国际金融危机，实现互利双赢。南景弼表示，愿为韩国与河北省的深入交往和多领域合作贡献力量。

【欧洲国家驻华使节团访问河北】 6月20日至21日，应外交部邀请，欧洲27个国家的驻华使节（包括16位大使3位临时代办）一行37人访问河北承德，外交部部长助理吴红波及有关人员陪同来访。此次外交部邀请使节团来访，旨在贯彻外交为国内经济建设服务的方针，推动我国与欧洲国家开展地方交流合作，加深欧洲国家驻华使节对我国国情的了解。期间，代表团参观避暑山庄、普宁寺和普陀宗乘之庙等文化古迹。活动后，使节们一致反映，此行进一步加深其对河北及承德经济社会情况的了解，有助于增进其对中国藏传佛教和民族宗教政策的认识。部分使节还希望再次访问河北，推动双方企业及相关部门开展务实合作。

【胡春华会见日本驻华大使宫本雄二】 3月10日，省长胡春华在北京汉华国际酒店会见日本驻华大使宫本雄二一行，双方就加强友好合作、促进共同发展进行深入交流。

在会见时，胡春华表示，愿意在互利共赢的基础上，进一步推进双方全方位、宽领域、多层次的交流，确保合作取得实质性进展。希望宫本雄二大使继续对河北省与日本的交流与合作给予关注，一如既往地关心和推进双方合作。宫本雄二表示，深化中日交流合作，一个重要的方面就是要加强双方政府及企业之间的沟通、交流与合作。日本驻华使馆和日本地方政府将竭力为此搭建平台、搞好规划、做好服务，促成双方在更广领域、更深层面进行更有成效的合作。

【韩国驻华大使辛正承访问河北】 5月17日，韩国驻华大使辛正承访问河北。期间，省长胡春华，省委常委、副省长杨崇勇在廊坊会见辛正承一行。省长助理、省政府秘书长尹亚力陪同会见。

在会见时，胡春华强调，河北与韩国经济互补性很强，希望通过积极务实的工作，推进双方在多层次、多领域开展更加广泛的合作。辛正承表示，韩国驻华大使馆将加强与河北省的联系，为促进韩国各界与河北的友好交流与合作做出更大努力。

【莫桑比克驻华大使访问河北】 6月29日至7月1日，莫桑比克驻华大使安东尼奥·伊纳西奥一行2人访问河北。期间，副省长张和会见安东尼奥·伊纳西奥一行。

在会见时，张和简要介绍河北的经济发展尤其是农业发展情况。表示希望通过大使的考察访问，进一步加强莫桑比克与河北在农业和其他领域的合作。安东尼奥·伊纳

西奥表示，莫桑比克与河北省农科院在品种引进方面已经有一些合作项目，希望通过本次考察访问，加强在粮食加工、水稻种植、节水农业等领域的合作，并欢迎河北的农业机械企业到莫桑比克投资建厂。

【重要团组来访】 9月7日至8日，由州长阿尔西德斯·罗德里格斯率领的巴西戈亚斯州经济友好代表团一行55人访问河北唐山，考察了解河北经济投资环境，为双方企业创造合作机会。期间，两省举行“河北省与戈亚斯州经济合作恳谈会”。省长胡春华，省委常委、唐山市委书记赵勇，副省长张和在唐山一同会见代表团。省长助理、省政府秘书长尹亚力参加会见。

10月23日，美国北卡罗来纳州州长裴铎丽一行访问河北。期间，省委常委、副省长杨崇勇在廊坊会见裴铎丽一行。

在会见时，杨崇勇首先向裴铎丽转达胡春华省长的问候，代表胡春华省长对裴铎丽到河北访问表示欢迎，并向客人简要介绍河北的情况。杨崇勇表示，河北清洁能源产业发展走在全国前列，特别是光伏太阳能、生物质发电、风电等产业发展迅猛，与北卡罗来纳州在新能源方面有着广泛的合作前景。希望双方在高新技术产业、新能源产业等领域开展全面的合作，促进双方的共同发展。裴铎丽表示，北卡罗来纳高新技术产业发达，河北有很多优秀企业，相信可以在很多领域开展互利共赢的合作。特别是在发展清洁能源产业、建设“低碳经济”的过程中，双方应携手合作，创造丰硕的成果。

10月21日至30日，应省政府邀请，荷兰南荷兰省副省长达惠丝率南荷兰省经贸合作代表团一行53人访问河北，目的是出席两省第二届水利环保研讨会，并商谈加强双方合作的具体事宜。期间，代表团先后访问了承德、廊坊、保定、石家庄、沧州和唐山6市，并在石家庄、沧州和唐山分别举办两省企业对口洽谈活动，共同举办第二届河北省——南荷兰省水利环保研讨会，续签新的水利环保合作备忘录。两省在水利、环保、规划、旅游、文化、经贸等领域达成30项合作成果。省委常委、副省长杨崇勇，省委常委、唐山市委书记赵勇分别在石家庄、唐山会见达惠丝一行。

8月17日至20日，比利时东佛兰德省副省长德布克率政府经济合作代表团一行17人访问河北石家庄、保定和沧州，考察和洽谈双方在农业、林业、水产、教育等领域的合作事宜。代表团在冀期间，参观考察沧州渤海新区、保定高新区、英利新能源有限公司、国电联合动力集团、河北金融学院、河北农业大学和河北大学等。副省长张和在河北会堂会见德布克一行。会见结束时，省农科院和比利时农业和渔业研究所在遗传与作物改良、植物病理学与病害控制、动植物产品与食品质量、博士生联合培养等方面签订合作备忘录。河北省黄骅鑫海生物技术有限公司与比利时英伟水产公司、天津科技大学与比利时根特大学签订水产项目合作协议书。

9月20日至23日，俄罗斯列宁格勒州副州长库兹涅措夫率领教育代表团一行8人访问河北，目的是进一步加强双方的友好关系，推动双方在教育领域的交流合作。期间，代表团考察河北有关院校，与省教育厅进行座谈。副省长龙庄伟在省会河北宾馆会见库兹涅措夫一行。会见结束时，河北省教育厅与列宁格勒州普通和职业教育委员会签署《教育交流合作意向书》，河北大学、河北师范大学分别与列宁格勒州普希金国立大学、列宁格勒州财经学院和俄罗斯赫尔岑国立大学沃尔霍夫分院签署教育合作协议，保定外国语学校与列宁格勒州沃洛索夫区伊兹瓦尔镇学校签署姊妹学校合作意向书。

10月21日至22日，以冈田伸浩为团长的日本青年会议所代表团一行26人访问河北，考察河北经济社会发展情况。期间，省长胡春华在石家庄会见冈田伸浩一行，省长助理、省政府秘书长尹亚力参加会见。在会见时，胡春华表示，河北省愿意不断加强与日本青年会议所的沟通和交流，为推动中日两国友好关系的发展做出积极贡献。同时希望双方不断加强和拓展经贸领域的合作。冈田伸浩表示，日本青年会议所愿意为推动日本与河北青年间的交流，加强双方在各领域的交流与合作做出更大努力。

10月30日，以会长井出正一为团长的日本长野县日中友好协会代表团一行访问河北。期间，代表团赴石家庄、承德、廊坊等地考察经济社会发展情况，赴易县植树。30日晚，省政府设宴欢迎代表团，省长胡春华出席欢迎宴会并致辞。省长助理、省政府秘书长尹亚力主持欢迎宴会。

胡春华在致辞中表示，希望以此次代表团来访为契机，双方进一步加强沟通，拓展合作，推动两省县友好关系不断发展。井出正一表示，长野县日中友好协会将继续为加强长野县与河北省的交流与合作作出努力，不断巩固双方的友好关系。

6月24日，美国衣阿华州参议院议员、国际关系委员会主席达瑞尔·比尔率衣阿华州友好交往代表团一行6人访问河北，目的是了解河北农业、教育、体育、民营企业等情况，推动双方的友好关系和交流合作，具体洽谈2010年衣阿华州高中女子足球队来冀举行友谊赛事宜。期间，代表团参观考察河北师范大学、省农科院、省体校和石家庄外国语学校等。省人大常委会副主任马兰翠在河北会堂会见代表团一行。在会见时，马兰翠希望双方进一步加强政府、议会间的友好交流和高层互访，深入探讨双方多领域的合作与交流；努力加强经济合作，促进双方在农业、装备制造业和以风能、太阳能为主的新能源领域的实质性合作；广泛开展教育、文化、体育以及医疗卫生领域的交流合作，增进人员往来，加强民间交往。

8月13日，澳大利亚新南威尔士州上议员兼州长助理曾筱龙一行7人访问河北，目的是寻求合作商机，重点推动澳大利亚地产投资企业与河北合作开发旅游休闲度假项目。期间，省委常委、副省长杨崇勇会见曾筱龙一行。

在会见时，杨崇勇向客人介绍河北经济社会发展情况，重点介绍河北的交通、港口优势和历史文化资源，希望推动双方在工业和服务业方面的合作。曾筱龙表示，新南威尔士州与河北在科技、经济、文化等方面有诸多合作，希望此访能与邯郸市在开发旅游休闲度假项目上达成最终合作协议。

3月16至17日，澳大利亚新南威尔士州基础产业部部长伊安·麦克唐纳先生率矿业代表团一行8人访问河北石家庄，目的是了解河北经济社会发展情况，推动双方在能源、煤炭等领域的交流与合作，谋求建立长期有效的投资贸易合作伙伴关系。期间，代表团与省国资委、发改委、工信厅、河北钢铁集团和冀中能源集团等部门和企业进行工作会谈，双方就中澳合资矿企的中方参股比例、澳矿开采权申办程序以及煤炭脱水和钻机新技术等问题进行探讨。副省长孙瑞彬在省会河北会堂会见代表团一行。

在会见时，孙瑞彬表示，河北省与澳大利亚的经济具有很强的互补性，双方合作密切，往来频繁，特别是钢铁、煤炭、矿产资源开发等领域的合作富有成效，合作前景广阔。麦克唐纳表示，河北与澳大利亚特别是新南威尔士州在煤炭领域具有良好的合作基础。在当前全球经济持续低迷的形势下，愿与河北省携手共克时艰，推动双方在能源、农业、科技、文教等领域的交流与合作不断深入发展。

1月14日至15日，美国罗克韦尔自动化公司全球总裁兼首席执行官基斯·诺斯布什先生一行10人对河北进行业务访问，目的是了解河北的工业发展情况，就为河北省“双三十”节能目标提供服务进行洽谈。期间，罗克韦尔自动化公司与河北省发改委及河北钢铁集团、华药、石药等企业就双方开展合作进行工作会谈，并取得积极实效。省委常委、常务副省长付志方在河北会堂会见诺斯布什总裁一行。

在会见时，付志方希望罗克韦尔自动化公司与河北企业进一步加强合作，利用其先进技术和设备促进河北钢铁、水泥、制药等传统工业节能减排、上档升级。基斯·诺斯布什表示，罗克韦尔自动化公司将与河北企业进一步加强联系，促进河北传统工业企业的节能降耗，在合作中实现双赢。

4月21日，瑞典爱立信集团副总裁、大中华区总裁马志鸿一行6人访问河北石家庄，目的是探讨爱立信集团在河北发展的新机会，推动爱立信集团与河北省的长期合作。期间，省长胡春华在河北会堂西华厅会见马志鸿一行，省长助理、省政府秘书长尹亚力、省外办主任杨全社等参加会见，廊坊市市长王爱民应邀向客人介绍廊坊的经济发展情况和发展电子信息产业的优势。在会见时，胡春华希望河北省与爱立信集团不断巩固良好合作关系，进一步拓展合作领域，提升合作层次，实现互利共赢。并希望爱立信加强与廊坊市的合作，在当地建立北方研发中心和生产基地。建议爱立信北方区代表会同省外办共同协商，提出具体合作项目，扩大双方在更广泛领域的合作。马志鸿对此表示赞同并强调，爱立信集团希望与河北省不断深化包括电子信息产业在内的各领域的合作，为河北省经济社会发展发挥积极作用。同时爱立信集团也希望利用其在瑞典的影响，进一步推动河北省与瑞典方面加强合作。

【河北省与日本经济合作说明会】 7月20日至21日，河北省与日本大使馆共同举办的“河北省与日本经济合作说明会”在秦皇岛经济技术开发区举行，日本驻华大使宫本雄二率日本三井物产中国总代表、中国日本商会会长小川真二郎等日本经济界人士一行17人出席活动。期间，宫本雄二一行先后考察秦皇岛开发区旭硝子汽车玻璃有限公司、唐山住友重机械有限公司，并参观唐山南湖公园和曹妃甸港口建设工程。

7月20日晚，胡春华省长在秦皇岛海景假日大酒店会见宫本雄二大使一行。省长助理、省政府秘书长尹亚力参加会见。胡春华希望通过此访，双方形成共识，加强交流合作，互惠互利，共同发展。宫本雄二表示，此访大大加深日本企业界人士对河北的了解，为今后的合作奠定基础。日本驻华大使馆将为加强河北与日本的交流与合作提供帮助和服务。

在说明会上，省商务厅介绍河北省经济发展情况和河北省对日经贸合作思路，并提出今后河北省推动对日经贸合作的措施和建议。省发改委介绍河北省对外经济合作重点领域和重点项目。日本三井物产中国总代表、中国日本商会会长小川真二郎等企业家纷纷表达各自的主打开发项目。针对河北经济发展的规划与前景，多位日本企业界人士就各自关心的问题发表看法。

7月21日早晨，省委常委、唐山市市委书记赵勇在北戴河会见宫本雄二大使一行，双方就唐山市与日本在经贸、投资等领域的合作深入交换意见，并达成高度一致。

【中国河北唐山—韩国友好周】 5月23日至26日，“中国河北唐山—韩国友好周”活动在河北唐山举行，韩国驻华大使辛正承率使馆官员，韩国三星集团、现代集团、希杰集团、韩国贸易协会、韩国地方政府国际化协会等工商金融界代表，以及文化界人士200人出席活动。期间，举办韩国专场文艺晚会和中韩投资贸易洽谈会，韩国浦项市与唐山市签署关于加强农业和新农村建设方面合作的谅解备忘录，韩国希杰公司和唐山市动物保健品饲料协会签署关于加强畜牧行业培训及交流的协议。省委常委、唐山市委书记赵勇，韩国驻华大使辛正承出席洽谈会开幕式并致词。

赵勇在致词中强调，唐山将进一步加深与韩国各界的了解和友谊，在更广泛的领域展开全面合作，特别是在环渤海地区的产业聚集，“四大功能区”尤其是曹妃甸国际生态城的开发建设，高等教育、职业教育、人才培养和文化交流与合作等方面展开卓有成效的合作。辛正承表示，希望唐山在装备制造、钢铁、精细化工、IT、环保、能源等产业的发展方面给韩国企业提供更多的合作机会。

【河北张北坝上草原联谊活动】 8月13日至14日，应外交部新闻司司长马朝旭邀请，来自21个国家、43家媒体的51名驻京外国记者、驻华使馆新闻官及夫人，在马朝旭司长陪同下赴河北省张北坝上草原参加外国记者新闻中心与河北省外办举办的联谊活动。期间，记者和新闻官们参观考察张北县三北防护林、中都草原度假村、安固里草原度假村和怀来县鸡鸣古驿站、长城葡萄酒酿造公司，与中国外交官一起参加篝火联谊晚会。

参观考察结束时，记者和新闻官们普遍表示，这次活动不仅使其以轻松自在的形式与中国政府新闻官员敞开心扉、零距离接触，与同行交朋会友，而且协助其与河北、张北等地方政府和有关企业负责人建立了联系，为以后采访报道创造了条件。

这次活动使记者们对中国地方经济发展、环境保护等领域的工作有了更直观的感受，对中国国情有了更深入了解。

【外国驻京记者赴河北保定中国电谷采访】 6月24日，外交部外国记者新闻中心与河北省外办共同组织外国驻京记者赴保定“中国电谷”采访，来自美联社、路透社、共同社、半岛电视台等32家外国媒体的50名记者参加采访。此次活动旨在让外国记者通过保定·中国电谷更好地了解中国环保、新能源产业发展状况。期间，记者们参观考察保定天威风电科技有限公司、国电联合动力技术（保定）有限公司、天威英利绿色能源控股有限公司、保定维特瑞交通设施工程有限责任公司、中国首座太阳能光伏大厦——电谷锦江国际酒店等企业，参加保定市政府举办了保定·中国电谷新闻发布会。

【16名外国专家获“燕赵友谊奖”】 9月29日，省政府在河北会堂授予在冀工作的加藤高明等16名外国专家2009年“燕赵友谊奖”，以表彰外国专家在河北省经济建设和社会发展中做出的突出贡献。省委常委、副省长杨崇勇，副省长宋恩华出席大会，并代表省政府为获奖外国专家颁奖。获奖的16名外国专家分别来自日本、意大利、美国、英国、菲律宾、澳大利亚和西班牙，专业涵盖机械工学、测量技术、计算数学、光学系统自动控制、工业化学、电子工程及信息科技等多个领域，是近4000名在河北工作的外国专家的优秀代表。自2002年起至今，已有152名优秀外国专家获奖。

2008年11月12日，省政府还授予德永博二等15名外国专家2008年“燕赵友谊奖”。

【第四届世界张氏恳亲大会】 5月28日至30日，由河北省人民政府侨务办公室、邢台市人民政府、世界张氏总会主办，清河县人民政府、清河张氏“两会”承办的以“祖源郡望，千年期盼，和谐聚会，共创未来”为主题的第四届世界张氏总会恳亲大会暨华夏张氏祖庭落成庆典仪式在邢台清河华夏张氏祖庭隆重举行。来自新加坡、马来西亚、印尼等十几个国家和地区的710名海外张氏宗亲参会，期间，举行经贸交流洽谈会，开展祭祖睦旅、文化交流、经贸合作、观光旅游等系列活动，取得良好效果。清河县政府与世张总会签订联合开发5000亩张氏文化生态园项目，与世张控股公司签订140亩旧城改造项目。新加坡美亚集团与成大公司达成生产特钢制品意向，马来西亚常青集团分别与御捷马公司、油坊镇达成合作开发车用电池和房地产项目意向。

【华侨华人专业人士考察团访问河北】 10月18日至21日，来自美国、加拿大、新西兰等25个国家和地区的60位华侨华人专业人士组成的“华侨华人专业人士考察团”访问河北，参加由省政府侨务办公室、邯郸市政府主办的“华侨华人专业人士洽谈会”，并围绕装备制造、新材料、商贸物流、农产品深加工、信息产业、机械制造、医药化工等诸领域进行考察洽谈，先后签订项目合同、协议8个，利用侨资17.42亿元人民币，取得了丰硕成果。

【44名海外侨领赴河北唐山考察】 7月18日至19日，参加第八届全国归侨侨眷代表大会的部分海外侨领应唐山市委、市政府邀请访问河北唐山。中国侨联副主席李祖沛参加活动。期间，海外侨领们参观唐山市学习实践科学发展观活动展览、城市展览馆及南湖生态城和曹妃甸工业区，并对唐山市的投资环境和有关投资项目进行了解和考察。省委常委、唐山市委书记赵勇在欢迎宴会上代表省委、省政府和唐山市欢迎海外侨领来访，并希望各界人士来唐山投资创业。

【华侨·华人·港澳同胞】 河北省籍华侨、华人、港澳同胞约35万人。分布在5大洲的80多个国家和地区，主要居住在亚洲、美洲、欧洲，以东南亚、日本、蒙古、法国、美国、加拿大最为集中。其特点：一是热爱家乡。中共十一届三中全会以后，大都与家乡取得了联系，并有不少人为家乡建设做出了贡献；二是文化素质较高，重视实业。学有专长和有一定经济实力的达3000多人。科技界的有：已故世界著名的美籍生物学家牛满江、美籍世界知名植物遗传学家梁学礼、美籍农业专家耿旭、法国科学院研究导师宋守信、原香港大学校长王赓武、美籍生物遗传学家翟振纲；实业界的有：欧洲共同体经济顾问、法籍华人钱法仁，美国旧金山工业电子国际分行董事长刘融淳，香港义生实业有限公司董事长沈炳枢等；政界的有：美国蒙特利尔公园市市长陈李婉若、世界祖国统一促进会主席张曼新等；三是有强烈的认同感、归属感，建有河北省籍人士或与邻省籍人士联合的同乡会等社团，如法国巴黎河北同乡会，英国河北同乡会，香港冀鲁旅港同乡会，日本留日华侨河北省同乡联合会，大阪中华北邦公所，新加坡华北同乡会，加拿大河北协会等。

河北省华侨早年出国定居，主要有3种情况：一是由于生活所迫，张家口地区的人移居蒙古；二是众多的杂技艺人出国卖艺，在国外定居；三是赴法勤工俭学，20世纪初中国赴法勤工俭学的创始人是高阳县的李石曾。

全省共有归国华侨、侨眷、港澳同胞眷属30余万人，其中归国华侨3775人。河北省华侨回国定居起始于1910年，当时主要是输出南非的契约华工。第一次世界大战后又有赴法、赴俄的契约华工陆续回国。新中国成立后，大批爱国华侨青年回国参加社会主义建设，50年代形成了华侨归国的高潮。1983年至1984年，河北省又安置了旅蒙华侨近2000人，截至1984年全省共有归侨4387人。由于近年来一部分归侨出国与家人团聚或调外省工作，河北省归侨人数降至3775人，他们分别来自东南亚各国、蒙古、日本、朝鲜等23个国家和地区。全省有阳原、高阳、吴桥3个侨乡县。

中共十一届三中全会以后，各项侨务政策得到落实，充分调动了广大归侨、侨眷、港澳同胞眷属的积极性。河北省充分信任、大胆使用归侨、侨眷干部，并切实保障归侨、侨眷参政议政的权利。截至目前，全省累计提拔到县级以上领导岗位的有600多人，现有侨界全国人大代表3人、省人大代表9人、省政协委员13人，港澳省政协委员35人。河北省还注意鼓励先进、树立典型。近年来，全省归侨、侨眷有2800多人被评为各级劳模和先进工作者，有45人被评为全国归侨侨眷先进个人，15个单位被评为全国侨务工作"先进集体"，16名同志被评为"先进个人"，5家企业获得"全国百家明星侨资企业"荣誉称号，3名专业人士获得"百名华侨华人专业人士杰出创业奖"。其中，2004年底，人事部、国务院侨务办公室共同授予河北省政府侨务办公室侨政处"全国侨办系统先进集体"荣誉称号。国务院侨务办公室授予河北省3个单位"全国侨办系统先进单位"荣誉称号，3名同志"全国侨办系统先进个人"荣誉称号。2006年，国务院侨务办公室授予河北省2个单位"全国社区侨务工作先进单位"荣誉称号，1名同志"全国侨法宣传先进个人"荣誉称号，2名同志"全国社区侨务工作先进个人"荣誉称号。2009年，人力资源和社会保障部、国务院侨务办公室授予唐山市侨办"全国侨办系统先进集体"荣誉称号。国务院侨务办公室授予河北省3个单位"全国侨办系统先进单位"荣誉称号，4名同志"全国侨办系统先进个人"荣誉称号，23名个人被授予"全国归侨侨眷先进个人"称号，4家企业"2006—2008年度全国百家明星侨资企业"荣誉称号，2名专业人士"第二届百名华侨华人专业人士杰出创业奖"荣誉称号。

全省6000多名归侨、侨眷知识分子中，现有高级职称1500人，中级职称1700人，他们为河北省现代化建设发挥了重要作用，有380多人获省部级以上科技进步奖、科技成果奖和科技发明奖，60余人被授予有突出贡献的中青年专家和省管专家。近年来，全省就归侨侨眷退休金、招生、招工、房改、工资改革、扶贫救济、养老、医疗改革等，先后制定了12项操作性较强的配套政策，使维护归侨侨眷权益既有法可依，又有章可循。还从实际出发，采取了积极有效的措施努力推进侨务扶贫工作，积极筹集资金，争取贷款，加大了对侨务扶贫的投入。为扩大就业门路，积极引导兴办侨属企业，各地为此先后出台了优惠政策，予以重点扶持和保护，侨务扶贫工作得到了国务院侨办的肯定，在2001年全国侨务扶贫工作会议和2003年全国归侨侨眷下岗职工再就业暨发展归侨侨眷非公有制经济会议上，分别介绍了河北省的经验。2005年国侨办国内司先后3次到河北调研，充分肯定河北的侨务扶贫和再就业工作。在2008年全国侨办主任会议上，国务院侨办领导对河北省组织各设区市侨办干部到江苏实地学习先进经验、帮助困难归侨侨眷选准效益好的项目、修订本省《归侨侨眷权益保护法》实施办法和推进"侨爱工程—万侨助万村"活动等工作，给予充分肯定。在发展外向型经济中，不少归侨侨眷发挥自身的"海外关系"优势，为河北省引进人才、资金、技术和设备牵线搭桥，做出了贡献。

（河北省外办　丁海峰）

经济技术合作

【概况】 2009年，河北省区域合作工作认真贯彻落实科学发展观，正视困难，迎接挑战，牢牢把握"保增长、扩内需、调结构、惠民生"这条主线，进一步加强了与京津和沿海各兄弟省市以及央企的合作，以督导检查签约项目为抓手，以搭建合作平台为举措，上下联动，形成合力，有力地推进了全省的经济技术合作工作。2009年1至12月份，全省共引进省外资金1484.97亿元，比上年同期增长25.24%。

【区域合作】 （一）对接京津两市。围绕促进京津冀区域协调发展，河北省积极推进与京津两市经济与社会的全面合作。河北省政府主要领导亲自率团分别赴京津进行了学习考察，并与北京市签署了《关于进一步深化经济社会发展合作的会谈纪要》，与天津市政府签署了《关于加强经济和社会发展合作备忘录》，在经济领域和社会领域开展全方位、多层次、宽领域的合作。年初省政府办公厅分别印发了两个合作纪要和备忘录的工作分工实施方案，分解任务、明确分工、落实责任。主管省领导多次召集责任单位对进展情况进行调度，全省与京津两个协议涉及的各项内容都取得较好进展。在生态水源上，北京市政府2009年至2011年计划投资1.5亿元在河北省张家口、承德市启动京冀生态水源保护林建设和森林保护合作项目。在交通上，密涿高速（廊坊至密云段），已与北京市协调了接线方案，并开展方案研究工作，计划于2010年9月开工建设。京承高速三期（密云至京冀界段），已于2009年9月26日建成通车，该项目全线贯通后，从北京到承德的车程将由现在的4个小时缩短到2个小时之内。在教育上，京冀教育部门在职业教育合作立项、制定政策、确定学校及遴选专业等方面达成共识，在8个专业联合招收1500名学生的合作意向，按时间、分段在河北和北京学习；河北省与京津高校互派挂职干部6月正式实施，河北省第一批派往北京、天津高校的10位高校干部正式上任开展工作，同时北京市向河北省派出了5名高校挂职干部。另外，在金融、科技、卫生、农业、服务业等方面也取得一定成效。

（二）对接驻京津"国"字号企业。围绕推动产业转型升级，加强与国务院国资委管理的国字号企业的联系，努力推动与中央企业的项目合作。春节前和全国"两会"期间，由省、市领导带队，分别拜访了与河北省有合作关系的央企总部，特别是在"两会"期间，省政府主要领导亲自主持举行了29家央企老总及部门高管参加的座谈和联谊活动，进一步加强了与央企的关系，推动了与央企合作的开展。目前中央企业已有70余家与河北省开展了合作。在5月18日中国廊坊国际经贸洽谈会的签约仪式上，与央企新签约6个项目，总投资128.52亿元，引进资金58.46亿元。石家庄在京举办了石家庄—北京央企拜访周活动，由市领导带队走访了11家驻京央企，收到很好效果。通过与中央企业的战略性合作，实施了一批战略合作项目，促进了河北省产业结构转型升级，提升了产业竞争能力。

（三）对接驻京津科研单位。重点是围绕地处京津的知名高等院校、科研单位，开展技术合作、人才培养、智力引进，省政府先后与12家院校签订了合作协议，其中10家是地处京津的大学和科研单位。今年以来，加大了与省外高等院校、科研院所的合作力度，主动走访，与合作院校共商合作大计，有力促进了合作项目的开展。与河北省签订合作协议的中科院、清华大学等12所院校与全省企事业单位签订了100多个合作项目，这些项目大都达到了国际、国内先进水平，填补了国内空白，不仅科技含量高，而且预期经济和社会效益好。7月份在承德召开了一年一度的河北省2009年省校（院）合作研讨会，邀请了与河北省建立合作关系的大学和科研单位的领导和专家参加，发布了院校科技成果和企业技术需求项目，交流了合作情况，探讨了下一步的合作设想。会议期间还举行了合作项目签约仪式，有11个企业与院校的合作项目在会上签约。

（四）对接沿海发达地区。沿海各兄弟省市一直是河北省开展合作的重点地区。通过对全省与“长三角”、“珠三角”地区的合作情况进行调度和摸底，及时作出部署，全省各地大力加强了对沿海省份的合作力度。全省各市、县采取多种形式，纷纷到“长三角”、“珠三角”地区举行各种形式的推介、洽谈活动，取得很好的效果，从而保证了当前经济下滑的局面下利用内资实现较大幅度的增长。在“5.18”廊坊洽谈会签约仪式上，有6个南资北移项目签约，总投资221.8亿元，引进资金119.96亿元。

【招商引资】 （一）大力请进来办会合作。大力办好省内举办的活动，邀请客商实地考察，提高办会知名度，打造河北招商品牌。2009年省政府精心举办了中国廊坊国际经贸洽谈会，加大了邀请国内客商的邀请力度，邀请了国家部委、京津两市政府和有关企业参加，举办服务业、旅游等多个会中会和高层论坛。在2009年举行的“5.18”中国廊坊国际经济贸易洽谈会上，北京京仪集团、北京住总集团、天津新风公司、第四方物流（天津）有限公司等京津企业与河北省企业新签订了17个合作项目，总投资295.35亿元。此外，“5.18”洽谈会期间京津冀三方有关部门分别签署了交通、规划、旅游等合作协议。各市分别利用城乡“三年大变样”加大基础设施建设的机遇大力开展招商引资活动，各具特色，亮点纷呈，效果显著。

（二）积极走出去参会招商。在充分发挥全省自办经贸洽谈活动的基础上，注意把国内有规模、有特色、有影响的洽谈会作为河北组织企业开展招商引资的重要平台，积极组织企业参加兄弟省市举办的区域性合作洽谈活动。今年以来，省委、省政府、省人大、省政协四大班子领导多次率团参加东、西部地区举办的经贸洽谈活动，先后组团参加了乌鲁木齐对外经济贸易洽谈会、厦门“9.8”洽谈会、在成都举办的西部博览会、在西宁举办的“2009中国·青海投资贸易洽谈会”、在西安举办的“中国东西部投资贸易洽谈会”等等，并组织多家优势企业参展，签订了一批合作项目和贸易合同，推介了河北，发布了项目，结交了朋友，取得了实效。

【对口支援】 （一）对口支援三峡库区丰都县工作。根据国务院对口支援三峡库区移民工作《五年规划纲要》精神，编制了《河北省对口支援丰都县移民工作规划纲要（2009—2012年）》。截至目前，全省已安排丰都移民劳动力到河北省就业达1328人（次），已超额完成国务院三峡办下达河北省1000人次的目标任务。组团参加了6月重庆市人民政府、国家旅游局在丰都县举办的“第十四届中国重庆长江三峡国际旅游节暨重庆丰都·中国‘神曲之乡’第五届民俗文化节、第十六届鬼城庙会”（简称“两节一会”）活动。

（二）对口支援西藏阿里地区工作。按照省领导批示精神，对去年12月阿里地区代表团来河北省考察访问时，河北省对2007年所定三年的援助资金事宜和2009年新增援助资金进行了协调落实。

（三）对口支援新疆巴州工作。8月31日至9月4日，河北省派出了以省委常委、副省长杨崇勇为团长、省人大副主任侯志奎、省政协副主席赵文鹤为副团长、省发改委、省财政厅等有关部门组成的高规格的河北省代表团赴新疆参加第十八届乌洽会，并赴河北省对口支援的巴州考察洽谈对口支援工作，看望援疆干部，考察了河北省援建项目，向巴州蒙医院援助1000万元建设资金，向巴州援助20辆河北产长城越野汽车。在此之前，河北省已向新疆自治区捐赠了2000万元资金。

（河北省发改委　王中起）

【广东省河北商会】 广东省河北商会是经广东省经济贸易委员会批准、在广东省民间组织管理局登记注册的、河北人在广东具有法人地位的一个非赢利性民间组织。该商会由河北省人民政府驻广州办事处和河北在广东创业的部分成功企业家共同发起，以服务会员，服务社会，依法维权，诚信经营为宗旨。加入本商会的会员主要由河北籍在粤投资从事生产、经营活动的企业家、河北各地企事业单位驻粤机构、在粤发展的河北籍高级专业人才及各界知名人士等组成。

广东省河北商会成立半年多来，努力为河北省招商引资服务。一是不断完善各项工作和制度。目前商会秘书处下设办公室、会员部、法律维权部，还组建了商会法律顾问团。二是做好会员信息收集。秘书处对会员的个人基本情况，入会公司的简介，入会企业的产品、需求以及法人身份证件、营业执照、电子信箱等都努力收集备案，建立了会员电子信息库，并做好商会信息的发布和传递。三是注重对外宣传工作。商会通过河北省政府内参，冀粤两地的电视、报纸、杂志等媒体加大宣传力度，让社会更多地了解广东省河北商会，不断提升冀商在广东的形象和知名度。商会还加入了广东省商联会、广东省工商联、河北省发展改革研究会等社团组织，与全国各地冀商建立了紧密联系。四是积极为粤冀商及河北各市、县、区招商引资办实事。广东省河北商会已致函河北省170多个市、县政府商务部门并了解了部分市、县的招商引资项目、优惠政策和投资环境。已积极协助并参与了河北20多个市、县在广东举办招商推介活动，组团参加了石家庄市、邢台任县投资推介会；赴张家口参加了第十一届环渤海经济技术洽谈会；与蔚县开展了经贸项目对接活动并签订了战略合作框架协议和合作意向书。协助河北省深泽、玉田、平乡、蔚县、张北、滦县、馆陶等县举办了招商推介会；组织了广东省河北商会商务考察团赴沧州黄骅港、盐山县、沧州经济技术开发区、河间市参观考察投资项目。2010年3月22日，广东省河北商会秘书长孙志强、副会长张成欣赴香港参加唐山市投资环境暨重点项目推介会。会上张成欣副会长还与唐山市汉沽区签订生产数控机床项目，投资总金额达7000万美元。

2010年3月26日，商会组团参加了武强—广州投资项目推介会，会上武强县人民政府聘请商会名誉会长（执行会长）侯庆虎、副会长韩长生为经济顾问，武强县县长刘玉华为其颁发了聘书。武强县政府还与商会签订战略友好合作意向书。

市场体系建设

【概况】 2009年，全省市场建设以提升综合竞争力为目标，努力创新理念，整合资源，扩大规模，提升水平，完善功能，规范秩序，总体上保持了平稳健康发展。

一、市场繁荣，交易规模扩大。2009年全省商品市场总数4014个，成交总额实现5209亿元，同比增长12.2%。超亿元市场总数达到279个，较上年增加20个，超亿元市场成交总额实现3507亿元，同比增长10.7%。年成交额超10亿元市场达到65个，新华集贸、南三条、白沟、香河家俱、永年标准件、安国东方药城等6个市场年成交额超百亿元，大型市场发展迅速，市场吸纳力、辐射力、影响力进一步增强。

二、档次提升，服务功能完善。在国家和省级政策性资金引导带动下，市场改扩建力度加大。2009年，全省市场建设投资完成73.49亿元，同比增长43.8%，各类农副产品市场、工业消费品市场、生产资料市场的基础设施和硬件水平得到较大改善。与此同时，安平丝网、清河羊绒、冀东果菜等大型市场物流配送、电子结算、信息服务、质量检测、研发设计、中介服务等配套服务体系进一步完善，功能多元化趋势更加显现。

三、市场拓展，开放程度提高。适应经济全球化发展趋势，大型市场在全球范围内配置资源的能力进一步增强，由“买全国、卖全国”向“买全球、卖全球”方向发展。白沟市场已有150多家企业在130多个国家和地区设立了办事处，箱包产品的出口量已占全部销量的50%。安平丝网大世界年出口总额达4.3亿美元，占全部销售收入的31%。南三条小商品博览会、中国尚村皮草交易会等依托大型交易市场举办的国际展会成交额逐年攀升，在国际业界影响力日趋增强。

四、业态升级，市场结构优化。新型流通方式加快推进，流通现代化程度明显提高。连锁经营稳步发展，限额以上连锁企业、连锁门店商品销售额实现765亿元，同比增长20%以上。物流增加值完成1380亿元，同比增长18%。全省社会物流总费用占GDP比重比上年降低1个百分点左右，物流效率显著增强。电子商务示范（试点）企业销售业绩大幅提升，平均增长率在10%以上，新华集贸、安平丝网等大型市场的电子商城建设开始起步。

五、机制创新，要素市场活跃。全省信贷投放保持强势增长，同比增长38.8%以上。浦发、兴业等股份制商业银行陆续在冀设立分支机构，香港东亚银行的进驻实现了河北省外资银行零的突破，工商银行全国客服中心、中国银监会五大中心（培训中心、党校、干部学校、灾备中心和金融论坛）等相继落户河北省，地方金融机构改革取得新进展。省产权交易中心与京、津产权交易所加强合作，省内企业产权交易信息在京、津同时挂牌，实现了京津冀产权交易一体化。技术市场合同成交总额增长20%左右，技术市场管理、合同认定、中介服务机构总数达到3400家。

六、环境优化，市场秩序改善。随着市场国际化接轨的逐渐深入，河北省各类市场已进入标准化、规范化发展时期，市场经营与管理主体准入制度、市场商户主体准入制度、市场经营客体准入制度、市场运行管理制度，以及收费、质检等服务制度逐步建立和完善，市场宏观管理水平提高，微观运行环境优化，流通秩序、经营秩序、竞争秩序规范程度大为改观。

同时，河北省市场体系建设中仍存在一些不容忽视的矛盾和问题。一是商品市场基础设施改造提升速度远不能满足市场流通需求，部分商品市场尤其是农产品市场存在档次不高、设施陈旧老化等问题。冀中南地区因降雪导致部分农产品市场交易和仓储设施坍塌或损坏。二是市场功能不尽完善，物流配送、网上交易、信息服务、中介服务等配套服务体系亟待健全，市场功能未能有效发挥，市场竞争能力有待进一步提升。三是要素市场发育仍不完善，在很大程度上影响和制约了商品市场的完善和提升。四是市场信用体系建设滞后，经营主体信用缺失仍较普遍，制售假冒伪劣商品、偷税漏税等经营行为未能有效杜绝，市场秩序有待进一步规范。

（河北省发改委　张艳梅）

【证券期货市场】 2009年，河北资本市场保持了平稳健康发展的态势，上市公司经营状况明显好转，基本走出金融危机阴影；证券期货市场交易活跃，成交量和成交额保持较快速度增长，经营网点不断增加，规范发展水平再上新台阶。

截至2009年末，河北省共有35家上市公司，总股本和总市值分别为218.77亿元和3121.42亿元。辖区上市公司业绩出现V形反转，2009年1—9月，辖区上市公司实现主营业务收入1381.28亿元，净利润34.17亿元。全年共融资62.9亿元，其中再融资57.9亿元，首发融资5亿元。

截至2009年底，辖区有1家法人证券公司，2家河北分公司，114家证券营业部。投资者开户达337万户，托管客户资产1339亿元，实现代理证券交易额15903亿元，同比分别增加（长）13%、121%和71%。证券经营机构效益稳步增长，实现业务总收入36.78亿元，利润总额23.89亿元，上缴税金1.07亿元，同比分别增长54%、64%和62%。

截至2009年底，辖区有1家法人期货公司，21家期货营业部。期货投资者19517户，期末保证金余额5.3亿元，分别较上年增长了93.4%和211.8%。

一、全力做好辖区资本市场维稳工作。2009年，是国庆六十周年，维稳工作尤显重要，按照证监会的总体部署，河北省证监局积极行动、克艰攻难，有效防范和化解了市场风险，保障了市场安全稳定运行。

1. 全面安排维稳工作。一是落实维稳工作责任制，成立了省局维稳工作领导小组，制定了一系列维稳工作制度。二是与省安全厅，省委宣传部、省金融办建立了维稳工作协商机制。三是组建了辖区新闻评论员队伍，及时与新闻媒体沟通交流情况，主动加强与新闻主管部门日常联络。

2. 认真落实维稳工作安排。一是督促辖区上市公司建立健全维稳长效机制。加强与会机关、交易所及地方政府沟通合作，发挥综合监管优势，对经营困难、依靠自身难以摆脱困局的公司，多次向地方政府和相关部门提示风险和化解风险路径。二是持续督导证券期货经营机构做好维稳工作。两次召开维稳工作会议，督促各机构认真开展风险排查，切实做好国庆维稳、创业板推进及市场规范落实工作。切实做好证券期货经营机构应急演练现场检查。11月，河北省中南部地区突降暴雪，省局立即启动相关应急预案，局领导亲自带队赴灾情较重的4个地区34家证券营业部现场检查应对雪灾工作，研究解决问题，共同做好防雪抗灾工作。

3、进一步做好信访工作。在日常信访工作中，将信访工作与日常监管工作相结合，高度重视信访事项中反映的问题特别是涉及投资者权益纠纷等风险隐患，及时采取措施，防范和化解。截至2009年底，共处理信访事项195次。针对“7·22”、国庆节等敏感时期，全力做好南航权证部分投资者稳控工作。

二、大力推动上市公司并购重组和融资工作。2009年，河北发生了多起上市公司并购重组，并购重组已成为辖区公司提升竞争力的重要手段。同时，积极推进融资再融资工作，全年实现融资62.90亿元，在全国排名第16位，比2008年上升2位。

1. 大力推动上市公司并购重组。一是积极推动河北钢铁集团和冀中能源集团重组。督促重组各方认真执行既定的重组方案，严格按照有关法律法规进行重组，加快重组进程，及时进行披露信息；积极协调有关各方，为公司重组提供帮助，推动公司成功实现重组。二是推动*ST宝硕等三家公司履行破产重整程序，主动走访公司和当地政府，要求公司按时披露信息，使公司摆脱了生产经营困境，消除了暂停上市、终止上市或退市风险。三是推动威远生化等公司通过资产认购、引进外资、股份换购等方式实施重组，提升公司资产质量和竞争力。四是支持*ST唐陶等公司借资产重组摆脱危机、走出困境。五是实时关注新的并购重组类型，积累监管经验，服务公司并购重组。

2. 紧紧抓好融资工作。2009年，辖区上市公司实现融资62.90亿元，累计直接融资达到486.83亿元。拟上市公司工作也取得较大进展，庞大汽贸、龙星化工材料在审，天业通联、唐山港、先河科技和河北恒信正式上报了首发申报材料，其中先河科技和河北恒信等2家公司准备在创业板上市。福尔生物、晨光色素、建新化工和华斯农业等公司也都进入规范辅导阶段。

三、进一步强化上市公司日常监管。2009年，以维护上市公司稳定发展为重点，以信息披露监管为主线，加大对执业机构的审计监管，不断促进上市公司规范运作。

1. 深入推进上市公司治理专项活动。证监会将2009年定为“上市公司治理整改年”，省局针对部分尚未完成整改或新发现治理问题的公司，逐家逐个分析问题根源及原因，有针对性地制订推进整改的措施和计划。在完成对8家公司年报现场检查的基础上，对乐凯胶片等6家公司进行了公司治理专项检查。通过现场检查、现场督促，以检查促整改，辖区上市公司治理水平有了明显改善和提高。

2. 全面做好信息披露监管工作。强化年报编报全程监管，变以事后审核为主为事前提示、事中督导和事后审核并举。年报披露后，及时进行审核和汇总分析，对资产减值、应收账款坏账计提等八大风险进行了重点专项检查，完成对金牛能源、荣盛发展等13家公司的检查，对公司存在的公司治理、独立性、信息披露以及财务等方面的问题提出整改要求。在定期报告审核的基础上，结合日常监管情况，对公司进行了风险分类。由于思想重视，措施到位，辖区上市公司信息披露质量明显提高。

3. 强化对会计师事务所的审计责任监管。先后对东方热电、常山纺织等9家公司年报审计工作实施了现场监管，督促审计机构把握审计风险，严格审计程序。在对13家公司专项检查的基础上，开展了对年审会计师事务所执业质量的延伸检查。对检查中部分审计机构存在的问题，及时要求审计机构进行了整改。

四、推动证券经营机构规范发展。不断加强证券经营机构基础性制度建设和内部管理，健全内控机制，提高风控水平，夯实规范运作基础，提升合规经营水平。

1. 全面规范证券经纪业务活动。一是督导证券经营机构规范营销行为，进一步解决客户服务和客户管理环节存在的突出问题。二是实施佣金报备制度。要求各机构向省局报备佣金费率且不得随意变更，需变更时必须重新履行备案程序后方可执行。三是进一步优化经营网点布局。做好服务部规范工作。四是责令航空证券完成对历史遗留非法网点的清理整改。此外，查实了省外部分证券经营机构违规在河北辖区开展营销业务情况，通报相关证监局或证券公司总部，要求立即停止违规行为，并采取措施消除影响，维护了辖区市场秩序。

2. 推动财达证券公司规范发展。一是推动公司完善内部控制，加强信息系统建设。督导公司建立压力测试工作机制，不断完善压力测试工作方案，提高风险管理水平。二是在完善法人治理、内控机制下，积极支持公司发展创新业务。支持公司完成对天津科信期货经纪有限公司的收购，为公司取得IB资格奠定了基础。三是配合省国资委参与财达证券公司三年规划的论证，督导公司完善法人治理结构，选举产生了新一届的董事会、监事会以及经营班子。

3. 继续做好河北证券风险处置收尾工作。会同行政整顿组对河北证券最后一批存疑账户进行核查并完成账户论证；召集破产管理人、受让公司等召开协调会，实施解决收尾工作。积极协助地方法院、政府部门到深圳、新疆、甘肃等地就河北证券破产有关股票资产处置、职工债权等问题进行专题调研。配合有关方面做好原河北证券职工稳控工作，特别是配合人行原秦皇岛河北大街证券营业部的维稳工作。

4. 认真开展2009年度商业银行基金销售检查。对辖区10家银行的基金销售业务进行了现场检查。目前，检查由全面铺开阶段转入重点检查阶段。

五、积极推动河北期货市场稳步发展。坚持以市场发展为主线，以规范发展为重点，推动河北河北期货市场发展。

1. 不断做大河北期货市场规模。一是积极引进省外期货公司来河北设立分支机构，目前辖区共有21家期货营业部。二是推动辖区证券经营机构IB化，实现证券与期货客户资源共享。三是支持河北恒银期货公司继续增资扩股，鼓励该公司开拓省外市场，到省外增设分支机构。四是开展多种形式的期货推介与宣传活动，引导国有企业及期货相关产业实体参与期货市场，进一步培育期货机构投资者。五是协调交易所，争取在辖区逐步设立玉米、钢材等品种的期货交割仓库。

2. 推动期货经营机构规范发展。强化现场检查，督促期货经营机构加强制度建设和内部管理，提高风险防控能力和规范运作水平。全年共对期货经营机构净资本指标、保证金预警、开户实名制等9个方面开展了36次现场检查。

3. 推进期货行业建设，提升期货监管水平。一是组织召开了四次河北省期货业联席会。二是开展了形式多样的调研走访、学习考察活动，由局领导带队先后赴上海期货交易所、大连商品交易所和重庆市、浙江省进行学习考察。推动河北钢铁集团生产的“唐钢”牌、“邯钢”牌等四种品牌线材成为上海期货交易所的注册品牌。

六、切实加强投资者教育工作。一是督促各机构制定了投资者教育工作方案，特别是加强开户、交易环节的宣传教育。二是加大投资者教育工作的现场检查力度，从检查情况看，各机构比较重视投资者教育和风险提示工作，形成了长效机制建设的基础。三是组织开展了系列宣传活动。开展了“防范非法证券活动风险投资者教育宣传月“活动，通过报刊、网络、发放宣传册及短信提示等方式，有效提高了投资者对各类非法证券投资活动的识别、抵制和自我保护能力。四是大力推动创业板投资者适当性管理工作。8月和9月两次组织会议，对创业板投资者适当性管理工作进行具体部署。

七、严厉打击证券期货市场违法违规行为。按照“及时发现、及时制止、及时查处”的原则和“科学分工、密切协同、三位一体、快速反应”的要求，全力开展案件调查和稽查打非工作。

1. 加大稽查力度，严厉查处证券违法违规案件。积极探索“关口前移，提前介入”的预防性稽查模式，全年共完成调查任务8件。

2. 积极做好打非工作。一是进一步强化打非工作联系机制。协调省金融办提请省政府增加省通信管理局、省广电局，邀请省委宣传部为省打非协调小组成员。二是与有关部门配合共同打击非法证券活动。以整治利用网络等媒体开展非法证券活动为重点，积极联合公安、工商等部门打击非法证券活动，成功侦破石家庄中鼎科技信息有限公司非法证券咨询案，与省金融办、河北银监局联合对石家庄汇融农村合作银行擅自公开发行股票问题进行调查，与石家庄市工商局联合就石家庄联赢投资公司涉嫌非法经营证券业务进行调查。协调河北省通信管理局对河北金融网、中国金融界网、股城网网站上的非法广告链接进行删除。

（河北省证监局　孙浦云）

统计资料篇

STATISTICAL DATA

统 计 资 料 使 用 说 明

一、统计资料内容说明

1.《河北经济年鉴—2010》的统计资料篇全面反映河北省经济和社会发展情况。收录了全省2009年及历史重要年份经济和社会各方面大量的统计数据，以及各市、县2009年经济和社会发展的主要统计数据，并附有各省市自治区主要指标。本篇内容分为23部分，即：综合，人口、就业人员及工资，固定资产投资，能源，财政，物价，人民生活，农村经济，工业，建筑业，运输、邮电，国内贸易，对外经济贸易、旅游，金融、保险，教育，科技、专利，文化、体育，卫生，民政、司法、其他，城市概况，各市概况，各县概况，各省市自治区主要指标。

2. 本年鉴统计资料所使用的度量衡单位均采用国际统一标准计量单位。

3. 本年鉴资料大部分来自年度统计报表，部分来自抽样调查，各省市自治区主要指标来自2010年《中国统计年鉴》。

4. “城市概况”中各市数据为市区数，不含所辖县。

5. “各市概况”中有些指标是由各市统计部门计算的，在方法上与全省有不一致的地方，故分市之和不等于全省，这些指标是：地区生产总值、农业总产值、农业中间消耗和农业增加值等。

6. 本年鉴部分数据合计数或相对数由于单位取舍不同而产生的计算误差均未作机械调整。

7. 由于各种原因，本《年鉴》对以前发表的统计资料进行了核实，相应调整了部分数据。读者在使用历史资料时，如数据有出入，请以本年鉴数据为准。

二、符号说明

1. “…”，表示数据不足本表最小单位数；

2. “空格”，表示该项统计指标数据不详或无该项统计指标数据；

3. “#”，表示其中的主要项；

4. “①”，表示本表下有注解。

行政区划基本情况（2009年底）
Basic Statistics of Administrative Divisions (End of 2009)

单位：个 (unit)

市	City	县级区划数 Number of Regions at County Level	市辖区 Districts under the Jurisdiction of Cities	县级市 Cities at County Level	县 County	乡镇级区划数 Number of Regions at Townships Level	街道办事处 Street Communities	乡 Townships	镇 Towns
全　省	**Total**	**172**	**36**	**22**	**114**	**2225**	**265**	**968**	**992**
石家庄市	Shijiazhuang	23	6	5	12	273	52	97	124
承德市	Chengde	11	3		8	215	10	125	80
张家口市	Zhangjiakou	17	4		13	232	23	114	95
秦皇岛市	Qinhuangdao	7	3		4	96	21	30	45
唐山市	Tangshan	14	6	2	6	219	42	50	127
廊坊市	Langfan	10	2	2	6	105	15	26	64
保定市	Baoding	25	3	4	18	340	28	175	137
沧州市	Cangzhou	16	2	4	10	190	20	91	79
衡水市	Hengshui	11	1	2	8	118	4	50	64
邢台市	Xingtai	19	2	2	15	196	23	87	86
邯郸市	Handan	19	4	1	14	241	27	123	91

自然状况和资源
Natural Condition and Resources

项　目	Item	2005	2008	2009
自然状况	**Natural Condition**			
地表总面积(平方公里)	Total Land Area (sq.km)	187693	187693	187693
地表总面积构成(%)	Percentage to Total Area (%)			
山　地	Mountains	37.40	37.40	37.40
坝上高原	Plateaus	12.97	12.97	12.97
丘　陵	Hills	4.83	4.83	4.83
平　原	Plains	30.49	30.49	30.49
盆　地	Basins	12.10	12.10	12.10
湖泊洼淀	Lakes and Depression	2.21	2.21	2.21
大陆海岸线长度(公里)	Mainland Shore (km)	487	487	487
土地资源	**Land Resources**			
耕地面积(千公顷)	Area of Cultivated Land (1000 hectares)	5988.9	5901.4	
#水田面积	Paddy Field	103.9	107.3	112.4
草原面积(千公顷)	Area of Grassland (1000 hectares)	4649	3692.9	3528.2
#已利用面积	Utilizable Area	3235	2252.2	2587.8
气候(主要城市)	**Climate (Major Cities)**			
年降水总量(毫米)	Annual Total Precipitation (millimeters)	345.9-767.5	462.7-707.7	331.1-823.8
年平均气温(摄氏度)	Annual Average Temperature (□C)	7.8-14.7	8.4-14.8	8.5-14.5
森林资源	**Forest Resources**			
森林面积(千公顷)	Forest Area (1000 hectares)	4724.9	5286.6	4341.3
林木蓄积量(万立方米)	Stock Volume of the Forest (10000 cu.m)	10226	10226	10226
森林覆盖率(%)	Forest-coverage Rate (%)	23.25	23.25	23.25
水利资源	**Water Resources**			
水力资源可开发量(万千瓦)	Developable Resources (10000 kw)	156	156	156
内陆水域养殖面积(公顷)	Cultivated Water Area (hectare)	74662	72364	71895
海水养殖面积(公顷)	Cultivated Area (hectare)	90404	109755	121013

各市、县(市、区)名称（2009年）
Name of Administrative Area (2009)

市 City	所辖县(市、区)名称 Name of County or City, Districts under Administrative							
石家庄市	长安区	桥东区	桥西区	新华区	裕华区	井陉矿区		辛集市
Shijiazhuang	Chang'an	Qiaodong	Qiaoxi	Xinhua	Yuhua	Jingxingkuangqu		Xinji
	藁城市	晋州市	新乐市	鹿泉市	深泽县	无极县	赵 县	灵寿县
	Gaocheng	Jinzhou	Xinle	Luquan	Shenze	Wuji	Zhaoxian	Lingshou
	高邑县	元氏县	赞皇县	平山县	井陉县	行唐县	栾城县	正定县
	Gaoyi	Yuanshi	Zanhuang	Pingshan	Jingxing	Xingtang	Luancheng	Zhengding
承 德 市	双桥区	双滦区	鹰手营子矿区		承德县	兴隆县	平泉县	滦平县
Chengde	Shuangqiao	Shuangluan	Yingshouyingzi		Chengde	Xinglong	Pingquan	Luanping
	隆化县	丰宁满族自治县		宽城满族自治县		围场满族蒙古族自治县		
	Longhua	Fengning		Kuancheng		Weichang		
张家口市	桥东区	桥西区	宣化区	下花园区	宣化县	张北县	康保县	沽源县
Zhangjiakou	Qiaodong	Qiaoxi	Xuanhua	Xiahuayuan	Xuanhua	Zhangbei	Kangbao	Guyuan
	尚义县	蔚 县	阳原县	怀安县	万全县	怀来县	涿鹿县	赤城县
	Shangyi	Yuxian	Yangyuan	Huai'an	Wanquan	Huailai	Zhuolu	Chicheng
	崇礼县							
	Chongli							
秦皇岛市	海港区	山海关区	北戴河区	青龙满族自治县		昌黎县	抚宁县	卢龙县
Qinhuangdao	Haigang	Shanhaiguan	Beidaihe	Qinglong		Changli	Funing	Lulong
唐 山 市	路南区	路北区	古冶区	开平区	丰润区	丰南区	遵化市	迁安市
Tangshan	Lunan	Lubei	Guye	Kaiping	Fengrun	Fengnan	Zunhua	Qian'an
	滦 县	滦南县	乐亭县	迁西县	玉田县	唐海县		
	Luanxian	Luannan	Leting	Qianxi	Yutian	Tanghai		
廊 坊 市	安次区	广阳区	霸州市	三河市	固安县	永清县	香河县	大城县
Langfang	Anci	Guangyang	Bazhou	Sanhe	Gu'an	Yongqing	Xianghe	Dacheng
	文安县	大厂回族自治县						
	Wen'an	Dachang						
保 定 市	新市区	北市区	南市区	涿州市	定州市	安国市	高碑店市	满城县
Baoding	Xinshi	Beishi	Nanshi	Zhuozhou	Dingzhou	Anguo	Gaobeidian	Mancheng
	清苑县	涞水县	阜平县	徐水县	定兴县	唐 县	高阳县	容城县
	Qingyuan	Laishui	Fuping	Xushui	Dingxing	Tangxian	Gaoyang	Rongcheng
	涞源县	望都县	安新县	易 县	曲阳县	蠡 县	顺平县	博野县
	Laiyuan	Wangdu	Anxin	Yixian	Quyang	Lixian	Shunping	Boye
	雄 县							
	Xiongxian							
沧 州 市	新华区	运河区	泊头市	任丘市	黄骅市	河间市	沧 县	青 县
Cangzhou	Xinhua	Yunhe	Botou	Renqiu	Huanghua	Hejian	Cangxian	Qingxian
	东光县	海兴县	盐山县	肃宁县	南皮县	吴桥县	献 县	
	Dongguang	Haixing	Yanshan	Suning	Nanpi	Wuqiao	Xianxian	
	孟村回族自治县							
	Mengcun							
衡 水 市	桃城区	冀州市	深州市	枣强县	武邑县	武强县	饶阳县	安平县
Hengshui	Taocheng	Jizhou	Shenzhou	Zaoqiang	Wuyi	Wuqiang	Raoyang	Anping
	故城县	景 县	阜城县					
	Gucheng	Jingxian	Fucheng					
邢 台 市	桥东区	桥西区	沙河市	南宫市	邢台县	临城县	内丘县	柏乡县
Xingtai	Qiaodong	Qiaoxi	Shahe	Nangong	Xingtai	Lincheng	Neiqiu	Baixiang
	隆尧县	任 县	南和县	宁晋县	巨鹿县	新河县	广宗县	平乡县
	Longyao	Renxian	Nanhe	Ningjin	Julu	Xinhe	Guangzong	Pingxiang
	威 县	清河县	临西县					
	Weixian	Qinghe	Linxi					
邯 郸 市	邯山区	丛台区	复兴区	峰峰矿区	武安市	邯郸县	临漳县	成安县
Handan	Hanshan	Congtai	Fuxing	Fengfeng	Wu'an	Handan	Linzhang	Cheng'an
	大名县	涉 县	磁 县	肥乡县	永年县	邱 县	鸡泽县	广平县
	Daming	Shexian	Cixian	Feixiang	Yongnian	Qiuxian	Jize	Guangping
	馆陶县	魏 县	曲周县					
	Guantao	Weixian	Quzhou					

国民经济和社会发展总量与速度指标

指　　标	Item	总量指标	
		1990	2000
人　口	**Population**		
年底总人口(万人)	Population at Year-end (10000 persons)	6159	6674
#男	Male	3147	3397
人口密度(人/平方公里)	Population Density (persons/sq.m)	328.14	356
就业及工资	**Employment and Wages**		
就业人员数(万人)	Employment (10000 persons)	2955.47	3385.71
#职　工	Staff and Workers	652.71	621.95
城镇登记失业人员数(万人)	Registration Unemployment in Urban Areas (10000 persons)	7.67	17.40
城镇登记失业率(%)	Registration Unemployment Rate in Urban Areas(%)	1.1	2.8
在岗职工工资总额(亿元)	Total Wages (100 million yuan)	129.32	427.18
职工平均工资(元/人)	Average Wage of Staff and Workers (yuan/person)	2019	7781
国民核算	**National Accounting**		
地区收入总值(亿元)	Gross National Income(100 million yuan)	896.41	5062.69
地区生产总值(亿元)	Gross Domestic Product(100 million yuan)	896.33	5043.96
第一产业	Primary Industry	227.89	824.55
第二产业	Secondary Industry	387.52	2514.96
第三产业	Tertiary Industry	280.92	1704.45
固定资产投资	**Investment in Fixed Assets**		
全社会固定资产投资总额(亿元)	Total Investment in Fixed Assets(100 million yuan)	177.21	1847.23
#城　镇	Urban	118.91	1211.79
全社会施工房屋建筑面积(万平方米)	Floor Space of Buildings under Construction(10000 sq.m)	4662.40	13473.63
全社会竣工房屋建筑面积(万平方米)	Floor Space of Buildings Completed(10000 sq.m)	3924.42	10512.58
财　政	**Government Finance**		
地方财政收入(亿元)	Local Governments Revenue(100 million yuan)		248.76
财政支出(亿元)	Local Governments Expenditures(100 million yuan)	87.28	415.54
物价总指数(以上年价格为100)	**Price Indices (preceding year=100)**		
商品零售价格指数	Retail Price Index	99.9	99.1
城市居民消费价格指数	Consumer Price Index in Urban Areas	101.2	100.5
能源生产与消费	**Production and Consumption of Energy (10000 tons of SCE)**		
能源生产总量	Total Energy Production		
能源消费总量	Total Energy Consumptin		
人民生活	**People's Livelihood**		
家庭总户数(万户)	Number of Family Hosehoods(10000 households)	1584	1840
城镇平均每户家庭人口(人)	Average Household Size in Urban Areas(person)	3.37	3.06
农村平均每户家庭人口(人)	Average Household Size in Rural Areas(person)	4.52	4.11
城镇人均住房建筑面积(平方米)	Per Capita Net Floor Space of Rural Residents(sq.m)	9.18	15.42
农村人均居住面积(平方米)	Per Capita Net Floor Space of Rural Residents(sq.m)	17.34	22.87
城镇居民人均可支配收入(元)	Per Capita Annual Disposable Income of Urban Households(yuan)	1397.4	5661.16
农村居民人均纯收入(元)	Per Capita Net Income of Rural Residents(yuan)	621.67	2478.86
城乡储蓄存款余额(亿元)	Outstanding Amount of Saving Deposits in Urban and Rural (100 million yuan)	504.59	3957.06
结婚数(对)	Register Number of Marriages(couple)	447300	475291
离婚数(对)	Number of Divorces(couple)	10010	17159

Principal Aggregate Indicators on National Economic and Social Development and Growth Rates

Aggregate Data			速度指标 Indices and Growth Rates (%)								
			指数 Index(2009为以下各年) (2009 as Percentage of the Following Years)				平均增长速度 Average Annual Growth Rate				
2005	2008	2009	1990	2000	2005	2008	1979-2009	1991-1995	1996-2000	2001-2005	2006-2009
6851	6989	7034	114.2	105.4	102.7	100.6	1.1	0.9	0.7	0.5	0.7
3441	3562	3582	113.8	105.4	104.1	100.6	0.4	0.8	0.8	0.3	1.0
365	372	375	114.3	105.5	102.7	100.7	0.4	0.9	0.7	0.5	0.7
3568.97	3725.66	3792.49	128.3	112.0	106.3	101.8	1.9	1.9	0.8	1.1	1.5
557.83	520.01	514.42	78.8	82.7	92.2	98.9	0.5	1.4	-2.3	-2.2	-2.0
27.82	32.24	34.50	449.8	198.3	124.0	107.0	5.0			9.8	5.5
3.93	3.96	3.93	357.3	140.4	100.0	99.2	4.2			7.0	
716.07	1174.50	1337.92	1034.6	313.2	186.8	113.9	13.6	21.0	4.9	10.9	16.9
14707	24756	28383	1405.8	364.8	193.0	114.7	13.3	19.1	10.0	13.6	17.9
10043.42	16059.82	17285.60	886.4	263.7	154.9	110.0					
10012.11	16011.97	17235.48	880.2	263.7	154.9	110.0	10.7	14.6	11.0	11.2	11.6
1400.00	2034.59	2207.34	264.0	157.9	118.4	103.3	5.2	5.2	5.3	5.9	4.3
5271.57	8701.34	8959.83	1188.1	290.8	160.3	110.5	11.9	17.4	12.9	12.6	12.5
3304.54	5276.04	6068.31	1044.3	276.7	161.4	111.4	12.7	17.4	11.1	11.4	12.7
4210.25	8866.56	12311.85	6947.6	666.5	292.4	138.9	19.7	40.7	18.1	14.1	29.6
3378.32	7463.77	10518.54	8845.8	868.0	311.4	140.9	18.6	38.8	18.5	18.3	31.6
18061.61	25455.88	37423.91	802.7	277.8	207.2	147.0	12.0	16.2	6.4	6.0	20.0
11283.61	11393.69	14580.10	371.5	138.7	129.2	128.0	11.2	14.6	6.3	1.4	6.6
515.70	947.59	1067.12		429.0	206.9	112.6	14.8		15.7	15.7	19.9
979.16	1881.67	2347.59	2689.7	564.9	239.8	124.8	14.8	17.0	16.8	18.7	24.4
101.1	106.7	99.0									
101.4	105.2	98.8									
7089.90	6755.66	6879.85			97.0	101.8					-0.7
19835.99	24321.87	25418.79			128.1	104.5					6.4
2046	2105	2125	134.2	115.5	103.8	100.9	1.0			2.1	0.9
2.91	2.91	2.87	85.2	93.8	98.6	98.6	-0.5			-1.0	-0.3
3.92	3.83	3.75	83.0	91.2	95.7	97.9	-1.2	-1.2	-0.7	-0.9	-1.1
21.53	29.51	29.95	326.3	194.2	139.1	101.5	3.9			6.9	8.6
28.35	30.71	31.94	184.2	139.7	112.7	104.0	4.1	4.4	1.2	4.4	3.0
9107.09	13441.09	14718.25	1053.3	260.0	161.6	109.5	13.7	23.4	7.2	10.0	12.7
3481.64	4795.46	5149.67	828.4	207.7	147.9	107.4	13.1	21.8	8.2	7.0	10.3
7084.03	11435.60	13551.06	2685.6	342.5	191.3	118.5		29.1	16.9	12.4	17.6
537521	662756	719547	160.9	151.4	133.9	108.6		-0.6	1.8	17.7	-7.7
50280	73066	86707	866.2	505.3	172.4	118.7		2.2	8.9	24.1	11.5

国民经济和社会发展总量与速度指标（续一）

指　　标	Item	总量指标	
		1990	2000
农　业	**Agriculture**		
年末常用耕地面积(千公顷)	Cultivated Land (1000 hectares)	6556.0	6466.0
乡村从业人员(万人)	Employed Persons of Agriculture, Forestry, Animal Husbandry and Fishery (10000 persons)	2360.5	2707.1
农林牧渔业总产值(亿元)	Gross Output Value of Agriculture, Forestry, Animal Husbandry and Fishery (100 million yuan)	357.63	1544.65
主要农产品产量（万吨）	Output of Major Farm Products (10000 tons)		
粮　食	Grain	2276.9	2551.1
棉　花	Cotton	57.08	30.01
油　料	Oil-bearing Crops	74.89	146.97
蔬　菜	Vegetables	1157	4454.0
园林水果	Garden Fruit	175.47	677.31
肉　类	Meat	130.06	342.36
水产品	Aquatic Products	21.86	80.95
工　业	**Industry**		
工业增加值(亿元)	Value-added of Industry (100 million yuan)		1132.63
利润总额(亿元)	Total Profits (100 million yuan)	11.03	184.94
主要工业产品产量	Output of Major Industrial Products		
纱(万吨)	Yarn (10000 tons)	33.55	43.70
布(亿米)	Cloth(100 million m)	12.69	15.60
化学纤维(万吨)	Chemical Fiber (10000 tons)	2.59	10.24
机制纸及纸板(万吨)	Machine-made Paper and Paperboards (10000 tons)	88.75	216.34
原　煤(万吨)	Coal (10000 tons)	6242.97	5781.21
原　油(万吨)	Crude Oil (10000 tons)	570.52	518.26
发电量(亿千瓦小时)	Electricity (100 million kwh)	368.97	844.42
粗　钢(万吨)	Crude Steel (10000 tons)	383.69	1230.10
钢　材(万吨)	Rolled Steel (10000 tons)	281.27	1306.52
生　铁(万吨)	Pig Iron (10000 tons)	521.25	1709.23
水　泥(万吨)	Cement (10000 tons)	1310.13	4694.59
平板玻璃(万重量箱)	Plate Glass (10000 weight cases)	1078.95	2083.30
农用化肥(折纯量)(万吨)	Chemical Fertilizer (10000 tons)	128.51	195.23
建筑业	**Construction**		
建筑业企业从业人员(万人)	Number of Employed Persons (10000 persons)	59.3	87.6
建筑业总产值(亿元)	Gross Output Value (100 million yuan)	73.39	492.10
施工房屋面积(万平方米)	Floor Space of Buildings under Construction (10000 sq.m)	5195.52	6260.10
竣工房屋面积(万平方米)	Floor Space of Buildings Completed (10000 million sq.m)	4324.61	3481.42
交通运输邮电	**Transportation, Postal and Telecommunication Services**		
货物周转量(亿吨公里)	Freight Ton-Kilometers (100 million ton-km)	1546.47	2325.85
铁　路	Railways	1256.80	1474.77
公　路	Highways	215.42	555.42
水　运	Waterways	48.53	267.97
管　道	Civil Aviation	25.72	27.69

注：1. 工业1998年及以后年份为规模以上口径，1997年及以前年份为乡及乡以上独立核算工业。发电量2007年及以后年份为全社会口径。2. 2002年及以后年份建筑业统计范围为具有资质等级的建筑业企业。3. 2008年工业数据为快报数。

Principal Aggregate Indicators on National Economic and Social Development and Growth Rates

Aggregate Data			速度指标 Indices and Growth Rates (%)								
			指数 Index（2009为以下各年）(2009 as Percentage of the Following Years)				平均增长速度 Average Annual Growth Rate				
2005	2008	2009	1990	2000	2005	2008	1979-2009	1991-1995	1996-2000	2001-2005	2006-2009
5988.93	5901.44										
2805.94	2894.82	2944.4	124.7	108.8	104.9	101.7		1.7	1.0	0.7	1.0
2600.83	3505.23	3460.93	329.5	158.9	118.9	103.2	6.2	8.1	7.0	6.0	4.4
2598.58	2905.80	2910.17	127.8	114.1	112.0	100.2	1.8	3.8	-1.4	0.4	2.9
57.72	73.73	60.64	106.2	202.1	105.1	82.2	5.4	-8.3	-4.1	14.0	1.2
152.73	152.59	143.27	191.3	97.5	93.8	93.9	5.9	8.0	6.0	0.8	-1.6
6467.6	6684.6	6742.1	582.7	151.4	104.2	100.9	8.4	13.2	15.7	7.7	1.0
918.48	1054.13	1104.1	629.2	163.0	120.2	104.7	8.9	19.7	9.4	6.3	4.7
395.6	421.11	426.60	328.0	124.6	107.8	101.3	7.8	19.0	2.0	2.9	1.9
98.95	96.64	100.4	459.3	124.0	101.5	103.9	6.6	12.6	15.4	4.1	0.4
3219	6110.6	6287.84		416.3	183.3	113.4			13.9	18.3	16.4
690.38	1369.84	1440.28	13093.6	779.0	208.6	105.1	13.6	49.4	17.6	30.1	20.2
68.59	95.67	105.09	313.2	240.5	153.2	109.8				9.4	11.3
23.37	35.81	38.08	300.1	244.1	162.9	106.3				8.4	13.0
22.67	23.58	22.85	882.2	223.1	100.8	96.9				17.2	0.2
315.82	378.74	377.43	425.3	174.5	119.5	99.7				7.9	4.6
7956.40	7914.58	8494.58	136.1	146.9	106.8	107.3				6.6	1.6
562.45	643.10	599.09	105.0	115.6	106.5	93.2				1.6	1.6
1338.63	1599.80	1741.90	472.1	206.3	130.1	108.9				9.7	6.8
7386.40	11589.42	13536.27	3527.9	1100.4	183.3	116.8				43.1	16.4
6465.10	11571.79	15134.47	5380.8	1158.4	234.1	130.8				37.7	23.7
6765.60	11355.66	13084.86	2510.3	765.5	193.4	115.2				31.7	17.9
8850.04	8953.00	10611.47	810.0	226.0	119.9	118.5				13.5	4.6
4964.25	8676.13	8797.71	815.4	422.3	177.2	101.4				19.0	15.4
208.87	211.27	214.42	166.9	109.8	102.7	101.5				1.4	0.7
108.40	115.8	118.2	199.3	134.9	109.0	102.1	6.1	5.2	2.8	4.4	2.2
1285.29	2044.81	2525.05	3440.6	513.1	196.5	123.5	20.4	28.9	13.5	21.2	18.4
11261.39	15909.43	17535.5	337.5	280.1	155.7	110.2	11.9	17.4	-11.5	12.5	11.7
5744.23	7009.87	7751.04	179.2	222.6	134.9	110.6	11.6	16.2	-17.6	10.5	7.8
4750.64	5209.01	5981.61				109.1		5.6	2.8	15.4	
2120.98	2738.05	2743.1	218.3	186.0	129.3	100.2	5.1	4.1	-0.8	7.5	6.6
691.45	890.96	2998.49				117.7		13.0	6.9	4.5	
1908.07	1554.62	216.82				126.6		6.9	31.6	48.1	
30.14	25.38	23.21	90.2	83.8	77.0	91.4		2.8	-1.3	1.7	-6.3

a) Before1998, the scope of "industry" covered all independent accounting industrial units, which are owned by township or superior governments. Since 1998, the scope of "industry" has been changed. And now it covers all independent accounting industrial units with sales revenues over 5 Million Yuan. However, the data of power generation for 2007-2009 cover all kinds of industrial units. b) Data since 2002 included all general construction contractors and professional contractors which possess qualification grades. c) The figures of industry were preliminary statistics.

国民经济和社会发展总量与速度指标（续二）

指　　标	Item	总量指标	
		1990	2000
旅客周转量(亿人公里)	Passenger Traffic (100 million passenger-km)	358.09	782.87
铁　路	Railways	249.44	377.24
公　路	Highways	108.44	405.63
港口货物吞吐量(万吨)	Volume of Freight Handled at Major Coastal Ports (10000 tons)	6960	10771
邮电业务量(亿元)	Business Volume of Postal and Telecommunication Services (100 million yuan)	5.56	191.04
函　件(万件)	Number of Letters Delivered (10000 pieces)	23716	26302
报刊期发数(报纸和杂志)(万份)	Number of Newspapers and Magazines Distributed (10000 copies)	799	758
社会消费品零售总额(亿元)	**Total Retail Sales of Consumer Goods (100 million yuan)**	**308.0**	**1613.9**
外贸、实际利用外资和旅游	**Foreign Trade, Utilization of Foreign Capital and International Tourism**		
海关进出口总额(亿美元)	Total Value of Exports and Imports (USD 100 million)	22.68	52.35
出口总额	Exports	19.01	37.07
进口总额	Imports	3.67	15.28
实际利用外资额(万美元)	Total Amount of Foreign Direct Investments (USD 10000)	4447	139378
#外商直接投资	Foreign Direct Investments	3935	102376
外国人旅游人数(人)	Number of Tourists (Overnight Visitors) (person)	32695	345494
旅游外汇收入额(万美元)	Foreign Exchange Earnings from International Tourism (USD 10000)	511	13035
金融、保险	**Banking and Insurance**		
金融机构存款余额(亿元)	Deposits of National Banking System (100 million yuan)		5543.49
金融机构贷款余额(亿元)	Loans of National Banking System (100 million yuan)		4632.96
保费收入(万元)	Premium (10000 yuan)	82439	566000
保险金额(亿元)	Amount Insured (100 million yuan)		6625
赔款额(万元)	Settled Claim (10000 yuan)		165700
教育、文化	**Education and Culture**		
财政用于教育支出(亿元)	Government Expenditures on Education (100 million yuan)	15.12	73.65
专任教师数(万人)	Full-time Teachers (10000 persons)		
#普通高等学校	Institutions of Higher Education	1.36	1.94
普通中学	Secondary Schools	15.59	25.37
普通小学	Primary Schools	26.99	32.95
在校学生数(万人)	Students Enrollment (10000 persons)		
#普通高等学校	Institutions of Higher Education	7.60	24.38
普通中学	Secondary Schools	207.61	481.75
普通小学	Primary Schools	705.48	813.73
报纸出版数量(亿份)	Number of Newspapers Published (100 million copies)	5.29	9.00
杂志出版数量(亿册)	Number of Magazines Published (100 million copies)	0.22	0.52
图书出版数量(亿册)	Number of Books Published (100 million copies)	2.44	3.1
科　技	**Science and Technology**		
研究与发展经费支出(亿元)	Expenditures on Research and Development (100 million yuan)	2.56	26.27
技术市场成交额(万元)	Volume of Transaction in Technical Markets (10000 yuan)		9.41
卫　生	**Health Care**		
卫生机构病床数(万张)	Number of Beds in Health Institutions (10000 units)	14.60	16.89
专业卫生技术人员(万人)	Medical Technical Personnel (10000 persons)	18.05	20.12
#医　生	Doctors	8.73	9.17

注：1．2001年及以后年份邮电业务量采用2000年不变价计算。2．2009年客运量、货运量、旅客周转量和货运周转量指标依据新的统计方法和口径进行了调整。

Principal Aggregate Indicators on National Economic and Social Development and Growth Rates

Aggregate Data			速度指标 Indices and Growth Rates (%)								
			指数 Index(2009为以下各年) (2009 as Percentage of the Following Years)				平均增长速度 Average Annual Growth Rate				
2005	2008	2009	1990	2000	2005	2008	1979-2009	1991-1995	1996-2000	2001-2005	2006-2009
989.77	1236.65	1043.3				105.2		6.6	9.6	4.8	
504.44	639.17	672.40	269.6	178.2	133.3	105.2	11.1	2.9	5.6	6.0	7.4
485.33	597.47	370.90				105.2		13.7	5.1	3.7	
27341	44065	50874	730.9	472.3	186.1	115.5	10.6	4.8	4.1	20.5	16.8
528.47	1069.60	1190.70		623.2	225.3	111.3		45.3	39.6	22.6	22.5
25742	26702	26969	113.7	102.5	104.8	101.0				-0.4	1.2
590	498	288	36.0	38.0	48.8	57.8					
2969.5	**4991.1**	**5764.9**	**1871.7**	**357.2**	**194.1**	**115.5**	**15.8**	**22.6**	**13.6**	**13.0**	**18.0**
160.71	384.19	296.11	1306.1	565.8	184.3	77.1		11.6	5.9	25.1	16.5
109.27	240.30	156.91	826.7	423.9	143.8	65.4		8.6	5.3	24.1	9.5
51.44	143.89	139.2	3787.4	909.7	270.2	96.6		23.7	7.5	27.5	28.2
227890	363395	369316	8304.8	265.0	162.1	101.6		89.5	5.1	10.3	12.8
191256	341868	359824	9144.2	351.5	188.1	105.3		81.8	5.6	13.3	17.1
573890	670210	746930	2284.5	216.2	130.2	111.4		33.0	20.5	10.7	6.8
20917	27395	30781	6023.7	236.1	147.2	112.4		52.4	25.4	9.9	10.1
10764.93	17709.02	22361.37			207.7	126.3		25.1	17.4		20.1
6415.23	9453.30	12123.80			204.6	138.8		20.1	13.2		19.6
2173100	4805928	6010900	7291.3	1062.0	276.6	125.1				30.9	29.6
25152	55400	63244		954.6	251.4	114.2				30.6	25.9
404300	1476800	1429800		862.9	353.6	96.8				19.5	37.1
170.54	376.98	439.33	2904.9	596.5	257.6	116.5				18.3	26.7
4.27	5.51	5.84	429.9	301.0	136.7	105.9				17.1	8.1
29.00	27.43	26.79	171.8	105.6	92.4	97.7				2.7	-2.0
32.01	31.67	32.12	119.0	97.5	100.3	101.4				-0.6	0.1
73.86	99.57	103.03	1355.7	422.6	139.5	103.5				24.8	8.7
509.54	409.30	372.73	179.5	77.4	73.2	91.1				1.1	-7.5
500.36	475.66	488.65	69.3	60.1	97.7	102.7				-9.3	-0.6
21.6	23.53							5.8	5.1	16.6	-0.8
0.43	0.50							11.6	12.2	-8.6	2.1
1.88	1.48							6.2	-1.2	-9.3	-2.5
59.32	109.30	130.00		494.9	219.2	118.9				17.7	21.7
10.38	16.59	17.21		182.9	165.8	103.7				2.0	13.5
16.23	21.40	23.30	159.6	138.0	143.6	108.9		1.7	1.2	-0.8	9.5
19.11	24.57	25.80	142.9	128.2	135.0	105.0		2.3	-0.02	-1.0	7.8
8.41	10.91	11.44	131.0	124.8	136.0	104.9		1.6	-0.3	-1.7	8.0

a) The business volume of postal and telecommunication services which is at 2000 constant prices since 2001. b) Volume of passenger transportation,volume of freights, volume of passenger turnover and volume of freight turnover of 2009, have been adjusted according to new computing methods and statistical approach.

国民经济和社会发展结构指标

Structural Indicators on National Economic and Social Development

指　标	Item	2000	2005	2008	2009
人口与就业	**Population and Employment**				
人　口	**Population**				
性别结构	Sexual Composition				
男	Male	50.9	50.2	51.0	50.9
女	Female	49.1	49.8	49.0	49.1
就　业	**Employment**				
产业结构	Industrial Composition				
第一产业	Primary Industry	50.07	43.84	39.8	39
第二产业	Secondary Industry	26.13	29.24	31.4	31.73
第三产业	Tertiary Industry	23.80	26.92	28.8	29.27
宏观经济	**Macro Economy**				
国民核算	**National Accounting**				
地区生产总值产业结构	Industrial Composition				
第一产业	Primary Industry	16.3	14.9	12.6	12.8
第二产业	Secondary Industry	49.9	51.8	54.2	52
第三产业	Tertiary Industry	33.8	33.3	33.2	35.2
地区生产总值支出结构	Composition of Expenditure				
最终消费	Final Consumption	44.42	42.74	41.8	41.9
居民消费	Household Consumption	33.36	29.16	28.27	29.26
政府消费	Government Consumption	11.07	13.58	13.6	12.63
资本形成总额	Gross Capital Formation	44.54	45.84	51.7	53.75
固定资本形成总额	Gross Fixed Capital Formation	36.6	41.99	51.87	54.48
存货增加	Change in Inventories	7.94	3.86	-0.17	-0.73
货物和服务净出口	Net Outflow of Goods and Services	11.04	11.42	6.49	4.35
固定资产投资	**Investment in Fixed Assets**				
全社会固定资产投资结构	Composition of Total Investment in Fixed Assets				
城　镇	Urban	65.6	80.2	84.2	85.43
农　村	Rural	34.4	19.8	15.8	14.57
资金来源结构	Composition of Funding Sources				
国家预算内资金	State Budget	3.52	2.44	2.07	3.30
国内贷款	Domestic Loans	17.49	13.52	10.30	12.98
利用外资	Foreign Investment	2.08	2.01	1.13	0.69
自筹和其他投资	Self-raising Funds and Other Investments	76.91	82.09	86.50	91.43
财　政	**Government Finance**				
地方财政支出结构	Composition of Local Government Revenue				
#教　育	Capital Construction	17.72	17.42	20.03	18.71
利用外资	**Utilization of Foreign Capital**				
实际利用外资结构	Composition of Foreign Capital Actually Utilized				
对外借款	Loans from Abroad	20.7	7.81	2.98	1.14
外商直接投资	Foreign Direct Investment	76.4	83.92	94.07	97.43
外商其他投资	Other Foreign Investment	2.9	8.27	2.95	1.44
产　业	**Industry**				
农　业	**Agriculture**				
农林牧渔业产值结构	Composition of Gross Output Value of Agriculture				
农　业	Farming	54.82	48.4	50.2	52.9
林　业	Forestry	1.64	1.5	1.6	1.9
牧　业	Animal Husbandry	39.73	43.2	40.3	37.1
渔　业	Fishery	3.81	3.1	2.9	3
农林牧渔服务业	Service for Farming, Forestry, Animal Husbandry and Fishery		3.8	5.0	5.1
工　业	**Industry**				
工业企业资产结构	Composition of Capital of Industrial Enterprises				

国民经济和社会发展结构指标（续）

Structural Indicators on National Economic and Social Development

指　　标	Item	1990	2000	2005	2008	2009
大型企业	Large Enterprises		46.8	47.91		
中型企业	Medium-sized Enterprises			31.4	28.54	
小型企业	Small Enterprises			21.8	23.55	
运输业	**Transportation**					
货运量结构	Composition of Freight Traffic					
铁　路	Railways	19.76	16.33	20.86	21.37	20.69
公　路	Highways	76.04	81.14	75.17	75.85	77.87
水　运	Waterways	0.63	0.74	2.78	1.58	0.74
民用航空	Civil Aviation	…	…	…	…	
管　道	Pipelines	3.57	1.78	1.19	1.19	0.7
国内贸易	**Domestic Trade**					
社会消费品零售总额构成	Composition of Retail Sales of Consumer Goods					
市	Cities		46.4	46.8	47.9	47.7
县	Counties		19.4	20.0	20.4	20.7
县以下	Below Counties		34.2	33.2	31.7	31.6
对外经济贸易和国际旅游	**Imports and Exports of Goods, International Tourism**					
出口商品结构	Composition of Exports					
初级产品	Primary Goods		30.2	17.7	10.2	9.9
工业制成品	Manufactured Goods		69.8	82.3	89.8	90.1
进口商品结构	Composition of Imports					
初级产品	Primary Goods		36.3	57.3	68.5	68.3
工业制成品	Manufactured Goods		63.7	42.7	31.5	31.7
来华旅游人数结构	Composition of Tourists Visiting China					
外国人	Foreigners	68.73	86.27	91.6	89.3	88.69
港澳台同胞	Hong Kong, Macao and Taiwan Compatriots	30.86	13.73	8.4	10.7	11.31
教育、科技	**Education, Science and Technology**					
教　育	**Education**					
专任教师结构	Composition of Full-time Teachers in Regular Schools					
大　　学	Colleges and Universities	2.89	2.99	6.19		8.38
中　　学	Secondary Schools	39.63	46.26	47.44	42.45	45.50
小　　学	Primary Schools	57.48	50.75	46.37	49.02	46.12
在校学生结构	Composition of Student Enrollment in Regular Schools					
大学生	College and University Students	0.80	1.75	6.33	10.11	9.53
中学生	Secondary School Students	24.98	39.75	50.76	41.57	45.26
小学生	Primary School Students	74.22	58.50	42.91	48.31	45.21
科　技	**Science and Technology**					
科技经费筹集额结构	Composition of Funds for Scientific and Technological Activities					
#政府资金	Government Funds			18.20		
企业资金	Enterprises Funds			75.50		
金融机构贷款	Loans from Banks			3.40		
生　活	**People's Living Conditions**					
城镇居民消费结构	Consumption Composition of Urban Residents					
食品类	Food	51.16	34.91	34.57	34.73	33.6
衣着类	Clothing	14.18	12.29	11.75	12.52	12.3
用品及其他	Articles for Daily Use and Others	27.14	43.22	42.30	40.67	42.3
居　住	Residence	7.52	9.58	11.37	12.08	11.8
农村居民消费结构	Consumption Composition of Rural Residents					
食品类	Food	51.19	39.50	41.02	38.17	35.7
衣着类	Clothing	9.59	7.68	7.18	6.52	6.5
用品及其他	Articles for Daily Use and Others	24.98	29.23	33.40	33.04	34.0
居　住	Residence	14.24	23.59	18.42	22.27	23.8

法人单位数
Number of Institutional Units

单位：个 (unit)

行　业	Sector	2005	2006	2007	2008	2009
全省总计	**Total**	**227105**	**244450**	**255875**	**285586**	**323869**
按三次产业分	**Grouped by Three Strata of Industry**					
第一产业	Primary Industry	1766	2276	2759	7017	9116
第二产业	Secondary Industry	76074	84408	88215	76074	103134
第三产业	Tertiary Industry	149265	157766	164901	149265	211619
按行业分	**Grouped by sector**					
农、林、牧、渔业	Agriculture, Forestry, Animal Husbandry and Fishery	1766	2276	2759	7017	9116
采矿业	Mining	7061	7705	8102	7794	8415
制造业	Manufacturing	64459	71343	74277	78240	86824
电力、燃气及水的生产和供应业	Production and Distribution of Electricity, Gas and Water	691	794	868	977	1205
建筑业	Construction	3863	4566	4968	5163	6690
交通运输、仓储和邮政业	Traffic, Transport, Storage and Post	2799	3237	3658	4967	5950
信息传输、计算机服务和软件业	Information Transmission, Computer Services and Software	1660	2064	2397	3993	4692
批发和零售业	Wholesale and Retail Trades	29354	34883	38820	46879	63166
住宿和餐饮业	Hotels and Catering Services	3047	3315	3507	3947	4216
金融业	Financial Intermediation	1344	1402	1367	880	1425
房地产业	Real Estate	3207	3997	4677	5523	7073
租赁和商务服务业	Leasing and Business Services	4753	5659	6203	7816	9756
科学研究、技术服务和地质勘查业	Scientific Research, Technical Service and Geologic Prospecting	2860	3165	3359	4140	4971
水利、环境和公共设施管理业	Management of Water Conservancy, Environment and Public Facilities	1058	1129	1203	1514	1758
居民服务和其他服务业	Services to Households and Other Services	1606	1935	2205	2814	3766
教　育	Education	17620	17487	17463	18885	19029
卫生、社会保障和社会福利业	Health, Social Security and Social Welfare	6770	6748	6611	7105	7226
文化、体育和娱乐业	Culture, Sports and Entertainment	1670	1763	1838	1982	2184
公共管理和社会组织	Public Management and Social Organization	71517	70982	71593	75950	76407

城市经济和社会发展主要指标

Main Indicators of National Economic and Social Development of Cities

指　　标	Item	2007年	2008年	2009年
年末总人口(万人)	Total Population of Year-end (10000 persons)	1237.7	1261.8	1266.2
就业人员(万人)	Employed Persons (10000 persons)	606.0	614.6	665.7
#城镇就业人员	Employed Persons of Urban Areas	397.1	407.9	443.6
全省生产总值(亿元)	Gross Domestic Product (100 million yuan)	4490.7	5610.5	5872.7
第一产业	Primary Industry	137.4	154.9	165.1
第二产业	Secondary Industry	2293.4	2934.7	2997.7
第三产业	Tertiary Industry	2059.9	2520.9	2710.0
人均生产总值(元)	Per Capita GDP (yuan)	35997	44892	46570
全部财政收入(亿元)	Total Government Revenue (100 million yuan)	752.1	959.2	1025.1
#地方一般预算收入	Local Government Budgetary Revenue	322.4	394.1	420.5
财政支出(亿元)	Government Expenditure	464.3	580.3	668.1
金融机构年末存款余额(亿元)	Deposits Balances of Financial Institutions of Year-end (100 million yuan)	7421.1	9132.6	11890.9
金融机构年末贷款余额(亿元)	Loans Balances of Financial Institutions of Year-end (100 million yuan)	4603.8	5382.4	7532.4
规模以上工业增加值(亿元)	Value-added of Industrial Enterprises above Designated Size (100 million yuan)	1814.8	2391.9	2416.5
全社会固定资产投资(亿元)	Total Investment in Fixed Assets	2419.0	3066.2	4461.7
社会消费品零售总额(亿元)	Total Retail Sales of Consumer Goods (100 million yuan)	1397.1	1699.2	1712.7
实际利用外资(万美元)	Total Amount of Foreign Direct Investments (USD 10000)	195537	227454	204614
#外商直接投资	Foreign Direct Investments	154968	219316	202722
有线电视总用户数(万户)	Number of Users of Cable TV (10000 households)	227.4	296.2	392.3
普通中学在校学生数(万人)	Total Enrollment of Regular Secondary Schools (10000 persons)	81.0	81.9	81.5
医生数(人)	Number of Doctors (person)	46150	55334	66885

注：城市指设区市市区。

a) The term "city" here means "Shiqu", which refers to the central urban area of a prefecture-level city, other than small cities and towns of counties or county-level cities.

民营经济主要指标

Indicators of Private Economies

指　　标	Item	2006	2007	2008	2009
增加值(亿元)	Value-added (100 Million Yuan)	5803.9	7121.3	8799.8	9450.0
增加值占全省生产总值比重(%)	Percentage of Value-added to the Provincial Total Output Value (%)	50.4	51.9	55.0	55.5
营业(业务)收入(亿元)	Revenue (100 Million Yuan)	24371.0	29788.2	35727.9	41443.6
利润总额(亿元)	Pretax Profit (100 Million Yuan)	3053.5	3827.5	4246.2	4551.6
劳动者报酬(亿元)	Payment to Employees	943.8	1092.5	1324.6	1719.9
从业人员(万人)	Employment (10000 Person)	1260.0	1309.8	1327.7	1424.5
出口创汇(万美元)	Export (10000 US Dollar)	635921	936901	1458002	1039448
出口创汇占全省出口总值比重(%)	Ratio of Export of Private Economies to Total Export (%)	49.5	55.1	60.7	66.2
实缴税金(亿元)	Tax Paid (100 Million Yuan)	568.7	748.3	997.9	1011.5
国　税	National Tax	412.7	515.3	687.8	657.4
地　税	Local Tax	156.0	233.0	310.1	354.1
实缴税金占全部财政收入比重(%)	Ratio of Tax Paid by Private Economy to Provincial Fiscal Revenue (%)	46.5	49.0	54.8	50.1

注：从业人员、劳动者报酬不包含混合经济中的民营部分。

a) Data of employment and payment to employees do not cover mix-economies.

人均主要工农业产品产量

Per Capita Output of Major Industrial and Major Agricultural

年份 Year	粮食(千克) Grain (kg)	棉花(千克) Cotton (kg)	油料(千克) Oil-bearing Crops (kg)	鲜果(千克) Fruits (kg)	猪牛羊肉(千克) Pork, Beef and Mutton (kg)	水产品(千克) Aquatic Products (kg)	蔬菜(千克) Vegetables (kg)	纱(千克) Yarn (kg)
1978	335.72	2.32	4.87	15.81	8.29	2.76	109.53	3.80
1980	396.42	4.81	8.79	15.60	13.45	1.90	103.50	4.00
1985	356.43	11.39	15.75	29.03	14.84	2.31	166.94	4.22
1990	378.23	9.48	12.44	29.15	20.13	3.64	192.19	5.57
1995	427.17	5.78	17.13	67.37	40.36	6.18	355.06	6.08
1996	431.80	4.00	18.68	77.89	44.53	7.85	399.60	5.90
1997	422.30	3.28	18.14	85.50	47.49	9.32	466.38	6.07
1998	445.62	4.13	21.20	96.18	49.77	10.59	548.01	5.33
1999	416.66	3.38	19.65	97.67	51.39	11.52	578.84	5.49
2000	383.97	4.52	22.13	101.94	52.47	12.18	670.38	6.58
2001	372.66	6.27	23.00	100.17	53.33	12.70	731.71	6.88
2002	362.63	5.98	22.52	111.44	55.98	12.96	815.43	7.19
2003	353.64	7.73	24.16	188.20	59.50	12.78	874.32	7.30
2004	365.30	9.80	22.73	198.31	63.50	13.67	911.41	7.35
2005	380.48	8.45	22.36	204.67	67.75	14.49	946.94	10.04
2006	404.49	10.19	19.46	207.85	47.06	12.68	918.55	12.57
2007	410.60	10.47	19.95	215.52	44.45	13.10	930.66	13.43
2008	417.15	10.58	21.91	220.05	47.24	13.87	959.61	13.73
2009	415.05	8.62	20.43	225.14	48.04	14.32	961.56	14.99

年份 Year	布(米) Cloth (m)	原煤(吨) Coal (ton)	原油(吨) Crude Oil (ton)	发电量(千瓦小时) Electricity (kwh)	粗钢(千克) Crude Steel (kg)	钢材(千克) Rolled Steel (kg)	生铁(千克) Pig Iron (kg)	水泥(千克) Cement (kg)
1978	16.33	1.14	0.34	335.50	28.94	18.73	44.26	92.18
1980	17.52	1.04	0.31	370.93	37.07	24.12	48.98	107.05
1985	18.07	1.09	0.19	474.76	45.15	34.70	51.52	170.84
1990	21.08	1.04	0.09	612.91	63.74	46.72	86.59	217.63
1995	27.62	1.26	0.08	946.93	123.71	120.25	189.41	492.00
1996	25.18	1.26	0.08	1008.22	140.63	111.59	194.71	527.06
1997	25.50	1.21	0.08	1067.06	162.36	120.83	214.84	578.30
1998	19.80	0.86	0.08	1051.17	168.95	142.20	198.24	593.71
1999	19.81	0.84	0.08	1171.07	197.81	167.42	222.23	627.14
2000	23.48	0.87	0.08	1270.95	185.51	196.65	257.26	706.60
2001	25.04	0.88	0.08	1383.38	294.57	279.82	325.59	729.53
2002	23.75	0.91	0.07	1509.99	395.96	373.68	434.87	858.90
2003	24.13	0.98	0.08	1611.67	597.60	539.50	602.89	979.18
2004	26.84	1.05	0.08	1849.09	830.96	691.97	778.25	1152.67
2005	34.22	1.16	0.08	1959.93	1081.46	946.57	990.57	1295.76
2006	41.06	1.16	0.09	2125.25	1323.19	1231.67	1200.11	1233.93
2007	37.89	1.21	0.10	2371.01	1542.01	1508.66	1509.91	1347.85
2008	51.41	1.14	0.09	2387.10	1663.71	1661.18	1630.16	1285.24
2009	54.31	1.21	0.09	2484.30	1930.50	2158.50	1866.10	1513.40

地区生产总值
Gross Domestic Product

单位：亿元 (100 million yuan)

年份 Year	地区收入总值 Gross National Income	地区生产总值 Gross Domestic Product	第一产业 Primary Industry	第二产业 Secondary Industry	工业 Industry	建筑业 Construction	第三产业 Tertiary Industry	人均地区生产总值(元) Per Capita GDP (yuan)
1978	183.06	183.06	52.20	92.38	83.19	9.19	38.48	364
1979	203.22	203.22	61.11	101.76	89.69	12.07	40.35	400
1980	219.24	219.24	68.09	105.88	94.08	11.80	45.27	427
1981	222.54	222.54	71.03	103.15	92.34	10.81	48.36	427
1982	251.45	251.45	85.59	107.83	95.33	12.50	58.03	474
1983	283.21	283.21	102.10	114.89	101.95	12.94	66.22	526
1984	332.22	332.22	111.46	145.84	129.83	16.01	74.92	609
1985	396.75	396.75	120.34	184.26	164.27	19.99	92.15	719
1986	436.65	436.65	123.45	207.28	185.48	21.80	105.92	782
1987	521.98	521.92	137.66	255.97	231.43	24.54	128.29	921
1988	701.40	701.33	162.31	323.40	289.22	34.18	215.62	1219
1989	822.89	822.83	196.35	374.92	338.79	36.13	251.56	1409
1990	896.41	896.33	227.89	387.52	354.26	33.26	280.92	1465
1991	1073.09	1072.07	236.89	459.91	417.17	42.74	375.27	1727
1992	1279.55	1278.50	257.08	573.15	517.75	55.40	448.27	2040
1993	1694.78	1690.84	301.68	847.92	758.10	89.82	541.24	2682
1994	2192.67	2187.49	451.91	1053.12	926.36	126.76	682.46	3439
1995	2853.02	2849.52	631.34	1322.77	1150.49	172.28	895.41	4444
1996	3468.24	3452.97	700.94	1664.61	1463.18	201.43	1087.42	5345
1997	3970.06	3953.78	761.76	1934.38	1701.42	232.96	1257.64	6079
1998	4271.79	4256.01	790.60	2084.33	1822.05	262.28	1381.08	6501
1999	4530.95	4514.19	805.97	2188.59	1895.21	293.38	1519.63	6849
2000	5062.69	5043.96	824.55	2514.96	2201.73	313.23	1704.45	7592
2001	5536.14	5516.76	913.82	2696.63	2378.04	318.59	1906.31	8251
2002	6039.42	6018.28	956.84	2911.69	2580.90	330.80	2149.75	8960
2003	6944.21	6921.29	1064.05	3417.56	3009.92	407.64	2439.68	10251
2004	8504.50	8477.63	1333.57	4301.73	3812.31	489.42	2842.33	12487
2005	10043.42	10012.11	1400.00	5271.57	4704.28	567.29	3340.54	14659
2006	11504.39	11467.60	1461.81	6110.43	5485.96	624.47	3895.36	16682
2007	13650.36	13607.32	1804.72	7201.88	6515.32	686.56	4600.72	19662
2008	16059.82	16011.97	2034.59	8701.34	7891.54	809.80	5276.04	22986
2009	17285.60	17235.48	2207.34	8959.83	7983.86	975.97	6068.31	24581

注：1．本表按当年价格计算。2．2005—2008年数据依据第二次经济普查结果进行了修订。3．2005年及以后执行2002年国民经济行业分类（新行业分类）。（以下各表同）

a) Data in this table are calculated at current prices. b) Data in 2005-2008 were adjusted correspondingly in accordance with the result of the second economic census. c) Since 2005, this table uses the new industrial Classification of National Economy (GB/T4754-2002) , same as following tables.

地区生产总值构成
Composition of Gross Domestic Product

单位：% (%)

年份 Year	地区生产总值 Gross Domestic Product	第一产业 Primary Industry	第二产业 Secondary Industry	工业 Industry	建筑业 Construction	第三产业 Tertiary Industry
1978	100.0	28.52	50.46	45.44	5.02	21.02
1979	100.0	30.07	50.07	44.13	5.94	19.86
1980	100.0	31.06	48.29	42.91	5.38	20.65
1981	100.0	31.92	46.35	41.49	4.86	21.73
1982	100.0	34.04	42.88	37.91	4.97	23.08
1983	100.0	36.05	40.57	36.00	4.57	23.38
1984	100.0	33.55	43.90	39.08	4.82	22.55
1985	100.0	30.33	46.44	41.40	5.04	23.23
1986	100.0	28.27	47.47	42.48	4.99	24.26
1987	100.0	26.38	49.04	44.34	4.70	24.58
1988	100.0	23.14	46.11	41.24	4.87	30.75
1989	100.0	23.85	45.56	41.17	4.39	30.57
1990	100.0	25.43	43.23	39.52	3.71	31.34
1991	100.0	22.10	42.90	38.91	3.99	35.00
1992	100.0	20.11	44.83	40.50	4.33	35.06
1993	100.0	17.84	50.15	44.84	5.31	32.01
1994	100.0	20.66	48.14	42.35	5.79	31.20
1995	100.0	22.16	46.42	40.37	6.05	31.42
1996	100.0	20.30	48.21	42.37	5.84	31.49
1997	100.0	19.27	48.92	43.03	5.89	31.81
1998	100.0	18.58	48.97	42.81	6.16	32.45
1999	100.0	17.86	48.48	41.98	6.50	33.66
2000	100.0	16.35	49.86	43.65	6.21	33.79
2001	100.0	16.56	48.88	43.11	5.77	34.56
2002	100.0	15.90	48.38	42.88	5.50	35.72
2003	100.0	15.37	49.38	43.49	5.89	35.25
2004	100.0	15.73	50.74	44.97	5.77	33.53
2005	100.0	13.98	52.66	46.99	5.67	33.36
2006	100.0	12.75	53.28	47.84	5.44	33.97
2007	100.0	13.26	52.93	47.88	5.05	33.81
2008	100.0	12.71	54.34	49.29	5.05	32.95
2009	100.0	12.81	51.98	46.32	5.66	35.21

地区生产总值指数（上年=100）
Indices of Gross Domestic Product (Preceding year =100)

单位：% (%)

年份 Year	地区收入总值 Gross National Income	地区生产总值 Gross Domestic Product	第一产业 Primary Industry	第二产业 Secondary Industry	工业 Industry	建筑业 Construction	第三产业 Tertiary Industry	人均地区生产总值 Per Capita GDP
1978	114.5	114.5	110.4	118.0	118.9	111.2	112.0	112.9
1979	106.2	106.2	104.2	107.8	105.2	131.3	104.9	105.1
1980	103.2	103.2	97.4	102.4	103.0	97.7	112.5	102.1
1981	101.0	101.0	105.3	96.5	98.1	84.1	105.0	99.5
1982	111.8	111.8	119.5	103.2	102.8	106.7	118.7	109.7
1983	111.5	111.5	118.7	105.3	105.7	101.0	112.2	109.7
1984	114.4	114.4	108.0	122.8	123.2	119.3	110.0	113.0
1985	112.5	112.5	102.2	118.2	118.0	120.3	117.5	111.3
1986	105.1	105.1	97.4	108.0	108.7	101.9	109.8	103.8
1987	111.6	111.6	101.6	114.9	116.4	100.2	117.3	110.0
1988	113.5	113.5	101.1	116.9	116.7	119.4	120.1	111.9
1989	106.0	106.1	103.7	105.4	106.8	88.2	109.7	104.5
1990	105.8	105.8	105.7	104.0	104.6	95.7	109.0	100.9
1991	111.1	111.0	102.5	110.0	109.3	117.0	120.8	109.4
1992	115.6	115.6	99.4	120.7	122.1	106.9	121.4	114.6
1993	117.8	117.7	104.4	124.6	124.3	128.4	116.6	117.0
1994	114.9	114.9	111.8	116.9	116.2	124.3	113.7	113.9
1995	113.8	113.9	108.6	115.4	115.0	119.5	114.6	113.0
1996	114.2	113.5	105.5	116.6	116.9	113.4	113.0	112.7
1997	112.5	112.5	105.4	114.9	115.1	112.2	112.5	111.7
1998	110.7	110.7	106.2	112.2	112.1	113.3	110.6	110.0
1999	109.1	109.1	104.3	110.6	110.5	111.7	109.0	108.4
2000	109.5	109.5	105.1	110.1	110.8	103.3	110.4	108.7
2001	108.7	108.7	105.3	108.3	108.9	104.0	111.0	108.2
2002	109.6	109.6	105.4	110.6	111.0	107.1	110.2	108.9
2003	111.6	111.6	106.1	114.3	113.9	117.2	110.0	111.0
2004	112.9	112.9	106.7	114.8	115.1	112.7	112.6	112.3
2005	113.4	113.4	106.2	115.4	115.7	113.5	113.2	112.7
2006	113.4	113.4	105.0	115.1	116.0	108.3	114.3	112.6
2007	112.8	112.8	104.0	114.1	115.2	104.3	114.1	112.5
2008	110.1	110.1	104.9	110.5	111.2	103.6	111.1	109.3
2009	110.0	110.0	103.3	110.5	109.6	120.5	111.4	109.3

地区生产总值指数（1978年=100）
Indices of Gross Domestic Product (1978=100)

单位：% (%)

年份 Year	地区收入总值 Gross National Income	地区生产总值 Gross Domestic Product	第一产业 Primary Industry	第二产业 Secondary Industry	工业 Industry	建筑业 Construction	第三产业 Tertiary Industry	人均地区生产总值 Per Capita GDP
1978	100.0	100.0	100.0	100.0	100.0	100.0	100.0	100.0
1979	106.2	106.2	104.2	107.8	105.2	131.3	104.9	105.1
1980	109.6	109.6	101.5	110.4	108.4	128.3	118.0	107.3
1981	110.7	110.7	106.9	106.5	106.3	107.9	123.9	106.8
1982	123.8	123.8	127.7	110.0	109.3	115.1	147.1	117.1
1983	138.0	138.0	151.6	115.8	115.6	116.3	165.0	128.5
1984	157.9	157.9	163.7	142.2	142.4	138.7	181.4	145.2
1985	177.6	177.6	167.4	168.1	168.0	166.9	213.2	161.6
1986	186.6	186.6	163.1	181.6	182.6	170.1	234.2	167.7
1987	208.3	208.3	165.7	208.7	212.6	170.4	274.6	184.5
1988	236.4	236.4	167.5	244.0	248.1	203.4	329.8	206.5
1989	250.6	250.8	173.6	257.1	265.0	179.5	361.7	215.8
1990	265.1	265.4	183.6	267.4	277.3	171.8	394.3	217.7
1991	294.6	294.6	188.2	294.2	303.1	201.0	476.4	238.2
1992	340.5	340.5	187.0	355.0	370.0	214.9	578.5	272.9
1993	401.1	400.8	195.3	442.4	459.9	275.9	674.6	319.3
1994	460.9	460.5	218.3	517.2	534.5	342.9	766.7	363.7
1995	524.5	524.5	237.1	596.8	614.6	409.8	879.0	411.0
1996	599.0	595.4	250.1	695.9	718.5	464.7	993.3	463.2
1997	673.9	669.8	263.6	799.5	827.0	521.4	1117.4	517.4
1998	746.0	741.4	280.0	897.1	927.1	590.7	1235.9	569.1
1999	813.9	808.9	292.0	992.2	1024.4	659.8	1347.1	617.0
2000	891.2	885.8	306.9	1092.4	1135.0	681.6	1487.2	670.6
2001	968.7	962.8	323.2	1183.1	1236.1	708.9	1650.8	725.6
2002	1061.7	1055.3	340.6	1308.2	1372.5	759.0	1819.9	790.2
2003	1184.9	1177.7	361.5	1495.4	1563.9	889.4	2002.2	877.1
2004	1337.7	1329.6	385.7	1716.7	1800.1	1002.4	2254.3	985.0
2005	1516.9	1507.8	409.7	1981.2	2081.9	1137.7	2550.8	1110.1
2006	1720.2	1709.8	430.1	2280.4	2414.8	1232.7	2915.5	1250.4
2007	1940.4	1928.7	447.4	2601.9	2781.8	1285.7	3326.6	1406.7
2008	2136.4	2123.4	469.3	2875.1	3093.4	1332.0	3695.9	1537.5
2009	2350.0	2335.8	484.8	3177.0	3390.3	1605.1	4117.2	1680.5

支出法计算的地区生产总值

Gross Domestic Product by Expenditure Approach

年份 Year	地区生产总值(亿元) Gross Regional Product by Expenditure Approach (100 million yuan)	最终消费 Final Consumption Expenditures	资本形成总额 Gross Capital Formation	货物和服务净流出 Net Outflow of Goods and Services	最终消费率(消费率)(%) Final Consumption Rate (%)	资本形成率(投资率)(%) Capital Formation Rate (%)
1978	183.06	93.28	64.26	25.52	51.0	35.1
1979	203.22	104.43	68.95	29.84	51.4	33.9
1980	219.24	114.68	63.84	40.72	52.3	29.1
1981	222.54	129.06	50.73	42.75	58.0	22.8
1982	251.45	140.19	73.96	37.30	55.8	29.4
1983	283.21	156.34	90.10	36.77	55.2	31.8
1984	332.22	186.56	114.66	31.00	56.2	34.5
1985	396.75	229.73	156.90	10.12	57.9	39.5
1986	436.65	262.33	162.79	11.53	60.1	37.3
1987	521.92	318.27	176.58	27.07	61.0	33.8
1988	701.33	434.25	242.39	24.69	61.9	34.6
1989	822.83	480.95	295.30	46.58	58.5	35.9
1990	896.33	518.86	334.66	42.81	57.9	37.3
1991	1072.07	634.73	384.84	52.50	59.2	35.9
1992	1278.50	712.19	475.18	91.13	55.7	37.2
1993	1690.84	870.45	679.12	141.27	51.5	40.2
1994	2187.49	1059.29	884.46	243.74	48.4	40.4
1995	2849.52	1348.75	1226.07	274.70	47.3	43.0
1996	3452.97	1553.79	1547.80	351.38	45.0	44.8
1997	3953.78	1740.18	1838.54	375.06	44.0	46.5
1998	4256.01	1848.19	2030.17	377.65	43.4	47.7
1999	4514.19	1978.25	2152.02	383.92	43.8	47.7
2000	5043.96	2240.68	2246.67	556.61	44.4	44.5
2001	5516.76	2490.38	2325.61	700.77	45.1	42.2
2002	6018.28	2838.41	2429.90	749.97	47.2	40.4
2003	6921.29	3029.25	2860.73	1031.31	43.8	41.3
2004	8477.63	3677.23	3659.84	1140.56	43.4	43.2
2005	10012.11	4273.61	4727.66	1010.84	42.7	47.2
2006	11467.60	4966.60	5482.96	1018.04	43.3	47.8
2007	13607.32	5871.11	6710.87	1025.34	43.1	49.3
2008	16011.97	6695.14	8277.67	1039.16	41.8	51.7
2009	17235.48	7220.83	9264.77	749.88	41.9	53.8

三次产业贡献率

Share of the Contributions of the Three Strata of Industry to the Increase of the GDP

单位：% (%)

年份 Year	生产总值 Gross Domestic Product	第一产业 Primary Industry	第二产业 Secondary Industry	#工业 Industry	第三产业 Tertiary Industry
1990	100.0	22.9	34.1	36.5	43.0
1991	100.0	6.2	40.8	34.7	53.0
1992	100.0	-1.0	59.1	57.2	41.9
1993	100.0	5.3	64.6	58.6	30.1
1994	100.0	15.1	55.8	49.0	29.1
1995	100.0	11.5	55.5	49.2	33.0
1996	100.0	7.2	62.3	57.6	30.5
1997	100.0	6.0	62.4	57.7	31.6
1998	100.0	7.6	61.0	55.2	31.4
1999	100.0	5.4	63.3	57.1	31.3
2000	100.0	6.1	59.1	57.4	34.8
2001	100.0	8.4	48.1	45.2	43.5
2002	100.0	6.6	55.8	51.3	37.6
2003	100.0	6.6	62.9	54.2	30.5
2004	100.0	6.5	59.7	53.6	33.8
2005	100.0	5.5	60.7	54.5	33.8
2006	100.0	4.3	59.5	55.9	36.2
2007	100.0	3.9	58.7	56.9	37.4
2008	100.0	5.7	56.2	54.5	38.1
2009	100.0	3.8	57.1	47.4	39.1

注：1.本表按不变价格计算。 2.三次产业贡献率指各产业增加值增量与GDP增量之比。

a) Data in this table are calculated at constant prices. b) Share of the contributions of the three strata of industry to the increase of the GDP refers to the proportion of the increment of the value-added of each industry to the increment of GDP.

三次产业对生产总值增长的拉动
Contribution of the Three Strata of Industry to GDP Growth

单位：百分点 (percentage points)

年 份 Year	生产总值 Gross Domestic Product	第一产业 Primary Industry	第二产业 Secondary Industry	#工 业 Industry	第三产业 Tertiary Industry
1990	5.8	1.3	2.0	2.1	2.5
1991	11.0	0.7	4.5	3.8	5.8
1992	15.6	-0.1	9.2	8.9	6.5
1993	17.7	1.0	11.4	10.4	5.3
1994	14.9	2.3	8.3	7.3	4.3
1995	13.9	1.6	7.7	6.8	4.6
1996	13.5	1.0	8.4	7.8	4.1
1997	12.5	0.8	7.8	7.2	3.9
1998	10.7	0.8	6.5	5.9	3.4
1999	9.1	0.5	5.8	5.2	2.8
2000	9.5	0.6	5.6	5.4	3.3
2001	8.7	0.7	4.2	3.9	3.8
2002	9.6	0.6	5.4	4.9	3.6
2003	11.6	0.8	7.3	6.3	3.5
2004	12.9	0.8	7.7	6.9	4.4
2005	13.4	0.8	8.1	7.3	4.5
2006	13.4	0.6	8.0	7.5	4.9
2007	12.8	0.5	7.5	7.3	4.8
2008	10.1	0.6	5.7	5.5	3.8
2009	10.0	0.4	5.7	4.7	3.9

注：1．本表按不变价计算。 2．三次产业拉动指GDP增长速度与各产业贡献率之乘积。

a) Data in this table are calculated at constant prices. b) Contribution of the three strata of industry to GDP growth refers to the growth rate of GDP multiplied by the contribution share of every industry.

资金流量表(收入分配)(2008年)

单位：亿元

机构部门 交易项目	Sectors Items	非金融企业部门 Non-financial Corporations 使用 Uses	来源 Sources	金融机构部门 Financial Institutions 使用 Uses	来源 Sources
净出口	Net Exports				
增加值	Value Added		10213.26		420.74
劳动者报酬	Compensation of Laborers	3808.97		131.22	
工资及工资性收入	Wages and Salaries	3200.75		110.27	
单位社会保险付款	Employers' Social Contributions	608.22		20.95	
生产税净额	Taxes on Production, Net	1773.05		63.63	
生产税	Taxes on Products	1775.73		63.63	
生产补贴	Subsidies on Production		2.68		
财产收入	Income from Properties	554.86	154.15	1042.64	1273.21
利　息	Interest	517.46	127.38	1042.40	1268.80
红　利	Distributed Income of Corporations	37.40	26.70		4.41
土地租金	Rent on Land Use				
其　他	Others		0.07	0.24	
初次分配总收入	Total Income from Primary Distribution		4230.53		456.46
经常转移	Current Transfer	295.90	4.59	150.62	
收入税	Taxes on Income	295.90		11.52	
社会保险缴款	Social insurance contributions				
社会保险福利	Social insurance benefits				
社会补助	Allowances				
其他经常转移	Other current transfers		4.59	139.09	
可支配总收入	Total Disposable Income		3939.22		305.84
最终消费	Final Consumption Expenditure				
居民消费	Household Consumption				
政府消费	Government Consumption				
总储蓄	Savings		3939.22		305.84
资本转移	Capital Transfers		13.50		
投资性补助	Investment Allowances		13.50		
其　他	Other				
资本形成总额	Gross Capital Formation	6577.71		10.96	
固定资本形成总额	Gross Fixed Capital Formation	6605.53		10.96	
存货增加	Changes in Inventories	-27.82			
其他非金融资产获得减处置	Acquisitions Less Disposals of Other Non-financial Assets				
净金融投资	Net Financial Investment	-2624.99		294.88	

Funds Flow of Funds Table (2008)

(100 million yuan)

政府部门 General Governments		住户部门 Households		省内部门合计 Regional Sum		国内省外 Outside Province		国 外 The Rest of the World	
使 用 Uses	来 源 Sources	使 用 Uses	来 源 Sources	使 用 Uses	来 源 Sources	使 用 Uses	来 源 Sources	使 用 Uses	来 源 Sources
							-601.66		-437.50
	1060.10		4317.87		16011.97				
857.53		3809.23	8606.95	8606.95	8606.95				
857.53		3809.23	7977.78	7977.78	7977.78				
			629.17	629.17	629.17				
11.09	1357.57	31.77		1879.54	1357.57	129.75	651.72		
11.09	1461.51	133.03		1983.48	1461.51	129.75	651.72		
103.94			101.26	103.94	103.94				
	42.02	86.81	234.21	1684.31	1703.59	48.84	15.60	0.58	14.54
	41.10	86.81	222.64	1646.67	1659.91	15.15	1.90		
	0.92		11.40	37.40	43.43	33.69	13.70	0.58	14.54
			0.17	0.24	0.24				
	1591.07		9231.22		15509.27				
768.75	2040.16	816.65	906.33	2001.00	2951.08	942.30	31.48	52.93	13.67
	413.63	106.21		382.72	413.63	30.91			
	629.17	629.17		629.17	629.17				
541.33			541.33	541.33	541.33				
121.81		0.59	122.41	122.41	122.41				
105.61	997.36	80.69	242.60	325.38	1244.55	911.39	31.48	52.93	13.67
	2862.47		9320.90		16428.44				
2168.35		4526.79		6695.14					
		4526.79		4526.79					
2168.35				2168.35					
	694.12		4794.11		9733.30		-1023.74		-462.78
112.61	99.11			112.61	112.61				
112.61	99.11			112.61	112.61				
689.46		999.54		8277.67					
689.46		1000.10		8306.05					
		-0.56		-28.38					
-8.84		3794.57		1455.63		-1023.74		-462.78	

资产负债（2008年12月31日）

单位：亿元

机构部门 交易项目	Sectors Items	非金融企业部门 Non-financial Corporations 使用 Uses	非金融企业部门 Non-financial Corporations 来源 Sources	金融机构部门 Financial Institutions 使用 Uses	金融机构部门 Financial Institutions 来源 Sources	政府 General 使用 Uses
非金融资产	**Non-financial Assets**	**18220.93**		**1702.62**		**2673.55**
固定资产	Fixed Assets	14308.59		212.11		2648.93
#在建工程	Constructing Project	1507.80		9.37		8.76
存　货	Inventory	3196.62		3.42		17.87
#产成品和商品库存	Products and Inventory	1177.12				
其他非金融资产	Other Non-financial Assets	715.72		1487.09		6.75
#无形资产	Intangible Assets	632.96		68.37		
金融资产与负债	**Financial Assets and Liabilities**	**13273.49**	**18322.67**	**18948.98**	**23664.63**	**2721.47**
国内金融资产与负债	Domestic Financial Assets and Liabilities	13273.49	17953.84	18948.98	23664.36	2721.47
通　货	Current in Circulation	536.63		251.99		7.61
存　款	Savings Deposits	5051.36			17844.82	1307.94
长　期	Long Period Savings Deposits	2115.88			10188.19	63.64
短　期	Short Period Savings Deposits	2935.48			7656.63	1244.30
贷　款	Loans		8129.80	9506.74		
长　期	Long-term Loans		3616.17	4702.56		
短　期	Short-term Loans		4513.63	4804.18		
股票及其他股权	Stocks and Other Stock Rights	1252.78	2527.63	883.60		46.64
证　券(不含股票)	Securities (Not Including Stocks)	56.75	20.56	56.15	97.13	0.06
保险准备金	Insurance Reserve Funds	210.80			1178.10	
其　他	Other	6165.17	7275.85	8250.50	4544.31	1359.22
国外金融资产与负债	Foreign Financial Assets and Liabilities		368.83		0.27	
直接投资	Foreign Direct Investment		233.25		0.27	
证券投资	Securities					
其他投资	Miscellaneous		135.58			
资产负债差额	**Balance Between Assets and Liabilities**		**13171.75**		**-3013.03**	
资产、负债与差额总计	**The Sum Total of Assets, Liabilities and Bala**	**31494.42**	**31494.42**	**20651.60**	**20651.60**	**5395.02**

注：本表包括公路、市政设施、水利设施。

Assets and Liabilities (December,31,2008)

(100 million yuan)

部门 Governments	住户部门 House-holds		省内部门合计 Regional Sum		国内省外 Outside Province		国外 The Rest of the World		总计 Total	
来源 Sources	使用 Uses	来源 Sources	使用 Uses	来源 Sources	使用 Uses	来源 Sources	使用 Uses	来源 Sources	使用 Uses	来源 Sources
	18044.91		**40642.01**						**40642.01**	
	16932.77		34102.40						34102.40	
			1525.93						1525.93	
	985.96		4203.87						4203.87	
			1177.12						1177.12	
	126.18		2335.74						2335.74	
			701.33						701.33	
2261.27	**15942.24**	**1694.25**	**50886.18**	**45942.82**		**5312.80**	**369.44**		**51255.62**	**51255.62**
2260.93	15942.24	1694.25	50886.18	45573.38		5312.80			50886.18	50886.18
	780.17		1576.40			1576.40			1576.40	1576.40
	11485.52		17844.82	17844.82					17844.82	17844.82
	8008.67		10188.19	10188.19					10188.19	10188.19
	3476.85		7656.63	7656.63					7656.63	7656.63
364.55		1012.39	9506.74	9506.74					9506.74	9506.74
155.24		931.15	4702.56	4702.56					4702.56	4702.56
209.31		81.24	4804.18	4804.18					4804.18	4804.18
	653.96		2836.98	2527.63		309.35			2836.98	2836.98
	1131.28		1244.24	117.69		1126.55			1244.24	1244.24
443.65	1410.95		1621.75	1621.75					1621.75	1621.75
1452.73	480.36	681.86	16255.25	13954.75		2300.50			16255.25	16255.25
0.34				369.44			369.44		369.44	369.44
0.34				233.86			233.86		233.86	233.86
				135.58			135.58		135.58	135.58
3133.75		**32292.90**		**45585.37**		**-5312.80**		**369.44**		**40642.01**
5395.02	**33987.15**	**33987.15**	**91528.19**	**91528.19**			**369.44**	**369.44**	**91897.63**	**91897.63**

a)Data contained of the highways, municipal infra-structure and water conservancy facilities.

居民消费水平
Household Consumption

年 份 Year	全省居民 (元) All Households (yuan)	农村居民 Rural Households	城镇居民 Urban Households	城乡消费水平对比(农村居民=100) Urban/Rural Consumption Ratio (Urban Households =100)	指 数(上年=100) Index (Preceding Year=100) 全省居民 All Households	农村居民 Rural Households	城镇居民 Urban Households	指 数(1978年=100) Index (1978=100) 全省居民 All Households	农村居民 Rural Households	城镇居民 Urban Households
1978	165	137	402	293.4	103.7	104.9	90.9	100.0	100.0	100.0
1979	183	153	423	276.5	99.4	106.3	93.4	99.4	106.3	93.4
1980	199	164	460	280.5	119.9	120.6	119.5	119.2	128.2	111.6
1981	223	187	481	257.2	111.1	113.4	103.7	132.4	145.4	115.7
1982	236	198	507	256.1	104.5	104.8	104.0	138.4	152.4	120.4
1983	258	221	513	232.1	110.8	112.8	100.6	153.3	171.9	121.1
1984	301	261	569	218.0	116.8	118.2	111.0	179.1	203.1	134.4
1985	366	319	672	210.7	117.1	118.1	112.8	209.7	239.9	151.6
1986	413	356	773	217.1	104.8	104.6	104.8	219.8	250.9	158.9
1987	494	423	917	216.8	105.2	105.3	104.3	231.2	264.2	165.7
1988	664	557	1300	233.4	112.9	110.4	118.3	261.0	291.7	196.1
1989	722	583	1557	267.1	94.7	93.3	98.9	247.2	272.2	193.9
1990	783	605	1592	263.1	103.9	102.6	107.0	256.8	279.2	207.5
1991	847	675	1839	272.4	107.0	105.6	108.5	274.8	294.9	225.1
1992	950	729	2182	299.3	108.6	107.0	109.6	298.4	315.5	246.7
1993	1089	831	2496	300.4	111.9	110.2	114.3	333.9	347.7	282.0
1994	1320	1001	3009	300.6	109.5	107.8	110.8	365.7	374.8	312.5
1995	1686	1306	3397	260.2	110.6	110.0	106.8	404.4	412.3	333.7
1996	1925	1554	3499	225.2	106.8	110.7	104.9	431.9	456.4	350.1
1997	2151	1711	3765	220.1	108.8	105.2	104.5	469.9	480.2	365.8
1998	2207	1731	3833	221.5	102.2	101.9	101.2	480.3	489.3	370.2
1999	2327	1803	3950	219.0	112.7	108.8	100.4	541.3	532.3	371.7
2000	2533	1848	4523	244.8	106.6	109.0	100.8	577.0	580.3	374.7
2001	2749	1912	4991	261.0	107.4	103.2	108.3	619.7	598.8	405.8
2002	3081	1987	5776	290.7	107.9	102.2	109.5	668.6	612.0	444.3
2003	3271	2042	6063	297.0	106.7	105.4	104.0	713.4	645.1	462.1
2004	3758	2167	7096	327.5	111.9	104.9	113.5	798.3	676.7	524.4
2005	4270	2426	7851	323.6	110.2	109.8	106.8	879.7	743.0	560.1
2006	4924	2714	8971	330.6	113.5	111.1	111.9	998.5	825.5	626.7
2007	5667	3067	10031	327.1	111.6	108.3	109.2	1114.3	894.0	684.4
2008	6498	3515	10835	308.3	111.0	110.3	104.9	1236.9	986.1	717.9
2009	7193	3606	12195	338.2	110.7	103.7	112.0	1369.2	1022.6	804.0

企业家信心指数（2009年）
Confidence Index of Entrepreneur (2009)

项　目	Item	一季度 First Quarter	二季度 Second Quarter	三季度 Third Quarter	四季度 Fourth Quarter
总体状况	**Overall Confidence Index**	**91.5**	**100.0**	**107.3**	**116.5**
按注册登记类型分	**Grouped by Status of Registration**				
国有企业	State-owned Enterprises	93.8	101.1	104.9	117.7
集体企业	Collective-owned Enterprises	90.2	92.5	97.5	100.0
有限责任公司	Limited Liability Corporations	93.4	100.1	109.3	116.8
股份有限公司	Share-holding Corporations Ltd.	82.9	98.4	106.9	122.3
私营企业	Private Enterprises	67.7	70.2	86.4	96.3
外商及港澳台投资企业	Enterprises with Funds from Foreign and Hong Kong, Macao, Taiwan	95.0	112.2	117.9	124.6
按行业门类分	**Grouped by Sector**				
工　业	Industry	87.4	95.0	102.3	114.4
建筑业	Construction	93.4	111.2	117.8	122.3
交通运输、仓储及邮政业	Transportation, Storage and Post Services	89.7	101.0	107.4	109.9
批发零售业	Wholesale and Retail Trade	101.5	107.7	112.0	119.6
房地产业	Real Estate Trade	92.9	123.8	123.8	124.4
社会服务业	Social Services	100.0	93.1	103.5	114.3
信息传输、计算机服务	Information Transmitting, Computer	157.5	156.6	179.0	174.0
及软件业	Services and Software	104.1	95.8	120.8	119.2
住宿和餐饮业	Accommodation and Catering Services				
按企业规模分	**Grouped by Size of Enterprises**				
大型(含特大型)企业	Large and Super-sized	91.4	105.6	112.4	122.5
中型企业	Medium-sized	94.2	101.8	109.3	119.4
小型企业	Small-sized	87.8	93.0	101.6	108.9
其他分组	**Others**				
国家重点企业	State Key Enterprises	79.7	75.0	111.3	120.0
国家试点企业集团成员企业	State Experimental Enterprises Groups	71.6	70.0	70.0	85.7
乡镇企业	Township Enterprises	62.8	84.4	86.5	88.6
上市公司	Corporations Liste in the Stock Market	78.6	84.7	100.4	122.4
国有控股企业	State-holding Enterprises	94.3	101.5	107.5	115.2

企业景气指数（2009年）
Climate Index of Enterprises (2009)

项　　目	Item	一季度 First Quarter	二季度 Second Quarter	三季度 Third Quarter	四季度 Fourth Quarter
总体状况	**Overall Confidence Index**	**95.1**	**105.2**	**109.5**	**116.7**
按行业门类分	**Grouped by Sector**				
工　业	Industry	93.5	102.0	104.8	112.1
建筑业	Construction	90.8	123.3	130.0	128.4
交通运输、仓储及邮政业	Transportation, Storage and Post Services	88.2	103.5	109.5	122.1
批发零售业	Wholesale and Retail Trade	103.9	106.4	113.8	125.7
房地产业	Real Estate Trade	95.2	111.9	114.3	122.0
社会服务业	Social Services	100.0	96.6	103.5	103.6
信息传输、计算机服务	Information Transmitting, Computer	153.2	156.3	171.5	173.1
及软件业	Services and Software	95.9	100.0	118.8	121.3
住宿和餐饮业	Accommodation and Catering Services				
按注册登记类型分	**Grouped by Status of Registration**				
国有企业	State-owned Enterprises	93.1	99.7	109.3	113.9
集体企业	Collective-owned Enterprises	80.5	87.5	95.0	97.4
有限责任公司	Limited Liability Corporations	98.5	108.9	111.4	115.1
股份有限公司	Share-holding Corporations Ltd.	88.1	111.0	115.5	126.3
私营企业	Private Enterprises	75.8	83.6	82.8	107.1
外商及港澳台投资企业	Enterprises with Funds from Foreign and Hong Kong, Macao, Taiwan	100.2	111.3	125.8	133.0
按企业规模分	**Grouped by Size of Enterprises**				
大型(含特大型)企业	Large and Super-sized	101.8	115.6	124.4	131.2
中型企业	Medium-sized	98.4	111.3	115.2	122.4
小型企业	Small-sized	86.0	91.4	96.4	100.9
其他分组	**Others**				
国家重点企业	State Key Enterprises	104.1	124.9	130.8	139.6
国家试点企业集团成员企业	State Experimental Enterprises Groups	42.8	38.4	69.4	85.7
乡镇企业	Township Enterprises	66.9	78.3	82.4	86.5
上市公司	Corporations Listed in the Stock Market	99.4	116.9	115.5	128.7
国有控股企业	State-holding Enterprises	96.1	108.1	111.9	116.3
工　业	**Industry**				
生产成本	Cost	89.0	87.0	75.8	67.1
生产总量	Gross Output	82.0	110.4	112.4	116.2
产品订货	Order for Product	81.8	99.1	104.5	110.2
＃国外订货	order for Product of the World	67.0	73.9	80.0	82.8
产品销售	Total Volume of Sales	77.9	107.3	108.6	116.5
产品销售价格	Price of Sales	74.0	93.6	101.6	107.6
产成品库存	Inventory of Product	95.5	100.5	103.1	107.6
盈利(亏损)变化	Profit (Loss) Change	71.5	88.6	104.4	112.7
流动资金	Floating Capital	57.2	59.6	65.2	66.8
货款拖欠	Loan Delinquency	94.1	91.2	98.8	99.2
劳动力需求	Labor Force Demand	83.7	93.4	96.8	100.5
固定资产投资	Fixed Assets Investment	90.0	103.9	113.0	113.7
科技创新	Technological Innovation	100.3	107.2	102.1	103.1
主要原材料及能源购进价格	Purchase Price of Major Raw Materials and Energy	104.3	84.0	70.1	56.6
主要原材料及能源供应	Supply of Major Raw Materials and Energy	119.5	122.0	122.9	118.6

企业景气指数（2009年)(续一)

Prosperity Index of Enterprises (2009)

项　目	Item	一季度 First Quarter	二季度 Second Quarter	三季度 Third Quarter	四季度 Fourth Quarter
建筑业	**Construction**				
工程合同	Project Contract	68.6	124.7	125.8	106.7
#国(境)外工程合同	From Overseas	101.5	92.2	93.3	94.9
建筑工程量	Construction Resilience	57.6	142.0	148.7	118.3
新开工工程量	Newly Started Construction Resilience	68.5	129.8	128.7	99.6
工程结算收入	Revenue of Project Settlement Accounts	63.8	132.1	128.8	133.6
建筑材料购进价格	Purchase Price of Building Material	113.2	72.1	71.2	70.4
工程结算成本	Costs of Project Settlement Accounts	104.1	67.0	70.0	70.3
盈利(亏损)变化	Profit (Loss) Change	87.9	126.5	123.2	113.0
流动资金	Floating Capital	58.1	60.2	66.4	74.4
工程款拖欠	Project Funds Delinquency	103.5	77.1	76.5	86.2
劳动力需求	Labor Force Demand	64.4	140.7	138.3	104.0
固定资产投资	Fixed Assets Investment	78.0	110.5	114.2	110.4
交通运输、仓储和邮政业	**Transport, Post, Telecommunication Services**				
业务收费价格	Business Charge Price	91.5	91.5	97.9	97.8
盈利(亏损)变化	Floating Capital	79.1	106.2	90.7	113.2
流动资金	Profit (Loss) Change	51.9	47.2	47.2	61.5
货款拖欠	Loan Delinquency	88.7	95.7	93.6	106.7
劳动力需求	Labor Force Demand	68.1	75.8	84.3	102.1
固定资产投资	Fixed Assets Investment	89.7	101.0	111.6	109.9
批发和零售业	**Wholesale & Retail Sale Trade**				
商品购进价格	Purchasing Price of Commodities	101.5	92.4	87.7	66.3
商品销售	Commodity Marketing	89.1	95.2	109.9	124.0
#出　口	Export	81.3	91.5	91.5	94.9
商品销售价格	Selling Price of Commodities	80.6	90.4	94.1	109.2
商品库存	Commodity Stock	112.3	107.2	111.5	115.2
经营费用	Management Cost	73.7	79.0	79.7	67.1
盈利(亏损)变化	Profit (Loss) Change	95.9	104.9	107.5	111.5
流动资金	Floating Capital	87.0	84.7	86.9	88.7
货款拖欠	Loan Delinquency	111.6	102.3	107.0	111.6
劳动力需求	Labor Force Demand	88.3	90.7	94.8	104.8
固定资产投资	Fixed Assets Investment	94.5	104.8	106.5	112.1
房地产业	**Real Estate Industry**				
土地开发	Land Space Development	85.7	109.5	109.5	102.4
完成投资	Finished Investment	76.2	107.1	102.4	97.6
新开工情况	Newly Started	69.1	97.6	90.5	97.6
房屋竣工	Buildings Completed	73.8	90.5	97.6	102.4
商品房预售	Commercial House Sold in Advance	66.7	97.6	95.2	92.7
商品房销售	Commercial House Sold	66.7	97.6	92.9	78.1
商品房销售价格	Commercial House Selling Price	85.7	92.9	114.3	109.8

企业景气指数（2009年)(续二)

Prosperity Index of Enterprises (2009)

项　　目	Item	一季度 First Quarter	二季度 Second Quarter	三季度 Third Quarter	四季度 Fourth Quarter
空置商品房	Vacant Commercial Houses	131.0	138.1	142.9	136.6
盈利(亏损)变化	Floating Capital	73.8	100.0	102.4	107.3
流动资金	Profit (Loss) Change	54.8	57.1	54.8	58.5
货款拖欠	Loan Delinquency	123.8	128.6	119.1	114.6
劳动力需求	Labor Force Demand	83.3	92.9	100.0	82.9
固定资产投资	Fixed Assets Investment	85.7	90.5	97.6	112.2
社会服务业	**Social Service Industry**				
竞争能力	Competitive Ability	137.9	134.5	131.0	121.4
旅游客源	Traveling Source of Tourists	71.4	77.8	100.0	42.9
收费(服务)价格	Charge (Service) Price	89.3	82.1	96.4	66.7
营业成本	Business Cost	86.2	79.3	82.8	78.6
盈利(亏损)变化	Floating Capital	96.6	82.8	103.5	78.6
流动资金	Profit (Loss) Change	75.9	82.8	72.4	60.7
货款拖欠	Loan Delinquency	93.1	82.1	96.4	88.9
劳动力需求	Labor Force Demand	100.0	86.2	86.2	96.4
固定资产投资	Fixed Assets Investment	110.3	100.0	110.3	92.9
信息传输、计算机服务和软件业	**Information Transmission, Computer Service**				
产品销售(提供服务)	Product Sale (Service Provide)	131.7	137.3	162.2	142.1
产品订货	Product Ordering	128.9	133.7	130.3	152.1
竞争能力	Competitive Ability	148.4	152.4	140.8	156.8
销售(收费)价格	Selling (Charge) Price	61.2	63.0	62.4	72.8
营业收入	Business Income	122.2	127.8	152.8	132.4
营业成本	Business Cost	118.1	81.4	90.8	55.4
盈利(亏损)变化	Floating Capital	140.6	62.5	149.7	78.6
流动资金	Profit (Loss) Change	141.3	148.4	144.6	127.1
货款拖欠	Loan Delinquency	133.7	70.9	126.0	66.2
劳动力需求	Labor Force Demand	98.4	119.9	127.7	129.5
固定资产投资	Fixed Assets Investment	65.5	131.3	86.2	128.6
住宿和餐饮业	**Accommodation and Catering Service**				
竞争能力	Competitive Ability	118.4	117.0	129.2	125.5
客房出租	Guest Room Hiring	61.1	79.3	91.4	85.7
收费(服务)价格	Charge (Service) Price	81.3	87.5	106.3	93.6
营业收入	Business Income	75.5	91.7	100.0	110.6
营业成本	Business Cost	89.6	83.3	89.6	70.2
盈利(亏损)变化	Floating Capital	67.4	89.6	93.8	93.6
流动资金	Profit (Loss) Change	63.3	66.7	70.8	68.1
货款拖欠	Loan Delinquency	89.4	80.4	76.1	91.1
劳动力需求	Labor Force Demand	79.6	93.8	112.5	110.6
固定资产投资	Fixed Assets Investment	79.6	95.8	95.8	110.6

人口基本情况
Basic Statistics of Population

指　　标	Indicator	2000	2005	2006	2007	2008	2009
年末总人口(万人)	**Total Population of Year-end (10000 persons)**	**6674**	**6851**	**6898**	**6943**	**6989**	**7034**
按城乡分	**By Residence**						
城镇人口	Urban Population	1741	2582		2795	2928	3077
乡村人口	Rural Population	4933	4269		4148	4061	3957
按性别分	**By Sex**						
男性人口	Male Population	3397	3441	3486	3529	3562	3582
女性人口	Female Population	3277	3410	3412	3414	3427	3452
出生率(‰)	Birth Rate (‰)	11.30	12.84	12.82	13.33	13.04	12.93
死亡率(‰)	Death Rate (‰)	6.21	6.75	6.59	6.78	6.49	6.43
自然增长率(‰)	Natural Growth Rate (‰)	5.09	6.09	6.23	6.55	6.55	6.50
人口密度(人/平方公里)	Density of Population (Person/sq.km)		365	368	370	372	375
家庭户数(万户)	Households (10000 units)		2046.40	2085.87	2104.70	2105.10	2125.45
各年龄段人口比例(%)	**Population by Age Group (%)**						
0—14岁	0-14	22.8	17.7	16.6	16.75	16.06	16.58
15—64岁	15-64	70.3	74.1	74.9	74.39	75.20	74.60
65岁以上	65 and Over	6.9	8.2	8.5	8.86	8.74	8.82
文化程度人口比重(%)	**Population by Education Attainments (%)**						
未上学人口	Uneducational Population	8.7	6.9	6.0	6.09	5.01	5.34
小学文化程度人口	Primary School	35.7	30.1	30.3	29.67	29.60	28.70
初中文化程度人口	Junior Secondary Schools	41.3	46.3	47.2	47.76	48.63	50.00
高中文化程度人口	Senior Secondary Schools	11.3	12.0	12.0	11.81	11.97	11.00
大专以上文化程度人口	College and Higher Level	2.9	4.7	4.5	4.67	4.79	5.00

注：未上学人口2005年以前为不识字或识字很少的人口。

a) Before the year of 2005, the number of unschooled people referred to those who were lack of literacy.

总人口及人口自然变动

Total Population and Natural Changes of Population

年 份 Year	总 人 口 (万人) Total Population (10000 persons)	#男 Male	出 生 率 (‰) Birth Rate (‰)	死 亡 率 (‰) Death Rate (‰)	自然增长率 (‰) Natural Growth Rate (‰)
1978	5057	2595	20.88	6.49	14.39
1979	5105	2620	19.86	6.36	13.50
1980	5168	2651	20.47	6.46	14.01
1981	5256	2692	23.99	6.05	17.94
1982	5356	2742	19.35	5.94	13.41
1983	5420	2777	17.91	6.60	11.31
1984	5487	2815	16.73	5.41	11.32
1985	5548	2852	17.10	5.30	11.80
1986	5627	2893	20.42	6.12	14.30
1987	5710	2936	22.50	6.00	16.50
1988	5795	2978	20.35	5.50	14.85
1989	5881	3021	20.19	5.44	14.75
1990	6159	3147	20.46	6.82	13.64
1991	6220	3167	16.61	6.75	9.86
1992	6275	3212	15.33	6.43	8.90
1993	6334	3227	15.43	6.11	9.32
1994	6388	3264	14.93	6.50	8.43
1995	6437	3266	13.93	6.32	7.61
1996	6484	3309	13.85	6.55	7.30
1997	6525	3327	13.11	6.82	6.29
1998	6569	3343	13.01	6.18	6.83
1999	6614	3357	12.99	6.26	6.73
2000	6674	3397	11.30	6.21	5.09
2001	6699	3384	11.16	6.18	4.98
2002	6735	3420	11.53	6.25	5.28
2003	6769	3454	11.43	6.27	5.16
2004	6809	3480	11.98	6.19	5.79
2005	6851	3438	12.84	6.75	6.09
2006	6898	3486	12.82	6.59	6.23
2007	6943	3529	13.33	6.78	6.55
2008	6989	3562	13.04	6.49	6.55
2009	7034	3582	12.93	6.43	6.50

五次人口普查基本情况

Basic Statistics on Population Census in 1953，1964，1982, 1990 and 2000

项 目	Item	第一次人口普查 The First (1953.7.1)	第二次人口普查 The Secend (1964.7.1)	第三次人口普查 The Third (1982.7.1)	第四次人口普查 The Fourth (1990.7.1)	第五次人口普查 The Fifth (2000.11.1)
总人口(万人)	**Total Population(10000 Persons)**	**3563.46**	**4568.77**	**5300.55**	**6108.28**	**6668.44**
男	Male	1794.83	2338.17	2712.56	3121.01	3393.63
女	Female	1768.63	2230.60	2587.99	2987.27	3274.81
总户数(万户)	**Total Household(10000 households)**	**820.12**	**1017.15**	**1237.70**	**1536.61**	**1830.27**
家庭户	Household			1231.72	1530.21	1793.50
平均家庭户规模	Average Household Size	4.39	4.49	4.14	3.89	3.59
民 族	**Nationalities**					
民族个数(个)	The Number of Nationalities	11	30	41	55	56
汉族人口(万人)	Total Population of Han Nationality (10000 persons)	3527.83	4494.98	5215.14	5867.37	6378.16
各少数民族人口(万人)	Total Population of Minority Nationalities (10000 persons)	35.63	73.75	85.34	240.91	290.28
市镇总人口(万人)	**Total Population of City and Town (10000 persons)**	**419.53**	**644.79**	**725.89**	**1173.39**	**1756.01**
各种文化程度人口(万人)	**Population by Education(10000 persons)**					
大 学	University and Above		18.08	23.43	58.25	178.11
高 中	Senior Secondary Schools		56.87	399.86	455.47	716.36
初 中	Junior Secondary Schools		234.91	1020.08	1509.42	2609.93
小 学	Primary Schools		1400.54	1930.58	2249.16	2213.51
文盲、半文盲 (15周岁及以上)	**Illterate or Semiliterate Persons (Age 15 and Over)**			**1193.54**	**1023.52**	**513.81**
在业人口(万人)	**Economically Active Population (10000 persons)**			**2759.90**	**3410.11**	**3836.27**
不在业人口(万人)	**Economically Unactive Population (10000 persons)**			**908.76**	**924.47**	**1313.09**

分行业就业人员（2009年底）

Number of Employed Persons by Sector (End of 2009)

单位：万人 (10000 persons)

项目	Item	就业人员 Employed Persons	城镇 就业人员 Employed Persons of Urban Areas	单位 就业人员 Urban Units	私营个体 就业人员 Private and Individuals	灵活就业及其他就业人员 Others	乡村 就业人员 Employed Persons of Rural Areas
全省总计	**Total**	**3792.49**	**1002.79**	**503.06**	**358.46**	**141.27**	**2789.70**
农、林、牧、渔业	Agriculture, Forestry, Animal Husbandry and Fishery	1479.22	12.88	7.07	3.12	2.69	1466.34
采矿业	Mining	91.38	39.77	27.02	10.40	2.35	51.61
制造业	Manufacturing	728.52	234.89	116.98	113.71	4.20	493.63
电力、燃气及水的生产和供应业	Production and Distribution of Electricity, Gas and Water	33.64	22.24	19.85	1.08	1.31	11.40
建筑业	Construction	349.82	73.71	33.94	25.82	13.95	276.11
交通运输、仓储和邮政业	Traffic, Transport, Storage and Post	171.67	48.96	25.48	18.08	5.40	122.71
信息传输、计算机服务和软件业	Information Transmission, Computer Services and Software	16.20	9.68	6.04	2.15	1.49	6.52
批发和零售业	Wholesale and Retail Trades	302.65	132.62	22.15	91.92	18.55	170.03
住宿和餐饮业	Hotels and Catering Services	135.13	83.61	4.53	60.85	18.23	51.52
金融业	Financial Intermediation	28.44	23.42	23.42			5.02
房地产业	Real Estate	7.25	5.91	3.28	1.17	1.46	1.34
租赁和商务服务业	Leasing and Business Services	32.69	19.40	5.13	4.30	9.97	13.29
科学研究、技术服务和地质勘查业	Scientific Research, Technical Service and Geologic Prospecting	10.37	8.86	8.41		0.45	1.51
水利、环境和公共设施管理业	Management of Water Conservancy, Environment and Public Facilities	16.09	12.73	9.25		3.48	3.36
居民服务和其他服务业	Services to Households and Other Services	120.05	64.23	1.95	24.89	37.39	55.82
教育	Education	116.52	96.06	82.48		13.58	20.46
卫生、社会保障和社会福利业	Health, Social Security and Social Welfare	45.67	30.99	25.78		5.21	14.68
文化、体育和娱乐业	Culture, Sports and Entertainment	15.50	7.25	4.72	0.97	1.56	8.25
公共管理和社会组织	Public Management and Social Organization	91.68	75.58	75.58			16.10

注：本表就业人员不包括离开本单位仍保留劳动关系的职工。

a) The employed persons exclude those staff and workers who still keep their relation with their units, but have left their working post at there.

按三次产业分的就业人员及构成（年底数）

Number of Employed Persons by Type of Industry and Composition (End of Year)

年份 Year	就业人员(万人) Employed Persons (10000 persons)	第一产业 Primary Industry	第二产业 Secondary Industry	第三产业 Ttertiary Industry	构成(以就业人员为100) Composition in Percentage (Total Employed Persons=100) 第一产业 Primary Industry	第二产业 Secondary Industry	第三产业 Ttertiary Industry
1978	2109.39	1621.61	292.83	194.95	76.88	13.88	9.24
1980	2182.80	1637.42	321.01	224.37	75.01	14.71	10.28
1985	2555.43	1603.36	557.49	394.58	62.74	21.82	15.44
1986	2626.41	1602.21	607.42	416.78	61.00	23.13	15.87
1987	2725.75	1615.62	653.23	456.90	59.27	23.97	16.76
1988	2808.33	1659.62	690.33	458.38	59.10	24.58	16.32
1989	2857.92	1739.11	674.31	444.50	60.85	23.60	15.55
1990	2955.47	1820.51	680.14	454.82	61.60	23.01	15.39
1991	3040.30	1905.27	690.04	444.99	62.67	22.70	14.63
1992	3106.28	1874.64	722.61	509.03	60.35	23.26	16.39
1993	3171.37	1857.14	778.68	535.55	58.56	24.55	16.89
1994	3210.37	1780.48	832.60	597.29	55.46	25.93	18.61
1995	3252.01	1729.29	879.08	643.64	53.18	27.03	19.79
1996	3300.16	1635.17	942.08	722.91	49.55	28.55	21.90
1997	3324.23	1634.03	940.24	749.96	49.16	28.28	22.56
1998	3367.18	1650.22	932.60	784.36	49.01	27.70	23.29
1999	3322.30	1653.25	879.69	789.36	49.76	26.48	23.76
	(3312.09)	(1653.25)	(876.34)	(782.50)	(49.91)	(26.46)	(23.63)
2000	3385.71	1678.12	886.99	820.60	49.56	26.20	24.24
	(3351.42)	(1678.12)	(875.75)	(797.55)	(50.07)	(26.13)	(23.80)
2001	3409.16	1676.34	899.68	833.14	49.17	26.39	24.44
	(3328.85)	(1676.34)	(866.40)	(786.11)	(50.36)	(26.03)	(23.61)
2002	3435.00	1662.59	929.12	843.29	48.40	27.05	24.55
	(3286.56)	(1662.59)	(874.12)	(749.85)	(50.59)	(26.60)	(22.81)
2003	3470.23	1672.26	942.84	855.13	48.19	27.17	24.64
2004	3516.71	1612.85	992.74	911.12	45.86	28.23	25.91
2005	3568.97	1564.72	1043.56	960.69	43.84	29.24	26.92
2006	3609.99	1524.89	1082.66	1002.44	42.24	29.99	27.77
2007	3664.97	1481.52	1134.51	1048.94	40.42	30.96	28.62
2008	3725.66	1481.37	1170.06	1074.23	39.76	31.41	28.83
2009	3792.49	1479.22	1203.36	1109.91	39.00	31.73	29.27

注：1. 1999年起资料不包括离开本单位仍保留劳动关系职工人数。 2. 1999—2002年资料按新的统计口径做了调整。括号内数据为调整前老口径数据。

a) Since 1999, the date exclude those staff and workers who still keep their relation with their units, but have left their working post at there.

b) The materials are adjusted according to new statistics in 1999-2002. The data, for the old bore data before adjusting in the bracket.

职工人数（年底数）
Number of Staff and Workers (End of Year)

单位：万人 (10000 persons)

年份 Year	职工人数 Number of Staff and Workers	#国有经济 State-Owned	#城镇集体经济 Urban Collective-Owned	女职工人数 Female	#国有经济 State-Owned	#城镇集体经济 Urban Collective-Owned
1952	60.39	57.85	2.54		6.68	
1957	135.13	104.47	30.66		14.45	
1962	149.50	132.88	16.62		24.78	
1965	161.64	139.95	21.69		26.86	
1970	219.48	185.82	33.66	53.83	41.11	12.72
1975	344.99	289.52	55.47	85.54	63.36	22.18
1978	445.10	369.83	75.27	122.55	94.78	27.77
1980	476.83	394.27	82.56	146.84	109.95	36.89
1985	555.15	424.26	130.16	177.64	123.99	53.32
1990	652.71	497.19	151.61	223.90	158.66	63.61
1991	673.75	512.60	155.50	231.10	164.24	64.20
1992	688.45	527.79	154.71	236.95	171.79	62.35
1993	703.72	538.67	151.41	246.63	179.95	60.47
1994	699.25	533.24	141.41	249.44	181.87	57.32
1995	698.02	535.14	132.79	252.84	185.42	54.43
1996	696.16	538.42	126.78	255.56	190.91	51.02
1997	676.74	531.51	112.13	252.52	191.88	45.98
1998	657.00	502.35	93.57	221.41	168.77	30.94
1999	639.62	488.88	84.27	220.62	168.49	27.38
2000	621.95	474.88	75.52	212.13	162.79	23.28
2001	603.86	459.13	69.53	205.47	159.35	20.56
2002	589.14	441.13	62.29	196.89	150.35	17.61
2003	576.57	427.40	57.41	193.58	147.08	15.85
2004	562.67	409.48	52.81	191.15	142.72	14.44
2005	557.83	390.46	48.90	191.86	139.26	13.59
2006	554.56	381.36	46.28	193.98	139.00	13.25
2007	544.43	370.82	41.50	193.10	137.69	11.94
2008	520.01	352.18	35.02	191.41	133.75	10.11
2009	514.42	341.08	32.83	190.94	132.63	9.64

注：1998年女职工人数为在岗女职工人数,1999年起为女性单位就业人数。
a) The data in 1998 are on-post staff and workers figures, since 1999 are persons employed in various units.

分登记注册类型和行业职工人数（2009年底）

Number of Staff and Workers by Registration Status and Sector (End of 2009)

单位：万人　　(10000 persons)

行业	Sector	合计 Total	国有经济 State-Owned	城镇集体经济 Urban Collective-Owned	其他经济类型 Others
全省总计	**Total**	**514.42**	**341.08**	**32.83**	**140.51**
按企、事业和机关分组	**Grouped by Enterprises, Institutions and Agencies**				
企业	Enterprises	301.23	130.30	30.56	140.37
事业	Institutions	146.27	143.93	2.20	0.14
机关	Agencies & Organizations	66.92	66.85	0.07	
按国民经济行业分组	**Grouped by Sector**				
农、林、牧、渔业	Agriculture, Forestry, Animal Husbandry and Fishery	7.29	7.04	0.19	0.06
采矿业	Mining	25.94	12.46	0.04	13.44
制造业	Manufacturing	131.50	41.42	10.86	79.22
电力、燃气及水的生产和供应业	Production and Distribution of Electricity, Gas and Water	17.66	14.15	0.06	3.45
建筑业	Construction	30.54	11.91	5.24	13.39
交通运输、仓储和邮政业	Traffic, Transport, Storage and Post	26.11	20.44	0.88	4.79
信息传输、计算机服务和软件业	Information Transmission, Computer Services and Software	4.16	2.47	0.01	1.68
批发和零售业	Wholesale and Retail Trades	30.00	13.72	6.86	9.42
住宿和餐饮业	Hotels and Catering Services	5.00	3.17	0.41	1.42
金融业	Financial Intermediation	18.96	4.83	4.28	9.85
房地产业	Real Estate	3.12	1.72	0.10	1.30
租赁和商务服务业	Leasing and Business Services	5.47	3.28	1.37	0.82
科学研究、技术服务和地质勘查业	Scientific Research, Technical Service and Geologic Prospecting	8.60	7.84	0.02	0.74
水利、环境和公共设施管理业	Management of Water Conservancy, Environment and Public Facilities	9.01	8.38	0.18	0.45
居民服务和其他服务业	Services to Households and Other Services	1.97	1.57	0.32	0.08
教育	Education	82.14	81.87	0.12	0.15
卫生、社会保障和社会福利业	Health, Social Security and Social Welfare	25.31	23.62	1.59	0.10
文化、体育和娱乐业	Culture, Sports and Entertainment	4.76	4.43	0.18	0.15
公共管理和社会组织	Public Management and Social Organization	76.88	76.76	0.12	

分登记注册类型和行业在岗职工人数（2009年底）

Number of Staff and Workers on-post by Registration Status and Sector (End of 2009)

单位：万人　　(10000 persons)

行　业	Sector	合计 Total	国有经济 State-Owned	城镇集体经济 Urban Collective-Owned	其他经济类型 Others
全省总计	**Total**	**470.20**	**315.01**	**25.65**	**129.54**
按企、事业和机关分组	**Grouped by Enterprises, Institutions and Agencies**				
企　业	Enterprises	262.68	109.82	23.46	129.40
事　业	Institutions	143.67	141.41	2.12	0.14
机　关	Agencies & Organizations	63.85	63.78	0.07	
按国民经济行业分组	**Grouped by Sector**				
农、林、牧、渔业	Agriculture, Forestry, Animal Husbandry and Fishery	6.94	6.70	0.18	0.06
采矿业	Mining	24.60	11.71	0.03	12.86
制造业	Manufacturing	113.43	32.15	7.73	73.55
电力、燃气及水的生产和供应业	Production and Distribution of Electricity, Gas and Water	17.24	13.76	0.06	3.42
建筑业	Construction	27.22	10.24	4.99	11.99
交通运输、仓储和邮政业	Traffic, Transport, Storage and Post	23.44	18.70	0.53	4.21
信息传输、计算机服务和软件业	Information Transmission, Computer Services and Software	3.87	2.27	0.01	1.59
批发和零售业	Wholesale and Retail Trades	21.29	9.05	3.77	8.47
住宿和餐饮业	Hotels and Catering Services	4.44	2.70	0.38	1.36
金融业	Financial Intermediation	16.77	4.25	4.15	8.37
房地产业	Real Estate	3.00	1.62	0.10	1.28
租赁和商务服务业	Leasing and Business Services	4.84	2.81	1.27	0.76
科学研究、技术服务和地质勘查业	Scientific Research, Technical Service and Geologic Prospecting	8.00	7.25	0.02	0.73
水利、环境和公共设施管理业	Management of Water Conservancy, Environment and Public Facilities	8.70	8.12	0.16	0.42
居民服务和其他服务业	Services to Households and Other Services	1.92	1.54	0.31	0.07
教　育	Education	81.49	81.22	0.12	0.15
卫生、社会保障和社会福利业	Health, Social Security and Social Welfare	24.94	23.28	1.56	0.10
文化、体育和娱乐业	Culture, Sports and Entertainment	4.60	4.28	0.17	0.15
公共管理和社会组织	Public Management and Social Organization	73.47	73.36	0.11	

分登记注册类型和行业女性就业人数（2009年底）

Number of Female Employed Persons by Registration Status and Sector (End of 2009)

单位：万人 (10000 persons)

行业	Sector	女性 就业人数 Number of Female Employed Persons	国有经济 State-Owned	城镇集体经济 Urban Collective-Owned	其他经济类型 Others
全省总计	**Total**	**190.94**	**132.63**	**9.64**	**48.67**
按企、事业和机关分组	**Grouped by Enterprises, Institutions and Agencies**				
企业	Enterprises	93.45	36.27	8.57	48.61
事业	Institutions	79.26	78.15	1.05	0.06
机关	Agencies & Organizations	18.23	18.21	0.02	
按国民经济行业分组	**Grouped by Sector**				
农、林、牧、渔业	Agriculture, Forestry, Animal Husbandry and Fishery	2.47	2.39	0.05	0.03
采矿业	Mining	4.79	2.29	0.01	2.49
制造业	Manufacturing	40.36	10.66	3.66	26.04
电力、燃气及水的生产和供应业	Production and Distribution of Electricity, Gas and Water	5.17	4.17	0.02	0.98
建筑业	Construction	4.46	2.01	0.64	1.81
交通运输、仓储和邮政业	Traffic, Transport, Storage and Post	6.88	5.70	0.12	1.06
信息传输、计算机服务和软件业	Information Transmission, Computer Services and Software	2.37	1.10	0.01	1.26
批发和零售业	Wholesale and Retail Trades	11.10	4.51	1.48	5.11
住宿和餐饮业	Hotels and Catering Services	2.48	1.48	0.22	0.78
金融业	Financial Intermediation	11.53	2.10	1.84	7.59
房地产业	Real Estate	1.15	0.63	0.04	0.48
租赁和商务服务业	Leasing and Business Services	1.47	0.72	0.36	0.39
科学研究、技术服务和地质勘查业	Scientific Research, Technical Service and Geologic Prospecting	2.44	2.26	0.01	0.17
水利、环境和公共设施管理业	Management of Water Conservancy, Environment and Public Facilities	3.77	3.51	0.06	0.20
居民服务和其他服务业	Services to Households and Other Services	0.82	0.72	0.07	0.03
教育	Education	50.43	50.25	0.08	0.10
卫生、社会保障和社会福利业	Health, Social Security and Social Welfare	15.55	14.59	0.88	0.08
文化、体育和娱乐业	Culture, Sports and Entertainment	2.00	1.86	0.07	0.07
公共管理和社会组织	Public Management and Social Organization	21.70	21.68	0.02	

城镇单位就业人员劳动报酬（2009年）
Labor Reward of Urban Units Employed Persons (2009)

单位：万元 (10000 yuan)

行业	Sector	就业人员 劳动报酬 Earning of Employed Persons	在岗职工 工资总额 Total Wages Bill of Staff and Workers	#国有经济 State-owned Units	#城镇集体经济 Urban Collective-owned Units	其他就业人员劳动报酬 Units of Others Types of Ownership
全省总计	**Total**	**13981981**	**13379216**	**9284802**	**479223**	**602765**
按企、事业和机关分	**Grouped by Enterprises, Institutions and Agencies**					
企业	Enterprises	8039496	7493096	3437449	442309	546400
事业	Institutions	4052656	4014240	3977385	35004	38416
机关	Agencies & Organizations	1889829	1871880	1869968	1910	17949
按国民经济行业分	**Grouped by Sector**					
农、林、牧、渔业	Agriculture, Forestry, Animal Husbandry and Fishery	80688	79473	76017	2300	1215
采矿业	Mining	1148083	1055332	470991	713	92751
制造业	Manufacturing	2794237	2705769	890605	115673	88468
电力、燃气及水的生产和供应业	Production and Distribution of Electricity, Gas and Water	784687	752604	578086	1789	32083
建筑业	Construction	716383	603829	281785	86353	112554
交通运输、仓储和邮政业	Traffic, Transport, Storage and Post	752167	715516	543759	7478	36651
信息传输、计算机服务和软件业	Information Transmission, Computer Services and Software	220856	175793	98218	276	45063
批发和零售业	Wholesale and Retail Trades	372886	360982	185277	39905	11904
住宿和餐饮业	Hotels and Catering Services	70706	69161	41953	4555	1545
金融业	Financial Intermediation	856203	745137	203193	156291	111066
房地产业	Real Estate	80551	76371	43908	2511	4180
租赁和商务服务业	Leasing and Business Services	95797	91594	57155	19674	4203
科学研究、技术服务和地质勘查业	Scientific Research, Technical Service and Geologic Prospecting	357795	349605	276136	321	8190
水利、环境和公共设施管理业	Management of Water Conservancy, Environment and Public Facilities	187093	182577	171193	2399	4516
居民服务和其他服务业	Services to Households and Other Services	65713	65480	59589	4665	233
教育	Education	2440257	2426827	2420518	2521	13430
卫生、社会保障和社会福利业	Health, Social Security and Social Welfare	706498	694618	666328	26252	11880
文化、体育和娱乐业	Culture, Sports and Entertainment	117603	116201	110667	2624	1402
公共管理和社会组织	Public Management and Social Organization	2133778	2112347	2109424	2923	21431

职工工资总额和指数

Total Wages of Staff and Workers and Related Indices

年　份 Year	工资总额 (万元) Total Wages (10000 yuan)	#国　有 经济单位 State-Owned	#城镇集体 经济单位 Urban Collective-Owned	指　数 (上年＝100) Indices (preceding year=100)	#国　有 经济单位 State-Owned	#城镇集体 经济单位 Urban Collective-Owned
1952	24245	23393	852			
1957	75864	61966	13898			
1962	97735	89214	8521			
1965	99235	88722	10513	102.31	101.41	110.55
1970	118670	103934	14736	109.64	108.87	115.40
1975	189208	163144	26064	109.99	110.64	106.08
1978	256463	219056	37407	114.39	113.15	122.28
1980	340513	292414	48099	118.81	118.69	119.51
1985	580441	466525	113244	121.86	121.73	122.36
1986	716788	579844	135878	123.49	124.29	119.99
1987	825146	667635	156254	115.12	115.14	115.00
1988	1035447	841302	190789	125.49	126.01	122.10
1989	1147097	937626	204030	110.78	111.45	106.94
1990	1293229	1064042	221831	112.74	113.48	108.72
1991	1422357	1163790	246622	109.98	109.37	111.18
1992	1684325	1393304	276422	118.42	119.72	112.08
1993	2108195	1739368	323734	125.17	124.84	117.12
1994	2895850	2391572	387584	137.36	137.50	119.72
1995	3360002	2767436	441368	116.03	115.72	113.88
1996	3652207	3020439	464211	108.70	109.14	105.18
1997	3859772	3218123	440888	105.68	106.54	94.98
1998	3755910	3036502	349331	99.75	96.68	81.46
1999	3979361	3227728	332995	105.95	106.30	95.32
2000	4271797	3459724	318530	107.35	107.19	95.66
2001	4580897	3709329	313935	107.24	107.21	98.56
2002	5040301	4039839	296030	110.03	108.91	94.30
2003	5481960	4343902	292264	108.76	107.53	98.73
2004	6255065	4842573	311543	114.10	111.48	106.60
2005	7160660	5260503	341572	114.48	108.63	109.66
2006	8095785	5819518	369771	113.06	110.63	108.26
2007	9732071	6997885	407554	120.21	120.25	110.22
2008	11744961	8322196	422304	120.68	118.92	103.62
2009	13379216	9284802	479223	113.91	111.57	113.48

注：1998年以后职工工资总额为在岗职工工资总额，指数按可比口径计算。

a) Data on total wage bill since 1998 refer to wages of fully employed staff and workers, and the indices since 1998 was calculated on the basis of constant coverage.

职工平均工资及指数

Average Wage of Staff and Workers and Related Indices

年 份 Year	平均货币工资(元) Average Wage (yuan)				实际工资指数(上年=100) Indices of Real Wage (preceding year=100)			
	全部职工 Total Staff and Workers	国有经济 State-owned	城镇集体经济 Urban Collective-owned	其他经济类型 Others	全部职工 Total Staff and Workers	国有经济 State-owned	城镇集体经济 Urban Collective-owned	其他经济类型 Others
1952	435	438	364					
1957	566	598	457		103.0	102.9	102.9	
1962	577	593	453		107.5	107.9	107.7	
1965	627	647	495		102.3	102.5	102.6	
1970	568	590	451		99.4	99.6	99.6	
1975	564	579	484		99.5	99.7	98.6	
1978	592	608	512		105.5	105.9	104.5	
1980	726	753	592		107.2	107.2	106.8	
1985	1075	1128	901	949	107.5	107.3	108.2	106.7
1986	1268	1338	1035	1180	111.3	111.9	108.4	117.3
1987	1394	1471	1139	1308	101.6	101.6	101.7	102.4
1988	1688	1788	1351	1910	102.4	102.7	100.3	123.4
1989	1821	1940	1421	1870	93.1	93.6	90.8	84.5
1990	2019	2166	1522	2002	109.6	110.3	105.8	105.8
1991	2156	2314	1629	2210	100.2	100.2	100.4	103.6
1992	2485	2685	1806	2537	106.2	106.9	102.2	105.8
1993	3035	3272	2157	3460	105.7	105.5	103.4	118.1
1994	4185	4531	2762	4896	106.0	106.4	98.8	110.5
1995	4839	5208	3303	5158	99.6	99.0	103.0	90.7
1996	5286	5653	3658	5625	101.5	100.9	102.9	101.4
1997	5692	6066	3843	6118	103.8	103.4	101.3	104.9
1998	5820	6169	3746	6190	103.6	103.0	98.8	102.5
1999	7022	7354	4836	7107	112.9	113.0	112.4	116.3
2000	7781	8146	5187	7846	110.3	110.2	106.7	109.9
2001	8730	9139	5746	8678	111.8	111.7	110.3	110.2
2002	10032	10578	6343	9537	116.5	117.4	112.0	111.5
2003	11189	11783	6919	10701	109.0	108.9	106.6	109.7
2004	12925	13576	7916	12527	111.4	111.1	110.3	112.9
2005	14707	15291	9041	14835	112.2	111.1	112.6	116.8
2006	16590	17152	10337	16882	110.9	110.3	112.4	111.9
2007	19911	20900	12443	19195	115.1	116.8	115.4	109.0
2008	24756	25730	15293	24320	118.2	117.0	116.8	120.4
2009	28383	29459	18467	27754	116.1	115.9	122.3	115.5

注：1994年实际工资指数是按可比口径计算的。

a) Indices of Real Wage was calculated on the basis of constant coverage in 1994.

分行业城镇私营单位从业人员平均工资
Average Wage of Staff and Workers in Urban Private Enterprises by Sector

单位：元　　(yuan)

行　业	Sector	平均工资 Average Wage		2009年比上年增长 Growth Rate over Preceding Year	
		2008	2009	绝对值 Absolute Value	指数(%) Index
全省总计	**Total**	**13688**	**15111**	**1423**	**10.4**
农、林、牧、渔业	Agriculture, Forestry, Animal Husbandry and Fishery	11090	13259	2169	19.6
采矿业	Mining	14602	17408	2806	19.2
制造业	Manufacturing	13609	14913	1304	9.6
电力、燃气及水的生产和供应业	Production and Distribution of Electricity, Gas and Water	16340	13661	-2679	-16.4
建筑业	Construction	14107	16456	2349	16.6
交通运输、仓储和邮政业	Traffic, Transport, Storage and Post	19432	18218	-1214	-6.2
信息传输、计算机服务和软件业	Information Transmission, Computer Services and Software	13294	15696	2402	18.1
批发和零售业	Wholesale and Retail Trades	12790	13173	383	3.0
住宿和餐饮业	Hotels and Catering Services	11947	13089	1142	9.6
金融业	Financial Intermediation	11557	17960	6403	55.4
房地产业	Real Estate	15136	16839	1703	11.2
租赁和商务服务业	Leasing and Business Services	13248	17949	4701	35.5
科学研究、技术服务和地质勘查业	Scientific Research, Technical Service and Geologic Prospecting	17468	19553	2085	11.9
水利、环境和公共设施管理业	Management of Water Conservancy, Environment and Public Facilities	13981	13746	-235	-1.7
居民服务和其他服务业	Services to Households and Other Services	12788	15827	3039	23.8
教　育	Education	14674	15906	1232	8.4
卫生、社会保障和社会福利业	Health, Social Security and Social Welfare	14375	14983	608	4.2
文化、体育和娱乐业	Culture, Sports and Entertainment	11118	12351	1233	11.1
公共管理和社会组织	Public Management and Social Organization	14507	13616	-891	-6.1

分细行业在岗职工平均工资（2009年）
Average Wage of Staff and Workers by Sector in Detail (2009)

单位：元 (yuan)

项目	Item	在岗职工平均工资 Average Wage of Staff and Workers	国有单位 State-owned Units	城镇集体 Urban Collective-owned Units	其他单位 Units of Other Types of Ownership
全省总计	**Total**	**28383**	**29459**	**18467**	**27754**
按企业、事业、机关分	**Grouped by Enterprises, Institutions and Agencies**				
企业	Enterprises	28333	31094	18591	27768
事业	Institutions	28002	28183	16712	13750
机关	Agencies & Organizations	29448	29448	29858	
按国民经济行业分	**Grouped by Sector**				
农、林、牧、渔业	**Agriculture, Forestry, Animal Husbandry and Fishery**	**11363**	**11309**	**12703**	**12714**
农业	Farming	7261	7219	21714	10322
林业	Forestry	18146	18209	7960	6333
畜牧业	Animal Husbandry	10930	10839	15500	15881
渔业	Fishery	10055	10055		
农、林、牧、渔服务业	Services in Support of Agriculture	20916	22122	12709	17350
采矿业	**Mining**	**43069**	**40377**	**22003**	**45574**
煤炭开采和洗选业	Mining and Washing of Coal	44550	38861	33657	48616
石油和天然气开采业	Extraction of Petroleum and Natural Gas	58527	53984		70435
黑色金属矿采选业	Mining of Ferrous Metal Ores	31319	48115	16176	17950
有色金属矿采选业	Mining of Non-ferrous Metal Ores	18571	18383		18702
非金属矿采选业	Mining and Processing of Nonmetal Ores	23854	25801		12923
制造业	**Manufacturing**	**23815**	**27354**	**14981**	**23174**
农副食品加工业	Processing of Food from Agricultural Products	16613	10892	11512	17675
食品制造业	Manufacture of Foods	19338	11797	11349	20953
饮料制造业	Manufacture of Beverage	16639	15229	14665	16925
烟草制品业	Manufacture of Tobacco	64171	66595	28492	
纺织业	Manufacture of Textile	11266	13194	8458	9915
纺织服装、鞋、帽制造业	Manufacture of Textile Wearing Apparel, Footware, and Caps	13945	18859	11016	12523
皮革、毛皮、羽毛(绒)及其制品业	Manufacture of Leather, Fur, Feather and Its Products	14690	16647	6961	14545
木材加工及木、竹、藤、棕、草制品业	Processing of Timbers, Manufacture of Wood, Bamboo, Rattan, Palm, and Straw Products	20104	16269	10061	20453
家具制造业	Manufacture of Furniture	13703	17369	13710	12972
造纸及纸制品业	Manufacture of Paper and Paper Products	21798	40236	11422	16105
印刷业和记录媒介的复制	Printing, Reproduction of Recording Media	21776	25399	14947	20068
文教体育用品制造业	Manufacture of Articles for Culture, Education and Sport Activities	14042	12853	12473	14233
石油加工、炼焦及核燃料加工业	Processing of Petroleum, Coking, Processing of Nuclear Fuel	31150	35958	32174	27311
化学原料及化学制品制造业	Manufacture of Chemical Raw Material and Chemical Products	19173	22048	12839	17493
医药制造业	Manufacture of Medicines	23827	28607	16735	21235
化学纤维制造业	Manufacture of Chemical Fiber	11750	12298		9166
橡胶制品业	Manufacture of Rubber	12688	14125	11099	12806
塑料制品业	Manufacture of Plastic	18383	19169	11423	19005
非金属矿物制品业	Manufacture of Nonmetallic Mineral Products	18546	16603	12489	19415
黑色金属冶炼及压延加工业	Manufacture and Processing of Ferrous Metals	38941	44241	19973	38127
有色金属冶炼及压延加工业	Manufacture & Processing of Non-ferrous Metals	19736	19173	17928	19879
金属制品业	Manufacture of Metal Products	19981	24841	17080	19647
通用设备制造业	Manufacture of General Purpose Machinery	19717	18660	12934	22510
专用设备制造业	Manufacture of Special Purpose Machinery	26008	25454	18484	27094
交通运输设备制造业	Manufacture of Transport Equipment	26422	31082	18823	25131
电气机械及器材制造业	Manufacture of Electrical Machinery and Equipment	24027	35029	17872	21711

分细行业在岗职工平均工资（2009年）(续一)

Average Wage of Staff and Workers by Sector in Detail (2009)

单位：元 (yuan)

项目	Item	在岗职工平均工资 Average Wage of Staff and Workers	国有单位 State-owned Units	城镇集体 Urban Collective-owned Units	其他单位 Units of Other Types of Ownership
通信设备计算机及其他电子设备制造	Manufacture of Communication Equipment, Computer and Other Electronic Equipment	17340	14394	13251	17501
仪器仪表及文化、办公用机械制造业	Manufacture of Measuring Instrument and Machinery for Cultural Activity & Office Work	19645	10077	11367	22035
工艺品及其他制造业	Manufacture of Artwork, Other Manufacture	16241	7894	7034	17111
废弃资源和废旧材料回收加工业	Recycling and Disposal of Waste	23519		6385	24254
电力、燃气及水的生产和供应业	**Production and Distribution of Electricity, Gas and Water**	**43846**	**42285**	**26777**	**50404**
电力、热力的生产和供应业	Production and Supply of Electric Power and Heat Power	48791	47372	28213	54136
燃气生产和供应业	Production and Distribution of Gas	24047	26061		16272
水的生产和供应业	Production and Distribution of Water	24172	24252	8633	23559
建　筑　业	**Construction**	**20801**	**26954**	**16350**	**17731**
房屋和土木工程建筑业	Construction of Building & Civil Engineering	19821	26383	15842	17020
建筑安装业	Architectural Installation	27538	29257	22995	25280
建筑装饰业	Architectural Decoration	23046	23196	10592	24300
其他建筑业	Other Construction	23536	24984	9886	23281
交通运输、仓储和邮政业	**Traffic, Transport, Storage and Post**	**30773**	**29448**	**14166**	**38580**
铁路运输业	Transport Via Railway	40583	41063	23729	34992
道路运输业	Transport Via Road	21682	22796	12851	18706
城市公共交通业	Urban Public Traffic	19794	20240	11143	16908
水上运输业	Water Transport	56598	48575		58802
航空运输业	Air Transport	44043	44946		17083
管道运输业	Transport Via Pipeline	71997	42363		114163
装卸搬运和其他运输服务业	Loading, Unloading, Portage and Other Transport Services	20842	24306	11845	18293
仓　储　业	Storage	20794	21153	9339	19425
邮　政　业	Post	27129	27129		
信息传输、计算机服务和软件业	**Information Transmission, Computer Services and Software**	**45858**	**43300**	**20279**	**49822**
电信和其他信息传输服务业	Telecom & Other Information Transmission Services	46596	43535	21912	51438
计算机服务业	Computer Services	18628	22511	16978	16338
软件业	Software Industry	25458	24698		25566
批发和零售业	**Wholesale and Retail Trades**	**16773**	**19591**	**10382**	**16518**
批发业	Wholesale Trade	19867	22249	11214	20880
零售业	Retail Trade	13669	15339	9523	14006
住宿和餐饮业	**Hotels and Catering Services**	**15422**	**15196**	**12211**	**16773**
住宿业	Hotels	16179	16080	11123	18012
餐饮业	Catering Services	13820	11853	13445	15572
金融业	**Financial Intermediation**	**44704**	**47915**	**37629**	**46610**
银行业	Bank	47323	47555	37815	54128
证券业	Security Activities	82719	102565		59406
保险业	Insurance	28489	28394		28500
其他金融活动	Other Financial Activities	29831	28677	12057	48424
房地产业	**Real Estate**	**25837**	**27134**	**26216**	**24118**
#房地产开发经营	Development and Management of Real Estate	24016	23822	15629	24414
物业管理	Property Management	26037	28384	29696	19522
房地产中介服务	Agency Services for Real Estate	20553	20632		17000
租赁和商务服务业	**Leasing and Business Services**	**18922**	**20410**	**15516**	**19121**
租赁业	Leasing	15926	27811	12883	13958
商务服务业	Business Services	18966	20378	15581	19302

分细行业在岗职工平均工资（2009年)(续二)
Average Wage of Staff and Workers by Sector in Detail (2009)

单位：元 (yuan)

项目	Item	在岗职工平均工资 Average Wage of Staff and Workers	国有单位 State-owned Units	城镇集体 Urban Collective-owned Units	其他单位 Units of Other Types of Ownership
科学研究、技术服务和地质勘查业	**Scientific Research, Technical Service and Geologic Prospecting**	**43863**	**38265**	**14802**	**99901**
研究与试验发展	Research and Experimental Development	41605	41774		25782
自然科学研究与试验发展	Natural Science	43982	43982		
工程和技术研究与试验发展	Engineering and Technology	45469	45836		25782
农业科学研究与试验发展	Agricultural Science	33937	33937		
医学研究与试验发展	Medicine	25185	25185		
社会人文科学研究与试验发展	Social Science	29851	29851		
专业技术服务业	Professional Technical Services	45583	30356	16500	103192
#气象服务	Meteorological Service	22621	22621		
地震服务	Earthquake Monitoring	36159	36159		
海洋服务	Marine Service				
测绘服务	Surveying and Mapping	29374	29648	13333	17750
技术检测	Technology Supervision	25072	25055	11609	27759
环境监测	Environment Monitoring	27660	27660		
工程技术与规化管理	Engineering Technology & Planning	33658	33522	13232	34767
科技交流和推广服务业	Services of Science and Technology Exchanges and Promotion	25248	25529	15378	19992
地质勘查业	Geologic Prospecting	45166	45265	7895	8333
水利、环境和公共设施管理业	**Management of Water Conservancy, Environment and Public Facilities**	**20702**	**20845**	**13825**	**20736**
水利管理业	Management of Water Conservancy	23499	23736	13314	
环境管理业	Environmental Management	16939	16402	14242	23291
公共设施管理业	Management of Public Facilities	22712	23132	13514	15734
居民服务和其他服务业	**Services to Households and Other Services**	**34884**	**38909**	**16919**	**17551**
居民服务业	Services to Households	20603	22086	14437	18779
其他服务业	Other Services	39593	43850	17752	14766
教　育	**Education**	**29793**	**29812**	**21569**	**25981**
#初等教育	Junior Education	27873	27882		12400
中等教育	Secondary Education	29829	29841	23950	28838
高等教育	Senior Education	40681	40830		28070
卫生、社会保障和社会福利业	**Health, Social Security and Social Welfare**	**28085**	**28833**	**17266**	**20039**
卫　生	Health	28184	28976	17266	20039
社会保障业	Social Security	26536	26536		
社会福利业	Social Welfare	25728	25776	17389	
文化、体育和娱乐业	**Culture, Sports and Entertainment**	**25109**	**25722**	**15347**	**18851**
新闻出版业	Journalism and Publishing Activities	36526	36591	29904	
广播、电影、电视和音像业	Broadcasting, Movies, Televisions and Audiovisual Activities	21073	21251	6310	17625
文化艺术业	Cultural and Art Activities	25024	26248	14629	15200
体　育	Sports Activities	31481	32093		19629
娱乐业	Entertainment	14638	13074	19347	20191
公共管理和社会组织	**Public Management and Social Organization**	**28919**	**28924**	**26050**	
#中国共产党机关	Organs of Communist Party of China	32945	32945		
国家机构	Government Agencies	28609	28613	26260	
人民政协和民主党派	People's Political Consultative Conference and Democratic Parties	38326	38326		
群众团体、社会团体和宗教组织	Non-Governmental Organizations, Social Organizationsand Religion Organizations	33613	33653	12412	

全社会固定资产投资
Total Investment in Fixed Assets

指　　标	Item	2000	2005	2008	2009
投资总额(亿元)	**Total Investment (100 million yuan)**	**1847.23**	**4210.25**	**8866.56**	**12311.85**
按经济类型分	**Grouped by Ownership**				
国有经济	State-Owned Units	827.66	1215.51	1729.24	2933.31
集体经济	Collective-Owned Units	507.68	786.87	712.95	939.86
城　镇	Urban Area	63.92	192.39	513.09	643.28
农　村	Rural Area	443.76	594.48	199.86	296.58
私营个体经济	Private and Self-employed Individual	310.58	712.71	2748.17	4064.40
城　镇	Urban Area	118.90	475.26	1781.31	2880.29
农　村	Rural Area	191.68	237.45	966.85	1184.12
联营经济	Joint	9.34	22.65	21.39	22.60
股份制经济	Share-holding	89.21	1096.92	2872.54	3560.56
港澳台商投资经济	Funds from Hong Kong,Macao and Taiwan	20.01	161.20	151.34	161.70
外商投资经济	Foreign Investment	38.97	106.89	325.49	271.45
其他经济	Others	5.90	107.51	305.44	357.97
按资金来源分	**Grouped by Sources of Funds**				
国家预算内投资	State Budget	65.34	102.72	186.28	406.84
国内贷款	Domestic Loans	321.19	569.35	944.52	1598.49
利用外资	Foreign Investment	36.79	84.73	103.95	85.06
自筹投资	Self-raising Funds	1185.43	3024.11	7129.99	10013.84
其他投资	Others	238.48	449.86	851.53	1243.02
按构成分	**Grouped by Use of Funds**				
建筑安装工程	Construction and Installation	1145.57	2442.38	5111.82	7522.98
设备工器具购置	Purchase of Equipment and Instruments	487.35	1280.11	2539.70	3154.37
其他费用	Others	214.31	487.76	1215.05	1634.51
按三次产业分	**Grouped by Three Strata of Industry**				
第一产业	Primary Industry	88.96	224.25	386.73	514.36
第二产业	Secondary Industry	784.34	1971.88	4735.25	5929.83
第三产业	Tertiary Industry	973.93	2014.11	3744.57	5867.65
房屋建筑面积(万平方米)	**Floor Space of Building (10000 sq.m)**				
施工面积	Floor Space under Construction	13473.63	18061.61	25455.88	37423.91
竣工面积	Floor Space Completed	10512.58	11283.61	11393.69	14580.10
#住 宅	Residential Building	6842.97	6424.85	6231.49	7469.87

注：2003年及以后资金来源分组为财务拨款数。

a) The data for 2003 and the later years, which are grouped by source of funds, refer to financial appropriation.

按经济类型分全社会固定资产投资（2009年）
Total Investment in Fixed Assets by Ownership (2009)

指标	Item	总计 Total	国有经济 State-owned	集体经济 Collective-owned	#农村 Rural Area	私营个体 Private and Self-employed Individual	#农村 Rural Area
投资总额(亿元)	**Total Investment (100 million yuan)**	**12311.85**	**2933.31**	**939.86**	**296.58**	**4064.40**	**1184.12**
按隶属关系分	**by Administrative**						
中　央	Center	545.96	187.87	1.10	0.06		
地　方	Local	11765.89	2745.44	938.76	296.53	4064.40	1184.12
按构成分	**by Use of Funds**						
建筑安装工程	Construction and Installation	7522.98	2212.93	703.56	217.43	2227.21	640.41
设备工器具购置	Purchase of Equipment and Instruments	3154.37	317.44	98.68	33.25	1335.08	393.22
其他费用	Others	1634.51	402.95	137.63	45.91	502.12	150.49
按三次产业分	**by Three Strata of Industry**						
第一产业	Primary Industry	514.36	69.81	83.10	56.39	249.62	177.98
第二产业	Primary Industry	5929.83	603.27	166.79	43.74	2457.40	616.52
第三产业	Primary Industry	5867.65	2260.23	689.97	196.46	1357.39	389.61
房屋建筑面积(万平方米)	**Floor Space of Building (10000 sq.m)**						
施工面积	Floor Space under Construction	37423.92	3443.43	4014.04	680.53	15925.51	6583.47
竣工面积	Floor Space Completed	14580.09	1127.78	1444.09	384.77	8636.99	5445.10
#住　宅	Residential Building	7469.87	259.42	709.88	164.05	4988.95	4178.06

指标	Item	联营经济 Joint Ownership Units	股份制经济 Share Holding Units	港澳台商投资经济 Units with Funds from Hong Kong Macao and Taiwan	外商投资经济 Foreign Funds Units	其他经济 Others
投资总额(亿元)	**Total Investment (100 million yuan)**	**22.60**	**3560.56**	**161.70**	**271.45**	**357.97**
按隶属关系分	**by Administrative**					
中　央	Center	0.86	307.69	38.54	9.90	
地　方	Local	21.74	3252.87	123.16	261.54	357.97
按构成分	**by Use of Funds**					
建筑安装工程	Construction and Installation	17.68	1991.60	64.15	93.25	212.61
设备工器具购置	Purchase of Equipment and Instruments	3.72	1080.03	82.80	147.04	89.59
其他费用	Others	1.20	488.93	14.76	31.16	55.77
按三次产业分	**by Three Strata of Industry**					
第一产业	Primary Industry	6.27	70.99	0.47	0.78	33.33
第二产业	Primary Industry	4.74	2149.08	133.59	230.53	184.42
第三产业	Primary Industry	11.59	1340.48	27.65	40.13	140.21
房屋建筑面积(万平方米)	**Floor Space of Building (10000 sq.m)**					
施工面积	Floor Space under Construction	54.18	12030.34	337.56	523.14	1095.73
竣工面积	Floor Space Completed	33.50	2701.96	77.11	98.52	460.16
#住　宅	Residential Building	19.35	1232.10	36.31	8.58	215.28

按城乡分全社会固定资产投资

Total Investment in Fixed Assets of Rural and Urban Area

年份 Year	完成投资(亿元) Investment Completed (100 million yuan)			比上年增长(%) Growth Rate over Preceding year(%)		
	全社会投资总额 Total Investment	城镇 Urban Area	农村 Rural Area	全社会投资总额 Total Investment	城镇 Urban Area	农村 Rural Area
1978	37.05	37.05		24.0	24.0	
1979	37.95	37.95		2.4	2.4	
1980	37.16	37.16		-2.1	-2.1	
"六五"时期	**401.08**	**233.71**	**167.37**	**20.6**	**7.8**	
The" Sixth five-year Plan" Period						
1981	53.31	30.73	22.58	43.5	-17.3	
1982	78.09	41.18	36.91	46.5	34.0	63.5
1983	74.34	43.79	30.55	-4.8	6.3	-17.2
1984	84.68	50.86	33.82	13.9	16.1	10.7
1985	110.66	67.15	43.51	30.7	32.0	28.7
"七五"时期	**864.33**	**528.34**	**335.99**	**15.3**	**15.5**	**14.9**
The" Seventh five-year Plan" Period						
1986	131.30	82.05	49.25	18.7	22.2	13.2
1987	152.01	92.97	59.04	15.8	13.3	19.9
1988	210.85	123.37	87.48	38.7	32.7	48.2
1989	192.96	111.04	81.92	-8.5	-10.0	-6.4
1990	177.21	118.91	58.30	-8.2	7.1	-28.8
"八五"时期	**2764.95**	**1767.18**	**997.77**	**40.7**	**38.8**	**44.2**
The" Eighth five-year Plan" Period						
1991	240.45	138.66	101.79	35.7	16.6	74.6
1992	335.79	217.94	117.85	39.7	57.2	15.8
1993	540.20	360.31	179.89	60.9	65.3	52.6
1994	709.19	461.87	247.32	31.3	28.2	-26.4
1995	939.32	588.40	350.92	32.4	27.4	41.9
"九五"时期	**7954.03**	**5035.95**	**2918.08**	**18.1**	**18.5**	**17.4**
The" Nine five-year Plan" Period						
1996	1187.70	717.73	469.97	26.4	22.0	33.9
1997	1469.99	880.65	589.34	23.8	22.7	25.4
1998	1651.15	1041.43	609.72	12.3	18.3	3.5
1999	1797.96	1184.35	613.61	8.9	13.7	0.6
2000	1847.23	1211.79	635.44	2.7	2.3	3.6
"十五"时期	**13966.34**	**10320.08**	**3646.26**	**14.1**	**18.3**	**4.6**
The" Tenth five-year Plan" Period						
2001	1941.90	1282.53	659.37	5.1	5.8	3.8
2002	2046.69	1373.69	673.00	5.4	7.1	2.1
2003	2515.86	1810.68	705.18	22.9	31.8	7.6
2004	3251.65	2474.87	776.78	29.2	39.7	10.2
2005	4210.25	3378.32	831.93	29.5	36.5	7.1
"十一五"时期						
The" Eleventh five-year Plan" Period						
2006	5501.00	4433.99	1067.01	32.9	34.0	28.3
2007	6884.68	5690.31	1194.37	25.2	28.3	11.9
2008	8866.56	7463.77	1402.79	28.8	31.2	17.5
2009	12311.85	10518.54	1793.31	38.9	40.9	27.8

注：各时期为平均增长速度。

a) The growth rate for every period is the average rate of growth.

分行业全社会固定资产投资
Total Investment in Fixed Assets by Sector

单位：万元 (10000 yuan)

行业	Item	2008 全社会投资总额 Total Investment	2008 城镇 Urban Area	2008 农村 Rural Area	2009 全社会投资总额 Total Investment	2009 城镇 Urban Area	2009 农村 Rural Area
全省总计	**Total**	**88665605**	**74637742**	**14027863**	**123118505**	**105185444**	**17933061**
农、林、牧、渔业	Agriculture, Forestry, Animal Husbandry and Fishery	3867341	1884066	1983275	5143643	2444264	2699379
采矿业	Mining	3568284	2774383	793901	3580330	2817075	763255
制造业	Manufacturing	38229593	32429597	5799996	49867232	42193531	7673701
电力、燃气及水的生产和供应业	Production and Distribution of Electricity, Gas and Water	5251969	5088687	163282	5583976	5263987	319989
建筑业	Construction	302679	239639	63040	266806	216126	50680
交通运输、仓储和邮政业	Traffic, Transport, Storage and Post	6239653	5434448	805205	10263593	9364847	898746
信息传输、计算机服务和软件业	Information Transmission, Computer Services and Software	959590	948283	11307	123735	112340	11395
批发和零售业	Wholesale and Retail Trades	3070657	2586169	484488	4449966	3829800	620166
住宿和餐饮业	Hotels and Catering Services	723004	636091	86913	1172715	1096910	75805
金融业	Financial Intermediation	127225	125775	1450	120155	119365	790
房地产业	Real Estate	17676975	14654357	3022618	23925682	20347940	3577742
租赁和商务服务业	Leasing and Business Services	427821	379299	48522	1159101	1127551	31550
科学研究、技术服务和地质勘查业	Scientific Research, Technical Service and Geologic Prospecting	511681	488281	23400	787926	760923	27003
水利、环境和公共设施管理业	Management of Water Conservancy, Environment and Public Facilities	4788704	4408284	380420	11395120	10861583	533537
居民服务和其他服务业	Services to Households and Other Services	165749	98637	67112	528003	380934	147069
教　育	Education	940744	878902	61842	1418666	1320468	98198
卫生、社会保障和社会福利业	Health, Social Security and Social Welfare	609700	563337	46363	1154576	1079502	75074
文化、体育和娱乐业	Culture, Sports and Entertainment	529886	465700	64186	916415	801844	114571
公共管理和社会组织	Public Management and Social Organization	674350	553807	120543	1260865	1046454	214411

城镇建设项目固定资产投资
Investment in Capital Construction Projects in Urban Area

指　　标	Item	2005	2008	2009
投资总额(万元)	**Total Investment (10000 yuan)**	**29162424**	**63793324**	89985057
#住 宅	Residential Building	1663112	2394191	2875478
按隶属关系分	**Grouped by Administrative**			
中 央	Center	2887335	5939773	5342423
地 方	Local	26275089	57853551	84642634
按登记注册类型分	**Grouped by Registration Status**			
内 资	Domestic Funds	26716506	59396162	85764223
国 有	State-Owned Units	11587793	16711189	25991718
集 体	Collective-Owned Units	1561956	4417362	5742363
股份合作	Share-holding	304639	608239	581129
联 营	Joint	353189	314712	263552
有限责任公司	Limited Liability Corporations	6397604	16411374	21760713
股份有限公司	Share-Holding Corporations Ltd	2877198	5236166	6080608
私 营	Private	2573060	13341039	22653387
其 他	Others	1061067	2356081	2690753
港、澳、台商投资企业	Funds from Hong Kong, Macao and Taiwan	1408006	1254426	1417981
外商投资	Foreign Funded Economic	968896	2937038	2420561
个体经营	Individuals Economy	69016	205698	382292
按项目规模分	**Grouped by Size of Construction**			
亿元及以上项目投资	100 Million Yuan and Above	15680028	31671606	46923412
亿元以下项目投资	Below 100 Million Yuan	13482396	32121718	43061645
按主要行业分	**Grouped by Major Sector**			
能源工业	Energy	4172805	7578193	6373952
交通运输	Transport	3424134	4937841	8303113
教 育	Education	943136	878902	1320468
科学研究	Scientific Research	289895	131893	276684
按资金来源分	**Grouped by Sources of Funds**			
国家预算内资金	State Budget	793625	1819670	3940362
国内贷款	Domestic Loans	3962294	7458792	12897228
债 券	Bonds	21182	57292	128959
利用外资	Foreign Investment	748327	975774	814265
自筹资金	Self-raising Funds	21557079	52581649	74329704
其他资金	Others	2069081	2882188	4456341
本年新增固定资产(万元)	**Newly Increased Fixed Assets (10000 yuan)**	**18048126**	**43985597**	63086404
固定资产交付使用率(%)	**Rate of Prefects of Fixed Assets Completed Put into Operation (%)**	**61.9**	**69.0**	**70.1**
房屋建筑面积(万平方米)	**Floor Space of Building (10000 sq.m)**			
施工面积	Floor Space under Construction	6434.17	10085.25	16884. 99
#住 宅	Residential Building	1946.22	1936.86	2845. 77
竣工面积	Floor Space Completed	2989.18	4574.11	6197. 81
#住 宅	Residential Building	840.44	843.94	1137. 09
竣工房屋价值(万元)	Value of building Completed (10000 yuan)	2941091	6232594	9180781
#住 宅	Residential Building	751139	1284045	1731388

城镇建设项目分行业固定资产投资（2009年）

单位：万元

行　　业	Item	投资总额 Total
全省总计	**Total**	**89985057**
农、林、牧、渔业	**Agriculture, Forestry, Animal Husbandry and Fishery**	**2444264**
农　业	Farming	352740
林　业	Forestry	399651
畜牧业	Animal Husbandry	1164081
渔　业	Fishery	26325
农、林、牧、渔服务业	Services in Support of Agriculture	501467
采矿业	**Mining**	**2817075**
煤炭开采和洗选业	Mining and Washing of Coal	735637
石油和天然气开采业	Extraction of Petroleum and Natural Gas	97733
黑色金属矿采选业	Mining and Processing of Ferrous Metal Ores	1440649
有色金属矿采选业	Mining and Processing of Non-Ferrous Metal Ores	194149
非金属矿采选业	Mining and Processing of Nonmetal Ores	348907
其他采矿业	Mining of Other Ores	
制造业	**Manufacturing**	**42193531**
农副食品加工业	Processing of Food from Agricultural Products	1623353
食品制造业	Manufacture of Foods	987969
饮料制造业	Manufacture of Beverages	514242
烟草制品业	Manufacture of Tobacco	52889
纺织业	Manufacture of Textile	1868702
纺织服装、鞋、帽制造业	Manufacture of Textile Wearing Apparel, Footware and Caps	559035
皮革、毛皮、羽绒及其制品业	Manufacture of Leather, Fur, Feather and Related Products	591351
木材加工及竹、藤、棕、草制品业	Processing of Timber, Manufacture of Wood, Bamboo, Rattan, Palm and Straw Products	696212
家具制造业	Manufacture of Furniture	989537
造纸及纸制品业	Manufacture of Paper and Paper Products	644192
印刷业和记录媒介的复制	Printing, Reproduction of Recording Media	445679
文教体育用品制造业	Manufacture of Articles For Culture, Education and Sport Activities	135116
石油加工、炼焦业及核燃料加工业	Processing of Petroleum, Coking, Processing of Nuclear Fuel	1217230
化学原料及化学制品制造业	Manufacture of Raw Chemical Materials and Chemical Products	3787640
医药制造业	Manufacture of Medicines	803361
化学纤维制造业	Manufacture of Chemical Fibers	272569
橡胶制品业	Manufacture of Rubber	709775
塑料制品业	Manufacture of Plastics	1222143
非金属矿物制品业	Manufacture of Non-metallic Mineral Products	4067739
黑色金属冶炼及压延加工业	Smelting and Pressing of Ferrous Metals	6181234
有色金属冶炼及压延加工业	Smelting and Pressing of Non-ferrous Metals	726446
金属制品业	Manufacture of Metal Products	3380238
通用设备制造业	Manufacture of General Purpose Machinery	2841683
专用设备制造业	Manufacture of Special Purpose Machinery	2175277
交通运输设备制造业	Manufacture of Transport Equipment	1809386
电气机械及器材制造业	Manufacture of Electrical Machinery and Equipment	2629401
通信设备、计算机及电子设备制造业	Manufacture of Communication Equipment, Computers and Other Electronic Equipment	667375
仪器仪表及文化、办公用机械制造业	Manufacture of Measuring Instruments and Machinery for Cultural Activity and Office Work	101685
工艺品及其他制造业	Manufacture of Artwork and Other Manufacturing	365516
废弃资源和废旧材料回收加工业	Recycling and Disposal of Waste	126556
电力、煤气及水的生产和供应业	**Production and Supply of Electricity, Gas and Water**	**5263987**
电力、热力的生产和供应业	Production and Supply of Electric Power and Heat Power	4063571
燃气生产和供应业	Production and Supply of Gas	259781
水的生产和供应业	Production and Supply of Water	940635
建筑业	**Construction**	**216126**
房屋和土木工程建筑业	Construction of Buildings and Civil Engineering	136145
建筑安装业	Building Installation	25700
建筑装饰业	Building Decoration	7737
其他建筑业	Other Construction	46544
交通运输、仓储及邮政业	**Transport, Storage and Post**	**9364847**
铁路运输业	Railway Transport	413684

Investment in Capital Construction Projects in Urban Area by Sector (2009)

(10000 yuan)

按建设性质分 by Type of Construction			按构成分 by Composition of Funds		
#新 建 New Construction	#扩 建 Expansion	#改建和技术改造 Reconstruction	#建筑工程 Construction	#安装工程 Installation	#设备工器具购置 Purchase of Equipment and Instruments
55504971	**17462449**	**11729782**	**47975081**	**5586639**	**25799490**
1668559	**520731**	**216513**	**1164763**	**154442**	**466811**
260000	53491	35339	165931	19412	74278
286952	78549	34150	185489	9078	14442
844024	263986	53071	580721	76451	243408
19610	6715		7385	25	930
257973	117990	93953	225237	49476	133753
1212716	**792505**	**695551**	**1047071**	**213808**	**1146851**
249830	58558	378175	233719	63972	301784
21246	74178	2309	62197	6174	16116
723474	414536	239765	576104	107438	557761
55161	127478	9260	72522	9823	92889
163005	117755	66042	102529	26401	178301
22367345	**10093858**	**5999898**	**16218726**	**3271187**	**18791937**
883048	468528	222098	717572	109384	646043
531329	353215	72782	379895	93110	419770
255866	164431	64385	230070	33296	192928
16747		36142	10697	3255	27938
738799	551311	417491	571515	139420	1015715
317153	140164	88862	242469	34990	221828
247543	243229	54267	331974	45975	180514
198915	391201	97951	203388	45001	384206
514654	207524	251931	379335	71737	409474
238536	142193	211441	211871	48649	320321
184590	121239	69202	139377	22276	221800
66981	42803	22822	64061	9165	49728
774039	207821	217409	409989	200778	473263
2339125	612170	674340	1232198	435273	1751435
523214	125730	96535	294021	66140	365011
166969	69258	25922	99438	26999	128280
353234	238497	75408	244956	70416	335956
473682	524452	185483	464739	89707	550363
2479273	927797	561358	1628315	355905	1672117
2297924	727219	951175	2012505	484295	3254382
386435	237080	64223	305390	59371	309340
1965895	977215	345548	1369514	206221	1493485
1527335	799130	391253	1233816	165195	1108479
1475275	412906	181458	997679	111571	798215
953370	511792	263726	710436	97803	838158
1662019	672689	200077	1200192	163002	1062122
420058	92448	89147	208286	56511	359295
35997	43428	15202	49322	5096	42514
236663	71789	44980	228243	14412	101689
102677	16599	7280	47463	6234	57568
3224244	**1516438**	**484671**	**1671710**	**633240**	**2461718**
2485624	1227087	328765	997543	453856	2232969
154060	75002	29729	107776	83297	46411
584560	214349	126177	566391	96087	182338
121028	**34137**	**24119**	**123826**	**9489**	**69699**
77231	15103	13772	85778	4108	35969
15068	1470	8962	15323	3009	5853
	5519	1385	3190	410	3937
28729	12045		19535	1962	23940
6994459	**990302**	**1138993**	**7810302**	**90408**	**558834**
412434		1250	362540	4700	11721

城镇建设项目分行业固定资产投资（2009年(续)

单位：万元

行业	Item	投资总额 Total
道路运输业	Road Transport	6322757
城市公共交通业	Urban Public Transport	107035
水上运输业	Water Transport	1227063
航空运输业	Air Transport	27017
管道运输业	Transport Via Pipelines	32386
装卸搬运和其他运输服务业	Loading, Unloading and Other Transport Services	173171
仓储业	Storage	1038014
邮政业	Post	23720
信息传输、计算机服务和软件业	**Information Transmission, Computer Services and Software**	112340
电信和其他信息传输服务业	Telecommunications and Other Information Transmission Services	82334
计算机服务业	Computer Services	10477
软件业	Software	19529
批发和零售业	**Wholesale and Retail Trades**	3829800
批发业	Wholesale Trade	1701806
零售业	Retail Trade	2127994
住宿和餐饮业	**Hotels and Catering Services**	1096910
住宿业	Hotels	773179
餐饮业	Catering Services	323731
金融业	**Financial Intermediation**	119365
银行业	Bank	63719
证券业	Security Activities	25050
保险业	Insurance	8137
其他金融活动	Other Financial Activities	22459
房地产业	**Real Estate**	5147553
租赁和商务服务业	**Leasing and Business Services**	1127551
租赁业	Leasing	43155
商务服务业	Business Services	1084396
科学研究、技术服务和地质勘查业	**Scientific Research, Technical Service and Geologic Prospecting**	760923
研究与试验发展	Research and Experimental Development	276684
专业技术服务业	Professional Technical Services	162595
科技交流和推广服务业	Services of Science and Technology Exchanges and Promotion	114071
地质勘查业	Geologic Prospecting	207573
水利、环境和公共设施管理业	**Management of Water Conservancy, Environment and Public Facilities**	10861583
水利管理业	Management of Water Conservancy	1124256
环境管理业	Environmental Management	1042557
公共设施服务业	Management of Public Facilities	8694770
居民服务和其他服务业	**Services to Households and Other Services**	380934
居民服务业	Services to Households	315529
其他服务业	Other Services	65405
教　育	**Education**	1320468
卫生、社会保障和社会福利业	**Health, Social Security and Social Welfare**	1079502
卫　生	Health	921635
社会保障业	Social Security	8172
社会福利业	Social Welfare	149695
文化、体育和娱乐业	**Culture, Sports and Entertainment**	801844
新闻出版业	Journalism and Publishing Activities	37333
广播、电视、电影和音像业	Broadcasting, Movies, Television and Audiovisual Activities	54539
文化艺术业	Cultural and Art Activities	281768
体　育	Sports Activities	86464
娱乐业	Entertainment	341740
公共管理和社会组织	**Public Management and Social Organization**	1046454
中国共产党机关	Organs of Communist Party of China	2450
国家机构	Government Agencies	680444
人民政协和民主党派	People's Political Consultative Conference and Democratic Parties	
群众团体、社会团体和宗教组织	Non-Governmental Organizations, Social Organizations and Religion Organizations	47134
基层群众自治组织	Grass Roots Self-governing Organizations	316426

Investment in Capital Construction Projects in Urban Area by Sector (2009)

(10000 yuan)

按建设性质分 by Type of Construction			按构成分 by Composition of Funds		
#新建 New Construction	#扩建 Expansion	#改建和技术改造 Reconstruction	#建筑工程 Construction	#安装工程 Installation	#设备工器具购置 Purchase of Equipment and Instruments
4368274	808163	1038812	5605024	33911	198494
29675	3225	13902	35221	565	62843
1123549	50080	23660	990386	10530	86175
7000	900	19117	4560	1038	9419
18246	14140		20610	3776	8000
131988	14010	5780	65337	5572	67925
885362	99784	30733	713493	27506	112078
17931		5739	13131	2810	2179
57152	15375	25323	41634	14459	42173
39026	13875	17609	29897	10663	32396
5212	1500	1639	3635	2775	3566
12914		6075	8102	1021	6211
2280829	770447	589930	2352005	288233	724121
1014466	394596	156462	931832	121453	434057
1266363	375851	433468	1420173	166780	290064
732741	144066	203991	770828	72941	115353
547031	96914	118994	565166	38170	63551
185710	47152	84997	205662	34771	51802
66042	540	20699	59869	4595	40795
24720	540	15687	24591	3724	26027
25000		50	22030	20	3000
3065		1480	3415	550	4142
13257		3482	9833	301	7626
4365245	361114	345619	4078217	198758	94322
999886	30940	59986	818339	64502	105122
16543	11100	2782	8455	7709	23188
983343	19840	57204	809884	56793	81934
416397	225997	48561	402000	26248	272295
195630		25094	151401	12987	86094
119068	13060	19318	113836	7703	23027
100017	9393	4149	84811	4338	9473
1682	203544		51952	1220	153701
7994579	1239734	1423342	8357003	226302	287231
793827	157519	140744	906977	30304	30978
531091	79328	325644	483791	62445	88117
6669661	1002887	956954	6966235	133553	168136
301007	36695	29676	286133	19971	35580
259109	19872	23410	250918	10948	22558
41898	16823	6266	35215	9023	13022
843710	255629	126741	982892	61407	102722
547965	207234	116636	621022	110346	252071
440177	178324	96797	500955	102349	240800
7222	150		4342	1280	2220
100566	28760	19839	115725	6717	9051
576170	126908	72301	498911	66672	103087
29170			13210	4150	19373
19583	4220	23936	16009	10118	23789
182131	73236	18069	188648	14237	19518
65146	18092	3151	63931	13652	3888
280140	31360	27145	217113	24515	36519
734897	99799	107232	669830	59631	128768
2450			1500	950	
455924	66183	66779	393072	36576	107767
33910	6649	6575	26320	3757	12955
242613	26967	33878	248938	18348	8046

国有单位固定资产投资
Investment in Fixed Assets of State-owned Units

年份 Year	投资总额 (亿元) Total Investment (100 million yuan)	建设项目投资 Investment in Construction	#国家预算内投资 State Budgetary Appropriation	房地产开发 Real Estate Development
1978	36.69	36.69	23.69	
1980	36.17	36.17	18.57	
1985	62.64	62.64	15.10	
1986	76.28	76.28	18.02	
1987	86.36	86.36	18.43	
1988	111.35	111.35	17.10	
1989	101.25	101.25	14.89	
1990	110.98	107.10	12.24	3.88
1991	127.97	122.50	11.81	5.47
1992	200.39	189.07	12.78	11.32
1993	295.29	275.86	15.60	19.43
1994	336.16	312.78	12.61	23.38
1995	415.61	390.19	14.59	25.42
1996	506.07	481.50	15.24	24.57
1997	640.71	613.80	17.70	26.91
1998	725.85	690.17	23.02	35.68
1999	823.18	779.26	34.31	43.93
2000	827.66	783.90	32.04	43.76
2001	773.63	720.13	50.87	53.49
2002	720.51	672.66	26.09	47.85
2003	829.12	788.81	35.45	40.31
2004	1020.93	998.21	57.44	22.72
2005	1174.13	1158.78	77.54	15.35
2006	1396.12	1378.50	105.65	17.62
2007	1570.30	1551.49	101.68	18.81
2008	1729.24	1697.79	173.36	31.45
2009	2933.03	2888.36	367.92	44.67

注：国有建设项目2004年及以前包括国有基本建设项目、国有更新改造项目和国有其他固定资产投资项目。2005年及以后为城镇国有建设项目。国家预算内投资2004年及以前为国有基本建设项目。

a) In 2004 and earlier, the construction projects invested by the state-owned units, can be classified as fundamental construction projects, projects of replacement and technical transformation, and projects of other fixed asset investment. In 2005, the construction projects invested by the state-owned units do not include the projects in the rural areas. The projects invested by the state budgetary appropriation in 2004 and earlier, refer to the fundamental construction projects invested by the state-owned units.

城镇建设项目新增主要产品生产能力（2009年）
Newly Increased Production Capacity through Capital Construction Projects in Urban Area (2009)

能力(效益)名称	Item	新增生产能力 Ewly Increased Production Capacity
洗煤(万吨/年)	Coal Washing (10000 tons/year)	948
焦炭(万吨/年)	Hard Coke (10000 tons/year)	503
天然原油开采(万吨/年)	Crude Oil (10000 tons/year)	80
石油加工：蒸馏设备能力(处理万吨/年)	Petroleum Processing:Distillation Equipment (10000 tons/year)	32
加氢精制设备能力(处理万吨/年)	Hydrotreating Equipment (10000 tons/year)	5
催化重整设备能力(处理万吨/年)	Catalyst (10000 tons/year)	60
润滑油(综合能力)(处理万吨/年)	Lubricant (10000 tons/year)	20.26
铁矿开采(原矿)(万吨/年)	Crude Iron Ore Mining (10000 tons/year)	255
铁矿选矿处理原矿量(万吨/年)	Iron Ore Processing (10000 tons/year)	250
铁矿石成品矿(万吨/年)	Refined Iron Ore (10000 tons/year)	57.6
生铁(万吨/年)	Pig Iron (10000 tons/year)	756
粗钢(万吨/年)	Crude Steel (10000 tons/year)	565
连铸坯（万吨/年)	Continuous Casting Steel (10000 tons/year)	200
热轧钢材(万吨/年)	Hot-rolled Steel Products (10000 tons/year)	1327.7
冷轧(拔)钢材(万吨/年)	Cold-rolled Steel Products (10000 tons/year)	251.75
锻压、挤压、旋压钢材(万吨/年)	Coated Steel Products (10000 tons/year)	25.04
其他加工工艺钢材(万吨/年)	Others (10000 tons/year)	45.6
铜冶炼(吨/年)	Copper Smelting (ton/year)	311800
#电解铜	Electrolytic Copper	151000
铅冶炼（吨/年)	Plumbum Smelting (ton/year)	7960
铝加工(吨/年)	Aluminum Processing (10000 tons/year)	18147.48
水力发电(万千瓦)	Hydraulic Power (10000kw)	0.3
火力发电(万千瓦)	Thermal Power (10000 kw)	224.8
其他发电(万千瓦)	Other Power Generation (10000 kw)	156.85
水泥(万吨／年)	Cement (10000 tons/year)	958
平板玻璃(万重量箱／年)	Plate Glass (10000 weight cases/year)	3108.3
石墨及炭素制品(吨／年)	Graphhite and Carbon Product (ton/year)	9415
氮肥(吨／年)	Nitrogen Fertilizers (ton/year)	420200
磷肥(吨／年)	Phosphate Fertilizers (ton/year)	30405
化学农药原药(吨／年)	Agricultrue Chemicals (ton/year)	8510
精甲醇(吨／年)	Refined Carbinol (ton/year)	24295
塑料树脂及共聚物(吨／年)	Plastic Resin and Polymer (ton/year)	16880
合成橡胶(吨／年)	Synthetic Rubber (ton/year)	500
轮胎内胎(万条/年)	Inner Tube (10000 units/year)	15
载货汽车制造(辆)	Trucks (unit)	100000
化学纤维(吨／年)	Chemical Fibre (ton/year)	8800
#合成纤维	Synthetic Fibre	200
棉纺锭(锭)	Cotton Textile Spindle (unit)	414180
啤酒(万吨／年)	Beer (10000 tons/year)	15
白酒(万吨／年)	Spirit (10000 tons/year)	1.51
其他酒(万吨／年)	Other Alcohol (10000 tons/year)	0.9
机制纸浆(万吨／年)	Machine-made Paper Pulp (10000 tons/year)	11.7
新建铁路投产里程(公里)	Newly-Built Railway (km)	7.8
电气化铁路投产里程(公里)	Electrified Railway (km)	7.8
新建公路(公里)	Newly-Built Highway (km)	1163.82
#高速公路	Expressway	43.24
一级公路	First-class Highway	84.2
二级公路	Second-class Highway	268.34
改建公路(公里)	Rebuilt Highway (km)	1875.06
一级公路	First-class Highway	162.3
二级公路	Second-class Highway	230.54
新建独立公路桥梁(延长米)	Newly-Built Independent Highway Bridge (m)	2979
(座)	(unit)	24
新(扩)建公路客、货运站(个)	Newly-Built or Extended Passenger Station and Freight Station (unit)	7
新(扩)建公路客、货运站(平方米)	Newly-Built or Extended Passenger Station and Freight Station (sq.m	21193
城市自来水供水能力(万吨/日)	Tap Water Supply Capacity (10000 tons/day)	3.24
城市公共交通车辆购置(辆)	Purchasing of Vehicles for Public Transport (unit)	791
城市污水处理能力(万吨/日)	Sewage Treatment Capacity of Urban Areas (10000 tons/day)	86.1

分行业城镇建设项目施工、投产个数和新增固定资产（2009年）

行业	Item	施工项目个数（个）Number of Projects under Construction (unit)
全省总计	**Total**	**29421**
农、林、牧、渔业	**Agriculture, Forestry, Animal Husbandry and Fishery**	**1842**
农业	Farming	284
林业	Forestry	300
畜牧业	Animal Husbandry	757
渔业	Fishery	18
农、林、牧、渔服务业	Services in Support of Agriculture	483
采矿业	**Mining**	**971**
煤炭开采和洗选业	Mining and Washing of Coal	160
石油和天然气开采业	Extraction of Petroleum and Natural Gas	5
黑色金属矿采选业	Mining and Processing of Ferrous Metal Ores	498
有色金属矿采选业	Mining and Processing of Non-Ferrous Metal Ores	61
非金属矿采选业	Mining and Processing of Nonmetal Ores	247
其他采矿业	Mining of Other Ores	
制造业	**Manufacturing**	**13141**
农副食品加工业	Processing of Food from Agricultural Products	771
食品制造业	Manufacture of Foods	355
饮料制造业	Manufacture of Beverages	168
烟草制品业	Manufacture of Tobacco	9
纺织业	Manufacture of Textile	937
纺织服装、鞋、帽制造业	Manufacture of Textile Wearing Apparel, Footware and Caps	292
皮革、毛皮、羽毛(绒)及其制品业	Manufacture of Leather, Fur, Feather and Related Products	310
木材加工及木、竹、藤、棕、草制品业	Processing of Timber, Manufacture of Wood, Bamboo, Rattan, Palm and Straw Products	349
家具制造业	Manufacture of Furniture	455
造纸及纸制品业	Manufacture of Paper and Paper Products	336
印刷业和记录媒介的复制	Printing, Reproduction of Recording Media	170
文教体育用品制造业	Manufacture of Articles For Culture, Education and Sport Activities	72
石油加工、炼焦及核燃料加工业	Processing of Petroleum, Coking, Processing of Nuclear Fuel	200
化学原料及化学制品制造业	Manufacture of Raw Chemical Materials and Chemical Products	989
医药制造业	Manufacture of Medicines	189
化学纤维制造业	Manufacture of Chemical Fibers	69
橡胶制品业	Manufacture of Rubber	276
塑料制品业	Manufacture of Plastics	689
非金属矿物制品业	Manufacture of Non-metallic Mineral Products	1400
黑色金属冶炼及压延加工业	Smelting and Pressing of Ferrous Metals	449
有色金属冶炼及压延加工业	Smelting and Pressing of Non-ferrous Metals	195
金属制品业	Manufacture of Metal Products	1174
通用设备制造业	Manufacture of General Purpose Machinery	1137
专用设备制造业	Manufacture of Special Purpose Machinery	592
交通运输设备制造业	Manufacture of Transport Equipment	599
电气机械及器材制造业	Manufacture of Electrical Machinery and Equipment	623
通信设备、计算机及其他电子设备制造业	Manufacture of Communication Equipment, Computers and Other Electronic Equipment	124
仪器仪表及文化、办公用机械制造业	Manufacture of Measuring Instruments and Machinery for Cultural Activity and Office Work	48
工艺品及其他制造业	Manufacture of Artwork and Other Manufacturing	124
废弃资源和废旧材料回收加工业	Recycling and Disposal of Waste	40
电力、燃气及水的生产和供应业	**Production and Supply of Electricity, Gas and Water**	**1031**
电力、热力的生产和供应业	Production and Supply of Electric Power and Heat Power	441
燃气生产和供应业	Production and Supply of Gas	156
水的生产和供应业	Production and Supply of Water	434
建筑业	**Construction**	**180**
房屋和土木工程建筑业	Construction of Buildings and Civil Engineering	67
建筑安装业	Building Installation	77
建筑装饰业	Building Decoration	10
其他建筑业	Other Construction	26

Number of Capital Construction Projects in Urban Area under Construction and Put into Use and Newly Increased Fixed Assets by Sector (2009)

本年投产项目个数 (个) Completed Projects (unit)	建设项目投产率 (%) Rate of Construction Projects Completed and Put into Use (%)	本年完成投资 (万元) Investment Completed This year (10000 yuan)	本年新增固定资产 (万元) Newly Increased Fixed Assets (10000 yuan)	固定资产交付使用率 (%) Rate of Projects of Fixed Assets Completed and Put into Use (%)
22503	**76.49**	**89985057**	**63086404**	**70.11**
1472	**79.91**	**2444264**	**1894163**	**77.49**
223	78.52	352740	290280	82.29
264	88.00	399651	326811	81.77
558	73.71	1164081	824914	70.86
14	77.78	26325	29170	110.81
413	85.51	501467	422988	84.35
784	**80.74**	**2817075**	**2356614**	**83.65**
128	80.00	735637	503737	68.48
2	40.00	97733	186928	191.26
400	80.32	1440649	1177272	81.72
41	67.21	194149	141187	72.72
213	86.23	348907	347490	99.59
10406	**79.19**	**42193531**	**33568108**	**79.56**
626	81.19	1623353	1229500	75.74
287	80.85	987969	658272	66.63
116	69.05	514242	341474	66.40
4	44.44	52889	31511	59.58
787	83.99	1868702	1510255	80.82
253	86.64	559035	478316	85.56
282	90.97	591351	543636	91.93
301	86.25	696212	611372	87.81
360	79.12	989537	855718	86.48
292	86.90	644192	741073	115.04
148	87.06	445679	339311	76.13
59	81.94	135116	102012	75.50
154	77.00	1217230	925212	76.01
766	77.45	3787640	2947914	77.83
124	65.61	803361	533772	66.44
56	81.16	272569	246991	90.62
234	84.78	709775	573275	80.77
588	85.34	1222143	1084009	88.70
1103	78.79	4067739	3076161	75.62
288	64.14	6181234	5543530	89.68
158	81.03	726446	807137	111.11
913	77.77	3380238	2439115	72.16
901	79.24	2841683	2111895	74.32
434	73.31	2175277	1555049	71.49
485	80.97	1809386	1478188	81.70
431	69.18	2629401	1966957	74.81
86	69.35	667375	441566	66.16
40	83.33	101685	132936	130.73
101	81.45	365516	201220	55.05
29	72.50	126556	60731	47.99
631	**61.20**	**5263987**	**3109515**	**59.07**
253	57.37	4063571	2331601	57.38
88	56.41	259781	140074	53.92
290	66.82	940635	637840	67.81
160	**88.89**	**216126**	**191245**	**88.49**
53	79.10	136145	112526	82.65
75	97.40	25700	25420	98.91
9	90.00	7737	6137	79.32
23	88.46	46544	47162	101.33

分行业城镇建设项目施工、投产个数和新增固定资产（2009年）(续)

行　　业	Item	施工项目个　数（个）Number of Projects under Construction (unit)
交通运输、仓储和邮政业	**Transport, Storage and Post**	**2092**
铁路运输业	Railway Transport	18
道路运输业	Road Transport	1682
城市公共交通业	Urban Public Transport	41
水上运输业	Water Transport	76
航空运输业	Air Transport	3
管道运输业	Transport Via Pipelines	4
装卸搬运和其他运输服务业	Loading, Unloading and Other Transport Services	35
仓储业	Storage	225
邮政业	Post	8
信息传输、计算机服务和软件业	**Information Transmission, Computer Services and Software**	**109**
电信和其他信息传输服务业	Telecommunications and Other Information Transmission Services	86
计算机服务业	Computer Services	14
软件业	Software	9
批发和零售业	**Wholesale and Retail Trades**	**1693**
批发业	Wholesale Trade	688
零售业	Retail Trade	1005
住宿和餐饮业	**Hotels and Catering Services**	**418**
住宿业	Hotels	178
餐饮业	Catering Services	240
金融业	**Financial Intermediation**	**42**
银行业	Bank	26
证券业	Security Activities	2
保险业	Insurance	6
其他金融活动	Other Financial Activities	8
房地产业	**Real Estate**	**1385**
租赁和商务服务业	**Leasing and Business Services**	**167**
租赁业	Leasing	13
商务服务业	Business Services	**154**
科学研究、技术服务和地质勘查业	**Scientific Research, Technical Service and Geologic Prospecting**	**203**
研究与试验发展	Research and Experimental Development	86
专业技术服务业	Professional Technical Services	63
科技交流和推广服务业	Services of Science and Technology Exchanges and Promotion	45
地质勘查业	Geologic Prospecting	9
水利、环境和公共设施管理业	**Management of Water Conservancy, Environment and Public Facilities**	**3175**
水利管理业	Management of Water Conservancy	516
环境管理业	Environmental Management	342
公共设施管理业	Management of Public Facilities	2317
居民服务和其他服务业	**Services to Households and Other Services**	**190**
居民服务业	Services to Households	137
其他服务业	Other Services	53
教　育	**Education**	**1060**
教　育	Health, Social Security and Social Welfare	1060
卫生、社会保障和社会福利业	**Health**	**708**
卫　生	Social Security	583
社会福利业	Culture, Sports and Entertainment	120
文化、体育和娱乐业	**Journalism and Publishing Activities**	**370**
新闻出版业	Broadcasting, Movies, Television and Audiovisual Activities	4
广播、电视、电影和音像业	Cultural and Art Activities	29
文化艺术业	Sports Activities	175
体　育	Entertainment	46
娱乐业	Public Management and Social Organization	116
公共管理和社会组织	**Organs of Communist Party of China**	**644**
中国共产党机关	Government Agencies	1
国家机构	People's Political Consultative Conference and Democratic Parties	434
人民政协和民主党派	Non-Governmental Organizations, Social Organizations	
群众团体、社会团体和宗教组织	and Religion Organizations	25
基层群众自治组织	Grass Roots Self-governing Organizations	184

Number of Capital Construction Projects in Urban Area under Construction and Put into Use and Newly Increased Fixed Assets by Sector (2009)

本年投产项目个数 (个) Completed Projects (unit)	建设项目投产率 (%) Rate of Construction Projects Completed and Put into Use (%)	本年完成投资 (万元) Investment Completed This year (10000 yuan)	本年新增固定资产 (万元) Newly Increased Fixed Assets (10000 yuan)	固定资产交付使用率 (%) Rate of Projects of Fixed Assets Completed and Put into Use (%)
1627	**77.77**	**9364847**	**4169510**	**44.52**
7	38.89	413684	51659	12.49
1376	81.81	6322757	3200609	50.62
29	70.73	107035	106316	99.33
33	43.42	1227063	236682	19.29
2	66.67	27017	20017	74.09
1	25.00	32386	13776	42.54
24	68.57	173171	99380	57.39
150	66.67	1038014	430371	41.46
5	62.50	23720	10700	45.11
94	**86.24**	**112340**	**113016**	**100.60**
75	87.21	82334	87973	106.85
14	100.00	10477	15457	147.53
5	55.56	19529	9586	49.09
1417	**83.70**	**3829800**	**3093189**	**80.77**
575	83.58	1701806	1529512	89.88
842	83.78	2127994	1563677	73.48
333	**79.67**	**1096910**	**736168**	**67.11**
124	69.66	773179	434513	56.20
209	87.08	323731	301655	93.18
31	**73.81**	**119365**	**88717**	**74.32**
19	73.08	63719	22862	35.88
2	100.00	25050	25050	100.00
5	83.33	8137	5315	65.32
5	62.50	22459	35490	158.02
933	**67.36**	**5147553**	**3485188**	**67.71**
102	**61.08**	**1127551**	**267403**	**23.72**
11	84.62	43155	27500	63.72
91	59.09	1084396	239903	22.12
112	**55.17**	**760923**	**458612**	**60.27**
27	31.40	276684	229348	82.89
43	68.25	162595	112218	69.02
36	80.00	114071	77736	68.15
6	66.67	207573	39310	18.94
2234	**70.36**	**10861583**	**6194545**	**57.03**
377	73.06	1124256	513903	45.71
254	74.27	1042557	553362	53.08
1603	69.18	8694770	5127280	58.97
160	**84.21**	**380934**	**169844**	**44.59**
118	86.13	315529	115565	36.63
42	79.25	65405	54279	82.99
787	**74.25**	**1320468**	**903471**	**68.42**
787	74.25	1320468	903471	68.42
500	**70.62**	**1079502**	**878711**	**81.40**
407	69.81	921635	770902	83.65
88	73.33	149695	101097	67.54
248	**67.03**	**801844**	**580975**	**72.45**
2	50.00	37333	8270	22.15
23	79.31	54539	39046	71.59
107	61.14	281768	177942	63.15
32	69.57	86464	53769	62.19
84	72.41	341740	301948	88.36
472	**73.29**	**1046454**	**827410**	**79.07**
1	100.00	2450	2950	120.41
296	68.20	680444	462477	67.97
25	100.00	47134	30794	65.33
150	81.52	316426	331189	104.67

总投资10亿元以上城镇建设项目主要经济指标（2009年）
Major Economic Indicators of Investment Over One Thousand Million under Construction (2009)

单位：万元 (10000 yuan)

建设单位及建设项目 Unit Names	计划总投资 Total Investment Planed	累计完成投资 Accumulative Investment Actually Completed	#本年完成 This Year	累计新增固定资产 Accumulative Newly Increased Fixed Assets
石家庄市南翟营村委会住宅楼 Residential Building, Nanzhaiying Villager's Committee, Shijiazhuang	110000	108692	17692	
河北大明实业集团总公司旧村改造 Reconstruction of Old Villages, by Controlling Company of Hebei Daming Industrial Corp., Ltd.	416000	66484	29884	
石家庄市二环快速路提升工程指挥部二环快速路提升工程 Promotion Project of the 2nd-circle Expressway	305000	245248	245248	
北京铁路局石家庄货运迁建工程建设指挥部石家庄货运系统迁建工程 Remove Project of Shijiazhuang Freight Transport System	389970	180000	180000	
石家庄市滹沱河生态开发整治工程指挥办公室滹沱河生态开发整治工程 Futuo River Environment Development and Cure Project	146000	124296	21085	
石家庄市东星实业总公司东星旧村A、B区改造 Reconstruction of Old Villages of Dongxing A and B, by Dongxing Industrial Controlling Company	180000	180000	13372	13372
恒大地产集团石家庄有限公司恒大城 Hengda City, by Shijiazhuang company of Hengda Real Estate Group	160000	2430	2430	
石家庄市城市建设开发总公司中银广场项目管理部中银广场 Zhongyin Plaza by Shijiazhuang Controlling Company of Construction	100000	16000	16000	
石家庄桥西区城市建设三年大变样工作指挥部桥西区三年大变样改造项目 Radical-Change-in-Three-Year Project, Qiaoxi District, Shijiazhuang	100000	100000	100000	100000
石家庄城市建设投资控股集团有限公司槐安路高架桥工程 Huai'an-Road Viaduct Project, Shijiazhuang	130600	130600	130600	130600
石家庄市桥西区西三教居委会西三教旧城改造 Reconstruction of Old City, Xisanjiao, Qiaoxi District, Shijiazhuang	100000	10300	10300	
石家庄市仓安实业总公司翰林观天下 Hanlin Guantianxia Project, by Cangan Industrial Controlling Company	203293	200	200	
石家庄市振头实业总公司振二街城中村改造 Reconstruction of Old Village Project, Zhener-road, Shijiazhuang	100000	40000	28000	
孔寨村委会城中村改造筹建处城中村改造 Reconstruction of Old Village Project, Kongzhai, Shijiazhuang	200000	13000	13000	
石家庄市交通局张石高速石家庄段 Shijiazhuang Section of Zhangjiakou-Shijiazhuang Expressway	596000	536231	50998	
石家庄市环城公路建设指挥办公室石环公路 Shijiazhuang Circle Expressway	477102	461850	23397	
石家庄市新华区赵陵铺镇赵一街村民委员会赵一街旧村改造 Reconstruction of Old Village, Zhaoyi-Road, Shijiazhuang	240000	135000	75000	
石家庄市新华区赵陵铺镇赵二街村村民委员会旧村改造 Reconstruction of Old Village, Zhao'er-Road, Shijiazhuang	160000	65000	60000	
石家庄市新华区赵陵铺镇党家庄村村发委员会旧村改造 Reconstruction of Old Village, Dangjiazhuang Village, Zhaolingpu Town, Shijiazhuang	200000	101000	66000	
石家庄市永生实业总公司西三庄城中村改造 Reconstruction of Old Village, Xisanzhuang, Shijiazhuang	208144	91000	91000	
河北方北集团股份有限公司方北城中村改造(二期) Reconstruction of Old Village, Fangbei, Shijiazhuang	167051	71996	36996	
河北师范大学新校区 New Campus of Hebei Normal University	268773	100000	50000	
石家庄市华明实业公司塔冢城中村改造 Reconstruction of Old Village, Tazhong, Shijiazhuang	650000	20000	20000	
河北科技大学新校区建设 New Campus of Hebei University of Science and Technology	180000	90000	40000	
石家庄栗威科技有限公司南栗城中村改造 Reconstruction of Old Village, Lichengzhongcun, Shijiazhuang	163500	7000	5000	
石家庄北方药博园管委会建北方药博园 Beifang Exposition of Medicine, Shijiazhuang	1384100	10740	10740	
河北怀特集团股份有限公司槐南小区回迁楼 Reconstruction of Huainan Residential Area, Shijiazhuang	117385	79340	29000	
河北怀特集团股份有限公司怀特第一小区 Huaite First residential Area, Shijiazhuang	196533	115000	102000	
石家庄万达广场投资有限公司万达广场 Wanda Plaza, Shijiazhuang	862000	50000	50000	
石家庄市裕华区裕东街道办事处二十里铺社区二十里铺城中村改造 Reconstruction of Old Village, Ershilipu, Shijiazhuang	260000	70000	69000	

总投资10亿元以上城镇建设项目主要经济指标（2009年)(续一)

Major Economic Indicators of Investment Over One Thousand Million under Construction (2009)

单位：万元 (10000 yuan)

建设单位及建设项目 Unit Names	计划总投资 Total Investment Planed	累计完成投资 Accumulative Investment Actually Completed	#本年完成 This Year	累计新增固定资产 Accumulative Newly Increased Fixed Assets
石家庄市裕华区裕东街道办事处二十里铺社区二十里铺城中村改造 Reconstruction of Old Village, Ershilipu, Shijiazhuang	260000	70000	69000	
石家庄市裕华区裕东街道大马社区大马村旧村改造 Reconstruction of Old Village, Damacun Village, Shijiazhuang	120000	120000	1000	120000
石家庄市裕华区裕东街道办事处大马社区大马旧村改造二期 Second Stage of Reconstruction of Old Village, Damacun Village, Shijiazhuang	307912	114300	114300	
石家庄市裕东街道办事处小马社区小马村回迁楼 Reconstruction of Old Village, Xiaomacun Village, Shijiazhuang	100000	66000	66000	
华能国际电力有限公司上安电厂上安电厂三期工程 Third-stage of Shangan Power Plant	495442	495442	12000	413200
河北乾昊贸易集团有限责任公司乾昊钙系列产品升级改造产业化项目 Upgrading and Industrialization Project, Qianhao Trading Corp., Ltd.	150011	84799	84799	109000
河北旭跃实业集团旭源物流 Xuyuan Logistics Project, Xuyue Industrial Group	103000	79250	79250	35000
河北张河湾蓄能发电有限责任公司新建张河湾电站 Zhanghewan Power Station, Hebei	411992	411992	13892	13892
正定县市场建设管理办公室正定国际小商品市场扩建三期 Third-Stage of Construction of Zhengding International Small Commodity Market	115800	95000	40000	
石家庄常山纺织股份有限公司高档服装面料 Production Line of Plus Material for Sunday Clothes， Changshan Textile Co., Ltd.	142000	122000	60000	
河北顺邦百营物流有限公司百营物流中心 Baiying Logistics Center, Shunbang Baiying Logistics Co., Ltd.	100216	3340	3340	
河北华电石家庄裕华热电有限公司一期工程 First-Stage of Yuhua Thermal Power Co., Ltd.	273161	230148	74578	
石家庄华牧种鸡场新建厂房 New Workshop of Huamu Breeding Chicken Company	156000	14000	14000	
石家庄华莹玻璃制品有限公司环保型电熔炉全自动生产线技术改造工程 Upgrading Project of Auto Production Line of Eco-Friendly Electric Melting Furnace, Huaying Glass Product Co., Ltd., Shijiazhuang	116000	23000	23000	23000
石家庄市一山实业集团有限公司东方曼哈顿城市广场 Oriental Manhattan City Plaza, Yishan Industrial Corp,. Ltd., Shijiazhuang	124000	48648	25648	
石家庄以岭药业股份有限公司现代特色中药产业化项目 Modernized and Industrialized Project of Chinese Traditional Medicine, Yiling Pharmaceutical Co., Ltd.	160000	7031	7031	
河北辛集皮革商业城经济开发总公司中国国际皮革城新建 China International Leather Center, Xinji, Shijiazhuang	100000	19700	19700	
藁城市丘头化工厂环己酮 Cyclohexanone Production Line, Qiutou Chemical Factory, Gaocheng	121000	121000	44683	121000
河北白沙烟草有限责任公司生活区建设 Living Quarters of Hebei Baisha Tobacco Co., Ltd.	100000	9605	9605	
东方热电股份有限公司良村电厂两台30万千瓦“上大压小”工程项目 Upgrading Project of Dual-300,000 KW-Generator-Set, Liangcun Power Plant, Dongfang Thermal Power Co., Ltd.	300000	100000	100000	
河北华电石家庄鹿华热电有限公司石家庄鹿华热电一期工程 First-Stage of Luhua Thermal Power Plant, Shijiazhuang	314000	58725	58725	
唐山市南湖生态城管理委员会扩湖 Expansion Project of Nanhu Lake, Tangshan	146890	85869	1170	
唐山曹妃甸国际生态城生态园林有限公司生态城景观建设三期 Third-Stage of Ecological Landscape of Caofeidian International Eco-friendly City Project	100000	56400	56400	
唐山曹妃甸国际生态城生态园林有限公司生态城景观建设二期 Second-Stage of Ecological Landscape of Caofeidian International Eco-friendly City Project	150000	76500	76500	
唐山曹妃甸国际生态城生态园林有限公司生态城景观建设一期 First-Stage of Ecological Landscape of Caofeidian International Eco-friendly City Project	100000	50000	50000	
唐山曹妃甸国际生态城市政建设有限公司世界名城 Shijie Mingcheng Project of Caofeidian International Eco-friendly City , Tangshan	580000	90000	90000	
唐山曹妃甸国际生态城投资有限公司日资生态园 Japan-Invested Eco-friendly Park, Caofeidian International Eco-friendly City , Tangshan	630000	243000	243000	
唐山曹妃甸国际生态城投资有限公司欧洲风情小镇 European Style Town Project of Caofeidian International Eco-friendly City , Tangshan	700000	101500	101500	

总投资10亿元以上城镇建设项目主要经济指标（2009年)(续二)
Major Economic Indicators of Investment Over One Thousand Million under Construction (2009)

单位：万元 (10000 yuan)

建设单位及建设项目 Unit Names	计 划 总投资 Total Investment Planed	累计完成 投 资 Accumulative Investment Actually Completed	#本年 完成 This Year	累计新增 固定资产 Accumulative Newly Increased Fixed Assets
唐山曹妃甸国际生态城市政建设有限公司上河生态住宅小区 Shanghe Eco-Friendly residential Area Project, Caofeidian International Eco-friendly City	120000	1000	1000	
唐山曹妃甸国际生态城市政建设有限公司渤海新城小区 Bohai Xincheng residential Area Project, Caofeidian International Eco-friendly City, Tangshan	100000	1000	1000	
唐山曹妃甸国际生态城投资有限公司央企生活服务基地 Daily Service Center for State-Owned Enterprises, Caofeidian International Eco-friendly City	530000	17000	17000	
唐山曹妃甸国际生态城市政建设有限公司城市综合管线工程 Comprehensive Pipeline System Project, Caofeidian International Eco-friendly City, Tangshan	200000	101000	101000	
唐山曹妃甸国际生态城市政建设有限公司城市内河水系工程 Inland River System Project, Caofeidian International Eco-friendly City , Tangshan	320000	85000	85000	
唐山曹妃甸国际生态城市政建设有限公司生态城中部造地工程 Inner Polder Project of Caofeidian International Eco-friendly City , Tangshan	200000	73000	73000	
唐山曹妃甸科教城开发建设有限公司青龙湖生态度假区 Ecological Resort of Qinglonghu Lake, Caofeidian International Eco-friendly City, Tangshan	150000	61000	61000	
唐山曹妃甸科教城开发建设有限公司唐山工业技术职业学院曹妃甸校区 Caofeidian Campus of Tangshan Vocational College of Industrial Technology, Caofeidian International Eco-friendly City , Tangshan	150000	41000	41000	
唐山曹妃甸国际生态城投资有限公司信息大厦 Information Park of Caofeidian International Eco-friendly City , Tangshan	100000	10000	10000	
唐山曹妃甸国际生态城市政建设有限公司城市桥梁工程 Project of Bridge Construction, Caofeidian International Eco-friendly City , Tangshan	700000	69000	69000	
唐山曹妃甸国际生态城市政建设有限公司滨海大道生态城段工程 Binhai Avenue Project, Caofeidian International Eco-friendly City , Tangshan	200000	97000	97000	
唐山曹妃甸国际生态城市政建设有限公司市政六条路和观湖大道(起步区网格化工程) Zero-Stage of Six Roads and Guanhu Avenue, Caofeidian International Eco-friendly City	232000	120000	120000	
唐山曹妃甸国际生态城溯河盐业有限公司三河一路绿化工程 Landscape Engineering of Three Rivers and One Road, Suhe Salt Co., Ltd., Caofeidian International Eco-friendly City , Tangshan	100000	82000	82000	
唐山曹妃甸国际生态城投资有限公司造地工程 Polder Project of Caofeidian International Eco-friendly City , Tangshan	165000	165000	165000	99000
唐山曹妃甸国际生态城市政建设有限公司假日酒店(海岸花园) Holiday Inn of Caofeidian International Eco-friendly City , Tangshan	100000	69000	69000	
唐山市交通局长深高速承唐段 Chengde-Tangshan Section of Changchun-Shenzhen Expressway	242000	65660	7660	
唐山交通局机场连接线 Expressway to Tangshan Airport	108577	3600	3600	
唐山交通局邦宽线遵化段 Zunhua Section of Bangjun-Kuancheng Highway, by Tangshan Administration of Transportation	109000	9530	9530	
唐山市交通局唐丰快速路 Tangshan-Fengrun Expressway, Tangshan	121000	6700	6700	
唐山市陡河青龙河管委会市区水系综合治理工程 Comprehensive Training Works of Douhe River-Qinlonghe River Water System	300000	8000	8000	
冀东石油油气勘探开发工程 Jidong Exploratory Development Project of Petrol and Natural Gas	1728240	2692002	64442	66459
开滦(集团)有限责任公司开滦(集团)有限责任公司技改项目 Technological Upgrading Project of Kailuan Corp., Ltd.	179368	128339	16304	16649
中国石油天然气股份有限公司冀东油田分公司原油储备库建设工程 Petrol Storage Project of Jidong Oil Field Company of PetroChina Co., Ltd.	117641	51046	9736	
唐山不锈钢有限公司不锈钢配套工程 Auxiliary Projects of Stainless Steel Production Line, Tangshan Stainless Steel Co., Ltd.	230299	633322	54122	54122
唐山开滦东方发电有限责任公司2X135MW机组建设工程 Dual-135 KW-Generator-Set Project, Dongfang Power Co., Ltd., Kailuan, Tangshan	153074	150264	36575	36575
唐山市开平区税务庄街道办事处(河联税东区东出口)廉租房、经济适用、危改还迁住宅 Project of Low-rent Housing, Economical Housing and Old Village Reconstruction, Shuiwuzhuang Subdistrict, Kaiping District, Tangshan	210000	70000	70000	55000
冀东水泥集团有限责任公司三条日产4500吨新型干法熟料水泥生产线及余热发电项目 Project of Triple-4500-Ton Production Line of dry process cement of clinker and Cogeneration, Jidong Cement Corp., Ltd., Hebei	156000	170322	21205	21205
河北大唐国际丰润热电工程扩建处河北唐山新区热电厂“上大压小”工程 Upgrading Project of Thermal Power Plant, Xinqu District, Tangshan	257600	196038	196038	80000

总投资10亿元以上城镇建设项目主要经济指标（2009年）(续三)
Major Economic Indicators of Investment Over One Thousand Million under Construction (2009)

单位：万元 (10000 yuan)

建设单位及建设项目 Unit Names	计划总投资 Total Investment Planed	累计完成投资 Accumulative Investment Actually Completed	#本年完成 This Year	累计新增固定资产 Accumulative Newly Increased Fixed Assets
滦县古城街道办事处滦河滦县段河道防洪综合治理工程 Comprehensive Training Works of Luanxian Section of Luanhe River	168417	2660	2660	
唐钢滦县司家营铁矿有限责任公司司家营铁矿开发二期工程 Second Stage of Iron Ore Exploratory Development Project, Sijiaying Iron Ore Co., Ltd.	800000	427300	219500	219500
滦南县畜牧局滦南整合农业财政资金发展奶牛产业项目 Financial Funded Industrialization Project of dairy farming, Luannan County	118253	44232	44232	
乐亭县通远交通投资有限公司乐港路改建工程 Reconstruction of Laoting-Jingtang Port Highway, Laoting	156000	129230	129230	120000
河北津西型钢有限公司中小规格H型钢项目 Small-sized and H-shaped Steel Production, Jinxi Shaped Steel Co., Ltd.	100611	133100	100	133100
迁西县交通局三抚线改建工程 Reconstruction of Qianxi Section of Santunying-Funing Highway	134000	120100	90675	
海天新能源有限公司新建 Haitian New Energy Co., Ltd.	100000	600	600	
唐山东方世纪物流有限公司唐山曹妃甸综合物流中心新建 Caofeidian Comprehensive Logistics Center of Dongfangshiji Logistics Co., Ltd., Tangshan	106720	8120	8120	
唐海世福伟业铸管有限公司建设球墨铸铁管道项目 Nodular Graphite Iron Pipe Production Line, Shifuweiye Pipe Co., Ltd., Tanghai	250000	10100	10100	
唐山文丰机械设备有限公司新建10万吨年环件及锻轴生产线 100,000-Ton Ring-shaped Casting and Forged Shaft Production line, Wenfeng Machinery Co., Ltd., Tangshan	151658	750	750	
唐山佳华煤化工有限公司京唐港焦化厂一期工程 First-Stage of Coking Plant of Jingtang Port	331500	306153	45534	
唐山港口投资有限公司3000万吨泊位32#－34#泊位 Construction of N0. 32-34 30-million-ton Berths, By Tangshan Port Investment Co., Ltd.	313677	315648	2402	2402
开滦精煤股份有限公司焦化二期 Second-stage of Coking Production Line, Kailuan Washed Coal Co., Ltd.	175726	175726	39852	35126
唐山港集团股份有限公司京唐港区20号－22号通用杂货泊位工程 Construction of NO. 20-22 Break-bulk General Cargo Berths, Jingtang Port	119936	94715	49613	22000
京唐港首钢码头有限公司矿石、原敷料及成品泊位工程 Construction of Berth of Ores, Materials and Products, Shougang Dock, Jingtang Port	287747	50512	50512	21000
中央储备粮唐山直属库脂油料仓储 Project of Storage of Edible Oil and Materials, National Grain Storage Tangshan Branch	122996	8065	8065	
开滦能源化工股份有限公司15万吨/已二酸 150,000 Ton Adipic Acid Production Line, Kailuan Power and Chemical Co., Ltd.	292624	114	114	
开滦能源化工股份有限公司6万吨/年聚甲醛工程 60,000 Ton Polyformaldehyde Production Line, Kailuan Power and Chemical Co., Ltd.	191809	695	695	
南堡经济开发区第四方物流电子商务中心项目一期工程 First-Stage of Fourth Party Logistics and Electronic Business Center, Nanbao Economic Development Zone	135000	132918	132918	132918
南堡开发区管委会信汇医药中间体项目 Project of Xinhui Pharmaceutical Intermediates, Nanbao Economic Development Zone	250000	11000	11000	11000
唐山曹妃甸造地有限公司曹妃甸工业区东南海堤二期工程 Second Stage of Southeast Sea Wall of Caofeidian Industrial Zone	163147	94176	55069	
唐山曹妃甸造地有限公司曹妃甸工业区港池岛护岸工程 Bank Protection Works of the Polder Project of Harbor Basin of Caofeidian Industrial Zone	144602	56788	4487	
唐山曹妃甸造地有限公司曹妃甸工业区公共港区冀东油田基地围海造地工程 Polder Project of Jidong Oil Field Base, Public Area, Caofeidian Industrial Zone	179873	118169	11246	118169
首钢京唐钢铁联合有限责任公司首钢京唐公司钢铁厂 Iron Steel Plant of Shougang Jingtang Iron and Steel Joint stock Co., Ltd.	6572800	4546732	2E+06	3286408
唐山曹妃甸造地有限公司曹妃甸工业区仓储区围海造地工程 Polder Project of Warehouse Subarea of Caofeidian Industrial Zone	179600	160864	124484	
唐山曹妃甸造地有限公司曹妃甸工业区装备制造基地围海造地五期工程 Fifth Stage of Polder Project of Equipment Manufacturing Base, Caofeidian Industrial Zone	106726	93513	45246	
唐山曹妃甸造地有限公司曹妃甸工业区公共港区冀东油田北侧造地工程 Polder Project in the north of Jidong Oil Field Base, Public Area, Caofeidian Industrial Zone	172995	101269	48851	
唐山曹妃甸造地有限公司曹妃甸工业区加工工业区西部一期围海造地工程 First Stage of Polder Project, the West of Manufacturing Subarea, Caofeidian Industrial Zone	117294	90745	42273	
唐山曹妃甸港口有限公司唐山港曹妃甸港区通用码头起步工程 Zero-stage of General Dock of Caofeidian Port	123567	121196	91158	
唐山曹妃甸造地有限公司曹妃甸工业区加工工业区西部二期围海造地工程 Second Stage of Polder Project, West Manufacturing Subarea, Caofeidian Industrial Zone	111849	46140	46140	

总投资10亿元以上城镇建设项目主要经济指标（2009年）(续四)
Major Economic Indicators of Investment Over One Thousand Million under Construction (2009)

单位：万元 (10000 yuan)

建设单位及建设项目 Unit Names	计划总投资 Total Investment Planed	累计完成投资 Accumulative Investment Actually Completed	#本年完成 This Year	累计新增固定资产 Accumulative Newly Increased Fixed Assets
唐山曹妃甸基础设施建设投资有限公司综合服务区南区配套服务基站工程 Auxiliary Service Base Station of South Comprehensive Service Subarea, by Caofeidian infrastructure Investment Co., Ltd.	200000	115000	115000	
华海风能发展有限公司冀东水泥曹妃甸风力发电设备制造项目 Equipment Manufacturing for Caofeidian Wind Power, Jidong Cement Corp., Ltd.	215100	9437	9437	
唐山曹妃甸港口有限公司唐山曹妃甸港区通用码头(北段)工程 North Section of General Dock of Caofeidian Port	277928	39900	39900	
唐山文丰广易钢结构制造有限公司曹妃甸文丰广易钢材深加工项目 Project of Steel Intensive Processing, by Wenfeng Guangyi Steel Structure Co., Ltd., Caofeidian	164687	3090	3090	
唐山重型装备集团有限责任公司重大冶金矿山装备制造基地一期建设项目 First Stage of Manufacturing Base of Heavy Mining and Metallurgical Equipments, Tangshan Heavy Equipment Corp., Ltd.	149890	2510	2510	
唐山曹妃甸基础设施建设投资有限公司滦曹公路连接线工程(含跨纳潮河大桥) Approach Road to Luannan-Caofeidian Expressway (Including Nachaohe Bridge), by Caofeidian infrastructure Investment Co., Ltd.	124106	119000	119000	
唐山曹妃甸基础设施建设投资有限公司石化产业区环路工程 Circle Expressway of Petrolchemical Subarea, Caofeidian Industrial Zone, Tangshan	130000	117500	117500	
唐山曹妃甸基础设施建设投资有限公司工业区综合管廊工程 Comprehensive Pipe Gallery Works, Caofeidian Industrial Zone	500000	103000	103000	
唐山曹妃甸港口有限公司曹妃甸综合(集装箱)物流项目 Caofeidian Comprehensive (Container) Logistics Project, Caofeidian Port Co., Ltd.	197821	139000	139000	
唐山曹妃甸港口有限公司曹妃甸钢铁物流区 Caofeidian Iron and Steel Logistics Area, Caofeidian Port Co., Ltd.	111079	94700	94700	
唐山曹妃甸基础设施建设投资有限公司西通路高架工程 Elevated Road Works of Xitong-road, by Caofeidian infrastructure Investment Co., Ltd.	300000	273250	273250	
唐山曹妃甸基础设施建设投资有限公司综合服务区基投 · 锦岸 Jinan Residential Subarea of Comprehensive Service Area, Caofeidian Industrial Area, By Caofeidian Infrastructure Investment Co., Ltd.	110000	101150	101150	
华润电力(唐山曹妃甸)有限公司华润电力曹妃甸电厂(2×300MW燃煤供热机组)工程 Dual-300 MW-Thermal Generator-Set Project, Caofeidian Power Plant, Huarun Power Co., Ltd.	277693	228195	228195	228195
唐山曹妃甸造地有限公司曹妃甸钢铁产业区南部造地工程 South Polder Project of Caofeidian Iron and Steel Industrial Subarea, Caofeidian Industrial Zone	388845	196138	196138	
唐山曹妃甸基础设施建设投资有限公司曹妃甸装备制造区市政路网一期工程 First Stage of Road Net Project of Caofeidian Equipment Manufacturing Subarea, Caofeidian Industrial Zone	159600	158820	158820	158820
中国石油集团海洋工程有限公司唐山分公司渤海湾生产支持基地 Production Support Base of Tangshan Branch of Marine Engineering Co., Ltd., China National Petroleum Corporation	145000	61000	61000	
遵化市交通局邦宽线拓宽改建 Reconstruction of Bangjun-Kuanchen Highway, by Zunhua Administration of Transportation	114122	22973	22973	
迁安市水务局滦河生态防洪续建工程 Extending Construction of Ecological Protection and Flood Control of Luanhe River	103000	81000	2900	
迁安市殷柳庄城中村改造城中村改造 Reconstruction of Old Village in the Downtown, Yinliuzhuang Village, Qian'an	150000	22600	22600	
迁安市大王庄城中村改造城中村改造 Reconstruction of Old Village in the Downtown, Dawangzhuang Village, Qian'an	120000	31000	31000	
迁安市国土资源局矿山环境恢复治理 Environment Recovery and Controlling of Mining-area, by Qian'an Administration of Land and Resource	116500	3500	3500	
迁安大唐热电有限责任公司热力中心综合利用电厂工程 Power Plant of Comprehensive Utilization Project, Thermal Center, Datang Thermal Power Co., Ltd., Qian'an	111666	91230	11934	
Third-stage of Extension of Panel Steel Production Line, Liangang Yanshan Iron and Steel Co., Ltd., Qian'an	240000	117370	32000	
迁安市燕山钢铁有限公司100万吨钢材及配套工程 Million Ton Steel Production Line and Auxiliary Facilities, Yanshan Iron and Steel Co., Ltd., Qian'an	200000	13000	13000	
迁安轧一钢铁集团有限公司1780宽带及附属工程 1780mm Wide Strip Steel Production Line and Auxiliary facilities, Zhayi Iron and Steel Corp., Ltd., Qian'an	600000	45615	45615	

总投资10亿元以上城镇建设项目主要经济指标（2009年)(续五)

Major Economic Indicators of Investment Over One Thousand Million under Construction (2009)

单位：万元 (10000 yuan)

建设单位及建设项目 Unit Names	计划总投资 Total Investment Planed	累计完成投资 Accumulative Investment Actually Completed	#本年完成 This Year	累计新增固定资产 Accumulative Newly Increased Fixed Assets
迁安联钢松汀钢铁有限公司200万吨钢扩建工程 Extension Project of 2-Million-Ton Steel Production Line, Liangang Songting Iron and Steel Co., Ltd.	165000	197796	34000	197796
迁安市九江线材有限公司高炉及配套项目 Shaft Furnace and Auxiliary Facilities of Jiujiang Wire Steel Co., Ltd., Qian'an	100000	34000	8500	
迁安中化煤化工有限责任公司220万吨焦炭生产线 2.2-Million-Ton Coke Production Line, Zhonghua Coal Chemical Co., Ltd., Qian'an	128000	29500	29000	
迁安市九江煤炭储运公司焦化项目200万吨焦化生产线项目 2-Million-Ton Coking Production Line, Jiujiang Coal Storage and Transportation Co., Ltd.	100000	29200	22600	
河北润安建材公司有限公司优质浮法玻璃生产线 High-quality Float Glass Production Line, Runan Construction Material Co., Ltd., Hebei	115843	9845	9845	
秦皇岛市西龙道路建设发展有限公司秦皇岛市西部快速路工程 West Expressway of Qinhuangdao	144357	1396	1396	
秦皇岛市六合建设开发项目管理有限公司大小汤河、大小马坊河综合治理工程 Comprehensive Training Project of Datanghe-Xiaotanghe Water System and Damafanghe-Xiaomafanghe Water System, Qinhuangdao	164000	8132	8132	
秦皇岛镁铝渤海铝业有限公司热轧扩建 Extension of Hot-rolling Production Line, Meily Bohai Aluminium Co., Ltd.	222708	225950	54232	222708
山海关船舶重工有限责任公司山海关船厂东区造船设施综合技术改造项目 Comprehensive Technological Upgrading Project of Shipbuilding Facilities, East Section of Shanhaiguan Shipyard, Shanhaiguan Shipbuilding Industrial Co., Ltd.	276837	211873	122446	
中油宝世顺(秦皇岛)钢管有限公司钢管大口径埋弧焊管 Production Line of Heavycalibre Submerged Arc Welding Pipe, Baoshishun (Qinhuangdao) Steel Pipe Co., Ltd., PetroChina Corp., Ltd.	123577	127470	51513	
山海关船舶重工有限责任公司修船扩建项目 Extension of Repairing Yard, Shanhaiguan Shipbuilding Industrial Co., Ltd.	104434	31354	31354	
秦皇岛南戴河顺驰房地产开发有限公司南戴河国际森林体育俱乐部 Nandaihe International Forest Sports Club, Qinhuangdao	389600	3000	3000	
秦皇岛抚宁县首秦金属材料有限公司首秦宽厚板配套技改二期 Second Stage of Upgrading Project of Wide Strip Steel Production Line, Shouqin Metal Material Co., Ltd., Funing, Qinhuangdao	419958	606264	44646	
宏启胜精密电子(秦皇岛)有限公司PCB项目 Printed Circuit Board Production Line, Hongqisheng Precision Electronics Co., Ltd.,	202079	103260	79760	54022
河北鑫港国际商贸中心鑫港国际商贸中心 Xingang International Trade Center, Hebei	250000	250000	1120	250000
河北思达实业集团有限公司新建旅居车厢体及全地形车建设项目 Caravan and All-terrain-vehicle Production Line, Sida Industrial Corp., Ltd., Hebei	136000	30061	30061	
邯郸市治富植物制剂有限公司年产5万吨植物农药、2万吨药肥和6万吨纯有机肥 Production Line of 50,000 Ton Plant Pesticide, 20,000 Ton Pesticide-fertilizer, and 60,000 Ton Pure Organic Fertilizer, Zhifu Galenicals Co., Ltd., Handan	123395	510	510	
汽贸集团股份有限公司邯郸第二分公司肥乡汽车销售装配服务项目 Feixiang Auto Sales and Assembling Service Project, Second Branch in Handan, Qimao Auto Trading Corp., Ltd.	110000	44898	44898	
河北亿隆公司年产5万吨发电机主轴制造项目 50,000 Ton Production Line of Principle Axis of Electrical Generator, Yilong Company	105000	57230	57230	
邯郸市交通局青兰高速邯郸西至涉县段 Handan-Shexian Section of Qingdao-Lanzhou Expressway	728971	511518	212518	
邯郸市交通局邯沙线邯郸至武安段邯沙线 Handan-Wu'an Section of Handan-Shahe Highway	106600	83900	83900	
邯郸市交通局定魏线曲周县城北至双井段 North Quzhou-shuangjing Section of Dingzhou-Weiguzhuang Highway	121000	2000	2000	
邯运集团综合物流中心邯郸综合物流中心扩建项目 Extension Project of Handan Comprehensive Logistics Center, Handan Transportation Corp., Ltd.	130000	15000	13991	
冀中能源邯矿集团文水循环产业链 Wenshui Circular Industrial Chain, Handan Mining Corp. Ltd., Jizhong Energy Group	614159	105277	47457	
峰峰集团锡盟能源化工开发办锡盟煤电化一体化项目 Xilinguole Coal-Electricity Integration, Xilinguole Energy Exploiture Agency, Fengfeng Group	459979	53951	19299	2359
邯郸钢铁集团结构优化升级 Structural Optimization and Upgrading Project of Handan Iron and Steel Corporation	1937000	2036989	449799	

总投资10亿元以上城镇建设项目主要经济指标（2009年)(续六)
Major Economic Indicators of Investment Over One Thousand Million under Construction (2009)

单位：万元 (10000 yuan)

建设单位及建设项目 Unit Names	计 划 总投资 Total Investment Planed	累计完成 投 资 Accumulative Investment Actually Completed	#本年 完成 This Year	累计新增 固定资产 Accumulative Newly Increased Fixed Assets
邯郸钢铁集团仓储物流中心项目 Storage and Logistics Center of Handan Iron and Steel Corporation	141689	52225	29399	
河北马头发电有限公司“上大压小”供热工程 Extension Project of Heat Supply, Matou Power Co., Ltd., Hebei	250364	142978	142978	
邯郸市建设局城投公司基础设施建设 Infrastructure Project, by Urban Investment Company, Handan Administration of Urban-Rural Development	202622	116356	116356	
武安市宝烨年产90万吨捣固焦炉项目 900,000 Ton Stamp-charging Coke Oven of Baoye Coking Industrial Company	125766	47300	35300	
邢台市交通局七里河综合治理 Comprehensive Training of Qilihe River, Xingtai	729000	233725	69481	
中钢集团邢台机械轧辊有限公司冷轧辊生产线 Cold Roll Production of Sinosteel Xingtai Machinery & Mill Roll Co., Ltd.	230000	158450	22364	
河北金牛能源股份有限公司金牛股份 Jinniu Co. Ltd., Jizhong Energy Co. Ltd.	121224	71585	71585	51691
中煤旭阳公司200万吨煤化工项目 2-Million-Ton Coal Chemical Project, China Risun Coal Chemicals Group	250000	199433	64575	
邢台市德龙钢铁有限公司技术改造项目 Technological Upgrading Project of Delong Iron and Steel Co., Ltd., Xingtai	124000	106100	106100	
河北吉泰特钢有限公司年产200万吨连铸钢坯生产线一、二期工程 First & Second Stage of 2-million-ton Continuous Casting Billet Production Line, Jitai Special Steel Co., Ltd., Hebei	136000	136000	4000	136000
邢台今麦郎食品有限公司建设方便面非碳酸饮料生产线 Production Line of Instant Noodles and Non-carbonated Soft Drinks, Jinmailang Food Co., Ltd.	102336	63800	63800	
邢台晶龙集团太阳能电池续建 Extension of Solar Battery Production Line, Jinglong Group, Xingtai	198350	198345	40663	
沙河市安全实业有限公司超白光电玻璃生产线及多功能深加工基地 Project of Ultrawhite Photoelectric Glass Production Line and Multifunctional Intensive Processing Base, Shahe Anquan Industrial Co., Ltd.	154000	54325	54325	54325
沙河市德金玻璃有限公司4x800t/d超白及在线Low-E镀膜浮法玻璃生产线 4 800-Ton Production Line of Ultrawhite and On-line Low-E Coated Float Glass, Dejin Glass Co., Ltd., Shahe	139754	10900	10900	
邢台万隆陶瓷有限公司建筑陶瓷生产线 Architectural Ceramics Production Line, Wanlong Ceramics Co., Ltd., Xingtai	100000	34400	8250	
邢台金丰矿业有限公司年产10万吨大功率风电设备配件 100,000 Ton Production Line of Component of Large Wind Power Equipments, Jinfeng Mining Co., Ltd., Xingtai	150000	60500	60500	50500
邯郸钢铁集团沙河市中关矿业有限公司中关铁矿建设项目前期(帷幕注浆) Early-stage of Zhongguan Iron Ore Mining Project, Shahe Zhongguan Mining Co., Ltd., Handan Iron and Steel Group	112406	62500	46000	32000
保定市交通局张石高速 Baoding Section of Zhangjiakou-Shijiazhuang Expressway	1901217	1193392	253102	253102
保定市交通局保阜高速 Baoding Section of Baoding-Fuping Expressway	1146703	776154	255876	255876
河北荣毅通信有限公司半导体照明产业化项目 Industrialization of Solid-state Lighting, Rongyi Communication Co., Ltd.	120000	22000	12000	
保定市南市区裕华路办事处府河市场拆迁 Removal Project of Fuhe Market, Baoding	670000	97000	97000	
长城汽车股份有限公司年产20万台汽车变速器项目 Production Line of 200,000 Auto Speed Chargers, Greatwall Motor Co., Ltd.	121215	121215	21347	121215
长城汽车股份有限公司工业园一二三期 First, Second and Third Stage of Greatwall Auto Industrial Zone	448657	448657	5007	5007
航天三院涞水科技研发基地818工程 818 Project of Laishui Science and Technology R&D Base, Third Institute of China Aerospace Science and Technology Corporation	300000	138650	63150	
中国中纺集团公司保定中纺依棉精品纺织服装 Textile and Refined Clothing Production Line, Baoding Yimian Textile Co., Ltd., Chinatex Corporation	103708	35000	28200	
易县京兰水泥集团有限公司水泥生产项目 Cement Production Line of Jinglan Cement Corp., Ltd., Yixian County	110000	20000	20000	20000

总投资10亿元以上城镇建设项目主要经济指标（2009年）(续七)
Major Economic Indicators of Investment Over One Thousand Million under Construction (2009)

单位：万元 (10000 yuan)

建设单位及建设项目 Unit Names	计划总投资 Total Investment Planed	累计完成投资 Accumulative Investment Actually Completed	#本年完成 This Year	累计新增固定资产 Accumulative Newly Increased Fixed Assets
保定永鑫肠衣有限公司中国国际肠衣交易中心 International Trading Center of Sausage Casting, Yongxin Sausage Casting Co., Ltd., Baoding	101312	33000	33000	
保定天威英利新能源有限公司太阳能电池三期 Third Stage of Solar Battery Production line, Tianwei-Yingli New Energy Co., Ltd.	300000	333426	36036	312426
保定天威薄膜光伏有限公司非晶硅薄膜太阳能电池 Production Line of Amorphous Silicon Film Solar Battery, Tianwei Film Photovoltaic Co., Ltd., Baoding	119100	115171	37892	
保定六九硅业有限公司年产1.8万吨太阳能及电子级硅材料项目 18,000 Ton Production Line for Solar-grade and Electron-Grade Polysilicon, Liujiu Silicon Co., Ltd., Baoding	250000	277680	181652	
保定隆基泰和实业有限公司国际运动休闲健康港 International Sports and Recreation Center, Longjitaihe Industrial Co., Ltd., Baoding	130000	15350	15350	
高碑店市丰合元商贸有限公司北方商贸城 Beifang Shangmaocheng Trading Center, Fengheyuan Trading Co., Ltd., Gaobeidian	120000	43300	43300	
白沟镇人民政府白沟轻纺城项目 Trading Center of Light Industrial Products and Textile Products, Baigou	103000	8400	8400	
中国石油集团东方地球物理勘探有限责任公司基本建设 Infrastructure Project of Bureau of Geophysical Prospecting, China National Petroleum Corporation	315000	174644	174644	
中国石油集团东方地球物理堪探有限责任公司扩建 Extension Project of Bureau of Geophysical Prospecting, China National Petroleum Corporation	198000	210980	28000	28000
河北国华电厂定洲发电有限公司扩建二期 Second Stage of Extension Project of Guohua Dingzhou Power Co., Ltd., Hebei	429292	375922	140572	
河北燕赵市场建设有限公司河北省建材市场扩建 Extension Project of Hebei Building Material Market, Yanzhao Market Development Co., Ltd., Hebei	115000	91000	82000	
河北奥润顺达窗业有限公司年产260万平方米新型节能门窗项目 2.6 Million m2 Production Line of Neotype Energy-saving Doors and Windows, Aorunda Windows Co., Ltd., Hebei	115648	20000	20000	
河北建投宣化热电有限责任公司河北宣化热电厂2×300MW燃煤供热机组工程 Daul-300-MW Coal-fired Heat Supply System, Xuanhua Thermal Power Plant	295000	231336	140040	685
张北中节能港建风力发电(张北)有限公司张北单晶河200MW风电特许权项目 Monopolized Project of 200-MW Wind Power Generation, Danjinghe, Zhangbei	160482	160482	106210	169
张北华田投资有限公司张北仙那都国际生态度假村 Xiannadu International Eco-friendly Holiday Village, Zhangbei	100818	31840	12000	
康保县山东鲁吉王曲发电有限责任公司康保10万千瓦风电场 Kangbao 100,000-KW Wind Power Generation Project, Shandong Luji Wangqu Power Co., Ltd.	101700	62269	43501	
康保县国投张家口风能有限公司康保县牧场10万千瓦风电工程 100,000-KW Wind Power Generation Project in Kangbao Pasture, by Zhangjiakou Wind Power Co., Ltd.	101380	78991	44631	
河北建投新能源有限公司东辛营风能分公司沽源县东辛营20万千瓦风场项目 200,000-KW Wind Power Generation Project, Dongxinying, Guyuan	195337	58331	34610	
龙源(张家口)风力发电有限公司尚义麒麟山风电工程 Qilinshan Wind Power Generation Project, Shangyi	131602	131602	112794	112794
国华(河北)新能源有限公司尚义国华七甲山风电工程 Qijiashan Wind Power Generation Project, Shangyi	198300	194745	74197	
蔚县蔚州矿业有限责任公司北阳庄矿井筹建处北阳庄矿井筹建 Early-stage of Beiyangzhuang Mine, Beiyangzhuang, Yuxian County	145186	51488	29500	
万全县西山管理委员会基础设施项目建设 Infrastructure Project, by Xishan Administrative Commission, Wanquan County	152000	83646	83646	
张家口煤矿机械有限公司责任公司煤机装备产业园建设项目 Industrial Zone of Coal Mining Machinery, Zhangjiakou Coalmining Machinery Co., Ltd.	236224	10881	10881	
张家口鑫盛垣房地产开发有限公司房地产开发山中城 Shanzhongcheng Project, Xinshengyuan Real Estate Development Co., Ltd., Zhangjiakou	250000	100	100	
河北宣工机械发展有限责任公司挖掘机、装载机、起重机制造项目 Production Line of Grabs, Loaders and Cranes, Xuanhua Construction Machinery Co., Ltd.	161150	6957	6957	1350
张家口风电技术有限公司风电产业(生产风电叶片) Turbine Blade Production Line, Zhangjiakou Wind Power Technology Co., Ltd.	1000000	4500	4500	

总投资10亿元以上城镇建设项目主要经济指标（2009年)(续八)

Major Economic Indicators of Investment Over One Thousand Million under Construction (2009)

单位：万元 (10000 yuan)

建设单位及建设项目 Unit Names	计划总投资 Total Investment Planed	累计完成投资 Accumulative Investment Actually Completed	#本年完成 This Year	累计新增固定资产 Accumulative Newly Increased Fixed Assets
北京京能科技有限公司怀来县北京官厅风电场二期工程 Second-stage of Guanting Wind Power Generation Project, Jingneng Science and Technology Co., Ltd.	105000	47000	47000	
张家口市交通局张石高速化稍营至蔚县段 Huashaoying-Yuxian Section of Zhangjiakou-Shijiazhuang Expressway	465000	436349	88903	
张家口市交通局张承高速张家口至崇礼段 Zhangjiakou-Chongli Section of Zhangjiakou-Chengde Expressway	377241	309690	113227	
张家口市交通局京化高速公路二期土木至胶泥湾 Tumu-Jiaoniwan Section of Second Stage of Beijing-Huashaoying Expressway	580778	180137	180137	
张家口市交通局张涿高速单家堡至保定界 Shanjiabao-Baoding Section of Zhangjiakou-Zhuozhou Expressway	899350	47756	47756	
中广核集团察北白塔管理处10万千瓦风电项目 100,000-KW Wind Power Generation Project in Baita, Chabei, Zhangjiakou, by China Guangdong Nuclear Power Holding Corporation	100000	98600	73600	73500
高新技术产业开发区建设局高新区城市基础设施建设 Infrastructure Project of High and New Technology Industrialization and Development Zone	173900	155783	49184	
大唐国际发电股份有限公司高新区大唐国际张家口热电厂项目 Zhangjiakou Thermal Power Project, Datang International Power Generation Co., Ltd.	300000	181779	149779	
承德交通局承朝高速路 Chengde Section of Chende-Chaoyang Expressway	551131	383950	212300	
承德交通局承唐高速路 Chengde Section of Chengde-Tangshan Expressway	625956	482785	250700	
承德市交通局承秦高速路 Chengde Section of Chengde-Qinhuangdao Expressway	878951	101982	101982	
承德市棚户区改建工作指挥部承德市城市棚户区改造工程 Reconstruction of Shanty Town, Chengde	159336	86650	86650	
承德市滨河新城起步区基础设施工程筹建处新建滨河新城起步区防洪及水环境工程 Project of Flood Control and Water System Training, Binhexincheng, Chengde	220000	27800	27800	
河北钢铁集团承钢公司承德钒钛制品基地项目 Base of Vanadium and Titanium Products, Chengde Iron and Steel Company, Hebei Iron and Steel Group	1466600	738428	258500	
隆基泰和实业有限公司承德隆基泰和国际广场 Longjitaihe International Plaza, Chengde	240000	40000	40000	
隆化县丽水环保工程有限公司尾矿沙综合治理 Integrated Utilization of Mine Tails, Lishui Co. Ltd. of Environment Protection Works, Longhua County	580000	64056	26508	
大唐国际开发有限公司蓝丰地方铁路项目 Zhenlanqi-fengning Local Railway, by Datang International Development Co., Ltd.	225904	141000	61000	
丰宁县地方铁路筹建处虎丰地方铁路二期项目 Second Stage of Hushiha-Fengning Local Railway, Fengning Local Railway Agency	101212	95500	42000	
遵小地方铁路有限责任公司修铁路 Zunhua-Xiaosigou Local Railway, Zunxiao Local Railway Co., Ltd.	100000	58700	28700	
围场县项目办龙源建投风电建设项目 Longyuan Jiantou Wind Power Generation Project, Weichang	100000	100000	16000	16000
河北建投新能源有限公司御道口风能分公司承德围场御道口牧场150MW风电场 150-MW Wind Power Generation Project, Yudaokou Pasture, Weichang, Chengde	150000	35000	35000	35000
沧州渤海港务有限公司黄骅港综合港区通用散杂货码头工程 General Cargo Dock, General Area, Huanghua Port	128445	48551	48551	
沧州渤海港务有限公司黄骅港综合港区航道南侧围堰工程 South Cofferdam of the Sea-route of General Area, Huanghua Port	120000	108534	108534	
沧州中铁装备制造材料有限公司20万吨/年焦炉气制甲醇 200,000 Ton Production Line of Methanol by Coke Oven Gasification, Cangzhou Zhongtie Iron and Steel Co., Ltd.	130770	116901	116901	
沧州中铁装备制造材料有限公司原料厂工程 Material Plant of Cangzhou Zhongtie Iron and Steel Co., Ltd.	140234	129929	129929	
沧州中铁装备制造材料有限公司1780mm热连轧生产线 1780-mm Hot-continuous-rolling Production Line, Cangzhou Zhongtie Iron and Steel Co., Ltd.	350000	191479	191479	
河北国华沧东发电有限责任公司黄骅发电厂二期工程 Second Stage of Huanghua Power Plant, Guohua Cangdong Power Co., Ltd., Hebei	441898	394615	73215	

总投资10亿元以上城镇建设项目主要经济指标（2009年）(续九)

Major Economic Indicators of Investment Over One Thousand Million under Construction (2009)

单位：万元　　　　(10000 yuan)

建设单位及建设项目 Unit Names	计划总投资 Total Investment Planed	累计完成投资 Accumulative Investment Actually Completed	#本年完成 This Year	累计新增固定资产 Accumulative Newly Increased Fixed Assets
中钢集团滨海实业有限公司年产8万吨镍铁项目 80,000 Ton Production Line of Ferronickel, Binhai Industrial Co., Ltd., Sinosteel Corporation	128311	77518	300	
达利普特型装备制造有限公司沧州渤海新区特型铸锻项目 Casting and Forging Production Line of Special Shaped Products, Dalipute Special Equipment Co., Ltd., Bohaixinqiu District, Cangzhou	106000	39226	385	
河北渤海投资有限公司渤海新区土地整理项目 Groundwork Project of Bohai Xinqu District	243240	131920	54820	
沧州渤海港务有限公司黄骅港综合港区通用散货码头起步工程 Zero-Stage of General Cargo Dock, General Area, Huanghua Port	183557	77879	77879	
河北鑫泉焦化有限公司二期扩改项目 Extension and Upgrading Project of Xinquan Coking Co., Ltd., Hebei	164000	66300	9500	
河北沧州大化集团有限责任公司5万吨TDI项目 50,000 Ton Production Line of TDI, Cangzhou Dahua Corp., Ltd., Hebei	123000	125927	11930	125927
河北长丰钢管制造集团有限公司风力发电设备生产项目 Production Line of Wind Power Equipment, Changfeng Steel Tube Co., Ltd., Hebei	132000	80250	80250	
河北鑫源泰钢管集团有限公司大口径螺旋埋弧焊钢管生产线项目 Production Line of Heavycalibre Submerged Arc Welding Pipe, Xinyuantai Steel Pipe Corp., Ltd., Hebei	100871	3500	3500	
河北中孟管业制造有限公司超高压、高压无缝管件生产线、大型基础建设 Infrastructure Project and Production lion of Super-high-pressure and High-pressure Seamless Pipe Fitting, Zhongmeng Pipe Fitting Co., Ltd., Hebei	147187	46323	23873	
沧州市交通局廊沧高速公路沧州段 Cangzhou Section of Langfang-Cangzhou Expressway	399352	179000	95993	
沧州市交通局沿海高速公路沧州段 Cangzhou Section of Coastal Expressway	527046	165800	85100	
黄骅市交通局渤海新区黄骅新城道路起步工程 Zero-Stage of Road Construction, Huanghuaxincheng, Bohaixinqu District, Huanghua	261700	82612	82612	
富士康精密电子(廊坊)有限公司富士康科技园一期工程 First-stage of Foxconn Science and Technology Park, Langfang	208000	208000	18066	11783
廊坊市交通局廊沧高速公路廊坊段 Langfang Section of Langfang-Cangzhou Expressway	717398	255229	255229	
廊坊市建设投资公司周各庄拆迁改造项目 Removal and Reconstruction Project of Zhougezhuang, Langfang	275653	6200	6200	
香河经纬家具材料装饰城 Jingwei Furniture and Decorative Materials Market, Xianghe	200000	240000	44587	44587
文安东都再生资源环保产业基地管理有限公司建造再生资源车间购买设备 Equipment Purchasing for Resource Recycling Workshop, Dongdu Management Company of Resource Recycling and Environment Protection Base	135000	56090	11340	
胜芳镇政府胜芳古镇恢复工程 Reconversion Project of Shengfang Ancient Town, Shengfang, Langfang	100000	51000	21000	
中国电力科学研究院实验基地项目 Experimental Base of China Electric Power Research Institute	108000	23000	23000	
河北京通物流开发有限公司胜芳国际物流中心 Shengfang International Logistics Center, Jingtong Logistics Development Co., Ltd., Hebei	134053	20000	20000	
三河市交通局密涿支线102高速公路 Sanhe Section of G102 Expressway	225000	62347	62347	
三河市燕郊空港物流有限公司中航集团物流中心项目 Logistics Center of China Aviation Holding Company, by Yanjiao Airport Logistics Co., Ltd., Sanhe	179939	18952	18952	
河北三河燕达实业集团有限公司中法燕达医院设备购置 Equipment Purchasing for China-France Yanda Hospital, Yanda Industrial Corp,. Ltd., Sanhe	100000	60000	60000	
成功(中国)大广场有限公司成功中国大广场休闲娱乐中心 Recreation Center of Chenggong Grand Plaza	278177	22582	3994	
三河中兴发展有限公司中兴北方产业基地 Zhongxing Beifang Industrial Base, Sanhe	165000	90000	23000	
河北三河燕达实业集团有限公司中法燕达医院 China-France Yanda Hospital, Yanda Industrial Corp,. Ltd., Sanhe, Hebei	300000	300000	185300	300000
武强县政府农业开发办公室北大洼十万亩生态示范基地 100,000-mu Experimental Eco-friendly Agricultural Base, Beidawa, Wuqiang	112860	2113	2113	

农村个人固定资产投资和建房

Individual Investment in Fixed Assets and Building Construction in Rural Areas

年份 Year	投资总额 (万元) Total Investment (10000 yuan)	竣工房屋投资 (万元) Investment in Buildings Completed (10000 yuan)	#住宅 Residential Building	竣工房屋建筑面积 (万平方米) Floor Space of Building Completed (10000 sq.m)	#住宅 Residential Building	竣工房屋造价 (元/平方米) Cost of Building Completed (yuan/sq.m)	#住宅 Residential Building
1985	298000	195642	182533	4501	4180	44	44
1986	359822	260767	245397	5210	4920	50	50
1987	398281	291036	273402	4814	4519	61	61
1988	499057	369514	319109	4556	3962	81	81
1989	541861	409349	349993	4172	3569	98	98
1990	429344	300279	294392	2657	2605	113	113
1991	766958	582594	550727	5206	4996	112	110
1992	546134	401504	375097	3599	3493	112	107
1993	630000	475398	428400	3087	2898	154	148
1994	939969	569168	438813	2357	1915	190	182
1995	1327776	763276	633945	2742	2301	278	275
1996	1435517	803518	650362	2690	1959	299	332
1997	1905761	1101954	929314	3210	2716	343	342
1998	1924263	1358974	1358974	3475	3475	391	391
1999	1756132	1418346	1163256	3887	3613	365	322
2000	1916841	1613181	1178865	4370	4044	369	292
2001	2086309	1321156	1370608	3978	3892	332	352
2002	2050000	1174363	1110486	3693	3402	318	326
2003	1994491	1203077	1100113	3660	3348	329	329
2004	2166460	1187529	1092411	3424	3146	347	347
2005	2374485	1250815	1197039	3879	3588	322	334
2006	2935796	1697233	1607621	3945	3700	430	434
2007	3219779	2222333	2039699	4385	3990	507	511
2008	3956398	2223572	2106120	4014	3683	554	572
2009	3934497	2627023	2404306	4450	4134	590	582

农村非农户建设项目固定资产投资

Investment in Capital Construction Projects in Rural Area

指　　标	Item	2006	2007	2008	2009
投资总额(万元)	**Total Investment (10000 yuan)**	**7734309**	**8723906**	**10071465**	**13998564**
#住 宅	Residential Building	234955	217688	323456	435916
按隶属关系分	**Grouped by Administrative**				
中 央	Center		4600		42626
地 方	Local	7734309	8719306	10071465	13955938
按产业分	**Grouped by Three Strata of Industry**				
第一产业	Primary Industry	738975	771884	1068902	1813938
第二产业	Secondary Industry	5282687	6083354	6751568	8770980
第三产业	Tertiary Industry	1712647	1868668	2250995	3413646
按登记注册类型分	**Grouped by Registration Status**				
内 资	Domestic Funds	7632715	8631823	9964039	13915787
集　体	Collective-Owned Units	1402085	1586651	1909086	2873677
股份合作	Share-holding	70545	58080	63528	62718
联　营	Joint	52404	47980	35982	101203
集体联营	Collective-Owned	9164	7840	25981	29436
国有与集体联营	State-Owned and Collective-Owned	2410	300	3050	2890
其他联营	Others	40830	39840	6951	66032
有限责任公司	Limited Liability Corporations	868391	1209561	1249389	1703241
其他有限责任公司	Others	868391	1209561	1249389	1703241
股份有限公司	Share-Holding Corporations Ltd	481212	540208	372908	553603
私　营	Private	4133892	4698388	5712149	7906662
其　他	Others	624186	490955	620997	714683
港、澳、台商投资企业	Funds from Hong Kong, Macao and Taiwan	30383	37920	78813	40342
外商投资	Foreign Funded Economic	71211	54163	28613	42435
按主要行业分	**Grouped by Major Sector**				
能源工业	Energy	227537	285834	358954	388110
交通运输	Transport	341364	343861	423839	639177
教　育	Education	57792	80466	61692	98198
科学研究	Scientific Research	26952	2319	10500	4280
按资金来源分	**Grouped by Sources of Funds**				
国家预算内资金	State Budget	32017	35477	43166	128021
国内贷款	Domestic Loans	246918	260644	187651	436018
债　券	Bonds		2500	420	762
利用外资	Foreign Investment	29995	27193	28495	36368
自筹资金	Self-raising Funds	6799029	8007394	9242938	13000607
其他资金	Others	833878	605644	654516	821816
本年新增固定资产(万元)	**Newly Increased Fixed Assets (10000 yuan)**	**5888944**	**6859427**	**8620421**	**12001421**
固定资产交付使用率(%)	**Rate of Prefects of Fixed Assets Completed Put into Operation (%)**	**76.1**	**78.6**	**85.6**	**85.7**
房屋建筑面积(万平方米)	**Floor Space of Building (10000 sq.m)**				
施工面积	Floor Space under Construction	1336.74	1503.56	1675.46	2569.46
#住 宅	Residential Building	211.60	173.18	272.53	486.84
竣工面积	Floor Space Completed	885.02	1021.96	1142.46	1720.16
#住 宅	Residential Building	113.52	90.12	202.90	258.97
竣工房屋价值(万元)	Value of building Completed (10000 yuan)	851886	986421	1355205	2067648
#住 宅	Residential Building	128908	114117	234852	275003

农村非农户建设项目分行业固定资产投资（2009年）

单位：万元

行　　业	Item	投资总额 Total Investment
全省总计	**Total**	**13998564**
农、林、牧、渔业	**Agriculture, Forestry, Animal Husbandry and Fishery**	**1813938**
农　业	Farming	422324
林　业	Forestry	136955
畜牧业	Animal Husbandry	776792
渔　业	Fishery	100115
农、林、牧、渔服务业	Services in Support of Agriculture	377752
采矿业	**Mining**	**763255**
煤炭开采和洗选业	Mining and Washing of Coal	79187
石油和天然气开采业	Extraction of Petroleum and Natural Gas	
黑色金属矿采选业	Mining of Ferrous Metal Ores	422850
有色金属矿采选业	Mining of Non-ferrous Metal Ores	32207
非金属矿采选业	Mining and Processing of Nonmetal Ores	226933
其他采矿业	Mining of others Ores	2078
制造业	**Manufacturing**	**7637056**
农副食品加工业	Processing of Food from Agricultural Products	467239
食品制造业	Manufacture of Foods	139948
饮料制造业	Manufacture of Beverage	130684
烟草制品业	Manufacture of Tobacco	
纺织业	Manufacture of Textile	384608
纺织服装、鞋、帽制造业	Manufacture of Textile Wearing Apparel, Footwear, and Caps	147230
皮革、毛皮、羽绒及其制品业	Manufacture of Leather, Fur, Feather & Its Products	141339
木材加工及竹、藤、棕、草制品业	Processing of Timbers, Manufacture of Wood, Bamboo, Rattan, Palm, and Straw Products	67751
家具制造业	Manufacture of Furniture	89224
造纸及纸制品业	Manufacture of Paper and Paper Products	117397
印刷业和记录媒介的复制	Printing, Reproduction of Recording Media	178564
文教体育用品制造业	Manufacture of Articles For Culture, Education and Sport Activities	31382
石油加工、炼焦及核燃料加工业	Processing of Petroleum, Coking, Processing of Nuclear Fuel	132032
化学原料及化学制品制造业	Manufacture of Raw Chemical Materials and Chemical Products	495924
医药制造业	Manufacture of Medicines	26914
化学纤维制造业	Manufacture of Chemical Fibers	21560
橡胶制品业	Manufacture of Rubber	206364
塑料制品业	Manufacture of Plastics	283820
非金属矿物制品业	Manufacture of Non-metallic Mineral Products	923209
黑色金属冶炼及压延加工业	Manufacture and Processing of Ferrous Metals	495121
有色金属冶炼及压延加工业	Manufacture & Processing of Non-ferrous Metals	54285
金属制品业	Manufacture of Metal Products	806292
通用设备制造业	Manufacture of General Purpose Machinery	952351
专用设备制造业	Manufacture of Special Purpose Machinery	329175
交通运输设备制造业	Manufacture of Transport Equipment	429900
电气机械及器材制造业	Manufacture of Electrical Machinery & Equipment	409467
通信设备、计算机及其他电子设备制造业	Manufacture of Communication Equipment, Computer and Other Electronic Equipment	88005
仪器仪表及文化、办公用机械制造业	Manufacture of Measuring Instrument and Machinery for Cultural Activity & Office Work	37281
工艺品及其他制造业	Manufacture of Artwork, Other Manufacture	34245
废弃资源和废旧材料回收加工业	Recycling and Disposal of Waste	15745
电力、燃气及水的生产和供应业	**Production and Distribution of Electricity, Gas and Water**	**319989**
电力、热力的生产和供应业	Production and Supply of Electric Power and Heat Power	151758
燃气生产和供应业	Production and Distribution of Gas	25133
水的生产和供应业	Production and Distribution of Water	143098
建筑业	**Construction**	**50680**
房屋和土木工程建筑业	Construction of Building & Civil Engineering	34795

Investment in Capital Construction Projects in Rural Area by Sector (2009)

(10000 yuan)

按建设性质分 by Type of Construction			按构成分 by Composition of Funds		
#新建 New Construction	#扩建 Expansion	#改建和技术改造 Reconstruction	#建筑工程 Construction	#安装工程 Installation	#设备工器具购置 Purchase of Equipment and Instruments
6687792	**4645839**	**2159044**	**6338016**	**851011**	**5172668**
1048178	**516267**	**199794**	**909923**	**105549**	**393504**
242735	85193	76556	262094	17113	56560
82039	39681	13240	59338	1922	8293
522272	212128	38854	390837	46641	173321
38859	49536	120	49297	4759	35536
162273	129729	71024	148357	35114	119794
326701	**215412**	**205967**	**256719**	**49226**	**369510**
31725	14340	33122	29554	4152	36161
164343	127428	123904	160130	28207	178735
7046	13673	11050	9036	2030	16976
122394	59086	37891	56736	14697	137103
1193	885		1263	140	535
3071904	**3116757**	**1128210**	**2676338**	**474348**	**3837179**
235562	158063	62610	177892	30161	200106
69254	62311	6703	53673	9118	58371
62052	53959	11698	44510	8939	67539
153930	158006	54222	121246	31457	184908
84889	29867	22810	36807	9603	73643
70635	52493	15257	86089	8694	39416
30142	28429	8685	19309	2616	39893
25474	57615	5665	30005	3835	45641
39544	51852	16585	35386	5228	69636
25582	118535	9914	70846	7870	90714
12090	13848	3354	10036	2739	15796
55420	36001	33811	53621	9079	62001
221835	150867	104154	139506	38243	267311
10437	11730	4497	9040	1082	12777
5230	8950	7380	7568	1079	9090
90165	67725	24571	76531	9971	100672
68961	161521	41458	90659	24594	139984
394409	288014	212751	342141	72011	436152
113305	253137	121184	129478	41162	287077
37959	6060	7411	26283	2506	23524
319064	344662	115771	270113	41236	434478
354771	440175	112386	343048	49470	491007
127448	138505	36185	146068	14624	154884
188046	187526	44816	155295	14411	216667
225719	140952	26697	147702	21646	221325
20725	60560	3560	25880	6097	48262
10940	21396	4880	12125	3642	18695
10967	11478	7935	11836	2279	17980
7349	2520	1260	3645	956	9630
177251	**67821**	**56222**	**120395**	**35107**	**126094**
93233	20844	37681	39462	11024	90833
13344	8502	2807	11772	5209	5798
70674	38475	15734	69161	18874	29463
27390	**6166**	**9639**	**26141**	**1790**	**15142**
20500	2076	7639	20591	715	7852

农村非农户建设项目分行业固定资产投资（2009年)(续)

单位：万元

行业	Item	投资总额 Total Investment
建筑安装业	Architectural Installation	5530
建筑装饰业	Architectural Decoration	1015
其他建筑业	Other Construction	9340
交通运输、仓储和邮政业	**Traffic, Transport, Storage and Post**	**750000**
铁路运输业	Transport Via Railway	
道路运输业	Transport Via Road	572847
城市公共交通业	Urban Public Traffic	
水上运输业	Water Transport	5100
装卸搬运和其他运输服务业	Loading, Unloading, Portage and Other Transport Services	55150
仓储业	Storage	108823
信息传输、计算机服务和软件业	**Information Transmission, Computer Services and Software**	**11395**
电信和其他信息传输服务业	Telecom & Other Information Transmission Services	9810
批发和零售业	**Wholesale and Retail Trades**	**620166**
批发业	Wholesale Trade	329976
零售业	Retail Trade	290190
住宿和餐饮业	**Hotels and Catering Services**	**75805**
住宿业	Hotels	35160
餐饮业	Catering Services	40645
金融业	**Financial Intermediation**	**790**
银行业	Bank	790
其他金融活动	Other Financial Activities	
房地产业	**Real Estate**	**714077**
房地产业	Real Estate	714077
租赁和商务服务业	**Leasing and Business Services**	**31550**
租赁业	Leasing	4650
商务服务业	Business Services	26900
科学研究、技术服务和地质勘查业	**Scientific Research,Technical Service and Geologic Prospecting**	**27003**
研究与试验发展	Research and Experimental Development	4280
专业技术服务业	Professional Technical Services	13261
科技交流和推广服务业	Services of Science and Technology Exchanges and Promotion	6352
地质勘查业	Geologic Prospecting	3110
水利、环境和公共设施管理业	**Management of Water Conservancy, Environment and Public Facilities**	**533537**
水利管理业	Management of Water Conservancy	85013
环境管理业	Environmental Management	50770
公共设施管理业	Management of Public Facilities	397754
居民服务和其他服务业	**Services to Households and Other Services**	**147069**
居民服务业	Services to Households	122640
其他服务业	Other Services	24429
教　育	**Education**	**98198**
教　育	Education	98198
卫生、社会保障和社会福利业	**Health, Social Security and Social Welfare**	**75074**
卫　生	Health	49369
社会福利业	Social Welfare	23955
文化、体育和娱乐业	**Culture, Sports and Entertainment**	**114571**
广播、电视、电影和音像业	Broadcasting, Movies, Televisions and Audiovisual Activities	8700
文化艺术业	Cultural and Art Activities	34852
体　育	Sports Activities	4513
娱乐业	Entertainment	66506
公共管理和社会组织	**Public Management and Social Organization**	**214411**
国家机构	Government Agencies	33957
群众团体、社会团体和宗教组织	Non-Governmental Organizations, Social Organizations and Religion Organizations	5430
基层群众自治组织	Grass Roots Self-governing Organizations	175024

Investment in Capital Construction Projects in Rural Area by Sector (2009)

(10000 yuan)

按建设性质分 by Type of Construction			按构成分 by Composition of Funds		
#新建 New Construction	#扩建 Expansion	#改建和技术改造 Reconstruction	#建筑工程 Construction	#安装工程 Installation	#设备工器具购置 Purchase of Equipment and Instruments
1700	930		2180	550	1150
1010			510	125	380
4180	3160	2000	2860	400	5760
384610	**174035**	**153730**	**505094**	**22286**	**130167**
277045	118927	144470	434756	11975	67422
300			300		4800
46930	7220	1000	19280	3130	14340
60335	43988	4080	48548	5546	40650
6265	**3550**	**1580**	**4101**	**733**	**5767**
6130	2820	860	3506	450	5189
358148	**187867**	**67705**	**345943**	**49436**	**140107**
179352	119241	28387	155112	29418	109434
178796	68626	39318	190831	20018	30673
36168	**26197**	**11940**	**48425**	**5717**	**11453**
20360	11640	3160	20000	3145	8210
15808	14557	8780	28425	2572	3243
450	**190**	**150**	**420**		**270**
450	190	150	420		270
544006	**76399**	**70283**	**614108**	**21954**	**21262**
544006	76399	70283	614108	21954	21262
18590	**9910**	**400**	**13420**	**4320**	**8410**
700	3950		1570	350	1590
17890	5960	400	11850	3970	6820
8663	**15780**	**160**	**9768**	**3860**	**8655**
4280			1050	3000	230
1400	11701	160	3501	450	6300
2123	1829		3927	230	1380
860	2250		1290	180	745
298343	**94680**	**136289**	**371003**	**29749**	**38656**
50980	12320	20818	39875	4761	7983
34582	6310	8958	33227	4550	7400
212781	76050	106513	297901	20438	23273
113650	**19060**	**11631**	**111290**	**12535**	**9818**
94041	17450	8421	97635	9510	6726
19609	1610	3210	13655	3025	3092
44630	**40926**	**9756**	**67147**	**5749**	**12349**
44630	40926	9756	67147	5749	12349
20772	**38413**	**8123**	**46078**	**5358**	**13713**
7317	33043	7193	28061	4513	11873
11955	5120	930	16477	835	1760
68299	**15340**	**30136**	**60050**	**4230**	**12138**
		8700	2150	850	3100
21659	6981	5866	27933	1637	2296
4293	220		2430	285	455
42347	8139	15570	27537	1458	6287
133774	**21069**	**57329**	**151653**	**19064**	**18474**
24755	3539	5583	23192	3132	4514
2670	490	1790	3790	136	170
106349	17040	49956	124671	15796	13790

分行业农村非农户建设项目施工、投产项目个数和新增固定资产（2009年）

行业	Item	施工项目个数（个）Number of Projects under Construction (unit)
全省总计	**Total**	**14187**
农、林、牧、渔业	**Agriculture, Forestry, Animal Husbandry and Fishery**	**3006**
农业	Farming	569
林业	Forestry	268
畜牧业	Animal Husbandry	1363
渔业	Fishery	110
农、林、牧、渔服务业	Services in Support of Agriculture	696
采矿业	**Mining**	**738**
煤炭开采和洗选业	Mining and Washing of Coal	58
石油和天然气开采业	Extraction of Petroleum and Natural Gas	
黑色金属矿采选业	Mining and Processing of Ferrous Metal Ores	360
有色金属矿采选业	Mining and Processing of Non-Ferrous Metal Ores	36
非金属矿采选业	Mining and Processing of Nonmetal Ores	279
其他采矿业	Mining of Other Ores	5
制造业	**Manufacturing**	**5708**
农副食品加工业	Processing of Food from Agricultural Products	461
食品制造业	Manufacture of Foods	167
饮料制造业	Manufacture of Beverages	103
纺织业	Manufacture of Textile	408
纺织服装、鞋、帽制造业	Manufacture of Textile Wearing Apparel, Footwear and Caps	157
皮革、毛皮、羽绒及其制品业	Manufacture of Leather, Fur, Feather and Related Products	160
木材加工及竹、藤、棕、草制品业	Processing of Timber, Manufacture of Wood, Bamboo, Rattan, Palm and Straw Products	100
家具制造业	Manufacture of Furniture	100
造纸及纸制品业	Manufacture of Paper and Paper Products	119
印刷业和记录媒介的复制	Printing, Reproduction of Recording Media	90
文教体育用品制造业	Manufacture of Articles For Culture, Education and Sport Activities	38
石油加工、炼焦业及核燃料加工业	Processing of Petroleum, Coking, Processing of Nuclear Fuel	53
化学原料及化学制品制造业	Manufacture of Raw Chemical Materials and Chemical Products	318
医药制造业	Manufacture of Medicines	29
化学纤维制造业	Manufacture of Chemical Fibers	13
橡胶制品业	Manufacture of Rubber	129
塑料制品业	Manufacture of Plastics	263
非金属矿物制品业	Manufacture of Non-metallic Mineral Products	748
黑色金属冶炼及压延加工业	Smelting and Pressing of Ferrous Metals	134
有色金属冶炼及压延加工业	Smelting and Pressing of Non-ferrous Metals	39
金属制品业	Manufacture of Metal Products	565
通用设备制造业	Manufacture of General Purpose Machinery	688
专用设备制造业	Manufacture of Special Purpose Machinery	215
交通运输设备制造业	Manufacture of Transport Equipment	238
电气机械及器材制造业	Manufacture of Electrical Machinery and Equipment	227
通信设备、计算机及其他电子设备制造业	Manufacture of Communication Equipment, Computers and Other Electronic Equipment	52
仪器仪表及文化、办公用机械制造业	Manufacture of Measuring Instruments and Machinery for Cultural Activity and Office Work	27
工艺品及其他制造业	Manufacture of Artwork and Other Manufacturing	45
废弃资源和废旧材料回收加工业	Recycling and Disposal of Waste	22
电力、燃气及水的生产和供应业	**Production and Supply of Electricity, Gas and Water**	**351**
电力、热力的生产和供应业	Production and Supply of Electric Power and Heat Power	47
燃气生产和供应业	Production and Supply of Gas	43
水的生产和供应业	Production and Supply of Water	261
建筑业	**Construction**	**57**
房屋和土木工程建筑业	Construction of Buildings and Civil Engineering	35

Number of Capital Construction Projects in Rural Area under Construction and Put into Use and Newly Increased Fixed Assets by Sector (2009)

本年投产项目个数 (个) Completed Projects (unit)	建设项目投产率 (%) Rate of Construction Projects Completed and Put into Use (%)	本年完成投资 (万元) Investment Completed This year (10000 yuan)	本年新增固定资产 (万元) Newly Increased Fixed Assets (10000 yuan)	固定资产交付使用率 (%) Rate of Projects of Fixed Assets Completed and Put into Use (%)
12023	**84.75**	**13998564**	**12001421**	**85.73**
2518	**83.77**	**1813938**	**1635761**	**90.18**
461	81.02	422324	362606	85.86
195	72.76	136955	121655	88.83
1136	83.35	776792	694806	89.45
93	84.55	100115	91780	91.67
633	90.95	377752	364914	96.60
599	**81.17**	**763255**	**672233**	**88.07**
42	72.41	79187	57551	72.68
298	82.78	422850	380318	89.94
31	86.11	32207	29057	90.22
224	80.29	226933	203229	89.55
4	80.00	2078	2078	100.00
4857	**85.09**	**7637056**	**6528422**	**85.48**
389	84.38	467239	396074	84.77
142	85.03	139948	131202	93.75
75	72.82	130684	101700	77.82
366	89.71	384608	344100	89.47
145	92.36	147230	136286	92.57
139	86.88	141339	148516	105.08
91	91.00	67751	65852	97.20
90	90.00	89224	85564	95.90
108	90.76	117397	123636	105.31
86	95.56	178564	169831	95.11
34	89.47	31382	28352	90.34
47	88.68	132032	95932	72.66
264	83.02	495924	471556	95.09
22	75.86	26914	21557	80.10
11	84.62	21560	19110	88.64
100	77.52	206364	161398	78.21
220	83.65	283820	295063	103.96
646	86.36	923209	806049	87.31
103	76.87	495121	324714	65.58
26	66.67	54285	30372	55.95
476	84.25	806292	643332	79.79
586	85.17	952351	851577	89.42
175	81.40	329175	262139	79.64
193	81.09	429900	333760	77.64
198	87.22	409467	328259	80.17
43	82.69	88005	67885	77.14
24	88.89	37281	36004	96.57
40	88.89	34245	35457	103.54
18	81.82	15745	13145	83.49
306	**87.18**	**319989**	**240948**	**75.30**
36	76.60	151758	96395	63.52
41	95.35	25133	20405	81.19
229	87.74	143098	124148	86.76
47	**82.46**	**50680**	**47994**	**94.70**
28	80.00	34795	32019	92.02

分行业农村非农户建设项目施工、投产项目个数和新增固定资产 (2009年)(续)

行　　业	Item	施工项目个数 (个) Number of Projects under Construction (unit)
建筑安装业	Building Installation	7
建筑装饰业	Building Decoration	4
其他建筑业	Other Construction	11
交通运输、仓储和邮政业	**Transport, Storage and Post**	**1375**
铁路运输业	Railway Transport	
道路运输业	Road Transport	1252
城市公共交通业	Urban Public Transport	
水上运输业	Water Transport	1
装卸搬运和其他运输服务业	Loading, Unloading and Other Transport Services	13
仓储业	Storage	94
信息传输、计算机服务和软件业	**Information Transmission, Computer Services and Software**	**21**
电信和其他信息传输服务业	Telecommunications and Other Information Transmission Services	17
批发和零售业	**Wholesale and Retail Trades**	**605**
批发业	Wholesale Trade	320
零售业	Retail Trade	285
住宿和餐饮业	**Hotels and Catering Services**	**100**
住宿业	Hotels	37
餐饮业	Catering Services	63
金融业	**Financial Intermediation**	**4**
银行业	Bank	4
其他金融活动	Other Financial Activities	
房地产业	**Real Estate**	**480**
房地产业	Real Estate	480
租赁和商务服务业	**Leasing and Business Services**	**21**
租赁业	Leasing	4
商务服务业	Business Services	17
科学研究、技术服务和地质勘查业	**Scientific Research,Technical Service and Geologic Prospecting**	**23**
研究与试验发展	Research and Experimental Development	3
专业技术服务业	Professional Technical Services	9
科技交流和推广服务业	Services of Science and Technology Exchanges and Promotion	7
地质勘查业	Geologic Prospecting	4
水利、环境和公共设施管理业	**Management of Water Conservancy, Environment and Public Facilities**	**738**
水利管理业	Management of Water Conservancy	154
环境管理业	Environmental Management	95
公共设施管理业	Management of Public Facilities	489
居民服务和其他服务业	**Services to Households and Other Services**	**153**
居民服务业	Services to Households	122
其他服务业	Other Services	31
教　育	**Education**	**212**
教　育	Education	212
卫生、社会保障和社会福利业	**Health, Social Security and Social Welfare**	**121**
卫　生	Health	95
社会福利业	Social Welfare	22
文化、体育和娱乐业	**Culture, Sports and Entertainment**	**138**
广播、电视、电影和音像业	Broadcasting, Movies, Televisions and Audiovisual Activities	2
文化艺术业	Cultural and Art Activities	68
体　育	Sports Activities	8
娱乐业	Entertainment	60
公共管理和社会组织	**Public Management and Social Organization**	**336**
国家机构	Government Agencies	97
群众团体、社会团体和宗教组织	Non-Governmental Organizations, Social Organizations and Religion Organizations	7
基层群众自治组织	Grass Roots Self-governing Organizations	232

Number of Capital Construction Projects in Urban Area under Construction and Put into Use and Newly Increased Fixed Assets by Sector (2009)

本年投产项目个数 (个) Completed Projects (unit)	建设项目投产率 (%) Rate of Construction Projects Completed and Put into Use (%)	本年完成投资 (万元) Investment Completed This year (10000 yuan)	本年新增固定资产 (万元) Newly Increased Fixed Assets (10000 yuan)	固定资产交付使用率 (%) Rate of Projects of Fixed Assets Completed and Put into Use (%)
6	85.71	5530	5620	101.63
3	75.00	1015	1015	100.00
10	90.91	9340	9340	100.00
1249	90.84	**750000**	**683674**	91.16
1144	91.37	572847	540194	94.30
		5100	4800	94.12
10	76.92	55150	35750	64.82
80	85.11	108823	94850	87.16
20	95.24	**11395**	**10035**	88.06
16	94.12	9810	8450	86.14
506	83.64	**620166**	**485973**	78.36
275	85.94	329976	257056	77.90
231	81.05	290190	228917	78.89
90	90.00	**75805**	**73355**	96.77
33	89.19	35160	37320	106.14
57	90.48	40645	36035	88.66
4	100.00	**790**	**825**	104.43
4	100.00	790	825	104.43
309	64.38	**714077**	**514130**	72.00
309	64.38	714077	514130	72.00
16	76.19	**31550**	**21750**	68.94
3	75.00	4650	4710	101.29
13	76.47	26900	17040	63.35
18	78.26	**27003**	**25073**	92.85
1	33.33	4280	3000	70.09
8	88.89	13261	12611	95.10
7	100.00	6352	6352	100.00
2	50.00	3110	3110	100.00
638	86.45	**533537**	**469538**	88.00
141	91.56	85013	75436	88.73
87	91.58	50770	55139	108.61
410	83.84	397754	338963	85.22
145	94.77	**147069**	**144583**	98.31
116	95.08	122640	122049	99.52
29	93.55	24429	22534	92.24
188	88.68	**98198**	**94079**	95.81
188	88.68	98198	94079	95.81
104	85.95	**75074**	**64494**	85.91
85	89.47	49369	46114	93.41
18	81.82	23955	18130	75.68
107	77.54	**114571**	**89630**	78.23
1	50.00	8700	2560	29.43
56	82.35	34852	32331	92.77
5	62.50	4513	2890	64.04
45	75.00	66506	51849	77.96
302	89.88	**214411**	**198924**	92.78
87	89.69	33957	32355	95.28
6	85.71	5430	4940	90.98
209	90.09	175024	161629	92.35

农村非农户建设项目新增主要产品生产能力（2009年）

Newly Increased Production Capacity through Capital Construction Projects in Rural Area (2009)

能力(效益)名称	Item	新增生产能力 Newly Increased Production Capacity
石油加工：蒸馏设备能力(处理万吨/年)	Petroleum Processing: Distillation Equipment (10000 tons/year)	40
加氢精制设备能力(处理万吨/年)	Hydrotreating Equipment(10000 tons/year)	15
铁矿开采(原矿)(万吨/年)	Iron Ore Mining (10000 tons/year)	315
铁矿选矿处理原矿量(万吨/年)	Mineral Processing (10000 tons/year)	77
铁矿石成品矿(万吨/年)	Product of Iron-Ore (10000 tons/year)	312.55
生铁(万吨/年)	Pig Iron(10000 tons/year)	74
粗钢(万吨/年)	Pig Iron (10000 tons/year)	50
铁合金(折标吨/年)	Crude Steel (10000 tons/year)	30
热轧钢材(万吨/年)	Hot Rolling Steel Products (10000 tons/year)	73.3
冷轧(拔)钢材(万吨/年)	Cool Rolling Steel Products (10000 tons/year)	142.96
锻压、挤压、旋压钢材(万吨/年)	Coated Steel Product (10000 tons/year)	212
铅锌选矿：锌含量(吨/年)	Zinc Content (ton/year)	1000
其他发电（万千瓦）	Other Power (10000 kw)	9
水泥(万吨/年)	Cement(10000 tons/year)	583
平板玻璃(万重量箱/年)	Nitrogen Fertilizers(10000 Weight Case/year)	50
石墨及炭素制品(吨/年)	Graphite and Carbon Product (ton/year)	6600
氮肥(吨/年)	Nitrogen Fertilizers (ton/year)	14100
化学农药原药(吨/年)	Chemical Medicine (ton/year)	1550
精甲醇（吨/年）	Fine Methanol(ton/year)	9
塑料树脂及共聚物(吨/年)	Plastic Colophony and Polymer (ton/year)	1050
合成橡胶(吨/年)	Synthetic Rubber (ton/year)	1800
轮胎内胎(万条/年)	Tyre Tube (10000 units/year)	11
化学纤维(吨/年)	Chemical Fibre (ton/year)	100
棉纺锭(锭)	Cotton Spindles (unit)	81960
白酒(万吨/年)	Distilled Spirit (10000 tons/year)	0.29
其他酒(吨/年)	Other Alcohols (ton/year)	1.91
机制纸浆(吨/年)	Machine-made Paper Pulp (ton/year)	0.3
新建公路(公里)	Length of New Highways (km)	78.5
二级公路	Second Class Highway	19
改建公路(公里)	Length of reconstructed Highways (km)	490.42
二级公路	Second Class Highway	73
新(扩)建公路客、货运站(个)	Newly-Built or Extended Passenger Station and Freight Station (unit)	3
新(扩)建公路客、货运站(平方米)	Newly-Built or Extended Passenger Station and Freight Station (sq.m)	3100
城市污水处理能力(万吨/日)	Sewage Treatment Capacity of the City (10000 tons/day)	20

房地产开发企业主要指标
Main Indicators of Real Estate Development

指　　标	Item	2005	2008	2009
企业个数(个)	**Number of Enterprises (unit)**	**1169**	**2564**	**2710**
内　资	Domestic Funded	1111	2499	2642
港澳台投资	Enterprises with Funds from Hong Kong, Macao and Taiwan	37	39	37
外商投资	Foreign Funded	21	26	31
年末从业人员数(人)	**Employed Persons at the Year-end (person)**	**39573**	**67873**	**63189**
内　资	Domestic Funded	36950	65685	61160
港澳台投资	Enterprises with Funds from Hong Kong, Macao and Taiwan	1913	1096	833
外商投资	Foreign Funded	710	1092	1196
土地开发及购置(万平方米)	**Land Development and Purchase (10000 sq.m)**			
本年土地开发面积	Land Space Developed This Year	523.01	1402.97	1118.70
本年土地购置面积	Land Space Purchased This Year	968.57	1947.62	2022.71
本年完成投资额(万元)	**Investment Completed This Year (10000 yuan)**	**3915256**	**10844418**	**15200387**
#商品房投资	Commercial Buildings	2896485		
土地开发投资	Land Space Developed	239192	769491	607912
#住　宅	Residential Buildings	2920522	8585817	12192376
#经济适用房	Economically Affordable Housing	367261	380481	243713
资金来源小计(万元)	**Sources of Funds (10000 yuan)**	**4131320**	**12331707**	**18547627**
国内贷款	Domestic Loans	682504	1664356	2651700
利用外资	Foreign Investment	34424	35230	
自筹资金	Self-raising Fund	1776377	5653559	8873571
其他资金来源	Others	1638015	4978562	7022356
房屋建筑面积(万平方米)	**Floor Space of Buildings (10000 sq.m)**			
施工房屋面积	Floor Space under Construction	3820.96	8958.07	12752.97
#新开工面积	Floor Space Started This Year	1970.80	3768.81	6786.00
竣工房屋面积	Floor Space Completed	1129.92	1663.55	2211.72
#住　宅	Residential Buildings	1021.79	1501.42	1939.70
#经济适用房	Economically Affordable Housing	132.07	67.66	72.63
商品房屋销售面积(万平方米)	**Floor Space of Commercialized Buildings Sold (10000 sq.m)**	**1408.74**	**2231.84**	**2966.61**
#住　宅	Residential Buildings	1322.32	2128.86	2819.77
#经济适用房	Economically Affordable Housing	155.81	168.29	99.80
商品房屋销售价格(元/平方米)	**Selling Price of Commercialized Buildings (yuan/sq.m)**	**1862**	**2779**	**3263**
#住　宅	Residential Buildings	1777	2743	3210
#经济适用房	Economically Affordable Housing	1493	2208	2060
主要财务指标(万元)	**Major Financial Indicators (10000 yuan)**			
实收资本	Total Capital Held	1881471	3963413	4318581
资产总计	Total Assets	9317561	25101857	30963940
资产负债率(%)	Ratio of Liabilities to Assets (%)	69.52	77.3	73.0
经营总收入	Total Revenue	2607415	5811374	7522526
主营业务税金及附加	Tax and Extra Charges	147751	356874	513749
	Total Profits	84997	454576	764265

注：2005、2009年为年平均从业人员数。

a) The number of employed persons refers to the annual average number in 2005 and 2009.

房地产开发企业基本情况（2009年）

项　　目	Item	企业个数（个）Number of Enterprises (unit)	年平均从业人员（人）Average Number of Employed Persons (person)	资产总计（万元）Total Assets (10000 yuan)
全省总计	**Total**	**2710**	**63189**	**30963940**
按登记注册类型分	**Grouped by Registered Categories**			
内资企业	Domestic Funded Enterprises	2642	61160	29564308
国　有	State-owned Enterprises	56	1561	690913
集　体	Collective-owned Enterprises	5	174	40961
股份合作	Cooperative Enterprises	14	278	98862
联营企业	Joint Ownership Enterprises	3	24	1000
有限责任公司	Limited Liability Corporations	1089	25609	14176938
国有独资公司	State Sole Funded Corporations	8	210	463767
其他有限责任公司	Other Limited Liability Corporations	1081	25399	13713171
股份有限公司	Share-holding Corporations Ltd.	177	6138	3219634
私　营	Private Enterprises	1265	26816	11214463
其他内资企业	Other Enterprises	33	560	121537
港澳台商投资	Enterprises with Funds from Hong Kong, Macao and Taiwan	37	833	456338
合资经营	Joint-venture Enterprises	22	465	258202
合作经营	Cooperative Enterprises			
独资经营	Enterprises with Sole Fund	15	368	198136
股份有限	Share-holding Corporations Ltd.			
外商投资经济	Foreign Funded Enterprises	31	1196	943294
合资经营	Joint-venture Enterprises	15	346	211559
合作经营	Cooperation Enterprises	2		
外资企业	Enterprises with Sole Fund	12	821	714661
股份有限	Share-holding Corporations Ltd.	2	29	17074
按隶属关系分	**Grouped by Administrative Relationship**			
中　央	Central Government	8	194	413376
省	Province	30	789	722735
市	Prefecture	300	7548	3475286
县	County	264	6237	3223074
其　他	Other	2108	48421	23129469
按资质等级分	**Grouped by Qualification Grade**			
一　级	First Grade	19	4941	5312215
二　级	Second Grade	147	10190	5116239
三　级	Third Grade	458	14563	7739301
四　级	Forth Grade	1108	20604	7381553
暂　定	Provisional	840	11684	4600568
其　他	Other	138	1207	814064
按营业状况分	**Grouped by Business Condition**			
营　业	Business	2424	61822	30632357
其　他	Other	286	1367	331583

Basic Condition of Enterprises for Real Estate Development (2009)

净资产(所有者权益)(万元) Total Owners Equities (10000 yuan)	主营业务收入(万元) Revenue from Principal Business (10000 yuan)	土地转让收入 Land Transferred	商品房屋销售收入 Commercial Houses Sold	房屋出租收入 Houses Leased	其他收入 Others	主营业务税金及附加(万元) Taxes and Other Charges on Principal Business (10000 yuan)	利润总额(万元) Total Profits (10000 yuan)
8369669	**7503347**	**59795**	**7285958**	**3689**	**153904**	**513749**	**764265**
8049651	7218373	59795	7001709	3559	153310	496381	740602
11513	105757		100614		5143	6207	-1408
26383	21265		21265			2065	6289
30952	5512		5478		35	370	-195
50	1500				1500	18	
4184869	3619338	58078	3483612	628	77020	246397	470761
4562	10447		10443		5	1883	-7410
4180307	3608890	58078	3473169	628	77015	244514	478171
875659	745597	640	733442		11515	53955	98598
2868788	2692361	1077	2630257	2930	58097	185823	190678
51437	27042		27042			1546	-24120
120586	119524		119002	130	392	5821	18945
61964	64880		64358	130	392	4214	11614
58622	54644		54644			1607	7331
199433	165450		165247		203	11547	4717
28288	35039		34836		203	2600	9170
174991	105941		105941			7723	-5721
-3846	24470		24470			1224	1268
10757	3409		3404		5	232	-5225
52055	94799	18223	72678		3898	3723	-143
657682	763224	40	753023	125	10037	64311	52492
1352895	1309925	772	1295846	352	12955	68673	303401
6296279	5331990	40760	5161007	3212	127010	376811	413740
1849763	1929740		1923948		5793	114333	454051
1417436	1165794	18223	1139378	332	7861	74923	82067
2014935	1931971	34730	1827045	152	70044	134452	190342
1612194	1840044	6282	1797485	275	36002	141982	45541
1318168	536028	560	513982	2930	18556	40300	-25613
157174	99769		84120		15649	7759	17877
8236728	7491115	59795	7273742	3689	153889	511860	767619
132941	12232		12216		16	1890	-3354

房地产开发企业建设总规模、完成投资及新增固定资产（2009年）

单位：万元

项目	Item	计划总投资 Total Investment Planed	累计完成投资 Accumulated Investment Completed	本年完成投资 Investment Completed This Year
全省总计	**Total**	**43850110**	**25050692**	**15200387**
按登记注册类型分	**Grouped by Registered Categories**			
内资企业	Domestic Funded Enterprises	41840502	24104940	14790216
国　有	State-owned Enterprises	1167069	565817	367528
集　体	Collective-owned Enterprises	185000	126384	48692
股份合作	Cooperative Enterprises	138308	63343	33309
联营企业	Joint Ownership Enterprises			
有限责任公司	Limited Liability Corporations	20530648	11720665	7236779
国有独资公司	State Sole Funded Corporations	427150	291152	79152
其他有限责任公司	Other Limited Liability Corporations	20103498	11429513	7157627
股份有限公司	Share-holding Corporations Ltd.	3444683	1785962	1162495
私　营	Private Enterprises	15965780	9616965	5767186
其他内资企业	Other Enterprises	409014	225804	174227
港澳台商投资	Enterprises with Funds from Hong Kong, Macao and Taiwan	746490	323417	158717
合资经营	Joint-venture Enterprises	361133	155661	95449
合作经营	Cooperative Enterprises			
独资经营	Enterprises with Sole Fund	385357	167756	63268
股份有限	Share-holding Corporations Ltd.			
外商投资经济	Foreign Funded Enterprises	1263118	622335	251454
合资经营	Joint-venture Enterprises	294522	232500	100079
合作经营	Cooperation Enterprises			
外资企业	Enterprises with Sole Fund	968596	389835	151375
股份有限	Share-holding Corporations Ltd.			
按隶属关系分	**Grouped by Administrative Relationship**			
中　央	Central Government	351243	236593	74595
省	Province	1159785	599316	418233
市	Prefecture	5285645	2859338	1706916
县	County	4407701	2829265	1747212
其　他	Other	32645736	18526180	11253431
按资质等级分	**Grouped by Qualification Grade**			
一　级	First Grade	3578666	2385705	1346420
二　级	Second Grade	6184049	3518179	2176627
三　级	Third Grade	11175436	6710296	3745218
四　级	Forth Grade	10693767	6955177	3988496
暂　定	Provisional	10971278	4685503	3444319
其　他	Other	1246914	795832	499307
按营业状况分	**Grouped by Business Condition**			
营　业	Business	43480286	24789516	14997231
其　他	Other	369824	261176	203156

Total Size of Construction, Actually Completed Investment and Newly Increased Fixed Assets for Real Estate Development (2009)

(10000 yuan)

土地开发投资 Investment in Land Developed	配套工程投资 Investment in Commercial Buildings	按用途分 by Use 住宅 Residential Buildings	#90平方米以下 Under 90 sq.m	#经济适用房 Economically Affordable Housing	#别墅、高档公寓 Villas, High-grade Apartments	办公楼 Office Buildings	商业营业用房 Houses for Business Use	其他 Others	本年新增固定资产 Newly Increased Fixed Assets
607912	**196576**	**12192376**	**5442246**	**243713**	**239016**	**301054**	**1502535**	**1204422**	**5536032**
571876	189928	11898947	5398993	226364	215350	296101	1420598	1174570	5346928
54661	5998	316263	134740	38849		260	20067	30938	91092
		38692	28000	3000	2692			10000	28692
748		23747	14383	1202		210	6504	2848	5000
166593	110747	5961497	2707531	95176	137304	103871	588056	583355	3001492
720		64103	33634	5180			6539	8510	86019
165873	110747	5897394	2673897	89996	137304	103871	581517	574845	2915473
69001	4550	925108	444030	14413	2640	68316	118725	50346	299652
270018	68633	4479321	2026875	69168	72714	120502	672793	494570	1873802
10855		154319	43434	4556		2942	14453	2513	47198
18075	4958	115893	20510	15594	16250	4554	30390	7880	132965
	1158	71542	19719	15594	2495	4554	13740	5613	16484
18075	3800	44351	791		13755		16650	2267	116481
17961	1690	177536	22743	1755	7416	399	51547	21972	56139
17961	1610	77615	3992		7416		709	21755	39920
	80	99921	18751	1755		399	50838	217	16219
5577		46049	29111			17832	4070	6644	1615
13834	1746	370567	139118	13272		4400	28767	14499	19035
53141	21978	1364402	681654	83199	3700	43243	196189	103082	413418
49295	19825	1529932	829004	36825	321	5172	151279	60829	934732
486065	153027	8881426	3763359	110417	234995	230407	1122230	1019368	4167232
981	2850	1191653	799131		7100	4349	70210	80208	631814
87590	13957	1737670	665788	37245	38268	83324	229207	126426	771775
156088	85863	3089086	1259051	88598	47566	56608	286658	312866	1430443
136236	57103	3282405	1425446	94141	103065	95783	384175	226133	1910772
222358	34861	2511734	1174783	23729	43017	56923	445109	430553	692473
4659	1942	379828	118047			4067	87176	28236	98755
604892	194910	12018180	5355938	236293	239016	301054	1484122	1193875	5387131
3020	1666	174196	86308	7420			18413	10547	148901

房地产开发企业的土地开发、购置及资金来源（2009年）

项目	Item	本年完成开发土地面积（平方米）Land Space Developed This Year (sq.m)	土地购置费用（万元）Total Value of Land Purchased (10000 yuan)	待开发的土地面积（平方米）Land Space Pending Development (sq.m)
全省总计	**Total**	11186987	2178079	5012389
按登记注册类型分	**Grouped by Registered Categories**			
内资企业	Domestic Funded Enterprises	11041739	2092856	4720672
国有	State-owned Enterprises	437168	70471	120508
集体	Collective-owned Enterprises			
股份合作	Cooperative Enterprises	15308	4317	15308
联营企业	Joint Ownership Enterprises			
有限责任公司	Limited Liability Corporations	4682300	989445	1969542
国有独资公司	State Sole Funded Corporations	48000	3871	74035
其他有限责任公司	Other Limited Liability Corporations	4634300	985574	1895507
股份有限公司	Share-holding Corporations Ltd.	967551	241062	438794
私营	Private Enterprises	4842532	768797	2112599
其他内资企业	Other Enterprises	96880	18764	63921
港澳台商投资	Enterprises with Funds from Hong Kong, Macao and Taiwan	79916	11123	265926
合资经营	Joint-venture Enterprises		10252	
合作经营	Cooperative Enterprises			
独资经营	Enterprises with Sole Fund	79916	871	265926
股份有限	Share-holding Corporations Ltd.			
外商投资经济	Foreign Funded Enterprises	65332	74100	25791
合资经营	Joint-venture Enterprises	65332	35000	25791
合作经营	Cooperation Enterprises			
外资	Enterprises with Sole Fund		39100	
股份有限	Share-holding Corporations Ltd.			
按隶属关系分	**Grouped by Administrative Relationship**			
中央	Central Government	12937	10079	
省	Province	100382	40550	54000
市	Prefecture	684770	218546	305624
县	County	1525683	108385	1076783
其他	Other	8863215	1800519	3575982
按资质等级分	**Grouped by Qualification Grade**			
一级	First Grade	144231	86409	114447
二级	Second Grade	995867	257279	757722
三级	Third Grade	2398863	605852	1576031
四级	Forth Grade	3795372	440686	1160835
暂定	Provisional	3754844	675609	1359999
其他	Other	97810	112244	43355
按营业状况分	**Grouped by Business Condition**			
营业	Business	10992985	2155914	4870479
其他	Other	194002	22165	141910

Land Development, Purchase and Source of Funds of Enterprises for Real Estate Development (2009)

本年购置土地面积(平方米) Land Space Purchased This Year (sq.m)	本年资金来源小计(万元) Total Funds This Year (10000 yuan)	国内贷款 Domestic Loans	#银行贷款 Bank loan	利用外资 Foreign Investment	#外商直接投资 Foreign Direct Investment	自筹资金 Self-raising Funds	其他资金来源 Others
20227099	18547627	2651700	2551677			8873571	7022356
19831070	18022110	2605205	2510747			8621748	6795157
665824	480247	209893	209893			156290	114064
	104724	21000	20000			73061	10663
23579	46091	5250	5200			33204	7637
10019186	8311274	1010696	972316			4224432	3076146
122035	93908	180	180			3937	89791
9897151	8217366	1010516	972136			4220495	2986355
1643230	1748557	366987	346437			678500	703070
7263787	7126566	974506	940834			3322155	2829905
215464	204651	16873	16067			134106	53672
159421	193690	22645	17080			97267	73778
92754	130659	20745	15180			63191	46723
66667	63031	1900	1900			34076	27055
236608	331827	23850	23850			154556	153421
65332	77193	1500	1500			42977	32716
171276	254634	22350	22350			111579	120705
57464	92064	5353	5353			27020	59691
334392	449706	87323	87323			266790	95593
1992598	1976536	498565	496826			768099	709872
2218139	2004134	158663	157244			1127162	718309
15624506	14025187	1901796	1804931			6684500	5438891
734958	2012440	251407	251407			926392	834641
1732187	2636745	389371	379968			991666	1255708
5677425	4467504	678926	662567			1900936	1887642
5856239	4773069	583155	554165			2484420	1705494
5682945	4186656	706016	661205			2339073	1141567
543345	471213	42825	42365			231084	197304
19773223	18324781	2591458	2491435			8725238	7008085
453876	222846	60242	60242			148333	14271

房地产开发建设房屋建筑面积、造价和商品房屋销售情况（2009年）

项　　目	Item	施工房屋面积（万平方米）Floor Space of Buildings under Construction (10000 sq.m)	竣工房屋面积（万平方米）Floor Space of Buildings Completed (10000 sq.m)	#住宅 Residential Buildings	房屋面积竣工率（%）Rate of Floor Space of Buildings Completed (%)
全省总计	**Total**	12752.97	2211.72	1939.70	17.3
按登记注册类型分	**Grouped by Registered Categories**				
内资企业	Domestic Funded Enterprises	12355.21	2165.55	1895.63	17.5
国　　有	State-owned Enterprises	249.27	31.55	24.20	12.7
集　　体	Collective-owned Enterprises	73.21			
股份合作	Cooperative Enterprises	39.91	1.47	0.33	3.7
联营企业	Joint Ownership Enterprises				
有限责任公司	Limited Liability Corporations	5941.90	1198.78	1039.80	20.2
国有独资公司	State Sole Funded Corporations	70.88	26.27	21.75	37.1
其他有限责任公司	Other Limited Liability Corporations	5871.02	1172.51	1018.06	20.0
股份有限公司	Share-holding Corporations Ltd.	1089.20	114.35	98.05	10.5
私　　营	Private Enterprises	4807.24	803.70	718.09	16.7
其他内资企业	Other Enterprises	154.48	15.71	15.16	10.2
港澳台商投资	Enterprises with Funds from Hong Kong, Macao and Taiwan	200.11	37.63	35.54	18.8
合资经营	Joint-venture Enterprises	124.47	6.51	6.34	5.2
合作经营	Cooperative Enterprises				
独资经营	Enterprises with Sole Fund	75.64	31.12	29.20	41.1
股份有限	Share-holding Corporations Ltd.				
外商投资经济	Foreign Funded Enterprises	197.66	8.54	8.54	4.3
合资经营	Joint-venture Enterprises	66.36	3.63	3.63	5.5
合作经营	Cooperation Enterprises				
外　　资	Enterprises with Sole Fund	131.29	4.91	4.91	3.7
股份有限	Share-holding Corporations Ltd.				
按隶属关系分	**Grouped by Administrative Relationship**				
中　　央	Central Government	33.54	1.04	1.04	3.1
省	Province	263.08	8.02	7.00	3.0
市	Prefecture	1466.10	147.91	116.87	10.1
县	County	1645.96	498.21	475.48	30.3
其　　他	Other	9344.29	1556.54	1339.32	16.7
按资质等级分	**Grouped by Qualification Grade**				
一　级	First Grade	1093.63	315.02	308.31	28.8
二　级	Second Grade	1848.14	263.97	230.66	14.3
三　级	Third Grade	3435.29	571.01	491.97	16.6
四　级	Forth Grade	3713.68	772.77	701.30	20.8
暂　定	Provisional	2318.15	241.80	174.46	10.4
其　他	Other	344.08	47.15	33.01	13.7
按营业状况分	**Grouped by Business Condition**				
营　业	Business	12618.29	2165.66	1895.71	17.2
其　他	Other	134.68	46.06	43.99	34.2

Floor Space of Building and Their Cost，Selling of Commercial Houses in Real Estate Development (2009)

竣工房屋价值(万元) Value of Buildings Completed (10000 yuan)	竣工房屋造价(元/平方米) Cost of Buildings Completed (yuan/sq.m)	商品房销售面积(万平方米) Floor Space of Commercialized Buildings Sold (10000 sq.m)	#住宅 Residential Buildings	商品房销售额(万元) Total Sale of Commercialized Buildings (10000 yuan)	#住宅 Residential Buildings	商品房平均售价(元/平方米) Average Selling Price of Commercialized Buildings (yuan/sq.m)	#住宅 Residential Buildings
4642260	2099	2966.61	2819.77	9680476	9051453	3263	3210
4477068	2067	2877.99	2741.27	9341257	8755839	3246	3194
89364	2832	48.49	47.40	187094	182316	3858	3846
		8.20	8.20	28600	28600	3488	3488
4500	3060	5.60	5.05	13557	11225	2419	2224
2457200	2050	1442.39	1377.68	4954359	4722544	3435	3428
58350	2221	33.29	31.76	154003	139691	4627	4398
2398850	2046	1409.10	1345.91	4800356	4582853	3407	3405
246515	2156	203.38	197.00	623068	589751	3064	2994
1655389	2060	1154.07	1090.08	3503205	3190029	3036	2926
24100	1534	15.86	15.86	31374	31374	1978	1978
132965	3534	61.16	52.47	189042	153560	3091	2926
16484	2531	53.39	45.59	150879	121932	2826	2675
116481	3743	7.77	6.88	38163	31628	4911	4594
32227	3776	27.46	26.03	150177	142054	5469	5457
16008	4411	4.92	4.82	36843	36149	7489	7501
16219	3306	22.54	21.21	113334	105905	5028	4992
1615	1560	13.65	12.67	90952	81573	6666	6440
19035	2373	4.35	4.35	10000	10000	2296	2296
334119	2259	280.89	267.70	958366	894704	3412	3342
833573	1673	593.12	564.58	1743679	1673602	2940	2964
3453918	2219	2074.60	1970.47	6877479	6391574	3315	3244
616101	1956	357.78	350.19	1706482	1660088	4770	4741
583002	2209	420.17	388.37	1501077	1352268	3573	3482
1273336	2230	799.99	760.13	2597727	2421373	3247	3185
1546537	2001	943.87	888.53	2491298	2281580	2639	2568
535511	2215	376.64	367.47	1123673	1093003	2983	2974
87773	1862	68.14	65.09	260219	243141	3819	3736
4542570	2098	2926.02	2779.83	9573784	8953111	3272	3221
99690	2164	40.59	39.94	106692	98342	2628	2462

按用途和销售方式分的商品房屋销售面积及平均销售价格（2009年）

项　　目	Item	商品房销售面积（平方米）Floor Space of Commercialized Buildings Sold (sq.m)	销售用途 住宅 Residential Buildings	#90平方米以下 90 sq.m below	#经济适用房 Economically Affordable Housing
全省总计	**Total**	29666099	28197731	11200556	998004
按登记注册类型分	**Grouped by Registered Categories**				
内资企业	Domestic Funded Enterprises	28779936	27412666	11059489	989499
国　有	State-owned Enterprises	484897	474003	135188	130536
集　体	Collective-owned Enterprises	82000	82000	49900	21600
股份合作	Cooperative Enterprises	56048	50464	19935	1230
联营企业	Joint Ownership Enterprises				
有限责任公司	Limited Liability Corporations	14423855	13776757	5668823	370478
国有独资公司	State Sole Funded Corporations	332853	317629	51041	20000
其他有限责任公司	Other Limited Liability Corporations	14091002	13459128	5617782	350478
股份有限公司	Share-holding Corporations Ltd.	2033820	1970039	696646	140421
私　营	Private Enterprises	11540671	10900758	4476369	285914
其他内资企业	Other Enterprises	158645	158645	12628	39320
港澳台商投资	Enterprises with Funds from Hong Kong, Macao and Taiwan	611565	524737	122083	8505
合资经营	Joint-venture Enterprises	533860	455893	119845	8505
合作经营	Cooperative Enterprises				
独资经营	Enterprises with Sole Fund	77705	68844	2238	
股份有限	Share-holding Corporations Ltd.				
外商投资经济	Foreign Funded Enterprises	274598	260328	18984	
合资经营	Joint-venture Enterprises	49198	48193	5603	
合作经营	Cooperation Enterprises				
外　资	Enterprises with Sole Fund	225400	212135	13381	
股份有限	Share-holding Corporations Ltd.				
按隶属关系分	**Grouped by Administrative Relationship**				
中　央	Central Government	136450	126665	39763	
省	Province	43547	43547	347	
市	Prefecture	2808913	2676968	1108898	285104
县	County	5931206	5645837	2137534	209595
其　他	Other	20745983	19704714	7914014	503305
按资质等级分	**Grouped by Qualification Grade**				
一　级	First Grade	3577848	3501894	1494308	
二　级	Second Grade	4201697	3883665	1351772	68711
三　级	Third Grade	7999939	7601299	3475711	293658
四　级	Forth Grade	9438731	8885316	3268314	499512
暂　定	Provisional	3766436	3674685	1442927	136123
其　他	Other	681448	650872	167524	
按营业状况分	**Grouped by Business Condition**				
营　业	Business	29260160	27798292	10930456	998004
其　他	Other	405939	399439	270100	

Floor Space of Buildings Actually Sold and Average Selling Price by Use and Sale Method (2009)

by Use				销售方式 by Sale Method		商品房平均		
#别　墅、高档公寓 Villas, High-grade Apartments	办 公 楼 Office Buildings	商业营业用　房 Houses for Business Use	其　他 Other	现　房 Completed Buildings	期　房 Buildings Completed in Future	销售价格 (元/平方米) Average Selling Price of Houses (yuan/sq.m)	现　房 Completed Buildings	期　房 Buildings Completed in Future
560844	190507	885026	392835	6092297	23573802	3263	2792	3385
486628	188787	839948	338535	5966417	22813519	3246	2752	3375
	1637	3213	6044	89749	395148	3858	3179	4013
5500					82000	3488		3488
	2771	2813		25839	30209	2419	1933	2834
384356	67155	415114	164829	2844331	11579524	3435	2616	3636
		15224		82419	250434	4627	2696	5262
384356	67155	399890	164829	2761912	11329090	3407	2614	3600
	23298	22389	18094	396841	1636979	3064	3167	3039
96772	93926	396419	149568	2590710	8949961	3036	2833	3094
				18947	139698	1978	2470	1911
48275	1720	32383	52725	86650	524915	3091	4637	2836
13398	1720	24630	51617	64145	469715	2826	4018	2663
34877		7753	1108	22505	55200	4911	6402	4304
25941		12695	1575	39230	235368	5469	4788	5582
25941		1005		13343	35855	7489	3902	8823
		11690	1575	25887	199513	5028	5245	5000
		9785		10355	126095	6666	1768	7068
					43547	2296		2296
9600	22672	71838	37435	357401	2451512	3412	3040	3466
	22912	172297	90160	1158380	4772826	2940	1767	3225
551244	144923	631106	265240	4566161	16179822	3315	3035	3394
163628		47668	28286	299196	3278652	4770	4971	4751
79431	70958	179191	67883	1082763	3118934	3573	3209	3699
97894	45628	215638	137374	1673027	6326912	3247	2886	3343
199557	59172	349674	144569	2499254	6939477	2639	2399	2726
20334	14749	63649	13353	438316	3328120	2983	2376	3063
		29206	1370	99741	581707	3819	1834	4159
560844	190507	878526	392835	5950467	23309693	3272	2786	3396
		6500		141830	264109	2628	3059	2397

一次能源生产总量和构成
Primary Energy Production and Composition

年 份 Year	能源生产总量(万吨标准煤) Primary Energy Production (10000 tons of SCE)	占能源生产总量的比重(%) As Percentage of Total Energy Production			
		原 煤 Raw Coal	原 油 Crude Oil	天然气 Natural Gas	水 电 Hydro power
1981	5502.86	67.90	32.00		0.10
1982	5463.31	69.94	29.57	0.36	0.13
1983	5506.73	72.93	26.48	0.31	0.28
1984	5510.29	72.94	26.47	0.39	0.20
1985	5292.72	71.51	27.85	0.51	
1986	5889.07	74.79	24.28	0.61	0.32
1987	5716.06	79.30	19.88	0.55	0.27
1988	5501.38	82.70	16.37	0.54	0.39
1989	5354.45	83.56	15.42	0.56	0.46
1990	5313.08	83.43	15.34	0.74	0.49
1991	5199.85	84.03	14.77	0.74	0.46
1992	5257.18	84.68	14.11	0.82	0.39
1993	5348.20	85.16	13.43	0.72	0.69
1994	5699.77	86.25	12.78	0.71	0.26
1995	6619.56	87.41	11.16	0.64	0.79
1996	6690.35	87.21	11.19	0.66	0.94
1997	6470.60	86.97	11.68	0.70	0.65
1998	5868.17	85.65	13.07	0.77	0.51
1999	5763.48	85.42	13.17	0.88	0.53
2000	5639.26	85.46	13.13	1.11	0.30
2001	5656.12	85.70	12.96	1.12	0.22
2002	5854.03	86.27	12.28	1.23	0.22
2003	5998.00	86.38	12.15	1.28	0.19
2004	7413.94	87.80	10.79	1.19	0.22
2005	7089.90	87.05	11.33	1.29	0.33
2006	6956.72	85.90	12.54	1.25	0.31
2007	7246.47	85.39	13.01	1.31	0.29
2008	6755.66	84.40	13.60	1.72	0.28
2009	6879.85	85.19	12.44	2.11	0.26

能源消费总量及构成

Primary Energy Consumption and its Composition

年 份 Year	能源消费总量 (万吨标准煤) Total Energy Consumption (10000 tons of SCE)	占能源消费总量的比重(%) As Percentage of Primary Energy Production(%)			
		煤 炭 Coal	石 油 petroleum	天然气 Natural Gas	水 电 Hydro power
1980	3120.50	85.00	12.90	1.90	0.20
1981	3627.80	90.10	8.20	1.60	0.10
1982	3929.05	87.79	10.24	1.78	0.19
1983	4185.78	89.25	9.19	1.19	0.37
1984	4475.00	86.98	11.51	1.27	0.24
1985	4548.85	89.91	8.36	1.58	0.15
1986	5079.52	89.58	8.46	1.59	0.37
1987	5516.81	90.26	8.12	1.34	0.28
1988	5962.40	90.55	7.90	1.19	0.36
1989	6169.26	90.77	7.74	1.09	0.40
1990	6124.22	90.34	7.91	1.32	0.43
1991	6471.93	90.63	7.67	1.33	0.37
1992	6866.29	90.59	7.77	1.34	0.30
1993	7861.92	90.12	8.44	0.96	0.48
1994	8168.62	90.43	8.31	1.08	0.18
1995	8892.41	90.33	8.54	0.94	0.19
1996	8938.47	90.55	8.25	0.99	0.21
1997	9033.01	90.33	8.66	0.87	0.14
1998	9151.12	89.68	9.33	0.88	0.11
1999	9379.27	90.01	9.00	0.88	0.11
2000	11195.71	90.94	8.17	0.84	0.05
2001	12114.29	91.84	7.42	0.70	0.04
2002	13404.53	91.12	8.15	0.70	0.03
2003	15297.89	92.78	6.49	0.66	0.07
2004	17347.79	91.14	8.01	0.75	0.10
2005	19835.99	91.82	7.45	0.61	0.12
2006	21794.09	91.59	7.64	0.67	0.10
2007	23585.13	92.36	6.87	0.68	0.09
2008	24321.87	92.31	6.67	0.94	0.08
2009	25418.79	92.51	6.21	1.21	0.07

规模以上工业企业分行业能源消耗情况

单位：万吨标准煤

行　　业	Item	2005	
		企业数(个) Number of Enterprises	指标值 Index
规模以上工业综合能源消费量	**Consumption of Energy Sources in above Designated Size Industrial Enterprises**	**9515**	**13976.29**
六大高耗能行业能耗	Energy Consumption of the top-6 Energy-consuming Industries	2689	12543.40
煤炭开采和洗选业	Mining and Washing of Coal	142	839.67
石油加工、炼焦及核燃料加工业	Processing of Petroleum,Coking,Processing of Nucleus Fuel	99	730.46
化学原料及化学制品制造业	Manufacture of Raw Chemical Material and Chemical Products	680	1041.74
非金属矿物制品业	Manufacture of Non-metallic Mineral Products	1042	892.68
黑色金属冶炼及压延加工业	Smelting and Pressing of Ferrous Metals	511	5863.88
电力、热力的生产和供应业	Production and Distribution of Electric Power and Heat Power	215	3174.96
其他行业能耗	Energy Sources Consumption of Other Industrial Sectors	6826	1432.88
石油和天然气开采业	Extraction of Petroleum and Natural Gas	5	110.85
黑色金属矿采选业	Mining and Processiong of Ferrous Metal Ores	524	89.35
有色金属矿采选业	Mining and Processiong of Non-ferrous Metal Ores	33	4.00
非金属矿采选业	Mining and Processiong of Processing of Nonmetal Ores	79	15.07
农副食品加工业	Processing of Food From Agricultural Products	561	163.06
食品制造业	Manufacture of Foods	214	68.89
饮料制造业	Manufacture of Beverage	141	38.18
烟草制品业	Manufacture of Tobacco	4	3.82
纺织业	Manufacture of Textile	639	113.73
纺织服装、鞋、帽制造业	Manufacture of Textile Wearing Apparel,Footware,and Caps	227	10.17
皮革、毛皮、羽毛(绒)及其制品业	Manufacture of Leather,Fur,Feather and Related Products	287	21.65
木材加工及木、竹、藤棕草制品业	Processing of Timbers,Manufacture of Wood,Bamboo, Rattan,Palm,and Straw Products	98	19.87
家具制造业	Manufacture of Funiture	88	5.12
造纸及纸制品业	Manufacture of Paper and Paper Products	295	177.01
印刷业和记录媒介的复制	Printing,Reproducting of Recording Media	101	3.38
文教体育用品制造业	Manufacture of Articles for Culture,Education and Sport Activity	43	0.90
医药制造业	Manufacture of Medicines	160	97.85
化学纤维制造业	Manufacture of Chemical Fiber	23	47.12
橡胶制品业	Manufacture of Rubber	213	28.33
塑料制品业	Manufacture of Plastic	310	53.29
有色金属冶炼及压延加工业	Smelting and Pressing of Non-ferrous Metals	172	34.24
金属制品业	Manufacture of Metal Products	542	52.57
通用设备制造业	Manufacture of General Purpose Machinery	719	73.29
专用设备制造业	Manufacture of Special Purpose Machinery	347	63.49
交通运输设备制造业	Manufacture of Transport Equipment	314	74.11
电气机械及器材制造业	Manufacture of Electrical Machinery and Equipment	349	33.29
通信设备、计算机及其他电子设备制造业	Manufacture of Communication Equipment,Computer and Other Electronic Equipment	79	11.37
仪器仪表及文化、办公用机械制造业	Manufacture of Measuring Instrument and Machinery for Cultural Activity and Office Work	53	4.04
工艺品及其他制造业	Manufacture of Artwork and Other Manufacture	84	4.47
废弃资源和废旧材料回收加工业	Recycling and Disposal of Waste	3	0.68
燃气生产和供应业	Production and Distribution of Gas	18	3.24
水的生产和供应业	Production and Distribution of Water	101	6.48

注：企业数不含停产企业。

Consumption of Main Energy Sources in above Designated Size Industrial Enterprises by Industrial Sector

(10000 tons of SCE)

2006		2007		2008		2009	
企业数(个) Number of Enterprises	指标值 Index	企业数(个) Number of Enterprises	指标值 Index	企业数(个) Number of Enterprises	指标值 Index	企业数(个) Number of Enterprises	指标值 Index
10325	**15859.48**	**10653**	**16991.34**	**12302**	**16683.83**	**12929**	**17159.63**
2819	14138.25	2863	15156.23	3088	14918.50	3146	15372.10
159	793.68	182	724.44	202	804.75	173	793.35
114	713.88	115	717.54	117	588.24	121	592.49
739	1131.59	788	1276.30	888	1191.81	912	1010.17
1095	1132.04	1083	1215.00	1150	1108.40	1209	1093.57
472	6977.67	468	7735.15	483	7817.77	480	8466.07
240	3389.40	227	3487.80	248	3407.52	251	3416.46
7506	1721.23	7790	1835.10	9214	1765.33	9783	1787.53
5	112.47	4	123.40	5	91.91	2	68.92
612	148.66	644	155.07	892	189.04	823	169.76
33	4.72	33	4.70	31	6.78	37	6.39
82	18.02	80	15.81	89	13.20	97	14.30
623	196.81	593	205.49	644	210.90	706	207.73
234	92.90	236	95.31	276	82.82	284	65.64
148	43.95	156	53.76	172	55.39	176	51.82
4	3.99	4	4.22	4	4.09	4	3.66
694	140.72	708	140.90	808	131.09	788	127.04
251	14.45	265	13.98	282	11.71	288	12.07
304	45.63	294	48.87	364	43.99	396	45.84
99	28.27	106	35.23	127	37.73	145	44.84
93	11.47	95	11.59	103	12.73	126	11.58
307	195.22	283	191.89	299	172.91	302	154.28
106	9.02	96	8.29	113	8.15	116	6.21
48	1.62	51	1.92	50	1.66	65	1.85
158	99.74	167	109.26	181	105.89	194	96.13
21	37.84	28	36.41	35	30.72	38	29.88
249	30.82	276	39.94	289	45.77	298	50.88
349	69.52	365	64.71	429	65.69	476	66.95
196	38.03	191	40.84	212	38.12	193	125.03
583	70.80	647	96.53	813	79.81	885	86.46
815	126.54	909	148.97	1116	132.49	1206	135.77
389	50.58	419	51.94	523	57.10	607	59.49
360	48.71	399	60.01	480	58.80	525	62.88
384	37.70	419	43.12	509	43.32	577	48.64
94	12.54	96	13.21	104	12.68	121	12.04
65	4.74	68	5.74	68	5.32	92	5.37
80	5.40	74	3.81	101	4.11	114	3.84
7	1.38	14	1.80	18	3.06	20	2.88
21	12.50	21	2.29	28	2.18	31	3.44
92	6.48	49	6.09	49	6.16	51	5.91

a)The numer of enterprises do not include the number of cut-off enterprises.

综合能源平衡表
Overall Energy Balance Sheet

单位：万吨标准煤 (10000 tons of SCE)

项　目	Item	2005	2006	2007	2008	2009
可供消费的能源总量	**Total Energy Available for Consumption**	**19835.98**	**21794.09**	**23585.13**	**24321.86**	**25418.77**
一次能源生产量	Primary Energy Output	7090	6956.72	7246.47	6755.66	6879.85
回收能	Recovery of Energy	819	814.19	1230.15	1059.11	1268.35
进口量	Imputs	459	553.11	483.19	506.38	740.90
出口量	Exports(-)	57	1232.20	226.95	160.27	47.74
年初年末库存差额	Stock Changes in the Year	-81	-76.57	-494.49	-179.75	-732.89
能源消费总量	**Total Energy Consumption**	**19835.99**	**21794.09**	**23585.13**	**24321.87**	**25418.79**
在总量中：	Consumption by Sector					
终端消费量	Final Consumption	18536	20381.47	22041.66	22870.35	23736.29
农、林、牧、渔、水利业	Farming,Forestry,Animal Husbandry, Fishery and Water Conservancy	532	559.63	582.51	612.35	644.81
工　业	Industy	14554	16143.72	17570.76	18188.88	18824.74
建筑业	Construction	203	220.35	232.19	244.86	264.35
交通运输、仓储和邮电通讯业	Transport, Storage and Post	709	766.82	808.79	827.11	831.68
商业、饮食、物资供销和仓储业	Business,Restaurants,Material Supply and Marketing,Storage	205	218.58	235.19	265.30	292.42
其　他	Other Sectors	465	545.75	619.19	659.02	712.14
生活消费	Pesidential Consumption	1869	1926.63	1993.04	2072.82	2166.14
加工转换损失量	Losses in Processing and	896	1071.24	1061.25	967.28	1155.30
#炼焦	Coking					417.88
炼油	Petroleum Refining					59.70
损失量	Other Losses	403	341.38	482.22	484.24	527.20
平衡差额	**Balance**				**0.01**	**0.02**

能源加工转换效率
Efficiency of Energy Transformation

单位：% (%)

年　份 Year	总效率 Total Efficiency	火力发电 Thermal Power	供　热 Heating Supply	洗　煤 Coal Washing	炼　焦 Coking	炼　油 Petroleum Refineries	制　气 Gas Works	加工型煤 Briquettes
2005	66.31	32.36	65.94	81.87	90.98	97.82	54.16	97.98
2006	67.01	33.21	66.40	80.86	89.03	95.36	73.37	98.01
2007	69.73	33.89	64.85	83.21	93.16	99.78	60.51	97.01
2008	71.91	34.95	60.48	85.93	94.44	96.84	65.77	97.80
2009	73.01	35.76	57.05	87.07	92.94	96.90	50.98	98.10

分行业规模以上工业企业水消费(取水总量)(2009年)
Computation of Water in above Designated Size Industrial Enterprises by Sector (2009)

企业单位：个　指标单位：万立方米　(unit, 10000m^3)

行业	Sector	企业数 Number of Enterprises	指标值 Index
全部工业企业	**Total**	**11971**	**210425.65**
轻工业	Light Industry	4047	29037.44
重工业	Heavy Industry	7924	181388.21
按工业行业分	**Grouped by Sector**		
采矿业	Mining	1090	31576.15
煤炭开采和洗选业	Mining and Washing of Coal	165	7449.63
石油和天然气开采业	Extraction of Petroleum and Natural Gas	2	3134.86
黑色金属矿采选业	Mining and Processing of Ferrous Metal Ores	796	17613.75
有色金属矿采选业	Mining of Non-ferrous Metal Ores	35	358.60
非金属矿采选业	Mining and Processing of Non-ferrous Metal Ores	92	3019.32
其他采矿业	Mining of Other Ores		
制造业	Manufacturing	10638	105560.83
农副食品加工业	Processing of Food From Agricultural Products	677	2829.94
食品制造业	Manufacture of Foods	272	1889.38
饮料制造业	Manufacture of Beverage	176	2876.02
烟草制品业	Manufacture of Tobacco	4	109.12
纺织业	Manufacture of Textile	769	3465.26
纺织服装、鞋、帽制造业	Manufacture of Textile Wearing Apparel, Footwear, and Caps	273	360.14
皮革、毛皮、羽毛(绒)及其制品业	Manufacture of Leather, Fur, Feather and Related Products	392	2186.26
木材加工及木、竹、藤、棕、草制品业	Processing of Timbers,Manufacture of Wood, Bamboo, Rattan, Palm and Straw Products	133	142.45
家具制造业	Manufacture of Funiture	98	61.20
造纸及纸制品业	Manufacture of Paper and Paper Products	292	8091.58
印刷业和记录媒介的复制	Printing,Reproducting of Recording Media	108	134.28
文教体育用品制造业	Manufacture of Articles for Culture, Education and Sport Activity	48	8.39
石油加工炼焦及核燃料加工业	Processing of Petroleum, Coking, Processing of Nucleus Fuel	113	4338.35
化学原料及化学制品制造业	Manufacture of Raw Chemical Material and Chemical Products	862	12179.03
医药制造业	Manufacture of Medicines	189	3507.40
化学纤维制造业	Manufacture of Chemical Fiber	35	1309.18
橡胶制品业	Manufacture of Rubber	292	490.12
塑料制品业	Manufacture of Plastic	435	380.62
非金属矿物制品业	Manufacture of Non-metallic Mineral Products	1110	4768.01
黑色金属冶炼及压延工业	Smelting and Pressing of Ferrous Metals	442	48416.86
有色金属冶炼及压延工业	Smelting and Pressing of Non-ferrous Metals	189	1314.18
金属制品业	Manufacture of Metal Products	797	1479.63
通用设备制造业	Manufacture of General Purpose Machinery	1098	996.27
专用设备制造业	Manufacture of Special Purpose Machinery	518	889.81
交通运输设备制造业	Manufacture of Transport Equipment	472	1611.58
电气机械及器材制造业	Manufacture of Electrical Machinery and Equipment	542	1147.41
通信设备、计算机及其他电子设备制造业	Manufacture of Communication Equipment, Computer and Other Electronic Equipment	109	445.44
仪器仪表及文化、办公用机械制造业	Manufacture of Measuring Instrument and Machinery for Cultural Activity and Office Work	73	55.83
工艺品及其他制造业	Manufacture of Artwork, Other Manufacture	104	61.80
废弃资源和废旧材料回收加工业	Recycling and Disposal of Waste	16	15.30
电力、煤气及水的生产等	Production and Supply of Electric Power, Gas and Water	243	73288.67
电力、热力的生产和供应	Production and Distribution of Electric Power and Heat Power	214	73247.62
燃气生产和供应业	Production and Distribution of Gas	29	41.05
水的生产和供应业	Production and Distribution of Water		

注：1. 企业数不含停产企业。 2. 不包括水的生产和供应业行业。

a) The number of enterprises do not include the number of cut-off enterprises. b) The date exclude production and distribution of water.

主要耗能工业企业单位产品能源消耗情况

Energy Consumption per Unit of Product in Main Enterprises that Consume much Energy

指　　标　　Item	指标值 Index		
	2007	2008	2009
吨原煤综合能耗(千克标准煤/吨) Overall Energy Consumption per ton of Machining Coal(kg SCE/ton)	8.76	8.58	8.05
吨原煤生产耗电(千瓦时/吨) Electric Power Consumption per ton of Machining Coal(kwh/ton)	31.08	29.02	28.43
选煤电力单耗(千瓦时/吨) Electric Power Consumption per ton of Milling run Coal(kwh/ton)	8.44	8.42	7.6
铁矿采矿工序单位能耗(千克标准煤/吨) Energy Consumption per Uint of Mining of Iron ore(kg SCE/ton)	1.22	1.78	3.04
铁矿选矿工序单位能耗(千克标准煤/吨) Energy Consumption per Uint of Milling run Iron ore(kg SCE/ton)	6.96	5.29	4.23
每吨纱(线)混合数综合能耗(千克标准煤/吨) Overall Energy Consumption per ton of Mixed Yarn(Cotton)(kg SCE/ton)		476.24	339.71
每吨纱(线)混合数生产用电量(千瓦时/吨) Electric Power Consumption per ton of Gauze and Line(kwh/ton)	1803.98	1745.07	2686.04
每百米布混合数生产用电量(千瓦时/百米) Overall Energy Consumption per 100m of mixed Cloth(kwh/100m)	19.93	21.18	51.9
万米布混合数综合能耗(千克标准煤/万米) Overall Energy Consumption per 10km of mixed Cloth(kg SCE/10km)		1155.82	1553.95
万米印染布综合能耗(千克标准煤/万米) Overall Energy Consumption per 10km of Printing and Dyeing (kg SCE/10km)		3949.09	2239.2
机制纸及纸板耗电(千瓦时/吨) Electric Power Consumption per ton of Machinemade Paper and Paperboard(kwh/ton)	709.30	680.07	647.6
机制纸及纸板综合能耗(千克标准煤/吨) Overall Energy Consumption of Machinemade Paper and Paperboard(kg SCE/ton)	538.32	410.50	421.33
炼焦工序单位能耗(千克标准煤/吨) Energy Consumption per Unit of Coking plant(kg SCE/ton)	192.47	163.74	151.54
单位油气产量综合能耗(千克标准煤/吨) Overall Energy Consumption per unit of Oil and Gas Output(kg SCE/ton)		132.02	94.79
单位油气产量耗电(千瓦时/吨) Electric Power Consumption per unit of Oil and Gas Output(kwh/ton)		166.38	151.24
原油(原料油)加工单位耗电(千瓦时/吨) Electric Power Consumption per ton of Machining Base oil(kwh/ton)	76.77	61.30	59.98
原油(原料油)加工单位综合能耗(千克标准油/吨) Overall Energy Consumption of Machining Base oil(kg toe/ton)	82.76	72.69	66.14
单位烧碱生产综合能耗(离子膜法30%)(千克标准煤/吨) Overall Energy Consumption per Unit of Manufacturing Caustic Soda(Ion Film 30%)(kg SCE/ton)	346.27	361.53	328.46
单位烧碱生产耗交流电(离子膜法30%)(千瓦时/吨) Electric Power Consumption per ton of Manufacturing Caustic Soda (Ion Film 30%)(kwh/ton)	2346.93	2188.72	2337.83
单位烧碱生产综合能耗(隔膜法30%)(千克标准煤/吨) Overall Energy Consumption per Unit of Manufacturing Caustic Soda (Partition Film 30%)(kg SCE/ton)	768.94	764.50	693.01

注：本表统计范围为年综合能源消费量1万吨标准煤及以上的工业企业。

a) The statistical objects of the sheet are the industrial enterprises each with an annual overall energy consumption of no less than 10,000 t SCE.

主要耗能工业企业单位产品能源消耗情况（续一）

Energy Consumption per Unit of Product in Main Enterprises that Consume much Energy

指　标　Item	指标值 Index		
	2007	2008	2009
单位烧碱生产耗交流电(隔膜法30%)(千瓦时/吨) Electric Power Consumption per ton of Manufacturing Caustic Soda (Partition Film 30%)(kwh/ton)	2467.48	2384.76	2389.64
单位烧碱生产综合能耗(离子膜法45%)(千克标准煤/吨) Overall Energy Consumption per Unit of Manufacturing Caustic Soda(Ion Film 45%) (kg SCE/ton)		460.29	394.8
单位烧碱生产耗交流电(离子膜法45%)(千瓦时/吨) Electric Power Consumption per ton of Manufacturing Caustic Soda (Ion Film 45%)(kwh/ton)		2254.26	2130.93
单位烧碱生产综合能耗(隔膜法42%)(千克标准煤/吨) Overall Energy Consumption per Unit of Manufacturing Caustic Soda (Partition Film 42%)(kg SCE/ton)	885.12	871.61	806.11
单位烧碱生产耗交流电(隔膜法42%)(千瓦时/吨) Electric Power Consumption per ton of Manufacturing Caustic Soda (Partition Film 42%)	2414.42	2392.97	2238.19
单位烧碱生产耗交流电(隔膜法96%)(千瓦时/吨) Electric Power Consumption per ton of Manufacturing Caustic Soda(Partition Film 96%)(kwh/ton)	242.51	248.31	238.27
氨碱法单位纯碱生产综合能耗(千克标准煤/吨)) Overall Energy Consumption per Unit of Sodium carbonate in Ammoniasoda Process(kg SCE/ton)		397.42	389.57
氨碱法单位纯碱生产耗电(千瓦时/吨) Electric Power Consumption per Unit of Sodium carbonate in Ammoniasoda Process(kwh/ton)		59.96	56.48
单位合成氨生产综合能耗(千克标准煤/吨) Overall Energy Consumption per Unit of Manufacturing Compound ammonia(kg SCE/ton)	1551.93	1425.21	1345.92
每吨合成氨消耗天然气(立方米/吨) Natural Gas Consumption per ton of Manufacturing Compound ammonia(m3/ton)	1020.06	1000.05	993.96
每吨合成氨耗电(千瓦时/吨) Electric Power Consumption per ton of Manufacturing Compound ammonia(kwh/ton)	1520.79	1410.41	1437.27
每吨合成氨耗标准原料煤(7000千卡发热)(千克/吨) Standard Raw Coal Consumption per ton of Manufacturing Compound ammonia (kg/ton)	1223.22	1148.74	1068.83
每吨合成氨耗标准燃料煤(7000千卡发热)(千克/吨) Standard Fuel Coal Consumption per ton of Manufacturing Compound ammonia (kg/ton)	223.18	170.81	145.45
每吨粘胶纤维综合能耗(短纤)(千克标准煤/吨) Overall Energy Consumption per ton of Pectic-fibre(short fibre)(kg SCE/ton)		901.53	1088.59
每吨粘胶纤维用电量(短纤)(千瓦时/吨) Electric Power Consumption per ton of Pectic-fibre(short fibre)(kwh/ton)	1113.61	1136.94	1110.17
每吨粘胶纤维综合能耗(长丝)(千克标准煤/吨) Overall Energy Consumption per ton of Pectic-fibre(long silk)(kg SCE/ton)		5394.30	4956.13
每吨粘胶纤维用电量(长丝)(千瓦时/吨) Electric Power Consumption per ton of Pectic-fibre(long silk)(kwh/ton)	8198.34	8441.21	7799.29
每吨水泥熟料综合能耗(千克标准煤/吨) Energy Consumption per ton of Cement Ripe-material(kg SCE/ton)	142.52	134.82	125.85
每吨水泥熟料烧成标准煤耗(千克标准煤/吨) SCE Consumption per ton of Cement Ripe-material(kg SCE/ton)	133.65	125.32	115.77
每吨水泥熟料综合电耗(千瓦时/吨) Overall Electric Power Consumption per ton of Cement Ripe-material(kwh/ton)	79.01	75.56	75.3
每吨水泥综合能耗(千克标准煤/吨) Fully Energy Consumption for Cement(kg SCE/ton)	95.10	88.14	76.84

主要耗能工业企业单位产品能源消耗情况（续二）

Energy Consumption per Unit of Product in Main Enterprises that Consume much Energy

指　标　Item	指标值 Index		
	2007	2008	2009
吨水泥标准煤耗(千克/吨) SCE Consumption per ton of Cement (kg/ton)		81.00	78.58
每吨水泥综合电耗(千瓦时/吨) Overall Electric Power Consumption per ton of Cement(kwh/ton)	86.37	84.69	79.79
每重量箱平板玻璃综合能耗(千克标准煤/重量箱) Energy Consumption per weight case of Plate Glass(kg SCE/weight case)	20.61	17.04	15.25
每重量箱平板玻璃耗电(千瓦时/重量箱) Electric Power Consumption per ton of Plate Glass(kwh/weight case)	8.29	7.75	7.53
每重量箱平板玻璃耗燃油(千克/重量箱) Fuel Oil Consumption per ton of Plate Glass(kg/weight case)		11.10	9.88
吨钢综合能耗(千克标准煤/吨) Energy Consumption per ton of Steel(kg SCE/ton)	608.23	604.58	565.43
吨钢耗电(千瓦时/吨) Electric Power Consumption per ton of Steel(kwh/ton)	346.91	388.63	391.58
炼铁工序单位能耗(千克标准煤/吨) Energy Consumption per Unit of Ferrosilicon Processes(kg SCE/ton)	461.75	434.67	407.37
铁矿烧结工序单位能耗(千克标准煤/吨) Energy Consumption per Unit of Iron Ore Sintering Processes(kg SCE/ton)		53.53	50.50
转炉炼钢工序单位能耗(千克标准煤/吨) Energy Consumption per Unit of Converter Steelmaking Processes(kg SCE/ton)	10.27	9.69	5.24
电炉炼钢工序单位能耗(千克标准煤/吨) Energy Consumption per Unit of EAF Steelmaking Processes(kg SCE/ton)	77.69	89.80	151.28
电炉炼钢综合电力消耗(千瓦时/吨) Electric Power Consumption per ton of EAF Steelmaking(kwh/ton)	359.25	423.20	583.98
轧钢工序单位能耗(千克标准煤/吨) Energy Consumption per Unit of Steel Rolling Processes(kg SCE/ton)	59.01	60.17	54.90
轧钢工序电力消耗(千瓦时/吨) Electric Power Consumption per ton of Steel rolling(kwh/ton)	102.77	78.32	77.38
吨钢耗新水(吨/吨) Fresh Water Consumption per ton of Steel(ton/ton)	3.34	3.15	3.00
单位粗铜综合能耗(千克标准煤/吨) Energy Consumption per Unit of Crude Copper(kg SCE/ton)	821.76	719.08	592.96
吨铝加工材消耗电量(千瓦时/吨) Electric Power Consumption per ton of Machining Aluminium(kwh/ton)	1746.47	1692.03	1915.76
吨铝加工材消耗能源量(千克标准煤/吨) Energy Consumption per ton of Machining Aluminium(kg SCE/ton)	504.36	428.59	470.34
火力发电标准煤耗(克标准煤/千瓦时) SEC Consumption of Firepower Generate Electricity(g SCE/kwh)	333.27	326.50	318.87
火力发电供电标准煤耗(克标准煤/千瓦时) Power-supply SEC Consumption of Firepower Generate Electricity(g SCE/kwh)	356.39	351.77	341.05
发电厂用电率(%) Electro-rate of Power plant(%)	6.70	6.74	6.75

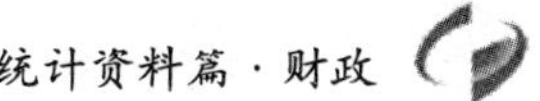

财政收支总额及增长速度

Government Revenue and Expenditure and Growth Rates

单位：亿元　　(100 million yuan)

年 份 Year	财政总收入 Total Government Revenue	#地方一般预算收入 Local Government Budgetary Revenue	财政支出 Government Expenditure	比上年增长(%) Growth Rate over preceding year (%) 财政总收入 Total Government Revenue	#地方一般预算收入 Local Government Budgetary Revenue	财政支出 Government Expenditure
1978	45.10		32.44	38.0		2.9
1979	42.87		34.22	4.9		5.5
1980	35.02		28.36	-18.3		-17.1
1981	34.10		23.29	-2.6		-17.9
1982	31.78		25.94	-6.8		11.4
1983	36.39		28.27	14.5		9.0
1984	39.11		35.86	7.5		26.9
1985	45.15		41.66	15.4		16.2
1986	51.17		53.82	13.3		29.2
1987	57.62		53.33	12.3		-0.9
1988	64.78		67.52	12.4		26.6
1989	76.12		72.30	17.5		7.1
1990	81.15		87.29	6.6		20.7
1991	90.66		91.14	11.7		4.4
1992	101.17		101.19	11.6		11.0
1993	144.21		142.26	42.5		40.6
1994	182.16	95.22	160.84	26.3		13.1
1995	214.12	119.95	191.18	17.5	26.0	18.9
1996	258.57	151.78	231.90	20.8	26.5	21.3
1997	297.34	176.07	270.46	15.0	16.0	16.6
1998	341.86	206.76	301.55	14.9	17.4	11.5
1999	367.20	223.28	350.80	7.4	8.0	16.3
2000	397.60	248.76	415.54	8.3	11.4	18.5
2001	448.40	283.50	514.18	12.8	14.0	23.7
2002	544.86	302.31	576.59	12.6	6.6	12.1
2003	634.94	335.83	646.74	16.6	11.1	12.2
2004	778.33	407.83	785.56	22.6	21.4	21.5
2005	1035.20	515.70	979.16	33.0	26.5	24.6
2006	1223.46	620.53	1180.36	18.2	20.3	20.5
2007	1528.92	789.12	1506.65	25.0	27.2	27.6
2008	1824.00	947.59	1881.67	19.3	20.1	24.9
2009	2020.77	1067.12	2347.59	10.8	12.6	24.8

各时期地方财政收支及指数
Local Revenue and Expenditures and Indices by Period

时　期（年份）	Period (Year)	地方财政收入（万元）Local Revenue (10000 yuan)	地方财政支出（万元）Local Expenditure (10000 yuan)	平均增长(%) Average Annual Growth Rate (%) 地方财政收入 Local Revenue	平均增长(%) Average Annual Growth Rate (%) 地方财政支出 Local Expenditure
"一五"时期	The "First five-year Plan" Period	311571	207744	8.56	22.00
"二五"时期	The "Second five-year Plan" Period	839252	640968	9.96	2.98
1963－1965	1963-1965	313804	306963	4.78	17.98
"三五"时期	The "Third five-year Plan" Period	715957	475430	10.67	4.68
"四五"时期	The "Fourth five-year Plan" Period	1302940	891644	8.13	11.51
"五五"时期	The "Fifth five-year Plan" Period	1840251	1539005	2.89	6.28
"六五"时期	The "Sixth five-year Plan" Period	1865313	1550232	5.21	7.99
"七五"时期	The "Seventh five-year Plan" Period	3304361	3392465	12.44	15.94
"八五"时期	The "Eighth five-year Plan" Period	5512131	6881072	8.13	16.98
"九五"时期	The "Nine five-year Plan" Period	10066483	15702429	15.71	16.80
"十五"时期	The "Tenth five-year Plan" Period	18451644	35022310	15.70	18.70
"十一五"时期	The "Eleventh five-year Plan" Period				
1979－2009	1979－2009	74226527	132272002	10.74	14.81
1991－2009	1991－2009	68273885	126753473	14.52	18.92
2001－2009	2001－2009	52695271	104184972	17.56	21.22

预算外资金收入与支出
Extra-budgetary Revenue and Expenditures

单位：亿元 (100 million yuan)

年　份 Year	预算收入 Budget Revenue	预算外收入 Off-budget Revenue	地方财政预算外资金 Extra-budgetary Funds of Local Finance	行政事业单位预算外资金 Extra-budgetary Funds of Administrative Institutions	其　他预算外资金 Other Extra-budgetary Funds	预算外收入相当于预算收　入(%) Ratio of the Off-budget Revenue to the Budget Revenue	预算外支出 Expenditure out of Budget
1980	35.02	18.93	2.74	4.74	11.45	54.05	19.15
1985	45.15	39.86	2.45	9.59	27.81	88.28	36.46
1990	81.15	80.01	3.43	26.91	49.67	98.60	80.79
1995	119.95	92.29	13.06	79.24		76.94	89.97
1996	151.78	158.05	13.69	88.40	55.96	104.13	152.11
1997	176.07	138.13	4.31	72.22	61.60	78.45	133.33
1998	206.76	104.65		85.99	18.66	50.61	97.67
1999	223.28	113.98		80.49	33.49	51.05	107.21
2000	248.76	117.53		78.47	39.06	47.25	110.00
2001	283.50	140.79		106.43	34.36	49.66	129.75
2002	302.31	126.01		114.10	11.91	41.68	119.86
2003	335.83	147.33		136.3	11.03	43.87	147.33
2004	407.83	178.52		159.40	19.12	43.77	161.03
2005	515.70	206.80		181.16	25.56	40.10	191.88
2006	620.53	223.40		205.45	17.95	36.00	215.80
2007	789.12	247.85		219.70	28.15	31.41	208.14
2008	947.59	268.34		240.39	27.95	28.32	256.50
2009	1067.12	267.04		243.66	23.38	25.02	276.98

注：2004年预算外收入为预算外财政专户资金收入。
a) The off-budget revenue of 2004 refer to the revenue of the special account for extra-budgetary funds.

分项目地方财政收支
Local Revenue and Expenditures by Item

单位：亿元 (100 million yuan)

项　　目	Item	2007		2008		2009	
		金额 Amount	比重(%) Percentage	金额 Amount	比重(%) Percentage	金额 Amount	比重(%) Percentage
地方财政总收入	**Local Revenue**	**789.12**	**100.00**	**947.59**	**100.00**	**1067.12**	**100.00**
税收收入	Tax Revenue	618.30	78.35	748.89	79.03	839.33	78.65
增值税	Value-added Tax	168.08	21.30	196.86	20.77	190.64	17.86
营业税	Operation Tax	178.35	22.60	217.08	22.91	268.05	25.12
企业所得税	Enterprises' Income Tax	92.11	11.67	112.22	11.84	117.75	11.03
个人所得税	Individual Income Tax	36.61	4.64	42.48	4.48	42.41	3.97
城建税	Tax on City Construction	40.24	5.10	48.71	5.14	51.15	4.79
资源税	Tax on Natural Resources	24.09	3.05	23.66	2.51	23.61	2.21
房产税	Tax on Real Estates	14.07	1.78	16.23	1.71	19.29	1.81
城镇土地使用税	Tax on the Use of Urban Land	17.26	2.19	27.65	2.92	33.38	3.13
耕地占用税	Tax on the Occupancy of Cultivated Land	4.15	0.53	6.49	0.68	13.13	1.23
契　税	Contract Tax	23.65	3.00	27.61	2.91	39.91	3.74
其他税收收入	Other Tax	19.69	2.49	29.90	3.16	40.01	3.76
非税收收入	Non-tax Revenue	170.82	21.65	198.70	20.97	227.79	21.35
行政事业性收费收入	Income from Administrative Fees	50.71	6.43	52.36	5.53	49.81	4.67
地方财政总支出	**Total Expenditure Of Local Finance**	**1506.65**	**100.00**	**1881.67**	**100.00**	**2347.59**	**100.00**
一般公共服务	General Public Services	269.44	17.88	317.62	16.88	346.49	14.76
国　防	National Defences	2.64	0.18	2.58	0.14	4.51	0.19
公共安全	Public Security	108.92	7.23	136.78	7.27	151.20	6.44
教　育	Education	283.39	18.81	376.98	20.03	439.33	18.71
科学技术	Science and Technology	17.41	1.16	21.67	1.15	26.43	1.13
文化体育与传媒	Culture, Sports and Communications	20.75	1.38	29.00	1.54	38.02	1.62
社会保障和就业	Social Security and Employment	220.13	14.61	271.37	14.42	317.42	13.52
医疗卫生	Medical Treatment and Health	78.11	5.18	120.24	6.39	174.68	7.44
环境保护	Environment Protection	42.01	2.79	76.36	4.06	104.20	4.44
城乡社区事务	Affairs of Urban and Rural Communities	99.38	6.60	132.50	7.04	149.57	6.37
农林水事务	Affairs of Agriculture, Forestry and Water Resources	111.97	7.43	151.90	8.07	264.78	11.28
交通运输	Transport	32.99	2.19	28.92	1.54	161.07	6.86
其他支出	Other Expenditures	219.51	14.56	215.75	11.47	169.89	7.24

各种价格指数（上年=100）
General Price Indices (Preceding Year=100)

年 份 Year	居民消费价格指数 Consumer Price Index	城市居民消费价格指数 Urban Areas	农村居民消费价格指数 Rural Areas	商品零售价格指数 Retail Price Index	工业品出厂价格指数 Ex-factory Price Indices of Industrial Products	原材料、燃料、动力购进价格指数 Purchasing Price Indices of Raw Material, Fuel and Power	固定资产投资价格指数 Investment in Fixed Assets Price Index
1978		100.2		99.8			
1979		101.7		101.4			
1980		107.2		105.3			
1981		103.2		102.1			
1982		100.9		101.5			
1983		102.0		101.4			
1984	102.5	103.1	102.1	103.4			
1985	106.8	108.9	105.7	106.8			
1986	105.7	106.0	105.4	105.2			
1987	107.8	108.2	107.4	108.3			
1988	118.0	118.3	117.8	118.1			
1989	118.7	115.9	122.2	118.4			
1990	100.6	101.2	99.9	99.9			
1991	103.4	106.6	101.6	102.8			106.8
1992	106.1	108.5	103.9	105.2	108.6	111.4	129.3
1993	113.8	115.5	111.9	110.5	129.1	134.9	124.8
1994	122.6	124.9	120.0	121.4	119.2	119.9	110.0
1995	115.2	116.1	114.8	115.8	111.4	110.9	106.9
1996	107.1	107.6	106.8	106.2	102.9	106.3	103.9
1997	103.5	103.7	103.4	102.1	98.8	102.1	101.5
1998	98.4	98.7	98.1	97.7	94.4	96.2	97.8
1999	98.1	98.7	97.6	97.8	95.9	95.4	99.4
2000	99.7	100.5	99.1	99.1	105.3	103.3	101.1
2001	100.5	100.4	100.6	99.8	99.8	101.0	99.9
2002	99.0	98.6	99.5	99.2	99.4	97.2	99.5
2003	102.2	102.3	102.0	100.2	107.1	109.4	102.3
2004	104.3	103.7	104.8	103.2	111.6	118.4	107.0
2005	101.8	101.4	102.2	101.1	104.4	107.0	101.9
2006	101.7	101.7	101.7	101.5	100.8	105.0	101.7
2007	104.7	104.3	105.1	104.1	106.9	107.8	103.8
2008	106.2	105.2	108.1	106.7	116.7	115.9	109.6
2009	99.3	98.8	100.3	99.0	89.1	93.5	96.5

各种价格定基指数

Fixed-base Price Indices

年 份 Year	居民消费 价格指数 Consumer Price Index (1983=100)	城市居民消费价格指数 Urban Areas (1978=100)	农村居民消费价格指数 Rural Areas (1983=100)	商品零售 价格指数 Retail Price Index (1978=100)	工业品出厂 价格指数 Ex-factory Price Indices of Industrial Products (1991=100)	原材料、燃料、动力购进 价格指数 Purchasing Price Indices of Raw Material, Fuel and Power (1991=100)	固定资产投资 价格指数 Investment in Fixed Assets Price Index (1990=100)
1979		101.7		101.4			
1980		109.0		106.8			
1981		112.5		109.0			
1982		113.5		110.6			
1983		115.8		112.1			
1984	102.5	119.4	102.1	115.9			
1985	109.5	130.0	107.9	123.8			
1986	115.7	137.8	113.7	130.2			
1987	124.7	149.1	122.1	141.0			
1988	147.1	176.4	143.8	166.5			
1989	174.6	204.4	175.7	197.1			
1990	175.6	206.9	175.5	196.9			
1991	181.6	220.6	178.3	202.4			106.8
1992	192.7	239.4	185.3	212.9	108.6	111.4	138.0
1993	219.3	276.5	207.4	235.3	140.3	150.3	172.2
1994	268.9	345.3	248.9	285.7	167.1	180.3	189.5
1995	309.8	400.9	285.7	330.8	186.2	200.0	202.5
1996	331.8	431.4	305.1	351.3	191.6	212.6	210.4
1997	343.4	447.4	315.5	358.7	189.3	217.1	213.5
1998	337.9	441.6	309.5	350.4	178.8	208.8	208.8
1999	331.5	435.9	302.1	342.7	171.5	199.1	207.6
2000	330.5	438.1	299.4	339.6	180.5	205.6	209.9
2001	332.2	439.9	301.2	338.9	180.3	207.7	209.6
2002	328.9	433.7	299.7	336.2	179.2	202.0	208.6
2003	336.1	443.7	305.7	336.9	192.0	221.0	213.4
2004	350.6	460.1	320.4	347.7	214.1	261.6	228.3
2005	356.9	466.5	327.4	351.5	223.5	280.0	232.7
2006	363.0	474.4	333.0	356.8	225.3	293.9	236.6
2007	380.0	495.0	349.9	371.3	240.9	316.7	245.6
2008	403.5	520.7	378.4	396.3	281.0	367.1	269.2
2009	400.8	514.6	379.7	392.3	250.3	343.2	259.8

居民消费价格分类指数（2009年)(上年=100)

Consumer Price Indices by Category (2009) (Preceding Year=100)

项 目	Item	全 省 Provincial Indices	城 市 Urban Indices	农 村 Rural Indices
居民消费价格指数	**Consumer Price Index**	**99.3**	**98.8**	**100.3**
食 品	**Food**	**101.0**	**101.5**	**100.1**
粮 食	Grain	105.9	107.1	104.1
淀 粉	Starches and Tubers	100.7	107.1	90.6
干豆类及豆制品	Beans and Bean Products	96.2	96.7	94.8
油 脂	Oil or Fat	86.3	89.8	81.9
肉禽及其制品	Meat, Poultry and Processed Products	89.8	89.6	90.2
蛋	Eggs	104.1	101.9	107.4
水产品	Aquatic Products	100.4	100.9	98.3
菜	Vegetables	115.9	115.8	116.7
调味品	Flavoring	103.8	104.2	103.3
糖	Carbohydrate	101.8	102.7	100.2
茶及饮料	Tea and Beverages	101.7	101.4	102.9
干鲜瓜果	Dried and Fresh Melons and Fruits	103.8	103.8	103.3
糕点饼干面包	Cake, Biscuit and Bread	101.6	100.6	104.4
液体乳及乳制品	Milk and Its Products	101.4	100.9	103.9
在外用膳食品	Dining Out	103.7	103.5	104.3
其他食品	Other Foods and Manufacturing Services	100.9	100.2	101.4
烟酒及用品	**Tobacco, Liquor and Articles**	**101.9**	**102.6**	**101.0**
烟 草	Tobacco	99.9	99.7	100.0
酒	Liquor	104.0	105.4	101.9
吸烟饮酒用品	Articles for Smoking and Drinking	102.7	102.8	102.4
衣 着	**Clothing**	**96.4**	**95.9**	**98.1**
服 装	Garments	95.7	95.1	97.5
衣着材料	Clothing Material	101.0	100.7	101.3
鞋袜帽	Footgear and Hats	97.5	97.0	98.9
衣着加工服务费	Clothing Manufacturing Service	105.7	106.0	103.3
家庭设备用品及维修服务	**Household Facilities, Articles and Services**	**99.8**	**99.4**	**101.0**
耐用消费品	Durable Consumer Goods	97.4	97.4	97.2
室内装饰品	Interior Decorations	99.9	99.8	100.4
床上用品	Bed Articles	99.6	100.1	97.9
家庭日用杂品	Daily Use Household Articles	102.7	101.9	104.5
家庭服务及加工维修服务	Household Services and Maintenance and Renovation	108.7	105.4	119.3
医疗保健和个人用品	**Health Care and Personal Articles**	**101.5**	**101.1**	**102.5**
医疗保健	Health Care	101.6	101.3	102.3
个人用品及服务	Personal Articles and Services	101.2	100.4	103.1
交通和通信	**Transportation and Communication**	**97.0**	**96.6**	**97.7**
交 通	Transportation	97.8	97.5	98.2
通 信	Communication	96.1	95.5	97.2
娱乐教育文化用品及服务	**Recreation, Education and Culture Articles**	**97.8**	**97.0**	**99.5**
文娱用耐用消费品及服务	Durable Consumer Goods for Cultural and Recreational Use and Services	88.5	87.9	90.2
教 育	Education	101.4	101.2	101.5
文化娱乐类	Cultural and Recreational Articles	101.7	101.6	101.7
旅 游	Touring and Outing	95.1	95.0	96.2
居 住	**Residence**	**98.4**	**96.0**	**102.4**
建房及装修材料	Building Decoration Materials	101.9	101.1	102.2
租 房	Renting	103.8	103.8	102.4
自有住房	Private Housing	87.1	83.2	102.8
水、电、燃料	Water, Electricity and Fuels	101.8	101.7	102.2

商品零售价格分类指数（2009年)(上年=100)

Retail Price Indices by Category of Commodities (2009) (Preceding Year=100)

项目	Item	全省 Provincial Indices	城市 Urban Indices	农村 Rural Indices
商品零售价格指数	**Retail Price Index**	**99.0**	**98.9**	**99.1**
食品	Food	100.9	101.8	100.1
饮料、烟酒	Beverages, Tobacco and Liquor	101.6	101.9	101.3
服装、鞋帽	Garments, Shoes and Hats	97.4	95.9	98.8
纺织品	Textiles	99.9	100.2	99.7
家用电器及音像器材	Household Appliances, Music and Video Equipment	92.5	92.2	92.8
文化办公用品	Cultural and Office Appliances	95.1	93.4	96.9
日用品	Articles for Daily Use	101.6	101.5	101.8
体育娱乐用品	Sports and Recreation Articles	98.0	97.5	98.4
交通、通信用品	Transportation and Communication Appliances	93.6	92.5	95.0
家具	Furniture	99.0	101.0	96.9
化妆品	Cosmetics	102.2	100.7	103.7
金银珠宝	Gold, Silver and Jewelry	91.0	93.9	87.5
中西药品及医疗保健用品	Traditional Chinese and Western Medicines and Health Care Articles	102.0	101.7	102.3
书报杂志及电子出版物	Books, Newspapers, Magazines and Electronic Publications	104.9	105.5	104.3
燃料	Fuels	96.7	97.2	96.2
建筑材料及五金电料	Building Materials and Hardware	100.5	99.8	100.9

居民消费和商品零售价格指数（2009年）

Consumer Price Indices and Retail Price Indices of Commodities (2009)

项目 Item	居民消费价格指数 Consumer Price Index			商品零售价格指数 Retail Price Index			农业生产资料价格指数 Price Indices of Agricultural Means of Production Index
	全省 Provincial Indices	城市 Urban Indices	农村 Rural Indices	全省 Provincial Indices	城市 Urban Indices	农村 Rural Indices	
1950=100		565.8		447.2	463.0	440.3	444.3
1952=100		497.5		386.9	408.8	381.8	391.6
1957=100		463.9		362.4	377.5	362.2	381.8
1965=100		522.6		382.6	433.9	357.7	428.4
1970=100		521.6		386.0	431.4	363.6	452.4
1978=100		514.6		392.3	425.3	375.8	512.1
1980=100		471.6		367.9	389.2	358.6	508.5
1985=100	366.2	395.5	351.9	316.9	326.8	314.5	434.3
1990=100	227.8	248.6	216.1	199.2	207.6	195.5	266.0
1995=100	129.3	128.3	132.7	118.6	114.6	122.3	163.8
2000=100	121.3	117.5	126.7	115.5	111.2	119.8	148.2
2005=100	112.3	110.3	115.9	111.5	109.5	113.6	129.5
2008=100	99.3	98.8	100.3	99.0	98.9	99.1	100.6

农业生产资料价格分类指数（上年=100）
Price Indices of Agricultural Means of Production by Category (Preceding Year=100)

项　　目	Item	2000	2005	2008	2009
农业生产资料价格指数	**Price Indices of Agricultural Means of Production Index**	**101.5**	**106.8**	**118.6**	**100.6**
农用手工工具	Farm Handtools	98.8	100.5	112.2	104.9
饲　料	Forage	96.2	99.2	120.7	100.5
产品畜	Production Livestock	113.5	106.2	135.6	89.1
半机械化农具	Labour Livestock	99.1	99.9	106.2	100.8
机械化农具	Semi-mechanized Farm Tools	97.7	101.3	107.2	102.2
化学肥料	Mechanized Farm Machinery	95.0	112.0	121.2	101.2
农药及农药械	Chemical Fertilizer	97.7	101.2	104.3	100.7
农用机油	Pesticide and Its Appliances	120.3	116.6	116.9	90.2
其他农业生产资料	Oil for Farm Machinery	97.8	108.6	110.9	100.0
农业生产服务	Other Means of Agricultural Production			115.7	111.2

工业品出厂价格分类指数（上年＝100）
Ex-factory Price Indices of Industrial Products (Preceding Year=100)

项　　目	Item	2000	2005	2008	2009
全部工业品	**Total Industry Products**	**105.27**	**104.39**	**116.66**	**89.08**
轻工业	Light Industry	99.17	100.66	106.87	97.38
以农产品为原料	Agricultural Products as Raw Materials	100.44	99.8	106.32	96.51
以非农产品为原料	Non-agricultural Products as Raw Materials	95.27	101.62	107.56	98.37
重工业	Heavy Industry	107.92	107.13	121.21	85.50
采　掘	Mining and Quarrying Industry	135.25	122.89	132.1	74.85
原　料	Raw Materials Industry	106.76	106.15	122.03	86.67
加　工	Processing Industry	98.53	102.96	117.25	86.74
生产资料	Means of Production	106.98	105.15	118.16	87.83
采　掘	Mining and Quarrying Industry	132.56	122.85	133.5	77.97
原　料	Raw Materials Industry	105.95	105.22	120.45	87.04
加　工	Processing Industry	99.20	102.01	113.32	90.37
生活资料	Consumer Goods	98.44	100.63	108.12	96.75
食　品	Food	95.96	100.35	109.78	95.99
衣　着	Clothing	101.82	100.48	102.55	100.12
一般日用品	Articles for Daily Use	97.49	102.01	108.41	96.30
耐用消费品	Durable Consumer Goods	98.75	100.98	103.66	99.40

主要原材料、燃料、动力购进价格指数（上年=100）
Purchasing Price Indices of Major Raw Material, Fuel and Motive (Preceding Year=100)

项　目	Item	2000	2005	2008	2009
全部原材料	**Tatal Raw Materials**	**103.31**	**107.02**	**115.91**	**93.49**
燃料、动力类	Fuel and Power	107.50	·115.70	129.47	97.22
黑色金属材料类	Ferrous Metals	100.10	107.27	128.57	82.53
#钢　材	Steel Products	102.78	104.89	122.48	84.05
其　他	Others	99.46	110.61	142.51	78.99
有色金属材料和电线类	Nonferrous Matals	115.59	111.26	99.34	86.49
化工原料类	Raw Chemical Materials	104.56	106.76	112.92	91.70
木材及纸浆类	Timber and Paper Pulp	102.57	103.35	103.82	96.98
建筑材料及非金属矿类	Building Materials and Monmetal Ores	111.17	104.03	116.38	101.78
其他工业原料及半成品类	Other Industrial Raw Materials and Semi-finished Products	94.65	105.83	106.96	95.25
农副产品类	Agricultural Products	94.79	98.90	112.40	94.94
纺织原料类	Textile Materials	109.95	97.19	102.02	96.80

固定资产投资价格指数（上年=100）
Price Indices of Investment in Fixed Assets (Preceding Year=100)

年份 Year	固定资产投资 Investment in Fixed Assets	建筑安装工程 Construction and Installation	设备、工器具购置 Purchase of Equipment, Tools and Instruments	其他费用 Others
1991	106.8	104.1	110.5	107.2
1992	129.3	131.2	122.0	148.3
1993	124.8	133.0	121.0	86.0
1994	110.0	108.1	110.1	123.2
1995	106.9	106.0	106.2	115.1
1996	103.9	106.0	100.0	101.9
1997	101.5	105.0	95.0	101.2
1998	97.8	99.4	94.4	98.5
1999	99.4	100.0	96.4	104.3
2000	101.1	102.3	98.4	100.9
2001	99.9	100.6	97.9	100.4
2002	99.5	100.0	98.0	100.3
2003	102.3	104.2	98.5	101.4
2004	107.0	109.6	103.6	102.1
2005	101.9	101.8	101.9	102.0
2006	101.7	101.6	101.6	102.0
2007	103.8	105.4	100.7	102.4
2008	109.6	113.9	101.6	105.8
2009	96.5	94.7	97.4	102.3

农产品生产价格指数（上年=100）
Production Price Indices of Farm Produces (Preceding Year=100)

指　　标	Item	2005	2006	2007	2008	2009
农产品生产价格指数	**General Price Index of Farm Products**	**102.45**	**100.22**	**116.15**	**108.98**	**99.70**
农业产品	**Planting Products**	**103.85**	**102.27**	**110.99**	**104.97**	**102.40**
谷　物(原粮)	Cereal	98.03	101.58	112.24	103.48	102.02
小　麦	Wheat	100.25	98.77	106.72	105.58	111.34
稻　谷	Rice	107.02	104.59	104.35	105.21	107.20
玉　米	Corn	95.90	103.43	116.68	105.97	95.00
薯　类	Tubers	111.47	105.59	105.91	86.83	97.96
豆　类	Beans	92.69	98.23	116.02	130.40	89.49
大　豆	Beans	96.60	98.16	116.38	130.40	89.49
油　料	Oil-bearing Crops	98.75	102.24	120.20	105.47	86.20
棉　花(籽棉)	Cotton(Unginned Cotton)	104.86	98.05	110.05	98.63	91.67
蔬　菜	Fresh Vegetables	106.03	103.86	113.96	99.54	115.61
水　果	Fruits	113.25	106.43	105.61	113.72	109.45
瓜果类	Melon and Fruit	113.51	94.73	117.97	95.89	132.45
其他水果	Other Fruits	114.41	100.68	107.86	116.59	113.34
中药材	Traditional Chinese Medicine	113.59	107.58	132.21	105.13	98.88
林业产品	**Forestry Products**	**100.58**	**118.77**	**105.09**	**88.96**	**104.30**
牧　业(畜产品)	**Animai Husbandry (Livestock Products)**	**100.40**	**97.05**	**123.36**	**115.45**	**95.79**
牲畜的饲养	Livestock Feeding	100.17	103.97	118.41	116.98	100.19
牛	Cattle and Buffaloes	100.24	106.88	119.31	116.73	99.59
羊	Sheep and Goats	100.17	100.90	118.54	117.66	102.15
奶　类	Milk	100.10	102.75	107.31	117.93	88.71
毛绒类	Fur and Down	94.53	99.28	114.47	89.63	114.74
猪的饲养	Pig Feeding	98.50	93.32	132.09	121.32	85.21
家　禽	Poultry	103.41	93.22	120.99	104.65	101.73
肉　禽(毛重)	Poultry for Eating (gross weight)	103.92	94.06	117.86	105.54	100.28
禽　蛋	Poultry Eggs	103.08	92.65	123.07	104.05	102.69
渔　业	**Fishery**	**107.08**	**97.73**	**111.98**	**102.36**	**103.77**
海水水产品	Seawater Aquatic Products	110.55	97.34	114.15	94.55	108.62
内陆水域水产品	Inland Waterways Aquatic Products	100.28	98.48	107.75	117.64	94.29

城乡居民家庭人均收入及恩格尔系数

Per Capita Annual Income and Engle Coefficient of Urban and Rural Households

年 份 Year	农村居民家庭人均纯收入 Per Capital Annual Net Income of Rural Households		城镇居民家庭人均可支配收入 Per Capital Annual Disposable Income of Rural Households		农村居民家庭恩格尔系数(%) Engle Coefficient of Rural Households (%)	城镇居民家庭恩格尔系数(%) Engle Coefficient of Urban Households (%)
	绝对值(元) Value (yuan)	指数(1978年=100) Index (1978=100)	绝对值(元) Value (yuan)	指数(1978年=100) Index (1978=100)		
1978	114.06	100.0	276.24	100.0		
1979	136.11	119.3	313.20	113.4		
1980	175.77	154.1	400.56	145.0	56.06	60.08
1981	204.41	179.2	402.48	145.7	52.19	53.34
1982	238.70	209.3	432.84	156.7	54.29	56.28
1983	298.07	261.3	448.68	162.4	53.52	56.93
1984	345.00	302.5	519.24	188.0	52.24	55.36
1985	385.23	337.7	630.72	228.3	50.03	49.96
1986	407.61	357.4	766.44	277.5	48.51	50.24
1987	444.40	389.6	855.00	309.5	48.44	51.67
1988	546.62	479.2	1080.48	391.1	46.95	46.50
1989	589.40	516.7	1256.88	455.0	48.12	52.00
1990	621.67	545.0	1397.35	505.8	49.05	51.16
1991	657.38	576.3	1489.32	539.1	47.94	51.34
1992	682.48	598.4	1763.40	638.4	52.47	49.51
1993	803.80	704.7	2201.04	796.8	58.39	46.31
1994	1107.25	970.8	3007.68	1088.8	56.69	47.29
1995	1668.73	1463.0	3674.16	1330.1	56.81	46.22
1996	2054.95	1801.6	4429.66	1476.0	52.18	44.78
1997	2286.01	2004.2	4958.67	1652.3	50.28	41.95
1998	2405.32	2108.8	5084.64	1694.3	47.51	40.02
1999	2441.50	2140.5	5365.03	1787.7	43.68	37.70
2000	2478.86	2073.3	5661.16	1886.4	39.50	34.39
2001	2603.60	2282.7	5984.82	1994.3	39.72	35.35
2002	2685.16	2354.2	6678.73	2225.5	38.92	35.42
2003	2853.29	2501.6	7239.12	2412.2	39.94	35.16
2004	3171.06	2780.2	7951.31	2649.4	42.51	36.82
2005	3481.64	3052.5	9107.09	2734.6	41.02	34.56
2006	3801.82	3333.2	10304.56	3092.8	36.69	33.94
2007	4293.43	3764.2	11690.47	3895.4	36.81	33.88
2008	4795.46	4204.3	13441.09	4478.7	38.17	34.73
2009	5149.67	4514.9	14718.25	4904.2	35.69	33.59

注:1996年以前城镇居民家庭为生活费收入，以后为可支配收入，指数为可比。

a) Figures before 1996 on urban households refer to per capita income available for living, while figures since 1996 refer to per capital annual disposable income. Index is comparable.

人民物质文化生活提高情况

项　　目	Item	1990	1995
收入与支出(元)	**Income and Expenditure (yuan)**		
职工平均工资	Annual Average Wages of Staff and Workers	2019	4839
城镇居民家庭人均可支配收入(抽样调查)	Per Capita Annual Disposable Income of Urban Households	1397.4	3991.7
城镇居民人均消费支出	Per Capita Annual Living Expenditure of Urban Households	1278.0	3256.8
农民人均纯收入(抽样调查)	Annual Per Capita Net Income of Rural Residents	621.7	1668.7
农民人均生活费支出	Per Capita Annual Living Expenditure of Rural Households	456.8	1104.3
居住条件(平方米)	**Residence Condition (sq.m)**		
城镇居民人均现住房总建筑面积	Per Capita Floor Space of Houses in Urban Areas	9.18	11.43
农村居民平均每人居住面积	Per Capita Floor Space of Houses in Rural Areas	17.34	21.53
交　通(辆)	**Traffic (unit)**		
城市每万人拥有公共车辆(省辖市区)	Number of Buses per 10000 persons in Cities	2.37	3.94
储　蓄	**Savings**		
城乡居民储蓄存款年底余额(亿元)	Balance of Savings Deposit of Rural and Urban Residents (year-end) (100 million yuan)	504.59	1811.23
人均储蓄存款年底余额(元)	Per Capita Balance of Saving Deposit (yuan)	819.27	2813.99
文　化(台)	**Culture (unit)**		
城镇居民每百户拥有彩色电视机	Number of Color TV Sets Per 100 Households in Urban Areas	68	92
农村居民每百户拥有彩色电视机	Number of Color TV Sets Per 100 Households in Rural Areas	6	23
城镇居民每百户拥有电冰箱	Number of Refrigerator Sets Per 100 Households in Urban Areas	49	77
农村居民每百户拥有电冰箱	Number of Refrigerator Sets Per 100 Households in Rural Areas	1	6
教　育	**Education**		
学龄儿童入学率(%)	Enrollment Ratio of School-Age Children (%)	99.0	99.2
每万人口拥有当年大学生毕业生数(人)	Number of University Students per 10000 persons (person)	3.8	5.7
卫　生	**Public Health**		
每万人口拥有病床(张)	Number of Hospital Beds per 10000 Persons (unit)	23.9	24.8
每万人口拥有医生(人)	Number of Doctors per 10000 Persons (person)	14.5	14.6
就　业(抽样调查)(人)	**Employment (person)**		
城镇每一就业者负担人数(含本人)	Number of Dependents per Urban Employee (including the laborer himself or herself)	1.65	1.67
农村每一劳动力负担人数	Number of Dependents per Rural Employee	1.50	1.56

注：城镇人均居住面积2007年为人均住房建筑面积,以前年份为人均住房使用面积。

Improvement in People's Material and Cultural Life

2000	2001	2002	2003	2004	2005	2006	2007	2008	2009
7043	7864	8959	11189	12925	14707	16590	19911	24756	28383
5661.2	5984.8	6678.7	7239.1	7951.3	9107.1	10304.6	11690.5	13441.1	14718.3
4348.5	4479.8	5068.4	5439.7	5819.2	6699.7	7343.5	8235.0	9086.7	9678.8
2478.9	2603.6	2685.2	2853.3	3171.1	3481.6	3801.8	4293.43	4795.5	5149.7
1365.2	1429.8	1476.4	1600.1	1834.9	2165.7	2495.3	2786.8	3125.6	3349.7
15.42	15.8	18.7	18.9	19.3	21.5	21.81	30.45	29.51	29.95
22.87	24.1	24.9	25.6	26.1	28.4	29.13	30.1	30.71	31.94
7.97	6.3	6.5	6.65	6.89	7.30	8.7	9.0	9.79	11
3957.06	4364.2	4811.3	5457.0	6207.5	7084.03	8014.16	8922.41	11435.6	13551.1
5955.84	6526.9	7162.9	8082.0	9143.5	10372.3	11657.8	12893	16416.3	19327
112	116	121	122	127	124	127	126	118	118
65	72	77	80	84	102	106	110	114	116
84	86	91	92	95	92	94	101	96	97
22	24	25	27	28	31	33	36	38	41
99.9	99.5	99.5	99.4	98.4	99.7	99.4	99.4	99.7	99.7
6.2	6.9	9.3	15.9	21.1	25.0	30.2	34.8	38.2	38.8
25.4	25.8	25.5	23.5	23.3	23.8	25.2	28.2	30.7	33.1
13.8	14.1	12.4	12.3	12.4	12.3	12.7	15.6	15.7	16.3
1.83	1.86	1.97	1.95	1.93	1.94	1.91	1.85	2.02	2.02
1.50	1.49	1.47	1.43	1.41	1.40	1.38	1.36	1.36	1.34

a) Per Capita Floor Space in the Urban Areas in 2007 was defined as per capita floor rent area, while it had been defined as per capita usuable floor area before 2007.

城镇居民家庭基本情况
Basic Indicators of Urban Households

项 目	Item	2005	2006	2007	2008	2009
调查户数(户)	**Number of Households Surveyed (household)**	**2380**	**2380**	**2520**	**2520**	**2520**
平均每户家庭人口数(人)	Average Household Size (person)	2.91	2.89	2.92	2.91	2.87
平均每户就业人口数(人)	Average Number of Employed Persons per Household (person)	1.50	1.52	1.58	1.44	1.42
平均每户就业面(%)	Percentage of Employment per Household (%)	51.5	52.6	54.1	49.66	49.48
平均每一就业者负担人数(含就业者本人)(人)	Number of Persons Supported by Each Employee (including the employee himself or herself) (person)	1.94	1.91	1.85	2.02	2.02
平均每人全部年收入(元)	**Per Capita Annual Income (yuan)**	**9616.80**	**10887.19**	**12335.96**	**14141.41**	**15675.75**
#可支配收入	Disposable Income	9107.09	10304.56	11690.47	13441.09	14718.25
平均每人总支出(元)	**Per Capita Annual Expenditures (yuan)**	**8461.56**	**9972.60**	**10797.34**	**11555.6**	**12681.38**
#服务性消费支出	Consumption Expenditure of Service	1550.04	1729.62	1792.29	1872.67	2035.85
平均每人消费性支出(元)	**Per Capita Annual Living Expenditures for Consumption (yuan)**	**6699.67**	**7343.49**	**8234.97**	**9086.73**	**9678.75**
食 品	Food	2315.76	2492.26	2789.85	3155.4	3250.77
#粮 食	Grain	219.04	221.30	232.55	279.12	280.32
油脂类	Oil and Fats	109.28	108.35	126.72	181.58	136.00
肉禽蛋水产品	Meat, Poultry and Related Products	492.20	381.51	508.37	839.35	820.40
在外用餐	Dining Out	330.62	409.48	440.70	444.81	505.87
衣 着	Clothing	787.33	849.58	975.94	1137.22	1190.19
#服 装	Garments	551.98	591.39	664.18	754.78	797.63
家庭设备用品及服务	Household Facilities, Articles and Service	414.49	460.27	546.75	574.84	628.49
医疗保健	Medicine and Medical Service	642.71	737.43	833.51	808.88	971.29
交通和通信	Transport, Post and Communication Services	772.34	875.43	1010.51	1062.31	1151.15
教育文化娱乐服务	Education, Cultural and Recreation Services	795.43	827.72	895.06	946.38	982.21
居 住	Residence	762.08	864.92	917.19	1097.41	1142.83
其他商品及服务	Miscellaneous Commodities Services	209.51	235.88	266.16	304.28	361.83

按收入等级划分的城镇居民家庭基本情况（2009年）
Basic Indicators of Urban Households by Level of Income (2009)

项　　目	Item	城镇居民家　庭 Urban Residents	最低收入户 Lowest Income Households	#困难户 Poor Households	低收入户 Low Income Households	中等偏下户 Lower Middle Income Households
调查户数(户)	Number of Households Surveyed (household)	2520	253	127	252	504
调查户比重(%)	Proportion (%)		10.00	5.00	10.00	20.00
平均每户家庭人口(人)	Average Household Size (person)	2.87	3.35	3.19	3.21	3.18
平均每户就业人口(人)	Average Number of Employed Persons per Household (person)	1.42	1.42	1.25	1.42	1.63
平均每户就业面(%)	Percentage of Employment per Household (%)	49.48	42.39	39.18	44.24	51.26
平均每一就业者负担人数(包括就业者本人)(人)	Number of Persons Supported by Each Employee(including the employee himself or herself) (person)	2.02	2.36	2.55	2.26	1.95
人均家庭总收入(元)	Per Capita Annual Income (yuan)	15675.75	5819.66	4933.63	8324.66	11469.26
平均每人可支配收入(元)	Per Capita Disposable Income (yuan)	14718.25	5331.32	4362.66	7776.67	10667.81
平均每人消费性支出(元)	Per Capita Annual Living Expenditures for Consumption (yuan)	9678.75	4692.89	4346.61	6077.22	7964.91

项　　目	Item	中等收入户 Middle Income Households	中等偏上户 Upper Middle Income Households	高收入户 High Income Households	最高收入户 Highest Income Households	#更高收入户 Higher Income Household
调查户数(户)	Number of Households Surveyed (household)	504	504	252	251	126
调查户比重(%)	Proportion (%)	20.00	20.00	10.00	10.00	5.00
平均每户家庭人口(人)	Average Household Size (person)	2.92	2.63	2.47	2.31	2.26
平均每户就业人口(人)	Average Number of Employed Persons per Household (person)	1.51	1.33	1.25	1.16	1.07
平均每户就业面(%)	Percentage of Employment per Household (%)	51.71	50.57	50.61	50.22	47.35
平均每一就业者负担人数(包括就业者本人)(人)	Number of Persons Supported by Each Employee(including the employee himself or herself) (person)	1.93	1.98	1.98	1.99	2.11
平均每人全部年收入(元)	Per Capita Annual Income (yuan)	14706.67	18757.2	24275.42	36277.43	42111.04
平均每人可支配收入(元)	Per Capita Disposable Income (yuan)	13784.73	17678.41	22703.61	34564.57	40264.34
平均每人消费性支出(元)	Per Capita Annual Living Expenditures for Consumption (yuan)	9493.14	11078.28	14251.66	18217.56	20582.44

城镇居民家庭人均全年现金收支
Per Capita Cash Income and Cash Expenditure in Urban Households

单位：元 (yuan)

指　　标	Item	2005	2006	2007	2008	2009
总　收　入	**Total Revenue**	**9616.80**	**10887.19**	**12335.96**	**14141.41**	**15675.75**
#可支配收入	Disposable Income	9107.09	10304.56	11690.47	13441.09	14718.25
工薪收入	Income from Wages and Salaries	6346.53	7065.29	8325.67	8891.50	9830.57
工资及补贴收入	Income from Wages and Subsidies	6157.99	6870.19	8119.29	8640.40	9672.36
其他劳动收入	Others	188.54	195.09	206.37	251.10	158.21
经营净收入	Income from Household Operations	643.84	779.27	649.79	1078.67	977.23
财产性收入	Income from Properties	117.46	113.49	163.77	224.86	193.71
转移性收入	Income from Transfers	2508.96	2929.14	3196.73	3946.39	4674.23
#养老金或离退休金	Pension	2188.22	2539.78	2860.00	3526.81	4287.85
出售财物收入	**Income from Selling of Properties**	**91.26**	**207.95**	**63.50**	**17.98**	**161.53**
借贷收入	**Income from Borrowings**	**2628.91**	**3400.10**	**3368.39**	**2622.53**	**2939.55**
总支出	**Total Expenditure**	**8461.56**	**9972.60**	**10797.34**	**11555.60**	**12681.38**
消费支出	Consumption Expenditure	6699.67	7343.49	8234.97	9086.73	9678.75
#服务性消费支出	Expenditure on Consumption of Services	1550.04	1729.62	1792.29	1872.67	2035.85
购房与建房支出	Expenditure of Buying and Building House	409.85	1051.32	786.24	680.92	824.21
转移性支出	Expenditure for Transfer	911.81	1052.95	1182.23	1109.02	1262.36
财产性支出	Expenditure for Property	9.82	8.76	15.90	27.14	34.22
社会保障支出	Expenditure of Social Protection	430.41	516.08	578.00	651.78	881.84
借贷支出	**Expenditure on Loan**	**3374.32**	**4211.31**	**4491.33**	**4260.86**	**4999.61**

城镇居民家庭平均每百户年底耐用消费品拥有量
Number of Major Durable Consumer Goods Owned Per 100 Urban Households at the Year-end

项　目	Item	2000	2005	2006	2007	2008	2009
洗衣机(台)	Washing Machine (unit)	93	95.52	97.91	98.73	97.05	97.32
电冰箱(个)	Refrigerator (unit)	84	92.07	93.60	101.19	96.26	97.22
微波炉(个)	Oven (unit)	10	40.27	44.22	46.78	47.17	48.61
家用电脑(个)	Computer (unit)	7	37.63	42.68	49.68	55.27	57.30
彩色电视机(台)	Color TV Set (unit)	112	124.34	126.73	126.32	117.77	118.00
照相机(架)	Camera (unit)	38	46.47	48.54	45.32	36.79	37.69
空调器(台)	Air Conditioner (unit)	33	81.43	86.72	87.64	82.41	84.51
摩托车(辆)	Motorcycle (unit)	37	31.56	31.96	36.55	29.23	29.75
移动电话(部)	Mobile Telephone (set)	14.14	124.53	136.53	154.31	160.95	164.43
普通电话(部)	Telephone (set)		92.85	92.05	88.03	75.91	75.79
家用汽车(辆)	Automobile (unit)	0.94	3.94	4.50	5.93	9.07	10.13

城镇居民家庭平均每人全年购买的主要商品数量
Per Capita Purchases of Major Commodities in Urban Households

项　目	Item	2005	2006	2007	2008	2009
粮　食(千克)	Grain (kg)	80.40	78.86	51.21	60.76	57.27
鲜　菜(千克)	Fresh vegetable (kg)	133.91	133.68	130.82	135.94	128.72
食用植物油(千克)	Edible vegetables Oil (kg)	10.62	10.38	9.71	11.20	10.07
猪　肉(千克)	Pork (kg)	13.86	14.01	12.48	12.70	13.47
牛羊肉(千克)	Beef and Mutton (kg)	5.01	4.93	4.41	4.21	4.68
家　禽(千克)	Poultry (kg)	4.81	4.24	3.19	3.81	3.66
鲜　蛋(千克)	Fresh Eggs (kg)	15.56	15.53	14.99	14.77	14.88
鱼　虾(千克)	Fish and Shrimp(kg)	7.57	7.99	8.44	7.74	8.23
酒(千克)	Liquor (kg)	12.69	12.70	12.29	12.82	13.47
鲜瓜果及制品(千克)	Fresh Melons, Fruits and Related Products(kg)	63.37	67.07	65.47	56.33	55.79
糕　点(千克)	Cake (kg)	4.55	4.79	5.68	5.27	5.56
鲜乳品(千克)	Fresh Milk (kg)	23.80	24.38	22.29	19.74	17.91

按收入等级分城镇居民家庭平均每人全年购买主要商品数量（2009年）

项　目	Item	总平均 Average	最　低 收入户 Lowest Income Households (first decile)	#困难户 Poor Households (first five Percent)
粮　食(千克)	Grain (kg)	26.94	25.06	24.55
食用植物油(千克)	Edible vegetables Oil (kg)	10.07	9.38	8.90
猪　肉(千克)	Pork (kg)	13.47	9.84	9.64
牛　肉(千克)	Beef (kg)	2.63	1.03	0.98
羊　肉(千克)	Mutton (kg)	2.05	1.19	1.05
家　禽(千克)	Poultry (kg)	3.66	2.51	1.95
鲜　蛋(千克)	Fresh Eggs (kg)	14.88	11.22	10.53
鱼(千克)	Fish (kg)	6.47	3.90	3.51
虾(千克)	Shrimp (kg)	1.76	0.64	0.56
鲜　菜(千克)	Fresh vegetable (kg)	1.76	0.64	0.56
白　酒(千克)	Liquor (kg)	4.00	3.97	2.99
果　酒(千克)	Fruit Wine (kg)	0.27	0.24	0.20
啤　酒(千克)	Beer (kg)	9.20	7.10	4.52
茶　叶(千克)	Tea (kg)	0.29	0.18	0.15
鲜　果(千克)	Fresh Fruits(kg)	37.64	25.70	23.84
鲜　瓜(千克)	Fresh Melons(kg)	18.15	10.33	8.92
糕　点(千克)	Cake (kg)	5.56	3.59	2.98
鲜乳品(千克)	Fresh Milk (kg)	17.91	10.80	8.54
奶　粉(千克)	Milk Power (kg)	0.54	0.34	0.22
酸　奶(千克)	Yogurt (kg)	7.26	3.27	2.32
鞋　类(双)	Shoes (pair)	2.94	2.55	2.09

Per Capita Annual Purchases of Major Commodities of Urban Households by Level of Income (2009)

低收入户 Low Income Households (second decile)	中等偏下户 Lower Middle Income Households (second quintile)	中等收入户 Middle Income Households (third quintile)	中等偏上户 Upper Middle Income Households (fourth quintile)	高收入户 High Income Households (ninth decile)	最高收入户 Highest Income Households (tenth decile)	#更高收入户 Hgher Income Household
22.07	22.94	28.45	31.25	31.16	28.71	28.94
9.43	9.16	10.36	10.85	11.19	10.57	10.86
10.99	11.22	13.49	15.67	17.34	18.54	19.01
1.81	2.09	2.90	3.16	3.80	4.22	4.48
1.44	1.81	2.45	2.31	2.54	2.54	2.60
3.27	2.94	4.09	4.23	4.30	4.48	4.56
13.66	13.17	16.02	16.61	16.36	17.62	17.32
5.26	5.26	6.66	7.89	7.76	9.73	10.53
1.11	1.35	1.85	2.14	2.42	3.38	3.82
1.11	1.35	1.85	2.14	2.42	3.38	3.82
2.48	6.04	3.63	3.09	4.31	3.54	4.26
0.19	0.20	0.26	0.24	0.40	0.58	0.67
8.68	8.68	8.75	10.42	10.82	10.81	11.17
0.24	0.28	0.30	0.33	0.35	0.35	0.35
31.30	31.78	38.03	43.21	45.50	55.95	57.80
15.20	16.02	20.12	20.35	22.21	24.02	24.19
4.66	4.56	5.85	6.38	7.38	7.51	7.44
13.80	15.22	17.47	22.76	23.49	24.48	24.96
0.63	0.44	0.32	0.51	1.42	0.59	0.56
4.57	6.12	7.03	9.57	10.54	11.29	10.43
2.50	2.71	3.04	3.08	3.30	3.74	3.95

按收入等级分城镇居民家庭平均每百户年底耐用消费品拥有量（2009年）

项　目	Item	总平均 Average	最低收入户 Lowest Income Households (first decile)	#困难户 Poor Households (first five Percent)
摩托车(辆)	Motorcycle (unit)	29.75	33.35	20.06
助力车(辆)	Hand Car (unit)	39.34	27.20	18.47
家用汽车(辆)	Automobile (unit)	10.13	3.55	3.29
洗衣机(台)	Washing Machine (unit)	97.32	91.14	89.18
电冰箱(台)	Refrigerator (unit)	97.22	76.80	71.50
彩色电视机(台)	Color TV Set (set)	118.00	108.23	103.39
家用电脑(台)	Computer (set)	57.30	28.96	26.22
组合音响(套)	Hi-Fi Stereo Component System (set)	21.93	9.33	6.22
摄像机(架)	Pickup Camera (set)	5.60	0.62	0.40
照相机(架)	Camera (set)	37.69	18.25	17.71
钢琴(架)	Piano (set)	1.95	0.43	
其他中高档乐器(件)	Medium and High-Grade Musical Instrument (unit)	4.38	2.91	3.73
微波炉(台)	Microwave Oven (unit)	48.61	21.61	21.66
空调器(台)	Air Conditioner (unit)	84.51	35.67	36.78
淋浴热水器(台)	Shower (unit)	76.60	45.62	44.38
消毒碗柜(台)	Antiseptic Cupboard (unit)	3.16	0.18	0.37
洗碗机(台)	Dish Washing Machine (unit)	0.55	0.19	0.40
健身器材(套)	Health Equipment (unit)	3.52		
普通电话(部)	Telephone (unit)	75.79	56.95	56.55
移动电话(部)	Mobile Telephone (unit)	164.43	136.07	118.53

Number of Durable Consumer Goods Owned Per 100 Urban Households at Year-end by Level of Income (2009)

低收入户 Low Income Households (second decile)	中等偏下户 Lower Middle Income Households (second quintile)	中等收入户 Middle Income Households (third quintile)	中等偏上户 Upper Middle Income Households (fourth quintile)	高收入户 High Income Households (ninth decile)	最高收入户 Highest Income Households (tenth decile)	#更高收入户 Higher Income Household
36.96	34.58	32.40	25.01	25.69	18.25	14.74
41.40	42.62	42.42	45.25	31.65	32.92	28.39
5.91	8.36	11.12	9.59	9.66	23.19	24.92
94.34	99.37	95.84	99.10	102.12	96.86	94.52
93.60	97.15	96.92	99.53	103.90	109.26	110.99
111.75	115.14	118.48	119.46	120.32	132.51	133.34
47.31	60.88	60.34	58.77	65.51	69.72	72.35
18.64	23.64	27.00	22.91	14.44	29.44	32.58
1.96	4.58	5.56	7.18	5.47	12.87	14.65
26.26	33.79	36.43	40.22	44.44	65.13	68.53
0.80	0.29	2.27	1.80	2.95	6.20	7.00
	2.38	5.65	5.60	6.23	7.09	6.07
29.05	45.90	50.38	56.94	60.86	66.28	68.64
67.55	78.05	90.66	93.99	106.57	105.93	116.72
68.04	76.31	78.52	81.19	88.93	89.23	89.89
2.16	1.98	4.14	2.63	4.45	6.84	11.29
1.04	0.21	0.31	0.63	0.53	1.31	1.56
0.93	1.58	3.30	6.27	5.24	6.38	9.99
72.69	74.23	77.33	79.36	80.92	84.13	81.67
144.48	169.06	170.92	163.04	175.31	180.71	175.98

农民家庭基本情况
Basic Indicators of Rural Households

项　　目	Item	2000	2005	2008	2009
调查户数(户)	**Number of Households Surveyed (household)**	**4200**	**4200**	**4200**	**4200**
调查户人口(人)	**Number of Residents Surveyed (person)**				
常住人口	Number of Usual Residents in the Households Surveyed	17267	16465	16102	15747
平均每户常住人口	Average Number of Permanent Residents per Household	4.11	3.92	3.83	3.75
平均每户整、半劳动力	Average Number of Full/Semi Laborer Force per Household	2.74	2.81	2.83	2.80
平均每个劳动力负担人口	Average Number of Dependents per Laborer Force	1.50	1.40	1.36	1.34
平均每人全年收入(元)	**Per Capita Annual Income (yuan)**				
总收入	Total Income	3307.55	4985.96	6905.67	7228.47
纯收入	Net Income	2478.86	3481.64	4795.46	5149.67
现金收入	Cash Income	2607.23	4317.68	5927.07	6526.52
按人均纯收入水平分组的户数构成(%)	**Percentage of Households Grouped by Per Capita Annual Net Income(%)**				
500元以下	Less Than 500 yuan	3.17	0.90	0.76	1.90
500－1000元	500-1000 yuan	8.02	3.48	1.69	1.81
1000－1500元	1000-1500 yuan	13.36	7.98	3.48	3.48
1500－2000元	1500-2000 yuan	15.31	10.88	6.10	5.55
2000－2500元	2000-2500 yuan	17.60	12.93	8.45	6.98
2500－3000元	2500-3000 yuan	12.81	13.29	8.98	8.76
3000元以上	3000 yuan and over	29.74	50.54	70.54	71.52
调查户居住情况(平方米／百人)	**Housing Condition (sq.m/100 persons)**				
年末住房面积	Per Capita Floor Space of Houses at the End of Year	2287.28	2835.30	3071.27	3194.14
#钢筋混凝土结构面积	Reinforced Concrete Structure	297.90	611.14	706.15	749.79
砖木结构面积	Brick and Wood Structure	1835.00	2109.87	2246.27	2321.88
年末住房价值(元／百人)	Value of Houses at the End of Year (yuan/100 persons)	529279.85	835221.47	976484.16	1054245.52
年内新建(购)住房面积	Floor Space of Houses Newly Built (buy) within the Year	94.37	74.30	55.09	56.73
#钢筋混凝土结构面积	Reinforced Concrete Structure	43.17	38.40	13.91	27.02
砖木结构面积	Brick and Wood Structure	49.73	35.90	38.27	28.41
新建楼房面积	Floor Space of Houses Newly Built	22.49	13.26	4.68	13.29
新建(购)住房价值(元／百人)	Value of Houses Newly Built (yuan/100 persons)	32516.69	30869.91	30057.53	40178.70

农民家庭平均每人纯收入
Per Capita Net Income of Rural Households

单位：元 (yuan)

指　　标	Item	2000	2005	2006	2007	2008	2009
平均每人纯收入	**Per Capita Annual Net Income**	**2478.86**	**3481.64**	**3801.82**	**4293.43**	**4795.46**	**5149.67**
工资性收入	Income from Wages and Salaries	949.25	1293.50	1514.68	1754.33	1979.52	2251.01
家庭经营纯收入	Income from Household Operations	1417.99	1988.58	2039.64	2249.67	2416.22	2440.44
按产业划分	Grouped by Industry						
第一产业	Primary Industry	914.45	1455.91	1490.24	1721.38	1863.67	1835.67
第二产业	Secondary Industry	113.26	154.89	165.95	172.46	197.26	198.50
第三产业	Tertiary Industry	390.28	377.77	383.45	355.83	355.29	406.27
转移性、财产性收入	Income from Transfers and Properties	111.62	199.56	247.49	289.43	399.72	458.22

农民家庭平均每人生活消费支出
Per Capita Living Expenditures of Rural Households

单位：元 (yuan)

项　　目	Item	2000	2005	2006	2007	2008	2009
平均每人生活消费支出	**Average Number of Consumption Expenditure**	**1365.23**	**2165.72**	**2495.33**	**2786.77**	**3125.55**	**3349.74**
食　品	Food	539.33	888.37	915.50	1025.72	1192.93	1195.65
主　食	Staple Food	203.77	281.22	264.10	291.94	315.43	326.75
在外饮食	Dining Out	30.26	92.04	116.72	123.80	129.65	138.65
衣　着	Clothing	104.84	155.52	167.87	185.68	203.74	217.82
居　住	Residence	322.04	398.90	531.66	627.98	696.14	796.62
家庭设备、用品服务	Household Facilities, Articles and Services	65.41	101.49	115.84	140.45	151.94	170.40
医疗保健	Health Care and Medical Services	78.28	221.96	166.34	188.06	219.32	289.27
交通和通讯	Transport and Communications	84.55	225.79	285.70	318.19	346.73	350.92
文化教育娱乐用品及服务	Education, Cultural and Recreation and Services	130.71	134.77	265.38	243.30	250.07	263.53
其他商品和服务	Miscellaneous Goods and Services	40.07	38.92	47.03	57.40	64.68	65.55

农民家庭平均每百户耐用消费品年底拥有量
Number of Durable Consumer Goods Owned Per 100 Rural Households at the Year-end

品　名	Item	2000	2005	2006	2007	2008	2009
自行车(辆)	Bicycle (unit)	186	174.38	177.93	179.71	184.83	185.38
电风扇(台)	Electric Fan (unit)	150.36	161.00	162.45			
洗衣机(台)	Washing Machine (unit)	58.86	74.17	77.24	80.17	82.43	84.17
电冰箱(台)	Refrigerator (unit)	21.74	30.64	32.62	36.19	37.83	41.45
摩托车(辆)	Motorcycle (unit)	34.33	58.17	61.50	61.19	62.79	62.67
大型家具(件)	Composite Furniture (set)	186	246.57	242.79			
黑白电视机(台)	Blank and White TV Set (unit)	51.17	14.60	12.64	8.86	7.29	5.45
彩色电视机(台)	Color TV Set (set)	64.76	102.14	106.24	110.36	114.29	115.52
收录机(台)	Radio Cassette Player (set)	19.74	11.10	10.83			
照相机(架)	Camera (set)	4.17	3.50	3.60	3.64	3.79	3.86
吸尘器(台)	Dust Catcher (unit)	0.36	0.48	0.50	0.71	0.83	0.64
录放像机(台)	Video-recorder (set)	3.24	2.83	3.14			
抽油烟机(台)	Range Hoods (unit)	1.86	3.81	4.88	5.12	5.67	7.07

农民家庭平均每人主要消费品消费量
Per Capita Consumption of Major Consumer Goods in Rural Households

单位：千克　　(kg)

品　名	Item	2000	2005	2006	2007	2008	2009
粮食(原粮)	Grain (Unprocessed)	213.75	200.84	190.11	189.12	186.54	180.91
#小　麦	Wheat	153.10	139.80	132.37	130.22	127.74	123.71
稻　谷	Rice	14.63	17.47	17.96	19.86	20.66	19.25
豆类及豆制品	Soybeans and Processed Products	3.31	4.25	3.99	3.85	3.45	3.69
#大　豆	Soybeans	1.95	1.97	1.84	1.56	1.34	1.30
蔬　菜	Vegetables	61.45	57.70	61.61	55.17	59.75	53.66
食　油	Edible Oil	5.91	6.75	7.07	7.18	7.72	7.80
#植物油	Vegetable Oil	5.32	6.28	6.63	6.91	7.43	7.52
肉禽及制品	Meats, Poultry and Related Products	8.06	10.54	10.73	9.41	9.34	10.15
#猪　肉	Pork	6.63	7.15	7.58	5.93	5.54	6.52
牛　肉	Beef	0.35	0.47	0.40	0.44	0.31	0.31
羊　肉	Mutton	0.19	0.37	0.42	0.43	0.32	0.38
家　禽	Poultry	0.37	0.75	0.56	0.72	1.05	0.89
蛋及制品	Eggs and Processed Products	5.09	6.27	6.97	6.33	7.60	7.22
水产品	Aquatic Products	1.79	2.48	2.55	2.60	2.62	2.61
食　糖	Sugar	0.59	0.77	0.76	0.72	0.78	0.72
酒	Liquor	6.50	9.16	9.19	9.63	9.22	8.86
水果及制品	Fruits and Processed Products	16.74	12.42	12.99	12.69	13.30	12.61
坚果及制品	Nuts and Processed Products	0.60	1.11	1.09	1.10	1.00	1.09

农村基层组织和农业基本情况

Basic Conditions of Rural Grassroots Units and Agriculture

指　　标	Item	2000	2005	2008	2009
乡镇数(个)	Number of Township and Town Governments(unit)	1973	1962	1961	1960
#镇个数	Number of Town Governments	900	944	969	992
村民委员会(个)	Number of Villagers' Committees(unit)	49951	49678	49075	49029
乡村总户数(万户)	Number of Rural Households (10000 units)	1422.6	1448.55	1476.82	1497.4
乡村人口数(万人)	Population of Rural(10000 persons)	5382.4	5422.28	5495.58	5531.2
乡村从业人员(万人)	Number of Rural Laborers(10000 persons)	2707.1	2805.94	2894.82	2944.4
#男	Male	1447.7	1504.12	1552.24	1583.5
按行业分乡村从业人员	Number of Rural Laborers by Sector				
农、林、牧、渔业	Agriculture, Forestry, Animal Husbandry & Fishery	1665.4	1552.75	1478.23	1472.5
工　业	Industry	388.4	518.86	597.96	623.6
建筑业	Construction	202.5	275.22	309.50	327.10
交通运输、仓储和邮电通信业	Transport, Storage, Postal and Telecommunication Services	92.1	114.71	126.7	129.2
批发和零售业、住宿和餐饮业	Wholesale, Retail Trades and Catering Services	135.3	202.87	227.73	235.6
金融业	Banking and Insurance	5.5	5.60	5.20	5.00
其他非农行业	Other Non-agricultural Industries	217.9	135.93	149.5	151.4
国有农林牧渔场从业人员(万人)	Number of Rural Laborers for State Farms(10000 persons)	8.5	8.4	6.9	6.2
年末常用耕地面积(千公顷)	Common Areas of Cultivated Land at the Year-end (1000 hectares)	6466.00	5988.93	5901.40	
农用化肥施用量(折纯量)(万吨)	Consumption of Chemical Fertilizers(10000 tons)	270.62	303.39	312.40	316.17
农村用电量(亿千瓦小时)	Electricity Consumed in Rural Areas(100 millions kwh)	180.45	337.05	418.90	486.05
农业机械总动力(万千瓦)	Total Agricultural Machinery Power(10000 kw)	7000.39	8487.21	9525.37	9861.37
主要农作物播种面积(千公顷)	Total Sown Area(1000 hectares)				
#粮　食	Grain Crops	6918.70	6240.20	6158.11	6216.50
棉　花	Cotton	307.40	573.50	690.00	620.00
油　料	Oil-bearing Crops	686.40	559.00	516.86	496.60
主要农作物产量(万吨)	Yield of Major Farm Crops(10000 tons)				
#粮　食	Grain Crops	2551.1	2598.58	2905.81	2910.17
棉　花	Cotton	30.01	57.72	73.73	60.46
油　料	Oil-bearing Crops	146.97	152.73	152.59	143.27
农业产业化经营率(%)	Rate of Industrialization of Agriculture (%)	36.1	49.4	55.3	56.8
农村基础设施(个)	Social Basic Facilities in Rural Areas(unit)				
自来水受益村	Villages with Access to Tap Water	37613	40404	41689	42201
通汽车村	Villages with Motor Vehicle Communication	46610	48846	48736	48720
通电话村	Villages with Telephone Communication	47822	49321	49002	48999

耕　地　面　积
Area of Cultivated Land

单位：千公顷　　　(1000 hectares)

年　　份 Year	年末常用 耕地面积 Regularly Cultivated Area (Year-end)	旱　地 Dry Field	#水浇地 Irrigable Land	水　田 Paddy Fields	水田、水浇地占耕地面积(%) Irrigable Land, Paddy Fields Percentage to Cultivated Area (%)
1962	6953.83	6881.93	1285.41	71.90	19.52
1965	6983.71	6898.31	1668.87	85.40	25.12
1970	6849.55	6756.41	2585.17	93.14	39.10
1975	6718.61	6644.99	3479.60	73.62	52.89
1978	6675.01	6570.90	3556.06	104.11	54.83
1980	6648.01	6515.95	3490.19	132.06	54.49
1985	6603.41	6471.69	3440.98	131.72	54.10
1986	6592.02	6463.24	3425.30	128.78	53.91
1987	6576.51	6445.18	3474.33	131.33	54.83
1988	6567.44	6435.39	3497.13	132.05	55.26
1989	6560.45	6423.15	3545.18	137.30	56.13
1990	6556.03	6415.64	3618.10	140.39	57.33
1991	6549.72	6401.58	3691.33	148.14	58.62
1992	6543.73	6397.08	3738.99	146.65	59.38
1993	6536.05	6408.62	3803.62	127.43	60.14
1994	6524.33	6402.32	3840.87	122.01	60.74
1995	6517.25	6390.71	3913.47	126.54	61.99
1996	6498.80	6361.20	4110.55	137.60	65.37
1997	6493.74	6352.18	4181.01	141.56	66.57
1998	6484.58	6342.41	4245.87	142.17	67.67
1999	6478.71	6333.06	4298.80	145.65	68.60
2000	6465.96	6329.32	4345.68	136.64	69.32
2001	6448.93	6338.37	4374.83	110.56	69.55
2002	6125.15	6017.82	4307.84	107.33	72.08
2003	5991.27	5898.28	4311.00	92.99	73.51
2004	6000.63	5904.36	4363.50	96.27	74.32
2005	5988.93	5885.00	4443.82	103.93	75.94
2006	5882.52	5775.28	4462.53	107.24	77.68
2007	5893.61	5789.62	4475.03	103.99	77.69
2008	5901.44	5794.11	4453.18	107.33	77.3

注：2001年及以前年份年末常用耕地面积为老口径。

a) Regularly cultivated area at year-end in 2001 and before is former caliber.

常用耕地面积变动情况
Change in Regularly Cultivated Land

项　　目	Item	2000	2005	2007	2008
年初耕地总资源(千公顷)	**Cultivated Area Resources at the Year-beginning(1000 ha)**	**6868.80**	**6441.51**	**6315.34**	**6329.73**
年内增加的耕地面积(千公顷)	**Increased Cultivated Area This Year(1000 ha)**	**2.00**	**8.10**	**53.90**	**15.81**
#新开荒地面积	Bring Barren under Cultivation	0.50	4.39	5.44	10.14
占增加耕地面积比重%	Percentage Increased Area(%)	22.70	54.1	10.1	64.1
园地改为耕地	Garden Converted to Farmland		0.91	44.58	1.84
占增加耕地面积比重%	Percentage Increased Area(%)		11.17	82.71	11.63
年内减少的耕地面积(千公顷)	**Decrease in Cultivated Area This Year(1000 ha)**	**14.80**	**53.37**	**54.72**	**13.65**
#建设占地	State Capital Construction	5.90	7.02	6.84	5.96
占减少耕地面积比重%	Percentage to Decrease in Cultivation Area(%)	39.70	13.16	12.50	43.66
退耕还林还草占地	Farmland Converted to Gardens		44.70	0.51	2.69
占减少耕地面积比重%	Percentage to Decrease in Cultivation Area(%)		83.75	0.93	1.97
耕地改为园地	Farmland Converted to Pasture		0.73	44.97	3.06
占减少耕地面积比重%	Percentage to Decrease in Cultivation Area(%)		1.36	82.18	2.24
年末耕地总资源(千公顷)	**Cultivated Area Resources at the Year-end(1000 ha)**	**6857.10**	**6396.25**	**6314.53**	**6331.89**
#常用耕地面积	Regularly Cultivation Area	6466.00	5988.93	5893.61	5901.44
临时性耕地	Temporary Cultivation Area		407.32	420.91	430.45
人均常用耕地面积(公顷/人)	**Per Capita Cultivated Area (hectares/person)**	**0.097**	**0.087**	**0.085**	**0.084**

农、林、牧、渔业总产值及构成
Gross Output Value and Composition of Farming, Forestry, Animal Husbandry and Fishery

年份 Year	农林牧渔业 Farming, Forestry, Animal Husbandry and Fishery	农业 Farming	林业 Forestry	牧业 Animal Husbandry	渔业 Fishery	农林牧渔服务业 Service for Farming, Forestry, Animal Husbandry and Fishery
绝对数(亿元) Gross Output Value (100 million yuan)						
1980	97.79	79.86	3.10	14.00	0.83	
1985	167.33	128.65	6.15	31.16	1.37	
1990	357.63	254.77	9.58	83.38	9.90	
1991	377.64	259.28	12.38	94.88	11.10	
1992	419.82	282.47	13.93	108.50	14.92	
1993	511.29	344.52	15.30	139.10	12.37	
1994	796.33	518.27	19.44	238.17	20.45	
1995	1147.83	753.52	23.50	344.18	26.63	
1996	1298.04	801.26	24.80	437.59	34.39	
1997	1437.29	845.18	26.38	523.14	42.59	
1998	1505.91	885.88	27.37	547.57	45.09	
1999	1539.77	879.64	28.14	582.96	49.03	
2000	1544.65	846.72	25.37	613.68	58.88	
2001	1680.33	899.38	34.02	685.77	61.16	
2002	1728.85	918.62	37.49	706.82	65.92	
2003	1877.37	958.30	41.27	721.31	57.72	98.78
2004	2285.56	1135.75	40.02	924.78	72.08	112.93
2005	2379.17	1258.00	40.13	879.38	79.44	122.21
2006	2466.37	1380.45	45.85	832.32	72.75	135.00
2007	3075.77	1639.07	52.37	1146.99	85.14	152.20
2008	3505.23	1760.75	55.89	1410.82	102.77	175.00
2009	3640.93	1927.78	70.68	1350.10	108.38	183.99
构成(农业总产值=100) Composition (Gross Output Value=100)						
1980	100	81.66	3.17	14.32	0.85	
1985	100	76.88	3.68	18.62	0.82	
1990	100	71.24	2.68	23.31	2.77	
1991	100	68.66	3.28	25.12	2.94	
1992	100	67.28	3.32	25.85	3.55	
1993	100	67.38	2.99	27.21	2.42	
1994	100	65.08	2.44	29.91	2.57	
1995	100	65.65	2.05	29.98	2.32	
1996	100	61.73	1.91	33.71	2.65	
1997	100	58.80	1.84	36.40	2.96	
1998	100	58.83	1.82	36.36	2.99	
1999	100	57.13	1.83	37.86	3.18	
2000	100	54.82	1.64	39.73	3.81	
2001	100	53.53	2.02	40.81	3.64	
2002	100	53.14	2.17	40.88	3.81	
2003	100	51.05	2.20	38.42	3.07	5.26
2004	100	49.69	1.75	40.46	3.16	4.94
2005	100	52.87	1.69	36.96	3.34	5.14
2006	100	55.97	1.86	33.75	2.95	5.47
2007	100	53.29	1.70	37.29	2.77	4.95
2008	100	50.23	1.60	40.25	2.93	4.99
2009	100	52.95	1.94	37.08	2.98	5.05

注：本表按当年价格计算，2002年及以后年份执行新国民经济行业分类标准,总产值包括农林牧渔服务业产值。2002年到2005年为第二次农业普查修正后数据(以下各表同)。

a) Data in value terms in this table are calculated at current prices.The new classification for national standard of industry classification has been implemented since 2002 and the gross output value includes the serivces in support of agriculture, forestry, animal husbandry and fishery. same as following tables.

农、林、牧、渔业总产值指数（上年＝100）

Indices of Farming, Forestry, Animal Husbandry and Fishery (Preceding Year=100)

年份 Year	农林牧渔业 Farming, Forestry, Animal Husbandry and Fishery	农业 Farming	林业 Forestry	牧业 Animal Husbandry	渔业 Fishery	农林牧渔服务业 Service for Farming, Forestry, Animal Husbandry and Fishery
1978	122.1	125.0	113.1	97.2	101.5	
1980	93.8	92.1	96.2	104.0	100.9	
1985	103.3	98.6	104.6	131.1	126.2	
1986	98.5	97.0	91.7	106.0	123.2	
1987	104.5	104.3	103.3	105.3	116.9	
1988	107.8	105.6	104.8	117.6	115.4	
1989	103.1	102.5	98.8	105.5	109.4	
1990	105.4	104.4	107.3	107.1	143.7	
1991	103.6	102.1	104.3	106.6	111.4	
1992	100.9	95.1	103.8	110.3	140.7	
1993	108.7	109.3	95.2	119.5	57.8	
1994	116.2	113.1	105.4	123.6	120.3	
1995	111.9	110.5	105.4	114.0	124.3	
1996	109.4	104.0	103.0	119.1	123.2	
1997	107.5	105.0	105.2	110.6	120.1	
1998	107.8	107.4	102.1	108.6	110.2	
1999	104.8	102.2	102.9	108.6	110.4	
2000	105.7	105.4	98.4	106.2	108.7	
2001	105.3	105.2	122.1	104.7	104.3	
2002	105.0	104.0	110.9	106.4	103.3	
2003	106.3	105.6	111.7	107.1	99.4	110.5
2004	106.7	106.8	93.8	106.6	107.8	109.6
2005	106.5	106.0	96.9	107.7	104.1	107.5
2006	105.5	106.0	96.7	104.9	102.0	108.8
2007	103.9	104.2	109.6	102.1	105.1	108.4
2008	105.1	103.7	108.6	106.6	106.9	107.8
2009	103.2	103.3	111.8	102.3	104.4	106.2

注：本表按可比价格计算。

a) Data in value terms in this table are calculated at constant prices.

农、林、牧、渔业分项产值

Gross Output Value of Farming, Forestry, Animal Husbandry and Fishery by Branch

指　　标	Item	绝对数(亿元) Gross Output Value (100 million yuan)		构　成(%) Composition (%)	
		2008	2009	2008	2009
农、林、牧、渔业总产值	**Gross Output Value**	**3505.23**	**3640.93**	**100.00**	**100.00**
农业产值	**Output Value of Farming**	**1760.75**	**1927.78**	**50.23**	**52.95**
谷物及其他作物	Cereal and Other Crops	762.96	740.82	21.77	20.35
谷　物	Cereal	488.08	513.54	13.92	14.11
薯　类	Tubers	45.83	35.77	1.31	0.98
油　料	Oil-bearing Crops	79.76	57.89	2.28	1.59
豆　类	Beans	21.78	13.57	0.62	0.37
棉　花	Cotton	115.47	108.47	3.29	2.98
麻　类	Fiber Crops	0.03	0.03	…	
糖　类	Sugar Crops	1.96	1.01	0.06	0.03
烟　草	Tobacco	0.47	0.51	0.01	0.01
其他农作物	Other Crops	9.59	10.03	0.27	0.28
蔬菜、园艺作物	Vegetables and Gardening Crops	713.86	865.17	20.37	23.76
#蔬菜(含果用瓜)	Vegetables (Including Gourd)	699.47	850.71	19.96	23.36
水果、坚果、饮料和香料作物	Fruits, Nuts, Beverages and Spice Crops	263.36	298.72	7.51	8.21
#水　果	Fruits	263.36	298.72	7.51	8.20
中药材	Chinese Herbal Medicines	20.57	23.07	0.59	0.63
林业产值	**Output Value of Forestry**	**55.89**	**70.68**	**1.59**	**1.94**
林木的培育和种植	Cultivation and Planting of Trees	14.12	23.36	0.40	0.64
育种育苗	Breeding Nursery	2.42	2.49	0.07	0.07
造　林	Afforestation	6.24	8.84	0.18	0.24
抚育和管理	Tending Management	5.46	12.03	0.16	0.33
木材采运	Logging and Transport of Bamboo	4.85	4.04	0.14	0.11
林产品	Forestry Products	36.92	43.28	1.05	1.19
#干　果	Nuts	28.20	35.84	0.80	0.98
牧业产值	**Output Value of Animal Husbandry**	**1410.82**	**1350.10**	**40.25**	**37.08**
牲畜饲养	Stock Breading	444.41	430.03	12.68	11.81
牛的饲养	Cattle	169.82	163.21	4.84	4.48
羊的饲养	Sheep	96.38	112.82	2.75	3.10
其他牲畜饲养	Others	6.97	6.94	0.20	0.19
奶产品	Milk Products	165.19	142.06	4.71	3.90
毛绒产品	Feather and Cashmere Products	6.05	5.00	0.17	0.14
猪的饲养	Pigs Breeding	501.74	441.60	14.31	12.13
家禽饲养	Poultry Breeding	371.00	376.42	10.58	10.34
肉　禽	Poultry for Meat	109.63	104.11	3.13	2.86
禽　蛋	Egg	261.37	272.31	7.46	7.48
猎狩和捕捉动物	Animal Hunting and Trapping	0.02	0.03	…	
其他畜牧业	Other Animal Husbandry	93.65	102.02	2.67	2.80
渔业产值	**Output Value of Fishery**	**102.77**	**108.38**	**2.93**	**2.98**
海水产品	Seawater Aquatic Products	59.15	63.97	1.69	1.76
内陆水域水产品	Aquatic Products from Inland Waterways	43.62	44.41	1.24	1.22
农林牧渔服务业产值	**Output Value of Service to Farming, Forestry, Animal Husbandry and Fishery**	**175.00**	**183.99**	**4.99**	**5.05**

农、 林、 牧、 渔业增加值

Value-added of Farming, Forestry, Animal Husbandry and Fishery

单位：万元 (10000 yuan)

指　　标	Item	2000	2005	2008	2009
农林牧渔业总产值	**Gross Output Value**	**15446531**	**23791712**	**35052281**	**36409272**
农　　业	Farming	8467174	12580005	17607458	19277777
林　　业	Forestry	253726	401325	558907	706795
牧　　业	Animal Husbandry	6136781	8793826	14108195	13501025
渔　　业	Fishery	588850	794421	1027721	1083760
农林牧渔服务业	Service to Farming, Forestry, Animal Husbandry and Fishery		1222135	1750000	1839915
中间消耗	**Intermediate Exertion**	**7201056**	**9791712**	**14706378**	**14335878**
农　　业	Farming	3594715	4094906	5734749	5893216
林　　业	Forestry	93877	104642	132964	154011
牧　　业	Animal Husbandry	3245124	4576459	7446304	6882822
渔　　业	Fishery	267340	341283	420236	421474
农林牧渔服务业	Service to Farming, Forestry, Animal Husbandry and Fishery		674422	972125	984355
农林牧渔业增加值	**Added Value**	**8245475**	**14000000**	**20345903**	**22073394**
农　　业	Farming	4872459	8485099	11872709	13384561
林　　业	Forestry	159849	296683	425943	552784
牧　　业	Animal Husbandry	2891657	4217367	6661891	6618203
渔　　业	Fishery	321510	453138	607485	662286
农林牧渔服务业	Service to Farming, Forestry, Animal Husbandry and Fishery		547713	777875	855560

农、林、牧、渔业商品率

Commodity Rate of Farming, Forestry, Animal Husbandry and Fishery

单位：% (%)

年　份 Year	农林牧渔业商品率 Farming,Forestry, Animal Husbandry and Fishery	农　业 Farming	林　业 Forestry	牧　业 Animal Husbandry	渔　业 Fishery
1986	54.50	50.32	38.14	70.45	95.45
1990	55.84	50.18	29.75	71.92	91.31
1995	62.21	55.34	43.66	76.15	93.02
2000	70.20	62.72	45.97	79.77	88.40
2001	71.64	64.87	51.59	79.81	90.76
2002	73.00	66.98	49.25	80.39	91.17
2003	74.52	67.23	45.59	83.40	90.19
2004	75.64	66.84	51.86	85.29	88.56
2005	77.33	68.54	59.46	86.80	91.45
2006	77.94	71.95	65.19	87.32	92.34
2007	79.08	72.42	68.59	88.11	92.06
2008	78.24	71.61	65.54	86.16	90.17
2009	79.97	74.46	60.55	87.74	93.72

主要农作物总播种面积
Total Sown Areas of Major Farm Crops

单位：千公顷 (1000 hectares)

年 份 Year	农作物总播种面积 Total Sown Area	#粮食作物播种面积 Sown Area of Grain Crops	#夏 收 Summer Harvest Grain	#经济作物播种面积 Economic Crops	#棉 花 Cotton	#油 料 Oil-bearing Crops
1978	9370.9	7949.4	2979.2	959.1	576.6	300.2
1980	9013.9	7487.2	2703.8	1073.9	548.7	461.0
1985	8656.5	6492.7	2367.5	1677.5	850.3	749.8
1990	8786.7	6827.8	2515.0	1502.1	910.9	543.5
1991	8814.8	6798.0	2535.0	1564.5	955.2	559.1
1992	8570.5	6625.9	2550.1	1481.4	882.1	549.4
1993	8676.7	7040.5	2530.4	1129.6	520.0	556.3
1994	8649.3	6801.7	2466.5	1327.2	685.3	590.2
1995	8720.1	6829.5	2515.3	1349.3	700.5	604.5
1996	8872.1	7137.3	2610.4	1071.6	427.5	601.1
1997	8856.9	7099.4	2745.3	1033.3	377.1	602.7
1998	9097.7	7305.7	2793.8	990.2	315.7	632.4
1999	9055.2	7236.1	2765.8	932.3	266.6	635.2
2000	9024.4	6918.7	2716.6	1033.9	307.4	686.4
2001	8990.8	6628.9	2629.6	1091.0	418.5	631.7
2002	8935.1	6484.4	2493.2	1099.5	407.4	642.0
2003	8638.5	5944.0	2232.9	1266.7	581.4	634.0
2004	8695.4	6003.4	2200.5	1303.2	669.1	583.6
2005	8785.5	6240.2	2415.4	1180.3	573.5	559.0
2006	8713.9	6271.7	2535.6	1177.9	664.1	485.9
2007	8652.7	6168.2	2443.1	1207.5	680.0	498.3
2008	8713.2	6158.1	2447.2	1245.8	690.0	516.9
2009	8682.5	6216.5	2424.23	1159.67	620.0	496.6

粮食、棉花、油料单位面积产量
Output of Grain, Cotton and Oil-bearing Per Hectare

单位：千克／公顷 (kg/ha)

年 份 Year	粮 食 Grain	#小 麦 Wheat	#稻 谷 Rice	#玉 米 Corn	棉 花 Cotton	油 料 Oil-bearing	#花 生 Peanuts
1978	2123.0	2211.6	4927.6	2310.1	203.3	816.0	1305.0
1980	2033.5	1430.2	5722.5	2833.2	450.5	979.2	1508.8
1985	3028.9	3164.8	6112.9	3880.5	739.3	1159.2	1749.6
1990	3334.7	3698.4	6201.2	4063.1	626.6	1377.9	1951.5
1991	3337.3	3562.1	5927.6	4407.8	664.0	1303.3	2014.0
1992	3298.6	3611.2	6396.0	4199.0	346.9	1207.0	1645.0
1993	3380.7	3571.9	6833.9	4533.8	370.0	1447.5	2110.4
1994	3710.1	3753.2	7498.9	5063.9	569.1	1808.9	2483.9
1995	4010.6	4240.1	7018.9	5165.9	528.8	1817.3	2547.6
1996	3908.0	4396.0	6500.9	4627.7	604.0	2007.0	2686.0
1997	3869.0	4891.1	6590.9	4161.3	660.0	1957.0	2672.0
1998	3993.0	4535.6	6476.9	4599.8	856.0	2195.0	2787.0
1999	3795.3	4690.7	6016.5	4084.5	835.0	2038.9	2740.5
2000	3687.2	4509.3	4573.1	4012.4	976.4	2141.1	2861.6
2001	3759.0	4351.8	5020.7	4165.5	1001.9	2434.8	2917.6
2002	3756.4	4488.6	5018.9	4015.5	986.5	2356.1	2927.3
2003	4017.2	4646.4	5432.7	4313.6	897.9	2572.6	3026.4
2004	4131.1	4872.6	5659.0	4400.4	994.4	2644.2	3071.2
2005	4164.2	4839.1	5881.8	4458.9	1006.5	2732.0	3198.1
2006	4433.6	4750.3	5770.3	4817.4	1054.4	2753.3	3227.4
2007	4606.8	4948.3	6810.2	4966.8	1065.7	2771.3	3338.0
2008	4718.8	5057.4	6814.7	5076.2	1068.6	2952.3	3417.4
2009	4681.4	5136.2	6750.9	4966.1	975.2	2885.0	3438.0

主要农作物分品种播种面积和产量
Yield and Sown Area of Major Farm Crops by Assortment

项目	Item	播种面积(千公顷) Sown Area (1000 hectares)		总产量(万吨) Total Output (10000 tons)		每公顷产量(千克) Output Per Hectare (kg)	
		2008	2009	2008	2009	2008	2009
农作物总播种面积	**Total Sown Area**	**8713.2**	**8682.50**				
粮食作物	**Grain Crops**	**6158.1**	**6216.50**	**2905.8**	**2910.2**	**4719**	**4681**
谷物	Cereal	5648.9	5752.97	2758.5	2801.8	4883	4870
稻谷	Rice	81.5	85.1	55.6	57.5	6815	6751
小麦	Wheat	2416.1	2394.47	1221.9	1229.8	5057	5136
玉米	Corn	2841.1	2950.47	1442.2	1465.2	5076	4966
谷子	Millet	173.5	148.25	32.5	37.2	1871	2544
高粱	Sorghum	23.1	18.7	4.3	5.2	1880	2803
豆类	Beans	249.6	219.34	45.9	34.9	1838	1593
#大豆	Soybean	187.6	167.16	38.1	28.5	2032	1718
薯类	Tubers	259.6	244.19	101.4	73.4	3906	3006
经济作物	**Economic Crops**	**1245.9**	**1159.67**	**286.4**	**235.26**	**2299**	**2029**
油料	Oil-bearing	516.9	496.6	152.6	143.27	2952	2885
#花生	Peanut	409.9	389.74	140.1	133.99	3418	3438
油菜籽	Rapeseeds	23.7	22.44	3.5	3	1477	1335
芝麻	Sesame	9.7	8.58	1.1	1	1134	1179
胡麻籽	Benne	48.1	49.17	3.9	1.6	811	322
葵花籽	Sunflower	23.5	23.79	3.5	3.1	1489	1302
棉花	Cotton	690	620.00	73.7	60.46	1068	975.20
麻类	Fiber Crops	0.4	0.35	0.1	0.1	2500	2105
#黄红麻	Jute and Ambary Hemp	0.3	0.31	0.1	0.1	3333	2262
大麻	Hemp	0.1	0.03				1088
甜菜	Beetroots	15.7	12.52	59.4	30.73	37834	24540
烟叶	Tobacco	3	2.99	0.6	0.7	2000	2224
#烤烟	Flue-cured Tobacco	2.5	2.4	0.4	0.4	1600	1698
药材	Medicinal Materials	19.9	27.2				
蔬菜瓜类	**Vegetables and Melons**	**1203.9**	**1200.91**	**7163.4**	**7216.7**	**59502**	**60094**
蔬菜	Vegetables	1101.4	1100.93	6684.6	6742.1	60692	61240
瓜类(果用瓜)	Melons	102.5	99.98	478.8	474.6	46712	47466
其他农作物	**Other Crops**	**105.4**	**105.42**				
#青饲料	Green Feed	64	66.85				

主要农产品产量
Yield of Major Farm Crops

年份 Year	粮食(万吨) Grain (10000 tons)	谷物 Cereal	#小麦 Wheat	#稻谷 Rice	#玉米 Corn	豆类 Beans	#大豆 Soybean	薯类 Tubers	棉花(万吨) Cotton (10000 tons)
1978	1687.9		631.4	54.3	516.6		32.3	163.8	11.71
1980	1522.5		378.8	83.1	663.2		29.7	125.2	24.72
1985	1966.6		744.3	78.0	678.9		38.5	144.5	62.86
1990	2276.9		927.7	91.6	829.2		53.5	138.6	57.08
1995	2739.0	2507.0	1060.3	90.3	1183.4	94.3	78.6	137.7	37.05
1996	2789.5	2557.1	1139.1	92.2	1168.4	89.9	73.6	142.5	25.84
1997	2746.7	2554.1	1330.7	102.4	1009.5	68.0	58.2	124.6	24.87
1998	2917.5	2680.3	1253.6	99.2	1187.2	95.0	76.0	142.2	27.02
1999	2746.3	2552.1	1280.5	93.1	1088.0	68.6	56.7	125.6	22.26
2000	2551.1	2355.6	1208.0	65.8	994.5	74.5	62.9	121.0	30.01
2001	2491.8	2309.0	1122.7	47.2	1059.5	67.1	56.3	115.7	41.93
2002	2435.8	2256.2	1099.5	55.7	1035.0	60.6	49.4	119.0	40.19
2003	2387.8	2205.9	1018.8	41.1	1073.6	60.6	46.4	121.3	52.20
2004	2480.1	2319.4	1053.2	47.3	1157.6	57.6	44.3	103.1	66.54
2005	2598.6	2452.9	1150.3	51.6	1193.8	51.2	42.4	94.5	57.72
2006	2780.6	2640.2	1189.7	51.2	1348.8	46.9	39.5	93.5	70.02
2007	2841.6	2716.0	1193.7	57.6	1421.8	42.8	36.4	82.8	72.47
2008	2905.8	2758.5	1221.9	55.6	1442.2	45.9	38.1	101.4	73.73
2009	2910.2	2801.8	1229.8	57.5	1465.2	34.9	28.5	73.4	60.46

年份 Year	油料(万吨) Oil-bearing Crops (10000 tons)	#花生 Peanut	#芝麻 Sesame	烟叶(吨) Tobacco (ton)	#烤烟 Flue-cured Tobacco	麻类(吨) Fiber Crops (ton)	#黄红麻 Jute and Ambary Hemp	#大麻(线) Hemp
1978	24.50	17.37	1.26	10940	6385	16615	9130	4840
1980	45.14	35.77	3.23	5900	1540	17785	9720	5315
1985	86.92	58.01	5.14	20135	5440	59890	52305	3045
1990	74.89	57.81	2.74	22090	11596	20148	18158	750
1995	109.86	94.68	2.47	9427	6513	13996	13095	388
1996	120.65	100.48	2.22	16334	9661	11575	10805	339
1997	117.98	106.79	1.62	18872	13965	14294	12966	230
1998	138.82	118.53	2.23	12488	8302	14257	13313	344
1999	129.51	117.98	1.85	12082	7839	9042	8535	220
2000	146.97	132.59	2.03	12429	7360	7951	7436	157
2001	153.81	144.27	1.99	9356	4062	7231	6897	180
2002	151.26	140.45	1.64	11083	5252	10271	10060	96
2003	163.10	148.14	1.64	10693	4378	6214	5801	72
2004	154.32	137.85	1.50	10952	5135	4329	778	3534
2005	152.73	140.33	1.46	9759	4928	7262	767	28
2006	133.78	121.87	1.32	4984	2286	7328	810	41
2007	138.09	130.68	1.12	4226	2271	3962	717	171
2008	152.59	140.07	1.08	6114	3562	710	617	67
2009	143.27	133.99	1.01	6650	4082	745	699	37

平均每人主要农产品产量（按平均人口计算）
Per Capita of Major Agricultural Products (Calculated by Average Population)

单位：千克 (kg)

年份 Year	粮食 Grain	棉花 Cotton	油料 Oil-bearing Crops	园林水果 Garden Fruit	生猪存栏(头) Stocked Pigs (head)	猪牛羊肉 Pork, Beef and Mutton	水产品 Aquatic Products
1978	335.72	2.32	4.87	15.81	0.25	8.29	2.76
1980	296.42	4.81	8.79	15.60	0.25	13.45	1.90
1985	356.43	11.39	15.75	29.03	0.26	14.84	2.31
1990	378.23	9.48	12.44	29.15	0.25	20.13	3.64
1991	366.55	10.25	11.77	31.84	0.25	21.19	3.83
1992	349.83	4.90	10.61	36.27	0.26	23.13	4.87
1993	377.53	3.05	12.77	41.77	0.26	26.20	3.95
1994	396.71	6.13	16.78	56.04	0.28	33.34	4.98
1995	427.17	5.78	17.13	67.37	0.32	40.36	6.18
1996	431.80	4.00	18.68	77.89	0.32	39.18	7.85
1997	422.30	3.82	18.14	85.50	0.32	40.36	9.32
1998	445.62	4.13	21.20	96.18	0.32	40.96	10.59
1999	416.64	3.38	19.65	97.67	0.31	41.04	11.52
2000	383.97	4.52	22.12	101.94	0.29	40.64	12.18
2001	372.65	6.27	23.00	100.17	0.28	40.33	12.70
2002	362.63	5.98	22.52	111.44	0.28	41.26	12.96
2003	353.64	7.73	24.16	118.03	0.29	42.25	12.78
2004	365.30	9.80	22.73	129.17	0.29	44.00	13.67
2005	380.48	8.45	22.36	134.48	0.29	46.00	14.49
2006	404.49	10.19	19.46	140.89	0.26	47.06	12.68
2007	410.60	10.47	19.95	146.78	0.27	44.45	13.10
2008	417.15	10.58	21.91	151.32	0.29	47.24	13.87
2009	415.05	8.62	20.43	157.46	0.28	48.04	14.32

主要农业机械和农产品加工机械拥有量（年底数）
Ownership of Agricultural Machinery and Machinery for Procession Farm Products (End of Year)

指　　标	Item	2000	2005	2008	2009
农业机械总动力(万千瓦)	Total Power of Agricultureal Machinery (10000 kw)	7000.4	8487.2	9525.37	9861.37
大中型拖拉机(万台)	Large and Medium Agricultural Tractors (10000 units)	6.4	10.1	13.62	15.52
小型拖拉机(万台)	Mini-Tractors (10000 units)	129.8	144.7	150.05	149.15
大中型拖拉机配套农具(万台)	Number of Large and Medium Tractor Towing Farm Machinery (10000 units)	10.8	18.4	26.05	32.00
小型拖拉机配套农具(万台)	Number of Mini-Tractor Towing Farm Machinery (10000 units)	156.7	191.6	198.96	199.45
排灌用动力机械(万台)	Agricultral Irrigation and Drainage Machinery (10000 units)	269.5	265.3	263.19	261.93
#电动机	Electrical Engines	131.2	139.5	145.24	146.93
柴油机	Diesel Engines	138.2	125.8	117.94	115.00
农用水泵	Agricultral Pump	163.7	165.9	174.44	171.28
节水灌溉机械(万套)	Water-saving Irrigated Machinery (10000 units)	3.1	3.5	3.90	3.93
农副产品加工机械	Agricultural Products Processing Machinery				
粮食加工机械(万部)	Grain Processing Machinery (10000 units)	19.0	36.2	38.87	38.06
棉花加工机械(万台)	Cotton Processing Machinery (10000 units)	1.7	3.2	3.91	3.39
油料加工机械(万台)	Oil-bearing Processing Machinery (10000 units)	3.4	5.4	7.41	8.03
运输机械	Transport Manchinery				
农用运输汽车(万辆)	Agricultural Vehicles (10000 units)	160.4	252.2	258.68	263.16
(含农用机动三轮)(万千瓦)	(Including the Agriculture Uses the Motorized Tricycle) (10000 kw)	1706.1	3070.1	3471.19	3556.35

农业机械化、能源、化肥、水利
Mechanization, Energy Resources, Chemical Fertilizer and Water Conservancy of Agriculture

指　　标	Item	2000	2005	2008	2009
农业机械化情况(千公顷)	**Agriculture Mechanization (1000 hectares)**				
当年实际机械耕地面积	Area Cultivated by Machine This Year	5072.60	4745.47	4914.24	5251.56
当年机械播种面积	Area Sown by Machine This Year	4550.57	5282.47	6018.41	6183.34
当年机械收获面积	Mechanicl Harvest Area This Year	2688.00	2480.45	2846.50	3147.03
农业能源情况	**Agriculture Energy**				
农村用电量(亿千瓦小时)	Electricity Consumed in Rural Area(100 million kwh)	180.45	337.05	418.90	486.05
乡、村及村以下办水电站(个)	Hydropower Station in Rural Areas(unit)	105	116	123	124
装机容量(万千瓦)	Generating Capacity (10000 kw)	1.90	3.68	5.36	5.39
农用化肥施用量	**Consumption of Chemical Fertilizers**				
折纯量(万吨)	by 100% Effective Component (10000 tons)	270.62	303.39	312.40	316.17
平均每公顷耕地施用化肥(折纯)(千克)	Fertilizer Consumption of Per Hectare Cultivated Area (kg)	418.52	506.60	529.36	
农药使用量(万吨)	**Consumption of Agricultural Pesticide(10000 tons)**	**7.28**	**8.08**	**8.51**	**8.65**
平均每公顷耕地使用农药(千克)	Pesticide Consumption of Per Hectare Cultivated Area (kg)	11.26	13.48	14.42	
农田水利情况	**Farm Water Conservancy Condition**				
有效灌溉面积(千公顷)	Effective Irrigated Areas (1000 hectares)	4482.32	4547.75	4560.51	4509.60
年末实有机井数量(万眼)	Motor-pumped Well at the Year-end (10000 units)	88.03	93.72	96.17	96.03

农民家庭平均每户生产性固定资产原值（年底数）
Original Value of Productive Fixed Assets Per Rural Households (End of Year)

单位：元　　(yuan)

项　　目	Item	2000	2005	2008	2009
平均每户生产性固定资产原值	**Original Value of Productive Fixed Assets**	**6328.32**	**9335.54**	**10986.53**	**11135.23**
农　业	Agriculture	4132.77	4646.31	5317.59	5531.62
工　业	Industry	586.06	1085.80	1436.77	1478.91
建筑业	Construction	31.57	38.33	97.36	105.31
交通运输业	Transport, Post and Telecommunication Services	1101.14	1356.43	1538.55	1357.02
批发零售贸易及餐饮业	Wholesale and Retail Trade and Catering Services	309.91	528.02	683.22	781.11
社会服务业	Social Services	104.06	123.43	130.69	176.81
文教卫生事业	Education,Culture and Health Care	10.00	71.55	102.21	102.08
其　他	Others	52.80	19.21	69.17	93.44

农民家庭平均每百户生产性固定资产数量（年底数）
Number of Productive Fixed Assets Per 100 Rural Households (End of Year)

项　　目	Item	2000	2005	2008	2009
汽　车(辆)	Motor Vehicles(set)	2.33	3.32	3.62	3.77
大中型拖拉机(台)	Large and Medium Tractors(set)	2.03	2.48	2.88	2.48
小型及手扶拖拉机(台)	Mini and Walking Tractors(set)	34.49	36.43	32.81	32.8
机动脱粒机(台)	Motorized Threshing Machines(set)	6.30	2.17	2.35	2.38
胶轮大车(辆)	Carts with Rubber Tyres(set)	12.34	7.15	6.67	6.35
农用水泵(台)	Pumps(unit)	25.91	22.99	26.75	27.13

林业及干鲜果生产
Forestry，Yield of Dry Fruit and Fruit

指　　标	Item	2000	2005	2008	2009
林业生产	**Rorestry Production**				
当年造林面积(千公顷)	New Forestry Area This Year (1000 hectares)	305.00	304.77	345.78	306.37
#用材林	Timber Forest	72 .22	51.16	23.22	29.45
经济林	Economic Forest	50.16	19.90	8.38	13.83
防护林	Shelter Forest	179.67	232.27	312.58	260.91
当年零星(四旁)植树(万株)	Planting Trees Piecemeal (10000 trees)	12748	12496	10584	10657
村及村以下林木采伐量(万立方米)	Fall of Bamboo and Tree in Rural Areas (10000 cu.m)	66.37	48.25	45.52	58.06
干鲜果生产(吨)	**Yield of Dry Fruit and Fruit (ton)**				
干　果	Dry Fruit	71900	164307	249197	314814
#核　桃	Walnuts	30102	47032	61590	70518
板　栗	Chestnut	34620	107079	166115	211619
园林水果	Fruit	6791425	9184789	10541293	11040692
#苹　果	Apples	1806155	2202273	2615982	2767973
梨	Pears	2551647	3246220	3539679	3640682
花椒产量(吨)	**Chinese Prickly Ash Output (ton)**	**7743**	**11936**	**13191**	**13352**

大牲畜头数
Number of Large Livestock

单位：万头 (10000 heads)

年 份 Year	大牲畜年末数 Large Animals (year-end)	牛 Cattle and Buffaloes	马 Horses	驴 Donkeys	骡 Mules
1978	354.70	134.60	79.81	83.07	56.95
1980	341.05	120.71	78.02	78.26	63.88
1985	446.50	155.10	71.95	142.57	76.88
1990	525.22	207.90	56.95	176.71	83.66
1995	870.88	579.34	48.68	167.69	75.17
1996	885.85	598.52	49.36	164.23	73.74
1997	860.33	582.96	49.54	158.17	69.66
1998	835.89	563.76	49.03	155.36	67.74
1999	811.94	543.33	48.21	153.61	66.79
2000	774.24	516.73	45.04	149.14	63.33
2001	730.17	487.72	43.31	138.92	60.22
2002	702.92	476.64	40.64	130.04	55.60
2003	685.06	477.87	36.83	121.05	49.31
2004	721.81	528.39	35.53	112.56	45.33
2005	762.63	584.92	33.13	104.11	40.47
2006	613.00	458.93	28.99	90.16	34.92
2007	610.49	474.99	24.92	80.72	29.86
2008	569.75	449.01	22.70	70.65	27.39
2009	536.66	429.11	20.30	62.89	24.36

注：1980年前大牲畜总数中含骆驼。
a) Number of large livestock included camels before 1980.

肉类总产量、牛奶产量及猪、羊头数
Output of Meat，Milk and Number of Hogs，Sheep and Goats

年 份 Year	猪牛羊肉产量(万吨) Output of Pork, Beef and Mutton (10000 tons)	年末出栏肉猪(万头) Slaughtered Fattened Hogs (year-end) (10000 heads)	生猪存栏头数(万头) Number of Hogs at Year-end (10000 heads)	羊存栏只数(万只) Number of Sheep and Goats (10000 units)	山羊 Goats	绵羊 Sheep	牛奶产量(万吨) Output of Cow Milk (10000 tons)
1978	41.7	570.5	1245.7	600.7	346.1	254.6	1.82
1980	69.1	716.9	1293.4	814.9	461.4	353.5	2.65
1985	81.9	1018.5	1421.4	721.1	372.8	348.3	7.32
1990	121.2	1395.5	1494.2	1074.5	562.6	511.9	11.18
1995	258.8	2409.6	2052.8	1565.7	803.4	762.3	32.55
1996	253.1	2454.1	2061.2	1654.2	840.1	814.1	40.06
1997	262.5	2564.5	2097.8	1728.8	872.8	856.0	46.74
1998	268.1	2620.4	2069.6	1738.8	866.8	872.1	55.82
1999	270.5	2666.6	2029.2	1719.3	844.9	874.4	68.35
2000	270.0	2675.2	1959.6	1676.6	801.8	874.8	84.20
2001	269.7	2699.4	1904.2	1639.5	751.3	888.2	107.38
2002	277.1	2757.1	1909.9	1572.5	672.9	899.6	136.89
2003	285.3	2853.0	1926.2	1594.3	664.5	929.8	197.90
2004	298.7	2991.0	1964.3	1664.5	673.7	990.9	266.46
2005	314.2	3145.0	1977.5	1679.1	678.3	1000.8	340.35
2006	323.5	3246.7	1812.8	1552.6	771.5	781.1	407.62
2007	307.6	2964.2	1907.1	1583.7	785.5	798.2	489.44
2008	329.1	3230.8	2015.2	1617.0	750.9	866.1	504.51
2009	336.8	3332.9	1968.0	1565.1	551.4	1013.7	451.54

水产品产量

Output of Aquatic Products

单位：吨 (ton)

年份 Year	水产品 总产量 Total Aquatic Products	海水产品 Seawater Aquatic Products	#鱼类 Fish	#甲壳类 Carapace	内陆水域水产品 Freshwater Aquatic Products	#鱼类 Fish	#甲壳类 Carapace
1978	139017	128043	43988	63856	10974	10232	214
1980	97610	86479	41902	38144	11131	9811	643
1985	127495	104529	58578	39276	22966	21464	1489
1990	218553	164880	61762	71295	53673	50912	2722
1995	396070	210215	73868	62853	185855	178218	6330
1996	506930	283038	81682	72035	223892	215806	5317
1997	606110	338322	119981	69949	267788	255759	11192
1998	693317	384917	156073	84556	308400	290273	14679
1999	759566	423429	180402	84302	336137	316480	15356
2000	809496	482032	187945	80707	327464	306535	15084
2001	848887	514411	185570	92362	334476	312911	15942
2002	870571	518440	181557	91831	352131	315759	19720
2003	862715	489702	177773	90483	373013	340328	25936
2004	928218	541332	190417	94519	386886	351315	26843
2005	989461	571808	191613	95057	417653	386333	23696
2006	871418	499047	155456	77803	372371	342458	22504
2007	906437	524303	160388	75141	382134	353175	22909
2008	966400	549250	164631	80317	417150	385537	25009
2009	1004100	553884	151520	78503	450216	415983	26465

受灾情况

Natural Disaster

指标	Item	2000	2005	2008	2009
受灾面积(千公顷)	**Areas Covered (1000 hectares)**	**3560.28**	**1721.80**	**1378.77**	**1944.33**
#成灾	Areas Affected	2541.30	976.02	818.29	**1301.12**
旱灾	Drought	2974.70	934.15	726.88	1218.24
#成灾	Areas Affected	2210.54	596.17	479.86	928.34
水灾	Flood	114.16	108.80	72.78	67.91
#成灾	Areas Affected	62.78	65.28	51.67	31.83
风雹灾	Wind Hail	256.15	347.47	320.24	445.87
#成灾	Areas Affected	166.12	188.14	193.94	260.92
霜灾	Frost	1.74	18.29	10.84	3.18
#成灾	Areas Affected	0.37	8.75	2.70	3.07
病虫灾	Diseases and Insect	203.40	247.75	226.65	120.52
#成灾	Areas Affected	92.89	93.55	73.64	35.78
其他灾	Others	10.13	65.36	21.39	88.61
#成灾	Areas Affected	8.60	24.14	16.49	41.18

农垦系统国营农牧场基本情况

Basic Statistics on State Farms and Pasturelands of land reclamation departments

指　　标	Item	2000	2005	2008	2009
农场数(个)	**Number of Farms (unit)**	**30**	**30**	**31**	**31**
农场人口及职工(人)	**Population, Staff and Workers (person)**				
总人口	Total Population	290157	397033	420323	421667
职工人数	Number of Staff and Workers	94660	85212	74972	72213
土地总面积(公顷)	**Total Land Area (hectare)**	**35720**	**352607**	**363339**	**363331**
#耕地面积	Cultivated Area	90380	80297	84817	87390
牧草地面积	Area of Grassland	99080	70062	67826	68094
#已利用面积	Utilized Area	84730	52126	41210	41210
林地面积	Forest Area	38330	89785	101654	103338
水面面积	Water Area	47680	48663	37043	36262
#养殖面积	Cuotivated Area	10010	15156	12351	12503
茶果桑园面积	Area of Tea, Mulberry and Orchards Plantations	2880	2913	4135	1985
农作物总播种面积(公顷)	**Sown Area of Farm Crops (hectare)**	**94840**	**87903**	**98907**	**97696**
#粮　食	Grain	68540	59393	60228	62534
#谷　物	Cereal	61350	54083	55278	58895
#小　麦	Wheat	19710	15975	15656	15678
稻　谷	Rice	27010	17962	17741	19294
经济作物	Economic Crops				
#棉　花	Cotton	3390	21454	23757	19913
油　料	Oil-bearing Crops	12380	920	2563	2747
主要农产品产量(吨)	**Yield of Major Farm Crops (ton)**				
#粮　食	Grain	240341	339161	375120	393021
#谷 物	Cereal	232711	324412	351952	371913
#小　麦	Wheat	50070	54400	69730	67595
稻　谷	Rice	141569	174670	174992	190198
经济作物	Economic Crops				
#棉　花	Cotton	4121	25133	31579	25487
油　料	Oil-bearing Crops	3466	983	3841	1934
鲜　果	Fruit	17295	21762	19494	15649
林业生产	**Rorestry Production**				
当年造林面积(公顷)	New Forestry Area This Year (hectare)	5417	8011	1853	3539
林业采伐量(立方米)	Fall of Bamboo and Tree (cu.m)	2420	2758	2800	2424
畜牧业、渔业生产	**Production of Animal Husbandry and Fishery**				
年末大牲畜存栏(头)	Number of Large Animals (year-end) (head)	36500	82832	117000	124700
年末猪存栏(头)	Number of Hogs (head)	90100	199849	222900	268600
年末羊存栏(只)	Number of Sheep and Goats (unit)	51700	102147	60100	74100
#山　羊	Goats	14600	8373	6200	4400
畜产品产量(吨)	Output of Livestock Products (ton)				
肉类总产量	Pork, Beef and Mutton	21210	42800	57764	47014
牛奶产量	Milk	68104	208148	355503	415144
禽蛋产量	Poultry Eggs	6817	7801	8374	9473
水产品产量(吨)	Output of Aquatic Products (ton)	48207	68933	70500	73952
#养　殖	Artificially Cultured	39057	61000	63142	67192

规模以上工业企业主要经济指标（2009年）
Main Indicators of Industrial Enterprises above Designated Size (2009)

单位：亿元　　(100 million yuan)

项　目	Item	企业单位数（个） Number of Enterprises (unit)	工业总产值（当年价格） Gross Industrial Output Value (current prices)	资产总计 Total Assets	主营业务收入 Revenue from Principal Business	利润总额 Total Profits	从业人员（万人） Number of Employed Persons (10000 Persons)
全省总计	**Total**	**13096**	**24062.76**	**20662.67**	**24119.47**	**1440.28**	**319.94**
按轻重工业分	**By Light & Heavy Industries**						
轻工业	Light Industry	4311	4904.53	2923.35	4822.09	376.65	93.27
重工业	Heavy Industry	8785	19158.22	17739.32	19297.38	1063.63	226.67
按企业规模分	**By Size of Enterprises**						
大型企业	Large Enterprises	156	9128.20	10492.85	9692.44	449.98	98.11
中型企业	Medium-sized Enterprises	1310	6499.02	5662.91	6258.95	394.73	98.30
小型企业	Small Enterprises	11630	8435.54	4506.91	8168.08	595.56	123.53
按登记注册类型分	**By Status of Registration**						
内资企业	Domestic Funded	11969	20151.76	16985.93	20244.80	1153.61	276.84
国有企业	State-owned Enterprises	448	2316.75	3150.76	2321.62	48.16	35.55
中央企业	Central Enterprises	81	1355.09	1511.52	1374.75	24.81	12.51
地方企业	Local Enterprises	367	961.66	1639.25	946.87	23.35	23.04
集体企业	Collective-owned Enterprises	381	572.31	189.03	529.57	35.67	7.70
股份合作企业	Cooperative Enterprises	67	121.21	92.76	120.37	5.26	1.69
联营企业	Joint Ownership Enterprises	27	203.15	353.06	194.68	6.40	1.65
国有联营企业	State Joint Ownership Enterprises	5	172.23	339.63	165.43	5.36	0.98
集体联营企业	Collective Joint Ownership Enterprises	8	14.51	4.84	13.38	0.57	0.10
国有与集体联营	Joint State-collective Enterprises	4	6.63	5.41	6.50	-0.14	0.42
其他联营企业	Other Joint Ownership Enterprises	10	9.78	3.19	9.37	0.61	0.15
有限责任公司	Limited Liability Corporations	2427	5962.74	6349.29	6480.91	246.14	87.46
国有独资公司	State Sole funded Corporations	44	656.23	1285.76	857.73	-1.85	7.03
其他有限责任公司	Other Limited Liability Corporations	2383	5306.51	5063.54	5623.17	247.99	80.43
股份有限责任公司	Share-holding Corporations Limited	424	2084.08	2801.43	2053.67	162.68	28.29
私营企业	Private Enterprises	8162	8817.90	4001.80	8471.12	639.82	112.97
私营独资企业	Private-funded Enterprises	1947	1654.94	565.43	1605.21	171.69	19.23
私营合伙企业	Private Partnership Enterprises	522	424.50	117.80	414.18	36.78	5.29
私营有限责任公司	Private Limited Liability Corporations	5245	5973.50	3024.18	5726.69	390.32	80.93
私营股份有限公司	Private Share-holding Corporations Ltd.	448	764.95	294.39	725.05	41.04	7.52
其他企业	Other Enterprises	33	73.62	47.79	72.85	9.49	1.52
港澳台商投资企业	Enterprises with Funds from Hong Kong, Macao and Taiwan	320	1558.98	1461.61	1562.34	124.02	17.40
合资经营企业	Joint-ventures Enterprises	218	749.82	756.41	749.47	53.85	8.37
合作经营企业	Cooperative Enterprises	12	93.95	103.49	92.20	9.20	1.02
港澳台商独资企业	Enterprises with Sole Investment	85	712.61	594.76	718.52	61,09	7.90
股份有限公司	Share-holding Corporations Ltd.	5	2.60	6.96	2.16	-0.12	0.11
外商投资企业	Foreign Funded Enterprises	807	2352.02	2215.14	2312.33	162.64	25.71
中外合资经营企业	Joint-venture Enterprises	476	1378.83	1322.11	1357.11	94.79	15.34
中外合作经营企业	Cooperation Enterprises	22	25.47	20.96	24.43	1.00	0.42
外资企业	Enterprises with Sole Funds	298	650.14	636.65	630.11	46.68	8.20
股份有限公司	Share-holding Corporations Ltd.	11	297.58	235.41	300.68	20.18	1.74

按行业分规模以上工业企业主要指标（2009年）

单位：亿元

行　　业	Sector	企　业单位数（个）Number of Enterprises (unit)	从业人员（万人）Number of Employed Persons (10000 persons)
全　省　总　计	**Total**	**13096**	**319.94**
煤炭开采和洗选业	Mining and Washing of Coal	178	21.36
石油和天然气开采业	Extraction of Petroleum and Natural Gas	2	2.80
黑色金属矿采选业	Mining and Processing of Ferrous Metal Ores	867	12.75
有色金属矿采选业	Mining and Processing of Non-Ferrous Metal Ores	37	0.70
非金属矿采选业	Mining and Processing of Nonmetal Ores	100	1.99
农副食品加工业	Processing of Food from Agricultural Products	706	10.25
食品制造业	Manufacture of Foods	290	6.57
饮料制造业	Manufacture of Beverages	179	3.74
烟草制品业	Manufacture of Tobacco	4	0.68
纺织业	Manufacture of Textile	796	20.96
纺织服装、鞋、帽制造业	Manufacture of Textile Wearing Apparel, Footwear and Caps	290	7.09
皮革、毛皮、羽毛(绒)及其制品业	Manufacture of Leather, Fur, Feather and Related Products	394	6.40
木材加工及木、竹、藤、棕、草制品业	Processing of Timber, Manufacture of Wood, Bamboo, Rattan, Palm and Straw Products	143	2.17
家具制造业	Manufacture of Furniture	127	1.79
造纸及纸制品业	Manufacture of Paper and Paper Products	304	5.10
印刷业和记录媒介的复制	Printing, Reproduction of Recording Media	118	2.03
文教体育用品制造业	Manufacture of Articles For Culture, Education and Sport Activities	65	0.93
石油加工、炼焦及核燃料加工业	Processing of Petroleum, Coking, Processing of Nuclear Fuel	122	5.32
化学原料及化学制品制造业	Manufacture of Raw Chemical Materials and Chemical Products	919	17.57
医药制造业	Manufacture of Medicines	198	7.72
化学纤维制造业	Manufacture of Chemical Fibers	39	1.28
橡胶制品业	Manufacture of Rubber	302	4.48
塑料制品业	Manufacture of Plastics	478	5.40
非金属矿物制品业	Manufacture of Non-metallic Mineral Products	1221	24.68
黑色金属冶炼及压延加工业	Smelting and Pressing of Ferrous Metals	480	49.42
有色金属冶炼及压延加工业	Smelting and Pressing of Non-ferrous Metals	195	2.90
金属制品业	Manufacture of Metal Products	904	12.62
通用设备制造业	Manufacture of General Purpose Machinery	1225	18.11
专用设备制造业	Manufacture of Special Purpose Machinery	614	11.68
交通运输设备制造业	Manufacture of Transport Equipment	527	15.44
电气机械及器材制造业	Manufacture of Electrical Machinery and Equipment	586	10.46
通信设备、计算机及其他电子设备制造业	Manufacture of Communication Equipment, Computers and Other Electronic Equipment	121	4.67
仪器仪表及文化、办公用机械制造业	Manufacture of Measuring Instruments and Machinery for Cultural Activity and Office Work	92	1.34
工艺品及其他制造业	Manufacture of Artwork and Other Manufacturing	114	2.09
废弃资源和废旧材料回收加工业	Recycling and Disposal of Waste	21	0.17
电力、热力的生产和供应业	Production and Supply of Electric Power and Heat Power	253	14.28
燃气生产和供应业	Production and Supply of Gas	33	1.01
水的生产和供应业	Production and Supply of Water	52	2.00

Main Indicators of Industrial Enterprises above Designated Size by Industrial Sector (2009)

(100 million yuan)

工 业 总产值 (当年价) Gross Industrial Output Value	工 业 增加值 (收入法) Value-added of Industry	实收资本 Total Capital Hold	流动资产 合 计 Total Working Capitals	#存 货 gool kept in stock	#产成品 Finished Products	固定资产 合 计 Fixed Assets	固定资产 原 价 Original Value of Fixed Assets
24062.76	**6287.84**	**4094.43**	**8319.12**	**2323.52**	**834.14**	**9920.69**	**12525.70**
782.41	364.37	179.74	462.14	52.47	28.08	479.65	581.18
170.82	133.70	159.07	51.23	6.70	1.16	495.09	725.30
1008.75	471.79	127.38	443.79	74.11	49.54	270.53	339.02
34.38	13.23	7.61	13.14	3.97	2.60	13.77	16.88
49.09	19.20	12.93	22.51	4.33	2.97	23.40	29.07
1085.61	191.07	88.60	245.42	82.81	48.38	169.05	209.43
377.16	86.90	88.94	100.09	23.08	8.90	94.45	117.90
224.05	67.81	64.57	95.29	45.50	17.60	81.93	122.56
100.49	70.05	13.20	43.67	34.23	1.64	28.52	37.44
753.85	166.87	90.78	181.38	71.56	34.94	156.27	202.74
183.89	44.11	19.71	39.21	17.02	9.97	32.70	44.26
502.81	152.64	17.94	52.84	17.44	9.24	39.35	48.27
144.90	23.39	20.04	27.63	9.84	4.29	26.25	33.09
82.01	16.76	13.45	24.38	9.25	3.87	21.77	27.98
286.21	82.02	48.85	58.99	16.85	9.61	96.35	123.42
88.61	30.84	19.75	28.27	9.30	4.95	28.67	48.29
21.21	4.56	2.77	5.61	2.12	0.95	4.18	5.49
1169.28	307.74	116.46	284.26	105.96	28.74	289.41	355.41
1119.90	234.03	269.12	424.62	102.85	45.03	497.85	608.41
372.17	113.68	107.74	220.69	39.49	18.28	150.45	222.59
42.04	8.04	5.43	12.31	5.77	2.54	13.46	26.91
215.29	58.02	36.16	71.34	14.46	8.15	44.24	60.59
341.11	70.33	52.48	88.04	27.12	12.72	81.90	110.51
1064.81	293.28	218.36	406.97	100.95	48.87	524.65	608.06
7388.42	1721.70	978.91	2459.66	789.37	178.18	2963.09	3248.42
289.30	65.69	70.10	104.12	37.75	8.68	131.34	157.62
839.43	207.72	132.49	257.43	77.18	35.74	182.31	233.83
818.27	203.92	122.16	315.67	105.54	46.27	194.86	242.42
499.70	132.19	121.04	291.86	95.98	36.39	162.73	193.62
908.79	217.05	130.52	494.71	143.66	46.57	244.74	265.47
959.26	240.06	156.79	528.55	133.74	68.44	248.97	288.00
183.42	41.42	58.57	77.26	18.75	5.26	96.06	123.71
56.29	17.57	14.26	35.27	7.17	2.62	12.61	15.52
65.25	17.32	10.96	20.50	6.14	1.99	15.24	18.93
13.84	3.57	1.96	2.77	1.02	0.44	3.69	4.66
1760.89	371.78	459.79	285.51	26.49	0.14	1894.59	2894.91
34.86	10.38	16.06	23.42	2.13	0.36	35.88	43.41
24.19	13.05	39.75	18.60	1.39	0.02	70.69	90.39

按行业分规模以上工业企业主要指标（2009年）(续)

单位：亿元

行业	Sector	固定资产净值 Net Value of Fixed Assets	资产总计 Total Assets
全省总计	**Total**	**8454.18**	**20662.67**
煤炭开采和洗选业	Mining and Washing of Coal	361.73	1039.87
石油和天然气开采业	Extraction of Petroleum and Natural Gas	415.09	585.98
黑色金属矿采选业	Mining and Processing of Ferrous Metal Ores	241.30	833.03
有色金属矿采选业	Mining and Processing of Non-Ferrous Metal Ores	11.73	33.88
非金属矿采选业	Mining and Processing of Nonmetal Ores	20.82	53.78
农副食品加工业	Processing of Food from Agricultural Products	147.19	451.71
食品制造业	Manufacture of Foods	86.79	233.95
饮料制造业	Manufacture of Beverages	74.96	205.71
烟草制品业	Manufacture of Tobacco	21.65	73.69
纺织业	Manufacture of Textile	135.93	374.72
纺织服装、鞋、帽制造业	Manufacture of Textile Wearing Apparel, Footwear and Caps	28.90	81.95
皮革、毛皮、羽毛(绒)及其制品业	Manufacture of Leather, Fur, Feather and Related Products	35.90	113.68
木材加工及木、竹、藤、棕、草制品业	Processing of Timber, Manufacture of Wood, Bamboo, Rattan, Palm and Straw Products	24.96	61.11
家具制造业	Manufacture of Furniture	18.69	52.22
造纸及纸制品业	Manufacture of Paper and Paper Products	89.25	163.60
印刷业和记录媒介的复制	Printing, Reproduction of Recording Media	27.43	64.74
文教体育用品制造业	Manufacture of Articles For Culture, Education and Sport Activities	4.13	10.21
石油加工、炼焦及核燃料加工业	Processing of Petroleum, Coking, Processing of Nuclear Fuel	250.04	605.92
化学原料及化学制品制造业	Manufacture of Raw Chemical Materials and Chemical Products	409.68	1030.49
医药制造业	Manufacture of Medicines	126.77	425.96
化学纤维制造业	Manufacture of Chemical Fibers	13.69	37.42
橡胶制品业	Manufacture of Rubber	42.07	128.44
塑料制品业	Manufacture of Plastics	79.10	188.98
非金属矿物制品业	Manufacture of Non-metallic Mineral Products	435.57	1022.15
黑色金属冶炼及压延加工业	Smelting and Pressing of Ferrous Metals	2354.46	6606.10
有色金属冶炼及压延加工业	Smelting and Pressing of Non-ferrous Metals	123.54	296.58
金属制品业	Manufacture of Metal Products	170.19	469.27
通用设备制造业	Manufacture of General Purpose Machinery	170.92	552.33
专用设备制造业	Manufacture of Special Purpose Machinery	135.55	492.50
交通运输设备制造业	Manufacture of Transport Equipment	185.54	798.46
电气机械及器材制造业	Manufacture of Electrical Machinery and Equipment	191.70	846.47
通信设备、计算机及其他电子设备制造业	Manufacture of Communication Equipment, Computers and Other Electronic Equipment	87.26	183.42
仪器仪表及文化、办公用机械制造业	Manufacture of Measuring Instruments and Machinery for Cultural Activity and Office Work	10.46	52.71
工艺品及其他制造业	Manufacture of Artwork and Other Manufacturing	14.29	38.10
废弃资源和废旧材料回收加工业	Recycling and Disposal of Waste	3.63	7.08
电力、热力的生产和供应业	Production and Supply of Electric Power and Heat Power	1812.48	2286.38
燃气生产和供应业	Production and Supply of Gas	30.48	65.04
水的生产和供应业	Production and Supply of Water	60.30	95.04

Main Indicators of Industrial Enterprises above Designated Size by Industrial Sector (2009)

(100 million yuan)

流动负债合计 Total Working Liabilities	长期负债合计 Long-term Liabilities	所有者权益合计 Total Owners' Equities	主营业务收入 Revenue from Principal Business	主营业务成本 Cost of Principal Business	主营业务税金及附加 Taxes and Other Charges on Principal Business	利润总额 Total Profits	本年应交增值税 Value-added Tax Payable
9372.46	**3074.28**	**8020.50**	**24119.47**	**20792.12**	**254.66**	**1440.28**	**743.61**
406.34	179.67	447.53	1245.44	1080.61	8.99	44.37	52.23
52.94	219.05	313.99	168.34	86.73	2.68	45.94	9.69
399.26	46.78	371.88	933.73	690.92	11.96	161.48	60.70
15.30	4.37	14.16	28.69	22.66	0.39	3.43	1.12
21.49	8.95	20.64	47.71	37.40	0.87	5.46	3.36
226.29	19.88	199.97	1076.87	948.21	2.84	58.11	13.88
84.99	13.36	131.19	374.68	300.62	1.02	25.50	11.14
111.93	9.68	75.16	205.25	149.74	11.56	17.82	8.33
25.50	0.63	47.56	97.77	38.01	41.97	9.42	9.17
160.71	35.32	166.65	750.76	662.78	3.80	52.02	17.75
32.47	2.59	41.50	178.48	156.28	1.10	11.89	3.09
38.16	5.32	64.15	487.05	405.10	2.69	45.78	10.40
23.30	3.91	33.19	143.28	124.45	1.79	8.82	2.74
22.54	1.08	25.90	79.39	67.77	0.66	4.86	2.06
62.36	20.29	76.09	276.24	233.34	1.49	24.32	11.46
24.34	3.10	36.42	88.46	71.67	0.32	9.53	4.56
4.82	0.29	4.24	21.25	18.67	0.08	1.07	0.73
348.10	68.23	187.58	1168.02	956.30	102.94	61.66	21.98
463.83	122.84	433.53	1059.61	908.51	4.93	51.06	29.97
210.56	36.21	175.42	379.95	262.01	1.72	47.43	14.99
15.21	3.38	18.47	41.37	36.91	0.30	2.16	1.05
57.88	5.02	63.82	202.03	170.33	0.94	17.35	5.74
90.72	26.33	65.30	335.01	288.36	1.84	25.15	6.51
418.83	154.02	433.72	999.27	832.03	6.10	80.42	31.33
3354.33	989.31	2239.87	7433.16	6777.99	10.76	266.86	188.82
105.74	62.46	126.08	291.38	252.90	0.44	23.75	7.26
224.06	11.94	226.79	816.08	698.09	3.54	53.00	15.90
270.18	28.08	242.98	781.48	652.33	3.78	64.26	21.63
271.79	22.26	190.52	494.60	407.20	2.61	34.24	15.95
456.99	56.57	281.75	856.92	736.30	7.90	60.02	30.48
361.21	107.29	368.80	937.42	778.00	3.64	82.26	50.55
89.12	16.51	77.09	172.71	145.48	0.38	15.50	3.52
24.10	0.93	27.55	53.00	39.54	0.38	7.59	2.01
17.40	4.10	15.56	64.69	47.76	1.35	6.55	1.06
2.72	0.29	4.07	13.45	11.40	0.13	0.85	0.44
819.08	752.59	701.88	1758.16	1649.25	6.36	9.59	70.06
33.91	8.74	22.19	34.16	27.74	0.22	2.37	0.94
23.98	22.89	47.30	23.60	18.71	0.20	-1.61	1.00

按行业分规模以上工业企业主要经济效益指标（2009年）

行　　业	Sector	工　业 增加值率 (%) Ratio of Value-added to Gross Industrial Output Value (%)
全省总计	**Total**	**26.06**
轻工业	Light Industry	25.80
重工业	Heavy Industry	26.12
大型企业	Large Enterprises	26.71
中型企业	Medium-sized Enterprises	26.02
小型企业	Small Enterprises	24.58
按主要行业分	**Grouped by Sector**	
煤炭开采和洗选业	Mining and Washing of Coal	46.31
石油和天然气开采业	Extraction of Petroleum and Natural Gas	78.01
食品制造业	Manufacture of Foods	22.40
饮料制造业	Manufacture of Beverages	30.43
烟草制品业	Manufacture of Tobacco	69.45
纺织业	Manufacture of Textile	21.78
纺织服装、鞋、帽制造业	Manufacture of Textile Wearing Apparel, Footwear and Caps	23.63
造纸及纸制品业	Manufacture of Paper and Paper Products	28.45
石油加工、炼焦及核燃料加工业	Processing of Petroleum, Coking, Processing of Nuclear Fuel	26.06
化学原料及化学制品制造业	Manufacture of Raw Chemical Materials and Chemical Products	20.68
医药制造业	Manufacture of Medicines	30.53
非金属矿物制品业	Manufacture of Non-metallic Mineral Products	27.88
黑色金属冶炼及压延加工业	Smelting and Pressing of Ferrous Metals	23.05
金属制品业	Manufacture of Metal Products	24.58
通用设备制造业	Manufacture of General Purpose Machinery	24.83
电气机械及器材制造业	Manufacture of Electrical Machinery and Equipment	25.14
通信设备、计算机及其他电子设备制造业	Manufacture of Communication Equipment, Computers and Other Electronic Equipment	22.16
电力、热力的生产和供应业	Production and Supply of Electric Power and Heat Power	22.00

Main Indicators on Economic Benefit of Industrial Enterprises above Designated Size by Industrial Sector (2009)

总资产贡献率 (%) Ratio of Total Assets to Industrial Output Value (%)	资　产 负债率 (%) Assets-Liability Ratio (%)	流动资产 周转次数 (次) Number of Times of Annual of Turnover Working Capitals (times)	工业成本 费用利润率 (%) Ratio of Profits to Industrial Cost (%)	全员劳动 生产率 (元/人 · 年) Overall Labor Productivity (yuan/person□years)	产　品 销售率 (%) Proportion of Products Sold (%)
13.03	**60.94**	**3.10**	**6.49**	**196532**	**97.39**
21.47	52.25	3.55	8.67	136068	97.71
11.64	62.37	3.01	5.96	221412	97.31
9.56	63.64	2.71	4.96	251805	98.04
13.69	60.95	2.78	6.93	174370	97.04
20.26	54.61	4.21	8.02	170268	96.95
11.29	56.95	3.00	3.75	170584	97.90
10.09	46.42	3.00	39.19	477508	99.55
17.10	43.50	4.09	7.35	132261	98.52
19.39	61.86	2.24	10.03	181311	97.08
82.25	35.45	2.40	20.28	1030176	100.06
21.02	55.13	4.18	7.50	79611	97.72
20.81	46.51	4.62	7.21	62210	95.19
24.15	52.86	4.88	9.79	160832	97.44
32.11	68.95	4.01	6.19	578464	97.54
9.56	57.69	2.65	5.11	133201	97.10
16.48	58.79	1.87	14.28	147249	97.75
12.82	56.97	2.63	8.76	118832	97.75
8.13	65.91	3.19	3.82	348381	97.54
16.27	51.07	3.62	7.16	164594	96.62
17.24	55.71	2.69	8.98	112603	96.69
17.61	55.75	1.94	9.76	229502	95.04
11.23	57.76	2.45	9.83	88699	94.77
6.04	69.39	6.47	0.55	260349	99.74

按行业分国有及国有控股工业企业主要指标（2009年）

单位：亿元

行　业	Sector	企业单位数（个）Number of Enterprises (unit)	从业人员（万人）Number of Employed Persons (10000 persons)
全　省　总　计	**Total**	**794**	**92.39**
煤炭开采和洗选业	Mining and Washing of Coal	26	19.81
石油和天然气开采业	Extraction of Petroleum and Natural Gas	2	2.80
黑色金属矿采选业	Mining and Processing of Ferrous Metal Ores	16	2.32
有色金属矿采选业	Mining and Processing of Non-Ferrous Metal Ores	3	0.14
非金属矿采选业	Mining and Processing of Nonmetal Ores	15	1.38
其他采矿业	Mining of Other Ores		
农副食品加工业	Processing of Food from Agricultural Products	20	0.43
食品制造业	Manufacture of Foods	11	0.17
饮料制造业	Manufacture of Beverages	16	0.63
烟草制品业	Manufacture of Tobacco	4	0.68
纺织业	Manufacture of Textile	21	3.34
纺织服装、鞋、帽制造业	Manufacture of Textile Wearing Apparel, Footwear and Caps	9	0.64
皮革、毛皮、羽毛(绒)及其制品业	Manufacture of Leather, Fur, Feather and Related Products	2	0.18
木材加工及木、竹、藤、棕、草制品业	Processing of Timber, Manufacture of Wood, Bamboo, Rattan, Palm and Straw Products	2	0.02
家具制造业	Manufacture of Furniture	4	0.05
造纸及纸制品业	Manufacture of Paper and Paper Products	3	0.31
印刷业和记录媒介的复制	Printing, Reproduction of Recording Media	15	0.57
文教体育用品制造业	Manufacture of Articles For Culture, Education and Sport Activities		
石油加工、炼焦及核燃料加工业	Processing of Petroleum, Coking, Processing of Nuclear Fuel	9	0.93
化学原料及化学制品制造业	Manufacture of Raw Chemical Materials and Chemical Products	45	5.12
医药制造业	Manufacture of Medicines	11	2.40
化学纤维制造业	Manufacture of Chemical Fibers	3	0.88
橡胶制品业	Manufacture of Rubber	1	0.09
塑料制品业	Manufacture of Plastics	9	0.41
非金属矿物制品业	Manufacture of Non-metallic Mineral Products	57	4.19
黑色金属冶炼及压延加工业	Smelting and Pressing of Ferrous Metals	21	14.27
有色金属冶炼及压延加工业	Smelting and Pressing of Non-ferrous Metals	11	0.50
金属制品业	Manufacture of Metal Products	22	0.90
通用设备制造业	Manufacture of General Purpose Machinery	37	2.28
专用设备制造业	Manufacture of Special Purpose Machinery	55	3.62
交通运输设备制造业	Manufacture of Transport Equipment	35	4.27
电气机械及器材制造业	Manufacture of Electrical Machinery and Equipment	24	1.77
通信设备、计算机及其他电子设备制造业	Manufacture of Communication Equipment, Computers and Other Electronic Equipment	11	0.65
仪器仪表及文化、办公用机械制造业	Manufacture of Measuring Instruments and Machinery for Cultural Activity and Office Work	8	0.20
工艺品及其他制造业	Manufacture of Artwork and Other Manufacturing	3	0.10
废弃资源和废旧材料回收加工业	Recycling and Disposal of Waste	1	0.01
电力、热力的生产和供应业	Production and Supply of Electric Power and Heat Power	202	13.63
燃气生产和供应业	Production and Supply of Gas	16	0.76
水的生产和供应业	Production and Supply of Water	44	1.93

Main Indicators of State-owned and State-holding Industrial Enterprises by Industrial Sector (2009)

(100 million yuan)

工业总产值(当年价) Gross Industrial Output Value	工业增加值(收入法) Value-added of Industry	实收资本 Total Capital Hold	流动资产 合计 Total Working Capitals	#存货 gool kept in stock	#产成品 Finished Products	固定资产 合计 Fixed Assets	固定资产 原价 Original Value of Fixed Assets
6787.97	**1936.61**	**1996.51**	**3252.46**	**947.27**	**254.87**	**5500.93**	**7128.99**
570.38	288.87	163.44	415.28	43.32	22.32	462.78	559.89
170.82	134.21	159.07	51.23	6.70	1.16	495.09	725.30
70.92	38.28	36.24	108.03	17.06	11.06	52.75	80.22
1.74	0.76	0.96	1.38	0.21	0.05	1.32	2.44
16.98	7.56	4.01	16.55	2.88	1.94	13.90	18.47
22.51	3.78	2.80	6.49	2.69	1.12	5.64	6.90
4.82	0.63	1.39	2.19	0.47	0.26	2.14	2.49
21.83	7.34	6.93	11.91	9.08	4.62	11.87	15.27
100.49	70.35	13.20	43.67	34.23	1.64	28.52	37.44
42.36	10.45	14.40	38.00	13.99	8.61	32.57	39.69
12.88	3.76	2.08	6.86	3.15	2.23	4.40	4.54
4.05	0.69	0.92	2.17	1.31	0.68	0.74	1.72
1.00	0.31	1.24	0.88	0.13	0.08	0.27	0.34
7.96	1.67	0.82	0.76	0.35	0.28	3.68	4.64
18.36	8.58	7.02	7.57	1.64	1.60	8.24	15.95
17.89	8.45	7.54	7.80	4.24	2.35	11.10	23.57
606.52	167.85	57.58	90.02	48.97	12.45	118.46	152.07
215.00	40.04	121.00	119.26	25.95	8.48	210.00	268.24
69.04	17.72	33.51	70.53	11.12	4.76	45.93	78.24
15.71	2.42	2.92	8.29	4.31	1.78	7.28	19.22
2.50	0.97	0.83	1.73	1.09	0.87	0.16	0.18
23.47	7.08	9.77	7.87	3.62	2.17	11.53	19.64
184.38	60.23	57.78	117.76	24.31	7.49	208.21	216.19
2035.08	445.78	643.40	1123.78	412.57	61.19	1607.09	1635.27
47.08	14.73	16.98	15.85	8.88	2.07	13.13	26.22
74.08	18.55	18.68	36.12	15.19	7.36	18.54	21.89
37.27	10.03	13.09	43.05	20.96	11.17	22.60	29.81
133.53	36.50	38.77	123.62	43.13	16.01	57.49	74.25
257.23	66.97	44.68	262.84	93.83	26.49	85.70	93.70
229.47	59.08	30.49	200.48	54.78	29.34	85.10	63.61
16.76	3.27	23.91	20.06	7.58	2.83	23.02	43.46
6.60	1.92	1.23	5.56	1.03	0.14	1.95	2.95
0.81	0.27	0.68	5.39	1.54	0.02	2.39	2.40
0.52	0.10	0.03	0.12	0.06	0.04	0.60	0.64
1707.19	379.59	412.03	250.68	24.48	0.14	1757.20	2729.67
18.93	5.92	10.35	11.86	1.04	0.05	22.62	27.91
21.81	11.91	36.75	16.84	1.36	0.01	66.93	84.56

按行业分国有及国有控股工业企业主要指标（2009年）(续)

单位：亿元

行　业	Sector	固定资产净值 Net Value of Fixed Assets	资产总计 Total Assets
全省总计	**Total**	**4606.94**	**10210.87**
煤炭开采和洗选业	Mining and Washing of Coal	346.26	970.15
石油和天然气开采业	Extraction of Petroleum and Natural Gas	415.09	585.98
黑色金属矿采选业	Mining and Processing of Ferrous Metal Ores	49.22	213.52
有色金属矿采选业	Mining and Processing of Non-Ferrous Metal Ores	1.13	6.25
非金属矿采选业	Mining and Processing of Nonmetal Ores	12.25	33.30
其他采矿业	Mining of Other Ores		
农副食品加工业	Processing of Food from Agricultural Products	4.80	13.32
食品制造业	Manufacture of Foods	1.67	6.19
饮料制造业	Manufacture of Beverages	10.50	26.05
烟草制品业	Manufacture of Tobacco	21.65	73.69
纺织业	Manufacture of Textile	22.71	78.13
纺织服装、鞋、帽制造业	Manufacture of Textile Wearing Apparel, Footwear and Caps	2.37	12.33
皮革、毛皮、羽毛(绒)及其制品业	Manufacture of Leather, Fur, Feather and Related Products	0.74	4.66
木材加工及木、竹、藤、棕、草制品业	Processing of Timber, Manufacture of Wood, Bamboo, Rattan, Palm and Straw Products	0.27	3.96
家具制造业	Manufacture of Furniture	3.57	7.03
造纸及纸制品业	Manufacture of Paper and Paper Products	5.41	15.81
印刷业和记录媒介的复制	Printing, Reproduction of Recording Media	10.90	20.13
文教体育用品制造业	Manufacture of Articles For Culture, Education and Sport Activities		
石油加工、炼焦及核燃料加工业	Processing of Petroleum, Coking, Processing of Nuclear Fuel	95.50	210.27
化学原料及化学制品制造业	Manufacture of Raw Chemical Materials and Chemical Products	165.27	376.23
医药制造业	Manufacture of Medicines	38.67	124.85
化学纤维制造业	Manufacture of Chemical Fibers	7.83	26.07
橡胶制品业	Manufacture of Rubber	0.16	3.29
塑料制品业	Manufacture of Plastics	11.47	21.56
非金属矿物制品业	Manufacture of Non-metallic Mineral Products	155.06	356.59
黑色金属冶炼及压延加工业	Smelting and Pressing of Ferrous Metals	1232.58	3663.93
有色金属冶炼及压延加工业	Smelting and Pressing of Non-ferrous Metals	11.94	33.13
金属制品业	Manufacture of Metal Products	16.77	56.51
通用设备制造业	Manufacture of General Purpose Machinery	18.19	73.09
专用设备制造业	Manufacture of Special Purpose Machinery	45.44	198.99
交通运输设备制造业	Manufacture of Transport Equipment	63.81	383.35
电气机械及器材制造业	Manufacture of Electrical Machinery and Equipment	51.91	326.43
通信设备、计算机及其他电子设备制造业	Manufacture of Communication Equipment, Computers and Other Electronic Equipment	21.65	43.94
仪器仪表及文化、办公用机械制造业	Manufacture of Measuring Instruments and Machinery for Cultural Activity and Office Work	1.93	8.11
工艺品及其他制造业	Manufacture of Artwork and Other Manufacturing	1.62	7.79
废弃资源和废旧材料回收加工业	Recycling and Disposal of Waste	0.59	0.72
电力、热力的生产和供应业	Production and Supply of Electric Power and Heat Power	1682.14	2099.23
燃气生产和供应业	Production and Supply of Gas	19.26	37.38
水的生产和供应业	Production and Supply of Water	56.60	88.92

Main Indicators of State-owned and State-holding Industrial Enterprises by Industrial Sector (2009)

(100 million yuan)

流动负债合计 Total Working Liabilities	长期负债合计 Long-term Liabilities	所有者权益合计 Total Owners' Equities	主营业务收入 Revenue from Principal Business	主营业务成本 Cost of Principal Business	主营业务税金及附加 Taxes and Other Charges on Principal Business	利润总额 Total Profits	本年应交增值税 Value-added Tax Payable
4402.13	**2227.41**	**3568.09**	**7482.68**	**6515.27**	**175.64**	**262.40**	**275.21**
369.15	177.97	419.86	1045.74	901.72	8.16	37.82	47.25
52.94	219.05	313.99	168.34	86.73	2.68	45.94	9.69
86.61	20.00	106.90	72.76	48.19	1.42	11.61	6.37
1.77	3.08	1.40	1.61	1.09	0.01	0.07	0.06
16.23	8.13	8.38	16.08	13.05	0.64	0.97	1.52
6.30	4.68	2.33	19.06	17.36	0.02	0.74	0.43
2.51	1.05	2.57	5.17	4.81	0.01	-0.21	0.07
20.77	1.01	4.09	19.28	14.47	1.54	0.22	0.50
25.50	0.63	47.56	97.77	38.01	41.97	9.42	9.17
40.50	8.80	28.79	57.15	52.85	0.21	1.52	1.90
5.63	0.69	4.01	14.94	13.36	0.01	0.59	0.19
1.48	0.72	2.46	4.61	3.99	…	0.33	0.01
2.80		1.15	0.97	0.86	…	0.02	0.02
0.74		5.29	7.78	6.86	…	0.25	0.32
2.70		13.12	16.17	9.82	0.18	4.35	1.56
4.52	0.21	15.40	18.02	12.19	0.13	3.05	1.20
125.29	23.54	61.08	613.49	468.64	101.81	25.83	5.17
171.16	68.48	135.39	198.89	172.72	1.01	-7.86	6.75
99.34	13.93	10.67	67.93	42.64	0.28	6.78	2.40
11.19	3.01	11.87	16.28	14.76	0.07	0.97	0.60
3.14		0.15	1.67	0.78	0.04	0.66	0.02
20.53	21.01	-19.99	25.27	19.63	0.08	1.87	0.74
135.21	89.90	129.19	153.20	115.81	0.83	18.17	5.37
1752.76	674.14	1237.02	2261.29	2117.91	4.59	40.65	57.76
16.31	2.47	14.35	48.14	37.04	0.10	9.00	0.31
29.34	1.16	25.82	70.81	56.44	0.22	9.22	1.49
45.85	7.14	19.88	37.20	30.08	0.14	1.59	1.38
125.95	8.57	62.99	149.28	122.69	0.68	6.68	5.49
256.60	43.89	82.76	273.28	235.55	1.64	11.59	12.67
160.00	80.13	85.44	232.09	194.46	0.60	18.85	25.60
17.30	1.47	24.90	16.30	13.91	0.05	0.11	0.54
4.46	0.18	3.47	5.87	4.52	0.04	0.58	0.22
3.88	2.82	1.09	0.83	0.47	…	0.03	0.02
0.37		0.35	0.43	0.30	…	0.08	0.03
746.90	710.81	644.05	1704.83	1608.08	6.23	2.43	66.92
13.98	7.22	16.10	18.83	16.29	0.07	0.53	0.58
22.41	21.50	44.20	21.32	17.16	0.20	-2.03	0.90

按行业分国有及国有控股工业企业主要经济效益指标（2009年）

行　　业	Sector	工业增加值率(%) Ratio of Value-added to Gross Industrial Output Value (%)
全省总计	**Total**	**28.53**
轻工业	Light Industry	40.44
重工业	Heavy Industry	27.80
大型企业	Large Enterprises	29.27
中型企业	Medium-sized Enterprises	27.16
小型企业	Small Enterprises	26.05
按主要行业分	**Grouped by Sector**	
煤炭开采和洗选业	Mining and Washing of Coal	50.09
石油和天然气开采业	Extraction of Petroleum and Natural Gas	78.01
食品制造业	Manufacture of Foods	12.62
饮料制造业	Manufacture of Beverages	33.08
烟草制品业	Manufacture of Tobacco	69.45
纺织业	Manufacture of Textile	24.11
纺织服装、鞋、帽制造业	Manufacture of Textile Wearing Apparel, Footwear and Caps	28.62
造纸及纸制品业	Manufacture of Paper and Paper Products	46.17
石油加工、炼焦及核燃料加工业	Processing of Petroleum, Coking, Processing of Nuclear Fuel	27.12
化学原料及化学制品制造业	Manufacture of Raw Chemical Materials and Chemical Products	18.07
医药制造业	Manufacture of Medicines	25.11
非金属矿物制品业	Manufacture of Non-metallic Mineral Products	32.11
黑色金属冶炼及压延加工业	Smelting and Pressing of Ferrous Metals	21.35
金属制品业	Manufacture of Metal Products	24.48
通用设备制造业	Manufacture of General Purpose Machinery	26.36
电气机械及器材制造业	Manufacture of Electrical Machinery and Equipment	25.19
通信设备、计算机及其他电子设备制造业	Manufacture of Communication Equipment, Computers and Other Electronic Equipment	18.94
电力、热力的生产和供应业	Production and Supply of Electric Power and Heat Power	21.68

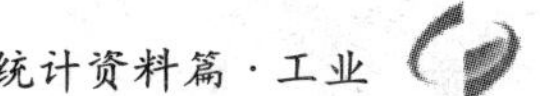

Main Indicators on Economic Benefit of State-owned and State-holding Industrial Enterprises by Industrial Sector (2009)

总资产贡献率(%) Ratio of Total Assets to Industrial Output Value (%)	资产负债率(%) Assets-Liability Ratio (%)	流动资产周转次数(次) Number of Times of Annual of Turnover Working Capitals (times)	工业成本费用利润率(%) Ratio of Profits to Industrial Cost (%)	全员劳动生产率(元/人 · 年) Overall Labor Productivity (yuan/person□years)	产品销售率(%) Proportion of Products Sold (%)
8.29	**65.02**	**2.47**	**3.71**	**209612.18**	**98.52**
19.84	62.60	1.73	9.38	115330.77	99.08
7.68	65.15	2.53	3.44	225746.02	98.49
7.50	65.42	2.34	3.45	222745.00	98.98
10.90	62.21	2.98	4.04	199067.62	97.69
7.63	70.40	2.42	5.42	146285.68	97.52
10.73	56.73	2.88	3.79	145819.07	98.10
10.09	46.42	3.01	39.19	479307.12	99.55
-1.52	58.22	1.78	-3.88	37341.70	107.76
10.33	84.28	1.55	1.26	116545.12	95.67
82.25	35.45	2.40	20.28	1034534.69	100.06
5.41	63.12	1.46	2.68	31283.93	102.86
6.92	67.45	2.40	4.09	58730.33	103.98
38.52	17.11	2.69	34.63	276784.93	87.74
64.52	70.79	5.69	5.34	1804885.02	97.08
1.34	63.70	1.78	-3.89	78208.49	97.62
10.17	91.46	1.08	11.24	73832.83	100.82
7.92	63.33	1.42	12.81	143743.59	98.02
3.91	66.24	2.13	1.83	312391.63	98.82
20.12	54.30	2.74	14.86	206062.89	98.70
4.81	72.73	0.84	4.37	44002.18	99.79
15.76	73.83	1.28	8.77	333765.05	91.57
1.75	42.72	0.86	0.62	50262.71	98.87
5.93	69.43	7.13	0.14	278497.44	99.76

按行业分私营工业企业主要指标（2009年）

单位：亿元

行业	Sector	企业单位数（个） Number of Enterprises (unit)	从业人员（万人） Number of Employed Persons (10000 persons)
全省总计	**Total**	**8162**	**112.97**
煤炭开采和洗选业	Mining and Washing of Coal	106	0.83
黑色金属矿采选业	Mining and Processing of Ferrous Metal Ores	688	8.04
有色金属矿采选业	Mining and Processing of Non-Ferrous Metal Ores	21	0.38
非金属矿采选业	Mining and Processing of Nonmetal Ores	66	0.47
农副食品加工业	Processing of Food from Agricultural Products	443	4.38
食品制造业	Manufacture of Foods	167	2.48
饮料制造业	Manufacture of Beverages	80	0.98
纺织业	Manufacture of Textile	552	10.46
纺织服装、鞋、帽制造业	Manufacture of Textile Wearing Apparel, Footwear and Caps	185	3.68
皮革、毛皮、羽毛(绒)及其制品业	Manufacture of Leather, Fur, Feather and Related Products	300	3.90
木材加工及木、竹、藤、棕、草制品业	Processing of Timber, Manufacture of Wood, Bamboo, Rattan, Palm and Straw Products	114	1.73
家具制造业	Manufacture of Furniture	101	1.20
造纸及纸制品业	Manufacture of Paper and Paper Products	208	3.07
印刷业和记录媒介的复制	Printing, Reproduction of Recording Media	62	0.77
文教体育用品制造业	Manufacture of Articles For Culture, Education and Sport Activities	41	0.34
石油加工、炼焦及核燃料加工业	Processing of Petroleum, Coking, Processing of Nuclear Fuel	73	2.07
化学原料及化学制品制造业	Manufacture of Raw Chemical Materials and Chemical Products	516	4.80
医药制造业	Manufacture of Medicines	82	1.22
化学纤维制造业	Manufacture of Chemical Fibers	27	0.32
橡胶制品业	Manufacture of Rubber	242	2.51
塑料制品业	Manufacture of Plastics	333	2.74
非金属矿物制品业	Manufacture of Non-metallic Mineral Products	742	10.04
黑色金属冶炼及压延加工业	Smelting and Pressing of Ferrous Metals	309	17.19
有色金属冶炼及压延加工业	Smelting and Pressing of Non-ferrous Metals	132	0.99
金属制品业	Manufacture of Metal Products	597	6.73
通用设备制造业	Manufacture of General Purpose Machinery	789	8.13
专用设备制造业	Manufacture of Special Purpose Machinery	324	3.77
交通运输设备制造业	Manufacture of Transport Equipment	299	3.96
电气机械及器材制造业	Manufacture of Electrical Machinery and Equipment	358	3.43
通信设备、计算机及其他电子设备制造业	Manufacture of Communication Equipment, Computers and Other Electronic Equipment	52	0.60
仪器仪表及文化、办公用机械制造业	Manufacture of Measuring Instruments and Machinery for Cultural Activity and Office Work	52	0.50
工艺品及其他制造业	Manufacture of Artwork and Other Manufacturing	71	1.02
电力、热力的生产和供应业	Production and Supply of Electric Power and Heat Power	10	0.14

Main Indicators of Private Enterprises by Industrial Sector (2009)

(100 million yuan)

工业总产值(当年价) Gross Industrial Output Value	工业增加值(收入法) Value-added of Industry	实收资本 Total Capital Hold	流动资产合计 Total Working Capitals	#存货 gool kept in stock	#产成品 Finished Products	固定资产合计 Fixed Assets	固定资产原价 Original Value of Fixed Assets
8817.90	**2257.67**	**837.14**	**1934.68**	**515.94**	**257.08**	**1752.59**	**2102.13**
132.83	27.43	8.63	20.14	4.39	3.27	8.70	11.55
726.83	347.95	73.60	246.99	41.04	28.65	173.37	210.27
22.55	7.13	5.08	7.86	2.65	1.94	7.42	8.54
28.74	10.54	7.26	4.21	0.69	0.50	7.83	8.62
448.24	76.12	32.55	54.25	21.59	10.22	63.35	78.04
109.63	25.11	21.56	24.46	8.58	4.32	23.37	26.59
73.32	18.47	11.52	18.84	6.56	3.20	17.97	20.76
495.37	102.45	43.94	78.95	27.36	13.84	73.23	89.67
114.90	27.74	9.95	16.91	7.12	3.74	15.68	20.06
311.83	95.61	10.63	26.59	5.82	4.08	18.48	22.52
124.85	19.02	14.15	20.00	6.90	2.87	17.23	21.89
54.01	10.75	7.13	8.85	3.53	1.52	10.47	12.02
172.87	47.53	17.84	27.66	8.16	4.09	35.15	43.83
49.28	15.52	6.54	9.23	2.57	1.07	10.22	13.89
10.22	1.63	1.16	2.36	0.76	0.41	1.90	2.39
253.25	66.69	30.23	91.98	30.08	9.25	64.43	77.06
413.99	91.13	41.63	83.31	22.34	12.22	85.99	105.47
74.73	22.30	8.80	18.32	3.65	1.65	15.65	18.34
21.46	4.89	1.95	3.16	1.21	0.65	5.25	6.63
131.96	35.46	22.15	37.53	6.32	3.34	24.26	31.61
207.92	39.47	22.19	32.87	9.17	5.53	33.28	41.75
516.93	128.16	70.92	111.15	30.64	17.49	149.89	180.80
2363.52	564.93	132.80	509.33	131.03	58.37	528.70	604.70
116.43	27.56	12.67	35.09	9.59	2.81	14.88	18.69
540.88	132.96	67.15	123.51	30.96	15.63	110.32	138.53
428.73	98.79	47.01	92.87	29.44	14.49	80.96	98.55
189.33	49.82	35.42	62.41	19.61	8.36	42.99	46.45
194.78	45.17	19.10	50.44	12.98	6.67	27.93	35.41
351.29	83.26	34.08	84.90	24.89	14.46	55.95	71.37
46.24	10.16	3.24	6.78	1.47	0.42	6.22	8.75
25.82	6.50	4.41	9.31	1.61	0.81	4.05	4.81
49.92	12.83	6.74	8.04	2.27	0.94	7.60	9.36
5.55	2.40	3.40	3.70	0.52		6.99	9.73

按行业分私营工业企业主要指标（2009年）(续)

单位：亿元

行 业	Sector	固定资产净值 Net Value of Fixed Assets	资产总计 Total Assets
全省总计	**Total**	**1577.34**	**4001.80**
煤炭开采和洗选业	Mining and Washing of Coal	7.82	32.72
黑色金属矿采选业	Mining and Processing of Ferrous Metal Ores	158.09	473.73
有色金属矿采选业	Mining and Processing of Non-Ferrous Metal Ores	6.75	17.66
非金属矿采选业	Mining and Processing of Nonmetal Ores	6.98	16.75
农副食品加工业	Processing of Food from Agricultural Products	57.67	129.51
食品制造业	Manufacture of Foods	21.70	53.16
饮料制造业	Manufacture of Beverages	16.09	43.01
纺织业	Manufacture of Textile	66.93	161.08
纺织服装、鞋、帽制造业	Manufacture of Textile Wearing Apparel, Footwear and Caps	15.10	36.24
皮革、毛皮、羽毛(绒)及其制品业	Manufacture of Leather, Fur, Feather and Related Products	17.67	59.03
木材加工及木、竹、藤、棕、草制品业	Processing of Timber, Manufacture of Wood, Bamboo, Rattan, Palm and Straw Products	16.18	40.48
家具制造业	Manufacture of Furniture	9.77	21.38
造纸及纸制品业	Manufacture of Paper and Paper Products	32.39	66.92
印刷业和记录媒介的复制	Printing, Reproduction of Recording Media	9.57	23.90
文教体育用品制造业	Manufacture of Articles For Culture, Education and Sport Activities	1.86	4.53
石油加工、炼焦及核燃料加工业	Processing of Petroleum, Coking, Processing of Nuclear Fuel	56.96	167.94
化学原料及化学制品制造业	Manufacture of Raw Chemical Materials and Chemical Products	79.32	181.79
医药制造业	Manufacture of Medicines	12.68	40.53
化学纤维制造业	Manufacture of Chemical Fibers	5.12	9.19
橡胶制品业	Manufacture of Rubber	23.06	69.71
塑料制品业	Manufacture of Plastics	31.54	75.01
非金属矿物制品业	Manufacture of Non-metallic Mineral Products	139.60	281.00
黑色金属冶炼及压延加工业	Smelting and Pressing of Ferrous Metals	451.94	1085.84
有色金属冶炼及压延加工业	Smelting and Pressing of Non-ferrous Metals	13.45	54.13
金属制品业	Manufacture of Metal Products	103.92	247.11
通用设备制造业	Manufacture of General Purpose Machinery	74.29	186.69
专用设备制造业	Manufacture of Special Purpose Machinery	34.74	115.23
交通运输设备制造业	Manufacture of Transport Equipment	25.79	88.50
电气机械及器材制造业	Manufacture of Electrical Machinery and Equipment	53.80	154.69
通信设备、计算机及其他电子设备制造业	Manufacture of Communication Equipment, Computers and Other Electronic Equipment	5.86	14.33
仪器仪表及文化、办公用机械制造业	Manufacture of Measuring Instruments and Machinery for Cultural Activity and Office Work	3.60	14.59
工艺品及其他制造业	Manufacture of Artwork and Other Manufacturing	7.49	16.38
电力、热力的生产和供应业	Production and Supply of Electric Power and Heat Power	6.86	13.29

Main Indicators of Private Enterprises by Industrial Sector (2009)

(100 million yuan)

流动负债合计 Total Working Liabilities	长期负债合计 Long-term Liabilities	所有者权益合计 Total Owners' Equities	主营业务收入 Revenue from Principal Business	主营业务成本 Cost of Principal Business	主营业务税金及附加 Taxes and Other Charges on Principal Business	利润总额 Total Profits	本年应交增值税 Value-added Tax Payable
1976.83	**199.86**	**1739.33**	**8471.12**	**7296.15**	**46.34**	**639.82**	**229.31**
15.46	0.54	13.84	122.63	112.97	0.31	4.27	3.35
233.67	24.11	204.81	675.03	507.44	8.33	118.25	44.90
7.42	0.34	9.88	18.54	15.24	0.28	2.17	0.49
3.74	0.60	10.37	28.46	21.94	0.19	4.25	1.64
38.23	6.35	81.10	441.73	390.01	2.12	26.78	5.73
17.72	1.23	33.44	106.02	88.80	0.60	6.46	2.68
21.96	2.45	18.08	68.39	55.04	1.97	6.63	2.09
58.44	12.00	87.10	484.28	423.25	2.83	39.66	10.18
13.19	1.26	20.91	110.91	96.66	0.79	8.31	2.12
19.15	3.36	32.45	301.68	245.72	1.47	31.64	7.30
15.01	2.68	22.33	123.77	107.08	1.74	8.16	2.15
7.50	0.68	12.37	51.17	42.79	0.57	4.11	1.17
25.92	4.19	33.86	169.41	145.81	0.89	15.87	6.53
10.02	1.48	12.37	48.77	41.62	0.13	4.98	2.67
2.22	0.26	1.95	10.18	9.23	0.05	0.60	0.33
106.37	13.62	46.60	242.49	220.94	0.80	11.60	6.47
76.16	14.40	86.89	397.34	344.15	2.25	26.85	9.72
15.03	1.55	22.59	69.19	50.57	0.71	8.29	3.01
3.06	0.34	5.59	20.96	18.35	0.23	1.14	0.37
25.74	0.71	42.01	124.10	105.44	0.70	11.90	3.37
27.67	2.75	42.73	199.90	175.01	1.39	15.14	3.95
114.54	23.35	135.26	497.04	425.47	3.78	37.42	13.12
717.33	54.13	305.70	2275.58	2056.78	3.64	101.51	54.35
30.19	1.21	20.70	113.18	99.78	0.25	6.55	2.34
108.58	4.15	129.50	525.66	449.73	2.38	33.86	9.96
76.82	9.93	94.34	415.08	353.34	2.26	31.87	9.90
54.86	3.54	53.96	182.08	150.48	1.07	15.93	4.42
42.69	4.49	40.77	181.63	160.20	0.95	12.90	4.95
60.16	1.89	85.29	332.75	276.64	1.90	29.64	6.49
3.81	0.55	9.62	45.23	38.47	0.17	4.16	1.35
5.92	0.21	8.33	24.49	19.43	0.22	2.80	0.94
6.20	0.24	9.51	49.36	35.51	1.26	5.79	0.76
9.40	0.96	2.30	5.08	4.63	0.03	-0.28	0.25

按行业分私营工业企业主要经济效益指标（2009年）

行　　业	Sector	工　业 增加值率 (%) Ratio of Value-added to Gross Industrial Output Value (%)
全省总计	**Total**	**25.30**
轻工业	Light Industry	23.32
重工业	Heavy Industry	25.86
大型企业	Large Enterprises	25.07
中型企业	Medium-sized Enterprises	27.15
小型企业	Small Enterprises	23.93
按主要行业分	**Grouped by Sector**	
煤炭开采和洗选业	Mining and Washing of Coal	20.37
石油和天然气开采业	Extraction of Petroleum and Natural Gas	
食品制造业	Manufacture of Foods	22.62
饮料制造业	Manufacture of Beverages	24.91
烟草制品业	Manufacture of Tobacco	
纺织业	Manufacture of Textile	20.40
纺织服装、鞋、帽制造业	Manufacture of Textile Wearing Apparel, Footwear and Caps	23.86
造纸及纸制品业	Manufacture of Paper and Paper Products	27.21
石油加工、炼焦及核燃料加工业	Processing of Petroleum, Coking, Processing of Nuclear Fuel	26.05
化学原料及化学制品制造业	Manufacture of Raw Chemical Materials and Chemical Products	21.73
医药制造业	Manufacture of Medicines	29.56
非金属矿物制品业	Manufacture of Non-metallic Mineral Products	24.51
黑色金属冶炼及压延加工业	Smelting and Pressing of Ferrous Metals	23.62
金属制品业	Manufacture of Metal Products	24.30
通用设备制造业	Manufacture of General Purpose Machinery	22.76
电气机械及器材制造业	Manufacture of Electrical Machinery and Equipment	23.42
通信设备、计算机及其他电子设备制造业	Manufacture of Communication Equipment, Computers and Other Electronic Equipment	21.70
电力、热力的生产和供应业	Production and Supply of Electric Power and Heat Power	42.97

Main Indicators on Economic Benefit of Private Industrial Enterprises by Industrial Sector (2009)

总资产贡献率 (%) Ratio of Total Assets to Industrial Output Value (%)	资 产 负债率 (%) Assets-Liability Ratio (%)	流动资产周转次数 (次) Number of Times of Annual of Turnover Working Capitals (times)	工业成本费用利润率 (%) Ratio of Profits to Industrial Cost (%)	全员劳动生产率 (元/人·年) Overall Labor Productivity (yuan/person□years)	产 品 销售率 (%) Proportion of Products Sold (%)
24.21	**55.92**	**4.67**	**8.36**	**199849**	**96.82**
34.51	43.84	6.80	9.12	139845	97.41
21.80	58.75	4.21	8.09	230586	96.62
15.90	70.30	4.46	5.63	295473	97.49
21.09	60.98	3.24	9.83	202779	96.18
29.00	47.83	5.62	8.54	183047	96.88
25.69	57.34	5.06	3.62	330510	97.98
19.94	36.87	4.02	6.57	101239	97.19
26.44	57.12	4.18	11.04	188491	97.31
34.26	45.44	6.51	9.00	97948	97.50
32.45	41.65	6.69	8.20	75379	94.85
36.61	48.25	6.75	10.47	154811	98.27
12.67	72.23	3.16	5.06	322160	94.33
22.82	51.87	4.57	7.38	189852	96.82
31.03	44.22	3.98	13.73	182806	96.55
20.87	50.74	4.84	8.24	127647	97.94
15.64	71.71	4.76	4.84	328641	97.54
19.58	46.55	4.97	7.18	197563	96.31
24.99	49.15	4.74	8.40	121511	97.10
26.05	41.24	4.32	10.15	242748	96.32
41.29	32.07	6.77	10.29	169417	98.45
1.36	82.70	1.63	-5.36	171510	95.70

按行业分大中型工业企业主要指标（2009年）

单位：亿元

行　业	Sector	企　业单位数（个）Number of Enterprises (unit)	从业人员（万人）Number of Employed Persons (10000 persons)
全　省　总　计	**Total**	**1466**	**196.42**
煤炭开采和洗选业	Mining and Washing of Coal	24	20.00
石油和天然气开采业	Extraction of Petroleum and Natural Gas	2	2.80
黑色金属矿采选业	Mining and Processing of Ferrous Metal Ores	68	6.64
有色金属矿采选业	Mining and Processing of Non-Ferrous Metal Ores	5	0.29
非金属矿采选业	Mining and Processing of Nonmetal Ores	5	1.21
农副食品加工业	Processing of Food from Agricultural Products	45	3.76
食品制造业	Manufacture of Foods	32	3.88
饮料制造业	Manufacture of Beverages	28	1.95
烟草制品业	Manufacture of Tobacco	3	0.67
纺织业	Manufacture of Textile	77	10.37
纺织服装、鞋、帽制造业	Manufacture of Textile Wearing Apparel, Footwear and Caps	19	1.97
皮革、毛皮、羽毛(绒)及其制品业	Manufacture of Leather, Fur, Feather and Related Products	32	2.15
木材加工及木、竹、藤、棕、草制品业	Processing of Timber, Manufacture of Wood, Bamboo, Rattan, Palm and Straw Products	8	0.60
家具制造业	Manufacture of Furniture	6	0.37
造纸及纸制品业	Manufacture of Paper and Paper Products	30	1.88
印刷业和记录媒介的复制	Printing, Reproduction of Recording Media	8	0.70
文教体育用品制造业	Manufacture of Articles For Culture, Education and Sport Activities	1	0.24
石油加工、炼焦及核燃料加工业	Processing of Petroleum, Coking, Processing of Nuclear Fuel	51	4.64
化学原料及化学制品制造业	Manufacture of Raw Chemical Materials and Chemical Products	102	10.55
医药制造业	Manufacture of Medicines	34	5.90
化学纤维制造业	Manufacture of Chemical Fibers	5	0.98
橡胶制品业	Manufacture of Rubber	26	2.03
塑料制品业	Manufacture of Plastics	20	1.53
非金属矿物制品业	Manufacture of Non-metallic Mineral Products	116	11.98
黑色金属冶炼及压延加工业	Smelting and Pressing of Ferrous Metals	167	45.50
有色金属冶炼及压延加工业	Smelting and Pressing of Non-ferrous Metals	15	1.43
金属制品业	Manufacture of Metal Products	71	4.84
通用设备制造业	Manufacture of General Purpose Machinery	91	7.07
专用设备制造业	Manufacture of Special Purpose Machinery	63	5.90
交通运输设备制造业	Manufacture of Transport Equipment	87	10.03
电气机械及器材制造业	Manufacture of Electrical Machinery and Equipment	42	5.39
通信设备、计算机及其他电子设备制造业	Manufacture of Communication Equipment, Computers and Other Electronic Equipment	17	3.14
仪器仪表及文化、办公用机械制造业	Manufacture of Measuring Instruments and Machinery for Cultural Activity and Office Work	7	0.52
工艺品及其他制造业	Manufacture of Artwork and Other Manufacturing	9	0.76
废弃资源和废旧材料回收加工业	Recycling and Disposal of Waste	1	0.06
电力、热力的生产和供应业	Production and Supply of Electric Power and Heat Power	131	12.63
燃气生产和供应业	Production and Supply of Gas	7	0.68
水的生产和供应业	Production and Supply of Water	11	1.40

Major Indicators of Large and Medium-sized Industrial Enterprises by Sector (2009)

(100 million yuan)

工业总产值(当年价) Gross Industrial Output Value	工业增加值(收入法) Value-added of Industry	实收资本 Total Capital Hold	流动资产 合计 Total Working Capitals	#存货 gool kept in stock	#产成品 Finished Products	固定资产 合计 Fixed Assets	固定资产 原价 Original Value of Fixed Assets
15627.22	**4184.52**	**2856.02**	**6243.64**	**1738.06**	**539.89**	**7880.29**	**10066.98**
590.85	295.72	165.70	422.74	44.13	22.90	465.56	564.07
170.82	134.15	159.07	51.23	6.70	1.16	495.09	725.30
357.80	175.93	73.11	243.77	32.45	20.42	143.76	186.66
16.40	5.44	2.66	5.41	1.31	0.73	4.38	6.47
9.36	4.99	3.20	14.93	2.53	1.81	10.71	14.47
390.56	60.23	32.21	144.86	40.38	23.66	68.77	83.13
229.85	50.82	62.95	66.10	12.52	4.02	56.19	73.28
119.12	38.51	37.58	52.84	25.79	8.96	46.36	76.23
99.95	70.12	13.16	43.57	34.16	1.59	28.50	37.41
192.85	49.66	36.60	92.52	44.63	20.37	72.76	98.56
33.47	9.27	4.84	16.23	8.33	5.71	8.33	9.62
197.87	60.96	6.42	22.25	7.48	2.97	17.79	22.83
52.49	9.01	7.67	8.44	2.00	0.93	8.58	12.34
12.70	2.78	1.42	6.13	2.35	1.06	3.50	6.10
87.50	27.45	18.51	25.96	7.16	4.43	38.35	53.67
30.72	12.02	8.52	10.90	4.19	2.34	11.10	22.12
3.30	1.05	0.27	0.43	0.20	0.10	0.45	0.66
1058.01	283.55	106.35	256.70	96.17	25.45	273.76	336.44
542.99	106.05	171.62	286.64	64.18	25.64	330.47	433.45
266.21	85.06	83.22	186.09	31.09	15.03	121.66	189.73
21.79	3.60	3.04	9.76	5.07	2.05	9.40	21.45
76.97	21.18	10.95	31.44	6.15	3.57	16.25	24.61
82.23	19.59	16.31	35.27	12.56	4.65	31.61	44.00
410.89	130.79	117.32	254.37	59.64	25.21	351.89	385.49
6707.70	1583.69	914.00	2308.77	739.79	149.83	2870.99	3136.19
102.33	24.33	49.72	54.08	20.27	2.57	109.71	130.29
336.49	91.39	50.15	122.69	38.88	18.13	89.84	114.72
238.57	66.13	43.28	159.17	55.08	25.47	78.20	99.65
195.61	54.95	51.18	163.18	56.49	21.27	85.77	98.75
669.42	160.93	92.53	429.50	127.00	39.57	200.84	209.80
537.67	142.86	91.95	411.75	107.63	53.80	184.57	205.43
97.08	21.47	41.77	51.79	12.47	3.21	62.87	86.10
18.43	6.35	4.67	14.92	3.05	0.82	6.02	6.33
28.81	7.88	6.01	9.86	2.59	0.35	9.97	11.73
0.51	0.20	0.22	0.42	0.19		0.83	1.45
1607.47	351.23	325.55	205.55	21.22	0.09	1490.37	2442.30
17.07	5.93	11.18	11.35	1.20	…	24.50	29.90
15.32	9.25	31.10	12.03	1.04		50.60	66.27

按行业分大中型工业企业主要指标（2009年）(续)

单位：亿元

行　业	Sector	固定资产净值 Net Value of Fixed Assets	资产总计 Total Assets
全省总计	**Total**	**6591.82**	**16155.76**
煤炭开采和洗选业	Mining and Washing of Coal	349.11	982.59
石油和天然气开采业	Extraction of Petroleum and Natural Gas	415.09	585.98
黑色金属矿采选业	Mining and Processing of Ferrous Metal Ores	124.85	468.47
有色金属矿采选业	Mining and Processing of Non-Ferrous Metal Ores	3.92	11.55
非金属矿采选业	Mining and Processing of Nonmetal Ores	9.53	26.77
农副食品加工业	Processing of Food from Agricultural Products	56.85	234.89
食品制造业	Manufacture of Foods	51.95	152.97
饮料制造业	Manufacture of Beverages	41.29	121.40
烟草制品业	Manufacture of Tobacco	21.63	73.58
纺织业	Manufacture of Textile	60.16	181.19
纺织服装、鞋、帽制造业	Manufacture of Textile Wearing Apparel, Footwear and Caps	6.07	26.82
皮革、毛皮、羽毛(绒)及其制品业	Manufacture of Leather, Fur, Feather and Related Products	15.37	49.76
木材加工及木、竹、藤、棕、草制品业	Processing of Timber, Manufacture of Wood, Bamboo, Rattan, Palm and Straw Products	8.38	19.41
家具制造业	Manufacture of Furniture	2.30	10.86
造纸及纸制品业	Manufacture of Paper and Paper Products	34.07	66.70
印刷业和记录媒介的复制	Printing, Reproduction of Recording Media	10.92	25.82
文教体育用品制造业	Manufacture of Articles For Culture, Education and Sport Activities	0.45	0.91
石油加工、炼焦及核燃料加工业	Processing of Petroleum, Coking, Processing of Nuclear Fuel	235.99	557.93
化学原料及化学制品制造业	Manufacture of Raw Chemical Materials and Chemical Products	272.35	695.48
医药制造业	Manufacture of Medicines	103.93	354.39
化学纤维制造业	Manufacture of Chemical Fibers	9.94	29.95
橡胶制品业	Manufacture of Rubber	15.54	54.31
塑料制品业	Manufacture of Plastics	30.95	74.42
非金属矿物制品业	Manufacture of Non-metallic Mineral Products	271.88	666.36
黑色金属冶炼及压延加工业	Smelting and Pressing of Ferrous Metals	2271.38	6350.20
有色金属冶炼及压延加工业	Smelting and Pressing of Non-ferrous Metals	103.69	218.92
金属制品业	Manufacture of Metal Products	84.81	223.16
通用设备制造业	Manufacture of General Purpose Machinery	64.32	258.40
专用设备制造业	Manufacture of Special Purpose Machinery	63.94	270.03
交通运输设备制造业	Manufacture of Transport Equipment	145.62	678.58
电气机械及器材制造业	Manufacture of Electrical Machinery and Equipment	131.11	648.71
通信设备、计算机及其他电子设备制造业	Manufacture of Communication Equipment, Computers and Other Electronic Equipment	58.52	122.11
仪器仪表及文化、办公用机械制造业	Manufacture of Measuring Instruments and Machinery for Cultural Activity and Office Work	4.38	23.88
工艺品及其他制造业	Manufacture of Artwork and Other Manufacturing	9.21	20.53
废弃资源和废旧材料回收加工业	Recycling and Disposal of Waste	0.83	1.27
电力、热力的生产和供应业	Production and Supply of Electric Power and Heat Power	1437.90	1760.33
燃气生产和供应业	Production and Supply of Gas	20.88	39.89
水的生产和供应业	Production and Supply of Water	42.69	67.24

Major Indicators of Large and Medium-sized Industrial Enterprises by Sector (2009)

(100 million yuan)

流动负债合计 Total Working Liabilities	长期负债合计 Long-term Liabilities	所有者权益合计 Total Owners' Equities	主营业务收入 Revenue from Principal Business	主营业务成本 Cost of Principal Business	主营业务税金及附加 Taxes and Other Charges on Principal Business	利润总额 Total Profits	本年应交增值税 Value-added Tax Payable
7389.50	**2691.09**	**6000.57**	**15951.39**	**13797.44**	**206.09**	**844.72**	**533.54**
371.57	178.23	428.88	1063.50	916.71	8.25	39.73	48.06
52.94	219.05	313.99	168.34	86.73	2.68	45.94	9.69
214.89	30.72	222.32	329.36	222.13	5.29	72.69	24.97
4.20	0.50	6.85	13.04	9.97	0.18	1.94	0.24
12.89	7.57	6.31	8.76	6.76	0.56	0.46	1.20
139.29	12.49	82.27	396.38	356.02	0.23	18.45	3.92
55.10	9.81	86.73	231.44	181.91	0.37	14.79	7.84
70.15	3.57	39.85	106.01	71.23	7.97	9.19	4.89
25.44	0.63	47.51	97.21	37.61	41.97	9.39	9.14
90.46	19.77	68.16	203.29	184.47	0.64	8.38	5.77
13.10	1.22	10.44	34.30	30.23	0.04	1.74	0.44
15.41	2.06	29.21	190.32	158.97	1.08	17.14	4.10
7.44	1.49	10.49	52.18	45.99	1.22	3.64	1.27
7.61	0.25	2.73	12.71	11.42	0.10	0.19	0.21
23.98	7.18	34.19	83.94	66.37	0.37	10.93	5.06
6.56	0.46	18.80	31.39	23.31	0.14	4.79	2.80
0.43		0.47	3.38	2.43		0.29	0.16
324.63	63.76	168.09	1030.25	828.74	100.67	58.32	19.96
323.73	100.63	268.96	509.22	434.46	1.79	15.77	15.67
179.29	32.81	139.41	280.32	182.17	1.09	39.15	11.92
12.07	3.01	14.65	21.53	19.35	0.10	1.18	0.67
29.20	2.83	22.28	71.20	58.95	0.22	5.60	2.26
45.55	22.27	2.68	84.76	70.02	0.40	6.71	1.46
269.47	133.79	258.79	373.39	295.25	2.10	34.01	14.88
3205.96	980.76	2144.62	6774.66	6174.86	10.03	249.20	180.50
59.44	60.23	99.18	111.53	94.97	0.12	9.83	4.72
112.92	2.86	106.12	326.67	267.56	1.14	27.65	6.39
140.21	14.60	98.00	218.85	176.13	0.76	19.79	7.29
153.69	13.76	98.47	200.54	160.33	0.94	12.48	8.26
397.27	51.48	227.63	621.21	532.43	6.81	40.90	24.47
275.36	103.04	265.67	529.84	438.56	1.55	50.44	41.57
68.53	5.68	47.62	88.77	75.83	0.08	7.57	0.88
11.03	0.18	12.68	16.59	11.96	0.11	2.97	0.39
9.32	3.74	7.46	28.76	16.71	1.20	4.25	0.39
0.64	0.22	0.41	0.61	0.52	0.07	0.00	0.06
628.15	577.13	557.33	1605.17	1520.23	5.57	-0.05	61.00
14.37	7.17	18.26	16.81	13.97	0.11	1.19	0.40
17.23	16.14	33.05	15.18	12.18	0.14	-1.91	0.61

按行业分大中型工业企业主要经济效益指标（2009年）

行　　　业	Sector	工　业 增加值率 (%) Ratio of Value-added to Gross Industrial Output Value (%)
全 省 总 计	**Total**	**26.43**
轻工业	Light Industry	27.78
重工业	Heavy Industry	26.21
按行业分	**Grouped by Sector**	
煤炭开采和洗选业	Mining and Washing of Coal	49.53
石油和天然气开采业	Extraction of Petroleum and Natural Gas	78.01
黑色金属矿采选业	Mining and Processing of Ferrous Metal Ores	48.65
有色金属矿采选业	Mining and Processing of Non-Ferrous Metal Ores	32.66
非金属矿采选业	Mining and Processing of Nonmetal Ores	52.80
农副食品加工业	Processing of Food from Agricultural Products	14.90
食品制造业	Manufacture of Foods	21.59
饮料制造业	Manufacture of Beverages	31.81
烟草制品业	Manufacture of Tobacco	69.63
纺织业	Manufacture of Textile	25.23
纺织服装、鞋、帽制造业	Manufacture of Textile Wearing Apparel, Footwear and Caps	27.17
皮革、毛皮、羽毛(绒)及其制品业	Manufacture of Leather, Fur, Feather and Related Products	30.29
木材加工及木、竹、藤、棕、草制品业	Processing of Timber, Manufacture of Wood, Bamboo, Rattan, Palm and Straw Products	16.64
家具制造业	Manufacture of Furniture	21.38
造纸及纸制品业	Manufacture of Paper and Paper Products	30.85
印刷业和记录媒介的复制	Printing, Reproduction of Recording Media	38.60
石油加工、炼焦及核燃料加工业	Processing of Petroleum, Coking, Processing of Nuclear Fuel	26.28
化学原料及化学制品制造业	Manufacture of Raw Chemical Materials and Chemical Products	19.01
医药制造业	Manufacture of Medicines	31.43
化学纤维制造业	Manufacture of Chemical Fibers	15.99
橡胶制品业	Manufacture of Rubber	26.99
塑料制品业	Manufacture of Plastics	23.30
非金属矿物制品业	Manufacture of Non-metallic Mineral Products	31.31
黑色金属冶炼及压延加工业	Smelting and Pressing of Ferrous Metals	23.09
有色金属冶炼及压延加工业	Smelting and Pressing of Non-ferrous Metals	23.26
金属制品业	Manufacture of Metal Products	26.64
通用设备制造业	Manufacture of General Purpose Machinery	27.20
专用设备制造业	Manufacture of Special Purpose Machinery	27.57
交通运输设备制造业	Manufacture of Transport Equipment	23.52
电气机械及器材制造业	Manufacture of Electrical Machinery and Equipment	26.05
通信设备、计算机及其他电子设备制造业	Manufacture of Communication Equipment, Computers and Other Electronic Equipment	21.60
仪器仪表及文化、办公用机械制造业	Manufacture of Measuring Instruments and Machinery for Cultural Activity and Office Work	33.94
工艺品及其他制造业	Manufacture of Artwork and Other Manufacturing	26.84
电力、热力的生产和供应业	Production and Supply of Electric Power and Heat Power	21.33
燃气生产和供应业	Production and Supply of Gas	34.24
水的生产和供应业	Production and Supply of Water	59.90

Main Indicators on Economic Benefit of Large and Medium-sized Industrial Enterprises by Industrial Sector (2009)

总资产贡献率 (%) Ratio of Total Assets to Industrial Output Value (%)	资产负债率 (%) Assets-Liability Ratio (%)	流动资产周转次数 (次) Number of Times of Annual of Turnover Working Capitals (times)	工业成本费用利润率 (%) Ratio of Profits to Industrial Cost (%)	全员劳动生产率 (元/人·年) Overall Labor Productivity (yuan/person□years)	产品销售率 (%) Proportion of Products Sold (%)
11.01	**62.70**	**2.73**	**5.72**	**213044**	**97.62**
18.49	54.77	2.40	9.33	130140	97.98
10.09	63.68	2.79	5.21	237365	97.57
10.89	56.35	2.82	3.92	147862	98.04
10.09	46.42	3.00	39.19	479094	99.55
23.04	52.54	1.44	28.73	264958	92.53
21.24	40.65	2.61	17.59	187679	86.57
8.92	76.43	0.65	4.61	41226	93.65
10.50	64.98	3.30	4.92	160174	98.92
15.86	43.30	3.98	6.83	130982	99.22
18.92	64.80	2.01	10.25	197500	99.02
82.29	35.43	2.39	20.43	1046527	100.04
9.71	62.07	2.08	4.28	47888	97.36
9.51	60.87	2.12	5.36	47041	92.30
49.92	39.13	9.59	9.95	283556	96.92
32.90	45.99	6.98	7.69	150132	99.21
5.65	73.13	2.69	1.58	75191	95.39
26.07	48.01	3.37	15.01	146000	95.52
30.55	27.19	3.00	17.94	171687	101.67
33.35	69.78	3.86	6.75	611092	97.61
6.09	61.27	1.86	3.20	100518	98.27
16.12	60.66	1.66	16.21	144162	98.01
7.69	51.08	2.04	5.37	36708	98.52
17.25	58.98	2.46	8.54	104315	96.41
12.63	96.40	2.50	8.69	128023	97.66
8.98	60.78	1.57	9.84	109171	98.15
8.00	66.04	3.09	3.91	348064	97.65
7.49	54.69	2.82	9.56	170162	98.84
16.58	51.96	3.20	9.67	188827	96.09
11.59	61.92	1.48	9.86	93540	95.12
8.97	63.17	1.25	6.61	93129	97.38
11.06	66.45	1.72	7.06	160448	97.31
16.03	58.35	1.37	10.52	265046	93.95
7.61	60.77	1.81	9.09	68390	91.93
14.96	46.91	1.19	21.33	122109	98.99
29.14	63.64	3.15	18.29	103717	99.31
6.12	68.47	8.23		278095	99.74
5.18	54.21	1.35	7.16	87271	99.44
-0.64	50.85	1.36	-11.17	66097	99.75

主要工业产品产量
Output of Major Industrial Products

产品名称	Item	2000	2005	2008	2009
化学纤维(万吨)	Chemical Fiber (10000 tons)	10.26	22.67	23.58	22.85
#合成纤维(万吨)	Synthetic Fiber (10000 tons)	6.15	8.94	5.05	1.95
纱(万吨)	Yarn (10000 tons)	43.70	68.59	95.67	105.09
布(亿米)	Cloth (100 million m)	15.60	23.37	35.81	38.08
呢　绒(万米)	Woolen Piece Goods (10000 m)	662.86	133.30	433.29	221.80
毛　线(吨)	Knitting Wool (ton)	105574.00	95151.30	59248.73	62125.03
丝织品(万米)	Silk Knitwear(10000 m)	3478.20	1866.00	519	
机制纸及纸板(万吨)	Machine-made Paper and Paperboard (10000 tons)	216.34	315.82	378.74	377.43
皮　鞋(万双)	Shoes (10000 pairs)	309.59	107.35	217.92	572.80
胶　鞋(万双)	Rubber Shoes (10000 pairs)	4814.50	2104.58	2569.43	6484.51
日用陶瓷(亿件)	Ceramics for Daily Use (100 million units)	6.01	6.31	4.5	3.17
塑料制品(万吨)	Plastic Articles (10000 tons)	42.33	140.75	140.89	159.58
缝纫机(万台)	Sewing Machine (10000 sets)	23.76	27.17	17.64	10.40
灯　泡(万只)	Light Bulbs (10000 units)	8397.36	25462.24	22110.1	6360.40
原电池及原电池组(折R20标准只)(亿只)	Primary Cells and Batteries (100 million units)	2.93	4.36	0.29	
原　盐(万吨)	Salt (10000 tons)	432.62	419.07	362.58	393.76
食用植物油(万吨)	Edible Vegetable Oil (10000 tons)	29.88	78.87	133.65	102.21
糖(万吨)	Sugar (10000 tons)	1.28	3.87	4.65	3.66
饮料酒(混合量)(万千升)	Alcoholic Beverages (10000 kiloliter)	160.39	163.68	162.41	146.97
#白　酒	Liquor	26.40	10.17	19.99	23.45
啤　酒	Beer	130.60	142.96	132.45	111.58
罐　头(万吨)	Canned Food (10000 tons)	16.40	29.46	7.70	12.88
卷　烟(亿支)	Cigarettes (100 million pieces)	107.97	600	710	742.50
钢(万吨)	Steel (10000 tons)	1230.10	7386.40	11589.42	13536.27
生　铁(万吨)	Pig Iron (10000 tons)	1709.23	6765.61	11355.66	13228.86
铁合金(万吨)	Iron Alloy (10000 tons)	8.78	7.47	12.06	7.92
成品钢材(万吨)	Rolled Steel (10000 tons)	1306.62	6465.10	11571.79	15134.47
铝(万吨)	Aluminum (10000 tons)	4.15	7.22		
发电量(亿千瓦小时)	Electricity (100 million kwh)	844.42	1338.63	1599.8	1741.90
#水　电(亿千瓦小时)	Hydropower (100 million kwh)	4.70	5.61	5.34	5.15

注：1．1998年开始工业产品产量统计范围为全部国有及年产品销售收入500万元以上的非国有工业企业。2．饮料酒2004年以前为万吨，卷烟2003年及以前为万箱。

a) Since 1998, the coverage of industrial products statistics is all state-owned industrial enterprises and non-state enterprises each with main business revenue over five million yuan. b) Unit of alcoholic beverages was 10000 kiloliter before 2004, unit of cigarettes was 10000 boxes before 2003.

主要工业产品产量（续）
Output of Major Industrial Products

产品名称	Item	2000	2005	2008	2009
原　煤(万吨)	Coal (10000 tons)	5781.21	7956.40	7914.58	8389.20
原　油(万吨)	Crude Oil (10000 tons)	518.26	562.45	643.1	599.09
天然气(亿立方米)	Natural Gas (100 million cu.m)	5.14	6.90	8.74	10.87
铁矿石(原矿量)(万吨)	Ironstone in Original Iron Ores (10000 tons)	5889.44	15227.10	38097.21	35789.47
焦炭(折标)(万吨)	Coke (10000 tons)	792.47	2485.34	3923.5	4800.33
硫酸(折100%)(万吨)	Sulfuric Acid (10000 tons)	96.83	97.49	78.13	58.83
烧碱(氢氧化钠)(万吨)	Caustic Soda (10000 tons)	32.48	56.56	67.92	71.23
纯碱(无水碳酸钠)(万吨)	Soda Ash (10000 tons)	99.84	177.37	221	199.45
合成氨(万吨)	Synthetic Ammonia (10000 tons)	252.27	339.52	347.98	310.68
农用化肥(折纯量)(万吨)	Chemical Fertilizer (10000 tons)	195.23	208.87	211.27	214.26
化学农药(原药)(吨)	Chemical Pesticide (ton)	55733.00	35063.10	31839.4	3.39
纯　苯(吨)	Benzene (ton)	38962	64259	134223.04	143280.00
电石(碳化钙)(万吨)	Calcium Carbide (10000 tons)	10.52	5.85	1.83	
塑料树脂及共聚物(万吨)	Primary Plastic (10000 tons)	31.25	62.96	63.78	68.28
油　漆(万吨)	Paint (10000 tons)	6.06	10.41	12.08	25.81
合成橡胶(吨)	Synthetic Rubber (ton)	8489.00	8518.00	15191.51	12514.76
轮胎外胎(万条)	Tires (10000 units)	121.37	112.48	59.91	21.36
合成洗涤剂(万吨)	Synthetic Detergents (10000 tons)	1.83	12.89	13.66	15.18
化学药品(原药)(万吨)	Chemical Medicines (10000 tons)	10.17	39.20	56.61	42.27
中成药(吨)	Traditional Chinese Patent Medicine (ton)	20077.00	33333.71	54264.71	40759.18
工业锅炉(蒸发量吨)	Industrial Boilers (evaporation ton)	4418.00	11546.00	9439.08	10947.59
变压器(万千伏安)	Transformers (10000 KVA pm)	2394.54	5971.52	13336.58	12935.80
泵(万台)	Pumps (10000 units)	14.40	18.33	18.54	30.80
金属切削机床(台)	Metal-cutting Machine (unit)	555	1717	1760	684.00
汽　车(辆)	Motor Vehicle (unit)	13989	193941	321498	514469.00
改装汽车(辆)	Modified Cars (unit)	31070	46911	52561	58452.00
摩托车(辆)	Motorcycle (unit)	273231	377251	555108	592214.00
水　泥(万吨)	Cement (10000 tons)	4694.59	8850.04	8953	10611.47
平板玻璃(万重量箱)	Plate Glass (1000 weight cases)	2083.30	4964.25	8676.13	8797.71
卫生陶瓷(万件)	Ceramic Sanitary Ware (10000 pieces)	105715.00	1492.34	2099.34	2100.38
砖(亿块)	Brick (100 million)	115.26	104.99	124.41	141.81
瓦(亿片)	Tile (100 million)	1.24	1.21	0.26	0.21

注：卫生陶瓷2000年计量单位为吨。

a) Unit of ceramic sanitary in 2000 was ton.

建筑业主要经济指标
Major Economic Indictors on Construction Enterprises

指　　标	Item	2000	2005	2008	2009
建筑业总产值(亿元)	Gross Output Value of Construction (100 million yuan)	492.10	1285.29	2044.81	2525.05
竣工产值(亿元)	Value of Building Completed (100 million yuan)	357.67	755.01	1377.65	1420.16
产值竣工率(%)	Rate of Value of Building Completed (%)	72.70	58.74	67.37	56.24
按总产值计算的劳动生产率(元／人)	Overall Labor Productivity in Terms of Total Output Value (yuan/person)	51217	108148	176558	193538
房屋建筑竣工面积(万平方米)	Fioor Space of Buildings Completed (10000 sq.m)	3481.42	5744.23	7009.87	7751.04
#住　宅	Residential Houses	2260.98	3693.9	4717.7	5172.78
房屋面积竣工率(%)	Rate of Fioor Space of Buildings Completed (%)	55.6	51.0	44.1	44.2
人均竣工面积(平方米／人)	Individual Fioor Space of Buildings Completed (sq.m/person)	36.0	48.3	60.5	59.4
年末固定资产原价(亿元)	Fixed Assets Ender of year (original value) (100 million yuan)	185.15	315.30	404.73	426.09
年末固定资产净值(亿元)	Fixed Assets Ender of year (net value) (100 million yuan)	125.09	211.54	323.50	278.74
利润总额 (亿元)	Total Profits (100 million yuan)	6.74	29.41	71.82	74.37
人均利润(元／人)	Individual Profit (yuan/person)	701	2475	6201	6292
年末自有机械设备(万千瓦)	Total Power of Machinery and Equipment Owned Ender of year (10000 kw)	603.88	716.67	777.43	843.66
年末自有机械设备净值(亿元)	Net Value of Machinery and Equipment Owned Ender of year (100 million yuan)	57.16	97.59	129.04	138.42
技术装备率(元／人)	Value of Machines per Laborer (yuan/person)	6525	8212	11142	11711
动力装备率(千瓦／人)	Power of Machines per Laborer (kw/person)	7	6	6.7	7.1
资金利润率(%)	Ratio of Capital (%)	1.41	3.31	4.50	4.26

建筑业企业技术装备情况

Number and Power of Machinery and Equipment Owned by Construction Enterprises

年 份 Year	自有机械设备年末总台数（台）Number of Machinery and Equipment Owned (unit)	自有机械设备年末总功率（万千瓦）Total Power of Machinery and Equipment Owned (10000 kw)	#施工机械功率 Power of Construction Machines	自有机械设备年末净值（万元）Net Valur of Machinery and Equipment Owned (10000 yuan)	技术装备率（元/人）Value of Machines per Laborer (yuan/person)	动力装备率（千瓦/人）Power of Machines per Laborer (kw/person)
1991	109405	226.15	147.81	133116	3362	5.71
1992	94837	212.56	144.15	138588	3398	5.21
1993	188111	330.00	220.00	169752	2637	5.13
1994	196886	412.22	251.00	247707	2926	4.90
1995	213972	331.78	248.29	2851719	3741	4.35
1996	326300	471.49	368.98	399500	3884	4.58
1997	291800	483.63	399.64	490300	4995	4.93
1998	309600	482.76	389.03	448200	5166	5.56
1999	363100	519.76	425.95	497700	5775	6.03
2000	380673	603.88	457.22	5715649	6525	7.00
2001	432840	663.66	520.42	6955482	7342	7.00
2002	449741	604.35	509.69	1030110	10331	6.10
2003	443997	575.41	416.01	1046003	10573	5.80
2004	508692	1251.48		989386	8697	11.00
2005	435734	716.67		975913	8212	6.00
2006	516915	723.70		1065747	9936	6.75
2007	498629	697.98		1071893	10004	6.51
2008	465252	777.43		1290411	11142	6.70
2009	475386	843.66		1384173	11711	7.14

按登记类型分建筑业企业主要经济指标（2009年）

指　　标	Item	合　计 Total Enterprises	内资企业 Domestic Funded	#国有经济 State-owned
企业单位数(个)	Number of Construction Enterprises (unit)	2286	2278	179
从业人员(人)	Number of Employed Persons (person)	1181937	1180691	134746
自有施工机械设备年末总台数(万台)	Total Number of Machinery and Equipment Owned (10000 set)	47.54	47.50	5.98
自有施工机械设备年末净值(亿元)	Net Value of Machinery and Equipment Owned (100 million yuan)	138.42	138.25	28.40
自有机械设备年末总功率(万千瓦)	Total Power of Machinery and Equipment Owned (10000 kw)	843.66	842.88	165.51
建筑业总产值(亿元)	Gross Output Value of Construction (100 million yuan)	2525.05	2521.20	590.76
建筑工程	Construction Engineering	2135.99	2135.80	489.03
安装工程	Construction and Installation	263.36	262.03	81.59
其他产值	Others	125.70	123.37	20.15
应付工资(亿元)	Wages Payable (100 million yuan)	224.19	223.96	33.73
应付福利费(亿元)	Welfare Expenses Payable (100 million yuan)	13.44	13.41	1.44
工程结算税金及附加(亿元)	Taxes and Extra Charges on Project Settle Accounts (100 million yuan)	1343707	1341294	144287.00
管理费用中的税金(亿元)	Taxes in Management Expenses (100 million yuan)	4.18	4.17	0.57
营业利润(亿元)	Profits of Business (100 million yuan)	82.09	81.78	9.80
房屋建筑施工面积(万平方米)	Floor Space of Buildings under Construction (10000 sq.m)	17535.48	17535.42	1624.57
房屋建筑竣工面积(万平方米)	Floor Space of Buildings Completed (10000 sq.m)	7751.04	7750.98	520.75
资产合计(亿元)	Total Assets (100 million yuan)	1897.42	1895.11	423.75
流动资产合计(亿元)	Total Circulating Funds (100 million yuan)	1466.44	1464.51	340.90
固定资产原价(亿元)	Original Value of Fixed Assets (100 million yuan)	315.94	315.64	58.49
流动负债合计(亿元)	Total Current Liabilities (100 million yuan)	1201.69	1200.70	310.73
长期负债合计(亿元)	Total Long-term Liabilities (100 million yuan)	79.63	79.63	30.54
所有者权益(亿元)	Creditors'Equity (100 million yuan)	616.10	614.78	82.48
#实收资本(亿元)	Capitals Hold (100 million yuan)	402.65	401.73	61.61
利润总额(亿元)	Total Profits (100 million yuan)	74.37	74.10	8.99
利税总额(亿元)	Total Tax (100 million yuan)	158.96	158.59	26.17
劳动生产率(元/人)(按总产值计算)	Overall Labor Productivity (yuan/person) (In Terms of Gross Output Value)	193538	193401	402533
技术装备率(元/人)	Value of Machines per Laborer(yuan/person)	11711	11709	21131
动力装备率(千瓦/人)	Power of Machines per Laborer(yuan/person)	7.14	7.14	12.28
房屋建筑面积竣工率(%)	Rate of Floor Space of Buildings Completed (%)	44.20	44.20	32.05
产值利润率(%)	Ratio of Profit to Gross Output Value (%)	2.95	2.94	1.52
产值利税率(%)	Ratio of Pre-tax Profit to Gross Output Value (%)	6.30	6.29	4.43

Main Economic Indicators on Construction Enterprises by Registration Status (2009)

#集体经济 Collective-owned	港澳台商投资企业 Funded from Hong kong, Macao and Taiwan	外商投资企业 Foreign Funded	房屋和土木工程建筑业 Floor Space Civil Engineering	房屋工程建筑 Building Construction	土木工程建筑 Civil Engineering	建筑安装业 Installation	建筑装饰业 Building Decoration	其他建筑业 Others
111	6	2	1600	1202	398	296	305	85
54522	1053	193	1088260	878433	209827	64294	19146	10237
1.72	0.04		44.50	36.01	8.48	1.72	1.05	0.27
3.36	0.17		128.12	69.62	58.50	6.69	1.70	1.91
19.25	0.78		765.90	459.60	306.30	31.81	37.40	8.55
59.36	2.38	1.46	2312.71	1415.68	897.03	158.11	35.12	19.10
48.39	0.01	0.18	2062.21	1310.09	752.12	51.80	13.43	8.55
9.71	0.05	1.28	180.24	71.74	108.50	75.07	4.80	3.24
1.26	2.32		70.26	33.84	36.42	31.24	16.88	7.31
6.39	0.18	0.05	207.22	159.20	48.02	13.03	2.50	1.44
0.35	0.02	…	12.35	9.97	2.38	0.81	0.18	0.10
34543	1964	449	1235086	997456	237630	80699	17775	10147
0.09	0.01	…	3.05	1.74	1.31	1.03	0.07	0.04
1.94	0.24	0.07	73.70	39.87	33.82	5.19	2.09	1.11
749.52	0.06		17073.76	15263.44	1810.32	444.84	10.39	6.48
472.16	0.06		7548.38	7197.19	351.18	192.16	6.60	3.91
44.55	1.33	0.98	1680.75	865.75	815.00	162.12	35.06	19.49
29.88	0.99	0.94	1298.49	640.80	657.69	126.25	28.37	13.31
13.42	0.26	0.03	283.79	168.22	115.56	21.82	5.06	5.27
21.58	0.53	0.46	1071.77	491.36	580.41	103.68	17.04	9.20
0.63	…		75.15	20.37	54.78	3.29	0.87	0.32
22.33	0.80	0.53	533.83	354.03	179.80	55.14	17.15	9.98
12.59	0.46	0.47	345.99	233.04	112.95	37.13	12.26	7.28
1.78	0.20	0.07	65.56	36.59	28.97	5.76	1.96	1.08
3.46	0.27	0.10	143.20	83.91	59.29	11.03	3.08	1.65
104029	275236	755891	191261	144540	390433	244934	177307	171712
615	1604		1177	793	2788	10384	890	1870
3.53	7.38		7.04	5.23	14.60	4.95	19.53	8.35
63.00			44.21	47.15	19.40	43.20	63.53	60.32
3.00	8.35	5.03	2.83	2.58	3.23	3.65	5.59	5.66
5.83	11.46	6.77	6.19	5.93	6.61	6.98	8.77	8.63

按承包类型分的建筑业企业主要指标
Main Economic Indicators on Construction Enterprise by General Contractors

指　　标	Item	2005	2006	2007	2008	2009
总承包企业	**General Contractor**					
企业个数(个)	Number of Construction Enterprises (unit)	1338	1344	1265	1549	1539
从业人员(人)	Number of Employed Persons (person)	1053286	1072642	918656	1038699	1078977
建筑业总产值(万元)	Gross Output Value of Construction (10000 yuan)	11518883	12872972	14401626	18322689	23328055
一　　级	First Grade	5256800	5997294	6729426	8643083	11735614
二　　级	Second Grade	3195002	3736277	3925417	4910708	5623060
三级及以下	Third Grade and below	1888373	2307956	2386731	2884529	3053858
利润总额(万元)	Total Profits (10000 yuan)	239490	261301	373946	5999155	637612
利税总额(万元)	Total Pre-Tax Profits (10000 yuan)	592672	735502	835120	1253972	1416729
专业承包企业	**Specialized Contractor**					
企业个数(个)	Number of Construction Enterprises (unit)	756	773	660	812	747
从业人员(人)	Number of Employed Persons (person)	132664	132369	152780	119459	102960
建筑业总产值(万元)	Gross Output Value of Construction (10000 yuan)	1334048	1614349	1745283	2125488	1922406
一　　级	First Grade	489944	401150	668980	969893	822271
二　　级	Second Grade	544565	802306	592659	578043	651968
三级及以下	Third Grade and below	299539	410893	483645	577553	448168
利润总额(万元)	Total Profits (10000 yuan)	54656	55331	68717	118333	106092
利税总额(万元)	Total Pre-tax Profits (10000 yuan)	94566	102368	126628	184808	172905

运输线路长度

Length of Transportation Routes

单位：公里 (km)

年 份 Year	公路通车里程 Total Length of Highways	内河通航里程 Length of Navigable Inland Waterways	地方铁路里程 Length of National Railways	中央铁路营业里程 Length of Local Railways
1978	40260	177	562.7	2012.5
1980	39883	29	572.8	2087.7
1985	40698		721.6	2481.1
1990	43640	75	691.5	2815.3
1995	51630	75	770.0	3076.3
1996	54146	75	665.8	3450.6
1997	56009	75	665.8	3464.0
1998	57263	75	632.1	3473.0
1999	58162	75	585.5	3467.0
2000	59152	75	554.8	3474.2
2001	62615	75	613.8	3476.4
2002	63079	75	1004.7	3508.1
2003	65391	75	1200.7	3508.1
2004	70198	75	1218.7	3521.6
2005	75894	286	1207.0	3675.9
2006	143778	286	1489.1	3594.9
2007	147265	286	1522.7	3675.1
2008	149504	286	1605.4	3670.0
2009	152135	286	2152.8	3670.0

交通运输工具拥有量

Number of Transportation Tools

指 标	Item	2008			2009		
		合 计 Total	#个 人 Private	占合计% As Percentage of Total	合 计 Total	#个 人 Private	占合计% As Percentage of Total
汽 车(辆)	Vehicles (unit)	3886160	2999503	77.2	6258177	3790290	60.6
载客汽车	Passenger Vehicles	2199908	1880297	85.5	2860688	2481122	86.7
#轿 车	Saloon Cars	1229366	1087366	88.4	1673488	1493098	89.2
载货汽车	Trucks	799182	463609	58.0	1043645	626695	60.0
#普通载货	Ordinary Trucks	574730	342361	59.6	642398	422276	65.7
其他汽车	Others	887070	655597	73.9	2353844	682473	29.0
摩托车(辆)	Motorcycle (unit)	4769489	4030290	84.5	4605295	3903538	84.8
拖拉机(辆)	Tractors (unit)	1654814	1613444	97.5	1646610	1605445	97.5
挂 车 (辆)	Combination Vehicle (unit)	176986	62107	35.1	205522	76375	37.2
运输船舶	Transport Vessels						
货 船(艘)	Freighter (unit)	90	69	76.7	110	68	61.8
净载货量(吨)	Deadweight Cargo Tonnage (ton)	2623515	320165	12.2	2129795	369847	17.4
拖 船(艘)	Tow-boat (unit)						
功 率(千瓦)	Drawing Power (kw)						
货运驳船 (艘)	Barges (unit)	1	1	100.0	3	3	100.0
净载重量(吨)	Dead Weight Tonnage(unit)	1400	1400	100.0	3980	3980	100.0
地方铁路	Local Railways						
机 车(台)	Railway Locomotives (unit)	145			189		
货 车(辆)	Freight Cars (unit)	1431			1699		
客 车(辆)	Passenger Coaches (unit)	18			20		

全社会客运量
Passenger Traffic

单位：万人 (10000 persons)

年份 Year	总计 Total	铁路 Railways	#地方铁路 Local Railways	公路 Highways	水运 Waterways	民航 Civil Aviation
1990	25745	5034	45	20525	183	4.0
1991	26745	4849	34	21721	172	3.0
1992	31525	4832	32	26693		
1993	35686	5118	20	30567		1.0
1994	35109	5093	8	30013		3.0
1995	36714	4655		32038		21.0
1996	36589	4272		32303		13.6
1997	38021	4254		33755		12.0
1998	58403	4633		53761		8.7
1999	61575	4704		56862		8.6
2000	65255	4902		60341		12.0
2001	72229	4841		67377		10.7
2002	76094	5004		71081		9.1
2003	65219	4441		60767		10.7
2004	77784	5270		72500		13.8
2005	80918	5492		75402		23.8
2006	83988	6024		77931		33.3
2007	88935	6238		82648		48.8
2008	94622	6816		87746		59.4
2009	77773	7194		70579		

注:2009年客运量依据新的统计方法和口径进行了调整(下表同)。
a) Volume of passenger transportation of 2009 have been adjusted according to new computing methods and statistical approach. The same applies to the tables following.

全社会旅客周转量
Passenger-Kilometers

单位：亿人公里 (100 million passenger-km)

年份 Year	总计 Total	铁路 Railways	#地方铁路 Local Railways	公路 Highways	水运 Waterways	民航 Civil Aviation
1990	358.09	249.44	0.12	108.44	0.20	
1991	386.23	268.41		117.68	0.14	
1992	466.66	290.09	0.09	176.56		
1993	489.95	305.32	0.06	184.63		
1994	499.63	307.03	0.03	192.61		
1995	493.92	287.72		206.20		
1996	480.14	264.97		215.17		
1997	514.21	287.75		226.46		
1998	676.38	313.09		363.29		
1999	729.94	338.23		391.71		
2000	782.87	377.24		405.63		
2001	849.33	402.56		445.35		1.42
2002	897.84	415.26		482.58		
2003	780.46	383.76		396.69		
2004	945.40	479.07		466.33		
2005	989.77	504.44		485.33		
2006	1068.57	552.45		516.12		
2007	1165.28	595.48		569.80		
2008	1236.65	639.17		597.47		
2009	1043.30	672.40		370.90		

全社会货运量
Freight Traffic

单位：万吨 (10000 tons)

年 份 Year	总 计 Total	铁 路 Railways	#地方铁路 Local Railways	公 路 Highways	水 运 Waterways	民 航 Civil Aviation	管 道 Petroleum and Gas Pipelines	港口货物吞吐量 Volume of Freight Handled in Coastal Ports
1990	58203	11501	597	44258	363	0.10	2080	6960
1991	58735	11460	626	44900	345		2030	7236
1992	60648	11734	664	46571	354		1989	8156
1993	61979	11929	733	47722	340		1988	7877
1994	73510	12056	740	59097	409	…	1949	8404
1995	74214	12106	879	59860	404	…	1844	8815
1996	76786	12159	969	62235	439	0.10	1953	8944
1997	76347	12452	1117	61568	363	2.00	1962	8426
1998	75559	11720	1109	61564	414	2.70	1858	8420
1999	76141	11723	1313	62340	504	3.70	1570	9012
2000	76808	12546	1314	62321	571	3.09	1366	10771
2001	80835	14954	2293	63696	945	3.80	1236	12558
2002	84315	15368	2915	66655	1105	2.62	1184	14432
2003	80551	16646	3815	61570	1172	2.48	1161	18002
2004	87265	18216	4504	66227	1700	1.81	1120	22515
2005	91330	19051	5690	68652	2539	1.45	1087	27341
2006	96784	19646	6214	73263	2778	0.88	1096	33805
2007	104188	20920	7498	79822	2162	0.77	1283	39962
2008	111383	23808	10446	84486	1762	0.98	1326	44065
2009	136804	28308	14190	106530	1008		958	50874

注:2009年货运量依据新的统计方法和口径进行了调整(下表同)。

a) Volume of volume of freights of 2009 have been adjusted according to new computing methods and statistical approach. The same applies to the tables following.

全社会货物周转量
Freight Ton-kilometers

单位：亿吨公里 (100 million ton-km)

年 份 Year	总 计 Total	铁 路 Railways	#地方铁路 Local Railways	公 路 Highways	水 运 Waterways	管 道 Petroleum and Gas Pipelines
1990	1546.47	1256.80	1.89	215.42	48.53	25.72
1991	1619.00	1291.43	2.04	248.71	52.61	26.25
1992	1782.31	1375.26	2.26	333.94	51.40	21.70
1993	1858.00	1428.66	2.51	346.08	52.80	30.45
1994	1945.85	1478.67	2.67	372.56	65.86	28.75
1995	2029.48	1534.74	3.45	397.36	67.88	29.50
1996	2098.49	1514.31	3.85	473.62	78.97	31.59
1997	2063.13	1504.09	4.51	455.01	70.82	33.21
1998	1956.15	1345.11	4.31	501.78	80.74	28.51
1999	2116.34	1371.23	4.95	537.52	180.78	26.81
2000	2325.85	1474.77	5.34	555.42	267.97	27.69
2001	2760.82	1613.04	7.92	608.01	512.70	27.07
2002	2862.79	1658.24	9.98	632.40	543.34	28.82
2003	3023.79	1787.73	11.75	591.60	612.19	32.28
2004	3796.05	1955.54	16.19	658.59	1150.00	31.93
2005	4750.64	2120.98	20.24	691.45	1908.07	30.14
2006	5157.40	2331.11	20.70	748.86	2051.41	26.02
2007	5507.02	2581.86	32.78	843.23	2057.28	24.64
2008	5209.01	2738.05	62.37	890.96	1554.62	25.38
2009	5981.61	2743.10	92.86	2998.49	216.82	23.21

沿海港口基本情况（2009年）
Basic Indicators of Coastal Ports (2009)

港口名称	Name	合计 Total			#生产用 For Productive Use			设计吞吐能力（万吨） Design the Handling Capacity (10000 tons)
		码头长度（米） Length of Quay Line (m)	泊位个数（个） Number of Berths (unit)	#万吨级 10000 Ton Class	码头长度（米） Length of Quay Line (m)	泊位个数（个） Number of Berths (unit)	#万吨级 10000 Ton Class	
总　计	**Total**	**28469**	**145**	**93**	**26333**	**112**	**93**	**47726**
#秦皇岛港	Qinhuangdao	13562	72	42	12244	52	42	22641
黄骅港	Huanghua	3695	27	10	3188	16	10	6920
唐山港	Tangshan	11212	46	41	10901	44	41	18165
#京唐港	Jingtang	6256	28	23	5945	26	23	6915
曹妃甸港	Caofeidian	4956	18	18	4956	18	18	11250

沿海主要港口货物吞吐量（2009年）
Volume of Freight Handled in Major Coastal Ports by Type of Freight (2009)

单位：吨 (ton)

货物种类	Type of Freight	合计 Total	#外贸 Foreign Trade	出港量 Out-put	#外贸 Foreign Trade	进港量 In-put	#外贸 Foreign Trade
总　计	**Total**	**508744301**	**129142398**	**368256753**	**14064872**	**140487548**	**115077526**
煤炭及制品	Coal	348834609	24196681	332657723	9870202	16176886	14326479
石油、天然气及制品	Crude Petroleum Oil and Natural Gas	9870828	1294369	5521175	197302	4349653	1097067
#原油	Crude oil	7892138	937666	4714428		3177710	937666
金属矿石	Metal Ores	112773851	96405997	343728	11005	112430123	96394992
钢　铁	Steel and Iron	18242146	1841020	17424305	1154298	817841	686722
矿建材料	Mineral Building Materials	2377548	447201	1362757	447201	1014791	
水　泥	Cement	427308	130037	264124	130037	163184	
木　材	Timber	1300				1300	
非金属矿石	Nonmetal Ores	705244	46619	52199	46619	653045	
化肥农药	Chemical Fertilizers and Pesticides	492430	458068	322982	312451	169448	145617
盐	Salt	479539	27675	108568	23257	370971	4418
粮　食	Grain	3506028	1929548	1333500	9528	2172528	1920020
机械、设备、电器	Machinery, Equipment, Electric Appliance	195492	186364	190993	185658	4499	706
化工原料及制品	Industrial chemicals and product	404304	219328	218305	85352	185999	133976
有色金属	Non-ferrous metal						
轻工、医药产品	Light industry, medicine product	8717				8717	
农林牧渔业产品	Agriculture, forestry, animal husbandry, and fishery product	514987	468222	366818	331400	148169	136822
其　他	Others	9909970	1491269	8089576	1260562	1820394	230707

注：主要港口包括秦皇岛港、黄骅港和唐山港。

a) Major coastal ports include Qinhuangdao, Huanghua and Tangshan.

邮电通信网（年底数）
Telecommunications Facilities (End of Year)

年　份 Year	邮政局、所（处） Number of Postal and Offices (unit)	#设在农村的 Located in the Countryside	邮路总长度（万公里） Length of Postal Routes (10000 km)	长话电路（路） Long-distance Telephone Electric Circuit (unit)
1978	1802	1511	16.5	1350
1980	1752	1434	17.0	4539
1985	2928	2588	2.6	2304
1990	2443	1078	2.8	5177
1995	2538	1869	3.5	33090
1996	2555	1820	3.7	43537
1997	2472	1863	3.9	61111
1998	2389	1750	3.9	70111
1999	2081	1455	4.0	87497
2000	2018	1390	4.1	122560
2001	2013	1371	4.1	187292
2002	1978	1312	4.5	796340
2003	1952	1272	5.3	20173
2004	1955	1258	5.4	22531
2005	1957	1242	4.7	27306
2006	1986	1244	4.6	21425
2007	1851	1110	4.9	30719
2008	1876	1091	5.5	90847
2009	1742	1098	6.4	118913

注：1. 邮路总长度1982年及以前是邮路及农村投递线路总长度之和。2. 2003年及以后长话电路计量单位为2M。
a) Length of postal routes before 1983 included the length of postal routes and rural delivery routes. b) In 2003 and later long-distance telephone electric circuit measuring unit was 2M.

邮电业务量
Post and Telecommunications Services

年　份 Year	邮电业务总量（万元） Business Volume of Postal and Telecommunication Services (10000 yuan)	函　件（万件） Number of Letters (10000 pcs)	报纸期发数（万份） Issue of Newspapers (10000 copies)	城市固定电话用户（万户） Number of Urban Fixed Telephone Subscribers (10000subscriber)	农村固定电话用户（万户） Rural Fixed Telephone Subscribers (10000subscriber)
1978	5904	15417	267	6.0	2.1
1980	6420	15961	304	6.2	2.0
1985	12618	21639	580	9.9	6.4
1990	55643	23716	473	19.8	3.8
1995	360930	31471	504	151.3	38.0
1996	485001	30171	584	199.6	65.7
1997	634216	25858	589	235.6	93.2
1998	885071	25699	499	276.2	127.2
1999	1164413	21235	1149	315.4	172.0
2000	1910400	26302	522	391.7	275.5
2001	1670100	31698	422	486.1	419.2
2002	2198441	36078	508	558.4	546.0
2003	2931845	20056	484	731.5	607.5
2004	4307925	32623	451	906.2	671.8
2005	5284674	25742	378	947.0	680.9
2006	6415679	22444	340	1005.2	652.0
2007	8523147	20641	321	994.3	594.8
2008	10695686	26702	317	929.1	528.4
2009	11906547	26960	185	870.1	473.8

社会消费品零售总额
Total Retail Sales of Consumer Goods

项　　目	Item	2000	2005	2008	2009
社会消费品零售总额(亿元)	**Total Retail Sales of Consumer Goods (100 million yuan)**	**1613.9**	**2969.5**	**4991.1**	**5764.9**
按销售地区分	**Grouped By Location**				
市的零售额	City	749.6	1390.3	2388.7	2751.0
县的零售额	County	312.8	594.6	1020.1	1192.4
县以下的零售额	Under County Level	551.6	984.6	1582.3	1821.5
按行业分	**Grouped By Sector**				
批发和零售业	Wholesale and Retail Trade	1121.1	2555.6	4270.1	4914.4
住宿和餐饮业	Hotels and Catering Services	162.6	351.6	642.4	767.4
其　他	Others	330.2	62.3	78.6	83.1

注：1.2002年以前按行业分组中"住宿和餐饮业"的数据仅为"餐饮业"，不含"住宿业"零售额。2.国家统计局依据第二次经济普查结果修订了我省2005—2008年社会消费品零售总额数据。

a) The data of hotels and catering services for 2002 and before are sales of catering services other than lodging. b) The data of retail sales of consumer goods for the period of 2005-2008 has been revised by the National Bureau of Statistics, according to the results of the 2ndEconomic Sencus.

商品交易市场基本情况（2009年）
Basic Indicators of Commodity Markets (2009)

项　　目	Item	市场个数（个）Number of Markets (unit)	当年成交额（万元）Transaction Value (10000 yuan)	当年投资额（万元）Investment (10000 yuan)
总　　计	**Total**	**4014**	**52090130**	**734944**
消费品市场	**Number of Consumable Markets**	**3728**	**44607685**	**627719**
消费品综合市场	Consumable Comprehensive Markets	2811	18801819	220616
农副产品市场	Agricultural and Subsidiary Products Market	571	13487435	128751
工业消费品市场	Industrial Consumable Markets	262	11583507	271046
其他市场	Others Consumable Markets	84	734924	7306
生产资料市场	**Number of Productions Markets**	**286**	**7482445**	**107225**
生产资料综合市场	Production Comprehensive Markets	58	716103	1151
工业生产资料市场	Industrial Production Markets	172	5690158	96774
农业生产资料市场	Agricultural Production Markets	29	906394	8500
其他市场	Others Production Markets	27	169790	800

限额以上批发和零售贸易业基本情况（2009年）

Basic Indicators of Enterprises above Designated Size in Wholesale and Retail Sale Trade (2009)

项 目	Item	法人企业（个）Number of Corporation Enterprises (unit)	产业活动单位（个）Number of Establishments (unit)	年末从业人数（人）Engaged Persons at Year-end (person)	年末零售业面积（万平方米）Operational Area of Retail Sale Trade at Year-end (10000 sq.m)
总 计	**Total**	**1815**	**55**	**230972**	**841.0**
按登记注册类型分组	**Grouped by Registration Status**				
内 资	Domestic Funded Enterprises	1804	3	224875	821.7
国 有	State-owned Enterprises	247	1	38299	106.2
集 体	Collective-owned Enterprises	110		7806	26.7
股份合作	Cooperative Enterprises	30	1	6906	16.6
联营企业	Joint Ownership Enterprises	2		79	0.3
国有联营	State Joint Ownership Enterprises	1	1	40	0.0
集体联营	Collective Joint Ownership Enterprises				
其他联营	Other Joint Ownership	1		52	0.3
有限责任公司	Limited Liability Corporations	594	2	68090	244.7
国有独资公司	State Sole Funded Corporations	18		2052	7.5
其他有限责任公司	Other Limited Liability Corporations	576	2	66038	237.2
股份有限公司	Share-holding Corporations Ltd.	126		41126	249.5
私营企业	Private Enterprises	683		60647	171.3
私营独资	Private-funded Enterprises	99		5165	13.6
私营合伙	Private Partnership Enterprises	19		576	2.9
私营有限责任公司	Private Limited Liability Corporations	525		51170	143.5
私营股份有限公司	Private Share-holding Corporations Ltd.	40		3736	11.3
港、澳、台商投资企业	Enterprises with Funds from Hong Kong, Macao and Taiwan	1	2	262	0.1
合资经营企业	Joint-venture Enterprises	1		135	0.1
独资经营企业	Enterprises with Sole Fund		1	94	
外商投资企业	Foreign Funded Enterprises	10		2466	7.7
中外合资经营	Joint-venture Enterprises	2	38	3545	11.6
中外合作经营	Cooperation Enterprises				
外资企业	Enterprises with Sole Fund	7	3	1470	5.2
按国民经济行业分组	**Grouped by Sector**				
农畜产品批发业	Wholesale of Farm Produce and Livestock Products	60		4155	2.9
食品、饮料及烟草制品批发业	Wholesale of Food,Beverages and Tobaccos	74	2	17631	3.2
#米、面制品及食用油批发业	Wholesale of Rice,Flour and Edible Oil	18	1	1598	2.1
烟草制品批发业	Wholesale of Tobaccos	18		10145	0.0
纺织、服装及日用品批发业	Wholesale of Textiles,Garments and Daily Consumer Articles	21	1	2589	1.2
#服装批发业	Wholesale of Garments	10		750	0.2
文化、体育用品及器材批发业	Wholesale of Culture,Sports Appliances and Equipment	4		499	
医药及医疗器材批发业	Wholesale of Medicines and Medical Appliances	80		9271	3.3

限额以上批发和零售贸易业基本情况（2009年)(续)

Basic Indicators of Enterprises above Designated Size in Wholesale and Retail Sale Trade (2009)

单位：万元 (10000 yuan)

项目	Item	法人企业（个）Number of Corporation Enterprises (unit)	产业活动单位（个）Number of Establishments (unit)	年末从业人数（人）Engaged Persons at Year-end (person)	年末零售业面积（万平方米）Operational Area of Retail Sale Trade at Year-end (10000 sq.m)
矿产品、建材及化工产品批发业	Wholesale of Mineral Products,Building Material and Chemical Products	422	6	37155	150.1
#煤炭及制品批发业	Wholesale of Coal and Related Products	140	4	6537	5.5
石油及制品批发业	Wholesale of Petrolem and Related Products	61	1	20859	138.0
金属及金属矿批发业	Wholesale of Metal Materials	122		4362	0.2
建材批发业	Wholesale of Building Materials	17	1	1509	4.7
化肥批发业	Wholesale of Chemical Fertilizer	48		2176	0.7
机械设备、五金交电及电子产品批发业	Wholesale of Machinery,Hardware and Electronic Equipment	123	1	10283	8.9
#汽车、摩托车及零配件批发业	Wholesale of Motor Vehicles,Motorcycles and Parts	47		5780	5.7
家用电器批发业	Wholesale of Household Electrical Appliances	7	1	420	…
计算机、软件及辅助设备批发业	Wholesale of Computer,Software and Peripherals	4		154	…
贸易经纪与代理	Trade Broker and Agency	7		193	
其他批发业	Other Wholesale not Classified Elsewhere	14		917	0.1
综合零售业	Integrated Retail	322	1	94350	408.8
#百货零售业	Retail of General Merchandise	179		62308	262.8
超级市场零售业	Retail of Supermarkets	127		29674	136.8
食品、饮料及烟草制品专门零售业	Retail of Food,Beverages and Tobaccos	18	1	1271	3.3
纺织、服装及日用品专门零售业	Special Retail of Textiles,Garments and Daily Consumer Articles	44		6877	41.7
#服装零售业	Retail of Garments	29		5777	37.5
文化、体育用品及器材专门零售业	Retail of Culture,Sports Appliances and Equipments	117		5036	11.4
#图书零售业	Retail of Books	106		4664	9.7
医药及医疗器材专门零售业	Retail of Medicines and Medical Appliances	64		7138	9.1
#药品零售业	Retail of Medicines	62	1	7145	9.1
汽车、摩托车、燃料及零配件专门零售业	Retail of Motor Vehicles,Motorcycles, Fuel and Parts	304	11	18391	121.8
#汽车零售业	Retail of Motor Vehicles	249	1	15662	79.5
机动车燃料零售业	Retail of Fuel of Motor Vehicles	42	2	2111	42.5
家用电器及电子产品专门零售业	Special Retail of Household Electric Appliances and Electronic Products	99		9162	37.6
#家用电器零售业	Retail of Household Electric Appliances	67	2	6375	33.7
计算机、软件及辅助设备零售业	Retail of Computer,Software and Peripherals	14		396	0.8
通讯设备零售业	Retail of Communication Equipment	16		2386	5.0
五金、家具及室内装修材料专门零售业	Special Retail of Hardware,Furniture and Decoration Materials	22		1797	24.5
无店铺及其他零售业	Non-shop and Other Retails	20		1456	3.2

限额以上批发和零售贸易业商品购进、销售、库存总额（2009年）

Total Purchases，Sales and Inventory of Enterprises above Designated Size in Wholesale and Retail Sale Trade (2009)

单位：万元 (10000 yuan)

项目	Item	购进总额 Total Purchases Value	#进口 Imports	销售总额 Toal Sales Value	#批发 Wholesale Value	年末库存总额 Stock (year-end)
总计	**Total**	**33435617**	**377243**	**39472922**	**28221567**	**2406912**
按登记注册类型分组	**Grouped by Registration Status**					
内资	Domestic Funded Enterprises	33063085	367041	39033897	27956177	2347772
国有	State-owned Enterprises	8965858	27110	10562145	9128127	390477
集体	Collective-owned Enterprises	362241		432705	174888	46171
股份合作	Cooperative Enterprises	227145	16390	261164	85806	27700
联营企业	Joint Ownership Enterprises	24436		25327	24428	256
国有联营	State Joint Ownership Enterprises	26579		27187	25407	196
集体联营	Collective Joint Ownership Enterprises					
其他联营	Other Joint Ownership	592		899		60
有限责任公司	Limited Liability Corporations	11130191	208885	12111658	8410274	778538
国有独资公司	State Sole Funded Corporations	1322408		1352937	1302341	39619
其他有限责任公司	Other Limited Liability Corporations	9807783	208885	10758721	7107933	738919
股份有限公司	Share-holding Corporations Ltd.	5754913	2621	7684662	4397701	463666
私营企业	Private Enterprises	6433262	112034	7804297	5644922	603816
私营独资	Private-funded Enterprises	232971		267510	132343	33645
私营合伙	Private Partnership Enterprises	86210		213129	198465	6751
私营有限责任公司	Private Limited Liability Corporations	5733993	108678	6914412	5067362	518213
私营股份有限公司	Private Share-holding Corporations Ltd.	380088	3356	409246	246752	45207
港澳台商投资企业	Enterprises with Funds from Hong Kong, Macao and Taiwan	7375		31933	29801	12
与港澳台商合资经营	Joint-venture Enterprises	4338		7393	5260	11
港澳台商独资	Enterprises with Sole Fund	3037		3244	3244	1
外商投资企业	Foreign Funded Enterprises	303785	10202	346337	218692	48653
中外合资经营	Joint-venture Enterprises	63330		71185	2445	28078
中外合作经营	Cooperation Enterprises					
外资企业	Enterprises with Sole Fund	245013	10202	287288	214601	16601
按国民经济行业分组	**Grouped by Sector**					
农畜产品批发业	Wholesale of Farm Produce and Livestock Products	672439	1248	723392	723255	92968
食品、饮料及烟草制品	Wholesale of Food,Beverages and Tobaccos	3799166	6684	4536016	4514262	214300
#米、面制品及食用油	Wholesale of Rice,Flour and Edible Oil	145221		159409	159385	25700
烟草制品	Wholesale of Tobaccos	3243167		3878134	3877959	129848
纺织、服装及日用品批发业	Wholesale of Textiles,Garments and Daily Consumer Articles	207871	3174	230066	211291	22230
#服装批发业	Wholesale of Garments	49361		60122	57664	9495

限额以上批发和零售贸易业商品购进、销售、库存总额（2009年）(续)

Total Purchases, Sales and Inventory of Enterprises above Designated Size in Wholesale and Retail Sale Trade (2009)

单位：万元 (10000 yuan)

项目	Item	购进总额 Total Purchases Value	#进口 Imports	销售总额 Toal Sales Value	#批发 Wholesale Value	年末库存总额 Stock (year-end)
文化、体育用品及器材批发业	Wholesale of Culture,Sports Appliances and Equipment	187619		165793	165441	23237
医药及医疗器材批发业	Wholesale of Medicines and Medical Appliances	1949400	1045	2145351	1880837	150456
矿产品、建材及化工产品批发业	Wholesale of Mineral Products,Building Material and Chemical Products	16142129	332523	18861201	16994657	680138
#煤炭及制品批发业	Wholesale of Coal and Related Products	6863045	78590	7822648	7818923	249564
石油及制品批发业	Wholesale of Petrolem and Related Products	4392619		5868937	4022619	150587
金属及金属矿批发业	Wholesale of Metal Materials	3488291	193044	3693773	3693438	145270
建材批发业	Wholesale of Building Materials	259743	11094	276445	273248	10292
化肥批发业	Wholesale of Chemical Fertilizer	530212		558914	558104	75569
机械设备、五金交电及电子产品批发业	Wholesale of Machinery,Hardware and Electronic Equipment	2345063	6046	3248047	3052767	324524
#汽车、摩托车及零配件批发业	Wholesale of Motor Vehicles,Motorcycles and Parts	1724662		2461089	2283187	187639
家用电器批发业	Wholesale of Household Electrical Appliances	108962		169657	169028	49178
计算机、软件及辅助设备批发业	Wholesale of Computer,Software and Peripherals	20016		71647	59105	1205
贸易经纪与代理	Trade Broker and Agency	20781	2093	65077	65077	1460
其他批发业	Other Wholesale not Classified Elsewhere	54051		56761	56761	6631
综合零售业	Integrated Retail	3741723		4669657	255932	430512
#百货零售业	Retail of General Merchandise	2571376		3402549	201592	247290
超级市场零售业	Retail of Supermarkets	1116881		1193256	52224	174906
食品、饮料及烟草制品专门零售业	Retail of Food,Beverages and Tobaccos	33473		40617	7067	8953
纺织、服装及日用品专门零售业	Special Retail of Textiles,Garments and Daily Consumer Articles	141787		182720	14684	13742
#服装零售业	Retail of Garments	119755		156487	2511	7697
文化、体育用品及器材专门零售业	Retail of Culture,Sports Appliances and Equipments	162600		156577	4671	56747
#图书零售业	Retail of Books	136194		137343	4474	32078
医药及医疗器材专门零售业	Retail of Medicines and Medical Appliances	201587		240268	33605	40014
#药品零售业	Retail of Medicines	203514		242113	34583	40014
汽车、摩托车、燃料及零配件专门零售业	Retail of Motor Vehicles,Motorcycles, Fuel and Parts	3053472	24431	3389521	177609	248077
#汽车零售业	Retail of Motor Vehicles	2822073	24431	3123165	90694	233312
机动车燃料零售业	Retail of Fuel of Motor Vehicles	210041		241990	86475	7829
家用电器及电子产品专门零售业	Special Retail of Household Electric Appliances and Electronic Products	592560		620781	53874	73783
#家用电器零售业	Retail of Household Electric Appliances	411094		425128	16043	59193
计算机、软件及辅助设备零售业	Retail of Computer,Software and Peripherals	35551		36941	15603	2012
通讯设备零售业	Retail of Communication Equipment	145449		157925	21529	12695
五金、家具及室内装修材料专门零售业	Special Retail of Hardware,Furniture and Decoration Materials	52797		59344	6294	8575
无店铺及其他零售业	Non-shop and Other Retails	45444		49042	1014	5395

限额以上住宿业和餐饮业基本情况（2009年）
Basic Indicators of Hotels and Catering Services above Designated Size (2009)

项　　目	Item	法人企业（个）Number of Corporation Enterprises (unit)	产业活动单位（个）Number of Establish-ments (unit)	从业人数（人）Employed Persons (person)	年末餐饮营业面积（万平方米）Operational Area at Year-end of Catering Services (10000 sq.m)
总　计	**Total**	**692**	**161**	**103833**	**187.6**
按登记注册类型分组	**Grouped by Registration Status**				
内　资	Domestic Funded Enterprises	674	9	92651	167.1
国　有	State-owned Enterprises	175	2	27342	39.5
集　体	Collective-owned Enterprises	34		3686	7.5
股份合作	Cooperative Enterprises	14	2	1359	2.0
联营企业	Joint Ownership Enterprises	4	1	720	1.3
国有联营	State Joint Ownership Enterprises	2	1	700	0.8
集体联营	Collective Joint Ownership Enterprises				
国有与集体联营	Joint State-collective Enterprises	1		80	0.1
其他联营	Other Joint Ownership	1		80	0.2
有限责任公司	Limited Liability Corporations	130	1	19467	37.0
国有独资公司	State Sole Funded Corporations	1		168	0.2
其他有限责任公司	Other Limited Liability Corporations	129	1	19299	36.8
股份有限公司	Share-holding Corporations Ltd.	24	1	3094	12.2
私营企业	Private Enterprises	282	2	35768	65.9
私营独资	Private-funded Enterprises	118		14928	26.4
私营合伙	Private Partnership Enterprises	19		1551	4.1
私营有限责任公司	Private Limited Liability Corporations	126	139	23847	45.3
私营股份有限公司	Private Share-holding Corporations Ltd.	19	1	2444	4.8
其　他	Others	11	138	8686	17.2
港、澳、台商投资企业	Enterprises with Funds from Hong Kong, Macao and Taiwan	11	1	1848	2.3
合资经营企业	Joint-venture Enterprises	4	5	604	0.9
合作经营企业	Cooperative Enterprises	1	2	278	0.7
独资股份有限公司	Share-holding Corporations Ltd.	4		626	1.3
外商投资企业	Foreign Funded Enterprises	7		1316	1.7
中外合资经营	Joint-venture Enterprises	5		1026	0.8
中外合作经营	Cooperation Enterprises				
外资企业	Enterprises with Sole Fund	1		105	0.1
外商投资股份有限公司	Share-holding Corporations Ltd.	1		185	0.8
按国民经济行业分组	**Grouped by Sector**			**28032**	**40.0**
旅游饭店	Traveling Hotel	305	8	6495	14.8
一般旅馆	General Hotel	111	9	25456	38.5
其他住宿服务	Others	11		410	0.9
正餐服务业	Restaurant	260		30504	64.4
快餐服务业	Fast Food	5	2	651	0.6

限额以上住宿业和餐饮业经营情况（2009年）
Business of Hotels and Catering Services above Designated Size (2009)

单位：万元 (10000 yuan)

项目	Item	营业额 Business Revenue	客房收入 From Hotel Rooms	餐费收入 From Meals	商品销售收入 From Commodities	其他收入 Other
总计	**Total**	**865722**	**240410**	**555727**	**19099**	**50485**
按登记注册类型分组	**By Status of Registration**					
内资	Domestic Funded Enterprises	768958	222638	483523	17822	44975
国有	State-owned Enterprises	238403	89101	126471	6080	16750
集体	Collective-owned Enterprises	24025	9291	12944	997	793
股份合作	Cooperative Enterprises	10565	2787	7007	182	590
联营企业	Joint Ownership Enterprises	4494	1423	2718	14	339
国有联营	State Joint Ownership Enterprises	6207	1791	3703	148	565
集体联营	Collective Joint Ownership Enterprises					
国有与集体联营	Joint State-collective Enterprises	296	94	167	3	32
其他联营	Other Joint Ownership	581		581		
有限责任公司	Limited Liability Corporations	167889	51667	99826	3720	12676
国有独资公司	State Sole Funded Corporations	1790	876	907	1	5
其他有限责任公司	Other Limited Liability Corporations	166099	50791	98919	3719	12670
股份有限公司	Share-holding Corporations Ltd.	28572	8302	19385	86	799
私营企业	Private Enterprises	285310	57704	208119	6527	12960
私营独资	Private-funded Enterprises	130678	22053	101541	3276	3808
私营合伙	Private Partnership Enterprises	11286	785	8767	725	1008
私营有限责任公司	Private Limited Liability Corporations	175552	33806	129538	2744	9464
私营股份有限公司	Private Share-holding Corporations Ltd.	17821	2889	14538	331	63
其他	Others	64478	5037	56855	877	1710
港澳台商投资企业	Enterprises with Funds from Hong Kong, Macao and Taiwan	20324	5256	11450	232	3386
合资经营企业	Joint-venture Enterprises	4761	1270	3432	32	27
合作经营企业	Cooperative Enterprises	2314	778	1467		69
独资股份有限公司	Enterprises with Sole Fund	9092	2918	5780	56	338
外商投资企业	Foreign Funded Enterprises	16431	8097	7892	100	341
中外合资经营	Joint-venture Enterprises	8139	3848	4054	4	234
中外合作经营	Cooperation Enterprises					
外资企业	Enterprises with Sole Fund	1192	758	368	20	46
外商投资股份有限公司	Share-holding Corporations Ltd.	7100	3492	3471	76	61
按国民经济行业分组	**By Sector**	**258987**	**101647**	**133155**	**5059**	**19126**
旅游饭店	Traveling Hotel	47886	19052	24940	1145	2750
一般旅馆	General Hotel	187631	71981	92929	3589	19132
其他住宿服务	Others	6825	2829	3961	3	32
正餐服务业	Restaurant	261458	23132	226292	7612	4423
快餐服务业	Fast Food	5998	104	4931	526	438

限额以上批发零售贸易业商品分类销售额（2009年）
Total Sales of Enterprises above Designated Size in Wholesale and Retail Sale Trade by Category (2009)

单位：万元 (10000 yuan)

类 别	Category	销售额 Total Sales Value	批 发 Wholesale Value	零 售 Retail Value
合 计	**Total**	**34052111**	**23629016**	**10423094**
粮油、食品、饮料、烟酒类	Food,Beverages,Tobacco and Liquor	5010407	3631617	1378790
#粮油、食品类	Grain , Oil and Food	1778366	757884	1020483
#粮油类	Grain and Oil	661914	445159	216754
肉禽蛋类	Meat,Poultry and Eggs	197938	26603	171335
水产品类	Aquatic Products	32754	66	32688
蔬菜类	Vegetables	41137	3535	37603
干鲜果品类	Dried and Fresh Melons an Fruies	82648	23753	58895
饮料类	Beverages	170992	28794	142198
烟酒类	Tobacco and Liquor	3061049	2844939	216109
服装鞋帽、针、纺织品	Clothing, Shoes, Hats and Textiles	1744792	177094	1567699
#服装类	Clothing	1076701	97517	979184
鞋帽类	Shoes and Hats	362907	15258	347649
针、纺织品类	Knitwear and Textiles	305184	64318	240866
化妆品类	Cosmetics	227075	26962	200113
金银珠宝类	Gold, Silver and Jewellery	237200	337	236863
日用品类	Articles for Daily Use	491493	90387	401106
#洗涤用品类	Washing Articles	169184	27261	141923
儿童玩具类	Children Toys	29379	265	29114
五金、电料类	Hardware and Electrical Materials	115659	72700	42959
体育、娱乐用品类	Sports and Recreation Articles	56305	3077	53228
书报杂志类	Newspapers and Magazines	300721	168281	132439
电子出版物及音像制品	E-journals and Video Products	26806	2491	24315
家用电器和音像器材类	Household Appliances and Video Appliances	1153354	167524	985829
中西药品类	Traditional Chinese and Western Medicines	2195818	1709161	486657
#西 药	Western Medicines	1776661	1404715	371946
中草药及中成药	Traditional Chinese Medicines	231756	148689	83067
文化办公用品类	Cultural and Offices Appliances	170225	81432	88794
家俱类	Furniture	33839	1358	32481
通讯器材类	Communication Appliances	252719	44189	208529
煤炭及制品类	Coal and Related Products	4221529	4219047	2482
木材及制品类	Wood and Wooden Products	5902	5902	
石油及制品类	Petroleum and Related Products	6017418	4386883	1630536
化工材料及制品类	Chemical Materials and Related Products	1139921	1139921	
#化肥类	Fertilizers	496286	496286	
金属材料类	Metal Materials	4236465	4236465	
建筑及装潢材料类	Building and Decoration Materials	187722	165380	22342
机电产品及设备类	Mechanical and Electrical Products	434713	398222	36491
#农机类	Agricultural Machineries	55766	55766	
汽车类	Automobiles	5327226	2482287	2844939
种子饲料类	Seeds and Feedstuff	36045	36045	
棉麻类	Cotton, Hemp	240657	240657	
其他类	Others	188101	141597	46504

限额以上批发和零售财务状况（2009年）

单位：万元

项　　目	Item	资产总计 Total Assets	负债总计 Total Liabilities
全省总计	**Total of Wholesale and Retail Sale Trade**	**15705163**	**11038077**
按登记注册类型分组	**Grouped by Registration Status**		
内　资	Domestic Funded Enterprises	15462648	10826267
国　有	State-owned Enterprises	2995471	1429085
集　体	Collective-owned Enterprises	261699	212599
股份合作	Cooperative Enterprises	121819	97348
联营企业	Joint Ownership Enterprises	2431	1229
国有联营	State Joint Ownership Enterprises	2221	1025
集体联营	Collective Joint Ownership Enterprises		
其他联营	Other Joint Ownership	211	204
有限责任公司	Limited Liability Corporations	4890355	3893479
国有独资公司	State Sole Funded Corporations	294370	266537
其他有限责任公司	Other Limited Liability Corporations	4595985	3626942
股份有限公司	Share-holding Corporations Ltd.	3890380	2745263
私营企业	Private Enterprises	3216962	2387486
私营独资	Private-funded Enterprises	179578	129145
私营合伙	Private Partnership Enterprises	42390	25412
私营有限责任公司	Private Limited Liability Corporations	2734009	2029961
私营股份有限公司	Private Share-holding Corporations Ltd.	260986	202969
港澳台商投资企业	Enterprises with Funds from Hong Kong, Macao and Taiwan	1612	1689
与港澳台商合资经营	Joint-venture Enterprises	1612	1689
外商投资企业	Foreign Funded Enterprises	240903	210122
中外合资经营	Joint-venture Enterprises	14837	11217
外资企业	Enterprises with Sole Fund	187866	163563
按国民经济行业分组	**By Sector**		
农畜产品批发业	Wholesale of Farm Produce and Livestock Products	404524	297414
食品、饮料及烟草制品批发业	Wholesale of Food, Beverages and Tobaccos	1531807	420087
#米、面制品及食用油批发业	Wholesale of Rice, Flour and Edible Oil	77248	69834
烟草制品批发业	Wholesale of Tobaccos	1226576	188207
纺织、服装及日用品批发业	Wholesale of Textiles, Garments and Daily Consumer Articles	92753	54377
#服装批发业	Wholesale of Garments	55255	28058
文化、体育用品及器材批发业	Wholesale of Culture, Sports Appliances and Equipment	103335	70305

Major Financial Indicators of Enterprises above Designated Size in Wholesale and Retail Sale Trade (2009)

(10000 yuan)

所有者权益合计 Total Owners Equities	主营业务收入 Revenue from Principal Business	主营业务成本 Cost of Principal Business	主营业务税金及附加 Taxes and Other Charges on Principal Business	主营业务利润 Profits from Principal Business	营业费用 Operating Expenses	管理费用 Management Expenses	利润总额 Total Profits
4432858	**33666102**	**31244957**	**135906**	**2115863**	**1079527**	**709444**	**573050**
4402154	33343711	30945111	135836	2093409	1061491	702223	569226
1566387	6858425	6075192	93469	668085	168635	227366	334390
49099	393487	363391	1349	28210	13340	11797	3234
24471	237931	213987	572	18971	7035	11458	1464
1202	21649	21060	41	547	573	321	61
1195	20879	20379	40	460	517	298	54
7	770	681	1	88	56	24	6
996876	11072608	10426861	17555	546348	371495	203988	90152
27833	1177830	1152292	507	25031	17310	7039	1399
969043	9894778	9274569	17048	521317	354186	196949	88753
910890	6793263	6287941	12909	443777	265061	137609	104572
829476	7822271	7427758	9664	372590	224800	106730	32707
50433	252879	231147	907	19221	9276	6574	2169
16978	205632	200848	94	4690	1859	1027	1024
704048	6971733	6620516	7718	333043	205595	92782	28226
58017	392027	375248	944	15636	8071	6346	1288
-77	6319	4737		1582	920	668	-19
-77	6319	4737		1582	920	668	-19
30781	316073	295109	70	20872	17116	6553	3842
3619	28309	23586	33	4668	3442	1398	767
24303	263858	248558	11	15289	11183	4182	2975
107109	698050	668026	139	27852	23636	13059	-247
1111720	3947383	3280682	89738	558375	106528	154983	330286
7414	170068	159888	17	10110	6051	3130	3172
1038370	3323147	2756415	88729	459470	51397	139577	299231
38376	213854	196847	257	16782	9552	5775	1033
27197	57642	52514	47	5112	3183	2216	-584
33030	101671	92866	522	8283	2938	5169	548

限额以上批发和零售财务状况（2009年）(续)

单位：万元

项　　目	Item	资产总计 Total Assets	负债合计 Total Liabilities
医药及医疗器材批发业	Wholesale of Medicines and Medical Appliances	759667	753337
矿产品、建材及化工产品批发业	Wholesale of Mineral Products, Building Material and Chemical Products	6449647	4404172
#煤炭及制品批发业	Wholesale of Coal and Related Products	1833960	1415459
石油及制品批发业	Wholesale of Petroleum and Related Products	2244057	1086368
金属及金属矿批发业	Wholesale of Metal Materials	1625420	1341665
建材批发业	Wholesale of Building Materials	123811	85960
化肥批发业	Wholesale of Chemical Fertilizer	186248	156156
机械设备、五金交电及电子产品批发业	Wholesale of Machinery, Hardware and Electronic Equipment	1791352	1485841
#汽车、摩托车及零配件批发业	Wholesale of Motor Vehicles, Motorcycles and Parts	1365799	1126690
家用电器批发业	Wholesale of Household Electrical Appliances	108356	99670
计算机、软件及辅助设备批发业	Wholesale of Computer, Software and Peripherals	3818	2147
贸易经纪与代理	Trade Broker and Agency	23998	14017
其他批发业	Other Wholesale not Classified Elsewhere	53159	46707
综合零售业	Integrated Retail	2331555	1854644
#百货零售业	Retail of General Merchandise	1724115	1344937
超级市场零售业	Retail of Supermarkets	551773	465069
食品、饮料及烟草制品专门零售业	Retail of Food, Beverages and Tobaccos	37052	30302
纺织、服装及日用品专门零售业	Special Retail of Textiles,Garments and Daily Consumer Articles	149321	111529
#服装零售业	Retail of Garments	134917	100972
文化、体育用品及器材专门零售业	Retail of Culture,Sports Appliances and Equipments	205529	124449
#图书零售业	Retail of Books	176662	112805
医药及医疗器材专门零售业	Retail of Medicines and Medical Appliances	136482	101132
#药品零售业	Retail of Medicines	135252	100959
汽车、摩托车、燃料及零配件专门零售业	Retail of Motor Vehicles,Motorcycles,Fuel and Parts	1334908	1053975
#汽车零售业	Retail of Motor Vehicles	1118696	872149
机动车燃料零售业	Retail of Fuel of Motor Vehicles	179441	166132
家用电器及电子产品专门零售业	Special Retail of Household Electric Appliances and Electronic Products	237058	173946
#家用电器零售业	Retail of Household Electric Appliances	184446	146909
计算机、软件及辅助设备零售业	Retail of Computer,Software and Peripherals	7047	2925
通讯设备零售业	Retail of Communication Equipment	45073	23826
五金、家具及室内装修材料专门零售业	Special Retail of Hardware,Furniture and Decoration Materials	30590	23569
无店铺及其他零售业	Non-shop and Other Retails	32427	18276

Major Financial Indicators of Enterprises above Designated Size in Wholesale and Retail Sale Trade (2009)

(10000 yuan)

所有者权益合计 Total Owners Equities	主营业务收入 Revenue from Principal Business	主营业务成本 Cost of Principal Business	主营业务税金及附加 Taxes and Other Charges on Principal Business	主营业务利润 Profits from Principal Business	营业费用 Operating Expenses	管理费用 Management Expenses	利润总额 Total Profits
6330	1952472	1854771	1297	77727	43490	22349	-27295
1811248	15395237	14677023	15360	643781	419707	133799	90527
418502	5155186	4968138	4810	167517	124115	31983	2483
923461	5373333	5005659	4402	323339	222306	41599	67026
283755	3438796	3347827	2826	88093	40233	29967	16969
37851	274601	260425	398	13778	9352	5979	1459
30092	541921	525242	2201	14466	7221	5820	2445
305511	3174742	3015388	3052	106089	99508	29158	89051
239109	2446915	2337025	2016	57911	71091	16085	80806
8685	132757	127518	102	5137	4710	986	-529
1671	64082	63071	14	997	673	244	68
9980	61339	56745	40	4554	3124	929	502
6452	47977	44944	197	2836	2498	2561	800
476911	3626383	3234889	17992	359916	220221	226891	37353
379179	2487908	2216082	14791	249297	121788	173230	37457
86704	1070481	959324	2914	102395	95159	47858	-680
6750	37573	34442	91	3025	2062	1725	110
37792	156434	131676	1028	23207	11582	13510	597
33945	133287	111389	936	20439	9725	12854	350
81081	140601	105803	707	33674	8793	21651	7780
63857	122474	90230	436	31390	7864	20569	6958
35350	219852	194989	443	24420	13136	10895	281
34293	218891	194180	440	24271	13120	10870	66
280933	3213317	3036738	3266	168452	73649	46819	35226
246548	2980901	2818618	3091	154379	61049	43534	37539
13310	216489	203650	161	12630	11989	2995	-2849
63112	572764	526205	1107	44082	32338	13002	6252
37537	385743	353048	676	30649	24458	8878	2735
4122	35301	33833	35	1433	1043	374	36
21247	149676	137444	394	11838	6750	3687	3468
7021	58801	50035	532	8235	4381	2417	1360
14151	47652	42889	142	4571	2385	4753	-1112

限额以上住宿和餐饮业财务状况（2009年）

单位：万元

项　　目	Item	资产总计 Total Assets	负债合计 Total Liabilities
全省总计	**Total of Hotels and Catering Services**	**1929478**	**1305798**
按登记注册类型分组	**Grouped by Registration Status**		
内　　资	Domestic Funded Enterprises	1839280	1199506
国　　有	State-owned Enterprises	738662	496473
集　　体	Collective-owned Enterprises	48529	20997
股份合作	Cooperative Enterprises	13298	10152
联营企业	Joint Ownership Enterprises	11523	2626
国有联营	State Joint Ownership Enterprises	8251	1003
集体联营	Collective Joint Ownership Enterprises		
国有与集体联营	Joint State-collective Enterprises	2702	1100
其他联营	Other Joint Ownership	571	523
有限责任公司	Limited Liability Corporations	468600	244462
国有独资公司	State Sole Funded Corporations	6655	227
其他有限责任公司	Other Limited Liability Corporations	461945	244235
股份有限公司	Share-holding Corporations Ltd.	48177	41347
私营企业	Private Enterprises	493086	373705
私营独资	Private-funded Enterprises	167251	120637
私营合伙	Private Partnership Enterprises	14507	9027
私营有限责任公司	Private Limited Liability Corporations	283909	230968
私营股份有限公司	Private Share-holding Corporations Ltd.	27419	13074
其　　他	Others	17405	9743
港澳台商投资企业	Enterprises with Funds from Hong Kong,Macao and Taiwan	70930	91868
与港澳台商合资经营	Joint-venture Enterprises	11466	3706
与港澳台商合作经营	Cooperative Enterprises	3388	3772
港澳台商独资股份有限公司	Enterprises with Sole Fund	41660	71788
外商投资企业	Foreign Funded Enterprises	19269	14425
中外合资经营	Joint-venture Enterprises	13614	10001
中外合作经营	Cooperation Enterprises		
外资企业	Enterprises with Sole Fund	2573	653
按国民经济行业分组	**By Sector**		
旅游饭店	Traveling Hotel	1333609	934689
一般旅馆	General Hotel	298060	149787
其他住宿服务	Others	43835	36179
正餐服务业	Restaurant	250633	182179
快餐服务业	Fast Food	3341	2965

Major Financial Indicators of Enterprises above Designated Size Hotels and Catering Services (2009)

(10000 yuan)

所有者权益合计 Total Owners Equities	主营业务收入 Revenue from Principal Business	主营业务成本 Cost of Principal Business	主营业务税金及附加 Taxes and Other Charges on Principal Business	主营业务利润 Profits from Principal Business	营业费用 Operating Expenses	管理费用 Management Expenses	利润总额 Total Profits
623680	**788397**	**362006**	**44574**	**379544**	**246326**	**161250**	**-49677**
639774	753202	348359	43036	359533	239093	149698	-46341
242188	233452	106186	13055	113566	81062	60162	-33335
27532	23372	11108	1282	10205	5662	4255	158
3146	10079	5202	579	4298	2691	971	331
8897	3725	1698	206	1821	832	1660	-704
7247	2849	1208	158	1483	612	1596	-757
1602	296	227	16	53	36	26	-10
48	581	264	32	285	184	38	63
224138	166473	63197	10140	92679	58092	39784	-10032
6428	1783	1163	96	523	170	392	-49
217710	164690	62033	10043	92156	57922	39392	-9983
6830	26141	11028	1377	13736	8205	3918	1126
119381	280264	144622	15841	119409	79705	37825	-4179
46613	131204	71779	7352	51681	35010	14248	-359
5481	11130	5759	736	4635	3449	1400	-105
52941	121067	58036	6872	56159	35953	20259	-3107
14346	16863	9048	880	6934	5293	1918	-607
7662	9697	5319	556	3821	2844	1124	295
-20938	18784	8602	1024	9158	4345	7358	-3275
7760	2014	1215	103	697	124	954	-386
-384	1219	421	61	736	479	500	-241
-30128	9262	4199	539	4523	2215	4524	-2630
4844	16412	5045	514	10852	2888	4194	-61
3613	8120	3157	420	4543	1796	3015	830
1920	1192	208	59	925	215	757	-45
398921	412109	162985	23363	225316	141586	114964	-49249
148273	90588	43648	4972	41320	25786	16600	-2721
7655	21341	9251	1136	10954	4340	6279	97
68455	260630	144132	14978	100341	74372	22554	1720
377	3730	1991	126	1614	242	854	475

亿元以上商品交易市场摊位分类情况
Classification of Commodity Transaction Markets of Turnover above 100 Million Yuan

项目	Item	摊位数(个) Number of Booths (unit)		成交额(万元) Turnover (10000 yuan)	
		2008	2009	2008	2009
总计	**Total**	**262332**	**286813**	**31685817**	**35079782**
食品、饮料、烟酒类	Food, Beverages, Tobacco and Liquor	112080	127400	7685986	8911761
食品类	Food	105101	119677	7112227	8329189
#粮油类	Grain and Oil	6490	7570	788098	896180
肉禽蛋类	Meat, Poultry and Eggs	6604	7203	853305	900157
水产品类	Aquatic Products	3511	5141	248955	337646
蔬菜类	Vegetables	71076	81711	3580343	4449168
干鲜果品类	Dried and Fresh Melons and Fruits	16307	16790	1397414	1449379
饮料类	Beverages	3224	3573	218938	217926
烟酒类	Tobacco and Liquor	3755	4150	354821	364646
服装鞋帽、针、纺织品	Clothing,Shoes,Hats and Textiles	46757	49040	6446089	6636466
服装类	Clothing,	23774	25098	1575063	1431668
鞋帽类	Shoes and Hats	6945	7533	558917	615421
针、纺织品类	Knitwear and Textiles	16038	16409	4312109	4589377
化妆品类	Cosmetics	1640	1519	256851	271740
金银珠宝类	Gold,Silver and Jewellery	387	809	8901	29707
日用品类	Articles for Daily Use	15775	16126	2245469	2324400
#洗涤用品类	Washing Articles	5040	4995	925088	1050629
儿童玩具类	Children Toys	9332	9804	1008470	1077605
五金、电料类	Hardware and Electrical Materials	3478	3780	791089	898515
体育、娱乐用品类	Sports and Recreation Articles	1237	1230	269151	375033
书报杂志类	Newspapers and Magazines	354	328	55731	57615
电子出版物及音像制品	E-journals and Video Products	1114	335	622619	65367
家用电器和音像器材类	Household Appliances and Video Appliances	568	1624	58370	791604
中西药品类	Traditional Chinese and Westem Medicines	6478	6501	905628	1010049
#西 药	Westem Medicines	42	65	2791	7518
中草药及中成药	Traditional Chinese Medicines	6415	6429	901184	1001937
文化办公用品类	Cultural and Offices Appliances	1957	2139	300844	385655
家俱类	Furniture	8437	9444	1395688	1817555
通讯器材类	Communication Appliances	235	497	73103	113299
煤炭及制品类	Coal and Related Products	232	241	162896	216316
木材及制品类	Wood and Wooden Products	1201	1163	196032	233055
石油及制品类	Petroleum and Related Products	10	21	1522	3974
化工材料及制品类	Chemical Materials and Related Products	6384	8359	1205559	1394880
#化肥类	Fertilizers	347	323	178423	125051
金属材料类	Metal Materials	9343	10325	2978890	3057436
建筑及装潢材料类	Building and Decoration Materials	6193	6421	1235050	1187556
机电产品及设备类	Mechanical and Electrical Products	4110	4249	958985	816062
#农机类	Agricultural Machineries	2251	2044	630921	547715
汽车类	Automobiles	2031	2860	421794	776150
种子饲料类	Seeds and Feedstuff	2249	2207	135983	89399
棉麻类	Cotton,Hemp	124	29	21290	2122
其他类	Others	29958	30166	3252297	3614066

商品销售总额前10名的批发企业
（2009年，按国民经济行业中类分别排序）
The Top 10 Wholesale Enterprises of Total Sale Value (2009)

单位：千元 (1000 yuan)

位次 Position	企业名称	Name of Enterprises	商品销售总额 Total Sales Value
	农畜产品批发业	**Wholesales of Agricultural and Livestock Products**	
1	保定银祥棉业有限公司	Baoding Yinxiang Cotton Co., Ltd.	1222307
2	保定市银河棉业有限公司	Baoding Yinhe Cotton Co., Ltd.	943410
3	中棉集团河北棉花有限公司	China National Cotton Group Hebei Cotton Co., Ltd	540877
4	河北柏乡国家粮食储备库	Hebei Baixiang National Grain Storage	434676
5	沧州市棉麻有限公司	Cangzhou Cotton and Hemp Co., Ltd	358936
6	石家庄常山纺织集团供销公司	Supply and Marketing Company of Shijiazhuang Changshan Textile Group	263968
7	河北邢台国家粮食储备库有限公司	Xingtai National Grain Storage Co., Ltd	251569
8	秦皇岛粮丰贸易有限公司	Qinhuangdao Liangfeng Trading Co., Ltd.	226154
9	衡水和平国储粮库有限责任公司	Hengshui Heping National Grain Reserve Depot Co., Ltd.	218664
10	隆化县三北种业公司	Longhua Sanbei Seeds Co., Ltd	159211
	食品、饮料及烟草制品批发业	**Wholesales of Foods, Beverages and Tobacco Products**	
1	河北中烟工业公司	China Tobacco Hebei Industrial Corporation	11663929
2	河北省烟草公司石家庄市公司	Shijiazhuang Company of Hebei Tobacco Corporation	4222364
3	河北省烟草公司保定市公司	Baoding Company of Hebei Tobacco Corporation	3907540
4	河北省烟草公司唐山公司	Tangshan Company of Hebei Tobacco Corporation	3276135
5	河北省烟草公司邯郸市公司	Handan Company of Hebei Tobacco Corporation	2873330
6	河北省烟草公司沧州市公司	Cangzhou Company of Hebei Tobacco Corporation	2505736
7	河北省烟草公司邢台市公司	Xingtai Company of Hebei Tobacco Corporation	2153186
8	河北烟草公司张家口分公司	Zhangjiakou Company of Hebei Tobacco Corporation	1736981
9	河北省烟草公司廊坊市公司	Langfang Company of Hebei Tobacco Corporation	1730457
10	河北省烟草公司承德市公司	Chengde Company of Hebei Tobacco Corporation	1502294
	纺织、服装及日用品批发业	**Wholesales of Textile, Clothing and Commodities**	
1	河北纺联物资供销有限公司	Hebei Fanglian Material Supply and Marketing Co., Ltd.	335922
2	河北东之杰运动产业发展有限公司	Hebei Dongzhijie Sporting Goods Corporation	290750
3	河北省纺织品进出口股份有限公司	Hebei Textile Import and Export Corporation Co., Ltd.	239390
4	保定市东大日化有限公司	Baoding Dongda Cosmetics Co. Ltd	228596
5	冀州市百货钟表有限责任公司	Jizhou Department Store Co. Ltd	222437
6	河北轻工进出口集团股份有限公司	Hebei Import and Export of Light Industrial Products Corp., Ltd.	176893
7	河北方达国际贸易有限责任公司	Hebei fangda International Trading Co., Ltd.	132308
8	保定华劲精品服饰有限公司	Baoding Huajin Clothing and Accessories Co., Ltd.	81821
9	河北真维斯服饰有限公司	Hebei Jeanswest Clothing and Accessories Co. Ltd.	73926
10	河北宝联进出口贸易有公司	Hebei Baolian Import and Export Co. ltd.	62964
	文化、体育用品及器材批发业	**Wholesales of Culture and Sporting Products & Appliances**	
1	河北省新华书店	Hebei Xinhua Bookstore	1584559
2	河北省保定市工艺品进出口公司	Baoding Import and Export Company for Artware	52983
3	河北天龙东洋印刷物资有限公司	Hebei Tianlong Dongyang Printing Material Co., Ltd.	16893
4	河北麦田图书有限责任公司	Hebei Maitian Bookstore Co., Ltd.	3496
	医药及医疗器材批发业	**Wholesales of Medicines and Medical Appliances**	
1	乐仁堂医药集团股份有限公司	Lerentang Medicine Corp., Ltd.	4530361
2	河北东盛英华医药有限公司	Hebei Dongsheng Yinghua Medicine Co., Ltd.	2126449
3	河北德泽龙医药有限公司	Hebei Dezelong Medicine Co., Ltd.	1767221
4	保定市保北医药药材有限责任公司	Baoding Baobei Medicine and Medical Materials Co., Ltd.	1141895
5	华北制药股份有限公司销售分公司	Marketing Company North China Pharmaceutical Corporation	1087087
6	河北同汇医药有限公司	Hebei Tonghui Medicine Co., Ltd.	1018812

商品销售总额前10名的批发企业
(2009年，按国民经济行业中类分别排序)(续)
The Top 10 Wholesale Enterprises of Total Sale Value (2009)

单位：千元 (1000 yuan)

位 次 Position	企 业 名 称	Name of Enterprises	商品销售总额 Total Sales Value
7	河北恒祥医药集团有限公司	Hebei Hengxiang Medicine Corp., Ltd.	764829
8	邢台市万邦医药有限责任公司	Xingtai WanBang Medicine Co., Ltd	667996
9	沧州天元医药有限公司	Cangzhou Tianyuan Medicine Co., Ltd.	480467
10	河北国泰医药有限公司	Hebei Guotai Medicine Co., Ltd.	472781
	矿产品、建材及化工产品批发业	**Wholesales of Mineral Products, Building Materials and Chemical Products**	
1	河北华能实业发展有限责任公司	Hebei Huaneng Industrial Co. Ltd.	11707955
2	古冶区滦通商贸有限公司	Guye Luantong Trading Co., Ltd.	9276168
3	河北物产金属材料有限公司	Hebei Wuchan Corporation Group Metal-material Co. Ltd.	7299559
4	中石化唐山分公司	Tangshan Company of China Petro Chemical (Group) Corporation	6312938
5	中石化石家庄石油分公司	Shijiazhuang Company of China Petro Chemical (Group) Corporation	5965362
6	河北永胜实业集团有限公司	Hebei Yongsheng Industrial Corp., Ltd.	5117888
7	秦皇岛东奥燃料销售有限公司	Qinhuangdao Dongao Fuel Sales Co., Ltd.	3428983
8	中石化保定石油分公司	Baoding Petro Company of China Petro Chemical (Group) Corporatic	3153281
9	河北省农业生产资料有限公司	Hebei Agricultural Production Goods Co., Ltd.	3118483
10	中石化邯郸石油分公司	Handan Company of China Petro Chemical (Group) Corporation	3114726
	机械设备、五金交电及电子产品批发业	**Wholesales of Machinery, Hardware and Electronic Equipment**	
1	保定长城汽车销售有限公司	Baoding Greatwall Auto Sales Co. Ltd.	10769546
2	庞大汽贸集团股份有限公司	Pangda Auto Sales Corp., Ltd.	7570804
3	河北机械进出口有限公司	Hebei Machinery Import and Export Corporation	871037
4	河北格力电器营销有限公司	Hebei Gree Electrical Appliance Marketing Co., Ltd.	748059
5	唐山冀东物贸集团有限公司	Tangshan Jidong Material Trade Corp., Ltd.	621532
6	邯郸交通运输集团汽车贸易服务有限公司	Auto Sales Co., Ltd. of Handan Transportation Group	613158
7	石家庄天远建设机械有限公司	Shijiazhuang Tianyuan Construction Machinery Co., Ltd.	563846
8	石家庄慷派电脑有限公司	Shijiazhuang Kangpai Computer Co., Ltd.	507966
9	庞大汽贸集团股份有限公司秦皇岛分公司	Pangda Auto Sales Corp., Ltd. Qinhuangdao Company	437437
10	庞大汽贸集团股份有限公司承德分公司	Pangda Auto Sales Corp., Ltd. Chengde Company	429402
	贸易经纪与代理	**Trade Broker and Agency**	
1	沧州市新世纪对外贸易有限公司	Cangzhou New Century Foreign Trade Co., Ltd.	359558
2	秦皇岛市国阳进出口贸易有限公司	Qinhuangdao Guoyang Import and Export Co., Ltd.	77458
3	秦皇岛群荣进出口有限公司	Qinhuangdao Qunrong Import and Export Co., Ltd.	61930
4	邢台进出口贸易有限公司	Xingtai Import and Export Co., Ltd.	51380
5	万鸿进出口(廊坊)有限公司	Wanhong Import and Export (Langfang) Co., Ltd.	43087
6	廊坊豪科科技发展有限公司	Langfang Haoke Technology Development Co., Ltd.	28773
7	秦皇岛祥瑞贸易有限公司	Qinhuangdao Xiangrui Trading Co., Ltd.	28585
	其他批发业	Other Wholesales	
1	河北省卫防生物制品供应中心	Hebei Weifang Supply Center of Biological Products	258509
2	滦南永新废品收购有限公司	Luannan Yongxin Recyclable-material Purchasing Co. Ltd.	86044
3	抚宁县世鑫商贸有限公司	Funing Shixin Trading Co., Ltd.	51106
4	邯郸县供销社物资回收公司第一经营处	No.1 Branch of Recyclable-material Purchasing Co. Ltd. Of Supply & Marketing Cooperative, Handan County	28254
5	河北轻工进出口秦皇岛有限公司	Qinhuangdao Company of Hebei Import and Export Corp., Ltd. of Light Industrial Products	27769
6	大厂县阔叶林再生资源回收有限公司	Dachang Broad-leaved- forest Recyclable-material Purchasing Co., Lt	27068
7	霸州市霸州镇购销合作有限公司	Supply and Marketing Cooperative of Bazhou Town, Bazhou City	20132
8	沙河市顺安民用爆破器材有限责任公司	Shahe Shunan Civil-use Blasting Gear Co., Ltd.	19108
9	唐山市再生资源有限公司	Tangshan Recyclable Material Co., Ltd.	13360
10	抚宁县汇鑫废旧金属回收有限公司	Funing Huixin Waste-metal Collection Co., Ltd.	13026

商品销售总额前10名的零售企业
(2009年，按国民经济行业中类分别排序)
The Top 10 Retail Enterprises of Total Sale Value (2009)

单位：千元 (1000 yuan)

位 次 Position	企 业 名 称	Name of Enterprises	商品销售总额 Total Sales Value
	综合零售业	**Integrated Retails**	
1	北国商城股份有限公司	Beiguo Department Store Co., Ltd.	9731850
2	唐山百货大楼集团有限责任公司	Tangshan Department Store Corp., Ltd.	4005152
3	河北保百集团有限公司	Hebei Baoding Department Store Corp., Ltd.	2363629
4	石家庄人民商场股份有限公司	Shijiazhuang Renmin Department Store Co., Ltd.	1579489
5	河北保龙仓商业连锁经营有限公司	Hebei Baolongcang Business Chain Store Co. Ltd.	1396714
6	秦皇岛渤海物流控股股份有限公司	Qinhuangdao Bohai Logistics Holding Company Ltd.	1332888
7	河北保定时代商厦有限公司	Baoding Shidai Department Store Co., Ltd	1296913
8	石家庄东方城市广场有限公司	Shijiazhuang Dongfang City Plaza Co., Ltd.	1170296
9	廊坊市商业明珠大厦	Langfang Bright Pearl Department Store	1052180
10	唐山市金客隆超市有限公司	Tangshan Jinkelong Super-market Co., Ltd.	939041
	食品、饮料及烟草制品专门零售业	**Retails of Food, Beverage and Tobacco Product**	
1	唐山龙悦酒业饮品有限公司	Tangshan Longyue Wine and Beverage Co., Ltd.	128292
2	邯郸市美食林商贸有限公司	Handan Meishilin Trading Co., Ltd	43820
3	邯郸市天庄工贸有限公司汇丰商城	Huifeng Store of Handan Tianzhuang Industrial and Commercial Co., Ltd.	42000
4	秦皇岛长益贸易有限公司	Qinhuangdao Changyi Trading Co., Ltd.	28596
5	涉县粮食局直属粮油库	Grain Depot of Shexian Grain Administration	26900
6	秦皇岛市北戴河暑期供应站	Qinhuangdao Supply Center for Summer Demand	19113
7	石家庄市米莎贝尔饮食食品有限公司	Shijiazhuang Misabel Food-and-beverage Co., Ltd.	17300
8	秦皇岛市红福商贸有限公司	Qinhuangdao Hongfu Trading Co., Ltd.	16908
9	怀来县供销合作社稻香圆食品店	Daoxiangyuan Store of Huailai Supply and Marketing Cooperative	16706
10	石家庄市东佳食品有限公司	Shijiazhuang Dongjia Food Products Co., Ltd.	12893
	纺织、服装及日用品专门零售业	**Retails of Textiles, Clothing and Commodities**	
1	邯郸新世纪商业广场股份有限公司	Handan New Century Commercial Plaza Co., Ltd.	978711
2	河北久诚工贸有限公司	Hebei Jiucheng Industrial and Commercial Company Ltd.	162605
3	邯郸万达工贸有限公司	Handan Wanda Industrial and Commercial Company Ltd.	103020
4	石家庄世贸名品商场有限公司	Shijiazhuang World Luxe Department Store Co., Ltd.	53036
5	唐山五联百货有限公司	Tangshan Wulian Department Store Co., Ltd.	50491
6	宣化世纪吉龙商城有限公司	Xuanhua Shiji Jilong Department Store Co., Ltd.	49676
7	张家口鑫光大商厦有限公司	Zhangjiakou Xinguang Department Store Co., Ltd.	38412
8	秦皇岛天洋东方经营管理有限公司	Qinhuangdao Tianyang Dongfang Management Co., Ltd.	36278
9	石家庄市三洋工贸有限公司	Shijiazhuang Sanyang Industrial and Commercial Company Ltd.	27223
10	张家口市桥西百货大楼	Zhangjiakou Qiaoxi Department Store	26678
	文化、体育用品及器材专门零售业	**Retails of Culture and Sporting Products and Appliance**	
1	石家庄市新华书店	Shijiazhuang Xinhua Bookstore	119519
2	河北省保定市新华书店	Hebei Baoding Xinhua Bookstore	55839
3	邯郸市新华书店	Handan Xinhua Bookstore	49625
4	河北省张家口新华书店	Hebei Zhangjiakou Xinhua Bookstore	39532
5	河北省秦皇岛市新华书店	Qinhuangdao Xinhua Bookstore	37693
6	唐山市黄金珠宝总汇	Tangshan Gold and Jewelry Store	33511
7	河北曼都珊珠宝首饰有限公司	Hebei Mandushan Jewelry Store Co., Ltd.	32765
8	河北精彩无限音像连锁集团有限公司	Hebei Jingcaiwuxian Audio and Video Product' Corp., Ltd.	29548
9	河北省沧州市新华书店	Hebei Cangzhou Xinhua Bookstore	28065
10	河北省衡水市新华书店	Hebei Hengshui Xinhua Bookstore	27879
	医药及医疗器材专门零售业	**Retails of Medicines and Medical Appliances**	
1	唐山市新华医药贸易有限公司	Tangshan Xinhua Medicine Trade Co., Ltd.	207697
2	保定市古城医药有限公司	Baoding Gucheng Medicine Co., Ltd.	207263
3	河北省唐山药材采购供应站	Hebei Tangshan Medical Materials Purchasing and Supply Station	203602
4	石家庄新兴药房连锁有限公司	Shijiazhuang Xinxing Chain Store of Medicine, Co. Ltd	151065
5	河北华安生物药业有限公司	Hebei Hua'an Bio-pharmaceutical Company Ltd.	146947
6	河北神威大药房连锁有限公司	Hebei Shenwei Medicine Chain Store Co., Ltd.	111038
7	张家口市华佗药房连锁有限公司	Zhangjiakou Huatuo Medicine Chain Store Co., Ltd.	101395

商品销售总额前10名的零售企业
(2009年，按国民经济行业中类分别排序)(续)
The Top 10 Retail Enterprises of Total Sale Value (2009)

单位：千元 (1000 yuan)

位 次 Position	企 业 名 称	Name of Enterprises	商品销售总额 Total Sales Value
8	秦皇岛市民乐医药贸易有限公司	Qinhuangdao Minle Medicine Trading Co., Ltd.	84270
9	衡水市仁和医药有限公司	Hengshui Renhe Medicine Co., Ltd.	83768
10	唐人医药商场有限公司	Tangren Medicine Store Co., Ltd.	79318
	汽车、摩托车、燃料及零配件专门零售业	**Retails of Automobiles, Motorcycles, Fuel and Motor Vehicle Parts**	
1	唐山市冀东乐业汽车销售服务有限公司	Tangshan Jidong Leye Auto Sales & Services Co., Ltd.	866811
2	石家庄晨阳汽车贸易有限公司	Shijiazhuang Chenyang Auto Trading Co., Ltd.	546613
3	唐山市冀东广龙汽车销售服务有限公司	Tangshan Jidong Guanglong Auto Sales & Services Co., Ltd.	524464
4	河北众诚汽车贸易有限公司	Hebei Zhongcheng Auto Trading Co., Ltd.	494940
5	唐山冀东丰田汽车销售服务有限公司	Tangshan Jidong Toyota Auto Sales Co., Ltd.	452987
6	唐山市冀东安信汽车销售服务有限公司	Tangshan Jidong Anxin Auto Sales & Services Co., Ltd.	425729
7	河北骏通汽车贸易有限公司	Hebei Juntong Auto Trading Co., Ltd.	396262
8	石家庄宝和汽车销售服务有限公司	Shijiazhuang Baohe Auto Sales & Services Co., Ltd.	385096
9	唐山市冀东高级轿车销售有限责任公司	Tangshan Jidong Limousine Sales Co., Ltd.	372834
10	唐山市冀东汽车销售有限公司	Tangshan Jidong Auto Sales Co., Ltd.	370242
	家用电器及电子产品专门零售业	**Retails of Household Electrical Appliances**	
1	河北国美电器有限公司	Hebei Gome Electrical Appliance Co., Ltd.	586121
2	邯郸市阳光三联电器有限公司	Handan Yangguang Sanlian Electrical Appliance Co., Ltd.	440286
3	河北恒信移动商务股份有限公司	Hebei Hengxin Mobile Trade Co., Ltd.	437422
4	秦皇岛天洋电器有限公司	Qinhuangdao Tianyang Electrical Appliance Co., Ltd.	391202
5	廊坊市至诚苏宁电器有限公司	Langfang Zhicheng Suning Electrical Appliance Co., Ltd.	352734
6	河北国讯汇方通讯器材有限公司	Hebei Guoxun Huifang Communication Equipment Co., Ltd.	312143
7	石家庄苏宁电器有限公司	Shijiazhuang Suning Electrical Appliance Co., Ltd.	294984
8	唐山唐宁苏宁电器有限公司	Tangshan Suning Electrical Appliance Co., Ltd.	289533
9	唐山鹏润国美电器有限公司	Tangshan Runpeng Gome Electrical Appliance Co., Ltd.	281309
10	保定市亚太通讯器材有限公司	Baoding Yatai Communication Equipment Co., Ltd.	220021
	五金、家具及室内装修材料专门零售业	**Retails of Hardwares, Furnitures and Decoration Materials**	
1	河北东明国际家具博览有限公司	Hebei Dongming International Furniture Exhibition Co., Ltd.	221200
2	沙河市供销社兴农有限公司	Xingnong Co., Ltd. of Shahe Supply and Marketing Cooperative	76581
3	涉县鸿源土产日杂有限公司	Shexian Hongyuan Local-Product-and-Daily-Necessity Co., Ltd.	51000
4	迁安市昌宇五金交电有限责任公司	Qianan Changyu Co. Ltd. for Hardwares, Electrical Appliances and Chemicals	24251
5	涉县方兴物资家电商城	Shexian Fangxing Materials & Household Appliances Shopping Cent	24200
6	唐县恒达电力公司	Tangxian Hengda Electric Power Company	20515
7	邯郸市峰峰矿区交电公司	Hardwares, Electrical Appliances and Chemicals Company of Handan Fengfeng Mining-City	19952
8	鹿泉市宏鑫五交化有限责任公司	Luquan Hongxin Co. Ltd. for Hardwares, Electrical Appliances and Chemicals	18157
9	永年县五金公司	Yongnian Hardwares, Electrical Appliances and Chemicals Company	17680
10	唐山市丰南区天正电器厂	Tianzheng Electric Appliance Plant of Tangshan Fengnan District	16434
	无店铺及其他零售业	**Non-shop-front Retails and others**	
1	河北恒信移动保定分公司	Baoding Branch Company of Hebei Hengxin Mobile Trade Co., Ltd.	98996
2	迁安市民用爆破器材专营公司	Qianan Monopoly Company of Civil-use Blasting Gears	94887
3	石家庄市液化气总公司	Shijiazhuang Controlling Corporation for Liquefied Petroleum Gas	68969
4	抚宁县志田物资经销有限公司	Funing Zhitian Materials Trading Co., Ltd.	57329
5	遵化市中燃翔科天然气有限公司	Zunhua Zhongran Xiangke Natural Gas Co., Ltd.	34083
6	唐山市燕山石油液化气有限公司	Tangshan Company of Yanshan Petrochemical Co., Ltd.	18758
7	邢台市煤气热力物资供销公司	Xingtai Gas and Heat Materials Trading Co., Ltd.	15359
8	灵寿县昌盛煤炭经销有限公司	Lingshou Changsheng Coal Trading Co., Ltd.	15202
9	河北红光燃料有限责任公司	Hebei Hongguang Fuel Co., Ltd.	13569
10	秦皇岛市煤气总公司山海关液化气公司	Shanhaiguan Liquefied Petroleum Gas Company of Qinhuangdao Gas Controlling Corporation	11682

营业收入前50名的餐饮企业（2009年）

The Top 50 Catering Enterprises of Business Revenue (2009)

单位：千元 (1000 yuan)

位次 Position	企业名称	Name of Enterprises	营业收入 Business Revenue
1	唐山凤凰园美食城	Tangshan Fenghuangyuan Restaurant	132155
2	保定唐人美食山	Baoding Tangren Restaurant	80697
3	唐山大陆海鲜餐饮有限公司	Tangshan Dalu Sea-food Restaurant Co., Ltd.	65462
4	石家庄市海星餐饮有限公司	Shijiazhuang Haixing Food and Beverage Co., Ltd.	64055
5	唐山鸿宴饭庄	Tangshan Hongyan Restaurant	62626
6	唐山金盛万豪商务酒店有限公司	Tangshan Jinsheng Wanhao Business Hotel Co., Ltd.	61333
7	唐山明星饭店	Tangshan Mingxin Hotel	60855
8	唐山市路北长城大酒店	Tangshan Lubei Great-wall Hotel	59534
9	迁安锦江饭店	Qianan Jinjiang Hotel	59098
10	石家庄市湘君府餐饮有限公司	Shijiazhuang Xiangjunfu Food and Beverage Co., Ltd.	44276
11	石家庄市燕风楼烤鸭店	Shijiazhuang Yanfenglou Roasted-Duck Restaurant	36032
12	唐山圣典餐饮有限公司	Tangshan Shengdian Food and Beverage Co., Ltd.	35619
13	河北玉兰香保定会馆饮食有限公司	Yulanxiang Baoding Huiguan Co., Ltd. For Food and Beverage, Baoding, Hebei	32300
14	秦皇岛丰圣企业有限公司	Qinhuangdao Fengsheng Co., Ltd.	29606
15	保定市玉兰香直隶会馆餐饮公司	Yulanxiang Zhili Huiguan Co., Ltd. for Food and Beverage, Baoding	29118
16	唐山市路北亨利西餐厅	Tangshan Lubei Henry Western-style Food Restaurant	28352
17	河北浪淘沙廊坊餐饮有限公司	Hebei Langfang Langtaosha Food and Beverage Co., Ltd.	26973
18	河北思特利贸易有限公司	Hebei Siteli Trading Co., Ltd.	25926
19	保定市老城根餐饮发展有限公司	Baoding Laochenggen Food and Beverage Co., Ltd.	25008
20	霸州市皇冠海鲜酒楼	Bazhou Crown Sea-food Restaurant	24864
21	石家庄市裕华区光明渔港饭店	Guangming Yugang Restaurant, Yuhua District, Shijiazhuang	23760
22	河北玉兰香保定会馆保定秀兰店	Baoding Xiulan Restaurant of Yulanxiang Food and Beverage Co., Ltd.	23214
23	张家口市恒通酒店管理有限公司	Zhangjiakou Hengtong Hotel Management Co., Ltd.	23174
24	沧州市天厨饮食有限公司	Cangzhou Tianchu Food and Beverage Co., Ltd.	23170
25	迁安市九江大酒店	Qianan Jiujiang Hotel	23042
26	河北人家奇芳阁酒楼	HebeiRenjia Qifangge Restaurant	22862
27	承德市顺凯达海洋康乐城有限公司	Shunkaida Haiyang Recreation Center Co. Ltd. , Chengde	21746
28	河北省高速公路禄发邢台服务区	Xingtai Service Area of Hebei Expressway, Lufa Industrial Controlling Company	19858
29	石家庄市桥西区光明渔港	Guangming Yugang Restaurant, Qiaoxi District, Shijiazhuang	19268
30	保定市金泰花园酒店	Baoding Jintai Garden Hotel	19197
31	石家庄福瑞德餐饮有限责任公司	Shijiazhuang Furuide Food and Beverage Co., Ltd.	19147
32	河北省高速公路禄发香河服务区	Xianghe Service Area of Hebei Expressway, Lufa Industrial Controlling Company	17420
33	邯郸市大光明餐饮服务有限公司	Handan Daguangming Food and Beverage Service Co., Ltd.	17072
34	石家庄市桥西区娃哈哈大酒家	Wahaha Hotel, Qiaoxi District, Shijiazhuang	15951
35	唐山市蓝天大酒店	Tangshan Lantian Hotel	15860
36	石家庄金汉斯餐饮有限公司	Shijiazhuang Jinhansi Food and Beverage Co., Ltd.	15646
37	唐海金鼎餐饮有限公司	Tangshan Jinding food and Beverage Co., Ltd.	15485
38	涞水县盛世国际酒店有限公司	Laishui Shengshi International Hotel Co., Ltd.	15100
39	青县饮食服务有限责任公司	Food and Beverage Service Co., Ltd., Qingxian County	14773
40	定州市通达花园酒店	Tongda Garden Hotel, Dingzhou	14676
41	唐山市丰南区新宾馆有限公司	Xin Hotel Co., Ltd., Fengnan District, Tangshan	14633
42	邢台市桥西金海港大酒店	Jinhai Hotel, Qiaoxi District, Xingtai	14624
43	锦江(邯郸)饭店有限公司	Jinjiang Hotel Co., Ltd., Handan	14400
44	秦发假日酒店	Qinfa Holiday Inn	14293
45	石家庄市中和轩饭庄	Zhonghexuan Restaurant, Shijiazhuang	14265
46	唐山市古冶区林西顺天和大酒店	Shuntianhe Hotel, Linxi, Guye District, Tangshan	13887
47	承德市东坡餐饮有限公司	Dongpo Food and Beverage Co., Ltd., Chengde	13674
48	承德市乾隆餐饮有限公司	Qianlong Food and Beverage Co., Ltd., Chengde	13263
49	石家庄楚风楼酒店	Chufenglou Restaurant, Shijiazhuang	13015
50	唐山市盛世金苑餐饮娱乐公司	Shengshi Jinyuan Food, Beverage and Recreation Co., Ltd., Tangshan	12881

亿元以上商品市场成交额排序（2009年）
Transaction Value of Commodity Markets Over 100 Million Yuan (2009)

单位：万元 (10000 yuan)

市场名称	Name of Market	位次 Position	成交额 Transaction Value
新华集贸市场	Xinhua Market, Shijiazhuang	1	3817800
石家庄市南三条小商品批发市场	Nansantiao small commodity Wholesale Market, Shijiazhuang	2	3525878
高碑店市白沟镇市场	Baigou Market, Gaobeidian	3	3126390
香河家具城	XiangHe Furniture Market	4	1500000
永年县标准件市场	Yongnian Standardized Component Market	5	1122500
安国市东方药城交易大厅	Dongfang Herb-medicine Market, Anguo	6	1000000
肃宁县尚村皮毛交易市场	Shangcun Fur & Feather Market, Suning	7	803500
石家庄桥西蔬菜中心批发市场	Qiaoxi Vegetable Wholesale Market, Shijiazhuang	8	602000
安平县丝网大世界管理委员会	Administrative Committee of Wire Mesh World, Anping	9	481236
高阳县庞口汽车农机配件城	Market of Motor and Agricultural Machinery Component, Pangkou, Gaoyang	10	480000
邯郸市馆陶县金凤禽蛋农贸批发市场	Jinfeng Wholesale Market of Poultry and Agricultural Products, Guantao, Handan	11	408786
秦皇岛市海阳镇农副产品批发市场	Wholesale Market of Agricultural Products, Haiyang, Qinhuangdao	12	403054
中国大营国际皮草交易中心	Daying International Fur & Feather Trading Center	13	400000
鸦鸿桥镇河西日杂市场	Hexi Grocery Market, Hongyaqiao Town, Yutian County	14	400000
高阳县纺织商贸城	Gaoyang Textile Trading Market	15	380000
河北省邯郸市现代轻纺城	Xiandai Textile Market, Handan, Hebei	16	370000
邯郸市魏县天仙果菜批发市场	Tianxian Wholesale Market of Fruit and Vegetable, Weixian County, Handan	17	367600
沧州崔尔庄枣业有限公司	Cui'erzhuang Jujube Co., Ltd., Cangzhou	18	360000
饶阳县瓜菜果品交易市场	Raoyang Fruit and Vegetable Market	19	341600
正定县恒山板材批发市场	Hengshan Wholesale Market of Sheet Material, Zhengding County	20	335235
定州市鲜活农产品批发市场	Dingzhou Wholesale Market of Agricultural Products	21	333314
河北孟村辛大管件市场	Xinda Pipe Fitting Market, Mengcun, Hebei	22	327800
清河县绒毛市场	Qinghe Fur Market	23	311056
石家庄青年街市场	Qingnian-street Market, Shijiazhuang	24	292193
晋州市新世纪商城	New-Century Market, Jinzhou	25	289390
留史皮毛市场	Liushi Fur and Leather Market	26	280000
永年县南大堡蔬菜批发市场	Nandabao Fruit and Vegetable Market, Yongnian	27	265000
邯郸市永年县中原农副产品批发市场	Zhongyuan Wholesale Market of Agricultural Products, Yongnian, Handan	28	244700
邯郸市科技城农副水产批发市场	Shangcun Fur & Feather Market, Suning	29	238350
唐山金玉农产品综合交易中心	Jinyu Trading Center of Agriculture Products, Tangshan	30	225113
昌黎县佳朋皮毛交易市场	Jiapeng Fur & Leather Market, Changli	31	220000
乐亭县冀东果菜批发市场	Jidong Wholesale Market of Fruits and Vegetables, Laoting	32	219450
中国自行车零件城	China Bicycle Component Market	33	214975
保定市工农路批发市场	Gongnong-road Wholesale Market, Baoding	34	209000
河间市堤口农产品批发市场	Dikou Wholesale Market of Agricultural Products, Hejian	35	207980
丰润区鑫旺钢材批发市场	Xinwang Wholesale Market of Steel Products	36	200000
河北衡水橡胶城	Hengshui Rubber Market, Hebei	37	191000
魏县天龙建筑建材批发市场	Tianlong Wholesale Market of Construction Materials, Weixian	38	188000
中国轴承大世界	China Shaft Bearing Market	39	180013
丰润区冀东建材市场	Jidong Wholesale Market of Construction Materials	40	180000
张家口市怀来县京西果菜批发市场	Jingxi Wholesale Market of Fruits and Vegetables, Huailai, Zhangjiakou	41	179985
宁晋县大陆村农机配件市场	Dalu Market of Agricultural Machinery Components, Ningjin	42	172000
廊坊市钢材交易市场	Langfang Steel Product Market	43	170754
文安县小王东机床市场	Xiaowangdong Machine tool Market, Wenan	44	170591
邯郸市涉县商贸城	Shexian Trading Center, Handan	45	162000
沧州物资储运公司市场	Market of Cangzhou Material Storage and Transportation Co., Ltd.	46	153000

亿元以上商品市场成交额排序（2009年）（续一）

Transaction Value of Commodity Markets Over 100 Million Yuan (2009)

单位：万元 (10000 yuan)

市场名称	Name of Market	位次 Position	成交额 Transaction Value
邯郸市陶山市场	Taoshan Market, Handan	47	147335
藁城市丰农农副产品市场	Fengnong Market of Agricultural Product, Gaocheng	48	143000
长安装饰材料和平路市场	Heping-Road Market of Decorative Materials, Changan, Shijiazhuang	49	140400
河北高邑蔬菜批发市场	Gaoyi Vegetable Wholesale Market, Hebei	50	130000
辛集市商业城制衣工业区市场	Market of Clothing Manufacturing Zone, Shangyecheng, Xinji	51	126050
张家口市宣化盛发蔬菜副食市场	Shengfa Agricultural Product Market, Xuanhua, Zhangjiakou	52	121036
永清县大辛阁蔬菜瓜果销售中心	Daxinge Market of Fruits and Vegetables, Yongqing	53	120000
承德市裕华路市场	Yuhua-road Market, Chengde	54	118939
秦皇岛市农副产品批发市场	Qinhuangdao Wholesale Market of Agricultural Products	55	116457
衡水东明实业蔬菜果品批发市场	Wholesale Market of Fruits and Vegetables, Dongming Industrial Co.，Ltd., Hengshui	56	113500
路南区荷花坑市场	Hehuakeng Market, Lunan District, Tangshan	57	111100
路南区吉祥实业集团公司	Jixiang Industrial Corp., Ltd., Lunan, Tangshan	58	110387
藁城市雉翔禽蛋市场	Zhixiang Poultry Product Market, Gaocheng	59	110000
保定天惠副食果品有限公司果品批发市场	Wholesale Market of Fruits, Tianhui Agricultural Product Co., Ltd., Baoding	60	110000
藁城市惠农粮食贸易市场	Huinong Grain Market, Gaocheng	61	110000
河北省河间市米各庄汽配城	MigeZhuang Auto Component Market, Hejian, Hebei	62	108000
青县盘古市场管理处	Pangu Market, Qingxian County, Cangzhou	63	102575
张家口市怀来县土木煤炭市场	Tumu Coal Market, Huailai, Zhangjiakou	64	100204
鸦鸿桥镇小商品城	Hongyaqiao Small Commodity Market	65	100010
藁城市益农达蔬菜市场	Yinongda Vegetable Market, Gaocheng	66	98000
广阳区王寨蔬菜批发市场	Wangzhai Wholesale Market of Vegetables, Guangyang	67	93600
平泉县榆树林子蔬菜果品批发市场有限公司	Yushulinzi Fruit and Vegetable Wholesale Market Co., Ltd., Pingquan	68	90125
石家庄市长安装饰材料北宋路市场	Beisong-Road Branch of Changan Decorative Material Market, Shijiazhuang	69	87450
顺平县农产品交易市场	Shunping Agricultural Product Market	70	85000
冀州市辣椒专业市场	Jizhou Capsicum Market	71	83000
定州市中山市场	Zhongshan Market, Dingzhou	72	82318
时代汽车广场	Shidai Motor Plaza, Hebei	73	82000
威县冀南瓜菜批发市场	Jinan Wholesale Market of Fruits and Vegetables, Weixian County	74	80000
霸州市益津市场	Yijin Market, Bazhou	75	79500
正定县恒山家具市场	Hengshan Furniture Market, Zhengding	76	76000
张家口远大二手车交易市场	Yuanda Second-hand Auto Market, Zhangjiakou	77	70692
鸦鸿桥河西村鞋市	Hexi Shoe Market, Hongyaqiao	78	70000
河北汽车贸易中心	Hebei Auto Trading Center	79	67855
张家口市张北县华北牲畜交易市场	NorthChina Live-stock Market, Zhangbei, Zhangjiakou	80	67800
邯郸市磁县新市场	New Market, Cixian County, Handan	81	65421
邯郸市大名县南李庄花生市场	Nanlizhuang Peanut Market, Daming, Handan	82	65000
魏县当歌酒类专业批发市场	Dangge Wine Wholesale Market, Weixian County	83	64000
海兴县辛集镇鱼子鱼粉市场	Xinji Market of Roe and Fish Powder, Haixing	84	63006
景县橡塑制品专业市场	Rubber Product Market, Jingxian County	85	62823
深州市贸易城	Shenzhou Maoyicheng Market	86	62410
唐山市吉祥旧机动车交易市场	Jixiang Second-hand Auto Market, Tangshan	87	62361
康保县杂粮市场	Coarse Cereals Market, Kangbao	88	62000
佳农市场	Jianong Market	89	61600
沧州市国富商贸市场	Guofu Market, Cangzhou	90	60000
晋州市古城禽蛋市场	Gucheng Poultry Product market, Jinzhou	91	59440
白佛钢材交易中心	Baifo Steel Product Market	92	58516
新乐市花生米市场	Xinle Peanut Market	93	57962

亿元以上商品市场成交额排序（2009年）（续二）
Transaction Value of Commodity Markets Over 100 Million Yuan (2009)

单位：万元 (10000 yuan)

市场名称	Name of Market	位次 Position	成交额 Transaction Value
鼎坚五金机电市场	Dingjian Market of Hardwares and Mechanical and Electrical Products	94	57473
红星美凯龙世博家居广场	Red Star Macalline International Plaza of Furniture and Building Materials, Shijiazhuang	95	56118
正定县西关蔬菜批发市场	Xiguang Vegetable Wholesale Market, Zhengding	96	56000
平泉县六河源牲畜交易市场	Liuheyuan Live-stock Market, Pingquan	97	55080
徐水县白塔铺蔬菜批发市场	Baitapu Vegetable Wholesale Market, Xushui	98	55000
邯郸市魏县天民粮油批发交易市场	Tianmin Grain Wholesale Market, Weixian County, Handan	99	52168
运河区沧州市四合菜市场有限公司	Sihe Vegetable Market Co., Ltd., Yunhe District, Cangzhou	100	52043
正定县东权城禽蛋批发市场	Dongquancheng Wholesale Market of Poultry Products, Zhengding	101	51898
遵化市燕山果菜批发市场有限公司	Yanshan Fruit and Vegetable Wholesale Market Co., Ltd., Zunhua	102	51380
涿州市新发地农产品市场有限公司	Xinfadi Agricultural Product Market Co., Ltd. Zhuozhou	103	51293
万全县逯家湾煤炭市场	Lujiawan Coal Market, Wanquan	104	50000
路南区小山服装批发市场	Xiaoshan Clothing Wholesale Market, Lunan District	105	49900
范西路电子通讯市场	Fanxi-road Market of Electronic Products and Telecommunication Apparatus	106	49746
晋州市农副产品批发市场	Jinzhou wholesale Market of Agricultural Products	107	49400
任丘市铝型材市场	Renqiu Aluminum Product Market	108	48235
迁安市市场建设服务中心	Qianan Market Service Center	109	48000
沧州聚鑫钢材交易市场	Juxin Steel Product Market, Cangzhou	110	46000
武安市建材市场	Wu'an Construction Product Market	111	45940
正定县梅山商城	Meishan Shangcheng Market, Zhengding	112	45000
晋州市东寺果品市场	Dongsi Fruit Market, Jinzhou	113	44274
路南区南新道水产批发市场	Nanxindao Aquatic Product Market	114	44249
丰南区通达商贸城有限公司	Tongda Shangmaocheng Trading Center Col, Ltd., Fengnan	115	43860
邯郸市磁州商都	Cizhou Shangdu Trading Center, Handan	116	43263
邯郸市涉县清漳批发市场	Qingzhang Wholesale Market, Shexian County, Handan	117	42840
石家庄市兽药市场	Shijiazhuang Veterinary Medicine Market	118	42730
大城县东阜摩配市场	Dongfu Market of Motor Cycle Components, Dacheng County	119	42598
张家口市宣化区煤炭市场	Coal Market, Xuanhua District, Zhangjiakou	120	42515
武安市杜庄农副产品批发市场	Duzhuang Wholesale Market of Agricultural Products, Wu'an	121	42500
承德燕塞商贸有限责任公司	Yansai Trading Co., Ltd., Chengde	122	42000
黄骅市海鲜城综合贸易市场	Huanghua Haixiancheng Sea-food Market	123	42000
河北鑫顺石材石雕艺术交易市场	Xinshun Market of Rough Stone and Carved Stone, Hebei	124	41386
新乐市集贸市场	Xinle Fair Market	125	39140
长安装饰材料跃进路市场	Yuejin-road Branch of Changan Decorative Material Market	126	38955
长安装饰材料燕山商城	Yanshan Branch of Changan Decorative Material Market, Shijiazhuang	127	38331
三河市北方运河源建材家居批发市场	Beifang Yunheyuan Wholesale Market of Construction Materials and Furniture, Sanhe	128	38000
张家口市蔬菜水产市场	Zhangjiakou Vegetable and Aquatic Product Market	129	38000
霸州宾鹏钢木家具城	Binpeng Market Of Steel-and-Wood Structured Furniture, Bazhou	130	38000
昌黎县新集农副产品批发市场	Xinji Wholesale Market of Agricultural Products, Changli	131	38000
沧州市站前鞋类专业市场	Zhanqian Shoe Market, Cangzhou	132	38000
沧县兴济蔬菜批发市场	Xinji Vegetable Whole Sale Market, Cangxian County	133	37500
运河区沧州市冀沧果品蔬菜市场有限公司	Jicang Fruit and Vegetable Market Co., Ltd., Yunhe district, Cangzhou	134	36000
白佛建材装饰材料市场	Baifuo Market of Construction and Decorative Materials	135	35760
长安装饰材料不锈钢市场(建华市场)	Jianhua Stainless Steel Market, Shijiazhuang	136	35742
定州市高篷布匹批发市场	Gaopeng Cloth Wholesale Market, Dingzhou	137	35396
正定国际小商品市场	Zhengding International Small Commodity Market	138	34016
王御史水产品活鱼市场	Wangyushi Aquatic Product Market	139	34000

亿元以上商品市场成交额排序（2009年）（续三）
Transaction Value of Commodity Markets Over 100 Million Yuan (2009)

单位：万元　　(10000 yuan)

市场名称	Name of Market	位次 Position	成交额 Transaction Value
承德市蔬菜果品批发市场	Chengde Fruit and Vegetable Wholesale Market	140	33480
邢台市蔬菜公司顺兴综合商场	Shunxing Comprehensive Market of Xingtai Vegetable Company	141	33070
定州市地道桥市场	Dingzhou Didaoqiao Market	142	32940
由由水鲜城	Yoyo Aquatic Market	143	32741
宁晋县华鑫建材专业市场	Huaxin Construction Material Market	144	32230
石家庄市光华路生产资料贸易区	Guanghua-Road Market of Capital Goods	145	32147
泊头市红旗路综合批发市场	Hongqi-road Comprehensive Wholesale Market, Botou	146	32006
沧州市车站工业品批发市场	Chezhan Industrial Product Market, Cangzhou	147	32000
盐山县兴隆果蔬批发市场	Xinglong Fruit and Vegetable Wholesale Market, Yanshan	148	32000
海港区市场建设服务中心机动车交易市场	Auto Market of market Service Center, Haigang District	149	31658
任丘市废旧钢铁市场	Wasted and Used Steel Market, Renqiu	150	31052
北戴河区石塘路市场	Shitang-road Market, Beidaihe District	151	31027
容城县沟西蔬菜瓜果批发市场	Gouxi Wholesale Market of Fruits and Vegetables, Rongcheng	152	31020
任丘市西环建材市场	Xihuan Construction Material Market, Renqiu	153	30879
唐海县城关集贸市场	Chengguan Fair Market, Tanghai	154	30531
兴隆县佟家沟农副产品批发市场	Tongjiagou Wholesale Market of Agricultural Products,	155	30000
张家口市钢材市场	Zhangjiakou Steel Product Market	156	30000
吴桥县荣昌市场	Rongchang Market, Wuqiao	157	29956
古城石材贸易区	Gucheng Rough Stone Market	158	29910
任丘市华油东风市场	Dongfeng Market, North China Oil Field, Renqiu, Cangzhou	159	29621
文安县芦阜庄钢材市场	Lufuzhuang Steel Product Market, Wenan	160	29165
赵县梨乡商城	Lixiang Pear Market, Zhao County	161	28071
井陉县中心市场	Jingxing Central Market	162	27945
秦皇岛市华运建筑装饰材料城	Huayun Market of Construction and Decorative Materials, Qinhuangdao	163	27500
赵县集贸市场	Zhaoxian Fair Market	164	27360
辛集市河北一集商品市场	Hebei's First Fair Market, Xinji	165	26600
海港区果菜批发市场	Fruit and Vegetable Wholesale Market, Haigang District	166	26000
顺平县塑料交易市场	Shunping Plastic Product Market	167	26000
固安县京南刘园农副产品批发市场	Jingnan Liuyuan Wholesale Market of Agricultural Products, Gu'an	168	25800
承德市亚欧北五十家子杏仁交易公司	Ya'ou Almond Market Service Co., Ltd., Beiwushijiazi, Pingquan, Chengde	169	25630
邢台市农业生产资料批发市场	Xingtai Wholesale Market of Agricultural Capital Goods	170	25564
肃宁兴宁综合交易市场	Xingning Comprehensive Market, Suning	171	25373
城东农副产品批发市场	Chengdong Wholesale Market of Agricultural Products	172	25312
隆尧县兴隆市场	Xinglong Market, Longyao	173	25295
廊坊市兴安市场	Xingan Market, Langfang	174	24794
定兴县一市场	Yi Market, Dingxing	175	24241
武强县蔬菜交易市场	Wuqiang Vegetable Market	176	23600
昌黎县碣石山市场	Jieshishan Market, Changli	177	23501
魏县飞天干菜食品市场	Feitian Dried Vegetable Market, Weixian County	178	23385
沧州市华源金属储运公司市场	Huayuan Metal Storage and Transportation Co., Ltd., Cangzhou	179	23200
任丘市蔬菜水果市场	Renqiu Fruit and Vegetable Market	180	22432
曲周县城北蔬菜市场	Chengbei Vegetable Market, Quzhou	181	22000
怀特装饰材料市场	Huaite Decorative Material Market	182	22000
北市区市场建设服务中心建华路市场	Jianhua-road Market of Beishiqu Market Service Center	183	21713
固安县方城农副产品批发市场	Fangcheng Wholesale Market of Agricultural Products, Gu'an	184	21504
新乐市承安集贸市场	Chengan Fair Market, Xinle	185	21450
邢台市荣昌果品商贸总汇	Rongchang Fruit Market, Xingtai	186	21312
抚宁县关内第一集	Guannei First Fair Market	187	21267
大城县平舒市场	Pingshu Market, Dacheng	188	21216

亿元以上商品市场成交额排序（2009年）（续四）

Transaction Value of Commodity Markets Over 100 Million Yuan (2009)

单位：万元 (10000 yuan)

市场名称	Name of Market	位次 Position	成交额 Transaction Value
张家口市忠利源农产品交易市场	Zhongliyuan Market of Agricultural Products, Zhangjiakou	189	21050
河北省河间市故仙乡神农农产品批发市场	Shennong Wholesale Market of Agriculture Products, Guxian, Hejian, Hebei	190	21000
行唐县龙州商城	LongzhouShangcheng Shopping Center, Xingtang	191	20879
邢台市中北商城有限公司	Zhongbei Shangcheng Co., Ltd., Xingtai	192	20783
平山县古月集贸市场	Guyue Fair Market, Pingshan	193	20650
鸡泽县综合商贸城	Jize Comprehensive Market	194	20558
沧州市建筑材料总公司交易市场	Trading Market of Cangzhou Construction Material Controlling Company	195	20540
新乐市机动三轮车市场	Xinle Motorized Tricycle Market	196	20487
沧州市第一木材市场	Cangzhou First Timber Product Market	197	20400
泊头市刘庄蔬菜批发市场	Liuzhuang Vegetable Wholesale Market, Botou	198	20260
天桥市场	Tianqiao Market, Qinhuangdao, Hebei	199	20233
宁晋县绿源蔬菜果品批发市场	Lvyuan Wholesale Market of Fruits and Vegetables, Ningjin	200	20020
辛兴毛线市场	Xinxing Knitting Wool Market	201	20000
邯郸市亚森家俱城	Yasen Furniture Trading Center, Handan	202	20000
平乡县滏兴蔬菜批发市场	Xinxing Vegetabel Wholesale Market, Pingxiang	203	20000
邯山区正阳鞋业批发市场	Zhengyang Shoe Wholesale Market, Hanshan District	204	20000
清河县濮院羊绒制品城	Puyuan Pashm Trading Center, Qinghe	205	20000
任丘市裕华市场	Yuhua Market, Renqiu	206	19770
宣化县煤炭市场	Coal Market, Xuanhua County	207	19250
肃宁县张大人庄天盛蔬菜交易市场	Tiansheng Vegetable Market, Zhangdarenzhuang, Suning	208	18910
鸡泽县辣椒工贸城	Capsicum Processing and Trading Center, Jize	209	18900
阜城县古城灯具批发市场	Gucheng Lamp and Lantern Market, Fucheng	210	18860
运河区沧州市富强市场服务有限公司	Fuqiang Market Service Co., Ltd., Yunhe District, Cangzhou	211	18600
张家口市鑫南北蔬菜有限公司批发市场	Wholesale Market of Xinnanbei Vegetable Co., Ltd., Zhangjiakou	212	18297
邯郸市超级批发市场	Handan Super Wholesale Market	213	18200
抚宁县城关商贸中心	Chengguan Trading Center, Funning	214	18030
承德市商城	Chengde Shangcheng Trading Center	215	17320
张北县农副产品批发市场	Zhangbei Wholesale Market of Agricultural Products	216	17200
冀州市迎宾市场	Yingbin Market, Jizhou	217	17000
河北省张家口市冀北粮油批发市场	Jibei Grain Wholesale Market, Zhangjiakou, Hebei	218	17000
安次区隆福市场	Longfu Market, Anci District	219	16929
饶阳县北流满瓜菜交易中心	Beimanliu Fruit and Vegetabel Trading center, Raoyang	220	16895
马坊市场	Mafang Market	221	16369
阜城县衡德瓜菜批市场	Hengde Wholesale Market of Fruits and Vegetables, Fucheng	222	16000
沧州市富园蔬菜批发市场	Fuyuan Vegetable Wholesale Market, Cangzhou	223	16000
沽源县高山堡乡大西洼蔬菜交易市场	Daxiwa Vegetable Market, Gaoshanbao, Guyuan	224	16000
唐海县建材市场	Tanghai Construction Material Market	225	16000
安次区北方农贸批发市场	Beifang Wholesale Market of Agricultural Products, Anci	226	15968
三河市燕郊行宫市场	Yanjiao Xinggong Market, Sanhe	227	15513
肃宁县恒通蔬菜交易市场	Hengtong Vegetable Market, Suning	228	15000
武安市工矿机电设备市场	Wu'an Market of Industrial and Mineral Machinery	229	15000
秦皇岛北方机动车配件交易城	Beifang Auto Component Market, Qinhuangdao	230	15000
邯郸市意蓝德农产品市场	YiLande Market of Agricultural Products, Handan	231	15000
平山县石材市场	Rough Stone Market, Pingshan	232	15000
邯郸市峰峰矿区蔬菜副食品批发交易市场	Agricultural Product Wholesale Market, Fengfeng Mining Area, Handan	233	14810
邯郸市磁县粮油食品市场	Grain Market, Cixian County, Handan	234	14253
尚义县大营盘乡蔬菜市场有限责任公司	Dayingpan Vegetable Market Co., Ltd., Shangyi	235	14000
滦县滦州建材市场	Luanzhou Construction Material Market, Luanxian	236	14000

亿元以上商品市场成交额排序（2009年）（续五）

Transaction Value of Commodity Markets Over 100 Million Yuan (2009)

单位：万元 (10000 yuan)

市场名称	Name of Market	位 次 Position	成交额 Transaction Value
张家口市东安批发市场	Dongan Wholesale Market, Zhangjiakou	237	13985
张北县康源蔬菜交易市场	Kangyuan Vegetable Market, Zhangbei	238	13800
霸州胜芳镇星光商城	Xingguang Trading Center, Shengfang Town, Bazhou	239	13640
邯郸市冀粤建材市场	Jiyue Construction Material Market, Handan	240	13600
深州市果品专业市场	Shenzhou Fruit Market	241	13575
正定县恒州肉食批发市场	Hengzhou Meat Wholesale Market, Zhengding	242	13500
兴隆县中心市场	Xinglong Central Market	243	13490
定兴县北河市场	Beihe Market, Dingxing	244	13425
城关市场	Chengguan Market	245	13275
平山县中山广场	Zhongshan Plaza, Pingshan	246	13158
三河市京东仙雨家具建材市场	Jingdong Xianyu Furniture and Construction Material Market, Sanhe	247	13000
沧州市物华商城	Wuhua Trading Center, Cangzhou	248	13000
运河区沧州宝丰商城有限责任公司	Baofeng Trading Center Co., Ltd., Yunhe District, Cangzhou	249	12992
任县农产品市场	Agricultural Product Market, Renxian County	250	12600
张家口北华果蔬市场	Beihua Fruit and Vegetable Market, Zhangjiakou	251	12504
定兴县北庄头蔬菜批发市场	Beizhuangtou Fruit Wholesale Market, Dingxing	252	12500
青县天华蔬菜合作社	Tianhua Vegetable Cooperative, Qingxian County	253	12441
河北水利厅沧州仓库市场	Market of Cangzhou Warehouse of Administration of Water Resource of Hebei Province	254	12400
枣强县玻璃钢城原辅材料市场	Material Market of Fiberglass Epoxy City, Zaoqiang	255	12110
邯郸市邯郸县北方建筑装饰城	Beifang Construction and Decorative Material Market, Handan County	256	12056
玉田县二郎庙市场	Erlangmiao Market, Yutian	257	12024
武安市钢材市场	Wu'an Steel Product Market	258	12000
沽源县闪电河蔬菜交易市场	Shandianhe Vegetable Market, Guyuan	259	12000
宣化县容源蔬菜有限公司	Rongyuan Vegetable Co., Ltd., Xuanhua County	260	11836
平山县下槐镇西柏坡山珍山货市场	Xibaipo Mountain Product Market, Xiahuai Town, Pingshan	261	11642
平泉县台头山乡打鹿沟蔬菜批发市场	Dalugou Vegetable Wholesale Market, Taitoushan, Pingquan	262	11604
围场自治县锥子山大集交易中心	Zhuizishan Fair Trading Center, Wei Chang	263	11380
张家口市纬一路万博大市场	Wanbo Market, Weiyi-road, Zhangjiakou	264	11290
阜城县崔庙镇粮保器材批发市场	Cuimiao Wholesale Market of Grain Reservation Equipments, Fucheng	265	11200
馆陶县冀南食品饮料中心集散市场	Jinan Central Market of Food and Beverage, Guantao	266	11008
乐亭县冀东皮毛交易市场	Jidong Fur and Leather Market, Laoting	267	11000
围场自治县二道河子胡萝卜市场	Erdaohezi Carrot Market, Weichang	268	11000
卢龙县建材农贸批发市场	Lulong Wholesale Market of Construction Products and Agricultural Products	269	10952
滦县农资市场	Luanxian Market of Agricultural Capital Goods	270	10950
围场县兴源农产品交易综合服务中心	Xingyuan Composite Service Center for Agricultural Product Trade, Weichang	271	10500
宣化县沙岭子大市场	Shalingzi Market, Xuanhua County	272	10477
平山县宅北乡会口山货市场	Huikou Mountain Product Market, Zhaibei, Pingshan	273	10320
衡水市商贸中心	Hengshui Trading Center (Administrative Committee) Commission	274	10178
平山县苏家庄核桃交易市	Sujiazhuang Walnut Market, Pingshan	275	10132
围场满族蒙古族自治县腰栈时差蔬菜市场	Yaozhan Time-Different Vegetable Market, Weichang	276	10075
围场县棋盘山大牲畜交易市场	Qipanshan Market Large Live-stock, Weichang	277	10040
河间市卧佛堂五村市场	Wucun Market, Wofuotang Town, Hejian	278	10020
邯郸市复兴区商贸城	Fuxing Shangmaocheng Trading Center, Handan	279	10010
五交化采购站工业品批发市场	Industrial Product Wholesale Market of Cangzhou Purchasing Station of Metal product, Vehicle and Chemical Product	280	10000
保定市民天农业生产资料公司利民科技市场	Limin Technology Market of Mintian Agricultural Capital Goods Co., Ltd., Baoding	281	9817

海关进出口贸易总额
Total Value of Imports and Exports by Customs

单位：万美元 (USD 10000)

年 份 Year	进出口贸易总额 Total Value of Imports and Exports	出口总额 Total Exports	进口总额 Total Imports	进出口差额(+、-) Balance
1989	219587	179905	39682	140223
1990	226785	190069	36716	153353
1991	240550	202052	38498	163554
1992	246227	194801	51426	143375
1993	243727	167991	75736	92255
1994	316065	230303	85762	144541
1995	392804	286635	106169	180466
1996	420412	308989	111423	197566
1997	411928	325480	86448	239032
1998	422917	311632	111286	200346
1999	458038	311957	146081	165876
2000	523460	370685	152775	217910
2001	573775	395613	178163	217450
2002	666565	459402	207163	252239
2003	897892	592863	305029	287834
2004	1352624	934031	418593	515438
2005	1607132	1092685	514447	578238
2006	1852616	1283469	569147	714322
2007	2553848	1701651	852197	849454
2008	3841850	2402981	1438870	964111
2009	2961131	1569129	1392002	177127

石家庄海关按贸易方式分进出口商品总额
Total Value of Imports and Exports through Shijiazhuang Customs by Customs Regime

单位：万美元 (USD 10000)

年 份 Year	一般贸易 Ordinary Trade		加工贸易 Processing Trade		其他贸易 Others	
	出 口 Exports	进 口 Imports	出 口 Exports	进 口 Imports	出 口 Exports	进 口 Imports
2000	301994	103967	67990	31558	3	136
2001	334620	127234	59057	29080	7	100
2002	386892	152537	67331	38453	98	121
2003	49860	23057	8796	5116	1	17
2004	814664	310919	112621	63899		225
2005	934921	403849	145311	75709	8	182
2006	1087143	453300	174552	80613	58	239
2007	1439235	686524	233864	123066	193	436
2008	2007767	1187130	340108	153103	167	734
2009	1232708	1228780	285241	115779	125	953

石家庄海关按国别(地区)分的进出口商品总额
Import and Export Value through Shijiazhuang Customs by Country and Region

单位：万美元 (USD 10000)

国别(地区)	Country(Region)	2008			2009		
		进出口 Total Imports and Exports	出口 Exports	进口 Imports	进出口 Total Imports and Exports	出口 Exports	进口 Imports
合 计	**Total**	**3841850**	**2402981**	**1438870**	**2961131**	**1569129**	**1392002**
亚 洲	**Asia**	**1605989**	**1141647**	**464341**	**966351**	**630659**	**335692**
阿富汗	Afghanistan	243	243		433	433	
巴林	Bahrain	2735	2735		1636	1255	381
孟加拉国	Bangladesh	7076	6981	95	7698	7452	246
不丹	Bhutan	29	29		4	4	
文莱	Brunei	333	333		477	477	
缅甸	Myanmar	1289	1220	69	3022	3022	
柬埔寨	Cambodia	2254	2249	5	1477	1475	2
塞浦路斯	Cyprus	1400	1400		4668	4668	
朝鲜	Korea DPR	1742	998	744	3119	1429	1690
香港	Hong Kong,China	41045	35073	5971	33245	30645	2600
印度	India	248797	58109	190688	121649	48520	73130
印度尼西亚	Indonesia	58751	34999	23752	42031	25196	16836
伊朗	Iran	40307	25337	14970	23084	16390	6693
伊拉克	Iraq	5112	5082	30	8165	8165	
以色列	Israel	19970	19200	770	11299	9552	1747
日本	Japan	236719	147383	89337	190106	103481	86625
约旦	Jordan	5035	4774	261	4280	4276	3
科威特	Kuwait	7887	7886	2	2697	2561	136
老挝	Laos	8	8	1	157	142	15
黎巴嫩	Lebanon	2718	2718		1559	1558	1
澳门	Macao,China	242	242		258	258	
马来西亚	Malaysia	41556	30972	10584	35602	22703	12899
马尔代夫	Maldives	84	84		48	48	
蒙古	Mongolia	9318	7426	1892	3940	3010	930
尼泊尔	Nepal	207	207		150	150	
阿曼	Oman	4542	3956	586	2274	1716	559
巴基斯坦	Pakistan	11997	10982	1015	11051	10460	591
巴勒斯坦	Palestine	221	221		37	37	
菲律宾	Philippines	20326	18581	1744	14400	12691	1709
卡塔尔	Qatar	3786	3046	739	4201	2296	1905
沙特阿拉伯	Saudi Arabia	81886	73196	8690	24212	21154	3058
新加坡	Singapore	28267	25454	2813	19036	14948	4088
韩国	Korea Rep.	394267	327485	66782	205359	130980	74379
斯里兰卡	Sri Lanka	4258	3955	302	3079	2842	237
叙利亚	Syrian	9714	9696	18	11779	11779	1
泰国	Thailand	28441	24275	4166	22093	17869	4224
土耳其	Turkey	32899	28413	4486	13997	12762	1235
阿联酋	United Arab Emirates	80366	76849	3517	34529	28519	6010
也门	Republic of Yemen	4175	3993	183	3400	3271	128
越南	Vietnam	41806	41644	163	20337	19932	405
中国	China	3710		3710	10584		10584
台澎金马关税区	Taiwan, China	97436	73418	24018	49446	27986	21460
东帝汶	East Timor	35	35		11	11	
哈萨克斯坦	Kazakhstan	13319	11116	2203	7482	6365	1117
吉尔吉斯	Kirghizia	1205	1205		2230	2230	
塔吉克斯坦	Tadzhikistan	180	180		301	301	
土库曼斯坦	Turkmenistan	4054	4018	36	1159	1136	23
乌兹别克斯坦	Uzbekistan	4240	4240		4551	4504	47
亚洲其他国家(地区)	Others Countries	4	4				
非 洲	**Africa**	**166775**	**143284**	**23491**	**164999**	**118732**	**46266**
阿尔及利亚	Algeria	11510	11510		15849	15846	3
安哥拉	Angola	5033	5033		4088	4088	
贝宁	Benin	2130	1807	323	1601	1601	
博茨瓦那	Botswana	231	231		96	96	

石家庄海关按国别(地区)分的进出口商品总额（续一）
Import and Export Value through Shijiazhuang Customs by Country and Region

单位：万美元 (USD 10000)

国别(地区)	Country(Region)	2008 进出口 Total Imports and Exports	2008 出口 Exports	2008 进口 Imports	2009 进出口 Total Imports and Exports	2009 出口 Exports	2009 进口 Imports
布隆迪	Burundi	110	110		106	106	
喀麦隆	Cameroon	961	816	145	1916	1802	114
加那利群岛	Canary Is.	22	22		20	20	
佛得角	Cape Verde	55	55		62	62	
中非共和国	Central Africa	12	12				
乍得	Chad	47	47		1327	1327	
科摩罗	Comoros	77	77		40	40	
刚果	Congo (B)	979	975	3	394	394	
吉布提	Djibouti	263	263		829	829	
埃及	Egypt	16963	16682	281	9967	9586	381
赤道几内亚	Eq. Guinea	274	274		1583	1583	
埃塞俄比亚	Ethiopia	3712	3324	388	2999	2170	829
加蓬	Gabon	493	360	133	567	567	
冈比亚	Gambia	460	460		487	487	
加纳	Ghana	6757	6757		5251	5251	
几内亚	Guinea	455	455		293	293	
几内亚(比绍)	Guinea Bissau	12	12		28	28	
科特迪瓦	Cote d'Lvoire	1581	1561	20	1618	1577	42
肯尼亚	Kenya	5926	5922	4	3798	3723	75
利比里亚	Liberia	880	880		1960	1960	
利比亚	Libyan	7400	7400		11475	11181	294
马达加斯加	Madagascar	1845	1692	154	1304	1217	87
马拉维	Malawi	489	489		247	247	
马里	Mali	392	267	125	599	404	195
毛里塔尼亚	Mauritania	2753	475	2279	899	393	507
毛里求斯	Mauritius	1306	1306		1296	1296	
摩洛哥	Morocco	5811	5788	23	4654	4636	18
莫桑比克	Mozambique	906	863	43	1757	1394	364
纳米比亚	Namibia	101	101		172	172	
尼日尔	Niger	436	436		1761	1761	
尼日利亚	Nigeria	16928	16927	1	14257	14233	24
留尼汪	Reunion	285	285		190	190	
卢旺达	Rwanda	65	60	5	85	85	
圣多美和普林西比	Sao Tome & Principe	22	22		12	12	
塞内加尔	Senegal	1425	1425		1716	1577	139
塞舌尔	Seychelles	11	11		30	30	
塞拉利昂	Sierra Leone	509	509		316	316	
索马里	Somalia	59	51	8	167	120	47
南非	S. Africa	42809	23830	18979	54030	11997	42033
苏丹	Sudan	5786	5740	46	3879	3659	220
坦桑尼亚	Tanzania	7135	7088	47	2720	2664	56
多哥	Togo	1276	1276		1072	1063	9
突尼斯	Tunisia	3547	3439	108	2471	1878	593
乌干达	Uganda	3456	3304	153	1547	1525	22
布基纳法索	Burkina Faso	547	512	35	72	68	4
民主刚果	Congo(J)	1242	1242		2507	2507	
赞比亚	Zambia	651	638	13	206	206	
津巴布韦	Zimbabwe	456	280	177	254	230	24
莱索托	Lesotho	6	6				
梅利利亚	Melilla				5	5	
斯威士兰	Swaziland	149	149		263	74	189
厄立特里亚	Eritrea	6	6		144	144	
马约特岛	Mayo Is.	12	12		13	13	
非洲其他国家(地区)	Other Countries	15	15		2	2	
欧　洲	**Europe**	**860851**	**648124**	**212726**	**693763**	**493522**	**200241**
比利时	Belgium	51580	46416	5164	33934	24182	9752
丹麦	Denmark	9742	6446	3296	6698	4507	2191

石家庄海关按国别(地区)分的进出口商品总额（续二）
Import and Export Value through Shijiazhuang Customs by Country and Region

单位：万美元 (USD 10000)

国别(地区)	Country(Region)	2008			2009		
		进出口 Total Imports and Exports	出口 Exports	进口 Imports	进出口 Total Imports and Exports	出口 Exports	进口 Imports
英国	United Kingdom	47703	42277	5425	37066	32201	4864
德国	Germany	192637	99283	93355	220331	115200	105131
法国	France	33719	23773	9946	25188	17345	7843
爱尔兰	Ireland	5493	4599	894	2573	2292	280
意大利	Italy	130445	88464	41981	69128	55536	13592
卢森堡	Luxembourg	4055	330	3725	1669	145	1525
荷兰	Netherlands	57955	50667	7288	48838	41783	7055
希腊	Greece	7400	6888	513	6508	6423	85
葡萄牙	Portugal	7871	7760	111	3056	2939	118
西班牙	Spain	112467	109536	2931	33727	30485	3243
阿尔巴尼亚	Albania	5392	5392		2631	2631	
安道尔	Andorra						
奥地利	Austria	6553	768	5785	5193	713	4480
保加利亚	Bulgaria	2269	1940	330	853	778	75
芬兰	Finland	7664	6820	844	8530	7419	1111
直布罗陀	Gibraltar	1	1		3	3	
匈牙利	Hungary	4907	4647	260	22281	22139	142
冰岛	Iceland	385	385		500	500	
列支敦士登	Liechtenstein	105	1	104			
马耳他	Malta	506	492	13	367	365	2
摩纳哥	Monaco	1	1		3	3	
挪威	Norway	2659	2320	340	3077	2042	1035
波兰	Poland	11805	10251	1555	8130	7344	786
罗马尼亚	Romania	5104	5088	16	3477	3431	45
圣马力诺	Sanmarino	19		19			
瑞典	Sweden	9778	5732	4046	8358	5040	3319
瑞士	Switzerland	14587	1778	12809	13819	1173	12646
爱沙尼亚	Estonia	909	844	65	751	686	65
拉脱维亚	Latvia Armenia	1068	984	85	745	696	49
立陶宛	Lithuania	2086	1970	115	1108	1054	54
格鲁吉亚	Georgia	731	721	10	387	387	
亚美尼亚	Armenia	206	206		167	167	
阿塞拜疆	Azerbaijan	318	309	9	859	859	
白俄罗斯	Belorussia	1299	1284	15	815	812	3
摩尔多瓦	Moldavia	555	555		104	104	
俄罗斯联邦	Russia	85157	79064	6093	95950	83615	12335
乌克兰	Ukraine	25705	20955	4751	17276	10087	7189
塞尔维亚和黑山	Serbia and Montenegro						
斯洛文尼亚	Slovenia	1725	1702	23	1171	1136	36
克罗地亚	Croatia	2432	2431	2	1627	1625	2
捷克共和国	Czech	3930	3366	563	5725	4635	1090
斯洛伐克	Slovakia	1054	807	247	448	348	100
马其顿	Macedonia	56	56		14	14	
波斯尼亚-黑塞哥维那共和	Bosnia&Hercegovina	75	73	2	13	13	
法罗群岛	Faroe Lslands	2	2				
塞尔维亚	Serbie	520	520		506	505	1
黑山	Montenegro	222	222		162	162	
拉丁美洲	**Latin America**	**401333**	**121328**	**280005**	**363874**	**69884**	**293990**
安提瓜和巴布达	Antigua & Barbuda	29	29		19	19	
阿根廷	Argentina	16803	5830	10973	6978	3423	3555
阿鲁巴岛	Aruba	8	8		5	5	
巴哈马	Bahamas	50	50		10	10	
巴巴多斯	Barbados	121	121		61	61	
伯利兹	Belize	156	156		78	78	
玻利维亚	Bolivia	151	151		110	110	
巴西	Brazil	271864	30573	241291	286954	20062	266891
开曼群岛	Cayman Islands				1	1	
智利	Chile	25921	22937	2984	20970	8955	12015

石家庄海关按国别(地区)分的进出口商品总额（续三）
Import and Export Value through Shijiazhuang Customs by Country and Region

单位：万美元 (USD 10000)

国别(地区)	Country(Region)	2008 进出口 Total Imports and Exports	2008 出口 Exports	2008 进口 Imports	2009 进出口 Total Imports and Exports	2009 出口 Exports	2009 进口 Imports
哥伦比亚	Colombia	5593	5548	45	3800	3724	77
多米尼亚共和国	Dominica	206	206		50	50	
哥斯达黎加	Costa Rica	2157	2148	8	722	722	
古巴	Cuba	1052	1047	4	546	546	
库腊索岛	Curacao	6	6		5	5	
多米尼加共和国	Dominica Rep.	1550	1549	1	1473	1472	1
厄瓜多尔	Ecuador	5138	5134	3	3309	3262	47
法属圭亚那	French Guyana	6	6		15	15	
格林纳达	Grenada	11	11		8	8	
瓜德罗普	Guadaloupe	110	110		115	115	
危地马拉	Guatemala	1789	1789		1424	1422	2
圭亚那	Guyana	510	510		253	253	
海地	Haiti	859	859		961	961	
洪都拉斯	Honduras	805	805		301	301	
牙买加	Jamaica	2940	2940		360	360	
马提尼克	Martinique	114	114		45	45	
墨西哥	Mexico	12400	8973	3427	11133	8948	2185
尼加拉瓜	Nicaragua	1471	1471		1125	1125	
巴拿马	Panama	3750	3741	9	2524	2524	
巴拉圭	Paraguay	1322	1322		376	367	9
秘鲁	Peru	13520	13337	183	5075	3754	1321
波多黎各	PuertoRico	1643	1400	243	1893	660	1232
圣卢西亚	Saint Lucia	36	36		24	24	
圣马丁岛	Saint Martin Is.	17	17		13	13	
圣文森特和格林纳丁斯	Saint Vincent & Grenadines	1	1		4	4	
萨尔瓦多	EL Salvador	641	639	1	493	493	
苏里南	Suriname	270	270		324	324	
特立尼达和多巴哥	Trinidad & Tobago	2633	1959	675	1381	1294	87
特克斯和凯科斯群岛	Tueks and Caicos Is.	7	7		2	2	
乌拉圭	Uruguay	6349	1972	4377	1295	1250	45
委内瑞拉	Venezuela	19190	3409	15781	9528	3005	6523
英属维尔京群岛	Br.VirginIS.	35	35		20	20	
圣其茨-尼维斯	St.Kitts-Nevis	7	7		3	3	
荷属安地列斯群岛	Netherlands Antilles	98	98		90	90	
拉丁美洲其他国家(地区)	Other Countries				1	1	
北美洲	**North America**	**470376**	**315413**	**154963**	**368714**	**228258**	**140456**
加拿大	Canada	50970	42384	8587	33572	24958	8615
美国	United States	419394	273017	146377	335018	203177	131841
百慕大	Bermuda	12	12		124	124	
大洋洲	**Oceanic & Pacific**	**336528**	**33185**	**303343**	**403430**	**28074**	**375357**
澳大利亚	Australia	325579	25701	299878	396933	23171	373763
库克群岛	Cook Islands	8	8		19	19	
斐济	Fiji	474	474		252	252	
新喀里多尼亚	New Caledonia	320	320		402	402	
瓦努阿图	Vanuatu	77	73	4	32	31	1
新西兰	New Zealand	8699	5237	3461	4180	2623	1557
巴布亚新几内亚	Papua New Guinea	855	855		980	944	36
社会群岛	Society Islands	7	7		9	9	
所罗门群岛	Solomon Is.	223	223		295	295	
汤加	Tonga	6	6		15	15	
萨摩亚	Samoa	43	43		55	55	
基里巴斯	Kiribati	3	3		1	1	
密克罗尼西亚联邦	Micronesia FS	52	52		62	62	
马绍尔群岛	Marshall Is.	75	75		157	157	
法属波利尼西亚	French Polynesia	95	95		31	31	
瓦利斯和浮图纳	Wallis and Budo Satisfied	10	10		2	2	
大洋洲其他国家(地区)	Other Countries	5	5		5	5	

利用外资概况

Utilization of Foreign Capital

项目单位：个 金额单位：万美元 (unit, USD 10000)

年 份 Year	总计 Total		对外借款 Foreign Loans		外商直接投资 Foreign Direct Investment		外商其他投资 Other Foreign Investment	
	项目 Number of Projects	金额 Value	项目 Number of Projects	金额 Value	项目 Number of Projects	金额 Value	项目 Number of Projects	金额 Value
合同利用外资额 Total Amount of Contracted Foreign Investment								
1985	53	4804	1	175	39	4093	13	536
1990	110	8877			110	8593		284
1995	1220	188794	16	19445	1204	168656		693
1996	923	210368	17	30777	906	179216		375
1997	742	172670	11	20175	731	142088		10407
1998	652	128467	9	12004	643	111611		4852
1999	530	113879	6	21645	524	91057		1177
2000	510	94822	9	19624	501	72445		2753
2001	507	107759	4	3332	503	99763		4664
2002	482	136259	8	3540	474	127929		4790
2003	586	251313	13	27703	573	196502		27108
2004	603	244047	9	2614	594	214731		26702
2005	581	272736	4	742	577	253154		18840
2006	447	177048	1	495	446	150625		25928
2007	369	357085			369	311892		45193
2008	252	300118	4	495	248	288913		10710
2009	215	266027			215	260727		5300
实际利用外资额 Total Amount of Contracted Investment Actually Utilized								
1985		1423		597		393		433
1990		4447				3935		512
1995		108620		29924		78061		635
1996		160062		36035		123652		375
1997		213649		53622		149620		10407
1998		210348		41603		163893		4852
1999		193747		48292		144278		1177
2000		139378		34249		102376		2753
2001		93521		13196		75661		4664
2002		104793		17558		82445		4790
2003		155800		17125		111567		27108
2004		197856		8813		162341		26702
2005		227890		17794		191256		18840
2006		238274		10912		201434		25928
2007		300722		13908		241621		45193
2008		363395		10817		341868		10710
2009		369316		4192		359824		5300

注：1990年以前年度数据为部门数，仅供参考使用。

a) The data for 1990 and before are from the ministries other than Hebei Bureau of Statistics. They are listed here as comparable data.

外商直接投资情况（2009年）

单位：万美元

项　　目	Item	新批合同 New Contract Signed		
		项目个数(个) Number of Projects (unit)	项目总投资 Total Investment	合同外资额 Contracted Value
合　　计	**Total**	**215**	**607168**	**260727**
按投资方式分组	**Grouped by Investment by Type**			
港、澳、台投资经济	Enterprises with Funds from Hong Kong, Macao and Taiwan	100	352167	151735
港澳台合资经营企业	Joint-venture from Hong Kong, Macao and Taiwan	27	176746	42353
港澳台合作经营企业	Cooperation Enterprises from Hong Kong, Macao and Taiwan	9	30378	21123
港澳台独资经营企业	Enterprises with Sole Fund from Hong Kong, Macao and Taiwan	64	144078	87974
港澳台投资股份公司	Share-holding Corporations Ltd from Hong Kong, Macao and Taiwan		965	285
外商投资经济	Foreign Funded Enterprises	115	255001	108992
中外合资经营企业	Joint-venture Enterprises	52	127806	44775
中外合作经营企业	Cooperation Enterprises	7	16438	5407
外资企业	Enterprises with Sole Fund	56	110757	58913
外商投资股份公司	Share-holding Corporations Ltd			-103
按产业分组	**Grouped by Industry**			
第一产业	Primary Industry	10	17132	8320
第二产业	Secondary Industry	151	452259	182666
第三产业	Tertiary Industry	54	137777	69741
按国民经济行业分组	**Grouped by Sector**			
农、林、牧、渔业	Agriculture, Forestry, Animal Husbandry and Fishery	10	17132	8320
采矿业	Mining	4	19372	7847
制造业	Manufacturing	135	301401	149883
电力、燃气及水的生产和供应业	Production and Distribution of Electricity, Gas and Water	10	122534	23019
建筑业	Construction	2	8952	1917
交通运输、仓储和邮政业	Traffic, Transport, Storage and Post	7	39468	21953
信息传输、计算机服务和软件业	Information Transmission, Computer Services and Software	5	504	326
批发和零售业	Wholesale and Retail Trades	15	12086	6811
住宿和餐饮业	Hotels and Catering Services	7	26392	10566
金融业	Financial Intermediation		130	495
房地产业	Real Estate	6	28802	12329
租赁和商务服务业	Leasing and Business Services	4	1222	1156
科学研究、技术服务和地质勘查业	Scientific Research, Technical Service and Geologic Prospecting	4	2045	2027
水利、环境和公共设施管理业	Management of Water Conservancy, Environment and Public Facilities	1	5574	4792
居民服务和其他服务业	Services to Households and Other Services	1	20	20
教　　育	Education			
卫生、社会保障和社会福利业	Health, Social Security and Social Welfare			
文化、体育和娱乐业	Culture, Sports and Entertainment	4	21534	9266

Statistics on Foreign Direct Investment (2009)

(USD 10000)

外商直接投资 Foreign Direct Investment	新注册三资企业 Newly Registered Enterprises with Hongkong,Macao, Taiwan and Foreign Funds				期末实有三资企业(个) Number of Registered Enterprises in the Year-end			
	注册户数(户) Number of Registered Enterprises (unit)	投资总额 Total Investment	注册资本 Registered Capital	外商注册资本 Capital Invested by Foreign Partner	合计 Total	开工在建 Under Construction	投产企业 Enterprises that have come into Operation	#当年 The Present Year
359824	**189**	**420310**	**292328**	**240458**	**3794**	**463**	**2056**	**69**
162374	96	241250	153474	128729	1428	180	690	15
49985	25	74291	57951	36207	868	88	473	8
6278	10	21214	12534	11989	88	10	35	
70139	61	144780	82989	80533	467	82	177	6
35972		965			5		5	1
197450	93	179060	138854	111729	2366	283	1366	54
82202	44	85971	69423	48905	1309	134	796	32
783	6	14339	7647	5391	137	20	55	3
113725	43	78750	61784	57433	918	129	514	19
740					2		1	
1044	9	16652	7874	7340	97	17	28	2
324022	128	266253	209804	165997	3163	353	1810	51
34758	52	137405	74650	67121	534	93	218	16
1044	9	16652	7874	7340	97	17	28	2
3178	3	10096	5331	3883	45	12	11	
273255	115	211442	163801	138429	2991	328	1743	47
44566	9	44690	40346	23621	82	12	45	4
3023	1	25	326	64	45	1	11	
8535	7	39468	23120	21940	72	16	34	1
760	3	559	607	636	25	6	14	
3240	13	8423	5875	4243	67	6	34	8
3292	8	21058	11705	10122	70	17	24	
			130	495	4	1	1	
14190	7	37633	15834	12540	144	23	56	2
2	4	1222	1160	1153	49	3	21	2
2188	5	2148	2107	2078	26	5	9	1
797	1	5574	4792	4792	18	5	6	1
	1	20	20	20	22	2	9	
					4	2	1	
					4	1	1	
1754	3	21300	9300	9102	29	6	8	1

外商直接投资情况（2009年）(续)

单位：万美元

项　目	Item	新批合同 New Contract Signed			外商直接投资 Foreign Direct Investment
		项目个数(个) Number of Projects (unit)	项目总投资 Total Investment	合同外资额 Contracted Value	
按投资国别、地区分组	**Grouped by Country and Region**				
亚　洲	**Asia**	**150**	**444844**	**205304**	**211393**
#香　港	Hong Kong China	87	348023	148559	158878
澳　门	Macao China				162
台　湾	Taiwan China	13	4144	3176	3334
印度尼西亚	Indonesia	1	877	219	32
日　本	Japan	10	18169	7913	14904
马来西亚	Malaysia	3	26	19	4
菲律宾	Philippines		-1534	5751	6000
新加坡	Singapore	8	16764	17644	17602
韩　国	Republic of Korea	17	5921	4172	4558
泰　国	Thailand				147
东南亚联盟	Association of Southeast Asian Nations	12	16133	23633	23785
非　洲	**Africa**				**741**
欧　洲	**Europe**	**15**	**22385**	**7675**	**16861**
#比利时	Belgium		43	30	7
丹　麦	Denmark	2	260	182	229
英　国	United Kingdom	2	6134	2116	7720
德　国	Germany	1	3255	1050	2572
法　国	France	1	100	90	38
爱尔兰	Ireland				
意大利	Italy	1	423	155	432
卢森堡	Luxembourg				808
荷　兰	Netherlands	3	3084	1182	641
希　腊	Greece				
葡萄牙	Portugal				
西班牙	Spain	2	189	155	1791
芬　兰	Finland				
瑞　士	Switzerland	1	4487	922	873
欧　盟	European Union	12	16906	5990	15663
拉丁美洲	**Latin America**	**10**	**62938**	**15099**	**62361**
#开曼群岛	Cayman Islands	2	12352	4409	5587
英属维尔京群岛	Virgin Islands	8	47997	8423	55366
北美洲	**North America**	**32**	**51433**	**21558**	**53456**
#加拿大	Canada	7	2242	1132	564
美　国	United States	24	46264	18930	52339
大洋洲	**Oceanic**	**7**	**24318**	**10591**	**14892**
#澳大利亚	Australia	5	12304	3906	8807
新西兰	New Zealand		34	5	

Statistics on Foreign Direct Investment (2009)

(USD 10000)

新注册三资企业 Newly Registered Enterprises with Hongkong, Macao, Taiwan and Foreign Funds				期末实有三资企业(个) Number of Registered Enterprises in the Year-end (unit)			
注册户数(户) Number of Registered Enterprises (unit)	投资总额 Total Investment	注册资本 Registered Capital	外商注册资本 Capital Invested by Foreign Partner	合计 Total	开工在建 Under Construction	投产企业 Enterprises that have come into Operation	#当年 The Present Year
137	**305023**	**215463**	**178359**	**2446**	**276**	**1296**	**35**
83	231732	147859	123663	1173	140	559	13
				12	2	4	
13	9518	5615	5066	243	38	127	2
1	877	440	220	10	2	4	
11	7933	10079	6964	355	32	218	5
2	9	9	5	24	2	17	3
		6000	6000	15	4	7	
6	7651	17493	16107	133	16	84	1
12	2401	4835	3698	415	36	239	8
				15		7	
9	8537	23942	22332	204	26	124	4
				24	**1**	**17**	**1**
10	**11784**	**9962**	**5672**	**409**	**56**	**235**	**9**
				6	1	5	
				8		5	
2	4164	3922	2126	78	11	43	1
1	29	359	361	72	10	42	1
			-10	31	6	17	1
		-57	-132	39	3	21	
				3	1	2	1
3	2978	2331	1023	21	1	13	
2	111	163	153	24	3	15	
1	4487	1327	922	6	3	2	
8	7282	7993	4551	343	41	204	9
8	**42311**	**19756**	**15434**	**243**	**32**	**138**	**5**
2	10682	4643	4596	26	3	14	1
6	29629	12676	8571	195	28	112	4
28	**38566**	**35752**	**30214**	**537**	**76**	**297**	**13**
7	1565	1892	832	109	18	54	4
20	34074	30933	27886	423	58	241	9
5	**21376**	**10895**	**10279**	**131**	**20**	**72**	**6**
3	9876	3299	2712	90	10	48	4
		34	5	12	1	7	1

对外承包工程和劳务合作

Contracted Projects and Labor Cooperation with Foreign Countries and Territories

年　份 Year	签订合同的国家(地区) (个) Number of Coutries Made Contracts with China for Projects and Labor (unit)	合同份数 (份) Number of Contracts (unit)	合同金额 (万美元) Contracted Value (10000 USD)	派出人次 (人次) Number of Labor Send abroad (person-times)	完成营业额 (万美元) Value of Business Fulfilled (10000 USD)
承包工程 Contracted Projects					
1985	4	4	321		466
1990	9	9	327	121	584
1995	7	16	2127	428	1798
1996	4	9	317	113	902
1997	6	60	1518	330	1467
1998	11	26	5187	855	2486
1999	12	24	5770	836	4001
2000	13	50	9440	1170	4624
2001	16	26	5265	662	2412
2002	22	38	21329	2998	12022
2003	25	40	31669	1509	17940
2004	25	69	48200	1484	23095
2005	35	91	107533	1832	54139
2006	29	84	171035	3176	78583
2007	41	119	172954	7241	123912
2008	37	73	393774	5271	155593
2009	47	186	266678	8097	287157
劳务合作 Labour Consulation					
1985	1	1	11		7
1990	16	16	523	67	50
1995	29	71	1238	1796	862
1996	24	159	4093	2937	2761
1997	33	157	4167	3344	3235
1998	33	195	4726	3055	2500
1999	27	255	5664	3415	2985
2000	37	219	6035	4151	3975
2001	21	110	3377	5753	4206
2002	15	61	3373	4218	2751
2003	25	62	2258	2256	2144
2004	15	62	1919	1829	1602
2005	12	53	2169	1707	1557
2006	16	66	2489	5806	1929
2007	11	131	2982	3359	2565
2008	6	79	2041	2304	1281
2009	6	67	1993	2198	3074

旅游事业发展情况

Development of International Tourism

人数单位：人 金额单位：万美元 (person, USD 10000)

指 标	Item	2000	2005	2008	2009
海外旅游人数总计	**Number of International Tourisrs Received**	**400464**	**626484**	**750182**	**842185**
外国人	Foreigners	345494	573890	670210	746930
港澳和台湾同胞	Compatriots fyom Hong Kong,Macao,Taiwan	54970	52594	79972	95255
按国别和地区分	**Grouped by Country and Region**				
亚 洲	**Asia**	**199170**	**299196**	**313806**	**343107**
#日 本	Japan	48613	84874	81115	92960
韩 国	Republic of Korea	25220	81216	84797	94773
蒙 古	Mongolia	4805	4130	9636	12106
印度尼西亚	Indonesia	8004	7552	11347	14150
马来西亚	Malaysia		59506	48284	45729
菲律宾	Philippines	7039	5831	8466	9388
新加坡	Singapoye	23686	34688	35117	34663
泰 国	Thailand	7650	6911	10777	13176
印 度	India	3022	3658	10262	10260
其 他	Others		10830	14005	15920
美 洲	**North America**	**26131**	**46713**	**68127**	**74950**
#美 国	United States	17309	27164	40748	44915
加拿大	Canada	5510	13163	18564	19649
其 他	Others		6386	8815	10385
欧 洲	**Europe**	**102396**	**200693**	**249871**	**277406**
#英 国	United Kingdom	18007	43615	49852	42888
法 国	France	11392	34070	44267	41126
德 国	Germany	11123	26020	35818	41734
意大利	Italy	12531	10207	21129	25025
瑞 士	Switzerland	3390	3866	6407	8983
瑞 典	Sweden	2897	5116	6443	8829
荷 兰	Netherlands	11012	3044	4357	7070
俄罗斯	Russia	22801	56231	61539	74820
西班牙	Spain	1476	3615	6505	10551
其 他	Others		14909	13554	16380
大洋洲	**Oceanic**	**15659**	**20378**	**25084**	**30904**
#澳大利亚	Australia	8042	10782	14782	17037
新西兰	New Zealand	2989	5022	6163	8463
其 他	Others		4574	4139	5404
其他(含非洲)	**Others(including Africa)**	**57108**	**6910**	**13322**	**20563**
旅游外汇收入总额	**Income of International Tourisrs Received**	**13035**	**20917**	**27395**	**30781**

金融机构各项存款余额
Deposits Balances of Financial Institutions

年 份 Year	存款余额 (亿元) Deposits Balances (100 million yuan)	#企业存款 Deposits of Enterprises	#财政存款 Treasury Deposits	#储蓄存款 Saving Deposits	#农业存款 Agricultural Deposits	#其他存款 Others Deposits	农村信用社存款余额 (万元) Deposits of Rural Loan Society (10000 yuan)
1978	78.98	21.47	32.58	11.14	7.82	5.97	118004
1980	103.22	30.69	29.94	21.06	13.22	8.31	199947
1985	217.56	67.91	14.23	102.86	14.53	18.03	619463
1990	753.62	143.77	12.83	504.59	25.28	67.16	1998984
1995	2505.57	536.36	23.88	1811.23	38.92	95.19	5983353
1996	3164.36	702.41	22.77	2288.77	40.76	109.66	7199155
1997	3791.15	948.93	17.89	2712.98	45.71	65.63	8414377
1998	4464.97	1007.98	31.11	3207.62	47.26	171.01	9829637
1999	5028.52	1108.41	24.11	3681.89	58.45	155.66	11506000
2000	5543.46	1263.96	34.85	3957.07	92.56	195.02	13890293
2001	6124.50	1361.43	41.32	4364.18	111.37	246.20	
2002	6855.16	1474.96	60.49	4811.30	121.68	386.73	16514254
2003	7969.83	1732.42	96.61	5457.00	134.77	549.03	18467326
2004	9249.94	2083.56	156.20	6207.48	161.84	640.86	20775253
2005	10764.93	2360.31	154.94	7084.03	188.30	977.35	22855414
2006	12551.62	2825.42	240.18	8014.16	243.00	1228.86	25730880
2007	14355.59	3532.72	314.17	8922.41	48.75	1537.54	29183711
2008	17709.02	4049.73	288.07	11435.60	40.95	1894.67	33981089
2009	22361.37	6003.08	417.71	13551.06	53.15	2336.37	40756461

注：1993年前农业存款为农村存款。

a) Agriculturial deposits before 1993 refers to rural deposits.

金融机构各项贷款余额
Loans Balances of Financial Institutions

年 份 Year	贷款余额 (亿元) Loans Balances (100 million yuan)	#工业贷款 Loans to Industrial Sector	#商业贷款 Loans to Commercial	#农业贷款 Loans to Agricultural	#中长期贷款 Loans to Medium- and Long-term	农村信用社贷款余额 (万元) Loans to Rural Loan Society (10000 yuan)
1978	94.45	26.85	57.40	2.16		29123
1980	117.87	30.24	72.98	2.74		38354
1985	295.03	62.46	154.64	28.89	22.26	274502
1990	823.66	219.83	271.40	114.35	76.59	1364223
1995	2121.33	501.79	542.83	216.54	262.85	3852480
1996	2577.20	619.46	636.56	192.68	295.75	4880514
1997	3149.04	778.56	726.69	260.01	337.00	5418593
1998	3674.49	818.70	806.00	376.26	444.56	6171363
1999	4176.52	846.55	820.25	438.87	539.79	7387681
2000	4133.62	692.05	715.57	463.88	784.92	8957068
2001	4540.47	727.34	725.02	534.23	1019.51	9967546
2002	5038.21	771.73	713.64	613.53	1207.92	10770927
2003	5654.82	868.67	662.31	692.21	1442.65	12078868
2004	6152.24	873.62	641.38	800.21	1949.57	13535025
2005	6415.23	810.43	642.85	831.80	2474.74	13623574
2006	7411.88	1111.61	593.60	1307.03	3033.10	16239938
2007	8397.82	1184.37	615.52	1462.44	3883.28	18931275
2008	9453.30	1133.34	495.44	1591.73	4684.42	20842947
2009	13123.80	1294.77	571.60	1918.69	7143.58	25417640

注：中长期贷款1993年及以前年份为固定资产贷款。

a) Loan to medium- and long-term before 1993 refers to fixed assets.

城乡居民储蓄存款年末余额

Outstanding Amount of Saving Deposits in Urban and Rural Areas

单位：亿元 (100 million yuan)

年份 Year	城乡居民储蓄存款年末余额 Outstanding Amount of Saving Deposit	定期储蓄 Fixed Deposits	活期储蓄 Current Deposits
1996	2288.77	1943.06	345.70
1997	2712.98	2284.55	428.43
1998	3207.62	2693.00	514.62
1999	3681.89	3022.04	659.84
2000	3957.07	3152.36	804.71
2001	4364.18	3419.48	944.70
2002	4811.30	3680.17	1131.13
2003	5457.00	4064.09	1392.91
2004	6207.48	4517.25	1690.23
2005	7084.03	5096.75	1987.28
2006	8014.16	5606.72	2407.44
2007	8922.41	6094.72	2827.69
2008	11435.60	7974.18	3461.42
2009	13551.06	9138.95	4412.11

注：本表为全部金融机构数。
a) Data in this table are statement of financial institutions.

保险业务经济技术指标

Economic and Technical Indicators of Insurance Business

年份 Year	保险业务收入（万元） Premium (10000 yuan)	保险金额（亿元） Amount Insured (100 million yuan)	已决赔款（万元） Claim and Payment (10000 yuan)
1993	121274	2163	73260
1994	159981	2660	97910
1995	187354	2678	104327
1996	216803	3633	117235
1997	373377	5376	124631
1998	403400	5858	123200
1999	436000	5215	164900
2000	565800	6625	165700
2001	764100	7376	268500
2002	1126300	12094	267900
2003	1671000	10804	283300
2004	2054031	14450	367911
2005	2173133	25152	404183
2006	2533740	30088	523107
2007	3322513	36473	1024014
2008	4805928	55400	1476827
2009	6010900	63244	1429800

各级各类学校数

Number of Schools by Level and Type of School

单位：所 (unit)

年份 Year	普通高等学校 Regular Institutions of Higher Education	普通中学 Regular Secondary Schools	高中 Senior Secondary Schools	初中 Junior Secondary Schools	职业中学 Vocational Secondary Schools	普通小学 Primary Schools
1990	50	5403	181	4745	362	48568
1991	50	5321	199	4687	313	48414
1992	48	5314	206	4712	323	48189
1993	54	5260	212	4680	318	47975
1994	52	5294	257	4723	358	47623
1995	47	5256	250	4695	359	47133
1996	45	5175	273	4598	392	465.3
1997	46	5076	301	4465	436	46243
1998	46	4984	325	4338	474	45343
1999	48	4949	358	4272	494	39770
2000	47	4910	380	4194	463	36465
2001	63	5098	377	4024	362	31529
2002	75	5053	390	3908	369	28433
2003	83	5024	394	3863	361	25700
2004	87	4917	814	4103	313	22953
2005	86	4734	1136	4320	288	20883
2006	88	4464	801	3343	290	19162
2007	88	4164	761	3755	291	17340
2008	87	3885	713	3484	292	16205
2009	109	3548	661	3177	267	14447

注：1．2004年以前年份的职业中学包括职业高中与职业初中，2005年后为职业高中(以下各表同）<旧标准>。2．2007年教育年报中“职业初中”再次出现数据.职业中学包括职业高中和职业初中(以下各表同）<新标准>。3.普通高等学校指的是普通本专科，既小口径。

a) Vocational middle schools before 2004 covered vocational senior middle schools and vocational junior middle schools, and those after 2005 are vocational senior middle schools. (the below sheets are the same)‹old standards›. b)In Year-2007 Education Report, data of "vocational junior middle schools" turned up again, and vocational middle schools covered vocational senior middle schools and vocational junior middle schools. (the below sheets are the same) (new standards). c) Ordinary institutions of higher learning refer to ordinary universities/ colle -ges and junior colleges, namely small statistical caliber.

各级各类学校专任教师数
Number of Full-time Teachers by Level and Type of School

年份 Year	普通高等学校（人） Regular Institutions of Higher Education (person)	普通中学（万人） Regular Secondary Schools (10000 persons)	高中 Senior Secondary Schools	初中 Junior Secondary Schools	职业中学（人） Vocational Secondary Schools (person)	普通小学（万人） Primary Schools (10000 persons)
1990	13585	15.59	2.55	13.04	11312	26.99
1995	14808	17.95	2.59	15.37	16621	27.01
1996	15514	19.43	2.88	16.56	19854	27.73
1997	16656	21.06	3.25	17.81	22303	28.98
1998	16622	22.57	3.65	18.91	24544	30.29
1999	17263	23.98	4.05	19.93	25002	31.54
2000	19414	25.37	4.37	21.00	23782	32.95
2001	23707	26.92	4.82	22.10	21824	33.28
2002	28091	27.73	5.35	22.37	21110	33.22
2003	34542	28.59	6.13	22.46	19990	32.92
2004	39235	29.01	6.75	22.25	19782	32.48
2005	46538	29.00	7.34	21.66	19223	32.01
2006	47428	28.71	7.82	20.89	20788	31.53
2007	52809	28.26	8.12	20.14	21973	31.60
2008	55125	27.43	8.07	19.36	22064	31.67
2009	58394	26.79	8.18	18.62	22846	32.12

各级各类学校招生数
Number of New Students Enrollment by Level and Type of School

年份 Year	普通高等学校（人） Regular Institutions of Higher Education (person)	普通中学（万人） Regular Secondary Schools (10000 persons)	高中 Senior Secondary Schools	初中 Junior Secondary Schools	职业中学（人） Vocational Secondary Schools (person)	普通小学（万人） Primary Schools (10000 persons)
1990	23803	75.78	10.81	64.97	51512	125.33
1995	43027	120.64	14.66	105.98	95099	162.60
1996	42796	129.43	15.76	113.67	125393	156.74
1997	46357	140.14	18.77	121.37	154997	148.33
1998	49578	149.84	21.61	128.23	187611	128.24
1999	76900	163.12	23.22	139.90	169533	116.15
2000	106447	177.22	26.22	151.00	134336	107.05
2001	148260	181.02	31.20	149.82	137325	93.34
2002	170792	185.65	37.96	147.69	135341	78.96
2003	192135	187.90	44.93	142.97	144724	72.74
2004	238597	172.40	46.40	126.00	128854	71.50
2005	256873	164.67	49.47	115.20	181050	72.00
2006	297058	157.19	49.70	107.49	207170	80.07
2007	303294	138.61	93.37	45.25	202145	88.52
2008	339527	124.93	44.85	80.08	175406	91.44
2009	332278	118.08	44.72	73.36	201940	87.58

各级各类学校在校学生数

Number of Students Enrollment by Level and Type of School

年 份 Year	普通高等学校（人）Regular Institutions of Higher Education (person)	普通中学（万人）Regular Secondary Schools (10000 persons)	高 中 Senior Secondary Schools	初 中 Junior Secondary Schools	职业中学（人）Vocational Secondary Schools (person)	普通小学（万人）Primary Schools (10000 persons)
1990	76018	207.61	31.24	176.37	126727	705.48
1995	126290	310.24	35.58	274.66	242698	851.31
1996	126645	350.09	41.39	308.70	303659	882.85
1997	135974	389.35	48.78	340.57	373509	901.12
1998	144383	416.08	55.87	360.21	446580	895.44
1999	180700	447.43	62.99	384.44	465441	864.35
2000	243847	481.75	70.04	411.71	416143	813.73
2001	350518	501.76	80.39	421.37	353652	747.65
2002	472966	528.05	94.80	433.25	342748	674.55
2003	553255	543.72	114.23	429.49	349822	606.58
2004	697440	532.92	129.39	403.53	337000	547.00
2005	789792	509.54	139.11	370.43	391232	500.36
2006	827127	480.63	143.81	336.83	471121	470.25
2007	902165	447.10	140.86	306.24	515629	465.44
2008	1000033	409.30	135.12	274.18	505295	475.66
2009	1030262	372.73	130.87	241.86	519262	488.65

各级各类学校毕业生数

Number of Graduates by Level and Type of School

年 份 Year	普通高等学校（人）Regular Institutions of Higher Education (person)	普通中学（万人）Regular Secondary Schools (10000 persons)	高 中 Senior Secondary Schools	初 中 Junior Secondary Schools	职业中学（人）Vocational Secondary Schools (person)	普通小学（万人）Primary Schools (10000 persons)
1990	22762	65.70	10.54	55.16	39780	82.56
1995	36388	75.35	66.50	8.84	57460	119.22
1996	41837	82.84	9.34	73.50	83979	121.62
1997	42234	97.24	11.33	85.91	97938	124.72
1998	40562	116.52	14.06	102.46	114501	132.68
1999	39606	124.61	15.82	108.79	133644	144.52
2000	41255	131.42	18.16	113.42	151104	154.93
2001	15871	137.08	21.28	115.80	147822	153.78
2002	62910	147.54	23.48	124.06	123220	152.69
2003	107562	163.10	26.49	136.61	100617	145.92
2004	143148	173.06	31.87	141.19	100150	128.09
2005	183213	178.03	39.63	138.40	91352	117.46
2006	207566	178.09	45.06	133.03	114058	108.58
2007	228193	162.54	47.22	115.32	134110	93.54
2008	271335	153.50	48.23	105.27	156842	80.20
2009	272247	145.97	46.90	99.07	171653	73.39

高等教育学校(机构)数（2009年）
Number of School or Institution of Higher Education (2009)

单位：所 (unit)

项目	Item	总计 Total	中央部委 Central Ministries and Agencies	其他部委 Other Ministries	地方部门 Local Departments	#教育部门 Departments of Education	民办 Private
研究生培养机构	**Institutions Providing Postgraduate Programs**	**19**	**3**	**3**	**16**	**16**	
普通高校	Regular Institutions of Higher Education	17	1	1	16	16	
科研机构	Research Institutions	2	2	2			
普通高校	**Regular Institutions of Higher Education**	**109**	**4**	**4**	**71**	**55**	**34**
本科院校	Universities with Full Undergraduate Courses	51	4	4	28	27	19
专科院校	Colleges with Specialized Courses	58			43	28	15
#高等职业学校	Vocational and Technical Colleges	50			37	24	13
成人高等学校	**Adult Institutions of Higher Education**	**13**			**13**	**7**	
民办的其他高等教育机构	**Other Private Institutions of Higher Education**	**27**					**27**

高等学校(机构)学生数（2009年）
Number of Students in Regular Institutions of Higher Education (2009)

单位：人 (person)

项目	Item	招生数 New Enrollment	在校学生数 Total Enrollment	毕(结)业生数 Graduates with Degrees or Diplomas	授予学位数 Degrees Conferred
研究生	Postgraduates	10787	28346	7317	7253
博士	Doctor's Degree	497	1844	388	364
硕士	Master's Degree	10290	26502	6929	6889
普通本科、专科生	Regular Undergraduates and College Students	343712	1060450	282705	93158
本科	Enrolled in Full Undergraduate Courses	149174	504983	99500	93158
专科	Enrolled in Specialized Courses	194538	555467	183205	
成人本科、专科生	Adult Undergraduates and College Students	83196	218549	91086	3935
本科	Enrolled in Full Undergraduate Courses	35809	87279	36795	3935
专科	Enrolled in Specialized Courses	47387	131270	54291	
在职人员攻读博士硕士学位	Employees Enrolled in Graduate Programs Leading to Doctor or Master Degrees	1706	5348		1923
学历文凭考试	Students Taking Exam Leading to Diploma				
自考助学班	Classes for Self-learning Programs	5687	14356	5267	
研究生课程进修班	Postgraduate Courses for Advanced Study		103	613	
普通预科生	College Preparatory Courses		477		
进修及培训	In-service Training Courses		13778	96796	
留学生	Overseas Students	633	1458	521	71

分学科研究生情况（2009年）

Number of Postgraduate Students by Field of Study (2009)

单位：人 (person)

项　目	Item	招生数 New Enrollment	博　士 Doctor's Degree	硕　士 Master's Degree	在　校 学生数 Total Enrollment	博　士 Doctor's Degree	硕　士 Master's Degree	毕业生数 Graduates	博　士 Doctor's Degree	硕　士 Master's Degree
分学科研究生数（总计）	**Total**	**10787**	**497**	**10290**	**28346**	**1844**	**26502**	**7317**	**388**	**6929**
哲　学	Philosophy	107	3	104	303	12	291	73		73
经济学	Economics	382	9	373	1045	25	1020	257	5	252
法　学	Law	613	12	601	1661	44	1617	320	12	308
教育学	Education	293	10	283	839	27	812	232	9	223
文　学	Literature	861	17	844	2356	45	2311	594	4	590
历史学	History	156	13	143	470	54	416	124	12	112
理　学	Science	1065	55	1010	2797	166	2631	728	45	683
工　学	Engineering	3459	191	3268	9714	842	8872	2601	153	2448
农　学	Agriculture	344	30	314	1010	112	898	288	25	263
医　学	Medicine	1521	93	1428	4057	287	3770	1125	89	1036
军事学	Military	76		76	178		178	39		39
管理学	Management	915	64	851	2543	230	2313	684	34	650
分学科研究生数（普通高校）	**Regular Colleges**	**10756**	**497**	**10259**	**28260**	**1844**	**26416**	**7290**	**388**	**6902**
哲　学	Philosophy	107	3	104	303	12	291	73		73
经济学	Economics	382	9	373	1045	25	1020	257	5	252
法　学	Law	613	12	601	1661	44	1617	320	12	308
教育学	Education	293	10	283	839	27	812	232	9	223
文　学	Literature	861	17	844	2356	45	2311	594	4	590
历史学	History	156	13	143	470	54	416	124	12	112
理　学	Science	1065	55	1010	2797	166	2631	728	45	683
工　学	Engineering	3428	191	3237	9628	842	8786	2574	153	2421
农　学	Agriculture	344	30	314	1010	112	898	288	25	263
医　学	Medicine	1521	93	1428	4057	287	3770	1125	89	1036
军事学	Military	76		76	178		178	39		39
管理学	Management	915	64	851	2543	230	2313	684	34	650
分学科研究生数（科研机构）	**Research Institutions**	**31**		**31**	**86**		**86**	**27**		**27**
工　学	Engineering	31		31	86		86	27		27

本、专科分学科学生数（2009年）

Number of Students of Higher Education by Field of Study (2009)

单位：人 (person)

项　目	Item	招生数 New Enrollment	本科 Undergraduate Courses	专科 Specialized Courses	在校学生数 Total Enrollment	本科 Undergraduate Courses	专科 Specialized Courses	毕业生数 Graduates	本科 Undergraduate Courses	专科 Specialized Courses
普通本、专科	**Total**	**332278**	**149174**	**183104**	**1030262**	**504983**	**525279**	**272247**	**99500**	**172747**
#师范生	Teacher Training	27909	16812	11097	89604	56338	33266	30634	13361	17273
按学科分	**by Field of Study**									
哲　学	Philosophy	32	32		141	141		36	36	
经济学	Economics	15811	8288	7523	49738	26886	22852	11219	4590	6629
法　学	Law	11064	6271	4793	36086	21646	14440	11777	4980	6797
教育学	Education	16861	5396	11465	51466	17249	34217	20486	3227	17259
文　学	Literature	43666	23224	20442	130353	70611	59742	32898	13164	19734
#外　语	Foreign Languages	14846	6965	7881	48416	23127	25289	13575	5310	8265
艺　术	Art	20190	9616	10574	55485	26876	28609	12370	3475	8895
历　史	History	775	775		2420	2420		524	524	
理　学	Science	13467	13318	149	47069	46774	295	10504	10396	108
工　学	Engineering	119177	49828	69349	378154	176142	202012	95756	35178	60578
农　学	Agriculture	6888	2888	4000	21821	9363	12458	6733	2085	4648
医　学	Medicine	34098	13359	20739	111008	51278	59730	30937	9580	21357
管理学	Management	70439	25795	44644	202006	82473	119533	51377	15740	35637
成人本、专科	**Total**	**11434**		**11434**	**30188**		**30188**	**10458**		**10458**
#师范生	Teacher Training	761		761	2731		2731	871		871
按学科分	**by Field of Study**									
哲　学	Philosophy									
经济学	Economics	305		305	779		779	253		253
法　学	Law	380		380	1236		1236	823		823
教育学	Education	818		818	2843		2843	914		914
文　学	Literature	1524		1524	3511		3511	1021		1021
#外　语	Foreign Languages	364		364	816		816	208		208
艺　术	Art	1033		1033	2406		2406	636		636
历史学	History									
理　学	Science									
工　学	Engineering	3312		3312	9991		9991	2932		2932
农　学	Agriculture	100		100	213		213	41		41
医　学	Medicine	667		667	2149		2149	243		243
管理学	Management	4328		4328	9466		9466	4231		4231

中等职业学校机构数（2009年）
Number of Secondary Vocational Schools (2009)

单位：个 (unit)

项　　目	Item	总　计 Total	中央部门 Central Ministries and Agencies	地方部门 Local Depart-ments	教育部门 Depart-ments of Education	非教育部门 Departments of Non-Education	民　办 Private
中等职业学校	**Secondary Vocational Schools**	**755**	**1**	**487**	**386**	**101**	**267**
普通中等专业学校	Regular Specialized Secondary School	308	1	114	55	59	193
成人中等专业学校	Adult Specialized Secondary School	181		162	140	22	19
职业高中学校	Vocational Junior Secondary School	266		211	191	20	55
其他机构(教学点)(不计校数)	**Other Institutions**	**106**		**86**	**67**	**19**	**20**

注：中等职业学校未含技工学校数据(以下各表均同)。
a) Number of secondary vocational schools do not include the number of skilled-worker schools. The same applies to the tables following.

中等职业学校(机构)学生分科类情况（2009年）
Students in Secondary Vocational Schools by Field of Study (2009)

单位：人 (person)

项　　目	Item	招生数 New Enrollment	#初中毕业生 Junior Secondary School Graduates	#应届毕业生 Current Year Graduates	在校学生数 Total Enrollment	毕业生数 Graduates	#获得职业资格证书 With Certificate on Professional Competence
总　　计	**Total**	**452436**	**379153**	**324227**	**1103881**	**348086**	**160364**
农林类	Agriculture and Forestry	129088	95669	62794	171679	28475	14436
资源与环境类	Resources and Environment	2084	1693	1458	5909	2252	931
能源类	Energy	5332	5043	4645	10291	3135	968
土木水利工程类	Civil and Hydraulic Engineering	10934	10320	9224	31898	9691	4786
加工制造类	Manufacturing	67790	61046	56407	239020	81947	42774
交通运输类	Communication & Transportation	15827	13321	12719	41546	11717	6328
信息技术类	Information Technologies	90115	83774	76206	240438	86605	43649
医药卫生类	Medicine and Health	31693	21862	19645	85974	30450	6736
商贸与旅游类	Trade and Tourism	19130	17285	15831	53490	17223	7983
财经类	Finance and Economics	24125	20923	20133	71999	28471	10820
文化艺术与体育类	Culture, Arts and Physical Education	17078	15429	14887	51576	15856	7172
社会公共事物类	Public Affairs	5134	3754	3404	15904	5880	1462
师范类	Teacher Training	19388	17170	16298	50279	15013	8718
其　他	Other	14718	11864	10576	33878	11371	3601

普通高中学校和学生情况（2009年）
Statistics on Regular Senior Secondary Schools and Students (2009)

项　　目	Item	学校数（所）Schools (unit)	高级中学 Senior Secondary Schools	完全中学 Six-grades Secondary Schools	招生数（人）New Enrollment (person)	在校学生数（人）Total Enrollment (person)	毕业生数（人）Graduates (person)
总　计	**Total**	**661**	**371**	**290**	**447232**	**1308690**	**468982**
教育部门和集体办	Run by Education Departments and Collectives	540	343	197	406409	1189681	423639
民　　办	Run by Private Institutions	120	28	92	40739	118771	45298
其他部门办	Run by Other Departments	1		1	84	238	45
城　市	**Cities**	**230**	**82**	**148**	**138574**	**407673**	**147364**
教育部门和集体办	Run by Education Departments and Collectives	171	70	101	119921	355008	126970
民　　办	Run by Private Institutions	58	12	46	18569	52427	20349
其他部门办	Run by Other Departments	1		1	84	238	45
县　镇	**Counties and Towns**	**349**	**247**	**102**	**275869**	**802932**	**288128**
教育部门和集体办	Run by Education Departments and Collectives	299	232	67	257560	747960	266543
民　　办	Run by Private Institutions	50	15	35	18309	54972	21585
其他部门办	Run by Other Departments						
农　村	**Rural**	**82**	**42**	**40**	**32789**	**98085**	**33490**
教育部门和集体办	Run by Education Departments and Collectives	70	41	29	28928	86713	30126
民　　办	Run by Private Institutions	12	1	11	3861	11372	3364
其他部门办	Run by Other Departments						

普通初中学校和学生情况（2009年）
Statistics on Regular Junior Secondary Schools and Students (2009)

项　　目	Item	学校数（所）Number of Schools (unit)	#初级中学 Junior Secondary Schools	#九年一贯制 9-Year Primary-Secondary Schools	招生数（人）New Enrollment (person)	在校学生数（人）Total Enrollment (person)	毕业生数（人）Graduates (person)
总　计	**Total**	**3177**	**2555**	**332**	**733595**	**2418637**	**990746**
教育部门和集体办	Run by Education Departments and Collectives	2870	2445	228	664849	2190642	899159
民　　办	Run by Private Institutions	300	108	100	67779	224970	90493
其他部门办	Run by Other Departments	7	2	4	967	3025	1094
城　市	**Cities**	**411**	**194**	**69**	**149698**	**470907**	**161576**
教育部门和集体办	Run by Education Departments and Collectives	324	171	52	132279	408787	132623
民　　办	Run by Private Institutions	82	21	15	16697	59720	28048
其他部门办	Run by Other Departments	5	2	2	722	2400	905
县　镇	**Counties and Towns**	**1167**	**935**	**130**	**358169**	**1168283**	**459974**
教育部门和集体办	Run by Education Departments and Collectives	1032	888	77	321472	1048348	414670
民　　办	Run by Private Institutions	133	47	51	36452	119310	45115
其他部门办	Run by Other Departments	2		2	245	625	189
农　村	**Rural**	**1599**	**1426**	**133**	**225728**	**779447**	**369196**
教育部门和集体办	Run by Education Departments and Collectives	1514	1386	99	211098	733507	351866
民　　办	Run by Private Institutions	85	40	34	14630	45940	17330
其他部门办	Run by Other Departments						

普通小学学校和学生情况（2009年）
Statistics on Regular Primary Schools and Students (2009)

项　目	Item	学校数(所) Schools (unit)	招生数(人) New Enrollment (person)	在校学生数(人) Total Enrollment (person)	毕业生数(人) Graduates (person)
总　计	**Total**	**14447**	**875823**	**4886544**	**733936**
教育部门和集体办	Run by Education Departments and Collectives	14145	844221	4663176	697413
民　办	Run by Private Institutions	295	30799	218204	35714
其他部门办	Run by Other Departments	7	803	5164	809
城　市	**Cities**	**676**	**104658**	**691204**	**111938**
教育部门和集体办	Run by Education Departments and Collectives	639	97441	638468	102529
民　办	Run by Private Institutions	33	6599	48561	8758
其他部门办	Run by Other Departments	4	618	4175	651
县　镇	**Counties and Towns**	**1799**	**200985**	**1185990**	**182259**
教育部门和集体办	Run by Education Departments and Collectives	1688	187434	1086907	164975
民　办	Run by Private Institutions	109	13366	98169	17126
其他部门办	Run by Other Departments	2	185	914	158
农　村	**Rural**	**11972**	**570180**	**3009350**	**439739**
教育部门和集体办	Run by Education Departments and Collectives	11818	559346	2937801	429909
民　办	Run by Private Institutions	153	10834	71474	9830
其他部门办	Run by Other Departments	1		75	

各类技工学校情况（2009年）
Statistics on Technical Schools (2009)

指　标	Item	合　计 Total	国务院各部门 Ministries under the State Council	其　他 other
学校数(所)	Number of Schools (unit)	164	1	163
在校学生数(人)	Number of Students (person)	169663	807	168856
教职工数(人)	Teachers and Staff (person)	12597	65	12532
专任教师数(人)	Full-time Teachers (person)	11196	72	11124
文化技术理论课指导教师(人)	Classroom Teachers (person)	6101	47	6054
生产实习课指导教师(人)	Practical Training Teachers (person)	2917	3	2914
理论实习一体化教师(人)	Classroom cum Practical Training Teachers (person)	2178	22	2156

学龄儿童入学率和各级普通学校毕业生升学率

Net Enrollment Ratio of Primary Schools and Promotion Rate of Various School

单位：% (%)

年　份 Year	学龄儿童入学率 Net Enrollment Rate of School-Age Children	小学升初中 Primary School Graduates Entering into Junior Secondary Schools	初中升高级中学 Junior Secondary Graduates Entering into Senior Secondary Schools	高中升高等教育 Senior Secondary Graduates Entering into Institution of Higher Learning
1990	99.0	79.9	35.3	
1991	98.3	81.6	41.5	
1992	98.4	83.7	42.6	
1993	98.5	82.9	44.0	
1994	98.4	86.9	47.3	
1995	99.2	90.2	47.3	
1996	99.7	93.5	21.4	
1997	99.8	98.8	49.0	
1998	99.8	98.1	47.1	
1999	99.9	98.0	42.3	
2000	99.9	98.7	43.3	
2001	99.5	98.8	43.4	
2002	99.5	96.7	39.5	
2003	99.4	98.0	32.9	
2004	99.8	98.4	32.9	
2005	99.7	98.1	39.0	63.16
2006	99.4	99.0	37.4	68.73
2007	99.5	99.8	39.2	64.22
2008	99.7	99.8	42.6	70.39
2009	99.7	99.95	45.1	70.85

注：1．小学升初中仅指升入普通初中，不含升入职业初中的学生。2．初中升高级中学仅指升入普通高中,不包含升入职业高中和技工学校的学生。3．高中升学率为普通高校招生数(普通高校的普通本、专科)与普通高中毕业生数之比。

a) In the term of Primary School Graduates Entering into Junior Secondary Schools, Junior Secondary Schools refer to regular junior middle Schools, excluding specialized middle schools. b) In the term of Junior Secondary Schools Graduates Entering into Senior Secondary Schools, Senior secondary schools refer to regular senior middle schools, excluding specialized senior middle schools and vestibule school. c)The data of Senior Secondary Graduate entering into institution of Higher Learning are the quotients of enrollment numbers of regular olleges by numbers of graduates from senior middle school.

每万人口在校学生数和大中小学学生构成
Student Enrollment Per 10000 Population and Composition of Student Enrollment

年 份 Year	各级学校学生占全省人口(%) Percentage of Student to Total Population (%)	平均每万人口中 Per 10000 Population			大中小学学生构成(%) Student Enrollment Composition		
		大学生(人) Undergraduates (person)	中学生(人) Middle School Student (person)	小学生(人) Primary School Students (person)	大学生 Undergraduates	中学生 Middle School Student	小学生 Primary School Students
1980	20.8	8	650	1421	0.4	31.3	68.3
1985	15.8	10	484	1084	0.7	30.7	68.6
1990	15.8	12	394	1171	0.8	25.0	74.2
1995	19.0	20	567	1333	1.0	29.6	69.4
1996	20.2	20	636	1367	1.0	31.4	67.6
1997	21.1	21	726	1386	1.0	33.4	65.6
1998	21.4	22	755	1368	1.0	35.2	63.8
1999	15.9	27	800	1316	1.3	37.3	61.4
2000	20.8	37	832	1225	1.8	39.8	58.5
2001	20.2	52	845	1118	2.6	41.9	55.5
2002	19.5	70	875	1002	3.6	44.9	51.5
2003	18.8	82	902	896	4.3	48.0	47.7
2004	17.9	102	886	803	5.7	49.5	44.8
2005	17.1	115	864	730	6.7	50.5	42.7
2006	16.4	119	837	682	7.3	51.1	41.6
2007	16.1	130	814	670	8.0	50.4	41.5
2008	15.7	143	749	681	9.1	47.6	43.3
2009	15.5	151	702	695	9.7	45.4	44.9

注：1. 大学生为普通高校在校学生数(普通本、专科)。 2. 中学生包括中等专业学校、技工学校、普通中学和农、职中学。

a) College students are students in regular colleges and universities. b) Middle school students are not only students in regular middle schools, but also those in polytechnic schools, vestibule schools, agricultural schools and specialized middle school.

各级学校生师比
Student-teacher Ratio by Level of Schools

年 份 Year	高等学校 Institutions of Higher Education		中等学校 Secondary Schools		小 学 Primary Schools	
	教师数（万人）Teachers (10000 persons)	生师比 Sudent-teacher Ratio	教师数（万人）Teachers (10000 persons)	生师比 Sudent-teacher Ratio	教师数（万人）Teachers (10000 persons)	生师比 Sudent-teacher Ratio
1980	0.9	4.9	20.1	16.7	27.1	27.1
1985	1.2	4.9	17.2	15.6	24.7	24.3
1990	1.4	5.6	18.6	12.8	27.0	26.1
1991	1.3	5.7	18.9	13.4	27.2	26.6
1992	1.3	6.3	19.4	14.1	26.9	27.8
1993	1.4	7.3	19.8	14.5	27.2	28.6
1994	1.5	8.2	20.6	15.5	27.2	30.0
1995	1.5	8.4	21.8	16.6	27.0	31.5
1996	1.6	8.2	23.7	17.3	27.7	32.5
1997	1.7	8.2	25.6	17.3	29.0	31.1
1998	1.7	8.7	27.3	18.1	30.3	29.6
1999	1.7	10.4	28.8	18.3	31.5	27.4
2000	1.9	12.6	29.9	18.5	33.0	24.7
2001	2.4	14.8	31.1	18.2	33.3	22.5
2002	2.8	16.8	31.8	18.5	33.2	20.3
2003	3.5	15.8	32.2	19.0	32.9	18.4
2004	3.9	18.2	31.8	19.0	32.5	16.8
2005	4.7	22.0	33.8	17.8	32.0	15.6
2006	5.1	16.9	32.8	17.6	31.5	14.9
2007	5.6	21.5	33.9	16.7	31.6	14.7
2008	5.7	22.7	33.3	16.0	31.7	15.0
2009	6.0	22.3	32.7	15.3	32.1	15.2

注：1．教师指专任教师。 2．中等学校包括中等专业学校、技工学校、普通中学和农、职业中学。 3．高等学校是指普通高校、成人高校、民办的其他高等教育机构。

a) Teachers are full-time teachers, excluding part-time ones. b) Secondary schools include not only regular middle schools, but also polytechnic schools, vestibule schools, agricultural schools and specialized middle schools. c) Institutions of high educations include not only regular colleges and universities, but also adult colleges and universities, non-governmental colleges and universities and other institutions of high education.

国有地方企事业单位各部门专业技术人员
Number of Scientific and Technical Personnel in Local State-owned Enterprises and Institutions

单位：人 (person)

项　　目	Item	2005	2006	2007	2008	2009
全 省 总 计	**Total**	**1131635**	**1139267**	**1137218**	**1155832**	**1174259**
农、林、牧、渔业	Agriculture, Forestry, Animal Husbandry and Fishery	38189	37438	35855	34252	35710
采矿业	Mining	22779	24140	25168	26603	29249
制造业	Manufacturing	65311	57622	55898	52759	52124
电力、煤气及水的生产和供应业	Production and Supply of Electricity, Gas and Water	9760	10383	8835	9083	7964
建筑业	Construction	19534	19027	19614	19375	21699
交通运输 、仓储和邮政业	Transport, Storage and Post	21305	23074	24300	23631	25188
信息传输、计算机服务和软件业	Information Transmission, Computer Services and Software	737	859	754	783	802
批发和零售业	Wholesale and Retail Trades	13313	9920	10036	8650	11144
住宿和餐饮业	Hotels and Catering Services	1029	896	855	816	977
金融业	Financial Intermediation	2536	2513	3609	2929	2053
房地产业	Real Estate	4317	3482	4053	3582	3874
租赁和商务服务业	Leasing and Business Services	952	761	668	673	1180
科学研究、技术服务和地质勘查业	Scientific Research, Technical Service and Geologic Environment Prospecting	14834	14232	14307	13559	14399
水利、环境和公共设施管理业	Management of Water Conservancy, and Public Facilities	20153	20740	20595	20696	21672
居民服务和其他服务业	Services to Households and Other Services	4630	4710	5251	4543	5501
教　　育	Education	700685	725699	723885	733382	729790
卫生、社会保障和社会福利业	Health, Social Security and Social Welfare	138063	140840	141998	153858	163584
文化、体育和娱乐业	Culture, Sports and Entertainment	31489	24144	23425	26597	27388
公共管理和社会组织	Public Management and Social Organization	22019	18787	18112	20061	19961

省内三种专利申请受理量及授权量

Three Kinds of Patent Applications Examined and Granted

单位：件　　(unit)

项　　目	Item	2000	2005	2008	2009
申请量合计	**Total Applications Examined**	**3848**	**6401**	**9128**	**11362**
发　明	Inventions	601	1273	2380	2811
实用新型	Utility Models	2429	3618	5001	6479
外观设计	Designs	818	1510	1747	2072
在三种专利申请量中	**In the Three Types of Patent Applications Examined**				
非职务	Non-official	3080	4705	5600	5941
职　务	Official	768	1696	3528	5421
大专院校	Universities and Colleges	27	218	487	731
科研单位	Research Institutions	45	103	216	325
工矿企业	Enterprises	682	1353	2765	4289
机关团体	Government Agencies and Organizations	14	22	60	76
授权量合计	**Three Kinds of Patents Granted**	**2812**	**3585**	**5496**	**6839**
发　明	Inventions	221	371	549	691
实用新型	Utility Models	1917	2246	3937	4515
外观设计	Designs	674	968	1010	1633
在三种专利授权量中	**In the Three Types of Patent Applications Certified**				
非职务	Non-official	2137	2650	3742	3798
职　务	Official	675	935	1754	3041
大专院校	Universities and Colleges	27	80	262	349
科研单位	Research Institutions	61	56	90	177
工矿企业	Enterprises	568	791	1380	2463
机关团体	Government Agencies and Organizations	19	8	22	52

文化、文物事业机构、人员数（2009年）

Number of Institution and Personnel in Culture and Cultural Relics (2009)

机构类别	Category of Institution	机构数(个) Number of Institutions (unit)	从业人数(人) Number of Employed Persons (person)
文化及相关产业合计	**Culture and Related Industry**	**12441**	**72358**
艺术业	Arts	355	9174
艺术表演团体	Arts Performance Troupes	246	7463
#话剧、儿童剧、滑稽剧团	Drama, Plays for Children and Comedy Troupes	2	157
歌舞团、轻音乐团	Song and Dance Troupe, Light Music Troupe	39	1015
文工团、文宣队、乌兰牧骑	Cultural and Performance Troupes and Ulanmuchi (equestrian art troupes)	5	83
戏曲剧团	Local Opera Troupes	107	3915
#京剧	Beijing Opera Troupes	5	317
曲艺、杂技、木偶、皮影团	Recitation and Ballad Troupes, Acrobatics and Circus Troupes, Puppet Show Troupes and Shadow Play Troupes	22	813
艺术表演场所	Arts Centers	102	1658
#剧场、影剧院	Cinemas, Theaters and Music Halls	75	1256
艺术创作机构	Art Creation Institutions	7	53
图书馆	Public Libraries	164	1751
群众文化服务	Mass Culture	2265	6314
群众艺术馆、文化馆（省级、地市级）	Mass Art Centers and Cultural Centers (Province and City Level)	13	539
群众艺术馆、文化馆(县市级)	Mass Art Centers and Cultural Centers (County Level)	164	1923
文化站	Cultural Stations	2088	3852
#乡镇文化站	Township Cultural Stations	1902	3538
艺术教育业	Culture and Education	5	557
文化市场经营机构	Business Units Dealing in Culture Market	9025	42332
文艺科研	Art Research Institutions	12	156
文物业	Cultural Relics	236	6597
文物保护管理机构	Agencies of Historical Relics Preservation	162	4266
文物科研机构	Scientific and Research Historical Relics Agencies	4	205
其他文物机构	Other Historical Relics Agencies	3	399
博物馆	Museums	64	1718
综合性博物馆	Comprehensive Museums	26	435
历史类博物馆	History Museums	30	1230
艺术类博物馆	Arts Museums	3	24
文物商店	Cultural Relics Shops	3	9
其他文化及相关产业	Others Culture and Related Industry	379	5477
艺术展览机构	Art Exhibition Institutions	1	38
其他	Others	364	4935

艺术表演团体演出情况（2009年）
Basic Statistics on Performance of Art Troupes (2009)

种　类	Item	演出场次(场) Number of Performances (show)	#到农村演出 Shows in Rural Areas	国内观众人数(万人次) Number of Spectators (10000 person-times)
全省总计	**Total**	**46090**	**28900**	**4259**
# 话剧、儿童剧、滑稽剧团	Drama, Plays for Children and Comedy Troupes	210	20	17.3
歌舞团、轻音乐团	Song and Dance Troupe, Light Music Troupes	6580	2330	528.4
文工团、文宣队、乌兰牧骑	Cultural and Performance Troupes and Ulanmuchi (equestrian art troupes)	170	10	25.5
戏曲剧团	Local Opera Troupes	20440	17340	2198.4
#京　剧	Beijing Opera Troupes	760	430	108.6
曲、杂、木、皮团	Recitation and Ballad Troupes, Acrobatics and Circus Troupes, Puppet Show Troupes, and Shadow Play Troupes	7370	2540	397.7

群众艺术馆、文化馆(站)业务活动及经费收支（2009年）
Basic Statistics on Activities and Expenditures of Mass Art Centers and Cultural Centers (2009)

项　目	Item	总计 Total	群众艺术馆、文化馆（省、地市级） Mass Art Centers and Cultural Centers (Province and City Level)	群众艺术馆、文化馆（县市级） Mass Art Centers and Cultural Centers (County Level)	文化站 Cultural Stations
机构数(个)	Number of Units (unit)	2265	13	164	2088
举办展览(个)	Number of Exhibitions (unit)	5926	95	1005	4826
组织文艺活动(次)	Art Performances and Story-telling Sessions (times)	26284	609	5469	20206
举办训练班	Training Courses				
班　次(次)	Number of Classes (times)	10462	1123	2386	6953
培训人次(千人次)	Number of Persons Completing Courses (1000 person-times)		49.52		
负责指导单位	Centers and Cultural Centers				
馆办文艺团体(个)	Art Performance Troupes (unit)	216	34	182	
群众业余演出团(队)(个)	Part-time Art Groups (unit)	15473	218	4170	11085
总支出(万元)	Total Expenditures (10000 yuan)	21882.6	4711.6	7863.3	9307.7
#维修(护)费	Maintenance Expenses				

公共图书馆及博物馆、文物机构业务活动及经费收支（2009年）

Facilities, Services and Expenditures of Public Libraries, Museums and Cultural Relics Agencies (2009)

项 目	Item	总 计 Total	#地(市)级图书馆 Public Libraries at City Level	#县(市)级图书馆 Public Libraries at County Level
总藏量(万册、件)	Total Collections (10000 volumes)	1273.48	455.92	673.49
书架单层总长度(万米)	Total Length of Bookshelves (10000 m)	29.59	12.17	13.99
图书流通情况	Circulation of Books			
总流通人次(万人次)	Total Number of Circulation (10000 person-times)	712.48	305.78	404.74
累计发放借书证数(万个)	Number of Library Cards Distributed (10000 units)			
为读者服务举办各种活动	Service Activities Provided for Readers			
次 数(次)	Number of Activities (times)	1652.00	439.00	1175.00
参加人数(万人次)	Number of Readers Involved (10000 person-times)	51.96	25.18	15.66
总支出(万元)	Total Expenditures (10000 yuan)			
#购书费	Purchase Expenses			
本年新购图书(万册)	Number of Books Purchased During the Year (10000 volumes)	92.74	65.26	24.82
公用房屋建筑面积(万平方米)	Floor Space of Public Buildings (10000 sq.m)	25.65	7.36	16.39
#书 库	Stack Rooms	6.93	1.96	3.93
阅览室座席(万个)	Seating Capacity of Reading Rooms (10000 seats)	2.05	0.47	1.58

广播、电视事业发展情况

Basic Statistics on Broadcasting and Television Stations

项 目	Item	2000	2005	2008	2009
职工年末人数(人)	Number of Staff and Workers (person)	21779	27367	31064	34160
广播电台(座)	Number of Broadcasting Stations(set)	12	12	12	12
发射台及转播(中波)(座)	Number of Transmission and Relaying Stations of Medium Wave Broadcast (set)	30	30	31	31
发射机功率(中波)(千瓦)	Power of Transmitters of Medium Wave Broadcast(kw)	40/288	40/268	47/332	49/352
广播覆盖率(%)	Radio Coverage of Populaton (%)	97.9	98.63	98.90	98.95
县广播电视站(台)(座)	Number of Broadcast-Television Stations (set)	128	139	139	139
电视台(座)	Number of Television Stations (set)	11	12	12	12
电视发射台及转播台(座)	Television Transmission Stations and Relaying Stations (set)	593	362	251	251
发射机功率(千瓦)	Power of Television Transmitters (kw)	695/219	441/260.9	437/497.325	439/498.375
电视覆盖率(%)	TV Coverage of Populaton (%)	97.42	98.62	98.81	98.86

图书、报纸、杂志出版种类和数量（2009年）
Number of Books,Newspaper and Magazines Published (2009)

门　　类	Category	本版图书种类（种） Number of Publications (items)	总印数（万册） Printed Copies (10000 copies)	总印张（千印张） Printed Sheets (1000 sheets)
图　书	**Books Published**	**2095**	**17143**	**1103369**
马克思主义、列宁主义、毛泽东思想	Marxism-Leninism, Mao Zedong Thought	4	3	989
哲　学	Philosophy	8	5	464
社会科学总论	General Social Sciences	4	66	2804
政治、法律	Politics and Law	73	84	4827
军　事	Military Affairs			
经　济	Economics	60	31	2224
文化、科学、教育、体育	Culture, Science, Education and Sports	1151	16276	1033134
语言、文字	Languages	8	11	1443
文　学	Literature	197	119	18082
艺　术	Arts	293	303	17568
历史、地理	History and Geography	38	28	2757
自然科学总论	General Natural Sciences	2		26
数理科学、化学	Mathematics and Chemistry	2	48	4250
天文学、地理科学	Astronomy and Geology			
医药、卫生	Medicine and Health Care	97	63	6698
农业科学	Agricultural Science	124	90	6420
工业技术	Industrial Technology	23	8	909
交通运输	Transportation	1		41
环境科学	Environmental Science	1		24
综合性图书	General Books	9	8	709
报　纸	**Newspapers Published**	**66**	**188096**	**4224659**
省　级	Province	30	138635	2642547
地(市)级	Prefecture	35	49269	1580192
县　级	County	1	192	1920
杂　志	**Magazines Published**	**219**	**4709**	**233970**
综合类	General Magazines	9	5	648
哲学、社会科学类	Philosophy and Social Sciences	56	2334	113325
自然科学、技术类	Natural Sciences and Technology	104	564	35092
文化、教育类	Culture and Education	31	424	33756
文学、艺术类	Literature and Arts	13	285	14792
画　刊	Pictures	2	21	1032
少年儿童读物	Books for Children	4	1076	35325

体委系统职工人数（2009年）
Number of Staff and Workers in Sports Commissions (2009)

单位：人 (person)

项 目	Item	总 计 Total	#各级体委机关 Sports Commissions at All Levels	#体育运动学校 Physical Education and Sports Schools	#业余体校 Spare-time Sports Schools	#优秀运动队 Excellent Sports Teams
全省总计	**Total**	**5874**	**1243**	**787**	**976**	**1170**
运动员	Athletes	753				753
专职教练员	Full-time Coaches	931	4	165	567	148
专职文化教师	Full-time Teachers	808	10	325	136	
科研人员	Scientific and Technical Personnel	47		8		6
公务员	Orderly	799	796			
医务人员	Medical Personnel	54		10	3	15
管理人员	Administrative Personnel	1024	268	121	122	170
其他人员	Others	449	68	21	63	9

等级运动员、裁判员分项发展人数（2009年）
Number of Athletes and Referees in Grades by Type of Sports (2009)

单位：人 (person)

运动项目	Item	等级运动员 Number of Athletes in Grades	#女性 Female	#一级运动员 First Grades	#二级运动员 Second Grades	等级裁判员 Number of Referees in Grades	#女性 Female	#一级 First Grades	#二级 Second Grades
全省总计	**Total**	**2596**	**937**	**201**	**2357**	**1780**	**568**	**423**	**1357**
#田径	Track and Field	905	310	36	865	489	182	51	438
游泳	Swimming	128	64	27	98	87	36	41	46
举重	Weight Lifting	4	3		4	38	11	6	32
体操	Gymnastics	1	1		1	17	8	11	6
射击	Fire	55	23	29	22	54	17	43	11
国际式摔跤	International -like Wrestling	75	9	1	71	12	1	5	7
柔道	Judo	33	16		31	19	7	13	6
篮球	Basketball	161	45	8	153	303	78	20	283
排球	Volleyball	156	81	10	145	43	14	13	30
乒乓球	Ping pong	56	20		56	96	33	21	75
羽毛球	Badminton	68	32		68	104	33	27	77
足球	Football	215	68		211	54	8	7	47
武术	Martial Arts	273	95	39	234	97	31	48	49

卫生机构、床位、人员数（2009年）

机构类别	Type of Institutions	机构数（个） Insti-tutions (unit)	床位数（张） Beds (unit)	全部职工（人） Total of Persons (person)	卫生技术人员 Medical Technical Personnel
全省总计	**Total**	**14738**	**233044**	**314909**	**258013**
市	City	7265	131108	187879	153372
县	County	7473	101936	127030	104641
医院合计	Total Number of Hospital	1123	159192	195551	158663
市	City	666	103639		
县	County	457	55553		
综合医院	General Hospital	746	118330	147030	119987
中医医院	Hospital of Chinese Medicine	169	18937	24888	20163
中西医结合医院	Hospital Combining Chinese and Western Medicine	23	3370	4190	3535
专科医院	Specialized Hospital	185	18555	19443	14978
＃口腔医院	Hospitals for Mouth Cavity Diseases Care	10	144	708	536
眼科医院	Hospitals for Eye Care	15	1424	2245	1711
耳鼻喉科医院	Otolaryngology Hospital	2	115	312	257
肿瘤医院	Tumor Hospital	8	786	757	611
精神病医院	Mental Hospitals	30	3788	2229	1620
传染病医院	Hospitals of Infections Diseases	12	2428	2702	2011
结核病医院	Tuberculosis Hospitals	2	342	282	188
骨科医院	Orthopaedics Hospitals	21	1796	2179	1725
疗养院	Sanatorium	4	1159	246	142
社区卫生服务中心	Community Sanitation Service Center	1030	9304	12492	10763
卫生院	Heath Center	1962	54336	51434	42448
门诊部	Clinics	161	659	2089	1725
急救中心	First-aid Center	5		261	188
采供血机构	Collecting and Supply Institutions for Blood	15		1570	907
妇幼保健院(所、站)	Maternity and Children Care Centers	185	8017	14188	11455
专科疾病防治院（所、站）	Specialized Prevention& Treatment Centers or Stations	7	377	244	187
疾病预防控制中心（防疫站）	Center for Disease Prevention and Control	194		9552	6971
卫生监督所	Sanitation Supervision Stations	177		5943	4358
卫生监督检验（监测、检测)所(站)	Sanitary Supervision Examination (Monitor, Examination) institutions			25	5
医学科学研究机构	Research Institutions of Medical Science	3		135	63
医学在职培训机构	Medicine on-the-job Training Organization				
健康教育所(站、中心)	Health Education Station or Center	3		78	59
其他卫生机构	Others	86		21101	20079

Number of Health Institutions, Beds and Persons Engaged (2009)

执业医师 Physician	执业助理医师 Certitied Assistant Doctors	注册护士 Registered Nurses	药剂人员 Pharmacists	检验人员 Laboratory Technicians	其他 Others	其他技术人员 Other Technical Personnel	管理人员 Managerial Personnel	工勤人员 Lonistics Workers
89348	**25030**	**74308**	**13537**	**10495**	**45295**	**16904**	**14785**	**25207**
56809	10076	52125	7614	6403	20345	8883	9398	16226
32539	14954	22183	5923	4092	24950	8021	5387	8981
57955	8428	58588	8724	6470	18498	8907	10088	17893
44049	5660	46078	6104	4808	13288	6287	7436	13320
7733	1790	5443	1606	847	2744	1370	1156	2199
1248	155	1319	171	127	515	179	157	319
4925	823	5748	843	688	1951	1071	1339	2055
262	40	105	14	6	109	93	39	40
656	60	620	113	44	218	126	188	220
98	31	70	14	11	33	25	19	11
173	39	201	38	33	127	41	40	65
391	117	688	91	63	270	93	167	349
674	43	813	142	142	197	142	142	407
48	10	77	12	13	28	8	29	57
556	109	697	97	63	203	69	191	194
38	8	69	12	5	10	9	44	51
4094	1188	3450	603	379	1049	542	571	616
10586	10261	4418	2663	1384	13136	4403	1867	2716
674	190	362	137	69	293	131	120	113
54	34	78	10	6	6	21	17	35
163	35	316	40	238	115	246	98	319
4402	1326	3059	584	579	1505	887	679	1167
80	26	29	12	12	28	13	14	30
2802	801	271	141	1192	1764	789	569	1223
					4358	577	463	545
	4				1			20
25		8	3	5	22	44	6	22
15	7	16	2	1	18	7	8	4
8460	2722	3644	606	155	4492	328	241	453

县及县以上医院病床使用情况（2009年）
Utilization of Hospital Beds at County and above County Level (2009)

医疗机构	Medical Institution	病床周转数（次）Turnover of Beds (times)	病床工作日数（日）Number of Days per Bed in Use in a Year (days)	病床使用率（%）Utilization Rate (%)	出院者平均住院日（日）Average Stay Days in Hospital (days)
合　计	**Total**	**30.71**	**266.5**	**73.02**	**8.1**
#医　院	Hospital	29.33	292.4	80.12	9.4
卫生院	Township Hospital	34	207	57	6
门诊部	Clinic	20	153	42	7
妇幼保健院(所、站)	MCH Center	43	256	70	6
专科疾病防治院(所、站)	Specialized Disease Prvention & Treatment Institution		9	2	52
非营利性	Non-profit				
#医　院	Hospital	30.53	303.3	83.11	9.4
门诊部	Clinic	23	173	47	7
妇幼保健院(所、站)	MCH Center	43	256	70	6
营利性	Profit				
#医　院	Hospital	14.96	162.0	44.39	9.2
政府办	Run by Government				
#医　院	Hospital	33.67	320.5	87.81	9.1
卫生院	Township Hospital	34	207	57	6
门诊部	Clinic	23	160	44	6
妇幼保健院(所、站)	MCH Center	43	256	70	6
专科疾病防治院(所、站)	Specialized Disease Prvention & Treatment Institution		9	2	52

医院诊疗人次及入院人数（2009年）
Hospital Patients (2009)

医疗机构	Medical Institution	诊疗人次（万人次）Visits (10000 person-times)	#门、急诊 Out-patients and Emergency Patients	入院人数（万人）Inpatients (10000 persons)	每百诊次入院人数（人）Hospital Admissions per 100 Outpatien Times (person)	出院人数（万人）Number of People Discharged from Hospital (10000 persons)	#治愈 Recovered
全省总计	**Total**	**15576.69**	**14735.92**	**690.12**	**5.60**	**690.70**	**473.73**
医　院	Hospital	7112.23	6765.68	461.31	6.82	457.72	270.42
疗养院	Sanatorium	10.89	10.69	0.076	0.71	0.0745	0.07
卫生院	Township Hospital	3921.70	3744.29	178.30	4.76	179.2313	155.98
门诊部	Clinic	212.15	189.22	1.12	0.59	1.1207	1.00
妇幼保健院(所、站)	MCH Center	642.47	617.73	35.56	5.76	35.373	31.60
专科疾病防治院(所、站)	Specialized Disease Prvention & Treatment Institution	4.52	4.51	0.0079	0.18	0.0065	0.01

社会福利事业、企业单位和工作人员数
Number of Social Welfare Institutions and Enterprises and Persons Engaged

项　目	Item	单位数(个) Number of Institutions (unit)			工作人员(人) Number of Pesonnel Engaged (person)		
		2007	2008	2009	2007	2008	2009
烈士纪念建筑物管理单位	Army Supply Transfer Stations	90	92	90	887	844	829
救助类单位	Salvation Institutions	23	24	25	388	400	403
#救助管理站	Collecting and Repatriating Units	22	22	22	359	362	360
流浪儿童保护中心	Aftercare Farms		2	3	29	38	43
殡仪馆	Funeral Parlor	155	155	154	2798	2844	2813
殡葬管理服务单位	Funeral and Burial Management Service Units	18	18	18	301	321	366
社会福利企业单位	Social Welfare Enterprises	1304	1236	1142	47467	52301	55906

收养性社会福利单位基本情况（2009年）
Basic Statistics on Social Welfare Institutions (2009)

项　目	Item	院数(个) Number of Homes (unit)	工作人员(人) Number of Staff and Workers (person)	床位(张) Number of Beds (unit)	年末收养人数(人) Number of Persons Housed (year-end) (person)
全省收养性单位总计	**Total**	**1719**	**15337**	**142655**	**113587**
荣誉军人康复医院	Convalescent Hospitals for Homorable Serviceman	1	209	300	124
复员军人慢性病疗养院	Sanatoriums for Ex-serviceman	6	859	1485	1174
复退军人精神病院	Mental Hospitals for Ex-serviceman	2	526	943	842
光荣院	Homes for Disabled Veterans	150	1749	9770	5426
社会福利院	Social Welfare Homes	46	893	5824	4483
儿童福利院	Baby Welfare Homes	7	87	626	444
社会福利医院	Psychopathy Welfare Homes	1	10	30	15
城镇收养性老年福利机构	Urban Elderly Welfare Homes	207	2831	21856	16229
农村五保供养服务机构	Rural Elderly Welfare Homes	1293	7896	101251	84478
其他福利机构	Other Adopting Units	6	277	570	372

国内公证文书分类
Domestic Notary Documents by Type

项　　目	Item	2008		2009	
		办理公证(件) Number of Notarial Documents Issued (pieces)	比重(%) Percentage (%)	办理公证(件) Number of Notarial Documents Issued (pieces)	比重(%) Percentage (%)
经济公证	**Notarized Documents on Economic Affairs**	**77409**	**100.00**	**58628**	**100.00**
购　　销	Purchases and Sales of Products	2854	3.69	1301	2.22
建筑工程承包	Construction Project Contracts	576	0.74	120	0.20
联　　营	Joint Business	256	0.33	2195	3.74
拍　　卖	Auctions	740	0.96	1023	1.74
财产租赁	Property Leases	1303	1.68	913	1.56
贷　　款	Loans	14165	18.30	11628	19.83
担 保 书	Guarantees	5024	6.49	2097	3.58
科技协作	Scientific and Technological Contracts	57	0.07	30	0.05
招标、投标	Bidding	2547	3.29	1771	3.02
农林牧副	Agriculture, Forestry, Animal Husbandry, Sideline Production and Fishery Contracts	12382	16.00	3607	6.15
乡镇企业承包	Township Enterprise Contracts	336	0.43	79	0.13
供 用 电	Supply and Use of Electric Power	465	0.60	79	0.13
企业租赁	Leases of Enterprise	350	0.45	303	0.52
资产经营责任制	Asset Business Contracts	120	0.16		
工商服务业承包	Industrial and Commercial Service Contracts	434	0.56	32	0.05
劳务合同	Labour Contracts	3077	3.97	1104	1.88
其他经济合同	Other Business Contracts	10294	13.30	6723	11.47
法人(代表人)资格	Artificial Person (agent) Identification	1456	1.88	864	1.47
法人委托书	Trust Deeds of Artificial Person	5841	7.55	6754	11.52
执行许可证明	Operating Permits	98	0.13	41	0.07
其　　他	Others	15034	19.42	17964	30.64
民事公证合计	**Notarized Documents on Civil Legal Relations**	**114817**	**100.00**	**123916**	**100.00**
收　　养	Child Adoption	96	0.08	83	0.07
解除收养	Adoption Renouncements	92	0.08	23	0.02
继 承 权	Rights of Inheritance	17177	14.96	16625	13.42
遗　　嘱	Testaments	6387	5.56	4385	3.54
产　　权	Property Rights	565	0.49	353	0.28
亲属关系	Kinship Confirmation	2599	2.26	2539	2.05
房屋买卖	Purchases and Sales of Houses	5729	4.99	4968	4.01
房屋租赁	House Leases	1661	1.45	1083	0.87
留学协议	Foreign Study Contracts	211	0.18	458	0.37
遗赠抚养协议	Donations and Family Fostering	559	0.49	2081	1.68
其他民事协议	Other Civil Agreements	20584	17.93	9393	7.58
委 托 书	Trust Deeds	18862	16.43	31874	25.72
赠 与 书	Presentation Documents	7139	6.22	6764	5.46
声 明 书	Declarations	8664	7.55	9985	8.06
现场监督	Field Supervision	3512	3.06	1371	1.11
文本相符	Confirmation of Copies and Photo-offset Copies to Originals	823	0.72	1262	1.02
宅基地使用权	Rights to Housing Site	338	0.29	225	0.18
证据保全	Evidence Preservation	6373	5.55	6038	4.87
计划生育	Housing Demolition Agreements	317	0.28	313	0.25
死　　亡	Death Certificates	127	0.11	154	0.12
其　　他	Others	13002	11.32	23939	19.32

涉外公证文书分类
Foreign-related Notary Documents by Type

项 目	Item	2008		2009	
		办理公证(件) Number of Notarial Documents Issued (pieces)	比重(%) Percentage (%)	办理公证(件) Number of Notarial Documents Issued (pieces)	比重(%) Percentage (%)
合 计	**Total**	**64313**	**100.00**	**65108**	**100.00**
出 生	Births	8281	12.88	9033	13.87
学 历	Schooling	9620	14.96	10188	15.65
经 历	Personal Histories	1017	1.58	759	1.17
生存、居住	Survival and Residence	454	0.71	494	0.76
死 亡	Deaths	196	0.30	183	0.28
国 籍	Nationality	665	1.03	625	0.96
收养子女	Child Adoption	131	0.20	156	0.24
亲属关系	Kinship Confirmation	6900	10.73	6393	9.82
婚姻状况	Marital Status	2615	4.07	2492	3.83
继 承 权	Rights of Inheritance	382	0.59	390	0.60
受、未受刑事处分	Criminal Records	7767	12.08	8622	13.24
委 托 书	Proxy	1036	1.61	1425	2.19
职 称	Professional Certificates	1117	1.74	1034	1.59
声 明 书	Announcement	651	1.01	602	0.92
文本相符	Confirmation of Copies and Photo-offset Copies to Originals	6331	9.84	7798	11.98
其 他	Others	17150	26.67	14914	22.91

享受救济、补助人员情况
Persons Relief Funds or Receiving Subsidies

项 目	Item	2007	2008	2009
城镇居民最低生活保障人数(人)	Number of Persons Receiving Minimum Living Allowance in Urban Areas (person)	886409	935119	896736
城镇临时救济人次数(人次)	Number of Persons Receiving Temporary Relief in Urban Areas (person-time)	13295	7879	20099
农村居民最低生活保障人数(人)	Number of Persons Receiving Minimum Living Allowance in Rural Areas (person)	1557572	1715248	1761144
农村临时救济人次数(人次)	Number of Persons Receiving Temporary Relief in Rural Areas (person-time)	126952	49928	112753
农村传统救济人数(人)	Number of Persons Receiving Traditional Relief in Rural Areas (person)	6913	18924	15732
农村集体五保供养户(户)	Number of Persons Reveiving Livelihood Guaranteed in Five Aspects in Rural Households (household)	31406	67495	91842
农村分散五保供养户(户)	Number of Persons Reveiving Livelihood Guaranteed in Five Aspects in Rural Households (household)	191466	182013	156175

婚姻登记情况
Basic Statistics on Marriage Registration

年份 Year	结婚登记对数(对) Total Number of Registered Marriages couples)	内地居民登记结婚 Registered Marriages in the Mainland			涉外登记结婚 Registered Marriages with Foreigner	离婚(对) Divorces (couple)	粗离婚率(‰) Crude Divorce Rate (‰)
			初婚(人) First Marriages (person)	再婚(人) Re-marriages (person)			
1985	468351	468342	914957	21727	9	7604	0.14
1990	447334	447300	854367	40233	34	10010	0.17
1991	446848	446801	858537	35065	47	10037	0.16
1992	440035	439976	848865	31087	59	10349	0.17
1993	430412	430337	827386	33288	75	11353	0.18
1994	471868	471782	901803	41761	86	12167	0.19
1995	434418	434310	824330	44290	108	11163	0.17
1996	430740	430602	809736	51468	138	12445	0.19
1997	442655	442515	824323	60707	140	13681	0.21
1998	439580	439424	817935	60913	156	15344	0.23
1999	479783	479627	893670	65584	156	15608	0.24
2000	475291	475153	881891	68415	138	17084	0.26
2001	445606	445421	816272	74570	185	19321	0.29
2002	470692	470499	851947	89051	193	22924	0.34
2003	524260	524041	952850	95232	219	25785	0.38
2004	574838	574611	1041641	107581	227	43117	0.64
2005	1075317	1075042	974708	100884	275	50280	0.74
2006	1109540	1109230	1004070	105780	310	56926	0.83
2007	603901	603581	1093448	113714	320	60483	0.87
2008	663144	662756	1203102	122410	388	73066	1.05
2009	719961	719547	1300578	139344	414	86707	1.23

注：粗离婚率计算方法：离婚对数除以当期人口平均数。此方法为国际惯用方法。

a) Method for computing the Crude Divorce Rate: number of divorced couples is divided by the average population in the current period. This method is commonly used internationally.

各城市地区生产总值（2009年）
Gross Domestic Product (2009)

单位：亿元 (100 million yuan)

城市	City	地区生产总值 Gross Domestic Product	第一产业 Primary Industry	第二产业 Secondary Industry	#工业 Industry	第三产业 Tertiary Industry
城市合计	**Total**	**5872.74**	**165.06**	**2997.66**	**2707.05**	**2710.02**
石家庄市	Shijiazhuang	1082.13	6.90	317.26	251.83	757.97
承德市	Chengde	190.02	4.14	113.77	99.38	72.11
张家口市	Zhangjiakou	309.72	6.52	170.67	156.27	132.54
秦皇岛市	Qinhuangdao	466.86	6.53	182.86	152.97	277.47
唐山市	Tangshan	1919.37	92.13	1145.75	1060.45	681.48
廊坊市	Langfang	284.44	19.42	127.87	174.24	137.15
保定市	Baoding	480.88	6.43	290.36	197.45	184.08
沧州市	Cangzhou	327.48	4.57	152.22	127.05	170.69
衡水市	Hengshui	141.59	12.48	81.27	76.24	47.84
邢台市	Xingtai	186.66	1.59	116.98	107.58	68.09
邯郸市	Handan	483.61	4.35	298.66	303.57	180.60

城市	City	#交通运输、仓储和邮政业 Traffic, Transport, Storage and Pos	#金融业 Financial Intermediation	#房地产业 Real Estate	地区生产总值增长率(%) Growth Rate of Gross Domestic Product (%)	人均地区生产总值(元) Per Capita Gross Domestic Product (yuan)
城市合计	**Total**	**633.91**	**261.50**	**200.24**		
石家庄市	Shijiazhuang	134.13	88.33	42.14	8.1	44089
承德市	Chengde	5.72	13.41	4.71	10.8	36129
张家口市	Zhangjiakou	25.58	15.68	13.67	10.0	32789
秦皇岛市	Qinhuangdao	76.77	24.41	26.60	9.2	49372
唐山市	Tangshan	256.75	51.76	43.35	11.2	62671
廊坊市	Langfang	6.03	7.51	12.82	12.1	34658
保定市	Baoding	31.94	20.22	18.18	11.2	45882
沧州市	Cangzhou	39.45	17.48	10.56	20.8	55101
衡水市	Hengshui	5.51	6.28	4.21	9.3	31818
邢台市	Xingtai	5.05	4.80	12.56	11.6	30802
邯郸市	Handan	46.97	11.61	11.43	10.3	36276

各城市土地面积和人口状况（2009年）
Area of Land and Conditions of Population (2009)

城市	City	城区面积（平方公里） Area of Land (sq.km)	#建成区面积 Developed Areas	#城市建设用地面积 City Construction Land-used	年末总人口（万人） Population (year-end) (10000 persons)	年出生人口（人） Birth Population of per year (person)	年末总户数（万户） Total Households (year-end) (10000 Households)
城市合计	**Total**	**4551.78**	**1138.26**	**1074.81**	**1266.16**	**125684**	**378.56**
石家庄市	Shijiazhuang	212.54	201.06	202.37	245.44	22564	61.88
承德市	Chengde	760.07	86.19	49.72	54.10	5822	20.01
张家口市	Zhangjiakou	376.27	82.00	84.19	92.57	7323	32.40
秦皇岛市	Qinhuangdao	363.20	89.48	91.07	94.93	7023	29.03
唐山市	Tangshan	1230.20	224.00	222.87	311.27	29849	96.42
廊坊市	Langfang	292.00	58.63	58.63	81.34	10658	21.09
保定市	Baoding	312.30	130.99	130.99	106.49	11270	31.08
沧州市	Cangzhou	183.00	44.34	40.03	50.77	5473	15.70
衡水市	Hengshui	273.40	43.56	37.15	31.99	3773	9.04
邢台市	Xingtai	114.80	70.00	49.78	60.53	7045	19.94
邯郸市	Handan	434.00	108.01	108.01	136.72	14884	41.97

各城市职工人数、工资及人民生活（2009年）
Staff and Workers, Wage and People's Life (2009)

城市	City	在岗职工平均人数(万人) Average Staff and Workers (10000 persons)	在岗职工工资总额（亿元） Total Wages of Employed Staff and Works (100 million yuan)	城镇居民人均可支配收入(元) Annual Per Capita Disposable Income of Urban Households (yuan)	城镇居民人均消费性支出(元) Annual Per Capita Consumption Expenditure of Urban Households (yuan)	#食品 Food	城镇居民人均住房建筑面积(平方米) Per Capita Building Space in Urban Households (sq.m)
城市合计	**Total**	**236.75**	**769.48**				
石家庄市	Shijiazhuang	50.52	154.82	16607	10078	3534	28.64
承德市	Chengde	10.51	32.03	13282	8980	3391	26.07
张家口市	Zhangjiakou	14.25	44.24	13246	8908	3359	25.65
秦皇岛市	Qinhuangdao	18.56	66.80	15499	10471	3453	26.93
唐山市	Tangshan	48.75	178.56	18053	12962	4647	22.60
廊坊市	Langfang	12.41	49.54	17752	11540	3637	34.01
保定市	Baoding	21.63	60.75	13555	8772	3301	30.46
沧州市	Cangzhou	11.00	29.43	14519	9178	3246	31.90
衡水市	Hengshui	8.50	22.11	13142	8758	2837	29.56
邢台市	Xingtai	13.29	41.71	13355	9367	3460	30.96
邯郸市	Handan	27.33	89.50	15961	8691	2990	25.15

各城市就业人员（2009年底）
Employed Persons (End of 2009)

单位：万人 (10000 persons)

城市	City	年末单位就业人员 Employed Persons (year-end)	第一产业 Primary Industry	第二产业 Secondary Industry	#制造业 Manufacturing	第三产业 Tertiary Industry	#交通运输、仓储及邮政业 Traffic, Transport, Storage and Post
城市合计	**Total**	**256.56**	**1.56**	**125.36**	**78.64**	**129.64**	**19.61**
石家庄市	Shijiazhuang	52.76	0.21	20.83	15.05	31.72	4.88
承德市	Chengde	10.56	0.06	3.99	2.76	6.51	0.92
张家口市	Zhangjiakou	15.00	0.01	6.94	4.96	8.05	0.88
秦皇岛市	Qinhuangdao	19.87	0.04	7.98	6.29	11.85	3.18
唐山市	Tangshan	53.99	0.44	32.90	17.64	20.65	3.32
廊坊市	Langfang	14.87	0.02	7.39	5.82	7.46	0.46
保定市	Baoding	24.79	0.04	13.31	10.08	11.44	1.56
沧州市	Cangzhou	12.39	0.65	5.06	2.80	6.68	1.17
衡水市	Hengshui	8.75	0.03	2.74	2.26	5.98	1.09
邢台市	Xingtai	14.49	0.01	7.87	3.52	6.61	0.65
邯郸市	Handan	29.09	0.05	16.35	7.46	12.69	1.50

城市	City	#批发和零售业 Wholesale and Retail Trades	#住宿和餐饮业 Hotels and Catering Services	#金融业 Financial Intermediation	#房地产业 Real Estate	私营和个体就业人员 Persons Employed in Private Enterprises and Self-Employed Individuals
城市合计	**Total**	**13.13**	**3.05**	**13.90**	**2.41**	**85.22**
石家庄市	Shijiazhuang	4.77	1.14	3.15	0.27	14.44
承德市	Chengde	0.26	0.14	0.90	0.05	5.21
张家口市	Zhangjiakou	0.83	0.12	0.66	0.34	1.50
秦皇岛市	Qinhuangdao	0.55	0.24	1.29	0.16	13.60
唐山市	Tangshan	1.59	0.35	2.58	0.20	1.83
廊坊市	Langfang	0.54	0.14	0.58	0.59	5.98
保定市	Baoding	1.50	0.29	0.99	0.23	2.34
沧州市	Cangzhou	0.58	0.12	0.78	0.08	2.30
衡水市	Hengshui	0.65	0.10	0.74	0.11	6.60
邢台市	Xingtai	0.76	0.19	0.61	0.18	6.93
邯郸市	Handan	1.10	0.22	1.62	0.20	24.50

各城市固定资产投资（2009年）
Investment in Fixed Assets (2009)

城 市	City	全社会固定资产投资完成额（亿元）Total Investment in Fixed Assets (100 million yuan)	#城镇固定资产投资完成额 Urban	施工项目个数（个）Number of Projects under Construction (unit)	商品房屋销售面积（万平方米）Floor Space of Commercialized Building Sold (10000 sq.m)	商品房屋空置面积（万平方米）Floor Space of Vacant Houses (10000 sq.m)	商品房屋销售额（亿元）Total Sale of Commercialized Building (100 million yuan)
城市合计	**Total**	**4461.68**	**4218.67**	**5605**	**1326.08**	**139.80**	**505.50**
石家庄市	Shijiazhuang	964.20	963.69	1129	243.02	4.40	105.64
承 德 市	Chengde	139.22	108.41	120	49.60	2.10	20.17
张家口市	Zhangjiakou	160.22	155.57	71	158.24	25.12	43.96
秦皇岛市	Qinhuangdao	257.27	230.90	741	153.79	30.50	70.84
唐 山 市	Tangshan	1406.63	1303.05	1004	267.66	22.71	105.52
廊 坊 市	Langfang	184.89	167.00	938	97.63	22.20	45.37
保 定 市	Baoding	335.05	333.23	229	68.59	3.14	20.39
沧 州 市	Cangzhou	309.52	303.27	271	102.79	1.85	33.73
衡 水 市	Hengshui	81.94	68.47	127	37.46	1.68	9.74
邢 台 市	Xingtai	117.37	117.37	228	32.70	0.46	10.57
邯 郸 市	Handan	505.36	467.71	747	114.60	25.64	39.58

各城市财政、金融主要经济指标（2009年）
Major Indicators of Public Finance and Banking (2009)

单位：亿元 (100 million yuan)

城 市	City	地方财政一般预算收入 General Budget of Financial Revenue	财政支出 Expenditure	#一般性公共服务支出 Genaral Public Services	年末金融机构存款余额 Deposits of Financial Institutions at year-end	#城乡居民储蓄存款余额 Residents'Saving Deposits of Financial Institutions in Urban and Rural Areas	年末金融机构贷款余额 Loans of Financial Institutions at year-end
城市合计	**Total**	**420.46**	**668.06**	**98.01**	**11890.93**	**5758.43**	**7532.36**
石家庄市	Shijiazhuang	75.44	110.81	13.83	3684.83	1462.75	2390.43
承 德 市	Chengde	23.79	44.49	6.76	440.47	220.05	374.61
张家口市	Zhangjiakou	7.84	27.21	3.42	615.29	344.56	519.12
秦皇岛市	Qinhuangdao	43.97	63.49	8.87	950.83	476.62	617.32
唐 山 市	Tangshan	108.62	164.88	27.28	2339.48	1216.17	1301.10
廊 坊 市	Langfang	28.42	47.06	6.87	636.93	305.78	370.52
保 定 市	Baoding	31.24	48.45	7.68	837.48	456.43	424.32
沧 州 市	Cangzhou	26.59	45.45	6.55	483.22	241.90	318.18
衡 水 市	Hengshui	10.72	24.52	3.77	352.21	200.89	171.49
邢 台 市	Xingtai	21.62	32.00	4.59	556.60	306.66	358.67
邯 郸 市	Handan	42.21	59.72	8.39	993.60	526.64	686.60

各城市规模以上工业企业主要经济指标（2009年）
Major Indicators on Economic Benefit of Industrial Enterprises Above Designated Size (2009)

单位：亿元 (100 million yuan)

城市	City	工业企业数(个) Number of Industrial Enterprises (unit)	工业增加值 Value-added of Industrial	从业人员年平均人数(万人) Annual Avefage Employment Personnel (10000 persons)	主营业务收入 Revenue from Principal Business	本年应交增值税 Value-added Tax Payable	工业利润总额 Total Profits
城市合计	**Total**	**2716**	**2416.48**	**127.28**	**9717.21**	**329.86**	**424.03**
石家庄市	Shijiazhuang	280	176.41	18.58	943.02	27.90	20.79
承德市	Chengde	115	96.08	4.90	348.48	7.34	7.30
张家口市	Zhangjiakou	164	154.65	8.43	437.42	20.93	13.72
秦皇岛市	Qinhuangdao	338	152.80	8.71	661.11	13.35	9.13
唐山市	Tangshan	737	960.63	42.94	3640.76	96.49	142.64
廊坊市	Langfang	227	130.81	5.84	371.51	11.96	21.87
保定市	Baoding	194	171.88	10.69	790.76	58.55	55.50
沧州市	Cangzhou	157	120.16	4.00	579.57	18.34	82.06
衡水市	Hengshui	161	72.70	3.69	293.10	6.64	17.42
邢台市	Xingtai	91	99.73	6.88	382.33	19.32	27.43
邯郸市	Handan	252	280.61	12.62	1269.13	49.04	26.17

各城市内贸、外经主要经济指标（2009年）
Major Indicators of Domestic Trade and Foreign Economy Trade (2009)

城市	City	社会消费品零售总额(亿元) Total Retail Sale of Consumer Goods (100 million yuan)	限额以上批发零售贸易企业(个) Number of Enterprises above Designated Size (unit)	当年新签项目(合同)个数(个) Number of New Contract Signed (unit)	当年实际利用外资金额(万美元) Amount of Foreign Capital Actually Utilized (USD 10000)	#外商直接投资额 Foreign Direct Investment
城市合计	**Total**	**1712.75**	**1015**	**85**	**204614**	**202722**
石家庄市	Shijiazhuang	303.51	215	15	42330	42330
承德市	Chengde	67.42	48	1	3970	3540
张家口市	Zhangjiakou	119.35	62	3	8	8
秦皇岛市	Qinhuangdao	193.15	145	13	32241	32241
唐山市	Tangshan	456.55	199	11	51439	51020
廊坊市	Langfang	73.64	59	14	12210	12045
保定市	Baoding	112.61	84	7	37693	36947
沧州市	Cangzhou	64.98	41	3	7017	7017
衡水市	Hengshui	70.77	36	3	2219	2219
邢台市	Xingtai	68.47	39	2	2284	2152
邯郸市	Handan	182.28	87	13	13203	13203

各城市交通、邮电及用电情况（2009年）

Conditions of Transportation, Post and Telecommunications Services and Electricity Consumption (2009)

城 市	City	民用汽车拥有量(万辆) Possession of Civil Vehicles (10000 units)	公路客运量(万人) Passenger Traffic of Highways (10000 persons)	公路货运量(万吨) Freight Traffic of Highways (10000 tons)	年末邮政局(所)数(处) Number of Postal and Offices (unit)	国际互联网用户数(万户) Number of Internet (10000 subscribers)
城市合计	**Total**	**470.69**	**70579**	**106530**	**369**	**295.70**
石家庄市	Shijiazhuang	73.96	8795	13749	73	73.85
承 德 市	Chengde	16.73	4280	4279	26	12.20
张家口市	Zhangjiakou	24.33	2574	3716	24	23.62
秦皇岛市	Qinhuangdao	23.47	1812	3608	38	30.20
唐 山 市	Tangshan	63.62	9868	22008	71	34.06
廊 坊 市	Langfang	42.09	4992	7751	23	13.04
保 定 市	Baoding	67.30	11938	11203	23	25.54
沧 州 市	Cangzhou	49.49	9167	12993	18	13.52
衡 水 市	Hengshui	22.79	1970	2748	16	9.59
邢 台 市	Xingtai	34.61	6137	7809	22	14.28
邯 郸 市	Handan	52.30	9046	16666	35	45.79

城 市	City	电话用户数(万户) Number of Telephones (10000 Subscribers)	固定电话用户数 Number of Fixed Telephone Subscribers	移动电话用户数 Number of Mobile Telephone Subscribers	全年用电量(万千瓦小时) Annual Electricity Consumption (10000 kwh)	#工业用电 for Industrial
城市合计	**Total**	**2105.50**	**400.19**	**1705.31**	**9791292**	**8074452**
石家庄市	Shijiazhuang	470.48	41.86	428.62	1270267	859736
承 德 市	Chengde	94.98	14.93	80.05	475837	420565
张家口市	Zhangjiakou	163.85	47.30	116.55	611354	477210
秦皇岛市	Qinhuangdao	134.33	33.06	101.27	719755	482861
唐 山 市	Tangshan	403.68	90.95	312.73	4247116	3980260
廊 坊 市	Langfang	103.06	31.84	71.22	295809	184537
保 定 市	Baoding	263.00	32.00	231.00	654786	498844
沧 州 市	Cangzhou	111.29	17.29	94.00	272506	180716
衡 水 市	Hengshui	86.20	27.73	58.47	206770	149099
邢 台 市	Xingtai	102.15	27.56	74.59	534610	447669
邯 郸 市	Handan	172.48	35.67	136.81	502482	392955

注：民用汽车拥有量、公路客运量、公路货运量为全市数据。

a) Possession of Civil Vehicles of a city is the totals of civil vihicles owned by residents of the prefectural city, i.e. residents of not only the municipall districts , but also the counties charged by the prefectural government. So do the data of Passenger Traffic of Highways and Freight Traffic of Highways.

各城市教育事业及专业技术人员主要指标（2009年）
Conditions of Education and Scientific and Technical Personnel (2009)

城市	City	学校数（个）Number of Schools (unit)				专任教师数（人）Number of Full-time Teachers(person)			
		普通高等学校 Regular Institutions of Higher Education	中等职业技术学校 Secondary Vocational Schools	普通中学 Regular Secondary Schools	小学 Primary Schools	普通高等学校 Regular Institutions of Higher Education	中等职业技术学校 Secondary Vocational Schools	普通中学 Regular Secondary Schools	小学 Primary Schools
城市合计	**Total**	**94**	**414**	**582**	**1553**	**54023**	**24412**	**57196**	**50008**
石家庄市	Shijiazhuang	39	128	90	202	19673	5552	10522	7170
承德市	Chengde	4	18	21	88	1914	866	2422	2052
张家口市	Zhangjiakou	4	21	41	111	2547	992	4204	3560
秦皇岛市	Qinhuangdao	6	18	46	76	4865	780	3812	3934
唐山市	Tangshan	8	52	130	424	5303	5048	11298	10782
廊坊市	Langfang	7	10	34	153	2893	619	3205	3310
保定市	Baoding	12	29	37	106	8609	2397	3293	3401
沧州市	Cangzhou	4	29	53	86	1506	2113	4003	3797
衡水市	Hengshui	2	33	21	60	897	1614	3005	2344
邢台市	Xingtai	4	27	47	90	2454	1739	4141	3085
邯郸市	Handan	4	49	62	157	3362	2692	7291	6573

城市	City	在校学生数（万人）Number of Higher Eduction(10000 persons)						各类专业技术人员（万人）Scientific and Technical Personennel (10000 persons)	#中级技术职称以上人员 Above Medium Professional Certification
		普通高等学校 Regular Institutions of Higher Education	中等职业技术学校 Secondary Vocational Schools	普通中学 Regular Middle Schools	高中阶段 Senior	小学 Primary Schools	成人高等教育学校 Institutions of Higher Learning for Adults		
城市合计	**Total**	**97.19**	**57.74**	**81.50**	**87.71**	**84.32**	**18.69**	**29.81**	**16.47**
石家庄市	Shijiazhuang	33.76	18.44	14.09	25.37	15.72	7.37	4.73	2.67
承德市	Chengde	3.55	2.48	3.24	3.98	3.16	1.18	1.61	0.87
张家口市	Zhangjiakou	4.48	2.94	6.32	1.40	5.29	1.15	0.93	0.47
秦皇岛市	Qinhuangdao	8.82	1.24	4.39	2.60	5.16	2.14	3.24	1.62
唐山市	Tangshan	9.11	6.80	13.86	11.86	16.38	2.05	6.72	3.47
廊坊市	Langfang	6.02	2.32	4.42	4.01	5.15	0.58	1.83	0.99
保定市	Baoding	16.00	5.09	5.42	7.48	6.53	2.53	2.10	1.42
沧州市	Cangzhou	3.25	2.73	5.45	5.37	6.00	0.13	2.17	1.26
衡水市	Hengshui	1.69	3.42	4.31	5.59	3.36	0.07	1.53	0.71
邢台市	Xingtai	4.58	5.38	6.33	8.69	5.86	0.11	1.81	0.93
邯郸市	Handan	5.92	6.88	13.67	11.36	11.71	1.38	3.16	2.07

各城市文化、卫生及社会保障情况（2009年）
Conditions of Culture, Public Health, Social Security (2009)

城市	City	公共图书馆数（个）Number of Public Libraries (unit)	公共图书馆图书藏量(千册) Total Collections (1000 volumes)	医院、卫生院（个）Hospitals and Health Centers (unit)	医院、卫生院床位数(张) Number of Hospital Beds (bed)	医生数（人）Doctors (person)	注册护士数（人）Number of Registered Nurses (person)
城市合计	**Total**	**29**	**8313**	**1132**	**117159**	**66885**	**50430**
石家庄市	Shijiazhuang	7	3202	192	22800	14534	10588
承德市	Chengde	2	334	31	3933	2189	1679
张家口市	Zhangjiakou	2	706	42	5021	2844	2346
秦皇岛市	Qinhuangdao	2	546	54	5185	3146	2789
唐山市	Tangshan	5	1131	180	20273	10338	7820
廊坊市	Langfang	2	473	92	7180	4703	3087
保定市	Baoding	1	727	123	13706	7784	6573
沧州市	Cangzhou	1	249	121	11688	7116	5278
衡水市	Hengshui	1	108	74	5127	3489	1786
邢台市	Xingtai	1	331	92	8316	4235	2965
邯郸市	Handan	5	506	131	13930	6507	5519

城市	City	基本养老保险参保人数(万人) Number of People Participated in Basic Pension Insurance (10000 persons)	基本医疗保险参保人数(万人) Number of People Participated in Basic Medical Care Insurance (10000 persons)	失业保险参保人数(万人) Number of People Participated in Unemployment Insurance (10000 persons)	社会福利院（个）Number of Social Welfare Homes (unit)	社会福利院床位数(张) Number of Beds in Social Welfare Homes (bed)	城镇居民最低生活保障人数(万人) Number of Persons Receiving Minimum Living Allowance in Urban Areas (10000 persons)
城市合计	**Total**	**433.28**	**472.57**	**293.61**	**160**	**17630**	**31.40**
石家庄市	Shijiazhuang	101.05	84.05	68.83	22	4915	2.24
承德市	Chengde	19.92	24.46	13.99	10	1124	3.06
张家口市	Zhangjiakou	17.91	29.28	23.99	11	951	6.34
秦皇岛市	Qinhuangdao	35.43	66.92	22.60	8	1300	2.43
唐山市	Tangshan	100.87	110.90	52.77	53	4766	2.88
廊坊市	Langfang	17.13	18.72	8.01	10	1269	1.25
保定市	Baoding	27.37	42.68	19.90	3	630	1.40
沧州市	Cangzhou	22.82	22.18	13.72	6	573	1.62
衡水市	Hengshui	13.67	11.30	8.75	10	814	1.40
邢台市	Xingtai	21.16	22.34	14.92	7	406	2.52
邯郸市	Handan	55.94	39.74	46.13	20	882	6.26

各城市市政公用事业（2009年）
Basic Statistics on Urban Public Utilities (2009)

城　市	City	年末实有城市道路面积（万平方米）Area of Paved Roads (year-end) (10000 sq.m)	排水管道长　度（公里）Length of City Sewage Pipes (km)	供水综合生产能力（万立方米/日）Production Capacity of Tap Water Supply(10000 cu.m/day)	供水总量（万立方米）Annual Supply of Tap Watter (10000 cu.m)	用水人口（万人）Number of Residents with Access to Tap Water (10000 persons)	煤气(人工、天然气)供气总量（万立方米）Volume of Gas Supply (10000 cu.m)	用煤气(人工、天然气)人口（万人）Population with Access to Gas (10000 persons)
城市合计	**Total**	**16983**	**9897**	**623.68**	**121061**	**1154.15**	**132242**	**752.26**
石家庄市	Shijiazhuang	3813	1861	90.38	24353	252.50	11027	164.90
承 德 市	Chengde	505	325	32.24	5738	50.13	2639	10.00
张家口市	Zhangjiakou	1173	655	75.00	9345	83.80	5959	58.07
秦皇岛市	Qinhuangdao	1424	1161	41.70	10202	92.94	4965	75.86
唐 山 市	Tangshan	2726	2129	118.01	27612	197.13	50790	128.68
廊 坊 市	Langfang	789	379	23.50	3952	51.14	7650	42.00
保 定 市	Baoding	1416	828	41.00	8573	122.61	7409	52.00
沧 州 市	Cangzhou	883	404	31.40	4506	55.18	4300	29.02
衡 水 市	Hengshui	630	346	10.90	2361	36.95	657	14.00
邢 台 市	Xingtai	1214	567	53.60	7183	64.38	16520	41.09
邯 郸 市	Handan	2411	1242	105.95	17235	147.39	20327	136.64

城　市	City	液化石油气供气总量（吨）Liquefied Petroleum Gas (ton)	用液化气人口(万人) Population with Access to Liquefied Petroleum Gas (10000 persons)	公共交通运营车(辆) Number of Public Vehicles under Operation (unit)	全年公共汽(电)车客运总量(万人次) Number of Passengers Garried of Bus (10000 (person-times)	年末实有出租汽车（辆）Number of Taxi at Year-end (unit)	园林绿地面积(公顷) Area of Urban Gardens and Green Areas (hectare)	建成区绿化覆盖面积（公顷）Green Covered Areas (hectare)
城市合计	**Total**	**98198**	**382.74**	**17451**	**182783**	**59747**	**47941**	**47680**
石家庄市	Shijiazhuang	14790	87.60	4139	46277	9201	8227	8348
承 德 市	Chengde	5588	37.10	613	11289	5791	3228	3555
张家口市	Zhangjiakou	11310	17.80	925	8052	5030	2709	2923
秦皇岛市	Qinhuangdao	10117	17.08	1028	14039	4292	4129	4080
唐 山 市	Tangshan	26097	68.06	1924	30033	4642	8736	10080
廊 坊 市	Langfang	2200	9.14	471	4099	5327	4197	2728
保 定 市	Baoding	8639	66.75	2122	20510	5965	4465	5234
沧 州 市	Cangzhou	4964	26.16	1110	11238	6965	1413	1727
衡 水 市	Hengshui	3896	20.30	902	3930	1993	972	1366
邢 台 市	Xingtai	8596	22.00	1836	10411	3772	3771	2779
邯 郸 市	Handan	2001	10.75	2381	22905	6769	6094	4860

各市地区生产总值及指数（2009年）
Gross Domestic Product and Its Indices (2009)

市	City	地区生产总值（亿元）Gross Domestic Product (100 million yuan)	第一产业 Primary Industry	第二产业 Secondary Industry	工业 Industry	建筑业 Construction	第三产业 Tertiary Industry
全省	**Total**	**17235.48**	**2207.34**	**8959.83**	**7983.86**	**975.97**	**6068.31**
石家庄市	Shijiazhuang	3001.28	308.31	1487.91	1328.96	158.95	1205.05
承德市	Chengde	760.11	113.35	392.29	343.02	49.27	254.47
张家口市	Zhangjiakou	800.34	121.40	334.79	285.77	49.02	344.15
秦皇岛市	Qinhuangdao	804.54	102.35	311.71	270.64	41.07	390.48
唐山市	Tangshan	3812.72	360.18	2202.13	2021.01	181.12	1250.41
廊坊市	Langfang	1147.48	138.34	613.03	523.18	89.85	396.11
保定市	Baoding	1730.00	265.53	871.32	726.52	144.80	593.16
沧州市	Cangzhou	1801.23	216.20	868.97	785.16	83.81	716.06
衡水市	Hengshui	652.11	122.94	331.25	306.52	24.73	197.92
邢台市	Xingtai	1056.29	158.82	596.81	555.81	41.00	300.66
邯郸市	Handan	2015.28	246.91	1085.94	973.60	112.34	682.43

市	City	地区生产总值指数（上年=100）Gross Domestic Product (preceding year=100)	第一产业 Primary Industry	第二产业 Secondary Industry	工业 Industry	建筑业 Construction	第三产业 Tertiary Industry
全省	**Total**	**110.0**	**103.3**	**110.5**	**109.6**	**120.5**	**111.4**
石家庄市	Shijiazhuang	111.1	100.2	110.9	109.5	124.7	113.8
承德市	Chengde	111.0	105.0	112.6	112.0	116.6	111.2
张家口市	Zhangjiakou	110.0	102.2	112.6	109.5	137.0	110.1
秦皇岛市	Qinhuangdao	109.5	105.8	110.7	109.6	119.8	109.3
唐山市	Tangshan	111.3	105.8	111.2	110.9	114.6	113.0
廊坊市	Langfang	110.8	103.1	111.7	110.8	119.0	111.6
保定市	Baoding	111.0	104.8	113.3	111.7	124.0	110.2
沧州市	Cangzhou	111.3	104.0	110.5	109.7	119.0	114.9
衡水市	Hengshui	109.6	104.0	111.3	110.1	127.6	109.2
邢台市	Xingtai	110.0	103.4	111.4	110.7	118.9	110.2
邯郸市	Handan	111.2	103.5	110.5	110.2	113.1	115.2

各市地区生产总值
Gross Domestic Product

单位：亿元 (100 million yuan)

市	City	2000	2005	2006	2007	2008	2009
全　省	**Total**	**5043.96**	**10012.11**	**11467.60**	**13607.32**	**16011.97**	**17235.48**
石家庄市	Shijiazhuang	962.52	1670.80	1902.52	2268.84	2723.55	3001.28
承 德 市	Chengde	158.63	353.20	427.50	569.81	743.68	760.11
张家口市	Zhangjiakou	226.34	425.81	501.44	592.23	746.52	800.34
秦皇岛市	Qinhuangdao	260.13	453.18	534.36	647.71	760.63	804.54
唐 山 市	Tangshan	915.05	2007.31	2335.53	2779.42	3537.47	3812.72
廊 坊 市	Langfang	327.43	609.57	715.98	883.93	1061.49	1147.48
保 定 市	Baoding	592.22	1040.57	1153.92	1336.73	1525.82	1730.00
沧 州 市	Cangzhou	449.03	1055.51	1208.93	1386.72	1620.16	1801.23
衡 水 市	Hengshui	279.89	510.94	524.21	536.09	603.81	652.11
邢 台 市	Xingtai	365.10	671.04	776.94	890.75	970.01	1056.29
邯 郸 市	Handan	542.35	1098.51	1354.80	1608.13	1906.36	2015.28

各市支出法计算的地区生产总值（2009年）
Gross Domestic Product by Expenditure Approach (2009)

单位：亿元 (100 million yuan)

市	City	支出法地区生产总值 Gross Regional Product by Expenditure Approach	最终消费 Final Consumption Expenditures	居民消费 Household Consumption Expenditures	政府消费 Government Consumption Expenditures	资本形成总额 Gross Capital Formation	货物和服务净流出 Net Outflow of Goods and Services
全　省	**Total**	**17235.48**	**7220.83**	**5043.35**	**2177.48**	**9264.77**	**749.88**
石家庄市	Shijiazhuang	3001.28	1173.66	837.10	336.56	1668.56	159.06
承 德 市	Chengde	760.11	305.87	202.78	103.10	637.35	-183.10
张家口市	Zhangjiakou	800.34	340.28	254.41	85.88	435.93	24.13
秦皇岛市	Qinhuangdao	804.54	327.59	240.89	86.70	436.25	40.71
唐 山 市	Tangshan	3812.72	1196.08	916.16	279.92	1606.71	1009.93
廊 坊 市	Langfang	1147.48	453.45	354.88	98.57	691.44	2.59
保 定 市	Baoding	1730.00	815.74	592.61	223.13	1136.48	-222.21
沧 州 市	Cangzhou	1801.23	622.30	467.18	155.12	984.42	194.51
衡 水 市	Hengshui	652.11	316.60	246.02	70.59	310.03	25.47
邢 台 市	Xingtai	1056.16	452.81	355.87	96.94	590.54	12.82
邯 郸 市	Handan	2015.28	645.10	584.13	60.97	1228.87	141.31

各市人口数及人口自然变动（2009年）

Total Population and Natural Changes of Population (2009)

市	City	总人口（万人）Total Population (10000 persons)	#城镇人口 Urban Population	#男 Male	出生率（‰）Birth Rate (‰)	死亡率（‰）Death Rate (‰)	自然增长率（‰）Natural Growth Rate (‰)
全　省	**Total**	**7034.40**	**3076.90**	**3582.08**	**12.93**	**6.43**	**6.50**
石家庄市	Shijiazhuang	988.11	480.38	405.45	12.06	6.44	5.62
承德市	Chengde	344.20	132.99	259.10	13.85	6.11	7.74
张家口市	Zhangjiakou	423.53	186.28	236.60	12.29	7.16	5.13
秦皇岛市	Qinhuangdao	297.80	140.69	279.44	11.66	5.97	5.69
唐山市	Tangshan	746.79	398.95	344.32	11.55	6.83	4.72
廊坊市	Langfang	412.19	194.95	247.45	11.21	6.23	4.98
保定市	Baoding	1101.66	394.96	442.96	13.87	6.26	7.61
沧州市	Cangzhou	702.88	295.29	376.20	13.75	6.83	6.92
衡水市	Hengshui	430.49	164.36	250.37	11.99	5.41	6.58
邢台市	Xingtai	698.88	286.61	354.44	13.75	6.31	7.44
邯郸市	Handan	887.86	401.44	385.75	13.38	5.73	7.65

注：全省男女人口按国家样本数据推算，各市男女人口按省样本数据推算。

a) The provincial number of male and female are estimated on the base of the sample data for the whole country. The number of male and female for the cities are estimated on the base of the sample data for Hebei Province.

各市职工人数（2009年底）

Number of Staff and Workers (End of 2009)

单位：万人　(10000 persons)

市	City	职工人数 Number of Staff and Workers	#国有经济 State-Owned	#城镇集体经济 Urban Collective-Owned	在岗职工人数 Number of Staff and Workers on-post	#国有经济 State-Owned	#城镇集体经济 Urban Collective-Owned
全　省	**Total**	**514.42**	**341.08**	**32.83**	**470.20**	**315.01**	**25.65**
石家庄市	Shijiazhuang	89.51	63.67	6.73	80.22	58.38	5.38
承德市	Chengde	25.17	16.22	0.94	24.05	15.60	0.81
张家口市	Zhangjiakou	36.10	26.48	3.42	30.83	23.43	1.91
秦皇岛市	Qinhuangdao	28.14	17.03	1.14	26.58	16.10	0.99
唐山市	Tangshan	81.22	40.00	4.23	75.30	37.11	3.61
廊坊市	Langfang	29.91	17.97	0.78	28.82	17.16	0.65
保定市	Baoding	63.70	44.22	3.67	59.84	41.43	3.10
沧州市	Cangzhou	41.14	29.42	2.42	39.76	28.56	2.24
衡水市	Hengshui	22.47	16.08	2.10	20.92	15.12	1.86
邢台市	Xingtai	35.67	25.09	2.63	31.91	22.53	2.14
邯郸市	Handan	61.39	44.90	4.77	51.97	39.59	2.96

注：全省总计中含其他单位，不等于各市汇总数(下同)。

a) The data by city didn't contained of others so total isn't equal to the figure of whole province,same as following tables.

各市城镇单位就业人员劳动报酬（2009年）
Labor Reward of Urban Units Employment (2009)

单位：万元 (10000 yuan)

市	City	就业人员劳动报酬 Earning of Employed Persons	在岗职工工资总额 Total Wages Bill of Staff and Workers	#国有经济 State-owned Units	#城镇集体经济 Urban Collective-owned Units	其他就业人员劳动报酬 Units of Others Types of Ownership
全　省	**Total**	**13981981**	**13379216**	**9284802**	**479223**	**602765**
石家庄市	Shijiazhuang	2268301	2208199	1760840	84972	60102
承 德 市	Chengde	694930	675612	456449	20731	19318
张家口市	Zhangjiakou	852237	832444	648056	42012	19793
秦皇岛市	Qinhuangdao	915851	874680	527587	23574	41171
唐 山 市	Tangshan	2641612	2481815	1177589	78153	159797
廊 坊 市	Langfang	927684	891681	534772	13677	36003
保 定 市	Baoding	1606878	1484579	1112572	54215	122299
沧 州 市	Cangzhou	1249685	1190352	954611	43313	59333
衡 水 市	Hengshui	482988	476373	349415	40744	6615
邢 台 市	Xingtai	873646	828181	558443	34322	45465
邯 郸 市	Handan	1468169	1435300	1204468	43510	32869

各市在岗职工工资总额及平均工资（2009年）
Total Wages and Average Wage of Staff and Workers (on Post) (2009)

市	City	在岗职工工资总额（万元） Total Wages (10000 Yuan)	国有经济 State-Owned	城镇集体经济 Urban Collective-Owned	其他经济类型 Others	在岗职工平均工资（元） Average Wage of Staff and Workers on-post (yuan)	国有经济 State-Owned	城镇集体经济 Urban Collective-Owned	其他经济类型 Others
全　省	**Total**	**13379216**	**9284802**	**479223**	**3615191**	**28383**	**29459**	**18467**	**27754**
石家庄市	Shijiazhuang	2208199	1760840	84972	362387	27371	29993	15867	21814
承 德 市	Chengde	675612	456449	20731	198432	26723	28965	23004	23014
张家口市	Zhangjiakou	832444	648056	42012	142376	26678	27588	19789	25471
秦皇岛市	Qinhuangdao	874680	527587	23574	323519	32234	32225	23414	33160
唐 山 市	Tangshan	2481815	1177589	78153	1226073	33332	31897	21855	36101
廊 坊 市	Langfang	891681	534772	13677	343232	31472	31424	21838	32112
保 定 市	Baoding	1484579	1112572	54215	317792	24968	26935	17729	21053
沧 州 市	Cangzhou	1190352	954611	43313	192428	29775	33543	18613	20933
衡 水 市	Hengshui	476373	349415	40744	86214	22764	23144	21597	21866
邢 台 市	Xingtai	828181	558443	34322	235416	25906	24830	16254	31959
邯 郸 市	Handan	1435300	1204468	43510	187322	27619	30448	14609	19861

各市城镇私营单位从业人员平均工资

Average Wage of Staff and Workers in Urban Private Enterprises

单位：元 (yuan)

市	City	平均工资 Average Wage		2009年比上年增长 Growth Rate over Preceding Year	
		2008	2009	绝对值 Absolute Value	指数(%) Index
全　省	**Total**	**13688**	**15111**	**1423**	**10.4**
石家庄市	Shijiazhuang	13060	14310	1250	9.6
承 德 市	Chengde	13204	15181	1977	15.0
张家口市	Zhangjiakou	12243	14161	1918	15.7
秦皇岛市	Qinhuangdao	16346	18141	1795	11.0
唐 山 市	Tangshan	16588	18389	1801	10.9
廊 坊 市	Langfang	16133	16980	847	5.3
保 定 市	Baoding	12516	13553	1037	8.3
沧 州 市	Cangzhou	12683	13802	1119	8.8
衡 水 市	Hengshui	11876	13384	1508	12.7
邢 台 市	Xingtai	11422	12521	1099	9.6
邯 郸 市	Handan	11603	12972	1369	11.8

各市全社会固定资产投资（2009年）

Total Investment in Fixed Assets (2009)

单位：万元 (10000 yuan)

市	City	投资总额 Total Investment	城　镇 Urban Area	建设项目 Construction Projects	房地产开发 Real Estate Development	农　村 Rural Area	非农户 Collective Owned Units	农　户 Individuals
全　省	**Total**	**123118505**	**105185444**	**89985057**	**15200387**	**17933061**	**13998564**	**3934497**
石家庄市	Shijiazhuang	24363602	22287346	18547565	3739781	2076256	1595424	480832
承 德 市	Chengde	5672020	5200639	4528738	671901	471381	299988	171393
张家口市	Zhangjiakou	6574816	5809079	4846326	962753	765737	637273	128464
秦皇岛市	Qinhuangdao	4210405	3290832	2346343	944489	919573	821731	97842
唐 山 市	Tangshan	21826053	18022689	16104799	1917890	3803364	2993841	809523
廊 坊 市	Langfang	12796878	11724742	9240434	2484308	1072136	632013	440123
保 定 市	Baoding	11304295	10008844	8264517	1744327	1295451	459224	836227
沧 州 市	Cangzhou	11028152	7742848	7046705	696143	3285304	2736839	548465
衡 水 市	Hengshui	3612144	2313671	1884803	428868	1298473	990852	307621
邢 台 市	Xingtai	8404665	6017662	5541553	476109	2387003	1488483	898520
邯 郸 市	Handan	14669012	12764952	11631134	1133818	1904060	1342896	561164

注：全省农村农户投资为抽样调查数，各市为全面调查数。

a) The provincial data of individual investment in fixed assets in the rural area are estimator on the base of sample surveys. However, the corresponding data for the cities are results of overall statistical surveys.

各市按构成和建设性质分的城镇建设项目投资（2009年）
Investment in Capital Construction Projects in Urban Area by Use of Funds and Type of Construction (2009)

单位：万元 (10000 yuan)

市	City	投资总额 Total Invstment	按构成分 by Composition of Funds #建筑工程 Construction	#安装工程 Installation	#设备工器具购置 Purchase of Equipment and Instruments	按建设性质分 by Type of Construction #新建 New Construction	#扩建 Expansion	#改建和技术改造 Reconstruction
全　省	**Total**	**89985057**	**47975081**	**5586639**	**25799490**	**55504971**	**17462449**	**11729782**
石家庄市	Shijiazhuang	18547565	8896489	1572215	5677217	10293709	3673088	3516487
承 德 市	Chengde	4528738	2525426	241714	1242582	2658650	1248295	467607
张家口市	Zhangjiakou	4846326	2500947	253572	1415553	2961897	1585852	268113
秦皇岛市	Qinhuangdao	2346343	1253358	127493	679884	1544628	302851	407600
唐 山 市	Tangshan	16104799	10653793	646556	3133111	11702513	1215415	897231
廊 坊 市	Langfang	9240434	4281186	577658	3240328	4515894	2410501	1904885
保 定 市	Baoding	8264517	4346368	539239	2227723	5295279	1804899	958689
沧 州 市	Cangzhou	7046705	3657217	438166	2438146	3726469	2498257	695853
衡 水 市	Hengshui	1884803	998417	65660	571795	1191001	342819	215337
邢 台 市	Xingtai	5541553	2449638	333525	2193394	3793081	837986	678191
邯 郸 市	Handan	11631134	6411535	790527	2979116	7820382	1541814	1719789

各市城镇建设项目施工、投产个数和新增固定资产（2009年）
Number of Capital Construction Projects in Urban Area under Construction and Put into Use and Newly Increased Fixed Assets (2009)

市	City	施工项目（个） Number of Projects under Construction (unit)	全部建成投产项目个数（个） Number of Projects Completed and Put into Use (unit)	项目建成投产率（%） Rate of Construction Projects Completed and Put into Use (%)	新增固定资产（万元） Newly Increased Fixed Assets (10000 yuan)	固定资产交付使用率（%） Rate of Projects of Fixed Assets Completed and Put into Use (%)
全　省	**Total**	**29421**	**22503**	**76.49**	**63086404**	**70.11**
石家庄市	Shijiazhuang	7488	6283	83.91	13893270	74.91
承 德 市	Chengde	1400	945	67.50	2267037	50.06
张家口市	Zhangjiakou	1103	622	56.39	2062735	42.56
秦皇岛市	Qinhuangdao	1038	759	73.12	1786755	76.15
唐 山 市	Tangshan	2650	1467	55.36	10585290	65.73
廊 坊 市	Langfang	2529	2024	80.03	7301515	79.02
保 定 市	Baoding	2966	2284	77.01	6237075	75.47
沧 州 市	Cangzhou	2715	2297	84.60	4761194	67.57
衡 水 市	Hengshui	723	448	61.96	1392443	73.88
邢 台 市	Xingtai	2724	2002	73.49	4416678	79.70
邯 郸 市	Handan	4079	3372	82.67	8350144	71.79

注：全省总计中含不分地区数，不等于各市合计。
a)The data by city didn't contained of others so total isn't equal to the figure of whole province,same as following tables.

各市城镇建设项目施工、竣工房屋建筑面积及价值（2009年）
Floor Space of Buildings under Construction, Completed and Value in Capital Construction Projects in Urban Area (2009)

市	City	施工面积（万平方米） Floor Space under Construction (10000 sq.m)	#住 宅 Residential Building	竣工面积（万平方米） Floor Space Completed (10000 sq.m)	#住 宅 Residential Building	竣工房屋价 值（万元） Value of building Completed (10000 yuan)	#住 宅 Residential Building
全 省	**Total**	**16885.0**	**2845.8**	**6197.8**	**1137.1**	**9180781**	**1731388**
石家庄市	Shijiazhuang	4267.8	1371.8	1669.1	435.6	2439982	669141
承 德 市	Chengde	321.4	62.9	81.8	21.9	117195	30601
张家口市	Zhangjiakou	482.4	108.3	93.9	28.6	100489	29052
秦皇岛市	Qinhuangdao	521.0	101.7	180.4	41.6	328347	86344
唐 山 市	Tangshan	1210.6	262.3	302.5	70.4	462113	95055
廊 坊 市	Langfang	2437.5	79.9	919.7	58.2	1428731	77467
保 定 市	Baoding	1965.1	286.2	720.6	130.0	1150173	248304
沧 州 市	Cangzhou	1763.5	69.1	649.9	25.4	1193180	33077
衡 水 市	Hengshui	713.3	30.3	164.2	16.5	206766	22334
邢 台 市	Xingtai	1112.4	207.8	489.3	109.0	609166	139848
邯 郸 市	Handan	2090.2	265.7	926.4	199.9	1144639	300165

注：全省总计中含不分地区数，不等于各市合计。
a)The data by city didn't contained of others so total isn't equal to the figure of whole province, same as following tables.

各市城镇能源工业投资（2009年）
Investment in Energy Industry in Urban Area (2009)

单位：万元 (10000 yuan)

市	City	合 计 Total	煤炭开采和洗选业 Mining and Washing of Coal	石油和天然气开采业 Extraction of Petroleum and Natural Gas	石油加工、炼焦及核燃料加工业 Processing of Petroleum, Coking,	电力、煤气生产和供应业 Production and Supply of Electricity, Gas and Water
全 省	**Total**	**6373952**	**735637**	**97733**	**1217230**	**4323352**
石家庄市	Shijiazhuang	761133	138260		180167	442706
承 德 市	Chengde	424909	14958	2309		407642
张家口市	Zhangjiakou	1627960	49220			1578740
秦皇岛市	Qinhuangdao	85153			1995	83158
唐 山 市	Tangshan	1031471	25304	85424	260389	660354
廊 坊 市	Langfang	167767			9570	158197
保 定 市	Baoding	252013	980		50760	200273
沧 州 市	Cangzhou	387880		10000	215332	162548
衡 水 市	Hengshui	19056			544	18512
邢 台 市	Xingtai	397543	101635		129468	166440
邯 郸 市	Handan	1218417	405280		369005	444132

各市城镇建设项目资金来源（2009年）
Source of Funds of Investment in Capital Construction Projects in Urban Area (2009)

单位：万元 (10000 yuan)

市	City	本年资金来源 Total Funds This Year	国家预算内资金 State Budget	国内贷款 Domestic Loans	债券 Bond	利用外资 Foreign Investment	自筹资金 Self-raising Funds	其他资金 Others
全　省	**Total**	**96566859**	**3940362**	**12897228**	**128959**	**814265**	**74329704**	**4456341**
石家庄市	Shijiazhuang	20838119	1763274	1382597	9739	51249	16346498	1284762
承 德 市	Chengde	4754273	291896	1096395	500	19338	3246211	99933
张家口市	Zhangjiakou	5124527	413474	1459096	7773	63828	2643612	536744
秦皇岛市	Qinhuangdao	2569617	201208	250826		142133	1919483	55967
唐 山 市	Tangshan	16142094	186545	4220598	82170	120145	11120423	412213
廊 坊 市	Langfang	10489965	141601	883574	80	193605	9088625	182480
保 定 市	Baoding	8565152	364927	1001379	550	59457	6848782	290057
沧 州 市	Cangzhou	7231394	220708	949900	6500	33770	5721429	299087
衡 水 市	Hengshui	2199852	59878	194693	448	10653	1693208	240972
邢 台 市	Xingtai	6310427	132134	332148	300	94041	5431897	319907
邯 郸 市	Handan	11822160	124717	1070556	20899	26046	9845723	734219

各市分行业城镇建设项目投资（2009年）
Investment in Capital Construction Projects in Urban Area by Sector (2009)

单位：万元 (10000 yuan)

市	City	投资总额 Total	农林牧渔业 Agriculture, Forestry, Animal Husbandry and Fishery	采矿业 Mining	制造业 Manufacturing	电力、燃气及水的生产和供应业 Production and Supply of Electricity, Gas and Water	建筑业 Construction	交通运输、仓储和邮政业 Transport, Storage and Post
全　省	**Total**	**89985057**	**2444264**	**2817075**	**42193531**	**5263987**	**216126**	**9364847**
石家庄市	Shijiazhuang	18547565	506623	381353	8072847	590744	33756	1215407
承 德 市	Chengde	4528738	201061	866807	1088344	460902	7853	905518
张家口市	Zhangjiakou	4846326	192079	161850	601745	1630923	4116	745938
秦皇岛市	Qinhuangdao	2346343	23889	92860	1177071	120150	11605	140680
唐 山 市	Tangshan	16104799	134077	383731	6257597	792385	6970	2484052
廊 坊 市	Langfang	9240434	95294		6304523	180825	36448	617899
保 定 市	Baoding	8264517	390025	129428	4244394	313786	11638	818508
沧 州 市	Cangzhou	7046705	119670	12230	4448641	282750	17016	1055782
衡 水 市	Hengshui	1884803	13388		1221021	103780	26926	57043
邢 台 市	Xingtai	5541553	170353	226014	3245539	253162	9441	273553
邯 郸 市	Handan	11631134	597805	562802	5531809	533930	50357	1049659

各市分行业城镇建设项目投资（2009年）(续)
Investment in Capital Construction Projects in Urban Area by Sector (2009)

单位：万元 (10000 yuan)

市	City	信息传输、计算机服务和软件业 Information Transmission, Computer Services and Software	批发和零售业 Wholesale and Retail Trades	住宿和餐饮业 Hotels and Catering Services	金融业 Financial Inter-mediation	房地产业 Real Estate	租赁和商务服务业 Leasing and Business Services	科学研究、技术服务和地质勘查业 Scientific Research, Technical Services, and Geological Prospecting
全　省	**Total**	**112340**	**3829800**	**1096910**	**119365**	**5147553**	**1127551**	**760923**
石家庄市	Shijiazhuang	43387	1174945	252425	65928	2569951	193200	222322
承德市	Chengde	7510	135594	85315	1040	116492	11541	8500
张家口市	Zhangjiakou	10	176566	16421	1329	335906	7260	1722
秦皇岛市	Qinhuangdao	1645	69950	37443	220	96767	3660	8533
唐山市	Tangshan	8110	196622	242231	3590	389601	578118	63347
廊坊市	Langfang	740	461677	198643	4899	181223	124010	19970
保定市	Baoding	5360	472535	124790	30064	371932	9743	328146
沧州市	Cangzhou	5260	231635	46892		153979	69237	32105
衡水市	Hengshui	2908	44003	1000		47881	31210	3290
邢台市	Xingtai	2586	131002	29882		391876	18165	7844
邯郸市	Handan	34142	735271	61868	12295	491945	81407	65144

市	City	水利、环境和公共设施管理业 Management of Water Conservancy, Environment and Public Facilities	居民服务和其他服务业 Services to Households and Other Services	教育 Education	卫生、社会保障和社会福利业 Health, Social Securities and Social Welfare	文化、体育和娱乐业 Culture, Sports and Entertainment	公共管理和社会组织 Public Management and Social Organizations
全　省	**Total**	**10861583**	**380934**	**1320468**	**1079502**	**801844**	**1046454**
石家庄市	Shijiazhuang	1989956	76263	396021	207006	227820	327611
承德市	Chengde	329203	500	63959	53870	23324	161405
张家口市	Zhangjiakou	767049	4325	55510	23132	86987	33458
秦皇岛市	Qinhuangdao	370575	1925	29899	49751	35374	74346
唐山市	Tangshan	4065715	192624	147799	56359	55810	46061
廊坊市	Langfang	509390	16735	67241	288918	76092	55907
保定市	Baoding	703719	8415	134446	82508	67245	17835
沧州市	Cangzhou	331860	4915	63357	105165	36058	30153
衡水市	Hengshui	260332	1400	25804	30824	6492	7501
邢台市	Xingtai	569667	8191	66466	40408	47994	49410
邯郸市	Handan	964117	65641	269966	141561	138648	242767

各市按构成和建设性质分的农村非农户建设项目投资（2009年）
Investment in Capital Construction Projects in Rural Area by Use of Funds and Type of Construction (2009)

单位：万元 (10000 yuan)

市	City	投资总额 Total	按构成分 By Composition of Funds			按建设性质分		
			#建筑工程 Construction	#安装工程 Installation	#设备工器具购置 Purchase of Equipment and Instruments	#新建 New Construction	#扩建 Expansion	#改建和技术改造 Reconstruction
全　省	**Total**	**13998564**	**6338016**	**851011**	**5172668**	**6687792**	**4645839**	**2159044**
石家庄市	Shijiazhuang	1595424	796696	130659	414622	755323	477283	302320
承 德 市	Chengde	299988	190140	12262	75418	117826	91192	76157
张家口市	Zhangjiakou	637273	292529	31068	205242	435363	164003	33568
秦皇岛市	Qinhuangdao	821731	369297	64982	299043	509063	192347	90738
唐 山 市	Tangshan	2993841	1412036	183328	1084585	1640170	745144	513239
廊 坊 市	Langfang	632013	327728	35373	233450	4640	445738	130512
保 定 市	Baoding	459224	229081	35284	129745	221801	147689	68114
沧 州 市	Cangzhou	2736839	977436	160949	1314147	653637	1523589	516158
衡 水 市	Hengshui	990852	446169	41059	441398	470557	300086	131696
邢 台 市	Xingtai	1488483	581939	67256	668492	1127187	245658	67026
邯 郸 市	Handan	1342896	714965	88791	306526	752225	313110	229516

各市农村非农户建设项目施工、投产个数和新增固定资产（2009年）
Number of Capital Construction Projects in Urban Area under Construction and Put into Use and Newly Increased Fixed Assets (2009)

市	City	施工项目个数（个） Number of Projects under Construction (unit)	全部建成投产项目个数（个） Number of Projects Completed and Put into Use (unit)	项目建成投产率（%） Rate of Construction Projects Completed and Put into Use (%)	新增固定资产（万元） Newly Increased Fixed Assets (10000 yuan)	固定资产交付使用率（%） Rate of Projects of Fixed Assets Completed and Put into Use (%)
全　省	**Total**	**14187**	**12023**	**84.75**	**12001421**	**85.73**
石家庄市	Shijiazhuang	1770	1668	94.24	1527558	95.75
承 德 市	Chengde	800	685	85.63	277238	92.42
张家口市	Zhangjiakou	954	671	70.34	419163	65.77
秦皇岛市	Qinhuangdao	682	526	77.13	655927	79.82
唐 山 市	Tangshan	2387	1731	72.52	2253540	75.27
廊 坊 市	Langfang	461	430	93.28	603669	95.52
保 定 市	Baoding	1291	1136	87.99	419149	91.27
沧 州 市	Cangzhou	2217	2046	92.29	2518552	92.02
衡 水 市	Hengshui	645	498	77.21	838292	84.60
邢 台 市	Xingtai	1718	1480	86.15	1367786	91.89
邯 郸 市	Handan	1262	1152	91.28	1120547	83.44

各市农村非农户建设项目施工、竣工房屋建筑面积及价值（2009年）

Floor Space of Buildings under Construction, Completed and Value in Capital Construction Projects in Urban Area (2009)

市	City	施工面积（万平方米）Floor Space under Construction (10000 sq.m)	#住宅 Residential Building	竣工面积（万平方米）Floor Space Completed (10000 sq.m)	#住宅 Residential Building	竣工房屋价值（万元）Value of building Completed (10000 yuan)	#住宅 Residential Building
全　省	**Total**	**2569.5**	**486.8**	**1720.2**	**259.0**	**2067648**	**275003**
石家庄市	Shijiazhuang	281.6	64.0	238.9	54.8	245093	55817
承 德 市	Chengde	40.0	9.7	30.3	6.5	22631	6618
张家口市	Zhangjiakou	69.4	23.3	36.1	11.0	27580	10408
秦皇岛市	Qinhuangdao	186.5	90.3	108.8	53.3	132937	60740
唐 山 市	Tangshan	383.9	158.2	166.2	36.7	247730	52192
廊 坊 市	Langfang	137.1	0.4	79.9	0.2	110503	249
保 定 市	Baoding	110.7	12.3	90.8	11.7	66688	8776
沧 州 市	Cangzhou	561.2	21.6	425.7	10.4	590702	14146
衡 水 市	Hengshui	275.9	22.5	166.3	17.6	209192	19250
邢 台 市	Xingtai	308.7	31.4	241.6	20.7	268020	13359
邯 郸 市	Handan	214.4	53.2	135.6	36.3	146572	33448

各市农村非农户建设项目资金来源（2009年）

Source of Funds of Investment in Capital Construction Projects in Urban Area (2009)

单位：万元 (10000 yuan)

市	City	本年资金来源 Total Funds This Year	国家预算内资金 State Budget	国内贷款 Domestic Loans	债券 Bond	利用外资 Foreign Investment	自筹资金 Self-raising Funds	其他资金 Others
全　省	**Total**	**14423592**	**128021**	**436018**	**762**	**36368**	**13000607**	**821816**
石家庄市	Shijiazhuang	1621037	12320	60872			1391654	156191
承 德 市	Chengde	296360	15109	3629		955	255526	21141
张家口市	Zhangjiakou	696081	27432	20328	107	4890	600192	43132
秦皇岛市	Qinhuangdao	845137	6954	49826		5700	767863	14794
唐 山 市	Tangshan	2998884	5133	58825	500	4594	2864917	64915
廊 坊 市	Langfang	637766	1422	1300			630568	4476
保 定 市	Baoding	461336	8505	3000	155	2150	405390	42136
沧 州 市	Cangzhou	2935547	32372	143579		8879	2498359	252358
衡 水 市	Hengshui	1065167	6365	38220		2000	981465	37117
邢 台 市	Xingtai	1530548	2648	21580			1473279	33041
邯 郸 市	Handan	1335729	9761	34859		7200	1131394	152515

各市分行业农村非农户建设项目投资（2009年）

Investment in Capital Construction Projects in Rural Area by Sector (2009)

单位：万元 (10000 yuan)

市	City	投资总额 Total	农林牧渔业 Agriculture, Forestry, Animal Husbandry and Fishery	采矿业 Mining	制造业 Manufacturing	电力、燃气及水的生产和供应业 Production and Supply of Electricity, Gas and Water	建筑业 Construction	交通运输、仓储和邮政业 Transport, Storage and Post
全　省	**Total**	**13998564**	**1813938**	**763255**	**7637056**	**319989**	**50680**	**750000**
石家庄市	Shijiazhuang	1595424	312415	60409	514676	29950	3350	142763
承德市	Chengde	299988	78046	82099	35147	3336	430	50649
张家口市	Zhangjiakou	637273	129015	118845	122583	72836	3450	35368
秦皇岛市	Qinhuangdao	821731	134692	125372	310445	27821	2300	19291
唐山市	Tangshan	2993841	365394	247982	1490936	76617	18804	100503
廊坊市	Langfang	632013	32714	3510	432378	14915	4376	50662
保定市	Baoding	459224	122861	37003	154064	16204		46018
沧州市	Cangzhou	2736839	198483	2380	2192139	35006	500	151690
衡水市	Hengshui	990852	39498	80	861292	6585	11320	17787
邢台市	Xingtai	1488483	194087	42625	974862	9554	2390	50093
邯郸市	Handan	1342896	206733	42950	548534	27165	3760	85176

市	City	信息传输、计算机服务和软件业 Information Transmission, Computer Services and Software	批发和零售业 Wholesale and Retail Trades	住宿和餐饮业 Hotels and Catering Services	金融业 Financial Intermediation	房地产业 Real Estate	租赁和商务服务业 Leasing and Business Services	科学研究、技术服务和地质勘查业 Scientific Research, Technical Services, and Geological Prospecting
全　省	**Total**	**11395**	**620166**	**75805**	**790**	**714077**	**31550**	**27003**
石家庄市	Shijiazhuang	2505	94290	13997		73574	1500	3849
承德市	Chengde	2170	6190	4540	100	4631	60	3400
张家口市	Zhangjiakou		53316	8164	90	28331	320	2574
秦皇岛市	Qinhuangdao	135	27113	930		100142		1250
唐山市	Tangshan		182787	8854		200177	11500	1020
廊坊市	Langfang	1200	29480	1330		24440		
保定市	Baoding	120	18290	8220	150	24882	670	
沧州市	Cangzhou		65093	9400		35870	480	450
衡水市	Hengshui	2840	5518	6500		9000	950	10260
邢台市	Xingtai	450	48398	1225	450	116004	3050	200
邯郸市	Handan	1975	89691	12645		97026	13020	4000

各市分行业农村非农户建设项目投资（200年）（续）
Investment in Capital Construction Projects in Rural Area by Sector (2009)

单位：万元 (10000 yuan)

市	City	水利、环境和公共设施管理业 Management of Water Conservancy, Environment and Public Facilities	居民服务和其他服务业 Services to Households and Other Services	教育 Education	卫生、社会保障和社会福利业 Health, Social Securities and Social Welfare	文化、体育和娱乐业 Culture, Sports and Entertainment	公共管理和社会组织 Public Management and Social Organizations
全省	**Total**	**533537**	**147069**	**98198**	**75074**	**114571**	**214411**
石家庄市	Shijiazhuang	139153	79062	22972	24102	25573	51284
承德市	Chengde	9345	40	3499	1616	870	13820
张家口市	Zhangjiakou	14476		4609	5790	27759	9747
秦皇岛市	Qinhuangdao	26112	3780	6721	1830	1964	31833
唐山市	Tangshan	212677	16987	7062	9314	13405	29822
廊坊市	Langfang	15413	4210	5440	850	4040	7055
保定市	Baoding	10520	4665	4333	2695	3360	5169
沧州市	Cangzhou	9729	1441	21446	7840	3800	1092
衡水市	Hengshui	6870		680	8640	600	2432
邢台市	Xingtai	20057	3302	10811	2110	1813	7002
邯郸市	Handan	69185	33582	10625	10287	31387	55155

各市农村非农户能源工业投资（2009年）
Investment in Energy Industry in Rural Area (2009)

单位：万元 (10000 yuan)

市	City	合计 Total	煤炭开采和洗选业 Mining and Washing of Coal	石油加工、炼焦及核燃料加工业 Processing of Petroleum, Coking,	电力、煤气生产和供应业 Production and Supply of Electricity, Gas and Water
全省	**Total**	**388110**	**79187**	**132032**	**176891**
石家庄市	Shijiazhuang	9431	1300	2984	5147
承德市	Chengde	2990	1200	300	1490
张家口市	Zhangjiakou	74052	13212	8130	52710
秦皇岛市	Qinhuangdao	31406	2800	1260	27346
唐山市	Tangshan	149057	21795	69855	57407
廊坊市	Langfang	14550		10910	3640
保定市	Baoding	2430			2430
沧州市	Cangzhou	41207		31472	9735
衡水市	Hengshui	6164			6164
邢台市	Xingtai	17535	13340	1660	2535
邯郸市	Handan	39288	25540	5461	8287

各市房地产开发企业个数和从业人员（2009年）
Number of Enterprises and Employed Persons of Real Estate Development (2009)

市	City	企业个数（个） Number of Enterprises (unit)	内资企业 Domestic Funded	港澳台投资企业 Enterprises with Funds from Hong Kong, Macao and Taiwan	外商投资企业 Foreign Funded	年平均从业人员（人） Average Numbe of Employed Persons (person)	内资企业 Domestic Funded	港澳台投资企业 Enterprises with Funds from Hong Kong, Macao and Taiwan	外商投资企业 Foreign Funded
全　省	**Total**	**2710**	**2642**	**37**	**31**	**63189**	**61160**	**833**	**1196**
石家庄市	Shijiazhuan	508	487	10	11	11727	11049	168	510
承 德 市	Chengde	192	189	1	2	2758	2702		56
张家口市	Zhangjiako	304	298	6		7035	6888	147	
秦皇岛市	Qinhuangda	245	240	3	2	5084	5000	41	43
唐 山 市	Tangshan	375	369	3	3	8744	8560	77	107
廊 坊 市	Langfang	228	219	4	5	9021	8752	48	221
保 定 市	Baoding	266	263	1	2	5783	5662	9	112
沧 州 市	Cangzhou	170	164	5	1	3701	3469	178	54
衡 水 市	Hengshui	112	112			1944	1944		
邢 台 市	Xingtai	142	137	3	2	3250	3089	125	36
邯 郸 市	Handan	168	164	1	3	4142	4045	40	57

各市房地产开发企业建设总规模、完成投资及新增固定资产（2009年）
Total Size of Construction, Actually Completed Investment and Newly Increased Fixed Assets for Real Estate Development (2009)

单位：万元 (10000 yuan)

市	City	计划总投资 Total Investment Planed	自开始建设累计完成投资 Accumulated Investment Completed	本年完成投资 Investment Completed This Year	#土地开发投资 Investment in Land Developed	#配套工程投资 Investment in Commercial Buildings	本年新增固定资产 Newly Increased Fixed Assets
全　省	**Total**	**43850110**	**25050692**	**15200387**	**607912**	**196576**	**5536032**
石家庄市	Shijiazhuang	10778484	5989257	3739781	207099	58000	843242
承 德 市	Chengde	2168065	1246910	671901	11740	11509	176207
张家口市	Zhangjiakou	3347794	1812277	962753	28482	6778	308568
秦皇岛市	Qinhuangdao	2934555	2164713	944489	26276	24798	440488
唐 山 市	Tangshan	5829274	2900218	1917890	157650	26199	1008116
廊 坊 市	Langfang	6165099	3920188	2484308	11772	6122	1327380
保 定 市	Baoding	4329770	2316821	1744327	52752	20691	320737
沧 州 市	Cangzhou	2110920	1168028	696143	13885	6399	327924
衡 水 市	Hengshui	1475668	649268	428868	24995	8040	151846
邢 台 市	Xingtai	1669466	910286	476109	44371	14007	141813
邯 郸 市	Handan	3041015	1972726	1133818	28890	14033	489711

各市房地产开发完成投资情况（2009年）
Completed Investment of Real Estate Development (2009)

单位：万元 (10000 yuan)

市	City	完成投资额 Investment Completed	按工程用途分 by Use 住宅 Residential Buildings	#90平方米以下 90 sq.m below	#经济适用房 Economically Affordable Housing	#别墅、高档公寓 Villas, High-grade Apartments	办公楼 Office Buildings	商业营业用房 Houses for Business Use	其他 Other
全　省	**Total**	**15200387**	**12192376**	**5442246**	**243713**	**239016**	**301054**	**1502535**	**1204422**
石家庄市	Shijiazhuang	3739781	2834460	1174096	37905	76289	166234	389144	349943
承德市	Chengde	671901	477452	89278	4866	1294	12203	88282	93964
张家口市	Zhangjiakou	962753	764103	350296	28673	845	11760	108964	77926
秦皇岛市	Qinhuangdao	944489	716946	342233	14166	75038	13369	108291	105883
唐山市	Tangshan	1917890	1427799	776935	16331	8755	34052	216057	239982
廊坊市	Langfang	2484308	2299290	1151293	16864	45926	8978	132299	43741
保定市	Baoding	1744327	1437485	685681	1467	5172	14189	129215	163438
沧州市	Cangzhou	696143	583532	199469	31466	1797	10064	81116	21431
衡水市	Hengshui	428868	366251	101200	8793		133	58752	3732
邢台市	Xingtai	476109	397530	181293	27262	10145	956	39288	38335
邯郸市	Handan	1133818	887528	390472	55920	13755	29116	151127	66047

各市房地产开发企业的土地开发及购置（2009年）
Land Development and Purchase of Enterprises for Real Estate Development (2009)

市	City	本年完成开发土地面积（平方米） Land Space Developed This Year (sq.m)	土地购置费用（万元） Total Value of Land Purchased (10000 yuan)	待开发的土地面积（平方米） Land Space Pending Development (sq.m)	本年购置土地面积（平方米） Land Space Purchased This Year (sq.m)
全　省	**Total**	**11186987**	**2178079**	**5012389**	**20227099**
石家庄市	Shijiazhuang	1554179	581421	566838	2419473
承德市	Chengde	767352	99093	315243	1244819
张家口市	Zhangjiakou	1315395	179092	794222	2562099
秦皇岛市	Qinhuangdao	958902	171845	123951	1934292
唐山市	Tangshan	2106443	243668	1053970	2686124
廊坊市	Langfang	778492	289000	556322	2092168
保定市	Baoding	944247	253708	617955	3003978
沧州市	Cangzhou	847137	174862	131832	1396793
衡水市	Hengshui	528147	61051	218060	1255083
邢台市	Xingtai	872875	77986	224731	1194010
邯郸市	Handan	513818	46353	409265	438260

各市房地产开发企业的资金来源（2009年）
Source of Funds of Enterprises for Real Estate Development (2009)

单位：万元 (10000 yuan)

市	City	本年资金来源小计 Total Funds This Year	国内贷款 Domestic Loans	#银行贷款 Bank Loans	自筹资金 Self-raising Funds	其他资金来源 Others
全省	**Total**	**18547627**	**2651700**	**2551677**	**8873571**	**7022356**
石家庄市	Shijiazhuang	4169780	660492	629762	2073672	1435616
承德市	Chengde	767209	129366	126633	366036	271807
张家口市	Zhangjiakou	1220053	193181	172022	395194	631678
秦皇岛市	Qinhuangdao	1350431	241172	241172	430688	678571
唐山市	Tangshan	2391876	384831	371696	1097662	909383
廊坊市	Langfang	3472270	311257	289942	1707516	1453497
保定市	Baoding	1892568	191423	186162	1271653	429492
沧州市	Cangzhou	826298	202510	199810	244719	379069
衡水市	Hengshui	487721	46590	44890	261122	180009
邢台市	Xingtai	705757	119965	119415	233925	351867
邯郸市	Handan	1263664	170913	170173	791384	301367

各市房地产开发建设房屋建筑面积和造价（2009年）
Floor Space of Building and Their Cost in Real Estate Development (2009)

市	City	施工房屋面积（平方米） Floor Space under Construction (sq.m)	竣工房屋面积（平方米） Floor Space Completed (sq.m)	#住宅 Residential Building	房屋面积竣工率（%） Rate of Floor Space of Buildings Completed (%)	竣工房屋价值（万元） Value of building Completed (10000 yuan)	竣工房屋造价（元/平方米） Cost of Buildings Completed (yuan/sq.m)	竣工房屋住宅套数（套） Number of building Completed (unit)
全省	**Total**	**127529745**	**22117153**	**19396999**	**17.3**	**4642260**	**2099**	**182511**
石家庄市	Shijiazhuang	22913247	2915042	2366261	12.7	640013	2196	18388
承德市	Chengde	7347064	877436	704875	11.9	160228	1826	6240
张家口市	Zhangjiakou	11538627	1684382	1532514	14.6	262683	1560	14789
秦皇岛市	Qinhuangdao	11151182	1761696	1446264	15.8	411438	2335	15922
唐山市	Tangshan	14293176	3272943	2819684	22.9	872213	2665	29037
廊坊市	Langfang	17451411	4981576	4550989	28.5	1052218	2112	46528
保定市	Baoding	12454505	1445436	1352579	11.6	259683	1797	11955
沧州市	Cangzhou	6968795	1271662	1137580	18.2	301205	2369	10825
衡水市	Hengshui	4915561	1070836	993685	21.8	141190	1319	9198
邢台市	Xingtai	5842305	970208	878264	16.6	140716	1450	5987
邯郸市	Handan	12653872	1865936	1614304	14.7	400673	2147	13642

各市商品房屋销售情况（2009年）
Selling of Commercial Houses (2009)

市	City	商品房销售面积（平方米）Floor Space of Commercialized Buildings Sold (sq.m)	#住宅 Residential Buildings	商品房销售额（万元）Total Sales of Commercialized Buildings (10000 yuan)	#住宅 Residential Buildings	商品房平均售价（元／平方米）Average Selling Price of Commercialized Buildings (yuan/sq.m)	#住宅 Residential Buildings
全　省	**Total**	**29666099**	**28197731**	**9680476**	**9051453**	**3263**	**3210**
石家庄市	Shijiazhuang	3444999	3250267	1326660	1226965	3851	3775
承德市	Chengde	1371371	1234383	391777	345970	2857	2803
张家口市	Zhangjiakou	3282352	3069903	745070	667563	2270	2175
秦皇岛市	Qinhuangdao	2011753	1919731	867674	815580	4313	4248
唐山市	Tangshan	4186676	3978399	1479074	1367992	3533	3439
廊坊市	Langfang	6277230	6099843	2609322	2526706	4157	4142
保定市	Baoding	2192317	2135035	533731	509023	2435	2384
沧州市	Cangzhou	2494087	2349903	672307	626767	2696	2667
衡水市	Hengshui	1131947	1102138	205068	196880	1812	1786
邢台市	Xingtai	1301229	1256425	266887	254835	2051	2028
邯郸市	Handan	1972138	1801704	582906	513172	2956	2848

各市按用途分的商品房屋销售面积（2009年）
Floor Space of Buildings Actually Sold by Use (2009)

单位：平方米　　(sq.m)

市	City	商品房销售面积 Floor Space of Commercialized Buildings Sold	住宅 Residential Buildings	#90平方米以下 90 sq.m below	#经济适用房 Economically Affordable Housing	#别墅、高档公寓 Villas, High-grade Apartments	办公楼 Office Buildings	商业营业用房 Houses for Business Use	其他 Other
全　省	**Total**	**29666099**	**28197731**	**11200556**	**998004**	**560844**	**190507**	**885026**	**392835**
石家庄市	Shijiazhuang	3444999	3250267	1447147	86487	101521	27853	73438	93441
承德市	Chengde	1371371	1234383	158661	91217		33229	90227	13532
张家口市	Zhangjiakou	3282352	3069903	1715045	80280		2888	152343	57218
秦皇岛市	Qinhuangdao	2011753	1919731	1037894	24539	171980	13386	55740	22896
唐山市	Tangshan	4186676	3978399	1667913	53896		31786	120950	55541
廊坊市	Langfang	6277230	6099843	2732505	20000	150603	26750	146878	3759
保定市	Baoding	2192317	2135035	559265	63731	26310		36113	21169
沧州市	Cangzhou	2494087	2349903	734055	216436	9865	7241	82947	53996
衡水市	Hengshui	1131947	1102138	219959	16812			21079	8730
邢台市	Xingtai	1301229	1256425	366489	171019	65688		25363	19441
邯郸市	Handan	1972138	1801704	561623	173587	34877	47374	79948	43112

各市按用途分的商品房屋平均销售价格（2009年）
Average Selling Price of Commercial Houses by Use (2009)

单位：元/平方米 (yuan/sq.m)

市	City	商品房平均销售价格 Average Selling Price of Commercialized Buildings	住宅 Residential Buildings	#90平方米以下 90 sq.m below	#经济适用房 Economically Affordable Housing	#别墅、高档公寓 Villas, High-grade Apartments	办公楼 Office Buildings	商业营业用房 Houses for Business Use	其他 Other
全省	**Total**	**3263**	**3210**	**3367**	**2060**	**5874**	**4145**	**5190**	**2309**
石家庄市	Shijiazhuang	3851	3775	4188	2527	4535	4976	8203	2739
承德市	Chengde	2857	2803	2817	1642		3216	3596	1973
张家口市	Zhangjiakou	2270	2175	2161	3108		2985	4545	1295
秦皇岛市	Qinhuangdao	4313	4248	4094	3241	6688	2547	7969	1863
唐山市	Tangshan	3533	3439	3149	1842		4409	6589	3127
廊坊市	Langfang	4157	4142	4280	2418	7651	6500	4312	5049
保定市	Baoding	2435	2384	2712	2506	4398		5116	2944
沧州市	Cangzhou	2696	2667	2584	1839	3644	2805	4111	1742
衡水市	Hengshui	1812	1786	1724	1279			2898	2381
邢台市	Xingtai	2051	2028	2699	1625	3091		3013	2268
邯郸市	Handan	2956	2848	2710	2038	5073	3529	5459	2175

各市按销售方式分的商品房销售面积及平均销售价格（2009年）
Floor Space of Buildings Actually Sold and Average Selling Price of Commercial Houses by Sale Method (2009)

市	City	商品房销售面积（平方米）Floor Space of Commercialized Buidings Sold (sq.m)	现房 Completed Buildings	期房 Buildings Completed in Future	商品房平均销售价格（元/平方米）Average Selling Price of Commercialized Buildings (yuan/sq.m)	现房 Completed Buildings	期房 Buildings Completed in Future
全省	**Total**	**29666099**	**6092297**	**23573802**	**3263**	**2792**	**3385**
石家庄市	Shijiazhuang	3444999	609571	2835428	3851	3313	3967
承德市	Chengde	1371371	381548	989823	2857	2363	3047
张家口市	Zhangjiakou	3282352	508375	2773977	2270	2071	2306
秦皇岛市	Qinhuangdao	2011753	418679	1593074	4313	3732	4466
唐山市	Tangshan	4186676	1006476	3180200	3533	2813	3761
廊坊市	Langfang	6277230	818932	5458298	4157	4252	4143
保定市	Baoding	2192317	498322	1693995	2435	2479	2421
沧州市	Cangzhou	2494087	292086	2202001	2696	2502	2721
衡水市	Hengshui	1131947	682816	449131	1812	1547	2214
邢台市	Xingtai	1301229	296899	1004330	2051	1894	2098
邯郸市	Handan	1972138	578593	1393545	2956	2723	3052

各市房地产开发经营情况（2009年）
Real Estate Development and Management (2009)

单位：万元 (10000 yuan)

市	City	主营业务收入 Revenue from Principal Business	土地转让收入 Land Transferred	商品房屋销售收入 Commercial Houses Sold	房屋出租收入 Houses Leased	其他收入 Others	主营业务税金及附加 Taxes and Other Charges on Principal Business	利润总额 Total Profits
全　省	**Total**	**7503347**	**59795**	**7285958**	**3689**	**153904**	**513749**	**764265**
石家庄市	Shijiazhuang	991442	52913	881318		57211	70472	81084
承 德 市	Chengde	466181	500	459365	3232	3084	34408	43911
张家口市	Zhangjiakou	610226		600658		9568	41307	33418
秦皇岛市	Qinhuangdao	702264	3190	697706	30	1338	55512	45925
唐 山 市	Tangshan	778132		769504		8629	61320	11593
廊 坊 市	Langfang	2384593	1069	2377616	130	5777	144035	480309
保 定 市	Baoding	504313		496113	277	7923	26189	37258
沧 州 市	Cangzhou	408945	2023	406770		152	37961	-2759
衡 水 市	Hengshui	138727	100	135528		3100	8264	9290
邢 台 市	Xingtai	199909		199583		326	17047	9557
邯 郸 市	Handan	318615		261798	20	56798	17235	14680

各市单位GDP能耗（2009年）
Energy Consumption by GDP by City (2009)

单位：吨标准煤/万元 (ton of SCE/10000 yuan)

市	City	单位GDP能耗 Energy Consumption by GDP		单位工业增加值能耗 Energy Consumption by Add-value of Industry		单位GDP电耗 Electricity Consumption by GDP	
		指标值 Index	上升或下降 Change(+%)	指标值 Index	上升或下降 Change(+%)	指标值 Index	上升或下降 Change(+%)
全　省	**Total**	**1.64**	**-5.02**	**2.999**	**-9.54**	**1449.94**	**-2.52**
石家庄市	Shijiazhuang	1.537	-5.25	2.422	-12.49	1234.18	-5.59
承 德 市	Chengde	1.705	-5.01	2.946	-5.34	1793.26	-1.46
张家口市	Zhangjiakou	2.121	-5.33	4.39	-15.25	1616.07	-10.81
秦皇岛市	Qinhuangdao	1.231	-6	2.803	-10.03	1494.35	-3.7
唐 山 市	Tangshan	2.464	-5.21	4.248	-6.52	1875.93	4.2
廊 坊 市	Langfang	0.893	-5	1.301	-15.31	1466.82	10.93
保 定 市	Baoding	1.006	-5.04	1.497	-10.04	1240.81	1.19
沧 州 市	Cangzhou	0.989	-3.81	1.017	-1.25	806.47	2.02
衡 水 市	Hengshui	1.009	-6.51	1.483	-17.4	1153.33	-2.56
邢 台 市	Xingtai	1.825	-5.3	2.863	-14.43	1529.62	-1.56
邯 郸 市	Handan	2.144	-5.23	4.508	-9.02	1546.98	4.09

注：1. 计算单位GDP能耗上升或降低率时，两年单位GDP能耗数据均保留4位小数。 2. 单位工业增加值能耗的统计范围是年主营业务收入500万元及以上的工业法人企业。3.GDP按照2005年价格计算,工业增加值按照可比价计算。

a) When calculating the change rate of energy consumption by GDP, both the numerator and denominator are accurate to four decimal places. b) The data of energy consumption by industrial value-added are based on survey of industrial legal-person enterprises,whose major-business annual incomes are no less than 5 million yuan. c) GDP and industrial value-added are in constant RMB Yuan, and the base year is 2005.

各市规模以上工业企业能源消耗情况
Consumption of Main Energy Sources in above Designated Size Industrial Enterprises by City

单位：万吨标准煤 (10000 tons of SCE)

市	City	2005	2006	2007	2008	2009
全　省	**Total**	**13976.29**	**15859.48**	**16991.34**	**16683.83**	**17159.63**
石家庄市	Shijiazhuang	2256.15	2625.32	2808.98	2703.67	2655.43
承 德 市	Chengde	483.90	580.41	679.11	669.06	717.69
张家口市	Zhangjiakou	894.44	963.71	1061.49	981.54	902.59
秦皇岛市	Qinhuangdao	519.92	592.53	645.54	645.22	628.84
唐 山 市	Tangshan	4672.85	5288.68	5579.78	5630.49	6009.78
廊 坊 市	Langfang	279.76	343.53	430.34	471.90	495.69
保 定 市	Baoding	590.36	607.98	605.60	598.60	614.99
沧 州 市	Cangzhou	474.89	554.19	603.60	598.21	741.66
衡 水 市	Hengshui	306.36	313.27	303.78	294.14	267.08
邢 台 市	Xingtai	942.99	1111.79	1207.04	1148.53	1107.97
邯 郸 市	Handan	2554.67	2878.07	3066.09	2942.47	3017.91

各市规模以上工业企业水消费(取水总量)
Comsumpstion of Water in above Designated Size Industrial Enterprises by city

单位：万立方米 (10000 m^3)

市	City	2006	2007	2008	2009
全　省	**Total**	**321764.73**	**435242.57**	**401427.31**	**210425.65**
石家庄市	Shijiazhuang	27180.08	32841.02	36174.28	33636.54
承 德 市	Chengde	9589.41	11333.56	14419.52	12234.52
张家口市	Zhangjiakou	11352.18	11069.89	11066.37	10336.89
秦皇岛市	Qinhuangdao	36180.38	41205.99	44745.48	46746.28
唐 山 市	Tangshan	181901.44	283194.85	242139.18	54441.44
廊 坊 市	Langfang	2970.80	3135.38	4010.11	4325.28
保 定 市	Baoding	10056.83	9600.38	9035.03	9158.28
沧 州 市	Cangzhou	7619.92	6087.53	5770.77	7136.11
衡 水 市	Hengshui	3803.35	3725.92	3213.45	3017.68
邢 台 市	Xingtai	9334.37	9730.09	10088.68	8538.32
邯 郸 市	Handan	21775.97	23317.94	20764.43	20854.32

注：1.2009年取水总量不包括水的生产和供应业行业。 2.2009年取水总量不包括河湖海冷却水用量。
a) Data of 2009 do not cover the industry of production and supply of water. b) Data of 2009 do not include cooling water directly from rivers,

各市地方财政收入及支出（2009年）
Local Revenue and Expenditures (2009)

单位：万元 (10000 yuan)

市	City	地方财政收入 Local Revenue	#增值税 Value-added Tax	#营业税 Operation Tax	地方财政支出 Local Expenditure	#一般公共服务 General Public Services
全省	**Total**	**10671231**	**1906378**	**2680491**	**23475894**	**3464861**
石家庄市	Shijiazhuang	1259614	143369	427857	2409171	327032
承德市	Chengde	451789	51384	136651	1297273	180875
张家口市	Zhangjiakou	469952	65536	143648	1552291	213622
秦皇岛市	Qinhuangdao	563332	57473	181190	1037192	144291
唐山市	Tangshan	1697161	299291	467234	2857675	472646
廊坊市	Langfang	692629	68704	268860	1321476	191686
保定市	Baoding	732559	99064	174757	2003560	292389
沧州市	Cangzhou	647331	93537	186658	1575413	263632
衡水市	Hengshui	216876	31047	60418	904115	130281
邢台市	Xingtai	430323	85478	94457	1326306	196815
邯郸市	Handan	871760	148944	178313	1977222	265206

注：全省总计数中含省本级数，故不等于各市相加。

a) The total revenues are not equal to the sum of the prefectures' revenues. This is because the former are the total of both provincial and prefectural Revenues. So do the total expenditures.

各市人民生活基本情况（2009年）
Basic Conditions of People's Livelihood (2009)

单位：元 (yuan)

市	City	城镇居民人均可支配收入 Annual per Capita Disposable Income of Urban Households	城镇居民人均消费性支出 Annual per Capita Consumption Expenditure of Urban Households	#食品支出 Consumption Expenditure of Food	农村居民人均纯收入 Annual per Capita Net Income of Rural Households	农村居民人均生活费总支出 Annual per Capita Living Expenditure of Rural Households
石家庄市	Shijiazhuang	16607	10078	3534	5977	3444
承德市	Chengde	13282	8980	3391	3926	3403
张家口市	Zhangjiakou	13246	8908	3359	3559	2679
秦皇岛市	Qinhuangdao	15499	10471	3453	5516	3296
唐山市	Tangshan	18053	12962	4647	7420	5459
廊坊市	Langfang	17752	11540	3637	6834	3589
保定市	Baoding	13555	8772	3301	4682	2700
沧州市	Cangzhou	14519	9178	3246	4955	3021
衡水市	Hengshui	13142	8758	2837	3918	2402
邢台市	Xingtai	13355	9367	3460	4467	2365
邯郸市	Handan	15961	8691	2990	5323	2500

各市区居民消费价格分类指数（2009年，上年＝100）
Consumer Price Indices by Category and by Cities (2009, Preceding Year=100)

市区	City	总指数 General Index	食品 Food	烟酒及用品 Tobacco, Liquor and Articles	衣着 Clothing	家庭设备用品及维修服务 Household Facilities, Articles and Services	医疗保健和个人用品 Health Care and Personal Articles	交通和通信 Transportation and Communication	娱乐教育文化用品及服务 Recreation, Education and Culture	居住 Residence
全省	**Total**	**99.3**	**101.0**	**101.9**	**96.4**	**99.8**	**101.5**	**97.0**	**97.8**	**98.4**
石家庄市	Shijiazhuang	100.3	100.0	101.0	100.1	100.2	101.1	98.5	99.0	104.3
承德市	Chengde	98.9	101.3	102.3	88.3	100.2	102.8	97.7	96.3	100.1
张家口市	Zhangjiakou	100.0	100.2	100.5	96.4	97.8	103.9	97.2	98.7	104.1
秦皇岛市	Qinhuangdao	98.3	102.5	101.5	90.1	99.5	100.5	96.2	94.0	97.2
唐山市	Tangshan	99.8	101.1	102.4	99.7	100.9	100.8	96.5	98.3	98.8
廊坊市	Langfang	96.6	99.2	102.9	89.5	97.4	101.4	97.7	94.3	92.0
保定市	Baoding	100.2	103.2	103.4	87.6	99.3	100.7	99.3	100.8	105.4
沧州市	Cangzhou	97.4	97.1	101.6	95.0	95.4	102.1	97.2	97.3	96.6
衡水市	Hengshui	99.0	100.4	101.0	97.0	98.9	101.2	96.1	99.0	99.0
邢台市	Xingtai	99.5	98.9	104.1	98.3	98.9	102.8	99.1	98.8	99.1
邯郸市	Handan	100.8	105.4	103.2	95.6	98.6	100.0	97.9	98.3	98.7

各市区商品零售价格分类指数（2009年，上年＝100）
Retail Price Indices by Category of Commodities by Cities (2009, Preceding Year=100)

市区	City	总指数 General Index	食品 Food	饮料、烟酒 Beverages, Tobacco and Liquor	服装、鞋帽 Garments, Shoes and Hats	纺织品 Textiles	家用电器及音像器材 Household Appliances, Music and Video Equipment	文化办公用品 Cultural and Office Appliances	日用品 Articles for Daily Use	体育娱乐用品 Sports and Recreation Articles
全省	**Total**	**99.0**	**100.9**	**101.6**	**97.4**	**99.9**	**92.5**	**95.1**	**101.6**	**98.0**
石家庄市	Shijiazhuang	100.1	99.8	102.3	99.3	99.7	93.1	97.8	102.1	98.3
承德市	Chengde	97.2	101.0	102.3	87.8	100.1	92.2	91.4	102.9	95.9
张家口市	Zhangjiakou	99.2	101.1	100.4	95.7	102.1	90.9	93.4	99.4	99.0
秦皇岛市	Qinhuangdao	97.8	102.0	101.8	89.7	101.6	92.5	90.8	100.3	93.6
唐山市	Tangshan	99.1	102.0	102.0	99.8	101.3	93.6	92.6	101.4	97.4
廊坊市	Langfang	96.3	99.1	103.0	89.7	93.2	88.7	83.0	98.9	96.4
保定市	Baoding	99.6	104.7	102.7	87.7	99.1	96.1	98.4	99.3	103.4
沧州市	Cangzhou	96.3	97.1	101.6	94.3	97.1	91.5	88.5	100.8	98.8
衡水市	Hengshui	98.5	100.7	101.1	96.9	95.7	95.2	96.0	98.9	84.9
邢台市	Xingtai	98.8	99.4	103.6	97.9	99.3	95.3	100.2	102.0	100.2
邯郸市	Handan	100.9	106.4	101.0	94.9	102.5	91.8	92.2	100.7	100.0

各市区商品零售价格分类指数（2009年，上年＝100）(续)
Retail Price Indices by Category of Commodities by Cities (2009, Preceding Year=100)

市　区	City	交通、通信用品 Transportation and Communication Appliances	家　具 Furniture	化妆品 Cosmetics	金银珠宝 Gold, Silver and Jewelry	中西药品及医疗保健用品 Traditional Chinese and Western Medicines and Health Care Articles	书报杂志及电子出版物 Books, Newspapers, Magazines and Electronic Publications	燃　料 Fuels	建筑材料及五金电料 Building Materials and Hardware
全　省	**Total**	**93.6**	**99.0**	**102.2**	**91.0**	**102.0**	**104.9**	**96.7**	**100.5**
石家庄市	Shijiazhuang	94.9	106.1	98.4	97.0	101.7	106.3	108.7	102.4
承 德 市	Chengde	86.9	99.0	101.5	93.1	105.0	99.4	93.8	97.6
张家口市	Zhangjiakou	95.0	96.3	100.3	88.9	106.7	103.8	98.4	103.9
秦皇岛市	Qinhuangdao	93.1	93.2	101.6	86.1	101.5	104.4	89.8	98.9
唐 山 市	Tangshan	86.2	100.4	102.6	98.4	100.8	110.3	93.7	96.2
廊 坊 市	Langfang	92.3	86.5	106.3	94.3	101.3	106.0	90.6	99.3
保 定 市	Baoding	98.7	100.7	100.8	99.6	100.7	102.9	95.4	101.5
沧 州 市	Cangzhou	90.3	91.1	99.7	95.7	102.1	100.4	90.5	98.5
衡 水 市	Hengshui	95.9	100.3	103.3	90.9	100.2	103.0	93.5	102.0
邢 台 市	Xingtai	96.9	100.3	98.3	95.0	103.6	100.0	90.6	99.8
邯 郸 市	Handan	96.1	104.6	99.8	91.8	101.2	101.7	105.7	102.3

各市农、林、牧、渔业总产值（2009年）
Gross Output Value of Farming, Forestry, Animal Husbandry and Fishery (2009)

单位：万元　　(10000 yuan)

市	City	农林牧渔业 Farming, Forestry, Animal Husbandry and Fishery	农　业 Farming	林　业 Forestry	牧　业 Animal Husbandry	渔　业 Fishery	农林牧渔服务业 Service for Farming, Forestry, Animal Husbandry and Fishery
全　省	**Total**	**36409272**	**19277777**	**706795**	**13501025**	**1083760**	**1839915**
石家庄市	Shijiazhuang	5477617	2845448	88271	2283834	37538	222526
承 德 市	Chengde	1915308	894790	159072	795525	18331	47590
张家口市	Zhangjiakou	2157014	940632	74328	1063902	10755	67397
秦皇岛市	Qinhuangdao	1840505	791187	38421	894491	86199	30207
唐 山 市	Tangshan	5726771	2788095	128498	2128430	504872	176876
廊 坊 市	Langfang	2530171	1560320	22819	864451	33435	49146
保 定 市	Baoding	4509879	2799687	68680	1452063	59776	129673
沧 州 市	Cangzhou	3912880	2173552	10407	1049513	145545	533863
衡 水 市	Hengshui	2350622	1416517	8922	812685	5728	106770
邢 台 市	Xingtai	2781385	1645642	50895	858604	4122	222122
邯 郸 市	Handan	4375365	2317972	72141	1734637	36601	214014

各市农、林、牧、渔业中间消耗（2009年）
Intermediate Exertion of Farming, Forestry, Animal Husbandry and Fishery (2009)

单位：万元 (10000 yuan)

市	City	农林牧渔业中间消耗 Intermediate Exertion	农业 Farming	林业 Forestry	牧业 Animal Husbandry	渔业 Fishery	农林牧渔服务业 Service for Farming, Forestry, Animal Husbandry and Fishery
全　省	**Total**	**14335878**	**5893216**	**154011**	**6882822**	**421474**	**984355**
石家庄市	Shijiazhuang	2394506	1019524	17389	1226275	16873	114445
承 德 市	Chengde	781742	313177	37064	400945	7332	23224
张家口市	Zhangjiakou	943060	404740	28535	473545	5168	31072
秦皇岛市	Qinhuangdao	816996	230673	9564	517886	37787	21086
唐 山 市	Tangshan	2124979	788473	31212	1021646	202052	81596
廊 坊 市	Langfang	1146729	623572	10693	473619	14490	24355
保 定 市	Baoding	1854591	910994	26507	825214	27948	63928
沧 州 市	Cangzhou	1750879	792912	3642	567891	72772	313662
衡 水 市	Hengshui	1121251	580772	3042	470545	2830	64062
邢 台 市	Xingtai	1193146	568260	24684	452141	1927	146134
邯 郸 市	Handan	1906267	794020	30405	948334	17940	115568

各市农、林、牧、渔业增加值（2009年）
The Added Value of Farming, Forestry, Animal Husbandry and Fishery (2009)

单位：万元 (10000 yuan)

市	City	农林牧渔业增加值 Added Value	农业 Farming	林业 Forestry	牧业 Animal Husbandry	渔业 Fishery	农林牧渔服务业 Service for Farming, Forestry, Animal Husbandry and Fishery
全　省	**Total**	**22073394**	**13384561**	**552784**	**6618203**	**662286**	**855560**
石家庄市	Shijiazhuang	3083111	1825924	70882	1057559	20665	108081
承 德 市	Chengde	1133566	581613	122008	394580	10999	24366
张家口市	Zhangjiakou	1213954	535892	45793	590357	5587	36325
秦皇岛市	Qinhuangdao	1023509	560514	28857	376605	48412	9121
唐 山 市	Tangshan	3601792	1999622	97286	1106784	302820	95280
廊 坊 市	Langfang	1383442	936748	12126	390832	18945	24791
保 定 市	Baoding	2655288	1888693	42173	626849	31828	65745
沧 州 市	Cangzhou	2162001	1380640	6765	481622	72773	220201
衡 水 市	Hengshui	1229371	835745	5880	342140	2898	42708
邢 台 市	Xingtai	1588239	1077382	26211	406463	2195	75988
邯 郸 市	Handan	2469098	1523952	41736	786303	18661	98446

各市农、林、牧、渔业中间消耗、增加值占总产值的比重（2009年）

Intermediate Consumption and Value-added of Farming, Forestry, Animal Husbandry and Fishery as Percentage of Gross Output Value (2009)

单位：%　　(%)

市	City	农业 Agriculture		林业 Forestry		牧业 Animal Husbandry	
		中间消耗 Intermediate Exertion	增加值 Added Value	中间消耗 Intermediate Exertion	增加值 Added Value	中间消耗 Intermediate Exertion	增加值 Added Value
全　省	**Total**	**30.57**	**69.43**	**21.79**	**78.21**	**50.98**	**49.02**
石家庄市	Shijiazhuang	35.83	64.17	19.70	80.30	53.69	46.31
承德市	Chengde	35.00	65.00	23.30	76.70	50.40	49.60
张家口市	Zhangjiakou	43.03	56.97	38.39	61.61	44.51	55.49
秦皇岛市	Qinhuangdao	29.16	70.84	24.89	75.11	57.90	42.10
唐山市	Tangshan	28.28	71.72	24.29	75.71	48.00	52.00
廊坊市	Langfang	39.96	60.04	46.86	53.14	54.79	45.21
保定市	Baoding	32.54	67.46	38.59	61.41	56.83	43.17
沧州市	Cangzhou	36.48	63.52	35.00	65.00	54.11	45.89
衡水市	Hengshui	41.00	59.00	34.10	65.90	57.90	42.10
邢台市	Xingtai	34.53	65.47	48.50	51.50	52.66	47.34
邯郸市	Handan	34.25	65.75	42.15	57.85	54.67	45.33

市	City	渔业 Fishery		农林牧渔服务业 Service to Farming, Forestry, Animal Husbandry and Fishery	
		中间消耗 Intermediate Exertion	增加值 Added Value	中间消耗 Intermediate Exertion	增加值 Added Value
全　省	**Total**	**38.89**	**61.11**	**53.50**	**46.50**
石家庄市	Shijiazhuang	44.95	55.05	51.43	48.57
承德市	Chengde	40.00	60.00	48.80	51.20
张家口市	Zhangjiakou	48.05	51.95	46.10	53.90
秦皇岛市	Qinhuangdao	43.84	56.16	69.81	30.19
唐山市	Tangshan	40.02	59.98	46.13	53.87
廊坊市	Langfang	43.34	56.66	49.56	50.44
保定市	Baoding	46.75	53.25	49.30	50.70
沧州市	Cangzhou	50.00	50.00	58.75	41.25
衡水市	Hengshui	49.41	50.59	60.00	40.00
邢台市	Xingtai	46.75	53.25	65.79	34.21
邯郸市	Handan	49.02	50.98	54.00	46.00

注：本表按当年价格计算。
a) Data in value in this table are calculated at current prices.

各市农、林、牧、渔业总产值指数（2009年，上年＝100）
Indices of Gross Output Value of Farming，Forestry，Animal Husbandry and Fishery (2009, Preceding Year=100)

市	City	农林牧渔业 Farming, Forestry, Animal Husbandry and Fishery	农业 Farming	林业 Forestry	牧业 Animal Husbandry	渔业 Fishery	农林牧渔服务业 Service for Farming, Forestry, Animal Husbandry and Fishery
全省	**Total**	**103.2**	**103.3**	**111.8**	**102.3**	**104.4**	**106.2**
石家庄市	Shijiazhuang	100.7	97.6	102.0	103.6	103.9	108.1
承德市	Chengde	105.9	101.3	99.4	112.8	104.7	105.9
张家口市	Zhangjiakou	102.6	89.2	99.5	114.7	110.9	109.6
秦皇岛市	Qinhuangdao	105.4	106.3	168.8	103.3	103.4	109.7
唐山市	Tangshan	106.1	96.2	122.1	120.0	104.3	101.7
廊坊市	Langfang	103.0	102.5	99.1	103.2	107.1	114.1
保定市	Baoding	104.9	103.8	113.4	106.4	104.7	105.1
沧州市	Cangzhou	104.4	102.0	96.0	107.2	109.0	107.0
衡水市	Hengshui	104.8	100.5	84.0	110.9	101.0	116.4
邢台市	Xingtai	103.2	101.0	139.1	105.8	98.5	105.0
邯郸市	Handan	102.2	101.4	109.5	105.2	94.7	86.0

注：本表按可比价格计算。
a) Data in value in this table are calculated at current prices.

各市主要农作物总播种面积（2009年）
Total Sown Areas of Major Farm Crops (2009)

单位：千公顷 (1000 hectares)

市	City	总播种面积 Total Sown Area	#粮食作物播种面积 Sown Area of Grain Crops	#谷物 Cereal	#夏收 Summer Harvest Grain	#棉花播种面积 Sown Area of Cotton	#油料播种面积 Sown Area of Oil-bearing Crops	#蔬菜播种面积 Sown Area of Vegetables
全省	**Total**	**8682.50**	**6216.5**	**5753.0**	**2395.6**	**620.0**	**496.60**	**1100.9**
石家庄市	Shijiazhuang	995.55	756.4	714.7	369.0	14.3	60.59	149.0
承德市	Chengde	335.35	259.2	206.9			7.64	62.5
张家口市	Zhangjiakou	674.82	455.9	344.9			60.77	82.6
秦皇岛市	Qinhuangdao	213.83	141.0	108.4	7.7	2.2	23.15	41.8
唐山市	Tangshan	786.02	472.0	436.5	107.0	27.9	77.77	178.8
廊坊市	Langfang	496.33	311.6	289.1	90.7	45.4	18.54	104.4
保定市	Baoding	1199.65	908.2	855.2	387.3	29.3	77.16	137.3
沧州市	Cangzhou	1100.07	841.6	794.9	361.9	128.4	35.26	75.8
衡水市	Hengshui	840.60	575.5	554.6	278.3	139.6	35.95	77.1
邢台市	Xingtai	1002.98	706.5	686.1	340.2	191.6	35.01	55.7
邯郸市	Handan	1070.79	761.6	730.3	370.4	117.4	49.26	135.9

各市主要农产品产量（2009年）

Yield of Major Farm Crops (2009)

市	City	粮 食 (万吨) Grain (10000 tons)	谷 物 Cereal	#夏 收 Summer Harvest Grain	#稻 谷 Rice	#小 麦 Wheat	#玉 米 Corn	豆 类 Beans	薯 类 Tubers
全 省	**Total**	**2910.17**	**2801.83**	**1230.45**	**57.45**	**1229.84**	**1465.22**	**34.93**	**73.41**
石家庄市	Shijiazhuang	497.93	478.46	247.81	0.14	247.81	227.00	6.22	13.24
承 德 市	Chengde	86.98	76.44		10.88		61.49	2.19	8.35
张家口市	Zhangjiakou	81.32	68.38		1.04		58.11	1.78	11.16
秦皇岛市	Qinhuangdao	82.08	67.32	4.68	6.52	4.19	52.99	2.87	11.89
唐 山 市	Tangshan	303.97	286.90	58.22	48.22	58.16	179.19	5.39	11.68
廊 坊 市	Langfang	187.55	180.56	50.62		50.50	129.16	4.02	2.97
保 定 市	Baoding	559.37	533.37	228.22	0.92	228.22	299.94	4.35	21.65
沧 州 市	Cangzhou	450.82	435.82	179.27		179.27	252.49	7.92	7.08
衡 水 市	Hengshui	343.77	336.10	166.37		166.37	166.25	3.74	3.93
邢 台 市	Xingtai	403.32	395.78	196.39		196.39	185.52	3.39	4.15
邯 郸 市	Handan	451.99	440.00	212.64	1.64	212.64	212.36	4.49	7.50

市	City	棉 花 (吨) Cotton (ton)	油 料 (吨) Oil-bearing Crops (ton)	#芝 麻 Sesame	#花 生 Peanut	麻 类 (吨) Fiber Crops (ton)	#黄红麻 Jute and Ambary Hemp	烟 叶 (吨) Tobacco (ton)	#烤 烟 Flue-cured Tobacco
全 省	**Total**	**604600**	**1432691**	**10116**	**1339926**	**745**	**699**	**6650**	**4082**
石家庄市	Shijiazhuang	14494	208350	874	194207	2		1102	1102
承 德 市	Chengde		6618	149	851	4		88	3
张家口市	Zhangjiakou		24873		1017	26		2822	2822
秦皇岛市	Qinhuangdao	2576	78818	233	77932				
唐 山 市	Tangshan	32498	276702	211	276477	704	699	1484	
廊 坊 市	Langfang	50588	42715	694	37905			6	
保 定 市	Baoding	29697	284546	1319	278392	4		1148	155
沧 州 市	Cangzhou	141344	102283	2602	91457				
衡 水 市	Hengshui	150854	112191	1354	110371				
邢 台 市	Xingtai	212873	96610	1054	86996	3			
邯 郸 市	Handan	148351	154287	1292	142292	2			

注：全省粮食(包括分品种)产量系抽样调查推算数，各市为全面调查数。

a) The provincial products of grain (contained grain differentiated according to variety) are reckoned figure of sampling investigation，the civil products are figure of comprehensive investigation.

各市农业机械化、能源、化肥、水利（2009年）
Mechanization, Energy Resources, Chemical Fertilizer and Water Conservancy of Agriculture (2009)

市 City	农业机械化情况 Agriculture Mechanization			农村能源情况 Agriculture Energy			农用化肥施用量 Consumption of Chemical Fertilizer	农田水利情况 Farm Water Conservancy
	机耕面积 (公顷) Area Cultivated by Machine (hectare)	机播面积 (公顷) Area Sown by Machine (hectare)	机收面积 (公顷) Mechanical Harvest Area (hectare)	农村用电量 (万千瓦小时) Electricity Consumed in Rural Area (10000 kvh)	乡、村办水电站 (个) Hydropower Station in Rural Area (unit)	乡、村办水电站发电量 (万千瓦小时) Electriciry (10000 kwh)	折纯量 (吨) by 100% Effective Component (ton)	有效灌溉面积 (公顷) Effective Irrigated Areas (hectare)
全　省 Total	**5251562**	**6183337**	**3147027**	**4860468**	**124**	**8421**	**3161700**	**4509597**
石家庄市 Shijiazhuang	527273	657110	419168	647922	36	4713	478812	480660
承 德 市 Chengde	180046	147080	59400	145085	12	346	102378	144450
张家口市 Zhangjiakou	516863	374414	179079	91626	11	861	93616	253794
秦皇岛市 Qinhuangdao	182960	70193	36080	165154	3		132372	132740
唐 山 市 Tangshan	513520	467142	174006	1277316	7	15	379781	484270
廊 坊 市 Langfang	300952	345024	139086	606504			166437	278192
保 定 市 Baoding	618996	812429	480765	374193	17	452	440067	667292
沧 州 市 Cangzhou	663840	973479	465238	608990			311685	520720
衡 水 市 Hengshui	535539	745045	370205	260770			257317	476490
邢 台 市 Xingtai	597301	821084	396790	262477			337761	523840
邯 郸 市 Handan	614272	770337	427210	420431	38	2034	461474	547149

各市主要农业机械和农产品加工机械拥有量（2009年底）
Ownership of Agricultural Machinery and Machinery for Processing Farm Products (End of 2009)

市 City	农业机械总动力 (万千瓦) Total Power of Agricultureal Machinery (10000 kw)	大中型拖拉机 (混合台) Large and Medium Agricultural Tractors (unit)	小型拖拉机 (台) Mini-Tractor (unit)	排灌用动力机械 (台) Agricultral Irrigation and Drainage Machinery (unit)	#柴油机 Diesel Engines	#电动机 Electrical Engines	粮食加工机械 (台) Grain Processing Machinery (unit)	农用运输车 (辆) Agricultural Vehicles (unit)
全　省 Total	**9861.37**	**155153**	**1491457**	**2619303**	**1149968**	**1469335**	**380635**	**2631623**
石家庄市 Shijiazhuang	1932.05	23508	176549	449618	209925	239693	85911	461720
承 德 市 Chengde	275.58	6025	37030	37963	8869	29094	23577	71031
张家口市 Zhangjiakou	279.33	5855	73332	19929	3364	16565	14062	67191
秦皇岛市 Qinhuangdao	295.27	3518	48252	73355	25264	48091	78568	103762
唐 山 市 Tangshan	1031.62	16912	145581	313357	56058	257299	18929	258916
廊 坊 市 Langfang	666.15	10485	75861	136389	43621	92768	24918	258962
保 定 市 Baoding	1140.71	23385	140654	275676	124670	151006	24187	385588
沧 州 市 Cangzhou	1144.62	19411	251019	440426	294535	145891	31828	276402
衡 水 市 Hengshui	867.36	13239	226737	235764	132478	103286	10370	128942
邢 台 市 Xingtai	898.85	17001	222462	280789	100683	180106	28995	194319
邯 郸 市 Handan	1329.84	15814	93980	356037	150501	205536	39290	424790

各市大牲畜头数（2009年底）
Number of Large Livestock (End of 2009)

单位：百头　(100 units)

市	City	大牲畜 年末数 Large Animals (year-end)	牛 Cattle and Buffaloes	马 Horses	驴 Donkeys	骡 Mules
全　省	**Total**	**53666**	**42911**	**2030**	**6289**	**2436**
石家庄市	Shijiazhuang	8792	7700	234	670	188
承德市	Chengde	8470	7159	581	378	352
张家口市	Zhangjiakou	7544	5726	240	844	734
秦皇岛市	Qinhuangdao	2560	2239	18	270	33
唐山市	Tangshan	9242	7981	146	949	166
廊坊市	Langfang	4785	3839	118	672	156
保定市	Baoding	4896	4212	46	583	55
沧州市	Cangzhou	7070	6089	184	569	228
衡水市	Hengshui	4715	4116	148	373	78
邢台市	Xingtai	3225	2727	69	346	83
邯郸市	Handan	5143	3899	246	635	363

各市肉类总产量、牛奶产量及猪、羊头数（2009年）
Output of Meat， Milk and Number of Hogs，Sheep and Goats (2009)

市	City	猪牛羊肉产量（万吨） Output of Pork, Beef and Mutton (10000 tons)	年末出栏肉猪（万头） Slaughtered Fattened Hogs (year-end) (10000 heads)	生猪存栏头数（万头） Number of Hogs at Year-end (10000 heads)	羊存栏只数（万只） Number of Sheep and Goats (10000 units)	山羊 Goats	绵羊 Sheep	牛奶产量（万吨） Output of Cow Milk (10000 tons)
全　省	**Total**	**336.84**	**3332.87**	**1968.04**	**1565.09**	**551.40**	**1013.69**	**451.54**
石家庄市	Shijiazhuang	51.71	531.11	332.13	125.75	43.79	81.96	106.49
承德市	Chengde	24.21	192.46	138.03	108.53	62.18	46.35	13.13
张家口市	Zhangjiakou	23.65	215.76	140.16	185.39	22.38	163.01	109.20
秦皇岛市	Qinhuangdao	23.09	228.15	132.34	101.09	48.62	52.47	9.18
唐山市	Tangshan	51.79	555.84	386.99	88.17	38.44	49.73	167.73
廊坊市	Langfang	27.56	223.85	140.81	181.83	45.77	136.06	20.89
保定市	Baoding	47.81	535.79	365.01	206.51	75.41	131.10	65.49
沧州市	Cangzhou	26.83	222.38	145.48	185.26	96.65	88.61	11.36
衡水市	Hengshui	27.14	278.99	208.98	123.67	77.64	46.03	5.81
邢台市	Xingtai	21.13	222.06	156.40	90.64	52.48	38.16	26.25
邯郸市	Handan	43.81	463.95	298.71	329.07	220.29	108.78	20.60

各市水产品产量（2009年）
Output of Aquatic Products (2009)

单位：吨　　　　(ton)

市	City	水产品总产量 Total Aquatic Products	海水产品 Seawater Aquatic Products	#鱼类 Fish	#甲壳类 Carapace	内陆水域水产品 Freshwater Aquatic Products	#鱼类 Fish	#甲壳类 Carapace
全　省	**Total**	**1004100**	**553884**	**151520**	**78503**	**450216**	**415983**	**26465**
石家庄市	Shijiazhuang	34487				34487	30316	2181
承德市	Chengde	20028				20028	19622	406
张家口市	Zhangjiakou	9784				9784	8956	828
秦皇岛市	Qinhuangdao	200525	194273	15900	7191	6252	5910	241
唐山市	Tangshan	478908	263160	63157	53197	215748	198847	16663
廊坊市	Langfang	34388	5419	5053	366	28969	28899	10
保定市	Baoding	46753				46753	39213	2209
沧州市	Cangzhou	120772	91032	67410	17749	29740	27262	2476
衡水市	Hengshui	6686				6686	6605	81
邢台市	Xingtai	4516				4516	4483	13
邯郸市	Handan	47253				47253	45870	1357

各市规模以上工业企业个数和工业总产值（2009年）
Number and Gross Industrial Value of Industrial Enterprises above Designated Size (2009)

个数单位：个　产值单位：亿元　　　　(unit, 100 million yuan)

市	City	全部工业 Total		内资企业 Domestic Funded Enterprises		#国有企业 State-owned Enterprises		#集体企业 Collective-owned Enterprises	
		企业个数 Number of Enterprises	工业总产值 Gross Industrial Output Value	企业个数 Number of Enterprises	工业总产值 Gross Industrial Output Value	企业个数 Number of Enterprises	工业总产值 Gross Industrial Output Value	企业个数 Number of Enterprises	工业总产值 Gross Industrial Output Value
全　省	**Total**	**13096**	**24062.76**	**11969**	**20151.76**	**448**	**2316.75**	**381**	**572.31**
石家庄市	Shijiazhuang	2469	4463.54	2330	4050.41	63	530.90	103	196.06
承德市	Chengde	573	987.84	560	973.23	17	24.73	10	3.85
张家口市	Zhangjiakou	435	684.21	398	579.69	32	121.80	15	4.88
秦皇岛市	Qinhuangdao	615	910.56	496	519.85	28	84.08	23	8.02
唐山市	Tangshan	1684	5819.16	1558	4839.81	62	484.20	64	238.58
廊坊市	Langfang	1134	1645.68	911	1261.15	36	60.67	26	19.54
保定市	Baoding	1641	2076.47	1467	1756.21	69	364.17	35	27.56
沧州市	Cangzhou	1753	2190.60	1632	1932.22	31	128.69	11	5.52
衡水市	Hengshui	892	700.13	834	644.03	18	48.50	22	10.85
邢台市	Xingtai	1004	1420.15	950	1076.53	30	97.20	25	9.95
邯郸市	Handan	896	3164.42	833	2518.64	62	371.81	47	47.51

各市规模以上工业企业个数和工业总产值（2009年）(续)

Number and Gross Industrial Value of Industrial Enterprises above Designated Size (2009)

个数单位：个　产值单位：亿元　　(unit, 100 million yuan)

市	City	股份制经济 Cooperative Enterprise		中外合资、合作企业 Joint Venture, Cooperative Operation Enterprise		外资企业 Foreign Funded Enterprises		港、澳、台投资企 Funds from Hong Kong, Macao and Taiwan	
		企业个数 Number of Enterprises	工业总产值 Gross Industrial Output Value	企业个数 Number of Enterprises	工业总产值 Gross Industrial Output Value	企业个数 Number of Enterprises	工业总产值 Gross Industrial Output Value	企业个数 Number of Enterprises	工业总产值 Gross Industrial Output Value
全　省	**Total**	**8544**	**14785.27**	**498**	**1404.30**	**298**	**650.14**	**320**	**1558.98**
石家庄市	Shijiazhuang	1458	2515.54	67	118.30	15	44.49	54	233.55
承 德 市	Chengde	485	907.85	8	5.84			5	8.77
张家口市	Zhangjiakou	321	441.90	19	24.86	7	32.40	10	6.36
秦皇岛市	Qinhuangdao	392	412.25	57	241.09	44	120.54	17	28.63
唐 山 市	Tangshan	897	3261.07	42	131.85	42	131.36	39	482.91
廊 坊 市	Langfang	686	1084.73	67	53.03	108	130.73	47	200.41
保 定 市	Baoding	1116	1249.18	99	191.07	21	23.59	54	105.59
沧 州 市	Cangzhou	1278	1559.35	60	170.47	33	17.45	27	65.10
衡 水 市	Hengshui	585	505.29	28	24.66	9	3.65	20	27.30
邢 台 市	Xingtai	684	818.02	29	72.42	8	135.62	17	135.58
邯 郸 市	Handan	642	2030.09	22	370.71	11	10.29	30	264.78

各市规模以上工业企业主要指标（2009年）

Main Indicators of Industrial Enterprises above Designated Size (2009)

单位：亿元　　(100 million yuan)

市	City	企业单位数(个) Number of Enterprises (unit)	从业人员(万人) Number of Employed Persons (10000 persons)	工业增加值(收入法) Value-added of Industry	实收资本 Total Capital Hold	流动资产合计 Total Working Capitals	#存货 gool kept in stock
全　省	**Total**	**13096**	**319.94**	**6287.84**	**4094.43**	**8319.12**	**2323.52**
石家庄市	Shijiazhuang	2469	56.33	1101.73	557.47	890.93	247.01
承 德 市	Chengde	573	13.60	295.00	146.47	447.53	129.75
张家口市	Zhangjiakou	435	14.88	235.67	178.80	367.04	133.57
秦皇岛市	Qinhuangdao	615	14.02	223.46	255.92	550.91	163.97
唐 山 市	Tangshan	1684	66.63	1699.99	1059.21	2227.78	562.99
廊 坊 市	Langfang	1134	20.18	345.78	275.09	572.99	168.24
保 定 市	Baoding	1641	36.43	493.42	367.67	911.58	258.67
沧 州 市	Cangzhou	1753	27.11	587.35	438.84	479.08	160.03
衡 水 市	Hengshui	892	12.42	170.81	119.88	242.73	62.41
邢 台 市	Xingtai	1004	24.89	379.75	240.74	549.91	126.09
邯 郸 市	Handan	896	33.46	823.37	454.36	1078.66	310.78

各市规模以上工业企业主要指标（2009年）(续)

Main Indicators of Industrial Enterprises above Designated Size (2009)

单位：亿元 (100 million yuan)

市	City	#产成品 Finished Products	固定资产合计 Fixed Assets	固定资产原价 Original Value of Fixed Assets	固定资产净值 Net Value of Fixed Assets	资产总计 Total Assets	流动负债合计 Total Working Liabilities
全　省	**Total**	**834.14**	**9920.69**	**12525.70**	**8454.18**	**20662.67**	**9372.46**
石家庄市	Shijiazhuang	105.09	1246.80	1679.69	1093.99	2352.62	1007.02
承德市	Chengde	39.05	518.37	598.59	451.55	1058.09	599.37
张家口市	Zhangjiakou	38.08	469.89	618.97	394.50	961.39	536.94
秦皇岛市	Qinhuangdao	68.67	457.19	611.62	407.11	1097.61	594.22
唐山市	Tangshan	171.00	3104.60	3474.27	2463.16	6192.65	2789.04
廊坊市	Langfang	62.50	515.81	700.11	474.03	1180.02	566.42
保定市	Baoding	110.72	691.21	834.55	571.46	1776.90	800.54
沧州市	Cangzhou	69.49	884.62	1247.36	827.61	1496.05	493.43
衡水市	Hengshui	31.64	206.89	300.59	194.68	494.59	227.56
邢台市	Xingtai	49.77	624.41	862.20	533.55	1260.51	507.81
邯郸市	Handan	88.13	1200.90	1597.75	1042.55	2792.25	1250.12

市	City	长期负债合计 Long-term Liabilities	所有者权益合计 Total Owners' Equities	主营业务收入 Revenue from Principal Business	主营业务成本 Cost of Principal Business	主营业务税金及附加 Taxes and Other Charges on Principal Business	本年应交增值税 Value-added Tax Payable
全　省	**Total**	**3074.28**	**8020.50**	**24119.47**	**20792.12**	**254.66**	**743.61**
石家庄市	Shijiazhuang	304.23	1005.95	4378.48	3663.37	71.60	112.62
承德市	Chengde	122.31	311.76	883.69	743.45	8.71	38.41
张家口市	Zhangjiakou	128.52	294.63	629.02	516.83	26.35	29.56
秦皇岛市	Qinhuangdao	156.85	344.91	936.24	851.30	4.96	22.44
唐山市	Tangshan	1171.40	2196.61	5969.66	5123.62	19.90	193.46
廊坊市	Langfang	104.73	487.10	1612.11	1395.19	4.98	41.78
保定市	Baoding	257.44	694.17	1956.52	1671.62	20.15	92.37
沧州市	Cangzhou	272.26	716.61	2145.58	1775.11	78.86	54.74
衡水市	Hengshui	40.97	219.99	673.00	587.11	3.09	15.54
邢台市	Xingtai	142.83	597.47	1415.34	1225.62	4.90	46.64
邯郸市	Handan	372.75	1151.31	3519.84	3238.90	11.15	96.03

各市国有及国有控股工业企业主要指标（2009年）

Main Indicators of State-owned and State-holding Industrial Enterprises (2009)

单位：亿元 (100 million yuan)

市 City		企业单位数（个）Number of Enterprises (unit)	从业人员（万人）Number of Employed Persons (10000 persons)	实收资本 Total Capital Hold	流动资产 合计 Total Working Capitals	#存货 gool kept in stock	#产成品 Finished Products	固定资产 合计 Fixed Assets	固定资产 原价 Original Value of Fixed Assets
全省	**Total**	**794**	**92.39**	**1996.51**	**3252.46**	**947.27**	**254.87**	**5500.93**	**7128.99**
石家庄市	Shijiazhuang	118	14.27	232.25	321.05	104.89	32.18	604.76	911.27
承德市	Chengde	42	3.81	61.21	166.37	70.94	7.67	297.56	350.98
张家口市	Zhangjiakou	65	8.4	116.71	231.86	85.57	14.17	375.51	500.51
秦皇岛市	Qinhuangdao	49	3.3	81.23	193.05	65.03	26.10	188.98	274.36
唐山市	Tangshan	104	25.49	651.11	1070.19	269.79	56.85	2054.74	2246.42
廊坊市	Langfang	68	1.7	40.73	40.76	10.48	3.34	125.10	187.96
保定市	Baoding	106	8.32	123.42	337.14	103.53	48.94	319.91	413.53
沧州市	Cangzhou	56	5.72	282.20	125.49	51.42	23.54	500.09	784.26
衡水市	Hengshui	35	1.96	22.60	30.96	10.78	4.52	71.47	122.25
邢台市	Xingtai	51	5	73.15	127.08	12.84	3.00	208.75	295.60
邯郸市	Handan	100	14.43	311.91	608.50	162.01	34.58	754.04	1041.86

市 City		固定资产净值 Net Value of Fixed Assets	资产总计 Total Assets	流动负债合计 Total Working Liabilities	长期负债合计 Long-term Liabilities	所有者权益合计 Total Owners' Equities	主营业务收入 Revenue from Principal Business	主营业务成本 Cost of Principal Business	主营业务税金及附加 Taxes and Other Charges on Principal Business	本年应交增值税 Value-added Tax Payable
全省	**Total**	**4606.94**	**10210.87**	**4402.13**	**2227.41**	**3568.09**	**7482.68**	**6515.27**	**175.64**	**275.21**
石家庄市	Shijiazhuang	539.86	993.30	475.29	205.78	310.26	758.67	623.09	46.40	24.13
承德市	Chengde	266.66	490.64	299.34	106.74	83.84	287.96	264.67	0.85	4.60
张家口市	Zhangjiakou	307.06	714.86	399.54	109.91	208.25	446.95	372.54	23.04	22.17
秦皇岛市	Qinhuangdao	162.46	404.69	221.57	76.99	105.96	292.76	264.72	2.80	6.63
唐山市	Tangshan	1597.87	3750.99	1481.76	939.86	1328.33	2091.68	1877.05	9.59	64.13
廊坊市	Langfang	119.37	175.50	68.54	46.16	59.37	169.72	147.51	0.69	5.78
保定市	Baoding	275.19	750.77	328.39	195.80	224.23	636.63	540.82	8.87	45.56
沧州市	Cangzhou	460.25	683.81	192.25	188.04	301.88	763.39	571.38	73.82	21.77
衡水市	Hengshui	66.63	108.76	44.59	22.38	41.79	116.13	105.11	1.40	3.90
邢台市	Xingtai	162.08	351.15	111.62	34.45	203.03	238.41	190.63	2.08	15.12
邯郸市	Handan	649.50	1786.40	779.25	301.31	701.17	1680.39	1557.75	6.09	61.43

各市私营工业企业主要指标（2009年）
Main Indicators of Private Enterprises (2009)

单位：亿元 (100 million yuan)

市	City	企业单位数（个）Number of Enterprises (unit)	从业人员（万人）Number of Employed Persons (10000 persons)	实收资本 Total Capital Hold	流动资产合计 Total Working Capitals	#存货 gool kept in stock
全　省	**Total**	**8162**	**112.97**	**837.14**	**1934.68**	**515.94**
石家庄市	Shijiazhuang	1737	23.42	151.28	211.74	47.51
承 德 市	Chengde	367	6.44	51.35	168.68	35.58
张家口市	Zhangjiakou	202	2.88	15.34	52.76	21.97
秦皇岛市	Qinhuangdao	323	4.85	37.89	89.94	24.04
唐 山 市	Tangshan	1093	21.9	181.51	484.64	118.01
廊 坊 市	Langfang	586	7.1	55.34	174.51	54.40
保 定 市	Baoding	970	12.08	68.99	145.98	49.71
沧 州 市	Cangzhou	1227	13.36	93.09	198.66	56.11
衡 水 市	Hengshui	621	5.96	64.78	123.32	24.14
邢 台 市	Xingtai	587	7.49	55.02	120.34	36.07
邯 郸 市	Handan	449	7.49	62.56	164.11	48.40

各市建筑业生产情况（2009年）
Productive Indicators on Construction Enterprises (2009)

市	City	建筑企业个数（个）Number of Construction Enterprises (unit)	从业人员（人）Number of Employed persons (person)	建筑企业平均人数（人）Annual Average Employed Personnel (person)	建筑业总产值（万元）Gross Output Value of Construction (10000 yuan)	房屋建筑施工面积（万平方米）Floor Space of Building and Construction (10000 sq.m)	房屋建筑竣工面积（万平方米）Floor Space of Building Completed (10000 sq.m)	#住宅 Residential Building
全　省	**Total**	**2286**	**1181937**	**1304676**	**25250461**	**17535**	**7751**	**5173**
石家庄市	Shijiazhuang	279	148727	152611	4580605	2715	905	558
承 德 市	Chengde	193	62312	78072	1218421	760	467	383
张家口市	Zhangjiakou	116	46563	77500	1247360	1213	697	534
秦皇岛市	Qinhuangdao	213	49233	58233	1370840	989	405	299
唐 山 市	Tangshan	291	176621	213789	4926556	2794	1021	623
廊 坊 市	Langfang	228	129087	137894	2270280	1364	619	301
保 定 市	Baoding	237	203030	209584	4073744	3247	1530	1082
沧 州 市	Cangzhou	199	102184	113512	1434784	1208	580	427
衡 水 市	Hengshui	124	49315	50821	450471	497	254	163
邢 台 市	Xingtai	172	65571	65379	703898	864	430	290
邯 郸 市	Handan	234	149294	147281	2973503	1884	841	512

各市建筑业主要财务指标（2009年）
Major Financial Indicators on Construction Enterprises (2009)

单位：万元 (10000 yuan)

市	City	资产合计 Total Assets	#流动资产 Circulating Funds	#固定资产 Fixed Assets	负债合计 Total Liabilities	流动负债 Liquid Liabilities	长期负债 Long-tem Liabilities	所有者权益 Owners' Equity	#实收资本 Capitals Hold
全　省	**Total**	**18974244**	**14664358**	**3159354**	**12813233**	**12016912**	**796321**	**6161011**	**4026492**
石家庄市	Shijiazhuang	2995941	2234037	568058	1983792	1919278	64514	1012149	691484
承德市	Chengde	850347	616141	200098	427063	418762	8302	423284	271944
张家口市	Zhangjiakou	823060	660393	130911	569029	564224	4805	254031	175392
秦皇岛市	Qinhuangdao	1537188	1263337	141227	1081394	1023564	57831	455794	313453
唐山市	Tangshan	4606241	3853413	566069	3594994	3366613	228380	1011247	546860
廊坊市	Langfang	1548092	1141117	285512	1006990	980150	26839	541102	346256
保定市	Baoding	2748090	2088429	468161	1874067	1792714	81353	874023	575518
沧州市	Cangzhou	888260	652209	170343	538602	531327	7275	349658	257495
衡水市	Hengshui	279521	168459	99614	76293	75941	351	203229	121353
邢台市	Xingtai	899400	639261	167594	528040	294806	233233	371360	253376
邯郸市	Handan	1798105	1347563	361767	1132969	1049533	83437	665135	473361

各市社会消费品零售总额（2009年）
Total Retail Sales of Consumer Goods (2009)

单位：亿元 (100 million yuan)

市	City	社会消费品零售总额（亿元） Total Retail Sales of Consumer Goods (100 million yuan)	按销售单位所在地分 By Location			按行业分 By Sector		
			市 City	县 County	县以下 Under County Level	批发和零售业 Wholesale and Retail Trades	住宿和餐饮业 Hotels and Catering Services	其他 Others
全　省	**Total**	**5764.9**	**2751.0**	**1192.4**	**1821.5**	**4914.4**	**767.4**	**83.1**
石家庄市	Shijiazhuang	1190.6	685.4	184.6	320.5	1053.1	122.8	14.7
承德市	Chengde	218.2	65.6	66.6	86.0	180.1	33.8	4.3
张家口市	Zhangjiakou	274.4	146.1	61.9	66.4	213.9	46.2	14.3
秦皇岛市	Qinhuangdao	283.3	187.1	36.3	59.9	240.5	42.3	0.4
唐山市	Tangshan	958.6	568.0	146.3	244.3	798.7	145.1	14.8
廊坊市	Langfang	354.5	110.2	69.9	174.5	290.2	62.1	2.3
保定市	Baoding	730.3	330.0	168.0	232.2	631.3	77.0	22.0
沧州市	Cangzhou	490.7	251.2	76.0	163.5	423.7	63.7	3.2
衡水市	Hengshui	268.7	87.9	83.2	97.6	235.5	31.8	1.4
邢台市	Xingtai	389.6	109.1	130.2	150.4	341.6	46.2	1.8
邯郸市	Handan	606.0	210.4	169.4	226.2	505.6	96.4	4.0

各市限额以上批发和零售业基本情况（2009年）
Basic Indicators of Enterprises above Designated Size in Wholesale and Retail Sale Trade (2009)

单位：万元　　(10000 yuan)

市	City	法人企业（个）Number of Corporation Enterprises (unit)	年末从业人员（人）Engaged Persons at Year-end (person)	购进总额 Total Purchases	销售总额 Total Sales	#零售 Retail Value	年末库存总额 Total Stock to Year-end	年末零售营业面积（万平方米）Operational Area of Retail Sale Trade (10000 sq.m)
全　省	**Total**	**1815**	**227120**	**30789384.5**	**36705378.7**	**11207497.5**	**2392448.8**	**829.5**
石家庄市	Shijiazhuang	300	41715	9925192.6	10775094.7	3075601.5	573589.8	169.0
承德市	Chengde	104	10431	799515.3	930396.9	275211.6	93482.9	51.6
张家口市	Zhangjiakou	114	10818	980897.0	1061047.3	362995.9	132066.8	28.7
秦皇岛市	Qinhuangdao	178	12935	3166307.4	3517131.9	747815.4	229311.9	50.2
唐山市	Tangshan	314	40184	5724806.5	7895139.0	2614048.8	485932.7	128.9
廊坊市	Langfang	139	12637	1327097.2	1752427.1	687166.5	154000.2	51.1
保定市	Baoding	182	28976	3402225.0	4124702.6	1310088.7	183496.3	56.7
沧州市	Cangzhou	110	23011	1222588.9	1727497.4	647523.2	130431.0	57.8
衡水市	Hengshui	85	9159	997010.8	1072899.5	307500.4	99126.2	77.4
邢台市	Xingtai	105	13017	1364079.5	1539730.8	386245.3	92161.9	80.5
邯郸市	Handan	184	24237	1879664.3	2309311.5	793300.2	218849.1	77.4

各市限额以上住宿业和餐饮业基本情况（2009年）
Basic Indicators of Hotels and Catering Services above Designated Size (2009)

市	City	法人企业（个）Number of Corporation Enterprises (unit)	从业人数（人）Engaged Persons (person)	营业额（万元）Business Revenue (10000 yuan)	#客房收入 From Hotel Rooms	#餐费收入 Revenue from Meals	#商品销售收入 Total Sales of Commodities
全　省	**Total**	**692**	**94449**	**793742.5**	**231584.4**	**495434.5**	**18135.6**
石家庄市	shijiazhuang	101	20106	176822.7	49950.7	111662.3	2403.1
承德市	chengde	48	4260	40228.4	15061.0	22135.7	161.5
张家口市	zhangjiakou	61	7155	49532.6	13970.1	31404.0	1402.3
秦皇岛市	qinhuangdao	72	7826	67280.9	22607.7	40324.8	695.6
唐山市	tangshan	97	14448	153584.5	38900.8	106663.6	2196.4
廊坊市	langfang	50	7407	68114.9	21119.9	36628.8	2305.8
保定市	baoding	97	12468	88188.1	23799.1	50643.5	5491.7
沧州市	cangzhou	40	6000	41619.5	12504.5	27015.0	499.7
衡水市	hengshui	28	2897	20877.3	7254.6	13012.5	380.5
邢台市	xingtai	32	4033	29309.3	9219.8	17924.1	1282.1
邯郸市	handan	66	7849	58184.3	17196.2	38020.2	1316.9

各市商品交易市场及亿元以上商品交易市场基本情况（2009年）

Basic Statistics of Commodity Markets and Commodity Markets on Sales Value Over 100 Million Yuan (2009)

市	City	商品交易市场 市场个数（个）Number of Markets (unit)	商品交易市场 当年成交额（万元）Transaction Value (10000 yuan)	商品交易市场 当年投资额（万元）Investmet (10000 yuan)	亿元以上商品交易市场 摊位数（个）Number of Booths (unit)	亿元以上商品交易市场 市场成交额（万元）Transaction Value of Markets (10000 yuan)
全　省	**Total**	**4014**	**52090130**	**734944**	**286813**	**35079782**
石家庄市	Shijiazhuang	690	16160276	258408	56067	11396042
承 德 市	Chengde	349	1097114	28592	8521	503938
张家口市	Zhangjiakou	227	1723828	64267	5951	970921
秦皇岛市	Qinhuangdao	191	1284051	2531	34586	1019048
唐 山 市	Tangshan	551	6906431	12682	19081	2010315
廊 坊 市	Langfang	245	3214500	86999	18606	2450572
保 定 市	Baoding	702	7550544	94138	51961	6419367
沧 州 市	Cangzhou	548	4174117	87677	41427	3049491
衡 水 市	Hengshui	134	2190248	5260	16429	1874987
邢 台 市	Xingtai	114	1816625	20240	15817	1188918
邯 郸 市	Handan	263	5972396	74150	18367	4196183

各市外商投资企业情况（2009年）

Basic Condition of foreign funded Enterprises (2009)

金额单位：万美元　企业单位：个　　(USD 10000, unit)

市 City	批准合同 合同个数 Nuber of Contracts	批准合同 合同总金额 Total Value of the Contracts	批准合同 合同外资额 FDI Contracted	注册 个数 Nuber of Enterprises with FDI	注册 注册资本 Registered Capital	注册 外方注册资本 Registered Capital from FDI	外商直接投资额 Foreign Direct Invest	到2009年底实有外商投资企业数 Actual Nuber of Enterprises with FDI at the End of 2009	#开工在建企业 Enterprises under construction	#投产（开业）企业 Enterprises on Operation
全　省 Total	**215**	**607168**	**260727**	**189**	**292328**	**240458**	**359824**	**3794**	**463**	**2056**
石家庄市 Shijiazhuang	31	64219	27986	27	31053	25366	54350	481	1	382
承 德 市 Chengde	8	29644	16329	7	8473	7634	6697	113	22	35
张家口市 Zhangjiakou	13	89872	16577	13	31686	16577	8053	113	21	61
秦皇岛市 Qinhuangdao	16	45043	29859	15	36616	34149	45713	414	82	178
唐 山 市 Tangshan	24	151886	46513	21	56889	47867	79275	321	25	241
廊 坊 市 Langfang	26	35308	15103	22	17045	11760	46229	528	49	290
保 定 市 Baoding	18	35732	18009	14	19735	15859	42478	646	116	409
沧 州 市 Cangzhou	20	35624	17329	17	24352	19055	16484	389	12	207
衡 水 市 Hengshui	8	12161	10848	6	9682	8395	6885	229	18	89
邢 台 市 Xingtai	10	27966	8924	9	6585	5920	20424	217	71	60
邯 郸 市 Handan	41	79713	53250	38	50212	47876	33236	343	46	104

各市人才状况
Basic Condition on Talent

市	City	人才资源总量(人) Total Human Resources (person)				人才密度指数(%) Talented Person Density Index			
		2006	2007	2008	2009	2006	2007	2008	2009
全　省	**Total**	**4304405**	**4421189**	**4544059**	**4564653**	**9.4**	**9.7**	**9.75**	**9.83**
石家庄市	Shijiazhuang	717861	761665	771031	777212	10.9	11.6	11.69	11.81
承 德 市	Chengde	171700	180561	190192	206088	7.4	7.7	8.07	8.25
张家口市	Zhangjiakou	223952	228188	235848	251240	8.0	8.2	8.46	9.04
秦皇岛市	Qinhuangdao	210624	217034	191788	197076	10.9	11.3	10.02	10.35
唐 山 市	Tangshan	481460	510307	594848	630952	9.9	10.5	12.26	13.12
廊 坊 市	Langfang	241818	266406	271993	296669	8.7	9.6	9.67	9.80
保 定 市	Baoding	496696	519243	527025	522819	6.8	7.2	7.46	7.19
沧 州 市	Cangzhou	429213	451277	464224	484441	9.3	9.7	9.96	10.43
衡 水 市	Hengshui	214208	221258	227553	242089	7.7	7.7	7.92	8.46
邢 台 市	Xingtai	329842	340137	356084	360111	6.4	6.6	6.81	7.51
邯 郸 市	Handan	494046	502424	547284	596721	7.8	8.3	9.01	9.83

各市婚姻登记情况（2009年）
Basic Condition on Marriage Registrations（2009）

市	City	结婚登记对数(对) Total Number of Registered Marriages (couple)	内地居民登记结婚 Registered Marriages in the Mainland	初婚(人) First Marriages (person)	再婚(人) Re-marriages (person)	涉外登记结婚 Registered Marriages with Foreigner	离婚(对) Divorces (couple)
全　省	**Total**	**719547**	**719547**	**1299854**	**139240**	**414**	**86672**
石家庄市	Shijiazhuang	109183	109183	206891	11475		11053
承 德 市	Chengde	30405	30405	52428	8382		6177
张家口市	Zhangjiakou	35580	35580	62166	8994		5992
秦皇岛市	Qinhuangdao	28781	28781	48684	8878		5813
唐 山 市	Tangshan	78455	78455	134436	22474		14007
廊 坊 市	Langfang	48842	48842	89593	8091		5079
保 定 市	Baoding	110799	110799	194101	27497		12494
沧 州 市	Cangzhou	71999	71999	130413	13585		8701
衡 水 市	Hengshui	40330	40330	72675	7985		4010
邢 台 市	Xingtai	72443	72443	135748	9138		6822
邯 郸 市	Handan	92730	92730	172719	12741		6524

各县(市)在岗职工平均工资（2009年）

Average Wage of Staff and Workers (on Post) (2009)

单位：元 (yuan)

县（市）	County	位次 Position	在岗职工平均工资 Average Wage of Staff and Workers
任丘市	Renqiu	1	46158
涿州市	Zhuozhou	2	35533
三河市	Sanhe	3	32942
霸州市	Bazhou	4	32810
迁安市	Qian'an	5	32401
滦　县	Luanxian	6	31670
大厂回族自治县	Dachang	7	31338
青　县	Qingxian	8	30780
遵化市	Zunhua	9	30739
迁西县	Qianxi	10	30518
肃宁县	Suning	11	29889
献　县	Xianxian	12	29876
平山县	Pingshan	13	29702
乐亭县	Leting	14	29667
武安市	Wu'an	15	29150
唐海县	Tanghai	16	28635
滦南县	Luannan	17	28473
沧　县	Cangxian	18	27729
南皮县	Nanpi	19	27274
蔚　县	Yuxian	20	26362
磁　县	Cixian	21	25930
隆化县	Longhua	22	25728
康保县	Kangbao	23	25550
鹿泉市	Luquan	24	25520
滦平县	Luanping	25	25503
徐水县	Xushui	26	25471
青龙县	Qinglong	27	25196
孟村回族自治县	Mengcun	28	25028
怀来县	Huailai	29	24994
沽源县	Guyuan	30	24672
抚宁县	Funing	31	24670
玉田县	Yutian	32	24564
易　县	Yixian	33	24488
宽城县	Kuancheng	34	24438
香河县	Xianghe	35	24348
邢台县	Xingtai	36	24235
张北县	Zhangbei	37	24115
昌黎县	Changli	38	23968
东光县	Dongguang	39	23948
涉　县	Shexian	40	23877
兴隆县	Xinglong	41	23873
雄　县	Xiongxian	42	23767
尚义县	Shangyi	43	23705
丰宁满族自治县	Fengning	44	23630

县（市）	County	位次 Position	在岗职工平均工资 Average Wage of Staff and Workers
承德县	Chengde	45	23591
沙河市	Shahe	46	23564
隆尧县	Longyao	47	23520
卢龙县	Lulong	48	23461
平泉县	Pingquan	49	23440
崇礼县	Chongli	50	23415
辛集市	Xinji	51	23357
涞源县	Laiyuan	52	23345
宣化县	Xuanhua	53	23111
黄骅市	Huanghua	54	23108
藁城市	Gaocheng	55	23051
南宫市	Nanggong	56	22966
围场满蒙自治县	Weichang	57	22962
河间市	Hejian	58	22929
高碑店市	Gaobeidian	59	22884
清河县	Qinghe	60	22861
正定县	Zhengding	61	22706
万全县	Wanquan	62	22554
容城县	Rongcheng	63	22539
博野县	Boye	64	22525
盐山县	Yanshan	65	22516
巨鹿县	Julu	66	22514
吴桥县	Wuqiao	67	22510
临城县	Lincheng	68	22269
魏　县	Weixian	69	22251
邯郸县	Handan	70	22219
大城县	Dacheng	71	22139
满城县	Mancheng	72	22037
阜平县	Fuping	73	21992
南和县	Nanhe	74	21959
泊头市	Botou	75	21935
武强县	Wuqiang	76	21913
井陉县	Jingxing	77	21903
永清县	Yongqing	78	21899
海兴县	Haixing	79	21831
清苑县	Qingyuan	80	21783
晋州市	Jinzhou	81	21729
新河县	Xinhe	82	21640
定州市	Dingzhou	83	21637
赤城县	Chicheng	84	21573
临西县	Linxi	85	21548
文安县	Wen'an	86	21536
冀州市	Jizhou	87	21522
安新县	Anxin	88	21486
枣强县	Zaoqiang	89	21455
柏乡县	Baixiang	90	21385

县（市）	County	位次 Position	在岗职工平均工资 Average Wage of Staff and Workers
饶阳县	Raoyang	91	21364
高阳县	Gaoyang	92	21319
成安县	Cheng'an	93	21232
景　县	Jingxian	94	21228
赵　县	Zhaoxian	95	21118
威　县	Weixian	96	20916
故城县	Gucheng	97	20862
宁晋县	Ningjin	98	20760
固安县	Gu'an	99	20750
新乐市	Xinle	100	20714
曲阳县	Quyang	101	20649
栾城县	Luancheng	102	20562
任　县	Renxian	103	20537
怀安县	Huai'an	104	20531
安国市	Anguo	105	20466
行唐县	Xingtang	106	20455
武邑县	Wuyi	107	20417
内邱县	Neiqiu	108	20350
广宗县	Guangzong	109	20288
广平县	Guangping	110	20219
涿鹿县	Zhuolu	111	20215
安平县	Anping	112	20130
平乡县	Pingxiang	113	20064
阳原县	Yangyuan	114	20002
蠡　县	Lixian	115	19973
顺平县	Shuiping	116	19945
灵寿县	Lingshou	117	19917
永年县	Yongnian	118	19838
深泽县	Shenze	119	19775
无极县	Wuji	120	19588
元氏县	Yuanshi	121	19438
涞水县	Laishui	122	19332
定兴县	Dingxing	123	19044
大名县	Daming	124	19039
望都县	Wangdu	125	19038
阜城县	Fucheng	126	19008
邱　县	Qiuxian	127	18961
唐　县	Tangxian	128	18855
临漳县	Linzhang	129	18837
肥乡县	Feixiang	130	18707
深州市	Shenzhou	131	18689
馆陶县	Guantao	132	18553
曲周县	Quzhou	133	18494
鸡泽县	Jize	134	17480
高邑县	Gaoyi	135	17380
赞皇县	Zanhuang	136	15280

各县(市)全社会固定资产投资总额（2009年）

Total Investment in Fixed Assets (2009)

单位：万元 (10000 yuan)

县（市）	County (City)	位次 Position	全社会固定资产投资总额 Total Investment in Fixed Assets	县（市）	County (City)	位次 Position	全社会固定资产投资总额 Total Investment in Fixed Assets	县（市）	County (City)	位次 Position	全社会固定资产投资总额 Total Investment in Fixed Assets
三河市	Sanhe	1	2544213	平泉县	Pingquan	49	601668	万全县	Wanquan	91	346099
香河县	Xianghe	2	2213084	魏　县	Weixian	50	589339	怀安县	Huai'an	92	335015
迁安市	Qian'an	3	2004930	宽城满族	Kuancheng	51	589172	吴桥县	Wuqiao	93	334250
霸州市	Bazhou	4	1826122	自治县				肥乡县	Feixiang	94	330643
武安市	Wu'an	5	1365348	青　县	Qingxian	52	588896	怀来县	Huailai	95	330077
藁城市	Gaocheng	6	1351537	东光县	Dongguang	53	586020	威　县	Weixian	96	304810
文安县	Wen'an	7	1271326	大名县	Daming	54	582647	卢龙县	Lulong	97	302937
鹿泉市	Luquan	8	1229101	献　县	Xianxian	55	579389	临西县	Linxi	98	302245
井陉县	Jingxing	9	1203437	兴隆县	Xinglong	56	552353	安新县	Anxin	99	295001
乐亭县	Leting	10	1200516	成安县	Cheng'an	57	551011	深泽县	Shenze	100	294716
涉　县	Shexian	11	1161401	丰宁满族	Fengning	58	541568	高碑店市	Gaobeidian	101	294198
永清县	Yongqing	12	1151902	自治县				高阳县	Gaoyang	102	294140
辛集市	Xinji	13	1136130	承德县	Chengde	59	540020	尚义县	Shangyi	103	293974
新乐市	Xinle	14	1028408	滦南县	Luannan	60	531706	阜平县	Fuping	104	290336
宁晋县	Ningjin	15	1011432	安国市	Anguo	61	528949	涞水县	Laishui	105	289036
晋州市	Jinzhou	16	994825	广平县	Guangping	62	520950	高邑县	Gaoyi	106	282454
灵寿县	Lingshou	17	985592	隆尧县	Longyao	63	514194	顺平县	Shunping	107	280366
正定县	Zhengding	18	975116	邢台县	Xingtai	64	507874	赤城县	Chicheng	108	274896
永年县	Yongnian	19	945086	滦平县	Luanping	65	505403	枣强县	Zaoqiang	109	274306
遵化市	Zuihua	20	902624	临漳县	Linzhang	66	503703	蔚　县	Yuxian	110	262457
元氏县	Yuanshi	21	890503	内丘县	Neiqiu	67	496315	宣化县	Xuanhua	111	259455
涿州市	Zhuozhou	22	877559	巨鹿县	Julu	68	481557	康保县	Kangbao	112	256804
栾城县	Luancheng	23	854531	抚宁县	Funing	69	478068	广宗县	Guangzong	113	254809
滦　县	Luanxian	24	841580	昌黎县	Changli	70	476936	满城县	Mancheng	114	238375
沙河市	Shahe	25	836772	曲周县	Quzhou	71	471708	曲阳县	Quyang	115	238273
磁　县	Cixian	26	835960	隆化县	Longhua	72	450101	南和县	Nanhe	116	238169
任丘市	Renqiu	27	826044	深州市	Shenzhou	73	432003	唐　县	Tangxian	117	237578
唐海县	Tanghai	28	821818	南皮县	Nanpi	74	428471	平乡县	Pingxiang	118	234702
张北县	Zhangbei	29	810062	徐水县	Xushui	75	425250	蠡　县	Lixian	119	231525
固安县	Guan	30	805379	涿鹿县	Zhuolu	76	423704	博野县	Boye	120	230771
沧　县	Cangxian	31	790474	鸡泽县	Jize	77	421544	崇礼县	Chongli	121	230219
定州市	Dingzhou	32	775494	南宫市	Nangong	78	421046	沽源县	Guyuan	122	225440
平山县	Pingshan	33	768064	临城县	Lincheng	79	415098	任　县	Renxian	123	214598
行唐县	Xingtang	34	764998	馆陶县	Guantao	80	407471	安平县	Anping	124	192838
黄骅市	Huanghua	35	759027	清苑县	Qingyuan	81	406708	新河县	Xinhe	125	190088
邯郸县	Handan	36	754680	大厂回族	Dachang	82	406502	武邑县	Wuyi	126	180432
大城县	Dacheng	37	729470	自治县				涞源县	Laiyuan	127	179035
玉田县	Yutian	38	724817	定兴县	Dingxing	83	401117	饶阳县	Raoyang	128	178140
迁西县	Qianxi	39	705426	围场满蒙	Weichang	84	393614	邱　县	Qiuxian	129	173929
赵　县	Zhaoxian	40	701713	自治县				望都县	Wangdu	130	170037
河间市	Hejian	41	651080	易　县	Yixian	85	387788	海兴县	Haixing	131	166568
赞皇县	Zanhuang	42	643462	青龙满族	Qinglong	86	376625	容城县	Rongcheng	132	165132
盐山县	Yanshan	43	640140	自治县				柏乡县	Baixiang	133	138783
无极县	Wuji	44	616967	冀州市	Jizhou	87	369030	阳原县	Yangyuan	134	138700
泊头市	Botou	45	614859	故城县	Gucheng	88	356207	阜城县	Fucheng	135	134456
肃宁县	Suning	46	612486	孟村回族	Mengcun	89	355265	武强县	Wuqiang	136	81577
景　县	Jingxian	47	606101	自治县	Xiongxian						
清河县	Qinghe	48	606088	雄　县	Xiongxian	90	347166				

各县(市)地方财政一般预算收入（2009年）

Local Revenue (2009)

单位：万元 (10000 yuan)

县（市）	County (City)	位次 Position	地方财政一般预算收入 Local Revenue	县（市）	County (City)	位次 Position	地方财政一般预算收入 Local Revenue	县（市）	County (City)	位次 Position	地方财政一般预算收入 Local Revenue
迁安市	Qian'an	1	223852	泊头市	Botou	46	25677	容城县	Rongcheng	93	11035
三河市	Sanhe	2	178140	隆化县	Longhua	47	25597	故城县	Gucheng	94	10785
武安市	Wu'an	3	137889	固安县	Gu'an	48	24840	涞水县	Laishui	95	10556
任丘市	Renqiu	4	93648	徐水县	Xushui	49	24048	曲阳县	Quyang	96	10490
遵化市	Zuihua	5	89885	青　县	Qingxian	50	21897	武邑县	Wuyi	97	10409
涿州市	Zhuozhou	6	88831	内丘县	Neiqiu	51	21610	孟村回族自治县	Mengcun	98	10216
霸州市	Bazhou	7	86372	新乐市	Xinle	52	20946	吴桥县	Wuqiao	99	10103
涉　县	Shexian	8	81482	赤城县	Chicheng	53	20662	成安县	Cheng'an	100	10063
磁　县	Cixian	9	69124	高碑店市	Gaobeidian	54	20429	枣强县	Zaoqiang	101	10027
藁城市	Gaocheng	10	63598	盐山县	Yanshan	55	19243	赞皇县	Zanhuang	102	9888
迁西县	Qianxi	11	61983	东光县	Dongguang	56	19091	围场满蒙自治县	Weichang	103	9688
鹿泉市	Luquan	12	57270	元氏县	Yuanshi	57	18688	望都县	Wangdu	104	9261
永年县	Yongnian	13	57174	大厂回族自治县	Dachang	58	18382	高邑县	Gaoyi	105	9027
滦南县	Luannan	14	56984	高阳县	Gaoyang	59	17645	阳原县	Yangyuan	106	8608
滦　县	Luanxian	15	53000	兴隆县	Xinglong	60	17631	阜平县	Fuping	107	8402
平山县	Pingshan	16	52697	冀州市	Jizhou	61	17522	临漳县	Linzhang	108	8258
辛集市	Xinji	17	49482	张北县	Zhangbei	62	17178	南宫市	Nangong	109	8194
定州市	Dingzhou	18	47879	安国市	Anguo	63	17072	馆陶县	Guantao	110	7988
乐亭县	Leting	19	47618	赵　县	Zhaoxian	64	16687	唐　县	Tangxian	111	7922
香河县	Xianghe	20	45720	清苑县	Qingyuan	65	16387	肥乡县	Feixiang	112	7600
黄骅市	Huanghua	21	45558	献　县	Xianxian	66	16025	大名县	Daming	113	7586
沙河市	Shahe	22	41336	行唐县	Xingtang	67	15961	顺平县	Shunping	114	7568
抚宁县	Funing	23	41088	景　县	Jingxian	68	15869	临城县	Lincheng	115	7140
玉田县	Yutian	24	40680	大城县	Dacheng	69	15697	广平县	Guangping	116	6960
邯郸县	Handan	25	39289	蔚　县	Yuxian	70	15608	海兴县	Haixing	117	6679
涞源县	Laiyuan	26	38782	卢龙县	Lulong	71	15515	阜城县	Fucheng	118	6609
怀来县	Huailai	27	38286	隆尧县	Longyao	72	15241	饶阳县	Raoyang	119	6075
正定县	Zhengding	28	38077	满城县	Mancheng	73	14583	曲周县	Quzhou	120	6028
昌黎县	Changli	29	37821	深泽县	Shenze	74	14467	武强县	Wuqiang	121	5817
唐海县	Tanghai	30	36978	无极县	Wuji	75	14453	临西县	Linxi	122	5799
宽城满族自治县	Kuancheng	31	36978	雄　县	Xiongxian	76	14349	邱　县	Qiuxian	123	5678
井陉县	Jingxing	32	35294	清河县	Qinghe	77	14275	威　县	Weixian	124	5533
宁晋县	Ningjin	33	35159	南皮县	Nanpi	78	13981	博野县	Boye	125	5360
承德县	Chengde	34	34938	安平县	Anping	79	13611	巨鹿县	Julu	126	5266
河间市	Hejian	35	34453	魏　县	Weixian	80	13496	沽源县	Guyuan	127	4991
沧　县	Cangxian	36	32901	宣化县	Xuanhua	81	13359	南和县	Nanhe	128	4796
肃宁县	Suning	37	31912	永清县	Yongqing	82	13329	康保县	Kangbao	129	4708
滦平县	Luanping	38	31632	易　县	Yixian	83	13309	尚义县	Shangyi	130	4689
邢台县	Xingtai	39	31535	怀安县	Huai'an	84	13289	平乡县	Pingxiang	131	4656
平泉县	Pingquan	40	31389	崇礼县	Chongli	85	13013	任　县	Renxian	132	4193
栾城县	Luancheng	41	31096	深州市	Shenzhou	86	12966	鸡泽县	Jize	133	3639
青龙满族自治县	Qinglong	42	29199	定兴县	Dingxing	87	12687	柏乡县	Baixiang	134	3511
晋州市	Jinzhou	43	28199	万全县	Wanquan	88	12302	广宗县	Guangzong	135	2664
丰宁满族自治县	Fengning	44	26042	安新县	Anxin	89	12079	新河县	Xinhe	136	2132
文安县	Wen'an	45	25978	涿鹿县	Zhuolu	90	11556				
				蠡　县	Lixian	91	11451				
				灵寿县	Lingshou	92	11231				

各县(市)农民人均纯收入（2009年）
Rural Household Per Capital Net Income (2009)

单位：元　　　　(yuan)

县（市）	County (City)	位次 Position	农民人均纯收入 Per Capital Net Income	县（市）	County (City)	位次 Position	农民人均纯收入 Per Capital Net Income	县（市）	County (City)	位次 Position	农民人均纯收入 Per Capital Net Income
迁安市	Qian'an	1	9776	井陉县	Jingxing	48	5557	魏　县	Weixian	94	3965
香河县	Xianghe	2	8207	沧　县	Cangxian	49	5492	望都县	Wangdu	95	3962
三河市	Sanhe	3	7881	高邑县	Gaoyi	50	5448	宣化县	Xuanhua	96	3933
唐海县	Tanghai	4	7878	安新县	Anxin	51	5448	大名县	Daming	97	3794
乐亭县	Leting	5	7846	定兴县	Dingxing	52	5441	南皮县	Nanpi	98	3794
鹿泉市	Luquan	6	7835	卢龙县	Lulong	53	5440	承德县	Chengde	99	3792
藁城市	Gaocheng	7	7731	邢台县	Xingtai	54	5435	万全县	Wanquan	100	3620
晋州市	Jinzhou	8	7495	曲周县	Quzhou	55	5402	怀安县	Huai'an	101	3548
正定县	Zhengding	9	7399	临漳县	Linzhang	56	5378	隆化县	Longhua	102	3524
新乐市	Xinle	10	7360	雄　县	Xiongxian	57	5375	涞水县	Laishui	103	3477
遵化市	Zuihua	11	7360	宁晋县	Ningjin	58	5340	新河县	Xinhe	104	3474
迁西县	Qianxi	12	7348	成安县	Cheng'an	59	5330	行唐县	Xingtang	105	3470
栾城县	Luancheng	13	7215	深泽县	Shenze	60	5316	易　县	Yixian	106	3465
霸州市	Bazhou	14	7104	满城县	Mancheng	61	5304	临城县	Lincheng	107	3402
滦　县	Luanxian	15	6936	肃宁县	Suning	62	5216	青龙满族	Qinglong	108	3398
辛集市	Xinji	16	6890	柏乡县	Baixiang	63	5182	自治县			
玉田县	Yutian	17	6850	定州市	Dingzhou	64	5056	威　县	Weixian	109	3383
大厂回族	Dachang	18	6841	安平县	Anping	65	5030	平山县	Pingshan	110	3312
自治县				肥乡县	Feixiang	66	4985	平乡县	Pingxiang	111	3291
文安县	Wen'an	19	6688	涉　县	Shexian	67	4950	滦平县	Luanping	112	3258
黄骅市	Huanghua	20	6592	宽城满族	Kuancheng	68	4930	巨鹿县	Julu	113	3235
涿州市	Zhuozhou	21	6567	自治县				广宗县	Guangzong	114	3130
任丘市	Renqiu	22	6511	泊头市	Botou	69	4922	崇礼县	Chongli	115	3106
滦南县	Luannan	23	6441	隆尧县	Longyao	70	4898	海兴县	Haixing	116	3028
邯郸县	Handan	24	6306	兴隆县	Xinglong	71	4881	灵寿县	Lingshou	117	2960
武安市	Wuan	25	6294	邱　县	Qiuxian	72	4845	张北县	Zhangbei	118	2953
无极县	Wuji	26	6272	临西县	Linxi	73	4730	赞皇县	Zanhuang	119	2910
高阳县	Gaoyang	27	6270	景　县	Jingxian	74	4728	武邑县	Wuyi	120	2854
永清县	Yongqing	28	6250	吴桥县	Wuqiao	75	4726	武强县	Wuqiang	121	2815
昌黎县	Changli	29	6190	东光县	Dongguang	76	4713	尚义县	Shangyi	122	2810
赵　县	Zhaoxian	30	6116	冀州市	Jizhou	77	4673	唐　县	Tangxian	123	2793
永年县	Yongnian	31	6112	任　县	Renxian	78	4655	康保县	Kangbao	124	2792
固安县	Gu'an	32	6096	博野县	Boye	79	4647	蔚　县	Yuxian	125	2698
磁　县	Cixian	33	6071	鸡泽县	Jize	80	4636	阜城县	Fucheng	126	2691
怀来县	Huailai	34	6065	南宫市	Nangong	81	4530	丰宁满族	Fengning	127	2686
蠡　县	Lixian	35	6044	南和县	Nanhe	82	4518	自治县			
安国市	Anguo	36	6024	深州市	Shenzhou	83	4426	饶阳县	Raoyang	128	2670
容城县	Rongcheng	37	5985	内丘县	Neiqiu	84	4392	沽源县	Guyuan	129	2649
大城县	Dacheng	38	5972	广平县	Guangping	85	4338	赤城县	Chicheng	130	2645
清河县	Qinghe	39	5956	馆陶县	Guantao	86	4293	围场满蒙	Weichang	131	2607
徐水县	Xushui	40	5941	献　县	Xianxian	87	4286	自治县			
元氏县	Yuanshi	41	5878	孟村回族	Mengcun	88	4242	阳原县	Yangyuan	132	2585
抚宁县	Funing	42	5816	自治县				曲阳县	Quyang	133	2372
沙河市	Shahe	43	5720	平泉县	Pingquan	89	4218	顺平县	Shunping	134	2354
青　县	Qingxian	44	5647	涿鹿县	Zhuolu	90	4106	阜平县	Fuping	135	2299
河间市	Hejian	45	5611	盐山县	Yanshan	91	3986	涞源县	Laiyuan	136	1930
高碑店市	Gaobeidian	46	5580	枣强县	Zaoqiang	92	3981				
清苑县	Qingyuan	47	5561	故城县	Gucheng	93	3979				

各县(市)城乡居民储蓄存款年末余额(2009年)
Saving Deposit in Urban and Rural Areas (2009)

单位：万元 (10000 yuan)

县(市)	County (City)	位次 Position	城乡居民储蓄存款年末余额 Saving Deposit
迁安市	Qian'an	1	2366647
任丘市	Renqiu	2	2057063
武安市	Wu'an	3	2019616
三河市	Sanhe	4	1822725
遵化市	Zuihua	5	1766477
辛集市	Xinji	6	1448975
涿州市	Zhuozhou	7	1338952
定州市	Dingzhou	8	1330142
霸州市	Bazhou	9	1326275
高碑店市	Gaobeidian	10	1193583
玉田县	Yutian	11	1155356
河间市	Hejian	12	1154458
正定县	Zhengding	13	1120600
迁西县	Qianxi	14	1072937
藁城市	Gaocheng	15	1034815
晋州市	Jinzhou	16	958566
涉县	Shexian	17	945723
沙河市	Shahe	18	943335
泊头市	Botou	19	918527
文安县	Wen'an	20	878351
鹿泉市	Luquan	21	871114
昌黎县	Changli	22	851089
乐亭县	Leting	23	837520
抚宁县	Funing	24	835787
黄骅市	Huanghua	25	827847
滦县	Luanxian	26	827836
香河县	Xianghe	27	823288
景县	Jingxian	28	803604
磁县	Cixian	29	782190
大城县	Dacheng	30	778059
沧县	Cangxian	31	774317
徐水县	Xushui	32	762553
永年县	Yongnian	33	740993
滦南县	Luannan	34	739628
宁晋县	Ningjin	35	734805
枣强县	Zaoqiang	36	717355
蔚县	Yuxian	37	712007
冀州市	Jizhou	38	670675
蠡县	Lixian	39	667923
无极县	Wuji	40	631828
青县	Qingxian	41	631087
深州市	Shenzhou	42	626358
平山县	Pingshan	43	613920
清苑县	Qingyuan	44	613877
满城县	Mancheng	45	585997
献县	Xianxian	46	576057
唐县	Tangxian	47	564911
井陉县	Jingxing	48	564372

县(市)	County (City)	位次 Position	城乡居民储蓄存款年末余额 Saving Deposit
易县	Yixian	49	561618
邯郸县	Handan	50	559675
安国市	Anguo	51	558660
怀来县	Huailai	52	547073
清河县	Qinghe	53	544779
宽城满族自治县	Kuancheng	54	533152
东光县	Dongguang	55	528962
高阳县	Gaoyang	56	520758
安平县	Anping	57	519933
故城县	Gucheng	58	518674
固安县	Gu'an	59	517084
新乐市	Xinle	60	514730
平泉县	Pingquan	61	512251
安新县	Anxin	62	510572
曲阳县	Quyang	63	508785
卢龙县	Lulong	64	504470
南宫市	Nangong	65	496621
肃宁县	Suning	66	490101
栾城县	Luancheng	67	480253
定兴县	Dingxing	68	478975
元氏县	Yuanshi	69	476693
赵县	Zhaoxian	70	470748
唐海县	Tanghai	71	463579
青龙满族自治县	Qinglong	72	452177
宣化县	Xuanhua	73	446001
行唐县	Xingtang	74	441452
深泽县	Shenze	75	437578
雄县	Xiongxian	76	429195
灵寿县	Lingshou	77	427193
承德县	Chengde	78	425697
兴隆县	Xinglong	79	417831
隆尧县	Longyao	80	413917
容城县	Rongcheng	81	407745
阜城县	Fucheng	82	398943
盐山县	Yanshan	83	385869
南皮县	Nanpi	84	379874
邢台县	Xingtai	85	378983
涿鹿县	Zhuolu	86	372200
武邑县	Wuyi	87	371457
吴桥县	Wuqiao	88	368930
魏县	Weixian	89	366133
滦平县	Luanping	90	365066
内丘县	Neiqiu	91	359250
望都县	Wangdu	92	355044
涞水县	Laishui	93	348209

县(市)	County (City)	位次 Position	城乡居民储蓄存款年末余额 Saving Deposit
围场满蒙自治县	Weichang	94	346332
巨鹿县	Julu	95	343225
隆化县	Longhua	96	339449
丰宁满族自治县	Fengning	97	331576
临漳县	Linzhang	98	330884
威县	Weixian	99	327364
大名县	Daming	100	323870
永清县	Yongqing	101	318487
饶阳县	Raoyang	102	315222
平乡县	Pingxiang	103	315163
顺平县	Shunping	104	308122
大厂回族自治县	Dachang	105	306840
阜平县	Fuping	106	302610
涞源县	Laiyuan	107	299170
临城县	Lincheng	108	295931
赤城县	Chicheng	109	281421
阳原县	Yangyuan	110	267790
曲周县	Quzhou	111	262372
南和县	Nanhe	112	260420
武强县	Wuqiang	113	257858
高邑县	Gaoyi	114	257563
怀安县	Huai'an	115	252344
赞皇县	Zanhuang	116	250941
博野县	Boye	117	249834
张北县	Zhangbei	118	239498
临西县	Linxi	119	236686
万全县	Wanquan	120	232975
孟村回族自治县	Mengcun	121	226096
任县	Renxian	122	216806
成安县	Cheng'an	123	214827
新河县	Xinhe	124	199559
肥乡县	Feixiang	125	195314
海兴县	Haixing	126	184306
馆陶县	Guantao	127	182298
广平县	Guangping	128	166872
鸡泽县	Jize	129	166284
邱县	Qiuxian	130	145539
柏乡县	Baixiang	131	143500
康保县	Kangbao	132	122113
广宗县	Guangzong	133	118506
崇礼县	Chongli	134	111088
尚义县	Shangyi	135	109776
沽源县	Guyuan	136	104092

各县(市)粮食总产量（2009年）

Output of Grain (2009)

单位：吨 (ton)

县（市）	County (City)	位次 Position	粮食总产量 Output of Grain
定州市	Dingzhou	1	697260
宁晋县	Ningjin	2	576284
大名县	Daming	3	560366
景　县	Jingxian	4	558683
藁城市	Gaocheng	5	557834
沧　县	Cangxian	6	551751
深州市	Shenzhou	7	544657
隆尧县	Longyao	8	538391
临漳县	Linzhang	9	535122
河间市	Hejian	10	516000
赵　县	Zhaoxian	11	509333
永年县	Yongnian	12	496248
魏　县	Weixian	13	484090
玉田县	Yutian	14	465294
辛集市	Xinji	15	457262
任丘市	Renqiu	16	443196
定兴县	Dingxing	17	427575
清苑县	Qingyuan	18	425593
滦南县	Luannan	19	418466
泊头市	Botou	20	392466
献　县	Xianxian	21	388540
徐水县	Xushui	22	385691
晋州市	Jinzhou	23	383623
正定县	Zhengding	24	334383
新乐市	Xinle	25	333078
枣强县	Zaoqiang	26	330225
无极县	Wuji	27	330098
任　县	Renxian	28	327912
涿州市	Zhuozhou	29	323988
故城县	Gucheng	30	318159
乐亭县	Leting	31	317121
昌黎县	Changli	32	315150
曲周县	Quzhou	33	313761
磁　县	Cixian	34	309896
元氏县	Yuanshi	35	308540
高碑店市	Gaobeidian	36	306731
行唐县	Xingtang	37	306617
肥乡县	Feixiang	38	294891
青　县	Qingxian	39	294469
黄骅市	Huanghua	40	290693
盐山县	Yanshan	41	289388
武邑县	Wuyi	42	288195
阜城县	Fucheng	43	287989
滦　县	Luanxian	44	282495
武安市	Wu'an	45	280153
临西县	Linxi	46	278160
南和县	Nanhe	47	274212
安国市	Anguo	48	271703
固安县	Gu'an	49	271181
遵化市	Zuihua	50	260828
东光县	Dongguang	51	254895
望都县	Wangdu	52	253496
成安县	Cheng'an	53	253220
三河市	Sanhe	54	251465
大城县	Dacheng	55	249710
栾城县	Luancheng	56	248905
馆陶县	Guantao	57	247819
肃宁县	Suning	58	245697
武强县	Wuqiang	59	244876
南皮县	Nanpi	60	243714
文安县	Wen'an	61	239865
雄　县	Xiongxian	62	238652
吴桥县	Wuqiao	63	232154
霸州市	Bazhou	64	230446
安平县	Anping	65	224726
蠡　县	Lixian	66	222153
迁安市	Qian'an	67	221701
安新县	Anxin	68	220835
易　县	Yixian	69	215328
邯郸县	Handan	70	214325
卢龙县	Lulong	71	214302
饶阳县	Raoyang	72	212700
平山县	Pingshan	73	208697
鹿泉市	Luquan	74	207481
冀州市	Jizhou	75	206785
隆化县	Longhua	76	203264
容城县	Rongcheng	77	202706
香河县	Xianghe	78	201021
南宫市	Nangong	79	198634
唐海县	Tanghai	80	198205
柏乡县	Baixiang	81	195576
平乡县	Pingxiang	82	193141
曲阳县	Quyang	83	189621
唐　县	Tangxian	84	184692
威　县	Weixian	85	183370
深泽县	Shenze	86	181801
邢台县	Xingtai	87	178604
广平县	Guangping	88	176940
博野县	Boye	89	176276
巨鹿县	Julu	90	173365
满城县	Mancheng	91	170253
内丘县	Neiqiu	92	168326
沙河市	Shahe	93	167514
永清县	Yongqing	94	164367
清河县	Qinghe	95	160119
平泉县	Pingquan	96	159185
涿鹿县	Zhuolu	97	158571
鸡泽县	Jize	98	154778
新河县	Xinhe	99	153059
抚宁县	Funing	100	150082
高阳县	Gaoyang	101	149708
海兴县	Haixing	102	145495
灵寿县	Lingshou	103	144568
承德县	Chengde	104	143981
宣化县	Xuanhua	105	137375
高邑县	Gaoyi	106	134025
涞水县	Laishui	107	130134
孟村回族自治县	Mengcun	108	126293
顺平县	Shunping	109	125414
青龙满族自治县	Qinglong	110	118120
赞皇县	Zanhuang	111	117847
井陉县	Jingxing	112	111164
临城县	Lincheng	113	100890
万全县	Wanquan	114	95112
大厂回族自治县	Dachang	115	91604
围场满蒙自治县	Weichang	116	89630
滦平县	Luanping	117	82077
涞源县	Laiyuan	118	80404
迁西县	Qianxi	119	79976
涉　县	Shexian	120	75378
怀来县	Huailai	121	70396
丰宁满族自治县	Fengning	122	68717
宽城满族自治县	Kuancheng	123	65000
阜平县	Fuping	124	57757
怀安县	Huai'an	125	56589
蔚　县	Yuxian	126	55624
邱　县	Qiuxian	127	46685
赤城县	Chicheng	128	42667
广宗县	Guangzong	129	41039
兴隆县	Xinglong	130	39841
康保县	Kangbao	131	27138
沽源县	Guyuan	132	26776
阳原县	Yangyuan	133	24421
张北县	Zhangbei	134	21164
尚义县	Shangyi	135	8369
崇礼县	Chongli	136	7031

各县(市)棉花总产量（2009年）
Output of Cotton (2009)

单位：吨 (ton)

县（市）	County (City)	位次 Postion	棉花总产量 Output of Cotton	县（市）	County (City)	位次 Postion	棉花总产量 Output of Cotton	县（市）	County (City)	位次 Postion	棉花总产量 Output of Cotton
威　县	Weixian	1	57340	沧　县	Cangxian	36	6188	定州市	Dingzhou	70	877
南宫市	Nangong	2	41666	海兴县	Haixing	37	5808	定兴县	Dingxing	71	802
邱　县	Qiuxian	3	38751	蠡　县	Lixian	38	5377	元氏县	Yuanshi	72	700
广宗县	Guangzong	4	29450	黄骅市	Huanghua	39	5281	临城县	Lincheng	73	689
故城县	Gucheng	5	29320	大城县	Dacheng	40	4990	抚宁县	Funing	74	680
枣强县	Zaoqiang	6	26608	武强县	Wuqiang	41	4883	安国市	Anguo	75	678
东光县	Dongguang	7	24935	盐山县	Yanshan	42	4799	藁城市	Gaocheng	76	673
成安县	Cheng'an	8	24680	临漳县	Linzhang	43	4715	深泽县	Shenze	77	614
冀州市	Jizhou	9	23762	永清县	Yongqing	44	4336	高碑店市	Gaobeidian	78	597
吴桥县	Wuqiao	10	21738	任　县	Renxian	45	4229	正定县	Zhengding	79	541
景　县	Jingxian	11	21041	磁　县	Cixian	46	3842	平山县	Pingshan	80	522
文安县	Wen'an	12	19284	永年县	Yongnian	47	3751	满城县	Mancheng	81	472
曲周县	Quzhou	13	17838	青　县	Qingxian	48	3716	雄　县	Xiongxian	82	461
巨鹿县	Julu	14	17805	邯郸县	Handan	49	3416	行唐县	Xingtang	83	450
肥乡县	Feixiang	15	17748	武安市	Wu'an	50	3275	柏乡县	Baixiang	84	406
河间市	Hejian	16	16933	玉田县	Yutian	51	3098	沙河市	Shahe	85	393
深州市	Shenzhou	17	16468	饶阳县	Raoyang	52	2959	高邑县	Gaoyi	86	386
南皮县	Nanpi	18	15808	魏　县	Weixian	53	2523	望都县	Wangdu	87	331
献　县	Xianxian	19	15686	大名县	Daming	54	2397	曲阳县	Quyang	88	328
临西县	Linxi	20	14039	清苑县	Qingyuan	55	2389	滦　县	Luanxian	89	283
清河县	Qinghe	21	12436	泊头市	Botou	56	2300	易　县	Yixian	90	283
武邑县	Wuyi	22	10998	安平县	Anping	57	2129	鹿泉市	Luquan	91	273
霸州市	Bazhou	23	9895	肃宁县	Suning	58	1858	昌黎县	Changli	92	268
任丘市	Renqiu	24	9832	乐亭县	Leting	59	1630	赞皇县	Zanhuang	93	238
鸡泽县	Jize	25	9152	卢龙县	Lulong	60	1626	迁西县	Qianxi	94	238
辛集市	Xinji	26	8940	博野县	Boye	61	1624	新乐市	Xinle	95	198
馆陶县	Guantao	27	8412	南和县	Nanhe	62	1474	晋州市	Jinzhou	96	188
高阳县	Gaoyang	28	7667	邢台县	Xingtai	63	1248	灵寿县	Lingshou	97	170
隆尧县	Longyao	29	7529	滦南县	Luannan	64	1172	容城县	Rongcheng	98	168
广平县	Guangping	30	7504	孟村回族	Mengcun	65	1144	无极县	Wuji	99	165
宁晋县	Ningjin	31	7315	自治县				迁安市	Qian'an	100	164
平乡县	Pingxiang	32	7085	固安县	Gu'an	66	1087	三河市	Sanhe	101	164
新河县	Xinhe	33	6528	内丘县	Neiqiu	67	1078	赵　县	Zhaoxian	102	148
阜城县	Fucheng	34	6516	唐海县	Tanghai	68	1034	顺平县	Shunping	103	143
安新县	Anxin	35	6279	唐　县	Tangxian	69	1001				

各县(市)油料总产量(2009年)
Output of Oil-bearing Crops (2009)

单位：吨 (ton)

县（市）	County (City)	位次 Position	油料总产量 Output of Oil-bearing	县（市）	County (City)	位次 Position	油料总产量 Output of Oil-bearing	县（市）	County (City)	位次 Position	油料总产量 Output of Oil-bearing
大名县	Daming	1	87235	宁晋县	Ningjin	49	7266	青　县	Qingxian	96	2485
定州市	Dingzhou	2	63167	巨鹿县	Julu	50	7060	南和县	Nanhe	97	2368
滦南县	Luannan	3	55192	枣强县	Zaoqiang	51	6962	武安市	Wu'an	98	2296
滦　县	Luanxian	4	50988	望都县	Wangdu	52	6895	宣化县	Xuanhua	99	2250
遵化市	Zuihua	5	43337	沙河市	Shahe	53	6854	东光县	Dongguang	100	2187
昌黎县	Changli	6	42031	魏　县	Weixian	54	6731	蔚　县	Yuxian	101	2166
新乐市	Xinle	7	37440	霸州市	Bazhou	55	6724	涿鹿县	Zhuolu	102	2064
河间市	Hejian	8	37416	深泽县	Shenze	56	6603	盐山县	Yanshan	103	2048
辛集市	Xinji	9	35141	井陉县	Jingxing	57	6090	沧　县	Cangxian	104	1952
迁安市	Qian'an	10	35013	容城县	Rongcheng	58	5991	清河县	Qinghe	105	1875
深州市	Shenzhou	11	34851	临漳县	Linzhang	59	5607	阜城县	Fucheng	106	1777
高碑店市	Gaobeidian	12	29087	徐水县	Xushui	60	5517	青龙满族	Qinglong	107	1661
定兴县	Dingxing	13	27787	任丘市	Renqiu	61	5510	自治县			
献　县	Xianxian	14	24761	迁西县	Qianxi	62	5456	临西县	Linxi	108	1597
清苑县	Qingyuan	15	22759	广平县	Guangping	63	5123	赤城县	Chicheng	109	1407
行唐县	Xingtang	16	20206	柏乡县	Baixiang	64	4972	阳原县	Yangyuan	110	1335
正定县	Zhengding	17	19077	磁　县	Cixian	65	4963	丰宁满族	Fengning	111	1237
安国市	Anguo	18	18593	灵寿县	Lingshou	66	4954	自治县			
蠡　县	Lixian	19	18451	临城县	Lincheng	67	4950	吴桥县	Wuqiao	112	1221
抚宁县	Funing	20	16792	沽源县	Guyuan	68	4839	阜平县	Fuping	113	1165
饶阳县	Raoyang	21	15952	雄　县	Xiongxian	69	4820	鸡泽县	Jize	114	1138
卢龙县	Lulong	22	15829	顺平县	Shunping	70	4428	唐海县	Tanghai	115	1075
馆陶县	Guantao	23	15464	广宗县	Guangzong	71	4351	尚义县	Shangyi	116	1000
无极县	Wuji	24	14190	高邑县	Gaoyi	72	4246	任　县	Renxian	117	967
隆尧县	Longyao	25	14173	玉田县	Yutian	73		文安县	Wenan	118	967
赞皇县	Zanhuang	26	14058	成安县	Cheng'an	74	4141	怀来县	Huailai	119	858
乐亭县	Leting	27	13945	黄骅市	Huanghua	75	4072	安新县	Anxin	120	740
涿州市	Zhuozhou	28	13737	武强县	Wuqiang	76	4032	怀安县	Huai'an	121	633
内丘县	Neiqiu	29	13470	南宫市	Nangong	77	4031	涉　县	Shexian	122	559
易　县	Yixian	30	12678	鹿泉市	Luquan	78	3964	栾城县	Luancheng	123	511
邢台县	Xingtai	31	12511	威　县	Weixian	79	3960	围场满蒙	Weichang	124	480
博野县	Boye	32	11851	张北县	Zhangbei	80	3906	自治县			
藁城市	Gaocheng	33	11499	赵　县	Zhaoxian	81	3898	三河市	Sanhe	125	457
肃宁县	Suning	34	10671	唐　县	Tangxian	82	3888	万全县	Wanquan	126	438
永清县	Yongqing	35	10523	大城县	Dacheng	83	3739	兴隆县	Xinglong	127	429
安平县	Anping	36	10349	海兴县	Haixing	84	3704	宽城满族	Kuancheng	128	400
故城县	Gucheng	37	10055	肥乡县	Feixiang	85	3582	自治县			
晋州市	Jinzhou	38	9664	曲周县	Quzhou	86	3573	香河县	Xianghe	129	357
涞水县	Laishui	39	9544	隆化县	Longhua	87	3420	大厂回族	Dachang	130	321
景　县	Jingxian	40	9490	康保县	Kangbao	88	3272	自治县			
固安县	Gu'an	41	9260	孟村回族	Mengcun	89	3164	承德县	Chengde	131	315
武邑县	Wuyi	42	8641	自治县				涞源县	Laiyuan	132	308
平山县	Pingshan	43	8557	邱　县	Qiuxian	90	2803	泊头市	Botou	133	276
永年县	Yongnian	44	8325	新河县	Xinhe	91	2784	崇礼县	Chongli	134	204
高阳县	Gaoyang	45	8102	南皮县	Nanpi	92	2768	平泉县	Pingquan	135	162
元氏县	Yuanshi	46	7604	平乡县	Pingxiang	93	2671	滦平县	Luanping	136	137
冀州市	Jizhou	47	7335	满城县	Mancheng	94	2656				
曲阳县	Quyang	48	7311	邯郸县	Handan	95	2529				

各县(市)猪牛羊肉产量（2009年）
Output of Pork, Beef and Mutton (2009)

单位：吨 (ton)

县（市）	County (City)	位次 Position	猪牛羊肉产量 Output of Pork Beaf and Mutton
抚宁县	Funing	1	92275
滦南县	Luannan	2	85015
玉田县	Yutian	3	84340
定州市	Dingzhou	4	79569
三河市	Sanhe	5	65964
遵化市	Zuihua	6	65072
迁安市	Qian'an	7	63263
安平县	Anping	8	59884
永清县	Yongqing	9	55178
大名县	Daming	10	54417
武安市	Wu'an	11	54371
隆化县	Longhua	12	53068
辛集市	Xinji	13	50971
藁城市	Gaocheng	14	48998
正定县	Zhengding	15	48290
易　县	Yixian	16	47905
青龙满族自治县	Qinglong	17	46434
定兴县	Dingxing	18	43380
卢龙县	Lulong	19	43339
深州市	Shenzhou	20	40963
滦　县	Luanxian	21	40396
固安县	Gu'an	22	39644
永年县	Yongnian	23	39487
徐水县	Xushui	24	39268
丰宁满族自治县	Fengning	25	38326
昌黎县	Changli	26	38167
无极县	Wuji	27	37979
晋州市	Jinzhou	28	37010
献　县	Xianxian	29	36724
魏　县	Weixian	30	36216
新乐市	Xinle	31	35868
围场满蒙自治县	Weichang	32	35762
张北县	Zhangbei	33	35552
盐山县	Yanshan	34	34343
临漳县	Linzhang	35	33934
栾城县	Luancheng	36	33850
承德县	Chengde	37	32109
赵　县	Zhaoxian	38	31295
行唐县	Xingtang	39	31049
元氏县	Yuanshi	40	30985
宁晋县	Ningjin	41	30620
沧　县	Cangxian	42	29569
滦平县	Luanping	43	29270
宣化县	Xuanhua	44	28555
涿州市	Zhuozhou	45	27775
景　县	Jingxian	46	27489
故城县	Gucheng	47	27017
涿鹿县	Zhuolu	48	26835
大厂回族自治县	Dachang	49	26766
馆陶县	Guantao	50	26390
肥乡县	Feixiang	51	25278
曲周县	Quzhou	52	25120
高碑店市	Gaobeidian	53	24902
黄骅市	Huanghua	54	24840
蔚　县	Yuxian	55	24048
磁　县	Cixian	56	23982
泊头市	Botou	57	23803
武邑县	Wuyi	58	23362
唐　县	Tangxian	59	23321
成安县	Cheng'an	60	23052
吴桥县	Wuqiao	61	22963
容城县	Rongcheng	62	22947
大城县	Dacheng	63	22856
曲阳县	Quyang	64	22429
乐亭县	Leting	65	22112
康保县	Kangbao	66	21868
鹿泉市	Luquan	67	21778
赤城县	Chicheng	68	21308
赞皇县	Zanhuang	69	20924
灵寿县	Lingshou	70	20400
邯郸县	Handan	71	20165
隆尧县	Longyao	72	20107
内丘县	Neiqiu	73	19995
霸州市	Bazhou	74	19602
涞水县	Laishui	75	19320
安国市	Anguo	76	18974
饶阳县	Raoyang	77	18577
井陉县	Jingxing	78	18212
南宫市	Nangong	79	18103
满城县	Mancheng	80	17319
深泽县	Shenze	81	17203
平泉县	Pingquan	82	16984
威　县	Weixian	83	16845
鸡泽县	Jize	84	16514
唐海县	Tanghai	85	16213
迁西县	Qianxi	86	16201
河间市	Hejian	87	15949
平山县	Pingshan	88	15664
怀安县	Huai'an	89	15415
枣强县	Zaoqiang	90	15287
宽城满族自治县	Kuancheng	91	15279
青　县	Qingxian	92	14645
兴隆县	Xinglong	93	14508
香河县	Xianghe	94	14192
涉　县	Shexian	95	14130
邢台县	Xingtai	96	13445
东光县	Dongguang	97	13202
南皮县	Nanpi	98	12969
望都县	Wangdu	99	12943
清苑县	Qingyuan	100	12892
万全县	Wanquan	101	12680
文安县	Wen'an	102	12586
任丘市	Renqiu	103	11699
南和县	Nanhe	104	11691
邱　县	Qiuxian	105	11517
临城县	Lincheng	106	11342
阳原县	Yangyuan	107	11272
阜城县	Fucheng	108	11245
怀来县	Huailai	109	11032
顺平县	Shunping	110	10690
博野县	Boye	111	10650
广平县	Guangping	112	10156
广宗县	Guangzong	113	9875
冀州市	Jizhou	114	9797
柏乡县	Baixiang	115	9057
巨鹿县	Julu	116	8713
肃宁县	Suning	117	8683
武强县	Wuqiang	118	8589
孟村回族自治县	Mengcun	119	8482
临西县	Linxi	120	8392
沙河市	Shahe	121	8041
沽源县	Guyuan	122	7970
高邑县	Gaoyi	123	7579
雄　县	Xiongxian	124	7343
尚义县	Shangyi	125	7024
平乡县	Pingxiang	126	6947
任　县	Renxian	127	5933
涞源县	Laiyuan	128	5804
阜平县	Fuping	129	5599
高阳县	Gaoyang	130	5220
蠡　县	Lixian	131	4994
海兴县	Haixing	132	4561
新河县	Xinhe	133	3898
安新县	Anxin	134	3716
崇礼县	Chongli	135	3633
清河县	Qinghe	136	2714

各县(市)社会消费品零售总额（2009年）

Total Retail Sales of Consumer Goods (2009)

单位：万元 (10000 yuan)

县（市）	County (City)	位次 Position	社会消费品零售总额 Total Retail Sales
辛集市	Xinji	1	1165083
迁安市	Qian'an	2	1004538
遵化市	Zuihua	3	869256
任丘市	Renqiu	4	868349
藁城市	Gaocheng	5	783099
河间市	Hejian	6	753368
滦南县	Luannan	7	731890
武安市	Wu'an	8	681127
三河市	Sanhe	9	632034
滦　县	Luanxian	10	626398
定州市	Dingzhou	11	617327
乐亭县	Leting	12	611106
永年县	Yongnian	13	595938
涿州市	Zhuozhou	14	589671
玉田县	Yutian	15	580467
鹿泉市	Luquan	16	550642
霸州市	Bazhou	17	530145
正定县	Zhengding	18	525715
无极县	Wuji	19	519968
晋州市	Jinzhou	20	503417
赵　县	Zhaoxian	21	499957
新乐市	Xinle	22	466431
香河县	Xianghe	23	455819
迁西县	Qianxi	24	443205
沧　县	Cangxian	25	433849
磁　县	Cixian	26	416748
黄骅市	Huanghua	27	413754
泊头市	Botou	28	409129
宁晋县	Ningjin	29	382260
魏　县	Weixian	30	352015
沙河市	Shahe	31	346331
栾城县	Luancheng	32	344844
徐水县	Xushui	33	342675
涉　县	Shexian	34	342115
文安县	Wen'an	35	329882
清河县	Qinghe	36	328472
大名县	Daming	37	318338
安国市	Anguo	38	308872
深州市	Shenzhou	39	302425
景　县	Jingxian	40	299792
抚宁县	Funing	41	291282
昌黎县	Changli	42	282600
清苑县	Qingyuan	43	282022
大城县	Dacheng	44	276116
邢台县	Xingtai	45	275434
蠡　县	Lixian	46	271692
青　县	Qingxian	47	271224
行唐县	Xingtang	48	269746
曲周县	Quzhou	49	262500
邯郸县	Handan	50	250514
高碑店市	Gaobeidian	51	247788
平山县	Pingshan	52	243032
隆尧县	Longyao	53	234888
故城县	Gucheng	54	234822
元氏县	Yuanshi	55	234095
满城县	Mancheng	56	231647
怀来县	Huailai	57	229958
平泉县	Pingquan	58	226826
安平县	Anping	59	226538
高阳县	Gaoyang	60	225797
南宫市	Nangong	61	223452
承德县	Chengde	62	219399
兴隆县	Xinglong	63	213399
冀州市	Jizhou	64	208163
雄　县	Xiongxian	65	206968
固安县	Gu'an	66	203375
定兴县	Dingxing	67	201653
安新县	Anxin	68	198757
井陉县	Jingxing	69	197815
盐山县	Yanshan	70	196842
成安县	Cheng'an	71	195313
临漳县	Linzhang	72	190875
深泽县	Shenze	73	190783
永清县	Yongqing	74	187418
易　县	Yixian	75	185869
献　县	Xianxian	76	184158
蔚　县	Yuxian	77	182902
赞皇县	Zanhuang	78	182278
灵寿县	Lingshou	79	179922
围场满蒙自治县	Weichang	80	179801
巨鹿县	Julu	81	179578
肃宁县	Suning	82	172660
滦平县	Luanping	83	172223
容城县	Rongcheng	84	171040
卢龙县	Lulong	85	170740
武邑县	Wuyi	86	169925
曲阳县	Quyang	87	168263
隆化县	Longhua	88	168062
涿鹿县	Zhuolu	89	167482
丰宁满族自治县	Fengning	90	165392
宽城满族自治县	Kuancheng	91	162689
威　县	Weixian	92	162050
枣强县	Zaoqiang	93	157847
内丘县	Neiqiu	94	157438
青龙满族自治县	Qinglong	95	156394
临西县	Linxi	96	154011
唐海县	Tanghai	97	153238
任　县	Renxian	98	150111
饶阳县	Raoyang	99	148051
高邑县	Gaoyi	100	148043
东光县	Dongguang	101	145606
阳原县	Yangyuan	102	143666
馆陶县	Guantao	103	142070
广平县	Guangping	104	138560
肥乡县	Feixiang	105	136041
唐　县	Tangxian	106	133917
南和县	Nanhe	107	133406
宣化县	Xuanhua	108	131836
南皮县	Nanpi	109	127629
涞水县	Laishui	110	127442
鸡泽县	Jize	111	124370
平乡县	Pingxiang	112	124081
张北县	Zhangbei	113	120302
顺平县	Shunping	114	118827
阜城县	Fucheng	115	118797
武强县	Wuqiang	116	112833
万全县	Wanquan	117	112068
孟村回族自治县	Mengcun	118	111030
吴桥县	Wuqiao	119	109173
临城县	Lincheng	120	104207
怀安县	Huai'an	121	97786
赤城县	Chicheng	122	97151
博野县	Boye	123	96882
邱　县	Qiuxian	124	91119
康保县	Kangbao	125	88870
望都县	Wangdu	126	86595
新河县	Xinhe	127	84335
大厂回族自治县	Dachang	128	83808
柏乡县	Baixiang	129	83747
广宗县	Guangzong	130	80647
阜平县	Fuping	131	77626
涞源县	Laiyuan	132	71275
沽源县	Guyuan	133	70484
海兴县	Haixing	134	60218
尚义县	Shangyi	135	52853
崇礼县	Chongli	136	45469

各县(市)国民经济主要指标（2009年)(1-1)

县（市）	County (City)	行政区域土地面积(平方公里) Land Area (sq.km)	乡镇个数(个) Number of Regions at Townships Level (unit)	村民委员会个数(个) Number of Villagers' Committees (unit)	#自来水受益村 Number of Administrative Village Access to Tap Water	#通电话的村 Number of Administrative Village Access to Telephone in Rural Area	地区生产总值(万元) Gross Domestic Product (10000 yuan)
石家庄市	**Shijiazhuang**						
井陉县	Jingxing	1381	17	318	268	317	1001942
正定县	Zhengding	468	9	174	174	174	1405160
栾城县	Luancheng	345	8	182	182	182	1150322
行唐县	Xingtang	1025	15	330	255	330	850273
灵寿县	Lingshou	1066	15	279	153	279	593343
高邑县	Gaoyi	222	5	107	107	107	364445
深泽县	Shenze	296	6	125	125	125	477173
赞皇县	Zanhuang	1210	11	212	131	212	448948
无极县	Wuji	524	11	213	213	213	1005152
平山县	Pingshan	2648	23	717	690	717	1410592
元氏县	Yuanshi	668	15	208	157	208	883002
赵　县	Zhaoxian	674	11	281	281	281	1114420
辛集市	Xinji	951	15	344	344	344	2067005
藁城市	Gaocheng	836	14	239	239	239	2614310
晋州市	Jinzhou	619	10	224	224	224	1290925
新乐市	Xinle	525	11	160	160	160	1117822
鹿泉市	Luquan	603	12	208	207	208	1908215
承德市	**Chengde**						
承德县	Chengde	3844	24	401	287	400	724816
兴隆县	Xinglong	3123	20	290	110	290	558558
平泉县	Pingquan	3296	19	291	191	291	681594
滦平县	Luanping	2993	20	200	103	200	760261
隆化县	Longhua	5475	25	362	234	362	566710
丰宁满族自治县	Fengning	8765	26	309	270	309	471986
宽城满族自治县	Kuancheng	1936	18	205	133	205	1325203
围场满蒙自治县	Weichang	9220	37	312	243	312	425838
张家口市	**Zhangjiakou**						
宣化县	Xuanhua	2057	13	305	298	304	402806
张北县	Zhangbei	3863	18	366	179	366	406390
康保县	Kangbao	3365	15	326	79	316	209653
沽源县	Guyuan	3388	14	233	59	228	170405
尚义县	Shangyi	2633	14	172	133	167	165404
蔚　县	Yuxian	3220	22	547	333	547	541636
阳原县	Yangyuan	1849	14	301	161	301	366872
怀安县	Huai'an	1706	11	273	242	272	353210
万全县	Wanquan	1162	11	172	163	172	293715

Major Indicators of National Economy by County or City (2009)(1-1)

第一产业 Primary Industry	第二产业 Secondary Industry	第三产业 Tertiary Industry	地区生产总值指数(上年=100) Indices of Gross Domestic Product (preceding year=100)	第一产业 Primary Industry	第二产业 Secondary Industry	第三产业 Tertiary Industry	年末总人口(万人) Total Population (year-end) (10000 persons)	年末总户数(户) Number of Total Households (household)	#乡村户数 Rural Households
77666	560930	363346	112.7	105.2	112.2	114.7	32.8	106040	80617
222422	611472	571266	112.9	102.0	112.5	116.8	45.9	124945	98653
236011	647003	267308	111.5	100.3	113.8	114.6	34.2	91177	73378
150541	532578	167154	112.1	100.4	115.2	113.3	43.9	136073	106580
92864	347901	152578	111.3	103.8	112.4	113.2	32.7	97901	72853
68961	191871	103613	111.8	101.2	114.7	112.3	18.4	50628	40914
84293	283417	109463	111.3	104.0	114.0	109.6	25.5	75474	59788
99780	251879	97289	112.5	103.1	115.3	113.9	24.8	77524	61287
173805	558331	273016	109.7	100.3	112.4	109.7	50.1	136451	115453
151995	945659	312938	112.6	102.0	113.9	112.6	47.5	147835	114833
148934	434989	299079	111.4	103.0	113.3	112.4	41.4	96081	94378
227158	645597	241665	111.0	101.6	114.7	110.4	58.3	161003	122774
325451	1212065	529489	111.0	100.5	112.0	114.8	61.9	195761	152976
418321	1506231	689758	110.3	101.1	114.6	106.5	77.3	206343	176506
176544	679826	434555	111.2	102.5	111.6	113.8	53.3	149557	122761
190167	615698	311957	111.1	100.1	113.5	112.3	48.5	128020	97890
152387	1176684	579144	111.8	103.0	111.5	114.5	38.0	112717	90620
161263	353691	209862	113.0	112.1	117.9	106.1	45.5	150411	116702
110280	288074	160204	104.3	109.7	100.7	107.1	32.4	110373	80933
184898	283493	213203	111.1	111.9	108.9	113.2	47.5	152031	116883
122279	438013	199969	112.6	111.2	117.6	106.0	31.4	108513	80451
145006	262651	159053	111.8	108.6	116.8	108.3	43.4	139373	108679
125378	170500	176108	100.4	91.4	98.3	108.9	39.5	139442	101843
77909	965700	281594	119.2	112.2	121.9	112.9	24.6	76572	60329
159694	102204	163940	108.4	101.8	111.1	112.9	53.2	172589	127818
109873	125962	166971	110.5	108.2	111.5	111.0	28.3	106971	90458
129403	165073	111914	111.7	93.3	136.6	112.0	35.8	142656	107008
85507	51724	72422	105.0	105.7	109.1	101.6	28.0	104501	86044
80479	26488	63438	107.9	101.3	119.5	111.3	22.4	76898	61238
54398	50651	60355	109.4	95.8	135.3	110.8	19.5	74808	53147
85112	186392	270132	102.6	113.3	93.1	106.8	47.7	165258	148820
58602	87847	220423	108.3	107.4	110.9	107.4	27.7	101245	82198
48474	112377	192359	107.3	83.6	123.3	106.0	24.7	91758	70489
70126	101708	121881	118.1	143.9	111.1	110.5	22.4	81077	65274

各县(市)国民经济主要指标（2009年)(1-2)

县　(市)	County (City)	行政区域土地面积(平方公里) Land Area (sq.km)	乡镇个数(个) Number of Regions at Townships Level (unit)	村民委员会个数(个) Number of Villagers' Committees (unit)	#自来水受益村 Number of Administrative Village Access to Tap Water	#通电话的村 Number of Administrative Village Access to Telephone in Rural Area	地区生产总值(万元) Gross Domestic Product (10000 yuan)
怀来县	Huailai	1801	17	279	264	277	729607
涿鹿县	Zhuolu	2802	17	373	353	373	462496
赤城县	Chicheng	5287	18	440	307	440	362661
崇礼县	Chongli	2324	10	211	204	211	169637
秦皇岛市	**Qinhuangdao**						
青龙满族自治县	Qinglong	3510	25	396	207	396	632605
昌黎县	Changli	1212	16	446	162	446	1054336
抚宁县	Funing	1618	11	613	285	613	1100805
卢龙县	Lulong	961	12	548	76	548	596134
唐山市	**Tangshan**						
滦　县	Luanxian	1027	12	504	447	504	2044689
滦南县	Luannan	1270	17	594	589	594	2267838
乐亭县	Leting	1417	14	533	526	533	2182405
迁西县	Qianxi	1439	17	417	271	417	2815519
玉田县	Yutian	1165	20	420	420	420	2150762
唐海县	Tanghai	732	1				639035
遵化市	Zuihua	1513	25	648	648	648	3920020
迁安市	Qian'an	1208	17	459	394	459	5341892
廊坊市	**Langfang**						
固安县	Gu'an	697	9	421	421	421	520105
永清县	Yongqing	774	10	386	380	386	484925
香河县	Xianghe	458	9	300	300	300	858540
大城县	Dacheng	910	10	394	394	394	642706
文安县	Wen'an	1038	13	383	383	383	989686
大厂回族自治县	Dachang	176	5	105	105	105	390745
霸州市	Bazhou	784	12	373	373	373	2140801
三河市	Sanhe	643	10	395	394	395	2603451
保定市	**Baoding**						
满城县	Mancheng	658	11	183	183	183	547841
清苑县	Qingyuan	867	18	266	249	266	653833
涞水县	Laishui	1658	15	284	124	284	287695
阜平县	Fuping	2495	13	209	209	209	191041
徐水县	Xushui	723	14	304	277	304	802164
定兴县	Dingxing	714	16	274	39	274	504304
唐　县	Tangxian	1417	20	345	209	345	354683
高阳县	Gaoyang	498	9	170	170	170	607707
容城县	Rongcheng	314	8	127	115	127	400119

Major Indicators of National Economy by County or City (2009)(1-2)

			地区生产总值指数(上年=100) Indices of Gross Domestic Product (preceding year=100)				年末总人口(万人) Total Population (year-end) (10000 persons)	年末总户数(户) Number of Total Households (household)	
第一产业 Primary Industry	第二产业 Secondary Industry	第三产业 Tertiary Industry		第一产业 Primary Industry	第二产业 Secondary Industry	第三产业 Tertiary Industry			#乡村户数 Rural Households
94966	228912	405729	110.9	102.1	121.1	108.0	34.9	125886	89819
142087	133645	186764	114.9	110.2	124.3	110.1	34.3	125233	93110
101050	156138	105473	113.2	118.9	112.5	108.7	29.3	111278	87505
41242	80325	48070	111.0	102.0	115.5	110.3	12.5	47762	39418
148995	264309	219301	112.4	118.1	108.2	115.6	54.3	167952	132812
351557	392149	310630	112.5	107.6	116.1	114.2	55.6	202184	162848
306129	463778	330898	105.9	109.0	100.2	114.3	52.6	185846	143068
158575	168262	269297	110.0	106.7	119.1	105.9	42.2	145509	120872
247746	1119084	677859	116.5	105.8	121.6	111.4	55.3	164376	145584
495891	1025709	746238	111.5	108.0	113.2	110.5	58.3	172935	157580
498119	942788	741498	115.0	100.6	122.9	115.7	49.7	163823	141893
150111	1843864	821544	112.9	108.7	113.4	112.4	38.0	105857	97177
415022	1053082	682658	115.0	104.6	120.4	113.3	67.1	202130	163989
122674	258728	257633	118.2	102.4	126.3	119.0	14.2	47781	37776
270370	2252149	1397501	113.9	105.1	119.8	106.7	72.3	228456	189256
232441	3294574	1814877	117.6	104.2	123.4	109.7	72.1	223056	150648
214885	179209	126011	108.2	96.9	115.8	117.3	42.5	122436	88988
208169	195918	80838	112.1	106.4	115.1	117.6	38.2	103712	82624
150376	429393	278771	112.4	100.9	109.7	122.1	31.1	103420	75974
106837	397455	138414	110.1	105.7	110.9	110.4	47.5	132812	108589
93657	617480	278549	109.7	105.4	110.3	109.7	48.4	141487	112141
70495	210335	109915	112.5	106.2	114.9	111.5	11.8	42753	25621
121836	1411916	607049	112.2	100.0	113.1	112.7	59.7	168980	116779
222208	1348002	1033241	112.2	101.5	115.2	109.6	53.1	146779	88384
124899	270260	152682	108.4	95.9	112.5	109.3	40.7	120191	85208
173566	303835	176432	111.1	105.0	113.7	112.7	65.1	156045	145688
69497	79292	138906	111.9	105.7	120.7	109.2	35.3	123005	84343
48485	42214	100342	110.1	109.4	111.6	109.6	22.3	74286	53940
179831	348168	274165	112.3	106.1	116.3	110.1	58.4	170317	135047
177445	165133	161726	110.6	108.8	114.1	108.4	58.4	155004	127373
99494	126328	128861	111.3	107.0	115.3	110.0	59.3	164764	130280
60201	403764	143742	110.9	104.0	112.1	110.0	33.5	96234	73168
67093	244723	88303	110.9	104.5	114.0	107.1	26.5	74745	52654

各县(市)国民经济主要指标（2009年)(1—3)

县　(市)	County (City)	行政区域土地面积(平方公里) Land Area (sq.km)	乡镇个数(个) Number of Regions at Townships Level (unit)	村民委员会个数(个) Number of Villagers' Committees (unit)	#自来水受益村 Number of Administrative Village Access to Tap Water	#通电话的村 Number of Administrative Village Access to Telephone in Rural Area	地区生产总值(万元) Gross Domestic Product (10000 yuan)
望都县	Wangdu	370	8	143	135	143	296437
安新县	Anxin	724	12	207	207	207	436762
易　县	Yixian	2534	27	469	292	469	547201
曲阳县	Quyang	1084	18	367	111	367	418952
蠡　县	Lixian	652	13	232	232	232	478750
顺平县	Shunping	708	10	237	203	237	293476
博野县	Boye	331	7	133	133	133	246717
雄　县	Xiongxian	524	9	223	208	223	478636
涿州市	Zhuozhou	742	11	404	156	404	1457766
定州市	Dingzhou	1274	22	486	269	486	1451765
安国市	Anguo	486	10	198	190	198	608102
高碑店市	Gaobeidian	618	9	409	126	409	708980
沧州市	**Cangzhou**						
沧　县	Cangxian	1520	19	515	515	515	1455465
青　县	Qingxian	968	10	345	345	345	1033453
东光县	Dongguang	711	9	447	442	447	716620
海兴县	Haixing	920	7	197	196	197	191958
盐山县	Yanshan	795	12	450	446	450	680294
肃宁县	Suning	515	9	253	253	253	729211
南皮县	Nanpi	790	9	312	306	312	480824
吴桥县	Wuqiao	583	10	473	473	473	404182
献　县	Xianxian	1173	18	500	500	500	977504
孟村回族自治县	Mengcun	387	6	126	126	126	446860
泊头市	Botou	1007	12	657	657	657	993354
任丘市	Renqiu	1012	15	413	413	413	3152866
黄骅市	Huanghua	1545	10	327	327	327	1353086
河间市	Hejian	1333	20	615	615	615	1483852
衡水市	**Hengshui**						
枣强县	Zaoqiang	905	11	553	553	553	448195
武邑县	Wuyi	832	9	545	545	545	371398
武强县	Wuqiang	443	6	238	238	238	291912
饶阳县	Raoyang	572	7	197	197	197	301124
安平县	Anping	496	8	230	230	230	622707
故城县	Gucheng	941	13	538	527	538	542458
景　县	Jingxian	1188	16	848	846	848	735461
阜城县	Fucheng	695	10	610	610	610	357001
冀州市	Jizhou	917	11	410	410	410	588794
深州市	Shenzhou	1245	17	465	465	465	715721

Major Indicators of National Economy by County or City (2009)(1-3)

			地区生产总值指数(上年=100) Indices of Gross Domestic Product (preceding year=100)				年末总人口(万人) Total Population (year-end) (10000 persons)	年末总户数(户) Number of Total Households (household)	
第一产业 Primary Industry	第二产业 Secondary Industry	第三产业 Tertiary Industry		第一产业 Primary Industry	第二产业 Secondary Industry	第三产业 Tertiary Industry			#乡村户数 Rural Households
91016	121022	84399	112.6	112.4	115.0	109.3	26.7	74699	59045
64615	240606	131541	110.2	105.9	111.0	110.5	43.4	132074	110589
147254	213255	186692	110.3	105.9	112.8	110.6	57.2	182732	138238
72603	180172	166177	109.9	108.0	110.4	109.8	60.8	158236	127772
98207	240611	139932	109.1	104.5	111.7	107.9	52.4	136214	104697
92165	131364	69947	113.2	109.7	116.9	109.4	31.6	92763	72686
81701	95639	69377	110.5	108.0	113.9	108.2	26.9	69604	69589
62619	297679	118338	111.5	103.8	113.5	109.9	36.9	104438	77803
144354	547690	765722	113.0	103.5	118.1	110.6	63.5	217516	108145
450648	664765	336352	110.4	104.2	114.2	109.3	120.6	324432	256785
152542	274585	180975	110.6	103.7	114.2	110.8	41.2	127010	89664
100058	402218	206704	112.8	104.3	115.5	110.1	55.3	155307	96009
207867	693198	554400	111.0	102.8	111.7	112.6	67.8	184154	169975
250750	529564	253139	113.0	103.1	115.7	115.3	40.5	126486	91647
156625	262397	297598	115.1	105.3	115.5	120.3	36.4	115465	91094
44156	80525	67277	110.5	108.0	111.6	110.2	22.8	73813	51991
95556	441819	142919	115.7	106.3	118.3	113.1	44.1	127086	96833
136415	293023	299773	113.7	103.7	109.3	124.3	34.0	130115	78401
117397	203559	159868	114.1	105.3	116.4	116.4	37.1	109775	83654
136330	97833	170019	110.1	103.3	112.5	112.9	28.5	100280	70200
225470	479385	272649	115.5	108.4	120.8	111.7	59.3	164077	135056
39273	272655	134932	115.5	106.6	117.6	113.3	20.5	64581	43190
140023	501373	351958	107.6	96.5	108.9	109.7	58.5	182347	136733
131440	2075856	945570	100.3	101.3	95.3	118.1	82.4	272634	152726
145605	516598	690883	112.1	103.1	112.1	114.3	43.8	123051	95681
154274	640649	688929	111.0	102.3	110.4	114.3	80.1	229897	185043
117045	212794	118356	109.7	107.0	112.2	107.4	39.7	117043	91312
141685	132256	97457	111.5	106.9	114.0	113.4	32.5	94279	73113
69685	147446	74781	110.6	102.5	113.3	111.6	21.8	65472	52208
103129	121639	76356	109.7	107.8	110.9	110.0	29.0	81423	70122
88510	365591	168606	109.0	106.2	108.7	111.4	32.5	96010	80740
172908	201395	168155	109.6	103.8	110.7	114.4	50.2	149264	106471
156342	398282	180837	108.9	100.8	110.1	111.9	53.0	154328	118246
82140	195464	79397	109.0	112.7	110.7	102.6	35.1	111838	92245
93810	314402	180582	109.7	101.5	110.5	112.2	36.7	123554	97344
168417	345395	201909	109.0	102.2	110.6	110.8	57.2	174709	144863

各县(市)国民经济主要指标 (2009年)(1-4)

县　(市)	County (City)	行政区域土地面积(平方公里) Land Area (sq.km)	乡镇个数(个) Number of Regions at Townships Level (unit)	村民委员会个数(个) Number of Villagers' Committees (unit)	#自来水受益村 Number of Administrative Village Access to Tap Water	#通电话的村 Number of Administrative Village Access to Telephone in Rural Area	地区生产总值(万元) Gross Domestic Product (10000 yuan)
邢台县	Xingtai	1918	17	567	559	566	937765
临城县	Lincheng	797	8	220	177	220	286019
内丘县	Neiqiu	788	9	309	287	309	610895
柏乡县	Baixiang	268	6	121	121	121	174511
隆尧县	Longyao	749	12	276	276	276	757433
任　县	Renxian	431	8	195	195	195	208239
南和县	Nanhe	406	8	218	218	218	232635
宁晋县	Ningjin	1029	14	346	346	346	1221662
巨鹿县	Julu	630	10	291	291	291	326450
新河县	Xinhe	366	6	169	169	169	149169
广宗县	Guangzong	503	8	213	202	213	213764
平乡县	Pingxiang	412	7	253	253	253	224754
威　县	Weixian	994	16	522	504	522	297685
清河县	Qinghe	502	6	305	305	305	967290
临西县	Linxi	542	9	299	299	299	334901
南宫市	Nangong	854	11	456	452	456	530891
沙河市	Shahe	999	10	282	259	281	1181341
邯郸市	**Handan**						
邯郸县	Handan	463	10	240	227	240	1485485
临漳县	Linzhang	744	14	425	425	425	600915
成安县	Cheng'an	482	9	234	234	234	588850
大名县	Daming	1053	20	651	372	651	663285
涉　县	Shexian	1509	17	308	251	308	1834422
磁　县	Cixian	1015	19	358	214	358	1498637
肥乡县	Feixiang	503	9	263	263	263	402500
永年县	Yongnian	898	20	450	450	450	1602790
邱　县	Qiuxian	448	7	218	216	218	372475
鸡泽县	Jize	336	7	169	169	169	404511
广平县	Guangping	320	7	169	164	169	398894
馆陶县	Guantao	456	8	277	277	277	441442
魏　县	Weixian	864	21	542	485	542	729876
曲周县	Quzhou	677	10	338	338	338	578966
武安市	Wu'an	1806	22	502	384	501	3908877

Major Indicators of National Economy by County or City (2009)(1-4)

第一产业 Primary Industry	第二产业 Secondary Industry	第三产业 Tertiary Industry	地区生产总值指数 (上年=100) Indices of Gross Domestic Product (preceding year=100)	第一产业 Primary Industry	第二产业 Secondary Industry	第三产业 Tertiary Industry	年末总人口 (万人) Total Population (year-end) (10000 persons)	年末总户数 (户) Number of Total Households (household)	#乡村户数 Rural Households
80444	630250	227071	112.0	107.3	111.9	114.3	47.4	151455	102761
48963	168701	68355	111.2	108.1	114.0	106.6	20.6	67021	46618
53186	409849	147860	111.8	105.3	112.4	112.3	27.0	78939	60712
48110	84154	42247	108.0	96.7	112.2	111.4	19.2	59660	43349
155569	368534	233330	110.8	101.4	113.1	112.0	51.5	144027	111175
68548	69476	70215	109.9	105.5	109.3	113.9	34.4	91541	71826
83963	73770	74902	110.0	103.0	111.9	114.7	34.6	102573	78663
191588	760460	269614	115.6	102.4	120.3	111.6	73.4	224666	161420
70100	156987	99363	110.1	124.1	104.9	112.2	38.7	112378	97846
40745	63832	44592	108.1	102.3	108.3	112.2	17.3	55250	42474
84331	76301	53132	109.8	102.5	113.4	113.9	29.8	86465	69342
48371	92180	84203	111.1	107.3	110.5	113.6	31.6	81629	64033
135844	80206	81635	110.7	106.2	116.1	112.9	57.7	166233	129646
50108	652826	264356	110.1	96.2	109.4	114.6	38.8	107859	80266
76515	114522	143864	110.3	104.0	108.9	114.1	36.5	104730	74450
104825	259510	166556	111.0	102.1	111.8	115.0	47.0	124828	102757
55883	793241	332217	113.3	102.8	113.7	114.0	47.3	136261	99627
93187	780715	611583	112.6	100.4	117.4	108.8	40.3	102056	84876
214404	187016	199495	112.2	104.1	117.8	117.0	65.4	164108	147355
163554	222867	202429	112.5	104.1	117.5	113.4	40.8	115806	85113
204042	253813	205430	112.2	105.3	109.2	124.2	82.6	206205	155842
65728	1385960	382734	112.8	102.4	113.2	112.9	39.7	143047	111627
132174	777225	589238	112.8	104.2	109.2	121.1	62.8	162940	136738
134056	137027	131417	112.5	109.0	115.2	113.0	35.7	86350	75106
479899	699519	423372	111.6	102.0	117.9	111.4	97.5	241624	193436
117475	160400	94600	112.2	105.4	113.1	119.4	23.7	59514	49659
119890	197204	87417	112.2	104.8	114.6	115.5	27.6	64217	55934
76983	168074	153837	112.2	108.7	119.0	106.8	27.8	69493	53092
150175	174739	116528	112.5	103.2	116.5	120.4	33.0	75908	68540
151643	245337	332896	112.1	107.1	122.2	106.9	89.9	222457	182168
176261	245759	156946	112.2	105.1	115.4	116.0	44.5	112278	89820
107718	2779527	1021632	111.5	108.7	111.0	114.2	76.4	231183	246394

各县(市)国民经济主要指标 (2009年)(2-1)

县　(市)	County (City)	出生人口 (人) Births (person)	死亡人口 (人) Deaths (person)	人口密度 (人/平方公里) Population Density (persons/sq.km)	年末单位从业人员 (人) Total Employed Persons (year-end) (person)	#第二产业 Secondary Industry	#第三产业 Tertiary Industry
石家庄市	**Shijiazhuang**						
井陉县	Jingxing	3900	1674	237.6	27164	15483	11527
正定县	Zhengding	7523	2659	980.2	24612	7125	17337
栾城县	Luancheng	5485	1766	992.5	19125	8144	10707
行唐县	Xingtang	8826	2618	428.3	12988	1793	10820
灵寿县	Lingshou	6636	2794	306.3	13994	3495	10429
高邑县	Gaoyi	3809	956	829.4	9162	2720	6275
深泽县	Shenze	3754	1245	861.5	6976	391	6585
赞皇县	Zanhuang	4785	478	204.7	14125	5227	8803
无极县	Wuji	8530	2620	955.7	15839	4730	1102
平山县	Pingshan	7839	5066	179.5	18905	4423	13243
元氏县	Yuanshi	7208	2730	619.9	15449	4000	11311
赵　县	Zhaoxian	9650	1455	865.7	15924	2241	13548
辛集市	Xinji	6701	3828	650.8	26143	8070	18024
藁城市	Gaocheng	11161	4751	924.6	29665	11725	17917
晋州市	Jinzhou	6573	2957	861.0	17602	3182	14282
新乐市	Xinle	9896	1931	924.7	16225	4754	11272
鹿泉市	Luquan	4960	2157	630.8	23505	9956	13549
承德市	**Chengde**						
承德县	Chengde	5172	2310	118.4	21398	7342	13433
兴隆县	Xinglong	4401	1306	103.7	18345	5199	12696
平泉县	Pingquan	5270	1772	144.1	22586	7219	14494
滦平县	Luanping	4409	1735	104.8	11964	2455	9188
隆化县	Longhua	6591	1503	79.2	17102	2883	13622
丰宁满族自治县	Fengning	5516	4100	45.1	17722	2658	14040
宽城满族自治县	Kuancheng	3908	1916	127.0	20233	9323	10790
围场满蒙自治县	Weichang	7800	4520	57.7	19283	2995	15317
张家口市	**Zhangjiakou**						
宣化县	Xuanhua	3802	1820	137.6	13022	3465	9367
张北县	Zhangbei	4222	2157	92.6	10423	1316	8983
康保县	Kangbao	2734	2533	83.3	9614	1475	7534
沽源县	Guyuan	2493	1443	66.0	7635	490	7142
尚义县	Shangyi	1791	849	74.2	7365	1019	6269
蔚　县	Yuxian	8876	3134	148.1	23825	7613	15998
阳原县	Yangyuan	3725	2093	149.7	14060	2999	10985
怀安县	Huai'an	3095	1776	144.5	12559	2145	10299
万全县	Wanquan	2974	1514	192.8	10987	3143	7802

Major Indicators of National Economy by County or City (2009)(2-1)

乡村从业人员（人）Number of Rural Laborers (person)	#农林牧渔业 Farming, Forestry, Animal Husbandry & Fishery	城镇在岗职工人数（人）Staff and Workers in Urban Areas (person)	城镇在岗职工工资总额（万元）Total Wages Bill of and Workers (10000 yuan)	在岗职工平均工资（元）Average Wage of Staff and Workers (yuan)	全社会固定资产投资额（万元）Total Investment in Fixed Assets (10000 yuan)	地方财政一般预算收入（万元）Local Revenue (10000 yuan)	地方财政支出（万元）Local Expenditure (10000 yuan)	农村居民人均纯收入（元）Per Capita Annual Net Income of Rural Households (yuan)	农民人均住房面积（平方米）Per Capita Floor Space of Rural Households (sq.m)
141892	60181	26139	57251.2	21903	1203437	35294	74293	5557	42.0
223598	70013	23702	53817.8	22706	975116	38077	73437	7399	32.3
175566	50210	18630	38307.6	20562	854531	31096	60499	7215	52.0
187671	88868	12855	26295.4	20455	764998	15961	71431	3470	35.8
133413	83650	13915	27714.6	19917	985592	11231	58834	2960	30.5
91674	45814	9054	15735.8	17380	282454	9027	38431	5448	40.5
126053	50455	6923	13690.2	19775	294716	14467	40528	5316	40.4
116965	48190	14167	21646.5	15280	643462	9888	42126	2910	30.0
248128	117587	15442	30247.5	19588	616967	14453	57837	6272	38.7
230525	157916	18984	56385.6	29702	768064	52697	129951	3312	32.0
232621	154733	15026	29208.2	19438	890503	18688	60412	5878	43.0
285104	104864	15858	33489.6	21118	701713	16687	75342	6116	35.3
299509	99003	25116	58662.6	23357	1136130	49482	116439	6890	51.7
391261	81059	29324	67593.9	23051	1351537	63598	129663	7731	41.6
259038	101149	17340	37677.5	21729	994825	28199	81191	7495	42.0
195498	54100	15918	32972.5	20714	1028408	20946	60982	7360	34.3
165828	73345	23219	59255.5	25520	1229101	57270	100385	7835	43.0
223571	139999	22625	53375.5	23591	540020	34938	102871	3792	22.0
149593	98619	16844	40212.2	23873	552353	17631	74829	4881	30.2
226508	110455	22405	52517.0	23440	601668	31389	122370	4218	23.0
149071	70158	11999	30601.5	25503	505403	31632	96819	3258	21.1
223581	145962	17327	44579.2	25728	450101	25597	111883	3524	19.0
179210	101783	16905	39945.9	23630	541568	26042	115620	2686	20.0
106986	60507	20366	49771.0	24438	589172	36978	112360	4930	24.0
236606	179021	19288	44289.5	22962	393614	9688	115629	2607	19.0
145020	92333	12929	29879.9	23111	259455	13359	53243	3933	30.0
182314	117979	9908	23893.5	24115	810062	17178	95661	2953	17.2
140150	107707	9364	23925.0	25550	256804	4708	55173	2792	17.0
125627	97176	6995	17257.8	24672	225440	4991	57215	2649	22.0
97856	70009	7118	16872.9	23705	293974	4689	49109	2810	16.2
185985	127515	23718	62525.4	26362	262457	15608	84171	2698	22.9
118414	76385	13746	27494.7	20002	138700	8608	56166	2585	18.5
110345	72734	12759	26195.8	20531	335015	13289	63486	3548	23.4
106420	70691	10642	24002.3	22554	346099	12302	55506	3620	22.2

各县(市)国民经济主要指标 (2009年)(2-2)

县　(市)	County (City)	出生人口 (人) Births (person)	死亡人口 (人) Deaths (person)	人口密度 (人/平方公里) Population Density (persons/sq.km)	年末单位从业人员 (人) Total Employed Persons (year-end) (person)	#第二产业 Secondary Industry	#第三产业 Tertiary Industry
怀来县	Huailai	3966	1826	194.0	17802	5701	11911
涿鹿县	Zhuolu	4890	2146	122.5	19915	8061	10737
赤城县	Chicheng	4794	1554	55.5	11684	2164	8794
崇礼县	Chongli	1171	767	53.8	8609	3237	5318
秦皇岛市	**Qinhuangdao**						
青龙满族自治县	Qinglong	8528	6313	154.6	15930	2647	13214
昌黎县	Changli	5322	3849	458.7	22230	3564	18118
抚宁县	Funing	5393	4053	325.1	32394	15314	17002
卢龙县	Lulong	4719	4058	438.7	17130	4630	12307
唐山市	**Tangshan**						
滦　县	Luanxian	5362	3894	538.0	35052	2340	32686
滦南县	Luannan	5363	4486	458.9	28333	12345	15768
乐亭县	Leting	3432	3531	350.7	23923	9538	14130
迁西县	Qianxi	5930	1900	264.2	27405	11645	15743
玉田县	Yutian	7427	4275	575.8	28889	11965	16790
唐海县	Tanghai	1073	1003	194.2	45149	9726	7856
遵化市	Zuihua	9621	4133	477.8	28457	5057	23110
迁安市	Qian'an	9844	3734	596.5	61176	35630	25036
廊坊市	**Langfang**						
固安县	Gu'an	7129	2451	609.2	14627	2357	12270
永清县	Yongqing	5696	2509	493.1	12899	2603	10237
香河县	Xianghe	3589	2252	679.9	22723	8001	14722
大城县	Dacheng	7799	7178	521.8	16419	1216	15203
文安县	Wen'an	7640	3595	466.7	18264	1503	15633
大厂回族自治县	Dachang	1308	661	673.3	9425	2878	6501
霸州市	Bazhou	9157	2113	761.5	21523	1370	20145
三河市	Sanhe	6437	2967	825.1	37133	12808	24325
保定市	**Baoding**						
满城县	Mancheng	7516	2654	618.4	18056	4330	13635
清苑县	Qingyuan	10556	1226	750.3	23543	9137	14325
涞水县	Laishui	4741	3246	212.7	15176	6305	8871
阜平县	Fuping	9748	2813	89.5	9236	1824	7036
徐水县	Xushui	7560	2749	807.3	19586	5546	14040
定兴县	Dingxing	7729	2079	818.2	22205	9638	12567
唐　县	Tangxian	14404	1978	418.5	48511	36490	11891
高阳县	Gaoyang	15012	2819	672.8	10688	712	9552
容城县	Rongcheng	4189	1969	844.1	8923	1033	7890

Major Indicators of National Economy by County or City (2009)(2-2)

乡村从业人员(人) Number of Rural Laborers (person)	#农林牧渔业 Farming, Forestry, Animal Husbandry & Fishery	城镇在岗职工人数(人) Staff and Workers in Urban Areas (person)	城镇在岗职工工资总额(万元) Total Wages Bill of and Workers (10000 yuan)	在岗职工平均工资(元) Average Wage of Staff and Workers (yuan)	全社会固定资产投资额(万元) Total Investment in Fixed Assets (10000 yuan)	地方财政一般预算收入(万元) Local Revenue (10000 yuan)	地方财政支出(万元) Local Expenditure (10000 yuan)	农村居民人均纯收入(元) Per Capita Annual Net Income of Rural Households (yuan)	农民人均住房面积(平方米) Per Capita Floor Space of Rural Households (sq.m)
154369	106189	17174	42924.7	24994	330077	38286	89189	6065	22.8
151049	111324	19532	39483.2	20215	423704	11556	64653	4106	26.0
112188	79161	12477	26917.2	21573	274896	20662	69931	2645	22.2
58323	41061	8486	19869.7	23415	230219	13013	47911	3106	15.3
271841	151205	16442	41427.8	25196	376625	29199	106189	3398	21.9
280314	179717	21515	51567.4	23968	476936	37821	112890	6190	31.7
244881	168937	30444	75105.5	24670	478068	41088	102005	5816	30.0
225174	157479	16458	38612.0	23461	302937	15515	81241	5440	30.8
275952	133606	28597	90565.5	31670	841580	53000	113044	6936	31.9
288634	190835	26977	76908.9	28473	531706	56984	130307	6441	32.4
265001	119136	21679	64315.4	29667	1200516	47618	139898	7846	39.2
171498	75877	25293	77189.2	30518	705426	61983	125472	7348	33.5
325989	87585	31626	77686.3	24564	724817	40680	123554	6850	26.1
68128	35718	41178	49451.7	28635	821818	36978	84308	7878	36.0
318887	107398	27135	83409.5	30739	902624	89885	168433	7360	33.0
285214	73902	54545	176733.9	32401	2004930	223852	323904	9776	35.5
177821	140102	14277	29624.1	20750	805379	24840	81586	6096	24.4
174834	117958	12569	27524.3	21899	1151902	13329	68853	6250	27.4
132960	63648	22473	54717.4	24348	2213084	45720	93356	8207	25.7
206953	109563	16025	35477.0	22139	729470	15697	78240	5972	17.4
214557	76646	17899	38546.5	21536	1271326	25978	86174	6688	28.3
44109	17895	9719	30457.5	31338	406502	18382	41201	6841	34.2
247022	69624	20745	68063.5	32810	1826122	86372	169850	7104	41.0
162654	60360	35980	118526.7	32942	2544213	178140	231642	7881	31.0
182916	112050	17098	37678.4	22037	238375	14583	59437	5304	27.0
338950	199212	23067	50247.6	21783	406708	16387	75912	5561	32.8
171458	120121	14587	28199.4	19332	289036	10556	56557	3477	27.0
84618	58829	8765	19276.1	21992	290336	8402	47635	2299	26.0
288787	160762	18045	45962.8	25471	425250	24048	89018	5941	30.2
287492	161113	21242	40452.9	19044	401117	12687	73459	5441	29.1
259708	168149	19644	37038.5	18855	237578	7922	76338	2793	28.5
168119	70424	10380	22128.9	21319	294140	17645	55050	6270	36.3
127731	47062	8812	19861.2	22539	165132	11035	45483	5985	35.0

各县(市)国民经济主要指标 (2009年)(2-3)

县 (市)	County (City)	出生人口 (人) Births (person)	死亡人口 (人) Deaths (person)	人口密度 (人/平方公里) Population Density (persons/sq.km)	年末单位从业人员 (人) Total Employed Persons (year-end) (person)	#第二产业 Secondary Industry	#第三产业 Tertiary Industry
涞源县	Laiyuan	5646	1318	114.5	11772	1602	9962
望都县	Wangdu	3019	1817	722.2	9741	2418	7288
安新县	Anxin	7562	2659	599.4	11398	864	10426
易　县	Yixian	14410	3814	225.8	20412	6550	13432
曲阳县	Quyang	13552	1609	561.3	21354	9139	11966
蠡　县	Lixian	8486	2388	804.0	15086	1053	13729
顺平县	Shunping	4213	1131	445.7	11951	3389	8533
博野县	Boye	5879	819	811.8	7607	1185	6402
雄　县	Xiongxian	17411	4909	704.9	10230	1295	8886
涿州市	Zhuozhou	7469	4078	856.1	47847	16129	31701
定州市	Dingzhou	16176	7309	946.5	39625	19451	20077
安国市	Anguo	5105	1016	848.4	13548	3136	10102
高碑店市	Gaobeidian	8575	2269	895.5	28880	14536	14305
沧州市	**Cangzhou**						
沧　县	Cangxian	9115	3071	445.9	21804	7168	14592
青　县	Qingxian	4849	1906	418.2	21906	7101	13216
东光县	Dongguang	4825	1343	511.8	14990	4485	10466
海兴县	Haixing	4343	2570	247.5	11069	4068	6723
盐山县	Yanshan	9342	2113	554.4	17315	4613	12656
肃宁县	Suning	4093	2493	660.9	11271	1177	10070
南皮县	Nanpi	6099	2159	469.3	13098	3460	9638
吴桥县	Wuqiao	3182	2484	488.9	13371	5463	7826
献　县	Xianxian	9262	2465	505.6	13962	782	12979
孟村回族自治县	Mengcun	4033	798	530.9	9187	1906	7208
泊头市	Botou	13444	2567	581.4	23964	7718	16242
任丘市	Renqiu	7974	4939	814.6	79897	34626	44691
黄骅市	Huanghua	5945	1978	283.9	30702	10107	20558
河间市	Hejian	10453	7778	600.9	25834	7632	18005
衡水市	**Hengshui**						
枣强县	Zaoqiang	7505	1843	439.1	11123	1390	9673
武邑县	Wuyi	4576	1407	391.2	8521	1234	7287
武强县	Wuqiang	3034	1610	492.0	8354	1973	6381
饶阳县	Raoyang	3847	3800	507.0	9268	1400	7647
安平县	Anping	5182	5721	656.3	12754	2727	9956
故城县	Gucheng	9110	6797	533.6	13276	2093	11144
景　县	Jingxian	8871	2825	446.1	15147	3114	11965
阜城县	Fucheng	6890	797	505.5	11263	1803	9261
冀州市	Jizhou	3680	3508	400.4	16166	6083	10042
深州市	Shenzhou	6573	4094	459.4	19836	6216	13435

Major Indicators of National Economy by County or City (2009)(2-3)

乡村从业人员(人) Number of Rural Laborers (person)	#农林牧渔业 Farming, Forestry, Animal Husbandry & Fishery	城镇在岗职工人数(人) Staff and Workers in Urban Areas (person)	城镇在岗职工工资总额(万元) Total Wages Bill of and Workers (10000 yuan)	在岗职工平均工资(元) Average Wage of Staff and Workers (yuan)	全社会固定资产投资额(万元) Total Investnent in Fixed Assets (10000 yuan)	地方财政一般预算收入(万元) Local Revenue (10000 yuan)	地方财政支出(万元) Local Expenditure (10000 yuan)	农村居民人均纯收入(元) Per Capita Annual Net Income of Rural Households (yuan)	农民人均住房面积(平方米) Per Capita Floor Space of Rural Households (sq.m)
123436	85786	11434	26692.3	23345	179035	38782	82919	1930	27.0
128017	88913	9694	18455.4	19038	170037	9261	45313	3962	33.0
234929	135689	11179	24019.7	21486	295001	12079	59982	5448	30.0
255295	162078	17367	42529.0	24488	387788	13309	86408	3465	28.0
258725	162703	15245	31479.9	20649	238273	10490	66874	2372	33.4
254809	139113	13768	27498.3	19973	231525	11451	63591	6044	32.0
154313	108232	11837	23608.7	19945	280366	7568	52032	2354	29.0
145245	61820	6812	15343.9	22525	230771	5360	33706	4647	30.0
188651	101982	10264	24394.8	23767	347166	14349	44627	5375	34.6
244128	153992	45480	161603.2	35533	877559	88831	134540	6567	35.2
618247	348096	39894	86318.8	21637	775494	47879	148721	5056	30.0
209867	101824	13550	27731.6	20466	528949	17072	58924	6024	36.8
234207	134171	28126	64363.1	22884	294198	20429	62582	5580	28.0
365444	92088	20015	55499.7	27729	790474	32901	98979	5492	29.6
199662	66146	20660	63591.2	30780	588896	21897	74282	5647	24.7
160094	67815	14368	34408.8	23948	586020	19091	70410	4713	33.0
102832	61082	10716	23394.6	21831	166568	6679	49955	3028	22.0
205307	96230	15799	35573.7	22516	640140	19243	80298	3986	29.0
189879	71143	10442	31209.7	29889	612486	31912	65721	5216	25.0
162231	105363	12064	32902.8	27274	428471	13981	59762	3794	23.0
151487	86185	13951	31404.2	22510	334250	10103	50612	4726	32.0
270574	116868	13260	39615.8	29876	579389	16025	85951	4286	26.7
87745	44188	8755	21912.2	25028	355265	10216	54709	4242	23.0
257424	73964	23201	50891.4	21935	614859	25677	83425	4922	25.0
284133	62323	75190	347059.5	46158	826044	93648	140087	6511	34.8
170824	39886	30670	70873.3	23108	759027	45558	95733	6592	26.0
398276	96168	25177	57729.4	22929	651080	34453	110985	5611	27.6
166711	90501	10635	22817.5	21455	274306	10027	55708	3981	28.5
148491	75086	8006	16346.1	20417	180432	10409	65800	2854	18.4
100225	58881	8290	18165.8	21913	81577	5817	45809	2815	21.8
152304	61064	8601	18375.2	21364	178140	6075	51601	2670	23.7
146063	47337	12452	25066.1	20130	192838	13611	61712	5030	25.8
204803	114517	13593	28357.6	20862	356207	10785	69900	3979	26.3
223861	102563	15737	33406.4	21228	606101	15869	83532	4728	31.8
162710	71890	11235	21355.3	19008	134456	6609	55801	2691	26.8
158123	76540	16186	34835.0	21522	369030	17522	88218	4673	30.6
270280	106686	19549	36535.9	18689	432003	12966	80859	4426	38.6

各县(市)国民经济主要指标（2009年)(2-4)

县　(市)	County (City)	出生人口 (人) Births (person)	死亡人口 (人) Deaths (person)	人口密度 (人／平方公里) Population Density (persons/sq.km)	年末单位从业人员 (人) Total Employed Persons (year-end) (person)	#第二产业 Secondary Industry	#第三产业 Tertiary Industry
邢台市	**Xingtai**						
邢台县	Xingtai	7412	2433	247.2	14879	3796	10795
临城县	Lincheng	3359	472	259.0	6958	117	6841
内丘县	Neiqiu	4703	1749	342.4	9388	2635	6752
柏乡县	Baixiang	4287	701	716.5	7836	2265	5551
隆尧县	Longyao	9041	2572	688.1	14630	1696	12292
任　县	Renxian	9927	897	798.4	8042	1079	6963
南和县	Nanhe	6825	2195	851.7	6571	374	6148
宁晋县	Ningjin	13542	7165	713.0	26991	13136	13828
巨鹿县	Julu	6373	2837	614.6	9592	834	8748
新河县	Xinhe	2189	996	473.3	5166	1140	4026
广宗县	Guangzong	7201	1077	592.0	6653	830	5823
平乡县	Pingxiang	8042	1229	766.2	10408	2075	7287
威　县	Weixian	13250	3068	580.1	11916	1940	9765
清河县	Qinghe	9897	1120	773.9	12908	1164	11744
临西县	Linxi	10283	1845	673.7	10662	2892	5239
南宫市	Nangong	7086	6742	549.8	13044	2385	10635
沙河市	Shahe	8549	3371	473.2	22328	5923	16175
邯郸市	**Handan**						
邯郸县	Handan	8999	4662	870.9	13699	2354	11199
临漳县	Linzhang	12079	3779	879.3	13863	2161	11602
成安县	Cheng'an	7874	3563	847.9	14967	5401	9481
大名县	Daming	23796	7602	784.5	19400	2654	16619
涉　县	Shexian	5404	7379	263.3	23640	7714	15839
磁　县	Cixian	7774	3790	618.5	26743	8285	18019
肥乡县	Feixiang	9571	5709	710.2	10994	983	9989
永年县	Yongnian	23062	6815	1086.1	29063	3610	25221
邱　县	Qiuxian	12671	865	528.0	11399	1862	9199
鸡泽县	Jize	5558	4218	820.7	7899	1284	6513
广平县	Guangping	8469	5000	868.7	10344	3715	6629
馆陶县	Guantao	12590	6837	723.8	12254	874	11367
魏　县	Weixian	29266	22838	1041.4	16930	2147	14765
曲周县	Quzhou	12065	6369	658.0	13046	2802	10133
武安市	Wu'an	14180	5527	422.9	33341	4316	29025

Major Indicators of National Economy by County or City (2009)(2-4)

乡村从业人员 (人) Number of Rural Laborers (person)	#农林牧渔业 Farming, Forestry, Animal Husbandry & Fishery	城镇在岗职工人数 (人) Staff and Workers in Urban Areas (person)	城镇在岗职工工资总额 (万元) Total Wages Bill of and Workers (10000 yuan)	在岗职工平均工资 (元) Average Wage of Staff and Workers (yuan)	全社会固定资产投资额 (万元) Total Investment in Fixed Assets (10000 yuan)	地方财政一般预算收入 (万元) Local Revenue (10000 yuan)	地方财政支出 (万元) Local Expenditure (10000 yuan)	农村居民人均纯收入 (元) Per Capita Annual Net Income of Rural Households (yuan)	农民人均住房面积 (平方米) Per Capita Floor Space of Rural Households (sq.m)
188560	57942	13834	33526.2	24235	507874	31535	79279	5435	41.0
85882	63492	6501	14476.8	22269	415098	7140	46877	3402	33.6
113857	68528	9338	19002.4	20350	496315	21610	53691	4392	34.5
85380	46569	7429	15887.1	21385	138783	3511	33683	5182	33.0
223167	86224	13038	30664.9	23520	514194	15241	73387	4898	36.0
148256	59900	7686	15785.0	20537	214598	4193	48341	4655	37.0
156036	76733	6351	13946.4	21959	238169	4796	45001	4518	28.0
329775	169446	26372	54747.3	20760	1011432	35159	107161	5340	31.0
190651	119832	8545	19238.6	22514	481557	5266	56491	3235	40.5
69944	42308	4934	10677.3	21640	190088	2132	31189	3474	27.0
138234	74186	6129	12434.7	20288	254809	2664	44722	3130	23.9
132367	61403	9581	19222.9	20064	234702	4656	44704	3291	26.0
272272	171827	10832	22656.2	20916	304810	5533	67753	3383	34.1
146499	34685	12733	29109.1	22861	606088	14275	64211	5956	37.0
141708	72888	9069	19541.8	21548	302245	5799	43325	4730	34.0
202915	118489	11911	27354.8	22966	421046	8194	62649	4530	40.0
187770	87341	21393	50411.2	23564	836772	41336	98197	5720	35.0
190556	85360	13270	29485.1	22219	754680	39289	94818	6306	45.0
347220	245403	13209	24881.2	18837	503703	8258	77138	5378	34.0
195374	79015	13406	28463.8	21232	551011	10063	67079	5330	36.0
350069	290615	18493	35208.3	19039	582647	7586	100152	3794	29.8
185314	72528	22834	54521.3	23877	1161401	81482	125659	4950	36.8
280444	103261	26384	68413.5	25930	835960	69124	123346	6071	35.0
171976	95126	9407	17598.0	18707	330643	7600	53110	4985	29.6
416071	139565	26052	51681.4	19838	945086	57174	143738	6112	29.0
102628	58253	11006	20868.5	18961	173929	5678	46770	4845	37.0
117516	33181	7687	13437.1	17480	421544	3639	46323	4636	30.8
130523	70785	10110	20441.8	20219	520950	6960	45510	4338	28.5
146108	81267	11066	20530.9	18553	407471	7988	66505	4293	27.0
349187	262763	16243	36141.8	22251	589339	13496	108290	3965	33.2
237638	92931	12266	22685.3	18494	471708	6028	69443	5402	28.0
345792	130767	32906	95919.4	29150	1365348	137889	230185	6294	41.0

各县(市)国民经济主要指标（2009年)(3−1)

县 (市)	County (City)	常用耕地面积(公顷) Area of Cultivated Land (hectare)	农林牧渔业总产值(万元) Gross Output Value (10000 yuan)	农林牧渔业总产值指数(上年=100) Indices of Gross Output Value (preceding year=100)	农业机械总动力(万千瓦) Total Power of Agricultural Machinery (10000 kw)	化肥使用量(折纯量)(吨) Consumption of Chemical Fertilizer (ton)	农村用电量(万千瓦时) Electricity Consumed in Rural Areas (10000 kwh)
石家庄市	**Shijiazhuang**						
井陉县	Jingxing	22881	135572	104.3	44.7	10702	14771
正定县	Zhengding	29924	460943	102.5	143.9	44840	16552
栾城县	Luancheng	25057	428245	100.5	62.8	17088	14531
行唐县	Xingtang	35850	282354	100.4	125.4	23599	19157
灵寿县	Lingshou	22116	169852	103.4	50.0	9923	26219
高邑县	Gaoyi	15958	124557	101.3	32.3	11066	13415
深泽县	Shenze	18895	153769	104.3	62.9	15207	23858
赞皇县	Zanhuang	20857	162231	103.1	43.6	12004	27560
无极县	Wuji	35200	334468	102.7	96.8	28740	34149
平山县	Pingshan	30125	249745	102.1	91.9	13718	9774
元氏县	Yuanshi	35056	275684	102.9	59.9	30228	13856
赵　县	Zhaoxian	48317	387892	102.1	262.0	57965	43482
辛集市	Xinji	55935	617385	100.7	200.8	62852	34038
藁城市	Gaocheng	53443	766857	102.9	216.5	57232	88562
晋州市	Jinzhou	27740	328272	102.8	135.1	32737	161410
新乐市	Xinle	28010	345383	100.9	228.1	25447	16966
鹿泉市	Luquan	23355	260613	102.3	63.0	14285	47583
承德市	**Chengde**						
承德县	Chengde	35686	277881	113.1	24.6	15076	13515
兴隆县	Xinglong	8994	196896	107.7	23.6	8297	8510
平泉县	Pingquan	44750	293085	112.6	34.9	16352	12461
滦平县	Luanping	17025	215738	106.1	28.5	9847	36374
隆化县	Longhua	39673	251261	109.3	39.8	15511	5582
丰宁满族自治县	Fengning	65956	215253	91.5	39.4	11122	7180
宽城满族自治县	Kuancheng	13009	128000	112.2	16.1	5485	45711
围场满蒙自治县	Weichang	92239	268170	103.6	50.4	17622	8591
张家口市	**Zhangjiakou**						
宣化县	Xuanhua	42059	199770	109.5	16.2	8355	4260
张北县	Zhangbei	101040	226513	93.4	33.2	6631	5821
康保县	Kangbao	96170	165150	98.7	29.7	3180	2371
沽源县	Guyuan	81314	147335	100.9	43.9	4860	1938
尚义县	Shangyi	65132	103635	93.8	8.3	3267	1474
蔚　县	Yuxian	76966	150094	100.1	29.0	8981	9827
阳原县	Yangyuan	40996	104971	105.7	10.9	6938	7160
怀安县	Huai'an	34183	78058	83.6	9.6	9897	9749
万全县	Wanquan	33406	113106	103.6	10.9	5133	11421

Major Indicators of National Economy by County or City (2009)(3-1)

有效灌溉面积 (公顷) Irrigated Area (hectare)	总播种面积 (公顷) Total Sown Area (hectare)	#粮食作物播种面积 Sown Area Area of Grain Crops	粮食产量 (吨) Output of Grain (ton)	棉花产量 (吨) Output of Cotton (ton)	油料产量 (吨) Output of Oil-bearing (ton)	猪肉产量 (吨) Output of Pork (ton)	牛肉产量 (吨) Output of Beef (ton)	羊肉产量 (吨) Output of Mutton (ton)	奶类产量 (吨) Output of Milk (ton)
12000	31677	25446	111164	96	6090	9705	6668	1839	11200
29890	56372	42687	334383	541	19077	35237	12380	673	102000
25057	52874	37173	248905	9	511	25718	7382	750	125458
28270	59214	46366	306617	450	20206	19800	10416	833	233328
17800	36799	30572	144568	170	4954	16766	2888	746	32000
15958	31332	23208	134025	386	4246	6968	315	296	6000
18895	34900	27226	181801	614	6603	14762	1255	1186	33007
9650	32231	23004	117847	238	14058	9659	10579	686	400
35200	64401	49485	330098	165	14190	25951	9983	2045	94252
17000	44692	35811	208697	522	8557	12995	1808	861	11471
26530	60852	51013	308540	700	7604	20153	8760	2072	70300
48317	84344	69152	509333	148	3898	28007	2365	923	35002
51680	94373	71944	457262	8940	35141	46972	2039	1960	55000
53443	107529	69300	557834	673	11499	38697	8349	1952	84094
27740	66444	56425	383623	188	9664	32057	3247	1706	19300
28010	64580	44282	333078	198	37440	32435	3159	274	81194
23250	47762	35046	207481	273	3964	19136	2106	536	59283
16670	38302	30794	143981		315	22890	7584	1635	968
6320	10790	9608	39841		429	11783	1100	1625	1386
19740	46310	40169	159185		162	10087	5120	1777	4080
14300	26784	20850	82077		137	24038	3456	1776	11382
28040	50857	38759	203264		3420	24577	25056	3435	6000
25150	70002	51912	68717		1237	14652	19306	4368	75859
3620	17259	13199	65000		400	13200	896	1183	3886
25420	64963	47930	89630		480	17024	16228	2510	22040
26740	44067	36613	137375		2250	20003	3904	4648	63025
24790	100694	47677	21164		3906	18772	11456	5324	164368
15660	94338	58237	27138		3272	11521	5360	4987	75755
17160	84059	46486	26776		4839	3950	1760	2260	128800
13230	39747	23041	8369		1000	3125	2522	1377	6484
29380	72720	61057	55624		2166	17138	3040	3870	15500
20970	39627	32268	24421		1335	7463	1531	2278	14110
17140	30629	25635	56589		633	13931	464	1020	28058
19610	23960	20279	95112		438	10080	1696	904	56121

各县(市)国民经济主要指标 (2009年)(3−2)

县 (市)	County (City)	常用耕地面积(公顷) Area of Cultivated Land (hectare)	农林牧渔业总产值(万元) Gross Output Value (10000 yuan)	农林牧渔业总产值指数(上年=100) Indices of Gross Output Value (preceding year=100)	农业机械总动力(万千瓦) Total Power of Agricultural Machinery (10000 kw)	化肥使用量(折纯量)(吨) Consumption of Chemical Fertilizer (ton)	农村用电量(万千瓦时) Electricity Consumed in Rural Areas (10000 kwh)
怀来县	Huailai	22675	179284	102.4	23.5	11933	11153
涿鹿县	Zhuolu	29418	245995	114.5	18.8	15966	11647
赤城县	Chicheng	29179	170645	101.6	22.2	3751	2850
崇礼县	Chongli	16393	64396	103.1	7.9	1354	1330
秦皇岛市	**Qinhuangdao**						
青龙满族自治县	Qinglong	20286	274887	114.6	26.3	14939	8417
昌黎县	Changli	60965	595321	107.0	88.6	53339	106620
抚宁县	Funing	35449	521646	106.9	71.3	24770	28902
卢龙县	Lulong	44027	305708	106.9	94.1	37140	12143
唐山市	**Tangshan**						
滦　县	Luanxian	55491	409251	105.6	84.0	44346	24082
滦南县	Luannan	77006	816140	101.8	113.0	40992	17690
乐亭县	Leting	62950	766191	101.6	105.1	72553	12536
迁西县	Qianxi	11517	220781	109.0	36.0	15431	21060
玉田县	Yutian	69622	716656	107.3	109.0	47372	109333
唐海县	Tanghai	26718	227425	102.6	30.7	9177	24727
遵化市	Zuihua	35000	461377	105.1	123.2	29153	273335
迁安市	Qian'an	43433	373322	105.3	195.7	14525	226067
廊坊市	**Langfang**						
固安县	Gu'an	44640	416485	100.0	103.0	24137	13726
永清县	Yongqing	42599	431446	109.5	109.7	19351	15523
香河县	Xianghe	26229	248325	100.1	45.4	22397	13645
大城县	Dacheng	53994	211560	105.6	73.1	11095	32599
文安县	Wen'an	61350	168985	105.5	75.6	13856	104913
大厂回族自治县	Dachang	9709	122258	103.1	26.5	5551	12102
霸州市	Bazhou	44718	210736	99.3	109.4	26479	355845
三河市	Sanhe	30362	409992	101.7	82.6	29273	42220
保定市	**Baoding**						
满城县	Mancheng	25255	214887	96.1	46.9	12715	18793
清苑县	Qingyuan	58250	303478	105.6	74.7	38469	22519
涞水县	Laishui	23955	126083	106.1	26.5	8311	9341
阜平县	Fuping	13265	81072	108.4	17.7	5297	3349
徐水县	Xushui	44469	318292	107.2	84.0	29852	22986
定兴县	Dingxing	47874	313323	108.9	55.2	27901	15944
唐　县	Tangxian	27164	175286	108.0	48.9	21708	11101
高阳县	Gaoyang	31846	107305	104.1	20.4	11573	23598
容城县	Rongcheng	20807	117878	104.8	44.6	9367	7628

Major Indicators of National Economy by County or City (2009)(3-2)

有效灌溉面积 (公顷) Irrigated Area (hectare)	总播种面积 (公顷) Total Sown Area (hectare)	#粮食作物播种面积 Sown Area Area of Grain Crops	粮食产量 (吨) Output of Grain (ton)	棉花产量 (吨) Output of Cotton (ton)	油料产量 (吨) Output of Oil-bearing (ton)	猪肉产量 (吨) Output of Pork (ton)	牛肉产量 (吨) Output of Beef (ton)	羊肉产量 (吨) Output of Mutton (ton)	奶类产量 (吨) Output of Milk (ton)
18430	31129	26591	70396		858	8172	1760	1100	101084
21640	29624	26351	158571		2064	21112	1325	4398	59880
9650	37944	28445	42667		1407	10799	6810	3699	6245
5100	16712	8342	7031		204	2264	896	473	25300
18440	33620	28667	118120		1661	35274	5590	5570	6200
47410	75329	52338	315150	268	42031	23914	11040	3213	38720
32130	54648	25625	150082	680	16792	84900	5049	2326	18786
29570	39403	30041	214302	1626	15829	30279	6624	6436	25728
45460	69072	43621	282495	283	50988	24729	14357	1310	406723
70950	115149	62677	418466	1172	55192	76709	7710	596	450450
62950	89752	49474	317121	1630	13945	17576	2690	1846	61554
11460	18878	13623	79976	238	5456	11215	1740	3246	21165
63580	119795	80166	465294	3098	4232	68706	14528	1106	18263
24880	23288	20579	198205	1034	1075	16135	31	47	1911
35000	64130	43170	260828	74	43337	48351	14557	2164	50861
33490	59908	37275	221701	164	35013	50393	11543	1327	92781
39240	78881	44068	271181	1087	9260	26400	9087	4157	28070
33750	61908	26789	164367	4336	10523	38640	9248	7290	53021
23610	44507	30797	201021	89	357	10823	2432	937	4790
32400	56133	44586	249710	4990	3739	11915	7195	3746	19431
35180	59968	39263	239865	19284	967	6430	2529	3627	1236
9450	17340	14379	91604	51	321	7474	18319	973	223
41310	56552	36553	230446	9895	6724	15810	1088	2704	5907
30362	52438	38090	251465	164	457	36800	23664	5500	61948
22840	38751	28496	170253	472	2656	16151	471	697	31327
58250	93630	65376	425593	2389	22759	11949	463	480	54080
13680	32073	26164	130134	52	9544	15375	1616	2329	6019
5240	13159	11772	57757		1165	4646	495	458	5358
42960	73915	61111	385691	78	5517	34456	4239	573	101618
46100	77790	62114	427575	802	27787	38136	2620	2624	17016
19190	43689	36463	184692	1001	3888	18105	1161	4055	12400
28760	39279	25129	149708	7667	8102	4795	80	345	14379
20090	34517	30092	202706	168	5991	21622	880	445	15040

各县(市)国民经济主要指标 (2009年)(3-3)

县　(市)	County (City)	常用耕地面积(公顷) Area of Cultivated Land (hectare)	农林牧渔业总产值(万元) Gross Output Value (10000 yuan)	农林牧渔业总产值指数(上年=100) Indices of Gross Output Value (preceding year=100)	农业机械总动力(万千瓦) Total Power of Agricultural Machinery (10000 kw)	化肥使用量(折纯量)(吨) Consumption of Chemical Fertilizer (ton)	农村用电量(万千瓦时) Electricity Consumed in Rural Areas (10000 kwh)
涞源县	Laiyuan	18639	53374	108.2	18.6	3831	2586
望都县	Wangdu	22920	152213	111.7	37.2	18776	7023
安新县	Anxin	32534	121385	105.6	46.4	13304	9835
易　县	Yixian	36601	265172	106.1	25.8	19412	10693
曲阳县	Quyang	31742	137933	107.6	51.3	10741	4595
蠡　县	Lixian	46585	178210	104.9	59.2	20370	58942
顺平县	Shunping	18753	161266	109.5	38.8	16126	16407
博野县	Boye	23198	140634	107.9	36.2	16468	14140
雄　县	Xiongxian	31227	104202	104.0	28.8	10879	24100
涿州市	Zhuozhou	44959	249881	103.5	50.2	24489	30061
定州市	Dingzhou	86564	765217	104.2	202.5	68038	19906
安国市	Anguo	33767	222214	103.9	65.9	22393	6705
高碑店市	Gaobeidian	42263	190044	104.5	39.7	15294	13146
沧州市	**Cangzhou**						
沧　县	Cangxian	64220	352611	103.7	138.3	36854	66869
青　县	Qingxian	57452	382990	103.0	88.9	22391	42541
东光县	Dongguang	47444	308623	108.1	49.3	19809	22187
海兴县	Haixing	31025	85358	106.9	31.1	9088	7901
盐山县	Yanshan	39369	183660	106.3	50.6	14304	11952
肃宁县	Suning	37292	235712	104.8	57.1	25125	30263
南皮县	Nanpi	45040	202890	105.3	79.2	15418	20179
吴桥县	Wuqiao	37320	228733	104.2	58.4	22783	10531
献　县	Xianxian	63038	442204	103.6	74.9	27274	49040
孟村回族自治县	Mengcun	20892	74316	106.6	27.2	7409	46143
泊头市	Botou	54526	257244	97.5	129.2	36000	44407
任丘市	Renqiu	56135	253989	101.7	99.6	33003	78573
黄骅市	Huanghua	49013	277488	102.7	99.3	14990	60971
河间市	Hejian	85187	292436	102.3	133.0	24241	102029
衡水市	**Hengshui**						
枣强县	Zaoqiang	60883	201202	107.0	34.2	18932	21504
武邑县	Wuyi	53370	244182	107.2	45.7	16309	14746
武强县	Wuqiang	29047	122235	103.8	51.0	7299	13037
饶阳县	Raoyang	37799	207466	105.0	69.9	18709	11083
安平县	Anping	31884	182114	107.6	44.5	14874	25499
故城县	Gucheng	61001	305511	103.8	144.6	34295	16380
景　县	Jingxian	79251	292965	100.8	98.4	35255	14559
阜城县	Fucheng	45190	172195	109.8	61.8	18375	18706
冀州市	Jizhou	59743	171581	100.6	68.4	26220	26291
深州市	Shenzhou	67716	342944	104.1	189.2	56278	45305

Major Indicators of National Economy by County or City (2009)(3-3)

有效灌溉面积 (公顷) Irrigated Area (hectare)	总播种面积 (公顷) Total Sown Area (hectare)	#粮食作物播种面积 Sown Area of Grain Crops	粮食产量 (吨) Output of Grain (ton)	棉花产量 (吨) Output of Cotton (ton)	油料产量 (吨) Output of Oil-bearing (ton)	猪肉产量 (吨) Output of Pork (ton)	牛肉产量 (吨) Output of Beef (ton)	羊肉产量 (吨) Output of Mutton (ton)	奶类产量 (吨) Output of Milk (ton)
6350	21511	19513	80404		308	3934	668	1202	198
22920	41493	33857	253496	331	6895	11443	775	725	40100
24350	47619	40328	220835	6279	740	3202	216	298	7367
24000	50321	40953	215328	283	12678	32781	10400	4724	4330
18970	39611	34155	189621	328	7311	17715	3232	1482	46378
43390	59541	39467	222153	5377	18451	4423	149	422	12331
18753	32803	24925	125414	143	4428	9098	1040	552	7559
21600	38305	26247	176276	1624	11851	9635	284	731	3201
18320	43542	37611	238652	461	4820	5980	208	1155	1482
44959	70982	54061	323988		13737	24292	1038	2445	23337
82600	156905	101089	697260	877	63167	66700	9642	3227	147370
32910	56374	38581	271703	678	18593	17325	872	777	11783
38830	64115	48991	306731	597	29087	21030	2303	1569	16355
53250	119188	108541	551751	6188	1952	16046	10010	3513	9717
32890	83082	53712	294469	3716	2485	8314	4129	2202	48198
45080	62310	38327	254895	24935	2187	6345	5238	1619	1233
11570	42740	33405	145495	5808	3704	2447	1520	594	470
29380	69732	61893	289388	4799	2048	19995	11595	2753	
35840	52958	40521	245697	1858	10671	7281	583	819	3299
32610	66597	43949	243714	15808	2768	6197	5739	1033	1250
36790	57772	34091	232154	21738	1221	11891	9106	1966	998
49910	107474	75054	388540	15686	24761	25784	6885	4055	14628
13700	29919	26599	126293	1144	3164	2198	4512	1772	
41520	72303	67934	392466	2300	276	18065	3664	2074	904
48680	97451	75280	443196	9832	5510	9039	1275	1385	7024
20910	83311	69875	290693	5281	4072	17675	4237	2928	4702
59050	123367	88571	516000	16933	37416	10959	2779	2211	392
53510	81084	55566	330225	26608	6962	10485	3319	1483	4643
44100	76070	51181	288195	10998	8641	12023	8832	2507	4430
22770	48790	39666	244876	4883	4032	6322	1565	702	6668
35720	64477	34887	212700	2959	15952	17353	573	651	4019
31590	50016	41036	224726	2129	10349	59000	383	501	3249
41060	90267	51663	318159	29320	10055	18574	4684	3759	10195
71990	119933	89914	558683	21041	9490	19705	6572	1212	3930
34700	68265	52798	287989	6516	1777	8740	1260	1245	580
49910	74206	37244	206785	23762	7335	6855	2038	904	2586
63520	117397	86809	544657	16468	34851	33714	4798	2451	4421

各县(市)国民经济主要指标（2009年)(3−4)

县　(市)	County (City)	常用耕地面积(公顷) Area of Cultivated Land (hectare)	农林牧渔业总产值(万元) Gross Output Value (10000 yuan)	农林牧渔业总产值指数(上年=100) Indices of Gross Output Value (preceding year=100)	农业机械总动力(万千瓦) Total Power of Agricultural Machinery (10000 kw)	化肥使用量(折纯量)(吨) Consumption of Chemical Fertilizer (ton)	农村用电量(万千瓦时) Electricity Consumed in Rural Areas (10000 kwh)
邢台市	**Xingtai**						
邢台县	Xingtai	40918	149676	101.8	37.0	17568	22245
临城县	Lincheng	24460	101352	107.8	23.1	8478	4596
内丘县	Neiqiu	30315	101419	105.3	24.9	8885	6894
柏乡县	Baixiang	19589	111856	89.0	31.9	14094	6079
隆尧县	Longyao	57124	293769	101.4	86.8	39360	39354
任　县	Renxian	32823	123266	106.0	49.7	17560	25549
南和县	Nanhe	30414	160583	103.7	53.4	14647	10717
宁晋县	Ningjin	83158	345937	100.8	96.6	44036	27564
巨鹿县	Julu	42116	152195	106.2	56.1	14035	11393
新河县	Xinhe	25640	95346	102.3	28.6	6127	6160
广宗县	Guangzong	36187	169794	103.1	27.3	12749	6731
平乡县	Pingxiang	27722	86636	108.6	34.8	16581	13733
威　县	Weixian	76623	318882	104.9	75.4	31345	9297
清河县	Qinghe	33937	114641	98.7	48.8	20230	18820
临西县	Linxi	39776	153754	103.2	55.0	26304	10630
南宫市	Nangong	63148	215320	102.1	81.6	25162	12889
沙河市	Shahe	33956	130042	103.1	66.0	12983	13732
邯郸市	**Handan**						
邯郸县	Handan	27929	162276	100.4	64.8	22775	22122
临漳县	Linzhang	51817	385562	102.9	103.6	45809	10885
成安县	Cheng'an	34996	313105	104.0	67.8	46887	12976
大名县	Daming	81579	393570	104.6	87.2	44640	17148
涉　县	Shexian	18533	130095	102.1	46.0	7673	7352
磁　县	Cixian	51424	237898	104.1	170.0	26378	48982
肥乡县	Feixiang	38859	298331	105.0	66.8	39713	10845
永年县	Yongnian	64986	846336	102.4	151.7	48777	48603
邱　县	Qiuxian	35898	229902	105.5	37.5	22272	2915
鸡泽县	Jize	26244	204595	106.4	31.4	17439	14257
广平县	Guangping	23440	132845	105.5	32.4	15975	6356
馆陶县	Guantao	30725	353959	104.0	68.2	21801	12270
魏　县	Weixian	61489	301804	105.5	111.1	28327	10046
曲周县	Quzhou	53303	323444	104.3	86.5	45737	14789
武安市	Wu'an	54157	206179	103.9	183.7	18200	185266

Major Indicators of National Economy by County or City (2009)(3-4)

有效灌溉面积 (公顷) Irrigated Area (hectare)	总播种面积 (公顷) Total Sown Area (hectare)	#粮食作物播种面积 Sown Area of Grain Crops	粮食产量 (吨) Output of Grain (ton)	棉花产量 (吨) Output of Cotton (ton)	油料产量 (吨) Output of Oil-bearing (ton)	猪肉产量 (吨) Output of Pork (ton)	牛肉产量 (吨) Output of Beef (ton)	羊肉产量 (吨) Output of Mutton (ton)	奶类产量 (吨) Output of Milk (ton)
22820	46278	36114	178604	1248	12511	9064	3241	1140	1089
9380	29533	24300	100890	689	4950	7656	2880	806	3600
16320	43648	34342	168326	1078	13470	18573	1229	193	1053
18740	32587	28192	195576	406	4972	8717	240	100	1728
45530	95245	76852	538391	7529	14173	16899	2248	960	9600
30120	55193	48373	327912	4229	967	5352	133	448	1045
28360	52790	45357	274212	1474	2368	10725	782	184	10259
68310	122572	105055	576284	7315	7266	26632	3393	595	134798
30690	61692	32107	173365	17805	7060	6000	2240	473	6578
16560	36132	28613	153059	6528	2784	1672	1968	258	8192
19740	39227	7352	41039	29450	4351	7092	1807	976	2400
20480	41779	31892	193141	7085	2671	4597	1760	590	3308
60050	90520	33320	183370	57340	3960	10643	3680	2522	13600
33750	49373	34056	160119	12436	1875	2037	288	389	850
33560	57192	43716	278160	14039	1597	5100	1753	1539	2700
39240	82237	38691	198634	41666	4031	12613	3406	2084	1200
19660	42930	36926	167514	393	6854	5873	1261	907	5600
19050	43373	36831	214325	3416	2529	17062	1296	1807	33800
48900	92692	76685	535122	4715	5607	21356	5792	6786	7500
34995	64044	38029	253220	24680	4141	16576	2864	3612	24291
66070	130348	94391	560366	2397	87235	42100	7040	5277	2390
5660	26150	23608	75378	42	559	10260	2510	1360	192
32800	71999	59921	309896	3842	4963	19973	2304	1705	30800
37870	71878	45408	294891	17748	3582	18894	2992	3392	14154
56560	129793	72127	496248	3751	8325	29564	4992	4931	38000
27280	41976	7967	46685	38751	2803	6956	1332	3229	2434
23300	45534	26538	154778	9152	1138	12758	1792	1964	3950
23080	39509	29211	176940	7504	5123	8535	529	1092	1520
28600	56656	38673	247819	8412	15464	21992	2490	1908	5921
53140	95696	84810	484090	2523	6731	30286	1424	4506	1847
41170	75206	51712	313761	17838	3573	17427	4464	3229	14910
35890	66188	59101	280153	3275	2296	51566	2336	469	3740

各县(市)国民经济主要指标 (2009年)(4−1)

县　(市)	County (City)	水产品产量 (吨) Total Aquatic Products (ton)	规模以上工业总产值 (万元) Gross Industrial Output Value (10000 yuan)	#内资企业 Domestic Funded	#港澳台商投资企业 Enterprises with Funds from Hong Kong, Macao and Taiwan	#外商投资企业 Foreign Funded Enterprises	流动资产年平均额 (万元) Annual Average Balance of Working Capitals (10000 yuan)
石家庄市	**Shijiazhuang**						
井陉县	Jingxing	458	1779036	1721786	52768	4482	280589
正定县	Zhengding	1600	3263570	3235318	8564	19688	162402
栾城县	Luancheng	60	1443768	1198748	20823	224197	445419
行唐县	Xingtang	1993	1697842	1691368	6474		42876
灵寿县	Lingshou	8000	871807	766654	84910	20243	108908
高邑县	Gaoyi	4	498626	491813	6813		59997
深泽县	Shenze	62	756474	711652		44822	41701
赞皇县	Zanhuang	1200	850954	638451		212503	72350
无极县	Wuji	65	1584388	1370522	83190	130676	82269
平山县	Pingshan	13520	3361638	3292421	48394	20823	414613
元氏县	Yuanshi	1000	1146334	1135514		10820	210441
赵　县	Zhaoxian	50	2194530	2095286	33987	65257	95920
辛集市	Xinji	152	3424808	3112174	110486	202148	532236
藁城市	Gaocheng	76	4725549	4449517	70594	205438	650336
晋州市	Jinzhou	44	2081325	2008002	26501	46822	260601
新乐市	Xinle	20	1899564	1896851		2713	189036
鹿泉市	Luquan	6020	3678187	3512273	2325	163589	748718
承德市	**Chengde**						
承德县	Chengde	615	805155	803560		1595	293071
兴隆县	Xinglong	2654	632522	618519	12063	1940	188527
平泉县	Pingquan	610	656487	609299	12470	34718	321960
滦平县	Luanping	744	908557	856008	52549		314846
隆化县	Longhua	612	477584	477584			229625
丰宁满族自治县	Fengning	3070	297109	297109			142035
宽城满族自治县	Kuancheng	10233	2173354	2173354			827510
围场满蒙自治县	Weichang	613	103889	103056	677	156	119954
张家口市	**Zhangjiakou**						
宣化县	Xuanhua	480	148949	148542		408	105695
张北县	Zhangbei	650	154332	88521	27320	38491	79038
康保县	Kangbao	80	38868	38868			18466
沽源县	Guyuan	2123	13499	13499			19648
尚义县	Shangyi	151	40099	10291	22286	7522	21593
蔚　县	Yuxian	630	205504	205504			118564
阳原县	Yangyuan	550	51607	44579	2040	4988	39134
怀安县	Huai'an	309	150396	150396			61289
万全县	Wanquan	4	182025	179140		2885	91995

Major Indicators of National Economy by County or City (2009)(4-1)

固定资产净值年平均余额 (万元) Annual Average Balance of Net Value of Fixed Assets (10000 yuan)	产品销售收入 (万元) Sales Revenue of Industrial Products (10000 yuan)	本年应交增值税 (万元) Value-added Tax Payable (10000 yuan)	利润总额 (万元) Total Profits (10000 yuan)	建筑业企业单位数 (个) Number of Construction Enterprises (unit)	建筑业从业人员 (人) Number of Employed Persons in Construction (person)	建筑业总产值 (万元) Gross Output Value of Construction (10000 yuan)	公路里程 (公里) Total Length of Highways (km)	民用汽车拥有量 (辆) Possession of Civil Vehicles (unit)	邮电业务总量 (万元) Business Volume of Postal and Telecommunication Services (10000 yuan)
812101	1624617	46336	60993	8	3765	22017	1022	55602	20390
264252	3189924	52789	205258	16	9691	65544	1095	26936	23016
459325	1437517	40105	188823	7	2175	22457	524	5960	18360
	1672178	74948	185016	1	640	8020	1136	6596	15861
168203	847526	21861	95809	3	752	16264	596	2123	10869
92056	481115	11854	36393	3	1738	11248	637	2787	6702
72066	716798	12367	20744	5	10166	60817	360	1524	10577
83261	832194	17455	86279				711	10361	12789
183536	1524058	15601	101040	5	3447	23292	627	10192	6835
1179723	3089940	65497	62498	5	3809	28210	2504	19439	21695
127578	994508	15356	70770	2	569	10275	798	9574	16172
310197	2182687	53850	148538	5	1752	27955	546	12010	5148
447987	3330111	94300	320736	9	5415	66234	1012	27328	25071
585295	4680874	97865	374486	7	4587	51392	1205	23600	26133
268390	2049396	76127	214374	4	1495	8748	670	9256	9982
250408	1893375	42199	216139	6	2782	36748	848	32085	17814
598874	3677640	61280	338960	22	2173	40208	760	24376	33673
274522	672945	23454	71739	12	1314	39164	2327	10944	38490
238623	643593	22463	27087	8	3139	33685	2630	8851	13554
207883	564961	19716	73467	12	5301	87267	1744	6306	10173
311033	610633	32703	79829	13	3690	94090	1983	9366	4943
141348	462771	18560	23471	15	2895	54315	2450	8483	7966
175333	253040	11379	22919	11	2997	59380	2483	4696	4773
500080	2044475	162220	239992	16	2482	55458	1309	8488	14000
328491	99615	4146	14954	20	10845	85030	2609	10525	10050
46286	125449	4987	1891	12	1189	46060	973	3650	15940
262095	129119	6468	24693	5	2551	45951	2405	7726	3520
34496	29383	2752	2512	3	1095	24690	2474	5470	3139
41235	12182	1168	538	3	290	19954	1543	1932	4419
219426	40721	1760	15564	3	1150	8818	531	1523	5622
259873	222028	20676	-1822	8	1532	41420	1839	10109	11135
20805	48359	1006	626	4	2911	38360	1337	5519	3902
246553	144822	7939	10913	9	1131	51349	1474	3590	5419
92706	169928	3742	8551	6	1377	90658	938	11031	3015

各县(市)国民经济主要指标 (2009年)(4–2)

县 (市)	County (City)	水产品产量 (吨) Total Aquatic Products (ton)	规模以上工业总产值 (万元) Gross Industrial Output Value (10000 yuan)	#内资企业 Domestic Funded	#港澳台商投资企业 Enterprises with Funds from Hong Kong, Macao and Taiwan	#外 商投资企业 Foreign Funded Enterprises	流动资产年平均额 (万元) Annual Average Balance of Working Capitals (10000 yuan)
怀来县	Huailai	3501	302611	172870	1295	128446	197700
涿鹿县	Zhuolu	350	220819	197192		23627	98464
赤城县	Chicheng	681	198750	198750			132023
崇礼县	Chongli	15	88947	88947			57090
秦皇岛市	**Qinhuangdao**						
青龙满族自治县	Qinglong	1500	214069	212395	1674		169920
昌黎县	Changli	113292	952051	861872	1477	88702	341434
抚宁县	Funing	63294	1422832	570943		851889	615098
卢龙县	Lulong	1642	238054	230895		7160	159531
唐山市	**Tangshan**						
滦　县	Luanxian	3185	1788823	1767981	20842		367949
滦南县	Luannan	116592	1516122	1155543	104362	256217	528675
乐亭县	Leting	137544	2638162	912512	94018	1631632	758600
迁西县	Qianxi	31000	3081011	993102		2087909	1021393
玉田县	Yutian	4825	1744700	1642700	94563	7437	351688
唐海县	Tanghai	62557	587923	587923			107961
遵化市	Zuihua	3220	2805006	1736559	986059	82388	1061952
迁安市	Qian'an	590	9147783	8809910	50170	287703	3224134
廊坊市	**Langfang**						
固安县	Gu'an	356	382969	311642		71327	184502
永清县	Yongqing	490	485997	392455	19498	74045	109718
香河县	Xianghe	2635	1266765	999606	71349	195810	159868
大城县	Dacheng	970	609603	591262		18341	65266
文安县	Wen'an	8267	1402292	1397584		4708	303954
大厂回族自治县	Dachang	2045	556017	479543	6582	69892	213377
霸州市	Bazhou	6450	4677259	4098644	420530	158085	1765878
三河市	Sanhe	11250	3400144	2952057	183850	264238	894147
保定市	**Baoding**						
满城县	Mancheng	750	641710	634251		7459	109684
清苑县	Qingyuan	90	677300	672815		4485	212677
涞水县	Laishui	510	118537	118537			52783
阜平县	Fuping	4000	47243	47243			38768
徐水县	Xushui	300	879128	809309	7807	62012	471440
定兴县	Dingxing	203	394762	380248	8111	6403	163470
唐　县	Tangxian	1600	186100	162370	6473	17257	62806
高阳县	Gaoyang	410	768671	645258	32389	91024	250834
容城县	Rongcheng	1450	368810	247857	23300	97653	126983

Major Indicators of National Economy by County or City (2009)(4-2)

固定资产净值年平均余额（万元）Annual Average Balance of Net Value of Fixed Assets (10000 yuan)	产品销售收入（万元）Sales Revenue of Industrial Products (10000 yuan)	本年应交增值税（万元）Value-added Tax Payable (10000 yuan)	利润总额（万元）Total Profits (10000 yuan)	建筑业企业单位数（个）Number of Construction Enterprises (unit)	建筑业从业人员（人）Number of Employed Persons in Construction (person)	建筑业总产值（万元）Gross Output Value of Construction (10000 yuan)	公路里程（公里）Total Length of Highways (km)	民用汽车拥有量（辆）Possession of Civil Vehicles (unit)	邮电业务总量（万元）Business Volume of Postal and Telecommunication Services (10000 yuan)
149700	262900	16300	14900	3	8120	84767	1077	26098	6795
78059	159241	5870	-7107	5	592	160846	1545	1508	8606
58333	171349	8665	2448	3	1005	16884	1594	3425	9567
143237	70429	3204	10438	3	872	15612	1148	1625	3168
210953	187583	1492	-4975	5	817	12617	2520	5666	9770
238316	944819	30062	37312	11	3627	40366	1899	62487	20979
903417	1375377	43749	-7432	19	9242	60775	1954	27656	12912
79990	243706	5922	-852	7	2949	47414	1580	5180	18616
	1615820	93844	124208	12	2837	53809	1174	27653	9296
382367	1395183	19508	26090	11	6834	123690	1429	21299	19378
866228	2401400	61100	60560	15	15655	168573	1859	22976	4791
1045752	3005398	183961	173711	15	5165	94760	1136	22602	7385
418836	1705182	28953	74911	17	2257	81070	2077	35833	33737
114756	587818	12762	20302	16	5288	163673	574	22220	17095
992565	3445872	168779	396052	22	13450	136590	1350	48669	34968
3144412	9081896	278289	1176126	31	19048	147195	2338	103420	36390
130668	372354	7657	22572	15	1619	23029	959	41192	49945
146873	486147	15430	26258	10	3942	47254	939	21974	40310
374992	1155045	17192	66314	11	8698	70134	883	21412	62336
48585	574153	17892	36514	7	5491	30152	999	32648	62135
317724	1394225	22878	152288	5	634	9097	1332	50821	100041
132292	549443	20996	21064	9	3715	65940	367	11470	21701
831733	4478504	103039	179487	21	5117	66752	1159	68634	135423
1070243	3396109	93172	255300	28	19737	511294	1104	38507	126392
126546	629448	24120	32936	10	7639	85881	646	6600	5897
69413	678153	23806	52434	11	5467	87024	743	11265	12507
39647	94014	5282	1588	12	6897	43432	908	7882	5063
31744	45923	1642	61	1	2888	12398	1302	4020	4170
211553	853315	22166	74263	5	5366	31189	1309	42327	24400
101961	398499	11955	24038	9	8846	63666	802	18500	7102
53274	152137	1740	3157	28	31771	215601	920	12684	6140
127174	721367	11346	29601	1	1500	3650	425	7802	12300
38867	319511	2659	16599	1	2100	10800	308	10056	4920

各县(市)国民经济主要指标（2009年)(4−3)

县（市）	County (City)	水产品产量（吨）Total Aquatic Products (ton)	规模以上工业总产值（万元）Gross Industrial Output Value (10000 yuan)	#内资企业 Domestic Funded	#港澳台商投资企业 Enterprises with Funds from Hong Kong, Macao and Taiwan	#外商投资企业 Foreign Funded Enterprises	流动资产年平均额（万元）Annual Average Balance of Working Capitals (10000 yuan)
涞源县	Laiyuan	511	561132	539252	21880		148424
望都县	Wangdu	68	193338	187788	1979	3571	40743
安新县	Anxin	26500	659249	567904	90198	1147	244564
易　县	Yixian	5400	451049	404839	4888	41322	88417
曲阳县	Quyang	2500	124657	119325	132	5200	48698
蠡　县	Lixian		575947	551630	17106	7211	101940
顺平县	Shunping	80	245135	141793	10304	93038	118521
博野县	Boye	22	220118	206220	1153	12745	50632
雄　县	Xiongxian	802	622015	610594		11421	97578
涿州市	Zhuozhou	1200	1149480	756718	247878	144883	764704
定州市	Dingzhou	122	1710161	1250283	454909	4969	536640
安国市	Anguo		652111	642149	3286	6676	119987
高碑店市	Gaobeidian	215	671890	606985	16748	48157	346639
沧州市	**Cangzhou**						
沧　县	Cangxian	300	1542935	1478835	870	63230	249821
青　县	Qingxian	301	1611300	732100	449200	430000	573934
东光县	Dongguang	730	483135	394481	72738	15916	179055
海兴县	Haixing	6068	87225	67701		19524	29070
盐山县	Yanshan	352	1284670	1272534		12136	320239
肃宁县	Suning	63	764065	764065			114600
南皮县	Nanpi	594	270440	270440			86483
吴桥县	Wuqiao	94	261900	199800	57100	5000	63200
献　县	Xianxian	2985	985648	856081	21463	108104	146422
孟村回族自治县	Mengcun	66	511000	470000	30600	10400	152500
泊头市	Botou	673	1066012	1042169	12822	11021	192715
任丘市	Renqiu	14500	4872258	4678546	8828	105064	1101252
黄骅市	Huanghua	79586	1093987	950019	92586	51382	315059
河间市	Hejian	589	1167187	1152142	3262	11783	360327
衡水市	**Hengshui**						
枣强县	Zaoqiang	78	314445	305413	9032		117944
武邑县	Wuyi	178	254086	251466		2620	75193
武强县	Wuqiang	122	198004	164994		33010	89562
饶阳县	Raoyang	28	173358	167284	641	5432	38746
安平县	Anping	197	372886	222995	27439	122453	159930
故城县	Gucheng	1800	246718	202455	2488	41776	74920
景　县	Jingxian	107	870871	850170		20701	251738
阜城县	Fucheng	120	227712	224249	3462		65378
冀州市	Jizhou	1706	644001	637701		6300	171737
深州市	Shenzhou	210	732276	715774		16502	179591

Major Indicators of National Economy by County or City (2009)(4-3)

固定资产净值年平均余额(万元) Annual Average Balance of Net Value of Fixed Assets (10000 yuan)	产品销售收入(万元) Sales Revenue of Industrial Products (10000 yuan)	本年应交增值税(万元) Value-added Tax Payable (10000 yuan)	利润总额(万元) Total Profits (10000 yuan)	建筑业企业单位数(个) Number of Construction Enterprises (unit)	建筑业从业人员(人) Number of Employed Persons in Construction (person)	建筑业总产值(万元) Gross Output Value of Construction (10000 yuan)	公路里程(公里) Total Length of Highways (km)	民用汽车拥有量(辆) Possession of Civil Vehicles (unit)	邮电业务总量(万元) Business Volume of Postal and Telecommunication Services (10000 yuan)
125007	469104	17092	21608	10	2806	25395	745	7100	8220
40478	160338	4483	9298	4	12563	121921	553	1270	6375
95528	621142	2714	4885	11	4106	22583	511	1705	13198
108905	426387	7963	7932	9	7501	78000	1433	3365	7039
42882	107697	2323	2852	12	10688	88661	1030	15208	3363
64403	563758	6128	51688	1	4	15550	625	20859	11248
47045	232398	5583	6759	7	3723	44987	820	9599	5500
34088	189492	3394	4737	2	850	5550	377	2412	5611
94976	580799	6173	43100	7	4879	35566	627	35100	20808
320816	1050781	26858	54535	25	18380	661680	882	36800	28651
536640	1705643	49385	83589	63	46515	543346	1782	4409	65649
94517	625299	13727	76294	7	4709	19470	502	10293	11401
192224	664233	14807	28813	7	10393	300559	867	10970	25069
159511	1529734	39660	108929	33	16501	169208	1768	20548	15862
236900	1561100	22426	106260	7	4604	24989	847	26256	11606
158056	460908	11161	24459	5	1151	16097	1087	14495	14914
86016	73969	5530	2807	5	991	6841	595	3650	8113
411859	1341243	19867	47637	4	4150	19489	965	5368	8384
43936	733922	5116	57782	16	985	8351	517	7115	16994
61094	251677	7741	10667	7	1086	21662	824	10325	6166
55160	264200	1100	5300	5	1750	13322	892	5973	3112
218357	984084	16763	78052	3	2762	11982	1438	21827	8204
101000	470300	5900	21100	3	1160	20000	524	2939	8393
170398	1046240	26145	78112	13	7192	81332	1520	36603	27849
2755300	4726442	122213	645217	40	16601	128727	1553	82035	71606
301174	1007955	17295	18515	14	10874	96142	1578	30745	32402
346592	1149372	6022	82759	6	5257	26289	1270	31703	43973
79346	285462	9069	25507	7	1847	21047	969	17202	38933
51667	221620	9096	16717	4	1462	18841	1127	6419	25347
44479	190269	4456	7851	6	2185	23527	634	3855	20779
33574	170700	4140	7689	7	5604	27098	610	5438	26146
63744	358749	6409	11317	5	1358	4550	639	13458	43826
46619	246549	5643	18658	6	5399	21649	939	11160	40370
338002	769528	16374	58166	9	2197	27675	1501	13085	44870
62041	226248	6689	21466	3	850	7603	1003	7136	27317
133509	625096	16196	23704	15	5616	44635	1109	8708	35088
176474	704692	10952	42726	6	3099	18795	1461	10530	44566

各县(市)国民经济主要指标（2009年)(4-4)

县（市）	County (City)	水产品产量（吨） Total Aquatic Products (ton)	规模以上工业总产值（万元） Gross Industrial Output Value (10000 yuan)	#内资企业 Domestic Funded	#港澳台商投资企业 Enterprises with Funds from Hong Kong, Macao and Taiwan	#外商投资企业 Foreign Funded Enterprises	流动资产年平均额（万元） Annual Average Balance of Working Capitals (10000 yuan)
邢台市	**Xingtai**						
邢台县	Xingtai	507	1681500	190800	69100	1421600	487300
临城县	Lincheng	920	356500	341800	14700		106000
内丘县	Neiqiu	28	1121900	782300	339600		337940
柏乡县	Baixiang		74000	63800	5000	5200	29300
隆尧县	Longyao		788600	781200		7400	249100
任　县	Renxian	30	87658	87658			38182
南和县	Nanhe		100431	98080	2351		38641
宁晋县	Ningjin	20	2087800	1997400		90400	965100
巨鹿县	Julu	100	289512	282504		7008	138133
新河县	Xinhe	798	91425	81877		9548	16249
广宗县	Guangzong	41	78003	74032		3971	21971
平乡县	Pingxiang	210	109500	86900	18200	4400	21100
威　县	Weixian	200	79434	79434			37484
清河县	Qinghe	460	1201670	1106306	47602	47762	255217
临西县	Linxi	150	126580	125175		1405	34563
南宫市	Nangong	282	474677	450346	6895	17436	101083
沙河市	Shahe	270	1609573	1608006		1567	563604
邯郸市	**Handan**						
邯郸县	Handan	411	1762900	414900	1248600	99400	542200
临漳县	Linzhang	13	135347	126929		8418	34748
成安县	Cheng'an	7	562166	560319	1323	524	293258
大名县	Daming	310	806869	736241	70628		149399
涉　县	Shexian	2100	3685354	3679881	5473		649916
磁　县	Cixian	29995	904352	904352			306844
肥乡县	Feixiang	22	338512	312458	26054		36203
永年县	Yongnian	9856	1762600	1246100	509800	6700	344900
邱　县	Qiuxian	330	232200	197200	35000		378014
鸡泽县	Jize	81	402413	402413			31165
广平县	Guangping	50	468600	224000		244600	99700
馆陶县	Guantao	20	417909	355193	62716		60759
魏　县	Weixian	65	524115	494088	17341	12686	63031
曲周县	Quzhou	1380	767760	767170	590		61523
武安市	Wu'an	955	8037654	4377654	660000	3000000	2158213

Major Indicators of National Economy by County or City (2009)(4-4)

固定资产净值年平均余额(万元) Annual Average Balance of Net Value of Fixed Assets (10000 yuan)	产品销售收入(万元) Sales Revenue of Industrial Products (10000 yuan)	本年应交增值税(万元) Value-added Tax Payable (10000 yuan)	利润总额(万元) Total Profits (10000 yuan)	建筑业企业单位数(个) Number of Construction Enterprises (unit)	建筑业从业人员(人) Number of Employed Persons in Construction (person)	建筑业总产值(万元) Gross Output Value of Construction (10000 yuan)	公路里程(公里) Total Length of Highways (km)	民用汽车拥有量(辆) Possession of Civil Vehicles (unit)	邮电业务总量(万元) Business Volume of Postal and Telecommunication Services (10000 yuan)
556200	1676300	33900	109300	19	5349	52997	1787	5997	3192
164400	334400	8100	18000	5	730	3182	700	2217	5331
488600	1147100	36800	58800	3	251	17205	831	2130	3564
19300	70800	700	1500	1	740	4011	231	290	2474
315600	763700	19300	89200	4	2120	16009	980	9285	5106
36156	86113	2196	2272	6	3423	24694	403	3979	4504
41995	98153	1414	3153	5	2434	15908	454	5416	7429
453000	2103900	43500	207900	5	1938	12420	1797	19051	26637
170672	276611	5434	14000	3	2059	17457	816	8632	6863
19602	79566	1511	6848	8	2204	24444	311	460	1768
16985	76420	1380	2483	4	1744	20439	549	1156	7761
22700	81800	800	1800	1	820	8199	412	2015	4913
89982	78274	2537	2682	3	769	4985	1402	8633	8952
170305	1255948	22868	86141	9	2252	26263	691	13534	16899
44923	123638	4396	7905	6	91	642	783	1465	4395
106716	481135	2816	42167	9	4912	28452	899	1990	7415
673059	1600960	57429	150276	9	3145	27719	1534	13580	18576
432600	1674500	13800	100543	17	7257	128389	725	21318	10330
36041	131840	2034	5689	6	6195	85455	1010	1268	4486
112993	507561	11810	32507	7	6146	43542	979	3300	5161
239980	771078	3625	31861	9	4386	51634	1227	6341	6416
867790	3655689	78726	100230	18	6948	103356	2017	36915	11050
122013	679876	32019	78744	10	5223	72345	1983	32815	25726
40619	329739	2273	15506	4	1792	26219	786	5334	9184
241700	1709400	39145	102200	20	7235	116954	1731	93297	23697
32066	220700	500	6700	3	1005	42060	592	1617	4874
25631	386415	4020	24109	5	2109	40473	539	2806	3560
153200	456400	10900	27400	3	5276	50103	349	861	1975
52000	400511	6234	19764	4	4043	51884	845	2333	4808
66880	507655	14682	26717	11	4842	73380	1405	12101	13411
136953	752889	25504	45414	4	2584	49124	849	5855	9330
1681166	7915455	162330	291552	16	4030	63761	1321	49450	31999

各县(市)国民经济主要指标 (2009年)(5−1)

县　(市)	County (City)	本地电话用户(户) Number of Subscribers of Local Telephone (subscribers)	社会消费品零售总额(万元) Total Retail Sales of Consumer Goods (10000 yuan)	城乡居民储蓄存款年末余额(万元) Outstanding Amount of Saving Deposit (10000 yuan)	学龄儿童入学率(%) Net Enrollment Rate of School-Age Children (%)	小学学校(所) Number of Regular Primary Schools (unit)	小学专任教师(人) Number of Full-time Teachers of Regular Primary Schools (person)
石家庄市	**Shijiazhuang**						
井陉县	Jingxing	70008	197815	564372	100	67	1521
正定县	Zhengding	234241	525715	1120600	100	106	2191
栾城县	Luancheng	70163	344844	480253	100	61	1853
行唐县	Xingtang	28399	269746	441452	100	112	1911
灵寿县	Lingshou	30233	179922	427193	100	88	1746
高邑县	Gaoyi	24212	148043	257563	100	54	1000
深泽县	Shenze	28833	190783	437578	100	37	1161
赞皇县	Zanhuang	21388	182278	250941	100	90	1224
无极县	Wuji	62000	519968	631828	100	123	2431
平山县	Pingshan	48421	243032	613920	100	157	2258
元氏县	Yuanshi	49384	234095	476693	100	131	2244
赵　县	Zhaoxian	63855	499957	470748	100	110	2472
辛集市	Xinji	120248	1165083	1448975	100	118	2689
藁城市	Gaocheng	103918	783099	1034815	100	106	3664
晋州市	Jinzhou	79863	503417	958566	100	162	2003
新乐市	Xinle	101600	466431	514730	100	76	2116
鹿泉市	Luquan	54516	550642	871114	100	68	1864
承德市	**Chengde**						
承德县	Chengde	46310	219399	425697	100	74	1625
兴隆县	Xinglong	47629	213399	417831	100	68	1664
平泉县	Pingquan	54154	226826	512251	100	92	2632
滦平县	Luanping	35177	172223	365066	100	70	1363
隆化县	Longhua	40812	168062	339449	100	68	1974
丰宁满族自治县	Fengning	38043	165392	331576	100	68	1772
宽城满族自治县	Kuancheng	32355	162689	533152	100	59	1284
围场满蒙自治县	Weichang	54403	179801	346332	100	89	2058
张家口市	**Zhangjiakou**						
宣化县	Xuanhua	54068	131836	446001	100	74	1200
张北县	Zhangbei	24006	120302	239498	100	227	1983
康保县	Kangbao	17284	88870	122113	98.2	55	1189
沽源县	Guyuan	12795	70484	104092	98.5	54	993
尚义县	Shangyi	11542	52853	109776	99	17	890
蔚　县	Yuxian	46572	182902	712007	100	92	2171
阳原县	Yangyuan	72786	143666	267790	99.1	111	1315
怀安县	Huai'an	30679	97786	252344	99	56	1166
万全县	Wanquan	22434	112068	232975	100	23	1095

Major Indicators of National Economy by County or City (2009)(5-1)

小学在校学生（人）Total of Regular Primary Schools (person)	普通中学学校（所）Number of Regular Secondary Schools (unit)	普通中学专任教师（人）Number of Full-time Teachers of Regular Secondary Schools (person)	普通中学在校学生（人）Total Enrollment of Regular Secondary Schools (person)	农业技术人员（人）Number of Professional Technical Personnel in Agriculture (person)	医院、卫生院（个）Number of Hospital and Township Hospital (unit)	医院、卫生院床位数（床）Beds of Hospital and Township Hospital (bed)	医院、卫生院技术人员（人）Medical Technical Personnel of Hospital and Township Hospital (person)	参加农村合作医疗的人数（人）Personnel Participated in New Rural Cooperative Medical Service (person)	参加农村养老保险的人数（人）Personnel Participated in Rural Pension Insurance (person)
21294	21	1161	18170	267	19	902	563	250053	20380
30344	30	4259	55929	4464	31	1406	1317	371308	108523
19117	15	1498	19416	168	14	944	605	285686	35253
36736	23	1485	25034	1958	17	1013	997	335548	17042
25221	23	1367	22382	1960	17	764	795	260933	3051
9694	11	919	10595	437	7	428	299	142126	47662
13973	11	725	12158	398	13	607	659	197481	707
20108	13	910	10408	1688	13	579	560	187946	7200
30033	23	2100	26217	652	13	706	593	407188	4597
31236	29	1879	30566	820	27	923	980	383537	15141
37846	14	1503	22298	251	21	1474	1040	338419	4941
40607	35	2910	48868	855	13	1337	1197	469056	1643
36560	36	2836	41087	290	27	1472	1487	475601	51000
42239	36	3256	43992	860	17	1483	1203	633536	4270
31634	27	1818	25853	2360	14	827	917	427339	37355
33888	30	2148	38092	5430	16	1356	1248	353757	3422
23977	14	1710	20621	302	21	1023	851	314883	100925
22005	14	1321	14117	224	26	925	946	345732	1926
20698	17	1061	14117	169	23	1058	1048	241053	2855
30429	19	1468	26174	812	23	1192	879	359025	32579
19563	13	1047	15850	530	24	823	782	264940	13432
28413	23	1710	20427	103	28	1089	1118	332060	13532
24826	18	1470	21331	349	29	1121	1059	300072	17587
14386	25	1079	10188	402	21	773	630	191480	5033
35234	16	1436	31723	547	42	1033	1031	396376	7034
17465	13	1075	13025	84	17	834	514	200335	7000
20034	18	2081	18490	512	23	815	631	261062	18556
12623	7	631	9867	193	17	404	349	195971	19512
10281	8	532	6254	396	17	428	277	152414	6484
11079	7	568	8609	50	17	388	227	124360	14350
38251	17	1587	20375	109	26	911	809	357118	25190
23676	11	908	12803	185	16	483	554	183040	7053
14117	8	690	9096	72	13	463	363	168082	6818
14791	9	615	10441	136	13	850	559	163635	12236

各县(市)国民经济主要指标 (2009年)(5−2)

县 (市)	County (City)	本地电话用户 (户) Number of Subscribers of Local Telephone (subscribers)	社会消费品零售总额 (万元) Total Retail Sales of Consumer Goods (10000 yuan)	城乡居民储蓄存款年末余额 (万元) Outstanding Amount of Saving Deposit (10000 yuan)	学龄儿童入学率 (%) Net Enrollment Rate of School-Age Children (%)	小学学校 (所) Number of Regular Primary Schools (unit)	小学专任教师 (人) Number of Full-time Teachers of Regular Primary Schools (person)
怀来县	Huailai	73205	229958	547073	100	100	1556
涿鹿县	Zhuolu	49000	167482	372200	100	134	1944
赤城县	Chicheng	21718	97151	281421	100	41	1169
崇礼县	Chongli	9001	45469	111088	99	27	577
秦皇岛市	**Qinhuangdao**						
青龙满族自治县	Qinglong	53716	156394	452177	100	158	2187
昌黎县	Changli	90417	282600	851089	100	154	2326
抚宁县	Funing	86198	291282	835787	100	124	2426
卢龙县	Lulong	57549	170740	504470	100	109	2152
唐山市	**Tangshan**						
滦　县	Luanxian	132558	626398	827836	100	104	2209
滦南县	Luannan	77900	731890	739628	100	117	2775
乐亭县	Leting	68735	611106	837520	100	106	1980
迁西县	Qianxi	115760	443205	1072937	100	137	2252
玉田县	Yutian	139657	580467	1155356	100	124	3651
唐海县	Tanghai	52535	153238	463579	100	30	685
遵化市	Zuihua	145237	869256	1766477	100	133	3536
迁安市	Qian'an	136584	1004538	2366647	100	138	3157
廊坊市	**Langfang**						
固安县	Gu'an	73994	203375	517084	100	83	2220
永清县	Yongqing	61000	187418	318487	100	95	1856
香河县	Xianghe	94005	455819	823288	100	70	1772
大城县	Dacheng	93930	276116	778059	100	74	3554
文安县	Wen'an	118333	329882	878351	100	150	2898
大厂回族自治县	Dachang	33710	83808	306840	100	19	499
霸州市	Bazhou	164896	530145	1326275	100	138	3357
三河市	Sanhe	133078	632034	1822725	100	74	2272
保定市	**Baoding**						
满城县	Mancheng	55440	231647	585997	100	81	1819
清苑县	Qingyuan	52230	282022	613877	100	137	2269
涞水县	Laishui	46247	127442	348209	100	59	1702
阜平县	Fuping	40618	77626	302610	100	91	1090
徐水县	Xushui	63331	342675	762553	100	96	2302
定兴县	Dingxing	58402	201653	478975	100	128	2135
唐　县	Tangxian	61860	133917	564911	100	175	2268
高阳县	Gaoyang	52576	225797	520758	100	100	1815
容城县	Rongcheng	29000	171040	407745	100	63	1156

Major Indicators of National Economy by County or City (2009)(5-2)

小学在校学生(人) Total of Regular Primary Schools (person)	普通中学学校(所) Number of Regular Secondary Schools (unit)	普通中学专任教师(人) Number of Full-time Teachers of Regular Secondary Schools (person)	普通中学在校学生(人) Total Enrollment of Regular Secondary Schools (person)	农业技术人员(人) Number of Professional Technical Personnel in Agriculture (person)	医院、卫生院(个) Number of Hospital and Township Hospital (unit)	医院、卫生院床位数(床) Beds of Hospital and Township Hospital (bed)	医院、卫生院技术人员(人) Medical Technical Personnel of Hospital and Township Hospital (person)	参加农村合作医疗的人数(人) Personnel Participated in New Rural Cooperative Medical Service (person)	参加农村养老保险的人数(人) Personnel Participated in Rural Pension Insurance (person)
21709	12	1724	19338	238	21	915	702	234668	11040
20248	15	1248	16629	2666	20	682	561	243750	10630
16164	19	893	10843	234	21	802	376	185498	18160
8134	4	323	5370	99	12	347	181	89957	6803
26560	33	1332	14905	134	27	1164	935	467494	55218
31600	34	2189	28332	620	24	1550	1262	421282	43828
29275	40	2323	23882	213	26	1444	1351	420373	51159
26722	29	1944	22809	551	15	658	704	346651	14216
35016	37	3313	30213	810	14	1397	1181	443421	30827
34473	32	2698	35436	440	24	1143	1334	473315	59809
27024	32	2042	25683	593	18	1041	921	405877	35000
28528	26	2154	19654	646	21	1423	1092	309143	143660
41631	32	3150	28733	857	24	1903	1556	561511	4886
7402	11	643	7446	973	12	602	565	102180	37659
51749	38	3023	35337	446	33	1623	1910	544358	100000
42271	44	4605	44450	725	27	2470	2817	514800	274828
20706	18	1489	18846	350	11	587	706	306797	
23681	19	1373	27370	123	12	561	580	273290	7106
16753	13	1419	17189	2207	24	1269	1041	224322	17806
36523	34	2238	26308	33	12	970	1108	338800	6150
39130	24	1963	26119	1095	22	1120	810	371164	37821
5726	5	562	6652	90	7	377	446	83762	64114
45719	26	2406	42904	2100	25	1555	1654	439435	1387
34403	19	2273	32269	2855	26	2476	2359	324752	5887
27341	17	1181	11606	2850	17	1214	1169	300118	2970
37118	31	2265	28223	2439	20	595	720	496882	18327
17650	16	1409	19983	43	19	630	618	269094	2277
14184	18	685	9985	269	15	466	419	157281	
34078	22	1994	29151	61	17	1169	1236	457073	9000
33840	29	1604	31037	1520	18	838	633	452008	23650
46799	36	1932	27534	178	27	1464	626	427962	
23621	16	1531	12096	46	11	556	618	231570	
16358	11	733	8383	115	10	506	485	188558	560

各县(市)国民经济主要指标 (2009年)(5−3)

县　(市)	County (City)	本地电话用户 (户) Number of Subscribers of Local Telephone (subscribers)	社会消费品零售总额 (万元) Total Retail Sales of Consumer Goods (10000 yuan)	城乡居民储蓄存款年末余额 (万元) Outstanding Amount of Saving Deposit (10000 yuan)	学龄儿童入学率 (%) Net Enrollment Rate of School-Age Children (%)	小学学校 (所) Number of Regular Primary Schools (unit)	小学专任教师 (人) Number of Full-time Teachers of Regular Primary Schools (person)
涞源县	Laiyuan	39700	71275	299170	100	180	1927
望都县	Wangdu	31817	86595	355044	100	28	1219
安新县	Anxin	55472	198757	510572	100	81	2486
易　县	Yixian	65261	185869	561618	100	70	2755
曲阳县	Quyang	124136	168263	508785	100	141	2687
蠡　县	Lixian	57147	271692	667923	99.7	134	2096
顺平县	Shunping	29300	118827	308122	100	115	1323
博野县	Boye	22161	96882	249834	100	70	797
雄　县	Xiongxian	72513	206968	429195	100	113	1353
涿州市	Zhuozhou	179045	589671	1338952	100	91	2133
定州市	Dingzhou	714398	617327	1330142	100	245	4522
安国市	Anguo	43815	308872	558660	100	98	1880
高碑店市	Gaobeidian	93436	247788	1193583	100	99	1719
沧州市	**Cangzhou**						
沧　县	Cangxian	178187	433849	774317	100	180	3195
青　县	Qingxian	104351	271224	631087	100	101	2143
东光县	Dongguang	59948	145606	528962	100	62	2153
海兴县	Haixing	40000	60218	184306	100	69	1175
盐山县	Yanshan	66569	196842	385869	99.9	86	1932
肃宁县	Suning	42774	172660	490101	99.9	65	1467
南皮县	Nanpi	45181	127629	379874	100	86	2032
吴桥县	Wuqiao	73031	109173	368930	100	43	1514
献　县	Xianxian	82612	184158	576057	99.9	148	3149
孟村回族自治县	Mengcun	39814	111030	226096	100	61	1171
泊头市	Botou	88021	409129	918527	100	77	3051
任丘市	Renqiu	227384	868349	2057063	100	158	4369
黄骅市	Huanghua	110365	413754	827847	100	110	2376
河间市	Hejian	139518	753368	1154458	100	160.	4152
衡水市	**Hengshui**						
枣强县	Zaoqiang	80854	157847	717355	100	100	1815
武邑县	Wuyi	44507	169925	371457	100	91	1503
武强县	Wuqiang	34225	112833	257858	100	68	834
饶阳县	Raoyang	45235	148051	315222	100	75	1146
安平县	Anping	79114	226538	519933	100	118	2090
故城县	Gucheng	94143	234822	518674	100	101	2007
景　县	Jingxian	96291	299792	803604	100	100	2447
阜城县	Fucheng	53337	118797	398943	100	74	1811
冀州市	Jizhou	84014	208163	670675	100	43	1625
深州市	Shenzhou	101774	302425	626358	100	187	2404

Major Indicators of National Economy by County or City (2009)(5-3)

小学在校学生（人） Total of Regular Primary Schools (person)	普通中学学校（所） Number of Regular Secondary Schools (unit)	普通中学专任教师（人） Number of Full-time Teachers of Regular Secondary Schools (person)	普通中学在校学生（人） Total Enrollment of Regular Secondary Schools (person)	农业技术人员（人） Number of Professional Technical Personnel in Agriculture (person)	医院、卫生院（个） Number of Hospital and Township Hospital (unit)	医院、卫生院床位数（床） Beds of Hospital and Township Hospital (bed)	医院、卫生院技术人员（人） Medical Technical Personnel of Hospital and Township Hospital (person)	参加农村合作医疗的人数（人） Personnel Participated in New Rural Cooperative Medical Service (person)	参加农村养老保险的人数（人） Personnel Participated in Rural Pension Insurance (person)
19000	15	1156	14400	400	20	699	558	212605	396
15550	7	1084	11497	590	15	644	563	209208	2437
26736	17	1378	13927	181	14	551	307	328366	11529
43316	17	1742	30071	118	30	1158	708	417808	59720
49458	35	2015	24412	956	24	1619	1101	409638	35
41088	17	1250	20212	556	15	629	869	385487	900
19907	15	1007	11566	62	12	697	626	234834	144
16498	10	702	9809	140	9	572	483	187991	70
25895	14	1241	12316	190	14	684	565	264441	838
32238	24	1953	24341	107	22	2066	1790	373945	76935
92068	46	4201	61348	462	28	1732	1989	866646	72658
24633	11	1730	20927	1111	14	935	926	301019	51000
28360	27	1701	22807	535	21	1096	1428	389975	
41139	41	2317	30060	320	21	805	845	571457	6434
24627	19	1203	17087	1376	12	841	892	319224	162902
20046	14	1111	16479	130	11	750	794	283237	14000
16856	15	840	11059	125	10	430	350	161179	1967
30664	19	1406	22117	200	15	745	766	349638	8128
17330	17	1336	16933	436	12	836	631	259330	4293
23369	19	1180	16404	240	11	795	695	287943	2452
15769	11	1001	11301	662	12	597	760	218534	8057
39857	33	1786	28964	1949	22	1136	697	485123	1041
15942	14	693	10185	178	8	285	297	159363	5026
34771	20	1884	23273	873	16	838	1413	413072	1941
54297	62	3395	31949	3171	45	2807	3577	517926	240103
34315	27	1750	25806	795	21	1903	1946	375945	3325
46792	36	2403	25356	3246	26	1494	1188	629434	
25575	22	1657	20681	54	13	552	486	294848	34773
22845	18	1480	28332	241	11	664	329	244329	1777
14311	11	830	9569	188	10	491	344	160475	574
12252	16	1068	13268	130	20	736	583	231254	1650
20639	8	1042	12489	115	23	990	779	242292	6480
36864	25	1695	26158	412	23	1211	1134	369774	26636
34837	31	2087	28506	217	18	1022	1062	412557	54043
29212	14	1205	18365	559	12	478	492	254347	6875
23333	16	1756	24609	500	16	750	805	278678	74813
27487	37	2091	28010	311	22	954	1051	453775	32007

各县(市)国民经济主要指标 (2009年)(5—4)

县　(市)	County (City)	本地电话用　户 (户) Number of Subscribers of Local Telephone (subscribers)	社会消费品零售总额 (万元) Total Retail Sales of Consumer Goods (10000 yuan)	城乡居民储蓄存款年末余额 (万元) Outstanding Amount of Saving Deposit (10000 yuan)	学龄儿童入学率 (%) Net Enrollment Rate of School-Age Children (%)	小　学学　校 (所) Number of Regular Primary Schools (unit)	小　学专任教师 (人) Number of Full-time Teachers of Regular Primary Schools (person)
邢台市	**Xingtai**						
邢台县	Xingtai	60156	275434	378983	100	43	1731
临城县	Lincheng	21062	104207	295931	100	37	796
内丘县	Neiqiu	48000	157438	359250	100	59	1092
柏乡县	Baixiang	20699	83747	143500	100	35	892
隆尧县	Longyao	76000	234888	413917	100	142	2490
任　县	Renxian	35310	150111	216806	100	78	1298
南和县	Nanhe	21142	133406	260420	100	67	1021
宁晋县	Ningjin	121026	382260	734805	100	246	2737
巨鹿县	Julu	69097	179578	343225	100	111	1671
新河县	Xinhe	28336	84335	199559	100	62	753
广宗县	Guangzong	15715	80647	118506	100	129	1189
平乡县	Pingxiang	41271	124081	315163	100	77	1478
威　县	Weixian	30714	162050	327364	100	169	2155
清河县	Qinghe	57867	328472	544779	100	52	1645
临西县	Linxi	35591	154011	236686	100	84	2355
南宫市	Nangong	71650	223452	496621	100	112	2079
沙河市	Shahe	118437	346331	943335	100	134	3069
邯郸市	**Handan**						
邯郸县	Handan	86611	250514	559675	100	99	2452
临漳县	Linzhang	40154	190875	330884	100	87	2198
成安县	Cheng'an	197903	195313	214827	100	111	1762
大名县	Daming	61634	318338	323870	99	201	3750
涉　县	Shexian	173050	342115	945723	100	76	1994
磁　县	Cixian	69478	416748	782190	100	187	2702
肥乡县	Feixiang	15300	136041	195314	100	65	1394
永年县	Yongnian	103912	595938	740993	100	334	4582
邱　县	Qiuxian	13723	91119	145539	100	96	1492
鸡泽县	Jize	35586	124370	166284	99.4	93	1718
广平县	Guangping	13882	138560	166872	100	45	1083
馆陶县	Guantao	33255	142070	182298	100	92	1330
魏　县	Weixian	150433	352015	366133	100	267	5238
曲周县	Quzhou	38064	262500	262372	100	130	2610
武安市	Wu'an	602360	681127	2019616	100	125	4515

Major Indicators of National Economy by County or City (2009)(5-4)

小学在校学生 (人) Total of Regular Primary Schools (person)	普通中学学校 (所) Number of Regular Secondary Schools (unit)	普通中学专任教师 (人) Number of Full-time Teachers of Regular Secondary Schools (person)	普通中学在校学生 (人) Total Enrollment of Regular Secondary Schools (person)	农业技术人员 (人) Number of Professional Technical Personnel in Agriculture (person)	医院、卫生院 (个) Number of Hospital and Township Hospital (unit)	医院、卫生院床位数 (床) Beds of Hospital and Township Hospital (bed)	医院、卫生院技术人员 (人) Medical Technical Personnel of Hospital and Township Hospital (person)	参加农村合作医疗的人数 (人) Personnel Participated in New Rural Cooperative Medical Service (person)	参加农村养老保险的人数 (人) Personnel Participated in Rural Pension Insurance (person)
21171	8	1970	19980	476	23	1449	1207	347068	1751
15404	10	722	13424	134	11	514	534	168158	
20063	12	821	17720	136	11	643	542	223298	1785
15619	10	601	6262	32	8	311	263	148466	
34154	21	1387	19865	308	16	851	894	427508	4357
25835	14	1126	14679	43	12	636	490	272275	
26023	10	928	16540	600	11	651	378	282300	
47925	44	2574	32405	150	21	1025	1099	621570	
26553	20	1297	23166	351	14	793	338	317157	1294
13202	11	850	13892	339	10	415	448	130929	
28985	13	535	8335	682	15	538	588	227061	
31636	15	814	10193	29	10	650	398	247063	1325
40424	26	1677	24673	1726	18	1077	853	442987	1914
21651	28	1542	19125	75	9	871	1130	285789	347
35806	12	696	17674	1260	18	960	523	252012	
30257	24	1802	25181	1460	17	810	735	343693	27679
44528	36	2875	40625	350	21	1069	1013	320274	207400
36573	18	1749	28605	407	21	1098	896	327433	13964
47369	28	2363	25014	159	16	739	685	485775	4321
32066	21	1789	16803	725	11	485	516	304726	22
80245	39	2631	29190	186	23	1423	651	604326	152
29843	16	1525	26094	723	24	1296	862	330268	142596
46267	36	2647	37898	245	24	1186	1312	511549	8581
31845	14	1308	15110	59	11	564	494	265470	626
88100	52	3532	52516	471	23	1461	1561	726595	4291
21090	14	970	12195	187	9	420	480	183316	854
27830	5	925	13729	98	9	558	400	214271	603
19550	15	1103	13462	62	9	410	329	203693	27
34618	20	1360	14669	106	10	657	695	238990	2465
67828	41	3661	52306	2139	26	1431	1101	639848	246
47086	23	1905	28411	507	12	574	685	357151	4216
68768	44	3941	51249	268	36	2078	1698	615644	285447

地区生产总值（2009年）
Gross Regional Product (2009)

单位：亿元 (100 million yuan)

地　区	Region	地区生产总值 Gross Regional Product	第一产业 Primary Industry	第二产业 Secondary Industry	工　业 Industry	建筑业 Construction	第三产业 Tertiary Industry	#交通运输、仓储和邮政业 Transport, Storage and Post	人均地区生产总值（元）Per Capita GRP (yuan)
全　国	**National Total**	**340506.9**	**35226.0**	**157638.8**	**135239.9**	**22398.8**	**147642.1**	**17057.7**	**25575**
北　京	Beijing	12153.03	118.29	2855.55	2303.08	552.47	9179.19	556.64	70452
天　津	Tianjin	7521.85	128.85	3987.84	3622.11	365.73	3405.16	471.01	62574
河　北	**Hebei**	**17235.48**	**2207.34**	**8959.83**	**7983.86**	**975.97**	**6068.31**	**1491.92**	**24581**
山　西	Shanxi	7358.31	477.59	3993.80	3518.88	474.92	2886.92	523.38	21522
内蒙古	Inner Mongolia	9740.25	929.60	5114.00	4503.33	610.67	3696.65	773.29	40282
辽　宁	Liaoning	15212.49	1414.90	7906.34	6925.63	980.71	5891.25	790.56	35239
吉　林	Jilin	7278.75	980.57	3541.92	3054.60	487.32	2756.26	341.76	26595
黑龙江	Heilongjiang	8587.00	1154.33	4060.72	3549.73	510.99	3371.95	433.55	22447
上　海	Shanghai	15046.45	113.82	6001.78	5408.75	593.03	8930.85	635.01	78989
江　苏	Jiangsu	34457.30	2261.86	18566.37	16464.94	2101.43	13629.07	1423.25	44744
浙　江	Zhejiang	22990.35	1163.08	11908.49	10518.21	1390.28	9918.78	888.02	44641
安　徽	Anhui	10062.82	1495.45	4905.22	4064.72	840.50	3662.15	467.92	16408
福　建	Fujian	12236.53	1182.74	6005.30	5106.38	898.92	5048.49	751.42	33840
江　西	Jiangxi	7655.18	1098.66	3919.45	3196.56	722.89	2637.07	394.90	17335
山　东	Shandong	33896.65	3226.64	18901.83	16896.14	2005.69	11768.18	1742.33	35894
河　南	Henan	19480.46	2769.05	11010.50	9900.27	1110.23	5700.91	823.57	20597
湖　北	Hubei	12961.10	1795.90	6038.08	5183.68	854.40	5127.12	642.72	22677
湖　南	Hunan	13059.69	1969.69	5687.19	4819.40	867.79	5402.81	704.83	20428
广　东	Guangdong	39482.56	2010.27	19419.70	18091.56	1328.14	18052.59	1595.34	41166
广　西	Guangxi	7759.16	1458.49	3381.54	2863.84	517.70	2919.13	378.75	16045
海　南	Hainan	1654.21	462.19	443.43	300.63	142.80	748.59	88.68	19254
重　庆	Chongqing	6530.01	606.80	3448.77	2917.40	531.37	2474.44	347.98	22920
四　川	Sichuan	14151.28	2240.61	6711.87	5678.24	1033.63	5198.80	520.71	17339
贵　州	Guizhou	3912.68	550.27	1476.62	1252.67	223.95	1885.79	399.77	10309
云　南	Yunnan	6169.75	1067.60	2582.53	2088.17	494.36	2519.62	179.45	13539
西　藏	Tibet	441.36	63.88	136.63	33.11	103.52	240.85	21.19	15295
陕　西	Shaanxi	8169.80	789.64	4236.42	3501.25	735.17	3143.74	423.24	21688
甘　肃	Gansu	3387.56	497.05	1527.24	1203.70	323.54	1363.27	213.64	12872
青　海	Qinghai	1081.27	107.40	575.33	470.33	105.00	398.54	49.32	19454
宁　夏	Ningxia	1353.31	127.25	662.32	520.38	141.94	563.74	114.77	21777
新　疆	Xinjiang	4277.05	759.74	1929.59	1555.84	373.75	1587.72	209.10	19942

人口及平均工资（2009年）
Population and Average Wage (2009)

地 区	Region	年末总人口（万人）Total Population (year-end) (10000 persons)	总抚养比（%）Gross Dependency Ratio (%)	#老年人口抚养比 Old Dependency Ratio	平均工资(元) Average Wage (yuan)				
					合 计 Total	#在岗职工 Staff and Workers	国有单位 State-owned Units	城镇集体 Urban Collective-owned Units	其他单位 Units of Other Types of Ownership
全 国	**National Total**	**133474**	**36.21**	**13.24**	**111.6**	**112.0**	**112.7**	**113.8**	**109.8**
北 京	Beijing	1755	25.01	12.62	103.5	103.2	106.7	96.8	103.3
天 津	Tianjin	1228	26.75	13.99	109.9	107.8	111.5	115.6	108.1
河 北	**Hebei**	**7034**	**33.98**	**11.87**	**114.4**	**114.6**	**114.4**	**119.6**	**113.6**
山 西	Shanxi	3427	33.94	10.83	**110.1**	**110.2**	**110.1**	**108.7**	**108.8**
内蒙古	Inner Mongolia	2422	29.35	10.94	117.5	117.6	118.3	130.3	113.0
辽 宁	Liaoning	4319	29.10	14.85	112.3	112.2	110.6	111.8	115.6
吉 林	Jilin	2740	26.67	11.26	111.4	111.7	110.6	113.1	112.9
黑龙江	Heilongjiang	3826	26.58	10.96	114.0	115.1	119.0	123.7	101.0
上 海	Shanghai	1921	27.62	17.97	111.9	112.3	113.4	120.0	110.3
江 苏	Jiangsu	7725	34.62	16.20	112.5	113.3	115.0	116.1	109.7
浙 江	Zhejiang	5180	33.20	14.75	108.7	109.5	110.6	108.9	109.0
安 徽	Anhui	6131	41.66	14.38	111.8	112.5	113.5	110.6	107.4
福 建	Fujian	3627	37.19	13.76	111.0	111.5	112.2	111.2	110.3
江 西	Jiangxi	4432	43.02	11.55	117.3	117.6	115.8	118.1	120.9
山 东	Shandong	9470	34.05	13.06	112.1	112.4	111.5	115.5	113.3
河 南	Henan	9487	38.97	12.35	110.1	110.2	108.7	106.7	111.0
湖 北	Hubei	5720	32.69	13.50	118.6	119.3	120.2	128.5	115.8
湖 南	Hunan	6406	39.66	15.61	109.9	109.7	110.1	107.4	111.5
广 东	Guangdong	9638	33.01	9.95	109.6	109.8	109.9	110.2	109.2
广 西	Guangxi	4856	44.05	13.41	110.2	110.3	110.3	113.5	110.5
海 南	Hainan	864	41.23	12.39	113.9	114.0	114.3	115.1	111.5
重 庆	Chongqing	2859	42.78	16.53	114.5	114.8	113.9	116.3	115.4
四 川	Sichuan	8185	41.65	17.28	113.8	114.1	114.5	114.4	112.9
贵 州	Guizhou	3798	49.41	12.36	114.4	114.8	115.2	106.0	114.1
云 南	Yunnan	4571	43.06	12.30	112.3	112.3	113.2	116.7	109.9
西 藏	Tibet	290	36.57	9.56	102.9	103.1	102.3	92.1	148.2
陕 西	Shaanxi	3772	34.64	13.32	116.0	116.4	118.4	122.6	106.7
甘 肃	Gansu	2635	37.41	11.46	113.2	113.2	113.0	120.0	111.5
青 海	Qinghai	557	38.81	9.71	107.9	108.3	109.0	119.2	100.9
宁 夏	Ningxia	625	39.22	9.47	109.5	110.9	107.3	111.1	113.2
新 疆	Xinjiang	2159	38.63	9.23	111.9	112.4	110.9	103.8	113.7

固定资产投资主要指标（2009年）
Major Indicators of Total Investment in Fixed Assets (2009)

单位：亿元 (100 million yuan)

地区	Region	全社会固定资产投资 Total Investment	#城镇 Urban Area	#房地产开发 Real Estate Development	全社会住宅投资 Total	#城镇 Urban Area	#房地产 Real Estate Development
全　国	**National Total**	**224598.8**	**193920.4**	**36241.8**	**36428.2**	**30512.7**	**25613.7**
北　京	Beijing	4616.9	4149.6	2337.7	1034.7	967.9	906.6
天　津	Tianjin	4738.2	4446.6	735.2	576.9	542.3	494.9
河　北	**Hebei**	**12269.8**	**10476.5**	**1520.0**	**1800.6**	**1500.8**	**1219.2**
山　西	Shanxi	4943.2	4509.6	477.3	760.1	611.2	377.9
内蒙古	Inner Mongolia	7336.8	7143.8	815.5	732.0	702.3	573.8
辽　宁	Liaoning	12292.5	11605.1	2640.6	2128.4	1984.1	1933.9
吉　林	Jilin	6411.6	5958.9	756.7	786.8	709.0	605.3
黑龙江	Heilongjiang	5028.8	4695.7	563.9	810.2	727.4	442.5
上　海	Shanghai	5043.8	4618.9	1462.1	922.8	920.2	918.7
江　苏	Jiangsu	18949.9	14266.8	3338.5	2856.3	2598.1	2423.8
浙　江	Zhejiang	10742.3	7454.3	2254.3	2154.3	1731.0	1581.3
安　徽	Anhui	8990.7	7945.5	1669.8	1746.7	1379.6	1175.6
福　建	Fujian	6231.2	5548.6	1136.3	1008.5	856.9	743.3
江　西	Jiangxi	6643.1	6008.1	634.5	789.8	595.5	509.2
山　东	Shandong	19034.5	15439.1	2428.7	2915.2	2457.5	1860.5
河　南	Henan	13704.5	11454.9	1553.8	2300.4	1594.2	1235.2
湖　北	Hubei	7866.9	7183.7	1200.4	1159.5	930.2	804.2
湖　南	Hunan	7703.4	6880.0	1084.6	1163.4	945.1	837.9
广　东	Guangdong	12933.1	10230.1	2961.3	2631.0	2362.8	2090.1
广　西	Guangxi	5237.2	4689.9	813.7	914.7	686.2	577.2
海　南	Hainan	988.3	942.7	288.0	329.7	316.7	261.9
重　庆	Chongqing	5214.3	4855.1	1238.9	986.0	914.0	789.0
四　川	Sichuan	11371.9	9090.1	1588.4	2373.7	1545.6	1150.0
贵　州	Guizhou	2412.0	2049.8	371.3	423.9	320.8	249.5
云　南	Yunnan	4526.4	4117.5	737.5	819.9	685.5	553.0
西　藏	Tibet	378.3	327.6	15.7	52.5	28.7	11.4
陕　西	Shaanxi	6246.9	5888.4	941.6	1208.3	1090.7	780.8
甘　肃	Gansu	2363.0	2076.4	204.1	402.7	278.4	138.3
青　海	Qinghai	798.2	689.1	72.8	100.3	75.2	54.6
宁　夏	Ningxia	1075.9	964.2	162.7	162.3	141.3	126.1
新　疆	Xinjiang	2725.5	2434.1	235.9	376.8	313.1	188.3

地方财政收入与支出（2009年）
Local Financial and Expenditure (2009)

单位：万元 (10000 yuan)

地 区	Region	一般预算收入 General Bugetary Revenue	税收收入 Tax Revenue	#国内增值税 Domestic Value-added Tax	#营业税 Business Revenue	一般预算支出 General Bugetary Expenditure	#教育 Expenditure for Education	#社保和就业 Expenditure for Social Safety Net and Employment Effort	#环境保护 Expenditure for Environment Protection
地方合计	**Region Total**	**32602.59**	**26157.43**	**4565.26**	**8846.88**	**61044.14**	**9869.92**	**7851.85**	**1896.13**
北 京	Beijing	2026.81	1913.97	179.73	752.60	2319.37	365.67	234.29	54.05
天 津	Tianjin	821.99	614.27	99.08	223.62	1124.28	173.61	115.90	13.36
河 北	**Hebei**	**1067.12**	**839.33**	**190.64**	**268.05**	**2347.59**	**439.33**	**317.42**	**104.20**
山 西	Shanxi	805.83	581.91	175.61	145.82	1561.70	278.07	236.94	70.61
内蒙古	Inner Mongolia	850.86	576.83	109.56	170.22	1926.84	243.48	274.97	97.90
辽 宁	Liaoning	1591.22	1183.98	163.56	363.94	2682.39	346.73	518.07	55.71
吉 林	Jilin	487.09	361.11	66.57	117.41	1479.21	216.99	250.44	49.48
黑龙江	Heilongjiang	641.66	444.31	104.34	125.88	1877.74	266.61	339.64	59.07
上 海	Shanghai	2540.30	2368.45	372.47	839.68	2989.65	346.95	336.08	33.96
江 苏	Jiangsu	3228.78	2654.75	516.59	833.86	4017.36	680.63	299.17	147.60
浙 江	Zhejiang	2142.51	1983.81	368.55	663.62	2653.35	519.33	153.08	55.42
安 徽	Anhui	863.92	629.32	106.18	219.77	2141.92	323.79	303.96	59.27
福 建	Fujian	932.43	778.14	129.54	265.23	1411.82	277.55	132.85	33.83
江 西	Jiangxi	581.30	430.02	66.74	153.50	1562.37	251.93	219.34	43.14
山 东	Shandong	2198.63	1720.35	324.48	470.61	3267.67	613.49	342.79	76.17
河 南	Henan	1126.06	821.50	140.82	252.81	2905.76	526.14	403.62	92.98
湖 北	Hubei	814.87	616.06	113.96	206.79	2090.92	317.29	343.98	74.15
湖 南	Hunan	847.62	568.27	96.58	217.20	2210.44	357.58	360.75	73.63
广 东	Guangdong	3649.81	3130.61	580.27	1073.35	4334.37	803.20	401.50	100.80
广 西	Guangxi	620.99	417.68	65.01	154.86	1621.82	296.60	203.69	49.92
海 南	Hainan	178.24	151.24	13.42	67.84	486.06	74.50	79.20	18.51
重 庆	Chongqing	655.17	435.62	62.01	185.55	1292.09	190.28	234.62	50.05
四 川	Sichuan	1174.59	886.67	123.95	348.15	3590.72	451.44	455.91	114.47
贵 州	Guizhou	416.48	311.71	57.47	104.31	1372.27	256.72	150.04	55.31
云 南	Yunnan	698.25	548.11	97.53	175.79	1952.34	308.18	304.10	82.16
西 藏	Tibet	30.09	18.51	2.84	10.07	470.13	61.04	33.35	9.75
陕 西	Shaanxi	735.27	532.80	111.23	194.49	1841.64	310.96	287.10	79.50
甘 肃	Gansu	286.59	176.04	37.11	65.25	1246.28	206.36	199.75	53.15
青 海	Qinghai	87.74	70.17	14.97	25.26	486.75	61.82	94.14	28.98
宁 夏	Ningxia	111.58	90.74	16.81	38.98	432.36	63.50	47.68	22.59
新 疆	Xinjiang	388.78	301.13	57.63	112.37	1346.91	240.15	177.49	36.42

物价指数（2009年，上年=100）
Price Indices (2009, Preceding Year=100)

地 区	Region	居民消费价格指数 General Consumer Price Index	#城市 Urban Household	商品零售价格 General Retail Price Index	#城市 Urban Household	农业生产资料价格指数 Price Indices for Means of Agricultural Production	固定资产投资价格指数 Price Index for Investment in Fixed Assets	工业品出厂价格指数 Producer Price Index for Manufactured Goods
全 国	**National Total**	**99.3**	**99.1**	**98.8**	**98.7**	**97.5**	**97.6**	**94.6**
北 京	Beijing	98.5	98.5	97.8	97.8		97.1	94.4
天 津	Tianjin	99.0	99.0	98.9	98.9		97.6	92.5
河 北	**Hebei**	**99.3**	**98.8**	**99.0**	**98.9**	**100.6**	**96.5**	**89.1**
山 西	Shanxi	99.6	99.0	99.1	99.0	101.6	98.1	92.0
内蒙古	Inner Mongolia	99.7	99.7	99.5	99.4	99.7	98.5	96.2
辽 宁	Liaoning	100.0	100.0	99.8	99.7	96.7	97.0	94.0
吉 林	Jilin	100.1	99.9	99.3	99.0	96.4	99.4	96.1
黑龙江	Heilongjiang	100.2	99.8	98.9	98.6	94.2	97.6	87.4
上 海	Shanghai	99.6	99.6	99.4	99.4		97.0	93.8
江 苏	Jiangsu	99.6	99.6	98.9	99.1	97.6	97.7	95.2
浙 江	Zhejiang	98.5	98.7	98.8	98.9	95.9	96.7	94.9
安 徽	Anhui	99.1	98.9	99.0	99.0	95.8	96.0	92.8
福 建	Fujian	98.2	98.3	97.9	98.0	93.3	98.0	95.5
江 西	Jiangxi	99.3	99.4	99.1	99.1	97.6	96.1	93.0
山 东	Shandong	100.0	99.9	99.4	99.3	96.3	96.9	94.1
河 南	Henan	99.4	98.8	99.4	99.6	98.1	96.4	94.9
湖 北	Hubei	99.6	99.3	98.6	98.4	95.3	98.8	95.6
湖 南	Hunan	99.6	99.7	98.5	98.2	95.0	99.7	94.3
广 东	Guangdong	97.7	97.6	96.8	96.7	98.2	96.7	95.8
广 西	Guangxi	97.9	97.9	98.0	98.1	94.2	97.9	93.5
海 南	Hainan	99.3	99.5	98.5	99.0	94.0	97.7	90.6
重 庆	Chongqing	98.4	98.4	97.3	97.3		97.8	95.5
四 川	Sichuan	100.8	100.7	100.1	99.8	101.2	98.3	96.5
贵 州	Guizhou	98.7	98.6	97.6	97.6	96.2	100.5	95.1
云 南	Yunnan	100.4	100.5	100.1	99.9	99.3	98.1	91.5
西 藏	Tibet	101.4	101.5	99.5	99.5	99.1		98.2
陕 西	Shaanxi	100.5	100.0	99.9	99.9	95.8	99.3	96.1
甘 肃	Gansu	101.3	100.9	101.8	101.5	99.0	101.5	91.0
青 海	Qinghai	102.6	103.2	101.6	101.8	97.8	100.9	91.3
宁 夏	Ningxia	100.7	100.3	99.5	99.4	96.3	100.2	93.9
新 疆	Xinjiang	100.7	100.2	100.4	99.9	99.5	98.0	85.5

城乡居民收支（2009年）

Income and Expenditure of Urban and Rural Residents (2009)

单位：元 (yuan)

地 区	Region	城镇居民人均全部收入 Per Capita Annual Total Income in Urban Households	#可支配收入 Annual Disposable Income	城镇居民人均消费支出 Per Capita Living Expenditure of Urban Households	#食品 Food	农民人均纯收入 Per Capita Net Income in Rural Households	农民人均生活消费支出 Per Capita Living Expenditure of Rural Households	#食品 Food
全 国	**National Total**	**18858.09**	**17174.65**	**12264.55**	**4478.54**	**5153.17**	**3993.45**	**1636.04**
北 京	Beijing	30673.68	26738.48	17893.30	5936.11	11668.59	8897.59	2808.92
天 津	Tianjin	23565.67	21402.01	14801.35	5404.53	8687.56	4273.15	1848.11
河 北	**Hebei**	**15675.75**	**14718.25**	**9678.75**	**3250.77**	**5149.67**	**3349.74**	**1195.65**
山 西	Shanxi	14983.15	13996.55	9355.10	3071.93	4244.10	3304.76	1224.60
内蒙古	Inner Mongolia	16951.35	15849.19	12369.87	3772.63	4937.80	3968.42	1578.57
辽 宁	Liaoning	17757.70	15761.38	12324.58	4680.85	5958.00	4254.03	1563.33
吉 林	Jilin	15155.16	14006.27	10914.44	3637.32	5265.91	3902.90	1371.12
黑龙江	Heilongjiang	13689.85	12565.98	9629.60	3397.41	5206.76	4241.27	1331.07
上 海	Shanghai	32402.97	28837.78	20992.35	7344.83	12482.94	9804.37	3639.14
江 苏	Jiangsu	22494.94	20551.72	13153.00	4773.67	8003.54	5804.45	2275.28
浙 江	Zhejiang	27119.30	24610.81	16683.48	5604.72	10007.31	7731.70	2812.39
安 徽	Anhui	15691.94	14085.74	10233.98	4051.40	4504.32	3655.02	1494.19
福 建	Fujian	21692.35	19576.83	13450.57	5336.36	6680.18	5015.72	2304.14
江 西	Jiangxi	15047.19	14021.54	9739.99	3881.56	5075.01	3532.66	1609.20
山 东	Shandong	19336.91	17811.04	12012.73	3954.34	6118.77	4417.18	1618.66
河 南	Henan	15408.04	14371.56	9566.99	3272.75	4806.95	3388.47	1220.36
湖 北	Hubei	15698.11	14367.48	10294.07	4160.51	5035.26	3725.24	1668.35
湖 南	Hunan	16078.12	15084.31	10828.23	4174.55	4909.04	4020.87	1967.54
广 东	Guangdong	24116.46	21574.72	16857.50	6225.22	6906.93	5019.81	2425.55
广 西	Guangxi	17032.89	15451.48	10352.38	4129.55	3980.44	3231.14	1572.82
海 南	Hainan	14909.28	13750.85	10086.65	4507.81	4744.36	3088.56	1639.34
重 庆	Chongqing	16990.30	15748.67	12144.06	4576.23	4478.35	3142.14	1542.12
四 川	Sichuan	15323.76	13839.40	10860.20	4391.73	4462.05	4141.40	1740.59
贵 州	Guizhou	13793.38	12862.53	9048.29	3755.61	3005.41	2421.95	1093.94
云 南	Yunnan	15680.27	14423.93	10201.81	4460.58	3369.34	2924.85	1410.00
西 藏	Tibet	14978.95	13544.41	9034.31	4581.60	3531.72	2399.47	1190.01
陕 西	Shaanxi	15311.29	14128.76	10705.67	3988.57	3437.55	3349.23	1175.29
甘 肃	Gansu	12918.04	11929.78	8890.79	3359.30	2980.10	2766.45	1142.05
青 海	Qinghai	14150.25	12691.85	8786.52	3548.85	3346.15	3209.41	1164.07
宁 夏	Ningxia	15550.75	14024.70	10280.00	3432.23	4048.33	3347.94	1395.42
新 疆	Xinjiang	13602.18	12257.52	9327.55	3386.33	3883.10	2950.63	1225.93

主要农产品产量（2009年）
Output of Major Farm Products (2009)

单位：万吨 (10000 tons)

地 区	Region	粮 食 Grain	棉 花 Cotton	油 料 Oil-bearing Crops	水 果 Fruits	肉 类 Meat	奶 类 Milk
全 国	**National Total**	**53082.1**	**637.7**	**3154.3**	**20395.5**	**7649.7**	**3732.6**
北 京	Beijing	124.8	0.1	1.8	120.1	47.2	67.4
天 津	Tianjin	156.3	7.1	0.5	67.0	39.5	68.7
河 北	**Hebei**	**2910.2**	**60.5**	**143.3**	**1578.6**	**426.6**	**461.0**
山 西	Shanxi	942.0	8.4	17.0	449.2	69.8	74.1
内蒙古	Inner Mongolia	1981.7	0.1	119.6	208.7	234.0	934.0
辽 宁	Liaoning	1591.0	0.1	55.3	655.6	389.2	115.6
吉 林	Jilin	2460.0	0.2	50.4	253.5	226.2	44.5
黑龙江	Heilongjiang	4353.0		28.2	267.7	187.6	534.7
上 海	Shanghai	121.7	0.3	3.4	104.7	26.2	21.2
江 苏	Jiangsu	3230.1	25.5	162.2	715.7	344.4	55.4
浙 江	Zhejiang	789.2	2.8	43.2	712.4	170.4	19.9
安 徽	Anhui	3069.9	34.6	240.3	745.8	362.5	20.1
福 建	Fujian	666.9		26.3	645.0	175.1	15.6
江 西	Jiangxi	2002.6	12.5	102.0	497.5	276.0	11.2
山 东	Shandong	4316.3	92.1	334.5	2728.3	684.1	258.1
河 南	Henan	5389.0	51.7	533.0	2228.1	615.0	301.3
湖 北	Hubei	2309.1	48.1	314.1	725.8	367.0	28.3
湖 南	Hunan	2902.7	21.2	179.2	715.7	476.3	7.7
广 东	Guangdong	1314.5		84.6	1160.8	427.0	14.4
广 西	Guangxi	1463.2	0.2	42.1	1010.7	371.3	8.1
海 南	Hainan	187.6		9.1	350.4	66.0	0.4
重 庆	Chongqing	1137.2		40.5	212.9	187.7	7.9
四 川	Sichuan	3194.6	1.5	261.8	689.5	632.8	68.7
贵 州	Guizhou	1168.3	0.1	78.7	119.7	169.6	4.5
云 南	Yunnan	1576.9		50.2	342.7	304.6	105.9
西 藏	Tibet	90.5		5.8	1.2	24.0	28.7
陕 西	Shaanxi	1131.4	8.6	54.4	1366.1	98.7	185.8
甘 肃	Gansu	906.2	9.5	58.5	459.9	82.9	37.7
青 海	Qinghai	102.7		36.6	3.3	26.9	25.3
宁 夏	Ningxia	340.7		13.6	202.4	25.6	81.1
新 疆	Xinjiang	1152.0	252.4	63.9	1056.3	115.4	125.2

规模以上工业主要统计指标（2009年）
Main Indicators of Enterprises above Designed Size (2009)

地 区	Region	原 煤 (万吨) Coal (10000 tons)	原 油 (万吨) Crude Oil (10000 tons)	发电量 (亿千瓦小时) Electricity (100 million kwh)	成品钢材 (万吨) Steel (10000 tons)	水 泥 (万吨) cement (10000 tons)	农用氮、磷、钾化肥 (万吨) Chemical Fertilizer (10000 tons)	利润总额 (亿元) Total Profits (100 million yuan)	全部从业人员年平均人数(万人) Annual Average Employed Persons (10000 persons)
全 国	**National Total**	**29.73**	**18948.96**	**37146.51**	**69405.40**	**164397.78**	**6385.01**	**34542.22**	**8831.22**
北 京	Beijing	0.06		242.65	769.72	1080.33	0.22	742.92	120.41
天 津	Tianjin		2296.96	415.77	4079.67	699.51	13.58	831.68	136.82
河 北	**Hebei**	**0.85**	**599.09**	**1742.46**	**15158.01**	**10684.55**	**214.35**	**1440.28**	**319.94**
山 西	Shanxi	5.94		1873.80	2288.99	2753.18	374.38	461.82	211.11
内蒙古	Inner Mongolia	6.01		2242.37	1294.87	4333.75	148.80	988.17	110.40
辽 宁	Liaoning	0.66	1000.02	1162.51	4935.55	4704.83	75.01	1381.95	386.62
吉 林	Jilin	0.44	639.90	541.83	870.74	3679.57	20.20	540.03	137.05
黑龙江	Heilongjiang	0.87	4000.70	722.95	506.04	2603.76	70.33	872.62	144.48
上 海	Shanghai		9.10	778.20	2181.37	754.19	2.68	1431.97	284.12
江 苏	Jiangsu	0.24	184.03	2928.41	7892.42	14475.68	267.60	4099.58	1026.16
浙 江	Zhejiang			2246.28	2364.69	10822.25	47.88	2115.65	787.64
安 徽	Anhui	1.28		1320.24	2119.95	7278.35	274.08	819.04	232.06
福 建	Fujian	0.25		1170.71	1342.26	5477.91	60.00	1104.05	379.47
江 西	Jiangxi	0.30		532.91	1648.72	6200.55	49.70	537.07	174.94
山 东	Shandong	1.44	2828.21	2859.90	5877.95	14057.69	854.30	4512.66	926.60
河 南	Henan	2.30	474.50	2055.46	2888.24	11874.13	503.47	2444.18	449.14
湖 北	Hubei	0.11	80.89	1818.06	2177.35	7006.40	829.50	1092.47	272.39
湖 南	Hunan	0.66		1027.95	1509.21	7652.23	359.20	758.48	241.01
广 东	Guangdong		1345.14	2757.61	2296.58	10043.18	52.65	4204.40	1436.02
广 西	Guangxi	0.05	2.89	944.45	1179.79	6435.27	91.39	321.27	122.88
海 南	Hainan		18.36	127.56	10.68	938.52	60.63	106.66	12.00
重 庆	Chongqing	0.43		474.32	481.32	3640.74	155.58	356.20	137.29
四 川	Sichuan	0.90	21.68	1578.78	1834.42	9003.64	461.13	1123.70	311.76
贵 州	Guizhou	1.37		1380.02	338.64	2883.63	345.62	191.73	74.97
云 南	Yunnan	0.56		1170.86	973.30	5046.45	350.67	365.23	84.20
西 藏	Tibet			18.00		187.65		6.82	1.69
陕 西	Shaanxi	2.96	2695.89	908.94	888.27	4501.66	88.11	854.11	137.69
甘 肃	Gansu	0.39	49.23	696.65	644.54	1854.80	83.80	169.10	69.03
青 海	Qinghai	0.13	186.37	377.94	125.06	610.99	281.35	100.02	17.80
宁 夏	Ningxia	0.55	3.14	479.85	38.01	1066.50	91.77	83.76	27.28
新 疆	Xinjiang	0.76	2512.86	549.07	689.01	2045.88	157.03	484.58	58.25

运输邮电业基本情况（2009年）

Basic Conditions of Transport，Post and Telecommunication Services (2009)

地 区	Region	公 路 里 程 (公里) Length of Railways in Operation (km)	#等级路 Expressway and Class I to IV Highways	民用汽车总 计 (辆) Total of Civil Vehicles (10000 units)	#私人汽车 Total of Private Vehicles	移动电话年末用户 (万户) Number of Mobile Telephone Subscribers at Year-end (10000 subscribers)	互 联 网 上网人数 (万人) Number of Internet Users (10000 persons)	固定电话年末用户 (万户) Number of Subscribers of Fixed Telephone at Year-end (10000 subscribers)	#住 宅 电话用户 Household Fixed Telephone Subscribers
全 国	**National Total**	**3860823**	**3056265**	**6280.61**	**4574.91**	**74721.4**	**38400**	**31373.2**	**21782.8**
北 京	Beijing	20755	20551	368.11	296.56	1825.5	1103	893.1	569.6
天 津	Tianjin	14316	14316	130.00	100.01	992.5	564	385.3	287.1
河 北	**Hebei**	**152135**	**142777**	**395.80**	**312.22**	**3783.2**	**1842**	**1343.9**	**1036.8**
山 西	Shanxi	127330	121310	205.95	148.86	1952.3	1064	758.8	609.9
内蒙古	Inner Mongolia	150756	122231	150.06	114.36	1616.0	575	441.6	324.5
辽 宁	Liaoning	101117	83153	242.07	152.17	2882.1	1595	1529.1	1311.3
吉 林	Jilin	88430	77643	123.74	88.50	1574.2	726	581.3	450.6
黑龙江	Heilongjiang	151470	114511	160.17	108.20	1865.9	912	870.2	692.8
上 海	Shanghai	11671	11671	147.11	85.03	2113.2	1171	935.5	616.2
江 苏	Jiangsu	143803	134192	436.81	317.52	4940.3	2765	2662.4	1875.3
浙 江	Zhejiang	106952	102153	431.73	332.05	4456.3	2452	2130.9	1247.9
安 徽	Anhui	149184	139424	167.36	100.72	2154.6	1069	1267.3	994.7
福 建	Fujian	89504	67512	159.34	118.13	2639.1	1629	1244.8	772.8
江 西	Jiangxi	137011	92237	107.08	60.61	1548.0	790	748.5	522.9
山 东	Shandong	226693	223992	553.51	433.94	5334.5	2769	2217.3	1730.3
河 南	Henan	242314	177235	316.07	220.18	3987.2	2007	1460.6	1249.3
湖 北	Hubei	197196	168834	168.32	113.26	3136.9	1469	1088.3	723.4
湖 南	Hunan	191405	148180	167.59	128.17	2752.4	1406	1166.9	795.7
广 东	Guangdong	184960	160180	658.90	516.11	8923.3	4860	3366.7	1818.8
广 西	Guangxi	100491	77154	119.85	80.34	1960.1	1030	787.6	542.6
海 南	Hainan	20041	14459	30.64	20.71	496.4	244	182.8	110.0
重 庆	Chongqing	110950	70425	90.89	54.68	1440.9	803	627.7	421.2
四 川	Sichuan	249168	183108	284.69	216.85	3466.9	1635	1551.2	1065.6
贵 州	Guizhou	142561	68046	91.43	66.44	1453.4	573	451.1	313.1
云 南	Yunnan	206028	138150	189.10	143.99	1936.4	844	583.1	366.8
西 藏	Tibet	53845	26063	14.85	9.36	124.0	53	53.9	25.1
陕 西	Shaanxi	144109	128487	146.27	105.11	2337.4	995	815.0	516.1
甘 肃	Gansu	114000	76631	65.75	36.56	1194.7	535	453.9	293.6
青 海	Qinghai	60136	39726	24.35	14.31	301.0	154	109.3	72.3
宁 夏	Ningxia	21805	20297	31.54	21.88	382.8	141	114.5	74.6
新 疆	Xinjiang	150683	91618	101.53	58.11	1113.0	634	550.5	351.8

贸易、外经主要指标（2009年）
Main Indicators of Internal and Foreign Trade (2009)

地 区	Region	社会消费品零售总额（亿元）Total Retail Sales of Consumer Goods (100 million yuan)	限额以上批零和零售业，住宿和餐饮业年末从业人数(万人) Number of Engaged Persons in Enterprises above Designated Size of Wholesale and Retail Trades, Hotels and Catering Services at Year-end (10000 persons)	进口贸易总额（万美元）Total Value of Imports (USD 10000)	出口贸易总额（万美元）Total Value of Exports (USD 10000)	年末外商投资总额（亿美元）Total Investment (100 million USD)
全 国	**National Total**	**132678.4**	**1149.6**	**100592320**	**120161181**	**25000**
北 京	Beijing	5309.9	92.6	16635373	4837932	1066
天 津	Tianjin	2430.8	22.3	3393852	2989272	977
河 北	**Hebei**	**5764.9**	**32.2**	**1393835**	**1568890**	**370**
山 西	Shanxi	2809.0	30.2	573158	283746	205
内蒙古	Inner Mongolia	2855.3	18.6	445859	231548	240
辽 宁	Liaoning	5812.6	37.2	2951945	3341493	1318
吉 林	Jilin	2957.3	12.8	861747	312494	193
黑龙江	Heilongjiang	3401.8	17.4	614739	1008213	181
上 海	Shanghai	5173.2	78.1	13591758	14179603	3084
江 苏	Jiangsu	11484.1	96.3	13954051	19919919	4444
浙 江	Zhejiang	8622.3	71.4	5471791	13301295	1640
安 徽	Anhui	3527.8	30.6	679124	888649	279
福 建	Fujian	4481.0	39.6	2633048	5331911	1175
江 西	Jiangxi	2484.4	15.7	541030	736849	369
山 东	Shandong	12363.0	104.7	5956266	7949071	1120
河 南	Henan	6746.4	59.1	613104	734538	347
湖 北	Hubei	5928.4	41.8	727222	997880	377
湖 南	Hunan	4913.7	33.3	465743	549203	280
广 东	Guangdong	14891.8	135.5	25213916	35895489	3939
广 西	Guangxi	2790.7	17.3	587936	837537	272
海 南	Hainan	537.5	8.5	357300	130863	903
重 庆	Chongqing	2479.0	28.8	343245	428007	278
四 川	Sichuan	5758.7	38.0	999920	1416945	461
贵 州	Guizhou	1247.3	9.9	94760	135661	36
云 南	Yunnan	2051.1	20.6	353434	451325	159
西 藏	Tibet	156.6	1.1	2663	37547	6
陕 西	Shaanxi	2699.7	28.9	441724	398815	162
甘 肃	Gansu	1183.0	8.9	313004	73551	49
青 海	Qinghai	300.5	2.8	33491	25188	28
宁 夏	Ningxia	339.3	4.0	45955	74293	25
新 疆	Xinjiang	1177.5	11.2	301327	1093456	48

教育、卫生情况（2009年）
Main Indicators on Education and Public Health (2009)

地区	Region	在校学生数(人) Enrollment (person)					卫生机构数床位数(张) Beds in Health Care Institutions (bed)	每千人口医院和卫生院床位(张) Hospitals and Health Care Centers per 1000 Population (bed)	每千农业人口乡镇卫生院床位（张） Beds in Health Care Institutions per 1000 Rural Population (bed)
		普通高等学校 Institutions of Higher Education	中等职业学校 Secondary Vocational Schools	普通中学 Regular Secondary Schools	职业初中 Vocational Junior Secondary Schools	小学 Primary Schools			
全国	**National Total**	**21446570**	**17798473**	**78679203**	**72995**	**100714661**	**4416612**	**3.06**	**1.05**
北京	Beijing	586685	161598	522351		647101	90100	6.80	0.88
天津	Tianjin	405968	130478	474585		507385	46353	4.26	0.86
河北	**Hebei**	**1060450**	**1103881**	**3727327**	**180**	**4886544**	**232638**	**2.95**	**1.09**
山西	Shanxi	547391	552169	2532491	15880	3046931	144517	3.78	1.07
内蒙古	Inner Mongolia	351928	326956	1351859	7185	1493013	87390	3.16	1.07
辽宁	Liaoning	852467	443912	2077827		2255977	191492	4.09	1.19
吉林	Jilin	530975	322897	1337591	8299	1461099	108345	3.70	1.09
黑龙江	Heilongjiang	708935	389955	1947060	1221	1903733	146572	3.49	0.86
上海	Shanghai	512809	176581	603670	166	671245	99704	5.67	
江苏	Jiangsu	1653427	1048163	3984398		3960228	250809	3.16	1.48
浙江	Zhejiang	866496	627707	2622652		3251416	170199	3.35	0.56
安徽	Anhui	877782	862605	4279960	3478	4868785	174483	2.40	0.97
福建	Fujian	606284	540020	2134276		2397594	104290	2.73	0.95
江西	Jiangxi	793488	639022	2664803	621	4227464	115445	2.22	0.86
山东	Shandong	1592974	1165052	4993344		6268120	347052	3.40	1.32
河南	Henan	1368813	1637551	6754509		10520259	302378	2.65	0.94
湖北	Hubei	1249061	1041759	3650102	4788	3592629	187156	2.80	1.15
湖南	Hunan	1016833	808731	3207780		4691470	212043	2.81	1.10
广东	Guangdong	1334089	1204622	6961144		8876522	271982	2.99	1.09
广西	Guangxi	528342	628888	2818273		4367767	131569	2.34	0.94
海南	Hainan	142082	121591	601733		834016	23526	2.51	1.04
重庆	Chongqing	484199	425270	1920158		2081367	92709	2.65	1.18
四川	Sichuan	1035934	1203150	4990033	9746	6170471	275085	2.88	1.37
贵州	Guizhou	299072	386865	2694521	11858	4568716	97527	2.23	0.75
云南	Yunnan	393601	471930	2649656	8354	4441438	140187	2.94	0.85
西藏	Tibet	30264	21357	181570		305235	8502	2.82	1.17
陕西	Shaanxi	893748	625507	2746825		2714408	134431	3.26	0.93
甘肃	Gansu	361490	339878	2041628	45	2525962	81520	2.85	1.00
青海	Qinghai	43782	76375	322666	146	533255	19223	3.32	0.75
宁夏	Ningxia	75564	96448	439575	1028	670621	22142	3.33	0.60
新疆	Xinjiang	241637	217555	1444836		1973890	107243	4.84	1.55

参加各类社会保险人数（2009年底）
Number of People Participated in Social Insurance (End of 2009)

单位：万人 (10000 persons)

地　区	Region	城镇基本养老保险 Urban Basic Pension Insurance Contributors	失业保险 Unemployment Insurance Contributors	城镇基本医疗保险 Urban Basic Medical Care Insurance	生育保险 Maternity Insurance Contributors	工伤保险 Work Injury Insurance Contributors	农村社会养老保险 Rural Basic Pension Insurance Contributors
全　国	**National Total**	**23549.9**	**12715.5**	**40147.0**	**10875.7**	**14895.5**	**7277.3**
北　京	Beijing	826.7	675.7	1083.9	346.8	747.1	162.0
天　津	Tianjin	401.5	239.2	605.3	204.6	292.2	18.5
河　北	**Hebei**	**919.5**	**484.4**	**1421.1**	**489.9**	**559.3**	**291.5**
山　西	Shanxi	563.8	293.3	879.0	185.8	280.7	378.2
内蒙古	Inner Mongolia	410.8	229.7	805.3	182.9	199.1	92.8
辽　宁	Liaoning	1457.4	625.3	1895.6	531.2	695.8	210.7
吉　林	Jilin	554.3	241.4	1242.8	289.9	272.2	7.6
黑龙江	Heilongjiang	920.3	471.3	1544.3	270.0	401.8	210.1
上　海	Shanghai	1001.1	523.5	1583.8	625.1	934.0	45.3
江　苏	Jiangsu	1883.1	1079.1	3031.0	962.5	1118.1	1258.0
浙　江	Zhejiang	1527.4	784.5	1784.4	750.7	1331.1	440.2
安　徽	Anhui	628.2	377.8	1435.8	303.6	320.6	160.7
福　建	Fujian	585.9	348.1	1137.2	317.8	379.3	145.1
江　西	Jiangxi	581.9	275.5	1300.4	163.0	340.2	212.7
山　东	Shandong	1661.0	899.5	2540.2	703.0	1064.6	1235.6
河　南	Henan	1019.1	690.2	1970.1	379.8	521.0	172.5
湖　北	Hubei	982.0	440.3	1811.7	357.1	410.7	267.1
湖　南	Hunan	879.1	392.0	1831.9	502.4	472.1	309.3
广　东	Guangdong	2716.4	1470.7	4568.5	1586.3	2435.5	258.6
广　西	Guangxi	411.3	237.0	850.0	199.0	221.7	175.4
海　南	Hainan	168.1	97.5	283.8	85.0	90.1	27.8
重　庆	Chongqing	492.8	215.9	769.5	155.5	226.5	302.6
四　川	Sichuan	1176.2	463.5	1912.7	426.4	515.8	314.1
贵　州	Guizhou	235.6	144.6	567.0	152.5	143.3	4.2
云　南	Yunnan	306.5	198.7	762.5	181.1	215.1	156.3
西　藏	Tibet	9.2	8.8	36.0	14.2	8.3	
陕　西	Shaanxi	458.8	331.0	890.0	164.4	264.9	253.7
甘　肃	Gansu	230.9	164.1	557.4	71.2	119.7	123.2
青　海	Qinghai	71.3	36.0	104.8	6.3	40.1	
宁　夏	Ningxia	89.4	44.9	186.0	30.7	42.4	26.6
新　疆	Xinjiang	356.9	231.8	755.0	236.8	232.3	17.0

主 要 统 计 指 标 解 释

森林覆盖率 通常是指森林面积占土地总面积之比，是反映一个国家或地区森林资源和绿化水平的重要指标。国家规定在计算森林覆盖率时，森林面积还包括灌木林面积、农田林网树占地面积以及四旁树木的覆盖面积。计算公式为：

$$森林覆盖率(\%)=\frac{森林面积}{土地总面积}\times 100\%$$

本《年鉴》森林覆盖率是按有林地面积计算的。

可比价格 指计算各种总量指标所采用的扣除了价格变动因素的价格，和进行不同时期总量指标的对比。按可比价格计算总量指标有两种方法：一种是直接用产品产量乘某一年的不变价格计算；另一种是用价格指数进行伸缩。

不变价格 指以同类产品某年的平均价格作为固定价格，用于计算各年的产品价值。按不变价格计算的产品价值消除了价格变动因素，不同时期对比可以反映生产的发展速度。新中国成立后，随着工农业产品价格水平的变化，国家统计局先后五次制定了全国统一的工业产品不变价格和农业产品不变价格。从1949年到1957年使用1952年工（农）业产品不变价格，从1957年到1971年使用1957年不变价格，从1971年到1981年使用1970年不变价格，从1981年到1990年使用1980年不变价格，从1991年到2000年使用1990年不变价格，从2001年开始使用2000年不变价。

平均增长速度 我国计算平均增长速度有两种方法：一种是习惯上经常使用的“水平法”，又称几何平均法，是以间隔期最后一年的水平同基期水平对比来计算平均每年增长（或下降）速度；另一种是“累积法”，又称代数平均法或方程法，是以间隔期内各年水平的总和同基期水平对比来计算平均每年增长（或下降）速度。

在一般正常情况下，两种方法计算的平均每年增长速度比较接近；但在经济发展不平衡、出现大起大落时，两种方法计算的结果差别较大。

本《年鉴》内所列的平均增长速度，除固定资产投资用“累积法”计算外，其余均用“水平法”计算。从某年到某年平均增长速度的年份，均不包括基期年在内。如建国四十三年的平均增长速度是以1949年为基期计算的，则写为1950—1992年平均增长速度，其余类推。

各个计划时期 年鉴中各个“时期”代表的年份如下：恢复时期为1950年到1952年；第一个五年计划时期（简称一五时期）为1953年到1957年；第二个五年计划时期（简称二五时期）为1958年到1962年；第三个五年计划时期（简称三五时期）为1966年到1970年；第四个五年计划时期（简称四五时期）为1970年到1975年；第五个五年计划时期（简称五五时期）为1976年到1980年；第六个五年计划时期（简称六五时期）为1981年到1985年；第七个五年计划时期（简称七五时期）为1986年到1990年；第八个五年计划时期（简称八五时期）为1991年到1995年；第九个五年计划时期（简称九五时期）为1996年到2000年；第十个五年计划时期（简称十五时期）为2001年到2005年；第十一个五年计划时期（简称十一五时期）为2006到2010年。

企业（单位）登记注册类型 是以在工商行政管理机关登记注册的各类企业为划分对象，以工商行政管理部门对企业登记注册的类型为依据，将企业登记注册类型分为内资企业、港澳台商投资企业和外商投资企业三大类。内资企业包括国有企业、集体企业、股份合作企业、联营企业、有限责任公司、股份有限公司、私营公司和其他企业；港澳台商投资企业和外商投资企业分别包括合资经营企业、合作经营企业、独资经营企业和股份有限公司。对不在工商行政管理部门进行登记注册的行政机关、事业单位和社会团体，主要按其经费来源和管理方式进行划分。

国内生产总值（GDP） 指按市场价格计算的一个国家（或地区）所有常住单位在一定时期内生产活动的最终成果。国内生产总值有三种表现形态，即价值形态、收入形态和产品形态。从价值形态看，它是所有常住单位在一定时期内生产的全部货物和服务价值超过同期投入的全部非固定资产货物和服务价值的差额，即所有常住单位的增加值之和；从收入形态看，它是所有常住单位在一定时期内创造并分配给常住单位和非常住单位的初次收入之和；从产品形态看，它是所有常住单位在一定时期内最终使用的货物和服务价值减去货物和服务进口价值。在实际核算中，国内生产总值有三种计算方法，即生产法、收入法和支出法。三种方法分别从不同的方面反映国内生产总值及其构成。

国民总收入（GNI） 即国民生产总值，指一个国家（或地区）所有常住单位在一定时期内收入初次分配的最终结果。一国常住单位从事生产活动所创造的增加值在初次分配中主要分配给该国的常住单位，但也有一部分以生

产税及进口税（扣除生产和进口补贴）、劳动者报酬和财产收入等形式分配给非常住单位；同时，国外生产所创造的增加值也有一部分以生产税及进口税（扣除生产和进口补贴）、劳动者报酬和财产收入等形式分配给该国的常住单位，从而产生了国民总收入的概念。它等于国内生产总值加上来自国外的净要素收入。与国内生产总值不同，国民总收入是个收入概念，而国内生产总值是个生产概念。

三次产业 三产业的划分是世界上较为常用的产业结构分类，但各国的划分不尽一致。我国三次产业划分：

第一产业是指农、林、牧、渔业。

第二产业是指采矿业，制造业，电力、煤气及水的生产和供应业，建筑业。

第三产业是指除第一、二产业以外的其他行业。

劳动者报酬 指劳动者因从事生产活动所获得的全部报酬。包括劳动者获得的各种形式的工资、奖金和津贴，既包括货币形式的，也包括实物形式的，还包括劳动者所享受的公费医疗和医药卫生费、上下班交通补贴、单位支付的社会保险费、住房公积金等。对于个体经济来说，其所有者所获得的劳动报酬和经营利润不易区分，这两部分统一作为劳动者报酬处理。

生产税净额 指生产税减生产补贴后的余额。生产税指政府对生产单位从事生产、销售和经营活动以及因从事生产活动使用某些生产要素（如固定资产、土地、劳动力）所征收的各种税、附加费和规费。生产补贴与生产税相反，指政府对生产单位的单方面转移支出，因此视为负生产税，包括政策亏损补贴、价格补贴等。

固定资产折旧 指一定时期内为弥补固定资产损耗按照规定的固定资产折旧率提取的固定资产折旧，或按国民经济核算统一规定的折旧率虚拟计算的固定资产折旧。它反映了固定资产在当期生产中的转移价值。各类企业和企业化管理的事业单位的固定资产折旧是指实际计提的折旧费；不计提折旧的政府机关、非企业化管理的事业单位和居民住房的固定资产折旧是按照统一规定的折旧率和固定资产原值计算的虚拟折旧。原则上，固定资产折旧应按固定资产的重置价值计算，但是目前我国尚不具备对全社会固定资产进行重估价的基础，所以暂时只能采用上述办法。

营业盈余 指常住单位创造的增加值扣除劳动者报酬、生产税净额和固定资产折旧后的余额。它相当于企业的营业利润加上生产补贴，但要扣除从利润中开支的工资和福利等。

支出法国内生产总值 是从最终使用的角度反映一个国家（或地区）一定时期内生产活动最终成果的一种方法，包括最终消费、资本形成总额及货物和服务净出口三部分。计算公式为：

支出法国内生产总值＝最终消费＋资本形成总额＋货物和服务净出口

最终消费 指常住单位为满足物质、文化和精神生活的需要，从本国经济领土和国外购买的货物和服务的支出。它不包括非常住单位在本国经济领土内的消费支出。最终消费分为居民消费和政府消费。

居民消费 指常住住户在一定时期内对于货物和服务的全部最终消费支出。居民消费除了直接以货币形式购买的货物和服务的消费支出外，还包括以其他方式获得的货物和服务的消费支出，即所谓的虚拟消费支出。居民虚拟消费支出包括如下几种类型：单位以实物报酬及实物转移的形式提供给劳动者的货物和服务；住户生产并由本住户消费了的货物和服务，其中的服务仅指住户的自有住房服务和付酬的家庭雇员提供的家庭和个人服务；金融机构提供的金融媒介服务；保险公司提供的保险服务。

政府消费 指政府部门为全社会提供的公共服务的消费支出和免费或以较低的价格向居民住户提供的货物和服务的净支出，前者等于政府服务的产出价值减去政府单位所获得的经营收入的价值，后者等于政府部门免费或以较低价格向居民住户提供的货物和服务的市场价值减去向住户收取的价值。

资本形成总额 指常住单位在一定时期内获得减去处置的固定资产和存货的净额，包括固定资本形成总额和存货增加两部分。

固定资本形成总额 指生产者在一定时期内获得的固定资产减处置的固定资产的价值总额。固定资产是通过生产活动生产出来的，且其使用年限在一年以上、单位价值在规定标准以上的资产，不包括自然资产。可分为有形固定资本形成总额和无形固定资本形成总额。有形固定资本形成总额包括一定时期内完成的建筑工程、安装工程和设备工器具购置（减处置）价值，以及土地改良、新增役、种、奶、毛、娱乐用牲畜和新增经济林木价值。无形固定资本形成总额包括矿藏的勘探、计算机软件等获得减处置。

存货增加 指常住单位在一定时期内存货实物量变动的市场价值，即期末价值减期初价值的差额，再扣除当期由于价格变动而产生的持有收益。存货增加可以是正值，也可以是负值，正值表示存货上升，负值表示存货下降。存货包括生产单位购进的原材料、燃料和储备物资等存货，以及生产单位生产的产成品、在制品和半成品等存货。

货物和服务净出口 指货物和服务出口减货物和服务进口的差额。出口包括常住单位向非常住单位出售或无偿转让的各种货物和服务的价值；进口包括常住单位从非常住单位购买或无偿得到的各种货物和服务的价值。由于服务活动的提供与使用同时发生，一般把常住单位从非常住单位得到的服务作为进口，非常住单位从常住单位得到的服务作为出口。货物的出口和进口都按离岸价格计算。

机构单位 指有权拥有资产和承担负债，能够独立地从事经济活动并与其他实体进行交易的经济实体。

机构部门 将相同性质的机构单位归并在一起，就形成机构部门。资金流量核算将常住机构单位划分为以下四个机构部门：非金融企业部门、金融机构部门、政府部门、住户部门。与常住单位发生经济往来关系的非常住单位组成国外部门，在资金流量核算中也视同机构部门。

非金融企业与非金融企业部门 非金融企业指主要从事市场货物生产和提供非金融市场服务的常住企业，它主要包括从事上述活动的各类法人企业。所有非金融企业归并在一起，就形成非金融企业部门。

金融机构与金融机构部门 金融机构指主要从事金融媒介以及与金融媒介密切相关的辅助金融活动的常住单位，它主要包括中央银行、商业银行和政策性银行、非银行信贷机构和保险公司。所有金融机构归并在一起，就形成金融机构部门。

政府单位与政府部门 政府单位指在我国境内通过政治程序建立的、在一特定区域内对其他机构单位拥有立法、司法和行政权的法律实体及其附属单位。政府单位的主要职能是利用征税和其他方式获得的资金向社会和公众提供公共服务。通过转移支付，对社会收入和财产进行再分配。它主要包括各种行政单位和非营利性事业单位。所有政府单位归并在一起，就形成政府部门。

住户与住户部门 住户指共享同一生活设施、部分或全部收入和财产集中使用、共同消费住房、食品和其他消费品与消费服务的常住个人或个人群体。所有住户归并在一起，就形成住户部门。

非常住单位与国外部门 所有不具有常住性的机构单位都是非常住单位。将所有与我国常住单位发生交易的非常住单位归并在一起，就形成国外部门。

初次分配总收入 初次分配是生产活动形成的净成果在参与生产活动的生产要素的所有者及政府之间的分配。生产活动的净成果是增加值。生产要素包括劳动力、土地、资本。劳动力所有者因提供劳动而获得劳动报酬；土地所有者因出租土地而获得地租；资本的所有者因资本的形态不同而获得不同形式的收入：借贷资本所有者获得利息收入；股权所有者获得红利或未分配利润；政府因直接或间接介入生产过程而获得生产税或支付补贴。初次分配的结果形成各个机构部门的初次分配总收入。各部门的初次分配总收入之和就等于国民总收入，亦即国民生产总值。

经常转移 转移是一个机构单位向另一个机构单位提供货物、服务或资产，而同时并没有从后一机构单位获得任何货物、服务或资产作为回报的一种交易。经常转移包括扣除资本转移外的所有转移。其形式有收入税、社会保险付款、社会补助和其他经常转移。

可支配总收入 在初次分配总收入的基础上，通过经常转移的形式对初次分配总收入进行再次分配。再分配的结果形成各个机构部门的可支配总收入。各部门的可支配总收入之和称为国民可支配总收入。

总储蓄 指可支配总收入用于最终消费后的余额。各部门的总储蓄之和称为国民总储蓄。

资本转移 指一个部门无偿地向另一个部门支付用于非金融投资的资金，是一种不从对方获取任何对应物作为回报的交易。资本转移具有不同于经常转移的两个特征，一是转移的目的是用于投资，而不是用于消费；二是资本转移其实物形式往往涉及除存货和现金以外资产所有权的转移；其现金形式往往涉及除存货以外的资产的处置。资本转移包括投资性补助和其他资本转移。

净金融投资 它反映机构部门或经济总体资金富余或短缺的状况。从实物交易角度看，它是指总储蓄加资本转移收入减资本转移支出减非金融投资后的差额。从金融交易角度看，它是金融资产的增加额减金融负债的增加额之后的差额。

通货 指以现金形式存在于市场流通中的货币，包括本币和外币。

存款 指金融机构接受客户存入的货币款项，存款人可随时或按约定时间支取款项的信用业务。包括活期存款、定期存款、住户储蓄存款、财政存款、外汇存款和其他存款等。

贷款 指金融机构将其所吸收的资金，按一定的利率贷放给客户并约期归还的信用业务。包括短期贷款、中长期贷款、财政贷款、外汇贷款和其他贷款。

证券（不含股票） 由债券购买者承购的或因销售产品而拥有的，可在金融市场上交易并代表一定债权的书面证明。包括政府债券、金融债券、企业债券、商业票据、支付固定收入但不提供法人企业残余价值分享权的优先股等。

股票及其他股权 指股票购买者及直接投资者对其投资企业净资产所拥有的权益。股票是股份公司签发的证明股东投资并按其所持股份享有权益和承担义务的权益性证券。其他股权是机构单位以直接投资的方式用除股票、债权性证券以外的土地、房屋及建筑物、机器设备、存货、资源资产等实物资产，商标、专利权、土地使用权、特许使用权、商誉等无形资产及货币资金直接向其他单位进行的投资。通常以股权证、出资证明书、参与证或类似的单据为凭证。

保险准备金 指对人寿保险准备金和养恤基金的净权益、保险费预付款和未结索赔准备金。

结算资金 指金融机构用于结算目的汇兑在途的资金。

金融机构往来 指各金融机构之间的资金往来，包括同业存放款和同业拆借款。

准备金 指各金融机构在中央银行的存款及缴存中央银行的法定准备金。

中央银行贷款 指中央银行向各金融机构的贷款。

经常项目 包括货物、服务、收益及经常性转移。

货物进出口 指通过我国海关进出口的货物。货物的进出口值都按离岸价格估价。离岸价格可视为进口商在出口商边境领取货物时支付的购买者价格。当进口商领取该货物时，该货物已装载到进口商自己的运载工具或其他运载工具，出口商已为该货物支付了出口税或获得了出口退税。

服务进出口 指常住单位与非常住单位之间相互提供的服务。包括运输服务、旅游服务、通讯服务、建筑服务、保险服务、金融服务、计算机和信息服务、咨询服

务、广告、宣传服务、电影音像服务、专有权力使用费和特许费、其他商务服务、政府服务。

收益 指常住单位与非常住单位之间因相互提供生产要素而产生的收入，包括劳动者报酬和投资收益。其中投资收益包括直接投资、证券投资和其他投资的收益和支出，以及直接投资收益的再投资。

资本项目 包括移民转移、债务减免等资本性转移。

金融项目 包括直接投资、证券投资和其他投资。

直接投资 指外国、港澳台地区在我国和我国在外国、港澳台地区以独资、合资、合作及合作勘探开发方式进行的投资。

证券投资 指我国对外国、港澳台地区发行的股票、债券等有价证券和我国购买外国、港澳台地区发行的股票、债券等有价证券。

其他投资 指除直接投资和证券投资以外的所有对外金融资产与负债交易项目。包括外国提供给我国和我国提供给外国的贸易信贷、贷款、货币和存款以及其他资产。

储备资产增减额 指我国在黄金储备、外汇储备、在国际货币基金组织的储备头寸、特别提款权、使用基金信贷等方面本年末与上年末余额之间的差额。负号表示储备资产增加，正号表示储备资产减少。

企业景气调查 企业景气调查的对象是企业主要负责人。调查方式是问卷调查，收集企业家对本行业景气状况和生产经营状况的判断以及对本行业、企业未来发展的预期，由企业主要负责人亲自填表。企业景气调查为季度调查。全省共抽中样本单位1120多家，包括全部大型企业和部分中小型企业；调查范围覆盖国民经济六个主要行业，即工业，建筑业，交通运输、仓储及邮电通信业，批发和零售贸易、餐饮业，房地产业和社会服务业等。企业景气指数通常用百分数表示，0.00%—100%表示景气，0.00%—-100%表示不景气，一般说来，正值越高越景气，负值越高越不景气。

出生率（又称粗出生率） 指在一定时期内（通常为一年）平均每千人所出生的人数的比率，一般用千分率表示。计算公式为：

$$出生率 = \frac{年出生人数}{年平均人数} \times 1000‰$$

式中：出生人数指活产婴儿，即胎儿脱离母体时（不管怀孕月数），有过呼吸或其他生命现象。年平均人数指年初、年底人口数的平均数，也可用年中人口数代替。

死亡率（又称粗死亡率） 指在一定时期内（通常为一年）一定地区的死亡人数与同期平均人数（或期中人数）之比，一般用千分率表示。计算公式为：

$$死亡率 = \frac{年死亡人数}{年平均人数} \times 1000‰$$

人口自然增长率 指在一定时期内（通常为一年）人口自然增加数（出生人数减死亡人数）与该时期内平均人数（或期中人数）之比，一般用千分率表示。计算公式为：

$$人口自然增长率 = \frac{本年出生人数-本年死亡人数}{年平均人数} \times 1000‰ = 人口出生率-人口死亡率$$

总抚养比 也称总负担系数。指人口总体中非劳动年龄人口数与劳动年龄人口数之比。通常用百分比表示。说明每100名劳动年龄人口大致要负担多少名非劳动年龄人口。用于从人口角度反映人口与经济发展的基本关系。计算公式为：

$$GDR = P_{0\sim14} + P_{65+} / P_{15\sim64} \times 100\%$$

其中：GDR为总抚养比；$P_{0\sim14}$为0～14岁少年儿童人口数；P_{65+}为65岁及65岁以上的老年人口数；$P_{15\sim64}$为15～64岁劳动年龄人口数。

老年人口抚养比 也称老年人口抚养系数。指某一人口中老年人口数与劳动年龄人口数之比。通常用百分比表示。用以表明每100名劳动年龄人口要负担多少名老年人。老年人口抚养比是从经济角度反映人口老化社会后果的指标之一。计算公式为：

$$ODR = P_{65+} / P_{15\sim64} \times 100\%$$

其中：ODR为老年人口抚养比；P_{65+}为65岁及65岁以上的老年人口数；$P_{15\sim64}$为15～64岁的劳动年龄人口数。

少年儿童抚养比 也称少年儿童抚养系数。指某一人口中少年儿童人口数与劳动年龄人口数之比。通常用百分比表示。以反映每100名劳动年龄人口要负担多少名少年儿童。计算公式为：

$$CDR = P_{0\sim14} / P_{15\sim64} \times 100\%$$

其中：CDR为少年儿童抚养比；$P_{0\sim14}$为0～14岁少年儿童人口数；$P_{15\sim64}$为15～64岁劳动年龄人口数。

就业人员 指从事一定社会劳动并取得劳动报酬或经营收入的人员，包括在岗职工、再就业的离退休人员、私营业主、个体户主、私营和个体就业人员、乡镇企业就业人员、农村就业人员、其他就业人员（包括民办教师、宗教职业者、现役军人等）。这一指标反映了一定时期内全部劳动力资源的实际利用情况，是研究我国基本国情国力的重要指标。

各单位的就业人员 指在各级国家机关、政党机关、社会团体及企业、事业单位中工作，取得工资或其他形式的劳动报酬的全部人员。包括在岗职工、再就业的离退休人员、民办教师以及在各单位中工作的外方人员和港澳台方人员、兼职人员、借用的外单位人员和第二职业者。不包括离开本单位仍保留劳动关系的职工。各单位的就业人员反映了各单位实际参加生产或工作的全部劳动力。

城镇私营和个体就业人员 城镇私营就业人员指在工商管理部门注册登记，其经营地址设在县城关镇（含县城关镇）以上的私营企业就业人员，包括私营企业投资者和雇工。城镇个体就业人员指在工商管理部门注册登记，并持有城镇户口或在城镇长期居住，经批准从事个体工商经营的就业人员，包括个体经营者和在个体工商户劳动的家庭帮工和雇工。

职工 指在国有、城镇集体、联营、股份制、外商和港、澳、台投资、其他单位及其附属机构工作，并由其支付工资的各类人员。不包括下列人员：(1) 乡镇企业就业人员；(2) 私营企业就业人员；(3) 城镇个体劳动者；(4) 离休、退休、退职人员；(5) 再就业的离、退休人员；(6) 民办教师；(7) 在城镇单位中工作的外方及港、澳、台人员；(8) 其他按有关规定不列入职工统计范围的人员。

在岗职工 指在本单位工作并由单位支付工资的人员，以及有工作岗位，但由于学习、病伤产假等原因暂未工作，仍由单位支付工资的人员。

工资总额 指各单位在一定时期内直接支付给本单位全部职工的劳动报酬总额。工资总额的计算原则应以直接支付给职工的全部劳动报酬为根据。各单位支付给职工的劳动报酬以及其他根据有关规定支付的工资，不论是计入成本的还是不计入成本的，不论是按国家规定列入计征奖金税项目的，还是未列入计征奖金税项目的，不论是以货币形式支付的还是以实物形式支付的，均包括在工资总额内。

平均工资 指企业、事业、机关单位的职工在一定时期内平均每人所得的货币工资额。它表明一定时期职工工资收入的高低程度，是反映职工工资水平的主要指标。计算公式为：

$$\text{平均工资} = \frac{\text{报告期实际支付的全部职工工资总额}}{\text{报告期全部职工平均人数}}$$

平均工资指数 指报告期职工平均工资与基期职工平均工资的比率，是反映不同时期职工货币工资水平变动情况的相对数。计算公式为：

$$\text{平均工资指数} = \frac{\text{报告期职工平均工资}}{\text{基期职工平均工资}} \times 100\%$$

平均实际工资指数 职工平均实际工资指扣除物价变动因素后的职工平均工资。职工平均实际工资指数是反映实际工资变动情况的相对数，表明职工实际工资水平提高或降低的程度。计算公式为：

平均实际工资指数

$$= \frac{\text{报告期职工平均工资指数}}{\text{报告期城镇居民消费价格指数}} \times 100\%$$

在业人口（又称就业人口） 指十五周岁及十五周岁以上人口中从事一定社会劳动并取得劳动报酬或经营收入的人口。

不在业人口 指十五周岁及十五周岁以上人口中未从事社会劳动的人口，包括在校学生、料理家务、待升学、市镇待业、离退休、退职、丧失劳动能力等非在业人口。

从业人员 指从事一定社会劳动并取得劳动报酬或经营收入的人员，包括全部职工、再就业的离退休人员、私营业主、个体户主、私营和个体从业人员、乡镇企业从业人员、农村从业人员、其他从业人员（包括民办教师、宗教职业者、现役军人等）。这一指标反映了一定时期内全部劳动力资源的实际利用情况，是研究我国基本国情国力的重要指标。

各单位的从业人员 指在各级国家机关、政党机关、社会团体及企业、事业单位中工作，取得工资和其他形式的劳动报酬的全部人员。包括在岗职工、再就业的离退休人员、民办教师以及在各单位中工作的外方人员和港澳台方人员、兼职人员、借用的外单位人员和第二职业者。不包括离开本单位仍保留劳动关系的职工。各单位的从业人员反映了各单位实际参加生产或工作的全部劳动力。

城镇私营和个体从业人员 城镇私营从业人员指在工商管理部门注册登记，其经营地址设在县城关镇（含城关镇）以上的私营企业从业人员；包括私营企业投资者和雇工。城镇个体从业人员指在工商管理部门注册登记，并持有城镇户口或在城镇长期居住，经批准从事个体工商经营的从业人员；包括个体经营者和在个体工商户劳动的家庭帮工和雇工。

城镇登记失业人员 指有非农业户口，在一定的劳动年龄内，有劳动能力，无业而要求就业，并在当地就业服务机构进行求职登记的人员。

城镇登记失业率 指城镇登记失业人数同城镇从业人数与城镇登记失业人数之和的比。计算公式为：

城镇登记失业率

$$= \frac{\text{城镇登记失业人数}}{\text{城镇从业人数} + \text{城镇登记失业人数}} \times 100\%$$

职工 指在国有经济、城镇集体经济、联营经济、股份制经济、外商和港、澳、台投资经济、其他经济单位及其附属机构工作，并由其支付工资的各类人员，不包括返聘的离退休人员、民办教师、在国有经济单位工作的外方人员和港、澳、台人员。

在岗职工 指在本单位工作并由单位支付工资的人员，以及有工作岗位，但由于学习、病伤产假等原因暂未工作，仍由单位支付工资的人员。

职工工资总额 指各单位在一定时期内直接支付给本单位全部职工的劳动报酬总额。工资总额的计算原则应以直接支付给职工的全部劳动报酬为根据。各单位支付给职工的劳动报酬以及其他根据有关规定支付的工资，不论是计入成本的还是不计入成本的，不论是按国家规定列入计征奖金税项目的还是未列入计征奖金税项目的，不论是以货币形式支付的还是以实物形式支付的，均包括在工资总额内。

职工平均工资 指企业、事业、机关单位的职工在一定时期内平均每人所得到货币工资额。它表明一定时期职工工资收入的高低程度，是反映职工工资水平的主要指标。计算公式为：

职工平均工资

$$= \frac{\text{报告期实际支付的全部职工工资总额}}{\text{报告期全部职工平均人数}}$$

职工平均实际工资 扣除物价变动因素后的职工平均工资。计算公式为：

职工平均实际工资

$$=\frac{\text{报告期职工平均工资}}{\text{报告期城镇居民消费价格指数}}$$

全社会固定资产投资 以货币形式表现的在一定时期内全社会建造和购置固定资产的工作量以及与此有关的费用的总称。该指标是反映固定资产投资规模、结构和发展速度的综合性指标，又是观察工程进度和考核投资效果的重要依据。全社会固定资产投资按登记注册类型可分为国有、集体、个体、联营、股份制、外商、港澳台商、其他等。

城镇固定资产投资 指城镇各种登记注册类型的企业、事业、行政单位及个体户进行的计划总投资（或实际需要总投资）50万元及50万元以上的建设项目投资、房地产开发投资、城镇和工矿区私人建房投资。县城及以上区域内发生的投资，县及县以上各级政府及主管部门直接领导、管理的建设项目和企业事业单位的投资均为城镇固定资产投资。

房地产开发投资 指各种登记注册类型的房地产开发公司、商品房建设公司及其他房地产开发法人单位和附属于其他法人单位实际从事房地产开发或经营活动的单位统一开发的包括统代建、拆迁还建的住宅、厂房、仓库、饭店、宾馆、度假村、写字楼、办公楼等房屋建筑物和配套的服务设施，土地开发工程（如道路、给水、排水、供电、供热、通讯、平整场地等基础设施工程）的投资；不包括单纯的土地交易活动。

城镇和工矿区私人建房投资 包括市、县城、城关镇、工矿区所辖范围内的全部私人建房，不论其房主是否系本地的常住户口均应包括。

农村投资 包括在农村区域范围内进行固定资产投资活动的企业、事业、行政单位及农村个人投资。

建设总规模 是指在报告期内所有施工项目的计划总投资。这个指标和施工项目相对应。

在建总规模 是指在报告期末所有在建项目的计划总投资。

在建净规模 是指报告期末所有在建项目建成投产尚需的投资总量。在建净规模＝在建总规模－累计完成投资。

固定资产投资的资金来源 根据固定资产投资的资金来源不同，分为国家预算内资金、国内贷款、利用外资、自筹资金和其他资金。

（1）国家预算内资金：分为财政拨款和财政安排的贷款两部分。包括中央财政的基本建设基金（分经营性基金和非经营性基金两部分）、专项支出（如煤代油专项等）、收回再贷、贴息资金，财政安排的挖潜改造和新产品试制支出、城建支出、商业部门简易建筑支出、不发达地区发展基金等资金中用于固定资产投资的资金；地方财政中由国家统筹安排的资金等。

（2）国内贷款：指报告期固定资产投资单位向银行及非银行金融机构借入的用于固定资产投资的各种国内借款，包括银行利用自有资金及吸收的存款发放的贷款、上级主管部门拨入的国内贷款、国家专项贷款（包括煤代油贷款、劳改煤矿专项贷款等）、地方财政专项资金安排的贷款、国内储备贷款、周转贷款等。

（3）利用外资：指报告期收到的用于固定资产建造和购置的国外资金（包括设备、材料、技术在内）。包括对外借款（外国政府、国际金融组织贷款、出口信贷、外国银行商业贷款、对外发行债券和股票）、外商直接投资及外商其他投资。不包括我国自有外汇资金（国家外汇、地方外汇、留成外汇、调剂外汇和中国银行自有资金发行的外汇贷款等）。计算利用外资时，需要折算成人民币，折算中所使用的外汇汇率按现汇计算，即按使用外汇时的汇率计算。

（4）自筹资金：指固定资产投资单位报告期收到的，由各地区、各部门及企、事业单位筹集用于固定资产投资的预算外资金，包括中央各部门、各级地方和企、事业单位的自筹资金。

（5）其他资金：指在报告期收到的除以上各种资金之外其他用于固定资产投资的资金，包括企业或金融机构通过发行各种债券筹集到的资金、群众集资、个人资金、无偿捐赠的资金及其他单位拨入的资金等。

固定资产投资按国民经济行业分 根据建设项目建成投产后的主要产品或主要用途及社会经济活动性质来确定国民经济行业。一般情况下，一个建设项目或一个企业、事业单位只能属于一种国民经济行业。

固定资产投资按隶属关系分 是按建设单位或企业、事业、行政单位的主管上级机关确定的。

（1）中央：是指中共中央、人大常委会和国务院各部、委、局、总公司以及直属机构直接领导的建设项目和企业、事业、行政单位。这些单位的固定资产投资计划由国务院各部门直接编制和下达，建设中所需物资、主要设备以及建设中的问题都由中央有关部门安排和解决。

（2）地方：是由省（自治区、直辖市）、地区（州、盟、省辖市）、县（旗、县级市）三级政府及业务主管部门直接领导和管理的建设项目、企业、事业、行政单位。地方项目还包括不隶属以上各级政府及主管部门的建设项目和企业、事业单位，如外商投资企业和无主管部门的企业等。

固定资产投资按建设性质分 根据整个建设项目情况来确定。建设项目的性质一般分为新建、扩建、改建和技术改造、迁建、恢复。房地产开发单位、农村投资、城镇工矿区私人建房投资不划分建设性质。

（1）新建：一般指从无到有“平地起家”开始建设的企业、事业和行政单位或建设项目。现有企业、事业、行政单位一般不属于新建。但如有的单位原有基础很小，经过建设后新增的固定资产价值超过该企、事业、行政单位原有固定资产价值（原值）三倍以上的也应作为新建。

（2）扩建：指在厂内或其他地点，为扩大原有产品的生产能力（或效益）或增加新的产品生产能力，而增建主要的生产车间（或主要工程）、分厂、独立的生产线。行政、事业单位在原单位增建业务用房（如学校增建教学用房、医院增建门诊部、病房等）也作为扩建。

现有企、事业单位为扩大原有主要产品生产能力或增加新的产品生产能力，增建一个或几个主要生产车间（或主要工程）、分厂，同时进行一些更新改造工程的，也应作为扩建。

（3）改建和技术改造：指现有企业、事业单位，对原有设施进行技术改造或更新（包括相应配套的辅助性生产、生活福利设施）的建设项目。现有企业、事业单位为适应市场变化的需要，而改变企业的主要产品种类（如军工企业转产民用品等）的建设项目，应作为改建。原有产品生产作业线由于各工序（车间）之间能力不平衡，为填平补齐充分发挥原有生产能力而增建不增加本企业主要产品设计能力的车间，也应作为改建。技术改造是指企业、事业单位在现有基础上，用先进的技术代替落后的技术，用先进的工艺和装备代替落后的工艺和装备，以改变企业落后的技术经济面貌，实现以内涵为主的扩大再生产，达到提高产品质量、促进产品更新换代、节约能源、降低消耗、扩大生产规模、全面提高社会经济效益的目的。技术改造具体包括以下内容：机器设备和工具的更新改造；生产工艺改革、节约能源和原材料的改造；厂房建筑和公共设施的改造；劳动条件和生产环境的改造等。

固定资产投资按构成分 固定资产投资活动按其工作内容和实现方式分为建筑安装工程，设备、工具、器具购置，其他费用三个部分。

（1）建筑安装工程（建筑安装工作量）：指各种房屋、建筑物的建造工程和各种设备、装置的安装工程。包括各种房屋建造工程，各种用途设备基础和各种工业窑炉的砌筑工程及金属结构工程；为施工而进行的各种准备工作和临时工程以及完工后的清理工作等；铁路、道路的铺设，矿井的开凿及石油管道的架设等；水利工程；防空地下建筑等特殊工程；列入房屋工程预算内的暖气、卫生、通风、照明、煤气等设备的价值及装设油饰工程；列入建筑工程预算内的各种管道（蒸汽、压缩空气、石油、给排水等管道）、电力、电讯电缆导线等的敷设工程；以及各种机械设备的安装工程；为测定安装工程质量，对设备进行的试运工作；房地产开发单位进行的商品房屋开发建设工程、土地开发工程。在安装工程中，不包括被安装设备本身的价值。

（2）设备、工具、器具购置：指建设单位或企、事业单位购置或自制的，达到固定资产标准的设备、工具、器具的价值。新建单位及扩建单位的新建车间，按照设计或计划要求购置或自制的全部设备、工具、器具，不论是否达到固定资产标准均计入“设备、工具、器具购置”中。

（3）其他费用：指在固定资产建造和购置过程中发生的，除上述几项内容以外的各种应分摊计入固定资产的费用。

施工项目 指报告期内进行过建筑或安装施工活动的项目。凡是报告期内施过工的建设项目，不论施工时间长短，均作为施工项目统计。施工项目个数可以反映一定时期固定资产投资的实际规模，与同期全部建成投产项目个数相比，可以从建设速度的角度反映固定资产投资的效果。根据建设项目施工活动的不同性质，施工项目又分为：本年正式施工项目、本年收尾项目和以前年度全部停缓建项目。

全部建成投产项目 工业项目指设计文件规定形成生产能力的主体工程及其相应配套的辅助设施全部建成，经负荷试运转，证明具备生产设计规定合格产品的条件，并经过验收鉴定合格或达到竣工验收标准，与生产性工程配套的生活福利设施可以满足近期正常生产的需要，正式移交生产的建设项目。非工业项目指设计文件规定的主体工程和相应的配套工程全部建成，能够发挥设计规定的全部效益，经验收鉴定合格或达到竣工验收标准，正式移交使用的建设项目。

新增生产能力（或工程效益） 指通过固定资产投资活动而增加的设计能力（或工程效益），该指标是以实物形态表现的反映固定资产投资成果的指标，也是考核投资经济效果的重要依据之一。新增生产能力（或工程效益）一般有以下几种表现形式：

（1）用产品数量表示，以工程在单位时间内（一般是一年）所能生产的产品数量（即年产量）表示。如原煤开采用万吨/年表示，化学农药用吨/年表示，拖拉机制造用台/年表示等。某些化工产品由于含量差别较大，按其设计含量计算折合量表示，如硫酸、纯碱、烧碱等。

（2）用单位时间内所能处理的原料数量表示，以工程每天（或小时）所能处理原料的数量表示。如机制糖工程日处理原料吨，食用植物油日处理原料吨，城市污水处理能力用万吨/日表示等。

（3）用新增加的主要设备的数量或容量表示，如新增棉布织机、丝织机等台数，毛纺锭等锭数，发电厂新增发电机组容量用千瓦表示等。

（4）用建筑物容积、容量、面积、长度表示，是非工业项目或工程新增效益的一种表现形式。如铁路投产里程、新建公路、水库容量、粮食仓库、学校学生席位、医院病床、有效灌溉面积等。

根据工程的特点，有时需要用两种或两种以上的复合计量单位表示新增生产能力（或工程效益），如新增内燃机生产能力同时用年产台数、千瓦数表示等。

为了规范新增生产能力（或工程效益）的名称和计算单位，国家统计局制订了《新增生产能力（或工程效益）目录及代码》。各固定资产投资单位在统计新增生产能力（或工程效益）时，必须按目录中规定的名称、计量单位和代码填报。

房屋建筑面积 指房屋建筑物勒脚以上外墙外围的水平截面面积，包括房屋建筑物的有效面积和结构面积。该指标是从实物形态上反映建设规模和建设成果的重要指标之一，也是检查工程形象进度、计算工程造价、分析投资

效果、研究施工任务和建筑材料之间平衡情况的重要依据。

住宅建筑面积 指施工和竣工房屋建筑面积中供居住用的房屋建筑面积。

施工面积 指报告期内施工的全部房屋建筑面积。包括本期新开工的面积和上期开工跨入本期继续施工的房屋面积，以及上期已停建在本期恢复施工的房屋面积。本期竣工和本期施工后又停缓建的房屋，其建筑面积仍计入本期房屋施工面积中。

竣工面积 指在报告期内房屋建筑按照设计要求已经全部完工，达到住人和使用条件，经验收鉴定合格（或达到竣工验收标准），正式移交使用单位的各栋房屋建筑面积的总和。

房屋建筑面积竣工率 指一定时期内房屋竣工面积占同期房屋施工面积的比率。是从房屋建筑施工速度的角度反映投资效果的指标。

新增固定资产 指报告期内已经完成建造和购置过程，并已交付生产或使用单位的固定资产价值。该指标是表示固定资产投资成果的价值指标，也是反映建设进度，计算固定资产投资效果的重要指标。

建设项目投产率 指一定时期内全部建成投产项目个数与同期施工项目个数的比率。该指标是从建设单位建设速度的角度反映投资效果的指标。

固定资产交付使用率 指一定时期新增固定资产与同期完成投资额的比率。该指标是反映固定资产动用速度，衡量建设过程中宏观投资效果的综合指标。由于新增固定资产是较长时期内形成的结果，而投资额则是当年完成的，因此，该指标一般适宜于反映较长时期内固定资产的动用情况。

经济适用房 指根据地方经济适用房计划安排建设的政策性住宅。经济是指房屋建筑造价和销售价格低于一般商品住宅；适用是指适合中低收入家庭购买使用。经济适用房主要是由国家统一下达投资计划，房地产公司开发，对外销售；用地一般采用行政划拨或招标投标方式，免收土地出让金；对各种经批准的收费减半征收，开发利润不超过3%；销售价格实行政府指导价。该指标可以分析房地产投资结构，反映中低收入家庭商品住宅的供求平衡情况。

财政收入 指国家财政参与社会产品分配所取得的收入，是实现国家职能的财力保证。财政收入所包括的内容几经变化，目前主要包括：营业税，地方企业所得税，利息所得税之外的个人所得税地方分享的部分，城镇土地使用税，固定资产投资方向调节税，城镇维护建设税，房产税，车船使用税，印花税，屠宰税，农牧业税，农业特产税，耕地占用税，契税，土地增值税、国有土地有偿使用收入，增值税25%部分，证券交易税（印花税）6%部分和除海洋石油资源税以外的其他资源税。

财政支出 国家财政将筹集起来的资金进行分配使用，以满足经济建设和各项事业的需要，主要包括：地方行政管理和各项事业费，地方统筹的基本建设、技术改造支出，支援农村生产支出，城市维护和建设经费，价格补贴支出等。

预算外资金收支 预算外资金指国家机关、事业单位和社会团体为履行或代行政府职能，依据国家法律、法规和具有法律效力的规章而收取、提取和安排使用的未纳入国家预算管理的各种财政性资金。其范围主要包括：法律、法规规定的行政事业性收费、政府性基金和附加收入等；国务院或省级人民政府及其财政、计划（物价）部门审批的行政事业性收费；国务院及财政部审批建立的政府性基金、附加收入等；主管部门所属单位集中上缴资金；用于乡镇政府开支的乡自筹和乡统筹资金；其他未纳入预算管理的财政性资金。社会保障基金在国家财政尚未建立社会保障预算制度以前，先按预算外资金管理制度进行管理，专款专用。财政部门在银行开设统一的专户，用于预算外资金收入和支出管理。部门和单位的预算外收入必须上缴同级财政专户，支出由同级财政按预算外资金收支计划和单位财务收支计划统筹安排，从财政专户中拨付，实行收支两条线管理。

居民消费价格指数 是反映一定时期内城乡居民所购买的生活消费品价格和服务项目价格变动趋势和程度的相对数，是对城市居民消费价格指数和农村居民消费价格指数进行综合汇总计算的结果。该指数可以观察和分析消费品的零售价格和服务价格变动对城乡居民实际生活费支出的影响程度。

城市居民消费价格指数 是反映一定时期内城市居民家庭所购买的生活消费品价格和服务项目价格变动趋势和程度的相对数。该指数可以观察和分析消费品的零售价格和服务项目价格变动对职工货币工资的影响，作为研究职工生活和确定工资政策的依据。

农村居民消费价格指数 是反映一定时期内农村居民家庭所购买的生活消费品价格和服务项目价格变动趋势和程度的相对数。该指数可以观察农村消费品的零售价格和服务项目价格变动对农村居民生活消费支出的影响，直接反映农民生活水平的实际变化情况，为分析和研究农村居民生活问题提供依据。

商品零售价格指数 是反映一定时期内城乡商品零售价格变动趋势和程度的相对数。商品零售物价的变动直接影响到城乡居民的生活支出和国家的财政收入，影响居民购买力和市场供需的平衡，影响到消费与积累的比例关系。因此，该指数可以从一个侧面对上述经济活动进行观察和分析。

农业生产资料价格指数 指反映一定时期内农业生产资料价格变动趋势和程度的相对数。农业生产资料价格指数分为小农具、饲料、幼禽家畜、半机械化农具、机械化农具、化学肥料、农药及农药械、农机用油等八大类。其编制目的是了解农业生产中物质资料投入价格的变动状况，服务于国民经济核算。1994年以前，农业生产资料价格指数仅仅是商品零售价格指数的一个类别，此后，从商品零售价格指数中分离出来，单独编制。

农产品生产价格指数 是反映一定时期内，农产品生产者出售农产品价格水平变动趋势及幅度的相对数。该指数可以客观反映农产品生产价格水平和结构变动情况，满足农业与国民经济核算需要。其中某代表品生产价格指数是通过对全部有出售该产品行为的调查单位的个体指数进行几何平均求得的，类价格指数是通过对其所属的类（或代表品）的价格指数进行加权平均求得的。季度累计价格指数的计算方法与分季指数的计算方法相同。

工业品出厂价格指数 是反映一定时期内全部工业产品出厂价格总水平的变动趋势和程度的相对数，包括工业企业售给本企业以外所有单位的各种产品和直接售给居民用于生活消费的产品。该指数可以观察出厂价格变动对工业总产值及增加值的影响。

原材料、燃料和动力购进价格指数 是反映工业企业作为生产投入，而从物资交易市场和能源、原材料生产企业购买原材料、燃料和动力产品时，所支付的价格水平变动趋势和程度的统计指标，是扣除工业企业物质消耗成本中的价格变动影响的重要依据。

目前，我国编制的原材料、燃料和动力购进价格指数所调查的产品包括燃料动力、黑色金属、有色金属、化工、建材等九大类的900多种产品。

固定资产投资价格指数 是反映一定时期内固定资产投资品及项目的价格变动趋势和程度的相对数。固定资产投资额是由建筑安装工程投资完成额、设备工器具购置投资完成额和其他费用投资完成额三部分组成的。编制固定资产投资价格指数应首先分别编制上述三部分投资的价格指数，然后采用加权算术平均法求出固定资产投资价格总指数。

该指数可以准确地反映固定资产投资中涉及的各类投资品和取费项目价格变动趋势和变动幅度，消除按现价计算的固定资产投资指标中的价格变动因素，真实地反映固定资产投资的规模、速度、结构和效益，为国家科学地制定、检查固定资产投资计划并提高宏观调控水平，为完善国民经济核算体系提供科学的、可靠的依据。

城镇居民家庭总收入 指家庭成员得到的工薪收入、经营净收入、财产性收入、转移性收入之和，不包括出售财物收入和借贷收入。

城镇居民家庭可支配收入 指家庭成员得到可用于最终消费支出和其它非义务性支出以及储蓄的总和，即居民家庭可以用来自由支配的收入。它是家庭总收入扣除交纳的所得税、个人交纳的社会保障支出以及记账补贴后的收入。计算公式为：

可支配收入＝家庭总收入－交纳所得税－个人交纳的社会保障支出－记账补贴

城镇居民家庭消费性支出 指家庭用于日常生活的支出，包括食品、衣着、家庭设备用品及服务、医疗保健、交通和通信、娱乐教育文化服务、居住、杂项商品和服务等八大类支出。

城镇家庭服务性消费支出 指家庭用于支付社会提供的各种非商品性服务费用。

城镇居民家庭购买商品支出 指被调查的城镇居民家庭为自用或赠送亲友而购买商品的全部支出，包括从商店、工厂、饮食业、工作单位食堂、集市以及直接从农民手中购买各种商品的开支。商品支出分为以下八类：食品；衣着；家庭设备用品及服务；医疗保健、交通与通信；娱乐、教育、文化服务；居住；杂项商品和服务。

城镇家庭收入分组方法 将所有调查户依户人均可支配收入由低到高排队，按10%，10%，20%，20%，20%，10%，10%的比例依次分成：最低收入户、低收入户、中等偏下收入户、中等收入户、中等偏上收入户、高收入户、最高收入户等七组。总体中最低5%的户为困难户。

农村居民家庭总收入 指调查期内农村住户和住户成员从各种来源渠道得到的收入总和。按收入的性质划分为工资性收入、家庭经营收入、财产性收入和转移性收入。

农村居民家庭工资性收入 指农村住户成员受雇于单位或个人，靠出卖劳动而获得的收入。

家庭经营收入 指农村住户以家庭为生产经营单位进行生产筹划和管理而获得的收入。农村住户家庭经营活动按行业划分为农业、林业、牧业、渔业、工业、建筑业、交通运输业邮电业、批发和零售贸易餐饮业、社会服务业、文教卫生业和其他家庭经营。

农村居民家庭财产性收入 指金融资产或有形非生产性资产的所有者向其他机构单位提供资金或将有形非生产性资产供其支配，作为回报而从中获得的收入。

农村居民家庭转移性收入 指农村住户和住户成员无须付出任何对应物而获得的货物、服务、资金或资产所有权等，不包括无偿提供的用于固定资本形成的资金。一般情况下，是指农村住户在二次分配中的所有收入。

农村居民家庭现金收入 指农村住户和住户成员在调查期内得到以现金形态表现的收入。按来源分成工资性收入、家庭经营现金收入、财产性收入、转移性收入。

农村居民家庭纯收入 指农村住户当年从各个来源得到的总收入相应地扣除所发生的费用后的收入总和。计算方法：

纯收入＝总收入－税费支出－家庭经营费用支出－税费支出－生产性固定资产折旧－调查补贴－赠送农村外部亲友支出

纯收入主要用于再生产投入和当年生活消费支出，也可用于储蓄和各种非义务性支出。“农民人均纯收入”按人口平均的纯收入水平，反映的是一个地区或一个农户农村居民的平均收入水平。

农村居民家庭生活消费支出 指农村常住居民家庭用于日常生活的全部开支，是反映和研究农民家庭实际生活消费水平高低的重要指标。

恩格尔系数 指食物支出金额在生活消费总支出金额中所占的比例。计算公式为：

$$恩格尔系数=\frac{食品支出金额}{生活消费总支出金额}\times 100\%$$

农林牧渔业总产值 指以货币表现的农、林、牧、渔业全部产品和对农林牧渔业生产活动进行的各种支持性服务活动的价值总量，它反映一定时期内农林牧渔业生产总规模和总成果。1957年以前的农林牧渔业总产值中包括了厩肥和农民自给性手工业（如农民自制衣服、鞋、袜，自己从事粮食初步加工等）。1958年及以后，林业中增加了村及村以下竹木采伐产值；牧业中取消了厩肥产值；副业中取消了农民自给性手工业产值，增加了村及村以下办的工业产值；渔业中增加了海洋捕捞水产品产值。1980年及以后，在副业中增加了农民家庭兼营工业商品部分的产值。从1984年起村及村以下工业产值划归工业。从1993年起取消副业，将野生动物的捕猎划入牧业、野生植物采集和农民家庭兼营商品性工业划归农业。从2003年起，执行新的国民经济行业分类标准，农林牧渔业总产值中包括了农林牧渔服务业产值。林业中增加了森林采运业产值。农业中取消了家庭兼营商品性工业产值，将野生林产品的采集划归林业。第一次农业普查以后，由于畜牧业产品年报数据与普查数据之间存在一定的差距，国家统计局农调总队对畜牧业年报数据与普查数据进行衔接，相应的畜牧业产值进行调整。

农林牧渔业总产值的计算方法通常是按农、林、牧、渔业产品及其副产品的产量分别乘以各自单位产品价格求得；少数生产周期较长，当年没有产品或产品产量不易统计的，则采用间接方法匡算其产值；然后将四业产品产值相加即为农林牧渔业总产值。

粮食产量 指全社会的产量。包括国有经济经营的、集体统一经营的和农民家庭经营的粮食产量，还包括工矿企业办的农场和其他生产单位的产量。粮食除包括稻谷、小麦、玉米、高粱、谷子及其他杂粮外，还包括薯类和豆类。其产量计算方法，豆类按去豆荚后的干豆计算；薯类（包括甘薯和马铃薯，不包括芋头和木薯）1963年以前按每4公斤鲜薯折1公斤粮食计算，从1964年开始改为按5公斤鲜薯折1公斤粮食计算。城市郊区作为蔬菜的薯类（如马铃薯等）按鲜品计算，并且不作粮食统计。其他粮食一律按脱粒后的原粮计算。

棉花产量 指全社会的产量。包括春播棉和夏播棉。产量按皮棉计算。3公斤籽棉折1公斤皮棉，不包括木棉。

油料产量 指全部油料作物的生产量。包括花生、油菜籽、芝麻、向日葵籽、（亚麻籽）和其他油料，不包括大豆、木本油料和野生油料。花生以带壳干花生计算。

水产品产量 指人工养殖的水产品和天然生长的水产品的捕捞量。包括海水的鱼类、虾蟹类、贝类和藻类以及内陆水域的鱼类、虾蟹类和贝类，不包括淡水生植物。水产品产量是通过各级水产和统计部门逐级上报取得数据。1995年及以前，贝类中牡蛎按鲜肉计算；蚶、蛤、蛙按5斤鲜品折1斤计算。1996年以后则统一按鲜品计算。

猪、牛、羊肉产量 指当年出栏并已屠宰、除去头蹄下水后带骨肉（即胴体重）的重量。

耕地面积 是指耕地总资源中专门种植农作物并经常进行耕种、能够正常收获的土地。包括当年实际耕种的熟地；弃耕、休闲不满三年，随时可以复耕的地；开荒利用三年以上的土地。在统计口径上包括南方小于1米、北方小于2米宽的沟、渠、路和田埸。不包括临时种植农作物的坡度在25度以上的陡坡地；在河套、湖畔、库区临时开发的成片或零星土地；也不包括已列为国家和省（区、市）退耕计划但临时耕种的土地。

农作物播种面积 指实际播种或移植有农作物面积。凡是实际种植有农作物的面积，不论种植在耕地上还是种植在非耕地上，均包括在农作物播种面积中。在播种季节基本结束后，因遭灾而重新改种和补种的农作物面积，也包括在内。它是反映我国耕地面积利用情况的一个重要指标。目前，农作物播种面积主要包括粮食、棉花、油料、糖料、麻类、烟叶、蔬菜和瓜类、药材和其它农作物九大类。

农用化肥施用量 指本年内实际用于农业生产的化肥数量，包括氮肥、磷肥、钾肥和复合肥。化肥施用量要求按折纯量计算数量。折纯量是指把氮肥、磷肥、钾肥分别按含氮、含五氧化二磷、含氧化钾的百分之百成份进行折算后的数量。复合肥按其所含主要成分折算。公式为：

折纯量＝实物量×某种化肥有效成份含量的百分比

农业机械总动力 指主要用于农、林、牧、渔业的各种动力机械的动力总和。包括耕作机械、排灌机械、收获机械、农用运输机械、植物保护机械、牧业机械、林业机械、渔业机械和其他农用机械内燃机按引擎马力折成瓦（特）计算、电动机按功率折成瓦（特）计算不包括专门用于乡、镇、村、组办工业、基本建设、非农业运输、科学试验和教学等非农业生产方面用的动力机械与作业机械。

乡村从业人员 指乡村人口中劳动年龄在16周岁以上实际参加生产经营活动并取得实物或货币收入的人员，包括劳动年龄内经常参加劳动的人员，也包括超过劳动年龄但经常参加劳动的人员，但不包括户口在家的在外学生、现役军人和丧失劳动能力的人，也不包括待业人员和家务劳动者。从业人员按从事主业时间最长（时间相同按收入）分为农业从业人员、工业从业人员、建筑业从业人员、交运仓储及邮电业从业人员、批零贸易及餐饮业从业人员、其它从业人员。

工业 工业 指从事自然资源的开采，对采掘品和农产品进行加工和再加工的物质生产部门。具体包括：(1)对自然资源的开采，如采矿、晒盐等（但不包括禽兽捕猎和水产捕捞）；(2)对农副产品的加工、再加工，如粮油加工、食品加工、缫丝、纺织、制革等；(3)对采掘品的加工、再加工，如炼铁、炼钢、化工生产、石油加工、机器制造、木材加工等，以及电力、自来水、煤气的生产和供应等；(4)对工业品的修理、翻新，如机器设备的修理、交通运输工具（包括小卧车）的修理等。

1984年以前农村的村及村以下办工业归属农业，1984年以后划归工业。

工业统计调查单位为独立核算法人工业企业。

独立核算法人工业企业指从事工业生产经营活动的单位。独立核算法人工业企业应同时具备以下条件：①依法成立，有自己的名称、组织机构和场所，能够承担民事责任；②独立拥有和使用资产，承担负债，有权与其他单位签订合同；③独立核算盈亏，并能够编制资产负债表。

本年鉴中涉及的企业登记注册类型：

国有及国有控股企业 指国有企业加上国有控股企业。国有企业（即原全民所有制工业或国营工业）指企业全部资产归国家所有，并按《中华人民共和国企业法人登记管理条例》规定登记注册的非公司制的经济组织。包括国有企业、国有独资公司和国有联营企业。1957年以前的公私合营和私营工业，后均改造为国营工业，1992年改为国有工业，这部分工业的资料不单独分列时，均包括在国有企业内。国有控股企业是对混合所有制经济的企业进行的“国有控股”分类。它是指这些企业的全部资产中国有资产（股份）相对其他所有者中的任何一个所有者占资（股）最多的企业。该分组反映了国有经济控股情况。

集体企业 指企业资产归集体所有，并按《中华人民共和国企业法人登记管理条例》规定登记注册的经济组织。是社会主义公有制经济的组成部分。包括城乡所有使用集体投资举办的企业，以及部分个人通过集资自愿放弃所有权并依法经工商行政管理机关认定为集体所有制的企业。

股份合作企业 指以合作制为基础，由企业职工共同出资入股，吸收一定比例的社会资产投资组建，实行自主经营，自负盈亏，共同劳动，民主管理，按劳分配与按股分红相结合的一种集体经济组织。

联营企业 指两个及两个以上相同或不同所有制性质的企业法人或事业单位法人，按自愿、平等、互利的原则，共同投资组成的经济组织。联营企业包括：

国有联营企业指国有企业与国有企业间的联营；

集体联营企业指集体企业与集体企业间的联营；

国有与集体联营企业指国有企业与集体企业间的联营。

有限责任公司 指根据《中华人民共和国公司登记管理条例》规定登记注册，由两个以上，五十个以下的股东共同出资，每个股东以其所认缴的出资额对公司承担有限责任，公司以其全部资产对其债务承担责任的经济组织。

有限责任公司包括国有独资公司以及其他有限责任公司。

股份有限公司 指根据《中华人民共和国企业法人登记管理条例》规定登记注册，其全部注册资本由等额股份构成并通过发行股票筹集资本，股东以其认购的股份对公司承担有限责任，公司以其全部资产对其债务承担责任的经济组织。

私营企业 指由自然人投资设立或由自然人控股，以雇佣劳动为基础的营利性经济组织。包括按照《公司法》、《合伙企业法》、《私营企业暂行条例》规定登记注册的私营有限责任公司、私营股份有限公司、私营合伙企业和私营独资企业。

港、澳、台商投资企业 指企业注册登记类型中的港、澳、台资合资、合作、独资经营企业和股份有限公司之和。

外商投资企业 指企业注册登记类型中的中外合资、合作经营企业、外资企业和外商投资股份有限公司之和。

“三资”企业系指港、澳、台商投资企业和外资企业的简称。

轻工业 指主要提供生活消费品和制作手工工具的工业。按其所使用的原料不同，可分为两大类：(1)以农产品为原料的轻工业，是指直接或间接以农产品为基本原料的轻工业。主要包括食品制造、饮料制造、烟草加工、纺织、缝纫、皮革和毛皮制作、造纸以及印刷等工业；(2)以非农产品为原料的轻工业，是指以工业品为原料的轻工业。主要包括文教体育用品、化学药品制造、合成纤维制造、日用化学制品、日用玻璃制品、日用金属制品、手工工具制造、医疗器械制造、文化和办公用机械制造等工业。

重工业 指为国民经济各部门提供物质技术基础的主要生产资料的工业。按其生产性质和产品用途，可以分为下列三类：(1)采掘（伐）工业，是指对自然资源的开采，包括石油开采、煤炭开采、金属矿开采、非金属矿开采等工业；(2)原材料工业，指向国民经济各部门提供基本材料、动力和燃料的工业。包括金属冶炼及加工、炼焦及焦炭、化学、化工原料、水泥、人造板以及电力、石油和煤炭加工等工业；(3)加工工业，是指对工业原材料进行再加工制造的工业。包括装备国民经济各部门的机械设备制造工业、金属结构、水泥制品等工业，以及为农业提供的生产资料如化肥、农药等工业。

根据上述划分原则，修理业中以重工业产品为修理作业对象的划为重工业，反之划为轻工业。

工业增加值 指工业企业在报告期内以货币表现的工业生产活动的最终成果。

工业增加值有两种计算方法：一是生产法，即工业总产出减去工业中间投入加上应交增值税；二是收入法，即从收入的角度出发，根据生产要素在生产过程中应得到的收入份额计算，具体构成项目有固定资产折旧、劳动者报酬、生产税净额、营业盈余，这种方法也称要素分配法。本年鉴中的工业增加值是以生产法计算的。

生产法工业增加值的计算方法为：

工业增加值＝工业总产出－工业中间投入＋应交增值税

(1)工业总产出：指工业企业在一定时期内工业生产活动的总成果。工业总产出包括：成品生产价值，对外加工费收入，自制半成品、在产品期末期初差额价值。1995年后用新规定计算的工业总产值代替。

(2)工业中间投入：指工业企业在工业生产活动中消耗的外购物质产品和对外支付的服务费用。服务费用包括

支付给物质生产部门（工业、农业、批发零售贸易业、建筑业、运输邮电业）的服务费用和支付给非物质生产部门（如保险、金融、文化教育、科学研究、医疗卫生、行政管理等）的服务费用。工业中间投入的确定须遵循以下原则：必须从外部购入的，并已计入工业总产出的产品和服务价值；必须是本期投入生产，并一次性消耗掉（包括本期摊销的低值易耗品等）的产品和服务价值。

工业中间投入包括直接材料费用、制造费用中的工业中间投入、管理费用中的工业中间投入、销售费用中的工业中间投入和利息支出五部分。

资产总计 指企业拥有或控制的能以货币计量的经济资源，包括各种财产、债权和其他权利。资产按流动性分为流动资产、长期投资、固定资产、无形资产、递延资产和其他资产。该指标根据企业会计“资产负债表”中“资产总计”项目的期末数增列。

流动资产平均余额 指企业在报告期内全部流动资产的平均余额。

固定资产净值年平均余额 指固定资产净值在报告期内余额的平均数。计算公式为：

$$固定资产净值年平均余额=\frac{1至12月各月月初、月末固定资产净值之和}{24}$$

该指标根据“资产负债表”中“固定资产原价”、“累计折旧”指标的期初、期末数计算填列。

固定资产净值 指固定资产原价减去历年已提折旧额后的净额。计算公式为：

固定资产净值＝固定资产原价－累计折旧

负债合计 指企业所承担的能以货币计量，将以资产或劳务偿付的债务，偿还形式包括货币、资产或提供劳务。负债一般按偿还期长短分为流动负债和长期负债。根据会计“资产负债表”中“负债合计”的年末数填列。

产品销售收入 指企业在报告期内生产的成品、自制半成品和工业性劳务取得的收入。

产品销售成本 指企业在报告期内销售本企业生产的成品、自制半成品和工业性劳务等的实际成本。

产品销售费用 指工业企业销售产品和提供劳务等过程中所发生的费用。该指标根据工业企业会计“利润表”中“产品销售费用”项的数值填列。

产品销售税金及附加 指企业在报告期内销售产品、提供的劳务等主要经营业务应负担的城市维护建设税、消费税、资源税和教育费附加等。

利润总额 指企业生产经营活动的最终成果，是企业在一定时期内实现的盈亏相抵后的利润总额（亏损以“－”号表示），它等于营业利润加上补贴收入加上投资收益加上营业外净收入再加上以前年度损益调整。

本年应交增值税 指企业在报告期内应交纳的增值税额。它等于本年销项税额加上出口退税加上进项税额转出数减去本年进项税额。小规模纳税企业直接按全年计税销售额乘以征收率计算取得。

从业人员平均人数 是指报告期内每天拥有的从业人员人数。其计算公式为：

$$月平均人数=\frac{报告月内每天实有人数之和}{报告月日历日数}$$

$$季平均人数=\frac{季内各月平均人数之和}{3}$$

$$年平均人数=\frac{年内各月平均人数之和}{12}$$

总资产贡献率 反映企业全部资产的获利能力，是企业经营业绩和管理水平的集中体现，是评价和考核企业盈利能力的核心指标。计算公式为：

$$总资产贡献率(\%)=\frac{利润总额+税金总额+利息支出}{平均资金总额}\times 100\%$$

公式中：税金总额为产品销售税金及附加与应交增值税之和；平均资产总额为期初期末资产之和的算术平均值。

资产负债率 该指标既反映企业经营风险的大小，也反映企业利用债权人提供的资金从事经营活动的能力。计算公式为：

$$资产负债率(\%)=\frac{负债总额}{资产总额}\times 100\%$$

资产与负债均为报告期期末数。

流动资产周转次数 指一定时期内流动资产完成的周转次数，反映投入工业企业流动资金的周转速度。计算公式为：

$$流动资产周转资转=\frac{产品销售收入}{全部流动资产平均余额}$$

公式中：全部流动资产平均余额为期初和期末的流动资产之和的算术平均值。

成本费用利润率 反映企业投入的生产成本及费用的经济效益，同时也反映企业降低成本所取得的经济效益。计算公式为：

$$成本费用利润(\%)=\frac{利润总额}{成本费用总额}\times 100\%$$

公式中：成本费用总额为产品销售成本、销售费用、管理费用、财务费用之和。

建筑业统计单位 指从事房屋、构筑物建造和设备安装活动的法人企业。建筑业法人企业应同时具备的条件是：① 依法成立，有自己的名称、组织机构和场所，能够承担民事责任；②独立拥有和使用资产，承担负债，有权与其他单位签订合同；③独立核算盈亏，能够编制资产负债表。

建筑业总产值（自行完成施工产值） 是以货币表现的建筑企业在一定时期内生产的建筑业产品和服务的总和。建筑业总产值包括建筑工程产值、安装工程产值和其他产值三部分内容。

（1）建筑工程产值：指列入建筑工程预算内的各种工程价值。

（2）安装工程产值：指设备安装工程价值，不包括被安装设备本身价值。

（3）其他产值：建筑业总产值中除建筑工程、安装工程以外的产值。包括房屋构筑物修理产值、非标准设备制造产值、总包企业向分包企业收取的管理费以及不能明确划分的施工活动所完成的产值。

建筑业增加值 指建筑业企业在报告期内以货币表现的建筑业生产经营活动的最终成果。目前建筑业增加值采用分类法（收入法）计算，即从收入的角度出发，根据生产要素在生产过程中应得到的收入份额计算。具体计算公式为：

建筑业增加值＝本年固定资产折旧＋本年应付工资＋本年应付福利费总额＋工程结算税金及附加＋营业利润＋管理费用中的税金＋劳动失业保险费

房屋建筑施工面积 指在报告期内施工的全部房屋建筑面积，包括本期新开工的房屋面积、上期施工跨入本期继续施工的房屋面积、上期停缓建在本期恢复施工的房屋面积、本期竣工的房屋面积及本期施工后又停缓建的房屋面积。

房屋建筑竣工面积 指在报告期内房屋建筑按照设计要求全部完工，达到了住人和使用条件，经验收鉴定合格，正式移交使用单位的房屋建筑面积。

公路里程 指在一定时期内实际达到《公路工程技术标准 JTJ01－88》规定的等级公路，并经公路主管部门正式验收交付使用的公路里程数。包括大中城市的郊区公路以及通过小城镇街道部分的公路里程和桥梁、渡口的长度，不包括大中城市的街道、厂矿、林区生产用道和农业生产用道的里程。两条或多条公路共同经由同一路段，只计算一次，不得重复计算里程长度。它是反映公路建设发展规模的重要指标，也是计算运输网密度等指标的基础资料。

货（客）运量 指在一定时期内，各种运输工具实际运送货物（旅客）数量。它是反映运输业为国民经济和人民生活服务的数量指标，也是制订和检查运输生产计划、研究运输发展规模和速度的重要指标。货运按吨计算，客运按人计算。货物不论运输距离长短、货物类别，均按实际重量统计。旅客不论行程远近或票价多少，均按一人一次客运量统计；半价票、小孩票也按一人统计。

货物（旅客）周转量 指在一定时期内，由各种运输工具运送的货物（旅客）数量与其相应运输距离的乘积之总和。它是反映运输业生产总成果的重要指标，也是编制和检查运输生产计划，计算运输效率、劳动生产率以及核算运输单位成本的主要基础资料。计算货物周转量通常按发出站与到达站之间的最短距离，也就是计费距离计算。

邮电业务总量 指以价值量形式表现的邮电通信企业为社会提供各类邮电通信服务的总数量。邮电业务量按专业分类包括函件、包件、汇票、报刊发行、邮政快件、特快专递、邮政储蓄、集邮、公众电报、用户电报、传真、长途电话、出租电路、无线寻呼、移动电话、分组交换数据通信、出租代维等。计算方法为各类产品乘以相应的平均单价（不变价）之和，再加上出租电路和设备、代用户维护电话交换机和线路等的服务收入。它综合反映了一定时期邮电业务发展的总成果，是研究邮电业务量构成和发展趋势的重要指标。计算公式为：

邮电业务总量＝∑（各类邮电业务量×不变单价）＋出租代维及其他业务收入

社会消费品零售总额 指批发和零售业、餐饮业、新闻出版业、邮政业和其他服务业等，售予城乡居民用于生活消费的商品和社会集团用于公共消费的商品之总量。社会消费品零售总额包括：

1. 批发和零售业企业（单位）：

（1）售予城乡居民的各种生活消费品；

（2）售予入境旅游的外国人、华侨、港澳台同胞的各类商品；

（3）售予行政事业单位、社会团体、军队和武警等机构的商品，以及以零售方式售予各类企业的商品。具体包括：用于非生产和社会交往的办公用品，如通讯设备、计算器具和设备、电讯网络设备、文印设备、音像视听器材和设备、纸张、本册、文具及装订文印材料、家具、日用电器、针纺织品、清洁卫生用品、文体用品、奖品、纪念品、礼品等；供内部人员乘坐的交通工具和燃料；用于办公设施修缮的各类配件、材料、工具等；用于取暖和防暑降温的设备、燃料、材料及食品等；专用于教学的用品和设备；非营利医疗机构的中、西药品、中药材和医疗设备器材；非专用的劳动保护用品；不对外营业的内部食堂用的餐具、炊具、设备、清洁卫生工具和食品、燃料等；军队、武警用于其人员生活的衣着品和个人用品；其他各类非生产性设备和用品。

2. 餐饮业出售的主食、菜肴、烟酒饮料和其他商品。

3. 新闻出版业、邮政业售予城乡居民、企事业单位、军队和武警等机构的书报杂志、音像制品、邮品等。

4. 其他服务业出售的食品、烟酒饮料、服装鞋帽、日常生活用品、医药保健用品、艺术品、工艺美术品、玩具、殡葬用品以及其他消费品。

消费品市场成交额 指从事消费品交易的商品市场的全部商品成交金额。消费品市场包括农副产品市场和工业消费品市场。

进出口总额 海关进出口总额指实际进出我国国境的货物总金额。包括对外贸易实际进出口货物，来料加工装配进出口货物，国家间、联合国及国际组织无偿援助物资和赠送品，华侨、港澳台同胞和外籍华人捐赠品，租赁期满归承租人所有的租赁货物，进料加工进出口货物，边境地方贸易及边境地区小额贸易进出口货物（边民互市贸易除外），中外合资经营企业、中外合作经营企业、外资独资经营企业进口货物和公用物品，到、离岸价格在规定限额以上的进出口货样和广告品（无商业价值、无使用价值和免费提供出口的除外），从保税仓库提取在中国境内销售的进口货物，以及其他进口货物。进出口总额用以观察一个国家在对外贸易方面的总规模。我国规定出口货物按离岸价格统计，进口货物按到岸价格统计。

利用外资 指我国各级政府、部门、企业和其他经济组织通过对外借款、吸收外资直接投资以及用其他方式筹措的境外现汇、设备、技术等。

对外借款 是我国利用外资的主要部分。指通过对外正式签订借款协议、从境外筹措的资金，包括外国政府贷款、国际金融组织贷款、外国银行商业贷款、出口信贷以及对外发行债券等。1996年及以前还包括对外发行股票。

外商直接投资 指外国企业和经营组织和个人（包括华侨、港澳台胞以及我国在境外注册的企业）按我国有关政策、法规，用现汇、实物、技术等在我国境内开办外商独资企业、与我国境内的企业和经济组织共同举办中外合资经营企业、合作经营企业或合作开发资源的投资（包括外商投资收益的再投资）以及经政府有关部门批准的项目投资总额，企业从境外借入的资金。

对外承包工程 指各对外承包公司以招标议标承包方式承揽的下列业务：（1）承包国外工程建设项目，（2）承包我国对外经援项目，（3）承包我国驻外机构的工程建设项目，（4）承包我国境内利用外资进行建设的工程项目，（5）与外国承包公司合营或联合承包工程项目时我国公司分包部分，（6）对外承包兼营的房屋开发业务。对外承包工程的营业额是以货币表现的本期内完成的对外承包工程的工作量，包括以前年度签订的合同和本年度新签订的合同在报告期内完成的工作量。

对外劳务合作 指已收取工资的形式向业主或承包商提供技术和劳动服务的活动。我国对外承包公司在境外开办的合营企业，中国公司同时又提供劳务的，其劳务部分也纳入劳务合作统计。劳务合作经营额按报告期内向雇主提交的结算数（包括工资、加班费和奖金等）统计。

存款 指企业、机关、团体和居民根据资金必须收回的原则，把货币资金存入银行和其他信用机构保管并取得一定利息的一种信用活动形式。根据存款对象的不同可划分为企业存款、财政存款、基本建设存款、城镇储蓄存款、农村存款等科目。它是银行信贷资金的主要来源。

贷款 指银行或其他信用机构根据资金必须归还的原则按一定利率，为企业、个人等提供资金的一种信用活动形式。我国银行贷款分为流动资金贷款、固定资产贷款、城乡个体工商户贷款以及农业贷款等科目。

城乡居民储蓄存款余额 指某一时点城乡居民存入银行及农村信用 的储蓄金额，包括城镇居民储蓄存款和农民个人储蓄存款，不包括居民的手存现金和工矿企业、部队、机关、团体等单位存款。

保险金额 指保险人承担赔偿或或者给付保险金责任的最高限额。

小学学龄儿童入学率 指调查范围内已入小学学习的学龄儿童占校内外学龄儿童总数（包括弱智儿童在内，但不包括盲聋哑儿童）的比重。计算公式为：

小学学龄儿童入学率

$$=\frac{\text{已入学的小学学龄儿童数}}{\text{校内外小学学龄儿童总数}}\times 100\%$$

工程技术人员 指在国民经济各行业中从事工程技术工作的自然科学技术专业人员，包括高级工程师、工程师、助理工程师、技术员和未评定职称的技术人员。

农业技术人员 指在国民经济各行业中从事农业技术工作的自然科学技术专业人员，包括高级农艺师、农艺师、助理农艺师、技术员和未评定职称的技术人员。

卫生技术人员 指在国民经济各行业中从事卫生医务工作的自然科学技术专业人员，包括正副主任医师、主治医师、医师、医（护）士和未评定职称的技术人员。

科学研究人员 指在国民经济各行业中从事科学技术活动的自然科学技术专业人员，包括正副研究员、助理研究员、研究实习员、技术员和未评定职称的技术人员。

教学人员 指在国民经济各行业中从事教学活动的专业人员，包括正副教授、讲师、助教、教师和在中学从事教学活动的人员。

等级运动员人数 指经过考试正式批准授予等级运动员称号的人数。运动员等级分为国际级运动健将、运动健将、一级运动员、二级运动员、三级运动员、少年级运动员。

等级裁判员人数 指经考试正式批准授予等级裁判员称号的人数。裁判员等级分为国际裁判、国家级裁判、一级裁判、二级裁判、三级裁判。

医院 指设有固定床位，能收容病人住院并能为病人提供医疗、护理服务的医疗机构，包括县及县以上医院、农村乡卫生院和其他医院三部分。医院按所属性质不同分为卫生部门、工业及其他部门和集体经济单位三类。县及县以上医院按业务性质不同分为综合医院和专科医院。

卫生技术人员 指卫生事业机构支付工资的全部职工中现任职务为卫生技术工作的专业人员，包括中医师、西医师、中西医结合高级医师、护师、中药师、西药师、检验师、其他技师、中医士、西医士、护士、助产士、中药剂师、西药剂师、检验士、其他技士、其他中医、护理员、中药剂员、西药剂员、检验员和其他初级卫生技术人员。

医生 指经卫生部门审查合格，从事医疗工作的专业人员。分为中医医生和西医医生。包括卫生技术人员中的中医师、西医师、中西医结合高级医师、中医士、西医士和其他中医。

社会福利事业单位 指集中收养社会孤老、残、幼的机构，包括由民政部门管理的社会福利院、儿童福利院、精神病人福利院和城镇集体举办的福利院及农村集体举办的敬老院。

社会福利事业单位收养人数 包括民政部门管理和城镇、农村集体举办的社会福利事业单位中收养的老人、少年儿童、缺乏生活自理能力的残疾人员和精神病人。

公证人员 指在国家公证机关依法办理公证事务的司法人员，包括公证员、助理公证员和在公证处工作的其他人员。

调解民间纠纷 指调解委员会依照法律规定，根据自愿原则，用说服教育的方法调解民间发生的有关民事权利和义务的争执，促成当事双方达到协议和谅解，解决纠纷。包括婚姻家庭纠纷，财产权益纠纷等，不包括法院受理调解的民事案件数。

全年供水总量 指公用自来水厂和自备水源的社会单位全年的供水总量，包括有效供给量及损失水量。

生活用水量 指居民日常生活与公共福利设施的用水量，包括居民、饮食店、旅馆、医院、理发店、浴池、洗衣店、游泳池、商店、学校、机关、部队等单位的用水量。

年底实有铺装道路长度 指除土路外，路面经过铺装宽度在3.5米以上的道路，包括高级、次高级道路和普通道路。

城市下水道总长度 指所有排水总管、干管、支管及暗渠、检查井、连接井进出水口等长度之和。

能源生产总量 指一定时期内全国（地区）一次能源生产量的总和，是观察全国（地区）能源生产水平、规模、过程构成和发展速度的总量指标。一次能源生产量包括原煤、原油、天然气、水电、核电及其他动力能（如风能、地热能等）发电量。不包括低热值燃料生产量、生物质能、太阳能等的利用和由一次能源加工转换而成的二次能源产量。

能源消费总量 指一定时期内全国（地区）各行业和居民生活消费的各种能源的核算能源消费总量指标。能源消费总量包括原煤、原油及其制品、天然气、电力。不包括低热值燃料、生物质能和太阳能等的利用。能源消费总量分为三部分，即终端能源消费量、能源加工转换损失量和损失量。

终端能源消费量 指一定时期内全国（地区）各行业和居民生活消费的各种能源在扣除了用于加工转换二次能源消费量和损失量以后的数量。

能源加工转换损失量 指一定时期内全国（地区）投入加工转换的各种能源数量之和与产出各种能源产品之和的差额。它是观察能源在加工转换过程中损失量变化的指标。

能源损失量 指一定时期内能源在输送、分配、储存过程中发生的损失和由客观原因造成的各种损失量。不包括各种气体能源放空、放散量。

$$\text{单位 GDP 能耗}=\frac{\text{能源消费总量}}{\text{GDP}}$$

$$\text{单位 GDP 电耗}=\frac{\text{全社会用电量}}{\text{GDP}}$$

$$\text{单位工业增加值能耗}=\frac{\text{工业能源消费量}}{\text{工业增加值}}$$

能源加工转换效率 指一定时期内能源经过加工转换后，产出的各种能源产品的数量与投入加工转换的各种能源数量的比率。它是观察能源加工转换装置和生产工艺先进与落后、管理水平高低等的重要指标。计算公式：

$$\text{能源加工转换效率}=\frac{\text{加工转换产出量}}{\text{加工转换投入量}}\times 100\%$$

EVENTS

2009年河北省经济与社会发展大事记

一月

一月四日

下午，省委副书记、代省长胡春华在石家庄市会见了中国石油化工集团总经理苏树林一行。省委常委、副省长杨崇勇一同会见。省长助理、省政府秘书长尹亚力参加会见。

一月五日

上午，省委召开议军会议，传达上级军事机关有关会议精神，听取省军区工作汇报，对进一步加强河北省国防后备力量建设问题进行研究。省委书记、省军区党委第一书记张云川，省委副书记、代省长、省国防动员委员会主任胡春华出席会议并讲话。

上午，全省师（旅）级单位党委第一书记党管武装工作述职电视电话会议在省军区召开。省委书记、省军区党委第一书记张云川主持会议并讲话。省领导和省军区领导胡春华、车俊、付志方、梁滨、张彦欣、苪福成、宋恩华、丁振华、张保德、李光聚、李钟铮、赵海滨、高义勋、李毅等在主会场出席会议。

今天，全省知识产权优势培育工作会议在省会召开，河北省将实施知识产权优势培育工程，加快提升有关企事业单位创造、管理、保护和运用知识产权的能力和水平。副省长龙庄伟出席会议并讲话。

一月六日

上午，河北省高速公路管理局（集团）揭牌仪式在石家庄举行。代省长胡春华出席揭牌仪式，副省长宋恩华讲话。

下午，省委副书记、代省长胡春华在省会会见了前来参加"华润助学基金"发放仪式的华润（集团）有限公司董事长、总经理宋林一行。副省长龙庄伟一同会见。

下午，华润助学基金2008年度发放仪式在省会河北会堂举行。河北省10所重点骨干大学的1000名家庭贫困、品学兼优的大学生，每人获得3000元的助学金。副省长龙庄伟出席仪式。

一月七日

上午，政协河北省第十届委员会第二次会议在省会河北会堂开幕。省政协主席刘德旺，副主席高喜同、赵文鹤、王玉梅、田向利、段惠军、丛斌、孔小均、武四海、王刚，秘书长安云昉在主席台前排就座。应邀出席大会并在主席台就座的有中共河北省委、省人大常委会、省政府、省军区领导，省法院院长、省检察院检察长：张云川、胡春华、车俊、付志方、杨崇勇、赵勇、梁滨、臧胜业、张彦欣、刘永瑞、聂辰席、张越、柳宝全、宋长瑞、侯志奎、王增力、马兰翠、黄荣、张和、孙士彬、龙庄伟、孙瑞彬、高勇、张德利。省政协主席刘德旺作政协河北省第十届委员会常务委员会工作报告。高喜同主持会议。

下午，省领导胡春华、刘德旺、杨崇勇、刘永瑞、高喜同、田向利、孔小均在省会白楼宾馆会见了出席省政协十届二次会议的港澳委员。省政协秘书长安云昉陪同会见。

晚上，第五届石家庄市戏剧节在河北大戏院落下帷幕。

一月八日

上午，省十一届人大二次会议在河北会堂开幕。大会执行主席、主席团常务主席张云川、柳宝全、宋长瑞、侯志奎、王增力、马兰翠、黄荣、赵曙光在主席台前排就座。张云川主持会议。代省长胡春华代表省政府作政府工作报告。出席大会并在主席台就座的有胡春华、车俊、刘德旺、付志方、杨崇勇、赵勇、梁滨、臧胜业、张彦欣、刘永瑞、聂辰席、张越、苪福成、宋恩华、张和、孙士彬、龙庄伟、孙瑞彬、高喜同、赵文鹤、王玉梅、田向利、段惠军、丛斌、孔小均、武四海、王刚、高勇、张德利、李庆安、李广文、刘云海、赵海滨、高义勋、杨隽。十一届全国人大代表刘振华、齐续春、何晓卫、彭雪峰应邀在主席台就座。

上午，省委书记、省人大常委会主任张云川，省委副书记、代省长胡春华，省委副书记车俊，省人大常委会常务副主任柳宝全、副主任侯志奎等省领导，在河北会堂会见了列席省十一届人大二次会议的刘振华、何晓卫、齐续春、彭雪峰等中直全国人大代表。

下午，省委副书记、代省长胡春华参加了出席省十一届人大二次会议的张家口代表团和承德代表团审议。他指出，要正确分析把握当前形势，着眼长远，坚定信心，迎难而上，始终把发展作为第一要务，努力推动全省经济平稳较快发展，在新一轮的发展竞争中占得先机。

今天，全省春运电视电话会议在省会召开。副省长宋恩华出席会议并讲话。

一月九日

下午，省政协十届二次会议第二次全体会议举行大会发言。省政协副主席王玉梅主持会议。省领导张云川、胡春华、车俊、付志方、赵勇、梁滨、臧胜业、张彦欣、刘永瑞、聂辰席、张越、宋恩华、张和、孙士彬、龙庄伟、孙瑞彬到会听取委员发言。

今天，省委副书记、代省长胡春华分别到出席省十一届人大二次会议的邯郸、唐山、衡水、秦皇岛和廊坊市代表团与代表们一起审议政府工作报告。他强调，要始终坚持发展是第一要务的思想，把保增长作为当前和今后一个时期的重要任务，毫不动摇，一抓到底。要深刻分析我省经济社会发展面临的新情况、新机遇，加快发展方式转变和结构调整，努力培育经济发展的新优势。

一月十日

上午，省委常委、副省长杨崇勇带领省直有关部门负责同志检查了省会春供市场，对各级各部门确保春节市场供应和食品质量安全提出要求。

今天，落实中央和省委发挥离退休专业技术人员作用文件精神协调会在省会召开。省委常委、统战部长刘永瑞，副省长龙庄伟、省委秘书长景春华出席会议。省政府原副省长、省老科学技术工作者协会会长陈立友参加了会议。

一月十一日

上午，政协河北省第十届委员会第二次会议圆满完成了各项议程，在河北会堂胜利闭幕。省政协主席刘德旺主持会议，副主席高喜同、赵文鹤、王玉梅、田向利、段惠军、丛斌、孔小均、武四海、王刚，秘书长安云昉在主席台前排就座。应邀出席大会并在主席台就座的有中共河北省委、省人大常委会、省政府、省军区领导：张云川、胡春华、车俊、付志方、杨崇勇、赵勇、梁滨、臧胜业、张彦欣、刘永瑞、聂辰席、柳宝全、宋长瑞、侯志奎、王增力、马兰翠、黄荣、宋恩华、张和、孙士彬、龙庄伟、孙瑞彬，省法院院长高勇、省检察院检察长张德利。

昨天和今天，省委副书记、代省长胡春华分别参加石家庄、邢台、沧州、保定和解放军代表团审议。他强调，要发挥好冀中南作为我省最大经济板块的作用，努力把冀中南地区建设成为支撑我省经济发展的又一重要增长极。

一月十二日

下午，河北省第十一届人民代表大会第二次会议在省会河北会堂闭幕。省十一届人大二次会议第四次全体会议执行主席、主席团常务主席张云川、柳宝全、宋长瑞、侯志奎、王增力、马兰翠、黄荣、赵曙光在主席台前排就座。张云川主持会议。会议宣布选举结果：胡春华当选为河北省人民政府省长；王振平等4人当选为河北省第十一届人民代表大会常务委员会委员。新当选的省长胡春华在会议上讲话。出席大会并在主席台就座的有胡春华、车俊、刘德旺、付志方、杨崇勇、赵勇、梁滨、张彦欣、刘永瑞、聂辰席、张越、芇福成、宋恩华、张和、孙士彬、龙庄伟、孙瑞彬、高喜同、赵文鹤、王玉梅、田向利、段惠军、丛斌、孔小均、王刚、高勇、张德利、李庆安、陈进、李广文、刘云海、赵海滨、高义勋。

今天，河北省第十一届人民代表大会第二次会议发布公告：河北省第十一届人民代表大会第二次会议于2009年1月12日选举胡春华为河北省人民政府省长。

一月十三日

今天，省政府在省会召开省领导碰头会，按照全省经济工作会议和十一届人大二次会议的安排部署，对今年经济社会发展工作进行研究讨论。省长胡春华，常务副省长付志方，副省长杨崇勇、宋恩华、张和、孙士彬、龙庄伟、孙瑞彬，省长助理、省政府秘书长尹亚力，省长助理、省金融办主任江波，省长助理、省政府研究室主任刘可为参加会议。

一月十四日

上午，全省扩大开放促进消费会议在省会河北会堂召开。省委副书记、省长胡春华，省委常委、副省长杨崇勇出席会议并讲话，省长助理、省政府秘书长尹亚力主持会议。

下午，省长胡春华主持召开省政府第二十六次常务会议，讨论并原则通过《河北省实施〈中华人民共和国就业促进法〉办法（草案）》。《办法（草案）》经修改后，由省政府提请省人大常委会审议。

下午，省长胡春华会见了参加武警河北总队党委二届七次全体（扩大）会议的与会代表和荣获首届“燕赵武警十佳卫士”称号的先进个人。省委常委、政法委书记、省公安厅厅长、武警河北总队第一政委张越，副省长宋恩华，总队党委书记、政委陈进参加会见。

下午，省委常委、常务副省长付志方在河北会堂会见了美国罗克韦尔自动化公司全球总裁兼首席执行官基斯·诺斯布什一行。

今天，全省城镇面貌“三年大变样”暨城乡建设工作会议在省会召开。副省长宋恩华出席会议并讲话。

今天，全省科技工作会议在省会召开。副省长龙庄伟出席会议并讲话。

一月十五日

上午，省政协十届二次会议提案交办会在省会召开，540件政协提案全部移交各承办单位办理。省委常委、常务副省长付志方，省政协党组副书记、副主席高喜同，省委秘书长景春华出席会议并讲话。省政协副主席赵文鹤主持会议。

下午，省长胡春华在省会白楼宾馆会见了神华集团公司董事长张喜武一行。省委常委、常务副省长付志方会见时在座。省长助理、省政府秘书长尹亚力参加会见。

今天，全省安全生产电视电话会议在省会河北会堂召开。副省长孙瑞彬出席会议并讲话。

一月十六日

今天，国家烟草专卖局局长姜成康一行来河北省调研，考察指导烟草系统工作。省委副书记、省长胡春华会见了姜成康一行，并就河北烟草改革与发展交换了意见。副省长孙瑞彬陪同考察。

1月15日至今日，副省长宋恩华、孙瑞彬带领有关人员，分别在省会和井陉矿区，走访慰问部分困难企业离退休干部。

晚上，“钻石杯”2008河北十大新闻、年度十大新闻人物评选揭晓暨颁奖典礼在省会河北会堂举行。省人大常委会副主任马兰翠、副省长孙士彬、省政协副主席王玉梅以及省委秘书长景春华出席颁奖典礼。

一月十七日

上午，省委常委、副省长杨崇勇，省政协副主席王玉梅到邯郸走访慰问了部分离休干部、特困户、特困职工和复退军人，并到邯郸冶金机械厂亲切看望了企业干部职工。

今天，全省政法工作会议在省会召开。省委副书记车俊，省委常委、政法委书记张越出席会议并讲话。省人大常委会副主任侯志奎，省政协副主席田向利出席会议，副省长宋恩华主持会议并讲话。

一月十八日

上午，第一届河北省十大金牌工人、百名能工巧匠表彰会在河北会堂召开。省委副书记车俊为十大金牌工人颁发了奖牌和奖金。省人大常委会副主任、省总工会主席马兰翠主持会议，副省长宋恩华出席会议并讲话。

今天，省陆军预备役步兵师党委召开第二十三次全体会议。省委常委、常务副省长、省陆军预备役步兵师党委第一书记付志方出席会议并讲话。

今天，副省长张和在省会白楼宾馆会见了中国石油天然气集团公司冀东油田公司总经理苟三权、党委书记张国旗一行。

一月十九日

今天，省长胡春华、省人大常委会副主任侯志奎、省政协副主席高喜同深入到衡水市区和冀州市、武邑县，走访慰问各界干部群众和困难企业。

今天，首届“河北省个体私营经济杰出人物、领军人物暨优秀私营企业家”评选活动正式揭晓。省委常委、副省长杨崇勇出席评选活动揭晓恳谈会并讲话。

上午，省委常委、统战部长刘永瑞，副省长张和，省政协副主席丛斌到沧州市走访慰问了部分老党员、老复员军人、伤残军人、军烈属和困难家庭，并到沧州机床制造公司慰问企业职工。

下午，省委常委、常务副省长付志方，省政协副主席赵文鹤到邢台走访慰问部队官兵、优抚对象、困难企业、劳动模范和困难户。

下午，副省长孙瑞彬到石家庄市有关单位和企业，检查安全生产工作，并慰问坚守一线岗位的职工。

一月二十日

今天，中共中央政治局委员、国务院副总理王岐山在省委书记、省人大常委会主任张云川，省委副书记、省长胡春华等省领导陪同下，到廊坊市深入商场、农贸市场调研，了解春节市场供应情况。国务院副秘书长毕井泉、工商总局局长周伯华、质检总局局长王勇、商务部副部长马秀红等参加调研。

今天，河北省第七次见义勇为英雄表彰大会在省会召开。万中信等16人、王超等2人被省政府授予、追授“河北省见义勇为英雄”荣誉称号。省委常委、政法委书记张越出席会议并讲话。省领导侯志奎、宋恩华、田向利、省法院院长高勇、省检察院检察长张德利出席会议。

今天，教育部部长周济到张家口市走访慰问部分中小学教师，并就在义务教育学校实施绩效工资工作进行调研。副省长龙庄伟陪同慰问调研。

一月二十一日

今天，中国共产党河北省第七届纪律检查委员会第四次全体会议在省会河北会堂召开。省委书记张云川作重要讲话。省委常委，省人大常委会、省政府、省政协的领导同志，省法院院长、省检察院检察长，省委秘书长，省长助理出席会议。省委常委、省纪委书记臧胜业主持会议。

一月二十二日

上午，省领导张云川、胡春华、车俊、付志方、梁滨、臧胜业、张彦欣、刘永瑞、聂辰席，分别走访慰问了驻省会的省级老干部，向他们致以新春的祝福。

上午，省委常委、唐山市委书记赵勇和副省长孙士彬在唐山走访慰问了北空航空兵训练基地、唐山陶瓷集团和部分贫困户、低保户、劳动模范。

下午，省委书记、省人大常委会主任张云川在省委副书记、石家庄市委书记车俊，副省长宋恩华陪同下到平山县走访慰问。

1月19日至今日，省委常委、副省长杨崇勇带领省发改委、财政厅、建设厅等省直有关部门负责同志和石家庄、唐山、保定、邯郸四市政府主管副市长到四川绵阳、平武，考察研究对口援建工作并慰问灾区干部群众及河北省援建工作人员。

一月二十三日

上午，河北省暨石家庄市军地领导在河北会堂举行座谈，畅叙改革发展的大好形势，共话军民团结的鱼水深情。省委书记、省人大常委会主任张云川主持会议，并代表省委、省人大常委会、省政府、省政协和石家庄市四大班子领导，代表6900万河北人民和省会各界群众，向省军区、武警河北省总队、驻冀部队和院校以及石家庄警备区、驻石部队和院校的同志们表示亲切的问候和诚挚的祝福。省领导胡春华、车俊、刘德旺、付志方、赵勇、梁滨、臧胜业、刘永瑞、聂辰席、张越、宋恩华、张和、孙士彬、龙庄伟、孙瑞彬、高喜同，以及石家庄市四大班子领导同志出席座谈会。省军区、武警河北省总队、驻冀部队和院校军级主官张彦欣、芇福成、陈向东、秦卫江、周伟、米东、王成、陈进、刘海刚、魏东普，以及石家庄警备区、驻石师（旅）级部队和院校师级主官出席座谈会。

上午，省委、省政府和石家庄市委、市政府在省会中国大酒店举行2009年春节团拜会。省领导张云川、胡春华、车俊、刘德旺等同各界人士欢聚一堂，辞旧迎新，共庆新春佳节。省委副书记、省长胡春华发表讲话。省委副书记、石家庄市委书记车俊主持团拜会。

下午，副省长孙瑞彬到省专用通信局、中国联通石家庄分公司和省安监局，检查节日期间通信保障和安全生产部署落实情况，并对坚守一线岗位的干部职工表示慰问。

一月二十四日

上午，省长胡春华来到石家庄电业局电网调度中心、河北华电石家庄热电公司、石市公安局跃进路派出所和市公交总公司谈固枢纽站，亲切看望慰问节日坚守工作岗位的干部职工，代表省委、省政府向他们致以亲切的慰问和新春的祝福。省长助理、省政府秘书长尹亚力参加走访慰问。

二月

二月一日

今天，省委常委、常务副省长付志方就重点项目建设到衡水市调研，考察了河北常青实业集团公司、河北养元保健饮品公司、衡水老白干酿酒公司循环经济园、河北钢铁集团衡水薄板公司的项目建设情况。

今天，副省长张和到石家庄调研，实地考察了藁城市益海粮油有限公司、乐乡奶牛养殖场、系井村大棚菜基地等农业产业化龙头企业、项目。

今天，副省长宋恩华带领省劳动和社会保障厅负责同志到廊坊市调研就业再就业工作。他强调，要迅速行动、扎实工作，以最实的举措，全力保持就业局势稳定。

今天，副省长孙士彬带领省卫生厅等有关部门的负责同志到承德市就人口和计划生育工作进行调研。

今天，副省长龙庄伟带领省科技厅、教育厅、地震局等有关部门的负责同志到邢台调研。

二月二日

2月1日至今日，省长胡春华来到保定市就落实中央和省委、省政府的各项决策部署，抓紧推进今年工作进行督导调研。他强调，春节已过，省直各部门、各市县、广大干部职工要迅速把精力转到工作上来，抓紧推进各项工作，以良好的精神状态、积极的作为应对国际金融危机带来的挑战。要把保持经济平稳较快发展作为当前的首要任务，切实把各项既定部署落到实处，为完成全年目标任务开好局、起好步。省长助理、省政府秘书长尹亚力，省长助理、省政府研究室主任刘可为陪同调研。

下午，省委副书记、省长胡春华在省会会见了香港《文汇报》董事长、社长王树成一行。省委常委、宣传部长聂辰席，省长助理、省政府秘书长尹亚力一同参加会见。

2月1日至今日，省委常委、副省长杨崇勇带领省有关部门负责同志到唐山就对外开放、旅游工作进行调研。

2月1日至今日，副省长孙瑞彬带领省有关部门负责同志，就当前工业经济运行情况，重点企业、重大项目建设，节能减排及安全生产等工作到邯郸市调研。

二月四日

今天，全省就业再就业工作电视电话会议在省会河北会堂召开。副省长宋恩华出席会议并讲话。

二月五日

今天，省政府在省会召开现代物流工作座谈会。省委常委、副省长杨崇勇出席座谈会并讲话。

下午，河北煤矿安全监察工作会议在省会召开。副省长孙瑞彬出席会议并讲话。

二月六日

上午，省长胡春华主持召开省政府第二十七次常务会议，传达贯彻国务院会议精神，研究有关工作。会议讨论并原则通过了《河北省人民政府关于推进城市建设投融资体制改革的意见》和《河北省企业职工基本养老保险省级统筹实施意见》。

二月七日

今天，省政府办公厅发出《关于切实做好当前抗旱工作的通知》。要求各级各有关部门在前一阶段工作的基础上，对农业抗旱各项工作进行再动员、再部署、再落实，要切实抓紧抓实抓细抓好，做到认识到位、措施到位、责任到位。紧急行动起来，迅速掀起以抗旱为中心的春季田间管理热潮，千方百计减轻旱灾损失，努力夺取夏粮丰收，促进农业稳定发展，农民持续增收。

二月九日

2月6日至今日，中共中央政治局委员、国务院副总理张德江在河北省调研，先后到石家庄市和唐山市，考察了钢铁、纺织、机械、高新技术、港口、制药等企业。他强调，要深入贯彻落实科学发展观，突出保增长、调结构、上效益，认真落实各项政策措施，抓调整、抓创新、抓技改、抓管理、抓人才，促进工业由量的扩张向质的提高转变，在提高质的基础上实现量的新增长。省委书记张云川、省长胡春华，国务院国资委主任李荣融及国务院有关部门负责同志陪同考察。省委副书记、石家庄市委书记车俊，省委常委、唐山市委书记赵勇分别在石家庄市和唐山市陪同考察。副省长孙瑞彬也陪同了在两市的考察。

二月十日

上午，省长胡春华主持召开政府机关作风建设座谈会，就加强政府机关作风建设、优化发展环境，听取社会各界特别是基层人士的意见和建议。省长助理、省政府研究室主任刘可为参加座谈会。

上午，省会石家庄召开2009年城市建设“三年大变样”动员大会，号召全市和社会各界以超常决心、超常力度、超常举措，打好“三年大变样”攻坚战，全力构建繁华舒适现代都市。省委副书记、石家庄市委书记车俊主持动员大会，副省长宋恩华、省军区副司令员张保德及省直有关部门的负责人出席大会。

二月十二日

2月11日至今日，省政府在保定召开全省重点建设项目调度会议。会议强调，要切实增强紧迫感，抢抓机遇，全力以赴加快项目建设，为全省经济社会又好又快发展提供有力支撑。省长胡春华，省委常委、常务副省长付志方出席会议并讲话。各设区市政府汇报了各地的重点建设项目进展情况。省长助理、省政府秘书长尹亚力，省长助理、省金融办主任江波出席会议。

下午，省长胡春华在石家庄会见了环境保护部副部长张力军一行。副省长孙瑞彬参加会见。

二月十三日

上午，省委、省政府在省会河北会堂召开大会，认真学习胡锦涛总书记在中纪委三次全会上的重要讲话精神，着眼于把学习实践科学发展观活动引向深入，推进河北各项事业又好又快发展，对在全省各级干部中开展作风建设年活动进行动员部署。省委书记、省人大常委会主任张云川作动员讲话。省委副书记、省长胡春华主持大会。省委副书记车俊宣读省委、省政府《关于开展“干部作风建设年”活动的意见》。省委常委，省人大常委会、省政府、省政协领导成员，省法院院长、省检察院检察长；省委秘书长、省长助理等参加会议。

上午，省委书记张云川，省长胡春华，省委副书记车俊，省委常委、宣传部长聂辰席等省领导，在省会中国大酒店会见了航天员翟志刚、刘伯明、景海鹏等“神七”航天乘组一行。

二月十六日

今天，全省旅游工作电视电话会议在省会河北会堂召开。省委常委、副省长杨崇勇出席会议并讲话。

今天，省委常委、副省长杨崇勇带领省有关部门负责同志，到石家庄辛集市就全省开展食品质量安全年、创建食品安全放心县工作进行调研。

二月十七日

下午，省委书记、省人大常委会主任张云川，省委副书记、省长胡春华在省会中国大酒店会见了前来参加河北省科协成立50周年大会的中国科协常务副主席、党组书记、书记处第一书记邓楠一行。省委常委、统战部长刘永瑞，副省长龙庄伟，省科协主席李有成等参加会见。

下午，省长胡春华主持召开省政府第二十八次常务会议，学习传达国务院经济形势座谈会议精神，研究有关工作。会议讨论并原则通过了《河北省人民政府关于提高行政审批效能优化房地产业发展环境的意见》和《河北省人民政府关于贯彻落实〈奶业整顿和振兴规划纲要〉的实施意见》。

下午，科技部“国际科技合作基地”在河北医科大学第四医院揭牌。副省长龙庄伟出席揭牌仪式。

二月十八日

上午，纪念河北省科学技术协会成立50周年大会在省会举行。省委书记张云川出席会议，中国科协常务副主席、党组书记、书记处第一书记邓楠，省长胡春华在大会上讲话。省领导车俊、付志方、杨崇勇、赵勇、梁滨、臧胜业、张彦欣、刘永瑞、聂辰席、柳宝全、龙庄伟出席会议。省政协副主席、省科学院院长王刚代表全省科技界致祝词。与会领导为第五届优秀科技工作者和科协荣誉奖获得者颁奖。

上午，省政府在河北会堂召开第三次全体会议，贯彻落实全省“干部作风建设年”活动动员大会精神，对全省政府系统开展“干部作风建设年”活动进行部署。省长胡春华出席会议并讲话。

下午，省长胡春华、省委副书记车俊、副省长孙瑞彬在省会会见了前来参加上海浦东发展银行石家庄分行开业仪式的浦发银行党委书记、董事长吉晓辉，行长傅建华一行。省长助理、省金融办主任江波参加会见。

今天，建设银行河北分行在省会白楼宾馆举行“千家中小企业融资扶持计划”实施发布会，宣布将筛选2000至3000家优质中小企业，给予融资、理财、金融产品综合配套服务等扶持政策。副省长孙瑞彬、省长助理、省金融办主任江波出席发布会。

二月十九日

今天，省委常委、副省长杨崇勇带领省直有关部门到石家庄市就加快发展现代物流业进行调研。

上午，上海浦东发展银行石家庄分行开业暨签约仪式在省会白楼宾馆举行。

二月二十日

上午，省委常委会进行第九次集体学习（扩大）会议，省委书记张云川主持。省社科院副院长、研究员、博士生导师孙世芳就关于加快河北省城镇化建设步伐的几个重大问题进行讲解。

下午，省人口与计划生育领导小组组长、省长胡春华主持召开省人口与计划生育领导小组会议。会议听取了全省人口与计生工作情况汇报，审议通过了《河北省2008—2010年人口与计划生育目标管理责任制考核奖惩办法》。省人大常委会副主任马兰翠、副省长孙士彬出席会议。

下午，由省总工会、省劳动和社会保障厅、省企协、省国资委、省工商联五部门联手发起的“共同约定行动”，在全省11个设区市和49个县（市）同时启动。全省916家企业率先发出倡议，共有1.1万家企业积极响应倡议，并签名承诺努力做到“不裁员、不减薪”。省人大常委会副主任、省总工会主席马兰翠出席仪式，副省长宋恩华宣布“共同约定行动”启动。

今天，省委书记张云川、省长胡春华委托副省长孙士彬带领省卫生厅、红十字会等部门的负责同志，专程赴京看望慰问小李瑞。温家宝总理2月16日在天津火车站偶遇张家口白血病患儿李瑞，并嘱咐随行人员安排其到北京儿童医院救治的消息经媒体报道后，省委、省政府高度重视，立即安排省红十安会派人赴京看望，并送去慰问金。河北省正在积极筹备儿童大病救助基金，建立对大病患儿的长效救助机制。

二月二十一日

上午，省长胡春华在省会会见了宝钢集团董事长徐乐江一行。副省长孙瑞彬一同会见。省长助理、省政府秘书长尹亚力参加会见。

二月二十二日

今天，省长胡春华到衡水市安平县印刷网业有限公司、安平县现代物流中心等企业调研，了解企业生产经营情况。他强调，要通过作风建设，进一步坚定信心，以知难而进的态度面对压力，以开拓进取的精神做好工作，帮助企业渡过难关，为人民群众排忧解难，努力推进经济社会平稳较快发展。省长助理、省政府秘书长尹亚力陪同调研。

2月21日至今日，石家庄市举行了城市空间发展战略规划专家论证会。省委副书记、石家庄市委书记车俊，副省长宋恩华出席会议。

二月二十三日

上午，省政府在省会河北会堂召开全省安全生产工作电视电话会议。省长胡春华、副省长孙瑞彬出席会议并讲话。省长助理、省政府秘书长尹亚力出席会议。胡春华代表省政府与石家庄市政府和省公安厅、省国资委、省国土资源厅签订了安全生产目标管理责任书。

上午，省长胡春华在副省长龙庄伟陪同下专程来到河北师范大学附属民族学院西藏班，看望在这里就读的藏族同学。

下午，省政府在河北会堂召开全省提高行政审批效能优化房地产业发展环境电视电话会议。会议强调，要不折不扣地把《关于提高行政审批效能优化房地产业发展环境的意见》落到实处，务求尽快取得实效，为全省房地产业健康发展创造良好环境。省长胡春华、副省长宋恩华出席会议并讲话，省委常委、常务副省长付志方主持会议，省长助理、省政府秘书长尹亚力出席会议。

下午，省委书记张云川、省长胡春华在省会中国大酒店会见了全国政协原副主席，中国工程院党组书记、院长徐匡迪，中国工程院党组副书记、常务副院长潘云鹤，中国工程院党组成员、副院长邬贺铨、刘德培、杜祥琬、旭日干一行。省政协副主席王玉梅会见时在座。

今天，外商投资企业座谈会在省会召开。省委常委、副省长杨崇勇出席座谈会。

二月二十四日

上午，省精神文明建设委员会第十四次全体会议在省会召开。

上午，河北师范大学附属民族学院举行庆祝西藏民主改革50周年暨藏历土牛新年团拜会，藏族师生载歌载舞，欢庆自己的节日。副省长龙庄伟出席团拜会。

下午，省长胡春华在省会中国大酒店会见了交通银行行长李军一行。副省长孙瑞彬一同会见。省长助理、省金融办主任江波参加会见。

今天，全省城镇面貌“三年大变样”石家庄现场会暨调度会召开。省委副书记、石家庄市委书记车俊会见了部分与会代表，副省长宋恩华出席会议并讲话。

二月二十五日

2月24日至今日，全省农村工作会议在省会河北会堂召开。省委常委、省纪委书记、省委省政府农村工作领导小组组长臧胜业，副省长、省委省政府农村工作领导小组副组长张和出席会议并讲话。

二月二十六日

上午，省政府机构改革动员大会在省会河北会堂召开，这标志着省政府机构改革正式进入实施阶段。省长胡春华，省委常委、常务副省长付志方出席会议并讲话，省委常委、组织部长梁滨宣读了党中央、国务院批准的《河北省人民政府机构改革方案》。省长助理、省金融办主任江波，省长助理、省政府研究室主任刘可为出席会议。付志方就机构改革的主要任务和重点工作进行了具体部署。

下午，省长胡春华主持召开省政府第二十九次常务会议。会议研究决定，对原有21个扩权县和新纳入省财政直接管理的43个产粮大县，实行统一的省财政直接管理体制，体制自2009年1月1日起执行。

二月二十七日

上午，省政府在河北会堂召开全省主要工业产品产需衔接洽谈会。省委常委、常务副省长付志方出席会议并讲话，副省长孙瑞彬主持会议。

上午，省委常委、副省长杨崇勇主持召开优化投资环境台资企业座谈会。

今天，河北省推广家电下乡工作启动仪式在省会北国商城广场举行。省委常委、副省长杨崇勇出席启动仪式。

二月二十八日

今天，省长胡春华在石家庄辛集市调研。他强调，建设产业聚集区是促进经济结构调整、转变发展方式的重要举措，要大力推进产业聚集区建设，发展特色产业，增强县域经济实力。省长助理、省政府秘书长尹亚力，省长助理、省政府研究室主任刘可为陪同调研。

三月

三月一日

上午，省委、省政府召开电视电话会议，对全省市县政府机构改革进行动员部署。省委常委、常务副省长付志方出席会议并讲话。省委常委、组织部长梁滨宣读省委、省政府《关于市县政府机构改革的意见》。

上午，驻冀全国政协委员启程赴京，出席即将召开的全国政协十一届二次会议。省领导刘永瑞、侯志奎、

孙士彬、田向利等到石家庄火车站为委员送行。

三月二日

上午，省深入学习实践科学发展观活动第一批总结暨第二批动员大会在石家庄召开。省委书记张云川，省委副书记、省长胡春华出席会议，省委副书记车俊、中央指导检查组副组长孟宪来讲话。省委常委、组织部长梁滨主持会议。

上午，河北省部分人大代表从石家庄火车站启程赴京参加十一届全国人大二次会议。省委常委、省纪委书记臧胜业，省人大常委会副主任宋长瑞、侯志奎，副省长孙瑞彬，省政协副主席王玉梅前往送行。

下午，省政府在省会河北会堂召开电视电话会议，对全省清理规范收费行为、清理规范固定资产投资项目行政许可和行政审批事项进行安排部署。

三月三日

下午，出席十一届全国人大二次会议的河北省代表团举行全体会议。全国人大代表、省委书记、省人大常委会主任张云川主持会议。会议经过表决，推选张云川为河北代表团团长，胡春华、付志方、柳宝全、黄荣、丛斌为副团长。

今天，副省长张和就中央新增投资项目落实情况在石家庄市进行调研。他强调，各级各部门要高度重视中央新增投资项目建设工作，抓紧落实配套资金，确保新增项目保质如期完成。

三月五日

上午，河北省在廊坊固安县召开了环京津卫星城建设座谈会，听取环京津部分县（市）的意见和建议。副省长宋恩华出席会议。

三月六日

上午，全省庆“三八”各界妇女招待会在省会中国大酒店举行。省领导车俊、侯志奎、孙士彬、王玉梅及原省领导韩葆珍、陈秀芳等出席招待会，并给受表彰的“省十大女杰”等先进典型颁奖。

今天，副省长宋恩华带领省直有关部门就如何加快河北省城镇化建设进程，做大做强中心城市，提高城市规划设计水平，建设城市精品等问题，专门到中国建筑设计研究院和清华大学进行了走访座谈，洽谈合作。

三月七日

上午，中共中央政治局常委、中央纪委书记贺国强参加了河北省代表团的审议。十一届全国人大常委会副委员长、民革中央主席周铁农作为河北省代表团代表参加审议。代表团团长、省委书记张云川主持会议。胡春华、沈小平、蔡德宽、姜德果、王义芳、陈国鹰、李赶坡、王社平、刘学库等代表先后发言，贺国强认真听取意见，不时询问情况，同大家共商改革发展稳定之计。

三月九日

今天，副省长张和就中央新增投资项目落实情况到邢台市进行调研。他强调，各级各部门要围绕稳粮、增收、强基础、重民生，扎实做好农业农村各项工作，全力推动农业稳定发展、农民持续增收。

三月十日

下午，省长胡春华在北京会见了日本驻华大使宫本雄二，双方就加强友好合作、促进共同发展进行了深入交流。

三月十一日

今天，副省长宋恩华在大广高速公路京衡段建设一线调研。他强调，沿途各市、县政府和各建设单位要互相支持、通力合作，以最优的环境、最快的速度、最好的质量，把大广高速公路建成致富路、生态路、文明路。

三月十二日

下午，省委书记张云川、省长胡春华在北京召开由各市和省直有关部门、企业负责同志参加的会议，强调要学习好、领会好、贯彻好全国“两会”精神，切实把“两会”精神转化为应对国际金融危机影响、保持经济平稳较快发展的强大动力。省领导付志方、柳宝全、黄荣、丛斌参加会议。

今天，以“清洁城乡、保护健康”为主题的全省爱国卫生运动动员大会在省会召开。副省长孙士彬出席会议并讲话。

三月十三日

3 月 12 日至今日，副省长张和就农业产业化工作在廊坊市调研。

三月十四日

上午，曹妃甸新区正式揭牌成立，标志着曹妃甸的开发建设进入一个新阶段。省委书记张云川发来贺信，省长胡春华为曹妃甸新区党工委、管委会揭牌，省委常委、常务副省长付志方和省委常委、唐山市委书记赵勇出席揭牌仪式并讲话，副省长孙瑞彬出席揭牌仪式。

下午，省长胡春华在唐山市主持召开部分设区市经济形势分析会。他强调，各地要深入贯彻落实好全国“两会”精神，采取切实有效措施，积极应对当前严峻的经济形势，坚定信心，奋发有为，努力实现全省经济平稳较快发展。

三月十六日

上午，副省长宋恩华邀请广西华蓝设计（集团）专门到石家庄市就提高河北省城市规划设计水平进行座谈。

下午，省委常委会召开扩大会议，传达全国“两会”精神，对河北省的贯彻落实工作进行研究部署。省委书记张云川主持会议。省委常委，省人大常委会、省政府、省政协领导，省法院院长、省检察院检察长出席会议。

下午，省长胡春华在省会河北会堂会见了国家统计局局长马建堂一行。

三月十七日

上午，副省长孙瑞彬在省会河北会堂会见了以伊安·麦克唐纳为首的澳大利亚新南威尔士州矿业代表团一行，双方就在能源、煤炭等领域的合作进行了深入交流。

下午，审计署财政一体化审计调查进点会议在省会召开，审计署京津冀特派办今天正式进驻河北省，开始实施财政“一体化”审计。省委常委、常务副省长付志方出席会议并讲话。

下午，省大中专毕业生就业工作领导小组召开第四次会议。省委常委、组织部长梁滨出席会议并讲话，副省长龙庄伟主持会议。

三月十八日

上午，省委、省政府在省会河北会堂召开全省人口和计划生育工作电视电话会议。省委副书记、省长胡春华出席会议并讲话。省长助理、省政府秘书长尹亚力宣读了表彰决定。与会领导为受表彰的单位代表颁发了奖牌。

今天，省长胡春华在沧州市进行调研，先后考察了盐山县河北宏润重工集团、孟村海昊集团等企业。

今天，全省社会救助工作会议在省会召开。副省长宋恩华出席会议并讲话。

三月二十日

上午，最高人民检察院和河北省委在省会河北会堂隆重召开李永志荣誉称号命名表彰大会。最高人民检察院党组书记、检察长曹建明和省委书记、省人大常委会主任张云川分别讲话。大会由省委副书记、省长胡春华主持。

3月17日至今日，由国家人力资源和社会保障部纪检组长袁彦鹏带队的国家就业工作督查组一行在河北省进行就业工作专项督查。上午，副省长宋恩华代表省政府与督查组交换了意见。

上午，省第三届老区建设促进会第一次会员大会在石家庄召开。省委副书记车俊，省委常委、省纪委书记臧胜业，副省长张和出席并讲话。

下午，河北省召开三年大变样2009年千项工程暨省会20项国庆献礼工程劳动竞赛誓师大会，省委副书记、石家庄市委书记车俊向省会20个国庆献礼工程参加劳动竞赛的单位代表授旗，省人大常委会副主任、省总工会主席马兰翠主持大会，副省长孙瑞彬出席大会并讲话。

三月二十一日

上午，省领导张云川、胡春华、车俊、刘德旺、付志方、臧胜业、刘永瑞、聂辰席、柳宝全、侯志奎、马兰翠、黄荣、张和、孙士彬、龙庄伟、孙瑞彬、高喜同、田向利、段惠军、丛斌、孔小均、王刚及驻石部队领导，与省会干部群众，驻石解放军、武警官员共1900余人，来到位于石家庄西部鹿泉市的省会义务植树基地参加植树活动。

今天，省长胡春华在邢台沙河市调研，先后考察了河北迎新集团、大光明实业集团等6家玻璃企业。他强调，传统产业在河北省经济发展中有着重要地位，要坚持走新型工业化道路，加快用高新技术和先进适用技术改造提升河北省的传统产业，打造新优势，实现大发展。

上午，由中国国际贸易学会、省商务厅和邯郸市政府联合主办的中国国际新材料博览会在邯郸市国际会展中心拉开帷幕。省委常委、副省长杨崇勇出席开幕式并宣布展会开幕。

今天，河北省加快推进城镇化建设领导干部（第五期）专题研讨班在北京开班，全省各县（市）区主管城建的副县（市）区长参加。副省长宋恩华在开班仪式上讲话。

三月二十二日

上午，全省青年就业创业行动推进会在省会召开。省委副书记车俊出席会议并讲话。省委常委、副省长杨崇勇，省人大常委会副主任侯志奎，省政协副主席田向利出席会议。

三月二十三日

上午，省长胡春华主持召开省政府第三十次常务会议。会议研究决定，为加强重大项目建设的组织领导，强力推进重大项目建设进程，对48个重大项目建设任务进行分解，由省政府领导牵头负责。会议还研究了其他事项。

三月二十四日

上午，省十一届人大常委会第八次会议在石家庄开始举行。省委书记、省人大常委会主任张云川主持会议。省人大常委会常务副主任柳宝全，副主任宋长瑞、侯志奎、马兰翠、黄荣，秘书长赵曙光出席会议。

下午，全省第二次廉政会议在省会河北会堂召开。省长胡春华出席会议并讲话，省委常委、常务副省长付志方主持会议，省委常委、副省长杨崇勇，省委常委、省纪委书记臧胜业，副省长张和、孙士彬、龙庄伟、孙瑞彬，省长助理、省政府秘书长尹亚力，省长助理、省金融办主任江波出席会议。

三月二十五日

上午，省长胡春华在石家庄考察三年大变样工作。他强调，要按照建设一流省会城市的目标，高水平设计、施工，坚持保质量、保工期、保安全，坚定不移地深入推进省会面貌三年大变样工作。省委副书记、石家庄市委书记车俊一同调研。

上午，2009第十五届（春季）河北国际医疗器械展览会在石家庄开幕。省委常委、副省长杨崇勇出席开幕式。

今天，省十一届人大常委会第八次会议在石家庄闭幕。省委书记、省人大常委会主任张云川主持会议并讲话。

三月二十六日

上午，省国防动员委员会召开第五次全体会议。省长、省国动委主任胡春华出席会议并讲话，省委副书记、省国动委副主任车俊主持会议，省委常委、常务副省长、省国动委副主任付志方传达了国家国动委第六次和北京军区国动委第五次全体会议精神，省军区司令员、省国动委常务副主任芾福成作工作报告，省军区副司令员丁振华宣读了《河北省国防动员工作先进单位和个人表彰通报》。

下午，省委常委、常务副省长付志方就医药产业发展到安国市调研。他强调，要紧紧抓住当前项目建设成本较低的有利时机，谋划建设一批产业链条长、科技含量高、辐射带动能力强的大项目、好项目。

三月二十七日

今天，省城乡规划委员会第八次全体会议在省会召开。副省长宋恩华出席会议并讲话。

三月二十九日

上午，由全国绿化委员会、教育部、国家林业局、中国生态文化协会联合开展的“弘扬生态文明，共建绿色校园”活动，在廊坊市香河一中举行启动仪式。中共中央政治局委员、国务委员刘延东宣布活动正式启动并参加植树活动，为“纪念林”揭牌。全国绿化委员会副主任、国家林业局局长贾治邦，教育部部长周济，省长胡春华，教育部副部长陈希，全国政协人资环委副主任、中国生态文化协会会长江泽慧，副省长龙庄伟，国家林业局总工程师卓榕生出席启动仪式。国家林业局副局长李育材主持仪式。

今天，全省加快推进城镇化建设领导干部第六期专题研讨班在北京举办，各县（市、区）建设、规划部门的负责同志参加了本期研讨班。副省长宋恩华出席开班仪式。

三月三十日

上午，省委、省政府召开全省推进行政权力运行监控机制建设电视电话会议。省委常委、常务副省长付志方，省委常委、省纪委书记臧胜业出席会议并讲话。省长助理、省金融办主任江波出席会议。

3 月 27 日至今日，国家发改委副主任解振华一行到河北省就扩大内需政策措施落实情况及当前经济运行态势进行调研。省委常委、常务副省长付志方代表省政府汇报有关工作。

今天，省节能减排工作领导小组召开会议。省委常委、常务副省长付志方主持会议并讲话。副省长孙瑞彬、省政协副主席王刚就如何进一步做好 2009 年度节能减排工作讲了意见。

三月三十一日

下午，全国推动农村妇女参与村民自治实践经验交流会在省会召开。全国人大常委会副委员长、全国妇联主席陈至立出席会议并讲话。省委书记、省人大常委会主任张云川致辞。会议由全国妇联党组书记、副主席、书记处第一书记黄晴宜主持。河北省及全国妇联、民政部领导车俊、柳宝全、龙庄伟、陈秀榕、姜力、张静，省委秘书长景春华出席会议。

今天，省长胡春华率团赴澳门特别行政区进行了访问。省委常委、副省长杨崇勇一同访问。访澳期间，胡春华、杨崇勇拜会了澳门特别行政区行政长官何厚铧先生和中央人民政府驻澳门联络办公室主任白志健，参观了澳门的城市建设，并同澳门的工商界知名人士及省政协澳门委员进行会谈，就进一步加强河北省与澳门的交流与合作，深入交换了意见。省长助理、省政府秘书长尹亚力，省长助理、省政府研究室主任刘可为及省直有关部门负责同志随同出访。

四月

四月一日

下午，河北省经贸代表团团长、省长胡春华在香港特别行政区政府礼宾区拜会了香港特区行政长官曾荫权。省委常委、副省长杨崇勇一同拜会。

晚上，2009 年河北省（香港）投资贸易洽谈会在香港君悦酒店开幕。省经贸代表团团长、省长胡春华，香港特别行政区政府政制及内地事务局局长林瑞麟在开幕式上致辞，省委常委、副省长杨崇勇主持开幕式。中央人民政府驻港联络办副主任黄兰发、外交部驻港特派员公署副特派员杨子刚、嘉里集团董事长郭鹤年、金利来集团董事局主席曾宪梓等 20 余位各界人士作为主礼嘉宾应邀出席开幕式。胡春华、黄兰发、林瑞麟、杨子刚、杨崇勇为开幕式揭幕。

四月二日

今天，河北经贸代表团团长、省长胡春华分别会见了长江实业集团董事局主席李嘉诚、香港嘉里集团董事局主席郭鹤年、香港恒基兆业集团董事局主席李兆基等香港工商界著名人士。省委常委、副省长杨崇勇一同会见。

下午，2009 保定·中国电谷投资峰会在香港香格里拉酒店举行。河北经贸代表团团长、省长胡春华出席，省委常委、副省长杨崇勇致辞。

4 月 1 日至今日，省委常委、常务副省长付志方就深入开展学习实践科学发展观活动和干部作风建设年活动，到学习实践活动联系点东光县调研。

四月三日

上午，河北省经贸代表团在香港举行河北省环京津休闲旅游产业带招商合作洽谈会。省委常委、副省长杨崇勇出席并致辞。

晚上，2009 河北（香港）投资贸易洽谈会圆满闭幕，香港河北联谊会在香格里拉酒店宴请河北省代表团。省长胡春华，省委常委、副省长杨崇勇，外交部驻港特派员公署副特派员杨子刚，香港河北联谊会名誉会长刘汉铨、创会会长杨勋、会长梁伟浩等出席宴会。

四月四日

今天，省长胡春华抵达深圳，先后访问了招商银行总部、华强科技集团、中兴通讯科技集团和富士康科技集团，与各企业负责人广泛交流意见，并就全面加快合作项目进度、进一步深化河北与各方的战略合作达成一致。

四月十日

4 月 8 日至今日，省长胡春华到学习实践科学发展观活动联系点隆尧县调研。他强调，要按照中央和省委的要求，高标准高质量地推进学习实践活动，以开展学习实践活动为动力，推进科学发展，做好保增长、保稳定、保民生的各项工作。

4月8日至今日，省委常委、副省长杨崇勇率团赴海南省就海滨休闲旅游开发建设进行考察。

今天，全省“双三十”节能减排工作暨2009年第一次调度会在省会召开。副省长孙瑞彬主持会议并讲话。

四月十一日

今天，中国史学界第八次代表大会在石家庄召开。全国政协副主席、中国社会科学院院长陈奎元出席会议并讲话。省领导车俊、龙庄伟、田向利出席会议。

四月十三日

上午，北京、天津、河北三省市质量技术监督局在三河燕郊签订了《京津冀加强食品安全监管合作备忘录》。副省长孙士彬、国家质检总局副局长蒲长城出席会议并讲话。

四月十四日

下午，河北省与铁道部共同召开推进河北铁路建设协调会议，就协调解决河北省境内征地拆迁等有关问题交换了意见。省委常委、常务副省长付志方，铁道部副部长卢春房出席会议。

今天，省政府召开全省春季农业生产工作电视电话会议，安排部署全省春季农业生产工作。副省长张和出席会议并讲话。

四月十七日

上午，2009河北—北京人力资源交流洽谈会在北京全国农业展览馆举行。河北省180多家参展单位与北京市1000多家用人单位面对面展开人力资源洽谈。人力资源和社会保障部副部长张小建、副省长宋恩华、北京市副市长丁向阳出席洽谈会并讲话。

今天，省政府召开全省工业经济运行（南片）调度会。副省长孙瑞彬出席会议并讲话。

四月二十日

上午，中共中央宣传部、国家信访局和中共辽宁省委联合组织的优秀信访干部潘作良同志先进事迹报告会在省会河北会堂举行。报告会开始前，省委书记、省人大常委会主任张云川，省委副书记、省长胡春华会见了以国家信访局党组成员尹希波为团长的报告团一行。报告会由省委秘书长景春华主持，省委副书记、石家庄市委书记车俊讲话。

上午，省长胡春华主持召开省政府第三十一次常务会议，审议并原则通过《河北省金融产业发展规划（2009—2013）》。

晚上，副省长宋恩华在北京会见了霍克国际有限公司副总裁保罗·柯林斯一行。

晚上，由河北交响乐团创作的《柏坡交响·新中国从这里走来》交响音乐会在省会河北艺术中心音乐厅进行首场演出。副省长孙士彬、省政协副主席王刚和近千名观众一起欣赏了艺术家精彩的演出。

四月二十一日

下午，省政府与中国银行股份有限公司在河北会堂签署了《全面战略合作协议》。中行将在未来5年内，为河北省经济建设和社会发展提供总计2000亿元人民币的意向性融资安排。省长胡春华，副省长孙瑞彬，省长助理、省政府秘书长尹亚力出席签约仪式，省长助理、省金融办主任江波主持。在签字仪式上，中行河北省分行与省高速公路管理局（集团）、省建设投资公司、冀中能源集团签署了合作协议。

下午，省长胡春华在省会会见了爱立信集团副总裁马志鸿一行。省长助理、省政府秘书长尹亚力参加会见。

四月二十二日

下午，省政府在省会河北会堂召开全省经济形势分析电视电话会议，研究分析一季度经济形势，安排部署下一阶段经济工作。省长胡春华，省委常委、常务副省长付志方出席会议并讲话。

四月二十三日

上午，省委、省政府在省会河北会堂举行全省科学技术奖励大会。省领导张云川、胡春华、刘德旺、付志方、柳宝全、黄荣、龙庄伟、王玉梅出席大会并为获奖代表颁奖。胡春华代表省委、省政府讲话。

上午，省政府与国务院南水北调办公室举行座谈会，商谈南水北调工程建设有关事宜。省长胡春华，国务院南水北调办公室主任张基尧、副主任张野出席座谈会。座谈会由副省长张和主持。

今天，全省城镇面貌三年大变样工作现场调度会在张家口召开。副省长宋恩华出席会议并讲话。

四月二十四日

上午，省委常委、常务副省长、省政府纠风办主任付志方来到河北电台《阳光热线》直播间，通过热线电话和手机短信与广大听众直接沟通交流，阐释省政府关于清理规范收费行为的相关政策，并现场受理咨询投诉。

上午，河北省召开文化体制改革和文化产业发展工作领导小组第二次会议。省委常委、宣传部长、省文化体制改革和文化产业发展工作领导小组组长聂辰席，副省长、省文化体制改革和文化产业发展工作领导小组副组长孙士彬出席会议并讲话。

下午，省长胡春华主持召开省政府第三十二次常务会议，审议并原则通过《贯彻落实国家〈钢铁产业调整和振兴规划〉实施意见》、《贯彻落实国家〈石化产业调整和振兴规划〉实施意见》和《省政府关于做好当前形势下就业工作的通知》。会议针对一季度河北省安全生产形势严峻，事故起数和死亡人数同比增加的现状，对当前安全生产工作及时作出部署，要求各地、各部门、各企业深刻汲取事故教训，切实做好当前安全生产工作，坚决遏制事故多发势头，并下发《关于深刻汲取事故教训切实做好当前安全生产工作的通知》。

今天，省政府召开全省区域性产品质量整治工作现场会。省委常委、副省长杨崇勇出席会议并讲话。

四月二十六日

上午，2009中国·石家庄（正定）国际小商品博览会在正定国际小商品市场广场开幕。省委副书记、石家庄市委书记车俊，省委常委、副省长杨崇勇，省政协副主席孔小均，中国商业联合会会长何济海，中国国际贸易促进委员会副会长王锦珍出席开幕式。

四月二十七日

上午，省委在河北会堂召开全省干部作风警示教育大会。省委书记张云川出席会议并讲话。省委副书记、省长胡春华主持会议。省委副书记车俊和省委常委、省纪委书记臧胜业分别通报了对“三鹿奶粉”事件和“李家洼煤矿”事件有关责任人的查处情况以及干部作风建设年活动监督检查情况，并就进一步推进干部作风转变提出了具体要求。省委常委，省人大常委会、省政府、省政协领导成员，省法院院长、省检察院检察长；省委秘书长、省长助理等出席会议。

下午，省文化厅、省文物局在省会河北会堂举行了文化遗产旅游消费券发放启动仪式。省委常委、宣传部长聂辰席，副省长孙士彬出席启动仪式。

四月二十八日

上午，省政府与新兴铸管集团有限公司在邯郸签署战略合作框架协议。省长胡春华出席签约仪式并致辞。副省长孙瑞彬、新兴铸管集团董事长刘明忠分别代表双方在协议书上签字，新兴铸管集团党委书记姜国钧致辞，省长助理、省政府秘书长尹亚力主持签约仪式，省长助理、省政府研究室主任刘可为出席。

上午，省委常委、副省长杨崇勇出席冀运集团及其核心企业冀运集团股份有限公司成立仪式，并为新公司揭牌。

4月27日至今日，省长胡春华在邯郸检查重点项目建设情况。

今天，省委常委、副省长杨崇勇在石家庄市检查重大商贸项目建设进展情况。

四月二十九日

上午，省委、省政府在省会河北会堂隆重召开全省表彰劳动模范、先进集体暨庆祝“五一”国际劳动节大会。省委、省人大常委会、省政府、省政协、省军区领导张云川、胡春华、刘德旺、付志方、梁滨、臧胜业、聂辰席、柳宝全、马兰翠、孙瑞彬、李光聚出席大会。省委副书记车俊主持大会。省长胡春华在大会上讲话。

上午，省委书记张云川、省长胡春华在省会中国大酒店会见了中国进出口银行党委书记、董事长、行长李若谷一行。副省长孙瑞彬会见时在座。

上午，全省手足口病防控工作电视电话会议在省政府视频会议室召开。副省长孙士彬出席会议并讲话。

下午，省政府与省总工会召开第三次联席会议。省长胡春华主持会议，省人大常委会副主任、省总工会主席马兰翠，副省长孙瑞彬出席会议。

今天，全省促进残疾人事业发展会议在省会召开。省委副书记车俊会见了中国残联党组书记、理事长王新宪。省委常委、统战部长刘永瑞，副省长宋恩华出席会议并讲话。

4月28日至今日，农业部在石家庄市召开了生鲜乳收购站建设与管理现场会。副省长张和出席会议并讲话。

四月三十日

上午，省长胡春华主持召开省长办公会议，研究部署河北省加强人感染猪流感预防控制工作。

上午，省长胡春华主持召开省政府第三十三次常务会议，审议并原则通过贯彻落实国家装备制造业、纺织工业、轻工业、电子信息产业、物流业调整和振兴规划的实施意见。

下午，省政府召开全省节能减排工作电视电话会议。省长胡春华主持会议，省委常委、常务副省长付志方出席会议并讲话，副省长孙瑞彬宣读了《省政府关于2008年节能减排目标考核情况的通报》，省长助理、省政府秘书长尹亚力出席会议。

五月

五月五日

5月4日至今日，省长胡春华在承德市督导项目建设和安全生产工作。他强调，各地要充分认识项目建设的重要性和紧迫性，切实把项目建设作为当前经济工作的首要任务，全力以赴加快进度，以投资的强劲增长促进全省经济平稳较快发展。同时，要把保安全摆在十分突出的位置，以保安全为前提促进增长目标的实现。

五月六日

5月4日至今日，副省长龙庄伟到廊坊市，就安全生产工作和重点项目建设情况进行督导检查。

五月七日

下午，省长胡春华在石家庄会见了波黑塞族共和国总统拉伊科·库兹马诺维奇一行。省委常委、副省长杨崇勇一同会见。

下午，河北亿隆风电设备制造有限公司与韩国风能株式会社签署合作协议。省委常委、副省长杨崇勇出席签约仪式。

5月5日至今日，省委常委、常务副省长付志方率省安全生产和重点项目建设督导检查组到唐山市、秦皇岛督导检查。

5月4日至今日，副省长张和深入张家口市的桥东区、高新区、宣化区和万全、赤城等地，就安全生产工作和重点项目建设情况进行督导检查。

五月八日

上午，省委书记张云川、省长胡春华在省会中国大酒店会见中国工商银行行长杨凯生一行，就进一步加强合作交换了意见。省委秘书长景春华，省长助理、省金融办主任江波参加会见。

近日，省委常委、副省长杨崇勇带领由省政府办公厅、省发展改革委、省安监局负责同志组成的督导检查组，对石家庄、保定市安全生产和重点项目建设情况进行了全面督导检查。

5月6日至今日，副省长孙士彬到邯郸、邢台等地，就安全生产工作和重点项目建设情况进行督导检查。

五月十一日

下午，省长胡春华在石家庄会见了中国兵装集团副总经理、长安集团董事长徐留平一行。

今天，省应急管理教学实践基地在省人防办揭牌。省委常委、常务副省长付志方出席揭牌仪式。

今天，副省长孙士彬看望慰问了邯郸市妇幼保健医院护理人员，并向全省护理人员致以节日祝贺。

五月十二日

下午，副省长孙士彬先后来到石家庄机场、省胸科医院、河北出入境检验检疫局、石家庄火车站、长途汽车客运总站等地，对河北省甲型H1N1流感防控工作进行了检查。

五月十三日

今天，全省打击违法添加非食用物质和滥用食品添加剂专项整治工作电视电话会议在省政府视频会议室召开。副省长孙士彬出席会议并讲话。

5月12日至今日，国家防总秘书长、水利部副部长刘宁率国家防总海河流域防汛抗旱检查组，对河北省防汛抗旱工作进行检查。副省长张和陪同检查。

五月十四日

5月11日至今日，副省长龙庄伟一行到沧州、衡水等地，督导检查安全生产和重点项目建设工作。

五月十五日

下午，省长胡春华主持召开省政府第三十四次常务会议，听取了关于农业部生鲜乳收购站建设与管理现场会议精神和本省贯彻落实意见的汇报。讨论并原则通过了《关于加快全省保障性安居工程建设的意见》和《关于加快回迁安置房建设的意见》。会议强调，各地各部门要完善政策措施，加大推动力度，切实加快保障性安居工程和回迁安置房建设。会议还研究了其他事项。

下午，石家庄市政府与中国冶金科工股份有限公司签署全面战略合作协议。省长胡春华出席签约仪式，省委副书记、石家庄市委书记车俊，中国冶金科工股份有限公司总裁沈鹤庭出席签约仪式并致辞。

五月十七日

今天，省委常委、常务副省长付志方在廊坊国际饭店会见了前来参加5·18经洽会的知名民营企业家代表。新华联集团总裁傅军、新奥集团董事局主席王玉锁等十几位民营企业家代表出席。省人大常委会副主任、省工商业联合会主席黄荣，省长助理、省金融办主任江波一同参加会见。

五月十八日

上午，中国·廊坊国际经济贸易洽谈会在廊坊国际会展中心开幕。全国政协副主席、全国工商联主席黄孟复宣布经洽会开幕，省长胡春华、商务部副部长蒋耀平在开幕式上致辞。省委副书记车俊，省政协主席刘德旺，省委常委、常务副省长付志方，省人大常委会副主任黄荣出席开幕式。中国外商投资企业协会会长石广生、国家旅游局副局长王志发、全国工商联副主席孙安民、中国商业联合会会长何继海、天津市副市长任学峰以及国家有关部委和环渤海部分省市领导，部分驻华使节应邀出席开幕式。开幕式由省委常委、副省长杨崇勇主持。

上午，省长胡春华、省政协主席刘德旺在廊坊会见了前来出席中国·廊坊国际经济贸易洽谈会的首钢集团总经理王青海、中钢集团党委书记张涵光、北京金隅集团董事长蒋卫平等客商。省长助理、省政府秘书长尹亚力，省长助理、省政府研究室主任刘可为参加会见。

下午，经洽会举行项目签约仪式，共有32个项目签约。省领导胡春华、车俊、刘德旺、付志方、杨崇勇出席签约仪式。

今天，驻华知名商务机构合作恳谈会在廊坊国际饭店举行，35家驻华知名商务机构及其111家会员企业参加。省委常委、副省长杨崇勇出席会议并致辞。

五月十九日

5月18日至今日，全国人大常委会副委员长、民盟中央主席蒋树声在广宗县视察。全国人大常委会委员、民盟中央副主席李重庵，国务院扶贫办副主任郑文凯，省人大常委会副主任侯志奎，省政府副省长、民盟河北省委主委龙庄伟陪同视察。

上午，省政府在廊坊召开全省城镇化暨保障性安居工程工作会议。省长胡春华、副省长宋恩华出席会议并讲话，省长助理、省政府秘书长尹亚力主持会议，省长助理、省政府研究室主任刘可为出席会议。

下午，全省三年大变样重点工作调度会在廊坊召开。副省长宋恩华出席会议并讲话。

五月二十日

上午，省委常委、副省长杨崇勇在河北电台《阳光热线》直播间，通过热线电话和手机短信等形式与广大听众直接沟通交流，倾听群众对旅游工作的呼声和意见，介绍省政府加快发展河北旅游业的想法和开展的一些具体工作。

五月二十一日

下午，省长胡春华在石家庄会见了中国中材集团公司总经理谭仲明、党委书记于世良一行。

5月20日至今日，省委副书记、石家庄市委书记车俊，省委常委、副省长杨崇勇，受省委书记张云川、省长胡春华的委托，率领省直有关部门和石家庄、唐山、保定、邯郸市政府负责同志赴四川省平武县实地考察调研、督导检查河北省援建工作进展情况，并与四川

省、绵阳市、平武县领导同志就对口援建工作交换意见。

五月二十四日

5月23日至今日，省长胡春华在沧州渤海新区调研。他强调，要统筹港口、港区、港城建设，同步实施，加快进度，早日把渤海新区打造成新的增长极，为冀中南乃至全省经济发展作出更大贡献。省长助理、省政府秘书长尹亚力陪同调研。

五月二十五日

上午，省十一届人大常委会第九次会议在石家庄开始举行。省人大常委会常务副主任柳宝全主持会议。

下午，省长胡春华主持召开省长办公会议，听取省水利厅关于海河防总会议精神和河北省贯彻落实意见的汇报。会议强调，要充分认识今年防汛抗旱工作的严峻形势，克服麻痹思想，做好充分准备，确保安全度汛。

五月二十六日

上午，省长胡春华主持召开省长办公会议，听取本省援建平武县有关情况的汇报，并对下一步援建工作进行安排部署。

上午，石家庄市全民健康促进工程在鹿泉市正式启动。卫生部副部长刘谦，中国医药卫生事业发展基金会理事长王彦峰，省委副书记、石家庄市委书记车俊，副省长孙士彬出席启动仪式。

上午，全省普通高校招生考试工作电视电话会议在省会河北会堂召开。省招生委员会主任、副省长龙庄伟出席会议并讲话。

五月二十七日

上午，省十一届人大常委会第九次会议圆满完成各项议程，在石家庄闭幕。

六月

六月一日

下午，文化部与省政府在省会河北会堂签署了框架合作协议，共同建设廊坊万庄文化生态旅游产业园项目。

六月二日

6月1日至今日，由文化部党组副书记、副部长欧阳坚带队的中央文化体制改革第四督查组，到河北省检查指导文化体制改革工作。省委副书记、石家庄市委书记车俊会见督查组一行。省委常委、宣传部长聂辰席出席座谈会，副省长孙士彬主持会议。

晚上，省委常委、副省长杨崇勇在河北会堂会见了来河北省访问的荷兰南荷兰省副省长达惠丝一行。会见后，杨崇勇与达惠丝共同为南荷兰——河北联合发展项目驻河北办事处揭牌。

六月三日

6月2日至今日，交通运输部部长李盛霖到秦皇岛、唐山两市检查交通运输安全生产工作，并就出租汽车发展情况进行调研。省长胡春华陪同在秦皇岛的调研。省委常委、唐山市委书记赵勇，副省长宋恩华陪同在唐山的调研。

六月四日

今天，省长胡春华在石家庄会见了韩国国会议员南景弼一行。省长助理、省政府秘书长尹亚力参加会见。

下午，省长胡春华主持召开省长办公会议，传达贯彻全国安全生产电视电话会议精神，研究部署河北省的安全生产工作。会议强调，要坚决贯彻中央和省委、省政府的部署，以更坚定的决心、更果断的措施、更务实的作风、更扎实的工作，努力实现全省安全生产形势稳定好转。

下午，副省长宋恩华在唐山就三年大变样工作进行调研，对加快推进三年大变样工作提出了具体要求。

六月六日

今天，央企走进唐山曹妃甸——应对危机合作发展恳谈会在曹妃甸新区举行。省长胡春华、国务院国资委副主任孟建民出席恳谈会并致辞，省委常委、常务副省长付志方主持恳谈会，省委常委、唐山市委书记赵勇介绍了唐山市暨曹妃甸开发建设情况，国家开发投资公司、中国华电集团公司、中国建筑工程总公司负责人在会上发言。

下午，省政府与中国北车集团在唐山签署战略合作框架协议，把唐山打造成中国高速动车组研发基地和最大的生产制造基地。省长胡春华、中国北车集团公司总经理崔殿国出席签约仪式并致辞，省委常委、常务副省长付志方，北车集团副总经理孙锴代表双方在协议上签字，省长助理、省金融办主任江波主持签约仪式。

六月七日

6月6日至今日，省长胡春华在唐山、承德两市检查省政府《关于加快全省高速公路项目建设的安排意见》落实情况。强调要抢抓机遇，全力推进高速公路建设，为河北在更高起点上参与新一轮竞争奠定良好的交通基础设施条件。副省长宋恩华一同检查。

六月九日

上午，省科技厅与石家庄市政府联合召开了省新农村建设科技示范工程暨石家庄示范市启动会议。

六月十日

今日，由中共中央政治局委员、天津市委书记张高丽和天津市委副书记、市长黄兴国率领的天津市党政代表团抵达石家庄，开始对河北省考察访问。下午，省委书记、省人大常委会主任张云川，省委副书记、省长胡春华等在省会中国大酒店同代表团举行了会谈。在随后举行的欢迎宴会上，胡春华与黄兴国分别致词。在冀期间，天津市党政代表团将在石家庄、保定和廊坊市进行考察。

6月5日至今日，全国人大常委会副委员长司马义·铁力瓦尔地率全国人大常委会执法检查暨专题调研组，就河北省贯彻落实畜牧法情况进行了执法检查，并围绕农田水利建设开展了专题调研。全国人大常委会委员、全国人大农业与农村委员会副主任委员尹成杰、索丽生等参加执法检查和专题调研。省领导张云川、胡春华、车俊、梁滨、臧胜业和省委秘书长景春华看望了执法检查暨专题调研组一行。省人大常委会副主任黄荣陪同检查和调研。今天，执法检查暨专题调研组听取了副省长张和及省直有关部门的工作汇报。

今天，全省殡葬改革工作会议在衡水市召开。民政部副部长窦玉沛、副省长宋恩华出席会议并讲话。

六月十一日

下午，全国非物质文化遗产保护、古籍保护暨中国文博杰出人物表彰、颁证、授牌电视电话会议在京召开，河北省共有7家单位和42名个人获表彰。全国会议结束后，河北省在承德分会场召开表彰会议，为获奖单位和个人颁证、授牌。副省长孙士彬出席会议。

六月十二日

今天，副省长宋恩华和省直有关部门负责同志到秦皇岛检查滦河、青龙河防汛工作。

六月十五日

上午，省长胡春华主持召开省政府第三十五次常务会议，研究并原则通过《河北省严重缺水应对方略及近期实施意见》。会议指出，水资源是河北省最为短缺的资源，缺水对河北而言已不是单纯的资源问题，已上升为生态问题、民生问题和社会问题，是关系河北长远发展的根本性问题。会议强调，缓解水资源短缺状况对河北发展十分迫切，要立即启动引黄工程，切实用足用好黄河水指标。坚持错季调水、安全存水、科学用水，形成良性循环，解决冀中南地区严重的资源型缺水问题。

6月13日至今日，全国人大常委会原副委员长、中国关心下一代工作委员会主任顾秀莲一行，就关心下一代工作，在河北省进行考察。

今天，以国家民委副主任吴仕民为组长的国家民委督查组莅临河北，就国务院办公厅《关于严格执行党和国家民族政策有关问题的通知》和民族政策贯彻落实情况，进行督导检查。督查组出席了河北省贯彻落实民族政策情况汇报座谈会。副省长孙士彬介绍了河北省民族工作情况。

六月十六日

上午，河北省最大规模的自然灾害救助应急预案演练，在石家庄市和井陉县、赞皇县、元氏县、鹿泉市同时展开，共转移安置灾民群众近10万人，动用车辆近300辆。省委常委、常务副省长付志方，省军区司令员节福成参加了今天的演练。

今天，省减灾委员会召开第一次全体会议。副省长宋恩华出席会议并讲话。

六月十七日

今天，北京市建设委员会、天津市城乡建设和交通委员会及省住房和城乡建设厅在承德签署了《京津冀地区共同建筑市场合作协议》。三方明确表示，将根据“市场互容、联合共管、信息互通、高效便捷”的原则，利用三年左右时间，实现三地企业在区域内建筑市场的自由流动，真正实现建筑市场一体化。

上午，《河北省（张承地区）滑雪旅游产业发展规划》论证会在承德召开，来自中国滑雪协会等单位的省内外专家对该《规划》进行了论证。

下午，大中专毕业生创业事迹报告会在河北会堂大礼堂举行。报告会由省委组织部、省人力资源和社会保障厅、省教育厅共同举办。

六月二十日

6月19日至今日，中共中央政治局常委、国务院总理温家宝在唐山、秦皇岛考察。他深入工厂企业、港口码头、人力资源市场及采煤沉陷区、危旧平房改造区，看望慰问干部群众，就经济运行和民生问题进行调研。他强调，我国经济正处在企稳回升的关键时期，要坚定不移地继续实施积极的财政政策和适度宽松的货币政策，全面贯彻落实好应对国际金融危机的一揽子计划；必须在保持经济平稳较快增长中重视结构调整，把握好结构调整的力度、节奏和方式，实现国民经济的又好又快发展。省领导张云川、付志方、赵勇陪同考察并参加座谈。

6月19日至今日，副省长宋恩华率团到天津市就城市建设进行学习考察，并在沧州召开了全省城镇面貌“三年大变样”工作现场调度会。

今天，河北省发现首例输入性甲型H1N1流感疑似病例，经卫生部复核，被诊断为确诊病例。省委、省政府对河北省出现首例甲感确诊病例高度重视，要求省和沧州市联防联控工作机制各成员部门密切配合，切实做好患者医疗救治、密切接触者追踪和医学观察等工作，全力落实各项防控措施，严防疫情扩散蔓延。

六月二十二日

下午，河北省召开社会治安综合治理表彰大会，隆重表彰2005至2008年度全省社会治安综合治理先进集体和个人。会前，省委书记张云川等省领导接见受到表彰的先进集体和个人代表并合影。省委副书记、省综治委主任车俊，省委常委、政法委书记张越，省人大常委会副主任侯志奎，副省长宋恩华，省政协副主席田向利，省检查院检察长张德利，省委秘书长景春华等出席会议。省委常委、组织部长梁滨主持会议。

六月二十三日

6月17日至今日，应日本长野县政府、韩国京畿道政府的邀请，省长胡春华率河北省代表团对日本、韩国进行了友好访问。出访期间，代表团与两国政府有关部门、议会和地方政府、社会团体负责人以及企业界人士进行了深入交流，增进了相互了解，推动了一批合资合作项目的进展，促进了河北与两国的友好关系和经贸合作，出访取得圆满成功。

上午，省政协十届七次常委会议在石家庄开幕。会议专门就推进自主创新，振兴河北省装备制造业问题进行讨论研究。省政协主席刘德旺出席会议，副省长孙瑞彬作有关情况的报告。省政协副主席赵文鹤主持会议，

省政协副主席高喜同、王玉梅、田向利、孔小均、武四海、王刚及秘书长安云昉出席会议。

六月二十五日

今天，河北省在邯郸召开行政服务中心建设经验交流会。省委常委、常务副省长付志方出席会议并讲话，省委常委、省纪委书记臧胜业主持会议。

今天，日本龟甲万株式会社、台湾统一企业集团与石家庄珍极酿造集团组建的统万珍极食品有限公司在省会开业并举行揭牌仪式。省委副书记、石家庄市委书记车俊，副省长孙瑞彬出席仪式，并会见了日本驻华使馆首席公使梅田邦夫、龟甲万株式会社社长染谷光男、台湾统一企业集团总裁林苍生一行。

今天，河北省举行专家留学回国人员座谈暨表彰会，邀请50余名优秀专家和留学回国人员代表共商河北省人才工作发展大计。副省长宋恩华出席座谈会并讲话。

六月二十六日

下午，河北省庆祝中国共产党成立88周年暨“两优一先”表彰大会在省会河北会堂召开。省领导张云川、胡春华、车俊、刘德旺、付志方、赵勇、梁滨、臧胜业、聂辰席、柳宝全出席会议并为受表彰代表颁奖。省委副书记车俊讲话，省委常委、组织部长梁滨主持会议。省委常委、省纪委书记臧胜业宣读了表彰决定。会前，张云川、胡春华等省领导接见了部分受表彰代表。

六月二十八日

6月27日至今日，以省长陈政高为团长的辽宁省代表团到唐山市考察。省长胡春华陪同代表团参观了唐山市科学发展成果展和城市展览馆，考察了南湖生态城规划建设情况，并与代表团进行了座谈。省委常委、唐山市委书记赵勇陪同考察并在座谈会上介绍了唐山经济社会发展情况。省长助理、省政府秘书长尹亚力陪同考察。

六月二十九日

下午，由环保部等部委组成的国家考核组莅临河北省，听取河北省2008年度海河流域水污染防治规划实施情况。副省长孙瑞彬出席汇报会。

上午，省委召开党建工作领导小组会议，听取省委党建工作领导小组办公室工作汇报，研究讨论进一步加强和改进河北省党的建设工作。省委书记张云川主持会议并讲话。省领导车俊、付志方、梁滨、臧胜业、刘永瑞、孙瑞彬出席会议。

上午，2009年全国交通运输审计工作座谈会在石家庄召开。副省长张和出席会议并致辞，交通运输部副部长高宏峰、中国内部审计协会会长王道成出席会议并讲话。

六月三十日

上午，省委书记张云川到冀中能源集团考察，深入采煤一线了解生产情况、看望员工，并同集团领导班子进行座谈，就进一步推进企业又好又快发展交换意见。副省长孙瑞彬、省委秘书长景春华参加考察。

下午，省长胡春华来到河北钢铁集团宣钢公司，了解企业发展情况，并向河钢集团成功组建一周年表示祝贺，向13万河钢职工表示亲切慰问。省长助理、省政府秘书长尹亚力陪同调研。

今天，石家庄良村热电2×300MW热电项目在藁城南席村奠基。省委副书记、石家庄市委书记车俊，省委常委、常务副省长付志方，中国电力投资集团有限公司党组书记、总经理陆启洲等参加了奠基仪式。

七月

七月一日

下午，省长胡春华在省会中国大酒店会见了东亚银行（中国）有限公司执行董事兼行长关达昌一行，双方就东亚银行在石家庄设立分行有关事宜进行了洽谈。副省长孙瑞彬参加会见。省长助理、省金融办主任江波参加会见。

今天，省重点项目建设领导小组会议在省会召开，研究并原则通过第二批省重点项目计划。省委常委、常务副省长付志方主持会议，副省长孙瑞彬出席会议。

七月二日

今天，长安汽车22万辆微汽扩能项目在定州奠基。省长胡春华，中国兵器装备集团公司党组书记、总经理徐斌，副省长孙瑞彬，中国兵器装备集团公司党组成员、副总经理、长安汽车股份有限公司董事长徐留平，省长助理、省政府秘书长尹亚力出席奠基仪式。

下午，省长胡春华主持召开省政府第三十七次常务会议，审议并原则通过《河北省医药产业调整和振兴规划》。

7月1日至今日，全省新农村建设观摩交流暨新民居千村示范工作调度会在邯郸召开。省委常委、省纪委书记、省农村工作领导小组组长臧胜业出席会议并讲话。副省长、省农村工作领导小组副组长张和出席会议。

七月三日

今天，省政府召开电视电话会议，部署全省中小学校舍安全工程。从今年开始，河北省利用3年时间对存在安全隐患的中小学校舍进行加固、改建和重建。副省长龙庄伟出席会议并讲话。

7月2日至今日，由天津市委常委、市委教育工委书记苟利军和副市长李文喜带队的天津市考察团到廊坊市、保定市学习考察。双方表示要在未来的发展中加强全面交流与合作，实现共赢。省委常委、副省长杨崇勇陪同考察。

今天，省政府在保定召开了部分省重点出口企业座谈会。省委常委、副省长杨崇勇出席会议并讲话。

七月六日

上午，省长胡春华主持召开省政府第三十八次常务会议，研究部署进一步削减行政许可项目和清理规范固定资产投资项目行政许可和行政审批工作。会议听取了省监察厅关于削减行政许可项目情况的汇报，决定在2008年削减的基础上，对省本级目前实施的573项行政许可项目进行再清理。

七月七日

上午，省委书记张云川、省长胡春华，省委副书记、石家庄市委书记车俊等在省会中国大酒店会见了由湖南省委常委、长沙市委书记陈润儿率领的长沙市代表团一行。省委秘书长景春华，省长助理、省政府秘书长尹亚力，石家庄市市长艾文礼等参加会见。

下午，河北省第五次军转表彰大会暨2009年军转安置工作会议在河北会堂召开。会前，省领导张云川、胡春华、付志方、梁滨、张彦欣、柳宝全、王玉梅，省委秘书长景春华接见了受表彰代表。付志方、梁滨、张彦欣、柳宝全、王玉梅出席会议并为受表彰的先进单位和个人代表颁奖。梁滨主持会议并宣读了省委、省政府、省军区《关于表彰全省模范军队转业干部、军队转业干部安置工作先进单位和先进军转工作者的决定》。

七月八日

上午，河北港口集团有限公司成立暨揭牌仪式在石家庄市举行。这是河北省继整合钢铁、能源产业后省域产业调整的又一大手笔，也是省委、省政府贯彻落实科学发展观、提高全省港口综合竞争力的重要举措。省长胡春华、交通运输部副部长徐祖远为河北港口集团揭牌，铁道部副部长胡亚东、省人大常委会副主任侯志奎、副省长孙瑞彬、省政协副主席王玉梅出席仪式。

上午，省委常委、常务副省长付志方，副省长孙士彬在省直有关部门和石家庄市政府有关负责人的陪同下，到河北博物馆、省图书馆建设工地进行调研并听取了工程进展情况汇报。

七月十日

上午，中共河北省委在河北会堂召开全省领导干部会议，总结上半年工作，贯彻落实温家宝总理在河北省考察时的重要讲话精神，分析当前形势，安排部署下半年工作。省委书记张云川、省长胡春华作重要讲话。

下午，省政府举行新聘参事聘书颁发仪式，省长胡春华向白学林、李厚才、周明、赵桂英、彰无忌等5位新聘参事颁发了聘书。省委常委、常务副省长付志方宣读了《省政府关于聘任省政府参事的决定》，省长助理、省政府秘书长尹亚力主持仪式。

下午，总投资60亿元的吉利集团霸州产业基地项目签约仪式在石家庄举行。省长胡春华，省委常委、副省长杨崇勇，吉利控股集团董事长李书福出席签约仪式。

下午，河北省在全国率先开展创业服务进军营活动，副省长宋恩华、某集团军政委吴刚出席启动仪式并讲话。

今天，省政府召开全省“双三十”节能减排2009年第二次调度会。副省长孙瑞彬出席会议并讲话。

七月十一日

今天，中残联主席张海迪到蔚县考察残疾人事业发展工作，副省长宋恩华陪同考察。

上午，河北日报创刊60周年纪念大会在省会河北会堂召开。省委书记张云川、省长胡春华发来贺信。省委副书记车俊，省委常委、宣传部长聂辰席，省人大常委会副主任马兰翠，省政府副省长孙士彬，人民日报副总编辑米博华出席会议。

七月十四日

下午，国务院安委办督查调研组河北省汇报会在省会召开。调研组组长、国务院安委办副主任、国家安监总局副局长梁嘉琨对河北省安全生产工作给予充分肯定。副省长孙瑞彬出席汇报会。

今天，副省长宋恩华在石家庄会见了加拿大木业协会及加拿大林创公司负责人一行。双方重点就开展木结构屋架“平改坡”项目合作进行了交流探讨。

七月十五日

上午，省长胡春华主持召开省政府第三十九次常务会议。会议研究批准，藁城经济开发区等26家省级开发区（园区）和唐山等3个省级高新区扩大规划范围。

下午，全省城镇面貌三年大变样工作电视电话会议在省会召开。会议强调，要鼓足干劲，坚持不懈，抓好三年大变样各项工作任务的落实。省长胡春华、副省长宋恩华出席会议并讲话。省长助理、省政府秘书长尹亚力主持会议。

七月十六日

上午，省委书记张云川、省长胡春华就城镇面貌“三年大变样”工作到石家庄调研，强调要按照科学发展观的要求，统筹兼顾地推进“三年大变样”工作，确保实现协调、健康、可持续的发展。省委副书记、石家庄市委书记车俊，副省长宋恩华参加调研。省委秘书长景春华，省长助理、省政府秘书长尹亚力参加调研。

上午，省委常委、副省长杨崇勇主持召开银行支持外贸出口企业、扩大出口及旅游业和内贸企业发展座谈会。

今天，省政府与中国出口信用保险公司在河北会堂签署《战略合作协议》，双方将在河北省全面推广出口信用保险，帮助“走出去”企业规避风险等方面加强合作。省委常委、副省长杨崇勇与中国信保副总经理梁志东代表双方签字，省长助理、省金融办主任江波主持签约仪式。

七月十七日

上午，省委、省政府在唐山市召开曹妃甸开发建设办公会议，总结曹妃甸开发建设工作，就加速曹妃甸新区产业聚集，加快开放开发步伐进行研究部署。省委书记张云川、省长胡春华出席会议并讲话。省委常委、常务副省长付志方主持会议，省委常委、唐山市委书记赵勇，副省长宋恩华出席。

日前，省第八届社会科学优秀青年专家评委会全体会议在石家庄市召开。副省长、评委会主任龙庄伟出席会议并讲话。

七月二十日

今天，省委理论学习中心组学习在北戴河开始，主要内容是深入贯彻落实科学发展观的要求，对构建符合河北实际的现代产业体系进行专题研究。省委书记张云川主持会议。省委常委，省政协主席，省人大常委会常务副主任，省政府副省长，省法院院长，省检察院检察长，省委秘书长，省长助理以及省直各部门主要负责人参加学习。

下午，省长胡春华在秦皇岛会见了日本驻华大使宫本雄二及日本部分企业界人士。省长助理、省政府秘书长尹亚力参加会见。

下午，省政府与日本大使馆共同举办的“河北省与日本经济合作说明会”在秦皇岛经济技术开发区举行。省委常委、副省长杨崇勇，日本驻华大使宫本雄二出席并致辞。

七月二十二日

下午，副省长宋恩华会见了罗兰·贝格国际管理咨询公司客人，就促进河北现代航空业发展问题进行了研讨。

七月二十四日

今天，为期五天的省委理论学习中心组学习会议在北戴河结束。会议强调，要深入贯彻落实科学发展观的要求，推进结构调整，转变发展方式，构建河北现代产业体系，确保实现全省经济较长时期的又好又快发展。省委书记张云川、省长胡春华参加学习并在结束时讲话。省委常委，省政协主席，省人大常委会常务副主任，省政府副省长，省法院院长，省检察院检察长，省委秘书长，省长助理以及省直各部门主要负责人参加学习。

上午，省政府在秦皇岛市召开产业规划组织实施安排工作会议，对全省产业调整和振兴规划实施意见及下半年重点工作的落实进行安排部署。

七月二十五日

上午，各市市委书记座谈会在北戴河召开。省委书记张云川强调，必须认真学习领会不久前召开的中央中央政治局会议精神，坚定不移地贯彻落实中央应对国际金融危机冲击的重大决策部署，确保完成保增长、调结构、促改革、惠民生的目标任务。省领导车俊、刘德旺、杨崇勇、赵勇、梁滨、张彦欣、刘永瑞、聂辰席、柳宝全等参加座谈。

7月24日至今日，省政府在秦皇岛召开全省重点项目调度会议。会议强调，要把抓投资、上项目作为保增长的关键举措，结合构建现代产业体系的要求，以更大的力度推进项目建设，努力实现全省经济又好又快发展。省长胡春华，省委常委、常务副省长付志方，副省长孙瑞彬出席会议并讲话。省长助理、省政府秘书长尹亚力，省长助理、省金融办主任江波，省长助理、省政府研究室主任刘可为出席会议。

七月二十六日

上午，第二届河北省图书交易博览会暨“阅读河北·书香港城”读书节在秦皇岛开幕。

七月二十七日

上午，省十一届人大常委会第十次会议在石家庄开始举行。省人大常委会常务副主任柳宝全主持会议。

下午，省政府与中国移动通信集团公司在北戴河签署战略合作框架协议。省长胡春华出席签约仪式，中国移动通信集团总裁王建宙、副省长孙瑞彬致辞，省长助理、省政府秘书长尹亚力主持签约仪式。

下午，省委在北戴河召开省级老同志座谈会，通报全省经济社会发展情况，征求省级老同志对省委、省政府工作的意见和建议。省委书记张云川主持会议。省委副书记、省长胡春华通报了今年以来全省经济社会发展和省委、省政府工作情况以及下半年的工作安排。叶连松、杨泽江、郭志、吕传赞、赵金铎等近40位省级老同志出席座谈会。

七月二十八日

7月22日至今日，全国人大常委会副委员长陈昌智率领全国人大常委会保障性住房建设专题调研组到河北调研。上午，宋恩华副省长代表省政府与调研组交换了意见。

下午，省政府召开动员大会，对将在全省范围开展的安全生产执法检查特别行动进行安排部署。省长胡春华、副省长孙瑞彬、国家安监总局副局长梁嘉琨出席动员大会并讲话。省长助理、省政府秘书长尹亚力主持会议。

下午，河北省举行庆“八一”双拥座谈会，共叙军地情谊，共商双拥大计。省双拥工作领导小组副组长、副省长宋恩华，省军区司令员节福成出席座谈会并讲话。

七月二十九日

上午，第五届中国·山海关国际长城节在历史文化名城山海关的第一关广场开幕。来自海内外的500余名中外宾客参加了这次文化盛宴。全国人大常委会原副委员长何鲁丽宣布本届中国·山海关国际长城节开幕。

上午，南水北调中线天津干线河北境内工程开工仪式在霸州市举行，标志该工程在河北、天津两省市全面开工建设。国务院南水北调办公主任张基尧、副省长张和、天津市副市长熊建平、国务院南水北调办公室副主任张野等出席开工仪式并讲话。

七月三十日

上午，省十一届人大常委会第十次会议完成各项议程，在石家庄闭幕。省人大常委会常务副主任柳宝全主持会议并讲话。

7月28日至今日，副省长张和就农业产业化和防汛工作在秦皇岛市调研。他强调，要充分发挥资源和区位等优势条件，大力发展特色农业产业，深入推进农业产业化经营，努力提高农产品市场占有率。

八月

八月二日

上午，李岚清《音乐·艺术·人生》讲座在唐山燕山影剧院举行，原中共中央政治局常委、国务院副总理李岚清以“音乐与艺术、音乐与人生”为专题，为唐山市大中学校的千余名师生讲课。全国人大常委会委员长陈至立出席讲座，省委常委、常务副省长付志方，省委常委、唐山市委书记赵勇参加讲座。

八月三日

今天，全省处理信访突出问题及群体性事件联席会议在秦皇岛召开。省委副书记车俊出席会议并讲话，副省长宋恩华、省委秘书长景春华出席会议。

八月四日

今天，2009环渤海金融合作论坛在承德市举行。全国社保基金理事会理事长戴相龙、副省长孙瑞彬出席会议。省长助理、省金融办主任江波出席。

八月七日

上午，省政府在秦皇岛召开北戴河新区开发建设办公会议。省长胡春华出席会议并讲话，他要求，秦皇岛市要坚定不移地把旅游业作为立市的战略产业来抓，以北戴河新区开发建设为突破口，推动旅游业转型，迅速把旅游业做大做强做优。

今天，全省农业产业化工作会议召开。副省长张和出席会议并讲话。

八月八日

上午，由国台办、省政府主办，全国台企联、省台办、张家口市政府承办的第八届冀台经济合作洽谈会在张家口市举行。全国政协副主席罗富和出席会议并宣布洽谈会开幕，国台办副主任孙亚夫，海协会副会长王在希，省委常委、副省长杨崇勇出席会议并讲话，省政协副主席王刚出席会议。新党主席郁慕明及来自台湾的经济、旅游、学术界人士以及国台办、省有关部门、社会各界人士共计800多人参加了冀台同胞共祭三祖大典、经济合作洽谈会项目推介及签约仪式、海峡两岸“三祖文化”论坛等系列活动。

八月十日

上午，宽城满族自治县隆重举行成立20周年庆祝大会。省代表团团长、副省长孙士彬出席会议并讲话。

下午，省委常委、副省长杨崇勇在廊坊会见了福建省副省长叶双瑜一行，双方就河北省参加今年厦门中国国际投资贸易洽谈会有关事项进行了交流。

下午，参加宽城满族自治县成立20周年庆祝活动的省代表团团长、副省长孙士彬，深入到该县农村，看望和慰问少数民族群众。

八月十一日

下午，参加围场满族蒙古族自治县成立20周年庆祝活动的省代表团团长、副省长孙士彬，在围场满族蒙古族自治县四合永镇，亲切慰问各族群众。

八月十二日

今天，全省推动农村邮政物流发展电视电话会议在省会召开。副省长张和、孙瑞彬出席会议并讲话。

上午，国家和省有关部门负责人与围场各族干部群众上万人隆重集会，共同庆祝围场满族蒙古族自治县成立20周年。省代表团团长、副省长孙士彬出席庆祝大会并讲话。

八月十三日

下午，在参加全国维护稳定暨信访工作会议之后，省委、省政府立即召开电视电话会议，贯彻会议精神，总结河北工作，分析当前形势，对下一步工作进行安排部署。省委书记张云川，省委副书记、省长胡春华，省委副书记车俊，副省长宋恩华，省军区副司令员丁振华，省军区政治部主任张圣荣，省委秘书长景春华出席会议。

今天，全省开发区（园区）工作会议在省会召开。省委常委、副省长杨崇勇出席会议并讲话。

八月十四日

中午，副省长宋恩华在石家庄会见了上海仲盛集团总裁曲明光一行，听取仲盛集团的情况介绍、房地产开发规划方案和项目情况介绍。

下午，第十届全国中学生运动会河北代表团名誉团长、副省长龙庄伟观看了河北女篮的比赛，并鼓励运动员在本次比赛中赛出好成绩，展示河北中学生的新风采。

八月十五日

8月14日至今日，省长胡春华就深化医药卫生体制改革到石家庄市裕华区、长安区和藁城市进行调研。

上午，副省长宋恩华在石家庄市调研四中路旧城改造项目，并召开现场调度会，研究解决存在的问题。

八月十七日

上午，省长胡春华主持召开省政府第四十次常务会议，审议并原则通过《河北省实施〈残疾人就业条例〉办法（草案）》。

八月十八日

上午，第十一届全国运动会火炬传递活动河北省火炬传递起跑仪式在石家庄市世纪公园中心广场举行。省领导张云川、胡春华、车俊、侯志奎、孙士彬、田向利，省委秘书长景春华等出席仪式。省长胡春华点燃传递主火炬，省委书记、省人大常委会主任张云川宣布火炬传递活动开始。省委副书记、石家庄市委书记车俊致辞。

上午，中央治理工程建设领域突出问题工作领导小组召开全国工程建设领域突出问题专项治理工作电视电话会议。省委副书记、省长胡春华代表河北省作了典型发言。会后，河北省召开电视电话会议，贯彻落实全国会议精神，安排部署本省专项治理工作。

八月十九日

今天，省深化医药卫生体制改革领导小组召开会议，研究通过了《河北省医药卫生体制五项重点改革2009年工作安排》。省委常委、常务副省长付志方主持会议并讲话，副省长宋恩华、孙士彬出席会议。

八月二十日

上午，由省委宣传部，石家庄市委、市政府共同主办的“2009中国·石家庄第四届国际动漫博览交易会”在石家庄人民会堂开幕。

上午，民盟河北省委庆祝中华人民共和国成立60周年书画展在石家庄市博物馆开展。民盟河北省委主委、副省长龙庄伟出席开幕式并致辞。

今天，全省城镇面貌三年大变样工作现场暨调度会在保定召开。副省长宋恩华出席会议并讲话。

八月二十一日

下午，由绵阳市委副书记、市长曾万明带队的绵阳市政府代表团在省会举办“绵阳市平武县灾后重建投资推介会”。省委常委、副省长杨崇勇出席会议并讲话。

下午，省长胡春华在省会会见了四川省绵阳市代表团。省委常委、副省长杨崇勇一同会见。

今天，河北省召开全省中小学校舍安全工程视频调度会，向各市下达“限时令”，要求各地本月底前必须全部完成校舍安全排查工作，9月底全部完成校舍鉴定。副省长龙庄伟出席会议并讲话。

八月二十四日

下午，副省长孙士彬先后到河北行知文化传媒有限责任公司、河北教育出版社和省新闻出版局进行调研。

八月二十五日

今天，中国人民解放军军事科学院政委刘源等11名老一辈革命家的后代来到西柏坡参观学习，深切缅怀自己的父辈祖辈。刘源一行在石期间，省委书记张云川，省长胡春华，省委副书记、石家庄市委书记车俊，省委秘书长景春华前往看望。副省长张和陪同参观学习。

上午，省广电局与中国移动通信集团河北有限公司举行《全面战略合作框架协议》和《CMMB手机电视业务深度合作协议》签字仪式。

今天，副省长宋恩华带领省直有关部门负责同志在邯郸就棚户区改造进行专题调研。

八月二十六日

上午，省委、省政府召开电视电话会议，对全省大规模集中开展干部下访接访活动进行动员和部署。省委副书记车俊出席会议并讲话。会议由副省长宋恩华主持，省委秘书长景春华宣读活动实施方案。

上午，中国节能集团公司向河北省灾区捐款100万元。副省长宋恩华出席捐款仪式，并向中国华能集团公司颁发捐赠证书和牌匾。

下午，省见义勇为基金会换届大会暨第三届理事会第一次会议在省会召开。车俊、张越、侯志奎、宋恩华、田向利担任名誉理事长，李德兴当选为理事长。省领导侯志奎、宋恩华、田向利出席会议。

八月二十七日

今天，副省长宋恩华做客新浪网直播间，就河北省三年大变样推进城镇化及第二届城博会与网友进行了交流。

八月二十八日

8月26日至今日，省长胡春华在保定、石家庄、唐山三市调研。

上午，全省金融支持新农村建设经验交流与推进工作电视电话会议在省会河北会堂召开。副省长孙瑞彬出席会议并讲话，省长助理、省金融办主任江波主持会议。

今天，全省促进外经贸发展银企对接会在省会召开。省委常委、副省长杨崇勇出席会议并讲话。

今天，邯郸市重点城建项目推介会在北京举行，向国内外推介城建项目105个，总投资2800亿元。副省长宋恩华出席推介会并讲话。

下午，全省药品安全监管工作电视电话会议在省会河北会堂召开，河北省将从9月1日到明年底，用一年多的时间集中开展药品安全专项整治行动。副省长孙士彬出席会议并讲话。

八月二十九日

上午，河北人民广播电台建台60周年纪念大会在河北电台举行。省委书记张云川、省长胡春华致信祝贺，省委常委、宣传部长聂辰席，省人大常委会副主任马兰翠，副省长孙士彬，中央人民广播电台台长王求出席会议。

八月三十日

晚上，澳门乐团内地巡回演出在省会河北艺术中心音乐厅举行。省委常委、宣传部长聂辰席，副省长孙士彬、省政协副主席田向利观看了演出。

八月三十一日

今天，副省长宋恩华在承德市就三年大变样和推进城镇化工作进行调研。

九月

九月一日

今天，省政府召开重点产业调整和振兴规划实施意见推进工作调度会，着力推进工业倍增计划实施、建立现代产业体系。省委常委、常务副省长付志方主持会议并讲话。

今天，第十八届中国乌鲁木齐对外经济贸易洽谈会开幕。以省委常委、副省长杨崇勇为团长的河北省代表团参加本次洽谈会。

近日，省长胡春华分别到旭阳、正元、建滔、冀中能源等煤化工企业，就河北省煤化工产业发展问题进行深入调研。

九月二日

今天，全省农村危房改造试点工作动员会在省会召开。副省长宋恩华出席会议并讲话。

九月三日

上午，省长胡春华主持召开省政府第四十一次常务会议，学习贯彻国务院领导有关抗旱减灾工作讲话精神，安排部署河北省抗旱救灾工作。

上午，2009年河北省特岗教师出征仪式在河北师大举行，副省长龙庄伟出席仪式。

下午，省长胡春华在省会会见了中国华能集团公司总经理曹培玺一行。省委常委、常务副省长付志方一同会见。

9月1日至今日，河北省代表团在巴音郭楞蒙古族自治州考察商洽对口支援工作，慰问河北省援疆干部。考察访问期间，河北省捐赠了1000万元巴州燕赵蒙医院建设资金和20辆“长城”牌越野汽车。省委常委、副省长杨崇勇，省人大常委会副主任侯志奎，省政协副主席赵文鹤带队考察，新疆维吾尔自治区副主席戴公兴及巴州领导陪同考察。

九月四日

上午，全省深入学习实践科学发展观活动第二批总结暨第三批动员大会在省会河北会堂召开。省委书记张云川作动员讲话，省委副书记、省长胡春华主持会议，中央巡回检查组组长张维庆讲话。省委常委、省人大常委会、省政府、省政协领导班子中的党员领导同志，省法院、省检察院党组书记；中央巡回检查组全体同志参加会议。

上午，中国华能集团河北分公司成立，省委常委、常务副省长付志方与华能集团总经理曹培玺为公司揭牌。

下午，第十一届全国运动会河北省代表团正式成立。成立大会上，省长胡春华向十一届全运会河北代表团团长、副省长孙士彬授代表团团旗。省委常委、常务副省长付志方宣布代表团成立以及代表团团长、副团长名单。省人大常委会副主任王增力、省政协副主席王刚出席大会。省长助理、省政府秘书长尹亚力主持大会。

下午，副省长宋恩华与东航集团公司总经理刘绍勇，就进一步加强深层次合作、共同促进河北民航业发展进行了座谈。

九月七日

上午，河北行政学院举行秋季开学典礼，市厅级领导干部应急管理研讨班和应急管理骨干师资培训班同时开班。省委常委、常务副省长、河北行政学院院长付志方出席典礼并讲话。

下午，石家庄市政府召开500万人口城市规划和滨河新区规划汇报会，省委副书记、石家庄市委书记车俊、副省长宋恩华出席。

下午，河北省与巴西戈亚斯州经济合作恳谈会在唐山锦江国际饭店举行。副省长张和出席恳谈会并讲话。

九月八日

上午，曹妃甸·承德临港工业园首批入园的总投资10.78亿元的宏大专用汽车制造项目和总投资2500万美元的金属制品深加工项目正式开工建设。省长胡春华宣布项目开工。省委常委、唐山市委书记赵勇出席开工奠基仪式，副省长张和讲话，省长助理、省政府秘书长尹亚力出席仪式。

下午，省长胡春华在廊坊市主持召开省长办公会议，研究部署甲型流感防控工作。他强调，要把防治甲型流感疫情作为当前一项重要的政治任务来抓，落实责任，细化措施，确保疫情不扩散，坚决打赢防治甲型流感这场硬仗。副省长孙士彬就进一步做好甲型流感防控和救治工作讲了具体意见。

九月九日

下午，省长胡春华来到拥有107年历史的河北师范大学，走访慰问教职员工，向全省广大教师和教育工作者致以节日的祝贺和亲切的问候，并应师生们的邀请与大家亲切座谈。副省长龙庄伟，省长助理、省政府秘书长尹亚力一同看望并出席座谈会。

九月十日

上午，庆祝教师节暨全省教育系统先进集体和先进个人表彰大会在省会河北会堂召开。省委书记、省人大常委会主任张云川，省长胡春华，省委副书记车俊，省人大常委会副主任马兰翠，副省长龙庄伟，省政协副主席王玉梅以及省委秘书长景春华会见了全体与会代表。

下午，省政府召开全省防控甲型H1N1流感工作电视电话会议，贯彻全国进一步做好甲型H1N1流感防控工作电视电话会议精神，安排部署本省疫情防治工作。省长胡春华、副省长孙士彬出席会议并讲话，省长助理、省政府秘书长尹亚力主持会议。

九月十四日

下午，省政府召开河北省安全生产工作汇报会，向来河北省督查的国务院安委会第二督查组汇报了本省安全生产情况。副省长孙瑞彬出席汇报会。

九月十五日

下午，副省长宋恩华就残疾人事业发展情况到石家庄市桥东区调研。

今天，副省长龙庄伟就义务教育工作到保定高阳、蠡县、博野进行调研。

九月十六日

上午，第十二届唐山中国陶瓷博览会在唐山国际会展中心隆重开幕。全国人大常委会副委员长周铁农，全国政协副主席王志珍，中国轻工业联合会副会长杨志海、杨自鹏，中国建筑材料联合会副会长陈国庆，省委常委、副省长杨崇勇，省人大常委会副主任侯志奎，省政协副主席王玉梅等出席开幕式并剪彩，杨崇勇致辞。

今天，河北省女性创业服务周正式启动，河北省女性创业就业网——木兰网也同时开通。副省长宋恩华出席启动仪式并讲话。

九月十七日

9 月 15 日至今日，省委常委、副省长杨崇勇就外经外贸、唐山湾“三岛”旅游开发、曹妃甸建设等工作在唐山调研。

九月十八日

上午，全省重点建设项目与省内主要工业产品跨市产需衔接洽谈会在石家庄召开。副省长孙瑞彬出席会议并讲话。

下午，副省长宋恩华在省会会见了前来参加 2009 中国城市发展论坛暨第二届河北省城市规划建设博览会的部分驻华使节和香港建筑师协会代表团。

今天，河北奎山水泥集团有限公司与唐山冀东水泥股份有限公司在石家庄签订战略合作协议，双方共同出资组建奎山冀东水泥有限责任公司。中国建筑材料联合会副会长、中国水泥协会会长雷前治，副省长孙瑞彬出席仪式。

九月十九日

上午，2009 中国城市发展论坛暨第二届河北省城市规划建设博览会在石家庄人民会堂南广场开幕。

上午，副省长宋恩华在省会会见了前来参加 2009 中国城市发展论坛暨第二届河北省城市规划建设博览会的香港地产界高层考察团。

下午，以“繁荣与舒适·城市变化的追求”为主题的 2009 中国城市发展论坛在石家庄举办。副省长宋恩华在论坛上致辞。

今天，省长胡春华分别到石家庄市和邢台市，检查指导甲型 H1N1 流感防控工作。省委副书记、石家庄市委书记车俊参加了在石家庄市的检查，副省长孙士彬，省长助理、省政府秘书长尹亚力陪同检查。

九月二十日

上午，第三届中国城市建设投融资论坛在石家庄举行。

九月二十一日

上午，省委常委会召开扩大会议，传达学习党的十七届四中全会精神。省委书记张云川主持会议并讲话，省委副书记、省长胡春华传达了全会有关文件精神。省委常委，副省级以上党员领导同志，省军区及驻冀部队领导参加会议。

上午，省十一届人大常委会第十一次会议在石家庄开始举行。

今天，由中国国际贸易促进委员会、中国轻工业联合会、省政府和中国五金制品协会主办，中国国际贸易促进委员会河北省分会、衡水市政府、安平县政府承办的第九届中国·安平国际丝网博览会在安平县举行。

九月二十二日

下午，省长胡春华主持召开省长办公会议，听取参加 2010 年上海世博会有关准备工作情况的汇报。会议还听取了河北馆展示设计方案三家入选机构的汇报。省委常委、常务副省长付志方，省委常委、副省长杨崇勇，省人大常委会副主任王增力、省政协副主席赵文鹤出席会议并就做好河北省参加上海世博会筹备工作讲了具体意见。省长助理、省政府秘书长尹亚力参加会议。

下午，河北省召开纪念省妇联成立 60 周年座谈会。省委副书记车俊、副省长龙庄伟、省政协原副主席陈秀芳出席座谈会。

今天，第十七届中国（辛集）皮革博览会在辛集市开幕。省委常委、副省长杨崇勇出席开幕式。

晚上，副省长龙庄伟在省会河北宾馆会见了俄罗斯列宁格勒州副州长库兹涅措夫率领的教育代表团一行。会见结束后，双方签订了教育交流合作意向书。

九月二十三日

上午，天津市副市长熊建平一行来河北省商谈引黄济津事宜，副省长张和参加座谈会并讲话。

上午，省十一届人大常委会第十一次会议举行第二次全体会议，听取了省政府副省长孙士彬作的关于贯彻实施《中华人民共和国食品安全法》工作情况的报告，省人大常委会执法检查组检查食品安全法贯彻实施情况的报告，以及省林业局关于河北省林业改革与发展情况的报告。

上午，河北省首座国家矿山公园——开滦国家矿山公园在开滦集团唐山矿业公司正式揭碑开园。

下午，省委书记张云川、省长胡春华在省会中国大酒店会见了中国银行股份有限公司董事长肖钢一行。副省长孙瑞彬会见时在座。

下午，省十一届人大常委会第十一次会议在石家庄闭幕。省人大常委会常务副主任柳宝全主持会议并讲话。

今天，省委常委、副省长杨崇勇在保定检查“双节”假日旅游安全工作。

九月二十四日

上午，石家庄高新区 12 个高新技术产业项目集中开工建设，向新中国 60 华诞献礼。省委副书记、省长胡春华，副省长孙瑞彬出席开工仪式，并为开工项目培土奠基。省长助理、省政府秘书长尹亚力出席开工仪式。

下午，“伟大的祖国，可爱的河北——新中国从这里走来·庆祝新中国成立 60 周年群众歌咏大会”在省体育馆举行。

今天，副省长宋恩华做客河北电台《阳光热线》，就河北省城镇面貌三年大变样工作与听众进行了深入交流。

晚上，副省长张和会见了津巴布韦——中国友好协会会长、津巴布韦联合执政党民盟政治局委员、青年书记赛库萨纳一行。

九月二十六日

上午，以“绿色·科技·交易·示范”为主题的第 13 届中国（廊坊）农产品交易会在廊坊会展中心开幕。副省长张和、中华全国供销合作总社副主任赵显人、中国农科院副院长唐华俊等出席开幕仪式并剪彩。

今天，由中国国际贸易促进委员会、中国纺织工业总会、省政府主办的第十六届中国清河国际羊绒及绒毛制品交易会开幕，3000多名国内外客商参会参展。

九月二十七日

上午，河北华电石家庄鹿华热电一期工程在鹿泉市正式开工建设。省长胡春华出席开工仪式，中国华电集团公司总经理云公民宣布工程开工。

上午，河北省工商系统推进银企对接座谈会暨个体私营企业小额贷款签约仪式在省会燕山大酒店举行。省委常委、副省长杨崇勇出席会议并讲话。

晚上，省委统战部举办《共铸辉煌》河北省统一战线庆祝新中国成立60周年文艺晚会，庆祝新中国60华诞。省委常委、统战部长刘永瑞出席并致词。担任省领导的省各民主党派主委孔小均、龙庄伟、王刚、段惠军出席。

晚上，省五大宗教团体庆祝新中国成立60周年《祖国你好》文艺晚会在省艺术中心举行。省人大常委会副主任马兰翠、副省长孙士彬同省会各界人士观看演出。

九月二十八日

上午，省长胡春华主持召开省政府第四十三次常务会议。会议听取了省人力资源和社会保障厅关于调整工伤职工待遇标准和关于调整失业人员失业保险金标准的汇报。会议决定，对河北省工伤职工伤残津贴、生活护理费、工亡职工供养亲属抚恤金标准进行统一调整，自2009年10月起，提高失业人员失业保险金标准。

下午，河北省全力打造的向新中国成立60周年献礼的重点影片《谁主沉浮》在省会河北会堂举办河北首映式。省委常委、宣传部长聂辰席，副省长孙士彬出席首映式。

下午，副省长孙瑞彬来到省电力公司、石家庄热电厂、新源发商场以及中国电信、中国移动河北分公司，检查“双节”期间电力供应、通信保障和安全生产工作。

今天，省城乡规划委员会第九次全体会议在石家庄召开。副省长宋恩华出席会议并讲话。

九月二十九日

上午，省政府在省会河北会堂召开燕赵友谊奖颁奖大会。省委常委、副省长杨崇勇，副省长宋恩华向16名外国专家颁发了“燕赵友谊奖”，以表彰他们在河北省经济建设和社会发展中作出的突出贡献。

上午，华北军区烈士陵园2009年国庆献礼工程竣工剪彩仪式在陵园革命烈士纪念碑广场举行。副省长宋恩华，省政协副主席王玉梅、丛斌出席仪式。

上午，由省老区建设促进会主办的“新中国从这里走来——魅力河北英雄老区辉煌60年摄影展”在省博物馆开展。

今天，省领导张云川、胡春华、车俊、付志方、梁滨等走访慰问了部分副省级以上离休老干部，代表省委、省政府向他们送上节日的亲切问候，对他们为中国革命、建设和改革开放事业作出的重要贡献表示崇高敬意。

今天，石家庄20项国庆60周年献礼工程竣工仪式在省会新落成的民心广场举行。来自一线的17名基层代表为工程竣工剪彩，省委副书记、石家庄市委书记车俊宣布献礼工程胜利竣工。副省长宋恩华出席竣工仪式。

晚上，省政府在省会中国大酒店举行盛大招待会，热烈庆祝中华人民共和国成立60周年。省委书记、省人大常委会主任张云川，省委副书记、省长胡春华，省委副书记、石家庄市委书记车俊，省政协主席刘德旺等省委、省人大常委会、省政府、省政协领导同志，以及省法院、省检察院和省直有关部门的主要负责同志出席招待会。招待会由省委常委、常务副省长付志方主持。省长胡春华发表讲话。

九月三十日

上午，位于石家庄正定国际物流园的河北医药物流中心开工奠基。省委常委、副省长杨崇勇出席奠基仪式。

今天，“同心迎国庆讴歌新河北”三年大变样摄影书画作品展开展仪式在石家庄市博物馆举行，省领导车俊、宋恩华出席开展仪式。

十月

十月一日

上午，省委、省人大常委会、省政府、省政协、省军区领导及省法院院长、省检察院检察长，省直各部门主要负责人，石家庄市委、市人大常委会、市政府、市政协等领导，省会各界干部群众代表3000余人，在燕赵广场隆重举行升旗仪式。

上午，省长胡春华先后到石家庄供水集团第八水厂、市消防支队特勤一中队和市政府总值班室，亲切看望节日坚守工作岗位的干部职工和武警官兵，代表省委、省政府向他们致以节日的问候。省长助理、省政府秘书长尹亚力，石家庄市政府主要负责同志陪同慰问。

十月十日

10月9日和今日，省长胡春华分别主持召开全省重点项目调度会议和省政府第四十四次常务会议。他强调，要全力以赴、毫不放松地做好四季度工作，抓好项目建设，努力实现全年经济社会发展目标。同时要提早谋划明年工作，研究采取有效措施，推动河北省经济继续保持平稳较快发展。省委常委、常务副省长付志方，省委常委、副省长杨崇勇，副省长宋恩华、张和、孙士彬、孙瑞彬，省长助理、省政府秘书长尹亚力，省长助理、省金融办主任江波，省长助理、省政府研究室主任刘可为分别出席会议。

今天，农业部部长孙政才在省长胡春华、副省长张和陪同下，考察河北省秋冬种工作。农业部副部长危朝安一同调研。

十月十二日

上午，省政协十届八次常委会在石家庄召开，副省长宋恩华向与会人员作了关于河北省扩大就业、促进社会和谐情况的报告。

十月十三日

下午，省政府在省会召开全省“十二五”规划编制工作电视电话会议，启动和部署河北省“十二五”规划编制工作。省委常委、常务副省长付志方出席会议并讲话。

十月十三日

上午，省委常委、常务副省长付志方就培育壮大重点产业龙头企业到河北长安汽车有限公司调研。

上午，省科协组织召开座谈会，纪念《中共河北省委关于进一步加强科协工作的意见》颁发五周年。

十月十四日

上午，由河北钢铁集团投资建设的河北省首条超薄冷轧板材及冷轧镀锡项目在衡水举行奠基仪式。省委常委、常务副省长付志方出席奠基仪式。

今天，全省“双三十”节能减排2009年第三次调度会在省会召开。副省长孙瑞彬主持会议并讲话。

10月13日至今日，副省长宋恩华带领省交通运输厅主要负责同志，对河北省部分在建高速公路项目进行调研。

十月十六日

10月15日至今日，中共中央政治局常委、全国政协主席贾庆林在省委书记张云川、省长胡春华、省政府主席刘德旺等陪同下，来到唐山南湖生态城和曹妃甸，就推进曹妃甸开发建设，保持经济平稳较快发展进行调研。贾庆林强调，要认真学习贯彻党的十七大和十七届三中、四中全会精神，深入贯彻落实科学发展观，坚持高起点、高质量、高水平，加快推进曹妃甸科学发展示范区建设，为保持经济平稳较快发展做出更大贡献。调研期间，贾庆林充分肯定河北省和唐山市近年来经济社会发展取得的巨大成绩，强调要再接再厉，率先走出一条科学发展的新路子。

上午，首届曹妃甸论坛在唐山市开幕，论坛主题是“国际金融危机背景下的可持续发展与新型工业化”。中共中央政治局常委、全国政协主席贾庆林出席开幕式，并发表题为《发展可持续世界更美好》的主旨演讲。省委书记张云川、省长胡春华、省政协主席刘德旺，省委常委、唐山市委书记赵勇，省人大常委会常务副主任柳宝全，本届论坛主席郑必坚、全国政协副秘书长杨崇汇及部分国家部委领导出席开幕式。新西兰前总理詹妮·希普莉应邀出席并做主旨演讲。论坛组委会主任、省长胡春华代表省委、省政府致辞。

下午，省政府在河北会堂向国务院就业工作部际联席会议督查组作了就业工作汇报。督查组对河北省的就业工作给予了充分肯定。省委常委、常务副省长付志方主持汇报座谈会。

10月15日至今日，全省农业综合开发工作会议在邢台市召开。副省长张和、国家农开办主任王建国出席会议并讲话。

晚上，第十一届全国运动会在济南奥体中心体育场开幕。副省长孙士彬率领河北省代表团出席开幕式。

十月十七日

上午，由省工业经济联合会主办、河北省海外华侨华人工商促进会承办的中国河北—澳大利亚矿业大会在石家庄召开。副省长孙瑞彬出席会议并讲话。

下午，为期3天的首届曹妃甸论坛在唐山渤海会议中心落下帷幕，经过广泛研讨，与会代表就绿色增长、节能减排、科技交流、对话合作等方面达成共识。省委常委、副省长杨崇勇主持闭幕式，省委常委、唐山市委书记赵勇出席。

十月十八日

10月16日至今日，副省长宋恩华带领河北城市建设考察团在湖南长沙、株洲、湘潭考察。

上午，投资20亿元的新型头孢项目在藁城开发区开工，拉开了华药新工业园区建设的序幕。

上午，2009中国·石家庄国际投洽会暨第四届中国·石家庄药博会在省会文化广场开幕。

十月十九日

上午，省委书记、省人大常委会主任张云川，省委副书记、省长胡春华在省会中国大酒店会见了中国科协党组书记、常务副主席、书记处第一书记邓楠一行。省委常委、宣传部长聂辰席参加会见。

上午，以“世博论坛·城市发展与人居环境”为主题的上海世博会河北专题论坛在石家庄举行。

下午，河北省召开征兵工作电视电话会议，贯彻落实全国和北京军区征兵工作电视电话会议精神，安排部署河北省今冬征兵工作。省征兵工作领导小组组长、省长胡春华出席会议并讲话，省军区司令员苐福成对全省今冬征兵工作进行了安排部署，副省长宋恩华宣读了河北省今冬征兵命令。会议由省委常委、省军区政委张彦欣主持。

十月二十日

上午，中央巡视组同河北省省级领导班子见面会在石家庄举行。根据中央纪委、中央组织部的安排，中央第五地方巡视组从今天开始在河北省开展巡视工作。中央巡视组组长李传卿在见面会上就即将开展的巡视工作作重要讲话。省委书记、省人大常委会主任张云川代表省级领导班子讲话并汇报河北省工作。中央纪委、中央组织部巡视工作办公室主任强卫东就如何配合巡视工作提出了要求。

十月二十一日

上午，省委常委、常务副省长付志方出席沧州渤海新区建设现场办公会。

下午，省委常委、唐山市委书记赵勇、副省长宋恩华在唐山会见了住房和城乡建设部姜伟新部长、仇保兴副部长一行。

十月二十二日

上午，北方采暖地区供热计量改革工作会议在唐山召开，住房和城乡建设部姜伟新部长、仇保兴副部长出席会议，省领导赵勇、宋恩华应邀出席会议。

十月二十三日

10月22日至今日，省长胡春华在石家庄市赞皇县、保定市阜平县考察。他强调，要充分认识新时期扶贫开发工作的重要性、艰巨性和长期性，立足于富民这一根本要求，进一步加大工作力度，切实下功夫解决好农村贫困问题，让困难群众真正分享到经济发展和社会进步的成果。

今天，新奥集团与杜克能源签订合作协议，双方将在美国成立合资公司，作为北美光伏电站的系统集成服务商。全国政协副主席、全国工商联主席黄孟复，省委常委、副省长杨崇勇，美国北卡罗来纳州州长裴铎丽等出席项目签约仪式。

下午，副省长宋恩华就解决燕山塔陵公墓上访问题在遵化进行调研。

今天，全省三年大变样、推进城镇化重点工作调度会在唐山举行。副省长宋恩华要求各地充分认识建筑节能工作的重要性，强力实施建筑节能改造，扎实推进供热计量改革。

今天，副省长孙士彬在承德市就甲型流感防控工作进行督导检查。

十月二十五日

上午，省会"征兵宣传日"活动在民心广场举行。

下午，省委常委、副省长杨崇勇在河北会堂会见了应邀来访的荷兰南荷兰省副省长达惠丝率领的经贸合作代表团。

今天，中国职业技术教育学会2009年学术年会暨第三次理事会在石家庄开幕，中国职业技术教育学会会长、国家总督学顾问张天保，副省长龙庄伟出席会议。

十月二十六日

上午，河北建设投资集团有限责任公司成立暨揭牌仪式在石家庄举行。副省长孙瑞彬出席揭牌仪式并讲话。

下午，秦皇岛市在北京万达索菲特大饭店举办以"北京后花园，魅力秦皇岛"为主题的秦皇岛市投资环境说明会，"北京·秦皇岛周"系列对接洽谈及招商签约活动同时拉开帷幕。全国政协副主席郑万通，国家旅游局常务副局长王志发，原外经贸部部长、中国外商投资企业协会会长石广生出席说明会，省委常委、副省长杨崇勇和北京市副市长程红出席并讲话。

今天，省人民医院举行建院50周年暨新门诊医技病房楼启动仪式。卫生部原副部长孙隆椿，省领导马兰翠、孙士彬、王玉梅等出席庆祝仪式。

十月二十七日

10月26日至今日，省长胡春华在唐山调研。他强调要抓住当前的有利时机，扶优汰劣，发展壮大一批行业龙头企业，提高产业集中度和规模效益，为经济平稳较快发展提供有力支撑。省委常委、唐山市委书记赵勇陪同考察。

10月26日至今日，省委常委、常务副省长付志方在廊坊调研指导重点项目建设工作。

今天，副省长张和带领省政府有关部门的负责同志到晋州市就农业产业化工作进行调研，实地考察了长城经贸公司、双鸽集团原种猪场及屠宰项目，与市县干部和企业员工进行了座谈。

今天，全国儿童纲要实施项目经验交流会在平山县召开。全国妇联书记处书记赵东花、副省长龙庄伟及联合国儿基会驻中国代表处有关官员出席会议。

上午，副省长、第十二届中国吴桥国际杂技艺术节组委会主任孙士彬带领省市有关部门负责同志，就本届杂技节的各项准备工作进行了检查指导。

下午，副省长宋恩华在石家庄会见了荷兰高柏伙伴规划园林建筑顾问公司董事长阿烁克·巴罗特拉一行。双方就开展生态城市规划建设、风景园林等方面的合作进行了深入探讨。

十月二十八日

下午，省长胡春华主持召开省政府第四十五次常务会议。会议传达贯彻了全国新型农村社会养老保险试点工作会议精神，审议通过《省政府关于开展新型农村社会养老保险试点的意见》，审议并原则通过《河北省行政权力公开透明运行规定》。会议还研究通过了《河北省秦唐沧地区发展规划》等事项。

十月二十九日

上午，河北建投集团旅游投资有限责任公司成立暨揭牌仪式在石家庄举行。省委常委、副省长杨崇勇出席。

10月26日至今日，国务院防治艾滋病工作委员会联合督导组，在全国妇联副主席甄砚的带领下，在河北省进行督导检查。副省长孙士彬代表省政府就有关情况做了汇报。

十月三十一日

上午，第三届全国亿万学生阳光体育冬季长跑河北起跑仪式在石家庄市第二中学举行，副省长龙庄伟出席仪式。

晚上，由文化部和省政府共同主办的第十二届中国吴桥国际杂技艺术节在省会河北艺术中心开幕。全国政协副主席郑万通宣布第十二届中国吴桥国际杂技艺术节开幕。本届杂技艺术节主席、省长胡春华致开幕辞，文化部副部长周和平致辞。本届杂技节组委会主任、副省长孙士彬主持开幕式。

十一月

十一月一日

上午，河北省第三届煤矿救援技术竞赛在冀中能源峰峰集团举行。副省长孙瑞彬出席开幕式并讲话。

十一月二日

今天，省政府召开外资外贸工作调度会议，分析当前全省利用外资和外贸进出口情况，研究部署后两个月

全省外资外贸工作。省委常委、副省长杨崇勇出席会议并讲话。

十一月三日

上午，省委常委、副省长杨崇勇在省会河北会堂西华厅会见了来访的日本三菱 UFJ 投资股份有限公司副董事长垣花直树一行。

下午，全省高校毕业生就业援助工作电视电话会议在省会召开，副省长宋恩华、龙庄伟出席会议。

今天，国务院医改领导小组副组长、卫生部部长陈竺率调研组到河北省就深化医药卫生体制改革工作进行专题调研。上午，调研组与省政府召开座谈会，听取河北省深化医药卫生体制改革、实施基本药物制度等方面的工作汇报，以及有关部门的意见和建议。省长胡春华主持座谈会，副省长孙士彬汇报了河北省医改工作总体进展情况，省卫生厅汇报了河北省实施基本药物制度的有关情况。下午，陈竺一行考察了石家庄制药集团。

今天，2009 中国国际工业博览会在上海新国际博览中心开幕。省委常委、常务副省长付志方应邀出席开幕式。

晚上，省征兵工作领导小组副组长、副省长宋恩华发表征兵工作电视讲话，希望全省广大适龄青年积极响应祖国号召，踊跃报名参军，自觉接受挑选，为保卫祖国、建设国防，忠实履行义务，贡献青春和才智。

十一月四日

下午，省委书记张云川、省长胡春华在石家庄市人民会堂会见了前来出席中国·河北国防民用科技成果展洽会的各界来宾。省委副书记、石家庄市委书记车俊，省委常委、常务副省长付志方，副省长龙庄伟、孙瑞彬，省委秘书长景春华等会见时在座。会见结束后，与会领导和来宾还一起参观了中国·河北国防民用科技成果展览。

下午，省长、省会规划建设委员会主任胡春华主持召开省会规划建设委员会第六次全体会议，审议并原则通过石家庄城市空间发展战略规划和城市总体规划。省委副书记、石家庄市委书记车俊，副省长宋恩华出席会议并讲话。省长助理、省政府秘书长尹亚力及省会规划建设委员会成员单位负责人出席会议。

十一月五日

今天，中国·河北国防民用科技成果展示洽谈会在石家庄人民会堂举行。省长胡春华，省委常委、常务副省长付志方，副省长龙庄伟、孙瑞彬，国家工业和信息化部副部长、国家国防科技工业局局长陈求发，国家科学技术部副部长杜占元，全国工商联副主席谢经荣，以及中国船舶重工集团公司、中国兵器装备集团公司等多家与会军工企业负责人，哈尔滨工业大学、北京航空航天大学等多所与会高等院校负责人出席了展洽会开幕式及随后举行的合作项目签约仪式。胡春华、陈求发共同为燕山大学"国防重点学科实验室"揭牌。陈求发、孙瑞彬分别代表工信部和省政府在建立军民结合战略合作关系的框架协议上签字。

下午，省政府召开全省防控甲型 H1N1 流感工作电视电话会议，对甲感防控工作进行再动员再部署。副省长孙士彬出席会议并讲话。

今天，全省推进农村土地承包经营权流转暨建立村级集体财富积累机制工作会议在正定召开。省委常委、省纪委书记臧胜业，副省长张和出席会议并讲话。

十一月六日

今天，中共中央政治局委员、国务委员刘延东在邯郸市出席全国推进义务教育均衡发展现场经验交流会。她强调，要深入贯彻科学发展观，坚持以人为本，采取有效措施，大力推进义务教育均衡发展，让更多学生享受高质量教育，让广大人民群众共享教育改革发展成果。省长胡春华在会上致辞，会议由教育部部长袁贵仁主持，文化部部长蔡武、国务院副秘书长项兆伦、国务院研究室副主任江小涓，教育部副部长陈小娅出席会议。副省长龙庄伟介绍了河北省推进义务教育均衡发展的经验。

今天，省委常委、常务副省长付志方到行唐县就农业产业化项目建设进行调研。

11 月 5 日至今日，副省长宋恩华带领河北城市建设考察团在山东济南考察。

十一月八日

今天，由文化部和省政府主办的第 12 届中国吴桥国际杂技艺术节在省会河北艺术中心落下帷幕。中共中央政治局委员、国务委员刘延东，全国人大常委会副委员长桑国卫，教育部部长袁贵仁，本届杂技节主席、文化部部长蔡武，以及国家有关部委的领导同志出席闭幕式。省委书记、省人大常委会主任张云川，本届杂技节主席、省委副书记、省长胡春华，省委副书记、石家庄市委书记车俊，以及省委、省人大常委会、省政府、省政协、武警河北总队的领导同志出席闭幕式。

十一月九日

近日，中共中央政治局委员、国务委员刘延东在河北省石家庄、唐山、邯郸、邢台等地调研。她强调，要全面实施科教兴国和人才强国战略，抢抓机遇，改革创新，推动科技教育文化事业新发展。省委书记张云川、省长胡春华陪同调研。省领导车俊、付志方、赵勇、聂辰席、孙士彬、龙庄伟陪同调研或参加相关活动。

下午，河北省召开电视电话会议，对 2009 年度惩治和预防腐败体系建设检查工作进行安排部署。省委副书记车俊出席会议并讲话，省委常委、常务副省长付志方主持会议，省委常委、省纪委书记臧胜业宣读了《河北省开展 2009 年度惩治和预防腐败体系建设检查工作实施方案》。

今天，全省规划建设局长专题培训班在石家庄举行。副省长宋恩华出席会议并讲话。

十一月十日

今天，省政府在省会召开河北省太行山区红色旅游交通基础设施建设座谈会。省委常委、副省长杨崇勇主持会议并讲话。

从11月8日开始，河北省大部分地区相继出现雨雪天气。截至10日20时，张家口南部、承德南部、唐山北部、石家庄、保定南部、衡水北部、邢台北部降大到暴雨。到10月22时，石家庄积雪厚度达38厘米，是1955年有气象记录以来最大降雪，给人民群众生产生活带来严重影响。

十一月十一日

今天，全国自强模范与助残先进个人事迹报告会在河北会堂召开，省委书记张云川会见了报告团成员，省领导刘永瑞、宋恩华参加会见并出席报告会。

十一月十二日

上午，省政府统一部署，在秦皇岛、唐山、保定、邢台、邯郸5个设区市，集中拆除高炉20座、转炉3座，打响了淘汰落后钢铁产能集中行动第一战役。省长胡春华、副省长孙瑞彬分别在邢台、唐山现场督导拆除工作。

上午，副省长、省重大气象灾害应急指挥部指挥长张和到省气象局检查指导抗冰雪气象服务工作。

下午，中共中央政治局常委、国务院总理温家宝来到河北省受暴雪影响地区指导工作。他在赶赴石家庄的火车上召开现场办公会，听取有关部门的工作汇报。他强调，要加强领导，科学组织，狠抓落实，做好应对暴雪的各项工作，实现保民生、保生产、保运输的目标。抵达石家庄火车站后，温家宝随即来到候车室看望旅客，和大家亲切交谈。他同时要求铁路运输部门做好服务工作，把旅客照顾好。温家宝视察了石太高速公路、石家庄西郊供热有限公司、石家庄市公安局指挥大厅和保龙仓超市。省委书记张云川，省长胡春华，省委副书记、石家庄市委书记车俊，副省长宋恩华，省军区司令员苄福成等陪同考察。

下午，省长胡春华主持召开应对雪灾紧急部署工作会议。他强调，要高度重视，协调联动，毫不放松地做好应对雪灾的各项工作，努力把雪灾造成的损失降到最低程度。省委常委、常务副省长付志方，省委常委、副省长杨崇勇，副省长宋恩华、张和出席会议并讲话。宋恩华汇报了全省雪情雪灾及应对情况，石家庄市政府主要负责同志汇报了石家庄雪情雪灾情况。

今天，省委常委、副省长杨崇勇率省商务厅、省工商局及石家庄市有关领导，到石家庄桥西蔬菜批发市场了解受灾情况，现场协调驻石部队及时修复垮塌大棚，迅速抢运被压蔬菜。

今天，省政府与中国恒天集团签署战略合作框架协议。省长胡春华、恒天集团董事长张杰出席签约仪式并致辞，省委常委、常务副省长付志方与恒天集团总经理刘海涛代表双方签字。

十一月十三日

中午，省长胡春华赶赴遭受暴雪灾害较重的藁城市指导救灾工作。他强调，要全面贯彻温家宝总理在河北省指导抗击雪灾工作时的指示精神，全力做好保民生、保运输、保生产等各项工作，努力维护正常的生产生活秩序。

下午，省政府在省政府视频会议室召开全省畅通绿色通道、保障雪灾地区蔬菜及生鲜农产品供应电视电话会议。省委常委、副省长杨崇勇出席会议并讲话。

下午，副省长宋恩华召集省公安厅、省交通运输厅、省气象局、省政府应急办等有关单位负责同志，研究落实保畅通的具体措施，并到省高速交警总队指挥中心、京珠高速南高营立交桥、西兆通服务区察看道路疏通、服务运营情况。

下午，副省长孙瑞彬到省电力公司应急指挥中心检查指导工作。他强调，当前受积雪融化、高湿浓雾等恶劣条件影响，电网安全仍面临严峻考验，电力部门必须保持高度警惕，努力克服一切困难，全力保障城乡居民生活用电。

十一月十四日

上午，石家庄市组织开展了全民扫雪大会战活动。省长胡春华、副省长宋恩华和石家庄市四大班子领导参加了扫雪活动。

上午，省长胡春华、副省长宋恩华在石家庄市东方热电集团热电三厂和华电集团裕华电厂指导应对雪情雪灾工作。他强调，应对雪情雪灾，要把保证群众的正常生活秩序放在首位，千方百计保障居民供暖，发动全市力量，抓紧清扫积雪，确保道路畅通。

下午，省政府召开清雪除冰紧急调度会，要求驻石部队、省直部门和石家庄市按照省委、省政府要求，迅速行动起来，利用2—3天时间，打一场清雪除冰的突击战、大会战。副省长宋恩华主持会议并讲话，省军区司令员苄福成出席会议并讲话。

十一月十五日

今天，省委副书记、石家庄市委书记车俊，副省长宋恩华，省军区司令员苄福成，石家庄市长艾文礼等，代表省委、省政府，石家庄市委、市政府及省会广大群众，慰问自强降雪以来一直奋斗在抗雪一线的驻石部队指战员和武警部队官员。

今天，河北大学附属医院举行建院100周年庆祝大会。副省长孙士彬代表省政府表示热烈祝贺，向医院全体医护人员和广大干部职工致以亲切的问候。

十一月十六日

今天，第十一届中国国际高新技术成果交易会在深圳会展中心开幕，河北省17个高新技术项目参展亮相，受到众多国内外客商关注。省委常委、副省长杨崇勇出席开幕式并参观展馆。

今天，2009年中央预算执行审计进点会议在省会召开，根据统一部署，由审计署京津冀特派员办事处组成的审计组，将对河北省中央农业综合开发等5项财政性资金管理使用情况进行审计调查。省委常委、常务副省长付志方出席会议并讲话。

下午，河北省在深圳举办河北省重点园区高新项目对接会。省委常委、副省长杨崇勇向与会代表推介河北项目。韩国、匈牙利、土耳其、俄罗斯、丹麦代表团驻上海总领事馆的近百位嘉宾和企业家应邀出席。

今天，第四届河北省优秀中国特色社会主义事业建设者表彰大会在省会召开。省委常委、统战部长刘永瑞出席会议并讲话。省人大常委会副主任、省工商联主席黄荣，副省长孙瑞彬，省政协副主席赵文鹤出席会议。

十一月十七日

上午，由省政府主办，省商务厅、邯郸市政府承办的河北省（邯郸）重点合作项目推介会在深圳举办。省委常委、副省长杨崇勇出席推介会并致辞。

上午，廊坊市龙河高新区管理委员会与香港高迪实业公司正式签订投资合作协议书，这标志着香港高迪实业公司北方基地项目落户廊坊。省委常委、副省长杨崇勇出席签约仪式。

下午，省长胡春华主持召开省政府第四十六次常务会议，会议研究决定提高河北省义务兵家庭优待金标准。会议还研究了《省政府关于扶持和促进中医药事业发展的实施意见》等其他事项。

下午，全省地名公共服务工程建设工作会议在省会召开。副省长宋恩华出席会议并讲话。

今天，省政府召开全省伤病残退役军人接收安置工作会议，传达全国伤病残军人退役安置工作会议精神，对河北省伤病残退役军人安置工作进行安排部署。副省长宋恩华出席会议并讲话。

十一月十八日

今天，第三届河北品牌节启幕，河北、黑龙江、山东、河南、内蒙古、深圳六省市区品牌推进机构代表签署《品牌战略合作框架协议书》，开启了省区市携手共建民族品牌的先河。副省长孙瑞彬出席开幕式。

十一月二十日

上午，全省城区公园广场体育健身工程启动仪式在省会水上公园举行。副省长孙士彬出席仪式并为工程揭牌。

今天，省政府召开扩内需保增长政策落实监督检查工作调度会。省委常委、常务副省长付志方主持会议并讲话。

11 月 19 日至今日，副省长龙庄伟就义务教育工作到石家庄赵县、栾城进行调研。

十一月二十二日

11 月 19 日至今日，副省长宋恩华带领河北城市建设考察团在广西南宁、柳州、桂林等考察城市建设工作。

十一月二十四日

上午，省十一届人大常委会第十二次会议在石家庄开始举行。

今天，副省长张和带领省农业厅、省林业局、省财政厅等有关部门的负责同志，到石家庄市调研指导农业抗雪救灾工作。

十一月二十五日

下午，省政府在河北会堂向国家督查组汇报了河北省环保专项行动工作情况。副省长孙瑞彬出席汇报会。

今天，省自然科学基金工作总结表彰大会在省会召开。副省长龙庄伟出席会议并讲话。

十一月二十六日

上午，省政府召开全省加快新增中央投资项目建设电视电话会议。省长胡春华主持会议，省委常委、常务副省长付志方对加快全省新增中央投资项目建设工作进行了安排部署。省长助理、省政府秘书长尹亚力出席会议。

上午，沧州东部地区供水工程杨埕水库竣工蓄水。副省长张和出席竣工仪式并启动蓄水按钮。

今天，省委常委、副省长杨崇勇主持召开全省外经企业座谈会，就加快推进全省对外经济合作进行专题研究。

今天，河北省第三届“环保与金融”论坛在石家庄市举行。副省长孙瑞彬，省长助理、省金融办主任江波出席论坛并讲话。

十一月二十七日

今天，全省三年大变样、推进城镇化工作调度电视电话会议在石家庄市举行。副省长宋恩华出席会议并讲话。

今天，省妇联召开妇女创业就业和小额担保贷款座谈会，就《河北省妇女小额担保贷款实施细则》（征求意见稿）听取各界意见。副省长龙庄伟在省会中国大酒店会见了出席座谈会的全国妇联副主席孟晓驷一行。

十一月二十八日

近日，中共中央决定：陈全国同志任河北省委委员、常委、副书记；胡春华同志不再担任河北省委副书记、常委、委员职务，另有任用。

十一月二十九日

下午，省委召开常委扩大会议，省委、省人大常委会、省政府、省政协领导班子成员，省军区、武警河北总队主要负责人，省法院院长、省检察院检察长；中央巡视组同志；省委秘书长，省长助理；各市委书记、市长和省委、省政府综合部门主要负责人参加了会议。省委书记张云川主持会议。中央组织部部务会委员、干部二局局长王秦丰宣布了中央决定：陈全国同志任河北省委委员、常委、副书记；胡春华同志不再担任河北省委副书记、常委、委员职务。他分别介绍了胡春华、陈全国同志的简要情况。与会同志一致表示，坚决拥护中央决定，衷心欢迎陈全国同志到河北工作。胡春华、陈全国分别作了发言。

十二月

十二月一日

今天，中央综治委检查督导组听取了河北省综治工作汇报。省人大常委会副主任侯志奎、副省长宋恩华、省政协副主席田向利出席汇报会。

上午，中国人民银行旧址纪念馆暨河北钱币博物馆开馆仪式在石家庄举行。副省长孙瑞彬、中国人民银行副行长马德伦出席并讲话。

十二月二日

下午，省政府在省会河北会堂召开全省甲型H1N1流感防控工作电视电话会议。副省长孙士彬出席会议并讲话。

下午，中央社会主义学院党组书记、第一副院长叶小文到省社会主义学院考察。副省长、省社会主义学院院长龙庄伟汇报了学院的基本情况以及近年来的主要工作。

十二月三日

上午，省委、省政府召开电视电话表彰大会，对荣获河北省“人民满意的公务员”荣誉称号的37名同志和荣获河北省“人民满意的公务员集体”荣誉称号的40个单位进行表彰。会前，省委书记张云川等省领导亲切接见了与会代表。省委副书记车俊，省委常委、常务副省长付志方，省委常委、组织部长梁滨，省人大常委会副主任侯志奎，副省长宋恩华，省政协副主席赵文鹤出席会议并为受表彰代表颁奖。

中午，省委常委、常务副省长付志方在省会会见了美国塞拉尼斯公司代表团一行，就该公司在沧州渤海新区投资建设大型化工生产基地项目进行深入商谈。

11月30日至今日，教育部副部长鲁昕率领国务院农民工工作督察组，对河北省民工工作进行专项督察。督查组在河北会堂召开汇报座谈会，与省政府交换意见，宋恩华副省长主持会议。

十二月四日

今天，省深化医药卫生体制改革领导小组召开会议，传达全国公共卫生与基层医疗卫生事业单位实施绩效工资工作会议精神，听取全省医改工作情况汇报，并对下一步推进医改工作进行安排部署。省委常委、常务副省长付志方主持会议并讲话，副省长孙士彬出席会议。

十二月五日

今天，由国家旅游局、国家体育总局、河北省人民政府主办，张家口市人民政府、国家体育总局冬季运动管理中心、河北省旅游局和河北省体育局共同承办的第九届中国·崇礼国际滑雪节在崇礼县万龙滑雪场隆重开幕。全国政协常委、原国家体委主任伍绍祖，省委常委、副省长杨崇勇出席了开幕式。

十二月九日

今天，省委副书记陈全国在石家庄调研。他指出，三年大变样成效明显，科学发展前景光明，坚定不移地走下去、坚定不移地抓下去，道路一定会越走会宽广，前景一定会越来越光明。省委副书记、石家庄市委书记车俊参加调研。

近日，省委常委、副省长杨崇勇先后到张家口怀安县、张北县和崇礼县就旅游产业发展进行调研，并考察冬季滑雪等项目建设，与有关重点项目负责人进行座谈。

十二月十日

今天，省委副书记陈全国在邢台市调研。他强调，要以贯彻落实中央经济工作会议精神为动力，努力开创科学发展的新局面。

今天，省委副书记陈全国在邯郸市调研。他强调，要学习好、贯彻好、落实好中央经济工作会议精神，努力推动科学发展再上新水平，在高起点上发展，在高水平中前进，建设冀中南经济强市，为全省发展大局作出新的更大的贡献。

今天，河北省召开参与2010年上海世博会第五次领导小组工作会议，听取省世博办筹办工作汇报，对河北馆展示设计方案、网上世博会展示设计方案进行研究讨论。省委常委、副省长杨崇勇主持会议并讲话。

十二月十一日

今天，全国见义勇为英雄命名表彰大会在石家庄举行，河北省的耿素银、谷岳潘、户伟杰、邓贺秋4人被授予“全国见义勇为英雄”荣誉称号。中华见义勇为基金会常务副理事长李顺桃，省委副书记车俊，省人大常委会副主任侯志奎，副省长宋恩华，省政协副主席田向利出席大会。省委常委、政法委书记张越主持会议。

十二月十二日

上午，省政府与国土资源部在省会签署《关于加强河北省地质找矿工作的合作协议》。副省长孙瑞彬、国土资源部副部长汪民出席签字仪式并讲话。

十二月十三日

今天，省委副书记陈全国在保定市调研。他强调，要认真贯彻落实中央经济工作会议精神，在高起点上发展，在高水平上建设，努力发挥优势求突破，推动科学发展上水平。

今天，省委副书记陈全国在廊坊市调研。他强调，要认真贯彻落实中央经济工作会议精神，乘势而上，再攀高峰，努力保持科学发展好态势，深入做好对接京津大文章。

十二月十五日

上午，省十一届人大常委会第十三次会议在石家庄举行，省委书记、省人大常委会主任张云川主持会议并讲话。会议以民主表决的方式通过了省人大常委会关于接受胡春华辞去河北省人民政府省长职务的请求的决定；全票通过决定，任命陈全国为河北省人民政府副省长，代理省长。省政府常务副省长付志方列席会议。

下午，全省非公有制企业及各类开发区开展武装工作试点座谈会在省会召开，省军区领导张彦欣、芇福成，副省长宋恩华出席会议。

今天，全省三年大变样、推进城镇化专家座谈会在省会举行。来自清华城市规划设计研究院、省建筑设计研究院等单位的省内外专家，围绕如何谋划好明年的三年大变样、推进城镇化工作建言献策。副省长宋恩华主持座谈会。

十二月十六日

今天，省委副书记、代省长陈全国在沧州调研。他强调，要认真贯彻落实中央经济工作会议精神，进一步强化开放意识，打造开放平台，拓展开放空间，优化开放环境，提高开放水平，努力谱写开放带动、科学发展的崭新篇章。

今天，河北银行揭牌仪式在河北会堂举行，省委副书记、石家庄市委书记车俊，副省长孙瑞彬出席仪式并为河北银行揭牌。省长助理、省金融办主任江波主持揭牌仪式。经中国银行业监督管理委员会批准，2009 年 11 月 19 日，石家庄市商业银行股份有限公司正式更名为河北银行股份有限公司。

下午，河北省召开未成年人思想道德建设暨整治互联网和手机媒体淫秽低俗之风电视电话会议。省委常委、宣传部长，省文明委常务副主任聂辰席出席会议并讲话。副省长、省文明委副主任孙士彬主持会议。

十二月十七日

上午，全省经济工作会议在省会河北会堂开幕。省委书记张云川，省委副书记、代省长陈全国在会上作重要讲话。省委副书记车俊主持会议。

今天，北京军区政治部副主任王秉伦等一行代表北京军区首长机关及阅兵联合指挥部专程来石家庄，感谢省委、省政府对国庆 60 周年阅兵部队的关心和支持。省领导及省军区领导张彦欣、芇福成、宋恩华等参加答谢座谈会。

晚上，省委副书记、石家庄市委书记车俊，省人大常委会副主任宋长瑞，副省长宋恩华，同参加全省经济工作会议的各级领导干部一起，参观考察了省会的夜景。

十二月十八日

上午，省委听取各市工作汇报。张云川主持汇报会并作重要讲话。省委常委、副省长、省委秘书长、省长助理出席汇报会。11 个市的党政主要负责同志简要汇报了今年工作的情况、明年的工作思路和重点工作安排。

下午，为期两天的全省经济工作会议在省会闭幕。会议要求，各级各部门要紧紧把握“既要保持经济平稳较快发展，又要在转变发展方式上取得突破”这一核心，统一认识，明确任务，凝聚力量，抢抓机遇，迎接挑战，全力以赴做好明年经济工作。省领导陈全国、车俊、刘德旺、付志方、杨崇勇、赵勇、柳宝全、宋恩华、张和、孙士彬、龙庄伟出席会议。车俊主持会议，付志方作总结讲话。

今天，国家土地监察机构与省政府联席会议框架协议正式签署，同时，国家土地监察专员今日起正式进驻河北省。国家土地副总督察甘藏春、副省长孙瑞彬出席签字仪式并讲话。

十二月十九日

上午，省委副书记、代省长陈全国主持召开省南水北调工程建设委员会第三次全体会议。他强调，要高标准、高质量完成工程建设各项任务，努力建设一流的精品工程、阳光工程、民心工程。副省长张和出席会议并讲话。

十二月二十日

上午，第八届河北省社会科学优秀青年专家颁奖会在省会举行。副省长龙庄伟出席会议并向获奖个人、单位代表颁奖。

十二月二十一日

今天，省委副书记、代省长陈全国在衡水市调研。他强调，要认真贯彻落实中央经济工作会议和全省经济工作会议精神，抓住三年大变样好机遇，构筑城乡统筹发展新格局。

上午，河北省举行纪念毛泽东同志《纪念白求恩》发表 70 周年系列活动。副省长孙士彬等出席纪念活动并为纪念书画展开幕式剪彩。

下午，“与新中国同行——河北省文学艺术界联合会成立 60 周年庆祝大会”在河北电视台演播大厅举行。

十二月二十二日

上午，省工商联十届四次执委会在石家庄召开。省委常委、副省长杨崇勇出席会议并讲话。

下午，省委常委、常务副省长付志方在省会会见了中国电子科技集团公司总经理王志刚和党组书记樊友山一行。

下午，省政府召开 2009 年全省质量奖表彰电视电话会议，对 258 项省名牌产品、172 项省优质产品等荣获质量奖的单位、个人进行表彰和奖励。省委常委、副省长杨崇勇，省人大常委会副主任王增力，省政协副主席赵文鹤出席会议并为获奖单位颁奖。

下午，全省打击走私综合治理领导小组会议在省会河北会堂召开。省委常委、副省长杨崇勇出席会议并讲话。

十二月二十三日

上午，全省新型农村社会养老保险试点工作会议在省会召开。国务院确定的河北省首批 18 个试点县（市）将正式启动新农保。省委副书记、代省长陈全国对会议作出批示，要求全省各级各部门统一思想，增强紧迫感、责任感和使命感，把党中央、国务院的决策部署贯彻好、落实好。副省长宋恩华出席会议并讲话。

下午，省委书记张云川在省会中国大酒店会见中央深入学习实践科学发展观活动领导小组成员、环境保护部部长周生贤一行。省委副书记、代省长陈全国，副省长孙瑞彬，省委秘书长景春华，省长助理、省政府秘书长尹亚力参加会见。

今天，中央深入学习实践科学发展观活动领导小组成员、环境保护部部长周生贤，就学习实践科学发展观活动和环境保护情况来河北省调研。副省长孙瑞彬陪同调研。

十二月二十四日

今天，省计划生育协会第六次会员大会在石家庄召开。省委书记张云川，省委副书记、代省长陈全国等省领导在会前接见了与会代表。陈全国出席会议并讲话，中国计生协会副会长苗霞代表中国计生协会向大会致辞。省领导刘德旺、柳宝全、孙士彬、王玉梅，原省领导赵金铎、冯文海等出席会议。会议选举副省长孙士彬为省计生协会第六届理事会会长。

今天，省委副书记、代省长陈全国在秦皇岛调研。他强调，要认真贯彻落实中央经济工作会议和全省经济工作会议精神，发挥现代服务业新优势，推动科学发展再上新水平。

十二月二十五日

今天，省委副书记、代省长陈全国在唐山调研。他强调，要努力保持科学发展强态势，建设现代化的新唐山。省委常委、唐山市委书记赵勇陪同调研。

今天，全省工业和信息化工作会议在省会召开。省委副书记、代省长陈全国对此次会议作出批示，要求把明年经济工作的核心突出出来，既要推进经济平稳较快增长，又要在调整结构转变发展方式方面有新的突破。副省长孙瑞彬出席会议并讲话。

下午，省科协七届四次全委会在石家庄召开。省委常委、统战部长刘永瑞出席会议并讲话，副省长龙庄伟出席会议，原政协副主席、省科协主席李有成主持会议。

十二月二十六日

今天，省委副书记、代省长陈全国在承德市调研。他强调，要抓住机遇，发挥优势，扎实推进三年大变样工作，在城市建设上取得新进展，在科学发展上实现新突破。

十二月二十七日

今天，省委副书记、代省长陈全国在张家口市调研。他强调，要认真贯彻落实中央经济工作会议和全省经济工作会议精神，抓住机遇乘势而上，科学发展再谱新章。

十二月二十八日

下午，省青年联合会第十届委员会第一次全体会议和省学生联合会第十次代表大会在省会河北会堂开幕。会议开幕前，省委书记张云川、代省长陈全国等会见了与会代表并与大家合影。省委书记车俊出席开幕式并讲话，省人大常委会副主任侯志奎、省政协副主席田向利出席会议。

今天，省委常委、副省长杨崇勇深入省会朝阳路便民市场、天客隆超市等地，详细了解节日期间主要商品货源的组织、品种、质量、价格等情况，并向工作在一线的干部职工表示亲切慰问。

十二月二十九日

上午，省委书记张云川，省委副书记、代省长陈全国专程就推进城镇面貌三年大变样工作到石家庄调研。强调要在肯定成绩的同时保持清醒头脑，树立新的目标，保持工作强度，拓展延伸内涵，坚定不移地推进城市改造建设，把三年大变样、推进城镇化工作进一步引向深入。省委副书记、石家庄市委书记车俊陪同调研。

下午，省委副书记、代省长陈全国主持召开座谈会，征求各民主党派、工商联负责人及无党派人士和部分省人大代表、企业家代表、专家学者对即将提交省十一届人大三次会议审议的《政府工作报告（征求意见稿）》的意见和建议。省长助理、省政府秘书长尹亚力，省长助理、省政府研究室主任刘可为出席座谈会。

今天，民政部副部长罗平飞到张家口市慰问困难群众，副省长宋恩华陪同慰问。

今天，全省食品安全监管长效机制现场会在邢台召开。副省长孙士彬出席会议并讲话。

十二月三十日

下午，省委副书记、代省长陈全国主持召开省政府第四十八次常务会议，讨论即将提交省十一届人大三次会议审议的《政府工作报告（征求意见稿）》。陈全国强调，要以各项工作的新成绩迎接“两会”召开，以奋发有为的好状态完成会议各项任务。会议还研究了《关于2010年扩大省直管县财政制度体制改革实施范围的意见》等其他事项。

今天，“2009河北十大经济新闻暨年度河北十大经济风云人物”评选揭晓。省委常委、常务副省长付志方，省委常委、宣传部长聂辰席，省人大常委会副主任王增力，省政协副主席高喜同为获奖者颁奖。

十二月三十一日

上午，中国石油华北石化炼油质量升级与安全环保技术改造工程正式开工建设。省委副书记、代省长陈全国，中国石油天然气集团公司总经理蒋洁敏出席开工仪式并为工程奠基，省委常委、常务副省长付志方，中国石油天然气集团公司副总经理李新华致辞。

（编辑部辑录）

中国统计出版社最新图书简目

（仅供参考，以最后出书为准）

统计资料

中国统计年鉴-2010	中国统计摘要-2010	中国区域经济统计年鉴-2010
2010中国发展报告	中国第三产业统计年鉴-2010	中国城市统计年鉴-2009
中国劳动统计年鉴-2010	中国社会统计年鉴-2010	中国工业经济统计年鉴-2010
中国建筑业统计年鉴-2010	中国人口和就业统计年鉴-2010	中国能源统计年鉴-2010
中国商品交易市场统计年鉴-2010	中国房地产统计年鉴-2010	2010中国地区经济监测报告
中国民政统计年鉴-2010	中国贸易外经统计年鉴-2010	中国农产品价格调查年鉴-2010
中国科技统计年鉴-2010	中国农村统计年鉴-2010	中国农村贫困监测报告-2010
中国高技术产业统计年鉴-2010	中国教育经费统计年鉴-2009	工业企业科技活动资料-2010
全国农产品成本收益资料汇编-2010	中国科学技术协会统计年鉴-2010	中国城市（镇）生活与价格年鉴-2010
第二次全国残疾人抽样调查资料系列	中国棉花年鉴-2008/2009	中国农村全面建设小康监测报告-2010
中国县（市）社会经济调查年鉴-2010	中国农村住户调查年鉴-2010（中、英文）	中国零售和餐饮业连锁企业统计年鉴-2010
中国国内生产总值核算历史资料（1952-2004）	中国季度国内生产总值核算历史资料（1992-2005）	2005年中国1%人口抽样调查系列资料
大中型批发零售和住宿餐饮企业统计年鉴-2010	国际统计年鉴-2010	

2010年省级综合统计年鉴系列

北京 天津 河北 山西 内蒙古	辽宁 吉林 黑龙江 上海 江苏	浙江 安徽 福建 江西 山东
河南 湖北 湖南 广东 广西	海南 重庆 四川 贵州 云南	西藏 陕西 甘肃 青海 宁夏
新疆 新疆生产建设兵团		

2010年市（县）级综合统计年鉴系列

天津滨海新区	石家庄 唐山 邯郸 太原 大同	长治 阳泉 晋城 朔州 晋中
运城 忻州 临汾 呼和浩特	包头 沈阳 大连 长春 吉林市	四平 延吉 哈尔滨 齐齐哈尔
黑龙江垦区 上海浦东新区	苏州 无锡 常州 徐州 南通	盐城 镇江 江阴 丹阳 杭州
宁波 绍兴 台州 舟山 温州	金华 嘉兴 衢州 安庆 福州	福州经济技术开发区
厦门经济特区 南昌 上饶	济南 青岛 潍坊 东营 郑州	洛阳 三门峡 南阳 武汉 宜昌
十堰 荆州 黄冈 长沙 广州	东莞 惠州 深圳 桂林 南宁	柳州 来宾 河池 海口 成都
贵阳 昆明 西安 庆阳 银川	乌鲁木齐 吐鲁番	

“十一五”规划教材

非参数统计 医学统计学	概率论与数理统计 统计学	现代金融投资统计分析
多元统计分析 经济计量学教程	应用时间序列分析	统计指数理论及应用
统计数据处理概论	质量管理统计方法 社会统计学	多元统计分析实验
企业经营管理统计	市场调查与预测	统计学原理（非统计专业使用）
统计学：从数据到结论	国民经济核算教程（国民经济统计学）	概率论与数理统计（经济、管理类专业使用）

重点图书

新中国六十年	挑大学选专业2010—高考志愿填报指南	挑大学选专业2010—考研择校指南

欲购以上图书请与中国统计出版社发行部联系

电话：（010）63376907，63376908　同桓行书店电话：68783171，68783172

通讯地址：北京市西城区三里河月坛南街57号　邮政编码：100826

中国银行业监督管理委员会
河 北 监 管 局

党委书记、局长　郭锦洲

2009年，河北银监局全面贯彻落实科学发展观，以“保增长、防风险、促稳定”为主线，认真落实国家宏观调控政策，依法履行监管职责，开拓创新，扎实工作，维护了河北省银行业稳定高效运行，有力地支持了河北省经济健康持续发展。2009年末，河北省内银行业金融机构总数9842个，从业人员147919人；全省银行业本外币资产总额26080.51亿元，比年初增加5351.98亿元，增长25.82%；全省银行业本外币负债总额25506.08亿元，比年初增加5215.66亿元，增长25.71%。全省银行业资产质量进一步提高，不良贷款余额比例继续保持了“双降”，全省银行业不良贷款余额821.91亿元，比年初减少156.25亿元，不良贷款率6.19%，比年初下降4.1个百分点。银行业利润水平大幅增加，全省银行业累计实现净利润241.82亿元，比上年增加69.06亿元，增长了39.97%。

2009年1月16日，河北银监局召开2009年工作会议，党委书记、局长郭锦洲在大会上作工作报告

2009年9月23日，河北银监局党委中心组集中学习十七届四中全会公报

郭锦洲局长（中）到邢台市清河县安隆红太羊绒制品有限公司调研

在河北银监局新春联欢会上，局领导合唱《检查归来》

2009年4月10日，河北银监局组织机关全体人员到白求恩纪念馆开展参观教育活动

新春联欢会

发挥中长期信贷优势
国家开发银行股份

国家开发银行河北省分行注重抓好处级以上领导干部的廉政教育和学习，以提高领导干部的廉政意识和遵守各项廉政规定的自觉性。图为2009年9月，省开发银行组织开展的处级领导干部集体廉政谈话会

2009年，省开发银行认真贯彻国家宏观调控政策，紧紧围绕河北省两环开放带动战略，以“保增长、扩内需、调结构、惠民生”为主线，以“发展年、创新年、规划年”为中心，发挥中长期信贷优势，进一步加大对河北省经济社会建设的贷款支持力度。重大项目开发成效明显，贷款发放再创新高，不良贷款率继续保持低位运行，经营收益再上新台阶，创造了分行快速、健康、科学发展的新纪录。省开发银行大力推进信用建设，注重风险防范，改善金融环境，在创造了优良经营业绩的同时，积极履行社会责任，实现了国家、社会、企业、银行多赢的良好局面。

截至2009年底，省开发银行各项贷款余额

2009年1月20日，国家开发银行股份有限公司与河北省政府召开第六次联席会议。蔡华相副行长与付志方常务副省长代表双方出席并签署开发性金融合作协议

积极服务河北经济发展

有限公司河北省分行

合计1384亿元，同比增加298亿元，增长27.4%，其中，表内人民币贷款余额939亿元，同比新增41%，居开发银行全系统第4位。贷款发放创历史新高，累计实现贷款发放515亿元，同比增加232亿元，增长116%，居开发银行全系统第6位。连续18个季度保持当期、累计本息回收率双100%，不良贷款余额4.05亿元，不良贷款率仅为0.43%，连续5年控制在低位水平。实现利润18.7亿元，同比增长59%。

国家开发银行河北省分行重视开展企业文化建设。图为2009年1月，省开发银行举行的新春联欢会

2009年，省开发银行被开发银行总行评为优秀分行，这已是省开发银行连续4年、8次在开发银行全系统综合考核中保持在优秀分行行列。省开发银行研发、创新的承德滦平县“龙头企业+承贷平台+信用协会+农户标准化饲养基地”贷款模式被开发银行总行评为2009年度中小企业贷款创新模式；省开发银行在河北省第三届环保与金融论坛上受到省政府通报表扬，被评为河北省绿色信贷优秀单位；在河北省金融支持新农村建设工作会议上受到省政府通报表扬；被河北省政府办公厅评为信息工作先进单位，自2006年起省开发银行已连续4年获此荣誉；被人行石家庄中心支行评为2009年度河北省支付清算系统运行先进单位；被河北省公安厅评为2009年度全省金融系统安全保卫工作先进集体，保卫处陈英明同志被评为先进个人；获得河北银监局2009年度无案件机构通报表彰；被石家庄市统计局评为国民经济核算统计工作先进集体，经营管理处张华同志被评为先进个人。

国家开发银行河北省分行注重抓好员工的廉洁自律教育。图为2009年3月，省开发银行组织全行员工在石家庄北郊监狱召开的预防职务犯罪警示教育现场会

交通银行股份有

交通银行总行华庆山监事长在石家庄拜会省领导

交通银行河北省分行是交通银行设在河北省省会石家庄的省级分支机构，组建于1990年，1995年4月升格为直属分行，2004年10月调整为省分行，全省网点75个，下辖唐山分行、秦皇岛分行、邯郸分行和沧州支行。作为河北省的首家股份制商业银行，河北省分行自组建以来，以支持地方经济和企事业单位发展、服务广大个人金融客户为己任，艰苦创业，锐意改革，各项事业取得长足发展，已经成为一家“发展战略明确、经营管理先进、内部控制严密、金融服务优质”的交通银行省级分行。

明确的发展战略。面对复杂多变的外部经营环境、日趋激烈市场竞争和逐步推进的利率市场化改革，积极实施管理和发展的战略转型，努力朝着交总行“两化一行”（走国际化、综合化道路，建以财富管理为特色的一流公众持股银行集团）的目标迈进，创办一流现代金融企业。

先进的经营管理。秉承“发展是硬道理，是第一要务；质量是硬约束，是第一责任；效益是硬任务，是第一目标”的经营理念，始终坚持业务发展和风险控制并重，实施以经济资本绩效考核为核心的激励约束机制；按照总行要求积极推进体制创新，完善经营架构；以精细化管理为基础，全方位提升管理水平。

严密的内部控制。通过转变观念、改进流程和引进工具，独立性、有效性和权威性较强的风险防范和内控体系初步建立，信用风险、市场风险和操作风险得到有效控制，风险过滤、监察名单、风险提示、逐笔拨备、迁徙分析等先进管理技术和工具被普遍采用，减值贷款占比继续下降。

交通银行河北省分行两个营业网点荣获“十佳理财网点”称号、四名选手获“优秀理财师”称号

交通银行河北省分行举办迎新春银企联谊会

限公司河北省分行

优质的金融服务。充分发挥自身优势，依托先进的科技实力和电子化手段，不断探索创新，形成了产品覆盖全面、科技手段先进的业务体系，通过传统网点“一对一”服务和全方位的现代化电子服务渠道相结合，为客户在公司金融、私人金融、国际金融和中间业务等领域提供全面周到的专业化服务。拥有以“蕴通财富”、“沃德财富”、“领汇财富”、“展业通”、“外汇宝”等为代表的一批品牌产品，受到了广大客户的欢迎。

交通银行河北省分行珍视与每一位客户的合作，将坚持“诚信永恒、稳健致远”的经营理念，致力于向客户提供更优金融方案，持续创造共同价值。将继续高举科学发展的旗帜，紧紧抓住环渤海经济圈经济崛起的战略机遇，进一步加快业务发展，深化各项改革，强化内部管理，促进企业和谐，履行社会责任，努力开创更加美好的明天，向总行、当地政府、监管机构及社会各界交出一份令人满意的答卷。

交通银行河北省分行2009年年中工作会议

交通银行河北省分行参与安全用卡知识展公益活动

交通银行河北省分行组织高端客户消夏演出月活动

交通银行河北省分行召开交通银行首届职工运动会河北赛区活动

中国工商银行河北省分行

黄纪宪行长到河北大学出席工商银行百所高校“金融大讲堂”活动并进行专题发言

工行河北分行小企业金融中心成立

中国工商银行河北省分行成立于1985年，目前在全省拥有11家二级分行，860个分支机构，在职员工2万余人。近年来，在工商银行总行和河北省委省政府的领导下，在社会各界和广大客户的关心支持下，全行各项业务稳健、持续、健康发展，综合实力和竞争能力不断增强。

2009年，全行上下在复杂环境下，团结进取、奋发图强，积极把握挑战中蕴含的重大发展机遇，存贷款创纪录增加，中间业务跨越式发展，资产质量突破性改善，经营效益大幅度提升。年末，本外币资产总额达4125.23亿元，本外币各项贷款达2018.74亿元，创历年之最；本外币全部存款达3944.52亿元，省内同业市场占比首位；中间业务持续高位增长，实现收入22.15亿元，同比增加5.84亿元，近三年复合增长率达到69.63%，同业首位；信贷资产质量持续改善，年末不良贷款率降至2.59%。在总行公布的2009年度分行经营绩效考评中，我行排名由上年的19位跃升到第15位，前移4个位次，创造了河北分行历史上前所未有的好成绩。与此相对应，各二级分行经营绩效水平普遍提升，全省10个二级分行中，有7个分行进入全国经营绩效考评前100位；廊坊、唐山分行双双进入“二级分行经营30强”，分列第19位和第22位，为河北强行建设奠定了扎实基础。

长期以来，工行河北省分行以支持河北经济社会发展为己任，不断加大金融支持和创新力度，为建设沿海经济强省做出了应有的贡献。2009年初荣获省政府授予的“2008年度金融贡献奖”，成为省内唯一连续三年荣获该奖项的大型股份制商业银行。2009年11月，以总分第一的成绩被中国人民银行石家庄中心支行、河北省环保厅、河北省银监局授予河北银行业金融机构“绿色信贷优秀单位”荣誉称号。凭借雄厚的资金实力、发达的服务网络、先进的科学技术和锐意进取的创新精神，在省内金融市场的竞争优势不断扩大，赢得了广大客户的信赖。在全省拥有17多万家法人客户和1300多万个人客户账户，并为省内400多家中小金融机构提供结算代理服务。在金融改革加速推进的今天，工行河北省分行正向着建设省内“最盈利、最优秀、最受尊敬”银行的宏伟目标全速迈进！

黄纪宪行长出席省分行与秦皇岛市人民政府金融理财顾问签约仪式

工行河北分行召开第一届职工代表大会第二次会议

黄纪宪行长主持工行后台中心奠基暨信用卡电话服务中心（石家庄）开业仪式

中信银行石家庄分行

中信银行 CHINA CITIC BANK

石家庄副市长王大虎到分行与韩光聚行长进行会谈

2009年，面对全球经济危机带来的严峻挑战，中信银行石家庄分行紧紧围绕“防风险、调结构、控成本、保稳定、抓改革、促发展”的经营发展思路，化危为机，积极应对，推动全行各项业务实现跨越式发展，提前实现三年规划发展目标。各项业务实现跨越式发展。2009年，中信银行石家庄分行采取阶段性非对称发展方式，实现了资产业务、负债业务及其它辅助类指标均衡协调发展的目标。截至12月31日，全行本外币资产总量比年初增加92.09亿元，增幅48.16%；本外币各项存款时点余额比年初增加99.67亿元，增幅63.37%；各项存款日均余额比年初增加135.56亿元，增幅114.73%；本外币各项贷款余额比年初增加115.12亿元，增幅98.32%。分行存款余额、存款新增、贷款余额、贷款新增、对公存款新增、储蓄存款新增、市场占比等主要指标居石家庄当地同业领先地位；在系统内32家分行中，石家庄分行存款余额排名第18位，存款新增排名第12位，贷款余额排名第20位，贷款新增排名第8位，系统内排名与年初相比大幅提升。11月，韩光聚行长荣获“河北省杰出贡献人物”称号。

2009年是石家庄分行成立以来机构网点发展速度最快的一年。翟营大街支行、自强路支行、广安大街支行、丰收路支行等4家同城支行先后开业；站前街支行整体搬迁至槐安东路；异地机构保定分行也在筹建审批之中；北国超市谈固店等21家新建自助网点先后投入运营。机构网点的快速铺设，优化了中信银行在石家庄的战略布局，提高了客户服务半径，为分行业务持续快速发展奠定了坚实基础。

成功托管河北省首只创业投资引导基金

汶川地震期间向灾区人民捐款

组织员工参观银行业反腐倡廉警示教育展览

河北省银监局领导到分行进行调研

与张家口签订50亿元银政合作协议

Bank 中国光大银行股份

5月5日，总行党委副书记林立一行到石家庄视察调研

中国光大银行股份有限公司石家庄分行（简称：中国光大银行石家庄分行）。中国光大银行石家庄分行成立于1999年，是中国光大银行在河北省设立的省级分支机构，10年来石家庄光大银行不断开拓创新，锐意进取，在为河北省提供优质金融服务的同时，培育了较强的竞争优势，取得了良好的经营业绩。

2009年，面对复杂多变的国际、国内经济金融形势，在集团、总行的正确领导下，在人民银行石家庄中心支行等河北监管部门的指导和帮助下，中国光大银行石家庄分行以科学发展观为指导思想，深化经营机制改革，稳步推进经营发展战略，着力巩固经营优势，加强风险管理，提高服务质量，经过全行员工的艰苦努力，实现了业务的平稳快速发展，基本实现了“迅速改变面貌”的阶段性发展目标。

截至2009年12月末，该行营业分支机构总数

石家庄分行与廊坊市人民政府签署战略合作协议

有限公司石家庄分行

为8家，为分行营业部和7家支行，员工总计297人。1家同城支行友谊北大街支行正在筹备中，计划2010年初开业。一家异地分行唐山分行在2009年11月17获得银监会筹建批准，目前唐山分行网点环境、人员、制度、系统等各项筹建工作正在紧张进行中，计划2010年3月开业。2009年完成对平安支行、中山西路支行、中山东路支行的搬迁改造。新建离行式ATM14台。全年各项业务平稳运行，未发生重大事故、案件和风险。

截至2009年年末，中国光大银行石家庄分行资产总额达到163.30亿元，比年初增59.88亿元，增幅57.89%；各项贷款余额为145.7亿元，比年初增加70亿元，增幅为92.3%；负债总额161.62亿元，比年初增加66.31亿元，增幅69.58%；实现税后利润总额16176万元；不良贷款额为1478.58万元，比年初减少2446.61万元，不良贷款率为0.1%，降幅为0.42%，继续实现“双降”，各项业务平稳发展。

8月26日，分行与河北省国有资产控股运营有限公司签署战略合作协议，行长阙华和省国控公司总裁李令成出席了签约仪式并致辞

5月14日，分行召开公开竞聘大会，竞聘公司部、贸金部、办公室、运营管理部、槐安东路支行副职

中国光大银行石家庄分行营业网点布局

序号	网点名称	地址	负责人姓名	职务	电话	邮编
1	营业部	石家庄市中山东路118号	杜铁良	支行行长	88628767	050000
2	建华北大街支行	石家庄市跃进路79号	习清南	支行行长	86213377	050051
3	中山西路支行	石家庄市桥西区康乐街8号	付春生	支行行长	87879693	050051
4	中华大街支行	石家庄市中华南大街323号	张占魁	支行行长	83838978	050006
5	富强大街支行	石家庄市东岗路18号	杨占茂	支行行长	86088839	050000
6	新华路支行	石家庄市新华路167号	徐　明	支行行长	87890678	050004
7	广安大街支行	石家庄市广安大街10号副1号	石毅军	支行行长	86666986	050011
8	槐安东路支行	石家庄市槐安东路166号	戴卫东	支行行长	85668927	050051
9	友谊北大街支行	石家庄市友谊北大街368号	王立敏	支行行长	87779881	050051

河北省农村

2009年2月26日，张和副省长(右)视察指导工作，与党委书记、理事长李志国（左）亲切交谈

河北省农村信用社联合社（简称河北省联社）经中国银行业监督管理委员会批准，于2005年6月29日挂牌开业，由河北省辖内3家市级联社、154家县级联社（其中包括3家改制的农村合作银行和农村商业银行）自愿入股组成，在河北省工商行政管理局注册登记，是具有独立企业法人资格的地方性金融机构，注册资本2.018亿元。河北省联社贯彻执行国家的金融方针、政策，依法自主经营，自负盈亏，自担风险，自我约束。根据省政府的授权，河北省联社承担对社员社的管理、指导、协调和服务职能，以为社员社提供服务、促进社员社的健康发展为宗旨，不对公众办理存贷款金融业务。截至2009年末，全省农村信用社各项存款余额达到4211亿元，比上年增加714亿元，各项贷款余额2626亿元，比上年增加467亿元，存贷款余额均居全省各金融机构之首；实现拨备前利润70.9 亿元，比上年增加20亿元。全省农村信用社涉农贷款余额达到2039.5亿元，比年初增加380.5亿元，其中发放农户贷款905.2亿元，惠及500万农户。全省农村信用社不良贷款占比较上年末下降9个百分点，拨备充足率较上年末提高13.4个百分点，资本充足率较上年末提高2.8个百分点。

河北省联社实行民主管理，社员大会是省联社的最高权力机构。社员大会由173人组成，其中社员社代表157人，本联社员工代表16名。社员代表每届任期三年，可连选连任。

河北省联社设理事会，是社员大会的执行和监督机构，由15名理事组成，其中社员社理事11名，本联社职

2009年2月5日至6日，省联社召开第一届社员大会第五次会议和第一届理事会第十四次会议。新当选的李志国理事长与领导班子成员合影

2009年4月2日，省联社召开全省农村信用社“五提”活动动员会

信用社联合社

工理事不超过20%。理事由社员大会选举产生，经银行业监督管理机构任职资格审核后行使职责。理事每届任期三年，可连选连任。河北省联社理事会设理事长1名，副理事长1名，理事长为省联社的法定代表人。省联社高级管理层由主任和副主任组成。

河北省联社在承德、张家口、秦皇岛、唐山、廊坊、保定、邢台、邯郸等8个设区市设有办事处。办事处是省联社的派出机构，不具备法人资格，在省联社授权范围内依法履行职责，其民事责任由省联社承担。

党委书记、理事长李志国到企业了解生产经营状况

2009年3月5日，省联社召开全省农村信用社案件风险隐患清查暨党风廉政警示教育大会

PICC 中国人民财产保险股份有限公司 河北省分公司

PICC PROPERTY AND CASUALTY COMPANY LIMITED

魏丙申总经理到玉米受灾现场查勘受灾情况

中国人民财产保险股份有限公司河北省分公司（简称：中国人保财险河北省分公司）是一家实力雄厚、经营范围广泛，具有强大的保险补偿能力和良好社会信誉的国际化公众公司。目前，人保财险河北省分公司已为全省10万多个企业，90多万个家庭，200多万辆机动车、1900多万亩农作物和林木、150多万头各类牲畜办理了各种保险，为社会提供18300多亿元风险保障，保费达到65亿多元，实现了新的跨越。自1998年以来，人保财险河北省分公司就处理各类保险赔案300多万件，共计赔款达220多亿元。2009年，人保财险河北省分公司共处理各类赔案67万多件，赔款35亿多元。其中，向全省35万受灾农户提供玉米保险赔款6700多万元，支付五十年不遇的暴雪灾害赔款5600多万元，为千千万万个企业和家庭及时提供了经济补偿，有力地促进了河北省经济的稳定持续快速发展。作为河北省财产保险市场的主导力量，中国人保财险河北省分公司注重保持公众公司形象，始终坚持把社会效益与经济效益的统一放在第一位，努力为我省企事业单位、及城乡百姓提供更广泛的险种。目前，已开办的险种达600多个，涉及财产保险、机动车辆保险、责任保险、意外伤害保险、健康保险、保证保险等众多方面，最大限度地满足社会需求。中国人保财险河北省分公司还积极发展农村保险，积极承担社会责任，为农民提供必要的财产、人身保障，为建设新农村保驾护航。为了更好的为全省城乡百姓提供优质的保险保障服务，在全省系统启动了“金牌服务工程”，在全省开通了365天×24小时的全天候95518专线服务电话，赢得了广大客户的赞誉。2003-2006年连续四年获得河北省“民主评议行风优秀单位”称号；获得2007-2008年度民主评议活动的“免评”单位，2009年民主评议行风成绩继续保持在行业内的领先地位；2007-2009年连续三年被河北省政府授予“金融贡献奖”；先后获得了“重合同，守信用单位”、“河北省百佳诚信单位”、“消费者信得过单位”、“河北省质量信誉双保障单位”、“河北省服务质量奖”等荣誉称号。

“人保财险爱心小学”在河北平山县揭牌

举行“客户节职场开放日”

慰问“导航行动”一线交警

河北省第一个“河北人保乡”在邯郸临漳县砖寨营乡创建成功

河北石家庄遭遇54年来最大降雪——人保财险公司迅速进行抗灾理赔

人保河北省分公司开展“情系三农、保险下乡、真诚服务、真情回报”塑造形象主题活动

中国平安财产保险股份有限公司
河北分公司

荣获省消协落实消费与责任年主题“优秀企业”称号，也是全省唯一一家获此殊荣的保险公司

给烈日下工作的交警们捐赠遮阳伞85把，送去了清凉，送去了关爱

中国平安财产保险股份有限公司河北分公司自1993年成立以来，遵循“专业 价值”的经营理念，不断改革创新，努力提升业务技能，业务规模逐年攀升，业务发展稳健。2009年，经营业绩和管理水平进一步提升，业务规模位居河北财产保险市场前列。

中国平安财产保险股份有限公司经营业务范围涵盖车险、财产险、工程险、货运险、责任险及意外健康险等一切法定产险业务，近年又适时开发推出了电话营销专用车险、环境污染责任险、国内贸易信用保险、理财宝家庭投资型保险、境外旅行意外伤害保险、甲型H1N1流感保险等符合市场需求的新险种。

平安产险努力提升业务技能和经营管理水平，在实现公司价值的同时为客户创造价值，在国内同业中率先实行核保核赔制度；率先引进风险控制体系；连续13年按国际标准出具精算报告；从02年推出首张与国际接轨细分风险的车险费率表以来，风险筛选和精准定价的能力不断加强；在全系统推行全预算管理；率先实现全国通赔车险理赔服务；全面导入ISO9001：2000质量体系，顺利通过SGS认证； 2007年7月首家获批车险电话销售专属产品，并率先建立了全国最大的集中电销中心。

中国平安财产保险股份有限公司河北分公司经营区域覆盖全省，在省内各地、市、县设有11家中心支公司和80多家支公司及营销服务部。近年来，公司始终坚持“诚信第一、效率第一、客户至上、服务至上”的服务宗旨，搭建领先的客户服务平台，使公司所有服务项目的设计和实施都围绕“以客户为导向”的指引，为客户提供及时周到的服务。并与客户建立了长久、持续的保险合作关系，拥有丰富的大型客户承保经验，成功承保了一大批在省内外及全国有重大影响的标的，为全省的企事业单位、重点建设项目和人民家庭财产提供风险保障。

河北多地爆发重大雪灾后，河北产险优化理赔流程，简化理赔手续，保证雪灾案件及时顺畅赔付

为赞皇平安希望小学捐款捐物奉献爱心活动，得到了当地政府的大力支持及希望小学全体师生的热烈欢迎和高度评价

客户任俊荣先生为平安产险送来锦旗，盛赞平安保险服务质量好、理赔速度快

冀中能源集团

王社平董事长在参加全国第十一届人代会时接受中央电视台采访

冀中能源集团有限责任公司是经河北省人民政府批准，于2008年6月由原金能集团和峰峰集团强强联合重组而成，属省政府国资委出资设立的国有独资公司，是以煤炭为主业，电力、生物制药、建材、化工、机械、物流等多元发展的大型国有企业。目前，拥有峰峰、邯郸、邢台、井陉、张家口和山西晋中等6个煤炭生产矿区，下辖峰峰集团有限公司、冀中能源股份有限公司、华北制药集团有限责任公司、邯郸矿业集团有限公司、山西矿业集团有限公司、张家口矿业集团有限公司、井陉矿业集团有限公司、邢台矿业集团有限责任公司、机械装备有限公司9个子公司。并在深市、沪市分别拥有冀中能源、金牛化工和华北制药三个上市公司，其中冀中能源股份公司，是“中国上市公司市场投资者满意度信赖十佳品牌单位”。在册职工13万人，资产总额750亿元，煤炭资源储量150亿吨。综合实力位居河北省工业企业和全国煤炭行业前列。在2009年发布的中国企业500强中，冀中能源集团以2008年度4100284万元的营业收入排名“2009中国企业500强”第149位；在2009中国企业效益200佳中，排名第88位；在2009全国煤炭企业100强中，位居第10位。

王社平董事长在井下指导工作

冀中能源集团组建以来，始终坚持以科学发展观为统领，坚定不移地贯彻省委省政府和国资委的

煤化工厂景

峰煤焦化甲醇全景

有限责任公司

战略部署，积极应对金融危机，顶住压力，迎接挑战，企业保持了健康、持续、稳定和快速发展。2009年各项生产经营指标不断攀升：原煤产量完成4237万吨，同比增加659万吨，增幅19%；精煤产量1684万吨，同比增加179万吨，增幅11.9%。完成销售收入550亿元，实现利润20.1亿元以上。安全生产形势总体稳定，百万吨工亡率为0.19，远远低于全国国有煤矿平均水平。

河北省委书记张云川、省长胡春华为集团成立揭牌

河北省委书记张云川到冀中能源集团井下指导工作

冀中能源集团总部大楼

东庞矿

井矿新晶焦化分公司新焦炉厂景

峰峰集团大型综采工作面

冀中能源装备公司石煤机公司现代化掘进机生产线

河北钢铁集

董事长、总经理　王义芳

河北钢铁集团是由我国两大钢铁集团——唐钢集团、邯钢集团强强联合组建而成的特大型钢铁集团，总资产2353亿元，年产钢4000万吨，跻身世界500强第375位、中国企业500强第25位和中国制造业500强第5位。拥有唐钢、邯钢、宣钢、承钢、舞钢、矿业、国贸、财达、衡板、燕山、京唐等11个控股或参股子公司，销售总公司、采购总公司两个分公司和钢铁技术研究总院，集团总部坐落在河北省省会石家庄。2009年，集团完成粗钢产量4024万吨，成为我国产量规模最大的钢铁企业。

经过坚持不懈的技术改造、淘汰落后，实施产业升级，集团主体生产装备实现了大型化、现代化。目前，拥有2000m^3级高炉8座、3200m^3高炉5座，200m^2以上烧结机13台，6米以上大型焦炉10座；拥有120吨以上炼钢转炉20座、100吨超高功率电炉4座；拥有棒材、高线、型钢、窄带生产线30条，2250、1810、1780（两条）、1700、1580热轧生产线6条；拥有130万吨、140万吨“大型”冷轧生产线2条，并配备有酸洗、镀锌、电镀锡、彩涂等强大的涂镀层板材深加工能力，还拥有3000、3500（两条）、4100、4200mm六条总产能达800万吨的中厚板生产线。集团拥有两个国家级研发技术中心，拥有80多项自主知识产权的核心技术，制定出5项国家产品标准，200多个钢材品种替代进口。目前，以“精品板材、钒钛制品、优质建材”三大系列为主导，集团产品覆盖航空航天、军工、汽车、石油、铁路、桥梁、建筑、电力、交通、机械、造船、轻工、家电等20多个重要应用领域。集团可生产厚度仅0.17毫米超薄精密冷轧板到厚度达700毫米特宽特厚板等多种产品，产品品种、规格齐全，可满足各种客户需求。“舞钢牌”中厚板，筑起了12大系列、300多个品种、400多个厚度规格的名牌体系；以家电面板、汽车用板为代表的精品冷轧系列，挺进20多家国内外知名家电、汽车制造企业；五氧化二钒、三氧化二钒、氧化钒、80钒铁、50钒铁等钒系列产品，占据全球市场的8%、国内市场的35%。在建材领域，形成了年产1700万吨的棒材、线材、型材等能力，“燕山牌”螺纹钢以其高承载、强抗震的优质性能独享市场美誉。在一大批闻名中外的工程项目建设中，集团产品发挥出关键作用。北京奥运“鸟巢”，“神舟”五号，“嫦娥1号”，　三峡工程，西电东送，南水北调，首都机场三号航站楼，中央电视台新台址，上海卢浦大桥、美国旧金山新海湾大桥等40多座世界著名桥梁，京沪高铁、北京地铁、广深高速等一批运输工程，我国主战坦克、特种装甲车等重大航空航天和军工制造领域，集团产品均做出了突出贡献。在国际市场，彰显竞争实力。一批

河北钢铁集团250吨顶底复吹转炉

河北钢铁集团2250mm热轧生产线

团有限公司

“高、精、尖”产品赢得世界青睐。钒系列、宽厚板、超薄精密冷轧镀锡基板等产品出口美、英、德等20多个国家和地区。

站在新的起点上，河北钢铁集团正在焕发勃勃生机。以科学发展观为指导，按照“产业重组、布局调整、淘汰落后、提高效率”的要求，全力推进钢铁主业由“粗加工向精加工、由低端产品向高端产品、由内地布局向沿海布局、由分散发展向集中发展”的四大转变。全力建设我国具有竞争优势的“优质建材、钒钛制品和精品板材”三大基地，全力打造“管理一流、队伍一流、产品一流、环境一流”的科学发展示范企业。当前，河北钢铁集团正以科学发展观为指引，勇担历史使命，按照打造“国内领先、国际一流”的现代化钢铁集团的战略目标，在钢铁大国迈向钢铁强国的伟大进程中加速前行！

河北钢铁集团提钒生产工艺

河北钢铁股份公司正式在深交所上市交易

河北钢铁集团冷轧产品

河北钢铁集团厂区外景

邯郸钢铁集团

董事长、党委书记　李贵阳

邯郸钢铁集团有限责任公司（简称邯钢）是河北钢铁集团的核心企业。该公司坐落于中国历史文化名城、晋冀鲁豫四省交界区域中心城市——邯郸。邯钢于1958年建厂投产，历经半个多世纪的艰苦奋斗、革新挖潜，现已发展成为我国重要的优质板材生产基地。

上世纪九十年代，邯钢主动走向市场，通过推行并不断深化“模拟市场核算、实行成本否决”经营机制，创造了闻名全国的“邯钢经验”，被誉为“全国工业战线上的一面红旗”。邯钢曾先后荣获全国五一劳动奖状、全国优秀企业金马奖、全国先进基层党组织、全国文明单位、全国思想政治工作优秀企业、全国模范劳动关系和谐企业等荣誉称号。

进入新世纪以来，邯钢加快用高新技术和先进适用技术改造提升传统产业步伐，相继建成投产了年产250万吨薄板坯连铸连轧生产线、国内第一条热轧薄板酸洗镀锌生产线、年产130万吨冷轧薄板生产线，和以新区为代表的一大批具有国际一流水平的大型现代化装备，综合竞争实力发生了质的飞跃，产品结构实现了由普通建材为主向优质板材为主的转变。邯钢现有总资产737亿元，职工2.4万人，具备了年产千万吨钢的综合生产能力。2009年，邯钢全年产生铁907万吨、钢956万吨、钢材891万吨。全年实现营业收入432亿元、利税9.3亿元。

具有国际领先水平的邯钢2250热连轧生产线

邯钢薄板坯连铸连轧生产线

邯钢250吨转炉

绿意盎然的邯钢冷轧厂区

邯钢冷轧板卷

有限责任公司

邯钢产品涵盖汽车、家电、建筑、造船、航天、机械制造、石油化工等国民经济各个领域，并成功应用于中央电视台新址、北京奥运场馆、上海城市交通枢纽建设和京沪高铁等国家重点工程。邯钢造船板取得九国船级社船板生产资格认证，冷轧板成为国内外20多家知名家电制造企业的主要原料，并出口到欧美等国家和地区。

2007年，邯钢技术中心通过国家发改委、科技部等五部委的联合认定，成功晋升为国家级技术中心。2008年，邯钢被国家确定为国家创新型试点企业，是河北省唯一一家获此殊荣的钢铁企业。2009年，邯钢实现全工序负能炼钢，并成功开发"一键式"全封闭自动炼钢技术，成为河北省首家具备这项国际领先技术的钢铁企业。

展望未来，邯钢将以科学发展观为指导，在河北钢铁集团统一规划下，加快新区二期建设和老区改造步伐，大力实施精细化管理，全面创建科学发展企业，努力促进职工和企业的共同发展。到2010年底，邯钢将基本建成以生产高附加值、高技术含量产品为主的国际水平现代化钢铁企业。

总经理、副董事长、党委副书记　彭兆丰

邯钢新区3200立方米高炉夜景

"祖国颂"歌咏大赛

华北制药集团

2010年1月19日省长陈全国视察华药新园区

华北制药集团有限责任公司（简称华北制药）是目前中国最大的化学制药企业之一，是最大的抗生素和半合抗生产基地。其前身华北制药厂是中国“一五”计划期间重点建设项目，1953年筹建，1958年建成投产，总投资7588万元。华北制药厂的建成，开创了我国大规模生产抗生素的历史，结束了我国青霉素、链霉素依赖进口的历史，为改变我国缺医少药的困难局面做出了重要贡献，并支援了全国数十家制药企业建设。

目前，华药集团拥有子分公司四十多家，现有抗生素原料药（中间体）、维生素及营养保健品、生物农兽药、现代生物技术药物和制剂五大系列600多个品种，其中青霉素、硫酸链霉素、阿莫西林、7-ADCA、头孢拉定、维生素C、维生素B12等品种的产销量居世界前列。集团拥有资产总额100亿元，职工1.9万人。2009年6月，经省委、省政府批准，冀中能源集团对华药集团实施了资产重组，成为冀中能源集团全资控股的子公司。

华北制药新药研发中心

华北制药在国内外市场上具有较高的质量信誉。1986年在医药行业首家荣获“国家质量管理奖”，2000年通过ISO9001质量体系认证，2003年通过ISO14001环境质量体系认证，“华北”牌商标在医药行业最早被认定为中国驰名商标。目前有5个主要产品获国家优质产品奖，40个产品在省级以上产品质量评选中获奖，49个产品通过“国际标准或国外先进标准”的采标认证，10余个产品通过美国FDA、欧洲COS等国际认证。青霉素钠、头孢唑啉钠、阿莫西林胶囊三个大宗制剂产品已被国家药监局批准为首批全国“城市社区、农村基本用药”定点生产药物。

华北制药具有很强的自主研发能力，有一支4000余人的专业技术人员队伍，其中有中高级工程技术职称的占到一半以上，研发人员占到三分之一左右。先后在国内率先开发成功杆菌肽、春雷霉素、平阳霉素、两性霉素B、林可霉素、克林霉素、克林霉素磷酸酯、去甲基万古霉素、甲钴胺、EPO等十余种产品，并先后获得国

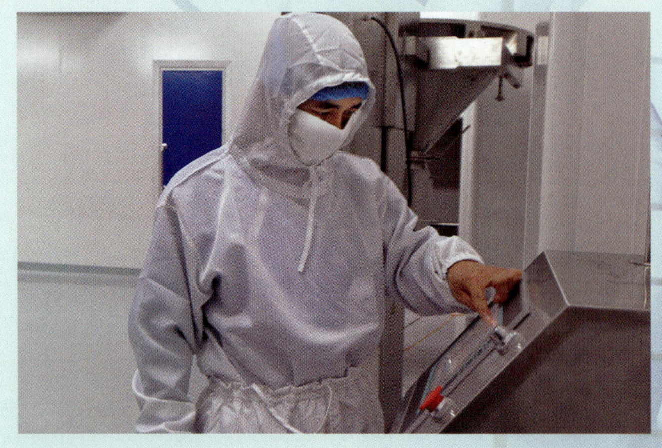

湿法制粒机

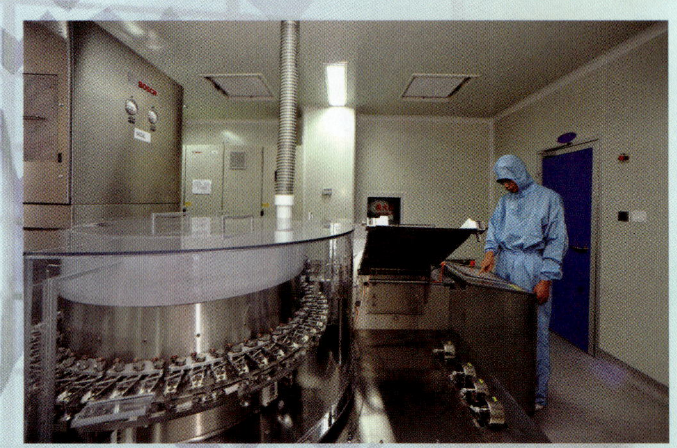

引进德国先进药品分装洗瓶机

有限责任公司

家发明奖5项、国家科技进步奖18项。同时，与众多国内外科研机构开展产、学、研联合创新，逐步形成了自己的创新药物开发体系。基因重组人血白蛋白、基因重组抗狂犬病毒抗体、新型抗癌药UTD1、参乌胶囊、达托霉素、替考拉宁等产品研发取得重大进展。截至目前，共申请专利181项，授权专利58项。

华药在向灾区捐赠价值500万元的药品和290多万元捐款基础上又捐100万元药品

华北制药以其规模优势、技术优势、质量优势连续多年跻身全国500家最大和最佳经济效益工业企业行列、国家首批6家技术创新试点企业之一和国家“863”高新技术研究发展计划成果产业化基地，是“中国工业经济联合会”推选的首批最具国际竞争力的16家企业之一，是其中唯一的一家化学制药企业；在首届“百姓安全用药调查”活动中，被评为“百姓放心药企业”，入选“中国十大诚信企业”；2006年，华北制药新药中心被国家命名为“微生物药物国家工程研究中心”；华药集团公司荣获2005、2006年度全国化学药品原药制造业“自主创新能力十强”第一名，2005、2006、2007连续获中国工业行业排头兵企业称号。2009年被国家科技部、卫生部认定为国家重大新药创制专项首批全国6家企业新药孵化基地；被国家科技部、国家国资委、全国总工会评为国家级创新型企业；荣获了“首届中国产学研合作创新奖”，被授予“微生物和生物技术创新药物研发国际科技合作基地”、“抗体药物研制国家重点实验室”。

未来几年，华北制药将以科学发展观为统领，继续秉承“人类健康至上，质量永远第一”的企业宗旨，按照“统筹整合、力主创新、优化升级、做精做强”的发展战略，努力实施“三步走”，实现“一二三”目标（第一步，到2011年销售收入达到100亿元；第二步，到2013年销售收入达到200亿元；第三步，到2015年销售收入达到300亿元），力争通过三到五年的努力，把华药建设成为“创新领先、集约高效、开放共赢、和谐富裕”的新华药，建设成为紧密型、高效能、可持续的国内领先世界一流的现代制药集团。

2010年5月15日，制剂分厂以“华北制药情系山区，关爱贫困儿童”为主题的为山区贫困儿童奉献爱心活动在平山县梨树坪展开

职工运动会

中国联合网络通信有限

总经理　靳训锋

中国联合网络通信集团有限公司（简称中国联通）是2009年1月6日经国务院批准在原中国网通和原中国联通的基础上合并成立的国有控股的特大型电信企业。

中国联合网络通信有限公司河北省分公司（简称河北联通）是中国联通在河北省境内的分支机构，下辖 11个市分公司，183个县（市）分公司、区域营销中心，拥有自有营业厅1990余个。具有电信全业务经营资质，主要经营GSM/WCDMA移动电话、固定电话、宽带等基础通信产品和信息应用、信息内容、系统集成等综合信息服务产品，电话客户规模超2500万户，宽带客户超400万户。

河北联通坚持“以市场为导向，以客户为中心，以价值链为主线，以开放的思维，为客户提供端到端综合信息服务”的指导方针，以打造业界领先的宽带通信和信息服务提供商为企业定位，努力把企业打造成为客户综合信息产品的功能制造者、信息内容服务的聚集加工和传递者、基础和应用平台的搭建者、产业价值链的整合者、一揽子解决方案的提供者。

坚持业务创新，提供全业务一揽子解决方案。公司建立完善了以“内容+应用+接入+服务”为主的通信和

市话装机优质服务即装即通

网络管理中心

石家庄市第二通信枢纽大楼

公司河北省分公司

信息服务产品体系，推出“沃”这一全业务品牌形象，有效满足客户多样化的通信和信息服务需求。2009年1月7日，中国联通获得了WCDMA制式的3G牌照。经过短时间的高效运营准备，公司WCDMA（3G）网络已覆盖全省11个城市和全部县城、重要交通干线和重要旅游景区；“沃3G”业务已正式商用，并提供手机电视、手机音乐等4大类100多个单项产品，为广大客户带来了全新的丰富多彩的信息服务体验。拥有宽带商务－信息魅力、宽视界/神眼（视频监控）、网络商务、网络教育、呼叫中心等信息应用产品；拥有基于语音、互联网和实物载体的电话导航、品牌建站、黄页、媒景商城、银河网等信息内容产品。信息魅力被全省上百个县（区）政府、近2万家政企客户应用，宽视界/神眼建设接入点超万个。承建了河北电子党务网、电子政务网等大型项目，全省98%以上党政军部门和95%以上金融、教育、科研、卫生、企事业单位均选用公司通信和信息服务。

领导应用应急通信指挥救灾演练

坚持技术创新，打造雄厚网络基础。密切跟踪技术发展，建设完善基础网络，加快实施网络演进。公司具有国际通信技术水准的联通全球、覆盖全省的固定通信网络、移动通信网络和宽带互联网络。拥有大容量、高速率、具有自愈功能、覆盖全省乡镇的传输网，固定网和移动网乡镇覆盖率达到100%，IP数据网省出口带宽达680G，行政村村通宽带率达90%；拥有智能先进、功能齐全、安全稳定的智能网、信令网、支撑网和网管网等电信业务管理网络。拥有综合信息业务开发与管理平台，基本实现了标准化、规范化、网络化、可运营、可管理。

展望未来，河北联通将深入贯彻落实省委、省政府和中国联合网络通信有限公司发展战略，创新践行“融合创造新优势，3G实现新发展”的发展理念和“抓机遇、保增长、调结构、上水平”的工作方针，加快实施战略转型，大力推进全业务经营，努力满足广大客户的通信和信息服务需求，将企业打造成为省内一流的宽带通信和信息服务提供商，为加快推进河北省经济社会信息化建设做出新的贡献！

通信维护

河北联通在信息产业周演示网络安全产品

河北省著名商标

中盐河北盐业专营有限公司

董事长 胡文菊

总经理 李国剑

公司系列产品

中盐河北盐业专营有限公司是由中国盐业总公司与河北省盐业专营总公司按照现代企业制度共同出资组建的从事盐业经营的有限责任公司，是河北省盐业流通领域的龙头企业。公司成立于2002年1月28日，注册资本1950万元，职工总数113人。

中盐河北盐业专营有限公司承担全省盐业专营任务，主要经营食盐、小工业盐、肠衣盐、特种盐、畜牧用盐、渔盐，盐的包装及相关物资。公司拥有雄厚的经营实力，设有盐业批发站、盐业质量检测中心、包装储运分公司、特种盐分公司等分支机构，下辖12个市级公司和142个县（市、区）公司，506个代批点，8万多个零售网点，经销网络遍及河北城乡，年销售额3亿多元，经销各类盐60多万吨。多年来，为河北省经济发展和消除碘缺乏病工作作出了突出贡献。全省如期实现了消除碘缺乏病阶段性任务目标，成为全国率先实现这一目标的17个省份之一。2009年，全省盐总量累计调入60.8万吨，完成年计划的101.4%；销售61.5万吨，完成年计划的102.5%。全省食盐调入34.0万吨，完成年计划的100.1%；销售33.9万吨，完成年计划的99.6%。全省工业盐调入22.5万吨，完成年计划的107.1%；销售23.2万吨，完成年计划的110.7%。

公司坚持奉行“信誉第一、客户至上”的经营宗旨，将以雄厚的资金、健全的网络、良好的服务、优质的商品、灵活的机制服务于全省广大用户和消费者。公司愿同社会各界广交朋友，坦诚合作，共谋发展，共享繁荣，为全省经济的腾飞做出新的、更大的贡献。

2008年3月14日河北省政府和中盐总公司投资宁晋盐矿合作签字仪式

配送中心

天择 河北天择重型机械有限公司

河北天择重型机械有限公司为冀中能源峰峰集团的子公司之一，是由原峰峰集团所属的机械总厂、马头机械厂、机电设备厂整合改制而成的有限责任公司。始建于1946年，现有员工2200余人，各类专业技术人员300余人，高级工程师50余人，注册资金1.7亿元，年销售收入超过8亿元，年生产能力突破4万吨。

常务副总经理　李刚

公司现占地面积24万平方米，重型装配车间厂房面积约1万平方米，拥有各种加工设备1100多台（套），各类检验设备3400余台。拥有国家矿用安全标志认证的定型产品有247个，生产许可认证产品15个，拥有省级名优产品4大类，天择商标被评为“河北省著名商标”，国家专利产品7个。产品远销全国23个省、市、自治区的300多家单位，并出口到南非、印度、印尼、菲律宾等国家。多次获得中国诚信企业、全国煤炭机械工业优秀企业、国家高新技术企业等荣誉称号，中国机械500强等荣誉称号。

新项目建设鸟瞰图

经过60多年的发展，公司现拥有“天择”品牌煤机和冶金两大系列主导产品。煤机产品主要设计制作重型综采成套采煤设备、薄煤综采成套设备和大型露天采煤设备，其中重型综采成套采煤设备可为600万吨矿井提供采运护全套设备和技术服务；薄煤综采成套设备拥有多项核心专利技术，可实现最低700mm薄煤层的机械化开采和无线遥控操作；大型露天采煤设备以其技术国际领先、集约程度化高、实现低碳开采、绿色开采等特点，迅速成为露天煤矿极具发展潜力的机械装备。冶金产品主要设计制作各类中宽带、窄带、棒线型材、钢管等成套成条热轧、冷轧生产线以及各种备件。

在企业发展的道路上，公司紧紧抓住国家煤炭工业发展规划和产业政策机遇，以打造华北地区装备制造和规模能力第一、国内煤机行业综合装备能力第一、全国一流重型机械制造企业为目标，大力实施“重型矿山采掘成套装备制造及大型铸锻件生产基地”项目。该项目位于河北邯郸市马头生态工业城，占地总面积944.3亩，总投资约30亿元。该项目已被列入2010年省政府实施责任制的范围，是国家、省、市重点支持和发展的项目，发展潜力很大。

重型综采成套设备

薄煤综采成套设备

高新技术企业
证书
企业名称：河北天择重型机械有限公司
证书编号：GR200913000155
发证时间：2009年11月25日
有效期：三年
批准机关：

高新技术企业

重型冶金成套设备

大型露天采煤设备

全国煤炭机械工业优秀企业

河北顺达印

总经理　陈细啷

部分产品展示

河北顺达印务有限公司创立于2005年，建筑面积5000平米，公司生产基地位于石家庄市高新技术产业开发区天山科技工业园，拥有员工200余人，是一家拥有国内外先进技术设备和管理模式的科技型企业。

公司下设印刷、箱包、牌匾、高频四大车间。其中：印刷车间拥有各类胶印、丝网印及数码印刷机等设备，承印各类印刷、包装制品及商标；箱包车间生产各类皮、革、布类箱包；牌匾车间制作各类铜、铝牌匾及镜框加工；高频车间负责各种皮、革类制品，各类证件、证书的加工制作。形成了印刷、包装、牌匾、箱包及证件证书等产品的全方位制作及服务。

公司主要设备有：从德国海德堡公司引进的全新海德堡速霸CD102全电脑四色胶印机、罗兰印刷机、北人05双色对开胶印机、全自动不干胶印刷机、对开压痕切线机、全自动卡纸裱机、自动边贴型糊盒机、系列水性上光机、电脑数控切纸机、制版机、晒版机、装订机、烫金机、全自动高频机、PVC拉塑机、PVC水塑机、裁缝机等。

先进的设备，需要一流的管理技术人才。近年来公司通过省人才市场引进了高校毕业生多人，并从深圳等地调入企业管理人员和机组操作技师，使产品质量迈上了一个新的台阶，公司业务操作的程序和生产的产品品质均达到了国际标准。

今天的顺达印务，赢得了良好的声誉。在包装装潢的印制方面，公司有着很强的实力，该类产品在历年各级组织的评比中，几乎是件件获奖。在有关各类行政许可类证书证件等方面的产品加工制作中，

务有限公司

该公司更具有优势。经中华人民共和国全国组织机构代码中心多次派员前来实地考察和严格审核，该公司被列为全国5个定点印刷单位之一，负责广西、云南、河南、湖北等各省所有的组织机构代码证的制作和印刷；经中华全国总工会确定，该公司成为印制《工会会员证》定点印刷企业；该公司与北京、天津、河北、山西、辽宁等多个省市的烟草专卖局长期合作，烟草专卖零售许可证等产品深受用户好评；该公司还与河北省人民政府和各厅、局建立了长期、稳定的合作关系。由于公司全体员工的同心协力，企业发展迅速，近年来公司均被河北省工商行政管理局命名为“重点企业”、“重合同守信用企业”、“石家庄市纳税A级企业”、“银行信用AAA级企业”。

河北顺达印务有限公司

地址：石家庄市休门街1号新休门1-2-1501号

电话：0311-86994068、80665978

传真：0311-86993718

厂址：石家庄市高新区湘江道319号天山科技工业园1号楼107号

电话：0311-87319116、87319115、80665968、80665977

传真：0311-87319113

印刷车间

中信戴卡轮毂

国家人力资源和社会保障部副部长到中信戴卡参观指导工作

中信戴卡轮毂制造股份有限公司（简称中信戴卡）是1988年成立的中外合资企业，是中国大陆第一家铝合金轮毂制造企业。经过20年的快速发展，中信戴卡的铝轮毂已经覆盖低压铸造、铸造旋压、锻造三大成型工艺和特种漆、CLAD、抛光、电镀等多种表面处理技术，公司已经成为国内规模最大、品牌最知名、技术最先进的世界级铝合金轮毂制造基地。

中信戴卡率先在行业内通过ISO9001等质量体系认证，拥有国家级企业技术研发中心，并在欧洲、北美、日本等地建有海外合作研发机构。中信戴卡是国内第一家能够与国外汽车厂进行同步开发的车轮企业。

中信戴卡同时为国内和国外汽车配套市场供应，2001年率先进入世界级汽车生产商全球采购体系，现为世界排名前十二家汽车厂配套。

中信戴卡连年被国内外各汽车厂评为优秀供货商或战略合作伙伴，并先后获得中国汽车零部件百强企业、中国名牌产品等荣誉称号，是国家汽车零部件出口基地之一。

中信戴卡将以创新务实的经营理念、顽强拼搏的工作作风和精益求精的质量文化，做强、做大、做实，将自身打造成在国际上具有重要影响的汽车零部件供应商。

CITIC Dicastal Wheel Manufacturing Co., Ltd. (known as CITIC Dicastal for short) is the first aluminum wheel manufacturer in the Chinese mainland. As a Chinese-foreign equity joint venture, its foundation can be traced back to the year of 1988. With 20-year rapid development, nowadays, CITIC Dicastal has scalized world level aluminum wheel production bases and become a globally well known aluminum manufacturer featured with the largest production scale, the most famous brand name, and the most sophisticated technologies in China, whose manufacturing capabilities are sufficiently covering three prevailing major

中信戴卡生产的铝合金汽车轮毂为世界前十二家汽车厂进行配套（如：奥迪、宝马、奔驰）

制造股份有限公司

processes including low pressure casting, cast flow forming and forging and a variety range of surface finishes ranging from specialty paint, cladding, polishing to chrome plating and so forth.

总经理　徐佐

CITIC Dicastal is the first company in the industry in China passes the ISO9001 international quality system. In addition, CITIC Dicastal has successfully established a national level enterprise technological R&D center, and globally setup joint supporting units and research centers in Europe, North America and Japan and other places overseas. In the meanwhile, CITIC Dicastal is also the first aluminum wheel manufacturer in Chinese mainland, capable of working on program developments in a fully synchronized way with overseas OEM customers.

CITIC Dicastal supplies both domestically and overseas. In 2001, CITIC Dicastal has successfully entered the global purchasing systems of world class auto makers, and ultimately, realized the massive supplies to all top 12 auto makers around the world.

CITIC Dicastal has been awarded as the outstanding supplier or the strategic partner in successive years by major auto makers home and abroad and frequently honored as China top 100 automotive parts enterprises and Chinese famous brand name. Moreover, CITIC Dicastal has become one of national export bases.

In pursuit of innovative and realistic management philosophy, unyielding and striving working style, and perfection quality culture, CITIC Dicastal is striving for the direction of being stronger, larger, and solider, and becoming the most influential automotive parts supplier internationally.

CERTIFICATE

China Auto Parts Suppliers 100 Best

第六届全国百家优秀汽车零部件供应商证书

兹证明：中信戴卡轮毂制造股份有限公司

被中国汽车报社、中国汽车零部件企业信息联盟及其独立的评审委员会评定为"第六届全国百家优秀汽车零部件供应商"，荣膺"竞争领先型企业"称号。

特此证明。

发证日期：2009年10月

DATE OF ISSUE: OCT 2009

发证单位：中国汽车报社　中国汽车零部件企业信息联盟

中国汽车零部件百强企业

高新技术企业

证书

企业名称：中信戴卡轮毂制造股份有限公司　证书编号：GR200913000012

发证时间：2009年4月3日　有效期：三年

批准机关：

戴卡轮毂制造有限公司

博士后科研工作站

POSTDOCTORAL PROGRAMME

中华人民共和国人事部

全国博士后管委会

二〇〇六年五月

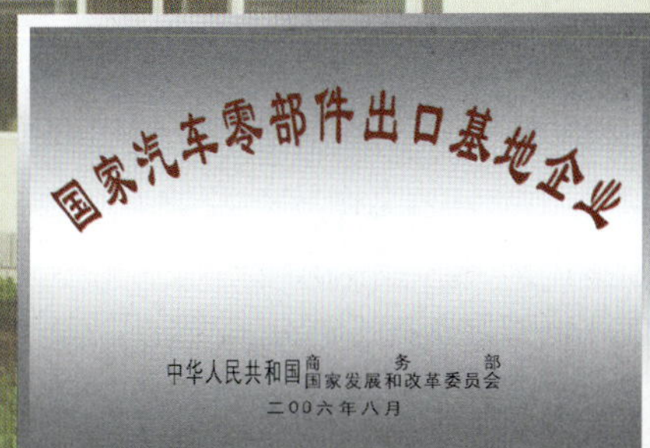

张家口市城建开发

2009年，在张家口市委、市政府的关怀下，张家口市城投集团认真贯彻落实市委九届七次全会精神，坚持以科学发展观为指导，紧紧围绕城镇面貌“三年大变样”战略部署，努力践行城建融资平台、投资主体、建设主体、经营主体职能，解放思想，创新理念，扎实工作，在项目融资、城建重点项目建设等方面取得了显著的成绩。

高质量地组建了城投集团。按照省政府《关于推进城市建设投融资体制改革的意见》和市委、市政府要求，在市住建局的精心指导下，2009年3月底以城建国有资产整合和土地储备中心职能及资产划转的形式，顺利完成了集团公司的组建任务，成为全省落实省政府33号文件的示范典型。目前，集团公司拥有总资产23亿元，注册资本金5.1亿元。集团下属有房地产开发、路桥建设、污水处理、市土地储备中心等17家全资和控股子公司。拥有员工1500多人。集团成立之后，创新理念，超前谋划，确立了“做大做强、做到上市”的战略发展目标，并着力打造路桥、水务、环境、置业、土地、服务等“六大板块”业务，在

城投商业中心

清水河纬一桥

投资集团有限公司

城市化进程中发挥了旗舰作用。

建立了科学的集团化管控体系。为了使集团步入科学的管理轨道，集团公司聘请了外部咨询机构，量身设计了一套具有现代企业理念的集团管控体系。体系明确了集团与子公司的关系、定位，确立了集团的管控模式，同时，结合管控体系，配套制定了包括融资管理、财务管理、项目管理、经营管理、投资管理、人力资源管理等20多项管理制度。使集团的各项管理工作逐步向制度化、科学化、规范化方向迈进。

圆满地完成了城建重点工程建设目标。2009年，根据市政府的决策部署，组织实施了主城区污水再生利用、污水处理厂升级改造等10项基础设施建设项目，项目总投资16.6亿元。通过集团公司的科学组织、奋力拼搏，项目如期完成，并打造了亮点。为提升城市形象、完善城市功能做出了积极贡献。

城建融资取得了好成绩。围绕城建重点工程项目，集团公司抓住国家扩大内需支持城市基础设施建设的契机，充分发挥 “融资平台”的职能作用，加强与金融机构的合作联系，通过积极努力，全年实现项目融资15.74亿元，为城建项目实施提供了有力的资金支持。

土地收储注入了融资活力。自市土地储备中心相关职能和城市土地资产整体纳入集团融资平台后，集团公司强化了对主城区土地的经营权和开发自主权，不断加大土地收储力度。2009年，累计收储土地746亩。为融资平台注入了活力。

构建了廉洁自律保证机制。集团公司围绕党风廉政要求，认真学习《国有企业领导人员廉洁从业若干规定（试行）》，建立了干部廉政档案，完善了重点工程建设项目廉政风险监控机制和行政权力运行监控体系，从而保持了为政清廉作风，较好地维护了个人和集团领导班子的良好形象。特别是在城建项目实施过程中，始终坚持阳光运作，规范管理，杜绝暗箱操作，赢得了市委、市政府和社会各界的好评。

清水河红旗桥

城投商业中心

中煤张家口煤矿

中煤张家口煤矿机械有限责任公司前身为张家口煤矿机械厂，始建于1926年，曾是冯玉祥的造币厂和傅作义的兵工厂。解放后成为我国三大采煤机械生产制造企业之一，是中国煤矿机械行业规模最大、建厂最早的国家大型一档骨干企业、国家一级企业。2003年2月，公司整体并入中国中煤能源集团公司，2004年成为其所属中国煤矿机械装备有限责任公司生产煤矿设备的主要企业。张煤机公司位列国家机械制造企业500强，中国企业信息化500强。

公司主导产品为煤矿机械化采煤工作面用刮板输送机、转载机、破碎机、刨煤机等采煤、运输设备。产品共有10大类82个系列500多个规格，刮板输送机的装机功率从40千瓦到3600千瓦，输送能力在150吨/小时～4500吨/小时之间，最大设计长度为400米。公司刮板输送机的设计制造技术一直保持国内领先水平。综采刮板输送机的国内市场占有率一直保持在50%以上。产品遍及全国各大矿务局，部分重型成套装备还出

优美的办公环境

机械有限责任公司

口到俄罗斯、印度、土耳其、越南、孟加拉等十几个国家，享有良好声誉。同时，公司还向矿山、冶金、电力、制药、环保、工程机械等行业提供工业链条、铸石刮板输送机、固液分离压滤机、液压工程缸等机电产品。

为提高产品质量，公司按照ISO9001国际标准建立起了质量保证体系，对产品的各个过程进行有效跟踪控制，国家检测合格率多年保持在100%，各类产品多次荣获质量奖。主导产品“张垣牌”刮板输送机获“全国用户满意产品”和“省名牌产品”。2009年，公司相继被认定为河北省高新技术企业、河北省创新型试点企业，中煤张家口煤矿机械有限责任公司“张垣及图”被认定为中国驰名商标。

2009年末公司在职职工3687人，其中各类专业技术人员771人。专职研究开发人员230人，具有高级以上专业技术职称人员187人，中级专业技术职称人员290人；博士5人，硕士24人。享受政府津贴的专家、省部级技术拔尖人才等16人。

公司拥有国家级企业技术中心、国家认可的测试实验室和博士后科研工作站，为企业进行持续的科技创新提供了强有力的技术支撑。近年来先后承担国家攻关项目11项，省部级科研项目27项，开发重大新产品近80个品种，有28项产品获科技进步奖或优秀新产品奖，其中有2种产品获国家级科技进步奖，有13种产品获省、部级科技进步奖，有4种产品获国家级新产品称号，多项技术获得国家专利。

公司积极开展企业文化建设，形成了“团结、敬业、务实、创新”的企业精神，“严格严谨、高速高效”的企业作风，在全体职工中积极开展了“诚信为本、用户第一”的企业价值观教育和“忠诚、守信”的企业道德教育，形成了独具特色的企业文化，树立了企业形象，提高了企业的知名度。

SGZ1350/3*1200刮板输送机

BH-38/2*400刨煤机

中国电信股份有限

张家口电信公司在本市同行业中率先启动3G业务

中国电信集团公司张家口市分公司成立于2002年12月，是由中国电信集团公司投资设立的全资国有企业，享有“中国电信”的服务品牌和商誉。2008年根据业务发展需要注册成立了中国电信股份有限公司张家口分公司，经营中国电信股份有限公司业务范围内的所有电信业务。作为张家口市重要的电信运营商，在行政区域内开展基于固定电信网络的话音、数据、图像及多媒体通信与信息服务；基于电信CDMA2000移动通信网络的话音、短信、数据、无线宽带、移动办公及多媒体通信，包括网页浏览、电话会议、电子商务等多种信息服务，是一家大型综合信息服务提供商。电信拥有三大业务品牌，第一个是面向家庭客户的“我的e家”，第二个是面向企业客户的“商务领航”，第三个是包括3G业务的“天翼”。

天翼“189”放号宣传活动现场

率先启动3G业务。2009年4月，张家口电信在本市通信行业中率先启动3G业务， CDMA2000是国际成熟的3G技术标准，网络具有上网速度快、互联网应用丰富、通话音质高、使用绿色环保、通信信息保密性强，网络覆盖完备等特点，而且网络速度较从前提升20倍以上，可与有线宽带媲美，即便是在高速行驶的铁路上，用户可以方便稳定地接入互联网，享受真正地无线、高速网上冲浪。3G手机也不再仅仅是手机，它还是电脑、电视、导航仪、游戏机、信用卡，可以实现在线炒股、听音乐、看电影、看电视、玩游戏，在线收发邮件、编辑各类办公文档、召开视频会议，借助CDMA3G终端的GPS全球定位系统进行位置查

干净整洁的办公区

“3.15”国际消费者权益日咨询服务活动现场

询、路线导航，或者利用全球眼进行远程视频查看、了解交通、幼儿园和家里的情况、进行远程应急指挥等多项通信服务。

加大3G网络建设。公司接手CDMA网络时，仅有宏基站277个，只能满足乡镇覆盖的最低要求，但张家口电信公司上下齐心，不畏艰难，逆境中求发展，2009年新建基站数量是原有站点的2倍还多。目前，3G网络已覆盖市区及所有县城，实现无缝隙覆盖。

提升网络质量。2009年，公司开展了全员拨测自查网络质量活动，对张家口地区30多个重点乡镇全向基站进行定向改造工作，扩大了现有网络的覆盖，提高了基站的利用率；对市区、重点县区、高速、国道进行定期的DT网络测试及优化；与周边省市北京、大同、乌盟、锡盟沟通，交换边界基站数据，协商处理边界用户漫游投诉。通过整体优化，大大提升网络质量。

优化服务环境。公司加快营业厅建设步伐，不断优化服务环境。截止2009年底，全区共建自有营业厅24家、指定代理店115家、缴费站673家，服务环境得到明显改善。

提升服务水平。公司进一步强化电信服务工作，把服务工作视为电信公司的生命线，全体员工改后缀式服务为前缀式服务，力争做到服务找客户，而不是客户找服务。为全面提升全业务经营新形势下客户服务质量，在充分发挥技术和业务优势的基础上，公司以精细化管理为手段，从推广实施维系关怀系统，建立丰富的维系产品体系，延伸客户维系范围，健全维系管理机制四方面入手形成“科学、规范、精确、高效”的客户维系体系。另外，公司持续加强营业前台人员的培训和考核，通过树立和表彰先进督促引导营业人员的服务水平和品牌意识，收到了良好效果。公司本着“用户至上，用心服务”的服务理念，为全市人民提供优质的24小时×7天的“零距离服务”。并通过一系列的制度建设，提升了公司总体服务形象及服务水平，突出了差异化及特色化服务，大大增强了广大客户对电信服务品牌的信赖。2009年，公司被省工商管理学会评为诚信守法群众满意单位称号。

CDMA网络由于联通时期投入严重不足，公司接手时仅有宏基站277个，仅满足乡镇覆盖的最低要求，但张家口电信公司上下齐心，不畏艰难，逆境中求发展，截至2009年底，新开基站总数相当于从前的2倍，大大提高了网络覆盖质量

加快营业厅建设步伐，不断优化服务环境。截至2009年底，全区共建自有营业厅24家、指定代理店115家、缴费站673家，服务环境得到明显改善

CDMA2000网络连接千家万户

冀中能源张矿集团

冀中能源副总经理张汝海对全面预算工作进行调研

康保矿业有限公司于2004年6月30日由邯矿集团出资购井原康保县煤矿后组建而成，为省属国有企业，现隶属冀中能源张家口矿业集团管辖。公司有张纪、土城子两个井口，属低硫、低瓦斯矿井，生产原煤分别为动力煤和三分之一焦煤，工业用途十分广泛，市场非常广阔，经济发展前景乐观，市场竞争力强。截至到2009年底总资产2.28亿元，固定资产1.08亿元，公司下设综采、掘进、调度、后勤服务等22个部门，共有职工1070人。

两井分别位于康保县土城子镇和张纪镇境内，地处张家口至康保县主干公路东侧，交通便利，地理位置优越。土城子井于1973年建井，1979年投产；张纪井于1993年建井，1998年投产。改制后公司先后投资近亿元，进行了全面技术改造，大搞安全质量标准化建设，提高了矿井文明生产水平。通风系统满足了矿井核定生产能力的通风要求，实现了综合机械化采煤、综掘机掘进、锚梁网支护、强皮运输，极大地改善和提高了运输系统的安全状况和提升能力，提高了单产单进水平，原煤生产能力逐年提高。

同时投入大量资金对地面办公大楼、食堂、宿舍、澡堂、文化广场、娱乐设施进行了建设，绿化、硬化、美化、亮化了矿区，建成了花园式矿井。建立健全了各项管理制度，促进了公司各项工作的全面发展。推行了企业文化建设和以人为本的精细化管理，职工思想稳定、矿区和谐，经济、社会效益明显提高。原煤产量由改制前的20万吨提高到2009年的60万吨；年销售收入由不足2000万元提高到2009年1.83亿元；年上缴税金由过去最高年份的180万元，提高到2009年的3000万元；职工年人均收入由2004年的5760元，增长到2009年的36000元。

矿党委所辖基层党组织13个，其中党总支2个（所辖党支部5个），直属党支部6个，设置党小组17个，现有党员100人。近年来，矿党委坚持以科学发展观为统领，围绕生产经营工作，以人为本，创新工作，充分发挥基层党组织的战斗堡垒作用和广大党员的先锋模范作用，各项工作取得了较好的成绩，有力地促进康保县域经济的快速发展。

矿党委加强领导班子建设，完善党委中心组学习制度；加强党员教育管理，创新活动方式，在党员中组织开展了争当“五型”党员和“党员一线工作法”活动，并与党员示范岗、党员目标管理考核有机结合起来，有效提高了广大党员及职工的思想政治和业务素质；加强精神文明建设，深入开展“三创一争”活动；加强宣传

市文化局到矿调研

省发改委领导到矿检查

九月份试生产动员大会

康保矿业有限公司

报道工作，树立了良好的企业形象；加强思想政治工作，完善“大政工”工作机制，开展了“整顿、管理、规范、提高”年活动和“党员承诺制”活动，推进企业文化建设向纵深发展，激发广大干部职工的工作积极性和主动性，和谐矿区建设取得了新成效。2006年度被康保县委、邯矿集团党委评为先进基层党组织；2007年度被康保县委、河北金能集团党委、盛源公司党委评为先进基层党组织，被张家口市总工会评为“学习型组织标兵单位”，荣获了“张家口市劳动关系三星级和谐企业”荣誉称号； 2008年度被张家口矿业集团公司党委评为先进基层党组织，荣获“河北省AAA级劳动关系和谐企业”、“河北省法治建设示范单位”荣誉称号；2009年被冀中能源党委评为先进基层党组织，荣获了“全国安全文化建设十强单位”、“全国煤炭系统文明煤矿”荣誉称号。国家煤监局组织的“全国煤矿三级事故隐患排查治理工作交流会”领导到矿检查指导时，被国家局领导称为“地方煤矿整合的典范”。

矿长赵尚忠陪同国家煤监局副局长彭建勋在井下检查工作

科学发展观总结表彰会

一届六次职代会现场

省军区司令员到矿检查指导工作

康保矿区全景

张家口中地装备探矿工程机械有限公司

公司揭牌仪式

张家口中地装备探矿工程机械有限公司隶属于中国机械工业集团公司，是中国地质装备总公司的全资子公司。是由原张家口探矿机械总厂改制重组后成立的国有独资公司。其前身是我国清末著名铁路工程师詹天佑修建京张铁路后于1910年开办的铁路修理厂，1953年由铁道部划归地质部后成立“地质部张家口探矿机械厂”，是我国“一五”计划156个重点建设项目之一，曾为我国地勘事业提供了大量装备，为我国地质事业的发展和地方经济建设做出了巨大贡献。

2008年企业改制重组后，甩掉了沉重的历史包袱，各项管理和生产经营工作已走向结构调整，谋求发展的重要阶段。国机集团把张探公司的振兴和发展列为落实科学发展观重点整改内容之一，中地装总公司把张探的振兴和发展、注入生机和活力作为今后发展规划的重点扶持项目。为了紧紧抓住我国新一轮经济增长为装备制造业带来的发展机遇，贯彻落实党中央、国务院关于“振兴发展我国民族装备制造业”的发展战略和国务院《关于加强地质工作的决定》，张探公司确立了 “重新打造优势企业，地质产品做到国内最大、水平最高、替代进口，领军我国地质装备制造产业”的发展方向。

2010年公司将要把握企业退城进园的有利契机，加大技改力度。通过对加工、检测关键设备的技术改造，将进一步提升加工能力，提高产品质量，满足工艺要求，增强企业的造血功能。全力做好新型全液压动力头系列岩心钻机的研发和市场推广应用工作，做好KZ3000、HCDU-5、HCDU-6、HCDF-6以及XY-8深孔钻机的整改落实，尽快投放市场，抢占岩心钻机的高端市场，形成新的经济增长点。进一步依托中国机械工业集团公司的技术、资金实力，加强与科研院所的合作，通过产学研结合和引进、消化、吸收的方式，加快全液压动力头系列钻机等高端产品的研发，尽快形成本企业的核心技术和核心产品。力争将张探公司建成中国机械工业集团公司在张家口的地质产品研发生产基地，全力打造以张探公司为生产基地的中地装全液压钻机制造体系。

公司大门

DPP100－4钻机车

XY－5系列钻机

HCDU－5全液压钻机

抽油杆车间

开滦集团国际物流有限责任公司

Kailuan Group International Logistics Co.,Ltd

开滦集团副总经理
国际物流公司执行董事 李敏

开滦集团始建于 1878 年，迄今已有 132 年历史，有"中国煤炭工业源头"之称。伴随百年开滦的发展，开滦物流如影随行，昭示了中国煤炭物流的开始。历经从小到大、由弱到强、由传统到现代的嬗变，已实现从企业物流到物流企业的成功转型，由企业物流向社会物流到专业物流的产业升级。2009 年在全国物流百强企业评比中，开滦国际物流有限责任公司进入前十强，排列第九名。

2008 年开滦调整企业发展战略，将现代物流作为企业转型发展的支柱产业之一，明确实施大物流战略，加快向生产服务性、综合服务型、以煤炭专业化物流为特色的大型物流企业集团发展。

开滦集团构建了"煤炭供应链管理、煤炭市场交易体系、煤炭储备体系"三位一体发展新模式。其目标是：基于煤炭供应链管理思想，实施全球采购、整合煤炭资源，服务国家战略储备和能源安全，保证常态均衡供煤和应急需求，稳定煤炭价格；依托数字化储配煤基地，既满足个性化煤炭需求，也能输出标准化煤炭产品，助推国家产运销衔接向"安全经济、环保低碳、优质高效、集成共赢"的方向发展；借助市场交易体系建设，实现煤炭供应链资金流、信息流、物流、商流一体化运作，建立供应链联盟，与客户共创价值，努力实现从单一企业销售商转变为供应链管理服务商。

公司通过不断优化调整物流产业发展规划，构建了一个中心（现代物流产业组织管理中心），两大体系（对内生产服务型物流保障体系，对外专业化物流服务网络体系），三大特色（国有特大型煤炭企业生产服务性企业物流剥离，煤炭供应链管理、煤炭战略储备、煤炭市场交易"三位一体"专业物流发展新模式，煤路港航物流一体化运作），四大园区（唐山古冶物流中心；唐山海港开发区煤化工产业物流配送中心；曹妃甸国家级数字化煤炭储配基地；空港国际物流园区），五大区域（河北、内蒙、山西、新疆、海外），六大板块（煤炭专业物流；物资仓储加工和逆向物流；公路、铁路、航运等运输服务物流；汽车物流；空港物流；国际物流）的物流产业体系，实施煤炭供应链管理服务、第三方物流、物资超市、逆向物流服务、多种运输服务、公共信息化平台与电子商务、汽车物流、国际采购与贸易等多种服务并举。2008 年物流产业收入达到 103 亿元，2009 年物流产业收入达到 275 亿元，占集团公司营业总收入的半壁江山，成为集团公司的重要支柱产业。

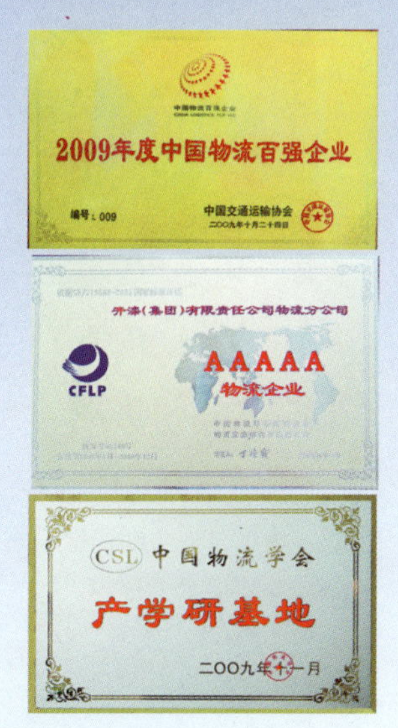

展望未来，开滦集团国际物流有限责任公司以生产服务性、综合服务型国际化物流领军企业为目标，以"三位一体"新模式为指导，以现代信息集成技术为手段，以四大园区建设为支撑，充分利用冀东物流大通道和国家物流节点城市的区位优势，全面融入区域经济发展，做大做强做高，将开滦物流打造成专业化、一体化、国际化、网络化的大型物流企业集团。

甸国家级数字化煤炭储配基地

京唐港开发区煤化工产业物流配送中心

唐山古冶开滦物流中心

空港国际物流园区

地址：河北省唐山市新华西道132号　　网址：www.kailuan.com.cn

河北省

省委常委、常务副省长付志方（中）兴致勃勃地观看省局深入学习实践科学发展观活动展览

开展“组织收入百日会战”

2009年，全省国税系统坚持以科学发展观为指导，坚决贯彻省委、省政府和国家税务总局的决策部署，在艰难中戮力奋战，在挑战中砥砺前行，圆满完成各项工作任务。

组织收入难中求进。面对严峻经济税收形势，通过召开会议、下发文件、派出督收指导组、开展百日会战等措施，全力以赴挖潜增收。完成税收收入1134.7亿元，同比增收24.0亿元，增长2.2%。同时，认真落实结构性减税和税收优惠政策，办理减免抵退税款289.3亿元，有效减轻企业负担、促进经济平稳较快发展。

征管质效明显提高。加强税收分析，强化纳税评估，补税19.2亿元，调减留抵税额3亿元，调减亏损额15.2亿元，清缴欠税10.4亿元，清理漏征漏管户1.2万户。加大稽查力度，检查企业6602户，查补收入24.8亿元，比上年增长1.5倍。加强税种管理，抓好海关缴款书“先比对、后抵扣”试点，规范电力、再生资源、大型商业零售企业增值税管理，落实卷烟、白酒、成品油消费税政策，调整所得税预缴和汇算清缴办法，强化非居民企业税收管理和反避税工作。加快信息化建设步伐，全面推行税源管理平台、外部信息采集与交换平台和财税库银横向联网系统，推广出口退税质量管理、计算机类设备管理等信息系统，在部分市局推行农产品收购网上开票。

纳税服务不断优化。广泛开展“送政策、送服务、促发展、惠民生”活动，印发优惠政策宣传手册5万册，举办大型税收政策宣讲报告会11场，制播阳光访谈专题电视节目，组织千组进万企帮扶，为纳税人熟悉运用税收政

国税干部深入企业开展税源调查

省“干部作风建设年”活动第二督导组一行了解12366纳税服务热线接听情况

国家税务局

策提供有力支持。12366纳税服务热线受理咨询6万人次，100多个办税服务厅实行一窗通办，探索推行同城通办和自助办税，更好地方便纳税人。

队伍建设全面加强。扎实开展干部作风建设年活动，被评为全省“为企业解难题、为群众送温暖”十佳单位。严格落实总局批准的“三定”方案，全面完成省、市、县三级机构改革。加强班子建设，举办处级干部培训班，落实干部交流规定，对部分市、县局领导班子进行巡视。加强教育培训，举办纪检监察、财务管理等专题培训班，组织稽查人员业务考试。加强党风廉政建设，全面推进惩防体系建设，强化执法监察，在全省民主评议行风中再次取得优异成绩。深入开展精神文明创建，98个单位获得国家级、省级文明单位等荣誉称号。

广泛开展“送政策、送服务、促发展、惠民生”活动

做客河北电视台“阳光访谈”节目，详解税收新政

对重点税源企业开展纳税评估

组织“国税之春”文艺晚会

优质服务赢得纳税人赞誉

河北省

石家庄市水务局揭牌

河北省水利厅是河北省人民政府组成部门，是法定的全省水行政主管部门。主要职责包括：负责保障水资源的开发利用、监督管理、保护和节约；负责全省生活、生产和生态环境用水统筹和保障；负责全省水旱灾害防治，组织指挥全省防汛抗旱工作；负责全省农田水利基本建设、农村饮水安全、节水灌溉、农村水电建设；负责全省重大涉水违法案件查处；负责全省水利工程的建设与管理。

2009年，全省水利系统坚决贯彻省委、省政府“保增长、保民生、保稳定”的各项决策部署，真抓实干，水利投入大幅增加，水利建设和改革步伐明显加快，各项工作任务圆满完成，为全省经济平稳较快发展提供了有力保障。一是基础建设势头强劲，承德双峰寺水库已被国家发改委批复立项；争取中央财政投资23.45亿元，省级财政投资16.75亿元，市县财政投资28亿，财政投资总规模达68.2亿元，加之其它渠道对水利的投入，全年水利投入超过百亿元，创历史新高。南水北调中线工程扎实推进，着眼2014年汛后实现南水北调中线通水目标，全力抓好邯石段和天津干线开工建设前的各项准备工作。二是民生水利发展加快，按照省委、省政府打造4000万亩粮食生产核心区的总体部署，着力改善农业节水灌溉条件，发展咸淡混浇控制面积53万亩，新增节水灌溉面积240万亩，改善灌溉面积386万亩。全年共解决378万农村人口饮水安全问题，其中联村集中供水的人口占70%以上。三是水资源工作迈出新步伐，制定了应对严重缺水八大方略，实行最严格水资源管理制度，颁布《河北省用水定额》，推进水资源管理“三条红线”控制指标体系建设。四是水利改革取得重要突破，水务一体化改革步伐加快，继承德、邢台、衡水市之后，省会石家庄实现水务一体化管理，水利投融资平台成功搭建。按照省政府的“统贷统

南观电站

石家庄市岔河

南水北调工程

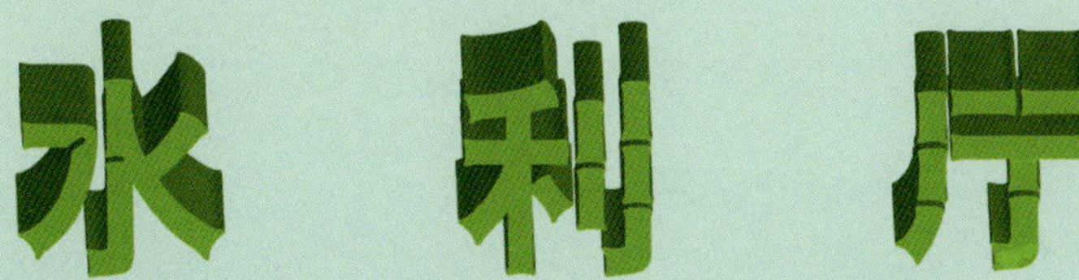

还”政策，省厅首次贷款8350万元、利用地方债2.5亿元，一次性解决了中央项目省级配套资金。谋划组建河北水务集团。五是队伍建设不断加强，扎实推进厅直各单位学习实践科学发展观活动和“干部作风建设年”活动，服务意识增强，工作效率提高，得到普遍好评。

在新时期，河北省水利厅以科学发展观为指导，坚持以人为本、与时俱进，治水思路不断完善，推进水利是农业的命脉向水利是国民经济和社会发展的基础设施和基础产业转变，从传统水利向现代水利转变。

水利外事协定

喷灌节水

武烈河美景

武安市京娘湖风光

河北省人力资源和社会保障厅

国务院农民工督查组到河北督导检查工作

4月17日，在北京召开京—冀人力资源洽谈会

2009年，河北省各级人力资源和社会保障部门认真贯彻落实中央和省关于保增长、保民生、保稳定的决策部署，坚持机构改革和业务工作两手抓，突出就业和社会保障两个重点，深入推进人事制度改革，大力加强人才队伍建设，认真做好工资收入分配工作，努力构建和谐劳动关系，圆满完成了各项目标任务。

多措并举，就业局势保持了总体稳定。受国际金融危机影响，河北省就业形势十分严峻，高峰时全省停产半停产企业达到2.34万家，涉及职工116万人，返乡农民工达到69万人，企业减员比例高达8%。全省人力资源社会保障系统认真贯彻落实中央和省的决策部署，上下联动，组织开展了一系列卓有成效的工作。全省城镇新增就业57.3万人，完成年计划的119.3%；城镇下岗失业人员实现再就业28.1万人，完成年计划的122.7%，全省普通高校毕业生30.3万人，就业率达到85.5% ；农村劳动力向非农产业转移190.2万人次，完成全年目标的146.3%。全省城镇登记失业率3.93%，控制在计划目标以内。

完善政策，社会保障体系进一步完善。按照中央和省的部署，河北省人力资源社会保障厅把完善社会保障政策作为推动科学发展、促进社会和谐的重要工作，妥善解决了部分人员参加养老、医疗保险，“老工伤”纳入统筹等历史遗留问题，极大地调动了职工群众参保的积极性。全年社会保险扩面任务圆满完成，其中，全省城镇基本养老保险参保919.54万人，比年初增加57万人，完成全年扩面计划的142.1%。

统筹兼顾，收入分配制度改革不断深化。积极引导企业适当增加职工工资；事业单位工资制度改革取得新进展；公务员工资制度不断完善。

积极探索，人事制度改革稳步推进。公务员制度不断完善；公务员管理和培训工作进一步加强；事业单位人事制度改革取得新进展；军转安置工作得到加强。

突出重点，高层次、高技能人才建设取得新成绩。一是加强高层次人才引进工作；二是加强专业技术人员选拔推荐和表彰工作；三是引进国外智力工作取得明显成效；四是高技能人才队伍建设得到加强；五是组织开展了“三年大变样”城镇建设专家市县行活动。

2009年3月13日，新组建的省人力资源和社会保障厅揭牌仪式

6月9日，召开全省企业职工基本养老保险省级统筹电视电话会议

9月15日，召开千名“三支一扶”志愿者誓师大会

河北省地质矿产勘查开发局

省地矿局局长刘鹤峰（右2）在M24铁矿勘查现场指导工作

河北省地质矿产勘查开发局（简称河北省地矿局）主要承担国家、省基础性、公益性、战略性地质调查评价和矿产资源勘查开发工作，下属正处级事业单位21个，职工16500多人，现有国务院特贴专家44人，建有全国地矿系统第一个博士后科研工作站。

近几年，省地矿局坚持深部找矿、就矿找矿，特别是利用新思维明确找矿靶区和主攻方向，加强重点成矿区带和重点矿种的勘查，每年岩心钻探进尺都超过20万米，在沙河白涧铁矿、隆化大乌苏沟M24钒钛磁铁矿、栾县司家英铁矿大贾庄矿段、青龙当杖子铁矿、张北公会褐煤矿、涞源木吉村铜矿、赤城黄土梁金矿、灵寿石湖金矿等都取得重要找矿成果。同时，充分发挥地质工作的基础作用，为全省经济社会发展提供多功能地质服务，基本完成全省农业地质调查，开展北戴河海滩退治理和全省地下水监测、地质灾害预报，实施邢台、邯郸城市环境地质与承载力调查评价，开展华北石化千万吨炼油升级改造暨任丘石化基地地下水环境影响评价、曹妃甸和沧州渤海新区地质环境保障调查评价，围绕南水北调进行石家庄滹沱河地下水库大型入渗试验、邢台百泉流域人工回灌条件调查，还承担了四川地震灾区地质灾害防治和西南地区抗旱找水打井等重大应急工作。

积极响应省委、省政府“走出去”的战略部署。在澳大利亚投资的铀矿勘察开发公司，是李克强副总理访问前和访问期间该国政府批准的4个中国投资矿业项目之一。在马达加斯加、阿尔及利亚、赞比亚、老挝、蒙古等国家都合作开展了矿产勘查开发工作。

河北省地热研究所在省地矿局第三水文地质大队挂牌

在汶川地震后地质灾害应急大调查一线的省地矿局技术人员

河北省农业地质调查项目进行土壤样品分析

省地矿局派出专家和施工队伍支援西南抗旱打井

河北省高速公路

2009年1月6日，省高管局（集团）揭牌成立

2009年工作会议现场

向雪灾中受困司乘免费提供食品和开水

河北省高速公路管理局（集团）于2009年1月6日正式成立，是为适应高速公路快速发展和网络化需要，经河北省政府批准，在成功整合原高速公路管理局、国际金融组织贷款项目办公室、道路开发中心和引资办四家单位基础上，组建的负责省属高速公路的建设、管理工作的副厅级事业单位。它的成立，对于提高高速公路管理效率，充分利用国家统贷统还政策，搭建筹融资平台，进一步增强投融资能力，推动全省高速公路又好又快发展具有重要意义。

河北省高速公路管理局（集团）主要负责省属高速公路的建设，承担项目法人和投资主体职责；负责省属高速公路的投融资工作，根据国务院《收费公路管理条例》有关规定，对省管收费公路实行统贷统还；负责省属高速公路的养护、通行费征收、服务设施管理、科技研发及智能交通建设；负

设立公众服务热线96122，向社会提供政策咨询、路况查询、投诉求助等服务，广受社会各界好评

管理局（集团）

责省管一般收费公路的管理；受交通厅委托负责省属高速公路的路政管理，保护路产路权。

河北省高速公路管理局（集团）现辖运营高速公路15条段、在建高速公路4条段，计划开工和处于前期工作阶段3条段。局机关内设办公室、计划统计部、财务与投融资部、人力资源部、工程管理部、养护管理部、收费管理部、党委办公室8个部门，直属指挥调度中心、高速公路路政总队、服务管理中心三个事业单位，管辖9个管理处、5个筹建处、6家合资合作公司。

昼夜施工 确保工程进度

石安高速邢临交叉口互通

运用现代化的吹雪设备，迅速清除路面积雪

京秦高速公路唐山东互通

河北省禁毒委员会办公室

在2009年省禁毒委全体委员会议上，省委常委政法委书记、省禁毒委主任张越做重要讲话

2008年和2009年，在国家禁毒委和省委、省政府、省禁毒委、公安厅党委的领导下，全省各级公安禁毒部门全面加强《禁毒法》贯彻落实，紧紧围绕奥运安保和国庆60周年安保开展工作，结合河北省实际，连续部署、开展了“缉毒破案会战和集中收戒吸毒人员专项行动”、“缉毒严打专项行动”、“打击零包贩毒专项行动”、“社会治安整治专项行动”、“娱乐服务场所涉毒问题专项治理行动”、“全省‘秋锋09’扫毒专项行动”等一系列专项行动，成功实现“平安奥运”、“无毒奥运”的工作目标，积极推动全省禁毒人民战争纵深发展，始终保持了对毒品犯罪严打高压态势，为维护全省社会治安稳定，促进经济发展，构建和谐河北做出了积极贡献。

两年来，全省共破获毒品违法犯罪案件3637起，抓获毒品违法犯罪嫌疑人3954人，其中刑事案件1394起，抓获犯罪嫌疑人1076人。打掉吸贩毒团伙57个，涉及233人。缴获海洛因4.83千克，鸦片罂粟浆液18.6千克，大麻37.8千克，冰毒20.5千克，氯胺酮1.7千克，杜冷丁针剂1.6万支，以及其他各类毒品；铲除非法种植的罂粟92.6万株；缴获易制毒化学品1347.8吨。其中，2008年杜冷丁、易制毒化学品缴获量位居全国第三，缴获大麻量位居全国第四，有力地打击和震慑了毒品犯罪分子的嚣张气焰。

省公安厅常务副厅长、省禁毒办主任曹爱平，省公安厅副厅长李国华在“6.26”国际禁毒日当天深入戒毒所视察指导工作

2008年，国家禁毒办对河北省禁种铲毒工作做出突出成绩的蔚县禁毒委员会办公室、赤城县禁毒委员会办公室、阜平县禁毒委员会办公室给予通报表扬。2009年，总队禁制科全体因易制毒化学品管理工作突出荣立集体三等功；蔚县、涞源禁毒办被国家禁毒办授予禁种铲毒先进单位；田童颜、王龙、韩冬冬等民警在国庆60周年安保工作中，因工作突出分别获得二等功、三等功和嘉奖等荣誉称号；冉建世同志在全省公安机关干部作风建设年活动中获得“干部作风建设十大标兵”荣誉称号。

省公安厅副厅长李国华与公安部禁毒局副局长刘跃进就部督毒品目标案件侦破工作进行研究并交换意见

缴获的部分毒品

秦皇岛市首家社区药物维持治疗门诊在公安医院正式挂牌成立

全省易制毒化学品集中宣传动员

禁毒宣传从孩子们抓起

邯郸市住房公积金管理中心

邯郸市委常委、市纪委书记黄恩婵视察指导工作

邯郸市委常委、副市长冯连生视察中心

邯郸市自1993年1月开始建立住房公积金制度，由邯郸市住房委员会办公室（邯郸市住房资金管理中心）负责管理。2005年3月，邯郸市住房公积金管理中心（以下简称“管理中心”）正式挂牌成立，为直属邯郸市人民政府管理的独立的正县级自收自支事业单位，负责全市职工住房公积金的归集缴存、提取使用、会计核算和个人住房公积金贷款的审批、发放，以及资金的运作保值等项工作。

2009年，在邯郸市委、市政府的领导下，在省建设厅监管办的指导下，管理中心认真执行管委会决策，紧紧围绕“科学发展观”重要思想和“干部作风建设年”主题实践活动，抓管理、强服务、提效率、上水平，各项管理工作均取得了良好成效。特别是面对2008年下半年国际金融危机影响，房地产市场持续低迷的现状，中心党组积极应对危机，以提高个贷使用率为突破口，把广泛宣传、提质提效为切入点，资金安全作为重要保障，把更好地服务于广大职工、服务于社会，促进房地产市场健康稳步发展作为落脚点，个贷使用率和覆盖面双双超额完成省定目标，各项工作取得了长足发展，步入了高效、规范、安全、快速的发展轨道。2009年12月，全省公积金管理工作现场观摩会在邯郸市召开，该市住房公积金管理、归集扩面、个贷发放等方面的经验和做法，受到了省厅领导和省内兄弟城市的一致好评。

2009年，全市新增建立住房公积金制度的单位621个，新增职工4.28万人。全市累计建立住房公积金制度的单位4276个，缴存职工人数达到48.5万人，住房公积金制度覆盖率已达到86.48%。全市归集住房公积金12.89亿元，全市累计归集住房公积金56.17亿元，累计归集余额37.3亿元。全市发放个人住房公积金贷款6618户、12.5亿元，比上年增长181.53个百分点。全市累计发放个人住房公积金贷款22517户、29.4亿元，累计个人贷款余额21.26亿元，个人住房公积金贷款使用率为57%。全市提取住房公积金7.33亿元，其中，购房职工提取占72%。截至12月底，全市累计提取住房公积金18.87亿元。

2009年，管理中心各项工作坚持亲民、惠民主题，通过实施一系列利民新政和便民服务举措，不断提高服务水平，加大宣传力度，严格防范风险，使住房公积金个贷使用率得到迅猛提升，为促进全市房地产市场健康稳定发展和支持百姓实现住有所居发挥了积极作用。

邯郸市住房公积金管理中心

宽敞、明亮的服务大厅

河北石油化工基地 沧州市特色产

张云川书记到沧州视察工作

沧州，东临渤海，北靠京津，与山东半岛及辽东半岛隔海相望，是国务院确定的经济开放区。距首都北京200公里，距天津100公里，距省会石家庄221公里。沧州地处环渤海中心地带，是河北省确定的“两环”开放一线地区，也是京津通往东部沿海地区的交通要冲。京沪铁路、朔黄铁路和京沪高速公路、石黄高速公路在沧州交汇。京九铁路、朔黄铁路在该市肃宁县交汇，并建有编组站。国家“九五”重点工程黄骅港和朔黄铁路的建成，使沧州成为西煤东运新通道的出海口和冀中南、鲁西北以及晋陕和内蒙古等西部地区对外开放的桥头堡，区位优势日趋明显。

沧州管道装备展览会

改革开放以来，经过全市人民的艰苦创业，沧州市国民经济整体实力逐步增强，产业结构不断优化，沧州正逐步成为河北乃至环渤海地区极具发展潜力和活力的地区之一，1988年被国务院确定为环渤海经济开放城市。2009年全市完成GDP1900亿元，比上年增长11.3%，总量位居全省第四，增速列全省第一位；全部财政收入达到210.3亿元，比上年增长33.7%，总量跃居全省第三位，增幅列全省第一，继2006年超过100亿元后，沧州市财政收入再次实现历史性突破。

沧州工业逐步形成了以石油化工、管道装备、五金机电、食品加工和纺织服装为主的五大优势产业，行业特色明显。2009年“五大产业”共完成工业增加值491.92亿元，占全市规模以上工业增加值的83.8%。其中：石化行业完成工业增加值215.51亿元，其产值占全省石化业总产值的四分之一，是河北省重要的石油化工基地。沧州拥有亚洲最大的PVC生产基地、中国最大的TDI生产基地，原油加工能力达到1600万吨。按着“油头化身”的思路，大力提升石油化工，积极推进煤化工，延伸发展盐化工，调整提高精细化工，加快发展海洋化工，构筑以石油化工为主导、“五化”并举的循环经济产业集群。管道装备业是近几年发展形成的特色产业。2009年完成工业增加值113.04亿元，增速达28%。目前，沧州管道装备制造业基础雄厚，全市管道、管件加工能力2100万吨，形成了以石油天然气输送管道、石油钻采设备，核电电力设施管道、锅炉管道、市政工程专用等五大管道系列，培育壮大了

新沧州　新形像

沧州炼油厂

管道装备之都

业蓬勃发展

一大批骨干企业。沧州管道装备制造业正向“三上”（上规模、上水平、上装备）和“三高”（高端、高压、高附加值）的目标迈进，力促管道装备制造业能力达到3000万吨。沧州将逐步成为国内外知名的“管道装备制造与研发基地”和“管道装备之都”。沧州市五金机电产业经过几十年的发展，特别是改革开放以来，通过技术改造和合资合作，行业面貌发生了显著变化，行业经济取得了稳步发展，形成了产品门类比较齐全、具备一定规模和实力的制造体系。五金机电企业主要分布在泊头、黄骅、东光、南皮、河间、青县、献县等县市区，产品包括精密铸件、汽车模具、专用汽车、汽车零部件、纸箱机械、电子机箱、电线电缆、环保设备等 。2009年，沧州市五金机电产业完成工业增加值108.39亿元，增速为13.8%。沧州拥有裘皮、棉纺织、抽纱、服装等具有较大规模的纺织品服装企业群，肃宁被中国皮革协会命名为“中国裘皮之都”。纺织服装业正在以发展新型高档面料和化纤，壮大服装和产业用纺织品，探索功能纤维、环保型、高科技等差别化纤维开发为重点，加快用高新技术和先进工艺进行改造提升，促进产业升级、产品提档。通过实施名牌战略，加强与京津服装业配套，形成具有一定规模的服装制造基地和服装集散基地。纺织服装业2009年完成工业增加值30.88亿元，增速为16.0%。沧州的食品工业已形成了粮食加工业、植物油加工、畜禽肉类加工、液体乳及乳制品制造等门类齐全的食品工业体系。拥有小洋人、乡谣、宏达等一批国家、省级食品行业名牌企业和名牌产品。食品加工业正向绿色、环保、保健和安全型食品方向发展。重点发展乳品加工、畜禽屠宰加工、果蔬加工、粮油加工、水产品加工五大行业，全面提高食品工业的综合竞争力，把食品工业发展成为具有区域优势、“绿色”优势和竞争优势的支柱产业。该行业2009年完成工业增加值24.10亿元，增速为12.3%。

特色蔬菜种植

服装加工

食品加工

黄骅港

五金制品

邯郸 辉煌六十年

崔江水(左四)、郭大建（左二）陪同省委书记张云川（左三）视察行政服务中心建设

邯郸，位于河北省南端、晋冀鲁豫四省交界地带，历史悠久，曾为赵国的都城，汉代时为我国五大古都之一。60年来，邯郸发生了翻天覆地的变化。尤其是近年来，邯郸市委、市政府紧紧围绕打造冀中南重要经济增长极、建设区域经济中心，牢牢抓住重要战略机遇期，深入实施“3+3+3”产业倍增计划，培育壮大区域特色经济，全面提升综合实力、活力、竞争力，走出了一条振兴崛起、跨越发展之路。目前，邯郸已发展成为总面积1.2万平方公里，总人口943万，具有地方立法权的“较大的市”，市区人口超百万的特大城市，被誉为国家历史文化名城、中国优秀旅游城市、国家级园林城市。

郭大建市长率团考察南京城市建设

邯郸是华北重要的能源、原材料基地，被誉为现代“钢城”、“煤都”。围绕实现由“一钢独大”向多点支撑转变，深入实施“3+3+3”产业倍增计划，推进产业结构战略性调整，培育壮大区域特色经济。重点发展精品钢材、装备制造、现代物流三大主导产业，积极培育以新材料为主的高新技术、纺织服装、文化旅游三大后备产业，努力提升煤炭、电力、煤化工三大传统优势产业，着力打造“邯郸精钢、邯郸制造、邯郸物流、邯郸新材料”四大行业品牌，培育钢铁、制造业、煤化工、服务业4个千亿元产业和邯钢、新兴铸管2个千亿元企业集团，力争用3—5年时间，全市达到生产总值4000亿元、全部财政收入400亿元的经济规模。

2009年，全市主要经济指标实现“八个突破”，在邯郸发展史上具有里程碑意义：全市生产总值突破2000亿元，达2015.3亿元，比上年增长11.2%，；全部财政收入突破200亿元，达201.3亿元，增长10.2%；全社会固定资产投资突破1400亿元，达1467亿元，增长39.2%；规模以上工业增加值突破800亿元，达808.2亿元，增长14.6%；实际利用外资突破3亿美元，达3.3亿美元，增长21.4%；城市人均可支配收入突破15000元，达15961元，增长10.4%；农民人均纯收入突破5000元，达5323元，增长9.8%；消费品市场突破600亿元，达606亿元，增长17.9%。其中，第一产业243.6亿元，增加12.3亿元，增长3.5%；第二产业1110.4亿元，增长10.5%；第三产业661.2亿元，增

邯钢冷轧薄板技术改造项目——冷轧卷

第十一届太极拳大会开幕式上的千人太极拳表演

崛起冀中南

长15.1%，增速分别比一产和二产快11.6个和4.6个百分点。三次产业比重由2008年的12.1：56.9：31.0调整为12.1：55.1：32.8，第三产业发展都呈现加速趋势，经济结构逐步优化，逐步实现由重变轻、由粗变精、由黑变绿。

一代伟人、开国领袖毛泽东同志对邯郸情有独钟，一生曾26次莅临邯郸。1959年毛泽东同志视察邯郸时曾说过：“邯郸是要复兴的……”。经过60年的努力奋斗，邯郸已经成为一个充满实力、活力、竞争力，领跑冀中南经济发展的现代化新城市，不断向着更高目标阔步前进、强势崛起。

陈全国省长在市领导崔江水、郭大建等陪同下调研冀南装备新城规划建设情况

胡服骑射

龙湖公园

中韩双转子风力发电技术项目签约仪式

国家4A级旅游景区—娲皇宫

中国皮革皮衣

市委书记　张连钢　　市长　巴利凯

2009年是近年来辛集市经济发展困难最多、挑战最大的一年。面对严峻复杂的经济形势，全市人民坚持以开展学习实践科学发展观和干部作风建设年活动为动力，紧紧围绕建设区域中心城市、构建和谐辛集总体目标，坚定信心，迎难而上，全力以赴保增长、保变样、保民生、保稳定，全市呈现出整体经济回升趋好、城乡建设加速推进、社会和谐稳定、人民安居乐业的良好局面。被授予为"全国绿化模范县（市）"、"全国科技进步先进县（市）"、"国家可再生能源建筑应用示范县"、"河北省推进社会主义新农村建设先进县（市）"等荣誉称号。

整体经济企稳向好。地区生产总值完成214.12亿元，同比增长11.0%；全部财政收入完成9.3亿元，增长1.01%，其中地方一般预算收入4.9482亿元，增长34.18%；全社会固定资产投资完成109.55亿元，增长39.01%，其中城镇固定资产投资106.94亿元，增长41.64%；社会消费品零售总额完成116.51亿元，增长21.3%；各项存款余额达到168.3亿元，增长8.43%，其中城乡居民储蓄余额144.9亿元，增长8.41%。

文体中心

项目建设成果丰硕。坚持把抓投资、上项目作为保增长的重要着力点，项目数量、项目质量和投资规模均创历史最好水平。实施市级重点收益性项目92个，固定资产投资85.26亿元，其中千万元以上项目61个，亿元以上项目15个；62个项目竣工投产。投资30亿元的澳森钢铁技改扩建、投资10亿元的中国国际皮革城、投资3亿元的腾跃铁路电气化工程配件等重大项目进展顺利，成为全市经济发展的亮点。

政府大楼

工业经济较快增长。研究编制了皮革、化工、钢铁机械、农产品加工、高新技术等重点产业发展和振兴规划。扎

政府广场

城市污水处理厂

之都——辛集市

实开展“转作风、摸实情、解难题、保增长”活动，以规模企业和外来企业为重点，全力保障生产要素供应，工业用电量达到17.97亿千瓦时，增长16.38%；新增规模企业33家，全市规模以上工业增加值完成94.06亿元，增长19.1%。

农业经济持续发展。粮食生产克服自然灾害影响，总产达到48.05万吨。生产基地稳步扩大，优质麦25万亩，粮饲兼用玉米25万亩，无公害蔬菜8.15万亩，新注册梨果出口基地2万亩。各类重大动物疫病得到有效防控，蛋鸡存栏稳定在1500万只，奶牛存栏达到1.8万头，生猪饲养量突破100万头，7家养殖企业通过了省无公害畜产品产地认定。经济特色村新增15个，达到75个。植树226万株，森林覆盖率达到31.2%。

辛集皮革城

辛集中学

辛一中体育馆

电视塔

东明集团

正泰集团

中国食用菌之乡——平泉县

县长董正国视察新民居建设

平泉位于河北省东北部，地处冀、辽、蒙三省区交界处，素有“燕赵门楣、通衢辽蒙、鸡鸣三省”之称。全县总面积3296平方公里，耕地面积48713公顷，是个“七山一水二分田”的山区县，辖9镇10乡1个街道办事处，291个行政村，12个社区，总人口47.5万人。平泉是契丹族发祥地之一，为辽中京的京畿重地。清康乾年间，发展为远近闻名的商贸重镇，素有“拉不败的哈达（赤峰）、填不满的八沟（平泉）”之盛誉。平泉距北京293公里、承德84公里，锦承铁路、101国道横跨东西，省道平铁、平双平公路贯穿南北。特别是承朝高速、遵小铁路、承秦高速和京沈快铁等骨干交通项目建成通车后，平泉将成为连接东北与华北的交通要道，内蒙东部的能源通道，曹妃甸港、天津新港、秦皇岛港的港口腹地。平泉矿产种类达40多种，有铁、钼、铜、金等金属矿产，煤、石灰石、萤石、石英、硅石、花岗岩等非金属矿产，已探明储量的25种，开发利用的20种。通过坚持“质量立菌、科技兴菌、龙头强菌、市场活菌”的发展战略，全县食用菌产业取得了跨越发展，先后被中国食用菌协会等国家有关部门命名为“全国食用菌行业先进县”、“全国首批园艺产品出口示范县”、“中国食用菌之乡”、“中国滑子菇之乡”、“全国食（药）用菌行业标准化示范县”等称号。

大变样中的平泉

活性炭产品彰显历史文化

近年来，平泉县域经济实力不断增强。2009年，全县地区生产总值完成68.3亿元，同比增长12.0%；实现全部财政收入8.2亿元，同比增长6.1%；完成全社会固定资产投资60.2亿元，同比增长50.5%；城镇居民人均可支配收入达到12041元，农民人均纯收入达到4218元，分别比上年增长14.5%和13.7%。

产业与生态兼容并蓄

现代化的承德避暑山庄企业集团有限责任公司

河北大米之乡—隆化县

隆化县是全国著名战斗英雄董存瑞牺牲的地方，位于河北省北部、燕山东段，外与内蒙古自治区和辽宁省毗邻，内与承德、丰宁、滦平、围场四县接壤。全县总面积5497平方公里，是“八山一水一分田”的典型山区县和全省国土面积第三大县，辖25个乡镇，362个行政村，总人口43万人，其中少数民族人口22.9万人，满族人口18.3万人，占全县总人口的43%。全县有耕地资源86.47万亩，林地面积439.9万亩，森林覆盖率53.4%。已探明铁、铅、锌、钛、铜、钼、萤石等矿产资源40余种，已开发利用24种。境内分布滦河、驿玛吐河、伊逊河、鹦鹉河、茅沟河五条主要河流，流域面积均在1000平方公里以上。水资源总量10.8亿立方米，可开采地下水4亿立方米，人均水资源3000立方米，位居河北省首位。县城距承德市60公里，距北京市260公里，距天津港430公里，京通、承隆铁路分布10个站点，全县公路通车里程达到2450公里，形成了北接辽蒙，南通京津的交通网络。主要景点有全国爱国主义教育基地、全国百家红色旅游经典景区之一的董存瑞烈士纪念馆、隆化民族博物馆、茅荆坝国家级森林公园（自然保护区）和七家、茅荆坝温泉等。

2009年，面对复杂严峻的经济形势和诸多不利因素的影响，该县发挥优势，化危为机，坚定信心，迎难而上，继续保持了经济社会平稳较快发展的良好势头。全县完成生产总值56.8亿元，增长11.6%；全部财政收入7.1亿元，其中地方一般预算收入2.5亿元，增长40.5%；全社会固定资产投资45亿元，增长47.2%；社会消费品零售总额16.8亿元，增长18.7%；城镇居民人均可支配收入11941元，增长10.2%；农民人均纯收入3524元，增长10.1%。

董存瑞烈士纪念馆

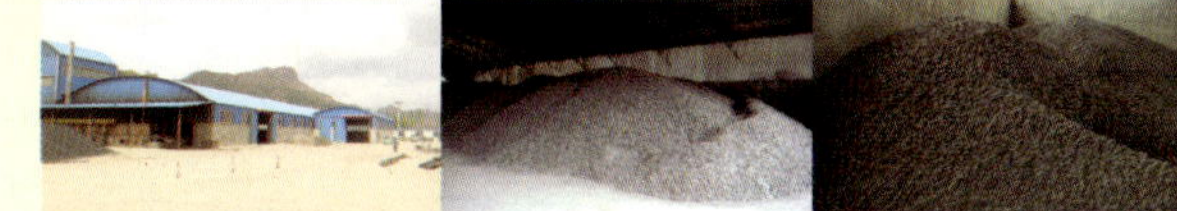

东佳矿业

隆化县城滨河公园一角

红源果业公司及产品

格林食品公司及产品

阀门公司及产品

围场满族蒙古族自治县

历史沿革。围场得名于清代，康熙二十年（公元1681年），大清王朝设置“木兰围场”，作为清朝皇帝“岁举秋大典”，进行军事、政治活动和行围绥武之地。同治元年（公元1862年）招民垦殖，定名划界。1912年正式建立围场县，隶属热河特区热河道，1928年归属热河省。1989年6月29日，经国务院批准成立围场满族蒙古族自治县。全县总面积9219.7平方公里，辖7个镇、30个乡、312个行政村，总人口53.2万人，其中以满、蒙为主的12个少数民族人口占总人口的57.9%，是承德市人口第一大县，河北省面积第一大县，全国唯一一个满族蒙古族自治县。

地理位置。围场满族蒙古族自治县位于河北省最北部，地处东经116° 32′—118° 14′，北纬41° 35′—42° 40′，东邻内蒙古赤峰市，北接内蒙古克什克腾旗，南及西南分别与本市的隆化和丰宁两县接壤，距历史文化名城承德市137公里，距首都北京340公里，境内国道111线横贯东西，京通铁路跨县而过，是冀蒙交界地区重要的交通枢纽。

自然环境。地势：围场地处大兴安岭余脉、内蒙古高原和燕山余脉交汇处，地势西北高、东南低，海拔750—2067米，县城海拔850米；气候：属中温带向寒温带、半干旱向半湿润过渡的大陆性、季风型高原山地气候，年平均气温4.7℃，极端气温-42.8℃—38.9℃，无霜期80—130天，年平均降水量500mm左右；水系：境内水资源丰富，境内有天然湖泊数十个，水库7座，河流6条，流量42亿立方米，地下水储量1.195亿立方米，是滦河、辽河的发源地之一。

发展思路。近年来，围场满族蒙古族自治县坚持以科学发展观为指导，按照“以工业化为核心，推进城镇化和农业产业化”的思路，突出“强开放、快发展、求突破”这个主题，深入实施“农业立县、工业强县、旅游兴县、开放活县、民营富县”五大战略，集中用力培育壮强薯、牛、菜、电、矿、游六大主导产业，全县经济社会事业实现持续、健康、平稳发展。先后被国家有关单位确定为“中国马铃薯之乡”、“全国商品牛生产基地县”、“国家级无公害蔬菜标准化生产示范基地县”和“中国最美丽的地方之一”，2009年被列为国家重点生态功能区。

马铃薯年播种面积45万亩以上，年产量70万吨左右。1999年被农业部命名为“中国马铃薯之乡”，“围场马铃薯”已被国家质监总局批准为地理标志产品

牛饲养量达到28万头，其中奶牛1万头，是“全国商品牛生产基地县”、“河北省畜牧业发展重点县”

蔬菜年栽培面积24万亩左右，共有茄果类、叶菜类、茎菜类蔬菜200余个品种，2003年被国家农业部列为“国家级无公害蔬菜标准化生产示范基地县”

全县规划风电装机容量320万千瓦，2010年年底将建成百万千瓦风电基地。同时，总装机6800千瓦的小滦河梯级电站和御道口5兆瓦光伏发电项目已开工建设。力争“十二五”期间把围场打造成为“中国北方新型能源基地”

已发现矿种34种，主要包括金、银、铁、锰等金属矿种和硅砂、萤石、油母页岩、沸石等非金属矿种，其中，硅砂储量3亿吨、萤石储量360万吨

境内拥有亚洲最大人工林场、3个国家级自然保护区、2个国家级森林公园和2个国家4A级景区，被誉为“水的源头、云的故乡、花的世界、林的海洋、珍禽异兽的乐园、摄影家的天堂”

快速发展的魏县德政镇

德政镇位于魏县城东南5公里处，辖15个自然村，17个行政村，总面积24.5平方公里，23321人，5632户，邯大线横穿东西，定魏线纵贯南北，交通便利，经济发达，区位优势明显。

德政镇原是典型的农业乡镇，依靠种植蔬菜和粮食作物，年人均收入1600元。为改善民生生活，镇党委、政府一班人积极谋划农业产业结构，调整过去单一的种植模式，形成现在千亩无公害蔬菜种植基地，百亩示范园4个，蔬菜种植面积近万亩，农民生活质量大大提高。

2009年德政镇将招商引资、项目建设、发展主导产业等项重点工作结合起来，千方百计激活民企，增强群众的创业和就业能力，努力在全镇形成百姓创家业，能人创企业，村干部创事业的生动局面。镇政府为有效应对经济危机，加快镇民营经济发展，特制定民营经济扶持政策，积极引导，扶持农户兴建规模养殖和主导产业，支持自主创业，借助特色蔬菜种植现有的基础优势，在德政镇形成蔬菜深加工区域经济发展格局。同时依托县工业园区建设，提高城镇吸附力，全方位开展招商引资，千方百计为项目落户提供全方位服务。目前，在德政镇落户的企业有邯郸市奥东纸业有限公司，艾美森木材加工有限公司，冀南商砼，东风造纸等十余家企业，全镇经济保持了较快发展，主要经济指标圆满完成。2009年末实现工农业总产值1.9亿元，全社会固定资产投资完成1.08亿元，增加值完成1.9亿元，利润完成0.5亿元。全镇新上和结转固定资产投资50万元以上项目6个，计划总投资1.08亿元，已完成投资1.1亿元，有5个项目已竣工投产，其中千万元以上项目3个，完成投资1.2亿元，5千万元以上项目1个，投资额为9800万元。

魏县兴达实业有限公司

魏县奥东纸业有限公司

滦平县 全面加快建设

2009年5月4日，省长胡春华率省政府相关部门负责同志到滦平县就省重点项目建设情况进行调研

全县召开经济工作会议，总结2009年工作成绩，安排部署2010年经济工作

滦平县地处河北省东北部，承德市西南部，全县总面积2987平方公里，辖20个乡镇、1个街道办事处，200个行政村、9个居委会，总人口31.3万，有24个少数民族，以满族为主的少数民族人口19万，是省政府确定的民族县，也是国家扶贫开发工作重点县。滦平县区位优势明显，西距北京市区仅165公里。县内交通便捷，京通铁路、101国道、112线贯穿全县，京承高速公路途经我县4个乡镇，在县内有三个出口。县内资源丰富，铁矿资源远景储量达30亿吨，占承德市的30%以上；有金山岭长城、白草洼国家森林公园等著名景区；有滦河、潮河两条河流，是京津两市的重要水源地。

近年来，滦平县坚持以科学发展观为指导，牢牢把握提速（经济发展速度高于全市平均水平）、增效（财政收入和农民收入有较大幅度增长）、进位（在全省、全市经济实力位次快速前移）的总体思路和目标，全面实施“三区一中心”（东北部冶金矿产工业区、西部生态经济和畜禽养殖区、南部设施农业和旅游观光区、县城及辐射周边的商贸中心）区域经济发展战略，以开放开发为主题，以园区建设为载体，解放思想、真抓实干，特别是面对金融危机的影响，积极采取措施，使县域经济社会保持了平稳较快发展的良好势头。2009年，全县生产总值完成76.2亿元，增长12.4%；全社会固定资产投资完成50.5亿

在重点项目签约仪式上

承德市重点项目观摩考察团听取滦平县重点项目建设情况汇报

冀东经济发展强县办伐

元，增长60.7%，其中城镇完成42.5亿元，增长80.3%；全部财政收入完成12.6亿元，其中地方一般预算收入完成3.16亿元；实现消费品零售总额17.2亿元，增长19.4%；城镇居民人均可支配收入达到12560元，增长7.6%；农民人均纯收入3258元，增长3.7%。

县领导检查春运工作

三年大变样缩影——着力打造山水园林宜居县城

县城滨河景观带夜景

绿色办公区

中国北方最大的球团生产基地——承德信通首承公司年产400万吨氧化球团厂

河北滦平华都食品有限公司3000万只肉鸡屠宰加工车间

德博亚农牧有限公司有机生态猪养殖基地

张家口市桥西区

汇聚全市五个第一(第一个精品购物中心，第一个超万平方米的超市，第一大规模的电子数码城，第一个最大的休闲娱乐广场和张家口第一建筑)的尚峰国际项目鸟瞰图

张家口市桥西区是张家口市主城区，张家口市发祥地，全市的政治、文化、教育、商贸和旅游中心。全区总面积101.3平方公里，其中城区14.3平方公里。辖1个镇、7个街道办事处，19个行政村、38个社区居委会。全区总人口23万人，其中城区居民20.2万人。

2009年，全区大力实施“民营活区、工业立区、三产强区、文化兴区”四区战略。全区生产总值完成361484万元（现价），同比增长12.2%；完成全部财政收入39100万元，同比增长3.37%，地方一般预算收入达到9549万元，同比增长29.57%；全社会固定资产投资完成269098万元，同比增长45.3%；城市居民人均可支配收入达到13025元，农民人均纯收入达到4755元，同比分别增长10.5%和8.2%。**项目建设和招商引资工作成果显著。**共确定重点

彩虹飞架清水河—世界上仅有的三座钢拱悬索异型斜拉大桥之一的通泰大桥

桥西区精品服装步行街

全市首座三跨自锚式悬索桥—建设桥

公园清水河

宁静怡人的住宅小区

山水园林城区

建设项目32项，总投资86亿元，列入省市重点项目12项，全部实现了开工。全区招商引资方式不断创新，招商引资力度不断强化，全年引进区外资金14.14亿元，完成年计划的282.8%，并争取到融资贷款4.4亿元。**城镇面貌“三年大变样”工作成绩斐然。**把城市建设做为拉动区域经济增长的强大引擎，以大拆大建、以大建促大变，举全区之力推进城镇面貌“三年大变样”工作。全年累计完成投资15亿元。拆迁任务总量达60.19万平方米，居全市第一。**文化旅游工作取得突破性进展。**坚持“文化兴区”战略，积极推动旅游产业大发展。投资2500多万元对大境门外广场进行了高标准亮化、美化，修建了西境门等7个景点，完成西沟河蓄水工程。安家沟景区成为市区内首个国家4A级景区，并被评为省级森林公园。**大商贸发展新格局基本形成。**依托传统商贸业优势，全力打造大体量、大集聚、大品牌、大服务现代商贸格局。全年商贸项目实现投资4.7亿元，新增商业面积15万平方米。**工业发展稳步推进。**拥有规模以上工业企业26家，其中总投资在亿元以上的有2家，年收入在5000万元以上的4家；2009年全区规模以上工业企业完成工业总产值17.5亿元，同比增长6.9%；完成工业增加值4.7亿元，同比增长6.3%。**政府班子建设全面加强。**以建设“廉洁、勤政、务实、高效”政府为目标，思想解放程度进一步深入，行政执法能力进一步提升，行政效能和党风廉政建设进一步加强。区政府开展“网络问政”工作经验作法，受到了上级领导的肯定，在全市推广。2009年，全区荣获全国文物保护工作先进区、省科技工作先进区等荣誉称号，全区共有37个单位和300余名个人荣获市级以上荣誉。

优美的街道休闲区。近年来，市区栽植树木1133万株，绿化主次干道32条，新建和改造绿地69块，城市绿地率达到33.5%，城市绿化覆盖率达到37%

丰富多彩的群众生活

安家沟飞瀑

堡子里

万里长城第一门—大境门

全国最具区域带动力中小城

区委书记　何亚星

张家口市宣化区东临首都北京，西连煤都大同，北靠内蒙古草原，南接华北腹地，头枕阴山山脉，环绕洋河之水，区位和交通优势明显，工业基础扎实、文化底蕴深厚、商业基础较好，是京、津连接冀、晋、内蒙古的交通枢纽和物资集散地，素有“陆路商埠”之称。全区总面积264平方公里，建城区37平方公里，辖三乡一镇54个行政村、7个街道办事处，47个社区居委会，常住人口40万。

近年来，宣化区委、区政府团结带领全区人民，紧紧围绕发展第一要务，按照市委提出的“抢抓新机遇、打造新优势、树立新形象、夺取新胜利”工作主题，深入贯彻落实科学发展观，大力弘扬“思想大解放、环境大优化、发展大跨越”主旋律，深入实施“工业立区、文化兴区、商贸活区、民营富区、城建强区”五大主体战略，全区经济和社会各项事业得到了突飞猛进的发展。2009年，全区地区生产总值完成130.6亿元，同比增长8.7%；全社会固定资产投资完成45.3亿元，同比增长38.5%；全部财政收入完成10.76亿元，同比增长13.5%；地方一般预算收入完成4.11亿元，同比增长13%；城镇居民人均可支配收入13419元，同比增长8.3%；农民人均纯收入5531元，同比增长9.8%。**工业经济实力不断增强**。以调整优化工业结构为主线，坚

大新门

辽代壁画墓群

非物质文化遗产王河湾挎鼓

污水处理厂

沙电

市百强 —— 张家口宣化区

持改造提升与孵化培育并重，工业经济回升向好，运行质量和效益稳步提高。全年规模以上工业企业完成增加值81.7亿元，实现利税20亿元，同比分别增长7.6%和11%。**城效型高效农业稳步发展。**进一步壮大精细蔬菜、精品葡萄、舍饲养殖三大主导产业，蔬菜种植面积达到2.7万亩，宣化牛奶葡萄被评为中国农产品区域公用品牌价值百强奖，再次荣获全国最具市场竞争力的地理标志和河北省重点推荐品牌。**商贸流通服务业发展快速。**致力于转变经济发展方式、调整产业结构，依托区位和交通优势，启动实施了投资7.25亿元的8大市场建设工程，阳光建材家居广场建成投用，全区各类专业市场发展到22个，年成交额26.2亿元。**城市建设日新月异。**深入开展城镇面貌“三年大变样”工作，全年启动总投资110亿元的城市建设项目131项，完成拆迁63万平方米，当年完成投资82.6亿元，成为该区城建史上规模最大、投资最多、力度最强的一年。2007～2009年，该区连续三年入选“全国最具投资潜力百强中小城市”，连续两年入选“全国最具区域带动力中小城市百强”。

区长　岑万俊

宣化钟楼啤酒

宣钢炼钢生产场景

宣化奶牛葡萄

宣化工程机械股份有限公司

北汽福田

下花园——一座和

区委书记　王忠富

下花园区是张家口市辖工矿区，距北京120公里，位于张家口市东南 60公里，全区面积315平方公里，辖四个乡46个行政村、两个街道办事处11个社区居委会，人口7万。

下花园因萧太后、辽圣宗耶律隆绪时期建上、中、下三座花园而得名，自古就是北京连接晋冀、内蒙的商品集散地，历有“旱码头”、“商埠”之称。下花园区独特的自然景观、凉爽宜人的气候和深厚的历史文化底蕴，为旅游业发展提供了得天独厚的条件。除巍峨隽秀的鸡鸣山及“三教合一”的庙宇群外，还拥有北魏遗迹石佛洞、古墓群、绣楼等重点文物保护单位，境内有风光独特的万亩沙漠和森林公园，自然景观和人文景观在这里积淀融合，成为避暑观光、旅游度假的天然胜地。

近年来，按照“东扩西进、外环内联，突出特色、完善功能，增加品位、提升水平”的总体思路，立足构建“一环贯通、两水辉映、三山环绕、四区同步”的总体格局，以山为骨、以绿为体、以水为魂，围绕“三年大变样”工程，2009年累计投资20.5亿元，实施戴家营河、洋河“两河”治理、城市外环路、环城绿化、楼体亮化等功能性、景观性工程40项，下花园区日益成为一座山水相映、靓丽幽雅、宜于人居的花园式城市。

机关办公大楼远眺

戴家营河、洋河“两河”治理及水系开发增加了城市灵气

开发建设中的北城区

谐发展的花园式城市

2009年，全区上下以落实科学发展观为总揽，抢抓入围资源型城市机遇，突出跨越式发展主题，主动融入京津冀（环渤海）和晋冀蒙（外长城）两大经济圈，内强活力，外增引力，全区经济继续保持持续较快发展。全区地区生产总值完成22.75亿元，增长9.8%；地方一般预算收入完成5011万元，增长14.9%；城镇居民人均可支配收入和农民人均纯收入分别达到12702元和3353元，分别增长12%和9.8%；全社会固定资产投资完成12.8亿元，其中，城镇固定资产投资10.98亿元，较上年均实现翻番。

区长　刘书锋

玉带山园区鸟瞰图

极富现代气息的城市

下花园区境内有京张、京化两条高速公路，京包、京张等铁路三条主干线，乡村道路全部实现硬化

鸡鸣山

花园夜景

快速发展

县委书记　梁玉海

宣化县位于河北省西北部，总面积2052平方公里，总人口28.3万人。2009年，全县地区生产总值完成40.1亿元，同比增长10%；全部财政收入完成4.8亿元，同比增长1.82%，其中地方一般预算收入完成1.34亿元，同比增长26.1%；城镇居民人均可支配收入11020元，同比增长12.4%；农民人均纯收入3933元，同比增长7.8%。

工业实力显著提升。2009年，全县新建、在建项目达124项，总投资189亿元，其中省市重点项目16个，亿元以上项目29个。特别是引进了总投资103亿元的盛华氯碱基地和总投资128亿元的冀中能源煤制天然气两个百亿元以上项目，带动新型化工产业迅速成型。目前，全县已形成新型化工、现代物流、矿产品深加工、机械制造四大产业，培育了民兴矿业、庞大汽贸等一批龙头企业，年实现工业增加值12.5亿元，其中规模以上企业完成增加值5.02亿元，同比增长14.8%，工业经济实力进一步提升。

黄羊山远景

蔬菜大棚内景

洋河南新区景观大道效果图

的宣化县

县长　郝福国

现代农业快速发展。积极实施“典型带动、龙头拉动、品牌促动”三大战略，大力提升农业现代化水平。培育规模养猪场40家，生猪养殖发展到55万头；发展千头奶牛养殖场16个，养殖奶牛2.71万头；建设规模养鸡场36家，蛋鸡饲养量达444万只，畜牧业实现长足发展。建设了深井错季蔬菜、大仓盖宏盛设施蔬菜、崞村双万亩露天蔬菜等蔬菜基地，发展无公害蔬菜8万亩、设施蔬菜1万亩，食用菌5万平方米，蔬菜品质进一步提升。同时，大力发展特色林果和旱作农业，嫁接杏扁17万亩，推广张杂谷2.8万亩，形成了“畜牧、蔬菜、杏扁、张杂谷”四大特色产业，并培育了张杂谷“金米”、“巡天”玉米种等一批农业品牌。2009年，全县农业总产值19.98亿元，同比增长9.5%。

城乡面貌明显改观。立足“有县无城”的特殊实际，以小城镇建设为主攻方向，以“三年大变样”和新民居建设为抓手，大力推进特色城镇建设。2009年，累计完成投资18.2亿元，实施了24项城建工程，城乡面貌明显改善。同时，着眼全县长远发展，积极推进“洋河南新区”开发。新区规划总面积20平方公里，紧邻洋河，交通便利，人口聚居，全力打造中国北方独具魅力的生态宜居型绿色水城。

农村居民住宅小区

社会事业全面进步。坚持把促进和改善民生作为经济社会发展的出发点和落脚点，大力发展社会事业。交通方面，境内有宣大、京张、丹拉、张石、张承、张石六条高速，大秦、京包、宣庞和拟建的京张城际、蓝张、张唐等六条铁路，以及108条农村公路，通车总里程达到1134公里。教育方面，拥有各类学校94所，适龄儿童入学率达100%，幼儿入园率达90.2%。卫生医疗方面，积极推进县级医院、乡镇卫生院、村卫生室建设，构筑起了县、乡、村三级卫生服务网络。同时，认真落实新农合、低保扩面、救灾救助等惠民政策，民生保障水平进一步提高。

东山产业集聚区入口景观

庞大汽贸城办公楼

全国新能源产业

省委书记张云川在张北调研

2009年，面对国际金融危机、国庆安保、甲型流感、特大旱灾等重大挑战，张北县县委县政府在上级党委、政府的正确领导下，坚持以科学发展观为指导，立足“保增长、调结构、强基础、惠民生”主基调，突出“抢抓新机遇、打造新优势、推出新举措、实现新突破”工作主题，深入实施“四大战略”、全力培强“四大经济”，戮力同心、奋力攻坚，经济社会保持了平稳较快发展的良好态势。

县城永春街

经济运行取得新成果，发展的实力明显增强。全县地区生产总值完成40.8亿元，同比增长8.1%；全部财政收入完成30029万元，其中地方一般预算收入完成17157万元，同比分别增长4.19%和30.73%；全社会固定资产投资完成85亿元，其中城镇固定资产投资完成71亿元，同比分别增长254.7%和234.8%；农民人均纯收入和城镇居民人均可支配收入分别达2952元和10920元，同比分别增长6%和9.5%。

2009中国张北草原文化旅游节

招商引资和项目工作实现新突破，发展的活力明显增强。实施投资100万元以上项目269个，总投资175.52亿元，其中2009年完成投资100.36亿元，投资总额相当于前3年的总和。列入省市重点项目16个，其中省重点项目8个。全县新签约项目69个，合同引资412.3亿元，实际到位国内县外资金31.7亿元，实际利用外资1919万美元，完成年计划的240%。特别是引进了总投资120亿元的国家风光储输示范和风机研究检测中心项目，建成后将创八个世界第一。

产业培育迈上新台阶，发展的可持续性明显增强。**新能源业迅速壮大**。全县风电装机总容量达70万千瓦，位居全省首位。

城市新貌

百强县——张北

浙江运达风机组装项目和河北安塔风机塔筒制造项目均已投产，安塔风机叶片制造项目正在建设中。初步形成了集风电开发、风机检测、设备制造、运输安装、运营维护、旅游观光为一体的风电产业链，被评为“全国新能源产业百强县”前十名。**有机食品加工业全面提升**。实施了总投资6.7亿元的16个千万元以上产业化项目。燕北马铃薯全粉加工项目即将投产，有机肥生产、沙棘精深加工、胡萝卜及果蔬汁加工等项目正在建设中，农业产业化经营总量实现29.5亿元，同比增长3.4%。**旅游服务业蓬勃发展**。投资2亿多元，建成了满井风电观光塔，启动了野狐岭军事旅游项目，仙那都“冰雪世界”投入运营，填补了坝上冬季旅游的空白，实现了“一季游”向“四季游”的历史性转变。草原文化旅游节的多项活动创造了全市、全省乃至全国之最，一举摘得了“全国十佳县域节庆”、“最佳休闲旅游强县”和“2009年度中国最具特色十佳旅游县”三项殊荣，全年共接待游客100万人次，实现旅游综合收入4亿元。**现代物流业有序发展**。京北错季蔬菜城、新牲畜交易中心建成运营，实施了天宇五星级大酒店、锦源财富时代建材广场等工程，建成了生猪定点屠宰厂，新建“万村千乡市场工程”农家店46家。完成了土畜产公司、粮食系统6家国有控股公司的改制。全社会消费品零售总额和专业市场成交额分别实现12亿元和14.2亿元，同比分别增长18.2%和8%。**矿产品加工业稳步推进**。实施了蔡家营铅锌矿75万吨采选扩模工程，完成了恒泰水泥厂搬迁扩建工程。争取国家投资1440万元，实施地勘项目12个，进一步摸清了矿产资源“家底”。

草原歌舞

桦皮岭

无穷门

塞外的"香格

立足山水型生态旅游城镇发展战略，全力推进城镇面貌三年大变样

尚义县地处张家口坝上地区，位于内蒙古高原南缘，河北省西北部，晋冀蒙三省交界处。全境南北长88.8公里，东西宽55.2公里。分坝上、坝下两个地貌单元，坝上以草原地貌为主，坝下属丘陵浅山区，平均海泼1300米。属大陆性季风气候，年平均气温3.6℃，年降水量330—420毫米，无霜期100—120天。县内生产错季蔬菜、精选牛羊肉、口蘑等农畜产品。境内煤、磁铁、泥炭等矿产资源较为丰富，大多亟待探明储量、规模开发。风能资源丰富，是华北地区风能资源最好的区域之一。

全县辖7镇7乡，172个行政村，622个自然村；总面积2632.47平方公里，其中耕地面积116万亩（包括退耕地52万亩，水浇地16万亩），草场面积145万亩，林地面积120万亩，森林覆盖率30.4%，林草盖度达66%；总人口19.2万人，其中农业人口16.4万人；2009年全县地区生产总值完成15.16亿元，同比增长6.8%。单位生产总值能源消耗由1.154吨标准煤下降到1.086吨标准煤，同比降低5.9%；全部财政收入完成10556万元，同比增长20%，其中地方一般预算收入4689万元，同比增长23.6%；全年财政支出4.87亿元，同比增长16%；城市空气质量等级达到国家环境空气质量二级标准，全年达到和好于二级的天数330天，超省目标10天；全社会固定资

2009年度跻身于全国新能源百强县

里拉³——河北尚义

产投资完成29.4亿元，同比增长42.9%；社会消费品零售总额完成5.3亿元，同比增长17.3%；城镇居民人均可支配收入10230元，同比增长10.1%；农民人均纯收入达到2810元，增长6%；年末金融机构各项存款余额15.88亿元，贷款余额7.03亿元，城乡居民存款余额10.98亿元。

大力发展绿色无公害蔬菜，被评为河北省蔬菜出口示范县

突出增投入，项目建设成效显著。坚持把招商引资、项目建设作为做大经济总量的主抓手，经济发展的内生动力不断增强。全年争取国家投资建设项目86项，总投资8.02亿元，其中中央新增投资项目25个，总投资8296万元；充分利用我县的产业、资源、区位等优势，在工业、农业、三产等领域，完成招商引资签约项目13个，签约资金43.4亿元。全县谋划运作的重点项目91个，总投资124.3亿元；在建项目64个，总投资63.4亿元。全年完成投资25.3亿元，增长11.1%，其中引进县外资金23.8亿元，实际利用外资3104万美元，分别增长15.7%和228.8%。项目建设在“保增长、促发展”中的地位和作用进一步凸现，拉动了投资总量快速增长。

突出调结构，发展速度明显加快。坚持以生态经济统揽县域经济发展全局，加快发展方式转变，推动了产业结构优化升级。农业方面，重点培植了绿色蔬菜、生态养殖、旱作高效农业等特色产业，新上了龙泉源现代养殖、宏达肉牛育肥加工、小蒜沟高端肉品深加工等项目，农业发展基础进一步夯实。蔬菜总产量达到5.3亿公斤，实现销售收入4.5亿元，成为农民稳定增收的主要渠道。工业方面，以清洁能源开发为重点，实施了3处风电开发工程，完成了国华1兆瓦太阳能光伏发电项目。全年完成风电装机22.5万千瓦，累计达到55.2万千瓦，其中实现并网41.25万千瓦，并顺利跻身于全国新能源百强县。三产服务业方面，以扩大消费需求为重点，新建大中型超市2家，农贸市场1处，签约了九汉天成生态旅游扶贫开发项目，达成了金鑫桃卜山生态旅游开发意向，为进一步壮大三产规模、拉动经济增长奠定了坚实基础。

按照抓点带面、示范引导、分批推进、逐步提高的原则，形成了以乡村为主体、部门驻村矿帮扶、县级领导包村、全县上下共同参与的新民居建设氛围

加大养殖方式、畜种结构、品种结构调整力度，全县发展各类养殖园区36个

矿产资源开

现代农业

风电开发

赤城县位于北京北部，河北省西北部，潮白河水系白河流域，东与承德丰宁、北京怀柔县接壤，南与怀来、北京延庆县毗邻，西与崇礼、宣化县交界，北靠坝上沽源县，总面积5287平方公里，列张家口市第一位、河北省第四位。辖9乡9镇，440个行政村，1318个自然村，总人口29万人。2009年，全县实现地区生产总值34.95亿元，同比增长5.5%，其中一、二、三产增加值分别完成10亿元、15.6亿元、9.3亿元，分别增长－0.3%、6.2%、11%；民营经济实现增加值28.8亿元，增长11.1%；全社会固定资产投资完成27.5亿元，增长51%；全部财政收入完成4.62亿元，其中一般预算收入完成2.07亿元，增长14.56%，农民人均纯收入2645元，增长6%；城镇居民可支配收入11312元，增长12.4%，社会消费品零售总额达到9.7亿元，增长18%，全县金融机构存款余额达到38亿元，增长14.8%，贷款余额达到18.67亿元，增长34.1%。

农业产业化扎实推进。坚持农业富民战略，大力发展蔬菜、食用菌、畜牧、特种养殖等主导产业。蔬菜种植面积达到12万亩，推广万寿菊种植面积5000亩，食用菌大棚发展到348栋，生产各类菌棒134万棒，推广张杂谷子2.7万亩。肉牛、肉鸡、生猪等规模养殖小区发展到60个，冷水鱼、梅花鹿、柴鸡等特种养殖规模进一步扩大。粮食总产量4266.7万公斤，实现了大旱之年稳定增收。**工业主导地位进一步增强。**深入推进“工业立县”战略。积极应对金融危机的严重挑战，加强经济运行调节，开展“进企业、送服务、解难题、促发展”活动，全力帮助企业加快复产步伐。深入推进铁矿深度和规模开发，投资4.5亿元的赤城－宣钢球团烧结项目完成股权重组；投资4.8亿元的10个铁矿采选新建项目，8家建成投产，铁精粉生产能力达到700万吨，年出境铁精粉374万吨，实现税费收入3亿元。矿业开发秩序逐步规范，实现了安全生产“零事故”。2009

白河综合治理工程

发强县——赤城

年，全县入统工业增加值完成8.5亿元，占地区生产总值的23.93%，工业经济支撑力明显增强。**县城面貌更加靓丽**。把城市建设作为改善投资环境和凝聚民心的首要举措，积极构建山水园林式生态宜居城市。2009年，全县城镇固定资产投资完成22.6亿元，增长47.3%，创历史新高。启动了总投资15亿元的白河综合治理工程。不断强化城市管理，“清洁城乡、保护健康”创建省级卫生县城活动深入开展。先后出台了《赤城县县城市容管理办法》、《城镇镇容和环境管理实施细则》等多项建管制度，县城面貌更加靓丽、功能日臻完善、管理日趋规范。**生态旅游稳步推进**。突出绿色主题，打“温泉牌”、唱“生态避暑戏”，着力培育全县经济后续增长点。投资2100万元，实施了温泉度假村升级改造工程，度假村服务功能进一步完善。摩天岭滑雪、塘子庙温泉等重点旅游项目建设取得重点突破，黑龙山林场成功晋升为国家级森林公园。中央人民广播电台、《经济日报》等媒体分别对该县旅游资源进行了重点推介。全年共接待游客41万人次，实现旅游收入2亿多元，旅游业对县域经济的支撑作用日趋明显。

赤城温泉总泉

摩天岭滑雪场示意图

县城夜景

崇礼 大力实施建设环京

崇礼县位于河北省西北部，属内蒙古高原与华北平原过渡地带，总面积2334平方公里，辖2镇8乡211个行政村406个自然村，总人口12.6万人，耕地面积23.6万亩，是一个典型的山区县。县城距张家口市50公里，距北京220公里。全县有林面积120万亩，天然次森林是河北省最大的县份，森林覆盖率达到40%。夏季平均气温只有19℃，空气负氧离子浓度达3000个/立方厘米，素有“天然氧吧”之称，是生态观光、休闲疗养的理想之地。冬季年均降雪量60多厘米，累计积雪量达1米左右，存雪期长达140多天，雪质参数均符合滑雪标准，平均气温零下12℃，平均风速仅为2级，山地坡度多在5度—35度，陡缓适中，可开辟滑雪场的地方多达10余处，被誉为“华北地区最理想的滑雪地域”。

一年来，该县大力实施“旅游立县”战略，以打造东方“达沃斯”和建设环京津生态涵养区、休闲旅游度假区、有机农业示范区为目标，着力构建以健康产业为核心的现代产业体系，全县经济保持了较好的发展势头。2009年，全县地区生产总值完成17.67亿元，按可比口径增长9.8%，其中，一、二、三产业增加值分别完成4.15亿元、8.38亿元、5.14亿元，同比分别增长2.9%、12.5%、10.2%；全部财政收入完成22800万元，同比增长13.5%，其中地方一般预算收

夏季，天蓝云白风轻，山花烂漫，姹紫嫣红，群山叠翠，凉爽宜人，空气负离子浓度达3000个/立方厘米，是休闲避暑、观光度假、生态疗养的最佳胜地

秋季，天高云淡，层林尽染，五彩缤纷，是游客观花赏景的理想之地

冬季，北国风光，千里冰封，银妆素裹，漫山树挂，晶莹剔透，在这里，您可以体验滑雪的乐趣，运动的激情

万龙滑雪场　总投资5亿元，已累计完成投资近1.5亿元，可承办6个单项高山滑雪国际比赛项目，是华北地区首家以滑雪为特色的国家AAAA级旅游景区

"旅游立县"战略
津休闲旅游度假区

入完成1.3亿元，同比增长68.8%；全社会固定资产投资完成23亿元，同比增长51%；城镇居民可支配收入达到11176元，同比增长11.5%；农民人均纯收入达到3105元，同比增长6.4%。

容辰国际假日酒店　建筑面积2万平方米，集餐饮、住宿、康体、会议为一体，是张家口市唯一一家五星级度假酒店

双龙酒店　集住宿、餐饮、娱乐为一体的三星级酒店，拥有100间宽敞舒适、设施齐备的特色套房和日韩式客房，可同时接待300人入住

城镇面貌　以打造北京周边以滑雪为核心的精品旅游城市为目标，累计完成投资17.55亿元，实施了道路、桥梁、河道、绿化、住房、景观等工程，城市面貌焕然一新

蔬菜产业　全县蔬菜总面积达到12万亩，其中，设施蔬菜发展到1.76万亩，成为农民增收致富的主导产业

彩椒育苗基地　投资1000余万元，建成总面积7000亩的彩椒温室育苗基地，年可育苗360万株，满足2000亩大棚用苗。目前，全县彩椒种植面积达到7000亩以上，是北方最大的越夏彩椒生产基地

风电产业　依托风能资源优势，加大开发力度，引进了大唐国际、国电风能、河北建投等数家投资商，完成投资10多亿元，目前累计装机容量11.5万千瓦

渤海明珠

杨崇勇副省长（右二）来昌黎考察

2009年奥运冠军代表团来昌黎华夏公司并参加奥运冠军酒窖揭幕

昌黎县历史悠久。始建于公元923年，取“黎庶昌盛”之意定名，素有“花果之乡、鱼米之乡、旅游之乡、文化之乡”的美誉。全县辖16个乡镇，1个城郊区，446个行政村，人口55万，总面积1212平方公里，是全国首批沿海对外开放县和河北省首批扩权县。

昌黎县资源丰富。昌黎县北枕碣石，东临渤海，由平原、丘陵、滩涂、海洋构成了多相性资源结构。昌黎名胜古迹和人文景观众多。神岳碣石历史上曾有九帝登临揽胜，魏武帝曹操在此留下了“东临碣石，以观沧海”的千古名篇，山中水岩寺是冀东地区唯一的佛教场所；五峰山韩文公祠，是李大钊先生曾长期从事革命活动的地方；昌黎葡萄沟素有“十里葡萄长廊”之称，与新疆吐鲁番齐名；有“东方夏威夷”美称的黄金海岸是中国最美的八大海岸之一，属国家级海洋自然保护区。昌黎县是唐宋八大家之一韩愈的故里，是全国文化先进县、全国教育强县和全国科技工作先进县。昌黎还是全国民间艺术之乡、全国民歌之乡和吹歌之乡。昌黎地秧歌已被列入首批国家非物质文化遗产名录。

昌黎县投资环境优越。昌黎县区位优势明显。位于环渤海经济圈的中心地带，是连接华北与东北两大经济区的“经济走廊”。京沈高速公路拉近了昌黎与大中城市的距离，距北京仅两个半小时的车程，距沈阳也只有三个小时的车程。已建成通车的沿海高速公路在昌黎有三个出口，昌黎到唐山曹妃甸港仅半个多小时的车程，到天津滨海新区仅1个小时的车程。拟建设的4C级秦皇岛国际机场已经选址在昌黎。全县邮政、通讯业务方便快捷，水电供应充足。有220千伏变电站2座，110千伏变电站3座，35千伏变电站9座。中法合资建设的太平洋引供水有限公司日供水能力8万立方米，覆盖城区和黄金海岸旅游

浅海养殖基地

干红葡萄酒生产车间

渔港鸟瞰

酒葡萄基地

昌黎县

区。昌黎工业园区是2006年经国家审核并被河北省批准的省级开发区，基础设施健全完善，项目准入条件优越，具备了大规模承接项目入驻的良好基础。

2009年，昌黎县委、县政府以党的十七大和十七届三中全会精神为指导，全面贯彻落实科学发展观，按照“保增长、调结构、扩内需、强基础、促改革、惠民生、抓稳定”的要求，突出“兴工强县、兴农富民”两条主线，深入实施“重大项目攻坚，战略产业崛起，滨海新城引领”三大主体战略，着力抓好项目建设、城镇建设、新农村建设、节能减排及和谐社会建设，实现了全县经济社会平稳较快发展。全县生产总值完成108.6亿元，为1978年的75.9倍；全部财政收入完成8.56亿元，为1978年的64.4倍，年均递增14.4%；农民人均纯收入达到6190元，为1978年的59.5倍，年均增长14.1%；城镇居民可支配收入达到13727元，为1996年入统时的3.5倍，年均递增9.4%；一、二、三产业的比重由1978年的49.8：23.1：27.1调整为2009年的34.1：36.1：29.8，县域经济结构趋于合理，培育形成了特色鲜明的优势产业，并呈现出向产业集群方向发展的良好态势。

地秧歌

皮毛交易市场

蔬菜大棚

黄金海岸

河北丰南 打造经济

百威啤酒奠基

2009年，是唐山市丰南区经济社会发展进程中极不平凡的一年。面对国际金融危机的严重冲击和保增长、保民生、保稳定的艰巨任务，全区坚持以科学发展观为指导，变压力为动力，化挑战为机遇，推动经济社会发展取得了新的成就。

综合实力跃上新台阶。全年完成地区生产总值380亿元，比上年增长18%；完成全部财政收入40.76亿元，剔除增值税转型等政策性减收因素，按可比口径增长31.4%，其中地方一般预算收入9.86亿元，增长21.2%；完成全社会固定资产投资116.7亿元，增长52%。城镇居民人均可支配收入17429元，农民人均纯收入7647元，分别比上年增长12.6%和11.7%。主要经济指标继续位居省、市前列。

结构调整取得新成效。一是通过提速沿海工业区开发建设打造新的增长极。继续把沿海工业区作为全区经济发展的一号工程，实施了扩区后130平方公里的总体规划编制。基础设施累计完成投资8.4亿元，其中2009年完成3.65亿元。沿海工业区现有结转续建工业项目7项、新开工项目19项，计划总投资102.46亿元，年内完成投资14亿元，累计达到38.67亿元；二是通过上项目、调结构增后劲。在抓好46个列入全市攻坚行动项目的基础上，狠抓了我区86个保增长、调结构的项目，共争取中央投资计划项目20项、到位资金4943万元，区域经济竞

强区 建设生态水城

争力进一步增强；三是通过节能减排促进新型工业化发展。投资5.25亿元完成节能减排重点工程47项，淘汰300立方米以下高炉6座。预计全年规模以上工业万元增加值能耗下降14%，二氧化硫、化学需氧量排放分别削减15.2%和25.5%，顺利通过省节能减排预考核。

惠丰湖音乐喷泉夜景

改革开放再创新局面。企业改革向纵深推进，采取产权重组、边破边租等市场手段，全力盘活企业资产55亿元。组建了区企业家协会，畅通了政府与企业沟通的渠道。投融资体制改革取得新突破，在全省率先成立了农业投资担保公司，全年带动社会资金3.8亿元投资农业。组建了城市建设投资有限公司，融资到位资金18.5亿元，加快了重大基础设施与城市建设改造步伐。举办各类招商活动8次，签约合作项目26项，合同引进内资93亿元、外资1亿美元。全年实际利用外资2.1亿美元、出口创汇3.5亿美元，两项指标连续6年居全市首位、全省前列。

丰南镇小岔河村新民居

黄各庄镇惠达公园

惠达产品

丰南冷轧镀锌有限公司

国丰办公楼

全国中小城市科学发展

城市靓丽景观

遵化位于唐山市北部燕山南麓，地处京、津、唐、承、秦腹地。市域面积1521平方公里，辖25个乡镇、两个街道办事处，648个行政村、27个居委，总人口72.3万。遵化历史悠久，五代后唐建县，是千年古县，素有"畿东第一城"之称。上世纪五十年代三条驴腿闹革命的"穷棒子"精神和六十年代万里千担一亩田、青石板上创高产的"当代愚公"精神就发源于遵化，曾分别受到毛主席和周总理的赞誉。1992年遵化撤县建市，2005年被省政府确定为第一批扩权县（市）之一。

近年来，遵化坚持以科学发展示范市建设为总揽，以建设"中等城市、和谐遵化"为目标，按照"山水园林城、文化旅游城、新型工业城"的发展定位，抢抓机遇，开拓进取，经济社会取得了长足发展。2009年，完成地区生产总值392亿元，全部财政收入19.61亿元，全社会固定资产投资90.3亿元。在区域竞争日益激烈、各种挑战日益严峻的形势下，继续入选全国县域经济基本竞争力百强县（市）、全国中小城市科学发展（综合实力）百强，分列第53位和65位。

市区一角

项目建设在攻坚克难中再创佳绩。围绕发展低碳经济、实现绿色增长，谋划实施千万元以上项目130个，总投资300亿元，开工93个，完工35个，完成投资67.8亿元。产业结构在调整中优化升级。实施传统

世界文化遗产地、国家AAAA级景区—清东陵定陵全景

古长城神韵

百强——遵化市

产业改造升级项目25个，总投资84亿元。产业聚集步伐加快，“三区一带”规划面积达到23平方公里，协议总投资超过100亿元，入园项目达到160多个。全市服务业增加值完成147.5亿元，增长6.7%，全社会消费品零售总额达到86.9亿元，增长17.9%。**城市形象在精细建管中显著提升。**实施城建项目95个，完成投资32.2亿元，是近年来实施项目最多、城市面貌变化最大的一年，被评为“全省城镇面貌三年大变样先进单位”，生态环境明显改善。**城乡等值在统筹发展中实现突破。**2009年发放粮食直补、家电下乡等各类补贴资金6847万元，相当于全市每个农户受益364元。现代农业发展步伐加快，亚达—艾格威良种乳牛基因繁育等一批农业产业化项目开工建设或竣工投产，农业产业化经营率达到70%，被评为“中国食品工业强市”。实施了18个村新民居建设和26个村旧民居改造，被命名为“全省新农村建设先进单位”。**群众幸福指数在共建共享中稳步提高。**城镇居民人均可支配收入达到17061元，农民人均纯收入达到7360元，分别增长12.5%和10%。社会保障体系逐步完善，城镇居民医保覆盖面达到99%，新型农村合作医疗参合率达到94%，新型农村养老保险参保率达到37%，被列为“国家首批新型农村社会养老保险试点县（市）”。启动了总投资680万元的17个乡镇综合文化站建设，成功举办了第四届全民运动会、第八届社区文化艺术节和第三届群众文化艺术节。

全国500强企业建龙钢铁有限公司

河北宝钢制罐公司钢制易拉罐生产线

群众文体活动丰富多彩

栗源公司板栗深加工车间

享誉国内外的京东板栗

全国县域经济百

市委书记　胡国辉

7月27日，全国人大常委会第九、第十届副委员长，中国长城学会会长许嘉璐（左），河北省委常委、唐山市委书记赵勇（中），迁安市委书记胡国辉出席在迁安举行的长城万里行——中国当代书画名家作品邀请巡回展走进唐山活动

迁安市位于河北省东北部，总面积1208平方公里，总人口72.1万人，辖19个乡镇，534个行政村，1个街道办事处，16个居委会。

2009年，全市地区生产总值达到534.2亿元，按可比价计算同比增长17.6%；三次产业构成调整为4.4：61.6：34；完成全社会固定资产投资200.1亿元，同比增长42.7%；全部财政收入达到71.6亿元，剔除增值税转型政策影响，按可比口径计算同比增长12.5%；地方财政收入29.4亿元，同比增长14.5%；实际利用外资4012万美元；实现社会消费品零售总额100.5亿元。城镇居民人均可支配收入18090元，同比增长12.4%；农民人均纯收入9776元，同比增长15.5%。先后荣获国家卫生城市、国家园林城市、国家级生态示范区、全国绿化模范县(市)和全国科技进步示范市等荣誉称号。在第九届全国县域经济百强县(市)评比中列第24位，被评为2009年中国全面小康成长型百佳县（市），连续七年位居全省县级30强之首。

始终坚持转变经济发展方式，资源型经济转型迈出实质性步伐。积极推进国家可持续发展实验区创建工作，顺利通过国家18个部委的联合评审。国家级精品钢铁基地建设取得明显成效。以汽车板、高档管道钢、家电面板产能提升和冷轧硅钢项目加快建设为标志，首钢迁钢公司正在朝着全国领先、世界一流的现代化大型钢铁企业迈进。全面推进长城钢铁集团整合重组，地方钢铁企业结构调整、工艺提升、装备升级的步伐不断加快，全市钢材板带比达到82%。装备制造业扎实起步。投资33.7亿元，实施27个重点项目，全市装备制造企业达到52家，其中迁安首钢设备结构有限公司是华北地区最大的冶炼装备制造企业，是全国仅有的两家能够生产300吨转炉的企业之一。传统产业改造提升和新兴产业培育实现新突破。累计完成投资38亿元、实施148个传统产业技改项目，形成了年产2300万重箱玻璃、1亿只金属罐和易拉盖、30万吨啤酒的能力。现代服务业加快发展。现代物流业不断壮大，

4月9日，市委书记胡国辉在扣庄乡葵花药业集团（唐山）生物制药有限公司调研

4月15日下午，市委书记胡国辉、市长李忠赴首钢总公司慰问

强县(市)——迁安市

依托中铁物流公司等骨干企业，实施12个重点项目，年吞吐货物能力近亿吨，年创增加值占全市地区生产总值的14.7%。旅游业发展水平进一步提升，白羊峪村被评为“全国特色景观旅游名村”。金融服务业稳步发展，天津银行等先后设立分支机构。强力实施节能减排持续攻坚行动。淘汰2座210立方米炼铁高炉、2座25吨转炉和108座小竖炉，完成47个节能减排工程，节能减排工作步入全省先进行列。不断强化科技支撑作用。全市科技成果转化率达到87%，科技进步对经济发展的贡献率达到86%，被评为全国首批实施国家知识产权强县工程县（市），成功组建了首钢迁钢公司博士生迁安工作站。

深入实施城镇面貌三年大变样活动，荣获全省“燕赵杯”A组金奖第一名，连续两年入选中国特色魅力城市200强。总投资149亿元，实施了55个城建重点项目，拓展城市面积10平方公里，城镇化率达到51%。投资6.4亿元的三里河生态走廊正式开放，形成了“两带相环、东西相映”的环城水系，被评为“全国人居环境范例奖”和“河北人居环境奖”。

各项社会事业稳步发展。高标准通过省政府教育验收，投资7.5亿元的河北理工大学迁安学院与职教中心迁建正在加快建设，全市教学条件进一步改善。投资6.5亿元的人民医院迁建工程进展顺利，成为河北省首批标准化、规范化乡镇卫生院示范市。文体事业蓬勃发展，被评为全国文化先进单位、全国群众体育先进单位。压缩公用经费1.2亿元，全部用于改善民生。“健康迁安、幸福人民”、 廉租房及保障性住房等为民办的20件实事圆满完成，全市形成了政通人和、百业俱兴、人心思进、社会安定的良好局面。

市长 李忠

7月27日，中国记协名誉主席、中国长城学会副会长邵华泽，为迁安市颁授“爱我中华、修我长城”功勋单位奖牌

4月22日，市长李忠在迁安化肥股份有限公司调研

7月27日，国家农业部副部长高鸿宾（中）在市长李忠等陪同下在大崔庄镇白羊峪村视察

6月23日，市第四届委员会第九次全体（扩大）会议会场

工业唐海

曹妃甸湿地公园一景

2009年，唐海县紧紧围绕“新型工业化基地、旅游度假胜地、城乡一体化样板”三大定位，以“工业唐海、滨海城市”建设为总揽，大力实施“开放创新、富民强县、服务曹妃甸、发展新唐海”总体战略，加速推进工业化、城市化和城乡一体化进程，全县经济呈现强劲发展态势，成为唐山湾“四点一带”中最具活力、潜力和竞争力的区域之一。全年完成地区生产总值64亿元，同比增长18.1%；全部财政收入8.28亿元，增长20.1%；全社会固定资产投资82.18亿元，增长97.1%；城镇居民人均可支配收入16568元，增长10.2%；农民人均纯收入7878元，增长15%；职工年平均工资8217元；年末城乡居民存款余额150.9亿元；落实农作物播种面积34.8万亩，其中水稻27.2万亩，粮食总产量19.8万吨，增长4.8%；生猪出栏26万头，增长33%；落实海淡水养殖面积14.4万亩，总产量6.2万吨，增长4.3%；COD、二氧化硫消减率为30.6%和7.3%，分别消减695吨和102吨；万元工业增加值能耗同比下降10.56%，城市空气质量二级天数321天。

以园区开发和项目建设为突破口，“工业唐海”迈出坚实步伐。投资4亿元推进起步区水、电、路、气等基础配套工程，按照打造冀东经济区的构想，配合承德、秦皇岛两市启动40平方公里临港产业园区开发。实施重点项目67个，其中投资10亿元以上的10个，5亿元以上的17项，完成投资54亿元。大昌货物仓储中心及铁路专用线、河北文丰ERW焊管等项目完工投产，金能锂电池项目试车生产；海天能源新城、太阳能建筑节能一体

滨海城市

滨海城市

化等项目落地开工；家电产业园、生物制药园等项目深入洽谈；燕郊机械、沃山福太阳能等6个项目可望在2010年竣工投产。为支持和引导中小企业健康发展，县财政再次拨付专项资金2000万元，使创业基金总量达到3000万元，用于启动中小企业贷款信用担保业务，解决中小企业融资难题。

通过实施城镇面貌三年大变样，“滨海城市”建设取得显著成果。聘请国内外知名院所高起点编制完成了《唐海县城市总体规划（2008—2020年）》并获市政府批准实施，实施城市建设重点工程36项，完成投资28亿元。年内新增商品房面积63万平方米。强力开展城乡绿化攻坚行动，曹妃甸森林公园、迁曹公路景观廊带工程全部竣工，城区绿化覆盖率达到41%，城乡人居环境质量跃居全市前列。曹妃甸湿地被评为国家4A级旅游景区。

工业唐海

湿地天堂

曹妃甸国际会所

工业园区

社会保障

河北省第一个县城

县委书记布泽文视察企业

永清县隶属河北省廊坊市，幅员面积776平方公里，辖14个乡镇、1个省级开发区，386个行政村。耕地61.4万亩，总人口38.2万，是一个新兴工业县、传统农业县、生态旅游县，同时也是全国绿化模范县、国家级无公害蔬菜生产示范基地、国家农业标准化示范区、农业部旅游合作示范县、河北省玻璃制品特色产业基地。早在春秋时期永清属燕国封疆之地，汉高祖五年置益昌候国，唐如意元年置武隆县，景云元年改名惠昌县，唐天宝元年取“沙漠永清”之意，改惠昌县为永清县至今。

县长李玉宝到企业调研

永清毗邻京津两大直辖市，地处北京正南、天津西北，具有联京津、临渤海“双重优势”，北距首都60公里、距首都机场80公里，东距天津60公里、距天津新港100公里，“半小时进京下卫，一小时上天入海”。域内铁路、高速公路和国省干道相互交织，纵横贯通，路网密度高度发达。首都第二机场选址县域周边，建设中的廊沧和规划建设的京台两条高速在永清设有三个出口和两个服务区，京九铁路津霸联络线横跨县境，建有年吞吐量达1000万吨的铁路货场，永清即将迎来“路桥经济”和“空港经济”双轮驱动的崭新时代。

被喻为京南瓜菜第一村的瓦屋辛庄村无公害蔬菜棚区

永清境内蕴藏丰富的石油、天然气和地热资源，是华北

万亩森林公园

金雀花园小区

气化县——永清县

油田主产区，现有石油、天然气井540眼，天然气储量50亿立方米，日产原油1200吨、天然气7万立方米。西气东输工程管道枢纽总站和华北地区最大的“天然气处理场”位于永清，气源丰富，气质优良，且价格低廉。全县地热面积300多平方公里，地热水储量7亿立方米，水温50—80℃，富含钠、锶、镁、锌等多种微量元素，水质优良，可广泛应用于疗养、采暖、洗浴等领域，是投资温泉旅游、休闲商务、疗养度假项目的首选地区。有“古今奇观”、“地下长城”美誉的宋辽古战道，结构复杂，规模宏大，绵延地下300余平方公里，是国家级重点文物保护单位。此外，域内还保存有唐代石碑、宋代汉番两军台、辽代白塔、洪觉禅寺碑、翰林故居等历史文物、遗址。

社会主义新农村建设结硕果

宏屹奶牛场

2009年，县委、县政府坚持以科学发展观为统揽，深入实施“开放兴县、工业立县、园区强县、三产富县”发展战略，紧紧抓住壮大实力、惠及民生、安全稳定工作主线，坚定信心，迎难而上，拼搏进取，砥砺奋进，经历了国际金融危机考验，不仅在逆势挑战中圆满完成了既定工作任务，而且在后发崛起中拉开了崭新发展格局。全县GDP完成48.5亿元；财政收入完成3.0366亿元；全社会固定资产投资完成115.2亿元；城镇固定资产投资完成110.9亿元；规模以上工业增加值完成12.2亿元；社会消费品零售总额达到18.9亿元；实际利用外资440万美元；城镇居民人均可支配收入达到16225元；农民人均纯收入达到6250元。

河北南玻公司生产车间

博美玻璃公司生产车间

惠民蔬菜车间

保定新区

冉庄地道战遗址，被国务院列为全国首批重点文物保护单位，是河北省爱国主义教育基地，全国青少年教育示范基地，全国爱国主义教育示范基地

清苑县地处京津石三角腹地，两面紧临古城保定市区，是距离保定市区最近的卫星城。总面积867平方公里，辖10乡8镇1个城区办事处，266个行政村，人口65.05万。清苑是千年古县，历史悠久，人杰地灵，置县于公元477年，距今已有1500多年的历史，是宋太祖赵匡胤的故里。清苑是地道战故乡，闻名中外的冉庄地道战遗址是全国首批重点文物保护单位、全国青少年教育基地、全国爱国主义教育示范基地、全国红色旅游经典景区、全国首批国防教育示范基地。清苑交通便利，区位优越，京石高速、保沧高速和保衡、保沧等多条省级公路以及正在施工建设的京石铁路客运专线贯穿全境，拥有3个高速下道口和一个高铁车站，自古就有“北临三关，南通九省”之誉。

近年来，清苑县委、县政府以科学发展观统揽经济和社会发展全局，全力以赴保增长、调结构、促改革、惠民生，各项工作扎实有效推进，国民经济和社会各项事业保持健康快速发展。2010年1-6月份，全县地区生产总值完成35.9亿元，同比增长10.8%；城镇居民人均可支配收入完成8016元，同比增长5%；农民人均现金收入完成2515元，同比增长10.7%。截至8月底，入统工业总产值预计完成67.9亿元，同比增长60%；入统工业增加值预计完成15.9亿元，同比增长43%；全社会固定资产投资预计完成37.8亿元，同比增长32.9%；社会消费品零售额预计完成21.5亿元，同比增长21%；引进省外资金预计完成8亿元，同比增长46%；财政收入完成2.4亿元，同比增长32.5%；地方一般预算收入完成1.2亿元，同比增长27.3%。

特色产业优势明显。逐步形成有色金属、起重机械、纺织、猪鬃加工、汽车配件、医药化工、印刷包装、新型建材等涉及20多个行业产业的特色经济，2009年全县民营经济增加值完成48.64亿元。其中有色金属加工已

清苑县自古就有“北临三关，南通九省”之誉，境内有四个高速公路出入口，交通十分便利。图为保沧高速(纵向)与京港澳(横)向立交桥

庞大汽贸保定分公司位于清苑县城，是保定地区最大的汽车销售及售后服务企业之一

有300多年历史，是华北地区最大的有色金属集散地；手拉葫芦出口量占全国的70%，是全国最大的手拉葫芦生产基地；钻井机械企业共13家，是全国最大钻井机械生产基地；制香业国内市场占有率达82%，被中国轻工业部授予“中国香城”称号。同时，汽车配件、医药化工、新型建材、印刷包装等新兴产业近几年异军突起，呈现出蓬勃发展之势。

新农村建设全面推进。清苑是传统农业大县，全县耕地90.6万亩，主要农作物有小麦、玉米，2009年粮食总产42.6万吨。2005年、2007年、2009年被农业部评为全国粮食生产先进县，2007年被国务院确定为全国首批农业机械化示范区。农产品资源丰富，形成了瓜菜、禽蛋、草莓、林果等特色产业，是京、津、保等大中城市的绿色食品供应基地，2007年被省农业厅评为“河北西瓜特色之乡”，北店养牛小区2005年被评为“中国奶牛养殖示范小区”，东闾梨基地2005年被列为全省首批实施产地编码基地。

钻井行业是清苑县的传统制造行业。钻井机械占全国60%以上的市场销售份额

河北古城香业集团是中国最大的制香企业，国内市场占有率达82%，清苑县也因此被中国日用杂品工业协会授予“中国香城”称号

清苑手拉葫芦生产已有30多年的发展历史，出口量占全国的70%，是全国最大的手拉葫芦生产基地

清苑立中有色金属集团是河北立中集团的核心企业，是河北轻金属合金材料技术研究中心，产品主要供应大型铝合金车轮厂、汽车发动机厂

中国桃之乡

县委书记　张丽娟

顺平是尧帝故里，革命老区，“全国扶贫开发工作重点县”。位于河北省中西部，太行山的东麓，总面积708平方公里，总人口31万，辖4镇6乡、237个行政村、5个社区居委会。

区位优势明显。顺平地处“京津石保”经济圈腹地，北距北京162公里，天津210公里，南石家庄102公里，东保定32公里，西距太原300公里，大同260公里。

交通方便。京广西线公路从中部穿过，保源公路从县境北部通过，107国道和京广铁路从县境南部通过，保阜高速、张石高速在境内交汇，是保定西部重要的交通枢纽。

矿藏丰富。石灰岩储量15亿吨，水泥灰岩已探明储量8560.9万吨，另外还有石英矿和石英砂岩、白云岩、大理石、石板等。金属矿有金矿、银矿、磁铁和褐铁矿。

特色产业。农业以林果为主。果树总面积30.7万亩，果品年产量2.01亿斤。红富士苹果、大久保蜜桃、磨盘柿为国宴果品。被国家农业部、林业总局命名为“中国苹果之乡”、“中国桃之乡”。工业以肠衣、食品、塑料、建材加工行业为主。肠衣加工为顺平传统特色产业，是河北省政府命名的25个特色经济产业之一，全县共有肠衣加工企业二百余家，产品80%出口，占全国肠衣出口总量的20%以上，占世界出口总量的14%，年出口额达3000多万美元。

旅游景点。腰山王氏庄园是华北现存最完整的清代民居建筑群，国家重点文物保护单位，砖雕、石雕、木雕有“三绝”之称。唐河漂流自然景观独特、运动惊险刺激，“洞漂”绝无仅有，全程10余华里，被称为“华北第一漂”。伊祁山是尧帝诞生之所，又是历代佛教活动的圣地。依托山

手工制作—桃木剑

长城汽车配件

华北最大的果汁加工企业—汇源公司

——顺平县

下百里桃园，连续十一年举办的“桃花节”为保定市重大旅游节庆活动之一。全年共接待游客40万人次，旅游门票收入200万元，综合效益5000万元，创历史最好水平。

2009年，全县地区生产总值完成30.5亿元，可比增长12%；全社会固定资产投资完成28亿元，同比增长77.8%，其中城镇固定资产投资完成25亿元，同比增长91.6%；规模以上工业增加值完成8.08亿元，同比增长17.5%；社会消费品零售总额完成11.7亿元，同比增长17%；财政收入完成1.88亿元，顺利完成市核任务，其中一般预算收入完成7536万元，同比增长12%；城镇居民人均可支配收入11895元，同比增长20%。

代县长　李军辉

顺富牌红富士苹果

顺平桃花

远东肠衣厂

竣工投厂的力达塑业管材扩建项目

腰山王氏庄园

任丘 全国百强县市 中国铝型材

2009年12月31日，河北省陈全国省长、中国石油天然气集团公司蒋洁敏总经理在任丘为华北石化公司炼油质量升级与安全环保技术改造工程项目奠基

获得国家整车生产准入许可的河北恒胜金河摩托车有限公司生产线

近年来，任丘市在上级党委、政府的正确领导下，坚持以科学发展观为统领，充分发挥区位、资源优势，按照“主业突出、配套合理、技术先进、优势明显”的要求，改造提升传统产业，培育壮大新兴产业，逐步构建起符合产业演进规律、体现任丘特色的现代产业体系。目前，石油化工、铝型材、摩托车、石油钻采设备及石化装备制造、铁路机车及电器配件制造等五大特色产业，年销售收入均超过15亿元，推动了县域经济的又好又快发展。2009年，全市生产总值完成340亿元，按可比价格计算，同比增长2%；全部财政收入（含新增燃油消费税）完成58亿元，增长28%，其中地方一般预算收入完成9.4亿元；全社会固定资产投资完成82.7亿元。任丘市连续多年位居河北省“十强”和全国百强县市；2009年，县域经济基本竞争力列全国百强县市第42位。

石油化工产业。全市共有石化企业850多家，从业人员8500多人。主要生产成品油、聚丙烯、苯乙烯、油墨、PVC管材、塑料制品等上百个品种、上千种规格型号的产品，年生产能力达550万吨。初步形成了以华北石化公司为龙头、大型企业为骨干、一批下游加工企业关联配套的产业发展格局。2009年，该产业实现销售收入360亿元。

铝型材产业。全市有铝型材生产销售企业1300多家，从业人员1万多人，主要生产建筑铝材和工业铝材两大系列，产品包括推拉窗、平开门、防盗门、散热器等。铝材产品现主要覆盖河北、山东、山西、河南、内蒙、东三省等地市场。产销量占全国市场份额的20%以上。2009年，实现销售收入66亿元。任丘市成为我国北方地区最大的铝型材生产、铝制品加工、销售集散地，并荣获“中国铝型材产业基地”称号。

摩托车制造产业。全市摩托车及配件生产企业2200多

总投资7786万元、日处理污水5万吨的城东污水处理厂已投入使用

高档住宅小区外景

环境优美的农村新民居

产业基地 中国三轮摩托产业基地

家，从业人员1.3万余人。主要生产摩托车整车和链轮、仪表等配件产品。产品在全国市场占有率达35%，在全省市场占有率达到97%以上，链轮配件产品在国内市场的占有率达到95%以上。2009年，实现销售收入55亿元。任丘市被授予“中国三轮摩托产业基地”称号。河北省摩托车行业协会设在该市。

石油钻采设备及石化装备制造产业。全市共有石油钻采设备及石化装备制造企业100多家，其中规模以上企业12家，从业人员5000多人，固定资产投资7.1亿元。主要生产油井防喷器、抽油机、钻杆接头、泥浆泵、油管等230多个品种。2009年，该产业实现销售收入15.6亿元。

铁路机车及电器配件制造产业。该产业共有生产企业2300多个，固定资产投资5.5亿元，其中规模企业22个，从业人员1万多人。主要产品有变压器、整流器、高低压电器开关、电线电缆、绝缘子、变压器、调压器等。其中，电力金具在国内市场的占有率达到50%。2009年，该产业实现销售收入41亿元。

2009年4月20日，省委常委、纪委书记臧胜业，省纪委副书记吕忠国等，在任丘市行政服务中心听取惩防体系建设情况汇报

石化产业代表性企业——京开塑业有限公司生产车间

为韩国三星公司等多家国外知名企业生产配套产品的外向型企业——欣欣电子有限公司生产车间

国家大型企业——中国石油华北石化公司厂区一角

总投资3.5亿元的联塑市政管道（河北）有限公司生产车间一景

中国裘皮之都

县委书记　安伟华

肃宁县总面积525平方公里，总人口33万，辖6镇3乡，253个行政村。地处京、津、石的中心位置，相距各200公里左右，东距黄骅港180公里。京九、朔黄两条铁路在肃宁交叉过境，大广、沧保两条高速公路也将在肃宁西北部交叉，形成双“黄金十字”。近年来，该县始终坚持“把握一个基调（解放思想、改革创新）、实施三个战略（特色产业兴县、朔黄拉动、城镇化带动）、实现十六个起来”的总体工作思路不动摇，特别是2009年该县努力克服全球金融危机带来的不利影响，积极抢抓机遇，坚定信心，迎难而上，经济社会实现了持续较快发展。2009年，全县地区生产总值完成80.2亿元，同比增长9%；全社会固定资产投资完成63亿元，同比增长48.1%；全部财政收入完成7.5亿元，同比增长25%，实现了两年翻一番；城镇居民人均可支配收入达到15496元，同比增长15%；农民人均纯收入达到5216元，同比增长10%。

万亩蔬菜种植基地育苗室一角，年育苗2000万株，产品远销内蒙、辽宁、山西等地

坚持以核心资源优势为依托，努力在发展方式上求突破。该县依托独特的交通区位和特色产业优势，助推县域经济发展。目前，该县已形成了毛皮、纺织、食品加工、电器电料四大特色产业集群。为抓好毛皮产业，该县成立了皮毛产业局，一年一度的国际皮草交易会，已成为全国最大、最具影响力的皮草盛会。被省政府认定为“省级裘皮服装加工出口基地”，被中国轻工业联合会、皮革协会命名为“中国裘皮之都”。

肃宁县

中国裘皮之都

CHINA FUR CAPITAL

中国轻工业联合会
中国皮革协会
二〇〇五年十月

坚持以招商引资为主线，努力在项目强县上求突破。该县始终把招商引资和项目建设作为“保增长”的总抓手，拉动县域经济实现平稳较快增长。2009年，全县投资千万元以上在建项目达78个，完成投资20亿元，沧能铁塔

集交易、物流、存储、拍卖、信息于一身，全国最大的裘皮原料交易市场

—肃宁县

等5个项目被列为2010年第一批省重点，总投资达19.53亿元。县工业区2009年5月已被省政府确定为“省级重点产业聚集区”。

县长　鞠志杰

坚持以城市建设为载体，努力在“三年大变样”上求突破。该县立足打造具有区域性商贸物流服务中心功能的生态宜居现代化中等城市目标，城建力度不断加大，城市功能不断完善。目前，城区面积达16平方公里，形成了五纵五横的路街框架，拥有文化艺术中心等广场7个、标准化住宅小区20个、四星级宾馆1座，城镇化率达36%。

坚持以节能减排为抓手，努力在产业结构调整上求突破。作为省“双三十”重点县，该县实现了有效治理和可持续发展的“双赢”。节能方面，2009年投资1130万元实施了6个节能项目，年节约标煤7086吨，全县入统工业万元增加值能耗降低到0.366吨标煤，提前一年完成“双三十”承诺目标。减排方面，2009年投资近2亿元实施了一污深度治理、二污、垃圾处理场、天然气入户及地热替代燃煤锅炉等8项重点工程。

投资1.5亿元的肃宁裘皮服装市场一期工程

坚持以促农增收为核心，努力在新农村建设上求突破。该县坚持用工业化的理念抓农业，大力推进农业产业化经营，促进农业增效、农民增收。2008年以来，先后投入9800万元，新改建乡村道路168公里，改造危病桥闸17座，建成110千伏、35千伏变电站两座，解决了43个村的饮水困难问题。产业化经营成效明显。全县市级以上龙头企业36家，省级3家，农业产业化经营率达78.3%，居沧州市首位。

坚持以共享发展成果为目标，努力在改善民生上求突破。该县始终牢固树立人本理念，坚持把改善民生作为推进各项工作的出发点和落脚点。在沧州市率先实施了“新城合”制度，“新农合”参合率达93.4%；成功实施了“新农保”制度，被列为国家首批试点县，划时代地解决了全县29万农民“老有所养”问题。2008年以来，使16个贫困村23886名贫困人口顺利脱贫。

总投资6903万元，占地46亩，日处理污水2万吨的县第二污水处理厂

总投资6096万元，占地40亩肃宁体育馆正在建设中

总投资为4500万元，全长1650米的肃宁县神华路

南皮　工业强县

县委书记贝军（右二）视察企业建设情况

南皮县位于河北省东南部，隶属沧州市，北依京津，东临渤海，北距北京市260公里，东距黄骅港80公里，地处京、津、石、济的中心位置，辖三乡六镇、312个行政村；总面积789.9平方公里，耕地面积71万多亩；全县总人口36万多人，人口自然增长率6.54‰。

2009年，南皮县高扬发展主题，坚持“工业强县、项目立县、开放兴县”三大战略不动摇，抓牢五金机电、玻璃制品、纺织服装三大产业不放手，以“保增长、保民生、保稳定”为工作主线，破解难题，锐意进取，向全面实现“一年大变样、三年翻一番、五年再造和谐繁荣富强新南皮”的奋斗目标迈出了坚实的一步。全县地区生产总值完成48.5亿元，增长15%，其中一产完成11.1亿元，增长6%，二产完成20.8亿元，增长17%，三产完成16.6亿元，增长12.4 %；全部财政收入完成4.26亿元，增长16.7%，其中地方一般预算收入完成1.4亿元，增长25.8%；社会消费品零售总额12.8亿元，增长19%；固定资产投入完成44.8亿元，增长57.2%；职工年平均工资26723元，同比增长20.9%；农民人均纯收入3794元，增长9%；城镇居民可支配收入1.22万元，增长12.5%；年末城乡居民各项存款余额51.29亿元，比年初增加8.4亿元。

县长张金江（前右二）视察工程建设情况

中国纺织制衣加工基地

中国五金机电制造基地

项目立县 开放兴县

大浪淀牌无公害蔬菜

畅销世界的玻璃制品

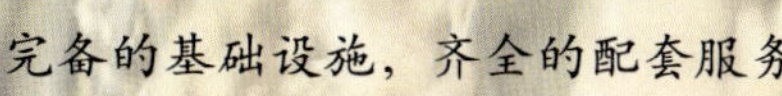

完备的基础设施，齐全的配套服务

驰名中外的杂

县委书记刘兆印到景博玻璃公司调研

吴桥县位于河北省东南部，冀鲁交界处，东南分别与山东省宁津县、德州市毗连，西隔南运河与景县相望。全县辖5乡5镇473个行政村，总面积582.9平方公里，耕地面积39180公顷，总人口28.4万人。

2009年，全县完成地区生产总值43.8亿元，同比增长10%，其中第一产业13.63亿元，同比增长3.3%，第二产业9.78亿元，同比增长12.5%，第三产业17亿元，同比增长12.9%；全社会固定资产投资33.5亿元，同比增长40.8%；全部财政收入16019万元，同比增长12.9%；全社会消费品零售额10.8亿元，同比增长18.2%；农民人均纯收入4726元，同比增长9.4%；城镇居民人均可支配收入13489元，同比增长12.2%；年末城乡居民存款余额36.89亿元，同比增长16.1%；

吴桥县经济开发区是1992年省政府批准的省级开发区，2009年启动了开发区扩区升级工作，总面积达到7.11平方公里。2009年全县共落实投资超千万元项目125个，超亿元项目26个，总投资100.9亿元。通过开展系列招商引资活动，2009年全县共引进内资6.5亿元，实际利用外资501万美元，共争取政策性项目60余个，总投资2.75亿元。

吴桥志远减速机公司畅销全国的减速机产品

发展中的吴桥经济开发区

国家4A级旅游景区—吴桥杂技大世界

吴桥压缩机公司

快速发展的棉纺织业

技之乡——吴桥

吴桥是全国“优质棉生产基地县”和“粮食生产基地县”。全县常年植棉30万亩左右，小麦、玉米25万亩左右。2009年全县粮食总产232154吨，同比增长3.5%；棉花总产21738吨,同比增长8.9%。全县已建成农业产业化龙头企业25家，其中市级重点龙头企业16家，农业产业化经营率达到47.7%。全县现有各类农民专业合作组织54个，其中专业合作社38个，联合社2个，专业协会14个。

吴桥是驰名中外的杂技之乡。以吴桥命名的中国吴桥国际杂技艺术节已成为世界东方大赛场。国家首批“4A”级旅游景区吴桥杂技大世界先后被省政府、省旅游局评为“河北省名牌旅游景区”、“十佳诚信旅游景区”和河北最美30景。2009年杂技大世界接待游客40万人次，实现门票收入2000万元，同比分别增长8%、12%。全县现有各类杂技学校22家，全国唯一一所专门培养杂技、魔术人才的吴桥杂技艺术中等专业学校，已成功为坦桑尼亚、韩国、美国等10多个国家培养了200多名留学生。编排的节目9次获得国际大奖、18次在国内获奖，并多次赴中南海为中央领导演出。

全县现有中小学校38所，其中普通高中2所，职教中心1所，初级中学8所，民办学校1所，小学24所；全县共有医疗卫生机构17所，其中县级医院2所、乡镇卫生院10所；2009年，全县人口出生率9.3‰，符合政策生育率91.58%，出生性别比为103，人口自然增长率4.20‰。

县长刘振华同志到开发区调研

开发区7个重点工业项目集中开工

城市一角

沙河市　全力打造

省长陈全国在沙河调研省重点项目

沙河市位于河北省南部，太行山东麓，全市总面积999平方公里，辖15个乡镇、办事处，290个行政村，总人口48万。地势西高东低，山区、丘陵、平原大体各占三分之一。改革开放以来，尤其是近年来，该市通过大力实施工业立市、科技强市、城镇化带动、开放推动四大主体战略，积极培育特色主导产业，县域经济迅猛发展，综合实力显著增强，连续五年进入河北省县域经济发展综合实力30强之列。2009年，全市生产总值完成130.34亿元，同比增长13.3%；全社会固定资产投资完成83.68亿元，同比增长34.6%；全部财政收入完成14.22亿元，同比增长5.7%，其中地方一般预算收入完成4.13亿元，增长31.7%；全市社会消费品零售总额达到34.63亿元，增长18.4%；城镇居民人均可支配收入13400元，比上年增长10%；农民人均纯收入达到5720元，比上年增长10.0%。

享誉全国的沙河玻璃产业，在近30年的发展历程中，大致经历了规模扩张（小平拉）、淘小整顿、改造提高、升级换代四个阶段。自2006年开始，面对市场需求和节能减排的双重压力，拉开了淘汰落后产能的序幕。到2009年底，三年时间，共淘汰落后生产线194条，淘汰产能4268万重量箱，玻璃企业从120余家锐减至47家，生产线由220余条降至104条。然而，沙河玻璃产业并未因此一蹶不振，反而呈现出勃勃发展生机。特别是2009年，在国际金融危机和诸多不利因素的影响下，该市的玻璃产业在困境中实现逆势上扬，产业上档升级步伐加快。到年底，全市玻璃总量达到1.05亿重量箱，占全国玻璃总产能的比重由12%提升至18%，被誉为“中国玻璃城”。2009年，全行业实现税收增长174.8%，达到2.4亿元，成为该市第二大纳税产业。

目前，该市的玻璃产业呈现以下五个特点：一是产品结构显著改善。目前，该市已拥有浮法玻璃生产线22条，年产浮法玻璃7500万重量箱，占全市玻璃产量的78.5%。同时，一批优质的、功能性的、适宜各种深加工的优质浮法生产线和一批玻璃深加工生产线正在建设或即将建设。全部建成后，全市浮法玻璃生产线将达到30条，浮法玻璃产量达到9500万重量箱，占全市玻璃总产量达到90%以上，其中可深加工的优质浮法玻璃产量占浮法玻璃产量的比例达到30%，玻璃深加工转化率达到40%。二是玻璃产品呈现品种多样化。由过去的单一建筑平板玻璃向多品种、深加工方向发展。特别是装饰装修玻璃已具相当规模。目前，全市共有33条在线压延玻璃生产线，3条空心玻璃砖生产线，再加上300多家凹蒙、乳化、磨砂、烤漆、彩绘玻璃企业，年生产装饰装修

被省政府确定为32个“省级产业聚集区”之一的金百家工业园区

拥有LOW—E玻璃生产线的河北迎新集团厂区一角

“中国玻璃科技工业城”

玻璃3500万重量箱左右，占全市玻璃总产能的30%。三是沙河玻璃市场份额逐步扩大。目前，玻璃全行业固定资产达100亿元，年销售额130亿元，直接容纳社会劳动力3万余人，带动相关行业就业2万人。沙河玻璃畅销全国除西藏、台湾外的所有省、区、市，已形成比较稳固的销售网络。特别是近年来沙河玻璃出口量呈现快速的增长趋势，仅2009年出口额达3500万美元，产品销往欧美、东南亚等30多个国家和地区。四是龙头企业不断壮大。培育了迎新、安全、长城等一批有实力、有潜力、有带动力的规模型企业，这些企业在全国同行业中都具有一定的知名度和影响力。五是节能减排取得显著成效。该市在淘汰落后生产线和落后产能的同时，在全市浮法玻璃企业强制推行熔窑富氧助燃和全氧燃烧、窑炉余热发电、脱硫除尘工程等节能减排技术。目前，已有20余家玻璃企业完成了电机变频技术改造，4家企业完成了富氧燃烧技术改造，3家企业完成了利用窑炉余热发电工程。此外，3家重点企业的烟气脱硫除尘技术改造工程已经开工建设。

省委常委、常务副省长付志芳在沙河调研玻璃产业发展情况

当前，沙河的玻璃产业发展正处于关键时期，该市将按照“减量提质、差异化、高端化” 的发展模式，把玻璃产业优化升级作为沙河经济结构调整、转变发展方式的“一号工程”，着力推进玻璃业由低端普通玻璃向高端升级转变、由玻璃原片向深加工转变、由建筑玻璃向电子光学玻璃升级转变，打造在全国叫得响的“中国玻璃科技工业城”这一区域品牌，力争通过5年努力，把新型建材业打造成年产值500亿元以上、纳税15亿元的主导产业，达到国际水平，成为全国最大、世界著名的玻璃研发生产销售基地。

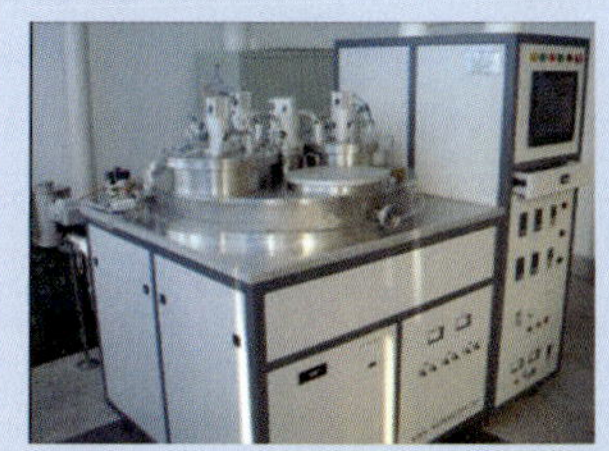

沙河市玻璃技术研发中心研究条件和技术装备

具有国际领先技术的在线LOW—E镀膜浮法玻璃生产线

与武汉理工大学合作的沙河玻璃技术研究院开工奠基仪式

李唐故里
蓬勃发展的“冀南

县委书记　丁辛戈

隆尧县位于河北省南部，隶属邢台市管辖，总面积749平方公里，总人口50万人，辖6乡6镇276个行政村。先后荣获“全国食品工业强县”、“全国科技进步先进县”、“全国一流供电县”、“河北省民营经济发展先进县”等称号。

灿烂悠久的历史文化。自汉朝置县至今已有2200年的历史，历史文化积淀深厚，这里曾是尧帝的始封之地，也是李唐王室的祖籍，历史上涌现出后周皇帝郭威、柴荣和隋代翻译家彦琮、元代教育家孔 、清代音韵学家樊腾凤等众多历史文化名人。

优越独特的区位优势。环京津、环渤海，京广铁路、107国道、京广澳高速公路和石武高速铁路纵穿南北，邢衡高速和南郝、隆昔、邢德三条省级公路横跨东西，是河北省公路密度最大、综合交通优势最强的县市之一。距省会石家庄80公里，距北京、天津、太原、济南、郑州均在350公里以内，是承启东西、沟通南北的重要通道，是经略中原、辐射全国的理想立足点。

蕴藏丰富的资源特产。境内已探明有煤炭、石膏、石灰岩、砂石等多种矿产资源，其中石膏储量8亿吨，是华北地区储量最大、品质最好的石膏矿藏。隆尧县地势平坦，土壤肥沃，种植业是隆尧的传统产业，农产品主要有小麦、玉米、棉花等，特色农产品有泽畔贡藕、鸡腿大葱、辣椒等，是全国优质小麦生产基地，全省首批农产品加工业示范基地县和粮食生产核心区建设县。

优势突出的特色产业。全县已形成食品加工、机械制造、水泥建材、纺织服装等特色产业。食品工业是隆尧县的主导支柱产业，现有各类企业60多家，年产方便面80万吨，面粉60万吨，饮品30万吨，挂面20万吨，休闲食品3万吨，年消化小麦120万吨，是全国最大的方便面生产基地。装备制造业是隆尧县的传统优势产业，主要以阀门制造、五金制钉、汽车配件、耐磨材料、铸铁炊具为主，现有各类企业100多家。新型建材业年产水泥

隆尧中旺食品有限公司是香港宏望国际有限公司全资子公司，是一家以传承和发展民族食品工业为己任，专注于油炸、非油炸方便面的专业制造商，产品包括袋面、桶面和五连包，主要品牌有“一品粮心”“金中旺”“原祖鸡”“中旺面馆”等，年方便面生产能力20亿包，畅销华北、华东、东三省和西北五省等地

河北安鼓机械制造有限公司，是一家集铸造、加工、销售于一体的专业化企业，现已形成汽车制动鼓、轮毂、车桥、蹄铁四大系列、1000多个规格型号的汽车配件产品，年生产能力4万吨。先后荣获河北省“重合同守信用企业”、“消费者信得过产品”、“信用优良企业”及“河北省中小企业名牌产品”、“河北省著名商标”等多项殊荣

河北鼎盛钉业有限公司，是一家专业生产钢钉的专业公司，主要有气动钢排钉、特种钢钉、水泥钉、地板钉等20余种产品，年产量6000吨。公司坚持走“小商品、大市场、高科技、专业化”的发展道路，已形成以河北、山东、河南为轴心，辐射全国的营销网络

中国面都明珠”——隆尧县

330万吨，年产石膏大板2000万平方米、石膏粉100万吨，是河北省新型建材工业基地。纺织服装业年纺纱规模30万锭，加工各类服装400万件。全县拥有各类物流车辆4000多部，年运输能力2000万吨，配送网络覆盖全国31个省会城市165个地级市，已形成立体化、网络状的物流体系，是冀中南新崛起的物流中心。

蓬勃发展的工业园区。全县规划建设了两个工业园区，东方食品城工业园区规划面积20平方公里，建成区面积6平方公里，以食品加工业为主，交通便捷，环境优美，配套完善，现有今麦郎、日清食品株式会社、台湾统一企业、河北华瑞集团等30家国内外知名企业，年产值80亿元，被确定为河北省重点产业聚集区。县城工业园区规划面积7.3平方公里，已形成较为完善的基础设施，是以装备制造业为主导的工业园区。

县委副书记、县长　李建强

隆尧县诚信阀门有限公司，是一家生产各种阀门的专业企业，年产各类阀门1万多吨，产品20多个系列，300多种规格，销往全国各地并出口俄罗斯、韩国、越南等10多个国家。先后荣获“河北省名牌产品”、“全国工程建材首选品牌”等多项殊荣

河北华统食品有限公司，是一家集方便面和调味品制造为一体的方便食品制造公司。主要生产“华统”牌8大系列方便面，年生产能力5万吨，先后荣获“河北省优质产品”、“河北省守合同重信用企业”、“河北省工业污染治理达标企业”、“AAA级信用企业”、“消费者信得过产品”、“诚信会员单位”等荣誉称号

河北隆昌汽车零部件有限公司是一家技术先进、设备精良规模较大的汽车减振器、气弹簧制造商。拥有各类汽车减振器、气弹簧9大系列300多个规格品种，覆盖国内主要车型。2009年通过了TS16949质量管理体系认证，先后荣获河北省科技企业“省级新产品”、“99专利技术发明博览会金奖”、河北省高新技术企业等荣誉称号

河北玉珠淀粉有限公司，是一家集玉米淀粉及其副产品的生产、制造、销售于一体的专业化农产品加工企业。产品主要有淀粉、蛋白粉、纤维、胚芽等，年产玉米淀粉6万吨，蛋白粉5800吨，纤维9230吨，胚芽6500吨。公司先后荣获“信用等级AA级信用客户”、“邢台市农业产业化重点龙头企业”等荣誉称号

今麦郎食品有限公司是一家以方便食品为主业，集生产、销售、研发于一体的的现代化大型综合食品企业集团。公司现设制面、面粉、饮品、综合、挂面五大事业部，在全国建有38个生产工厂，员工总数近3万人，方便面年产能约120亿份，年转化小麦约180万吨，是国家级农业产业化重点龙头企业。旗下“华龙”、“今麦郎”商标先后被认定为“中国驰名商标”；“今麦郎”被评定为“CCTV我最喜爱的中国品牌”。“甲家”小麦粉分别荣获“中国名牌产品”和“中国十大热销品牌”称号

巨鹿县 主导产业布局日趋

县委书记 李素平

巨鹿位于河北省南部，地处黑龙港流域，隶属邢台市，总面积630平方公里，耕地面积64万亩，总人口37万，辖10个乡镇，291个行政村，是国家级扶贫开发工作重点县。巨鹿历史悠久，人杰地灵。秦代为三十六郡之一，历史上著名的巨鹿之战、黄巾起义都发生在这里，是历代兵家必争之地。这里诞生过大唐名相魏征、杰出天文学家张遂、农民起义领袖张角等著名人物，有着深厚的历史文化底蕴。

近年来，巨鹿县紧紧围绕“发展经济，关注民生”两条主线，大力推进“实施四个新突破，建设幸福新巨鹿”发展战略，抢抓机遇，拼搏实干，全县保持了经济健康发展、事业协调进步、人民安居乐业、社会和谐发展的良好局面。2009年，完成地区生产总值35.5亿元，同比增长11%；全部财政收入完成1.36亿元，增长12.1%；全社会固定资产投资完成48.2亿元，增长42.2%；农民人均纯收入达到3235元，同比增长2%。

钢制品制造业

巨鹿公园

新巨鹿 新形象

合理 特色农业优势凸显

巨鹿县大力实施“工业化率先突破战略”，积极开展招商引资和项目建设，培育形成了以食品、纺织等产业为支柱，机件、橡塑、钢铁为主导的产业格局，产业规模不断壮大。2009年，实现工业增加值15.3亿元，同比增长12.5%；规模以上工业增加值7亿元，同比增长13.2%。积极推进产业结构调整，一方面，积极引导传统产业向医药、生物制造、高档面料、品牌服装、装备制造等高端产业领域发展；另一方面，引进培育了锂电池、活性炭等高新技术产业，建设了神州巨电、燕翔甲维盐、永安活性炭等一批科技效益型企业，初步扭转了全县以传统技术为主导的产业发展格局，产业结构进一步优化，产业层次不断提升。

孙宝全县长（右二）视察巨鹿县农田水利建设

巨鹿县地势平坦，土壤肥沃，农产品物产丰富，林果业得天独厚。培育形成了金银花、枸杞、红杏、张杂谷四大特色农业，是“河北杏之乡”、“河北枸杞之乡”、“河北金银花之乡”、“国家级小杂粮良种繁育基地”。目前已基本形成了四个10万亩特色农业优势产区，年产干银花、枸杞干果、谷子分别达到900万公斤、1500万公斤和4000万公斤，是全国三大金银花主产区之一和全国最大的枸杞集散中心。借助特色农业资源优势，大力发展特色农产品深加工产业，引进培育了灏华科技、伟科生物、鑫苑生物、路路通中药材等一批特色农产品深加工企业，医药、生物制造、特色食品加工等产业正在崛起。

集研发、生产、销售为一体大型聚合物锂离子动力电池专业生产厂家—神州巨电新能源科技开发有限公司

特色农业

邯郸县 赵文化的发 中华马姓起

县委书记贾宝仓、县长梁振江陪同省、市领导视察人民路东延工程

邯郸县位于河北省南部，环绕邯郸市区，总面积440平方公里，辖4镇、6乡、2个街道，人口36万。境内文化底蕴深厚，名胜古迹众多，战国时为赵国都城，曾涌现出秦始皇、荀子、蔺相如等一大批硕贤俊达，有赵王陵、罗敷潭、圣井岗等国家和省、市级重点文物古迹100余处，黄粱梦驰名中外，古石龙素有“天下第一龙”之称，是赵文化的发祥地、梦文化的摇篮、龙文化的故乡、中华马姓起源地、中国成语典故之都。矿产资源丰富，煤炭、膨润土、高岭土、耐火土等资源储量巨大。京广、邯济、邯长等铁路纵横全境，京深高速、青兰高速、107国道、309国道等国家、省级公路穿境而过，邯郸机场座落县域南郊，是晋冀鲁豫四省人流、物流、信息流、资金流的交汇中枢。经济实力雄厚，是全省30强县（市）之一，已初步形成钢铁压延、装备制造、商贸物流、房地产、高新技术、现代农业等主导产业，是全国十大名优羽绒制品生产基地、中宽带钢生产基地、中国鲜桃之乡和小杂粮生产基地。2009年，全县生产总值完成176亿元，同比增长13%；全部财政收入完成10.7亿元，增长3.3%，其中地方一般预算收入完成2.67亿元，增长62.9%；全社会固定资产投资完成75.5亿元，增长40.9%；实际利用外资2460万美元，增长44.2%；农民人均纯收入达到6305元，增长8%。邯郸县，这颗冀南大地的璀璨明珠，正在迸发新的活力和希冀！

县长梁振江深入一线调研秋收工作

锦龙园艺有限公司品牌花卉培育基地现代化温室

河北裕佳节能玻璃有限公司LOW—E镀膜玻璃生产线

祥地、梦文化的摇篮
源地、龙文化的故乡

县委书记贾宝仓深入企业调研

县长梁振江调研节能减排工作

邯郸纵横中宽带钢生产基地450高炉群

县长梁振江现场督导城中村改造工作

邯郸新兴国际商贸物流中心

天下第一龙风景区

邯郸市唯一的欧式建筑广场——明珠广场

保护资源 保障发展
为县域经济发展保驾护航

——邯郸县国土资源局

邯郸县国土资源局党委书记 局长 张万胜

2009年以来，在市国土局和县委、县政府的正确领导下，邯郸县国土资源局领导班子带领全体干部职工,以科学发展观为统领，主动适应国土资源管理新形势，积极服务于全县经济建设，立足保护资源，保障发展，创造性地开展工作，谱写了一曲新形势下国土资源事业科学发展的“新篇章”。

立足实际保红线

该局认真贯彻“十分珍惜、合理利用土地和切实保护耕地”的基本国策，有效地保护耕地资源。坚守耕地红线，落实监管责任，建议县政府出台了《关于进一步加强耕地保护严格土地管理的通知》，建立健全了县、乡、村三级基本农田保护责任制，层层签订责任状，完善了基本农田保护档案，设立了基本农田保护标牌，使全县近40万亩耕地和32万余亩基本农田得到了有效保护。

千方百计保发展

始终坚持把服务发展、支持发展作为第一要务来抓，围绕重点项目，克服重重困难，为重点项目建设做好用地服务。2009年，为了适应全县上项目、快发展的建设用地需求，在上级领导的大力支持下，该局多渠道、多方位、下大力气，积极跑争用地指标，用智慧克服困难，用创新破解难题，全年争取用地指标2156.8亩，共可解决近50个项目的用地，创邯郸县历史新高，为全县的经济发展提供强有力的用地保障。

创新机制抓执法

为了维护全县土地管理秩序，该局加大执法监察力度，创新执法机制。一是通过积极建议，县政府出台了《邯郸县土地联合执法制度》和《邯郸县土地执法监察共同责任制暂行办法》2个文件，明确了各乡镇和国土、发改、建设、规划、公安、城管、电力等相关部门的工作职责，土地联合执法机制初步建立。二是增设执法科室。在原有执法监察科室的基础上，又成立了两个执法大队和一个砖瓦窑执法队，调整充实了人员，并配置了车辆、微机、摄像机和照相机等办公设备。三是成立国土资源派出所和国土资源执行办公室。为了更好地落实县政府《邯郸县土地联合执法制度》，继去年从县公安局抽调5名正式干警成立国土资源派出所之后，今年又从邯郸县人民法院抽调4名法警成立了国土资源执行办公室，专门负责解决国土资源违法案件执行难题，有力地推动了联合执法机制的进一步形成，也极大地调动了执法人员的工作积极性，为进一步深入打击国土资源违法案件提供了强有力的法律和组织保障。今年以来，在县委政府的大力支持下，该局在相关执法部门和乡镇的大力配合下，出动300余人，动用10余辆大型拆除设备对兼庄乡、南堡乡和河沙镇镇100余户村民违法占用耕地建住宅进行了制止和拆除，并在电视台长时间播出，全县反响强烈。

目前，国土资源管理工作正处在社会经济发展的前端，面对邯郸市和邯郸县快速发展的战略机遇，邯郸县国土资源局将立足新起点，迎接新挑战，接受新考验，在努力把邯郸县建设成为具有实力、活力、竞争力的经济强县的宏伟征途中，牢记责任和使命，再创国土事业新辉煌！

“科学、和谐、文化、生态”理念助推交通跨越发展

——邯郸县交通局

邯郸县交通局党组书记、局长　吴全芳

2009年以来，邯郸县交通局紧紧围绕建设“科学、和谐、文化、生态”新交通的目标，团结奋进，共克时艰，开创了交通工作新局面。

一、圆满完成“三年大变样”承担的工作任务。

作为政府职能部门，邯郸县交通局承担了人民路东延、青兰高速公路二期及西连接线、邯武快速路和邯大高速南连接线等市级重点工程协建工作。在县委县政府的领导下，与建设、土地、乡镇等部门协同作战，坚持“一村一策，整体推进”的原则，仅用十四天完成了人民路东延汉霸庄拆迁，比预计时间提前一倍，仅用12天完成了邯武快速路康庄段拆迁任务，实现了邯武快速路的“快速拆迁”，整个拆迁过程中实现了零上访、零强制拆除，为工程顺利施工创造了条件。目前，人民路东延工程已圆满完成，邯武快速路、青兰二期及西连接线、邯大高速南连接线等工程进展顺利。

投资300余万元对局综合办公楼、公路站办公楼两栋楼体实施改造，改造面积共计6872平米；对局家属院、公路站家属楼等六栋楼体进行了粉刷和楼顶平改坡工程。改造后与周围建筑形成欧风街，在多次观摩中，受到了省、市、县领导的一致好评。

二、围绕科学、和谐、生态交通理念，做好全县公路网络大文章。

提出了“百公里大外环”和“村村连”两大宏伟建设方案，“百公里大外环”计划利用五年时间，投资１.３亿元，改建升级４８条、１９９公里的农村公路，从而进一步完善全县公路路网。“村村连”是继“村村通”工程后深化农村公路建设的又一全新思路。通过老路改造、提档升级、直线连通等方式，用五年时间全面完善全县农村公路网络，解决群众出村难问题。目前，“百公里大外环”涉及的古石龙旅游路建设工程已完工，尚代线、支漳河大桥和职大路建设工程已全面进入施工阶段。

加强对公路建、管、养工作的创新提高，连续开展了农村公路养护“集中整治月”，治理超限超载“百日会战”等活动，有效提高了道路通行能力。先后投资1000余万元，对邯大线河沙镇过村段、309东辛庄大桥和邯大线东里堡桥进行了大修改建。

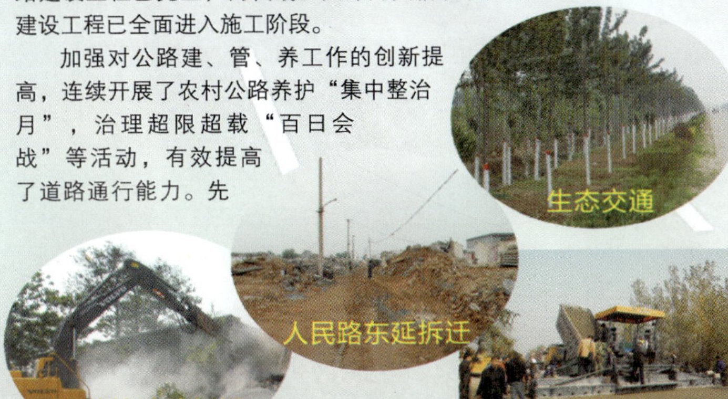

生态交通　人民路东延拆迁　邯武快速路拆迁　旅游路施工现场

同时邯郸县公路建养注重生态保护，通过引进施工冷再生工艺，施工质量科学实验、检测，实施绿色交通等措施，实现交通与自然的和谐发展，近两年，总投资280余万元，对刘南线、贾中线、代东路、尚代路、永焦线、陵塔园路六条总长29.8 km的地方公路进行了高标准绿化、美化，打造生态交通“名片”，奉献“四方宾朋”。

三、着眼民生，为群众办好事、办实事。

先后投资2200余万元完成了河沙镇、康庄、户村、尚璧、南吕固、三陵、黄粱梦7个乡镇23个村37公里村道建设任务，有效解决了沿线乡村群众出行难问题。

投资120余万元，先后为县5中、6中、7中、18中、进修学校、职教中心、工程学校7所学校修建通校公路和硬化校内基础设施，完成总面积11250平米，为全县普九教育高标准通过验收创造交通硬件条件。

多方协调资金101.3万元，新建高规格、高品位候车亭19个，五级客运站1个，完成农村简易客运站建设3个，招呼牌建设60个，投放运力210辆，使全县客运线路达到29条，客运线路覆盖率达到100%，在全市率先实现“村村通公交”目标。

局长吴全芳在一线指导工作

四、喜获“全国交通文化示范县”。

交通文化作为队伍建设的有力抓手，充分利用交通新时空、交通文化报等各种文化载体，培育交通精神、锤炼交通队伍，被交通部评为全国首批交通文化建设示范单位；被河北省委宣传部授予“河北省企业文化建设先进单位”荣誉称号。在全县“优质服务杯”竞赛中，以优异成绩取得了竞赛十二联冠，2009年全县民主评议综合排名取得了第一名的好成绩。

获得的部分荣誉

改造后欧式风格的办公大楼

依托梦文化　建设新梦城

党委书记　康现金

黄粱梦镇，因黄粱梦典故而得名，有着独特而深厚的历史文化内涵。全镇辖23个行政村，总人口8万人，土地总面积83平方公里。现为“全国小城镇综合改革示范镇”、“全市小城镇改革发展重点镇”等。该镇历史文化底蕴丰厚，具有丰富的文化旅游资源，位于镇中心的旅游胜地“黄粱梦”的发源地“吕仙祠”驰名中外。近年来，黄粱梦镇党委政府坚持落实科学发展观，解放思想，抢抓机遇，开拓创新，依托“梦”文化，建设新梦城，促进黄粱梦镇经济和各项社会事业协调发展。

规划新梦城

黄粱梦镇在不断探索文化助推经济发展新机制、新办法过程中，探索出了一条文化与经济相互交融、共同发展的新路子，按照“政府主导、市场运作”的思路，根据市总体规划，依托梦文化规划建设新梦城。规划建设中的梦海公园总投资8.8亿元，该工程总体设计为山水骨架，园中景区将自然分出的东、南、西、北四方和四时融合相通相通，充分贯通体现了“梦文化”。

吕仙祠一角

梦海公园的建设，对拓展梦文化将起到积极作用。目前，一期工程“夏荫梦区”内的南柯一梦、梦海仙航、梦笔生花等景点已基本完工。新规划建设了黄粱梦综合文化站，并成功举办了第一届“黄粱梦文化艺术节”活动，吸引了众多的书画爱好经营者竞相参与、经营，形成了集群效应，使得文化经济相逢，产生无限商机。

拉动新效应

由悠久的历史文化为名片，加上逐步完善的基础设施建设，增加了对项目投资的吸引力，同时，利用历史文化的感召，在全镇大力倡导提高公民文明素质，改善投资软环境，招商引资规模不断扩大。2009年以来，先后谋划实施了总投资2.4亿元的贵龙钢结构年产1200标准台起重机械设备、总投资7500万元的芳荣物流仓储配送中心、总投资3000万元的银海公司钢渣提纯铁精粉生产线、总投资1.2亿元的梦真农副产品批发交易市场、总投资1500万元的中国重汽君威汽车销售服务公司等项目。全镇工业总产值每年以20%左右的速度前进，2009年工业总产值达到47亿元。实现税收3958万元，引进内资2.11亿元，引用外资310万美元，为全镇经济的快速发展奠定了坚实基础。目前，全镇现有企业60多家，规模企业34家，驻镇的中央、省部属企业46家，已形成了以制管、钢模板、环保设备为主导产业的发展新格局，其中，为第一主导产业的精密无缝钢管，其产品远销国内外市场，年产值达到5.4亿元。同时，化工设备、压力容器、纺织等产业通过引导扶持,获得了较快的发展,具有很强的竞争力，特色产业发展优势日益明显。

梦湖晚霞

镇长　宋振完

建设新城镇

良好的投资环境和村民的文明素质，使得总投资8.6亿元的十五里铺村道和浅水湾小区城中村改造工程在全县率先起步，该工程在镇、村自主拆迁的模式下，积极稳妥、顺利和谐地推进。总投资10亿元的芦英堡村拆迁改造工程正在积极顺利推进。南水北调工程涉及四个村860余亩土地，仅用半个月时间实现顺利进地。强化公共保障，全力构建“学有所助、医有所靠、老有所养、难有所帮”的保障体系，新型农村合作医疗在全镇实现“全覆盖“。积极开展农村示范村和整治村建设，使村村达到“道路硬化、路灯亮化、村庄绿化、环境洁化”的要求，文化教育、科技卫生等社会各项事业取得长足进步。社会稳定和综合治理工作成效显著，特别是在国庆60周年稳控活动中被市委、市政府评为先进单位。

十五里铺村庄改造效果图

黄粱梦镇正在以丰厚的人文内涵，以更加开放的姿态，促进镇域经济社会文化的腾飞和发展，把规划的新梦城建设成为一个经济发达、事业兴旺、环境优美、人民安居乐业的现代化小城镇。

中国箱包之都——白沟

白沟，古为商埠，有1700多年的商贸发展历史。位于“环渤海经济圈”，北距北京102公里，东距天津108公里，南至保定62公里。总面积54.5平方公里，常驻人口近13万人。市场成交额全年完成312.6亿元，同比增长21.2%，在全国综合贸易市场排位中居第4位。先后被中国塑料加工工业协会授予“中国合成革产销基地”、中国皮革协会授予“中国箱包之都”称号，更被联合国开发计划署命名为“中国可持续发展小城镇试点”。2009年，完成地区生产总值37.76亿元，同比增长14.5%；市场成交额完成312.6亿元，同比增长21.2%；固定资产投资完成38.8亿元，同比增长139.5%；财政收入完成2.007亿元，同比增长33.8%。

白沟，以箱包销售与制造为主导产业。箱包交易城、国际箱包城、国际箱包城二期、银领国际箱包大厦——近20万平方米的箱包营销终端组合，使白沟已成为全球最大的箱包专业销售市场。14大专业商城与总投资120亿元、占地3000亩、建筑面积210万平方米的白沟商业航母项目组合，更将使白沟市场总面积达到700万平方米，成为集商贸、物流、金融、旅游、休闲于一体的中国北方经营面积最大、辐射范围最广的商业集群。通过销售市场的强力拉动，在投资近20亿元建设与运营的白沟工业区中，已形成注册品牌1400多个，拥有2大真皮标志、9大省级名牌、9大省级著名商标的箱包生产规模企业近300家、加工企业3000多家的产业集群。年产5亿只的箱包制造能力，更使白沟箱包在全国市场占有率稳居第2位。37平方公里省级产业聚集区与总投资100亿元、占地5000亩、建筑面积350万平方米的重大产业支撑项目的组合，更将全面提升白沟箱包产业品牌、设计、研发、营销、国际贸易等多方面的综合竞争实力。

48平方公里的城区发展规划，城市绿地、电力、电信、燃气、给排水、道路交通系统、旧城改造、防灾工程等专项规划的完成，每年超过10亿元的基础设施投入，“七纵七横一环”的路网完善，省级幼儿园、省级重点中学、成人职业学院、商务会展中心、体育中心、行政中心、医疗康体中心、文化中心、五星级宾馆、垃圾处理厂、地表水厂、污水处理厂管网等项目的建设与投入使用，无不昭示着白沟——一座美丽富有、文化文明、开放奔跑的新城，正在保东高速崛起。

中国最具投资潜力中

县委书记范保平到企业调研

涉县位于河北省西南部，晋冀豫三省交界处，县域总面积1509平方公里，辖9镇8乡308个行政村，人口39.7万。涉县是一个有着悠久历史的千年古县，是神话传说中女娲“炼石补天，抟土造人”的地方，境内的娲皇宫是我国建筑规模最大、时间最早的祀奉始祖女娲的古建筑群，被誉为“华夏祖庙”，涉县因此被命名为“中国女娲文化之乡”。涉县又是一个有着光荣传统的革命老区，抗日战争时期，刘伯承、邓小平率领129师在这里生活战斗达6年之久，晋冀鲁豫边区政府、129师司令部、政治部等110多个党政军机关单位驻扎涉县，为抗日战争的胜利和新中国的成立做出了不可磨灭的贡献，从这块红色热土上走出了1位改革开放的总设计师、2位元帅、364位将军，建国后先后有近百名129师老领导担任党和国家重要领导职务，涉县因此被誉为“中国第二代领导核心的摇篮”。涉县还是全国生态示范县，境内物产丰富，风光秀美，山水宜人，核桃、花椒、柿子被誉为“涉县三珍”，被国家林业局命名为“中国核桃之乡”、“中国花椒之乡” 。全县森林覆盖率达48.7%，被誉为“太行山最绿的地方”，是考察观光、休闲度假的旅游胜地。

行政服务中心大楼

2009年全县生产总值完成1909538万元，其中，第一、二、三产业分别完成增加值64726万元、1600312万元和244500万元，分别增长2.0%、13.2%和12.8%；一般财政总收入完成161149万元，同比增长7.2%。其中，县级一般预算收入81482万元，同比增长35.8%；金融机构各项存款余额达727213万元；全社会固定资产投资完成1161401万元；全县实际利用外资1781万美元；全县完成出口创汇销售收入460万美元；全社会消费品零售

首届中国女娲文化节

金牛天铁焦炉大修改造余热发电项目

河北宙石水泥有限公司日产4500吨新型干法水泥熟料生产线项目

小城市百强——涉县

总额达到342114.5万元；农民人均纯收入达到4950元；城镇在岗职工平均工资达到23877元。涉县第三次被评为中国最具投资潜力中小城市百强。**农业** 全面落实强农惠农政策，用于农林水等农业农村方面的支出达到1.4亿元。全县农业产业化率达到68.4%，居邯郸市第一。全县无公害蔬菜种植面积达到2.5万亩，水产品产量达到2100吨，被评为“中国果菜无公害十强县”。**工业** 扎实开展企业服务年活动，强化工业运行监测和要素保障，积极为企业搞服务、解难题，协调资金9亿多元，在困难时期提振了企业信心，保持了工业经济的平稳运行。**项目** 深入开展项目攻坚年活动，76个重点实施项目中，30个建成投用，46个推进顺利，完成投资55.4亿元。经济开发区经省政府批准正式扩区，由2.739平方公里扩大到8平方公里，承载能力进一步提升，被评为“全国最佳投资环境开发区”。**城建** 三年大变样考核名列全市第二。城乡统筹取得实质性突破，成为“全省统筹城乡发展试点县”、“全市城镇化发展综合改革示范区”，受到省市领导的高度关注和充分肯定。**社会事业** 在全省率先建立县级计划免疫信息平台，手足口病、甲型H1N1流感等传染病得到有效防控；涉县被评为全省标准化、示范化乡镇卫生院建设示范县和全国农村中医工作先进县。精神文明建设积极推进，“太行之子”王彦生精神感动全国。群众体育活动丰富多彩，被命名为国家级户外健身基地。双拥优抚工作取得新成绩，荣获新一届省级“双拥模范县”称号。石岗村被评为“全国巾帼示范村”。

县长郝巍吏检查农业重点项目

经济适用住房

涉县第二幼儿园

井店凤凰山庄生态示范园

涉县一中

全国最大的标准件生产

县委书记边飞（右一）向市领导介绍城乡三年大变样工作

永年县位于河北省南部、邯郸市北端，素有“邯郸北大门 ”之称 ，总面积908平方公里，耕地96万亩，人口87万，辖20个乡镇、450个行政村，是全国蔬菜产业十强县、中国紧固件之都和闻名世界的太极之乡。2009年，全县生产总值达到177亿元，同比增长11.7%；全社会固定资产投资完成94.51亿元，增长41%；全部财政收入完成9.8亿元，增长12.6%；农民人均纯收入6112元，增长9.6%；城镇居民人均可支配收入13670元，增长16.6%。

区位优势独特。县城临 关南距邯郸市10公里，北距省会石家庄149公里，距首都北京426公里。京广铁路、107国道、石武高铁、京珠高速公路、赵辛公路纵穿县域南北，青兰高速、309国道和邯临、洺李、永河、永峰省道横贯县境东西，形成了以县城为中心，近可通晋冀鲁豫、远可达全国各地的十分便捷的交通网络。

历史文化悠久。自古享有“商贾云集，富饶中原”之誉，七千多年前就孕育了仰韶文化等人类早期文明，物华天宝，人杰地灵。境内有广府古城、弘济桥、仰韶文化遗址、赵王陵遗址等国家级重点文物保护单位，特别是广府古城，远为隋末夏王窦建德建都之所，近为杨、武式太极拳发源之地，文化底蕴深厚，自然风光旖旎，被命名为“中国历史名镇”和“中国文化旅游名镇”。永年被命名为“中国最佳休闲旅游县”。

产业特色突出。**蔬菜产业**，起步早，发展快。种植面积77万亩，蔬菜品种120多个，有12个乡镇、208个村、8万多农户、20万劳动力从事蔬菜生产经营，年产鲜菜32亿公斤，产值36亿元，蔬菜商品率、加工率、出口

百里蔬菜拱棚

蔬菜加工制作车间

蔬菜加工烘干车间

中国永年标准件城

无公害蔬菜

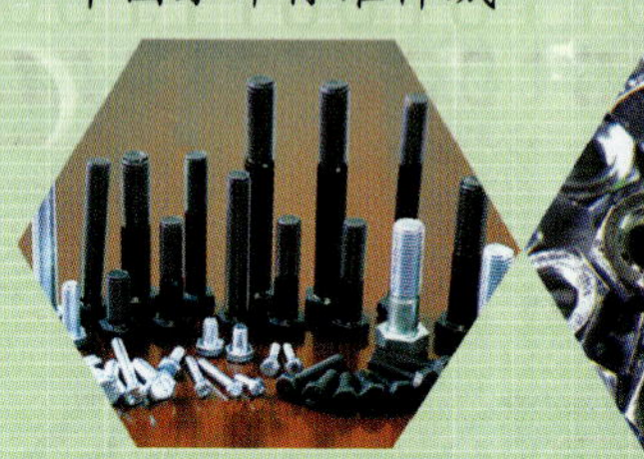

标准件产品

——

率分别达到98%、19.3%和10%。南大堡蔬菜市场闻名全国，是华北最大的蔬菜集散地。永年大蒜获得国家地理标志保护产品认证，永年被命名为“全国无公害蔬菜生产示范基地县”、“全国蔬菜产业十强县”和“河北蔬菜之乡”、“河北大蒜之乡”，位列河北省蔬菜生产十强县之首。**标准件产业**，有13个乡镇、150多个村生产标准件，各类加工企业2300多家，从业人员20万人，遍布全国的经销网点达1.8万个，年产量247万吨，销售收入173亿元，产销量占全国市场份额的45%，成为全国最大的标准件生产集散地。永年标准件产业被命名为“河北省十大特色产业”。永年被命名为“河北省特色产业基地”和“河北省五金出口基地”。**畜牧产业**，建成养殖专业乡镇8个、养殖专业村102个，初步形成绿色禽蛋、优质奶牛、无公害罗非鱼三大养殖基地，华裕公司蛋鸡育种量居全国第一，被确定为农业产业化国家级龙头企业，国务院总理温家宝在华裕公司视察时，对企业建设给予充分肯定和高度评价。全县牧渔业总产值达到24亿元，被命名为河北省蛋鸡养殖超千万只大县和畜牧养殖大县。

县长杨华云（右二）在有关部门负责同志陪同下视察教育教学工作

河北省永年县高新陶瓷产业发展有限公司耐磨地板砖1号加工车间一角

总投资1.68亿元的非晶合金节能变压器项目

县城临洺关新貌

全国重点文物保护单位—永年县广府城

投资2.3亿元占地380亩的永年县第二中学西校区

全长12公里道路控制红线60米的邯郸市中华大街永年段

魏县——建设打造冀东南

全国人大常委、致公党副主席杨邦杰视察魏县农田水利建设工作

魏县位于河北省东南端，邯郸市东南部，辖21个乡镇，1个街道办事处，542个行政村、19个居委会，总面积862平方公里，耕地面积6.13万公顷；总人口90万，是河北省第一人口大县，国家扶贫开发工作重点县，中国鸭梨之乡。

魏县历史悠久，地灵人杰。战国时期属魏国，为魏国都城，誉为“华夏魏都”。汉高祖12年（公元前195年）设魏郡，置魏县、历史上，魏县商贾云集，富甲一方，是兵家战略要地，向有“三魏重镇”、“晋齐咽喉”、“燕赵吴楚孔道”之称。西汉刚正不阿、位列三公、德比屈原的司隶校尉盖宽饶；盛唐屡建奇功的郯国公张公瑾；第一个测量子午线的天文学家僧一行；宋开国名将潘美；清朝听决勤明、断案有方、专攻考古和辨伪、著述颇丰的崔述（崔东壁）；抗日民族英雄、路南支队司令员裴香斋等一大批历史人物，为魏县历史谱写了光辉篇章。

鸭梨在魏县栽培历史悠久，汉朝时期已实现大面积种植。长期的劳动实践，使魏县人民积累了丰富的鸭梨管理经验，形成了独特而厚重的梨文化。全县鸭梨种植面积20万亩，年产量2亿公斤。魏县鸭梨素以个大皮薄、核小渣少、酸甜适度、香酥可口而誉海内外，出口北美、欧洲、西亚、东南亚等十几个国家和地区。开发生产的“魏州”牌天仙精品鸭梨，先后荣获河北省优质产品、河北省名牌产品、中国名优果品等荣誉。2007年，魏县鸭梨通过了国家地理保护产品认证。鸭梨产业已成为魏县农业四大主导产业之一。

2008年以来，魏县抢抓全省开展三年大变样工作的历史机遇，大力实施城镇化带动战略，提出了建设梨乡水城 魏都，打造冀东南区域中心城市的战略目标，先后谋划实施了城建“66226”工程和“五河一湾、五湖一源、36桥景观”工程，推动了县域经济社会快速发展，走出了一条贫困县科学发展、富民强县的新路子。

“勤政为民”文化雕塑

“孔融让梨”文化雕塑

县长安大道夜景

勤政源文化柱

画舫游水城

梨乡水城·魏都区域中心城市

以党的十七届三中全会精神为指导，深入学习实践科学发展观，紧紧围绕“保增长、扩内需、调结构”的总体要求，坚持抓城建促发展、上项目保增长、强“三农”夯基础、扩三产增消费、惠民生建和谐，以三产促二产，以二产辅一产，强力推进梨乡水城和项目建设，切实抓好新农村建设、开放招商、商贸流通、民生工程重点工作，进一步解放思想，优化环境，扎实苦干，确保全县经济社会平稳较快发展，努力建设邯郸东部强县，以优异的成绩向建国60周年献礼。全县生产总值完成72.99亿元；财政收入完成2.17亿元，同比增长21.7%，其中，地方一般预算收入完成1.35亿元，同比增长41.7%；城市空气质量达到《环境空气质量标准》（GB3095-1996）二级标准要求；全社会消费品零售总额完成35.2亿元，同比增长17.6%；全社会固定资产投资完成58.94亿元，同比增长44.7%；职工年平均工资22251元，同比增长26%；农民人均纯收入达到3965元，同比增长13.9%；城镇居民人均可支配收入达到9346元，同比增长16.0%；年末城乡居民存款余额33.9亿元，同比增长17.0%。

河北省副省长孙瑞彬到魏县调研指导工作

魏县被联合国地名专家组中国分部命名为千年古县

魏祠博物馆牌坊

神龟驮城文化公园

承德医学院

院长　张树峰

承德医学院创建于1945年，初始为冀东军区卫生学校，1949年进驻历史文化名城——承德。新中国成立后曾命名为“热河医学院”。1982年，经国家教育部批准恢复本科院校，更名为承德医学院。2001年5月，经省政府批准，学院与原省农林科学院特产蚕桑研究所实质性合并，为新校区建设奠定了基础；2003年9月，获得硕士学位授予单位，现有中药学、肿瘤学、人体解剖学与组织胚胎学、病原生物学、病理学与病理生理学5个硕士点；学院于2006年10月搬入了占地82.4公顷、建筑面积15万平方米的具有现代气息的崭新校区；2006年11月招收国外留学生；2007年顺利通过国家教育部组织的本科教学工作水平评估，获得“优秀”，学校先后6次被河北省委、省政府授予“文明单位”称号。

学校现有教职工1800人，教师1000余人，其中正、副教授400余人，教师中具有硕士、博士学位者近50%，有45人被聘为硕士、博士研究生导师，多人为国务院和河北省政府特殊津贴获得者。拥有中药学科河北省唯一的重点实验室——河北省中药研究与开发实验室；有符合GLP标准的动物实验室。有可为师生提供借阅、检索、查新服务的现代化图书馆。学校下设附属医院、教学实习医院近70所。

学校目前有全日制在校生近7000人。设有中医学、护理学、中药学、心理学、生物医学工程学五个系及临床学院、继续教育学院、国际交流中心。本科专业设有临床医学、中医学、护理学、英语护理学、医学影像学、临床麻醉学、康复治疗学、中西医临床医学、中药学、应用心理学十个专业；专科专业设有临床医学、护理学、英语护理学、医学影像学、临床麻醉学、生物医学工程、计算机应用技术7个专业。

在科研方面，已形成了以中草药研究与开发利用为主的科研方向。1996年以来，先后承担了国家自然基金、科技部重点课题、国家“九五”攻关课题和省部级课题、厅局级课题300多项，多项科研成果获得省部级以上奖励。

学校十分重视与国内外高校和科研机构建立和发展友好交流与合作，与加拿大、日本、俄罗斯、韩国、泰国及香港等几所大学建立了友好院校和交流关系。

行政楼　科研楼

教学楼　教学区

唐山工业职业技术学院

唐山工业职业技术学院是经河北省人民政府批准建立的市属高职院校，与河北省唐山技师学院实行一体化管理。

学院设有机械工程系、艺术设计系、信息工程系、管理工程系、自动化工程系5个系，现开设32个专业，其中艺术设计专业为教育部教学改革试点专业；数控技术、艺术设计、电气自动化技术、酒店管理为省示范专业；《陶瓷产品装饰设计与制作》为国家级精品课；《典型零件的数控编程与加工》为省级精品课；自动化专业教学团队为省级优秀教学团队。学院建有综合实训基地、机电实习厂、数控实训中心、美术实习厂等校内生产性实训基地，形成了“前校后厂、产学一体；贴近区域，开放办学”的集团化办学特色，先后与瑞士、爱尔兰、德国、荷兰、比利时等国有关院校开展对等交流与合作。

2007年学院高职高专人才培养工作水平评估为“优秀”，2008年被列为河北省重点建设的示范性高职院校，2010年学院在高等职业院校人才培养工作评估得到教育厅领导和专家的高度评价。学院是国家教育部等三部委确定的“全国数控技能紧缺人才培训基地”；是国家七部委确定的“百所职业院校推进实施职业资格证书制度的国家试点单位”；是国家农民工培训示范基地建设单位；全国教育网络建设单位；学院数控实训中心、电工电子与自动化实训基地是中央财政支持奖励的重点项目；建有国家职业技能鉴定所。学院现为教育部高等学校创业教育指导委员会委员，中国高技能人才培养联合委员会成员单位，河北省曹妃甸工业职业教育集团牵头单位。学院先后获得河北省职业教育先进单位、唐山市文明单位、振兴唐山先进单位等荣誉称号，2009年获河北省“五一奖状”。学院的“高职教育集团化发展模式”被列入唐山科学发展模式，并获得创新成果奖。学院服务社会的能力不断增强，面向全国招生就业进出两旺。2009年11月16日，由政府投资代建的，占地1644亩，建筑面积50万平方米，投资15亿元的生态型、数字化、开放型、国际化的新校园奠基并全面建设。

河北省委常委、唐山市委书记赵勇会见该院外籍教师里昂

唐山市市长陈国鹰、副市长高瑞华亲切会见学院第二轮高等职业院校人才培养工作评估专家组

德国专家沃尔夫冈·斯佩特先生为自动化工程系汽车检测与维修技术专业学生进行操作指导，并帮助该院规划建设实训基地

全国农民工培训示范基地、自动化系实习车间

该院机械系毕业生在2009年河北省职工技能大赛中获得五一奖章

唐山市委常委姚自敏、副市长高瑞华、黄惠康为曹妃甸新校园奠基

围绕经济社会发展大局
唐山市公安

唐山陈国鹰市长、王久宗副市长、刘志鹏局长参加全市预防道路交通事故工作会议

唐山毗连京津，北依燕山，南临渤海，位于环渤海经济圈隆起地带海岸线的中心部位，由于曾发生震惊世界的大地震的特殊背景和曹妃甸港区开发建设，以及南堡10亿吨大油田的开发等重大因素，是中央、地方各级领导和外宾视察、考察和举办国际、国内重大活动较多城市之一。辖区102、205国道横贯东西、112国道纵穿南北，高速公路连接京津及东北，省道及城乡道路四通八达。唐山市公安交通警察支队担任全长1.5万公里道路、120万辆机动车、135万名驾驶人的道路交通管理重任，素有京东交管“桥头堡”之称。

多年来，公安交警支队在各级党委、政府及公安机关的领导下，坚持以落实科学发展观，为经济社会发展大局营造良好的交通环境为使命，以奋发有为的精神状态，敢于创新的胆识和魄力，高起点、大格局，围绕加快建设适应唐山经济发展的现代化的交通管理目标，上下同心，团结拼搏，内强素质。外树形象，政治建警。依法治警，改革创新，科技强警，狠抓队伍管理的教育、管理和监督，有效地提高了队伍的整体素质和战斗力，队伍建设和业务管理取得飞跃发展和进步。尤其是支队领导班子团结务实，锐意进取，克已奉公，率先垂范，形成坚强的领导核心，增强了队伍的凝聚力、向心力。交警支队连续10年被评为实绩突出领导班子。全体民警爱岗敬业，秉公执法，清正廉洁，踏实奋进，长期扎根一线交通岗位，艰苦奋斗，默默奉献，创造了“车不堵、行有序、路平安”的良好道路交通环境，为维护唐山市的政治安定和社会稳定做出了突出贡献。1999年支队被公安部评为创建平安大道优秀组织奖，2000年起连续10年被公安部、建设部评为畅通工程优秀管理水平；2001年被省委、省政府评为全省政法系统争创“双满意”活动先进单位；2002年6月被公安部荣记集体一等功；2003年被中央文明委授予“全国创建精神文明行业工作先

市公安局党委副书记、副局长文文庆，交警支队长徐忠岭检查基层单位交通安全宣传工作

市公安局党委副书记、副局长文文庆，交警支队长徐忠岭，政委郭志强深入客运车站检查交通安全宣传工作

鼎成一流交通管理大业
交通警察支队

进单位”；2005年被中央文明委授予“全国文明单位”荣誉称号；2006年被公安部评为全国优秀公安基层单位；支队连续12年被省、市评为“文明单位”和创建文明工作先进单位；支队长徐忠岭等4名同志荣获“全国优秀人民警察”称号；先后有135名交警、18个基层单位受到省以上表彰奖励；支队先后12次荣记集体三等功，5次荣记集体二等功。全市交警连续8年做到了无成型违纪。唐山市公安交通警察支队的辉煌业绩，赢得了党委、政府满意、各级公安机关满意和广大人民群众的满意，从而树立了唐山公安交警的形象。河北省公安厅、唐山市委、市政府先后做出了《关于开展向唐山市公安交通警察支队学习活动的决定》。

市公安局党委副书记、副局长艾文庆，交警支队长徐忠岭，政委郭志强参加春运交通安全宣传

交警支队长徐忠岭接受新闻媒体记者采访

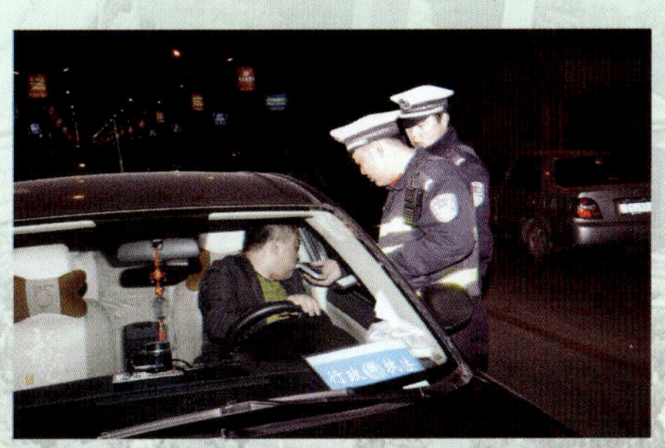

统一开展酒后驾车专项治理活动

组织青年志愿者上街维护交通秩序

全神贯注指挥交通

丰富多彩的交通安全宣传活动

承秦高速公路

承秦高速公路是河北省高速公路网布局规划“五纵六横七条线”的重要组成部分，也是秦皇岛和承德市域路网规划的重要组成部分。项目的实施对于完善国家及河北省高速公路网布局结构，打通河北北部及内蒙中东部等内陆地区便捷的出海通道，带动秦皇岛、承德地区的经济发展，构建京-承-秦一体化旅游金三角具有重要作用，对积极构筑“东出西联”的互动格局，加快建设沿海经济隆起带，促进实现沿海经济社会发展强省的宏伟目标具有重要意义。

承秦高速公路秦皇岛段路线起点为承德、秦皇岛交界处的庙岭，与承秦高速公路承德段顺接，经青龙县八道河乡，青龙镇，茨榆山乡、隔河头乡，抚宁县大新寨乡，穿越槐尖山，跨越大秦铁路和戴河到达终点榆关镇上徐各庄，与京沈高速公路相交并与沿海高速公路相接。路线全长99.207公里。工程概算总投资102.9亿元。

主线采用双向四车道高速公路标准，路基宽度26米。设大桥70座，隧道17座，桥隧比45%。同时建设连接线3条，全长61.14公里。其中，肖营子连接线长19.17公里，青龙连接线长11公里，石门寨连接线长30.97公里。连接线均采用二级公路标准建设，路基宽12米。

全线设监控通信分中心1处；匝道收费站5处；临时主线收费站1处；养护工区和隧道管理所各3处；服务区3处。全线管理、养护及服务设施等房间工程总建筑面积35400平方米。

承秦高速筹建处处长　刘建民

2009年11月19日，开工奠基仪式

2010年1月25日，征地拆迁大会

2009年11月28日，施工进场大会

正式开工奠基

2009年是河北省高速公路承秦筹建处组建的第一年，是承秦高速公路秦皇岛段工程建设的开局年，起步年。一年来，在省交通运输厅和高管局的正确领导下，该处坚持以邓小平理论和“三个代表”重要思想为指导，认真落实科学发展观，全体员工发扬同心同德，求真务实，拼搏奉献，“事”争一流的精神，加大协调力度，把工程设计、工程招标、征地组卷三项重点工作同时抓，极大地促进了整个项目的进展。各项工作取得了可喜的成绩，年初计划完成投资5亿元，下半年调整计划为12.8亿元，全年实际完成13.18亿元，超额完成全年投资计划。年底前，全线15个合同段全部破土动工，承秦高速公路秦皇岛段工程建设全面展开。

施工现场

钢筋加工

承秦十一合同程家沟隧道施工现场

保定市交通运输局

副省长宋恩华听取工作汇报

全市五大项目荣乌高速奠基

保定市交通运输局是市政府主管全市公路、水路的重要职能部门，担负着交通建设、规费征收、运政管理、运输生产等任务，管辖全市22个县（市）的交通业务工作。

2009年完成投资101.8亿元，占年计划的123.9%，其中高速公路建设完成投资80亿元，占112.7%；高速公路连接线完成投资1亿元，占年计划的100%；农村公路完成投资3.5亿元，占年计划的116%，建设里程905.2公里，实现了全市村村通油路的历史性宏伟目标。全年完成客运量11938万人次、客运周转量完成675099万人公里、货运量完成11198万吨、货运周转量完成3900397万吨公里，同比增长16%、6.1%、34%、28.5%；积极推进城乡公共客运发展，新增公交线路3条，新购150部公交车全部投入运营。截止目前，全市通车总里程达到17581公里，其中国道1036公里，省道1813公里，农村公路14732公里，全市基本实现村村通油（水泥）路，公路密度达到79.5公里/百平方公里。全系统涌现出国家级精神文明先进单位1个，省级文明单位21个，市级文明单位26个。

对接京津车队

保定市电谷立交桥

华北第一桥保阜高速黑崖沟特大桥

河北省煤田地质局水文地质队

河北省煤田地质局水文地质队成立于1956年，是河北省煤田地质系统建队最早的地质队之一，是专门从事煤田地质、水文地质、工程地质、水源井、特殊凿井等项目的地质勘探队伍。近年来，该队坚持强化主业的经营方针，紧紧抓住市场机遇，通过完成省地勘基金项目和承揽、施工各类社会地质工程项目，全面推动了全队经济的快速发展。同时，多经产业也有了快速的发展。该队二级多经企业邯郸市春雨水净化设备厂，自1995年立项开办，经历了近二十年的坎坷历程，现在已发展成为一个能够独立承担设计施工大型反渗透水处理工程、软化水工程、废水处理工程，并拥有近20个型号的JLK-C系列防垢节能电开水器产品，ZJJ-9/660型矿井水净化加热装置，省内最大的利用膜技术进行水处理和生产相应产品的企业。

5吨/时双级反渗透设备

2009年全年完成生产经营总值6097万元。其中省地勘基金项目1722万元，社会地质中固体矿产地质勘查及矿山服务地质项目2074万元，桩基工程192万元，多种经营项目水净化设备厂1457万元，机修厂652万元。职工年人均收入49250元，完成了省局下达的同比提高12%的指标要求。全年经营利润完成了省局下达的188万元的指标要求。全年总计完成钻探工作量32170m。通过了ISO9001：2000质量管理体系认证的监督审核，完成了ISO9001：2008版标准体系文件的换版修编工作。编制完成了省地勘基金项目高迁、东洞、新乐区煤炭资源预（普）查报告3件，矿井地质报告2件。汇交省地质资料馆省地勘基金项目地质报告6件。水净化设备厂防爆电开水器安全标志证书通过了国家煤矿安监局安标办的监督审核。该队连续四年荣获邯郸市“文明单位”的光荣称号。2009年，队党委被评为邯郸市建设系统精神文明建设工作先进单位和基层党建先进工作单位；队纪委被评为邯郸市建设系统党风廉政建设先进单位。

FST-8.0洗煤机

施工中的地质勘察钻机

河南偃师桩基工地

梧桐庄矿回灌孔工程

河北省御道口牧场

御道口牧场位于河北省承德市围场县北部坝上地区，土地总面积149.5万亩，是河北省迄今保存最为完好的原始草原。御道口牧场始建于1953年，1980年后隶属于河北省农垦局。1999年被国家计委命名为御道口林场，增挂御道口林场牌子。2003年整体下划给承德市人民政府。现下辖20个生产队，总人口近4000人，在职职工1200多人。

2009年7月20日，由承德市市长张古江带队的承德市重点项目观摩团来牧场检查观摩华润风电建设情况

御道口牧场不仅水、草资源丰富，适合发展畜牧业，而且风景优美，是清朝皇家避暑狩猎胜地，占有木兰围场七十二围中的六围，独特的自然景观中又蕴藏着浓厚的皇家文化内涵，加之恰在“北京—承德—围场—塞罕坝国家森林公园—御道口牧场（御道口草原森林风景区）——丰宁—北京”黄金旅游线中段，“御克”二级公路（河北围场县御道口乡至内蒙古克旗）公路贯穿全场，电力、通讯等基础设施齐备，旅游开发优势也十分突出。

2009年1月8日，承德市副市长丁万明带领承德市森林防火相关部门来牧场检查防火工作

御道口牧场地处内蒙古高原东南边缘，由于受西伯利亚和外蒙高原冷高压控制，多寒潮大风，地势平坦，风况良好，年有效风速累计时数可达5475小时，有利的风资源与国家因能源紧缺加快实施清洁能源战略相吻合，可进行大型风力发电场建设，可装机面积500多平方公里，规划风电开发总量达200万千瓦。

御道口牧场过去以牧为主，目前林业、畜牧业、旅游业、风电开发即“林、牧、游、电”四大产业并举，多向发展。到2009年，林业累计造林60多万亩；畜牧业拥有肉羊8万多只、肉牛7000多头、奶牛3000多头。旅游业建立了国家级“草原森林风景区”和30万亩省级自然保护区，被国家旅游局评定为国家AAAA级风景区，年接待游客20多万人。风电产业有香港华润、华能和河北建投三家企业在场内开发建设。

草原暮色

层林尽染

桃山湖风景

保定国家高新技术产业开发区

保定国家高新区中心园区

保定国家高新技术产业开发区是国内最早涉足新能源产业的国家级高新区。2003年4月，保定高新区新能源设备产业基地被国家科技部正式批准为全国第一个，目前也是国内唯一的国家级新能源与能源设备产业基地。基地主要涉及太阳能光伏发电设备制造，风力发电设备制造，新型储能材料、电力电子与电力自动化设备制造，输变电设备制造及高效节能设备制造等六大产业体系。2006年，保定市正式提出“中国电谷”的发展构想，在国内率先启动了“中国电谷”建设，并把保定高新区作为中国电谷建设的实施主体。经过多年的发展，保定高新区已成为国家重要的新能源产业支撑平台。

2009年，在保定市委、市政府的正确领导下，高新区党工委、管委会深入贯彻落实科学发展观，扎实推进“作风建设年”，紧紧围绕“大项目、大规划、大储备、大融资、大招商”工作主线，积极应对金融危机不利影响，突出项目建设，创新体制机制，完善服务环境，强化社会管理，经济建设和社会事业都有了新进步，预定发展目标顺利实现，为高新区“二次创业”奠定了坚实基础。全年实现工业总产值548.7亿元，同比增长33.3%；规模以上工业增加值实现84亿元，同比增长20.7%，占全市17.6%；实现工业利税49.2亿元，同比增长49.9%；完成财政收入17.6亿元，同比增长31%，占全市10.5%；实际利用外资3.62亿美元，占全市的85%；出口创汇17.2亿美元，占全市的44.1%。中国电谷实现工业总产值320.6亿元，同比增长25.9%；出口创汇12.4亿元美元，同比增长26.1%。其中，全区规模以上工业增加值、财政收入、实际利用外资、出口创汇等4项指标都保持了全市第一。

保定国家高新区将按照“生态电谷、低碳新城”的发展定位，致力建设一流创新型特色园区。力争到2015年，实现工业产值1500亿元，到2020年达到3000亿元，使保定成为中国新能源产业发展的领军城市之一。

刚竣工的保定乐凯北大街北延道路全部采用太阳能LED路灯照明

电谷锦江国际商务酒店——世界首座太阳能玻璃幕墙并网发电

英利集团多晶硅太阳能电池生产场景

光伏设备制造业——天威薄膜光伏公司生产场景

天威风电公司风电整机生产线

前进中的石家庄

石家庄市副市长、高新区工委书记刘晓军在签约仪式上致词

高新区吸引了一大批科技精英来区施展才华

作为河北省对外开放的重要窗口，在十余年的建设过程中，石家庄高新区始终把扩大对外开放作为经济工作的重要抓手，积极营造宽松的发展环境，制订优惠的政策，外商投资企业在创造就业岗位、缴纳税收、出口创汇、引进资金、技术、人才和管理发挥了巨大的作用，有力促进了高新区经济的发展和国际竞争力的提高。目前，一批国际知名公司，如日本的住友商事、双日株式会社，美国的休斯公司、哈里斯公司、孟山都公司，德国的赫斯特公司，英国的汇丰银行等均在市区内投资建设了企业，石家庄高端医药生物产业园区正在加紧建设中。

经过十余年的建设，高新区已基本形成现代化城区框架。在全省“三年大变样”工程中，高新区将在石家庄市率先实现城区面貌大变样，城区布局更加科学合理，基础设施更加完善，建筑群体更加现代气派，人文环境更加和谐，生态环境持续好转，城市品位明显提升，成为展示省会品位和形象的现代化新城区。

位于石家庄市主城区与新城区东西主轴线交接位置的中央商务区，是高新区近几年在城市建设方面的重点地段，是新城区城市中心的延伸，承载着城市副中心的金融办公、商业购物、文化娱乐休闲游憩等功能。

石家庄高新区火炬广场

国家高新区

科技企业深圳上市

以岭医药

高新区重点打造高端医药生物产业

位于高新区长江大道上的大型雕塑

飞速发展的

河北省长陈全国到曹妃甸视察

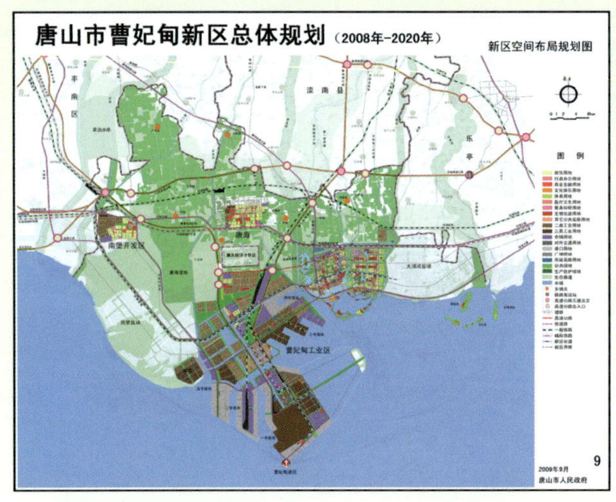

曹妃甸新区总体规划

曹妃甸新区位于河北省唐山市“唐山湾”中心地带，由曹妃甸工业区、南堡经济开发区、曹妃甸新城和唐海县四部分组成，规划面积1943.72平方公里，陆域海岸线约80公里。2009是曹妃甸新区正式挂牌成立的第一年，新区紧紧围绕建设国家级循环经济示范区和科学发展示范区的总目标，按照“大区域规划、大视野谋划、大项目支撑、大集团发展、大范围协作”要求，突出港口、港区、港城协调联动、一体化发展，坚持以改革创新为动力，以统筹规划为龙头，以产业聚集为重点，以基础配套为前提，以城市建设为依托，以项目建设为总抓手，以干部作风年建设为保障，全面掀起了开发建设的高潮。全区共安排重点建设项目401项、总投资5202.3亿，其中续建项目68项、新建项目239项、前期项目94项。实际完成固定资产投资1022亿元，实现财政收入30亿元，持续保持了经济社会健康快速发展的良好态势。

曹妃甸新区的发展优势。**一是区位优势**。曹妃甸毗邻京津冀城市群，居唐山湾“四点一带”的核心；**二是港口优势**。曹妃甸是渤海沿岸唯一不需要开挖航道和港池即可建设30万吨级以上大型泊位的天然“钻石级”港址，直接连通国际终端大港；**三是资源优势**。拥有亚洲最大的南堡盐场、10亿吨以上储量的大型整装油田、110平方公里的湿地和1000多平方公里的滩涂和荒地；**四是市场优势**。可方便地走向世界，辐射整个拥有2.5亿人口的环渤海腹地；**五是产业优势**。唐山是中国近代工业的摇篮，是全国重要的能源、原材料基地，是曹妃甸新区的直接依托；**六是成本优势**。曹妃甸的劳动力成本、电力成本以及其他的综合成本仅相当于南方一些地区的50%至60%；**七是政策优势**。曹妃甸是国家级科学发展示范区和循环经济示范区，拥有土地、税收等方面的政策优势；**八是环境优势**。党中央、国务院高度关怀曹妃甸开发建设，使这里具备了友好、宽松的政治环境和人文环境。曹妃甸实行重点项目代办制，代办专员直接帮助企业免费办理所有手续，为企业创造了效率最高、成本最低的市场介入方式。

曹妃甸新区的功能定位。党中央、国务院和河北省委、省政府先后将曹妃甸列入国家首批循环经济试点产业园区、“十一五”发展规划和河北省综合配套改革试验区。2008年初，《曹妃甸循环经济示范区产业发展总体规划》获得国务院批准。曹妃甸新区的功能定位为：中国能源、矿石等大宗货物的集疏港，新型工业化基

曹妃甸国际生态城效果图

曹妃甸国际会所

曹妃甸散杂货码头

曹妃甸新区

地，商业性能源储备基地，国家级循环经济示范区，中国北方商务休闲之都和生态宜居的滨海新城。

曹妃甸新区的发展目标。建设世界一流的国际大港。在曹妃甸港区62公里可利用岸线上，规划建设矿石、煤炭、原油、液化天然气、化工、散杂货、集装箱等类型的码头泊位260多个，年吞吐量将超过5亿吨，成为世界上最大的港口之一。建设环渤海地区的新型工业化基地。以发展循环经济为立区之本，按照“减量化、再利用、资源化”的原则，打造以现代物流、钢铁、石化、装备制造和海洋化工五大产业链为重点的循环经济示范区。建设唐山湾滨海生态城市。建设国家级旅游度假胜地、城乡一体化样板和现代化农业示范基地。建设总面积150平方公里、人口规模100万的唐山湾滨海生态城市。

唐山市委常委、曹妃甸新区党工委书记、管委会主任姚自敏慰问一线工人

曹妃甸是“黄金宝地”，新区将以科学发展观为指导，高起点、高质量、高水平地规划好、建设好、使用好，使之成为科学发展示范区，环渤海地区的“耀眼明珠”。

南堡油田2号人工岛

曹妃甸港区30万吨级原油码头

渤海国际会议中心

河北唐山高新

2009年8月，前国务院副总理李岚清到唐山开诚电控设备集团有限公司考察矿山抢险探测机器人

河北唐山高新技术产业园区成立于1992年4月，为省级高新技术产业园区。（以下简称唐山高新区）高新区位于市中心区北部，原规划面积4.5平方公里。2009年7月，经省政府批准，扩区至31平方公里。高新区现辖1个街道办事处，9个行政村，10个居委会，辖区总人口10万人，其中农业人口4474人、城镇人口49444人。

唐山高新区位于唐山市中心区北部，原规划面积为4.5平方公里，2009年7月，河北省政府批准规划面积扩展为31平方公里。经过18年的建设和发展，已取得明显成效。

一园两基地 唐山高新区日资工业园已引进日资企业22家，占河北省日资企业总数的1/3，是河北省日资企业最集中的区域，企业有日本松下产业机器株式会社、日本伊藤忠商事株式会社、日本株式会社神户制钢所、日本爱信精机株式会社等世界500强企业。2009年，日资企业实现总产值28.64亿元，占全区总产值的16.83%；实现利润4.11亿元，占全区总利润的47.03%，成为全区经济发展的助推器，并被确定为河北省“十大”特色工业园区之一。

唐山高新区焊接产业基地是国家级特色产业基地，已有企业18家，产品涵盖了焊接设备、机器人及其系统、切割设备、焊接材料及辅助机具等各个领域，是国内规模最大、产业链条最为完备的焊接产业集群，并被国家科技部火炬中心批准为国家火炬计划唐山焊接产业基地。2009年，焊接产业基地实现产值17.1亿元，利润3.54亿元。

唐山高新区汽车零部件产业基地，是环渤海地区重要的汽车零部件基地。基地已有企业5家，主要产品有轻轨车辆、地铁隧道结构件、混凝土搅拌运输车和自卸车，汽车发动机缸体，汽车关键零部件、关键零部件用精密型冲模等。2009年，汽车零部件产业实现产值12.1亿元，利润0.83亿元。

主导产业 唐山高新区业已形成了焊接、汽车零部件、新材料和新型建材、智能仪器仪表、生物医药、节能环保六大主导产业集群。新兴的软件和机器人企业异军突起，软件、机器人产品渐成产业化趋势，拥有了唐山松下产业机器有限公司、唐山爱信汽车零部件有限公司、唐山海螺型材有限责任公司、太阳石（唐山）药业有限公司、唐山开诚集团电控有限公司、唐山汇中威顿仪表有限公司等一批主导产业骨干企业。

2009年9月22日，河北省副省长孙瑞彬来唐山高新区视察

2009年10月16日，国家科技部高新司司长冯记春来高新区考察高新技术产品

技术产业园区

建区以来，唐山高新区累计完成固定资产投资100.5亿元，累计施工面积266万平方米，累计竣工面积167万平方米。现有企业570家，其中工业企业205家，服务业企业365家。外商投资企业58家，投资商涉及日本、美国、韩国等14个国家和地区，其中有松下电器、伊藤忠商事、神户制钢和爱信精机4家世界500强企业。唐山高新区累计完成地区生产总值303亿元；财政收入53.1亿元；实际利用外资3.7亿美元；固定资产投资100.5亿元；出口创汇8.4亿美元，主要经济指标年均增长速度在30%以上。

2009年完成地区生产总值60亿元，同比增长18.71%；财政收入11.1亿元，同比增长33.72%；实际利用外资3017万美元，同比增长20.86%；固定资产投资16.5亿元，同比增长20.31%；出口创汇1.4亿美元。经济发展质量连续四年在全省开发区位居第一。

2009年9月，河北省委常委、唐山市委书记赵勇视察高新区企业

2009年8月，唐山高新区举行“全民健身日”暨百人长跑活动

2009年9月22日，河北省政协主席刘德旺参观考察唐山高新区

唐山开诚电控设备集团有限公司研制的国内首台矿山抢险探测机器人

2009年10月27日，上汽集团来人到唐山高新区考察

河北唐山海港

亿吨大港—唐山港京唐港区

河北唐山海港经济开发区位于河北省唐山市东南80公里处的渤海岸边，地处环渤海经济圈中心地带，距首都北京233公里，距天津208公里，是1993年6月经河北省人民政府批准设立的省级经济开发区。民主革命先驱孙中山先生在《建国方略》中提出拟建的“北方大港”——唐山港京唐港区位于区内，与开发区统一规划，同步开发，互为依托，共同发展。作为河北建设“沿海经济社会发展强省”，唐山“建设科学发展示范区”的最前沿，建区17年来，开发区从一片盐碱滩涂上起步，通过自我开发、自主经营、滚动发展，目前建成区面积不断延伸，人口不断集聚，经济实力不断增强，城市功能不断完善，初步形成了以现代港口、临港工业、商贸物流为特色、以开放型经济为主体的现代化滨海新城。在32.85平方公里的规划面积内，总人口达5万，各类注册企业566家，西班牙德佳德斯公司、德国蒂森克虏勃等世界500强企业以及中冶集团、大唐国际、首钢集团、中材建设等国内知名企业相继落户开发区。

2009年，在河北省委、省政府和唐山市委、市政府的正确领导下，开发区党工委、管委会团结带领全区干部群众，深入贯彻科学发展观，紧紧围绕“保增长、调结构、惠民生、促和谐”的总体要求，深入推进“二次创业”，积极应对各种挑战，全区经济社会发展取得了显著成就。全年实现地区生产总值65.2亿元，同比增长14.1%；完成全部财政收入15.6亿元，增长7.1%；实际利用外资3326万美元，同比增长10.8%；引进内资58.4亿元，增长21.1%；固定资产投资78亿元，增长48.8%，开发区综合实力得到进一步提升。

开发区商业街夜景

经济开发区

把握关键，项目建设取得重大突破。坚持把抓项目、兴产业、增投入作为保增长的根本举措，认真筛选了总投资305亿元的一批拟建和续建重点项目，实施40个保增长、调结构项目建设攻坚行动，落实项目分包，捆绑挂图作战，强力推进重点项目实施，全年续建和新开工项目42个，项目总投资180亿元。

开发区生活小区一角

应对困境，港口建设运营实现逆势上扬。以京唐港建港运营20周年为动力，强化管理，拓宽货源，货物吞吐量突破亿吨，开创了港口历史上新的里程碑。

强力推进，“城区面貌三年大变样”工作成效显著。投资1.5亿元，8倍完成市达绿化目标；投资7000万元，完成两条道路的街景改造，亮化效果唐山市一流水平；投资2600万元，实施8万平米的既有建筑节能改造，三年市达任务一年完成，群众出资比例、建设速度走在全省前列，城区面貌展现新形象。四是践行承诺，民心工程得到全部落实。以“十件实事”为抓手，落实为民承诺，办好利民实事，促进经济发展成果全民共享。教育、文化、医疗、社保等各项事业协调进步，人民群众安居乐业。

四通八达的开发区道路

中冶恒通冷轧技术有限公司外景

大唐国际王滩发电有限公司

开滦煤化工园区夜景

新落成的海韵广场

蓬勃发展的唐

生产指挥调度中心

唐山港京唐港区是唐山市联合北京市共同投资建设的我国沿海重要港口，位于唐山市东南80公里处，综合能力位居全国港口18位。京唐港区地理位置显要，自然条件优越，建港谋划由来已久，是民主革命先驱孙中山先生在《建国方略》中拟建的“与纽约等大”、“为世界贸易之通路”的“北方大港”港址。自1989年动工兴建以来，数易其名，影响日增。京唐港区在发展中进步，在进步中实现了新的跨越，总结归纳出了联合发展、科技兴港、人才兴港、创新发展、开放发展、安全发展、协调发展、资本运作、多元化等独具特色的九大发展道路，在20年的时间里完成了其它兄弟港口数十年、上百年走过的历程。目前，京唐港区已建成第一、二港池全部和第三、四、五港池部分泊位，形成5个港池建设运营的整体格局。建成散杂、件杂、多用途、集装箱、煤炭、水泥、纯碱、液化石油气等各种功能的1.5～10万吨级泊位31个，设计通过能力7388万吨/20万标准箱。建成10万吨级航道，可满足10万吨级船舶单向、5万吨级以下船舶双向通航；建有各类堆场300万平米，各类仓储、铁路、导助航、辅建设施齐全。港口总资产达100多亿元。京唐港区腹地广阔，除以唐山地区为直接腹地外，兼济河北、京、津等其它周边地区，并辐射晋、蒙、陕、甘、宁、新等广袤的西部地区，水路通达50多个国家（地区），120多个港口。京唐港区是国家重点物资运输的重要港口，在我国煤炭、矿石、钢铁等货物运输中占有重要地位，是“北煤南运”七港之一。2008年港口货物吞吐量达7645万吨，同比增长69%。2009年，在建港运营二十周年之际，港口货物吞吐量达到10541万吨，同比增长38%，增幅居全国沿海港口第一，一举跨入我国亿吨大港行列，成为我国最年轻的亿吨大港。唐山港集团股份有限公司是唐山港的拓荒者，在京唐港区投资、建设、运营中发挥着主导作用，先后荣膺

港区远眺

山港京唐港区

花园式港口

全国“五一劳动奖状”、全国“模范职工之家”、中国“最具成长性企业”、中国百佳诚信企业、中国交通百强企业等多项国家级荣誉称号。京唐港区建港技术独特创新，粉沙质海岸建港、挖入式港池布局均为全国首创，取得了以“中国港口协会科学技术奖”一等奖为代表的多项创新成果。

京唐港区前景壮阔，蓝图宏伟，在河北建设沿海经济社会发展强省实践中发挥着重要作用，勇当唐山科学发展示范区建设的排头兵，“四点一带”大规模开发建设率先发展的排头兵。按照唐山港“一港两区”模式，京唐港区与曹妃甸港区将逐步形成分工明确、各有侧重、协调发展的港口新格局。新的历史形势下，京唐港区将按照综合性、生态型、国际化的发展方向，加快功能调整，完善物流服务，搞好资本运营，发展产业链经济，推进码头深水化、泊位专业化、大型化、集装箱化和布局园区化，加速建设国内一流、国际知名的现代化科学发展示范港口。当前，港口项目建设如火如荼，五港池新建的液体化工码头和三港池新建的20#－22#已经试运营，20万吨级航道、25万吨级深水矿石码头、“两仓”建设等重点项目正在抓紧运作和建设。到2015年，港口货物吞吐量将达到1.5亿吨，集装箱达到100万标箱；2020年，吞吐量达到2亿吨，集装箱达到200万标箱。

码头一角

宽敞整洁的货物堆场

京唐港区1号2号港池全貌

钢材作业现场

集装箱运输

承德市高新技术产业开发区

承德高新区新建项目集体开工仪式

韩国韩化集团来高新区考察

承德市高新技术产业开发区（以下简称高新区）是1992年6月经河北省人民政府批准建立的省级高新技术产业开发区。批准规划面积6.2平方公里，分为东区、西区、南区和闫营子四个区域。2009年7月17日，经河北省人民政府批准，高新区成功实现扩区18.5平方公里，扩区后总面积24.7平方公里。2009年3月14日，唐山曹妃甸承德临港工业园正式挂牌成立，由高新区代管，规划面积20平方公里。目前，承德高新区由核心区、上板城工业聚集区和唐山曹妃甸承德临港工业园三部分组成。

核心区 承德高新区核心区规划面积6.2平方公里。经过十几年的建设与发展，现已初步形成形成饮料制造、医药制造、智能化仪器仪表、汽车零部件、装备制造五大主导产业格局。2009年，核心区完成技工贸总收入72亿元，地区生产总值19.6亿元，主营业务收入47亿元，财政收入3.76亿元，固定资产投资18.6亿元，外贸出口创汇2000万美元。以1993年为基数，技工贸总收入、地区生产总值、全部财政收入、固定资产投资年均增速分别为48.47%、43.22%、64.11%、21.82%。

高新区核心区将紧紧抓住国际旅游城市建设和高速公路、京沈高铁客运专线建设将带来的重大机遇，逐步推动区内现有企业外迁转移，以高铁站为核心，建设具有国际化水平的绿色商务港、国际会议会展中心、现代化的旅游服务中心、文化娱乐中心和商业中心，形成以现代服务业为支撑，宜业、宜游、宜居，展示新城形象，极具吸引力的城市新区。

上板城工业聚集区 上板城工业聚集区2009年正式建立，由承德高新区与承德县共建共享。园区位于承德县上板城镇，处于东北、内蒙、华北交界地带，距承德县城15公里，距承德市区20公里，位于承德地区中心，交通便利。上板城工业聚集区将着力打造生态型产业聚集区，重点发展先进制造业和高新技术产业，提升区域生态环境，完善配套服务设施，增加工业旅游景点，吸引人口集聚，发挥促进城市“中疏”与“南扩”的重要作用。

唐山曹妃甸承德临港工业园 按照省委、省政府关于建设冀东经济区的战略构想，2008年承德、唐山两市政府确定启动建设唐山曹妃甸承德临港工业园。园区隶属于承德高新技术产业开发区，位于唐山南部沿海、渤海湾中心地带，左临迁曹高速铁路，右临唐曹高速公路，居于曹妃甸新区唐海县腹地。规划面积20平方公里土地，起步区面积5平方公里。

唐山曹妃甸承德临港工业园将抓住冀东经济区建设与发展的重大机遇，依托近邻港口的区位优势，大力发展先进装备制造和物流业，促进两市资源共享、产业互补和衔接，着力打造临港产业基地和外向型经济发展平台。

即将建成投入使用的科技研发中心大厦

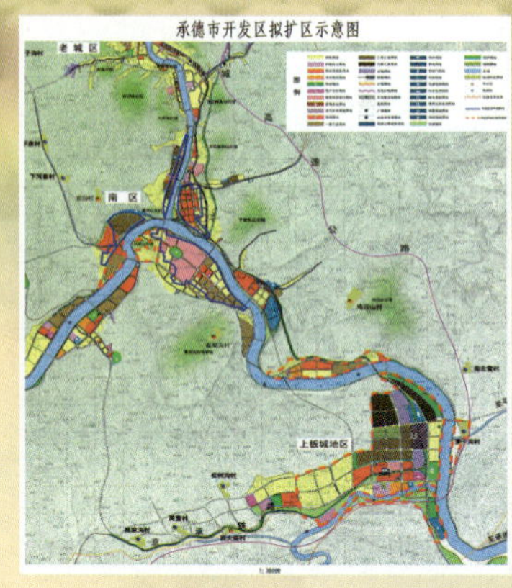

承德高新区扩区示意图

环京津示意图

石家庄循环经济化工示范基地

陈全国省长视察石炼化

石家庄循环经济化工示范基地（以下简称化工基地）是河北省省级产业聚集区，是河北省政府与中石化集团战略合作项目。坐落在石家庄市石环东路东侧，规划面积10平方公里。化工基地是以石炼化800万吨炼油综合改造及40万吨己内酰胺项目为龙头，按照产品项目、公用辅助、物流传输、环境保护、管理服务“五个一体化”理念，建设以石油化工为主、石油化工与煤化工有机结合、氯碱化工作为有益补充的“三化合一”循环经济产业聚集区。

省委副书记车俊视察化工基地

化工基地到“十二五”末计划总投资310亿元，项目分三期建设：一期项目总投资40亿元，重点建设500万吨炼油改造、16万吨己内酰胺、10万吨环己酮等项目，基本完成基础设施和公用工程建设，现初步形成“三化合一”产业链。二期项目总投资120亿元，重点建设800万吨炼油综合改造、60万吨合成氨、30万吨离子膜烧碱等项目，整体实现石油化工、煤化工、氯碱化工在基地布局、产品链接、技术路线、环境保护、基础共享的有机结合，形成“三化合一”的产业特色。三期项目投资150亿元，重点发展以“三化合一”为特色的精细化工项目和高附加值产品，进一步优化延伸产业链条，提升基地竞争力。到“十二五”末化工基地将整体实现产值1000亿元，利税200亿元的规划目标，建成标志省会工业形象的现代化化工基地。

2009年化工基地在石家庄市委、市政府的正确领导下，积极应对国际国内复杂严峻的经济形势，按照“保增长、调结构、抓项目、强园区，全力打好工业发展攻坚战”的要求，狠抓投资过百亿的800万吨炼油、60万吨合成氨、30万吨离子膜烧碱三个大项目开工建设，力促16万吨己内酰胺、10万吨环己酮、10万吨双氧水等6个工业项目联动投产，瞄准国内一流目标，努力提升园区形象，克难攻坚，真抓实干，全面完成了市委、市政府下达的目标任务。截至2009年底，已有中国石油化工股份有限公司石家庄炼化分公司、石家庄联合石化有限公司、石家庄金石化肥有限责任公司、河北石焦化工有限公司、河北诚信有限责任公司、石家庄东华金龙化工有限公司、河北旭隆化工有限公司7家工业企业入驻化工基地；累计完成投资69亿元，其中当年完成投资18.2亿元，全年实现销售收入174亿元，实现利税30亿元，为全市保增长、调结构、强园区做出了一定贡献。

10万吨环己酮生产装置

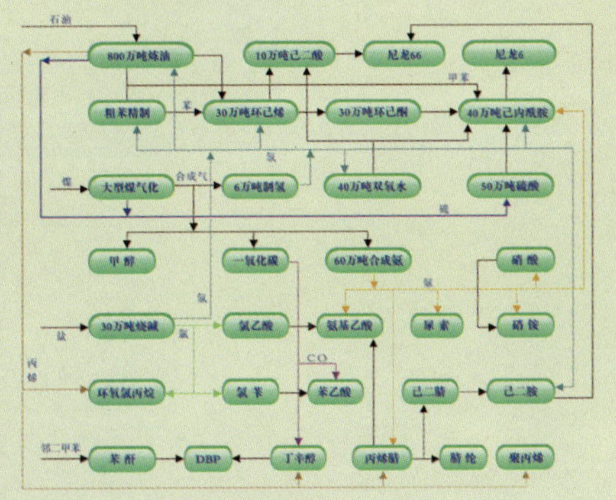

化工基地循环经济产业链

沧州临港

张云川书记来园区考察

杨崇勇副省长来园区调研

2009年，面对金融危机的持续影响，沧州临港化工园区在各级领导的大力支持下，坚持“两手抓”、“两手硬”。“一手抓”即：在做好环保和安全工作的基础上，将工作重心前移，狠抓已建成项目的投产，努力实现经济的良好运行。另“一手抓”坚持主动“走出去”和积极“引进来”相结合，拓宽招商引资渠道，形成多渠道、全方位的全员招商形式，争取更多更大更好的项目入园。全年生产总值（GDP）完成43937万元，同比增长23%；工业总产值完成198063万元，同比增长34%；工业销售收入198125万元，同比增长40%；固定资产投资完成95000万元，同比增长77%；税收收入4800万元；出口创汇完成7083万美元。全年已建成项目7个，总投资26.6亿元；在建项目12个，总投资39亿元；在谈项目12个，总投资331.8亿元。

2009年，园区强力推进了几项重点基础设施项目。总投资达18596.4万元，项目承载力进一步增强。一是圣捷污水处理厂升级改造工程，投资2000万元，预计年底完成。二是投资3320.4万元的精细区供热管网工程。三是投资2000多万元的石油化工区污水排放系统，一期工程于今年3月份完工现已投入使用。五是投资226万元的道路绿化工程。六是投资11050万元修建了化工一路、通四路、中辛公路。

2009年11月16日，金牛8万吨离子膜烧碱开工庆典

2009年园区以环境监察为突破口，以污染源治理为起点，以优化环保审批为主线，以抓污染减排为中心，以深化环保专项行动为抓手，确保园区可持续发展。一是开展环保“利剑”行动，环保治理资金共投入3700余万元，并多次组织专家论证会，逐企业全面排查，并派驻人员进企业督促整改，对整改不达标的

化工园区

企业停产治理；二是采取一系列污染防治措施，多措并举，有效控制了气体的无组织排放，各企业排水及污水处理厂进水稳定达到了《污水综合排放标准》GB8978－1996中规定的二级标准要求；三是为加强对园区企业排污情况及环保设施运行状况的监管，园区管委会投资100余万元建设无线监控工程；四是在2008年减排工作的基础上，园区制定了《2009年度污染物总量减排工作计划》，落实减排措施。目前重点污染企业已进行了全面整改。

付志方常务副省长来园区调研

土地集约利用评估验收会

国家环保部来园区考察

2009年3月5日，沧州大化聚海分公司开工庆典仪式

荷兰德和威公司来园区考察

河北高碑店经济开发区

河北省委常委、政法委书记张越到开发区调研

河北高碑店经济开发区位于高碑店市区东部京珠高速两侧，是经河北省政府批准设立的省级经济技术开发区，规划面积14.12平方公里。园区地处京津保三角腹地、环京津卫星城市带核心区域，北距北京68公里，东距天津112公里，南距保定58公里，交通四通八达，具有得天独厚的地理区位优势。

高碑店开发区已累计投入基础设施建设资金10亿元，区内基本实现了“九通一平”，污水处理、垃圾处理等配套设施完善，园区承载能力日益提升。除执行国家、省规定的优惠政策外，坚持“土地政策舍得给，地方留成舍得返，纳税大户舍得奖”，对重大项目实行一事一议、特事特办，为投资者提供了宽松、舒适、便捷的服务环境。

高碑店开发区已入驻企业81家，长城汽车、娃哈哈、康师傅、白象、德国墨瑟门窗、北京一机床等多家国内外知名企业落户园区，初步形成了汽车制造、饮品食品、机械制造、新型建材、新能源五大主导产业。2009年，全区完成工业总产值52亿元，地区生产总值15.3亿元，财政收入3.4亿元，固定资产投资24.9亿元，为建区以来发展最快的一年。

2009年以来，高碑店开发区围绕“两区四城一港一园”的发展思路，着力打造工业核心区和核心商业文化区，加快建设国际节能门窗城、国际绿色建材城、国际环保产业城、京南汽车贸易城、三北物流中转港和德国工业园。随着这些大项目的建成投产，高碑店开发区必将迈入跨越式发展的新时期，成为环渤海、环京津地区经济腾飞的一颗璀璨的新星。

长城华北汽车有限公司皮卡生产线

污水处理厂一级处理池

顺达墨瑟公司省级企业技术研发中心

白沟·白洋淀温泉城

在《保定市“一主三次”城市发展规划纲要（2008—2020年）》中，明确提出建立“白沟•白洋淀温泉城”次中心城市：把温泉城省级开发区政策覆盖到白沟镇；把白沟的商贸物流优势和白洋淀温泉城的政策优势、旅游资源优势结合起来，实现优势互补、互利共赢、加快发展。自2008年7月28日白沟•白洋淀温泉城组建以来，特别是2008年12月，规划面积37平方公里，集加工制造业、商贸服务业、休闲旅游业为一体的“白沟•白洋淀温泉城”省级产业聚集区通过了省政府审批，成为省重点支撑项目，极大促进了全区经济发展。

时任河北省省长胡春华视察工作

2009年，白沟•白洋淀温泉城党工委、管委会在保定、市政府的正确领导下，以科学发展观统领全局，紧紧围绕建设保东次中心城市、打造京南卫星城这一目标，以理顺体制、完善职能为保障，以项目建设为重点，加快次中心城市发展①优化发展环境。实行重大项目领导干部分包责任制，出台招商引资优惠政策，开通审批“绿色通道”，实行入企检查“准入证”制度，切实提高服务质量，力促项目落地开工。②申报省市重点项目。2009年共重点实施项目93个，总投资达687亿元，其中在建项目36个，向上级争取用地指标669亩。第一批省市重点项目共20项，总投资105.36亿元。③加强项目储备。充分利用全区有效资源，立足重点区域、重点产业和重大项目，加强项目储备工作，积极参加各类广交会、展会，加大招商引资力度。总投资166.8亿元的白沟新城、国贸会展中心、现代物流仓储商贸区3大项目于2009年7月集中奠基开工。

白沟箱包大厅

2009年全区生产总值完成37.6亿元，同比增长14.2%；规模以上企业实现增加值6.6亿元，同比增长25%；财政收入完成2.007亿元，同比增长33.8%；全社会固定资产投资完成38.7亿元，同比增长139%；社会消费品零售总额完成27.96亿元，同比增长20%；农民人均纯收入完成11280元，同比增长9%。市场成交额完成310亿元，同比增长20%；箱包产业产值完成73.64亿元，同比增长20%。

白洋淀温泉城旅游码头

白洋淀淀景

高尔夫球场

华润管理培训学院日式温泉

箱包交易城外景

唐山曹妃甸承德临港工业园

签署设立承德临港工业园框架协议

曹妃甸承德临港工业园揭牌仪式

建设承德（曹妃甸）临港工业园是省委、省政府打造冀东经济板块的重大决策部署，唐山市在规划曹妃甸新区时，划出20平方公里土地，供承德发展临港经济，起步区规划面积5平方公里。2009年2月22日，承、唐、秦三市共同签署《关于在曹妃甸设立承德、秦皇岛临港工业园区的框架协议》，3月14日，省委常委、常务副省长付志方为承德临港工业园揭牌，标志着承德临港工业园各项工作全面启动。曹妃甸承德临港工业园地处唐山南部沿海、渤海湾中心地带，该区域位于曹妃甸工业区的北部，西临唐海湿地、东接曹妃甸生态城，距唐曹高速公路出口大约300米，距港口4公里，属于曹妃甸新区唐海县腹地。西距北京220公里、天津120公里，北距唐山45公里，东距秦皇岛港150公里，南距曹妃甸工业区20公里、曹妃甸深水大港40公里。依托京、津、唐广大腹地，陆路、水路交通通畅，具备良好的区域发展条件。

唐山曹妃甸承德临港工业园的开发建设要适应园区企业发展的要求，促进企业文化规范化、规模化建设和资源的合理配置，为园区内企业的持续、快速、全面发展创造良好的空间环境。园区采取分步开发，滚动发展的建设思路，起步区规划面积5平方公里，目前正在启动开发2平方公里。曹妃甸承德临港工业园未来将成为以装备制造生产为主、兼顾生活配套服务设施的资源节约型、环境友好型、创新驱动型综合园区。

唐山曹妃甸承德临港工业园从2010用3年时间完成5平方公里开发任务，承接大入规模项目入区的建设和经营，达到预期的经济效益，预计2012年累计完成开发投资50亿元，年产值达到150亿元，利税7.5亿元，到2020年完成整体工业园20平方公里的开发任务，最终建成一个配套齐全，投资密集，产出高效，经济、社会和环境协调发展的现代化新型临港工业园。

2009年，承德(曹妃甸)临港工业园管委会在市委、市政府的正确领导下，全面贯彻落实市委十二届四次、五次全会精神，以科学发展观统领全局，紧抓“建设冀东经济区，打造新的增长极”的难得发展机遇，按照统一规划，分步开发，滚动发展的建设思路，统筹兼顾各方面优势资源，突出重点、攻克难点，快速启动并扎实推进园区开发建设的各项工作。9月8日，入园项目河北宏大专用汽车制造项目和美商舒适有限公司金属制品深加工项目开工奠基仪式在唐山曹妃甸隆重举行，完成了市委、市政府提出“当年启动开发、当年项目入园”的工作任务，将为承德打通出海口并融入环渤海经济圈发挥应有的作用。

入园项目开工奠基仪式

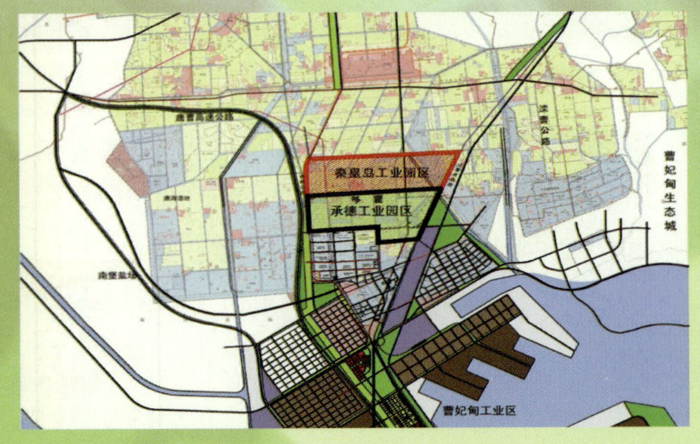

规划图

河北省子牙河河务管理处

河北省子牙河河务管理处系省水利厅直属的河系工程管理机构，成立于1965年3月，驻地衡水市，在职职工101人。1993年4月，省政府批准成立河北省引黄邢衡管理处，与河系机构合属办公。所辖子牙河系是海河流域最大的水系，总流域面积46868平方公里，涉及河北省的邯郸、邢台、石家庄、衡水、沧州、廊坊等6市的58个县市区。管辖的引黄输水总干渠自临西县刘口穿卫涵洞至阜城县连村节制闸长150公里，涉及邢台、衡水2市的8个县市。主要任务是河系管理、防洪保安、蓄水兴利、引黄入冀（津）等。

45年来，在河北省水利厅的领导和支持下，经过几代水利工作者不懈的努力，走出了一条创业、奋斗、发展之路，硕果累累，成绩斐然，水利管理事业取得了长足发展：基础设施建设发展迅猛，职工办公和生活环境明显改善；依法维护河系管理秩序，有力支持社会经济建设，审查、审批百余项穿堤跨河工程；完成了献县、艾辛庄和大西头枢纽除险加固工程，直属工程实现了达标管理，基本达到了工程标准化、管理规范化、技术现代化；在防汛清障、采砂管理等方面执法成效显著；科学调度，齐心众手搏激流，赢得“96.8”抗洪斗争的重大胜利；坚持“防汛抗旱两手抓”的原则，有效拦蓄“00.7”雨洪资源，支持沿线工农业发展；精心组织，严格管理，圆满完成63亿立方米的引黄入冀、引黄济津输水任务，缓解了河北省东南部缺水状况，保证了国家湿地自然保护区衡水湖、“北方明珠”白洋淀的生态和农业生产用水，解决了天津市生产生活用水，经济效益、社会效益巨大，多次受到了省政府的表彰。

与此同时，围绕水利中心工作，坚持“以人为本”内强素质、外树形象，大力营造积极向上、争先创优的良好氛围，“三个文明”协调发展。1997年以来连续11年被省厅评为“目标管理优胜单位”，获得引黄、防汛、工程管理与建设、水利执法等方面的荣誉百余项。1999年以来连续6年荣获“市级文明单位”称号，2006年以来连续被省政府评为“省级文明单位”。

处长、党委书记　何为民

2008年，河北省代省长胡春华到献县枢纽检查指导防汛工作

水利部副部长、国家防汛抗旱总指挥部秘书长刘宁到献县枢纽检查指导防汛工作

河北省重点水利工程——献县枢纽进洪闸

花园式管理单位——省子牙河务处艾辛庄闸管所

大力开展精神文明创建活动，职工文化生活丰富多彩

河北省卢龙县引青灌区

灌区灌溉的农田

河北省卢龙县引青灌区属国家级大型灌区，引青灌区位于河北省秦皇岛市卢龙县境内，是以青龙河为水源的大型灌区，灌区地处燕山南麓，灌区始建于1958年，再建于1976年，1980年竣工通水，总占地面积63.8万亩，控制灌溉面积38万亩，有效灌溉面积31万亩。多年平均引水流量8640万m^3，是一个集引、蓄、提、灌、排及养殖等多功能为一体的水资源开发利用体系。灌区内主要的种植作物为水稻、小麦、果树及其它作物。

引青灌区是一个以农业灌溉为主的山区丘陵灌区，灌区内有主干渠一条，长52.3公里，贯穿全县南北。主干渠内有附属建筑物426座，其中：渡槽36座，全长2880m；隧洞6处，全长2082m；暗渠2处，全长3524m；生产桥94座；涵洞18座；泄洪闸19座；节制闸8座；分水闸136座；其它小型建筑物124座。设计引水能力10m^3/s 。12条分干渠辐射东西，每条分干渠长度为5.5km--29km,总长度143.3km，设计流量1—5 m^3/s。灌区内有支渠279条，总长307.8km；斗渠874条，总长330.96km；建筑物1389座,沿主干渠还设有1m^3/s的扬水站5座。

引青灌区内下设职能能科室5 个，8个管理站，现有干部职工108人，专业技术人员76人。

引青灌区工程不仅为全县农业、农村经济发展发挥了重要作用，而且在全县经济社会发展中具有重要的地位，引青灌区已真正成为卢龙县人民的命脉工程。引青灌区在2000年11月被评为河北省灌区管理先进单位，2003年至2008年被评为秦皇岛市灌区管理先进单位。

斗渠通水

主干渠渡槽

横河干渠通水

主干渠通水

山洞施工现场